2. *adj.* modern eingestellt; *péj.* neuerungssüchtig; **~ité** [~ni'te] *f* neuzeitlicher Stil *m*.

modest|e [mɔ'dɛst] *adj.* bescheiden; **~ie** [~'ti] *f* Bescheidenheit *f*.

modicité [mɔdisi'te] *f* † Niedrigkeit *f*, Mäßigkeit *f* e-s *Preises; fig.* Grenzen *f/pl.*, Mittelmäßigkeit *f*.

modifi|able [mɔdi'fjablə] *adj.* veränderlich; ⊕ einstellbar; **~cation** [~fika'sjɔ̃] *f* Abänderung *f*; Neugestaltung *f*; **~er** [~'fje] *v/t.* (1a) abändern; modifizieren; *gr.* näher bestimmen.

modique [mɔ'dik] *adj.* gering.

modiste [mɔ'dist] *f* Modistin *f*.

modul|ation [mɔdyla'sjɔ̃] *f* Modulation *f* (*a.* ♪); ♪ Übergang *m* in e-e andere Tonart; Vortragsart *f*; *rad.* **~ de fréquence** Ultrakurzwelle *f*; **~e** [~'dyl] *m* △, ₳, *cyb.*, ⊕ Modul *m*, Einheitsmaß *n*; *Raumfahrt:* **~ lunaire** Mondfähre *f*; **~ de commande** Kommandokapsel *f*; **~er** [~'le] *v/t. u. v/i.* (1a) modulieren.

moell|e *anat.* [mwal] *f* Mark *n*; **~ épinière** Rückenmark *n*; **~eux, -se** [~'lø, ~'lø:z] *adj.* weich; *Wein:* halbtrocken; *Stimme:* voll und weich; **~on** [~'lɔ̃] *m* △ Bruch-, Bau-stein *m*; **~s** *pl.* concassés Splitt *m*.

mœurs [mœ:r, F mœrs] *f/pl.* Sitten *f/pl.*

moi [mwa] **1.** *pr/p.* ich; mich (*acc.*); mir (*dat.*); **~ aussi** ich auch; **~ non plus** ich auch nicht; *c'est* **~** ich bin es; *à* **~**! Hilfe!; *c'est à* **~** ich bin dran; das gehört mir; *donne-* **~** *le livre!* gib mir das Buch!; **2.** *m phil., psych.* Ich *n*.

moignon [mwa'ɲɔ̃] *m* Stumpf *m*.

moindre ['mwɛ̃:drə] *adj.* geringer; *le* **~**, *la* **~** die, das geringste (*od.* mindeste).

moin|e [mwan] *m* Mönch *m*; **~eau** *orn.* [~'no] *m (pl. ~x)* Spatz *m*, Sperling *m*; **~illon** [~ni'jɔ̃] *m* Mönchlein *n*.

moins [mwɛ̃] **1.** minus; *le* **~** am wenigsten (*vor*...); für weniger, unter zwei Fran... *ne* (*subj*)... wenn; *en* **~** de ... Nu; **2.** *m:* le ... mindste; **À** 1... **-value** [~va'ly]... verlust *m*.

moir|e *text.* [mwa:r] *f* Moiré *m od. n*;

Teilumschrift für die Aussprache des mit der Tilde gebildeten Stichwortes

Hinweis auf übertragene Bedeutung

Erklärende Zusätze in kursiver Schrift

Genusangabe beim französischen und deutschen Substantiv

Wortschatz der modernen Wissensgebiete

Verkürzende Alternativübersetzungen

Angabe der Wortart beim französischen Stichwort

Angabe der unregelmäßigen Pluralbildung beim Substantiv

Arabische Ziffern zur Unterteilung des Wortartikels

Angabe des Genus als bei zusammengesetzten französischen Substantiven

LANGENSCHEIDTS
TASCHENWÖRTERBÜCHER

LANGENSCHEIDT

CTIONNAIRE DE POCHE

DES LANGUES FRANÇAISE ET ALLEMANDE

Première Partie

Français-Allemand

Par

Dr. Ernst Erwin Lange-Kowal

Nouvelle édition refondue 1982

LANGENSCHEIDT

BERLIN · MUNICH · VIENNE · ZURICH

LANGENSCHEIDTS
TASCHENWÖRTERBUCH
DER FRANZÖSISCHEN UND DEUTSCHEN SPRACHE

Erster Teil

Französisch-Deutsch

Von

DR. ERNST ERWIN LANGE-KOWAL

Neubearbeitung 1982

LANGENSCHEIDT
BERLIN · MÜNCHEN · WIEN · ZÜRICH

Inhaltsverzeichnis
Table des matières

Auflage: 5. 4.   Letzte Zahlen
Jahr: 1986 85 84 83   maßgeblich

8. Neubearbeitung 1982
Copyright 1884, 1902, 1911, 1929, 1952, © 1956, 1964, 1982
Langenscheidt KG, Berlin und München
Druck: Philipp Reclam jun. Stuttgart
Printed in Germany · ISBN 3-468-10151-1

Vorwort

Die vorliegende Neubearbeitung des französisch-deutschen Taschenwörterbuches soll der in den letzten Jahren erfolgten raschen Entwicklung des Wortschatzes Rechnung tragen. Darüber hinaus weist diese Neubearbeitung zahlreiche Verbesserungen im grammatischen Bereich auf, was insbesondere dem Französischlernenden im Unterricht sehr entgegenkommen wird.

Im Bereich des Wortschatzes wurden vor allem diejenigen neu entstandenen Wörter aufgenommen, die dem an der französischen Sprache Interessierten regelmäßig bei der Lektüre und im sprachlichen Alltag begegnen. Daß dazu auch Kernwörter wichtiger Fachsprachen gehören, zeigen die folgenden Beispiele:

antipolluant (umweltfreundlich), *déjeuner-débat* (Arbeitsessen), *déridage* (Lifting, Hautstraffung), *énergivorace* (energieverschlingend), *freinateur de l'appétit* (Appetitzügler), *ludothérapie* (Spieltherapie), *mitage* (Zersiedlung), *surrégénérateur* (schneller Brüter), *vitesse réglementée* (Richtgeschwindigkeit).

Neben der Berücksichtigung des neuesten Wortguts im Bereich der schriftsprachlichen Kommunikation wurde auch den neueren idiomatischen und phraseologischen Prägungen der familiären Umgangssprache und des Argots besondere Aufmerksamkeit zugewandt, wie z. B. *anar* (Anarchist), *bide* (Enttäuschung), *douloureuse* (Rechnung), *loupiote* (Lampe) oder *être à cran* (auf hundert sein) usw.

Jedem französischen Eintrag ist, wie bisher, die Lautschrift der Association Phonétique Internationale beigegeben. Die grammatischen Informationen beim Stichwort wurden erheblich vermehrt: der Benutzer wird auf unregelmäßige Pluralendungen direkt beim Substantiv oder Adjektiv hingewiesen. Ebenso findet er nunmehr bei jedem Adjektiv Hinweise auf dessen weibliche Endung.

Die Anhänge enthalten 25 Seiten mit Tabellen zur Verbkonjugation, die französischen Zahlwörter, Maße und Gewichte sowie erstmals auch ein französisch-deutsches Verzeichnis der geographischen Eigennamen.

Préface

Cette nouvelle édition remaniée et augmentée du dictionnaire de poche français-allemand a voulu rendre compte de
l'évolution rapide du vocabulaire au cours de ces dernières
années. On a procédé aussi à de nombreuses améliorations
dans le domaine grammatical, songeant en cela tout particulièrement à l'élève et étudiant de la langue française.

On a modernisé le lexique en retenant les mots nouveaux que
nos lecteurs rencontreront fréquemment dans la langue
quotidienne écrite et parlée. Quant aux termes fonda-
mentaux du vocabulaire scientifique et technique, les
exemples suivants montrent qu'ils n'ont pas été oubliés:

antipolluant (umweltfreundlich), *déjeuner-débat* (Arbeitsessen), *déridage* (Lifting, Hautstraffung), *énergivorace*
(energieverschlingend), *freinateur de l'appétit* (Appetitzügler), *ludothérapie* (Spieltherapie), *mitage* (Zersiedlung),
surrégénérateur (schneller Brüter), *vitesse réglementée*
(Richtgeschwindigkeit).

Outre les faits de langue les plus récents, nécessaires à la
communication écrite, on a recensé également les expressions familières ou argotiques devenues courantes, par
exemple: *anar* (Anarchist), *bide* (Enttäuschung), *douloureuse*
(Rechnung), *loupiote* (Lampe), *être à cran* (auf hundert
sein) etc.

Tous les mots sont, comme d'habitude, transcrits selon les
règles de l'Association phonétique internationale. Les informations grammaticales qui suivent immédiatement les têtes
d'articles ont été multipliées: les terminaisons des pluriels
irréguliers sont indiquées à côté des substantifs ou des
adjectifs. On trouvera également à côté des adjectifs la
formation du féminin.

Les appendices, enfin, contiennent 25 pages avec les tableaux de conjugaisons, les numéraux et les poids et les
mesures français, et pour la première fois, une liste de noms
propres géographiques.

Hinweise
für die Benutzung des Wörterbuches

Indications pour l'emploi de ce dictionnaire

1. Die alphabetische Reihenfolge ist überall beachtet worden. An ihrem alphabetischen Platz sind gegeben:

a) die wichtigsten unregelmäßigen Formen der Verben (Zeitwörter) und der Adjektive (Eigenschaftswörter) mit Verweisung auf das Grundwort;

b) die verschiedenen Formen der Pronomen (Fürwörter).

Geographische Namen und französische Abkürzungen sind in gesonderten Verzeichnissen im Anhang zusammengestellt.

2. Die Aussprachebezeichnung steht in eckigen Klammern. Die Umschrift wird durch die Zeichen der „Association Phonétique Internationale" angegeben (s. S. 13).

3. Grammatisches Geschlecht und Wortart. Das grammatische Geschlecht der Substantive (Hauptwörter) ist bei jedem französischen Stichwort (*m, f*) und bei den deutschen Übersetzungen (*m, f, n*) angegeben.

Bei allen anderen französischen Stichwörtern ist die Wortart angegeben, z.B.: *adj.* (= Adjektiv), *v/t.* (= transitives Verb), *prp.* (= Präposition) usw.

4. Die Bedeutungsunterschiede der verschiedenen Übersetzungen sind durch bildliche Zeichen, abgekürzte Bedeutungshinweise (s. Verzeichnis Seite 10) oder durch Zusätze wie *Sport, Auto* usw. oder auch durch vorgesetzte deutsche Objekte bzw. Subjekte gekennzeichnet.

1° L'ordre alphabétique a été rigoureusement observé. A leur place alphabétique vous trouverez:

a) les formes irrégulières les plus importantes des verbes et des adjectifs avec un renvoi au mot traité;

b) les formes diverses des pronoms.

Les noms géographiques et les sigles français se trouvent dans l'appendice sous forme de deux listes séparées.

2° La transcription phonétique est placée dans des crochets. Cette transcription suit la notation de l'Association phonétique internationale (voir page 13).

3° Genre grammatical et catégorie grammaticale. Le genre grammatical des substantifs est indiqué pour tous les mots français (*m, f*) et pour tous les mots allemands (*m, f, n*).

La catégorie grammaticale est indiquée pour tous les autres mots français, p. ex.: *adj.* (= adjectif), *v/t.* (= verbe transitif), *prp.* (= préposition) etc.

4° Les différences d'acception des différentes traductions sont signalées par des signes symboliques, par des abréviations explicatives (voir tableau page 10) ou sont indiquées par des mots collectifs tels que *Sport, Auto*, etc. ou bien par des compléments respectivement par des sujets allemands.

8

5. Grammatische Hinweise:

a) Beim Substantiv und beim Adjektiv wird die unregelmäßige Pluralform angegeben (siehe die Übersicht über die Bildung des französischen Plurals im Anhang).

b) Beim Adjektiv wird die weibliche Form angegeben. Eine Übersicht über diese Endungen ist im Anhang enthalten.

c) Beim Verb verweist die in runden Klammern hinter jedem französischen Verbum stehende Ziffer (1a, 2f usw.) auf die Konjugationstabelle im Anhang, in der ausführlich Aufschluß über die Bildung der Zeitformen gegeben ist.

6. Die Rektion der Verben (Verbindung des Zeitwortes mit seinen Satzergänzungen). Stimmt sie in beiden Sprachen überein, so sind besondere Hinweise nicht gegeben. Verlangt jedoch das französische Verb einen anderen Fall als das deutsche, so ist die Rektion angegeben, z.B.: **confiner:** ~ *à* angrenzen an (*acc.*); **rabattre:** se ~ *sur* qch. mit etw. (*dat.*) vorliebnehmen; **secourir:** ~ *q.* j-m helfen.

7. Aufeinanderfolgende, gleichlautende Wortteile sind durch den Bindestrich (-) ersetzt, z.B.: **glisser** ab-, aus-, ent-gleiten (= abgleiten, ausgleiten, entgleiten); **glissière** *f* Gleit-schiene *f*, -stange *f* (= Gleitschiene, Gleitstange).

8. Rechtschreibung. Für die Rechtschreibung der französischen Wörter dienen als Grundlage die Regeln der *Académie française*, für die deutschen Wörter der Duden.

5° Remarques grammaticales:

a) On a indiqué les formes irrégulières du pluriel des substantifs et des adjectifs (voir le tableau des pluriels français dans l'appendice).

b) On a indiqué les formes du féminin des adjectifs. Un tableau des désinences des adjectifs se trouve dans l'appendice.

c) Pour les verbes, les chiffres entre parenthèses placés derrière chaque verbe français (1a, 2f, etc.) renvoient au tableau de conjugaison dans l'appendice, dans lequel se trouvent tous les renseignements nécessaires sur la conjugaison des verbes.

6° Le régime des verbes (relation d'un verbe avec ses compléments). Lorsque le régime est identique dans les deux langues, il n'y a pas de mention; où il ne l'est pas, le régime est donné, p. ex.: **confiner:** ~ *à* angrenzen an (*acc.*); **rabattre:** se ~ *sur* qch. mit etw. (*dat.*) vorliebnehmen; **secourir:** ~ *q.* j-m helfen.

7° Les parties homonymes d'un mot qui se succèdent ont été remplacées par un trait d'union (-), p. ex.: **glisser** ab-, aus-, ent-gleiten (= abgleiten, ausgleiten, entgleiten); **glissière** *f* Gleit-schiene *f*, -stange *f* (= Gleitschiene, Gleitstange).

8° L'orthographe. L'orthographe des mots français est conforme aux prescriptions de l'*Académie française*, celle des mots allemands se règle sur le livre de Duden.

Erklärung der im Wörterbuch angewendeten Zeichen und Abkürzungen

Explication des signes et abréviations employés dans ce dictionnaire

1. Bildliche Zeichen — Symboles, Signes

~ ~ ℒ ℓ **die Tilde (das Wiederholungszeichen)** ist angewendet, um zusammengehörige und verwandte Wörter zum Zwecke der Raumersparnis zu Gruppen zu vereinigen.

Die fette Tilde (~) vertritt das ganze voraufgegangene Wort oder den Wortteil vor dem senkrechten Strich (|), z. B.:

aiguillon Stachel; **~ner** (= **aiguillonner**) antreiben;
aigr|eur Säure; **~ir** (= **aigrir**) säuern.

Die einfache Tilde (~) vertritt

a) in der Aussprachebezeichnung die bereits vorangegangene Aussprache oder Teile derselben, z. B.: **acclam|ation** [aklamaˈsjɔ̃]; **~er** [~ˈme] (= [aklaˈme]);

b) in den Anwendungsbeispielen das unmittelbar voraufgegangene Stichwort, das auch mit Hilfe der Tilde gebildet sein kann, z. B.: **abatt|ement** Mattigkeit; **~re** niederschlagen; **~** (= *abattre*) *la besogne de 1000 ouvriers* die Arbeit von 1000 Arbeitern tun; **s'~** (= *s'abattre*) einstürzen, zs.-brechen;
bagarr|e Schlägerei; **~er** streiten; se ~ (= se *bagarrer*) sich raufen.

Die Tilde mit Kreis (ℒ) weist darauf hin, daß sich die Schreibung des Anfangsbuchstabens des voraufgegangenen Wortes in der Wiederholung ändert (groß in klein oder umgekehrt), z. B.:
français, -e 1. *adj.* französisch; **2.** ℒ(e)

~ ~ ℒ ℓ **le tilde (le signe de répétition).** Afin d'épargner de la place, le tilde a été employé pour réunir par groupes les mots de la même catégorie et les mots apparentés.

Le tilde en caractère gras (~) remplace la totalité du mot précédent ou la partie du mot devant le trait vertical (|), p. ex.:

aiguillon Stachel; **~ner** (= **aiguillonner**) antreiben;
aigr|eur Säure; **~ir** (= **aigrir**) säuern.

Le tilde normal (~) remplace

a) dans la transcription phonétique ou bien toute la prononciation précédente ou bien une partie de celle-ci, p. ex.: **acclam|ation** [aklamaˈsjɔ̃]; **~er** [~ˈme] (= [aklaˈme]);

b) dans les exemples d'application l'en-tête immédiatement précédent parfois représenté à l'aide du tilde, p. ex.: **abatt|ement** Mattigkeit; **~re** niederschlagen; **~** (= *abattre*) *la besogne de 1000 ouvriers* die Arbeit von 1000 Arbeitern tun; **s'~** (= *s'abattre*) einstürzen, zs.-brechen;
bagarr|e Schlägerei; **~er** streiten; se ~ (= se *bagarrer*) sich raufen.

Le tilde avec cercle (ℒ) indique que le mot précédent prend une majuscule ou une minuscule lorsqu'il doit être répété, p. ex.:
français, -e 1. *adj.* französisch; **2.** ℒ(e)

(= *Français, Française*) *su.* Franzose *m*, Französin *f*;
collège Gremium; Kollegium; *Sacré* ♀ (= *Sacré Collège*) Kardinalskollegium;
Pâques Ostern; *faire ses* ♀ (= *pâques*) zur österlichen Kommunion gehen.

(= *Français, Française*) *su.* Franzose *m*, Französin *f*;
collège Gremium; Kollegium; *Sacré* ♀ (= *Sacré Collège*) Kardinalskollegium;
Pâques Ostern; *faire ses* ♀ (= *pâques*) zur österlichen Kommunion gehen.

F familiär, vertraulich, nachlässige Sprechweise, *langage familier*.

P populär, Sprache des (ungebildeten) Volkes, *populaire, poissard*.

V vulgär, unanständig, *vulgaire, inconvenant*.

★ Gaunersprache, *argot*.

✎ selten, wenig gebräuchlich, *rare, peu usité*.

† veraltet, *vieilli*.

⊞ wissenschaftlich, *scientifique*.

⚘ Pflanzenkunde, Pflanze, *botanique, plante*.

⊕ Handwerk, Technik, *terme de métier ou technique*.

⚒ Bergbau, *mines*.

⚔ militärisch, *militaire*.

⚓ Marine, Schiffahrt, Schifferssprache, *marine, navigation, langage des marins*.

† Handel, kaufmännisch, *commerce, commercial*.

🚂 Eisenbahn, *chemin de fer*.

♪ Musik, *musique*.

△ Baukunst, *architecture*.

⚡ Elektrizität, Elektrotechnik, *électricité, électrotechnique*.

⚖ Rechtswissenschaft, *jurisprudence, droit*.

✉ Postwesen, *postes*.

Å Mathematik, *mathématiques*.

⚒ Ackerbau, Landwirtschaft, Gartenbau, *agriculture, agronomie, horticulture*.

⚗ Chemie, *chimie*.

☤ Heilkunde, Medizin, *médecine, thérapeutique*.

▨ Wappenkunde, *blason*.

✈ Flugwesen, *aéronautique*.

2. Abkürzungen — Abréviations

a.   *aussi*, auch.

abr.   *abréviation*, Abkürzung.

abs.   *absolu*, absolut.

abus.   *abusivement*, mißbräuchlich.

acc.   *accusatif*, Akkusativ (Wenfall).

adj.   *adjectif*, Adjektiv, Eigenschaftswort.

adj./f   *adjectif féminin*, weibliche Form des Adjektivs.

adj./m   *adjectif masculin*, männliche Form des Adjektivs.

adjt.   *adjectivement*, als Adjektiv.

adm.   *administration*, Verwaltung.

adv.   *adverbe*, Adverb, Umstandswort.

advt.   *adverbialement*, als Adverb.

All.   *Allemagne*, Deutschland.

allg.   allgemein, *en général*.

alp.   *alpinisme*, Bergsport.

anat.   *anatomie*, Anatomie.

a/n. c.   *adjectif numéral cardinal*, Grundzahl.

a/n. o.   *adjectif numéral ordinal*, Ordnungszahl.

antiq.   *antiquité*, Altertum.

arith.   *arithmétique*, Rechenkunst.

arp.   *arpentage*, Feldmeßkunst.

art.   *article*, Artikel, Geschlechtswort.

ast.   *astronomie*, Astronomie.

at.   *science atomique*, Atomwissenschaft.

bét.   *béton*, Beton.

bibl.   *biblique*, biblisch.

bill.   *billard*, Billard(spiel).

biol.   *biologie*, Biologie.

bisw.   bisweilen, *parfois*.

bsd.   besonders, *surtout*.

bzw.   beziehungsweise, *respectivement*.

cath.   *catholique*, katholisch.

ch.   *chasse*, Jagd.

charp.   *charpenterie*, Zimmermannsausdruck.

chir.   *chirurgie*, Chirurgie.

cin.	*cinéma,* Kino.	*impér.*	*impératif,* Imperativ, Befehlsform.
cj.	*conjonction,* Konjunktion, Bindewort.	*impf.*	*imparfait,* Imperfekt.
cond.	*conditionnel,* Konditional, Bedingungsform.	*ind.*	*indicatif,* Indikativ.
		inf.	*infinitif,* Infinitiv, - Nennform.
cons.	*consonne,* Konsonant, Mitlaut.	*inform.*	*informatique,* Informatik.
cord.	*cordonnerie,* Schuhmacherei.	*int.*	*interjection,* Interjektion, Ausruf.
cosm.	*cosmétique,* Kosmetik.	*inv.*	*invariable,* unveränderlich.
cout.	*couture,* Schneiderei.	*iron.*	*ironiquement,* spöttisch.
cuis.	*cuisine,* Kochkunst, Küche.	*irr.*	*irrégulier,* unregelmäßig.
cyb.	*cybernétique,* Kybernetik.	*j.*	*jemand, quelqu'un.*
cycl.	*cyclisme,* Radsport.	*j-m, j-m*	jemandem, *à quelqu'un.*
dat.	*datif,* Dativ (Wemfall).	*j-n, j-n*	jemanden, *quelqu'un (acc.).*
dft.	*défectif,* unvollständig.	*journ.*	*journalisme,* Zeitungswesen.
dial.	*dialecte,* Dialekt.	*j-s, j-s*	jemandes, *de quelqu'un.*
dipl.	*diplomatie,* Diplomatie.	*ling.*	*linguistique,* Linguistik, Sprachwissenschaft.
ea.	einander, *l'un(e) l'autre.*		
éc.	*économie,* Wirtschaft.	*litt.*	*littérature,* Literatur, nur in der Schriftsprache.
écol.	*école,* Schule.		
e-e, e-e	eine, *un(e).*	*m*	*masculin,* männlich.
ehm.	ehemals, *autrefois.*	*mach.*	*machines,* Maschinenwesen.
él.	*électronique,* Elektronik.	*man.*	*manège,* Reitkunst.
e-m, e-m	einem, *à un(e).*	*méc.*	*mécanique,* Mechanik.
e-n, e-n	einen, *un(e) (acc.).*	*men.*	*menuiserie,* Tischlerei.
enf.	*langage des enfants,* Kindersprache.	*mét.*	*métrique,* Metrik, Verslehre.
		métall.	*métallurgie,* Hüttenwesen.
ent.	*entomologie,* Insektenkunde.	*météor.*	*météorologie,* Meteorologie.
e-r, e-r	einer, *à un(e); d'un(e).*	*min.*	*minéralogie,* Mineralogie.
e-s, e-s	eines, *d'un(e).*	*mot.*	*moteur,* Motor.
esc.	*escrime,* Fechtkunst.	*m/pl.*	*masculin pluriel,* männliche Mehrzahl.
etw., etw.	etwas, *quelque chose.*		
f	*féminin,* weiblich.	*mst*	meistens, *le plus souvent.*
féod.	*féodalité,* Lehnswesen.	*mv.p.*	*en mauvaise part,* im üblen od. schlimmen Sinne.
fig.	*figuré,* figürlich, bildlich.		
fin.	*finances,* Finanzwesen.	*myth.*	*mythologie,* Mythologie.
for.	*science forestière,* Forstwesen, Forstwissenschaft.	*n*	*neutre,* sächlich.
		néol.	*néologisme,* Neologismus.
f/pl.	*féminin pluriel,* weibliche Mehrzahl.	*nom.*	*nominatif,* Nominativ (Werfall).
Fr.	*France,* Frankreich.	*n/pl.*	*neutre pluriel,* sächliche Mehrzahl.
frt.	*fortifications,* Befestigungswesen.		
		num.	*numismatique,* Münzkunde.
fut.	*futur,* Futur, Zukunft.	*od.*	*oder, ou.*
gén.	*génitif,* Genitiv (Wesfall).	*opt.*	*optique,* Optik.
géogr.	*géographie,* Geographie, Erdkunde.	*orf.*	*orfèvrerie,* Goldschmiedekunst.
géol.	*géologie,* Geologie.	*orn.*	*ornithologie,* Vogelkunde.
géom.	*géométrie,* Geometrie.	*östr.*	*österreichisch, autrichien.*
Ggs.	Gegensatz, *contraire.*	*P.*	Person, *personne.*
gr.	*grammaire,* Grammatik.	*parl.*	*parlement,* Parlament.
gym.	*gymnastique,* Turnen.	*pât.*	*pâtisserie,* Backkunst.
hipp.	*hippisme,* Reitsport.	*péd.*	*pédagogie,* Pädagogik.
hist.	*histoire,* Geschichte.	*peint.*	*peinture,* Malerei.
horl.	*horlogerie,* Uhrmacherei.	*péj.*	*péjoratif,* herabsetzend.
hydr.	*hydrodynamique,* Wasserkraftlehre.	*pfort*	*plus fort,* verstärkter Sinn.
icht.	*ichtyologie,* Fischkunde.	*phil.*	*philosophie,* Philosophie.

12

phm.	pharmacie, Pharmazie.	*sg.*	singulier, Singular, Einzahl.

phm. pharmacie, Pharmazie.
phon. phonétique, Phonetik
phot. photographie, Fotografie.
phys. physique, Physik.
physiol. physiologie, Physiologie.
pl. pluriel, Plural, Mehrzahl.
plais. par plaisanterie, im Scherz.
poét. poétique, dichterisch.
pol. politique, Politik.
p.p. participe passé, Partizip Perfekt.
p.pr. participe présent, Partizip Präsens.
pr. pronom, Pronomen, Fürwort.
pr/d. pronom démonstratif, hinweisendes Fürwort.
prés. présent, Präsens, Gegenwart.
pr/i. pronom interrogatif, fragendes Fürwort.
pr/ind. pronom indéfini, unbestimmtes Fürwort.
prot. protestant, protestantisch.
Prov. Provence.
prp. préposition, Präposition, Verhältniswort.
pr/p. pronom personnel, persönliches Fürwort.
pr/poss. pronom possessif, besitzanzeigendes Fürwort.
prpt. prépositionnellement, als Präposition.
pr/r. pronom relatif, bezügliches Fürwort.
p/s. passé simple, historisches Perfekt.
psych. psychologie, Psychologie.
q. quelqu'un, jemand(en).
qch. quelque chose, etwas.
rad. radio, Radio, Rundfunk.
rhét. rhétorique, Rhetorik, Redekunst.
rl. religion, Religion.
s. siehe, voir, voyez.
sc. scientifique, wissenschaftlich.
sculp. sculpture, Bildhauerkunst.
s-e, s-e seine, sa, son, ses.
serr. serrurerie, Schlosserei.

sg. singulier, Singular, Einzahl.
s-m, s-m seinem, à son, à sa.
s-n, s-n seinen, son, sa (acc.); à ses.
soc. sociologie, Soziologie.
sout. soutenu, gehoben.
s-r, s-r seiner, de son, de sa, de ses; à son, à sa.
s-s, s-s seines, de son, de sa.
st. s. style soutenu, gehobener Stil.
su. substantif, nom, Substantiv, Hauptwort.
subj. subjonctif, Konjunktiv.
syn. synonyme, sinnverwandtes Wort.
télégr. télégraphie, Telegrafie.
téléph. téléphone, Telefon.
télév. télévision, Fernsehen.
text. textiles, Textilien, Textilindustrie.
thé. théâtre, Theater.
tram. tramway, Straßenbahn.
typ. typographie, Buchdruck(erkunst).
u. und, et.
univ. université, Universität.
usw. und so weiter, et cetera.
v. von, vom, de.
v/aux. verbe auxiliaire, Hilfsverb.
vb. verbe, Verb(um), Zeitwort.
vél. vélo, Fahrrad.
vét. art vétérinaire, Tierheilkunde.
v/i. verbe intransitif, intransitives Verb(um).
v/imp. verbe impersonnel, unpersönliches Verb(um).
vo. voyelle, Vokal, Selbstlaut.
v/rfl. verbe réfléchi, reflexives Verb(um).
v/t. verbe transitif, transitives Verb(um).
weitS. in weiterem Sinne, par extension.
z.B. zum Beispiel, par exemple.
zo. zoologie, Zoologie, Tierkunde.
zs. zusammen, ensemble.
Zssg(n) Zusammensetzung(en), mot(s) composé(s).

Die phonetischen Zeichen der Association Phonétique Internationale

a) Vokale

Zeichen	Lautcharakteristik	Aussprache verwandter deutscher Laut		Aussprache franzöz. Beispiel	
		kurz	lang	kurz	lang
a	helles a	Ratte	Straße	rat	courage
ɑ	dunkles a	Mantel	Vater	bas	pâte
ã	nasaliertes a	—	—	temps	ample
e	geschlossenes e	Edikt	—	été	—
ɛ	offenes e	fällen	gähnen	après	mère
ɛ̃	nasaliertes e	—	—	fin	plain-dre
ə	dumpfes e, deutliche Lippenrundung	Hacke	—	le; prêtre	—
i	geschlossenes i	vielleicht	Dieb	cri	dire
o	geschlossenes o	Advokat	Sohle	pot	fosse
ɔ	offenes o	Ort	—	colle	fort
õ	nasaliertes o	—	—	mon	nombre
ø	geschlossenes ö	—	schön	nœud	chanteuse
œ	offenes ö	öfter	—	œuf	fleur
œ̃	nasaliertes ö	—	—	parfum	humble
u	geschlossenes u	Mut	Uhr	goût	tour
y	geschlossenes ü, deutliche Lippenrundung	amüsieren	Mühle	aigu	mur

b) Konsonanten

Zeichen	Lautcharakteristik	Aussprache verwandter deutscher Laut	Aussprache franzöz. Beispiel
p	stimmlos, aber ohne nachfolgende Hauchung (Aspiration)	platt	paix
t		Topf	table
k		Karte	camp
f	stimmlos	Folge	fuir

Zeichen	Lautcharakteristik	Aussprache	
		verwandter deutscher Laut	französ. Beispiel
s	stimmlos	Gasse	sentir
ʃ	,,	Schaden	chanter
b	stimmhaft	Birne	beau
d	,,	dort	droit
g	,,	gehen	gant
v	,,	Wein	vin
z	,,	Sonne	maison
ʒ		Genie	je
j	wie deutsches j in „Jahr"	Champion	ration
l		laden	fouler
r		reichen	ronger
m		Mann	mou
n		nein	nul
ɲ	mouilliertes n (n mit Mundstellung j)	Champagner	cogner
ŋ	nasaler Verschlußlaut, im Französischen nur in Fremdwörtern	—	meeting [mi'tiŋ]

c) Halbvokale (Halbkonsonanten)

w	gleitendes u	—	oui
ɥ	gleitendes ü	—	muet

d) Zusätzliche Zeichen

Vokaldehnung wird durch : hinter dem betreffenden Vokal bezeichnet, die Tonstelle zwei- und mehrsilbiger Wörter durch ' **vor** der betonten Silbe.

Einiges über Silbentrennung, Bindung und Zeichensetzung im Französischen

Die Silbentrennung

ist von der Etymologie völlig unabhängig. Nach dem von der Académie befolgten Gebrauch gilt folgendes:

1. Mehrere aufeinanderfolgende Vokale bleiben ungetrennt: *la priè-re, la poé-sie, le cinquiè-me;* demnach sind untrennbar: *pays, tuer, bien* usw.

2. Ein *einfacher* Konsonant zwischen zwei Vokalen bildet den Anfang der folgenden Silbe; dabei gelten alle Konsonanten, die ein h nach sich haben, als einfach: *la rei-ne, si-lhouet-te, Fai-dher-be* (aber *mal-heur*).

3. x darf nur vor Konsonanten abgetrennt werden: *l'ex-pres-sion, une ex-cur-sion;* nicht trennbar: *le Saxon* usw.

4. Von *zwei* (auch Doppel-) *Konsonanten* zwischen zwei Vokalen bildet der zweite den Anfang der folgenden Silbe: *le dic-tion-nai-re, la vic-toi-re; al-ler, l'o-reil-le, descen-dre, jus-que.*

   Ausnahmen: gn, ch, ph, th sowie l und r mit vorausgehendem Konsonanten bleiben stets ungetrennt: *bai-gner, monta-gnard; le ta-bleau, qua-tre, ap-pli-quer, vi-vre.*

5. Stehen *mehr als zwei Konsonanten* zusammen, so kommt nur der letzte zur folgenden Silbe (auch hierbei gelten die Ausnahmen unter 4): *le sculp-teur, obs-cur;* aber *le por-trait, mor-dre.*

Die Bindung

Dem Sinn nach zusammengehörige und in einem grammatischen Verhältnis zueinander stehende Wörter werden gebunden, indem der Endkonsonant eines Wortes mit dem vokalischen Anlaut des folgenden Wortes verschmolzen wird: *il_avait, une_amie* usw.; dabei werden auch stumme Endkonsonanten wieder hörbar: *ils_ont, le petit_atelier, un mauvais_ami* usw., einige Konsonanten verändern hierbei ihren Laut: s, x, z lauten wie z (deux_amis [døza-'mi]), d wie t (grand_homme [grɑ̃-'tɔm]), g wie k (sang_impur [sɑ̃kɛ̃-'pyːr]) und f wie v in: neuf_ans [nœ'vɑ̃] und neuf_heures [nœ'vœːr].

Ein enges grammatisches Verhältnis besteht z.B. zwischen:

1. zusammengesetzten Ausdrücken: *peut_être, mot_à mot* usw.;

2. dem Substantiv und Artikel, Pronomen, Adjektiv, Zahlwort, Präposition: *les_usages, mon_oncle, petit_enfant, trois_ampoules* usw.;

3. dem Adverb und dem folgenden Wort: *très_aimable, tout_autour, pas_ici* usw.;

4. dem verbundenen Personalpronomen und (Hilfs-)Verb: *il_a, nous_avons, il_ira, vous_ouvrez* usw.:

5. der Präposition und dem von ihr abhängigen Wort: *chez_elle, sans_argent, après_avoir mangé* usw.

Von den Nasallauten werden im allgemeinen nur gebunden: en, on, mon, ton, son, bien als Adverb vor dem Verb: *bien_aimable, je n'ai rien_entendu* usw.

Ausnahmen:

1. Jede Sprechpause oder Hervorhebung eines Wortes schließt die Bindung aus.

2. In den Wörtern auf rd und rt bleibt der Endkonsonant stumm; dafür bindet das r: *sourd et muet* [surɛ'muɛ], *nord-est* [nɔ'rɛst], *un fort alliage* [œ̃'fɔːral'jaːʒ] usw.

3. Substantive auf *and, end, ond* binden nie: *un marchand||étranger* [œ̃mar'ʃɑ̃ etrɑ̃'ʒe].

4. Nicht gebunden werden Namen von Personen, Ländern, Städten und Flüssen; ebensowenig das t von *et*.

Vorgeschrieben ist jedoch nur die Bindung zwischen einem Wort ohne Akzent und einem Wort mit Akzent: *les ornements des églises gothiques*. In allen anderen Fällen ist die Bindung nicht zwingend. Der heutige Sprachgebrauch neigt dazu, die Bindung immer weniger anzuwenden.

Zeichensetzung

Der Gebrauch der Satzzeichen stimmt im Französischen mit dem im Deutschen weitgehend überein. Starke Abweichungen aber bestehen im Gebrauch des Kommas (*la virgule*), das im Französischen als Zeichen der Pause gebraucht wird. Daher steht nie ein Komma vor que-(daß-)Sätzen: *je sais qu'il part* ich weiß, daß er abreist. Auch vor Nebensätzen mit *si* ob steht kein Komma: *je ne sais s'il peut venir* ich weiß nicht, ob er kommen kann. Allgemein steht vor Konjunktionen selten ein Komma. Ferner wird kein Komma vor den Infinitiv gesetzt: *il me prie de le suivre* er bittet

mich, ihm zu folgen. Vor Relativsätzen steht kein Komma, wenn sie determinativ, d.h. zum Verständnis des Hauptsatzes notwendig sind: *j'ai vu l'homme qui a perdu ce livre* ich habe den Mann gesehen, der dieses Buch verloren hat. Entsprechend darf auch zwischen *celui qui* derjenige, welcher nie ein Komma stehen. Da aber, wo im Französischen adverbiale Bestimmungen einen Satz einleiten oder in einen Satz eingeschaltet sind, werden sie gern durch ein Komma, als Zeichen der Pause, abgetrennt: *Hier soir, je l'ai vu* gestern abend habe ich ihn gesehen.

Das französische Alphabet

A a	B b	C c	D d	E e	F f	G g	H h	I i	J j	K k	L l	M m	N n
a	be	se	de	ə	ɛf	ʒe	aʃ	i	ʒi	ka	ɛl	ɛm	ɛn

O o	P p	Q q	R r	S s	T t	U u	V v	W w	X x	Y y	Z z
o	pe	ky	ɛːr	ɛs	te	y	ve	dubləve	iks	igrɛk	zɛd

A

A (*ou* **a**) [a] *m* A (*od.* a) *n*.

à [a] *prp.* in; zu; nach (*Richtung*); auf, bei (*Ort*); um (*Uhrzeit*); bis (*Ort u. Zeit*); mit (*Mittel*; *Merkmal*); bisw.: von *bzw.* aus; *à Paris* in, nach P.; *à Cuba* in *bzw.* nach Kuba; *au Yémen* im *bzw.* in den Jemen; *à Madagascar* in *bzw.* nach Madagaskar; *au Maroc* in *bzw.* nach Marokko; *de Dijon à Paris* von D. nach P.; *mort à la guerre* im Krieg gefallen; *à la deuxième génération* in der zweiten Generation; *à la page deux* auf Seite zwei; *à table* bei Tisch; *écrire à la main* mit der Hand schreiben; *demander qch. à q.* j-n etw. fragen, j-n um etw. bitten; *verre à eau* Wasserglas *n*; *machine à écrire* Schreibmaschine *f*; *marcher à l'ennemi* gegen den Feind marschieren; *reconnaissable à* erkennbar an; *tirer à blanc* blind schießen; *cigarette aux doigts* mit der Zigarette in der Hand; *aux côtés de la France* an der Seite Frankreichs; *prendre place à côté* (*od. aux côtés*) *de q.* neben j-m Platz nehmen; *à tort et à travers* völlig unüberlegt; *c'est bien aimable à vous* das ist sehr liebenswürdig von Ihnen; *un ami à moi* ein Freund von mir; *dans un langage à eux* in e-r ihnen eigenen Sprache; *ce livre est à moi* dieses Buch gehört mir; *à 20 pas d'ici* 20 Schritt von hier; *à cinq heures précises* Punkt fünf Uhr; *à midi et demie* um halb eins; *à demain!* bis morgen!; *à tout moment* jeden Augenblick; *un à un* einzeln; *à dessein* absichtlich; *à jamais* für immer; *au secours!* *od. à moi!* Hilfe!; *au feu!* Feuer!; *cousu à la main* handgenäht; ♪ *à quatre mains* vierhändig; *à trois francs* zu drei Franc; *bateau m à vapeur* Dampfer *m*; *goutte à goutte* tropfenweise; *mot à mot* wörtlich, Wort für Wort; *à fleur de niveau* in gleicher Ebene; *armoire f à pharmacie* Hausapotheke *f*; *pas à pas* schrittweise, Schritt für Schritt; *descendre l'escalier quatre à quatre* die Treppe hinunterrasen; *peu à peu* nach und nach, allmählich; *frapper à faux* vorbeihauen.

abaiss|ement [abɛs'mã] *m* Senkung *f* der Preise; Abtragen *n* e-r Mauer; Fallen *n des Wassers*; Sinkenlassen *n* der Stimme; ♣ Fällen *n* e-s Lotes; Rückgang *m* der Temperatur; Einholen *n* der Flagge; *fig.* Verfall *m*; Erniedrigung *f*; **∼er** [∼'se] (1b) *v/t.* niedrig(er) machen; *Teig* dünn ausrollen; herunterlassen, senken; ♣ *Lot* fällen; *Stimme* sinken lassen; demütigen, erniedrigen; *v/i. Ski:* federnd in die Knie gehen; *s'∼ Nebel:* fallen, sinken; *Wind:* sich legen; *fig.* sich herablassen, sich erniedrigen.

abajoue *zo.* [aba'ʒu] *f* Backentasche *f*.

abandon [abɑ̃'dɔ̃] *m* Verlassenheit *f*; Vernachlässigung *f*; Preisgabe *f*; Ungezwungenheit *f*; Abtretung *f*; Hingabe *f*; *Sport:* Aufgeben *n*; *gym.* Gelockertheit *f*; *par ∼* durch Aufgabe; *à l'∼* gänzlich vernachlässigt; **∼ner** [∼dɔ'ne] *v/t.* (1a) im Stich lassen, aufgeben, preisgeben, verzichten auf (*acc.*), abtreten; *Kind* aussetzen; *s'∼ à* sich hingeben (*dat.*); *abs. s'∼* sich gehenlassen.

abasourdir [abazur'diːr] *v/t.* (2a) betäuben; *fig.* F verblüffen.

abat [a'ba] *m: pluie f d'∼* Platzregen *m*; **∼s** *pl.* Schlachtabfälle *m/pl.*

abâtard|ir [abatar'diːr] *v/t.* (2a) *in der Art* verschlechtern; *s'∼* entarten; **∼issement** [∼dis'mã] *m* Entartung *f*.

abat-jour [aba'ʒuːr] *m* (*inv.*) Lampen-, Augen-schirm *m*; ♦ Oberlicht *n*; Schrägfenster *n*.

abattage [aba'ta:ʒ] *m* Holz-Fällen *n*; Holzeinschlag *m*; Ab-Schlachten *n*; ⚒ Abbau *m*; P Rüffel *m*, Strafpredigt *f*; ★ Schwung *m*; *∼ clandestin* Schwarzschlachten *n*; *∼ urgent* Notschlachtung *f*.

abattant [aba'tã] *m* Rolltür *f* (*am Schreibschrank*).

abatt|ement [abat'mã] *m* Mattigkeit *f*; Niedergeschlagenheit *f*; *∼ à la base* Steuerfreibetrag *m*; **∼eur** [∼'tœːr] *m* Holzfäller *m*; Schlächter *m*; ⚒ Hauer *m*; *fig. ∼ de besogne* tüchtiger, flinker Arbeiter *m*; **~is** [~'ti] *m for.* Fällen *n*; *frt.* Verhau *m od. n*; Späne *pl.*, (*Schlacht*-)Abfälle *pl.*; Gänseklein *n*; P Arme und Beine *pl.*; P numéroter ses ~ s-e Knochen numerieren *od.* zählen (*vor od.* nach e-m Streit); **~oir** [~'twa:r] *m* Schlachthaus *n*; **~re** [a'batra] *v/t.* (4a) niederschlagen, fällen; schlachten; niederschießen; ✕ abschießen; *fig.* abschwächen; entmutigen; *il abat de la besogne* die Arbeit geht ihm von der Hand; ⊕~ *la besogne de 1000 ouvriers* die Arbeit von 1000 Arbeitern tun, 1000 Arbeiter ersetzen; *fig.* ~ *des montagnes* Berge versetzen; s'~ einstürzen, zs.-brechen; ✕ *Bergsport:* abstürzen; *Gewitter:* niedergehen; *Wind:* sich legen.

abattu, -e [aba'ty] *adj.* niedergeschlagen.

abat-vent [aba'vã] *m* (*inv.*) Windschutz *m*.

abbaye [abe'i] *f* Abtei *f*.

abbé [a'be] *m* Abt *m*, Geistliche(r) *m*.

abbesse [a'bɛs] *f* Äbtissin *f*.

abc [abe'se] *m* Abc *n*; Alphabet *n*; Fibel *f*; Anfangsgründe *m/pl.*

abcès [ap'sɛ] *m* Abszeß *m*.

abdication [abdika'sjɔ̃] *f* Abdankung *f*; *fig.* Entsagung *f*; **~quer** [~'ke] (1m) *v/i.* abdanken; *v/t.* niederlegen, verzichten auf (*acc.*).

abdomen [abdo'mɛn] *m* Unterleib *m*; Hinterleib *m der Insekten.*

abécédaire [abese'dɛ:r] *m* Fibel *f*.

abeille [a'bɛj] *f* Biene *f*.

aberration [abɛra'sjɔ̃] *f* opt., ast. Aberration *f*, Abweichung *f*; *fig.* Verirrung *f*.

abêtir [abɛ'ti:r] *v/t.* (2a) verdummen.

abhorrer *litt.* [abɔ're] *v/t.* (1a) verabscheuen.

abîm|e [a'bi:m] *m* Abgrund *m*, Tiefe *f*; **~é, -e** [abi'me] *adj.* kaputt F, schwer beschädigt; P schwerverletzt; **~er** [~] *v/t.* (1a) zugrunde richten; verderben; beschädigen, kaputtmachen F, ramponieren; s'~ *Schiff:* versinken; zugrunde gehen; *Lebensmittel:* schlecht werden, verderben; *fig.* sich vertiefen (*dans* in *acc.*).

abject, -e [ab'ʒɛkt] *adj.* niederträchtig; gemein; **~ion** [~k'sjɔ̃] *f* tiefe Erniedrigung *f*.

abjurer [abʒy're] *v/t.* (1a) abschwören.

ablation ✂ [abla'sjɔ̃] *f* Ablation *f*, Entfernung *f*.

abl|e ['a:blə] *m* Weißfisch *m*; **~ette** *icht.* [a'blɛt] *f* Ukelei *m*.

ablution *rl.* [ably'sjɔ̃] *f* Waschung *f*.

abnégation [abnega'sjɔ̃] *f* Selbstverleugnung *f*; Entsagung *f*; Selbstüberwindung *f*.

aboi [a'bwa] *m* Bellen *n*; *fig. être aux* ~s in e-r verzweifelten Lage sein; **~ement** [~'mã] *m* Gebell *n*; *fig.* ~s *pl.* Gezeter *n*.

abol|ir [abɔ'li:r] *v/t.* (2a) abschaffen, aufheben; **~ition** [~li'sjɔ̃] *f* Abschaffung *f*, Aufhebung *f*; Tilgung *f*; ✕ Schwinden *n*; ~ *de la mémoire* Gedächtnisschwund *m*; ~ *de la vue* Erblinden *n*; ~ *de l'ouïe* Ertauben *n*, Taubwerden *n*.

abomin|able [abɔmi'nablə] *adj.* abscheulich; **~ation** [~na'sjɔ̃] *f* Abscheu *m*; Abscheulichkeit *f*, *thé.*; etwas Entsetzliches *n*; **~er** [~'ne] *v/t.* (1a) verabscheuen.

abondamment [abɔ̃da'mã] *adv.* reichlich, im Überfluß.

abond|ance [abɔ̃'dɑ̃:s] *f* Überfluß *m*; Wohlstand *m*; *fig.* ~ *de paroles* Wortreichtum *m*; *en* ~ reichlich; **~ant, -e** [~'dã, ~'dɑ̃:t] *adj.* reichlich; üppig; ~ *en* reich an (*dat.*); **~er** [~'de] *v/i.* (1a) reichlich vorhanden sein; Überfluß haben (*en* an *dat.*).

abonn|é, -e [abɔ'ne] *su. téléph.* Teilnehmer(in *f*) *m*, Abonnent(in *f*) *m*; Zeitkarteninhaber(in *f*) *m*; **~ement** [~n'mã] *m* Abonnement *n*; Zeitkarte *f*; ~ *mensuel* Monatskarte *f*, *thé.*, *Sport:* Dauerkarte *f*; ~ (*valable*) *pour un an* Jahresabonnement *n*; ~ *postal* Postbezug *m* e-r *Zeitung*; **~er** [~'ne] *v/t.* (1a): ~ *q. à qch.* für j-n etw. abonnieren; s'~ *à qch.* etw. abonnieren.

abonnir [abɔ'ni:r] *v/t.* (2a) *Wein, Boden* verbessern; s'~ besser werden.

abord [a'bɔ:r] *m* **1.** ~s *pl.*: *les* ~s *de la mairie* die nähere Umgebung des Rathauses; **2.** *fig.*: *facile* Zugänglichkeit *f*; **3.** *d'~* zuerst; *tout d'* ~ = *litt. dès l'* ~ gleich zuerst; *de prime* ~ von vornherein, auf den ersten Blick; *aux* ~s *de* ganz in der Nähe von; *aux* ~s *du pouvoir* auf der Schwelle zur Macht; **~able** [abɔr'dablə] *adj. fig.* zugänglich; *Preis:* annehmbar, erschwinglich; **~age** ⚓ [~'da:ʒ] *m* Entern *n*; Zs.-stoß *m*; **~er**

[⁓'de] (1a) *v/t.* ♣ anlaufen; entern; ⚔ anfliegen; ⁓ *qch.* etw. erörtern, auf etw. (*acc.*) zu sprechen kommen; *e-e Frage* ⁓ anschneiden; ⁓ *q.* j-n ansprechen; *v/i.* ♣ landen.

aborigène [abɔri'ʒɛn] **1.** *m* Eingeborene(r) *m*; Einheimische(r) *m*; ⁓*s pl.* Ureinwohner *pl.*; **2.** *adj.* einheimisch.

aborner [abɔr'ne] *v/t.* (1a) vermarken, *Gelände* abstecken.

abortif, -ve [abɔr'tif, ⁓'tiːv] **1.** *adj.* abtreibend; **2.** *m* Abtreibungsmittel *n.*

abouch|ement ⊕ [abuʃ'mɑ̃] *m* Ineinanderfügen *n zweier Röhren*; ⁓**er** [⁓'ʃe] *v/t.* (1a) ⊕ ineinanderfügen; *fig. Personen* in Kontakt bringen; s'⁓ sich bereden; ⊕ *Röhren:* zs.-stoßen; einmünden.

abouler P [abu'le] *v/t.* (1a) (her)geben, rausrücken; zahlen; bringen; s'⁓ angetrudelt kommen; *Fahrzeug:* angerollt kommen.

aboul|ie *psych.* [abu'li] *f* Abulie *f*; ⁓**ique** [⁓'lik] *adj.* willenlos.

abouter [abu'te] *v/t.* (1a) **1.** zusammenfügen; **2.** ✄ zurückschneiden.

about|ir [abu'tiːr] *v/i.*(2a): ⁓ *à* grenzen an (*acc.*), enden in (*dat.*); *Fluß:* sich ergießen in (*acc.*); ⚓, ✝ aufgehen; *fig.* führen zu (*dat.*); *faire* ⁓ zum Ziel führen, zum Abschluß bringen; ⁓**issement** [⁓tis'mɑ̃] *m* Endergebnis *n*, Enderfolg *m*; ✝ *Geschwür:* Aufgehen *n.*

aboy|er [abwa'je] *v/i.* (1h) bellen; ⁓**eur, -se** [⁓'jœːr, ⁓'jøːz] *su.* Kläffer *m*; *fig.* Krakeeler(in *f*) *m.*

abras|if, -ve ⊕ [abra'zif, ⁓'ziːv] **1.** *adj.* (ab)schleifend; *toile f abrasive* Schleifleinen *n*; **2.** *m* Schleifmittel *n*; ⁓**ion** ✝ [⁓'zjɔ̃] *f* Ausschabung *f.*

abrégé [abre'ʒe] *m* Abriß *m*, Auszug *m*; ⁓**er** [⁓] *v/t.* (1g) abkürzen.

abreuv|er [abrœ've] *v/t.* (1a) tränken; ⁓**oir** [⁓'vwaːr] *m* Tränke *f.*

abréviation [abrevja'sjɔ̃] *f* Abkürzung *f.*

abri [a'bri] *m* Obdach *n*; (Schutz-) Hütte *f*; Wartehäuschen *n*; *fig.* Schutz *m*, Sicherheit *f*; ⚔ Unterstand *m*, Luftschutz-raum *m*, -keller *m*, Deckung *f*; ⁓ *atomique* Atombunker *m*; ⁓ *bétonné* Bunker *m*; 🔧 *de mécanicien* Führerstand *m*; *à l'*⁓ *de* geschützt vor (*dat.*); *mettre à l'*⁓ in Sicherheit bringen; *à l'*⁓ *de l'air*

unter Luftabschluß; *sans* ⁓ obdachlos.

abricot [abri'ko] *m* Aprikose *f*; ⁓**ier** [⁓ko'tje] *m* Aprikosenbaum *m.*

abri-mangeoire [abrimɑ̃'ʒwaːr] *m* (*pl. abris-mangeoires*): ⁓ *pour oiseaux* Futterhäuschen *n* für Vögel.

abriter [abri'te] *v/t.* (1a) Unterkunft gewähren (*dat.*); vor Wind und Regen schützen; ⁓ *de* (*contre*) schützen vor (*dat.*); s'⁓ sich schützen, sich unterstellen.

abrivent [abri'vɑ̃] *m* Wetterdach *n*; Strohmatte *f für Pflanzen.*

abroger [abrɔ'ʒe] *v/t.* (1l) abschaffen, aufheben; außer Kraft setzen.

abrupt, -e [ab'rypt] *adj.* schroff, abschüssig; *fig.* schroff; *Stil:* nicht ausgefeilt; abgehackt, holp(e)rig.

abruti, -e [abry'ti] *su.* Blödkopf *m*, Blödian *m.*

abrut|ir [abry'tiːr] *v/t.* (2a) verdummen; s'⁓ verblöden, stumpfsinnig werden; ⁓**issement** [⁓tis'mɑ̃] *m* Verdummung *f*; Abgestumpftheit *f*; Stumpfsinn *m.*

absence [ap'sɑ̃s] *f* Abwesenheit *f*; Zerstreutheit *f*; ✝ Bewußtseinstrübung *f.*

absent, -e [ap'sɑ̃, ⁓'sɑ̃ːt] *adj.* abwesend; *fig.* zerstreut; ⁓**éisme** [⁓te'ism] *m* häufiges Fernbleiben *n*, Fehlen *pl.*; ⁓**er** [⁓'te] *v/rfl.* (1a): s'⁓ sich entfernen, sich drücken F.

absinthe [ap'sɛ̃ːt] *f* Absinth *m.*

absolu, -e [apsɔ'ly] *adj.* absolut, unumschränkt; *fig.* unbedingt; restlos; *Alkohol:* (chemisch) rein; ⁓**ment** [⁓'mɑ̃] *adv.* unbedingt; durchaus; völlig; ⁓**tion** [⁓'sjɔ̃] *f* Absolution *f*, Sündenvergebung *f*; ⁓**tisme** *pol.* [⁓'tism] *m* Absolutismus *m*; ⁓**toire** [⁓'twaːr] *adj.* freisprechend.

absorber [apsɔr'be] *v/t.* (1a) absorbieren; aufsaugen; aufzehren; ⊕ *Stoß* auffangen; *Schall* dämpfen; *fig.* völlig in Anspruch nehmen; s'⁓ *dans* sich vertiefen in (*acc.*).

absorption [apsɔrp'sjɔ̃] *f* Ein-, Aufsaugen *n*, Absorbierung *f.*

absoudre [ap'suːdrə] *v/t.* (4b) freisprechen; *rl.* lossprechen.

absten|ir [apstə'niːr] *v/rfl.* (2h): s'⁓ sich enthalten (*gén.*); ⁓**tion** [⁓tɑ̃'sjɔ̃] *f* (*bsd.* Stimm-)Enthaltung *f*; Verzicht *m* (*de auf acc.*).

absterg|ent, -e ✝ [apstɛr'ʒɑ̃, ⁓'ʒɑ̃ːt] **1.** *adj.* reinigend; **2.** *m* Wundreinigungsmittel n; **~** ✏ [~'ʒe] v/t. (11) auswaschen.

abstinen|ce ✏, rl. [apsti'nɑ̃:s] f Enthaltsamkeit f; rl. faire ~ fasten; **~t, -e** rl., ✏ [~'nɑ̃, ~'nɑ̃:t] su. Abstinenzler(in f) m.

abstraction [apstrak'sjɔ̃] f Abstraktion f; faire ~ de qch. von etw. absehen; ~ faite de cela abgesehen davon; **~s** pl. Phantastereien f/pl., Hirngespinste n/pl.

abstrai|re [aps'trɛːr] (4s) abstrahieren, abziehen; fig. s'~ sich gedanklich freimachen; **~t, -e** [~'trɛ, ~'trɛt] adj. abstrakt.

abstrus, -e [aps'try, ~'try:z] adj. abstrus, verworren.

absurd|e [ap'syrd] 1. adj. absurd, widersinnig; 2. m: tomber dans l'~ abgeschmackt werden; **~ité** [~di'te] f Absurdität f, Unsinnigkeit f.

abus [a'by] m Mißbrauch m; litt. Fehler m, Irrtum m; les ~ pl. die Mißstände m/pl.; ~ de confiance Vertrauensbruch m; **~er** [~'ze] (1a) v/t. täuschen; v/i.: ~ de qch. etw. mißbrauchen; s'~ sich täuschen; **~if, -ve** [~'zif, ~'zi:v] adj. mißbräuchlich; fig. sprachwidrig.

abyss|al, -e [abi'sal] adj. (m/pl. -aux) Tiefsee...; **~e** [a'bis] m géol. Tiefseegraben m; fig. Abgrund m.

acabit [aka'bi] m 1. péj. (von Sachen) Sorte f; pommes f/pl. de cet ~ Äpfel m/pl. von so einer Sorte; 2. (v. Menschen) fig. Kaliber m, Schlag m.

acacia ♀ [aka'sja] m Akazie f.

académ|icien, -ne [akademi'sjɛ̃, ~'sjɛn] su. Mitglied n e-r Akademie; **~ie** [~'mi] f Akademie f; Fr. Schulbezirk m; peint. Aktstudie f; **~ique** [~'mik] adj. akademisch; fig. gezwungen, steif; geziert.

acajou [aka'ʒu] m Mahagoni n.

acanthe [a'kɑ̃:t] f ♀ Bärenklau f od. m; △ Akanthus(blatt n) m.

acariâtre [aka'rjɑːtr] adj. zänkisch.

acabl|ant, -e [aka'blɑ̃, ~'blɑ̃:t] adj. erdrückend, schwül; fig. lästig; belastend; **~ement** [~blɑ̃'mɑ̃] m Niedergeschlagenheit f; fig. Belastung f; **~er** [~'ble] v/t. (1a) niederdrücken; überhäufen (de mit dat.); fig. belasten.

acalmie [akal'mi] f Windstille f; Erschlaffung f; ⚔ Kampfpause f; † stille Zeit f, Flaute f.

accapar|ement [akapar'mɑ̃] m

Hamstern n; **~er** [~'re] v/t. (1a) wucherisch aufkaufen; hamstern; fig. an sich reißen; mit Beschlag belegen; **~eur, -se** [~'rœːr, ~'røːz] su. Hamsterer m, Hamsterin f.

accéder [akse'de] v/i. (1f): ~ à gelangen zu, Zugang haben zu (dat.); erlangen; beitreten (dat.); zustimmen (dat.); Bitte gewähren; beipflichten (dat.).

accélér|ateur, -rice [akselera'tœːr, ~'tris] 1. adj. beschleunigend; 2. m Auto: Gashebel m; Kino: Zeitraffer m; at. ~ de particules Teilchenbeschleuniger m; **~ation** [~ra'sjɔ̃] f Beschleunigung f; **~er** [~'re] (1f) v/t. beschleunigen; v/i. Auto: Gas geben; train m accéléré beschleunigter Personenzug m.

accent [ak'sɑ̃] m Akzent m; Hervorhebung f; Betonung f; Tonfall m; fremdartige Aussprache f; **~uation** [~tɥa'sjɔ̃] f Betonung f; **~uer** [~'tɥe] v/t. (1n) betonen, akzentuieren.

accept|able [aksɛp'tabl] adj. annehmbar; **~ant, -e** ⚖ [~'tɑ̃, ~'tɑ̃:t] su. Annehmer(in f) m; **~ation** [~ta'sjɔ̃] f Annahme f; † Akzept m; **~er** [~'te] v/t. (1a) annehmen, sich etw. gefallen (od. bieten) lassen; **~eur** [~'tœːr] m Wechselnehmer m; ⚗, at. Akzeptor m; **~ion** [~'sjɔ̃] f 1. sans ~ de personne ohne Ansehen der Person; 2. (Wort-) Bedeutung f, Sinn m.

accès [ak'sɛ] m Zutritt m; Zu-, Eingang m; Zulassung f (zu e-m Beruf); (Wut-, Fieber-) Anfall m; Anwandlung f; 2 Zufahrtsstraßen f/pl.

accessible [aksɛ'sibl] adj. erreichbar; Preis: erschwinglich; fig. zugänglich (à für); empfänglich (à für).

accession [aksɛ'sjɔ̃] f Beitritt m, Zustimmung f; ~ au travail Eingliederung f in den Arbeitsprozeß; ~ à la propriété Eigentumsbildung f.

accessoire [aksɛ'swaːr] 1. adj. nebensächlich; zusätzlich; Neben...; 2. m Nebensache f; **~s** pl. thé. Requisiten n/pl.; ⊕ Zubehör(teile pl.) n od. m.

accident [aksi'dɑ̃] m Unfall m; Zufälligkeit f; ♪ Vorzeichen n; **~ de la route** Verkehrsunfall m; ~ de moteur Motordefekt m; ~ de terrain Unebenheit f; biol. ~ du développement Entwicklungsstörung f; fig., péj. ~ de parcours éc., pol., soc. unangenehme Überraschung f; par ~ zufällig; **~é, -e** [~'te] adj. uneben, hügelig; ✏ Leben: bewegt, ereignisreich; F *Wagen:* beschädigt; verunglückt; ~ *du travail* bei der Arbeit Verunglückte(r) *m*, Arbeitsopfer *n*; **~el**, **-le** [~'tɛl] *adj.* zufällig; **~er** [~'te] *v/t.* (1a) *Leben*, *Stil* wechselvoll gestalten; F ~ *q.* j-n *durch e-n Unfall* schädigen; ~ *qch.* etw. beschädigen; s'~ e-n Unfall erleiden.

acclam|ation [aklamɑ'sjɔ̃] *f* Beifallsruf *m*; **~er** [~'me] *v/t.* (1a): ~ *q.* j-m zujubeln.

acclimat|ation [aklimatɑ'sjɔ̃] *f künstliche* Akklimatisierung *f*; *jardin m d'~* zoologischer *u.* botanischer Garten *m*; **~ement** *biol.* [~mat'mã] *m spontane* Akklimatisierung *f*; **~er** *a. fig.* [~'te] (1a) *v/t.* (*u.* s'~ sich) akklimatisieren.

accoint|ances *oft mv.p.* [akwɛ̃'tã:s] *f/pl.* Beziehungen *f/pl.* (*avec zu dat.*); **~er** [~'te] *v/rfl.* (1a): s'~ *avec q.* sich mit j-m einlassen.

accol|ade [akɔ'lad] *f* Umarmung *f*, Bruderkuß *m*; *typ.* geschweifte Klammer *f* (~); *hist.* Ritterschlag *m*; **~age** ✍ [~'la:ʒ] *m* Anbinden *n*; **~er** [~'le] *v/t.* (1a) *e-m Namen* hinzufügen; ✍ anbinden; **~ure** ✍ [~'ly:r] *f* Bindeband *n*.

accommod|age *cuis.* [akɔmɔ'da:ʒ] *m* Zubereitung *f*; **~ant, -e** [~'dã, ~'dã:t] *adj.* umgänglich; **~ation** [~dɑ'sjɔ̃] *f* Anpassung *f*; **~ement** [~d'mã] *m* Vergleich *m*; Aussöhnung *f*; **~er** [~-'de] *v/t.* (1a) anpassen; *cuis.* zubereiten; schlichten; s'~ *à qch.* sich e-r Sache (*dat.*) anpassen; s'~ *de qch.* sich mit etw. (*dat.*) begnügen (*od.* abfinden).

accompagn|ateur, -rice [akɔ̃pana-'tœ:r, ~'tris] *su. a.* ♪ Begleiter(in *f*) *m*; Reisebegleiter(in *f*) *m*; **~ement** [~'mã] *m* Begleitung *f* (*a.* ♪); **~er** [~'ne] *v/t.* (1a) begleiten (*a.* ♪).

accompl|ir [akɔ̃'pli:r] *v/t.* (2a) verwirklichen, durchführen; erfüllen; **~issement** [~plis'mã] *m* Durchführung *f*; Erfüllung *f*.

accord [a'kɔ:r] *m* Einklang *m*; Vergleich *m*, Abkommen *n*, Übereinkommen *n*; Zustimmung *f*, Einverständnis *n*; Einigung *f*; ♪ Akkord *m*; *rad.* Einstellung *f*, Abstimmung *f*; *d'~!* einverstanden!; *tomber d'~* übereinkommen, einig werden; *d'un commun ~* einstimmig; **~able** [akɔr'dablə] *adj.* vereinbar; annehm-

bar; ♪ stimmbar; **~age** ♪ [~'da:ʒ] *m* Stimmen *n*; **~éon** [~de'ɔ̃] *m* Akkordeon *n*; **~éoniste** [~deɔ'nist] *su.* Akkordeonspieler(in *f*) *m*; **~er** [~'de] *v/t.* (1a) in Einklang bringen; bewilligen, gewähren, zugestehen; ♪ stimmen; *rad.* abstimmen; ~ *de la confiance à q.* j-m Vertrauen schenken; s'~ sich vertragen; übereinstimmen; ♪ gestimmt werden; *gr.* sich richten (*avec* nach *dat.*); **~eur** ♪ [~'dœ:r] *m* Stimmer *m*; **~oir** ♪ [~-'dwa:r] *m* Stimmschlüssel *m*.

accor|e ⚓ [a'kɔ:r] **1.** *m* Abstrebung *f*; **2.** *adj. Küste:* steil abfallend; **~er** [akɔ're] *v/t.* (1a) *Schiff:* ~ *de* stützen mit (*dat.*).

accorte *litt.* [a'kɔrt] *adj./f* freundlich, gefällig.

accost|able [akɔs'tablə] *adj.* ⚓ zum Anlegen geeignet; P *fig.* zugänglich; **~age** [~'ta:ʒ] *m* Anlegen *n*, Landungsstelle *f*; F Ansprechen *n e-r Frau;* **~er** [~'te] *v/t.* (1a) anlegen; ~ *q.* j-n ansprechen.

accot|ement [akɔt'mã] *m Straße:* Randstreifen *m*; Aufschüttung *f*; **~er** [~'te] (1a) *v/t. u.* s'~ (sich) anlehnen, (sich) stützen; **~oir** [~'twa:r] *m* Kopfstütze *f*.

accoud|er [aku'de] *v/rfl.* (1a): s'~ sich mit dem Ellbogen aufstützen; **~oir** [~'dwa:r] *m* Armlehne *f*; Fensterbrett *n*.

accouple *ch.* [a'kuplə] *f* Hundekoppelriemen *m*.

accoupl|ement [akuplə'mã] *m* Paarung *f*; ✂ Schaltung *f*; ⊕ Kupplung *f*; *rad.* Kopplung *f*; ~ *en série* Serienschaltung *f*; *Auto:* ~ *à griffes* Klauenkupplung *f*; **~er** [~'ple] *v/t.* (1a) paaren; *fig.* verbinden; ⚙, ⊕ kuppeln; *rad.* koppeln; ✂ schalten.

accour|cir *litt.* [akur'si:r] *v/i.* (2a) *Tage:* kürzer werden; **~cissement** *litt.* [~sis'mã] *m* Verkürzung *f der Tage.*

accourir [aku'ri:r] *v/i.* (avoir bzw. être) (2i) herbei-laufen, -eilen.

accoutr|ement [akutrə'mã] *m* Ausstaffierung *f*; **~er** [~'tre] *v/t.* (1a) herausputzen, ausstaffieren.

accoutum|ance [akuty'mã:s] *f un-freiwillige* Gewöhnung *f*; **~é, -e** [~'me] *adj.* gewohnt; gewöhnlich; *comme à l'~e* wie üblich; **~er** [~] *v/t.* (1a): *~ q. à qch.* j-n an etw. *(acc.)* gewöhnen.

accrédit|ation [akredita'sjõ] *f* Eröffnung *f* e-s Kredits; *dipl.* Akkreditierung *f*; **~er** [~'te] *v/t.* (1a): *~ q.* j-m zu Ansehen verhelfen; *sa loyauté l'a accrédité* durch sein rechtschaffenes Verhalten ist er zu Ansehen gelangt; *~ q. auprès de q.* sich für j-n *(od.* für j-s Vertrauenswürdigkeit) bei j-m einsetzen; *dipl.* j-n bei j-m akkreditieren; *~ un bruit* ein Gerücht bestätigen; s'~ *Gerücht:* sich ausbreiten; **~eur, -rice** [~'tœ:r, ~'tris] *su.* Bürge *m*, Bürgin *f*; **~if** [~'tif] *m* Kreditbrief *m*, Akkreditiv *n*.

accroc [a'kro] *m* Riß *m*; *fig.* Hindernis *n*; *fig.* Schwierigkeit *f*; Haken *m* F; *sans ~s* reibungslos.

accroch|age [akro'ʃa:ʒ] *m* Anhaken *n*; *Auto:* Rammen *n*; *Boxen:* Umklammerung *f*; Zusammenstoß *m (der Polizei mit Demonstranten usw.)*; F *(unvorhergesehener)* Streit *m*; ⊕ Sperrvorrichtung *f*; **~e-cœur** [~'kœ:r] *m (pl. ~[s])* Schmachtlocke *f*; **~e-œil** [~'œj] *m (inv.) Plakat:* Blickfang *m*; **~er** [~'ʃe] *v/t.* (1a) an-, aufhängen; *ein Auto* rammen; *Zuschauer* fesseln; ✕ *den Feind* binden; *etw.* ergattern; *Polizei:* zs.-stoßen mit *(dat.)*; s'~ hängenbleiben *(à* an *dat.)*; belästigen *(à q.* j-n); *Boxen:* sich umklammern; ♣ entern.

accroire [a'krwa:r] *v/t.* (4v): *en faire~ qch. à q.* j-m etw. aufbinden, j-m etw. weismachen.

accroissement [akrwas'mã] *m* Zuwachs *m*; Vergrößerung *f*, Zunahme *f*.

accroître [a'krwa:tr] *v/t.* (4w) vermehren; steigern; s'~ wachsen.

accroupir [akru'pi:r] *v/rfl.* (2a): s'~ niederhocken, sich zs.-kauern.

accru¹, -e [a'kry] *p.p. v.* accroître.

accru², -e [~] *m* Wurzelschößling *m*; **~e** [~] *f* Boden-, Land-gewinnung *f*; Waldausdehnung *f*.

accu F ⚡ [a'ky] *m* Akku *m*; *~ auto* Autobatterie *f*; *(re)charger l'~ od.* den Akku (auf)laden.

accueil [a'kœj] *m* Aufnahme *f*, Empfang *m*; *centre m d'~* Auffanglager *n*; † *faire (bon) ~ à une traite* e-n Wech-

sel honorieren; **~lir** [~'ji:r] *v/t.* (2c) aufnehmen, empfangen, bewillkommnen.

accul|é, -e [aky'le] *adj.: ~ à la faim* dem Hunger preisgegeben; **~er** [~] *v/t.* (1a) drängen, treiben; *fig.*, ✕ s'~ sich den Rücken decken.

accumul|ateur ⚡ [akymyla'tœ:r] *m* Akkumulator *m*; **~er** [~'le] *v/t.* (1a) anhäufen.

accus|ateur, -rice [akyza'tœ:r, ~'tris] *su.* Ankläger(in *f*) *m*; **~atif** *gr.* [~'tif] *m* Akkusativ *m*; **~ation** [~za'sjõ] *f* Anklage *f*; **~é, -e** [~'ze] *su.* Angeklagte(r *m*) *m* u. *f*; *~ de réception* Empfangsbestätigung *f*; **~er** [~] *v/t.* (1a) anklagen, beschuldigen; verraten, erraten lassen; *~ réception* den Empfang bestätigen; *~ son jeu* sein Spiel angeben.

acéphale *zo.* [ase'fal] *adj.* ohne Kopf.

acérage [ase'ra:ʒ] *m* Verstählung *f*.

acerbe [a'sɛrb] *adj.* herb; *fig.* schroff.

acér|é, -e [ase're] *adj.* spitz; grell; *fig.* beißend; **~er** [~] *v/t.* (1f) verstählen; *fig.* schärfen.

acét|ate 🜍 [ase'tat] *m* Azetat *n*, essigsaures Salz *n*; *~ d'alumine* essigsaure Tonerde *f*; *~ de cuivre* Grünspan *m*; **~eux, -se** [~'tø, ~'tø:z] *adj.* essigsauer; **~one** [~'tɔn] *f* Azeton *n*; **~ylène** [~ti'lɛn] *m (adjt.: gaz m ~)* Azetylen(gas *n*) *n*.

achaland|age F † [aʃalã'da:ʒ] *m* Warenangebot *n*; **~é, -e** [~'de] *adj.: magasin m bien ~* Geschäft *n* mit reicher Auswahl.

acharn|ement [aʃarnə'mã] *m* Gier *f (beim Tier)*; *fig.* Verbissenheit *f*; **~er** [~'ne] *v/rfl.* (1a): s'~ à qch. sich eifrig *(od.* leidenschaftlich) auf etw. *(acc.)* legen; s'~ sur *(od.* contre) q. sich auf j-n stürzen; sich über j-n ereifern.

achat [a'ʃa] *m* (An-)Kauf *m*, Einkauf *m*.

achemin|ement [aʃmin'mã] *m* Beförderung *f*; ⚆ Postvermerk *m*; *fig.* Weg *m*, Mittel *n (vers zu dat.)*; **~er** [~'ne] *v/t.* (1a) auf den Weg *(od.* in Gang) bringen; befördern; s'~ sich aufmachen.

achet|er [aʃ'te] *v/t.* (1e) **1.** kaufen, *a.* sich kaufen, abnehmen, beziehen; *~ avec facilités de paiement, ~ à paiements échelonnés* auf Raten *(od.* Abzahlung *od.* auf Stottern P) kaufen; *~ qch. à q.* j-m etw. abkaufen, von j-m etw. kaufen; *~ (au) comptant* gegen bar kaufen; ~ *cher* (*bon marché*) teuer (billig) kaufen; *il achète 60 000 dollars son ranch en Californie* er kauft für 60 000 Dollar s-e Ranch in Kalifornien; **2.** *fig.* ~ q. j-n bestechen od. kaufen; P j-n hochnehmen *od.* verkohlen; **3.** *s'~* gekauft werden; *sich etw. kaufen*, **~eur, -se** [~'tœːr, ~'tøːz] *su.* Käufer(in *f*) *m*, Abnehmer(in *f*) *m*.

achèvement [aʃɛv'mɑ̃] *m* Beendigung *f*; *fig.* Vollkommenheit *f*.

achever [aʃ've] *v/t.* (1d) vollenden; fertigstellen; aufessen, austrinken; töten; F *fig.* kopflos machen; ~ de faire qch. mit e-r Sache zu Ende kommen; *il a achevé de manger* er hat gegessen, er ist mit dem Essen fertig; *s'~* zu Ende gehen, ablaufen.

achillée ♀ [aki'le] *f* Schafgarbe *f*.

achopp|ement [aʃɔp'mɑ̃] *m: pierre f d'~* Stein *m* des Anstoßes; **~er** [~'pe] *v/i.* (1a): *il achoppe sur les mots difficiles* er stolpert über die schwierigen Wörter.

achromatique opt. [akrɔma'tik] *adj.* achromatisch.

acid|e [a'sid] **1.** *adj.* sauer; **2.** *m* Säure *f*; ~ *acétique* Essigsäure *f*; ~ *chlorhydrique* Salzsäure *f*; ~ *sulfurique* Schwefelsäure *f*; ~ *tartrique* Weinsäure *f*; ~ *urique* Harnsäure *f*; **3.** * *m* Stoff *m* * (*Drogen*); **~ification** [~difika'sjɔ̃] *f* Säurebildung *f*; **~imètre** [~di'mɛːtrə] *m* Säuremesser *m*; **~ité** [~'te] *f* Säure(gehalt *m*, -grad *m*) *f*; Schärfe *f*; **~ulé, -e** [~dy'le] *adj.* säuerlich; *eaux f/pl. ~es* Sauerbrunnen *m*; **~uler** [~'le] *v/t.* (1a) ansäuern.

acier [a'sje] *m* Stahl *m* (*a. fig.*); ~ *allié*, ~ *spécial* Edelstahl *m*; *d'~* stählern; ~ *de façonnage* Formstahl *m*; ~ *laminé* Walzstahl *m*; ~ *à précontrainte* Spannstahl *m*; ~ *profilé* Profilstahl *m*.

ac{é}r|er [asje're] *v/t.* (1f) verstählen; **~ie** ⊕ [~'ri] *f* Stahlwerk *n*.

acolyte [akɔ'lit] *m rl.* Akolyth *m*; *péj.* Spießgeselle *m*, Helfershelfer *m*.

acompte [a'kɔ̃ːt] *m* Anzahlung *f*; F Vorfreude *f*; Vorgeschmack *m*; *advt. par ~s* in Raten, auf Abzahlung.

aconfessionnel, -le [akɔ̃fesjɔ'nɛl] *adj.* konfessionslos.

aconit ♀ [akɔ'nit] *m* Eisenhut *m*.

acoquiner F [akɔki'ne] *v/rfl.* (1a): *mv. p. s'~ à* sich einlassen mit (*dat.*); *s'~ à* (*od. avec*) *des fripons* mit Spitzbuben

verkehren (*od.* Umgang haben); *s'~ au jeu* dem Spiel verfallen sein.

à-côté [ako'te] *m* (*pl. ~s*) Nebensache *f*; *~s pl.* Nebeneinnahmen *f/pl.*

à-coup [a'ku] *m* (*pl. ~s*) Ruck *m*, Stoß *m*; *par ~s* ruckweise; *fig.* dann und wann; *sans ~* stoßfrei; *fig.* reibungslos.

acoustique [akus'tik] **1.** *adj.* akustisch, Hör...; **2.** *f* Akustik *f*.

acquér|eur [ake'rœːr] *m* Erwerber *m*, Ankäufer *m*; **~ir** [~'riːr] *v/t.* (21) erwerben; *fig.* ~ *droit de cité* sich einbürgern.

acquêts ⚤ [a'kɛ] *m/pl.* Zugewinn *m* (*in der Ehe*).

acquiesc|ement [akjes'mɑ̃] *m* Zustimmung *f*; **~er** [~'se] *v/i.* (1k): ~ à qch. e-r Sache zustimmen.

acquis, -e [a'ki, a'kiːz] **1.** *p.p. v. acquérir*; **2.** *adj.* erworben; **3.** *m/sg.* Fertigkeiten *f/pl.*; erworbene Kenntnisse *f/pl.*; Errungenschaften *f/pl.*; Besitz (-stand *m*) *m*.

acquisition [akizi'sjɔ̃] *f* Ankauf *m*, Kauf *m*, Erwerb(ung *f*) *m*; erworbenes Gut *n*; *contrat m d'~* Kaufbrief *m*.

acquit [a'ki] *m* Quittung *f*; Bescheinigung *f*; *par ~ de conscience, pour l'~ de sa conscience* damit man sich nichts vorzuwerfen braucht; um ein übriges zu tun; *pour ~* (Betrag) erhalten; *fig. tenir pour ~ que ...* (*ind.*) es für selbstverständlich halten, daß ...; *fig. par manière d'~* interessenlos; ~ à caution nur dem Zwang gehorchend; **~-à-caution** [~tako'sjɔ̃] *m* (*pl. acquits--à-caution*) Zollbegleitschein *m*.

acquitt|ement [akit'mɑ̃] *m* Zahlung *f*; ⅓ Freispruch *m*; **~er** [~'te] *v/t.* (1a) Gewissen entlasten; freisprechen; bezahlen, begleichen, quittieren; *s'~ d'une dette* e-e Schuld bezahlen; *s'~ d'un devoir* e-e Pflicht erfüllen.

âcre ['ɑːkrə] *adj.* scharf; *fig.* beißend.

âcreté [akrə'te] *f* Herbheit *f*, Schärfe *f*; *fig.* Bissigkeit *f*.

acrimon|ie [akrimɔ'ni] *f* Schärfe *f*; *fig.* Bitternis *f*; **~ieux, -se** *litt.* [~'njø, ~'njøːz] *adj.* scharf; *fig.* verbittert.

acrobate [akrɔ'bat] *su.* Akrobat(in *f*) *m*.

acrylique ⚛ [akri'lik] **1.** *adj.* Acryl...; **2.** *m text.* Acryl *n*.

act|e [akt] *m* Tat *f*, Handlung *f*, Akt *m*; Urkunde *f*; Akte *f*; Rechtsgeschäft *n*; *thé.* Akt *m*; ~ *de décès* Totenschein *m*; ~ *gratuit* mutwillige

Tat *f*; *psych.* ~ *manqué* Fehlleistung *f*; ~ *notarié* notarieller Akt *m*; ~*s pl.* Akten *f/pl.*; ~*s des Apôtres* Apostelgeschichte *f*; *prendre* ~ *de qch.* von etw. Kenntnis nehmen; **~eur, -rice** [~'tœːr, ~'tris] *su.* Schauspieler(in *f*) *m*.

actif, -ve [ak'tif, ~'tiːv] **1.** *adj.* aktiv, tätig; wirksam; **2.** *m* † Aktivvermögen *n*; *gr.* Aktiv(um) *n*.

actino|mètre [aktino'mɛːtrə] *m phot.* Belichtungsmesser *m*; *opt.* Strahlenmesser *m*; **~thérapie** ʂ [~tera'pi] *f* Strahlentherapie *f*.

action [ak'sjɔ̃] *f* Tat *f*, Handlung *f*, Aktion *f*; Tätigkeit *f*; Lebendigkeit *f*; Wirkung(sart *f*) *f*; ⚖ Klage *f*; † Anteilschein *m*, Aktie *f*; *rl.* ~ *de grâces* Danksagung *f*; ~ *de mine* Kux *m*; ~ *publicitaire* Werbeaktion *f*; ~ *fermentaire* Gärprozeß *m*; **~naire** [~sjɔ'nɛːr] *m* Aktionär *m*, Aktienbesitzer *m*; **~nariat** [~na'rja] *m*: ~ *ouvrier*, ~ *des salariés* Kapitalbeteiligung *f* der Arbeitnehmerschaft; **~nement** *bsd.* ⊕ [~n'mã] *m* Antrieb *m*, Betätigung *f*; **~ner** [~'ne] *v/t.* (1a) gerichtlich belangen; ⊕ betätigen; (an)treiben; in Gang bringen; *s'*~ tätig sein *od.* werden.

activ|er [akti've] *v/t.* (1a) beschleunigen, beleben, fördern; † aktivieren; *s'*~ sich betätigen; **~iste** [~'vist] *su.* Aktivist(in *f*) *m*; *pol. oft péj.* Terrorist(in *f*) *m*; **~ité** [~vi'te] *f* Aktivität *f*, Betriebsamkeit *f*, Tätigkeit *f*; Wirksamkeit *f*.

actrice [ak'tris] *f* Schauspielerin *f*.

actualité [aktɥali'te] *f* Aktualität *f*, Gegenwartsnähe *f*; Zeitgemäßheit *f*; ~*s pl. cin.* Wochenschau *f/sg.*; *rad.* Zeitfunk *m*, Zeitgeschehen *n*, Neues *n* vom Tage; *d'*~ aktuell.

actuel, -le [ak'tɥɛl] *adj.* aktuell, zeitgemäß, gegenwärtig, jetzig.

acuité [akɥi'te] *f* Schärfe *f*; *fig.* Heftigkeit *f*; akuter (*od.* schnell verlaufender) Zustand *m*.

acu|puncture, ~poncture ʂ [akypɔ̃k'tyːr] *f* Akupunktur *f*.

acutangle ⚕ [akyˈtɑ̃:glə] *adj.* spitzwinklig.

adage [a'daːʒ] *m* geflügeltes Wort *n*.

adapt|abilité *biol.*, *psych.* [adapta-bili'te] *f* Anpassungsfähigkeit *f*; **~able** [~'tabla] *adj.* anpassungsfähig; **~ation** [~ta'sjɔ̃] *f* Anpassung *f*; *thé.* freie Bearbeitung *f*; *cin.* Verfilmung *f*; **~er** [~'te] *v/t.* (1a): ~ *qch. à qch.*

etw. e-r Sache (*dat.*) anpassen.

additif [adi'tif] *m* Zusatz *m*.

addition [adi'sjɔ̃] *f* Hinzufügung *f*; Zusatz *m*; Addition *f*; Rechnung *f* (*im Restaurant*); **~nel, -le** [~sjɔ'nɛl] *adj.* zusätzlich; **~ner** [~'ne] *v/t.* (1a) addieren; mischen (*de mit dat.*); *additionné de* mit Zusatz von (*dat.*); **~neuse** [~'nøːz] *f* Addiermaschine *f*.

adénite ʂ [ade'nit] *f* Lymphdrüsenentzündung *f*.

adepte [a'dɛpt] *su.* Anhänger(in *f*) *m* e-r Lehre *od.* Sekte, Eingeweihte(r *m*) *m u. f.*

adéquat, -e [ade'kwa, ~'kwat] *adj.* angemessen, entsprechend, zweckmäßig, adäquat, übereinstimmend; †, ⊕ *exécution f* ~*e* sachgemäße Durchführung *f*.

adhér|ence [ade'rãːs] *f* Anhaften *n*; *phys.* Adhäsion *f*; Bodenhaftung *f* e-s Reifens; *a. bét.* Haftfestigkeit *f*; Verwachsung *f*; Reibungswiderstand *m*; **~ent, -e** [~'rã, ~'rãːt] **1.** *adj.* anhaftend, -klebend; ⚕, ⚘ verwachsen (*à mit dat.*); **2.** *su.* Anhänger(in *f*) *m*; Mitglied *n*; **~er** [~'re] *v/i.* (1f): ~ *à* festkleben, haften an (*dat.*); ⚕, ⚘ verwachsen sein mit (*dat.*); *zu j-m* halten; *j-m* beistimmen; beitreten (*dat.*); **~iser** [~ri'ze] *v/t.* (1a) *Autoreifen* griffig machen.

adhés|if, -ve [ade'zif, ~'ziːv] *adj.* fest anhaftend, adhäsiv; *Autoreifen:* griffig; *fig.* zustimmend; *emplâtre m* ~ Heftpflaster *n*; **~ion** [~'zjɔ̃] *f* Festhängen *n*; *phys.* Adhäsion *f*; *Autoreifen:* Bodenhaftung *f*; *fig.* Beitritt *m*; Zustimmung *f*; **~ivité** [~zivi'te] *f* *phys.* Adhäsionskraft *f*; *Auto:* Griffigkeit *f*, Bodenhaftung *f*; Geselligkeitsinstinkt *m*.

adiante ⚘ [a'djɑ̃:t] *f* Frauenhaar *n*.

adiaphane [adja'fan] *adj.* undurchsichtig.

adiathermie [adjatɛr'mi] *f* Wärmeundurchlässigkeit *f*.

adieu [a'djø] **1.** *int.* bleib (bleiben Sie) gesund!; lebe(n Sie) wohl! (*beim Abschied für immer od. auf längere Zeit*); **2.** *m* (*pl.* ~*x*): *dire* ~ *à qch.* auf etw. für immer verzichten; *faire* (*od. dire*) *ses* ~*x à q.* von j-m Abschied nehmen.

adip|eux, -se *anat.* [adi'pø, ~'pøːz] *adj.* fettig, Fett...; **~ose** [~'poːz] *f* Fettsucht *f*; **~osité** [~pozi'te] *f* Lipom *n*.

adjacent, -e [adʒa'sɑ̃, ~'sɑ̃:t] *adj.* angrenzend; *rue f* ~*e* Nebenstraße *f*.

adjectif, -ve [adʒɛk'tif, ~'ti:v] **1.** *adj.*
adjektivisch; **2.** *m* Adjektiv *n*, Eigenschaftswort *n*.

adjoindre [ad'ʒwɛ̃:drə] *v/t.* (4b) hinzufügen.

adjoint, -e [ad'ʒwɛ̃, ~'ʒwɛ̃:t] **1.** *adj.*
beigeordnet; Hilfs...; stellvertre-
tend; **2.** *su.* Stellvertreter(in *f*) *m*; *Fr.*
~(*e*) *d'enseignement etwa:* Stu-
dienreferendar(in *f*) *m*; ~(*e*) *au maire* stellvertretender (-vertretende)
Bürgermeister(in *f*) *m*.

adjonction [adʒɔ̃k'sjɔ̃] *f* Zuteilung *f*,
Beiordnung *f e-r zweiten Kraft*; Hinzufügung *f*; ✗ Beimischung *f*.

adjudant [adʒy'dɑ̃] *m* ✗ Feldwebel
m; † autoritärer Boß *m*; ~**-chef** [~'ʃɛf]
m (*pl. adjudants-chefs*) Oberfeldwe-
bel *m*.

adjudicat|aire [adʒydika'tɛ:r] *m* **1.**
Meistbietende(r) *m*; Ersteher *m* (*bei
e-r Versteigerung*); **2.** † Submittent
m; Auftragnehmer *m*; ~**ion** [~ka'sjɔ̃]
f **1.** Zuschlag *m*; Zusprechung *f*;
Auktion *f*; **2.** † Submission *f*; (Auf-
trags-)Vergabe *f*; ~ *publique* öffentliche Ausschreibung *f*.

adjuger [adʒy'ʒe] *v/t.* (1l) zuerkennen; zuschlagen; *Auftrag vergeben*.

adjur|ation [adʒyra'sjɔ̃] *f* inständige
Bitte *f*; ~**er** [~'re] *v/t.* (1a) beschwören, inständig bitten.

adjuvant [adʒy'vɑ̃] *m* ⚕ zusätzliches
Mittel *n*; *bét.* Zusatzmittel *n*.

admettre [ad'mɛtrə] *v/t.* (4p) zulassen; gelten lassen; zugeben.

administr|ateur, -rice [administra-
'tœ:r, ~'tris] *su.* Verwalter(in *f*) *m*;
Verwaltungsratsmitglied *n*; ~**atif,
-ve** [~'tif, ~'ti:v] *adj.* behördlich, ad-
ministrativ; ~**ation** [~tra'sjɔ̃] *f*
Verwaltung(sbehörde *f*) *f*; Verab-
reichung *f e-r Arznei*; Spenden *n der
Sakramente*; ~**é, -e** [~'tre] *su.* Bür-
ger(in *f*) *m*; ~**er** [~] *v/t.* (1a) verwalten; *Arznei*, F *Schläge verabreichen*;
Sakramente spenden; ⚖ ~ *des preuves Beweise beibringen*.

admir|able [admi'rablə] *adj.* bewun-
dernswert; ~**ateur, -rice** [~ra'tœ:r,
~'tris] *su.* Bewunderer *m*, Bewunde-
rin *f*; ~**atif, -ve** [~'tif, ~'ti:v] *adj.*
bewundernd; ~**ation** [~ra'sjɔ̃] *f* Bewunderung *f*; ~**er** [~'re] *v/t.* (1a)
bewundern.

admiss|ible [admi'siblə] *adj.* zuläs-

sig; ~**ion** [~'sjɔ̃] *f* Zulassung *f*; Aufnahme *f*; ~ *d'air* Luftzufuhr *f*.

admon|estation [admɔnɛsta'sjɔ̃] *f*
Verwarnung *f*; Verweis *m*, Rüge *f*;
~**ester** [~nɛs'te] *v/t.* (1a): ~ q. j-m e-n
Verweis erteilen, j-n verwarnen; *zur
Zahlung mahnen*; ~**ition** [~ni'sjɔ̃] *f*
Ermahnung *f*; Rüge *f*.

ado F [a'do] *m* junger Mann *m*.

adolescen|ce [adole'sɑ̃:s] *f* Jugend-
alter *n*; Jugend *f*; ~**t, -e** [~'sɑ̃, ~'sɑ̃:t]
1. *adj.* noch heranwachsend, jung,
jugendlich; **2.** *su.* Jugendliche(r *m*) *m*
u. f; ~*e* junges Mädchen *n*.

adonner [adɔ'ne] *v/rfl.* (1a): *s'*~ *à qch.*
sich e-r Sache hingeben (*od.* wid-
men).

adopt|er [adɔp'te] *v/t.* (1a) adoptie-
ren; *sich zu eigen machen*; ~ *une
opinion* e-r Ansicht beipflichten; ~
une loi ein Gesetz verabschieden; ~**,
-ve** [~'tif, ~'ti:v] *adj.* Adoptiv...; *père
m* ~ Adoptivvater *m*; ~**ion** [~'sjɔ̃] *f*
Adoption *f*; Aufnahme *f fremder
Wörter*; Billigung *f*; Wahl *f*; Verab-
schiedung *f e-s Gesetzes*; *fils m par* ~
Adoptivsohn *m*.

ador|able [adɔ'rablə] *adj.* anbetungs-
würdig; *fig.* reizend; entzückend;
~**ateur, -rice** [~ra'tœ:r, ~'tris] *su.*
Anbeter(in *f*) *m*; Verehrer(in *f*) *m*;
~**er** [~'re] *v/t.* (1a) anbeten; verehren, vergöttern; F ~ *faire qch.* etw.
furchtbar gern tun.

adoss|ement [adɔs'mɑ̃] *m* Anleh-
nung *f*; Böschung *f*; △ Schräge *f*;
~**er** [~'se] (1a) *v/t. u. s'*~ (sich) anlehnen (*à, contre an acc.*); ~**oir** [~'swa:r]
m Strandliege(stuhl *m*) *f*.

adouc|ir [adu'si:r] *v/t.* (2a) versüßen,
mildern; besänftigen, aufheitern;
zähmen; ♪ dämpfen; ⊕ polieren;
~**issement** [~sis'mɑ̃] *m* Versüßung *f*;
Linderung *f*; Tröstung *f*; Ver-
schmelzung *f* (*von Farben*); *Wetter:*
Milderung *f*; *Wasser:* Enthärten *n*;
~**isseur** [~'sœ:r] *m* Weichmacher *m*
(*v. Wasser*).

adress|e [a'drɛs] *f* **1.** Adresse *f*, An-
schrift *f*; *pol.* Denkschrift *f*; **2.** Geschicklichkeit *f*; ~**er** [~'se] *v/t.* (1b)
Wort, Brief richten (*à an acc.*);
adressieren; schicken; übersenden;
Gesuch einreichen; verweisen (*à an
acc.*); *s'*~ sich wenden (*à an acc.*);
~**ographe** [~ɔ'graf] *m* Adressier-
maschine *f*.

adroit, -e [a'drwa, a'drwat] *adj.* geschickt, gewandt.

adul|ateur, -rice _litt._ [adyla'tœːr, ~'tris] **1.** _adj._ schmeichlerisch, kriecherisch; **2.** _su._ Schmeichler(in _f_) _m_; **~ation** _litt._ [~la'sjɔ̃] _f_ Schmeichelei _f_, Lobhudelei _f_; **~er** [~'le] _v/t._ (1a): ~ q. j-n vergöttern.

adulte [a'dylt] **1.** _adj._ erwachsen; _âge m_ ~ Mannesalter _n_; **2.** _su._ Erwachsene(r _m_) _m_ u. _f._

adultéra|teur [adyltera'tœːr] _m_ Fälscher _m_; **~tion** [~ra'sjɔ̃] _f_ (Ver-)Fälschung _f._

adult|ère [adyl'tɛːr] **1.** _adj._ ehebrecherisch; _homme m_ (_femme f_) ~ Ehebrecher(in _f_) _m_; **2.** _m_ Ehebruch _m_; **~érin, -e** [~te're͂, ~'rin] _adj._ aus e-m Ehebruch stammend.

adultisme _psych._ [adyl'tism] _m_ Verhalten _n_ der Erwachsenen.

advenir [advə'niːr] _v/i._ (2h) geschehen.

adventice [advã'tis] _adj._ zufällig; ♀ wildwachsend.

adventif, -ve [advã'tif, ~'tiːv] _adj._ Adventiv...; _géol._ _cratère m_ ~ Adventiv-, Neben-krater _m_; ♀ _racines f/pl._ adventives Adventiv-, Neben-wurzeln _f/pl._

adverbe [ad'vɛrb] _m_ Adverb _n_, Umstandswort _n._

advers|aire [advɛr'sɛːr] _su._ Gegner (-in _f_) _m_; ✠ Gegenpartei _f_; **~e** [~'vɛrs] _adj._ widrig, Gegen...; **~ité** [~si'te] _f_ Widerwärtigkeit _f_; Mißgeschick _n._

adynamie ✠ [adina'mi] _f_ Kraftlosigkeit _f._

aér|age [ae'raːʒ] _m_ Ventilation _f_, Lüftung _f_; ⚒ Wetterführung _f_; **~ateur** ⊕ [~ra'tœːr] _m_ Belüfter _m_; **~ation** [~ra'sjɔ̃] _f_ (Be-, Ent-)Lüftung _f_, Ventilation _f_; **~é, -e** [~'re] _adj._ be-, ge-lüftet; (luftig; ♢ aufgelockert; **~er** [~] _v/t._ (1f) lüften; **~ien, -ne** [~'rjɛ͂, ~'rjɛn] **1.** _adj._ Luft...; **2.** _f néol. rad._ Antenne _f_; **~ifère** [~ri'fɛːr] _adj._ luftleitend; **~ification** ♫ [~fika'sjɔ̃] _f_ Verwandlung _f_ in Gas; **~ifier** [~'fje] _v/t._ (1a) in Gas verwandeln; **~iforme** [~'fɔrm] _adj._ luftartig, gasförmig.

aéro|bus [aero'bys] _m_ Airbus _m_; **~drome** [~'drɔm] _m_ Flugplatz _m_; **~dynamique** [~dina'mik] **1.** _adj._ aerodynamisch; _forme f_ ~ Stromlinienform _f_; **2.** _f_ Aerodynamik _f_, Luftströmungslehre _f_; **~frein** [~'frɛ͂] _m_

Druckluftbremse _f_; **~glisseur** [~gli'sœːr] _m_ Luftkissenfahrzeug _n_; **~lithe** [~'lit] _m_ Meteorstein _m_; **~logie** [~lɔ'ʒi] _f_ Wetterkunde _f_ der höheren Luftschichten; **~mécanique** [~meka'nik] _f_ Flugmechanik _f_; **~modélisme** [~mɔde'lism] _m_ Flug(zeug)-modellbau _m_; **~modéliste** [~'list] _m_ Flugmodellbauer _m_; Modellflieger _m_; **~moteur** [~mɔ'tœːr] _m_ Windmotor _m_; **~naute** [~'not] _m_ Luftschiffer _m_; **~nautique** [~no'tik] **1.** _adj._ aeronautisch; Flieger..., Flug...; **2.** _f_ Luftfahrt _f_; Flugwesen _n_; **~navigation** [~naviga'sjɔ̃] _f_ Flugnavigation _f_; **~port** [~'pɔːr] _m_ Flughafen _m_; **~porté, -e** [~pɔr'te] _adj._: _troupes f/pl._ ~es Luftlandetruppen _f/pl._; **~postal, -e** [~pɔs'tal] _adj._ (_m/pl. -aux_) Luftpost...; **~poste** [~'pɔst] _f_ Luftpost _f_; **~sol** [~'sɔl] _m_ Dunstwolke _f_; ⚡ Aerosol _n_; _bisw._ Spray _m od. n_; **~spatial, -e** [~spa'sjal] _adj._ (_m/pl. -aux_) für Luft- und Raumfahrt; **~stat** [~'sta] _m_ Luftballon _m_; Luftschiff _n_; **~statique** [~sta'tik] **1.** _adj._: _ballon m_ ~ Luftballon _m_; **2.** _f_ Luftschiffahrtskunde _f_; **~stier** [~s'tje] _m_ Ballonpilot _m_; **~train** [~'trɛ͂] _m_ Luftkissenzug _m._

affab|ilité [afabili'te] _f_ Leutseligkeit _f_, Freundlichkeit _f_; **~le** [a'fablə] _adj._ leutselig, freundlich.

affad|ir [afa'diːr] _v/t._ (2a) e-n faden Geschmack verleihen (_dat._); _fig._ jede Kraft (_od._ jeden Schwung) nehmen (_dat._); abschwächen, blasser erscheinen lassen; **~issement** [~dis'mã] _m_ Geschmacksverlust _m_; _fig._ Verflachung _f._

affaibl|ir [afɛ'bliːr] _v/t._ (2a) schwächen; _phot._ abschwächen; s'~ schwächer werden; **~issement** [~blis'mã] _m_ Schwächung _f_, Entkräftung _f_; **~isseur** _phot._ [~'sœːr] _m_ Abschwächer _m._

affair|e [a'fɛːr] _f_ Geschäft _n_; Angelegenheit _f_, Sache _f_; Fall _m_, Affäre _f_, Prozeß _m_; bewaffneter Konflikt _m_; **~s** _pl. personnelles_ persönliche Sachen _f/pl._ (_a. Hab u. Gut_); _avoir à q._ mit j-m zu tun haben, mit j-m in Verbindung stehen; _cela fait l'~_ das ist gerade recht; _faire son_ ~ reich werden; _faire rapidement son_ ~ à q. mit j-m kurzen Prozeß machen; _voilà l'~_ so ist die Sache; _ce n'est pas petite_ ~ das ist keine Kleinigkeit; _c'est une_ ~ es lohnt sich; _l'~ est cuite_ die Sache ist gemacht (*od.* P geritzt); P *avoir son* ~ sein Fett weghaben *fig.* F; *la belle* ~! *iron.* a) na wenn schon!; na und?!; b) das is' ja'n Ding!; **~é, -e** [afɛ'rɛ] *adj.* geschäftig; **~ement** [~'mɑ̃] *m* Betriebsamkeit *f*; **~isme** *péj.* [~'rism] *m* Geschäftemacherei *f*; **~iste** *péj.* [~'rist] *m* Geschäftemacher *m*.

affaissement [afɛs'mɑ̃] *m* (Ein-)Sinken *n*; Senkung *f*; ⚕ Entkräftung *f*.

affaisser [afɛ'se] *v/t.* (1b) einsacken lassen; s'~ sich senken; *fig. u.* ⚕ zs.-brechen, hinsinken; erliegen.

affal|é, -e [afa'le] *adj.*: *être* ~ völlig kaputt F daliegen (*od.* dasitzen); **~er** [~] *v/t.* (1a) ⚓ nieder-, herunterlassen; s'~ der Küste zutreiben; F sich fallen lassen; hinsinken.

affam|é, -e [afa'me] *adj.* hungrig; ausgehungert; *fig.* ~ *de* gierig nach; **~er** [~] *v/t.* (1a) aushungern.

affect|ation [afɛkta'sjɔ̃] *f* Ziererei *f*, Verstellung *f*, Heuchelei *f*, Geschraubtheit *f*; Sucht *f nach etw.*; Bestimmung *f*, Verwendung *f e-r Summe, e-s Angestellten*; Einweisung *f e-s Beamten*; **~er** [~'te] *v/t.* (1a) vortäuschen, erheucheln, zur Schau tragen; *Summe* bestimmen (*à qch.* für etw.); verwenden; überweisen; *j-n* zuweisen; ⚕ angreifen; *fig.* beeinflussen; beeinträchtigen; rühren, erschüttern, bewegen; ~ *la forme de qch.* in der Form vorkommen von etw.; *être très affecté de qch.* sich etw. sehr zu Herzen nehmen; s'~ betrübt werden; **~if, -ve** [~'tif, ~'ti:v] *adj.* ergreifend, rührend, Gemüts...; seelisch, gefühlsmäßig; **~ion** [~k'sjɔ̃] *f* Zuneigung *f*, Wohlwollen *n*, Liebe *f*; Leiden *n*, Krankheit *f*, Beschwerde *f*; **~ionner** [~ksjɔ'ne] *v/t.* (1a): ~ *q.* j-m gewogen sein, j-n gern haben; ~ *qch.* e-e Vorliebe für etw. haben; **~ueux, -se** [~'tɥø, ~'tɥøːz] *adj.* liebevoll, herzlich, zärtlich.

afférent, -e [afe'rɑ̃, ~'rɑ̃:t] *adj.* ♥ zukommend, gebührend; *fig.* diesbezüglich.

affermer [afɛr'me] *v/t.* (1a) (ver-)pachten.

affermir [afɛr'mi:r] *v/t.* (2a) festmachen, befestigen; *fig.* (be)stärken.

affét|é, -e *litt.* [afe'te] *adj.* geziert; **~erie** *litt.* [afe'tri] *f* Ziererei *f*, Gehabe *n.*

affich|age [afi'ʃaːʒ] *m* Anschlagen *n von Plakaten*; Anschlag *m*; *fig.* Zur-

schautragen *n*; *panneau m d'*~ Anschlagtafel *f*; **~e** [a'fiʃ] *f* Plakat *n*, Aushang *m*, Anschlagzettel *m*; ~ *administrative* öffentlicher Anschlag *m*; ~*(s) murale(s)* Wandreklame *f*; **~er** [~'ʃe] *v/t.* (1a) öffentlich anschlagen; zur Schau tragen; **~eur** [~'ʃœːr] *m* Plakatankleber *m*; **~iste** [~'ʃist] *su.* Plakatmaler(in *f*) *m.*

affidé, -e [afi'de] **1.** *adj. litt.* vertraut; **2.** *su. mv.p.* Mitwisser(in *f*) *m*, Komplize *m*, Komplizin *f*; Spitzel *m*, Geheimagent(in *f*) *m.*

affil|age ⊕ [afi'la:ʒ] *m* Wetzen *n*, Schärfen *n*; **~er** [~'le] *v/t.* (1a) *Messer usw.* scharf machen, schleifen, abziehen; **~iation** [~ljɑ'sjɔ̃] *f* Aufnahme *f* (*z. B. in e-e Krankenversicherung*); Mitgliedschaft *f*; **~ié** [~'lje] *su.* Mitglied *n*; **~ier** [~] *v/t.* (1a) aufnehmen; s'~ sich anschließen; beitreten; **~oir** [~'lwa:r] *m* Wetzstein *m*, Wetzstahl *m*, Streichriemen *m.*

affin|age ⊕ [afi'na:ʒ] *m* Vered(e)lung *f*, Läuterung *f*, Frischen *n*; **~er** [~'ne] *v/t.* (1a) veredeln, verfeinern; *Metalle* läutern, reinigen, frischen; *Pappe* pressen; *Hanf* hecheln; *Tuch* scheren; *Speisen* schmackhafter machen; **~ité** [~ni'te] *f fig.* Verwandtschaft *f*; Ähnlichkeit *f*; ⚗ Affinität *f.*

affirm|atif, -ve [afirma'tif, ~'ti:v] *adj.* bejahend; **~ation** [~ma'sjɔ̃] *f* Behauptung *f*; Versicherung *f*; Bejahung *f*; **~ative** [~ma'ti:v] *f*: *répondre à qch. par l'*~ etw. bejahen; *dans l'*~ im Bejahungsfall; **~er** [~'me] *v/t.* (1a) behaupten; bekräftigen, bestätigen, versichern.

affistoler P [afistɔ'le] *v/t.* (1a) geschmacklos aufputzen, aufdonnern.

affleurer [aflœ're] *v/t.* (1a): ~ *qch.* ausgleichen; in gleicher Ebene herantreten; *v/i.* zutage treten; sichtbar werden.

afflict|if, -ve ⚖ [aflik'tif, ~'ti:v] *adj.* körperlich fühlbar; *peine f afflictive* Leibesstrafe *f*; **~ion** *litt.* [~'sjɔ̃] *f* Betrübnis *f*, Kummer *m*, schweres Leid *n.*

affliger [afli'ʒe] *v/t.* (1l) tief betrüben, bekümmern; *litt.* heimsuchen.

afflu|ence [afly'ɑ̃:s] *f* Zuströmen *n*; Andrang *m*, Gedränge *n*; ~ *record* Rekordbesuch *m*; **~ent, -e** [~'ɑ̃, ~'ɑ̃:t] **1.** *adj.* zuströmend; *voie f* ~ Nebenstraße *f*; **2.** *m* Nebenfluß *m*; **~er** [~'e] *v/i.* (1a) *Fluß:* münden; *Menge:* herbeiströmen; **~x** [a'fly] *m* ⚕ Andrang

m; fig. Zustrom *m v. Personen; fin.*
Zufluß *m.*

affol|ement [afɔl'mɑ̃] *m* Kopflosig-
keit *f,* Verwirrung *f;* **~er** [~'le] *v/t.*
(1a) kopflos machen, verwirren; s'~
(*être affolé*) de sich vernarren (vernarrt sein) in (*acc.*).

affouillable *géol.* [afu'jablə] *adj.*
unterspülbar.

affourag|ement [afuraʒ'mɑ̃] *m* Füt-
terung *f;* **~er** [~'ʒe] *v/t.* (11): *~ les
bestiaux* das Vieh füttern.

affourcher [afur'ʃe] *v/t.* (1a) ⚓ ver-
täuen; *charp.* doppelt zs.-fügen; F s'~
sich rittlings setzen.

affranch|ir, -e [afrɑ̃'ʃi] *su.* Freigelas-
sene(r *m*) *m u. f;* **~ir** [~'ʃiːr] *v/t.* (2a)
befreien, freilassen; *Brief* frankieren; **~issement** [~ʃis'mɑ̃] *m* Befreiung *f,* Freilassung *f;* Frankieren *n.*

affres *litt.* [ɑ'frɛ] *f/pl.* Schrecken *m.*

affrètement ⚓ [afrɛt'mɑ̃] *m* Be-
frachtung *f.*

affréter [afre'te] *v/t.* (1f) *ein Schiff,
Flugzeug, Lastauto* mieten, befrach-
ten, chartern.

affreux, -se [a'frø, a'frøːz] *adj.*
schrecklich.

affriander *litt.* [afriɑ̃'de] *v/t.* (1a)
anlocken.

affront [a'frɔ̃] *m* grobe Beleidigung *f;*
~er [~'te] *v/t.* (1a) *j-m* die Stirn
bieten.

affubl|ement F [afyblə'mɑ̃] *m* Aus-
staffierung *f;* **~er** [~'ble] *v/t.* (1a)
lächerlich ausstaffieren.

affût [a'fy] *m* Lafette *f; ch.* Anstand
m; à l'~ auf der Lauer.

affût|er [afy'te] *v/t.* (1a) schärfen,
schleifen; **~euse** ⊕ [~'tøːz] *f* (Werk-
zeug-)Schleifmaschine *f.*

aficionado [afisjona'do] *m* Stammgast *m* bei Stierkämpfen.

afin [a'fɛ̃] **1.** *prp., st.s.: ~ de mit inf.* um
zu; **2.** *cj.: ~ que mit subj.* damit.

africain, -e [afri'kɛ̃, ~'kɛn] **1.** *adj.*
afrikanisch; **2.** ♀(e) *su.* Afrikaner(in *f*)
m.

agaç|ant, -e [aga'sɑ̃, ~'sɑ̃:t] *adj.* ärger-
lich, lästig; **~cer** [~'se] *v/t.* (1k)
reizen; belästigen; necken; **~ceries**
[~s'ri] *f/pl.* Koketterien *n.*

agame ♀, *ent.* [a'gam] *adj.* geschlechtslos.

agapes *plais.* [a'gap] *f/pl.* Fest-
schmaus *m.*

agate [a'gat] *f* Achat *m.*

âge [aːʒ] *m* (Menschen-, Lebens-,

Zeit-)Alter *n; entre deux ~s* in mitt-
leren Jahren; *quel ~ avez-vous?, quel
est votre ~?* wie alt sind Sie?; *d'~ à* (*od.
en ~ de*) ... alt genug, um zu ...; *moyen
~* Mittelalter *n;* ♣ *retour m d'~* Wechseljahre *n/pl.;* ♣ *ingrat* Backfischalter
n; Flegeljahre *n/pl.*

âgé, -e [a'ʒe] *adj.* alt; bejahrt; *~ de
deux ans* zwei Jahre alt.

agenc|e [a'ʒɑ̃:s] *f* Agentur *f,* Vertre-
tung *f;* (Bank-)Filiale *f;* *~ de publicité*
Werbeagentur *f;* *~ maritime* Schiffs-
agentur *f;* *~ matrimoniale* Heirats-
vermittlung *f;* *~ de voyages* Reisebüro
n; **~ement** [aʒɑ̃s'mɑ̃] *m* Anordnung
f; *~ des locaux* Gestaltung *f* (*od.* Anlage *f*) der Räume; *~ des plis* Faltenwurf *m;* **~er** [~'se] *v/t.* (1k) anordnen;
einrichten; *péj. fig.* einfädeln; *thé. ~
une intrigue* e-e Intrige spinnen.

agenda [aʒɛ̃'da] *m* Notizbuch *n;* Terminkalender *m.*

agenouiller [aʒnu'je] *v/rfl.* (1a): s'~
niederknien.

agent [a'ʒɑ̃] *m* **1.** Agens *n;* wirkende
Substanz *f;* ⊕ Mittel *n;* **2.** Bevoll-
mächtigte(r) *m,* Agent *m,* Vertreter
m; öffentliche(r) Angestellte(r) *od.*
Beamte(r) *m;* *~ en brevets* Patentan-
walt *m;* *~ de change* Wechselmakler
m; *~ fiduciaire* Treuhänder *m;* *~ de
maître* mittlere Führungskraft *f;* *~
provocateur* Polizei-, Lock-spitzel *m;*
~ de liaison Verbindungsmann *m;* *~
matrimonial* Heiratsvermittler *m;* *~
technique* technische(r) Angestell-
te(r) *m;* *~ de police* Polizist *m;* *~ de la
circulation* Verkehrspolizist *m.*

agglomér|ation [aglɔmera'sjɔ̃] *f*
(Zs.-)Ballung *f;* geschlossene Ortschaft *f;* Ballungszentrum *n;* Siedlung *f;* ♣ *~ de voyages* Reiseblick *m;*
im Brikett *n,* Preß-
kohle *f;* ▲ Preßstein *m;* **~er** [~] *v/t.*
(1f) zs.-drängen, zs.-ballen.

agglutin|ant, -e [aglyti'nɑ̃, ~'nɑ̃:t] **1.**
adj. anhaftend, anklebend; **2.** *m* Kle-
bemittel *n;* **~er** [~'ne] *v/t.* (1a) *biol.*
miteinander verbinden; s'~ anhäu-
len; *fig.* sich drängen.

aggrav|ant, -e [agra'vɑ̃, ~'vɑ̃:t] *adj.*
erschwerend; **~ation** [~va'sjɔ̃] *f* 🖈
Erschwerung *f e-s Vergehens;* Verschärfung *f der Strafe;* 🖈 Verschlim-
merung *f;* **~er** [~'ve] *v/t.* (1a) erschweren; verschärfen; verschlimmern.

agil|e [a'ʒil] *adj.* behende, flink; **~ité**
[~li'te] *f* Wendigkeit *f.*

agio † [a'ʒjo] *m* Agio *n*; ~*s pl.* Bankprovision *f*.

agir [a'ʒiːr] *v/i.* (2a) tätig sein, handeln; verfahren; (ein)wirken; ~ *bien* (*mal*) *envers* (*od. avec*) *q.* sich gut (schlecht) gegen j-n verhalten; *il s'agit de ... es* handelt sich um ...; *il s'agit de savoir si ...* es ist die Frage, ob ...

agissant, -e [aʒi'sɑ̃, ~'sɑ̃:t] *adj.* tätig; wirksam.

agit|ateur [aʒita'tœːr] *m* Aufwiegler *m*, Hetzredner *m*; ♀ Rührer *m*; **~ation** [~ta'sjɔ̃] *f* (heftige) Bewegung *f* (*a. fig.*); Bewegtheit *f*, Unruhe *f*, unstetes Leben *n*; Aufwiegelung *f*, Agitation *f*, Hetze *f*; **~é, -e** [~'te] *adj.* unruhig; stürmisch; nervös; nervlich gestört; **~er** [~] *v/t.* (1a) hin und her bewegen, schwenken; beunruhigen; hetzen; *fig.* erörtern, besprechen; *s'~* sich hin und her bewegen; unruhig werden; *fig.* zur Sprache kommen.

agneau [a'ɲo] *m* (*pl.* ~*x*) Lamm *n* (*a. fig.*).

agnel|er [aɲə'le] *v/i.* (1d) lammen; **~et** [~'lɛ] *m* Lämmchen *n*; **~ine** [~'lin] *adj./f u. f:* (*laine f*) ~ Lammwolle *f*.

agonie [agɔ'ni] *f* Todeskampf *m*; *être à l'~* in den letzten Zügen liegen.

agoniser [agɔni'ze] *v/i.* (1a) mit dem Tode ringen.

agoraphobie ♂ [agɔrafɔ'bi] *f* Platzangst *f*.

agraf|e [a'graf] *f* Spange *f*, Häkchen *n*; Klammer *f*; ⊕ Falz *m*; **~er** [~'fe] *v/t.* (1a) zuhaken; ⊕ heften, falzen; ₽ erwischen, packen, ergreifen, fassen.

agraire [a'grɛːr] *adj.* Acker...; Agrar...; *réforme f* ~ Bodenreform *f*.

agrand|ir [agrã'diːr] *v/t.* (2a) vergrößern; **~issement** [~dis'mã] *m* Vergrößerung *f*; Vergrößerung *phot.* [~'sœːr] *m* Vergrößerungsapparat *m*.

agrarien, -ne [agra'rjɛ̃, ~'rjɛn] *adj.: parti m* ~ Agrarpartei *f*.

agréable [agre'abl] *adj.* angenehm.

agréé|é [agre'e] *m* Sachwalter *m beim Handelsgericht*; **~er** [~] (1a) *v/t.* genehmigen; gutheißen; günstig aufnehmen; *Briefschluß: veuillez ~, Monsieur, mes salutations distinguées* mit vorzüglicher Hochachtung; *v/i. litt.* gefallen, zusagen.

agrég|at [agre'ga] *m* ⊕ Aggregat *n*, Maschinensatz *m*; *allg.* Anhäufung *f*; *bét.* Zuschlagstoff *m*; **~atif, -ve** F

[~ga'tif, ~'tiːv] *su.* Prüfungskandidat(in *f*) *m*, der (die) sich auf die *agrégation* vorbereitet; **~ation** [~ga-'sjɔ̃] *f* **1.** *Fr.* (*a. concours m d'~*) **a**) Staatsprüfung *f zwecks Ernennung zum professeur agrégé an höheren Schulen*; **b**) Wettbewerb *m der Doktoren der Rechte od. der Medizin zwecks Erlangung e-r Professur an der Universität*; **c**) *Titel e-s agrégé*; **2.** *phys.* Anhäufung *f*, Vereinigung *f*; **~é** [~'ʒe] *m* **a**) *Fr.* 🏫, ⚕, *phm.* außerordentlicher Professor *m*; ~ *de droit* (*médecine*) Mitglied *n der juristischen (medizinischen) Fakultät*; **b**) *Fr. écol.* Agrégé *m*; ~ *d'histoire* Professor *m* (*od.* Agrégé *m*) für Geschichte; **~er** [~] *v/t.* (1g) *phys.* anhäufen; *in e-e Körperschaft* aufnehmen.

agrément [agre'mã] *m* Genehmigung *f*, Annehmlichkeit *f*, Vergnügen *n*; Anmut *f*; *Auto:* ansprechende Form *f*, schnittige(s) Äußere(s) *n*; ♪ Verzierung *f*; *film m d'~* Unterhaltungsfilm *m*; *voyage m d'~* Vergnügungsreise *f*; **~er** [~'te] *v/t.* (1a) verzieren; *Rede* ausschmücken.

agrès [a'grɛ] *m/pl.* Takelage *f*; Turngeräte *n/pl.*

agress|eur [agrɛ'sœːr] *m péj., a.* ✗ Angreifer *m*; **~if, -ve** [~'sif, ~'siːv] *adj.* aggressiv; **~ion** [~'sjɔ̃] *f* Angriff *m*, Überfall *m*; ~*s pl.* Lärmbelastung *f* und Luftverschmutzung *f*.

agri|cole [agri'kɔl] *adj.* landwirtschaftlich; *ouvrier m* ~ Landarbeiter *m*; **~culteur** [~kyl'tœːr] *m* Landwirt *m*; **~culture** [~kyl'tyːr] *f* Landwirtschaft *f*.

agriffer ⅓ [agri'fe] *v/rfl.* (1a): *s'~ à qch.* sich an etw. festkrallen (*od.* anklammern).

agripp|é, -e [agri'pe] *adj.: ~ à qch.* sich an etw. festklammernd; **~er** [~] *v/t.* (1a) gierig greifen nach (*dat.*).

agronomie [agrɔnɔ'mi] *f* Landwirtschaftskunde *f*.

agrumes [a'grym] *m/pl.* Zitrusfrüchte *f/pl.*

aguerrir [agɛ'riːr] *v/t.* (2a) abhärten (*durch Sport*); (*s'~* sich) an den Krieg gewöhnen; *s'~ à* (*od. contre*) sich abhärten gegen.

aguets [a'gɛ] *m/pl.* Hinterhalt *m*; *aux ~* auf der Lauer.

aguich|ant, -e F [agi'ʃã, ~'ʃã:t] *adj.* verführerisch; **~er** F [~'ʃe] *v/t.* (1a) anlocken; animieren.

ah! [a] *int.* ach!, oh!, ah!, aha!

ahaner [aa'ne] *v/i.* (1a) *unter e-r Last* ächzen; *fig.* brüten (*sur qch.* über etw. *dat.*)

ahurir [ay'ri:r] *v/t.* (2a) verblüffen.

aï *zo.* [a'i] *m* Faultier *n.*

aide [ɛd] **1.** *f* Hilfe *f*; à l'~ de (ver)mittels; ~ économique Wirtschaftshilfe *f*; **2.** *su.* Gehilfe *m*, Gehilfin *f*; ✕ ~ m de camp Adjutant *m*; ~**comptable** [~kɔ̃'tabl] *su.* (*pl. aides-comptables*) Hilfsbuchhalter(in *f*) *m*; ~**maçon** [~ma'sɔ̃] *m* (*pl. aides-maçons*) Handlanger *m e-s Maurers*; ~**mémoire** [~me'mwa:r] *m* (*inv.*) Merkblatt *n*; Aufzeichnung *f*; kurzer Abriß *m*; *pol.* Memorandum *n.*

aider [ɛ'de] (1b) *v/t.* helfen (*q.* j-m; *dans qch.* zu *od.* bei etw. *dat.*); *v/i. fig.* ~ à qch. zu etw. (*dat.*) beitragen; ~ à la digestion die Verdauung fördern; s'~ de qch. sich e-r Sache (*gén*) bedienen.

aïe! [a'i] *int.* au!

aïeul, -e *litt.* [a'jœl] *su.* Großvater *m*, Großmutter *f*; ~**x** *m/pl.* Großeltern *pl.*; ~**x** [a'jø] *m/pl.* Ahnen *m/pl.*; Vorfahren *m/pl.*

aigle ['ɛglə] **1.** *m zo.* Adler *m*; **2.** *f* Adler *m* (*Wappentier, Feldzeichen*); ~**fin** [ɛglə'fɛ̃] *m* Schellfisch *m.*

aiglon [ɛglɔ̃] *m* junger Adler *m.*

aigre ['ɛːgrə] *adj.* sauer; *Stimme, Ton:* schrill, gellend; *Ton:* grell; *Wind:* scharf, schneidend; *Metall:* brüchig, spröde; *fig.* scharf, beißend; ~**doux, -ce** [ɛgrə'du, ~'dus] *adj.* (*pl. aigres-doux, -douces*) süßsauer (*a. fig.*); ~**fin** [~'fɛ̃] *m* Schellfisch *m*; *fig.* Gauner *m*, Hochstapler *m*, Industrieritter *m*; ~**let, -te** [~'lɛ, ~'lɛt] *adj.* säuerlich; *f* etwas schrill.

aigrette [ɛ'grɛt] *f orn.* Silberreiher *m*; Federbusch *m*; *ent.* Haarbüschel *n*; Sprühfeuer(werk *n*) *n*; *⚡* Strahlenbüschel *n.*

aigreur [ɛ'grœːr] *f* Säure *f*; *fig.* Bitterkeit *f*; *⚕* ~s *pl.* saures Aufstoßen *n*; ~**ir** [ɛ'griːr] (2a) *v/t.* säuern; *fig.* verschlimmern; verbittern; *v/i.* sauer werden; s'~ *Charakter:* sich verhärten.

aigu, -ë [e'gy] *adj.* scharf, spitz; durchdringend; gellend; *⚕* heftig, akut.

aiguayer *dial.* [ɛga'je] *v/t.* (1i) *Wäsche* spülen; *Pferd* schwemmen *f.*

aigue-marine [ɛgma'rin] *f* (*pl. aigues-marines*) Aquamarin *m.*

aiguière [ɛ'gjɛːr] *f* Wasserkrug *m.*

aiguillage [egui'jaːʒ] *m* Weichenstellung *f*, -anlage *f*; ~**e** [e'guij] *f* Nadel *f* (*a. ⚓*); Nähnadel *f*; Uhrzeiger *m*; (*Turm-, Berg-*) Spitze *f*; *📡* Weiche *f*; ~**er** [~'je] *v/t.* (1a) *📡* die Weiche stellen; *fig.* (hin)lenken (*sur*, *vers qch.* auf etw. *acc.*); ~ *q. sur un guichet* j-n an e-n Schalter verweisen; ~**ette** ✕ [~'jɛt] *f* Achselschnur *f*; ~**eur** [~'jœːr] *m* *📡* Weichensteller *m*; *✕ ~s pl.* du ciel Fluglotsen *m/pl.*; ~**ier** [~'je] *m* Nadelbüchse *f.*

aiguillon [egui'jɔ̃] *m* Stachel *m*; *fig.* Antrieb *m*, Reiz *m*; ~**ner** [~jɔ'ne] *v/t.* (1a) *mit e-m Stachel* antreiben; *fig.* anregen; anspornen.

aiguis|er [egi'ze] *v/t.* (1a) schärfen, schleifen; *fig.* reizen, anregen; schärfen; *Stil* ausfeilen; ~**erie** [~z'ri] *f* Schleiferei *f.*

ail ✿ [aj] *m* (*pl. ~s*; *als Speise: aulx* [o]) Knoblauch *m.*

aile [ɛl] *f* Flügel *m* (*e-s Vogels, e-s Gebäudes, des Heeres, e-r Windmühle usw.*); *Auto:* Kotflügel *m*; *✈* Tragfläche *f.*

ailé, -e [ɛ'le] *adj.* geflügelt, gefiedert.

aileron [ɛl'rɔ̃] *m* Flügelspitze *f*; Schaufel *f am Rad e-r Wassermühle*; Flosse *f*; *✈* Querruder *n.*

ailette [ɛ'lɛt] *f ⊕* Flügel *m*; *🔩* kleiner Anbau *m*; ~ de refroidissement Kühlrippe *f.*

ailier *Sport* [ɛ'lje] *m* Außen-, Flügelstürmer *m.*

aillade [a'jad] *f* Knoblauchbrühe *f.*

ailleurs [a'jœːr] *adv.* anderswo(hin); *d'~* anderswoher; übrigens; *nulle part ~* sonst nirgends; sonst nirgendwohin.

aim|able [ɛ'mabl] *adj.* liebenswürdig; ~**ant¹, -e** [ɛ'mã, ɛ'mãːt] *adj.* liebevoll; ~**ant²** [~] *m* Magnet *m*; ~**anter** [ɛmã'te] *v/t.* (1a) magnetisieren, magnetisch machen; *aiguille f* aimantée Magnetnadel *f*; ~**er** [ɛ'me, *sout.* ɛ'me] *v/t.* (1b) lieben; gern haben; gern essen *od.* trinken; *mit reinem inf.:* j'aime chanter ich singe gern; j'aimerais chanter ich möchte etw. machen; j'aime mieux travailler que de chômer ich möchte lieber arbeiten als arbeitslos sein.

aine *anat.* [ɛn] *f* Leiste(ngegend *f*) *f.*

aîné, -e [ɛ'ne, *sout.* ɛ'ne] *adj.* erstgeboren, älter, ältest; *il est mon ~ de* *trois mois* er ist drei Monate älter als ich.

ainsi [ɛ̃'si] **1.** *adv.* also, so; et ~ *de suite* und so weiter; ~ *soit-il!* amen!; **2.** *cj.* daher; ~ *que* sowie.

air [ɛːr] *m* **1.** Luft *f*; *avec* (*od. à*) ~ *conditionné* mit Klimaanlage; *mettre à l'~* ins Freie stellen; *mettre en l'~* in Unordnung bringen; F völlig zerstören; F *le ministère est en l'~* das Ministerium ist gestört; *les mains en l'~!* Hände hoch!; *projets m/pl. en l'~* Luftschlösser n/pl.; *menaces f/pl. en l'~* leere Drohungen f/pl.; *par mer, par terre et en l'~* zu Wasser, zu Lande und in der Luft; *en plein* ~ unter freiem Himmel; *paroles f/pl. en l'~* leeres Gerede *n*; *il y a qch. dans l'~* es liegt etwas in der Luft; *voyage m par la voie des* ~s (*od. dans les* ~s) Luftreise *f*; *fig. vivre de l'~ du temps* von der Hand in den Mund leben; **2.** Miene *f*, Ansehen *n*; *avoir l'~ de* aussehen wie, *mit inf.:* so aussehen als ob; *fig. prendre* (*od. se donner*) *des* ~s angeben, den großen Mann markieren, blasiert sein; ~ *de famille* Familienähnlichkeit *f*; **3.** Melodie *f*; *Arie f*; ~ *à boire* Trinklied *n*.

airain [ɛ'rɛ̃] *m* Erz *n*; *d'~* ehern.

aire [ɛːr] *f* (Dresch-)Tenne *f*; *freier Platz m*; △ Fläche *f*; ⚓ Flächeninhalt *m*; Horst *m e-s Raubvogels*; ✕ ~ *d'atterrissage* Rollfeld *n*; ~ *de haute* (*basse*) *pression* Hoch- (Tief-)druckgebiet *n*; ♣ ~ *du vent* Windstrich *m*; △ ~ *au ciment* (Zement-)Estrich *m*.

airelle ♀ [ɛ'rɛl] *f* Heidelbeere *f*; ~ *rouge* Preiselbeere *f*.

aisance [ɛ'zɑ̃ːs] *f* Leichtigkeit *f*; Zwanglosigkeit *f*; Gelassenheit *f*; Bequemlichkeit *f*; Wohlhabenheit *f*; *cabinets m/pl.* (*od. lieux m/pl.*) *d'~* Toilette *f*, WC *n*.

aise [ɛːz] **1.** *adj. litt.* froh; *être bien* ~ sich freuen; **2.** *f* Bequemlichkeit *f*, Wohlbefinden *n*; *à l'~*, ~ *à son* ~ bequem; in guter Verfassung; wohlhabend; *aimer ses* ~s s-e Bequemlichkeit lieben; *se mettre à son* ~, *prendre ses* ~s es sich bequem machen; *être à l'~* (*od. à son* ~) sich wohl fühlen; sein gutes Auskommen haben; *être mal à l'~* (*od. à son* ~) sich unwohl fühlen; *en parler à son* ~ gut reden haben; *à votre* ~! wie Sie wollen!

aisé, -e [ɛ'ze] *adj.* leicht; ungezwungen; wohlhabend.

aisseau △ [ɛ'so] *m* (*pl.* ~x) Schindel *f*.

aisselle [ɛ'sɛl] *f* Achselhöhle *f*.

ajiste [a'ʒist] *su.* Jugendherbergsgast *m* (*aus AJ = auberge de jeunesse*).

ajointer [aʒwɛ̃'te] *v/t.* (1a) aneinanderfügen.

ajonc ♀ [a'ʒɔ̃] *m* Stechginster *m*.

ajouré, -e [aʒu're] *adj.* durchbrochen.

ajourn|ement [aʒurnə'mɑ̃] *m* Vorladung *f*; Termin *m*; Vertagung *f*; ✕ Zurückstellung *f*; **~er** [~'ne] *v/t.* (1a) vor Gericht laden; vertagen; *Militärpflichtige* zurückstellen.

ajouter [aʒu'te] (1a) *v/t.* hinzufügen; ~ *foi* Glauben schenken; *v/i.* ~ *à qch.* etw. vermehren *od.* vergrößern; *s'~* hinzukommen.

ajust|age ⊕ [aʒys'taːʒ] *m* Einrichtung *f*, Aufstellung *f*, Montage *f e-r Maschine*; Nachstellen *n*, Nachregulierung *f*; **~ement** [~tə'mɑ̃] *m* Richtigstellung *f*; *cout.* Anpassen *n*; △ Gestaltung *f*; **~er** [~'te] *v/t.* (1a) richtigstellen, zurechtmachen; anpassen, eichen; justieren; ⊕ einstellen, einpassen, nachstellen, nachregulieren; *s'~ à qch.* zu etw. (*dat.*) passen; **~eur** ⊕ [~'tœːr] *m* Einrichter *m*, Justierer *m*; Schlosser *m*, Monteur *m*.

ajutage [aʒy'taːʒ] *m* (kleine) Verbindungsröhre *f*, Ansatzrohr *n*, Stutzen *m*; *Auto:* Düse *f*.

alamb|ic [alɑ̃'bik] *m* Retorte *f*; Destillierkolben *m*; **~iqué, -e** [~'ke] *adj.* spitzfindig.

alanguir [alɑ̃'giːr] *v/t.* (2a) ermatten; *s'~* erschlaffen.

alarm|e [a'larm] *f* Alarm *m*; *donner l'~* Lärm schlagen; **~er** [~'me] *v/t.* (1a) erschrecken; beunruhigen; **~iste** [~'mist] **1.** *adj.* beunruhigend, alarmierend; **2.** *su.* Verbreiter(in*f*) *m* beunruhigender Nachrichten.

albanais, -e [alba'nɛ, ~'nɛːz] **1.** *adj.* albanisch; **2.** ♀(e) *su.* Albaner(in*f*) *m*.

albâtre [al'baːtrə] *m* Alabaster *m*.

albatros *orn.* [alba'trɔs] *m* Albatros *m*.

albinos [albi'noːs] *m* Albino *m*.

album [al'bɔm] *m* Album *n*.

albumine ♠ [alby'min] *f* Eiweiß *n*.

alcal|i ♠ [alka'li] *m* Alkali *n*; ~ *minéral* Soda *f od. n*; ~ *végétal* Pottasche *f*; ~ *volatil* Salmiakgeist *m*; **~in, -e** [~'lɛ̃, ~'lin] *adj.* alkalisch; **~i(ni)ser** [~li(ni)'ze] *v/t.* (1a) alkalisieren.

alchimie [alʃi'mi] *f* Alchimie *f*.

alcidés *orn.* [alsi'de] *m/pl.* Alken *m/pl.*

alcool [al'kɔl] *m* Alkohol *m*; ~ méthylique Methylalkohol *m*; **~émie** [~le-'mi] *f* Blutalkohol *m*; **~ique** [~'lik] 1. *adj.* alkoholisch; 2. *su.* Alkoholiker (-in *f*) *m*; **~iser** [~li'ze] *v/t.* (1a) alkoholisieren; Alkohol zusetzen (*qch. etw. dat.*); in Alkohol verwandeln; **~isme** [~'lism] *m* Alkoholismus *m*.

alcoo|mètre [alkɔ'mɛ:trə] *m* Alkoholmesser *m*; **~test** [~'tɛst] *m* Alkoholtest *m*.

alcôve [al'ko:v] *f* Alkoven *m*.

alcyon *orn.* [al'sjɔ̃] *m* Eisvogel *m*.

aléa [ale'a] *m* Risiko *n*, Ungewißheit *f*; **~toire** [~'twa:r] *adj.* riskant, ungewiß.

alène [a'lɛ:n] *f* Pfriem *m*, Ahle *f*.

alentour [alɑ̃'tu:r] 1. *adv.* ringsumher; 2. *m:* ~s *pl.* Umgebung *f*.

alérion [Ⅻ [ale'rjɔ̃] *m* kleiner Adler *m*.

alert|e [a'lɛrt] 1. *adj.* munter; flink; hellwach, aufgeweckt *fig.*; 2. *int.* ~! Achtung!; 3. *f* Alarm *m*; ~ aérienne Fliegeralarm *m*; ~ à la bombe Bombenalarm *m*; ~ au feu Feueralarm *m*; ~ aux gaz Gasalarm *m*; ~ à la variole Pockenalarm *m*; fausse ~ blinder Alarm *m*; **~er** [~'te] *v/t.* (1a) alarmieren; beunruhigen, warnen; e-n Wink geben (*q. j-m*).

alés|age [ale'za:ʒ] *m* ⊕ Aus-bohren *n*, -fräsen *n*; *mot.* (Zylinder-)Bohrung *f*; **~er** [~'ze] *v/t.* (1f) ausbohren, ausdrehen, ausfräsen; **~oir** ⊕ [~-'zwa:r] *m* Polierstahl *m*; Reib-, Bohrahle *f*; Fräser *m*.

alevin [al'vɛ̃] *m* Fischbrut *f*; **~ier** [~vi'nje] *m* Brutteich *m*.

alexandrin, -e [alɛksɑ̃'drɛ̃, ~'drin] 1. *adj.* alexandrinisch; 2. ♀(e) *su.* Alexandriner(in *f*) *m*; 3. *m u. vers m* ~ Alexandriner *m*, Zwölfsilb(l)er *m*.

alexie [alɛ'ksi] *f* Alexie *f*, Buchstaben-, Wort-blindheit *f*.

alezan, -e [al'zɑ̃, ~'zan] 1. *adj.* Pferd: fuchsrot; 2. *su.* Pferd: Fuchs *m*.

alfa ♀ [al'fa] *m* Spart-, Esparto-gras *n*.

algarade [alga'rad] *f* Wutausbruch *m*; Auseinandersetzung *f*.

algèbre [al'ʒɛ:brə] *f* Algebra *f*.

algébrique [alʒe'brik] *adj.* algebraisch.

algérien, -ne [alʒe'rjɛ̃, ~'rjɛn] 1. *adj.* algerisch; 2. ♀(ne) *su.* Algerier(in *f*) *m*.

algue ♀ [alg] *f* Alge *f*.

aliboron *litt.* [alibɔ'rɔ̃] *m* Esel *m*; Trottel *m*; maître ♀ Meister Langohr, Esel.

alién|able [alje'nablə] *adj.* veräußerlich; **~ation** [~na'sjɔ̃] *f* Veräußerung *f*; Entfremdung *f* der Gemüter; ~ mentale (*od. d'esprit*) Geistes-zerrüttung *f*, -störung *f*; **~é, -e** [~'ne] *su.* Geisteskranke(r *m*) *m u. f*; **~er** [~] *v/t.* (1f) veräußern; entfremden; **~iste** [~'nist] *su.* Psychiater *m*.

alignement [aliɲ'mɑ̃] *m* ⚑ Richten *n* (*nach der Schnur*); Bau-, Straßenflucht *f*; ⚒ Richtung *f*; ✝ (Währungs-)Angleichung *f*.

aligner [ali'ɲe] *v/t.* (1a) ⚑ fluchten, ausrichten; ✝ angleichen; *rad.* abgleichen; *Sport:* aufstellen; s'~ sich in Reih und Glied stellen, sich ausrichten; *pol.* s'~ sur ... auf e-e Linie einschwenken.

aliment [ali'mɑ̃] *m* Nahrung(smittel *n*) *f*; ⚖ ~s *pl.* Alimente *pl.*; **~aire** [~'tɛ:r] *adj.* Ernährungs...; Nahrungsmittel...; **~ation** [~ta'sjɔ̃] *f* Ernährung *f*, Verpflegung *f*; *Dampfkessel:* Speisung *f*; Versorgung *f*; *Computer:* Fütterung *f*; ~ d'essence Kraftstoffversorgung *f*, Benzinzufuhr *f*; ⚡ ~ en courant Stromversorgung *f*; ~ crue Rohkost *f*; ~ naturiste Reformkost *f*; *rad.* ~ par le secteur Netzanschluß *m*; **~er** [~'te] *v/t.* (1a) ernähren, *bsd.* ⊕ speisen; *Computer* füttern; *fig.* nähren, fördern.

alinéa [aline'a] *m* Absatz *m*, neue Zeile *f*.

alité, -e [ali'te] *adj.* bettlägerig.

alit|ement [alit'mɑ̃] *m* Bettlägerigkeit *f*; **~er** [~'te] *v/rfl.* (1a): s'~ *Kranker:* sich ins Bett legen.

alizé [ali'ze] *m* Passat(wind *m*) *m*.

allaiter [alɛ'te] *v/t.* (1b) säugen, stillen.

allant, -e [a'lɑ̃, a'lɑ̃:t] 1. *adj.* rüstig, beweglich; 2. *m* ⊢ Schneid *m*, Schwung *m*.

allécher [ale'ʃe] *v/t.* (1f) anlocken, ködern; *fig.* verführen; *rendre qch. plus alléchant* etw. schmackhaft (*fig.*) *od.* verlockend machen.

allée [a'le] *f* Allee *f*; ⚑ Gang *m* in e-r Kirche, in e-m Theater; ~s et venues *f/pl.* Kommen und Gehen *n*.

allégation [alega'sjɔ̃] *f* Anführung *f*,

Zitat *n*; Behauptung *f*; Vorgeben *n e-s Grundes*, Vorwand *m*.

allège [a'lɛːʒ] *f* ⚓ Leichter(schiff *n*) *m*; 🚢 Tender *m*; 🏛 Fenstervorsprung *m*.

allég|ement [alεʒ'mã] *m* Erleichterung *f*; ⚓ Leichtern *n*; 🚢 ligne *f* d'~ Entlastungslinie *f*; ~er [ale'ʒe] *v/t.* (1g) erleichtern; vermindern, mildern; *Schiff* leichtern.

allégorie [alego'ri] *f* Allegorie *f*.

allègre [a'lɛːgrə] *adj.* (*adv.* allégrement*) munter, lustig, heiter.

allégresse [ale'grɛs] *f* laute Freude *f*, Jubel *m*.

alléguer [ale'ge] *v/t.* (1f) anführen, zitieren; behaupten; (*als Grund*) vorbringen; sich berufen auf (*acc.*).

allélomorphe *biol.* [alelɔ'mɔrf] *adj.* allelomorph, *Gene*: zueinander gehörig.

alléluia [alelu'ja, ~lɥi'ja] *m* Halleluja *n*.

allemand, -e [al'mã, ~'mãːd] **1.** *adj.* deutsch; **2.** ℓ(e) *su.* Deutsche(r *m*) *m u. f*; **3.** *m*: l'~ das Deutsche, Deutsch *n*.

aller [a'le] **1.** *v/i.* (1o) gehen, reisen; fahren; ~ à Paris, en France, en U.R.S.S., aux Etats-Unis, au Maroc, au (*od. en*) Portugal, au (*od. en*) Danemark nach Paris, Frankreich, nach der UdSSR, nach den USA, nach Marokko, Portugal, Dänemark fahren; ~ à cheval reiten; ~ en avion fliegen; ~ en voiture mit dem Wagen (*od. Auto*) fahren; ~ à (*od. en*) bicyclette mit dem Fahrrad fahren; ~ en chemin de fer (*en autobus*) mit der (Eisen-)Bahn (mit dem Bus) fahren; *mit inf.* im Begriff sein zu (*nahe Zukunft*); *oft statt des einfachen frz. futur*); ~ chercher holen (gehen); ~ voir q. j-n besuchen; ~ (*en*) diminuant fortgesetzt, allmählich abnehmen; ~ (*bien, mal*) sich (wohl, schlecht) befinden; *comment allez-vous?* wie geht es Ihnen?; F *comment ça va-t-il?* wie geht's?; *cela me va* das ist mir recht; *cet habit lui va bien* der Anzug steht ihm gut; *la clef va à la serrure* der Schlüssel paßt zum Schloß; *il y va de* es handelt sich (*od.* es geht) um (*z. B. la vie*); *il en allait ainsi chaque fois que* ... er handelte (*od.* verfuhr) so jedesmal, wenn ...; ~ *de l'avant* pour qch. (*od. sur le chemin de qch.*) sich für etw. energisch einsetzen; F *on y va!*

gleich!, ich komme schon!; *il va sans dire* selbstredend; *va!* meinetwegen!; *allons!* los!, vorwärts!; *allons donc!* Zweifel, *Verwunderung*: nicht möglich!, was Sie nicht sagen!; na hör mal!, stimmt das wirklich?, willst du (wollen Sie) das wirklich?; *n'allez pas croire!* glauben Sie ja nicht!; *s'en* ~ weggehen; vergehen; sich abnutzen; sterben; **2.** *m* Hinfahrt *f*; *à l'*~ auf der Hinreise; ~ *et retour* Hin- und Rückreise *f*; *au pis* ~ im schlimmsten Fall.

allerg|ie 🔬 [alɛr'ʒi] *f* Allergie *f*; ~ique [~'ʒik] *adj.* 🔬 allergisch; *fig.* F ~ à qch. empfindlich gegen etw.

alliable [a'ljablə] *adj.* legierbar.

alli|age [a'ljaːʒ] *m* Legierung *f*; ~ance [a'ljãːs] *f* Bündnis *n*; Ehe *f*; angeheiratete Verwandtschaft *f*; Trauring *m*; ~é, -e [a'lje] *su.* Verbündete(r *m*) *m u. f*; Alliierte(r *m*); angeheiratete(r) Verwandte(r *m*) *m u. f*; ~er [~'lje] *v/t.* (1a) vereinigen; verbünden; *durch Heirat* verbinden; ⊕ legieren; *s'*~ zueinander passen; sich verheiraten.

allitération [aliteraˈsjõ] *f* Stabreim *m*, Alliteration *f*.

allô *téléph.* [a'lo] *int.*: ~! Qui est à l'appareil? hallo! Wer ist am Apparat?

allocation [alɔkaˈsjõ] *f* Geldbewilligung *f*; Zuschuß *m*, Beihilfe *f*; ~ de chômage Arbeitslosenunterstützung *f*; ~-éducation Erziehungsbeihilfe *f*; ~ d'études Studienbeihilfe *f*; ~s familiales Familienbeihilfe *f*, Kindergeld *n*; ~-logement Mietbeihilfe *f*; ~s-vieillesse Altersbeihilfe *f*.

allocution [alɔkyˈsjõ] *f* Ansprache *f*; ~ de réception Begrüßungs-ansprache *f*, -rede *f*.

allogène [alɔ'ʒɛn] *adj.* fremdrassig; nicht einheimisch.

allong|e [a'lõːʒ] *f* Ansatz(stück *n*) *m*; † *bei Wechseln*: Allonge *f*, Verlängerungsstreifen *m*; Fleischhaken *m*; *Boxen*: Reichweite *f*; *Bogenschießen*: Auszuglänge *f*; ~ement *a.* ⊕ [alõ-'mã] *m* Verlängerung *f*; Dehnung *f*; ~er [~'ʒe] *v/t.* (1l) verlängern; ausdehnen; F ~ une gifle à q. j-m eine runterhauen (*od.* knallen).

allopathie 🔬 [alɔpa'ti] *f* Allopathie *f*.

allophone [alɔ'fɔn] *adj.* anderssprachig.

allot|ement [alɔt'mã] *m* (Vieh-)Aufteilung f; **~ir** [~'ti:r] v/t. (2a) Vieh aufteilen (*zum Mästen od. Schlachten*).

allou|able [a'lwablə] adj. Geldzuwendung: zulässig, statthaft; **~er** [a'lwe] v/t. (1a) bewilligen; *Kredit* einräumen; *Entschädigung* gewähren.

allum|age ⊕ [aly'ma:ʒ] m Zündung f; **~é, -e** [~'me] adj. angezündet; *ź Licht*: eingeschaltet; *fig. Gesicht*: puterrot, knallrot; P besoffen.

allume|-cigares [alymsi'ga:r] m (*inv.*) Zigarrenanzünder m; **~-feu** [~'fø] m (*inv.*) Feuer-, Kohlen-anzünder m; **~-gaz** [~'ga:z] m (*inv.*) Gasanzünder m.

allum|er [aly'me] v/t. (1a) an-, entzünden; *ź, rad., télév.* einschalten; **~ette** [~'mɛt] f Streich-, Zünd-holz n; **~ettier** [~mɛ'tje] m Streichholzfabrikant m; **~eur** [~'mœ:r] m Laternenanzünder m; *fig.* Preistreiber m, Scheinbieter m (*bei Auktionen*); **~euse** [~'mø:z] f Animierdame f; **~oir** [~'mwa:r] m: ~ électrique elektrischer Anzünder m.

allural, -e [aly'ral] adj. (m/pl. -aux) allürenhaft.

allur|e [a'ly:r] f Gang(art f) m, Tempo n, Geschwindigkeit f; Verlauf m e-s Geschehens; *Wild*: Spur f; ~ de marche Marschtempo n; ~ de tortue Schneckentempo n; forcer l'~ die Geschwindigkeit steigern; *Auto*: la voiture a (pris) son~ der Wagen ist auf Touren; filer (od. marcher) à une ~ normale vorschriftsmäßig fahren; ~s pl. Verhalten n; **~é, -e** [aly're] adj. bsd. Mode: schwungvoll.

allus|if, -ve [aly'zif, ~'zi:v] adj. andeutend; **~ion** [~'zjɔ̃] f Anspielung f, Andeutung f; faire ~ à anspielen auf (acc.); par ~ andeutungsweise.

alluv|ial, -e [aly'vjal] adj. (m/pl. -aux), **~ien, -ne** [~'vjɛ̃, ~'vjɛn] adj. alluvial; *Land*: angeschwemmt; Schwemm...; **~ion** [~'vjɔ̃] f Anschwemmung f.

almanach [alma'na] m Kalender m in Buchform; ~ du commerce Handelsadreßbuch n.

alogique [alɔ'ʒik] adj. alogisch.

aloi [a'lwa] m Feingehalt m (z. B. der Münzen); fig. Beschaffenheit f; de bon ~ echt; fig. gut, gediegen, tadellos; de mauvais ~ geringhaltig; fig. schlecht, wertlos.

alors [a'lɔ:r] 1. adv. damals; dann; jetzt (in der Vergangenheitserzählung), nun; d'~ damalig, von damals; et ~? und was dann?; jusqu'~ bis dahin; 2.~ que cj. zeitlich: als, (dann) wenn, (zur Zeit) wo; gegensätzlich: während.

alouette orn. [a'lwɛt] f Lerche f.

alourd|ir [alur'di:r] v/t. (2a) schwer machen; belasten; **~issement** [~dis'mɑ̃] m Schwerwerden n; Trägheit f.

alpaga zo. u. Stoff [alpa'ga] m Alpaka n.

alpage [al'pa:ʒ] m Weiden n auf der Alm; Almweiderecht n.

alpagu|er P [alpa'ge] v/t. (1m) festnehmen; **~eur** [~'gœ:r] m Gangster m.

alpe [alp] f Alp f, Alm f.

alpestre [al'pɛstrə] adj. Alpen...

alphab|et [alfa'bɛ] m Alphabet n; **~étisation** [~betiza'sjɔ̃] f Beseitigung (od. Bekämpfung) f des Analphabetentums.

alpin, -e [al'pɛ̃, ~'pin] adj. Alpen...; ✕ chasseur ~ Alpenjäger m; **~isme** [~pi'nism] m Bergsport m; **~iste** [~'nist] m Alpinist m, Bergsteiger m.

alsacien, -ne [alza'sjɛ̃, ~'sjɛn] **1.** adj. elsässisch; **2.** 2(ne) su. Elsässer(in f) m.

altér|able [alte'rablə] adj. veränderlich; verderblich; ~ à l'air luftempfindlich; **~ant, -e** [~'rɑ̃, ~'rɑ̃:t] adj. den Durst erregend; **~ation** [~ra'sjɔ̃] f Veränderung f; Verschlechterung f.

altercation [altɛrka'sjɔ̃] f Zank m.

altér|é, -e [alte're] adj. durstig; fig. litt. gierig (de nach dat.); **~er** [~] v/t. (1f) verschlechtern, entstellen, fälschen; durstig machen; ♪ alterieren; s'~ schlecht(er) werden; Lebensmittel: verderben, umkommen; durstig werden.

alter|nance [altɛr'nɑ̃:s] f Abwechs(e)lung f; *ź* Polwechsel m; **~nateur** [~na'tœ:r] m Wechselstromgenerator m; **~nat** [~'na] m: ♪ ~ des cultures Wechselwirtschaft f; **~natif, -ve** [~na'tif, ~'ti:v] adj. abwechselnd; **~native** [~'ti:v] f Alternative f, Wahl f zwischen zwei Dingen; Wechselfolge f; **~s** pl. saisonnières Witterungswechsel m; **~ne** [~'tɛrn] adj.: angle ~ Wechselwinkel m; **~ner** [~'ne] v/i. (1a) (ab-)wechseln.

Altesse [al'tɛs] f Titel: Hoheit f.

altier, -ère *mv.p.* [al'tje, ‿'tjɛːr] *adj.* hochmütig.

alti|mètre [alti'mɛːtrə] *m* Höhenmesser *m*; **~tude** [‿'tyd] *f* Höhe *f über dem Meeresspiegel*, Höhenlage *f*.

alto ♩ [al'to] *m* Bratsche *f*, Viola *f*.

altruisme [altry'ism] *m* Altruismus *m*, Nächstenliebe *f*.

alumin|e [aly'min] *f reine* Tonerde *f*; **~ium** 🔬 [‿'jɔm] *m* Aluminium *n*.

alun [aˈlœ̃] *m* Alaun *m*; **~er** [aly'ne] *v/t.* (1a) mit Alaun behandeln.

alun|ir [aly'niːr] *v/i.* (2a) auf dem Mond landen; **~issage** [‿ni'saːʒ] *m* Mondlandung *f*.

alvéole [alve'ɔl] *m od. f* Zelle *f e-r Bienenwabe*; Alveole *f*, Zahnhöhle *f*; ⊕ **~** *de stockage* Stapelzelle *f*.

amabilité [amabili'te] *f* Liebenswürdigkeit *f*.

amadou [ama'du] *m* Zunder *m*; **~er** [‿'dwe] *v/t.* (1a) durch Schmeicheleien für sich gewinnen; schmeicheln (q. j-m).

amaigr|ir [amɛ'griːr] (2a) *v/t.* schlank machen; *v/i. u. s'~* abmagern, schlank werden; **~issement** [‿gris'mã] *m* Abmagerung *f*.

amalgam|e [amal'gam] *m* Amalgam *n*; Gemisch *n*; **~er** [‿'me] *v/t.* (1a) amalgamieren; *fig.* verschmelzen.

amand|e ♀ [a'mãːd] *f* Mandel *f*; Kern *m*; **~é** [amã'de] *m* Mandelmilch *f*; **~ier** [‿'dje] *m* Mandelbaum *m*.

amant *péj.* [a'mã] *m* Freund *m*, Geliebte(r) *m*.

amarr|age [ama'raːʒ] *m* Ankern *n*; *Raumfahrt:* Kopplung *f*; **~e** [a'maːr] *f* (Anker-, Halte-) Tau *n*; ⚓ Fangleine *f*, Landetau *n*; **~er** [ama're] (1a) *v/t. mit e-m Tau* festbinden, festmachen, verankern, zurren; *v/t. u. v/i. Raumfahrt:* (an)koppeln; *s'~* vor Anker gehen.

amas [a'ma] *m* Anhäufung *f*; **~** *de neige* Schneewehe *f*; **~ser** [‿'se] *v/t.* (1a) anhäufen.

amateur [ama'tœːr] *m* Liebhaber *m*, (Kunst-)Freund *m*; *péj.* Dilettant *m*; **~** *des sports d'hiver* Wintersportler *m*; **~isme** [‿tœ'rism] *m* Liebhaberei *f*; *péj.* Dilettantismus *m*.

amatir [ama'tiːr] *v/t.* (2a) matt (*od.* glanzlos) machen.

amazone [ama'zoːn] *f* Amazone *f*; Reiterin *f*; *péj.* Mannweib *n*.

ambages [ã'baːʒ] *f/pl.*: *parler sans* ~

freiheraus sprechen.

ambassad|e [ãba'sad] *f* **1.** Botschaft *f* (*a. Gebäude*); Botschaftspersonal *n*; Botschafterposten *m*; **2.** *venir en* ~ *auprès de q.* im Auftrag von j-m kommen; **~eur** [‿'dœːr] *m* Botschafter *m*; Übermittler *m* e-r Nachricht; **~rice** [‿'dris] *f* Botschafterin *f*; Gattin *f* e-s Botschafters; Überbringerin *f* e-r Botschaft.

ambianc|e [ã'bjãːs] *f* (Betriebs-)Klima *n*; *les* **~s** *de la vie* Umgebung *f*, Milieu *n*, Tätigkeitskreis *m*; **~t, -e** [ã'bjã, ã'bjãːt] *adj.* umgebend; *fig.* herrschend; *conditions f/pl.* **~es** Umweltbedingungen *f/pl.*; *influence f* **~e** Umwelteinfluß *m*; *la psychose* **~e** die herrschende (*z. B. Kriegs-*) Psychose; *température f* **~e** *a.* Raumtemperatur *f*.

ambidextre [ãbi'dɛkstrə] **1.** *adj.* beidhändig; **2.** *su.* Beidhänder *m*.

ambi|gu, -ë [ãbi'gy] *adj.* zweideutig; doppelsinnig; **~guïté** [‿gɥi'te] *f* Zweideutigkeit *f*; Doppelsinnigkeit *f*.

ambiti|eux, -se [ãbi'sjø, ‿'sjøːz] *adj.* ehrgeizig; **~on** [‿'sjɔ̃] *f* Ehrgeiz *m*; **~onner** [‿sjɔ'ne] *v/t.* (1a): ~ *qch.* aus Ehrgeiz nach etw. (*dat.*) streben; etw. wünschen.

amble *man.* ['ã:blə] *m* Paß-, Zeltgang *m*.

amblyope 𝔐 [ãbli'ɔp] *adj.* schwachsichtig.

ambre ['ã:brə] *m* Ambra *f*, Amber *m*; **~** *jaune* Bernstein *m*.

ambroisie [ãbrwa'zi] *f myth.* Ambrosia *f*, Götterspeise *f*; *fig.* köstliche Speise *f*.

ambulanc|e [ãby'lãːs] *f* Krankenwagen *m*; **~ier, -ère** [ãã'sje, ‿'sjɛːr] *su.* Sanitäter(in *f*) *m*.

ambulant, -e [ãby'lã, ‿'lãːt] *adj.* umherziehend; Wander..., Straßen...; **2.** *m* Bahnpostbeamte(r) *m*.

ambulatoire 𝔐 [ãbyla'twaːr] *adj.* ambulant zu behandeln(d).

âme [ɑːm] *f* Seele *f* (*a.* ⊕ *u. e-s Geschützrohrs*); ⊕ Steg *m* (*e-s Profileisens*); *Geige, Cello:* Stimmholz *n*; **~s** *pl.* Einwohner *m/pl.*; *rendre l'*~ den Geist aufgeben.

amélior|ation [ameljora'sjɔ̃] *f* Verbesserung *f*, Vered(e)lung *f*; ✿ Melioration *f*, Bodenverbesserung *f*; **~er** [‿'re] *v/t.* (1a) verbessern.

aménag|ement [amenaʒ'mã] *m* ⊕

Einrichtung f; Einbau m (v. Schränken); 🖉 Bewirtschaftung f; for. Lenkung f des Baumverschnitts; ~ intérieur Innenausstattung f, Raumkunst f; ~ du territoire Raumplanung f; ~er [~ˈʒe] v/t. (1l) anlegen; einrichten; zweckmäßig bewirtschaften; ~iste [~ˈʒist] su. Beschützer(in f) m des Naturhaushalts.

amend|able 🖉, ⚖ [amãˈdablə] adj. Boden, Gesetz: verbesserungsfähig; ~e [aˈmãːd] f Geldstrafe f; sous peine d'~ bei Strafe; ~ement [amãdˈmã] m 🖉 Bodenverbesserung f, Düngen n; pol. Abänderungsvorschlag m; ~er [~ˈde] v/t. (1a) (ver)bessern; Gesetz abändern; 🖉 düngen.

amène litt. [aˈmɛn] adj. Worte: liebenswürdig; Klima: lieblich.

amen|ée ⊕ [amˈne] f Zuführung f, Zufuhr f; ~ d'air Luftzufuhr f; ~er [~] v/t. (1d) her(bei)führen; mit-, her-bringen; (her)anziehen; zur Folge haben, nach sich ziehen; Unterhaltung auf etw. hinsteuern, lenken; Zitat anführen; j-n veranlassen (od. dazu bringen) (à faire qch. etw. zu tun); P amène ta viande! komm her!; fig. ~ son pavillon beigeben.

aménité [ameniˈte] f Freundlichkeit f.

amenuis|ement éc. [amənɥizˈmã] m Rückgang m; ~er [~ˈze] v/t. (1a) dünner machen, abhobeln; fig. schwächen; s'~ sich verringern.

amer, -ère [aˈmɛːr] 1. adj. bitter; 2. m Bittere(r) m (Aperitif); ⚓ Landmarke f, Leuchtturm m; allg. ⚠ Wahrzeichen n.

américain, -e [ameriˈkɛ̃, ~ˈkɛn] 1. adj. amerikanisch; 2. ♀(e) su. Amerikaner(in f) m.

américanisation [amerikanizaˈsjɔ̃] f Amerikanisierung f.

amerr|ir ✈ [ameˈriːr] v/i. (2a) wassern; ~issage ✈ [~riˈsaːʒ] m Wassern n; ~ forcé Notwasserung f.

amertume [amɛrˈtym] f Bitterkeit f (a. fig.).

amétropie 🖉 [ametrɔˈpi] f Fehlsichtigkeit f.

ameubl|ement [amœblaˈmã] m (Zimmer-, Wohnungs-)Einrichtung f; Möblierung f; Innenausstattung f; Heimtextilien pl.; tissu m d'~ Dekorations-, Bezug(s)-stoff m; ~ir [~ˈbliːr] v/t. (2a) ⚖ zum Mobiliarvermögen schlagen; 🖉 Boden

(auf)lockern; ~issement [~blisˈmã] m ⚖ Mobiliarisierung f; 🖉 ~ du sol Bodenauflockerung f.

ameuter [amœˈte] v/t. (1a) Hunde zs.-koppeln; aufhetzen; s'~ sich zs.-rotten.

ami, -e [aˈmi] 1. su. Freund(in f) m; 2. adj. freundlich; befreundet; ~able [aˈmjablə] adj. freundschaftlich; à l'~ gütlich, in Güte; vendre à l'~ freihändig verkaufen; ~ante min. [aˈmjãːt] m Asbest m; ~cal, -e [amiˈkal] adj. (m/pl. -aux) freundschaftlich.

amidon 🖉 [amiˈdɔ̃] m Stärke f; ~ner [~dɔˈne] v/t. (1a) Wäsche stärken.

aminche * [aˈmɛ̃ːʃ] m Freund m.

amincir [amɛ̃ˈsiːr] (2a) v/t. dünner machen; schlank machen; F v/i. u. s'~ schlanker werden.

amiral [amiˈral] 1. m (pl. -aux) Admiral m; 2. adjt.: vaisseau m ~ Flaggschiff n.

amirauté [amiroˈte] f Admiralität f.

amitié [amiˈtje] f Freundschaft f, Zuneigung f, Wohlwollen n; ~s pl. Grüße m/pl.; faites-moi l'~ de (inf.) tun Sie mir den Gefallen und ...; faites-lui mes ~s richten Sie meine Grüße aus.

ammoniac, -que [amɔˈnjak] 1. adj.: gaz m ~ Ammoniak n; sel m ~ Salmiak m; 2. m Ammoniak m.

amnésie [amneˈzi] f Amnesie f, Gedächtnisschwund m.

amniotique anat. [amnjɔˈtik] adj.: liquide m ~ Fruchtwasser n.

amnist|ie [amnisˈti] f Amnestie f; ~ier [~ˈtje] v/t. (1a) amnestieren.

amocher P [amɔˈʃe] v/t. (1a) zerschlagen; vertrimmen; être amoché e-n Knacks bekommen haben.

amoindr|ir [amwɛ̃ˈdriːr] v/t. (2a) verringern; ~issement [~drisˈmã] m Verminderung f.

amok [aˈmɔk] m Amok(läufer m) m.

amoll|ir [amɔˈliːr] v/t. (2a) aufweichen; cuis. weich machen; fig. schwächen; s'~ Beine: schwach werden; Energie: nachlassen; ~issement [~lisˈmã] m fig. Verweichlichung f; Schwächung f.

amoncel|er [amɔ̃sˈle] v/t. (1c) an-, auf-häufen, aufschichten; ~lement [~sɛlˈmã] m An-, Auf-häufung f.

amont [aˈmɔ̃] adv.: en ~ stromaufwärts; en ~ de oberhalb von; vent m d'~ Landwind m; voyage m en ~ Bergfahrt f.

amorc|e [a'mɔrs] f Lockspeise f, Köder m; Zündblättchen n; Zündhütchen n; (Spreng-)Zünder m; fig. Reiz m, Verlockung f; **~er** [~'se] v/t. (1k) ködern (a. fig.); mit Sprengkapsel od. Zündhütchen versehen; Arbeit, Tätigkeit beginnen, ins Werk setzen, in Gang bringen, einleiten.

amort|ir [amɔr'tiːr] v/t. (2a) dämpfen; abschwächen; ⊕ durch Abfederung vor Stößen schützen; weich kochen; ✝ abschreiben, tilgen, amortisieren; ~ les chocs Auto: die Stöße abfedern; **~issable** [~ti'sablə] adj. tilgbar; **~issement** [~tis'mã] m Schuldentilgung f; ✝ Abschreibung f; Aufschlag, Schall, Radio: Dämpfung f; **~isseur** [~ti'sœːr] m Stoßdämpfer m; ~ (de bruit) Schalldämpfer m; ~ en caoutchouc Gummipuffer m.

amour [a'muːr] m Liebe f; F geliebter Gegenstand m, Liebling m; ~s f (bisw. a. m) pl. Liebschaften f/pl.; pour l'~ de Dieu! um Gottes willen!; pour l'~ de Dieu völlig uneigennützig; l'~ du prochain die Nächstenliebe; ♀ [~] m Amor m; Amorette f; **~acher** [amura'ʃe] v/rfl. (1a): s'~ de sich verlieben in (acc.); **~ette** [~'rɛt] f Liebelei f; ♀ Zittergras n; **~eux** [~'rø, ~'røːz] **1.** adj.: ~ de verliebt in (acc.); eingenommen für; **2.** su. Verliebte(r m) m u. f; **~-propre** [~'prɔprə] m (pl. amours-propres) Eigenliebe f; Selbstgefühl n.

amovible [amɔ'viblə] adj. Beamter: absetzbar; méc. abnehmbar; auswechselbar.

ampérage ⚡ [ãpe'raːʒ] m Stromstärke f.

ampère ⚡ [ã'pɛːr] m Ampere n.

amphi* univ. [ã'fi] m Hörsaal m.

amphib|ie [ãfi'bi] **1.** adj. amphibisch; véhicule m ~ Amphibienfahrzeug n; **2.** m Amphibie f; **~iens** [~'bjɛ̃] m/pl. Amphibien f/pl., Lurche m/pl.; **~ologie** [~bɔlɔ'ʒi] f Doppelsinnigkeit f.

amphi|gouri [ãfigu'ri] m Kauderwelsch n; **~théâtre** [~te'ɑːtrə] m Hörsaal m; Amphitheater n; **~tryon** [~tri'ɔ̃] m Gastgeber m.

ampl|e ['ãːplə] adj. weit, umfassend; reichlich; **~eur** [ã'plœːr] f Weite f; Stil: Breite f; Geräumigkeit f, Umfang f; ~ du son Klangfülle f; **~iation** [ãpljɑ'sjɔ̃] f beglaubigte Abschrift f; pour ~ für die Richtigkeit der Abschrift.

amplificat|eur [ãplifika'tœːr] m rad. Verstärker m; **~ion** [~ka'sjɔ̃] f erweiternde Ausarbeitung f e-s Themas; Weitschweifigkeit f; Übertreibung f; rad. Verstärkung f; ♪ ~ du foie Leberschwellung f.

amplifier [ãpli'fje] v/t. (1a) mit Worten erweitern; weitläufig behandeln; übertreiben; rad. verstärken.

amplitude [ãpli'tyd] f Weite f; phys. Amplitude f, Schwingungsweite f (a. rad.); télév. contrôle m de l'~ de l'image Bildbreiten-, Bildhöhenregler m.

ampli-tuner [ãplity'nɛːr] m Stereokassettenrecorder m.

ampoule [ã'pul] f ♪ Ampulle f; ⚡ Glühbirne f; ♪ (Haut-)Blase f.

ampoulé, -e [ãpu'le] adj. schwülstig.

amput|ation [ãpyta'sjɔ̃] f ♪ Amputation f; fig. Kürzung f; **~é, -e** [~'te] su. Amputierte(r m) m u. f; **~er** [~'te] v/t. (1a) amputieren, abnehmen (q. d'une jambe j-m ein Bein).

amuïr phon. [a'mɥiːr] v/rfl. (2a): s'~ verstummen.

amulette [amy'lɛt] f Amulett n.

amus|ant, -e [amy'zã, ~'zãːt] adj. unterhaltend, lustig, drollig; **~e-gueule** F [~'gœl] m (pl. ~[s]) Appetit(s)happen m; **~ement** [~'mã] m Belustigung f, Zeitvertreib m; **~er** [~'ze] v/t. (1a) unterhalten, j-m die Zeit vertreiben; belustigen; hinhalten, aufhalten, ablenken; s'~ sich amüsieren, sich unterhalten; s-e Zeit vertrödeln; s'~ de verspotten, lächerlich machen; sich lustig machen über (acc.); **~ette** [~'zɛt] f Zeitvertreib m; **~eur, -se** [~'zœːr, ~'zøːz] su. Spaßmacher(in f) m, Unterhalter(in f) m, Witzbold m.

amygdal|e anat. [ami(g)'dal] f Mandel f; **~ite** [~'lit] f Mandelentzündung f.

an [ã] m Jahr n; jour m de l'~ Neujahr(stag m) n; avoir dix ~s zehn Jahre alt sein; bon ~, mal ~ jahraus, jahrein; par ~ jährlich.

ana|baptiste [anaba'tist] m Wiedertäufer m; **~bolisant** ♪ [~bɔli'zã] m Anabolicum n (Dopingmittel); **~chorète** [~kɔ'rɛt] m Einsiedler m; **~chronisme** [~krɔ'nism] m Anachronismus m; **~crouse** ♪ [~'kruːz] f Auftakt m.

anal, -e [a'nal] *adj. (m/pl. -aux)* After...

analgésique *phm.* [analʒe'zik] **1.** *adj.* schmerzstillend; **2.** *m* schmerzstillendes Mittel *n*.

ana|logie [analɔ'ʒi] *f* Analogie *f*, Ähnlichkeit *f*; *par* ~ sinngemäß, entsprechend; **~logique** [~'ʒik] *adj.* analog; **~logue** [~'lɔg] **1.** *adj.* analog, ähnlich, entsprechend; **2.** *m* Entsprechung *f*, Ähnliche(s) *n*; Vergleichbare(s) *n*.

analphab|ète [analfa'bɛt] *su.* Analphabet(in *f*) *m*; **~étisme** [~be'tism] *m* Analphabetentum *n*.

ana|lyse [ana'li:z] *f* ♣, ♠, *allg.* Analyse *f*; ✝ ~ *du marché* Marktanalyse *f*; ♂ ~ *du sang* Blutuntersuchung *f*; **~lyser** [~li'ze] *v/t.* (1a) analysieren; zergliedern; (genau) untersuchen; **~lyste** [~'list] *su.* Analytiker(in *f*) *m*; *éc.* Marktforscher(in *f*) *m*; *inform.* Systemanalytiker *m*; **~lytique** [~li-'tik] *adj.* analytisch; zergliedernd.

ananas ♣ [ana'na(s)] *m* Ananas *f*.

anar P [a'na:r] *m* Anarchist *m*.

anarch|ie [anar'ʃi] *f* Anarchie *f*; *fig.* Unordnung *f*; **~ique** [~'ʃik] *adj.* anarchisch; ♣ planlos; **~iste** [~'ʃist] **1.** *adj.* anarchistisch; **2.** *su.* Anarchist(in *f*) *m*; **~o** P [~'ʃo] *m* Anarchist *m*; **~ote** P [~'ʃot] *f* Anarchistin *f*.

anathème [ana'tɛːm] *m* Kirchenbann *m*.

anat|idés *zo.* [anati'de] *m/pl.* Entenvögel *m/pl.*; **~ife** *zo.* [~'tif] *m* Entenmuschel *f*.

anatom|ie [anatɔ'mi] *f* Anatomie *f*; **~ique** [~'mik] *adj.* anatomisch; *fig. Auto:* sièges *m/pl.* **~s** körpergerechte Sitze *m/pl.*

ancêtres [ã'sɛːtrə] *m/pl.* Ahnen *m/pl.*, Vorfahren *m/pl.*

anche ♪ [ãːʃ] *f* Zunge *f* (*an Blasinstrumenten*).

anchois [ã'ʃwa] *m* Anschovis *f*.

ancien, -ne [ã'sjɛ̃, ã'sjɛn] **1.** *adj.* alt, altmodisch, lange bestehend; *vorangestellt:* ehemalig, frühere(r, -s); *l'officier le plus* ~ der dienstälteste Offizier; *les langues* ~*nes* die alten Sprachen; **2.** *m: les* ~*s pl.* die Alten *m/pl.* (*a. Griechen u. Römer*); die Ältesten *m/pl.* (*e-s Dorfes od. Stammes*); *le plus* ~ *en grade* der Dienstälteste; **~nement** [ãsjɛn'mã] *adv.* vormals, ehemals; **~neté** [~'te] *f* Alter *n* (*v. Gegenständen od. Einrichtungen*); Dienstalter *n*.

ancolie ♣ [ãkɔ'li] *f* Akelei *f*.

ancr|age [ã'kra:ʒ] *m* Verankerung *f*; ⊕ Spannen *n*; **~e** [ã:krə] *f* Anker *m*; **~er** [ã'kre] *v/t.* (1a) verankern; *fig.* befestigen; ~ *q. à q.* (*od. à qch.*) j-n an j-n (*od. an etw.*) binden.

andouill|e [ã'duj] *f* Art Schweinswurst *f*, Bratwurst *f*; P Dummkopf *m*; ~ *fumée* Mettwurst *f*; **~er** *ch.* [~'je] *m* Sprosse *f*, Ende *n* (*am Hirschgeweih*); **~ette** [~'jɛt] *f* kleine Bratwurst *f*.

andro|gyne [ãdrɔ'ʒin] **1.** *adj.* zweigeschlechtig; **2.** *m* Zwitter *m*; **~phobe** [~'fɔb] *f* Männerfeindin *f*.

âne [ɑːn] *m zo.* Esel *m*; *fig.* Dummkopf *m*.

anéant|ir [aneã'ti:r] *v/t.* (2a) vernichten; ausrotten; *s'*~ in das Nichts zurücksinken; *fig.* sich erniedrigen; **~issement** [~tis'mã] *m* Vernichtung *f*; *fig.* Niedergeschlagenheit *f*.

anecdot|e [anɛk'dɔt] *f* Anekdote *f*; **~ier** [~'tje] *m* Anekdotenerzähler *m*.

aném|ie ♂ [ane'mi] *f* Anämie *f*; **~ique** ♂ [~'mik] *adj.* blutarm.

anémomètre [anemɔ'mɛːtrə] *m* Windmesser *m*.

anémone ♣ [ane'mɔn] *f* Anemone *f*; ~ *des bois* Buschwindröschen *n*.

ânerie [an'ri] *f* Eselei *f*.

ânesse [a'nɛs] *f* Eselin *f*.

anesthés|ie ♂ [anɛste'zi] *f* Anästhesie *f*; Betäubung *f*; **~ier** ♂ [~'zje] *v/t.* (1a) betäuben, unempfindlich machen; **~ique** ♂ [~'zik] *adj.* den Schmerz ausschaltend; **~iste** [~'zist] *su.* Narkose-arzt *m*, -ärztin *f*.

anévrisme ♂ [ane'vrism] *m* Aneurysma *n*, Pulsadergeschwulst *f*.

anfractuosité *géol.* [ãfraktɥozi'te] *f* Aushöhlung *f*, Vertiefung *f*.

ange [ã:ʒ] *m* Engel *m*; ~ *gardien* Schutzengel *m*; *fig.* être aux ~ im siebenten Himmel sein, selig sein.

angél|ique [ãʒe'lik] **1.** *adj.* engelhaft; himmlisch; **2.** *f* ♣ Engelwurz *f*; **~us** [~'lys] *m* Angelus(läuten *n*) *m*.

angine ♂ [ã'ʒin] *f* Angina *f*; ~ *de poitrine* Angina *f* pectoris.

anglais, -e [ã'glɛ, ã'glɛːz] **1.** *adj.* englisch; **2.** ♀(e) *su.* Engländer(in *f*) *m*; **3.** *m: l'*~ das Englische, Englisch *n*.

angle [ã:glə] *m* Winkel *m*; *Auto:* ~ *de braquage* Einschlagwinkel *m* der Vorderräder; **~dozer** ⊕ [ãglədo'zɛ:r] *m* Winkelräumpflug *m*.

Angliche P [ã'gliʃ] **1.** *su.* Eng-

länder(in f) m; 2. ♀ adj. englisch.
anglicis|er [āglisi'ze] v/t. (1a) anglisieren; englisch machen; s'∼ sich wie ein Engländer benehmen; **∼me** [∼'sism] m Anglizismus m.
anglo|manie [āgləma'ni] f Anglomanie f; **∼phone** [∼'fɔn] adj. englisch sprechend; **∼saxon, -ne** [∼sa'ksɔ̃, ∼'ksɔn] (pl. ∼s) 1. adj. angelsächsisch; 2. Anglo-Saxon(ne) su. Angel-sachse m, -sächsin f.
angoiss|e [ã'gwas] f (Herzens-)Angst f; **∼é, -e** [∼'se] adj. ängstlich.
anguill|e [ã'gij] f icht. Aal m; fig. il y a ∼ sous roche hier ist etwas nicht geheuer, hier steckt etwas dahinter; **∼ière** [∼'jɛːr] f Aalteich m.
angul|aire [ãgy'lɛːr] adj. eckig, wink(e)lig; pierre f ∼ Eckstein m; **∼eux, -se** fig. [∼'lø, ∼'løːz] adj. eckig.
anhélation 🏃 [anela'sjɔ̃] f Kurzatmigkeit f.
anhydre 🧪 [a'nidrə] adj. wasserfrei.
anicroche f [ani'krɔʃ] f Hindernis n; Haken m F.
ânier, -ère [a'nje, a'njɛːr] su. Eseltreiber(in f) m.
aniline 🧪 [ani'lin] f Anilin n.
animadversion litt. [animadvɛr'sjɔ̃] f tiefe Abneigung f.
animal[1] [ani'mal] m (pl. -aux) Tier n; Lebewesen n; fig. péj. Trampel m od. n, Kamel n; **∼², -e** [∼] adj. (m/pl. -aux) tierisch; exposition f ∼e Tierschau f; règne m ∼ Tierreich n.
anim|alcule [animal'kyl] m mikroskopisch kleines Tier n; **∼alier** [∼ma'lje] m Tiermaler m; **∼aliser** [∼li'ze] v/t. (1a) vertieren; **∼alité** [∼li'te] f tierisches Wesen n; Tiernatur f; **∼ateur, -rice** [∼tœːr, ∼'tris] su. Anreger(in f) m, treibende Kraft f, Seele f (fig.); cin., télév. Trickfilmzeichner(-in f) m; allg. Stimmungsmacher (-in f) m, Unterhalter(in f) m; Diskussionsleiter(in f) m; Conférencier m; Diskjockey m; ∼ social Förderer m, Förderin f des gesellschaftlichen Kontakts; Betreuer(in f) m ausländischer Gäste usw.; **∼ation** [∼ma'sjɔ̃] f Lebhaftigkeit f, Leben n; (starker) Straßenverkehr m; cin. Herstellung f von Zeichentrickfilmen.
anim|é, -e [ani'me] adj. belebt, lebend; fig. lebhaft, rege; verkehrsreich; cin. dessins m/pl. ∼s Zeichentrickfilm m; **∼er** [∼] v/t. (1a) beleben; anfeuern; **∼osité** [∼mozi'te] f Ani-

mosität f, Gereiztheit f, Groll m, Haß m; Zwist m, Feindseligkeit f.
anis 🌿 [a'ni(s)] m Anis m; **∼er** [∼'ze] v/t. (1a) mit Anis würzen.
ankylos|e [ãki'loːz] f 🏃 Gelenkversteifung f; fig. Stillstand m; **∼er** [∼lo'ze] v/t. (1a) 🏃 steif machen; fig. lähmen.
annales [a'nal] f/pl. Annalen pl., Jahrbücher n/pl.
anneau [a'no] m (pl. ∼x) Ring m, Reif m.
année [a'ne] f Jahr n (Dauer od. Ablauf); Lebensjahr n; Jahrgang m; ∼ bissextile Schaltjahr n; ∼ civile Kalenderjahr n; ∼ scolaire Schuljahr n.
annex|e [a'nɛks] 1. f Anlage f, Beilage f (zu e-m Brief); Anhang m; Anbau m, Nebengebäude n; Filialkirche f; 2. adj. dazugehörig; bâtiment m ∼ Nebengebäude n; les industries ∼s die verwandten Industrien f/pl.; **∼er** [∼'kse] v/t. (1a) eingliedern; annektieren, einverleiben; **∼ion** [∼ksjɔ̃] f Annexion f; Einverleibung f.
annihiler [anii'le] v/t. (1a) für nichtig erklären; Hoffnung vernichten; vereiteln; j-n umwerfen.
anniversaire [anivɛr'sɛːr] 1. adj. Gedenk...; Jahres...; 2. m Jahrestag m; Geburtstag m.
annonc|e [a'nɔ̃s] f Annonce f, Anzeige f, Inserat n; Bekanntmachung f; fig. Anzeichen n; ∼s f/pl. encartées Anzeigenbeilage f; **∼er** [anɔ̃'se] v/t. (1k) ankündigen; anmelden; rad. ansagen; fig. vorhersagen; **∼eur** [∼'sœːr] m journ. Inserent m; rad. Auftraggeber m e-r Werbesendung; a. Ansager m; **∼iateur** thé. [∼sja'tœːr] m Ankündiger m.
Annonciation rl. [anɔ̃sja'sjɔ̃] f: l'∼ Mariä Verkündigung f (a. das Fest).
annoncier [anɔ̃'sje] m Leiter m des Anzeigenteils; Anzeigensetzer m.
annot|ateur, -rice [anɔta'tœːr, ∼'tris] su. Kommentator (in f) m; **∼ation** [∼ta'sjɔ̃] f Anmerkung f, Erläuterung f, Randbemerkung f, Fußnote f; Aufzeichnung f; **∼er** [∼'te] v/t. (1a) mit Anmerkungen versehen.
annu|aire [a'nɥɛːr] m Adreßbuch n; Jahrbuch n; Telefonbuch n; Armee: ∼ militaire Rangliste f; **∼el, -le** [a'nɥɛl] adj. jährlich; ⚘ einjährig.
annuité [anɥi'te] f Jahres-rate f, -rente f; pol. Annuität f, Jahreszahlung f.

annul|able [any'lablə] *adj.* anfechtbar, umstoßbar; **~aire** [~'lɛːr] *adj.* ringförmig; *doigt m ~* Ringfinger *m*; **~ation** [~la'sjɔ̃] *f* Aufhebung *f*, Nichtigkeitserklärung *f*; *~ du permis de conduire* Entziehung *f* der Fahrerlaubnis; **~er** [~'le] *v/t.* (1a) für null und nichtig erklären, widerrufen; *Vertrag* lösen; *Kosten* niederschlagen.

anoblir [anɔ'bliːr] *v/t.* (2a) in den Adelsstand erheben.

anode [a'nɔd] *f* Anode *f*.

anodin, -e [anɔ'dɛ̃, ~'din] *adj.* harmlos; unbedeutend.

anomal, -e [anɔ'mal] *adj.* (*m/pl. -aux*) unregelmäßig, abweichend, ungewöhnlich; *verbe m ~* unregelmäßiges Verb *n*; **~ie** [~'li] *f* Anomalie *f*, Abnormität *f*, Regelwidrigkeit *f*.

ânon *zo.* [ɑ'nɔ̃] *m* junger Esel *m*, Eselsfüllen *n*; **~ner** *écol.* [anɔ'ne] *v/t.* (1a) schwerfällig lesen *od.* vortragen.

anonym|at [anɔni'ma] *m* Anonymität *f*, Namenlosigkeit *f*; **~e** [~'nim] **1.** *adj.* anonym, ungenannt, namenlos; *société f ~* Aktiengesellschaft *f* (*abr.* AG); **2.** *m* ungenannter Verfasser *m*; Anonymus *m*.

anorak [anɔ'rak] *m* Anorak *m*.

anorex|iant [anɔrɛk'sjɑ̃] *m*, **~igène** [~ksi'ʒɛn] *m* Appetithemmer *m*; **~ie** [~'ksi] *f* Appetitlosigkeit *f*; *~ mentale* Magersucht *f*.

anormal, -e [anɔr'mal] *adj.* (*m/pl. -aux*) unnormal, regelwidrig, unprogrammäßig, programmwidrig.

anoxie [anɔk'si] *f* Sauerstoffmangel *m* in den Geweben.

anse [ɑ̃ːs] *f* Henkel *m*, Griff *m*; *géogr.* kleine Bucht *f*.

antagon|isme [ɑ̃tagɔ'nism] *m* Meinungsverschiedenheit *f*; Gegensatz *m*, -sätzlichkeit *f*; **~iste** [~'nist] **1.** *su.* Gegner (*in f*) *m*; **2.** *adj.* gegnerisch, entgegenwirkend.

antalgique [ɑ̃tal'ʒik] *adj.* schmerzstillend.

antarctique [ɑ̃tark'tik] *adj.* antarktisch.

antébois [ɑ̃te'bwa] *m* Scheuerleiste *f*.

antécédent, -e [ɑ̃tese'dɑ̃, ~'dɑ̃ːt] **1.** *adj.* vorhergehend; *géol. Wasserlauf:* ursprünglich; **2.** *m gr.* Beziehungswort *n*; **~s** *pl.* Vorleben *n*; Vor-, Entwicklungs-geschichte *f*; *sans ~s judiciaires* nicht vorbestraft.

antédiluvien, -ne *a. fig.* F [ɑ̃tedi-

lyvjɛ̃, ~'vjɛn] *adj.* vorsintflutlich.

antenne [ɑ̃'tɛn] *f ent.* Fühler *m*; ♣ Rahe *f; rad.* Antenne *f*; Zweigstelle *f*; *~ dirigée* Richtstrahler *m*; *~ extérieure* Außenantenne *f*; *grande ~* Hochantenne *f*; *~ en cadre* Rahmenantenne *f*; *~ scolaire* Schulfiliale *f*, Zweigschule *f; bsd. pol. pousser des ~s en direction de ...* seine Fühler ausstrecken in Richtung ...

antérieur, -e [ɑ̃te'rjœːr] *adj.* vorherig; vorn befindlich; *~ à* früher als.

anthère ♀ [ɑ̃'tɛːr] *f* Staubbeutel *m*.

anthologie [ɑ̃tɔlɔ'ʒi] *f* Anthologie *f*.

anthracite [ɑ̃tra'sit] *m* Anthrazit *m*.

anthrax ✗ [ɑ̃'traks] *m* Anthrax *m*.

anthropo|ïde *zo.* [ɑ̃trɔpɔ'id] **1.** *adj.* menschenähnlich; **2.** *m* Menschenaffe *m*; **~métrie** [~me'tri] *f* Anthropometrie *f*; **~phage** [~'faːʒ] *m* Menschenfresser *m*.

anti|acide [ɑ̃tia'sid] *adj.* säurefest; **~aérien, -ne** ✗ [~ae'rjɛ̃, ~'rjɛn] *adj.* Flugabwehr..., Flak...; *abri m ~* Luftschutzraum *m*; *défense f ~ne* Flugabwehr *f*; **~atomique** [~atɔ'mik] *adj.* Strahlenschutz...; **~balle(s)** [~'bal] *adj.* kugelsicher; **~biotique** ✗ [~bjɔ'tik] *m* Antibiotikum *n*; **~brouillard** *Auto* [~bru'jaːr] *adj.* (*inv.*): *phare m ~* (*od. ~ m*) Nebelscheinwerfer *m*; **~cancéreux, -se** ✗ [~kɑ̃se'rø, ~'røːz] *adj.* krebsbekämpfend; **~chambre** [~'ʃɑ̃ːbr] *f* Vorzimmer *n*; *faire ~* im Vorzimmer warten; **~char(s)** ✗ [~'ʃaːr] *adj.* Panzerabwehr..., Pak...; **~choc** [~'ʃɔk] *adj.* (*inv.*) stoßfest; **~chrétien, -ne** [~kre'tjɛ̃, ~'tjɛn] *adj.* unchristlich; christenfeindlich;

anti|clérical, -e [ɑ̃tikleri'kal] *adj.* (*m/pl. -aux*) antiklerikal, kirchenfeindlich; **~corps** ✗ [~'kɔːr] *m* Antikörper *m*, Schutzstoff *m*, Abwehrstoff *m*; **~dater** [~da'te] *v/t.* (1a) (zu)rückdatieren; **~dérapant, -e** *Auto* [~dera'pɑ̃, ~'pɑ̃ːt] **1.** *adj.* rutschfest; **2.** *m* Gleitschutz *m*;

~**dote** ❀ [~'dɔt] m Gegengift n; ~**é-blouissant, -e** Auto [~eblui'sɑ̃, ~'sɑ̃:t] adj. blend(ungs)frei, Blendschutz...; ~**écraseur** [~ekra'zœ:r] m Fangvorrichtung f (an Straßenbahnwagen).

antienne [ã'tjɛn] f rl. Vor-, Wechselgesang m; fig. chanter toujours la même ~ immer dasselbe wiederholen.

antifasciste [ãtifa'ʃist] 1. adj. antifaschistisch; 2. su. Antifaschist(in f) m.

antiffe * [ã'tif] m: courir l'~ auf den Straßen herumlungern.

anti|gel ❀ [ãti'ʒɛl] m Frostschutz (-mittel n) m; ~**gréviste** [~gre'vist] su. Streikbrecher(in f) m; ~**grisouteux, -se** ⚒ [~grizu'tø, ~'tø:z] adj. schlagwettersicher; ~**halo** phot. [~'lo] adj. lichthoffrei.

antilope zo. [ãti'lɔp] f Antilope f.

anti|militarisme [ãtimilita'rism] m Antimilitarismus m; ~**militariste** [~'rist] 1. adj. antimilitaristisch; 2. su. Antimilitarist(in f) m; ~**missile** ✕ [~mi'sil] adj. Antiraketen...; ~**mite** [~'mit] adj.: produit m (od. ~ m) Mottenschutzmittel n; ~**moine** 🜍 [~'mwan] m Antimon f; ~**nauséeux** ❀ [~noze'ø] m Mittel n gegen Brechreiz (od. Übelkeit); ~**nucléaire** [~nykle'ɛ:r] 1. adj. atom(kraft)feindlich; 2. su. Atom(kraft)gegner(in f) m; ~**paludéen, -ne** ❀ [~palyde'ɛ̃, ~'ɛn] adj. die Malaria bekämpfend; ~**parasite** rad. [~para'zit] adj.: dispositif m (od. ~ m) Störschutz m; ~**parti** pol. [~par'ti] adj. (inv.) parteifeindlich; ~**pathie** [~pa'ti] f Antipathie f; ~**pathique** [~'tik] adj. unsympathisch; ~**pelliculaire** ❀ [~peliky'lɛ:r] adj. schuppenbeseitigend; ~**pode** a. fig. [~'pɔd] m Antipode m; ~**polluant, -e** [~pɔ'lyɑ̃, ~'lyɑ̃:t] adj. umweltfreundlich; ~**pollution** [~ly'sjɔ̃] f Umweltfreundlichkeit f; ~**protectionniste** [~prɔtɛksjɔ'nist] 1. adj. schutzzollfeindlich; 2. su. Gegner(in f) m des Schutzzollsystems; ~**pyrine** phm. [~pi'rin] f Antipyrin n; ~**quaille** F [~'ka:j] f alter Plunder m; ~**quaire** [~'kɛ:r] m Antiquitätenhändler m.

antique [ã'tik] 1. adj. antik; (ur)alt; altertümlich; F veraltet; 2. m antike Kunst f; 3. f Kunstwerk: Antike f; ~**ité** [~ki'te] f Altertum n; alte Zeit f; Bauwerk: hohes Alter n; l'~ die An-

tike; ~s pl. Antiquitäten f/pl.

anti|rouille ⊕ [ãti'ruj] m Rostschutz m; ~**sémite** [~se'mit] 1. adj. antisemitisch; 2. su. Antisemit(in f) m; ~**sémitique** [~'tik] adj. antisemitisch; ~**sémitisme** [~'tism] m Antisemitismus m; ~**septique** [~sɛp'tik] 1. adj. antiseptisch; 2. m keimtötendes Mittel n; ~**social, -e** [~sɔ'sjal] adj. (m/pl. -aux) antisozial; unsozial; ~**spasmodique** ❀ [~spasmɔ'dik] adj. krampflösend; ~**statique** phys., text. [~sta'tik] adj. antistatisch, elektrostatische Aufladung verhindernd; ~**tétanique** ❀ [~teta'nik] adj. gegen Starrkrampf wirkend; ~**thermique** [~tɛr'mik] 1. adj. fiebersenkend; 2. m fiebersenkendes Mittel n; ~**thèse** [~'tɛ:z] f phil., rhét. Antithese f; fig. Gegensatz m; ~**typhoïdique** ❀ [~tifɔi'dik] adj. gegen Typhus; ~**variolique** ❀ [~varjɔ'lik] adj. gegen Pocken; ~**vénéneux, -se** ❀ [~vene'nø, ~'nø:z] adj. Gegengift...; ~**vol** [~'vɔl] m Auto: Lenkradschloß n; vél. Sicherheits-kette f, -schloß n.

antonyme [ãtɔ'nim] 1. adj. von entgegengesetzter Bedeutung; 2. m Antonym n.

antre [ã'trə] m Höhle f; fig. Schlupfwinkel m.

anurie ❀ [any'ri] f Anurie f.

anus anat. [a'nys] m After m.

anxi|été [ãksje'te] f Angst f; ~**eux, -se** [~'sjø, ~'sjø:z] adj. ängstlich; ~**ogène** psych. [~sjɔ'ʒɛn] adj. beängstigend.

aorte anat. [a'ɔrt] f Aorta f, Hauptschlagader f.

août [u, ut] m August m; ~**é, -e** [u'te] adj. reif.

aoûtien, -ne [au'sjɛ̃, ~'sjɛn] su. Urlauber(in f) m im August.

apais|ement [apɛz'mã] m Beruhigung f, Beschwichtigung f; ~**er** [~'ze] v/t. (1b) beruhigen, besänftigen; ~ sa faim s-n Hunger stillen; ~ une querelle e-n Streit schlichten; ~**eur** pol., mst péj. [~'zœ:r] m Versöhnler m.

apanage [apa'na:ʒ] m 1. hist. Apanage f; 2. fig. Erbe n; (regionales) Vorrecht n; ~**iste** [~na'ʒist] su. Befürworter(in f) m regionaler Unabhängigkeit.

aparté thé. [apar'te] m Selbstgespräch n; allg. intimes Gespräch n; en ~ für sich, beiseite.

à partir de [apar'ti:r də] prpt. zeitlich u. örtlich: von ... ab, von ... an; fig. aus.

partir de là unter dieser (diesen) Voraussetzung(en).

apath|ie [apa'ti] *f* Apathie *f*, Gleichgültigkeit *f*; **~ique** [~'tik] *adj.* apathisch, teilnahmslos.

apatrid|e [apa'trid] **1.** *adj.* staatenlos; **2.** *su.* Staatenlose(r *m*) *m* u. *f*; **~ie** [~'di] *f* Staatenlosigkeit *f*.

apepsie *ℱ* [apɛp'si] *f* Dyspepsie *f*, Verdauungsstörung *f*.

aperception *psych.* [apɛrsɛp'sjɔ̃] *f* Wahrnehmung *f*.

apercev|able [apɛrsə'vablə] *adj.* bemerkbar, wahrnehmbar; **~oir** [~'vwa:r] *v/t.* (3a) erblicken; sehen; *𝕵, 𝕵𝕮* sichten; *s'~ de qch.* etw. wahrnehmen, bemerken, erkennen.

aperçu [apɛr'sy] **1.** *p.p. von apercevoir*; **2.** *m* Übersicht *f*; (*Kosten-*)Überschlag *m*; **~s** *pl.* Ideen *f/pl.*, Einfälle *m/pl.*

apéritif, -ve [aperi'tif, ~'ti:v] **1.** *adj.* appetitanregend; **2.** *m* Aperitif *m*.

apéro P [ape'ro] *m* Aperitif *m*.

apesanteur *phys.* [apəzã'tœ:r] *f* Schwerelosigkeit *f*.

apeuré, -e [apœ're] *adj.* erschreckt, eingeschüchtert.

aphas|ie *ℱ* [afa'zi] *f* Aphasie *f*, Verlust *m* der Sprache; **~ique** *ℱ* [~'zik] *adj.* stumm.

aphone *ℱ* [a'fɔn] *adj.* ohne Stimme, völlig heiser.

aphorisme [afɔ'rism] *m* Aphorismus *m*.

apht|e *ℱ* [aft] *m* Aphthe *f*; **~s** *pl.* Mundfäule *f*; **~eux, -se** [~'tø, ~'tø:z] *adj.:* *fièvre f aphteuse* Maul-und-Klauenseuche *f*.

api|cole [api'kɔl] *adj.* die Bienenzucht betreffend; **~culteur** [~kyl'tœ:r] *m* Bienenzüchter *m*, Imker *m*; **~culture** [~ty:r] *f* Bienenzucht *f*, Imkerei *f*.

apitoyer [apitwa'je] *v/t.* (1h) zum Mitleid bewegen; *s'~ sur qch.* durch etw. zum Mitleid gerührt werden; *s'~ sur q.* j-n bemitleiden.

aplan|ir [apla'ni:r] *v/t.* (2a) einebnen, planieren; *fig.* schlichten; **~issement** [~nis'mã] *m* Einebnen *n*, Planierung *f*; *fig.* Schlichtung *f*, Beseitigung *f*.

aplatir [apla'ti:r] *v/t.* (2a) platt machen, abplatten; breit drücken; *fig.* F ducken; *s'~* platt werden; *fig.* F sich ducken; *vor j-m* kriechen.

aplomb [a'plɔ̃] *m* senkrechte Stellung *f*; *fig.* Selbstsicherheit *f*, Dreistigkeit *f im Auftreten*; *d'~* lot-, senkrecht; *fig.* F rüstig, auf der Höhe; *⚠ prendre l'~* loten.

apo|calyptique [apɔkalip'tik] *adj.* apokalyptisch; *fig.* unverständlich; **~cryphe** [~'krif] **1.** *adj.* apokryph; **2.** *m*; **~s** *pl.* Apokryphen *n/pl.*

apode [a'pɔd] *adj. zo.* fußlos; *𝔔* ungestielt.

apo|dictique [apɔdik'tik] *adj.* apodiktisch; **~gée** [~'ʒe] *m ast.* Kulminationspunkt *m*, größte Erdferne *f des Mondes*; *fig.* Höhepunkt *m*, Gipfel *m*.

apolitique [apɔli'tik] *adj.* unpolitisch.

apolog|ie [apɔlɔ'ʒi] *f* Verteidigungsrede *f*, -schrift *f*; **~iste** [~'ʒist] *su.* Apologet(in *f*) *m*; Verteidiger(in *f*) *m*.

apo|logue [apɔ'lɔg] *m* (Lehr-)Fabel *f*; **~phonie** *ling.* [~fɔ'ni] *f* Ablaut *m*; **~plexie** *ℱ* [~plɛk'si] *f* Schlaganfall *m*; **~stasie** *rl.* [~sta'zi] *f* Abfall *m* vom Glauben; Abtrünnigkeit *f*; **~stasier** *rl.* [~'zje] *v/i.* (1a) abtrünnig werden; **~stat** *rl.* [~'sta] *m* Abtrünnige(r) *m*; **~stille** *adm.* [~s'tij] *f* Akte: Randbemerkung *f*; *Brief, Gesuch:* empfehlender Zusatz *m*; **~stolat** [~stɔ'la] *m rl.* Apostelamt *n*; *fig.* Sendung *f*; **~stolique** [~'lik] *adj.* apostolisch; *siège m ~* Päpstlicher Stuhl *m*.

apostroph|e [apɔs'trɔf] *f* **1.** *rhét.*, *gr.* Anrede *f*; **2.** barsche Anrede *f*, Anpfiff *m* F; **3.** Apostroph *m*; **~er** [~'fe] *v/t.* (1a): *~ q.* j-n (hart) anfahren, anschnauzen F.

apo|théose [apote'o:z] *f* Apotheose *f*, Vergottung *f*; Höhepunkt *m e-r Veranstaltung*; besondere Ehrung *f*; **~thicaire** F [~ti'kɛ:r] *m* **1.** *noch in:* *compte m d'~* Apothekerrechnung *f*, komplizierte Rechnung *f*; **2.** *fig. péj.* Pfennigfuchser *m*.

apôtre [a'po:trə] *m* Apostel *m*.

apparaître [apa'rɛ:trə] *v/i.* (4z; *mst mit être*) (plötzlich) zum Vorschein kommen; erscheinen (*a. von e-m Geist*); (plötzlich) sichtbar werden; sich herausstellen; *Krankheit:* auftreten.

apparat [apa'ra] *m* Pomp *m*, Prunk *m*.

appareil [apa'rɛj] *m* Apparat *m* (*a. fig.*, *𝕵𝕮 u. anat.*), Gerät *n*; *litt.* Prunk *m*; *~ de radio* Rundfunkgerät *n*, Radioapparat *m*; ~ *de télévision* Fernsehgerät *n*; ~ *d'écoute* Abhörgerät *n*; *plais. dans son plus simple* ~ im Adamskostüm; ~ *à sous* Spielautomat *m*.

appareill|age [aparɛ'ja:ʒ] *m* ⚓ Auslaufen *n e-s Schiffes*; ⚡ Apparatur *f*; **~ement** [~rɛj'mã] *m* Zs.-legen *n*; Koppeln *n*; Paaren *n*; **~er** [~'je] (1a) *v/t.* zurecht-legen, ~legen; paaren; ⚓ klarmachen; *v/i.* ⚓ auslaufen; **~eur** [~'jœːr] *m* Rohrleger *m*, Installateur *m*; △ Steinmetz *m*; (Maurer-)Polier *m*.

appar|emment [apara'mã] *adv.* wahrscheinlich; anscheinend; **~ence** [~'rɑːs] *f* Aussehen *n*; Anschein *m*; äußerer Schein *m*; **~ent, -e** [~'rã, ~'rãːt] *adj.* offensichtlich; scheinbar, Schein...

apparent|é, -e [aparã'te] *adj.*: ~ *à* verwandt mit (*dat.*) (*a. fig.*); **~ement** *pol.* [~'tmã] *m* Wahlbündnis *n*, Listenverbindung *f*; **~er** [~'te] *v/rfl.* (1a): *s'*~ *à* sich verschwägern, *pol.* sich verbünden, *fig.* übereinstimmen mit (*dat.*).

appar|iement *litt.* [apari'mã] *m*: ~*s pl. d'écoles* Schulpatenschaften *f/pl.*; **~ier** *litt.* [~'rje] *v/t.* (1a) paaren.

appariteur [apari'tœːr] *m Universität:* Pedell *m*, Hausmeister *m*; ⚖ Gerichtsdiener *m*; Laborgehilfe *m*.

apparition [apari'sjɔ̃] *f* Erscheinung *f*.

appartement [apartə'mã] *m* Wohnung *f*; ~ *en copropriété* Eigentumswohnung *f*.

apparten|ance [apartə'nãːs] *f* Zugehörigkeit *f*; Mitgliedschaft *f*; ~*s pl.* Nebengebäude *n/pl.*; **~ir** [~'niːr] *v/i.* (2h) angehören; *il appartient à q. de faire qch.* es ist j-s Sache (*od.* Aufgabe, Pflicht), etw. zu tun.

appas *litt.* [a'pɑ] *m/pl.* weibliche Reize *m/pl.*; *fig.* Verlockungen *f/pl.*

appât [a'pɑ] *m* Köder *m*; Lockspeise *f*; *fig.* Verlockung *f*; *offrir un* ~ *à q.* j-m einen Köder hinwerfen; **~er** [~'te] *v/t.* (1a) ködern (*a. fig.*), anlocken (*a. fig.*); füttern, *Gänse* nudeln.

appauvr|ir [apo'vriːr] *v/t.* (2a) arm machen; *s'*~ verarmen; verelenden; **~issement** [~vris'mã] *m* Verarmung *f*; Verelendung *f*; 🩸 ~ *du sang* Blutarmut *f*.

appeau [a'po] *m* (*pl.* ~*x*) Lock-pfeife *f*, -vogel *m*.

appel [a'pɛl] *m* Ruf *m*; Anruf *m*; Aufruf *m*; ✗ Appell *m*; *téléph.* ~ *interurbain* Ferngespräch *n*; ~ *local* Ortsgespräch *n*; ~ *téléphonique* (Telefon-)Anruf *m*; ⚖ *cour f d'*~ Berufungsgericht *n*; ~ *d'air* Luftzuführung *f*, Luftzug *m* (*im Ofen*); ⚓ ~ *d'offres* Ausschreibung *f*; ~ *du pied* Wink *m* (mit dem Zaunpfahl F); **~é** ✗ [a'ple] *m* Einberufene(r) *m*; **~er** [~] (1c) **1.** *v/t.* (auf-, herbei-, be-)rufen; nennen; ~ *q. au téléphone* j-n anrufen; ~ *l'attention de q. sur qch.* j-n auf etw. (*acc.*) aufmerksam machen; **2.** *v/i.*: ~ *d'un jugement* Berufung gegen ein Urteil einlegen; *en* ~ *à* (*od. auprès de*) appellieren an (*acc.*); sich berufen auf (*acc.*); **3.** *s'*~ heißen, nennen.

appellation [apɛla'sjɔ̃] *f* Bezeichnung *f*, Benennung *f*; 🍷 *vin m d'*~ *contrôlée, vin m à* ~ Marken-, Qualitäts-wein *m*.

appendic|e [apã'dis] *m* Anhang *m* (*a. mv.p.*); Nachtrag *m*; *anat.*, ⊕ Ansatz *m*, Fortsatz *m*; Blinddarm *m*; **~ite** 🩺 [~'sit] *f* Blinddarmentzündung *f*.

appentis [apã'ti] *m* angebauter Schuppen *m*; Wetter-, Schutzdach *n*.

appesant|ir [apəzã'tiːr] *v/t.* (2a) schwerfällig machen; *s-e Hand* drücken (*sur auf acc.*); *s'*~ schwer (*od.* träge) werden; *s'*~ *sur* schwer lasten auf (*dat.*); lang u. breit reden über (*acc.*); **~issement** [~tis'mã] *m* drückende Last *f* (*a. fig.*).

appét|ence [ape'tãːs] *f* Naturtrieb *m*, Begierde *f*, starkes Verlangen *n*; **~er** *nur noch physiol.* [~'te] *v/t.* (1f): *l'estomac appète les aliments* der Magen verlangt nach Speisen; **~issant, -e** [~ti'sã, ~'sãːt] *adj.* appetitlich; **~it** [~'ti] *m* Appetit *m*; *fig.* Begierde *f*, Sucht *f*, Verlangen *n*; *avoir de l'*~ Appetit haben; *n'avoir pas d'*~ keinen Appetit haben; *manger de bon* ~ mit gutem Appetit essen.

applaud|ir [aplo'diːr] (2a) **1.** *v/i.*: ~ *à un projet* e-m Plan zustimmen, e-n Plan billigen (*od.* gutheißen); **2.** *abs.* Applaus spenden, Beifall klatschen; **3.** *v/t.*: ~ *q.* j-m applaudieren; ~ *une pièce* e-m Stück Beifall spenden; **4.** *s'*~ *de qch.* sich über etw. (*acc.*) freuen; **~issement** [~dis'mã] *m* (*mst* ~*s pl.*) Applaus *m*, Beifall *m*.

appli|cable [apli'kablə] *adj.* anwendbar; **~cation** [~ka'sjɔ̃] f Auflegen n; Anbringen n; An-, Ver-wendung f; ⊕ Verwendungsmöglichkeit f; fig. Fleiß m; péj. Gezwungenheit f; **~que** [a'plik] f Auf- (od. Ein-)legestück n; Wand-leuchter m, -beleuchtung f; **~qué, -e** [~'ke] adj. fleißig; & usw. angewandt; **~quer** [~] v/t. (1m) auflegen; anbringen, anlehnen; an-, ver-wenden; beziehen (à auf acc.); ~ une gifle à q. j-m e-e herunterhauen (od. kleben F); s'~ à fig. sich befleißigen (mit gén. bzw. zu mit inf.); écol. sich auf den Hosenboden setzen.

appoint [a'pwɛ̃] m Ergänzung f e-r Summe, Zuschuß m, Rest m, Saldo m; fig. Hilfe f; radiateurs m/pl. électriques à~ zusätzliche elektrische Heizgeräte n/pl.; **~ements** [~t'mã] m/pl. Gehalt n, Besoldung f; **~er** [~'te] v/t. (1a) besolden; ⊕, a. Bleistift: anspitzen.

appont|ement [apɔ̃t'mã] m Landungsbrücke f; **~er** & [~'te] v/i. (1a) auf e-m Flugzeugträger landen.

apport [a'pɔːr] m Eingebrachte(s) n (z. B. in die Ehe); ⚼ Einlage f; fig. Beitrag m; **~er** [apɔr'te] v/t. (1a) (mit)bringen; ⚼ Geld zuschießen, Kapital einlegen; anwenden; fig. mit sich bringen, verursachen; Gründe anführen; ~ quelque lenteur etwas säumig sein; ~ du zèle à qch. sich etw. (acc.) angelegen sein lassen.

appos|er [apo'ze] v/t. (1a) anfügen; Stempel aufdrücken; Zettel ankleben, Plakat anschlagen; **~ition** [~zi-'sjɔ̃] f a. gr. Apposition f; Zusatz m; biol. Stoffanlagerung f.

appréci|able [apre'sjablə] adj. taxierbar; nennenswert, beachtlich; **~er** [~'sje] v/t. (1a) schätzen, anerkennen.

appréhen|der [apreɑ̃'de] v/t. (1a) befürchten; litt. erfassen; schriftlich festhalten; tt verhaften; **~sion** [~-'sjɔ̃] f Befürchtung f.

apprenant, -e écol., univ. [aprɑ̃'nɑ̃, ~'nɑ̃:t] su. Lernende(r m) m u. f.

apprendre [a'prɑ̃:drə] v/t. (4q) lernen; erfahren, hören; beibringen, zeigen (qch. à q. j-m etw.); ~ à lire à q. j-n lesen lehren.

apprent|i, -e [aprɑ̃'ti] su. Lehrling m (a. für Mädchen); Auszubildende(r m) m u. f; Anfänger(in f) m; écol., univ. Lernende(r m) m u. f; **~issage** [~'sa:ʒ] m Lehre f; Lehrzeit f; écol.,

univ. (Er-)Lernen n.

apprêt [a'prɛ] m Zubereitung f; text. Appretur f; fig. Affektiertheit f, Geschraubtheit f, Künstelei f; **~age** text. [~'ta:ʒ] m Appretieren n; **~é, -e** [~'te] adj. affektiert; **~er** [~] v/t. (1a) zubereiten; text. appretieren; s'~ sich vorbereiten.

appris [a'pri] p.p. von apprendre.

apprivoiser [aprivwa'ze] v/t. (1a) zähmen; fig. umgänglicher machen.

approbat|eur, -rice [aprɔba'tœːr, ~'tris] 1. adj. zustimmend; 2. su. Lobredner(in f) m; **~if, -ve** [~'tif, ~'ti:v] adj. zustimmend; **~ion** [~ba'sjɔ̃] f Billigung f.

approch|ant, -e [aprɔ'ʃɑ̃, ~'ʃɑ̃:t] adj. annähernd; ähnlich; **~e** [a'prɔʃ] f Annäherung f; ✗ Anflug m; fig. Zugang m (zu e-m Problem); **~s** pl. Zufahrtsstraßen f/pl.; **~er** [~'ʃe] (1a) v/t. näher heran-bringen, -rücken, -stellen; fig. ~ q. mit j-m in Kontakt kommen; v/i. bzw. v/rfl. s'~ de q. od. de qch. sich j-m od. e-r Sache nähern; il approche des douze ans er wird bald zwölf Jahre alt.

approfondir [aprɔfɔ̃'diːr] v/t. (2a) vertiefen; gründlich erforschen.

appropri|ation [aprɔpria'sjɔ̃] f Anpassung f; Aneignung f; **~er** [~pri'e] v/t. (1a) anpassen; s'~ sich aneignen; sich zu eigen machen.

approuver [apru've] v/t. (1a) billigen; genehmigen, gutheißen.

approvisionn|ement [aprɔvizjɔn-'mã] m Versorgung f, Belieferung f, Zufuhr f, Verproviantierung f; Proviant m; Lebensmittelversorgung f; **~er** [~zjɔ'ne] v/t. (1a) beliefern, verproviantieren; s'~ sich versorgen, sich verproviantieren.

approximat|if, -ve [aprɔksima'tif, ~-'ti:v] adj. annähernd; **~ion** [~ma'sjɔ̃] f Schätzung f, Überschlag m.

appui [a'pyi] m Stütze f (a. fig.); Unterstützung f; Lehne f; Brüstung f; à l'~ de zum Beweis (gén.); **~-livres** [~'livrə] m (pl. appuis-livres) Bücherstütze f; **~-pieds** [~'pje] m (pl. appuis-pieds) Motorrad: Fußraste f.

appuyer [apyi'je] (1h) v/t. unterstützen, stützen (sur auf acc.); ~ contre (an)lehnen an (acc.); v/i. Auto: Gas geben; ~ sur qch. auf etw. (acc.) drücken, auf etw. (dat.) ruhen; fig. etw. mit Nachdruck hervorheben, auf etw. (*dat.*) bestehen; *gr.* den Ton legen auf (*acc.*); ⚡ ~ *sur le bouton auf den Knopf drücken*; s'~ *sur* sich stützen auf (*acc.*); *fig.* sich verlassen (*od.* berufen) auf (*acc.*); P s'~ aushalten.

âpre [ˈɑːprə] *adj.* *Stimme, Klima, Obstschale*: rauh; *Geschmack*: scharf; herb; ~ *à* gierig auf (*acc.*); ~ *à l'argent* geldgierig; ~ *au gain* gewinnsüchtig.

après [aˈprɛ] **1.** *prp.* *zeitlich, räumlich, Reihenfolge*: nach (*dat.*); *räumlich a.*: hinter (*dat. od. acc.*); *courir* ~ *q.* (*od. qch.*) hinter j-m (*od.* etw.) herlaufen; ~ *vous!* bitte nach Ihnen!; ~ *quoi* danach, dann; worauf(hin); ~ *tout* alles in allem; schließlich; d'~ nach (*dat.*), gemäß (*dat.*), zufolge (*mit vorangestelltem dat.*); **2.** *adv.* danach; nachher; *une semaine* ~ e-e Woche später; *la semaine d'*~ die Woche danach, die folgende Woche; **3.** ~ *que cj.* nachdem; **~demain** [~dˈmɛ̃] *adv.* übermorgen; **~guerre** [~ˈgɛːr] *m* (*pl.* ~s) Nachkriegszeit *f*; *le deuxième* ~ die Zeit nach dem zweiten Weltkrieg; **~midi** [~ˈmidi] *m* (*inv.*) Nachmittag *m*; **~rasage** *cosm.* [~raˈzaːʒ] *m* (*inv.*) After-shave-Mittel *n*; **~régime** [~reˈʒiːm] *m* Nachdiät *f*; **~ski** [~ˈski] *m* (*inv.*) Après-Ski *n*; **~ski** Après-Ski-Stiefel *m*(*pl.*).

âpreté [ɑprəˈte] *f* Rauheit *f*, Herbheit *f*, Schärfe *f*; Gier *f*.

a priori [apriɔˈri] *adv.* von vornherein.

apriorisme [apriɔˈrism] *m* vorgefaßte Meinung *f*.

à-propos [aprɔˈpo] *m der* passende Augenblick; Schlagfertigkeit *f*; Gelegenheitsgedicht *n*.

apte [apt] *adj.*: ~ *à* geeignet für, fähig zu; **~itude** [~tiˈtyd] *f* Eignung *f*, Fähigkeit *f*; ~ *visuelle* Sehvermögen *n*.

apurement † [apyrˈmɑ̃] *m* Prüfung *f* und Bescheinigung *f e-r Rechnung*, Rechnungsabschluß *m*; **~er** [~ˈre] *v/t.* (1a) *e-e Rechnung* für richtig erkennen.

aquaplaning *Auto* [akwaplaˈniŋ] *m* Aquaplaning *n*.

aquarelle [akwaˈrɛl] *f* Aquarell *n*; **~iste** [~ˈlist] *su.* Aquarellmaler(in *f*) *m*.

aquariophile [akwarjɔˈfil] *su.* Aquarienliebhaber(in *f*) *m*; **~um** [~ˈrjɔm]

m (*pl.* ~s) Aquarium *n*.

aquatique [akwaˈtik] *adj.* im Wasser lebend; Wasser...

aqueduc [akˈdyk] *m* Aquädukt *m*.

aqueux, -se [aˈkø, aˈkøːz] *adj.* wasserhaltig; wässerig, wäßrig.

aquilin [akiˈlɛ̃] *adj./m*: *nez* m ~ Adlernase *f*.

arabe [aˈrab] **1.** *adj.* arabisch; *cheval* ~ Araber *m*; **2.** ♀ *su.* Araber(in *f*) *m*; **3.** *m*: *l'*~ das Arabische, Arabisch *n*.

arab|esque [araˈbɛsk] *f* Arabeske *f*; **~ique** [~ˈbik] *adj.* arabisch; *désert* ~ (*péninsule f*) ~ arabische Wüste *f* (Halbinsel *f*); *gomme f* ~ Gummiarabikum *n*; **~ité** [~biˈte] *f* Arabertum *n*.

arable [aˈrablə] *adj.*: *terres f*/*pl.* ~s Ackerland *n*.

arachide ♀ [araˈʃid] *f* Erdnuß(pflanze *f*) *f*.

araignée [arɛˈne] *f zo.* Spinne *f*; *fig.* *pattes f*/*pl.* d'~ lange, dürre Finger *m*/*pl.*; lange, dünne Schrift *f*; *avoir une* ~ (*dans le plafond*) spinnen, e-n Tick haben; F *ton* ~ *met ses pattes en l'air* du bist meschugge.

arbal|ète [arbaˈlɛt] *f* Armbrust *f*; **~étrier** [~letriˈe] *m* Armbrustschütze *m*; *orn.* Turmschwalbe *f*.

arbitr|age [arbiˈtraːʒ] *m* Schiedsspruch *m*; *fin.* Arbitrage *f*; **~aire** [~ˈtrɛːr] **1.** *adj.* willkürlich; **2.** *m* Willkür *f*; **~e** [arˈbitrə] *m* **1.** Schiedsrichter *m*; **2.** *libre* ~ freier Wille *m*; **~er** [~ˈtre] *v/t.* (1a) (als Schiedsrichter) entscheiden, klären.

arbor|er [arbɔˈre] *v/t.* (1a) hissen (*fig.* zur Schau tragen; auffallen wollen (*mit dat.*); **~escence** [~reˈsɑ̃ːs] *f* baumartige Form *f*; ~s *pl.* Eisblumen *f*/*pl.* (*am Fenster*); **~iculture** [~rikylˈtyːr] *f* Baumzucht *f*.

arbre [ˈarbrə] *m* Baum *m*; ⊕ Welle *f*; *Waage*: Balken *m*; ⊕ ~ *à de commande* Nockenwelle *f*; ⊕ ~ *de commande* Antriebswelle *f*; ~ *généalogique* Stammbaum *m*; ~ *de Noël* Weihnachtsbaum *m*; **~isseau** [arbriˈso] *m* (*pl.* ~x) Strauch *m*, Bäumchen *n*.

arbuste ♀ [arˈbyst] *m* Strauch *m*.

arc [ark] *m* Bogen *m*; ~ *en ogive* Spitzbogen *m*; ~ *en plein cintre* Rundbogen *m*.

arcade [arˈkad] *f* Arkade *f*, Bogenwölbung *f*, *-gang m*.

arcanes [arˈkan] *m*/*pl.* Geheimnisse *n*/*pl.*

arc|-boutant [arkbu'tɑ̃] m (pl. arcs-
-boutants) △ Strebe-, Schwibbogen m; Hauptstütze f (fig. e-r
Partei); **~bouter** [~'te] v/t. (1a) (mit
Strebebogen) stützen, absteifen.

arceau [ar'so] m (pl. ~x) kleiner Bogen m.

arc-en-ciel [arkɑ̃'sjɛl] m (pl. arcs-en-
-ciel) Regenbogen m.

archaï|ser [arkai'ze] v/i. (1a) archai-
sieren, sich altertümlich ausdrük-
ken; **~me** [~'ism] m altertümlicher
Ausdruck m od. Stil m.

archange [ar'kɑ̃:ʒ] m Erzengel m.

arche [arʃ] f 1. Brücken-bogen m,
-joch n; ⊕~ de débardage Hebearm m
(e-s Raupenschleppers); 2. bibl.
Arche f.

archéo|logie [arkeɔlɔ'ʒi] f Archäo-
logie f; **~manie** [~ma'ni] f Sucht f
nach Altertümern.

archer [ar'ʃe] m Bogenschütze m.

archet [ar'ʃe] m ♪ (Violin-)Bogen m;
⊕ Bohrbogen m; (Metall-)Bügel m;
~ de prise de courant Stromabnehm-
erbügel m.

archétype [arke'tip] m Modell n,
Vorlage f; Normal-gewicht n, -maß
n; phil. Urbild n.

arche|vêché [arʃəve'ʃe] m Erzbistum
n; Sitz m des Erzbischofs; **~vêque**
[~'vɛk] m Erzbischof m.

archi|... [arʃi] in Zssgn Erz..., Ur...,
Haupt...; ganz, völlig; **~bon, -ne** F
[~'bɔ̃, ~'bɔn] adj. herzensgut; **~bon-
dé, -e** F [~bɔ̃'de] adj. proppenvoll;
~comble [~'kɔ̃:blə] adj. überfüllt;
~prêt, -e [~'prɛ, ~'prɛt] adj. völlig
bereit.

architect|e [arʃi'tɛkt] m Architekt m;
Baumeister m; ~ paysagiste Garten-
architekt m; **~ure** [~'ty:r] f Architek-
tur f, Baukunst f.

archiv|es [ar'ʃi:v] f/pl. Archiv n; **~iste**
[~ʃi'vist] su. Archivar(in f) m.

arçon [ar'sɔ̃] m Sattelbogen m; ferme
dans (od. sur) ses ~s sattelfest (a. fig.);
vider les ~s vom Pferd fallen; fig. die
Fassung verlieren.

arctique [ark'tik] adj. arktisch.

ardent, -e [ar'dɑ̃, ~'dɑ̃:t] adj. glühend; fig. feurig; hitzig; eifrig;
sehnlich; feuerrot.

ardeur [ar'dœ:r] f litt. Hitze f (a. fig.);
Glut f; fig. Feuer n, Eifer m; ~ au
travail Arbeitseifer m.

ardillon [ardi'jɔ̃] m ⊕ Schnallen-
dorn m, -spitze f; typ. Bogenhalter
m.

ardoise [ar'dwa:z] f Schiefer m;
Schiefertafel f; P (Trink-)Schulden
f/pl.

ardu, -e [ar'dy] adj. schwierig; fig.
hart.

are [a:r] m Ar n (a. m).

arène [a'rɛn] f Arena f.

aréole [are'ɔl] f ✱ roter Hof m um e-e
Entzündung; anat. Warzenhof m;
ast. Hof m um den Mond.

arête [a'rɛt] f icht. Gräte f, Fisch-
skelett n; ♀ Granne f, Ährenbart m;
⊕ Grat m; △ Kante f; (Gebirgs-)
Kamm m; Verschlußstreifen m e-r
Milchpackung; à ~s vives scharfkan-
tig.

areu-areu enf. [arøa'rø] m erstes
Babylallen n.

argent [ar'ʒɑ̃] m Silber n; Geld n; ~ en
caisse Kassenbestand m; être à court
d'~ knapp bei Kasse sein; il y a de l'~ à
la pelle das Geld liegt auf der Straße;
~an [~'tɑ̃] m Neusilber m, Alpaka n;
~é, -e [~'te] adj. silberweiß; **~er** [~]
v/t. (1a) versilbern; **~erie** [~'tri] f
Silberzeug n; **~ier** [~'tje] m 1. Be-
steckschrank m; 2. F grand ~ Finanz-
minister m, allg. Geldgeber m; **~in¹,
-e** [~'tɛ̃, ~'tin] adj. glockenhell; **~in²,
-e** [~] 1. adj. argentinisch; 2. ♀(e) su.
Argentinier(in f) m; **~ure** [~'ty:r] f
Versilberung f.

argile min. [ar'ʒil] f Ton m, Töpfer-
erde f; ~ réfractaire Schamotte f;
~eux, -se [~'lø, ~'lø:z] adj. tonhaltig.

argon ☊ [ar'gɔ̃] m Argon n.

argot [ar'go] m Argot n od. m; Sonder-,
Fach-, Gauner-sprache f; **~i-
que** [~gɔ'tik] adj. Argot...; **~isme**
[~'tism] m Argotwort n.

arguer [ar'gɥe] (1n) v/t. schließen,
folgern (de aus dat.); v/i. ~ de qch.
etw. als Grund vorschieben.

argument [argy'mɑ̃] m a. ▲ Argument n; Schluß m, Beweis m; thé.
Inhaltsangabe f; **~ation** [~ta'sjɔ̃] f
Beweisführung f, Schlußfolgerung
f; **~er** [~'te] v/i. (1a) argumentieren,
Gründe anführen; um nichts lang
und breit herumreden.

argutie [argy'si] f Spitzfindigkeit f.

aria¹ ♪ [a'rja] f Arie f.

aria² [~] m: ~s pl. Scherereien f/pl.

arid|e [a'rid] adj. dürr, trocken; **~ité**
[~di'te] f Dürre f, Trockenheit f;
Unfruchtbarkeit f; fig. ~ de l'esprit
Geistesarmut f.

ariette ♪ [a'rjɛt] f Ariette f.

aristo P [aris'to] m feiner Pinkel m; **~crate** [~stɔ'krat] su. Aristokrat(in f) m; **~cratie** [~kra'si] f Aristokratie f.

arithméticien, -ne [aritmeti'sjɛ̃, ~'sjɛn] su. Arithmetiker(in f) m.

arlequin [arlə'kɛ̃] m Harlekin m.

armateur ⚓ [arma'tœːr] m Reeder m.

armature [arma'tyːr] f (Eisen-)Beschlag m; ⚡ Balkenverstärkung f; bét. Bewehrung f; ⊕ Armatur f, Armierung f; ⚡ (Magnet-)Anker m; ♪ Vorzeichnung f; bét. ~ d'âme Stegbewehrung f; fig. ~ d'une société Struktur f e-r Gesellschaft.

arm|e [arm] f Waffe f; ~s pl. atomiques Atomwaffen f/pl.; ~ automatique automatische Waffe f; ~ blanche blanke Waffe f; faire des ~s zur Übung fechten; place f d'~s Exerzierplatz m; ~s pl. Wappen n; **~é, -e** [~'me] adj. bewaffnet; ⚡ armiert, bewehrt; béton m ~ Eisenbeton m.

armée [ar'me] f Armee f, Heer n; ~ de l'air Luftwaffe f; ~ de mer (Kriegs-) Marine f; ~ de terre (Land-)Heer n; ~ de métier Berufsheer n; ⚡ du Salut Heilsarmee f.

armement [armə'mɑ̃] m Bewaffnung f, Aus-, Kriegs-rüstung f; (Auf-)Rüstung f; Waffenwesen n; ⚓ Bemannung f; Ausrüstung f; Schußwaffe, Fotoapparat: Spannen n.

armer [ar'me] v/t. (1a) bewaffnen, ausrüsten (de mit dat.); armieren; Schußwaffe, Fotoapparat spannen; ~ chevalier zum Ritter schlagen; ♪ ~ la clef die Tonart vorzeichnen; s'~ sich bewaffnen; sich wappnen; fig. s'~ de courage Mut fassen.

armistice [armis'tis] m Waffenstillstand m, -ruhe f.

armoire [ar'mwaːr] f Schrank m; ~ frigorifique Kühlschrank m; petite ~ à médicaments, petite ~ à pharmacie Hausapotheke f, Arzneischränkchen n; ~ vestiaire Garderobenschrank m.

armoiries ⊘ [armwa'ri] f/pl. Wappen n.

armori|al, -e ⊘ [armɔ'rjal] (m/pl. -aux) 1. adj. heraldisch; 2. m Wappenbuch n; **~cain, -e** géol. [~ri'kɛ̃, ~'kɛn] adj. armorikanisch; **~er** [~'rje] v/t. (1a) mit e-m Wappen versehen.

armur|e [ar'myːr] f (Ritter-) Rüstung f; ✦ Einfassung f; phys.

Anker m e-s Magneten; text. Schnürung f; Panzerung f; ♪ Vorzeichnung f; Beschlag m; **~erie** [~myr'ri] f Waffenschmiedekunst f; **~ier** [~my'rje] m Waffenschmied m.

arnaqu|e ★ [ar'nak] f Betrug m; ⚡ betrügerischer Aufschlag m: faire de l'~ = **~er** ★ [~'ke] v/t. (1m) begaunern (de qch. um etw.).

arnica ⚕ [arni'ka] m Arnika f.

aromat|e sc. [arɔ'mat] m aromatisches Mittel n; Gewürz n; **~ique** [~'tik] adj. aromatisch; (ge)würzig; **~iser** [~ti'ze] v/t. (1a) aromatisieren; würzen.

arôme [a'roːm] m Aroma n, Duft m; Wohl-geruch m, -geschmack m.

aronde [a'rɔ̃ːd] f nur noch in: à (od. en) queue d'~ schwalbenschwanzförmig; men. assembler à (od. en) queue d'~ zinken; charp., men. assemblage m à (od. en) queue d'~ Schwalbenschwanzverzapfung f, Zinkung f.

arpent † [ar'pɑ̃] m Morgen m (in Paris = 34,19 Ar); ~ [~'te] v/t. (1a) das Feld vermessen; fig. F ~ les rues durch die Straßen eilen (od. rasen); **~eur** [~'tœːr] m Feldmesser m, Landvermesser m; **~eur-géomètre** [~ʒeɔ'mɛːtrə] m Vermessungsingenieur m, Geodät m.

arquer [ar'ke] (1m) v/t. krümmen, biegen; v/i. u. s'~ sich krümmen, sich biegen; krumm werden; P v/i. zu Fuß gehen.

arrach|e-clou [araʃ'klu] m (pl. ~s) Nagelzieher m; **~e-pied** [~'pje] advt.: d'~ ununterbrochen, unablässig; rastlos; **~er** [~'ʃe] v/t. (1a) ab-, aus-, los-reißen; entreißen; herausziehen; **~eur** [~'ʃœːr] m: ~ de pommes de terre Kartoffelpflug m.

arrang|eage F [arɑ̃'ʒaːʒ] m Dreh m; Betrügerei f, Mogelei f; **~ement** [~ʒ'mɑ̃] m Anordnung f; Einrichtung f; Ordnen n der Frisur; ♪ Arrangement n, Bearbeitung f; ⚡ Vergleich m; Übereinkommen n; Auseinandersetzung f mit Gläubigern; ~ forcé Zwangsvergleich m; ~ intérieur Inneneinrichtung f; **~er** [~'ʒe] v/t. (1l) einrichten; anordnen; vermitteln, beilegen; ♪ arrangieren; ♪ thé., cin. bearbeiten; cela m'arrange das paßt mir; F ~ q. j-n übel zurichten; s'~ sich verständigen über (acc.); cela s'arrange das geht in Ordnung; **~eur** [~'ʒœːr] m Anordner m; ♪ Ar-

rangeur *m*, Bearbeiter *m*.
arréra|ger *fin.* [arera'ʒe] *v/i.* (1l) in Rückstand kommen; **~es** [~'ra:ʒ] *m/pl.* fällige Rente *f*.
arrestation [aresta'sjɔ̃] *f* Verhaftung *f*; ~ *préventive* Schutzhaft *f*.
arrêt [a're] *m* Stillstehen *n*; Aufenthalt *m*; Haltestelle *f* (*der Straßenbahn*); Stillegung *f*, Stockung *f*, Sperre *f*; **⚡** *endgültiges* Urteil *n*; Beschlagnahme *f*; Verhaftung *f*; ⊕ Abstellen *n*, Sperrung *f*; ~ *du travail* Arbeitsniederlegung *f*; *dispositif m* d'~ Abstellvorrichtung *f*; *robinet m* d'~ Abstellhahn *m*; *temps m* d'~ Pause *f*, Aufschub *m*; **~age** *horl.* [~'ta:ʒ] *m* Hemmung *f*; **~é** [~'te] *m* Beschluß *m*; Erlaß *m*, Verfügung *f*; **†** ~ *de compte* Rechnungsabschluß *m*; **~er** [~] (1a) *v/t.* auf-, ein-, an-halten; ⊕ absperren; abstellen; *Auto* stoppen; **✝** abschließen; zurückhalten; hemmen; verhaften; festsetzen, beschließen; *v/i.* anhalten, stehenbleiben; aufhören; *c'est un plan arrêté* der Plan steht fest; *s'~* stehenbleiben; *Auto:* stoppen; *s'~ à qch.* sich mit etw. (*dat.*) aufhalten.
arrhes [a:r] *f/pl.* Handgeld *n*; Anzahlung *f*.
arrière [a'rjɛ:r] 1. *int.* ~! zurück!; 2. *adj.* (*inv.*) hintere(r, -s), Hinter..., Rück...; *roue f* ~ Hinterrad *n*; *feu m* ~ Schlußlicht *n*; *vent m* ~ Rückenwind *m*; 3. *advt.:* en ~ (nach) hinten, zurück; *regarder en* ~ zurückblicken; *rester en* ~ zurückbleiben; *faire marche* (*od. machine*) ~ *Auto:* rückwärts fahren; *fig.* klein beigeben; 4. *m* Heck *n*; Achterschiff *n*; *Sport:* Verteidiger *m*; ✗ Etappe *f*.
arriéré, -e [arje're] 1. *adj.* rückständig (*a. geistig*); rückschrittlich; unterentwickelt; 2. *m* Rückstand *m* (*e-r Zahlung od. Arbeit*).
arrière-|ban [arjɛr'bɑ̃] *m* (*pl.* ~s) 1. † ✗ Heerbann *m*; letztes Aufgebot *n*; 2. *fig.* Hinz und Kunz *m*; **~bouche** *anat.* [~'buʃ] *f* (*pl.* ~s) Schlund *m*; **~-bras** [~'brɑ] *m* (*inv.*) Oberarm *m* *am Harnisch*; **~-cour** [~'ku:r] *f* (*pl.* ~s) Hinterhof *m*; **~-dent** [~'dɑ̃] *f* (*pl.* ~s) Weisheitszahn *m*; **~-garde** ✗ [~'gard] *f* (*pl.* ~s) Nachhut *f*; **~-goût** [~'gu] *m* (*pl.* ~s) Nachgeschmack *m*; **~-grand-mère** [~grɑ̃'mɛ:r] *f* (*pl.* ~s) Urgroßmutter *f*; **~-grand-père** [~'pɛ:r] *m* (*pl. arrière-grands-pères*)

Urgroßvater *m*; **~-grands-parents** [~pa'rɑ̃] *m/pl.* Urgroßeltern *pl.*; **~-main** [~'mɛ̃] *f* (*pl.* ~s) Pferd: Hinterhand *f*; **~-neveu** [~nə'vø] *m* (*pl.* ~x) Großneffe *m*; **~-nièce** [~'njɛs] *f* (*pl.* ~s) Großnichte *f*; **~-pays** [~pe'i] *m* (*inv.*) Hinterland *n*; **~-pensée** [~pɑ̃'se] *f* (*pl.* ~s) Hintergedanke *m*; **~-petite-fille** [~pə(ə)tit'fij] *f* (*pl. arrière-petites-filles*) Urenkelin *f*; **~-petit-fils** [~pə(ə)ti'fis] *m* (*pl. arrière-petits-fils*) Urenkel *m*; **~-petits-enfants** [~pə(ə)tizɑ̃'fɑ̃] *m/pl.* Urenkel *m/pl.*; **~-plan** [~'plɑ̃] *m* (*pl.* ~s) Hintergrund *m*; **~-point** [~'pwɛ̃] *m* (*pl.* ~s) Steppstich *m*.
arriérer *fin.* [arje're] *v/t.* (1f) aufschieben; *s'~* in Rückstand geraten.
arrière-|saison [arjɛrse'zɔ̃] *f* (*pl.* ~s) Spätherbst *m*; Saisonschluß *m*; **~-train** [~'trɛ̃] *m* (*pl.* ~s) Hintergestell *n e-s Fahrzeugs*; Hinterteil *n e-s Tieres*.
arrimer [ari'me] *v/t.* (1a) ⚓ stauen; *allg.* befestigen; *Raumfahrt:* koppeln.
arriv|age [ari'va:ʒ] *m* Anlegen *n* (*e-s Schiffes*); Eintreffen *n*, Eingang *m*, Zufuhr *f* (*v. Waren*); eingetroffene Ware *f*; *plais.* Ankunft *f* (*v. Personen*); *~s pl.* (Waren-)Eingänge *m/pl.*; **~ant, -e** [~'vɑ̃, ~'vɑ̃:t] *su.* Ankommende(r *m*) *m u. f*; Ankömmling *m*; **~ée** [~'ve] *f* Ankunft *f*; *pol.* ~ *au pouvoir* Machtübernahme *f*; **~er** [~] *v/i.* (1a) ankommen; anreisen; eintreffen (*a. v. Waren*); *fig.* vorwärtskommen; gelangen; sich ereignen; widerfahren; **~iste** *mv.p.* [~'vist] *su.* Emporkömmling *m*, Arrivierte(r *m*) *m u. f*.
arroche ♀ [a'rɔʃ] *f* Melde *f*.
arrog|ance [arɔ'gɑ̃:s] *f* Arroganz *f*; **~ant, -e** [~'gɑ̃, ~'gɑ̃:t] *adj.* arrogant, selbstherrlich, anmaßend; **~er** [~'ʒe] *v/rfl.* (1l): *s'~ qch.* sich etw. anmaßen, sich etw. herausnehmen.
arrond|ir [arɔ̃'di:r] *v/t.* (2a) abrunden (*a. fig.*); ⚓ beim Segeln umsegeln; **~issement** *adm.* [~dis'mɑ̃] *m* Kreis *m*, Unterpräfektur *f*; Stadtbezirk *m* (*v. Paris*); **~isseur** *cout.* [~'sœ:r] *m* Rockrunder *m*, Abpuster *m* F.
arros|age [arɔ'za:ʒ] *m* Besprengen *n*, Begießen *n*; **~er** [~'ze] *v/t.* (1a) besprengen; begießen (*a. fig., z. B. ein freudiges Ereignis*); bewässern; durchfließen; *fig. Person* beste-

chen, spicken, *j-m* Schmiergelder geben; **~eur** ✒ [~'zœːr] *m* Rasensprenger *m*; **~euse** [~'zøːz] *f* Sprengwagen *m*; **~oir** [~'zwaːr] *m* Gießkanne *f*.

arsenal [arsə'nal] *m (pl. -aux)* Waffenlager *n*; F *fig.* Vorrat *m*; Material *n*.

arsenic ⚗ [arsə'nik] *m* Arsen *n*; ~ *(blanc)* Arsenik *n*.

art [aːr] *m* Kunst *f*; Kunstfertigkeit *f*; *~s et métiers*, *~s industriels (od. décoratifs, appliqués)* Kunstgewerbe *n*; *des ~s décoratifs* kunstgewerblich; ~ *du décor intérieur* Raumkunst *f*; ~ *graphique (od. du dessin)* Graphik (*a.* Grafik) *f*; *~s ménagers* Haushaltsgewerbe *n*.

artère [ar'tɛːr] *f* Arterie *f*, Schlagader *f*; *fig.* Verkehrsader *f*.

artériosclérose 🩺 [arterjoskle'roːz] *f* Arterienverkalkung *f*.

arthrite 🩺 [ar'trit] *f* Arthritis *f*.

artichaut [arti'ʃo] *m* Artischocke *f*.

article [ar'tiklə] *m* Artikel *m* (*a. gr.*, ✝); *gr.* Geschlechtswort *n*; ✝ Ware *f*; *zo.* Glied *n* (*der Gliedertiere*); ~ *choc* Verkaufsschlager *m*, Knüller *m*; ~ *de fond* Leitartikel *m*; ~ *documentaire* Tatsachenbericht *m*; ~ *de provocation* Hetzartikel *m*; *gr.* ~ *partitif* Teilungsartikel *m*; ✝ ~ *factice (pour l'étalage)* Attrappe *f*; *lancer un ~* e-n Artikel (*od.* e-e Ware) auf den Markt werfen (*od.* bringen); ~ *de marque* Markenartikel *m*.

articul|aire [artiky'lɛːr] *adj.* Gelenk...; **~ation** [~la'sjɔ̃] *f* Gelenk *n*; *phon.* Artikulation *f*; 🩺 genaue Aufzählung *f* (*der Tatsachen*); ⊕ Gelenkverbindung *f*; *fig.* Gliederung *f*; ~ *du programme* Programmgestaltung *f*; **~é** [~'le] *m* Gliedertier *n*; **~er** [~] *v/t.* (1a) ineinanderfügen; äußern, behaupten; 🩺 Punkt für Punkt vortragen; *phon.* aussprechen, artikulieren.

artific|e [arti'fis] *m* Kunstgriff *m*; Künstelei *f*; Künstlichkeit *f*; Kniff *m*; *feu m d'~* Feuerwerk *n*; **~iel, -le** [~'sjɛl] *adj.* künstlich; erkünstelt; **~ier** [~'sje] *m* Feuerwerker *m*; Munitionsverwalter *m*; *at.* techn. technisches Personal *n* für den Raketenabschuß; **~ieux, -se** *litt.* [~'sjø, ~'sjøːz] *adj.* hinterlistig.

artillerie ⚔ [artij'ri] *f* Artillerie *f*; *pièce f d'~* Geschütz *n*; ~ *lourde*

schwere Artillerie *f*; ~ *d'assaut* Panzerartillerie *f*; **~eur** [~'jœːr] *m* Artillerist *m*.

artisan [arti'zɑ̃] *m* Handwerker *m*; *fig.* Urheber *m*; Begründer *m*; *mv.p.* Anstifter *m*; **~al, -e** [~za'nal] *adj.* (*m/pl. -aux*) handwerklich, Handwerks...; **~at** [~'na] *m* Handwerk *n*; Handwerkerstand *m*.

artiste [ar'tist] **1.** *su.* Künstler(in *f*) *m*; *thé.* ~ (*dramatique*) Schauspieler(in *f*) *m*; ~ *du dessin* Graphiker(in *f*) *m*; ~ *peintre* Kunstmaler(in *f*) *m*; ~ *publicitaire* Reklamekünstler(in *f*) *m*, Werbegraphiker(in *f*) *m*; **2.** *adj.* künstlerisch begabt; **~ique** [~'tik] *adj.* künstlerisch; Kunst...

aryen, -ne [a'rjɛ̃, a'rjɛn] **1.** *adj.* arisch; **2.** ♀(*ne*) *su.* Arier(in *f*) *m*.

arythm|ie 🩺 [arit'mi] *f*; ~ *cardiaque* Herzrhythmusstörung *f*; **~ique** [~'mik] *adj.* unrhythmisch.

as [aːs] *m Kartenspiel:* As *n*; *Würfel:* Eins *f*; *fig.* As *n*, Kanone *f*; *un ~ de (tout) premier ordre* eine (ganz) große Kanone.

asbeste [as'bɛst] *m* Asbest *m*.

ascaride *zo.* [aska'rid] *m* Spulwurm *m*.

ascend|ance [asɑ̃'dɑ̃s] *f ast.* Aufsteigen *n*; Verwandtschaft *f* in aufsteigender Linie; Vorfahren *m/pl.*; **~ant, -e** [~'dɑ̃, ~'dɑ̃:t] **1.** *adj.* aufsteigend; im Steigen begriffen; ♪ *Intervall:* steigend, *Tonleiter:* aufwärtsgehend; **2.** *m* Vorfahr *m*; *fig.* Einfluß *m*.

ascens|eur [asɑ̃'sœːr] *m* Fahrstuhl *m*; Aufzug *m*; Lift *m*; *garçon m d'~* Fahrstuhlführer *m*, Liftboy *m*; **~ion** [~'sjɔ̃] *f* Aufsteigen *n*; Besteigung *f*; *fig.* Aufstieg *m*; *rl.* l'♀ Himmelfahrt(stag *m*) *f*.

ascète [a'sɛt] *m* Asket *m*.

ascét|ique [ase'tik] *adj.* asketisch; **~isme** [~'tism] *m* Askese *f*.

aseptique 🩺 [asɛp'tik] *adj.* aseptisch; keimfrei.

asexué, -e [asɛ'ksɥe] *adj.* geschlechtslos.

Asiate [a'zjat] *su.* Asiat(in *f*) *m*.

asiatique [azja'tik] **1.** *adj.* asiatisch; **2.** ♀ *su.* s. *Asiate*.

asile [a'zil] *m* Asyl *n*.

asocial, -e [aso'sjal] (*m/pl. -aux*) **1.** *adj.* asozial; **2.** *su.* Asoziale(r *m*) *m/f*.

asparagiculture [asparaʒikyl'tyːr] *m* Spargelbau *m*.

aspect [as'pɛ] *m* Anblick *m*; Ansicht *f*; *fig.* Seite *f*, Aspekt *m* (*a. gr.*), Gesichtspunkt *m*; **~uel, -le** *gr.* [~pɛk'tɥɛl] *adj.* Aspekt...

asperge ♀ [as'pɛrʒ] *f* Spargel *m*.

asperger [aspɛr'ʒe] *v/t.* (1l) leicht besprengen; benetzen; F naß spritzen.

aspérité [asperi'te] *f* Rauheit *f*; Unebenheit *f*.

asperme ♀ [as'pɛrm] *adj.* samenlos.

aspers|eur [aspɛr'sœːr] *m* Besprengungsanlage *f*; **~ion** [~'sjɔ̃] *f* Bespritzen *n*; Benetzen *n*; **~oir** [~'swaːr] *m* Weihwedel *m*.

aspérule ♀ [aspe'ryl] *f* Waldmeister *m*.

asphalt|age [asfal'taːʒ] *m* Asphaltierung *f*; **~e** [~'falt] *m* Asphalt *m*.

asphyxie [asfik'si] *f* ✷ Erstickung *f*; *fig.* ~ *économique* wirtschaftlicher Zusammenbruch *m*; **~ier** [~'ksje] *v/t.* (1a) ersticken.

aspic [as'pik] *m* **1.** *zo.* Aspisviper *f*; *litt.* Natter *f*; *fig. langue f d'~* Lästerzunge *f*; **2.** *cuis.* Aspik *m*; Sülze *f*; **3.** ♀ Lavendel *m*.

aspirant, -e [aspi'rɑ̃, ~'rɑ̃ːt] **1.** *adj.* an-, ein-saugend; **2.** *su.* Bewerber(in *f*) *m*; ⚔ *m* ✕ Anwärter *m*; Fähnrich *m*; Seekadett *m*; **~-instituteur** Junglehrer *m*; **~-pilote** Flugschüler *m*.

aspir|ateur, -rice [aspira'tœːr, ~'tris] **1.** *adj.* einsaugend; **2.** *m* Staubsauger *m*; Entlüfter *m*; Sauggebläse *n*; **~a-tif, -ve** *phon.* [~'tif, ~'tiːv] *adj.* hauchend, Hauch...; **~ation** [~ra'sjɔ̃] *f* Einatmen *n*; An-, Ein-saugen *n*; *phon.* Aspiration *f*; *fig.* (*bsd. ~s pl.*) Streben *n*, Trachten *n*; **~er** [~'re] (1a) **1.** *v/t.* einatmen; an-, auf-, ein-saugen; *phon.* aspirieren; **2.** *v/i.*: ~ *à qch.*, ~ *à* (*mit inf.*) nach etw. (*dat.*) streben (*od.* trachten), danach trachten zu (*mit inf.*).

aspirine *phm.* [aspi'rin] *f* Aspirin *n*.

assagir [asa'ʒiːr] *v/t.* (2a) zur Vernunft bringen.

assaill|ant [asa'jɑ̃] *m* Angreifer *m*; Stürmende(r) *m*; **~ir** [~'jiːr] *v/t.* (2c; *fut.:* 2a) plötzlich angreifen; bestürmen; *fig.* überfallen.

assain|ir [asɛ'niːr] *v/t.* (2a) desinfizieren; *Luft* reinigen, läutern; entwässern; *Altbauten, Wirtschaft, Unternehmen* sanieren; ✓ *Boden* meliorieren; **~issement** [~nis'mɑ̃] *m* Sanierung *f*.

assaisonn|ement [asɛzɔn'mɑ̃] *m* Würzen *n*; Würze *f*; **~er** [~'ne] *v/t.* (1a) würzen, schmackhaft machen.

assassin [asa'sɛ̃] *m* Mörder *m*; *à l'~!* Mord!; **~at** [~si'na] *m* Mord *m*; **~er** [~'ne] *v/t.* (1a) (er)morden; F *fig. fin.* ruinieren.

assaut [a'so] *m* Angriff *m*; Sturm *m*; *fig.* Bestürmung *f* (*dringende Bitte*).

assèchement [asɛʃ'mɑ̃] *m* Entwässerung *f*, Trockenlegung *f*.

assembl|age [asɑ̃'blaːʒ] *m* Zusammenfügung *f*; △ Mauerverband *m*; ⊕ Verbindung *f*, Montage *f*; *allg.* unerwartetes Zusammentreffen *n*; **~ée** [~'ble] *f* Versammlung *f*; ~ *générale* Generalversammlung *f*; ~ *plénière* Vollversammlung *f*; **~er** [~'ble] *v/t.* (1a) zusammen-bringen, -fügen, -stellen; montieren; *parl.* versammeln; *s'~ parl.* sich versammeln; **~eur** ⊕, *inform.* [~'blœːr] *m* Assembler *m*.

assener [as(ǝ)'ne] *v/t.* (1d) *e-n Schlag* versetzen.

assentiment [asɑ̃ti'mɑ̃] *m* Zustimmung *f*.

asseoir [a'swaːr] *v/t.* (3l) (hin)setzen; *fin.* festsetzen; *auf festem Untergrund* errichten; *Urteil* stützen (*sur auf*); *Regierung, Ruf* festigen; *Wirtschaft* stabilisieren; *s'~* sich setzen; *on le fit* ~ man ließ ihn sich setzen; *être assis* sitzen; F *j'en suis assis* ich bin völlig überrascht.

asserment|ation [asɛrmɑ̃ta'sjɔ̃] *f* Be-, Ver-eidigung *f*; **~er** [~'te] *v/t.* (1a) vereidigen.

assertion [asɛr'sjɔ̃] *f* Behauptung *f*.

asserv|ir [asɛr'viːr] *v/t.* (2a) unterwerfen, -jochen, -drücken; *fig.* zügeln; **~issement** [~vis'mɑ̃] *m* Unterdrückung *f*; Knechtschaft *f*.

assesseur ⚖ [asɛ'sœːr] *m* Beisitzer *m*.

assez [a'se] *adv.* genug; ziemlich; ~ *d'argent* genügend Geld; F *en avoir* ~ *de q.* (*qch.*) j-n (etw.) satt haben, von j-m (etw.) genug haben.

assid|u, -e [asi'dy] *adj.* pünktlich; emsig, eifrig, unermüdlich; *être* ~ *auprès de q.* sich ständig um j-n bemühen; **~uité** [~dɥi'te] *f* Emsigkeit *f*, Eifer *m*, Betriebsamkeit *f*; *péj.* Aufdringlichkeit *f*; **~s** *pl.* Hofieren *n*, Umwerbungen *f/pl.*; **~ûment** [~dy-'mɑ̃] *adv.* emsig, eifrig, fleißig; pünktlich.

assiég|eant, -e [asje'ʒɑ̃, ~'ʒɑ̃ːt] **1.** *adj.*

belagernd; **2.** *su.* Belagerer *m*; **~er**
[~'ʒe] *v/t.* (1g) belagern.

assiett|e [a'sjɛt] *f* Teller *m*; Haltung *f*;
Sitz *m zu Pferde*; *Steuer:* Bemes-
sungsgrundlage *f*; Veranlagung *f*;
fig. Gemütszustand *m*; △ Unterbau
m, Fundament *n*, Sohle *f*; ~ *de la voie*
Bahnkörper *m*; F *avoir l'* *~ au beurre*
an der Futterkrippe sitzen; F *il n'est
pas dans son ~* er fühlt sich nicht
wohl; er ist nicht gut aufgelegt; **~ée**
[~'te] *f* Teller *m* (-voll).

assign|ation [asiɲa'sjɔ̃] *f fin.* Anwei-
sung *f*; ⚖ Vorladung *f*; **~er** [~'ɲe]
v/t. (1a) *fin.* anweisen; ⚖ vorladen.

assimil|ation [asimila'sjɔ̃] *f* Assimi-
lierung *f*; Gleichstellung *f* (*à* mit
dat.); Aneignung *f*; Umwandlung *f*;
~é, -e [~'le] **1.** *adj.* gleichgestellt (*à*
mit *dat.*); **2.** *m* Militärbeamte(r) *m*;
Gleichgestellte(r) *m*; **~er** [~] *v/t.* (1a)
gleichsetzen; *a.* ✿ verarbeiten; assi-
milieren; *fig.* geistig verarbeiten, in
sich aufnehmen; ~ *une langue* sich e-e
Sprache aneignen; *s'~* sich angleichen.

assis, -e [a'si, a'si:z] *p.p. von asseoir u.*
adj.: être ~ sitzen; *métier m* ~ sitzende
Tätigkeit *f*; *zum Hund:* ~! sitz!

assise [a'si:z] *f* △ Steinschicht *f*;
Fundament *n*, Unterbau *m* (*e-s Hauses*); *fig.* Grundlage *f*; **~s** [~] *f/pl.* ⚖
(*cour f d'*)~ Schwurgericht *n*; *weitS.*
Tagung *f*; Kongreß *m*; *tenir ses ~*
tagen.

assist|ance [asis'tɑ̃:s] *f* Anwesenheit
f; (*die*) Anwesenden *pl.*; Beistand *m*;
~ *chômage* Arbeitslosenhilfe *f*; ~ *à la
jeunesse* Jugendpflege *f*; ~ *aux nourrissons* Säuglingsfürsorge *f*; ~ *aux
survivants* Hinterbliebenenfürsorge
f; ~ *judiciaire gratuite* Armenrecht *n*;
~ *sociale* (*od. publique*) (staatliche)
Fürsorge *f*, Wohlfahrt *f*; **~ant, -e**
[~'tɑ̃, ~'tɑ̃:t] *su.* Assistent(in *f*) *m*;
Gehilfe *m*, Gehilfin *f*; *les ~s* die
Anwesenden *pl.*; ~*e sociale* Fürsor-
gerin *f*; **~er** [~'te] *v/t.* (1a): ~ *q. à qch*
unterstützen; j-m beistehen, helfen.

associ|ation [asɔsja'sjɔ̃] *f* Vereini-
gung *f*; Verbindung *f*; ~ *centrale*
Spitzenverband *m*; ~ *corporative* Innung *f*; ~ *patronale* Arbeitgeberverband *m*; ~ *professionnelle* Berufs-,
Fach-verband *m*; **~é, -e** [~'sje] *su.*
Gesellschafter(in *f*) *m*, Teilhaber(in
f) *m*, Sozius *m*; **~er** [~] *v/t.* (1a)
zugesellen; teilnehmen lassen (*à qch.*

an etw. *dat.*); verbinden.

assoiffé, -e [aswa'fe] *adj.* durstig; ~
d'action tatendurstig; ~ *de plaisirs*
vergnügungssüchtig.

assol|ement [asɔl'mɑ̃] *m* Frucht-
wechsel *m*; Koppelwirtschaft *f*; **~er**
[~'le] *v/t.* (1a) Fruchtwechsel vornehmen auf (*dat.*).

assombrir [asɔ̃'bri:r] *v/t.* (2a) verdüstern; *fig.* mißmutig machen.

assomm|ant, -e F [asɔ'mɑ̃, ~'mɑ̃:t]
adj. unerträglich langweilig; **~er**
[~'me] *v/t.* (1a) totschlagen; grün
und blau schlagen; F *j-m* zusetzen;
~oir [~'mwa:r] *m* **1.** ~ *à renards*
Fuchsfalle *f*; **2.** F *fig. coup m d'*~
Überraschung *f*.

Assomption *rl.* [asɔ̃p'sjɔ̃] *f:* l'~ Mariä
Himmelfahrt *f*.

asson|ance *mét.* [asɔ'nɑ̃:s] *f* Assonanz
f; **~ant, -e** *mét.* [~'nɑ̃, ~'nɑ̃:t] *adj.*
assonierend.

assort|iment [asɔrti'mɑ̃] *m* passende
Zusammenstellung *f*, Auswahl *f*;
Sortierung *f*; Sortiment *n*; **~ir**
[~'ti:r] *v/t.* (2a) passend zusammen-
stellen; (*mit Waren*) versehen; *s'~ à*
passen zu (*dat.*).

assoup|ir [asu'pi:r] *v/t.* (2a) einschlä-
fern; betäuben; lindern; *fig.* entschärfen; **~issement** [~pis'mɑ̃] *m* ✿
Betäubung *f*; *fig.* Entschärfung *f e-s*
Streites.

assoupl|ir [asu'pli:r] *v/t.* (2a) ge-
schmeidig (*fig.* nachgiebig) machen; **~issement** [~plis'mɑ̃] *m*
Lockerung *f*; **~isseur** [~'sœ:r] *m*
Weichmacher *m* für Wäsche.

assourd|ir [asur'di:r] *v/t.* (2a) betäu-
ben; *Licht, Ton* dämpfen; **~isse-
ment** [~dis'mɑ̃] *m ling.* Stimmlosmachen *n*.

assouvir [asu'vi:r] *v/t.* (2a) *Hunger,
Durst* stillen; *fig.* befriedigen.

assujett|i, -e [asyʒɛ'ti] *adj.:* ~ *à l'impôt*
einkommensteuerpflichtig; **~ir** [~-
'ti:r] *v/t.* (2a) *litt.* unterwerfen;
zwingen (*à zu*); festmachen; anbinden (*z. B. Reben*); **~issant, -e** *fig.*
[~ti'sɑ̃, ~'sɑ̃:t] *adj.* bindend; *Arbeit:*
mühselig; **~issement** [~tis'mɑ̃]
m Unterwerfung *f*; Gebundenheit *f*;
Zwang *m*.

assumer [asy'me] *v/t.* (1a): ~ *une
grande responsabilité* e-e große Verantwortung übernehmen; ~ *sa subsistance* für s-n Lebensunterhalt
selbst aufkommen; ~ *des haines* sich

Haß zuziehen; s'~ *psych.* sich verwirklichen.

assurance [asy'rɑ̃:s] *f* Zuversicht *f*; Gewißheit *f*; Zusicherung *f*; Versicherung *f*; ~ (*contre les*) *accidents* Unfallversicherung *f*; ~ *de responsabilité* (*civile*) Haftpflichtversicherung *f*; ~ *maritime* Seeversicherung *f*; ~ *sociale* Sozialversicherung *f*; ~ *supplémentaire* Zusatzversicherung *f*; *Auto*, ⚓ ~ *tous risques* Vollkaskoversicherung *f*; **~-incendie** [~ɛ̃sɑ̃'di] *f* (*pl. assurances-incendie*) Feuerversicherung *f*; **~-maladie** [~mala'di] *f* (*pl. assurances-maladie*) Krankenversicherung *f*; **~-vie** [~'vi] *f* (*pl. assurances-vie*) Lebensversicherung *f*; **~-vieillesse** [~vjɛ'jɛs] *f* (*pl. assurances-vieillesse*) Altersversicherung *f*.

assur|é, -e [asy're] **1.** *adj.* sicher, gesichert; selbstsicher; **2.** *su.* Versicherte(r *m*) *m* u. *f*; Versicherchterte(r *m*) *m* u. *f*; **~ément** [~re'mɑ̃] *adv.* (ganz) sicher, sicherlich; **~er** [~'re] *v/t.* (1a) versichern; sicher machen; *etw.* sichern (*a. Sport*); garantieren; ~ *son service* s-n Dienst versehen; **⚓** ~ *une ligne* e-e Strecke (regelmäßig) befahren; ~ *q. à la corde* j-n anseilen; s'~ sich vergewissern (*de qch.* e-r Sache *gén.*; *que* daß); **~eur** ⚓ [~'rœ:r] *m* Versicherer *m*; Versicherungsträger *m*.

aster ⚓ [as'tɛ:r] *m* Aster *f*.

astérisque *typ.* [aste'risk] *m* Sternchen *n*.

asthm|atique [asma'tik] **1.** *adj.* asthmatisch; **2.** *su.* Asthmatiker(in *f* m); **~e** [asm] *m* Asthma *n*.

asticot [asti'ko] *m* (*Käse-, Fleisch-*)Made *f* (*als Köder*); **~er** F [~ko'te] *v/t.* (1a) ärgern, necken, auf die Palme bringen F.

astiquer [asti'ke] *v/t.* (1m) polieren; putzen.

astragale *anat.* [astra'gal] *m* Sprungbein *n*.

astral, -e [as'tral] *adj.* (*m/pl. -aux*) Sternen~.

astre ['astrə] *m* Gestirn *n*, Stern *m*.

astreindre [as'trɛ̃:drə] *v/t.* (4b): ~ *q. à qch.* j-n zu etw. (*dat.*) nötigen, zwingen; s'~ *à* sich unterziehen (*dat.*).

astringent, -e ⚓ [astrɛ̃'ʒɑ̃, ~'ʒɑ̃:t] **1.** *adj.* zusammenziehend; **2.** *su.* adstringierendes Mittel *n*.

astro... [astrɔ] Stern...; Raum...; **~logie** [~lɔ'ʒi] *f* Astrologie *f*; **~logique** [~'ʒik] *adj.* astrologisch; **~logue** [~'lɔg] *su.* Astro-loge *m*, -login *f*; **~naute** [~'not] *su.* Astronaut(in *f*) *m*; **~nautique** [~'tik] *f* (Welt-)Raumfahrt *f*; **~nef** [~'nɛf] *m* (Welt-)Raumschiff *n*; **~nome** [~'nɔm] *su.* Astronom(in *f*) *m*; **~nomie** [~'mi] *f* Astronomie *f*; **~nomique** [~'mik] *adj.* astronomisch; **~physique** [~fi'zik] *f* Astrophysik *f*.

astuc|e [as'tys] *f* Kniff *m* *fig.*; F Witz *m*; **~ieux, -se** [~'sjø, ~'sjø:z] *adj.* einfallsreich; ausgeklügelt, durchdacht.

asymétrique [asime'trik] *adj.* unsymmetrisch.

atavisme [ata'vism] *m* Atavismus *m*.

ataxie ⚓ [ata'ksi] *f* Ataxie *f*, Bewegungsstörung *f*.

atelier [atə'lje] *m* Atelier *n*; Werkstatt *f*; Betrieb *m*.

aterm|oiement [atɛrmwa'mɑ̃] *m* Zahlungsaufschub *m*, Stundung *f*; **~s** *pl.* Ausflüchte *f/pl.*; **~oyer** [~mwa'je] *v/i.* (1h) Ausflüchte suchen.

athé|e [a'te] **1.** *adj.* atheistisch; **2.** *su.* Atheist(in *f*) *m*; **~isme** [~'ism] *m* Atheismus *m*.

athlète [at'lɛt] *su.* Leichtathlet(in *f*) *m*.

athlét|ique [atle'tik] *adj.* athletisch; **~isme** [~'ism] *m* Leichtathletik *f*; ~ *lourd* Schwerathletik *f*.

atlant|ique [atlɑ̃'tik] *adj. géogr.* atlantisch; *l'océan* *m* ♀ (*od.* l'♀ *m*) der Atlantische Ozean, der Atlantik; *pol.* *Charte f de l'*♀ Atlantikcharta *f*; *Pacte* *m de l'*♀ Nord Nordatlantikpakt *m*; **~iste** *pol.* [~'tist] *adj.* atlantisch.

atmosph|ère [atmɔ'sfɛ:r] *f* Atmosphäre *f* (*a. fig.*); Lufthülle *f*; Luft *f*; *fig.* Stimmung *f*, Umgebung *f*; **~érique** [~sfe'rik] *adj.* atmosphärisch.

atom|e [a'tɔ:m] *m* Atom *n*; **~ique** [atɔ'mik] *adj.* **1.** Atom...; *armes f/pl.* **~s** Atomwaffen *f/pl.*; **2.** F *fig.* faszinierend; F se *sentir des* **~s** *crochus avec* q. sich mit j-m eng verbunden fühlen; **~isé, -e** [~mi'ze] *adj.* atomverseucht, -vergiftet; **~iser** [~] *v/t.* (1a) zerstäuben, sprayen; ✗ mit Atomwaffen vernichten; **~iseur** [~'zœ:r] *m* Spraydose *f*; Zerstäuber *m*; **~iste** [~'mist] *su.* Atomforscher(in *f*) *m*; **~istique** [~mis'tik] *f* Atomwissenschaft *f*.

atonal, -e ♪ [ato'nal] *adj.* (*m*/*pl.* -als) atonal; *musique f ~e* atonale Musik *f*; **~ité ♪** [~li'te] *f* Atonalität *f*.

aton|e [a'ton] *adj.* schlaff; abgespannt; *Blick:* ausdruckslos; *gr.* tonlos, unbetont; **~ie** [~'ni] *f* Erschlaffung *f*.

atout [a'tu] *m* Trumpf *m*; P Schicksalsschlag *m*; ★ Stoß *m*, Beule *f*.

atoxique *phm.* [atɔk'sik] *adj.* ungiftig.

à travers [atra'vɛːr] *prp.* 1. mitten (*od.* quer) durch; durch; *~ la ville* durch die Stadt; *il voyageait ~ la France* er reiste quer durch Frankreich; *foncer ~ tout* durch dick und dünn gehen; 2. quer über; *prendre ~ champ* querfeldein gehen; *notre vol ~ l'Alaska* unser Flug quer über Alaska.

âtre ['ɑːtrə] *m* (*Feuer-*)Herd *m*.

atroc|e [a'trɔs] *adj.* grausam, entsetzlich, abscheulich, furchtbar; **~ité** [~si'te] *f* Grausamkeit *f*; **~s** *pl.* Greuel *m*/*pl.*; *~s inventées* Greuelmärchen *n*/*pl.*

atrophie ❀ [atrɔ'fi] *f* Atrophie *f*; *~ musculaire* Muskelschwund *m*.

attabler [ata'ble] *v*/*rfl.* (1a): *s'~* sich an den Tisch setzen.

attach|e [a'taʃ] *f* Band *n*, Riemen *m*, Schnur *f* usw.; **~s** *pl. anat.* Hand-, Fußgelenke *n*/*pl.*; *fig.* Bindungen *f*/*pl.* (*avec bzw. à* zu *dat.*); *sans ~s* ohne Anhang; *chien m d'~* Kettenhund *m*; **~é** [~'ʃe] *m* (Botschafts-) Attaché *m*; *~ de presse* Pressechef *m* (*e-r Firma*); **~ement** [~ʃ'mɑ̃] *m* Anhänglichkeit *f*, Zuneigung *f*, Hingabe *f*; Eifer *m*; **~er** [~'ʃe] (1a) *v*/*t.* festmachen, anbinden; *Blicke* heften; *fig. j-n* fesseln (*à* an *acc.*); verbinden, verknüpfen (*à* mit *dat.*); *Bedeutung* beilegen; *v*/*i. im Kochtopf* ansetzen, anbrennen; *s'~* sich (an-)hängen, sich anschließen; bestrebt sein, sich bemühen; **⚔** sich anschnallen.

attaqu|e [a'tak] *f* Angriff *m*; **❀** Anfall *m*; *~ aérienne* Luftangriff *m*; *~ à main armée* bewaffneter Überfall *m*; **~er** [~'ke] *v*/*t.* (1m) angreifen; **⊕** befallen; **⊕** antreiben; in Angriff nehmen, beginnen; *♪* anstimmen; F *sich an e-e Mahlzeit* heranmachen; *s'~ à q.* j-n angreifen; *s'~ à qch.* etw. in Angriff nehmen, beginnen; *e-r Sache* (*dat.*) entgegentreten (*od. die*

Stirn bieten).

attard|é, -e [atar'de] *su.* Nachzügler(in *f*) *m*; Spätentwickler(in *f*) *m*; **~er** [~] *v*/*t.* (1a) aufhalten; *s'~* sich verspäten; *s'~ à qch.* sich mit etw. (*dat.*) aufhalten.

atteindre [a'tɛ̃:drə] (4b) *v*/*t.* erreichen; treffen; einholen; *Krankheit: j-n* befallen; *~ q. par téléphone* j-n telefonisch erreichen; *v*/*i. ~ à* endlich erreichen (*acc.*).

atteint, -e [a'tɛ̃, a'tɛ̃:t] 1. *p.p. von atteindre*; 2. *adj.: ~ de* erkrankt an (*dat.*).

atteinte [a'tɛ̃:t] *f* Erreichung *f*; *fig.* **⚔** Schlag *m*, Stoß *m*; **ⅉⅉ** *usw.* Verstoß *m*; **⚔** Anfall *m*; *fig.* Beeinträchtigung *f*; Einwirkung *f*; *hors d'~* in Sicherheit, außer Schußweite; *a. fig.* unerreichbar.

attel|age [at'la:ʒ] *m* Gespann *n*; Raumschiffkombination *f*; **~er** [~'le] *v*/*t.* (1c) anschirren; **⚙** anhängen.

attelle ⚕ [a'tɛl] *f* (Arm-, Bein-) Schiene *f*.

attenant, -e [at'nɑ̃, ~'nɑ̃:t] *adj.* angrenzend (*à* an *acc.*).

attendant [atɑ̃'dɑ̃] *advt.: en ~* unterdessen.

attendre [a'tɑ̃:drə] *v*/*t.* (4a): *~ q.* auf j-n warten, j-n erwarten; warten (*que mit subj.* bis); *s'~ à qch.* auf etw. (*acc.*) gefaßt sein.

attendr|ir [atɑ̃'dri:r] *v*/*t.* (2a) weich (*od.* mürbe) machen; *fig.* rühren; *s'~ sur qch.* von etw. (*dat.*) gerührt werden; **~issement** [~dris'mɑ̃] *m* *fig.* Rührung *f*, Mitgefühl *n*; *psych.* Rührseligkeit *f*, Weichheit *f*.

attendu [atɑ̃'dy] 1. *p.p. von attendre*; 2. *prp.* in Anbetracht (*gén.*), angesichts (*gén.*), mit Rücksicht auf (*acc.*); *~ que* in Erwägung der Tatsache, daß.

attentat [atɑ̃'ta] *m* Attentat *n*, (Mord-)Anschlag *m*; *~ à la bombe* Bombenattentat *n*; *~ à la pudeur* (*od. aux mœurs*) Sittlichkeitsverbrechen *n*.

attente [a'tɑ̃:t] *f* Erwartung *f*; Warten *n*; *salle f d'~* **⚙** Wartesaal *m*; *beim Arzt:* Wartezimmer *n*.

attenter [atɑ̃'te] *v*/*i.* (1a): *~ à* ein Attentat verüben auf (*acc.*).

attent|if, -ve [atɑ̃'tif, ~'ti:v] *adj.: ~ à* aufmerksam auf (*acc.*); **~ion** [~'sjɔ̃] *f* Aufmerksamkeit *f*; *~!* Vorsicht!;

~isme *pol.* [~'tism] *m* abwartende Haltung *f*; **~iste** *pol.* [~'tist] **1.** *adj.* abwartend, von abwartender Haltung; **2.** *su.* j., der sich abwartend verhält.

atténu|ant, -e [ate'nɥã, ~'nɥãːt] *adj.* mildernd; **~ation** [~nɥa'sjõ] *f* Milderung *f (e-r Strafe)*; Linderung *f (e-s Schmerzes)*; **~er** [~'nɥe] *v/t.* (1a) mildern (*a.*); lindern.

atterr|er *fig.* [ate're] *v/t.* (1b) niederschmettern; **~ir** , [~'riːr] *v/i.* (2a) landen; **~issage** , [~'ri'sa:ʒ] *m* Landen *n*, Landung *f*; Anlegen *n*; **~** *forcé (od. de fortune)* Notlandung *f*; *faire un ~ forcé* notlanden; **~** *sans visibilité* Blindlandung *f*; **~issement** [~ris'mã] *m* angeschwemmtes Land *n*; **~isseur** [~'sœːr] *m* Fahrgestell *n*.

attest|ation [atɛsta'sjõ] *f* Bescheinigung *f*; **~er** [~'te] *v/t.* (1a) bescheinigen.

attiédir [atje'diːr] *v/t.* (2a) temperieren; *s'~* lau werden; *fig.* abnehmen; erkalten.

attifer *mv.p.*, F [ati'fe] *v/t.* (1a) herausputzen, ausstaffieren, auftakeln.

attiger [ati'ʒe] (1l) *★ v/t.* verwunden; P *v/i.* übertreiben.

attique [a'tik] *adj.* attisch.

attir|ail F [ati'raj] *m* Kram *m*, das ganze Zeug; **~ance** [~'rãːs] *f* Anziehungskraft *f*; **~er** [~'re] *v/t.* (1a) anziehen; *Blicke* auf sich lenken; *s'~ Gegensätze:* sich anziehen; *s'~ qch.* sich etw. *(z. B. Haß, Zorn)* zuziehen; *Wohlwollen* gewinnen.

attis|er [ati'ze] *v/t.* (1a) schüren, anfachen; *fig.* aufstacheln; **~oir** [~'zwaːr] *m* Feuerhaken *m*.

attitré, -e [ati'tre] *adj.* festangestellt; *Lieferant, Vertreter:* ständig.

attitude [ati'tyd] *f* Haltung *f*; Verhalten *n*; Einstellung *f*.

attract|if, -ve [atrak'tif, ~'tiːv] *adj.* anziehend; **~ion** [~'sjõ] *f* Anziehung(skraft *f) f*; Sehenswürdigkeit *f*; Attraktion *f*.

attrait [a'trɛ] *m* Reiz *m*, Lockung *f*.

attrap|ade F [atra'pad] *f*, **~age** F [~'paːʒ] *m* Anschnauzer *m*; **~e** [a'trap] *f fig.* Falle *f*, Fopperei *f*, Spaß *m*; Scherzartikel *m*; **~e-mouches** [~'muʃ] *m (inv.)* Fliegenfänger *m*; **~e-nigaud** [~ni'go] *m (pl. ~s)* Bauernfängerei *f*; **~er** [~'pe] *v/t.* (1a) (auf-)fangen; einholen; erwischen; F

Krankheit: sich zuziehen; *fig.* anführen, überlisten; reinlegen F; F abkanzeln, anschnauzen P.

attrayant, -e [atrɛ'jã, ~'jãːt] *adj. Person:* anziehend; *Sache:* reizvoll; *fig.* ansprechend.

attribu|er [atri'bɥe] *v/t.* (1a) zuteilen; zuschreiben; **~t** [~'by] *m* Eigenschaft *f*; Merkmal *n*; *gr.* Prädikatsnomen *n*; **~tion** [~'sjõ] *f* Zuweisung *f*; Zuerkennung *f*, Verleihung *f*; **~s** *pl.* Kompetenzen *f/pl.*, Wirkungskreis *m*.

attrister [atris'te] *v/t.* (1a) betrüben.

attrition [atri'sjõ] *f* Zerknirschung *f*; Reibung *f*.

attroup|ement [atrup'mã] *m* Menschenansammlung *f*, Auflauf *m*, Zs.-rottung *f*; **~er** [~'pe] *v/rfl.* (1a): *s'~* sich zs.-rotten.

atypique [ati'pik] *adj.* untypisch.

au [o] *prp. à mit art. le.*

aubade [o'bad] *f* Morgenständchen *n*.

aubaine [o'bɛn] *f* Glücksfall *m*.

aube [o:b] *f* Morgendämmerung *f*; Chorhemd *n*; ⊕ Radschaufel *f*; F *abr.* = *auberge*; *père m ~* Jugendherbergsvater *m*.

aubépine [obe'pin] *f* Weißdorn *m*.

aubère [o'bɛːr] **1.** *adj. Pferd:* falb; **2.** *m* Falbe(r) *m*.

auberg|e [o'bɛrʒ] *f* Wirtshaus *n*; Herberge *f*; **~** *de jeunesse* Jugendherberge *f*; **~ine** [~'ʒin] *f* Aubergine *f*; **~iste** [~'ʒist] *su.* Wirt(in *f*) *m*, Gastwirt(in *f*) *m*.

aucun, -e [o'kœ̃, o'kyn] *adj.* irgendein, -eine(r); F *d'~s* einige, manche; *mit ne bzw. alleinstehend:* kein, keine(r); **~ement** [okyn'mã] *adv. mit ne bzw. alleinstehend:* keineswegs.

audac|e [o'das] *f* Kühnheit *f*; *mv.p.* Unverschämtheit *f*, Dreistigkeit *f*, Frechheit *f*; **~ieux, -se** [~'sjø, ~'sjøːz] *adj.* kühn; *mv.p.* dreist.

au-deçà † [od'sa] *adv. u. ~* **de** *prp.* diesseits *(gén.)*.

au-dedans [odə'dã] **1.** *adv.* drinnen, im Innern; **2.** *prp.:* **~** *de* innerhalb *(gén.)*.

au-dehors [odə'ɔːr] **1.** *adv.* draußen; **2.** *prp.:* **~** *de* außerhalb *(gén.)*.

au-delà [od'la] **1.** *adv.* jenseits; **2.** *m* Jenseits *n*; **3.** *prp.:* **~** *de* jenseits *(gén.)*; *fig.* über, mehr als ...

au-dessous [od'su] **1.** *adv.* unten, darunter; **2.** *prp.:* **~** *de* unterhalb *(gén.)*, unter *(dat. bzw. acc.)*.

au-dessus [od'sy] **1.** *adv.* oben, darüber; **2.** *prp.*: ~ de oberhalb *(gén.)*, über *(dat. bzw. acc.)*.

au-devant [od'vɑ̃] *prp.*: ~ de entgegen *(dat.)*.

audi|bilité [odibili'te] *f* Hörbarkeit *f*; **~ble** [o'dibl̩] *adj.* hörbar; **~ence** [o'djɑ̃ːs] *f* Audienz *f*; Gehör *n*, Beachtung *f*; ⚖ Gerichtssitzung *f*; *rad.*, *télév.* (Rundfunk-)Hörer *m/pl.*; (Fernseh-)Zuschauer *m/pl.*; Hörerschaft *f*; **~encier** [odjɑ̃'sje] *m* Gerichtsdiener *m*; **~o-visuel, -le** [odjovi'zɥɛl] *adj. (pl. ~s)* audiovisuell; **~teur, -rice** [odi'tœːr, ~'tris] **1.** *su.* Hörer(in*f*) *m*; **2.** *m adm.* Auditor *m (im franz. Staatsrat)*; *rad.* ~ clandestin Schwarzhörer *m*; **~s** *pl.* Hörerschaft *f*; Hörerkreis *m*; **~tif, -ve** [~'tif, ~'tiːv] *adj.* Gehör...; **~tion** [~'sjɔ̃] *f* Anhören *n*; *rad.* Empfang *m*; erreur *f* d'~ Hörfehler *m*; ordre *m* (*weitS.* programme *m*) des ~s Hörfolge *f*; **~tionner** ♪, *thé.* [~sjɔ'ne] *v/t.* (1a) e-n Bewerber anhören; *prüfen*; **~toire** [~'twaːr] *m* Gerichtssaal *m*; Zuhörerschaft *f*.

auge [oːʒ] *f* Schweinetrog *m*; Mörtelkasten *m*; **~et** [o'ʒɛ] *m* Vogelnapf *m*; Waschtrog *m*.

augment|ation [ogmɑ̃ta'sjɔ̃] *f* Vergrößerung *f*, Vermehrung *f*; Zulage *f*; *phys.* ~ de volume Ausdehnung *f*; **~er** [~'te] (1a) *v/t.* vermehren; vergrößern; *Wissen* bereichern; *Preise* heraufsetzen; *v/i.* zunehmen: *Preise*: steigen, anziehen.

augur|e [o'gyːr] *m* **1.** *antiq.* Augur *m*; **2.** *altrömische* Wahrsagung *f*; **3.** *allg. fig.* Vorzeichen *n*; **~er** [ogy're] *v/t. u. v/i.* prophezeien; mutmaßen.

auguste [o'gyst] *adj.* erlaucht; *litt.* erhaben, imposant.

aujourd'hui [oʒur'dɥi] *adv.* heute.

aulx [o] *pl. von* ail.

aumôn|e [o'moːn] *f* Almosen *n*; **~ier** [omo'nje] *m* Militär-, Anstaltsgeistliche(r) *m*; Schloßkaplan *m*; Feldprediger *m*.

aunaie [o'nɛ] *f* Erlengehölz *n*.

aune [oːn] **1.** *m* ♀ Erle *f*; **2.** *f* Maß: Elle *f*.

auparavant [opara'vɑ̃] *adv.* vorher.

auprès [o'prɛ] **1.** *adv.* in der Nähe, daneben, nahe daran; **2.** *prp.*: ~ de (nahe) bei *(dat.)*; im Vergleich zu *(dat.)*.

auréole [ɔre'ɔl] *f* Heiligenschein *m*; *fig.* Nimbus *m*.

auriculaire [ɔriky'lɛːr] **1.** *adj.* Ohr..., Ohren...; **2.** *m* kleiner Finger *m*.

auri|fère [ɔri'fɛːr] *adj.* goldhaltig; **~fication** [~fika'sjɔ̃] *f* (Zahn-)Füllung *f* mit Gold; Goldplombe *f*.

aurore [ɔ'rɔːr] *f* Morgenröte *f (a. fig.)*; ~ boréale Nordlicht *n*.

ausculter ⚕ [oskyl'te] *v/t.* (1a) abhorchen.

auspice [os'pis] *m* Vorbedeutung *f*; **~s** *pl.* Gönnerschaft *f*; Schutz *m*.

aussi [o'si] **1.** *adv.* auch; ~ ... que ebenso ... wie; **2.** *cj. (als Satzanfang)* daher, deshalb, folglich; **~tôt** [~'to] **1.** *adv.* sogleich; **2.** *cj.*: ~ que sobald.

aust|ère [os'tɛːr] *adj.* ernst, (sittenstreng; schmucklos, nüchtern; **~érité** [~teri'te] *f* Ernst *m*, Strenge *f*; *politique f* d'~ Sparpolitik *f*; **~s** *pl.* Bußübungen *f/pl.*, Kasteiungen *f/pl.*

austral, -e [os'tral] *adj. (m/pl. -als)* südlich; *l'Afrique* ~e das südliche Afrika, Südafrika *n*.

australien, -ne [ostra'ljɛ̃, ~'ljɛn] **1.** *adj.* australisch; **2.** ♀(ne) *su.* Australier(in *f*) *m*.

austro... [ostrɔ] österreichisch...

autan *Fr.* [o'tɑ̃] *m* Südoststurm *m*.

autant [o'tɑ̃] **1.** *adv.* ebensoviel; ebensosehr; ~ dire ebensogut könnte man sagen; *c'est toujours* ~ das ist doch immer etwas; *en faire* ~ dasselbe tun; **2.** *cj.*: *(pour)* ~ que *(mit subj., bisw. a. ind.)* soweit, soviel; *(pour)* ~ que je sache soviel ich weiß; d'~ que zumal; vor allem, weil; d'~ plus *(que)* um so mehr (als).

autarcie *éc.* [otar'si] *f* Autarkie *f*.

autel [o'tɛl] *m* Altar *m*.

auteur [o'tœːr] *m* Verfasser *m*, Autor *m*, Schriftsteller *m*; Urheber *m*, Erfinder *m*; *femme f* ~ Autorin *f*, Verfasserin *f* usw.

authent|icité [otɑ̃tisi'te] *f* Echtheit *f*; **~ique** [~'tik] *adj.* urkundlich, echt; *fig.* authentisch, glaubwürdig.

auto [o'to] *f* Auto *n*.

auto... [otɔ...] Selbst..., selbst...; **~-allumage** *Auto* [~aly'maːʒ] *m* Selbstzündung *f*; **~biographie** [~bjɔgra'fi] *f* Selbstbiographie *f*; **~bus** [~'bys] *m* Autobus *m*, Bus *m*; **~car** [~'kaːr] *m* Reiseomnibus *m*; **~chenille** [~'ʃnij] *f* Raupenfahrzeug *n*; **~chtone** [~k'tɔn] **1.** *adj.* autochthon, bodenständig; **2.** *su.* Urein-

wohner(in f) m; **~clave** [~'kla:v] m
Autoklav m; **~crate** [~'krat] m Autokrat m; **~cratique** [~'tik] adj. auto-
kratisch; **~critique** bsd. pol. [~kri'tik]
f Selbstkritik f; **~déclencheur** [~
deklã'fœ:r] m Selbstauslöser m; **~dé-
fense** [~de'fã:s] f Selbst-verteidi-
gung f, -schutz m; **~didacta** [~di-
'dakt] 1. adj. autodidaktisch; 2. su.
Autodidakt m; **~drome** [~'dro:m] m
Autorennbahn f; **~école** [~e'kol] f
(pl. ~s) Fahrschule f; **~épurer**
[~epy're] v/rfl. (1a): s'~ sich selbst
reinigen; **~express** [~eks'pres] m
Schnellbus m; **~gène** ⊕ [~'ʒɛn] adj.
autogen; **~gestion** [~ʒes'tjõ] f Selbst-
verwaltung f (in e-m Betrieb); **~
graphe** [~'graf] 1. adj. eigenhändig
geschrieben; 2. m Autogramm n;
Autograph n; **~guidage** ⊕ [~gi'da:ʒ]
m Selbststeuerung f; **~mate** [~'mat]
m Automat m; **~mation** [~ma'sjõ] f
Automation f; **~matique** [~ma'tik]
1. adj. automatisch (a. fig.), selbst-
tätig; 2. m téléph. Selbstanschluß m;
automatische Pistole f; 3. f Automa-
tisierungswissenschaft f; **~matisa-
tion** [~tiza'sjõ] f Automatisierung f;
~matisme [~'tism] m Automatis-
mus m; **~médication** [~medika'sjõ]
f Einnahme f von Medikamenten
ohne ärztliche Verordnung; **~mi-
trailleuse** ⚔ [~mitra'jø:z] f Panzer-
wagen m mit MG.

autom|nal, -e [otɔm'nal] adj. (m/pl.
-aux) herbstlich; Herbst...; **~ne**
[o'tɔn] m Herbst m; en ~, à l'~ im
Herbst.

automobil|e [otɔmɔ'bil] f Automobil
n; Kraftfahrzeug n; ~ de course
Rennwagen m; ~ sanitaire Kranken-
auto n; **~isme** [~'lism] m Kraft-
fahrzeugwesen n; Autosport m; **~iste**
[~'list] su. Autofahrer(in f) m.

auto|moteur, -rice [otɔmɔ'tœ:r, ~
'tris] 1. adj. mit Eigenantrieb,
Selbstfahr...; 2. m Motorkahn m; ⚔
Panzergeschütz n mit Selbstfahrla-
fette; 3. -rice 🚂, tram. Triebwagen
m; **~nettoyant, -e** [~nɛtwa'jã, ~'jã:t]
adj. selbstreinigend.

autonom|e [otɔ'nɔm] adj. autonom;
~ie [~'mi] f Autonomie f; 🚀 Aktionsradius m.

auto|propulsé, -e ⊕ [otɔprɔpyl'se]
adj. mit Eigenantrieb; **~psie** [~p'si] f
Autopsie f, Leichenöffnung f; **~rail**
🚂 [~'ra:j] m Schienenbus m; ~ (rapi-

de) Leicht-, Schnell-triebwagen m.

autor|isation [otɔriza'sjõ] f Geneh-
migung f; **~isé, -e** [~'ze] adj. ge-
nehmigt; berechtigt; **~iser** [~] v/t.
(1a) genehmigen; berechtigen; s'~ de
qch. sich auf etw. (acc.) berufen (od.
stützen); **~itaire** [~'tɛ:r] adj. autori-
tär; **~itarisme** [~ta'rism] m Autori-
tätsanspruch m (a. pol.); autoritäres
Wesen n; **~itariste** [~'rist] adj. auto-
ritär; **~ité** [~'te] f Autorität f; Ansehen n; (Amts-)Gewalt f; Obrigkeit f;
(~s pl.) Behörde(n) f(pl.); acte m d'~
Machtwort n.

auto|route [otɔ'rut] f Autobahn f; **~
-stop** [~'stɔp] m: faire de l'~ per
Anhalter fahren; **~stoppeur, -se**
[~pœ:r, ~'pœ:z] su. Anhalter(in f) m.

autour¹ [o'tu:r] 1. adv. d(a)rum herum; tout ~ ringsherum; 2. prp.: ~ de
um ... (herum).

autour² orn. [o'tu:r] m Habicht m.

autre [o:tr] 1. adj. andere(r, -s); un ~
moi-même (m)ein zweites Ich; l'~
jour neulich; nous ~s Français wir
Franzosen; ~ chose etwas anderes;
d'~ part andererseits; 2. pr/ind.: un ~,
une ~ ein and(e)rer, eine and(e)re;
l'un (avec) l'~ (mit)einander; d'~s
and(e)re pl.; F à d'~s! das kannst du
(od. können Sie) and(e)ren erzählen!; de temps à ~ von Zeit zu Zeit,
dann und wann; quel ~? wer sonst?;
~fois [otrə'fwa] adv. ehemals; **~
ment** [~'mã] adv. sonst.

autrichien, -ne [otri'fjɛ̃, ~'fjɛn] 1.
adj. österreichisch; 2. 2(ne) su. Öster-
reicher(in f) m.

autruche [o'tryʃ] f orn. Strauß m; fig.
faire l'~ Vogel-Strauß-Politik treiben; avoir un estomac d'~ e-n guten
Magen haben, alles vertragen können.

autrui [o'trɥi] pr/ind. (mst nach prp.)
die anderen (Leute) pl.; d'~ der anderen; le bien d'~ fremdes Gut n.

auvent [o'vã] m Wetter-, Schutz-,
Vor-dach n; Auto: Luftschlitz m auf
der Motorhaube.

aux [o] prp. à mit art. les.

auxiliaire [oksi'ljɛ:r] 1. adj. helfend,
Hilfs...; Zweig..., Neben...; 2. su.
Helfer(in f) m, Hilfskraft f; 3. m
Hilfsverb n; Stütze f (fig.), Hilfs-
mittel n.

avach|i, -e [ava'ʃi] adj. Schuh: ausge-
treten; Person: schlapp; **~ir** [~'ʃi:r]
v/rfl. (2a): s'~ allzu weich, weit, F

schlaff *od.* träge werden; s-e Energie verlieren.

aval[1] [a'val] **1.** *adv.*: en ~ stromabwärts; **2.** *prp.*: en ~ de unterhalb von (*dat.*); ~[2] 🕈 [~] *m* (*pl. -als*) Wechselbürgschaft *f*.

avalanche [ava'lɑ̃:ʃ] *f* Lawine *f*.

aval|er [ava'le] *v/t.* (1a) (ver)schlukken, (ver)schlingen; *fig.* einstecken, hinunterschlucken; *vél.*, *Auto*: Kilometer zurücklegen; ~ la fumée durch die Lunge rauchen; **~eur** [~'lœ:r] *m* Fresser *m*; ~ de sabre Degenschlukker *m*; **~iser** 🕈 [~li'ze] *v/t.* (1a): ~ une traite e-n Wechsel als Bürge unterschreiben; **~iseur** [~'zœ:r] *m*, **~iste** [~'list] *m* Wechselbürge *m*.

à-valoir *fin.* [ava'lwa:r] *m* (*inv.*) Teilzahlung *f*.

avaloir [ava'lwa:r] *m*, **~e** [~] *f* Pferdegeschirr: Umgang *m*; P großes Maul *n*.

avanc|e [a'vɑ̃:s] *f* 🗡 Vorstoß *m*, Vorrücken *n*; Vorsprung *m* (*a. fig.*); Vorteil *m*; 🕈 Vorschuß *m*; ~s *pl.* Annäherungsversuche *m/pl.*; d'~ im voraus; *arriver avec une heure d'~* eine Stunde früher ankommen; *faire une ~ à q.* j-m e-n Vorschuß geben; *faire des ~s à q.* j-m freundlich entgegenkommen; **~ée** [a'vɑ̃'se] *f* vorgeschobener Posten *m*; **~ement** [~s-'mã] *m* Vorrücken *n*; *fig.* Fortschritt *m*; Beförderung *f*; Vorverlegung *f*; **~er** [~'se] (1k) *v/t.* vorwärtsbringen; befördern; *Uhr* vorstellen; *Termin* vorverlegen; *Geld* vorschießen; *v/i.* vorankommen; *Uhr*: vorgehen; 🗡 vorrücken; *mit e-r Arbeit* vorwärtskommen; ~ en âge alt werden; s'~ vorrücken; sich nähern.

avanie [ava'ni] *f* öffentliche Beleidigung *f*, Kränkung *f*.

avant [a'vɑ̃] **1.** *prp. zeitlich vorausblickend, Reihenfolge:* vor (*dat.*); ~ six mois vor Ablauf von sechs Monaten; ~ l'heure zu früh, vorzeitig; ~ tout vor allem; *le sujet se place* ~ *le verbe* das Subjekt steht vor dem Verb; **2.** *adv.* vorher, zuvor; *peu de temps* ~ kurz vorher; *plus* ~ weiter (nach vorn *od.* vor); *bien* ~ *dans la forêt* tief (*od.* weit) in den Wald hinein; *bien* ~ *dans la nuit* bis spät in die Nacht hinein; *d'~: la nuit d'~* die (*od.* in der) Nacht vorher; *en* ~! vorwärts!; *mettre en* ~ vorbringen, die Behauptung aufstellen; **3.** *adj.* (*inv.*): *roue f* ~ Vorderrad

n; **4.** *cj.*: ~ *que* (*mit subj.*) *bzw.* ~ *de* (*mit inf.*) bevor, ehe; **5.** *m* **a**) *Sport*: Stürmer *m*; **b**) 🗡, ⚓ Bug *m*; **c**) *Auto*: Vorderteil *n od. m*; **d**) *aller de l'*~ *pour qch.* sich für etw. energisch einsetzen; 🗡 *bataille f de l'*~ Vorwärtsstrategie *f*.

avantag|e [avã'ta:ʒ] *m* Vorteil *m*; Überlegenheit *f*; Vorrecht *n*; *avoir l'*~ sich beehren; **~er** [~ta'ʒe] *v/t.* (11) bevorzugen; **~eux, -se** [~'ʒø, ~'ʒø:z] *adj.* vorteilhaft; *péj.* blasiert.

avant|-bec [avã'bɛk] *m* (*pl. ~s*) *Brükke:* Vorkopf *m*; Wellenbrecher *m*; **~-bras** [~'bra] *m* (*inv.*) Unterarm *m*; **~-centre** [~'sã:trə] *m* (*pl. avants--centres*) *Fußball:* Mittelstürmer *m*; **~-corps** △ [~'kɔ:r] *m* (*inv.*) Vorsprung *m*, Vorbau *m*; **~-garde** 🗡 [~'gard] *f* (*pl. ~s*) Vorhut *f*; **~-hier** [~tjɛ:r] *adv.* vorgestern; **~-port** ⚓ [~'pɔ:r] *m* (*pl. ~s*) Vor-, Außenhafen *m*; **~-poste** 🗡 [~'pɔst] *m* (*pl. ~s*) Vorposten *m*; **~-propos** [~prɔ'po] *m* (*inv.*) Vorrede *f*; **~-scène** *thé.* [~'sɛn] *f* (*pl. ~s*) Orchesterloge *f*; **~-train** [~'trɛ̃] *m* (*pl. ~s*) Vordergestell *n e-s Wagens;* Vorderachse *f*; **~-veille** [~'vɛj] *f* (*pl. ~s*) der zweite Tag zuvor.

avar|e [a'va:r] **1.** *adj.* geizig; **2.** *su.* Geizhals *m*; **~ice** [ava'ris] *f* Geiz *m*; **~icieux, -se** [~'sjø, ~'sjø:z] *adj.* knick(e)rig.

avar|ie [ava'ri] *f* Havarie *f*; Transportschaden *m*; Maschinendefekt *m*; **~ié, -e** [~'rje] *adj.* beschädigt; *Lebensmittel:* schlecht geworden, verdorben; **~ier** [~] *v/t.* (1a) (zur See) beschädigen; verderben; s'~ *Lebensmittel:* verderben, schlecht werden.

avatar [ava'ta:r] *m* **1.** (*oft péj.*) Wandlung *f*; **2.** *abus.* Fehlschlag *m*, Reinfall *m*.

à vau-l'eau [avo'lo] *adv.* stromabwärts; *fig. aller* ~ mißlingen, schiefgehen.

avec [a'vɛk] **1.** *prp.* mit (*dat.*); nebst, samt (*dat.*); bei (*dat.*); ~ *ce temps-là* bei diesem Wetter; ~ *tout cela* bei (*od.* trotz) alledem; *d'*~ von (*dat.*); *séparer la chair d'*~ *les os* das Fleisch von den Knochen lösen; **2.** F damit; mit; *s'en aller* ~ damit weggehen (*od.* losziehen); *envoyez le mémoire avec!* schicken Sie mir die Rechnung mit!

aveline 🌳 [av'lin] *f* Haselnuß *f*.

aven *géol.* [a'vɛn] *m* Karsthöhle *f*.

avenant, -e [av'nã, ~'nã:t] **1.** *adj.*

einnehmend, gefällig, freundlich; **2.**
advt.: à l'~ entsprechend; **3.** *p.pr.*: le
cas ~ que (*subj.*) im Falle, daß; **4.** *m* ⚥⚥
Nachtrag *m* zu e-r *Versicherungs-
police*; les ~s die Ergänzungen *f/pl.*

avènement [avɛn'mã] *m* (Regie-
rungs-)Antritt *m*; Thronbestei-
gung *f*.

avenir [av'ni:r] *m* Zukunft *f*; Nach-
welt *f*; à (*od.* dans) l'~ in Zukunft.

Avent [a'vã] *m* Advent *m*.

aventur|e [avã'ty:r] *f* Abenteuer *n*;
parc *m* d'~ Abenteuerspielplatz *m*;
dire la bonne ~ wahrsagen; **~er** [~ty-
're] *v/t.* (1a) wagen; s'~ sich wagen
(dans *qch.* in etw. *acc.*); **~eux, -se**
[~'rø,~'rø:z] *adj.* abenteuerlich; **~ier,
-ère** [~'rje,~'rjɛ:r] *su.* Abenteurer(in
f) *m*.

avenue [av'ny] *f* Allee *f*, Avenue *f*,
Korso *m*, Prachtstraße *f*; Parkweg *m*;
fig. Pfad *m*, Weg *m*.

avérer [ave're] *v/rfl.* (1f): s'~ **1.** bestä-
tigt werden; **2.** sich als ... erweisen:
s'~ possible sich als möglich erweisen;
s'~ *faux* (*inefficace*) sich als falsch
(unwirksam) erweisen.

avers [a'vɛr] *m* Münze: Vorderseite
f; **~e** [a'vɛrs] *f* Platzregen *m*, Regenguß *m*; **~ion** [~'sjõ] *f* starke Abneigung *f*, Aversion *f*.

avert|i,-e [avɛr'ti] *adj.* erfahren, ge-
warnt; **~ir** [~'ti:r] *v/t.* (2a) warnen,
aufmerksam machen; benachrichti-
gen; **~issement** [~tis'mã] *m* Warnung *f*; Verwarnung *f*; Nachricht *f*;
Vorbericht *m*; **~isseur** [~'sœ:r] *m* ⊕
Warnvorrichtung *f*; *Auto*: Hupe *f*;
téléph. Alarmwecker *m*, Rufer *m*; ~
d'incendie Feuermelder *m*; ~ lumineux Lichthupe *f*.

aveu [a'vø] *m* (*pl.* ~x) Geständnis *n*;
homme m sans ~ fragwürdige Existenz *f*; Landstreicher *m*, hergelaufener Kerl *m*.

aveugl|e [a'vœ:gl∂] **1.** *adj.* blind; **2.** *su.*
Blinde(r *m*) *m u. f.*; **~ément** [avœglе-
'mã] *adv.* blindlings; **~ement** [~glə-
'mã] *m* Verblendung *f*; **~e-né, -e**
[~'ne] (*pl.* aveugles-né[e]s) *su.* fig.
blind geboren; **2.** *su.* Blindgeborene-
ne(r *m*) *m u. f.*; **~er** [~'gle] *v/t.* (1a)
blind machen; blenden; verblen-
den; ✗ vernebeln; *Leck* (zu)stop-
fen; **~ette** [~'glɛt] *adv.*: à l'~ im
Dunkeln tappend; *fig.* auf gut
Glück, aufs Geratewohl.

aveulir [avœ'li:r] *v/t.* (2a) matt und
willenlos machen; abstumpfen; s'~

willenlos werden.

aviat|eur, -rice [avja'tœ:r, ~'tris] *su.*
Flieger(in *f*) *m*; ~ *acrobatique* Kunst-
flieger(in *f*) *m*; **~ion** [avja'sjõ] *f* Flie-
gerei *f*, Luftfahrt *f*, Flugwesen *n*; ~
de ligne Flugverkehr *m*.

avicult|eur, -rice [avikyl'tœ:r, ~'tris]
su. Geflügel-, Vogel-züchter *m*; **~u-
re** [~'ty:r] *f* Geflügel-, Vogel-zucht *f*.

avid|e [a'vid] *adj.* (be)gierig (de nach
dat., auf *acc.*); **~ité** [~di'te] *f* Gier *f*,
Begierde *f*.

avil|ir [avi'li:r] *v/t.* (2a) herabwürdi-
gen, in den Schmutz ziehen; entwerten; s'~ sich erniedrigen; ✝ im Preis
sinken; **~issement** [~lis'mã] *m* Erniedrigung *f*; *fin.* Entwertung *f*.

avin|é,-e [avi'ne] *adj.* betrunken; **~er**
[~] *v/t.* (1a) mit Wein anfeuchten.

avion [a'vjõ] *m* Flugzeug *n*; ~ *commercial supersonique* Überschallpassa-
gierflugzeug *n*; ~ à réaction Düsenflugzeug *n*; ~ *de bombardement* Bomber *m*; ~ *de chasse* Jagdflugzeug *n*; ~
de combat Kampfflugzeug *n*; ~ *de
ligne* Verkehrsflugzeug *n*; ~ *mixte*
(*od. amphibie*) Amphibienflugzeug
n; ~ *d'observation* Beobachtungsflug-
zeug *n*; ~ *polymoteur* (*od. multimo-
teur*) mehrmotoriges Flugzeug *n*; ~
de reconnaissance Aufklärungsflug-
zeug *n*, Aufklärer *m*; ~ *de transport*
Verkehrs-, Transport-flugzeug *n*; ⚥
par ~ mit Luftpost; **~ique** [avjõ'nik] *f*
Flugelektronik *f*.

avionnette [avjɔ'nɛt] *f* Kleinflugzeug
n.

avion-taxi [avjõta'ksi] *m* (*pl.* avions-
-taxis) Lufttaxi *n*.

aviron [avi'rõ] *m* Riemen *m*, Ruder *n*;
Rudersport *m*.

avis [a'vi] *m* **1.** Meinung *f*, Gutachten
n; je suis d'~ que (*subj.*) ich bin der
Ansicht (*od.* bin dafür), daß;
(*ind.*) ich gehe davon aus, daß; **2.**
Benachrichtigung *f*; Hinweis *m*; ~ au
lecteur Vorwort *n*; ~ *au public* öffentliche Bekanntmachung *f*; ✝ ~ *d'expédition* Versandanzeige *f*; **~é, -e**
[~'ze] *adj.* besonnen, umsichtig; bien
~ gut beraten; **~er** [~] (1a) *v/t.* benachrichtigen; ~ q. de qch. j-n auf
etw. hinweisen; *v/i.* plötzlich bemerken; ~ à qch. über etw. (*acc.*)
nachdenken; *abs.* weitersehen; s'~
de qch. etw. entdecken, bemerken;
s'~ de faire qch. auf den Gedanken
(*od.* Einfall) kommen, etw. zu tun;

sich unterstehen, etw. zu tun.
aviso ⚓ [avi'zo] *m* kleines Geleitschiff *n*.
avitaminose ⚕ [avitami'no:z] *f* Vitaminmangelkrankheit *f*.
aviver [avi've] *v/t.* (1a) auffrischen, beleben; *Feuer* schüren; ⚕ *Wunde* aufreißen.
avocat[1], **-e** [avɔ'ka, ~'kat] *su.* (Rechts-)Anwalt *m*, (Rechts-)Anwältin *f*; ~ *général* Staatsanwalt *m*.
avocat[2] [avɔ'ka] *m* Avocado(frucht *f*) *f*.
avoine [a'vwan] *f* Hafer *m*.
avoir [a'vwa:r] **1.** *v/aux. u. v/t.* (1) haben; *bisw. a.* bekommen; ~ *faim* (*soif*) Hunger (Durst) haben; *j'ai froid* mir ist kalt, ich friere; *j'ai chaud* mir ist warm; *il y a* es gibt, es ist, es sind; *il y a un an* vor einem Jahr (*rückblickend*); *qu'avez-vous?* was fehlt Ihnen?; ~ *lieu* stattfinden; *j'ai eu le train* ich habe den Zug erreicht; *j'ai vingt ans* ich bin zwanzig Jahre alt; *en* ~ *contre* (*od. après, à*) *q.* auf j-n böse sein; ~ *en horreur* verabscheuen; ~ *honte* sich schämen; **2.** *m* Habe *f*; Vermögen *n*; ✝ Haben *n*; Guthaben *n*.
avoisiner [avwazi'ne] *v/t.* (1a): ~ *qch.* an etw. (*acc.*) (an)grenzen.
avort|ement [avɔrtə'mɑ̃] *m* ⚕ Abtreibung *f*, Fehlgeburt *f*, Abort *m*; *fig.* Scheitern *n*; **~er** [~'te] *v/i.* (1a) e-e Fehlgeburt haben; *vét.* verwerfen; ⚘ verkümmern; *fig.* fehlschlagen, scheitern; **~on** [~'tɔ̃] *m* Kümmerling *m*.
avou|é [a'vwe] *m* Sachwalter *m*; Anwalt *m*; **~er** [~] *v/t.* (1a) eingestehen, zugeben.
avril [a'vril] *m* April *m*; *poisson m d'*~ Aprilscherz *m*.
axe [aks] *m* Achse *f*; ~ *longitudinal* Längsachse *f*; ~ *de sortie* Ausfallstraße *f*; *grand* ~ Hauptverbindungsstraße *f*.
axer [a'kse] *v/t.* (1a): ~ *sur* ausrichten auf (*acc.*).
axiome [a'ksjo:m] *m* Axiom *n*.
axonge [a'ksɔ̃:ʒ] *f* Schmalz *n*; Fett *n*.
ayant [ɛ'jɑ̃] **1.** *p.pr. von avoir*; **2.** *m*: ~ *cause* (*pl.* ~*s cause*) Rechtsnachfolger *m*; ~ *droit* (*pl.* ~*s droit*) Berechtigte(r) *m*.
azalée ⚘ [aza'le] *f* Azalie *f*.
azimut [azi'myt] **1.** *m ast.* Azimut *n od. m*; **2.** *adjt.*: *tous* ~*s* ⚔ umfassend; *allg. u. pol.* nach allen Seiten (hin); weltweit; weitreichend; *défense f tous* ~*s* Rundumverteidigung *f*; **~é, -e** P [~'te] *adj.* übergeschnappt.
azot|e ⚗ [a'zɔt] *m* Stickstoff *m*; ~ *atmosphérique* Luftstickstoff *m*; **~é, -e** [~'te] *adj.* Stickstoff...
azur [a'zy:r] *m* Azur(blau *n*) *m*; Kobaltglas *n*; **~é, -e** [azy're] *adj.* himmelblau; **~éen, -ne** [~re'ɛ̃, ~'ɛn] *adj.* (an) der Côte d'Azur.
azyme [a'zim] *adj.*: *pain m* ~ ungesäuertes Brot *n*, Matze(n *m*) *f*.

B

B (*ou* **b**) [be] *m* B (*ob.* b) *n*.
baba [ba'ba] **1.** *m* Rosinenkuchen *m*;
  2. *adj.* (*inv.*) F verblüfft, ganz erstaunt.
babeurre [ba'bœːr] *m* Buttermilch *f*.
babil [ba'bil] *m* Geplapper *n*.
babill|age [babi'jaːʒ] *m* Schwatzen *n*;
  ~ard, -e [~'jaːr, ~'jard] **1.** *adj.* geschwätzig; **2.** *su.* Schwätzer(in *f*) *m*;
  ~arde * [~'jard] *f* P Wisch *m* (*Brief*);
  ~er [~'je] *v/i.* (1a) schwatzen.
babine *zo.* [ba'bin] *f* Lefze *f*.
babiole [ba'bjɔl] *f* Kleinigkeit *f*, Lappalie *f*.
bâbord ⚓ [ba'bɔːr] *m* Backbord *n*.
babouche [ba'buʃ] *f* (*Leder-*)Pantof-
  fel *m*.
babouin *zo.* [ba'bwɛ̃] *m* Pavian *m*.
bac [bak] *m.* **1.** Fähre *f*; *a* Lade-
  fläche *f*; Bottich *m*; Behälter *m*; **2.** *F*
  (= *baccalauréat*) Abi *n* F.
baccalauréat [bakalore'a] *m* Abitur
  n, Reifeprüfung *f*.
bâche [baːʃ] *f* Plane *f*, Decke *f*; Persenning *f*; Markise *f*; ✔ Frühbeet *n*;
  Dampfkessel: Wasserbehälter *m*.
bachelier, -ère [baʃə'lje, ~'ljɛːr] *su.*
  Abiturient(in *f*) *m*.
bâcher [ba'ʃe] *v/t.* (1a) mit e-r Plane
  bedecken.
bachique [ba'ʃik] *adj.* bacchantisch;
  chanson f ~ Trinklied *n*.
bachot¹ ⚓ [ba'ʃo] *m* Nachen *m*.
bachot² *F écol.* [ba'ʃo] *m* Abitur *n*;
  ~age F [baʃo'taːʒ] *m* Paukerei *f*, Pauken *n*, Büffelei *f*; **~er** F [~'te] *v/i.* (1a)
  pauken, büffeln.
bacille [ba'sil] *m* Bazillus *m*.
bâcler F [ba'kle] *v/t.* (1a) hinpfuschen.
bactér|icide [bakteri'sid] *adj.* keim-
  tötend; **~ie** [~'ri] *f* Bakterie *f*; **~iolo-
  gie** [~rjɔlɔ'ʒi] *f* Bakteriologie *f*.
badaud [ba'do] *m* Schaulustige(r) *m*.
badigeon [badi'ʒɔ̃] *m* Anstrichfarbe
  f, (weiße) Tünche *f*; **~nage** [~ʒɔ-
  'naːʒ] *m* Tünchen *n*; **~ner** [~'ne] *v/t.*
  (1a) 🔺 (über)tünchen; ✷ (be)pinseln.
badin¹, -e [ba'dɛ̃, ~'din] **1.** *adj.*
  schäkernd, scherzhaft; **2.** *su.* Schä-

badin² ✈ [ba'dɛ̃] *m* Fahrtmesser *m*.
badin|age [badi'naːʒ] *m* Spaß *m*; **~e**
  [~'din] *f* (Spazier-)Stöckchen *n*; **~er**
  [~'ne] *v/i.* (1a) spaßen, schäkern.
baffe P [baf] *f* Backpfeife *f*.
bafouer [ba'fwe] *v/t.* (1a) verhöhnen,
  verspotten.
bafouill|age F [bafu'jaːʒ] *m* Gestam-
  mel *n*; **~er** F [~'je] *v/i.* (1a) stammeln,
  stottern.
bâfr|e P ['baːfrə] *f* Freßgelage *n*; **~er** P
  [ba'fre] *v/t. u. v/i.* (1a) gierig fressen.
bagage [ba'gaʒ] *m* (*mst* ~s *pl.*) Gepäck *n*; **~s à main** Handgepäck *n*; *fig.
  plier* ~ sein Bündel schnüren, aufbrechen (*v/i.*); fliehen; sterben; *avec
  armes et* ~s mit Sack und Pack.
bagarr|e [ba'gaːr] *f* Schlägerei *f*;
  Krawall *m*; F *fig.* hartes Ringen *n*;
  ~er F [~ga're] *v/i.* (1a) streiten; *se* ~
  sich raufen; sich abmühen.
bagatelle [baga'tɛl] *f* Bagatelle *f*.
bagn|e [baɲ] *m* **1.** *ehm.* Zuchthaus *n*;
  2. Strafkolonie *f*; **~ole** P [~'nɔl] *f*
  schlechter Wagen *m*; *Auto: péj.* Karre *f*, Mühle *f*, Schlitten *m*.
bagoter * [bagɔ'te] *v/i.* (1a) (spazieren)gehen; herum-stromern, -lun-
  gern; ✗ marschieren.
bagou(t) F [ba'gu] *m* gutes Mundwerk *n*, Redefluß *m*.
bague [bag] *f* (Finger-)Ring *m*; *Zigarre:* Bauchbinde *f*; ⊕ ~ *d'arrêt*
  Stellring *m*.
baguenauder P [bagno'de] (1a) *v/i.*
  bummeln; *se* ~ herumschlendern.
baguette [ba'gɛt] *f* Stöckchen *n*; Stab
  m; *écol.* Zeige-, Rohr-stock *m*; ♪
  Taktstock *m*; *cuis.* Baguette *f*, Stan-
  genweißbrot *n*; ~ *de tambour* Trom-
  melstock *m*; ~ *magique* Zauberstab
  m.
baguier [ba'gje] *m* Ring-, Schmuckkästchen *n*.
bah! [ba] *int.* pah!; ach was!
bahut [ba'y] *m* Truhe *f*; Anrichte *f*;
  F *écol.* Penne *f*, Kasten *m*; *plais.
  Auto:* Mühle *f*; * Taxe *f*; **~-lit**
  [~'li] *m* (*pl.* bahuts-lits) Schrankbett
  n.

61   **baleine**

bai, -e [bɛ] **1.** *adj. Pferd*: (rot)braun;
2. *m* Braune(r) *m*.

baie [bɛ] *f* **1.** ⚘ Beere *f*; **2.** Bucht *f*; Bai
f; **3.** △ (Tür- *usw.*) Öffnung *f*.

baign|ade [bɛˈnad] *f* Baden *n*; Bade-
stelle *f*; **~er** [~ˈne] (1b) *v/t.* baden;
Pferde schwemmen; *Stadt* durch-
fließen; *Küste* bespülen; *fig.* benetzen (*de* mit *dat.*); *v/i.* (*bsd. cuis.*)
schwimmen, liegen (*dans* in *dat.*); se
~ (sich) baden; *aller se* ~ baden gehen
(*od.* fahren); **~eur, -se** [~ˈnœːr, ~
ˈnøːz] *su.* Badende(r *m*) *m u. f*; **~oire**
[~ˈnwaːr] *f* Badewanne *f*; *thé.* Par-
kett-, Parterre-loge *f*.

bail [baj] *m* (*pl. baux* [bo]) Mietver-
trag *m*; Miete *f*; Pacht *f*; ~ *à ferme*
Pachtvertrag *m*.

bâill|ement [bajˈmɑ̃] *m* Gähnen *n*;
~er [~ˈje] *v/i.* (1a) gähnen; klaffen.

bailleur, -eresse [baˈjœːr, bajˈrɛs] *su.*
⚖ Verpächter(in *f*) *m*; Vermieter(in
f) *m*; ✝ *~ de fonds* stiller Teilhaber *m*.

bâilleur, -se [baˈjœːr, ~ˈjøːz] *su.* Gäh-
nende(r *m*) *m u. f*; *fig.* Schlafmütze *f*.

bâillon [baˈjɔ̃] *m* (Mund-) Knebel *m*;
~ner [~jɔˈne] *v/t.* (1a) knebeln; *fig.*
mundtot machen.

bain [bɛ̃] *m* Bad *n*; Baden *n*; ~*s pl.*
Badeanstalt *f*; (*salle f de*) ~*s* Badezimmer *n*; *fig. être dans le* ~ in der Sache
verwickelt sein, F in der Patsche
sitzen; *prendre un* ~ *de foule* sich unter
die Menge mischen; **~-marie** [~ma-
ˈri] *m* (*pl. bains-marie*) Wasserbad *n*;
au ~ auf Sparflamme.

baïonnette ⚔ [bajoˈnɛt] *f* Bajonett *n*.

bais|emain [bɛzˈmɛ̃] *m* Handkuß *m*;
~er [~ˈze] **1.** *m* Kuß *m*; **2.** *v/t.* (1b) a)
la main à q. j-m die Hand küssen; b)
V vulgär V; **~oter** F [~zɔˈte] *v/t.* (1c)
abküssen.

baiss|e [bɛs] *f Temperatur, Wasser*:
Sinken *n*; *Preise, Kurse*: Fallen *n*;
Börse: Baisse *f*; **~er** [bɛˈse] (1b) *v/t.*
niedriger machen, herunterlassen;
Augen niederschlagen; *rad.* leiser
stellen; *fig.* ~ *l'oreille*, ~ *pavillon* die
Ohren hängen lassen, den Mut sin-
ken lassen; *v/i.* abnehmen, sinken; se
~ sich bücken.

bal [bal] *m* Ball *m*, Tanzgesellschaft *f*;
~ *masqué* Maskenball *m*.

balad|e F [baˈlad] *f* Bummel *m*; *faire
une* ~ spazierengehen; **~er** F [~ˈde]
v/rfl. (1a): *se* ~ spazierengehen;
~eur, -se F [~ˈdœːr, ~ˈdøːz] *su.*
Bummler *m*; **~euse** [~ˈdøːz] *f*

Karre(n *m*) *f* der Straßenhändler;
(*Straßenbahn-*)Anhänger *m*; ✦ Ab-
leuchtlampe *f*; **~in, -e** [~ˈdɛ̃, ~ˈdin]
su. Schmierenkomödiant(in *f*) *m*.

balafr|e [baˈlafrə] *f* Gesichtsnarbe *f*;
Schmarre *f*; F Schmiß *m*; **~er** [~ˈfre]
v/t. (1a): ~ q. j-m e-e Schmarre
beibringen.

balai [baˈlɛ] *m* Besen *m*; ✦ Bürste *f*; ~
mécanique Kehrmaschine *f*; *fig. coup
m de* ~ allgemeiner Rausschmiß *m*.

balaise ✱ [baˈlɛːz] *m* vierschrötiger
Kerl *m*, Schrank *m* (*fig.*).

balan|ce [baˈlɑ̃s] *f* Waage *f*; Gleich-
gewicht *n* (*a. fig.*); Schwebe *f*; ✝
(*Konto-*)Bilanz *f*; ~ *de sortie*, ~ *de
clôture* (Ab-)Schlußbilanz *f*; ~ *d'entrée* Eröffnungsbilanz *f*; ~ *de vérification* Probebilanz *f*; ~ *estimative* Roh-
bilanz *f*; ~ *automatique* Schnellwaage
f; ~ *à bascule* Brückenwaage *f*; ~
romaine Laufgewichtswaage *f*; **~ce-
ment** [~lɑ̃sˈmɑ̃] *m* Schaukeln *n*;
Schwingen *n*; Ausgewogenheit *f*;
~cer [~ˈse] (1k) *v/t.* schaukeln; ins
Gleichgewicht bringen; F *etw.*
(weg)werfen; *j-n* rausschmeißen;
(*auf*) Knall und Fall entlassen; ✝
ausgleichen; *v/i.* schwanken; se ~ das
Gleichgewicht halten; schaukeln
(*v/i.*); ✝ *se* ~ *par* abschließen mit e-r
Summe; F *je m'en balance* das ist mir
egal (*od.* Wurscht F); **~cier** [~ˈsje] *m*
Balancierstange *f*; *Uhr*: Unruh *f*,
Perpendikel *n od. m*; (*Pumpen-*)
Schwengel *m*; **~coire** [~ˈswaːr] *f*
(Luft-) Schaukel *f*; Wippe *f*; F *en-
voyer q. à la* ~ j-n rausschmeißen.

balay|er [balɛˈje] *v/t.* (1i) (aus-, weg-)
fegen, (-)kehren (*a. fig.*); *fig. Feind,
Sorgen* vertreiben, verjagen; *mit
Strahlen* abtasten; F *Personal* entlassen; **~ette** [~ˈjɛt] *f* Handfeger *m*;
~eur [~ˈjœːr] *m* (Straßen-)Kehrer *m*;
~euse [~ˈjøːz] *f* (Straßen-)Kehrma-
schine *f*; **~ures** [~ˈjyːr] *f/pl.* Müll *m*,
Kehricht *m*.

balbut|iement [balbysiˈmɑ̃] *m* Stam-
meln *n*; *fig.* ~*s pl.* erste Anfänge
m/pl.; **~ier** [~ˈsje] (1a) *v/i. u. v/t.*
stottern, stammeln.

balcon [balˈkɔ̃] *m* Balkon *m*; *thé.* erster Rang *m*.

baldaquin [baldaˈkɛ̃] *m* Thron-,
Altar-himmel *m*; Baldachin *m*.

balein|e [baˈlɛn] *f* Wal(fisch *m*) *m*;
Fischbein(stäbchen *n*) *n*; Korsett-
stange *f*; ~ *de parapluie* Schirmstrebe

f; **∼ier** [∼'nje] *m* Walfangschiff *n*; Walfänger *m*; **∼ière** [∼'njɛːr] *f* Beiboot *n*; *ehm.* Walfangboot *n*.

balis|age [bali'zaːʒ] *m* ⊕ Betonnung *f*, Bojenlegen *n*; ♕, ✈ Befeuerung *f*; *Straße*: Leitpfosten *m/pl.*; **∼e** [∼'liːz] *f* ⊕ Bake *f*, Boje *f*; ✈ Bodenlicht *n*; *Straße*: Leitpfosten *m*; *Verkehrszeichen*: **∼ à triple bande** dreiteilige Bake *f*; **∼er** [∼li'ze] *v/t.* (1a) ⊕ mit Baken bezeichnen; *mit Lichtsignalen* befeuern (*a.* ✈); *Straße* durch Leitpfosten abgrenzen; **∼eur** [∼'zœːr] *m* Bakenmeister *m*; Baken-, Bojenschiff *n*.

balistique [balis'tik] 1. *adj.* ballistisch; 2. *f* Ballistik *f*.

baliverne [bali'vɛrn] *f* Albernheit *f*; **∼s** *pl.* Quatsch *m*, dummes Zeug *n*.

ballade [ba'lad] *f* Ballade *f*.

ballant, -e [ba'lɑ̃, ∼'lɑ̃ːt] *adj.* schlenkernd.

ballast [ba'last] *m* Beschotterung *f*.

balle [bal] *f* (*Spiel-*)Ball *m*; (*Gewehr-*)Kugel *f*; Warenballen *m*; P Franc *m*; P Kopf *m*.

ballerine [bal'rin] *f* Ballettänzerin *f*.

ballet [ba'lɛ] *m* Ballett *n*.

ballon [ba'lɔ̃] *m* (*Luft-*)Ballon *m*; Fußball *m*; ⚗ Glaskolben *m*; Ballonglas *n*; P Bauch *m*; **∼nement** [∼lɔn'mɑ̃] *m*: **∼ du ventre** Aufblähung *f*; **∼ner** [∼'ne] (1a) *v/t. u.* **se ∼** (sich) (auf)blähen.

ballot [ba'lo] *m kleiner Ballen m*; Pack(en *m*) *m*; F Blödling *m*, Idiot *m*; **∼tage** [∼lɔ'taːʒ] *m*: (*scrutin m de*) **∼** engere Wahl *f*, Stichwahl *f*; **∼ter** [∼'te] (1a) *v/t.* hin und her schütteln (*od.* schaukeln); *fig. être ballotté* hin und her gerissen werden; *v/i.* hin und her geschüttelt werden.

bal(l)uchon F [baly'ʃɔ̃] *m* Bündel *n*; *faire son ∼* sein Bündel schnüren.

balné|aire [balne'ɛːr] *adj.* Bade...; **∼othérapie** 𝄞 [∼neotera'pi] *f* Heilbehandlung *f* durch Bäder.

bâlois, -e [ba'lwa, ∼'lwaːz] 1. *adj.* Bas(e)ler, baslerisch; 2. **∼(e)** *su.* Bas(e)ler(in *f*) *m*.

balourd, -e [ba'luːr, ∼'lurd] 1. *adj.* trottelig, dumm, blöd(e); 2. *m* Dummkopf *m*; Trottel *m*; ⊕ Unwucht *f*; 3. **∼e** *f* dumme Gans *f*; **∼ise** [∼lur'diːz] *f* Tölpelhaftigkeit *f*; Dummheit *f*.

balt|e [balt], **∼ique** [∼'tik] *adj.* baltisch.

balustrade [balys'trad] *f* Geländer *n*.

bambin F [bɑ̃'bɛ̃] *m kleiner Junge m*, Steppke *m*.

bamboch|ade [bɑ̃bɔ'ʃad] *f* burleskes Genrebild *n* aus dem Volksleben; F Bierreise *f*; **∼e** [∼'bɔʃ] *f* Saufgelage *n*; **∼er** F [∼'ʃe] *v/i.* (1a) herumsumpfen, ein liederliches Leben führen.

bambou [bɑ̃'bu] *m* Bambus(rohr *n*) *m*.

ban [bɑ̃] *m* Aufgebot *n* (*a. hist.* ⚔); öffentliche Ankündigung *f*; *hist.* Bann *m*, Acht *f*.

banal, -e [ba'nal] *adj.* (*m/pl. -als*) banal; **∼isation** [∼liza'sjɔ̃] *f* Freigabe *f* *e-s* Geländes *od.* Gebäudes für die öffentliche Nutzung; **∼iser** [∼'ze] *v/t.* (1a) ins Banale ziehen; ⊕ *Gleis* in beiden Richtungen befahrbar machen; *production f banalisée de maisons* gleichmacherische Herstellung *f* von Häusern; *voiture f banalisée* Zivilstreifenwagen *m der Polizei*; **∼ité** [∼'te] *f* Banalität *f*.

banan|e [ba'nan] *f* ♣ Banane *f* (*Frucht*); F ✕ Auszeichnung *f*; **∼s** *pl.* F ✕ Lametta *n*; **∼ier** [∼'nje] *m* ♣ Banane *f* (*Pflanze*); ⚓ Bananendampfer *m*.

banc [bɑ̃] *m* (*Sitz-*)Bank *f*; *géol.* Schicht *f*; ⊕ **∼ d'épreuve** Prüfstand *m*; **∼ de harengs** Heringsschwarm *m*.

bancal, -e [bɑ̃'kal] (*m/pl. -als*) 1. *adj.* krummbeinig; 2. *su.* Krummbein *n*.

banche [bɑ̃ːʃ] *f* ⊕ Holzverschalung *f*; *géol.* Tonmergelschicht *f*.

band|age [bɑ̃'daːʒ] *m* ✚ Verband *m*; Bandage *f*; ⊕ Radreifen *m*; Bereifung *f*; **∼ plein** Vollgummibereifung *f*; **∼e** [bɑ̃ːd] *f* Binde *f*; Streifen *m*; Rand *m*; *bill.* Bande *f*; ♣ Seite *f*; *péj.* Bande *f*, Haufen *m*; *envoi m sous ∼* Kreuzbandsendung *f*; **∼** (*de film*) Filmstreifen *m*; **∼ collante** Klebestreifen *m*; **∼ magnétique** Tonband *n*; ⊕ **∼ transporteuse** Förderband *n*; **∼s** *pl. dessinées* Comic strips *pl.*, Comics *pl.*; **∼eau** [∼'do] *m* (*pl. -x*) Binde *f*; Stirnband *n*; Augenbinde *f*; *fig. avoir un ∼ sur les yeux* ein Brett vorm Kopf haben; **∼elette** [∼'dlɛt] *f* Bändchen *n*; **∼er** [∼'de] *v/t.* (1a) ver-, zubinden; *Bogen, Feder* spannen; **∼erole** [∼'drɔl] *f* Wimpel *m*; Spruchband *n*.

bandit [bɑ̃'di] *m* Bandit *m*.

bandoulière [bɑ̃du'ljɛːr] *f* Schulterriemen *m*; *en ∼* umgehängt; über Schulter und Brust.

bang 🦌 [bɑ̃] 1. m Knall m (beim Durchbrechen der Schallmauer); 2. int.: ~! peng!

banlieu|e [bɑ̃'ljø] f Vorortgebiet n; nähere Umgebung f; en ~ in den Vororten; **~sard, -e** [~'za:r, ~'zard] su. Vorstädter(in f) m.

banne [ban] f großer Weidenkorb m; Kohlenwagen m, 🐕 Hund m; Dungwagen m; Plane f, Markise f; ⚓ Schutzzelt n.

bannière [ba'njɛ:r] f Banner n; F en ~ im Hemd; iron. c'est la croix et la ~ das ist immer ein großes Theater.

bannir [ba'ni:r] v/t. (2a) verbannen; fig. ausmerzen.

banqu|e [bɑ̃k] f fin. u. beim Glücksspiel: Bank f; ~ de données Datenbank f; ⚕ ~ de sang Blutbank f; **~eroute** ✝ [bɑ̃'krut] f Bankrott m; **~et** [~'kɛ] m Festessen n, Bankett n; **~ette** [~'kɛt] f (Sitz-)Bank f (z.B. im Eisenbahnabteil od. Auto); Fensterbank f; **~ier** [~'kje] m Bankier m; **~ise** [~'ki:z] f Packeis n; **~iste** F [~'kist] su. Zirkusartist(in f) m.

bapt|ême [ba'tɛ:m] m Taufe f; **~iser** [~ti'ze] v/t. (1a) taufen; F ~ du vin Wein mit Wasser verdünnen; ~ q. j-m e-n Spitznamen geben; **~ismal, -e** [~tis'mal] (m/pl. -aux), **~istaire** [~'tɛ:r] adj. Tauf...; eau f baptismale Taufwasser n; extrait m baptistaire Taufschein m; **~istère** [~'tɛ:r] m Taufkapelle f.

baquet [ba'kɛ] m Kübel m, Zuber m.

bar¹ [ba:r] m Bar f.

bar² icht. [ba:r] m Wolfsbarsch m.

bar³ phys. [ba:r] m Bar n (Druckmaß).

baragouin F [bara'gwɛ̃] m Kauderwelsch n; **~er** F [~gwi'ne] v/t. u. v/i. (1a) kauderwelsch reden, radebrechen.

baraka arab. [bara'ka] f Glück n.

baraqu|e [ba'rak] f Baracke f; Bude f; casser la ~ alles kurz u. klein schlagen; **~ement** ✕ [~'mɑ̃] m Barackenlager n; **~er** [~'ke] (1m) v/i. Kamel: niederhocken; v/t. F unterbringen.

baraterie ⚓ [bara'tri] f Baratterie f (Betrug durch die Schiffsbesatzung).

baratin P [bara'tɛ̃] m Bluff m; **~er** P [~ti'ne] v/t. (1a) bluffen.

baratt|age [bara'ta:ʒ] m Buttern n; Margarine: Kirnen n; **~e** [~'rat] f Buttermaschine f; **~er** [~'te] v/t. (1a) buttern; Margarine kirnen.

barbacane [barba'kan] f ehm. frt. Schießscharte f; ⚠ (Wasser-)Abflußloch n, Abzugsloch n; schmales Kirchenfenster n.

barbant, -e F [bar'bɑ̃, ~'bɑ̃:t] adj. langweilig, öde.

barbar|e [bar'ba:r] 1. adj. barbarisch; 2. m Barbar m, Unmensch m; **~esque** hist. [~'rɛsk] 1. adj. berberisch; 2. ♀ su. Berber(in f) m; **~isme** [~'rism] m Barbarismus m.

barbe¹ [barb] f Bart m; ♀ Granne f; Schimmel-, Stock-fleck m; P (c'est) la ~! hör auf damit!, mir (uns) reicht's!; ist das öde! (od. langweilig!); F la ~, s'il vous plaît Rasieren bitte; F (se) faire la ~ (sich) rasieren; se faire faire la barbe sich rasieren lassen.

barbe² [barb] m Berberpferd n.

barb|eau [bar'bo] 1. m (pl. ~x) icht. Barbe f; P ♀ Kornblume f; 2. adj. (inv.): bleu ~ kornblumenblau; **~ecue** [~bə'ky] m Grill(gerät n) m; **~elé, -e** [~bə'le] 1. adj. mit Widerhaken; fil m de fer ~ = 2. m Stacheldraht m; ~s pl. Drahtverhau m; **~er** F [~'be] v/t. (1a) langweilen; **~et** zo. [~'bɛ] m Wasserspaniel m; **~iche** [~'biʃ] f kleiner Kinnbart m; **~ier** † [~'bje] m Barbier m; **~ifier** F [~bi'fje] v/t. (1a) rasieren; langweilen; **~on** péj., plais. [~'bɔ̃] m alter Kauz m, Hagestolz m.

barbot|age [barbɔ'ta:ʒ] m Plätschern n; Ente: Gründeln n; Kleietrank m für Vieh; P Stibitzen n, Klauen n; **~ement** [~t'mɑ̃] m Plätschern n; Ente: Gründeln n; **~er** [~'te] (1a) v/i. plätschern; Ente: gründeln; mit dem Schnabel im Schlamm wühlen; im Schlamm waten; v/t. P wegstibitzen, klauen; **~euse** [~'tø:z] f Spielanzug m.

barbouill|age [barbu'ja:ʒ] m Geschmiere n, Gesudel n; **~er** [~'je] v/t. (1a) besudeln; grob anstreichen; peint. péj. hinklecksen; hinschmieren; **~eur** [~'jœ:r] m Schmierfink m, Schreiberling m; peint. péj. Kleckser m.

barbouz|age P [barbu'za:ʒ] m Geheimpolizei f; **~e** P [~'bu:z] f 1. plais. Bart m; 2. (a. m) fig. Geheimpolizist m.

barbu, -e [bar'by] adj. bärtig.

barbue icht. [bar'by] f (Stein-)Butt m.

barcasse ⚓ [bar'kas] f Barkasse f.

barda [bar'da] m F Kram m; a. *

✕ Gepäck n, Sachen f/pl.

bardage [bar'da:ʒ] m 1. Transport m auf e-r Trage; 2. ⊕, ⚙ (Stahl-)Umwandlung f, Wandverkleidung f; Dachseitenwand f; ⊕ après fixation du ∼ nach dem Zs.-bau.

bardane ✿ [bar'dan] f Klette f.

barde¹ [bard] m hist. Barde m; allg. litt. Dichter m.

barde² [bard] f Pferdeharnisch m der Ritter; ∼eau [∼'do] m (pl. ∼x) (Dach-)Schindel f; Maulesel m; fig. Packesel m; ∼er [∼'de] (1a) v/t. auf e-e Trage laden; hist. ein Pferd mit e-m Schutzpanzer versehen; e-m Ritter den Harnisch anlegen; cuis. in Speck wickeln; v/i. P ça barde ici hier ist dicke Luft (Gefahr; Arbeit); im Speck wickeln; v/i. P ça barde ici hier ist dicke Luft (Gefahr; Arbeit); ∼ier [∼'dœ:r] m Steinträger m; ∼ot [∼'do] m = bardeau.

barème [ba'rɛːm] m Rechentabelle f; Skala f, Tarif(skala) f m; ∼ de l'impôt Steuertabelle f; ∼ variable gleitende Skala f; selon le ∼ nach Adam Riese.

barguigner [bargi'ɲe] v/i. (1a) nur noch in: sans ∼ ohne zu zögern.

baril [ba'ril] m Fäßchen n; ∼illet [∼ri'jɛ] m Tönnchen n; horl. Federgehäuse n; revolver m à ∼ Trommelrevolver m.

barioler [barjo'le] v/t. (1a) bunt bemalen.

barmaid [bar'mɛd] f Bardame f.

barman [bar'man] m Barkeeper m.

baro|graphe météor. [baro'graf] m Barograph m, Luftdruckschreiber m; ∼mètre [∼'mɛːtrə] m Barometer n.

baron [ba'rõ] m Baron m, Freiherr m; ∼ne [∼'rɔn] f Baronin f.

baroque [ba'rɔk] m 1. adj. barock; sonderbar, eigenartig, wunderlich; 2. m Barock n od. m; ∼ tardif Spätbarock n od. m.

barouder ✳ ✕ [baru'de] v/i. kämpfen.

barouf ✳ [ba'ruf] m Skandal m.

barque ⚓ [bark] f Kahn m.

barrage [ba'ra:ʒ] m Talsperre f; Staudamm m, Wehr n; Straße: (Ab-)Sperrung f; Sperre f; ✕ tir m de ∼ Sperrfeuer n; ✕ ∼s pl. des radars d'interception Radarzaun m.

barr|e [ba:r] f (Eisen-)Stange f; Barren m; ♪ Taktstrich m; Federstrich m; Ruderpinne f; Sandbank f (an e-r Flußmündung); Brandung(szone f) f (vor e-r Küste); Schranke f (im Ge-

richtssaal); ∼s pl. (Schlitten-)Kufen f/pl.; jeu m de ∼s Barlauf m; Schreibmaschine: ∼ à caractères Typenhebel m; ∼ de chocolat Riegel m Schokolade; ∼ de rideau Gardinenstange f; ⚡ ∼ collectrice Sammelschiene f; ∼ de direction Lenkstange f; ∼ à gros boulets Kugelstabe m; Sport: soulever la ∼ (à boulets) die Hantel stemmen; ∼ fixe Reck n; ∼s pl. parallèles Barren m; fig. avoir ∼ sur q. j-m etw. voraushaben; ∼eau [ba'ro] m (pl. ∼x) Gitterstange f; Stange f; ⚖ Anwaltschaft f, Anwaltsstand m; ∼er [∼'re] v/t. (1a) verriegeln, versperren; abdämmen; Schrift durchstreichen; ✝ chèque m barré Verrechnungsscheck m; route f barrée! Straße gesperrt!; ∼ se ∼ türmen, sich aus dem Staube machen; ∼ette [∼'rɛt] f Barett n; Birett n; Kardinalshut m; ✕ Bergmannskappe f; ⊕ Stab m; ∼ de diamants Diamantbrosche f; ⊕ transporteur m à ∼s Holzgurtförderer m; ∼eur [∼'rœːr] m Steuermann m; ∼i-cader [∼rika'de] v/t. (1a) verbarrikadieren; ∼ière [∼'rjɛːr] f Schlagbaum m; ⊕ Schranke f; fig. Hindernis n; Autostraße: ∼ antidérapage Leitplanke f; ∼ de dégel (Auto-)Straßensperre f bei Tauwetter.

barrique [ba'rik] f Faß n, Stückfaß n.

barrir [ba'riːr] v/i. (2a) Elefant, Rhinozeros: trompeten.

bartavelle orn. [barta'vɛl] f Rot-, Stein-huhn n.

bas, -se [ba, baːs] 1. adj. niedrig; tiefer gelegen; abwärts geneigt; gemein, schäbig; untergeordnet; ♪ tief; leise; à voix basse mit leiser Stimme; à ∼ prix zu niedrigem Preise, billig; ∼ âge m zarte Jugend f; ∼ latin Spät-, Mittel-latein n; 2. adv. chapeau ∼! Hut ab!; à ∼! nieder!; à ∼ (z. B. le ministre)! nieder (mit dem Minister)!; en ∼ unten; 3. m (langer) Strumpf m; ∼ de nylon Nylonstrumpf m; 4. prpt.: au ∼ de la présente untenstehend (im Brief).

basan|e [ba'zan] f (braunes) Schafleder n; ∼é, -e [∼'ne] adj. braungebrannt; ∼er [∼] v/t. (1a) Sonne: Haut bräunen; se ∼ von der Sonne braun werden.

bascul|ant, -e [basky'lɑ̃, ∼'lɑ̃ːt] adj. kippbar; ∼e [∼'kyl] f Schaukel(brett n) f; Hebelbalken m an Ziehbrücke; Pumpenschwengel m; (balance f) ∼

Brückenwaage *f*; *pont m à* ~ Klapp-
brücke *f*; **~er** [~'le] (1a) *v*/*t*. um-, aus-
kippen; *Gespräch* umlegen;
v/*i*. schaukeln; kippen; *faire* ~ (um-)
kippen (*v*/*t*.); *fig.* *faire* ~ *du côté auf
die Seite* (*j-s*) bringen; **~eur** [~'lœ:r]
m Kipper *m*; Kippvorrichtung *f*.

bas|e [ba:z] *f* Basis *f*, Grundlage *f*; *fig.*
Fundament *n*; ♈︎ Base *f*; ~ *aérienne*
Luftstützpunkt *m*; ~ *d'entente* Ver-
ständigungsgrundlage *f*; ~ *maritime*,
~ *navale* Flottenstützpunkt *m*; *sur la*
~ *de auf der Grundlage von*; **~e-or**
éc. [ba'zɔ:r] *f* Goldbasis *f*; **~er** [ba'ze]
v/*t*. (1a) stützen; *fig.* *se* ~ *sich stützen*
(*sur auf acc.*).

bas-fond [ba'fɔ̃] *m* (*pl.* ~s) Niederung
f; ♄ Untiefe *f*; *fig.* ~s *pl.* Elendsviertel *n*; Hefe *f* des Volkes.

basilic [bazi'lik] *m* ♉︎ Basilikum *n*;
myth. u. zo. Basilisk *m*.

basique ♈︎ [ba'zik] *adj.* basisch.

basket [bas'kɛt], **~ball** [~'bo:l] *m*
Sport: Basketball *m*, Korbball(spiel
n) *m*; **~teur, -se** [~'tœ:r, ~'tø:z] *su.*
Basketballspieler(in *f*) *m*.

Basquaise [bas'kɛ:z] *f* Baskin *f*.

basque [bask] **1.** *adj.* baskisch; **2.** ♀ *su.*
Baske *m*, Baskin *f*; **3.** ♪ *tambour m de* ~
Tamburin *n*.

basse [ba:s] *f* ♪ Baß *m*; Baß-sänger *m*,
-geige *f*, -saite *f*; ♄ Untiefe *f*; **~cour**
[bas'ku:r] *f* (*pl. basses-cours*) Hühner-
hof *m*; **~fosse** [~'fo:s] *f* (*pl. bas-
ses-fosses*) Burgverlies *n*.

bass|ement [bas'mã] *adv.* gemein,
niederträchtig; **~esse** [~'sɛs] *f* Gemeinheit *f*.

basset *zo.* [ba'sɛ] *m* Dackel *m*, Teckel
m; ~ *hound* Basset *m*.

basse-taille ♪ [bas'ta:j] *f* (*pl. basses-
-tailles*) *Stimme*: Baßbariton *m*.

bassin [ba'sɛ̃] **1.** *m* Becken *n* (*a. Fluß-
gebiet, Kohlenrevier, anat.*); Schale *f*;
♄ Hafenbecken *n*; ~ *de barrage*, ~ *de
retenue* Stau-becken *n*, -see *m*; ~ *de
radoub* (Trocken-)Dock *n*; *mettre en*
~ *docken*; ~ *couvert* Hallenbad *n*; **2.**
adj. (*inv.*) *f* langweilig; **~ant, ~e**
[~si'nã, ~'nã:t] *adj. Person*: langweilig; **~e** [~'sin] *f* Blechwanne *f*, Was-
serschüssel *f*; **~er** [~'ne] *v*/*t*. (1a) mit
der Wärmflasche anwärmen; ♔
feucht betupfen; *Pflanze* angießen;
f langweilen, anöden; **~oire** [~
'nwa:r] *f* Wärm-flasche *f*, -pfanne *f*;
f langweiliger Mensch *m*; *P* große
Taschenuhr *f*, *plais.* Kartoffel *f*.

bas-slip [ba'slip] *m* (*pl.* ~s) Strumpfhose *f*.

basson ♪ [ba'sɔ̃] *m* Fagott *n*.

bastidon [basti'dɔ̃] *m* kleines Landhaus *n* (*in Südfrankreich*).

bastille [bas'tij] *f* ehm. ♙ Zwingburg
f; *hist. la* ♀ die Bastille.

bastingage ♄ [bastɛ̃'ga:ʒ] *m* Reling *f*.

bastion ♙ [bas'tjɔ̃] *m* Bollwerk *n*.

bastonnade ehm. [bastɔ'nad] *f* Basto-
nade *f*, Prügelstrafe *f*.

bastos * [bas'tɔs] *f* (Gewehr- *od.*
Revolver-)Kugel *f*.

bastringue P [bas'trɛ̃:g] *m* einfaches
Tanzlokal *n*; Radaumusik *f*; Spektakel *m*; Kram *m*, Zeug *n*, Plunder *m*.

bas-ventre [ba'vã:trə] *m* (*pl.* ~s)
Unterleib *m*.

bât [ba] *m* Packsattel *m*.

bataclan F [bata'klã] *m* Kram *m*,
Trödel *m*.

bataill|e [ba'ta:j] *f* Schlacht *f*; *fig.*
Wortgefecht *n*; *en* ~ in Schlachtord-
nung; *fig. avoir les cheveux en* ~
zerzaustes Haar haben; **~er** [~ta'je]
v/*i*. (1a) kämpfen (*nicht* ♔); *fig.*
(sich) streiten, sich herumzanken;
sich abmühen; **~eur, -se** [~'jœ:r, ~
'jœ:z] **1.** *adj.* streitsüchtig; **2.** *m*
Käm(in *f*); F Streithammel *m*; **~on** ♙
[~'jɔ̃] *m* Bataillon *n*.

bâtard, -e [ba'ta:r, ~'tard] **1.** *adj.*
unehelich; unecht; **2.** *m* Bastard *m*;
Brot *n* von einem Pfund.

batardeau ♄ [batar'do] *m* (*pl.* ~x)
Abdämmung *f*, Kastendamm *m*.

bateau [ba'to] *m* (*pl.* ~x) ♄ Schiff *n*,
Kahn *m*, Boot *n*; ~ *de sauvetage*
Rettungsboot *n*; *P péj. für Schuhe*: ~x
pl. Oderkähne *m*/*pl.*, Botten *pl.*; F
fig. monter un ~ *à q.* j-m e-n Bären
aufbinden; **~feu** [~'fø] *m* (*pl.*
bateaux-feux), **~phare** [~'fa:r] *m* (*pl.*
bateaux-phares) Feuerschiff *n*; **~
-pilote** ♄ [~pi'lɔt] *m* (*pl. bateaux-
-pilotes*) Lotsenboot *n*; **~pompe**
♄ [~'pɔ̃:p] *m* (*pl. bateaux-pompes*)
Feuerlöschboot *n*.

batel|lage [bat'la:ʒ] *m* Kahn-, Floß-
und Leichter-verkehr *m*; Frachtgeld
n; **~eur** *péj.* [~t'lœ:r] *m* Harlekin *m*;
Schmierenkomödiant *m*; **~ier** [~tə-
'lje] *m* (*Fluß-, Kanal-*)Schiffer *m*;
~lerie [~tɛl'ri] *f* (*Fluß-, Kanal-*)
Schiffahrt *f*.

bâter [ba'te] *v*/*t*. (1a) *Lasttier* satteln.

bath P [bat] **1.** *adj.* (*inv.*) schick,

piekfein, sehr hübsch; 2. *m* echter Schmuck *m*.

bâti, -e [bɑ'ti] **1.** *adj. Person*: bien ~ gutgebaut; **2.** *m cout.* Heftfaden *m*; geheftetes Kleidungsstück *n*; ⊕ Rahmenfügung *f*; Gestell *n*; Sockel *m*; Gerüst *n*; Gehäuse *n*.

batifoler F [batifɔ'le] *v/i.* (1a) tändeln.

bâtiment [bɑti'mɑ̃] *m* Gebäude *n*; Bau *m*; Bauhandwerk *n*, Baugewerbe *n*; ♣ (großes) Schiff *n*; *industrie f du* ~ Bauindustrie *f*; ~**ir** [~'tiːr] *v/t.* (2a) bauen (*a. fig.*); ⚠ ~ *sur caves* unterkellern; ~**isse** [~'tis] *f* Mauerwerk *n*; Gebäude *n*.

bâton [bɑ'tɔ̃] *m* Stock *m*; Stab *m*; ~ *de craie* Stück *n* Kreide; ~ *de rouge* Lippenstift *m*; ~ *de savon* Riegel *m* Seife; *mener une vie de* ~ *de chaise* ein sehr ungeregeltes Leben führen; ~**ner** [~tɔ'ne] *v/t.* (1a) verprügeln; ~**nier** 🏛 [~'nje] *m* Vorsitzende(r) *m* der Anwaltskammer.

batraciens *zo.* [batra'sjɛ̃] *m/pl.* Amphibien *f/pl.*, Lurche *m/pl.*

batt|ade [ba'tad] *f Massage*: Schlagen *n*; ~**age** [~'taːʒ] *m* Dreschen *n*; Drescherlohn *m*; Buttern *n*; F Lärm *m* (*fig.*), übertriebene Reklame *f*; ~ *de tapis* Teppichklopfen *n*; ~**ant, -e** [~'tɑ̃, ~'tɑ̃t] **1.** *adj.* schlagend; prasselnd; *tambour* ~ mit klingendem Spiel; *fig.* ohne Umstände; *tout* ~ *neuf* funkelnagelneu; **2.** *m* Tür-, Fenster-flügel *m*; (Glocken-)Klöppel *m*; **3.** * *m* Draufgänger *m*; Raufbold *m*, Schläger *m*.

batt|e [bat] *f* Stampfe *f*; Schlegel *m*; *Sport*: Kricketschläger *m*; kleine Waschbank *f*; ~**ement** [~'mɑ̃] *m* Schlagen *n*; verfügbare Zeit *f*; Wartezeit *f*, Pause *f*; ~**erie** [~'tri] *f* ⚡, ✗ Batterie *f*; ⚔ Mast-, Lege-batterie *f*; ♪ Schlagzeug *n*; ⊕ ~ *de chaudières* Kesselanlage *f*; *rad.* ~ *de chauffage* Heizbatterie *f*; ~ *de cuisine* Küchengeschirr *n*; ~**eur** [~'tœːr] *m* Drescher *m*; *cuis.* Rührmaschine *f*, Mixer *m*; ♪ Schlagzeuger *m*; ~**euse** [~'tøːz] *f* Dreschmaschine *f*; ~**oir** [~'twaːr] *m* Wäscheklopfer *m*; *Ballspiel*: Schläger *m*; *cuis.* Fleischklopfer *m*; ⊕ Klöpfel *m*; * Hand *f*, Pranke *f*.

battre ['batrə] *v/t.* (4a) schlagen, (ver)prügeln; dreschen; *Kartenspiel*: mischen; klopfen; quirlen; ~ *monnaie* Geld prägen; ~ *la plaine die*

Ebene durchstreifen.

battue [ba'ty] *f* Treibjagd *f*.

baudet [bo'dɛ] *m* (*Zucht-*)Esel *m*; ⊕ Sägebock *m*.

baudrier [bodri'e] *m* Schulterriemen *m*; *alp.* doppelter Seilring *m*.

baudruche [bo'dryʃ] *f* Gummihaut *f*; *fig. homme m en* ~ Blender *m*, Angeber *m*; *phrases f/pl. en* ~ Schwulst *m*; *crever des* ~*s familières* liebgewordene Illusionen zerschlagen.

bauge [boːʒ] *f* Strohlehm *m*; *ch.* Wildschweinlager *n*; *fig.* Drecknest *n*.

baume [boːm] *m* Balsam *m*; *fig.* Trost *m*.

bauxite *min.* [bo'ksit] *f* Bauxit *m*.

bavard, -e [ba'vaːr, ~'vard] **1.** *adj.* schwatzhaft; **2.** *su.* Schwätzer(in *f*) *m*; ~**age** [~var'daːʒ] *m* Geschwätz *n*, Gewäsch *n*; ~**er** [~'de] *v/i.* (1a) schwatzen, plaudern; F ~ *avec q.* mit j-m reden.

bavarois, -e [bava'rwa, ~'rwaːz] **1.** *adj.* bay(e)risch; **2.** ♀(e) *su.* Bayer(in *f*) *m*.

bav|e [baːv] *f* Geifer *m* (*a. fig.*); Speichel *m*; Schleim *m der Schnecken*; ~**er** [ba've] *v/i.* (1a) geifern; speicheln; sabbern; *fig.* F *en* ~ äußerst erstaunt sein; es schwer haben; Schweres durchmachen; sich abplagen; ~ *sur q.* über j-n herziehen, j-n heruntermachen; ~**ette** [~'vɛt] *f* Lätzchen *n*, Sabberlatz *m*; ~**eux, -se** [~'vø, ~'voːz] *adj.* geifernd; *Eierkuchen*: teigig; ~**ure** ⊕ [~'vyːr] *f* Gußnaht *f*.

bazar [ba'zaːr] *m* **1.** Basar *m*; **2.** P Kram *m*, Krempel *m*.

bazarder F [bazar'de] *v/t.* (1a) verramschen; wegschmeißen F.

béant, -e [be'ɑ̃, ~'ɑ̃t] *adj.* klaffend.

béat, -e *iron.* [be'a, ~'at] *adj.* selig; scheinheilig; ~**ifier** [~ti'fje] *v/t.* (1a) seligsprechen; ~**itude** *rl.*, *iron.* [~'tyd] *f* Seligkeit *f*.

beau [bo] (*m vor Vokal u. stummem h*: *bel* [bɛl], *f*: *belle* [bɛl]; *m/pl.*: *beaux* [bo], *f/pl.*: *belles* [bɛl]) **1.** *adj.* schön; edel; fein; vornehm; *Gelegenheit*: günstig; *une belle femme* eine schöne Frau; *il fait* ~ (*temps*) es ist schönes Wetter; *bel esprit m* Schöngeist *m*; *en faire de belles* nette Streiche machen; *à la belle étoile* unter freiem Himmel; **2.** *adv.*: *il a* ~ *dire* (*faire*) er mag sagen (tun), was er will; *l'échapper belle* mit e-m blauen Auge davonkommen; *bel et bien* tatsächlich; lediglich; mit e-m Wort; *bel et bien vivant* völlig wohlbehalten; *de plus belle* noch mehr; *von neuem*; **3.** *su.*: *le ~* das Schöne; *Hund: faire le ~* Männchen machen; *fais le beau!* mach schön!; *la Belle au bois dormant* Dornröschen *n.*   .

beaucoup [bo'ku] *adv.* viel(e); sehr; *lire ~* viel lesen; *il m'a ~ déçu* er hat mich sehr enttäuscht; *~ mieux* viel besser; *~ disent ...* viele sagen ...; *de ~* bei weitem; *à ~ près* bei weitem nicht.

beau-fils [bo'fis] *m* (*pl.* beaux-fils) Stiefsohn *m*; Schwiegersohn *m*; **~-frère** [~'frɛːr] *m* (*pl.* beaux-frères) Schwager *m*; **~-père** [~'pɛːr] *m* (*pl.* beaux-pères) Schwiegervater *m*; Stiefvater *m*.

beaupré ⚓ [bo'pre] *m* Bugspriet *n.*

beauté [bo'te] *f* Schönheit *f*; F *se refaire une ~* sich wieder schön-, zurecht-machen.

beaux-parents [bopa'rɑ̃] *m/pl.* Schwiegereltern *pl.*

bébé [be'be] *m* Baby *n*, Säugling *m.*

bébert F, *a. cin.* [be'bɛːr] *m* Anfänger *m.*

bec [bɛk] *m* Schnabel *m*; *fig.* Mund *m* (*bsd. v. Kindern*); Zunge *f*; Spitze *f* e-r Feder; Tülle *f* e-r Kanne; (Gas-)Brenner *m*; ♪ Mundstück *n*; Landspitze *f*; F *claquer du ~* Kohldampf schieben F; *~ verseur* Schüttöffnung *f* (*z. B. an e-r Packung Milchpulver*); F *fig. tomber sur un ~* auf e-e unerwartete Schwierigkeit stoßen; an den Falschen geraten; übel ankommen.

béca ✶ [be'ka] *m* Bazillus *m.*

bécane F [be'kan] *f* Fahrrad *n*; Drahtesel *m* F.

bécarre ♪ [be'kaːr] *m* Auflösungszeichen *n.*

bécasse *zo.* [be'kas] *f* (Wald-)Schnepfe *f.*

bec-d'âne [be'dɑːn] *m* (*pl.* becs-d'âne) Kreuzmeißel *m*; **~-de-cane** [bɛkdə'kan] *m* (*pl.* becs-de-cane) Türgriff *m*; **~-de-lièvre** ✻ [~'lje:vrə] *m* (*pl.* becs-de-lièvre) Hasenscharte *f.*

béchamel [beʃa'mɛl] *f*: *od.* sauce *f* (à la) ♀ Béchamelsoße *f.*

bêche [bɛʃ] *f* Spaten *m*; **~er** [~'ʃe] *v/t.* (1a) umgraben; F *u. fig. j-n* herunter-

machen; **~oir** [~'ʃwaːr] *m* Hacke *f.*

bécot F [be'ko] *m* Kuß *m*; **~er** [~ko'te] *v/t.* (1c) (an)pikken; P (fr)essen; *se ~* (sich) schnäbeln.

becqueter [bɛk'te] *v/t.* (1c) (an)pikken; P (fr)essen; *se ~* (sich) schnäbeln.

bedaine F [bə'dɛn] *f* Wanst *m.*

bedeau [bə'do] *m* (*pl.* ~x) Kirchendiener *m.*

bedon F [bə'dɔ̃] *m* Dickbauch *m.*

béer [be'e] *v/i.* (1a): *~ devant une voiture* vor e-m Wagen Mund u. Nase aufsperren.

beffroi [be'frwa] *m* Glockenturm *m.*

bégayer [begɛ'je] *v/i. u. v/t.* (1i) stottern.

bègue [bɛg] **1.** *adj.*: *être ~* stottern; **2.** *su.* Stotterer *m*, Stotterin *f.*

béguin [be'gɛ̃] *m* (Kinder-)Haube *f*; F Liebschaft *f*, Schwarm *m* (*fig.*).

béhavio(u)risme *psych.* [biavjo'rism (-vju-)] *m* Verhaltensforschung *f.*

beige [bɛːʒ] *adj.* beige, gelbgrau.

beigne P [bɛɲ] *f* schallende Ohrfeige *f.*

beignet *cuis.* [bɛ'ɲɛ] *m* Beignet *m*, Art Pfannkuchen *m.*

béjaune [be'ʒoːn] *m* junger Vogel *m.*

bel [bɛl] *s.* beau.

bêlement [bɛl'mã] *m* Blöken *n*; **~er** [~'le] *v/i.* (1a) blöken; meckern.

belette *zo.* [bə'lɛt] *f* Wiesel *n.*

belge [bɛlʒ] **1.** *adj.* belgisch; ✶ *à l'état ~ Buch*: in neuem Zustand; **2.** ♀ *su.* Belgier(in*f*) *m*; **~icisme** [~ʒi'sism] *m* belgische Ausdrucksweise *f.*

bélier [be'lje] *m zo. u.* ♀ *ast.* Widder *m*; ✕ Sturmbock *m*; ⊕ Rammklotz *m.*

bélino-gramme [belino'gram] *m* Bildtelegramm *n*; **~graphe** [~'graf] *m* Bildtelegraf *m.*

belladone ♀ [bɛla'dɔn] *f* Belladonna *f*, Tollkirsche *f.*

belle¹ [bɛl] *s.* beau.

belle² [bɛl] *f* **1.** *Sport*: Entscheidungsspiel *n*; **2.** ✶ Flucht *f.*

belle-dame [bɛl'dam] *f* (*pl.* belles-dames) ♀ Belladonna *f*, Tollkirsche *f*; Melde *f*; *ent.* Distelfalter *m*; **~-fille** [~'fij] *f* (*pl.* belles-filles) Schwiegertochter *f*; Stieftochter *f*; **~-mère** [~'mɛːr] *f* (*pl.* belles-mères) Schwiegermutter *f*; Stiefmutter *f*; **~-s-lettres** [~'lɛtrə] *f/pl.* Literatur *f*; **~-sœur** [~'sœːr] *f* (*pl.* belles-sœurs) Schwägerin *f.*

belli-cisme [bɛlli'sism] *m* Kriegshetze

f; **~gérant, -e** [ʒeˈrɑ̃, ˈrɑ̃:t] adj.
kriegführend; **~queux, -se** [~ˈkø, ~
ˈkø:z] adj. kriegerisch.

belote [bəˈlɔt] f ein Kartenspiel.

belvédère [bɛlveˈdɛːr] m Belvedere n;
(Aussichts-)Pavillon m.

bémol ♩ [beˈmɔl] **1.** m Erniedrigungszeichen n, b n; **2.** adjt.: la m ~
as(-Moll), As(-Dur) m.

bénédi|cité [benedisiˈte] m Tischgebet n; **~ction** [~kˈsjɔ̃] f Segnung f;
Segen m.

bénéf P [beˈnɛf] m Gewinn m, Vorteil
m.

bénéfic|e [beneˈfis] m Vorrecht n,
Vorteil m; ✝ Gewinn m; cath. Pfründe f; impôt m (od. taxe f) sur les ~s
Gewinn-, Ertrags-steuer f; ⚖ d'inventaire Inventarrecht n; **~iaire**
[~ˈsjɛːr] **1.** adj. gewinnbringend;
marge f ~ Gewinnspanne f; **2.** su.
Begünstigte(r m) m u. f; Nutznießer
(-in f) m; Gewinner(in f) m; adm.
Bezugsberechtigte(r m) m u. f; Empfänger(in f) m; ~ d'une pension Rentenempfänger(in f) m; ~ d'allocation
de chômage Empfänger(in f) m von
Arbeitslosenunterstützung; **~ier** [~
ˈsje] v/i. (1a) Vorteil ziehen (de aus
dat.).

bénéfique [beneˈfik] adj. wohltuend;
günstig (a. in der Astrologie); nützlich.

benêt [bəˈnɛ] m Dummkopf m.

bénévole [beneˈvɔl] adj. freiwillig.

bén|ignité [beniɲiˈte] f Gutartigkeit f
(a. e-r Krankheit); **~in, -gne** [~ˈnɛ̃,
~ˈniɲ] adj. ⚕ gutartig; harmlos [~ˈni,
Klima, Strafe: mild(e); Schaden: geringfügig.

béni-oui-oui F pol. [beniwiˈwi] m
(inv.) Jasager m.

bén|ir [beˈniːr] v/t. (2a) segnen, weihen; preisen; **~it, -e** [~ˈni, ~ˈnit] adj.
geweiht; eau f~e rl. Weihwasser n; F
leere Versprechungen f/pl.; **~itier**
[~ˈtje] m Weihwasser-kessel m,
-becken n.

benne ⊕ [bɛn] f Fördergefäß n, Tragkorb m; (Drahtseil-)Kabine f;
Flechtwerk n zum Aufhalten der Fische; ✗ Kohlenkorb m; ⊕ ~
d'éboueurs Straßenkehrmaschine f;
~ racleuse Schrapper m; ▲ ~ preneuse
Greifer m (am Kran); ⊕ ~ à bascule
Kipper m; ~ à ordures Müllauto n.

benoîtement [bənwatˈmɑ̃] adv.
scheinheilig.

benzine [bɛ̃ˈzin] f Wasch-, Wundbenzin n; 🜚 (rektifiziertes) Benzol n;
Schweiz: Benzin n (als Treibstoff);
vgl. essence.

benzol [bɛ̃ˈzɔl] m Benzol n.

béotien, -ne [beɔˈsjɛ̃, ~ˈsjɛn] **1.** adj.
beschränkt, primitiv; **2.** su. sturer
Kopf m; blutiger Laie m.

béquill|e [beˈkij] f Krücke f; ✗
Sporn m; ⊕ Stütze f; **~er** [~ˈje] v/i.
(1a) an Krücken gehen; **~on** [~ˈjɔ̃] m
Krückstock m.

bercail [bɛrˈkaj] m (ohne pl.) Schoß m
der Kirche; plais. trautes Heim n,
Zuhause n.

berc|eau [bɛrˈso] m (pl. ~x) Wiege f;
Laube f; ▲ Gewölbebogen m; **~er**
[~ˈse] v/t. (1k) wiegen, auf den Knien
schaukeln; ~ de promesses mit Versprechungen hinhalten; ~ euse [~
ˈsøːz] f Wiegenlied n; Schaukelstuhl
m.

béret [beˈrɛ] m Baskenmütze f.

berge [bɛrʒ] f steiles Ufer n; steile
Böschung f; ✶ Jahr n.

berg|er [bɛrˈʒe] m Schäfer m; Schäferhund m; **~ère** [~ˈʒɛːr] f Schäferin
f; Lehnsessel m; P (Ehe-)Frau f;
~erie [~ʒəˈri] f Schafstall m.

bergeronnette orn. [bɛrʒərɔˈnɛt] f
Bachstelze f.

berline [bɛrˈlin] f ehm. Kutsche f; ✗
Grubenwagen m, Hund m; Auto:
Limousine f.

berlingot [bɛrlɛ̃ˈgo] m (pyramidenförmiger) Fruchtbonbon m (od. n); ~ de
lait Milchtüte f; ⊕ ~s pl. Granulat n;
~euse ⊕ [~gøˈtøːz] f Granuliermaschine f, Pelletizer m; allg. Würfelgranulator m.

berlinois, -e [bɛrliˈnwa, ~ˈnwa:z] **1.**
adj. Berliner, berlinisch; **2.** ♀(e) su.
Berliner(in f) m.

berlue [bɛrˈly] f: F avoir la ~ sich
täuschen.

bern|e ⚓ [bɛrn] f: en ~ halbmast; **~er**
[~ˈne] v/t. (1a) j-n zum besten haben;
~ique f [~ˈnik] int.: ~! ja Kuchen!,
denkste!

besace [bəˈzas] f Quersack m; in der
Mode: (Hand-)Täschchen n.

besicles iron. [bəˈziklə] f/pl. Brille f.

bésef P [beˈzɛf] adv. viel.

besogn|e [bəˈzɔɲ] f Arbeit f; faire la ~
faite sich vor der Arbeit drücken, die
Arbeit scheuen; **~eux, -se** [~ˈnø,
~ˈnøːz] adj. arm(selig), bedürftig.

besoin [bəˈzwɛ̃] m Bedürfnis n, Bedarf *m*, Erfordernis *n*; Not *f*, Armut *f*, Bedürftigkeit *f*; ✝ *bei Wechseln*: *adresse f au* ∼ Notadresse *f*; *avoir* ∼ *de* brauchen, nötig haben; *au* ∼ *bei* Bedarf, im Notfall; ∼s *énergétiques* (*od. d'énergie*) Energiebedarf *m*; *vivre dans le* ∼ in Not leben; *faire ses* ∼s s-e Notdurft verrichten.

bestial, -e [bɛsˈtjal] *adj.* (*m/pl. -aux*) bestialisch; ∼**ité** [∼liˈte] *f* 1. Bestialität *f*; 2. Sodomie *f*.

bestiaux [bɛsˈtjo] *m/pl.* Vieh *n*.

bêta, -asse F [bɛˈta, ∼ˈtas] 1. *adj.* dumm; naiv; doof *f*; 2. *su.* Dummkopf *m*.

bétail [beˈtaj] *m* Vieh *n*.

bête [bɛːt] 1. *f* ∼ Tier *n*; *fig.* Dummkopf *m*; Stück *n* Wild; ∼ *à cornes* Hornvieh *n*; ∼ *de somme* Lasttier *n*; ∼ *de trait* Zugvieh *n*; ∼s *fauves* (*noires*) Rot-(Schwarz-)wild *n*; ∼ *féroce* wildes Tier *n*, Bestie *f*; *il est ma* ∼ *noire* er ist mir absolut zuwider; *er ist mir ein* Greuel; 2. *adj.* dumm.

bêtifier [betiˈfje] (1a) *v/t.* verdummen; *v/i.* Dummheiten machen (*od.* sagen).

bêtise [bɛˈtiːz] *f* Dummheit *f*.

bétoire *géol.* [beˈtwaːr] *f* Flußschwinde *f*.

béton 🜂 [beˈtɔ̃] *m* Beton *m*; ∼ *armé* Eisenbeton *m*; ∼ *coulé* Schleuder-, Schüttel-beton *m*; ∼ *damé* Stampfbeton *m*; ∼ *exposé* Sichtbeton *m*; ∼ *à gaz* Gasbeton *m*; ∼**nière** [∼tɔˈnjɛːr] *f* Betonmischmaschine *f*.

bette 🌾 [bɛt] *f* Mangold *m*, Beete *f*.

betterave [bɛˈtraːv] *f* Rübe *f*; ∼ *fourragère* Futter-, Runkel-rübe *f*; ∼ *à sucre* Zuckerrübe *f*.

beugler [bøˈgle] *v/i.* (1a) brüllen; F schreien.

beurre [bœːr] *m* Butter *f*; *petit* ∼ Buttergebäck *n*; F *faire son* ∼ *fig.* sein Schäfchen ins trockene bringen, auf s-e Kosten kommen; *c'est du* ∼ *sur* (*od. dans*) *ses épinards* das bedeutet e-e zusätzliche Einnahme für ihn (für sie); ∼ *noir* braune Butter *f*; ∼**e** [bœˈre] *f* Butterbirne *f*; ∼**er** [∼] *v/t.* (1a) mit Butter bestreichen; ∼**ier** [∼ˈrje] *m* Butterdose *f*.

beuverie [bøˈvri] *f* Sauferei *f*.

bévue [beˈvy] *f* Fehler *m*, Schnitzer *m* F.

bézef P [beˈzɛf] *adv.* viel.

biais, -e [bjɛ, bjɛːz] 1. *adj.* schräg; 2. *m* schräge Linie *f*; Schräge *f*; *fig.* Um-

weg *m*, Dreh *m* F; *par le* ∼ *de* auf dem Umweg über (*acc.*); 3. *advt.*: *de* ∼, *en* ∼ schief, schräg; ∼**er** [∼ˈze] (1b) *v/i.* schräg verlaufen; *fig.* Winkelzüge machen; *v/t.* F ∼ *les questions* die Fragen manipulieren (*od.* geschickt zurechtschneiden).

biarrot, -e [bjaˈro, ∼ˈrɔt] *adj.* aus Biarritz.

bibelot [biˈblo] *m* Nippsache *f*.

bibendum ★ [bibɛ̃ˈdɔm] *m* Dickwanst *m*.

biberon [biˈbrɔ̃] *m* (Saug-)Flasche *f* für Säuglinge; F Säufer *m*; ∼**ner** [∼brɔˈne] *v/i.* (1a) (häufig) trinken; *mv.p.* saufen; ∼**nerie** [∼nˈri] *f* Säuglingsküche *f*.

bibi [biˈbi] *m* 1. P ich, mich; *c'est que* ∼ das ist für mich; ∼ *aime bien le bon vin* ich mag gern Wein; 2. F (Damen-)Hütchen *n*.

Bible [ˈbiblə] *f* Bibel *f*.

biblio... [biblio] Buch...; Bücher...; ∼**bus** *Auto* [∼ˈbys] *m* fahrbare Bücherei *f*, Wanderbücherei *f*; ∼**graphie** [∼graˈfi] *f* Bibliographie *f*; ∼**graphique** [∼ˈfik] *adj.* bibliographisch; ∼**mane** [∼ˈman] *su.* Büchernarr *m*, -närrin *f*; ∼**phile** [∼ˈfil] *su.* Bücherliebhaber(in *f*) *m*; ∼**thécaire** [∼teˈkɛːr] *su.* Bibliothekar(in *f*) *m*; ∼**thèque** [∼ˈtɛk] *f* Bibliothek *f*, Bücherei *f*; ∼ *de prêt* Leihbücherei *f*; *fig. c'est une* ∼ *vivante* er (*sie*) ist ein wanderndes Wörterbuch.

biblique [biˈblik] *adj.* biblisch, Bibel...

biblorhapte [biblɔˈrapt] *m* für Akten: Schnellhefter *m*.

bic [bik] *m* Marke e-s französischen Kugelschreibers.

bicaméral, -e *pol.* [bikameˈral] *adj.* (*m/pl. -aux*) Zweikammer...; ∼(*al*)**isme** [∼ˈrism, ∼raˈlism] *m* Zweikammersystem *n*.

bicarbonate 🜂 [bikarbɔˈnat] *m*: ∼ *de soude* doppeltkohlensaures Natron *n*.

bicentenaire [bisɑ̃tˈnɛːr] *m* Zweihundertjahrfeier *f*.

biceps *anat.* [biˈsɛps] *m* Bizeps *m*.

biche [biʃ] *f* Hirschkuh *f*; ∼**er** F [∼ˈʃe] *v/i.* (1a) gutgehen; *ça biche*? geht's gut?; ∼**ette** [∼ˈʃɛt] *f* junge Hindin *f*, ∼**on, -ne** [∼ˈʃɔ̃, ∼ˈʃɔn] *su.* Schoßhündchen *n*; ∼**onner** [∼ʃɔˈne] *v/t.* (1a) verhätscheln.

bicolore [bikɔˈlɔːr] *adj.* zweifarbig.

bicoque F *péj.* [bi'kɔk] f armseliges Haus n, Bruchbude f P.

bicorne [bi'kɔrn] m Hut: Zweispitz m.

bicot F *mv.p.* [bi'ko] m Araber m.

bicyclette [bisi'klɛt] f (Fahr-)Rad n; *aller à* (*od. en*) ~, *faire de la* ~ radfahren.

bidasse * ✕ *etw. iron.* [bi'das] m Soldat m, Landser m.

bide P [bid] m Enttäuschung f.

bidet [bi'dɛ] m 1. kleines Reitpferd n; 2. Bidet n, Sitzbecken n.

bidoche P [bi'dɔʃ] f schlechtes Fleisch n.

bidon [bi'dõ] 1. m Kanne f; Kanister m; Feldflasche f; P Bauch m, Pansen m P; P *c'est du* ~ das ist Schwindel; P *c'est pas du* ~ das ist mein voller Ernst; 2. *adjt.* (*inv.*) trügerisch, falsch; *attentat* m ~ simuliertes Attentat n; *emploi* m ~ Scheinposten m; **~ner** P [~dɔ'ne] *v/rfl.* (1a): se ~ sich (vor Lachen) kringeln; **~ville** [~dõ-'vil] m Barackensiedlung f, Elendsviertel n.

bidule P [bi'dyl] m Dingsda n.

bief [bjɛf] m Mühlgerinne n.

bielle [bjɛl] f Pleuelstange f.

bien [bjɛ̃] 1. m Gute(s) n; Wohl n; Gut n, Vermögen n; *un homme de* ~ ein anständiger, guter Mensch; *~s pl. d'équipement* (*de consommation*) Ausrüstungs-(Verbrauchs-)güter *n/pl.*; 2. *adv.* gut, wohl, sehr; gern; *être* ~ wohlauf, in guter Lage, wohl aufgehoben, hübsch sein; *c'est* ~ *de lui!* das sieht ihm wieder mal ähnlich!; *être* ~ *avec q.* sich mit j-m gut stehen; ~ *de la peine* sehr viel Mühe; *eh* ~*! nun!*; 3. *cj.*: ~ *que* (*mit subj.*) obgleich; **~aimé, -e** [bjɛne'me] (*pl. ~s*) 1. *adj.* vielgeliebt; 2. *su.* Liebling m, Geliebte(r m) m u. f; ~*dire litt.* [bjɛ̃-'diːr] m (*inv.*) Redegewandtheit f; **~être** [bjɛ̃'nɛːtrə] m (*inv.*) Wohlstand m, -befinden n; **~étrologie** *plais.* [~nɛtrɔlɔ'ʒi] f Wohlstandslehre f; **~faisance** [bjɛfə'zãːs] f Wohltätigkeit f; **~faisant, -e** [~fə'zã, ~'zãːt] *adj.* wohltätig; wohltuend; **~fait** [~'fɛ] m Wohltat f; **~faiteur, -rice** [~fɛ'tœːr, ~'tris] *su.* Wohltäter(in f) m; **~fondé** [~fõ'de] m (*inv.*) Begründetheit f; **~fonds** [~'fõ] m (*pl. biens-fonds*) Grundstück n; **~heureux, -se** [bjɛ̃nœ'rø, ~'røːz] *adj.* (glück)selig; **~jugé** ⚖ [bjɛ̃ʒy'ʒe] m (*inv.*) Gesetzmäßigkeit f.

biennal, -e [bjɛ'nal] *adj.* (*m/pl. -aux*) zweijährig; zweijährlich.

bienséance [bjɛse'ãːs] f Schicklichkeit f; **~ant, -e** [~se'ã, ~'ãːt] *adj.* schicklich.

bientôt [bjɛ̃'to] *adv.* bald.

bienveill|ance [bjɛ̃vɛ'jãːs] f Wohlwollen n; **~ant, -e** [~'jã, ~'jãːt] *adj.* wohlwollend.

bienvenu, -e [bjɛ̃və'ny] 1. *adj.* willkommen; 2. *su.*: *être le* ~, *la* ~*e* willkommen sein; *soyez le* ~*!* seien Sie willkommen!; *les hôtes sont les* ~*s!* Gäste sind willkommen!; **~e** [~] f glückliche Ankunft f; Willkommen n, freundlicher Empfang m; *souhaiter la* ~ *à q.* j-n willkommen heißen; ~ *à nos hôtes!* unseren Gästen ein herzliches Willkommen!

bière [bjɛːr] f 1. Bier n; ~ *blonde* helles Bier n; ~ *brune* dunkles Bier n; ~ *double, mst* ~ *forte* Starkbier n; 2. Sarg m.

biffer [bi'fe] *v/t.* (1a) aus-, durchstreichen; ~ *les indications inutiles* Nichtzutreffendes streichen.

biffin [bi'fɛ̃] m * Muschkote m; Infanterist m P Lumpensammler m.

bifteck [bif'tɛk] m Beefsteak n.

bifur|cation [bifyrka'sjõ] f Gabelung f, Abzweigung f; *écol.* ~ *vers* ... Übergang auf ...; **~quer** [~'ke] (1m) *v/i. u.* se ~ sich (gabelförmig) teilen; ⚭ abzweigen; *écol.* ~ *vers le secondaire* auf die höhere Schule übergehen.

bigamie [biga'mi] f Bigamie f, Doppelehe f.

bigarr|é, -e [biga're] *adj.* bunt(scheckig); **~er** [~] *v/t.* (1a) bunt(scheckig) machen, bunt anstreichen.

bigleux, -se * [bi'glø, ~'gløːz] *adj.* kurzsichtig.

bigophon|e P [bigɔ'fɔn] m Telefon n; **~er** P [~'ne] *v/i.* (1a) telefonieren.

bigorn|e [bi'gɔrn] f Hornamboß m; * Schlacht f; **~er** P [~'ne] *v/rfl.* (1a): se ~ sich prügeln.

bigot, -e [bi'go, ~'gɔt] 1. *adj.* frömmelnd; 2. *su.* Frömmler(in f) m; **~erie** [~gɔ'tri] f Frömmelei f.

bigoudi [bigu'di] m Lockenwickler m.

bigre F ['biːgrə] *int.*: ~! verflucht!; **~ment** F [bigrə'mã] *adv.* verdammt, sehr.

bihebdomadaire [biɛbdɔma'dɛːr] *adj. Zeitung:* zweimal in der Woche erscheinend.

bijou [bi'ʒu] *m* (*pl.* ~x) Schmuck-stück *n*; Juwel *n*; **~terie** [~'tri] *f* Juweliergeschäft *n*; Schmuck *m*; ~ haute fantaisie Modeschmuck *m*; **~tier** [~'tje] *m* Juwelier *m*.

bikbachi *arab.* ✕ [bikba'ʃi] *m* Oberst *m*.

bikini [biki'ni] *m* Bikini *m*.

bilan [bi'lɑ̃] *m* fin. Bilanz *f*; fig. End-ergebnis *n*; ~ bénéficiaire (déficitaire) Gewinn-(Verlust-)bilanz *f*; ~ énergétique Energiehaushalt *m*; s. a. balance.

bilatéral, -e [bilate'ral] adj. (*m/pl. -aux*) bilateral.

bilboquet [bilbɔ'kɛ] *m* Kugelfang-spiel *n*.

bil|e [bil] *f* Galle *f*; **~er** P [~'le] *v/rfl.* (1a): se ~ sich Sorgen machen; te bile pas! mach dir keine Sorgen!; **~iaire** [~'ljɛːr], **~ieux, -se** [~'ljø, ~'ljøːz] adj. gallig.

bilingu|e [bi'lɛ̃ːg] adj. zweisprachig. **~isme** [bilɛ̃'gɥism] *m* Zweisprachig-keit *f*.

billard [bi'jaːr] *m* Billard(tisch *m*) *n*; F Operationstisch *m*; F ausgezeichnete Fahrstraße *f*; F c'est du ~ das ist ganz einfach.

bille [bij] *f* bill. Ball *m*; Kügelchen *n*; Murmel *f*; Klotz *m*; ⚙ Schwelle *f*; P Kopf *m*, Birne *f*, Kürbis *m*; Visage *f* P; stylo *m* (à) ~ Kugelschreiber *m*.

billet [bi'jɛ] *m* Briefchen *n*; Zettel *m*; Eintrittskarte *f*; Fahrkarte *f*, Fahr-schein *m*; ✝ Schuldschein *m*; Wech-sel *m*; ~ de banque Banknote *f*; ~ circulaire Rundreisefahrschein *m*; ~ de loterie Lotterielos *n*; ~ de faveur Freikarte *f*; ~ doux Liebesbrief *m*.

billevesée [bijvə'ze, bilvə'ze] *f* Hirn-gespinst *n*.

billion [bi'ljɔ̃] *m* Billion *f*.

billon [bi'jɔ̃] *m* **1.** Scheidemünze *f*; **2.** ✒ hochgepflügte Erde *f*, Furchen-rücken *m*, Balken *m*; erhöhtes Mist-beet *n* für Frühkulturen.

billot [bi'jo] *m* Block *m*, Hauklotz *m*.

bimbeloterie [bɛbblɔ'tri] *f* Handel *m* mit Nippsachen.

bimensuel, -le [bimã'sɥɛl] adj. mo-natlich zweimal erscheinend.

bimestriel, -le [bimɛstri'ɛl] adj. zweimonatlich.

bimoteur [bimɔ'tœːr] **1.** adj./*m* zwei-motorig; **2.** *m* zweimotoriges Flug-zeug *n*.

binard [bi'naːr] *m* Rollwagen *m* (*für*

behauene Steine).

biner [bi'ne] (1a) *v/t.* zum zweiten-mal pflügen od. hacken; *v/i. rl.* an e-m Tage zwei Messen lesen.

binette [bi'nɛt] *f* ✒ Gartenhacke *f*; F Fratze *f*, Gesicht *n*.

bing! [biŋ] *int.* peng!

biniou [bin'ju] *m* (bretonisch) Dudel-sack *m*.

binocle opt. [bi'nɔklə] *m* Kneifer *m*.

binôme ✗ [bi'noːm] *m* Binom *n*.

bio... [bjɔ] Lebens...; **~chimie** [~ʃi-'mi] *f* Biochemie *f*; **~dégradable** biol., fig. [~degra'dablə] adj. abbau-fähig; **~graphie** [~gra'fi] *f* Biogra-phie *f*; **~logie** [~lɔ'ʒi] *f* Biologie *f*; **~logique** [~'ʒik] adj. biologisch; **~lo-giste** [~'ʒist] su. Biologe *m*, Biologin *f*; **~nique** ⟨Q⟩ [~'nik] *f* Bionik *f*; **~tope** biol. [~'tɔp] *m* Biotop *m* od. *n*, Le-bensraum *m*.

bi|place Auto, ✈ [bi'plas] *m* Zweisit-zer *m*; **~plan** ✈ [~'plɑ̃] *m* Doppel-decker *m*; **~polaire** ⚡ [~pɔ'lɛːr] adj. zweipolig.

biqu|e [bik] *f* zo. Ziege *f*; P Gaul *m*; F fig. alte Ziege *f*, altes Weib *n*; **~et** [~'kɛ] *m* Zicklein *n*.

biracial, -e [bira'sjal] adj. (*m/pl. -aux*) zweirassig.

bis¹, -e [bi, biz] adj. graubraun; pain *m* ~ Schwarzbrot *n*, a. Graubrot *n*.

bis² [bis] **1.** adv. da capo; **2.** *m* Wie-derholung *f*; Dakapo *n*; bei Haus-nummern: numéro 20 ~ Nummer 20a; ✗ B¹ (be bis) B¹ (= B Strich).

bisaïeul, -e [biza'jœl] su. Urgroß-vater *m*, -mutter *f*.

bisannuel, -le [biza'nɥɛl] adj. zwei-jährig; zweijährlich.

bisbille [i·s'bij] *f* Zankerei *f*.

biscot|in [biskɔ'tɛ̃] *m* Hartzwieback *m*; **~te** [~'kɔt] *f* Zwieback *m*.

biscuit [bis'kɥi] *m* Biskuit *n* (*a. m*); Keks *m* od. *n*; unglasiertes Porzellan *n*; **~eur** Sport, plais. [~'tœːr] *m* mit-telmäßiger Spieler *m*.

bise [biːz] *f* Nord(ost)wind *m*; poét. Winter *m*; F Küßchen *n*.

biseau [bi'zo] *m* (*pl.* ~x) Schrägfläche *f*; en ~ schrägkantig; **~ter** [~'te] *v/t.* (1a) ⊕ schräg abschneiden; ab-schleifen; Edelstein facettieren; Spielkarten zinken.

biser [bi'ze] (1a) **1.** *v/t.* Stoffe umfär-ben; F küssen; **2.** *v/i.* ✒ Getreide: schwarz werden.

bismuth ⚗ [bis'myt] *m* Wismut *n*.

bison zo. [bi'zõ] m Bison m, Wisent m, nordamerikanischer Büffel m.

bisontin, -e [bizõ'tɛ̃, ~'tin] adj. aus Besançon.

bisqu|e [bisk] f cuis. Krebssuppe f; F Ärger m; **~er** F [~'ke] v/i. (1m) sich ärgern.

bissection ﹩ [bisɛk'sjõ] f Halbierung f.

bisser [bi'se] v/t. (1a) da capo verlangen od. singen.

bissex|ué, -e ♀ [bisɛ'ksɥe], **~uel, -le** [~'ksɥɛl] adj. zweigeschlechtig.

bissextile [bisɛks'til] adj./f: année f ~ Schaltjahr n.

bistourner [bistur'ne] v/t. (1a) verbiegen; vét. kastrieren.

bistr|e ['bistrə] m Rußschwarz n; Schokoladenbraun n; **~er** [~'tre] v/t. (1a) bräunen.

bistro(t) P [bis'tro] m Kneipe f; Kneipier m.

biterrois, -e [bitɛ'rwa, ~'rwa:z] adj. aus Béziers.

bitum|e [bi'tym] m Bitumen n; Asphalt m; **~er** [~'me] v/t. (1a) asphaltieren.

biture P [bi'ty:r] f Besoffenheit f P.

bivouac [bi'vwak] m Biwak n; **~quer** [~'ke] v/i. (1m) biwakieren.

bizarre [bi'za:r] adj. seltsam; sonderbar.

bizness [biz'nɛs] s. business.

bizut(h) F écol. univ. [bi'zy] m Anfänger m, Neuling m, Fuchs m; **~age** [~'ta:ʒ] m Einführungszeremoniell für Neulinge an e-r Grande Ecole.

blabla P [bla'bla] m Blabla n; (dummes) Gerede n.

blackbouler F [blakbu'le] v/t. (1a) j-n durchfallen lassen.

black-out [bla'kawt] m (inv.) ✕ Verdunk(e)lung f; fig. Nachrichtensperre f.

blafard, -e [bla'fa:r, ~'fard] adj. bleich, fahl.

blagu|e [blag] f Tabaksbeutel m; F Ulk m, Jokus m, Faxe f; F sans ~ im Ernst, wirklich (a. als Frage); **~er** F [~'ge] (1m) v/i. aufschneiden; tu blagues! nicht möglich!, das ist nicht wahr!; v/t.: ~ q. j-n hochnehmen.

blair P [blɛ:r] m Nase f, Zinken m P; **~eau** [blɛ'ro] m (pl. ~x) 1. zo. Dachs m; 2. Rasierpinsel m; Malerpinsel m; **~er** P [~'re] v/t. (1a): ne pas pouvoir ~ q. j-n nicht riechen können.

blâm|able F [blɑ'mablə] adj. tadelns-

wert; **~e** [blɑ:m] m Tadel m, Rüge f; **~er** [blɑ'me] v/t. (1a) tadeln.

blanc, -che [blɑ̃, blɑ̃:ʃ] 1. adj. weiß; rein, sauber; Papier: unbeschrieben; Waffe: blank; donner carte blanche freie Hand lassen; nuit f blanche schlaflose Nacht f; d'une voix blanche mit tonloser Stimme; 2. ♫, Blanche su. Weiße(r m) m u. f; 3. m Weiß n; Zentrum n der Scheibe; Weißwein m; télév. Ausfall m (auf dem Bildschirm); * Kokain n; essayer à ~ in der Theorie ausprobieren; tirer à ~ blind schießen.

blanc-bec F [blɑ̃'bɛk] m (pl. blancs--becs) Grünschnabel m, grüner Junge m.

blanchâtre [blɑ̃'ʃɑ:trə] adj. weißlich.

blanche [blɑ̃:ʃ] 1. s. blanc; 2. ♪ f halbe Note f.

Blanche-Neige [blɑ̃ʃ'nɛ:ʒ] f Schneewittchen n.

blanch|eur [blɑ̃'ʃœ:r] f Weiße n u. f; **~ir** [~'ʃi:r] (2a) v/t. weißen; bleichen; weiß machen; cuis. abbrühen, blanchieren; métall. weißbrennen; fig. (von e-r Schuld) reinwaschen; v/i. graue Haare bekommen; weiß werden; erbleichen; **~issage** [~ʃi'sa:ʒ] m Waschen n; Waschgeld n; **~issement** [~ʃis'mɑ̃] m Ergrauen n des Haars; **~isserie** [~ʃis'ri] f Waschanstalt f; Bleiche f; **~isseuse** [~ʃi'søz] f Waschfrau f.

blanc-seing [blɑ̃'sɛ̃] m (pl. blancs--seings) Blankovollmacht f.

blaser [blɑ'ze] v/t. (1a) abstumpfen (sur od. de gegen); être blasé de (od. sur) qch. für etw. unempfänglich sein, gegen etw. abgestumpft sein.

blason [blɑ'zõ] m Wappen-schild n, -kunde f; **~ner** [~zɔ'ne] v/t. (1a) im Wappen ausmalen, blasonieren.

blasph|émateur, -rice [blasfema-'tœ:r, ~'tris] 1. su. Gottes-lästerer m, -lästerin f; 2. adj. gotteslästerlich; **~ème** [~'fɛ:m] m Gotteslästerung f; **~émer** [~fe'me] v/i. u. v/t. (1f) lästern; (ver)fluchen.

blatérer [blate're] v/i. (1f) Schafbock: blöken; Kamel: schreien, brüllen.

blatte ent. [blat] f Sch(w)abe f.

blazer [bla'zœ:r] m Blazer m, Klubjacke f.

blé [ble] m Weizen m; Getreide n, Korn n; ~ noir Buchweizen m; ~ égrugé (Weizen-)Schrot m od. n.

bled [blɛd] m wildes Hinterland n,

Binnenland n (Nordafrika); weit S. (einsame) Gegend f.

blême [blɛːm] adj. leichenblaß.

blêmir [blɛˈmiːr] v/i. (2a) erblassen.

blennorragie 🞜 [blenɔraˈʒi] f Tripper m.

bless|é, -e [blɛˈse] **1.** adj. verletzt; verwundet; **2.** su. Verletzte(r m) m u. f; Verwundete(r m) m u. f; **~er** [~] v/t. (1a) verletzen; verwunden; **~ure** [~ˈsyːr] f Verletzung f; Verwundung f; Wunde f; fig. Kränkung f.

blet, -te [blɛ, blɛt] adj. Obst: matschig.

bleu, -e [blø] **1.** adj. blau; F en rester ~ platt (od. erstaunt) sein; **2.** m Blau n; ⊕ Blaupause f; 🞜 blauer Fleck m; ✻ Rekrut m; ~ (de travail) blauer Arbeitsanzug m, Monteuranzug m; ~ de Prusse Berliner Blau n; Preußischblau n; cuis. carpe f au ~ Karpfen m blau; **~âtre** [~ˈɑːtrə] adj. bläulich; **~ir** [~ˈiːr] (2a) v/t. blau anlaufen lassen, bläuen; v/i. blau werden; **~saille** * 💥 [~ˈzaːj] f Rekrut m.

blind|age 🛡 💥, at. [blɛ̃ˈdaːʒ] m Panzerung f; **~é, -e** [~ˈde] adj. 💥 gepanzert; ⊕ abgeschirmt; verschalt; gekapselt; vollständig abgeschlossen; fig. gefeit, abgebrüht (contre qch. gegen etw.); F gutsituiert; P sternhagelvoll, total besoffen; * apathisch durch Drogengenuß; **~er** [~] v/t. (1a) 🛡, 💥 panzern; F fig. unempfindlich machen.

bloc [blɔk] m Block m (a. pol.); Klotz m; geschlossenes Ganzes n, (feste) Einheit f; pol. Blockpartei f; F Gefängnis n; en ~ im ganzen; à ~ völlig, vollständig; vél. gonfler à ~ prall aufpumpen; **~age** [~ˈkaːʒ] m kleine Bruchsteine m/pl., Füllsteine m/pl.; 🞜 Blockieren n; 🞜 Sperrung f; typ. Blockade f; ~ des prix (des salaires) Preis-(Lohn-)stopp m; **~cuisine** [~kɥiˈzin] m (pl. blocs-cuisines) Küchenblock m; **~cylindres** Auto [~siˈlɛ̃dro] m (pl. blocs-cylindres) Zylinderblock m; **~film** phot. [~ˈfilm] m (pl. blocs-films) Filmpack m.

blockhaus [blɔˈkos] m (inv.) 💥 Bunker m; 🞜 Kommandoturm m.

bloc-moteur Auto [blɔkmɔˈtœːr] m (pl. blocs-moteurs) Motorblock m; **~notes** [~ˈnɔt] m (pl. blocs-notes) Notizblock m.

blocus ✝, 💥 [blɔˈkys] m Blockade f; ~

de la famine (od. de la faim) Hungerblockade f; ~ économique Wirtschaftsblockade f.

blond, -e [blɔ̃, blɔ̃ːd] adj. blond; **~e** [blɔ̃ːd] f Blondine f; helles Bier n; Seidenspitze f.

bloquer [blɔˈke] v/t. (1m) einschließen, blockieren (a. 🞜); verriegeln, verrammeln; F einsperren; Konto, Kredit sperren; 🞜 être bloqué par une grève wegen e-s Streiks s-e Reise nicht fortsetzen können; ✝ crédits m/pl. bloqués eingefrorene Guthaben n/pl.; Fußball: ~ le ballon den Ball abblocken.

blottir [blɔˈtiːr] v/rfl. (2a): se ~ sich kauern, sich ducken.

blous|e [bluːz] f Kittel m, Bluse f; **~-chemise** [~ʃmiːz] f (pl. blouses-chemises) Hemdbluse f; **~er** F [bluˈze] v/t. (1a) reinlegen; se ~ reinfallen; sich täuschen; **~on** [~ˈzɔ̃] m **1.** Blouson n od. m, (Sport-, Wind-) Jacke f; **2.** Jumper m, Wolljacke f, Strickbluse f; **3.** ~ noir, ~ de cuir Halbstarke(r) m; Rocker m; Lederjacke f (Person); **~s dorés** reiche, entgleiste Jugendliche pl.

bluet [blɥɛ] m Kornblume f.

bluette [blɥɛt] f litt. Feuerfünkchen n; witziger Einfall m; fig. Eintagsfliege f.

bluff [blœf] m Täuschung f, Bluff m; **~er** [~ˈfe] v/t. u. v/i. (1a) bluffen; **~eur, -se** [~ˈfœːr, ~ˈføːz] adj. u. su.: être un peu ~ ein bißchen bluffen.

bluter [blyˈte] v/t. (1a) durchsieben.

boa zo. [bɔˈa] m Boa f.

bobard F [bɔˈbaːr] m Schwindel m, Ente f (fig.), Märchen n (fig.).

bobèche [bɔˈbɛʃ] f Leuchtermanschette f; P Kopf m.

bobin|age f, ⊕ [bɔbiˈnaːʒ] m Wicklung f; (Auf-)Spulen n; **~e** [~ˈbin] f Rolle f; Spule f (a. 💥); P fig. Gesicht n; Kopf m, Birne f P; **~ard** * [~ˈnaːr] m Bordell n; **~er** [~ˈne] v/t. (1a) (auf)wickeln; (auf)spulen; **~euse** [~ˈnøːz] f Spulerin f; 💥 Wickelmaschine f; **~oir** [~ˈnwaːr] m Wickel-, Spul-maschine f; Spulrad n (an e-r Nähmaschine usw.).

bobo enf. [bɔˈbo] m Wehweh n.

bonne P [bɔˈbɔn] f Kinder-, Hausmädchen n; Anrede: meine Liebste!

bob(sleigh) [bɔb(ˈslɛg)] m Bobschlitten m.

bocage [bɔˈkaːʒ] m **1.** NW-Fr. Bocage

m, Knicklandschaft *f,* durchschnittenes Gelände *n;* **2.** *litt.* Hain *m,* Gehölz *n.*

bocal [bɔ'kal] *m (pl. -aux)* Weckglas *n,* Einmachglas *n;* kleines rundes Aquarium *n.*

Boche P *péj.* [bɔʃ] **1.** *su.* Deutsche(r *m) m u. f;* **2.** ♀ *adj.* deutsch.

bock 🔨 [bɔk] *m* Bier(glas *n) n* (¹/₂ Liter).

bœuf [bœf] **1.** *m (pl. ~s* [bø]) Ochse *m,* Rind(vieh *n) n; cuis.* Rindfleisch *n; ~ nature* Suppenfleisch *n; ~ à la mode* Schmorfleisch *n;* **2.** *adj. (inv.)* P beachtlich, kolossal, gewaltig, unerhört, Riesen...

bof! *a. iron.* [bɔf] *int.* wirklich?!, tatsächlich?!; na, wenn schon!; nun ja!; verdammt (noch mal)!; ach, mein Gott!; nun!; na!; na und?; tja!

bog(g)ie 🚃 [bɔ'ʒi] *m* Drehgestell *n.*

bohème [bɔ'ɛːm] **1.** *f* Künstlerwelt *f;* **2.** *m* verbummeltes Genie *n,* Bohemien *m;* **3.** *adj.* liederlich.

bohémien, -ne [bɔe'mjɛ̃, ~'mjɛn] **1.** *adj. hist.* böhmisch; **2.** *su.* Zigeuner(in *f) m;* Vagabund(in *f) m; ~(ne) hist.* Böhme *m,* Böhmin *f.*

boire [bwaːr] *v/t. u. abs.* (4u) trinken; *Tiere:* saufen; vertrinken; *Löscher, Schwamm:* einsaugen; *~ un coup (od. une gorgée)* einen heben P.

bois [bwa] *m* Holz *n;* Gehölz *n;* Wald *m;* Geweih *n; men. ~ de cœur* Kernholz *n; ~ contreplaqué* Sperrholz *n; ~ d'aubier* Splintholz *n; ~ de construction, ~ d'œuvre* Bauholz *n; ~ stratifié* Preßholz *n; ~age* [~'zaːʒ] *m* Holzverkleidung *f,* Schachtholz *n; ~é, -e* [~'ze] *adj.* bewaldet; holzverkleidet; **~ement** *for.* [~'mɑ̃] *m* Aufforstung *f;* Holzanbau *m;* Holzstand *m; ~er* [~'ze] *v/t.* (1a) mit Bäumen bepflanzen; aufforsten; mit Holz verkleiden; täfeln; **~erie** [~'zri] *f* Täfelung *f;* **~seau** [~'so] *m (pl. ~x)* Scheffel *m;* **~selée** [~s'le] *f* Scheffelvoll *m;* **~selier** [~sə'lje] *m* Holzwarenhändler *m.*

boisson [bwa'sɔ̃] *f* Getränk *n.*

boîte [bwat] *f* Schachtel *f,* Büchse *f,* Dose *f,* Kapsel *f; * écol.* Penne *f;* Kasten *m,* Loch *n (fig.); * Knast *m* P, Kittchen *n* F; *~ (aux lettres)* Briefkasten *m; écol. ~ à bachot* Presse *f; ~ à manucure* Manikürkasten *m; ~ à outils* Werkzeugkasten *m; ~ à pansements* Verband(s)kasten *m; ~ à trois vitesses* Dreiganggetriebe *n; ⚡ ~ de*

dérivation Abzweigdose *f; ~ de prise de courant* Dose *f des Steckkontaktes; ~ de nuit* Nachtlokal *n; Auto: ~ de vitesses* Getriebe(gehäuse *n) n; électron. ~ logique* logische Schaltung *f.*

boit|er [bwa'te] *v/i.* (1a) hinken; **~eux, -se** [~'tø, ~'tøːz] *adj.* hinkend.

boîtier [bwa'tje] *m* **1.** 🗡 Verband(s)-, Instrumenten-kasten *m;* ⊕ Gehäuse *n; ~ de montre* Uhrgehäuse *n;* **2.** *parl.* Wahlbeauftragte(r) *m;* 📮 Briefkastenleerer *m.*

bol [bɔl] *m* **1.** *phm.* große Pille *f;* **2.** Schale *f;* Bowle *f; fig. prendre un ~ d'air frais* frische Luft schnappen; **3.** P *avoir du ~* Schwein haben.

bolide [bɔ'lid] *m* Meteor *m; Auto:* Rennwagen *m.*

bombance F [bɔ̃'bɑ̃ːs] *f* Prasserei *f.*

bombard|ement [bɔ̃bardə'mɑ̃] *m* Bombardierung *f;* Bombenangriff *m;* **~er** [~'de] *v/t.* (1a) bombardieren, mit Bomben belegen; *fig.* F *mit Worten* angreifen; F plötzlich ernennen; **~ier** 🛩 [~'dje] *m* Bomber *m;* Bombenschütze *m.*

bomb|e [bɔ̃ːb] *f* 🗡 Bombe *f; fig.* große Spraydose *f; fig.* Jockeymütze *f; fig.* Sensation(snachricht *f) f;* P Schmauserei *f,* Prasserei *f;* P *faire la ~* prassen, schwelgen, flott leben; *~ à hydrogène (od. ~ H)* Wasserstoffbombe *f; ~ à retardement* Bombe *f* mit Zeitzünder; *~ atomique* Atombombe *f; ~ d'avion* Fliegerbombe *f; ~ incendiaire* Brandbombe *f; ~ nucléaire* Atombombe *f; ~ à neutrons; ~ N* Neutronenbombe *f;* **~er** [bɔ̃'be] (1a) *v/t.* wölben, schweifen; *fig. ~ le torse (od. la poitrine)* sich vor Hochmut aufplustern; *v/i.* sich wölben; se ~ sich wölben; P nicht haben *(de qch. etw.)*.

bon, -ne [bɔ̃, bɔn] **1.** *adj.* gut; tüchtig; gütig; einfältig; *de ~ne foi* aufrichtig; gutgläubig; *de ~ne heure* frühzeitig; *à la ~ne heure!* das lasse ich mir gefallen!; *à quoi ~? wozu?; ~ marché* billig; *~ mot m* Bonmot *f; prendre en ~ne part* günstig aufnehmen; *selon son ~ plaisir* nach Gutdünken; **2.** *adv.: il fait ~* es ist angenehm warm; *sentir ~* gut riechen; *tout de ~, pour de ~* allen Ernstes; *tenir ~* standhalten; **3.** *m das* Gute; Anweisung *f,* Bestellschein *m;* (Gut-)Schein *m; avoir du ~* etwas für sich haben, e-n Vorteil haben; *~ d'achat* Bezug(s)schein *m; ~ de caisse* Kassen-anweisung *f,* -schein *m; ~ du*

Trésor Schatzanweisung *f*; **4.** *su. der, die* Gute; *mst pl.: les ~s* die Guten *pl.*
bonace ⚓ [bɔ'nas] *f* Meeresstille *f*.
bonasse [bɔ'nas] *adj.* (zu) gutmütig.
bonbon [bɔ̃'bɔ̃] *m* Bonbon *m* od. *n*; **~ne** [~'bɔn] *f* große Korbflasche *f*; **~nière** [~'njɛːr] *f* Konfektdöschen *n*; *fig.* kleine hübsche Wohnung *f*; kleines Haus *n*.
bond [bɔ̃] *m* (Ab-, Auf-)Sprung *m*, Satz *m*; *faire faux ~ à q.* *fig.* j-n versetzen, j-n im Stich lassen; **~e** ⊕ [bɔ̃:d] *f* Spund(loch *n*) *m*; **~é, -e** [bɔ̃'de] *adj.* ganz voll, vollbesetzt, gerammelt voll; **~ir** [~'diːr] *v/i.* (2a) aufspringen; **~issement** [~dis'mɑ̃] *m* Aufspringen *n*.
bondon [bɔ̃'dɔ̃] *m* Spund *m*, Zapfen *m*; **~ner** [~dɔ'ne] (1a) (zu)spunden.
bonheur [bɔ'nœːr] *m* Glück *n*.
bonhom|ie [bɔnɔ'mi] *f* Gutmütigkeit *f*; **~me** [~'nɔm] *m* (*pl.* bonshommes) guter Kerl *m*, Trottel *m*; *gezeichnetes* Männchen *n*; *~ de neige* Schneemann *m*; *petit ~* Knirps *m*.
boni ✝ [bɔ'ni] *m* Überschuß *m*; Guthaben *n*; F Gewinn *m*; **~fier** [~'fje] *v/t.* (1a) ✝ verbessern; ✝ vergüten; **~ment** [~'mɑ̃] *m* **1.** marktschreierische Reklame *f*; **2.** *mv.p.* Quatsch *m*, Schwindel *m*; **~menter** [~mɑ̃'te] *v/i.* (1a) tüchtig die Werbetrommel rühren.
bonjour [bɔ̃'ʒuːr] *m: ~!* guten Morgen!, guten Tag!
bonne [bɔn] *f* Dienstmädchen *n*; *~ à tout faire* Mädchen *n* für alles.
bonnement [bɔn'mɑ̃] *adv.: tout ~* ganz einfach.
bonnet [bɔ'nɛ] *m* Mütze *f*, Haube *f*; Körbchen *n* e-s Büstenhalters; F *gros ~* großes Tier *n*, bedeutende Persönlichkeit *f*; *avoir la tête près du ~* ein Hitzkopf sein; **~erie** [~nɛ'tri] *f* Strumpfwirkerei *f*; Trikotagen *pl.*, Strumpfwaren *pl.* und Körperwäsche *f*; **~te** *phot.* [~'nɛt] *f* Vorsatzlinse *f*.
bonsoir [bɔ̃'swaːr] *m: ~!* guten Abend!
bonté [bɔ̃'te] *f* Güte *f*.
bonze [bɔ̃:z] *m* Bonze *m* (*Priester in Ostasien*); F *fig.* Bonze *m*, großes Tier *n*; P *vieux ~* alter Trottel *m*.
boom [bum] *m* ✝ Boom *m*; * Schulfest *n*.
bord [bɔːr] *m* Rand *m*, Saum *m*; Ufer *n*; (*Schiffs-*)Bord *m*; Borte *f*; *fig.*

Seite *f*, Partei *f*; *Auto: qui avait à son ~ M. ... in dem Herr ...* saß; *sur les ~s* äußerlich; **~age** [bɔr'daːʒ] *m* Einfassen *n*; ⊕ Umbördeln *n*; ⚓ Schiffsplanke *f zur Verkleidung*; **~é** [~'de] *m* Borte *f*, Tresse *f*; ⚓ Beplankung *f*; **~ée** ⚓ [~] *f* Breitseite *f*; Geschützsalve *f*; *fig. ~ d'injures* Flut *f* von Schimpfwörtern; *courir (faire, tirer) des ~s (sur)* lavieren (nach *dat.*); * sich in Kneipen herumtreiben; *allg.* e-e volle Lage geben.
bordelais, -e [bɔrdə'lɛ, ~'lɛːz] *adj.* aus Bordeaux.
border [bɔr'de] *v/t.* (1a) einfassen, säumen; ⊕ umbördeln; ⚓ *la côte* an der Küste entlangfahren; *~ le lit* die Bettücher einschlagen; *~ q.* j-n zu Bett bringen.
bordereau [bɔrdə'ro] *m* (*pl. ~x*) (Geld-)Sortenzettel *m*; Liste *f*, Aufstellung *f*; Begleitzettel *m*.
bordj *arab.* [bɔrdʒ] *m* kleines Fort *n*.
bordure [bɔr'dyːr] *f* Borte *f*, Verbrämung *f*; Rahmen *m*.
boréal, -e [bɔre'al] *adj.* (*m/pl. -aux od. -als*) Nord...
borgne [bɔrɲ] **1.** *adj.* einäugig; *fig.* finster, dunkel, berüchtigt; **2.** *su.* Einäugige(r *m*) *m u. f.*
bor|ique [bɔ'rik] *adj.: acide m ~* Borsäure *f*; **~é, -e** [~'ke] *adj.: eau f ~e* Borwasser *n*.
borne [bɔrn] *f* Grenz-, Eck-stein *m*; Grenze *f*; Schranken *f/pl.*; ⚡ Klemme *f*; *téléph. ~* (*munie d'un téléphone*) Funksäule *f*.
borné, -e [bɔr'ne] *adj.* beschränkt; **~er** [~] *v/t.* (1a) abgrenzen; beschränken; *se ~ à qch.* sich auf etw. (*acc.*) beschränken.
bornoyer [bɔrnwa'je] (1h) *v/i.* visieren; *v/t.* ⚓ fluchten, abstecken.
bosquet [bɔs'kɛ] *m* Hain *m*, Wäldchen *n*, Baumgruppe *f*.
bosse [bɔs] *f* Buckel *m*; Höcker *m*; Beule *f*, Anschwellung *f*; *fig.* F *je n'ai pas la ~ des math* Mathematik liegt mir nicht.
bosseler [bɔs'le] *v/t.* (1c) ⊕ treiben; *mv.p.* verbeulen.
boss|er P [bɔ'se] *v/i.* (1a) schuften (*a. écol.*); **~eur** P [~'sœːr] *m* Arbeitstier *n* (*fig.*).
bossoir ⚓ [bɔ'swaːr] *m* Schwenkkran *m*.
bossu, -e [bɔ'sy] **1.** *adj.* buck(e)lig; höckerig; **2.** *su.* Bucklige(r *m*) *m u. f.*

bossuer [bɔ'sɥe] *v/t.* (1a) Beulen schlagen in (*acc.*); se ~ Beulen bekommen.

bot, -e [bo, bɔt] *adj.*: pied m ~ Klumpfuß *m*.

botanique [bɔta'nik] **1.** *f* Botanik *f*; **2.** *adj.* botanisch.

botte [bɔt] *f* Bündel *n*, Bund *n*; Stiefel *m*; *esc.* Hieb *m*, Stoß *m*, Ausfall *m*; ~ à l'écuyère, ~ de chasse Reitstiefel *m*; ~s *pl.* de mer Wasserstiefel *m/pl.*; ~ de cosaque, weit S. ~ (à la) russe Kosakenstiefel *m*; *fig.* querelle *f* à propos de ~s Streit *m* um des Kaisers Bart.

bottel|age [bɔt'la:ʒ] *m* Binden *n von Stroh usw.*; **~er** [~'le] *v/t.* (1c) bündeln; zu e-m Strauß binden.

botter [bɔ'te] *v/t.* (1a) (*q. j-m*) Stiefel machen *od.* anziehen; F *j-m* e-n Fußtritt versetzen; F ça me botte das paßt mir; F je lui ai botté le train ich habe ihn versohlt.

Bottin [bɔ'tɛ̃] *m* Adreßbuch *n*; ~ téléphonique Telefonbuch *n*.

bottine [bɔ'tin] *f* Halbstiefel *m*.

bottiner * [bɔti'ne] *v/t.* (1a) *j-n* anpumpen; ~ qch. à q. j-m wegen etw. nicht von der Pelle rücken P.

botul|ique [bɔty'lik] *adj.* durch Fleischbakterien vergiftend; **~isme** [~'lism] *m* Botulismus *m*, Fleischvergiftung *f*.

bouc [buk] *m* (Ziegen-)Bock *m*; (Kinn-)Bart *m*; ⊕ Kettenwinde *f*; ~ émissaire Sündenbock *m*, Prügelknabe *m*.

boucan [bu'kɑ̃] *m* Räucherrost *m der Indianer*; F Höllenlärm *m*, Lärm *m*; **~er** [~ka'ne] (1a) *v/t.* räuchern; *v/i.* Büffel jagen.

bouch|e [buʃ] *f* Mund *m*; Maul *n*; Mündung *f*; ~ à feu Geschütz *n*; 👄 à eau Wasserkran *m*; P ta ~! halt's Maul!; faire la petite ~ sich zieren; faire la petite ~ à qch. sich e-r Sache gegenüber verschließen; **~é, ~e** [~'ʃe] *adj.* vernagelt, bekloppt; **~e-à--bouche** [buʃa'buʃ] *m* (*inv.*) Mund-zu-Mund-Beatmung *f*; **~e--bouteilles** [~bu'tɛj] *m* (*inv.*) (*Flaschen-*)Pfropfmaschine *f*; **~ée** [~'ʃe] *f* Mundvoll *m*, Bissen *m*, Happen *m*; mettre les ~s doubles pour (*inf.*) sich beeilen, um ...; **~er¹** [~] *v/t.* (1a) zu-, ver-stopfen; (ab)dichten; zupfropfen; *Tür* zumauern.

boucher² [bu'ʃe] *m* Fleischer *m*, Schlächter *m*; **~erie** [~ʃ'ri] *f* Flei-

scherei *f*; *fig.* Gemetzel *n*.

bouche-trou [buʃ'tru] *m* (*pl.* ~s) Lückenbüßer *m*.

bouchoir ⊕ [bu'ʃwa:r] *m* Schieber *m*.

bouchon [bu'ʃɔ̃] *m* Pfropfen *m*, Stöpsel *m*, Kork(en) *m*, Spund *m*; (Verkehrs-)Stau *m*; ★ Kascchemme *f*; ~ mécanique Patentverschluß *m*; ~ de paille Strohwisch *m*; **~ner** [~ʃɔ'ne] (1a) *v/t.* mit e-m Strohwisch abreiben; F *fig.* verhätscheln; *v/i.* F Verkehrsweg: verstopft sein.

bouchure *dial.* [bu'ʃy:r] *f* lebende Hecke *f*.

boucl|age *bsd.* ✕ [bu'kla:ʒ] *m* Abriegelung *f*; **~e** ['bukl] *f* Ring *m*, Öse *f*; Schlinge *f* in e-m Tau; Schnalle *f*; 🌊 Looping *m*, Überschlag *m*; *géol.* Fluß: Krümmung *f*; ~ de cheveux Locke *f*; **~er** [~'kle] *v/t.* (1a) zuschnallen; F einkasteln, einsperren; ✕ abriegeln; ~ q. j-m Locken legen; 🌊 ~ la boucle e-n Looping machen; *fig.* sich um 180° drehen, sich völlig ändern; **~é** [~kli'e] *m* (Schutz-) Schild *m* (*a. fig.*); *géol.* Felsplateau *n*; ⊕ Vortriebsschild *m*.

bouddhique [bu'dik] *adj.* buddhistisch.

bouder [bu'de] (1a) *v/i.* schmollen, maulen; *im Spiel*: passen; *v/t.* ~ qch. wegen etw. grollen, mit etw. nichts zu tun haben wollen; **~ie** [~'dri] *f* Schmollen *n*.

boudin [bu'dɛ̃] *m* Blut-, Rot-wurst *f*; ~ blanc Weißwurst *f*; ⊕ ressort *m* à ~ Spiralfeder *f*; **~er** [~di'ne] *v/t.* ⊕ extrudieren, strangpressen; F se ~ sich *in ein Kleidungsstück* zwängen.

boue [bu] *f* Schlamm *m*, Bodensatz *m*; Straßenschmutz *m*, Dreck *m* P; traîner dans la ~ in den Dreck ziehen; verunglimpfen; **~s** *pl.* minérales Schlammbad *n*.

bouée ⚓ [bu'e] *f* Boje *f*, Rettungsring *m*.

boul|eur ⚒ [bu'œ:r] *m* Straßenfeger *m*; Müllfahrer *m*; **~eux, -se** [bu'lø, ~'lø:z] **1.** *adj.* schmutzig; **2.** *m* F Straßenfeger *m*.

bouff|ant, -e [bu'fɑ̃, ~'fɑ̃:t] **1.** *adj.* bauschig; **2.** *m* Bausch *m*; **~arde** F [~'fard] *f* (*Tabaks-*)Pfeife *f*; **~e¹** the. [buf] *adj.* komisch; **~e²** P [~] *f* Prasserei *f*; Fressen *n*, Nahrung *f*; **~ée** [~'fe] *f* (Wind-)Stoß *m*; Zug *m* des Rauchers; 🔥 ~ de chaleur Hitzewallung *f*; par ~s ruckweise; P faire une ~

noch ein bißchen arbeiten; **~er** [~] (1a) v/i. sich bauschen; v/t. P gierig essen, fressen; se ~ le nez sich zanken, sich in den Haaren liegen; **~ette** [~'lɛt] f Quaste f, Troddel f; Bandschleife f; **~i, -e** [~'li] adj.: visage m ~ aufgedunsenes Gesicht; style m ~ schwülstiger Stil m; **~iole** dial. [~'ʃɔl] f Mückenstich m; **~ir** [~'fiːr] v/t. u. v/i. (2a) anschwellen; **~issure** [~fi'syːr] f Aufgedunsenheit f; Schwülstigkeit f; **~on, -ne** [~'fɔ̃, ~'fɔn] **1.** adj. possenhaft; **2.** m Possenreißer m; **~onnerie** [~fɔn'ri] f Posse f.

bougle [buːʒ] m elendes Loch n; Spelunke f; Bauch m e-r Tonne; Vertiefung f e-s Tellers; **~eoir** [buˈʒwaːr] m (Hand-)Leuchter m; **~eotte** [~'ʒɔt] f: avoir la ~ ruhelos (od. rastlos) sein; unruhig sitzen; vom Reisetrieb erfaßt sein; **~er** [~'ʒe] v/i. (1l) sich bewegen, sich rühren (a. fig.); **~ie** [~'ʒi] f (Stearin- od. Wachs-)Kerze f; chir. Sonde f, Katheter m; Auto: ~ (d'allumage) Zündkerze f; pointe f de ~ Kerzenstift m, Mittelelektrode f.

bougnat P [buˈɲa] m Kohlenhändler m.

bougnoul arab. péj. [buˈnul] m, a. ♀ Eingeborene(r) m; Araber m.

bougon, -ne [buˈgɔ̃, ~'gɔn] **1.** adj. mürrisch; **2.** su. Griesgram m; **~ner** [~gɔ'ne] v/i. (1a) murren.

bougran [buˈgrã] m Steifleinwand f.

bougrle, -esse F ['bugrə, buˈgrɛs] su. Kerl m, Weib n; **~ement** F [~grə'mã] adv. sehr, riesig.

boui-boui F [bwiˈbwi] m (pl. bouis-bouis) Kaschemme f.

bouif P [bwif] m Schuster m.

bouillabaisse cuis. [bujaˈbɛs] f Bouillabaisse f (provenzalisches Fischgericht), Fischsuppe f.

bouillant, -e [buˈjã, ~'jãːt] adj. kochend; fig. aufbrausend.

bouillasse P [buˈjas] f feiner Nieselregen m.

bouillle F [buj] f Gesicht n; **~eur** [~'jœːr] m Branntweinbrenner m; ⊕ Siede-, Dampf-kessel m; at. Siedewasserreaktor m; ⚡ ~ électrique elektrischer Kocher m; **~i** [~'ji] m (Suppen-)Rindfleisch n; **~ie** [~] f Brei m; **~ir** [~'jiːr] (2e) v/t. (ab)kochen; v/i. sieden, kochen; fig. ~ d'impatience vor Ungeduld vergehen; faire ~ la marmite für den Lebensunterhalt

sorgen; **~oire** [~'jwaːr] f Teekessel m, Wasserkessel m.

bouillon [buˈjɔ̃] m Blase f, Sprudel m; cuis. (Fleisch-)Brühe f, Bouillon f; ~ de culture Nährboden m (a. fig.); fig. F boire un ~ sich verspekulieren, sich bei e-m Geschäft verrechnen, Geld verlieren; F ~ d'onze heures Gifttrank m; Zeitungshandel: ~s pl. Remittenden f/pl.; **~ner** [~jɔ'ne] (1a) v/i. aufwallen, aufsieden (a. fig.); v/t. u. ~ une robe ein Kleid bauschig machen.

bouillotte [buˈjɔt] f Kochkessel m; Wärmflasche f; P Dez m P, Birne f P, Kopf m; **~er** [~'te] v/i. (1a) langsam kochen.

boul' P [bul] m = boulevard.

boulaie [buˈlɛ] f Birkenhain m.

boulangler¹, -ère [bulɑ̃'ʒe, ~'ʒɛːr] su. Bäcker m, Bäckersfrau f; **~er²** [~'ʒe] v/t. (1l) backen; **~erie** [~'ʒri] f Bäckerei f.

boule [bul] f Kugel f; P Kopf m, Birne f P; ⚔ F Kommißbrot n; ~ de neige Schneeball m.

bouleau ♀ [buˈlo] m (pl. ~x) Birke f.

boule-de-neige ♀ [buldəˈnɛːʒ] f (pl. boules-de-neige) Gemeiner Schneeball m.

bouledogue zo. [bulˈdɔg] m Bulldogge f.

boulet [buˈlɛ] m ehm. (Kanonen-)Kugel f; ehm. Eisenkugel f (am Fuß v. Sträflingen); fig. Bürde f, Hemmschuh m; zo. Köte f (am Pferdefuß); Fußball: scharfer Schuß m; Kohle: Eierbrikett n.

boulette [buˈlɛt] f Kügelchen n; cuis. Fleischklößchen n, Klops m, Frikadelle f; F faire une ~ e-e Dummheit machen.

boulevard [bulˈvaːr] m Boulevard m, breite Straße f.

bouleverser [bulvɛr'se] v/t. (1a) umstürzen; fig. erschüttern.

boulier [buˈlje] m Rechenbrett n.

boulimie [buliˈmi] f Heißhunger m; fig. ~ de réformes Reformsucht f.

boulingrin [bulɛ̃ˈgrɛ̃] m Rasenplatz m.

boulistle [buˈlist] m Boulespieler m; **~erie** [~təˈri] f interne Brief- und Paketbeförderung f e-r Verwaltung.

boulodrome [bulɔ'drɔm] m Bouleplatz m.

boulon ⊕ [buˈlɔ̃] m Bolzen m; **~ner** [~lɔ'ne] (1a) v/t. verbolzen; v/i. P (schwer) arbeiten, schuften F; bsd. ⋆

univ. ochsen, büffeln.

boulot, -te [bu'lo, ~'lɔt] **1.** adj. dick und fett; P arbeitsam; **2.** m P Arbeit f.

boulotter F [bulɔ'te] (1a) v/t. futtern, verputzen, essen; v/i.: ça boulotte man wurstelt sich so durch P.

boumer P [bu'me] v/i. (1a): ça boume? geht's gut?

boumian, -e dial. Prov. [bu'mjã, ~'mjan] su. Zigeuner(in f) m.

bouquet [bu'kɛ] m (Blumen-)Strauß m; Bund n; Blume f des Weines; F c'est le ~! das ist das Beste vom Ganzen!; das fehlte gerade noch!; **~ière** [~k'tjɛːr] f Blumenmädchen n.

bouquetin zo. [buk'tɛ̃] m Steinbock m.

bouquin [bu'kɛ̃] m **1.** zo. alter Bock m; Rammler m; **2.** Pfeife: Mundstück n; cornet m à ~ Alphorn n; **3.** F altes Buch n, Schmöker m F, Schwarte f F; **~er** [~ki'ne] v/i. (1a) lesen, schmökern F; **~erie** [~kin'ri] f Antiquariatsbuchhandel m; **~eur** [~'nœːr] m Bücherwurm m (fig.); **~iste** [~'nist] su. Bouquinist(in f) m, Straßenbuchhändler(in f) m, Antiquar m.

bourbe [burb] f Morast m, Schlamm m; **~eux, -se** [~'bø, ~'bøːz] adj. schlammig; **~ier** [~'bje] m Sumpfloch n; fig. üble Lage f, Klemme f F, Patsche f F.

bourdalou [burda'lu] m Hutband n; Schnitzer m F.

bourde F [burd] f grober Fehler m, Schnitzer m F.

bourdon [bur'dõ] m ♪ Baßsaite f; Schnarr-werk n, -pfeife f (der Orgel); große Glocke f; ent. Hummel f; faux ~ Drohne f; **~nement** [~dɔn'mã] m Summen n, Brummen n; **~ner** [~'ne] v/i. (1a) summen, murmeln; sausen.

bourg [buːr] m (Markt-)Flecken m; **~ade** [bur'gad] f kleiner (Markt-)Flecken m.

bourgeois, -e [bur'ʒwa, ~'ʒwaːz] **1.** adj. bürgerlich; **2.** su. Bürger(in f) m; petit ~ m Klein-, Spieß-bürger m; ~ m/pl. besitzende Klasse f; F ma ~e f meine Frau f; **~ie** [~'zi] f Bürgertum n; péj. Bourgeoisie f.

bourgeon [bur'ʒõ] m ♀ Knospe f; ♀ Finne f im Gesicht; **~ner** [~ʒo'ne] v/i. (1a) ♀ Knospen treiben, knospen; ♂ Finnen bekommen.

bourgmestre [burg'mɛstrə] m Belgien, Deutschland, Niederlande, Schweiz: Bürgermeister m.

bourgogne [bur'gɔn] m Burgunder(wein m) m; **~uignon, -ne** [~gi-'nõ, ~'nɔn] **1.** adj. burgundisch; **2.** ♀(ne) su. Burgunder(in f) m.

bourlinguer [burlɛ̃'ge] v/i. (1m) ♠ gegen die Wellen kämpfen; zur See fahren; F ein abenteuerliches Leben führen; sich rumtreiben F; **~eur** F [~'gœːr] m Rumtreiber m (a. zur See).

bourrache ♀ [bu'raʃ] f Borretsch m, Gurkenkraut m; **~ade** [~'rad] f fig. Rippenstoß m; ~ amicale freundschaftlicher Klaps m; **~age** [~'raː3] m ⊕ Dichtung f, Füllung f; F ~ de crâne Verdummnug f, Einpaukerei f, pol. ideologische Bearbeitung f; **~asque** [~'rask] f heftiger Windstoß m; fig. Zornausbruch m.

bourre [buːr] f Woll-, Füll-haar n; ⊕ ~ de laine Putzwolle f; * se tirer la ~ sich Konkurrenz machen; sich in die Wolle kriegen.

bourreau [bu'ro] m (pl. ~x) Scharfrichter m, Henker m; fig. Peiniger m; **~ée** [~'re] f **1.** dial. Reisigbündel n; **2.** Bourrée f (Tanz).

bourrelé, -e [bur'le] adj. gequält (nur fig.); **~et** [~'lɛ] m Sitzpolster n; Wulst m; Abdichtungsstreifen m; Fettpölsterchen n; **~ier** [~rə'lje] m Sattler m.

bourrer [bu're] v/t. (1a) vollstopfen, vollpfropfen; ~ q. de coups j-n übel zurichten.

bourriche [bu'riʃ] f Korb m (ohne Henkel); **~icot** [~ri'ko] m Eselchen n; F kif-kif ~ ganz dasselbe, Jacke wie Hose F; **~in** F [~'rɛ̃] m Pferd n; **~ique** F [~'rik] f Esel(in f) m, Langohr n F; fig. Dummkopf m; **~iquet** ⚒, ⚙ [~'kɛ] m Seilwinde f, Haspel f.

bourru, -e [bu'ry] adj. ♀ filzig; grob, rauh; fig. mürrisch, unwirsch; lait m ~ frisch gemolkene Milch f.

bourse [burs] f Geldbeutel m; Börse f (Gebäude: ♀); univ. Stipendium n; ♀ des titres Wertpapierbörse f; ~ du travail Gewerkschaftshaus n; anat. ~s pl. Hodensack m; **~icot** [~si'ko] m Spargroschen m; **~ier, -ère** [~'sje, ~'sjɛːr] **1.** adj. Börsen...; **2.** su. univ. Stipendiat(in f) m; **3.** m Börsenspekulant m.

boursoufl|age [bursu'flaː3] m Bombast m, Schwulst m; **~é, -e** [~'fle] adj. (an)geschwollen, · (auf)gedunsen; **~er** [~] v/t. (1a) aufblasen; **~ure**

[~'fly:r] *f* Aufgedunsenheit *f*; *fig.* Großsprecherei *f*.

bouscul|ade [busky'lad] *f* Herumstoßen *n*, Durcheinander *n*; Hast *f*, Hektik *f*; **~er** [~'le] *v/t.* (1a) durcheinanderwerfen; drängeln, anrempeln, herumstoßen; *fig.* umstoßen.

bouse [bu:z] *f* (Kuh-)Mist *m*, (-)Fladen *m*.

bousier *zo.* [bu'zje] *m* Mistkäfer *m*.

bousiller [buzi'je] (1a) *v/i.* mit Strohlehm bauen; *v/t.* F verpfuschen; P beschädigen, kaputtmachen; *j-n* fertigmachen P, umbringen.

boussole [bu'sɔl] *f* Bussole *f*; (Magnet-)Kompaß *m*; F *perdre la ~* den Kopf verlieren.

boustifaille P [busti'fa:j] *f* Nahrung *f*; Essen *n*, Fressen *n* P.

bout [bu] *m* Ende *n*; Ablauf *m*; Zipfel *m*; Endchen *n*, Stückchen *n*; *~ de liège* Korkmundstück *n*; *au ~ du compte* schließlich; *à ~ portant* aus nächster Nähe; *téléph.* avoir au *~ du fil j-n* am Telefon (*od.* an der Strippe F) haben; *de ~ en ~* von Anfang bis Ende; *joindre les deux ~s* mit s-m Geld auskommen; zurechtkommen; F *pousser q. à ~* j-n aufs äußerste reizen, F j-n auf die Palme bringen; *venir à ~ de* fertig werden mit (*dat.*); *pol. être à ~ de course* abgewirtschaftet haben.

boutade [bu'tad] *f* Einfall *m*, Idee *f*; Laune *f*, Rappel *m* F.

boute-en-train [butã'trɛ̃] *m* (*inv.*) Stimmungs-, Spaß-macher *m*.

bouteille [bu'tɛj] *f* Flasche *f*; *~ perdue* Einwegflasche *f*; *~ thermos, ~ isolante* Thermosflasche *f*; F *prendre de la ~* altern, klapp(e)rig werden; P *avoir déjà de la ~* bereits über Erfahrung verfügen.

bouteroue [bu'tru] *f* Prellstein *m*.

bouteur * [bu'tœr] *m* Rausschmeißer *m*.

boutiqu|e [bu'tik] *f* Laden *m*; kleine Werkstatt *f*; F *péj.* Bude *f*; *Mode:* Boutique *f*; **~ier, -ère** [~'kje, ~'kjɛːr] *su.* Ladeninhaber(in *f*) *m*; *péj.* Krämer(in *f*) *m*.

boutisse △ [bu'tis] *f* Binder(stein *m*) *m*.

boutoir [bu'twa:r] *m ch.* Gebrech(e) *n*, Rüssel *m des Wildschweins; coup de ~* Ausfall *m*, *fig.* schonungslose Äußerung *f*.

bouton [bu'tɔ̃] *m* Knopf *m*; ♀ Knospe

f; ⚕ Eiterbläschen *n*; *appuyer sur le ~ de la sonnerie* klingeln; *tourner le ~* sich die Tür aufmachen; *⚡ ein-, aus*schalten; *rad. à plein ~* in voller Lautstärke; **~ner** [~tɔ'ne] (1a) *v/t.* zuknöpfen; *v/i.* ♀ Knospen treiben; ⚕ Pickel bekommen; **~nière** [~'njɛːr] *f* Knopfloch *n*; **~poussoir** ⚡ [butɔ̃-pu'swa:r] *m* (*pl. boutons-poussoirs*) Druck-knopf *m*, *-taste f*; **~pression** *cout.* [~prɛ'sjɔ̃] *m* (*pl. boutons-pression*) Druckknopf *m*.

bouture ✓ [bu'ty:r] *f* Steckling *m*.

bouv|erie [bu'vri] *f* Ochsenstall *m*; **~ier** [~'vje] *m* Ochsenhirt *m*.

bouvreuil *orn.* [bu'vrœj] *m* Dompfaff *m*, Gimpel *m*.

bovin, -e [bɔ'vɛ̃, ~'vin] *adj.* Rind(er)...; *bête f ~e*, *espèce f ~e* Rind(vieh *n*) *n*.

box [bɔks] *m* Box *f*, (Pferde-, Auto-) Stand *m*; Einzelgarage *f*; *Krankenhaus:* kleiner Isolierraum *m*; *rad. ~ stéréophonique* Stereobox *f*; **~e** [~] *f* Boxen *n*; **~er** [~'kse] *v/i.* (1a) boxen; **~eur** [~'ksœːr] *m* Boxer *m*; **~on** * [~'ksɔ̃] *m* Bordell *n*.

boyau [bwa'jo] *m* (*pl. ~x*) Darm *m*; langer Schlauch *m* (*a. fig.*); **~x** *pl.* Gedärme *n/pl.*; **~ter** * [~jɔ'te] *v/rfl.* (1a): *se ~* sich totlachen.

boycott|age [bɔjkɔ'ta:ʒ] *m* Boykott *m* P; Boykottierung *f*; Auftrags-, Lieferungs-sperre *f*; **~er** [~'te] *v/t.* (1a) boykottieren.

bracelet [bras'lɛ] *m* Armband *n*, Armreif(en) *m*; *~ gourmette* Gliederarmband *n*; *~ cheville* Knöchelriemchen *n* (*am Damenschuh*); **~montre** [~'mɔ̃:trə] *m* (*pl. bracelets-montres*) Armbanduhr *f*.

brachial, -e [bra'kjal] *adj.* (*m/pl. -aux*) Arm...

braconn|age [brakɔ'na:ʒ] *m* Wildern *n*; **~er** [~'ne] *v/i.* (1a) wildern; **~ier** [~'nje] *m* Wilddieb *m*.

bractée ♀ [brak'te] *f* Deckblatt *n*.

bradé *dial.* [bra'de] *m* verwöhntes Kind *n*.

brader ✝ [bra'de] *v/t.* (1a) verschleudern.

braguette [bra'gɛt] *f* Hosenschlitz *m*.

brai ⚓ [brɛ] *m* Schiffsteer *m*.

braillard, -e [bra'ja:r, ~'jard] **1.** *adj.* laut schreiend; **2.** *su.* Schreihals *m*.

braille [bra:j] *m* Blindenschrift *f*.

brail|ler [bra'je] *v/t. u. v/i.* schreien, brüllen, kreischen; *fig.*

schlecht singen, grölen; **~eur, -se** [~'jœːr, ~'jøːz] 1. *adj.* schreiend, kreischend; 2. *su. Kind:* Schreihals *m.*

braire [brɛːr] *v/i.* (4s) *Esel:* iahen; F brüllen; F grölen.

brais|e [brɛːz] *f* Kohlenglut *f*; Holzkohle *f*; P Geld *n*; **~er** *cuis.* [brɛ'ze] *v/t.* (1b) schmoren; **~ière** [~'zjɛːr] *f* Bratpfanne *f*, Schmortopf *m.*

bramer *ch.* [bra'me] *v/i.* röhren.

brancard [brã'kaːr] *m* Tragbahre *f*; Gabeldeichsel *f*; **~ier** *bsd.* ✗ [~kar-'dje] *m* Krankenträger *m*; Sanitäter *m.*

branch|age [brã'ʃaːʒ] *m* Astwerk *n*; **~e** [brãːʃ] *f* Ast *m* (*a.* 🐾); Zweig *m* (*a. fig.*); ✝ Branche *f*; *fig.* Fach *n*; Flußarm *m*; **⚡** Linie *f*; Schenkel *m e-s Zirkels*; **~ement** [brãʃ'mã] *m* Ab-, Ver-zweigung *f* (*a. ⚡*); **~er** [~'ʃe] *v/i.* auf Bäume fliegen, sich auf e-n Ast setzen; *v/t.* 🐾, ⊕ anschalten, anschließen; abzweigen; *téléph., rad.* ~ *sur* verbinden mit (*dat.*); *fig.* lenken auf (*acc.*); *télév.* ~ *son appareil* s-n Apparat anstellen; **~ie** *zo.* [~'ʃi] *f-* **~s** *pl.* Kiemen *f/pl.*; **~u, -e** [~'ʃy] *adj.* vielästig; stark verzweigt.

brande [brãːd] *f* 🌿 *coll.* Unterholzpflanzen *f/pl.*; *bsd.* Art trockenes Heidekraut *n*; Heide *f.*

brandebourgs [brãd'buːr] *m/pl.* Husarentressen *f/pl.*

brandiller [brãdi'je] *v/t.* (1a) hin und her schlenkern.

brandir [brã'diːr] *v/t.* (2a) schwingen; ~ *l'épée* das Schwert zücken; *fig.* ~ *qch. à q.* j-m etw. *drohend* unter die Nase reiben.

brandon [brã'dõ] *m* 1. brennendes Stückchen *n*; 2. *fig.* Brandfackel *f.*

branle ['brãːl] *m* Anstoß *m*; Schwung *m*; ♪ Reigen *m*; *en* ~ in Bewegung; **~bas** [brãl'bɑ] *m* (*inv.*) ✗ Klarmachen *n* zum Gefecht; *fig.* Durcheinander *n*; **~r** [~'le] (1a) *v/i.* wackeln; *v/t.* schütteln, mit *etw.* wackeln; V *qu'est-ce que tu branles là?* was machst (*od.* F fummelst) du da?

braquage [bra'kaːʒ] *m Auto:* Einschlag *m*; *rayon m de* ~ Wendekreis *m.*

braque[1] [brak] *m* Bracke *m od.* *f*, Hühnerhund *m*; ~ *allemand* deutscher Vorstehhund *m.*

braque[2] F [brak] *adj.* etwas verdreht (*od.* bekloppt).

braquer [bra'ke] (1m) 1. *v/t.* Kanone,

Fernrohr richten, einstellen; 2. * überfallen und ausplündern; 3. *v/i. Auto:* ~ *à gauche die Lenkung* nach links einschlagen.

bras [bra] *m* Arm *m*; *anat.* Oberarm *m*; ♀ Ranke *f*; *zo. Polyp:* Fangarm *m*, *Krebs:* Schere *f*, *Wal:* Flosse *f*; ~ *mécanique* Greifer *m*, Schaufelarm *m* (*Marssonde*); ~ *de pick-up* Tonarm *m*; ~ *dessus* ~ *dessous* untergefaßt; *à tour de* ~, *à* ~ *raccourcis* mit allen Kräften; *avoir le* ~ *long* Einfluß haben; *couper* ~ *et jambes à* q. j-s Pläne vollständig durchkreuzen; j-n restlos aus der Fassung bringen; j-n äußerst erschüttern; *porter* q. *à bout de* ~ j-n hochhalten (*fig.*); *en* ~ *de chemise* in Hemdsärmeln.

bras-colleur * [brakɔ'lœːr] *m* Schlägertyp *m.*

braser ⊕ [bra'ze] *v/t.* (1a) hartlöten.

brasero ⊕ [braze'ro] *m* eiserner Kohlenofen *m für Feuer im Freien.*

brasier [bra'zje] *m* Kohlenglut *f.*

brasiller [brazi'je] *v/i.* (1a) *bsd. Meer:* leuchten.

brassage [bra'saːʒ] *m* Bierbrauen *n*; *fig.* ~ *social* gesellschaftlicher Klassenausgleich *m.*

brassard [bra'saːr] *m* Armbinde *f*; Trauerflor *m.*

brasse [bras] *f* ♠ Faden *m* (*1,65 m*); Klafter *m od. n*; Schwimmstoß *m beim Brustschwimmen*; Brustschwimmen *n.*

brass|ée [bra'se] *f* Armvoll *m*; **~er**[1] [~] *v/t.* (1a) durcheinanderrühren; *Bier* brauen; *fig.* ~ *des affaires* viele Gelegenheitsgeschäfte machen; **~er**[2] ♠ [~] *v/i.* (1a) brassen; **~erie** [~s'ri] *f* Brauerei *f*; Bierhalle *f.*

brassière [bra'sjɛːr] *f* 1. Babyjäckchen *n*; 2. Sackgurt *m*, Gurt *m e-r* Kiepe.

brasure [bra'zyːr] *f* Lötstelle *f*; Lötung *f.*

brav|ache [bra'vaʃ] *m* Maulheld *m*; **~ade** [~'vad] *f* Herausforderung *f*; **~e** [braːv] 1. *adj.* (*nach su.*) tapfer; beherzt, mutig; (*vor su.*) ehrlich, anständig, rechtschaffen, brav; F *faux* ~ = *bravache*; 2. *m* Haudegen *m*; **~er** [bra've] *v/t.* (1a): ~ q. j-m trotzen; *od.* [~'vo] 1. *int.:* ~! bravo!; 2. *m* ~s *pl.* Beifallsrufe *m/pl.*; **~oure** [~'vuːr] *f* Schneid *m*, Tapferkeit *f.*

brayer[1] [brɛ'je] *m* Fahnengurt *m*; Mörtelaufzug *m.*

bringue

brayer² ⚓ [brɛˈje] v/t. (1i) teeren.

break *Auto* [brɛk] *m* Kombi(wagen *m*) *m*.

brebis [brəˈbi] *f* (*Mutter*-)Schaf *n*.

brèche [brɛʃ] *f* Bresche *f*; Scharte *f in e-m Messer usw.*; Einbruchstelle *f*; Wallbruch *m*; (Zahn-)Lücke *f*; Trümmergestein *n*; ~ *fluviale* Flußdurchbruch *m*.

bredouille [brəˈduj] *adj.*: *revenir* ~ unverrichteterdinge zurückkehren; **~er** [~je] v/i. *u.* v/t. (1a) hastig und undeutlich sprechen, nuscheln F.

breeder *at.* [briˈdɛːr] *m* schneller Brüter *m*.

bref, brève [brɛf, brɛːv] **1.** *adj. zeitlich*: kurz; kurzgefaßt; *Ton*: herrisch; **2.** *adv.* kurz, mit einem Wort; **3.** *m rl.* Breve *n*; **4.** *brève f* kurzer Vokal *m*, kurze Silbe *f*.

brelan [brəˈlɑ̃] *m Kartenspiel*: drei gleiche Karten *f/pl.*

breloque [brəˈlɔk] *f* Uhrgehänge *n*.

brésil [breˈzil] *m* Brasilholz *n*; **~ien, -ne** [~ljɛ̃, ~ljɛn] **1.** *adj.* brasilianisch; **2.** ♀(ne) *su.* Brasilianer(in *f*) *m*.

brésiller [breziˈje] (1a) v/t. rot färben; v/i. *u.* se ~ zerbröckeln.

bretelle [brəˈtɛl] *f* Tragriemen *m*; 🚏 Weichenkreuz *n*; Nebenlinie *f*; *Autobahn*: Abzweig *m*; ~ (*d'accès*) Zubringer *m*; **~s** *pl.* Hosenträger *m/pl.*; **~-laisse** [~lɛs] *f* (*pl.* bretelles-laisses) Laufgeschirr *n* (*für Kleinkinder*).

breton, -ne [brəˈtɔ̃, ~ˈtɔn] **1.** *adj.* bretonisch; **2.** ♀(ne) *su.* Bretone *m*, Bretonin *f*.

breuvage [brœˈvaːʒ] *m* (*bsd.* Heil-)Trank *m*.

brève [brɛːv] s. bref.

brevet [brəˈvɛ] *m* Diplom *n*; Patent *n*; ⚖ Urkunde *f*; ~ *de capacité* Unterrichtserlaubnisschein *m*; ~ (*d'enseignement*) Lehrbefähigung *f*; **~er** [~ˈvte] v/t. (1c) patentieren.

bréviaire [breˈvjɛːr] *m* Brevier *n*.

bréviligne [breviˈliɲ] *adj.* untersetzt.

brévité *phon.* [breviˈte] *f* Kürze *f*.

bribe [brib] *f* Brocken *m*.

bric-à-brac [brikaˈbrak] *m* (*inv.*) Gerümpel *n*.

bricheton P [briʃˈtɔ̃] *m* Brot *n*; **~ner** P [~tɔˈne] v/t. (1a) essen.

brick ⚓ [brik] *m* Brigg *f*.

bricolage [brikɔˈlaːʒ] *m* Basteln *n*; *écol.* Werken *n*; **~e** [~ˈkɔl] *f bill.* Rückprall *m*; Trag-, Zug-riemen *m*; *Pferdegeschirr*: Brustblatt *n*; Gele-genheitsarbeit *f*; F wertloses Zeug *n*, Tand *m*; F **~s** *pl.* Bagatellen *f/pl.*; **~er** [~ˈle] (1a) v/t. provisorisch reparieren; v/i. basteln; pfuschen; F die Zeit verplempern; **~eur** ⊕, *rad.* [~ˈlœːr] *m* Bastler *m*, Heimwerker *m*.

bridle [brid] *f* Zaum *m*, Zügel *m* (*a. fig.*); ⚙ Spannriegel *m*; ⊕ Flansch *m*; Bindeband *n*; *avoir la* ~ *sur le cou* nach Belieben schalten und walten dürfen; *fig. tenir la* ~ *haute à q.* j-n kurzhalten; *à* ~ *abattue, à toute* ~ in größter Eile (*od.* Hast); *so schnell wie möglich*; *rendre la* ~ *à l'émotion* seinen Gefühlen freien Lauf lassen; **~é, -e** [~ˈde] *adj.*: *yeux m/pl.* **~s** Schlitzaugen *n/pl.*; **~er** [~] v/t. (1a) (auf)zäumen; zs.-binden; *Kleidung*: drücken; *fig.* zügeln, im Zaum halten; **~on** [~ˈdɔ̃] *m* Trense *f*.

bridge [bridʒ] *m* Bridge(spiel *n*) *n*; (Zahn-)Brücke *f*.

brie [bri] *m* Briekäse *m*.

briefing ✈, *éc.* [briˈfiŋ] *m* Einsatzbesprechung *f*.

brièvelment [brjɛvˈmɑ̃] *adv.* kurz, in wenigen Worten; **~té** [~ˈte] *f* kurze Dauer *f*; *phon.* Kürze *f*.

brifeton P [brifˈtɔ̃] *m* Brot *n*.

brigadle [briˈgad] *f* ✕ Brigade *f*; Arbeiterkolonne *f*; **~ier** [~ˈdje] *m* Rottenführer *m*; ✕ Gefreite(r) *m*; F ~ (*général*) Brigadegeneral *m*.

brigand [briˈgɑ̃] *m* Räuber *m*; **~age** [~ˈdaːʒ] *m* (Straßen-)Raub *m*.

briguer [briˈge] v/t. (1m): ~ *qch.* etw. anstreben, nach etw. (*dat.*) trachten.

brillant, -e [briˈjɑ̃, ~ˈjɑ̃ːt] **1.** *adj.* glänzend; **2.** *m* Schimmer *m*, Glanz *m*; Brillant *m*; **~er** [~ˈje] v/i. (1a) glänzen; scheinen.

brimade [briˈmad] *f* Hänseln *n* (*bsd. e-s Rekruten od. Schülers*).

brimblaler F [brɛ̃baˈle] v/t. *u.* v/i. (1a) (sich) hin und her bewegen; läuten lassen; **~orion** † [~bɔˈrjɔ̃] *m* wertlose Kleinigkeit *f*.

brimer [briˈme] v/t. (1a) necken, hänseln, schikanieren.

brin [brɛ̃] *m* Sproß *m*; Halm *m*; ⊕ ~ *d'antenne* Antennenlitze *f*; *fig. un* ~ ein bißchen; ein Weilchen.

brindezingue P [brɛ̃dˈzɛ̃ːg] *adj.*: *être* ~ *blau* (= *betrunken*) sein.

brindille [brɛ̃ˈdij] *f* kleines Reis *n*; kleiner Zweig *m*.

bringue P [brɛ̃ːg] *f* Prasserei *f*; *Frau*: *grande* ~ lange Bohnenstange *f*; *faire*

la ～ herumsumpfen F; **～eur** P [brɛ̃-
ˈgœːr] *m* Rumtreiber *m*, liederlicher
Mensch *m*.
brioche [briˈɔʃ] *f cuis.* Brioche *f*
(*Hefegebäck*); P Kopf *m*, Birne *f* P; F
Bauch *m*.
brique [brik] *f* Ziegelstein *m*; Riegel
m Seife; * eine Million alte Franc; △
～ *creuse* Hohlziegel *m*; △ ～ *de revête-*
ment Verblender *m*; △ ～ *hollandaise*
Klinker *m*; ✝ ～ *de lait* Milchtüte *f*; P
bouffer des ～s nichts zu beißen haben; **～et** [～ˈkɛ] *m* Feuerzeug *n*; **～eter**
[～kˈte] *v/t.* (1c) mit Ziegelsteinen
pflastern (*od.* umranden); im Ziegel-
steinmuster bemalen; **～eterie** [～kɛ-
ˈtri] *f* Ziegelei *f*; **～ette** [～ˈkɛt] *f* Brikett
f.
bris [bri] *m* Bruch *m*; Aufbrechen *n*; ～
de glace Glasschaden *m*; ～ *pl.* Bruch-
stücke *n/pl.*; **～ant** [～ˈzɑ̃] *m* Klippe *f*;
Riff *n*; **✿ ✦** [briːz] *f* Brise *f*; **～e-bise**
[brizˈbiːz] *m* (*inv.*) Scheibengardine
f.
brisées [briˈze] *f/pl. chin. u. for.* Bruch
m; *fig. aller* (*od. marcher*) *sur les* ～ *de*
q. j-m ins Gehege kommen.
bris|e-glace [brizˈglas] *m* (*inv.*) Eis-
brecher *m*; **～e-jet** ⊕, ✦ [～ˈʒɛ] *m*
(*inv.*) Wasserstrahlregler *m*; **～e-**
-lames ⚓ [～ˈlam] *m* (*inv.*) Wellenbrecher *m*; **～e-mottes** ✦ [～ˈmɔt] *m*
(*inv.*) Schollenbrecher *m*; **～er** [～ˈze]
(1a) *v/t.* zerbrechen, zerschlagen;
fig. ermüden, erschöpfen; v/i.: ～ avec
q. mit j-m brechen; *brisons là!* brechen wir das Gespräch ab!; ⚔ *se* ～
Bruch machen F; **～e-tout** F [～ˈtu] *m*
(*inv.*) Tolpatsch *m*; **～eur** [～ˈzœːr] *m*:
～ *de grève* Streikbrecher *m*; **～ure**
[～ˈzyːr] *f* Sprung *m*; *phon.* Brechung
f; ⊘ Beizeichen *n*.
britannique [britaˈnik] **1.** *adj.* bri-
tisch; **2.** ♌ *su.* Brite *m*, Britin *f*.
broc [bro] *m* Kanne *f*, Krug *m*.
brocant|er [brokɑ̃ˈte] (1a) *v/i.* mit
Antiquitäten usw. handeln; *v/t.* ver-
schachern; **～eur, -se** [～ˈtœːr, ～ˈtøːz]
su. Antiquitätenhändler(in *f*) *m*,
Trödler(in *f*) *m*.
brocard *litt.* [broˈkaːr] *m fig.* Stichelei
f; **～er** *litt.* [～karˈde] *v/t.* (1a) j-n
hochnehmen F.
brocart *text.* [broˈkaːr] *m* Brokat *f*.
broch|e [brɔʃ] *f* Bratspieß *m*; Brosche
f; (*Faß-*)Zapfen *m*; ⊕ Pfriem *m*;
Dorn *m*; **～er** [～ˈʃe] *v/t.* (1a) durch-
wirken; *Buch* heften, broschieren;

Nägel in den Pferdehuf einschlagen.
brochet *icht.* [broˈʃɛ] *m* Hecht *m*; **～te**
[～ˈʃɛt] *f* kleiner Bratspieß *m*; Spieß-
braten *m*; Futterhölzchen *n für junge*
Vögel; Ordensspange *f*.
broch|eur, -se [broˈʃœːr, ～ˈʃøːz] **1.** *su.*
Bücherhefter(in *f*) *m*; **2.** *brocheuse f*
Heftmaschine *f*; **～ure** [～ˈʃyːr] *f* Bro-
schüre *f*; *Buchwerbung:* ～ *de présen-*
tation Musterseiten *f/pl.*; ～ *provoca-*
trice Hetzschrift *f*; *en* ～ geheftet.
brodequin [brodˈkɛ̃] *m* Jagd-, Schi-,
Berg-, Schnür-stiefel *m*.
brod|er [broˈde] *v/t.* (1a) sticken; *fig.*
ausschmücken; *a. v/i.* übertreiben;
* schwindeln, lügen; ～ *au crochet*
häkeln; **～erie** [～ˈdri] *f* Stickerei *f/pl.*
Ausschmückung *f*; Verzierungen
f/pl.; **～eur, -se** [～ˈdœːr, ～ˈdøːz] *m*
Sticker(in *f*) *m*.
broiement [brwaˈmɑ̃] *m* Zermalmen
n.
brom|ique ♫ [broˈmik] *adj.: acide m*
～ Bromsäure *f*; **～ure** [～ˈmyːr] *m*: ～
d'argent Bromsilber *n*.
bronch|e *anat.* [brɔ̃ʃ] *f* Bronchie *f*;
～er [brɔ̃ˈʃe] *v/i.* (1a) straucheln, stolpern (*a. fig.*); **～ite** ✦ [～ˈʃit] *f* Bronchi-
tis *f*.
bronz|e [brɔ̃ːz] *m* Bronze *f*; *fig. cœur*
m de ～ Herz *n aus* Stein; **～er** [brɔ̃ˈze]
v/t. (1a) bronzieren; bräunen (*v. der*
Sonne); *se* ～ braun werden.
broquart *ch.* [broˈkaːr] *m* Spießer *m*.
bross|e [brɔs] *f* Bürste *f*; Pinsel *m*; *fig.*
Malweise *f*; ～ *à dents* Zahnbürste *f*;
～er [～ˈse] *v/t.* (1a) (ab-, aus-)bürsten,
striegeln; grob malen; ～ *un tableau de*
qch. ein Bild von etw. entwerfen; F *se*
～ *le ventre* mit leerem Magen davon-
gehen; das Nachsehen haben; leer
ausgehen.
brou [bru] *m* grüne Nußschale *f*;
Nußbranntwein *m*.
brouette [bruˈɛt] *f* Schubkarre(n *m*)
f; **～er** [～ˈte] *v/t.* (1a) wegkarren.
brouhaha [bruaˈa] *m* Stimmengewirr
n.
brouillage *rad.* [bruˈjaːʒ] *m* Störung
f, Stören *n*.
brouill|ard [bruˈjaːr] *m* **1.** Nebel *m*; ～
givrant Reifnebel *m*; **2.** ✝ Kladde *f*;
～asser F [～jaˈse] *v/i.* (1a) nieseln.
brouill|e F [bruj] *f* Krach *m*, Streit *m*;
～er [～ˈje] *v/t.* (1a) vermischen; *Pa-*
piere durcheinanderbringen; *Ei* rühren; *rad.* stören; *fig.* verwirren; *se* ～
trübe werden; *fig.* sich überwerfen

~eur *rad.* [~'jœːr] *m* Störsender *m*.

brouillon, -ne [bru'jõ, ~'jɔn] **1.** *adj.* unordentlich; *esprit m ~* Wirrkopf *m*; **2.** *m* erster Entwurf *m*, *das* Unreine, Konzept *n*; Wirrkopf *m*; **~ner** [~jɔ'ne] *v/t.* (1a) entwerfen.

brou|ir [bru'iːr] *v/t.* (2a) *Sonne:* Saat, *Pflanzen* versengen; **~issure** [~i'syːr] *f* Frostbrand *m* (*durch Sonne*).

brouss|ailles [bru'saːj] *f/pl.* Gestrüpp *n*, Dickicht *n*; **~ailleux, -se** [~sa'jø, ~jøːz] *adj.* buschig; **~e** [brus] *f* Busch(wald *m*) *m*.

brout [bru] *m* (*Baum-)*Trieb *m*.

brouter [bru'te] (1a) *v/t.* abweiden; *v/i.* ⊕ rattern.

broutille [bru'tij] *f:* ~s *pl.* Kleinkram *m*, F Kram *m*, Krimskrams *m*.

broy|er [brwa'je] *v/t.* (1h) zermalmen, zerstoßen; **~eur** [~'jœːr] *m* Mühle *f*, Mahlwerk *n*, (*Farben-*) Reiber *m*; (*Flachs-)*Brecher *m*.

brrr! [brrr] *int.* **1.** *Angst:* huch!; **2.** *Kälte:* brr!

bru *litt.* [bry] *f* Schwiegertochter *f*.

bruin|e [bruin] *f* Sprühregen *m*; **~er** [~'ne] *v/impers.* (1a) nieseln; **~eux, -se** [~'nø, ~'nøːz] *adj.* naßkalt, nieselnd.

bruire *litt.* [bruiːr] *v/i.* (4cc) rauschen, brausen; *Wind:* sausen; *Stoff:* rascheln; *Donner:* rollen.

bruissement *litt.* [bruis'mã] *m* Rauschen *n*; Geräusch *n*; Rascheln *n*.

bruit [brui] *m* Geräusch *n*, Lärm *m*; Gerücht *n*; *rad.* ~ *parasite* Nebengeräusch *n*; *isolé contre le* ~ schalldicht; **~age** *cin.,* *rad.,* *télév.,* *thé.* [~'taːʒ] *m* Geräuschkulisse *f*.

brûl|é [bry'le] *m* Brand-geschmack *m*, -geruch *m*; *fig.* sentir le ~ *dans l'air* fühlen, daß etw. Unheilvolles in der Luft liegt; **~e-gueule** P [bryl'gœl] *m* (*inv.*) kurze (Tabaks-)Pfeife *f*; **~e- -parfum** [~par'fœ̃] *m* (*inv.*) Räucherfaß *n*; **~e-pourpoint** [~pur-'pwɛ̃] *adv.:* *à* ~ ins Gesicht, geradeheraus; *fig.* überraschend; **~er** [~'le] *v/t.* (1a) (ver-, an-) brennen; rösten; 🚗 vorbeifahren, ohne anzuhalten; *Signal* überfahren; F denunzieren; ~ *la cervelle e-e* Kugel durch den Kopf jagen; ~ *l'opinion* im Brennpunkt der öffentlichen Meinung stehen; ~ *sans flamme* schwelen; **~eur** [~'lœːr] *m* (Brannt-wein-, Gas-)Brenner *m*; **~oir** [~'lwaːr] *m* Kaffeeröstmaschine *f*; **~ot** [~'lo] *m* Glühbranntwein *m* mit

Zucker; Feueranzünder *m* (*für den Herd*); *fig.* Stänker *m*; *journ.* Hetzblatt *n*; *ehm.* ⚓ Brander *m*; **~ure** [~'lyːr] *f* Brandwunde *f*; *Empfindung:* Brennen *n*; ~s *pl.* d'estomac Sodbrennen *n*.

brum|e [brym] *f* Dunst *m*; Nebel *m* (*bsd. über dem Meer*); **~eux, -se** [~'mø, ~'møːz] *adj.* neb(e)lig, dunstig; *fig.* unklar.

brun, -e [brœ̃, bryn] *adj.* braun; brünett; dunkel; *~être* [bry'nɑːtr] *adj.* bräunlich; **~ette** [~'nɛt] *f* Brünette *f*; **~ir** [~'niːr] *v/t.* (2a) bräunen (*a. v. der Sonne*); braun beizen; polieren; **~issage** [~ni'saːʒ] *m* Polieren *n*, Politur *f*.

brusqu|e [brysk] *adj.* brüsk, barsch; plötzlich; **~er** [~'ke] *v/t.* (1m) hart anfahren; beschleunigen; **~erie** [~kə'ri] *f* barsches Wesen *n*, Schroffheit *f*, kränkende Äußerung *f*.

brut, -e [bryt] **1.** *adj.* roh; △ unverputzt; 🍇 Brutto..., Roh...; *pétrole m ~* (*a. ~ m*) Rohöl *n*; *poids m ~* Bruttogewicht *n*; **2.** *adv.* brutto.

brutal, -e [bry'tal] *adj.* (*m/pl. -aux*) brutal, gemein, roh, grob; **~iser** [~li'ze] *v/t.* (1a) mißhandeln.

brute [bryt] *f* **1.** *litt.* Bestie *f*, wildes Tier *n*; **2.** brutaler Kerl *m*, Grobian *m*.

bruyance *bsd.* ⊕, 🔊 [bruij'jãːs] *f* Geräusch *n*.

bruyant, -e [bry'jã, ~'jãːt] *adj.* laut, tobend, brausend, rauschend.

bruyère [bry'jɛːr] *f* Heidekraut *n*; Heide *f*; *petit coq m* de ~ Birkhahn *m*.

bu [by] *p.p.* *von* boire.

buanderie [buã'dri] *f* Waschküche *f*.

bubon [by'bõ] *m* ♿ Lymphknotenschwellung *f*; 🌿 Steineppich *m*; **~ique** [~bo'nik] *adj.:* peste *f* ~ Beulenpest *f*.

buccal, -e [by'kal] *adj.* (*m/pl. -aux*): *cavité f* ~e Mundhöhle *f*.

bûche [byʃ] *f* Scheit *n*, Kloben *m*; F Dummkopf *m*; *pât.* ~ *de Noël* Art Cremerolle *f*.

bûcher¹ [by'ʃe] *m* Holzstall *m*; Scheiterhaufen *m*.

bûcher² [by'ʃe] (1a) **1.** *v/t.* behauen; F durchprügeln; *écol.* vorbereiten, sich etw. einpauken, etw. büffeln od. pauken; **2.** *v/i.* F schuften; *bsd. écol.* büffeln, ochsen.

bûcheron, -ne [byʃ'rõ, ~'rɔn] *su.* Holzfäller *m*, Holzfällersfrau *f*.

bûchette [by'ʃɛt] *f* Holzspan *m*.

bûcheur F *écol.* [by'ʃœ:r] *m* Streber *m*.

budget [byd'ʒɛ] *m* Budget *n*, Staatshaushalt *m*, Etat *m*, Haushaltsplan *m*; (persönliche) Mittel *n/pl.*; *tout est question de* ~ alles hängt von der Brieftasche ab.

budgét|aire [bydʒe'tɛ:r] *adj.* Haushalts..., etatmäßig, zum Budget gehörig; **~ivore** *plais.* [~ti'vɔ:r] **1.** *adj.* auf Staatskosten lebend; **2.** *su.* Steuernutznießer *m*.

buée [byɛ] *f* Dunst *m*; Wrasen *m*; Dampf *m*; Beschlagen *n* der Fenster.

buffet [by'fɛ] *m* **1.** Büfett *n*; ⊕ Erfrischungsraum *m*, Bahnhofswirtschaft *f*; F *danser devant le* ~ nichts zu essen haben; **2.** P Magen *m*.

buffl|e ['byflə] *m zo.* Büffel *m*; Büffelleder *n*; **~eterie** [~flɛ'tri] *f* Arbeiten *f/pl.* aus Büffelleder; **~onne** *zo.* [~'flɔn] *f* Büffelkuh *f*.

bugle ♪ ['byglə] *m* Signalhorn *n*.

building [bil'diŋ] *m* Hochhaus *n*.

buis ♧ [bɥi] *m* Buchsbaum *m*.

buisson [bɥi'sɔ̃] *m* Busch *m*, Gebüsch *n*; **~neux, -se** [~sɔ'nø, ~'nø:z] *adj.* buschig; **~nière** [~'njɛ:r] *adj./f:* *faire l'école* ~ die Schule schwänzen; *allg., plais.* blaumachen F.

bulb|e ♧ [bylb] *m* Zwiebel *f*, Knolle *f*; **~eux, -se** [~'bø, ~'bø:z] *adj.* ♧ knollig, zwiebelartig; *anat.* wulstig.

bulgare [byl'ga:r] **1.** *adj.* bulgarisch; **2.** ⚩ *su.* Bulgare *m*, Bulgarin *f*.

bulldozer ⊕ [buldo'zœ:r] *m* Planierraupe *f*, Bulldozer *m*.

bulle [byl] *f* Blase *f*; *rl.* Bulle *f*; * *écol. attraper une* ~ es verhauen (*od.* verpatzen); **2.** *m* Packpapier *n*.

bulletin [byl'tɛ̃] *m* Stimmzettel *m*; Bericht *m*, Schulzeugnis *n*; Schein *m*; ~ *de commande* Bestellschein *m*; ~ *d'expédition* (Post-)Paketkarte *f*; ~ *financier* Börsenbericht *m*; ~ *officiel* Amtsblatt *n*.

bulleux, -se [by'lø, ~'lø:z] *adj.* blasig.

bunker [bun'kœ:r] *m* ⚔ Bunker *m*; *pol.* Untergrund *m*.

buraliste [byra'list] *su.* ⚭ Schalterbeamte(r) *m*, -beamtin *f*; Tabakverkäufer(in *f*) *m*; Steuereinnehmer *m*.

bure [by:r] *f* grober Wollstoff *m*; ⚒ Blindschacht *m*.

bureau [by'ro] *m* (*pl.* ~*x*) Schreib-, Zahl-tisch *n*; Amt(szimmer *n*) *n*); Büro *n*, Kontor *n*, Kanzlei *f*;

Dienst-, Geschäfts-stelle *f*, Agentur *f*; *geschäftsführender Ausschuß m*, Vorstand *m* e-r *Versammlung*; ~ *ambulant* Bahnpost *f*; ~ *central (téléphonique)* Fernmeldeamt *n*; ~ *de douane* Zollabfertigung(sstelle *f*) *f*; ~ *de mécanographie* Lochkartenabteilung *f*; ~ *de placement* Stellenvermittlungsbüro *n*; ~ *de poste* Postamt *n*; ~ *de renseignements* Auskunftsbüro *n*; ~ *des logements* Wohnungsnachweis *m*; ~ *ministre* Diplomatenschreibtisch *m*; *thé.* *jouer à* ~*x fermés* vor ausverkauftem Haus spielen; **~crate** *péj.* [~'krat] *m* Bürokrat *m*, Federfuchser *m*, Aktenmensch *m*; **~cratie** [~kra'si] *f* Bürokratie *f*; **~cratique** [~'tik] *adj.* bürokratisch.

burette [by'rɛt] *f* Öl-kännchen *n*, -kanne *f*; *rl.* Meßkännchen *n*; P Kopf *m*; * ~*s pl.* Hoden *pl.*

burin ⊕ [by'rɛ̃] *m* Meißel *m*, Grabstichel *m*; **~é, -e** [~ri'ne] *adj.: figure f* ~*e par l'âge* vom Alter gezeichnetes Gesicht *n*; **~er** [~] *v/t.* (1a) mit dem Grabstichel stechen.

burlesque [byr'lɛsk] *adj.* burlesk.

bus¹ [bys] *p/s.* von *boire.*

bus² [bys] *m* Bus *m*.

busard *orn.* [by'za:r] *m* Weih(e *f*) *m*.

busc [bysk] *m* Krümmung *f* des Gewehrkolbens; ⊕ Schleusentoranschlag *m*.

buse [by:z] *f orn.* Bussard *m*; ⊕ Düse *f*; Schacht *m*; F Dussel *m*.

business [biz'nɛs] *m* F Geschäft *n*; P knifflige Arbeit *f*.

busphone [bys'fɔn] *m* telefonisch bestellbarer Bus *m*.

buste [byst] *m* Brustbild *n*; Büste *f*; Oberkörper *m*.

but [byt, *bsd.* Sport: by] *m* Zweck *m*, Ziel *n*; *Sport:* Tor *n*, Mal *n*, Ziel *n*; *avoir pour* ~ bezwecken; *marquer un* ~ ein Tor schießen; **~ée** [~'te] *f* Anschlag *m*; Widerlager *n*; **~er** [~] (1a) *v/i.* stoßen (*contre auf acc.*); *v/t.* stützen; P töten; *fig. se* ~ *à qch.* hartnäckig auf etw. (*dat.*) bestehen; *Kind: se* ~ bockig sein (*od.* werden); **~eur** *Sport* [~'tœ:r] *m* Torschütze *m*.

butin [by'tɛ̃] *m* Beute *f*; **~er** [~ti'ne] *v/t. u. v/i.* (1a): ~ *(sur) les fleurs* Honig aus den Blumen sammeln; ~ *quelques renseignements* einige Auskünfte einholen.

butoir ⚭ [by'twa:r] *m* Prellbock *m*.

butor [by'tɔ:r] *m orn.* Rohrdommel *f*;

fig. Flegel *m*, Grobian *m*.

butt|e [byt] *f* Erdhügel *m*; Schießstand *m*, Kugelfang *m*; *Rangierbahnhof*: Ablaufberg *m*; *fig.* être en ∼ à e-r *Sache* ausgesetzt sein; **∼er** [∼'te] *v/t.* (1a) ⚡ anhäufeln; P töten.

buv|able [by'vablə] *adj.* trinkbar; F (*mst verneint*) erträglich; **∼ard** [∼'va:r] *m* (*od. adjt.*: *papier m* ∼) Löschblatt *n*; Löschpapier *n*; **∼eton** ★ *écol.* [∼v't5] *m* Löschblatt *n*; **∼ette** [∼'vɛt] *f* Erfrischungsraum *m* (*a. thé.*, ☕); Imbißstube *f*; Trinkhalle *f* (*in Heilbädern*); **∼eur, -se** [∼'vœ:r, ∼'vø:z] *su.* Trinker(in *f*) *m*; **∼oter** F [∼vɔ'te] *v/i.* (1a) oft einen heben.

byzantin, -e [bizɑ̃'tɛ̃, ∼'tin] *adj.* byzantinisch; **∼iser** F [∼tini'ze] *v/i.* (1a) sich in Spitzfindigkeiten verlieren.

C

C (*ou* **c**) [se] *m* C (*od.* c) *n*.

c' [s-] *pr/d. vor* est ist, était war *u. vor* en davon = ce dies.

ç' [s-] *pr/d. vor* a (avait) été ist (war) gewesen, aura (aurait) été wird (würde) gewesen sein *u. vor* allait être sollte sein (werden) = ce dies.

ça F [sa] *pr/d.* = cela; das, dies, es; c'est ∼! stimmt!; ganz recht!; ∼ alors! nanu!, das ist ja allerlei!; comme ∼ so; ✝ et avec ∼? soll's noch etwas sein?

çà [sa] **1.** *adv.* hier, hierher; ∼ et là hier und da; hierhin und dorthin; **2.** *int.* (*nur noch iron.*): ∼! los!; or ∼! nun also!; nun denn!

caball|e [ka'bal] *f* Kabale *f*, Intrige *f*; **∼er** *litt.* [∼'le] *v/i.* (1a) Ränke schmieden.

caban [ka'bɑ̃] *m* ⚓ Regenmantel *m* mit Kapuze; sportlicher Damenblazer *m*.

caban|e [ka'ban] *f* Hütte *f*, Baude *f*; Häuschen *n*, Bude *f*; ∼ à lapins Kaninchenstall *m*; **∼on** [∼'nɔ̃] *m* Wohnlaube *f*; Wochenend-, Strand-häuschen *n*; Isolier-, Gummi-zelle *f*.

cabaret [kaba'rɛ] *m* (*a.* ∼ artistique) Kabarett *n*; Weinstube *f*, Nachtlokal *n*, -klub *m*.

cabas [ka'bɑ] *m* Einkaufs-korb *m*, -tasche *f*; Plastikbeutel *m*.

cabestan ⊕, ⚓ [kabɛs'tɑ̃] *m* Winde *f*.

cabillaud *icht.* [kabi'jo] *m* Kabeljau *m*.

cabine [ka'bin] *f* ⚓ Kabine *f*, Kajüte *f*, Koje *f*; ✈ Flugzeugkabine *f*, Führerstand *m*; Badezelle *f*, Fernsprechzelle *f*; ⛴ ∼ d'aiguillage Stellwerk *n*.

cabinet [kabi'nɛ] *m* Arbeits-, Geschäfts-zimmer *n*; Kabinett *n*, Regierung *f*; Sammlung *f*; Schränkchen *n* mit Schubladen; ∼(s) d'aisances Abort *m*, WC *n*, Toilette *f*; ∼ d'avocat Rechtsanwaltsbüro *n*; ∼ de lecture Leihbücherei *f*; installer un ∼ médical e-e Artzpraxis einrichten.

câbl|e ['kɑ:blə] *m* Kabel *n*, dickes Seil *n*, Tau *n*; ∼ d'allumage Zündkabel *n*; ∼ intercontinental Überseekabel *n*; ∼ métallique Drahtseil *n*; **∼er** [kɑ'ble] *v/t.* (1a) ein Seil drehen; kabeln;

∼ogramme [∼blɔ'gram] *m* Überseetelegramm *n*, Kabel *n*.

caboche [ka'bɔʃ] *f* F Kopf *m*; ⊕ Nagel *m* mit breitem Kopf.

caboss|e [ka'bɔs] *f* ♀ Kakaoschote *f*; Südfrankreich: Maiskolben *m*; **∼er** [∼'se] *v/t.* (1a) ein-, ver-beulen.

cabot [ka'bo] *m* **1.** P Schmierenschauspieler *m*; **2.** P Köter *m*, Töle *f*; **3.** ✶ ⚔ Korporal *m*, Gefreite(r) *m*.

cabot|age [kabo'ta:ʒ] *m* Küstenschiffahrt *f*; **∼in** F péj. [∼'tɛ̃] *m* Schmierenkomödiant *m*; *fig.* Wichtigtuer *m*.

cabrer [ka'bre] *v/t.* (1a) Flugzeug hochziehen; *abs.* abfangen; se ∼ sich (auf)bäumen.

cabri [ka'bri] *m* Zicklein *n*; kurzhaarige, hörnerlose Ziege *f* aus Schwarzafrika; **∼ole** [∼'ɔl] *f* Luftsprung *m*; **∼olet** [∼ɔ'lɛ] *m* Auto: Kabriolett *n*.

cabus [ka'by] *adj./m*: chou *m* ∼ Kopfkohl *m*.

cacahuète ♀ [kaka'ɥɛt] *f* Erdnuß *f*.

cacao [kaka'o] *m* Kakao *m* (*Bohne*, *Pulver*).

cacarder [kakar'de] *v/i.* (1a) schnattern.

cacatoès *orn.* [kakatɔ'ɛs] *m* Kakadu *m*.

cachalot *zo.* [kaʃa'lo] *m* Pottwal *m*.

cache [kaʃ] **1.** *f litt.* Versteck *n*; *phot.* Schutzpapier *n*, Kopiermaske *f*; **2.** *m typ., pol.* Überkleber *m*; **∼-cache** [∼'kaʃ] *m* (*nur sg.*) Versteckspiel *n*; **∼-col** [∼'kɔl] *m* (*inv.*) Kragenschoner *m*; **∼-misère** *phm.* [∼mi'zɛːr] *m* (*inv.*) Abschirmungsmittel *n*; **∼-nez** [∼'ne] *m* (*inv.*) Schal *m*, Halstuch *n*.

cach|er [ka'ʃe] *v/t.* (1a) verstecken, verbergen; verheimlichen; F esprit *m* caché Leisetreter *m*; **∼e-sexe** [∼ʃ'sɛks] *m* (*inv.*) Slip *m*, Schlüpfer *m*, Höschen *n*.

cachet [ka'ʃɛ] *m* (Brief-)Stempel *m*, Petschaft *n*, Siegel *n*; *fig.* Gepräge *n*; Tablette *f*; Privatstundengeld *n*; thé. Gage *f*; ∼ officiel Dienstsiegel *n*; F courir le ∼ Privatstunden außer Haus geben; **∼er** [∼ʃ'te] *v/t.* (1c) (ver)siegeln; **~onner** P [~tɔˈne] v/i. (1a): ~ à la télé auf Fernsehgagen erpicht sein; **~te** [~ˈʃɛt] f Versteck n; en ~ heimlich.

cachexie ♀ [kaʃɛˈksi] f Körperzerfall m.

cachot [kaˈʃo] m Verlies n; **~terie** [~ʃɔˈtri] f Heimlichtuerei f, Geheimniskrämerei f; **~tier, -ère** [~ˈtje, ~ˈtjɛːr] su. Geheimniskrämer(in f) m.

cacique [kaˈsik] m 1. écol. Primus m beim Concours de l'Ecole Normale Supérieure; 2. allg. führender Kopf m.

cactus ♀ [kakˈtys] m Kaktus m.

cadastre [kaˈdastr] m Grundbuch n, Kataster m od. n.

cadav|éreux, -se [kadaveˈrø, ~ˈrøːz] adj. leichenblaß; Leichen...; **~érique** anat. [~ˈrik] adj. Leichen...; **~re** [~ˈdaːvr] m v. Menschen: Leiche f; v. Tieren: Kadaver m; P ausgetrunkene Flasche f.

caddie [kaˈdi] m 1. Einkaufswagen m (im Supermarkt); 2. Sport: Golfjunge m.

cadeau [kaˈdo] m (pl. ~x) Geschenk n.

cadenas [kadˈna] m Hänge-, Vorlege-schloß n.

cadenc|e [kaˈdãːs] f Tonfall m; Takt m; Rhythmus m; ⊕ Tempo n; ~ journalière Tagesleistung f; paraissant à la ~ d'un volume par mois im Rhythmus von einem Band pro Monat erscheinend; **~é, -e** [~dãˈse] adj. rhythmisch; taktmäßig; au pas ~ im Gleichschritt; **~er** [~] v/t. (1k) rhythmisch gliedern; ~ son pas Schritt halten.

cadet, -te [kaˈdɛ, ~ˈdɛt] 1. adj. jünger(e); 2. su. jüngere (od. jüngster) Sohn m, jüngere (od. jüngste) Tochter f; Jüngste(r m od. n u. f; Sport: Junior(in f) m; il est mon ~ de deux ans er ist zwei Jahre jünger als ich; 3. m ✕ Kadett m.

cadr|an [kaˈdrã] m Zifferblatt n; Skala f; téléph. Nummernscheibe f; ~ solaire Sonnenuhr f; **~e** [ˈkaːdr] m Bild, vél., Tür: Rahmen m; P Bild n; Rahmenantenne f; fig. Rahmen m, Zusammenhang m; ✕ Verband m; Kader m, Stamm m; Stammrolle f; fig. Bereich m; ~ intime Gemütlichkeit f; ~ incorporé eingebaute Antenne f; ~ orienté Richtantenne f; ~ des traitements Besoldungsordnung f; ~ technique technischer Stab m

(Meister u. Ingenieure); ~ supérieur leitender Angestellter m; ~ moyen mittlere Führungskraft f; **~er** [kaˈdre] v/i. (1a) übereinstimmen.

cad|uc, -que [kaˈdyk] adj. hinfällig (a. ♣); überholt; ♣ gebrechlich; ♀ abfallend; santé f caduque schwindende Gesundheit f; **~ucité** [~siˈte] f Hinfälligkeit f; Ungültigkeit f; ♣ Gebrechlichkeit f.

cæcum anat. [seˈkɔm] m Blinddarm m.

caf ✝ [kaf] adj. od. adv. (abr. für coût, assurance, fret Kosten, Versicherung, Fracht) cif.

cafard, -e [kaˈfaːr, ~ˈfard] 1. adj. scheinheilig; 2. su. Scheinheilige(r m) m u. f; Denunziant(in f) m; écol. Petze f; 3. m ent. Sch(w)abe f; F Mißstimmung f, moralischer Kater m F; avoir le ~ traurig (od. deprimiert, mutlos, mißgestimmt) sein; schwarzsehen; Heimweh haben; faire du ~ Trübsal blasen; **~er** * a. écol. [~farˈde] (1a) v/i. denunzieren; écol. petzen; v/t. F verpfeifen, denunzieren; écol. verpetzen.

café [kaˈfe] m Kaffee m; Kaffeehaus n, Café n; **~s** pl. Kaffeesorten f/pl.; ♣ F petit ~ Muckefuck m; ~ crème (~ nature) Kaffee mit (ohne) Milch; ~ soluble löslicher Kaffee m; F c'est un peu fort de ~ das ist ja übertrieben.

cafet|ier [kafˈtje] m Cafébesitzer m; **~ière** [~ˈtjɛːr] f Kaffeekanne f; Kaffeemaschine f.

cafouiller P [kafuˈje] v/i. (1a) Motor: bocken; Redner: sich verhaspeln.

cafre [ˈkafrə] 1. adj. Kaffern...; 2.♀ su. Kaffer(nfrau f) m.

cage [kaːʒ] f (Vogel-)Bauer n, Käfig m; F kleine Stube f, Hütte f; Loch n P; F Gefängnis n; d'escalier Treppenhaus n; ⊕ ~ de laminoir Walzgerüst n.

cagneux, -se [kaˈɲø, ~ˈɲøːz] adj. X-beinig.

cagot, -e litt. [kaˈgo, ~ˈgɔt] 1. adj. scheinheilig; 2. su. Frömmler(in f) m; Heuchler(in f) m.

cagoul|ard Fr. ehm. pol. [kaguˈlaːr] m Anhänger m der Cagoule; **~e** [~ˈgul] f 1. Kapuze f mit Augenschlitzen; 2. la ♀ rechtsextreme Umsturzbewegung des Comité secret d'action révolutionnaire (1932–1940).

cahier [kaˈje] m (Schreib-)Heft n; ~ des charges Kauf-, Ausschreibungs-,

Submissions-bedingungen *f/pl.*; Lastenheft *n*; *écol.* ~ *de compositions* Klassenarbeitsheft *n*.

cahin-caha F [kaʃka'a] *adv.* schlecht und recht, nicht zum besten.

cahot [ka'o] *m* Stoß *m des Wagens*; **~er** [~o'te] (1a) *v/t.* stoßen, hin und her werfen; *v/i.* rumpeln.

cahute [ka'yt] *f* armselige Hütte *f*.

caïd P [ka'id] 1. *m* energischer Mann *m*, Chef *m*; *péj.* Gangsterboß *m*; 2. *f péj.* Anführerin *f*.

caïeu ⚕ [ka'jø] *m* Brutzwiebel *f*.

caille *orn.* [ka:j] *f* Wachtel *f*.

caillé [ka'je] *m* dicke Milch *f*; **~ebo-tis** [kajbo'ti] *m* Lattenrost *m*; **~e-botte** [~'bɔt] *f* Quark *m*; **~er** [~'je] *v/t.* (1a) gerinnen machen; **~ette** *zo.* [~'jɛt] *f* Labmagen *m*.

caillot ✿ [ka'jo] *m* Blutgerinnsel *n*.

caillou [ka'ju] *m (pl. ~x)* Kieselstein *m*; **~tage** [~'ta:ʒ] *m* Beschotterung *f*; Schotterbelag *m*; **~ter** [~'te] *v/t.* (1a) beschottern; **~tis** [~'ti] *m* Kiesschicht *f*.

caïman [kai'mɑ̃] *m zo.* Kaiman *m*; * *Fr. univ.* Repetitor *m* an der Ecole normale supérieure.

caisse [kɛs] *f* Kiste *f*; Kasten *m*; Kasse *f*; Trommel *f*; *Auto*: Karosserie *f*; P✗ Karzer *m*; *grosse* ~ Pauke *f*; ~ *d'assurance maladie* Krankenkasse *f*; ~ *d'épargne* Sparkasse *f*; ~ *enregistreuse* Registrierkasse *f*; *tenir la* ~ die Kasse führen; *fig. battre la grosse* ~ Reklame machen; **~ier, -ère** [~'sje, ~'sjɛ:r] *su.* Kassierer(in *f*) *m*; **~on** [~'sɔ̃] *m* Kasten-, Munitions-, Proviant-wagen *m*; Wagenkasten *m*; ⚓ Senkkasten *m*; *weit* ✗. Betonbauwerk *n*; Fach *n*, Kassette *f* *e-r Zimmerdecke*; P *se faire sauter le* ~ sich erschießen.

cajoler [kaʒɔ'le] *v/t.* (1a) verhätscheln; umschmeicheln; **~erie** [~'ri] *f* Liebkosung *f*; **~eur, -se** [~'lœ:r, ~'lø:z] 1. *adj.* (ein)schmeichelnd; 2. *su.* Schmeichler(in *f*) *m*.

cal [kal] *m (pl. ~s)* Schwiele *f*.

calamité [kalami'te] *f* Unheil *n*; **~eux, -se** [~'tø, ~'tø:z] *adj.* unheilvoll.

calandre [kalɑ̃'drə] *f* (Wäsche-) Rolle *f*, Mangel *f*; *Auto*: Kühlerhaube *f*; **~er** [~lɑ̃'dre] *v/t.* (1a) *Wäsche* rollen.

calcaire [kal'kɛ:r] 1. *adj.* kalkartig; 2. *m* Kalk *m*, Kalk-stein *m*, -erde *f*.

calcification ✿ [kalsifika'sjɔ̃] *f* Verkalkung *f*; **~nation** ⚕ [~nɑ'sjɔ̃] *f* Verkalken *n*; Ausglühen *n*.

calciné, -e [kalsi'ne] *adj.* ausgebrannt.

calcul [kal'kyl] *m* 1. Rechnen *n*; (Aus-)Rechnung *f*; ~ *des frais* Kostenrechnung *f*; ~ *mental* Kopfrechnen *n*; 2. ✿ Stein *m*; ~ *biliaire* Gallenstein *m*; **~ateur, -rice** [~la'tœ:r, ~'tris] 1. *adj.* rechnend; *fig.* berechnend; 2. *su.* Rechner(in *f*) *m*; ~ *prodige* Rechenkünstler(in *f*) *m*; 3. *m*: ~ *(électronique* Elektronen-)Rechner *m*; 4. **~atrice** *f* Rechenmaschine *f*; **~er** [~'le] (1a) *v/t.* (aus-, be-) rechnen; kalkulieren; *v/i.* rechnen; ~ *de tête* im Kopf rechnen; **~eux, -se** [~'lø, ~'lø:z] *adj.* (Blasen-, Gallen-) Stein...; an Gallensteinbeschwerden leidend.

cale [kal] *f* ⚓ Laderampe *f am Kai*; ⚓ Laderäume *m/pl.*, Kielraum *m*; Keil *m*; Bremsklotz *m*; ⚙ Bremsschuh *m*; ~ *sèche* Trockendock *n*.

calé, -e [ka'le] *adj.* F *fig.* beschlagen, bewandert; F kompliziert; ⊕ verkeilt, kaputt.

calebasse [kal'bas] *f* ⚕ Flaschenkürbis *m*; Kürbisflasche *f*; P Kopf *m*.

calembour [kalɑ̃'bu:r] *m* Wortspiel *n*, Kalauer *m*, fauler Witz *m*.

calendrier [kalɑ̃dri'e] *m* Kalender *m*.

cale-pied *vél.* [kal'pje] *m (pl. ~s)* Fußhalter *m (am Pedal)*.

calepin [kal'pɛ̃] *m* Notizbuch *n*.

caler [ka'le] (1a) *v/t.* (*z.B. Segel*) niederlassen; e-n Keil unter (*acc.*) legen; mit Senkblei versehen; ⊕ verkeilen; *mot.* abwürgen; *v/i.* F klein beigeben, kapitulieren; ⚓ sinken; *mot.* plötzlich aussetzen; P *se* ~ *les joues* sich vollfressen; *se* ~ *dans un fauteuil* sich in e-m Sessel niederlassen.

calfat ⚓ [kal'fa] *m* Kalfaterer *m*; **~er** [~'te] *v/t.* (1a) kalfatern, abdichten.

calfeutrer [kalfø'tre] *v/t.* (1a) *Fenster*ritzen *usw.* zustopfen; *se* ~ *chez soi* nicht aus dem Bau gehen.

calibre [ka'li:brə] *m* ✗, *fig.* Kaliber *n*; ⊕, ⚒ Stärke *f*, Durchmesser *m*; Schublehre *f*; Schablone *f*; * Revolver *m*; ~ *de filetage* Gewindelehre *f*; **~er** [~li'bre] *v/t.* (1a) eichen.

calice [ka'lis] *m* Kelch *m*.

calicot [kali'ko] *m* Kattun *m*, Kaliko *m*; *pol.* Transparent *n*.

camionnette

californie * ⚭ [kalifɔr'ni] f Überstunde f.

califourchon [kalifur'ʃɔ̃] adv.: à ~ rittlings.

câlin, -e [kɑ'lɛ̃, ~'lin] adj. schmeichlerisch; **~er** [~li'ne] v/t. (1a) verhätscheln.

calleux, -se [ka'lø, ~'lø:z] adj. schwielig.

calligraphe [kali'graf] su. Schönschreiber(in f) m.

callosité [kalozi'te] f Schwiele f.

calmant, -e ✚ [kal'mã, ~'mã:t] **1.** adj. beruhigend, schmerzlindernd; **2.** m Beruhigungs-, Schmerz-mittel n.

calm|e [kalm] **1.** adj. ruhig, still; **2.** m Ruhe f, Stille f; Windstille f; Gemütsruhe f; **~er** [~'me] v/t. (1a) beruhigen; beschwichtigen; lindern; se ~ ruhig werden.

calomn|iateur, -rice [kalɔmnja'tœ:r, ~'tris] **1.** adj. verleumderisch; **2.** su. Verleumder(in f) m; **~ie** [~'ni] f Verleumdung f; **~ier** [~'nje] v/t. (1a) verleumden.

caloporteur phys. [kalɔpɔr'tœ:r] m Wärmeübertrager m.

calor|ie [kalɔ'ri] f Kalorie f, Wärmeeinheit f; **~ifère** [~'fɛ:r] m Zentralheizung f; ~ à air chaud Warmluftheizung f; **~ifique** [~'fik] adj. wärmeerzeugend; **~ifuge** [~'fy:ʒ] **1.** adj. wärmeisolierend; **2.** m Wärmeschutzstoff m; **~ifugé, -e** [~fy'ʒe] adj. wärmeisoliert; **~ifugeage** [~fy'ʒa:ʒ] m Wärme-isolation f, -schutz m; **~ifuger** [~fy'ʒe] v/t. (1l) (wärme)isolieren.

calot [ka'lo] m ✕ Dienstmütze f; Käppi n; P Auge n; * ribouler (od. rouler) des ~s erstaunte Augen machen; mit den Augen Zeichen geben.

calotin F péj. [kalɔ'tɛ̃] m Pfaffe(nfreund m) m.

calott|e [ka'lɔt] f **1.** Käppchen n; ~ d'une dent Zahnkrone f; **2.** F péj.: la ~ die Pfaffen m/pl.; **3.** F Ohrfeige f; **~er** F [~'te] v/t. (1a) ohrfeigen.

calqu|e [kalk] m phot., ⊕ Pause f, Durchzeichnung f; getreue Nachahmung f; ling. Lehnübersetzung f; **~er** [~'ke] v/t. (1m) durchpausen; fig. sklavisch nachbilden.

calter P [kal'te] (1a) v/i. u. se ~ türmen P, abhauen P.

calumet [kaly'mɛ] m Kalumet n (indianische Friedenspfeife); fumer le ~

de la paix die Friedenspfeife rauchen, sich wieder vertragen.

calvaire [kal'vɛ:r] m Kalvarienberg m; fig. Leidensweg m.

calvitie [kalvi'si] f Kahlköpfigkeit f.

camail [ka'maj] m Bischofspelerine f mit Käppchen.

camarad|e [kama'rad] su. Kamerad (-in f) m; pol. Genosse m, Genossin f; **~erie** [~'dri] f Kameradschaft f.

camard, -e [ka'ma:r, ~'mard] **1.** adj. stumpfnasig; **2.** f fig.: la ~e der Tod, Freund Hein m P.

cambouis [kã'bwi] m Wagenschmiere f.

cambr|é, -e [kã'bre] adj. rundlich; krumm; gewölbt; **~er** [~] v/t. (1a) krümmen; wölben.

cambrio|lage [kãbriɔ'la:ʒ] m Einbruch m; **~ler** [~'le] v/t. (1a) einbrechen in (acc.); durch Einbruch bestehlen; **~leur** [~'lœ:r] m Einbrecher m.

cambrousard, -e * [kãbru'za:r, ~'zard] su. Bauer m, Bäuerin f.

cambrure ⊕ [kã'bry:r] f Bogenkrümmung f.

cambus|e [kã'by:z] f ⚓ Proviantkammer f, Kabuse f; P Bruchbude f; **~ier** [~by'tje] m ⚓ Proviantmeister m; Kantinenwirt m.

came [kam] f ⊕ Hebe-arm m, -daumen m; Nocken m; * Kokain n; arbre m à ~s Nockenwelle f.

camé, -e P [ka'me] su. Rauschgiftsüchtige(r m) m u. f.

caméléon zo. [kamele'5] m Chamäleon n (a. fig.).

camélia ♀ [kame'lja] m Kamelie f.

camelot [kam'lo] m Straßenhändler m; ~ du roi Königstreue(r) m, Royalist m; **~e** [~'lɔt] f P Ramsch m; * Kokain n.

caméra cin. [kame'ra] f Kamera f.

camér|ier [kame'rje] m päpstlicher Kämmerer m; **~iste** F [~'rist] f Zimmermädchen n.

camerounais, -e [kamru'nɛ, ~'nɛ:z] **1.** adj. kamerunisch; **2.** ♀(e) su. Kameruner(in f) m.

camion [ka'mjɔ̃] m Lastauto n, Last-(kraft)wagen m, LKW m; **~citerne** Auto [~si'tɛrn] m (pl. camions-citernes) Tankwagen m.

camionn|age [kamjɔ'na:ʒ] m An- und Abfuhr f; Transport m; Rollgeld n; **~er** ✚ [~'ne] v/t. (1a) mit e-m Lastauto befördern; **~ette** [~'nɛt] f

Lieferauto *n*; **~eur** [~'nœːr] *m* Lastkraftfahrer *m*.

camisole [kami'zɔl] *f*: ~ de force Zwangsjacke *f*.

camomille ♀ [kamɔ'mij] *f* Kamille *f*.

camoufl|age [kamu'flaːʒ] *m* Verkleidung *f*; Tarnung *f*; Verdunk(e)lung *f*; **~e** * [~'mufl] *f* Kerze *f*; Lampe *f*; **~er** [~'fle] *v/t.* (1a) tarnen; ~ (*les lumières*) verdunkeln; **~et** [~'flɛ] *m* **1.** F schwere Kränkung *f*; **2.** ✂ Quetschwunde *f*; Bodenaufwurf *m* durch Granatenexplosion.

camp [kɑ̃] *m* (Feld-)Lager *n*; (gelagertes) Heer *n*; *fig.* Partei *f*; ~ de *réfugiés* Flüchtlingslager *n*; ~ de *vacances* Ferienlager *n*; P *foutre le* ~, *ficher le* ~ sich aus dem Staube machen.

campagn|ard, -e [kɑ̃pa'naːr, ~'nard] **1.** *adj.* ländlich, Land...; bäurisch; **2.** *su.* Bauer *m*, Bäuerin *f*; Landbewohner(in *f*) *m*; **~e** [~'pan] *f* ⚜ (bebautes) Land *n*; ✂ Feldzug *m*; ⚘ Arbeitssaison *f*; *fig.* Kampagne *f*; **~ol** *zo.* [~'nɔl] *m* Feldmaus *f*.

campan|ile [kɑ̃pa'nil] *m* (einzeln stehender) Glockenturm *m*; **~ule** ♀ [~'nyl] *f* Glockenblume *f*.

camp|é, -e [kɑ̃'pe] *adj.* fest stehend; *fig. bien* ~ gutsituiert; **~ement** [~p'mɑ̃] *m* (Feld-)Lager *n*; **~er** [~'pe] (1a) *v/i.* campen, zelten; sich nur kurz aufhalten; *v/t.* zelten lassen; *Hut, Brille* aufsetzen; *a. cin.* darstellen; **~eur, -se** [~'pœːr, ~'pøːz] *su.* Camper(in *f*) *m*; **~ière** *néol.* [~'pjɛːr] *f* Campingplatz *m*; **~ine** * [~'pin] *m* (*od. f*) Zirkus-, Zigeuner-wagen *m*.

camping [kɑ̃'piŋ] *m* Camping *n*, Zelten *n*; ~ *pédestre* Zeltwandern *n*; *matériel m* de ~ Campingausrüstung *f*; *terrain m* de ~ Campingplatz *m*.

campos F *bsd. écol.* [kɑ̃'po] *m* Freizeit *f*; *avoir* ~ freihaben; *donner* ~ freigeben.

camus, -e [ka'my, ~'myːz] *adj.* stupsnasig.

canadien, -ne [kana'djɛ̃, ~'djɛn] **1.** *adj.* kanadisch; **2.** ♀(ne) *su.* Kanadier(in *f*) *m*.

canaille [ka'naːj] *f* Schurke *m*, Lump *m*, Schuft *m*; Gesindel *n*, Pöbel *m*; **2.** *adj.* vulgär.

canal [ka'nal] *m* (*pl. -aux*) Kanal *m*; Röhre *f*, Rinne *f*; ~ de *garage* Stichkanal *m*; ~ *navigable* Schiffahrtskanal *m*; *fig. par le* ~ de durch Vermittlung

von (*od. mit gén.*), über (*acc.*).

canapé [kana'pe] *m* **1.** Sofa *n*; **2.** *cuis.* Kanape *n* (*belegte, geröstete Brotschnitte*).

canard [ka'naːr] *m* Ente *f*, Erpel *m*; Enterich *m*; F (Zeitungs-)Ente *f*; ♪ Mißton *m*; *fig.* eingetunktes Zuckerstück *n*; **~eau** [~nar'do] *m* (*pl. ~x*) junge Ente *f*; **~er** [~'de] (1a) *v/t.*: ~ q. *aus gedeckter Stellung* auf j-n feuern; *v/i.* ♪ falsch spielen; mit der Stimme überschnappen; ⚓ vorn leck sein; **~ier** * [~'dje] *m* marktschreierischer Ausrufer *m*; **~ière** [~'djɛːr] *f* Ententeich *m*; *ch.* Anstand *m* für die Entenjagd; Entenflinte *f*.

canari [kana'ri] *m* Kanarienvogel *m*.

canasson P [kana'sɔ̃] *m* Pferd *n*; *péj.* Klepper *m*.

cancan F [kɑ̃'kɑ̃] *m* **1.** *oft* ~s *pl.* Klatschereien *f/pl.*; **2.** *Tanz*: Cancan *m*; **~er** [~ka'ne] *v/i.* (1a) **1.** F klatschen, tratschen; **2.** *Ente*: schnattern; **~ier, -ère** [~'nje, ~'njɛːr] **1.** *adj.* klatschsüchtig; **2.** *su.* Klatsch-maul *n*, -weib *n*.

cancer [kɑ̃'sɛːr] *m* ✂ *u.* ⚹ *ast.* Krebs *m*.

cancér|eux, -se ✂ [kɑ̃se'rø, ~'røːz] **1.** *adj.* krebsartig; **2.** *su.* Krebskranke(r *m*) *m u. f*; **~igène** ✂ [~ri'ʒen] *adj.* krebserzeugend; **~isation** [~za'sjɔ̃] *f* Krebsbildung *f*; **~ologie** [~rɔlɔ'ʒi] *f* Krebsforschung *f*.

cancre ['kɑ̃ːkrə] *m* Krabbe *f*; *écol.* Faulpelz *m*, schlechter Schüler *m*.

candélabre [kɑ̃de'laːbrə] *m* Armleuchter *m*; Lampenständer *m*.

cand|eur [kɑ̃'dœːr] *f* Treuherzigkeit *f*; Unbefangenheit *f*; Arglosigkeit *f*; *péj.* Naivität *f*; **~i** [~'di] *m* Zuckerkand *m*; **~idat** [~'da] *m* Kandidat *m*, Bewerber *m* um ein Amt; **~idature** [~'tyːr] *f* Kandidatur *f*; **~ide** [~'did] *adj.* aufrichtig; unbefangen, arglos, kindlich; *péj.* leichtgläubig.

can|e [kan] *f* (*weibliche*) Ente *f*; **~er** F [~'ne] *v/i.* (1a) sich verdrücken; **canet|on** [kan'tɔ̃] *m* Entchen *n*; kleines Regattasegelboot *n*; **~te** [~'nɛt] *f* Entchen *n*; Bierflasche *f*; ⊕ Spule *f*.

caniche [ka'niʃ] *m* Pudel *m*.

canicule [kani'kyl] *f* **1.** Hundstage *m/pl.*; **2.** ⚹ *ast.* Hundsstern *m*.

canif [ka'nif] *m* Taschenmesser *n*.

can|in, -e [ka'nɛ̃, ~'nin] *adj.* Hunde...; *fig. faim f* ~e Heiß-, Bärenhunger *m*; **~ine** [~'nin] *f* Eck-, Augen-zahn *m*.

canitie [kani'si] *f Haar:* Grauwerden *n.*

caniveau [kani'vo] *m (pl. ~x)* Rinnstein *m,* Gosse *f; téléph.* Kabelgraben *m; ⚡ Leitungskanal m.*

cann|aie [ka'nɛ] *f* Röhricht *n,* Rohrpflanzung *f;* **~e** [kan] *f* Rohr *n;* Spazierstock *m;* Glasbläserrohr *n;* ⊕ großer (Wasser-)Abstellhahn *m;* Schistock *m; ~ à pêche* Angelrute *f; ~ à sucre* Zuckerrohr *n;* **~eler** [~n'le] *v/t.* (1c) kannelieren; auskehlen; riffeln; **~elle** [~'nɛl] *f* Zimt *m;* Faßhahn *m;* **~elure** [~n'ly:r] *f* Furche *f;* Rinne *f;* **~er** [~'ne] *v/t.* (1a) mit Rohr (be)flechten.

cannibale [kani'bal] **1.** *m* Kannibale *m,* Menschenfresser *m;* **2.** *adj.* kannibalisch.

canoë [kano'e] *m* Kanu *n;* Paddelboot *n.*

canoéiste [kanoe'ist] *su.* Kanute *m,* Kanufahrer(in *f) m.*

canon¹ [ka'nɔ̃] *m* Kanone *f;* Geschütz *n;* Lauf *m;* P Glas *n (od.* Flasche *f)* Wein; *~ à eau* Wasser-kanone *f,* -werfer *m; ~ antiaérien* Flugabwehrgeschütz *n,* abr. Flak *f; ~ antichar* Panzerabwehrgeschütz *n,* abr. Pak *f; ~ paragrêle* Wetterkanone *f.*

canon² *rl.* [ka'nɔ̃] *m* Kanon *m;* **~ial, -e** [~nɔ'njal] *adj. (m/pl. -aux)* kanonisch; **~iser** [~ni'ze] *v/t.* (1a) heiligsprechen.

canon-lance [kanɔ̃'lɑ̃:s] *m (pl. canons-lance)* Wasser-kanone *f,* -werfer *m.*

canonn|ade ✗ [kanɔ'nad] *f* Kanonendonner *m;* Geschützfeuer *n;* **~er** [~'ne] *v/t.* (1a) mit Kanonen beschießen; **~ier** [~'nje] *m* Kanonier *m;* **~ière** [~'njɛ:r] *f* Kanonenboot *n.*

canot [ka'no] *m* Boot *n,* Kahn *m; ~ automobile* Motorboot *n; ~ de course* Rennboot *n; ~ de sauvetage* Rettungsboot *n; ~ pliant* Faltboot *n; ~ pneumatique* Schlauchboot *n;* **~age** [~nɔ'ta:ʒ] *m* Rudersport *m; ~ à voile* Segelsport *m;* **~er** [~'ne] *v/i.* (1a) rudern; Kahn fahren; **~ier** [~'tje] *m* Kahnfahrer *m; fig.* steifer, flacher Strohhut *m,* Kreissäge *f (fig.).*

cantatrice [kɑ̃ta'tris] *f* (Berufs-)Sängerin *f;* Opernsängerin *f.*

cantin|e [kɑ̃'tin] *f* **1.** Kantine *f;* **2.** Kabinenkoffer *m; ~ d'officier* Offizierskoffer *m;* **~ier, -ère** [~'nje, ~'njɛ:r] *su.* Kantinenwirt(in *f) m.*

cantique *rl.* [kɑ̃'tik] *m* Lobgesang *m.*

canton|ade [kɑ̃tɔ'nad] *f* **1.** *thé.* Raum *m* hinter den Kulissen; **2.** *crier à la ~* in den Raum rufen, *Zeitungshändler:* ausrufen; *parler à la ~* in den Wind reden; **~nier** [~'nje] *m* Strecken-, Straßen-wärter *m, a.* -arbeiter *m.*

canular [kany'la:r] *m* Ulk *m,* Jokus *m;* **~esque** F [~la'rɛsk] *adj.* ulkig.

canule [ka'nyl] *f chir.* Kanüle *f;* P langweiliger, lästiger Mensch *m;* Nervensäge *f.*

caoutchouc [kau'tʃu] *m* Kautschuk *m;* Gummiband *n; ~ crêpe* Kreppgummi *m od. n; ~ durci* Hartgummi *m od. n;* gant *m* en *(od.* de*) ~* Gummihandschuh *m.*

cap [kap] *m* **1.** Kap *n,* Vorgebirge *n;* **2.** ⚓, ✈ Kurs *m;* **3.** *fig.* de pied en *~* vom Scheitel bis zur Sohle.

cap|able [ka'pabl] *adj.* fähig, imstande (de zu); **~acité** [~pasi'te] *f* Geräumigkeit *f,* Rauminhalt *m; fig.* Fähigkeit *f,* Befähigung *f (a.* ⚖); Kapazität *f (a. Person),* Fassungsvermögen *n (bei Hohlmaßen);* ⊕ Arbeitsleistung *f; ~ économique* Wirtschaftskapazität *f; ~ de production* Produktionskapazität *f; ~ visuelle* Sehvermögen *n; ~ d'engendrement* Zeugungsfähigkeit *f.*

cape [kap] *f* Cape *n,* Umhang *m;* Capa *f,* farbiger Mantel *m (e-s Stierkämpfers);* Deckblatt *n (e-r Zigarre); fig.* rire sous *~* sich eins ins Fäustchen lachen; ⚓, *éc.* se mettre à *la ~* sich absichern; **~line** [kap'lin] *f* breitrandiger Damenhut *m;* ⚔ Haubenverband *m.*

Capésien, -ne *Fr., écol.* [kape'sjɛ̃, ~'sjɛn] *su.* Student(in *f) m,* der (die) sich auf das C.A.P.E.S. vorbereitet.

capharnaüm [kafarna'ɔm] *m* Rumpelkammer *f.*

capill|aire [kapi'lɛ:r] **1.** *adj.* kapillar; haarartig; Haar...; *lotion f ~* Haarwasser *n;* **2.** *m* ❀ Frauenhaar *n;* **~iculteur** *néol.* [~likyl'tœːr] *m* Haarpfleger *m.*

capilotade F [kapilɔ'tad] *f:* mettre *(od.* réduire*)* en *~* zu Mus schlagen, kurz und klein schlagen.

capitaine [kapi'tɛn] *m* Hauptmann *m;* Kapitän *m;* Feldherr *m;* Bandenführer *m; Sport: ~ (d'équipe)* Mannschafts-führer *m,* -kapitän *m;* (grand) *~ d'industrie* Industrie-kapitän *m,* -magnat *m.*

capit|al, -e [kapi'tal] (*m/pl. -aux*) **1.**
adj. hauptsächlich; *péché m ~* Tod-
sünde *f*; *peine f ~e* Todesstrafe *f*; **2.** *m*
Kapital *n*; *~ d'exploitation* (*od. de
roulement*) Betriebskapital *n*; *~ initial*
Stammkapital *n*; *~ liquide* flüssiges
Kapital *n*; **~ale** [~] *f* Hauptstadt *f*;
~alisable [~li'zabl] *adj.* kapitalisier-
bar; vermögensbildend; *écol.* anre-
chenbar (*für das Abitur*); **~eux, -se**
[~'tø, ~'tø:z] *adj.* in den Kopf stei-
gend; **~onner** [~tɔ'ne] *v/t.* (1a) (aus-)
polstern; **~ulaire** *rl.* [~ty'lɛ:r] *adj.*
Stifts...; **~ulard** F [~'la:r] *m* Feigling
m; Defätist *m*; **~ulation** [~la'sjɔ̃] *f*
Kapitulation *f*; **~uler** ✗ *u. fig.* [~'le]
v/i. (1a) kapitulieren.

caponner F [kapɔ'ne] *v/i.* (1a) sich
drücken, kneifen P.

caporal [kapɔ'ral] *m* (*pl. -aux*) ✗
etwa: Gefreite(r) *m*; F billiger Tabak
m, Knaster *m* F.

capot [ka'po] **1.** *m* Auto: Motorhaube
f; ♣ Regenschutzdecke *f*; *U-Boot:*
Niedergangskappe *f*; *Auto: ~ avant*
vordere Haube *f*; ⊕ *~ de protection*
Schutzhaube *f*; **2.** *adj.* (*inv.*) beim
Kartenspiel: matsch; **~e** [~'pɔt] *f* Re-
gen-, Soldaten-mantel *m mit* Kapuze; (Wagen-)Verdeck *n*; P *~ anglaise*
Präservativ *n*; **~er** [~'te] (1a) *v/i.* ♣
kentern; *Auto*, ✗ sich überschlagen; *v/t. ~ une voiture* das Verdeck e-s
Wagens herunterlassen.

câpre *cuis.* ['kɑ:prə] *f* Kaper *f*.

capricant, -e ♪ ♂ [kapri'kɑ̃, ~'kɑ̃:t] *adj.*
unregelmäßig.

capric|e [ka'pris] *m* Laune *f*; **~ieux,
-se** [~'sjø, ~'sjø:z] *adj.* launenhaft.

capricorne [kapri'kɔrn] *m* ent. Holz-
bock *m*; ♋ *ast.* Steinbock *m*.

capsule [kap'syl] *f* Kapsel *f*; *Flasche:*
Kron(en)korken *m*; *Gasmaske:* Ein-
satz *m*; *~ articulaire* Gelenkkapsel *f*;
Raumfahrt: ~ spatiale Raumkapsel *f*.

capt|ateur, -rice [kapta'tœ:r, ~'tris]
su. Erbschleicher(in *f*) *m*; **~ation** ♣♣
[~ta'sjɔ̃] *f* Erschleichung *f*; **~er** [~'te]
v/t. (1a) erschleichen; *Quelle* fassen;
rad. ~ un poste e-n Sender empfangen; *~ un message* e-e Botschaft auffangen; **~eur** ⊕ [~'tœ:r] *m* Meß-
fühler *m*; *~ solaire* Auffänger *m* von
Sonnenenergie; **~ieux, -se** [~p'sjø,
~'sjø:z] *adj.* verfänglich.

capt|if, -ve [kap'tif, ~'ti:v] **1.** *adj.*
gefangen; *ballon m ~* Fesselballon *m*;
2. *su.* Gefangene(r *m*) *m u. f*; **~iver**

[~'ti've] *v/t.* (1a) faszinieren; **~ivité**
[~vi'te] *f* Gefangenschaft *f*.

captodeur ⊕ [kaptɔ'dœ:r] *adj.* (*inv.*)
Kühlschrank: aromaschützend.

captur|e [kap'ty:r] *f* Fang *m*; Weg-
nahme *f* zollpflichtiger Waren; ♣
Prise *f*, Kapern *n*; Beute *f*; Ergrei-
fung *f*, Verhaftung *f*; **~er** [~ty're] *v/t.*
(1a) fangen; wegnehmen; ♣ auf-
bringen; verhaften.

capuchon [kapy'ʃɔ̃] *m* Kapuze *f*;
Hülse *f* (*e-s Füllfederhalters od. Ku-
gelschreibers*); *vél.* Ventilkappe *f*; ⊕
Verschlußkappe *f*.

capucin [kapy'sɛ̃] *m* cath. Kapuzi-
ner(mönch *m*) *m*; *zo.* Kapuziner-affe
m, -taube *f*; **~ade** [~si'nad] *f* Kapu-
zinerpredigt *f*; Strafpredigt *f*; fig.
seichtes Gerede *n*, Plattheiten *f/pl.*;
~e [~'sin] *f* Kapuzinernonne *f*; ♣
Kapuzinerkresse *f*; ✗ Gewehrring
m.

caqu|e [kak] *f* Heringstonne *f*; **~er**
[~'ke] (1m) *v/t. Heringe* in Tonnen
packen; *v/i.* P kacken P.

caquet [ka'kɛ] *m Huhn:* Gackern *n*; F
Geschwätz *n*; *rabattre le ~ à q.* j-m
den Mund stopfen; **~age** [~k'ta:ʒ] *m*
Geschwätz *n*; **~er** [~k'te] *v/i.* (1c)
Huhn: gackern; *Ente:* schnattern; F
fig. schwatzen.

car¹ [ka:r] *m* Reisebus *m*; *~ vidéo* Bus
m für Videovorführung.

car² [kar] *cj.* denn.

carabe *ent.* [ka'rab] *m* Laufkäfer *m*.

carabin F [kara'bɛ̃] *m* Medizinstu-
dent *m*; **~e** ✗ [~'bin] *f* Karabiner *m*;
~ à air comprimé Luftgewehr *n*; **~é, -e** F
[~bi'ne] *adj.* heftig, scharf.

caracol|e [kara'kɔl] *f man.* Herum-
tummeln *n e-s Pferdes*; *escalier m en ~*
Wendeltreppe *f*; **~er** [~'le] *v/i.* (1a)
Pferd: sich tummeln; sich lebhaft
hin und her bewegen.

carac|tère [karak'tɛ:r] *m* Charakter
m; Kennzeichen *n*, Hauptmerkmal
n; Schriftzeichen *n*; **~tériel, -le**
[~te'rjɛl] **1.** *adj.* charakterlich;
Charakter...; *psych.* verhal-
tensgestört; **2.** *su.* Schwererzieh-
bare(r *m*) *m u. f*; **~tériser** [~ri'ze] *v/t.*
(1a) kennzeichnen, charakterisie-
ren; **~téristique** [~ris'tik] **1.** *adj.*
charakteristisch, bezeichnend (*de*
für); **2.** *f* Charakteristik *f*; Cha-
rakteristikum *n*; ⚕ Kennziffer *f*; *~s
pl.* technische Daten *pl.*

caraf|e [ka'raf] *f* Karaffe *f*; **~on**

[~'fɔ] *m* Fläschchen *n*.
carambol|age *Auto*, 🎱 [karãbɔ'la:ʒ] *m* Zusammenstoß *m*; **~er** [~'le] (1a) **1.** *v/i. bill.* karambolieren; **2.** *bsd. Auto*, 🎱 se ~ zusammen-stoßen, -prallen.
carambouill|age [karãbu'ja:ʒ] *m*, **~'buj**] *f* Schwindelgeschäft *n*; **~eur** [~'jœ:r] *m* Schieber *m*.
caram|el [kara'mɛl] *m* Karamel *m*; Karamelbonbon *m od. n*; **~élisé, -e** [~meli'ze] *adj.* mit Karamelgeschmack.
carapace *zo., fig.* [kara'pas] *f* Panzer *m*.
carapater P [karapa'te] *v/rfl.* (1a): se ~ auskneifen, verduften P.
carat [ka'ra] *m* Karat *n*.
caravan|e [kara'van] *f* Karawane *f*; *Auto:* Wohnwagen *m*, Caravan *m*; **~ier** [~'nje] *m* Karawanen-, Kamelführer *m*; *Auto:* Wohnwagenbesitzer *m*; **~iste** [~'nist] *su.* Teilnehmer(in *f*) *m* an e-r Karawane; **~(n)ing** [~'niŋ] *m* Campen *n im* Wohnwagen; **~sérail** [~vãse'raj] *m* Karawanserei *f*; *fig.* internationaler Treffpunkt *m*.
carbochimie [karbɔʃi'mi] *f* Kohlechemie *f*.
carbon|e [kar'bɔn] *m* 🜍 Kohlenstoff *m*; *Schreibmaschine: (papier m)* ~ Kohlepapier *n*; **~ique** [~'nik] *adj.* kohlensauer; **~iser** [~ni'ze] *v/t.* (1a) verkohlen; F *fig.* zu scharf braten; * schädigen.
carbur|ant [karby'rã] *m* Treib-, Betriebs-, Brenn-stoff *m*; **~ateur** [~ra'tœ:r] *m* Vergaser *m*; **~e** 🜍 [~'by:r] *m* Karbid *n*; **~é, -e** [~by're] *adj.* kohlenstoffhaltig.
carcasse [kar'kas] *f* Gerippe *n*; Autowrack *n*; Schiffsrumpf *m*; 🛱 Gerüst *n*; *allg.* Gestell *n*; F *c'est une* ~ er ist nur noch Haut u. Knochen.
carcinome 🜍 [karsi'nɔm] *m* Karzinom *n*, Krebsgeschwulst *f*.
cardamine 🌿 [karda'min] *f* Wiesenschaumkraut *n*.
cardan ⊕ [kar'dã] *m* Kardangelenk *n*; *arbre m à* ~ Kardanwelle *f*.
card|e ⊕ [i'ard] *f* Wollkratze *f*, Krempel *m*; **~er** ⊕ [~'de] *v/t.* (1a) kämmen, krempeln; P ~ *le poil de q.* j-m das Fell gerben.
cardiaque [kar'djak] **1.** *adj.* Herz...; herzkrank; **2.** *su.* Herzkranke(r *m*) *m u. f*; **3.** *m* herzstärkendes Mittel *n*.
cardinal, -e [kardi'nal] *(m/pl. -aux)*

1. *adj.* hauptsächlich, Haupt...; *les (quatre) points cardinaux* die (vier) Himmelsrichtungen *f/pl.*; *nombre m* ~ Grundzahl *f*; **2.** *m rl.* Kardinal *m*.
carême [ka'rɛ:m] *m* Fastenzeit *f*.
carénage [kare'na:ʒ] *m* 🛱 Kielholen *n*; Werft *f*; ⊕ Verkleidung *f*; *Auto*, 🛫 Stromlinienform *f*.
carence [ka'rã:s] *f* ✝ Zahlungsunfähigkeit *f*, Pfandmangel *m*; 🜍 Nährstoffmangel *m*, Mangelzustand *m*; *bsd. pol.* Versagen *n*; ~ *vitaminique* Vitaminmangel *m*; *délai m de* ~ Karenz(zeit *f*) *f*; *maladie f par* ~ Mangelkrankheit *f*.
carène [ka'rɛn] *f* (Schiffs-)Kiel *m*.
carén|é, ~e [kare'ne] *adj.* stromlinienförmig; **~er** [~'ne] *v/t.* (1f) *ein Schiff* kielholen, ausbessern; *Auto*, 🛫 e-e Stromlinienform geben *(dat.)*.
caress|e [ka'rɛs] *f* Streicheln *n*, Liebkosung *f*; **~er** [~'se] *v/t.* (1b) streicheln, liebkosen; *fig.* schmeicheln *(dat.)*.
car-ferry ⚓ [ka:rfe'ri] *m (pl. car-ferries)* Autofähre *f*.
cargaison ⚓, 🛫 [kargɛ'zɔ̃] *f* Ladung *f*.
cargo ⚓ [kar'go] *m* Frachtdampfer *m*.
carguer ⚓ [kar'ge] *v/t.* (1m) aufgeien; einreffen.
caricatur|al, -e [karikaty'ral] *adj. (m/pl. -aux)* karikaturistisch; **~e** [~'ty:r] *f* Karikatur *f*; **~er** [~ty're] *v/t.* (1a) karikieren; **~iste** [~'rist] *m* Karikaturist *m*.
car|ie [ka'ri] *f* 🦷 Karies *f*; ✓ Kornfäule *f*; **~ier** [~'rje] *v/t.* (1a) anfressen; se ~ *Zahn:* kariös werden; *Getreide:* brandig werden.
carillon [kari'jɔ̃] *m* Glockenspiel *n*; (Glocken-)Läuten *n*; F Lärm *m*; **~né, -e** *rl.* [~jɔ'ne] *adj.: fête f* ~ hohes Fest *n*; **~ner** [~] (1a) *v/t. Fest* einläuten; *v/i. Glocke:* läuten; F stark klingeln; **~neur** [~'nœ:r] *m* Glöckner *m*.
carlin [kar'lɛ̃] *m* Mops *m (Hunderasse)*.
carlingue ⚓, 🛫 [kar'lɛ̃:g] *f* Pilotenkabine *f*; Fluggastraum *m*.
carme *rl.* [karm] *m* Karmeliter *m*; ~ *déchaussé* Barfüßermönch *m*.
carminé -e [karmi'ne] *adj.* karminrot.
carnage [kar'na:ʒ] *m* Blutbad *n*.
carnass|ier, -ère [karna'sje, ~'sjɛ:r]

adj. fleischfressend; **~ière** [~'sjɛːr] *f* Jagdtasche *f*.

carn|ation *peint.* [karnɑ'sjɔ̃] *f* Fleisch-farbe *f*, -darstellung *f*; **~aval** [~na'val] *m* (*pl.* ~s) Fasching *m*, Fast-nacht *f*, Karneval *m*.

carne [karn] *f* **1. △** Kante *f*, Ecke *f*; **2.** P *cuis.* zähes Fleisch *n*; **3.** P Schweinehund *m*, Lump *m*; **4.** P Gaul *m*, Klepper *m*.

carn|et [kar'nɛ] *m* Notizbuch *n*; ~ de chèques Scheck-buch *n*, -heft *n*; ~ de commandes Auftragsbuch *n*; **~ier** [~'nje] *m* Jagdtasche *f*.

carnivore [karni'vɔːr] *adj.* fleischfressend.

carott|e [ka'rɔt] *f* Mohrrübe *f*, Kautabaksrolle *f*; **⚔** Bohrkern *m*; F Prellerei *f*; ~ courte Karotte *f*; **~er** [~'te] *v/t.* (1a) F begaunern, ergaunern; ~ q. d'une somme, ~ une somme à q. j-n um e-e Summe betrügen; ~ une consultation e-e ärztliche Beratung umsonst haben wollen; * ⚒ ~ le service sich vom Dienst drücken.

caroub|e ♀ [ka'rub] *f* Johannisbrot *n*; **~ier ♀** [~'bje] *m* Johannisbrotbaum *m*.

carpe[1] *icht.* [karp] *f* Karpfen *m*.

carpe[2] *anat.* [~] *m* Handwurzel *f*.

carp|eau *icht.* [kar'po] *m* (*pl.* ~x) junger Setzkarpfen *m*; **~ette** [~'pɛt] *f* **1.** Bettvorleger *m*, Brücke *f*; **2.** *icht.* Setzkarpfen *m*; **~ier** [~'pje] *m*, **~ière** [~'pjɛːr] *f* kleiner Karpfenteich *m*.

carquois [kar'kwa] *m* Köcher *m*.

carre [kɑːr] *f* Schnittfläche *f*, Ecke *f*, Kante *f*, Dicke *f* e-s *Brettes*; Oberteil *m* e-s *Hutes*; Schulterteil *m* e-r *Jacke*; breite Vorderkante *f* e-s *Schuhs*.

carr|é, -e [ka're] **1.** *adj.* quadratisch; Quadrat...; viereckig; *fig.* energisch; unmißverständlich, unverblümt; ~ d'épaules breitschult(e)rig; F tête *f* ~e Dickschädel *m*; **2.** *m* Quadrat *n*; Viereck *n*; ⚘ Beet *n*; * *Fr.* Student *m* im zweiten Jahr; *cuis.* ~ de porc Schweinekarree *n*; **~eau** [~'ro] *m* (*pl.* ~x) viereckige Platte *f*; Fliese *f*; Kachel *f*; Fensterscheibe *f*; F Monokel *n*; Kartenspiel: Karo *n*; Plätteisen *n*; *Stoff:* à ~x kariert; *fig.* rester sur le ~ auf der Strecke bleiben; **~eauleur** [~'lœːr] *m* Fensterputzer *m* für Wohntürme.

carrefour [kar'fuːr] *m* Straßenkreuzung *f*.

carrel|er [kar'le] *v/t.* (1c) mit Fliesen auslegen, fliesen; kacheln; **~et** [~'lɛ] *m* Fangnetz *n*; Packnadel *f*; **~eur** [~'lœːr] *m* Fliesenleger *m*.

carr|ément [kare'mɑ̃] *adv. fig.* rundweg, geradezu; **~er** [~'re] *v/t.* (1a) viereckig machen; ins Quadrat erheben; * legen, setzen, stellen; se ~ es sich bequem machen.

carri|ère [ka'rjɛːr] *f* **1.** Karriere *f*, Laufbahn *f*; ~ météorique Blitzkarriere *f*; **2.** Steinbruch *m*; **~ériste** [~rje'rist] *su.* Karrieremacher(in *f*) *m*.

carriole [ka'rjɔl] *f* zweiräd(e)riger Bauernkarren *m*; F *mv.p.* schlechter Wagen *m*, Karrete *f*; *fig.* ~ administrative Amtsschimmel *m*.

carross|able [karɔ'sabl̩] *adj.* befahrbar; **~e** [~'rɔs] *m* Kutsche *f*; **~erie** [~s'ri] *f* Karosserie *f*.

carrousel [karu'zɛl] *m ehm.* ein *Tur*nierspiel; *fig. v. Wagen usw.:* Pulk *m*; Gewimmel *n*.

carrure [ka'ryːr] *f* Schulterbreite *f*; vierschrötige Gestalt *f*.

cart|able [kar'tabl̩] *m* Schul-, Zeichen-, Schreib-mappe *f*; **~e** [kart] *f* Karte *f*; ~ blanche Vollmacht *f*; ~ d'identité Personalausweis *m*; ~ perforée Lochkarte *f*; ~ pliante Faltkarte *f*; ~ postale Postkarte *f*; battre les ~s die Karten mischen; *Fr. Auto:* ~ grise Kraftfahrzeugschein *m*, Zulassungskarte *f*; *Fr. Auto:* ~ verte Versicherungskarte *f*.

cartel [kar'tɛl] *m* Kartell *n*.

carte-lettre [kart'lɛtrə] *f* (*pl. cartes--lettres*) Kartenbrief *m*.

cartell|isation [kartɛliza'sjɔ̃] *f* Kartellbildung *f*; **~iste** [~'list] *m* Mitglied *n* e-s Kartells.

carter ⊕ [kar'tɛːr] *m* Gehäuse *n*.

cartilage [karti'laːʒ] *m* Knorpel *m*.

carto|graphe [kartɔ'graf] *m* Kartograph *m*; **~graphie** [~'fi] *f* Kartographie *f*; **~mancie** [~mɑ̃'si] *f* Kartenlegen *n*; **~mancien, -ne** [~'sjɛ̃, ~'sjɛn] *su.* Kartenleger(in *f*) *m*.

carton [kar'tɔ̃] *m* Pappe *f*; Karton *m*, Mappe *f*; ~ bitumé Dachpappe *f*; ~ ondulé Wellpappe *f*; **~ner** [~tɔ'ne] *v/t.* (1a) kartonieren, in Pappe binden; **~nerie** [~n'ri] *f* Kartonagenfabrik *f*; **~nier** [~'nje] *m* Kartonagenhändler *m*, -arbeiter *m*; Aktenschrank *m*; **~pâte** [~tɔ̃'paːt] *m* (*pl. cartons-pâtes*) Papiermaché *n*.

cartouch|e [kar'tuʃ] **1.** *f* ⚔, *ch.* Patrone f; *Zigaretten*: Stange f; *Kugelschreiber*: Mine f; Rohrpostbüchse f; **2.** m △ Zierrahmen m; **~ière** [~'ʃjɛːr] f Patronentasche f.

cas [kɑ] m Fall m; Lage f; *gr.* Kasus m; ~ *limite* Grenzfall m; ~ *de force majeure* Zwangslage f; *en* ~ *de ...* im Falle von ...; *au (od. en)* ~ *que ...* (*mit subj.*), *dans (od. pour) le* ~ *où ...*, *au* ~ *où ...* (*mit cond.*) im Fall(e), daß ..., falls ...; *dans tous les* ~, *en tout* ~ jedenfalls; *faire* ~ *de qch.* auf etw. (*acc.*) Wert legen.

casanier, -ère [kaza'nje, ~'njɛːr] **1.** *adj.* zu Hause sitzend, häuslich; **2.** *su.* Stubenhocker(in f) m.

casaque [ka'zak] f (*weitarmiger*) Damenmantel m; Jockeyjacke f; Kittel (-bluse f) m; *tourner* ~ umschwenken, die Partei wechseln; **~in** [~'kɛ̃] m: *F tomber sur le* ~ *à q.* j-n ordentlich versohlen.

casbah [kaz'ba] f **1.** *in Nordafrika*: Kasba(h) f; **2.** P Haus n.

cascad|e [kas'kad] f Wasserfall m; *fig.* ~ *de rires* Lachsalve f; ~ *d'applaudissements* schallender Applaus m; ♂ *montage* m *en* ~ Serienschaltung f; **~eur** [~'dœːr] m *cin.* Stuntman m, Sensationsdarsteller m; *Zirkus*: Kaskadeur m; **~euse** *cin.* [~'døːz] f Stuntgirl n.

cas|e [kɑːz] f Häuschen n; Bungalow m; (*Schrank-*)Fach n; Fragebogen: Kästchen n; *Schachbrett*: Feld n; *Schweiz*: ~ *postale* Postfach n; **~mate** △ [kaz'mat] f Bunker m; **~er** [kɑ'ze] *v/t.* (1a) fachweise ordnen, verstauen; F unterbringen.

casern|e [ka'zɛrn] f Kaserne f; **~er** △ [~'ne] *v/t.* (1a) kasernieren; **~eux, -se** F [~'nø, ~'nøːz] *adj.* kasernenhaft.

casier [ka'zje] m Fachkasten m, Fach n; Regal n; *Fischfang*: Reuse f; *allm.* Register n, Kartei f; ~ *judiciaire* Strafregister n; *avoir un* ~ *judiciaire vierge* nicht vorbestraft sein; ~ *à musique* Notenschrank m.

casoar [kazɔ'aːr] m **1.** *orn.* Kasuar m; **2.** ~ *des saint-cyriens* Helmfeder f, Federbusch m der Kadetten von St.-Cyr.

casqu|e [kask] m Helm m; Fliegerhaube f; *Auto*: Sturzhelm m; *rad.* Kopfhörer m; *fig.* ~*s bleus* Blauhelme m/pl. (*UNO-Soldaten*); **~é, -e** [~'ke] *adj.* behelmt; **~er** P [~] *v/i.* (1a) zahlen, blechen P; **~ette** [~'kɛt] f

(Schirm-)Mütze f.

cass|able [kɑ'sablə] *adj.* zerbrechlich; **~ant, -e** [~'sã, ~'sãːt] *adj.* zerbrechlich; *Metall*: spröde; *fig.* schroff, herrisch, rechthaberisch; P anstrengend; P *rien de* ~ nichts Besonderes; **~ation** ⚖ [~sa'sjɔ̃] f Aufhebung f; *Cour f de* ~ Kassationshof m.

casse [kɑːs] **1.** f Zerbrechen n; Verschrottung f; ✂ Bruch m; *fig.* Schaden m; *typ.* Setzkasten m; **2.** ✱ m Einbruch m; Diebstahl m; **~cou** [kas'ku] (*inv.*) **1.** *adj.* halsbrecherisch; waghalsig; **2.** m gefährlicher Weg m (*od.* Ort m); Draufgänger m; *Zirkus*: Saltospringer m; *allg.* waghalsiger Akrobat m; **~croûte** [~'krut] m (*inv.*) Imbiß m; **~noisettes, ~noix** [~nwa'zɛt, ~'nwa] m (*inv.*) Nußknacker m.

casser [kɑ'se] (1a) *v/t.* zerbrechen; verschrotten; für ungültig erklären; ✂ absetzen, degradieren; P ~ *sa pipe* sterben, abkratzen P; *v/i.* (zer)brechen; *abus. Person*: zusammenbrechen.

casserole [kas'rɔl] f Kochtopf m, Kasserolle f, Schmorpfanne f; ✱ Spitzel m, Denunziant m; F ♪ Klavier n, Klimperkasten m F; *Auto*: Mühle f.

casse-tête [kas'tɛt] m (*inv.*) Totschläger m (*Waffe*); *fig.* Kopfzerbrechen n; *Aufgabe*: harte Nuß f; betäubender Lärm m; ~ *chinois* Geduldsspiel n.

cassette [ka'sɛt] f *Aufzeichnungstechnik*: Kassette f; (Juwelen-)Kästchen n; Schatulle f.

casseur [kɑ'sœːr] m *pol.* sachbeschädigender Demonstrant m; ✱ Einbrecher m; ~ *de prix* Preisdrücker m.

cassis [kɑ'sis] m **1.** ♣ schwarze Johannisbeere f; Johannisbeerlikör m; ✱ Kopf m, Birne f P, Dez m P; **~²** [~'si] m Rinne f quer über e-e Straße, Querrinne f.

cassonade [kasɔ'nad] f Roh-, Farinzucker m.

cassure [kɑ'syːr] f Bruch m; *abus.* Zs.-bruch m.

caste [kast] f Kaste f.

castel [kas'tɛl] m Schlößchen n.

castor *zo.* [kas'tɔːr] m Biber m.

casuel, -le [ka'zɥɛl] **1.** *adj.* zufällig; **2.** m Nebeneinkünfte f/pl.

cata|clysme [kata'klism] m Sintflut

f; *fig.* Umsturz *m*, Katastrophe *f*, Umwälzung *f*; **~dioptre** [~'djɔptrə] *m* Rückstrahler *m*; F *vél.* Katzenauge *n*; **~lepsie** [~lɛp'si] *f* Katalepsie *f*, Krampfzustand *m*, Starrsucht *f*; **~logue** [~'lɔg] *m* Katalog *m*; **~loguer** [~'ge] *v/t.* (1m) katalogisieren; **~phote** [~'fɔt] *m* (*Warenzeichen*) Rückstrahler *m*; **~plasme** [~'plasm] *m* (*Brei-*)Umschlag *m*; **~pulte** [~'pylt] *m* Katapult *m* od. *n*; **~pulter** [~'te] *v/t.* (1a) katapultieren; schleudern; **~racte** [~'rakt] *f* großer Wasserfall *m*; *ℱ* grauer Star *m*.

catarrhe [ka'ta:r] *m* Katarrh *m*; **~eux, -se** [~ta'rø, ~'rø:z] *adj.* zu Katarrh neigend.

catastrophe [katas'trɔf] *f* Katastrophe *f*; **~ique** [~'fik] *adj.* katastrophal.

catéchèse [kate'ʃɛ:z] *f* Katechese *f*, Religionsunterricht *m*; **~iser** [~ʃi'ze] *v/t.* (1a) den Katechismus lehren; F *fig.* ~ *q.* j-n bevormunden; j-n abkanzeln.

catégorie [katego'ri] *f* Kategorie *f*, Klasse *f*, Art *f*, *fig.* Schlag *m*; **~iel** [~'rjɛl] *adj.* kategorial; *pol.*, *éc.* lohnkämpferisch, Lohn...; **~ique** [~'rik] *adj.* kategorisch; *Beweis:* hundertprozentig; **~iser** [~ri'ze] *v/t.* (1a) in Kategorien einteilen.

caténaire *⚡* [kate'nɛ:r] *f* Fahrleitung *f*.

caterpillar ⊕ [katɛrpi'la:r] *m* Raupe(nkette *f*) *f*; Raupenschlepper *m*.

cathédrale [kate'dral] *f* Dom *m*, Kathedrale *f*; **~ode** *⚡* [~'tɔd] *f* Kathode *f*; **~olicisme** [~tɔli'sism] *m* Katholizismus *m*; **~olique** [~'lik] *adj.* katholisch.

catimini F [katimi'ni] *adv.*: en ~ ganz heimlich, verstohlen, unbemerkt.

catin † [ka'tɛ̃] *f* (Straßen-)Dirne *f*.

catir *text.* [ka'ti:r] *v/t.* (2a) glanzpressen; **~isseur** *text.* [~ti'sœ:r] *m* Glanzpresser *m*.

cauchemar [koʃ'ma:r] *m* Alpdruck *m*; *fig.* Schreckgespenst *n*; Gefühl *n* der Beklemmung, beklemmende Erinnerung *f*.

causal, -e [ko'zal] *adj.* (*nur pl/pl.:* ~es) ursächlich, kausal; **~e** [~ko:z] *f* Ursache *f*; Veranlassung *f*; Rechtsgrund *m*; Prozeß *m*; Sache *f*, *die verteidigt wird*; à ~ de wegen; **~er** [ko'ze] (1a) **1.** *v/t.* verursachen; **2.** *v/i.* plaudern; **~erie** [~z'ri] *f* Plauderei *f*, Unterhaltung *f*; *faire un brin de* ~ ein

bißchen plaudern; **~ette** F [~'zɛt] *f* Geplauder *n*; Plauderstündchen *n*; **~eur** [~'zœ:r] *m* Unterhalter *m*; **~euse** [~'zø:z] *f* kleines Sofa *n*.

caustlicité [kostisi'te] *f* Ätzkraft *f*; Spottsucht *f*; **~ique** [~'tik] **1.** *adj.* ätzend; *fig.* beißend; **2.** *m* Ätzmittel *n*.

cautèle *litt.* [ko'tɛl] *f* Verschlagenheit *f*, List *f*.

cauteleux, -se [kot'lø, ~'lø:z] *adj.* verschlagen.

cautlère *ℱ* [ko'tɛ:r] *m* Kauter *m*, Brenneisen *n*; Ätzmittel *n*; **~ériser** *ℱ* [~teri'ze] *v/t.* (1a) ausbrennen, ätzen.

caution [ko'sjɔ̃] *f* Bürgschaft *f*, Kaution *f*; Bürge *m*; *fournir* ~ Bürgschaft leisten; *se porter* ~ bürgen, haften (de für); *sujet à* ~ verdächtig; **~nement** [~sjɔn'mɑ̃] *m* Bürgschaftsleistung *f*; Kaution(ssumme *f*) *f*; **~ner** [~'ne] *v/t.* (1a) anerkennen, gutheißen; ~ *q.* sich für j-n verbürgen.

cavaler P [kava'le] (1a) *v/i.* u. se ~ abhauen P, auskneifen P; ein liederliches Leben führen; *v/t.* belästigen; **~erie** [~l'ri] *f* Kavallerie *f*, Reiterei *f*; **~ier, -ère** [~'lje, ~'ljɛ:r] **1.** *su.* Reiter (-in *f*) *m*; Herr *m*, Dame *f*, Tänzer (-in *f*) *m*; **2.** *m* Kavalier *m*; ⚒ Kavallerist *m*; *Schach:* Springer *m*; **3.** *adj.* ungezwungen; anmaßend; rücksichtslos; *perspective f cavalière* perspektivische Zeichnung *f*.

cavle [ka:v] **1.** *f* Keller *m*; Spielgeld *n*; ~ *à charbon* Kohlenkeller *m*; ~ *à l'épreuve des bombes* bombensicherer Keller *m*; ~ (*à vin*) Weinkeller *m*; **2.** *adj.* hohl, eingefallen; *veine f* ~ Hohlvene *f*; **3.** * *m* j., *der nicht zur Unterwelt gehört;* Trottel *m*; **~e-abri** [kava'bri] *f* Luftschutzkeller *m*; **~eau** [~'vo] *m* (*pl.* ~x) *kleiner Keller m*; (*Grab-*)Gewölbe *m*.

caver [ka've] *v/i.* (1a) *beim Spiel:* setzen.

cavernle [ka'vɛrn] *f* Höhle *f*; *ℱ* Kaverne *f*; **~eux, -se** [~nø, ~'nø:z] *adj.* *ℱ Gewebe:* schwammig; *voix f caverneuse* Grabesstimme *f*.

caviar [ka'vja:r] *m* Kaviar *m*.

caviarder [kavjar'de] *v/t.* (1a) *Zensur:* Text unleserlich machen, ausmerzen.

caviste [ka'vist] *m* Kellermeister *m*.

cavité [kavi'te] *f* Höhlung *f*; *anat.* ~ *thoracique* Brusthöhle *f*.

centaine

cawcher, -ère [ka'ʃɛːr] adj. koscher.
ce [sə] (m vor Vokal und stummem h: cet [sɛt], f: cette [sɛt]; pl.: ces [se]) pr/d. diese(r, -s); pl. diese; nom. ce qui (acc. ce que) was; c'est pourquoi daher, deshalb; ce matin heute morgen; c'est que nämlich, doch (erklärend); c'est moi qui l'ai dit ich habe es gesagt; mst c'est (seltener: ce sont) eux s ie sind es.
céans † [se'ɑ̃] adv. hier (innen); noch plais. in: maître m de ~ Hausherr m.
ceci [sə'si] pr/d. dieses, dies, das.
cécité [sesi'te] f Blindheit f; ~ nocturne Nachtblindheit f; ✠ ~ verbale Alexie f, Wort-, Lese-blindheit f.
cédant ✠ [se'dɑ̃] m Überlasser m.
céder [se'de] (1f) v/t. überlassen, abtreten; zedieren; le ~ en qch. à q. j-m in etw. nachstehen; ~ le passage à q. j-m Vorfahrt geben; j-n vorfahren (od. überholen) lassen; v/i. nachgeben; weichen; nachlassen.
cédille gr. [se'dij] f Cedille f.
cèdre ♣ ['sɛdrə] m Zeder f.
cédule [se'dyl] f ✝ Ladung f; fin. ~ de l'impôt Einkommensteuergruppe f.
cégétiste [seʒe'tist] m Gewerkschaft(l)er m (Mitglied der C.G.T.).
ceindre ['sɛ̃ːdrə] v/t. (4b) umgürten; umgeben (de mit dat.).
ceinture [sɛ̃'tyːr] f Gürtel m; cout. Taillenweite f; ~ hygiénique Monatsbinde f; ⊕ ligne f de ~ Ringbahn f; ~ de sauvetage Rettungsring m; Auto: ~ de sécurité Sicherheitsgurt m; **~er** [~ty'te] v/t. (1a) umgürten; Ringkampf: umklammern; ~ une ville de murailles e-e Stadt mit Mauern umgeben; **~on** [~'tɔ̃] m Säbelkoppel n; Lederriemen m.
cela [sə'la, sla] pr/d. das (da); jenes; à ~ près dies ausgenommen, abgesehen davon; ~ fait damit, hierauf; c'est ~ ganz recht, so ist es; comment ~? wieso?
céladon [sela'dɔ̃] adj. (inv.) mattgrün.
célébration [selebra'sjɔ̃] f Feier f; la ~ d'une fête das Feiern e-s Festes.
célèbre [se'lɛbrə] adj. berühmt.
célébr|er [sele'bre] v/t. (1f) feiern; **~ité** [~bri'te] f Berühmtheit f.
céleri ♣ [sel'ri] m Sellerie m od. f.
célérité [seleri'te] f Schnelligkeit f.
céleste [se'lɛst] adj. himmlisch.
célibat [seli'ba] m Ehelosigkeit f; **~aire** [~'tɛːr] 1. adj. ledig, unverheira-

tet; 2. su. Jung-geselle m, -gesellin f; Ledige(r m) m u. f.
celle [sɛl] s. celui.
cell|ier [sɛ'lje] m Wein-, Bier-, Vorrats-keller m; Kelterei f; **~ophane** [~lo'fan] f Zellophan n; **~ulaire** [~ly-'lɛːr] adj. Zell(en)...; **~ular** text. [~'laːr] m Netzgewebe n; **~ule** [~'lyl] f Zelle f (a. pol. u. anat.); **~uleux, -se** [~'lø, ~'løːz] adj. zellig; **~ulite** ✠ [~'lit] f Zellulitis f; **~ulose** [~'loːz] f Zellulose f; **~ulosique** [~lo'zik] adj. zellulosehaltig.
celt|e [sɛlt] 1. adj. keltisch; 2. ♀s m/pl. Kelten m/pl.; **~ique** [~'tik] adj. keltisch; **~iser** ling. [~ti'ze] v/t. (1a) keltisieren.
celui [sə'lɥi] (f: celle [sɛl]; m/pl.: ceux [sø_], f/pl.: celles [sɛl]) pr/d. der(-), die(-), das(jenige); pl. die(jenigen); **~ci** [~'si] (f: celle-ci; m/pl.: ceux-ci, f/pl.: celles-ci) pr/d. diese(r, -s) (hier); pl. diese (hier); **~là** [~'la] (f: celle-là; m/pl.: ceux-là, f/pl.: celles-là) pr/d. jene(r, -s); pl. jene.
cément [se'mɑ̃] m 1. ⚙ Zementierpulver n; 2. anat. (Zahn-)Zement m; **~er** ⚙, ⊕ [~'te] v/t. (1a) Metall einsatzhärten.
cendr|e ['sɑ̃drə] f Asche f; **~s** pl. irdische Überreste m/pl.; ~s en suspension Flugstaub m; **~é, -e** [sɑ̃'dre] adj. aschfarben; **~ée** [~] f Sport: Aschenbahn f; **~eux, -se** [~'drø, ~'droːz] adj. aschig; **~ier** [~dri'e] m Asch(en)becher m; im Ofen: Asch(en)kasten m.
cendrillon fig. [sɑ̃dri'jɔ̃] f Aschenputtel m.
cène rl. (bibl. u. Kunst: ♀) [sɛn] f Abendmahl n.
censé, -e [sɑ̃'se] adj. (mit inf.) gehalten für; il est ~ être malade man hält ihn für krank; **~ment** F [~'mɑ̃] adv. angeblich, anscheinend.
cens|eur [sɑ̃'sœːr] m hist. Zensor m; allg. Kritiker m; Fr. écol. etwa: Aufseher m; **~urable** [~sy'rablə] adj. tadelnswert; **~ure** [~'syːr] f Zensurbehörde f, Prüfstelle f; (Bücher-, Theater-, Film-)Zensur f; Kirche: Disziplinarstrafe f; **~urer** [~sy'te] v/t. (1a) verbieten; rügen; rl. verurteilen.
cent [sɑ̃] 1. a/n. c. hundert; 2. m Zahl: Hundert f; Menge: Hundert n; pour ~ Prozent n; je vous donne en ~ das erraten Sie nie!; **~aine** [~'tɛn] f Hun-

dert n; une ~ (de ...) etwa hundert
(...).

centaure [sɑ̃'tɔːr] m Zentaur m.

centenaire [sɑ̃t'nɛːr] **1.** adj. hundertjährig; **2.** su. Hundertjährige(r m) m
u. f; **3.** m Hundertjahrfeier f.

centésimal, -e [sɑ̃tezi'mal] adj.
(m/pl. -aux) zentesimal; degré ~
Celsius-Grad m.

centi|are [sɑ̃'tjaːr] m Quadratmeter m
od. n, hundertstel Ar m; **~ème** [~
'tjɛm] **1.** a/n. o. hundertste(r, -s); **2.** m
Hundertstel n; **~grade** [~ti'grad]
adj. hundertgradig.

centime ✝ [sɑ̃'tim] m Centime m.

centimètre [sɑ̃ti'mɛːtrə] m Zentimeter m od. n; Zentimetermaß n.

centrage [sɑ̃'traːʒ] m ⊕ Zentrierung
f; ✒ Lastenverteilung f.

central, -e [sɑ̃'tral] (m/pl. -aux) **1.** adj.
zentral, im Mittelpunkt stehend (od.
gelegen); Mittel...; **2.** m Telefonzentrale f; Fernsprechamt n; **3.** f Zentrale f; ⚡ Kraftwerk n; △ ~e à béton
Fertigbetonanlage f; ⚡ ~e hydro-
-électrique Wasserkraftwerk n; ⚡ ~e
interurbaine Überlandzentrale f; ~e
marémotrice Gezeitenkraftwerk n; ~e
nucléaire (od. d'énergie atomique)
Atomkraftwerk n; **~isation** [~liza-
'sjɔ̃] f Zentralisierung f; **~iser** [~'ze]
v/t. (1a) zentralisieren; zusammen-
fassen.

centraméricain, -e [sɑ̃trameri'kɛ̃,
~'kɛn] adj. mittelamerikanisch.

centre ['sɑ̃trə] m Mittelpunkt m,
Zentrum n; Sport: Mittelstürmer m;
~ de sports d'hiver Wintersportplatz
m; ~ de gravité Schwerpunkt m; ~ de
phtisiologie Lungenheilstätte f; ~ de
rotation Drehpunkt m; ~ (de la) ville
Industriezentrum n; ~ (de la) ville
Stadtzentrum n.

centri|fuge [sɑ̃tri'fyːʒ] adj. zentri-
fugal; **~fuger** [~fy'ʒe] v/t. (1l)
schleudern; **~fugeur, -se** [~'ʒœːr, ~
'ʒøːz] su. Zentrifuge f; **~pète** [~'pɛt]
adj. zentripetal.

centriste pol. [sɑ̃'trist] adj. zur Mitte
gehörig.

centuple [sɑ̃'typlə] adj. hundertfach; **~er** [~'ple] v/t. (1a) verhun-
dertfachen.

cep [sɛp] m Reb-, Wein-stock m.

cépage [se'paːʒ] m Rebsorte f.

cèpe ✿ [sɛp] m Steinpilz m.

cependant [s(ə)pɑ̃'dɑ̃] cj. jedoch.

céram|ique [sera'mik] **1.** adj. kera-

misch; **2.** f Keramik f; **~iste** [~'mist]
su. Keramiker(in f) m.

cérat ✿ [se'ra] m Wachssalbe f.

cerbère fig. (myth.: ♀) [sɛr'bɛːr] m
Zerberus m.

cerceau [sɛr'so] m (pl. ~x) am Faß,
Spielzeug: Reifen m.

cercl|e ['sɛrklə] m Kreis m; (Faß-)
Reifen m; fig. Bereich m; fig. Kreis
m, Zirkel m, Klub m; ~ d'études
Arbeitsgemeinschaft f; ~ vicieux
Zirkelschluß m; **~er** [~'kle] v/t. (1a):
~ qch. Reifen um etw. legen.

cerco|cèbe zo. [sɛrko'sɛb] m Mangabe
f; **~pithèque** zo. [~pi'tɛk] m Meerkatze f.

cercueil [sɛr'kœj] m Sarg m.

céréal|e [sere'al] f Getreideart f; ~s
pl. Getreide n; **~ier, -ère** [~'lje,
~'ljɛːr] **1.** adj. Getreide...; **2.** m Ge-
treideproduzent m.

cérébral, -e [sere'bral] adj. (m/pl.
-aux) Gehirn...

cérémon|ial [seremɔ'njal] m (pl. ~s)
Zeremoniell n, Etikette f; **~ie** [~'ni] f
Zeremonie f; Feierlichkeit f; Förmlichkeit f; **~ieux, -se** [~'njø, ~'njøːz]
adj. förmlich, gespreizt.

cerf zo. [sɛr] m Hirsch m; **~euil** ✿
[sɛr'fœj] m Kerbel m; **~-volant** [~vɔ-
'lɑ̃] m (pl. cerfs-volants) (Papier-)
Drachen m; ent. Hirschkäfer m.

ceris|e [s(ə)'riːz] **1.** f ✿ Kirsche f; ★
Kopf m; ★ fig. avoir la ~ Pech haben;
2. adj. (inv.) kirschrot; **~ette** [~ri'zɛt]
f getrocknete Kirsche f; ✿ Kirsch-
pflaume f; Kirschsaft m; **~ier** [~'zje]
m Kirschbaum m.

cerne [sɛrn] m Jahresring m im Holz;
★ Ring m um die Augen od. Wunde;
ringförmiger Fleck m.

cerneau [sɛr'no] m (pl. ~x) unreife
Nuß f.

cerner [sɛr'ne] v/t. (1a) umzingeln;
Nüsse auskernen; avoir les yeux cernés
blaue Ringe um die Augen haben.

certain, -e [sɛr'tɛ̃, ~'tɛn] adj. **1.** (nach
su.) Nachricht: sicher, absolut zuverlässig; **2.** (vor su.) gewiß (in unbe-
stimmtem Sinne).

certes [sɛrt] adv. ganz bestimmt; einschränkend: sicher.

certifi|cat [sɛrtifi'ka] m Bescheini-
gung f, Nachweis m, Zeugnis n; ~ de
bonne vie et mœurs Führungszeugnis
n; ~ d'origine Ursprungszeugnis n; ~
médical ärztliches Attest n; **~er** [~'fje]
v/t. (1a) bescheinigen.

certitude [sɛrti'tyd] *f* Gewißheit *f*.

cérumen [sery'men] *m* Ohrenschmalz *n*.

céruse *peint.* [se'ry:z] *f* Bleiweiß *n*.

cerv|eau [sɛr'vo] *m* (*pl.* ~*x*) Gehirn *n*; *fig.* Verstand *m*; ~ *électronique* Elektronen(ge)hirn *n*; *avoir un rhume de* ~ Schnupfen haben; F ~ *brûlé* überspannter Mensch *m*; **~elas** [~o'la] *m* Zervelatwurst *f*; **~elet** *anat.* [~'lɛ] *m* Kleinhirn *n*; **~elle** [~'vɛl] *f* Hirn (-masse *f*) *n*; *fig.* Verstand *m*; *cuis.* Hirn *n*, Bregen *m*; *brûler la* ~ *à q.* j-m e-e Kugel durch den Kopf jagen.

ces [se] s. ce.

césarien, -ne [seza'rjɛ̃, ~'rjɛn] **1.** *adj.* cäsarisch; **2.** *f chir.*: ~*ne* (*od. opération f* ~*ne*) Kaiserschnitt *m*.

cess|ation [sɛsa'sjɔ̃] *f* Einstellen *n*, Beendigung *f*; Aufhören *n*; Stillstand *m*; *vente f totale pour cause de* ~ *de commerce* Ausverkauf *m* wegen Geschäftsaufgabe; Räumungsverkauf *m*; **~e** [sɛs] *f*: *sans* ~ unaufhörlich; *n'avoir ni repos ni* ~ weder Rast noch Ruhe haben; **~er** [~'se] (1b) *v/i.* aufhören; *v/t. Arbeit* einstellen, unterbrechen, niederlegen; *faire* ~ *ein Ende* machen (*dat.*); **~ible** ᵵᵵ [~'siblə] *adj.* übertragbar; abtretbar; **~ion** [~'sjɔ̃] *f Abtretung f;* ~ *de* Lizenzabgabe *f;* **~ionnaire** ✝ [~sjɔ'nɛːr] *m* Zessionar *m*.

c'est-à-dire [sɛta'diːr] *adv.* das heißt; nämlich.

césure *mét.* [se'zyːr] *f* Zäsur *f*.

cet, cette [sɛt] s. ce.

cétacé *zo.* [seta'se] *m* Wal *m*.

ceux [sø] s. celui.

chabler [ʃa'ble] *v/t.* (1a) ⚓ mit e-m Tau heben (*od.* ziehen); ⊕ zu e-m Strick drehen; ✔ ~ *des noix* Nüsse abschlagen.

chablis [ʃa'bli] *m* **1.** Chablis *m* (*Wein*); **2.** *for.* Windbruch *m*.

chabot *icht.* [ʃa'bo] *m* Kaulkopf *m*.

chabraque ✶ [ʃa'brak] *adj.* verrückt.

chacal [ʃa'kal] *m* (*pl.* ~*s*) **1.** *zo.* Schakal *m*; **2.** *fig. péj.* Ausbeuter *m*.

chachater [ʃaʃa'te] *v/i.* (1a) Cha-Cha-Cha tanzen.

chacun, -e [ʃa'kœ̃, ~'kyn] *pr/ind.* jede(r, -s); ~ *de* (*od. d'entre*) *nous* jeder von uns; *à tout un* ~ schlechthin jedem; *fig.* jeder einzelnen.

chafouin, -e [ʃa'fwɛ̃, ~'fwin] *adj.* durchtrieben.

chagrin, -e [ʃa'grɛ̃, ~'grin] **1.** *adj.* mißgestimmt, verstimmt, beküm

mert; **2.** *m* Kummer *m*, Ärger *m*; Chagrinleder *n*; **~er** [~gri'ne] *v/t.* (1a) betrüben; ärgern; ⊕ *Leder* narben.

chahut *bsd. écol.* [ʃa'y] *m* großer Lärm *m*; Radau *m*; Getobe *n*; **~er** [~'te] (1a) *v/i.* lärmen, toben, randalieren; *v/t.* auspfeifen; niederschreien.

chai [ʃɛ] *m* Wein- und Spirituosenlager *n*.

chaîn|e [ʃɛn] *f* Kette *f*; ✝ Kettengeschäft *n*; *rad., télév.* Kanal *m*; Sendergruppe *f;* Programm *n;* ~ *hi-fi* Hi-Fi-Anlage *f;* ~ *hôtelière* Hotelkette *f;* ⊕ *travail m à la* ~ Fließarbeit *f; Auto:* ~ *antidérapante* Gleitschutzkette *f,* Schneekette *f; Lebensmitteltransport:* ~ *du froid* Kühlkette *f;* **~é, -e** [~'ne] *adj.* kettenförmig; **~er** [~'ne] *v/t.* (1b) mit der Kette messen; ⚠ durch Eisenstangen absteifen; **~ette** [~'nɛt] *f* Kettchen *n*; *point m* de ~ Kettenstich *m*; **~on** [~'nɔ̃] *m* Kettenglied *n*; Hügelkette *f;* 🜃 Molekülkette *f.*

chair [ʃɛːr] *f* Fleisch *n* (*von Menschen, lebenden Tieren, Früchten*); *fig.* ~ *de poule* Gänsehaut *f.*

chaire [ʃɛːr] *f* (bischöflicher) Kirchenstuhl *m*; Kanzel *f;* Lehrstuhl *m.*

chaise [ʃɛːz] *f* Stuhl *m*; ~ *longue* Liegestuhl *m;* ~ *percée* Nachtstuhl *m* (*in Krankenhäusern usw.*); ~ *pivotante* Drehstuhl *m;* ~ *à porteurs* Sänfte *f.*

chaland [ʃa'lɑ̃] *m* Lastkahn *m.*

chalcographie [kalkɔgra'fi] *f* Kupferstechkunst *f.*

châle [ʃɑ:l] *m* Schal *m.*

chalet [ʃa'lɛ] *m* Sennhütte *f;* Schweizerhaus *n;* Landhaus *n.*

chaleur [ʃa'lœːr] *f* Hitze *f;* Wärme *f;* ~*s pl.* Brunst(zeit *f*) *f;* *Hündin:* Läufigkeit *f; Katze:* Rolligkeit *f; être en* ~ läufig (*bzw.* rollig) sein; ⊕ ~ *blanche* (*rouge vif*) Weiß- (Rot-) glut *f;* **~eux, -se** [~lœ'rø, ~'røːz] *adj. fig.* warm, warmherzig, gefühlvoll.

châlit [ʃa'li] *m* Bettgestell *n.*

challenge [ʃa'lɑ̃:ʒ] *m Sport:* Pokalkampf *m;* Wanderpreis *f.*

chaloupe ⚓ [ʃa'lup] *f* Schaluppe *f;* **~-pilote** [~pi'lɔt] *f* (*pl. chaloupes-pilote*) Lotsenboot *n.*

chalumeau [ʃaly'mo] *m* (*pl.* ~*x*) ♪ Schalmei *f;* ⊕ Lötrohr *n;* ~ *à souder* Schweißbrenner *m;* ~ *de découpage* Schneidbrenner *m.*

chalut ⊕ [ʃa'ly] *m* Sack-, Schleppnetz n; ~ier ⚓ [~'tje] m Trawler m; Fischer m auf e-m Trawler.

chamaill|er F [ʃamɑ'je] v/rfl. (1a): se ~ sich zanken; ~**erie** [~j'ri] f Zank m.

chamarr|é iron. [ʃamɑ're] adj./m: ~ de décorations voller Lametta; ~**ures** iron. [~'ry:r] f/pl. Lametta n F.

chambard F [ʃɑ̃'ba:r] m Gepolter n, Spektakel m, Skandal m, Radau m, Krach m; ~**ement** F [~bardə'mɑ̃] m Umwälzung f; ~**er** F [~'de] v/t. (1a) umwerfen, durcheinanderbringen, auf den Kopf stellen.

chambellan hist. [ʃɑ̃bɛ'lɑ̃] m Kammerherr m.

chambranle ⚠ [ʃɑ̃'brɑ̃:lə] m (Tür-, Fenster-)Verkleidung f; Kaminsims m.

chambr|e ['ʃɑ̃:brə] f Zimmer n; Stube f; Kammer f (a. ⚙, pol., ♥, ⊕); ⚙ des communes Unterhaus n; ⚙ haute (od. des lords) Oberhaus n; phot. ~ noire (od. obscure) Dunkelkammer f; Auto, vél. ~ à air (Luft-)Schlauch m; ~ de commerce Handelskammer f; ~**e-cuisine** [~kɥi'zin] f (pl. chambres-cuisines) Wohnküche f; ~**ée** bsd. ✗ [ʃɑ̃'bre] f Stube(ngemeinschaft f) f; ~**er** [~] v/t. (1a) dem Wein Zimmertemperatur geben; j-n beiseite nehmen und auf ihn einreden; P j-n hochnehmen, sich über j-n lustig machen; ~**ière** [~bri'ɛ:r] f Zirkuspeitsche f; Gabelstütze f e-s Karrens.

cham|eau zo. [ʃa'mo] m (pl. ~x) Kamel n; ~**elier** [~mə'lje] m Kameltreiber m; ~**elle** zo. [~'mɛl] f Kamelstute f.

chamois [ʃa'mwa] 1. m zo. Gemse f; Gemsleder n; 2. adj. (inv.) (couleur f) ~ chamois, gemsfarben; ~**er** [~'ze] v/t. (1a) sämisch gerben.

champ [ʃɑ̃] m Acker m, Feld n; Platz m; Fläche f; fig. Gebiet n; fig. (freier) Spielraum m; ⊕ schmale Seite f; ~ d'activité Geschäfts-, Wirkungsbereich m; Sport: ~ de courses Rennbahn f; ~ de foire Jahrmarkts-, Rummel-platz m; ~ de repos Friedhof m; ✝ ~ d'épandage Rieselfeld n; ~ visuel Gesichtsfeld n; à travers ~s querfeldein; F se donner du ~ sich Zeit lassen; F prendre du ~ sich Zeit nehmen; F adv.: à tout bout de ~ alle Augenblicke, andauernd, bei jeder Gelegenheit; ~**agne** [~'paɲ] m Champagner(wein m) m; abus. Sekt m,

Schaumwein m; ~**agniser** [~ɲi'ze] v/t. (1a) zu Schaumwein verarbeiten; ~**art** ✓ [~'pa:r] m Mengkorn n; ~**être** [~'pɛ:trə] adj. ländlich; ~**ignon** ♣ [~pi'ɲɔ̃] m Pilz m.

champion Sport [ʃɑ̃'pjɔ̃] m Champion m, Sieger m, Meister m; Hochleistungssportler m; ~**nat** [~pjɔ'na] m Meisterschaft(skampf m) f; ~ du monde Weltmeisterschaft f; Wettkampf m um die Weltmeisterschaft; ~**ne** [~'pjɔn] f Sport: Weltmeisterin f; fig. Hauptvertreterin f.

chançard, -e F [ʃɑ̃'sa:r, ~'sard] su. Glücks-kind n, -pilz m.

chance [ʃɑ̃:s] f Chance f; bonne ~! viel Glück!; ~**eler** [ʃɑ̃s'le] v/i. (1c) (sch)wanken; wankelmütig sein; ~**elier** [~sə'lje] m Kanzler m; ~**elière** [~'ljɛ:r] f Frau f e-s Kanzlers; Fußsack m; ~**ellerie** [~sɛl'ri] f (Staats-)Kanzlei f; Kanzleramt n; ~**eux, -se** [~'sø, ~'sø:z] adj. glücklich; un homme ~ ein Glückskind n.

chanc|ir [ʃɑ̃'si:r] v/i. (2a) schimm(e)lig werden, (ver)schimmeln; ~**issure** ♣ [~si'sy:r] f Schimmel m.

chancr|e ['ʃɑ̃:krə] m & Schanker m; Krebsgeschwür n (a. fig.); ♣ Brand m an Bäumen, Baumkrebs m; ~**eux, -se** [ʃɑ̃'krø, ~'krø:z] adj. & krebsartig; ♣ brandig.

chandail [ʃɑ̃'daj] m Strickjacke f.

Chandeleur [ʃɑ̃d'lœ:r] f (Mariä) Lichtmeß f (2. Februar).

chand|elier [~ɑ'lje] m Leuchter m; Lichtzieher m; ~**elle** [~'dɛl] f (Talg-)Licht n, Kerze f; ~ romaine Feuerwerksrakete f; le jeu n'en vaut pas la ~! die Sache lohnt sich nicht!

chanfrein [ʃɑ̃'frɛ̃] m 1. Vorderteil m des Pferdekopfes; ~ blanc Blesse f; 2. ⚠ Schrägkante f; ~**er** ⊕ [~frɛ'ne] v/t. (1b) abschrägen, abkanten.

change [ʃɑ̃:ʒ] m Tausch m; Wechsel m; ✝ Bank-, Wechsel-geschäft n; ch. ~ falsche Spur f (a. fig.); donner le ~ à q. j-n irreführen; ~**eable** [ʃɑ̃'ʒablə] adj. veränderbar; ~**eant, -e** [~'ʒɑ̃, ~'ʒɑ̃:t] adj. veränderlich; launisch; schillernd; ~**ement** [~ʒ'mɑ̃] m (Ver-)Änderung f; ~ de direction Fahrtrichtungsänderung f; 🚂 ~ de train Umsteigen n; Auto: ~ de vitesse Gangschaltung f; ~ du sens Bedeutungswandel m; ~ du temps Witterungsumschlag m; ~**er** [ʃɑ̃'ʒe] (11) v/t. vertauschen; Geld (ein-, um-)

wechseln; verändern; *Kind* umziehen; *v/i.* sich verändern; ~ de qch. etw. ändern, (mit) etw. wechseln; ~ d'appartement die Wohnung wechseln, umziehen; ~ d'avis s-e Meinung ändern; **🖾** ~ de train umsteigen; se ~ sich umziehen, sich umkleiden; **~eur** [~'ɡœːr] *m* Geldwechsler *m*.

chanoin|e [ʃa'nwan] *m* Domherr *m*; **~esse** [~'nɛs] *f* Stiftsdame *f*.

chanson [ʃɑ̃'sɔ̃] *f* Lied *n*; Chanson *n*; F **~s** *pl.* Unsinn *m*, Gefasel *n*, Quatsch *m*, Geschwätz *n*; **~ner** [~sɔ'ne] *v/t.* (1a): ~ q. auf j-n ein Spottlied machen; **~nette** [~'nɛt] *f* Liedchen *n*; Couplet *n*; **~nier** [~'nje] *m* Coupletsänger *m*; Liederbuch *n*.

chant [ʃɑ̃] *m* 1. Gesang *n*. Lied *n*; Vogelstimme *f*; ~ du coq Krähen *n* des Hahns, Hahnenschrei *m*; 2. **⊕** Schmalseite *f*.

chantage [ʃɑ̃'taːʒ] *m* Erpressung *f*.

chantepleure [ʃɑ̃t'plœːr] *f* Seihtrichter *m*; Maischbütte *f*; Wasserabzugsloch *n*; Stichhahn *m* e-s Fasses.

chanter [ʃɑ̃'te] (1a) *v/t.* Lied singen; *etw.* preisen; F erzählen; que me chantez-vous là? was erzählen Sie mir da?; *v/i.* singen (a. *Vögel*); *Hahn:* krähen; *Nachtigall:* schlagen; *Grille:* zirpen; *Tür:* quietschen; F si ça vous chante wenn es Ihnen zusagt (od. paßt); faire ~ q. j-n erpressen; **~elle** [~'trɛl] *f* ♪ Quinte(nsaite *f*) *f*; Lockvogel *m*; **❦** Pfifferling *m*.

chant|eur [ʃɑ̃'tœːr] 1. *m* Sänger *m*; 2. *adj.:* maître *m* ~ Erpresser *m*; *hist.* Meistersinger *m*; oiseaux *m/pl.* ~s Singvögel *m/pl.*; **~euse** [~'tøːz] *f* Sängerin *f*; ~ d'opéra Opernsängerin *f*.

chantier [ʃɑ̃'tje] *m* Baustelle *f*; Werft *f*; Lagerplatz *m*; **❦** Transitpackkammer *f*.

chantonner [ʃɑ̃tɔ'ne] *v/i. u. v/t.* (1a) halblaut vor sich hin singen.

chantourner **⊕** [ʃɑ̃tur'ne] *v/t.* (1a) aussägen; scie *f* à ~ Laubsäge *f*.

chantre [ˈʃɑ̃trə] *m* Kantor *m*; *poét.* Sänger *m*; Dichter *m*.

chanvre **❦** [ˈʃɑ̃ːvrə] *m* Hanf *m*.

chaos [ka'o] *m* Chaos *n*.

chaotique [kaɔ'tik] *adj.* chaotisch.

chaparder F [ʃapar'de] *v/t.* (1a) klauen.

chape [ʃap] *f* Chorrock *m*; **⊕** Deckel *m*, Überzug *m*, Kappe *f*, Schutzmantel *m*.

chapeau [ʃa'po] *m* (*pl.* ~x) Hut *m* (*a. der Pilze*); **⊕** Deckel *m*, Kappe *f*; ♪ ~ chinois Schellenbaum *m*; ~ haut de forme Zylinder(hut *m*) *m*; ~ melon runder, steifer Hut *m*, Melone *f* F; donner un coup de ~ à q. vor j-m den Hut ziehen; P il travaille du ~ bei ihm ist 'ne Schraube locker, er hat nicht alle Tassen im Schrank; *Auto:* sur les ~x de roues in rasendem Tempo.

chap|elain [ʃa'plɛ̃] *m* Kaplan *m*, **~elet** [~'plɛ] *m* Rosenkranz *m*; *fig.* Reihe *f*, Kette *f*; **⊕** Becherwerk *n*; un ~ d'injures e-e Flut von Beleidigungen; **~elle** [~'pɛl] *f* Kapelle *f*.

chaperon [ʃa'prɔ̃] *m* Käppchen *n*; **△** Haube *f*; Kappe *f*; Anstandsdame *f*; Petit ♀ rouge Rotkäppchen *n*; **~ner** [~prɔ'ne] *v/t.* (1a) verkappen; ~ une jeune personne als Anstandsdame ein junges Mädchen begleiten.

chapiteau [ʃapi'to] *m* (*pl.* ~x) **△** Kapitell *n*; *weitS.* Zirkuszelt *n*.

chapitr|e [ʃa'pitrə] *m* Kapitel *n*; avoir voix au ~ ein Wort mitzureden haben; **~er** [~'tre] *v/t.* (1a): ~ q. j-m die Leviten lesen.

chapon [ʃa'pɔ̃] *m* Kapaun *m*; **~ner** [ʃapɔ'ne] *v/t.* (1a) verschneiden.

chaque [ʃak] *adj.* jede(r, -s).

char [ʃaːr] *m* Wagen *m*; ⚔ Panzer *m*; ~ à bancs Kremser *m*; ~ blindé, ~ d'assaut Panzer(wagen *m*) *m*, Tank *m*; ~ de triomphe Triumphwagen *m*; ~ funèbre Leichenwagen *m*; *weitS.* ~ naval Vergnügungsdampfer *m* auf der Seine.

chara|bia [ʃara'bja] *m* Kauderwelsch *n*; **~de** [~'rad] *f* Silbenrätsel *n*.

charbon [ʃar'bɔ̃] *m* Kohle *f*; (*Getreide-*)Brand *m*; ❦ Karbunkel *m*; ⚕ ~ brut Roh-, Förder-kohle *f*; être sur des ~s ardents wie auf Kohlen sitzen; dessin *m* au ~ Kohlezeichnung *f*; **~nage** ⚒ [~bɔ'naːʒ] *m* Zeche *f*, (*Stein-*)Kohlenbergwerk *n*; **~né, -e** [~'ne] *adj.* verkohlt; 🔥 brandig; kohlschwarz; **~née** [~'ne] *f* **⊕** Kohlenschicht *f*; *peint.* Kohlezeichnung *f*; **~ner** [~] (1a) *v/t.* verkohlen; mit Kohle zeichnen; *v/i.* blaken; **~nier, -ère** [~bɔ'nje, ~'njɛːr] 1. *adj.* Kohlen...; 2. *m* Köhler *m*; ♣ Kohlenhändler *m*; **❦** Kohlenschiff *n*; **~nière** [~'njɛːr] *f* Kohlenmeiler *n*; *orn.* Kohlmeise *f*.

charcutage F [ʃarky'taːʒ] *m*: ~ élec-

toral Wahlschwindel *m*.

charcut|er [ʃarky'te] *v/t.* (1a) zerhakken; F ⚡ ungeschickt operieren; **∼e-rie** [∼'tri] *f* Schweinefleischwaren(handlung) *f/pl.*; Fleisch- u. Wurstwaren *f/pl.*; Aufschnitt *m*; **∼ier** [∼'tje] *m* Fleischer *m*, Metzger *m* (*nur für Schweinefleisch*).

chardon [ʃar'dõ] *m* Distel *f*; **∼neret** *orn.* [∼dɔn'rɛ] *m* Stieglitz *m*.

charg|e [ʃarʒ] *f* Last *f*, Bürde *f*; Ladung *f* (*a. der Schußwaffen*); Verpflichtung *f*; Amt *n*; Stelle *f*; Anklagepunkt *m*; ✗ heftiger Angriff *m*; Übertreibung *f*, Karikatur *f*; *à ∼ de* unter der Bedingung, daß; *à la ∼ de* zu Lasten ... (*gén.*); *femme f de ∼* Haushälterin *f*; *pas m de ∼* Sturmschritt *m*; *∼ maxima autorisée* zugelassene Höchstbelastung *f*; *∼ mar-chande* (*od. payante*) *a.* ⚡ Nutzlast *f*; *∼ de police* Polizeiaufgebot *n*; ⊕ *∼ de rupture* Bruchlast *f*; ⚡ *tension f de* Ladespannung *f*; ⊕ *∼ utile* Nutzlast *f*; **∼é, -e** [∼'ʒe] **1.** *adj.* beladen, belastet (*de mit dat.*); *affaires f/pl.* Geschäftsträger *m*, Beauftragte(r) *m*; **∼ement** [∼ʒə'mã] *m* (Ver-)Ladung *f*; **∼er** [∼'ʒe] *v/t.* (1l) (be)laden, beschweren; ✉ als Wertbrief aufgeben; ⚡ (auf)laden; 🚂 *j-m etw.* zur Last legen; übertreiben, karikieren; ✗ ungestüm angreifen; *Gewehr* laden; *∼ a. de qch.* j-n mit etw. beauftragen; ✝ *∼ un compte* ein Konto belasten; *se ∼ de qch. etw.* übernehmen, etw. auf sich nehmen; *se ∼ Wetter:* sich bedecken; *Zunge:* sich belegen; **∼eur** [∼'ʒœ:r] *m* Auflader *m*; ⚓ Befrachter *m*; ⚡ Ladegerät *n*; *Gewehr:* Magazin *n*.

chariot [ʃa'rjo] *m* Leiterwagen *m*; Wagen *m* *e-r* Schreibmaschine; Schlitten *m* *e-r* Strickmaschine, *e-r* Kamera *usw.*; Einkaufswagen *m* (*im Supermarkt*); *∼ électrique* Elektrokarren *m*; Elektrolaufkatze *f*.

charit|able [ʃari'tabl] *adj.* mildtätig; barmherzig; *fig.* wohlgemeint; *fondation f ∼* wohltätige Stiftung *f*; **∼é** [∼'te] *f* Nächstenliebe *f*; Liebeswerk *n*.

charivari [ʃariva'ri] *m* Katzenmusik *f*; Spektakel *m*; Höllenlärm *m*.

charlatan [ʃarla'tɑ̃] *m* Scharlatan *m*, Quacksalber *m*, Kurpfuscher *m*; Bluffer *m*, Angeber *m*, Großtuer *m*; **∼isme** [∼ta'nism] *m* Schwindel *m*,

Scharlatanismus *m*, Kurpfuscherei *f*.

charlotte [ʃar'lɔt] *f* Apfelbrei *m* mit gerösteten Brotschnitten; *∼ russe* Schlagsahne *f* mit Keks.

charm|ant, -e [ʃar'mɑ̃, ∼'mɑ̃:t] *adj.* bezaubernd; (*s*)charmant; **∼e¹** [ʃarm] *m* Zauber *m*; Reiz *m*; Charme (*od.* Scharm) *m*; **∼e²** ♀ [∼] *m* Hage-, Weiß-buche *f*; **∼er** [∼'me] *v/t.* (1a) bezaubern.

charn|el, -le [ʃar'nɛl] *adj.* fleischlich, sinnlich; **∼ier** [∼'nje] *m* Leichenfeld *n*.

charnière [ʃar'njɛ:r] *f* Scharnier *n*; Gelenk *n*; *géol.* Umbiegung *f*; ✗ Nahtstelle *f*; *fig.* Wendepunkt *m*; Verbindung *f*.

charnu, -e [ʃar'ny] *adj. anat., Frucht:* fleischig.

charogne [ʃa'rɔɲ] *f* Tierleiche *f*, Kadaver *m*, Aas *n*; P Mistvieh *n*.

charpente [ʃar'pɑ̃:t] *f* ⌂ Balkenwerk *n*, Gebälk *n*, Gerüst *n*; *litt.* Aufbau *m*; *∼ métallique* Stahlgerüst *n*; *∼ os-seuse* Knochengerüst *n*; **∼er** [∼pɑ̃'te] *v/t.* (1a) zimmern; **∼erie** [∼'tri] *f* Zimmerhandwerk *n*; Bautischlerei *f*; **∼ier** [∼'tje] *m* Zimmermann *m*; ⊕ *∼ en fer* Gerüstbauer *m*.

charpie [ʃar'pi] *f* Scharpie *f*, gezupfte Leinwand *f*.

charr|etée [ʃar'te] *f* Karrenladung *f*; *fig.* Hagel *m*; **∼etier** [∼'tje] *m* Fuhrmann *m*; **∼ette** [∼'rɛt] *f* (*zweirädriger*) Karren *m*, Wagen *m*; ✶ Knacks *m*, Erschütterung *f*; **∼iage** [∼'rja:ʒ] *m* Anfuhr *f*; Fuhrlohn *m*; *géol.* Bodenabtragung *f* durch Sturzbäche; Schollenüberschiebung *f*; **∼ier** [∼-'rje] (1a) *v/t.* an-, ab-fahren; *Fluß:* Sand mit sich führen, *Eis* treiben; ✶ *j-n* zum besten haben; *v/i.* P zu weit gehen; **∼oi** [∼'rwa] *m* Fuhrwesen *n*; Fuhre *f*.

charron [ʃa'rõ] *m* Stellmacher *m*.

charroyeur [ʃarwa'jœ:r] *m* Fuhrmann *m*.

charrue [ʃa'ry] *f* Pflug *m*.

charte [ʃart] *f* Charta *f*, Urkunde *f*.

chartreuse [ʃar'trø:z] *f* Kartäuserkloster *n*; Chartreuse *m* (*Likör*).

chartrier [ʃartri'e] *m* Urkundensammlung *f*; Archiv *n*; Archivar *m*.

chas [ʃa] *m* (Nadel-)Öhr *n*.

chasse [ʃas] *f* Jagd *f*; ⊕ Spielraum *m*, Toleranz *f*; *∼ à courre* Hetzjagd

f; ~ *au client* Kundenfang *m*; ~ *d'eau*
Wasserspülung *f*.

châsse [[ɑːs] *f* Reliquienkästchen *n*; ~
de lunettes Brilleneinfassung *f*.

chasse|-corps 🚢 [[as'kɔːr] *m* (*inv.*)
Schienenräumer *m*; **~marée** [~ma-
're] *m* (*inv.*) *schnelles* Küsten(fischer)boot *n*; **~mouches** [~'muʃ] *m*
(*inv.*) Fliegen-netz *n*, -wedel *m*;
~neige 🚢 [~'nɛːʒ] *m* (*inv.*) Schnee-
pflug *m*.

chasser [[a'se] (1a) *v/t.* jagen; weg-,
hinaus-, ver-jagen, vertreiben; *Nagel* einschlagen; *v/i. Auto:* ~ *sur les
roues* rutschen, schleudern; *Schiff:* ~
à la côte au far die Küste zutreiben.

chass|eur [[a'sœːr] *m* Jäger *m*; Jagd-
flieger *m*; Jagdflugzeug *n*; Eilbote *m*
(*od.* Page *m*) *e-s Hotels*; *vaisseau m* ~
verfolgendes Schiff *n*; ⚔ ~ *alpin*
Alpenjäger *m*; ✈ ~ *à réaction* Düsen-
jäger *m*; ~ *parasites* Schädlingsbekämpfer *m*, Kammerjäger *m*; **~euse**
[~'søːz] *f* Jägerin *f*.

chassieux, -se [[a'sjø, ~'sjøːz] *adj.*
triefäugig.

châssis [[ɑ'si] *m* Einfassung *f*; Mist-
beetfenster *n*; *peint.* Gitter *n*; *Koffer:*
Einsatz *m*; ⚙ Gestell *n*; *Auto:* Chassis *n*, Unter-, Fahr-gestell *n*; ⚙
Grubenholz *n*; ⚔ Lafettenrahmen
m; (Fenster-)Rahmen *m*; *phot.* Kassette *f*; ~ *à coulisse* Schiebefenster *n*;
double ~ Doppelfenster *n*; **~presse**
[~'prɛs] *m* (*pl.* ~s) Kopierrah-
men *m*.

chaste [[ast] *adj.* keusch, züchtig,
sittsam; **~té** [~stə'te] *f* Keuschheit *f*.

chasuble [[a'zyblə] *f* Meßgewand *n*;
Mode: Chasuble *n*.

chat *zo.* [[a] *m ohne Hinweis auf das
Geschlecht:* Katze *f*; *mit Geschlechtshinweis:* Kater *m*.

châtaign|e [[a'tɛɲ] *f* (Edel-, Eß-)
Kastanie *f*; **~ier** [~'ɲe] *m* (Edel-)
Kastanie *f*, Kastanienbaum *m*.

châtain, -e [[a'tɛ̃, ~'tɛn] *adj. Haar:*
(kastanien)braun.

château [[a'to] *m* (*pl.* ~x) Schloß *n*; ~
fort Burg *f*; ~ *d'eau* Wasserturm *m*; ~*x
pl. en Espagne* Luftschlösser *n*/*pl.*;
~briand, ~briant *cuis.* [~briɑ̃] *m*
Chateaubriand *n* (*gebratenes Rinder-
filet*).

châtelain, -e [[at'lɛ̃, ~'lɛn] *su.*
Schloßherr(in*f*) *m*; **~e** [~'lɛn] *f* Gür-
telkette *f*.

chat-huant *orn.* [[a'ɥɑ̃] *m* (*pl.* chats-

-*huants*) (Wald-)Kauz *m*.

châtier [[a'tje] *v/t.* (1a) züchtigen;
fig. Stil feilen, glätten; *langage m
châtié* gepflegte Sprache *f*.

chatière [[a'tjɛːr] *f* Katzenloch *n an
der Tür*; Katzenfalle *f*; Lüftungs-
klappe *f am Dach*.

châtiment [[ɑti'mɑ̃] *m* Züchtigung *f*.

chatoiement [[atwa'mɑ̃] *m* Schillern
n.

chaton [[a'tɔ̃] *m* 1. Ringfassung *f*;
(ein)gefaßter Edelstein *m*; 2. (*a.* ⚘)
Kätzchen *n*; 3. Staubflocke *f*; **~ner**
[~tɔ'ne] *v/t.* (1a) einfassen.

chatouill|er [[atu'je] *v/t.* (1a) kitzeln;
fig. schmeicheln; *abs. ça* (me) *cha-
touille* das kitzelt (mich); **~eux, -se**
[~'jø, ~'jøːz] *adj.* kitz(e)lig; *fig.* empfindlich; hellhörig.

chatoyer [[atwa'je] *v/i.* (1h) schillern.

châtrer [[a'tre] *v/t.* (1a) *vét.* kastrieren; F *fig. Text* verstümmeln.

chatt|e [[at] *f* Katze *f* (*Weibchen*); **~ée**
[~'te] *f* Wurf *m e-r* Katze; **~erie**
[~'tri] *f* Katzenfreundlichkeit *f*,
Schmeichelei *f*; Naschhaftigkeit *f*; F
Leckerbissen *m*.

chatterton ⊕, ⚡ [[atɛr'tɔn] *m* Isolier-
band *n*.

chaud, -e [[o, [oːd] 1. *adj.* warm,
heiß; *fig.* hitzig; 2. *m* Wärme *f*, Hitze
f; **~froid** *cuis.* [[o'frwa] *m* Chaud-
froid *n* (*Geflügelfrikassee od. Wild-
ragout in Gelee*).

chaudière ⊕ [[o'djɛːr] *f* (Heiz-)Kes-
sel *m*.

chaudron [[o'drɔ̃] *m* Kochkessel *m*; F
♩ Klimperkasten *m* F; **~nier** [~
drɔ̃'nje] *m* Kupferschmied *m*.

chauffage ⊕ [[o'faːʒ] *m* Heizung *f*;
Feuerung *f*; ~ *central* Zentralhei-
zung *f*; ~ *à distance* Fernheizung *f*; ~
au mazout Ölheizung *f*; *bois m de* ~
Brennholz *n*.

chauffard F [[o'faːr] *m* rücksichtsloser Autofahrer *m*, Verkehrssünder
m.

chauffe ⊕ [[oːf] *f* Heizen *n*; Feuerung *f*; Feuerraum *m*; *période f de* ~
Heizperiode *f*; *commencer la* ~ anhei-
zen; **~bain** [[of'bɛ̃] *m* (*pl.* ~s) Bade-
ofen *m*; **~eau** [~'fo] *m* (*inv.*) Boiler
m, Warmwasserspeicher *m*; **~plats**
⚡ [~'pla] *m* (*inv.*) Speisewärmer *m*.

chauff|er [[o'fe] (1a) *v/t.* warm ma-
chen, heizen; P klauen P, stehlen; F
erwischen; F ~ *une affaire e-e* Sache
richtig anpacken; *chauffé par le sol*

mit Fußbodenheizung; *v/i.* warm
werden; *Motor*: warmlaufen, (sich)
heißlaufen; **⟋erette** [~'frɛt] *f* **1.** ⚡ ~
électrique elektrische Heizplatte *f*; **2.**
Fußwärmer *m*; **⟋erie** [~'fri] *f* Hei-
zungskeller *m*; ⊕ Kesselhaus *n*; ⚓
Feuerungsraum *m*; **⟋eur** [ʃo'fœːr] *m*
Heizer *m*; Chauffeur *m*, Fahrer *m*;
⟋-livreur *m* Ausfahrer *m*; **⟋euse** [~-
'føːz] *f* **1.** Polsterelement *n* ohne
Armlehnen; **2.** niedriger Kaminses-
sel *m*.

chaufour [ʃo'fuːr] *m* Kalkofen *m*;
⟋nier [~fur'nje] *m* Kalkbrenner *m*.

chauler *a.* ✔ [ʃo'le] *v/t.* (1a) kalken,
mit Kalk düngen (*od.* bespritzen).

chaum|age [ʃo'maːʒ] *m* Abstoppeln
n; **⟋e** [ʃoːm] *m* Halm *m*; Stoppel
(-feld *n*) *f*; (Dach-)Stroh *n*; **⟋er**
[ʃo'me] *v/t.* (1a) abstoppeln; **⟋ière**
[~'mjɛːr] *f* Strohhütte *f*, kleines Bauernhaus *n*.

chausse [ʃoːs] *f* Schulterschleife *f der
franz. Professoren*; Filtrierbeutel *m*.

chaussée [ʃo'se] *f* **1.** Deich *m*; **2.**
Fahrdamm *m*; Chaussee *f*; **⟋** verengte
verengerte Fahrbahn *f*; **3.** ⚓ lang-
gestreckte Klippe *f*.

chauss|e-pied [ʃos'pje] *m* (*pl.* ~s)
Schuhanzieher *m*; **⟋er** [~'se] (1a)
v/t.: ~ *q.* j-m die Schuhe anziehen;
als Schuhmacher für j-n arbeiten; *je
chausse du 42* ich habe Schuhgröße
42; ✔ ~ *une plante* e-e Pflanze (an-)
häufeln; F ~ *ses lunettes* (sich) die
Brille aufsetzen; *v/i. Schuhe,
Strümpfe*: bien ~ gut sitzen; se ~ sich
Schuhe und Strümpfe anziehen; **⟋e-
-trape** [~s'trap] *f* (*pl.* ~s) Fußangel *f*;
Fuchseisen *n*; **⟋ette** [~'sɛt] *f* Her-
rensocke *f*; Kniestrumpf *m*; ~ *russe*
Fußlappen *m*.

chauss|on [ʃo'sɔ̃] *m* Filz-, Haus-
schuh *m*; Babysocke *f*; ~ *aux pommes*
Apfeltörtchen *n*; **⟋ure** [ʃo'syːr] *f*
Schuh *m*; Schuh-handel *m*, -indu-
strie *f*; ~s *pl.* Schuhwerk *n*.

chauve [ʃoːv] *adj.* kahl(köpfig).

chauve-souris *zo.* [ʃovsu'ri] *f* (*pl.
chauves-souris*) Fledermaus *f*.

chauvin, -e [ʃo'vɛ̃, ~'vin] **1.** *adj.* chau-
vinistisch; **2.** *su.* Chauvinist(in *f*) *m*;
⟋isme [~vi'nism] *m* Chauvinismus
m.

chaux [ʃo] *f* Kalk *m*.

chavirer ⚓ [ʃavi're] *v/i.* (1a) kentern.

check|-list 🛩 [ʃɛk'list] *f* (*pl.* ~s)
Checkliste *f*; **⟋-up** [~'œp] *m* 🚬 Ge-

neraluntersuchung *f*; *Auto*; ⊕ Über-
holung *f*.

chef [ʃɛf] *m* Chef *m*; Oberhaupt *n*,
Anführer *m*; ~ *comptable* Rechnungsführer *m*; ~ *d'atelier* Werkmeister *m*; ~ *de cuisine* Chefkoch *m*,
Küchenchef *m*; ~ *de gare* Bahnhofs-
vorsteher *m*; ~ *de l'entreprise* Be-
triebsleiter *m*; ~ *d'équipe* Vorarbeiter
m; Polier *m*; 🎖 Kolonnenführer *m*; ~
de rayon Abteilungsleiter(in *f*) *m*; ~
scout Scoutführer *m*; ~ *de service*
Abteilungsleiter *m*; ♪ ~ *d'orchestre*
Kapellmeister *m*, Dirigent *m*; 🎖 ~
d'accusation Anklagepunkt *m*; *au
premier* ~ in erster Linie; *st.s. de ce* ~
aus diesem Grunde; *de mon* ~ aus
eigenem Antrieb, von mir aus; ~
-d'œuvre [ʃɛ'dœːvrə] *m* (*pl. chefs-
-d'œuvre*) Meister-werk *n*, -stück *n*;
⟋-lieu [ʃɛf'ljø] *m* (*pl. chefs-lieux*)
Hauptort *m*.

cheftaine [ʃɛf'tɛn] *f* Scoutführerin *f*.

chemin [ʃmɛ̃] *m* Weg *m*; ~ *de fer*
Eisenbahn *f*; *aller en* ~ *de fer* mit der
Eisenbahn fahren; ~ *de table* Tisch-
läufer *m*; ~ *faisant* unterwegs.

chemin|eau [ʃmi'no] *m* (*pl.* ~x)
Landstreicher *m*; **⟋ée** [~'ne] *f* Kamin
m; Schornstein *m*, Esse *f*, Schlot *m*;
⟋er [~] *v/i.* (1a) wandern; *Wasser*:
langsam vordringen; ⛏ sich heran-
arbeiten; **⟋ot** [~'no] *m* Eisenbahner
m.

chemis|e [ʃmi'z] *f* Hemd *n*; Papier-
umschlag *m*; ~ *culotte* Hemdhose *f*; ~
(*d'un dossier*) Aktendeckel *m*; ⊕ ~
d'eau Kühlmantel *m*; **⟋erie** [ʃmiz'ri]
f Hemden-geschäft *n*, -fabrik *f*; **⟋et-
te** [~'zɛt] *f* **1.** Polo-, Sport-hemd *n*,
Hemdbluse *f*; **2.** Vorhemd *n*, Che-
misett *n*; **3.** Mieder *n*; **⟋ier** [~'zje] *m*
Hemdbluse *f*.

chênaie [ʃɛ'nɛ] *f* Eichenwald *m*.

chenal [ʃə'nal] *m* (*pl.* -aux) enges
Fahrwasser *n*, Fahrrinne *f*; Mühl-
bach *m*.

chenapan [ʃna'pɑ̃] *m* Strolch *m*.

chêne ✔ [ʃɛːn] *m* Eiche *f*.

chéneau [ʃe'no] *m* (*pl.* ~x) Dachrinne
f.

chenil [ʃni] *m* Hunde-hütte *f*, -zwin-
ger *m*; *fig.* Hundeloch *n*.

chenill|e [ʃnij] *f ent.* Raupe *f*; ⊕
Raupenkette *f*; *tracteur m à* ~ Raupenschlepper *m*; **⟋ette** [~'jɛt] *f* ⚔
kleines Raupenfahrzeug *n*.

chenu, -e [ʃny] *adj.* ergraut; *litt.*

schneeweiß; P *Wein:* erstklassig.
cheptel [ʃɛp'tɛl] *m* Viehbestand *m*.
chèque ✝ [ʃɛk] *m* Scheck *m*; ~ barré
Verrechnungsscheck *m*; formulaire
m de ~ Scheckformular *m*; office *m* des
~s postaux Postscheckamt *n*.
chéquier [ʃe'kje] *m* Scheckbuch *n*.
cher, -ère [ʃɛːr] **1.** *adj.* lieb; teuer; vie
f chère Teuerung *f*; hohe Lebenshaltungskosten *pl.*; **2.** *adv.*: acheter (vendre; payer) ~ qch. etw. teuer kaufen
(verkaufen; bezahlen); coûter ~ teuer
sein.
cherch|er [ʃɛr'ʃe] *v/t.* (1a) suchen; ~ à
faire qch. versuchen, etw. zu tun,
etw. tun wollen; ~ à obtenir qch. nach
etw. (*dat.*) streben; aller ~ holen
(gehen); venir ~ abholen; envoyer ~
holen lassen; F ça va ~ dans les ... das
kostet etwa ...; **~eur, -se** [~'ʃœːr,
~'ʃøːz] *su.* Forscher(in *f*) *m*.
chère [ʃɛːr] *f* Kost *f*, Küche *f*; aimer la
bonne ~ gern gut essen und trinken;
faire bonne ~ gut essen und trinken.
chér|i, -e [ʃe'ri] **1.** *adj.* geliebt; ⚥ ~ su.
Liebling *m*; **~ir** [~'riːr] *v/t.* (2a) zärtlich lieben; ~ q. (qch.) an j-m (a e-r
Sache) hängen; **~ot** F [~'ro] *adj./m* zu
teuer.
cherté [ʃɛr'te] *f* Teuerung *f*; la ~ de la
vie die hohen Lebenshaltungskosten
pl.
chétif, -ve [ʃe'tif, ~'tiːv] *adj.*
schmächtig, schwächlich; *litt.*
dürftig, kümmerlich.
cheval [ʃval] *m* (*pl.* -aux) Pferd *n*; ~
blanc Schimmel *m*; ~ entier Hengst
m; ~ noir Rappe *m*; *Turnen:* ~ de
Pferd *n*; ⊕ s.-vapeur; (manège *m* de)
chevaux *pl.* de bois Karussell *n*; ⚥ ~ de
frise spanischer Reiter *m*; aller à ~,
faire du ~ reiten; être à ~ sur rittlings
sitzen auf (*dat.*); monter un ~ ein
Pferd reiten; monter à ~ aufs Pferd
steigen, aufsitzen; reiten; F bsd.
Sport: il a mangé du ~ er hat viel
drauf gehabt; **~ement** [~'mɑ̃] *m* ⚥
Balken- und Bohlen-stützung *f*; ⚥
Schachtgerüst *n*; **~er** [~'le] *v/t.* (1a)
mit Strebebalken und Bohlen abstützen; **~eresque** [~l'rɛsk] *adj.* ritterlich; **~erie** [~l'ri] *f* Rittertum *n*;
Ritterschaft *f*; Ritterwürde *f*; **~et**
[~'lɛ] *m hist.* Folterbank *f*; ⊕ Bock *m*,
Gerüst *n*; ♪ *an Saiteninstrumenten:*
Steg *m*; *peint.* Staffelei *f*; *bét.* ~
vibrant Rüttelbock *m*; **~ier** [~'lje] *m*
Ritter *m*; *fig.* ~ d'industrie Hoch-

stapler *m*; **~ière** [~'ljɛːr] *f* Siegelring
m; **~in, -e** [~'lɛ̃, ~'lin] *adj.* Pferde...;
race *f* ~e Pferderasse *f*; **~vapeur** ⊕
[~va'pœːr] *m* (*pl.* chevaux-vapeur)
Pferdestärke *f* (*abr.* PS).
chevaucher [ʃ(ə)vo'ʃe] (1a) *v/t.*
reiten; *v/i.* übereinander-liegen,
-greifen (*z. B. Ziegel*).
chevel|u, -e [ʃəv'ly] **1.** *adj.* langhaa-
rig; **2.** *m a. péj.* Gammler *m*; **~ure**
[~'lyːr] *f* Haarwuchs *m*, Haare *n/pl.*;
Schweif *m* e-s Kometen; ~ à la Jeanne
d'Arc Pagenkopf *m* (halblang); ~ à la
garçonne Bubikopf *m* (ganz kurz); ~
flottante offenes Haar *n*.
chevet [ʃə've] *m* Kopfende *n* des Bet-
tes; Kopfkissen *n*; ⚥ Chorhaube *f*
hinter dem Hochaltar; *weitS.* Kran-
ken-, Sterbe-bett *n*; lampe *f* de ~
Nachttischlampe *f*; *fig.* livre *m* de ~
Lieblingsbuch *n*.
chevêtre [ʃ(ə)'vɛːtrə] *m* ⚥ Stichbal-
ken *m*; *chir.* Bandage *f* (bei Bruch des
Unterkiefers).
cheveu [ʃvø] *m* (*pl.* ~x) (Kopf-)Haar
n des Menschen; les ~x dénoués (*od.*
épars) mit aufgelöstem Haar; ~x coupés à la garçonne Bubikopf *m*; *fig.* il y
a un ~ die Sache hat e-n Haken; ne
vous faites pas de ~x! machen Sie sich
keine Sorgen!; F avoir un ~ sur la
langue lispeln; F *fig.* avoir mal aux ~x
e-n Kater haben; se prendre aux ~x
sich in die Haare (*od.* in die Wolle)
kriegen.
chevillard [ʃvi'jaːr] *m* Fleischgroß-
händler *m*.
chevill|e [ʃvij] *f* Pflock *m*; Zapfen *m*;
Dübel *m*; Bolzen *m*; ♪ *an Saitenin-*
strumenten: Wirbel *m*; *mét.* Flick-
wort *n*; ~ du pied Knöchel *m*; *fig.* ~
ouvrière Haupttriebfeder *f*, Haupt-
person *f*, treibende Kraft *f*; Kernfrage *f*, Angelpunkt *m*; **~er** [~'je] *v/t.*
(1a) an-bolzen, -pflocken; dübeln.
cheviotte *text.* [ʃə'vjɔt] *f* Cheviot *m*
(Stoff).
chèvre [ˈʃɛːvrə] *f zo.* Ziege *f*, Geiß *f*;
⊕ Hebebock *m*, Dreibein *n*, Winde *f*.
chevreau [ʃə'vro] *m* (*pl.* ~x) Zicklein
n, Geißlein *n*; gants *m/pl.* de ~ Glacé-
handschuhe *m/pl.*
chèvrefeuille ♣ [ʃɛvrə'fœj] *m* Geiß-
blatt *n*.
chevr|ette [ʃə'vrɛt] *f* kleine Ziege *f*;
Ricke *f*; **~euil** [~'vrœj] *m* Reh *n*;
mit *Geschlechtshinweis:* Rehbock
m; **~ier** [~vri'e] *m* Ziegenhirt *m*;

~illard [~'ja:r] *m* Rehkalb *n*.

chevron [ʃə'vrɔ̃] *m* ⚔ (Dach-)Sparren *m*; *text.* Fischgrätenmuster *n*; ✕ Tressenwinkel *m*; **~né, -e** [~vrɔ'ne] *adj.* ✕ diensterfahren; *allg.* routiniert; *iron.* ausgekocht; **~ner** ⚔ [~] *v/t.* (1a) mit Sparren versehen.

chevroter [ʃəvrɔ'te] *v/i.* (1a) mit der Stimme zittern, tremulieren; **~in** [~'tɛ̃] *m* Ziegenleder *n*; **~ine** *ch.* [~'tin] *f* grober Schrot *m*.

chez [ʃe] *prp.* 1. bei; j'étais ~ lui ich war bei ihm (zu Hause), il est ~ lui er ist zu Haus; j'irai ~ moi ich werde nach Hause gehen; je suis de chez moi ich gehe aus m-r Wohnung; 2. *fig.* bei, in; ~ Cicéron bei Cicero, in Ciceros Schriften; **~moi** [~'mwa] *m* (*inv.*), **~soi** [~'swa] *m* (*inv.*) *usw.* Zuhause *n*, Heim *n*.

chiader ✶ *écol.* [ʃja'de] *v/t.* (1a): ~ son bac fürs Abi pauken.

chialer P [ʃja'le] *v/i.* (1a) heulen; flennen F; **~eur** P [~'lœ:r] *m* Heulbaby *n* P; **~euse** P [~'lø:z] *f* Heulsuse *f*.

chiasse [ʃjas] *f* Kot *m* (*bsd. v. Insekten*); Metallschaum *m*; P Durchfall *m*, Dünnschiß *m* V; *fig.* Angst *f*, Schiß *m* V.

chic [ʃik] 1. *m* Schick *m*; Geschmack *m*; 2. *adj.* (*inv.*) schick, tipptopp F, hochelegant, piekfein F; nett, sympathisch, hilfsbereit.

chican|e [ʃi'kan] *f* 1. Spitzfindigkeit *f*, Rechtsverdrehung *f*; F juristische Laufbahn *f*; 2. Streit *m* um nichts; Schikane *f*; 3. *frt.* Zickzackweg *m*; **~s** *pl.* de barbelés Stacheldrahthindernisse *n*/*pl.*; **~er** [~'ne] (1a) *v/i.* Rechtskniffe, Spitzfindigkeiten anwenden; *fig. abs.* herumnörgeln; *il chicane sur tout* er nörgelt (*od.* meckert F) an allem herum; *v/t.* ~ q. à q. j-m grundlos Streit anfangen, j-n schikanieren; ~ *qch. à q.* j-m etw. streitig machen; **~eur, -se** [~'nœ:r, ~'nø:z] 1. *adj.* zänkisch, streitsüchtig, chikanös, boshaft; 2. *su.* Rechtsverdreher(in *f*) *m*; Schikaneur *m*, Nörgler(in *f*) *m*; **~ier, -ère** [~'nje, ~'njɛ:r] = *chicaneur*.

chiche [ʃiʃ] *adj.* 1. *fig.* sparsam; 2. spärlich, bescheiden.

chichi F [ʃi'ʃi] *m* Getue *n*; *faire des ~s autour de qch.* ein Getue (*od.* e-n großen Sums F) um etw. machen, sich wegen etw. haben, viel Lärm um nichts machen.

chicorée ♀ [ʃikɔ're] *f* Zichorie *f*; ~ endive Endivie *f*.

chicot [ʃi'ko] *m* (Baum-, Zahn-)Stumpf *m*.

chicot(t)e [ʃi'kɔt] *f* Peitsche *f* mit Knotenriemen.

chien [ʃjɛ̃] *m* Hund *m*; *am Gewehr:* Hahn *m*; *entre ~ et loup* im Zwielicht, in der Dämmerung; F *avoir du ~* Charme besitzen; **~lit** F [~'li] *f* (*a. m*) zügellose Maskerade *f*; Schmutz *m*; *une ~ de guerre* ein schmutziger Krieg; **~loup** *zo.* [~'lu] *m* (*pl. chiens-loups*) Wolfshund *m*; **~ne** [ʃjɛn] *f* Hündin *f*.

chier V [ʃje] *v/i.* (1a) scheißen V.

chiffe [ʃif] *f* schlechter Stoff *m*; *fig.* Waschlappen *m*, schlapper Kerl *m*, Schlappschwanz *m* F.

chiffon [ʃi'fɔ̃] *m* Lappen *m*; Lumpen *m*; ~s *pl.* F Kleider *n*/*pl.* und Schmuck *m*; *parler* (*od. causer*) ~s über Kleider und Schmuck reden; ~ *de papier* bloßer Fetzen *m* Papier; **~ner** [~fɔ'ne] (1a) *v/t.* zerknittern; *fig.* F ärgern, betrüben, verstimmen; *gegen den Strich gehen*; *Kleid* drapieren; *v/i.* schneidern; *se* ~ *Kleid, Stoff:* knittern; **~nier¹, -ère** [~'nje, ~'njɛ:r] *su.* Lumpensammler(in *f*) *m*; **~nier²** [~'nje] *m* Art Kommode *f*.

chiffre [ʃi'fr] *m* Ziffer *f*; (Gesamt-)Zahl *f*; Chiffre *f*, Geheimschrift *f*; Monogramm *n*; ♰ ~ *d'affaires* Umsatz *m*; **~er** [~'fre] (1a) *v/i.* rechnen; *v/t.* beziffern (*a.* ♩); numerieren; kalkulieren, berechnen, schätzen; chiffrieren; *se* ~ *à* sich belaufen auf.

chignon [ʃi'ɲɔ̃] *m* Haarknoten *m*.

chilien, -ne [ʃi'ljɛ̃, ~'ljɛn] 1. *adj.* chilenisch; 2. ♀(ne) *su.* Chilene *m*, Chilenin *f*.

chimère [ʃi'mɛ:r] *f* Hirngespinst *n*.

chim|ie [ʃi'mi] *f* Chemie *f*; **~ique** [~'mik] *adj.* chemisch; **~iste** [~'mist] *su.* Chemiker(in *f*) *m*.

chiner [ʃi'ne] (1a) *v/t.* mit buntem Muster weben; P schlechtmachen, bekritteln, heruntermachen; 2. *v/i.* ✶ nach Antiquitäten suchen, mit Antiquitäten handeln.

chinois, -e [ʃi'nwa, ~'nwa:z] 1. *adj.* chinesisch; 2. ♀(e) *su.* Chinese *m*, Chinesin *f*; 3. *m*: le ~ das Chinesische, Chinesisch *n*; **~erie** [~z'ri] *f* chinesischer Kunstgegenstand *m*; ~s *pl.* Formalitätenkram *m* e-r Verwal-

tung.

chip|er [ʃiˈpe] *v/t.* (1a) F klemmen, klauen, stibitzen; P erwischen; se *faire* ~ sich erwischen lassen; **~ie** F [~ˈpi] *f* Xanthippe *f*, altes Reff *n*, Megäre *f*; **~oter** F [~poˈte] (1a) *v/i.* feilschen, herunterhandeln; herumdrucksen, zögern; herumkeckern, nörgeln; *v/t.* Ware betasten; *j-n* ärgern.

chique[1] *ent.* [ʃik] *f* Sandfloh *m*.

chique[2] [ʃik] *f* (*Stück*) Kautabak *m*, Priem *m*; *c'est du* ~ das ist nur Mache; *faire du* ~ sich verstellen; so tun als ob; sich haben; flunkern; **~enaude** [~kˈnoːd] *f* Knipsen *n* (*mit dem Mittelfinger*); **~er** [~ˈke] *v/t. u. v/i.* (1m) Tabak kauen, priemen; P sich verstellen; P fressen.

chiragre ✠ [kiˈraːgrə] *f* Handgicht *f*.

chiromanc|ie [kirɔmãˈsi] *f* Handliniendeutung *f*; **~ien, -ne** [~ˈsjɛ̃, ~ˈsjɛn] *su.* Handleser(in *f*) *m*.

chirurg|ical, -e [ʃiryrʒiˈkal] *adj.* (*m/pl. -aux*) chirurgisch; **~ie** [~ˈʒi] *f* Chirurgie *f*; **~ien** [~ˈʒjɛ̃] *nur m* Chirurg(in *f*) *m*.

chlor|ate ⚗ [klɔˈrat] *m* Chlorat *n*; ⚗ [klɔːr] *m* Chlor *n*; **~hydrique** ⚗ [klɔriˈdrik] *adj.: acide m* ~ Salzsäure *f*; **~oforme** ⚗, ✠ [~rɔˈfɔrm] *m* Chloroform *n*; **~ophylle** ♀ [~ˈfil] *f* Chlorophyll *n*, Blattgrün *n*; **~ose** ✠, ♀ [~ˈroːz] *f* Bleichsucht *f*; **~otique** [~rɔˈtik] *adj.* bleichsüchtig; **~ure** ⚗ [~ˈryːr] *m* Chlorid *n*; ~ *d'ammonium* Salmiak *m*.

choc [ʃɔk] *m* Stoß *m*, Anprall *m*, Schock *m*, Erschütterung *f*; Zs.-stoß *m*.

chocolat [ʃɔkɔˈla] **1.** *m* Schokolade *f*; Kakao *m* (*als Getränk*); **2.** *adj.* (*inv.*) schokolade(n)braun; F hereingefallen; **~é, -e** [~ˈte] *adj.* schokolade(n)haltig, mit Schokolade(n)geschmack; **~ière** [~ˈtjɛːr] *f* Kakaokanne *f*.

chœur [kœːr] *m* Chor *m*; ~ *parlé* Sprechchor *m*; *en* ~ im Chor.

choir † [ʃwaːr] *v/i.* (3m) *nur noch im inf. nach faire u. laisser: se laisser* ~ *sur une chaise* sich auf e-m Stuhl niederlassen; *laisser* ~ im Stich lassen; *faire* ~ zu Fall bringen.

choisir [ʃwaˈziːr] *v/t.* (2a) (aus)wählen.

choix [ʃwa] *m* Wahl *f*; Auswahl *f*; *de* ~

auserlesen; ✠ *de premier* ~ erster Wahl; erstklassig; *travail m de* ~ Qualitätsarbeit *f*.

chôm|age [ʃoˈmaːʒ] *m* Arbeitslosigkeit *f*; ⊕ Stillstehen *n*; Stillegung *f*; *en* ~ arbeitslos; ~ *partiel* Kurzarbeit *f*; **~e** ★ [ʃoːm] *f* Arbeitslosigkeit *f*; **~é, -e** [ʃoˈme] *adj.: jour m* ~ arbeitsfreier Tag *m*; **~er** [~] (1a) *v/i.* nicht arbeiten, feiern; arbeitslos sein; *v/t.* Fest, *Tag* feiern; **~eur, -se** [~ˈmœːr, ~ˈmøːz] *su.* Arbeitslose(r *m*) *m u. f*; ~ *partiel* Kurzarbeiter *m*.

chop|e [ʃɔp] *f* Schoppen *m*; **~er** P [~ˈpe] *v/t.* (1a) erwischen; *e-e Krankheit* kriegen, sich holen; klauen; mopsen; **~in** P [~ˈpɛ̃] *m* Reibach *m*, Treffer *m*; hübsches Ding *n* F (*Mädchen*); **~ine** [~ˈpin] *f* Halbliterflasche *f* Wein; **~iner** P [~ˈne] *v/i.* (1a) picheln, kneipen, zechen.

choqu|ant, -e [ʃɔˈkã, ~ˈkãːt] *adj.* anstößig; unfein; auffällig; *Gegensatz*: kraß; **~er** [~ˈke] *v/t.* (1a) (an)stoßen an (*acc.*); verletzen, schockieren, beleidigen; ~ (*les verres mit den Gläsern*) anstoßen; ~ *q.* bei *j-m* Anstoß erregen.

chor|al, -e ♪ [kɔˈral] (*m/pl. -als od. -aux*) **1.** *adj.* Chor...; *société f* ~e Gesangverein *m*; **2.** *m* Choral *m*; **3.** *~e f* Gesangverein *m*; **~iste** [~ˈrist] *su.* Chorsänger(in *f*) *m*; **~us** [~ˈrys] *m* 1. faire ~ avec *q.* j-m zustimmen; **2.** ♪ Jazz-thema *n*, -solo *n*.

chose [ʃoːz] *f* Sache *f*, Ding *n*; *quelque* ~ etwas; *quelque* ~ *de bon, de nouveau* etwas Gutes, Neues; *autre* ~ etwas anderes; *grand-*~ viel; F *un (une) pas-grand-chose* e-e Null (*Person*); *monsieur* 2 *en Herr Dingsda*; *à* ~ in Dingkirchen; ~ *en question* bewußte Sache *od.* Angelegenheit; *peu de* ~ wenig; *bien des* ~s viele Grüße (*Schlußformel im Brief*).

chou [ʃu] *m* (*pl. -x*) Kohl *m*; F *mon* ~! mein Liebling!; ~ *à la crème* Sahnebaiser *n*, Windbeutel *m* mit Schlagsahne; ~ *de Bruxelles* Rosenkohl *m*; ~ *frisé* Wirsingkohl *m*; ~ *rouge* Rotkohl *m*; F *feuille f de* ~ Käseblatt *n*, Wurstblatt *n*; *bête comme* ~ erzdumm, saublöd(e); F *ce que tu es* ~! ach, bist du nett!

choucas *orn.* [ʃuˈka] *m* Dohle *f*.

chouch|ou, -te F [ʃuˈʃu, ~ˈʃut] *su.* Liebling *m*; **~outer** F [~ˈte] *v/t.* (1a) verhätscheln; *écol.* vorziehen.

choucroute [ʃuˈkrut] f Sauer-kraut n, -kohl m.

chouette [ʃwɛt] 1. f orn. (Schleier-) Eule f; 2. adj. F gut; sympathisch; 3. int. F ~! prima!, fabelhaft!

chou|-fleur [ʃuˈflœːr] m (pl. choux-fleurs) Blumenkohl m; **~navet** [~naˈvɛ] m (pl. choux-navets) Steck-, Kohl-rübe f; **~rave** [~ˈraːv] m (pl. choux-raves) Kohlrabi m; **~raver** [~raˈve] v/t. (1a) klauen; **~riner** [~riˈne] v/t. (1a) niederstechen; **~rineur** * [~nœːr] m Messerheld m.

chouter * [ʃuˈte] v/rfl. (1a): se ~ sich Drogen einspritzen; fixen *.

choyer [ʃwaˈje] v/t. (1h) verhät-scheln; fig. kultivieren.

chrétien, -ne [kreˈtjɛ̃, ~ˈtjɛn] 1. adj. christlich; 2. su. Christ(in f) m; **~té** [~tjɛˈte] f Christenheit f.

Christ [krist] m Christus m; dater d'avant le ~ aus vorchristlicher Zeit stammen.

christianis|er [kristjaniˈze] v/t. (1a) christianisieren; **~me** [~ˈnism] m Christentum n.

chrom|age ⊕ [krɔˈmaːʒ] m Ver-chromung f; **~e** [kroːm] m Chrom n; **~o** [krɔˈmo] m, **~olithographie** [~molitɔgraˈfi] f Farb(en)druck m.

chron|ique [krɔˈnik] 1. adj. ♯ chro-nisch, langwierig; 2. f Chronik f; Tagesbericht m; in Zeitungen: Wochen-, Rund-schau f; **~iqueur** [~ˈkœːr] m Chronist m, Berichterstatter m.

chrono [krɔˈno] m Sport: Stoppuhr f; weitS. Zeitrekord m; **~graphe** ⚒ [~noˈgraf] m Geschwindigkeits-, Flugzeit-messer m; **~logie** [~lɔˈʒi] f Chronologie f; **~logique** [~ˈʒik] adj. chronologisch; **~métrage** [~meˈtraːʒ] m Sport: Zeitmessung f; **~mètre** [~ˈmɛːtrə] m Chronometer n; Sport, ⊕ Stoppuhr f; **~métrer** [~meˈtre] v/t. (1a): ~ une auto, une course die Zeit e-r Fahrt, e-s Rennens abnehmen (od. stoppen); **~métreur** Sport, ✝ [~ˈtrœːr] m Zeitnehmer m; **~métrie** [~ˈtri] f Zeit-, Takt-messung f; **~scope** [~ˈskɔp] m regi-strierender Zeitmesser m.

chrysalide ent. [kriza'lid] f Puppe f.

chrysanthème ♀ [krizaˈtɛːm] m Chrysantheme f.

chuch|oter [ʃyʃɔˈte] v/i. u. v/t. (1a) flüstern, (sich) ins Ohr raunen; écol.

vorsagen; Wind: säuseln; **~oterie** [~ˈtri] f Flüstern n; Zischeln n; Ge-heimniskrämerei f.

chut! [ʃyt] int. still!, pst!

chut|e [ʃyt] f (Ab-, Aus-, Nieder-, Hin-)Fallen n; fig. Fall m (a. ⚒ e-r Stadt); Sturz m (a. e-r Regierung); ⚒ Absturz m; Ende n des Tages; △ Neigung f e-s Daches; faire une ~ mortelle tödlich abstürzen; ~ des prix Preissturz m; ~ d'eau Wasserfall m; les basses ~s der Tiefstand des Ebbe-stroms, der Ebbestrom; ~ des che-veux Haarausfall m; ~ de pierres Steinschlag m; **~er** [~ˈte] v/i. (1a) F fallen (a. Wertpapiere); durch-fallen; ⚒ abstürzen; faire ~ les minis-tères die Ministerien zu Fall brin-gen.

ci [si] adv. (angehängt od. vorgesetzt) hier; comme ~, comme ça so lala.

ci-annexé, -e [sianɛˈkse] adj. als Anlage, beigefügt.

ci-après [siaˈprɛ] adv. weiter unten.

cibiche P ⚒ seit etwa 1955 [siˈbiʃ] f Zigarette f, Glimmstengel m F.

cible [ˈsiblə] f (Ziel-)Scheibe f.

ciblot P [siblo] m Zivilperson f.

ciboire [siˈbwaːr] m Ziborium n, Ho-stiengefäß n.

ciboul|ette [sibuˈlɛt] f Schnittlauch m; **~ot** P [~ˈlo] m Kopf m, Birne f P, Kürbis m P.

cicatr|ice [sikaˈtris] f Narbe f (a. fig.); **~iser** [~ˈze] (1a) v/t. Wunde heilen (a. fig.); v/i. u. se ~ vernarben (a. fig.).

ci-contre [siˈkɔ̃trə] adv. nebenste-hend.

ci-dessous [siˈdsu] adv. untenste-hend.

ci-dessus [siˈdsy] adv. obenstehend.

ci-devant [siˈdvɑ̃] 1. adv. ehe-, vor-mals; 2. su. (inv.) hist. ehemalige(r) Adlige(r m) m u. f; pol. péj. Reaktio-när m.

cidre [ˈsidrə] m Apfelwein m.

ciel [sjɛl] m 1. (pl. cieux [sjø]) Himmel m (a. rl.); Himmelsstrich m; 2. (pl. ciels) Klima n; Betthimmel m; peint. Himmel m auf Gemälden.

cierge [sjɛrʒ] m (Wachs-)Kerze f.

cigale ent. [siˈgal] f Zikade f.

cigar|e [siˈgaːr] m Zigarre f; ~(-)déchet Fehlfarbe f; **~ette** [~gaˈrɛt] f Zigaret-te f; **~illo** [~riˈjo] m Zigarillo n.

ci-gît [siˈʒi] (von gésir) Grabinschrift f: hier ruht.

cigogne orn. [siˈgɔɲ] f Storch m.

circuit

ciguë [si'gy] f ♀ Schierling m; antiq. Schierlingsbecher m.

ci-inclus, -e [sičkly, ~'kly:z] od. ci--joint, -e [si'ʒwɛ̃, ~'ʒwɛ̃:t] adj. anliegend; advt.: ~ quittance Quittung anbei.

cil [sil] m Wimper f.

cilice [si'lis] m Büßerhemd n.

ciller [si'je] v/i. (1a): ~ (des yeux mit den Augen) zwinkern; blinzeln; fig. mucksen; l'élève n'a pas osé ~ der Schüler hat nicht gewagt zu mucksen.

cimaise [si'mɛ:z] f △ Hohlkehle f; Tapetenleiste f; Bildergalerie: Wandleiste f (zum Anbringen von Bildern); à la ~ an bevorzugter Stelle, am Ehrenplatz.

cime [sim] f Gipfel m; Spitze f.

ciment [si'mã] m Zement m; ~ armé Eisenbeton m; ~ hydraulique hydraulischer Zement m; ~er [~'te] v/t. (1a) zementieren; fig. festigen; ~erie [~'tri] f Zementfabrik f.

cimetière [sim'tjɛ:r] m Kirchhof m, Friedhof m.

cimier [si'mje] m Helmschmuck m; cuis. Lendenstück n (v. Rind od. Hirsch).

cinabre [si'na:brǝ] m Zinnober m.

ciné F [si'ne] m Kino m; ~aste [~'ast] m Regisseur m; Filmfachmann m; Filmschriftsteller m; Filmschaffende(r) m; ~club [~'klœb] m (pl. ~s) Filmklub m.

cinéma [sine'ma] m Kino n; ~ ambulant (od. nomade) Wanderkino n; ~ scolaire Schulkino n; habitué(e f) m du ~ Kinogänger(in f) m; fig. tout ça, c'est du ~! das ist ja alles Unsinn!; ~quette [~'kɛt] f filmische Trickvergrößerung f von Architekturmodellen; ~thèque [~'tɛk] f Kinemathek f, Filmarchiv n; ~tique [~'tik] f Kinematik f, Bewegungslehre f.

cinématograph|ie [sinematǝgra'fi] f Kinematographie f, Filmtechnik f; ~ier [~'fje] v/t. (1a) (ver)filmen; ~ique [~'fik] adj. kinematographisch, Film...

cinémo|bile [sinemǝ'bil] m Wanderkino n; ~mètre [~'mɛ:trǝ] m: ~ radar Radarkontrolle f.

cinéraire [sine'rɛ:r] 1. adj. Aschen...; 2. f ♀ Zinerarie f, Aschenkraut n.

Cinérama [sinera'ma] m Cinerama n (Warenzeichen).

ciné|roman [sinerǝ'mã] m Filmro-

man m; ~route [~'rut] m Autokino n.

cingl|é, -e F [sɛ̃'gle] adj. verrückt, übergeschnappt, bekloppt F; ~er[1] ♣ [~] v/i. (1a) segeln; e-n Kurs steuern; ~er[2] [~] v/t. (1a) peitschen.

cinnamome [sina'mɔm] m Zimt m.

cinoche P [si'nɔʃ] m (bsd. v. Jugendlichen gebr.) Kino n.

cinq [sɛ̃k; vor cons. sɛ̃] 1. a/n. c. fünf; F en ~ sec im Nu, im Handumdrehen; mir nichts, dir nichts; 2. m (inv.) Fünf f, Fünfer m.

cinquant|aine [sɛ̃kã'tɛn] f: une ~ (de) etwa fünfzig; Alter: avoir la ~ etwa fünfzig Jahre alt sein; ~e [~'kã:t] a/n. c. fünfzig; ~ième [~kã'tjɛm] 1. a/n. o. fünfzigste(r, -s); 2. m Fünfzigstel n.

cinquième [sɛ̃'kjɛm] 1. a/n. o. fünfte(r, -s); 2. m Fünftel n; fünftes Stockwerk n; 3. f Fr. école. zweite Klasse f im Gymnasium.

cintre ['sɛ̃:trǝ] m △ Bogen m, Gewölbe n; thé. Schnürboden m; Kleiderbügel m.

cintr|é, -e cout. [sɛ̃'tre] adj. tailliert, körpernah; ~er ⊕ [~] v/t. (1a) (über)wölben, biegen.

cirage [si'ra:ʒ] m Wichsen n; Bohnern m; (Schuh-)Wichse f, Schuhcreme f.

circarama cin. [sirkara'ma] m Rundkino n.

circon|cision rl. [sirkɔ̃si'zjɔ̃] f Beschneidung f; ~férence [~fe'rã:s] f Umkreis m, Peripherie f; Umfang m; ~locution [~lɔky'sjɔ̃] f rhét. Umschreibung f; ~scription [~skrip'sjɔ̃] f Ⱥ Umschreibung f; (Regierungs-)Bezirk m; ~ électorale Wahlkreis m; ~ militaire Wehrkreis m; ~ municipale Gemeindebezirk m; ✂ ~ postale Zustellbezirk m; ~scrire [~'skri:r] v/t. (4f) Ⱥ umschreiben; fig. umgrenzen; ~ un incendie ~e Feuersbrunst eindämmen; ~spect, -e [~'spe(kt), ~'spɛkt] adj. umsichtig; ~spection [~spɛk'sjɔ̃] f Umsicht f, Vorsicht f; ~stance [~'stã:s] f Umstand m; de ~ Gelegenheits...; ṭ ~s et dépendances pl. gesamtes Zubehör n; ~stancié, -e [~stã'sje] adj. in allen Einzelheiten dargestellt; ausführlich; ~venir [~vǝ'ni:r] v/t. (2h) überlisten; ~volution [~vɔly'sjɔ̃] f Umdrehung f, Windung f.

circuit [sir'kɥi] m Umkreis m; Rundfahrt f, -flug m; Sport: Rennstrecke f; Rundstrecke f, Ring m; ≴ Strom-

circulaire

kreis *m*; *court* ~ Kurzschluß *m*; *mettre en* ~ einschalten; *mettre hors* ~ ausschalten.

circul|aire [sirky'lɛ:r] **1.** *adj.* kreisförmig; **2.** *f* Rundschreiben *n*; **~ation** [~lɑ'sjɔ̃] *f* Umlauf *m*; Verkehr *m*; ~ (*du sang* Blut-)Kreislauf *m*; ~ *monétaire* Geldumlauf *m*; *retirer de la* ~ aus dem Verkehr ziehen; **~er** [~'le] *v/i.*(1a) in Umlauf sein, kursieren (*a. fig.*), umgehen; 🚌 *Bus*: verkehren; *circulez!* weitergehen!, nicht stehenbleiben!; weiterfahren!

circum|lunaire [sirkɔmly'nɛ:r] *adj.* den Mond umschließend; **~naviga-teur** [~naviga'tœ:r] *m* Weltumsegler *m*; **~navigation** [~ɡa'sjɔ̃] *f* Umsegelung *f*; Umschiffung *f*; **~naviguer** [~'ɡe] *v/t.* (1m) umsegeln; **~terre-stre** [~tɛ'rɛstrə] *adj.* die Erde umschließend.

cir|e [si:r] *f* Wachs *n*; Ohrenschmalz *n*; ~ *à cacheter* Siegellack *m*; ~ *à parquets* Bohnerwachs *n*; *fig.* ~ *molle* labiler Charakter *m*; **~é, -e** [si're] **1.** *adj.* gebohnert; *toile f* ~ Wachstuch *n*; **2.** *m* Regen-cape *n*, -umhang *m*, -haut *f*; ⚓ Ölzeug *n*; Knautschlack *m*; Knautschlack-mantel *m*, -jacke *f*; *jupe f en* ~ Knautschlackrock *m*; **~er** [~'re] *v/t.*(1a) bohnern; polieren; *Schuhe* wichsen, eincremen; **~eur** [~'rœ:r] *m* Schuhputzer *m*; **~euse** [~'rø:z] *f* Bohner-bürste *f*, -maschine *f*; **~ière** *ent.* [~tɛ'rɛstra] *f* Baubiene *f*.

ciron *ent.* [si'rɔ̃] *m* Milbe *f*; Made *f*.

cirque [sirk] *m* Zirkus *m*; ~ *errant*, ~ *ambulant* Wanderzirkus *m*.

cirrus [si'rys] *m* Zirruswolke *f*.

cis|aille [si'za:j] *f* (*mst* ~*s pl.*) Schere *f*; Blechschere *f*; Kartonschneider *m*; ~(*s*) *de jardinier* Gartenschere *f*; **~ailler** [~za'je] *v/t.* (1a) mit der Schere (zer)schneiden; **~eau** [~'zo] *m* (*pl.* ~*x*) Meißel *m*; ~*x pl. (od. paire f de* ~*x*) Schere *f*; **~eler** [~z'le] *v/t.* (1d) ziselieren; ausmeißeln; *fig.* ausfeilen; ~ *le velours* den Samt schneiden; **~elet** [~z'lɛ] *m* kleiner Meißel *m*; **~eleur** [~z'lœ:r] *m* Ziseleur *m*; **~elu-re** [~z'ly:r] *f* Ziselierarbeit *f*; **~oires** [~'zwa:r] *f/pl.* große Metallschere *f*.

cisrhénan, -e [sisre'nɑ̃, ~'nan] *adj.* diesseits des Rheins gelegen (*v. Frankreich aus gesehen*).

citad|elle [sita'dɛl] *f* ✗ Feste *f*, Zitadelle *f*, Zwingburg *f*; *fig.* Bollwerk *n*, Hochburg *f*; **~in, -e** [~'dɛ̃, ~'din] **1.**

adj. städtisch; **2.** *su.* Städter(in *f*) *m*.

citation [sita'sjɔ̃] *f* Zitat *n*; ⚖ Vorladung *f*.

cité [si'te] *f* Stadt *f*; moderne Stadtsiedlung *f*; *neue* Großstadt *f*; *Altstadt f*; ~ *ouvrière* Arbeitersiedlung *f*; ~ *universitaire* Studenten-stadt *f*, -wohnheim *n*; *droit m de* ~ Bürgerrecht *n*; ~*s lacustres* Pfahlbauten *m/pl.*; *hist.* ~*s* hanseatische Hansestädte *f/pl.*; **~-dortoir** [~dɔr'twa:r] *f* (*pl. cités-dortoirs*) Schlafstadt *f*; **~-jardin** [~ʒar'dɛ̃] *f* (*pl. cités-jardins*) Gartenstadt *f*.

citer [si'te] *v/t.* (1a) zitieren, anführen; ✗ lobend erwähnen; ⚖ vorladen.

citerne [si'tɛrn] *f* Zisterne *f*; 🚌 *Auto:* Tankwagen *m*.

cithar|e ♪ [si'ta:r] *f* Zither *f*; **~iste** [~ta'rist] *su.* Zitherspieler(in *f*) *m*.

citoyen, -ne [sitwa'jɛ̃, ~'jɛn] *su.* (Staats-)Bürger(in *f*) *m*.

citrique [si'trik] *adj.: acide m* ~ Zitronensäure *f*.

citron [si'trɔ̃] *m* Zitrone *f*; P *fig.* Kopf *m*, Birne *f* P; **~nier** [~trɔ'nje] *m* Zitronenbaum *m*.

citrouille ♀ [si'truj] *f* Kürbis *m*.

civet *cuis.* [si'vɛ] *m* Hasen-pfeffer *m*, -klein *n*.

civette [si'vɛt] *f zo.* Zibetkatze *f*; *Duftstoff:* Zibet *m*; ♀ Schnittlauch *m*.

civière [si'vjɛ:r] *f* Trage *f*; Bahre *f*.

civil, -e [si'vil] **1.** *adj.* bürgerlich, Zivil...; ⚖ zivilrechtlich; *année f* ~*e* Kalenderjahr *n*; *état m* ~ Personenstand *m*; *bureau m de l'état* ~ Standesamt *n*; **2.** *m* Zivilist *m*, Zivilperson *f*; **~isateur, -rice** [~liza'tœ:r, ~'tris] **1.** *adj.* zivilisatorisch; bildungsfördernd; **2.** *su.* Förderer *m*, Förderin *f* der Kultur; Kulturträger(in *f*) *m*; **~isation** [~za'sjɔ̃] *f* Zivilisierung *f*; Zivilisation *f*, Kultur *f*; **~iser** [~'ze] *v/t.* (1a) zivilisieren; verfeinern; bändigen; **~ité** [~'te] *f:* ~*s pl.* Empfehlungen *f/pl.*

civ|ique [si'vik] *adj.* staatsbürgerlich; Bürger...; *droit m* ~ Staatsbürgerrecht *n*; *interdiction f* ~ (*od. perte f*) *des droits* ~*s* Aberkennung *f* (*od. Verlust m*) der bürgerlichen Ehrenrechte; *instruction f* ~ Staatsbürgerkunde *f*; *courage m* ~ Zivilcourage *f*; *responsabilité f* ~ staatsbürgerliche Verantwortung *f*; *sens m* ~ Gemeinschafts-

classer

sinn *m*; **~isme** [~'vism] *m* staatsbür-
gerliches Pflichtgefühl *n*.

clabaud [kla'bo] *m* Jagdhund *m*,
Bracke *f*; Kläffer *m* (*a. fig.*); **~age**
[~'da:ʒ] *m* Kläffen *n*; Gebrüll *n*; **~er**
[~'de] *v/i.* (1a) kläffen; brüllen.

claie [klɛ] *f* Flechtwerk *n*; Gittersieb
n.

clair, -e [klɛ:r] **1.** *adj.* hell, klar;
deutlich; **2.** *adv.*: *parler* ~ sich klar
ausdrücken; *voir* ~ *dans qch.* in e-r
Sache klarsehen, *etw.* durch-
schauen; **3.** *m* Helle *f*; ~ *de lune*
Mondschein *m*; *passer le plus* ~ *de son
temps à s'amuser* den größten Teil s-r
Zeit mit Nichtstun verbringen; *tirer
qch. au* ~ *etw.* klarstellen.

claire [klɛ:r] *f* Austernpark *m*.

clairement [klɛr'mã] *adv.* deutlich,
klar.

clairet [klɛ'rɛ] *m* leichter Rotwein *m*.

claire-voie [klɛr'vwa] *f* (*pl. claires-
-voies*) vergitterte Öffnung *f*; △
Oberlicht *n*; *clôture à* ~ Lattenzaun
m.

clairière [klɛ'rjɛ:r] *f* Lichtung *f*.

clair-obscur *peint.* [klɛrɔps'ky:r] *m*
(*pl. clairs-obscurs*) Helldunkel *n*;
Dämmerlicht *n*.

clairon [klɛ'rɔ̃] *m* ✠ Signaltrompete
f; ✠ Trompeter *m*; *Orgel:* Trompe-
tenregister *n*; **~ner** [~rɔ'ne] (1a) *v/i.*
trompeten; *v/t.* ausposaunen, laut
bekanntmachen.

clairsemé, -e [klɛrsə'me] *adj.* dünn-
gesät; *bois* ~ lichter Wald *m*.

clairvoyance [klɛrvwa'jã:s] *f*
Scharfblick *m*; Klarsicht *f*; **~ant, -e**
[~'jã, ~'jã:t] *adj.* klarsehend.

clameau [kla'mo] *m* (*pl. ~x*) ⊕ Kloben *m*; △ Klammerhaken *m*; **~er**
[~'me] *v/t.* (1a) lauthals äußern; **~eur**
[~'mœ:r] *f* Geschrei *n*, Gejohle *n*.

clampin [klã'pɛ̃] *m* Nachzügler *m*; F
Faulenzer *m*.

clan [klã] *m* Stamm *m*, Clan *m*; *fig.
péj.* Klüngel *m*, Sippschaft *f*, (*a. pol.*)
Clique *f*.

clandé * [klã'de] *m* Bordell *n*.

clandestin, -e [klãdɛs'tɛ̃, ~'tin] *adj.*
heimlich, Schwarz... (*fig.*); *passager
m* ~ blinder Passagier *m*; **~ité** [~tini-
'te] *f* Heimlichkeit *f*, Verborgenheit
f; *pol.* Untergrund *m*; *Fr.:* Unter-
grundbewegung *f* (*1940–1944*).

clapet ⊕ [kla'pɛ] *m* Klappe(nventil *n*)
f.

clapier [kla'pje] *m* Kaninchen-bau

m, -stall *m*; *géol.* Geröllhalde *f*; *lapin
m de* ~ Hauskaninchen *n*; **~ir** [~'pi:r]
v/i. (2a) *Kaninchen:* schreien; *se* ~
Kaninchen: sich verkriechen.

clapot|age, ~ement, ~is [klapo'ta:ʒ,
~t'mã, ~ti] *m* Plätschern *n der* See;
~er [~'te] *v/i.* (1a) plätschern.

clapper [kla'pe] *v/i.* (1a) schnalzen.

claqu|ade ✠ [kla'kad] *f* Massage:
Klopfen *m*; **~age** *f* [~'ka:ʒ] *m* Zer-
rung *f*.

claque [klak] **1.** *f* Klaps *m*; *thé.*
Claque *f*; *cord.* Oberleder *n*; F *prendre ses cliques et ses* ~ mit Sack und
Pack abziehen; P *en avoir sa* ~ hundemüde sein; *fig.* die Nase voll haben;
2. *m* *adj.:* (*chapeau m*) ~ Klapp-
zylinder *m*.

claqué, -e F [kla'ke] *adj.* erschöpft,
kaputt F; mit Laufmaschen.

claqu|edent F [klak'dã] *m* armer
Schlucker *m*; **~ement** [~'mã] *m*
Klatschen *m*; Klappe(r)n *n*; Knallen
n; **~emurer** [~my're] *v/t.* (1a) einsperren; **~er** [~'ke] (1m) *v/i.* klatschen; knallen; klappern; schnalzen; F sterben, abkratzen P; F schiefgehen; ~ *des mains* Beifall klatschen;
v/t. Tür zuschlagen; e-n Klaps geben (*q. j-m*); F überanstrengen;
Muskel zerren; P *Geld* verjubeln; P ~
sa paie s-n Lohn durchbringen; *se* ~
sich kaputtmachen; **~et** [~'kɛ] *m*
(Mühl-)Klapper *f*; **~eter** [~k'te] *v/i.*
(1c) *Storch:* klappern; *Huhn:* gak-
kern; **~ette** [~'kɛt] *f kleine* Klapper *f*,
Knarre *f*; *cin.* Synchronklappe *f*; ♪
Glockenspiel *n* an Riemen; *fig.*
Klatschmaul *n*; **~eur** *thé.* [~'kœ:r] *m*
Claqueur *m*.

clarifiant ⚗ [klari'fjã] *m* Klärmittel
n; **~er** [~'fje] *v/t.* (1a) klären.

clarine [kla'rin] *f* Kuhglocke *f*; **~ette**
♪ [~'nɛt] *f* Klarinette *f*.

clarté [klar'te] *f* Helligkeit *f*, Schein
m; *fig.* Klarheit *f*, Deutlichkeit *f*.

classe [klɑ:s] *f* Klasse *f* (*a. Sport*); ✠
(Rekruten-)Jahrgang *m*; *écol.* Klas-
se(nraum *m*) *f*; Schule *f*; Unter-
richt(sstunde *f*) *m*; *aller en* ~, *faire ses*
~*s* zur Schule gehen; *sauter une* ~ e-e
Klasse überspringen; *faire la* ~ un-
terrichten, Unterricht geben (*od.* erteilen); *hors* ~ Sonderklasse *f*; **~e-
ment** [klas'mã] *m* Einordnung *f*,
Ablage *f* (*v. Briefen usw.*); Klassifi-
zierung *f*; *Sport:* Klasse *f*, Rangliste
f; ⚖ Niederschlagung *f*; **~er** [~'se]

v/t. (1a) *Briefe usw.* ablegen, abheften; *Sport:* klassifizieren; *Akte* schließen; (*bsd.* ~ *sans suite*) *Verfahren* einstellen; **~eur** [~'sœːr] *m* Aktenschrank *m*; Briefordner *m*, (Akten-)Hefter *m*; Kollegheft *n*.

classif|ication [klasifika'sjɔ̃] *f* Klassifizierung *f*; **~ier** [~'fje] *v/t.* (1a) einteilen.

classique [kla'sik] **1.** *adj.* klassisch (*a. fig.*); *fig.* mustergültig; herkömmlich, üblich; *Schul...*; **2.** *m* Klassiker *m*; klassisches Werk *n*.

clause [kloːz] *f* Klausel *f*.

claustr|ation [klostra'sjɔ̃] *f* Klosterleben *n*; *allg.* Zurückgezogenheit *f*; *pol.* Abriegelung *f*; **~er** [~'tre] *v/t.* (1a) einschließen; se ~ sich zurückziehen.

clavecin ♪ [klav'sɛ̃] *m* Cembalo *n*.

clav|icule *anat.* [klavi'kyl] *f* Schlüsselbein *n*; **~ier** [~'vje] *m* ♪ Klaviatur *f*; ⊕ Tastatur *f*.

clayette [klɛ'jɛt] *f* Kühlschrankrost *m* (*herausziehbarer Zwischenboden*).

clayon [klɛ'jɔ̃] *m* Geflecht *n*, Hürde *f*; **~nage** [~jɔ'naːʒ] *m* Hürdengeflecht *n*; **~ner** [~'ne] *v/t.* (1a) mit Flechtwerk abschirmen.

clé [kle] *f*, **clef** [~] *f* Schlüssel *m*; ♪ Notenschlüssel *m*; Klappe *f an Blasinstrumenten*; Ofenklappe *f*; *la* ~ *est à* (*od. sur*) *la porte* der Schlüssel steckt in der Tür; ~ *à douille* Steckschlüssel *m*; ~ *anglaise*, ~ *à molette* Engländer *m*, verstellbarer Schraubenschlüssel *m*; *sous* ~ unter Verschluß; *mettre sous* ~ wegschließen; P *il y aura qch. à la* ~ es steht etw. bestimmt in Aussicht; ~ *en main*, ~ *sur porte* schlüsselfertig; *fausse* ~ Nachschlüssel *m*; *prendre la* ~ *des champs* auskneifen, türmen; ~ *de voûte* △ Schlußstein *m*; *fig.* Grundlage *f*, *éc.* Lebensnerv *m*.

clearing *fin.* [kli'riŋ] *m* Clearing *n*, Verrechnungsverkehr *m*.

clebs ✶ [klɛps] *m* Hund *m*.

clef [kle] *f* s. *clé*.

clématite ♀ [klema'tit] *f* Klematis *f*.

clém|ence [kle'mãːs] *f* Milde *f*; **~ent, -e** [~'mã, ~'mãːt] *adj.* gütig, mild(e).

clenche [klãːʃ] *f* (Tür-)Klinke *f*.

clerc ⊕ [klɛr] *m* Geistliche(r) *m*; Anwaltsgehilfe *m*; *ehm.* Gelehrte(r) *m*; *plais. être grand* ~ *en* ... sehr bewandert sein in ... (*dat.*); *faire un pas de* ~ e-n Bock schießen (*fig.*); **~gé** [klɛr'ʒe] *m* Geistlichkeit *f*, Klerus *m*.

clérical, -e [kleri'kal] *adj.* (*m/pl.* -aux) klerikal.

clich|age [kli'ʃaːʒ] *m* Klischieren *n*; **~é** [~'ʃe] *m* Klischee *n*; *phot.* Negativ *n*; *fig.* Gemeinplatz *m*, abgedroschene Redensart *f*; **~er** [~] *v/t.* klischieren; *fig. cliché* stereotyp; *locutions f/pl. clichées* feststehende Redensarten *f/pl.*; **~erie** ⊕ [~'ʃri] *f* Klischieranstalt *f*.

client, -e [kli'ã, kli'ãːt] *su.* Kunde *m*, Kundin *f*; ⚖ Klient(in *f*) *m*; ♀ Patient(in *f*) *m*; **~èle** [~'tɛl] *f* ♈ Kundschaft *f*; ⚖, ♀ Praxis *f*; ~ *d'habitués* Stammkundschaft *f*.

clign|er [kli'ɲe] (1a) *v/t.*: ~ *les yeux* mit den Augen zwinkern; *v/i.*: ~ *de l'œil* mit dem Auge e-n Wink geben; ~ *des yeux* blinzeln; **~otant** [~ɲɔ'tã] *m Auto:* Blinker *m*, Blinklicht *n*; *mettre* (*od. faire marcher*) *le* ~ den Blinker einschalten; **~oter** [~'te] *v/i.* (1a) blinzeln; blinken.

climat [kli'ma] *m* Klima *n*; *fig.* Atmosphäre *f*; *fig.* ~ *social* Betriebsklima *n*; **~ique** [~'tik] *adj.* klimatisch; *station f* ~ Luftkurort *m*; **~isation** [~tiza'sjɔ̃] *f* Klimatisierung *f*; **~iser** [~'ze] *v/t.* (1a) klimatisieren; **~iseur** [~'zœːr] *m* Klimagerät *n*; **~ologie** [~tɔlɔ'ʒi] *f* Klimalehre *f*; **~ologique** [~'ʒik] *adj.* klimatologisch.

clin [klɛ̃] *m*: ~ *d'œil* Blinzeln *n*, Augenzwinkern *n*; *en un* ~ *d'œil* im Nu.

clin|icien [klini'sjɛ̃] *m* Kliniker *m*; **~ique** [~'nik] **1.** *adj.* klinisch; **2.** *f* Klinik *f*; Klinikum *n*.

clinomètre [klinɔ'mɛːtrə] *m* Neigungsmesser *m*.

clinquant [klɛ̃'kã] **1.** *m* Flittergold *n*; *fig.* falscher Glanz *m*; **2.** ~, **-e** [~, ~'kãːt] *adj. néol.* geschmacklos.

clip [klip] *m* Klipp *m*, Klips *m*.

clique [klik] *f* Clique *f*, Klüngel *m*; ✕ Spielmannszug *m*.

cliquet [kli'kɛ] *m* Sperr-, Schaltklinke *f*; **~er** [~k'te] *v/i.* (1c) klirren; rasseln; **~is** [~k'ti] *m* Klirren *n*; Rasseln *n*.

cliss|e [klis] *f* Käsehürde *f* (*zum Abtropfen*); für *Flaschen:* (Korb-)Geflecht *n*; **~er** [~'se] *v/t.* (1a) einflechten.

cliv|age *pol.* [kli'vaːʒ] *m* Spaltung *f*; **~er** [~'ve] *v/t.* (1a) *Diamanten usw.* spalten.

cloaque [klɔ'ak] *m* Abzugskanal *m*; Kloake *f* (*a. fig. u. orn.*); *fig.* Dreckstall *m*.

clochard, -e [klɔˈʃaːr, ˌˈʃard] *su.* Gammler(in *f*) *m*; Pennbruder *m*, Penner *m*, Stadtstreicher *m*; Bettler(in *f*) *m*; **∼iser** F [∼ʃardiˈze] (1a) *v/t.* zum Bettler machen; *v/i.* rumgammeln; se ∼ zum Bettler werden.

cloch|e [klɔʃ] *f* Glocke *f*; * Pflaume *f* (*fig.*), Null *f*; F Gammler(tum *n*) *m*; P *se taper la* ∼ sich ordentlich vollfressen; **∼e-pied** [∼ˈpje] *advt.*: *sauter à* ∼ (auf einem Bein) hüpfen; **∼er¹** [∼ˈʃe] *m* Glocken-, Kirch-turm *m*; **∼er²** [∼] *v/i.* (1a) hinken; *fig.* hapern, auf wack(e)ligen Füßen stehen, mangelhaft sein; **∼eton** [∼ʃˈtɔ̃] *m* kleiner Glockenturm *m*; **∼ette** [∼ˈʃɛt] *f* Glöckchen *n*; ♀ Glockenblume *f*.

cloison [klwaˈzɔ̃] *f* Verschlag *m*, Scheidewand *f*; ⚓ Schott *n*; **∼nage** ♠ [∼zɔˈnaːʒ] *m* Einziehen *n* von Wänden; **∼ner** [∼ˈne] *v/t.* (1a) durch Scheidewände trennen.

cloîtr|e [ˈklwaːtrə] *m* Kreuz-, Kloster-gang *m*; Kloster(leben *n*) *n*; **∼er** [klwaˈtre] *v/t.* (1a) in ein Kloster sperren.

clop(e) * [klɔp] *m* Zigarette *f*.

clopin|-clopant F [klɔpɛ̃klɔˈpɑ̃] *adv.* humpelnd; hinkend; *s'en aller* ∼ forthumpeln; **∼er** F [∼piˈne] *v/i.* (1a) humpeln.

clopinettes * [klɔpiˈnɛt] *f/pl.* absolut (*od.* gar) nichts.

cloporte [klɔˈpɔrt] *m* ent. Kellerassel *f*; P Portier *m*.

cloque ⚹ [klɔk] *f* (Brand-)Blase *f*.

clore [klɔːr] *v/t.* (4k) *Diskussion, Verhandlung, Rechnung, Inventar* (ab-)schließen; *e-e Sitzung* für beendet erklären.

clos, -e [klo, kloːz] **1.** *adj.* geschlossen, verschlossen; **2.** *p.p. von clore*; **3.** *m* Gehege *n*; Gehöft *n*; *eingezäunter* Weinberg *m*; 🏛 *le* ∼ *et le couvert de la* ∼ Wohnsicherheit.

clôtur|e [kloˈtyːr] *f* Einfriedigung *f*, Zaun *m*; (Ab-)Schließung *f*; (Ab-)Schluß *m* (*z. B. der Sitzung*); ♦ ∼ *de l'exercice* Jahresabschluß *m*; **∼er** [∼tyˈre] *v/t.* (1a) einfriedigen; *fig.* (ab)schließen.

clou [klu] *m* Nagel *m*; F *fig.* Hauptattraktion *f*, Glanzstück *n*; *thé.* Schlager *m*; F ⚹ Furunkel *m* (*a. n*); F Leihhaus *n*; F Gefängnis *n*; F alter Wagen *m* (*od.* Kasten *m*), alte Klamotte *f*, altes Flugzeug *n*; *vél.* Mühle

8 Franz.-Dtsch.

f; verbrauchte Maschine *f*; ⚹ ∼ (*de girofle*) Gewürznelke *f*; P *des* ∼*s!* denkste!; **∼er** [kluˈe] *v/t.* (1a) (an-, auf)nageln; *fig.* fesseln.

clouter [kluˈte] *v/t.* (1a) mit Nägeln beschlagen; *passage m clouté* genagelter Fußgängerüberweg *m*.

clown [klun] *m* Clown *m*; **∼erie** [∼nˈri] *f* Clownerie *f*; **∼esque** [∼ˈnɛsk] *adj.* clownartig, Clowns...

cloyère [klwaˈjɛːr] *f* Austernkorb *m*.

club [klœb] *m* Klub *m*.

cluse *géol.* [klyːz] *f* enge Schlucht *f*.

coadjuteur *rl.* [koadʒyˈtœːr] *m* Amtsgehilfe *m*; Weihbischof *m*.

coaguler [koagyˈle] *v/t.* gerinnen machen; *v/i. u. se* ∼ gerinnen.

coali|ser *pol.* [koaliˈze] *v/t.* (1a) zu Verbündeten machen; se ∼ sich verbünden; **∼tion** *pol.* [∼ˈsjɔ̃] *f* Bündnis *n*; *bsd. parl.* Koalition *f*.

coasser [koaˈse] *v/i.* (1a) quaken.

cobaye *zo.* [kɔˈbaj] *m* Meerschweinchen *n*.

coca ♀ [kɔˈka] *f od. m* Koka(strauch *m*) *f*.

cocagne [kɔˈkaɲ] *f*: *mât m de* ∼ Klettermast *m* (*auf Jahrmärkten*); *pays m de* ∼ Schlaraffenland *n*.

cocaïn|e ⚹ [kɔkaˈin] *f* Kokain *n*; **∼omane** [∼ɔˈman] *su.* Kokainsüchtige(r *m*) *m u. f*.

cocarde [kɔˈkard] *f* ✗ Kokarde *f*; P Kopf *m*, Dez *m* F.

cocasse F [kɔˈkas] *adj.* spaßig, drollig.

coccinelle [kɔksiˈnɛl] *f* ent. Marienkäfer *m*; *Auto*: (VW-)Käfer *m*.

coche [kɔʃ] **1.** *m ehm.* Kutsche *f*; *fig. faire la mouche du* ∼ sehr eifrig und wichtig tun; *e-e* Betriebsnudel sein F; *manquer* (*od. rater*) *le* ∼ *e-e* günstige Gelegenheit verpassen; *fig.* den Anschluß verpassen; **2.** *f* Kerbe *f*, Einschnitt *m*.

cocher¹ [kɔˈʃe] *m* Kutscher *m*.

cocher² [kɔˈʃe] *v/t.* (1a) *Namen usw. auf e-r Liste* abhaken.

cochère [kɔˈʃɛːr] *adj./f*: *porte f* ∼ Torweg *m*, Einfahrt *f*.

cochon *zo.* [kɔˈʃɔ̃] *m* Schwein *n*; ∼ *de lait* Spanferkel *n*; ∼ *d'Inde* Meerschweinchen *n*; **∼ner** F [∼ʃɔˈne] *v/t.* (1a) verpfuschen, versauen P; **∼nerie** [∼nˈri] *f* Schweinerei *f*; Zote *f*; Pfuscharbeit *f*; **∼net** [∼ˈnɛ] *m* Schweinchen *n*; Doppelwürfel *m*; *Boulespiel*: Zielkugel *f*.

cockpit [kɔk'pit] *m* ✈, ⚓ Cockpit *n*; ✈ Pilotenkanzel *f*.

coco [kɔ'ko] **1.** *m* (*mst noix f de ~*) Kokosnuß *f*; *Getränk*: Lakritzenwasser *n*; ✱ Bauch *m*; F *Kosewort für Kinder u. Pferde*: Liebling *m*; *enf.* Ei(chen *n*); F *péj.* Kerl *m*, Kauz *m*, nettes Früchtchen *n*; *péj.* Kommunist *m*; F être bien ~ auprès de q. bei j-m lieb Kind (*od.* gut angeschrieben) sein; **2.** *f* F Kokain *n*.

cocon [kɔ'kɔ̃] *m ent.* Kokon *m*; *fig.* F mettre qch. en ~ etw. außer Betrieb setzen, stillegen; **~ner** [~kɔ'ne] *v/i.* (1a) den Kokon bilden, sich einspinnen.

cocorico [kɔkɔri'ko] *m* Kikeriki *n*.

cocose [kɔ'koːz] *f* Kokosfett *n*.

cocoter P [kɔkɔ'te] *v/i.* (1a) stinken.

cocotier [kɔkɔ'tje] *m* Kokospalme *f*.

cocotte [kɔ'kɔt] *f enf.* Huhn *n*; *cuis.* Schmortopf *m*; *vét.* Maul- und Klauenseuche *f*; 🌾 *péj.* Kokotte *f*; ma ~! mein Schätzchen!

coction [kɔk'sjɔ̃] *f* 💊 Kochen *n*; 🎗 période *f* de ~ d'une maladie voll entwickeltes Stadium *n* e-r Krankheit.

cocu F [kɔ'ky] *m* Hahnrei *m*.

cod|**age** [kɔ'daːʒ] *m* Verschlüsselung *f* e-s Klartextes; *électron.* Codieren *f*; **~e** [kɔd] *m* 🕮 Gesetzbuch *n*; ✝ Telegrammschlüssel *m*; *Auto*: Abblendlicht *n*; ~ civil Bürgerliches Gesetzbuch *n* (*abr.* BGB); ~ de la route Straßenverkehrsordnung *f*; nom *m* de ~ Deckname *m*; *Auto*: se mettre en ~ abblenden.

codéine phm. [kɔde'in] *f* Kodein *n*.

coder [kɔ'de] *v/t.* (1a) *Text* verschlüsseln; *électron.* codieren.

codétenu, -e [kɔdet'ny] *su.* Mitgefangene(r *m*) *m u.f.*

coéducation [kɔedykɑ'sjɔ̃] *f* Koedukation *f*.

coefficient [kɔefi'sjɑ̃] *m* Koeffizient *m*.

coéquation [kɔekwɑ'sjɔ̃] *f* Festsetzung *f* der Steuersätze.

coercitif, -ve [kɔersi'tif, ~'tiːv] *adj.* Zwangs-.

cœur [kœːr] *m* **1.** Herz *n*; *fig.* Gefühl *n*, Gemüt *n*, Zuneigung *f*; Mut *m*; Spielkartenfarbe: Herz *n*, Cœur *n*; à ~ joie nach Herzenslust; par ~ auswendig (*wissen*); **2.** *in einzelnen Wendungen:* Magen *m*; j'ai mal au ~ mir ist

übel; avoir le ~ sur les lèvres Übelkeit empfinden.

coexistence [kɔegzis'tɑ̃ːs] *f* Koexistenz *f*.

coffr|**age** [kɔ'fraːʒ] *m* 🔺 Ein-, Verschalung *f*; ⊕ Maschinengehäuse *n*; **~e** ['kɔfrə] *m* Kasten *m*, Truhe *f*; Geldkasten *m*; F Brustkasten *m*; *Auto*: Gepäck-, Koffer-raum *m*; **~e- -fort** [~'fɔːr] *m* (*pl. coffres-forts*) Geldschrank *m*, Safe *m*; **~er** [~'fre] *v/t.* (1a) 🔺 einschalen; F einsperren; **~et** [~'frɛ] *m* Kästchen *n*; *Plattenspieler, Tonbandgerät*: Koffer *m*.

cogestion [kɔʒes'tjɔ̃] *f* betriebliche Mitbestimmung *f*.

cognac [kɔ'ɲak] *m* Kognak *m*.

cogn|**ée** [kɔ'ɲe] *f* Axt *f*; jeter la manche après la ~ die Flinte ins Korn werfen; **~ement** [~ɲ'mɑ̃] *m* Klopfen *n* des Motors; **~er** [~'ɲe] (1a) *v/t.* einbleuen; P anrempeln; verprügeln; *v/i.* klopfen (a. Motor); schlagen; stoßen; ✱ stinken.

cohabiter [koabi'te] *v/i.* (1a) zs.-wohnen; *ehelich* zs.-leben.

cohér|**ence** [koe'rɑ̃s] *f* Zusammenhang *m*; **~ent, -e** [~'rɑ̃, ~'rɑ̃ːt] *adj.* (logisch) zs.-hängend; eng verbunden.

cohésion [koe'zjɔ̃] *f* Kohäsion *f*.

cohue [kɔ'y] *f* lärmende Menschenmenge *f*; Gedränge *n*, Gewühl *n*.

coi, -te [kwa, kwat] *adj.*: se tenir ~ sich ruhig verhalten.

coiff|**age** [kwa'faːʒ] *m* Frisur *f*; 🎗 pulpaire Überkappung *f* der Pulpa; **~e** [kwaf] *f* (Trachten-)Haube *f*; ⊕ Haube *f*, Kappe *f*; *anat.* Glückshaube *f* (*beim Neugeborenen*); ~ de chapeau Hutfutter *n*; **~é, -e** [~'fe] *adj.* bedeckt; frisiert; F *fig.* être ~ de q. in j-n verliebt (*od.* verknallt F) sein; être né ~ ein Sonntagskind sein; **~er** [~] *v/t.* (1a) den Kopf bedecken; ~ q. j-m das Haar machen, j-n frisieren, j-n kämmen; *fig.* F unter sich haben, leiten; **~eur, -se** [~'fœːr, ~'føːz] *su.* Friseur(in *f*) *m*; Friseuse *f*; **~euse** [~'føːz] *f* Frisiertisch *m*; **~ure** [~'fyːr] *f* Kopfbedeckung *f*; Frisur *f*; salon *m* de ~ Frisiersalon *m*.

coin [kwɛ̃] *m* Ecke *f*, Winkel *m*, (eckiges) Ende *n*; Ecksitz *m*; Zipfel *m*; Keil *m*; (Münzen-)Stempel *m*; Gepräge *n*; *Sport*: Ecke *f*, Eckstoß *m*; ~ de la bouche Mundwinkel *m*; tourner le ~ um die Ecke bringen; F il la *connaît dans les* ~s er kennt den Dreh, er läßt sich nicht so leicht übers Ohr hauen.

coin|cage ⊕ [kwɛ̃'sa:ʒ] *m* Verkeilen *n*; ~**cé, -e** psych. [~'se] *adj.* verklemmt; ~**cement** ⊕ [~s'mɑ̃] *m* Klemmen *n*; ~**cer** ⊕ [~'se] *v/t.* (1k) verkeilen; einklemmen; F in die Enge treiben; *se* ~ sich verklemmen.

coïncid|ence [kɔɛ̃si'dɑ̃:s] *f zeitliches* Zs.-fallen *n*, -treffen *n*; Koinzidenz *f*; ℟ Zs.-fallen *n*, Kongruenz *f*; ~**er** [~'de] *v/i.* (1a) zs.-fallen, -treffen; ℟ sich decken, kongruent sein.

coin-fenêtre [kwɛ̃f(ə)'nɛ:trə] *m* (*pl. coins-fenêtre*) Fensterplatz *m*.

coing ❦ [kwɛ̃] *m* Quitte *f*.

coke [kɔk] *m* Koks *m*.

col kɔl] *m* Hals *m* (*e-r Flasche, Vase usw.*); Gebirgspaß *m*, Schlucht *f*; (Hemd-, Rock-)Kragen *m*; ~ *cassé* Kragen *m* mit umgebogenen Ecken; ~ *droit* Stehkragen *m*; ~ *rabattu* Umlegekragen *m*; ~ *roulé* Rollkragen *m*; ~ *droit-rabattu* Stehumlegekragen *m*; ~ *Danton* Schillerkragen *m*; F ~ *blanc* Büroangestellte(r) *m*; F ~-*bleu* Matrose *m*.

colchique ❦ [kɔl'ʃik] *m* Herbstzeitlose *f*.

coléoptère [kɔleɔp'tɛ:r] *m* 1. *ent.* Käfer *m*; 2. 🛩 Ringflügelflugzeug *n*, Koleopter *m*.

colère [kɔ'lɛ:r] *f* Zorn *m*; Wut *f*.

colérique [kɔle'rik] *adj.* jähzornig, cholerisch.

colibacille [kɔliba'sil] *m* Kolibakterium *n*.

colifichets [kɔlifi'ʃɛ] *m/pl.* Flitterkram *m*, Firlefanz *m*, Tand *m*.

colin-maillard [kɔlɛ̃ma'ja:r] *m* Blindekuh(spiel *n*) *f*.

colique [kɔ'lik] *f* 🩺 Kolik *f*; *fig.* F Furcht *f*, Schiß *m* P.

colis [kɔ'li] *m* Gepäck-, Fracht-stück *n*; ~ *postal* Postpaket *n*.

collaborateur, -rice [kɔlabɔra'tœːr, ~'tris] 1. *su.* Mitarbeiter(in*f*) *m*; 2. *m Fr. pol. mv.p.* Kollaborateur *m*; ~**ation** [~ra'sjɔ̃] *f* Mitarbeit *f*; *Fr. pol. mv.p.* Kollaboration *f*; ~**ationniste** *Fr. pol. mv.p.* [~rasjɔ'nist] *m* Kollaborateur *m*; ~**er** [~'re] *v/i.* (1a) mitarbeiten; mitwirken.

collage [kɔ'la:ʒ] *m* Leimen *n*; Aufkleben *n*; *peint.* Collage *f*; Klären *n des Weines*; P wilde Ehe *f*.

collant, -e [kɔ'lɑ̃, ~'lɑ̃:t] 1. *adj.* klebend; enganliegend, prall; F aufdringlich, lästig; 2. *m* Strumpfhose *f*; 3. *f* ✶ *écol.* schriftliche Aufforderung *f* zu e-r Prüfung.

collatéral, -e [kɔlate'ral] (*m/pl. -aux*) 1. *adj.* Seiten...; Neben...; 2. *su.* Seitenverwandte(r *m*) *m u. f*.

collat|eur [kɔla'tœ:r] *m* Verleiher *m e-r Pfründe*; ~**ion** [~'la'sjɔ̃] *f* 🕳 Verleihung *f*; *typ.* Vergleichung *f*, Kollationieren *n*; Imbiß *m*; ~**ionner** [~lasjɔ'ne] (1a) *v/t.* vergleichen, prüfen, kollationieren; *v/i.* e-n Imbiß nehmen.

colle [kɔl] *f* Klebstoff *m*; *écol.* knifflige Frage *f*; Vorprüfung *f*, F Lüge *f*; *écol.* Nachsitzen *n*; ~ *de farine* Kleister *m*; ~ (*forte*) Leim *m*; F *poser une* ~ *à q.* j-m e-e schwere Frage vorlegen.

collect|e [kɔ'lɛkt] *f* (Geld-)Sammlung *f*; *rl.* Kollekte *f*; *faire une* ~ e-e Kollekte veranstalten; ~**eur** [~'tœ:r] *m* ⊕, 🔌 Sammler *m*; ⊕ (*filtre m*) ~ *de brouillard* Nebelabscheider *m*; ~**if, -ve** [~'tif, ~'ti:v] 1. *adj.* gemeinschaftlich, kollektiv, Sammel...; 2. *m* Kollektiv *n*.

collection [kɔlɛk'sjɔ̃] *f* Sammlung *f*; † Kollektion *f*; ~**ner** [~sjɔ'ne] *v/t.* (1a) sammeln.

collectiv|isation [kɔlɛktiviza'sjɔ̃] *f* Kollektivierung *f*; ~**iser** [~'ze] *v/t.* (1a) kollektivieren; ~**ité** [~'te] *f* Gesamtheit *f*, Gemeinschaft *f*; Volksgruppe *f*.

collège [kɔ'lɛ:ʒ] *m* Gremium *n*; Kollegium *n*; *Fr.* ~ *d'enseignement général* (= *C.E.G.*) *etwa:* Realschule *f*; ~ *électoral* Wähler *m/pl.* e-s Wahlkreises; *rl. Sacré* ✙ Kardinalskollegium *n*.

collég|ial, -e *rl.* [kɔle'ʒjal] *adj.* (*m/pl. -aux*) Stifts...; ~**ien, -ne** *Fr.* [~'ʒjɛ̃, ~'ʒjɛn] *su. etwa:* Realschüler(in*f*) *m*.

collègue [kɔ'lɛg] *su.* Kollege *m*, Kollegin *f*.

coller [kɔ'le] (1a) 1. *v/t.* (an-, auf-, zs.-)kleben, leimen; *Buchbinderei:* mit Leimwasser tränken, planieren; *Wein* klären; ✶ *écol.* reinlegen; nachsitzen lassen; P erwischen; F zum Schweigen bringen; F *Schlag, Backpfeife* verpassen, verabreichen; 2. *v/i.* prall sitzen; eng anliegen; P gutgehen, klappen, *bsd. écol.* ~ *de travail* vor Arbeit schwitzen; *cela ne colle pas bien* es klappt nicht.

collerette [kɔl'rɛt] *f* Halskrause *f*.

collet [kɔ'lɛ] *m* Kragen *m*; *cuis.* Halsstück n; ♂ Wurzelhals m; ch. Schlinge f; F ~ montant Offizierskragen m; fig. ~ monté Pedant m, steifer Mensch m, Formenmensch m, affektierter Typ m; **~er** [kɔl'te] (1c) v/t. beim Kragen packen; v/i. ch. Schlingen legen; se ~ sich raufen.

colleur [kɔ'lœːr] m (mst ~ d'affiches) Plakatankleber m; F lästige Person f; * écol. gefürchteter Prüfer m.

collier [kɔ'lje] m Hals-band n, -kette f, -riemen m; Ordenskette f; Kum(me)t n der Zugtiere; ⊕ Schelle f; F fig. schwere Arbeit f.

colline [kɔ'lin] f Hügel m.

collision [kɔli'zjɔ̃] f Zs.-stoß m; entrer en ~ zs.-stoßen; fig. sich reiben.

colloque [kɔ'lɔk] m Unterredung f, Gespräch n, Kolloquium n; ~ en public Umfragegespräch n.

collusion a. ⚖ [kɔly'zjɔ̃] f geheimes Einverständnis n (avec mit dat.); heimliches Zs.-arbeiten n.

collutoire phm. [kɔly'twaːr] m Mundwasser n.

collyre ♣ [kɔ'liːr] m Augentropfen m/pl.

colmater [kɔlma'te] v/t. (1a) zu-, verstopfen; ✕ wieder abriegeln.

colo f [kɔ'lo] f Ferienkolonie f.

colocataire ⚖ [kɔlɔka'tɛːr] su. Mitmieter(in f) m.

colombage ⌂ [kɔlɔ̃'baːʒ] m Fachwerk n.

colomb|e poét. [kɔ'lɔ̃ːb] f Taube f; **~ier** [~lɔ̃'bje] m Tauben-haus n, -schlag m; **~ine** [~'bin] f Tauben-, Geflügel-mist m; min. Bleierz n.

colon [kɔ'lɔ̃] m Ansiedler m, Kolonist m.

côlon anat. [ko'lɔ̃] m Grimmdarm m.

colonel [kɔlɔ'nɛl] m Oberst m; **~le** [~] f Frau f e-s Obersten.

colonélocratie f péj. [kɔlɔnelɔkra'si] f Obristenherrschaft f.

colon|ial, -e [kɔlɔ'njal] adj. (m/pl. -aux) kolonial; **~ialisme** péj. [~'lism] m Kolonialismus m; **~ialiste** [~'list] adj.: exploitation f ~ koloniale Ausbeutung f; **~ie** [~'ni] f Kolonie f, Siedlung f, Niederlassung f; ~ de vacances Ferienkolonie f; **~isation** [~za'sjɔ̃] f Kolonisierung f; Besied(e)lung f; **~iser** [~'ze] v/t. (1a) kolonisieren; besiedeln.

colonne [kɔ'lɔn] f Säule f; Zeitungs-, Buch-spalte f; ✕ Kolonne f; ~ -affiches [~na'fiʃ] f (pl. colonnes-

-affiches) Anschlag-, Litfaß-säule f.

colophane [kɔlɔ'fan] f Kolophonium n.

colorama [kɔlɔra'ma] m Panorama n in Farben.

color|ant [kɔlɔ'rɑ̃] m Farbstoff m; **~er** [~'re] v/t. (1a) färben; **~ier** peint. [~'rje] v/t. (1a) kolorieren; **~is** [~'ri] m Kolorit n.

coloss|al, -e [kɔlɔ'sal] adj. (m/pl. -aux) kolossal; **~e** [~'lɔs] m Riesenstandbild n; fig. Riese m, Herkules m, Koloß m.

colport|age [kɔlpɔr'taːʒ] m Verbreitung f, Kolportage f; ✝ Hausieren n; **~er** [~'te] v/t. (1a) mit etw. hausieren; Nachricht, Gerücht verbreiten, kolportieren; **~eur, -se** [~'tœːr, ~'tøːz] su. Hausierer(in f) m; Kolporteur m.

coltiner [kɔlti'ne] (1a) Lasten tragen; F se ~ qch. sich etw. aufhalsen.

columbarium [kɔlɔ̃ba'rjɔm] m Urnen-halle f, -haus n.

colza ♀ [kɔl'za] m Raps m.

coma ♣ [kɔ'ma] m Koma n, tiefe Bewußtlosigkeit f.

combat [kɔ̃'ba] m Kampf m, Gefecht n; ~ naval Seeschlacht f; hors de ~ kampfunfähig; **~if, -ve** [~'tif, ~'tiːv] adj. kämpferisch; **~tant, -e** [~'tɑ̃, ~'tɑ̃ːt] 1. adj. kämpfend; Kampf...; 2. m Frontkämpfer m; Kriegsteilnehmer m; orn. Kampf-läufer m, -hahn m; **~tre** [~'batrə] (4a) v/t.: ~ q. (qch.) j-n (etw.) bekämpfen, gegen j-n (etw.) kämpfen; v/i. kämpfen.

combe [kɔ̃ːb] f Bergschlucht f.

combien [kɔ̃'bjɛ̃] 1. adv. wieviel; wie (sehr); wie teuer; ~ de temps wie lange; intéressant et ~ indispensable interessant und absolut unentbehrlich; 2. m (inv.): le ~ sommes-nous?, le ~ est-ce aujourd'hui? den Wievielten haben wir heute?; tous les ~? wie oft?; du ~ chaussez-vous? welche Schuhgröße haben Sie?

combin|able [kɔ̃bi'nabl] adj. zs.-setzbar; vereinbar; **~aison** [~nɛ'zɔ̃] f Zusammen-setzung f, -stellung f; Verbindung f (a. 🜪); Kombination f; Arbeits-, Monteur-, Taucher-anzug m; Unterrock m; Strampelhöschen n; **~ard** P [~'naːr] m gerissener (od. geriebener) Kerl m; **~at** éc. [~'na] m in sozialistischen Staaten: Kombinat n; Kampf m; **~ateur** ⚡ [~'tœːr] m Stufen-, Wellen-schalter m; **~e** P [~'bin] f Kniff m, Trick m, péj. Masche f; Dreh m; Idee f, guter Einfall m; F entrer dans la ~ de q. sich j-s Machenschaften anschließen; **~é** [~'ne] m **1.** ♐ Verbindung f; **2.** téléph. ⊕ Hörer m (Gerät); **~er** [~] v/t. (1a) kombinieren.

comble ['kɔ̃:blə] **1.** m Übermaß n; Dach(stuhl m) n; fig. Gipfel m, höchste Stufe f, Höhe f; de fond en ~ ganz und gar; mettre le ~ à qch. e-r Sache die Krone aufsetzen; **2.** adj. (über-)voll; **~é, -e** [kɔ̃'ble] adj. überglücklich; **~ement** [~blə'mã] m Ausfüllung f; Zuschütten n; Deckung f e-s Fehlbetrages; **~er** [~'ble] v/t. (1a) bis zum Übermaß anfüllen; fig. ausfüllen; zuschütten; zufriedenstellen; ✝ decken; fig. ~ q. de qch. j-n mit etw. überhäufen; ~ une lacune e-e Lücke ausfüllen; ~ un retard ein Versäumnis wieder aufholen.

combust|ibilité [kɔ̃bystibili'te] f (Ver-)Brennbarkeit f; **~ible** [~'tiblə] **1.** adj. (ver)brennbar; **2.** m Brennmaterial n; Brenn-, Treibstoff m; **~ion** [~'tjɔ̃] f Verbrennung f; ~ spontanée Selbstentzündung f.

coméd|ie [kɔme'di] f Komödie f, Lustspiel n; **~ien, -ne** [~'djɛ̃, ~'djɛn] **1.** su. Schauspieler(in f) m; Komödiant(in f) m; fig. Heuchler(in f) m; **2.** adj. schauspielerisch.

comestible [kɔmɛs'tiblə] **1.** adj. eßbar; genießbar; **2.** m Nahrungsmittel n; **~s** fins (od. de choix) Delikatessen f/pl.

comète ast. [kɔ'mɛt] f Komet m.

comice [kɔ'mis] m **1.** ~ agricole Tagung f der Landwirte; **2.** hist. ~ électoral Urwählerversammlung f; antiq. **~s** pl. Komitien pl.

comique [kɔ'mik] **1.** adj. komisch; auteur m ~, acteur m ~ Komiker m; **2.** m Komik f; Komische(s) n; Komiker m; Lustspieldichter m.

comité [kɔmi'te] m Ausschuß m, Komitee n; ~ d'arbitrage Schlichtungsausschuß m; Sport: ~ Schiedsgericht n; ~ de surveillance Aufsichtsrat m; ~ exécutif Vollzugs-, Exekutiv-ausschuß m; en petit ~ in engem Kreise.

command|ant [kɔmã'dã] m Befehlshaber m, Kommandant m; Major m (Dienstgrad); ~ en chef Oberbefehlshaber m; **~e** [~'mã:d] f Bestellung f; ⚙ Steuerung f; ⊕ Antrieb m; ~ à vapeur Dampfantrieb m; ~ sur roue avant Vorderradantrieb m; ✝ passer ~ de qch. den Auftrag für etw. erteilen; **~ement** [~mãd'mã] m ⚔ Führung f, Oberkommando n, Befehl m; ⚙ Aufforderung f; rl. Gebot n; **~er** [~'de] (1a) v/t. befehlen; bestellen; befehligen, kommandieren; v/i.: ~ à befehlen (dat.); fig. beherrschen, bezwingen (acc.); **~eur** [~'dœ:r] m: ~ de la Légion d'honneur Kommandeur m der Ehrenlegion; **~itaire** ✝ [~di'tɛ:r] m stiller Teilhaber m, Kommanditär m, Kommanditist m; allg. Geldgeber m; **~ite** ✝ [~'dit] f Kommanditgesellschaft f; **~ité** ✝ [~di'te] m Komplementär m; verantwortlicher Teilhaber m e-r Kommanditgesellschaft; **~iter** ✝ [~] v/t. (1a): ~ une entreprise Geld in ein Unternehmen stecken, ein Unternehmen finanzieren; **~o** bsd. ⚔ [~'do] m (Stoß-)Trupp m, Gruppe f, Kommando n, Einheit f; ~ terroriste Terroristenkommando n.

comme [kɔm] **1.** adv. (in der Weise) wie; wie!; (in der Eigenschaft) als; F ~ ça so; F ~ ci, ~ ça so lala; soso; F c'est tout ~ ça das ist ganz dasselbe; ~ il faut anständig, tüchtig; **2.** cj. Zeit: gerade als; Grund: da.

commémorat|if, -ve [kɔmemɔra'tif, ~'ti:v] adj. Erinnerungs..., Gedächtnis...; fête f commémorative Gedächtnisfeier f; **~ion** [~ra'sjɔ̃] f Gedächtnisfeier f; Andenken n, Gedenken n.

commen|çant, -e [kɔmã'sã, ~'sã:t] su. Anfänger(in f) m; **~cement** [~s'mã] m Anfang m, Beginn m; **~cer** [~'se] v/t. u. v/i. (1k) anfangen, beginnen; ~ par faire qch. etw. (zuerst) tun.

commensal, -e [kɔmã'sal] su. (m/pl. -aux) Tischgast m.

comment [kɔ'mã] **1.** adv. wie?, wie!; **2.** m Art f und Weise f.

comment|aire [kɔmã'tɛ:r] m Auslegung f, Kommentar m; ~s pl. fig. boshafte Auslegung f; **~ateur, -rice** [~ta'tœ:r, ~'tris] su. Kommentator(in f) m; **~er** [~'te] v/t. (1a) kommentieren.

commérage F [kɔme'ra:ʒ] m Klatsch m, Gewäsch n, Gerede n.

commer|çant, -e [kɔmɛr'sã, ~'sã:t] **1.** adj. handeltreibend; Handels...; **2.** m Geschäftsmann m, Kaufmann m; en gros Großkaufmann m; **~ce** [~'mɛrs] m **1.** Handel m; ~ d'outre-mer Überseehandel m; inscrire au registre du ~ ins Handelsregister eintragen; **2.** *fig. litt.* Verkehr m, Umgang m; **~cer** [~'se] *v/i.* (1k) handeln, Handel treiben; **~cial, -e** [~'sjal] *adj.* (*m/pl.* -aux) kaufmännisch; Handels...

commère [kɔ'mɛːr] *f* Klatschbase *f*.

com|mettant [kɔmɛ'tɑ̃] *m* Auftraggeber *m*; 🏛 Mandant *m*; **~mettre** [~'mɛtr] *v/t.* (4p) *Verbrechen, Fehler* begehen; sich zuschulden kommen lassen.

comminatoire *a.* 🏛 [kɔmina'twaːr] *adj.* androhend.

commis [kɔ'mi] *m* Handlungsgehilfe *m*; Gehilfe *m*; Angestellte(r) *m*; Verkäufer *m*; *Fr.*: ~ principal Obersekretär *m* (*in Ministerien*).

commisération [kɔmizera'sjɔ̃] *f* Mitleid *n*; Erbarmen *n*.

commissaire [kɔmi'sɛːr] *m* Kommissar *m*; ~ adjoint Beigeordnete(r) *m*; haut-~ Hoher Kommissar *m*; ✝ ~ aux comptes Wirtschaftsprüfer *m*; ~ de police Polizeikommissar *m*; ~ **-priseur** [~pri'zœːr] *m* (*pl.* commissaires-priseurs) Auktionator *m*; (*vereidigter*) Taxator *m*.

commission [kɔmi'sjɔ̃] *f* Auftrag *m*, Bestellung *f*; ✝ Kommissionsgeschäft *n*; Provision *f*; Kommission *f*; Ausschuß *m* (*a. parl.*); faire des ~s, aller en ~ Einkäufe (*od.* Besorgungen) machen, einholen gehen; **~naire** [~sjɔ'nɛːr] *m* Kommissionär *m*, Beauftragte(r) *m*; ~ de transport Spediteur *m*; **~ner** [~'ne] *v/t.* (1a) beauftragen; bevollmächtigen.

commissure anat. [kɔmi'syːr] *f* Verbindungs-, Naht-stelle *f*; ~ des lèvres Mundwinkel *m*.

commod|e [kɔ'mɔd] **1.** *adj.* bequem; *péj.* zu nachsichtig, zu nachgiebig; **2.** *f* Kommode *f*; **~ément** [~de'mɑ̃] *adv.* bequem; **~ité** [~di'te] *f* Bequemlichkeit *f*, Wohnlichkeit *f*, Behaglichkeit *f*; † ~s *pl.* Abort *m*, Toilette *f*.

commotion [kɔmo'sjɔ̃] *f* physiol. Erschütterung *f*; fig. Erregung *f*.

commuer [kɔ'mɥe] *v/t.* (1a) *e-e Strafe* in *e-e mildere* umwandeln.

commun, -e [kɔ'mœ̃, ~'myn] **1.** adj. gemein(sam); allgemein; alltäglich; gemein, vulgär, ordinär; *fosse f* ~e Massengrab *n*; **2.** *m*: le ~ das Alltägliche; die große Mehrheit; en ~ (avec) gemeinsam (mit *dat.*); vivre sur le ~

auf gemeinsame Kosten leben; un homme du ~ ein Mann der breiten Masse, ein Mann aus dem Volke (*od.* von der Straße); le ~ des hommes der Durchschnittsmensch; ~s *pl.* Nebengebäude *n/pl.*

commun|al, -e [kɔmy'nal] *adj.* (*m/pl.* -aux) Gemeinde..., kommunal...; **~ard, -e** hist. [~'naːr, ~'nard] su. Mitglied *n* *od.* Anhänger(in *f*) *m* der Pariser Kommune (*1871*); **~autaire** [~no'tɛːr] *adj.* Gemeinschafts...; EG-...; **~auté** [~'te] *f* Gemeinsamkeit *f*; Gemeinschaft *f*; ♀ européenne Europäische Gemeinschaft *f*; ~ religieuse Glaubensgemeinschaft *f*; ~ scolaire Schulgemeinde *f*; 🏛 ~ de biens Gütergemeinschaft *f*; ~ d'intérêts Interessengemeinschaft *f*.

commun|e [kɔ'myn] *f* Gemeinde *f*; Kommune *f*; **~-dortoir** Schlafstadt *f*; **~ément** [~ne'mɑ̃] *adv.* gemeinhin; **~iant, -e** rl. [~'njɑ̃, ~'njɑ̃t] su. Kommunikant(in *f*) *m*; **~icabilité** [~nikabili'te] *f* Mitteilbarkeit *f*; **~icable** [~'kabl] *adj.* mitteilbar; **~icatif, -ve** [~ka'tif, ~'tiːv] *adj.* mitteilsam; *Lachen:* ansteckend; **~ication** [~ka'sjɔ̃] *f* Mitteilung *f*; Verbindung *f*; *téléph.* donner une mauvaise ~ falsch verbinden; **~ier** [~'nje] (1a) *v/i.* zum Abendmahl gehen; *v/t.:* ~ q. j-m das Abendmahl reichen; **~ion** [~'njɔ̃] *f* (Glaubens-)Gemeinschaft *f*; Abendmahl *n*, Kommunion *f*; **~iqué** [~ni'ke] *m* Kommuniqué *n*, amtlicher Bericht *m*, amtliche Mitteilung *f*; **~iquer** [~] (1a) *v/t.* mitteilen; übermitteln; *Krankheit* übertragen; *v/i.* sich verständlich machen; *écol.* voneinander abschreiben; ~ avec in Verbindung stehen mit (*dat.*); se ~ *Feuer:* sich ausbreiten; *Krankheit:* ansteckend sein; **~isme** [~'nism] *m* Kommunismus *m*; **~iste** [~'nist] **1.** *adj.* kommunistisch; **2.** su. Kommunist(in *f*) *m*.

commut|ateur [kɔmyta'tœːr] *m* ℰ Schalter *m*; rad. ~ multiple Parallelschalter *m*; rad. ~ de gammes Wellenschalter *m*; **~ation** [~ta'sjɔ̃] *f* Vertauschung *f*, Umwandlung *f*; ℰ Umschaltung *f*; *Tonband:* Überblenden *n*; 🏛 ~ de peine Strafmilderung *f*; **~atrice** ℰ [~ta'tris] *f* Einankerumformer *m*; **~er** [~'te] *v/t.* (1a) ℰ (um)schalten; *Tonband* überblenden.

compacité [kɔ̃pasi'te] *f* Dichtigkeit

f, Festigkeit *f; bét.* Dichte *f.*

compact, -e [kɔ̃'pakt] *adj.* kompakt, dicht, fest, zs.-gedrängt; **~age** [~'ta:3] *m* ⚛ Bodenverdichtung *f; bét.* Verdichtung *f.*

compagn|e [kɔ̃'paɲ] *f* Begleiterin *f,* Kameradin *f,* Gefährtin *f;* **~ie** [~'ɲi] *f* Gesellschaft *f;* ✕ Kompanie *f; tenir ~ à q.* j-m Gesellschaft leisten; **~on** [~'ɲɔ̃] *m* Gefährte *m,* Kamerad *m;* Lebensgefährte *m;* (Handwerks-) Geselle *m;* **~** *de travail* Arbeitskollege *m;* **~onnage** [~ɲɔ'na:3] *m: années f/pl. de ~* Gesellenzeit *f;* **~onnique** [~'nik] *adj.* Gesellen...

compar|able [kɔ̃pa'rablə] *adj.* vergleichbar; **~aison** [~rɛ'zɔ̃] *f* Vergleich(ung *f*) *m; gr.* Komparation *f,* Steigerung *f;* **~aître** 🕮 [~'rɛ:trə] *v/i.* (4z) erscheinen (*en justice vor Gericht*); **~atif, -ve** [~ra'tif, ~'ti:v] **1.** *adj.* vergleichend; **2.** *m gr.* Komparativ *m;* **~atiste** [~'tist] *m* vergleichender Literatur- *od.* Sprach-wissenschaftler *m;* **~er** [~'re] *v/t.* (1a): *~ avec (bzw. à)* genau (*bzw.* oberflächlich) vergleichen mit (*dat.*); *se ~ avec (bzw. à)* verglichen werden mit (*dat.*).

comparse [kɔ̃'pars] *su. thé.* Statist(in *f) m; allg.* unbedeutende Person *f,* Nebenperson *f.*

compartiment [kɔ̃parti'mã] *m* Fach *n* (*e-r Schublade*); Feld *n* (*z. B. e-r Zimmerdecke*); 🚢 Abteil *n; Raumschiff: ~ machine* (*od. moteur*) Antriebsteil *m,* Gerätekammer *f; ~ orbital* Umlaufkammer *f.*

comparution 🕮 [kɔ̃pary'sjɔ̃] *f* Erscheinen *n* (*vor Gericht*).

compas [kɔ̃'pa] *m* Zirkel *m;* ⚓, ♂ Kompaß *m;* ₧ Beine *n/pl.;* ⊕ *~ de relèvement* Peilkompaß *m; ~ gyroscopique* Kreiselkompaß *m;* ₧ *allonger (od. ouvrir) le ~* schnell machen; *die Beine in die Hand nehmen;* **~sé, -e** [~'se] *adj.* abgezirkelt, steif; **~ser** [~'se] *v/t.* (1a) abzirkeln; *litt. fig.* genau abwägen.

compassion [kɔ̃pa'sjɔ̃] *f* Mitleid *n.*

compat|ible [kɔ̃pa'tiblə] *adj.* vereinbar; **~ir** [~'ti:r] *v/i.* (2a): *~ à qch.* etw. mitfühlen; **~issant, -e** [~ti'sã, ~'sã:t] *adj.* mitfühlend.

compatriote [kɔ̃patri'ɔt] *su.* Landsmann *m,* -männin *f.*

compens|ateur, -rice [kɔ̃pãsa'tœr, ~'tris] *adj.* ausgleichend; **~ation** [~sa'sjɔ̃] *f* Kompensierung *f,* Aus-

gleich *m,* Ersatz *m; accord m de ~* Clearingabkommen *n; chambre f de ~* Clearinghaus *n; ~ des charges* Lastenausgleich *m; ~ des rigueurs* Härteausgleich *m; trafic m de ~* Verrechnungsverkehr *m;* **~er** [~'se] *v/t.* (1a) ausgleichen, verrechnen, kompensieren.

compérage [kɔ̃pe'ra:3] *m* geheimes Einverständnis *n.*

compère [kɔ̃'pɛ:r] *m* Mitwisser *m,* Helfershelfer *m;* **~loriot** ⚘ [~lɔ'rjo] *m* (*pl. compères-loriots*) Gerstenkorn *n.*

compét|ence [kɔ̃pe'tã:s] *f* 🕮 Zuständigkeit *f,* Kompetenz *f,* Befugnis *f;* Amtsbereich *m;* Sachkunde *f;* **~ent, -e** [~'tã, ~'tã:t] *adj.* kompetent, befugt; sachkundig; **~er** [~'te] *v/i.* (1f) rechtmäßig zustehen.

compétit|eur, -rice [kɔ̃peti'tœr, ~'tris] *su.* Mitbewerber(in *f) m* (*um Ämter usw.*), Konkurrent(in *f) m;* Nebenbuhler(in *f) m;* **~if, -ve** [~'tif, ~'ti:v] *adj.* konkurrenzfähig; **~ion** [~'sjɔ̃] *f* Wettbewerb *m;* Konkurrenz *f; Sport:* Wettkampf *m;* **~ivité** [~tivi'te] *f* Wettbewerbsfähigkeit *f.*

compiler 🕮 [kɔ̃pi'le] *v/t.* (1a) *aus Schriften* zs.-tragen, -schreiben; *péj.* abschreiben.

complainte [kɔ̃plɛ̃:t] *f* 🕮 Besitzstörungsklage *f; allg.* Klagelied *n.*

complai|re [kɔ̃plɛ:r] *v/i.:* *~ à q.* j-m zu Willen sein; *v/rfl.: se ~* à sich darin gefallen zu; *se ~ dans* Gefallen finden an (*dat.*); **~sance** [~plɛ'zã:s] *f* Gefälligkeit *f,* Entgegenkommen *n; péj.* Nachsicht *f,* Willfährigkeit *f;* Selbstgefälligkeit *f;* **~sant, -e** [~'zã, ~'zã:t] *adj.* gefällig, entgegenkommend; *péj.* nachsichtig, nachgiebig, willfährig, leichtlebig; selbstgefällig.

complément [kɔ̃ple'mã] *m* Ergänzung *f,* Nachtrag *m; gr. ~ direct* näheres Objekt *n* (*Akkusativ*); *~ indirect* entfernteres Objekt *n* (*mit prp. wie de, à, par, pour usw.*); **~aire** [~'tɛ:r] *adj.* ergänzend; Ergänzungs...; **~arité** [~tari'te] *f* Komplementarität *f;* gegenseitige Ergänzung *f.*

compl|et, -ète [kɔ̃'plɛ, ~'plɛt] **1.** *adj.* vollständig; vollzählig; vollkommen; *Bus usw.: ~!* (alles) besetzt!; **2.** *m* Anzug *m,* ~ sombre dunkler Anzug *m; ~ (fait) sur mesure* Maßanzug *m; ~ veston* Straßen-, Sakko-anzug *m; au* (grand) ~ vollzählig; vollständig besetzt; **~ètement** [~plɛt'mã] adv. völlig; **~éter** [~ple'te] v/t. (1f) vervollständigen.

complexe [kõ'plɛks] **1.** adj. komplex (a. Ⱥ); vielschichtig; kompliziert; zs.-gesetzt; **2.** m psych. Komplex m; ⊕ Industriekomplex m; ~ d'infériorité Minderwertigkeitskomplex m; **~é, -e** psych. [~'kse] adj. komplexbehaftet; **~ion** litt. [~'ksjõ] f Körperbau m; **~ité** [~ksi'te] f Vielschichtigkeit f; Kompliziertheit f.

complication [kõplika'sjõ] f Kompliziertheit f; Verwicklung f; fig. Anhäufung f, Gewirr n; **~s** pl. Komplikationen f/pl. (a. ℋ).

complice [kõ'plis] **1.** adj. mitschuldig; **2.** su. Komplize m, Komplizin f; **~ité** [~si'te] f Mittäterschaft f, Mitschuld f.

compliment [kõpli'mã] m Kompliment n, Lob n; Glückwunsch m; Gruß m, Empfehlung f; feierliche Ansprache f; **~s** pl. de condoléances Beileidsbezeigungen f/pl.; mes **~s** chez vous! meine besten Empfehlungen zu Haus!; **~er** [~te] v/t. (1a) beglückwünschen (pour, sur zu dat.); abs. Komplimente machen.

compliquer [kõpli'ke] v/t. (1m) komplizieren, verwickeln; a. **se** ~ sich verschlimmern.

complot [kõ'plo] m Verschwörung f; monter un ~ e-e Verschwörung anzetteln; **~er** [~plɔ'te] v/t. (1a) heimlich verabreden; abs. Komplotte schmieden.

compo * écol. [kõ'po] f Klassenarbeit f (abr.v. composition).

componction a. rl. [kõpõk'sjõ] f Zerknirschung f.

comport|ement [kõpɔrtə'mã] m Verhalten n; psychologie f du ~ Verhaltenspsychologie f; **~er** [~'te] v/t. (1a) enthalten, aufweisen, haben; mit sich bringen; **se** ~ sich verhalten, sich betragen.

compos|ant [kõpo'zã] m Bestandteil m; **~ante** [~'zã:t] f Komponente f; **~é, -e** [~'ze] **1.** adj. zs.-gesetzt; fig. gesetzt; maintien m ~, allure f ~e gesetztes Wesen n; **2.** m Zs.-setzung f; Mischung f; ℋ Verbindung f; gr. Kompositum n, zs.-gesetztes Wort n; **~er** [~] (1a) v/t. zs.-setzen, verfassen; ♪ komponieren; typ. setzen; ~ son visage sur celui de q. sich in s-m

Mienenspiel j-m anpassen (od. nach j-m richten); v/i. écol. e-e Klassen-, Prüfungs-arbeit schreiben; ~ avec ses créanciers sich mit s-n Gläubigern vergleichen; **se** ~ de bestehen aus; **~iteur,-rice** [~zi'tœ:r, ~'tris] su. ♪ Komponist(in f) m; typ. Schriftsetzer(in f) m; **~ition** [~'sjõ] f Zs.-setzung f, Mischung f; écol. Klassenarbeit f, schriftliche Prüfungsarbeit f; Aufsatz m; Ausarbeitung f; ♪ Komposition(slehre f) f; typ. (Schrift-)Satz m; entrer en ~ (od. venir à ~) avec q. mit j-m zu e-m Vergleich kommen.

compost ✓ [kõ'pɔst] m Kompost m; **~er** [~'te] v/t. (1a) ✓ düngen; mit e-r Stempelmaschine abstempeln; **~eur** [~'tœ:r] m **1.** verstellbarer Datums-, Numerierungs-, Preis-stempel m; Entwerter m; **2.** typ. Winkelhaken m.

compot|e [kõ'pɔt] f cuis. Kompott n; F fig. visage m en ~ arg zerschlagenes Gesicht n; **~ier** [~'tje] m Kompottschüssel f.

compound [kõ'pund] **1.** adj. (inv.) ⊕ Verbund...; ⚡ enroulement m ~ gemischte Wicklung f, Compoundwicklung f; machine f ~ = **2.** f Verbundmaschine f.

compréhens|ible [kõpreã'siblə] adj. verständlich, begreiflich; **~ion** [~'sjõ] f Aufnahmefähigkeit f, Begriffsvermögen n, Fassungskraft f; pol. Verständigung f.

comprendre [kõ'prã:drə] v/t. (4q) verstehen, begreifen; umfassen.

comprenette F [kõprə'nɛt] f Grips m.

compress|e ℋ [kõ'prɛs] f Kompresse f, Umschlag m; **~eur** ⊕ [~'sœ:r] m Kompressor m; **~ible** [~'siblə] adj. zs.-preßbar; **~ion** [~'sjõ] f Zs.-drükkung f; ⊕ Kompression f, Verdichtung f; fig. Einsparung f; ~ des dépenses Kosten-dämpfung f, -senkung f; résistance f à la ~ Druckfestigkeit f.

comprim|é ℋ [kõpri'me] m Pastille f, Tablette f; **~er** [~] v/t. (1a) zs.-pressen; Kosten dämpfen, senken; fig. psych. unterdrücken; verre m comprimé Preßglas n.

compris, -e [kõ'pri, ~'pri:z] **1.** adj. (vor su. inv.): y ~ (mit) ein-, inbegriffen; non ~ nicht ein-, in-begriffen; service m ~ einschließlich Bedienung; **2.** p.p. von comprendre.

compro|mettre [kõprɔ'mɛtrə] v/t.

(4p) *Gesundheit, Ansehen* gefährden; *j-n* kompromittieren, bloßstellen; **~mis** [~ˈmi] *m* Kompromiß *m*; ⚖ Vergleich *m*; **~mission** [~sjɔ̃] *f* Selbstaufgabe *f* (*a. pol., éc.*); *péj.* Preisgabe *f* der eigenen Prinzipien.

compt|abilisation ✝ [kɔ̃tabiliza'sjɔ̃] *f* Verbuchung *f*; **~abiliser** [~ˈze] *v/t.* (1a) ✝ (ver)buchen; *allg.* genau vermerken, registrieren; **~abilité** [~ˈte] *f* Buchführung *f*; **~able** [~ˈtabla] **1.** *adj.* Buchungs...; **2.** *su.* Buchhalter(in *f*) *m*; Rechnungsführer(in *f*) *m*; **~ant** [~ˈtɑ̃] **1.** *adj./m* bar; *argent m* ~ Bargeld *n*; *au* ~ *gegen* bar; **2.** *adv.: payer* ~ bar bezahlen.

compte [kɔ̃t] *m* Berechnung *f*; Konto *n*; Rechenschaft *f*; ✝ ~ *courant* Kontokorrent *n*, laufendes Konto *n*; ~ *bloqué* Sperrkonto *n*; ~ *de chèques postaux* Postscheckkonto *n*; *à* ~ *de notre avoir* auf das Konto unseres Guthabens; *à bon* ~ billig, vorteilhaft; glimpflich; *à ce* ~*-là* demnach; *pour mon* ~ was mich betrifft; *tenir* ~ *de qch.* etw. berücksichtigen; *se rendre* ~ *de qch.* sich über etw. klar sein; ~ *rendu* Rezension *f*; Rechenschaftsbericht *m*; Referat *n*; *écol.* Nacherzählung *f*; 𝕏 *à rebours* Countdown *m od. n*; *alors, vous avez votre* ~? na, stimmt die Rechnung?

compt|e-gouttes [kɔ̃tˈɡut] *m* (*inv.*) Tropfenzähler *m*; *donner au* ~ sparsam zuteilen; **~er** [~ˈte] (1a) *v/t.* zählen; (an-, aus-, be-, mit-)rechnen; *v/i.* (ab)rechnen; mit in Anschlag kommen; *damit rechnen, daß;* beabsichtigen; **~e-tours** ⊕ [~tˈtuːr] *m* (*inv.*) Tourenzähler *m*; **~eur** [~ˈtœːr] *m* Zählapparat *m*; ~ *à gaz* Gas-zähler *m*, -messer *m*; 𝑓 ~ *d'électricité* (Strom-)Zähler *m*; *el.* ~ Geiger Geigerzähler *m*; **~ine** [~ˈtin] *f* Abzählreim *m*; **~oir** [~ˈtwaːr] *m* **1.** Zahl-, Laden-tisch *m*; ~ *de soldes* Wühltisch *m*; **2.** Theke *f*; **3.** ✝ Agentur *f*; ~ *de vente* Vertriebsstelle *f*.

compulser [kɔpylˈse] *v/t.* (1a) nachschlagen, -sehen; *Akten* einsehen.

comt|e [kɔ̃t] *m* Graf *m*; **~é** [kɔ̃ˈte] *m* Grafschaft *f*; **~esse** [~ˈtɛs] *f* Gräfin *f*.

con [kɔ̃] **1.** *m: espèce de* ~*!* Quatschkopf!, Dussel!; **2.** *adjt.* (*inv.*): *il (elle) est* ~ *comme la lune* er (sie) ist strohdumm.

concass|er [kɔ̃kaˈse] *v/t.* (1a) zer-

kleinern, zerstoßen; **~eur** [~ˈsœːr] *m* Zerkleinerungsmaschine *f*; Stampfwerk *n*; Schrotmühle *f*.

concave [kɔ̃ˈkaːv] *adj.* konkav.

concéder [kɔ̃seˈde] *v/t.* (1f) bewilligen; *fig.* zugestehen, einräumen.

concentr|ation [kɔ̃sɑ̃traˈsjɔ̃] *f* Konzentration *f*; *opt.* ~ die Bildschärfe einstellen; **~é, -e** [~ˈtre] *adj.* konzentriert; *fig.* ~ *en lui-même* verschlossen; **~er** [~] *v/t.* (1a) konzentrieren; 🔬 verdichten; eindikken; *Gefühl* in sich verschließen; *se* ~ *sur* sich konzentrieren auf (*acc.*), sich vertiefen in (*acc.*); **~ique** ⚛ [~ˈtrik] *adj.* konzentrisch.

concept [kɔ̃ˈsɛpt] *m* Vorstellung *f*, Gedanke *m*, Idee *f*, Begriff *m*; **~ible** [~ˈtibla] *adj.* (er)faßbar; **~if, -ve** [~ˈtif, ~ˈtiːv] *adj.: faculté f conceptive* (geistiges) Fassungsvermögen *n*; **~ion** [~ˈsjɔ̃] *f biol.* Empfängnis *f*; *fig.* Auffassung *f*, Vorstellung *f*; Konzeption *f* (*a. biol.*), Einfall *m*, Entwurf *m*; ~ *du monde*, ~ *de l'univers* Weltanschauung *f*, Weltbild *n*; **~ualiser** *gr.* [~tɥaliˈze] *v/t.* (1a) begrifflich näher bestimmen.

concern|ant [kɔ̃sɛrˈnɑ̃] *prp.* betreffend; **~er** [~ˈne] *v/t.* (1a) betreffen, angehen, sich beziehen auf (*acc.*); *en ce qui concerne* ... was ... (*acc.*) betrifft.

concert [kɔ̃ˈsɛːr] *m* Konzert *n*; *fig. pol.* Übereinstimmung *f*; *fig. de* ~ *auf* Verabredung; **~ation** *pol., éc.* [~sɛrtaˈsjɔ̃] *f* Konzertierung *f*; **~er** [~ˈte] (1a) *v/t.* verabreden; aufeinander abstimmen; gemeinsam vorbereiten; *v/i.* ♪ in e-m Konzert die Hauptpartie singen (*od.* singen); *se* ~ sich verabreden, sich verständigen; **~ina** ♪ [~tiˈna] *f* (*abus. m*) Bandonion *n*; **~o-promenade** [~sɛrprom'nad] *m* Promenadenkonzert *n*.

concession [kɔ̃seˈsjɔ̃] *f* Bewilligung *f*, Konzession *f*; Einräumung *f*; Zugeständnis *n*; ✝ Preisermäßigung *f*; Abtretung *f*; (Familien-)Begräbnisplatz *m*; ~ *à perpétuité* Erbbegräbnis *n*; **~naire** [~sjɔˈnɛːr] *m* Lizenzinhaber *m*, Konzessionär *m*; ✝ Vertragshändler *m*.

concev|able [kɔ̃sˈvabla] *adj.* begreiflich; **~oir** [~ˈvwaːr] (3a) *v/t.* ersinnen; *Plan* entwerfen; begreifen, verstehen; (*Ab-*)*Neigung* fassen; *être conçu Botschaft:* abgefaßt sein; *v/t.*

u. v/i. biol. empfangen, schwanger werden.

concierg|e [kɔ̃'sjɛrʒ] *su.* Portier *m*, Portiersfrau *f*; Pförtner(in *f*) *m*; Hausmeister(in *f*) *m*; **~erie** [~ʒə'ri] *f* Portier-, Pförtner-wohnung *f*; ⚩ *hist.* Gefängnis *n* des Pariser Justizpalastes.

concili|able [kɔ̃si'ljablə] *adj.* vereinbar; **~abule** [~'byl] *m* geheime Zusammenkunft *f verdächtiger Personen*; **~ant, -e** [~'ljɑ̃, ~'ljɑ̃:t] *adj.* versöhnlich; **~ateur, -rice** [~lja'tœ:r, ~'tris] 1. *adj.* vermittelnd; 2. *su.* Vermittler(in *f*) *m*; Schlichter(in *f*) *m*; **~ation** [~lja'sjɔ̃] *f* Vermittlung *f*; Versöhnung *f*; **~er** [~'lje] *v/t.* (1a) versöhnen, ausgleichen; *fig.* in Übereinstimmung bringen.

concis, -e [kɔ̃'si, ~'si:z] *adj.* knapp, konzis, prägnant, bündig; **~ion** [~'zjɔ̃] *f* Prägnanz *f*, Knappheit *f im Ausdruck*, Bündigkeit *f*, Kürze *f*.

concitoyen, -ne [kɔ̃sitwa'jɛ̃, ~'jɛn] *su.* Mitbürger(in *f*) *m*.

concl|uant, -e [kɔ̃kly'ɑ̃, ~'ɑ̃:t] *adj.* beweiskräftig, beweisend, überzeugend; **~ure** [~'kly:r] (4l) *v/i.* schließen (*à auf acc.*); *v/t.* (ab)schließen, beenden; ~ *qch.* de etw. schließen (*od.* folgern) aus (*dat.*); ~ *un contrat* e-n Vertrag schließen; **~usion** [~kly'zjɔ̃] *f* Schluß(folgerung *f*) *m*; Abschluß *m*; ⚖ *~s pl.* Schlußantrag *m*.

concombre ⚘ [kɔ̃'kɔ̃:brə] *m* Gurke *f*.

concomitant, -e [kɔ̃kɔmi'tɑ̃, ~'tɑ̃:t] *adj.* Begleit...; *phénomène m ~* ⚚ Begleiterscheinung *f*.

concord|ance [kɔ̃kɔr'dɑ̃:s] *f* Übereinstimmung *f*; Konkordanz *f*; **~ant, -e** [~'dɑ̃, ~'dɑ̃:t] *adj.* übereinstimmend; *at rl.* [~'da] *m* Konkordat *n*; **~e** [~'kɔrd] *f* Eintracht *f*; **~er** [~'de] *v/i.* (1a) übereinstimmen.

con|courir [kɔ̃ku'ri:r] *v/i.* (2i) zs.-laufen, -fallen; konkurrieren; ~ *à qch.* an etw. (*dat.*) mitwirken; ~ *pour qch.* sich um etw. bewerben; **~cours** [~'ku:r] *m* Zs.-treffen *n*; Mitwirkung *f*, Mithilfe *f*; Mitbewerbung *f*; *écol.*, *univ.* Auswahlprüfung *f*, Wettbewerb *m*; *Sport:* Wettkampf *m*; ⚚ Wettbewerbsausstellung *f*; Preisausschreiben *n*; ~ *d'étalages* Schaufensterwettbewerb *m*; ~ *hippique* Reit- und Fahrturnier *n*; F *hors* ~ unschlagbar.

concret, -ète [kɔ̃'krɛ, ~'krɛt] *adj.* konkret; anschaulich.

concrét|er [kɔ̃kre'te] *v/rfl.* (1f): *se* ~ dick (*od.* fest, hart) werden; **~ion** [~'sjɔ̃] *f* Dickwerden *n*; Verhärtung *f*; Ablagerung *f*; ⚕ Stein *m*; **~iser** [~ti'ze] *v/t.* (1a) veranschaulichen, verwirklichen, versachlichen.

conçu [kɔ̃'sy] *p.p. von* concevoir.

concubinage [kɔ̃kybi'na:ʒ] *m* wilde Ehe *f*.

concupisc|ence [kɔ̃kypi'sɑ̃:s] *f* Sinnenlust *f*, Lüsternheit *f*; **~ent, -e** [~'sɑ̃, ~'sɑ̃:t] *adj.* lüstern.

concurr|emment [kɔ̃kyra'mɑ̃] *adv.* gemeinsam; **~ence** [~'rɑ̃:s] *f* Konkurrenz *f* (*a.* ⚚); Wettbewerb *m*; Wettstreit *m*; *jusqu'à* ~ *de* bis zum Betrag (*od.* zu e-r Höhe) von; **~encer** [~rɑ̃'se] *v/t.* (1k): ~ *q.* mit j-m konkurrieren; **~ent, -e** [~'rɑ̃, ~'rɑ̃:t] 1. *adj.* zs.-wirkend; konkurrierend; 2. *su.* Konkurrent(in *f*) *m*; Mitbewerber(in *f*) *m*.

concussion [kɔ̃ky'sjɔ̃] *f* Veruntreuung *f*; Unterschlagung *f*; **~naire** [~sjɔ'nɛːr] *m* Veruntreuer *m*.

condamn|able [kɔ̃da'nablə] *adj.* strafbar; verwerflich; **~ation** [~na'sjɔ̃] *f* Verdammung *f*; ⚖ Verurteilung *f*; Strafe *f*; **~er** [~'ne] *v/t.* (1a) verurteilen (*a.* ⚖); verdammen; △ zunageln, verrammeln, zumauern.

condens|ateur [kɔ̃dɑ̃sa'tœːr] *m* Kondensator *m*; **~é** [~'se] *m* Zs.-fassung *f*; Auszug *m*; **~er** [~] *v/t.* (1a) 1. verdichten, kondensieren; *lait m condensé* Büchsenmilch *f*. 2. *fig.* zs.-fassen, gedrängt darstellen; **~eur** [~'sœːr] *m* ⊕, ♒ Kondensator *m*, Kühlgefäß *n*; *opt.* Kondensor *m*.

condescend|ance [kɔ̃desɑ̃'dɑ̃:s] *f* Herablassung *f*; **~ant, -e** [~'dɑ̃, ~'dɑ̃:t] *adj.* herablassend; **~re** [~'sɑ̃:drə] *v/i.* (4a): ~ *à qch.* sich zu etw. (*dat.*) herablassen.

condiment [kɔ̃di'mɑ̃] *m* Gewürz *n*; *fig.* Würze *f*, besonderer Reiz *m*.

condisciple [kɔ̃di'siplə] *m* Schulkamerad *m*, Mitschüler *m*.

condition [kɔ̃di'sjɔ̃] *f* Bedingung *f*; Beschaffenheit *f*; Lage *f*, Stand *m*; *Sportler:* Kondition *f*; *à* ~ mit Vorbehalt; ~ *préalable* Vorbedingung *f*; *mettre q. en* ~ j-n in gute Kondition bringen; *fig.* j-n berieseln, j-n bearbeiten; *la* ~ *humaine* das Menschenlos; **~né, -e** [~sjɔ'ne] *adj.*: *bien* ~ gut

beschaffen; *avec air* ~ mit Klima-
(*od.* Belüftungs-)anlage; **~nel, -le**
[~'nɛl] **1.** *adj.* bedingt; Bedingungs-
...; **2.** *m gr.* Konditional *m*; **~nement**
✝ [~n'mɑ̃] *m* Aufmachung *f*, Ver-
packung *f*; **~ner** [~'ne] *v/t.* (1a) bedingen; entscheidend beeinflussen;
✝ verpacken; **~neur** ⊕ [~'nœːr] *m*: ~
d'air Klimaanlage *f*.

condoléances [kɔ̃dɔle'ɑ̃:s] *f/pl.* Beileid *n*.

conduct|ance ⚡ [kɔ̃dyk'tɑ̃:s] *f* Wirk-
leitwert *m*, Konduktanz *f*; **~eur,
-rice** [~'tœːr, ~'tris] **1.** *adj.* leitend; **2.**
su. Leiter(in *f*) *m*, Führer(in *f*) *m*,
Aufseher(in *f*) *m*; *Auto, tram.* Fah-
rer(in *f*) *m*; **3.** *m* ⚡ Leiter *m*; **~ibilité**
[~tibili'te] *f* Leitfähigkeit *f*; **~ible**
phys. [~'tibl] *adj.* leitfähig; **~ion**
[~'sjɔ̃] *f* ⚡ Stromführung *f*; ⚕ Übertragung *f* von Impulsen (*auf das
Nervensystem*), Reizleitung *f*.

condui|re [kɔ̃'dɥiːr] *v/t.* (4c) führen,
leiten; *Auto* fahren; *permis m de* ~
Führerschein *m*; *se* ~ (*bien, mal*) sich
(gut, schlecht) betragen; **~t** [~'dɥi] *m*
Rinne *f*; Röhre *f*; **~te** [~'dɥit] *f* Führung *f*, (Zu-)Leitung *f*; *Auto:* Steuerung *f*; *fig.* Betragen *n*; Begleitung *f*;
~ *d'eau* Wasserleitung *f*; ~ *de gaz*
Gasleitung *f*; ~ *de pétrole* Ölleitung *f*;
instructions f/pl. pour la ~ Bedie-
nungsvorschriften *f/pl.*

cône [koːn] *m* ⚘ Kegel *m*; ⚘ (*Tannen-,
Kiefern- usw.*) Zapfen *m*; *zo.* Kegel-
schnecke *f*; ⊕ Konus *m*.

confection [kɔ̃fɛk'sjɔ̃] *f* Herstellung *f*,
Anfertigung *f*; Konfektion *f*, Fertigkleidung *f*; *magasin m de* ~ Konfek-
tionsgeschäft *n*; **~ner** [~sjɔ'ne] *v/t.*
(1a) an-, verfertigen; **~neur, -se**
[~'nœːr, ~'nøːz] *su.* Konfektions-
schneider(in *f*) *m*.

confédér|ation [kɔ̃federa'sjɔ̃] *f* Bund
m, Konföderation *f*; ♀ *helvétique*
Schweizerische Eidgenossenschaft
f; **~é, -e** [~'re] **1.** *adj.* verbündet;
Bundes...; **2.** *m* Bundes-, Eid-genos-
se *m*; **~er** [~] *v/t.* (1f) (*se* ~ sich)
verbünden.

confér|ence [kɔ̃fe'rɑ̃:s] *f* Konferenz *f*,
Vortrag *m*; Besprechung *f*; ~ *des
suites,* ~-*bilan* Folgekonferenz *f*
(*Helsinki, Madrid*); **~encier, -ère**
[~rɑ̃'sje, ~'sjɛːr] *su.* Vortragende(r *m*)
m u. f, Redner(in *f*) *m*; **~er** [~'re] (1f)
v/t. Orden, Titel usw. verleihen; *v/i.*
sich besprechen, konferieren.

confess|e [kɔ̃'fɛs] *f* (*nur nach à od. de,
ohne art.*) Beichte *f*; *aller à* ~ zur
Beichte gehen; **~er** [~'se] *v/t.* (1b)
etw. gestehen; beichten; sich *zu etw.*
bekennen; ~ *q.* j-m die Beichte abnehmen; *se* ~ beichten; **~eur** [~'sœːr]
m Beichtvater *m*; **~ion** [~'sjɔ̃] *f rl.*
Konfession *f*; Bekenntnis *n*; Beichte
f; *allg.* Geständnis *n*; **~ionnal** [~sjɔ-
'nal] *m* (*pl. -aux*) Beichtstuhl *m*.

confi|ance [kɔ̃'fjɑ̃:s] *f* Vertrauen *n*;
~ant, -e [~'fjɑ̃, ~'fjɑ̃:t] *adj.* ver-
trauensvoll.

confid|ence [kɔ̃fi'dɑ̃:s] *f* vertrauliche
Mitteilung *f*; **~ent, -e** [~'dɑ̃, ~'dɑ̃:t]
su. Vertraute(r *m*) *m u. f*; **~entiel, -le**
[~dɑ̃'sjɛl] *adj.* vertraulich.

confier [kɔ̃'fje] *v/t.* (1a) anvertrauen;
se ~ *à q.* sich j-m anvertrauen.

configuration [kɔ̃figyra'sjɔ̃] *f* (äußere) Gestalt(ung *f*) *f*; Beschaffenheit *f* (*e-s Geländes*); *ast.* Konfigura-
tion *f*, Stand *m der Planeten.*

confin|er [kɔ̃fi'ne] (1a) *v/i.:* ~ *à* an-
grenzen an (*acc.*); *v/t.* einsperren,
verbannen (*fig.*); *être confiné dans son
lit* ans Bett gefesselt sein; *se* ~ sich *in
die Einsamkeit* zurückziehen; **~s** [~-
'fɛ̃] *m/pl.* Grenzen *f/pl.*

confire [kɔ̃'fiːr] *v/t.* (4o) *Früchte usw.*
einmachen.

confirm|atif, -ve [kɔ̃firma'tif, ~'tiːv]
adj. bestätigend; **~ation** [~ma'sjɔ̃] *f*
Bestätigung *f*; *rl.* Firmung *f*; Kon-
firmation *f*; **~er** [~'me] *v/t.* (1a) bekräftigen, bestätigen; *rl.* einsegnen,
konfirmieren.

confisc|able [kɔ̃fis'kabl] *adj.* konfis-
zierbar; **~ation** [~ka'sjɔ̃] *f* Beschlagnahme *f*, Konfiszierung *f*.

confis|erie [kɔ̃fiz'ri] *f* Konditorei *f*;
Süßwarenhandlung *f*; Konfekt *n*;
~eur [~'zœːr] *m* Konditor *m*; Süß-
warenhändler *m*.

confisquer [kɔ̃fis'ke] *v/t.* (1m) konfiszieren, beschlagnahmen.

confit, -e *cuis.* [kɔ̃'fi, ~'fit] **1.** *adj.*
eingekocht, eingeweckt, einge-
macht; **2.** *p.p. von confire;* **~ure**
[~'tyːr] *f* Konfitüre *f*; ✳ Opium *n*.

conflagration [kɔ̃flagra'sjɔ̃] *f pol.*
Weltbrand *m*; *fig.* Umwälzung *f*.

conflict|ualité [kɔ̃fliktɥali'te] *f* Kon-
fliktzustand *m*; **~uel, -le** *psych.* [~-
'tɥɛl] *adj.* Konflikt...

conflit [kɔ̃'fli] *m* Konflikt *m*, Streit *m*.

confluent [kɔ̃fly'ɑ̃, ~'ɑ̃:t] **1.** *adj.*
zs.-fließend; **2.** *m* Zs.-fluß *m*.

confondre [kõ'fõ:drə] v/t. (4a) vermengen; verwechseln; fig. verwirren; verblüffen; litt. fig. beschämen.

conform|ation physiol. [kõfɔrma'sjõ] f Gestaltung f, Bildung f; Körperbau m; **~e** [~'fɔrm] adj. gleichförmig, gleichlautend; ~ à gemäß, entsprechend; **~ément** [~me'mã] adv.: ~ à gemäß, entsprechend; **~er** [~'me] v/t. (1a) anpassen (qch. à qch. etw. an etw. acc.); se ~ à qch. sich nach etw. (dat.) richten; **~isme** [~'mism] m Konformismus m, kritikloses Sichanpassen n; Jasagerei f; Begeisterungslosigkeit f; **~iste** [~'mist] 1. adj. konformistisch; übertrieben anpassungsbereit; 2. su. Konformist m; Jasager m; Mitläufer(in f) m; **~ité** [~mi'te] f Übereinstimmung f; en ~ avec gemäß (dat.), in Übereinstimmung mit (dat.).

confort [kõ'fɔ:r] m Komfort m, Behaglichkeit f; **~able** [~fɔr'tablə] adj. behaglich, bequem, komfortabel, gemütlich; F gutsituiert; fig. Einkommen, Mehrheit: beträchtlich, beträchtlich.

confratern|el, -le [kõfratɛr'nɛl] adj. kollegial; **~ité** [~ni'te] f Kollegialität f; kollegiales Verhältnis n.

con|frère [kõ'frɛ:r] m Kollege m, Amtsbruder m, Fachgenosse m; **~frérie** [~fre'ri] f Bruderschaft f.

confront|ation [kõfrõta'sjõ] f Gegenüberstellung f; Vergleichung f; pol. Begegnung f; Gespräch n; Konfrontation f (a. ⚔); **~er** [~'te] v/t. (1a) gegenüberstellen; vergleichen; être confronté à (od. avec) un problème sich e-m Problem gegenübergestellt sehen, mit e-m Problem konfrontiert werden.

confus, -e [kõ'fy, ~'fy:z] adj. verwirrt; fig. unklar, dunkel, beschämt; **~ément** [~ze'mã] adv. undeutlich, konfus; **~ion** [~'zjõ] f Verwirrung f, Konfusion f; Verwechs(e)lung f; Beschämung f.

congé [kõ'ʒe] m Urlaub m; schulfreie Zeit f; Dienstentlassung f; Abschied m; Kündigung f; ♱ Zollpassierschein m für Waren; △ Kehle f; avoir ~, être en ~ Urlaub (od. schulfrei) haben; ~ de détente Erholungsurlaub m; ~ de formation (Fort-)Bildungsurlaub m; donner son ~ à q. j-n entlassen, j-m kündigen; prendre ~ de q. sich von j-m verabschieden;

Fr. ~ de garde Urlaub m für Kinderpflege.

congéd|iable [kõʒe'djablə] adj. zu beurlauben(d); **~ier** [~'dje] v/t. (1a) verabschieden, entlassen, abbauen.

congelable [kõʒ'lablə] adj. gefrierbar.

congélat|eur [kõʒela'tœ:r] m Tiefkühltruhe f; **~ion** [~la'sjõ] f Gefrieren n; 𝔰 nur v. Gliedmaßen: Erfrieren n.

congel|é, -e [kõʒ'le] adj.: viandes f/pl. ~es Gefrierfleisch n; **~er** [~] v/t. (1d) zum Gefrieren bringen; einfrieren; se ~ gefrieren, erstarren.

congén|ère [kõʒe'nɛ:r] 1. adj. gleichartig; 2. su. Art-genosse m, -genossin f; ses ~s seinesgleichen; **~ital, -e** [~ni'tal] adj. (m/pl. -aux) angeboren.

congère [kõ'ʒɛ:r] f Schneewehe f.

congestion [kõʒɛs'tjõ] f 𝔰 Blutandrang m, -stauung f; ~ cérébrale Blutandrang m zum Gehirn; ~ pulmonaire Lungenstauung f; fig. (Verkehrs-)Stau m; **~ner** [~tjo'ne] v/t. (1a) Blutandrang verursachen; fig. Straße blockieren.

conglomér|at [kõglõme'ra] m géol. Konglomerat n; éc. Zs.-schluß m verschiedenartiger Unternehmen; **~ation** [~ra'sjõ] f Anhäufung f; **~er** [~'re] v/t. (1f) anhäufen.

conglutiner 𝔰 [kõglyti'ne] v/t. (1a): ~ le sang das Blut dick werden lassen.

congre icht. [ˈkõ:grə] m Meeraal m.

congrég|aniste [kõgrega'nist] su. Ordens-bruder m, -schwester f; **~ation** rl. [~ga'sjõ] f Kongregation f.

congr|ès [kõ'grɛ] m Kongreß m; Tagung f; **~essiste** [~'sist] su. Kongreßteilnehmer(in f) m; -mitglied n.

congru, -e [kõ'gry] adj. ⅄ kongruent; fig. être réduit à la portion ~e nur das Allernötigste zum Leben haben; **~ence** ⅄ [~'ã:s] f Kongruenz f.

coni|cité [kõnisi'te] f Kegelform f; **~fère** ♀ [~'fɛ:r] 1. adj. zapfentragend; 2. m: ~s pl. Koniferen f/pl.; **~que** [~'nik] 1. adj. kegelförmig, konisch; section f ~ = 2. f Kegelschnitt m.

conjectur|e [kõʒɛk'ty:r] f Vermutung f; **~er** [~ty're] v/t. (1a) v. vermuten.

conjoint, -e [kõ'ʒwɛ̃, ~'ʒwɛ̃:t] 1. adj. verbunden; 2. f ⅄ Kettensatz m; 3. su. Ehe-gatte m, -gattin f.

conjonct|if, -ve [kõʒõk'tif, ~'ti:v] adj. verbindend; Binde...; **~ion** [~'sjõ] f Verbindung f; gr. Konjunktion f (a.

ast.), Bindewort *n*; **~ive** *anat.* [~'ti:v] *f* Bindehaut *f*; **~ivite** 🞸 [~ti'vit] *f* Bindehautentzündung *f*, Konjunktivitis *f*; **~ure** [~'ty:r] *f* Zs.-treffen *n* von Umständen; Lage *f der Dinge*; *éc.* Konjunktur *f*; **~urel, -le** *éc.* [~ty'rɛl] *adj.* konjunkturell; Konjunktur...; **~uriste** [~'rist] *su.* Konjunkturforscher(in *f*) *m*.

conjug|aison *gr.* [kɔ̃ʒygɛ'zɔ̃] *f* Konjugation *f*; **~al, -e** [~'gal] *adj.* (*m*/*pl.* *-aux*) ehelich; **~uer** [~'ge] *v*/*t.* (1m) *gr. Verb* konjugieren; *fig.* ~ ses efforts (*od. se* ~) *avec q.* gemeinsame Anstrengungen unternehmen.

conjungo F [kɔ̃ʒɛ̃'go] *m* Ehestand *m*.

conjur|ation [kɔ̃ʒyra'sjɔ̃] *f* Verschwörung *f*; **~é** [~'re] *m* Verschwörer *m*; **~er** [~] *v*/*t.* (1a) beschwören; *fig.* bannen; *se* ~ sich verschwören.

connais|able [kɔnɛ'sablə] *adj.* erkennbar; **~ance** [~'sãːs] *f* Kenntnis *f*; *physisches* Bewußtsein *n*; Bekanntschaft *f*; Bekannte(r *m*) *m u.* *f*; ~ *professionnelle* Fachkenntnis *f*; *en* ~ *de cause* mit Sachkenntnis; **~ement** 🕇 [~s'mã] *m* Seefrachtbrief *m*, Konnossement *n*; **~eur, -se** [~'sœːr, ~'søːz] 1. *adj.* Kenner...; 2. *su.* Kenner(in *f*) *m*.

connaître [kɔ'nɛːtrə] (4z) *v*/*t.* kennen; kennenlernen; *v*/*i.* 🜨 ~ *de qch. als Richter* über etw. (*acc.*) erkennen (*od.* urteilen); *s'y* ~ (*od. se* ~) *en qch.* sich auf etw. (*acc.*) verstehen.

conneau F [kɔ'no] 1. *adj.* (*inv.*) blöd(e); 2. *m* Blödling *m*, Dussel *m*.

connecter 🗲, *rad.*, ⊕, *téléph.* [kɔnɛk-'te] *v*/*t.* (1a) einschalten; verbinden; ~ *avec* anschließen an (*acc.*).

connerie P [kɔn'ri] *f* Dusseligkeit *f*.

connex|e [kɔ'nɛks] *adj.* zs.-hängend; **~ion** [~'ksjɔ̃] *f* Verknüpfung *f*, Verbindung *f*; Zs.-hang *m*; 🗲 Anschluß *m*; ~ *en parallèle* Parallelschaltung *f*; **~ité** [~ksi'te] *f* Zs.-hang *m*.

connivence [kɔni'vãːs] *f* geheimes Einverständnis *n*.

connu [kɔ'ny] *p.p. von connaître*.

conque [kɔ̃ːk] *f zo.* Muschel(schale *f*) *f* (*bsd. der Trompetenschnecke*); *anat.* ~ *de l'oreille* Ohrmuschel *f*; *myth.* Muschelhorn *n*.

conquér|ant [kɔ̃ke'rã] *m* Eroberer *m*; **~ir** [~'riːr] *v*/*t.* (21) erobern.

conquête [kɔ̃'kɛt] *f* Eroberung *f*.

conquis [kɔ̃ki] *p.p. von conquérir*.

consacrer [kɔ̃sa'kre] *v*/*t.* (1a) weihen

(*bsd. rl.*); widmen; (*durch Gebrauch*) bestätigen; *Erinnerung* wachhalten.

consanguin, -e [kɔ̃sã'gɛ̃, ~'gin] *adj.* von demselben Vater abstammend; **~ité** [~gɥini'te] *f* Blutsverwandtschaft *f*.

consci|ence [kɔ̃'sjãːs] *f* Gewissen *n*; Bewußtsein *n*; ~ *de soi* Selbstbewußtsein *n*; **~encieux, -se** [~sjã'sjø, ~'sjøːz] *adj.* gewissenhaft; **~ent, -e** [~'sjã, ~'sjãːt] *adj.* bewußt; **~entisation** *néol.* [~sjãtiza'sjɔ̃] *f* Bewußtseinsbildung *f*.

conscription *hist.* ⚔ [kɔ̃skrip'sjɔ̃] *f* Aushebung *f*.

conscrit [kɔ̃s'kri] *m* ⚔ Rekrut *m*; *fig.* F *allg., écol.* Neuling *m*.

consécration [kɔ̃sekra'sjɔ̃] *f rl.* Weihe *f*; *fig.* Bestätigung *f*.

consécutif, -ve [kɔ̃seky'tif, ~'tiːv] *adj.* aufeinanderfolgend; *gr.* Konsekutiv...

conseil [kɔ̃'sɛj] *m* Rat(schlag *m*) *m*; Ratgeber *m*; Rat *m* (*Gremium*); Ratsitzung *f*; 🕇 Vorstand *m*; ~ *d'entreprise* Betriebsrat *m*; ~ *d'employés* Angestelltenrat *m*; ~ *de surveillance* Aufsichtsrat *m*; ~ *judiciaire* Rechtsbeistand *m*; *donner un* ~ *judiciaire à q.* j-n unter Kuratel stellen; *avoir un* ~ *judiciaire* unter Kuratel stehen; ~ *fédéral* Bundesrat *m*; ~ *d'ouvriers* Arbeiterrat *m*; *président* *m du* ~ Ministerpräsident *m*; *écol.* ~ *de classe* Zensurenkonferenz *f*; *écol.* ~ *d'établissement* Konferenz *f*; ~ *des parents* Elternbeirat *m*; **~ler**[1] [~'je] *v*/*t.* (1a) raten; ~ *q.* j-n beraten; **~ler**[2]**, -ère** [~'je, ~'jɛːr] *su.* Ratgeber(in *f*) *m*; Berater(in *f*) *m*; Rat *m*, Rätin *f*; ~ *d'orientation professionnelle* Berufsberater *m*; ~ *économique* Wirtschaftsberater *m*; ~ *municipal* Stadtverordnete(r) *m*.

consensus *bsd. pol.* [kɔ̃sẽ'sys] *m* Konsens *m*, Zustimmung *f*.

consent|ement [kɔ̃sãt'mã] *m* Einwilligung *f*, Zustimmung *f*; **~ir** [~'tiːr] *v*/*i.* (2b): ~ *à qch.* e-r Sache (*dat.*) zustimmen.

conséquen|ce [kɔ̃se'kãːs] *f* Konsequenz *f*, Folge(richtigkeit *f*) *f*; *littr. de* ~ von Wichtigkeit; *en* ~ daher, infolgedessen; **~t, -e** [~'kã, ~'kãːt] 1. *adj.* konsequent; 2. *m phil.* Schlußsatz *m*; *par* ~ infolgedessen, folglich.

conserv|abilité [kɔ̃sɛrvabili'te] *f* Haltbarkeit *f*; **~ateur, -rice** [~'tœːr, ~'tris] 1. *su.* Bewahrer(in *f*) *m*; Kon-

servator(in f) m; Konservative(r m)
m u. f; **2.** adj. konservativ; **~ation**
[~va'sjɔ̃] f Erhaltung f; Haltbarkeit f;
~atisme [~va'tism] m Konservatis-
mus m; **~atoire** ♪ [~'twa:r] m Kon-
servatorium n; **~e** [~'sɛrv] f Konserve
f; **~er** [~'ve] v/t. (1a) konservieren,
einmachen, einwecken; erhalten,
aufbewahren.

considér|able [kɔ̃side'rablə] adj. be-
trächtlich; **~ation** [~ra'sjɔ̃] f Betrachtung f, Erwägung f, Überlegung f; Bewegggrund m; Rücksicht f;
Ansehen n; Hochachtung f; **~é, -e**
[~'re] adj.: tout bien ~ alles wohl
überlegt; **~er** [~] v/t. (1f) (aufmerksam) betrachten; erwägen; hochach-
ten; ~ que ... davon ausgehen (od. der
Auffassung sein), daß ...; ~ comme
ansehen als.

consign|ataire [kɔ̃siɲa'tɛ:r] m fin.
Verwahrer m; ✝ Kommissionär m;
~ation [~ɲa'sjɔ̃] f Hinterlegung f; ✝
caisse f des dépôts et ~s Depositenkasse f; maison f de ~ Kommissionsgeschäft n; stock m en ~ Verfügungs-
lager n; **~e** [~'siɲ] f ⚔ u. allg. Instruk-
tion f, (An-)Weisung f; Stubenarrest
m; ⚔ Ausgangssperre f; 🕮, ⚙ Ge-
päckannahme f; ⚙ Gepäckaufbe-
wahrung(sraum m) f; Abgeben n des
Handgepäcks; ✝ (Flaschen-)Pfand
n; ~s de sécurité Sicherheitsvor-
schriften f/pl.; **~er** [~'ɲe] v/t. (1a)
gerichtlich hinterlegen; verzeichnen;
⚔, écol. Ausgangssperre verhängen;
✝ Waren in Kommission geben; ✝
berechnen (z.B. Flaschenpfand); ~
dans un écrit schriftlich festhalten.

consist|ance [kɔsis'tɑ̃:s] f Bestand m;
Festigkeit f; Dichtigkeit f; Dauerhaftigkeit f; **~er** [~'te] v/i. (1a): ~ en,
dans bestehen in, aus (dat.); ~ à (inf.)
darin bestehen zu (inf.).

consol|ant, -e [kɔ̃sɔ'lɑ̃, ~'lɑ̃:t] adj.
tröstend; **~ateur, -rice** [~la'tœ:r, ~
'tris] **1.** adj. tröstend; **2.** su. Tröster
(-in f) m; **~ation** [~la'sjɔ̃] f Trost m;
~e [~'sɔl] f ⚛ △ Konsole f, Trag-,
Krag-stein m; Spiegeltischchen n;
Computer: Konsole f, Steuerpult n;
~er [~'le] v/t. (1a) trösten; **~ider**
[~li'de] v/t. (1a) befestigen, sichern;
✝ konsolidieren.

consomm|ateur, -rice [kɔ̃sɔma'tœ:r,
~'tris] su. Konsument(in f) m, Ver-
braucher(in f) m; ✝ Abnehmer(in f)
m; im Restaurant od. Café: Gast m;
~ation [~ma'sjɔ̃] f Verbrauch m; im
Restaurant: Zeche f, Verzehr m; bien
m de ~ Verbrauchsgut n; ⚡ ~ de
courant Stromverbrauch m; société f
de ~ Konsumverein m; **~atique** [~
ma'tik] f Verbraucher-forschung f,
-wissenschaft f; **~é, -e** [~'me] **1.** adj.
erfahren, meisterhaft; mv.p. Erz...;
2. m Kraft-, Fleisch-brühe f; **~er** [~]
v/t. (1a) verbrauchen, verzehren;
péj. vollbringen.

consomption [kɔ̃sɔ̃p'sjɔ̃] f ⚕ Auszehrung f, Schwindsucht f; ✝ ~ des
capitaux Kapitalschwund m.

consonance [kɔ̃sɔ'nɑ̃:s] f Einklang
m, Zs.-klang m, Wohlklang m; **~ant,
-e** [~'nɑ̃, ~'nɑ̃:t] adj. ♪ gleichklin-
gend; gr. mots m/pl. ~s Wörter n/pl.
mit gleichlautender Endung; **~ne**
[~'sɔn] f Konsonant m, Mitlaut m.

consort [kɔ̃'sɔ:r] m: prince ~ Prinz-
gemahl m; F péj. ~s pl. Sippschaft f;
pour lui et ses ~s für ihn und Kon-
sorten.

conspir|ateur, -rice [kɔ̃spira'tœ:r, ~
'tris] su. Verschwörer(in f) m; **~ation**
[~ra'sjɔ̃] f Verschwörung f; **~er** [~'re]
v/i. (1a) sich verschwören.

conspuer [kɔ̃'spɥe] v/t. (1a) mit
Hohngelächter empfangen; aus-
buhen.

const|amment [kɔ̃sta'mɑ̃] adv. be-
ständig; **~ance** [~'stɑ̃:s] f Standhaf-
tigkeit f, Beständigkeit f; **~ant, -e**
[~'stɑ̃, ~'stɑ̃:t] adj. standhaft; ausdauernd, beharrlich; ⚗ unveränderlich.

constat [kɔ̃'sta] m Tatbestandsaufnahme f; jésol. Feststellung f; **~a-
tions** [~ta'sjɔ̃] f/pl. Feststellungen
f/pl., Befund m; **~er** [~'te] v/t. (1a)
etw. feststellen.

constell|ation [kɔ̃stɛla'sjɔ̃] f Stern-
bild n, Konstellation f (a. fig.); **~é, -e**
[~'le] adj. sternbesät; ~ de übersät,
reichlich behangen mit (dat.); **~er**
[~] v/t. (1a) mit Sternen besetzen.

constern|ation [kɔ̃stɛrna'sjɔ̃] f Be-
stürzung f, Niedergeschlagenheit f;
~er [~'ne] v/t. (1a) in größte Bestürzung versetzen, erschüttern.

constip|ation [kɔ̃stipa'sjɔ̃] f Ver-
stopfung f, Konstipation f; **~er** [~
'pe] v/t. (1a) verstopfen.

constitu|ant, -e [kɔ̃sti'tɥɑ̃, ~'tɥɑ̃:t]
1. adj. Bestand...; pol. konstituie-
rend, verfassunggebend; assemblée
f ~e verfassunggebende Versamm-

lung *f*; **2.** ⚲e *f hist.* Constituante *f*
(1789); **~er** [~'tɥe] *v/t.* (1a) bilden;
darstellen; gründen; *zu etw.* einsetzen; ernennen, bestellen; *ein Gehalt
usw.* aussetzen, auswerfen; *~ une association* en *~* Verein gründen; *~* en
commandite als Kommanditgesellschaft gründen; *physiol.* *bien constitué* gutgebaut; *être constitué par* bestehen aus *(dat.)*; **~tif, -ve** [~ty'tif,
~'ti:v] *adj.* bildend; wesentlich; ᵗᵗ
begründend; **~tion** [~'sjɔ̃] *f physiol.,
pol.* Konstitution *f*; *allg.* Verfassung
f; *allg.* Einrichtung *f*; ᵗᵗ Bestallung
f; **~tionnel, -le** [~sjɔ'nɛl] *adj. physiol., pol.* konstitutionell; *pol.* verfas-
sungsmäßig.

constr|icteur [kɔ̃strik'tœ:r] *adj./m:
muscle ~* (*od.* ~ *m*) Schließmuskel
m; **~ictif, -ve** [~'tif, ~'ti:v] *u.* **~in-
gent, -e** [~strɛ̃'ʒ̃ɑ, ~'ʒ̃ɑ:t] *adj.* zs.-
ziehend.

construc|teur [kɔ̃stryk'tœ:r] *m* Er-
bauer *m*, Konstrukteur *m*, Baumeister *m*; *~ de machines* Maschinen-
bauer *m*; **~tion** [~k'sjɔ̃] *f* Erbauung *f*;
Bau *m* Bauwerk *n*; Konstruktion *f*
(gr., Ȧⱼ, ◬); *~ d'essai* Versuchsbau *m*;
~ en béton armé Eisenbetonbau *m*;
~ en élévation Hochbau *m*; *~ haute et
basse* Hoch- u. Tiefbau *m*; *~ en
profondeur* Tiefbau *m*; *~ métallique*
Stahlbau *m*; *~ tubulaire* Rohrkon-
struktion *f*; *~ en ossature* Skelettbau
m; *~ souterraine* Tiefbau *m*.

construire [kɔ̃strɥi:r] *v/t.* (4c) (er-)
bauen, errichten, konstruieren.

consul [kɔ̃'syl] *m* Konsul *m*; **~aire**
[~'lɛ:r] *adj.* konsularisch; **~at** [~'la] *m*
Konsulat *n*.

consult|ant, -e [kɔ̃syl'tɑ̃, ~'tɑ̃:t] *adj.*
beratend, ratgebend; **~atif, -ve** [~ta-
'tif, ~'ti:v] *adj.* beratend; **~ation** [~-
ta'sjɔ̃] *f* Beratung *f*; Sprechstunde *f*;
Gutachten *n*; *~ des nourrissons* Säuglingsfürsorge *f*, Mütterberatung *f*;
~er [~'te] (1a) *v/t.* um Rat fragen; *~
un ouvrage* en e-m Buch (*od.* Werk)
nachschlagen; *v/i.* **ẞ** a) e-n Fall
gemeinsam besprechen; b) e-n Arzt
befragen; c) Sprechstunden haben.

consumer [kɔ̃sy'me] *v/t.* (1a) Feuer:
verzehren, vernichten; aufbrau-
chen; *fig. j-n, Kräfte* ver-, auf-zeh-
ren.

consuméris|me [kɔ̃syme'rism] *m* s.
consommatique; **~te** [~'rist] *adj.* Verbraucher...

contact [kɔ̃'takt] *m* Berührung *f*,
Kontakt *m*; *entrer en ~* (*od. prendre ~*)
avec q. mit j-m in Fühlung treten;
chercher le ~ avec q. zu j-m Beziehungen suchen; *perdre le ~* den Kontakt
verlieren; *rester en ~* (*od. garder le ~*)
avec q. mit j-m in Fühlung bleiben; *~
à fiche(s)* Steckkontakt *m*; *~ par frottement* Schleifkontakt *m*; *entrée f* en *~*
Fühlungnahme *f*; **~er** [~'te] *v/t.* (1a):
~ q. mit j-m Kontakt aufnehmen, mit
j-m in Berührung kommen.

contag|e ⚕ [kɔ̃'ta:ʒ] *m* Ansteckungs-
stoff *m*; **~ieux, -se** [~ta'ʒjø, ~'ʒjø:z]
adj. ansteckend; **~ion** [~'ʒjɔ̃] *f* Ansteckung *f*, Seuche *f*.

contain|er ⊕ [kɔ̃tɛ'nɛ:r] *m* Container
m; **~ériser** [~neri'ze] *v/t.* (1a) in
Containern transportieren.

contamin|ation ⚕, *at.* [kɔ̃tamina-
'sjɔ̃] *f* Verseuchung *f*; **~er** ⚕, *at.*
[~'ne] *v/t.* (1a) verseuchen; infizieren.

conte [kɔ̃:t] *m* Märchen *n*; erdichtete
Erzählung *f*; Schwank *m*.

contempl|atif, -ve [kɔ̃tɑ̃pla'tif, ~-
'ti:v] *adj.* beschaulich; **~ation** [~-
pla'sjɔ̃] *f* Betrachtung *f*; **~er** [~'ple]
(1a) *v/t.* aufmerksam betrachten; *v/i.*
Betrachtungen anstellen.

contemporain, -e [kɔ̃tɑpɔ'rɛ̃, ~'rɛn]
1. *adj.* zeitgenössisch; **2.** *su.* Zeit-
genosse *m*, -genossin *f*.

conten|ance [kɔ̃t'nɑ̃:s] *f* Inhalt *m*,
Ladungsfähigkeit *f*; Flächeninhalt
m, Ausdehnung *f*, Größe *f*; *fig.* Haltung *f*; Fassung *f*; **~eur** ⛟, † [~-
'nœ:r] *m* Container *m*; **~eurisable**
[~nœri'zablə] *adj.* in Containern
transportierbar; **~ir** [~'ni:r] *v/t.* (2h)
enthalten, fassen; *fig.* in Schach halten; unterdrücken.

content, -e [kɔ̃'tɑ̃, ~'tɑ̃:t] **1.** *adj.* zufrieden (*de* mit *dat.*); erfreut (*de* über
acc.); **2.** *m* Genüge *f*; **~ement** [~t-
'mɑ̃] *m* Zufriedenheit *f*; Befriedi-
gung *f*; **~er** [~'te] *v/t.* (1a) befriedigen; *se ~ de* sich begnügen mit *(dat.)*;
~ieux, -se ᵗᵗ [~tɑ̃'sjø, ~'sjø:z] **1.** *adj.*
strittig; **2.** *m* Rechtsabteilung *f*;
Streitsachen *f/pl.*; **~ion** [~'sjɔ̃] *f* Anstrengung *f*.

contenu [kɔ̃t'ny] *m* Inhalt *m*.

conter [kɔ̃'te] *v/t.* (1a) *j-m etw.* vor-
erzählen; *en ~* (*od. ~ des sornettes) à q.*
j-m etw. weismachen (*od.* vor-
schwindeln).

contest|able [kɔ̃tɛs'tablə] *adj.* anfechtbar, bestreitbar; strittig; **~a-taire** *pol.* [ʌta'tɛːr] **1.** *adj.* protestierend; rebellisch; **2.** *su.* Protestierende(r *m*) *m u. f*; Regimekritiker(in *f*) *m*; **~ation** [ʌta'sjɔ̃] *f* Anfechtung *f*; *pol.* Protest *m*; **~er** [ʌ'te] *v/t.* (1a) anfechten; *bsd. a. pol.* sich auflehnen gegen.

conteur, -se [kɔ̃'tœːr, ʌ'tøːz] *su.* Erzähler(in *f*) *m*; Märchendichter(in *f*) *m*.

context|e [kɔ̃'tɛkst] *m* Kontext *m*, Zs.-hang *m*; **r** Text *m*; *pol.* Verhältnisse *n/pl.*; *dans ce ~* in diesem Zs.-hang; **~uel, -le** [ʌ'tɥɛl] *adj.* textbezogen.

contigu, -ë [*beides*: kɔ̃ti'gy] *adj.* angrenzend, benachbart; *angle m ~* Nebenwinkel *m*; **~ïté** [ʌgɥi'te] *f* An(einander)grenzen *n*.

contin|ence [kɔ̃ti'nɑ̃ːs] *f* Enthaltsamkeit *f*; **~ent, -e** [ʌ'nɑ̃, ʌ'nɑ̃ːt] **1.** *adj.* enthaltsam; **r** gleichbleibend; **2.** *m* Kontinent *m*; **~ental, -e** [ʌ'tal] *adj.* (*m/pl. -aux*) kontinental; *climat m ~* Kontinentalklima *n*.

conting|ence [kɔ̃tɛ̃'ʒɑ̃ːs] *f* Zufälligkeit *f*; **~s** *pl.* Umstände *m/pl.*, Gegebenheiten *f/pl.*, Nebensächlichkeiten *f/pl.*; **~ent, -e** [ʌ'ʒɑ̃, ʌ'ʒɑ̃ːt] **1.** *adj.* zufällig; belanglos; **r** anteilig; **2.** *m* Anteil *m*; Kontingent *n*; Quote *f*; **~entement** [ʌt'mɑ̃] *m* Kontingentierung *f*, Zwangsbewirtschaftung *f*, Rationierung *f*, Zuteilung *f*; **~enter** [ʌ'te] *v/t.* (1a) bewirtschaften, kontingentieren.

continu, -e [kɔ̃ti'ny] *adj.* stetig; fortlaufend; ununterbrochen; **r** *courant m ~* Gleichstrom *m*; **~ation** [ʌnɥa-'sjɔ̃] *f* Fortsetzung *f*; **~el, -le** [ʌ'nɥɛl] *adj.* anhaltend; **~er** [ʌ'nɥe] (1a) *v/t.* fortsetzen; *v/i.* (*mit à od.* de) fortfahren; weitermachen; fortdauern; **~ité** [ʌnɥi'te] *f* Kontinuität *f*.

continûment [kɔ̃tiny'mɑ̃] *adv.* ununterbrochen, andauernd.

contorsion [kɔ̃tɔr'sjɔ̃] *f* Verdrehung *f*; Verrenkung *f*, Verzerrung *f*; *faire des ~s* Gesichter schneiden; **~niste** [ʌsjɔ'nist] *su.* *Zirkus*: Schlangenmensch *m*.

contour [kɔ̃'tuːr] *m* Umriß *m*, Kontur *f*; **~ner** [ʌtur'ne] *v/t.* (1a) im Umriß entwerfen; herum-gehen, -fahren, -fließen um; verbiegen; *~ la loi* das Gesetz umgehen; *~ la Lune* um den Mond kreisen; *se ~* sich verbiegen;

Holz: sich werfen.

contracept|if [kɔ̃trasɛp'tif] *m* Verhütungsmittel *n*; **~ion** [ʌp'sjɔ̃] *f* Empfängnisverhütung *f*.

contract|ant, -e [kɔ̃trak'tɑ̃, ʌ'tɑ̃ːt] **1.** *adj.* vertragschließend; **2.** *m* Kontrahent *m*, Vertragspartner *m*; **~er** [ʌ'te] *v/t.* (1a) *Schulden* machen; *Bündnis* schließen; *Versicherung* abschließen; *Gewohnheit* annehmen; *Muskeln* zs.-ziehen; *~ une maladie* sich eine Krankheit zuziehen; **~ile** [ʌ'til] *adj.* zs.-ziehbar; **~ion** [ʌk'sjɔ̃] *f* Zs.-ziehung *f*; Verzerrung *f der Gesichtszüge*; *gr.* Kontraktion *f*; **~uel, -le** [ʌ'tɥɛl] **1.** *adj.* vertraglich; **2.** *m Fr.* Angestellte(r) *m* im öffentlichen Dienst (mit Zeitvertrag); **3.** **~le** *f Polizei*: Politesse *f*.

contradict|eur [kɔ̃tradik'tœːr] *m* Opponent *m*, Gegner *m*; **~ion** [ʌk'sjɔ̃] *f* Widerspruch *m*; Gegensatz *m*; *être en ~ avec qch. zu etw.* (*dat.*) im Widerspruch stehen; **~oire** [ʌ'twaːr] *adj.* (ea.) widersprechend.

contrain|dre [kɔ̃'trɛ̃dr] *v/t.* (4b) zwingen, nötigen; *fig.* ~ *ses goûts* s-e Gelüste beherrschen (*od.* bezähmen); *se ~* sich Zwang auferlegen; **~t, -e** [ʌ'trɛ̃, ʌ'trɛ̃t] **1.** *adj.* gezwungen, gekünstelt; **2.** *p.p. von* contraindre; **~te** [ʌ'trɛ̃ːt] *f* Zwang *m*, Nötigung *f*; ⊕, **r** Beanspruchung *f*; **r** *par corps* Schuldhaft *f*; *allg.* ~ *au rendement, écol., univ.* ~ *d'obtenir de bons résultats* (*od. de réussir tous les examens*) Leistungsdruck *m*.

contraire [kɔ̃'trɛːr] **1.** *adj.* entgegengesetzt, gegenteilig; nachteilig, schädlich; **2.** *m* Gegen-teil *m*, -satz *m*; *au ~* im Gegenteil; *de Paris à Vitry ou le ~* von P. nach V. oder umgekehrt.

contralto ♪ [kɔ̃tral'to] *m* Alt *m*; Altistin *f*.

contrari|ant, -e [kɔ̃tra'rjɑ̃, ʌ'rjɑ̃ːt] *adj.* streitsüchtig; ärgerlich; **~er** [ʌ'rje] *v/t.* (1a) *litt.* durchkreuzen; stören; ~ *q.* j-n ärgern, j-n verstimmen; *Farben usw.* im Kontrast zueinander setzen; **~été** [ʌrje'te] *f* Widerwärtigkeit *f*, Unannehmlichkeit *f*, Ärger *m*, Verstimmung *f*.

contrast|e [kɔ̃'trast] *m* Kontrast *m*; **~er** [ʌ'te] (1a) *v/i.* im Gegensatz stehen (*avec zu dat.*); *v/t.* in Gegensatz bringen; **~if, -ve** *ling.* [ʌ'tif, ʌ'tiːv] *adj.* kontrastiv.

contrat [kɔ̃'tra] *m* Vertrag *m*; con-

traire au ~ vertragswidrig.

contravention [kɔ̃travãˈsjɔ̃] f Übertretung f.

contre [ˈkɔ̃:trə] **1.** *prp.* gegen, wider; *s'appuyer* ~ sich lehnen an (*acc.*); *tout* ~ *la maison* dicht neben den Haus; **2.** *adv.* dagegen; *voter* ~ dagegen stimmen; *par* ~ and(e)rerseits, dagegen; **3.** **a)** *le pour et le* ~ das Für und Wider; **b)** *esc.* Gegenhieb *m*; *Bridge:* Kontra *n*.

contre-|-accusation [kɔ̃trakyzaˈsjɔ̃] f (*pl.* ~s) Gegenbeschuldigung f; ~**-allée** [~traˈle] f (*pl.* ~s) Neben-, Seiten-allee f; Seitenweg *m*; ~**-amiral** [~tramiˈral] *m* (*pl.* contre-amiraux) Konteradmiral *m*; ~**-arbre** [~ˈtrarbrə] *m* (*pl.* ~s) Gegenwelle f; ~**-assurance** [~trasyˈrã:s] f (*pl.* ~s) Rückversicherung f; ~**-attaque** [~traˈtak] f (*pl.* ~s) Gegenangriff *m*; ~**-attaquer** [~ˈke] *v/t. u. v/i.* (1m) e-n Gegenangriff führen (q. gegen j-n); ~**-balancer** [~trabalãˈse] *v/t.* (1k) das Gleichgewicht halten; *etw.* aufwiegen; ~**-bande** [~ˈbã:d] f Schleichhandel *m*, Schmuggel (-ware f) *m*, Konterbande f; ~**-bandier** [~bãˈdje] *m* Schmuggler *m*, Schleichhändler *m*; ~**-bas** [~ˈba] *adv.*: *en* ~ abwärts, von oben nach unten; *être en* ~ *de* tiefer liegen als; ~**-basse** ♪ [~ˈbɑs] f Kontrabaß *m*, Baßgeige f; ~**-boutant** 🏛 [~buˈtã] *m* (*pl.* ~s) Gegenpfeiler *m*; ~**-bouter** [~ˈte] *v/t.* (1a) mit Strebepfeilern stützen; ~**-carrer** [~kaˈre] *v/t.* (1a): ~ *q.* j-m entgegenarbeiten; ~**-cœur** [~ˈkœ:r] *adv.*: *à* ~ widerwillig, ungern; ~**-coup** [~ˈku] *m* Gegenstoß *m*; Rückwirkung f; *par* ~ indirekt; ~**-dire** [~ˈdi:r] *v/t.* (4m): ~ *q.* j-m widersprechen; *je n'y contredis pas* ich habe nichts dagegen; ~**-dit** [~ˈdi] *adv.*: *sans* ~ unbestritten.

contrée [kɔ̃ˈtre] f Gegend f.

contre-|-écrou ⊕ [kɔ̃treˈkru] *m* (*pl.* ~s) Gegenmutter f; ~**-épreuve** [~treˈprœːv] f (*pl.* ~s) Gegenprobe f; ~**-espionnage** [~trespjɔˈnaːʒ] *m* (*pl.* ~s) Gegenspionage f; ~**-expertise** [~trɛkspɛrˈtiːz] f (*pl.* ~s) Gegengutachten *n*; ~**façon** [~trɔfaˈsɔ̃] f (betrügerische) Nachahmung f; (unerlaubter) Nachdruck *m*; Fälschung f; ~**-faction** [~fakˈsjɔ̃] f Fälschung f; ~**-faire** [~ˈfɛːr] *v/t.* (4n) *j-s* Handschrift, Stimme nach-ahmen, -ma-

chen; *iron.* j-n nachäffen; ⚙ betrügerisch nach-machen, -drucken; fälschen; ~**fait, -e** [~ˈfɛ, ~ˈfɛt] *adj.* verfälscht; mißgestaltet; ~**ficher ✶** [~fiˈʃe] *v/rfl.* (1a): *se* ~ *de qch.* auf etw. pfeifen; ~**-fil** [~ˈfil] *adv.*: *à* ~ gegen den Strich; ~**fort** [~ˈfɔːr] *m* 🏛 Strebepfeiler *m*; ~s *pl. géogr.* Vorberge *m/pl.*, Ausläufer *m/pl.*; ~**-indication** 🩺 [~trɛ̃dikaˈsjɔ̃] f (*pl.* ~s) Gegenanzeige f; ~**-jeu** [~ˈʒø] *m* (*pl.* ~x) Playback *n*; ~**-jour** [~ˈʒuːr] f **1.** *m* (*pl.* ~s) Gegenlicht *n*; (*photo f prise à*) ~ Gegenlichtaufnahme f; **2.** *adv.*: *à* ~ gegen das Licht; ~**maître** [~ˈmɛːtrə] *m* Werkmeister *m*; Polier *m*; ~**-manifestation** [~manifestaˈsjɔ̃] f (*pl.* ~s) Gegendemonstration f; ~**-offensive** [~trɔfãˈsiːv] f (*pl.* ~s) Gegenoffensive f; ~**partie** [~trəparˈti] f ✝ Gegen-buch *n*, -register *n*; Gegenleistung f; Gegen-meinung f, -teil *m*; ♪ Gegenstimme f; *Spiel:* Gegenpartie f; ~**-peser** [~pəˈze] *v/t.* (1d) aufwiegen; ~**pèterie** [~pɛˈtri] f Schüttelreim *m*; ~**plaqué** [~plaˈke] *m* (*pl.* ~s) Sperrholz *n*; ~**poids** [~ˈpwa] *m* Gegengewicht *n*; ~**poil** [~ˈpwal] *adv.*: *à* ~ gegen den Strich; verkehrt; ~**point** ♪ [~ˈpwɛ̃] *m* Kontrapunkt *m*; ~**poison** [~pwaˈzɔ̃] *m* Gegengift *n*; ~**prestation** [~prɛstaˈsjɔ̃] f (*pl.* ~s) Gegenleistung f; ~**proposition** [~prɔpoziˈsjɔ̃] f (*pl.* ~s) Gegenvorschlag *m*; ~**-rail** 🚂, ⊕ [~ˈrɑːj] *m* (*pl.* ~s) Leitschiene f; ~**-révolution** [~revɔlyˈsjɔ̃] f (*pl.* ~s) Gegenrevolution f; ~**seing** [~ˈsɛ̃] *m* Gegenzeichnung f, Mitunterschrift f; ~**sens** [~ˈsãːs] *m* Sinnwidrigkeit f; Unsinn *m*; *à* ~ widersinnig; verkehrt; ~**signer** [~siˈɲe] *v/t.* (1a) gegenzeichnen; ~**temps** [~ˈtã] *m* widriger Umstand *m*, Mißgeschick *n*; ♪ rhythmische Schwerpunktverschiebung f; *à* ~ ungelegen, zur Unzeit; ~**-timbre** [~ˈtɛ̃ːbrə] *m* (*pl.* ~s) Überdruck *m* (*auf Briefmarken*); ~**-torpilleur** ⚓ [~tɔrpiˈjœːr] *m* (*pl.* ~s) Torpedobootzerstörer *m*; ~**-valeur** [~vaˈlœːr] f (*pl.* ~s) Gegenwert *m*; ~**venir** [~vəˈniːr] *v/i.* (2h): ~ *à qch.* e-r Sache (*dat.*) zuwiderhandeln; etw. übertreten; ~**vent** [~ˈvã] *m* Klappladen *m*, äußerer Fensterladen *m*; ~**ventement** 🏛 [~vãtˈmã] *m* Windverstrebung f; ~**-visite** [~viˈzit] f (*pl.* ~s) Kontroll-, Nach-untersuchung f; **~voie** 🚂 [~'vwa] f (pl. ~s) Nebengleis n, Gegengleis n.

contribu|able [kɔ̃tri'bɥabl] **1.** adj. steuerpflichtig; **2.** m Steuerzahler m; **~er** [~'bɥe] v/i. (1a): ~ à beitragen zu (dat.); **~tion** [~by'sjɔ̃] f Beitrag m; Steuer f.

contrit, -e [kɔ̃'tri, ~'trit] adj. zerknirscht; **~ion** [~'sjɔ̃] f Zerknirschung f.

contrôl|e [kɔ̃'tro:l] m Kontrolle f; Überwachung f, Prüfung f, (Gegen-)Probe f; ~ atomique Atomkontrolle f; ~ des changes Devisenbewirtschaftung f, Währungskontrolle f; **~er** [~tro'le] v/t. (1a) kontrollieren; Zähler ablesen; prüfen; beaufsichtigen; 🗙 beherrschen; **~eur, '-se** [~'lœ:r, ~'lø:z] su. Kontroll-beamte(r) m, -beamtin f.

contrordre [kɔ̃'trɔrdrə] m Gegenbefehl m.

controuvé, -e [kɔ̃tru've] adj. erlogen.

controvers|e [kɔ̃tro'vɛrs] f Kontroverse f, Streit m; Streitfrage f; **~é, -e** [~'se] adj. umstritten; **~er** [~] v/t. (1a) streiten über (acc.).

contum|ace 🏛 [kɔ̃ty'mas] f Nichterscheinen n vor Gericht; être condamné par ~ in Abwesenheit verurteilt werden; **~ax** 🏛 [~'maks] su. vor Gericht Nichterscheinende(r m) m u. f.

contus, -e 🏥 [kɔ̃'ty, ~'ty:z] adj. gequetscht; **~ion** [~'zjɔ̃] f Quetschung f; **~ionner** [~zjɔ'ne] v/t. (1a) quetschen.

convainc|ant, -e [kɔ̃vɛ̃'kɑ̃, ~'kɑ̃:t] adj. überzeugend, schlagend; **~re** [~'vɛ̃:krə] v/t. (4i) überzeugen; überführen.

convalesc|ence [kɔ̃vale'sɑ̃:s] f Genesung f, Rekonvaleszenz f; entrer en ~ anfangen zu genesen; **~ent, -e** [~'sɑ̃, ~'sɑ̃:t] **1.** adj. genesend; **2.** su. Rekonvaleszent(in f) m.

conven|able [kɔ̃v'nabl] adj. passend; schicklich; anständig; **~ance** [~'nɑ̃:s] f Angemessenheit f; Zweckmäßigkeit f; à votre ~ nach Ihrem Belieben; mst ~s pl. Schicklichkeit f, Anstand m; par ~ anstandshalber; pour ~s personnelles aus persönlichen Gründen; **~ant, -e** [~'nɑ̃, ~'nɑ̃:t] adj. angemessen; passend; schicklich; **~ir** [~'ni:r] (2h) v/i. **a)** mit avoir: ~ à q. j-m passen, j-m gefallen, j-m recht sein; **b)** bis 1900 nur mit être, heute

immer mehr mit avoir: ~ ~ de qch. über etw. (acc.) übereinkommen; etw. zugeben; v/t. (im Passiv) c'est convenu! abgemacht!; v/imp.: il convient de (inf.) es ist angebracht zu (inf.).

convention [kɔ̃vɑ̃'sjɔ̃] f Abkommen n, Übereinkommen n, Konvention f; **~alisme** [~sjɔna'lism] m Konventionalismus m, Formengebundenheit f; **~né, -e** Fr. [~'ne] adj.: médecin m ~ Kassenarzt m; **~nel, -le** [~'nɛl] adj. vertragsmäßig; konventionell; **~type** [~sjɔ̃'tip] f (pl. conventions-type) Rahmenabkommen n.

conventuel, -le [kɔ̃vɑ̃'tɥɛl] adj. klösterlich; Kloster...

converg|ence [kɔ̃vɛr'ʒɑ̃:s] f Zs.-laufen n (in e-m Punkt), Konvergenz f; Übereinstimmung f von Ansichten; **~ent, -e** [~'ʒɑ̃, ~'ʒɑ̃:t] adj. konvergierend; **~er** [~'ʒe] v/i. (1l) konvergieren; weitS. 🗙 ~ sur aus verschiedenen Richtungen vorstoßen auf (acc.).

convers, -e rl. [kɔ̃'vɛ:r, ~'vɛrs] adj.: frère m ~, sœur f ~e Laien-bruder m, -schwester f; **~ation** [~vɛrsa'sjɔ̃] f Gespräch n, Unterhaltung f, Konversation f; Rücksprache f; téléph. ~ locale (od. urbaine) Ortsgespräch n; **~er** [~'se] v/i. (1a) sich unterhalten, plaudern; **~ion** [~'sjɔ̃] f Verwandlung f; Umstellung f; fin. Umschuldung f; v. Währungen: Umrechnung f; gr. Umkehrung f; rl. Bekehrung f; 🗙 Schwenkung f.

converti|i, -e rl. [kɔ̃vɛr'ti] su. Konvertit(in f) m, Bekehrte(r m) m u. f.; **~ible** fin. [~'tibl] adj. konvertierbar; **~ir** [~'ti:r] v/t. (2a) 🐟 umformen; fin. (um)wechseln; umrechnen; rl. bekehren; **~isseur** [~'sœ:r] m rl. (oft iron.) Bekehrer m; métall. Konverter m; 🐟 Umformer m.

convexe opt. [kɔ̃'vɛks] adj. konvex.

conviction [kɔ̃vik'sjɔ̃] f Überzeugung f.

convier [kɔ̃'vje] v/t. (1a) einladen.

convive [kɔ̃'vi:v] su. Tischgast m.

convivial, -e néol. [kɔ̃vi'vjal] adj. (m/pl. -aux) gastfreundlich.

convocation [kɔ̃vɔka'sjɔ̃] f Einberufung f (a. 🗙); Vorladung f.

convoi [kɔ̃'vwa] m (Wagen-)Kolonne f; Geleit(zug m) n; (Sammel-)Transport m; 🚂 Wagenfolge f, Zug m; ~ automobile Autokolonne f; ~ funèbre Leichenzug m; ⚓ ~ remorqué Schleppzug m.

convoit|er [kɔ̃vwaˈte] v/t. (1a) begehren; gierig sein nach (dat.); **~ise** [~ˈtiːz] f Begierde f; Lüsternheit f.

convoler F iron. [kɔ̃vɔˈle] v/i. (1a) Frau: sich wieder verheiraten.

convoquer [kɔ̃vɔˈke] v/t. (1m) einberufen.

convoy|age 🏭, ⚓ [kɔ̃vwaˈjaːʒ] m Geleit n; 🏭 Geleitflug m; **~er** [~ˈje] v/t. (1h) begleiten, eskortieren; **~eur** [~ˈjœːr] m Geleitschiff n; Begleitperson f; ⊕ Förderband n, laufendes Band n.

convuls|er [kɔ̃vylˈse] v/t. (1a) (se ~ sich) krampfhaft verzerren; **~if, -ve** [~ˈsif, ~ˈsiːv] adj. krampfhaft, verkrampft; **~ion** [~ˈsjɔ̃] f Zuckung f; Krampf m.

coolie [kuˈli] m Kuli m.

coopér|ant, -e [kɔɔpeˈrɑ̃, ~ˈrɑ̃ːt] su. Entwicklungshelfer(in f) m; **~ateur, -rice** [~raˈtœːr, ~ˈtris] su. Mitarbeiter(in f) m; Genossenschaftsmitglied n; **~atif, -ve** [~ˈtif, ~ˈtiːv] adj. kooperativ; genossenschaftlich; Genossenschafts...; **~ation** [~raˈsjɔ̃] f Zs.-, Mit-arbeit f; Genossenschaftswesen n; **~ative** [~ˈtiːv] f Genossenschaft f; **~er** [~ˈre] v/i. (1f) mitarbeiten.

coopt|ation [kɔɔptaˈsjɔ̃] f Ergänzungswahl f; **~er** [~ˈte] v/t. (1a) hinzuwählen.

coordinateur, -rice a. Fr. écol. [kɔɔrdinaˈtœːr, ~ˈtris] su. Koordinator(in f) m.

coordination [kɔɔrdinaˈsjɔ̃] f Koordinierung f, Bei-, Zu-ordnung f.

coordonn|ées A [kɔɔrdɔˈne] f/pl. Koordinaten f/pl.; **~er** [~] v/t. (1a) bei-ordnen; gleichschalten; koordinieren; ~ les efforts die Bemühungen aufeinander abstimmen.

copain F [kɔˈpɛ̃] m Kamerad m; (Schul-, Studien-)Freund m; nous sommes très ~s wir verstehen uns wundervoll.

copeau [kɔˈpo] m (pl. ~x) (Hobel-) Span m.

copie [kɔˈpi] f Abschrift f, Kopie f, Abdruck m; Abbild n, Nachbildung f; ~ au net Reinschrift f; ~ légalisée beglaubigte Abschrift f.

copi|er [kɔˈpje] v/t. (1a) abschreiben (sur q. von j-m); abtippen; nachbilden; kopieren; ins reine schreiben; nachahmen; **~eux, -se** [~ˈpjø, ~ˈpjøːz] adj. reichlich.

copine F [kɔˈpin] f Kameradin f.

copion F écol. [kɔˈpjɔ̃] m Schmu-, Schummel-zettel m.

copiste [kɔˈpist] su. Abschreiber(in f) m.

copra(h) [kɔˈpra] m Kopra f.

copule gr. [kɔˈpyl] f Kopula f.

coq [kɔk] m **1.** Hahn m; ~ de bruyère Auerhahn m; ~ d'Inde Truthahn m; fig. vivre comme un ~ en pâte wie die Made im Speck leben; être le ~ du village Hahn im Korbe sein; **2.** ⚓ Schiffskoch m; **~à-l'âne** F [~kaˈlɑːn] m (inv.) Gedankensprung m.

coque [kɔk] f (Eier-)Schale f; ~ (de noix) Nußschale f; ⚓, 🏭 Rumpf m; œuf m à la ~ weichgekochtes Ei n; **~licot** 🌱 [~kliˈko] m Klatschmohn m; **~luche** [~ˈklyʃ] f Keuchhusten m; F fig. Liebling; Schwarm m; **~rico** [~kriˈko] m Kikeriki m.

coquet, -te [kɔˈkɛ, ~ˈkɛt] **1.** adj. kokett; **2.** **~te** f kokette Frau f; **~er** [~kˈte] v/i. (1c) kokettieren; **~terie** [~kɛˈtri] f Koketterie f.

coquetier [kɔkˈtje] m Eierbecher m.

coquill|age [kɔkiˈjaːʒ] m Muschel f (Tier und Schale); **~e** [~ˈkij] f Muschel(schale f) f; Schneckengehäuse n; Eier-, Mandel-, Nuß-schale f; Muschelzierat m; typ. Druckfehler m.

coquin, -e [kɔˈkɛ̃, ~ˈkin] su. Schelm m, Schlingel m; péj. Filou m; **~erie** [~kinˈri] f Schelmenstreich m.

cor [kɔːr] m ♪ (Wald-)Horn n; Hornbläser m; 🦶 Hühnerauge n; ch. un dix ~s ein Zehnender m; fig. à ~ et à cri unter allen Umständen; nachdrücklich; annoncer qch. à ~ et à cri etw. ausposaunen, an die große Glocke bringen; réclamer qch. à ~ et à cri etw. mit Nachdruck fordern; donner du ~ ins Horn stoßen.

corail [kɔˈraj] m (pl. -aux) Koralle f; **~leur** [~ˈjœːr] m Korallenfischer m.

corallin, -e [kɔraˈlɛ̃, ~ˈlin] adj. korallenrot.

corbeau [kɔrˈbo] m (pl. ~x) orn. Rabe m; △ Kragstein m; P mv.p. Pfaffe m.

corbeill|e [kɔrˈbɛj] f Korb m; Brautgeschenk n; ♣ Rondell n; pol. Korb m (Verhandlungsthema); Börse: Maklerbalustrade f; ✞ Wühlkorb m; text. Körbchen n (am Büstenhalter); **~ée** [~ˈje] f Korbvoll m.

corbillard [kɔrbiˈjaːr] m Leichenwagen m.

cord|age [kɔr'da:ʒ] m Tau(werk n) n; **~e** [kɔrd] f Strick m, Strang m, Seil n; ♪ Saite f; Bogensehne f; Faden m e-s Gewebes; **~s** pl. vocales Stimmbänder n/pl.; Sport: lutte f de ~ Tauziehen n; **~é, -e** [~'de] adj. gedreht; Muskel: stark ausgeprägt; ♀, zo. ledrig; **~eau** [~'do] m (pl. ~x) (Meß-)Schnur f; Leine f; **~ée** alp. [~'de] f Seilschaft f.

cord|eler [kɔrdə'le] v/t. (1c) (zu e-m Strick) drehen, flechten; **~elette** [~'lɛt] f Schnürchen n; **~elière** [~'ljɛ:r] f Knotenschnur f; **~er** [~'de] v/t. (1a) Hanf zu e-m Strick drehen; Holz klaftern; zs.-schnüren; Tennisschläger bespannen.

cordial, -e [kɔr'djal] (m/pl. -aux) 1. adj. herzlich; phm. herzstärkend; 2. m herzstärkender (Arznei-)Trank m; **~ité** [~li'te] f Herzlichkeit f.

cordier [kɔr'dje] m Seiler m; ♪ Saitenhalter m.

cordon [kɔr'dɔ̃] m Schnur f; Litze f; Klingelschnur f; Ordensband n; rl. Leibstrick m; Absperr-, Posten-kette f, Kordon m; ~ nerveux Nervenstrang m; **~bleu** [~'blø] m (pl. cordons-bleus) gute Köchin f.

cordonn|er [kɔrdɔ'ne] v/t. (1a) zs.-drehen; Münzen rändeln; **~erie** [~n-'ri] f Schuhmacher-, Schuster-werkstatt f; **~et** [~'nɛ] m Schnürchen n; Münzrand m; **~ier** [~'nje] m Schuhmacher m, Schuster m.

coréen, -ne [kɔre'ɛ̃, ~'ɛn] 1. adj. koreanisch; 2. ♀(ne) su. Koreaner(in f) m.

coriace [kɔ'rjas] adj. zäh (F a. von Personen); ennemi m ~ hartnäckiger (od. verbissener) Feind m.

coricide [kɔri'sid] m Hühneraugenpflaster n.

corindon min. [kɔrɛ̃'dɔ̃] m Korund m.

corinthien, -ne [kɔrɛ̃'tjɛ̃, ~'tjɛn] 1. adj. korinthisch; 2. m korinthische Säule f.

cormier ♀ [kɔr'mje] m Eberesche f.

cormoran orn. [kɔrmɔ'rɑ̃] m Kormoran m.

corn|ac [kɔr'nak] m Elefantenführer m; **~aquer** F [~'ke] v/t. (1m) e-e offizielle Persönlichkeit führen, begleiten.

corn|e [kɔrn] f Horn n (a. ♪); Hornwand f am Huf; Buch: Eselsohr n; bêtes f/pl. à ~s Hornvieh n; de ~ aus Horn, hörnern; à chaussure Schuhanzieher m; **~é-e** [~'ne] adj. Horn...; hornartig; **~eau** [~'no] s. corniaud; **~ée** [~'ne] f Auge: Hornhaut f.

corneille orn. [kɔr'nɛj] f Krähe f.

cornélien, -ne [kɔrne'ljɛ̃, ~'ljɛn] adj. (in der Art) von Corneille; auf den Konflikt zwischen Gefühl und Pflicht bezogen.

cornemuse ♪ [kɔrnə'my:z] f Dudelsack m, Sackpfeife f; **~eur** [~my-'zœ:r] m Dudelsackpfeifer m.

corner¹ [kɔr'ne] v/i. (1a) hupen; F tuten.

corner² [kɔr'nɛ:r] m Fußball: Eckball m.

corn|et [kɔr'nɛ] m ♪ kleines Horn n; (a. ~ à pistons) Kornett n; Kornettbläser m; pât. Hörnchen n; ehm. Löschhütchen n; spitze Tüte f; Würfelbecher m; ℗ Kehle f; Magen m; ♪ ~ à bouquin Zinke f; ℗ se mettre qch. dans le ~ etw. essen; **~ette** ♣ [~'nɛt] f lange Flagge mit zwei Spitzen; **~ettiste** [~'tist] m Kornettbläser m; **~iaud** [~'njo] m Hund: Promenadenmischung f; F Dummkopf m; **~iche** [~'niʃ] f ♠ Karnies n; Kranzgesims n; ~ (du toit) Dachgesims n; (route f en) ~ Küstenstraße f am felsigen Steilhang; **~ichon** [~'ʃɔ̃] m kleine Pfeffergurke f; ℗ fig. Schafskopf m.

cornière [kɔr'njɛ:r] f Winkeleisen n.

corniste ♪ [kɔr'nist] su. Hornist(in f) m.

cornouille [kɔr'nuj] f Kornelkirsche f.

cornu, -e [kɔr'ny] adj. gehörnt.

cornue ⚗ [kɔr'ny] f Retorte f.

corollaire [kɔrɔl'lɛ:r] m ⅍ Folgesatz m; allg. Folge f.

corolle ♀ [kɔ'rɔl] f Blumenkrone f.

coron [kɔ'rɔ̃] m Wohnsiedlung f für Bergarbeiter.

coron|aire anat. [kɔrɔ'nɛ:r] adj. kranzförmig; Herzkranz...; **~al, -e** [~'nal] adj. (m/pl. -aux) 1. anat. os m ~ Stirnbein n; 2. ♀ Kranz...

corporal rl. [kɔrpɔ'ral] m (pl. -aux) geweihtes Meßtuch n für die Hostie.

corporat|if, -ve [kɔrpɔra'tif, ~'ti:v] adj. körperschaftlich; ständisch; association f corporative Innung f; ehm. régime m ~ Zunftwesen n; **~ion** [~ra-'sjɔ̃] f Körperschaft f; Innung f; Korporation f; ehm. Gilde f, Zunft f; ~ professionnelle Berufsgenossenschaft f, Fachverband m.

corporel, -le [kɔrpɔ'rɛl] adj. körperlich; *développement m* ~ körperliche Entwicklung *f; exercice m* ~ Körperschulung *f; punition f* ~le Prügelstrafe *f; soins m/pl.* ~s Körperpflege *f.*

corps [kɔːr] *m* Körper *m*, Leib *m*; Leichnam *m*; F Person *f*; Rumpf *m*; Hauptteil *m*; Körperschaft *f*; Gesamtheit *f*; Berufsstand *m*; Personal *n*; ✕ Korps *n*; ~ à ~ Mann gegen Mann; *à* ~ *perdu* blindlings; ~ *enseignant* Lehrkörper *m*; ~ *pl. constitués* Verwaltungsorgane *n/pl.* und Gerichtsbehörden *f/pl.; grand* ~ oberste Behörde *f*; ~ *de doctrine* Lehrgebäude *n*; ~ *de logis* Hauptgebäude *n*; ~ *de métier ehm.* (Handwerker-)Zunft *f*, *heute* Innung *f; faire* ~ *avec qch.* mit etw. innig verbunden (*od.* verwachsen) sein; ✠ ~ *et biens adm.* Schiff *n* und Ladung *f; allg.* mit Mann und Maus (*untergehen*); *en* ~ alle; geschlossen, insgesamt.

corpul|ence [kɔrpyˈlɑ̃ːs] *f* Korpulenz *f*, Beleibtheit *f*; **~ent, -e** [~lɑ̃, ~lɑ̃ːt] *adj.* korpulent.

corpus [kɔrˈpys] *m* Korpus *n* (*Sammlung v. Texten, Gesetzen, Inschriften*); **~cule** [~ˈkyl] *m phys.* Korpuskel *n; biol.* Körperchen *n.*

corral [kɔˈral] *m* (*pl.* ~s) Pferch *m* für Großvieh.

correct, -e [kɔˈrɛkt] *adj.* fehlerfrei; *fig.* korrekt; **~if, -ve** [~ˈtif, ~ˈtiːv] 1. *adj.* Ausgleichs...; 2. *m* Korrektiv *n*; Milderung *f*, Ausgleich *m*; **~ion** [~kˈsjɔ̃] *f* Verbesserung *f*, Korrigieren *n*; Korrektur *f*; Korrektheit *f*; Prügelstrafe *f; typ.* ~ *d'épreuves* Korrekturlesen *n*; **~ionnel, -le** [~sjɔˈnɛl] *adj.* Straf...; *délit n* ~ Vergehen *n.*

corrélation [kɔrelaˈsjɔ̃] *f* Korrelation *f*, Wechselbeziehung *f.*

correspond|ance [kɔrɛspɔ̃ˈdɑ̃ːs] *f* Übereinstimmung *f*; schriftlicher Verkehr *m*, Briefwechsel *m*, Korrespondenz *f*; Umsteigefahrschein *m*, F Umsteiger *m*; 🚌 (*voiture f de*) ~ Anschluß(wagen *m*) *m; cours m par* ~ Fernunterricht *m*; **~ancier, -ère** [~dɑ̃ˈsje, ~ˈsjɛːr] *su.* Handelskorrespondent(in *f*) *m*; **~ant, -e** [~dɑ̃, ~dɑ̃ːt] 1. *adj.* entsprechend; 𝔄 *angle m* ~ Stufenwinkel *m; membre m* ~ korrespondierendes Mitglied *n*; 2. *su.* (*Zeitungs-*)Korrespondent(in *f*) *m*; Berichterstatter(in *f*) *m*; Brieffreund(in *f*) *m*; **~re** [~ˈpɔ̃ːdr] *v/i.* (4a) in Verbindung stehen; korrespon-

dieren; ~ *à qch.* e-r Sache (*dat.*) entsprechen, mit etw. (*dat.*) übereinstimmen.

corridor [kɔriˈdɔːr] *m* Gang *m*, Flur *m*, Korridor *m.*

corrig|é [kɔriˈʒe] *m* Verbesserung *f*, Berichtigung *f* (*als Überschrift in Schulheften*); ~ *supplémentaire* Nachverbesserung *f*; **~er** [~] *v/t.* (1l) verbessern, korrigieren; *bitteren Geschmack, harte Worte* mildern; *écol. impossible à* ~ unkorrigierbar (*z.B. Klassenarbeit*); **~ible** [~ˈʒiblə] *adj. Person, Charakter*: besserungsfähig.

corroborer [kɔrɔbɔˈre] *v/t.* (1a) *fig.* bestärken, bekräftigen, erhärten.

corroder [kɔrɔˈde] *v/t.* (1a) an-, zerfressen, korrodieren, wegätzen.

corroi [kɔˈrwa] *m* Lederbereitung *f.*

corrompre [kɔˈrɔ̃ːpr] *v/t.* (4a) verderben (*a. sittlich*); (ver)fälschen; bestechen; verführen; *se* ~ in Fäulnis übergehen.

corros|if, -ve [kɔrɔˈzif, ~ˈziːv] 1. *adj.* ätzend; 2. *m* Ätzmittel *n*; **~ion** [~ˈzjɔ̃] *f* Korrosion *f.*

corroyer [kɔrwaˈje] *v/t.* (1h) gerben.

corrupt|eur, -rice [kɔrypˈtœːr, ~ˈtris] 1. *adj. litt.* verderblich; 2. *su.* Verderber(in *f*) *m*; **~ible** [~ˈtiblə] *adj.* verweslich; bestechlich; **~ion** [~pˈsjɔ̃] *f* Verderb *m*; Verdorbenheit *f*; Verwesung *f*; Bestechung *f*; Korruption *f.*

corsage [kɔrˈsaːʒ] *m* Damenbluse *f*; Oberteil *n e-s Kleides*; Mieder *n.*

corsaire [kɔrˈsɛːr] *m* Kaperschiff *n*; Seeräuber *m*, Pirat *m.*

corse [kɔrs] 1. *adj.* korsisch; 2. ♀ *su.* Korse *m*, Korsin *f.*

corsé, -e [kɔrˈse] *adj. Wein*: stark, kräftig; würzig, schmackhaft; *fig. Roman, Geschichte*: pikant, saftig, gepfeffert.

corset [kɔrˈsɛ] *m* Korsett *n* (*a.* 🐝).

cortège [kɔrˈtɛːʒ] *m* Gefolge *n*; (Fest-)Zug *m*; ~ *funèbre* Trauerzug *m.*

cortisone *phm.* [kɔrtiˈzɔn] *f* Cortison *n.*

corv|éable *hist.* [kɔrveˈablə] *adj.* fronpflichtig; **~ée** [~ˈve] *f hist.* Fron *f; fig.* undankbare Arbeit *f*; ✕ Arbeitsdienst *m; les mères sont de* ~ *de devoirs* die Mütter haben sich mit den Schularbeiten abzuplagen.

corvette ✠ [kɔrˈvɛt] *f* Korvette *f.*

coryphée [kɔriˈfe] *m* Chor-, Ballett-leiter *m; fig.* Parteiführer *m*;

Größe *f*, Geistesgröße *f*.

coryza ⚕ [kɔri'za] *m* (~ sec Stock-) Schnupfen *m*.

cosmét|ique [kɔsme'tik] **1.** *adj.* kosmetisch, verschönernd; **2.** *m* Haarfestiger *m*; **~ologie** [~tɔlɔ'ʒi] *f* Kosmetik *f*.

cosmique [kɔs'mik] *adj.* kosmisch; *rayons m/pl.* ~s kosmische Strahlen *m/pl.*

cosmo... [kɔsmɔ] Welt(en)..., welt...; **~naute** 🚀 [~'noːt] *su.* Kosmonaut(in *f*) *m*; **~polite** [~pɔ'lit] **1.** *adj.* kosmopolitisch; ⚘, *biol.* über den größten Teil der Erde verbreitet; **2.** *su.* Kosmopolit(in *f*) *m*.

cosmos [kɔs'mɔs] *m* Kosmos *m*, Weltall *n*.

cosse [kɔs] *f* Schote *f*, Hülse *f*; ⊕ Schlaufe *f*, Kausche *f*; P Faulheit *f*.

cossu, -e F [kɔ'sy] *adj.* reich, wohlhabend.

cost|al, -e [kɔs'tal] *adj.* (*m/pl.-aux*) Rippen...; **~aud, -e** F [~'to, ~'toːd] *adj.* stämmig, stark.

costum|e [kɔs'tym] *m* Anzug *m*; Tracht *f*; Kostüm *n*; ~ *de bain* Badeanzug *m*; ~ *officiel* Amtstracht *f*; ~ *de cavalier* Reitanzug *m*; ~ *national* Volkstracht *f*; ~ *de plage* Strandanzug *m*; ~ *de ville* Straßenanzug *m*; (~) *tailleur* (Schneider-)Kostüm *n*; **~é, -e** [~'me] *adj.*: *bal m* ~ Kostümball *m*; **~er** [~] *v/t.* (1a) verkleiden; kostümieren; **~ier, -ère** [~'mje, ~'mjɛːr] *su.* Kostümverleiher(in *f*) *m*; Kostümschneider(in *f*) *m*; *thé.* Kostümbildner(in *f*) *m*; Gewandmeister *m*.

cote [kɔt] *f* Aktenzeichen *n*; *allg.* Zeichen *n*, Ziffer *f*, Nummer *f*, Buchstabe *m*; Maßbezeichnung *f*; Anteil *m*, Quote *f*; ✝ Kurszettel *m*; Preis-, Markt-bericht *m*; *Sport:* Stand *m*; *géogr.* ~ *d'altitude* Höhenangabe *f*; *fig.* *avoir une bonne* ~ *auprès de q.* bei j-m gut angeschrieben sein.

côte [koːt] *f* Küste *f*; Steigung *f*; *anat.*, 🦴 Rippe *f*; *cuis.* Kotelett *n*.

côté [ko'te] *m* Seite *f*; 𝄞 Schenkel *m* e-s Winkels; *de* ~ beiseite; *du* ~ *de von ... her, nach ... hin; de mon* ~ auf meine(r) Seite, meinerseits; *pièce f à* ~ Nebenzimmer *n*; *à* ~ *de, au(x)* ~(*s*) *de neben, bei; an j-s Seite (a. fig.); à* ~ *de im Vergleich zu; ils se rangent de notre* ~ (*od. à la*

nos ~*s*) sie treten an unsere Seite.

coteau [kɔ'to] *m* (*pl.* ~*x*) Hügel *m*, Abhang *m*.

côtelé, -e *text.* [kot'le] *adj.* gerippt.

côtelette [kot'lɛt, kɔtˈlɛt] *f cuis.* Kotelett *n*, Rippchen *n*; P ~*s pl.* Koteletten *pl.*

coter [kɔ'te] *v/t.* (1a) mit Ziffern (*od.* Buchstaben) bezeichnen; ✝ *Preise, Kurse* notieren.

coterie *péj.* [kɔ'tri] *f* Clique *f*.

cotice 🛡 [kɔ'tis] *f* Schrägbalken *m*.

côtier, -ère [ko'tje, ~'tjɛːr] *adj.* Küsten...; *pilote m* ~ Küstenlotse *m*.

cotillon [kɔti'jɔ̃] *m:* *courir le* ~ ein Schürzenjäger sein.

cotis|ant, -e [kɔti'zɑ̃, ~'zɑ̃ːt] *su.* Beitragszahler(in *f*) *m*; **~ation** [~za'sjɔ̃] *f* (Mitglieds-)Beitrag *m*, Anteil *m*; **~er** [~'ze] *v/i.* (1a) s-n Beitrag einzahlen (*od.* entrichten); *se* ~ Geld zs.-legen.

coton [kɔ'tɔ̃] *m* Baumwolle *f*; *v. Pflanzen, Vögeln:* Flaum *m*; ~ (*hydrophile*) Watte *f*; F *fig. élever dans du* ~ in Watte packen.

cotonn|ade [kɔtɔ'nad] *f* Baumwollstoff *m*, Kattun *m*; **~é, -e** [~'ne] *adj.* baumwollartig; *Haar:* kraus; **~er** [~] *v/rfl.* (1a): *se* ~ wollig (*od.* flaumig, flockig) werden; *Obst:* matschig werden; **~erie** [~n'ri] *f* Baumwollanbau *m*, -pflanzung *f*; **~eux, -se** [~'nø, ~'nøːz] *adj.* wollig, flaumig, flockig; pelzig; schwammig, matschig; **~ier, -ère** [~'nje, ~'njɛːr] **1.** *adj.* Baumwoll...; **2.** *m* Baumwollstrauch *m*.

coton-poudre [kɔtɔ̃'puːdrə] *m* (*pl. cotons-poudre*) Schießbaumwolle *f*.

côtoyer [kotwa'je] *v/t.* (1h) an *etw.* (*dat.*) entlang-gehen *od.* -fahren; *fig.* sehr nahe sein (*dat.*).

cotret [kɔ'trɛ] *m* Reisigbündel *n*.

cottage [kɔ'taːʒ] *m* (*a.* ~ *campagnard*) vornehmes Landhaus *n*.

cotte [kɔt] *f* blaue Leinenhose *f für Monteure; hist.* ~ *de mailles* Panzerhemd *n*.

cou [ku] *m* Hals *m*.

couac ♪ [kwak] *m* falscher Ton *m* (*e-s Sängers od. Bläsers*).

couard, -e *litt.* [kwaːr, kward] *adj.* feig(e).

couch|age [ku'ʃaːʒ] *m* Unterkunft *f*; Übernachtung *f*; *matériel m de* ~ Schlafausrüstung *f* (*für Camping usw.*); *sac m de* ~ Schlafsack *m*; **~ant** [~'ʃɑ̃] **1.** *adj./m:* *chien m* ~ Hühnerhund *m; soleil m* ~ untergehende Sonne *f* (*a. fig.*); **2.** *m* Abend *m*, Westen *m; fig. litt.* Lebensabend *m;* **~e** [kuʃ] *f* Schlafstätte *f*, Bett *n;* Lager *n;* Windel *f; a.* ⊕, *géol.,* ♀ Schicht *f*, Lage *f; ✔* Mistbeet *n;* ✔ *fausse* ~ Fehlgeburt *f, sc.* Abort *m;* ~s *pl.* Niederkunft *f,* Kindbett *n;* P *en avoir une* ~ dumm (*od.* bekloppt) sein, e-e Mattscheibe haben; **~er** [~'ʃe] **1.** (1a) *v/t.* zu Bett bringen; nieder-legen, -drücken, -bürsten *usw.;* F eintragen; ✔ buchen; ~ *en joue q. auf j-n mit e-r Waffe zielen; se* ~ schlafen gehen; *ast.* untergehen; ✗ *couchez- -vous!* hinlegen!; *zum Hund: couché!* Platz!; *v/i.* schlafen, übernachten; **2.** *m* Schlafengehen *n;* Übernachten *n, ast.* Untergang *m; au* ~ *du soleil* bei Sonnenuntergang; **~ette** [~'ʃɛt] *f* Pritsche *f,* ⊕, ♣, ✗ Liegeplatz *m;* **~eur** [~'ʃœ:r] *m:* F *ne fais pas le mauvais* ~! sei kein Spielverderber!

couci-couça F [kuˈsiku'sa] *advt. so* lala; einigermaßen.

coucou [kuˈku] *m* Kuckuck *m;* Kuckucksuhr *f.*

coud|e [kud] *m* Ell(en)bogen *m;* Biegung *f;* ⊕ Kniestück *n,* Krümmer *m;* Knie *n; huile f de* ~ Energie *f; jouer des* ~s sich durchdrängeln, die Ellenbogen gebrauchen; F *lever le* ~ viel trinken, gern einen heben *f;* **~ée** [~'de] *f ehm.* Elle *f; fig. avoir ses* ~ *les*) ~s *franches* freie Hand haben.

cou-de-pied [kud'pje] *m (pl. cous-de- -pied)* Spann *m* am Fuß.

coud|er [ku'de] *v/t.* (1a) (knieförmig) biegen; *mach.* kröpfen; **~oyer** [~dwa'je] *v/t.* (1h) mit *j-m* zs.-kommen; *fig.* berühren; **coudre** ['ku:drə] *v/t.* (4d) (zs.-, an-) nähen; *rester* (*od. garder*) *bouche cou-* sue kein Wort über die Lippen bringen.

coudrier [kudri'e] *m* Hasel(nuß)-strauch *m.*

couenn|e [kwan] **1.** *f* Schwarte *f;* P Dumm-, Schafs-kopf *m;* **2.** *adj.* P doof, blöd(e); **~eux, -se** [~'nø, ~'nø:z] *adj.* schwartig; *✔ angine f couenneuse* Rachendiphtherie *f.*

couette F [kwɛt] *f* Haarsträhne *f.*

couff|e [kuf] *f* Gemüsekorb *m;* **~in** [~'fɛ̃] *m* **1.** Gemüsekorb *m;* **2.** Baby-tragetasche *f.*

couille V [kuj] *f* Hoden *m.*

couillon P [ku'jɔ̃] **1.** *m* Blödling *m;*

2. *adj./m* blöd(e).

coul|age [ku'la:ʒ] *m* ⊕ Gießen *n,* Guß *m;* Auslaufen *n von Flüssigkeiten; fig. Verlust m (durch Diebstähle der Angestellten);* **~ant, -e** [~'lɑ̃, ~'lɑ̃:t] **1.** *adj.* fließend; *Stil:* flüssig; F entgegenkommend; ✔ ~ *en affaires* kulant; **2.** *m* ⊕ Schlinge *f,* Schieber *m,* Schiebering *m;* ♀ Erdbeerranke *f;* **~e** [kul] *f* **1.** *rl.* Nutte *f;* **2.** P *être à la* ~ genauestens Bescheid wissen, den Dreh raushaben P; **~é** [~'le] **1.** *m* Schleifer *m* (*Tanzschritt*); Bindung *f* (*♪ und der Schrift*); *bill.* Nachlaufen *n;* **2.** * *adj.* kaputt, zerbrochen, defekt; **~ée** [~] *f* Fließen *n;* Ausströmen *n* (*von Lava, Metall, Glasmasse, Wasser usw.*); Guß *m;* **~er** [~] (1a) *v/t.* fließen; auslaufen, lecken; (aus-, ab-)gleiten, (~)rutschen; *Blume:* abfallen; ♣ untergehen; *nous coulons!* wir sinken!; ~ *sur qch.* über etw. (*acc.*) leicht hinweggehen; *v/t.* durchseihen; *in Formen* gießen; gleiten lassen; ♣ ~ (*à fond*) in den Grund bohren; ♪ schleifen; F ~ *q.* j-n ruinieren; P *se la* ~ *douce* sich nicht überarbeiten, ein bequemes Leben führen.

couleur [ku'lœ:r] *f* Farbe *f* (*a. fig.*); Färbung *f;* Farbstoff *m; de* ~ farbig, bunt; *en* ~s Farb...; *sous* ~ *de* unter dem Vorwand (*od. Deckmantel*) (*gén. od. zu inf.*); ~s *pl.* nationales) Landesfarben *f/pl.,* Flagge *f.*

couleuvre [ku'lœ:vrə] *f zo.* Natter *f; fig. avaler des* ~s s-n Ärger hinunter-schlucken.

coulis [ku'li] **1.** *adj./m: vent m* ~ Zug-luft *f;* **2.** *m cuis.* durchgeseihte, klare Kraftbrühe *f* (*od.* Suppe *f*); *d'écre-visses* (*de perdrix*) Krebs-(Rebhuhn-) suppe *f;* ~ *de pommes* passierte Apfelsoße *f;* ♣ ~ *de ciment* dünnflüssiger Zement *m.*

couliss|e [ku'lis] *f* ⊕ Falz *m;* Rinne *f;* Führung(sschiene *f*) *f; thé., Börse:* Kulisse *f; fenêtre f à* ~ Schiebefenster *n; porte f à* ~ Schiebetür *f;* **~er** [~'se] (1a) *v/t.* mit e-m Falz versehen; *v/i.* auf e-r Führung(sschiene) gleiten.

couloir [ku'lwa:r] *m* Gang *m* (*a.* 🚗); Korridor *m,* Flur *m; thé., parl.* Wan-delgang *m;* ✈ ~ *aérien* Luftkorridor *m;* ♣ ⊕ [~] *f* Durchschlag *m;* Seiher *m,* Filter *m od. n.*

coup [ku] *m* Schlag *m,* Hieb *m,* Stoß *m,* Streich *m;* Stich *m;* Schuß *m;*

Knall m; Wurf m; Zug m; Stückchen n; Schluck m; donner un ~ de brosse abbürsten; ~ de chaleur Hitzschlag m, Sonnenstich m; ~ de chapeau Grüßen n (durch Ziehen des Hutes); ~ d'essai erster Versuch m; Probestück n; ~ d'État Staatsstreich m; ~ de filet gelungener Fang m (durch die Polizei); Auto: ~ de frein sec scharfes Bremsen n; ~ de grâce Gnaden-stoß m, -schuß m; ⚒ ~ de grisou Grubengasexplosion f; ~ de Jarnac unerwarteter Schlag m; ⚔ ~ de main Handstreich m; fig. donner un ~ de main (od. d'épaule) à q-m helfen; ~ de maître hervorragende Leistung f, Meisterstück n; ~ d'œil Blick m; ~ de pied Fußtritt m; ~ de poing Faustschlag m; ⚕ ~ de sang Schlaganfall m; ~ de soleil (simple) Sonnenbrand m; traduire à ~s de dictionnaire mit Hilfe des Wörterbuches mühsam übersetzen; ~ de téléphone, F ~ de fil Anruf m; ~ de tête unüberlegte Handlung f; ~ de théâtre Theater-, Knall-effekt m; allg. plötzlicher Umschwung m; après ~ hinterdrein, nachträglich; entrer à ~ de vent hereinstürmen; être aux cent ~s ganz aufgeregt sein; Sport: ~ franc Freistoß m; ~ d'envoi Anpfiff m; ~ de sifflet d'envoi Anpfiff m; F monter le ~ à q. à q-m e-n Bären aufbinden; tenir le ~ aus-, durch-halten; widerstandsfähig sein; tout d'un ~ mit einem Mal(e); au ~ par ~ der Reihe nach; nacheinander; tout à ~ plötzlich; à ~ sûr todsicher; du même ~ gleichzeitig; pour le ~ (für) diesmal; être dans le ~ mit dabeisein, mitmachen; il était mort sur le ~ er war auf der Stelle (od. sofort) tot; ling. ~ de glotte Knacklaut m; fig. rendre dix ~s pour un sich nichts gefallen lassen; F ~ fourré hinterlistiges Vorgehen n; donner un ~ de fouet à l'économie der Wirtschaft e-n Antrieb geben.

coupable [ku'pabl] **1.** adj. schuldig; strafbar; **2.** su. Schuldige(r m) m u. f.

coup|age [ku'pa:ʒ] m (Zu-)Schneiden n; ⊕ ~ à l'autogène Brennschneiden n; ~ du vin (Wein-)Verschnitt m; **~ant** [~'pɑ̃] m Schneide f.

coup-de-poing [kud'pwɛ̃] m (pl. coups-de-poing) Schlagring m.

coupe¹ [kup] f Schneiden n; Schnitt m (a. cout.); Quer-, Durch-schnitt m; Zuschneiden n; Holz: Fällen n; Karten: Abheben n; fig., a. pol. Aus-

merzung f; Friseur: ~ au rasoir Messerschnitt m; ~ des cheveux Haarschnitt m.

coupe² [kup] f (Trink-)Schale f; Pokal m.

coupé [ku'pe] m ehm. Halbkutsche f; Auto: Coupé n.

coupe-asperges ⊕ [kupas'pɛrʒ] m (inv.) Spargelstecher m; **~choux** F [~'ʃu] m (inv.) Rasiermesser n; **~cigares** [~si'ga:r] m (inv.) Zigarrenabschneider m; **~circuit** ⚡ [~sir-'kɥi] m (inv.) Sicherung f; Sicherheitsschalter m.

coupée ⚓ [ku'pe] f: échelle f de ~ Fallreep n.

coupe|-faim [kup'fɛ̃] m (inv.) Appetitzügler m; **~fil** [~'fil] m (inv.) Drahtschere f; **~file** [~'fil] m (inv.) Passierschein m; **~gorge** [~'gɔrʒ] m (inv.) Mördergrube f; **~jarret** plais. [~ʒa'rɛ] m (pl. ~s) Meuchelmörder m; fig. Strolch m; **~papier** [~pa'pje] m (inv.) Brieföffner m.

couper [ku'pe] (1a) v/t. (ab-, auf-, be-, durch-, ver-, zer-)schneiden; unterbrechen; téléph. trennen; Karte stechen; mit Wasser verdünnen; Wein verschneiden; ⚔ Zufuhr, Rückzug abschneiden; Auto: ~ l'allumage die Zündung abstellen; fig. ~ les cheveux en quatre, ~ du cheveu en vingt-cinq mille Haarspalterei treiben; v/i. schneiden; scharf sein; Kartenspiel: abheben; F ~ à qch. sich vor etw. (dat.) drücken; F ~ dans qch. auf etw. (acc.) hereinfallen; fig. ~ court à Rede usw. (kurz) abbrechen.

couperet [ku'prɛ] m Hackmesser n, Fleischerbeil n; Fallbeil n an der Guillotine.

couperose ⚕ [ku'pro:z] f Kupferausschlag m.

coup|eur, -se cout. [ku'pœ:r, ~'pø:z] su. Zuschneider(in f) m; **~euse** ⊕ [~'pø:z] f Schneidemaschine f.

coupl|age [ku'pla:ʒ] m ⊕ Kupp(e)-lung f; rad. Kopp(e)lung f; ⚡ Schaltung f; **~e¹** [~'kupla] m Paar n lebender Wesen, Pärchen n; **~e²** [~] f **1.** dial. une ~ de zwei; **2.** ch. Koppelriemen m; **~er** [~'ple] v/t. (1a) paarweise zs.-tun, koppeln; ⚡ kuppeln, anhängen; ⚡ schalten.

couplet mét. [ku'plɛ] m Strophe f.

coupoir [ku'pwa:r] m Buchbinderei: Beschneidemesser n; ⊕ Schneidbrenner m.

coupole [ku'pɔl] *f* Kuppel *f*; Dom *m*.

coupon [ku'pɔ̃] *m* Stoffrest *m*; ☂ Zinsschein *m*, Coupon *m*; *allg.* Abschnitt *m*; **~-réponse** & [~re'pɔ:s] *m* (*pl. coupons-réponse*) Antwortschein *m*.

coupure [ku'py:r] *f* Schnitt(wunde *f*) *m*; Einschnitt *m*; *cin., thé.* Kürzung *f*; Banknote *f*; Zeitungsausschnitt *m*; ~ *d'actions* Aktienanteil *m*; ~ *de courant* Strom(ausfall *m*, -sperre *f*.

cour [ku:r] *f* Hof *m*; Gerichtshof *m*; ~ *d'appel* Berufungsgericht *n*.

courag|e [ku'ra:ʒ] *m* Mut *m*; **~eux, -se** [~ra'ʒø, ~'ʒø:z] *adj.* mutig.

couramment [kura'mɑ̃] *adv.* fließend, geläufig.

courant, -e [ku'rɑ̃, ~'rɑ̃:t] **1.** *adj.* laufend; fließend; *Währung*: gültig, gangbar; geläufig, üblich; *Handschrift*: flott; *c'est* ~ das gibt es häufig; *das ist so üblich*; **2.** *m* Strom *m* (*a. fig. u. ⚡*); Strömung *f*; *zeitlich*: Lauf *m*; *⚡* ~ *alternatif* (*continu*) Wechsel-(Gleich-)strom *m*; ~ *triphasé* Drehstrom *m*; *rad. modèle à pour tous* ~ Allstromgerät *n*; ☂ *fin f* ~ *Ultimo m*; ~ *d'air* Luftzug *m*; *être au* ~ *de qch.* über etw. Bescheid wissen; **~e** P *⚡* [~'rɑ̃:t] *f* Durchfall *m*.

courbat|u, -e [kurba'ty] *adj.* wie zerschlagen; **~ure** [~'ty:r] *f* Steifheit *f* (*e-s Pferdes*); *fig.* (*oft* ~ *pl.*) allgemeine Erschöpfung *f*; Muskelkater *m*; **~uré, -e** [~ty're] *adj.*: *être* ~ sich wie zerschlagen fühlen.

courb|e [kurb] **1.** *adj.* gebogen, krumm; **2.** *f* Kurve *f*, Bogenlinie *f*; Krümmung *f*; (*Fluß-*)Bogen *m*; **~er** [~'be] *v/t.* (1a) krümmen, biegen; *se* ~ sich krümmen, sich biegen; sich bücken; **~ette** [~'bɛt] *f* man. Kurbette *f*, Bogensprung *m*; *fig.* tiefer Bückling *m*; **~ure** [~'by:r] *f* Krümmung *f*, Bogen *m*, Abrundung *f*, Wölbung *f*.

courée [ku're] *f* Hinterhof *m*.

cour|eur [ku'rœ:r] *m* Läufer *m*; Rennfahrer *m*; Rennpferd *n*; häufiger Besucher *m*, Herumtreiber *m*; ~ *de filles* Schürzenjäger *m*; ~ *de nuit* Nachtschwärmer *m*; **~euse** [~'rø:z] *f* Läuferin *f*; *fig. péj.* Flittchen *n*.

courge ⚘ [kurʒ] *f* Kürbis *m*.

courir [ku'ri:r] (2i) *v/i.* laufen, rennen; fließen; verfließen; *Gerücht*: in Umlauf sein; P (= *aller*) gehen; F *fig. vous pouvez toujours* ~! das erreichen

Sie nie!; *v/t.* ab-, durch-laufen; viel besuchen; nachlaufen; ~ *le monde* in der Welt umherziehen; ~ *le cachet* Privatstunden geben; *être fort couru* sehr gesucht sein; P *tu me cours du* ~ fällst mir auf die Nerven.

courlis *orn.* [kur'li] *m* Brachvogel *m*.

couronn|e [ku'rɔn] *f* Krone *f*; Kranz *m*; **~ement** [~n'mɑ̃] *m* Krönung *f*; **~er** [~'ne] *v/t.* (1a) krönen; bekränzen; *fig.* präm(i)ieren; *⚕* ~ *une dent* e-n Zahn überkronen.

courre [kur] *v/t.* (*nur inf.*): *chasse f à* ~ Parforcejagd *f*, Hetzjagd *f*.

courrier [ku'rje] *m* **1.** *ehm.* Eilbote *m*; **2.** & Briefsortierer *m*; *dipl.* Kurier *m*; Postsachen *f/pl.*; Post-auto *n*, -schiff *n*, -wagen *m*; ✈ Verkehrsflugzeug *n*; *faire son* ~ s-e Post erledigen; *par le même* ~ mit gleicher Post; *par retour du* ~ postwendend; ~ *des théâtres* Theaterbericht *m*; *journ.* ~ *du cœur* Spalte *f* für Herzensangelegenheiten.

courriériste *journ.* [kurje'rist] *su.* Chronist(in *f*) *m*.

courroie [ku'rwa] *f* Riemen *m*; ⊕ ~ *transporteuse* Förderband *n*; *Auto*: ~ *trapézoïdale* Keilriemen *m*.

courroucer *st.s.* [kuru'se] *v/t.* (1k) (heftig) erzürnen; in Harnisch bringen.

courroux *st.s.* [ku'ru] *m* Zorn *m*.

cours [ku:r] *m* Lauf *m* (*e-s Flusses, der Zeit*); Richtung *f*; Verlauf *m*; Dauer *f*; Umlauf *m*, Kurs *m*; Gültigkeit *f*; Gangbarkeit *f*; *univ.* Vorlesung *f*; Lehrgang *m*; Kurs(us) *m*; Kolleg *n*; *écol.* Stunde *f*; Korso *m*; ~ *d'eau* Wasserlauf *m*; ~ *du change* Wechselkurs *m*.

course [kurs] *f* Lauf *m*; Laufen *n*; Geschäftsgang *m*; Fahrt *f*; Taxifahrt *f*; Wettrennen *n*; ⊕ Hub *m*; ~ *à pied* Lauf(sport *m*) *m*; ~ *aux armements* Wettrüsten *f*; ~ *cycliste* Radrennen *n*; ~ *de chevaux* Pferderennen *n*; ~ *de côte* Bergrennen *n*; *garçon m de* ~s Botenjunge *m*; *faire des* ~s einkaufen, Besorgungen machen; F *être dans la* ~ mit dem laufenden sein.

coursier, -ère [kur'sje, ~'sjɛ:r] **1.** *su. adm.* Lauf-junge *m*, -mädchen *f*; **2.** *m litt.* Streitroß *n*.

coursive ⚓ [kur'si:v] *f* Laufgang *m*.

court¹, -e [ku:r, kurt] **1.** *adj.* kurz; P *avoir la peau trop* ~ faul sein; **2.** *adv.* kurz; plötzlich; *rester* ~ in der Rede steckenbleiben; **3.** *prpt.*: à ~ de ohne; être à ~ d'argent kein Geld haben.

court² [kuːr, *bisw.* kɔrt] *m* Tennisplatz *m*.

courtage ✝ [kur'taːʒ] *m* Maklergeschäft *n*, -gebühr *f*.

courtaud, -e F [kur'to, ~'toːd] *adj.* untersetzt, stämmig; **~er** [~'de] *v/t.* (1a) *e-m Hund* Schwanz und Ohren stutzen.

court|-bouillon *cuis.* [kurbu'jɔ̃] *m* (*pl. courts-bouillons*) stark gewürzte Fleischbrühe *f*; **~circuit** ⚡ [~sir'kɥi] *m* (*pl. courts-circuits*) Kurzschluß *m*; **~circuiter** [~'te] *v/t.* (1a) ⚡ kurzschließen; F *fig. j-n* übergehen, ausschalten.

courtepointe [kurtə'pwɛ̃ːt] *f* Steppdecke *f*.

courtier ✝ [kur'tje] *m* Makler *m*; ~ marron Winkelmakler *f*.

courtine [kur'tin] *f* **1.** *ehm.* Bettvorhang *m*; **2.** *ehm.* △ Zwischenfassade *f*; **3.** *frt.* Schildmauer *f*; **4.** Türvorhang *m*.

courtis|an [kurti'zɑ̃] *m* Höfling *m*; **~ane** [~'zan] *f* Kurtisane *f*; **~er** [~'ze] *v/t.* (1a): ~ q. j-m den Hof machen, j-n umwerben (*a. allg.*), mit j-m poussieren F.

courtois, -e [kur'twa, ~'twaːz] *adj.* höflich; höfisch, ritterlich; **~ie** [~'zi] *f* Zuvorkommenheit *f*, Höflichkeit *f*; *hist.* höfisches Wesen *n*, Rittersitte *f*.

couru, -e [ku'ry] **1.** *adj.* gesucht, besucht; F *fig. c'est ~* das ist todsicher; **2.** *p.p. von courir*.

couseuse [ku'zøːz] *f* Näherin *f*; Hefterin *f*; Heftmaschine *f*.

cousin [ku'zɛ̃] *m* **1.** Vetter *m*, Cousin *m*; ~s *germains* Geschwisterkinder *n/pl.*; **2.** *ent.* (Stech-)Mücke *f*; **~age** [~zi'naːʒ] *m* Vetternwirtschaft *f*; **~e** [~'zin] *f* Cousine *f*, Kusine *f*.

coussin [ku'sɛ̃] *m* Kissen *n*, Polster *n*; ~ *électrique* Heizkissen *n*; **~et** [~si'nɛ] *m* kleines Kissen *n*; 🚆 Schienenstuhl *m*; ⊕ Lager *n*; ~ *à billes* Kugellager *n*.

cousu [ku'zy] *p.p. von coudre*.

coût [ku] *m* Kosten *pl.*; ~ *de la vie* Lebenshaltungskosten *pl.*; **~ant** [~'tɑ̃] *adj./m*: *au* (*od. à*) *prix* ~ zum Selbstkostenpreis.

couteau [ku'to] *m* (*pl. ~x*) Messer *n*; être à ~x *tirés* ea. spinnefeind sein.

cout|elas [kut'la] *m* langes Küchenmesser *m*; *ch.* Hirschfänger *m*; einschneidiger kurzer Säbel *m*; **~elier** [~tə'lje] *m* Messer-fabrikant *m*, -händler *m*; **~ellerie** [~tɛl'ri] *f* Schneidwaren *f/pl.*; Messerfabrik *f*.

coûter [ku'te] *v/i.* (1a) **1.** kosten; ~ *cher* (*od.* F *gros od.* P *chaud*) viel (Geld) kosten; **2.** *fig.* schwerfallen.

coûteux, -se [ku'tø, ~'tøːz] *adj.* kostspielig.

coutil *text.* [ku'ti] *m* Drillich *m*.

coutre ✍ ['kuːtrə] *m* Pflugmesser *n*.

coutum|e [ku'tym] *f* Gewohnheit(s-recht *n*) *f*; Brauch *m*; *avoir ~ de* faire *qch.* etw. zu tun pflegen; **~ier, -ère** [~'mje, ~'mjɛːr] *adj.* üblich, gewohnheitsmäßig.

coutur|e [ku'tyːr] *f* Naht *f*; Schneiderei *f*, Näherei *f*; Narbe *f*, Schmiß *m*; *haute* ~ Haute Couture *f*; *maison f de* ~ Modesalon *m*; F *battre q. à plate* ~ j-n windelweich schlagen; ✂ völlig aufreiben; **~ier** [~ty'rje] *m* Modeschöpfer *m*; **~ière** [~'rjɛːr] *f* Schneiderin *f*, Modistin *f*; Näherin *f*; ~ *en linge* Weißnäherin *f*; ~ *travaillant sur mesure* Maßschneiderin *f*.

couv|age [ku'vaːʒ] *m* Brutzeit *f*; **~ain** [~'vɛ̃] *m* Brut *f der Insekten, Bienen*; Brutwabe *f*; **~aison** [~va'zɔ̃] *f* Brutzeit *f*; **~ée** [~'ve] *f* Nest *n* voller Eier *od.* Jungen; Brut *f*, die Jungen *pl.*

couvent [ku'vɑ̃] *m* Kloster *n*.

couver [ku've] (1a) *v/t.* Eier be-, ausbrüten; *fig.* aushecken; *Rache* brüten; *fig.* liebevoll betreuen; *weit.S.* umschmeicheln; ✖ *Krankheit* ausbrüten; *fig.* ~ *des yeux* zärtlich anblicken; *v/i.* brüten; *fig.* schwelen; ✖ langsam entstehen.

couvercle [ku'vɛrklə] *m* Deckel *m*.

couvert, -e [ku'vɛːr, ~'vɛrt] **1.** *p.p. von couvrir*; **2.** *adj.* bedeckt (*a. Himmel*); zugedeckt; **3.** *m* Tischzeug *n*; Gedeck *n*; (Tafel-)Besteck *n*; à ~ *de* sicher vor (*dat.*); *mettre* (*ôter*) *le* ~ den Tisch decken (abdecken); *avoir le vivre et le* ~ freie Kost u. Logis (*od.* Wohnung) haben; *sous* (*le*) ~ *de* ... unter dem Deckmantel (*gén.*); **~e** [~'vɛrt] *f* Glasur *f* (*des Porzellans*); Pferdedecke *f*; **~ure** [~'tyːr] *f* Decke *f* (*a. Bett*); △ Bedachung *f*; ✂, ✝ Deckung *f*; ~ *en poil de chameau* Kamelhaardecke *f*.

couveuse [ku'vøːz] *f* Bruthenne *f*, Glucke *f*; Brutapparat *m*.

couvi [ku'vi] *adj./m*: *œuf m* ~ angebrütetes, verdorbenes Ei *n*.

crasse

couvre|-chef *iron.* F [kuvrə'ʃɛf] *m* (*pl.* ~s) Deckel *m* F, Kopfbedeckung *f*, Hut *m*; **~feu** [~'fø] *m* (*pl.* ~x) Abendgeläut *n*; ✕ Zapfenstreich *m*, Sperrstunde *f*, Ausgehverbot *n*; **~joint** [~'ʒwɛ̃] *m* (*pl.* ~s) Fugenleiste *f*; **~lit** [~'li] *m* (*pl.* ~s) leichte Tagesbettdecke *f*; **~pied(s)** [~'pje] *m* (*pl.* ~s) Steppdecke *f*.

couvreur [ku'vrœ:r] *m* Dachdecker *m*.

couvrir [ku'vri:r] *v/t.* (2f) (be-, zu-) decken; *fig.* kleiden; *Strecke* zurücklegen; sich über *e-e Zeitspanne* erstrecken; verbergen; umhüllen; beschönigen; übertönen; *faire ~ une chienne* e-e Hündin decken lassen; ✝ (se) ~ (sich) decken; se ~ *Himmel*: sich bewölken.

crabe *zo.* [krab] *m* Krabbe *f*.

crac [krak] **1.** *int.* krach!, knacks!, plumps!; **2.** *m* Krach *m*, Krachen *n*; *fin.* Bankkrach *m*, Finanzskandal *m*; *Monsieur de ♀* (= *Craque*) *Art* Baron Münchhausen.

crach|at [kra'ʃa] *m* Speichel *m*, Auswurf *m*; F Ordensstern *m*; ~s *pl. péj.* Lametta *n*; **~é, -e** F [~'ʃe] *adj.*: *cet enfant est son père tout ~* dieses Kind ist s-m Vater wie aus dem Gesicht geschnitten; **~er** [~] *v/t.* (1a) (aus-) spucken; *Schreibfeder*: klecksen, spritzen; F Geld herausrücken, blechen; F ~ *des injures* Beleidigungen ausstoßen; **~in** [~'ʃɛ̃] *m* Sprühregen *m*; **~oir** [~'ʃwa:r] *m* Spucknapf *m*; Speibecken *n*; F *tenir le ~* andauernd reden, niemanden zu Wort kommen lassen; **~oter** [~ʃɔ'te] *v/i.* (1a) oft (aus)spucken (*aber mit wenig Auswurf*).

crack [krak] *m* Pferderennen: Favorit *m*; F *écol.* Kanone *f*, Koryphäe *f*.

cracking 🔧 [kra'kiŋ] *m* Krackverfahren *n*, Kracken *n*.

crack-pain *pât.* [krak'pɛ̃] *m* (*pl.* ~s) Knäckebrot *n*.

crado * [kra'do] *adj.* (*inv.*) dreckig.

craie [krɛ] *f* Kreide *f*.

craindre ['krɛ̃:drə] *v/t.* (4b) fürchten, sich fürchten vor (*dat.*); *je crains qu'il (ne) vienne* ich fürchte, daß er kommt; *je ne crains pas qu'il vienne* ich fürchte nicht, daß er kommt; *je crains qu'il ne vienne pas* ich fürchte, er kommt nicht; *elle craint de le dire* sie scheut sich, es zu sagen.

crainte [krɛ̃:t] *f* Furcht *f*, Scheu *f*.

craintif, -ve [krɛ̃:tif, ~'ti:v] *adj.* furchtsam, ängstlich.

cramoisi, -e [kramwa'zi] *adj.* karmesin-, dunkel-rot.

crampe 🐟 [krã:p] *f* Krampf *m*.

crampon [krã'põ] *m* Krampe *f*, Metallklammer *f*; Bergschuhnagel *m*; Steigeisen *n*; F *fig.* aufdringliche Person *f*, Klette *f*; **~ner** [~põ'ne] *v/t.* (1a) anklammern; *Hufeisen* verstollen; F *fig.* ~ *q.* sich wie e-e Klette an j-n hängen, j-m zur Last fallen.

cran [krã] *m* Einschnitt *m*, Kerbe *f*; F *fig.* Schneid *m*; ~ *d'arrêt* Sperrklinke *f*, Rasterung *f*; F Ruhe *f*; F *fig.* *avoir du ~* mutig *od.* energisch sein, Schneid (*od.* Mumm) haben; F *être à ~* auf hundert sein.

crân|e [krɑ:n] *m* Schädel *m*; *fig.* F Grips *m*; **~ement** [kran'mã] *adv.* keck; **~er** [~'ne] *v/i.* (1a) wichtig tun, angeben; **~erie** F [~n'ri] *f* Angabe *f* (*fig.*); **~eur, -se** [~'nœ:r, ~'nø:z] *su.* Angeber(in *f*) *m*.

craniologie 🐟 [kranjɔlɔ'ʒi] *f* Schädellehre *f*.

crapaud [kra'po] *m* Kröte *f*; niedriger Lehnstuhl *m*; *vét.* Fesselgeschwulst *f* *e-s Pferdes*; ♪ kleiner Stutzflügel *m*; *petit* ~ Schlingel *m*, Knirps *m*, Krabbe *f* (*Kind*); **~ière** [~'dje:r] *f* Krötenloch *n*; *fig.* Drecknest *n*; **~ine** [~'din] *f* min. Krötenstein *m*; ⊕ Ablaufsieb *n*; Drehzapfenlager *n*; Türangelpfanne *f*; *cuis. à la ~* auf dem Rost gebraten.

crapul|e [kra'pyl] *f* Schuft *m*; **~eux, -se** [~'lø, ~'lø:z] *adj.* schändlich, gemein.

craqu|age 🔧 [kra'ka:ʒ] *m* Kracken *n*; **~e** ♀ [krak] *f* Aufschneiderei *f*; **~elé, -e** [~k'le] *adj.* Emaille, Glasur: abgeplatzt, rissig; **~elin** *pât.* [~k'lɛ̃] *m* Brezel *f*; **~elure** [~k'ly:r] *f* Riß *m*, Sprung *m*; **~ement** [~k'mã] *m* Krachen *n*, Knacken *n*, Knarren *n*; ~ *de dents* Zähneknirschen *n*; **~er** [~'ke] (1m) *v/i.* krachen, knacken, knirschen; *cout.* Naht: platzen, aufgehen; *Storch*: klappern; *fig.* scheitern, in die Brüche gehen, auffliegen; *v/t.* 🔧 kracken; ~ *une allumette* ein Streichholz anzünden; **~eter** [~k'te] *v/i.* (1c) knistern; prasseln; *Storch*: klappern; **~eur, -se** F [~'kœ:r, ~'kø:z] *su.* Angeber(in *f*) *m*.

crass|e [kras] **1.** *f* Schmutz *m*; ⊕ Metallschlacke *f*; F übler (*od.* gemeiner) Streich m; **2.** adj./f kraß; grob; **~eux, -se** [~'sø, ~'sø:z] adj. schmutzig; **~ier** ⊕ [~'sje] m Halde f.

cratère [kra'tɛːr] m Krater m; ⊕ Glasofen: Ofenmund m.

cravache [kra'vaʃ] f Reitpeitsche f.

cravat|e [kra'vat] f Krawatte f; **~er** [~'te] v/t. (1a) j-m e-e Krawatte umbinden; P fig. j-n reinlegen; j-n packen, schnappen.

crawl Sport [kro:l] m: nager le ~ kraulen.

crayon [krɛ'jõ] m Blei-, Kreide-, Farb-, Zeichen-stift m; Kreidezeichnung f; ~ à bille Kugelschreiber m; ~ d'ardoise (Schiefer-)Griffel m; ~ feutre Filzstift m; ~ rouge Rotstift m; ~ à sourcils Augenbrauenstift m; manger ses ~s en privé für sich am Bleistift kauen; **~nage** [~jɔ'naːʒ] m Bleistiftzeichnung f; **~ner** [~'ne] v/t. (1a) mit dem Stift zeichnen; skizzieren.

créanc|e [kre'ãːs] f Glaube(n) m; ✝ (Schuld-)Forderung f, Guthaben n; lettres f/pl. de ~ Beglaubigungsschreiben n, Akkreditiv n; **~ier, -ère** [~ã'sje, ~'sjɛːr] su. Gläubiger(in f) m.

créat|eur, -rice [krea'tœːr, ~'tris] **1.** adj. schöpferisch; **2.** su. Schöpfer(in f) m; Erfinder(in f) m; **3.** 2 m Schöpfer m (Gott); **~ion** [~ã'sjõ] f Schöpfung f; (Er-)Schaffung f; Gründung f; thé. erste Darstellung f e-r Rolle; Uraufführung f; Mode: Kreation f; **~ure** [~a'tyːr] f Geschöpf n; Kreatur f (a. péj.); péj. Frauenzimmer n; fig. Günstling m.

crécelle [kre'sɛl] f (Kinder-)Klapper f.

crèche [krɛʃ] f Krippe f; Kinderkrippe f; P Loch n, Bude f, Zimmer n.

crédence [kre'dãːs] f Kredenz f, Anrichte f; (Altar-)Seitentischchen n.

crédib|ilité [kredibili'te] f Glaubwürdigkeit f; **~le** [~'dibl] adj. glaubwürdig.

crédit [kre'di] m ✝ Kredit m; Guthaben n; fig. Ansehen n; à ~ auf Kredit; ~ municipal Pfandleihe f, Leihhaus n; **~er** [~'te] v/t. (1a): ~ q. de qch. j-m etw. gutschreiben; **~eur, -rice** [~'tœːr, ~'tris] **1.** su. Geldgeber (-in f) m; Kreditor m; **2.** adj.: compte m ~ Guthaben n.

credo [kre'do] m Glaubensbekenntnis n.

crédul|e [kre'dyl] adj. leichtgläubig; **~ité** [~li'te] f Leichtgläubigkeit f.

créer [kre'e] v/t. (1a) (er)schaffen; fig. gründen; erfinden; Mode kreieren; thé. e-e Rolle zuerst darstellen.

crémaillère [krema'jɛːr] f Kesselhaken m; ⊕ Zahnstange f; chemin m de fer à ~ Zahnradbahn f; F pendre la ~ die neue Wohnung einweihen F, s-n Einstand geben.

crémat|ion [krema'sjõ] f Leichenverbrennung f, Einäscherung f; **~oire** [~ma'twaːr] adj.: four m ~ Feuerbestattungsofen m; **~orium** [~tɔ'rjɔm] m Krematorium n.

crème [krɛːm] f Sahne f, Rahm m; (Süß-)Speise f, Creme f, Krem f (a. m F), Sahnenspeise f; F fig. Elite f; ~ fouettée Schlagsahne f; ~ glacée Speiseeis n; F c'est une ~ d'homme er gehört zu den besten Menschen.

crém|er [kre'me] (1f) v/i. Milch: Sahne ansetzen; v/t. Stoff mattgelb färben; **~erie** [krem'ri] f Milchgeschäft n; Milchbar f; **~eux, -se** [kre'mø, ~'møːz] adj. sahnig.

crémone △ [kre'mɔn] f: gâche f de ~ Baskülekloben m; panneton m de ~ Baskületriegel m; fermeture f à ~ Basküleverschluß m.

créneau [kre'no] m (pl. ~x) ehm. Zinne f; jetzt Schießscharte f; Auto: Parklücke f; Abstand m; éc. Marktlücke f; rad., télév. Sprechzeit f; ✕ Vorposten m.

crén|eler [kren'le] v/t. (1c) mit Zinnen, Schießscharten versehen; ✍, ⊘ auszacken; Münzen rändeln; **~ure** [~'lyːr] f ✍ Kerbung f; ⊕ Verzahnung f; gezackte Arbeit f.

créole [kre'ɔl] **1.** adj. kreolisch; **2.** su. Kreole m, Kreolin f; **3.** m: le ~ das Kreolische, Kreolisch f.

crêp|age [krɛ'paːʒ] m in Kreppen m, Kräuseln n; **~e** [krɛp] **1.** m Krepp m; (Trauer-)Flor m; **2.** f Eierkuchen m; ~ de pommes de terre Kartoffelpuffer m; **~er** [~'pe] v/t. (1a) kräuseln; F se ~ le chignon sich in die Haare kriegen.

crépi △ [kre'pi] m Putz m, Bewurf m; ~ en béton Spritzbeton m; ~ de plâtre Gipsputz m.

crêpière cuis. [krɛ'pjɛːr] f Eierkuchenplatte f.

crép|ine [kre'pin] f Art Franse f; Saugkorb m e-r Pumpe; **~ir** △ [~'piːr] v/t. (2a) verputzen, berappen, bewerfen; **~issure** [~pi'sy:r] f = crépi; **~itation** [~ta'sjɔ̃] f Geknatter n, Knistern n; ♣ Knisterrasseln n der Lungen; **~iter** [~'te] v/i. (1a) knistern, prasseln; **~on** text. [~'pɔ̃] m Krepon m, Kreps m; **~u, -e** [~'py] adj. kraus; **~ure** [~'py:r] f Kräuseln n.

crépuscule [krepys'kyl] m (Abend-) Dämmerung f; fig. Neige f.

cresson [krɛ'sɔ̃] m ♀ Kresse f; ❦ Haare n/pl.; ne pas avoir de ~ sur la fontaine (od. sur la cafetière) keine Haare auf dem Kopf haben, e-e Glatze haben.

crésus [kre'zys] m Krösus m, sehr reicher Mann m; riche comme ♀ steinreich.

crétacé, -e [kreta'se] 1. adj. kreidig, Kreide...; 2. m Kreide(zeit f) f.

crête [krɛt] f zo. (Hahnen-)Kamm m; Schopf m, Haube f, Krone f; Damm m e-s Grabens; Grat m, Kamm m e-s Berges; ⚠ First(linie m/pl.) m; ~ d'une vague Wellenkamm m.

crétin, -e [kre'tɛ̃, ~'tin] 1. adj. ♣ schwachsinnig; F blöd(e); 2. su. ♣ Kretin m; F Dummkopf m; **~iser** f [~tini'ze] v/t. (1a) verdummen; **~isme** [~'nism] m ♣ Kretinismus m; F Blödheit f.

crétois, -e [kre'twa, ~'twa:z] 1. adj. kretisch; 2. ♀(e) su. Kreter(in f) m.

cretonne text. [krə'tɔn] f Kretonne f.

cretons cuis. [krə'tɔ̃] m/pl. Grieben f/pl.

creus|ement [krøz'mã] m (Aus-) Graben n; **~er** [~'ze] v/t. (1a) (Loch usw.) graben; aus-bohren, -höhlen; fig. ergründen; ⚒ (ab)teufen; ausbaggern; fig. se ~ le cerveau (od. la tête) sich den Kopf zerbrechen.

creuset [krø'ze] m ⊕ Schmelztiegel m; Gestell n des Hochofens; fig. Feuerprobe f.

creux, -se [krø, krø:z] 1. adj. hohl; tief; leer; fig. gehaltlos, leer, inhalt(s)los; Börse: unlustig, lustlos; assiette f creuse tiefer Teller m, Suppenteller m; fig. heure f creuse Stunde f des geringsten Licht- od. Energieverbrauchs; verkehrsarme od. geschäftlich ruhige Stunde f; écol. Spring-, Frei-stunde f; 2. adv.: songer ~ sich Phantastereien hingeben, spinnen F; 3. m Höhlung f, Vertiefung f; fig. Leere f; ~ de la main hohle Hand f; ~ de l'estomac Magengrube

f; ♣ ~ d'une vague Wellental n.

crevaison [krəvɛ'zɔ̃] f Platzen n, Bersten n; Auto, vél. Reifenpanne f; P Tod m, péj. Krepieren n.

crevant, -e P [krə'vã, ~'vã:t] sehr ermüdend; zum Totlachen.

crevard P [krə'va:r] m 1. Todeskandidat m; 2. Nimmersatt m.

crevass|e [krə'vas] f Spalt m, Riß m; Sprung m; Kluft f, Schlucht f; ~ [~'se] v/t. (1a) aufreißen; Risse machen; se ~ Risse bekommen, aufspringen.

crève P [krɛ:v] f Tod m; gefährliche Erkältung f; **~cœur** [krɛv'kœ:r] m (inv.) Kummer m, Enttäuschung f.

crever [krə've] (1d) v/t. zum Platzen (od. Bersten) bringen; Pferd zu Tode reiten; P j-n um die Ecke bringen, töten; ~ les yeux die Augen ausstechen; fig. in die Augen springen; ~ le cœur herzzerreißend sein; P ~ q. au travail j-n mit Arbeit fertigmachen; Auto: ~ un pneu en tirant durch e-n Schuß ein Reifen zum Platzen bringen; P la ~ e-n Riesenhunger haben; v/i. platzen, bersten, krepieren; Auto, vél. e-e Panne haben; vous avez crevé Sie haben e-e Reifenpanne (od. e-n Platten F); P se ~ au travail sich totarbeiten.

crevette zo. [krə'vɛt] f Garnele f; Krabbe f.

cri [kri] m Schrei m; Kreischen n der Feile, Säge; Kratzen n der Feder; Schreien n von Tieren, Wehklagen n; le dernier ~ der letzte Schrei, die neueste Mode, das Allerneueste; le ~ de la conscience die Stimme des Gewissens.

criailler [kria'je] v/i. (1a) immerzu schreien; quarren; keifen; plärren; Pfauen usw.: kreischen; **~ie** [~i'ri] f (oft ~s pl.) Geschrei n; Geschimpfe n; Geplärr(e) n; Kreischen n.

criard, -e [kri'a:r, ~'ard] adj. schreiend; keifend; gellend; kreischend.

crible [ˈkribl] m Sieb n; ♦, **-e** [~ˈbl(ə)] adj.: fig. être ~ de dettes bis über die Ohren in Schulden stecken; ~ de blessures (fautes) voller Wunden (Fehler); **~er** [~] v/t. (1a) sieben; fig. durchlöchern; **~ure** ♠ [~ˈbly:r] f Ausgesiebte(s) n.

cric¹ [kri(k)] m Wagenheber m; ⭑ Schnaps m.

cric² [krik] int.: ~ crac! ritsch, ratsch!

cricri ent. [kri'kri] m Grille f.

cri|ée [kri'e] f: (vente f à la) ~ Versteigerung f, Auktion f; **~er** [~] (1a) v/i. schreien; laut klagen, jammern; Tür: knarren; Feder: kratzen; Sand: knirschen; v/t. zurufen; **~vengeance** nach Rache schreien; **~eur, -se** [~'œ:r, ~'ø:z] su. Schreier(in f) m; Ausrufer(in f) m.

crime [krim] m Verbrechen n; ~ passionnel Mord m aus Eifersucht.

criminal|iser [𝑔𝑧 [kriminali'ze] v/t. (1a) zur Strafsache machen; se ~ zur Strafsache werden; **~iste** [~'list] m Strafrechtler m, Kriminalist m; **~ité** [~li'te] f Kriminalität f.

criminel, -le [krimi'nɛl] 1. adj. verbrecherisch, strafrechtlich, kriminell; 2. su. Verbrecher(in f) m.

crin [krɛ̃] m (Roß-)Haar n; ♀ Faser f; ~ végétal Pflanzenfaser f; Seegras n; fig. à tous ~s überzeugt, hundertprozentig, leidenschaftlich; comme un ~ sehr leicht reizbar.

crincrin F [krɛ̃'krɛ̃] m Kratzgeige f; Kratzen n auf e-r Geige.

crinière [kri'njɛːr] f Mähne f; Helmbusch m.

crinoline [krinɔ'lin] f Krinoline f, Reifrock m.

crique [krik] f kleine Bucht f.

criquet ent. [kri'kɛ] m Wanderheuschrecke f.

crise 𝑔𝑧 u. fig. [kri:z] f Krise f; ~ du logement Wohnungsnot f; une ~ se prépare es kriselt.

crisp|ation [krispa'sjɔ̃] f Zs.-schrumpfen n; Kräuseln n; 𝑔𝑧 Verkrampfung f; fig. Aufregung f; **~é, -e** [~'pe] adj. verkrampft; **~er** [~'pe] v/t. (1a) kraus machen; 𝑔𝑧 (krampfhaft) zs.-ziehen, verziehen; F reizen, heftig aufregen; se ~ sich verkrampfen.

crisser [kri'se] v/i. (1a) Sand, Schnee, Zähne: knirschen.

crist|al [kris'tal] m (pl. -aux) Kristall (-glas n) n; min. Kristall m; cristaux pl. Kristall-geschirr n, -waren f/pl.; F Soda f od. n; **~allin** anat. [~'lɛ̃] m Linse f des Auges; **~alliser** [~li'ze] (1a) v/t. kristallisieren lassen; v/i. u. se ~ (sich) kristallisieren; **~au** P abus. [~'to] m Soda f od. n.

critère [kri'tɛ:r] m Kriterium n.

critérium Sport, bsd. Radsport, Pferderennen [krite'rjɔm] m Kriterium n, Ausscheidungskampf m.

criticaillerie F [kritikɑj'ri] f Meckerei f, Nörgelei f.

critiqu|e [kri'tik] 1. adj. kritisch; 2. m Kritiker(in f) m; 3. f Kritik f; **~er** [~'ke] v/t. (1m) kritisieren; bekritteln; **~eur** [~'kœr] m Krittler m.

croasser [krɔa'se] v/i. (1a) krächzen.

croc [kro] m Haken m; ~s pl. Fangzähne m/pl., Krebsscheren f/pl.; moustaches f/pl. en ~ aufgezwirbelter Schnurrbart m; **~-en-jambe** [krɔka'ʒɑ̃:b] m (pl. crocs-en-jambe) Beinstellen n; donner (od. faire) un ~ à q. j-m ein Bein stellen.

croch|e ♪ [krɔʃ] f Achtelnote f; **~et** [~'ʃɛ] m Haken m (a. Boxsport); Häkchen n; Häkelnadel f; Dietrich m; ♪ Notenfähnchen n; ~s pl. typ. eckige Klammern f/pl.; faire du ~ häkeln; F vivre aux ~s de q. auf j-s Kosten leben; **~eter** [~ʃ'te] v/t. (1e) Schloß mit e-m Dietrich öffnen; **~eteur** [~ʃ'tœːr] m: ~ de serrures Einbrecher m (Dieb); **~u, -e** [~'ʃy] adj. hakenförmig; fig. avoir les mains crochues stehlen, lange Finger machen, stibitzen, klauen.

crocodile zo. [krɔkɔ'dil] m Krokodil n; **~er** P [~'le] v/t. (1a) e-m jungen Mann schöne Augen machen.

croire [krwa:r] v/t. (4v) glauben; ~ à qch. (en q.) an etw. (an j-n) glauben; ~ en Dieu an Gott glauben; faire ~ einreden; je vous crois capable de (inf.) ich halte Sie für fähig zu (inf.); il se croit le premier moutardier du pape er bildet sich reichlich viel ein; il s'en croit er ist eingebildet.

crois|ade [krwa'zad] f Kreuzzug m; **~é, -e** [~'ze] 1. adj. gekreuzt; Jacke: zweireihig; mots m/pl. ~s Kreuzworträtsel n; 2. m Kreuzfahrer m; **~ée** [~] f Fenster(kreuz n) n; Δ ~ (de transept) Vierung f e-r Kirche; à la ~ des chemins am Scheideweg; **~ement** [~z'mã] m (Schienen-, Straßen-, Rassen-)Kreuzung f; Schnittpunkt m; ~ entre races Rassenkreuzung f; **~er** [~'ze] (1a) v/t. kreuzen; Jacke vorne übereinanderschlagen; ~ q. j-m über den Weg laufen; v/i. Δ kreuzen; **~eur** Δ [~'zœ:r] m Kreuzer m; **~ière** Δ, ✈ u. allg. [~'zjɛ:r] f Kreuzfahrt f; Erkundungsfahrt f (zu Wasser od. zu Lande); Flugreise f; vitesse f de ~ Reisegeschwindigkeit f; **~illon** [~zi'jɔ̃] m Arm m (od. Querholz n) e-s Fensterkreuzes; Warnkreuz n vor Bahnübergängen; Δ

Querschiff *n* e-r *Kirche*; ✗ Querarm *m.*

croiss|ance [krwa'sã:s] *f* Wachstum *n*; **~ant** [~'sã] *m* zunehmender Mond *m*; Halbmond *m*; Hörnchen *n* (*Gebäck*).

croître ['krwa:tr] *v/i.* (4w) wachsen; *fig.* zunehmen; *Fluß*: steigen; *Pflanzen*: gedeihen.

croix [krwa] *f* Kreuz *n*; Ordenskreuz *n*; ~ gammée Hakenkreuz *n*; *faire une* ~ *sur le passé* e-n Strich unter die Vergangenheit ziehen; *être la* ~ *et la bannière* endlose Schwierigkeiten bereiten.

croquant, -e [krɔ'kã, ~'kã:t] **1.** *adj.* knusp(e)rig; **2.** *m péj.* Bauernlümmel *m.*

croque au sel [krɔko'sɛl] *advt.*: *manger qch. à la* ~ etw. ungekocht und nur mit Salz essen.

croque|-mitaine [krɔkmi'tɛn] *m* (*pl. ~s*) der schwarze Mann (*Schreckgestalt*); **~-monsieur** *cuis.* [~mə'sjø] *m* (*inv.*) Schinkentoast *m* mit Käse; **~-mort** F [~'mɔ:r] *m* (*pl. ~s*) Leichenträger *m*; **~not** P [~'no] *m* Treter *m* P, Schuh *m*; **~note** F [~'nɔt] *m* (*pl. ~s*) schlechter Musiker *m.*

croqu|er [krɔ'ke] (1m) *v/t.* knabbern; *fig.* verprassen; *peint.* skizzieren, entwerfen; ♪ *Noten* auslassen; *joli*(*e*) *à* ~ zum Anbeißen hübsch; F ~ *le marmot* lange warten müssen; *v/i.* zwischen den Zähnen knacken, knirschen; **~et** [~'kɛ] *m* Krocket *n* (*Spiel*); **~ette** *cuis.* [~'kɛt] *f* Krokette *f*; **~is** [~'ki] *m* Skizze *f.*

cross-country *Sport* [krɔskun'tri] *m* (*pl. cross-countries*) Gelände-, Waldlauf *m.*

crosse [krɔs] *f* Bischofs-, Krummstab *m*; Gewehrkolben *m*; Hockeyschläger *m.*

crotale [krɔ'tal] *m zo.* Klapperschlange *f*; *a. antiq.* Klapper *f der Priester u. afrikanischer Stämme.*

crott|e [krɔt] *f* Kot *m*; **~s** *pl. de chocolat* Schokoladenbonbons *m/pl. old. n/pl.*; **~in** [~'tɛ̃] *m*: ~ *de cheval* Pferde-apfel *m*, -mist *m.*

croul|ant, -e [kru'lã, ~'lã:t] **1.** *adj.* baufällig; *fig.* dem Untergang geweiht, zs.-brechend; **2.** * *m*: ~s *pl.* alte Leute *pl.*, Erwachsene *pl.*, alte Krüppel *pl.* P, Verkalkte *pl.* P; **~er** [~'le] *v/i.* (1a) (ein)stürzen.

croup ✗ [krup] *m* Kehlkopfdiphthe-

rie *f*, Krupp *m.*

croup|ade *man.* [kru'pad] *f* Kruppade *f*; **~e** [krup] *f* Kruppe *f*, Kreuz *n des Pferdes*; *monter en* ~ hinten aufsitzen; **~etons** [~p'tɔ̃] *advt.*: *à* ~ zs.-gekauert, hockend.

croupi, -e [kru'pi] *adj.* mod(e)rig.

croupier [kru'pje] *m* Spielbank: Croupier *m.*

croup|ière [kru'pjɛ:r] *f* Schwanzriemen *m*; **~ion** [~'pjɔ̃] *m orn.* Bürzel *m*; *plais.* Hintern *m*; **~ir** [~'pi:r] *v/i.* (2a) stillstehen, stagnieren; faulig werden, modern; *fig.* dahinvegetieren.

croustade *cuis.* [krus'tad] *f* warme Pastete *f*, Überbackene(s) *n.*

croustill|ant, -e [krusti'jã, ~'jã:t] *adj.* knusp(e)rig; *fig.* Geschichten: schlüpfrig, pikant; **~e** [~'tij] *f* (Brot-)Kruste *f*; dünne Pommes-frites-Scheibe *f*; **~er** [~'je] (1a) *v/i.* Zwieback: knacken; *v/t.* P essen, futtern P.

croûte [krut] *f* Kruste *f*, Rinde *f*; P Lebensunterhalt *m*; ✗ Schorf *m*; F *peint.* schlechtes Bild *n*, Schinken *m* F; F *fig. péj.* Klotz *m* (*v. e-m Menschen*); F *casser la* ~ e-n Imbiß nehmen; **~er** P [~'te] *v/i.* (1a) essen, futtern P, fressen P; **~eux, -se** [~'tø, ~'tø:z] *adj.* schorfig (*a. ✗*); **~on** [~'tɔ̃] *m* Brotkanten *m*; geröstetes Brotstückchen *n*; F *fig. vieux* ~ altmodischer Kauz *m*, Philister *m.*

croy|able [krwa'jablə] *adj.* glaubhaft; **~ance** [~'jã:s] *f* Glaube(n) *m*; **~ant, -e** [~'jã, ~'jã:t] **1.** *adj.* gläubig; **2.** *su.* Gläubige(r *m*) *m u. f.*

cru¹, -e [kry] *adj.* roh; ungekocht; unbearbeitet; unverfälscht; *fig.* offen; rückhaltlos.

cru² [kry] *m* Wein-berg *m*, -gegend *f*; *grand* ~ edler Wein *m*; *vin m du* ~ Landwein *m*; *fig. de mon* ~ von mir stammend, auf meinem eigenen Mist gewachsen F.

cru³ [kry] *p.p. von* croire.

crû [kry] *p.p. von* croître.

cruauté [kryo'te] *f* Grausamkeit *f.*

cruch|e [kryʃ] *f* Krug *m*; F Dummkopf *m*; **~on** [~'ʃɔ̃] *m* kleiner Krug *m*; Wärmflasche *f.*

cruci|al, -e [kry'sjal] *adj.* (*m/pl. -aux*) kreuzförmig; Kreuz...; *fig.* entscheidend, äußerst wichtig; **~fié** [~si'fje] *m* Gekreuzigte(r) *m*; **~fiement** [~fi-'mã] *m* Kreuzigung *f*; *fig. rl.* Abtötung *f*; **~fier** [~'fje] *v/t.* (1a) kreuzi-

gen; **~fix** [~'fi] m Kruzifix n; **~fixion**
[~fi'ksjɔ̃] f Kreuzigung f; **~forme**
[~'fɔrm] adj. kreuzförmig; Kreuz...;
~rostre [~'rɔstrə] adj. kreuzschnä-
belig; **~verbiste** [~vɛr'bist] su.
Freund(in f) m von Kreuzwort-
rätseln.

crudité [krydi'te] f ⚕ Unverdaulich-
keit f; Rede: Derbheit f, Kraßheit f;
~s pl. Rohkost f.

crue [kry] f Hochwasser n.

cruel, -le [kry'ɛl] adj. grausam.

crûment [kry'mã] adv. unumwunden, unverblümt, schonungslos.

crustacés [krysta'se] m/pl. Krusten-,
Krebs-tiere n/pl.

crypte [kript] f Krypta f, unterirdi-
sche Kapelle f.

crypto|graphie [kriptɔgra'fi] f Ge-
heimschrift f; **~phonie** [~fɔ'ni] f ver-
schlüsselter Sprechverkehr m.

cubage [ky'ba:ʒ] m Kubikinhalt m.

cubain, -e [ky'bɛ̃, ~'bɛn] **1.** adj. kuba-
nisch; **2.** ℒ(e) su. Kubaner(in f) m.

cub|e [kyb] **1.** m ⚒ Würfel m, Kubus
m; Kubikzahl f; dritte Potenz f; cuis.
~ (à potage) Brüh-, Suppen-würfel
m; **2.** adj. ⚒ Kubik...; **~er** ⚒ [~'be]
(1a) v/t. den Rauminhalt e-s Körpers
messen; Zahl in die dritte Potenz
erheben; v/i.: ~ un mètre e-n Kubikmeter Rauminhalt haben; **~ilot** ⊕
[~bi'lo] m Kupolofen m; **~ique** [~
'bik] adj. kubisch; **~isme** peint. [~
'bism] m Kubismus m; **~iste** [~'bist]
1. adj. kubistisch; **2.** su. Kubist(in f)
m.

cubitus anat. [kybi'tys] m Elle f.

cueill|age [kœ'ja:ʒ] m, **~aison** litt.
[~jɛ'zɔ̃] f, **~ette** [~'jɛt] f Pflücken n des
Obstes; Obsternte f; fig. cueillette
scolaire Schulbusverkehr m; **~ir** [~
'ji:r] v/t. (2c) pflücken; Obst ernten
(a. fig.); F festnehmen; **~oir** [~'jwa:r]
m Obstpflückkorb m; Obstpflücker
m (Gerät).

cuiller od. **cuillère** [kɥi'jɛ:r] f Löffel
m; P Hand f; Blinker m (Angelgerät);
~ à soupe Eßlöffel m; ~ à café Tee-
löffel m; F ~ à pot Schöpflöffel m.

cuillerée [kɥij're] f Löffelvoll m.

cuir [kɥi:r] m (Tier-)Haut f; Leder n;
F phon. falsche Bindung f; ~ de Russie
Juchten m od. n; ~ chevelu Kopfhaut f
des Menschen.

cuirass|e [kɥi'ras] f Harnisch m, Pan-
zer m (a. zo. u. ♣); **~é, -e** [~'se] **1.** adj.
⚔ Panzer...; fig. ~ contre qch. gegen

etw. gefeit; gegen etw. abgestumpft; ~ contre le remords abgebrüht, hartgesotten; **2.** m Panzer-
schiff n; Panzerkreuzer m; **~er** [~]
v/t. (1a) panzern (a. zo., ♣ u. fig.);
~ier ⚔ [~'sje] m Kürassier m.

cuire [kɥi:r] (4c) v/t. kochen, sieden;
Äpfel usw. braten; backen; reifen;
v/i. a. brennen, weh tun.

cuisant, -e [kɥi'zã, ~'zã:t] adj.
Schmerz: brennend; fig. une réalité
~e e-e bittere Tatsache f.

cuiseur [kɥi'zœ:r] m cuis. großer
Kochtopf (od. Kessel) m; ⊕ (Ziegel-)
Brenner m.

cuisin|e [kɥi'zin] f Küche f; Koch-
kunst f; F fig. Intrigen f/pl., Machenschaften f/pl.; ~ collective Gemein-
schaftsküche f; ⚔ roulante Feld-
küche f; faire la ~ kochen, das Essen
zubereiten; **~s** pl. scolaires Schul-
speisung f; **~er** [~'ne] (1a) v/t. Essen
kochen, zubereiten; fig. F ~ q. j-n
ausfragen; j-n bearbeiten; v/i. kochen (können); **~ier** [~'nje] m Koch
m; **~ière** [~'njɛ:r] f Köchin f; Koch-
herd m.

cuiss|ard [kɥi'sa:r] m ehm. Beinschie-
ne f; jetzt vét. Rennfahrerhose f; ⚕
Schenkelprothese f; **~e** [kɥis] f
(Ober-)Schenkel m; Keule f; **~eau**
[~'so] m (pl. ~x) Kalbskeule f.

cuisson [kɥi'sɔ̃] f Kochen n; Backen
n; Brennen n (a. von Wunden).

cuissot [kɥi'so] m Keule f des Wildes.

cuistre [kɥistr] m Pedant m.

cuit [kɥi] p.p. von cuire.

cuite [kɥit] f Brennen n, Brand m von
Ziegeln usw.; Sirupkochen n; F
Rausch m; ~ légère Schwips m.

cuiter P [kɥi'te] v/rfl. (1a): se ~ sich
besaufen.

cuivr|e ['kɥi:vrə] m Kupfer n; ~ jaune
Messing n; **~s** pl. Kupfergeschirr n;
♩ Blech(blas)instrumente n/pl.; **~é,
-e** [~'vre] adj. kupferartig; Stimme: klangvoll; **~er** [~] v/t. (1a) ver-
kupfern.

cul [ky] m P Hintern m; P Idiot m; fig.
Boden m; ~ de bouteille Flaschen-
boden m; **~asse** [~'las] f ⚔ Verschluß m; ⊕ Joch n; Auto: Zylinder-
kopf m; fusil m se chargeant par la ~
Hinterlader m.

culbut|e [kyl'byt] f Purzelbaum m;
faire la ~ Treppe hinunterstürzen; F
fig. Pleite machen; **~er** [~'te] (1a) v/t.
umstoßen, umreißen; ⚔ über den

Haufen rennen; ⊕(um)kippen, kanten; *v/i. Wagen*: sich überschlagen; **~eur** ⊕ [~'lœ:r] *m* Kipphebel *m*.

cul-de-|jatte [kyd'ʒat] *m* (*pl. culs-de-jatte*) Krüppel *m* ohne Beine; **~-lampe** [~'lɑ̃:p] *m* (*pl. culs-de-lampe*) Deckenzierat *m*; *typ.* Schlußvignette *f*; **~sac** [~'sak] *m* (*pl. culs-de-sac*) Sackgasse *f*; F *fig.* aussichtsloser Posten *m*.

cul|ée △ [ky'le] *f* Widerlager *n*; **~er** ⚓ [~] *v/i.* (1a) rückwärts fahren; **~ière** [~'ljɛ:r] *f* Schwanzriemen *m*.

culinaire [kyli'nɛ:r] *adj.* Küchen...; Koch...

culmin|ant, -e [kylmi'nɑ̃, ~'nɑ̃:t] *adj.* kulminierend; *point m ~* Höhepunkt *m*; **~ation** [~na'sjɔ̃] *f ast.* Kulmination *f*; *fig.* Höhepunkt *m*; **~er** [~'ne] *v/i.* (1a) *ast.* kulminieren; *fig.* den Höhepunkt erreichen.

culot [ky'lo] *m* ⊕ metallischer Bodensatz *m*; Unterteil *n od. m*; ✗ Hülsenboden *m*; ⚡ Lampensockel *m*; Gehäuse *n e-r Zündkerze*; *fig.* F Nesthäkchen *n*, Jüngste(s) *n*; ✶ schlechtester Schüler *m*; *jouer de ~* mit der nötigen Unverfrorenheit vorgehen.

culott|e [ky'lɔt] *f* kurze Hose *f*; Schlüpfer *m*; *Fleischerei*: Schwanzstück *n*; ⊕ Gabelrohr *n*; F Verlust *m beim Spiel*; P Schwips *m*, Rausch *m*; *~ de cuir* (*od. de peau*) kurze Lederhose *f*; **~é, -e** [~'te] *adj.* F *Pfeife*: angeraucht; P dreist, frech; **~er** [~] *v/t.* (1a) *e-m Kind* die Hose(n) anziehen; F *fig. ~ une pipe* e-e Pfeife anrauchen.

culpabilité [kylpabili'te] *f* Schuld *f* (*a.* ⚖).

culte [kylt] *m* Kult *m*; *weit S.* Religion *f*; *~ de la personnalité* Personenkult *m*.

cultiv|able [kylti'vablə] *adj.* anbaufähig; **~ateur, -rice** [~va'tœ:r, ~'tris] **1.** *adj.* ackerbautreibend; **2.** *su.* Landwir(in *f*) *m*; **3.** *m* Kultivator *m* (*Gerät*); **~é, -e** [~'ve] *adj. fig.* gebildet; *plante f ~e* Kulturpflanze *f*; **~er** [~] *v/t.* (1a) 🖝 *Feld* bebauen, bestellen; *Getreide usw.* anbauen; (an-)pflanzen, ziehen; *fig.* betreiben, pflegen, kultivieren, üben; *péj. ~ q.* sich j-n warmhalten.

culture [kyl'ty:r] *f* 🖝 Anbau *m*; (Boden-)Bestellung *f*; Kultur *f* (*a. fig.*); Zucht *f v. Blumen, Bienen usw.*; *fig.* Bildung *f*; *~ physique* Leibes-

übungen *f/pl.*; *Bakterienzucht*: (*milieu m de*) ~ Nährboden *m*.

culturel, -le [kylty'rɛl] *adj.* kulturell; Kultur...

cumin ♣ [ky'mɛ̃] *m* Kümmel *m*.

cumul [ky'myl] *m*: *~ de fonctions* Ämterhäufung *f*; *~ (de traitements)* Doppelverdienertum *n*; **~ard** F [~'la:r] *m* Doppelverdiener *m*; **~er** [~] *v/t.* (1a) anhäufen; *mehrere Ämter* gleichzeitig bekleiden (*od. innehaben*).

cunette [ky'nɛt] *f* Abzugsgraben *m*.

cuniculiculture [kynikylikyl'ty:r] *f* Kaninchenzucht *f*.

cupid|e [ky'pid] *adj.* habgierig; **~ité** [~di'te] *f* Habsucht *f*.

cuprifère [kypri'fɛ:r] *adj.* kupferhaltig.

cur|able [ky'rablə] *adj.* heilbar; **~age** [~'ra:ʒ] *m* (*Becken-, Brunnen-, Kanal-*)Reinigung *f*; Spülen *n*; Ausbaggern *n*; **~atelle** [~ra'tɛl] *f* Vormundschaft *f*, Pflegschaft *f*; **~ateur** [~'tœ:r] *m* Vormund *m*, Pfleger *m*; **~atif, -ve** [~'tif, ~'ti:v] *adj.* heilend; Heil...; **~e¹** ♣ [ky:r] *f* Kur *f*; *~ d'eau minérale* Trinkkur *f*; *~ de désintoxication* Entziehungskur *f*; *~ de rajeunissement* Verjüngungskur *f*; *~ de repos* Liegekur *f*; *~ de santé* Gesundheitspflege *f*; **~e²** [~] *f* Pfarre *f*; Pfarr-stelle *f*, -haus *n*.

curé [ky're] *m* (katholischer) Pfarrer *m*.

cure-dent [kyr'dɑ̃] *m* (*pl. ~s*) Zahnstocher *m*.

curée [ky're] *f ch.* Jägerrecht *n* der Hunde (*Anteil am erlegten Wild*); *fig. ~ des places* Postenjägerei *f*.

cure-|ongles [ky'rɔ̃:glə] *m* (*inv.*) Nagelreiniger *m*; **~oreille** [~ɔ'rɛj] *m* (*pl. ~s*) Ohrenreiniger *m*; **~pipe** [~'pip] *m* (*pl. ~s*) Pfeifenreiniger *m*.

cur|er [ky're] *v/t.* (1a) *Becken, Brunnen usw.* reinigen; ausbaggern; **~eur** [~'rœ:r] *m* Brunnen-, Abfluß-reiniger *m*.

curial, -e [ky'rjal] *adj.* (*m/pl. -aux*) Pfarr...

curie [ky'ri] *f* Kurie *f* (*antiq. u. cath.*).

curi|eux, -se [ky'rjø, ~'rjø:z] **1.** *adj.* neugierig; wissenswert; merkwürdig, komisch, seltsam; **2.** *su.* Neugierige(r *m*) *m u. f*, Schaulustige(r *m*) *m u. f*; **~osité** [~rjozi'te] *f* Neugier(de) *f*; Sehenswürdigkeit *f*; Seltenheit *f*.

curiste [ky'rist] *su.* Kurgast *m*.

curriculum vitae [kyriky'lɔm vi'tɛ] *m* (geschriebener) Lebenslauf *m*.

curs|eur ⊕ [kyr'sœ:r] *m* Schiebe-, Stell-ring *m*; Schieber *m*; Laufgewicht *n*; **~if, -ve** [~'sif, ~'si:v] *adj.* Kursiv...

cuscute ♀ [kys'kyt] *f* Flachsseide *f* (*Unkraut*).

cuspide ♀ [kys'pid] *f* Stachelspitze *f*.

custode [kys'tɔd] *f* **1.** Altarvorhang *m*; Hostienschachtel *f*; **2.** *Auto:* glace *f* de ~ hinteres Seitenfenster *n*.

cutané, -e [kyta'ne] *adj.* Haut...

cuti-réaction 💉 [kytireak'sjɔ̃] *f* (*pl.* ~s) Tuberkulinprobe *f*; *bei Allergien:* Hauttest *m*.

cuv|age [ky'va:ʒ] *m*, **~aison** [~vɛ'zɔ̃] *f* Gärenlassen *n des Weines*; **~e** [ky:v] *f* Kufe *f*, Bottich *m*; **~eau** [ky'vo] *m* (*pl.* ~x) kleine Kufe *f*; Bütte *f*; **~eler** ✂ [~v'le] *v/t.* (1c) *Schacht* auskleiden, küvelieren; **~er** [~'ve] (1a) *v/i.* in der Kufe gären; *v/t.* F ~ sa rage s-e Wut verrauchen lassen; ~ son vin s-n Rausch ausschlafen; **~ette** [~'vɛt] *f* Spülbecken *n*; Waschbecken *n*; phot. Schale *f*; (Blumen-)Untersatz *m*; ⊕ Napf *m*, Gehäuse *n*; Kapsel *f des Barometers*; Staubdeckel *m der Taschenuhr*; géol. Talkessel *m*.

cyanure ⚗ [sja'ny:r] *m*: ~ de potassium Zyankali *n*.

cybernét|icien, -ne [sibɛrneti'sjɛ̃, ~'sjɛn] *su.* Kybernetiker(in *f*) *m*; **~ique** [~'tik] *f* Kybernetik *f*; **~iser** [~ti'ze] *v/t.* (1a) elektronisch steuern.

cyclable [si'klablə] *adj.* Radfahr...; piste *f* ~ Radfahrweg *m*.

cyclamen ♀ [sikla'mɛn] *m* Alpenveilchen *n*.

cyclard F [si'kla:r] *m* Radrennfahrer *m*.

cycle ['siklə] *m* ast. Zyklus *m*, Zeitkreis *m*; Sagenkreis *m*; écol. Ausbildungsabschnitt *m* an französischen höheren Schulen; le premier ~ die Mittelstufe (6. *bis* 3. *Klasse*); le deuxième (*od.* second) ~ die Oberstufe (2. *Klasse*, 1. *Klasse und die*

classe terminale = Abschlußklasse); **~s** *pl. allg. Ausdruck für:* Fahrräder *n/pl.*, Motorräder *n/pl.*, (Motor-)Roller *m/pl.*, Mopeds *n/pl.*; industrie *f* du ~ Fahrradindustrie *f*.

cycl|isme [si'klism] *m* Radsport *m*, Radfahren *n*; **~iste** [~'klist] **1.** *su.* Radfahrer(in *f*) *m*, Radler(in *f*) *m*; **2.** *adj.* Rad...; radfahrend.

cyclo|... 💡 [siklɔ] *in Zssgn:* rund...; Kreis...; **~cross** [~'krɔs] *m* (*inv.*) Radquerfeldeinfahrt *f*; **~ïde** ⚇ [~'id] *f* Zykloide *f*, Radlinie *f*; **~moteur** [~mɔ'tœ:r] *m* Moped *n*; **~motoriste** [~tɔ'rist] *m* Mopedfahrer *m*; **~ne** [~'klɔ:n] *m* Wirbelsturm *m*; **~nette** [~klɔ'nɛt] *f* Zyklonette *f* (*Dreiradwagen mit Frontantrieb*); **~tourisme** [~tu'rism] *m* Radwandersport *m*; **~touriste** [~'rist] *su.* Fahrrad-ausflügler(in *f*) *m*, -tourist(in *f*) *m*; **~tron** [~'trɔ̃] *m* phys. Elektronenschleuder *f*, Zyklotron *n*.

cygne orn. [sin] *m* Schwan *m*.

cylindr|age ⊕ [silɛ̃'dra:ʒ] *m* Walzen *n*; **~e** ⊕ [~'lɛ̃:drə] *m* Zylinder *m*; Walze *f*; Rolle *f*; **~ée** [~lɛ̃'dre] *f Auto:* Zylinderinhalt *m*, Hubraum *m*; **~er** [~] *v/t.* (1a) walzen; rollen; text. kalandern; zylindrische Form geben; métall. strecken.

cymbal|e ♪ [sɛ̃'bal] *f* Zimbel *f*, Becken *n*; **~ier** [~'lje] *m* Beckenschläger *m*.

cyn|ique [si'nik] *adj.* zynisch; **~isme** [~'nism] *m* Zynismus *m*.

cynocéphale zo. [sinɔse'fal] *m* Pavian *m*.

cynologique [sinɔlɔ'ʒik] *adj.* Hunde...

cypr|ès [si'prɛ] *m* Zypresse *f*; **~ière** [~pri'ɛ:r] *f* Zypressenhain *m*.

cyprin icht. [si'prɛ̃] *m* (Gold-) Karpfen *m*.

cyrard F [si'ra:r] *m* Offiziersschüler *m* von Saint-Cyr.

cystite 💉 [sis'tit] *f* Harnblasenentzündung *f*.

D

D (*ou* **d**) [de] *m* D (*od.* d) *n*.

d' [d] *prp. vor vo. u.* h *muet* = de von; zu (*vor inf.*).

dab|e ★ [dab] **1.** *m* Alte(r) *m* P, Vater *m*, Chef *m*; **2.** *f* = **~esse** [~'bɛs] *f* Alte *f* P, alte Dame *f* (= *Mutter*).

dac! F [dak] *int.* (= *d'accord*) einverstanden!

Daces *hist.* [das] *m/pl.* Daker *m/pl.*

dactylo [dakti'lo] *f* **1.** Schreibkraft *f*, Maschine(n)schreiberin *f*; **2.** F = **~graphie**; **~graphe** [~b'graf] *su.* Maschine(n)schreiber(in *f*) *m*; **~graphie** [~'fi] *f* Maschine(n)schreiben *n*; **~graphier** [~'fje] *v/t.* (1a) mit der Maschine schreiben.

dada [da'da] *m enf.* Pferdchen *n*; F Steckenpferd *n*.

dadais [da'dɛ] *m* Dussel *m*.

dague *ch.* [dag] *f* Hirsch: Spieß *m*; *Wildschwein:* Hauer *m*; **~et** *ch.* [~'gɛ] *m* Spießbok *m*.

dahlia ♀ [da'lja] *m* Dahlie *f*.

daigner [dɛ'ne] *v/t.* (1b): ~ (*inf.*) die Güte haben zu (*inf.*), geruhen zu (*inf.*).

d'ailleurs [da'jœːr] *adv.* s. ailleurs.

daim [dɛ̃] *m* Damhirsch *m*; (*peau f de*) ~ Wildleder *n*.

daine [dɛn] *f* Damhirschkuh *f*.

dais [dɛ] *m* Thron-, Altar-himmel *m*; Baldachin *m*.

dall|e [dal] *f* △ Fliese *f*, Steinplatte *f*; Fußboden-, Decken-platte *f*; *allg.* Bauflächе *f*; P Schlund *m*, Kehle *f*; ★ *je n'y pige que* ~ ich kapiere nichts; **~er** [~'le] *v/t.* (1a) mit Fliesen belegen.

dalton|ien, -ne ✳ [daltɔ'njɛ̃, ~'njɛn] **1.** *adj.* farbenblind; **2.** *su.* Farbenblinde(r *m*) *m u. f*; **~isme** ✳ [~'nism] *m* Farbenblindheit *f*.

damas [da'ma] *m* (Seiden-)Damast *m*; **~quiner** [~maski'ne] *v/t.* (1a) damaszieren; **~ser** [~ma'se] *v/t.* (1a) damastartig weben.

dam|e [dam] **1.** *f* Dame *f* (*a. im Karten- u. Damespiel*); (Ehe-)Frau *f*; *Schach:* Dame *f*, Königin *f*; ~ *à béton* Betonstampfer *m*; ~ *à secousses* Rüttelstampfer *m*; **2.** *int.* ~! allerdings!;

~ *oui!* ja doch!; ~ *non!* aber nein!; **~e-jeanne** [~m'ʒan] *f* (*pl. dames-jeannes*) große (Korb-)Flasche *f*; **~er** [~'me] *v/t.* (1a) Dame-, Schachspiel: zur Dame machen; ⊕ feststampfen; *fig.* ~ *le pion à q.* j-m den Rang ablaufen; **~ier** [~'mje] *m* Dame-, Schach-brett *n*; *weit S.* Schachbrettmuster *n*.

damn|able [dɑ'nablə] *adj.* verdammenswert; **~ation** [~nɑ'sjɔ̃] *f* Verdammnis *f*; **~er** [~'ne] *v/t.* (1a) verdammen.

damois|eau [damwa'zo] *m* (*pl. ~x*) *ehm.* Edelknappe *m*; *jetzt plais.* F Galan *m*; **~elle** [~'zɛl] *f ehm.* Edelfräulein *n*.

dancing [dɑ̃'siŋ] *m* Tanzdiele *f*.

dandin|ement [dɑ̃din'mɑ̃] *m* Schlenkern *n*; **~er** [~'ne] *v/rfl.* (1a): se ~ latschig gehen.

dandy [dɑ̃'di] *m* Modegeck *m*, Stutzer *m*.

danger [dɑ̃'ʒe] *m* Gefahr *f*; ~ *de mort* Lebensgefahr *f*; **~eux, -se** [~ʒ'rø, ~'røːz] *adj.* gefährlich.

danois, -e [da'nwa, ~'nwaːz] **1.** *adj.* dänisch; **2.** ♀(e) *su.* Däne *m*, Dänin *f*.

dans [dɑ̃] *prp.* **1.** *örtlich:* in, auf (*dat. bzw. acc.*); gegen (*acc.*); bei (*dat.*); ~ *la chambre* in dem (*bzw.* in das) Zimmer; *retourner ~ un village* in ein Dorf zurückkehren; ~ *la rue auf* der (*bzw.* auf die) Straße; ~ *une île auf* e-r (*bzw.* auf e-e) Insel; ~ *l'escalier* auf der Treppe; ~ *une page* auf e-r (*bzw.* auf e-e) Seite; ~ *le monde entier* auf der ganzen Welt; *un homme ~ la Lune* ein Mensch auf dem Mond; *grimper ~ un arbre* auf e-n Baum klettern; *rentrer ~ un arbre* gegen e-n Baum fahren; *son pied a heurté ~ un décrottoir* sein Fuß ist gegen e-n Fußabtreter gestoßen; ~ *un accident* bei e-m Unfall; ~ *Molière* bei M.; **2.** *zeitlich:* **a)** in, innerhalb von, nach (*dat.*); *das Verb steht im fut.:* ~ *trois jours* in drei Tagen; ~ *l'avenir* in Zukunft; **b)** in, während; *das Verb steht nicht im fut.:* ~ *sa jeunesse* in s-r Jugend; ~ *la nuit* während der Nacht; **3.** *Behälter:*

Herkunft: aus; *la photo arrachée* ~ *un magazine* das aus e-r Zeitschrift herausgerissene Bild; *boire* ~ *un verre* aus e-m Glas trinken; *manger* ~ *une assiette* aus e-m Teller essen; *manger* ~ *la main à q.* j-m aus der Hand fressen; *puiser des exemples* ~ *un auteur* Beispiele aus dem Werk e-s Autors schöpfen; **4.** hinter; ~ *les coulisses* hinter den Kulissen; *on chuchote* ~ *votre dos* man flüstert hinter Ihrem Rücken.

dans|ant, -e [dɑ̃'sɑ̃, ~'sɑ̃ːt] *adj.* tanzend; Tanz...; *soirée f* ~*e* Abendgesellschaft *f* mit Tanz; ~**e** [dɑ̃ːs] *f* Tanz *m* (*a.* ♪); P Tracht *f* Prügel; ~**macabre** Totentanz *m*; ~**er** [dɑ̃'se] *v/i. u. v/t.* (1a) tanzen; ~**eur, -se** [~'sœːr, ~'søːz] *su.* Tänzer(in*f*) *m*; ~ *de corde* Seiltänzer(in*f*) *m*; *danseuse f étoile* Solotänzerin *f*; ~**otter** F [~sɔ'te] *v/i.* (1a) scherbeln, hopsen.

d'après [da'prɛ] *prp.* s. *après*.

dard [daːr] *m hist.* Wurfspieß *m*; (*Bienen-, Schlangen-, Skorpion-*)Stachel *m*; ~**er** [dar'de] *v/t.* (1a) *Spieß usw.* schleudern; *Stachel* hervorstrecken; *fig.* ~ *le soleil darde ses rayons* die Sonne sendet ihre glühenden Strahlen aus.

dare-dare F [dar'daːr] *adv.* schleunigst.

daron * [da'rɔ̃] *m* Alte(r) *m* P, Vater *m*; ~**ne** [~'rɔn] *f* Alte *f* P, Mutter *f*.

d'arrache-pied [daraʃ'pje] *adv.* s. *arrache-pied*.

darse [dars] *f* Hafenbecken *n* (*am Mittelmeer*).

dartre ✆ [l'dartrə] *f* Flechte *f*.

dat|e [dat] *f* Datum *n*; Jahreszahl *f*; *être le premier* ~ die ältesten Ansprüche haben; ~**e-limite** [~li'mit] *f* (*pl. dates-limites*) Schlußtermin *m*; ~**er** [~'te] (1a) *v/t.* datieren, mit dem Datum versehen; *v/i.* ~ *de* stammen (*od.* datieren) aus; *à* ~ *de ce jour* von diesem Tage an; *cela date de loin* das ist e-e alte Geschichte.

dat|te [dat] *f* Dattel *f*; ~**ier** [~'tje] *m* Dattelpalme *f*.

daub|e *cuis.* [do:b] *f* Schmoren *n*; Schmorfleisch *n*; *en* ~ geschmort; ~**er** *cuis.* [do'be] *v/t.* (1a) schmoren.

dauphin [do'fɛ̃] *m* **1.** *zo.* Delphin *m*; **2.** ♱ *hist.* Fr. Dauphin *m*; **3.** *fig. u. plais.* Nachfolger *m*, Kronprinz *m*; ~**elle** ♔ [~fi'nɛl] *f* Rittersporn *m*.

daurade *icht.* [do'rad] *f* Goldmakrele *f*.

davantage [davɑ̃'taːʒ] *adv.* mehr.

davier *chir.* [da'vje] *m* Zahnzange *f*.

de [də] *prp.* von ... her, von ... weg, aus, *u. zwar* **1.** *örtlich*; **2.** *zeitlich u.* **3.** *übertragen*; *de jour* (*de nuit*) bei Tage (bei Nacht); *de nos jours* heutzutage; *huit heures par semaine à dix francs de l'heure* acht Stunden in der Woche zu zehn Franc pro Stunde; *de ce côté* von dieser Seite (aus); *nach* (*od.* auf) *dieser Seite*; *de cette manière* auf diese Weise; *couvrir de, orner de, vêtir de* bedecken, schmücken, bekleiden mit ... (*de des Mittels*); *précédé de, accompagné de* (*aber* ♪: *par*), *suivi de* (*neben suivi par*) *u. aimé de* (*neben aimé par*) *zeigen das Nebeneinander von de u. par beim Passiv, wobei de meist mehr den Zustand, par dagegen die eigentliche Handlung zum Ausdruck bringt; content de* zufrieden mit; *paralysé d'un bras* an e-m Arm gelähmt; *un litre de vin* ein Liter Wein; *leçon f de piano* Klavierstunde *f*; *la ville de Paris* die Stadt Paris; *le mois de janvier* der Monat Januar; *le nom de Voltaire* der Name Voltaire; *s'approcher de* sich nähern (*dat.*); *de* + *inf. mst zu* + *inf.*; *le journal d'hier* die gestrige Zeitung; *un million de francs* eine Million Franc.

dé [de] *m* (Spiel-)Würfel *m*; Dominostein *m*; ~ (*à coudre*) Fingerhut *m*; *le* ~ *en est jeté* der Würfel ist gefallen.

déambuler [deɑ̃by'le] *v/i.* (1a) umhergehen, *a.* im Spaziergang machen.

deb P, * [dɛb] *f* Anfängerin *f*.

débâcle [de'bɑːklə] *f* Eisgang *m*; F *fig.* plötzliche Auflösung *f*, Debakel *n*; Zs.-bruch *m*; ~ *financière* Börsenkrach *m*.

déballer [deba'le] *v/t.* (1a) auspacken.

déband|ade [debɑ̃'dad] *f* wilde Auflösung *f*; *à la* ~ drunter und drüber; ~**er** [~'de] *v/t.* (1a) *Bogen* entspannen; ☓ *in Auflösung bringen*; ✆ ~ *q.* j-m den Verband abnehmen; *se* ~ planlos auseinanderlaufen.

débaptiser [debati'ze] *v/t.* (1a) umtaufen.

débarbouiller F [debarbu'je] *v/t.* (1a) *e-m Kind* das Gesicht (und die Hände) waschen.

débarcadère ⚓ [debarka'dɛːr] *m* Landungsbrücke *f*. ·

débotter[1]

débard|age [debar'da:ʒ] m ⚓ Löschen n; Holz, Steine: Abtransport m; arche f de ~ Hebearm m (e-s Raupenschleppers) fer. chemin m de ~ Holzweg m; **~er** [~'de] v/t. (1a) ⚓ ausladen; Holz, Steine abtransportieren; **~eur** [~'dœ:r] m (Holz-, Schiffs-)Auslader m; Mode: Sonnenpulli m.

débarqu|ement [debarkə'mã] m ⚓ Ausladen n, Löschen n; Landung f; Aussteigen n (a. ✈); fig. Ausbooten n (e-s Kollegen); **~er** [~'ke] (1m) v/t. ⚓ an Land setzen; ausladen (a. ✈); F fig. j-n ausbooten P, j-n entlassen; v/i. landen; ✈ ~ du train aus dem Zug aussteigen.

débarras [deba'rɑ] m 1. F Befreiung f, Erlösung f; 2. Abstellraum m, Rumpelkammer f; **~ser** [~ra'se] v/t. (1a) von e-r Last befreien; ~ les combles des immeubles de fatras die Böden der Häuser entrümpeln; se ~ de q. (od. de qch.) sich j-n (od. etw.) vom Halse schaffen; débarrassez-vous! legen Sie ab!

débat [de'ba] m (oft ~s pl.) Debatte f, Erörterung f; Streitgespräch n; ⚖ mündliche Verhandlung f; psych. Konflikt m.

débat|er [de'bate] v/t. (1a) absatteln; **~ir** cout. [~'ti:r] v/t. (2a): ~ une robe ein Kleid auftrennen.

débattre [de'batr] v/t. (4a) debattieren über (acc.); durchsprechen; se ~ um sich schlagen; sich sträuben; ankämpfen (contre gegen).

débauch|e [de'bo:ʃ] f Schlemmerei f; Ausschweifung f; **~é** [~bo'ʃe] m Schlemmer m; Wüstling m; **~er** [~] v/t. (1a) fig. Arbeiter abwerben; Personal entlassen, abbauen; F ablenken; se ~ herumsumpfen F.

débil|e [de'bil] adj. schwach; **~ité** [~li'te] f Schwäche f; **~iter** [~] v/t. (1a) schwächen, entkräften.

débin|age P [debi'na:ʒ] m elender Klatsch m; **~e** P [~'bin] f Geldnot f, Klemme f; **~er** P [~'ne] v/t. (1a) anschwärzen; se ~ sich aus dem Staube machen.

débit [de'bi] m ✝ Absatz m; Geschäft n, Laden m; Schankwirtschaft f; Verkaufs-recht n, -stelle f monopolisierter Waren; Vortragsart f (a. ♪); ✝ Debet n, Soll n; ⊕, ⚡ Leistung f; Fluß, Quelle: Abflußmenge f; Straßen: Verkehrsdichte f; ✝ au ~ de mon

compte zu meinen Lasten; être d'un bon ~ reißend gehen; **~ant, -e** [~'tã, ~'tã:t] su. Tabakhändler(in f) m; Schankwirt(in f) m; **~er** [~'te] v/t. (1a) Holz zuschneiden; ⊕ produzieren, ausstoßen; Waren im kleinen verkaufen; vortragen, hersagen; Lügen verbreiten; ~ machinalement runterleiern; ✝ q. de qch. j-n mit etw. belasten; se ~ ✝ Absatz finden; **~eur, -rice** [~'tœ:r, ~'tris] su. Schuldner(in f) m.

déblai [de'blɛ] m Abräumen n; ~s pl. Schutt m, Trümmer pl.; **~ement** [~'mã] m Schuttbeseitigung f.

déblatérer [deblate're] v/i. (1f): ~ contre q. (od. qch.) auf j-n (od. etw.) schimpfen.

déblayer [deblɛ'je] v/t. (1i) entrümpeln, abräumen; Erde usw. wegschaffen; ~ des obstacles (la neige) Hindernisse (den Schnee) beseitigen.

débloquer [deblɔ'ke] v/t. (1m) ⊕ Bremse lösen; typ. deblockieren; ✝, fin., Strecke freigeben; ✶ zs.-faseln.

débobiner [debɔbi'ne] v/t. (1a) abspulen.

déboire [de'bwa:r] m: ~s pl. Kummer m, Enttäuschungen f/pl.

déboiser [debwa'ze] v/t. (1a) abholzen.

déboîter [debwa'te] v/t. (1a) verrenken.

débonder [debɔ̃'de] v/t. (1a) Faß aufspünden; ~ son cœur sein Herz ausschütten.

débonnaire [debɔ'nɛ:r] adj. (zu) gutmütig.

débord|é, -e [debɔr'de] adj. mit Arbeit überlastet; Arzt: überlaufen; Polizei: überfordert; **~ement** [~dɔ'mã] m Überschwemmung f; fig. Flut f v. Beleidigungen; ~ Umfassung f, Umfassung f; ~s pl. Zügellosigkeit f; **~er** [~'de] v/t. (1m) den Besatz e-s Kleidungsstückes abtrennen; hinausragen über (acc.); übergreifen auf (acc.); fig. übertreffen, umgehen, umfassen; v/i. ⚓ vom Land abstechen; Fluß: über die Ufer treten; ausufern (a. fig.); überfließen (a. fig.); am Rand(e) hervorstehen; ⚠ umschlagen.

débosseler ⊕ [debɔs'le] v/t. (1c) ausbeulen.

débott|é, ~er[1] [debɔ'te] m: au ~ gleich bei der Ankunft; fig. unversehens;

~er² [~] v/t. (1a): ~ q. j-m die Stiefel ausziehen.

débouch|é [debu'ʃe] m Ausgang m e-s Engpasses; Straßeneinmündung f; fig. Ausweg m; ♣ Absatz-markt m, -gebiet n; ~s pl. Berufsaussichten f/pl.; ouvrir de nouveaux ~s neue Absatzmärkte erschließen; **~er** [~] (1a) v/t. Flasche entkorken; v/i. ✕ aus e-m Engpaß usw. hervorbrechen; Straße, Fluß: münden.

déboucler [debu'kle] v/t. (1a) losschnallen.

débouler [debu'le] v/i. (1a) ch. Hase, Kaninchen: plötzlich auf und davon rennen; F ausreißen; F ~ dans l'escalier (od. v/t. ~ l'escalier) die Treppe herunter-fallen, -purzeln.

déboulonner [debulɔ'ne] v/t. (1a) losschrauben; niederreißen; fig. F herunterreißen; fig. F j-n aus s-r Stellung drängen.

débourber [debur'be] v/t. (1a) entschlammen; aus dem Schlamm ziehen.

débourrer [debu're] v/t. (1a) Pfeife ausklopfen, reinigen.

débours [de'bu:r] m (mst pl.) ausgelegtes Geld n; ~ pl. Auslagen f/pl.; Spesen pl.; rentrer dans ses ~ s-e Auslagen zurückerstattet bekommen; **~er** [~bur'se] (1a) Geld auslegen.

debout [də'bu] 1. adv. aufrecht (stehend); être ~ stehen; aufsein; place f ~ Stehplatz m; rester ~ stehen bleiben; aufbleiben; se tenir ~ sich aufrecht halten; ♣ passer ~ Waren: durchgehen, zollfrei passieren; 2. int.: ~! aufstehen!; zum Hund: steh!

déboutonner [debutɔ'ne] v/t. (1a) aufknöpfen; F fig. manger (rire) à ventre déboutonné übermäßig essen (lachen); F se ~ sein Herz ausschütten.

débraillé, -e [debra'je] adj. ungepflegt, salopp.

débrancher [debrã'ʃe] v/t. (1a) ⚡ den Stecker herausziehen; abschalten; ⛟ Waggons rangieren.

débray|age [debrɛ'ja:ʒ] m Arbeitsniederlegung f; **~er** [~'je] (1i) v/t. ⊕ aus-, ein-kuppeln; ausschalten; v/i. F fig. die Arbeit niederlegen.

débrid|é, -e [debri'de] adj. zügel-, hemmungs-los; **~er** [~] v/t. (1a) abzäumen.

débris [de'bri] m (mst pl.) Trümmer pl.; Reste m/pl.; Überreste m/pl.

débrouill|ard, -e F [debru'ja:r, ~'jard] 1. adj. schlau; 2. su. Schlaukopf m; **~er** [~'je] v/t. (1a) entwirren, ordnen; fig. (auf)klären; F ~ q. j-m sagen, wie er sich aus der Klemme helfen kann; F fig. savoir se ~ sich zu helfen wissen.

débroussailler [debrusa'je] v/t. (1a) das Gestrüpp entfernen aus (dat.).

débucher [deby'ʃe] (1a) v/t. Wild auf-jagen, -scheuchen; v/i. sein Lager verlassen.

débudgétiser [debydʒeti'ze] v/t. (1a) aus dem Haushaltsplan streichen.

débusquer [debys'ke] (1m) v/t. ✕, ch., allg. aufstöbern; F fig. j-n von s-m Posten verdrängen; v/i. Wild: aus dem Dickicht hervorbrechen.

début [de'by] m Spiel: erster Zug m (od. Stoß m); allg. Anfang m; erster Versuch m; thé. (mst ~s pl.) Debüt n, erstes Auftreten n; en ~ de l'après-midi am frühen Nachmittag; **~ant, -e** [~'tã, ~'tã:t] su. Anfänger(in f) m, Neuling m; Debütant(in f) m; **~er** [~'te] (1a) v/i. u. v/t. anfangen; v/i. thé. debütieren.

deçà [də'sa] 1. adv.: ~ et delà hin (-über) und her(über); 2. prp.: en ~ de diesseits (gén.).

décacheter [dekaʃ'te] v/t. (1c) entsiegeln.

décade [de'kad] f Dekade f; Zeitraum m von zehn Tagen (od. a. Jahren).

décad|ence [deka'dã:s] f Dekadenz f; **~ent, -e** [~'dã, ~'dã:t] adj. dekadent.

décaèdre Ẵ [deka'ɛ:dr] 1. adj. zehnflächig; 2. m Zehnflächner m.

décaféiné, -e [dekafei'ne] adj. Kaffee: koffeinfrei.

décagone Ẵ [deka'gɔn] m Zehneck n.

décaisser [dekɛ'se] v/t. (1b) fin. auszahlen; ✔ aus e-m Kasten verpflanzen; aus Kisten auspacken.

décalage [deka'la:ʒ] m Verschiebung f (räumlich u. zeitlich); fig. Unterschied m; Spanne f; ✔ u. fig. Phasenverschiebung f; ⚠ versetzte Gruppierung f; Wegnehmen n der Unterlegklötze.

décalaminer ⊕ [dekalami'ne] v/t. (1a) entrußen; entzundern.

décaler [deka'le] v/t. (1a) verschieben; die Unterlegklötze wegnehmen; fig., a. pol. verlagern.

décalogue *rl.* [deka'lɔg] *m die* Zehn Gebote *n/pl.*

décalqu|age [dekal'ka:ʒ] *m* Durchpausen *n*; **~e** [~'kalk] *f* Pause *f e-r* Zeichnung *usw.*; Abzug *m*; *fig.* Abbild *n*; **~er** [~'ke] *v/t.* (1m) durchpausen, -zeichnen.

décamper F [dekã'pe] *v/i.* (1a) sich davonmachen.

décanat [deka'na] *m* Dekanat *n*.

décanter [dekã'te] *v/t.* (1a) abklären; *métall.* abgießen.

décap|ant [deka'pã] *m* Beize *f*; **~e--four** [~p'fu:r] *m* Backofenspray *n*; **~er** [~'pe] *v/t.* (1a) abbeizen; entrosten.

décapiter [dekapi'te] *v/t.* (1a) enthaupten, köpfen.

décapot|able *Auto* [dekapo'tablə] *adj.* mit zurückklappbarem Verdeck; *voiture f* **~** Kabriolett *n*; **~er** [~'te] *v/t.* (1a): **~** *une voiture* das Verdeck e-s Wagens zurückklappen.

décapsuleur [dekapsy'lœ:r] *m* Flaschenöffner *m*.

décarburer *métall.* [dekarby're] *v/t.* (1a) entkohlen.

décartelisation *éc.* [dekarteliza'sjɔ̃] *f* Entflechtung *f*.

décatir [deka'ti:r] *v/t.* (2a) *text.* dekatieren, glanzlos machen; F *se* **~** *s-e* Frische verlieren, altern.

décav|é, -e F [deka've] *adj.* ruiniert; **~er** [~] *v/t.* (1a): **~** *q.* j-n um sein ganzes Vermögen bringen.

décéder [dese'de] *v/i.* (1f) sterben.

décélération [deselera'sjɔ̃] *f phys.*, ⊕ Verzögerung *f*; *fig.* Verlangsamung *f*.

déceler [des'le] *v/t.* (1d) verraten.

décembre [de'sã:brə] *m* Dezember *m*.

décemment [desa'mã] *adv.* anständig; schicklich.

décence [de'sã:s] *f* Anstand *m*.

décennie [dese'ni] *f* Jahrzehnt *n*.

décent, -e [de'sã, ~'sã:t] *adj.* anständig; ehrbar, sittsam.

décentraliser [desãtrali'ze] *v/t.* (1a) dezentralisieren.

déception [desɛp'sjɔ̃] *f* Enttäuschung *f*.

décercler ⊕ [desɛr'kle] *v/t.* (1a): **~** *un tonneau* von e-m Faß die Reifen abnehmen.

décerner [desɛr'ne] *v/t.* (1a) *Prämie* zuerkennen; ⚖ beschließen.

décès [de'sɛ] *m* Hinscheiden *n*, Tod

m; *acte m de* **~** Sterbeurkunde *f*.

décev|ant, -e [des'vã, ~'vã:t] *adj.* trügerisch; (ent)täuschend; **~oir** [~'vwa:r] *v/t.* (3a) (ent)täuschen.

déchaîn|ement [deʃɛn'mã] *m* Entfesselung *f*; *fig.* Ausbruch *m*; **~er** [~'ne] *v/t.* (1b) losketten; *fig.* entfesseln; *se* **~** aus-, los-brechen.

déchanter F [deʃã'te] *v/i.* (1a) *fig.* s-e Ansprüche (*od.* Hoffnungen) herabsetzen; gelindere Saiten aufziehen, den Ton ändern.

décharg|e [de'ʃarʒ] *f ⚡* Entladung *f*; *fin.* Erleichterung *f*; ⚖ freisprechendes Urteil *n*; ✝ Quittung *f*; Schuttabladestelle *f*; Abfluß *m*, Abflußgraben *m*; ⚔ Salve *f*; Abfeuern *n e-r Schußwaffe*; ⚖ *témoin m à* **~** Entlastungszeuge *m*; **~er** [~'ʒe] *v/t.* (1l) ab-, aus-laden; ⚓ löschen; *von e-r Last befreien*; *e-r Verbindlichkeit* entheben; *ein Konto* entlasten; ⚖ *j-n* entlasten; ab-, los-schießen; *Gewehr* entladen; *se* **~** *von selbst* losgehen; sich entladen; *Gewässer:* sich ergießen; **~eur** [~'ʒœ:r] *m* Ab-, Aus-lader *m*.

décharner [deʃar'ne] *v/t.* (1a) völlig abmagern lassen.

déchaumer ⚘ [deʃo'me] *v/t.* (1a) *Stoppelfeld* umpflügen.

déchausser [deʃo'se] *v/t.* (1a) *j-m* Schuhe und Strümpfe ausziehen; *Wurzeln e-s Baumes usw.* bloßlegen.

dèche P [dɛʃ] *f: dans la* (*od. en*) **~** in der Klemme, ohne Geld.

déchéance [deʃe'ã:s] *f* Verkommenheit *f*; ⚖ Verlust *m e-s Rechtes*; *pol.* Absetzung *f*.

déchet [de'ʃɛ] *m* Abfall *m*, Abgang *m*; Verlust *m*, Ausfall *m*; **~** *de route* Schwund *m* auf dem Transport; **~s** *pl. atomiques* Atommüll *m*.

déchiffr|er [deʃi'fre] *v/t.* (1a) entziffern; entschlüsseln, dechiffrieren; ♪ *vom Blatt lesen* (*od.* spielen); **~eur, -se** [~'frœ:r, ~'frøz] *su.* Entziffrer *m*.

déchiqueter [deʃik'te] *v/t.* (1c) zerstückeln, zerfetzen; auszacken.

déchir|ant, -e [deʃi'rã, ~'rã:t] *adj.* herzzerreißend; *Schrei:* markerschütternd; *fig.* einschneidend; **~er** [~'re] *v/t.* (1a) zerreißen; *fig.* j-n heruntermachen.

déchoir [de'ʃwa:r] *v/i.* (3m) in Verfall geraten, verfallen; *fig.* fehlgehen.

déchristianiser [dekristjani'ze] v/t.
(1a) dem Christentum entfremden.
déchu, -e [de'ʃy] **1.** adj. pol. ab-
gesetzt; fig. heruntergekommen, ge-
strauchelt; **2.** p.p. von déchoir.
décibel phys. [desi'bɛl] m Dezibel n;
~mètre [~'mɛːtrə] m Dezibel-, Laut-
stärke-messer m.
décid|é, -e [desi'de] adj. entschlos-
sen; bestimmt; **~ément** [~'mã] **1.**
adv. ganz bestimmt; entschieden; **2.**
F int. ~! nun reicht's mir aber!, schon
wieder!; **~er** [~'de] (1a) v/t. entscheiden, beschließen; ~ q. à qch. j-n zu
etw. bestimmen (od. veranlassen);
v/i. entscheiden (de qch. über etw.
acc.); se ~ sich entschließen (à qch. zu
etw. dat.; à faire qch. etw. zu tun).
déci|mal, -e [desi'mal] adj. (m/pl.
-aux) dezimal; **~mer** [~'me] v/t. (1a)
✠ dezimieren; allg. ausrotten; **~mè-
tre** [~'mɛːtrə] m Dezimeter m od. n.
décis|if, -ve [desi'zif, ~'ziːv] adj. ent-
scheidend; Ton: entschieden; **~ion**
[~'zjɔ̃] f Entscheidung f; Beschluß m;
fig. Entschiedenheit f.
déclam|ateur péj. [deklama'tœːr] m
Phrasendrescher m, schwülstiger
Redner m; **~ation** [~ma'sjɔ̃] f Vor-
tragskunst f; péj. Schwulst m, Effekthascherei f; **~er** [~'me] v/t. (1a
abs.) (1a) deklamieren; péj. schwülstig äußern; ~ contre q. gegen j-n
wettern.
déclar|ation [deklarɑ'sjɔ̃] f Erklä-
rung f; Anmeldung f bei e-r Behörde;
Angabe f, Anzeige f; ~ de valeur
Wertangabe f; ~ fiscale Steuer-
erklärung f; ~ ministérielle Re-
gierungserklärung f; ~ obligatoire
Anmeldepflicht f; **~er** [~'re] v/t. (1a)
erklären (bindend äußern); ✝ dekla-
rieren; se ~ plötzlich erkennbar werden (od. dasein); ausbrechen; pol.
sich erklären (pour für); avez-vous
qch. à ~? haben Sie etwas zu ver-
zollen?
déclasser [dekla'se] v/t. (1a) aus e-r
Klasse streichen; degradieren; se ~
sozial sinken; ᛗ Abteil: aus e-r Wa-
genklasse in e-e niedrigere übergehen.
déclench|er [deklã'ʃe] v/t. (1a) Streit
entfesseln; Tür aufklinken; ⊕ ausrücken; ⚡, phot. auslösen; ~ l'alerte
Alarm geben; ~ la reprise économique
die Wirtschaft wieder ankurbeln;
~eur ⊕, phot. [~'ʃœːr] m Auslöser m.

déclic [de'klik] m ⊕ Sperrklinke f;
Geräusch: Klicken n; fig. plötzliches
Erwachen n.
déclin [de'klɛ̃] m Abnehmen n; Verfall m; au ~ du jour gegen Abend;
~aison [~kline'zɔ̃] f gr., ast., phys.
Deklination f; ast., phys. Abweichung f; **~er** [~'ne] (1a) v/i. zu Ende
gehen, sich neigen; ast., phys. abweichen; v/t. gr. deklinieren; Einladung,
Angebot, ᛞ ablehnen.
décliv|e [de'kliːv] adj. abschüssig;
~ité [~vi'te] f Abschüssigkeit f.
déclouer [deklu'e] v/t. (1a) durch
Herausziehen der Nägel öffnen.
décocher [dekɔ'ʃe] v/t. (1a): ~ un coup
de pied e-n Fußtritt versetzen.
décoder [dekɔ'de] v/t. (1a) entschlüs-
seln.
décoiffer [dekwa'fe] v/t. (1a): ~ q.
j-m die Haare in Unordnung
bringen.
décoll|age [dekɔ'laːʒ] m Los-machen
n, -gehen n des Geleimten; ✈ Start m;
~er [~'le] (1a) v/t. Geleimtes losmachen; v/i. ✈ starten; F sich trennen, weggehen; Sport: zurückbleiben; F ⚕ abmagern; Leib: [~'te] m
(Hals-)Ausschnitt m; **~eter** [~] v/t.
(1c) Kleid dekolletieren.
décolorer [dekɔlɔ're] v/t. (1a) ent-
färben.
décombres [de'kɔ̃brə] m/pl. Trümmer pl., (Bau-)Schutt m.
décommander [dekɔmã'de] v/t. (1a)
abbestellen; se ~ nach e-r Zusage
absagen.
décompos|er [dekɔpo'ze] v/t. (1a)
zersetzen; zerlegen; phys. trennen,
spalten; fig. entstellen; se ~ a. in
Fäulnis geraten; **~ition** [~zi'sjɔ̃] f
Zerlegung f; Aufteilung f; phys.
Spaltung f; Verwesung f; fig. Ent-
stellung f.
décompt|e fin. [de'kɔ̃t] m Abzug m;
~er [~'te] v/t. (1a) abziehen.
déconcentration ✝, allg. [dekɔ̃sã-
trɑ'sjɔ̃] f Entflechtung f; Auflockerung f.
déconcerter [dekɔsɛr'te] v/t. (1a) fig.
außer Fassung bringen; litt. vereiteln.
déconfiture [dekɔ̃fi'tyːr] f **1.** Scheitern n; Mißerfolg m; finanziell n. F
allg. Pleite f; **2.** ᛞ Zahlungsunfähigkeit f.
décongeler cuis. [dekɔ̃ʒ'le] v/t. (1d)
auftauen.

décongestionner [dekɔ̃ʒɛstjɔ'ne] v/t.
(1a) ✚ zum Abschwellen bringen; *in
e-m Organ* den Blutandrang senken; *fig. Verkehr, Krankenhäuser usw.*
entlasten.

déconnecter ⊕, ⚡ [dekɔnɛk'te] v/t.
(1a) abschalten.

déconseiller [dekɔ̃sɛ'je] v/t. (1a): ~
qch. à q. j-m von etw. (*dat.*) abraten.

déconsidérer [dekɔ̃side're] v/t. (1f)
in Verruf (*od.* in Mißkredit) bringen.

déconsommation éc. [dekɔ̃sɔma'sjɔ̃]
f Rückgang m des Verbrauchs.

décontamination ⚛, at. [dekɔ̃tami-
na'sjɔ̃] f Entseuchung f.

décontenancer [dekɔ̃tnɑ̃'se] v/t. (1k)
aus der Fassung bringen.

décontract|é, -e [dekɔ̃trak'te] adj.
entspannt; F sorglos; lässig (*a. péj.*);
~ion [~k'sjɔ̃] f physiol. Entspannung
f; F *allg.* Sorglosigkeit f; Lässigkeit f
(*a. péj.*).

déconvenue [dekɔ̃'vny] f Enttäuschung f.

décor [de'kɔːr] m Schmuck m, Ausschmückung f; (Theater-)Dekora-
tion f; ~ (de) *sapin* Christbaum-
schmuck m; *Auto: entrer dans le(s)*
~(s) von der Fahrbahn abkommen;
~ateur [~kɔra'tœːr] m Dekorateur m;
thé. Bühnenbildner m; **~atif, -ve**
[~'tif, ~'tiːv] adj. dekorativ; Dekora-
tions...; **~ation** [~ra'sjɔ̃] f Ausschmückung f, Schmuck m, Verzierung f; Orden m; Raumkunst f; ~s
pl. *pour arbres de Noël* Christbaum-
schmuck m; ~ *d'étalage* Schaufen-
sterdekoration f; **~é, -e** [~'re] **1.** adj.
mit e-m Orden ausgezeichnet; **2.** su.
Ordensträger(in f) m; **~er** [~] v/t. (1a)
(aus)schmücken; j-n auszeichnen
(*d'une médaille* mit e-r Medaille).

décortiquer [dekɔrti'ke] v/t. (1m)
schälen, entrinden; F *Text* analy-
sieren, auswerten.

décorum [dekɔ'rɔm] m Etikette f.

découcher [deku'ʃe] **1.** v/i. (1a) auswärts übernachten; **2.** m Übernachtung f außer Haus.

découdre [de'kuːdrə] v/t. (4d) ab-,
auf-trennen.

découler [deku'le] v/i. (1a) herrühren.

découper [deku'pe] v/t. (1a) aus-,
zer-, vor-schneiden; *fig. se* ~ sich
abheben.

découpler [deku'ple] v/t. (1a) *rad.*
entkoppeln; *ch.* loskoppeln.

découp|oir ⊕ [deku'pwaːr] m Ab-
schneideschere f; Ausschlageisen n;
~ure [~'pyːr] f Ausschnitt m.

décourag|ement [dekuraʒ'mɑ̃] m
Entmutigung f, Mutlosigkeit f; **~er**
[~'ʒe] v/t. (1l) entmutigen; se ~ mutlos werden, den Mut verlieren.

décous|u, -e [deku'zy] **1.** adj. cout.
aufgetrennt; *fig. Stil:* zusammen-
hanglos; **2.** p.p. von découdre; **3.** m
Zusammenhanglosigkeit f; **~ure** ch.
[~'zyːr] f Wunde f (*des Hundes durch
Hauer usw.*).

découvert, -e [deku'vɛːr, ~'vɛrt] **1.**
adj. unbedeckt, offen; ⚔ ungedeckt;
2. p.p. von découvrir; **3.** m ✝ Fehlbetrag m, Defizit n; ✝, ⚔ à ~ ohne
Deckung; **~e** [~'vɛrt] f Entdeckung f.

découvrir [deku'vriːr] v/t. (2f) entdecken; aufdecken; se ~ den Hut
abnehmen; sich entblößen; *Wetter:*
sich aufklären.

décrasser [dekra'se] v/t. (1a) säubern; F *fig.* ~ *q.* j-m Manieren beibringen.

décrép|ir ⊕ ⚠ [dekre'piːr] v/t. (2a) den
Putz entfernen; **~it, -e** [~'pi, ~'pit]
adj. altersschwach; **~iter** ⚛ [~'te]
v/i. (1a) knistern; **~itude** [~'tyd] f
Altersschwäche f.

décr|et [de'krɛ] m Verordnung f, Er-
laß m, Dekret n; **~éter** [~kre'te] v/t.
(1f) verordnen; verfügen; *gerichtlich*
festsetzen; **~et-loi** [~krɛ'lwa] m (*pl.
décrets-lois*) Notverordnung f.

décriquage ⊕ [dekri'kaːʒ] m Beseitigung f von Rißbildungen.

décrire [de'kriːr] v/t. (4f) beschreiben.

décrispation pol. [dekrispa'sjɔ̃] f
Entkrampfung f.

décrit [de'kri] p.p. von décrire.

décroch|er [dekrɔ'ʃe] v/t. (1a) los-
haken; *téléph. Hörer* abnehmen; F
etw. erlangen; erfassen; **~ez-moi-ça**
P [~mwa'sa] m (*inv.*) gebrauchtes
Kleidungsstück n; Laden m für Ge-
brauchtkleidung.

décroissance [dekrwa'sɑ̃ːs] f Abnahme f; Konjunkturrückgang
m; ~ *de la natalité* Geburtenrückgang
m.

décroître [de'krwaːtrə] v/i. (4w) abnehmen; sinken.

décrott|er [dekrɔ'te] v/t. (1a) von
Schmutz säubern, (ab)putzen; F *fig.*
j-m den nötigen Schliff beibringen;
~eur [~'tœːr] m Schuhputzer m;

~oir [\~'twaːr] *m* Kratzeisen *n* (*an der Tür*).

décru [de'kry] *p.p. von* décroître; **~e** [\~] *f* Sinken *n des Wassers*.

déçu, -e [de'sy] **1.** *adj.* enttäuscht; **2.** *p.p. von* décevoir.

déculotter [dekylɔ'te] *v/t.* (1a) die Hose(n) ausziehen (*q. j-m*).

décupl|e [de'kypl] *adj.* zehnfach; **~er** [\~ple] (1a) *v/t.* verzehnfachen; *v/i.* sich verzehnfachen.

décuver [deky've] *v/t.* (1a) *Wein* abfüllen.

dédaign|er [dedɛ'ɲe] *v/t.* (1b) verschmähen; mißachten; **~** *de* (*inf.*) es für unter s-r Würde halten zu (*inf.*); **~eux, -se** [\~'ɲø, \~'ɲøːz] *adj.* verächtlich.

dédain [de'dɛ̃] *m* Verachtung *f*.

dédale [de'dal] *m* Labyrinth *n*.

dedans [də'dɑ̃] **1.** *adv.* innen, darin; hinein; *donner* **~** hineingeraten; F reinfallen; F *mettre* **~** betrügen; **2.** *m* Innere(s) *n* (*a. geistig*); *Sport:* Innenkreis *m*; **3.** *prpt.:* *en* **~** *de* innerhalb (*gén.*), in (*dat.*).

dé-développement *éc.* [dedevlɔp'mɑ̃] *m* Verzicht *m* auf die Entwicklung.

dédicace [dedi'kas] *f* Widmung *f*; *rl.* Einweihung *f*.

dédier [de'dje] *v/t.* (1a) zueignen, widmen; *rl. j-m* weihen.

dé|dire [de'diːr] *v/rfl.* (4m): *se* **~** *de qch.* etw. widerrufen; **~dit** [\~'di] *m* Abstandszahlung *f*.

dédommag|ement [dedɔmaʒ'mɑ̃] *m* Entschädigung *f*; **~er** [\~'ʒe] *v/t.* (1l) entschädigen (*de* für).

dédoubler [dedu'ble] *v/t.* (1a) halbieren; (*in zwei Teile*) teilen; **🚂~** *un train* e-n zweiten Zug einsetzen; *cout.* **~** *un manteau* das Futter aus e-m Mantel heraustrennen.

déduction [dedyk'sjɔ̃] *f phil.* Deduktion *f*; ✝ Abzug *m*.

déduire [de'dɥiːr] *v/t.* (4c) *phil.* herleiten, folgern; ✝ abziehen.

déesse [de'ɛs] *f* Göttin *f*.

défaill|ance [defa'jɑ̃ːs] *f* Ohnmacht *f*; Schwäche *f*; **~ant, -e** [\~'jɑ̃, \~'jɑ̃ːt] *adj.* ohnmächtig; schwach; nicht erschienen; **~ir** [\~'jiːr] *v/i.* (2c, *a.* 2n) ohnmächtig werden.

défaire [de'fɛːr] *v/t.* (4n) auf-, losmachen; **~** *la table* den Tisch abräumen; **~** *son lit* sein Bett abziehen; *se* **~** *de q., de qch.* sich von j-m, von etw.

befreien; j-n, etw. loswerden; sich j-n, etw. vom Halse schaffen.

défait|e [de'fɛt] *f* Niederlage *f*; **~isme** [\~'tism] *m* Defätismus *m*; **~iste** [\~'tist] **1.** *adj.* defätistisch; **2.** *su.* Defätist(in *f*) *m*.

défausser [defo'se] *v/t.* (1a) geradebiegen; *se* **~** *Kartenspiel:* Fehlkarten abwerfen.

défaut [de'fo] *m* Mangel *m*; Mißstand *m*; *materieller* Fehler *m*, Defekt *m*; *körperlicher* Fehler *m*, Gebrechen *n*; ✠ Nichterscheinen *n*; *jugement m par* **~** Versäumnisurteil *n*; *à* **~** *de* mangels (*gén.*), in Ermangelung von (*od. mit gén.*).

défav|eur [defa'vœːr] *f* Mißkredit *m*; **~orable** [\~vɔ'rablə] *adj.* ungünstig; nachteilig.

défécation [defeka'sjɔ̃] *f* 🜊 (*Ab-*) Klärung *f*; *physiol.* Darmleerung *f*.

défect|ion [defɛk'sjɔ̃] *f* Abfall *m*; *faire* **~** abtrünnig werden; **~ueux, -se** [\~'tɥø, \~'tɥøːz] *adj.* defekt, schadhaft; **~uosité** [\~tɥozi'te] *f* Unvollkommenheit *f*; Schadhaftigkeit *f*; Mangel *m*, Defekt *m* (*a.* ⊕).

défend|ant, -eresse [defɑ̃'dœːr, \~'drɛs] *su.* Beklagte(r *m* und *u.* *f*; **~re** [\~'fɑ̃:drə] *v/t.* (4a) verteidigen; (be-) schützen; verbieten; *fig. à son corps défendant* widerwillig, ungern; *se* **~** *de* sich schützen vor (*dat.*); sich e-r Sache (*gén.*) erwehren; P *il se défend bien en affaires* er versteht was vom Geschäft.

défens *for.* [de'fɑ̃] *m*: *bois m en* **~** Schonung *f*; **~e** [\~'fɑ̃ːs] *f* ✗ Verteidigung *f*; Abwehr *f*; Verbot *n*; *ch.* Stoßzahn *m*, Hauer *m*; **~** *antiaérienne* Luft-, Flieger-abwehr *f*; *légitime* **~** Notwehr *f*; **~** *de l'environnement* Umweltschutz *m*; **~eur** [\~fɑ̃'sœːr] *m* Verteidiger *m*; **~if, -ve** [\~'sif, \~'siːv] *adj.* Verteidigungs...; **~ive** [\~'siːv] *f* Defensive *f*.

défér|ence [defe'rɑ̃ːs] *f* Ehrerbietung *f*; **~er** [\~'re] (1f) *v/t.* ✠ *une affaire au tribunal* e-e Sache vor Gericht bringen; **~** *q. en justice* j-n gerichtlich belangen; *v/i.* zustimmen; **~** *à une demande* e-m Antrag stattgeben.

déferler [defer'le] (1a) *v/t.* 🛦 *Segel* setzen; *v/i.* *Wellen:* branden; *fig.* hageln; sich ergießen; *Beifall:* brausen.

défi [de'fi] *m* Herausforderung *f*;

Trotz m; mettre q. au ~ de ... wetten, daß j. nicht ...; **~ance** [~'fjɑ̃:s] f Mißtrauen n; pol. vote m de ~ Mißtrauensantrag m; **~ant, -e** [~'fjɑ̃, ~'fjɑ̃:t] adj. mißtrauisch.

déficeler [defis'le] v/t. (1c) aufschnüren.

déficit [defi'sit] m Defizit n, Fehlbetrag m.

défier [de'fje] v/t. (1a) herausfordern; fig. ~ qch. e-r Sache (dat.) trotzen; se ~ de q. j-m mißtrauen.

défigurer [defigy're] v/t. (1a) entstellen.

défil|ade ♏, ✗ [defi'lad] f Vorbeifahrt f; **~é** [~'le] m Engpaß m; ✗ Parade f; **~er** [~] (1a) v/t. ab-, ausfädeln; v/i. vorbeimarschieren; se ~ Kollier: auseinandergehen, reißen; ✗ in Deckung gehen.

défini, -e [defi'ni] adj. bestimmt; **~ir** [~'ni:r] v/t. (2a) definieren; **~issable** [~ni'sabl] adj. definierbar; **~itif, -ve** [~'tif, ~'ti:v] adj. endgültig; **~ition** [~'sjɔ̃] f Definition f.

déflagration ♏ [deflagra'sjɔ̃] f Deflagration f, rasches Abbrennen n.

déflation [defla'sjɔ̃] f Deflation f.

déflecteur [deflɛk'tœ:r] m Schornsteinaufsatz m; ⊕ Ablenkplatte f; Führungsblech n; Auto: Drehfenster n.

déflexion phys. [deflɛk'sjɔ̃] f Ablenkung f.

déflor|ation [deflɔra'sjɔ̃] f Defloration f, Entjungferung f; **~er** [~'re] v/t. (1a) deflorieren, entjungfern; fig. den Reiz der Neuheit nehmen.

défoncer [defɔ̃'se] v/t. (1k) den Boden einschlagen; unbefahrbar machen; tief umgraben; ✗ durchbrechen; Schaufenster eindrücken; P se ~ a) Rauschmittel nehmen; b) sich sehr anstrengen.

déform|ation [defɔrma'sjɔ̃] f Mißbildung f; Entstellung f; **~er** [~'me] v/t. (1a) verunstalten; deformieren; Tatsache entstellen.

défoul|ement [deful'mɑ̃] m Abreaktion f; **~er** psych. [~'le] v/rfl. (1a): se ~ sich abreagieren.

défourner [defur'ne] v/t. (1a) aus dem (Back-)Ofen nehmen.

défraîchir [defrɛ'ʃi:r] v/rfl. (2a): se ~ s-n Glanz verlieren.

défraiements [defrɛ'mɑ̃] m/pl. Spesen pl., Vergütungen f/pl.

défrayer [defrɛ'je] v/t. (1i) **1.** freihal-

ten; ~ q. de ses frais j-s Unkosten tragen; **2.** F Gesellschaft unterhalten.

defrich|ement [defriʃ'mɑ̃] m Urbarmachung f; urbar gemachtes Land n; **~er** [~'ʃe] v/t. (1a) Land urbar machen.

défringuer P [defrɛ̃'ge] v/rfl. (1m): se ~ sich auspellen P.

défriser [defri'ze] v/t. (1a) j-m die Frisur verderben; F fig. enttäuschen.

défroisser text. [defrwa'se] v/t. (1a) glätten; se ~ wieder glatt werden.

défroncer [defrɔ̃'se] v/t. (1k) Stoff glattstreichen; ~ les sourcils die Stirn glätten.

défroqu|e [de'frɔk] f abgelegte Kleidungsstücke n/pl.; **~er** [~'ke] (1m) v/i. u. se ~ das Ordensgewand ablegen.

défunt, -e [de'fœ̃, ~'fœ̃:t] **1.** adj. verstorben; **2.** su. Verstorbene(r m) m u. f.

dégag|é, -e [dega'ʒe] adj. fig. ungezwungen; **~ement** [~ʒ'mɑ̃] m Einlösung f e-s Pfandes, Wortes; Befreiung f; Freilegung f; ♏ Freiwerden n, Bildung f von Gasen; a. ⚕ Erleichterung f; adm., ✗ Entlassung f, Freisetzung f; ~ des cadres Abbau m der Führungskräfte; escalier m de ~ Hintertreppe f; **~er** [~'ʒe] v/t. (1l) aus-, ein-lösen; befreien; freilegen; Straße frei machen; ♏ Gas entwickeln, bilden; ~ sa parole sein Wort zurücknehmen; se ~ Gas: frei werden.

dégainage at. [degɛ'na:ʒ] m Entkapselung f von Atommüllkanistern.

dégain|e F [de'gɛn] f lächerliche Haltung f; komisches Benehmen n; **~er** [~'ne] v/t. (1b) aus der Scheide ziehen.

déganter [degɑ̃'te] v/rfl. (1a): se ~ die Handschuhe ablegen (od. ausziehen).

dégarnir [degar'ni:r] v/t. (2a) Ausstattung, Besatz, Schmuck, ♪ Zweige, ✗ Truppen, Munition usw. ab-, weg-nehmen; Zimmer (aus)räumen; ✗ Grenze entblößen; se ~ sich entblößen, entleeren; kahl werden.

dégât [de'gɑ] m Verheerung f, Schaden m; F fig. Auswirkung f.

dégauchir [dego'ʃi:r] v/t. (1a) ⊕ behauen, zurichten; F fig. zurechtstutzen.

dégel [de'ʒɛl] m Auftauen n; **~ée** P [~ʒ'le] f Tracht f Prügel; **~er** [~]

(1d) v/t. auftauen; *Kapitalien* freigeben; v/i. (auf)tauen; V sterben.

dégénér|er [dezeneˈre] v/i. (1f) entarten; **~escence** [~reˈsãːs] f Entartung f.

dégingandé, -e F [deʒɛ̃gãˈde] adj. schlaksig.

dégîter ch. [deʒiˈte] v/t. (1a) hochmachen, aus dem Lager aufjagen.

dégivrer [deʒiˈvre] v/t. (1a) enteisen.

dégluer [deglyˈe] v/t. (1a) vom Leim losmachen.

déglutir [deglyˈtiːr] v/t. (2a) (ver-)schlucken.

dégobiller P [degɔbiˈje] v/t. (1a) (aus)kotzen.

dégoiser F [degwaˈze] v/t. (1a) zum besten geben; (aus)quatschen.

dégommer [degɔˈme] v/t. (1a) die Gummierung entfernen (qch. von etw. dat.); *Seide* degummieren; F *fig. Personal* hinauswerfen.

dégonfl|er [degɔ̃ˈfle] v/t. (1a) *Aufgeblasenes (z. B. Ballon)* entleeren; *fig.* anprangern, entlarven; *fig.* ~ son cœur s-m Herzen Luft machen; P se ~ Angst bekommen.

dégorg|eoir ⚓ [degɔrˈʒwaːr] m Ablaufrinne f; **~er** [~ˈʒe] (1l) v/t. *Rohr* reinigen; die Verstopfung beseitigen; *Abwasserkanal* spülen, ausschlämmen; v/i. ab-, über-fließen; cuis. faire ~ la viande (les légumes) das Fleisch (das Gemüse) abwässern.

dégot(t)er [degɔˈte] (1a) v/t. F ergattern; v/i. P aussehen, e-n Eindruck machen.

dégouliner F [deguliˈne] v/i. (1a) tropfenweise fließen, herabtröpfeln.

dégoupillé, -e ✗ [degupiˈje] adj. entsichert.

dégourd|i, -e F [degurˈdi] adj. helle F *fig.*, schlau, aufgeweckt; **~ir** [~ˈdiːr] v/t. (2a) die Erstarrung nehmen; *Wasser* anwärmen; *fig.* ~ q. j-n gewandter machen; se ~ les jambes sich die Beine vertreten.

dégoût [deˈgu] m Ekel m (pour vor dat.); Abscheu m (de vor dat.); **~ant, -e** [~ˈtã, ~ˈtãːt] adj. ekelhaft, widerlich; **~er** [~ˈte] v/t. (1a) anekeln; ~ q. de qch. j-m etw. verleiden.

dégoutter [deguˈte] v/i. (1a) (herab)tropfen; triefen.

dégrad|ation [degradaˈsjɔ̃] f Degradierung f; Verfall m; 🔧 Abbau m; *géol.* Abtragung f; *at.* Kernzerfall m;

fig. Verschlechterung f; Abstufung f, Abtönung f e-r Farbe; **~er** [~ˈde] v/t. (1a) degradieren; beschädigen; *Farben* abstufen, abtönen; se ~ Lage: sich verschlechtern.

dégrafer [degraˈfe] v/t. (1a) loshaken.

dégraisser [degrɛˈse] v/t. (1b) cuis. den Speck ausschneiden aus (dat.); *Kleidung* reinigen.

degré [dəˈgre] m Stufe f; Grad m.

dégréer ⚓ [degreˈe] v/t. (1a) abtakeln.

dégrèvement [degrɛvˈmã] m Steuererlaß m.

dégrever [degrəˈve] v/t. (1d) (von Steuern, Hypotheken) entlasten.

dégringol|ade F [degrɛ̃gɔˈlad] f Herunterpurzeln n; Sturz m, Fall m (a. fig.); **~er** [~ˈle] (1a) v/t. Treppe hinunter-, herunter-fallen; v/i. herunterpurzeln; fig. Aktien: stark fallen.

dégriser [degriˈze] v/t. (1a) nüchtern machen; ernüchtern (a. fig.); fig. ~ q. j-m die Augen öffnen.

dégrosser ⊕ [degroˈse] v/t. (1a) Draht strecken, ziehen.

dégrossir [degroˈsiːr] v/t. (1a) aus dem groben (heraus)arbeiten; (grob) behauen; F fig. j-m den nötigen Schliff geben.

dégrouiller P [degruˈje] v/rfl. (1a): se ~ sich beeilen.

déguenillé, -e [degniˈje] adj. zerlumpt.

déguerpir [degɛrˈpiːr] v/i. (2a) sich aus dem Staube machen, ausreißen, abhauen.

dégueul|asse V [degœˈlas] 1. adj. ekelhaft; 2. m Ekel m; **~(ass)er** V [~laˈse, ~ˈle] v/t. u. v/i. (1a) kotzen P.

déguis|ement [degizˈmã] m Verkleidung f; Verstellung f; **~er** [~ˈze] v/t. (1a) verkleiden; fig. verstellen.

dégust|ateur [degystaˈtœːr] m (amtlicher) Wein- usw. Koster m; **~ation** [~taˈsjɔ̃] f Kosten n; **~er** [~ˈte] v/t. (1a) kosten, abschmecken.

déhanch|é, -e [deãˈʃe] adj. hüft-, lenden-lahm; **~er** [~] v/rfl. (1a): se ~ sich in den Hüften wiegen.

déharnacher [dearnaˈʃe] v/t. (1a) losschirren; F fig. se ~ sich ausspellen.

dehors [dəˈɔːr] 1. adv. draußen; auswärts; hinaus; 2. m Äußere(s) n; Außenseite f; ~ pl. äußerer Schein m; 3. prpt.: en ~ de außerhalb (*gén.*); außer (*dat.*), abgesehen von (*dat.*).

déhouill|ement ⚒ [deɥi'mã] *m* Abbau *m* (*v. Steinkohle*); **~er** ⚒ [~'je] *v/t.* (1a) abbauen.

déifier [dei'fje] *v/t.* (1a) zum Gott machen; *fig.* vergöttern.

déité [dei'te] *f* Gottheit *f*.

déjà [de'ʒa] *adv.* schon, bereits.

déjection [deʒɛk'sjɔ̃] *f* Darmentleerung *f*; *géol.* **~s** *pl.* Auswurf *m* (*Vulkan*).

déjeter [deʒ'te] *v/rfl.* (1c): se ~ *Holz*: sich werfen; *anat.* sich verkrümmen.

déjeuner [deʒœ'ne] **1.** *v/i.* (1a) (zu) Mittag essen; **2.** *m* Mittagessen *n*; *petit* ~ Frühstück *n*; **~-débat** [~de-'ba] *m* (*pl.* déjeuners-débats) Arbeitsessen *n*.

déjouer [de'ʒwe] *v/t.* (1a) vereiteln.

déjucher [deʒy'ʃe] (1a) *v/t. Hühner, Vögel* von der Stange aufjagen; *v/i.* von der Stange wegfliegen.

déjuger [deʒy'ʒe] *v/rfl.* (1l): se ~ s-e Meinung ändern.

delà [də'la] *prp.*: par-~ les mers *od.* au-~ des mers jenseits der Meere.

délabrer [dela'bre] *v/t.* (1a) ruinieren, in Verfall bringen; *fig.* zerrütten.

délacer [dela'se] *v/t.* (1k) aufschnüren.

délai [de'lɛ] *m* Frist *f*; Termin *m*; *sans* ~ unverzüglich, fristlos; **~-congé** [~kɔ̃'ʒe] *m* (*pl.* délais-congés) Kündigungsfrist *f*.

délainage *text.* [delɛ'naːʒ] *m* Enthaarung *f*, Entwollen *n der Felle*.

délaisser [delɛ'se] *v/t.* (1b) im Stich lassen; ✠ aufgeben.

délarder *cuis.* [delar'de] *v/t.* (1a) den Speck ausschneiden.

délass|ement [delas'mã] *m* Erholung *f*; **~er** [~'se] *v/t.* (1a) entspannen; se ~ sich entspannen.

délat|eur, -rice [dela'tœːr, ~'tris] *su.* Denunziant(in *f*) *m*; **~ion** [~la'sjɔ̃] *f* Denunziation *f*.

délaver [dela've] *v/t.* (1a) verwaschen; *géol.* durchtränken.

délayer [delɛ'je] *v/t.* (1i) verdünnen; *fig.* weitschweifig ausführen.

délect|able *litt.* [delɛk'tablə] *adj.* köstlich; **~er** [~'te] *v/rfl.* (1a): se ~ à (*od. de*) qch. sich an etw. (*dat.*) ergötzen.

délégation [delega'sjɔ̃] *f* **1.** Delegation *f*, Abordnung *f*; Ausschuß *m*;

2. (Amts-)Auftrag *m*; *écol.* Stelle *f* für e-n Aushilfsfahrer; ✠ Übertragung *f*.

délégu|é, -e [dele'ge] **1.** *adj.* abgeordnet; beauftragt; **2.** *su.* Delegierte(r *m*) *m u. f*; Vertreter(in *f*) *m*; **~er** [~] *v/t.* (1f) delegieren, abordnen; ✠ übertragen.

délester [delɛs'te] *v/t.* (1a) ✈, ♣ Ballast abwerfen (*qch.* aus etw. *dat.*); F ~ q. de son argent j-n um sein Geld erleichtern.

délétère [dele'tɛːr] *adj.* tödlich; *fig.* schädlich; *gaz* m ~ Giftgas *n*.

délibér|atif, -ve [delibera'tif, ~'tiːv] *adj.* beratend; *Stimme*: beschließend; **~ation** [~ra'sjɔ̃] *f* Beratung *f*; Überlegung *f*; Beschluß *m*; **~é, -e** [~'re] *adj.* fest; entschlossen; *de propos* ~ mit Vorbedacht; **~er** [~] *v/i.* (1f) beratschlagen, überlegen (*sur qch.* etw.).

délicat, -e [deli'ka, ~'kat] **1.** *adj.* zart; fein; feinfühlend; schwer zu befriedigen(d); heikel, mißlich; **2.** *su.: faire le* ~ sich haben F, sich zieren; **~esse** [~'tɛs] *f* Feinheit *f*, Zartheit *f*; Taktgefühl *n*; feiner Geschmack *m*.

délic|e [de'lis] **1.** *m* Wonne *f*; **2.** **~s** *f/pl.* Genüsse *m/pl.*; **~ieux, -se** [~'sjø, ~'sjøːz] *adj.* köstlich.

délié, -e [de'lje] *adj.* dünn, schlank; *fig.* scharfsinnig; **~er** [~] *v/t.* (1a) auf-, ent-, los-binden; lösen.

délimiter [delimi'te] *v/t.* (1a) abgrenzen.

délinqu|ance [delɛ̃'kãːs] *f* Kriminalität *f*; **~ant, -e** [~'kã, ~'kãːt] **1.** *su.* Missetäter(in *f*) *m*, Delinquent(in *f*) *m*; **2.** *adj.: enfance f* ~e straffällige Jugendliche *pl.*

délir|e [de'liːr] *m* Delirium *n*; **~er** [~'li're] *v/i.* irrereden; *fig.* außer sich sein.

délit [de'li] *m* Vergehen *n*; ~ de fuite Fahrerflucht *f*; *en flagrant* ~ auf frischer Tat.

délivr|ance [deli'vrãːs] *f* Befreiung *f*; ⚕ Entbindung *f*; Aushändigung *f*; Ausfertigung *f* (*e-s Führerscheins usw.*); Ausstellung *f* (*e-s Passes*); **~er** [~'vre] *v/t.* (1a) befreien; ⚕ entbinden; aushändigen; *Paß* ausstellen; F *Schläge* verpassen.

déloger [delɔ'ʒe] (1l) *v/i.* aus-, umziehen; *faire* ~ ausquartieren; *v/t.* vertreiben (*a.* ⚔).

déloy|al, -e [delwa'jal] *adj.* (*m/pl.* -*aux*) unredlich; treulos; ✝ unlauter; **~auté** [~jo'te] *f* Treulosigkeit *f*.

deltaplan|e [dɛlta'plan] *m* Drachenflugzeug *n*, *offiziell*: Hängegleiter *m*; **~iste** [~'nist] *su.* Drachenflieger(in *f*) *m*.

déluge [de'ly:ʒ] *m* Sintflut *f*; *fig.* Flut *f*, Schwall *m*.

déluré, -e [dely're] *adj.* munter, aufgeweckt, helle *fig.* F.

démagogue [dema'gɔg] *m* Demagoge *m*.

démailloter [demajo'te] *v/t.* (1a) *einen Säugling* auswickeln.

demain [də'mɛ̃] *adv.* morgen; ~ *matin* morgen früh.

démancher [demã'ʃe] (1a) *v/t.* den Stiel (*od.* den Griff) abmachen (*qch.* von etw. *dat.*); F 🦵 verrenken; *v/i.* ♪ übergreifen; *se ~* sich bemühen; sich *für j-n* halb umbringen.

demand|e [d(ə)'mã:d] *f* Bitte *f*, Forderung *f*; Gesuch *n*; ✝ Nachfrage *f*; Bestellung *f*; Klage *f*; *à la ~ générale* auf allgemeinen Wunsch; ~ *en dommages-intérêts* Schadenersatzforderung *f*; ~ *en mariage* Heiratsantrag *m*; **~é, -e** *téléph.* [~mã'de] *su.* Angerufene(r *m*) *m* u. *f*; **~er** [~] *v/t.* (1a): ~ *qch. à q.* j-n um etw. bitten, etw. von j-m erbitten; etw. von j-m verlangen, j-m etw. abverlangen; j-n nach etw. fragen; ~ *q.* j-n sprechen wollen; j-n heiraten wollen; ~ *q. au téléphone* j-n am Telefon verlangen; **~eur¹, -se** [~'dœ:r,~'dø:z] *su.* Bittende(r *m*) *m* u. *f*; Antragsteller(in *f*) *m*; ✝ Käufer(in *f*) *m*; *téléph.* Anrufer(in *f*) *m*; **~eur², -eresse** 🏛 [~'dœ:r, ~'drɛs] *su.* Kläger(in *f*) *m*.

démang|eaison [demãʒe'zɔ̃] *f* Jukken *n*; F *fig.* Gelüst *n*; **~er** [~'ʒe] *v/t. u. v/i.* (1l) jucken, kitzeln.

démant|èlement ⚔ [demãtɛl'mã] *m* Schleifen *n e-r Festung;* **~eler** [~'le] *v/t.* (1d) *Festung* schleifen; ⊕ abmontieren; *fig. Spionagenetz* ausheben.

démantibuler F [demãtiby'le] *v/t.* (1a) kaputtmachen.

démaquillant *cosm.* [demaki'jã] *m* Make-up-Entferner *m*.

démarcation [demarka'sjɔ̃] *f* Demarkation *f*; Abgrenzung *f*.

démarch|age ✝ [demar'ʃa:ʒ] *m* Kundenwerbung *f*; **~e** [~'marʃ] *f* Gang *m*, Haltung *f*; *fig.* faire des ~s Schritte

unternehmen; **~eur, -se** ✝ [~'ʃœ:r, ~'ʃø:z] *su.* Kundenwerber(in *f*) *m*.

démarquer [demar'ke] *v/t.* (1m) ✝ das Markenzeichen entfernen (*qch.* von etw. *dat.*); *Waren* im Preis herabsetzen; *fig. e-n Autor* kopieren; *Sport*: aus der Deckung des Gegners befreien.

démarr|age [dema'ra:ʒ] *m Auto, vél.* Starten *n*; 🚗 Ab-, An-fahren *n*; **~er** [~'re] (1a) *v/t.* ♣ losmachen; *Auto*: anlassen; F *etw.* starten; *v/i.* starten, anspringen; abfahren; F *fig.* (*mst verneint*) weggehen; **~eur** *Auto* [~'rœ:r] *m* Anlasser *m*, Starter *m*.

démasquer [demas'ke] *v/t.* (1m) entlarven; demaskieren.

démêl|é [deme'le] *m* (*bsd. ~s pl.*) Zank *m*, Streit *m*; **~er** [~] *v/t.* (1a) entwirren; *Haar* durchkämmen; *fig.* klarstellen, klären; *avoir qch. à ~ avec q.* mit j-m ein Hühnchen zu rupfen haben.

démembrer [demã'bre] *v/t.* (1a) *fig. e-n Staat* zerstückeln.

déménag|ement [demenaʒ'mã] *m* Umzug *m*; *voiture f de ~* Möbelwagen *m*; **~er** [~'ʒe] (1l) *v/t. Möbel* wegschaffen; *Wohnung* (aus)räumen; *v/i.* ausziehen; *fig.* F *sa tête déménage* er faselt, er redet Unsinn; **~eur** [~'ʒœ:r] *m* Möbelspediteur *m*.

démence [de'mã:s] *f* Wahnsinn *m*.

démener [dem'ne] *v/rfl.* (1d): se ~ mit Händen und Füßen um sich schlagen; sich gebärden (*comme wie*); *fig.* sich abrackern, sich abmühen.

dément|i [demã'ti] *m* Dementi *n*; **~iel, -le** [~'sjɛl] *adj.* wahnsinnig; **~ir** [~'ti:r] *v/t.* (2b) Lügen strafen, widerlegen; dementieren, widerrufen.

démérit|e [deme'rit] *m* Verschulden *n*; **~er** [~'te] *v/i.* (1a): ~ *auprès de q.* (*od. aux yeux de q.*) j-s Wohlwollen (*od.* Achtung) verlieren.

démerrir 🏷 [deme'ri:r] *v/i.* (2a) abwassern.

démesuré, -e [dem(ə)zy're] *adj.* maßlos.

démettre [de'mɛtrə] *v/t.* (4p) aus-, ver-renken; 🦵 abweisen; ~ *q. de* ... j-n *s-s Postens* entheben; se ~ *de ses fonctions* sein Amt aufgeben.

démeubler [demœ'ble] *v/t.* (1a) *Zimmer* ausräumen.

demeur|ant *litt.* [d(ə)mœ'rɑ̃] *adv.*: au ~ übrigens; **~e** [~'mœːr] *f litt.* Wohnsitz *m*; *heute bsd.* Herrenhaus *n*; **✝** Verzug *m*; *à* ~ auf (die) Dauer; *mise f en* ~ Zahlungsbefehl *m*; **~er** [~mœ're] *v/i.* (1a) wohnen; bleiben; *fig.* ~ *court* den Faden verlieren, steckenbleiben; *en* ~ *là* es dabei bewenden (*od.* bleiben) lassen.

demi, -e [d(ə)'mi] **1.** *adj.* (*vor su. inv.*) halb; *une heure et* ~*e* anderthalb Stunden *f/pl.*; *il est une heure et* ~*e* es ist halb zwei; **2.** *m* Halbe(s) *n*; *Sport*: Läufer *m*; *un* ~ (*de bière*) ein (kleines) Glas Bier; **3.** *advt.*: *à* ~ halb, zur Hälfte; **~bas** [~'bɑ] *m* (*inv.*) Kniestrumpf *m*; **~botte** [~'bɔt] *f* (*pl.* ~s) Halbstiefel *m*; **~finale** *Sport* [~fi-'nal] *f* (*pl.* ~s) Zwischenrunde *f*; Halbfinale *n*; **~frère** [~'frɛːr] *m* (*pl.* ~s) Halb-, Stief-bruder *m*; **~gros ✝** [~'gro] *m* (*inv.*) Zwischenhandel *m*; **~heure** [~'œːr] *f* (*pl.* ~s) halbe Stunde *f*; **~jour** [~'ʒuːr] *m* (*inv.*) Halbdunkel *n*.

démilitarisation [demilitariza'sjɔ̃] *f* Entmilitarisierung *f*.

demi|-monde *péj.* [d(ə)mi'mɔ̃ːd] *m* (*inv.*) Halb-, Lebe-welt *f*; **~mot** [~'mo] *advt.*: *à* ~ auf e-e bloße Andeutung hin.

déminage [demi'naːʒ] *m* Entminung *f*.

demi|-reliure [d(ə)mirə'ljyːr] *f* (*pl.* ~s) Halbfranzband *m*; **~saison** *cout.* [~sɛ'zɔ̃] *f* (*pl.* ~s) Übergangszeit *f*; **~sel** [~'sɛl] *m* (*inv.*) wenig gesalzener Fettkäse *m*; **~solde** ⚔ [~'sɔld] *f* (*pl.* ~s) Wartegeld *n*; **~soupir** ♪ [~su-'piːr] *m* (*pl.* ~s) Achtelpause *f*.

démission [demi'sjɔ̃] *f* Abdankung *f*; *donner sa* ~ s-n Rücktritt erklären; **~naire** [~sjɔ'nɛːr] *adj.* zurückgetreten; **~ner** [~'ne] *v/i.* (1a) abdanken, sein Amt niederlegen, zurücktreten; F *fig.* (es) aufgeben; klein beigeben.

demi|-teinte *peint.* [d(ə)mi'tɛ̃ːt] *f* (*pl.* ~s) Halbschatten *m*; **~ton** ♪ [~'tɔ̃] *m* (*pl.* ~s) Halbton *m*; **~tour** [~'tuːr] *m* (*pl.* ~s) Kehrtwendung *f*; ~, *droite!* rechtsum! *faire* ~ umkehren.

démocrat|e [demo'krat] **1.** *su.* Demokrat(in *f*) *m*; **2.** *adj.* demokratisch; **~ie** [~kra'si] *f* Demokratie *f*; **~ique** [~'tik] *adj.* demokratisch; **~isation** [~tiza-'sjɔ̃] *f* Demokratisierung *f*; **~iser** [~-'ze] *v/t.* (1a) demokratisieren; allen Bevölkerungsschichten zugänglich machen.

démod|é, -e [demo'de] *adj.* unmodern; **~er** [~] *v/rfl.* (1a): *se* ~ unmodern werden, aus der Mode kommen.

démograph|e [demo'graf] *m* Demograph *m*; **~ie** [~'fi] *f* Bevölkerungsstatistik *f*.

demoiselle [d(ə)mwa'zɛl] *f* Fräulein *n* (*nicht in der Anrede*).

démol|ir [demo'liːr] *v/t.* (2a) ab-, nieder-reißen; F *j-n* zs.-schlagen; **~isseur** [~li'sœːr] *m* Abbrucharbeiter *m*; *fig.* Kritikaster *m*.

démon [de'mɔ̃] *m* Dämon *m*; Teufel *m*; **~iaque** [~mɔ'njak] *adj.* dämonisch; teuflisch.

démonstrat|eur, -rice [demɔ̃stra-'tœːr, ~'tris] *su.* Vorführer(in *f*) *m*; Werbeverkäufer(in *f*) *m*; **~if, -ve** [~-'tif, ~'tiːv] *adj.* beweiskräftig; *gr.* Demonstrativ..., hinweisend; *fig.* mitteilsam; zur zurückhaltend; **~ion** [~strɑ'sjɔ̃] *f* Beweis(führung *f*) *m*; Vortrag *m* mit praktischen Vorführungen; Vorführung *f* (*a.* ✝); *fig.* Bekundung *f*; ⚔ Scheinmanöver *n*.

démont|able ⊕ [demɔ̃'tabl] *adj.* zerlegbar; **~age** [~'taːʒ] *m* Demontage *f*; ⚙ Abrüsten *n*; **~er** [~'te] *v/t.* (1a) ⊕ auseinandernehmen; ⚙ *Zelt* abbrechen; *fig.* aus der Fassung bringen; *se* ~ *fig.* die Fassung verlieren.

démontrer [demɔ̃'tre] *v/t.* (1a) beweisen; anschaulich erläutern.

démoraliser [demɔrali'ze] *v/t.* (1a) demoralisieren, entmutigen, zersetzen.

démordre [de'mɔrdrə] *v/i.* (4a) *fig.*: *ne pas* ~ *de qch.* fest auf etw. (*dat.*) beharren.

démoulage ⊕ [demu'laːʒ] *m* Herausnehmen *n* aus der Form; *agent m de* ~ Trennfolie *f*.

démuseler [demyz'le] *v/t.* (1c) *e-m Hund* den Maulkorb abnehmen.

dénatalité [denatali'te] *f* Geburtenrückgang *m*.

dénationaliser *éc.* [denasjɔnali'ze] *v/t.* (1a) reprivatisieren.

dénatur|aliser [denatyrali'ze] *v/t.* (1a) ausbürgern; **~é, -e** [~'re] *adj.* entartet, unmenschlich; **🜛** denaturiert; **~er** [~] *v/t.* (1a) die Natur *e-r Sache* verändern; entstellen.

dénazification *All.* [denazifika'sjɔ̃] *f* Entnazifizierung *f*.

dendrochronolog|ie [dɑ̃drɔkrɔnɔlɔ-

'ʒi] f Dendrochronologie f, Jahres-ringforschung f; **~ue** [~'lɔg] m Dendrochronologe m, Jahresringforscher m.

dénégation bsd. 🔒 [denega'sjɔ̃] f Leugnen n.

déni bsd. 🔒 [de'ni] m Verweigerung f.

déniaiser [denje'ze] v/t. (1b) gewitzt (od. klüger) machen; F aufklären.

dénicher [deni'ʃe] v/t. (1a) aus dem Nest nehmen; F fig. entdecken, auftreiben F.

denier [də'nje] m † Heller m; fig. Scherflein n; bsd. **~s** pl. Geld n.

dénier [de'nje] v/t. (1a) leugnen; abschlagen, verweigern.

dénigrer [deni'gre] v/t. (1a) j-n anschwärzen.

dénivel|er [deniv'le] v/t. (1c) Boden uneben machen; **~lation** [~vela'sjɔ̃] f, **~lement** [~vel'mɑ̃] m Höhen-, Niveau-unterschied m.

dénombr|ement [denɔ̃brə'mɑ̃] m Auf-, Durch-zählung f; **~er** [~'bre] v/t. (1a) (auf)zählen.

dénominat|eur 🔒 [denɔmina'tœːr] m Nenner m; **~if** gr. [~'tif] m u. adj./m: (mot m) ~ Denominativ(um) n; **~ion** [~na'sjɔ̃] f Benennung f.

dénommer [denɔ'me] v/t. (1a) benennen, namentlich anführen.

dénonc|er [denɔ̃'se] v/t. (1k) denunzieren; Vertrag (auf)kündigen; bemängeln, brandmarken; **~iateur,** **-rice** [~sja'tœːr, ~'tris] su. Denunziant(in f) m; **~iation** [~sja'sjɔ̃] f Denunziation f; 🔒 d'un traité Kündigung f e-s Vertrages.

dénoter [denɔ'te] v/t. (1a) bezeichnen; schließen lassen auf (acc.).

dénou|ement [denu'mɑ̃] m Lösung f (a. litt.); Ausgang m e-s Theaterstückes; **~er** [~'nwe] v/t. (1a) aufknoten; fig. etw. aufklären; se ~ thé. ausgehen, enden.

denrée [dɑ̃'re] f Eßware f; **~s** pl. alimentaires Lebensmittel n/pl.; fig. une ~ rare e-e Seltenheit.

dens|e [dɑ̃s] adj. dicht, fest; phys. spezifisch schwer; **~imètre** phys. [dɑ̃si'mɛːtrə] m Densimeter n; **~ité** [~'te] f Dichte f; Dichtigkeit f; spezifisches Gewicht n.

dent [dɑ̃] f Zahn m; Zacken m; Bergspitze f; P avoir la ~ Hunger haben, Kohldampf schieben P; avoir une ~ contre q. j-m grollen; ~ en Pik auf j-n haben F; extraire une ~ e-n Zahn

ziehen; **~s** artificielles Zahnersatz m; être sur les **~s** hundemüde sein; ~ à pivot Stiftzahn m; **~aire** anat. [~'tɛːr] adj. Zahn...; **~ale** phon. [~'tal] f Dental m, Zahnlaut m; **~de-lion** ♀ [~dɔ-'ljɔ̃] m (pl. dents-de-lion) Löwenzahn m; **~ée** ch. [~'te] f Biß m (des Hundes); **~elé, -e** [~t'le] adj. gezahnt; **~eler** [~] v/t. (1c) auszacken; **~elle** text. [~'tɛl] f Spitze f; **~elure** ⊕ [~'tlyːr] f Auszackung f; **~er** ⊕ [~'te] v/t. (1a) verzahnen; **~iculé, -e** △ [~tiky'le] adj. mit e-m Zahnschnitt versehen; **~ier** [~'tje] m (Zahn-)Prothese f; **~ifrice** [~ti'fris] m Zahnpasta f; **~ine** [~'tin] f Zahnbein n; **~iste** [~'tist] su. Zahn-arzt m, -ärztin f; **~ition** [~ti-'sjɔ̃] f Zahnen n; Gebiß n; **~ure** [~'tyːr] f natürliches Gebiß n; ⊕ Zahnung f an Rädern.

dénucléaris|ation [denykleariza'sjɔ̃] f Schaffung f e-r atomwaffenfreien Zone; **~é, -e** [~'ze] adj.: zone f ~e atomwaffenfreie Zone f.

dénuder [deny'de] v/t. (1a) entblößen; bloßlegen.

dénuement [deny'mɑ̃] m bitterste Not f.

dénué, -e [de'nɥe] adj.: ~ de ohne, ...los.

déodorant [deodɔ'rɑ̃] m Deodorant n.

déontologie [deɔ̃tɔlɔ'ʒi] f Berufspflichtenlehre f.

dépann|age [depa'naːʒ] m ⊕ (a. Auto) Reparatur f; Auto: service m de ~ Abschleppdienst m; **~er** [~'ne] v/t. (1a) ⊕ reparieren; Auto abschleppen; F ~ q. j-m aus der Klemme helfen; **~eur** [~'nœːr] m Autoschlosser m; **~euse** [~'nøːz] f Abschleppwagen m.

dépaqueter [depak'te] v/t. (1c) auspacken.

déparasitage rad. [deparazi'taːʒ] m Entstörung f.

dépareiller [depare'je] v/t. (1a) unvollständig machen; être dépareillé nicht zs.-gehören.

déparer [depa're] v/t. (1a) entstellen; verunzieren.

départ [depaːr] m Aufbruch m, Abmarsch m; Abfahrt f; Abflug m; Abgang m; 🏭, ⚓, Sport: Start m.

départager [departa'ʒe] v/t. (1l) (durch s-e Stimme) den Ausschlag geben.

département [departə'mɑ̃] m Fr.

Departement n; adm. Abteilung f; fig. Fach n.

départir [depar'ti:r] v/rfl. (2b): ne pas se ~ de nicht ablassen von (dat.).

dépassement [depas'mã] m Überholen n im Straßenverkehr; Überschreitung f e-s Kredits usw.; fig. Hinauswachsen n über sich selbst; **~er** [~'se] v/t. (1a) überholen, hinter sich lassen; über etw. hinausgehen; überragen, länger (od. höher) sein als; übertreffen; Geschwindigkeit überschreiten; Anleihe überzeichnen; F cela me dépasse das ist mir unbegreiflich; da bin ich überfordert (od. überfragt).

dépaver [depa've] v/t. (1a) das (Straßen-)Pflaster aufreißen.

dépayser [depei'ze] v/t. (1a) fig. befremden, verwirren.

dépecer [dep(ə)'se] v/t. (1d u. 1k) zerschneiden; zerstückeln, zerlegen; ⚓ abwracken; Auto auseinandernehmen.

dépêch|e [de'pɛʃ] f Depesche f; Telegramm n; **~er** [~'ʃe] v/t. (1a) j-n eiligst entsenden; se ~ sich beeilen (de faire qch. etw. zu tun, mit etw.).

dépeindre [de'pɛ̃:dr] v/t. (4b) schildern.

dépenaillé, -e F [dep(ə)nɑ'je] adj. zerlumpt.

dépend|ance [depã'dã:s] f Abhängigkeit f; Nebengebäude n; **~re** [~'pã:dr] (4a) v/i. abhängen, abhängig sein; cela dépend je nachdem; v/t. Bild usw. ab-, herunter-nehmen.

dépens [de'pã] m/pl. Kosten pl.; ⚖ Gerichtskosten pl.; vivre aux ~ d'autrui (à ses ~) auf Kosten anderer (auf s-e, ihre Kosten) leben; **~e** [~'pã:s] f Ausgabe f; **~er** [~pã'se] v/t. (1a) ausgeben; **~ier, -ère** [~'sje, ~'sjɛ:r] 1. adj. verschwenderisch; 2. su. Verschwender(in f) m.

déperdition [depɛrdi'sjɔ̃] f Verlust m (⚡; an Wärme, Strom usw.).

dépér|ir [depe'ri:r] v/i. (2a) dahinsiechen; verkümmern; **~issement** [~ris'mã] m Verkümmern n.

dépêtrer [depɛ'tre] v/t. (1a) j-m heraushelfen; se ~ de qch. sich von etw. (dat.) befreien.

dépeupler [depœ'ple] v/t. (1a) entvölkern.

déphasage [defa'za:ʒ] m phys. Phasenverschiebung f; psych. Kontaktlosigkeit f.

dépiauter F [depjo'te] v/t. (1a) die Haut (od. das Fell) abziehen; se ~ sich auspellen P, sich ausziehen.

dépil|ation [depila'sjɔ̃] f Enthaarung f; Ausfallen n der Haare; **~atoire** [~la'twa:r] 1. adj. Enthaarungs...; 2. m Enthaarungsmittel n; **~er** [~'le] v/t. (1a) ✂ kahl machen; Tierfell enthaaren; ⚒ die Pfeiler abbauen.

dépist|age [depis'ta:ʒ] m: ~ précoce Früherkennung f; examen m de ~ Reihenuntersuchung f; **~er** [~'te] v/t. (1a) 1. ch. aufspüren; Krankheit erkennen; allg. auf die Spur kommen (dat.); 2. fig. irreführen, auf e-e falsche Spur bringen.

dépit [de'pi] m Ärger m, Verdruß m; en ~ de trotz (gén.); **~er** [~'te] v/t. (1a) ärgern; se ~ d'avoir fait qch. sich ärgern, etw. getan zu haben.

déplac|é, -e [depla'se] adj. deplaziert, unpassend; heimatlos, vertrieben; **~ement** [~s'mã] m Versetzung f; Ortsveränderung f, Reise f; Wasserverdrängung f e-s Schiffes; frais m/pl. de ~ Reisekosten pl.; ~ disciplinaire Strafversetzung f; **~er** [~'se] v/t. (1k) versetzen; verschieben; verrücken; écol. ~ un élève dans une classe e-n Schüler in e-r Klasse umsetzen; allg. ~ un invité à un banquet e-n Gast bei e-m Bankett umsetzen.

déplafonnement [deplafɔn'mã] m Aufhebung f der Höchstgrenze.

déplaire [de'plɛ:r] v/i. (4aa) mißfallen.

déplais|ant, -e [deplɛ'zã, ~'zã:t] adj. unangenehm; unsympathisch; unfreundlich; **~ir** [~'zi:r] m Mißfallen n; Verdruß m.

déplanter 🌱 [depla'te] v/t. (1a) verpflanzen, versetzen.

dépli|ant [depli'ã] m Faltprospekt m; **~er** [~'e] v/t. (1a) auseinander-, entfalten.

déplisser [depli'se] v/t. (1a) die Falten entfernen (qch. aus etw. dat.); glätten.

déploiement [deplwa'mã] m Entfalten n; ✗ Aufmarsch m.

déplomber [deplɔ̃'be] v/t. (1a) ⊕ die Plombe lösen (un compteur an e-m Zähler); ✂ die Plombe entfernen (une dent aus e-m Zahn).

déplor|able [deplɔ'rablə] adj. sehr bedauerlich; **~er** [~'re] v/t. (1a) sehr bedauern; beklagen.

déployer [deplwa'je] v/t. (1h) entfal-

ten, ausbreiten, ausspannen; ⚔ auf-
marschieren lassen; *Segel* setzen.

déplumer [deply'me] *v/t.* (1a) rupfen; se ~ sich mausern; F s-e Haare
verlieren.

dépolir ⊕ [depo'li:r] *v/t.* (2a) den
Glanz nehmen, matt schleifen; mattieren; se ~ matt werden; *phot. verre
m* dépoli Mattscheibe *f.*

dépolitiser [depoliti'ze] *v/t.* (1a) ent-
politisieren.

dépollution [depɔly'sjɔ̃] *f* Beseitigung *f* der Umweltverschmutzung.

dépopulation [depɔpyla'sjɔ̃] *f* Ent-
völkerung *f.*

déport *fin.* [de'pɔːr] *m* Deport *m*,
Kursabzug *m*; **~ement** [~pɔrtə'mɑ̃]
m Auto: Ausscheren *n*; **~er** [~'te] *v/t.*
(1a) deportieren, zwangsverschlep-
pen.

dépos|ant, -e [depo'zɑ̃, ~'zɑ̃:t] *su.* ⚖
Zeuge *n*, Zeugin *f vor Gericht*; ✝
Einzahler(in *f*) *m bei Sparkassen*; **~er**
[~'ze] (1a) *v/t.* niederlegen; in Ver-
wahrung geben; ab-, hin-, weglegen *od.* -setzen; *Gesuch* einreichen;
🏛 *Bodensatz* absetzen; *Auto:* ~ q. j-n
absetzen; ~ *son bilan* Konkurs anmelden; *v/i.* gerichtlich aussagen;
~itaire [~zi'tɛːr] *m* Verwahrer *m*;
Treuhänder *m*; Mitwisser *m*; **~ition**
[~'sjɔ̃] *f* Absetzung *f*; *(Zeugen-)*Aussage *f.*

déposs|éder [depose'de] *v/t.* (1f) ent-
eignen; **~ession** [~se'sjɔ̃] *f* Enteig-
nung *f*; *psych.* Verlust *m* der Kontrolle über sich selbst.

dépôt [de'po] *m* Depot *n*; Aufbewah-
rung *f*; Kleiderabgabe *f* (*Badeanstalt*); anvertrautes Gut *n*; ⚖ Hinterlegung *f*; Verwahrungsort *m*,
Speicher *m*, Abstellraum *m*; 🏛 *géol.*
Niederschlag *m*, Ablagerung *f*; 🦷
Schuppen *m*; ✝ Niederlage *f*; *fin.*
Einlage *f*; Polizeigewahrsam *m*; **~ de
brevet** Patentanmeldung *f*; **~ mortuaire** Leichenhalle *f*; *caisse f des ~s
(et consignations)* Depositenkasse *f*;
en **~** ✝ in Kommission; 🦷 bahn-
lagernd.

dépoter [depo'te] *v/t.* (1a) ausvpflan-
zen; *Wein usw.* umfüllen.

dépouill|e [de'puj] *f* Balg *m*; *zo.* abge-
streifte Haut *f*; *um.* Beute *f*; **~** (*mortelle*) (sterbliche) Hülle *f*; **~er** [~'je]
v/t. (1a) abbalgen; *Kleidung* abwerfen; *Urkunden usw.* genau nachprüfen; *Wahlstimmen* auszählen; **~** q. de

qch. j-n e-r Sache berauben; se ~ sich
häuten; *fig.* se ~ de *Kleidung* ablegen;
Blätter verlieren; verzichten auf
(*acc.*).

dépourvu, -e [depur'vy] **1.** *adj.*: ~ de
ohne (*acc.*); **2.** *adv.*: *au* ~ unver-
sehens.

dépoussiérage [depusje'ra:ʒ] *m* Ent-
staubung *f.*

déprav|ation [deprava'sjɔ̃] *f* (Ge-
schmacks-)Verirrung *f*; **~er** [~'ve]
v/t. (1a) (sittlich) verderben.

dépréc|iation [depresja'sjɔ̃] *f* Ent-
wertung *f*, Wertminderung *f*; **~ier**
[~'sje] *v/t.* (1a) entwerten; *fig. den
Wert* herabsetzen; se ~ den Wert
verlieren.

dépréd|ateur [depreda'tœːr] *m* Plün-
derer *m*; Veruntreuer *m*; **~ation** [~-
da'sjɔ̃] *f* Plünderung *f*; Raubbau *m*;
Sachschaden *m*; Veruntreuung *f.*

déprendre [de'prɑ̃:drə] *v/rfl.* (4q): se
~ sich frei machen (de von *dat.*);
Fluß: auftauen.

dépress|if, -ve [deprɛ'sif, ~'si:v] *adj.*
niederdrückend (*a. fig.*); *psych.* de-
pressiv; **~ion** [~'sjɔ̃] *f géol.* Senke *f*,
Senkung *f*; *éc.* Konjunkturrückgang
m; *météor.* Tief *n*; *fig.* Depression *f*,
Niedergeschlagenheit *f.*

déprimer [depri'me] *v/t.* (1a) nie-
derdrücken; *fig.* deprimieren.

dépris [de'pri] *p.p. von déprendre.*

déprolétariser [deproletari'ze] *v/t.*
(1a) entproletarisieren.

depuis [də'pɥi] **1.** *prp. zeitlich*: seit;
von ... an; *örtlich*: von ... aus; von ...
ab; **2.** *adv.* seitdem; **3.** *cj.*: ~ que
seit(dem).

dépur|atif, -ve [depyra'tif, ~'ti:v] **1.**
adj. blutreinigend; **2.** *m* blutreini-
gendes Mittel *n*; **~er** *bsd.* 🦷 [~'re] *v/t.*
(1a) reinigen.

déput|ation [depyta'sjɔ̃] *f* Abord-
nung *f*; Abgeordnetenwürde *f*; **~é**
[~'te] *m* Abgeordnete(r) *m*; *une femme ~* e-e Abgeordnete; *Madame N...,
~* Frau X, Abgeordnete.

déraciner [derasi'ne] *v/t.* (1a) mit
den Wurzeln herausreißen; *fig.* ausrotten.

déraidir [derɛ'di:r] *v/t.* (2a) gelenkig
(*fig.* wendig) machen.

dérail|ler [derɑ'je] *v/i.* (1a) entgleisen
(*a. fig.*); F *fig.* faseln; **~eur** *vél.* [~-
'jœːr] *m* Gangschaltung *f.*

déraison *litt.* [derɛ'zɔ̃] *f* Unvernunft
f; **~nable** [~zɔ'nablə] *adj.* unver-

nünftig; **~ner** [~'ne] v/i. (1a) dummes Zeug reden, faseln.

dérang|ement [derãʒ'mã] m Unordnung f; Störung f; **~er** [~'ʒe] v/t. (1l) in Unordnung bringen; stören; *Magen* verderben; se ~ sich stören lassen.

dérap|age [dera'pa:ʒ] m *Auto*: Schleudern n; **~er** [~'pe] (1a) **1.** v/t. ♣ *l'ancre* den Anker lichten; **2.** v/i. *Anker*: sich losreißen; *Schiff*: vor Anker treiben; *Auto*: ins Schleudern kommen; ♣ abrutschen, abschmieren.

dératé, -e [dera'te] su.: *courir comme un* ~ wie ein Wiesel rennen.

derby [dɛr'bi] m Derby n.

derechef litt. [dər'ʃɛf] adv. von neuem.

dé|règlement [derεglə'mã] m Unregelmäßigkeit f; ⊕ unregelmäßiger Gang m; **~régler** [~re'gle] v/t. (1f) in Unordnung bringen; se ~ in Unordnung geraten; ⊕ unregelmäßig laufen; *Uhr*: falsch gehen.

dérid|age cosm. [deri'da:ʒ] m Lifting n, Hautstraffung f; **~er** [~'de] v/t. (1a) *Haut* glätten; fig. ~ q. j-n aufheitern.

déris|ion [deri'zjõ] f Spott m; Verhöhnung f; fig. Lächerlichkeit f; **~oire** fig. [~'zwa:r] adj. lächerlich; *Spott...; prix m* ~ Spottpreis m.

dériv|atif [deriva'tif] m Ablenkung f (fig.); **~ation** [~va'sjõ] f Ab-, Her-, Um-leitung f; Abweichung f; ♣, ⚡ Abtrift f; ⚡ Abzweigung f; **~e** [~'ri:v] f ♣, ⚡ Abtrift f; *Auto*: seitliches Wegdrücken n; ♣ Seitenflosse f; ♣ Schwert n *e-s Segelboots*; aller (od. partir) à la ~ ♣ abgetrieben werden; fig. willenlos umhergetrieben werden; sich selbst überlassen sein; **~é** [~'ve] m gr. abgeleitetes Wort n; ♠ Derivat n; **~er** [~] (1a) v/i. ♣ abtreiben; ⚡ vom Kurs abgetrieben werden; gr. abgeleitet werden; herkommen; abstammen; ~ au large auf die hohe See abgetrieben werden; v/t. ab-, her-leiten.

dermatolog|iste [dɛrmatɔlɔ'ʒist], **~ue** [~'lɔg] su. Dermatologe m, Dermatologin f.

dern|ier, -ère [dɛr'nje, ~'njɛ:r] adj. letzt; unterst; äußerst; *résultat m* ~ Endresultat m; **~ièrement** [~njɛr-'mã] adv. neulich.

dérob|ade [derɔ'bad] f Ausflucht f;

~é, -e [~'be] **1.** adj.: *escalier m* ~ Geheimtreppe f; **2.** advt.: à la ~e heimlich; **~er** [~] v/t. (1a) ergattern; entreißen; *den Blicken* entziehen; se ~ sich drücken; kneifen f.

dérog|ation [derɔga'sjõ] f Verstoß m (*à qch.* gegen etw.); *weitS. par* ~ à in Abweichung von; **~er** [~'ʒe] (1l) v/i.: ~ à la loi gegen das Gesetz verstoßen; **2.** abs. sich etw. vergeben.

dérouill|ée P [deru'je] f Abreibung f F, Senge pl. F; **~er** [~] v/t. (1a) entrosten; fig. auffrischen; gelenkig machen; P verprügeln, vertrimmen.

dérouler [deru'le] v/t. (1a) auseinander-rollen, -wickeln; ausbreiten; se ~ *Ereignis*: ablaufen; stattfinden; *Garn*: sich aufrollen.

déroute [de'rut] f wilde Flucht f; Verwirrung f; Zusammenbruch m; **~er** [~'te] v/t. (1a) vom Weg (♣, ⚡ vom Kurs) abbringen; irreführen.

derrick [dε'rik] m Bohrturm m.

derrière [dε'rjɛ:r] **1.** adv. (nach) hinten; **2.** prp. hinter; **3.** m Hinterteil n, Hintern m F; Hinterseite f.

des [de] prp. de mit art. les.

dès [dɛ] **1.** prp. seit, von ... an; bereits in (od. an, auf); von ... aus; ab ...; ~ lors von da an; infolgedessen; ~ demain gleich morgen; **2.** cj.: ~ que sobald.

désacclimater [dezaklima'te] v/t. (1a) **1.** klimatisch umgewöhnen; **2.** fig. entwurzeln.

désaccord [deza'kɔ:r] m Mißklang m; Uneinigkeit f; Dissonanz f (fig.); **~er** [~kɔr'de] v/t. (1a) ♪ verstimmen; fig. veruneinigen.

désaccoupler [dezaku'ple] v/t. (1a) ⊕, ⚡ trennen; ch. *Hunde* loskoppeln.

désaccoutumer [dezakuty'me] v/t. (1a): ~ q. de qch. j-m etw. abgewöhnen.

désadaptation psych. [dezadapta-'sjõ] f Außenseitertum n, mangelnde Anpassungsfähigkeit f.

désaffect|é, -e [dezafεk'te] adj. außer Betrieb gesetzt; stillgelegt; **~er** [~] v/t. (1a) e-m anderen Zweck zuführen.

désagré|able [dezagre'ablə] adj. unangenehm; **~gation** [~ga'sjõ] f Zerfall m; ~ territoriale Zersiedelung f; **~ger** [~'ʒe] v/t. (1g) zersetzen; se ~ sich zersetzen, zerfallen; **~ment** [~'mã] m Unannehmlichkeit f.

11*

désajuster [dezaʒys'te] v/t. (1a) in Unordnung bringen.

désaltér|ant, -e [dezalte'rɑ̃, ~'rɑ̃:t] adj. durststillend; **~er** [~'re] v/t. (1f) den Durst löschen; ~ un malade den Durst e-s Kranken stillen.

désamorcer [dezamɔr'se] v/t. (1k)✕ Munition, fig. Konflikt entschärfen; Pumpe leerlaufen lassen.

désappoint|ement [dezapwɛt'mɑ̃] m Enttäuschung f; **~er** [~'te] v/t. (1a): ~ q. j-n enttäuschen.

désapprendre [dezaprɑ̃'drə] v/t. (4q) verlernen.

désap|probateur, -rice [dezaprɔba-'tœ:r, ~'tris] adj. mißbilligend; **~prouver** [~pru've] v/t. (1a) mißbilligen.

désarçonner [dezarsɔ'ne] v/t. (1a) aus dem Sattel heben; fig. aus der Fassung bringen.

désarm|ement [dezarmə'mɑ̃] m Abrüstung f; Entwaffnung f; ⚓ ~ douanier Zollsenkung f; **~er** [~'me] (1a) v/t. entwaffnen; v/i. abrüsten.

désarrimer ⚓ [dezari'me] v/t. (1a) verstaute Schiffsladung verschieben.

désarroi [deza'rwa] m Verwirrung f; Ratlosigkeit f.

désarticuler [dezartiky'le] v/t. (1a) Glied ausrenken; chir. exartikulieren; fig. vereiteln.

désassembler ⊕ [dezasɑ̃'ble] v/t. (1a) Holzarbeit usw. auseinandernehmen.

désastr|e [de'zastrə] m Desaster n, Unheil n, schweres Unglück n; **~eux, -se** [~'trø, ~'trø:z] adj. unheilvoll, fatal.

désavantag|e [dezavɑ̃'ta:ʒ] m Nachteil m; **~er** [~ta'ʒe] v/t. (1l) benachteiligen; **~eux, -se** [~'ʒø, ~'ʒø:z] adj. nachteilig.

désav|eu [deza'vø] m (pl. ~x) Widerruf(ung f) m; Ableugnung f; Nichtanerkennung f; Mißbilligung f; pol. Desavouierung f; **~ouer** [~'vwe] v/t. (1a) widerrufen; leugnen; nicht anerkennen; bsd. pol. desavouieren; mißbilligen; im Widerspruch stehen zu (dat.).

desceller [desɛ'le] v/t. (1a) ⚓ aus dem Mauerwerk herausreißen; ⚡ das Siegel abnehmen (qch. von etw.).

descend|ance [desɑ̃'dɑ̃:s] f Herkunft f, Abstammung f; Nachkommenschaft f; **~ant, -e** [~'dɑ̃, ~'dɑ̃:t] 1. adj. absteigend; Auto: glaces f/pl.

~es herunterdrehbare Wagenfenster n/pl.; 2. su. Nachkomme m; **~erie** ⚓ [~'dri] f einfallende Strecke f (Tunnelbau), **~re** [~'sɑ̃:drə] (4a) v/i. herunter-, hinunter-, herab-, hinabsteigen, -gehen; ab-, aus-steigen; stromabwärts fließen; Barometer, Ballon, Wasser: fallen; fig. sich erniedrigen; ⚔ tiefer gehen; ⚓, a. ⚔ ~ à terre landen; ~ chez q. bei j-m einkehren; ⚡ bei j-m e-e Haussuchung vornehmen; ~ de q. von j-m abstammen; Auto: ~ de (sa) voiture aussteigen; ♪ ~ d'un ton e-n Ton niedriger singen (od. spielen); Bergsteiger: se laisser ~ à la corde sich abseilen; v/t. Berg, Straße usw. hinunter-, herunter-, hinab-, herab-gehen, -steigen, -fahren; herunternehmen, -tragen; F Reisende absetzen; F ⚔ abschießen; P niederknallen.

descente [de'sɑ̃:t] f Abstieg m, Herab-steigen n, -fahren n; ⚓, ⚔ Landung f; ⚡ Haussuchung f; Einfall m in ein Land; Abhang m; Skisport: course f de ~ Abfahrtslauf m; rl. ~ de croix Kreuzabnahme f; ~ de lit Bettvorleger m; ⚔ ~ en piqué Sturzflug m.

descript|eur [dɛskrip'tœ:r] m Beschreiber m; **~if, -ve** [~'tif, ~'ti:v] adj. beschreibend; **~ion** [~'sjɔ̃] f Beschreibung f, Schilderung f.

désectorisation Fr. univ. [dezɛktɔri-za'sjɔ̃] f freie Wahl f der Universität.

désembouteillage [dezãbutɛ'ja:ʒ] m Verkehrsentlastung f.

désembuage Auto [dezã'bɥa:ʒ] m Beseitigung f des Beschlagenseins der Scheiben.

desempar|é, -e [dezãpa're] adj. Schiff: manövrierunfähig; Person: ratlos; **~er** [~] (1a) v/i: sans ~ ununterbrochen; v/t. ein Schiff od. Flugzeug manövrierunfähig machen.

désemplir [dezã'pli:r] v/t. (2a) mst verneint: ne pas ~ nicht leer werden.

désenchaîner [dezãʃɛ'ne] v/t. (1b) losketten.

désenchanter [dezãʃã'te] v/t. (1a) entzaubern; fig. ernüchtern.

désenclavement [dezãklav'mã] m Erschließung f e-s Gebiets.

désenfler [dezã'fle] v/i. (1a) Geschwulst: abschwellen.

désenivrer [dezãni'vre] v/t. (1a) nüchtern machen.

désenneigement [dezɑ̃nɛʒ'mɑ̃] *m* Schneebeseitigung *f*.

désennuyer [dezɑ̃nɥi'je] *v/t*. (1h): ~ *q*. j-m die Langeweile vertreiben; se ~ sich die Zeit vertreiben.

désenvenimer [dezɑ̃vəni'me] *v/t*. (1a) entgiften.

déséquilibr|e [dezeki'librə] *m* Gleichgewichtsstörung *f*; Ungleichgewicht *n*; Mißverhältnis *n*; **~é, -e** [~'bre] *adj*. unausgeglichen; *fig*. verrückt, geistesgestört.

désert, -e [de'zɛːr, ~'zɛrt] **1.** *adj*. wüst, öde; **2.** *m* Wüste *f*, Einöde *f*; **~er** [~zɛr'te] (1a) *v/t*. e-n *Ort* verlassen; *v/i*. ✕ desertieren; **~eur** [~'tœːr] *m* Deserteur *m*, Fahnenflüchtige(r) *m*; Überläufer *m*; **~ification** [~tifika-'sjɔ̃] *f* Landschaftszerstörung *f*; **~ion** [~'sjɔ̃] *f* ✕ Desertion *f*, Fahnenflucht *f*; *pol*. Abfall *m*; ~ *des campagnes* Landflucht *f*.

désesp|érance [dezɛspe'rɑ̃ːs] *f* Hoffnungslosigkeit *f*; **~érer** [~'re] (1f) *v/i*. verzweifeln (an *dat*.); *v/t*. in Verzweiflung bringen; **~oir** [~'pwaːr] *m* Verzweiflung *f*; en ~ de cause als letzten Ausweg.

déshabill|é [dezabi'je] *m* Morgenrock *m*, Negligé *n*; **~er** [~] *v/t*. (1a) entkleiden, ausziehen; se ~ sich ausziehen.

déshabituer [dezabi'tɥe] *v/t*. (1a): ~ *q*. (se ~) de qch. j-m (sich) etw. abgewöhnen.

désherbant ⚶ [dezɛr'bɑ̃] *m* Unkrautvertilgungsmittel *n*.

déshériter [dezeri'te] *v/t*. (1a) enterben.

déshonnêt|e [dezɔ'nɛt] *adj*. unanständig; **~eté** [~nɛt'te] *f* Unanständigkeit *f*.

déshon|neur [dezɔ'nœːr] *m* Schande *f*; **~orer** [~nɔ're] *v/t*. (1a) entehren; verunstalten.

déshumidification [dezymidifika-'sjɔ̃] *f* Entfeuchtung *f*.

désidérabilité *éc*. [deziderabili'te] *f* wirtschaftlicher Nutzen *m*.

desiderata [deziderа'ta] *m/pl*. Wünschenswerte(s) *n*, Anliegen *n/pl*.; Desideratenliste *f*.

design ⊕, ✝ [di'zain] *m* Design *n*.

désign|ation [dezinа'sjɔ̃] *f* Bezeichnung *f*; **~er** [~'ne] *v/t*. (1a) bezeichnen; bestimmen.

désillusionner [dezilyzjɔ'ne] *v/t*. (1a) enttäuschen.

désinence *gr*. [dezi'nɑ̃ːs] *f* Endung *f*.

désindustrialis|ation [dezɛ̃dystriali-zа'sjɔ̃] *f* Entindustrialisierung *f*; **~er** [~'ze] *v/t*. (1a) entindustrialisieren.

désinfect|ant, -e [dezɛ̃fɛk'tɑ̃, ~'tɑ̃ːt] **1.** *adj*. desinfizierend; **2.** *m* Desinfektionsmittel *n*; **~er** [~'te] *v/t*. (1a) desinfizieren, entseuchen; **~ion** [~'sjɔ̃] *f* Desinfektion *f*, Entseuchung *f*.

désintégr|ation [dezɛ̃tegrа'sjɔ̃] *f* Zerfall *m*, Auflösung *f*; *phys*. Kern-, Atom-zertrümmerung *f*; **~er** [~'gre] *v/t*. (1f) zersetzen; *at*. zertrümmern.

désintéress|é, -e [dezɛ̃tɛre'se] *adj*. uninteressiert; unbeteiligt; selbstlos, uneigennützig; **~ement** [~s'mɑ̃] *m* Uninteressiertheit *f*; Teilnahmslosigkeit *f*; Selbstlosigkeit *f*, Uneigennützigkeit *f*; **~er** [~'se] *v/t*. (1a) entschädigen; se ~ das Interesse verlieren (de an *dat*.).

désintoxi|cation [dezɛ̃tɔksikа'sjɔ̃] *f* Entgiftung *f*; Entwöhnung *f* v. Süchtigen; **~quer** [~'ke] *v/t*. (1m) entgiften; Süchtige entwöhnen.

désinvolt|e [dezɛ̃'vɔlt] *adj*. ungezwungen, ungeniert, lässig, nonchalant; *péj*. keß, pampig F; **~ure** [~'tyːr] *f* Ungezwungenheit *f*; (allzu große) Ungeniertheit *f*; Nonchalance *f*.

désir [de'ziːr] *m* Wunsch *m*; Begierde *f*; ~ de s'instruire Wissensdrang *m*; **~able** [~zi'rablə] *adj*. wünschenswert; begehrenswert; erwünscht; **~er** [~'re] *v/t*. (1a) wünschen, begehren; **~eux, -se** [~'rø, ~'røːz] *adj*.: ~ de begierig nach (*dat*.).

désist|ement [dezistə'mɑ̃] *m* Verzicht *m*; **~er** [~'te] *v/rfl*. (1a): se ~ de qch. auf etw. (*acc*.) verzichten.

désobé|ir [dezɔbe'iːr] *v/i*. (2a) ungehorsam sein; **~issance** [~i'sɑ̃ːs] *f* Ungehorsam *m*.

désobliger [dezɔbli'ʒe] *v/t*. (1l): ~ *q*. j-n kränken.

désobstruer [dezɔpstry'e] *v/t*. (1a) ⊕ freilegen; ✚ von Verstopfung befreien.

désœuvr|é, -e [dezœ'vre] **1.** *adj*. müßig; **2.** *su*. Müßiggänger(in *f*) *m*; **~ement** [~vrə'mɑ̃] *m* Müßiggang *m*.

désol|ant, -e [dezɔ'lɑ̃, ~'lɑ̃ːt] *adj*. betrübend, trostlos; **~ation** [~lа'sjɔ̃] *f* tiefe Betrübnis *f*, ✚ tief betrübt; je suis ~ de ... es tut mir leid, daß ...; **~er** [~] *v/t*. (1a) aufs

désolidariser   166

tiefste betrüben; se ~ sehr betrübt
sein.
désolidariser [desɔlidari'ze] v/rfl.
(1a): se ~ de sich lossagen von (dat.).
dépoil|ant, -e [depɔpi'lɑ̃, ~'lɑ̃ːt] adj.
ulkig; **~er** [~'le] v/t. (1a): ~ (la rate à)
q. j-n zum Lachen bringen.
désordonné, -e [dezɔrdɔ'ne] adj. unordentlich.
désordre [de'zɔrdrə] m Unordnung
f; Unruhe f; Aufruhr m.
désorganis|ation [dezɔrganiza'sjɔ̃] f
Störung f der Ordnung; Desorgani-
sation f; Zersetzung f, Auflösung f;
Zerrüttung f; **~er** [~'ze] v/t. (1a) in
Unordnung bringen; zersetzen, auflösen; zerrütten.
désorienter [dezɔrjɑ̃'te] v/t. (1a) irreführen, verwirren.
désormais [dezɔr'mɛ] adv. von nun
an, künftig.
désoss|é [dezo'se] m Schlangen-
mensch m; **~er** [~] v/t. (1a) cuis.
Fleisch von den Knochen lösen; ent-
beinen; Fisch entgräten; F fig. zerlegen.
désoxyder 🔬 [dezɔksi'de] v/t. (1a)
desoxydieren.
déspécialiser [despesjali'ze] v/t. (1a)
entspezialisieren.
despot|e [dɛs'pɔt] m Despot m; **~ique**
[~'tik] adj. despotisch; **~isme** [~
'tism] m Despotismus m.
dessaisir [desɛ'ziːr] v/rfl. (2a): se ~ de
qch. etw. aus den Händen geben.
dessal|é, -e F [desa'le] adj. fig. ganz
gerissen; **~er** [~] v/t. (1a) entsalzen; F
gewitzt machen.
dessécher [dese'ʃe] v/t. (1f) austrock-
nen; auszehren; ausmergeln; Gefühl
abstumpfen; se ~ vertrocknen; alter
Mensch: zs.-fallen.
dessein [de'sɛ̃] m Absicht f, Zweck m;
à ~ absichtlich.
desserr|e F [de'sɛːr] f: être dur à la ~
sich schwer vom Geld trennen; **~er**
[~sɛ're] v/t. (1b) lockern; auf-, losmachen; Bremse lösen.
dessert [de'sɛːr] m Dessert n, Nachtisch m; **~e** [~'sɛrt] f Anrichtetisch m;
rl. Seelsorge f; Zubringerdienst m;
chemin de ~ Zufahrtsstraße f.
desserv|ant [desɛr'vɑ̃] m Pfarrer m
e-r Filialkirche; **~ir** [~'viːr] v/t. (2b)
Speisen abtragen; den Tisch abdek-
ken; 🚊 usw. (regelmäßig) fahren
über od. durch (acc.); 🛩 regelmäßig
anfliegen; ~ q. j-m schaden; ~ (une

paroisse) den Kirchendienst versehen; ~ un endroit die Verbindung mit
e-m Ort herstellen.
dessiller [desi'je] v/t. (1a): ~ les yeux à
q. j-m die Augen öffnen.
dessin [de'sɛ̃] m Zeichnung f; Plan m;
Muster n; Zeichenkunst f; ~ à main
levée Freihandzeichnen n; ~ animé
Zeichentrickfilm m; ~ industriel
technisches Zeichnen n; **~ateur,
-rice** [~sina'tœːr, ~'tris] su. Zeich-
ner(in f) m; **~er** [~'ne] v/t. (1a) zeichnen; hervortreten lassen; se ~ sich
abzeichnen.
dessouder ⊕ [desu'de] v/t. (1a) los-
löten; se ~ sich lösen; abgehen.
dessoûler F [desu'le] v/a. nüchtern machen, ernüchtern; v/i. nüchtern werden.
dessous [də'su] **1.** adv. darunter, unten; vêtements m/pl. de ~ Unterbe-
kleidung f; en ~ (nach) unten; fig.
versteckt, heimlich; **2.** prp.: ~ unter
... (dat.) hervor; **3.** m Unter-seite f,
-teil n od. m; thé. Versenkung f; fig.
Kehrseite f; ~ pl. Damenunter-
wäsche f; les ~ de la politique die
Hintergründe pl. der Politik; ~ pl. de
table Schmiergelder n/pl.; ~ de verre
Gläseruntersatz m, Bierdeckel m;
avoir le ~ den kürzeren ziehen.
dessus [də'sy] **1.** adv. darüber, oben
(d[a]rauf); vêtements m/pl. de ~ Ober-
bekleidung f; **2.** prp.: de ~ la table
vom Tisch weg; **3.** m Oberteil n od.
m, obere Seite f; fig. Oberhand f;
Sieg m; ♩ Diskant m; thé. ~ pl.
Schnürboden m; avoir le ~ die Oberhand behalten; le ~ du panier das
Beste; ~ de table Tischblatt n.
déstabilisation pol. [destabiliza'sjɔ̃] f
Verunsicherung f.
destin [dɛs'tɛ̃] m Schicksal n, Los n,
Verhängnis n; **~ataire** [~tina'tɛːr] su.
Empfänger(in f) m; **~ation** [~na'sjɔ̃]
f Bestimmung(sort m) f; 🚢, ✈ à ~ de
nach; **~ée** [~'ne] f persönliches
Schicksal n; **~er** [~] v/t. (1a) bestimmen, ausersehen.
destitu|er [dɛsti'tɥe] v/t. (1a) j-n ab-
setzen; **~tion** [~sjɔ̃] f Absetzung f.
destroyer ⚓ [dɛstrɔ'jœːr] m Zerstörer
m.
destruct|eur, -rice [dɛstryk'tœːr,
~'tris] **1.** adj. verheerend; **2.** su. Zer-
störer(in f) m; ~ m de parasites Kammerjäger m; **~if, -ve** [~'tif,
~'tiːv] adj. zerstörend; **~ion** [~k-

'sjɔ̃] f Zerstörung f; Vernichtung f.
destructuration *écol.* [destryktyra-
'sjɔ̃] f: *la ~ de l'école* die Auflockerung
der Schule.
désu|et, -ète [de'sɥe, ~'sɥɛt] *adj.* un-
gebräuchlich; veraltet; **~étude** [~-
sɥe'tyd] f: *tomber en ~* außer Gebrauch kommen.
désun|ion [dezy'njɔ̃] f Trennung f,
Entzweiung f; Zwietracht f; **~ir** [~-
'ni:r] *v/t.* (2a) entzweien.
détach|ant [deta'ʃɑ̃] m Fleckenent-
ferner m; **~ement** [~ʃ'mɑ̃] m Gleichgültigkeit f; ⚔ Abteilung f, Trupp m,
Kommando n; **~er** [~'ʃe] *v/t.* (1a)
1. abmachen, abreißen, losbinden;
trennen; ♪ staccato spielen; ⚔ ab-
kommandieren; *adm.* abordnen;
allg. entsenden; **2.** die Flecken entfernen (*qch.* aus etw. *dat.*).
détail [de'taj] m Einzelheit f; ✝ Ein-
zel-, Klein-handel m; ✝ *vente f au ~*
Einzelverkauf m; *fig. en ~* ausführlich; **~lant, -e** [~'jɑ̃, ~'jɑ̃:t] *su.* Ein-
zel-, Klein-händler(in f) m; **~ler** [~-
'je] *v/t.* (1a) in Stücke zerlegen; ✝ im
Einzelhandel (*od.* im kleinen) verkaufen; *fig.* genau beschreiben.
détaler ⅋ [deta'le] *v/i.* (1a) davonlaufen, ausreißen; *Auto:* losbrau-
sen.
détect|er [detɛk'te] *v/t.* (1a) aufspü-
ren; **~eur** ⊕ [~'tœ:r] m Detektor m (*a.
rad.*); Nachweis-, Anzeige-gerät n;
~ive [~'ti:v] m Detektiv m.
déteindre [de'tɛ̃:drə] (4b) *v/t.* aus-
bleichen; *v/i.* an Farbe verlieren; *fig.
~ sur q.* auf j-n abfärben.
dételer [det'le] *v/t.* (1c) ab-, ausspannen; *bsd.* 🚋 loskuppeln.
détendre [de'tɑ̃:drə] *v/t.* (4a) entspannen (*a. fig. u. phys.*); abspan-
nen; *se ~* die Spannung verlieren,
erschlaffen; *fig.* sich entspannen.
détenir [det'ni:r] *v/t.* (2h) im Besitz
haben; innehaben; ⚖ gefangenhal-
ten.
détent|e [de'tɑ̃:t] f Abzug m, Drücker
m e-r Schußwaffe; *Sport:* Sprung-,
Stoß-vermögen n; *fig., a. pol.* Entspannung f; **~eur, -rice** [~tɑ̃'tœ:r,
~'tris] *su.* Inhaber(in f) m; *Sport:* **~** *de
titre* Titelhalter(in f) m; **~ion** [~'sjɔ̃] f
Besitz m; ⚖ Haft f; *~ préventive*
Untersuchungshaft f.
détenu, -e ⚖ [det'ny] *su.* Häftling m.
déterger ⚕, ⊕ [detɛr'ʒe] *v/t.* (1l)
reinigen.

détériorer [deterjɔ're] *v/t.* (1a) beschädigen; verschlechtern.
détermin|ation [detɛrmina'sjɔ̃] f
Bestimmung f; Feststellung f; Entschluß m; Entschlossenheit f (*a.
pol.*); **~é, -e** [~'ne] *adj.* entschlossen;
~er [~] *v/t.* (1a) bestimmen; näher
angeben, festsetzen; *~ q. à faire qch.*
j-n veranlassen, etw. zu tun.
déterrer [detɛ're] *v/t.* (1b) ausgra-
ben, *Schätze* heben; *fig.* ausfindig
machen.
détersif [detɛr'sif] m Reinigungsmit-
tel n.
détest|able [detɛs'tablə] *adj.* ab-
scheulich; **~er** [~'te] *v/t.* (1a) verabscheuen.
déton|ant, -e [detɔ'nɑ̃, ~'nɑ̃:t] *adj.*
explosiv; *mélange m ~* explosives
Gasgemisch n; **~ation** [~na'sjɔ̃] f
Detonation f; Knall m; **~er** [~'ne] *v/i.*
(1a) explodieren; detonieren.
détonner ♪ [detɔ'ne] *v/i.* (1a) vom
Ton abweichen; falsch singen.
détordre [de'tɔrdrə] *v/t.* (4a) auf-,
auseinander-drehen.
détors, -e [de'tɔ:r, ~'tɔrs] *adj.* ausein-
andergedreht; aufgefädelt.
détortiller [detɔrti'je] *v/t.* (1a) auf-,
auseinander-wickeln.
détour [de'tu:r] m Krümmung f;
Umweg m (*a. fig.*); *sans ~* ganz
einfach, ohne Umschweife.
détourn|é, -e [detur'ne] *adj.* ge-
wunden; abgelegen; indirekt; **~e-
ment** [~nə'mɑ̃] m Ablenken n; 🚋
Umleitung f; ⚖ Unterschlagung
f; *~ d'avion* Flugzeugentführung f;
~er [~'ne] *v/t.* (1a) *vom Weg* ablenken; 🚋 umleiten; *j-n von etw.*
abbringen; ⚖ unterschlagen; *~ un
avion* ein Flugzeug entführen; *~ qch.
de q.* etw. von j-m abwenden; *~ la
vérité* die Wahrheit verdrehen; *se ~
de qch. (de q.)* sich von etw. (von j-m)
abwenden.
détracteur, -rice [detrak'tœ:r, ~'tris]
su. Verleumder(in f) m.
détraqu|é, -e [detra'ke] **1.** *adj.* ⊕
gestört, kaputt ⅋; verrückt, übergeschnappt; *il est ~* er spinnt (*fig.*), er
hat e-n Rappel; **2.** *su.* Verrückte(r m)
m u. f.; **~er** [~] *v/t.* (1m) ⚕ in Unordnung bringen; zerrütten; ⊕ kaputtmachen.
détremp|e [de'trɑ̃:p] f Wasserfarbe f;
~er [~trɑ̃'pe] *v/t.* (1a) *Farben* ein-,
an-rühren; *Stahl* enthärten.

détresse [de'trɛs] f (höchste) Not f.

détriment [detri'mã] m litt. Schaden m, Nachteil m; au ~ de zum Schaden (gén.).

détrit|er [detri'te] v/t. (1a) Oliven zerquetschen; **~oir** [~'twaːr] m Ölpresse f; **~us** [~'tys] m Abfall m; Müll m; géol. Detritus m, Geröll n.

détroit [de'trwa] m Meerenge f.

détromper [detrɔ̃'pe] v/t. (1a) e-s Besseren belehren; se ~ s-n Irrtum erkennen.

détrôner [detro'ne] v/t. (1a) entthronen; fig. verdrängen.

détrouss|er plais. [detru'se] v/t. (1a) ausplündern; **~eur** plais. [~'sœːr] m Straßenräuber m.

détruire [de'trɥiːr] v/t. (4c) zerstören.

dette [dɛt] f ✝ Schuld f (a. fig.); fig. (moralische) Verpflichtung f; ~ publique Staatsschuld f.

deuch * [dœʃ] f: la ~ 2 CV der 2-PS-Wagen.

deuil [dœj] m Trauer f; Trauerkleidung f; fig. Trauer-zeit f, -zug m.

deux [dø] **1.** a/n. c. zwei; les ~ (die) beide(n); tous (les) ~ alle beide; ~ à ~ zu zweien; en ~ in zwei Teile(n), entzwei (schneiden); tous les ~ jours, de ~ jours l'un alle zwei Tage; nous ~ wir beide; partager en ~ halbieren; **2.** m Zwei f; **~ième** [~'zjɛm] **1.** a/n. o. zweite(r, -s); **2.** m zweites Stockwerk n; **~ièmement** [~zjɛm'mã] adv. zweitens.

deux|-pièces [dø'pjɛs] m (inv.) Deux-pièces n, zweiteiliges Kleid n; zweiteiliger Badeanzug m; Zweizimmerwohnung f; **~points** [~'pwɛ] m (inv.) Doppelpunkt m.

dévaler [deva'le] (1a) v/t. Auto: e-e Straße herunterbrausen; Person: e-e Treppe hinunterstürzen; v/i. herabrollen, -fließen; abschüssig verlaufen; Fisch: stromabwärts schwimmen.

dévaliser [devali'ze] v/t. (1a) ausplündern.

dévaloir dial. Schweiz [deva'lwaːr] m Müllschlucker m.

dévaloris|ation [devalɔriza'sjɔ̃] f Entwertung f; **~er** [~'ze] v/t. (1a) entwerten.

dévalu|ation fin. [devalɥa'sjɔ̃] f Abwertung f e-r Währung; **~er** fin. [~'lɥe] v/t. (1a) abwerten.

devanc|er [d(ə)vã'se] v/t. (1k) vor j-m hergehen; j-m zuvorkommen; j-m überlegen sein; j-s Vorgänger sein; vorhergehen; s-m Jahrhundert voraus sein; **~ier, -ère** [~'sje, ~'sjɛːr] su. Vorgänger(in f) m.

devant [d(ə)'vã] **1.** adv. vorn, voran; **2.** prp. vor (dat. u. acc.); gegenüber (dat.); **3.** m Vorderteil n, m; △ Vorder-front f, -seite f; loger sur le ~ nach vorn heraus wohnen; prendre le ~ (od. les ~s): a) zuvorkommen (sur q. j-m); b) vorausreisen; c) e-n Vorsprung gewinnen; **~ure** [~'tyːr] f Schaufenster n.

dévast|ation [devasta'sjɔ̃] f Verwüstung f; **~er** [~'te] v/t. (1a) verwüsten.

déveine F [de'vɛn] f Pech n; avoir de la ~ Pech haben.

développ|ement [devlɔp'mã] m Entwicklung f; **~er** [~'pe] v/t. (1a) entwickeln; fig. darlegen.

devenir [dəv'niːr] **1.** v/i. (2h) werden; **2.** m Werden n, Entwicklung f.

dévergondé, -e [devɛrgɔ̃'de] adj. ausschweifend; schamlos.

déverrouiller [devɛru'je] v/t. (1a) aufriegeln; télév. die Programme freier gestalten.

dévers [de'vɛːr] m schiefe Kante f; 🚗 Überhöhung f in Kurven; **~er** [~ver'se] (1a) v/t. abfließen lassen, ableiten; fig. ausschütten; v/i. △ schief stehen; Holz: sich werfen; se ~ abfließen; **~oir** [~'swaːr] m Wasserablaß m; Abflußrinne f.

dévêtir litt. [devɛ'tiːr] v/t. (2g) entkleiden.

déviance psych., pol. [de'vjãːs] f Abweichung f.

déviation [devja'sjɔ̃] f Abweichung f von der Bahn; 🚑 Verkrümmung f; Ausschlag m e-s Zeigers; Umleitung f des Verkehrs; **~nisme** pol. [~vjasjɔ̃'nism] m mangelnde Linientreue f; **~niste** pol. [~'nist] **1.** adj. nicht linientreu; abweichlerisch; abtrünnig; **2.** su. Abweichler(in f) m.

dévid|er [devi'de] v/t. (1a) abspulen; **~oir** [~'dwaːr] m Haspel f; ⚙ ~ (enrouleur) Schlauchwagen m.

dévier [de'vje] (1a) v/i. von etw. abweichen; 🚑 verkrümmen; v/t. ablenken; Verkehr umleiten.

devin, -eresse [d(ə)'vɛ̃, ~vin'rɛs] su. Wahrsager(in f) m; **~er** [~vi'ne] v/t. (1a) (er)raten; wahrsagen; **~ette** [~'nɛt] f Rätsel n.

devis [d(ə)'vi] *m* Kostenanschlag *m*.

dévisager [deviza'ʒe] *v/t.* (1l) scharf ansehen.

devise [d(ə)'vi:z] *f* Wahlspruch *m*, Motto *n*; **✝** **~s** *pl.* Devisen *f/pl.*; *~ forte (od. lourde)* harte Währung *f*.

deviser *litt.* [d(ə)vi'ze] *v/i.* (1a) vertraulich (miteinander) plaudern.

dévisser [devi'se] (1a) *v/t.* losschrauben; *v/i. alp.* abstürzen.

dévitaliser [devitali'ze] *v/t.* (1a) **1.** *~ une dent* den Nerv *m* e-s Zahnes abtöten; **2.** *fig.* lähmen, schwächen.

dévocalisation *ling.* [devɔkaliza'sjɔ̃] *f* Stimmloswerden *n*.

dévoiement △ [devwa'mã] *m* Neigung *f*.

dévoiler [devwa'le] *v/t.* (1a) enthüllen; *se ~* sich entschleiern.

devoir [d(ə)'vwa:r] **1.** (3a) *v/t.* schulden; verdanken; *v/i.* müssen, sollen; **2.** *m* Pflicht *f*; Schul-aufgabe *f*, -arbeit *f*; *aller rendre ses ~s à q.* j-m s-e Aufwartung machen.

dévoisement *ling.* [devwaz'mã] *m* Stimmlosmachen *n*.

dévolu, -e [devɔ'ly] **1.** *adj.* ⚖ zugefallen; *Rolle:* zufallend; **2.** *m: jeter son ~ sur* gern haben wollen; (s)ein Auge werfen auf *(acc.)*.

dévor|ant, -e [devɔ'rã, ~'rã:t] *adj.* **1.** *faim f* e-s Heißhunger *m*; **2.** *fig.* unersättlich; **~er** [~'re] *v/t.* (1a) zerfleischen; kahlfressen; ausplündern; verschlingen; *Auto: Kilometer* fressen.

dévot, -e [de'vo, ~'vɔt] **1.** *adj.* fromm; **2.** *su.* Andächtige(r *m*) *m u. f*; getreuer Anhänger *m*, getreue Anhängerin *f*; **~ion** [~vo'sjɔ̃] *f* Andacht *f*; Ehrerbietung *f*.

dévou|é, -e [de'vwe] *adj.* ergeben; **~ement** [~vu'mã] *m* Hingabe *f*; Aufopferung *f*; **~er** [~'vwe] *v/t.* (1a) *der Gottheit* weihen; *se ~* sich (auf)opfern; sich widmen.

dévoy|é, -e [devwa'je] *su.* Entgleiste(r *m*) *m u. f (fig.)*; **~er** [~] *v/t.* (1h) vom rechten Weg abbringen.

dextérité [deksteri'te] *f* Geschicklichkeit *f*.

dextrose [dɛks'tro:z] *m* Traubenzucker *m*.

dézinguer ✶ [dezɛ̃'ge] *v/t.* (1m) umbringen, töten.

diab|ète ⚕ [dja'bɛt] *m* Diabetes *f*, Zuckerkrankheit *f*; **~étique** [~be'tik] **1.** *adj.* diabetisch; **2.** *su.* Diabetiker(in *f*) *m*, Zuckerkranke(r *m*) *m u. f*.

diab|le ['djablə] *m* Teufel *m*; ⊕ Stein-, Sack-karre *f*; *bon ~* guter Kerl *m*; *~ d'homme* Teufelskerl *m*; *au ~ vauvert* sehr weit; **~ement** F [~'mã] *adv.* äußerst; **~erie** [~'ri] *f* Schalkhaftigkeit *f*; **~esse** [~'blɛs] *f* Teufelin *f*; Teufelsweib *n*, Satan *m (v. e-r Frau)*; **~otin** [~blɔ'tɛ̃] *m* Teufelchen *n*; F *(kleiner)* Schlingel *m*.

diabolique [djabɔ'lik] *adj.* teuflisch.

diabolis|ation [djabɔliza'sjɔ̃] *f* Verteufelung *f*; **~er** [~'ze] *v/t.* (1a) verteufeln.

diachronique *a. ling.* [djakrɔ'nik] *adj.* diachronisch.

diacre ['djakrə] *m* Diakon *m*.

diadème [dja'dɛm] *m* Diadem *n*.

diagnost|ic ⚕ [djagnɔs'tik] *m* Diagnose *f*; *établir un ~* e-e Diagnose stellen; **~ique** [~] *adj.* diagnostisch; **~iquer** [~'ke] *v/t.* (1m) diagnostizieren.

diagonal, -e ⚭ [djagɔ'nal] *adj. (m/pl. -aux)* diagonal; **~e** [~] *f* Diagonale *f*; *en ~* diagonal; schräg.

diagramme [dja'gram] *m* Diagramm *n*.

dialecte [dja'lɛkt] *m* Dialekt *m*.

dialogu|e [dja'lɔg] *m* Dialog *m*; **~er** [~'ge] (1m) *v/i.* sich unterhalten; *v/t.* in Gesprächsform kleiden; **~iste** *cin.* [~'gist] *su.* Dialogschreiber(in *f*) *m*.

diamant [dja'mã] *m* Diamant *m*; **~er** [~'te] *v/t.* (1a) mit Diamanten besetzen; wie e-n Diamanten funkeln lassen.

diamètre ⚭ [dja'mɛ:trə] *m* Durchmesser *m*.

diapason [djapa'zɔ̃] *m* ♩ Stimmumfang *m*; Stimmgabel *f*; *fig.* Stimmung *f*; *~ normal* Kammerton *m*; *bsd. pol. ne pas être au ~* nicht übereinstimmen.

diaphane [dja'fan] *adj.* durchsichtig.

diaphonie *téléph.* [djafɔ'ni] *f* Über-, Neben-sprechen *n*.

diaphragm|e [dja'fragm(ə)] *m anat.* Zwerchfell *n*; ⚥ Scheidewand *f*; *phot.* Blende *f*; *téléph., rad.* Membran(e) *f*; **~er** *phot.* [~'me] *v/t.* (1a) abblenden.

diapositive *phot.* [djapozi'ti:v] *f* Diapositiv *n*, Dia *n.*

diapré, -e [dja'pre] *adj.* bunt.

diarrhée ⚕ [dja'rre] *f* Durchfall *m.*

diatribe [dja'trib] *f* Schmähschrift *f.*

dict|aphone [dikta'fɔn] *m* Diktiergerät n; **~ateur** [~'tœ:r] m Diktator m; **~ature** [~'ty:r] f Diktatur f; **~ée** [~'te] f Diktat n; sous la ~ nach Diktat; **~er** [~] v/t. (1a) diktieren; vorschreiben; **~ion** [~'sjɔ̃] f Diktion f, Vortragsart f; **~ionnaire** [~sjɔ-'nɛ:r] m Wörterbuch n; **~on** [~'tɔ̃] m sprichwörtliche Redensart f.

diélectrique phys. [djelɛk'trik] adj. dielektrisch; rigidité f ~ Durchschlagsfestigkeit f.

dièse ♪ [djɛ:z] m Kreuz n, Erhöhungszeichen n.

diesel ⊕ [dje'zɛl] m Diesel-motor m, -fahrzeug n.

diéser ♪ [dje'ze] v/t. (1f) Note durch ein Kreuz erhöhen.

diète [djɛt] f 1. ⚕ u. allg. Diät f; 2. ♀ All. Bundestag m.

Dieu [djø] m 1. Gott m; grâce à ~!, ~ merci! Gott sei Dank!; 2. ♀ (pl. dieux) (heidnischer) Gott m.

diffa arab. [di'fa] f Empfangsschmaus m.

diffam|ant, -e [difa'mã, ~'mã:t] adj. verleumderisch; **~ateur, -rice** [~ma'tœ:r, ~'tris] su. Verleumder(in f) m; **~ation** [~ma'sjɔ̃] f Verleumdung f; **~atoire** [~ma'twa:r] adj. verleumderisch; **~er** [~'me] v/t. (1a) verleumden, diffamieren.

différ|emment [difera'mã] adv. (in) verschieden(er Weise), abweichend; ~ de ... anders als ...; **~ence** [~'rã:s] f Unterschied m; **~encier** [~rã'sje] v/t. (1a) unterscheiden; **~end** [~'rã] m Meinungsverschiedenheit f, Streit m; Streitsache f; **~ent, -e** [~'rã, ~-'rã:t] adj. verschieden; c'est ~ das ist etwas anderes; **~entiel** Auto, ⚙ [~rã'sjɛl] m Differential n; **~er** [~'re] (1f) v/t. aufschieben; v/i. voneinander abweichen; verschieden sein (de qch. von etw. dat.).

difficile [difi'sil] adj. schwierig, schwer; anspruchsvoll; schwer erziehbar.

difficult|é [difikyl'te] f Schwierigkeit f; **~ueux, -se** F [~'tɥø, ~'tɥø:z] adj. schwierig, mühselig, knifflig.

difform|e [di'fɔrm] adj. mißgestaltet; **~ité** [~mi'te] f Mißgestalt f, Mißbildung f.

diffract|er phys. [difrak'te] v/t. (1a) Licht brechen; **~ion** [~k'sjɔ̃] f (Licht-)Brechung f.

diffus, -e [di'fy, ~'fy:z] adj. weit ausgebreitet; Licht: zerstreut; diffus (a. fig.); fig. breit, weitschweifig; **~er** [~'ze] v/t. (1a) zerstreuen; verbreiten; rad. senden; **~eur** [~'zœ:r] m rad. Lautsprecher m; fig. Verbreiter m; **~ion** [~'zjɔ̃] f Ausbreitung f, Streuung f; Verbreitung f v. Nachrichten; rad. Sendung f; ✛ Vertrieb m v. Büchern.

digérer [diʒe're] v/t. (1f) verdauen.

digest|if, -ve [diʒɛs'tif, ~'ti:v] 1. adj. Verdauungs...; verdauungsfördernd; 2. m Verdauungs-mittel n, -likör m; **~ion** [~'tjɔ̃] f Verdauung f.

digital, -e [diʒi'tal] adj. (m/pl. -aux) Finger...; **~e** ♀ [~] f Fingerhut m.

dign|e [diɲ] adj. würdig; ~ d'efforts erstrebenswert; **~itaire** [~ɲi'tɛ:r] m Würdenträger m; **~ité** [~'te] f Würde f; Ehrenamt n.

digression [digrɛ'sjɔ̃] f Abschweifung f; ast. Abweichung f.

digue [dig] f Damm m, Deich m.

diktat pol. [dik'tat] m Diktat n.

dilapider [dilapi'de] v/t. (1a) verschwenden.

dilat|ation [dilata'sjɔ̃] f phys. Ausdehnung f; physiol. Erweiterung f; **~er** [~'te] v/t. (1a) ausdehnen, erweitern; fig. ~ le cœur das Herz erfreuen; **~oire** [~'twa:r] adj. hinaus-, aufschiebend; Antwort: hinhaltend; ⚖ Aufschub bewirkend, dilatorisch.

dilemme [di'lɛm] m Dilemma n, Verlegenheit f.

dilettant|e [dile'tã:t] su. bisw. péj. Dilettant(in f) m; **~isme** [~tã'tism] m bisw. péj. Dilettantismus m.

dilig|ence † [dili'ʒã:s] f Eifer m; hist. Postkutsche f; **~ent, -e** litt. [~'ʒã, ~'ʒã:t] adj. eifrig.

dilu|er [di'lɥe] v/t. (1a) mit Wasser usw. verdünnen; **~tion** [~ly'sjɔ̃] f Verdünnung f.

diluvien, -ne [dily'vjɛ̃, ~'vjɛn] adj. sintflutlich; fig. pluie f ~ne Wolkenbruch m.

dimanchard, -e F [dimã'ʃa:r, ~'ʃard] su. Sonntagsausflügler(in f) m.

dimanche [di'mã:ʃ] m Sonntag m; le ~ sonntags; ~ gras Sonntag vor Aschermittwoch; jamais de ~? nie e-n Sonntag?, nie Ruhe?

dîme féod. [di:m] f Zehnt(e) m.

dimension [dimã'sjɔ̃] f Ausdehnung f, Dimension f, Ausmaß n; F prendre les ~s de q. j-n abtaxieren (od. einschätzen); **~nement** ⊕ [~sjɔn'mã] m Dimensionierung f.

diminu|é [dimi'nɥe] *m*: ~ *physique* Körperbehinderte(r) *m*; **~er** [~] (1a) *v/i.* kleiner werden; ✝ heruntergehen; *v/t.* kleiner machen; schmälern; ✝ herabsetzen; **~tif** *gr.* [~ny'tif] *m* Diminutiv *n*, Verkleinerungswort *n*; **~tion** [~ny'sjɔ̃] *f* Verminderung *f*; *Preise*: Abbau *m*, Senkung *f*.

dinanderie [dinɑ̃'dri] *f* Messingware *f*.

dind|e [dɛ:d] *f* Truthenne *f*; F dumme Pute *f*; **~on** [dɛ̃'dɔ̃] *m* Truthahn *m*; F Einfaltspinsel *m*; **~onneau** [~dɔ̃'no] *m* (*pl.* ~**x**) junger Truthahn *m*; *cuis.* Baby-Puter *m*.

dî|ner [di'ne] 1. *v/i.* (1a) zu Abend (*ehm. zu Mittag*) essen; 2. *m* Abendessen *n*; **~ette** [~'nɛt] *f* Kindermahlzeit *f*; Puppenservice *n*; leichte Mahlzeit *f*.

ding|o [dɛ̃'go] 1. *m* zo. Dingo *m*; 2. *adj. u. su.* P = **~ue** P [dɛ̃:g] 1. *adj.* verrückt; 2. *su.* Verrückte(r *m*) *m u. f.*

diocèse [djɔ'sɛːz] *m* Diözese *f*.

diphtérie ☞ [difte'ri] *f* Diphtherie *f*.

diphtongue *gr.* [dif'tɔ̃:g] *f* Diphthong *m*.

diploma|te [diplɔ'mat] *m* Diplomat *m*; **~tie** [~ma'si] *f* Diplomatie *f*; **~tique** [~'tik] 1. *adj.* diplomatisch; *fig.* geschickt; 2. *f* Diplomatik *f*, Urkundenlehre *f*.

diplôm|e [di'plo:m] *m* Diplom *n*; Zeugnis *n*; Urkunde *f*; **~é, -e** [~plo'me] 1. *adj.* Diplom...; *ingénieur m* ~ Diplomingenieur *m*; 2. *su.* Inhaber (-in *f*) *m* e-s Diploms.

dire [di:r] 1. *v/t.* (4m) sagen; deklamieren, vortragen; ~ *de mit inf.* befehlen; *vouloir* ~ bedeuten; *à vrai* ~ offen gestanden; *fig.* c'est-à-~ das heißt; *cela va sans* ~ das versteht sich von selbst; *c'est tout* ~ damit ist alles gesagt; *pour tout* ~ kurz und gut; on *dirait* man möchte sagen; *se* ~ sich ausgeben für; 2. **~(s)** *m* (*pl.*) Aussage *f*, Behauptung *f*.

direct, -e [di'rɛkt] 1. *adj.* direkt, unmittelbar; 🚆 *train m* ~ D-Zug *m*; 2. *m* *télév.* émission f en ~ Live-Sendung *f*; *Boxsport:* un ~ du (*poing*) droit erechte Gerade *f*.

direct|eur, -rice [dirɛk'tœ:r, ~'tris] 1. *su.* Direktor(in *f*) *m*, Leiter(in *f*) *m*; 2. *adj.* leitend; *principe m* ~ Richtschnur *f*; **~ion** [~'sjɔ̃] *f* Richtung *f*; Leitung *f*; Führung *f*; Direktion(sgebäude *n*) *f*; *Auto*, 🔧 Lenkung *f*,

Steuerung *f*; **~ionnel, -le** [~sjɔ'nɛl] *adj.* Richtungs...; *antenne f* ~ le Richt(strahl)antenne *f*; **~ive** [~'ti:v] *f* Anweisung *f*, Direktive *f*, Richtlinie *f*; **~oire** [~'twa:r] *m* Direktorium *n* (*bsd. pol.*); **~rice** [~'tris] *f* 1. *s. directeur; cout.* Direktrice *f*; 2. 🐝 Leitlinie *f*.

dirig|eable [diri'ʒablə] 1. *adj.* lenkbar; 2. *m* Luftschiff *n*; **~eant, -e** [~'ʒɑ̃, ~'ʒɑ̃:t] 1. *adj.* leitend; *les classes* ~es die führende Schicht; 2. *su.* Leiter(in *f*) *m*; Führer(in *f*) *m*; ~*s pl.* Führungs-kräfte *f/pl.*, -spitze *f*; **~er** [~'ʒe] *v/t.* (1l) führen, leiten, lenken; **~isme** *éc.* [~'ʒism] *m* Dirigismus *m*.

discale ✝ [dis'kal] *f* Gewichtsverlust *m*.

discern|ement [disɛrnə'mɑ̃] *m* Unterscheidung(skraft *f*) *f*; Überlegung *f*; **~er** [~'ne] *v/t.* (1a) unterscheiden; wahrnehmen; erkennen.

discipl|e [di'siplə] *m* Anhänger *m*, Schüler *m* (*e-s Meisters, e-s Gelehrten usw.*); *rl.* Jünger *m*; **~ine** [~'plin] *f* Disziplin *f*; Unterrichtsfach *n*; **~iner** [~'ne] *v/t.* (1a) an Disziplin gewöhnen; disziplinieren; *Frisur in* Ordnung halten.

discographie [diskɔgra'fi] *f* Schallplattenverzeichnis *n*.

discontinu, -e [diskɔ̃ti'ny] *adj.* unterbrochen; *Linie*: gestrichelt; **~er** [~'nɥe] *v/i.* (1a) *nur noch in: sans* ~ ununterbrochen, in einem fort.

disconvenir [diskɔ̃v'ni:r] *v/i.* (2h): *ne pas* ~ *de qch.* (*od. que mst mit subj.*) nicht leugnen.

disco|parade ♪, *rad.* [diskɔpa'rad] *f* Schallplattenparade *f*; **~phile** [~'fil] *su.* Schallplattenliebhaber(in *f*) *m*.

discord|ance [diskɔr'dɑ̃:s] *f* fehlende Übereinstimmung *f*; Mißklang *m*; **~ant, -e** [~'dɑ̃, ~'dɑ̃:t] *adj.* nicht übereinstimmend; ♪ nicht aufeinander abgestimmt; **~e** [~'kɔrd] *f* Zwietracht *f*.

discothèque [diskɔ'tɛk] *f* Diskothek *f*, Schallplattensammlung *f*.

discour|eur, -se [disku'rœ:r, ~'rø:z] *su.* Schwätzer(in *f*) *m*; **~ir** [~'ri:r] *v/i.* (2i) ausführlich reden; *péj.* salbadern; **~s** [~'ku:r] *m* Rede *f*; *prononcer* (*od. faire*) un ~ e-e Rede halten; ~ *improvisé* Rede *f* aus dem Stegreif; ~ *inaugural* Eröffnungsrede *f*.

discréditer [diskredi'te] *v/t.* (1a) in Mißkredit (*od.* Verruf) bringen.

discret, -ète [dis'krɛ, ~'krɛt] adj. diskret, zurückhaltend; taktvoll.

discrétion [diskre'sjɔ̃] f Zurückhaltung f; Verschwiegenheit f; à ~ nach Belieben; ~ *professionnelle* Schweigepflicht f; **~naire** [~sjɔ'nɛːr] adj.: *décision* f ~ Ermessensentscheid m.

discrimin|ation [diskrimina'sjɔ̃] f litt. Unterscheidung(svermögen n) f; 2. péj. Diskriminierung f v. *sozialen Gruppen*; ~ *raciale* Rassendiskriminierung f; **~atoire** péj. [~na'twaːr] adj. diskriminierend; **~er** [~'ne] v/t. (1a) 1. litt. unterscheiden; 2. péj. diskriminieren.

disculper [diskyl'pe] v/t. (1a): ~ q. de j-n rechtfertigen wegen (gén.).

discussion [disky'sjɔ̃] f Diskussion f, Erörterung f; *la* ~ *n'est pas là* darum geht es nicht.

discut|ailler F péj. [diskyta'je] v/i. (1a) quatschen; **~er** [~'te] v/t. erörtern, besprechen, (durch)diskutieren; v/i.: ~ de (od. sur) qch. über etw. (acc.) diskutieren.

disert, -e litt. [di'zɛːr, ~'zɛrt] adj. beredt.

disette [di'zɛt] f Hungersnot f.

diseur, -se [di'zœːr, ~'zøːz] su. Rezitator(in f) m; *beau* ~ Schönredner m; *diseuse* f *de bonne aventure* Wahrsagerin f.

disgrâce [dis'grɑːs] f Ungnade f.

disgraci|é, -e [disgra'sje] adj. in Ungnade gefallen; *fig.* stiefmütterlich behandelt; **~er** [~] v/t. (1a): ~ q. j-m seine Gunst entziehen; **~eux, -se** [~'sjø, ~'sjøːz] adj. ungraziös; schroff.

disjoindre [dis'ʒwɛ̃:drə] v/t. (4b) trennen.

disjonct|é, -e ∮ [disʒɔ̃k'te] adj. ausgeschaltet; **~eur** ∮ [~'tœːr] m Schutzschalter m; **~ion** [~k'sjɔ̃] f Trennung f; ∮ Abschaltung f.

dislo|cation [disloka'sjɔ̃] f ⊕ Auseinandernehmen n; ✗ Ausrenkung f; ✗ Truppenverlegung f; *fig.* Auflösung f *e-r Demonstration*; **~quer** [~'ke] v/t. (1m) ⊕ auseinandernehmen; ✗ ausrenken; ✗ *Truppen* verlegen; *fig.* aufteilen; *Demonstration* auflösen.

dispar|aître [dispa'rɛ:trə] v/i. (4z) verschwinden; **~ate** [~'rat] adj. nicht zs.-passend; **~ité** [~ri'te] f Ungleichheit f; **~ition** [~ri'sjɔ̃] f Verschwinden n; **~u, -e** [~'ry] 1. p.p. von disparaître; 2. adj. verschollen; ✗ vermißt; 3. su. Verschollene(r m) m

u. f; ✗ Vermißte(r m) m u. f.

dispatcher [dispɛt'ʃœːr] m 🚂 Fahrdienstleiter m; ✗ Abfertigungsbeamte(r) m; ✗ Betriebsüberwacher m.

dispendieux, -se [dispɑ̃'djø, ~'djøːz] adj. kostspielig.

dispens|aire [dispɑ̃'sɛːr] m Poliklinik f; **~e** [~'pɑ̃ːs] f Befreiung f; **~er** [~pɑ̃'se] v/t. (1a) austeilen; ~ q. de qch. j-n von etw. (dat.) befreien.

dispers|er [dispɛr'se] v/t. (1a) aus-, zer-streuen; verteilen; **~ion** [~'sjɔ̃] f Ausstreuen n; Zerstreuung f; Verteilung f; ✗ Auseinanderlegung f v. *Truppen*; Streuung f (a. *Beschuß*); *fig.* Zersplitterung f.

disponibilité [disponibili'te] f Verfügbarkeit f; **~s** pl. flüssige Gelder n/pl.

dispos, -e [dis'po, ~'poːz] adj. (mst m) munter, rüstig.

dispos|er [dispo'ze] (1a) v/t. disponieren, anordnen, aufstellen; v/i. ~ de verfügen über (acc.); se ~ à qch. sich für etw. bereithalten; **~itif** [~zi'tif] m ⊕ Vorrichtung f; ✗ Aufstellung f; Verband m; *fig. jur.* Instrumentarium n; **~ition** [~'sjɔ̃] f 1. Anordnung f; Verfügung f; Bestimmung f *e-s Gesetzes od. Urteils*; *droit* m *de libre* ~ Selbstbestimmungsrecht n; 2. ~ à qch. Lust f zu etw., Empfänglichkeit f für etw., Anlage f zu etw.; Neigung f zu etw.; 3. Stimmung f, Laune f.

disproportion [dispropor'sjɔ̃] f Mißverhältnis n; **~né, -e** [~sjo'ne] adj. unverhältnismäßig, ungleich.

disput|e [dis'pyt] f Streit m; Wortwechsel m; **~er** [~'te] (1a) v/i. litt.: ~ de qch. etw. erörtern; v/t.: ~ qch. à q. j-m etw. streitig machen; *Sport*: ~ un *match* e-n Wettkampf austragen; F ~ q. j-n ausschimpfen.

disquaire [dis'kɛːr] su. Schallplattenhändler(in f) m.

disquali|fication [diskalifika'sjɔ̃] f Disqualifizierung f; Ausschluß m; **~fier** [~'fje] v/t. (1a) für ungeeignet erklären; *Sport*: disqualifizieren, ausscheiden.

disque [disk] m *Sport*: Diskus m; ⊕ Scheibe f; 🚂 Signalscheibe f; ♪ Schallplatte f; *Video-Kassette*: ~ d' *images* Bildplatte f; ~ *souple* Schallfolie f; ~ ∮ *intervertébral* Bandscheibe f.

dit

dissection *anat.* [disɛk'sjɔ̃] *f* Sezierung *f*.

dissembl|able [disɑ̃'blablə] *adj.* ungleich; **~ance** [~'blɑ̃:s] *f* Ungleichheit *f*.

disséminer [disemi'ne] *v/t.* (1a) aus-, zer-streuen; verbreiten.

dissension [disɑ̃'sjɔ̃] *f* Unstimmigkeit *f*; ~s *pl.* Streitigkeiten *f/pl.*

dissentiment [disɑ̃ti'mɑ̃] *m* Meinungsverschiedenheit *f*.

disséquer [dise'ke] *v/t.* (1f *u.* 1m) sezieren; *fig.* haargenau untersuchen.

dissertation [disɛrta'sjɔ̃] *f wissenschaftliche Abhandlung f; écol. (Oberstufen-)Aufsatz m.*

dissid|ence [disi'dɑ̃:s] *f rl., pol.* Abweichung *f*, Meinungsverschiedenheit *f*; Spaltung *f*; *pol.* Dissidententum *n*; **~ent, -e** *rl., pol.* [~'dɑ̃, ~'dɑ̃:t] **1.** *adj.* andersdenkend; **2.** *su.* Dissident(in *f*) *m*.

dissimil|ation *ling.* [disimila'sjɔ̃] *f* Dissimilation *f*; **~itude** [~li'tyd] *f* Ungleichartigkeit *f*.

dissimul|ation [disimyla'sjɔ̃] *f* Verstellung *f*; **~é, -e** [~'le] *adj.* hinterhältig, heuchlerisch; **~er** [~] *v/t.* (1a) nicht zeigen, verbergen.

dissip|ateur, -rice [disipa'tœːr, ~'tris] *su.* Verschwender(in *f*) *m*; **~ation** [~pɑ'sjɔ̃] *f* Verschwendung *f*; *fig.* Zerstreuung *f*; *écol.* Zerstreutheit *f*; *litt.* Prasserei *f*; ⚙ (Auf-)Lösung *f*, *allg.* Verschwinden *n*; **~é, -e** [~'pe] *adj.* abgelenkt; **~er** [~] *v/t.* (1a) zerstreuen; vergeuden; se ~ verschwinden, *écol.* unaufmerksam werden.

dissoci|ation [disɔsja'sjɔ̃] *f* ⚙ Dissoziation *f*, Zerfall *m*; *fig.* Trennung *f*; **~er** [~'sje] *v/t.* (1a) ⚙ dissoziieren, aufspalten; *fig.* trennen, getrennt behandeln.

dissol|u, -e [disɔ'ly] *adj.* ausschweifend, liederlich; **~ution** [~'sjɔ̃] *f* Auflösung *f* (*a.* ⚙); *fig.* Sittenverfall *m*; **~vant, -e** [~sɔl'vɑ̃, ~'vɑ̃:t] **1.** *adj.* auflösend; zersetzend; **2.** *m* ⚙ Lösungsmittel *n*; Nagellackentferner *m*.

dissonance *bsd.* ♪, *peint.* [disɔ'nɑ̃:s] *f* Dissonanz *f*.

dissoudre [di'su:drə] *v/t.* (4bb) ⚙ Substanz in e-r Flüssigkeit (auf-)lösen; ⚖ Ehe, Verein auflösen.

dissous, -te [di'su, ~'sut] **1.** *adj.* (auf-)

gelöst; **2.** *p.p. von* dissoudre.

dissua|der [disɥa'de] *v/t.* (1a) **1.** ~ q. de qch. j-m etw. ausreden, j-n von etw. abbringen; ~ q. de faire qch. j-n davon abbringen, etw. zu tun; **2.** ⚔ ~ un adversaire e-n Gegner abschrecken; **~sion** *bsd.* ⚔ [~'zjɔ̃] *f* Abschreckung *f*.

distanc|e [dis'tɑ̃:s] *f* Abstand *m*, Entfernung *f*; Standesunterschied *m*; Zwischenzeit *f*; *Auto:* ~ d'arrêt Bremsweg *m*; *phot.* ~ focale Brennweite *f*; **~er** [~tɑ̃'se] *v/t.* (1k) *Sport:* überholen; *fig.* überflügeln; *Besuche* seltener werden lassen; **~iation** [~sja'sjɔ̃] *f* Distanzierung *f*.

distant, -e [dis'tɑ̃, ~'tɑ̃:t] *adj.* entfernt; *fig.* zurückhaltend.

distendre [dis'tɑ̃:drə] *v/t.* (4a) stark ausdehnen; *fig.* lockern.

distension [distɑ̃'sjɔ̃] *f* starke Dehnung *f*.

distill|er [disti'le] *v/t.* (1a) abziehen, destillieren; **~erie** [~til'ri] *f* (Branntwein-)Brennerei *f*.

distinct, -e [dis'tɛ̃, ~'tɛ̃:kt] *adj.* deutlich; **~if, -ve** [~tɛk'tif, ~'ti:v] *adj.* unterscheidend; Kenn...; *ling.* distinktiv; **~ion** [~k'sjɔ̃] *f* Unterscheidung *f*; Unterschied *m*; Auszeichnung *f*; Zuvorkommenheit *f*; Vornehmheit *f*.

distingu|é, -e [distɛ̃'ge] *adj.* hervorragend; vornehm, fein *f*; **~er** [~] *v/t.* (1m) unterscheiden; auszeichnen; **~o** F [~'go] *m* feiner Unterschied *m*.

distors, -e [dis'tɔːr, ~'tɔrs] *adj.* verzerrt; **~ion** [~tɔr'sjɔ̃] *f* Verdrehung *f*, Verzerrung *f* (*a. rad.*); Mißverhältnis *n* (*a. éc.*).

distraction [distrak'sjɔ̃] *f* Ablenkung *f*, Zerstreuung *f*; Zerstreutheit *f*.

distr|aire [dis'trɛːr] *v/t.* (4s) zerstreuen; ablenken (*a. péj. écol.*); **~ait, -e** [~'trɛ, ~'trɛt] *adj.* zerstreut.

distribu|er [distri'bɥe] *v/t.* (1a) aus-, ver-teilen; ab-, ein-teilen; *Dividende* ausschütten; **~teur** [~by'tœːr] *m* Austeiler *m*; Spender *m*; ⛨ Verkäufer *m*, Händler *m*; ⊕ Verteiler *m*; ~ (automatique) (Waren-)Automat *m*; **~tion** [~'sjɔ̃] *f* Aus-, Ver-, Ein-teilung *f*; ⚰ Zustellung *f*; ⊕ *Motor:* Steuerung *f*; ~ de l'électricité, ~ du gaz Strom-, Gas-versorgung *f*.

district [dis'trikt] *m* Bezirk *m*.

dit, -e [di, dit] **1.** *adj.* gesagt; genannt; festgesetzt; **2.** *p.p. von* dire.

diurétique ⚕ [djyre'tik] 1. *adj.* harntreibend; 2. *m* harntreibendes Mittel *n*.

diurne [djyrn] 1. *adj.* Tages...; Eintags...; *Schlaf, Arbeit*: am Tage; *températures f/pl.* ~s Tagestemperaturen *f/pl.*; 2. ~s *m/pl. ent.* Tagfalter *m/pl.*

divag|ation [divagɑ'sjɔ̃] *f géogr.* Flußbettverlagerung *f*; ~s *pl.* Abschweifungen *f/pl.*; Hirngespinste *n/pl.*; **~uer** [~'ge] *v/i.* (1m) abschweifen; faseln; *Fluß*: über die Ufer treten.

diverg|ence [diver'ʒɑ̃:s] *f* Divergenz *f* (*a. fig.*), Abweichung *f*; **~er** [~'ʒe] *v/i.* (1l) divergieren; *Reaktor*: kritisch werden.

divers, -e [di'vɛːr, ~'vɛrs] *adj.* verschieden, unterschiedlich; **~ifica-tion** [~vɛrsifikɑ'sjɔ̃] *f* vielseitige Gestaltung *f*; *univ.* Fächerung *f*; *écol.* Auflockerung *f*; *bsd. éc.* Diversifikation *f*; **~ifier** [~'fje] *v/t.* (1a) Abwechslung bringen in (*acc.*); *écol.* auflockern; **~ion** [~'sjɔ̃] *f* Ablenkung *f*; **~ité** [~si'te] *f* Mannigfaltigkeit *f*.

divert|ir [diver'tiːr] *v/t.* (2a) unterhalten; **~issement** [~tis'mɑ̃] *m* Belustigung *f*.

dividende [divi'dɑ̃:d] *m* † Anteil *m*, Dividende *f*; ⅋ Dividend *m*.

divin, -e [di'vɛ̃, ~'vin] *adj.* göttlich; **~ateur, -rice** [~vinɑ'tœːr, ~'tris] *adj.* weissagend; **~ation** [~nɑ'sjɔ̃] *f* Wahrsagerei *f*; **~atoire** [~nɑ'twaːr] *adj.* Wahrsage(r)...; *baguette f* ~ Wünschelrute *f*; **~iser** [~ni'ze] *v/t.* (1a) vergöttern; **~ité** [~'te] *f* Gottheit *f*; *fig.* Abgott *m*.

divio* [di'vjo] *m* Trickkünstler *m*.

divis|er [divi'ze] *v/t.* (1a) (ab-, ein-, zer-)teilen; ⅋ dividieren; *fig.* entzweien; **~eur** ⅋ [~'zœːr] *m* Divisor *m*, Teiler *m*; **~ible** [~'ziblə] *adj.* teilbar; **~ion** [~'zjɔ̃] *f* Teilung *f*; ⅋, ✕ Division *f*; *adm.* Abteilung *f*; *fig.* Uneinigkeit *f*.

divorc|e [di'vɔrs] *m* Ehescheidung *f*; *fig.* Trennung *f*; **~er** [~'se] *v/i.* (1k) ⚖ sich scheiden lassen (*d'avec* von *dat.*).

divulg|ation [divylgɑ'sjɔ̃] *f* Verbreitung *f*; **~uer** [~'ge] *v/t.* (1m) unter die Leute bringen, verbreiten.

dix [dis, *vor cons.*: di, *vor vo. u. stummem h*: diz] 1. *a/n. c.* zehn; 2. *m* Zehn *f*; **~-huit** [di'zɥit] *a/n. c.* acht-zehn; **~ième** [~'zjɛm] 1. *a/n. o.* zehnte(r, -s); 2. *m* Zehntel *n*; 3. *f* ♪ Dezime *f*; **~-neuf** [diz'nœf] *a/n. c.* neunzehn; **~-sept** [di(s)'sɛt] *a/n. c.* siebzehn.

dizain *mét.* [di'zɛ̃] *m* Zehnzeiler *m*; **~e** [~'zɛn] *f* Anzahl *f* von zehn; *une* ~ *de* etwa zehn.

djebel *arab.* [dʒe'bɛl] *m* Berg *m*, Gebirge *n*.

do ♪ [do] *m* C *n*; ~ *dièse* Cis *n*.

docile [dɔ'sil] *adj.* folgsam; gefügig; **~ité** [~li'te] *f* Folgsamkeit *f*; Gefügigkeit *f*.

docker [dɔ'kɛːr] *m* Hafenarbeiter *m*.

doct|e [dɔkt] *adj.* gelehrt; **~eur** [~'tœːr] *m* Doktor *m*; Arzt *m*; **~oral, -e** [~tɔ'ral] *adj.* (*m/pl. -aux*) Doktor(en)...; pedantisch; **~oresse** [~'rɛs] *f* Ärztin *f*; **~rine** [~'trin] *f* Lehre *f*, Doktrin *f*.

document [dɔky'mɑ̃] *m* Urkunde *f*, Beleg *m*, Dokument *n*; **~aire** [~'tɛːr] *adj.* urkundlich; *Kino: film m* ~ Kulturfilm *m*.

dodeliner [dɔdli'ne] *v/i.* (1a): ~ *de la tête* mit dem Kopf wackeln.

dodo *enf.* [dɔ'do] *m* Heia(bettchen *n*) *f*; *faire (son)* ~ schlafen, heia machen (*enf.*).

dodu, -e [dɔ'dy] *adj.* drall; fett.

dogm|atique [dɔgma'tik] *adj.* dogmatisch; **~atiste** [~'tist] *m* Dogmatiker *m* (*a. pol.*); **~e** [dɔgm] *m* Dogma *n*.

dogu|e *zo.* [dɔg] *m* Dogge *f*; **~in** *zo.* [~'gɛ̃] *m* junge Dogge *f*.

doigt [dwa] *m* Finger *m*; Zehe *f*, Zeh *m*; *zo.* Klaue *f*; **~é** [~'te] *m* ♪ Fingersatz *m*; *fig.* Fingerspitzengefühl *n*; **~er** ♪ [~] *v/t.* (1a) *v/t.* mit dem Fingersatz bezeichnen; *v/i.* den Fingersatz befolgen; **~ier** [~'tje] *m* Däumling *m*, Fingerling *m*.

doit † [dwa] *m* Soll *n*, Debet *n*.

dol ⚖ [dɔl] *m* Arglist *f*; Betrug *m*; **~éances** [~le'ɑ̃s] *f/pl.* Beschwerden *f/pl.*; **~ent, -e** [~'lɑ̃, ~'lɑːt] *adj.* kränklich; wehklagend.

dollar [dɔ'laːr] *m* Dollar *m*.

domaine [dɔ'mɛn] *m* Besitztum *f*, Staatsgut *n*; ~ *aérien* Luftraum *m*; *fig. dans ce* ~ auf diesem Gebiet.

dôme [do:m] *m* Kuppel *f*; Gewölbe *n*; *in Italien:* Dom *m*.

domest|icité [dɔmɛstisi'te] *f* Dienerschaft *f*; **~ique** [~'tik] 1. *adj.* häuslich; Haus...; einheimisch; 2. *su.*

Dienstbote *m*; Diener *m*; Dienstmädchen *n*; **~iquer** [~'ke] *v/t.* (1m) zähmen.

domicil|e [dɔmi'sil] *m* Wohnsitz *m*; Wohnung *f*; travail *m* à ~ Heimarbeit *f*; **~iaire** [~'ljɛːr] *adj.*: visite *f* ~ Haussuchung *f*; **~ié, -e** [~'lje] *adj.* wohnhaft; **~ier** [~] *v/t.* (1a) ansiedeln; **†** domizilieren.

domin|ant, -e [dɔmi'nɑ̃, ~'nɑ̃ːt] *adj.* vorherrschend; dominierend; **~ante** [~'nɑ̃ːt] *f* ♪ Dominante *f* (*a. fig.*); *écol., univ.* à ~ de littérature ayant pour Schwerpunkt Literatur; **~ateur, -rice** [~na'tœːr, ~'tris] **1.** *adj.* herrisch, herrschsüchtig; **2.** *su.* Beherrscher(in *f*) *m*; **~ation** [~na'sjɔ̃] *f* (Ober-)Herrschaft *f*; **~er** [~'ne] (1a) *v/t.* beherrschen (*a. fig.*); *v/i.* überwiegen.

dominical, -e [dɔmini'kal] *adj.* (*m/pl.* -aux) dem Herrn (*Gott*) gehörig; sonntäglich; Sonntags...; oraison *f* ~e Vaterunser *n*.

domino [dɔmi'no] *m* Domino *m* (*Maskenkostüm, Person*); Dominostein *m*; **~s** *pl.* Domino(spiel *n*) *n*.

dommage [dɔ'maːʒ] *m* Schaden *m*; ~ matériel Sachschaden *m*; quel ~! wie schade!; **~s** *pl.* et intérêts = **~s- -intérêts** [~maʒɛte'rɛ] *m/pl.* Schaden(s)ersatz *m*.

dompt|able [dɔ̃'tablə] *adj.* bezwingbar; **~er** [~'te] *v/t.* (1a) zähmen; *allg.* bezwingen; bändigen; **~eur, -se** [~'tœːr, ~'tøːz] *su.* Dompteur *m*, Dompteuse *f*.

don [dɔ̃] *m* Schenkung *f*; *fig.* Gabe *f*, Talent *n*; faire ~ de qch. etw. spenden, etw. stiften; **~ataire** [dɔna'tɛːr] *su.* Beschenkte(r *m*) *m u. f*; **~ateur, -rice** [~'tœːr, ~'tris] *su.* Schenkende(r *m*) *m u. f*; **~ation** [~na'sjɔ̃] *f* Schenkung(surkunde *f*) *f*.

donc [*am Satzanfang u. vor vo.*: dɔ̃k, *am Satzende u. vor cons.*: dɔ̃] *cj.* **1.** also, folglich; **2.** *in Fragen*: denn, also; *beim impér.*: doch; pourquoi ~? warum denn?; viens ~! komm doch!

donjon [dɔ̃'ʒɔ̃] *m* Bergfried *m* e-r Burg.

donn|ant [dɔ'nɑ̃] *advt.*: ~, ~ e-e Hand wäscht die andere; *drohend*: wie du mir, so ich dir; **~e** [dɔn] *f* (Karten-) Geben *n*; faire fausse ~ die Karten falsch geben; à qui la ~? wer gibt?; **~ée** [~'ne] *f* ♣ bekannte Größe *f*; Vorwurf *m* e-s Werkes; **~s** *pl.* Anga-

ben *f/pl.*, Daten *n/pl.* (*a. électron.*); **~er** [~] (1a) *v/t.* geben; schenken; ab-, aus-, weg-geben; aus-, zu-teilen; **✓** bringen, tragen; P verpfeifen P, verraten; F ~ du «Monsieur le journaliste» die Anrede „Herr Journalist" gebrauchen; ~ lieu à qch. Anlaß zu etw. geben; ~ la chasse à Jagd machen auf (*acc.*); **†** ~ avis (quittance) avisieren (quittieren); *v/i.* P *Auto:* ~ à pleins tubes Vollgas geben; ~ contre anrennen gegen; ~ dans geraten in (*acc.*) *od.* auf (*acc.*); auf etw. (*acc.*) hereinfallen; ~ sur *Tür:* gehen auf (*acc.*); *Zimmer:* liegen zu (*dat.*); *abs.* ✕ angreifen; *abs.* ergiebig sein; le moteur donne der Motor springt an; **~eur, -se** [~'nœːr, ~'nøːz] *su.* Geber (-in *f*) *m*; P Verräter(in *f*) *m*; ~ de sang Blutspender(in *f*) *m*; ~ d'ordre Auftraggeber(in *f*) *m*.

dont [dɔ̃] *pr/r.* wovon; dessen; deren.

donzelle *péj.* [dɔ̃'zɛl] *f* Flittchen *n*.

dop|age [dɔ'paːʒ] *m* Doping *n*; **~ant** [~'pɑ̃] *m* (*od. adjt.*: substance *f* ~e) Doping-, Aufputsch-mittel *n*; **~er** [~'pe] *v/t.* (1a) dopen; se ~ sich dopen, sich aufpeitschen.

dorade *icht.* [dɔ'rad] *f* Goldmakrele *f*.

doré, -e [dɔ're] *adj.* vergoldet; goldgelb.

dorénavant [dɔrena'vɑ̃] *adv.* künftig.

dor|er [dɔ're] *v/t.* (1a) vergolden; ~ la pilule à q. j-m etw. Unangenehmes schmackhaft machen; **~eur, -se** [~'rœːr, ~'røːz] *su.* Vergolder(in *f*) *m*.

dorloter [dɔrlɔ'te] *v/t.* (1a) verwöhnen.

dorm|ant, -e [dɔr'mɑ̃, ~'mɑ̃ːt] **1.** *adj.* schlafend; stehend; unbeweglich; **2.** *m:* *rl.* les Sept ~s die Siebenschläfer *pl.*; **△** ~ de croisée, ~ de porte Fenster-, Tür-futter *n*; **~eur, -se** [~- 'mœːr, ~'møːz] **1.** *su.* (Lang-)Schläfer(in *f*) *m* ♠; **2.** *f* dormeuse *f* Dormeuse *f*; **~ir** [~'miːr] *v/i.* (2b) **1.** schlafen; ~ son content sich ausschlafen; ~ à poings fermés (*od.* sur ses deux oreilles *od.* profondément) fest (*od.* tief) schlafen; ~ comme une marmotte wie ein Murmeltier schlafen; histoire *f* à ~ debout Ammenmärchen *n*; **2.** *fig.* stillstehen; unbenutzt bleiben.

dorsal, -e [dɔr'sal] (*m/pl.* -aux) **1.** *adj.* Rücken...; **2.** *m* 🪂 Rückenfallschirm *m*; **3.** *e* *f* *géol.* unterseeischer Rücken *m*.

dortoir [dɔr'twaːr] *m* Schlafsaal *m*.

dorure [dɔ'ryːr] *f* Vergoldung *f*; *cuis.* Bestreichen *n* des Teiges mit Eigelb.

doryphore *ent.* [dɔri'fɔːr] *m* Kartoffel-, Kolorado-käfer *m*.

dos [do] *m* Rücken *m*; Rückseite *f*; (Stuhl-)Lehne *f*; *faire le gros ~* e-n Katzenbuckel machen; *renvoyer deux personnes ~ à ~* keinem recht geben; *se mettre q. à ~* sich mit j-m verkrachen; P *en avoir plein le ~ von j-m, von etw.* die Nase voll haben.

dos|e [doːz] *f* Dosis *f*; *fig.* Maß *n*; **~er** [do'ze] *v/t.* (1a) dosieren.

dossard *Sport* [do'saːr] *m* Startnummer *f*.

dossier [do'sje] *m* Rückenlehne *f*; Rück-seite *f*, -wand *f*; **t̲t̲** Sammelmappe *f* (*a. allg.*), Akten *f/pl.*; Vorgang *m*; Materialsammlung *f*, Unterlagen *f/pl.*; *pol.* (Verhandlungs-) Paket *n*; *écol.* Arbeitsmaterial *n*.

dot [dɔt] *f* Mitgift *f*; **~al, -e** [~'tal] *adj.* (*m/pl. -aux*) Mitgift...; **~ation** [~ta-'sjõ] *f* Ausstattung *f* mit Einkünften *usw.*, Schenkung *f*; **~er** [~'te] *v/t.* (1a) mit e-r Mitgift (*weit S.* mit Material) ausstatten.

douairière [dwɛ'rjɛːr] *f* Witwe *f* von Stand; *reine f* ~ Königinwitwe *f*.

douan|e [dwan] *f* Zoll(amt *n*) *m*; **~ier, -ère** [~'nje, ~'njɛːr] 1. *adj.* Zoll...; 2. *m* Zollbeamte(r) *m*.

doubl|age [du'blaːʒ] *m* Film: Synchronisation *f*; ⊕ Verkleidung *f*; **~e** ['dublə] 1. *adj.* doppelt, zweifach; 2. *m das* Doppelte; Dublette *f*; Duplikat *n*, Durchschlag *m*; Doppelgänger *m*; *thé.* Stellvertreter *m*; *Tennis:* Doppel(spiel *n*) *n*; **~é** [~'ble] *m bill.*, *orf.* Dublee *n*; **~er** [~] (1a) *v/t.* verdoppeln (*cout.*, ⊕ füttern; *j-n* ersetzen; *Film* synchronisieren; *Kap* umsegeln; *Sport:* überrunden; *Auto:* überholen; *~ à gauche* links überholen; *défense f de ~* Überholen verboten; *écol. ~ une classe* e-e Klasse wiederholen; P *~ q.* j-n übers Ohr hauen) *v/i.* sich verdoppeln; **~et** [~'blɛ] *m gr.* Dublette *f*; *orf.* falscher Stein *m*; *Würfelspiel:* Pasch *m*; *ź* Dipol *m*; **~on** [~'blõ] *m* 1. *télév.* gleichzeitige Übertragung *f* auf zwei Kanälen; 2. *typ.* **a)** Hochzeit *f*; **b)** Dublette *f*; 3. zweimal das gleiche Geschenk *n*; **~ure** [~'blyːr] *f* Unterfutter *n*; *thé.* Ersatz *m* (*für e-n Schauspieler*); *cin.* Double *n*.

douc|e [dus] s. *doux*; **~e-amère** ♀ [~sa'mɛːr] *f* (*pl. douces-amères*) Bittersüßer Nachtschatten *m*; **~eâtre** [~'saːtrə] *adj.* süßlich; **~ement** [~'mã] *adv.* leise; behutsam; **~ereux, -se** [~s'rø, ~'røːz] *adj.* widerlich süß; *fig.* katzenfreundlich; **~eur** [~'sœːr] *f* süßer Geschmack *m*; Lieblichkeit *f*, Sanftheit *f*, Zartheit *f*; *Milde f des Klimas*; Anmut *f*; Freundlichkeit *f*.

douch|e [duʃ] *f* Dusche *f*, Brausebad *n*; **~er** [~'ʃe] *v/t.* (1a) j-n (ab)duschen, abbrausen; *fig.* abkühlen; *se ~* (sich) duschen.

doucir [du'siːr] *v/t.* (2a) *Glas usw.* schleifen.

doué, -e [dwe] *adj.* begabt, talentiert.

douille [duj] ⊕ Rohransatz *m*, Tülle *f*; *ź* Fassung *f* e-r Glühbirne; (Patronen-)Hülse *f*.

douillet, -te [du'jɛ, ~'jɛt] *adj.* mollig, weich; *Wohnung, Atmosphäre:* gemütlich; zimperlich.

douleur [du'lœːr] *f* Schmerz *m*.

doulour|euse F [dulu'røːz] *f* Rechnung *f*; **~eux, -se** [~'rø, ~'røːz] *adj.* schmerzhaft; *fig.* leid-, qual-voll.

dout|e [dut] *m* Zweifel *m*, Bedenken *n*; *mettre en ~* bezweifeln; **~er** [~'te] *v/i.* (1a) zweifeln (*de an dat.*); *se ~ de qch.* etw. ahnen, etw. vermuten; **~eur, -se** *litt.* [~'tœːr, ~'tøːz] *su.* Zweifler(in *f*) *m*; **~eux, -se** [~'tø, ~'tøːz] *adj.* zweifelhaft; verdächtig.

douvain [du'vɛ̃] *m* Daubenholz *n*.

douve [duːv] *f* Faßdaube *f*; (Wasser-) Graben *m*.

doux, -ce [du, dus] 1. *adj.* süß; anmutig, lieblich; mild; sanft; *billet m ~* Liebesbrief *m*; *eau f douce* Süßwasser *n*; *vin m ~* Süßwein *m*; Most *m*; 2. *adv.: filer ~* zum Munde reden, klein beigeben; F *tout ~!* nicht so hitzig!; immer sachte!

douz|aine [du'zɛn] *f* Dutzend *n*; *une ~ de (etwa)* zwölf; *à la ~* dutzendweise; **~e** [duːz] 1. *a/n. c.* zwölf; 2. *m* Zwölf *f*; **~ième** [du'zjɛm] 1. *a/n. o.* zwölfte(r, -s); 2. *m* Zwölftel *n*.

doyen [dwa'jɛ̃] *m* Älteste(r) *m*; *rl.* Dekan *m*; *d'âge* Alterspräsident *m*; **~né** [~jɛ'ne] 1. *m rl.* Dekanat *n*; 2. *f* ♀ Butterbirne *f*.

draconien, -ne [drakɔ'njɛ̃, ~'njɛn] *adj.* Gesetz, Maßnahme: drakonisch, drastisch.

drag|age ⊕ [dra'gaːʒ] *m* Baggern *n*;

~ée [~'ʒe] f Dragée n; mst ~s pl. Konfekt n, Zuckerwerk n; ch. (Flinten-)Schrot m od. n; ✔ Mengfutter n; ~ au cognac Kognakbohne f; tenir la ~ haute à q. j-m den Brotkorb höher hängen; **~eon** ✔ [~'ʒɔ̃] m Wurzelschößling m.

dragon [dra'gɔ̃] m myth. Drache m; ehm. ⚔ Dragoner m; fig. Person: Drachen m; **~ne** [~'gɔn] f Portepee n; Schlaufe f (am Schirm, Skistock).

dragu|e [drag] f ⊕ Bagger m; Fischerei: Schleppnetz n; **~er** [~'ge] v/t. (1m) (aus)baggern; mit dem Schleppnetz fischen; F nachlaufen (dat.); **~eur¹** [~'gœ:r] m Bagger m; Baggerschiff n; ~ de mines Minensuchboot n; **~eur²**, **-se** F [~'gœ:r, ~'gø:z] su. Schürzenjäger m; mannstolle Frau f.

drain [drɛ̃] m ✔ Abzugskanal m; ✗ Drain m; **~age** [drɛ'na:ʒ] m Entwässerung f; **~er** [~'ne] v/t. (1b) entwässern, trockenlegen; ✗ drainieren; fig. aufsaugen.

dram|atique [drama'tik] adj. dramatisch; in Zssgn: Schauspiel..., Theater...; **~atiser** [~ti'ze] v/t. (1a) dramatisieren (a. fig.); fig. hochspielen; **~e** [dram] m Drama n.

drap [dra] m Tuch n; ~ de lit Bettlaken n; ~ mortuaire Leichentuch n; fig. F être dans des beaux ~s in e-r unangenehmen Lage sein, in der Patsche sitzen; **~é** [~'pe] m Faltenwurf m; **~eau** [~'po] m (pl. ~x) Fahne f; **~er** [~'pe] v/t. (1a) in (schöne) Falten legen, drapieren; se ~ dans sa dignité sich in Schweigen hüllen; **~erie** [~'pri] f Tuchfabrik f; Tuchwaren f/pl., -handel m; ~s pl. Vorhänge m/pl.; **~ier** [~'pje] m Tuchmacher m, -händler m.

drastique [dras'tik] 1. adj. ✗ stark abführend; bisw. fig. drastisch; 2. m starkes Abführmittel n.

drèche [drɛʃ] f Treber pl., Trester pl.

dress|age [drɛ'sa:ʒ] m Dressur f, Abrichten n; ⊕ (Aus-, Zu-)Richten n; ✔ Anbinden n der Reben; **~er** [~'se] v/t. (1b) aufrichten, in die Höhe richten, strecken; ✝ Bilanz, Rechnung aufstellen; Bett, Zelt, ✗ Lager aufschlagen; péj. ⚔ drillen; Hinterhalt legen; Vertrag usw. aufsetzen; ⊕ (zu)richten; Maschine montieren; Tiere dressieren, abrichten; ~ q. contre q. j-n gegen j-n aufhetzen; ✝ ~ l'inventaire den Lagerbestand aufnehmen, Inventur machen; ~ un procès-verbal ein Protokoll aufnehmen; ~ l'oreille die Ohren spitzen; F cela le dressera das wird ihm e-e Lehre sein; se ~ sich aufrichten, sich (auf-)bäumen; se ~ sur la tête Haare: sich Berge stehen; **~eur, -se** [~'sœ:r, ~'sø:z] su. Dresseur m, Dresseuse f; Abrichter(in f) m; **~oir** [~'swa:r] n Anrichte(tisch m) f.

drille¹ F [drij] m: joyeux ~ lustiger Vogel m; **~²** ⊕ [~] f Drillbohrer m.

drisse ⚓ [dris] f Hißtau n, Flaggleine f.

drogu|e [drɔg] f 1. ✗ péj. schlechte Medizin f, Mittelchen n; 2. Rauschgift n, Droge f; **~er** [~'ge] v/t. (1m) mit Arzneien überfüttern; Rauschgift verabreichen (dat.); se ~ zuviel Medizin einnehmen; Rauschgift nehmen; **~erie** [~'gri] f Drogerie f; **~iste** [~'gist] su. Drogist(in f) m.

droit, -e [drwa, drwat] 1. adj. gerade; aufrecht; Arm, Winkel: recht; rechtschaffen; 2. adv.: tout ~ gerade(aus); 3. m Recht n; Rechtswissenschaft f; Berechtigung f, Anrecht n; Gebühr f, Abgabe f; ~s civiques bürgerliche Ehrenrechte n/pl.; ✝ ~ de magasinage Lager-gebühr f, -geld n; ~ de recours Regreßrecht n; ~ international public, ~ des gens Völkerrecht n; ~ des peuples à disposer d'eux-mêmes Selbstbestimmungsrecht n der Völker; ~ syndical Gewerkschaftsrecht n; de (bon) ~ von Rechts wegen; à qui de ~ wem es zukommt; à den, den es angeht; être en ~ de berechtigt sein zu; faire son ~ Jura studieren; **~e** [drwat] f Rechte f (a. pol.); rechte Hand f; rechte Seite f; à ~ rechts; **~ier, -ère** [~'tje, ~'tjɛr] 1. adj. rechtshändig; pol. rechtsstehend; 2. su. Rechtshänder(in f) m; pol. Rechtsstehende(r m) m u. f; Mitglied n der Rechten; **~isme** pol. [~'tism] m Rechtstendenz f; **~iste** pol. [~'tist] su. Rechtsstehende(r m) m u. f; **~ure** [~'ty:r] f Rechtschaffenheit f.

drolatique litt. [drɔla'tik] adj. drollig.

drôle [dro:l] 1. adj. drollig; 2. su.: un ~ de corps (od. de type) ein merkwürdiger Kauz m; une ~ d'idée e-e komische Idee f; 3. SW Fr. m Junge m; **~rie** [drol'ri] f Drolligkeit f.

dromadaire *zo.* [drɔmaˈdɛːr] *m* Dromedar *n*.

drosser ⚓, ✈ [drɔˈse] *v/t.* (1a) abtreiben.

dru, -e [dry] **1.** *adj.* dicht, gedrängt; *fig. Sprache:* kernig; **2.** *adv.* dicht; ~ *et menu* dicht und fein.

drugstore [drœgˈstɔːr] *m* Drugstore *m*.

druide *hist.* [drɥid] *m* Druide *m*.

drupe ♀ [dryp] *f* Steinfrucht *f*.

du [dy] *prp.* de mit art. le.

dû, due [dy] **1.** *p.p. von* devoir; **2.** *adj.* geschuldet, schuldig; gebührend; vorschriftsmäßig; *en port dû* unfrankiert; ⚖ *en bonne et due forme* formgerecht, vorschriftsmäßig; *être ~ à qch.* e-r Sache (*dat.*) zu verdanken sein, auf etw. (*acc.*) zurückzuführen sein; *être ~ à q.* j-m zukommen; **3.** *m:* mon dû das mir Zukommende.

dubitatif, -ve [dybitaˈtif, ~ˈtiːv] *adj.* Zweifel ausdrückend; dubitativ.

duc [dyk] *m* Herzog *m*; *orn.* Ohreule *f*; **~al, -e** [~ˈkal] *adj.* (*m/pl.* -aux) herzoglich; **~asse** *dial.* Nord-Fr. [~ˈkas] *f* Jahrmarkt *m*; **~at** [~ˈka] *m* Dukaten *m*.

duché [dyˈʃe] *m* Herzogtum *n*; **~esse** [~ˈʃɛs] *f* Herzogin *f*; *ehm.* Art Ruhebett *n*; (*poire f*) ~ Butterbirne *f*.

ductile [dykˈtil] *adj.* dehnbar, streckbar; **~ité** [~liˈte] *f* Dehnbarkeit *f*.

duel [dɥɛl] *m* **1.** Duell *n*; *se battre en ~* sich duellieren; **2.** *gr.* Dual *m*; **~liste** [~ˈlist] *m* Duellant *m*.

duettiste ♪ [dɥeˈtist] *su.* Duettsänger (-in *f*) *m*; Duospieler(in *f*) *m*.

dulcifier ⚗ [dylsiˈfje] *v/t.* (1a) absüßen.

dûment [dyˈmã] *adv.* gebührend.

dumping ♥ [dœmˈpiŋ] *m* Dumping *n*.

dune [dyn] *f* Düne *f*.

dunette ⚓ [dyˈnɛt] *f* Kajüte *f* auf Deck.

duo [dɥo] *m* ♪ Duett *n*; Duo *m*; *Motorrad:* Soziussitz *m*.

duodénum *anat.* [dɥɔdeˈnɔm] *m* Zwölffingerdarm *m*.

dupe [dyp] **1.** *f der od. die* Betrogene; *être la ~ de q. von* j-m betrogen werden; **2.** *adj.* betrogen; *être ~ de qch. auf* etw. (*acc.*) hereinfallen; **~er** [~ˈpe] *v/t.* (1a) betrügen, anführen, übers Ohr hauen; **~erie** *f* [~ˈpri] *f* Betrügerei *f*.

duplex [dyˈplɛks] **1.** *adj.* ⊕ doppelt-

wirkend; **2.** *m télph.* Gegensprechverkehr *m*; ⚠ Zweietagenappartement *n* mit Innentreppe.

duplicata [dyplikaˈta] *m* Duplikat *n*; **~cateur** ⊕ [~ˈtœːr] *m* Vervielfältigungsapparat *m*; **~cité** [~siˈte] *f* Doppelzüngigkeit *f*.

dur, -e [dyːr] **1.** *adj.* hart; zäh; rauh; *fig.* streng, unfreundlich; *être ~ d'oreille* schwerhörig sein, schwer hören; **2.** *m* F Draufgänger *m*; **3.** *f:* *fig. coucher sur la ~e auf* der bloßen Erde liegen; **4.** *adv.:* *travailler ~* schwer arbeiten; **~abilité** [dyrabiliˈte] *f* Haltbarkeit *f*; **~able** [~ˈrablə] *adj.* haltbar; dauerhaft; **~ant** [~ˈrã] *prp.* während (*gén.*); *nachgestellt:* des heures ~ stundenlang.

durcir [dyrˈsiːr] (2a) *v/t.* hart machen; härten; *fig.* abhärten; *v/i. u. se ~ hart* werden; **~issement** [~sisˈmã] *m* Hart-werden *n*, -sein *n*; *pol.* Verhärtung *f*, Verschärfung *f*; ⊕ Härtung *f*.

durée [dyˈre] *f* Dauer *f*; ~ *du parcours*, ~ *du trajet* Fahrzeit *f*, ✈ Flugzeit *f*; **~er** [~] *v/i.* (1a) (fort)dauern; fortbestehen; *Kleidung:* halten; *le temps me dure mir wird die Zeit lang*; **~eté** [dyrˈte] *f* Härte *f*; *fig.* Gefühllosigkeit *f*; ~ *d'oreille* Schwerhörigkeit *f*; **~illon** [~riˈjɔ̃] *m* Schwiele *f*.

duvet [dyˈvɛ] *m* Flaum(federn *f/pl.*) *m*; Daunen *f/pl.*; Daunenbett *n*; *fig.* F Milchbart *m*; **~eté, -e** [~vˈte], **~eux, -se** [~ˈvø, ~ˈvøːz] *adj.* flaumig.

dyarchie [djarˈʃi] *f* Zweimännerherrschaft *f*.

dynamique [dinaˈmik] **1.** *adj.* dynamisch; energisch; lebhaft; **2.** *f* Dynamik *f*; **~isme** [~ˈmism] *m* Tatkraft *f*, Energie *f*; persönlicher Einsatz *m*; **~ite** [~ˈmit] *f* Dynamit *n*; **~o** [~ˈmo] *f* Dynamo *m*.

dynastie [dinasˈti] *f* Dynastie *f*.

dyne *phys.* [din] *f* Dyn *n*.

dysenterie 🜊 [disãˈtri] *f* Ruhr *f*; **~lexie** *psych.* [~lɛˈksi] *f* Legasthenie *f*; Lesestörung *f*, Dyslexie *f*; **~lexique** [~ˈksik] *adj.* legasthenisch; dyslektisch; **~orthographique** [~ɔrtogra-ˈfik] *adj.* rechtschreibungsschwach; **~pepsie** 🜊 [~pɛpˈsi] *f* Verdauungsstörung *f*; **~régulation** [~regyla-ˈsjɔ̃] *f:* ~ *métabolique* Störung *f* des Stoffwechsels.

dytique *ent.* [diˈtik] *m* Schwimmkäfer *m*.

E

E *(ou* **e***)* [ə] *m* E (*od.* e) *n*.

eau [o] *f* (*pl.* ~**x**) Wasser *n*; *grandes* ~**x** Wasserspiele *n*/*pl.*; *rl.* ~ **bénite** Weihwasser *n*; **🪤** ~ *blanche* Bleiwasser *n*; **🪤** ~ *oxygénée* Wasserstoffsuperoxyd *n*; ~ *potable* Trinkwasser *n*; ~ *vive* Quellwasser *n*; *administration f des* ~**x** *et forêts* Jagd-, Forst- und Wasserbauverwaltung *f*; **⚓** *faire* ~ leck sein; **⚓** *faire de l'*~ sich mit Trinkwasser versehen; *faire sa pleine* ~ sich freischwimmen; *nager entre deux* ~**x** unter Wasser schwimmen; *naviguer* (*od.* être) *dans les* ~**x** *de q.* in j-s Fahrwasser schwimmen; *prendre les* ~**x** zur Brunnenkur machen; *suer sang et* ~ Blut und Wasser schwitzen; *tomber à l'*~ ins Wasser fallen.

eau-de-vie [od'vi] *f* (*pl.* eaux-de-vie) Branntwein *m*.

eau-forte [o'fɔrt] *f* (*pl.* eaux-fortes) Radierung *f*.

eaux-vannes [o'van] *f*/*pl.* Jauche *f*; Abwässer *n*/*pl.*

ébahir, -e [eba'i] *adj.* verblüfft; ~**ir** [~'i:r] *v*/*t.* (2a) in Erstaunen setzen; *s'*~ sich wundern.

ébarber [ebar'be] *v*/*t.* (1a) ⊕ abgraten; *Papier* beschneiden; 🪚 *Hecken* verschneiden, stutzen.

ébats [e'ba] *m*/*pl.* Freudensprünge *m*/*pl.*; *prendre ses* ~ sich tummeln.

ébattre [e'batrə] *v*/*rfl.* (4a): *s'*~ vergnügt umherspringen, sich tummeln.

ébaubi, -e F [ebo'bi] *adj.* verblüfft.

ébauche [e'boʃ] *f* Entwurf *m*, Skizze *f*, Umriß *m*; *fig.* (schwacher) Versuch *m*; ~**er** [~'ʃe] *v*/*t.* (1a) flüchtig entwerfen; roh bearbeiten; andeuten; ~**oir** [~'ʃwa:r] *m* Schrotmeißel *m*.

ébène [e'bɛn] *f* Ebenholz *n*.

ébénier ♀ [ebe'nje] *m* Ebenholzbaum *m*; ~**iste** [~'nist] *m* Möbeltischler *m*; ~**isterie** [~tə'ri] *f* Möbeltischlerei *f*; Kunsttischlerarbeit *f*.

éberlué, -e [eber'lɥe] *adj.* verblüfft.

éblouir [eblu'i:r] *v*/*t.* (2a) blenden; *fig.* beeindrucken, hinreißen; ~**issement** [~is'mã] *m* Blendung *f*; *fig.*

bewunderndes Staunen *n*.

ébonite [ebo'nit] *f* Hartgummi *m od. n*.

éborgner [ebɔr'ɲe] *v*/*t.* (1a) *j-m* ein Auge ausschlagen; 🪚 *die Augen* ausschneiden.

ébouillanter ⊕ [ebujã'te] *v*/*t.* (1a) abbrühen.

éboulement [ebul'mã] *m* Einsturz *m*; Erd-, Berg-rutsch *m*; ~**er** [~'le] *v*/*rfl.* (1a): *s'*~ einstürzen; ~**is** *géol.* [~'li] *m* Geröll *n*.

ébouriffant, -e F [eburi'fã, ~'fã:t] *adj.* unglaublich, haarsträubend; ~**er** [~'fe] *v*/*t.* (1a) *Haar* struppig machen; F *fig.* völlig verblüffen.

ébrancher [ebrã'ʃe] *v*/*t.* (1a) ausästen; ~**oir** 🪚 [~'ʃwa:r] *m* Baummesser *n* (*mit langem Stiel*).

ébranlement [ebrãl'mã] *m* Erschütterung *f*; *fig.* Zerrüttung *f*; ~**er** [~'le] *v*/*t.* (1a) erschüttern; *Zahn* lockern; 🪚 ins Wanken bringen; *s'*~ sich in Bewegung setzen, anfahren (*v*/*i.*).

ébréché, -e [ebre'ʃe] *adj. Messer*: schartig; *Geschirr*: angeschlagen; ~**er** [~] *v*/*t.* (1f) schartig machen; *fig.* empfindlich verringern.

ébriété [ebrie'te] *f* Trunkenheit *f*.

ébrouement [ebru'mã] *m* Schnauben *n*, Niesen *n* (*v. Tieren*); ~**er** [~'e] *v*/*rfl.* (1a): *s'*~ *Tier, Mensch*: sich schütteln; *Pferd*: schnauben, niesen; *Vögel*: (sich) baden.

ébruiter [ebrɥi'te] *v*/*t.* (1a) ausplaudern.

ébullition [ebyli'sjɔ̃] *f* Aufkochen *n*, Sieden *n*; 🪴, *fig.* Aufbrausen *n*.

éburné, -e [ebyr'ne] *adj.* elfenbeinartig.

écaille [e'ka:j] *f* Schuppe *f*; (Austern-)Schale *f*; Schildpatt *n*; ~**er¹** [eka'je] *v*/*t.* (1a) (ab)schuppen; *Austern* aufmachen; *s'*~ abblättern, abbröckeln; ~**er², -ère** [~'je, ~'jɛ:r] *su.* Austernhändler(in *f*) *m*.

écale [e'kal] *f* (Nuß-)Schale *f*; ~**er** [~'le] *v*/*t.* (1a) *Erbsen* enthülsen; *Nüsse* schälen.

écarlate [ekar'lat] **1.** *f* Scharlach(-rot *n*, -farbe *f*) *m*; **2.** *adj.* scharlachrot.

écarquiller [ekarki'je] v/t. (1a) *Augen* aufsperren.

écart [e'ka:r] *m* Seiten-schritt *m*, -sprung *m*, -wendung *f*; Abstand *m*; *soziale* Kluft *f*; *Skat*: weggelegte Karten *f/pl.*; *fig.* Abschweifung *f*; Verirrung *f*; Verstoß *m*; ⚔ Abweichung *f* (*beim Schießen*); *vét.* Verrenkung *f*; ⊕ Spielraum *m*; *à l'~* beiseite, abseits, für sich; *grand ~* Spagat *m od. n*; *~ sémantique* Bedeutungsabweichung *f*; **~eler** [ekartə'le] v/t. (1d) vierteilen; **~ement** [~tə'mɑ̃] *m* Abstand *m*, Entfernung *f*; 🚗 Spurweite *f*; **~er** [~'te] v/t. (1a) spreizen, ausbreiten; *Beine* grätschen; entfernen; aussondern; beseitigen; vertreiben; *j-n* kaltstellen; ablenken; *Karten* weglegen; **~omètre** ⊕, 🔧 [~tɔ'mɛ:trə] *m* Abweichungs-, Toleranzmeßgerät *n*.

ecchymose 🔬 [eki'mo:z] *f* blutunterlaufene Stelle *f*, blauer Fleck *m*.

ecclésiastique [ɛklezjas'tik] *adj.* geistlich, kirchlich.

écervelé, -e [esɛrvə'le] **1.** *adj.* kopflos; unbesonnen; **2.** *su.* unbesonnener Mensch *m*, kopflose Person *f*.

échafaud [eʃa'fo] *m* Gerüst *n* (*a.* △); Schafott *n*; **~age** [~da:ʒ] *m* Baugerüst *n*; **~er** [~'de] (1a) v/i. ein Gerüst aufstellen; v/t. *fig.* entwerfen; *Hypothesen* aufstellen.

échal|as [eʃa'lɑ] *m* Rebenpfahl *m*; (Tomaten-)Stange *f*; **~asser** 🌿 [~la'se] v/t. (1a) (an)pfählen; **~ier** [~'lje] *m* Heckensteigleiter *f*; Feldzauntür *f*.

échalote 🌱, *cuis.* [eʃa'lɔt] *f* Schalotte *f*.

échancrer [eʃɑ̃'kre] v/t. (1a) (aus-) schweifen; ausbogen; *cout.* ausschneiden.

échang|e [e'ʃɑ̃:ʒ] *m* (Aus-, Um-) Tausch *m*; *~ d'élèves* Schüleraustausch *m*; *~ de lettres* Briefwechsel *m*; *~ de logements* Wohnungstausch *m*; **~er** [eʃɑ̃'ʒe] v/t. (1l) tauschen (*contre qch.* gegen etw.); aus-, um-tauschen; *Briefe, Blicke* wechseln.

échantill|on [eʃɑ̃ti'jɔ̃] *m* Probe(stück *n*) *f*, Muster *n*; **~onner** [~jɔ'ne] v/t. (1a) 🔧 Proben zs.-stellen; *allg.* auswählen.

von Dampf usw.; Hemmung *f* in der Uhr; *Auto*: Auspuff *m*; **~er** [~'pe] (1a) v/i. (*a. s'~*) entlaufen; entwischen; entgehen, entkommen; *s'~ Gas, Rauch*: ausströmen; *le mot m'a* (*m'est*) *échappé* das Wort ist mir entgangen (entschlüpft); v/t. *Fl~ belle* mit e-m blauen Auge davonkommen.

écharde [e'ʃard] *f* Splitter *m* (*in der Hand usw.*).

écharner ⊕ [eʃar'ne] v/t. (1a) *Gerberei*: *Häute* abschaben.

écharp|e [e'ʃarp] *f* Schärpe *f*; 🎖 Schlinge *f*, (Arm-)Binde *f*; *en ~* schräg, quer; *Auto*: *prendre en ~* seitlich rammen; **~er** [~'pe] v/t. (1a) schwer verwunden; *Feind* zs.-hauen.

échass|e [e'ʃas] *f* Stelze *f*; *orn.* Stelzenläufer *m*; **~ier** *orn.* [~'sje] *m* Stelzvogel *m*.

échauboulure *vét.* [eʃobu'ly:r] *f* Nesselsucht *f*.

échaud|e *pât.* [eʃo'de] *m* Art Windbeutel *m*; **~er** [~] v/t. (1a) (ab-, ver-) brühen; △ mit Kalk tünchen; **~ure** 🔬 [~'dy:r] *f* verbrühte Stelle *f*.

échauff|ant, -e [eʃo'fɑ̃, ~'fɑ̃:t] *adj.* (ver)stopfend; **~é, -e** [~'fe] *adj.* erhitzt; *Getreide*: stockig; **~ement** [~'fmɑ̃] *m* Erhitzung *f*; **~er** [~'fe] v/t. (1a) erwärmen, erhitzen; *s'~* warm werden; sich ereifern; *Getreide*: stockig werden; **~ourée** [~fu're] *f* Krawall *m*; Tumult *m*; ⚔ Geplänkel *n*; **~ure** [~'fy:r] *f Getreide*: leichtes Gären *n*.

aidéance ✝ [eʃe'ɑ̃:s] *f* Fälligkeit *f*; Verfall-tag *m*, -zeit *f*, Sicht *f*; *~s pl.* fällige Beträge *m/pl.*; **~ancier** *fin.* [~'sje] *m* Terminkalender *m*; **~ant, -e** [~'ɑ̃, ~'ɑ̃:t] *adj.* fällig; *le cas ~* gegebenenfalls.

échec [e'ʃɛk] *m* Schach *n*; Mißerfolg *m*, *écol.* Durchfall *m*; *voué à f~* aussichtslos; *faire ~ à qch.* etw. zum Scheitern bringen; *mettre qch. en ~* etw. in Frage stellen; *~s pl.* Schachspiel *n*; Schachfiguren *f/pl.*

échelle [e'ʃɛl] *f* Leiter *f*; *fig.* Stufenleiter *f*; Skala *f*; ♪ Tonleiter *f*; Laufmasche *f*; *~ double* Stehleiter *f*; *sur une grande ~* in großem Maßstab (*od.* Stil); *~ mobile* gleitende Skala *f*; *~ mobile des prix* laufende Preissteigerung *f*; *~ mobile des salaires* gleitende Lohnskala *f*; *faire la courte ~ à q.* j-m *beim Klettern* s-e Schultern reichen, *enf.* e-e Räuberleiter machen.

échelon [eʃˈlõ] *m* Leitersprosse *f*; *fig.* Stufe *f*; ✕ Staffel *f*; *pol. pourparlers m/pl. à l'~ le plus élevé* Verhandlungen *f/pl.* auf höchster Ebene; *à l'~ de l'entreprise* auf Betriebsebene; **~nement** [~lɔnˈmã] *m* ✕ Staffel(auf)stellung *f*; ✝ *zeitliche* Staffelung *f*; *fig.* Abstufung *f*; ~ *des prix* Preisstaffelung *f*; ~ *des vivres* Kartensystem *n* (*in Notzeiten*); Lebensmittelverteilung *f*; **~ner** [~ˈne] *v/t.* (1a) staffeln, abstufen; ✕ staffelförmig aufstellen.

échenill er [eʃniˈje] *v/t.* (1a) die Raupen ablesen (*un arbre* von e-m Baum); **~oir** 🪚 [~ˈjwaːr] *m* Raupenschere *f*.

échev eau [eʃˈvo] *m* (*pl.* ~x) Strang *m*, Docke *f* (*z. B. Wolle*); *fig.* Wirrwarr *m*; **~elé, -e** [eʃəˈvle] *adj.* zerzaust, mit fliegenden Haaren; *fig. Tanz:* wild; *Stil:* wirr; **~eler** [~] *v/t.* (1c) *j-m* das Haar zerzausen.

échevin *Belgien, Niederlande, Kanada* [eʃˈvɛ̃] *m* stellvertretender Bürgermeister *m*.

échin e *anat.* [eˈʃin] *f* Rückgrat *n*; **~er** [~ˈne] *v/rfl.* (1a): *s'~ fig.* sich abquälen, sich abrackern.

échiquier [eʃiˈkje] *m* Schachbrett *n*; *fig.* Schauplatz *m*; *l'~ parlementaire* das parlamentarische Kräftespiel.

écho [eˈko] *m* Echo *n*.

échoir [eˈʃwaːr] *v/i.* (3m) anheimfallen; zufallen; ✝ fällig werden.

échoppe [eˈʃɔp] *f* kleine (Verkaufs-) Bude *f*; Radiernadel *f*; Grabstichel *m*.

échouer [eˈʃwe] *v/i.* (1a) ✝ stranden; *fig.* scheitern; *écol., univ.* durchfallen; ♨ *s'~* stranden.

échu, -e [eˈʃy] **1.** *adj.* ✝ fällig; verfallen; **2.** *p.p. von* échoir.

écimer 🪚 [esiˈme] *v/t.* (1a) *Bäume* kappen, stutzen.

éclabouss er [eklabuˈse] *v/t.* (1a) mit Straßenschmutz bespritzen; **~ure** [~ˈsyːr] *f* Kotspritzer *m*.

éclair [eˈklɛːr] *m* Blitz *m* (*a. fig.*); Leuchten *n*; *~ de chaleur* Wetterleuchten *n*; *~ qj. de chaleur* Wetterleuchten *n*; **~age** [eklɛˈraːʒ] *m* Beleuchtung *f*; ⚡ *circuit m* (*od. réseau m od. ligne f*) *d'~* Lichtleitung *f*; **~agiste** [~raˈʒist] *m* Beleuchtungstechniker *m*; **~cie** [~ˈsi] *f* Lichtung *f im Wald*; helle(s) Stelle *f am Himmel*; *Wetter:* Aufheiterung *f*; *fig.* Lichtblick *m*;

~cir [~ˈsiːr] *v/t.* (2a) hell, klar *od.* blank machen; *fig. etw.* aufklären; *fig.* verdünnen; lichten; **~er** [~ˈre] (1b) *v/t.* erleuchten; bescheinen; *j-m* leuchten; *fig. j-n* aufklären; *v/i.* leuchten; **~eur** ✕ [~ˈrœːr] *m* Aufklärer *m*; Erkundungsschiff *n*; **~eur², -se** *Sport* [~ˈrœːr, ~ˈrøːz] *su.* Pfadfinder(in *f*) *m*.

éclat [eˈkla] *m* Splitter *m*; Knall *m*; Aufsehen *n*; Krach *m* (*a. pol.*); Glanz *m*, Pracht *f*; Aufblitzen *n*; ~ *de rire* schallendes Gelächter *n*; *se terminer sur un ~* mit e-m Krach enden; **~ant, -e** [~ˈtã, ~ˈtãːt] *adj.* glänzend; auffallend; **~er** [~ˈte] *v/i.* (1a) platzen, bersten; zersplittern; knallen, prasseln; *in Zorn usw.* ausbrechen; blitzen, glänzen; aufflackern; ~ *de rire* laut auflachen.

éclips e [eˈklips] *f* (*Mond- usw.*)Finsternis *f*; F *fig.* Abwesenheit *f*; **~er** [~ˈse] *v/t.* (1a) *Himmelskörper* verfinstern, verdunkeln; *fig.* in den Schatten stellen; F *s'~* spurlos verschwinden, verduften F.

éclisse [eˈklis] *f* Holzspan *m*; *chir.* Schiene *f*; ⊕ Lasche *f*; **~er** [~ˈse] *v/t.* (1a) ☸ schienen; ⊕ verlaschen.

éclopé, -e [ekloˈpe] *adj.* gehunfähig, hinkend, fußkrank.

éclore [eˈklɔːr] *v/i.* (4k) aus dem Ei kriechen; ♀ aufbrechen; aufblühen; *fig.* an den Tag kommen.

éclosion [ekloˈzjõ] *f* Auskriechen *n*; ♀ Aufblühen *n*; *fig.* Werden *n*.

éclus e [eˈklyːz] *f* Schleuse *f*; **~ée** [eklyˈze] *f* Schleusenwasser *n*; **~er** [~] *v/t.* (1a) durchschleusen; mit Schleusen versehen; **~ier** [~ˈzje] *m* Schleusenmeister *m*.

écœurer [ekœˈre] *v/t.* (1a) anwidern, anekeln.

écolage [ekoˈlaːʒ] *m* **1.** Schulerziehung *f*; **2.** 🪂 Sonderkurs *m* für Fallschirmspringer u. Piloten.

écol e [eˈkɔl] *f* Schule *f*; Schulung *f*, Ausbildung *f*; Richtung *f* (*z. B. Malerei*); ~ *active* Arbeitsschule *f*; *faire l'~ buissonnière* die Schule schwänzen; ~ *confessionnelle* (*interconfessionnelle*) Bekenntnis-(Simultan-)Schule *f*; ~ *d'art industriel* Kunstgewerbe-, Meister-schule *f*; ~ *de filature et de tissage* Spinn- und Webschule *f*; ~ *en plein air* Freiluft-, Waldschule *f*; *grande ~ od. ~ supérieure* Fachhochschule *f* (⯒ *Normale, Poly-*

technique, Centrale, 2̧ des Mines usw.); ~ *laïque* weltliche Schule *f*; ~ *maternelle* Kindergarten *m*; ~ *normale etwa*: Pädagogische Hochschule *f*; ~ *primaire* Grundschule *f*; ~ *professionnelle* Fachschule *f*, Berufsschule *f*; ~ *secondaire* höhere Schule *f*, Gymnasium *n*; ~ *supérieure de commerce* (*in Paris*: ~ *des hautes études commerciales*) Handelshochschule *f*; **~ier, -ère** [~'lje, ~'ljɛːr] *su.* Schüler(in *f*) *m*; F *fig.* Anfänger(in *f*) *m*.

écologie ⍰ [ekɔlɔ'ʒi] *f* Ökologie *f*; **~ique** [~'ʒik] *adj.* ökologisch; **~iste** [~'ʒist] **1.** *adj.* umwelt-bewußt, -gebunden; **2.** *su.* = **~ue** ⍰ [~'lɔg] *su.* Ökologe *m*, Ökologin *f*.

éconduire [ekɔ̃'dɥiːr] *v/t.* (4c) abweisen, hinauskomplimentieren; *fig. j-m* e-n Korb geben.

économ|at [ekɔnɔ'ma] *m* Verwalterstelle *f*, -wohnung *f*; Verkaufsstelle *f* für verbilligte Waren für Betriebsangehörige; **~e** [~'nɔm] **1.** *adj.* sparsam; **2.** *su.* Verwalter(in *f*) *m*; **~ie** [~'mi] *f* Wirtschaft *f*; Wirtschaftslehre *f*, Ökonomik *f*; Wirtschaftlichkeit *f*; Einsparung *f*; **~s** *pl.* Ersparnisse *f/pl.*; ~ *dirigée* Planwirtschaft *f*; ~ *libre* (*od. libérale*) freie Marktwirtschaft *f*; *concernant l'*~ *privée* privatwirtschaftlich; *mesure f d'*~ Sparmaßnahme *f*; *faire* (*od. réaliser*) *des* ~ sparen, Ersparnisse machen; **~ique** [~'mik] *adj.* wirtschaftlich; preiswert; *branche f* ~ Wirtschaftszweig *m*; **~iser** [~mi'ze] *v/t.* (1a) (ein)sparen; *fig.* sparsam sein (*qch.* mit etw.); **~iste** [~'mist] *su.* Wirtschaftswissenschaftler(in *f*) *m*; Wirtschaftsexperte *m*.

écoper [ekɔ'pe] *v/t.* (1a) das Wasser *aus dem Schiff* herausschöpfen; F *etw.* abbekommen, *etw.* ausstehen; *es* ausbaden müssen.

écorc|e [e'kɔrs] *f* Rinde *f*, Borke *f*; *fig.* Schale *f*; **~er** [~'se] *v/t.* (1k) (ab-)schälen, abrinden.

écorch|er [ekɔr'ʃe] *v/t.* (1a) das Fell abziehen (*dat.*); *Haut* ab-, aufschürfen; *Sprache* radebrechen; F *fig. j-n* ausnehmen, *j-m* das Fell über die Ohren ziehen; **~erie** [~ʃə'ri] *f* Abdeckerei *f*; **~eur** [~'ʃœːr] *m* Abdecker *m*; F *fig.* Halsabschneider *m*; **~ure** [~'ʃyːr] *f* Schramme *f*, wunde Stelle *f*, Hautabschürfung *f*.

écorn|er [ekɔr'ne] *v/t.* (1a) *an Möbeln* die Ecken abstoßen; *in ein Buch* Eselsohren machen; *Kapital* schmälern, verringern; **~ifler** F [~ni'fle] *v/t.* (1a) ergaunern; **~ifleur, -se** F [~'flœːr, ~'fløːz] *su.* Schmarotzer(in *f*) *m*; Nassauer *m* F; **~ure** [~'nyːr] *f* abgestoßene Ecke *f*.

écossais, -e [ekɔ'sɛ, ~'sɛːz] **1.** *adj.* schottisch; **2.** 2̧(e) *su.* Schotte *m*, Schottin *f*.

écosser [ekɔ'se] *v/t.* (1a) enthülsen; P blechen F, ausgeben.

écosystème *biol.* [ekɔsis'tɛm] *m* Ökosystem *n*.

écot [e'ko] *m* **1.** Anteil *m* an der Zeche; **2.** Baumstamm *m* (*mit Zweigen*).

écoul|ement [ekul'mã] *m* Ab-, Ausfluß *m*; Entleerung *f*; ✝ Absatz *m*; Ab-, Durch-zug *m*; Verlauf *m*; ~ *du trafic* Verkehrsabwicklung *f*; **~er** [~'le] *v/t.* (1a) ✝ absetzen, verkaufen; *s'*~ abfließen; ✝ Absatz finden; verstreichen; *Menschen*: auseinanderströmen.

écourter [ekur'te] *v/t.* (1a) kürzer machen; kürzen; *bei Tieren*: *Schwanz* stutzen, kupieren; *fig. Reise, Konferenz* abkürzen.

écout|e [e'kut] *f* **1.** Abhören *n*; *rad.* Empfang *m*; *télév.* rad. *heure f de grande* ~ Hauptsendezeit *f*; *se mettre à l'*~ Radio hören; *aux* ~ auf der Lauer, in Erwartung; **2.** ⚓ Schot(e) *f*, Segelleine *f*; **~er** [~'te] *v/t.* (1a) hören; *j-m* (aufmerksam) zuhören; *j-n* an-, er-hören; belauschen; horchen; *auf j-n* hören; **~eur** [~'tœːr] *m* (Telefon-)Hörer *m*; Kopfhörer *m*; Abhörgerät *n*; Hörrohr *n*.

écoutille [eku'tij] *f* ⚓ (Treppen-)Luke *f*; ~ *de sortie* Ausstiegluke *f* e-r *Raumkapsel*.

écran [e'krã] *m* (Ofen-, Wand-)Schirm *m*; (Film-)Leinwand *f*; Bildschirm *m*; *phot.* Filter *m od. n*; ~ *jaune* Gelb-filter *m*, -scheibe *f*; *porter à l'*~ verfilmen; **~ner** rad. [ekra'ne] *v/t.* (1a) abschirmen.

écraser [ekrɑ'ze] *v/t.* (1a) zerdrücken; zermalmen; *Zug, Auto*: *j-n* überfahren; *Aufstand* niederschlagen; *fig.* ~ *q.* (nieder-, er-)drücken; ~ *une cigarette* e-e Zigarette ausdrücken; ~ *Auto*: *le frein* mächtig auf die Bremse treten.

écrém|age [ekre'maːʒ] *m* Entrahmen *n*; F *fig.* Eliteauswahl *f*; **~er** [~'me] *v/t.* (1f) *Milch* entrahmen; F *fig.* den Rahm abschöpfen, das Beste aussortieren; **~euse** [~ˈmøːz] *f* (Milch-)Zentrifuge *f*.

écrevisse *zo.* [ekrəˈvis] *f* Krebs *m*.

écrier [ekriˈe] *v/rfl.* (1a): s'~ aufschreien; ausrufen.

écrin [eˈkrɛ̃] *m* Schmuckkästchen *n*.

écrire [eˈkriːr] *v/t.* (4f) schreiben.

écrit, -e [eˈkri, eˈkrit] **1.** *adj.* schriftlich; geschrieben; *Papier:* beschrieben; **2.** *p.p. von écrire;* **3.** *m* Schrift (-stück *n*) *f; par ~* schriftlich; **~eau** [~ˈto] *m (pl. ~x)* (Hinweis-)Schild *n;* Aushang *m;* **~ure** [~ˈtyːr] *f* Schrift *f;* Schreiben *n;* Handschrift *f;* Stil *m;* ✝ Buchung *f; ~ droite* Steilschrift *f; ~ renversée* Spiegelschrift *f.*

écriv|ailler F [ekrivaˈje] *v/i. u. v/t.* (1a) ~s-schmieren; **~ain** [~ˈɛ̃] *m* Schriftsteller *m; (femme f) ~* Schriftstellerin *f; ~ d'anticipation* utopischer Schriftsteller *m;* **~assier** F [~vaˈsje] *m* Vielschreiber *m.*

écrou [eˈkru] *m* **1.** (Schrauben-)Mutter *f;* **2.** Inhaftnahme *f; registre m d'~* Gefangenenregister *n.*

écrouelles ✝ ✻ [ekruˈɛl] *f/pl.* Skrofeln *f/pl.*

écrouer ⚖ [ekruˈe] *v/t.* (1a) inhaftieren, *in ein Gefängnis* einsperren.

écrouler [ekruˈle] *v/rfl.* (1a): s'~ ein-, zs.-stürzen; *ohne se: faire ~* einreißen.

écroûter [ekruˈte] *v/t.* (1a) *Brot* entrinden.

écru, -e [eˈkry] *adj.* ungebleicht; *soie f ~* Rohseide *f.*

écu [eˈky] *m* (Wappen-)Schild *m;* ✝ Taler *m.*

écubier ⚓ [ekyˈbje] *m* Klüse *f.*

écueil [eˈkœj] *m* Klippe *f (a. fig.).*

écuelle [eˈkɥɛl] *f* Napf *m;* **~ée** [~ˈle] *f* Napfvoll *m.*

éculer [ekyˈle] *v/t.* (1a) *Schuhabsatz* schief-laufen, -treten.

écum|e [eˈkym] *f* Schaum *m;* Geifer *m; ~ de mer* Meerschaum *m;* **~er** [~ˈme] (1a) *v/t.* abschäumen; *fig.* sich das Beste heraussuchen aus (*dat.*); *Ausstellung* abgrasen; *~ les côtes* (*od. les mers*) Seeräuberei treiben; *v/i.* schäumen; *fig.* toben; **~eur** [~ˈmœːr] *m: ~ (de mer)* Seeräuber *m;* **~oire** [~ˈmwaːr] *f* Schaumlöffel *m.*

écureuil *zo.* [ekyˈrœj] *m* Eichhörnchen *n.*

écurie [ekyˈri] *f* Pferdestall *m.*

écusson [ekyˈsɔ̃] *m* Wappenschild *m;* Schlüsselblech *n;* Rückenschild *m der Insekten;* ✖ Kragenspiegel *m;* ✖ Abzeichen *n (am Ärmel od. an der Mütze);* **~ner** ✐ [~sɔˈne] *v/t.* (1a) okulieren, veredeln.

écuy|er [ekɥiˈe] *m* **1.** *hist.* Schildknappe *m;* Junker *m;* **2.** Reitlehrer *m;* Kunstreiter *m;* Stallmeister *m;* **~ère** [~ˈjɛːr] *f* Kunstreiterin *f.*

eczéma ✻ [egzeˈma] *m* Hautausschlag *m,* Ekzem *n.*

édénique [edeˈnik] *adj.* paradiesisch.

édent|é, -e [edɑ̃ˈte] *adj.* zahnlos; **~er** [~] *v/t.* (1a) *bei e-m Kamm od. e-r Säge* die Zähne abbrechen.

édicter ⚖ [edikˈte] *v/t.* (1a) verordnen.

édicule [ediˈkyl] *m* Kiosk *m;* Bedürfnisanstalt *f.*

édifi|ant, -e [ediˈfjɑ̃, ~ˈfjɑ̃ːt] *adj.* erbaulich; **~cateur** [~fikaˈtœːr] *m* Erbauer *m;* **~cation** [~kaˈsjɔ̃] *f* Errichtung *f; fig.* Aufbau *m;* **~ce** [~ˈfis] *m* Gebäude *n;* **~er** [~ˈfje] *v/t.* (1a) (auf-)bauen; erbauen (*a. fig.*); *Theorie* aufstellen; *fig.* belehren.

édit *hist.* [eˈdi] *m* Edikt *n;* **~er** [~ˈte] *v/t.* (1a) *ein Werk* herausgeben; **~eur** [~ˈtœːr] *m* Herausgeber *m;* Verleger *m;* **~ion** [~ˈsjɔ̃] *f* Ausgabe *f;* Auflage *f;* **~o** F [~ˈto] *m,* **~orial** [~tɔˈrjal] *m (pl. -aux)* Leitartikel *m;* **~orialiste** [~ˈlist] *m* Leitartikler *m.*

édredon [edrəˈdɔ̃] *m* Daunendecke *f.*

éduc|able [edyˈkablə] *adj.* erziehbar, bildungsfähig; **~ation** [~kaˈsjɔ̃] *f* Erziehung *f; fig.* Koedukation *f; ~ physique* Leibeserziehung *f.*

édulcorer [edylkɔˈre] *v/t.* (1a) *phm.* süßen; *fig.* mildern, abschwächen.

éduquer [edyˈke] *v/t.* (1m) erziehen; schulen, ausbilden, ertüchtigen.

éfaufiler [efofiˈle] *v/t.* (1a): *~ un tissu* die Fäden aus e-m Gewebe auszupfen.

effacer [efaˈse] *v/t.* (1k) aus-wischen, -radieren, -streichen; *Tonband* löschen; *~ les épaules* die Schultern einziehen; *~ le tableau* die Tafel abwischen.

effar|ement [efarˈmɑ̃] *m* Bestürzung *f;* **~er** [~ˈre] *v/t.* (1a) heftig erschrecken; *s'~* in Angst und Schrecken geraten; **~oucher** [~ruˈʃe] *v/t.* (1a) auf-, ver-scheuchen; *fig.* ab-, erschrecken.

effect|if, -ve [efɛkˈtif, ~ˈtiːv] **1.** *adj.*

effektiv; **2.** *m* Personalbestand *m*; Mitgliederzahl *f*; Stärke *f e-s Jahrgangs*; *écol.* Klassenfrequenz *f*; ✕ Truppenstärke *f*; **~uer** [~ˈtɥe] *v/t.* (1a) durchführen, verwirklichen; leisten; bewerkstelligen.

efféminer [efemiˈne] *v/t.* (1a) verweichlichen.

effervesc|ence [efɛrveˈsɑ̃:s] *f* Aufbrausen *n*; Unruhe *f*, Aufregung *f*; Gärung *f*; **~ent, -e** [~ˈsɑ̃, ~ˈsɑ̃:t] *adj.* aufbrausend.

effet [eˈfɛ] *m* **1.** Wirkung *f*; Ergebnis *n*; Leistung *f*; Effekt *m*; Folge *f*; † Wechsel *m*; *oft* **~s** *pl.* Eindruck *m*; *à cet* ~ zu diesem Zweck; *à court terme* kurzfristiger Wechsel *m*; *prendre* ~ *Gesetz, Vertrag*: in Kraft treten, wirksam werden; *produire son* ~ sich auswirken; **2.** **~s** *pl.* Gepäck *n*, Sachen *f/pl.*; † Kredit-, Wertpapiere *n/pl.*; **~s publics** Staatspapiere *n/pl.*

effeuiller [efœˈje] *v/t.* (1a) entblättern; **s'~** das Laub verlieren.

efficac|e [efiˈkas] *adj.* wirksam; **~ité** [~si'te] *f* Wirksamkeit *f*; Wirkung(skraft *f*) *f*; Leistungsfähigkeit *f*; ⊕ (Arbeits-)Leistung *f*.

effigie [efiˈʒi] *f* Bildnis *n* (*bsd. num.*).

effil|é, -e [efiˈle] *adj.* zugespitzt; **~er** [~ˈle] *v/t.* (1a) Fäden ausziehen (*qch. aus etw. dat.*); *ch.* müde hetzen; **s'~** ausfasern; **~ocher** ⊕ [~lɔˈʃe] *v/t.* (1a) zerfasern.

efflanqué, -e [eflɑ̃ˈke] *adj. Tier, Mensch:* abgemagert, ausgemergelt, dürr.

effleurer [eflœˈre] *v/t.* (1a) streifen, leicht berühren, ritzen; *fig.* oberflächlich behandeln; antippen.

efflorescence [eflɔreˈsɑ̃:s] *f* ♀ Befall *m v. Früchten*; 🜨 Ausblühung *f auf Mauern*; *min.* Auswittern *f*; 🜊 Ausschlag *m*.

efflu|ent, -e [eflyˈɑ̃, ~ˈɑ̃:t] **1.** *adj.* ausströmend; abfließend; **2.** *m:* **~s** *pl. radioactifs* radioaktive Abwässer *n/pl.*; **~ve** [eˈfly:v] *m* Ausdünstung *f*; Ausströmung *f*.

effondr|ement [efɔ̃drəˈmɑ̃] *m* Einsturz *m*; Zs.-bruch *m*; tiefes Umpflügen *n*; **~ nerveux** Nervenzusammenbruch *m*; **~er** [~ˈdre] *v/t.* (1a) tief umpflügen, tief umgraben; **s'~** einstürzen; einsinken; *fig.* zs.-brechen.

efforcer [efɔrˈse] *v/rfl.* (1k): **s'~** de sich anstrengen zu, sich bemühen zu.

effort [eˈfɔ:r] *m* Anstrengung *f*; *vét.* Verstauchung *f*; ⊕ Beanspruchung *f*, Belastung *f*.

effraction [efrakˈsjɔ̃] *f* Einbruch *m*; *vol m avec* ~ Einbruch(s)diebstahl *m*.

effraie *orn.* [eˈfrɛ] *f* Schleiereule *f*.

effray|ant, -e [efrɛˈjɑ̃, ~ˈjɑ̃:t] *adj.* schrecklich; **~er** [~ˈje] *v/t.* (1i) erschrecken; **s'~** (sich) erschrecken (de über *acc.*).

effréné, -e [efreˈne] *adj.* zügellos.

effrit|ement [efritˈmɑ̃] *m* Verwitterung *f*; Abbröckeln *n*; *fig.* Zerfall *m*; **~er** [~ˈte] *v/t.* (1a) zerbröckeln; zersetzen; brüchig machen; **s'~** verwittern; abbröckeln (*a. fig.*); zerfallen; *fig.* sich auflösen.

effroi [eˈfrwa] *m* Entsetzen *n*.

effront|é, -e [efrɔ̃ˈte] *adj.* frech, unverschämt; **~erie** [~ˈtri] *f* Frechheit *f*, Unverschämtheit *f*.

effroyable [efrwaˈjablə] *adj.* entsetzlich.

effusion [efyˈzjɔ̃] *f:* ~ de sang Blutvergießen *n*; *fig.* avec ~ aus vollem Herzen.

égal, -e [eˈgal] (*m/pl. -aux*) **1.** *adj.* gleich; eben; gleichgültig; F *ça m'est bien ~* das ist mir ganz egal; **2.** *m: mon* ~ meinesgleichen; *à l'~ de* ebenso wie; **~er** [~ˈle] *v/t.* (1a): ~ *q.* (*od. qch.*) j-m (*od. e-r Sache*) gleichkommen; **~iser** [~liˈze] *v/t.* (1a) gleichmäßig verteilen; ebnen; **~ité** [~teˈte] *f* Gleichheit *f*; *Sport*: Ausgleich *m*, Einstand *m* (*bsd. a. Tennis*).

égard [eˈga:r] *m* Rücksicht *f*; *avoir ~ à qch.* etw. berücksichtigen; *eu ~ à, par ~ pour* im Hinblick auf (*acc.*); *à l'~ de* hinsichtlich (*gén.*); *à mon ~* was mich betrifft; *à tous ~s* in jeder Hinsicht; *sans ~ pour* ohne Rücksicht auf (*acc.*); **~s** *pl.* Achtung *f*; Aufmerksamkeiten *f/pl.*; *manque m d'~* Rücksichtslosigkeit *f*.

égar|ement [egarˈmɑ̃] *m* Verirrung *f* (*fig.*); *psych.* Geistesgestörtheit *f*; **~er** [~ˈre] *v/t.* (1a) irreleiten; verwirren; *etw.* verlegen; *fig. avoir l'air égaré* verstört aussehen; **s'~** sich verirren, sich verlaufen; abhanden kommen.

égayer [egɛˈje] *v/t.* (1i) erheitern; **s'~** lustig werden.

églant|ier ♀ [eglɑ̃ˈtje] *m* Heckenrose(nstrauch *m*) *f*; **~ine** ♀ [~ˈtin] *f* wilde Rose *f*; Heckenrose *f*.

église [e'gli:z] *f* Kirche *f*.

égoïne ⊕ [ego'in] *f* Stichsäge *f*, Fuchsschwanz *m*.

égoïsme [ego'ism] *m* Egoismus *m*; **.iste** [~'ist] **1.** *adj.* egoistisch, selbstsüchtig; **2.** *su.* Egoist(in *f*) *m*.

égorg|**er** [egor'3e] *v/t.* (1l) den Hals abschneiden (*q.* j-m); niedermetzeln; **.eur, -se** [~'3œ:r, ~'3ø:z] *su.* Mörder(in *f*) *m*.

égosiller [egozi'je] *v/rfl.* (1a): *s'~* sich heiser schreien, sich überschreien.

égout [e'gu] *m* Abflußrinne *f*; *bsd.* **~s** *pl.* Kanalisation *f*; *bouche f d'~* Gully *m*; **.ier** [~'tje] *m* Kanalisationsarbeiter *m*.

égoutt|**er** [egu'te] *v/t.* (1a) abtropfen lassen; ✎ trockenlegen; **.oir** [~'twa:r] *m* Abtropfgestell *n*; *cuis.* Tropfbrett *n*; *phot.* Trockenständer *m*.

égrapper [egra'pe] *v/t.* (1a) abbeeren.

égratign|**er** [egrati'ne] *v/t.* (1a) kratzen, (auf)ritzen; zerschrammen; *Boden* aufkratzen; *peint.* schraffieren; **.ure** [~'ny:r] *f* Kratzwunde *f*, Schramme *f*.

égrener [egra'ne] *v/t.* (1d) auskörnen; abbeeren; **~** *son chapelet* den Rosenkranz herbeten.

égrillard, -e [egri'ja:r, ~'jard] *adj.* anzüglich.

égris|**ée** [egri'ze] *f* Diamantenpulver *n*; **.er** [~] *v/t.* (1a) *Diamanten usw.* (ab)schleifen.

égueuler [egœ'le] *v/t.* (1a) *Gefäß* am Rand beschädigen.

égyptien, -ne [e3ip'sjɛ̃, ~'sjɛn] **1.** *adj.* ägyptisch; **2.** ℒ(ne) *su.* Ägypter(in *f*) *m*.

eh! [e] *int.* he!, hallo!; *Erstaunen:* ach!; *Schmerz:* au!; *~ bien!* nun gut!, na und?

éhonté, -e [eõ'te] *adj.* schamlos; unverschämt.

éidophore *télév.* [eido'fo:r] *m* Eidophor *m*, Fernsehgroßbild-Erzeuger *m*.

éjaculer [e3aky'le] *v/t.* (1a) ausspritzen.

physiol. Ausscheidung *f*; ℛ Herausschleudern *n*.

élaborer [elabo're] *v/t.* (1a) aus-, be-, ver-arbeiten.

élaguer [ela'ge] *v/t.* (1m) *Baum* beschneiden, auslichten; *fig.* kürzen; ausmerzen.

élan [e'lɑ̃] *m* **1.** Anlauf *m*, Sprung *m*, Satz *m*; *fig.* Anwandlung *f*; Schwung *m*, Begeisterung *f*; **2.** *zo.* Elch *m*.

élanc|**é, -e** [elɑ̃'se] *adj.* schlank (und hoch), hochaufgeschossen; **.ement** ℱ [~s'mɑ̃] *m* stechender Schmerz *m*; **.er** [~'se] *v/i.* (1k) ℱ stechen; *s'~* hervor-, los-brechen; losspringen; *fig.* sich stürzen; ✈ in die Höhe schießen.

élarg|**ir** [elar'3i:r] *v/t.* (2a) erweitern; verbreitern; *cout. Taille* auslassen; *Gefangenen* freilassen; **.issement** [~3is'mɑ̃] *m* Erweiterung *f*; Freilassung *f*.

élast|**icité** [elastisi'te] *f* Elastizität *f*; **.ique** [~'tik] **1.** *adj.* elastisch; dehnbar; **2.** *m* Gummi-band *n*, -zug *m*.

élec|**teur, -rice** [elɛk'tœ:r, ~'tris] *su.* Wähler(in *f*) *m*; **.tif, -ve** [~'tif, ~'ti:v] *adj.* Wahl...; **.tion** *pol.* [~'sjõ] *f* Wahl *f*; **.toral, -e** [~tɔ'ral] *adj.* (*m/pl. -aux*) Wahl...; *hist.* kurfürstlich; **.torat** [~'ra] *m* Wahlrecht *n*; **.trice** [~'tris] *s. électeur.*

électr|**icien** [elɛktri'sjɛ̃] *m* Elektriker *m*; Elektro-installateur *m*, -monteur *m*; **.icité** [~si'te] *f* Elektrizität *f*; **.ification** [~fika'sjõ] *f* Elektrifizierung *f*; **.ifier** [~'fje] *v/t.* (1a) elektrifizieren; **.ique** [~'trik] *adj.* elektrisch; Elektro...; **.iser** [~tri'ze] *v/t.* (1a) elektrisieren; *fig.* begeistern.

électro|**-aimant** [elɛktrɔe'mɑ̃] *m* (*pl. ~s*) Elektromagnet *m*; **.cardiogramme** ℱ [~kardjɔ'gram] *m* Elektrokardiogramm *m*, mst EKG *n*; **.choc** ℱ [~'ʃɔk] *m* Elektroschock *m*; **.cuter** [~ky'te] *v/t.* (1a) durch e-n elektrischen Schlag töten; **.cution** [~ky'sjõ] *f* tödlicher elektrischer Schlag *m*; Hinrichtung *f* durch elektrischen Strom; **.de** *phys.* [~'trɔd] *f* Elektrode *f*; **.ménager** [~mena'3e] *adj.*: *appareils m/pl. ~s* elektrische Haus- und Küchen-geräte *n/pl.*; **.moteur** [~mɔ'tœ:r] *m* Elektromotor *m*; **.n** *phys.* [~'trõ] *m* Elektron *n* (*a. als Leichtmetallegierung*); **.nicien** [~trɔni'sjɛ̃] *m* Elektroniker *m*; **.nique** [~'nik] **1.** *f* Elektronik *f*;

2. *adj.* elektronisch; **~phone** [~'fɔn] *m* Plattenspieler *m*; **~technique** [~tɛk'nik] 1. *adj.* elektrotechnisch; 2. *f* Elektrotechnik *f*; **~thérapie** ⚕ [~te-ra'pi] *f* Elektrotherapie *f*.

élég|ance [ele'gã:s] *f* Eleganz *f*; **~ant, -e** [~'gã, ~'gã:t] *adj.* elegant.

élément [ele'mã] *m* Element *n*; Ur-, Grund-stoff *m*; Grundbegriff *m*; Faktor *m*; Anbaumöbelstück *n*; △ Bauteil *m*; **~aire** [~'tɛ:r] *adj.* Grund-..., elementar.

éléphant *zo.* [ele'fã] *m* Elefant *m*.

élevage [el'va:ʒ] *m* Züchtung *f* v. *Haustieren*; Viehzucht *f*.

éléva|teur, -rice [eleva'tœ:r, ~'tris] 1. *adj.* Hebe...; *muscle m* ~ Hebemuskel *m*; 2. *m* Lastenaufzug *m*, Hebevorrichtung *f*; ~ *des bateaux* Schiffshebewerk *n*; **~tion** [~va'sjõ] *f* Erhebung *f*, Erhöhung *f* (*a. fig.*); Steigen *n der Preise*; *ast.* Höhe *f*; Anhöhe *f*, Hügel *m*; *fig.* Erhabenheit *f*.

élève [e'lɛ:v] *su.* 1. Schüler(in *f*) *m*; ✈ **~pilote** Flugschüler *m*; ~ *chargé de la surveillance routière* Schülerlotse *m*; 2. *junges* Zuchttier *n*; ♣ Sämling *m*.

élev|é, -e [el've] 1. *adj.* hoch; erhaben; 2. *m*: *un mal* ~ ein ungebildeter Mensch; **~er** [~] *v/t.* (1d) erheben; *Puls* beschleunigen; *Senkrechte usw.* errichten; *Kinder* groß-, er-ziehen; *Vieh, Pflanzen* ziehen; ♈ ~ *à la quatrième puissance* in die vierte Potenz erheben; **~eur** [~'vœ:r] *m* Viehzüchter *m*; **~euse** [~'vø:z] *f* Brutschrank *m*.

éligible [eli'ʒiblə] *adj.* wählbar.

élimer [eli'me] *v/t.* (1a) abnutzen, abtragen.

éliminer [elimi'ne] *v/t.* (1a) beseitigen.

élire *mst pol.* [e'li:r] *v/t.* (4x) wählen.

élit|aire *néol.* [eli'tɛ:r] *adj.* elitär; **~e** [e'lit] *f* Auswahl *f*, Elite *f*; **~ique** *néol.* [~'tik] *adj.* elitär (*nur in lobendem Sinn!*); **~isme** [~'tism] *m* elitäre Politik *f*; **~iste** *néol.* [~'tist] *adj.* elitär.

élixir [elik'si:r] *m* Elixier *n*, Heiltrank *m*.

elle [ɛl] *pr/p. f* sie.

ellébore ♣ [ɛle'bɔ:r] *m* Christrose *f*.

elles [ɛl] *pr/p. f/pl.* sie *pl.*

ellipse [e'lips] *f* Ellipse *f*.

elliptique [elip'tik] *adj.* elliptisch.

élocution [elɔky'sjõ] *f* Ausdrucksweise *f*, Diktion *f*.

éloge [e'lɔ:ʒ] *m* Lobrede *f*; Lob *n*.

éloign|ement [elwaɲ'mã] *m* Entfernung *f*; weite Ferne *f*; Entfernung *f*; Entrücktsein *n*; **~er** [~'ɲe] *v/t.* (1a) entfernen; auf-, ver-schieben; fernhalten; *fig.* entfremden (*de dat.*); s'~ sich entfernen; *peint.* zurücktreten.

éloquen|ce [elɔ'kã:s] *f* Beredsamkeit *f*; **~ent, -e** [~'kã, ~'kã:t] *adj.* beredt.

élu [e'ly] *p.p. von* élire.

élucider [elysi'de] *v/t.* (1a) aufklären, erläutern, verdeutlichen.

élucubr|ations *péj.* [elykybra'sjõ] *f/pl.* Hirngespinste *n/pl.*; **~er** *péj.* [~'bre] *v/t.* (1a) *fig.* aushecken, ausbrüten.

éluder [ely'de] *v/t.* (1a) *fig. Gesetz* umgehen; *e-r Frage* ausweichen (*dat.*).

Élysée [eli'ze] *m*: *le palais de l'*~ der Elyseepalast; *les Champs-*~s *m/pl.* (*Prachtstraße in Paris*).

émacié, -e [ema'sje] *adj.* abgezehrt, ausgemergelt.

émail [e'maj] *m* Email *n*, Emaille *f*; Schmelz *m*; Glasur *f*; **~ler** [~'je] *v/t.* (1a) emaillieren; *fig. e-n Text* ausschmücken; *iron.* émaillé de gespickt mit (*dat.*).

émanation [emana'sjõ] *f géol.* Ausfluß *m*; Ausströmung *f*; Ausdünstung *f*.

émancip|ation [emãsipa'sjõ] *f* 🕮 Volljährigkeitserklärung *f*; *soc.* Emanzipierung *f*; **~er** [~'pe] *v/t.* 🕮 mündigsprechen; emanzipieren; F s'~ über die Stränge schlagen.

émaner [ema'ne] *v/i.* (1a) aus-fließen, -strömen (*de aus dat.*); *fig.* herrühren, ausgehen (*de von dat.*).

émarger [emar'ʒe] (1l) *v/t.* ✝ am Rande quittieren; *v/i.* Gehalt *vom Staat* beziehen.

émasculation [emaskyla'sjõ] *f* Entmannung *f*.

embâcle [ɑ̃'ba:klə] *m* Anhäufung *f* von Eisschollen.

emball|age [ɑ̃ba'la:ʒ] *m* Verpackung *f*, Packmaterial *n*; *Sport:* Endspurt *m*; **~er** [~'le] *v/t.* (1a) ein-, verpacken; F runterputzen; P schnappen, erwischen; F begeistern; ~ *un moteur* e-n Motor hochjagen; s'~ *Pferd:* durchgehen; F sich hinreißen lassen; **~eur** [~'lœ:r] *m* Packer *m*.

embarbouiller [ɑ̃barbu'je] *v/t.* (1a) verwirren, aus dem Konzept bringen.

embarc|adère ⚓ [ɑ̃barka'dɛ:r] *m*

Landungsbrücke f; Anlegestelle f; **~ation** [~ka'sjɔ̃] f kleines Boot n.

embardée [ãbar'de] f ⚓, ✈ Schlingern n; Auto: Ausscheren n.

embargo [ãbar'go] m Embargo n (bsd. für Schiffe); Handelssperre f; Beschlagnahme f.

embarqu|ement [ãbarkə'mã] m Verladung f; Einsteigen n; **~er** [~'ke] (1m) v/t. an Bord bringen; fig. j-n in etw. verwickeln; v/i. ⚓ an Bord gehen; allg. einsteigen; s'**~** dans sich einlassen in öd. auf (acc.).

embarras [ãba'ra] m Hindernis n; Verwirrung f; unangenehme Lage f; Verlegenheit f; **~** d'argent Geldverlegenheit f; **~** gastrique Magenverstimmung f; **~** de voitures Verkehrsstockung f; faire des **~** Umstände machen; **~sé, -e** [~ra'se] adj. wirr; verlegen; Verkehr: zähflüssig; **~ser** [~] v/t. (1a) behindern, versperren; in Verlegenheit bringen; ⚓ beschweren; s'**~** de q. sich j-n auf den Hals laden.

embasement △ [ãbaz'mã] m Grundmauer f; Sockel m.

embauch|age [ãbo'ʃa:ʒ] m Anstellung f, Anwerbung f; **~er** [~'ʃe] v/t. (1a) anstellen, anwerben; F **~** q. pour qch. j-n zu etw. (dat.) rumkriegen (od. einspannen); **~oir** [~'ʃwa:r] m Schuh-spanner m, -leisten m.

embaumer [ãbo'me] (1a) v/t. einbalsamieren; mit Wohlgeruch erfüllen; F qch. nach etw. (dat.) riechen; v/i. (lieblich) duften.

embelli|e [ãbe'li] f Windstille f; kurzes Aufklaren n; **~ir** [~'li:r] (2a) v/t. verschönern; v/i. schöner werden; **~ssement** [~lis'mã] m Verschönerung f.

emberlificoter F [ãbɛrlifiko'te] v/t. (1a) j-n beschwatzen; s'**~** dans qch. sich in etw. verheddern.

embêt|ant, -e F [ãbɛ'tã, ~'tã:t] adj. langweilig; ärgerlich; **~er** F [~'te] v/t. (1a) langweilen; ärgern.

emblav|age ✍ [ãbla'va:ʒ] m Saatbestellung f; (Aus-)Saat f; **~er** [~'ve] v/t. (1a) Feld mit Getreide besäen.

emblée [ã'ble] advt.: d'**~** auf Anhieb, gleich, ohne weiteres.

emblème [ã'blɛ:m] m Wahrzeichen n; **~s** pl. Insignien pl.

embobiner F [ãbobi'ne] v/t. (1a) beschwatzen, einwickeln.

emboire [ã'bwa:r] v/rfl. (4u): s'**~** Farben: nachdunkeln.

emboîter [ãbwa'te] v/t. (1a) einschachteln, einfügen, einpassen; * auspfeifen, verhöhnen; fig. **~** le pas à q. a) sich nach j-m richten; b) j-m auf dem Fuße folgen.

embolie [ãbɔ'li] f Embolie f.

embonpoint [ãbɔ̃'pwɛ̃] m Korpulenz f, Körperfülle f.

embosser [ãbɔ'se] v/t. (1a) quer vor Anker legen.

embouch|er ♪ [ãbu'ʃe] v/t. (1a) Trompete ansetzen; **~oir** [~'wa:r] m ♪ Mundstück n; **~ure** [~'ʃy:r] f Mündung f, Hafeneinfahrt f; géol. Krateröffnung f; ♪ Mundstück n.

embouquer ⚓ [ãbu'ke] v/i. (1m) in e-e Meerenge einlaufen.

embourber [ãbur'be] v/t. (1a) in e-n Morast (hinein)führen, (-)fahren, (-)reiten; fig. verwickeln; s'**~** sich festfahren (a. fig.).

embourgeoiser [ãburʒwa'ze] v/rfl. (1a): s'**~** verbürgerlichen; péj. verspießern.

embout [ã'bu] m Zwinge f (am Stock od. Schirm); **~er** [~'te] v/t. (1a) mit e-r Zwinge versehen.

embouteill|age [ãbute'ja:ʒ] m Verkehrsstockung f, (Rück-)Stau m; Überfüllung f; ⊕ Abziehen n (auf Flaschen); **~er** [~'je] v/t. (1a) auf Flaschen abziehen, abfüllen; fig. **~** (les rues) (die Straßen) versperren, blockieren.

emboutir [ãbu'ti:r] v/t. (2a) ⊕ Metalle treiben; ausbauchen; F Auto: anfahren, rammen; eindrücken; zerbeulen.

embranch|é, -e ⚞ [ãbrã'ʃe] adj. mit Gleisanschluß; **~ement** [~'mã] m Ab-, Ver-zweigung f; ⚞ Gleisabzweigung f; Gleisanschluß m; Zweigbahn f; **~er** [~'ʃe] v/t. (1a): **~** à Straße, Gleis verbinden mit (dat.), anschließen an (acc.).

embras|ement [ãbraz'mã] m Feuersbrunst f; Lichteffekt m; fig. soc. Aufbegehren n; **~er** [~'ze] v/t. (1a) e-n roten Lichteffekt geben (dat.); fig. entflammen.

embrass|ade [ãbra'sad] f Umarmung f; **~er** [~'se] v/t. (1a) umarmen; küssen; umfassen; überblicken; enthalten; unternehmen; Beruf ergreifen; Glauben annehmen.

embrasure [ãbra'zy:r] f Schießscharte *f*; Tür-, Fenster-öffnung *f*.

embray|age [ɑ̃brɛ'ja:ʒ] *m* ⊕, *bsd. Auto:* Kupplung *f*; *vél.* ~ *à roue libre* Freilauf *m*; **~er** [~'je] (1i) *v/t.* ⊕ einkuppeln, einrücken; in Gang bringen; F anfangen; *v/i. Auto:* (ein)kuppeln; F ~ *sur qch.* auf etw. (*acc.*) zu sprechen kommen.

embrigader ⚔ [ɑ̃briga'de] *v/t.* (1a) in Brigaden einteilen; anwerben.

embrocher [ɑ̃brɔ'ʃe] *v/t.* (1a) *cuis.* an den Bratspieß stecken; F *fig.* durchbohren; ∉ ~ *le circuit* in den Stromkreis einschalten.

embrouiller [ɑ̃bru'je] *v/t.* (1a) verwirren; s'~ in Verwirrung geraten.

embroussaillé, -e [ɑ̃brusɑ'je] *adj.* voller Gestrüpp; struppig; *fig.* verwirrt.

embru|iné, -e [ɑ̃brɥi'ne] *adj.* mit kaltem Staubregen bedeckt; **~mer** [ɑ̃bry'me] *v/t.* (1a) in Nebel hüllen; *fig.* überschatten; düster stimmen; *Gehirn* vernebeln; **~nir** [~'ni:r] *v/t.* (2a) braun (*od.* dunkler) machen.

embruns [ɑ̃'brœ̃] *m/pl.* Gischt *m od. f.*

embryon [ɑ̃bri'ɔ̃] *m* Embryo *m*; ♀ Keim *m*; *fig.* Keimzelle *f*, erster Anfang *m*, Grundlage *f*; *fig.* Knirps *m*; **~naire** [~'nɛːr] *adj.* embryonal; Embryo...; *fig.* im Ansatz (*od.* Keim) vorhanden.

embûches [ɑ̃'byʃ] *f/pl. fig.* Fallen *f/pl.*

embuer [ɑ̃'bɥe] *v/t.* (1a) *Glas* anlaufen lassen; *vitre f embuée* beschlagene Fensterscheibe *f*.

embuscade [ɑ̃bys'kad] *f* Hinterhalt *m* (*a. fig.*); Überfall *m*.

embusqu|é [ɑ̃bys'ke] *m* F ⚔ Etappenschwein *n* F; *allg.* Drückeberger *m*; **~er** [~] *v/rfl.* (1m): s'~ sich in e-n Hinterhalt legen.

éméché, -e F [eme'ʃe] *adj.* beschwipst.

émeraude [em'ro:d] *f* Smaragd *m*.

émerger [emɛr'ʒe] *v/i.* (1l) auftauchen.

émeri [em'ri] *m* Schmirgel *m*.

émérite [eme'rit] *adj.* erfahren, bewährt.

émersion [emɛr'sjɔ̃] *f* Auftauchen *n*; *ast.* Austritt *m aus dem Schatten*.

émerveiller [emɛrve'je] *v/t.* (1a) *j-n* in Erstaunen (*od.* Verwunderung) setzen.

émetteur [eme'tœ:r] *m* ♣ Emittent

m, Aussteller *m*; *rad., télév.* Sender *m*; ~ *à ondes ultra-courtes* Ultrakurzwellensender *m*; UKW-Sender *m*; ~ *à ondes courtes* Kurzwellensender *m*; ~ *de télévision* Fernsehsender *m*; ~ *de radio* Rundfunksender *m*.

émettre [e'mɛtr] *v/t.* (4p) *phys.* ausstrahlen; *rad.* senden; *Meinung* äußern; ♣ ausstellen.

émeut|e [e'mœt] *f* Aufruhr *m*, Krawall *m*; **~ier** [~'tje] *m* Aufrührer *m*.

émietter [emjɛ'te] *v/t.* (1a) zerkrümeln; zerbröckeln.

émigr|ant, -e [emi'grɑ̃, ~'grɑ̃:t] *su.* Aus-wanderer *m*, -wanderin *f*; **~ation** [~gra'sjɔ̃] *f* Auswanderung *f*, Emigration *f*; ~ *des capitaux* Kapitalabwanderung *f*; **~é, -e** [~'gre] *su.* Emigrant(in *f*) *m* (*aus politischen od. religiösen Gründen*); **~er** [~] *v/i.* (1a) auswandern; emigrieren.

émincer [emɛ̃'se] *v/t.* (1k) in dünne Scheiben schneiden.

émin|emment [emina'mɑ̃] *adv.* höchst; **~ence** [~'nɑ̃:s] *f* Anhöhe *f*; *anat.* Höcker *m*; ♀ Eminenz *f* (*Titel*); **~ent, -e** [~'nɑ̃, ~'nɑ̃:t] *adj.* hervorragend.

émiss|aire [emi'sɛːr] *m* Geheimbote *m*; △ Abfluß *m*, Ableitungskanal *m*; *bouc m* ~ Sündenbock *m*; **~ion** [~'sjɔ̃] *f phys.* Aus-strahlen *n*, -strömen *n*, -stoßen *n*; ♣ Ausgabe *f*; *rad.* Sendung *f*; ~ *de télévision* Fernsehsendung *f*; *ordre m* (*weitS. programme m*) *des* ~ Sendefolge *f*.

emmagasiner [ɑ̃magazi'ne] *v/t.* (1a) (auf)stapeln, (auf)speichern, (ein-) lagern.

emmailloter [ɑ̃majɔ'te] *v/t.* (1a) *Kind in Windeln* wickeln; 💥 fest verbinden.

emmanch|er [ɑ̃mɑ̃'ʃe] *v/t.* (1a) mit e-m Stiel versehen; F *fig.* in Angriff nehmen, anfangen; **~ure** [~'ʃy:r] *f* Ärmel-, Arm-ausschnitt *m*.

emmêler [ɑ̃mɛ'le] *v/t.* (1a) verwickeln; verwirren.

emménager [ɑ̃mena'ʒe] (1l) *v/i.* in e-e neue Wohnung ziehen; *v/t.* in e-e neue Wohnung transportieren; ~ *q.* j-m beim Umzug behilflich sein.

emmener [ɑ̃m'ne] *v/t.* (1d) *Personen, Tiere* wegführen, mitnehmen; ~ *q. en voiture* j-n im Wagen mitnehmen.

emmerder P [ɑ̃mɛr'de] *v/t.* (1a) ankotzen.

emmieller P *plais.* [ãmjɛ'le] *v/t.* (1a:) = *emmerder.*

emmitoufler [ãmitu'fle] *v/t.* (1a). einmummeln.

émoi *litt.* [e'mwa] *m* Aufregung *f;* Erregung *f.*

émollient, -e ✱ [emɔ'ljã, ɔ̃'ljã:t] **1.** *adj.* aufweichend; **2.** *m* aufweichendes Mittel *n.*

émoluments [emɔly'mã] *m/pl.* (Dienst-)Bezüge *pl.*, Gehalt *n.*

émonder ✓ [emɔ̃'de] *v/t.* (1a) *Bäume* auslichten, beschneiden; *fig. Geschriebenes* zs.-streichen.

émotion [emo'sjɔ̃] *f* Erregung *f;* ~ner [~sjɔ'ne] *v/t.* (1a) aufregen; F ergreifen, erschüttern.

émotivité [emotivi'te] *f* Erregbarkeit *f.*

émoucher [emu'ʃe] *v/t.* (1a) *e-m Pferd* die Fliegen wegscheuchen; ~ette [~'ʃɛt] *f* Fliegennetz *n;* ~oir [~'ʃwa:r] *m* Fliegenwedel *m.*

émoulu, -e [emu'ly] *adj.:* *fig. un bachelier frais* ~ ein frischgebackener Abiturient.

émousser [emu'se] *v/t.* (1a) abstumpfen (*a. fig.*).

émoustiller [emusti'je] *v/t.* (1a) anregen, aufmuntern; *émoustillé* (in) angeregt(er Stimmung).

émouvoir [emu'vwa:r] *v/t.* (3d) er-, auf-regen; *j-n* rühren.

empailler [ãpa'je] *v/t.* (1a) *Tiere* ausstopfen; mit Stroh umwickeln *od.* beflechten.

empaler [ãpa'le] *v/t.* (1a) *ehm. e-n Verbrecher* pfählen, durchbohren; *Braten* aufspießen.

empaqueter [ãpak'te] *v/t.* (1c) einpacken.

emparer [ãpa're] *v/rfl.* (1a): s'~ de sich bemächtigen (*gén.*).

empâté, -e ✱ [ãpa'te] *adj. Zunge:* belegt; ~er [~'te] *v/t.* (1a) ✱ verschleimen; *Gänse* nudeln; *peint.* dick übermalen; s'~ dicker werden.

empattement [ãpat'mã] *m Auto:* Radstand *m;* △ Fundamentsohle *f.*

empaumer [ãpo'me] *v/t.* (1a) *Ball* auffangen; F ~ *q. j-n* übers Ohr hauen.

empêch|ement [ãpɛʃ'mã] *m* Be-, Ver-hinderung *f;* ~er [~'ʃe] *v/t.* (1a) *etw.* verhindern; *j-n* hindern (de an *dat.*); je ne puis m'~ de vous dire ich muß Ihnen unbedingt sagen.

empeigne [ã'pɛɲ] *f* Oberleder *n.*

empennage [ãpɛ'na:ʒ] *m* ✈ Leitwerk *n; Bombe:* Steuerschwanz *m; Rakete:* Flugwerk *n.*

empereur [ã'prœ:r] *m* Kaiser *m.*

empes|é, -e [ãpə'ze] *adj. fig.* steif; gezwungen; ~er [~] *v/t.* (1d) *Wäsche* stärken.

empester [ãpɛs'te] *v/t.* (1a) *Gegend* verpesten; stinken (*qch. nach etw. dat.*).

empêtr|é, -e [ãpɛ'tre] *adj.* befangen; unbeholfen; ~er [~] *v/t.* (1a) *Füße* fesseln; *fig.* ~ *q. dans une affaire* j-n in e-e Angelegenheit verwickeln; s'~ sich verstricken (*dans* in *acc.*).

emph|ase [ã'fa:z] *f* Nachdruck *m;* ~atique [ãfa'tik] *adj.* nachdrücklich.

emphysème ✱ [ãfi'zɛ:m] *m:* ~ (*pulmonaire* Lungen-)Emphysem *n.*

empierrer [ãpjɛ're] *v/t.* (1b) beschottern.

empiéter [ãpje'te] *v/i.* (1f): ~ *sur in j-s Rechte* eingreifen; sich widerrechtlich aneignen (*acc.*); *Meer:* ins Land vordringen.

empiffrer F [ãpi'fre] *v/t.* (1a) verschlingen; s'~ sich vollfressen.

empil|able [ãpi'labl] *adj.* stapelbar (*z.B. Stühle*); ~er [~'le] *v/t.* (1a) aufstapeln; zs.-pferchen; * anschmieren, beschummeln.

empir|e [ã'pi:r] *m* Herrschaft *f;* starker Einfluß *m; hist.* Kaiserreich *n; allg.* Reich *m;* ~ *sur soi* Selbstbeherrschung *f;* ~er [ãpi're] (1a) *v/t.* verschlimmern; *v/i.* schlimmer werden; ~ique [~'rik] *adj.* empirisch, erfahrungsmäßig; ~isme [~'rism] *m* Empirismus *m.*

emplacement [ãplas'mã] *m* Platz *m*, Stelle *f;* Bauplatz *m; Auto:* Parkplatz *m;* ✕ Geschützstand *m;* einstiger Standort *m e-s Denkmals usw.;* ~ *sportif* Sportanlage *f.*

emplâtre [ã'plɑ:tr] *m* ✱ Pflaster *n; Reifen:* Flicken *m;* F Schlappschwanz *m.*

emplette [ã'plɛt] *f* Einkauf *m; faire des* ~s einkaufen, einholen.

emplir [ã'pli:r] *v/t.* (2a) *e-n Raum* aus-, an-füllen; *mit Freude* erfüllen.

emploi [ã'plwa] *m* Gebrauch *m;* An-, Ver-wendung *f;* Posten *m*, Anstellung *f; thé.* Rolle *f;* ~ *accessoire* Nebenamt *n;* ~ *du temps* Stundenplan *m; mode m d'~* Bedienungsvorschrift *f,* Gebrauchsanweisung *f; plein* ~ Vollbeschäftigung *f.*

employ|é, -e [ãplwa'je] *su.* Ange-
stellte(r *m*) *m u. f.*; Arbeitnehmer(in
f) *m*; Beamte(r) *m*, Beamtin *f*; **~er** [~]
v/t. (1h) an-, ver·wenden; gebrau-
chen; beschäftigt; s'~ gebraucht
werden; sich verwenden (*pour* für);
employé(e) beschäftigt; **~eur, -se**
[~'jœ:r, ~'jø:z] *su.* Arbeitgeber(in *f*)
m.

empocher F [ãpɔ'ʃe] *v/t.* (1a) e-n
Geldbetrag, Schläge einstecken.

empoign|e [ã'pwaɲ] *f:* F *foire f* d'~
Eldorado *n* (*od.* Tummelplatz *m*) für
Diebe *od.* Gauner; **~er** [~'ɲe] *v/t.*
(1a) *mit der Faust* ergreifen, packen
(*a. fig.*).

empois [ã'pwa] *m* Wäschestärke *f*.

empoisonn|ement [ãpwazɔ'n'mã] *m*
Vergiftung *f*; F *fig.* ~s *pl.* Ärger *m*;
~er [~'ne] *v/t.* (1a) vergiften; *fig.*
verderben; F *j-n* belästigen; **~eur,
-se** [~'nœ:r, ~'nø:z] *su.* Giftmischer
(-in *f*) *m*; F *fig.* Stänker *m* *f*.

empoissonner [ãpwasɔ'ne] *v/t.* (1a)
mit Fischbrut besetzen.

emport|é, -e [ãpɔr'te] **1.** *adj.* auf-
brausend, heftig; **2.** *su.* Hitzkopf *m*;
~ement [~ə'mã] *m* Aufbrausen *n*;
Wut *f*; **~e-pièce** ⊕ [~tə'pjɛs] *m* (*inv.*)
Lochzange *f*; **~er** [~'te] *v/t.* (1a) etw.,
j-n weg·tragen, -bringen; mitneh-
men; fortreißen; hinweg·raffen; mit
sich bringen; *l'*~ den Sieg davontragen; *emporté par une avalanche*
von e-r Lawine erfaßt; s'~ aufbrausen.

empot|é, -e F [ãpɔ'te] *adj. fig.* unbe-
holfen; **~er** ✗ [~] *v/t.* (1a) eintopfen.

empourprer [ãpur'pre] *v/t.* (1a)
purpurrot färben; s'~ rot werden.

empreindre [ã'prɛ̃:dr] *v/t.* (4b) ab-,
auf·drücken; einprägen.

empreinte [ã'prɛ̃:t] *f* Abdruck *m*,
Prägung *f*; Spur *f*.

empress|ement [ãprɛs'mã] *m* Ge-
schäftigkeit *f*; Diensteifer *m*; *avec* ~
(dienst)eifrig; **~é, -e** [~'se] *adj.* eifrig;
betriebsam; **~er** [~] *v/rfl.* (1b): s'~ de
(*inf.*) sich beeilen zu (*inf.*).

emprise [ã'pri:z] *f* ✗ Aneignung *f*;
öffentliches Gelände *n*; *fig.* Einfluß
m; Zugriff *m*.

emprisonner [ãprizɔ'ne] *v/t.* (1a)
einsperren, inhaftieren; gefangen-
setzen.

emprunt [ã'prœ̃] *m* Anleihe *f*; *fig.*
Entlehnung *f*; ⚡ ~ *de courant* Strom-
entnahme *f*; *ling. mot m* d'~ Lehn-

wort *n*; **~é, -e** [~'te] *adj.* unbeholfen;
~er [~] *v/t.* (1a) sich borgen, sich
leihen; *iron.* klauen; ~ *une route* (*un
escalier*) e-e Straße (e-e Treppe) benutzen; **~eur** [~'tœ:r] *m* Entleiher *m*;
~ *d'une route* Benutzer *m* e-r Autostraße.

empuantir [ãpɥã'ti:r] *v/t.* (2a) verpesten.

ému, -e [e'my] **1.** *adj.* gerührt, ergriffen; **2.** *p.p. von* émouvoir.

émul|ateur *inform.* [emyla'tœ:r] *m*
Emulator *m*; **~ation** [~la'sjɔ̃] *f* Nach-
eiferung *f*; Wetteifer *m*; Strebsam-
keit *f*; **~e** [e'myl] *su.* Nacheiferer *m*;
Rivale *m*, Rivalin *f*.

en¹ [ã] *prp.* in (*dat. u. acc.*), nach (*dat.*)
1. *Ort:* ~ *France* in (*bzw.* nach) Frankreich; ~ *ville hier* (*auf Briefen*); de
ville ~ *ville* von Stadt zu Stadt; **2.**
Zeit: a) *Zeitpunkt:* ~ (*l'an*) *1789* im
Jahre 1789; b) *Dauer:* ~ *trois jours* in
(*od.* innerhalb von) drei Tagen; c)
Gleichzeitigkeit: *beim gérondif* (*oft
durch* tout *verstärkt*); *être* ~ *vie* am
Leben sein; ~ *été* im Sommer; **3.**
Mittel: a) *beim gérondif:* Mittel *od.*
Werkzeug, *z. B.* ~ *dansant* beim (*od.*
durch) Tanzen, indem ...; b) *Stoff,
Zweck, Form, Inhalt, Zustand u.a.*,
z. B. table *f* ~ *bois* Holztisch *m*; ~
(*qualité de*) *wie, als*; ~ *vente* zum
Verkauf, erhältlich; *mettre* ~ *vente*
zum Verkauf anbieten; ~ *français* auf
französisch; ~ *or* aus Gold; *docteur* ~
droit Doktor der Rechte; de *plus* ~
plus grand immer größer; ~ *l'honneur
de q.* zu *j*-s Ehren; ~ *son honneur* ihm
zu Ehren; ~ *arrière!* rück-
wärts!, zurück!; ~ *avant!* vorwärts!;
~ *fait* tatsächlich; ~ *vérité* in Wahrheit; 🚗 ~ *voiture!* einsteigen!

en² [ã] *adv.* davon; *qu'* ~ *pensez-
-vous?* was halten Sie davon?; *j'* ~
viens ich komme von dort; **3.**
dafür, damit, daran, darüber, deshalb, deswegen; darunter, dazu; *c'* ~
est fait das ist fertig; es ist aus damit;
qu' ~ *dites-vous?* was sagen Sie dazu?;
j' ~ *suis* ich bin dabei, ich gehöre
dazu; *il n'* ~ *sera pas plus riche* er wird
deshalb nicht reicher sein; ~ *connaître qui* Leute kennen, die; **4.** *Antwort:* *j'* ~ *ai* ich habe welche(n,
-s); *j'* ~ *ai cinq* ich habe fünf; *je n'* ~ *ai
plus* ich habe keine(n, -s) mehr.

énamourer *plais.* [enamu're] *v/rfl.*
(1a): s'~ sich verlieben (*de* in *acc.*).

énarque *Fr.* [e'nark] *su.* Schüler(in *f*) *m* der Ecole nationale d'administration.

encadr|ement [ὰkadrə'mὰ] *m* Einrahmung *f*; *fig.* Einbettung *f*; *weit S.* leitende Angestellte *pl.*; **~er** [~'dre] *v/t.* (1a) einrahmen; einfügen; *fig.* einbetten; ✗ *Rekruten* e-m Kader unterstellen; *Artillerie: Ziel* eingabeln.

encager [ὰka'ʒe] *v/t.* (1l) in e-n Käfig stecken; F einsperren.

encaiss|e [ὰ'kɛs] *f* Kassenbestand *m*; **~er** [~'se] *v/t.* (1b) (in e-e Kiste) packen; ✝ einkassieren; F ~ *une gifle* e-e Ohrfeige bekommen; F *ne pas pouvoir* ~ *q.* j-n nicht leiden (*od.* verknusen F) können; **~euse** [~'sø:z] *f* Kistenfüllmaschine *f*.

encan [ὰ'kὰ] *m: mettre* (*od. vendre*) *à l'*~ versteigern; *vente à l'*~ Auktion *f*.

encanailler [ὰkanɑ'je] *v/rfl.* (1a): *s'*~ in schlechte Gesellschaft geraten; herunterkommen.

encapuchonner [ὰkapyʃɔ'ne] *v/t.* (1a) mit e-r Kapuze bedecken.

encaquer [ὰka'ke] *v/t.* (1m) *Heringe* in Tonnen packen; F *fig.* zs.-pferchen.

encart [ὰ'ka:r] *m* Beilage *f* (*in e-r Zeitschrift od. in e-m Buch*), Prospekt *m*; **~age** [ὰkar'ta:ʒ] *m* Einheften *n*; **~(onn)er** [~(ɔ)'ne, ~'te] *v/t.* (1a) einheften, -stecken, -legen.

en-cas, encas *cuis.* [ὰ'ka] *m* (*inv.*) kalter Imbiß *m*, kalte Platte *f*.

encastr|ables [ὰkas'trablə] *m/pl.* Einbauelemente *n/pl.*; **~er** [~'tre] *v/t.* (1a) ein-bauen, -lassen, -fügen.

encaustiqu|e [ὰkos'tik] *f* Bohnerwachs *n*; **~er** [~'ke] *v/t.* (1m) bohnern.

encav|er [ὰka've] *v/t.* (1a) einkellern; **~eur** [~'vœ:r] *m* Küfer *m*.

enceindre *litt.* [ὰ'sɛ̃:drə] *v/t.* (4b) umgeben; einschließen.

enceinte [ὰ'sɛ̃:t] **1.** *f* Einfriedung *f*; umschlossener Raum *m*, Saal *m*; ~ *acoustique* Lautsprecherbox *f*; ~ *de la foire* Ausstellungsgelände *n*; **2.** *adj./f* schwanger.

encens [ὰ'sὰ] *m* Weihrauch *m*; **~er** [~'se] *v/t.* (1a) mit Weihrauch beräuchern; *j-m* Weihrauch streuen; *fig.* verehren; *péj.* beweihräuchern, *j-m* lobhudeln; **~eur** [~'sœ:r] *m rl.* Rauchfaßträger *m*; *fig. péj.* Lobhudler *m*; **~oir** [~'swa:r] *m* Weih-

rauchfaß *n*; *fig. péj.* Lobhudelei *f*.

encépagement [ὰsepaʒ'mὰ] *m* alle Rebensorten *f/pl. e-r Weingegend.*

encéphale ✴ [ὰse'fal] *m* Gehirn *n*.

encercl|ement [ὰserklə'mὰ] *m* Einkreisung *f* (*a. pol.*); **~er** [~'kle] *v/t.* (1a) einkreisen.

enchaîn|ement [ὰʃɛn'mὰ] *m* An-, Ver-kettung *f*; **~er** [~'ne] (1b) *v/t.* anketten; fesseln; *fig.* in Ketten legen; hemmen; *v/i.* sofort antworten.

enchant|ement [ὰʃὰt'mὰ] *m* Zauber *m*; Entzücken *n*; **~er** [~'te] *v/t.* (1a) be-, ver-zaubern; entzücken; **~eur, -eresse** [~'tœ:r, ~'trɛs] **1.** *su.* Zauberer *m*, Zauberin *f*; **2.** *adj.* bezaubernd, entzückend.

enchâss|er [ὰʃɑ'se] *v/t.* (1a) einfassen, einfügen; *in die Rede* einflechten; **~ure** [~'sy:r] *f* Einfassen *n*; Fassung *f von Edelsteinen.*

enchausser ✔ [ὰʃo'se] *v/t.* (1a) mit Stroh (*od.* Dung) bedecken.

enchère [ὰ'ʃɛ:r] *f* höheres Angebot *n*; *vente f aux* ~*s* Versteigerung *f*, Auktion *f*; *dernière* ~ Höchstgebot *n*; *mettre* (*od. vendre*) *aux* ~*s* versteigern.

enchér|ir [ὰʃe'ri:r] *v/i.* (2a): ~ *sur q.* (*sur une offre*) j-n (ein Angebot) überbieten; **~isseur** [~ri'sœ:r] *m* (Mehr-)Bieter *m*; *dernier* ~ Meistbietende(r) *m*.

enchevêtrer [ὰʃve'tre] *v/t.* (1a) unlösbar verflechten; (*s'*~ sich) verwirren, verwickeln (*a. fig.*).

enchifrené, -e ✴ [ὰʃifrə'ne] *adj.* stark verschnupft.

enclav|e [ὰ'kla:v] *f* Enklave *f*; **~er** [ὰkla've] *v/t.* (1a) *fremdes Gebiet* umschließen; ⊕ einfügen (*a. fig.*).

enclench|e ⊕ [ὰ'klὰ:ʃ] *f* Ringnut *f*; **~er** [ὰklὰ'ʃe] *v/t.* (1a) ein-schalten, -klinken; *fig.* in Gang bringen.

enclin, -e [ὰ'klɛ̃, ὰ'klin] *adj.:* ~ *à qch.* zu etw. (*dat.*) neigend; *être* ~ *à* (*inf.*) geneigt sein zu (*inf.*).

encliquetage ⊕ [ὰklik'ta:ʒ] *m* Sperrvorrichtung *f*.

enclore [ὰ'klɔ:r] *v/t.* (4k) umzäunen, ummauern, einfried(ig)en.

enclos [ὰ'klo] *m* umzäunter Platz *m*; eingezäuntes Grundstück *n*; Koppel *f*.

enclouer [ὰklu'e] *v/t.* (1a) *chir.* nageln; *vét. Pferd beim Beschlagen* vernageln.

enclume [ὰ'klym] *f* Amboß *m*.

encoch|e [ὰ'kɔʃ] *f* Kerbe *f*; **~er**

[~'ʃe] v/t. (1a) einkerben.
encoignure [ãkɔ'ɲy:r] f Ecke f, Winkel m; Eck-brett n, -schrank m.
encoller [ãkɔ'le] v/t. (1a) mit Leim bestreichen.
encolure [ãkɔ'ly:r] f Hals m (bsd. beim Pferd); cout. Kragen-, Hals-weite f; Halsausschnitt m; Pferderennen: Halslänge f; le cheval a gagné d'une ~ das Pferd hat mit e-r Halslänge Vorsprung gewonnen.
encombr|ant, -e [ãkɔ̃'brã, ~'brã:t] adj. sperrig; platzraubend; F fig. lästig; marchandise f ~e Sperrgut n; ~e [ã'kɔ̃:brə] advt.: sans ~ mühelos; ~ement [ãkɔ̃brə'mã] m Gedränge n; Überfüllung f in e-m Beruf; Verkehrsstockung f; Platzbedarf m e-r Maschine, e-s Möbelstücks; ~er [~e] v/t. (1a) versperren; überfüllen.
encontre [ã'kɔ̃:trə] prp.: à l'~ de gegen.
encorbellement △ [ãkɔrbɛl'mã] m Mauervorsprung m, Auskragung f, Erker m.
encorder [ãkɔr'de] v/rfl. (1a): s'~ Bergsteiger: sich anseilen.
encore [ã'kɔ:r] 1. adv. (immer) noch; überdies; am Satzanfang mit Inversion u. ind.: allerdings, bloß, jedoch; et ~! und selbst dann!; mais ~? na und?; si ~ il travaillait! wenn er nur arbeitete!; non seulement ..., mais ~ nicht nur ..., sondern auch; 2. cj.: ~ que (mit subj.) obwohl.
encorner [ãkɔr'ne] v/t. (1a) mit den Hörnern stoßen.
encourager [ãkura'ʒe] v/t. (1l) ermutigen, aufmuntern; fördern.
encourir [ãku'ri:r] v/t. (2i) auf sich laden; sich zuziehen.
encrasser [ãkra'se] v/t. (1a) be-, verschmutzen; ~ par la suie verrußen.
encr|e [ã:krə] f Tinte f; ~ à cils Wimperntusche f; ~ de Chine Tusche f; ~ d'imprimerie Druckerschwärze f; **~ier** [ãkri'e] m Tintenfaß n.
encroûter [ãkru'te] v/t. (1a) mit e-r Kruste überziehen; fig. abstumpfen; s'~ verrohen, verkümmern.
encuver [ãky've] v/t. (1a) in Fässer bringen; ~ le malt einmaischen.
encyclopédi|e [ãsiklɔpe'di] f Konversationslexikon n, Enzyklopädie f; **~ique** [~'dik] adj. enzyklopädisch; **~iste** [~'dist] su. Enzyklopädist(in f) m.

endauber cuis. [ãdo'be] v/t. (1a) dämpfen, schmoren.
endémique ⚕ [ãde'mik] adj. endemisch.
endenter ⊕ [ãdã'te] v/t. (1a) verzahnen.
endetter [ãdɛ'te] v/t. (1a) in Schulden stürzen; endetté verschuldet.
endiablé, -e [ãdja'ble] adj. rasend, wild, toll.
endiguer [ãdi'ge] v/t. (1m) eindämmen; fig. einschränken.
endimancher [ãdimã'ʃe] v/rfl. (1a): s'~ sich sonntäglich anziehen.
endive ♀ [ã'di:v] f Endivie f.
endivisionnement [ãdivizjɔn'mã] m Einteilung f in Divisionen.
endoctriner [ãdɔktri'ne] v/t. (1a) indoktrinieren, ideologisch beeinflussen.
endolori, -e [ãdɔlɔ'ri] adj. schmerzhaft.
endommager [ãdɔma'ʒe] v/t. (1l) beschädigen.
endorm|i, -e [ãdɔr'mi] 1. adj. träge; 2. su. träger Mensch m; **~ir** [~'mi:r] v/t. (2b) (a. e-n Kranken) einschläfern; fig. langweilen; s'~ einschlafen; **~issement** [~mis'mã] m Einschlafen n.
endos † [ã'do] m Indossament n, Giro n, Übertragungsvermerk m.
endoss|é † [ãdo'se] m Indossat m; **~ement** [~s'mã] m Indossament n, Giro n; **~er** [~'se] v/t. (1a) anziehen; † indossieren, girieren; ~ l'uniforme Soldat werden; **~eur** [~'sœ:r] m Indossant m, Girant m.
endroit [ã'drwa] m 1. Stelle f; au bon ~ an der richtigen Stelle; 2. Ort m, Ortschaft f; 3. rechte Seite f e-s Stoffes.
enduire [ã'dɥi:r] v/t. (4c) be-, überstreichen, -gießen; verputzen, bewerfen (de qch. mit etw. dat.).
enduit [ã'dɥi] m Anstrich m; ⚕ Zungenbelag m; △ Bewurf m, Putz m; ~ à la chaux Kalkanstrich m.
endurance [ãdy'rã:s] f Ausdauer f, Widerstandskraft f; mot., Auto: Strapazierfähigkeit f.
endurcir [ãdyr'si:r] v/t. (2a) (ab-, ver-)härten; fig. verstockt machen.
endurer [ãdy're] v/t. (1a) ausstehen, erdulden; ertragen.
énergi|e [enɛr'ʒi] f Energie f; ⚡ Wirksamkeit f; ~ atomique Atomenergie f; ⊕ ~ dépensée Arbeitsauf-

wand m; **~ique** [~'ʒik] adj. energisch, tatkräftig; **~ivorace** néol. ⊕ [~ʒivɔ'ras] adj. energieverschlingend.

énergumène [enɛrgy'mɛn] m pol. Fanatiker m; allg. Besessene(r) m.

énerv|ant, -e [enɛr'vɑ̃, ~'vɑ̃ːt] adj. entnervend; **~er** [~'ve] v/t. (1a) aufregen, entnerven; nervös machen.

enfance [ɑ̃'fɑ̃ːs] f Kindheit f.

enfant [ɑ̃'fɑ̃] su. Kind n (Junge od. Mädchen); **~er** [~'te] v/t. (1a) gebären; fig. litt. hervorbringen; [~ti'jaʒ] m Kinderei f; **~in, -e** [~tɛ̃, ~'tin] adj. kindlich; péj. kindisch.

enfariner [ɑ̃fari'ne] v/t. (1a) mit Mehl bestreuen.

enfer [ɑ̃'fɛːr] m Hölle f.

enfermer [ɑ̃fɛr'me] v/t. (1a) ein-, ver-schließen; einsperren.

enferrer [ɑ̃fɛ're] v/t. (1b) aufspießen; s'~ fig. sich verstricken.

enfiévr|é, -e [ɑ̃fje'vre] adj. fig. fieberhaft; aufgeregt; **~er** [~] v/t. (1f) aufrütteln, begeistern.

enfil|ade [ɑ̃fi'lad] f lange Reihe f; ~ de chambres Zimmerflucht f; **~er** [~'le] v/t. (1a) einfädeln; F Hemd einschlüpfen; Weg einschlagen; über e-e Treppe, durch e-e Tür flüchten; P hintergießen P; verschlingen; P betrügen; s'~ P verputzen F, verzehren; hintergießen P.

enfin [ɑ̃'fɛ̃] adv. endlich; kurz.

enflammer [ɑ̃fla'me] v/t. (1a) anzünden; fig. entflammen, begeistern.

enfl|é, -e [ɑ̃'fle] **1.** adj. (an)geschwollen; **2.** m P Dummkopf m; **~er** [~] (1a) v/t. aufblasen; aufblähen; v/i. (an-, auf-)schwellen; s'~ Stimme: anschwellen; Segel: sich aufblähen; **~ure** [~'flyːr] f ⚕ Schwellung f; fig. Schwulst m.

enfonc|ement [ɑ̃fɔ̃'mɑ̃] m Einschlagen n; ⚔ Durchbrechen n; Vertiefung f; Einbuchtung f; **~er** [~'se] (1k) v/t. einrammen, (tief) einschlagen; ⚔ durchbrechen; F fig. j-n (haushoch) schlagen, übertreffen; v/i. ⚓ sinken; s'~ einsinken; sich (ver)senken; fig. sich ruinieren.

enfouir [ɑ̃'fwiːr] v/t. (2a) vergraben.

enfourch|ement [ɑ̃furʃə'mɑ̃] m gabelförmige Verbindung f; **~er** [~'ʃe] v/t. (1a) sich auf ein Fahrrad, Pferd usw. schwingen; fig. ~ la vague et la vogue den Trend (od. die Mode)

mitmachen; **~ure** [~'ʃyːr] f Gabelung f.

enfourner [ɑ̃fur'ne] v/t. (1a) Brote in den Ofen schieben; ⊕ Hochofen beschicken; F allg. hineinstecken.

enfreindre [ɑ̃'frɛ̃ːdrə] v/t. (4b) Gesetz übertreten, verletzen.

enfuir [ɑ̃'fɥiːr] v/rfl. (2d): s'~ (ent-) fliehen; davonlaufen; sich absetzen; fig. Zeit: vergehen; Glück: dahinschwinden.

enfumer [ɑ̃fy'me] v/t. (1a) einräuchern; ausräuchern; Raucher: einnebeln.

enfutailler [ɑ̃fyta'je] v/t. (1a) in Fässer füllen (od. packen).

engag|é [ɑ̃ga'ʒe] m Freiwillige(r) m; **~ement** [~ʒ'mɑ̃] m Verpflichtung f; Einstellung f; fig. litt., peint., pol. Engagement n; ⚔ Einsatz m, Gefecht n; ✝ sans ~ freibleibend; **~er** [~'ʒe] v/t. (1l) verpfänden; Kampf, Gespräch beginnen; Arbeitskräfte anstellen; ~ q. à j-n verpflichten zu (dat.); s'~ sich verpflichten (à zu dat.); e-e Stelle annehmen; ⚔ sich freiwillig melden; fig. sich einlassen (à auf acc.); s'~ dans une rue in e-e Straße einbiegen.

engazonner 🖋 [ɑ̃gazɔ'ne] v/t. (1a) mit Rasen belegen.

engeance péj. [ɑ̃'ʒɑ̃ːs] f fig. Brut f, Sippschaft f, Gelichter n.

engelure 🖋 [ɑ̃ʒ'lyːr] f Frostbeule f.

engendrer [ɑ̃ʒɑ̃'dre] v/t. (1a) erzeugen; fig. verursachen; géom. ergeben, beschreiben.

engin [ɑ̃'ʒɛ̃] m Werkzeug n; Gerät n; Maschine f; Sprengkörper m; Falle f; Mondfahrzeug n; ⚔ Infanteriegeschütz n; Panzer m; Rakete f; ~ atomique Atomrakete f; Auto: ~ de compétition Rennmaschine f; ~s pl. Jagd- und Fisch-gerät n.

englober [ɑ̃glɔ'be] v/t. (1a) einbegreifen, umfassen; einverleiben.

engloutir [ɑ̃glu'tiːr] v/t. (2a) verschlingen; fig. verprassen.

engluer [ɑ̃gly'e] v/t. (1a) mit Vogelleim bestreichen od. fangen; fig. übertölpeln.

engommer ⊕ [ɑ̃gɔ'me] v/t. (1a) gummieren.

engorger [ɑ̃gɔr'ʒe] v/t. (1l) verstopfen; peint. zu dick bestreichen; 🖋 verschleimen.

engou|ement [ɑ̃gu'mɑ̃] m Schwärmerei f; **~er** [ɑ̃'gwe] v/rfl. (1a): s'~

de q. (*od.* de qch.) für j-n (*od.* für etw.) schwärmen.

engouffrer [ãgu'fre] *v/t.* (1a) F verschlingen; s'~ sich stürzen; *Wind*: mit Wucht eindringen.

engoulevent *orn.* [ãgul'vã] *m* Nachtschwalbe *f.*

engourd|ir [ãgur'di:r] *v/t.* (2a) erstarren lassen; *Gliedmaßen* einschlafen lassen; ~**issement** [~dis'mã] *m* Erstarrung *f*; Einschlafen *n v. Gliedern*; Winterschlaf *m v. Tieren.*

engrais [ã'grɛ] *m* **1.** des porcs à l'~ Mastschweine *n/pl.*; **2.** Dünger *m*; ~ **vert** Gründünger *m*; ~**ser** [~'se] (1b) *v/t.* mästen; düngen; *v/i. Tiere*: fett (*Menschen*: dick) werden; ~**seur** [~'sœ:r] *m* Viehmäster *m.*

engranger [ãgrã'ʒe] *v/t.* (1l) *Getreide* einfahren, in die Scheune bringen.

engraver ⚓ [ãgra've] *v/t.* (1a) auf Sand laufen lassen; s'~ auf Sand geraten.

engren|age [ãgrə'na:ʒ] *m* Verzahnung *f*; Getriebe *n*; *fig.* Räderwerk *n*; Verkettung *f*; ~**er**[1] [~'ne] *v/t.* (1d) *Dreschmaschine* beschicken; *Geflügel* mit Korn mästen; ~**er**[2] [~] *v/t.* (1d) *ein Zahnrad* einrücken; *fig.* einfädeln; anfangen; s'~ *Räder*: ineinandergreifen.

engrosser P [ãgro'se] *v/t.* (1a) schwanger machen.

engueuler P [ãgœ'le] *v/t.* (1a) anschnauzen.

enguirlander [ãgirlã'de] *v/t.* (1a) mit Girlanden schmücken; F *j-n* anschnauzen.

enhardir [ãar'di:r] *v/t.* (2a) ermutigen; s'~ Mut fassen.

enherber [ãnɛr'be] *v/t.* (1a) mit Gras besäen.

énig|matique [enigma'tik] *adj.* rätselhaft; ~**me** [e'nigm] *f* Rätsel *n.*

enivr|ement [ãnivrə'mã] *m* Taumel *m*; Rausch *m*; ~**er** [~'vre] *v/t.* (1a) betrunken machen; *fig.* betören, blenden.

enjamb|ée [ãʒã'be] *f* großer Schritt *m*; Schritt(weite *f*) *m*; d'une seule ~ mit e-m Schritt (*od.* Satz); ~**ement** *mét.* [~b'mã] *m* Enjambement *n*; ~**er** [~'be] (1a) *v/t.* über-schreiten, -springen; *v/i. a. mét.*: ~ sur übergreifen auf (*acc.*).

enjeu [ã'ʒø] *m* (*pl.* ~x) Einsatz *m im Spiel*; *fig.* Ziel(setzung *f*) *n.*

enjoindre *litt.* [ã'ʒwɛ̃:drə] *v/t.* (4b)

einschärfen, ausdrücklich befehlen.

enjôl|er [ãʒo'le] *v/t.* (1a) beschwatzen; ~**eur, -se** [~'lœːr, ~'lø:z] *su.* Verführer(in *f*) *m.*

enjoliv|er [ãʒɔli've] *v/t.* (1a) verzieren; *fig.* ausschmücken; ~**eur** [~-'vœ:r] *m Auto:* Radkappe *f.*

enjoué, -e [ã'ʒwe] *adj.* heiter.

enjouement [ãʒu'mã] *m* Unbeschwertheit *f*, Heiterkeit *f*, Ausgelassenheit *f.*

enkysté, -e 🎓 [ãkis'te] *adj.* eingekapselt.

enlacer [ãla'se] *v/t.* (1k) umschlingen; umarmen; s'~ umklammern.

enlaidir [ãlɛ'di:r] (2a) *v/t.* häßlich machen; *v/i.* häßlich werden.

enlevable ⊕ [ãl'vablə] *adj.* abnehmbar.

enlevé, -e [ãl've] **1.** *adj.* schwungvoll; **2.** *f:* ~e finale Endspurt *m.*

enlèvement [ãlɛv'mã] *m* Beseitigung *f*; Wegnahme *f*; Abtransport *m*; Fortschaffen *n*; Entführung *f*; ✗ Erstürmung *f.*

enlever [ãl've] *v/t.* (1d) hochheben; wegnehmen; abtransportieren; entführen; ✗ erstürmen; ~ par avion *Flüchtlinge, Verwundete* abfliegen; s'~ ✈ sich in die Luft erheben.

enliser [ãli'ze] *v/rfl.* (1a): s'~ (*im Triebsand, Schlamm od. Schnee*) einsinken; *fig.* verfallen (dans in *acc.*).

enlumin|er [ãlymi'ne] *v/t.* (1a) ausmalen; röten; ~**ure** [~'ny:r] *f* Ausmalen *n*; Illuministerei *f*; ausgemaltes Bild *n*; Schilderung *f* in grellen Farben, grelle Farbgebung *f*; Röte *f* des Gesichts.

enneig|é, -e [ãnɛ'ʒe] *adj.* verschneit; ~**ement** [~ʒ'mã] *m* Schneeverhältnisse *n/pl.*; Schneehöhe *f.*

ennemi, -e [ɛn'mi] **1.** su. Feind(in *f*) *m*; ~ juré geschworener Feind *m*, Erzfeind *m*; **2.** *adj.* feindlich.

ennième [ɛ'njɛm] *adj.*: pour la ~ fois zum x-tenmal.

ennoblir *nur fig.* [ãnɔ'bli:r] *v/t.* (2a) adeln, heben; verfeinern.

ennui [ã'nɥi] *m* Langeweile *f*; Überdruß *m*; Kummer *m*; ~ romantique Sehnsucht *f*; ~s *pl.* Sorgen *f/pl.*; F Scherereien *f/pl.*

ennuy|er [ãnɥi'je] *v/t.* (1h) langweilen; *j-m* auf die Nerven fallen; s'~ à mourir sich zu Tode langweilen; ~**eux, -se** [~'jø, ~'jøːz] *adj.* unangenehm, ärgerlich, lästig; langweilig.

énonc|é [enɔ̃'se] *m* Wortlaut *m*, Aussage *f*; *rad.* Durchsage *f*; **~er** [~] *v/t.* (1k) aussagen, ausdrücken; **~iation** [~sja'sjɔ̃] *f* Darlegung *f*.

enorgueillir [ɑ̃nɔrgœ'ji:r] *v/t.* (2a) stolz machen; s'~ de qch. stolz auf etw. (*acc.*) sein.

énorme [e'nɔrm] *adj.* enorm, ungeheuer; **~ément** [~me'mɑ̃] *adv.* enorm, riesig; **~ité** [~mi'te] *f* ungeheure Größe *f*; *fig.* Ungeheuerlichkeit *f*.

enquérir [ɑ̃ke'ri:r] *v/rfl.* (2l): s'~ de qch. auprès de q. sich bei j-m nach etw. (*dat.*) erkundigen.

enquête [ɑ̃'kɛt] *f* Erkundigung *f*, Nachforschung *f*; Untersuchung *f* (*a.* 🏛️); Rund-, Um-frage *f*; **~er** [~'te] *v/i.* (1a): ~ sur qch. über etw. (*acc.*) e-e Untersuchung einleiten.

enraciner [ɑ̃rasi'ne] *v/t.* (1a) tief einpflanzen; s'~ Wurzeln schlagen (*a. fig.*).

enrager [ɑ̃ra'ʒe] *v/i.* (1l) wütend werden.

enrayer [ɑ̃rɛ'je] *v/t.* (1i) 1. *ein Rad* mit Speichen versehen; bremsen, hemmen; 2. 🌾 anpflügen.

enrégimenter *péj.* [ɑ̃reʒimɑ̃'te] *v/t.* (1a) j-n in e-e *Partei* pressen.

enregistr|ement [ɑ̃rəʒistrə'mɑ̃] *m* Eintragung *f*, Registrierung *f*; *Schallplatte usw.*: Aufnahme *f*; ~ des bagages Gepäckaufgabe *f*; droits *m/pl.* d'~ Einschreibungsgebühr *f*; **~er** [~'tre] *v/t.* (1a) eintragen, registrieren; *Schallplatten usw.* aufnehmen; 🧳 faire ~ Gepäck aufgeben; **~eur** [~'trœ:r] *m* Registrier-, Aufnahme-gerät *n*.

enrhumer [ɑ̃ry'me] *v/t.* (1a) e-e Erkältung verursachen (*q.* bei j-m); s'~ sich erkälten.

enrich|i, -e [ɑ̃ri'ʃi] *su.* Neureiche(r *m*) *m u. f*; **~ir** [~'ʃi:r] *v/t.* (2a) bereichern (*a. fig.*); 🔩 *métall.* anreichern.

enrober [ɑ̃rɔ'be] *v/t.* (1a) 🍬 ummanteln (*a.* 🔺); 🍬 umwickeln; *cuis. Früchte usw.* überziehen.

enrôler [ɑ̃ro'le] *v/t.* (1a): ~ q. dans j-n gewinnen für (*acc.*); s'~ dans beitreten (*dat.*), eintreten in (*acc.*).

enrou|ement [ɑ̃ru'mɑ̃] *m* Heiserkeit *f*; **~er** [~'rwe] *v/t.* (1a) heiser machen; s'~ heiser werden.

enroul|er [ɑ̃ru'le] *v/t.* (1a) auf-, zusammen-rollen; aufwickeln; **~eur** *Auto* [~'lœ:r] *m* Rollautomatik *f*.

13*

enrubanner [ɑ̃ryba'ne] *v/t.* (1a) mit Bändern schmücken.

ensabler [ɑ̃sa'ble] *v/t.* (1a) mit Sand bestreuen (*od.* anfüllen); s'~ versanden; 🚢 auf Sand laufen.

ensacher [ɑ̃sa'ʃe] *v/t.* (1a) in Säcke füllen.

ensanglanter [ɑ̃sɑ̃glɑ̃'te] *v/t.* (1a) mit Blut beflecken.

enseign|ant, -e [ɑ̃sɛ'nɑ̃, ~'nɑ̃:t] 1. *adj.*: corps m~ Lehrer *m/pl.*, Lehrerschaft *f*; 2. *su.*: mst ~s *m/pl.* Lehrkräfte *f/pl.*, Lehrkörper *m*; **~e** [ɑ̃'sɛɲ] 1. *f* Firmenschild *n*; ✕ Feldzeichen *n*; 2. *m* ⚓ Fähnrich *m*; **~ement** [~ɲ'mɑ̃] *m* Unterricht *m*; Lehre *f*; *univ.* ~ à distance Fernsehunterricht *m*; ~ ménager Haushaltungsunterricht *m*; ~ obligatoire Schulpflicht *f*; ~ par correspondance Fernunterricht *m*; ~ postscolaire Fortbildungsunterricht *m*; ~ primaire Grundschulwesen *n*; ~ secondaire (*od.* du second degré*) höheres Schulwesen *n*; ~ supérieur Hochschul-wesen *n*, -unterricht *m*; **~er** [~ɲ'ne] *v/t.* (1a) lehren (qch. à q. j-n etw.); unterrichten (qch. etw., qch. à q. j-n in etw. dat.).

ensembl|e [ɑ̃'sɑ̃:bl] 1. *adv.* zusammen, miteinander; 2. *m* Ganze(s) *n*, Gesamtheit *f*; Komplex *m* v. Fragen; Geschlossenheit *f*; Zs.-spiel *n*, -wirken *n*; ⚙ Aggregat *n*; Innenausstattung *f*; ♪, *cout.* Ensemble *n*; 🔺 grand ~ Wohn-siedlung *f*, -anlage *f*; *Auto:* ~ de véhicules Lastzug *m*; 🅰 théorie f des ~s Mengenlehre *f*; **~ier** [ɑ̃sɑ̃bli'e] *m* Innenarchitekt *m*.

ensemencer 🌾 [ɑ̃smɑ̃'se] *v/t.* (1k) besäen.

enserrer [ɑ̃sɛ'rre] *v/t.* (1b) umschließen.

ensevelir [ɑ̃səv'li:r] *v/t.* (2a) *litt.* begraben; in ein Leichentuch hüllen.

ensoleill|ement [ɑ̃sɔlɛj'mɑ̃] *m* Sonnenbestrahlung *f*; **~er** [~'je] *v/t.* (1a) sonnig bescheinen; *fig.* aufheitern.

ensorcel|er [ɑ̃sɔrsə'le] *v/t.* (1c) bezaubern; **~eur, -se** [~'lœ:r, ~'lø:z] 1. *adj.* bezaubernd, verführerisch; 2. *su.* Zauberer *m*, Zauberin *f*; **~lement** [~sɛl'mɑ̃] *m* Bezauberung *f*.

ensuite [ɑ̃'sɥit] *adv.* dann; darauf.

ensuivre [ɑ̃'sɥi:vrə] *v/rfl.* (4h): s'~ folgen (*zeitlich*); sich ergeben (de aus *dat.*).

entablement 🔺 [ɑ̃tablə'mɑ̃] *m* (Haupt-)Gesims *n*.

entacher [ātaˈʃe] v/t. (1a) fig. beflecken; überschatten; ⅍ entaché de nullité null und nichtig.

entaill|e [ãˈtɑːj] f Einschnitt m; **~er** [ãtɑˈje] v/t. (1a) einkerben.

entamer [ātaˈme] v/t. (1a) Brot anschneiden; Flasche anbrechen; Haut ritzen; fig. Kapital, Vorrat angreifen; Gespräch anfangen; e-e Frage anschneiden; Ruf erschüttern; ✕ Linie durchbrechen.

entasser [ātaˈse] v/t. (1a) auf-, anhäufen; zs.-pferchen.

ente [ãːt] f 🌿 gepfropfter Baum m; Pinselstiel m; ⚘ Wand-, Stützpfeiler m.

entendement [ātādˈmã] m Begriffsvermögen n; Verstand m.

entendre [ãˈtãːdrə] v/t. (4a) hören; verstehen; meinen, sagen wollen; beabsichtigen; **~** raison Vernunft annehmen; **s'~** gehört werden; sich verstehen; **s'~** à qch. sich auf etw. (acc.) verstehen.

entendu, -e [ātãˈdy] adj. verschmitzt; **~!** einverstanden!; bien **~** natürlich, selbstverständlich; einschränkend: wohlgemerkt.

entente [ãˈtãːt] f Einvernehmen n, Verständigung f; pol. Entente f; mot m à double **~** doppelsinniges Wort n.

enter [ãˈte] v/t. (1a) Strümpfe anstricken; charp. einzapfen.

entériner ⅍, allg. [āteriˈne] v/t. (1a) bestätigen.

enterr|ement [ātɛrˈmã] m Beerdigung f; Begräbnis n; **~er** [~ˈre] v/t. (1b) beerdigen; etw. vergraben.

en-tête [ãˈtɛːt] m (pl. **~s**) Briefkopf m.

entêté, -e [ãtɛˈte] adj. eigensinnig; stur F; **~ement** [~tɛtˈmã] m Eigensinn m; **~er** [~ˈte] v/t. (1a) j-m in den Kopf steigen; **s'~** dans qch. hartnäckig auf etw. (acc.) bestehen; **s'~** à faire qch. darauf bestehen, etw. zu tun.

enthousias|me [ātuˈzjasm] m Begeisterung f, Enthusiasmus m; **~mer** [~ˈme] v/t. (1a) begeistern; **~te** [~ˈzjast] 1. adj. begeistert, enthusiastisch; 2. su. Begeisterte(r m) m u. f, Enthusiast m.

entich|é, -e [ãtiˈʃe] adj.: **~** de vernarrt in (acc.); **~er** [~] v/rfl. (1a): **s'~** de sich vernarren in (acc.).

entier, -ère [ãˈtje, ãˈtjɛːr] 1. adj. ganz; voll; völlig, vollständig; cheval m **~** Hengst m; 2. m Ganze(s) n; en **~** ganz, gänzlich.

entité [ātiˈte] f Wesen n; bsd. pol., éc. Gebilde n; **~** du droit publique öffentlich-rechtliche Körperschaft f; **~** juridique Rechtsgebilde n.

entoiler [ātwaˈle] v/t. (1a) auf Leinwand ziehen, nähen, aufkleben; mit Leinwand bespannen.

entomolog|ie [ãtɔmɔlɔˈʒi] f Insektenkunde f; **~iste** [~ˈʒist] su. Insektenkenner(in f) m.

entonn|er [ãtɔˈne] v/t. (1a) 1. in Fässer füllen; 2. Lied, fig. Loblied anstimmen; **~oir** [~ˈnwaːr] m Trichter m.

entorse [ãˈtɔrs] f 🌿 Verrenkung f; fig. **~** à la loi Rechtsverdrehung f.

entortiller [ātɔrtiˈje] v/t. (1a) ein-, um-wickeln; umschlingen; fig. verwickeln, verwirren; F beschwatzen.

entour|age [ātuˈraːʒ] m Einfassung f; fig. Umgebung f (Personen); Fördertechnik: **~-palette** Aufsetzrahmen m; **~er** [~ˈre] v/t. (1a) umgeben; ✕ umzingeln.

entournure [āturˈnyːr] f Ärmelausschnitt m.

entracte thé. [ãˈtrakt] m Pause f.

entraid|e [ãˈtrɛd] f gegenseitige Hilfe f; **~er** [~ˈde] v/rfl. (1b): **s'~** sich gegenseitig helfen.

entrailles [ãˈtrɑːj] f/pl. Eingeweide n/pl.; fig. Herz n; **~** de la terre Erdinnere(s) n.

entrain [ãˈtrɛ̃] m Schwung m, Temperament n.

entraîn|ement [ātrɛnˈmã] m Sport: Training n; fig. hinreißende Gewalt f; Verleitung f; ⊕ Antrieb m; **~** des aspirants-pilotes Ausbildung f der Flugschüler; **~er** [~ˈne] v/t. (1b) 1. mit sich fort-reißen od. -schleppen; fig. hinreißen; nach sich ziehen; 2. trainieren, schulen; **s'~** trainieren (v/i.); **~eur** Sport [~ˈnœːr] m Trainer m; vél. Schrittmacher m; **~euse** [~ˈnøːz] f Animiermädchen n.

entrav|e [ãˈtraːv] f: mst **~s** pl. Fessel f/pl. (beim Beschlagen der Pferde); fig. Hindernisse n/pl.; **~er** [ãtraˈve] v/t. (1a) Fesseln anlegen (dat.); hemmen, hindern; * kapieren.

entre [ˈãːtrə] prp. 1. örtlich u. zeitlich: zwischen (mst nur zweien); (naher) **~** deux eaux unter Wasser (schwimmen); **~** deux âges in mittlerem Alter; **~** mes mains in meine(n) Hände(n); fig. in meine(r) Gewalt; 2. fig. unter; **~** autres unter anderem; **~** nous unter

envenimer

uns; *qui d'~ vous?* wer von euch?; **~bâiller** [ɑ̃trəbɑ'je] *v/t.* (1a) halb öffnen; *Tür* anlehnen; **~chat** [~'ʃa] *m Ballett:* Kreuzsprung *m; allg.* Luftsprung *m;* **~choquer** [~ʃɔ'ke] *v/rfl.* (1m): *s'~* aneinanderstoßen; **~côte** *cuis.* [~'koːt] *f* Rippenstück *n;* **~couper** [~ku'pe] *v/t.* (1a) durchschneiden; unterbrechen; **~croiser** [~krwa'ze] *v/t.* (1a) sich kreuzen lassen; verflechten; *s'~* sich kreuzen.

entre-deux [ɑ̃trə'dø] *m (inv.)* Zwischenraum *m;* Mittelstück *n;* Einsatz *m an der* Wäsche; Konsoltischchen *n; Basketball:* Sprungball *m;* **~-guerres** [~'gɛːr] *m (inv.)* Zeit *f* zwischen den zwei Weltkriegen.

entrée [ɑ̃'tre] *f* Eingang *m;* Einfahrt *f; cyb.* Eingabe *f;* Einreise *f;* 🚂*, ent., orn.* Einflug *m;* ⚔ *u. bei festlichen Anlässen:* Einzug *m;* ♣ Einlaufen *n;* Zutritt *m;* Anfang *m; cuis.* Vorspeise *f;* Eintrittsgeld *n;* ✝ Eingangszoll *m;* Buchung *f; Wörterbuch:* Stichwort *n;* **~s** *pl.* Eingänge *m/pl.;* **~** *à l'école* Einschulung *f;* **~** *latérale* Nebeneingang *m; visa m d'~* Einreise-visum *n,* -erlaubnis *f;* ⊕ **~** *en action* Inbetriebsetzung *f;* ♪ **~** *d'un instrument* Einsetzen *n e-s* Instruments.

entre|faites [ɑ̃trə'fɛt] *f/pl.: sur ces ~* inzwischen; **~filet** [~fi'lɛ] *m* Pressenotiz *f;* **~gent** [~'ʒɑ̃] *m* Gewandtheit *f;* **~lacer** [~la'se] *v/t.* (1k) ineinanderschlingen, verflechten; **~lacs** [~'la] *m* Geflecht *n;* **~lardé, -e** *cuis.* [~lar'de] *adj.* durchwachsen; **~larder** [~] *v/t.* (1a) spicken; *fig.* ~ *de qch.* mit etw. *(dat.)* würzen; **~mêler** [~mɛ'le] *v/t.* (1a) vermischen; *fig.* einflechten; **~mets** *cuis.* [~'mɛ] *m* Süßspeise *f;* **~metteuse** *péj.* [~mɛ'tøːz] *f* Kupplerin *f;* **~mettre** [~'mɛtrə] *v/rfl.* (4p): *s'~* vermitteln, sich verwenden, sich einschalten; **~mise** [~'miːz] *f* Vermittlung *f;* **~pont** ♣ [~'pɔ̃] *m* Zwischendeck *n.*

entrepos|er ✝ [ɑ̃trəpo'ze] *v/t.* (1a) (ein)lagern; **~eur** ✝ [~'zœːr] *m* Lagerhalter *m;* Zwischenhändler *m* für Monopolwaren; **~itaire** ✝ [~zi'tɛːr] *m* Einlagerer *m.*

entrepôt [ɑ̃trə'po] *m* Warenlager *n;* Speicher *m,* Lagerhaus *n;* Zollager *n; à l'~* auf Lager; *en ~* unter Zollverschluß; 🔧 frigorifique Kühlhaus *n.*

entre|prendre [ɑ̃trə'prɑ̃:drə] *v/t.* (4q) unternehmen; **~preneur**

[~prə'nœːr] *m (bsd.* Bau-)Unternehmer *m;* **~prise** [~'pri:z] *f* Unternehmen *n,* Unternehmung *f;* Betrieb *m;* Übernahme *f e-r* Arbeit, *e-s* Auftrags.

entrer [ɑ̃'tre] (1a) *v/i.* eintreten; hinein-gehen, -passen; einreisen; hineinfahren; 🚂 einfliegen; *faire ~* hineinbringen; **~** *pour beaucoup dans qch.* großen Einfluß auf etw. *(acc.)* haben, viel zu etw. *(dat.)* beitragen; *F Auto:* **~** *dans un arbre gegen e-n* Baum fahren; *v/t.* hineinschaffen; *✝* importieren; **~** *qch. en contrebande* etw. einschmuggeln.

entre-rail 🚂 [ɑ̃trə'raːj] *m (pl. ~s)* Spurweite *f.*

entresol [ɑ̃trə'sɔl] *m* (Wohnung *f* im) Zwischenstock *m.*

entre-temps [ɑ̃trə'tɑ̃] *adv.* inzwischen.

entreten|eur [ɑ̃trət'nœːr] *m* Versorger *m;* **~ir** [~t'niːr] *v/t.* (2h) aufrechterhalten; instand halten; *j-n* versorgen; **~** *q. de qch.* mit j-m über etw. *(acc.)* sprechen; *s'~ avec q. de qch.* sich mit j-m über etw. *(acc.)* unterhalten.

entre|tien [ɑ̃trə'tjɛ̃] *m* Instandhaltung *f,* Wartung *f;* Pflege *f;* Unterhalt *m; fig.* Unterhaltung *f;* **~voir** [~'vwaːr] *v/t.* (3b) undeutlich *(od.* flüchtig) sehen; *fig.* ahnen; **~vue** [~'vy] *f* Zusammenkunft *f,* Unterredung *f.*

entrisme *pol. All.* [ɑ̃'trism] *m* langer Marsch *m* durch die Institutionen.

entrouvrir [ɑ̃tru'vriːr] *v/t.* (2f) nur halb *(od.* nur etwas) öffnen.

énumér|ation [enymera'sjɔ̃] *f* Aufzählung *f;* **~er** [~'re] *v/t.* (1f) aufzählen.

envah|ir [ɑ̃va'iːr] *v/t.* (2a) überfallen; einfallen in *(acc.);* *fig.* sich schnell ausbreiten über *(acc.);* 🌱 überwuchern; **~isseur** [~i'sœːr] *m* Eindringling *m.*

envaser [ɑ̃va'ze] *v/t.* (1a) verschlammen.

envelopp|e [ɑ̃v'lɔp] *f* (Brief-)Umschlag *m;* Hülle *f;* ⊕ Gehäuse *n;* Fahrradmantel *m; Auto:* Reifen *m; fin.* für ein Ressort vorgesehener Staatshaushalt *m;* **~er** [~'pe] *v/t.* (1a) ein-wickeln, -hüllen, -schlagen; *fig.* verwickeln in *(acc.);* ⚔ einschließen; *fig.* verstecken, verhüllen.

envenimer [ɑ̃vni'me] *v/t.* (1a) infizieren; *fig.* verschlimmern; verschärfen.

envergure [ăvɛrˈgyːr] *f* ⚓ Länge *f der Rahe*; Weite *f des Segels*; ✠, *zo.* Spannweite *f*; *fig.* Format *n*, Ausmaß *n*.

envers [ăˈvɛːr] **1.** *prp. fig.* gegenüber (*dat.*), zu (*dat.*); **2.** *m* Kehrseite *f*; *Blatt*: Unterseite *f*; *Stoff*: linke Seite *f*; *à l'~* verkehrt.

envi [ăˈvi] *adv.*, *litt.*: *à l'~* um die Wette.

enviable [ăˈvjablə] *adj.* beneidenswert.

envider [ăviˈde] *v/t.* (1a) aufspulen.

envie [ăˈvi] *f* Neid *m*; Lust *f*, Verlangen *n*; Niednagel *m*; Muttermal *n*; *faire ~* Neid erregen; *porter ~ à q.* j-n beneiden; **~er** [ăˈvje] *v/t.* (1a) beneiden (*qch. à q.* j-n um etw.); sehnsüchtig wünschen; **~eux, -se** [ăˈvjø, ăˈvjøːz] *adj.* neidisch.

environ [ăviˈrɔ̃] *adv.* ungefähr; **~nement** [~rɔnˈmă] *m* Umwelt *f*; *pollution f de l'~* Umweltverschmutzung *f*; **~nementiel, -le** [~măˈsjɛl] *adj.* umweltbezogen; **~ner** [~rɔˈne] *v/t.* (1a) umgeben; **~s** [~ˈrɔ̃] *m/pl.* Umgebung *f*; *prpt.: aux ~ de Zeit:* etwa um; *Ort:* in der Nähe von; *Menge:* etwa.

envisager [ăviząˈʒe] *v/t.* (1l) *fig.* betrachten; ins Auge fassen; *~ de (inf.)* beabsichtigen zu (*inf.*).

envoi [ăˈvwa] *m* Sendung *f*; *Fußball:* coup *m* d'~ Anstoß *m*.

envol [ăˈvɔl] *m* **1.** ✠ Start *m*, Abflug *m*; **2.** Auf-, Davon-fliegen *n e-s Vogels*; **~er** [~ˈle] *v/rfl.* (1a): *s'~* auf-, davon-fliegen; ✠ abfliegen, starten; *fig.* entfliehen.

envoût|ant, -e [ăvuˈtă, ~ˈtăːt] *adj.* bezaubernd; **~er** *fig.* [~ˈte] *v/t.* (1a) bezaubern; überwältigen.

envoy|é, -e [ăvwaˈje] *su.* Abgesandte(r *m*) *m u. f*; *pol.* Gesandte(r) *m*; **~er** [~] *v/t.* (1p) schicken, senden; *~ chercher* holen lassen; *~ promener q.* j-n abblitzen lassen; *ne pas l'~ dire* kein Blatt vor j-m vor den Mund nehmen.

éolienne [eɔˈljɛn] *f* Windmotor *m*.

épagneul *zo.* [epaˈnœl] *m* Spaniel *m*.

épais, -se [eˈpɛ, eˈpɛs] *adj.* dick; dicht; dickflüssig; *fig.* schwerfällig; träge; **~seur** [~ˈsœːr] *f* Dicke *f*; Dichte *f*; Dichtheit *f*; **~sir** [~ˈsiːr] (2a) *v/t.* verdicken; *v/i. u. s'~* dick werden; sich verdichten.

épamprer 🍇 [epăˈpre] *v/t.* (1a) *den Weinstock* auslichten.

épanch|ement [epăʃˈmă] *m* Erguß *m* (*a. fig.*); **~er** [~ˈʃe] *v/t.* (1a) 🩸 *Blut* herauslassen; *s'~ Blut:* ausfließen; *fig. sein Herz* ausschütten.

épand|age 🍇 [epăˈdaːʒ] *m* Ausstreuen *n des Düngers*; champs *m/pl.* d'~ Rieselfelder *n/pl.*; **~eur** [~ˈdœːr] *m* Dungstreuer *m*; **~re** [eˈpăːdrə] *v/t.* (4a) aus-streuen, -gießen.

épanou|i, -e [epaˈnwi] *adj. Blume:* erblüht; *fig.* freudestrahlend; **~ir** [~ˈnwiːr] *v/t.* (2a) zum Aufblühen bringen; *fig.* erheitern; *s'~* aufblühen; *fig.* sich erheitern; strahlen.

épargn|e [eˈparɲ] *f* Sparsamkeit *f*; Ersparnis *f*; *la petite ~* die Ersparnisse *pl.* der kleinen Sparer; **~er** [~ˈɲe] *v/t.* (1a) *Zeit, Kräfte usw.*, 💰 *Geld* (er)sparen; schonen(d behandeln).

éparpill|ement [eparpijˈmă] *m* **1.** Verzettelung *f*; *~ des forces* Kräftezersplitterung *f*; **2.** *fig.* Zerstreuung *f*; **~er** [~ˈje] *v/t.* (1a) zerstreun; *fig.* verzetteln.

épars, -e [eˈpaːr, eˈpars] *adj.* verstreut; *cheveux m/pl. ~* zerzaustes Haar *n*.

épat|ant, -e F [epaˈtă, ~ˈtăːt] *adj.* fabelhaft, phantastisch, verblüffend, großartig; **~é, -e** [~ˈte] *adj.* platt, stumpf; *nez m ~* Plattnase *f*; **~er** [~] *v/t.* (1a) verblüffen; j-m imponieren.

épaul|e [eˈpol] *f* Schulter *f*; *beim Rind:* Bug *m*; **~er** [~ˈle] *v/t.* (1a) j-m helfen; ✗ *Gewehr* anlegen; *Truppen* decken; **~ette** [~ˈlɛt] *f* Achselstück *n*, Epaulette *f*.

épave [eˈpaːv] *f* 🚢 herrenloses Gut *n*; Wrack *n* (*a.* ✠); *droit m d'~s* Strandrecht *n*.

épeautre 🌾 [eˈpotrə] *m* Spelz *m*.

épée [eˈpe] *f* Schwert *n*; Degen *m*.

épeiche *orn.* [eˈpɛʃ] *f* Rot-, Buntspecht *m*.

épeler [eˈple] *v/t.* (1c) buchstabieren.

épellation [epelaˈsjɔ̃] *f* Buchstabieren *n*; *~ syllabique* Vorsprechen *n in Silben.*

éperdu, -e [epɛrˈdy] *adj.* außer sich; **~ment** [~ˈmă] *adv.: ~ amoureux* sterblich verliebt.

éperlan *icht.* [epɛrˈlă] *m* Stint *m*.

éperon [eˈprɔ̃] *m* Sporn *m*; △ Wellenbrecher *m*; Eck-, Strebe-pfeiler *m*; ⚓ Schiffsschnabel *m*; ✗ vorspringendes Außenwerk n; fig. Gebirgsvorsprung m.

éperonn|é, -e [eprɔ'ne] adj. gespornt; **~er** [~] v/t. (1a) e-m Pferd die Sporen geben; fig. anspornen.

épervier orn. [epɛr'vje] m Sperber m.

éphém|ère [efe'mɛːr] **1.** adj. eintägig; vergänglich; **2.** m Eintagsfliege f; **~éride** [~me'rid] f Abreißkalender m.

épi [e'pi] m Ähre f; fig. Büschel n; ~ de maïs Maiskolben m.

épic|e [e'pis] f Gewürz n; pain m d'~ Pfefferkuchen m; **~é, -e** [~'se] adj. fig. gepfeffert.

épicéa ♀ [epise'a] m Fichte f, Rottanne f.

épic|er [epi'se] v/t. (1k) würzen; **~erie** [~s'ri] f Lebensmittelgeschäft n; ~ de choix, ~ fine Feinkost f, Delikatessen f/pl. (a. als Firmenschild); petite ~ du coin Tante-Emma-Laden m; **~ier, -ère** [~'sje, ~'sjɛːr] su. Lebensmittel-, Feinkost-händler(in f) m; F Spießbürger m, Spießer m.

épidémie ♂ [epide'mi] f Epidemie f, Seuche f.

épiderme anat. [epi'dɛrm] m Oberhaut f.

épidiascope phot. [epidjas'kɔp] m Epidiaskop n.

épier [e'pje] v/t. (1a) belauern.

épierrer ✝ [epjɛ're] v/t. (1b) von Steinen säubern.

épieu [e'pjø] m (pl. ~x) Spieß m.

épigastre anat. [epi'gastrə] m Magengrube f.

épiglotte anat. [epi'glɔt] f Kehl-(kopf)deckel m.

épigraphe [epi'graf] f Inschrift f; Motto n.

épilatoire [epila'twaːr] m Haarentfernungsmittel n.

épilepsie ♂ [epilɛp'si] f Epilepsie f.

épiler [epi'le] v/t. (1a) enthaaren.

épilogu|e [epi'lɔg] m Epilog m, Nachwort n; fig. Nachspiel n; **~er** [~'ge] v/i. (1m) hinterher lange reden (sur über acc.).

épinard ♀ [epi'naːr] m Spinat m.

épin|e [e'pin] f Dorn m; Stachel m; Dorn-busch m, -strauch m; géol. (Gebirgs-)Grat m; ~ dorsale Rückgrat n; **~ette** [~'nɛt] f ♪ Spinett n; ♀ Mastkäfig m; ♀ in Kanada: Rottanne f; **~eux, -se** [~'nø, ~'nøːz] adj. dornig; fig. mißlich; schwierig.

épingl|e [e'pɛ̃ːglə] f Nadel f, Steck-, Busen-, Heft-nadel f; ~ de chapeau Hutnadel f; ~ à cheveux Haarnadel f; ~ de cravate Krawattennadel f; ~ de sûreté Sicherheitsnadel f; coup m d'~ Nadelstich m; tiré à quatre ~s nett gekleidet; geschniegelt und gebügelt; virage m en ~ à cheveux Haarnadelkurve f; fig. monter qch. en ~ etw. hochspielen; **~er** [epɛ̃'gle] v/t. (1a) anstecken; F erwischen.

épin|ière anat. [epi'njɛːr] adj./f: moelle f ~ Rückenmark n.

épinoche icht. [epi'nɔʃ] f Stichling m.

épique [e'pik] adj. episch.

épiscop|al, -e [episkɔ'pal] adj. (m/pl. -aux) bischöflich; **~at** [~'pa] m bischöfliche Würde f od. Amtszeit f; l'~ die Gesamtheit der Bischöfe.

épisode [epi'zɔd] m Episode f.

épistol|aire [epistɔ'lɛːr] adj.: guide m ~ Briefsteller m; relations f/pl. ~s Briefwechsel m; **~ier, -ère** plais. [~'lje, ~'ljɛːr] su. Briefschreiber(in f) m.

épitaphe [epi'taf] f Grabinschrift f.

épithète [epi'tɛt] f Beiwort n.

épître rl., poét. [e'pitrə] f Epistel f.

épitropique ⊕, ✝ [epitrɔ'pik] adj. stromleitend.

épizootie [epizɔɔ'ti] f Viehseuche f.

éploré, -e [eplɔ're] adj. verweint.

épluch|er [eply'ʃe] v/t. (1a) Früchte schälen; Gemüse putzen; Erbsen usw. verlesen; Geflügel rupfen; fig. genau prüfen; Fehler aus etw. herausklauben; **~ures** [~'ʃyːr] f/pl. Schalen f/pl., Gemüseabfälle m/pl.

épointer [epwɛ̃'te] v/t. (1a) stumpf machen; die Spitze abbrechen.

éponge [e'pɔ̃ːʒ] f Schwamm m.

épopée [epɔ'pe] f Epos n.

époque [e'pɔk] f Epoche f; à l'~ de zur Zeit (gén.).

épouiller [epu'je] v/t. (1a) entlausen; fig. genau überprüfen; s'~ sich lausen.

époumoner [epumɔ'ne] v/rfl. (1a): s'~ sich die Lunge aus dem Hals schreien; sich den Mund fusselig reden.

épous|e [e'puːz] f (Ehe-)Frau f; Gattin f, Gemahlin f; **~er** [epu'ze] v/t. (1a) heiraten; fig. sich anpassen (qch. dat.), genau entsprechen (qch. dat.); fig. sich zu eigen machen; **~eur** litt. [~'zœːr] m Freier m.

épouss|eter [epus'te] v/t. (1c) abstauben; aus-, ab-klopfen; **~ette** [~'sɛt] f Staubbesen m.

époustoufler F [epustuˈfle] *v/t.* (1a) verblüffen, überraschen.

épouvant|able [epuvãˈtablə] *adj.* entsetzlich, furchtbar; **~ail** [~ˈtaj] *m* Vogelscheuche *f*; *fig.* Schreckgespenst *n*; **~e** [~ˈvãːt] *f* Entsetzen *n*; **~er** [~vãˈte] *v/t.* (1a) fürchterlich erschrecken.

époux [eˈpu] *m* (Ehe-)Mann *m*; Gatte *m*, Gemahl *m*; les ~ *pl.* die Eheleute *pl.*

éprendre [eˈprãːdrə] *v/rfl.* (4q): s'~ de sich verlieben in (*acc.*); *fig.* sich begeistern für.

épreuve [eˈprœːv] *f* Probe *f*, Prüfung *f*; (*böses*) Schicksal *n*; *typ.* Korrekturbogen *m*; *phot.* Abzug *m*; ~ de performance Leistungsprüfung *f*; *Sport:* ~ éliminatoire Ausscheidungskampf *m*; ~ au hasard Stichprobe *f*; *fig.* ~ poussée à outrance Zerreißprobe *f*; à l'~ de qch. sicher vor etw. (*dat.*); à toute ~ ganz ausgezeichnet; bewährt.

éprouv|é, ~e [epruˈve] *adj.* leidegeprüft; bewährt; zuverlässig (*a. Auto usw.*); ⊕ betriebssicher; **~er** [~] *v/t.* (1a) probieren, erproben; auf die Probe stellen; *fig.* durchmachen, empfinden, erfahren, erleiden; ~ des difficultés Schwierigkeiten haben; **~ette** [~ˈvɛt] *f* ⚗ Reagenzglas *n*; ⊕ Probestück *n*.

épucer [epyˈse] *v/t.* (1k) entflöhen.

épuis|é, ~e [epuiˈze] *adj.* erschöpft; *Buch:* vergriffen; **~ement** [~zˈmã] *m* Erschöpfung *f*; ~ des finances Zerrüttung *f* der Finanzen; **~er** [~ˈze] *v/t.* (1a) aus-, er-schöpfen; **~ette** [~ˈzɛt] *f* Fangnetz *n*.

épur|ation [epyraˈsjɔ̃] *f* Reinigung *f*; *pol.* Säuberung(saktion *f*) *f*; station *f* d'~ Kläranlage *f*; **~atoire** [~raˈtwaːr] *adj.* Reinigungs...; **~e** ⚡ [eˈpyːr] *f* Aufriß *m*; **~er** [epyˈre] *v/t.* (1a) reinigen, läutern; *fig.* verfeinern.

équarrir [ekaˈriːr] *v/t.* (2a) **1.** viereckig zuschneiden; **2.** *Kadaver* abdecken.

équateur [ekwaˈtœːr] *m* Äquator *m*.

équation ⚡ [ekwaˈsjɔ̃] *f* Gleichung *f*.

équerre [eˈkɛːr] *f* Winkelmaß *n*; ~ en T Reißschiene *f*; en ~, d'~ rechtwink(e)lig; à fausse ~ schiefwink(e)lig.

équestre [eˈkɛstrə] *adj.* Reiter...

équilibr|age ⊕ [ekiliˈbraːʒ] *m* Auswuchten *n*; **~e** [~ˈlibrə] *m* Gleichgewicht *n*; *fig.* Ausgeglichenheit *f*;

~é, ~e [~ˈbre] *adj.* ausgeglichen; **~er** [~] *v/t.* (1a) ins Gleichgewicht bringen, ausbalancieren, ausgleichen (*a. fig.*); ⊕ auswuchten; s'~ sich im Gleichgewicht befinden; **~iste** [~ˈbrist] *su.* Seiltänzer(in *f*) *m*.

équinoxe [ekiˈnɔks] *m* Tagundnachtgleiche *f*.

équip|age [ekiˈpaːʒ] *m* **1.** ⊕ Geräte *n/pl.*, Ausrüstung *f*, Ausstattung *f*; **2.** ⚓ Mannschaft *f*; ✈, ✕ (Panzer-)Besatzung *f*; **~e** [eˈkip] *f* (*Arbeiter-*)Kolonne *f*; (*Sport-*)Mannschaft *f*; Team *n*, Gruppe *f*, Stab *m*; Besetzung *f*; (*Arbeits-*)Schicht *f*; faire ~ gemeinsam an e-m Strang ziehen (*a. fig.*); **~ée** [~ˈpe] *f* Streich *m*; ~ de jeunesse Jugendstreich *m*; **~ement** [~pˈmã] *m* Ausrüstung *f*, Ausstattung *f*; **~er** [~ˈpe] *v/t.* (1a) ausrüsten, ausstatten; s'~ de sich versehen mit (*dat.*).

équit|able [ekiˈtablə] *adj.* gerecht; **~ation** [~taˈsjɔ̃] *f* Reitkunst *f*; Reiten *n*; **~é** [~ˈte] *f* Gerechtigkeit *f*.

équival|ent, ~e [ekivaˈlɑ̃, ~ˈlɑ̃t] **1.** *adj.* gleichwertig (à mit); **2.** *m* Äquivalent *n*, Gegenwert *m*, Ersatz *m*; **~oir** [~ˈlwaːr] *v/i.* (3h): ~ à qch. den gleichen Wert haben wie etw.; e-r Sache (*dat.*) entsprechen.

équivoque [ekiˈvɔk] **1.** *adj.* zweideutig; *fig.* verdächtig; **2.** *f* Zweideutigkeit *f*.

érable ♀ [eˈrablə] *m* Ahorn *m*.

éraf|ler [eraˈfle] *v/t.* (1a) ritzen; schrammen; **~ure** [~ˈflyːr] *f* Kratzer *m*; Schramme *f*; Streifschuß *m*.

érailler [eraˈje] *v/t.* (1a) Stoff ausfasern; *Haut* aufschürfen; s'~ la voix sich heiser schreien.

ère [ɛːr] *f* Ära *f*, Zeitrechnung *f*.

érection [erɛkˈsjɔ̃] *f* Errichtung *f*; *fig.* Erhebung *f* (en qch. zu etw. *dat.*); *physiol.* Erektion *f*.

éreinter [erɛ̃ˈte] *v/t.* (1a) überanstrengen; F *fig.* herunterreißen.

érésipèle ⚕ [ereziˈpɛl] *m* Rose *f*.

ergonomie [ɛrgɔnɔˈmi] *f* Ergonomie *f*.

ergot [ɛrˈgo] *m zo.* Sporn *m*, Afterklaue *f*; ♀, ♂ Mutterkorn *n*; ⊕ Nase *f*, Nocken *m*; **~age** [~gɔˈtaːʒ] *m* Rechthaberei *f*; Nörgelei *f*; **~er** [~ˈte] *v/i.* (1a) über Kleinigkeiten streiten; **~eur, -se** [~ˈtœːr, ~ˈtøːz] **1.** *adj.* nörglerisch; **2.** *su.* Rechthaber(in *f*) *m*.

ergothérapeute [ɛrgɔteraˈpøt] *su.* Arbeitstherapeut(in *f*) *m*.

ériger [eriˈʒe] *v/t.* (1l) auf-, er-richten; ~ *en qch.* zu etw. (*dat.*) erheben; **s'~** *en* sich erheben (*od.* machen) zu (*dat.*).

ermit|age [ɛrmiˈta:ʒ] *m* Einsiedelei *f*; **~e** [~ˈmit] *m* Einsiedler *m*.

éroder [erɔˈde] *v/t.* (1a) *géol.* erodieren; ♒ anfressen, ätzen.

éros|if, -ve [erɔˈzif, ~ˈziːv] *adj. géol.* erodierend; ♒ ätzend; **~ion** [~ˈzjɔ̃] *f* Erosion *f*.

érotique [erɔˈtik] *adj.* erotisch; Liebes...; **~isme** [~ˈtism] *m* Erotik *f*.

err|ant, -e [ɛˈrɑ̃, ɛˈrɑ̃:t] *adj.* unstet; umherziehend; *Hund:* streunend; *chevalier m* ~ fahrender Ritter *m*; **~ata** [ɛraˈta] *m* Druckfehlerverzeichnis *n*; **~atum** [~ˈtɔm] *m* Druckfehler *m*; **~ements** *péj.* [ɛrˈmɑ̃] *m/pl.* Praktiken *f/pl.*; *les anciens* ~ der alte Schlendrian; **~er** [ɛˈre] *v/i.* (1b) umherirren; irren; **~eur** [ɛˈrœːr] *f* Irrtum *m*; **~oné, -e** [ɛrɔˈne] *adj.* irrig; falsch.

ersatz [ɛrˈzats] *m* Ersatz(nahrungsmittel *n*) *m*.

éructation [eryktaˈsjɔ̃] *f* Aufstoßen *n*, Rülpsen *n*.

érudit, -e [eryˈdi, ~ˈdit] *adj.* gelehrt; **~ion** [~ˈsjɔ̃] *f* Gelehrsamkeit *f*.

érugineux, -se [eryʒiˈnø, ~ˈtiːv] *adj.* grünspanig.

érupt|if, -ve [erypˈtif, ~ˈtiːv] *adj. géol.* eruptiv; ♒ mit Ausschlag verbunden; **~ion** [~pˈsjɔ̃] *f* Ausbruch *m e-s* Vulkans; Durchbrechen *n* der Zähne; Ausschlag *m* der Haut.

érythème ♒ [eriˈtɛm] *m*: ~ *solaire* Sonnenbrand *m*.

ès [ɛs] *prp.* (= *en les*): *docteur m* ~ *lettres* Doktor *m* der Philosophie.

esbrouf(f)e F [ɛsˈbruf] *f fig.* Angabe *f*; *faire de l'*~ sich wichtig machen; *vol m à l'*~ Taschendiebstahl *m* (durch Anrempeln); **~eur** [~ˈfœːr] *m fig.* Angeber *m*.

escabeau [ɛskaˈbo] *m* (*pl.* ~*x*) Hocker *m*, Schemel *m*; Tritt *m* (*kleine Leiter*).

escadr|e [ɛsˈkaːdrə] *f* Geschwader *n*; **~ille** ✈ [~kaˈdrij] *f* Staffel *f*; ☸ [~ˈdrɔ] *m* ✈ Schwadron *f*; *plais.* Schar *f*.

escal|ade [ɛskaˈlad] *f* Besteigen *n*; ✖, *allg.* Eskalation *f*, Eskalierung *f*, Verschärfung *f*, Zuspitzung *f*; **~a-**der [~ˈde] *v/t.* (1a) besteigen; überklettern; **~ator** [~laˈtɔːr] *m* Rolltreppe *f*; **~e** [~ˈkal] *f* ⚓ Anlegehafen *m*; ☸, ⚓ Zwischenlandung *f*; **~ier** [~ˈlje] *m* Treppe *f*; ~ *à vis*, ~ *en colimaçon*, ~ *en escargot*, ~ *tournant* Wendeltreppe *f*; ~ *mécanique*, ~ *roulant* Rolltreppe *f*; ~ *de secours* Nottreppe *f*; **~iéteur** ⚠ [~ljeˈtœːr] *m* Treppentischler *m*.

escalope *cuis.* [ɛskaˈlɔp] *f* Schnitzel *n*.

escamot|able ⊕ [ɛskamɔˈtablə] *adj.* versenkbar; einziehbar; **~er** [~ˈte] *v/t.* (1a) verschwinden lassen; ✈ *Fahrgestell* einziehen; *fig.* wegstibitzen; *Satz* hinnuscheln F; *Silbe* verschlucken; ♪ *Note* unterschlagen.

escampette F [ɛskɑ̃ˈpɛt] *f*: *prendre la poudre d'*~ das Hasenpanier ergreifen, ausreißen, türmen.

escapade [ɛskaˈpad] *f fig.* Seitensprung *m*; *allg.* Abstecher *m*, kleine Fahrt *f*.

escarbille [ɛskarˈbij] *f* Kohlenfunke *m*.

escarbot [ɛskarˈbo] *m* Käfer *m*.

escarboucle [ɛskarˈbuklə] *f* Karfunkel *m*.

escargot [ɛskarˈgo] *m* (Weinberg-) Schnecke *f*; Schnecke *f* mit Haus.

escarmouche ✖, *fig.* [ɛskarˈmuʃ] *f* Scharmützel *n*.

escarole ♀ [ɛskaˈrɔl] *f* Eskariol *n*.

escarp|e *frt.* [ɛsˈkarp] *f* Böschung *f*; **~ement** [~pɔˈmɑ̃] *m* Steilhang *m*; **~er** [~ˈpe] *v/t.* (1a) steil abschrägen.

escarpin [ɛskarˈpɛ̃] *m* Pumps *m*; *hist.* leichter Tanzschuh *m*.

escarpolette [ɛskarpɔˈlɛt] *f* (Strick-) Schaukel *f*.

escarr|e ♒ [ɛsˈkaːr] *f* Schorf *m*; **~ification** ♒ [~karifikaˈsjɔ̃] *f* Schorfbildung *f*.

escient [ɛˈsjɑ̃] *m*: *à bon* ~ mit voller Überlegung; *à mon* ~ meines Wissens.

esclaffer [ɛsklaˈfe] *v/rfl.* (1a): *s'*~ laut auflachen.

esclandre [ɛsˈklɑ̃:drə] *m* ärgerlicher Auftritt *m*, Skandal *m*, Szene *f*.

esclav|age [ɛsklaˈva:ʒ] *m* Sklaverei *f*; Knechtschaft *f*; **~e** [~ˈklaːv] *su.* Sklave *m*, Sklavin *f*.

escogriffe F [ɛskɔˈgrif] *m*: *un grand* ~ ein langer Lulatsch *m*.

escompt|e ♦ [ɛsˈkɔ̃:t] *m* Rabatt *m*, Skonto *m od. n*; Diskont *m*; *sous* ~ unter Abzug; **~er** [~kɔ̃ˈte] *v/t.* (1a) ♦

Zinsen abziehen; diskontieren; *fig.* erwarten, rechnen mit (*dat.*).

escort|**e** [ɛsˈkɔrt] f ✕, ♻ Eskorte f; *fig.* Gefolge n; **~er** [~ˈte] v/t. (1a) eskortieren; geleiten; **~eur** ♻ [~ˈtœːr] m Geleitschiff n.

escouade [ɛsˈkwad] f Trupp m; kleine Gruppe f; ~ (de police) mobile Überfallkommando n.

escourgeon [ɛskurˈʒɔ̃] m Frühgerste f.

escrim|**e** [ɛsˈkrim] f Fechten n; faire de l'~ fechten; **~er** [~ˈme] v/rfl. (1a): s'~ sich abmühen; **~eur** [~ˈmœːr] m Fechter m.

escroc [ɛsˈkro] m Gauner m.

escroqu|**er** [ɛskrɔˈke] v/t. (1m) ergaunern, abschwindeln; **~erie** [~ˈkri] f Gaunerei f; Hochstapelei f.

espac|**e** [ɛsˈpas] m Raum m, Zwischenraum m; Strecke f; ~ cosmique Weltraum m; ~ de temps Zeitraum m; ~ vital Lebensraum m; **~ement** [~s-ˈmɑ̃] m Abstand m; *typ.* Durchschuß m; **~er** [~ˈse] v/t. (1k) Zwischenraum lassen zwischen (*dat.*).

espadon *icht.* [ɛspaˈdɔ̃] m Schwertfisch m.

espadrille [ɛspaˈdrij] f Segeltuchsandale f; Strand-, Bade-schuh m, -pantoffel m.

espagnol, **-e** [ɛspaˈɲɔl] 1. *adj.* spanisch; 2. ℒ(de) su. Spanier(in f) m; **~ette** ♻ [~ˈlɛt] f Fensterriegel m.

espalier [ɛspaˈlje] m Spalier n.

espèce [ɛsˈpɛs] f Art f; Sorte f; *zo.* Spezies f, Gattung f; ⚕ en l'~ in vorliegendem Fall; ~s pl. bares Geld n; de (*od.* propre à) l'~ arteigen; étranger à l'~ artfremd.

espér|**ance** [ɛspeˈrɑ̃s] f Hoffnung f; Aussicht f; Erwartung f; dans l'~ in der Hoffnung; ~ de vie Lebenserwartung f; **~er** [~ˈre] (1f) v/t. hoffen; v/i.: ~ en l'avenir auf die Zukunft hoffen.

espièg|**le** [ɛsˈpjɛːgl] 1. *adj.* schalkhaft, schelmisch; 2. su. Schelm m; f petite ~ kleine Krabbe f, kleines Mädchen n; **~erie** [~pjɛglʀi] f Schalkhaftigkeit f; Schelmenstreich m; ~s pl. d'adolescents Jugendstreiche m/pl.

espion, **-ne** [ɛsˈpjɔ̃, ~ˈpjɔn] su. Spion(in f) m; **~nage** [~pjɔˈnaːʒ] m Spionage f; faire de l'~ spionieren; **~ner** [~ˈne] v/t. (1a) j-m nachspionieren; *etw.* ausspionieren.

esplanade [ɛsplaˈnad] f Vorplatz m.

espoir [ɛsˈpwaːr] m feste Hoffnung f.

esprit [ɛsˈpri] m Geist m; Witz m; Neigung f; Charakter m; *gr.* Spiritus m; bel ~ Schöngeist m; ~ positif Tatsachenmensch m; ~ de chapelle Beschränktheit f; ~ de justice Gerechtigkeitssinn m; quitter un pays sans ~ de retour ein Land auf Nimmerwiedersehen verlassen; **~-de-bois** 🜿 [~dˈbwa] m Methylalkohol m; **~-de-vin** 🜿 [~dˈvɛ̃] m Weingeist m.

esquif ♻ [ɛsˈkif] m kleines Boot n.

esquille [ɛsˈkij] f Knochensplitter m.

esquimau, **-de** [ɛskiˈmo, ~ˈmoːd] (m/pl. ~x) 1. *adj.* Eskimo...; 2. ℒ(de) su. Eskimo(frau f) m; 3. m Schokoeis n am Stiel.

esquinter F [ɛskɛ̃ˈte] v/t. (1a) übel zurichten; müde machen; kaputtmachen (a. Sache); *fig.* heruntermachen.

esquiss|**e** [ɛsˈkis] f Skizze f, Entwurf m; **~er** [~ˈse] v/t. (1a) entwerfen, skizzieren; andeuten.

esquiver [ɛskiˈve] v/t. (1a): ~ qch., q. e-r Sache, j-m (geschickt) ausweichen, aus dem Wege gehen; ~ le travail blaumachen F; s'~ sich heimlich davonmachen.

essai [eˈsɛ] m Versuch m; Probe f; *litt.* Essay m *od.* n; *Sport:* Einwurf m (*Rugby*); *Auto:* ~ sur route Probefahrt f; ✈ ~ de vol Probeflug m.

essaim [eˈsɛ̃] m (Bienen-)Schwarm m; **~er** [esɛˈme] v/i. (1b) ausschwärmen.

essart 🜨 [eˈsaːr] m Rodeland n; **~er** [esarˈte] v/t. (1a) urbar machen.

essay|**age** *cout.* [esɛˈjaːʒ] m Anprobe f; **~er** [~ˈje] v/t. (1i) versuchen; (an-) probieren; **~eur** [~ˈjœːr] m *Auto:* Testfahrer m; (Münz-, Nahrungsmittel-)Prüfer m; **~euse** *cout.* [~ˈjøːz] f Absteckerin f.

esse [ɛs] f S-förmiger Haken m; Achsnagel m; ♪ Schalloch n e-r Geige.

essence [eˈsɑ̃ːs] f Wesen n, Sein n; Essenz f; *Auto:* Benzin n; prendre de l'~, (re)faire son (*od.* le) plein d'~, se ravitailler en ~ tanken; poste m d'~ Tankstelle f.

essentiel, **-le** [esɑ̃ˈsjɛl] 1. *adj.* wesentlich; 2. m Hauptsache f.

essieu [eˈsjø] m (pl. ~x) (Wagen-) Achse f.

essor *a. éc.* [eˈsɔːr] m Aufschwung m; **~er** [esɔˈre] v/t. (1a) Wäsche schleudern; auswringen; **~euse** [~ˈrøːz] f

Trockenschleuder f; Wringmaschine f.

essoufflé, -e [esu'fle] adj. außer Atem.

essuie|-glace Auto [esɥi'glas] m (pl. ~s) Scheibenwischer m; **~-mains** [~'mɛ̃] m (inv.) Handtuch n; **~-pieds** [~'pje] m (inv.) (Fuß-)Abtreter m; **~-tout** [~'tu] m (inv.) Wegwerftuch n.

essuyer [esɥi'je] v/t. (1h) abwischen, abtrocknen; fig. ertragen, einstecken; F fig. ~ les plâtres e-e Wohnung trocken wohnen; als erster alles ausbaden müssen.

est [ɛst] **1.** m Ost(en) m; **2.** adj. (inv.) östlich; Ost...

estacade [ɛsta'kad] f Hafendamm m.

estaf|ette [ɛsta'fɛt] f Stafette f; **~ilade** [~fi'lad] f Schramme f; Schmiß m.

estagnon [ɛsta'ɲɔ̃] m Blechkanne f für Speiseöl; Blechgefäß n.

estaminet [ɛstami'nɛ] m Kneipe f.

estampe [ɛs'tɑ̃:p] f (Kupfer-)Stich m; Holzschnitt m; Druckplatte f; Prägestempel m; ⊕ Stanze f; **~er** [ɛstɑ̃'pe] v/t. (1a) prägen; stanzen; Kupferstich abziehen; F fig. neppen, übervorteilen; **~ille** [~'pij] f Kontrollstempel m; **~iller** [~pi'je] v/t. (1a) stempeln.

esthète [ɛs'tɛt] su. Ästhet(in f) m.

esthét|icien [ɛsteti'sjɛ̃] m: ~ industriel Designer m, Formgestalter m; **~cienne** [~'sjɛn] f Kosmetikerin f; **~ique** [~'tik] **1.** f Ästhetik f; ~ industrielle industrielle Formgebung f; **2.** adj. ästhetisch.

estim|able [ɛsti'mablə] adj. schätzenswert; beachtlich; **~atif, -ve** [~ma'tif, ~'ti:v] adj. auf Schätzung beruhend; devis m ~ (Bau-)Kostenanschlag m; **~ation** [~ma'sjɔ̃] f (Ab-)Schätzung f; Veranschlagung f; ~ à vue Augenmaß n; **~e** [~'tim] f (Hoch-)Achtung f; tenir q. en haute ~ viel von j-m halten; **~er** [~'me] v/t. (1a) (ab)schätzen; veranschlagen; (hoch)achten; ~ que ... der Ansicht sein, daß ...; néol. davon ausgehen, daß ...

estiv|al, -e [ɛsti'val] adj. (m/pl. -aux) sommerlich; **~ant, -e** [~'vɑ̃, ~'vɑ̃:t] su. Sommerfrischler(in f) m; **~ation** [~va'sjɔ̃] f Sommerschlaf m mancher Tiere in tropischen Ländern; **~er** [~-'ve] v/t. (1a) übersommern lassen.

estoc [ɛs'tɔk] m (Baum-)Stumpf m;

hist. Stoßdegen m; frapper d'~ et de taille aufs Geratewohl um sich schlagen; **~ade** [~'kad] f Todesstoß m (Stierkampf).

estoma|c [ɛstɔ'ma] m Magen m; F avoir l'~ dans les talons Kohldampf haben (od. schieben P); ~ dérangé verdorbener Magen m; **~qué, -e** F [~ma'ke] adj. sprachlos, verblüfft.

estompe [ɛs'tɔ̃:p] f Wischer m; gewischte Zeichnung f; **~er** [ɛstɔ̃'pe] v/t. (1a) mit dem Wischer zeichnen; fig. verwischen; s'~ dahinschwinden, verschwimmen; sich verwischen.

estrade [ɛs'trad] f Podium n.

estran [ɛs'trɑ̃] m Watt(enmeer n) n.

estropier [ɛstrɔ'pje] v/t. (1a) zum Krüppel machen; verstümmeln.

estuaire géol. [ɛs'tɥɛ:r] m Trichtermündung f.

estudiantin, -e [ɛstydjɑ̃'tɛ̃, ~'tin] adj. Studenten...; studentisch.

esturgeon icht. [ɛstyr'ʒɔ̃] m Stör m.

et [e] cj. und; ~ ... ~ ... sowohl ... als auch ...

établ|e [e'tablə] f (Kuh-)Stall m; **~er** [~'ble] v/t. (1a) in den Stall bringen; **~i** [~'bli] m Hobel-, Werk-bank f; ★ Arbeitsplatz m; **~ir** [~'bli:r] v/t. (2a) festsetzen; aufstellen; einrichten; bauen; anlegen; (be)gründen; stiften; versorgen; unterbringen; Führerschein usw. ausstellen; ⚡ ~ le contact einschalten; s'~ sich niederlassen; ⚖ Stellung beziehen; sich einbürgern; **~issement** [~blis'mɑ̃] m Feststellung f; Einrichtung f; Gründung f; Niederlassung f; Versorgung f; (Fabrik- usw.) Anlage f; Geschäftslokal n; Unternehmen n; Anstalt f; Schule f.

étag|e [e'ta:ʒ] m Stock(werk n) m, Etage f; ⚒ Stufe f; ⚒ Sohle f; situé à l'~ im Obergeschoß (nur ein Stockwerk); ~ à ciel ouvert Tagebausohle f; fig. de bas ~ niederen Ranges (od. Standes); **~er** [eta'ʒe] v/t. (1l) übereinanderlegen; terrassenförmig anlegen; abstufen; **~ère** [~'ʒɛ:r] f Regal n; Bücher-, Küchen-, Wand-brett n; Bücher-, Noten-ständer m.

étai [e'tɛ] m Stützbalken m.

étaim ⊕ [e'tɛ̃] m Kammwolle f.

étain [e'tɛ̃] m Zinn n.

étal [e'tal] m (pl. ~s, a. -aux) Fleischbank f; **~age** [~'la:ʒ] m Auslegen n; Aushängen n; Schaufenster-dekoration f, -reklame f; Schaufenster n, Schaukasten m; fig. Aufwand m; Standgeld n; ~ de force Kraftmeierei f; **~agiste** [~la'ʒist] su. Schaufensterdekorateur(in f) m; **~er** [~'le] v/t. (1a) auslegen; aushängen; ausbreiten; zur Schau stellen; fig. prahlen (qch. mit etw. dat.); F s'~ par terre der Länge nach hinfallen.

étalon [eta'lɔ̃] m 1. Hengst m; 2. Eich-, Normal-maß n, -gewicht n; éc. ~ monétaire Währung f; fig. ~ social Statussymbol n; **~ner** [~lɔ'ne] v/t. (1a) eichen; **~or** [~lɔ'ɔ:r] m Goldwährung f.

étam|er [eta'me] v/t. (1a) verzinnen; Spiegel belegen; **~ine** [~'min] f 1. Beutel-, Sieb-tuch n; 2. ♀ Staubgefäß n; **~ure** [~'my:r] f Verzinnung f.

étanch|e [e'tã:ʃ] adj. luft-, wasserdicht; **~éifier** ⊕, bét. [etãʃei'fje] v/t. (1a) abdichten, **~éité** [~ʃei'te] f Dichtheit f; Dichtigkeit f; Abdichtung f; **~er** [~'ʃe] v/t. (1a) abdichten; Blut stillen; Durst löschen.

étang [e'tã] m Teich m.

étape [e'tap] f ✕ Etappe f; Rast f; Tagesmarsch m; Reiseabschnitt m; Wegstrecke f; vél. Rennstrecke f; ✈ Flugstrecke f; fig. (Entwicklungs-) Stufe f; Schritt m.

État [e'ta] m Staat m.

état [e'ta] m Stand m, Zustand m; Lage f; Verzeichnis n; être en ~ de faire qch. imstande (od. in der Lage) sein, etw. zu tun; hors d'~ außerstande; ~ d'alerte Alarmzustand m; ~ de légitime défense Zustand m der Notwehr; ~ d'esprit Geistesverfassung f; ~ des armements Rüstungsstand m; ~ transitoire Übergangsstadium f; faire ~ de qch. auf etw. (acc.) hinweisen; adm., ✕, ~ pl. de service Dienstzeugnisse n/pl.; **~ique** [~'tik] adj. staatlich; **~isation** [~tiza'sjɔ̃] f Verstaatlichung f; **~iser** [~'ze] v/t. (1a) verstaatlichen.

état-major [etama'ʒɔ:r] m (pl. états-majors) 1. ✕ (Regiments- usw.) Stab m; ~ général Generalstab m; 2. Mitarbeiterstab m.

étau [e'to] m (pl. ~x) Schraubstock m; ~ à main Feilkloben m.

étay|age [ete'ja:ʒ] m ⊕ (Ab-)Stützen n; Stütze f; ⚠ Abteifung f; **~er** [~'je] v/t. (1i) (ab)stützen, absteifen; fig. stützen; étayé d'arguments solides Auffassung: wohlbegründet.

été¹ [e'te] m Sommer m.

été² [e'te] p.p. von être.

éteignoir [etɛ'nwa:r] m Löschhütchen m; F fig. Spielverderber m.

éteindre [e'tɛ̃:dr] v/t. (4b) auslöschen; Licht ausmachen; Zigarette ausdrücken; fig. dämpfen; ausrotten; (ver)tilgen; ★ ~ son gaz krepieren P; s'~ erlöschen; hinschwinden; aussterben.

éteint, -e [e'tɛ̃, e'tɛ̃:t] 1. p.p. von éteindre; 2. adj. erloschen (a. fig.); Radio, Heizung: abgestellt.

étend|age [etã'da:ʒ] m Aufhängen n der Wäsche; gezogene Wäscheleine f; ⊕ Wäschespinne f; **~ard** [~'da:r] m Standarte f; **~oir** [~'dwa:r] m Trockenboden m; Wäscheleine f; **~re** [e'tã:dr] v/t. (4a) (aus)trocknen; verbreiten; ausdehnen; ausspannen; Wäsche aufhängen; erweitern; vergrößern; mit Wasser verdünnen; F j-n niederstrecken; F fig. j-n fertigmachen; s'~ sich (aus)dehnen; sich aus-, breiten; sich aus-, strecken; **~u, -e** [etã'dy] adj. ausgestreckt; ausgedehnt; umfangreich; **~ue** [~] f Ausdehnung f; Weite f; Umfang f; Dauer f.

étern|el, -le [etɛr'nɛl] adj. ewig; **~iser** [~ni'ze] v/t. (1a) verewigen; s'~ dauern, (sehr lange) bleiben; **~ité** [~'te] f Ewigkeit f.

éternuer [etɛr'nɥe] v/i. (1a) niesen.

éteule ✒ [e'tœl] f Stoppel f.

éther [e'tɛ:r] m Äther m.

éthér|é, -e [ete're] adj. ätherisch; **~iser** ✚ [~ri'ze] v/t. (1a) mit Äther betäuben.

éthique [e'tik] 1. adj. ethisch; 2. f Ethik f.

ethn|ie [ɛt'ni] f Kulturgemeinschaft f e-r Gruppe, Ethnie f; **~ique** [~'nik] adj. ethnisch; **~ologie** [~nɔlɔ'ʒi] f Ethnologie f, Völkerkunde f.

éthologie biol. [etɔlɔ'ʒi] f Verhaltensforschung f.

étiage [e'tja:ʒ] m 1. niedrigster Wasserstand m; échelle f d'~ Pegel m; 2. fig., pol. Stand m der Beliebtheit.

étinc|eler [etɛ̃s'le] v/i. (1c) funkeln; **~elle** [~'sɛl] f Funke(n) m; **~ellement** [~sɛl'mã] m Funkeln n.

étiol|é, -e [etjɔ'le] adj. verkümmert; **~er** [~] v/t. (1a) verkümmern lassen; s'~ verkümmern (a. fig.).

étique [e'tik] adj. abgemagert.

étiqu|eter [etik'te] v/t. (1c) etikettieren; **~ette** [~'kɛt] f Etikett n; Preisschild n; Etikette f.

étir|er ⊕ [eti're] v/t. (1a) strecken; auswalzen; **~euse** text. [~'rø:z] f Streckmaschine f.

étoff|e [e'tɔf] f Stoff m, Zeug n (a. fig.); **~é, -e** [~'fe] adj. stämmig, robust; fig. gedankenreich; ♪ Stimme: kräftig; **~ement** [~f'mɑ̃] m Erweiterung f (a. gr.); **~er** [~'fe] v/t. (1a) ausstaffieren, gut ausstatten; adm. personalmäßig versorgen (od. beschicken); fig. weiterentwickeln; Bericht farbig gestalten, ausschmücken.

étoil|e [e'twal] f Stern m; ~ filante Sternschnuppe f; à la belle ~ unter freiem Himmel; fig. ~ du cinéma Filmstar m; ✞ ~ d'argent Edelweiß n; **~er** [~'le] v/rfl. (1a): s'~ Glas: sternförmig springen.

étole [e'tɔl] f Stola f.

étonn|amment [etɔna'mɑ̃] adv. erstaunlich; **~ant, -e** [~'nɑ̃, ~'nɑ̃:t] adj. erstaunlich; **~é, -e** [~'ne] adj. erstaunt; **~ement** [~n'mɑ̃] m Erstaunen n, Verwunderung f; **~er** [~'ne] v/t. (1a) in Erstaunen setzen; s'~ de sich wundern über (acc.).

étouff|ant, -e [etu'fɑ̃, ~'fɑ̃:t] adj. fig. schwül; **~ée** [~'fe] f Schmoren n; **~ement** [~f'mɑ̃] m Ersticken n; ♣ Atemnot f; **~er** [~'fe] v/t. ersticken; fig. unterdrücken; mundtot machen; v/i. ersticken (a. fig.); **~oir** [~'fwa:r] m ✞ Funkenlöscher m; ♪ (Klavier-)Dämpfer m.

étoup|e [e'tup] f Werg n, Dichtungsmaterial n; **~er** [~'pe] v/t. (1a) abdichten; **~ille** [~'pij] f Zündschnur f; ~ à percussion Aufschlagzünder m.

étourd|erie [etur'dri] f Unbesonnenheit f; **~i, -e** [~'di] 1. adj. unbesonnen, leichtsinnig; 2. su. unbesonnener Mensch m; jeune ~ Wildfang m; **~ir** [~'di:r] v/t. (2a) betäuben; fig. j-m auf die Nerven fallen; **~issement** [~dis'mɑ̃] m Betäubung f; fig. Taumel m; ♣ Schwindelanfall m.

étourneau [etur'no] m (pl. ~x) orn. Star m; fig. leichtfertiger Mensch m.

étrang|e [e'trɑ̃:ʒ] adj. seltsam, sonderbar; befremdend; **~er, -ère** [etrɑ̃'ʒe, ~'ʒɛ:r] 1. adj. fremd, ausländisch; ~ à la localité ortsfremd; 2. su. Fremde(r m) m u. f, Ausländer(in f) m; 3. m Ausland n; à l'~ im (od. ins) Ausland; **~eté** [~ʒ'te] f Seltsamkeit f.

étrangl|ement [etrɑ̃glə'mɑ̃] m Erdrosseln n; ♣ Einklemmung f (z.B. Bruch); ⊕ soupape f d'~ Drosselventil n; **~er** [~'gle] v/t. (1a) erwürgen, erdrosseln; verengen; zs.-schnüren; zu eng machen; zu gedrängt abfassen; ⊕ drosseln; s'~ sich verengen; fig. ersticken; s'~ de soif vor Durst verschmachten.

étrave ♣ [e'tra:v] f Vordersteven m.

être [ɛ:tr] (1) 1. v/aux. sein; Passiv: werden; 2. v/i. sein, dasein; je suis mieux es geht mir besser; ~ à q. j-m gehören (od. zukommen); ~ de gehören zu (dat.), teilhaben an (dat.); en ~ mit dabeisein, mitmachen; j'en suis ich mache mit; où en êtes-vous dans...? wie weit sind Sie mit...?; je n'y suis pour rien ich kann nichts dafür; F vous n'y êtes pas Sie begreifen nicht; 3. v/imp.: il est des cas où ... es gibt Fälle, wo ...; c'est es (Person: er od. sie) ist; 4. m Wesen n; Geschöpf n; phil. das Sein n; ~ de raison (Ggs. réel) ideelles (Ggs. wirklich existierendes) Wesen n.

étrein|dre [e'trɛ̃:dr] v/t. (4b) fest drücken, fest zs.-schnüren; umklammern; **~t** [e'trɛ̃] p.p. von étreindre; **~te** [e'trɛ̃:t] f Zs.-schnüren n; Umarmung f; Boxsport: Umklammerung f; fig. Zwang m.

étrenn|e [e'trɛn] f 1. ~s pl. Neujahrsgeschenk n; 2. Weihnachtsgeld n; 3. erster Gebrauch m von etw.; **~er** [~'ne] (1a) v/t. zu Neujahr beschenken; Kleid, Anzug, e-e Strecke einweihen, zum erstenmal benutzen; v/i. als erster alles ausbaden müssen (an Schlägen od. Vorwürfen).

étrier [etri'e] m Steigbügel m.

étrill|e [e'trij] f Striegel m; **~er** [~'je] v/t. (1a) striegeln; F verprügeln; übers Ohr hauen, prellen; ✗ étrillé schwer angeschlagen.

étrip|age [etri'pa:ʒ] m Gemetzel n; **~er** [~'pe] v/t. (1a) Tiere ausweiden; ausnehmen; * j-n kaltmachen.

étriquer [etri'ke] v/t. (1m) zu eng machen; ◆ fig. zu kurz fassen.

étrivière [etri'vjɛ:r] f Steigbügelriemen m.

étroit, -e [e'trwa, e'trwat] 1. adj. schmal; eng(herzig); 2. adv.: à l'~ beengt; **~esse** [~'tɛs] f Enge f; Eingeschränktheit f; Beschränktheit f; Engherzigkeit f.

étron [e'trɔ̃] m Kot m.

étronçonner [etrɔsɔ'ne] v/t. (1a) *Baum* abästen.

étrus|cologie [etryskɔlɔ'ʒi] f Etruskerforschung f; **~que** [e'trysk] **1.** adj. etruskisch; **2.** ♀ m/pl. Etrusker m/pl.

étud|e [e'tyd] f Studium n; ✝, ⊕ Untersuchung f, Prüfung f; ♪ Etüde f; peint. Studie f; écol. Studienraum m; ⚖ Anwaltsbüro n, Praxis f; **~s** pl. Schulbildung f, Studien n/pl.; faire ses (od. des) **~s** studieren; ✝ **~** des marchés Marktforschung f; être à l'**~** Pläne: erwogen werden; **~iant, -e** [~'djã, ~'djã:t] su. Student(in f) m; **~ier** [~'dje] v/t. (1a) studieren; einüben; untersuchen; s'**~** sich selbst beobachten; sich (zu sehr) mit sich selbst beschäftigen.

étui [e'tɥi] m Futteral n, Besteck n, Etui n; Kapsel f; Nadelbüchse f; Flügeldecke f der Käfer; ⚜ Persenning f; **~** de cartouche Patronenhülse f; **~** toujours prêt Bereitschaftstasche f.

étuv|e [e'ty:v] f Schwitzraum m; Trockenapparat m; ⊕ Dörrkammer f; **~** sèche Schwitzbad n, Sauna f; **~ée** [ety've] f Dämpfen n, Schmoren n; Schmorfleisch n; **~er** [~] v/t. (1a) ⚕ in lauem Wasser baden; cuis. dämpfen, schmoren; ⊕ im Ofen trocknen.

étymologie ling. [etimɔlɔ'ʒi] f Etymologie f.

eu [y] p.p. von avoir.

eucalyptus ♀ [økalip'tys] m Eukalyptus(baum m) m.

eucharistie rl. [økaris'ti] f Abendmahl n.

eugén|ique [øʒe'nik] f, **~isme** [~'nism] m Eugenik f.

eunuque [ø'nyk] m Eunuch m.

euphémique [øfe'mik] adj. beschönigend, euphemistisch.

euphonie [øfɔ'ni] f Wohlklang m.

euphorbe ♀ [ø'fɔrb] f Wolfsmilch f.

euphor|ie [øfɔ'ri] f Euphorie f; **~ique** [~'rik] adj. euphorisch; voller Glücksgefühl.

eurasien, -ne [øra'zjɛ̃, ~'zjɛn] **1.** adj. eurasisch; **2.** ♀(ne) su. Eurasier(in f) m.

eurocommunisme [ørɔkɔmy'nism] m Eurokommunismus m.

europ|éanisme pol. [ørɔpea'nism] m Europagedanke m; **~éen, -ne** [~pe'ɛ̃, ~'ɛn] **1.** adj. europäisch; **2.** ♀(ne) su. Europäer(in f) m.

eus [y] p/s. von avoir (1. u. 2. Person).

eux [ø] pr/p. (m/pl.) sie (pl.).

évacu|ation [evakɥa'sjɔ̃] f physiol. Ausscheidung f; Entleerung f; ⚔ Räumung f; Evakuierung f; Abtransport m v. Verwundeten usw.; **~er** [~'kɥe] v/t. (1a) physiol. ausscheiden; Darm entleeren; ⚔ räumen; evakuieren; Verwundete, Gefährdete usw. abtransportieren (en voiture mit dem Auto).

évad|é, -e [eva'de] **1.** adj. entflohen, flüchtig; **2.** m Ausbrecher usw.; **~er** [~] v/rfl. (1a): s'**~** (ent)fliehen, ausbrechen.

évalu|ation [evalɥa'sjɔ̃] f Schätzung f; **~** des frais Kosten(vor)anschlag m; **~er** [~'lɥe] v/t. (1a) (ab)schätzen, veranschlagen; **~** à ... francs Schaden, Haus usw. auf ... Franc schätzen.

évang|élique [evɑ̃ʒe'lik] adj. evangelisch; **~ile** [~'ʒil] m Evangelium n.

évanou|ir [evanu'i:r] v/rfl. (2a): s'**~** ohnmächtig werden; in Ohnmacht fallen; **~issement** [~nwis'mɑ̃] m Ohnmacht f.

évapor|ation [evapɔra'sjɔ̃] f Verdunstung f; **~é,** -e f, -e fig. [~'re] **1.** adj. leichtsinnig; **2.** su. leichtsinniger Mensch m; F Luftikus m; **~er** [~] v/rfl. (1a): s'**~** verdunsten; F fig. verduften.

évas|er [eva'ze] v/t. (1a) ausweiten; gilet m évasé ausgeschnittene Weste f; **~if, -ve** [~'zif, ~'zi:v] adj. ausweichend; **~ion** [~'zjɔ̃] f Entweichen n; Flucht f; fig. Zerstreuung f; ✝ **~** de l'argent Kapitalflucht f.

évêché [eve'ʃe] m Bistum n; bischöfliche Residenz f; Bischofswürde f.

éveil [e'vɛj] m Erwachen n (a. pol.); Wecken n; Warnung f; Wink m; en **~** wachsam, auf der Hut; péd. discipline f d'**~** anregendes Fach n; **~ler** [~'je] v/t. (1a) anregen; Verdacht erregen; s'**~** fig. erwachen.

éveinage ⚕ [evɛ'na:ʒ] m Venenentfernung f, Stripping n.

événement [evɛn'mɑ̃] m Ereignis n; Begebenheit f; Erlebnis n; les gens qui font l'**~** Leute pl., von denen man spricht; **~iel, -le** [~'sjɛl] adj. ⚃, thé., cin. nur darstellend; psych. erlebnisbedingt.

évent [e'vɑ̃] m **1.** Nasen-, Spritzloch n des Wals; weitS. Fontäne f; **2.** Schalwerden n, Abstehen n; **3.** ⚒ **~** des gaz Gasabzug m.

éventail [evã'taj] *m* Fächer *m*; *fig.* Breite *f*, Skala *f*, Spanne *f*, Staffelung *f*; ~ *des partis* Parteienlandschaft *f*.

éventaire [evã'tɛːr] *m* flacher Korb *m* (*für Obst usw.*); Bauchladen *m*, Hausiererkasten *m*.

éventé, -e [evã'te] *adj.* zugig, windig; schal, abgestanden; *fig. Geheimnis:* durchgesickert; **~er** [~] *v/t.* (1a) be-, zu-fächeln; lüften; *fig.* aufspüren; F ~ *la* mèche Lunte (*od.* den Braten) riechen; s'~ sich fächeln; schal (*od.* abgestanden) werden.

éventrer [evã'tre] *v/t.* (1a) den Bauch aufschlitzen (*dat.*); *fig.* gewaltsam öffnen, aufbrechen.

éventuel, -le [evã'tɥɛl] *adj.* eventuell.

évêque [e'vɛk] *m* Bischof *m*.

évertuer [evɛr'tɥe] *v/t./rfl.* (1a): s'~ *à faire qch.* sich anstrengen, etw zu tun.

évid|emment [evida'mã] *adv.* selbstverständlich; **~ence** [~'dãːs] *f* Klarheit *f*, Evidenz *f*; *être en* ~ in die Augen fallen; *être de toute* ~ sonnenklar sein; *mettre en* ~ klarstellen, hervorheben, ins rechte Licht rücken; **~ent, -e** [~'dã, ~'dãːt] *adj.* offensichtlich, klar, evident.

évider [evi'de] *v/t.* (1a) aus-höhlen, -bohren; ⌂ aussparen.

évier [e'vje] *m* Abwaschbecken *n*, Ausguß *m*.

évincer [evɛ̃'se] *v/t.* (1k) aus dem Besitz vertreiben; *fig.* verdrängen.

évit|ement [evit'mã] *m*: 🚂 *voie f d'*~ Ausweich-, Überhol-gleis *n*; *psych. reaction f d'*~ Ausweichreaktion *f*; **~er** [~'te] *v/t.* (1a) vermeiden; ausweichen (*dat.*); ~ *qch. à q.* j-m etw. ersparen.

évocation [evɔka'sjɔ̃] *f* **1.** (Geister-) Beschwörung *f*; *fig.* Wachrufen *n* e-r *Erinnerung*; *peint.* ~ *spatiale* Raumvorstellung *f*; **2.** ⚖ Evokation *f*; Verweisung *f* an ein höheres Gericht.

évoluer [evɔ'lɥe] *v/i.* (1a) sich entwickeln; ✕, ⚓ schwenken; ⊕ Umdrehungen machen.

évolution [evɔly'sjɔ̃] *f* **1.** Entwicklung *f*; Evolution *f*; ~ *des conversations* Verlauf *m* der Gespräche; **2.** ✕, ⚓ Veränderung *f* in der Stellung.

évoquer [evɔ'ke] *v/t.* (1m) *Geister* beschwören; wachrufen; zur Spra-

che bringen; erörtern; ins Gedächtnis rufen; geltend machen, sich berufen auf (*acc.*); ⚖ *e-e Sache* vor ein höheres Gericht ziehen.

ex-... [ɛks] *in Zssgn* Ex...; ehemalige(r, -s); *z. B.* ex-*capitale f* ehemalige Hauptstadt *f*.

exact, -e [ɛg'zakt] *adj.* genau; exakt; richtig; pünktlich; ✝ *être* ~ *au terme* den Termin einhalten; **~ion** [~k'sjɔ̃] *f* übermäßige Geldforderung *f*; Erpressung *f*; *weitS.* Machtmißbrauch *m*; **~itude** [~ti'tyd] *f* Richtigkeit *f*; Genauigkeit *f*; Pünktlichkeit *f*.

exagér|ation [ɛgzaʒera'sjɔ̃] *f* Übertreibung *f*; **~er** [~'re] *v/t.* (1f) übertreiben; überschätzen.

exalt|ation [ɛgzalta'sjɔ̃] *f* Überschwenglichkeit *f*, Überspanntheit *f*; *litt.* Verherrlichung *f*; ⚕ Steigerung *f der Virulenz*; *rl.* ⚥ *de la sainte Croix* Kreuzerhöhung *f*; **~é, -e** [~'te] *adj.* exaltiert, überspannt; **~er** [~] *v/t.* (1a) begeistern; *litt.* verherrlichen.

exam|en [ɛgza'mɛ̃] *m* Prüfung *f*, Examen *n*; *centre m d'*~ Prüfstelle *f für Fahrzeuge usw.*; *passer* (*od. subir*) *un* ~ e-e Prüfung machen; *réussir* (*à*) *l'*~, *être reçu à l'*~ die Prüfung bestehen; **~iner** [~mi'ne] *v/t.* (1a) prüfen; aufmerksam betrachten.

exanthème 🔬 [ɛgzã'tɛm] *m* Hautausschlag *m*.

exaspér|ation [ɛgzaspera'sjɔ̃] *f* Verbitterung *f*; ⚕ Verschlimmerung *f*; **~er** [~'re] *v/t.* (1f) in Wut bringen; ⚕ verschlimmern.

exaucer [ɛgzo'se] *v/t.* (1k) erhören.

excav|ateur ⊕ [ɛkskava'tœːr] *m* Bagger *m*; **~ation** [~va'sjɔ̃] *f* Ausbaggern *n*, Ausschachten *n*.

excéd|ant, -e [ɛkse'dã, ~'dãːt] *adj.* lästig; **~ent** [~'dã] *m* Über-schuß *m*, -gewicht *n*, -länge *f*; Zugabe *f beim Messen*; **~er** [~'de] *v/t.* (1f) *ein Maß* über-schreiten, -steigen; *fig.* völlig entnerven.

excell|ence [ɛkse'lãːs] *f* **1.** Vorzüglichkeit *f*; *par* ~ im höchsten Grade; ganz besonders, vorzugsweise; **2.** ⚥ Exzellenz *f* (*Titel*); **~ent, -e** [~'lã, ~'lãːt] *adj.* ausgezeichnet; **~er** [~'le] *v/i.* (1a) sich auszeichnen.

excentrique [ɛksã'trik] *adj.* 🅰, ⊕, *fig.* exzentrisch; *u. a.* ausmittig; *fig.* überspannt; ausgefallen.

except|er [ɛksɛp'te] *v/t.* (1a) ausnehmen, nicht mit einbeziehen, ausklammern; **~ion** [~p'sjɔ̃] f Ausnahme f; ₤₤ Einwand m; **~ionnel, -le** [~sjɔ'nɛl] adj. außergewöhnlich; Ausnahme...; **~ionnellement** [~nɛl'mɑ̃] adv. ausnahmsweise.

excès [ɛk'sɛ] m Übermaß n; Übertreibung f; ₤₤ Überschreitung f.

excessif, -ve [ɛksɛ'sif, ~'siːv] adj. übermäßig; übertrieben; maßlos.

exciser ⚕ [ɛksi'ze] v/t. (1a) (her)ausschneiden.

excit|able [ɛksi'tablə] adj. reizbar; **~ant, -e** [~'tɑ̃, ~'tɑ̃ːt] 1. adj. erregend; 2. m Reizmittel n; **~ateur, -rice** [~ta'tœːr, ~'tris] 1. adj. hetzerisch; 2. su. Hetzer(in f) m; 3. m ⚡ Erreger m; **~ation** [~ta'sjɔ̃] f Anregung f; Reiz m; Erregung f; **~er** [~'te] v/t. (1a) erregen; anregen; anspornen; (auf)reizen.

exclam|ation [ɛksklama'sjɔ̃] f Ausruf m; **~er** [~'me] v/rfl. (1a): s'~ ausrufen.

exclu, -e [ɛks'kly] p.p. von exclure u. adj. ausgeschlossen; **~re** [~'klyːr] v/t. (4l) ausschließen.

exclus|if, -ve [ɛkskly'zif, ~'ziːv] adj. ausschließlich; **~ion** [~'zjɔ̃] f Ausschluß m; **~ivement** [~ziv'mɑ̃] adv. ausschließlich; **~ivité** [~vi'te] f Ausschließlichkeit f; Alleinvertrieb m; Alleinaufführung(srecht n) f.

excommunier rl. [ɛkskɔmy'nje] v/t. (1a) exkommunizieren.

excorier [ɛkskɔ'rje] v/t. (1a) Haut abschürfen.

excrément [ɛkskre'mɑ̃] m 1. **~s** pl. Exkremente n/pl.; 2. fig. litt. Auswurf m, Abschaum m.

excréter physiol. [ɛkskre'te] v/t. (1f) ausscheiden.

excroissance [ɛkskrwa'sɑ̃ːs] f Auswuchs m.

excursion [ɛkskyr'sjɔ̃] f Ausflug m, Wanderung f, Abstecher m, Fahrt f; **~niste** [~sjɔ'nist] su. Ausflügler(in f) m, Wanderer m, Wanderin f.

excuse [ɛks'kyːz] f Entschuldigung f; **~er** [~ky'ze] v/t. (1a) entschuldigen; s'~ de qch. auprès de q. sich wegen etw. (gén.) bei j-m entschuldigen.

exécr|able [ɛgze'krablə] adj. abscheulich; **~ation** [~kra'sjɔ̃] f Abscheu m; **~er** [~'kre] v/t. (1f) verabscheuen.

exécut|er [ɛgzeky'te] v/t. (1a) ausführen; ♩ vortragen, spielen; ₤₤ Urteil

vollstrecken; j-n hinrichten; Boxen: k.o. schlagen; s'~ e-r Verpflichtung nachkommen; sich fügen; **~eur** [~'tœːr] m Vollstrecker m; Scharfrichter m; **~if, -ve** [~'tif, ~'tiːv] 1. adj. vollziehend; pouvoir m ~ = 2. m Exekutive f; **~ion** [~'sjɔ̃] f Ausführung f; ♩ Vortrag m, Spiel n; ₤₤ Vollstreckung f; Pfändung f; Hinrichtung f; ~ forcée Zwangsvollstreckung f.

exempl|aire [ɛgzɑ̃'plɛːr] 1. adj. mustergültig; exemplarisch; 2. m Exemplar n; ~ spécial Sonderanfertigung f; **~e** [~'zɑ̃:plə] m Beispiel n; par ~ zum Beispiel; ! par ~! ach was!; ist doch nicht möglich!; das wäre noch schöner!

exempt, -e [ɛg'zɑ̃, ~'zɑ̃:t] adj. frei, befreit (de von dat.); a. ✝ ~ de défauts, ~ de tout reproche einwandfrei, tadellos; **~er** [~zɑ̃'te] v/t. (1a) befreien; **~ion** [~zɑ̃'sjɔ̃] f Befreiung f.

exerc|er [ɛgzɛr'se] v/t. (1k) (aus)üben; betreiben; ausbilden, schulen; ✕ exerzieren; **~ice** [~'sis] m Übung f; ✕ Exerzieren n; ✝ Rechnungsjahr n; **~s** pl. physiques Leibesübungen f/pl.; ~s d'assouplissement, ~s à mains libres Freiübungen f/pl.; ~s aux agrès Geräteturnen n.

exfolier cosm. [ɛksfɔ'lje] m Schällotion f.

exhal|aison [ɛgzalɛ'zɔ̃] f Ausdünstung f; **~ation** [~la'sjɔ̃] f Ausatmung f; **~er** [~'le] v/t. (1a) ausatmen, ausdünsten; fig. freien Lauf lassen (dat.).

exhausser [ɛgzo'se] v/t. (1a) höher machen; erhöhen; △ aufstocken.

exhaust|eur ⊕ [ɛgzos'tœːr] m Exhaustor m, Absauger m, Entlüfter m; **~if, -ve** fig. [~'tif, ~'tiːv] adj. erschöpfend; **~ion** [~'tjɔ̃] f ⊕ Absaugen n; fig. erschöpfende Behandlung f (od. Darstellung f).

exhérédation ₤₤ [ɛgzereda'sjɔ̃] f Enterbung f.

exhiber [ɛgzi'be] v/t. (1a) vorzeigen; péj. zur Schau tragen; **~ition** [~bi-'sjɔ̃] f Vorzeigen n; Vorführung f; péj. Zurschaustellung f, Exhibition f.

exhorter [ɛgzɔr'te] v/t. (1a) ermahnen (à qch. zu etw. dat.).

exhumer [ɛgzy'me] v/t. (1a) exhumieren; fig. wieder ans Licht bringen.

exig|eant, -e [ɛgzi'ʒɑ̃, ~'ʒɑ̃:t] *adj.* anspruchsvoll; **~ence** [~'ʒɑ̃:s] *f* Forderung *f*; Anspruch *m*; Erfordernis *n*; anspruchsvolles Wesen *n*; **~er** [~'ʒe] *v/t.* (1l) (er)fordern; **~ible** ⚖ [~'ʒiblə] *adj.* einklagbar; *Steuer usw.*: fällig.

exigu, -ë [ɛgzi'gy] *adj.* zu klein; **~ïté** [~gɥi'te] *f* Enge *f*, Raumnot *f*; Kleinheit *f*.

exil [ɛg'zil] *m* Verbannung(sort *m*) *f*, Landesverweisung *f*, Exil *n*; **~er** [~'le] *v/t.* (1a) verbannen; s'~ in die Verbannung gehen.

existen|ce [ɛgzis'tɑ̃:s] *f* Dasein *n*, Existenz *f*, Vorhandensein *n*, Bestehen *n*; **~tialisme** [~tɑ̃sja'lism] *m* Existentialismus *m*; **~tialiste** [~'list] *su.* Existentialist(in *f*) *m*.

exister [ɛgzis'te] *v/i.* (1a) bestehen, existieren; leben; *il existe* es gibt.

exode [ɛg'zɔd] *m* **1.** Massenauswanderung *f*; Abwanderung *f*; ~ *rural* Landflucht *f*; **2.** ♀ Exodus *m*; zweites Buch *n* Mosis.

exonér|ation [ɛgzɔnerɑ'sjɔ̃] *f* Befreiung *f*, Erlaß *m*; **~er** [~'re] *v/t.* (1f) entlasten; *v. Abgaben* befreien; ~ *q. de qch.* j-m etw. erlassen.

exorbitant, -e [ɛgzɔrbi'tɑ̃, ~'tɑ̃:t] *adj.* ungeheuer; *Preis*: unerschwinglich.

exorciser *rl.* [ɛgzɔrsi'ze] *v/t.* (1a) beschwören, austreiben.

exorde [ɛg'zɔrd] *m* Einleitung *f e-r Rede*; *fig.* Anfang *m*.

exostose ⚕ [ɛgzɔs'to:z] *f* Überbein *n*.

exotique [ɛgzɔ'tik] *adj.* exotisch.

expans|ible [ɛkspɑ̃'siblə] *adj.* (aus-)dehnbar; **~if, -ve** [~'sif, ~'si:v] *adj.* *phys.* Ausdehnungs...; *fig.* mitteilsam; **~ion** [~'sjɔ̃] *f* Ausdehnung *f*; *bsd. pol.* Expansion *f*; *fig.* Mitteilsamkeit *f*; **~ionnisme** *pol.* [~sjɔ'nism] *m* Expansionspolitik *f*.

expatrier [ɛkspatri'e] *v/t.* (1a) des Landes verweisen; s'~ sein Land (*od.* s-e Heimat) verlassen, auswandern.

expect|ant, -e [ɛkspɛk'tɑ̃, ~'tɑ̃:t] *adj.* abwartend; **~ative** [~ta'ti:v] *f* Erwartung *f*; abwartende Haltung *f*.

expector|ation ⚕ [ɛkspɛktɔrɑ'sjɔ̃] *f* (Schleim-)Auswurf *m*; **~er** ⚕ [~'re] *v/t.* (1a) auswerfen, spucken.

expédi|ent, -e [ɛkspe'djɑ̃, ~'djɑ̃:t] **1.** *adj.* zweckmäßig, dienlich, ratsam; **2.** *m* Notbehelf *m*; Ausweg *m*; **~er** [~'dje] *v/t.* (1a) absenden; erledigen; ✝ expedieren, befördern; ⚖ ausfertigen; **~teur, -rice** [~di'tœ:r, ~'tris] *su.* Absender(in *f*) *m e-s Briefes*; **~tif, -ve** [~'tif, ~'ti:v] *adj.* prompt; schnell; **~tion** [~'sjɔ̃] *f* Versand *m*; Absendung *f*; ⚖ Ausfertigung *f*; ⚔ Unternehmung *f*; Forschungsreise *f*, Expedition *f*; **~tionnaire** [~sjɔ'nɛ:r] **1.** *m* Expedient *m*; **2.** *adj.*: *corps m* ~ Expeditionskorps *n*.

expér|ience [ɛkspe'rjɑ̃:s] *f* Erfahrung *f*; Versuch *m*, Experiment *n*; **~imental, -e** [~rimɑ̃'tal] *adj.* (*m/pl.* *-aux*) experimentell; Versuchs...; **~imenté, -e** [~'te] *adj.* erfahren; **~imenter** [~] *v/t.* (1a) erproben; Versuche machen (*qch.* mit etw. *dat.*); *abs.* experimentieren.

expert, -e [ɛks'pɛ:r, ~'pɛrt] **1.** *adj.* erfahren, sachkundig; **2.** *m* Sachverständige(r) *m*; **~-comptable** ✝ [~pɛrkɔ̃'tablə] *m* (*pl.* *experts-comptables*) Bücherrevisor *m*; **~ise** [~'ti:z] *f* Begutachtung *f* durch Sachverständige; Gutachten *n*.

expi|able [ɛks'pjablə] *adj.* sühnbar; **~ation** [~pjɑ'sjɔ̃] *f* Sühne *f*; **~er** [~'pje] *v/t.* (1a) (ab)büßen; sühnen.

expir|ation [ɛkspirɑ'sjɔ̃] *f* Ausatmung *f*; Ablauf *m*, Ende *n e-r Frist*; **~er** [~'re] (1a) *v/t.* aushauchen; *v/i.* den Geist aufgeben; *fig.* *Stimme, Töne*: verhallen; *Frist usw.*: ablaufen; *Paß usw.*: ungültig werden.

explétif, -ve *gr.* [ɛksple'tif, ~'ti:v] **1.** *adj.* expletiv; **2.** *m* Füllwort *n*.

expli|cable [ɛkspli'kablə] *adj.* erklärbar; **~cation** [~kɑ'sjɔ̃] *f* Erklärung *f*; Auslegung *f*; **~cite** [~'sit] *adj.* ausdrücklich; **~quer** [~'ke] *v/t.* (1m) erklären; auslegen; F *s'~ avec q.* sich mit j-m auseinandersetzen.

exploit [ɛks'plwa] *m* (Helden-)Tat *f*; Großtat *f*; (hervorragende) Leistung *f*; ⚖ Vorladung *f*; **~able** [~'tablə] *adj.* benutzbar; verwertbar; abbau-, betriebs-fähig; **~ant** [~'tɑ̃] *m* Landwirt *m*; Forstwirt *m*; (Geschäfts-)Inhaber *m*; Kinobesitzer *m*; **~ation** [~tɑ'sjɔ̃] *f* Nutzung *f*; Abbau *m*; Ausbeutung *f*; Betrieb *m*; ✓ Anbau *m*; Bauernwirtschaft *f*; *année f d'~*, *exercice m d'~* Betriebsjahr *n*; **~er** [~'te] *v/t.* (1a) ausnutzen, ausbeuten; *Straße* befahren; ✈ *Verkehrslinie* befliegen; ⚒ abbauen; *Unternehmen* betreiben; *Betrieb* unterhalten; **~eur** *péj.* [~'tœ:r] *m* Ausbeuter *m*.

explor|ateur, -rice [ɛksplɔra'tœ:r,

~'tris] *su.* Forschungsreisende(r *m*) *m u. f*; Erforscher(in *f*) *m e-s Landes*; (*Grotten-, Unterwasser-*)Forscher(in *f*) *m*; **~ation** [~ra'sjɔ̃] *f* (Er-)Forschung *f*; **⚕** *spezielle* Untersuchung *f*; *télév., Lochkarten*: Abtasten *n*; **~atoire** *néol.* [~ra'twa:r] *adj.* informatorisch; Sondierungs...; **~er** [~-'re] *v/t.* (1a) erforschen; **⚕** untersuchen; **✕** auskundschaften; *Haus usw.* besichtigen; *télév., Lochkarten* abtasten.

explos|er [eksplo'ze] *v/i.* (1a) (*mit avoir*) explodieren (*a. fig.*); **~ible** [~'zibl] *adj.* explodierbar, explosiv; **~if, -ve** [~'zif, ~'zi:v] **1.** *adj.* explosiv; **2.** *m* Sprengstoff; **~ion** [~'zjɔ̃] *f* Explosion *f*; *Auto*: ~ (*prématurée*) Fehlzündung *f*; Knall *m*; *fig.* Ausbruch *m*.

expo F [eks'po] *f* Ausstellung *f*.

exponentiel, -le [eksponɑ̃'sjɛl] *adj.* **⅄** Exponential...; *fig. néol.* beachtlich.

export|ation [eksporta'sjɔ̃] *f* Ausfuhr(handel *m*) *f*; Export *m*; ~ *des capitaux* Kapitalausfuhr *f*; **~er** [~'te] *v/t.* (1a) ausführen, exportieren.

expos|ant [ekspo'zɑ̃] *m* **†** Aussteller *m*; *arith.* Exponent *m*; **~é** [~'ze] *m* Bericht *m*; Referat *n*; Darlegung *f*; **~er** [~] *v/t.* (1a) ausstellen; *Kind, e-r Gefahr usw.* aussetzen; darlegen, auseinandersetzen; **~ition** [~zi'sjɔ̃] *f* Ausstellung *f*; Aussetzen *n e-s Kindes*; Darlegung *f*; *phot.* Belichtung *f*.

exprès¹ [eks'prɛ] *adv.* absichtlich; extra, eigens.

exprès², -esse [eks'prɛs] *adj.* **1.** ausdrücklich; **2.** *inv.: lettre f exprès* Eilbrief *m*.

express [eks'prɛs] *adj.* (*inv.*) *od. m*: **🚂** (*train m*) ~ Eilzug *m*; *cuis.* (*café m*) ~ Espresso *m*.

express|ément [eksprɛse'mɑ̃] *adv.* ausdrücklich; **~if, -ve** [~'sif, ~'si:v] *adj.* ausdrucksvoll; **~ion** ♪, *peint.*, **⅄**, *fig.* [~'sjɔ̃] *f* Ausdruck *m*.

exprimer [ekspri'me] *v/t.* (1a) ausdrücken (*a. fig.*); *fig.* äußern; darstellen.

expropri|ation **⚖** [eksproprɑ'sjɔ̃] *f* Enteignung *f*; **~er** **⚖** [~pri'e] *v/t.* (1a) enteignen.

expuls|er [ekspyl'se] *v/t.* (1a) vertreiben; aus-, ver-weisen; **⚕** ausstoßen; *at.* abspalten; **~ion** [~'sjɔ̃] *f*

Vertreibung *f*; Ausweisung *f*.

expurger [ekspyr'ʒe] *v/t.* (1l) anstößige Stellen ausmerzen (*un livre aus e-m Buch*); reinigen.

exquis, -e [eks'ki, ~'ki:z] *adj.* vorzüglich, köstlich.

exsangue **⚕** [ɛk'sɑ̃:g] *adj.* blutleer.

exsuder [eksy'de] **⚕** *v/t. u.* **⚗** *v/i.* (1a) ausschwitzen.

extase [eks'ta:z] *f* Ekstase *f*.

extens|eur [ekstɑ̃'sœ:r] *m* **1.** *anat.* (*a. adj.: muscle m* ~) Streckmuskel *m*; **2.** *gym.* Expander *m*; **~ible** [~'sibl] **1.** *adj.* dehnbar; *Leiter*: ausschiebbar; **2.** *m cout.* Hose *f* aus Elastikstoff; **~ion** [~'sjɔ̃] *f* Ausdehnung *f*; **†** Erweiterung *f*; Vergrößerung *f*; ♪ Spannung *f*; weiter Griff *m*; *chir.* Streckung *f*.

exténuer [ekste'nɥe] *v/t.* (1a) entkräften.

extérieur, -e [ekste'rjœ:r] **1.** *adj.* äußere(r, -s); äußerlich; Außen...; auswärtig; **2.** *m das* Äußere; Außenwelt *f*; Ausland *n*; *cin.* ~s *pl.* Außenaufnahmen *f/pl.*

extermin|ateur, -rice [ekstɛrmina'tœ:r, ~'tris] *adj.* Ausrottungs...; **~er** [~'ne] *v/t.* (1a) ausrotten, vertilgen.

externat [ekstɛr'na] *m* Externat *n* (*a. medizinisches Praktikum*).

externe [eks'tɛrn] *adj.* äußerlich; außerhalb wohnend.

extinct|eur [ekstɛ̃k'tœ:r] *m* Feuerlöscher *m*; ~ *à mousse* Schaumlöscher *m*; **~ion** [~'sjɔ̃] *f* Auslöschen *n*; Löschen *n von Kalk*; Aussterben *n*; **†** Tilgung *f*.

extirper [ekstir'pe] *v/t.* (1a) **🌱** herausreißen; **⚕** exstirpieren, entfernen; *fig.* ausrotten.

extor|quer [ekstor'ke] *v/t.* (1m): ~ *qch. à q.* etw. von j-m erpressen, j-m etw. abnötigen; **~sion** [~'sjɔ̃] *f* Erpressung *f*.

extra [eks'tra] *m* (*inv.*) **1.** *un* ~ etwas Besonderes *n* (*mst cuis.*); **2.** Sonderarbeit *f*; Aushilfe *f*; Aushilfskellner *m*.

extraction [ekstrak'sjɔ̃] *f* Ziehen *n e-s Zahnes*; **⚒** Förderung *f*; **⅄** ~ *des racines* Wurzelziehen *n*.

extradition **⚖** [ekstradi'sjɔ̃] *f* Auslieferung *f*.

extrados **⚒** [ekstra'do] *m* Tragflügeloberseite *f*.

extr|aire [eks'trɛ:r] *v/t.* (4s) *Zahn*, **⅄** *Wurzel* ziehen; *fig.* exzerpieren, her-

ex-voto

ausschreiben (*d'un livre* aus e-m Buch); 🔍 fördern; 🔍 ausziehen; **~ait** [~'trɛ] *m fig.* Auszug *m*; *cuis.* Extrakt *m*.

extraordinaire [ɛkstraɔrdi'nɛːr] **1.** *adj.* außerordentlich; ungewöhnlich, seltsam; *frais m/pl.* **~s** Nebenkosten *pl.*; *par* **~** zufällig; wider Erwarten; **2.** *m*: *l'***~** das Außergewöhnliche.

extrapoler [ɛkstrapɔ'le] *v/i.* (1a) extrapolieren; *fig.* s-e Schlüsse ziehen.

extra-terrestre [ɛkstratɛ'rɛstrə] *adj.* extraterrestrisch, außerirdisch.

extravag|ance [ɛkstrava'gãːs] *f* Extravaganz *f*, Übertreibung *f*; **~ant, -e** [~'gã, ~'gãːt] *adj.* extravagant, überspannt.

extrême [ɛks'trɛːm] **1.** *adj.* äußerst; extrem; übertrieben; **2.** *m* Extrem *n*; **~-gauche** *pol.* [~trɛm'goːʃ] *f* äußerste Linke *f*; **~-onction** *rl.* [~õk'sjõ]

f Letzte Ölung *f*; **~-oriental, -e** [~ɔrjã'tal] *adj.* (*m/pl. -aux*) fernöstlich.

extrém|isme *bsd. pol.* [ɛkstre'mism] *m* Extremismus *m*; **~iste** *bsd. pol.* [~'mist] **1.** *adj.* extremistisch; **2.** *su.* Extremist(in *f*) *m*; **~ité** [~mi'te] *f* äußerstes Ende *n*; *fig. être à la dernière* **~** in den letzten Zügen liegen; **~s** *pl.* Gliedmaßen *f/pl.*

extrinsèque [ɛkstrɛ̃'sɛk] *adj.* äußerlich; *cause f* **~** äußere Ursache *f*.

exubér|ance [ɛgzybe'rãːs] *f* Üppigkeit *f*; *fig.* Überschwenglichkeit *f*; **~ant, -e** [~'rã, ~'rãːt] *adj.* üppig; *fig.* überschwenglich; ausgelassen.

exultation *litt.* [ɛgzyltɑ'sjõ] *f* ausgelassene Freude *f*.

exutoire [ɛgzy'twaːr] *m fig.* Ventil *n*, Ablenkung *f*; Ausweg *m*.

ex-voto [ɛksvɔ'to] *m* (*inv.*) Votiv-bild *n*, -tafel *f*.

F

F (*ou* **f**) [ɛf] *m* F (*od.* f) *n*.

fa ♪ [fa] *m* F *n*.

fabl|e [ˈfabl] *f* Fabel *f*; Märchen *n*; *fig.* Gerede *n*; Gespött *n*; **~iau** [~bliˈo] *m* (*pl.* ~x) Fabliau *n*, Schwank *m*; **~ier** [~bliˈe] *m* Fabelsammlung *f*.

fabrication [fabrikaˈsjɔ̃] *f* Herstellung *f*; ~ *en série* Serienherstellung *f*; ~ *soignée* sorgfältige Ausführung *f*.

fabriqu|e [faˈbrik] *f* Fabrik *f*; Kirchenverwaltung *f*; **~er** [~ˈke] *v/t.* (1m) fabrizieren, verfertigen; F machen, treiben, anstellen F.

fabul|eux, -se [fabyˈlø, ~ˈløːz] *adj.* märchenhaft, erdichtet; *litt.* mythisch; **~iste** [~ˈlist] *m* Fabeldichter *m*.

Fac F *univ.* [fak] *f* (*pl.* ~s) (= *Faculté*) Uni *f* F.

façade [faˈsad] *f* △ Fassade *f*, Vorder-, Außen-seite *f*; *fig.* Schein *m*.

face [fas] *f* Gesicht *n*, Antlitz *n*; ↑ Seite *f*, Fläche *f*; *fig.* Aspekt *m*; Lage *f*; Kopfseite *f* *e-r Münze*; Vorderseite *f* *e-s Gebäudes*; *journ., pol.* ~ *publique* Meinungsecho *n*; de ~ von vorn; *en* ~ im (*od.* ins) Gesicht; *en* ~ de gegenüber (*dat.*); *faire* ~ *à j-m* die Spitze bieten; Front machen gegen; △ gegenüberliegen (*dat.*).

face-à-main [fasaˈmɛ̃] *m* (*pl.* faces-à--main) Lorgnette *f*.

facéti|e [faseˈsi] *f* derber Witz *m*, Streich *m*, Posse *f*; *par pure* ~ aus reinem Übermut; **~eux, -se** [~ˈsjø, ~ˈsjøːz] **1.** *adj.* spaßig; **2.** *su.* Spaßmacher(in *f*) *m*.

facette [faˈsɛt] *f* Facette *f*, kleine Raute(nfläche *f*) *f*; schräg geschliffene Glaskante *f*; *zo.* yeux *m/pl.* à ~s Netzaugen *n/pl.*

fâch|er [fɑˈʃe] *v/t.* (1a) ärgern, erzürnen; **~erie** [~ʃˈri] *f* Zerwürfnis *n*, Krach *m* F; **~eux, -se** [~ˈʃø, ~ˈʃøːz] *adj.* ärgerlich, unangenehm; mißlich, störend.

facial, -e [faˈsjal] *adj.* (*m/pl.* -aux) Gesichts...

faciès [faˈsjɛs] *m* Gesichtsausdruck *m*.

facile [faˈsil] *adj.* leicht (zu tun);

fügsam; *Stil:* ungezwungen; *Frau:* leichtfertig; ~ *à vivre* gesellig.

facilit|é [fasiliˈte] *f* Leichtigkeit *f*; Ungezwungenheit *f*; Wendigkeit *f*; ~s *pl.* (*de paiement* Zahlungs-)Erleichterungen *f/pl.*; **~er** [~] *v/t.* (1a) erleichtern.

façon [faˈsɔ̃] *f* Form *f*, Machart *f*; ✂ Bearbeitung *f*; Art und Weise *f*; de toute ~ auf jeden Fall; *iron.* de la bonne ~, de la belle ~ gehörig; *faire des* ~s Umstände machen, sich zieren; de ~ que so daß; *sans* ~ ohne weiteres; ungeniert, ohne Umstände; *sans plus* de ~s ohne weitere Umstände.

faconde [faˈkɔ̃d] *f* Redseligkeit *f*.

façonn|er [fasoˈne] *v/t.* (1a) gestalten, formen; ✂, ⊕ bearbeiten; *fig.* (aus-) bilden; **~ier, -ère** [~ˈnje, ~ˈnjɛːr] **1.** *adj.* überhöflich; **2.** *su.* Komplimentemacher(in *f*) *m*.

fac-similé [faksimiˈle] *m* (*pl.* ~s) Faksimile *n*.

fact|age [fakˈtaːʒ] *m* ✝ Güterbeförderung *f*; Transportkosten *pl.*; ✆ (Post-)Zustellung *f*; Zustellgebühr *f*; **~eur** [~ˈtœːr] *m* Briefträger *m*; ⚒ Gepäckmeister *m*; ↑, *fig.* Faktor *m*; ✆ ~ *financier*, ~ *de mandats* Geldbriefträger *m*; *biol.* ~ *héréditaire* Erbfaktor *m*, Gen *n*; ♪ ~ *d'orgues* Orgelbauer *m*.

factice [fakˈtis] *adj.* künstlich; erkünstelt; gestellt; imitiert.

factieux, -se [fakˈsjø, ~ˈsjøːz] **1.** *adj.* aufrührerisch; **2.** *su.* Revolutionär(in *f*) *m*.

faction [fakˈsjɔ̃] *f* umstürzlerische Partei *f*, Clique *f*; ✠ Wache *f*; *être de* (*od.* en) ~ Posten stehen; **~naire** [~sjɔˈnɛːr] *m* Wachposten *m*.

facto|rerie [faktɔr(ə)ˈri] *f* Faktorei *f*; **~riel, -le** *psych.* [~ˈrjɛl] *adj.* Faktoren...; **~tum** [~ˈtɔm] *m* Faktotum *n*, Hausdiener *m*; *péj.* Alleswisser *m*.

factuel, -le [fakˈtɥɛl] *adj.* auf Tatsachen beruhend, faktisch.

factur|e [fakˈtyːr] *f* ✝ Rechnung *f*, Faktur *f*; *litt.* Ausführung *f*, Ausarbeitung *f*, Stil *m*; ♪ Bau *m* *e-r Orgel*; **~er** [~tyˈre] *v/t.* (1a) in Rechnung stellen; **∼ier** ✝ [∼'rje] *m* Fakturist *m*; Fakturenbuch *n*.

facult|atif, -ve [fakylta'tif, ∼'ti:v] *adj.* fakultativ, unverbindlich; wahlfrei; **∼é** [∼'te] *f* Fähigkeit *f*; Talent *n*; *litt.* Befugnis *f*; *univ.* Fakultät *f*.

fada F *dial.* [fa'da] **1.** *adj.* dumm, blöd(e); **2.** *m* Dummkopf *m*.

fad|aises [fa'dɛ:z] *f/pl.* Albernheiten *f/pl.*; Unsinn *m*; **∼asse** F [∼'das] *adj.* sehr fad(e); **∼e** [fad] *adj.* fad(e); seicht, abgeschmackt; ungesalzen; *style m* **∼** fader Stil *m*; **∼eur** [∼'dœ:r] *f* Schalheit *f*; Abgeschmacktheit *f*; Seichtheit *f*; **∼s** *pl.* fade Schmeicheleien *f/pl.*

fading [fa'diŋ] *m rad.* Fading *n*; Schwund *m*; *psych.* **∼ mental** Ausfallphänomen *n*.

faf * [faf] *m* Faschist *m*.

fafiot P [fa'fjo] *m* Geldschein *m*.

fafs * [faf] *m/pl.:* taper aux **∼** mit falschen Papieren erwischen.

fagot [fa'go] *m* Reisigbündel *n*; sentir le **∼** pour q. (qch.) zu j-m (etw.) im Widerspruch stehen; **∼er** [∼gɔ'te] *v/t.* (1a) in Bündel zs.-binden; *F* geschmacklos kleiden.

faibl|e ['fɛblə] **1.** *adj.* schwach; **2.** *m* Schwäche(r) *m*; Schwächling *m*; *fig.* Schwäche *f*, Faible *n*; Vorliebe *f*; **∼esse** [∼'blɛs] *f* Schwäche *f*; Ohnmacht *f*; **∼ir** [∼'bli:r] *v/i.* (2a) schwach werden.

faïence [fa'jɑ̃:s] *f* Steingut *n*.

faille [fɑ:j] *f text.* gerippter Taft *m*, grober Seidenstoff *m*; *géol.* Spalte *f*, Verwerfung *f*; *fig.* Fehler *m*, Lücke *f*, Schattenseite *f*, Fehlerquelle *f*.

failli, -e ✝ [fa'ji] **1.** *adj.* in Konkurs geraten; **2.** *m* Konkursschuldner *m*.

faill|ible [fa'jiblə] *adj.* (nicht un)fehlbar; **∼ir** [∼'ji:r] *v/i.* (2n): j'ai failli tomber ich wäre beinahe gefallen.

faillite ✝ [fa'jit] *f* Konkurs *m*; faire **∼** in Konkurs geraten, Konkurs machen.

faim [fɛ̃] *f* Hunger *m*; **∼ canine**, **∼ de loup** Heißhunger *m*.

faine ♀ [fɛn] *f* Buchecker *f*.

fainéant, -e [fene'ɑ̃, ∼'ɑ̃:t] **1.** *adj.* müßig, faul; **2.** *su.* Faulenzer(in *f*) *m*; **∼er** [∼'te] *v/i.* (1a) faulenzen; **∼ise** [∼'ti:z] *f* Müßiggang *m*; Faulheit *f*.

faire [fɛ:r] (4n) **1.** *v/t.* machen; tun; (veran)lassen; zur Folge haben, einbringen; *fig.* bedeuten; *fig.* ✝ berechnen (*z. B. das Meter*); Strecke

zurücklegen; *F* abklappern *fig.* F, aufsuchen; *F* durchlaufen, tätig sein in; *Maß:* enthalten; messen; **∼ la** *cuisine* kochen (*als Tätigkeit*); ⚓ **∼** *eau* lecken, Wasser nehmen; **∼ commerce** Handel treiben; *cin.* **∼ des** *prises de vues* filmen; kurbeln, drehen; **∼** un métier ein Handwerk betreiben; **∼ le** (*od.* son) *lit* das (*od.* sein) Bett machen; *Auto:* **∼** son (*od.* le) *plein* tanken; **∼** du cinéma filmen (*v/i.*); **∼ de la bicyclette** radfahren; **∼** *du bateau à voile, de la plongée sous--marine, de la montagne* Segel-, Unterwasser-, Berg-sport treiben; *n'avoir que* **∼** *de qch.* etw. nicht brauchen können; *il a fait celui qui ne me voyait pas* er hat so getan, als hätte er mich nicht gesehen; **∼** une *commande* bestellen; **∼ droit à** une demande e-m Gesuch stattgeben, ein Gesuch annehmen; **∼ mention de** erwähnen; **∼** (*od.* tirer) une traite sur q. e-e Tratte auf j-n ziehen; **∼ des** *rentrées* Außenstände einziehen (*od.* eintreiben); **∼ honneur à** une *signature* e-n Wechsel einlösen; **∼ partie de qch.** zu etw. (*dat.*) gehören; *F* **∼** *un professeur* Lehrer werden; *F* **∼** *une maladie* e-e Krankheit durchmachen; **2.** *mit inf.* lassen; **∼** *bouillir* abkochen; **∼** *passer* un *montant* (*od.* une *somme*) *à q.* j-m e-n Betrag zugehen lassen; **∼** *signer* unterschreiben lassen; **∼** *souvenir q. de qch.* j-n an etw. (*acc.*) erinnern; **3.** *v/imp.:* il *fait chaud* es ist warm; **4.** *v/i.:* **∼** *bien ensemble* gut zs.-passen; **∼ bien qui** essen; ausreichen, genügen; *ces adverbes font déplorablement* diese Adverbien wirken unglaublich (= klingen) entsetzlich; *F* **∼** *au football* Fußball spielen; **5.** se **∼** geschehen; werden; se **∼ à qch.** sich an etw. (*acc.*) gewöhnen; *j'y suis fait* ich bin daran gewöhnt; se **∼** (∼) *la barbe* sich rasieren (lassen).

faire-part [fɛr'pa:r] *m* (*inv.*) (Heirats-, Todes- *usw.*) Anzeige *f*.

faisable [fə'zablə] *adj.* durchführbar.

faisan [fə'zɑ̃] *m* Fasan *m*; **∼dé, -e** [∼'de] *adj.* mit Wildgeruch; mit Hautgout; **∼derie** [∼'dri] *f* Fasanerie *f*; **∼e** [∼'zan] *f* Fasanenhenne *f*.

faisceau [fɛ'so] *m* (*pl.* **∼x**) Bündel *n*; 🚆 verkehrsreiche Flugstrecke *f*; *phys.* Strahl *m*; ⚔ **∼** *de fusils* Gewehrpyramide *f*; *former* (*rompre*) les **∼x** die Gewehre zs.-stellen (in die

faiseur　214

Hand nehmen); *opt. réuni en ~* gebündelt.

faiseur, -se [fəˈzœːr, ~ˈzøːz] *su.* 1. Verfertiger(in *f*) *m*; *~ de .. .. ..macher* (-in *f*) *m*; *bon faiseur m* erster Schneider *m*; *bonne faiseuse f* erste Schneiderin *f*; *faiseur m d'histoire* derjenige, der die Geschichte macht; 2. *péj.* Angeber(in *f*) *m*; Intrigant (-in *f*) *m*; Schwindler(in *f*) *m*.

fait, -e [fɛ, fɛt] 1. *p.p. von faire u. adj.* gemacht; *c'en est ~ de moi* es ist aus mit mir, es ist mit mir geschehen; 2. [fɛ; *im sg. a.* fɛt] *m* Tat *f*, Handlung *f*, Vorfall *m*; Tatsache *f*, Faktum *n*; Sache *f*, Fall *m*; *du ~ de* wegen, infolge; *être sûr de son ~* s-r Sache (*gén.*) sicher sein; *mettre q. au ~ de qch.* j-n von etw. (*dat.*) in Kenntnis setzen; *traduire qch. dans les ~s* etw. in die Tat umsetzen; *il est de ~ que ...* es steht fest, daß ...; *~s divers* Vermischtes *n*, Lokales *n* (*in Zeitungen*); 3. *advt.*: *au ~* übrigens.

faît|age △ [fɛˈtaːʒ] *m* Firstpfette *f*; Dachfirst *m*; **~e** [fɛt] *m* First *m*; Gipfel *m*; *litt., fig.* Höhepunkt *m*.

faix [fɛ] *m* △ Senkung *f* (*e-s Neubaus*); *litt., fig.* Bürde *f*.

falaise [faˈlɛːz] *f* Steilküste *f*.

fallacieux, -se *litt.* [falaˈsjø, ~ˈsjøːz] *adj.* trügerisch; *Person:* unredlich.

falloir [faˈlwaːr] *v/imp.* (3c) nötig sein; müssen; *il me faut qch.* ich habe etw. nötig; *il me faut* (*inf.*), *in der gesprochenen Sprache jedoch häufiger:* *il faut que je ...* (*subj.*) ich muß (*inf*); *comme il faut* wie es sich (*od.* wie sich's) gehört; *il s'en faut beaucoup* es fehlt viel daran.

falot[1] [faˈlo] *m* Handlaterne *f*; ✶ ⚔ Kriegsgericht *n*.

falot[2], **-e** [faˈlo, ~ˈlɔt] *adj. Person:* nichtssagend, unbedeutend; F ungewöhnlich; riesig; P *c'est ~* das ist prima.

falsifi|cateur, -rice [falsifikaˈtœːr, ~ˈtris] *su.* (Ver-)Fälscher(in *f*) *m*; **~ca-tion** [~kaˈsjɔ̃] *f* (Ver-)Fälschung *f*; **~er** [~ˈfje] *v/t.* (1a) (ver)fälschen.

famé, -e [faˈme] *adj.*: *mal ~* verrufen.

famélique [fameˈlik] *adj.* hungrig; ausgehungert.

fameux, -se [faˈmø, ~ˈmøːz] *adj.* berühmt; ausgezeichnet; F ungewöhnlich; riesig; P *c'est ~* das ist prima.

famili|ariser [familjariˈze] *v/t.* (1a) vertraut machen; **~arité** [~ˈte] *f* Vertrautheit *f*; Vertraulichkeit *f*; **~er,**

~ère [~ˈlje, ~ˈljɛːr] 1. *adj.* vertraut; vertraulich; ungezwungen; familiär; *langage m* ~ Umgangssprache *f*; 2. *m* häufiger Gast *m*; Vertraute(r) *m*.

famille [faˈmij] *f* Familie *f*; ⊕ Bautyp *m*, Generation *f*, Klasse *f*.

famine [faˈmin] *f* Hunger(snot *f*) *m*.

fanage ✔ [faˈnaːʒ] *m* Heumachen *n*.

fanal [faˈnal] *m* (*pl.* -aux) Leuchtfeuer *n*; Laterne *f*; ⚓ Positionslaterne *f*.

fanat|ique [fanaˈtik] 1. *adj.* fanatisch; 2. *su.* Fanatiker(in *f*) *m*; **~isme** [~ˈtism] *m* Fanatismus *m*.

fan|e [fan] *f* welkes, abgefallenes Blatt *n*; ~s *pl.* (Kartoffel-)Kraut *n*; **~er** [~ˈne] *v/t.* (1a) welk machen; *Heu* wenden; *se ~* verwelken; **~eur, -se** ✔ [~ˈnœːr, ~ˈnøːz] 1. *su.* Heumacher(in *f*) *m*; 2. *faneuse f* Heuwender *m*.

fanfan F [fɑ̃ˈfɑ̃] *su.* Kindchen *n*.

fanfar|e [fɑ̃ˈfaːr] *f* Tusch *m*; Blechmusikkapelle *f*; **~on, -ne** [~faˈrɔ̃, ~ˈrɔn] 1. *adj.* großsprecherisch; 2. *su.* Großsprecher(in *f*) *m*; Aufschneider(in *f*) *m*; **~onnade** [~rɔˈnad] *f* Prahlerei *f*.

fanfreluches [fɑ̃frəˈly∫] *f/pl.* Flitterkram *m*, Firlefanz *m*, Tand *m*.

fang|e *litt.* [fɑ̃ːʒ] *f* Schlamm *m*; *fig.* Sumpf *m*; **~eux, -se** *litt.* [fɑ̃ˈʒø, ~ˈʒøːz] *adj.* schlammig; schmutzig (*a. fig.*).

fanion [faˈnjɔ̃] *m* Flagge *f*, Wimpel *m*.

fanon [faˈnɔ̃] *m* Wamme *f des Rindes*; Barte *f des Wals*.

fantais|ie [fɑ̃tɛˈzi] *f* Phantasie *f*; ♪ Fantasie *f*; *fig.* Einfall *m*; Laune *f*; Abwechs(e)lung *f*, Vergnügen *n*; Originalität *f*; *au gré de votre ~* nach Wunsch und Laune; *articles m/pl. de ~* Galanteriewaren *f/pl.*; *tissu m de ~* buntgemusterter Stoff *m*; *robe f de ~* leichtes Modekleid *n*; *pain m de ~* Brot *n*, das stückweise (und nicht nach Gewicht) verkauft wird; **~iste** [~ˈzist] 1. *adj.* frei erfunden; unkonventionell; unseriös; 2. *su.* sprunghafter Mensch *m*; 3. *m* Unterhaltungskünstler *m* im Varieté.

fantas|ia [fɑ̃taˈzja] *f* Fantasia *f* (*arab. Reiterspiel*); **~magorie** [~smagoˈri] *f* Wahngebilde *n*, Blendwerk *n*; **~me** [~ˈtasm] *m* Wahnvorstellung *f*; **~que** [~ˈtask] *adj.* launenhaft; seltsam, bizarr.

fantassin [fɑ̃taˈsɛ̃] *m* Infanterist *m*.

fantastique [fɑ̃tasˈtik] *adj.* phantastisch.

fantoche [fã'tɔʃ] *m* Marionette *f* (*a. fig.*, *bsd. pol.*).

fantôme [fã'to:m] *m* Phantom *n*, Gespenst *n*; Hirngespinst *n*; F *fig. Person:* Bohnenstange *f*, Gerippe *n*.

fanzine [fã'zin] *m* Fan-magazin *n*, -zeitschrift *f*.

faon [fã] *m* Hirsch-, Reh-kalb *n*.

farambique P [farã'bik] *m* Naturwein *m*.

faramineux, -se F [farami'nø, ~'nø:z] *adj.* enorm; kolossal; phantastisch.

faraud, -e [fa'ro, ~'ro:d] **1.** *adj.* prahlerisch; **2.** *su.* Angeber(in *f*) *m*.

farc|e [fars] *f* thé. Farce *f* (*a. fig.*), Posse *f*, Schwank *m*; Streich *m*; cuis. Füllung *f*, Farce *f*; **~eur, -se** [~'sœ:r, ~'sø:z] *su.* Witzbold *m*.

farcin vét. [far'sɛ̃] *m* Wurm *m* der Pferde.

farcir [far'si:r] *v/t.* (2a) cuis. Geflügel usw. füllen; *fig.* vollpfropfen.

fard [fa:r] *m* Schminke *f* (*a. fig.*); *parler sans* ~ ungeschminkt (*od.* offen, freimütig) sprechen; F *piquer un* ~ (scham)rot werden; **~eau** [far'do] *m* (*pl.* ~x) Last *f*; *fig.* Bürde *f*; **~er** [~'de] *v/t.* (1a) schminken; *fig.* beschönigen; bemänteln.

farfadet [farfa'dɛ] *m* Kobold *m*, Irrwisch *m* (*a. fig.*).

farfelu, -e F *plais., iron.* [farfə'ly] *adj.* verschroben, verdreht, komisch.

farfouiller F [farfu'je] (1a) *v/t.* durchstöbern; *v/i.* herumstöbern.

fariboles [fari'bɔl] *f/pl.* albernes Geschwätz *n*, Belanglosigkeiten *f/pl.*

farin|acé, -e [farina'se] *adj.* mehlartig; **~age** ⚙ [~'na:ʒ] *m* Mehlstaub *n* (*Korrosionsschutz*); **~e** [~'rin] *f* Mehl *n*; ~ *fleur* Auszugmehl *n*; F *fig.* de même ~ vom gleichen Schlag; **~er** [~'ne] (1a) *v/t.* mit Mehl bestreuen; *v/i.* 🐟 *Haut:* sich schälen; **~eux, -se** [~'nø, ~'nø:z] **1.** *adj.* mehlig; **2.** *m* stärkehaltiges Gemüse *n*.

farouche [fa'ruʃ] *adj.* wild; scheu; grausam; *fig.* heftig, stark betont, leidenschaftlich; erbittert.

farrago ⚙ [fara'go] *m* Mengkorn *n*.

fascicule [fasi'kyl] *m* Faszikel *m*, Lieferung *f* *e-s Werkes*; ✕ ~ *de mobilisation* Mobilmachungsschein *m*.

fascié, -e *ent.* [fa'sje] *adj.* gestreift.

fascin|age [fasi'na:ʒ] *m* Faschinenwerk *n*, -anlage *f*; **~ant, -e** [~'nã,

~'nã:t] *adj.* faszinierend; **~ation** [~na'sjɔ̃] *f* Anziehungskraft *f*, Faszination *f*; **~e** [~'sin] *f* Faschine *f*; **~er** [~'ne] *v/t.* (1a) **1.** bezaubern, faszinieren; in s-n Bann ziehen; **2.** mit Faschinen befestigen.

fascis|me *pol.* [fa'ʃism] *m* Faschismus *m*; **~te** [~'ʃist] **1.** *adj.* faschistisch; **2.** *su.* Faschist(in *f*) *m*.

faste [fast] *m* Pomp *m*, Pracht *f*, Prunk *m*, Aufwand *m*.

fastidieux, -se [fasti'djø, ~'djø:z] *adj.* langweilig; widerlich.

fastueux, -se [fas'tɥø, ~'tɥø:z] *adj.* prunk-liebend, -voll.

fat [fat] **1.** *adj./m* geckenhaft; **2.** *m* Geck *m*, Laffe *m*.

fatal, -e [fa'tal] *adj.* (*pl.* ~s) schicksalhaft; verhängnisvoll, fatal; unvermeidlich; *Schlag usw.:* tödlich; **~isme** [~'lism] *m* Fatalismus *m*; **~iste** [~'list] **1.** *adj.* fatalistisch; **2.** *su.* Fatalist(in *f*) *m*; **~ité** [~li'te] *f* Verhängnis *n.*

fatidique [fati'dik] *adj.* prophetisch; schicksalhaft.

fatig|ant, -e [fati'gã, ~'gã:t] *adj.* ermüdend; lästig; **~ue** [~'tig] *f* Ermüdung *f*; Strapaze *f*; **~uer** [~'ge] (1m) *v/t.* ermüden; belästigen; stark abnutzen; *v/i.* ⚠ zu sehr belastet sein; ⊕ zu stark beansprucht werden.

fatras [fa'tra] *m* Kram *m*, Plunder *m*; *fig.* Wust *m*.

fatuité [fatɥi'te] *f* Überheblichkeit *f*.

faub|ourg [fo'bu:r] *m* Vor-ort *m*, -stadt *f*; **~ourien, -ne** [~bu'rjɛ̃, ~'rjɛn] **1.** *adj.* vorstädtisch; **2.** *su.* Vorstädter(in *f*) *m*.

fauch|age 🏹 [fo'ʃa:ʒ] *m* Mähen *n*; **~aison** [~ʃɛ'zɔ̃] *f* Mähzeit *f*; Heumahd *f.*

fauch|ard [fo'ʃa:r] *m* zweischneidige Baumhippe *f*; **~e** [foʃ] F F Pleite *f*; Diebstahl *m*; Diebesgut *n*; **~ée** [~'ʃe] *f* Mahd *f* (*Tagesarbeit*); Mähbreite *f* (*e-s Sensenschlags*); **~er** [~] *v/t.* (1a) (ab)mähen; *fig.* hinwegraffen; überfahren; F stehlen, klauen; **~et** [~'ʃɛ] *m* Holzharke *f*; **~ette** [~'ʃɛt] *f* (Hecken-)Hippe *f*; **~eur** [~'ʃœ:r] *m* Mäher *m*, Schnitter *m*; *ent.* = faucheux; **~euse** [~'ʃø:z] *f* Mäherin *f*; Mähmaschine *f*; **~euse-batteuse** ⊕ [~ba'tø:z] *f* (*pl.* faucheuses-batteuses*) Mähdrescher *m.*

faucheux *ent.* [fo'ʃø] *m* Weberknecht *m* (*langbeinige Spinne*).

faucill|e [fo'sij] f Sichel f; **~on** [~'jõ] m kleine Sichel f.

faucon orn. [fo'kõ] m Falke m.

faufil [fo'fil] m Heftfaden m; **~er** [~'le] v/t. (1a) provisorisch anheften; se ~ dans sich einschleichen in (acc.); **~ure** [~'lyːr] f Heftnaht f.

faune [foːn] 1. f Fauna f; 2. m myth. Faun m.

fauss|aire [fo'sɛːr] m Fälscher m; **~e** [fos] s. faux; **~ement** [fos'mã] adv. fälschlich; falsch; **~er** [~'se] v/t. (1a) fälschen; verdrehen; verderben; ⊕ verbiegen; fig. ~ compagnie à q. j-n heimlich verlassen.

fausset [fo'sɛ] m ♩ Falsett(stimme f) n, Fistelstimme f; ⊕ Faßzapfen m.

fausseté [fos'te] f Falschheit f; falsche Angabe f.

faut|e [foːt] f Fehler m; Schuld f; Mangel m; ~ de mangels (gén.), aus Mangel an (dat.); ~ de mieux in Ermanglung e-s Besseren; ne pas faire ~ de (inf.) (es) nicht versäumen, zu (inf.); **~er** F [fo'te] v/i. (1a) e-n Fehltritt begehen.

fauteuil [fo'tœj] m Sessel m, Lehnstuhl m; fig. Vorsitz m; Sitz m in der Académie française; ~ de cuir (Leder-) Klubsessel m; thé. ~ d'orchestre Sperrsitz m; für Behinderte: ~ roulant Rollstuhl m; **~cabine** [~ka'bin] m (pl. fauteuils-cabines) Strandkorb m; **~lit** [~'li] m (pl. fauteuils-lits) Schlafsessel m.

faut|eur péj. [fo'tœːr] m Aufwiegler m; Anstifter m; **~if, -ve** [~'tif, ~'tiːv] adj. schuldig; fehlerhaft.

fauve [foːv] 1. adj. falb, fahlrot; 2. m Fahlrot n; Raubtier n; peint. les ~s die Fauves m/pl.

fauvette orn. [fo'vɛt] f Grasmücke f.

fauvisme peint. [fo'vism] m Fauvismus m.

faux² ♩ [fo] f Sense f.

faux², fausse [fo, foːs] 1. adj. falsch, unwahr; verkehrt; Schein...; ~ col m abknöpfbarer Kragen m; ~ frais m/pl. Nebenkosten pl.; ~ monnayeur m Falschmünzer m; ~ nez m Pappnase f; ~ pas m Fehltritt m; fausse alerte f blinder Alarm m; fausse clef f Nachschlüssel m; ♩ fausse couche f Fehlgeburt f; fausse monnaie f Falschgeld n; 2. m Falsche(s) n; Fälschung f; ~ **-bourdon** ♩ [fobur'dõ] m (pl. ~s) Fauxbourdon m; **~fuyant** [~fɥi'jã] m (pl. ~s) Ausrede f.

faveur [fa'vœːr] f Gunst f; Gunstbezeigung f; Beliebtheit f; Nachsicht f; Gefallen m; schmales Seidenband n; ⊕ Drahtisolationen f/pl. aus Kunststoff; entrée f de ~ freier Eintritt m; homme m de ~ Günstling m; ✝ prix m de ~ Vorzugspreis m; en ~ de zugunsten von; à la ~ de im Schutz(e) (gén.); billet m de ~ Freikarte f; tour m de ~ Abfertigung f außer der Reihe; accorder ses ~s à q. j-m gewogen sein.

favor|able [favo'rabl] adj. günstig; **~i, -te** [~'ri, ~'rit] 1. adj. beliebt; Lieblings...; 2. su. Günstling m; Liebling m; Favorit(in f) m; 3. ~s m/pl. Backenbart m; **~iser** [~ri'ze] v/t. (1a) begünstigen; fördern; litt. ~ q. de j-n beschenken mit (dat.); **~itisme** [~'tism] m Günstlings-, weit S. Vettern-wirtschaft f.

fayot [fa'jo] m F weiße Bohne f; ✳ ✂, écol. Kriecher m; ✳ ✂, écol. [~jɔ'te] v/i. (1a) sich anbiedern.

fébr|ifuge ✣ [febri'fyːʒ] 1. adj. fiebersenkend; 2. m Fiebermittel n; **~ile** ✣, fig. [~'bril] adj. fieberhaft.

fécal, -e [fe'kal] adj. (m/pl. -aux) Kot...

fèces physiol. [fɛs] f/pl. Fäkalien pl.

fécond, -e [fe'kõ, ~'kõːd] adj. physiol. fruchtbar; fig. befruchtend; **~er** [~'de] v/t. (1a) befruchten; **~ité** [~di'te] f Fruchtbarkeit f; fig. Reichhaltigkeit f.

fécule [fe'kyl] f Stärke(mehl n) f.

féculent [feky'lã] m Stärkemittel n.

fédér|al, -e [fede'ral] adj. (m/pl. -aux) Bundes...; Schweiz: eidgenössisch; gouvernement m ~ Bundesregierung f; République f ~e d'Allemagne Bundesrepublik f Deutschland; **~aliser** [~rali'ze] v/t. (1a) zu e-m Bundesstaat machen; **~atif, -ve** [~ra'tif, ~'tiːv] adj. föderativ; **~ation** [~ra'sjõ] f Bund m; Verband m; ~ (d'États) Staatenbund m; ~ des fonctionnaires Beamtenbund m; ~ syndicale Gewerkschaftsbund m; **~é, -e** [~'re] adj. verbündet.

fée [fe] f Fee f.

feeder ✣, rad., cyb. [fi'dœːr] m Speiseleitung f, Feeder m.

féer|ie [fe'ri] f thé. Märchendrama n; fig. Zauberwelt f; **~ique** [~'rik] adj. feenhaft; fig. bezaubernd.

feindre [fɛ̃ːdr] v/t. (4b) vortäuschen, fingieren; ~ de (inf.) so tun (od. sich stellen), als ob.

feint, -e [fɛ̃, fɛ̃:t] **1.** *p.p. von* feindre; **2.** *adj.* vorgetäuscht, falsch.

feinte [fɛ̃:t] *f* Finte *f*; ✕ Scheinangriff *m*; F *fig.* Falle *f*.

fêl|e [fɛl] *f* Blasrohr *n des Glasbläsers*; **~é, -e** [~'le] *adj. Geschirr:* gesprungen; F *avoir la* (*od.* être une) *tête* ~e, *avoir le timbre* ~ nicht ganz richtig im Kopf sein; **~er** [~] *v/t.* (1a) Sprünge machen (*qch.* in etw. *acc.*); se ~ springen, rissig werden.

félicit|ation [felisita'sjɔ̃] *f* Glückwunsch *m*; **~é** [~'te] *f* Glückseligkeit *f*; **~er** [~] *v/t.* (1a): ~ *q. de* (*od.* pour) *qch.* j-n zu etw. (*dat.*) beglückwünschen; j-m zu etw. gratulieren.

félin, -e [fe'lɛ̃, ~'lin] *adj.* Katzen...

félon, -ne *hist.* [fe'lɔ̃, ~'lɔn] **1.** *adj.* treubrüchig; **2.** *su.* Verräter(in *f*) *m*; **~ie** [~lɔ'ni] *f hist.* Lehnsfrevel *m*; Treubruch *m*, Verrat *m*.

fêlure [fɛ'ly:r] *f* Riß *m*, Sprung *m*; F leichter Stich *m*, Tick *m*.

femelle [fə'mɛl] **1.** *f zo.* Weibchen *n*; **2.** *adj. zo.*, ♀ weiblich.

fémin|in, -e [femi'nɛ̃, ~'nin] **1.** *adj.* weiblich; Frauen...; **2.** *m gr.* Femininum *n*; **~isation** [~niza'sjɔ̃] *f* Verweiblichung *f*; **~iser** [~'ze] *v/t.* (1a) *allg.* feminisieren; *biol.* feminieren; *péj.* verweichlichen; **~isme** [~'nism] *m* Frauenbewegung *f*; **~iste** [~'nist] **1.** *adj.* die Frauen betreffend; frauenrechtlerisch; **2.** *su.* Frauenrechtler(in *f*) *m*.

femme [fam] *f* Frau *f*; Ehefrau *f*; *Endung -*in: ~ coureur *Sport:* Läuferin *f*; ~ peintre Malerin *f*; ~ poète Dichterin *f*; ~ de chambre Zimmermädchen *n*; ~ de charge Haushälterin *f*; Wirtschafterin *f*; ~ de ménage Aufwarte-, Putz-frau *f*; **~lette** [~'lɛt] *f* kleine, schwächliche Frau *f*; F *fig.* Schwächling *m*.

fémur *anat.* [fe'my:r] *m* (Ober-)Schenkelknochen *m*.

fenaison [fənɛ'zɔ̃] *f* Heuernte *f*.

fend|iller [fɑ̃di'je] *v/t.* (1a) (ein-, auf-)ritzen; se ~ *Boden:* rissig werden; *Haut:* aufspringen; **~re** ['fɑ̃dr] *v/t.* (4a) (zer)spalten; aufschlitzen; *Menschenmenge* durchbrechen; se ~ *esc.* ausfallen; F se ~ de *qch.* etw. herausrücken; P se ~ *la gueule* (*od.* la pêche *od.* la pipe) laut loslachen.

fenêtr|age [f(ə)nɛ'tra:ʒ] *m* Fensterwerk *n*; **~e** [~'nɛ:trə] *f* Fenster *n*; ~ à bascule Kippfenster *n*; ~ à coulisse Schiebefenster *n*; **~er** [~nɛ'tre] *v/t.* (1a) 🛆 mit Fenstern versehen; 🖋 *in e-m Gipsverband* Stellen aussparen.

fenil 🖋 [f(ə)'ni(l)] *m* Heuboden *m*.

fenouil 🖋 [f(ə)'nuj] *m* Fenchel *m*.

fente [fɑ̃:t] *f* Spalt(e *f*) *m*; Riß *m*; Ritze *f*; *Ski:* Aufsetzen *n*.

fenton ⊕ [fɑ̃'tɔ̃] *m* **1.** Dübel *m*; **2.** Eisenband *n*, Anker *m*.

féodal, -e *hist.* [feo'dal] *adj.* (*m/pl. -aux*) feudal; Lehns...; **~ité** *hist.* [~li'te] *f* Lehnswesen *n*.

fer [fɛːr] *m* Eisen(spitze *f*) *n*; Schwert *n*; **~s** *pl.* Ketten *f/pl.*; ~ à cheval Hufeisen *n*; ~ à souder Lötkolben *m*; ~ à repasser Bügeleisen *n*; ~ de lance Lanzenspitze *f*; ✕ Stoßtrupp *m*, Angriffsspitze *f*; *fig.* Vortrupp *m*, Vorkämpfer *m*, Elite *f*, (Haupt-)Held *m*; Hauptanliegen *n*, Schwerpunkt *m*; de ~ eisern.

fer-blanc [fɛr'blɑ̃] *m* (*pl.* fers-blancs) Blech *n*.

ferblant|erie [fɛrblɑ̃'tri] *f* Klempnerei *f*, Klempnergeschäft *n*; Eisenwaren *f/pl.*; **~ier** [~'tje] *m* Klempner *m*; Eisenwarenhändler *m*.

férié, -e [fe'rje] *adj.: jour m* ~ Feiertag *m*.

férir [fe'ri:r] *v/t. nur in: sans coup* ~ ohne Schwertstreich; *fig.* ohne Schwierigkeiten.

ferm|age [fɛr'ma:ʒ] *m* Pachtgeld *n*; Pacht *f*; **~ant, -e** [~'mɑ̃, ~'mɑ̃:t] *adj.* verschließbar.

ferme¹ [fɛrm] **1.** *adj.* fest (*a.* ♠); sicher; stark; standhaft; **2.** *adv.: tenir* ~ standhalten; *frapper* ~ tüchtig zuschlagen.

ferme² [fɛrm] *f* Pachtvertrag *m*; Pachthof *m*; Bauernhof *m*, Farm *f*; 🛆 Dachstuhl *m*; *charp.* Binder *m*; *donner à* ~ verpachten; *prendre à* ~ pachten; ~ *modèle* Mustergut *m*.

fermé, -e [fɛr'me] *adj.* geschlossen; *être* ~ zusein, geschlossen sein; *Geschäft a.:* zuhaben, geschlossen haben.

ferme-école [fɛrme'kɔl] *f* (*pl.* fermes-écoles) Schulfarm *f*.

ferment [fɛr'mɑ̃] *m* Gärstoff *m*, Ferment *n*; **~ation** [~tɑ'sjɔ̃] *f* Gärung *f*; **~er** [~'te] *v/i.* (1a) gären.

fermer [fɛr'me] (1a) *v/t.* schließen, zumachen; ⊕, *rad.*, *télév.* abstellen; ~ *à clef* zuschließen; ~ *au verrou* verriegeln; ~ *à vis* zu-, verschrauben; P *ferme(-)la*!, ferme ça!, la fer-

me! halt den Mund!, halt's Maul! P,
schweig!; v/i. Laden: geschlossen
sein; Tür: schließen; se ~ rapidement
zuschnappen.

fermet|é [fɛrmə'te] f Festigkeit f (a.
fig.); Beharrlichkeit f; Entschlossenheit f; **~ure** [~'ty:r] f Verschluß m;
Schließung f; ~ à glissière Reißverschluß m.

fermier, -ère [fɛr'mje, ~'mjɛːr] su.
(Land-)Pächter(in f) m; Bauer m,
Bäuerin f.

fermoir [fɛr'mwaːr] m Verschluß m
(am Armband, Kollier usw.).

féroc|e [fe'rɔs] adj. wild, reißend;
blutdürstig; grausam; unerbittlich;
Hunger: riesig; **~ité** [~si'te] f Wildheit f; Blutgier f; Grausamkeit f.

ferrage [fɛ'raːʒ] m Beschlagen f e-s
Pferdes.

ferraill|e [fɛ'raːj] f Schrott m, Alt-
eisen n; transformer en ~ verschrotten; **~er** [~ra'je] v/i. (1a) scheppern,
rasseln; **~eur** [~'jœːr] m Alteisen-,
Schrott-händler m; ⚙ Bewehr-
ungsmonteur m; Eisenflechter m.

ferr|é, -e [fɛ'rɛ] adj. (mit Eisen)
beschlagen; 🚂 voie f ~e Eisenbahn-
strecke f; F fig. ~ en qch. in etw. (dat.)
gut beschlagen (od. bewandert); **~er**
[~] v/t. (1b) mit Eisen beschlagen; **~et**
[~'rɛ] m (Metall-, Kunststoff-)Ende
n e-s Schnürsenkels.

ferronn|erie [fɛrɔn'ri] f Kunst-
schmiedearbeit f; **~ier** [~'nje] m
Kunstschmied m; ⚙ ~ de bâtiment
Bauschlosser m; **~ière** [~'njɛːr] f
Stirnband n.

ferroutage [fɛru'taːʒ] m Hucke-
packverkehr m.

ferroviaire [fɛrɔ'vjɛːr] adj. Eisenbahn...

ferr|ugineux, -se [fɛryʒi'nø, ~'nøːz]
adj. eisenhaltig; **~ure** [~'ryːr] f Ei-
senbeschlag m.

ferry-boat [fɛri'boːt] m (pl. ~s) Eisen-
bahnfähre f.

fertil|e 🖉 [fɛr'til] adj. fruchtbar;
~iser [~li'ze] v/t. (1a) fruchtbar machen; **~ité** [~'te] f Fruchtbarkeit f.

féru, -e [fe'ry] adj.: ~ de begeistert
für.

férule [fe'ryl] f Rute f; Fuchtel f;
weit S. Rohrstock m; 🌿 Steckenkraut n.

ferv|ent, -e [fɛr'vɑ̃, ~'vɑ̃ːt] adj. lei-
denschaftlich; eifrig; **~eur** [~'vœːr] f
glühender Eifer m; Hingabe f, In-

brunst f; Herzlichkeit f.

fess|e [fɛs] f Hinterbacke f; **~s** pl.
Gesäß n; F Podex m; **~e** [~'se] f
Keile f, Tracht f Prügel; **~er** [~] v/t.
(1b): ~ j-m den Hintern vollhauen.

festin [fɛs'tɛ̃] m Festessen n.

festival [fɛsti'val] m (pl. ~s) Festival n
(a. thé.); Musik-, Gesangs-fest n; **~s**
pl. Festspiele n/pl.

feston [fɛs'tɔ̃] m Girlande f (a. 🔔);
~ner [~tɔ'ne] v/t. (1a) mit Girlanden
schmücken; cout. festonieren.

festop Ski [fɛs'tɔp] m Seitabrutschen
n.

festoyer [fɛstwa'je] v/i. (1h) an e-m
Festessen teilnehmen; prassen,
schwelgen.

fêtard F [fɛ'taːr] m Lebemann m.

fête [fɛt] f Fest n; Feiertag m; Na-
menstag m; Festlichkeit f; **2-Dieu**
[~'djø] f (pl. Fêtes-Dieu) Fronleich-
nam m.

fêter [fɛ'te] v/t. (1a) feiern.

fétiche [fe'tiʃ] m Fetisch m.

fétid|e [fe'tid] adj. stinkend; fig. wi-
derlich; **~ité** [~di'te] f Gestank m.

fétu [fe'ty] m Strohhalm m.

feu¹ [fø] m (pl. ~x) Feuer n (a. fig.);
Brand m, Feuersbrunst f; Licht n;
Leuchtfeuer n; fig. Leidenschaft f;
Auto: ~ arrière Schlußlicht n; ~ de
position Standlicht n; ~x pl. de route
Fernlicht n; ~x pl. de signalisation
Verkehrsampel f; fig. donner le ~ vert
s-e Zustimmung geben; recevoir le ~
vert die Genehmigung erhalten; entrer dans le ~ pour q. für j-n durchs
Feuer gehen; F être tout ~ tout flammes pour q. für j-n Feuer und Flamme sein; au coin du ~ am Herd, am
Kamin; au ~! Feuer!, es brennt!; ✗
~! (gebt) Feuer!; aller au ~ ins Gefecht rücken; mettre à ~ et à sang mit
Feuer und Schwert verwüsten; coup
m de ~ Schuß m; ~ d'artifice Feuerwerk n; ~ follet Irrlicht n; faire long ~
✗ zu spät zünden; fig. lange auf sich
warten lassen; mißlingen.

feu², -e [fø] adj. (inv. vor art. u.
pr.|poss.) verstorben, selig.

feuil 🖉, ⊕ [fœj] m Überzug m, Fein-
folie f, Film m, rote Folie f.

feuill|age [fœ'jaːʒ] m Laub(werk n) n;
~aison [~jɛ'zɔ̃] f Belaubung f; **~e**
[fœj] f 🌿 Blatt n; Bogen m (od. Blatt n)
Papier; Liste f; Schein m; Zeitung:
Blatt n; (Metall-)Folie f; ~ d'aluminium Alu(minium)folie f; F ~ de chou

Wurst-, Käse-blatt n (*Zeitung*); ✗ ~ de route Marschroute f; ✦ ~ d'accompagnement Begleit-schein m, -zettel m; ~ de paie Lohnliste f; ~ volante Flugblatt n; **~ées** [~'je] f/pl. Latrinengraben m; **~e-morte** [~ʒi'mɔrt] adj. (*inv.*) gelbbraun.

feuillet [fœ'jɛ] m (einzelnes) Blatt n in e-m Heft od. Buch; men. Furnierblatt n; zo. Blättermagen m der Wiederkäuer; **~age** [~ʒi'ta:ʒ] m (Zubereitung f von) Blätterteig m; **~é, -e** [~ʒi'te] adj. blätt(e)rig; cuis. pâte f ~ Blätterteig m; **~er** [~] v/t. (1c) Buch durchblättern; blättern in (dat.); cuis. Teig blätt(e)rig machen; **~on** [~ʒi'tɔ̃] m Feuilleton n; rad., télév. Sendefolge f, Hörfunk-, Fernseh-serie f.

feuillette [fœ'jɛt] f Faß n (114–140 l).

feuillu, -e [fœ'jy] adj. dichtbelaubt.

feutr|e [fø:trə] m Filz m; Filzhut m; **~é, -e** [fø'tre] adj. filzartig; verfilzt; fig. leise; scheinheilig; **~er** [~] v/t. (1a) filzen; mit Filz unterlegen.

fève ♀ [fɛ:v] f Sau-, Puff-bohne f.

février [fevri'e] m Februar m.

fi [fi] int.: ~ (donc)! pfui!; faire ~ de qch. etw. verachten.

fiacre [fjakrə] m Droschke f.

fian|çailles [fjɑ̃'sa:j] f/pl. Verlobung f; **~cé, -e** [~'se] su. Verlobte(r m) m u. f; **~cer** [~] v/t. (1k): ~ q. à q. j-n mit j-m verloben; se ~ avec q. sich mit j-m verloben.

fiasco [fjas'ko] m Fiasko n, Reinfall m.

fibranne [fi'bran] f Kunstfaser f, Zellwolle f.

fibre [fi:brə] f Fiber f, Faser f; fig., ✗ Ader f; avoir la ~ sensible empfindlich sein; ~ d'écorce Bastfaser f; ~ d'emballage, ~ de bois Holzwolle f; ~ de verre Glas-wolle f, -faser f; ~ poétique poetische Ader f; ~ vulcanisée Vulkanfiber f; **~s** pl. synthétiques Chemiefasern f/pl.

fibr|eux, -se [fi'brø, ~'brø:z] adj. faserig; **~ille** [~'brij] f Fäserchen n; **~ociment** [~brɔsi'mɑ̃] m Asbestzement m.

ficel|er [fis'le] v/t. (1c) mit Bindfaden (zu)binden; **~le** [~'sɛl] f Bindfaden m, Schnur f; fig. Kniff m; F kleines Stangenbrot n.

fich|aise F [fi'ʃɛ:z] f Quatsch m; **~s** pl.

Kram m; **~e** [fiʃ] f Zettel m; Karteikarte f; Pflock m; Absteckpfahl m; (Tür-)Band n; ⚡ Stecker m; ⚡⚡ ~ de recherche Such-, Fahndungs-karte f; **~er** [~'ʃe] v/t. (1a) 1. Nagel einschlagen; Pfahl einrammen; ⚡ Stecker einstecken; 2. F (p.p. a. fichu) (raus-) schmeißen; j-m e-e Ohrfeige versetzen; je n'ai rien fichu aujourd'hui ich habe heute nichts gemacht; je m'en fiche ich mache mir nichts draus, ich pfeife drauf; fiche-moi la paix! laß mich in Ruhe!; fiche-moi le camp! mach, daß du wegkommst!

fichier ✦ [fi'ʃje] m Kartei(kasten m) f, Kartothek f.

fichtre! [fiʃtrə] int. Donnerwetter!

fichu¹ [fi'ʃy] m leichter Damenschal m, Schultertuch n.

fichu², -e F [fi'ʃy] adj. miserabel, schlecht, erbärmlich, lächerlich; verloren, futsch F; mal ~ schlecht gemacht; Person: unwohl; ~ de (inf.) imstande zu (inf.).

fict|if, -ve [fik'tif, ~'ti:v] adj. fiktiv; fingiert; **~ion** [~k'sjɔ̃] f Fiktion f.

fidèle [fi'dɛl] adj. treu; zuverlässig.

fidélité [fideli'te] f Treue f; Genauigkeit f; ♪ getreue Wiedergabe f, Tontreue f; rad. haute ~ High-Fidelity f, Hi-Fi f.

fiduciaire [fidy'sjɛ:r] 1. adj. treuhänderisch; monnaie f ~ Papiergeld n; 2. m Treuhänder m.

fief [fjɛf] m 1. hist. Lehen n; 2. fig. pol. Hochburg f; ⚓ Spezialgebiet n.

fieffé, -e péj. [fjɛ'fe] adj. abgebrüht, ausgekocht, abgefeimt, Erz...

fieffer hist. [fjɛ'fe] v/t. (1a) belehnen.

fiel [fjɛl] m Galle f (bsd. der Tiere u. fig.); être sans ~ keinen Groll hegen.

fient|e [fjɑ̃:t] f (Tier-)Mist m, Kot m; **~er** [fjɑ̃'te] v/i. (1a) Tiere: misten.

fier¹ [fje] v/rfl. (1a): se ~ à q. j-m (ver)trauen; fiez-vous-en à moi! verlassen Sie sich auf mich!

fier², -ère [fjɛ:r] adj. stolz; péj. hochmütig; F riesig, anständig, fabelhaft.

fier-à-bras litt. [fjɛra'bra] m (pl. fier[s]-à-bras) Bramarbas m, Maulheld m.

fierté [fjɛr'te] f Stolz m; Kühnheit f; Kunst: kühner Schwung m; péj. Hochmut m; sujet m de ~ Erfolgserlebnis n.

fièvre ♂ [fjɛ:vrə] f Fieber n.

fiévreux, -se [fje'vrø, ~'vrø:z] **1.** adj. Fieber verursachend; fieb(e)rig, fie-

fifre

berkrank; *fig.* fieberhaft, aufgeregt, hektisch; **2.** *su.* Fieberkranke(r *m*) *m u. f.*

fifre [ˈfifrə] *m* Querpfeife *f*; Pfeifer *m*.

figaresque *Fr.* [figaˈrɛsk] *adj.*: *lecteur m* ∼ Figaro-Leser *m.*

figer [fiˈʒe] *v/t.* (1l) gerinnen machen; se ∼ gerinnen; ⚡m, *fig.* erstarren.

fignol|é, -e [fiɲɔˈle] *adj.* ausgetüftelt, verfeinert; **∼er** [∼] *v/t.* (1a) sorgfältig ausführen; ausfeilen.

figu|e [fiːg] *f* Feige *f*; **∼ier** 🌿 [fiˈgje] *m* Feigenbaum *m.*

figur|ant, -e [figyˈrɑ̃, ∼ˈrɑ̃ːt] *su.* Statist(in *f*) *m*; **∼atif, -ve** [∼raˈtif, ∼ˈtiːv] *adj.* bildlich, symbolisch, Bilder...; **∼ation** [∼raˈsjɔ̃] *f* bildliche Darstellung *f*; *thé.*, *cin.* Statisten *m/pl.*

figur|e [fiˈgyːr] *f* Figur *f* (*a.* ♈); Gestalt *f*; Gesicht *n*; Aussehen *n*; *Spielkarten:* Bild *n*; **∼é, -e** [∼gyˈre] **1.** *adj.* bildlich; *Sprache:* bilderreich; *Stoff:* gemustert; **2.** *m:* au∼ bildlich; **∼er** [∼] (1a) *v/t.* abbilden; symbolisch darstellen; *v/i.* figurieren, stehen, vorkommen; *thé.* als Statist auftreten; se ∼ sich vorstellen, sich einbilden; **∼ine** [∼ˈrin] *f* Statuette *f*; *écol.* Haftbild *n.*

fil [fil] *m* Faden *m* (*a. fig.*); Garn *n*; Zwirn *m*; Draht *m*; Faser *f*; Strömung *f des Wassers*; Schärfe *f e-s Messers*; ⚡ Leitung *f*; ⚡ ∼ *à plomb* Lot *n*; ∼ *d'amenée* Zuleitung(sdraht *m*) *f*; ∼ *de fer barbelé* Stacheldraht *m*; ∼s *pl. de la Vierge* Altweibersommer *m*; *fig.* de ∼ *en aiguille* im Lauf(e) der Unterhaltung, nach und nach; **∼age** [∼ˈlaːʒ] *m* Spinnen *f.*

filament [filaˈmɑ̃] *m* Faser *f*; *rad.* Heizfaden *m*; ⚡ Glühfaden *m*; **∼eux, -se** [∼tø, ∼ˈtøːz] *adj.* fas(e)rig.

filandr|e [fiˈlɑ̃ːdrə] *f* Faser *f v. Fleisch od. Gemüse*; ∼s *pl.* Altweibersommer *m*; **∼eux, -se** [∼lɑ̃ˈdrø, ∼ˈdrøːz] *adj.* fas(e)rig; sehnig; *fig.* langatmig, weitschweifig.

filant, -e [fiˈlɑ̃, ∼ˈlɑ̃ːt] *adj.* dickflüssig; *étoile f* ∼*e* Sternschnuppe *f.*

filasse [fiˈlas] *f coll.* Hanffaser *f zum Spinnen*; Werg *n*; *fig.* cheveux *m/pl.* ∼ strohblondes Haar *n.*

filat|eur, -rice [filaˈtœr, ∼ˈtris] *su.* Spinnereibesitzer(in *f*) *m*; **∼ure** [∼ˈtyːr] *f* Spinnerei *f*; *fig.* Beschattung *f.*

fil|e [fil] *f* Reihe *f* (*a.* ⚔); ✕ Glied *n*,

Rotte *f*; *Personen, Autos:* ∼ (*d'attente*) Schlange *f*; *à la* ∼ hintereinander; *à la* ∼ *indienne* im Gänsemarsch; *chef m de* ∼ Anführer *m*, Vordermann *m* (*im ersten Glied*); **∼er** [∼ˈle] (1a) *v/t.* spinnen; *fig.* Satz zurechtdrechseln; kunstvoll durchführen; ♩ *Ton* aushalten; *Spiel:* Karten: unterschlagen; *Karten* einzeln aufdecken; ⚓ laufen (*Schiffsgeschwindigkeit*); *Tau* allmählich nachlassen; P geben; ∼ *q. j-n* beschatten; *v/i.* sich wie ein Faden ziehen; *Wein:* dick fließen; *Katze:* spinnen, schnurren; in e-r Reihe hintereinander gehen; F sich wegscheren, abhauen F; *a. Auto:* flitzen, sausen; *Lampe:* blaken; F ∼ *doux* klein beigeben; F *file!* hau ab!

filet [fiˈle] *m* dünner Faden *m*; 🌿 Staubfaden *m*; *anat.* Zungenband *n*; dünner (*Wasser-*)Strahl *m*; *fig.* kleine Menge *f*; ganz zarter Ansatz *m* (*der Stimme*); Netz *n*; *ch. fig.* Falle *f*; Filetarbeit *f*; *cuis.* Filet *n*; △ schmale Leiste *f*; ⊕ Schraubengewinde *n*; ∼ *foiré* ausgeleierte(s) Gewinde *n*; ∼ *d'air* geringe Zugluft *f*; ∼ *de voix* dünnes Stimmchen *n*; ∼ *à provisions* Einkaufsnetz *n*; **∼er** [filˈte] *v/t.* (1c) *ein Schraubengewinde* schneiden; *Draht* ziehen.

fileur, -se [fiˈlœːr, ∼ˈløːz] *su.* Spinner(in *f*) *m.*

filial, -e [fiˈljal] *adj.* (*m/pl. -aux*) kindlich; Kindes...; **∼e** 🌿 [∼] *f* Tochtergesellschaft *f.*

filiation [filjaˈsjɔ̃] *f* Abstammung *f in gerader Linie*; *fig.* Verbindung *f*, Verkettung *f.*

filière [fiˈljɛːr] *f* ⊕ Zieheisen *n*; Schneidkluppe *f*; Spinn-, Spritzdüse *f*; *fig.* Reihenfolge *f*, Stufenleiter *f*, Dienstweg *m*; *univ.* Studiengang *m*; *Verbrecher-*, Schmugglerring *m*; ♀ Ketten-, Reihengeschäft *n*; *phys.* (Reaktor-)Typ *m*, Baureihe *f*, Serie *f*; ∼ *à eau pressurisée* Anordnung *f des Reaktortorkerns mit Druckwasser*; ∼s *pl.* Hintertürchen *n/pl.*; *par la* ∼: a) von der Pike auf; b) von Stufe zu Stufe; c) auf dem Instanzenweg.

filiforme [filiˈfɔrm] *adj.* fadenförmig; *Puls:* sehr schwach.

filigrane [filiˈgran] *m* Filigran *n*; Wasserzeichen *n im Papier.*

filin ⚓ [fiˈlɛ̃] *m* Tauwerk *n.*

fill|e [fij] *f* Tochter *f*; Mädchen *n*;

junge Frau *f*; ~ *de cuisine* Küchenmädchen *n*; *jeune* ~ (junges) Mädchen *n*; *petite* ~ kleines Mädchen *n*; *vieille* ~ alte Jungfer *f*; ~ *mère* unverheiratete (*od.* ledige) Mutter *f*; *péj.* ~ *publique* Dirne *f*; **~ette** [~'jɛt] *f* kleines Mädchen *n*; **~eul, -e** [~'jœl] *su.* Patenkind *n*.

film [film] *m* Film *m*; ~ *documentaire* Kulturfilm *m*; *en couleurs* Farbfilm *m*; ~ *muet* Stummfilm *m*; ~ *policier* Kriminalfilm *m*, Krimi *m* F; ~ *sonore* Tonfilm *m*; **~er** [~'me] *v/t.* (1a) (ver-)filmen.

filon [fi'lɔ̃] *m* ⚒ (Erz-)Gang *m*, Ader *f*; F *fig.* guter Posten *m*, *fig.* Pfründe *f*.

filou [fi'lu] *m* Gauner *m*; F *plais.* Schlingel *m*; **~ter** [~'te] *v/t.* (1a) *j-n beim Spiel* übers Ohr hauen; **~terie** [~'tri] *f* Gaunerei *f*.

fils [fis] *m* Sohn *m*.

filtr|age [fil'tra:ʒ] *m* Filtern *n*; (*a.* Polizei-)Kontrolle *f*; *fig.* Durchsickern *n*; **~e** ['filtrə] *m* Filter *m* *od.* *n*; *rad. a.* Sperrkreis *m*; **~er** [~'tre] (1a) *v/t.* filtern, durchgießen; *v/i.* durchsickern.

fin[1] [fɛ̃] *f* Schluß *m*; Ende *n*; Zweck *m*; Absicht *f*, Ziel *n*; Lebensende *n*; ~ *d'alerte* Entwarnung *f*; *à toutes* ~*s utiles* für alle Fälle; *en* ~ *de compte* schließlich; *mettre* (*prendre*) ~ ein Ende machen (nehmen) (*vers la*) ~ *mai* Ende Mai.

fin[2], -e [fɛ̃, fin] **1.** *adj.* fein; dünn; auserlesen; gut; zart; schlau; ~ *comme l'ambre* gerissen; ~ *comme un cheveu* haarfein. **2.** *m* Feingehalt *m*; kleine Handschrift *f*; feine Wäsche *f*.

final, -e [fi'nal] *adj.* (*pl.* ~s) End...; Schluß...; *lettre*(r, -s); **~(e)** ♪ [~]*m* Finale *n*; **~e,~e** [~]*f gr.* Endsilbe *f*; ♪ Grundton *m*; Sport: Finale *n*; **~ement** [~'lmã] *adv.* schließlich, endlich.

financ|e [fi'nɑ̃:s] *f* Finanzwelt *f*; ~*s pl.* Finanzwesen *n*, Geldwirtschaft *f*; **~er** [~nɑ̃'se] *v/t.* (1k) finanzieren; **~ier, -ère** [~'sje, ~'sjɛːr] **1.** *adj.* finanziell; **2.** *m* Finanz-, Geld-mann *m*; **~ière** *cuis.* [~'sjɛːr] *f: à la* ~ mit feinsten Zutaten gekocht.

finass|er [fina'se] *v/i.* (1a) mit Tricks arbeiten; **~erie** [~s'ri] *f* Trick *m*, Kniff *m*; **~ier, -ère** [~'sje, ~'sjɛːr] *su.* durchtriebene Person *f*.

finaud, -e [fi'no, ~'no:d] **1.** *adj.* pfiffig; **2.** *su.* Schlauberger *m*, Pfiffikus *m*.

fine [fin] **1.** *adj. s.* fin[2]; **2.** *f* feiner

Weinbrand *m*; **~ment** [~'mã] *adv.* fein; genau; **~s** [fin] *f/pl.* Feinkohle *f*.

fin|esse [fi'nɛs] *f* Feinheit *f*; Scharfsinn *m*; **~ette** *text.* [~'nɛt] *f* Finette *f* (*Baumwollflanell*).

fin|i, -e [fi'ni] **1.** *adj.* beendet; fertig; vollendet; *mv.p.* Erz...; *phil.* begrenzt, *a.* A; *endlich; *fig.* erledigt; **2.** *m* feine Ausführung *f*; Vollendung *f*; *Endliche*(s) *n*; **~ir** [~'ni:r] (2a) *v/t.* beenden, vollenden; *v/i.* aufhören; *en* ~ *avec q.* (*od. qch.*) mit j-m (*od.* etw.) Schluß machen; ~ *par faire qch.* endlich (*od.* schließlich) etw. tun; *j'ai fini* ich bin fertig.

finish *Sport* [fi'niʃ] *m* Finish *n*; Endspurt *m*; *match m au* ~ *durch K.o.* beendeter Kampf *m*.

finition ⊕, ✝ [fini'sjɔ̃] *f* Fertigstellung *f*; Verarbeitung *f*.

finlandais, -e [fɛ̃lɑ̃'dɛ, ~'dɛːz] **1.** *adj.* *Staat:* finnisch; **2.** ♀(*e*) *su.* Finne *m*, Finnin *f*.

finnois, -e [fi'nwa, ~'nwa:z] **1.** *adj.* *Sprache:* finnisch; **2.** *m: le* ~ das Finnische, Finnisch *n*.

finno-ougrien, -ne *ling.* [finougri'ɛ̃, ~'ɛn] *adj.* (*pl.* ~s) finnougrisch.

fiole [fjɔl] *f* Phiole *f*, Fläschchen *n*; F Kopf *m*, Birne *f* P; Visage *f* P.

fion P [fjɔ̃] *m* letzter Schliff *m*.

fioritures [fjɔri'ty:r] *f/pl.* Verzierungen *f/pl.*; ♪ Koloraturen *f/pl.*

firme [firm] *f* Firma *f*.

fis [fi] *p/s.* *von* faire (*1. u. 2. Person*).

fisc [fisk] *m* Fiskus *m*, Steuerbehörde *f*.

fiss|ible *at.* [fi'sibl] *adj.* spaltbar; **~ile** [~'sil] *adj. géol.* abblätternd; *at.* spaltbar; **~ion** *at.* [~'sjɔ̃] *f* Spaltung *f*; **~ure** [~'sy:r] *f* Spalt(e) *f*, Riß *m*, **~urer** [~sy're] *v/t.* (1a) *fig.* spalten; *se* ~ rissig werden.

fiston F [fis'tɔ̃] *m* Sohn *m*; *iron.* Söhnchen *n*, Bürschchen *n*.

fistule ♪ [fis'tyl] *f* Fistel *f*.

fix|age *phot.* [fi'ksa:ʒ] *m* Fixieren *n*; **~ateur** [~ksa'tœ:r] *m* Haarfestiger *m*; *phot.* Fixiermittel *n*; **~ation** [~ksa'sjɔ̃] *f* Fest-machen *n*, -setzung *f*; *Ski:* Bindung *f*.

fixe [fiks] **1.** *adj.* fest; unbeweglich; bestimmt; festgesetzt; beständig; ⊕ feuerfest; **2.** *m* Fixum *m*; **3.** *int.* ✕ ~! stillgestanden! **~chaussette** ♪ [~ʃo-'sɛt] *m* (*pl.* ~s) Sockenhalter *m*.

fix|er [fi'kse] *v/t.* (1a) befestigen; festmachen, festsetzen;

fixieren (a. phot.); Blick, Aufmerksamkeit richten auf (acc.); j-n anstarren; **~isme** biol. [~'ksism] m Lehre f von der Unveränderlichkeit der Arten; **~ité** [~ksi'te] f Festigkeit f; Beständigkeit f.

flac! [flak] int. klatsch!

flacon [fla'kɔ̃] m Fläschchen n; **~compte-gouttes** Tropffläschchen n.

fla-fla F [fla'fla] m (pl. ~s) Effekthascherei f.

flageller [flaʒe'le] v/t. (1a) geißeln (a. fig.).

flageoller [flaʒɔ'le] v/i. (1a) schlottern; **~et** [~'lɛ] m 1. ♪ Flageolett n; 2. ♀ ~s pl. feine, grüne Bohnen f/pl.

flagorner [flagɔr'ne] v/t. (1a): ~ q. vor j-m kriechen; **~erie** [~nə'ri] f Speichelleckerei f.

flagrant, -e [fla'grɑ̃, ~'grɑ̃:t] adj. offenkundig; en ~ délit auf frischer Tat.

Flahutes * [fla'yt] m/pl. Flamen pl.; belgische Rennfahrer m/pl.

flair [flɛːr] m Witterung f; feine Nase f; Spürsinn m; **~er** [flɛ're] v/t. (1b) wittern, riechen; fig. ahnen.

flamand, -e [fla'mɑ̃, ~'mɑ̃:d] 1. adj. flämisch; 2. ♀(e) su. Flame m, Flamin f.

flamant orn. [fla'mɑ̃] m Flamingo m.

flamb|ant, -e [flɑ̃'bɑ̃, ~'bɑ̃:t] 1. adj. flammend; 2. adv.: une villa ~ neuf (od. neuve) e-e funkelnagelneue Villa; **~é, ~e** F [~'be] adj.: il est ~ es ist aus mit ihm; cette affaire est ~e es ist aus mit diesem Geschäft; **~eau** [~'bo] m (pl. ~x) Fackel f; hoher Leuchter m; fig. Fanal n; **~ée** [~'be] f hell aufloderndes Feuer n; **♦** ~ des prix starker Preisauftrieb m; **~er** [~] (1a) v/i. auflodern; v/t. (ab)sengen; ausglühen; cuis. flambieren; **~oyer** [~bwa'je] v/i. (1h) (auf)leuchten.

flamme [flɑ:m] f Flamme f (a. fig.); **♣** Wimpel m; **~èche** [fla'mɛʃ] f Funke(n) m; ~s pl. Funkenflug m.

flan cuis. [flɑ̃] m Pudding m.

flanc [flɑ̃] m Seite f; **✕** Flanke f; Abhang m; anat. ~s pl. Weichen f/pl.

flancher F [flɑ̃'ʃe] v/i. zurückweichen; Angst haben; nachlassen; weich werden (fig.); **⊕** aussetzen.

flandrin F [flɑ̃'drɛ̃] m hagerer, linkischer Kerl m, Schlaks m.

flân|er [flɑ'ne] v/i. (1a) (umher)bummeln; **~eur, -se** [~'nœːr, ~'nøːz] su. Spaziergänger(in f) m.

flanquer¹ [flɑ̃'ke] v/t. (1m) **✕** flan-

kieren; fig. ~ qch. neben e-r Sache (dat.) stehen.

flanquer² F [flɑ̃'ke] v/t. (1m) schleudern, werfen; e-n Schlag versetzen.

flapi, -e F [fla'pi] adj. todmüde, kaputt.

flaque [flak] f Pfütze f; Hund: faire une ~ e-e Pfütze machen.

flash [flaʃ] m phot. Blitzlicht n; cin. kurze Szene f; journ. wichtige Kurznachricht f.

flasque [flask] adj. schlaff, welk.

flatter [fla'te] v/t. (1a): ~ q. j-m schmeicheln; ~ l'oreille (les yeux) für das Ohr (das Auge) angenehm sein; ~ un chien e-n Hund streicheln; se ~ de (inf.) sich einbilden zu (inf.); **~erie** [~'tri] f Schmeichelei f; **~eur, -se** [~'tœːr, ~'tøːz] 1. adj. schmeichelhaft; 2. su. Schmeichler(in f) m.

flatu|lence, ~osité ♂ [flaty'lɑ̃:s, ~tuozi'te] f Blähung f.

fléau [fle'o] m (pl. ~x) Dreschflegel m; Waagebalken m; Torriegel m; fig. Geißel f, Plage f; Plagegeist m.

flèche [flɛʃ] f Pfeil m; (Lanzen-, Turm-)Spitze f; **⊕** Ausleger m, Arm m e-s Krans; **✕** Flügelspitze f; fig. monter en ~ Preise: blitzartig steigen.

fléch|ir [fle'ʃiːr] (2a) v/t. biegen, beugen; fig. rühren, erweichen; v/i. sich biegen; sich beugen (sous unter acc.); **↘** weichen; **↑** nachgeben; Preise: fallen; **~issement** [~ʃis'mɑ̃] m Beugung f; fig. Rückgang m; **~isseur** anat. [~'sœːr] 1. adj.: muscle m ~ = 2. m Beugemuskel m.

flegm|atique [flɛgma'tik] 1. adj. gelassen; beherrscht; phlegmatisch; 2. su. gelassener Mensch m; Phlegmatiker(in f) m; **~e** [flɛgm] m Gelassenheit f; Phlegma n.

flémard, -e F [fle'maːr, ~'mard] 1. adj. faul; 2. su. Faulpelz m.

flème, flemme P [flɛm] f Faulenzerei f; avoir la ~, tirer sa ~ sich aalen, faulenzen.

flet icht. [flɛ] m Flunder f.

flétan icht. [fle'tɑ̃] m Heilbutt m.

flétr|ir¹ [fle'triːr] v/t. (2a) welk machen; Farben bleichen; fig. die Frische nehmen; se ~ verwelken; **~ir²** [~] v/t. (2a) brandmarken; **~issure** [~tri'syːr] f 1. Verwelken n; Verbleichen n; 2. Brandmarkung f; Schandfleck m.

fleur [flœːr] f 1. Blume f, Blüte f; fig.

Blütezeit f; Elite f; das Beste n, das Feinste n; Glanz m, Reiz m; Flaum m, Reif m auf dem Obst; ~ de farine feinstes Auszugmehl n; ~s pl. Kahmhaut f (auf Wein); **2.** advt.: à ~ d'eau dicht über der Wasseroberfläche; vom Wasser bespült; à ~ de terre dicht über der Erde; à ~ de peau äußerlich; à ~ de tête Augen: vorstehend; **~er** [flœ're] v/t. u. v/i. (1a) duften, riechen (qch. nach etw. dat.); ~ bon gut riechen; **~et** [~'rɛ] m Florett n; Florett-seide f, -band n; ⚒ Bohrwerkzeug n; **~ette** [~'rɛt] f: conter ~ à une femme mit e-r Frau flirten; **~ir** [~'ri:r] (2a) v/i. blühen (a. fig.); v/t. (mit Blumen) schmücken; **~iste** [~'rist] **1.** adj. Blumen...; **2.** su. Blumen-händler(in f) m, -züchter(in f) m; magasin m de ~ Blumengeschäft n; kiosque m de ~ Blumenstand m.

fleuron [flœ'rɔ̃] m ⚘ Blumenverzierung f; fig. Kleinod n; Vignette f; **~ner** [~ɔ'ne] v/t. (1a) mit Blumenornamenten verzieren.

fleuve [flœ:v] **1.** m Strom m (a. fig.); **2.** adjt. fig. endlos lang; procès m ~ Mammutprozeß m; roman m ~ Romanzyklus m.

flex|ible [flɛk'sibla] adj. biegsam; **~ion** [~'ksjɔ̃] f Biegung f; Beugen n; gr. Flexion f, Beugung f; **~ionnel, -le** ling. [~ksjɔ'nɛl] adj.: système m ~ Flexionssystem n; **~ueux, -se** [~'ksɥø, ~'ksɥø:z] adj. gewunden.

flic P [flik] m Polizist m, Schupo m, Bulle m P; **~age** * [~'ka:ʒ] m, **~aille** P [~'ka:j] f Polente f F.

flic flac! [flik'flak] int. klipp, klapp!

flingot P [flɛ̃'go] m Gewehr n, Knarre f P.

flirt [flœrt] m Flirt m; Person: Schwarm m; **~er** [~'te] v/i. (1a) flirten, poussieren F.

floche [flɔʃ] adj.: soie f ~ Flockseide f.

flocon [flɔ'kɔ̃] m Flocke f; **~neux, -se** [~kɔ'nø, ~'nø:z] adj. flockig.

flonflons F ♪ [flɔ̃'flɔ̃] m/pl. laute Klänge m/pl. (od. Rhythmen m/pl.).

floraison [flɔrɛ'zɔ̃] f Blühen n; Blüte (-zeit f) f.

floral, -e [flɔ'ral] adj. (m/pl. -aux) Blumen...; **~ies** [~'li] f/pl. Blumenschau f.

flore [flɔ:r] f Flora f.

florès [flɔ'rɛs]: faire ~ Furore machen.

floriculture [flɔrikyl'ty:r] f Blumenzucht f.

florin [flɔ'rɛ̃] m Gulden m.

florissant, -e [flɔri'sɑ̃, ~'sɑ̃:t] adj. blühend (fig.).

flot [flo] m Welle f; Flut f, Strom m (a. fig.); ~s pl. Fluten f/pl.; ~ touristique Touristenstrom m; être à ~ ⚓ flott (fig. aus der Klemme) sein; mettre à ~ flottmachen; j-m aushelfen.

flott|aison ⚓ [flɔtɛ'zɔ̃] f: ligne f de ~ Wasserlinie f; **~ant, -e** [~'tɑ̃, ~'tɑ̃:t] adj. schwimmend; flatternd; wehend; fin. Schuld: schwebend; schwankend, unschlüssig; **~e** [flɔt] f Flotte f; Boje f; Fischerei: Schwimmer m; P Wasser n; P Regen m; **~er** [~'te] v/i. auf dem Wasser treiben; im Winde flattern; schwanken; P regnen; v/t. flößen; **~eur** [~'tœ:r] m (Holz-)Flößer m; ⊕ Schwimmer m.

flou, -e [flu] adj. phot., peint. verschwommen; unscharf; Kleid: locker; fig. Gedanke: unklar.

flouze * [flu:z] m Zaster m.

fluctua|tion [flyktɥa'sjɔ̃] f Schwanken n; fin., éc. Schwankung f; **~er** [~'tɥe] v/i. (1a) schwanken.

fluet, -te [fly'ɛ, ~'ɛt] adj. schmächtig, zart.

fluid|e [fly'id] **1.** adj. flüssig (a. Verkehr); **2.** m flüssiger (od. gasförmiger) Körper m; Flüssigkeit f; Fluidum n; **~ifier** [~idi'fje] v/t. (1a) verflüssigen; **~ité** [~'te] f Fluidität f, Fließvermögen n; fig. Veränderlichkeit f, Unberechenbarkeit f; ~ de la circulation Verkehrsfluß m.

flûte [flyt] f ♪ Flöte f; fig. längliches Brot n; Sektglas n; F ~s pl. lange, dünne Beine n/pl.; jouer des ~s die Beine in die Hand nehmen; F ~! verflixt (noch mal!); **~er** [~'te] v/i. (1a) Amsel: flöten; **~iste** [~'tist] su. Flötist(in f) m.

fluvial, -e [fly'vjal] adj. (m/pl. -aux) Fluß...

flux [fly] m **1.** ⚓ Flut f; ~ et reflux Ebbe f und Flut f; **2.** ⚕ (Aus-)Fluß m; **3.** at. Neutronenfluß m; **4.** 🎣 (Vor-)Schub m; **~ion** ⚕ [~'ksjɔ̃] f Schwellung f.

focal|e phot. [fɔ'kal] f Brennweite f; **~isation** opt., at. [~liza'sjɔ̃] f Fokussierung f, Bündelung f.

fœhn météor. [fœn] m Föhn m.

foène, foëne [fwɛn] f Harpune f.

fofolle [fɔ'fɔl] s. foufou.

foi [fwa] f Glaube(n) m; Vertrauen n; Treue f; ajouter ~ Glauben schenken; *de bonne* ~ in gutem Glauben; *pol.* donner des gages de sa bonne ~ Garantien für s-e ehrlichen Absichten geben; *ma* ~*!* wirklich!; ehrlich gesagt!; *sous la* ~ *du serment* eidlich; *en* ~ *de quoi* zu Urkund dessen.

foie [fwa] *m* Leber *f;* P *avoir les* ~*s* Angst haben.

foin [fwɛ̃] *m* Heu *n;* P Skandal *m;* F *avoir du* ~ *dans ses bottes* gutsituiert sein; ~*s pl.* ungemähtes Gras *n.*

foire [fwa:r] *f* Messe *f;* Jahrmarkt *m;* P *faire la* ~ herumsumpfen.

fois [fwa] *f* Mal *n; une* ~ einmal.

foison [fwaˈzõ] *f* nur noch *in:* à ~ *in* Hülle und Fülle; reichlich; ~**ner** [~zɔˈne] *v/i.* (1a) **1.** ~ *en* (od. *de*) Überfluß haben an (*dat.*); **2.** reichlich vorhanden sein; sich stark vermehren; ❀ aufquellen.

fol [fɔl] *s. fou.*

folasse F [fɔˈlas] *adj./f* ein bißchen verrückt.

folâtr|e [fɔˈlɑ:trə] *adj.* ausgelassen; ~**er** [~lɑˈtre] *v/i.* (1a) ausgelassen sein, scherzen.

folichon, -ne F [fɔliˈʃõ, ~ˈʃɔn] *adj., bsd. nach Negation:* zum Lachen.

folie [fɔˈli] *f* Wahnsinn *m;* Torheit *f;* Ausgelassenheit *f;* ~ *des grandeurs* Größenwahn *m.*

foli|é, -e [fɔˈlje] *adj.* beblättert; blätt(e)rig; ~**o** [~ˈljo] *m* Blatt *n e-s Registers usw.;* ~**oter** [~ljɔˈte] *v/t.* (1a) mit Seitenzahlen versehen.

folklor|e [fɔlˈklɔ:r] *m* Folklore *f,* Volkskunde *f; fig.* Gerücht *n,* Gerede *n;* F *péj.* Farce *f,* Theater *n (fig.);* ★ *Mil.* Studentensprache: a) Spaß *m; du* ~*!* zum Totlachen!; *quel* ~*!* was für ein Gaudium!; b) *du* ~*!* alles unklar!; ~**ique** [~lɔˈrik] *adj.* folkloristisch; F *fig.* bunt; F *fig.* drollig; lächerlich.

folle [fɔl] **1.** *adj. s. fou;* **2.** *f: la* ~ *du logis* die Phantasie.

follet, -te [fɔˈlɛ, ~ˈlɛt] *adj.:* esprit *m* ~ Poltergeist *m,* Kobold *m;* feu *m* ~ Irrlicht *n;* poil *m* ~ Flaumhaar *n.*

follicule ❀ [fɔliˈkyl] *m* Samenhülle *f.*

foment|ateur, -rice [fɔmãtaˈtœ:r, ~ˈtris] *su.* Aufwiegler(in *f*) *m;* ~**ation** [~taˈsjõ] *f* Anstiftung *f;* Schüren *n;* ~**er** [~ˈte] *v/t.* (1a) anstiften; schüren; *fig.* hegen, nähren.

fonç|age ⚒ [fõˈsa:ʒ] *m* Abteufung *f;* ~**ailles** [~ˈsa:j] *f/pl.* Boden *m e-s Fasses.*

foncé, -e [fõˈse] *adj.* dunkel(farbig);

~**er** [~] (1k) *v/t.* e-n Boden einsetzen (*un tonneau* in ein Faß); *Brunnen* graben; ⚒ abteufen; *Farben* dunkler machen; *v/i.* sich stürzen (*sur auf acc.*); F flitzen, rasen; ~**ier, -ère** [~ˈsje, ~ˈsjɛ:r] *adj.* Grund...; Boden...; *fig.* grundlegend; fundamental.

fonction [fõkˈsjõ] *f* Amt(sgeschäft *n*) *n;* Funktion *f;* ❀ Wirkung *f;* 𝔰 ~ *cardiaque* Herztätigkeit *f;* ~ *publique* öffentlicher Dienst *m; être* ~ *de* abhängen von (*dat.*); ~**naire** [~sjoˈnɛ:r] *su.* Beamte(r) *m,* Beamtin *f; allg.* Bedienstete(r *m*) *m u. f;* ~ *préposé aux renseignements* Auskunftsbeamte(r) *m;* ~*s pl. de carrière* Berufsbeamtentum *n;* ~**nariser** [~nariˈze] *v/t.* (1a) verbeamten; ~**nel, -le** [~ˈnɛl] *adj.* funktionell; ★, ⊕, *a. allg.* praktisch, gebrauchsfertig, nützlich, bequem, rationell arbeitend; ~**nement** [~nˈmã] *m* Funktionieren *n,* Arbeiten *n;* Lauf *m,* Gang *m,* Betrieb *m;* ~**ner** [~ˈne] *v/i.* (1a) *Maschine, Unternehmen:* funktionieren, *a. Organ:* arbeiten; *Maschine a.:* gehen, laufen.

fond [fõ] *m* Boden *m;* Grund *m;* Untergrund *m;* Hintergrund *m; article m de* ~ Leitartikel *m; à* ~ gründlich, ordentlich F; *à* ~ *de train* in schnellstem Tempo; *au* ~ im Grunde; *de* ~ *en comble* grundlegend, von Grund aus, völlig; ✘ *envoyer un bateau par le* ~ ein Schiff versenken; ~**amental, -e** [~damãˈtal] *adj.* (*m/pl. -aux*) fundamental; wesentlich; *le français* ~ das Grund-Französische; ~**ant, -e** [~ˈdã, ~ˈdã:t] **1.** *adj.* schmelzend; saftig; im Mund(e) zergehend; **2.** *m* Fondant *m* (*Konfektstück*); 🜄 auflösendes Mittel *n; métall.* Schmelz-, Fluß-mittel *n;* ~**ateur, -rice** [~daˈtœ:r, ~ˈtris] *su.* Gründer(in *f*) *m;* Stifter(in *f*) *m;* ~**ation** [~daˈsjõ] *f* Gründung *f; fig.* Stiftung *f;* 🏛 *mst* ~*s pl.* Fundament(ierung *f*) *n.*

fond|é, -e [fõˈde] **1.** *adj.* ermächtigt; be-, ge-gründet; *être* ~ *à croire* Grund haben zu glauben; **2.** *m:* ~ *de pouvoir* Bevollmächtigte(r) *m;* ✝ Prokurist *m;* ~**ement** [~dˈmã] *m* Grundlage *f;* Begründung *f;* ~**er** [~ˈde] *v/t.* (1a) be)gründen; den Grund legen zu; stiften; stützen (*sur auf acc.*); ~**erie** [~ˈdri] *f* Eisen-, Schmelz-hütte *f;* Gießerei *f;* ~**eur** [~ˈdœ:r] *m* Gießer *m,* Schmelzer *m;*

typ. ~ de caractères Schriftgießer m; **~euse** [~'dø:z] f Gießmaschine f; **~re** ['fɔ̃:drə] (4a) v/t. (ver)schmelzen; ⊕ gießen; verhütten; *Aktien* zu Geld machen; v/i. schmelzen, zergehen; *in Tränen* zerfließen; ~ *sur* sich stürzen auf (acc.).

fondrière [fɔ̃dri'ɛ:r] f Sumpfloch n; Schlagloch n.

fonds [fɔ̃] m 1. sg. Grund und Boden m; Grundstück n; fin. Fonds m, Stammkapital n; ~ (de commerce) Geschäfts-betrieb m, -unternehmen n; fig. Bestand m; Schatz m, Fundus m; ~ de librairie Verlagsbuchhandlung f; à ~ perdu auf Verlustkonto; ~ de développement Entwicklungsfonds m; ♀ monétaire international Internationaler Währungsfonds m; ~ de roulement Betriebskapital n; fig. ~ d'érudition Wissensschatz m; 2. pl. Gelder n/pl.; Kapital n/sg.; ~ de l'État, ~ publics öffentliche Mittel n/pl., Staatsgelder n/pl.

fongjosité ⚕ [fɔ̃gozi'te] f schwammiger Auswuchs m; **~ueux, -se** ⚕ [~'gø, ~'gø:z] adj. schwammig.

fontaine [fɔ̃'tɛn] f Springbrunnen m; Quelle f.

fonte [fɔ̃:t] f 1. ~ des neiges Schneeschmelze f; 2. ⊕ Schmelzen n; Guß m; Gußeisen n; 3. Pistolenhalfter f.

fontis [fɔ̃'ti] m Erdrutsch m.

fonts [fɔ̃] m/pl.: ~ baptismaux Taufbecken n.

foot [fut] m, **~ball** [~'bo:l] m Spiel: Fußball m; **~balleur, -se** [~bo'lœ:r, ~'lø:z] su. Fußballspieler(in f) m, Fußballer(in f) m F.

footing [fu'tiŋ] m 1. Fußmarsch m; 2. Schnellgehsport m.

for [fɔ:r] m nur noch in: ~ intérieur das Innere, Gewissen n.

forage ⊕, ⚒ [fɔ'ra:ʒ] m Bohrung f.

forain, -e [fɔ'rɛ̃, ~'rɛn] 1. adj. auswärtig; Jahrmarkts...; Messe...; théâtre m ~ Jahrmarktstheater n; 2. m Schausteller m.

forban [fɔr'bɑ̃] m Hochstapler m.

forçat [fɔr'sa] m Zwangsarbeiter m.

forcje [fɔrs] f Kraft f; Gewalt f; Macht f; ~ majeure höhere Gewalt f; ⊕ ~ motrice Antriebskraft f; à ~ de travailler durch vieles Arbeiten; rad. à pleine ~ in voller Lautstärke; de vive ~ mit offener Gewalt; à toute ~ durchaus; litt. avec ~ détails mit vielen Einzelheiten; en ~ Sport: un-

ter Aufgebot (od. Aufbietung) aller Kräfte; weitS. mit allen Mitteln; plein de ~ kraftstrotzend; ~s aériennes Luftstreitkräfte pl.; ~s de l'ordre Ordnungspolizei f; une ~ de la nature e-e vor Gesundheit strotzende Person f; ✗ Fr. ~ de frappe Atommacht f; **~é, -e** [~'se] adj. er-, ge-zwungen; Zwangs...; marche f ~e Eilmarsch m; **~ené, -e** [~se'ne] 1. adj. rasend; fanatisch; 2. su. Rasende(r m) m u. f; **~er** [~'se] (1k) v/t. zwingen, mit Gewalt aufbrechen, sprengen, mit Gewalt nehmen; überanstrengen, abhetzen; Schlüssel verdrehen; das Tempo beschleunigen; v/i. Sport u. F sich sehr anstrengen; se ~ sich zwingen.

forcerie ♪ [fɔrsə'ri] f Treibhaus n.

forces [fɔrs] f/pl. Schaf-, Blech-, Tuch-schere f/sg.

forcing [fɔr'siŋ] m 1. Sport: faire le ~ contre q. j-m hart zusetzen; 2. F Kraftanstrengung f.

forclusion ⚖ [fɔrkly'zjɔ̃] f Rechtsausschluß m.

forer ⊕ [fɔ're] v/t. (1a) (an-, durch-) bohren.

forestier, -ère [fɔrɛs'tje, ~'tjɛ:r] adj. Forst..., weitS.; garde m ~ Förster m.

foret [fɔ'rɛ] m Bohrer m.

forêt [fɔ're] f Wald m (a. fig.), Forst m; ~ vierge Urwald m.

for|eur [fɔ'rœ:r] m Bohrer m (Arbeiter); **~euse** ⊕ [~'rø:z] f Bohrmaschine f.

forfaire [fɔr'fɛ:r] v/i. (4n; nur inf. u. p.p.): ~ aux devoirs de sa charge gegen s-e Amtspflichten handeln.

forfait [fɔr'fɛ] m 1. Freveltat f; 2. Akkord m, Stücklohn m; Pauschalvertrag m; ✝ Pauschalpreis m, Pauschale f; Pferderennen: Reugeld n; vente f à ~ Pauschalverkauf m; déclarer ~ Sport: s-e Meldung zurückziehen; fig. aufgeben; **~é, -e** [~'te] adj. Pauschal...; **~ure** [~'ty:r] f Mißbrauch m der Amtsgewalt.

forfanterie [fɔrfɑ̃'tri] f Prahlerei f.

forgje [fɔrʒ] f Schmiede f; **~eable** [~'ʒablə] adj. schmiedbar; **~er** [~'ʒe] v/t. (1l) schmieden; fig. aushecken; un mot ein Wort prägen; **~eron** [~ʒə'rɔ̃] m (Grob-)Schmied m; **~eur** [~'ʒœ:r] m Schmiedegehilfe m, Schmied m; fig. Erfinder m.

formaliser [fɔrmali'ze] v/rfl. (1a): se ~ de qch. etw. übelnehmen; **~iste**

[ʌˈlist] **1.** *adj.* umständlich; **2.** *su.* Formalist(in *f*) *m*, Pedant(in *f*) *m*; **~ité** [ʌliˈte] *f* Formalität *f*.

form|at [fɔrˈma] *m* Format *m*; **~ateur, -rice** [ʌˈtœːr, ʌˈtris] *adj.* bildend; **~ation** [ʌmaˈsjɔ̃] *f* Bildung *f*; Gestaltung *f*; Gebilde *n*; ⚔, ✕ Verband *m*; **~ permanente** Weiterbildung *f*.

form|e [fɔrm] *f* Form *f*; Gestalt *f*; Art und Weise *f*; *cord.* Leisten *m*; **en ~** de in Form (*gén.*); **...förmig**; *pour la* **~** der Form halber, pro forma; **~s** *pl.* Förmlichkeiten *f/pl.*; (gute) Manieren *f/pl.*; **~el, -le** [ʌˈmɛl] *adj.* förmlich; **~er** [ʌˈme] *v/t.* (1a) formen, bilden, gründen; *Wunsch* hegen; *Plan* fassen; *téléph.* **~ le numéro** die Nummer wählen; **se ~** sich bilden (*a. geistig u. beruflich*).

formidable [fɔrmiˈdabl] *adj.* kolossal, riesig; F fabelhaft, (ganz) phantastisch.

formique [fɔrˈmik] *adj.*: **acide ~** Ameisensäure *f*.

formul|aire [fɔrmyˈlɛːr] *m* Formular *n*; ⚖, *phm.* Formelbuch *n*; **~e** [ʌˈmyl] *f* Formel *f* (*a.* 🜚, 🜛); *allg.* Formulierung *f*; Formular *n*, Vordruck *m*; *à la mode* Schlagwort *n*; *une ~ heureuse* e-e glückliche Formulierung; **~er** [ʌˈle] *v/t.* (1a) formulieren; abfassen; ausdrücken.

fornication *rl., plais.* [fɔrnikaˈsjɔ̃] *f* Unzucht *f*.

fort, -e [fɔːr, fɔrt] **1.** *adj.* stark, kräftig; *fig.* befestigt; fest; dick; dicht; gewaltig, heftig; schwierig; ranzig; *Getränk, Zigarre*: schwer; beträchtlich; geschickt, tüchtig; *fig.* bewandert; *à plus ~e raison* um so mehr; *se faire ~* (*inv.*) *de faire qch.* sich zutrauen (*od.* sich anheischig machen), etw. zu tun; **~ comme un Turc** sehr stark; **2.** *adv.* stark, sehr; **3.** *m* **a)** *der Starke*; **b)** *fig.* Stärke *f*, starke Seite *f*; ✕ Fort *n*.

forteresse [fɔrˈtrɛs] *f* Festung *f*.

fortifi|ant, -e [fɔrtiˈfjɑ̃, ʌˈfjɑ̃ːt] **1.** *adj.* stärkend; **2.** *m* Stärkungsmittel *n*; **~ication** ✕ [ʌfikaˈsjɔ̃] *f* Befestigung *f*; Festungswerk *n*; **~ier** [ʌˈfje] *v/t.* (1a) (ver)stärken; ✕ befestigen.

fortin ✕ [fɔrˈtɛ̃] *m* kleines Fort *n*.

fortuit, -e [fɔrˈtɥi, ʌˈtɥit] *adj.* zufällig.

fortun|e [fɔrˈtyn] *f litt.* Schicksal *n*; Vermögen *n*, Reichtum *m*; *bonne ~* Glück *n*; *dîner à la ~ du pot* essen, was

auf den Tisch kommt; *faire ~* sein Glück machen; Erfolg haben; reich werden; *sans ~* unbemittelt; *de ~* Behelfs..., Not...; 🜚 *pansement m de ~* Notverband *m*; **~é, -e** [ʌˈne] *adj.* begütert.

forure [fɔˈryːr] *f* Bohrloch *n*.

foss|e [foːs] *f* Grube *f*; Schacht *m*; Grab *n*; **~é** [foˈse] *m* Graben *m*; **~ette** [ʌˈsɛt] *f* Grübchen *n*; **~ile** [ʌˈsil] **1.** *adj.* versteinert; fossil; **2.** *m* Versteinerung *f*; Fossil *n*; **~oyeur** [ʌswaˈjœːr] *m* Totengräber *m*.

fou [fu] (*m vor Vokal und stummem h: fol* [fɔl], *f: folle* [fɔl]) *adj.* verrückt; **2.** *su.* Verrückte(r *m*) *m u. f*; Narr *m*, Närrin *f*; **3.** *m Schachspiel:* Läufer *m*.

fouace *dial.* [fwas] *f* Aschenbrot *n*, flaches Weizengebäck *n*.

fouailler [fwaˈje] *v/t.* (1a) quälen; hart zusetzen (*dat.*).

foudre[1] [ˈfuːdrə] **1.** *f* Blitz(schlag *m*) *m*; *la ~ est tombée* es (*od.* der Blitz) hat eingeschlagen; *fig. coup m de ~* Liebe *f* auf den ersten Blick; **2.** *m: iron.* **~ de guerre** Kriegsheld *m*.

foudre[2] [ˈfuːdrə] *m* großes Faß *n*.

foudroyer [fudrwaˈje] *v/t.* (1h) **1.** *être foudroyé* vom Blitz erschlagen werden; **2.** (tödlich) treffen; niederschmettern (*a. fig.*).

fouet [fwɛ] *m* Peitsche *f*; **~ter** [ʌˈte] (1a) *v/t.* auspeitschen; zu Schaum schlagen; *v/i.* ✶ stinken.

foufou F [fuˈfu] (*f: fofolle* [fɔˈfɔl]) *adj.* ein bißchen verrückt.

fougère 🜚 [fuˈʒɛːr] *f* Farn(kraut *n*) *m*.

fougue [fuːg] *f* Begeisterung *f*, Schwung *m*, *fig.* Feuer *n*.

fouill|e [fuj] *f* Ausgrabung *f*; Durchsuchung *f*; ✶ Tasche *f*; 🜛 Baugrube *f*; **~é, -e** [ʌˈje] *adj.* **1.** *sculp.* mit Vertiefungen; **2.** *peint. dessin m ~* plastische Zeichnung *f*; *fig. étude f ~e* bis ins kleinste durchgeführte Studie *f*; **~er** [ʌ] (1a) *v/t.* auf-graben, -wühlen; durchsuchen; durchstöbern; *v/i.* wühlen; herumkramen; **~is** [ʌˈji] *m* Gewirr *n*; Durcheinander *n*.

fouinard, -e F [fwiˈnaːr, ʌˈnard] **1.** *adj.* neugierig; zudringlich; **2.** *su.* Schnüffler(in *f*) *m*.

fouine [fwin] *f zo.* Steinmarder *m*; ✒ Heugabel *f*; *Fischerei:* Harpune *f*; *fig.* durchtriebener Kerl *m*.

fou|ir *zo.* [fwiːr] *v/t.* (2a) umwühlen; **~isseur, -se** *zo.* [fwiˈsœːr, ʌˈsœːz] **1.** *adj.* Wühl...; *animal m ~*

= 2. m Wühler m.

foul|age [fu'la:ʒ] m Keltern n; ⊕ Walken n; **~ard** [~'la:r] m Seidenschal m; **~e** [ful] f Menge f, Gedränge n; *une ~ de gens (d'objets)* sehr viele Leute (Gegenstände); **~ée** [~'le] f **1.** *ch.* ~s *pl.* Wildfährte f; **2.** *hipp., Sport:* Sprung-, Schritt-weite f; F *fig. dans la ~* unmittelbar danach; im Gefolge; *être dans cette ~* Buch: in dieser Richtung liegen; **~er** [~] v/t. (1a) niedertreten; *Trauben* keltern; *Tuch* walken; *fig.* ~'*aux pieds* verächtlich behandeln; mit Füßen treten; *se ~ le pied* sich den Fuß verstauchen; F *ne pas se ~ la rate,* P *ne pas se (la) ~* sich kein Bein ausreißen; **~ure** [~'ly:r] f Verstauchung f.

four [fu:r] m Back-ofen m, -haus n; F *thé., allg.* Reinfall m, Mißerfolg m; *thé., allg. faire un ~* Veranstaltung: ein Reinfall sein; *pât. petits ~s pl.* Petits fours pl.

fourb|e [furb] adj. hinterhältig, betrügerisch; **~erie** [~bə'ri] f Hinterhältigkeit f, Betrügerei f.

fourbi F [fur'bi] m Kram m, Krempel m; Schwierigkeit f; *allg.* das Ding da; **~ir** [~'bi:r] v/t. (2a) blank putzen.

fourbu, -e [fur'by] adj. *vét.* erschöpft; *fig. Person:* todmüde.

fourch|e [furʃ] f (Heu-, Mist-, Fahrrad-)Gabel f; **~er** [~'ʃe] v/i. (1a): F *fig. la langue m'a fourché* ich habe mich versprochen; **~et** *vét.* [~'ʃɛ] m Fußfäule f *der Schafe;* **~ette** [~'ʃɛt] f **1.** (Tisch-)Gabel f; *jouer de la ~* kräftig zulangen; **2.** *fin.* Spanne f, Marge f; **~on** [~'ʃɔ̃] m Zinke f; **~u, -e** [~'ʃy] adj. gabelförmig; *Haar:* gespalten.

fourgon [fur'gɔ̃] m **1.** Ofenhaken m, Schüreisen m; **2.** 🚆 Gepäckwagen m; *Auto:* geschlossener Last(kraft)wagen m; *~ de déménagement* Möbelwagen m; *~ mortuaire* Leichenwagen m; *~ postal* Postauto n; **~ner** [~gɔ̃'ne] v/i. (1a) *im Feuer* herumstochern; F *fig.* herumkramen; **~nette** *Auto* [~'nɛt] f Lieferwagen m.

fourmi *ent.* [fur'mi] f Ameise f; *~ blanche* Termite f; **~ilier** *zo.* [~'lje] m Ameisenbär m; **~ilière** [~'lje:r] f Ameisenhaufen m; *fig.* Gewimmel n, Menschenmenge f; **~i-lion** *ent.* [~'ljɔ̃] m (*pl.* fourmis-lions) Ameisenlöwe m (*Larve*); Ameisenjungfer f; **~iller** [~'mije] v/i. (1a) wimmeln; *les pieds me fourmillent es*

kribbelt mir in den Füßen.

fourn|aise [fur'nɛ:z] f **1.** lodernde Flammen f/pl.; **2.** *fig. Zimmer:* Brutkasten m; **3.** ✗ Kriegsgetümmel n; **4.** *fig.* Brennpunkt m; **~eau** [~'no] m (*pl.* ~x) Ofen m; Herd m; P Dummkopf m; *~ de pipe* Pfeifenkopf m; *haut ~* Hochofen m; **~ée** [~'ne] f Ofenvoll m; Schub m (*a. fig.*); *zo.* Wurf m (*z.B. Ratten*); **~i, -e** [~'ni] adj. *Bart, Hecke:* dicht; *bien ~* reichlich ausgestattet; **~il** [~'ni] m Backstube f.

fourn|iment [furni'mã] m ✗ Lederzeug n; *allg.* Ausrüstung f; **~ir** [~'ni:r] v/t. (2a) liefern; *~ de qch. j-n* mit etw. (*dat.*) versehen; v/i.: *~ à qch.* zu etw. (*dat.*) beitragen, für etw. (*acc.*) aufkommen; **~isseur** ✝ [~ni'sœ:r] m Lieferant m; **~iture** [~'ty:r] f Lieferung f (*a. das Gelieferte*); ~s *pl.* Zubehör n; Zutaten f/pl.; *~s de bureau* Bürobedarf m.

fourrage [fu'ra:ʒ] m Futter m; **~er¹** [~ra'ʒe] (1l) v/i. herumwühlen; v/t. durchwühlen; **~er², -ère** [~'ʒe, ~'ʒɛ:r] adj. Futter...; *plante f fourragère* Futterpflanze f; **~ère** [~'ʒɛ:r] f Futterwagen m; ✦ (Klee- *usw.*)Feld n.

fourré¹ *for.* [fu're] m Dickicht n.

fourré², -e [fu're] adj.: *bonbons m/pl. ~s* gefüllte Bonbons pl.; *coup m ~ esc.* Doppelstoß m; F *fig.* heimtückischer Akt m; *paix f ~e* Scheinfriede m.

fourr|eau [fu'ro] m (*pl.* ~x) Scheide f; Überzug m; enganliegendes Kleid n; **~er** [~'re] v/t. (1a) hinein-stecken, -stopfen; *j-n* verwickeln in (*acc.*); mit Pelz füttern; *se ~ dans qch.* sich in etw. (*acc.*) hineindrängen; **~e-tout** F [~r'tu] m (*inv.*) Rumpelkammer f; große Reisetasche f; Schrank m; Kommode f; **~eur** [~'rœ:r] m Kürschner m; **~ier** ✗ [~'rje] m Furier m; **~ière** [~'rje:r] f Pfandstall m; Kraftfahrzeugverwahrstelle f; **~ure** [~'ry:r] f Pelz m; ⊕ Türfutter m.

fourvoyer *litt.* [furvwa'je] v/t. (1h) irreführen; *se ~* sich (ver)irren, sich verrennen.

foutraque F [fu'trak] adj. bekloppt P.

foutre P ['futrə] **1.** v/t. (4a) Tritt versetzen, geben; stellen, schmeißen, werfen; *péj.* Unsinn machen, verkehrt handeln; *~ la paix à q.* j-n in Ruhe lassen; *~ le camp* verschwinden, verduften P; *~ dedans* j-n reinlegen F; *se ~ de q. (qch.)* auf j-n (etw.) pfeifen; *je m'en fous!* das ist mir vollkommen egal!; **2.** *int.*: ∼! verdammt (noch mal)!

foutu, -e P [fu'ty] *adj.* verloren, erledigt, kaputt; verpfuscht; verreckt P, tot; *bien* ∼ gut gemacht, gut gebaut.

fox *zo.* [fɔks] *m*, **∼-terrier** *zo.* [∼tɛ'rje] *m* (*pl.* ∼s) Foxterrier *m*.

foyer [fwa'je] *m* ⊕ Feuerung *f*; Herd *m* (*a.* 🜨); Heim *n*; *opt. u. fig.* Brennpunkt *m*; *thé.* Foyer *n*; ∼ *de conflits* (*od. de dangers*) Gefahrenherd *m*; ∼ *des étudiants* Studentenheim *n*; *fonder un* ∼ ein Heim (*od.* e-e Familie) gründen; *opt.* lunettes *f/pl. à double* ∼ Brille *f* mit Bifokalgläsern; **∼-restaurant** *Fr.* [∼rɛstɔ'rɑ] *m* (*pl.* foyers--restaurants) Gemeinschaftsrestaurant *n*.

fracas [fra'ka] *m* Krachen *n*; Klirren *n*; Getöse *n*; *fig.* Aufsehen *n*; **∼ser** [∼ka'se] *v/t.* (1a) zerschmettern.

fraction [frak'sjɔ̃] *f* Bruch-stück *n*, -teil *m*; 🜨 Bruch *m*; *rl.* Brechen *n des Brotes*; *pol.* Fraktion *f*, Gruppe *f*; 🜨 ∼ *continue* Kettenbruch *m*; **∼naire** [∼sjɔ'nɛːr] *adj.*: *nombre* ∼ Bruchzahl *f*; **∼nement** [∼n'mɑ̃] *m* (Auf-)Teilung *f*; Zerlegung *f*; 🜨 Fraktionieren *n*; **∼ner** [∼'ne] *v/t.* (1a) (auf-, zer-)teilen; zerlegen; 🜨 fraktionieren; **∼niste** *pol. péj.* [∼'nist] **1.** *adj.* spalterisch; **2.** *su.* Spalter(in *f*) *m*.

fracture 🦴 [frak'tyːr] *f* (Knochen-)Bruch *m*; ∼ *du crâne* Schädelbruch *m*; **∼er** [∼ty're] *v/t.* (1a) zer-, aufbrechen; *Knochen* brechen; *se* ∼ *le bras* sich den Arm brechen.

fragile [fra'ʒil] *adj.* zerbrechlich; 🦴 anfällig; empfindlich; **∼ité** [∼li'te] *f* Zerbrechlichkeit *f*; Anfälligkeit *f*.

fragment [frag'mɑ̃] *m* Bruchstück *n*; *litt.* Fragment *n*; **∼ation** [∼ta'sjɔ̃] *f*: *la* ∼ *de la société* die Auflösung der Gesellschaft.

frai *icht.* [frɛ] *m* Laichzeit *f*; Laich *m*; Fischbrut *f*.

fraîch|eur [frɛ'ʃœːr] *f* Frische *f*; Kühle *f*; **∼ir** [∼'ʃiːr] *v/i.* (2a) frischer (*od.* kühler) werden; ⚓ *Brise:* auffrischen.

frais¹, fraîche [frɛ, frɛʃ] **1.** *adj.* frisch; kühl; *fig.* neu; gesund, munter; F *nous voilà* ∼! so e-e Pleite!; **2.** *adv.:* *boire* ∼ kühl trinken; *vor p.p. veränderlich:* *fleur f fraîche cueillie* frisch gepflückte Blume; *aber auch:* *la peau frais rasée* die frisch rasierte

Haut; **3.** *m* = *fraîcheur*; *mettre qch. au* ∼ etw. kalt stellen; *prendre le* ∼ frische Luft schnappen.

frais² [frɛ] *m/pl.* Kosten *pl.*; Spesen *pl.*; ∼ *d'entretien* Instandhaltungskosten *pl.*; ∼ *de publicité* Werbekosten *pl.*; ∼ *de stationnement* Standgeld *n*; ∼ *de transport* Beförderungs-, Transport-kosten *pl.*

fraise [frɛːz] *f* Erdbeere *f* (*Frucht*); *cuis.* Gekröse *n*; ⊕ Fräse *f*; ✂, △ Pfahlwerk *n*; **∼er** [frɛ'ze] *v/t.* (1b) (aus)fräsen; **∼ier** [∼'zje] *m* Erdbeerpflanze *f*.

frambois|e [frɑ̃'bwaːz] *f* Himbeere *f*; **∼er** [∼bwa'ze] *v/t.* (1a) mit Himbeersaft vermischen; **∼ier** [∼'zje] *m* Himbeerstrauch *m*.

franc¹ *fin.* [frɑ̃] *m* Franc *m*; *Schweiz:* Franken *m*.

franc², -che [frɑ̃, frɑ̃ːʃ] *adj.* frei; freimütig, offenherzig; rein, echt; *Erz...*; ✓ ∼ *de port* portofrei; ♟ *terre f franche* Blumen-, Garten-, Kompost-erde *f*.

franc³, -que *hist.* [frɑ̃, frɑ̃ːk] **1.** *adj.* fränkisch; **2.** 🞄s *m/pl.* Franken *m/pl.*

français, -e [frɑ̃'sɛ, ∼'sɛːz] **1.** *adj.* französisch; *achetez* ∼! kaufen Sie französische Waren!; **2.** 🞄(e) *su.* Franzose *m*, Französin *f*; **3.** *m:* *le* ∼ das Französische, Französisch *n*.

franch|ir [frɑ̃'ʃiːr] *v/t.* (2a) übersteigen, -schreiten, -springen; **∼ise** [∼'ʃiːz] *f* 🞄, *fin.* Gebührenfreiheit *f*; *Versicherung:* Selbstbeteiligung *f*; ∼ *de port* Portofreiheit *f*; **2.** Offenherzigkeit *f*; **∼issable** [∼ʃi'sablə] *adj.* überschreitbar.

franciser [frɑ̃si'ze] *v/t.* (1a) französieren.

franc-maçon [frɑ̃ma'sɔ̃] *m* (*pl.* francs-maçons) Freimaurer *m*; **∼nerie** [∼sɔn'ri] *f* Freimaurerei *f*.

franco ✝ [frɑ̃'ko] *adv.* franko; (*porto-, kosten-)frei.

franco|... [frɑ̃ko] *in Zssgn* französisch...; **∼phone** [∼'fɔn] *adj.* französischsprechend.

franc-tireur [frɑ̃ti'rœːr] *m* (*pl.* francs--tireurs) Freischärler *m*; Partisan *m*.

frang|e [frɑ̃ːʒ] *f* Franse *f*; Pony-frisur *f*; *fig.* Rand *m*; Streifen *m*; **∼in** P [frɑ̃'ʒɛ̃] *m* Bruder *m*; **∼ine** P [∼'ʒin] *f* Schwester *f*; **∼ipane** *pât.* [∼ʒi'pan] *f* Makronenkrem(torte *f*) *f* (*F a. m*).

franglais F [frɑ̃'glɛ] *m* mit englischen Wörtern durchsetztes Französisch n.

franquette F [frã'kɛt] f: à la bonne ~ ohne besondere Umstände, zwanglos, gemütlich.

frapp|age cuis. [fra'pa:ʒ] m Sekt: Kühlstellen n im Eiskübel; **~ant, -e** [~'pã, ~'pã:t] adj. auffallend; frappierend; **~e** [frap] f ⊕ Prägung f; litt. Gepräge n; Schreibmaschine: Anschlag m; **~er** [~'pe] (1a) v/t. schlagen; treffen; heimsuchen; prägen; kühl stellen; fig. befremden; v/i.: ~ à faux vorbeihauen; ~ des mains in die Hände klatschen; ~ à la porte an die Tür klopfen.

frasque [frask] f Seitensprung m.

fratern|el, -le [fratɛr'nɛl] adj. brüderlich, Bruder...; **~iser** [~ni'ze] v/i. (1a) brüderlich verkehren; Brüderschaft schließen; **~ité** [~'te] f Brüderlichkeit f.

fratricide [fratri'sid] m Bruder- (od. Schwester-)mörder m, -mord m.

fraud|e [fro:d] f Betrug m; Schmuggel(ei f) m; **~er** [fro'de] (1a) v/i. betrügen; écol., univ. schummeln F; v/t. hintergehen, betrügen; **~eur, -se** [~'dœ:r] m Betrüger m; **~uleux, -se** [~dy'lø, ~'lø:z] adj. betrügerisch.

fray|er [frɛ'je] v/t. bahnen; v/i. Fische: laichen; fig. péj. ~ avec verkehren mit; se ~ un chemin sich einen Weg bahnen; **~eur** [~'jœ:r] f Schreck m.

fredaine F [frə'dɛn] f Jugendstreich m; Seitensprung m.

fredonner [frədɔ'ne] v/t. (1a): ~ un air ein Lied vor sich her summen.

freezer cuis. [fri'zœ:r] m Tiefkühltruhe f; Gefrierfach n.

frégate [fre'gat] f ⚓ Fregatte f; U-Boot-Jäger m; orn. Fregattvogel m.

frein [frɛ̃] m fig. Zügel m; ⊕ Bremse f; ~ à disque Scheibenbremse f; ~ à main (à pied) Hand- (Fuß-)bremse f; 🚗 ~ de secours Notbremse f; **~age** ⊕ [frɛ'na:ʒ] m (Ab-)Bremsen n; Auto: ~ auto-stabilisant Bremsstabilisator m; éc. ~ des coûts Kostendämpfung f; **~ateur** [~na'tœ:r] m: ~ de l'appétit Appetitzügler m; **~er** [~'ne] v/t. (1b) bremsen.

frelater [frəla'te] v/t. (1a) Wein, Lebensmittel, fig. verfälschen.

frêle [frɛ:l] adj. schmächtig, zartgebaut, schwächlich.

frelon ent. [frə'lɔ̃] m Hornisse f.

freluquet F [frəly'kɛ] m Laffe m.

frém|ir [fre'mi:r] v/i. (2a) Meer: brausen; Blätter: rauschen; fig. schaudern; **~issement** [~mis'mã] m Brausen n; Schauder m.

frêne ♣ [frɛ:n] m Esche f.

fréné|sie [frene'zi] f größte Begeisterung f (od. Hingabe f); **~tique** [~'tik] adj. hell begeistert; Beifall: tosend.

fréqu|ence [fre'kã:s] f Häufigkeit f; Besuchsziffer f; ∮ Frequenz f; 🚂 ~ des trains Zugfolge f; **~ent, -e** [~'kã, ~'kã:t] adj. häufig; **~entation** [~kãta'sjɔ̃] f Umgang m; häufiger Verkehr m; **~enté, -e** [~'te] adj. Platz: stark befahren, belebt; Ort: vielbesucht; **~enter** [~] v/t. (1a) oft (od. häufig, regelmäßig) besuchen.

frère [frɛ:r] m Bruder m.

frérot F [fre'ro] m Brüderchen n.

fresque [frɛsk] f Freske f; litt., cin. umfassende Darstellung f, Fresko n.

fret [frɛ] m Schiffsfracht f; 🚢 Ladung f; Frachtgeld n.

frètement ⚓ [frɛt'mã] m Vercharterung f.

frét|er ⚓, 🚢 [fre'te] v/t. (1f) mieten; (ver)chartern; **~eur** [~'tœ:r] m Reeder m.

frétiller [freti'je] v/i. (1a) zappeln; sich hin und her bewegen; wedeln.

fretin [frə'tɛ̃] m kleine, wertlose Fische m/pl.; fig. menu ~ wertloser Kram m; kleine Leute pl.

friable [fri'abl] adj. bröck(e)lig.

friand, -e [fri'ã, ~'ã:d] adj. gierig (de nach dat.); **~ise** [~'di:z] f Leckerbissen m; ~s pl. Süßigkeiten f/pl.

fric * [frik] m Moneten pl.

fric|adelle cuis. [frika'dɛl] f Fleischklößchen n; **~andeau** cuis. [~kã'do] m (pl. ~x) gespicktes Kalbssteak n; **~assée** cuis. [~ka'se] f Frikassee n.

fric-frac P [frik'frak] m (inv.) Einbruch m.

friche 🌾 [friʃ] f Brachland n.

fricot|er F [frikɔ'te] v/i. (1a) kochen; fig. krumme Geschäfte machen; **~eur** F péj. [~'tœ:r] m: fig. Schieber m.

friction [frik'sjɔ̃] f Reibung f; Einreibung f; **~ner** [~sjɔ'ne] v/t. (1a) (ein)reiben.

frigidaire [friʒi'dɛ:r] m Kühlschrank m.

frigid|e psych. [fri'ʒid] adj. frigid(e); **~ité** [~di'te] f Frigidität f, Gefühlskälte f.

frigo F [fri'go] m Kühlschrank m.

frigor|ifère [frigɔriˈfɛːr] m Kühlraum m; **~ifier** [~ˈfje] v/t. (1a) einfrieren; *viande f frigorifiée* Gefrierfleisch n; **~ifique** [~ˈfik] adj. kälteerzeugend; Kühl...; **~igène** ⚤ [~ˈʒɛn] m Kältemittel n; **~iste** [~ˈrist] m Kältetechniker m.

frileux, -se [friˈlø, ~ˈløːz] adj. fröstelnd; kälteempfindlich; *être ~* leicht frieren.

frime [frim] F F *péj.* Schein m; Mache f; ✶ Fratze f; *pour la ~* nur zum Schein; *c'est de la ~* das sind Potemkinsche Dörfer.

frimousse F [friˈmus] f niedliches Gesichtchen n.

fringale F [frɛ̃ˈgal] f Heißhunger m; *fig.* Gier f.

fringant, -e [frɛ̃ˈgɑ̃, ~ˈgɑ̃ːt] adj. forsch, quicklebendig, munter; fesch.

fring|uer P [frɛ̃ˈge] v/t. (1m) ausstaffieren; **~ues** P [frɛ̃ːg] f/pl. Klamotten f/pl. P, Sachen f/pl.

frip|er [friˈpe] v/t. (1a) zerknittern; runzeln; **~erie** [~ˈpri] f gebrauchte Kleidung f; Laden m für Gebrauchtkleidung.

fripon, -ne [friˈpɔ̃, ~ˈpɔn] 1. adj. spitzbübisch, schelmisch; 2. su. Schelm(in f) m; **~ne** f kesses Mädchen n.

fripouille F [friˈpuj] f Schurke m.

friquet orn. [friˈkɛ] m Feldsperling m.

frire [friːr] v/t. u. v/i. (4m; dft.) braten; *faire ~ du poisson* Fisch braten.

frise [friːz] f *text.* Fries m, Flausch m; △ Fries m; *thé.* Bühnenhimmel m; ✕ *cheval de ~* spanischer Reiter m (*Stacheldrahtsperre*).

frisé, -e [friˈze] adj. Haare: lockig, gelockt.

friselis *litt.* [frizˈli] m Rauschen n.

fris|er [friˈze] (1a) v/t. Haare kräuseln; *fig.* beschönigen; frisieren; *fig.* streifen, nahekommen; *fig.* grenzen an (acc.); v/i. sich kräuseln; **~on¹** [~ˈzɔ̃] m Löckchen n.

frison², -ne [friˈzɔ̃, ~ˈzɔn] 1. adj. friesisch; 2. ♀(ne) su. Friese m, Friesin f.

frisquet, -te F [frisˈkɛ, ~ˈkɛt] adj. frisch, kühl.

frisson [friˈsɔ̃] m Schau(d)er m; **~ner** [~sɔˈne] v/i. (1a) frösteln, schau(d)ern; zittern.

friterie [friˈtri] f Fischbrathalle f in e-r Konservenfabrik; Pommes--frites-Stand m.

frites [frit] f/pl. Pommes frites pl.

friture [friˈtyːr] f Braten n; Bratfische m/pl.; Bratenfett n; rad., téléph. Nebengeräusch n.

frivol|e [friˈvɔl] adj. nichtig; unbegründet; Person: oberflächlich; **~ité** [~liˈte] f Leichtfertigkeit f, Oberflächlichkeit f; *text.* Spitze f.

froc [frɔk] m: *jeter le ~ aux orties* die Mönchskutte ablegen; **~ard** P [~ˈkaːr] m Mönch m.

froid, -e [frwa, frwad] 1. adj. kalt (a. fig.); *battre ~ à j-m* kühl entgegentreten; *raisonner à ~* kühl urteilen; *avoir ~* frieren; *être en ~ (avec)* e-e kühle Haltung einnehmen (zu); *sich (mit j-m) nicht stehen*; *prendre (od. attraper) ~* sich erkälten; *à ~* kalt (-blütig); *cuis. à ~* ungewärmt; 2. m Kälte f; **~eur** fig. [~ˈdœːr] f Kälte f.

froiss|ement [frwasˈmɑ̃] m (Zer-)Quetschung f; Reibung f (a. fig.); (Zer-)Knittern n; **~er** [~ˈse] v/t. (1a) zerquetschen; zerknittern; kränken.

frôl|ement [frolˈmɑ̃] m Streifen n; Rascheln n; **~er** [~ˈle] v/t. (1a) streifen; leicht berühren.

fromage [frɔˈmaːʒ] m Käse m; *~ de tête* Sülze f; **~er, -ère** [~maˈʒe, ~ˈʒɛːr] su. Käsehersteller(in f) m; Käsehändler(in f) m; **~erie** [~ʒˈri] f Käsefabrik f, -geschäft n.

froment [frɔˈmɑ̃] m Weizen m.

fronc|e [frɔ̃ːs] f Falte f (im Stoff); Knick m (im Papier); **~ement** [frɔ̃sˈmɑ̃] m Runzeln n; **~er** [~ˈse] v/t. (1k) falten, runzeln; **~is** [~ˈsi] m Falten f/pl. am Kleid.

frondaison [frɔ̃dɛˈzɔ̃] f Treiben n des jungen Laubes; frische Triebe m/pl.

frond|e [frɔ̃ːd] f Schleuder f; ⚔ Art Binde f; ♀ Fr. hist. Fronde f; **~er** [frɔ̃ˈde] v/t. (1a) kritisieren, bekritteln.

frondeur, -se [frɔ̃ˈdœːr, ~ˈdøːz] 1. su. Nörgler(in f) m; Kritiker(in f) m; 2. adj. aufsässig.

front [frɔ̃] m Stirn f; *litt.* Gesicht n, Kopf m; Vorderseite f, Front f; Frechheit f; *faire ~ à* die Stirn bieten; *de ~* nebeneinander, zugleich; von vorn; ohne Umschweife; **~al, -e** [~ˈtal] adj. (m/pl. -aux) Stirn-...; **~alier, -ère** [~liˈe, ~ˈljɛːr] 1. adj. Grenz...; 2. su. Grenzbewohner(in f) m.

frontière [frɔ̃ˈtjɛːr] f Grenze f.

frontispice *typ.* [frɔ̃tisˈpis] m Titelblatt *n*, -bild *n*.

fronton △ [frɔ̃'tɔ̃] *m* Portalgiebel *m*.

frott|age [frɔ'ta:ʒ] *m* Reiben *n*; Bohnern *n*; **~ement** [~t'mɑ̃] *m* Reiben *n*, Frottieren *n*; Reiberei *f*; **~er** [~'te] *v/t*. (1a) (ab-, ein-)reiben; frottieren; *Fußboden* bohnern; schrubben, aufwischen; *fig.* se ~ à q. sich an j-m reiben; **~is** [~'ti] *m* 1. Deckfarbe *f*; 2. 🎨 Abstrich *m*; **~oir** [~'twa:r] *m* Frottier-, Bohner-tuch *n*, -lappen *m*, -bürste *f*.

frou-frou [fru'fru] *m* (*pl.* frou-frous) Rauschen *n*, Knistern *n* (*bsd. der Seidenkleider*); *fig.* faire du ~ Staat (*od.* Wind) machen.

frouss|ard P [fru'sa:r] *m* Angsthase *m*; **~e** P [frus] *f* Angst *f*.

fruct|ifier [frykti'fje] *v/i.* (1a) Früchte tragen; **~ueux, -se** [~'tɥø, ~'tɥø:z] *adj.* einträglich; vorteilhaft.

frugal, -e [fry'gal] *adj.* (*m/pl. -aux*) genügsam; einfach; **~ité** [~li'te] *f* Genügsamkeit *f*; Einfachheit *f*.

fruit [frɥi] *m* 1. Frucht *f*; **~s** *pl.* Obst *n*; **~s secs** Dörrobst *n*; *fig.* ~ sec Null *f*, Versager *m*; 2. *fig.* Ergebnis *n*, Gewinn *m*; 3. △ Mauerschräge *f*; **~rien, -ne** [~ta'rjɛ̃, ~'rjɛn] *su.* Rohköstler(in *f*) *m*; **~erie** [~'tri] *f* Obstkammer *f*, -handel *m*; **~ier, -ère** [~'tje, ~'tjɛ:r] 1. *adj.* obsttragend; Obst...; 2. *su.* Obsthändler(in *f*) *m*; *dial. a.* Käsefabrikant *m*; 3. *m* Obstkammer *f*, -garten *m*, -hürde *f*.

frusques P [frysk] *f/pl.* Lumpen *m/pl.*, alte Sachen *f/pl.*, alte Kleider *n/pl.*

fruste [fryst] *adj.* abgegriffen; verwittert; rauh; derb, vierschrötig.

frustr|ation *psych.* [frystra'sjɔ̃] *f* Frustration *f*; **~er** [~'tre] *v/t.* (1a): ~ q. de qch. j-n um etw. bringen; *fig.* ~ q. dans son attente j-n in s-r Erwartung frustrieren (*od.* enttäuschen).

fuel [fjul] *m*, **~oil** [~ɔ'il] *m* (*pl. fuels-oils*) Heizöl *n*.

fug|ace [fy'gas] *adj.* Parfüm: flüchtig; *Gedächtnis*: kurz; **~itif, -ve** [~ʒi'tif, ~'ti:v] 1. *adj.* flüchtig; rasch vorübergehend; *fig. Gedicht*: kurz und einfach; 2. *su.* Flüchtling *m*; **~ue** [fy:g] *f* Ausreißen *n*; ♪ Fuge *f*.

fugueur *psych.* [fy'gœ:r] *m* Aussteiger *m*; Ausreißer *m*.

fuir [fɥi:r] (2d) *v/t.* fliehen (*q.* vor j-m *od. st.s.* j-n); meiden; *v/i. Person:* fliehen, flüchten; *Faß:* lecken.

fuite [fɥit] *f* Flucht *f*; Auslaufen *n*, Ausströmen *n*; undichte Stelle *f*, Leck *n*; *fig.* Indiskretion *f*; *phys.* (*Ⓔ Strom-)*Verlust *m*; *mettre en* ~ in die Flucht schlagen; *prendre la* ~ die Flucht ergreifen.

fulgur|ation [fylgyra'sjɔ̃] *f* Wetterleuchten *n*; Funkeln *n*; **~er** [~'re] *v/i.* (1a) funkeln, leuchten, blitzen.

fuligineux, -se [fyliʒi'nø, ~'nø:z] *adj.* rußfarben.

fulmi|coton [fylmiko'tɔ̃] *m* Schießbaumwolle *f*; **~ner** [~'ne] (1a) *v/i.* explodieren; *fig.* wettern, toben; *v/t. Verwünschungen* ausstoßen.

fumage [fy'ma:ʒ] *m Fleisch:* Räuchern *n*; ✔ Düngen *n*.

fume|-cigare [fymsi'ga:r] *m* (*inv.*) Zigarrenspitze *f*; **~-cigarette** [~ga-'rɛt] *m* (*inv.*) Zigarettenspitze *f*.

fum|ée [fy'me] *f* Rauch *m*; 🐗 ~ (noire) Qualm *m*; **~s** *pl.* Dunst *m* (*über e-r Stadt; des Weines*); *fig.* **~s** [~] (1a) *v/t. Tabak* rauchen; *Fleisch* räuchern; ✔ düngen; *v/i. Herd usw.:* rauchen; P *Person:* toben, wütend sein; **~erie** [~m'ri] *f* Opiumhöhle *f*.

fumet [fy'mɛ] *m* Bratenduft *m*; *Blume f des Weines*; *ch.* Witterung *f*.

fum|eur, -se [fy'mœ:r, ~'mø:z] *su.* Raucher(in *f*) *m*; **~s** *pl.* Raucher (-abteil *n*) *m/pl.*; **~eux, -se** [~'mø, ~'mø:z] *adj.* rauchig; *fig.* wirr, konfus.

fumidôme △ [fymi'do:m] *m* Rauchabzugskuppel *f*.

fum|ier [fy'mje] *m* Mist(haufen *m*) *m*, Dung *m*; P Mist-kerl *m*, -stück *n*; **~iste** [~'mist] 1. *m* Ofensetzer *m*; 2. *su.* Angeber(in *f*) *m*; Bluffer *m*; 3. *adj.* F unzuverlässig; **~isterie** F [~to'ri] *f* Bluff *m*; Angeberei *f*; Schwindel *m*; **~ivore** [~mi'vo:r] *m* Rauchverzehrer *m*; **~oir** [~'mwa:r] *m* Rauchzimmer *n*; Räucherei *f*; **~ure** ✔ [~'my:r] *f* Düngung *f*; Dung *m*.

funambule [fynɑ̃'byl] *su.* Seiltänzer (-in *f*) *m*.

funèbre [fy'nɛbrə] *adj.* Begräbnis..., Leichen...; *fig.* düster, unheilverkündend; *pompes f/pl.* **~s** Beerdigungsinstitut *n*.

funér|ailles [fyne'ra:j] *f/pl.* Trauerfeier *f*; **~aire** [~'rɛ:r] *adj.* Begräbnis...; Grab...

funeste [fy'nɛst] *adj.* unheilvoll.

funiculaire [fyniky'lɛ:r] 1. *adj.* Seil...; 2. *m* Drahtseilbahn *f*.

fur [fy:r] *m*: *au ~ et à mesure de* (*od. que*) entsprechend (*dat.*); *in dem Maße, wie*.

furet [fy¹rɛ] *m zo.* Frettchen *n*; *fig.* Schnüffler *m*; **~er** [~r¹te] *v/i.* (1e) mit Frettchen jagen; *fig.* rumschnüffeln; **~eur** [~¹tœ:r] *m* Frettchenjäger *m*; *fig.* Schnüffler *m*.

fur|eur [fy¹rœ:r] *f* Wut *f*, Raserei *f*; *fig. litt.* Begeisterung *f*; *faire ~* großen Erfolg haben, Furore machen; **~ibond, -e** [~ri¹bɔ̃, ~¹bɔ̃:d] *adj.* außer sich vor Wut, fuchsteufelswild; **~ieux, -se** [~¹rjø, ~¹rjø:z] *adj.* wütend, rasend; *F gewaltig, Riesen...*

furoncle [fy¹rɔ̃:klə] *m* Furunkel *m od. n.*

furtif, -ve [fyr¹tif, ~¹ti:v] *adj.* verstohlen.

fus [fy] *p/s. von être* (*1. u. 2. Person*).

fusain [fy¹zɛ̃] *m* 1. ♀ Spindelbaum *m*; 2. Zeichenkohle *f*; 3. Kohlezeichnung *f*.

fus|eau [fy¹zo] *m* (*pl. ~x*) Spindel *f*; (Spitzen-)Klöppel *m*; *Sport*: Keilhose *f*; **~ée** [~¹ze] *f* Garnspule *f*; Achsschenkel *f*; Rakete *f*; *fig.* Salve *f*; ⚒ Zünder *m*; ✗ Eiterkanal *m*; ~ *air-sol* Luft-Boden-Rakete *f*; ~ *à moyenne portée* Mittelstreckenrakete *f*; ~ *à temps* Zeitzünder *m*; ~ *habitée* bemannte Rakete *f*; ~ *volante à étoiles variées* Leuchtkugelrakete *f*; ~ *d'appoint* Startrakete *f* für e-e Raumfähre; **~éiste** [~ze¹ist] *m* Raketensachverständige(r) *m*.

fusel|age ✗ [fyz¹la:ʒ] *m* Rumpf *m*; **~é, -e** [~z¹le] *adj.* spindelförmig, dünn.

fus|er [fy¹ze] *v/i.* (1a) zerschmelzen; (zischend) ausströmen; *Pulver*: ohne Knall verbrennen; ✗ durchbrennen; **~ible** [~¹ziblə] 1. *adj.* schmelzbar; 2. *m* ⚡ Sicherung *f*.

fusil [fy¹zi] *m* Gewehr *n*; Wetzstahl *m*; ✗ ~ *automatique* Selbstlader *m*; *pierre f à ~* Feuerstein *m*; **~ier** [~¹lje] *m*: ~ *marin* Marineinfanterist *m*; ~ *mitrailleur* MG-Schütze *m*; **~lade** [~¹jad] *f* Schießerei *f*; Gewehrfeuer *n*; Erschießung *f*; **~ler** [~¹je] *v/t.* (1a) erschießen; *phot.* knipsen; filmen; *P kaputtmachen*.

fusion [fy¹zjɔ̃] *f* (Ver-)Schmelzen *n*; ✝ Fusion *f*; **~ner** [~zjɔ¹ne] *v/t. u. v/i.* (1a) verschmelzen.

fustiger [fysti¹ʒe] *v/t.* (1l) *fig.* geißeln, scharf verurteilen.

fût [fy] *m* Stamm *m* *e-s Baumes*; Faß *n*; Gestell *n*; Schaft *m*; *a. at.* ~ *métallique* Metallfaß *n*.

futaie [fy¹tɛ] *f* Hochwald *m*.

futaille [fy¹ta:j] *f* Faß *n*.

futé, -e [fy¹te] *adj.* verschmitzt, pfiffig.

futille [fy¹til] *adj.* nichtig; seicht; **~ité** [~li¹te] *f* Nichtigkeit *f*; Gehaltlosigkeit *f*, Seichtheit *f*.

futur, -e [fy¹ty:r] 1. *adj.* (zu)künftig; 2. *su.* F Zukünftige(r *m*) *m. u. f*; 3. *m* Zukunft *f* (*a. gr.*); *gr.* Futur *n*.

futur|isme *litt., peint.* [fyty¹rism] *m* Futurismus *m*; **~iste** [~¹rist] 1. *adj.* futuristisch; 2. *su.* Futurist(in *f*) *m*; **~ologie** [~rɔlɔ¹ʒi] *f* Futurologie *f*; **~ologue** [~¹lɔg] *m* Futurologe *m*.

fuy|ant, -e [fɥi¹jɑ̃, ~¹jɑ̃:t] *adj.* flüchtig; *peint.* zurücktretend; *Stirn*: fliehend; **~ard, -e** [~¹ja:r, ~¹jard] *su.* Flüchtling *m*, Ausreißer(in *f*) *m*.

G

G (*ou* g) [ʒe] *m* G (*od.* g) *n.*
gabar|e ⚓ [ga'baːr] *f* Leichter *m*,
Schute *f*; Schleppnetz *n*; **~ier** [~ba-
'rje] *v/t.* (1a) nach e-m Modell
bauen; **~it** [~'ri] *m* ⊕ Modell *n*,
Schablone *f*; Ladeprofil *n*; F Kör-
pergröße *f*; *fig.* Art *f*; *iron.* Kaliber *n*;
fig. Schlag *m.*
gabel|le *ehm.* [ga'bɛl] *f* Salzsteuer *f*;
~ou [ga'blu] *m* Beamte(r) *m* der *ehm.*
(Salz-)Steuer; *jetzt mv.p.*: P Steuer-,
Zoll-schnüffler *m.*
gabier ⚓ [ga'bje] *m* Mastwächter *m.*
gabonais, -e [gabɔ'nɛ, ~'nɛːz] *adj.*
gabunisch.
gâch|e [gaːʃ] *f* Kalkschaufel *f*;
Schließklappe *f* e-s *Schlosses*; **~er**
[ga'ʃe] *v/t.* (1a) ⚠ anrühren; *fig.*
verpfuschen; verschwenden; verprassen; **~ette** [~'ʃɛt] *f* Drücker *m*
am Schloß; Abzug(stollen) *m am*
Gewehr; **~eur** [~'ʃœːr] *m* Kalkein-
rührer *m*; Pfuscher *m*; Verschwen-
der *m*; Preisverderber *m*; **~euse** *f*
[~'ʃøːz] *f* Spielverderberin *f*, *mv.p.*
Schnepfe *f*; **~is** [~'ʃi] *m* Dreck *m*,
Matsch *m*; *fig.* Patsche *f*; Schlamassel *m* (*östr. n*).
gadget [gad'ʒɛt] *m* Ding *n* (Gerät *n*)
mit e-m Pfiff; Spezialgerät *n*; *péj.*
Spielerei *f.*
gaff|e F [gaf] *f* Versehen *n*, Dumm-
heit *f*; P *faire ~* aufpassen; **~er** F
[~'fe] *v/i.* (1a) *fig.* e-e Dummheit
sagen od. machen, sich blamieren;
~eur, -se [~'fœːr, ~'føːz] *su.* Trampel
m od. n.
gag *cin., allg.* [gag] *m* Gag *m*, witziger
Einfall *m.*
gaga F [ga'ga] *adj.* kindisch (*durch das*
Alter), vertrottelt.
gag|e [gaːʒ] *m* (Unter-)Pfand *n*; *fig.*
Bürgschaft *f*; **~s** *pl.* (Dienst-)Lohn
m; *mettre en ~* verpfänden; **~er** [ga-
'ʒe] *v/t.* (1l) *fin.* sicherstellen; F *ga-*
geons que ... wetten, daß ...; **~eure**
[~'ʒyːr] *f litt.* gewagte Sache *f*; *tenir*
sa ~ durchhalten; **~iste** [~'ʒist] *m*
Bediensteter *m*; Pfandgläubiger *m.*
gagnant, -e [ga'nɑ̃, ~'nãːt] *su.* Ge-
winner(in *f*) *m.*

gagne-pain [gan'pɛ̃] *m* (*inv.*) Brot-
erwerb *m*; **~petit** [~pə'ti] *m* (*inv.*)
Kleinverdiener *m.*
gagner [ga'ne] (1a) *v/t.* gewinnen;
verdienen; *iron.* sich *e-e Krankheit*
usw. holen; *v/i. Feuer usw.*: sich
ausbreiten.
gai, -e [ge] *adj.* fröhlich, lustig; *il est*
un peu ~ er hat 'nen Schwips.
gaieté [ge'te] *f* Fröhlichkeit *f*, Heiterkeit *f*; *de ~ de cœur* freiwillig.
gaillard, -e [ga'jaːr, ~'jard] **1.** *adj.*
munter; fidel; **2.** *m* Kerl *m*; *fameux ~*
fabelhafter Kerl *m*; **~ise** [~jar'diːz] *f*:
~s *pl.* anzügliche Witzeleien *f/pl.*
gain [gɛ̃] *m* Gewinn *m*; ~ *au jeu*
Spielgewinn *m.*
gaine [gɛn] *f* Scheide *f* (*a.* ⚕); Futteral *n*, Hülle *f*; Hüfthalter *m*; ⊕
Verkleidung *f*; *anat.* ~ *du tendon*
Sehnenscheide *f*; ⚠ ~ *de chauffage*
Heizkanal *m*; ~ *protectrice* Schutz-
hülle *f* (*e-s Buches usw.*).
gala [ga'la] *m* Gala-empfang *m*,
-vorstellung *f.*
galant, -e [ga'lɑ̃, ~'lɑ̃ːt] **1.** *adj.* galant,
zuvorkommend; *aventure f ~e* Lie-
besabenteuer *n*; *péj. femme f ~e* Kokotte *f*; *vert m ~* Schürzenjäger *m*;
2. *m plais.* Galan *m*; **~erie** [~lɑ̃'tri] *f*
Galanterie *f*; **~s** *pl.* Aufmerksamkeiten *f/pl.* *Damen gegenüber.*
galaxie [galak'si] *f* **1.** ♋ Milchstraße *f*;
2. Sternsystem *n*, Spiralnebel *m.*
galb|e [galb] *m* Umrisse *m/pl.*, Run-
dung *f*; **~é, -e** [~'be] *adj.* ⚠ gut-
geschweift; ausgebaucht; *bien ~* gutge-
formt (*z.B. Beine*); *harmonieusement*
~ harmonisch geschwungen (*Kör-*
perform).
gale [gal] *f* Krätze *f*; Räude *f*; *fig.* F
Giftkröte *f.*
galéjer *Prov.* [gale'ʒe] *v/i.* (1f) aufschneiden; flunkern.
galène [ga'lɛn] *f min.* Bleiglanz *m*; *rad.*
poste m à ~ Detektorempfänger *m.*
galère [ga'lɛːr] *f ehm.* Galeere *f*; *fig.*
heikle Sache *f*; *int. vogue la ~!* komme, was da wolle!
galerie [gal'ri] *f* Galerie *f*; bedeckter
Gang *m*; ⚒ Stollen *m*; langer Saal *m*;

thé. Rang *m*; *weit S.* Zuschauer *m/pl.*, Publikum *n.*

galérien *ehm.* [gale'rjɛ̃] *m* Galeerensträfling *m.*

galet [ga'lɛ] *m* **1.** Kieselstein *m*; ~*s pl.* Kies *m*, Geröll *n*; **2.** ⊕ (Lauf-) Rolle *f.*

galetas [gal'tɑ] *m* ärmliche Wohnung *f.*

galette [ga'lɛt] *f* Blech-, Blätterteigkuchen *m*; Schiffszwieback *m*; P Geld *n.*

galeux, -se [ga'lø, ~'lø:z] *adj.* krätzig; räudig.

galimatias [galima'tjɑ] *m* Gefasel *n*; Quatsch *m.*

galle [gal] *f* ♀ Galle *f*; *noix f de* ~ Gallapfel *m*; *mouche f de* ~ Gallwespe *f.*

gallinacés [galina'se] *m/pl.* Hühnervögel *m/pl.*

gallois, -e [ga'lwa, ~'lwa:z] **1.** *adj.* walisisch; **2.** ♀(e) *su.* Waliser(in *f*) *m.*

gallup [ga'lœp] *m* Meinungsforschung *f*, -umfrage *f.*

galoche [ga'lɔʃ] *f* Holzpantine *f.*

galon [ga'lɔ̃] *m* Tresse *f*, Borte *f*; **~ner** [~b'ne] *v/t.* (1a) mit Tressen (*od.* Borten) besetzen.

galop [ga'lo] *m* Galopp *m*; **~er** [~lɔ-'pe] (1a) *v/i.* Galopp reiten; eilen; *v/t.* galoppieren lassen; **~in** F [~'pɛ̃] *m* Bengel *m.*

galure [ga'ly:r] *f* Hut *m.*

galvan|iser [galvani'ze] *v/t.* (1a) ⊕ galvanisieren; *fig.* ~ *un peuple* ein Volk mitreißen; **~oplastie** [~nɔplas-'ti] *f* Galvanoplastik *f.*

galvauder [galvo'de] *v/t.* (1a) entehren; *fig.* besudeln; *se* ~ sich erniedrigen.

gambade [gɑ̃'bad] *f* Freudensprung *m*; **~er** [~'de] *v/i.* (1a) umherspringen.

gamberg|e ✶ [gɑ̃'bɛrʒ] *f* Idee *f*; Phantasie *f*; **~er ✶** [~'ʒe] *v/i.* (1l): ~ *sur* nachdenken über (*acc.*).

gambiller P [gɑ̃bi'je] *v/i.* (1a) schwofen, scherbeln.

gamelle [ga'mɛl] *f* Kochgeschirr *n*; *fig. ramasser une* ~ (rein)fallen.

gamin [ga'mɛ̃] *m* kleiner Junge *m*, Frechdachs *m*, Bengel *m*; **~e** [~'min] *f* kleines Mädchen *n*; kesse Göre *f*; **~erie** [~min'ri] *f* Dummejungenstreich *m.*

gamma [ga'ma] *m* Gamma *f*; ⚡, ⚕ *rayons m/pl.* ~ Gammastrahlen *m/pl.*

gamme [gam] *f* Tonleiter *f*; ⊕, ✝ Fabrikationsprogramm *n*; Palette *f*; *le haut de la* ~ die Spitzenklasse; *rad.* ~ *d'ondes* Wellenbereich *m.*

gammée [ga'me] *adj./f*: *croix f* ~ Hakenkreuz *n.*

ganache [ga'naʃ] *f* untere Kinnlade *f des Pferdes*; F *fig.* Schafskopf *m.*

gang [gɑ̃] *m péj.* Bande *f*; Clique *f.*

ganglion [gɑ̃gli'ɔ̃] *m anat.* Nervenknoten *m*; ✻ Überbein *n.*

gangr|ène [gɑ̃'grɛn] *f* ✻ Brand *m*; *fig.* Krebsübel *n*; **~ener** [~grɔ'ne] *v/t.* (1d) brandig machen; *fig.* verderben, anstecken.

gangst|er [gɑ̃g'stɛːr] *m* Gangster *m*; **~érisme** [~ste'rism] *m* Gangstertum *n.*

ganse [gɑ̃:s] *f* Band *n*, Borte *f.*

gant [gɑ̃] *m* Handschuh *m*; ~ *de toilette* Waschlappen *m*; *comme un* ~ wie angegossen; **~elet** ✻ [gɑ̃t'lɛ] *m* Fingerverband *m*; **~er** [~'te] *v/t.* (1a): ~ *q.* j-m Handschuhe anziehen; *Handschuhe:* j-m passen; *se* ~ Handschuhe anziehen.

garag|e [ga'ra:ʒ] *m* Abstellen *n*; Garage *f*; Reparaturwerkstatt *f*; Ausweichnische *f* (*bei Serpentinen*); ⛉ *voie f de* ~ Abstellgleis *n*; **~iste** [~ra-'ʒist] *su.* Garagenbesitzer(in *f*) *m.*

garance [ga'rɑ̃:s] *f* Krapp(rot *n*) *m.*

garant, -e [ga'rɑ̃, ~'rɑ̃:t] **1.** *adj.* bürgend; *se porter* ~ bürgen (*de qch.* für etw.); **2.** *su.* Bürge *m*, Bürgin *f*; **~ir** [~'ti:r] *v/t.* (2a) garantieren; ~ *q. de qch.* j-n vor etw. (*dat.*) schützen.

garce [gars] *f* P Hure *f*; Weibsbild *n.*

garçon [gar'sɔ̃] *m* Junge *m*, Knabe *m*; Junggeselle *m*; Gehilfe *m*; (*premier* ~ Ober-)Kellner *m*; ~ *d'ascenseur* Fahrstuhlführer *m*, Liftboy *m*; **~net** [~sɔ'nɛ] *m* kleiner Junge *m*; *cout.* Burschengröße *f*; **~nière** [~'njɛːr] *f* Junggesellenwohnung *f*; Appartement *n* für eine Person.

garde [gard] **1.** *f* Wache *f*; Posten *m*; Garde *f*; Aufsicht *f*, Obhut *f*, Bewachung *f*; Deckung *f beim Fechten*; ~ *à vue* Polizeigewahrsam *m*; ~ *civique*, ~ *nationale* Bürgerwehr *f*; *monter la* ~ Wache stehen; *prendre la* ~ auf Wache ziehen; *prendre* ~ sich in acht nehmen; achtgeben, achthaben (*à auf acc.*); **2.** *m* Wächter *m*, Wärter *m*, Aufseher *m*; ⚔ Gardist *m*; ~ *du corps* Leibgardist *m*; ~ *forestier* Förster *m*;

♀ *des Sceaux* Justizminister *m*.

garde|-barrière [gardəbaˈrjɛːr] *su.* (*pl.* gardes-barrière[s]) Schrankenwärter(in *f*) *m*; **~boue** [~ˈbu] *m* (*inv.*) Schutzblech *n*, Kotflügel *m*; **~cendre(s)** [~ˈsãːdrə] *m* (*pl.* ~[s]) Ofenvorsetzer *m*; **~corps** [~ˈkɔːr] *m* (*inv.*) Reling *f*, Geländer *n*; **~côte(s)** [~ˈkoːt] *m* (*pl.* ~[s]) Strandwächter *m*; Küstenwachschiff *n*; **~feu** [~ˈfø] *m* (*inv.*) Kamingitter *n*; **~fou** [~ˈfu] *m* (*pl.* ~s) Brüstung *f*; **~frein** 🚗 [~ˈfrɛ̃] *m* (*pl.* gardes-frein[s]) Bremser *m*; **~ligne** 🚗 [~ˈliɲ] *m* (*pl.* gardes-ligne[s]) Streckenwärter *m*; **~manger** [~mãˈʒe] *m* (*inv.*) Speiseschrank *m*, -kammer *f*.

gard|er [garˈde] *v/t.* (1a) bewachen, behüten, pflegen; erhalten; aufbewahren; bewahren; *fig.* beobachten; halten, zurückbehalten; se ~ de sich hüten (*od.* sich in acht nehmen) vor (*dat.*); se ~ de faire qc. sich hüten, etw. zu tun; **~erie** [~ˈdri] *f* (Kinder-)Hort *m*; (Forst-)Revier *n*; **~e-robe** [~dəˈrɔb] *f* (*pl.* ~s) 1. Bekleidung *f*, Garderobe *f*; 2. Kleiderschrank *m*; **~eur, -se** [~ˈdœːr, ~ˈdøːz] *su.* Hüter(in *f*) *m*; Hirt(in *f*) *m*; **~e-voie** 🚗 [~dəˈvwa] *m* (*pl.* gardes-voie[s]) Streckenwärter *m*.

gardien, -ne [garˈdjɛ̃, ~ˈdjɛn] 1. *su.* Wächter(in *f*) *m*; Wärter(in *f*) *m*; ~ de la paix Polizist *m*; *Sport*: ~ de but Torwart *m*; 2. *adj.*: ange ~ Schutzengel *m*; **~nage** [~djeˈnaːʒ] *m* Beaufsichtigung *f* (*v. Kindern*); 🚢 Bewachung *f*; **~ner** *néol.* [~ˈne] *v/t.* (1a) polizeilich überwachen.

gardoche F *enf.* [garˈdɔʃ] *f* Kinderhort *m*.

gare [gaːr] 1. *f* 🚗 Bahnhof *m*; Ausweichstelle *f*; Flußhafen *m*; ~ aérienne Flughafen *m*; ~ routière Busbahnhof *m*; ~ de triage Verschiebebahnhof *m*; 2. *int.* ~! Vorsicht!; ~ aux voleurs! vor Dieben wird gewarnt!; *sans crier* ~ mir nichts, dir nichts.

garenne [gaˈrɛn] 1. *f* Kaninchengehege *n*; 2. *m* Wildkaninchen *n*.

garer [gaˈre] *v/t.* (1a) in Sicherheit bringen, *z. B.* ⚓ in e-e Bucht, 🚗 in die Halle, 🚗 auf ein anderes Gleis bringen; 🚗 rangieren; *Auto*: unterstellen, parken; *Auto*: se ~ abgestellt werden; F parken; se ~ de sich hüten vor (*dat.*).

gargaris|er [gargariˈze] *v/rfl.* (1a): se

~ gurgeln; F se ~ de qch. sich an etw. (*dat.*) weiden; **~me** [~ˈrism] *m* Gurgeln *n*; Gurgelwasser *n*.

gargote [garˈgɔt] *f* billiges, schmutziges Lokal *n*.

gargouill|e △ [garˈguj] *f* Wasserspeier *m*; Fallrohr *n*; **~ement** [~gujˈmã] *m* Blubbern *n*; **~er** [~ɡuˈje] *v/i.* (1a) *Wasser*: blubbern; *Magen*: knurren.

garnement [garnəˈmã] *m* 1. Strolch *m*; (*pl.* ~s) Brüstung *f*; 2. Bengel *m*.

garn|ir [garˈniːr] *v/t.* (2a) ausstatten, besetzen, versehen, einfassen, beziehen; *fig. Stühle, Räume* besetzt halten; **~ison** ⚔ [~niˈzɔ̃] *f* Garnison *f*; **~iture** [~ˈtyːr] *f* Ausstattung *f*; Einrichtung *f*; Zubehör *n*; Besatz *m an Kleidung*; ✝ Garnitur *f*, Auswahl *f*; Satz *m*; Schmuck *m*; *cuis.* Zutaten *f/pl.*; ⊕ Futter *n*, Dichtung *f*; *Auto*: ~ de frein Bremsbelag *m*.

garrotter [garɔˈte] *v/t.* (1a) *Gefangenen* in schwere Fesseln legen.

gars F [ga] *m* Junge *m*.

gascon, -ne [gasˈkɔ̃, ~ˈkɔn] 1. *adj.* gaskognisch; prahlerisch; 2. *su.*: 2(ne) Gaskogner(in *f*) *m*; ~(ne) Aufschneider(in *f*) *m*; **~nade** [~koˈnad] *f* Aufschneiderei *f*.

gaspiller [gaspiˈje] *v/t.* (1a) vergeuden.

gastrite ⚕ [gasˈtrit] *f* Gastritis *f*.

gastro|nome [gastroˈnɔm] *m* Gastronom *m*, Feinschmecker *m*; **~nomie** [~noˈmi] *f* Gastronomie *f*, Kochkunst *f*.

gâteau [gaˈto] *m* (*pl.* ~x) Kuchen *m*; ~x *pl.* secs Keks(e) *pl.*, Teegebäck *n*; ~ de miel (Honig-)Wabe *f*.

gâter [gaˈte] *v/t.* (1a) verderben; schaden (*dat.*); verwöhnen, verziehen.

gâte-tout [gatˈtu] *m* (*inv.*) Tolpatsch *m*.

gâtisme [gaˈtism] *m* Altersschwäche *f*.

gauch|e [goːʃ] 1. *adj.* link; linkisch, unbeholfen, ungeschickt; schief, krumm; 2. *f* linke Hand *f*; linke Seite *f*; ⚔ linker Flügel *m*; *pol.* Linke *f*; à ~ links; **~er, -ère** [goˈʃe, ~ˈʃɛːr] 1. *adj.* linkshändig; 2. *su.* Linkshänder(in *f*) *m*; **~erie** [~ˈʃri] *f* Ungeschicklichkeit *f*; **~ir** [~ˈʃiːr] (2a) *v/i.* schief werden; *Holz*: sich werfen; *v/t. Holz* verbiegen; 🚗 *Querruder* verwinden, trimmen; **~isant, -e** *pol.*

[ʌʃiˈza, ʌˈzãːt] *adj.* zur Linken neigend; **~isme** *pol.* [ʌˈʃism] *m* Linksextremismus *m*; **~issement** [ʌʃisˈmã] *m* Werfen *n* (*von Holz*); ⚒ Querrudersteuerung *f*; *fig.* Wandlung *f*; **~iste** [ʌˈʃist] **1.** *adj.* links (-extremistisch); **2.** *su.* Linksextremist(in *f*) *m*; F Linke(r *m*) *m/f.*

gaudriole F [godriˈɔl] *f* anzüglicher Witz *m*, Zote *f*.

gaufr|e [ˈgoːfrə] *f* Waffel *f*; Wabe *f*; **~er** ⊕ [goˈfre] *v/t.* (1a) Muster einpressen auf (*acc.*); **~ier** [ʌfriˈe] *m* Waffeleisen *n*.

gaule [goːl] *f* lange Stange *f*.

gauler [goˈle] *v/t.* (1a) *Früchte* mit e-r Stange abschlagen.

gaull|ien, -ne *Fr. pol.* [goˈljɛ̃, ʌˈljɛn] *adj.* von de Gaulle; **~iste** [ʌˈlist] **1.** *adj.* gaullistisch; **2.** *su.* Gaullist(in *f*) *m.*

gaulois, -e [goˈlwa, ʌˈlwaːz] **1.** *adj.* gallisch; *fig.* derb; **2.** ⒉(e) *su.* Gallier(in *f*) *m*; **3.** *~e f franz.* Zigarettenmarke; **~erie** [ʌlwazˈri] *f* derber Witz *m*, Zote *f.*

gave [gaːv] *m* Sturzbach *m* (*in den Pyrenäen*).

gaver [gaˈve] *v/t.* (1a) *Geflügel* nudeln; *se ~ de qch.* sich mit etw. (*dat.*) vollfressen (*a. von Menschen*).

gavroche [gaˈvrɔʃ] *m* Pariser Straßenjunge *m.*

gaz [gaːz] *m* Gas *n*; *~ d'échappement*, *~ brûlé* Abgas *n*; *~ distribué à distance* Ferngas *m*; *~ rare* Edelgas *n*; *~ toxique*, *~ délétère* Giftgas *n*; *couper le ~* das Gas wegnehmen; *mettre les ~* Gas geben; *à pleins ~* mit Vollgas.

gaze [gaːz] *f* Mullbinde *f*, Gaze *f*; *fig.* Schleier *m.*

gazé, -e [gaˈze] *adj.* vergast; durch Gas vergiftet.

gazéi|fier [gazeiˈfje] *v/t.* (1a) vergasen (*in Gas umwandeln*); **~forme** [ʌˈfɔrm] *adj.* gasförmig.

gazer [gaˈze] (1a) *v/t.* vergasen (*mit Gas töten*); *v/i.* F *bsd. Auto:* rasen, sausen, flitzen, schnell fahren; F *ça gaze!* das klappt ja!

gazette *dial.* [gaˈzɛt] *f* Zeitung *f.*

gazeux, -se [gaˈzø, ʌˈzøːz] *adj.* gasartig; kohlensäurehaltig; *Brause...*

gazier [gaˈzje] *m* Gasarbeiter *m*; Gasmann *m.*

gazo|duc [gazoˈdyk] *m* Ferngasleitung *f*; **~gène** *Auto* [ʌˈʒɛn] *m* Generator *m*; **~mètre** [ʌˈmɛːtrə] *m*

Gasbehälter *m.*

gazon [gaˈzõ] *m* Rasen *m*; **~ner** [ʌzɔ-ˈne] *v/t.* (1a) mit Rasen belegen.

gazouill|ement [gazujˈmã] *m* Zwitschern *n*; Lallen *n*; Plätschern *n*; Murmeln *n*; **~er** [ʌˈje] *v/i.* (1a) *Vogel:* zwitschern; *Kind:* lallen; *Bach:* plätschern, murmeln; **~is** [ʌˈji] *m* = gazouillement.

geai *orn.* [ʒɛ] *m* Eichelhäher *m.*

géant, -e [ʒeˈã, ʌˈãːt] **1.** *su.* Riese *m*, Riesin *f*; Gigant *m*; **2.** *adj.* riesig; Riesen...; *Skisport:* slalom *m ~* Riesenslalom *m.*

gégène P [ʒeˈʒɛn] *f* Tortur *f*, Folter *f.*

geignardise F [ʒɛɲarˈdiːz] *f* Geheul *n.*

geindre [ˈʒɛ̃ːdrə] *v/i.* (4b) ächzen, stöhnen, jammern, flennen.

gel [ʒɛl] *m* Frost *m*; *fin.* Einfrieren *n.*

gélatine [ʒelaˈtin] *f* Gelatine *f.*

gel|ée [ʒɔˈle] *f* Frost *m*; *cuis.* Gelee *n*; *~ blanche* Reif *m*; *~ nocturne* Nachtfrost *m*; **~er** [ʌ] (1d) *v/t.* zum Gefrieren bringen; durch Frost beschädigen; *fin., fig.* einfrieren lassen; *v/i.* ein-, zu-frieren.

gelinotte [ʒɔliˈnɔt] *f* Haselhuhn *n.*

gélivure [ʒeliˈvyːr] *f* Frostriß *m.*

Gémeaux [ʒeˈmo] *m/pl.: les ~* die Zwillinge *m/pl.* (*Tierkreiszeichen*).

gémin|é,-e [ʒemiˈne] *adj.* doppelt; ♀ gepaart; **~er** *a. écol.* [ʌ] (1a) zusammenlegen.

gém|ir [ʒeˈmiːr] *v/i.* (2a) ächzen, stöhnen, wimmern; *Tür:* knarren; **~issement** [ʌmisˈmã] *m* Ächzen *n*; Stöhnen *n*; Wimmern *n*; Knarren *n.*

gemme [ʒɛm] *f* Edelstein *m*; ♀ Auge *n*; *sel m ~* Steinsalz *n.*

gênant, -e [ʒɛˈnã, ʌˈnãːt] *adj.* lästig, beschwerlich, unbequem; peinlich.

gencive [ʒãˈsiːv] *f* Zahnfleisch *n.*

gendarm|e [ʒãˈdarm] *m* Gendarm *m*; F Mannweib *n*; P Bückling *m*, Räucherhering *m*; **~er** [ʌˈme] *v/rfl.* (1a): *se ~* sich ereifern; **~erie** [ʌməˈri] *f* Gendarmerie(kaserne *f*) *f.*

gendre [ˈʒãːdrə] *m* Schwiegersohn *m.*

gène *biol.* [ʒɛːn] *m* Gen *n.*

gên|e [ʒɛːn] *f* **1.** *physiol.* Beklemmung *f*; Unbehagen *n*; **2.** *fig.* (Geld-)Verlegenheit *f*; *sans ~* zwanglos, ungezwungen; **~er** [ʒɛˈne] *v/t.* (1a) beengen, behindern; *zu eng sein* (*qu. j-m*); *in* (*Geld-*)*Verlegenheit bringen*; *fig. se ~* sich Zwang antun; sich genieren.

général, -e [ʒeneˈral] (*m/pl. -aux*)

1. adj. allgemein; Haupt..., Ober...; **2.** m Allgemeine(s) n; ✕ General m; **⊾e** [⌐] f Frau f e-s Generals; thé., ♩ Generalprobe f; ✕ sonner la ⌐ zum Sammeln blasen; **⊾iser** [⌐li'ze] v/t. (1a) verallgemeinern; **⊾iste** [⌐'list] su. praktischer Arzt m, praktische Ärztin f; **⊾ité** [⌐li'te] f Allgemeinheit f; Mehrzahl f; **⊾s** pl. Allgemein(s) n.

généra|teur, -rice [ʒenera'tœːr, ⌐'tris] **1.** adj. erzeugend; **2.** su. Erzeuger(in f) m; **3.** m ⚡ Generator m; **⊾tif, -ve** [⌐'tif, ⌐'tiːv] adj. generativ; **⊾tion** [⌐ra'sjɔ̃] f Zeugung f; Generation f, Geschlecht n; Menschenalter n.

généreux, -se [ʒene'rø, ⌐'røːz] adj. großzügig; freigebig; Wein: feurig; Boden: ergiebig.

générosité [ʒenerozi'te] f Großzügigkeit f; Freigebigkeit f.

genèse, **bibl. ⚥ [ʒə'nɛːz] f Genesis f (a. bibl.), Entwicklungsgeschichte f.

genêt ⚘ [ʒə'nɛ] m Ginster m.

généticien [ʒeneti'sjɛ̃] m Genetiker m.

génétique [ʒene'tik] **1.** adj. entwicklungsgeschichtlich; erbbiologisch; **2.** f Genetik f.

gêneur, -se [ʒɛ'nœːr, ⌐'nøːz] su. Störenfried m.

genevois, -e [ʒən'vwa, ⌐'vwaːz] **1.** adj. genferisch; **2.** ⚥(e) su. Genfer(in f) m.

genévrier ⚘ [ʒənevri'e] m Wacholder(strauch m) m.

génie [ʒe'ni] m Geist m, Genius m; Genie n; fig. Meister m, Eigentümlichkeit f; ⌐ civil a. ✕ Pionier-, Bau-, Ingenieur-wesen n.

genièvre [ʒə'njɛːvre] m Wacholder(beere f, -strauch m, -schnaps m) m.

génisse [ʒe'nis] f Färse f, junge Kuh f.

génital, -e [ʒeni'tal] adj. (m/pl. -aux) Zeugungs..., Geschlechts...

génocide [ʒenɔ'sid] m Völkermord m.

genou [ʒə'nu] m (pl. ⌐x) Knie n; **⊾illère** [⌐nu'jɛːr] f (Stiefel-)Stulpe f; Knieschützer m.

genre ['ʒɑ̃ːre] m Gattung f; Geschlecht n; gr. Genus n; Art (und Weise) f; Mode f; Stil m; pour se donner un ⌐ aus Angabe F.

gens [ʒɑ̃] m/pl. (unmittelbar vorausgehendes adj.: f/pl.) Leute pl.; les petites ⌐ die kleinen Leute pl.; ⌐ bien feine Leute pl.; ⌐ de bien ehrliche Leute pl.; ⌐ d'église Geistliche m/pl.; ⌐ de

lettres Schriftsteller m/pl.; bsd. adm. ⌐ de maison (od. de service) Dienstpersonal n; ⌐ sans aveu Landstreicher m/pl.; se connaître en ⌐ seine Leute kennen.

gent plais., iron. [ʒɑ̃] f Völkchen n.

gentiane ⚘ [ʒɑ̃'sjan] f Enzian m.

gentil, -le [ʒɑ̃'ti, ⌐'tij] adj. nett; liebenswürdig; hübsch; niedlich; artig; **⊾homme** [⌐ti'jɔm] m (pl. gentilshommes [⌐ti'zɔm]) Edelmann m, pl. Edelleute pl.; fig. Kavalier m.

gentillesse [ʒɑ̃ti'jɛs] f Freundlichkeit f, Liebenswürdigkeit f.

gentiment [ʒɑ̃ti'mɑ̃] adv. s. gentil.

génuflexion [ʒenyflɛ'ksjɔ̃] f Kniebeuge f.

géodésie [ʒeɔde'zi] f Geodäsie f; **⊾ique** [⌐'zik] adj. geodätisch.

géograph|ie [ʒeɔgra'fi] f Geographie f, Erdkunde f; **⊾ique** [⌐'fik] adj. geographisch.

géo|logie [ʒeɔlɔ'ʒi] f Geologie f; **⊾logique** [⌐lɔ'ʒik] adj. geologisch; **⊾mètre** [⌐'mɛːtrə] m Landmesser m; **⊾métrie** [⌐me'tri] f Geometrie f; **⊾métrique** [⌐me'trik] adj. geometrisch; **⊾stationnaire** [⌐stasjɔ'nɛːr] adj. Raumtechnik: erdstationär; satellite m ⌐ Synchronsatellit m.

géran|ce [ʒe'rɑ̃ːs] f Geschäftsführung f; **⊾t** [⌐'rɑ̃] m Geschäftsführer m; Verwalter m; Herausgeber m e-r Zeitung.

gerb|age ⊕, ⚡ [ʒɛr'baːʒ] m Stapelung f; **⊾e** [ʒɛrb] f Garbe f; Blumengebinde f; ✕ Geschoßgarbe f; **⊾er** [⌐'be] (1a) v/t. in Garben binden; stapeln; v/i. reichliche Garben geben; **⊾eur** [⌐'bœːr] m Gabelstapler m.

gerc|e [ʒɛrs] f **1.** ent. (Kleider-, Papier-)Motte f; **2.** Holz: Sprung m; **⊾er** [⌐'se] (1k) v/t. Haut aufritzen; v/i. aufspringen.

gerçure [ʒɛr'syːr] f Riß m, Sprung m.

gérer [ʒe're] v/t. (1f) verwalten.

germain¹, -e [ʒɛr'mɛ̃, ⌐'mɛn] adj. leiblich.

germain², -e [ʒɛr'mɛ̃, ⌐'mɛn] **1.** adj. germanisch; **2.** ⚥(e) su. Germane m, Germanin f.

german|ique [ʒɛrma'nik] adj. **1.** germanisch; **2.** deutsch; **⊾isme** [⌐'nism] m Germanismus m; **⊾o...** [⌐nɔ...] in Zssgn deutsch...

germ|e [ʒɛrm] m Keim m (a. fig.); Quelle f; Ursprung m; **⊾er** [⌐'me] *v/i.* (1a) keimen, ausschlagen; *fig.* sich entwickeln.

géront|isme [ʒerɔ̃'tism] *m pol.* Regime *n* von betagten Politikern; **✶** geistige Senilität *f*; **∼ocratie** [∼ɔkra-'si] *f* Greisenherrschaft *f*; **∼ogénie** [∼tɔʒe'ni] *f* Überalterung *f*; **∼ologie** **✶** [∼tɔlɔ'ʒi] *f* Gerontologie *f*.

gésir *litt.* [ʒe'ziːr] *v/i. dft.* liegen; *ci-gît* hier ruht (*Grabinschrift*).

gestation [ʒɛsta'sjɔ̃] *f* Trächtigkeit *f*; Schwangerschaft *f*; *fig.* Vorbereitung *f*, Werden *n*.

geste [ʒɛst] **1.** *m* Geste *f*; Gebärde *f*; **2.** *f*: *chanson f de* ∼ Heldengedicht *n*; *faits m/pl. et* ∼*s* Tun und Treiben *n*.

gesticulation [ʒɛstikyla'sjɔ̃] *f* Gebärdenspiel *n*.

gestion [ʒɛs'tjɔ̃] *f* Geschäftsführung *f*; Verwaltung *f*.

gibbeux, -se [ʒi'bø, ∼'bøːz] *adj.* bucklig.

gibbosité [ʒibozi'te] *f* Buckel *m*.

gibecière [ʒib'sjɛːr] *f* Umhänge-, Jagd-tasche *f*.

gibelotte *cuis.* [ʒi'blɔt] *f* Kaninchenfrikassee *n* in Weißwein.

gibet [ʒi'bɛ] *m* Galgen *m*.

gibier [ʒi'bje] *m* Wild(bret *n*) *n*.

giboulée [ʒibu'le] *f* Regen-, Hagel-, Schnee-schauer *m*.

giboyeux, -se [ʒibwa'jø, ∼'jøːz] *adj.* wildreich.

gicl|er [ʒi'kle] *v/i.* (1a) hervorspritzen; **∼eur** ⊕ [∼'klœːr] *m* Düse *f*.

gifl|e [ʒiflə] *f* Backpfeife *f*, Ohrfeige *f*; **∼er** [ʒi'fle] *v/t.* (1a) ohrfeigen.

gigantesque [ʒigɑ̃'tɛsk] *adj.* riesenhaft.

gigantisme [ʒigɑ̃'tism] *m* Riesenwuchs *m*, -haftigkeit *f*; Hang *m* zum Kolossalen.

gigogne [ʒi'gɔɲ] *f nur noch adjt.: fusée f* ∼ mehrstufige Rakete *f*; *table f* ∼ Satz *m* Beistelltischchen.

gigot [ʒi'go] *m* Hammelkeule *f*, *a.* Lamm-, Reh-keule *f*; *plais.* ∼*s pl.* Schenkel *m/pl.*, Beine *n/pl.*; *manches f/pl.* ∼ Puffärmel *m/pl.*; **∼er** [∼gɔ'te] *v/i.* (1a) *mit den Beinen zappeln, strampeln;* P *plais.* tanzen.

gigue [ʒiːg] *f* Rehkeule *f*, F *langes Bein n*; Gigue *f* (*schneller Tanz*).

gilet [ʒi'lɛ] *m* Weste *f*; ∼ *de sauvetage* Schwimmweste *f*; ∼ *pare-balles* Kugelschutzweste *f*.

gimblette [ʒɛ̃'blɛt] *f* Kringel *m* (*Gebäck*).

gingembre ♣ [ʒɛ̃'ʒɑ̃ːbrə] *m* Ingwer *m*.

gingivite ✶ [ʒɛ̃ʒi'vit] *f* Zahnfleischentzündung *f*.

girafe *zo.* [ʒi'raf] *f* Giraffe *f*.

giralducien, -ne *litt.* [ʒiraldy'sjɛ̃, ∼'sjɛn] *adj.* von Giraudoux.

girandole [ʒirɑ̃'dɔl] *f* Wandleuchter *m*; **♫** Lichtdekor *m*; Ohrgehänge *n aus Edelsteinen;* ∼ *triangulaire* Triangelsonne *f* (*Feuerwerk*).

giratoire [ʒira'twaːr] *adj.* kreisend; *Kreis..., Dreh...*

girofl|e [ʒi'rɔflə] *m:* (*clou m de*) ∼ Gewürznelke *f*; **∼ée ♣** [∼'fle] *f* Levkoje *f*; ∼ *jaune* Goldlack *m*.

girolle ♣ [ʒi'rɔl] *f* Pfifferling *m*.

giron [ʒi'rɔ̃] *m* Schoß *m*; *fig. dans le* ∼ *de l'Église* im Schoß der Kirche.

girouette [ʒi'rwɛt] *f* Wetterfahne *f* (*a. fig.*).

gisant, -e [ʒi'zɑ̃, ∼'zɑ̃ːt] *adj.* liegend.

gisement *géol.* [ʒiz'mɑ̃] *m* Fundort *m*, Vorkommen *n*, Lagerstätte *f*.

gît [ʒi] *3. P. prés. sg. v. gésir.*

gitan, -e [ʒi'tɑ̃, ∼'tan] *su.* Zigeuner(in *f*) *m*; **∼e** *f* Fr. *e-e* Zigarettenmarke.

gît|e [ʒit] **1.** *m* Unterkunft *f*; Lager *n des Hasen; cuis.* ∼ *à la noix* Keule *f*; ∼ *rural d'enfants* Kinderlandheim *n*; **2.** *f* **♫** Krängung *f; donner de la* ∼ krängen, sich nach der Seite neigen; **∼er** [∼'te] *v/i.* (1a) *Tiere:* lagern.

givr|age ❄ [ʒi'vraːʒ] *m* Vereisung *f*; **∼e** [ʒi'vrə] *m* Rauhreif *m*; **∼é, -e** [ʒi'vre] *adj.* mit Reif bedeckt, vereist; **∼er** [∼] *v/t.* (1a) mit Reif bedecken.

glabre ♣ [ˈglaːbrə] *adj.* kahl, unbehaart.

glac|e [glas] *f* Eis *n*; Speiseeis *n*; Zuckerguß *m*; Spiegel(glas *n*) *m*; (Wagen-)Fenster *n*; *couche f de* ∼ Eisdecke *f; pris par les* ∼*s* vereist (*Gewässer*); *fig. rester de* ∼ eisig (*od.* kühl) bleiben; **∼é, -e** [gla'se] *adj.* eisig (*a. fig.*); frostig; glasiert; *cuis.* glasiert; **∼er** [∼] *v/t.* (1k) in Eis verwandeln, gefrieren lassen; *Papier* satinieren; glasieren; mit Zuckerguß überziehen; *se* ∼ zu Eis werden; *fig.* erstarren.

glaci|aire [gla'sjɛːr] *adj.* Gletscher...; **∼ial, -e** [∼'sjal] *adj.* (*m/pl.* ∼*s od.* -*aux*) eisig, eiskalt (*a. fig.*); **∼ation** *géol.* [∼sja'sjɔ̃] *f* Vereisung *f*; **∼ier** [∼'sje] *m* **1.** Gletscher *m*; **2.** *als Firmenschild:* Eishändler *m*; **∼ière** [∼'sjɛːr] *f* Eisschrank *m*; Eis-maschine *f*, -fabrik *f*;

géol. Eisgrotte *f*; F *fig.* Eiskeller *m*.

glacis [gla'si] *m* Abhang *m*; ✕ Glacis *n*; *peint.* Lasur *f*.

glaçon [gla'sɔ̃] *m* Eisscholle *f*; *cuis.* Eiswürfel *m*; Eiszapfen *m*; **~ure** [~'sy:r] *f Töpferei:* Glasur *f*.

glaïeul ♀ [gla'jœl] *m* Gladiole *f*.

glair|e [glɛ:r] *f (rohes)* Eiweiß *n*; ⚕ **~s** *pl.* Schleim *m*; **~eux, -se** [glɛ'rø, ~'rø:z] *adj.* schleimig.

glais|e [glɛz] *f, a. terre* ~ Ton(erde *f*) *m*, Lehm *m*; **~er** [glɛ'ze] *v/t.* (1b) mit Lehm ausschmieren; 🖾 *den* Boden mit Lehm anreichern.

glaive *poét.* [glɛ:v] *m* Schwert *n*.

gland [glɑ̃] *m* Eichel *f*; *fig.* Quaste *f*.

glande *anat.* [glɑ̃:d] *f* Drüse *f*.

gland|er ★ [glɑ̃'de], **~ouiller** ★ [~du-'je] *v/i.* (1a) müßig s-e Zeit verplempern; pennen F.

glan|e [glan] *f* Ährenbüschel *n*; Bund *n*; **~er** [~'ne] *v/t.* (1a) Ähren lesen; aufsammeln.

glap|ir [gla'pi:r] *v/i.* (2a) kläffen; kreischen; **~issement** [~pis'mɑ̃] *m* Kläffen *n*; Kreischen *n*.

glas [glɑ] *m:* ~ *(funèbre)* Totenglocke *f*; Totengeläut(e) *n*.

glauque [glok] *adj.* meergrün.

glèbe *st. s.* [glɛb] *f* Scholle *f*; serf *m* attaché à la ~ Leibeigene(r) *m*.

gliss|ade [gli'sad] *f* Ausrutschen *n*; *Tanzkunst:* Schleifschritt *m*; ⚞ Abrutschen *n*; *~s pl.* Schlittern *n*; **~ant, -e** [~'sɑ̃, ~'sɑ̃:t] *adj.* glatt, schlüpfrig; *fig.* bedenklich; heikel; **~e★** [glis] *f* **1.** *Ski:* Gleitvermögen *n*; **2.** *fig.* faire de la ~ à q. j-n um s-n Beuteanteil bringen; **~ement** [~'mɑ̃] *m* Gleiten *n*; ⚞ *tomber par* ~ *sur l'aile* in der Kurve abrutschen; **~er** [~'se] (1a) *v/i.* ab-, aus-, ent-gleiten; rutschen; schlittern; ~ *sur* leicht hinweggehen über *(acc.)*; *v/t.* unbemerkt (hin)einschieben, hinein-, zu-stecken; **~eur** [~'sœ:r] *m* Gleitboot *n*; **~ière** [~'sjɛ:r] *f* Gleit-schiene *f*, -stange *f*; Rutsche *f*; *cout. fermeture à* ~ Reißverschluß *m*; *Autobahn:* ~ *de sécurité* Leitplanke *f*; **~oire** [~'swa:r] *f* Schlitterbahn *f*.

global, -e [glɔ'bal] *adj.* (*m/pl. -aux*) gesamt, abgerundet; *All.* école *f* ~e Gesamtschule *f*; *écol.* méthode *f* ~e Ganzheitsmethode *f*; somme *f* ~e Pauschalbetrag *m*; **~isme** *écol.* [~'lism] *m* Ganzheitsmethode *f*.

glob|e [glɔb] *m* Kugel *f*; Globus *m*;

Erdkugel *f*; ~ *de l'œil* Augapfel *m*; **~ulaire** [~by'lɛ:r] *adj.* kugelförmig; Kugel...; **~ule** [~'byl] *m:* ~ *rouge (blanc)* rotes (weißes) Blutkörperchen *n*; **~uleux, -se** [~by'lø, ~'lø:z] *adj.* Kugel...

gloire [glwa:r] *f* Ruhm *m*; Ehre *f*.

glori|a *rl.* [glɔ'rja] *m* Gloria *n*; **~ette** [~'rjɛt] *f* Sommerlaube *f*; (Garten-) Häuschen *n*; **~eux, -se** [~'rjø, ~'rjø:z] *adj.* ruhmvoll; **~fication** [~rifika'sjɔ̃] *f* Verherrlichung *f*; **~fier** [~ri'fje] *v/t.* (1a) verherrlichen; se ~ de qch. sich e-r Sache *(gén.)* rühmen; **~ole** [~'rjɔl] *f péj.* Geltungs-drang *m*.

glos|e [glo:z] *f* Glosse *f*; Auslegung *f*; **~er** [glo'ze] (1a) *v/t.* erklären; glossieren; *v/i.* ~ *sur* qch. Glossen machen über etw. *(acc.)*, über etw. *(acc.)* herziehen.

glossaire [glɔ'sɛ:r] *m* Glossar *n*.

glotte [glɔt] *f* Stimmritze *f*.

glou|glou [glu'glu] *m* Kollern *n des Puters;* F *faire* ~ gluck, gluck machen; **~glouter** [~glu'te] *v/i.* (1a) kollern; gluckern.

glousser [glu'se] *v/i.* (1a) *Henne:* glucken; F glucksen *(lachen)*.

glouteron ♀ [glu'trɔ̃] *m* Klette *f*.

glouton, -ne [glu'tɔ̃, ~'tɔn] **1.** *adj.* gefräßig; **2.** *m zo., fig.* Vielfraß *m*; **~nerie** [~tɔn'ri] *f* Gefräßigkeit *f*; *fig.* Gier *f*.

glu [gly] *f* Vogelleim *m*; **~ant, -e** [gly'ɑ̃, ~'ɑ̃:t] *adj.* klebrig; F *fig.* aufdringlich; **~au** [~'o] *m (pl. ~x)* Leim-rute *f*.

glu|cides [gly'sid] *m/pl.* Kohle(n)hy-drate *n/pl.;* **~cose** [~'ko:z] *m* Trau-benzucker *m*.

glume [glym] *f* Spelze *f der Gräser.*

gluten 🔬, *phm.* [gly'tɛn] *m* Gluten *n*, Kleber *m*.

glutineux, -se [glyti'nø, ~'nø:z] *adj.* klebrig; 🔬 glutenhaltig.

glycérine [glise'rin] *f* Glyzerin *n*.

glyphe △ [glif] *m* Hohlkehle *f*.

glyptique [glip'tik] *f* Glyptik *f*, Steinschneidekunst *f*.

gnac★ [ɲak] *m* Dummkopf *m*.

gnangnan F [nɑ̃'nɑ̃] *(inv.)* **1.** *adj.* tranig; **2.** *su.* Tränentier *n*, Schlaf-mütze *f*.

gniaule F [ɲo:l] *f* Schnaps *m*.

gnome [gno:m] *m* Gnom *m*.

gnon P [nɔ̃] *m* F Schlag *m*.

go F [go] *adv.:* tout de ~ ohne weiteres;

ohne Umstände; schlankweg.

goal *nur noch enf.* [goːl] *m* Torwart *m*.

gobelet [gɔ'blɛ] *m* Becher *m*.

gobelin [gɔ'blɛ̃] *m* Gobelin *m*.

gobe-mouches [gɔb'muʃ] *m* (*inv.*) *orn.* Fliegenschnäpper *m*; ♀ Venusfliegenfalle *f*.

gober [gɔ'be] *v/t.* (1a) (hinunter-) schlucken; *Ei, Auster* (aus)schlürfen; F *fig.* leichtfertig glauben; F furchtbar gern haben; F erwischen.

goberger [gɔbɛr'ʒe] *v/rfl.* (1l): se ~ sich gute Tage machen, in Saus und Braus leben.

gobeur, -se F [gɔ'bœːr, ~'bøːz] *su.* Dummerchen *n*, Schaf *n*.

godaille P [gɔ'daːj] *f* Zechgelage *n*; **~er** F [~da'je] *v/i.* (1a) zechen, saufen.

godasse P [gɔ'das] *f* Treter *m*, Latschen *m*; **~s** pl. Botten *pl.*

godelureau F [gɔdly'ro] *m* (*pl.* **~x**) Geck *m*, Laffe *m*, Schürzenjäger *m*.

goder [gɔ'de] *v/i.* (1a) Falten werfen.

godet [gɔ'dɛ] *m* Blumen-, Farb-topf *m*; Näpfchen *n*; Bagger-, Schöpfeimer *m*; falsche Falte *f* im *Stoff*; *jupe f à* **~s** Glockenrock *m*.

godich|e F [gɔ'diʃ] **1.** *adj.* dumm, ungeschickt; **2.** *su.* Einfaltspinsel *m*, dumme Gans *f*; **~on, -ne** [~'ʃɔ̃, ~'ʃɔn] *adj.* linkisch.

godill|e ♣ [gɔ'dij] *f* Wrickruder *n*; **~er** [~'je] *v/i.* (1a) ♣ wricken; *Ski:* wedeln; **~ot** P [~'jo] *m*: **~s** pl. Soldatenstiefel *m/pl.*; Quadratlatschen *m/pl.*

goéland [gɔe'lɑ̃] *m* (große) Möwe *f*.

goélette [gɔe'lɛt] *f* ♣ Schoner *m*; *orn.* Seeschwalbe *f*.

goémon ♀ [gɔe'mɔ̃] *m* Tang *m*.

gogo F [gɔ'go] **1.** *m* Naivling *m*; **2.** *advt.*: *à* ~ in Hülle und Fülle; *hors-d'œuvre à* ~ Horsd'œuvre nach Belieben.

goguenard, -e [gɔg'naːr, ~'nard] *adj.* spöttisch; **~er** [~nar'de] *v/i.* (1a) spötteln; **~ise** [~'diːz] *f* Spöttelei *f*.

goguenots [gɔg'no] *m/pl.* Lokus *m* P, Abort *m*.

goguette F [gɔ'gɛt] *f*: être en ~ e-n Schwips haben, in Stimmung sein.

goinfr|e ['gwɛ̃:frə] *m* Vielfraß *m*; **~er** F [gwɛ̃'fre] *v/i. u. v/rfl.* (1a): se ~ de sich vollfressen mit (*dat.*).

goitre ['gwa:trə] *m* Kropf *m*.

golf [gɔlf] *m* Golf(spiel *n*) *m*.

golfe [gɔlf] *m* Golf *m*, Meerbusen *m*.

gomm|e [gɔm] *f* Gummi *n od. m*; Radiergummi *m*; ~ *à mâcher* Kaugummi *m*; F *Auto:* mettre toute la ~ Vollgas geben; **~er** [~'me] *v/t.* (1a) gummieren; ausradieren; *das Haar* festigen; *fig.* beseitigen; abschwächen; **~eux, -se** [~'mø, ~'møːz] *adj.* gummiartig, Gummi...

gond [gɔ̃] *m* Türangel *f*, Haspe *f*.

gondol|ant, -e P [gɔ̃dɔ'lɑ̃, ~'lɑ̃:t] *adj.* sehr drollig; **~e** [~'dɔl] *f* Gondel *f*; ♀ Wühlkorb *m*; **~er** [~'le] *v/i. u. se* ~ *Holz:* sich werfen; F se ~ sich schieflachen; sich vor Lachen biegen; **~ier** [~'lje] *m* Gondoliere *m*.

gonflé, -e P [gɔ̃'fle] *adj.* tollkühn; *à bloc* höchst begeistert; aufs äußerste gespannt.

gonfl|ement [gɔ̃flə'mɑ̃] *m* Aufblähen *n*; Anschwellung *f*; ♂ Geschwulst *f*; *Auto, vél.* Aufpumpen *n*; **~er** [~'fle] (1a) *v/t.* auf-blähen, -blasen, -pumpen; *das Haar* toupieren; *v/i. u. se* ~ (auf)schwellen; *cuis. Teig:* aufgehen.

gong [gɔ̃g] *m* Gong *m*.

goniomètre [gɔnjɔ'mɛːtrə] *m* Winkelmesser *m*; ✗ Peilgerät *n*.

gonzesse* [gɔ̃'zɛs] *f* Frau *f*.

gordien [gɔr'djɛ̃] *adj.* (*nur m*): *nœud m* ~ gordischer Knoten *m*.

goret [gɔ'rɛ] *m* Spanferkel *n*; F *fig.* Ferkel *m*.

gorge [gɔrʒ] *f* Gurgel *f*, Kehle *f*; Rachen *m*; *géol.* Schlucht *f*; *fig.* rendre ~ *etw.* wieder herausrücken müssen.

gorg|ée [gɔr'ʒe] *f* Schluck *m*; **~er** [~] *v/t.* (1l) *Geflügel* mästen; *fig.* vollpfropfen; **~et** ⊕ [~'ʒɛ] *m* Kehlhobel *m*.

gorille *zo.* [gɔ'rij] *m* Gorilla *m* (F *a. als* Leibwächter).

gosier [gɔ'zje] *m* Schlund *m*, Kehle *f*.

gosse F [gɔs] *su.* Junge *m*, Bengel *m*; kleines Mädchen *n*, Göre *f*.

gotha [gɔ'ta] *m*: le ~ de la *mode parisienne* die tonangebenden Firmen *f/pl.* der Pariser Mode.

gothique [gɔ'tik] *adj.* gotisch.

gouache [gwaʃ] *f* Guasch-malerei *n*, -gemälde *n*.

gouaill|er F [gwa'je] *v/i.* (1a) herumwitzeln; **~erie** [~ʒ'ri] *f* Spöttelei *f*; **~eur, -se** [~'ʒœːr, ~'jøːz] **1.** *adj.* spöttelnd; spöttisch; **2.** *su.* Spötter(in *f*) *m*.

gouape P [gwap] *f* Strolch *m*.

goudron [gu'drɔ̃] *m* Teer *m*.

goudronn|age [gudrɔˈnaːʒ] *m* Teeren *n*; **~er** [~ˈne] *v/t.* (1a) teeren, asphaltieren; **~eux, -se** [~ˈnø, ~ˈnøːz] *adj.* teerig, Teer...

gouffre [ˈgufrə] *m* Abgrund *m*, Schlund *m*, Strudel *m*; *fig.* Faß *n* ohne Boden, Rachen *m*.

gouge [guːʒ] *f* Hohlmeißel *m*.

goujat [guˈʒa] *m* Grobian *m*, Flegel *m*; **~erie** [~ˈtri] *f* Flegelei *f*.

goujon [guˈʒɔ̃] *m icht.* Gründling *m*; ⊕ Dübel *m*, Pflock *m*, Stift *m*; **~ner** [~ʒɔˈne] *v/t.* (1a) verdübeln.

goul|e *arab.* [gul] *f Art* Vampir *m*; **~ée** F [~ˈle] *f* großer Bissen *m od.* Schluck *m*; **~et** [~ˈlɛ] *m* enge Hafeneinfahrt *f*; Engpaß *m*; **~eyant, -e** F [~lɛˈjɑ̃, ~ˈjɑ̃:t] *adj.: un vin* ~ ein süffiger Wein; **~ot** [~ˈlo] *m* Flaschenhals *m*; *fig.* ~ *d'étranglement* Engpaß *m*, Schwierigkeit *f*; *boire au* ~ gleich aus der Flasche trinken; **~u, -e** [~ˈly] *adj.* gefräßig, gierig.

goupill|e [guˈpij] *f* Pflock *m*, Stift *m*; ⊕ ~ *fendue* Splint *m*; **~er** [~ˈje] *v/t.* (1a) versplinten; **~on** [~ˈjɔ̃] *m* Weihwedel *m*; Flaschenbürste *f*.

gourbi [gurˈbi] *m* arabische Hütte *f*.

gourd, -e [guːr, gurd] *adj.* starr, steif (*vor Kälte*).

gourde [gurd] *f* Kürbisflasche *f*; F *fig.* Trottel *m*; P Geld *n*.

gourdin [gurˈdɛ̃] *m* Knüppel *m*.

gourer P [guˈre] *v/rfl.* (1a): *se* ~ sich irren.

gourgandine F [gurgɑ̃ˈdin] *f* Hure *f*.

gourmand, -e [gurˈmɑ̃, ~ˈmɑ̃:d] **1.** *adj.* feinschmeckerisch; naschhaft; gierig (*de* nach *dat.*); *Auto*: mit hohem Benzinverbrauch; **2.** *su.* Feinschmecker *m*; Leckermaul *n*; **~er** *litt.* [~ˈde] *v/t.* (1a) abkanzeln; **~ise** [~ˈdiːz] *f* Naschhaftigkeit *f*; Gefräßigkeit *f*; **~s** *pl.* Leckerbissen *m/pl.*

gourm|e [gurm] *f vét.* Druse *f der Pferde*; ✚ Milchschorf *m*; *fig. jeter sa* ~ sich die Hörner ablaufen; **~é, -e** [~ˈme] *adj.* steif, pedantisch; **~et** [~ˈme] *m* Feinschmecker *m*; **~ette** [~ˈmet] *f* ~ Kinn-, Uhr-kette *f*; (Glieder-)Armband *n*.

gousse ♀ [gus] *f* Hülse *f*, Schote *f*; ~ *d'ail* Knoblauchzehe *f*.

gousset [guˈse] *m* Westentasche *f*.

goût [gu] *m* Geschmack *m*; Neigung *f*; *von e-r Person: avoir du* ~ *od. bon* ~ (e-n guten) Geschmack haben; *manquer de* ~ keinen Geschmack haben;

avoir bon (mauvais) ~ gut (schlecht) schmecken; ~ *de l'épargne* Sparsinn *m*; ~ *de la responsabilité* Verantwortungsfreudigkeit *f*; *de mauvais* ~ kitschig; **~er** [~ˈte] **1.** (1a) *v/t.* kosten, probieren; genießen; Geschmack finden an (*dat.*), leiden mögen; *v/i.* den Nachmittagskaffee zu sich nehmen; ~ *à (od. de) qch.* etw. versuchen, probieren; *goûté* beliebt, begehrt, gefragt; **2.** *m* Nachmittagskaffee *m*.

goutt|e [gut] *f* Tropfen *m*; ✚ Gicht *f*; *plais. ne ... ~* überhaupt nichts; ~ *à* ~ tropfenweise; **~elette** [~tˈlet] *f* Tröpfchen *n*; **~er** [~ˈte] *v/i.* (1a) tropfen; **~eux, -se** [~ˈtø, ~ˈtøːz] **1.** *adj.* gichtisch; **2.** *su.* Gichtkranke(r *m m) u. f*; **~ière** [~ˈtjɛːr] *f* Dachrinne *f*; ✚ (Knochen-)Schiene *f*.

gouvernable [guvɛrˈnablə] *adj.* regierbar, lenkbar.

gouvernail [guvɛrˈnaj] *m (pl. ~s)* Steuerruder *n*; ✈ ~ *de profondeur* Höhenruder *n*; ~ *vertical od. de direction* Seiten-ruder *n*, -steuer *n*.

gouvern|ante [guvɛrˈnɑ̃:t] *f* Haushälterin *f*; Erzieherin *f*; **~e** [~ˈvɛrn] *f* ✈, ⚓ Steuerung *f*; *fig. pour votre* ~ zu Ihrer Orientierung; **~ement** [~nəˈmɑ̃] *m* Regierung *f*; **~emental, -e** [~nɑ̃mˈtal] *adj. (m/pl. -aux)* regierungsfreundlich; Regierungs...; **~er** [~ˈne] *v/t.* (1a) regieren; ✈, ⚓ steuern; *fig.* beherrschen; **~eur** [~ˈnœːr] *m* Gouverneur *m*, Statthalter *m*; *fin.* (Bank-)Direktor *m*; *hist.* Prinzenerzieher *m*.

grabat [graˈba] *m* altes Bett *n*.

grabuge F [graˈbyːʒ] *m* Krach *m*, Krawall *m*.

grâce [grɑːs] *f* Gnade *f*; Begnadigung *f*; Gewogenheit *f*; Anmut *f*; Dank *m*; ~ *à* dank (*dat. od. gén.*); *faire* ~ *à q. de* qch. j-m mit etw. (*dat.*) verschonen; j-m etw. erlassen; *de* ~! bitte!; ~! Gnade!; *dire les* ~s nach Tisch beten.

graci|er ✝✝ [graˈsje] *v/t.* (1a) begnadigen; **~euseté** [~sjøzˈte] *f* Höflichkeit *f*; **~eux, -euse** [~ˈsjø, ~ˈsjøːz] *adj.* **1.** graziös; **2.** kostenlos; *à titre* ~ unentgeltlich.

gracile [graˈsil] *adj.* schlank, zierlich.

gradation [gradaˈsjɔ̃] *f* Abstufung *f*; Steigerung *f*.

grad|e [grad] *m* Rang *m*, Dienstgrad *m*; ✠ Gon *n*, Neugrad *m*; **~é** [~ˈde] *m* Unteroffizier *m*; **~in** [~ˈdɛ̃] *m* (*Altar- usw.*) Aufsatz *m*; Stufe *f*; **~s**

pl. Stufensitze *m/pl.*; **~uation** [~dɥa'sjɔ] *f* Gradeinteilung *f*; ⚗ Gradierung *f*; **~uel, -le** [~'dɥɛl] *adj.* graduell; **~uer** [~'dɥe] *v/t.* (1a) stufenweise steigern; in Grade einteilen.

graffiti [grafi'ti] *m/pl.* (*a. sg.*) Wandschmiererei(en *pl.*) *f.*

graill|e *dial.* [grɑːj] *f* Krähe *f*; **~er** [grɑ'je] *v/i.* (1a) krächzen; * essen; **~on** [~'jɔ̃] *m* widerlicher Fettgeruch *m*; zu fettes Essen *n*; P (Brust-)Schleim *m*; **~onner** [~jɔ'ne] *v/i.* (1a) nach angebranntem Fett riechen; F Schleim ausspucken; *Stimme:* krächzen.

grain [grɛ̃] *m* Korn *n* (*a. coll.*); Körnchen *n* (*a. fig.*); (Wein-)Beere *f*; (Leder-)Narbe *f*; ♣ Bö *f*; *allg.* Regenguß *m*; ~ de café Kaffeebohne *f*; **~s** *pl.* Getreide *n*, **~e** [grɛn] *f* (Samen-)Korn *n*; *monter en* ~ in Samen schießen; *fig.* e-e alte Jungfer werden; **~eterie** [~'tri] *f* Samenhandlung *f.*

graiss|age ⊕ [grɛ'saːʒ] *m* Ölen *m*, Abschmieren *n*; **~e** [grɛs] *f* Fett *n*; Schmalz *n*; Zähigkeit *f* (*alter Wein usw.*); ⊕ Schmiere *f*; ~ végétale Pflanzenfett *n*; **~er** [~'se] (1b) *v/t.* einfetten, einschmieren; fettig machen; *v/i. Wein usw.:* zäh werden; **~eur** ⊕ [~'sœːr] *m* Öler *m*; **~eux, -se** [~'sø, ~'søːz] *adj.* fettig.

graminées [grami'ne] *f/pl.* Gräser *n/pl.*

grammair|e [gra'mɛːr] *f* Grammatik *f*, Sprachlehre *f*; **~ien** [~mɛ'rjɛ̃] *m* Grammatiker *m.*

grammatical, -e [gramati'kal] *adj.* (*m/pl. -aux*) grammatisch.

gramme [gram] *m* Gramm *n.*

grand, -e [grɑ̃, grɑ̃ːd] **1.** *adj.* groß; *fig.* bedeutend; vornehm; groß; *à cause de son* ~ *âge* wegen s-s hohen Alters; *de* ~ *cœur* von Herzen gern; *de* ~ *matin* frühmorgens; *au* ~ *jour* am hellen Tage; **2.** *m* Erwachsene(r) *m*; *das Große, das Erhabene; adv.:* en ~ in großem Maßstab; in Lebensgröße.

grand|-... [grɑ̃] *in Zssgn:* Groß..., Haupt..., **~chose** [~'ʃoːz] *ou.* ~: *pas* ~ nicht viel; **~croix** [~'krwa] **1.** *f* (*inv.*) Großkreuz *n der Ehrenlegion;* **2.** *m* (*pl. grands-croix*) Träger *m* des Großkreuzes; **~duc** [~'dyk] *m* (*pl. grands-ducs*) **1.** Großherzog *m*; **2.** *orn.* Uhu *m.*

grandeur [grɑ̃'dœːr] *f* Größe *f*; **~ir** [~'diːr] (2a) *v/i.* größer werden; *v/t.* größer machen.

grand|-livre † [grɑ̃'livre] *m* (*pl. grands-livres*) Hauptbuch *n*; **~mère** [~'mɛːr] *f* (*pl. grands-mères*) Großmutter *f*; **~messe** *rl.* [~'mɛs] *f* (*pl. grand[s]-messes*) Hochamt *n*; **~père** [~'pɛːr] *m* (*pl. grands-pères*) Großvater *m*; **~route** [~'rut] *f* (*pl. grand[s]-routes*) Fernverkehrsstraße *f*; **~rue** [~'ry] *f* (*pl. grand[s]-rues*) Hauptstraße *f* e-r Stadt.

grange [grɑ̃ːʒ] *f* Scheune *f.*

grani|teux, -se [grani'tø, ~'tøːz] *adj.* granithaltig; **~to** ⚒ [~'to] *m* Terrazzo *m*; **~vore** [~'voːr] *adj.* körnerfressend.

granul|aire [grany'lɛːr] *adj.* körnig, **~ation** [~la'sjɔ̃] *f* Granulierung *f*, Körnung *f*; 𝒮 **~s** *pl. krankhafte* Körnchen-, Knötchen-bildung *f*; **~e** [~'nyl] *m* Körnchen *n*; **~er** [~'le] *v/t.* (1a) granulieren, körnen; **~eux, -se** [~'lø, ~'løːz] *adj.* körnig.

graph|ique [gra'fik] **1.** *adj.* graphisch; **2.** *m* graphische Darstellung *f*; **~ite** [~'fit] *m* Graphit *m*; **~ologie** [~fɔlɔ'ʒi] *f* Graphologie *f*; **~ologue** [~fɔ'lɔg] *m* Graphologe *m*; **~omanie** [~fɔma'ni] *f* Schreibsucht *f.*

grappe [grap] *f* Traube *f*; Büschel *n*; Bündel *n*; *vét.* Mauke *f.*

grappill|er [grapi'je] *v/i. u. v/t.* (1a) *in Weinbergen* Nachlese halten; *allg.* nachernten; *fig.* aufschnappen; **~on** [~'jɔ̃] *m* kleine Traube *f.*

grappin [gra'pɛ̃] *m* ♣ Draggen *m* (*Anker*); Enterhaken *m*; ⊕ Steighaken *m*, -eisen *n*; Greifer *m*; F *mettre le* ~ *sur q.* j-n mit Beschlag belegen, sich j-s bemächtigen.

grappu, -e [gra'py] *adj.* traubenreich.

gras, -se [grɑ, grɑːs] **1.** *adj.* fett; dick; ♪ fruchtbar; fettig; *Zunge:* belegt; *Husten:* schleimig; *Pflaster:* schlüpfrig; *fig. peint.* dick; *jours* ~ *pl. ~* Fleischtage *m/pl.* (*die drei letzten Karnevalstage*); **2.** *m* Fett *n*; Fleisch (-speisen *f/pl.*) *n*; *faire* ~ Fleisch essen.

grasseyer [grasɛ'je] *v/i.* (1i; *das y bleibt jedoch stets erhalten!*) das R als Zäpfchen-R aussprechen.

grassouillet, -te F [grasu'jɛ, ~'jɛt] *adj.* dicklich, rundlich.

graticule [grati'kyl] m Zeichnen: Linien-netz n, -gitter n.

gratifi|cation [gratifika'sjɔ̃] f (Sonder-)Vergütung f, Gratifikation f; **~er** [~'fje] v/t. (1a): ~ q. de ... j-m e-e Sondervergütung von ... zukommen lassen.

gratin [gra'tɛ̃] m 1. Überbackene(s) n; au ~ überbacken; 2. F le ~ die oberen Zehntausend pl.; **~er** [~ti'ne] v/t. (1a) überbacken.

gratis [gra'tis] adv. gratis, unentgeltlich, umsonst.

gratitude [grati'tyd] f Dankbarkeit f.

gratte [grat] f Jähhacke f; F Profitchen n; **~ciel** [~'sjɛl] m (inv.) Wolkenkratzer m; **~cul** F [~'ky] m (inv.) Hagebutte f; **~papier** F [~pa'pje] m (inv.) Federfuchser m, Bürohengst m.

gratt|er [gra'te] (1a) v/t. kratzen; scharren; ausradieren; F Profitchen machen; Hund kraulen; F jucken; F ~ q. à la course j-n beim Wettrennen überholen; v/i. ~ à la porte leise anklopfen; **~oir** [~'twa:r] m Radiermesser n; ⊕ Kratzeisen n; **~ure** [~'ty:r] f Abschabsel n.

gratuit, -e [gra'tɥi, ~'tɥit] adj. unentgeltlich; fig. unbegründet, unwillkürlich, motivlos; **~é** [~'te] f Unentgeltlichkeit f; Unbegründetheit f.

gravats [gra'va] m/pl. Mauerschutt m.

grave [gra:v] adj. (nur fig.) schwer (-wiegend); folgenreich; gewichtig, bedeutend; erheblich; schlimm; ernst; feierlich; Ton: tief.

gravel|er [grav'le] v/t. (1c) mit Kies beschütten; **~eux, -se** [~'lø, ~'lø:z] adj. kieshaltig, Kies...; fig. anstößig.

gravelle 𝔰 [gra'vɛl] f Harngrieß m.

grav|er [gra've] v/t. (1a) eingravieren (sur in acc.); fig. eingraben (dans in acc.); fig. ~ qch. dans la mémoire sich etw. einprägen; **~eur** [~'vœ:r] m Graveur m; ~ sur bois Holzschneider m.

gravier [gra'vje] m Kies m.

grav|ir [gra'vi:r] v/t. (2a) erklimmen; erklettern; **~itation** [~vita'sjɔ̃] f Schwerkraft f.

gravit|é [gravi'te] f phys. Schwere f; fig. Ernst m; Gefährlichkeit f; ♪ Tiefe f; **~er** [~] v/i. (1a): ~ autour de kreisen um (acc.).

gravure [gra'vy:r] f Kupferstecherkunst f; (Kupfer-, Stahl-)Stich m;

~ sur bois Holzschnitt m.

gré [gre] m: à mon ~ nach meinem Geschmack; weit S. meiner Ansicht nach; au ~ des vents dem Winde preisgegeben; contre mon ~ gegen meinen Willen; ungern; de bon ~ gern; de mauvais ~ ungern; de son ~ aus freiem Willen (od. Antrieb); de mon, ton etc. propre ~ aus eigenem Antrieb; bon ~, mal ~ wohl oder übel; savoir ~ à q. j-m Dank wissen; je vous saurais ~ ich wäre Ihnen dankbar.

grec, grecque [grɛk] 1. adj. griechisch; 2. m das Griechische; 3. ♀ m, Grecque f Grieche m, Griechin f.

gredin [grə'dɛ̃] m Halunke m, Schuft m; F Schlingel m; **~e** [~'din] f Schurkin f.

gré|ement ⚓ [gre'mã] m Takelung f; **~er** ⚓ [~'e] v/t. (1a) auftakeln.

greffage 🖊 [grɛ'fa:ʒ] m Pfropfen n, Okulieren n.

greffe [grɛf] 1. m ⚖ Kanzlei f; 2. f 🖊 Pfropfreis n; Pfropfen n, Okulieren n; 🖋 ~ du cœur Herzverpflanzung f; **~er** 🖊 [~'fe] v/t. (1a) pfropfen, okulieren; **~ier** [~'fje] m Gerichtsschreiber m, Kanzleibeamte(r) m; **~oir** [~'fwa:r] m Pfropfmesser n; **~on** [~'fɔ̃] m Auge n, Pfropfreis n.

grégaire [gre'gɛ:r] adj. Herden..., Massen...; instinct m ~ Herdentrieb m.

grégarisme [grega'rism] m Herdentrieb m.

grège [grɛ:ʒ] adj.: soie f ~ Rohseide f.

grêl|e [grɛ:l] 1. adj. schlank, dünn; Stimme: piepsig; 2. f Hagel m; **~é, -e** [gre'le] adj. pockennarbig; **~er** [~] (1a) v/i. hageln; v/t. durch Hagel vernichten; **~on** [~'lɔ̃] m Schloße f; Hagelkorn n.

grelot [grə'lo] m Schelle f; F fig. attacher le ~ accrocher des ~s den ersten Schritt tun, die Initiative ergreifen; P avoir les ~s Angst haben; **~ter** [~'te] v/i. (1a) vor Kälte zittern.

grenad|e [grə'nad] f ♀ Granatapfel m; ✠ Handgranate f; **~ier** [~'dje] m ♀ Granat(apfel)baum m; ✠ Grenadier m; **~ine** [~'din] f Granatapfelsirup m.

gren|aille [grə'na:j] f 🖊 Kornabfall m; ⊕ Schrot m od. n; △ Splitt m; **~aison** [~nɛ'zɔ̃] f Fruchtansatz m.

grenasse ⚓ [grə'nas] f: ~ (de pluie, de vent) Regen-, Wind-schauer m.

grenat [grə'na] 1. m Granat(stein) m)

m; **2.** *adj.* (*inv.*) granatfarben, dunkelrot.

greneler [grən'le] *v/t.* (1c) *Papier, Leder* narben.

grener [grə'ne] *v/t.* (1d) körnen; narben.

grènetis [grɛn'ti] *m* Randverzierung *f* e-r *Münze.*

grenier [grə'nje] *m* (Dach-)Boden *m*; Speicher *m*; *fig.* Kornkammer *f.*

grenouill|e [grə'nuj] *f* Frosch *m*; ~ verte Laubfrosch *m*; F manger la ~ mit der Kasse durchbrennen; **~ère** [~'jɛːr] *f* Froschteich *m*; *fig. iron.* flache Badestelle *f*; **~ette** ♀ [~'jɛt] *f* (Sumpf-)Hahnenfuß *m.*

grès [grɛ] *m* **1.** Sandstein *m*; ~ bigarré Buntsandstein *m*; **2.** ~ (*cérame*) Steingut *n.*

grésil [gre'zi(l)] *m* Graupeln *f/pl.*; **~ler** [~zi'je] (1a) *v/imp.* graupeln; *v/i. Grille:* zirpen; *Feuer:* knistern; *v/t.* zs.-schrumpfen lassen.

gressin [grɛ'sɛ̃] *m* knusp(e)riges Stangenbrot *n.*

grève [grɛːv] *f* Strand *m*; Streik *m*; ~ bouchon Schwerpunktstreik *m*; ~ de la faim Hungerstreik *m*; faire ~, être en ~ streiken; ~ perlée Bummelstreik *m*; ~ sauvage wilder Streik *m*; ~ sur le tas Sitzstreik *m*; ~ tournante flackernder Streik *m*, Schachbrettstreik *m*; ~ du zèle Dienst *m* nach Vorschrift.

grever [grə've] *v/t.* (1d) belasten.

gréviculteur F [grevikyl'tœːr] *m* Streikanstifter *m.*

gréviste [gre'vist] **1.** *su.* Streikende(r *m*) *m u. f*; **2.** *adj.*: mouvement *m* ~ Streikbewegung *f.*

griblette [gri'blɛt] *f* gegrillter Spickbraten *m.*

gribouill|er [gribu'je] *v/i. u. v/t.* (1a) kritzeln, schmieren; **~is** [~'ji] *m* Gekritzel *n.*

grief [gri'ɛf] *m* Beschwerde *f*; faire ~ à q. de qch. j-m etw. vorwerfen.

grièvement [griɛv'mã] *adv.*: ~ blessé schwerverletzt.

griff|e [grif] *f* Kralle *f*, Klaue *f*; Tatze *f*; Namensstempel *m*; *Mode, Kunst:* Signatur *f*, Namenszug *m*, Note *f*, Stempel *m* (*fig.*); ♀ (*Wurzel-*)Ranke *f*; ⊕ Haken *m*; ✝ première ~ führende Marke *f*; **~er** [~'fe] *v/t.* (1a) zerkratzen; ⚡ auflockern; **~on** [~'fɔ̃] *m* **1.** *orn.* Gänsegeier *m*; ∅ Greif *m*; **2.** *Hunderasse:* Pinscher *m*; **3.** Austrittsstelle *f* e-r Mineralquelle.

griffonn|age [grifɔ'naːʒ] *m* Gekritzel *n*, Geschmier(e) *n*; **~er** [~'ne] *v/t.* (1a) (hin)kritzeln, schmieren; **~eur** [~'nœːr] *m* Vielschreiber *m.*

grignot|age [griɲɔ'taːʒ] *m*: politique *f* de ~ Zermürbungspolitik *f*; **~er** [~'te] *v/t.* (1a) benagen; knabbern; *fig.* F Profit machen; ⚒ aufreiben.

grigou F [gri'gu] *m* Knauser *m.*

gril [gri(l)] *m* Bratrost *m*; Grill(gerät *n*) *m*; F *fig.* être sur le ~ wie auf Kohlen sitzen.

grill|ade [gri'jad] *f* Rostbraten *m*; Grillade *f*; **~s** *pl.* Gegrillte(s) *n*; **~age** [~'jaːʒ] *m* Rösten; Drahtgeflecht *n*; **~ager** [~ja'ʒe] *v/t.* (1l) vergittern; **~e** [grij] *f* Gitter *n*; Sprechgitter *n* in e-m *Kloster*; ⊕ (Feuer-, Grill-)Rost *m*; Abstreichgitter *n*; ~ de salaires Lohn- od. Gehalts-tabelle *f*; *rad.* ~ écran Schirmgitter *n*; ~ protectrice Schutzgitter *n.*

griller [gri'je] *v/t.* rösten, braten, grillen; verbrennen; F *Zigarette* rauchen; ⚡ durchbrennen lassen; F e-n *Motor* überlasten; F j-n ausstechen; ✱ verpfeifen; F *Auto:* ~ un feu rouge bei Rot über e-e Kreuzung fahren; ~ du café Kaffee rösten; *v/i.* schmoren, braten; *fig.* vor Ungeduld vergehen.

grillon *ent.* [gri'jɔ̃] *m* Grille *f*; Heimchen *n.*

grill-room [gril'rum] *m* (*pl.* ~s) Grillroom *m.*

grimac|e [gri'mas] *f* Gesichtsverzerrung *f*; Fratze *f*, Grimasse *f*; **~s** *pl.* Gehabe *n*; **~er** [~'se] *v/i.* (1k) Grimassen schneiden; sich affektiert benehmen; **~ier, -ère** [~'sje, ~'sjɛːr] **1.** *adj.* Grimassen schneidend; **2.** *su.* affektierte Person *f.*

grimer *thé.* [gri'me] *v/t.* (1a) schminken; se ~ sich schminken.

grimoire [gri'mwaːr] *m* Zauberbuch *n*; *fig.* konfuses Zeug *n.*

grimp|ant, -e [grɛ̃'pã, ~'pãːt] *adj.* kletternd; ♀ Schling...; Kletter...; **~er** [~'pe] **1.** *v/i.* (1a) *v/i.* klettern (sur qch. auf etw.; à qch. an etw. hinauf) F *fig. Preis:* in die Höhe klettern; *Pflanze:* sich hochranken; *v/t.* hinaufklettern; **2.** *m Sport:* (Kletter-)Seilhangeln *n*; **~ereau** *orn.* [~'pro] *m* (*pl.* ~x) Baumläufer *m*; **~ette** *Sport* [~'pɛt] *f* Kletterstelle *f*; **~eur, -se** [~'pœːr, ~'pøːz] *adj.* (gern) kletternd.

grinc|ement [grɛ̃s'mã] *m* Zähne-

Knirschen n; Tür: Knarren n; Rad: Quietschen n; **~er** [~'se] v/i. (1k) **1.** ~ des dents mit den Zähnen knirschen; **2.** Tür: knarren; Rad: quietschen.

grincher* [grɛ̃'ʃe] v/t. (1a) klauen.

grincheux, -se [grɛ̃'ʃø, ~'ʃø:z] **1.** adj. mürrisch; **2.** su. Griesgram m.

gringalet [grɛ̃ga'lɛ] m kleiner, schwächlicher Mensch m.

griot [gri'o] m **1.** Kleinmehl n; **2.** Dichter und Musikant in Westafrika.

griotte [gri'ɔt] f **1.** Sauer-, Weichselkirsche f; **2.** Griottemarmor m (rot und braun gefleckter Marmor).

gripp|age ⊕ [gri'pa:ʒ] m: ~ (à bloc) Heißlaufen n, Festfressen n; **~e** [grip] f **1.** ✿ Grippe f; **2.** prendre q. (qch.) en ~ e-e Abneigung gegen j-n (etw.) haben; **~é, -e** [~'pe] adj. grippekrank; être ~ die Grippe haben; **~er** [~] (1a) v/t. mot. blockieren; sich heißlaufen lassen; v/i. mot. sich festfressen; ~ Stoff: einlaufen; mot. sich heißlaufen.

grippe-sou F [grip'su] m (pl. ~[s]) Pfennigfuchser m.

gris, -e [gri, gri:z] adj. grau; düster, trübe; F angetrunken, benebelt F.

grisaille [gri'zɑ:j] f peint. Grau n in Grau n; fig. tägliches Einerlei n; Eintönigkeit f; Alltag m; **~er** [~zɑ'je] (1a) v/t. grau in grau malen; grau anstreichen; v/i. grau werden.

gris|âtre [gri'zɑ:trə] adj. etwas grau, gräulich; **~bi *** [griz'bi] m Geld n, Kohlen f/pl. (fig. P); **~er** [~'ze] v/t. (1a) berauschen, benebeln; fig. se ~ de qch. sich an etw. (dat.) berauschen; **~erie** [~z'ri] f fig. Rausch m; Taumel m.

Grison, -ne [gri'zɔ̃, ~'zɔn] su. Graubündner(in f) m.

grisonner [grizo'ne] v/i. (1a) grau werden.

grisou ⚒ [gri'zu] m Grubengas n; coup m de ~ Schlagwetterexplosion f.

grive orn. [gri:v] f Drossel f.

griv|elé, -e [griv'le] adj. grau und weiß gesprenkelt; **~elerie** [~vɛl'ri] f Zechprellerei f.

grivois, -e [gri'vwa, ~'vwa:z] adj. zotig; anstößig; **~erie** [~vwaz'ri] f Anstößigkeit f; Zote f.

grogn|er [grɔ'ɲe] (1a) v/i. Schwein: grunzen; fig. knurren, nörgeln; meckern; v/t. fig. etw. vor sich hin murmeln; **~on** F [~'ɲɔ̃] **1.** nur m Nörgler(in f) m; **2.** adj. (f: a. ~ne)

nörglerisch; **~onner** [~ɲɔ'ne] v/i. (1a) = grogner.

groin [grwɛ̃] m Schweineschnauze f; F fig. Fratze f.

grol(l)e [grɔl] f dial. Saatkrähe f; P ~s pl. Treter m/pl. P, Latschen m/pl.; P avoir les ~s Angst haben.

grommeler [grɔm'le] v/i. u. v/t. (1c) vor sich hin brummeln.

grond|ement [grɔd'mɑ̃] m Brummen n; Knurren n; Donner: Grollen n; Dröhnen n; **~er** [~'de] (1a) v/i. brummen, murren; Donner: (g)rollen; brausen, dröhnen; v/t. (aus-) schelten; v/i. schimpfen; **~erie** [~'dri] f Geschimpfe n; **~eur, -se** [~'dœ:r, ~'dø:z] adj. brummig, mürrisch.

groom [grum] m Page m.

gros, -se [gro, gro:s] **1.** adj. dick, stark; Augen: verquollen; schwer; fig. grob, derb; groß, bedeutend; stürmisch; reich; ~ bétail m Großvieh n; ~ industriel m Großindustrielle(r) m; F fig. ~se légume f großes (od. hohes) Tier n, bedeutender Mann m; △ ~ œuvre m Rohbau m; avoir le cœur ~ Kummer haben, betrübt sein; advt. gagner ~ viel gewinnen, gut (od. schwer) verdienen; perdre ~ viel verlieren; **2.** m Hauptteil m; ✠ Gros n; P les ~ die Reichen pl.; ✝ commerce m de ~ Großhandel m; en ~ in größerer Menge; im großen und ganzen; marchand m en ~ Großhändler m.

groseill|e ⚘ [gro'zɛj] f Johannisbeere f; à maquereau Stachelbeere f; **~ier** [~zɛ'je] m Johannisbeerstrauch m; ~ épineux (od. à maquereau) Stachelbeerstrauch m.

Gros-Jean [gro'ʒɑ̃]: me voilà (od. voici) ~ comme devant da bin ich nun ebenso schlau wie vorher.

gross|e [gro:s] f Gros m (12 Dutzend); ✞✞ Ausfertigung f e-r Urkunde; **~esse** [gro'sɛs] f Schwangerschaft f; **~eur** [~'sœ:r] f Dicke f, Stärke f; Geschwulst f; **~ier, -ère** [~'sje, ~'sjɛ:r] adj. grob, plump, roh; **~ièreté** [~sjɛr'te] f Grobheit f; Taktlosigkeit f; Derbheit f, Roheit f; ⊕ Rauheit f e-s Stoffes; **~ir** [~'si:r] (2a) v/t. dicker (od. stärker) machen; fig. übertreiben; v/i. stärker werden, anwachsen, zunehmen; **~iste** ✝ [~'sist] su. Grossist(in f) m; **~oyer** ✞✞ [~swa'je] v/t. (1h) ausfertigen.

grotesque [grɔ'tɛsk] **1.** adj. grotesk;

2. *m* das Groteske.

grouill|ement [gruj'mɑ̃] *m* Gewimmel *n*; **~er** [~'je] *v/i.* (1a) wimmeln; P se ~ sich beeilen.

group [grup] *m* versiegelter Geldsack *m*, Geldbombe *f*.

group|e [grup] *m* Gruppe *f*; ✝ Konzern *m*; *pol.* Fraktion *f*; ⚕ Abteilung *f*; ⚓ Aggregat *n*; *pol.*, *écol.* ~ de travail (*od.* d'études) Arbeitsgemeinschaft *f*; *EG*: ~ de travail Arbeitsgruppe *f*; *adm.* ~ scolaire Schulgebäude *n*/*pl.*, Schulkomplex *m*; ✿ ~ sanguin Blutgruppe *f*; **~ement** [~'mɑ̃] *m* Gruppierung *f*; Verband *m*; **~er** [~'pe] *v/t.* (1a) gruppieren; einordnen; **~us-cule** *péj.* [~pys'kyl] *m* Grüppchen *n*.

gruau [gry'o] *m* (*pl.* ~x) Grütze *f*.

grue [gry] *f* *orn.* Kranich *m*; *fig.* F *péj.* Hure *f*; ⊕ Kran *m*; *fig.* faire le pied de ~ sich die Beine in den Bauch stehen.

gruger F [gry'ʒe] *v/t.* (1l) j-n übers Ohr hauen, ausbeuten.

grume [grym] *f* **1.** Weinbeere *f*; **2.** ~s *pl.* Rundholz *n*.

grumeau [gry'mo] *m* (*pl.* ~x) Klümpchen *n*.

grumeler [grym'le] *v/rfl.* (1c): se ~ klumpig (*od.* dick) werden.

grutier [gry'tje] *m* Kranführer *m*.

Gruyère [gry'jɛːr] *f*: *fromage de* ~ *od.* ⍰ *m* Schweizer Käse *m*.

gué [ge] *m* Furt *f*; **~able** [~'abl(ə)] *adj.* durchwatbar, durchfahrbar.

guenilles [gə'nij] *f*/*pl.* Lumpen *m*/*pl.*

guenon [gə'nɔ̃] *f* Meerkatze *f*; Affenweibchen *n*; *péj.* häßliche Frau *f*.

guêpe *ent.* [gɛp] *f* Wespe *f*; **~ier** [gɛ'pje] *m* Wespennest *n*; *orn.* Bienenfresser *m*.

guère [gɛːr] *adv.*: ne ... ~ nicht viel, wenig; kaum; qu'en savons-nous? ⍰ plus que ce que disaient Pline et Tacite was wissen wir darüber? Kaum mehr, als was Plinius und Tacitus darüber sagten.

guéret [ge'rɛ] *m* Brachland *n*; Flur *f*.

guéridon [geri'dɔ̃] *m* kleiner runder Tisch *m* (*mit* ~ *m* Bein); *weitS.* ~ roulant Medikamentenwagen *m*.

guérilla [geri'ja] *f* Guerillakrieg *m*.

guér|ir [ge'riːr] (2a) *v/t.* heilen; *v/i.* genesen; **~ison** [geri'zɔ̃] *f* Heilung *f*; **~issable** [~'sabl(ə)] *adj.* heilbar; **~is-seur** [~'sœːr] *m* Heilpraktiker *m*.

guérite [ge'rit] *f* ✕ Schilderhaus *n*; ⊕ Bremsersitz *m*; ⚓ Baubude *f*; Bürobaracke *f*; ~ de plage Strandkorb *m*.

guerr|e [gɛːr] *f* Krieg *m*; la Première ⍰ mondiale, la Grande ⍰ der Erste Weltkrieg; la Seconde ⍰ mondiale der Zweite Weltkrieg; ~ des nerfs, ~ psychologique Nervenkrieg *m*; Kriegs. de bonne (meilleure) ~ fair(er); **~ier, -ère** [gɛ'rje, ~'rjɛːr] **1.** *adj.* kriegerisch; **2.** *m* Krieger *m*; **~oyer** *litt.* [~rwa'je] *v/i.* (1h) Krieg führen.

guet [gɛ] *m* Wache *f*; *fig.* Lauer *f*; faire le ~ auf der Lauer sein; **~apens** [gɛta'pɑ̃] *m* (*pl.* guets-apens) Hinterhalt *m*.

guêtre ['gɛtr] *f* Gamasche *f*.

guett|er [gɛ'te] *v/t.* (1a) belauern; **~eur** [~'tœːr] *m* ✕ Wachposten *m*; *bei e-m Einbruch*: Aufpasser *m*, Schmiere-steher *m*.

gueul|ard, -e [gœ'laːr, ~'lard] **1.** *su.* F Großschnauze *f*; Schreihals *m*; **2.** *adj.* F großschnäuzig; **3.** *m* ⊕ Gicht *f* (*oberer Rand e-s Hochofens*); **~e** [gœl] *f* Maul *n*; Rachen *m*; P Schnauze *f*, Fresse *f*; P Gesicht *n*; ★ ✕ ~ noire Bergarbeiter *m*; ★ ✕ ~s *pl.* cassées Gesichtsversehrte *m*/*pl.*; P ta ~! halt die Schnauze!, halt's Maul! P avoir la ~ de bois e-n Kater haben (*nach e-r Zecherei*); *néol.* F avoir de la ~ imponieren; effektvoll sein; **~e-de-loup** ♣ [~d'lu] *m* (*pl.* gueules-de-loup) Löwenmaul *n*; **~er** [~'le] *v/i.* (1a) grölen, brüllen.

gueules ⍰ [gœl] *m* rote Farbe *f*.

gueuleton P [gœl'tɔ̃] *m* (großes) Fresserei *f*.

gueuse [gøːz] *f* ⊕ Massel *f*; *Sport*: schweres Gewicht *n*; courir la ~ ein ausschweifendes Leben führen.

gugusse F [gy'gys] *m* Clown *m*; dummer August *m*; Kerl *m*, Typ *m*.

gui ♣ [gi] *m* Mistel *f*.

guibol(l)e P [gi'bɔl] *f* Bein *n*.

guichet [gi'ʃɛ] *m* Schalter *m*; **~ier, -ère** [giʃ'tje, ~'tjɛːr] *su.* Schalterbeamte(r) *m*, -beamtin *f*.

guid|e [gid] **1.** *m* (Berg-, Fremden-, Reise-)Führer *m* (*Person u. Buch*); ✕ Flügelmann *m*; Ratgeber(in *f*) *m*; ⊕ Führung *f*; ⚓ Leitschiff *n*; **2.** *f* Leine *f*; mener la vie à grandes ~s auf großem Fuße leben; **~e-âne** [~'dɑːn] *m* (*pl.* ~s) Anleitung *f*; Gedächtnisstütze *f*; *fig.* Linienblatt *n*; **~er** [~'de] *v/t.* (1a) führen; *fig.* anleiten; se ~ sur qch. sich nach etw. (*dat.*) richten; **~erope** [~'drɔp] *m* Schleppseil *n* (*für Ballons*).

gyrotrain

guidon [gi¹dɔ̃] *m Fahrrad:* Lenkstange *f;* (Visier-)Korn *n;* Wimpel *m,* Fähnchen *n.*

guign|e [giɲ] *f* Süßkirsche *f;* F *avoir la* ~ *Pech haben;* **~er** [~¹ɲe] *v/t.* (1a) (hin)schielen (*qch. nach etw. dat.;* q. *zu* j-m); spekulieren (*qch. auf etw. acc.*); **~ol** [~¹nɔl] *m* Kasperle(theater *n) n od. m;* **~olet** [~nɔ¹lɛ] *m* Kirschlikör *m.*

guilde *hist.* [gild] *f* Gilde *f.*

guili-guili F [giligi¹li] *m: faire* ~ *à* q. *bei* j-m *killekille machen.*

guillemet [gij¹mɛ] *m* Anführungszeichen *n.*

guiller|et, -te [gij¹rɛ, ~¹rɛt] *adj.* munter, fidel; **~i** [~¹ri] *m* Tschilpen *n der Sperlinge.*

guillotine [gijɔ¹tin] *f* Guillotine *f.*

guimauve ♀ [gi¹moːv] *f* Eibisch *m.*

guimbarde F [gɛ̃¹bard] *f Auto:* alte Mühle *f.*

guimpe [gɛ̃ːp] *f* Nonnenschleier *m;* Chemisett(e *f) n an Damenkleidern.*

guincher P [gɛ̃¹ʃe] *v/i.* (1a) schwofen.

guind|age [gɛ̃¹daːʒ] *m* Aufwinden *n;* **~e *** [gɛ̃ːd] *f Auto:* Mühle *f;* **~é, -e** [gɛ̃¹de] *adj.* steif, gezwungen; *Stil:* geschraubt; **~er** [~] *v/t.* (1a) (auf)hissen; *fig. se* ~ *sich aufspielen.*

guinguette [gɛ̃¹gɛt] *f* Gartenschenke *f.*

guipure *cout.* [gi¹pyːr] *f* weitmaschige Spitze *f.*

guirlande [gir¹lɑ̃ːd] *f* Girlande *f.*

guise [giːz] *f: à ta* ~ *wie du willst; en* ~ *de an Stelle* (*gén.*), als.

guitoune *arab.,* ***** ⚔ [gi¹tun] *f* Zelt *n.*

guivre ⊘ [¹giːvrə] *f* Schlange *f.*

gunitage △ [gyni¹taːʒ] *m* Torkretieren *n* (*Betonspritzverfahren*).

gustat|if, -ve [gysta¹tif, ~¹tiːv] *adj.:* nerf *m* ~ Geschmacksnerv *m;* **~ion** [~ta¹sjɔ̃] *f* Kosten *n,* Schmecken *n.*

gutta-percha [gytapɛr¹ka] *f* Guttapercha *f od. m.*

guttural, -e [gyty¹ral] **1.** *adj.* (*m/pl. -aux*) Kehl..., Rachen...; *gr.* guttural; **2.** **~e** *f* Guttural(laut *m) m.*

gymkhana [ʒimka¹na] *m Motorsport:* Geschicklichkeitswettbewerb *m.*

gymnas|e [ʒim¹naːz] *m* Turnhalle *f; All., Schweiz:* Gymnasium *n;* **~te** [~¹nast] *su.* Turner(in *f) m;* section *f de* ~s Turnerriege *f;* **~tique** [~nas¹tik] **1.** *adj.* gymnastisch; *pas m* ~ Laufschritt *m;* **2.** *f* Gymnastik *f,* Leibesübungen *f/pl.;* ~ *corrective du maintien orthopädische(s)* Turnen *n; faire de la* ~ *turnen.*

gypaète *orn.* [ʒipa¹ɛt] *m* Lämmer-, Bart-geier *m.*

gypse [ʒips] *m* Gips *m.*

gyro|compas ⚓ [ʒirɔkɔ̃¹pa] *m* Kreiselkompaß *m;* **~pilote** ⚔, ⚓, ⚔ [~pi¹lɔt] *m* Kreiselsteuergerät *n;* **~scope** *phys.* [~¹skɔp] *m* Gyroskop *n,* Kreisel *m;* **~phare** [~¹faːr] *m* Drehscheinwerfer *m e-s Polizeiautos;* **~stat** *phys.* [~¹sta] *m* Gyrostat *m,* Kreisel(vorrichtung *f) m;* **~train** [~¹trɛ̃] *m* Einschienenbahn *f* mit Gyrostat.

H

(**'h**: aspiriertes *h*, das Apostrophierung und Bindung ausschließt)

H (*ou* **h**) [aʃ] *m* H (*od.* h) *n*; Haschisch *n*; *l'heure* H die Stunde X.

habil|e [a'bil] *adj.* geschickt, gewandt; gewitzt, gerissen, schlau; *ȥȥ* ~ *à succéder* erbfähig; **~eté** [~l'te] *f* Geschicklichkeit *f*; **~itation** [~lita-'sjɔ̃] *f* Ermächtigung *f*; **~ité** *ȥȥ* [~li'te] *f*: *à succéder* Erbfähigkeit *f*; **~iter** *ȥȥ* [~] *v/t.* (1a) ermächtigen, berechtigen.

habill|age [abi'ja:ʒ] *m cuis.* Zurichten *n*; Ausschlachten *n*; *✍* Beschneiden *n*; **~ement** [~j'mɑ̃] *m* Kleidung *f*; Ankleiden *n*; **~er** [~'je] *v/t.* (1a) (an-, be-)kleiden; einkleiden; *für j-n* Anzüge schneidern; *Kleid usw.*: *j-n* kleiden, *j-m* stehen; *cuis.* ausschlachten; ~ *de neuf* neu einkleiden; **~eur, -se** *thé.* [~'jœ:r, ~'jø:z] *m f.*

habit [a'bi] *m* Frack *m*; ~ *de chasse* (*de cheval*) Jagd-(Reit-)anzug *m*; *de vieux* ~*s* alte Sachen *f/pl.*

habit|able [abi'tabl] *adj.* bewohnbar; **~acle** [~'takl] *m* ✈ Pilotenkabine *f*; Kommandokapsel *f e-s Raumfahrzeugs*; *Auto:* Fahrgastzelle *f*; ⚓ Kompaßhäuschen *n*; **~ant, -e** [~'tɑ̃, ~'tɑ̃:t] *su.* Be-, Einwohner(-in *f*) *m*; **~at** [~'ta] *m* Wohnungswesen *n*; Wohnverhältnisse *n/pl.*; ♀, *zo.* Standort *m*, Heimat *f*; *géogr.* Siedlungswesen *n*; **~ation** [~ta'sjɔ̃] *f* Wohnung *f*; Wohnen *n*; **~er** [~'te] (1a) *v/t.* bewohnen; *v/i.* wohnen.

habit|ude [abi'tyd] *f* Gewohnheit *f*; *d'~* normalerweise, gewöhnlich; *par* ~ aus Gewohnheit; **~ué, -e** [~'tɥe] *su.* Stamm-gast *m*, -kunde *m*, -kundin *f*; **~uel, -le** [~'tɥɛl] *adj.* gewöhnlich, üblich; **~uer** [~'tɥe] *v/t.* (1a): ~ *à qch.* j-n an etw. (*acc.*) gewöhnen.

'hâbl|erie [ablɑ'ri] *f* Großsprecherei *f*; **~eur, -se** [ɑ'blœ:r, ɑ'blø:z] *su.* Aufschneider(in *f*) *m*.

'hache [aʃ] *f* Axt *f*, Beil *n*; *éc. porter la* ~ *dans un programme* Abstriche an e-m Programm machen; **~légumes** [~le'gym] *m* (*inv.*) Wiegemesser

n; **~paille** [~'pɑ:j] *m* (*inv.*) Futterschneide-, Häcksel-maschine *f*.

'hach|er [a'ʃe] *v/t.* (1a) zerhacken; schraffieren; *Ernte* vernichten; **~ereau** [a'ʃro] *m* (*pl.* ~*x*) kleines Beil *n*; **~ette** [a'ʃɛt] *f* Handbeil *n*; **~e-viande** [a'ʃvjɑ̃:d] *m* (*inv.*) Fleischwolf *m*; **~is** *cuis.* [a'ʃi] *m* Gehackte(s) *n*; **~oir** [a'ʃwa:r] *m* Hackbrett *n*, Hack-, Wiege-messer *n*; Fleischwolf *m*; **~ure** [a'ʃy:r] *f* Schraffierung *f*.

'hagard, -e [a'ga:r, a'gard] *adj.* verstört.

'haie [ɛ] *f* Hecke *f*; *fig.* Spalier *n*.

'haillon [ɑ'jɔ̃] *m* Lumpen *m*.

'hain|e [ɛn] *f* Haß *m*; **~eux, -se** [ɛ'nø, ɛ'nø:z] *adj.* gehässig; boshaft.

'haïr [a'i:r] *v/t.* (2m) hassen.

'haïssable [ai'sabl] *adj.* hassenswert.

'halage ⚓ [a'la:ʒ] *m* Treideln *n*.

'hâl|e [ɑ:l] *m* Sonnenbräune *f*; **~é, -e** [ɑ'le] *adj.* sonnengebräunt.

haleine [a'lɛ:n] *f* Atem *m*; *de longue* ~ langwierig.

'haler [a'le] *v/t.* (1a) treideln.

'hâler [ɑ'le] *v/t.* (1a) *Haut* bräunen.

'halètement [alɛt'mɑ̃] *m* Keuchen *n*.

'haleter [al'te] *v/i.* (1e) keuchen.

'haleur [a'lœ:r] *m* Treidler *m*.

'half-track ✕ [a(l)f'trak] *m* (*pl.* ~*s*) Halbketten-Schützenpanzer *m*.

halieutique [aljø'tik] **1.** *f* Fischfang *m*, Fischereiwesen *n*; **2.** *adj.* Fischerei...

'hall [o:l] *m* großer hoher Saal *m*; (Werk-)Halle *f*; 🏛 Vorbau *m*; ~ *d'exposition* Ausstellungshalle *f*; ~ *des pas perdus* Bahnhofshalle *f*.

'hall|age [a'la:ʒ] *m* Standgeld *n*; **~e** [al] *f* Markthalle *f*.

'hallier [a'lje] *m* Dickicht *n*.

hallucination *✍* [alysina'sjɔ̃] *f* Halluzination *f*.

'halo [a'lo] *m* Hof *m der Sonne, des Mondes; phot.* Lichthof *m*.

halogène ⚗ [alɔ'ʒɛ:n] **1.** *adj.* salzbildend; **2.** *m* Halogen *n*, Salzbildner *m*.

'halot [a'lo] *m* Kaninchenhöhle *f*.

'halte [alt] **1.** *f* Pause *f*, Rast *f*; 🚂

Haltestelle *f*; faire ~ haltmachen; **2.** *int.*: ~!, ~là! halt (da)!
haltère [al'tɛ:r] *m* Hantel *f*.
haltérophilie [alterɔfi'li] *f* Gewichtheben *n*.
hamac [a'mak] *m* Hängematte *f*.
hameau [a'mo] *m* (*pl.* ~x) Weiler *m*.
hameçon [am'sɔ̃] *m* Angelhaken *m*.
hampe¹ [ɑ̃:p] *f* (Lanzen-)Schaft *m*, (Fahnen-)Stange *f*, (Pinsel-)Stiel *m*; ♥ Schaft *m*.
hampe² [ɑ̃:p] *f* Brust *f des Hirsches*.
hamster *zo.* [ams'tɛːr] *m* Hamster *m*.
hanche [ɑ̃:ʃ] *f* Hüfte *f*.
handball [ãd'bal] *m* Handball *m*; **~eur** [~'lœːr] *m* Handballspieler *m*, Handballer *m*.
handicap [ãdi'kap] *m Sport:* Ausgleich *m*, Handikap *n*, Vorgabe *f*; *fig.* Benachteiligung *f*, Nachteil *m*, Handikap *n*, Behinderung *f*; **~é, -e** [~'pe] **1.** *adj.* behindert; **2.** *su.* Behinderte(r *m*) *m u. f*; **~er** [~] *v/t.* (1a) benachteiligen.
hangar [ã'gaːr] *m* Schuppen *m*; ✈ Hangar *m*, Flugzeughalle *f*; ✈ Atombombenhalle *f*; ⚓ Bootshaus *n*.
hanneton [an'tɔ̃] *m* Maikäfer *m*.
hant|e, -e [ã'te] *adj.* Spuk...; ~ de geplagt von; maison *f* ~e Haus *n*, in dem es spukt; **~er** [~] *v/t.* (1a) heimsuchen, beunruhigen; **~ise** [~'tiːz] *f* Besessensein *n*; fixe Idee *f*; Angst *f*; ~ de l'atome Atomangst *f*.
happ|e [ap] *f* ⊕ Achsenblech *n*; Krampe *f*; Fenster-, Tür-riegel *m*; (Leim-)Zwinge *f*; **~er** [a'pe] *v/t.* (1a) wegschnappen; erfassen; happé par le train vom Zug erfaßt; se faire ~ par un autocar von e-m Reisebus erfaßt werden.
haquet [a'kɛ] *m* Rollwagen *m*.
harangu|e [a'rãːg] *f* (feierliche) Ansprache *f*; *fig.* langweiliges Gefasel *n*; Strafpredigt *f*; **~er** [arã'ge] *v/t.* (1a) feierlich anreden; ~ la foule e-e Rede (*od.* Ansprache) an die Menge halten.
haras [a'rɑ] *m* Gestüt *n*.
harassé, -e [ara'se] *adj.* erschöpft.
harc|èlement [arsɛl'mã] *m* Belästigung *f*; Störung *f*; ✗ tir *m* de ~ Störfeuer *n*; **~eler** [~sə'le] *v/t.* (1d) plagen, ärgern; ✗ beunruhigen.
hard|e [ard] *f Wild:* Rudel *n*; Koppelriemen *m*; **~er** [~'de] *v/t.* (1a) *Hunde* zs.-koppeln; **~es** *péj.* [ard] *f/pl.* alte Kleidungsstücke *n/pl.*,

Lumpen *m/pl.*
hardi, -e [ar'di] *adj.* kühn; *péj.* unverfroren; **~esse** [~'djɛs] *f* Kühnheit *f*; Dreistigkeit *f*.
hardware *él.* [ar'dwɛːr] *m* Hardware *f*.
hareng [a'rã] *m* Hering *m*; ~ saur, ~ fumé Bückling *m*; ~ vierge Matjeshering *m*; **~aison** [~ʀɛ'zɔ̃] *f* Heringsfang(zeit *f*) *m*; **~ère** F [~'ʒɛːr] *f* vulgäre Frau *f*, Marktweib *n*.
hargneux, -se [ar'ɲø, ~'ɲøːz] *adj.* mürrisch, zänkisch; *Hund:* bissig.
haricot [ari'ko] *m* Bohne *f*; ~s blancs (verts) weiße (grüne) Bohnen *f/pl.*; F c'est la fin des ~s! jetzt ist alles aus!
haridelle [ari'dɛl] *f* Schindmähre *f*; F *fig. Person:* Bohnenstange *f*.
harmon|ica ♪ [armɔni'ka] *m* Mundharmonika *f*; **~ie** [~'ni] *f* Harmonie(lehre *f*) *f*; Blas- u. Schlagzeugorchester *n*; **~ieux, -se** [~'njø, ~'njøːz] *adj.* harmonisch (*a. allg.*); **~ique** ♪, *phys.*, ♪ [~'nik] *adj.* harmonisch; **~iser** [~ni'ze] *v/t.* (1a) in Einklang bringen; aufeinander abstimmen; harmonisieren; s'~ avec übereinstimmen (*od.* harmonisieren) mit (*dat.*), passen zu (*dat.*); **~ium** [~'njɔm] *m* Harmonium *n*.
harnacher [arna'ʃe] *v/t.* (1a) *Pferde* (an)schirren; *fig.* ausstaffieren.
harnais [ar'nɛ] *m* Pferdegeschirr *n*; *Auto:* ~ pour enfants Kindergeschirr *n*.
haro [a'ro] *m*: crier ~ sur q. (qch.) gegen j-n (etw.) loswettern.
harpagon [arpa'gɔ̃] *m* Geizhals *m*.
harp|e [arp] *f* **1.** ♪ Harfe *f*; **2.** △ Verzahnung *f*; **~ie** [~'pi] *f fig.* Xanthippe *f*; **~iste** ♪ [~'pist] *su.* Harfenspieler(in *f*) *m*.
harpon [ar'pɔ̃] *m* Harpune *f*; **~ner** [~pɔ'ne] *v/t.* (1a) harpunieren; F *fig.* erwischen; F *j-n* aufgabeln.
hasard [a'zaːr] *m* Zufall *m*; au ~ aufs Geratewohl; par ~ zufällig; *in Fragen:* vielleicht; **~er** [azar'de] *v/t.* (1a) riskieren; **~eux, -se** [~'dø, ~'døːz] *adj.* riskant.
hase [ɑ:z] *f* Häsin *f*.
hât|e [ɑːt] *f* Hast *f*, Eile *f*; **~er** [a'te] *v/t.* (1a) beschleunigen; se ~ sich beeilen; **~if, -ve** [a'tif, a'tiːv] *adj.* ♀ früh-zeitig, -reif; *allg.* übereilt.
hauban [o'bã] *m* Haltetau *n*; △ Rüstseil *n*; **~age** [oba'naːʒ] *m* Verspannung *f*; **~er** [~'ne] *v/t.* (1a)

verankern; ⚒ verstreben.

hausse [o:s] f Unter-satz m, -lage f; Visier n am Gewehr; ✝ Preiserhöhung f; Kursanstieg m, Hausse f; **~ement** [os'mã] m Heben n der Stimme; ~ d'épaules Achselzucken n; **~er** [o'se] v/t. (1a) höher machen, erhöhen; ♪ höher stimmen; ~ les épaules die Achseln zucken; **~ier** ✝ [o'sje] m Haussier m.

haut, -e [o, ot] 1. adj. hoch (a. fig.); Ober...; laut; Farbe: grell, lebhaft; 2. adv. hoch; d'en ~ von oben herab; là~ da oben; ~ la main ohne Schwierigkeiten; plus ~ (weiter) oben, vorher; lauter; 3. m: tomber de son ~ der Länge nach hinfallen; fig. aus allen Wolken, fallen.

hautain, -e [o'tɛ̃, o'tɛn] adj. hochmütig.

hautbois ♪ [o'bwa] m Oboe f.

haut-de-forme [od'fɔrm] m (pl. hauts-de-forme) Zylinder(hut m) m.

haute-contre ♪ [ot'kɔ̃:tra] f (pl. hautes-contre) Altstimme f e-s Mannes; Altist m.

hautement [ot'mã] adv. hoch..., zuhöchst.

hauteur [o'tœ:r] f Höhe f; Anhöhe f; fig. Hochmut m; à ~ d'homme (in) Mannshöhe; ⚒ prendre de la ~ (an) Höhe gewinnen; fig. être à la ~ de qch. e-r Sache (dat.) gewachsen sein.

haut-fond [o'fɔ̃] m (pl. hauts-fonds) Untiefe f; **~-le-cœur** [ol'kœ:r] m (inv.) Übelkeit f; fig. Ekel m; **~-le-corps** [ol'kɔ:r] m (inv.) Ruck m; Pferd: Sprung m; avoir un ~ auffahren, hochschrecken; **~parleur** [opar'lœ:r] m (pl. ~s) Lautsprecher m; **~relief** [oro'ljɛf] m (pl. hauts-reliefs) Hochrelief m.

havane [a'van] 1. m Havanna(zigarre f) f; Havannatabak m; 2. adj. (inv.) gelbbraun.

hâve [ɑ:v] adj. abgezehrt, blaß.

havre ['ɑ:vra] m kleiner Hafen m; fig. Zufluchtsort m.

havresac [avro'sak] m Werkzeug-, Proviant-tasche f.

hayon [ɛ'jɔ̃] m Hecktür f.

hé! [e] int. hallo!; oh!, ach!

hebdomadaire [ɛbdɔma'dɛ:r] 1. adj. wöchentlich; 2. m Wochenzeitung f.

hébergement [ebɛrʒə'mã] m Unterbringung f v. Gästen.

héberger [ebɛr'ʒe] v/t. (1l) beherbergen, unterbringen.

hébét|er [ebe'te] v/t. (1f) verdummen; **~ude** [~'tyd] f Stumpfsinn m.

hébraï|que [ebra'ik] adj. hebräisch; langue f ~ hebräische Sprache f; **~ser** [~i'ze] v/i. (1a) Hebräisch studieren; hebräische Ausdrücke gebrauchen.

hébreu [e'brø] (pl. ~x) m (f: hébraïque) hebräisch; 2. m: ⅋x du Hebräer m/pl.; l'~ das Hebräische, Hebräisch n.

hécatombe [eka'tɔ̃:b] f Blutbad n.

hectare [ɛk'ta:r] m Hektar n od. m.

hect|ique ♪ [ɛk'tik] adj. schwindsüchtig; **~isie** ♪ [~ti'zi] f Schwindsucht f.

hecto... [ɛktɔ] Hekto..., Hundert...

hédon|isme phil., éc., psych. [edɔ'nism] m Hedonismus m; **~iste** [~'nist] adj. hedonistisch; lustbetont.

hégémonie [eʒemɔ'ni] f Vorherrschaft f.

hein? [ɛ̃] int. was?, na?, ja?, wie?

hélas! [e'lɑ:s] int. ach!, o weh!

héler [e'le] v/t. (1f) ⚓ ein Schiff preien, anrufen; allg. Taxi usw. herbeirufen.

hélianthe ♀ [e'ljã:t] m Sonnenblume f.

hélice [e'lis] f ⚓ Schiffsschraube f; ⚒ Propeller m.

héli|coïdal, -e [e'likɔi'dal] adj. (pl. -aux) schraubenförmig; **~coptère** ⚒ [~kɔp'tɛ:r] m Hubschrauber m.

hélio... [eljɔ] in Zssgn Sonnen...; **~graphie** [~gra'fi] f Lichtpause f; **~gravure** [~gra'vy:r] f Lichtdruck m; **~thérapie** ♪ [~tera'pi] f Heliotherapie f.

héliport ⚒ [eli'pɔ:r] m Hubschrauberlandeplatz m.

hélium ♪ [e'ljɔm] m Helium n.

hélix anat. [e'liks] m Ohrrand m.

hell|ène hist. od. st.s. [ɛl'ɛn] 1. adj. hellenisch; griechisch; 2. ⅋ su. Grieche m, Griechin f; les ⅋s die Hellenen pl.; **~énique** hist. od. st.s. [ɛle'nik] adj. hellenisch; griechisch.

helvétique [ɛlve'tik] adj. Schweizer, schweizerisch; helvetisch.

hem! [ɛm] int. hm!

hémat|ie physiol. [ema'ti] f rotes Blutkörperchen n; **~ite** min. [~'tit] f: ~ brune Brauneisenstein m; **~ome** ♪ [~'tom] m Bluterguß m.

hémi|cycle [emi'siklə] m Halbkreis m; halbkreisförmiger Saal m; **~sphère** [~s'fɛ:r] m Hemisphäre f; (Gehirn-)Hälfte f.

hémorr|agie ⚕ [emɔra'ʒi] *f* Blutung *f*; ~ *nasale* Nasenbluten *n*; **~oïdes** ⚕ [~rɔ'id] *f/pl.* Hämorrhoiden *f/pl.*
hémostatique ⚕ [emɔsta'tik] **1.** *adj.* blutstillend; **2.** *m* blutstillendes Mittel *n.*
hendécasyllabe *mét.* [ɛ̃dekasi'lab] *m* Elfsilb(l)er *m.*
'henn|ir [e'ni:r] *v/i.* (2a) wiehern; **~issement** [enis'mɑ̃] *m* Gewieher *n.*
hépat|ique [epa'tik] **1.** *adj.* Leber...; **2.** *su.* Leberkranke(r *m*) *m u. f*; **3.** *f* ⚘ Leberblümchen *n*; **~ite** [~'tit] *f* ⚕ Leberentzündung *f*; *min.* Leberstein *m.*
héraldique [eral'dik] **1.** *adj.* Wappen...; **2.** *f* Wappenkunde *f.*
'héraut *ehm.* [e'ro] *m* Herold *m.*
herb|acé, -e [ɛrba'se] *adj.* kraut-, gras-ähnlich; **~age** [~'ba:ʒ] *m* Futtergras *n*; Weideplatz *m*; **~ager** [~ba'ʒe] *m* Viehmäster *m*; **~e** [ɛrb] *f* Gras *n*; Kraut *n*; *mauvaise* ~ Unkraut *n*; *arracher les mauvaises* ~*s* Unkraut jäten; *en* ~ *Getreide*: noch grün; *fig.* künftig, vielversprechend; *cuis. fines* ~*s* Gewürz-, Küchen-kräuter *n/pl.*; ~*s potagères* Suppenkräuter *n/pl.*; **~eux, -se** [~'bø, ~'bø:z] *adj.* grasbewachsen; **~ier** [~'bje] *m* Herbarium *n*; Heuschuppen *m*; **~ivore** *zo.* [~bi'vɔ:r] **1.** *adj.* pflanzenfressend; **2.** *m* Pflanzenfresser *m*; **~oriser** [~bɔri'ze] *v/i.* (1a) Pflanzen sammeln.
herbu, -e [ɛr'by] **1.** *adj.* mit dichtem Gras bewachsen; **2.** *f* mageres Weideland *n.*
'hère [ɛ:r] *m* **1.** *ch.* Spießbock *m*, Spießer *m*; **2.** *fig. pauvre* ~ armer Teufel *m*, armer Schlucker *m.*
hérédit|aire [eredi'tɛ:r] *adj.* erblich; Erb...; **~é** [~'te] *f* Vererbung *f*; Erbanlagen *f/pl.*; ⚖ Erbrecht *n.*
héré|do ⚕ [ere'do] *su.* Erbsyphilitiker(in *f*) *m*; **~sie** [~'zi] *f* Ketzerei *f*; **~tique** [~'tik] **1.** *adj.* ketzerisch; **2.** *su.* Ketzer(in *f*) *m.*
'hériss|é, -e [eri'se] *adj.* borstig, struppig; *fig.* störrisch; ~ *de* voller, strotzend (*od.* voll) von; **~er** [~] *v/t.* (1a) *Haare, Federn* sträuben; *fig. j-n* rasend machen; ~ *de* spicken mit (*dat.*); **~on** [~'sɔ̃] *m zo.* Igel *m*; *fig.* störrischer Mensch *m*, Kratzbürste *f* F; ⚠ Eisenspitzenhindernis *n auf e-r Mauer*; ⚔ Igelstellung *f.*
hérit|age [eri'ta:ʒ] *m* Erbe *n*, Erbschaft *f*; **~er** [~'te] (1a) *v/i.*: ~ *de qch.* etw. erben; *v/t.*: ~ *qch. de q.* etw. von j-m erben; **~ier, -ère** [~'tje, ~'tjɛ:r] *su.* Erbe *m*, Erbin *f.*
hermét|ique [ɛrme'tik] *adj.* luftdicht; hermetisch (*a. litt.*); **~isme** *litt.* [~'tism] *m* Hermetismus *m.*
hermin|e [ɛr'min] *f* **1.** *zo.* Hermelin *n*; **2.** Hermelin(pelz *m*) *m*; **~ette** *charp.* [~'nɛt] *f* Dachsbeil *n.*
'hern|iaire ⚕ [ɛr'njɛ:r] *adj.* Bruch...; *bandage m* ~ Bruchband *n*; **~ie** ⚕ [~'ni] *f* (Eingeweide-)Bruch *m*, Hernie *f.*
héro|ïne [erɔ'in] *f* **1.** Heldin *f*; **2.** *phm.* Heroin *n*; **~ïque** [~'ik] *adj.* heldenmütig, heroisch; ⚕ sehr stark (wirkend); **~ïsme** [~'ism] *m* Heroismus *m*, Heldenmut *m.*
'héron *orn.* [e'rɔ̃] *m* Reiher *m.*
'héros [e'ro] *m* Held *m*; *en* ~ als (*od.* wie ein) Held.
herpès ⚕ [ɛr'pɛs] *m* Flechte *f.*
'hers|e ⚒ [ɛrs] *f* Egge *f*; **~er** [~'se] *v/t.* (1a) eggen.
hertzien, -ne *rad.* [ɛrt'sjɛ̃, ~'sjɛn] *adj.*: *ondes f/pl.* ~*nes* Hertzsche Wellen *f/pl.*
hésit|ation [ezitɑ'sjɔ̃] *f* Unschlüssigkeit *f*; Zögern *n*; Stocken *n beim Reden*; **~er** [~'te] *v/i.* (1a) schwanken, zögern; *beim Reden* stocken.
hétéro|clite [eterɔ'klit] *adj. gr.* unregelmäßig; *fig.* verschiedenartig; seltsam; ⚠ bizarr; **~doxe** [~'dɔks] **1.** *adj.* ketzerisch; **2.** *su.* Ketzer(in *f*) *m*; **~gène** [~'ʒɛn] *adj.* heterogen, anders-, verschieden-artig.
'hêtre ⚘ ['ɛ:trə] *m* (Rot-)Buche *f.*
'heu [ø] *int.*: ~! ~! hm, hm!; soso!
heure [œ:r] *f* Stunde *f*; (Uhr-)Zeit *f*, *nach Zahlen*: Uhr *f*; *à l'*~ zur rechten Zeit; stundenweise; *de bonne* ~ früh; *tout à l'*~ soeben, vorhin; gleich, in Kürze; *à tout à l'*~! bis nachher!; *à la bonne* ~! so lass' ich mir's gefallen!, bravo!, recht so!; *à l'*~ *du choix* am Tage der Entscheidung; *quelle* ~ *est-il?* wie spät ist es?; *il est six* ~*s* es ist sechs (Uhr); ~ *creuse* Springstunde *f*; ~*s pl. creuses* stille Zeiten *f/pl.* (*im Geschäft*); verkehrsarme Stunden *f/pl.*; ~ *d'arrivée* Ankunftszeit *f*; ~ *de départ* Abfahrtszeit *f*; ~ *d'été* Sommerzeit *f*; ~ *de loisir* Mußestunde *f*; ~*s pl. de consultation* Sprechstunde(n) *f(pl.)* (*beim Arzt*); ~*s pl. d'ouverture* Öffnungszeiten *f/pl.*; *en pleine* ~ *de pointe* zur Hauptverkehrszeit;

heureux

~ *locale* Ortszeit *f*; ~ *supplémentaire* Überstunde *f*; *pour l'*~ zur Zeit, im (jetzigen) Augenblick.

heureux, -se [œˈrø, œˈrøːz] *adj.* glücklich.

heurt [œːr] *m* (Zs.-)Stoß *m*, Anprall *m*; **~er** [œrˈte] (1a) *v/t.*: ~ *qch.* an etw. (*acc.*) an|stoßen; ~ *q.* j-n anstoßen (*od.* anrempeln F); *Auto:* j-n anfahren; *fig.* j-n verletzen; *v/i.* anklopfen; (an)stoßen; *se* ~ stoßen (*à auf acc.*); *Fahrzeuge:* zs.-stoßen; **~oir** 🏳 [~ˈtwaːr] *m* Prellbock *m*.

hexagon|al, -e [ɛgzagoˈnal] *adj.* (*m/pl.* -aux) sechseckig; ⊕ Sechskant...; **~e** [~ˈgɔn] *m* Sechseck *f*; *l'*~ Frankreich *n*.

hibern|al, -e [ibɛrˈnal] *adj.* (*m/pl.* -aux) winterlich; **~ation** [~naˈsjɔ̃] *f* zo. Winterschlaf *m*; *~ artificielle* künstlicher Winterschlaf *m*; Heilschlaf *m*; **~er** zo. [~ˈne] *v/i.* (1a) Winterschlaf halten.

hibou *orn.* [iˈbu] *m* (*pl.* ~x) Eule *f*.

hic F [ik] *m* Hauptschwierigkeit *f*; *voilà le* ~ da liegt der Hase im Pfeffer.

hid|eur [iˈdœr] *f* Scheußlichkeit *f*; **~eux, -se** [iˈdø, iˈdøːz] *adj.* scheußlich.

hiémal, -e 🌿 [jeˈmal] *adj.* (*m/pl.* -aux) Winter...

hier [jɛːr] *adv.* gestern; *d'*~ gestrig.

hiérarch|ie [jerarˈʃi] *f* Hierarchie *f*; Rangordnung *f*; **~ique** [~ˈʃik] *adj.*: *par la voie* ~ auf dem Dienstweg; *supérieur m* ~ Dienstvorgesetzte(r) *m*.

hilar|ant, -e [ilaˈrɑ̃, ~ˈrɑ̃ːt] *adj.* amüsant; *gaz* ~ Lachgas *n*; **~e** [iˈlaːr] *adj.* vergnügt, heiter; **~ité** [ilariˈte] *f* (plötzliches) Gelächter *n*; Heiterkeit *f*.

hippie [iˈpi] **1.** *su.* Hippie(mädchen *n*) *m*; **2.** *adj.* Hippie...

hipp|ique [iˈpik] *adj.* Pferde..., Reit...; *courses f/pl.* ~s Pferderennen *n/pl.*; **~isme** [iˈpism] *m* Reitsport *m*; **~odrome** [ipoˈdrom] *m* Pferderennbahn *f*; **~omobile** [~moˈbil] *adj.*: *voiture f* ~ Pferdewagen *m*; **~opotame** [~poˈtam] *m* Nilpferd *n*.

hirondelle *orn.* [irɔ̃ˈdɛl] *f* Schwalbe *f*.

hirsute [irˈsyt] *adj.* struppig; rauh.

hispanique [ispaˈnik] *adj.* spanisch.

hispide 🌿 [isˈpid] *adj.* rauh.

hisser [iˈse] *v/t.* (1a) hissen; *se* ~ sich hoch-, empor-ziehen; sich aufschwingen.

histoire [isˈtwaːr] *f* Geschichte *f*; *fig.* Lüge *f*; 💉 *clinique* klinisches Bild *n*; F *pour la petite* ~ als Anekdote, zur Erheiterung; ~s *pl.* Schwierigkeiten *f/pl.*; *faire des* ~s Umstände machen; F ~ *de* (*inf.*) (bloß) um zu (*inf.*).

histor|ien, -ienne [istoˈrjɛ̃, ~ˈrjɛn] *su.* Historiker(in *f*) *m*; **~iette** [~ˈrjɛt] *f* Histörchen *n*; **~ique** [~ˈrik] **1.** *adj.* geschichtlich, historisch; **2.** *m* geschichtlicher Verlauf *m*; geschichtliche Entwicklung *f*.

hiver [iˈvɛːr] *m* Winter *m*.

hivern|age [ivɛrˈnaːʒ] *m* Winter-zeit *f*, -bestellung *f*, -hafen *m*, -stallhaltung *f*; Regenzeit *f* (*in den Tropen*); **~al, -e** [~ˈnal] *adj.* (*m/pl.* -aux) winterlich; [~ˈnɑ̃, ~ˈnɑ̃ːt] *su.* Winterkurgast *m*; **~er** [~ˈne] (1a) *v/i.* überwintern; *v/t.* 🌿 vor dem Winter bestellen.

hobereau [ɔˈbro] *m* (*pl.* ~x) *orn.* Baumfalke *m*; *fig. péj.* Krautjunker *m*.

hoche|ment [ɔʃˈmɑ̃] *m*: ~ *de tête* Kopfschütteln *n*; **~queue** *orn.* [~ˈkø] *m* Bachstelze *f*.

hoch|er [ɔˈʃe] *v/t.* (1a) *den Kopf* schütteln; **~et** [ɔˈʃɛ] *m* Beißring *m*; Kinderklapper *f*; *fig.* Hobby *n*; Marotte *f*; *fig. péj.* ~s *pl.* Firlefanz *m*.

hockey *Sport* [ɔˈkɛ] *m* Hockey(spiel *n*) *n*.

holà [ɔˈla] **1.** *int.*: ~! hallo!; ruhig!; **2.** *m*: *mettre le* ~ Einhalt gebieten.

holding *éc.* [ɔlˈdiŋ] *m* Holdinggesellschaft *f*.

hold-up [ɔlˈdœp] *m* (*inv.*) bewaffneter Raubüberfall *m*.

hollandais, -e [ɔlɑ̃ˈdɛ, ~ˈdɛːz] **1.** *adj.* holländisch; **2.** ♀(e)u. Holländer(in *f*) *m*.

homard [ɔˈmaːr] *m* Hummer *m*.

home [oːm] *m* Zuhause *n*; Heim *n*.

homélie [ɔmeˈli] *f* *rl.* Bibelauslegung *f*; *fig.* (langweilige) Moralpredigt *f*.

homicide [ɔmiˈsid] *m* Totschlag *m*.

homm|age [ɔˈmaːʒ] *m* Huldigung *f*; ~ *national* Staatsakt *m* (*à q. für* j-n); *mes* ~s *à Madame!* empfehlen Sie mich bitte Ihrer Gattin!; ~ *de l'auteur* vom Verfasser überreicht; **~asse** [~ˈmas] *adj.*: *femme f* ~ Mannweib *n*.

homme [ɔm] *m* Mensch *m*; Mann *m*; P Ehemann *m*; ~ *d'affaires* Geschäftsmann *m*; ~ *au foyer* Hausmann *m*; ~ *de lettres* Literat *m*; ~ *du métier* Fachmann *m*; ~ *des neiges*

Schneemensch m (im Himalaja); **~-grenouille** [~grə'nuj] m (pl. hommes-grenouilles) Froschmann m; **~-sandwich** [~sã'dwitʃ] m (pl. hommes-sandwichs) Plakatträger m.

homo|gène [ɔmɔ'ʒɛn] adj. gleichartig; **~généiser** [~ʒenei'ze] v/t. (1a) homogenisieren; fig. auf den gleichen Nenner bringen; **~logue** [~'lɔg] 1. adj. entsprechend; 2. su. Kollege m, Kollegin f; **~loguer** [~lɔ'ge] v/t. (1m) anerkennen; bestätigen; (staatlich) genehmigen; **~nyme** [~'nim] adj. gleichlautend.

'hongre [ˈɔ̃:grə] m Wallach m.

'hongrois,-e [ɔ̃'grwa,ɔ̃'grwa:z] 1. adj. ungarisch; 2. 2(e) su. Ungar(in f) m.

honnête [ɔ'nɛt] adj. ehrlich; anständig; rechtschaffen; ehrbar; **~té** [~'te] f Ehrlichkeit f; Rechtschaffenheit f.

honneur [ɔ'nœ:r] m Ehre f; avoir l'~ die Ehre haben, sich beehren; faire ~ à une lettre de change e-n Wechsel honorieren; **~s** pl. Ehrenbezeigungen f/pl.; Ehrenstellen f/pl.; faire les ~s de la maison die Gäste willkommen heißen.

honor|abilité [ɔnɔrabili'te] f Ehrenhaftigkeit f; **~able** [~'rablə] adj. ehrenhaft; redlich; anständig; ehrenwert; **~aire** [~'rɛ:r] 1. adj. Ehren...; professeur m ~ Honorarprofessor m; 2. **~s** m/pl. 🏛, ⚖ Honorar n; **~er** [~'re] v/t. (1a) ehren; Wechsel honorieren; ~ de beehren mit (dat.); **~ifique** [~ri'fik] adj. Ehren...

'honte [ˈɔ̃:t] f Scham f; Schande f; avoir ~ sich schämen; **~eux,-se** [ˈɔ̃'tø, ˈɔ̃'tø:z] adj. schändlich; beschämend; verschämt.

hôpital [ɔpi'tal] m (pl. -aux) Krankenhaus n; ✕; ~ militaire Lazarett n; ~ de campagne Feldlazarett n.

'hoquet [ɔ'kɛ] m Schluckauf m, Schlucken m; **~er** [ɔk'te] v/i. (1c) den Schluckauf haben.

horaire [ɔ'rɛ:r] 1. adj. Stunden...; 2. m écol. Stundenplan m; 🚂, ⚓ Fahrplan m; ✈ Flugplan m; 🚂 Kursbuch n; ~ (de travail) Arbeitszeit f.

'horde [ɔrd] f Horde f.

'horions [ɔ'rjɔ̃] m/pl. Schläge m/pl.

horizon [ɔri'zɔ̃] m Horizont m.

horloge [ɔr'lɔ:ʒ] f (Stand-, Turm-, Wand-)Uhr f; ~ parlante Zeitansage f; **~er, -ère** [~lɔ'ʒe, ~'ʒɛ:r] su. Uhrmacher(in f) m; **~erie** [~ʒ'ri] f Uh-

ren-geschäft n, -waren f/pl.; Uhrenfabrik f, -handel m.

hormis litt. [ɔr'mi] prp. außer (dat.).

hormone 🌸 [ɔr'mɔn] f Hormon n.

horodateur [ɔrɔda'tœ:r] m Datum(s)- und Stunden-stempel m; Fr. Taxis: appareil m ~ Gerät n zur Kontrolle der genehmigten täglichen Fahrzeit.

horr|eur [ɔ'rœ:r] f Schrecken m, Entsetzen n, Abscheu m; **~s** pl. de la guerre Kriegsgreuel m/pl.; **~ible** [ɔ'riblə] adj. entsetzlich; **~ipiler** [ɔripi'le] v/t. (1a): ~ q-n nervös machen; F fig. j-n bis zum äußersten reizen.

'hors [ɔ:r] prp. 1. mst ~ de außerhalb (gén.); habiter ~ de Paris außerhalb von Paris wohnen; ~ d'âge altersmäßig schwer zu schätzen; veraltet; ~ d'ici! weg hier!, raus!; ~ de prix unerschwinglich; ~ de propos unpassend; être ~ de soi vor Wut außer sich sein; Sport: ~ classe Sonderklasse f; ~ la loi vogelfrei; ~ ligne, ~ (de) pair, ~ série unerreicht, ganz außergewöhnlich; 2. (ohne de) außer (dat.); tous étaient présents, ~ deux ou trois alle waren anwesend außer zweien oder dreien.

'hors|-bord ⚓ [ɔr'bɔ:r] m (inv.) (Boot n mit) Außenbordmotor m; **~-concours** [~kɔ̃'ku:r] m (inv.) vom Wettbewerb Ausgeschlossene(r) m; **~-d'œuvre** [~'dœ:vrə] m (inv.) cuis. Vorspeise f; litt. Nebenhandlung f; peint. Beiwerk n; ⚒ Anbau m.

hortensia 🌿 [ɔrtã'sja] m Hortensie f.

horti|cole [ɔrti'kɔl] adj. Garten..., Gartenbau...; **~culture** [~kyl'ty:r] f Gartenbau m.

hospice [ɔs'pis] m Hospiz n; Altersheim n; Waisenhaus n.

hospital|ier, -ère [ɔspita'lje, ~'ljɛ:r] adj. gastfreundlich; Krankenhaus...; **~isable** [~li'zablə] adj. krankenhausreif; **~iser** [~'ze] v/t. (1a) in ein Krankenhaus einliefern; **~isme** 🌸 [~'lism] m Hospitalismus m; **~ité** [~li'te] f Gastfreundschaft f.

host(e)au P [ɔs'to] m (pl. ~x) s. hosto.

hostellerie [ɔstɛl'ri] f Gasthaus n im Landstil; ~ scolaire de campagne Schullandheim n.

hostie rl. [ɔs'ti] f Hostie f.

hostil|e [ɔs'til] adj. feindlich; **~ité** [~li'te] f Feindschaft f.

hosto P [ɔs'to] m Krankenhaus n.

hôte [oːt] **1.** *m* **a)** (*f*: hôtesse) Gastgeber *m*; **b)** Gast *m* (*a. e-e Frau*); **2.** *adj.* (*inv.*): ville *f* ~ Gastgeberstadt *f.*

hôtel [oˈtɛl] *m* Hotel *n*; vornehmes (Privat-)Haus *n*; großes öffentliches Gebäude *n*; ~ de ville Rathaus *n*; ~-Dieu [ˌ∼ˈdjø] *m* (*pl.* hôtels-Dieu) Zentralkrankenhaus *n.*

hôtel|ier, -ière [otaˈlje, ∼ˈljɛːr] **1.** *adj.* Hotel...; **2.** *su.* Hotelbesitzer(in *f*) *m*; **~lerie** [otɛlˈri] *f* **1.** Hotelgewerbe *n*; **2.** Gästehaus *n* e-r Abtei.

hôtesse [oˈtɛs] *f* **1.** Gastgeberin *f*; **2.** Hostess *f*; ⚡ ~ de l'air Stewardeß *f*, Flugbegleiterin *f.*

hotte [ɔt] *f* Kiepe *f*; △ Rauchfang *m*; Dunstabzugshaube *f.*

houblon ♀ [uˈblɔ̃] *m* Hopfen *m.*

houe ✐ [u] *f* Hacke *f.*

houille [uj] *f* ⚒ (Stein-)Kohle *f*; *fig.* ~ blanche weiße Kohle *f* (*Wasserkraft*); **~er, -ère** ⚒ [uˈje, uˈjɛːr] **1.** *adj.* Steinkohlen...; **2.** houillère *f* Kohlen-grube *f*, -bergwerk *n.*

houle ♎ [ul] *f* hohle See *f*, Dünung *f.*

houlette [uˈlɛt] *f* Hirtenstab *m.*

houleux, -se [uˈlø, uˈløːz] *adj.* ♎, *fig.* stürmisch; *fig.* aufgeregt.

houp! [up] *int.* hopp!, los!

houppe [up] *f* Quaste *f*; Haarschopf *m.*

hourd|age ▲ [urˈdaːʒ] *m*, **~is** △ [∼ˈdi] *m* rauhes Mauerwerk *n*; Berappen *m*; Spritzwurf *m.*

houspiller [uspiˈje] *v/t.* (1a) ausschelten, hart anfahren.

houss|e [us] *f* Pferde-, Sattel-decke *f*; (Möbel-)Überzug *m*; Schonbezug *m* für Autositze; **~er** [uˈse] *v/t.* (1a) Fördertechnik: abpacken.

houx ♀ [u] *m* Stechpalme *f.*

hovercraft ⚡ [ɔvœrˈkraft] *m* Luftkissenfahrzeug *n.*

hoyau [waˈjo] *m* (*pl.* ~x) Rodehacke *f.*

hublot [yˈblo] *m* ⚡ Luke *f*, Bullauge *n*; ⚡ (kleines rundes) Fenster *n.*

hue! [y] *int.* hü!

huées [ɥe] *f/pl.* Hohngelächter *n.*

huer [ɥe] (1a) *v/t.*: ~ q. j-n auspfeifen; *v/i. Eule*: schreien.

huguenot, -e *m hist.* [ygˈno, ∼ˈnɔt] **1.** *adj.* hugenottisch; **2.** *su.* Hugenotte *m*, Hugenottin *f.*

huil|age [ɥiˈlaːʒ] *m* Ölen *n*; **~e** [ɥil] *f* Öl *n*; ~ de foie de morue Lebertran *m*; ~ moteur Motorenöl *n*; ~ de ricin Rizinusöl *n*; ~ solaire Sonnenöl *n*; ~ végétale Pflanzenöl *n*; ℗ les (grosses)

~s *pl.* die Bonzen *m/pl.*; *fig. faire tache d'*~ um sich ausbreiten; **~er** [∼ˈle] *v/t.* (1a) (ein)ölen; **~eux, -se** [∼ˈlø, ∼ˈløːz] *adj.* ölig; **~ier** [∼ˈlje] *m* Essig- und Öl-ständer *m.*

huis [ɥi] *m* † Tür *f*; *nur noch in:* à ~ clos unter Ausschluß der Öffentlichkeit.

huiss|erie [ɥisˈri] *f* Türeinfassung *f*; **~ier** [∼ˈsje] *m* Amtsdiener *m*; ⚖ ~ de justice Gerichtsvollzieher *m.*

huit [ɥit, *vor cons.:* ɥi] **1.** *a/n. c.* acht; **2.** *m* Acht *f*; **~ain** *litt.* [∼ˈtɛ̃] *m* Achtzeiler *m*; **~aine** [∼ˈtɛn] *f* **1.** une ~ de etwa acht; **2.** Zeit(raum *m*) *f* von acht Tagen; **~ième** [∼ˈtjɛm] **1.** *a/n. o.* achte(r, -s); **2.** *m* Achtel *n.*

huîtr|e [ˈɥiːtrə] *f* Auster *f*; Ƒ Dummkopf *m*; **~ier** *orn.* [ɥitriˈe] *m* Austernfischer *m*; **~ière** [∼ˈɛːr] *f* Austernbank *f.*

hulotte *orn.* [yˈlɔt] *f* Waldkauz *m.*

huluter [ylyˈle] *v/i.* (1a) *Nachtvögel*: schreien.

humain, -e [yˈmɛ̃, yˈmɛn] *adj.* menschlich; human.

human|iser [ymaniˈze] *v/t.* (1a) vermenschlichen; humanisieren; gesittet machen; verfeinern; **~isme** [∼ˈnism] *m* Humanismus *m*; **~iste** [∼ˈnist] **1.** *adj.* humanistisch; **2.** *su.* Humanist(in *f*) *m*; **~itaire** [∼niˈtɛːr] **1.** *adj.* humanitär, Humanitäts...; **2.** *su.* Verfechter(in *f*) *m* des humanitären Gedankens; **~itariste** *péj.* [∼taˈrist] *su.* Verfechter(in *f*) *m* übertriebener Menschenfreundlichkeit; **~ité** [∼ˈte] *f* Menschheit *f*; Menschlichkeit *f*, Humanität *f*; *école.* faire ses ~s in der Schule Latein und Griechisch lernen.

humble [ˈœ̃ːblə] **1.** *adj.* demütig; mon ~ personne meine Wenigkeit *f*; **2.** ~s *m/pl.*: les ~s die einfachen Leute *pl.*

humecter [ymɛkˈte] *v/t.* (1a) an-, befeuchten.

humer [yˈme] *v/t.* (1a) tief einatmen.

humérus *anat.* [ymeˈrys] *m* Oberarmknochen *m.*

humeur [yˈmœːr] *f* **1.** Stimmung *f*; (*gute od. schlechte*) Laune *f*; Charakter *m*; d'~ voyageuse reiselustig; **2.** *litt.* schlechte Laune *f*; avec ~ verstimmt.

humid|e [yˈmid] *adj.* feucht; **~ifier** [∼diˈfje] *v/t.* (1a) an-, befeuchten; **~ité** [∼ˈte] *f* Nässe *f*, Feuchtigkeit *f.*

humili|ation [ymiljaˈsjɔ̃] *f* Demütigung *f*; **~er** [∼ˈlje] *v/t.* (1a) demütigen; **~ité** [~li'te] f Demut f.

humorist|e [ymɔ'rist] **1.** su. Humorist(in f) m; **2.** adj. Person: humoristisch; **~ique** [~'tik] adj. humoristisch.

humour [y'muːr] m Humor m.

humus ♂ [y'mys] m Humus m.

'Hun hist. [œ̃] m Hunne m; des **~s** hunnisch.

'hun|e ⚓ [yn] f Mastkorb m; **~ier** ⚓ [y'nje] m Marssegel m.

'hunnique [y'nik] adj. hunnisch.

'hupp|e orn. [yp] f Wiedehopf m; Schopf m der Vögel; **~é, -e** [y'pe] adj. orn. Hauben...; F fig. reich, begütert.

'hure [yːr] f Kopf m v. (Wild-) Schwein, Lachs usw.; cuis. Schweinskopf m; P allg. Kopf m, Birne f P; Visage f P.

'hurl|ement [yrlə'mɑ̃] m Geheul n (z.B. von Wölfen); Gebrüll n; **~er** [~'le] v/i. (1a) heulen; brüllen; **~eur, -se** [~'lœːr, ~'løːz] **1.** su. j., der heult; **2.** m zo. Brüllaffe m; Auto: Heuler m, Alarmgerät n für Taxis.

hurluberlu [yrlybɛr'ly] m komischer Mensch m; Wirrkopf m, Spinner m F; Luftikus m.

'hussard hist. ⚔ [y'saːr] m Husar m; **~e** [y'sard] advt.: fig. à la **~** barsch, schroff.

'hutte [yt] f Hütte f.

hybrid|e [i'brid] **1.** adj. hybrid, Bastard...; **2.** m Hybride f, Bastard m; **~ité** [~di'te] f Zwitterhaftigkeit f.

hydr|atant, -e cosm. [idra'tɑ̃, ~'tɑ̃ːt] adj. feuchtigkeitsspendend; **~aulique** [idro'lik] **1.** adj. hydraulisch; **2.** f Hydraulik f; **~avion** [idra'vjɔ̃] m Wasserflugzeug n (à flotteurs mit Schwimmern); **~** à coque Flugboot n.

hydro|carbure ⚗ [idrokar'byːr] m Kohlenwasserstoff m; **~s** pl. Mineralöle n/pl.; **~centrale** [~sɑ̃'tral] f Wasserkraftwerk n; **~cution** ♪ [~ky-'sjɔ̃] f Ertrinken n durch Bewußtloswerden in kaltem Wasser; **~fuge** [~'fyːʒ] adj. wasserabstoßend; **~fuger** [~fy'ʒe] v/t. (1l) wasserabstoßend machen; **~gène** ⚗ [~'ʒɛn] m Wasserstoff m; **~génoduc** [~ʒeno-'dyk] m Wasserstoffleitung f; **~glis-**

~seur Sport [~gli'sœːr] m Gleitboot n; **~massage** ♪ [~ma'saːʒ] m: **~** sous pression Unterwasserdruckstrahlmassage f; **~mel** [~'mɛl] m Met m; **~phile** [~'fil] adj. wasser-aufsaugend, -anziehend; **~phobie** ♪ [~ʃɔ-'bi] f Wasserscheu f; **~phone** ⚓ [~'fɔn] m Unterwassermikrophon n; **~pique** ♪ [~'pik] adj. wassersüchtig; **~pisie** ♪ [~pi'zi] f Wassersucht f; **~thérapie** [~tera'pi] f Wasserheilkunde f, -heilverfahren n.

hyène zo. [jɛn] f Hyäne f.

hygiène [i'ʒjɛn] f Hygiene f; **~** corporelle Körperpflege f.

hygién|ique [iʒje'nik] adj. hygienisch; papier m **~** Toilettenpapier n; serviette f **~** Damenbinde f; **~iste** [~'nist] su. Hygieniker(in f) m.

hygromètre [igrɔ'mɛːtrə] m Feuchtigkeitsmesser m.

hymne [imn] **1.** m Hymne f; **2.** f Kirchengesang m.

hyper|bole [ipɛr'bɔl] f Å Hyperbel f; fig. Übertreibung f; weitS. fin. Erhöhung f; **~émie** ♪ [ipere'mi] f Blutfülle f; **~esthésie** psych. [~emɔti-'te] f Übererregbarkeit f; **~métrope** ♪ [~me'trɔp] adj. weitsichtig; starke **~tonie** [~tɔ'ni] f Bluthochdruck m; **~travailleur, -se** [~trava'jœːr, ~'jøːz] adj. arbeitswütig.

hypnose [ip'noːz] f Hypnose f.

hypnotis|er [ipnɔti'ze] v/t. (1a) hypnotisieren; **~eur** [~'zœːr] m Hypnotiseur m; **~me** [~'tism] m Hypnotismus m.

hypo|crisie [ipokri'zi] f Scheinheiligkeit f; **~crite** [~'krit] **1.** adj. scheinheilig; **2.** su. Scheinheilige(r m) m u. f; **~dynamique** ⊕ [~dina'mik] f Unterdruck m; **~nymie** ling. [~ni'mi] f Hyponymie f, Unterbegrifflichkeit f; **~ténuse** Å [~te'nyːz] f Hypotenuse f; **~thèque** [~'tɛk] f 🏛 Hypothek f; fig. drückende Last f; **~théquer** [~te'ke] v/t. (1f) mit einer Hypothek belasten; **~thèse** [~'tɛːz] f Hypothese f; **~tonie** ♪ [~tɔ'ni] f zu niedriger Blutdruck m.

hystér|ie ♪ [iste'ri] f Hysterie f; **~ique** ♪ [~'rik] adj. hysterisch.

I

256

I

I (*ou* **i**) [i] *m* I (*od.* i) *n*.

iamb|e *mét.* [jɑ̃:b] *m* Jambus *m*; **~ique** [jɑ̃'bik] *adj.* jambisch.

iceberg [is-, ajs'bɛrg] *m* Eisberg *m*.

ichor [i'kɔːr] *m* 🜊 blutig-seröse Absonderung *f*; *géol.* Magmaausfluß *m* von Sedimentgesteinen.

ichtyosaure [iktjɔ'zɔːr, ~'sɔːr] *m* Ichthyosaurus *m*.

ici [i'si] *adv.* hier; hierher; d'~ von hier; von jetzt an; d'~ là bis dahin, bis zu diesem Zeitpunkt; d'~ peu binnen kurzem; d'~ (à) vendredi bis Freitag; d'~ vingt ans in (den nächsten) zwanzig Jahren; jusqu'~ bis hier(her); bis jetzt; par ~ hierher, hier entlang; **~bas** [~'bɑ] *adv.* hier auf Erden.

icono|claste [ikɔnɔ'klast] *m* Bilderstürmer *m*; **~lâtre** [~la:trə] *m* Bilderanbeter *m*.

ictère 🜊 [ik'tɛːr] *m* Gelbsucht *f*.

idéal, -e [ide'al] (*m/pl.* ~s *od.* -aux) 1. *adj.* ideal; 2. *m* Ideal *n*; Vorbild *n*; **~iste** [~'list] 1. *adj.* idealistisch; 2. *su.* Idealist(in *f*) *m*.

idée [i'de] *f* Idee *f*, Begriff *m*, Vorstellung *f*; Gedanke *m*, Einfall *m*; Meinung *f*, Ansicht *f*.

idem F [i'dɛm] *adv.* gleichfalls.

ident|ifier [idãti'fje] *v/t.* (1a) identifizieren; s'~ avec sich identifizieren mit (*dat.*), sich hineinversetzen in (*acc.*); sich gleichsetzen (avec mit *dat.*); **~ité** [~ti'te] *f* Übereinstimmung *f*, Gleichheit *f*; Identität *f*; Personalien *pl.*; carte *f* d'~ Personalausweis *m*.

idiom|atique [idjɔma'tik] *adj.* idiomatisch; **~e** [i'djoːm] *m* 1. Idiom *n*, Sprache *f*; 2. Mundart *f*.

idiot, -e [i'djo, i'djɔt] 1. *adj.* idiotisch; 2. *su.* Idiot(in *f*) *m*; **~ie** [idjo'si] *f* Idiotie *f*; **~isme** [~'tism] *m* Spracheigenschaft *f*.

idoine F *plais.* [i'dwan] *adj.* geeignet (à für *acc.*).

idolâtr|e [idɔla'tre] *v/t.* (1a) vergöttern; **~ie** [~'tri] *f* Götzendienst *m*; *fig.* abgöttische Liebe *f*.

idole [i'dɔl] *f* Götze(nbild *n*) *m*; *fig.* Idol *n*, Abgott *m*.

idyll|e [i'dil] *f* Gedicht: Idylle *f*; *fig.* zarte Liebe *f*; **~ique** [~'lik] *adj.* idyllisch.

igam|e *adm.* [i'gam] (*aus: inspecteur général de l'Administration en mission extraordinaire*) *m* Fr. Oberverwaltungsrat *m* z.b.V.; **~ie** [~'mi] *f* Oberverwaltungsbezirk *m*.

ignare [i'naːr] 1. *adj.* völlig unfähig; 2. *su.* Ignorant(in *f*) *m*.

igni|fuger [ignify'ʒe] *v/t.* (1l) feuerfest machen; **~tion** 🜊 [~'sjɔ̃] *f*: ~ spontanée Selbstentzündung *f*.

ignoble [i'nɔblə] *adj.* schändlich, gemein.

ignomin|ie [inɔmi'ni] *f* Schande *f*; **~ieux, -se** [~'njø, ~'njøːz] *adj.* schändlich.

ignor|ance [inɔ'rãːs] *f* Unwissenheit *f*; **~ant, -e** [~'rɑ̃, ~'rɑ̃ːt] 1. *adj.* unwissend; 2. *su.* Unwissende(r *m*) *m u. f*; **~er** [~'re] *v/t.* (1a) nicht wissen; nicht kennen, ignorieren; ne pas ~ sehr genau wissen.

igref [i'grɛf] (*aus: ingénieur du génie rural et des eaux et forêts*) *m* Ingenieur *m* für Naturschutz und Landschaftsplanung.

il [il] *pr/p.* *m* er; *unpersönlich:* es; ~ fait froid es ist kalt; il y a s. avoir.

île [il] *f* Insel *f*; ~ de forage Bohrinsel *f*.

illégal, -e [ile'gal] *adj.* (*m/pl.* -aux) gesetzwidrig; illegal; ungesetzlich; **~ité** [~li'te] *f* Gesetzwidrigkeit *f*; Illegalität *f*; Ungesetzlichkeit *f*.

illégitime [ileʒi'tim] *adj.* ungesetzlich; 🜊 unehelich; ungerechtfertigt.

illettré, -e [ile'tre] 1. *adj.* lese- und schreib-unkundig; 2. *su.* Analphabet(in *f*) *m*.

illicite [ili'sit] *adj.* unerlaubt; unlauter.

illico F [ili'ko] *adv.* sofort, auf der Stelle.

illimité, -e [ilimi'te] *adj.* unbegrenzt.

illisible [ili'ziblə] *adj.* unleserlich.

illocution *ling.* [ilɔky'sjɔ̃] *f* Illokution *f*, Theorie *f* der Sprechakte.

illumin|ation [ilymina'sjɔ̃] *f* Beleuchtung *f*; **~er** [~'ne] *v/t.* (1a) (festlich) be-, er-leuchten; *fig.* aufheitern.

illus|ion [ilyˈzjɔ̃] f Illusion f; **~ionner** [~zjɔˈne] v/t. (1a) täuschen; **~oire** [~ˈzwaːr] adj. illusorisch.

illustr|ation [ilystraˈsjɔ̃] f Illustration f, Bild n; Veranschaulichung f; **~e** [iˈlystra] adj. berühmt; **~er** [~ˈtre] v/t. (1a) illustrieren; erklären; berühmt machen.

îlot [iˈlo] m kleine Insel f; Verkehrsinsel f; Häuserblock m.

ils [il] pr/p. m/pl. sie pl.

imag|e [iˈmaːʒ] f (Eben-)Bild n; ~ de marque (bisw. nur: ~) Image f [imidʒ] n; **~é, -e** [imaˈʒe] adj. Sprache: bilderreich; bildlich dargestellt (a. télév.).

imagin|able [imaʒiˈnablə] adj. vorstellbar; **~aire** [~ˈnɛːr] adj. eingebildet, erdacht; imaginär (a. ℀); **~atif, -ve** [~naˈtif, ~ˈtiːv] adj. erfinderisch; **~ation** [~naˈsjɔ̃] f Einbildung(skraft f) f; **~er** [~ˈne] v/t. (1a) sich vorstellen; sich (aus)denken; s'~ sich vorstellen; sich einbilden.

imbattable [ɛ̃baˈtablə] adj. unübertrefflich; ♱ konkurrenzlos; Sport: unschlagbar.

imbécil|e [ɛ̃beˈsil] 1. adj. schwachsinnig; 2. su. Dummkopf m; **~lité** [~liˈte] f Geistesschwäche f; Dummheit f.

imberbe [ɛ̃ˈbɛrb] adj. bartlos.

imbiber [ɛ̃biˈbe] v/t. (1a) durchtränken; s'~ de qch. sich mit etw. (dat.) vollsaugen.

imbri|cation [ɛ̃brikaˈsjɔ̃] f fig. Verflechtung f; Ineinandergreifen n, Überlappen n; **~quer** [~ˈke] v/rfl. (1m): s'~ étroitement eng ineinander übergehen.

imbu, -e [ɛ̃ˈby] adj.: ~ de durchdrungen (od. fest überzeugt) von (dat.); **~vable** [~ˈvablə] adj. untrinkbar; F fig. unerträglich.

imit|able [imiˈtablə] adj. nachahmbar; **~ateur, -rice** [~taˈtœːr, ~ˈtris] 1. adj. nachahmend; 2. su. Nachahmer(in f) m; **~atif, -ve** [~ˈtif, ~ˈtiːv] adj. nachahmend; **~ation** [~taˈsjɔ̃] f Nachahmung f; **~er** [~ˈte] v/t. (1a) nach-ahmen, -machen; imitieren; j-m nacheifern; ~ qch. Sache: genauso aussehen wie etw.

immaculé, -e [immakyˈle] adj. makellos, rein; unbefleckt.

immanent, -e [immaˈnɑ̃, ~ˈnɑ̃ːt] adj. immanent, innewohnend, anhaftend.

immangeable [immɑ̃ˈʒablə] adj. un-

genießbar.

immanquable [immɑ̃ˈkablə] adj. unausbleiblich.

immatériel, -le [immateˈrjɛl] adj. immateriell.

immatricul|ation [immatrikylaˈsjɔ̃] f Eintragung f; Auto: numéro m d'~ amtliches Kennzeichen n, Autonummer f; **~er** [~ˈle] v/t. (1a) eintragen.

immatur|e biol., psych., fig. [immaˈtyːr] adj. unreif; **~ité** [~tyriˈte] f Unreife f.

immédiat, -e [immeˈdja, ~ˈdjat] 1. adj. unmittelbar; unverzüglich, sofortig; 2. m: dans l'~ in allernächster Zeit.

immémorial, -e [immemɔˈrjal] adj. (m/pl. -aux) undenklich, uralt.

immens|e [imˈmɑ̃ːs] adj. unermeßlich, ungeheuer (groß), riesig; **~ité** [~mɑ̃siˈte] f Unermeßlichkeit f.

immerger [immɛrˈʒe] v/t. (11) (im Meer) versenken; eintauchen.

immérité, -e [immeriˈte] adj. unverdient.

immersion [immɛrˈsjɔ̃] f Versenken n; (Unter-, Ein-)Tauchen n; ast. Eintritt m in den Schatten; ling. fremdsprachige Integration f.

immeuble [imˈmœblə] 1. adj. unbeweglich; 2. m unbewegliches Gut n; Grundstück n; großes Haus n, Gebäude n.

immigr|ant, -e [immiˈgrɑ̃, ~ˈgrɑ̃ːt] 1. adj. einwandernd; 2. su. Einwanderer m, Einwanderin f; **~ation** [~graˈsjɔ̃] f Einwanderung f; **~é, -e** [~ˈgre] 1. adj. eingewandert; 2. su. Eingewanderte(r m) m u. f; **~er** [~ˈgre] v/i. (1a) einwandern.

immin|ence [immiˈnɑ̃ːs] f nahes Bevorstehen n; **~ent, -e** [~ˈnɑ̃, ~ˈnɑ̃ːt] adj. (nahe) bevorstehend, drohend.

immiscer [immiˈse] v/rfl. (1k): s'~ dans qch. sich in etw. (acc.) einmischen.

immixtion [immikˈsjɔ̃] f Einmischung f.

immobil|e [immɔˈbil] adj. unbeweglich; **~ier, -ère** [~ˈlje, ~ˈljeːr] adj. Immobilien...; ♱♱ Immobiliar...; **~iser** [~liˈze] v/t. (1a) unbeweglich machen; zum Stehen bringen; lähmen, stillegen; **~isme** bsd. pol. [~ˈlism] m Unbeweglichkeit f, Passivität f; **~iste** [~ˈlist] adj. starr; **~ité** [~liˈte] f Bewegungslosigkeit f.

immodéré, -e [immɔde're] *adj.* unmäßig, maßlos, übermäßig.

immodeste [immo'dɛst] *adj.* unbescheiden, dreist.

immoler [immɔ'le] *v/t.* (1a) opfern.

immond|e [im'mɔ̃:d] *adj.* schmutzig; ekelhaft; *littérature f* ~ Schundliteratur *f*; **~ices** [~mɔ̃'dis] *f/pl.* Müll *m*.

immoral, -e [immɔ'ral] *adj.* (*m/pl.* -aux) unmoralisch; unsittlich.

immort|aliser [immɔrtali'ze] *v/t.* (1a) verewigen; **~alité** [~'te] *f* Unsterblichkeit *f*; **~el, -le** [~'tɛl] *adj.* unsterblich; **~elle** ♀ [~] *f* Strohblume *f*, Immortelle *f*.

immuable [im'mɥablə] *adj.* unwandelbar, unabänderlich.

immun|isant, -e ☞ [immyni'zã, ~'zã:t] *adj.* immunisierend; **~iser** [~'ze] *v/t.* (1a) immun machen; *être immunisé contre* immun sein gegen; **~ité** [~'te] *f* Immunität *f*; **~ologique** *biol.* [~nɔlɔ'ʒik] *adj.: défenses f/pl.* ~s immunbiologische Abwehrkräfte *f/pl.*

immutabilité [immytabili'te] *f* Unveränderlichkeit *f*.

impact [ɛ̃'pakt] *m* ✗ Einschlag *m*; *fig.* Wirkung *f*; Anziehungskraft *f*.

impair [ɛ̃'pɛːr] **1.** *adj.* ♣ ungerade; *Organe:* unpaarig; **2.** *m* ♣ Ungeschicklichkeit *f*.

impala *zo.* [ɛ̃pa'la] *f* Impala *f*.

impalpable [ɛ̃pal'pablə] *adj.* unfühlbar.

impar|donnable [ɛ̃pardɔ'nablə] *adj.* unverzeihlich; **~fait, -e** [~'fɛ, ~'fɛt] **1.** *adj.* unvollkommen; **2.** *m gr.* Imperfekt *n*; **~ité** [~ri'te] *f* Ungeradheit *f*; **~tial, -e** [~r'sjal] *adj.* (*m/pl.* -aux) unparteiisch.

impasse [ɛ̃'paːs] *f* Sackgasse *f* (*a. fig.*); *fig.* ♣ Klemme *f*; *éc.* Defizit *n*; **~ibilité** [ɛ̃pasibili'te] *f* Gleichmut *m*; Gelassenheit *f*; **~ible** [~'siblə] *adj.* gleichmütig; gelassen; gefaßt.

impati|emment [ɛ̃pasja'mã] *adv.* ungeduldig; **~ence** [~'sjã:s] *f* Ungeduld *f*; **~ent, -e** [~'sjã, ~'sjã:t] *adj.* ungeduldig; **~enter** [~sjã'te] *v/t.* (1a) ungeduldig machen.

impavide *litt. od. iron.* [ɛ̃pa'vid] *adj.* unerschrocken.

impay|able F [ɛ̃pɛ'jablə] *adj.* köstlich, höchst amüsant, urkomisch; **~é, -e** [~'je] *adj.* unbezahlt.

impeccable F [ɛ̃pɛ'kablə] *adj.* einwandfrei, tadellos, fehlerlos.

impédance ⚡ [ɛ̃pe'dãːs] *f* Impedanz *f*.

impénétrable [ɛ̃pene'trablə] *adj.* undurchdringlich; *fig.* unerforschlich.

impensable [ɛ̃pã'sablə] *adj.* undenkbar.

impenses ⚖ [ɛ̃'pãːs] *f/pl.* Aufwendungen *f/pl.*

impér|atif, -ve [ɛ̃pera'tif, ~'tiːv] **1.** *adj.* gebieterisch; zwingend; **2.** *m gr.* Imperativ *m*; *mst* ~s *pl.* Gebot *n*; Erfordernisse *n/pl.*; **~atrice** [~'tris] *f* Kaiserin *f*.

imperceptible [ɛ̃pɛrsɛp'tiblə] *adj.* unmerklich; nicht wahrnehmbar.

imperfection [ɛ̃pɛrfɛk'sjõ] *f* Unvollkommenheit *f*.

impérial, -e [ɛ̃pe'rjal] *adj.* (*m/pl.* -aux) kaiserlich; **~e** [~] *f* Bus usw.: Oberdeck *n*; **~isme** [~'lism] *m* Imperialismus *m*; **~iste** [~'list] **1.** *adj.* imperialistisch; **2.** *su.* Imperialist(in *f*) *m*.

impérieux, -se [ɛ̃pe'rjø, ~'rjøːz] *adj.* gebieterisch; herrisch; zwingend.

impérissable [ɛ̃peri'sablə] *adj.* unvergänglich.

imper|méable [ɛ̃pɛrme'ablə] **1.** *adj.* undurchlässig; wasserdicht; ~ *à l'air* luftdicht; **2.** *m* Regenmantel *m*; **~sonnel, -le** [~sɔ'nɛl] *adj.* unpersönlich; **~tinence** [~ti'nãːs] *f* Frechheit *f*, Unverschämtheit *f*; Flegelei *f*; **~tinent, -e** [~nã, ~'nãːt] **1.** *adj.* frech; **2.** *su.* freche Person *f*; **~turbable** [~tyr'bablə] *adj.* unerschütterlich.

impétrant, -e *univ.* [ɛ̃pe'trã, ~'trã:t] *su.* Diplominhaber(in *f*) *m*.

impétu|eux, -se [ɛ̃pe'tɥø, ~'tɥøːz] *adj.* ungestüm; **~osité** [~tɥozi'te] *f* Ungestüm *n*; *fig.* Wildheit *f*.

impie [ɛ̃'pi] *su.* Gottlose(r *m*) *m u. f.*

impitoyable [ɛ̃pitwa'jablə] *adj.* mitleids-, schonungslos, unerbittlich.

implacable [ɛ̃pla'kablə] *adj.* unversöhnlich; unerbittlich.

implanter [ɛ̃plã'te] *v/t.* (1a) ⚕ errichten; ☞ implantieren; *fig.* einführen; *fig.* verankern; s'~ *Sitte:* sich einbürgern; *Arzt:* sich niederlassen.

impli|cation [ɛ̃plika'sjõ] *f* Verwick(e)lung *f in e-e Straftat*; Folge *f*; **~cite** [~'sit] *adj.* mit einbegriffen; nicht formell, stillschweigend; *gr. proposition f* ~ verkürzter Satz *m*; **~quer** [~'ke] *v/t.* (1m) hineinziehen; mit einbegreifen, implizieren; voraussetzen.

implorer [ɛ̃plɔ're] v/t. (1a) j-n anflehen; etw. erflehen.

implos|er phys. [ɛ̃plo'ze] v/i. (1a) implodieren; **~ion** phys. [~'zjɔ̃] f Implosion f.

impoli, -e [ɛ̃pɔ'li] adj. unhöflich; **~tesse** [~'tɛs] f Unhöflichkeit f.

impondérable [ɛ̃pɔ̃de'rablə] 1. adj. unwägbar; 2. **~s** m/pl. Imponderabilien pl., Unwägbarkeiten f/pl.

impopul|aire [ɛ̃pɔpy'lɛːr] adj. unbeliebt; **~arité** [~lari'te] f Unbeliebtheit f.

import|ance [ɛ̃pɔr'tɑ̃:s] f Bedeutung f; Wichtigkeit f; Höhe f e-r Summe; **~ant, -e** [~'tɑ̃, ~'tɑ̃:t] 1. adj. wichtig; bedeutend; Summe: beträchtlich; 2. m: l'**~** das Wichtigste, die Hauptsache; **~ateur, -rice** [~ta'tœːr, ~'tris] 1. adj. Einfuhr...; importierend; 2. su. Importeur(in f) m; **~ation** [~ta-'sjɔ̃] f Import m, Einfuhr f; **🐟** Einschleppung f; **~er** [~'te] (1a) v/t. importieren, einführen; **🐟** einschleppen; v/i. wichtig sein (à für acc.); v/imp.: n'importe! macht nichts!; n'importe qui der erste beste; qu'importe? na, wenn schon!

importun, -e [ɛ̃pɔr'tœ̃, ~'tyn] 1. adj. lästig, zudringlich; litt. ungelegen; 2. su. lästiger (od. zudringlicher) Mensch m; **~er** [~ty'ne] v/t. (1a) belästigen; **~ité** litt. [~ni'te] f Ungelegenheit f.

impos|able [ɛ̃po'zablə] adj. steuerpflichtig; **~ant, -e** [~'zɑ̃, ~'zɑ̃:t] adj. imposant; **~er** [~'ze] (1a) v/t. aufbürden, -drängen, -erlegen, -zwingen; besteuern; v/i.: en **~** à q. j-m imponieren; **~ition** [~zi'sjɔ̃] f Besteuerung f; (Steuer-)Veranlagung f.

imposs|ibilité [ɛ̃pɔsibili'te] f Unmöglichkeit f; **~ible** [~'siblə] adj. unmöglich.

imposte △ [ɛ̃'pɔst] f Oberlicht n e-s Fensters od. e-r Tür.

imposteur [ɛ̃pɔs'tœːr] m Betrüger m; Hochstapler m.

impôt [ɛ̃'po] m Steuer f.

impot|ence **🐟** [ɛ̃pɔ'tɑ̃:s] f Bewegungsunfähigkeit f; **~ent, -e** **🐟** [~'tɑ̃, ~'tɑ̃:t] adj. bewegungsunfähig, gelähmt.

impraticable [ɛ̃prati'kablə] adj. unbegehbar; unbefahrbar.

imprécation litt. [ɛ̃preka'sjɔ̃] f Verwünschung f, Fluch m.

imprégner [ɛ̃pre'ɲe] v/t. (1f)

(durch)tränken; s'**~** sich vollsaugen (de mit dat.).

imprenable [ɛ̃prə'nablə] adj. ✕ uneinnehmbar; △ Sicht: unverbaubar.

imprésario [ɛ̃preza'rjo] m (Theater-, Konzert-, Film-)Manager m.

imprescriptible 🏛 [ɛ̃prɛskrip'tiblə] adj. unverjährbar.

impression [ɛ̃prɛ'sjɔ̃] f Eindruck m; typ. Druck(en n) m; **~nable** [~sjo-'nablə] adj. empfindlich; reizbar; **~ner** [~'ne] v/t. (1a) beeindrucken; **~nisme** [~'nism] m Impressionismus m; **~niste** [~'nist] 1. adj. impressionistisch; 2. su. Impressionist(in f) m.

imprév|isible [ɛ̃previ'ziblə] adj. unvorhersehbar; **~oyance** [~vwa'jɑ̃:s] f Sorglosigkeit f; **~u, -e** [~'vy] adj. unvorhergesehen, unerwartet.

imprim|é [ɛ̃pri'me] m Druckschrift f; 🏭 Drucksache f; text. Druckstoff m; **~er** [~] v/t. (1a) aufdrücken; peint. grundieren; Buch usw. drucken; fig. verleihen; **~erie** [~m'ri] f Buchdruckerkunst f; Druckerei f; **~eur** [~'mœːr] m Drucker(eibesitzer m) m.

improb|able [ɛ̃prɔ'bablə] adj. unwahrscheinlich; **~ation** litt. [~ba-'sjɔ̃] f Mißbilligung f; **~ité** [~bi'te] f Unredlichkeit f.

improductif, -ve [ɛ̃prodyk'tif, ~'ti:v] adj. unproduktiv.

impromptu, -e [ɛ̃prɔ̃p'ty] 1. adj. improvisiert; 2. m ♪ Impromptu n.

impropr|e [ɛ̃'prɔprə] adj. ungeeignet; unzweckmäßig; unpassend; **~iété** ling. [~prie'te] f Unkorrektheit f.

improv|iser [ɛ̃prɔvi'ze] v/t. (1a) improvisieren; **~iste** [~'vist] adv.: à l'**~** unvermutet.

imprud|ence [ɛ̃pry'dɑ̃:s] f Leichtsinn m, Unvorsichtigkeit f; **~ent, -e** [~'dɑ̃, ~'dɑ̃:t] adj. leichtsinnig, unvorsichtig.

impud|ence [ɛ̃py'dɑ̃:s] f Unverschämtheit f; **~ent, -e** [~'dɑ̃, ~'dɑ̃:t] adj. unverschämt; **~eur** [~'dœːr] f Schamlosigkeit f; **~icité** [~disi'te] f Unkeuschheit f; **~ique** [~'dik] adj. unkeusch.

impuiss|ance [ɛ̃pɥi'sɑ̃:s] f Machtlosigkeit f; Unvermögen n; fig. Ohnmacht f; **🐟** Impotenz f; **~ant, -e** [~'sɑ̃, ~'sɑ̃:t] adj. machtlos; **🐟** impotent.

impuls|if, -ve [ɛ̃pyl'sif, ~'si:v] adj. impulsiv; **~ion** [~'sjɔ̃] f Antrieb m,

Impuls m; ≠ Stromstoß m.

impun|ément [ɛ̃pyne'mɑ̃] adv., **~i, -e** [~'ni] adj. ungestraft; straflos; **~ité** [~ni'te] f Straflosigkeit f.

impur, -e [ɛ̃'py:r] adj. unrein; unkeusch; **~eté** [ɛ̃pyr'te] f Unreinheit f; Unkeuschheit f; **~s** pl. Verunreinigungen f/pl.

imput|able [ɛ̃py'tablə] adj. zuzuschreiben(d); anzurechnen(d); **~er** [~'te] v/t. (1a) zur Last legen; zuschreiben; anrechnen (sur qch. auf etw. acc.).

imputrescible [ɛ̃pytre'siblə] adj. unverweslich, unverrottbar.

inabordable [inabɔr'dablə] adj. Ort, Person: unzugänglich; Person: unnahbar; Preis: unerschwinglich.

inac|ceptable [inaksɛp'tablə] adj. unannehmbar; **~cessible** [~sɛ'siblə] adj. Ort: unzugänglich; (für den Geist) unerreichbar; **~coutumé, -e** [~kuty'me] adj. ungewöhnlich.

inachevé, -e [inaʃ've] adj. unvollendet.

inact|if, -ve [inak'tif, ~'ti:v] adj. untätig, inaktiv; ✶ unwirksam; **~ivité** [~tivi'te] f Untätigkeit f; Ruhestand m; ✶ Unwirksamkeit f.

inadapté, -e psych.; physiol. [inadap'te] **1.** adj.: ~ à qch. ungeeignet für etw. (acc.); e-r Sache (dat.) nicht gewachsen; nicht angepaßt in etw. (acc.); **2.** su. Mensch m mit Anpassungsschwierigkeiten.

inadéquat, -e [inade'kwa, ~'kwat] adj. unangemessen; inadäquat.

inad|missible [inadmi'siblə] adj. unzulässig; **~vertance** [~vɛr'tɑ̃:s] f: par ~ aus Versehen.

inaliénable ⚖ [inalje'nablə] adj. unveräußerlich.

inaltérable [inalte'rablə] adj. unveränderlich; fig. unverwüstlich; fig. unerschüttert.

inamovible [inamɔ'viblə] adj. unwiderruflich; unabsetzbar.

inanalysable [inanali'zablə] adj. nicht analysierbar.

inanimé, -e [inani'me] adj. leblos.

inanit|é litt. [inani'te] f Leere f; Vergeblichkeit f; **~ion** [~'sjɔ̃] f Entkräftung f.

inaperçu, -e [inaper'sy] adj. unbemerkt.

inappréciable [inapre'sjablə] adj. unschätzbar.

inapte [i'napt] adj. untauglich (à zu dat.); **~itude** [~ti'tyd] f Untauglichkeit f.

inassimilable [inasimi'lablə] adj. biol. organisch nicht aufnehmbar; fig. nicht erlernbar; soc. nicht integrierbar.

inatten|du, -e [inatɑ̃'dy] adj. unerwartet; **~tif, -ve** [~'tif, ~'ti:v] adj. unaufmerksam.

inaugur|al, -e [inogy'ral] adj. (m/pl. -aux) Antritts...; Eröffnungs...; **~ation** [~ra'sjɔ̃] f Einweihung f; Eröffnung f; **~er** [~'re] v/t. (1a) feierlich einweihen, enthüllen, eröffnen; fig. ankündigen, einleiten.

incalculable [ɛ̃kalky'lablə] adj. unberechenbar; unübersehbar.

incandesc|ence [ɛ̃kɑ̃de'sɑ̃:s] f Weißglühen n; fig. Glut f; lampe f à ~ Glühbirne f; **~ent, -e** [~'sɑ̃, ~'sɑ̃:t] adj. weißglühend; fig. feurig.

incap|able [ɛ̃ka'pablə] adj. unfähig (de zu dat.); **~acité** [~pasi'te] f Unfähigkeit f.

incarcérer [ɛ̃karse're] v/t. (1f) einkerkern.

incarn|adin, -e [ɛ̃karna'dɛ̃, ~'din] adj. zartrosa; **~at, -e** [~'na, ~'nat] adj. hochrot; **~ation** rl. [~na'sjɔ̃] f Menschwerdung f; **~é, -e** [~'ne] adj. ✶ Nagel: eingewachsen; fig. leibhaftig; **~er** [~] v/t. (1a) verkörpern.

incartade [ɛ̃kar'tad] f Ungehörigkeit f; Entgleisung f (fig.); hipp., fig. Seitensprung m; **~s** pl. Unfug m.

incassable [ɛ̃ka'sablə] adj. Glas: unzerbrechlich; Faden: unzerreißbar.

incend|iaire [ɛ̃sɑ̃'djɛ:r] **1.** adj. zündend; Brand...; fig. aufrührerisch; **2.** su. Brandstifter(in f) m; **~ie** [~'di] m Feuersbrunst f, Brand m; ~ volontaire Brandstiftung f; ~ de forêt Waldbrand m; **~ié, -e** [~'dje] su. Brandgeschädigte(r m) m u. f; **~ier** [~] v/t. (1a) in Brand stecken.

incert|ain, -e [ɛ̃sɛr'tɛ̃, ~'tɛn] adj. ungewiß; unbestimmt; unbeständig; **~itude** [~ti'tyd] f Ungewißheit f.

incessamment [ɛ̃sɛsa'mɑ̃] adv. gleich, in Kürze; **~ant, -e** [~'sɑ̃, ~'sɑ̃:t] adj. unaufhörlich.

inceste [ɛ̃'sɛst] m Blutschande f; **~ueux, -se** [~'tɥø, ~'tɥœ:z] **1.** adj. blutschänderisch; **2.** su. Blutschänder(in f) m.

incidemment [ɛ̃sida'mɑ̃] adv. zufällig, nebenbei, gelegentlich.

incident, -e [ɛ̃sidɑ̃, ~'dɑ̃:t] **1.** adj.

beiläufig; *gr.* eingeschoben; Zwischen...; *phys.* einfallend; **2.** *m* Zwischenfall *m*; ~ *du service* Betriebsstörung *f*.

incinér|ateur ⊕ [ɛ̃sinera'tœ:r] *m* Müllverbrennungsanlage *f*; **~ation** [~ra'sjɔ̃] *f* Einäscherung *f*; (Müll-)Verbrennung *f*; **~er** [~'re] *v/t.* (1f) einäschern; *Müll* verbrennen.

incis|er [ɛ̃si'ze] *v/t.* (1a) einschneiden; *⚕* aufschneiden; **~if, -ve** [~'zif, ~'zi:v] *adj. fig.* beißend, bissig; **~ion** [~'zjɔ̃] *f* Einschnitt *m*; **~ive** *anat.* [~'zi:v] *f* Schneidezahn *m*.

inciter [ɛ̃si'te] *v/t.* (1a) anreizen, anregen, veranlassen (*à* zu *dat.*).

incivil, -e [ɛ̃si'vil] *adj.* ungehörig; **~ité** [~li'te] *f* Ungehörigkeit *f*.

inclin|aison [ɛ̃klinɛ'zɔ̃] *f* Neigung *f*, Gefälle *n*; Schrägstellung *f*; **~ation** [~na'sjɔ̃] *f* Verneigung *f*; (Zu-)Neigung *f*; **~er** [~'ne] (1a) *v/t.* neigen; geneigt machen; *v/i.* sich neigen; ~ *à qch.* zu etw. (*dat.*) neigen; s'~ sich verneigen, sich verbeugen.

incl|ure [ɛ̃'kly:r] *v/t.* (4l) beifügen; ~ *qch.* etw. einschließen; **~us, -e** [ɛ̃'kly, ɛ̃'kly:z] **1.** *p.p. von inclure*; **2.** *adj.* einschließlich; **~usif, -ve** [ɛ̃kly'zif, ~'zi:v] *adj.* einschließend; **~usion** [~'zjɔ̃] *f* Einschließung *f*, Einschluß *m*; **~usivement** [~ziv'mɑ̃] *adv.* einschließlich.

incohérent, -e [ɛ̃kɔe'rɑ̃, ~'rɑ̃:t] *adj.* unzusammenhängend; zusammenhang(s)los.

incolore [ɛ̃kɔ'lɔ:r] *adj.* farblos.

incomber [ɛ̃kɔ̃'be] *v/i.* (1a) *j-m* obliegen; *j-s* Pflicht sein.

incombustible [ɛ̃kɔ̃bys'tiblə] *adj.* feuerfest, unverbrennbar.

incommensurable [ɛ̃kɔmɑ̃sy'rablə] *adj. Ⱥ* nicht vergleichbar; *fig.* unermeßlich, unendlich.

incommod|e [ɛ̃kɔ'mɔd] *adj.* unbequem; **~er** [~'de] *v/t.* (1a) stören, belästigen; **~ité** [~di'te] *f* Unbequemlichkeit *f*; Ungelegenheit *f*.

incom|parable [ɛ̃kɔ̃pa'rablə] *adj.* unvergleichlich; unübertrefflich; **~patibilité** [~patibili'te] *f* Unvereinbarkeit *f*; **~patible** [~'tiblə] *adj.* unvereinbar; **~pétence** [~pe'tɑ̃:s] *f* Inkompetenz *f* (*bsd.* ⚖); Unkenntnis *f*; **~pétent, -e** [~tɑ̃, ~'tɑ̃:t] *adj.* inkompetent; **~plet, -ète** [~'plɛ, ~'plɛt] *adj.* unvollständig; **~préhensible** [~preɑ̃'siblə] *adj.* unverständlich; **~pré-**

hension [~'sjɔ̃] *f* Verständnislosigkeit *f*; **~pris, -e** [~'pri, ~'pri:z] *adj.* unverstanden.

incon|cevable [ɛ̃kɔ̃'svablə] *adj.* unbegreiflich; **~ciliable** [~si'ljablə] *adj.* unvereinbar; **~ditionnel, -le** [~disjɔ'nɛl] **1.** *adj.* bedingungslos; **2.** *m* bedingungsloser Anhänger *m*; **~duite** [~'dɥit] *f* schlechtes Benehmen *n*; **~fortable** [~fɔr'tablə] *adj.* unbequem; **~gelable** [~ʒə'lablə] *adj.* nicht gefrierend, kältebeständig.

incongr|u, -e [ɛ̃kɔ̃'gry] *adj.* unpassend; ungehörig; **~uité** [~grɥi'te] *f* Ungehörigkeit *f*; **~ûment** [~gry'mɑ̃] *adv.* s. *incongru*.

inconnu, -e [ɛ̃kɔ'ny] **1.** *adj.* unbekannt; **2.** *su.* Unbekannte(r *m*) *m u. f*.

inconscient, -e [ɛ̃kɔ̃'sjɑ̃, ~'sjɑ̃:t] *adj.* unüberlegt; unbewußt; *⚕* bewußtlos.

inconséqu|ence [ɛ̃kɔ̃se'kɑ̃:s] *f* Inkonsequenz *f*; Widerspruch *m*; **~ent, -e** [~'kɑ̃, ~'kɑ̃:t] *adj.* inkonsequent.

inconsidéré, -e [ɛ̃kɔ̃side're] *adj.* unbedacht, unüberlegt.

inconsist|ance [ɛ̃kɔ̃sis'tɑ̃:s] *f* Unbeständigkeit *f*; Haltlosigkeit *f*; Unhaltbarkeit *f*; **~ant, -e** [~'tɑ̃, ~'tɑ̃:t] *adj. Person:* unbeständig; haltlos; *Argument:* unhaltbar; zusammenhang(s)los.

inconsolable [ɛ̃kɔ̃sɔ'lablə] *adj.* untröstlich.

inconst|ance [ɛ̃kɔ̃s'tɑ̃:s] *f* Unbeständigkeit *f*; **~ant, -e** [~'stɑ̃, ~'stɑ̃:t] *adj.* unbeständig, vergänglich.

inconstitutionnel, -le [ɛ̃kɔ̃stitysjɔ'nɛl] *adj.* verfassungswidrig.

incontest|able [ɛ̃kɔ̃tɛs'tablə] *adj.* unbestreitbar; *⚖* einwandfrei; **~é, -e** [~'te] *adj.* unbestritten.

incontin|ence [ɛ̃kɔ̃ti'nɑ̃:s] *f* **1.** *⚕* Inkontinenz *f*; ~ *d'urine* Bettnässen *n*, Harnfluß *m*; **2.** ~ *de langage* Schwatzhaftigkeit *f*; **~ent, -e** [~'nɑ̃, ~'nɑ̃:t] *adj.* **1.** *adj.* unbeherrscht; **2.** *adv. litt.* sofort.

incontrôlable [ɛ̃kɔ̃tro'lablə] *adj.* unkontrollierbar, nicht nachprüfbar.

inconven|ance [ɛ̃kɔ̃və'nɑ̃:s] *f* Ungehörigkeit *f*; **~ant, -e** [~'nɑ̃, ~'nɑ̃:t] *adj.* ungehörig, unpassend.

inconvénient [ɛ̃kɔ̃ve'njɑ̃] *m* Unannehmlichkeit *f*; Hindernis *n*; Nachteil *m*; Mißstand *m*.

inconvertible [ɛ̃kɔ̃vɛr'tiblə] *adj.* nicht konvertierbar.

incorpor|ation [ɛ̃kɔrpɔrɑ'sjɔ̃] f Einverleibung f; ✕ Einberufung f; Einstellung f v. *Arbeitern*; ⊕ Einbau m; *cuis.* Verrühren n; **∼er** [∼'re] v/t. (1a) einverleiben; ✕ einberufen; *Arbeiter* einstellen; ⊕ einbauen; *cuis.* verrühren.

incorrect, -e [ɛ̃kɔ'rɛkt] adj. falsch, unrichtig; unpassend; **∼ion** [∼k's'jɔ̃] f Fehlerhaftigkeit f; Unkorrektheit f.

incorrigible [ɛ̃kɔri'ʒiblə] adj. unverbesserlich.

incorruptible [ɛ̃kɔryp'tiblə] adj. unverderblich; unbestechlich.

incréd|ibilité [ɛ̃kredibili'te] f Unglaublichkeit f; **∼ule** a. rl. [∼'dyl] **1.** adj. ungläubig; **2.** su. Ungläubige(r m) m u. f; **∼ulité** [∼li'te] f Ungläubigkeit f.

increvable [ɛ̃krə'vablə] adj. unverwüstlich; *Reifen:* pannensicher; P unermüdlich.

incrimin|ation [ɛ̃krimina'sjɔ̃] f Beschuldigung f; **∼er** [∼'ne] v/t. (1a) beschuldigen.

incroy|able [ɛ̃krwa'jablə] adj. unglaublich; **∼ance** [∼'jɑ̃:s] f Unglaube m; **∼ant, -e** [∼'jɑ̃, ∼'jɑ̃:t] **1.** adj. ungläubig; **2.** su. Ungläubige(r m) m u. f.

incrust|ation [ɛ̃krysta'sjɔ̃] f Verkrustung f; Übersinterung f; eingelegte Arbeit f; **∼s** pl. Kesselstein m; **∼er** [∼'te] v/t. (1a) *mit Gold, Holz usw.* plattieren, einlegen; übersintern; s'∼ verkrusten; F *fig. Besuch:* sich einnisten.

incubation [ɛ̃kyba'sjɔ̃] f (Aus-)Brüten n; ⚕ Inkubationszeit f.

inculp|ation ⚖ [ɛ̃kylpa'sjɔ̃] f Beschuldigung f; **∼é, -e** ⚖ [∼'pe] su. Beschuldigte(r m) m u. f; **∼er** ⚖ [∼'pe] v/t. (1a) beschuldigen.

inculquer [ɛ̃kyl'ke] v/t. (1m): ∼ qch. à q. j-m etw. einprägen (od. beibringen, eintrichtern F).

inculte [ɛ̃'kylt] adj. ✔ unbebaut; *fig.* ungebildet; *Haar:* wild, ungepflegt.

incunable [ɛ̃ky'nablə] m Wiegendruck m, Inkunabel f.

incur|able [ɛ̃ky'rablə] adj. unheilbar; **∼ie** [∼'ri] f Nachlässigkeit f.

incursion [ɛ̃kyr'sjɔ̃] f ✕ Einfall m; Einflug m; *fig.* ∼s pl. *wissenschaftliche* Streifzüge m/pl.

incurvé, -e [ɛ̃kyr've] adj. gekrümmt.

indébrouillable [ɛ̃debru'jablə] adj. unentwirrbar.

indécen|ce [ɛ̃de'sɑ̃:s] f Unanständigkeit f; **∼t, -e** [∼'sɑ̃, ∼'sɑ̃:t] adj. unanständig.

indéchiffrable [ɛ̃deʃi'frablə] adj. unentzifferbar; unlesbar; *fig.* unerklärbar, unergründlich.

indécis, -e [ɛ̃de'si, ∼'si:z] adj. unentschieden; unentschlossen; **∼ion** [∼'zjɔ̃] f Unschlüssigkeit f.

indéclinable gr. [ɛ̃dekli'nablə] adj. undeklinierbar.

indéfin|i, -e [ɛ̃defi'ni] adj. unbestimmt; **∼issable** [∼ni'sablə] adj. unbestimmbar; unerklärlich.

indéfrisable [ɛ̃defri'zablə] **1.** adj. unzerzausbar; **2.** f Dauerwelle f.

indélébile [ɛ̃dele'bil] adj. unauslöschlich (a. fig.); nicht zu entfernen(d); *Lippenstift:* kußfest; *fig.* unvergänglich.

indémaillable [ɛ̃dema'jablə] adj. maschenfest.

indemn|e [ɛ̃'dɛmn] adj. heil, unversehrt; **∼isation** [∼niza'sjɔ̃] f Entschädigung f; **∼iser** [∼'ze] v/t. (1a) entschädigen (de qch. für etw.); **∼ité** [∼'te] f Entschädigung(sbetrag m) f; Schaden(s)ersatz m; Abfindung f.

indémontable [ɛ̃demɔ̃'tablə] adj. unzerlegbar.

indéniable [ɛ̃de'njablə] adj. unleugbar.

indépend|amment [ɛ̃depɑ̃da'mɑ̃] adv.: ∼ de ohne Rücksicht auf (acc.); unabhängig von (dat.); zusätzlich zu (dat.); **∼ance** [∼'dɑ̃:s] f Unabhängigkeit f; **∼ant, -e** [∼'dɑ̃, ∼'dɑ̃:t] adj. unabhängig; selbständig.

indé|racinable [ɛ̃derasi'nablə] adj. unausrottbar; **∼réglable** ⊕ [∼re'lglablə] adj. nie versagend, betriebssicher.

indescriptible [ɛ̃dɛskrip'tiblə] adj. unbeschreiblich.

indésirable [ɛ̃dezi'rablə] **1.** adj. unerwünscht; **2.** su. ungebetener Gast m.

indestructible [ɛ̃dɛstryk'tiblə] adj. unzerstörbar.

indéterminé, -e [ɛ̃detɛrmi'ne] adj. unbestimmt.

index [ɛ̃'dɛks] m Index m; Register n; Zeiger m (v. Meßinstrumenten); Zeigefinger m; ⚓ Kennziffer f; être à l'∼ auf dem Index (od. auf der schwarzen Liste) stehen; mettre à l'∼ auf den Index setzen, verbieten; j-n ausschließen.

indic|ateur, -rice [ɛ̃dika'tœ:r, ∼'tris]

1. adj. anzeigend; *poteau m* ~ Wegweiser *m*; **2.** *m* ⊕ Anzeiger *m*; ⊞ Kursbuch *m*; (Polizei-)Spitzel *m*, Denunziant *m*; *Auto*: ~ de direction Winker *m*; **~atif, -ve** [~'tif, ~'tiːv] **1.** adj. anzeigend; *à titre* ~ zur Information, (nur) als Hinweis (dienend); **2.** *m rad.* Pausenzeichen *n*; *télégr.*, *téléph.*, ✗ Ruf-, Kennzeichen *n*; Kennbuchstabe *m*; *téléph.* Vorwahlnummer *f*; *gr.* Indikativ *m*; **~ation** [~ka'sjɔ̃] *f* Hinweis *m*, Wink *m*; Angabe *f*; Merkmal *n*; Anzeichen *n*; ~s *pl.* technische Daten *pl.*

indice [ɛ̃'dis] *m* Anzeichen *n*; ✝, *éc.*, 🜁 Index *m*; ♊ Indiz *n*; *phm.* ~ *thérapeutique* Verträglichkeitsschwelle *f*.

indien, -ne [ɛ̃'djɛ̃, ɛ̃'djɛn] **1.** adj. indisch; indianisch; **2.** ♀(ne) su. Inder(in *f*) *m*; Indianer(in *f*); **~ne** *text.* [ɛ̃'djɛn] *f* bedruckter Kattun *m*.

indifférence [ɛ̃dife'rɑ̃ːs] *f* Gleichgültigkeit *f*; **~ent, -e** [~'rɑ̃, ~'rɑ̃ːt] adj. gleichgültig; belanglos; gefühllos; parteilos; indifferent (*a. phys.*, 🜍).

indigence [ɛ̃di'ʒɑ̃ːs] *f* Bedürftigkeit *f*; **~ène** [~'ʒɛn] **1.** adj. einheimisch; eingeboren; **2.** su. Eingeborene(r *m*) *m u. f*; **~ent, -e** [~'ʒɑ̃, ~'ʒɑ̃ːt] adj. bedürftig, arm; *fig.* dürftig.

indigeste [ɛ̃di'ʒɛst] adj. unverdaulich (*a. fig.*); **~ion** [~'tjɔ̃] *f* ♀ Verdauungsstörung *f*; schlechte Verdauung *f*; *fig.* Überdruß *m*.

indignation [ɛ̃diɲa'sjɔ̃] *f* Entrüstung *f*; **~e** [ɛ̃'diɲ] adj. unwürdig; **~er** [~'ɲe] v/t. (1a) entrüsten; **~ité** [~ɲi'te] *f* Niederträchtigkeit *f*; Gemeinheit *f*.

indigo [ɛ̃di'go] *m* Indigo *m od. n.*

indiquer [ɛ̃di'ke] v/t. (1m) (an)zeigen; andeuten; erkennen lassen.

indirect, -e [ɛ̃di'rɛkt] adj. indirekt.

indiscret, -ète [ɛ̃dis'krɛ, ~'krɛt] adj. indiskret, taktlos.

indiscutable [ɛ̃disky'tablə] adj. unbestreitbar, ganz klar.

indispensable [ɛ̃dispɑ̃'sablə] adj. unentbehrlich; unerläßlich.

indisponible [ɛ̃dispɔ'niblə] adj. unabkömmlich; **~sé, -e** [~po'ze] adj. unpäßlich; nicht in Stimmung; **~ser** [~] v/t. (1a) krank machen; *fig.* verstimmen; **~sition** [~zi'sjɔ̃] *f* Unpäßlichkeit *f*; *fig.* Verstimmung *f*.

indissoluble [ɛ̃disɔ'lyblə] adj. un(auf)lösbar; untrennbar; *fig.* unzertrennlich.

indistinct, -e [ɛ̃dis'tɛ̃, ~'tɛ̃ːkt] adj. undeutlich.

individu [ɛ̃divi'dy] *m* Individuum *n*, Einzelwesen *n*; **~aliser** [~dyali'ze] v/t. (1a) individualisieren; **~alisme** [~'lism] *m* Individualismus *m*; **~aliste** [~'list] **1.** adj. individualistisch; **2.** su. Individualist(in *f*) *m*; **~alité** [~li'te] *f* Individualität *f*; **~el, -le** [~'dɥel] adj. individuell.

indivis, -e [ɛ̃di'vi, ~'viːz] adj. ungeteilt; **~ible** [~vi'ziblə] adj. unteilbar.

indocile [ɛ̃dɔ'sil] adj. ungehorsam; **~ité** [~li'te] *f* Ungehorsam *m*.

indolence [ɛ̃dɔ'lɑ̃ːs] *f* Lässigkeit *f*; **~ent, -e** [~'lɑ̃, ~'lɑ̃ːt] adj. lässig.

indolore [ɛ̃dɔ'lɔːr] adj. schmerzlos.

indomptable [ɛ̃dɔ̃'tablə] adj. un(be)zähmbar; unbeugsam.

indu, -e [ɛ̃'dy] adj. ungebührlich.

indubitable [ɛ̃dybi'tablə] adj. unzweifelhaft.

inducteur, -rice ⚡ [ɛ̃dyk'tœːr, ~'tris] **1.** adj. induzierend; **2.** *m* Induktor *m*.

induire [ɛ̃'dɥiːr] v/t. (4c) *péj.* verleiten; folgern; ⚡ induzieren.

induit ⚡ [ɛ̃'dɥi] *m* Anker *m*.

indulgence [ɛ̃dyl'ʒɑ̃ːs] *f* Nachsicht *f*; *rl.* Ablaß *m*; **~ent, -e** [~'ʒɑ̃, ~'ʒɑ̃ːt] adj. nachsichtig.

indûment [ɛ̃dy'mɑ̃] adv. ungebührlich.

industrialisation [ɛ̃dystrializa'sjɔ̃] *f* Industrialisierung *f*; **~ialiser** [~'ze] v/t. (1a) industrialisieren; **~iature** 🜛 [~tria'tyːr] *f* Raumgestaltung *f* mit verstellbaren Trennwänden; **~ie** [~'tri] *f* Industrie *f*; Gewerbe *n*; ~s *pl.* *d'art* Kunstgewerbe *n*; ~ de base Grundstoffindustrie *f*; ~ à domicile Heimindustrie *f*; ~ hôtelière Hotelgewerbe *n*; grande ~, ~ lourde Schwerindustrie *f*; ~ minière Montanindustrie *f*; petite ~ Kleingewerbe *n*; **~ie-clé** [~'kle] *f* (*pl. industries-clés*) Schlüsselindustrie *f*; **~iel, -le** [~tri'ɛl] **1.** adj. industriell; gewerblich; **2.** *m* Industrielle(r) *m*.

inébranlable [inebrɑ̃'lablə] adj. unerschütterlich.

inédit, -e [ine'di, ~'dit] adj. unveröffentlicht; *fig.* neuartig.

ineffable [ine'fablə] adj. unaussprechlich.

inefficace [inefi'kas] adj. unwirksam; *fig.* fruchtlos.

inégal, -e [ine'gal] adj. (*m/pl. -aux*) ungleich; uneben; unregelmäßig;

fig. unbeständig; **~ité** [~li'te] *f* Ungleichheit *f*; Unebenheit *f*; Unregelmäßigkeit *f*; *fig.* Unbeständigkeit *f*.

inéligible [ineli'ʒiblə] *adj.* nicht wählbar.

inéluctable [inelyk'tablə] *adj.* unabwendbar; unausweichlich.

inemploy|é, -e [inɑ̃plwa'je] *adj.* ungebraucht; ungenutzt.

inept|e [i'nɛpt] *adj.* dumm, albern; **~ie** [~p'si] *f* Albernheit *f*.

inépuisable [inepɥi'zablə] *adj.* unerschöpflich.

inert|e [i'nɛrt] *adj.* bewegungs-, regungs-los; *phys.* träge; **~ie** [~r'si] *f* *phys.* Trägheit *f*; *fig.* passiver Widerstand *m*.

inespéré, -e [inɛspe'␣re] *adj.* unverhofft.

inévitable [inevi'tablə] *adj.* unvermeidlich.

inexact, -e [inɛg'zakt] *adj.* unpünktlich; ungenau; unrichtig, falsch; **~itude** [~ti'tyd] *f* Unpünktlichkeit *f*; Ungenauigkeit *f*.

inexcusable [inɛksky'zablə] *adj.* unentschuldbar.

inexigible [inɛgzi'ʒiblə] *adj.* ✝ uneintreibbar; ✝ *von Wechseln:* noch nicht fällig; *c'est* ~ das kann nicht gefordert werden.

inexorable [inɛgzɔ'rablə] *adj.* unerbittlich.

inexpéri|ence [inɛkspe'rjɑ̃:s] *f* Unerfahrenheit *f*; **~menté, -e** [~rimɑ̃'te] *adj. Person:* unerfahren; *Verfahren usw.:* (noch) nicht erprobt.

inex|plorable [inɛksplɔ'rablə] *adj.* unerforschlich; **~primable** [~pri'mablə] *adj.* unaussprechlich; **~pugnable** [~pyg'nablə] *adj.* uneinnehmbar; *fig.* unüberwindlich; **~tinguible** [~tɛ̃'giblə] *adj.* nicht löschbar; **~tirpable** [~tir'pablə] *adj.* unausrottbar; **~tricable** [~tri'kablə] *adj.* unentwirrbar.

infaillib|ilité [ɛ̃fajibili'te] *f* Unfehlbarkeit *f*; **~le** [~'jiblə] *adj.* unfehlbar; absolut sicher.

infamant, -e [ɛ̃fa'mɑ̃, ~'mɑ̃:t] *adj.* ehrenrührig.

infâme [ɛ̃'fɑ:m] *adj.* infam, gemein; widerlich; schmutzig.

infamie [ɛ̃fa'mi] *f* Gemeinheit *f*.

infant, -e [ɛ̃'fɑ̃, ɛ̃'fɑ̃:t] *su.* Infant(in *f*) *m*; **~erie** [~'tri] *f* Infanterie *f*; **~icide** [~ti'sid] **1.** *su.* Kindesmörder(in *f*) *m*; **2.** *adj.*: *mère f* ~ Kindes-

mörderin *f*; **3.** *m* Kindesmord *m*; **~ile** [~'til] *adj.* kindisch, infantil; ✝ Kinder...; *psych.* Kindheits...

infarctus ✝ [ɛ̃fark'tys] *m* Infarkt *m*; *~ du myocarde* Herzinfarkt *m*.

infatigable [ɛ̃fati'gablə] *adj.* unermüdlich.

infatu|é, -e [ɛ̃fa'tɥe] *adj.*: *~ de soi-même* eingebildet; **~er** [~] *v/rfl.* (1a): *s'~* äußerst selbstzufrieden werden.

infécond, -e [ɛ̃fe'kɔ̃, ~'kɔ̃:d] *adj.* unfruchtbar.

infect, -e [ɛ̃'fɛkt] *adj.* stinkend; ekelhaft; **~er** [~'te] *v/t.* (1a) ✝ anstecken; *Brunnen* vergiften; *Luft* verpesten; *s'~* sich infizieren; **~ion** [~k'sjɔ̃] *f* Infektion *f*, Ansteckung *f*; Verpestung *f*.

inféoder *fig.* [ɛ̃feɔ'de] *v/rfl.* (1a): *s'~ à qch.* sich an etw. (*acc.*) anschließen (*od.* angliedern).

inférer [ɛ̃fe'␣re] *v/t.* (1f) folgern, schließen.

inféri|eur, -e [ɛ̃fe'␣rjœ:r] **1.** *adj.* untere(r, -s); Unter..., Nieder...; *~ à* geringer als, niedriger als; *être ~ à q.* (*à qch.*) j-m (e-r Sache) unterlegen sein, hinter j-m (etw.) zurückbleiben; **2.** *su.* Untergebene(r *m*) *m u. f*; **~orité** [~rjori'te] *f* Unterlegenheit *f*; Minderwertigkeit *f*.

infernal, -e [ɛ̃fɛr'nal] *adj.* (*m/pl. -aux*) höllisch.

infertile [ɛ̃fɛr'til] *adj.* unfruchtbar.

infester [ɛ̃fɛs'te] *v/t.* (1a) heimsuchen; *bsd. biol.*, ✝ befallen.

infid|èle [ɛ̃fi'dɛl] **1.** *adj.* untreu; ungenau; *rl.* ungläubig; **2.** *su.* Ungläubige(r *m*) *m u. f*; **~élité** [~deli'te] *f* Untreue *f*; Ungenauigkeit *f*.

infiltr|ation [ɛ̃filtra'sjɔ̃] *f* Ein-, Durch-sickern *n*; Unterwanderung *f*; **~er** [~'tre] *v/rfl.* (1a): *s'~* einsickern, einziehen (*dans* in *acc.*); unterwandern.

infime [ɛ̃'fim] *adj.* unterst; winzig.

infini, -e [ɛ̃fi'ni] **1.** *adj.* unendlich; endlos; **2.** *m:* *l'~* das Unendliche; *à l'~* ins Unendliche (*a.* 🅰); unendlich; **~té** [~'te] *f* Unendlichkeit *f*; **~tésimal, -e** [~tezi'mal] *adj.* (*m/pl. -aux*) äußerst klein; 🅰 Infinitesimal...; **~tif** *gr.* [~'tif] *m* Infinitiv *m*.

infirm|e [ɛ̃'firm] **1.** *adj.* körperbehindert; gebrechlich; **2.** *su.* Körperbehinderte(r *m*) *m u. f*; *les ~s moteurs-cérébraux* die zerebromotorisch

Geschädigten pl.; **~er** [~'me] v/t. (1a) fig. entkräften; ⚖ Urteil aufheben; **~erie** [~m'ri] f Kranken-raum m, -saal m; **~ier** [~'mje] m Krankenpfleger m; ✕ Sanitäter m; **~ière** [~'mjɛːr] f Kranken-pflegerin f, -schwester f; **~ité** [~mi'te] f Körperbehinderung f; Gebrechen n.

inflamm|able [ɛfla'mablə] adj. entzündbar; feuergefährlich; **~ation** [~ma'sjõ] f ⊕ Entzündung f; ⊕ Zündung f; **~** spontanée Selbst(ent)-zündung f; **~atoire** ⚕ [~ma'twaːr] adj. Entzündungs...

inflation [ɛfla'sjõ] f Inflation f; **~niste** [ɛflasjo'nist] adj. inflationistisch.

infléchir [ɛfle'ʃiːr] v/t. (2a) biegen.

inflex|ibilité [ɛflɛksibili'te] f Unbeugsamkeit f; **~ible** [~'ksiblə] adj. unbeugsam; Ablenkung f der Strahlen; **~ion** [~'ksjõ] f Biegung f; Ablenkung f der Strahlen; Modulation f der Stimme; gr. Umlaut m.

infliger [ɛfli'ʒe] v/t. (1l) Strafe auferlegen.

inflorescence [ɛflɔrɛ'sãːs] f Blütenstand m.

influ|ence [ɛfly'ãːs] f Einfluß m; **~encer** [~ã'se] v/t. (1k) beeinflussen; **~ent, -e** [~'ã, ~'ãːt] adj. einflußreich; **~er** [~'e] v/i. (1a) Einfluß haben (sur auf acc.).

in-folio [info'ljo] m (inv.) Folioformat n; Foliant m.

inform|aticien, -ne [ɛfɔrmati'sjɛ̃, ~'sjɛn] su. Informatiker(in f) m; **~ation** [~ma'sjõ] f Information f; ⚖ Voruntersuchung f; **~atique** [~ma'tik] f Informatik f; **~e** [ɛ'fɔrm] adj. formlos; ungestalt(et); unvollkommen; **~er** [~'me] (1a) v/t. informieren, benachrichtigen; v/i. ⚖ ermitteln (contre q. de od. sur qch. gegen j-n wegen etw.); s'**~** auprès de q. de qch. sich bei j-m nach etw. (dat.) erkundigen.

infortun|e [ɛfɔr'tyn] f Mißgeschick n; **~é, -e** litt. [~'ne] 1. adj. unglücklich; 2. su. Unglückliche(r m) m u. f.

infraction [ɛfrak'sjõ] f Übertretung f, Verstoß m; **~** à un traité Verletzung f (od. Bruch m) e-s Vertrages.

infranchissable [ɛfrãʃi'sablə] adj. unüberschreitbar; fig. unüberwindlich.

infra|rouge [ɛfra'ruːʒ] adj. infrarot; **~son** phys. [~'sõ] m Infraschall m; **~structure** [~stryk'tyːr] f Infrastruktur f; 🚂, Straße: Unterbau m.

infroissable text. [ɛfrwa'sablə] adj. knitterfrei.

infructueux, -se [ɛfryk'tɥø, ~'tɥøːz] adj. unfruchtbar, erfolglos.

infus, -e [ɛ̃'fy, ɛ̃'fyːz] adj. angeboren; iron. avoir la science **~**e die Weisheit mit Löffeln gefressen haben.

infus|er [ɛfy'ze] (1a) v/t. in e-r Flüssigkeit ziehen lassen; ⚗ infundieren; Blut übertragen; v/i.: laisser le thé **~** den Tee ziehen lassen; **~ion** [~'zjõ] f Aufguß m; ⚗ Infusion f; **~** de menthe Pfefferminztee m.

ingambe [ɛ̃'gãːb] adj. rüstig.

ingélif, -ve ⊕ [ɛ̃ʒe'lif, ~'liːv] adj. frostsicher.

ingéni|er [ɛ̃ʒe'nje] v/rfl. (1a): s'**~** sich bemühen, versuchen; **~eur** [~'njœːr] m Ingenieur m; **~** agronome Diplomlandwirt m; **~** mécanicien Maschineningenieur m; **~** du son Toningenieur m; **~** en chef Chefingenieur m; **~** en électricité Elektroingenieur m; **~eux, -se** [~'njø, ~'njøːz] adj. erfinderisch; geistreich; **~osité** [~njozi'te] f Erfindergabe f; sinnreiches Durchdenken n.

ingénu, -e [ɛ̃ʒe'ny] adj. unbefangen; **~ité** [~nɥi'te] f Unbefangenheit f.

ingér|ence [ɛ̃ʒe'rãːs] f Einmischung f; **~er** [~'re] v/t. (1f) Speisen zu sich nehmen; s'**~** sich einmischen.

inglorieux, -se [ɛglɔ'rjø, ~'rjøːz] adj. ruhmlos.

ingrat, -e [ɛ̃'gra, ɛ̃'grat] adj. undankbar; ⚘ unfruchtbar; âge m **~** Entwicklungsjahre n/pl.; Flegeljahre n/pl.; **~itude** [~ti'tyd] f Undankbarkeit f.

ingrédient [ɛgre'djã] m cuis. Zutat f; phm. Bestandteil m.

inguérissable [ɛgeri'sablə] adj. unheilbar.

ingurgiter [ɛgyrʒi'te] v/t. (1a) Getränk hinunterstürzen; Speise gierig verschlingen.

inhabile litt. [ina'bil] adj. ungeschickt; unfähig (à. ⚖); **~eté** litt. [~l'te] f Ungeschicklichkeit f; **~ité** ⚖ [~li'te] f Unfähigkeit f.

inhabit|able [inabi'tablə] adj. unbewohnbar; **~é, -e** [~'te] adj. unbewohnt; Satellit: unbemannt; **~uel, -le** [~tɥɛl] adj. ungewohnt; ungewöhnlich.

inhal|ateur [inala'tœːr] m ⚕ Inhalationsapparat m; Sauerstoffmaske f; **~er** [~'le] v/t. (1a) einatmen.

inhérent, -e [ine'rã, ~'rãːt] *adj.* eng verbunden (*à qch.* mit etw. *dat.*).

inhib|er ☆, *psych.* [ini'be] *v/t.* (1a) hemmen; **~ition** ☆, *psych.* [~bi'sjõ] *f* Hemmung *f.*

inhospitalier, -ère [inɔspita'lje, ~'ljɛːr] *adj.* ungastlich.

inhumain, -e [iny'mɛ̃, ~'mɛn] *adj.* unmenschlich.

inhumer [iny'me] *v/t.* (1a) beerdigen.

inimitable [inimi'tablə] *adj.* unnachahmlich.

inimitié [inimi'tje] *f* Feindschaft *f.*

ininflammable [inɛ̃fla'mablə] *adj.* feuerfest.

inintelligent, -e [inɛ̃tɛli'ʒã, ~'ʒãːt] *adj.* unintelligent; unverständig; **~ible** [~'ʒiblə] *adj.* unverständlich.

inique [i'nik] *adj.* äußerst ungerecht; **~ité** [~ki'te] *f* Ungerechtigkeit *f*; Vergehen *n*; *rl.* Sünde *f*; Verfehlung *f.*

initi|al, -e [ini'sjal] (*m/pl. -aux*) 1. *adj.* Anfangs...; *lettre f* ~*e* = 2. ~*e f* Anfangsbuchstabe *m*; **~ateur, -rice** [~sja'tœːr, ~'tris] 1. *su.* Urheber(in *f*) *m*; 2. *adj.* bahnbrechend; **~ative** [~sja'tiːv] *f* Initiative *f*; *syndicat m d'~* Fremdenverkehrsverein *m*; **~er** [~'sje] *v/t.* (1a) einweihen (*a. rl.*), einführen (*q. à qch.* j-n in etw. *acc.*).

inject|er [ɛ̃ʒɛk'te] *v/t.* (1a) ☆ injizieren, (ein)spritzen; *Wunde* ausspritzen; ⊕ einspritzen; **~ion** [~k'sjõ] *f* ☆ Injektion *f*, Einspritzung *f*, Spritze *f*; Spülung *f*; ⚠ Spritzen *n* (*z. B. v. Beton*).

injonction [ɛ̃ʒõk'sjõ] *f* ausdrücklicher Befehl *m*; Anordnung *f.*

injur|e [ɛ̃'ʒyːr] *f* Beleidigung *f*; Schimpfwort *n*; **~ier** [ɛ̃ʒy'rje] *v/t.* (1a) beleidigen, beschimpfen; **~ieux, -se** [~'rjø, ~'rjøːz] *adj.* beleidigend.

injust|e [ɛ̃'ʒyst] *adj.* ungerecht; **~ice** [~'tis] *f* Ungerechtigkeit *f*; **~ifiable** [~ti'fjablə] *adj.* unverantwortlich.

inlassable [ɛ̃la'sablə] *adj.* unermüdlich.

inné, -e [in'ne] *adj.* angeboren.

innoc|ence [inɔ'sãːs] *f* Unschuld *f*; **~ent, -e** [~'sã, ~'sãːt] *adj.* unschuldig; **~enter** [~sã'te] *v/t.* (1a) für unschuldig erklären.

innocuité [inɔkɥi'te] *f* Unschädlichkeit *f.*

innombrable [innõ'brablə] *adj.* unzählig.

innovation [innɔva'sjõ] *f* Neuerung *f.*

inoccupé, -e [inɔky'pe] *adj.* leer; unbeschäftigt.

in-octavo *typ.* [inɔkta'vo] *m* (*inv.*) (*abr. in-8°*) Oktav-format *n*, -band *m.*

inoculer [inɔky'le] *v/t.* (1a) einimpfen.

inodore [inɔ'dɔːr] *adj.* geruchlos.

inoffensif, -ve [inɔfã'sif, ~'siːv] *adj.* harmlos; *phm.* unschädlich.

inond|ation [inõda'sjõ] *f* Überschwemmung *f*; **~er** [~'de] *v/t.* (1a) über-schwemmen, -fluten.

inopérant, -e [inɔpe'rã, ~'rãːt] *adj.* wirkungslos.

inopiné, -e [inɔpi'ne] *adj.* unvermutet.

inopportun, -e [inɔpɔr'tœ̃, ~'tyn] *adj.* ungelegen; unzweckmäßig.

inoubliable [inubli'ablə] *adj.* unvergeßlich.

inouï, -e [i'nwi] *adj.* unerhört.

inoxydable [inɔksi'dablə] *adj.* rostfrei.

inqualifiable [ɛ̃kali'fjablə] *adj.* unbeschreiblich.

in-quarto *typ.* [inkwar'to] *m* (*inv.*) (*abr. in-4°*) Quart-format *n*, -band *m.*

inquiet, -ète [ɛ̃'kjɛ, ɛ̃'kjɛt] *adj.* unruhig.

inquiét|ant, -e [ɛ̃kje'tã, ~'tãːt] *adj.* besorgniserregend, unheimlich; **~er** [~'te] *v/t.* (1f) beunruhigen; **~ude** [~'tyd] *f* Unruhe *f*; Besorgnis *f.*

insaisissable [ɛ̃sɛzi'sablə] *adj.* nicht ergreifbar; nicht pfändbar; unfaßbar.

insalubr|e [ɛ̃sa'lybrə] *adj.* gesundheitsschädlich, ungesund; **~ité** [~bri'te] *f* Unzuträglichkeit *f.*

insanité [ɛ̃sani'te] *f*: *dire des ~s* Unsinn reden, faseln.

insatiable [ɛ̃sa'sjablə] *adj.* unersättlich.

insatisfait, -e [ɛ̃satis'fɛ, ~'fɛt] *adj.* unbefriedigt.

inscr|iption [ɛ̃skrip'sjõ] *f* In-, Auf-, Über-schrift *f*; Eintragung *f*; (An-) Meldung *f*; ✝ Buchung *f*; **~ire** [~'kriːr] *v/t.* (4f) einschreiben, eintragen.

insect|e [ɛ̃'sɛkt] *m* Insekt *n*; **~icide** [~ti'sid] 1. *adj.* insektentötend; 2. *m* Insektenvertilgungsmittel *n*; **~ivore** [~'vɔːr] 1. *adj.* insektenfressend; 2. **~s** *m/pl.* Insektenfresser *m/pl.*

insécurisant, -e [ɛ̃sekyri'zã, ~'zãːt] *adj.* verunsichernd.

insémin|ation [ɛ̃semina'sjõ] *f*: ~ (*ar-*

tificielle) künstliche Befruchtung *f*; **~er** [~'ne] *v/t.* (1a) künstlich befruchten.

insensé, -e [ɛsã'se] *adj.* unsinnig.

insensibilisation [ɛsãsibiliza'sjõ] *f* Betäubung *f*; **~iser** [~'ze] *v/t.* (1a) betäuben; **~ité** [~'te] *f* Unempfindlichkeit *f*; Gefühllosigkeit *f*.

insensible [ɛsã'siblə] *adj.* unempfindlich; gefühllos; unmerklich.

inséparable [ɛsepa'rablə] *adj.* untrennbar; unzertrennlich.

insérer [ɛse're] *v/t.* (1f) einfügen; inserieren; s'~ *Auto:* sich einordnen.

insertion [ɛsɛr'sjõ] *f* Einfügung *f*; Einsetzen *n e-r Annonce*.

insidieux, -se [ɛsi'djø, ~'djø:z] *adj.* hinterlistig; *Krankheit:* heimtückisch, schleichend.

insigne [ɛ'siɲ] **1.** *adj.* bedeutend; *iron.* kolossal; **2.** *m* Abzeichen *n*; ~ *de parti* Parteiabzeichen *n*; **~ifiant, -e** [~ɲi'fjã, ~'fjã:t] *adj.* unbedeutend.

insinu|ant, -e [ɛsi'nɥã, ~'nɥã:t] *adj.* einschmeichelnd; **~er** [~'nɥe] *v/t.* (1a) zu verstehen geben; s'~ sich einschmeicheln.

insipid|e [ɛsi'pid] *adj.* geschmacklos, schal, fad(e); *fig.* abgeschmackt; langweilig; **~ité** [~di'te] *f* Geschmacklosigkeit *f*; *fig.* Seichtheit *f*.

insist|ance [ɛsis'tã:s] *f* Dringen *n*; Nachdruck *m*; **~er** [~'te] *v/i.* (1a) **1.** ~ *sur qch.* auf etw. (*dat.*) bestehen; ~ *pour qch.* auf etw. (*acc.*) dringen; ~ *pour* (*inf.*) darauf dringen (*od.* bestehen) zu (*inf.*); **2.** *abs.* darauf bestehen; wiederholen.

insociable [ɛso'sjablə] *adj.* ungesellig, unzugänglich.

insolation [ɛsola'sjõ] *f* Sonnenbestrahlung *f*; ✚ Sonnenstich *m*.

insol|ence [ɛso'lã:s] *f* Unverschämtheit *f*; **~ent, -e** [~'lã, ~'lã:t] *adj.* frech.

insolite [ɛso'lit] *adj.* ungewöhnlich.

insoluble [ɛso'lyblə] *adj.* unauflöslich; *fig.* unlösbar.

insolvable [ɛsol'vablə] *adj.* zahlungsunfähig.

insomnie [ɛsom'ni] *f* Schlaflosigkeit *f*.

insondable [ɛsõ'dablə] *adj.* unergründlich.

insonor|e [ɛso'nɔ:r] *adj.* schall-dicht, -schluckend; **~isation** [~nɔriza'sjõ] *f* Schalldämmung *f*; **~isé, -e** [~'ze] *adj.* schalldicht (abgeschirmt).

insouci|ance [ɛsu'sjã:s] *f* Sorglosig-

keit *f*; **~ant, -e** [~'sjã, ~'sjã:t] *adj.* sorglos.

insoumis, -e [ɛsu'mi, ~'mi:z] **1.** *adj.* aufsässig; **2.** *m* ✗ Dienstpflichtverweigerer *m*.

insoutenable [ɛsut'nablə] *adj.* unhaltbar; unerträglich.

inspect|er [ɛspɛk'te] *v/t.* (1a) be(auf)-sichtigen; mustern; **~eur** [~'tœ:r] *m* Aufseher *m*; Schulrat *m*; **~ion** [~k'sjõ] *f* Aufsicht *f*, Be(auf)sichtigung *f*; ~ *des métiers* Gewerbeaufsicht *f*.

inspir|ation [ɛspira'sjõ] *f* Einatmen *n*; *fig.* Eingebung *f*; **~er** [~'re] *v/t.* (1a) einatmen; *fig.* inspirieren.

instable [ɛ'stablə] *adj.* unbeständig; labil, schwankend; *bsd. écol.* fahrig.

install|ateur ⊕ [ɛstala'tœ:r] *m* Installateur *m*; **~ation** [~la'sjõ] *f* Einführung *f*, Einsetzung *f* in ein Amt, Bestallung *f*; ⊕ ⚙ Anlage *f*; Einbau *m*, Installierung *f*; Einzug *m* in e-e Wohnung; **~er** [~'le] *v/t.* (1a) in ein Amt einführen, einsetzen; ⊕ installieren; s'~ sich niederlassen; einziehen; *f* sich setzen.

inst|amment [ɛsta'mã] *adv.* inständig; **~ance** [ɛ'stã:s] *f* ⚖ Instanz *f*; Prozeß *m*, Verfahren *n*; ~ *en ~* in der Schwebe, anhängig; *y mis en ~* als unerledigt zurückgestellt; *sur les ~s de q.* auf j-s Drängen.

instant, -e [ɛ'stã, ~'stã:t] **1.** *adj.* dringend; **2.** *m* Augenblick *m*; **~ané, -e** [~ta'ne] **1.** *adj.* augenblicklich; **2.** *m phot.* Momentaufnahme *f*.

instar *litt.* [ɛ'sta:r] *prpt.: à l'~ de* nach Art (*gén.*); nach dem Beispiel (*gén.*).

instaur|ation [ɛstɔra'sjõ] *f* Gründung *f*; **~er** [~'re] *v/t.* (1a) gründen.

instigateur, -rice [ɛstiga'tœ:r, ~'tris] *su.* Anstifter(in *f*) *m*; **~ation** [~ga'sjõ] *f* Anstiftung *f*.

instill|ation [ɛstila'sjõ] *f* Einträufelung *f*; **~er** [~'le] *v/t.* (1a) einträufeln.

instinct [ɛ'stɛ̃] *m* Instinkt *m*; **~if, -ve** [~k'tif, ~'ti:v] *adj.* instinktiv.

instituer [ɛsti'tɥe] *v/t.* (1a) einsetzen; einführen, gründen.

institut [ɛsti'ty] *m* Institut *n*, Anstalt *f*; ⚲ (*de France*) das Französische Institut (*Gesamtheit der Akademien*); **~eur, -rice** [~'tœ:r, ~'tris] *su.* (Volksschul-)Lehrer(in *f*) *m*; **~ion** [~'sjõ] *f* Institution *f*; Einrichtung *f*; Einsetzung *f*; Stiftung *f*; Privatschule *f*, Internat *n*.

institutionnalis|ation [ɛ̃stitysjɔnali-
za'sjɔ̃] *f* Institutionalisierung *f*; **~er**
[~'ze] *v/t.* (1a) institutionalisieren.
instruct|eur [ɛ̃stryk'tœːr] *m* Ausbil-
der *m* (a. ✕); **✂** Untersuchungsrich-
ter *m*; **~if, -ve** [~'tif, ~'tiːv] *adj.* lehr-
reich; **~ion** [~k'sjɔ̃] *f* Unterricht *m*;
Bildung *f*; Ausbildung *f* (a. ✕);
Schulung *f*; (An-)Weisung *f*; In-
struktion *f*; **✂** Untersuchung *f*.
instruire [ɛ̃'strɥiːr] *v/t.* (4c) unter-
richten; schulen; benachrichtigen;
✂ *un procès* die strafrechtliche
Voruntersuchung durchführen.
instrument [ɛ̃stry'mɑ̃] *m* Werkzeug
n (a. fig.); Instrument *n* (a. ♪ *u.* fig.);
✂ Urkunde *f*; **~er** **✂** [~'te] *v/i.* (1a)
Urkunden ausfertigen.
insu [ɛ̃'sy] *prpt.*: *à l'~ de q.* ohne j-s
Wissen; *à mon ~* ohne mein Wissen.
insubmersible [ɛ̃sybmɛr'sibla] *adj.*
unsinkbar, unversenkbar.
insubord|ination [ɛ̃sybɔrdina'sjɔ̃] *f*
Widersetzlichkeit *f*, Aufsässigkeit *f*;
~onné, -e [~dɔ'ne] *adj.* aufsässig.
insuccès [ɛ̃syk'sɛ] *m* Mißerfolg *m*.
insuffis|ance [ɛ̃syfi'zɑ̃ːs] *f* Unzuläng-
lichkeit *f*; **~ant, -e** [~'zɑ̃, ~'zɑ̃ːt] *adj.*
ungenügend.
insuffler [ɛ̃sy'fle] *v/t.* (1a) fig. einflößen; **✦** einblasen.
insul|aire [ɛ̃sy'lɛːr] **1.** *adj.* Insel...;
insular; **2.** *su.* Inselbewohner(in *f*) *m*;
~arité [~lari'te] *f* insulare Lage *f*; *soc.*
Abkapselung *f*.
insulte [ɛ̃'sylt] *f* Beleidigung *f*; **~er**
[~'te] (1a) *v/t.* beleidigen; beschimp-
fen; *litt.* *v/i.*: ~ *à qch.* etw. verhöhnen; e-r Sache (*dat.*) hohnsprechen;
~ *au bon goût* gegen den guten Geschmack verstoßen.
insupportable [ɛ̃sypɔr'tabla] *adj.*
unerträglich; unausstehlich.
insurg|é, -e [ɛ̃syr'ʒe] *su.* Aufständi-
sche(r *m*) *m u.* *f*; **~er** [~] *v/rfl.* (11): *s'~*
sich erheben.
insurrection [ɛ̃syrɛk'sjɔ̃] *f* Aufstand
m, Aufruhr *m*; Putsch *m*.
intact, -e [ɛ̃'takt] *adj.* unversehrt;
unberührt; unbescholten.
intangible [ɛ̃tɑ̃'ʒibla] *adj.* unberühr-
bar; unantastbar.
intarissable [ɛ̃tari'sabla] *adj.* unver-
siegbar; unerschöpflich.
intégr|al, -e [ɛ̃te'gral] *adj.* (*m/pl.*
-aux) vollständig; **A** Integral...; **~a-
lité** [~li'te] *f* Vollständigkeit *f*; **~ant,
-e** [~'grɑ̃, ~'grɑ̃ːt] *adj.*: *partie f ~e*

integraler Bestandteil *m*; **~ation** [~-
gra'sjɔ̃] *f* Integration *f*; Integrierung
f.
intègre [ɛ̃'tɛːgra] *adj.* unbescholten;
rechtschaffen.
intégr|er [ɛ̃te'gre] *v/t.* (1f) einbezie-
hen; integrieren (a. **A**); **~isme** *cath.*,
pol. [~'grism] *m* starre Haltung *f*;
~ité [~gri'te] *f* Unversehrtheit *f*; Un-
bescholtenheit *f*.
intellect [ɛ̃tɛ'lɛkt] *m* Intellekt *m*;
~uel, -le [~'tɥɛl] **1.** *adj.* intellektuell;
geistig; **2.** *su.* Intellektuelle(r *m*) *m u.*
f.
intelligence [ɛ̃teli'ʒɑ̃ːs] *f* Einsicht *f*;
Intelligenz *f*; *en bonne ~* in gutem
Einvernehmen; *d'~* in geheimem
Einverständnis; *péj. agir d'~ avec q.*
in Komplizenschaft mit j-m handeln;
~s *pl.* geheime Verbindungen
f/pl.; **~ent, -e** [~'ʒɑ̃, ~'ʒɑ̃ːt] *adj.* intelligent; **~entsia** [~gɛn'(t)sja] *f* Intel-
lektuelle(n) *pl.*; **~ible** [~'ʒibla] *adj.*
verständlich.
intempér|ance [ɛ̃tɑ̃pe'rɑ̃ːs] *f* Unbe-
herrschtheit *f*; **~ant, -e** [~'rɑ̃, ~'rɑ̃ːt]
adj. unbeherrscht; **~ies** [~'ri] *f/pl.*
Unbilden *pl.* der Witterung.
intempestif, -ve [ɛ̃tɑ̃pɛs'tif, ~'tiːv]
adj. unangebracht, ungelegen.
intend|ance [ɛ̃tɑ̃'dɑ̃ːs] *f univ.*, Do-
mäne: Verwaltung *f*; ✕ Intendantur
f; **~ant** [~'dɑ̃] *m* Verwalter *m*; Inten-
dant *m*.
intens|e [ɛ̃'tɑ̃ːs] *adj.* intensiv; stark;
~if, -ve [ɛ̃tɑ̃'sif, ~'siːv] *adj.* intensiv;
~ité [~si'te] *f* Intensität *f*; Stärke *f*;
Heftigkeit *f*; Lautstärke *f*.
intent|er **✂** [ɛ̃tɑ̃'te] *v/t.* (1a) Prozeß
anstrengen; **~ion** [~'sjɔ̃] *f* Absicht *f*;
Zweck *m*; *à l'~ de q.* für j-n, zu j-s
Ehren; **~ionné, -e** [~sjɔ'ne] *adj.*:
bien ~ wohlwollend; **~ionnel, -le**
[~sjɔ'nɛl] *adj.* absichtlich.
inter [ɛ̃'tɛːr] *téléph.* Fernamt *n*;
Sport: Innenstürmer *m*.
interaction [ɛ̃tɛrak'sjɔ̃] *f* Wechsel-
wirkung *f*.
interallié, -e [ɛ̃tɛra'lje] *adj.* interal-
liiert.
intercal|aire [ɛ̃tɛrka'lɛːr] *adj.* einge-
schoben; *jour m ~* Schalttag *m*; **~er**
[~'le] *v/t.* (1a) einschieben; **✦** zwi-
schenschalten.
intercéder [ɛ̃tɛrse'de] *v/i.* (1f): ~ *pour*
q. sich für j-n verwenden.
intercept|er [ɛ̃tɛrsɛp'te] *v/t.* (1a) auf-,
ab-fangen; unterschlagen; ver-

sperren; anhalten; **∼ion** [∼p'sjɔ̃] f Auf-, Ab-fangen n; Abhören n.

intercess|eur [ɛ̃tɛrsɛ'sœːr] m Fürsprecher m; **∼ion** [∼'sjɔ̃] f Fürsprache f.

interchangeable [ɛ̃tɛrʃɑ̃'ʒablə] adj. auswechselbar, untereinander austauschbar.

interdépendance [ɛ̃tɛrdepɑ̃'dɑ̃ːs] f gegenseitige Abhängigkeit f.

inter|diction [ɛ̃tɛrdik'sjɔ̃] f Verbot n; ⚡ Entmündigung f; Suspendierung f vom Amt; **∼** de séjour Aufenthaltsverbot n; **∼dire** [∼'diːr] v/t. (4m) untersagen; verbieten; vom Amt suspendieren; entmündigen; **∼dit, -e** [∼'di, ∼'dit] 1. adj. verboten; Person: bestürzt; **∼** de séjour ausgewiesen; 2. su. Entmündigte(r m) m u. f; 3. m Interdikt n, Kirchenbann m.

intéress|ant, -e [ɛ̃tɛrɛ'sɑ̃, ∼'sɑ̃ːt] adj. interessant; Preis: vorteilhaft; **∼é, -e** [∼'se] 1. adj. interessiert (à an dat.); beteiligt (a. ✝); betreffend; 2. su. Beteiligte(r m) m u. f; Betreffende(r m) m u. f; **∼er** [∼] v/t. (1b) j-n interessieren; ✝ beteiligen; fig. **∼** qch. (à) etw. (1a) betreffen, angehen; s'**∼** à qch. (à q.) sich für etw. (j-n) interessieren.

intérêt [ɛ̃te'rɛ] m Interesse n; par **∼** aus Interesse; **∼s** pl. Zinsen m/pl.; ✝ avoir des **∼s** dans qch. an etw. (dat.) beteiligt sein.

interférence [ɛ̃tɛrfe'rɑ̃ːs] f rad., opt. Überlagerung f, Interferenz f; fig. Aufeinandertreffen f.

intérieur, -e [ɛ̃te'rjœːr] 1. adj. innere(r, -s); inwendig; 2. m Innere(s) n (a. fig.); Inland n; Häuslichkeit f; Familienleben n; ♨ Innenansicht f; Sport: Innenstürmer m.

intérim [ɛ̃te'rim] m Interim n, einstweilige Vertretung f; par **∼** in Vertretung; **∼aire** [∼'mɛːr] 1. adj. zeitweilig; interimistisch; 2. su. Vertreter(in f) m.

inter|jection [ɛ̃tɛrʒɛk'sjɔ̃] f gr. Ausruf m, Interjektion f; ⚡ d'appel Berufungseinlegung f; **∼jeter** ⚡ [∼ʒə'te] v/t. (1c): **∼** appel Berufung einlegen.

inter|ligne [ɛ̃tɛr'liɲ] m Zeilenabstand m; Zwischenraum m (a. ♪); **∼linéaire** [∼line'ɛːr] adj. Interlinear-.

interlocuteur, -rice [ɛ̃tɛrlɔky'tœːr, ∼'tris] su. Gesprächspartner(in f) m.

interlope [ɛ̃tɛr'lɔp] adj. (von) zweideutig(em Ruf); Schleich...,

Schmuggel...; commerce m **∼** Schwarzhandel m.

interloquer [ɛ̃tɛrlɔ'ke] v/t. (1m) verblüffen.

inter|mède thé., ♪, fig. [ɛ̃tɛr'mɛd] m Intermezzo n; **∼médiaire** [∼me-'djɛːr] 1. adj. Zwischen...; Mittel...; dazwischenliegend; vermittelnd; 2. m Vermittler m; ✝ Zwischenhändler m; Mittelding n; par l'**∼** de q. durch j-s Vermittlung.

interminable [ɛ̃tɛrmi'nablə] adj. endlos.

intermitt|ence [ɛ̃tɛrmi'tɑ̃ːs] f zeitweiliges Aussetzen n; **∼ent, -e** [∼'tɑ̃, ∼'tɑ̃ːt] adj. aussetzend.

internat [ɛ̃tɛr'na] m 1. écol. Internat n; 2. Stelle f e-s Assistenzarztes in Krankenhäusern.

international, -e [ɛ̃tɛrnasjɔ'nal] adj. (m/pl. -aux) international; zwischenstaatlich; **∼e** [∼] f Internationale f.

intern|e [ɛ̃'tɛrn] 1. adj. innere(r, -s); Innen...; intern; 2. su. Internatsschüler(in f) m; Assistenz-arzt m, -ärztin f im Krankenhaus; **∼ement** [∼nə'mɑ̃] m Internierung f; **∼er** [∼'ne] v/t. (1a) internieren.

interpell|ateur, -rice [ɛ̃tɛrpɛla'tœːr, ∼'tris] su. Interpellant(in f) m; **∼ation** [∼la'sjɔ̃] f plötzliche Anrede f; parl. Anfrage f; **∼er** [∼'le] v/t. (1a) j-n (laut) ansprechen; j-n anfahren, anpöbeln F; parl. e-e Anfrage richten an (acc.); Polizei: j-n stellen.

interphone [ɛ̃tɛr'fɔn] m Sprechanlage f (im Auto, an der Haustür).

interplanétaire [ɛ̃tɛrplane'tɛːr] adj. Weltraum...; interplanetarisch.

interpol|ation [ɛ̃tɛrpɔla'sjɔ̃] f Interpolation f (a. Ⓐ); eingeschobene Textstelle f; **∼er** [∼'le] v/t. (1a) einschieben; interpolieren (a. Ⓐ).

interpos|er [ɛ̃tɛrpo'ze] v/t. (1a) dazwischenstellen; par personne interposée durch e-n Mittelsmann; s'**∼** dazwischentreten; vermitteln; **∼ition** [∼zi'sjɔ̃] f Dazwischentreten n.

interprét|ariat [ɛ̃tɛrpreta'rja] m Dolmetscher-dienst m, -wesen n; **∼ation** [∼ta'sjɔ̃] f Verdolmetschung f; Interpretation f; Deutung f; Auslegung f; thé., cin. Darstellung f.

inter|prète [ɛ̃tɛr'prɛt] su. Dolmetscher(in f) m; Interpret(in f) m; **∼préter** [∼pre'te] v/t. (1f) (ver)dolmetschen; interpretieren; auslegen; deuten; thé., cin. darstellen.

interrog|ateur, -rice [ɛ̃tɛrɔga'tœːr, ~'tris] **1.** *adj.* fragend; prüfend; **2.** *su.* Fragesteller(in *f*) *m*; Prüfer(in *f*) *m*; **~atif, -ve** [~'tif, ~'tiːv] *adj.* fragend; *gr.* Frage...; Interrogativ...; **~ation** [~ga'sjɔ̃] *f* Frage *f*; Befragung *f*; **~atoire** [~ga'twaːr] *m* Verhör *n*; **~er** [~'ʒe] *v/t.* (1l) ab-, aus-, befragen; ₂₂ verhören; prüfen; zu Rate ziehen.

interrompre [ɛ̃tɛ'rɔ̃ːprə] *v/t.* (4a) unterbrechen; ∮ ausschalten.

interrup|teur ∮ [ɛ̃tɛryp'tœːr] *m* Schalter *m*; **~ à bascule** Kippschalter *m*; **~tion** [~p'sjɔ̃] *f* Unterbrechung *f*; ∮ Störung *f*; ⚓ Einstellung *f*; Zwischenruf *m*.

intersection [ɛ̃tɛrsɛk'sjɔ̃] *f* **1.** ⚓ Schnittpunkt *m*; **2.** (Straßen-) Kreuzung *f*.

interstice [ɛ̃tɛr'stis] *m* Zwischenraum *m*, Spalt *m*.

interurbain, -e [ɛ̃tɛryr'bɛ̃, ~'bɛn] **1.** *adj.*: *communication ~ f* Ferngespräch *n*; *central m ~* = **2.** *m* Fernamt *n*.

intervalle [ɛ̃tɛr'val] *m* Zwischenraum *m*; Zwischenzeit *f*; ♪ Intervall *n*.

interven|ir [ɛ̃tɛrvə'niːr] *v/i.* (2h) dazwischentreten; einschreiten; sich einschalten; **~tion** [~vɑ̃'sjɔ̃] *f* Einschreiten *n*; Intervention *f*; ⚕ Eingriff *m*.

intervertir [ɛ̃tɛrvɛr'tiːr] *v/t.* (2a) umkehren, vertauschen.

interview [ɛ̃tɛr'vju] *f* Interview *n*; **~er¹** [~'ve] *v/t.* (1a) interviewen; **~er²** [~'vœːr] *m* Interviewer *m*.

intestin, -e [ɛ̃tɛs'tɛ̃, ~'tin] **1.** *adj. litt.* inner(lich); *guerre f ~e* Bürgerkrieg *m*; **2.** *m* Darm *m*; **~s** *pl.* Gedärme *n/pl.*; **~al, -e** [~ti'nal] *adj.* (*m/pl.* -aux) Darm...

intim|ation [ɛ̃tima'sjɔ̃] *f* Vorladung *f*; **~e** [ɛ̃'tim] *adj.* innerst, innig, vertraut; intim; gemütlich; **~er** ₂₂ [~'me] *v/t.* (1a) *vor e-e höhere Instanz* vorladen; **~ider** [~mi'de] *v/t.* (1a) einschüchtern; **~ité** [~'te] *f* Intimität *f*; innige Freundschaft *f*; Vertrautheit *f*; Gemütlichkeit *f*.

intitul|é [ɛ̃tity'le] *m* Titel *m e-s Buches*; ₂₂ Rubrum *n*, Aufschrift *f*; **~er** [~] *v/t.* (1a) betiteln.

intolér|able [ɛ̃tɔle'rablə] *adj.* unerträglich; **~ance** [~'rɑ̃ːs] *f* Intoleranz *f*; **~ant, -e** [~'rɑ̃, ~'rɑ̃ːt] *adj.* intolerant.

intonation [ɛ̃tɔna'sjɔ̃] *f* ♪ Tonangabe *f*; *ling.* Intonation *f*.

intouchable [ɛ̃tu'ʃablə] **1.** *adj.* unantastbar; **2.** *su.* Unberührbare(r *m*) *m* u. *f*.

intox|e P [ɛ̃'tɔks] *f*, **~ication** [~ksika'sjɔ̃] *f* Vergiftung *f*; *fig.* Beeinflussung *f*, Berieselung *f*; **~iqué, -e** [~'ke] *su.* Süchtige(r *m*) *m u. f*; *fig.* Fan *m*; **~iquer** [~] *v/t.* (1m) vergiften (*a. fig.*).

intrados ⚒ [ɛ̃tra'do] *m* Tragflügelunterseite *f*.

intraitable [ɛ̃trɛ'tablə] *adj.* unnachgiebig.

intransi|geant, -e [ɛ̃trɑ̃zi'ʒɑ̃, ~'ʒɑ̃ːt] *adj.* unbeugsam, unnachgiebig; **~tif, -ve** *gr.* [~'tif, ~'tiːv] *adj.* intransitiv, nichtzielend.

intransportable [ɛ̃trɑ̃spɔr'tablə] *adj.* nicht transportierbar; *Kranker:* nicht transportfähig.

intraveineux, -se ⚕ [ɛ̃travɛ'nø, ~'nøːz] *adj.* intravenös.

intrépid|e [ɛ̃tre'pid] *adj.* unerschrocken; **~ité** [~di'te] *f* Unerschrockenheit *f*.

intrig|ant, -e [ɛ̃tri'gɑ̃, ~'gɑ̃ːt] **1.** *adj.* intrigierend; **2.** *su.* Intrigant(in *f*) *m*; **~ue** [ɛ̃'triːg] *f* Intrige *f*; **~uer** [ɛ̃tri'ge] (1m) *v/i.* intrigieren; *v/t.* neugierig machen; *fig.* beunruhigen.

intrinsèque [ɛ̃trɛ̃'sɛk] *adj.* wirklich, wahr, eigentlich; **~** innere(r, -s).

intro|ducteur, -rice [ɛ̃trɔdyk'tœːr, ~'tris] *su.* j., der etw. (*od.* j-n) einführt; Wegbereiter(in *f*) *m*; **~duction** [~k'sjɔ̃] *f* Einführung *f*; Einleitung *f*; **~duire** [~'dɥiːr] *v/t.* (4c) (hin)einführen; **s'~** eindringen; sich aufnehmen lassen.

introniser [ɛ̃trɔni'ze] *v/t.* (1a) *Bischof* feierlich einsetzen; *fig. litt.* einführen.

introuvable [ɛ̃tru'vablə] *adj.* unauffindbar.

intrus, -e [ɛ̃'try, ɛ̃'tryːz] *su.* Eindringling *m*; **~ion** [~'zjɔ̃] *f* Eindringen *n*.

intuit|if, -ve [ɛ̃tɥi'tif, ~'tiːv] *adj.* intuitiv; **~ion** [~'sjɔ̃] *f* Intuition *f*.

inus|able [iny'zablə] *adj.* unverwüstlich; **~ité, -e** [~zi'te] *adj.* ungebräuchlich.

inutil|e [iny'til] *adj.* unnütz; **~isable** [~li'zablə] *adj.* unbrauchbar; **~ité** [~'te] *f* Nutz-, Zweck-losigkeit *f*.

invaincu, -e [ɛ̃vɛ̃'ky] *adj.* unbesiegt; *Gipfel:* unbezwungen.

invalid|e [ɛ̃va'lid] **1.** *adj.* invalid(e);

arbeitsunfähig; **2.** *m* Invalide *m*; **~er**
冬天 [~'de] *v/t.* (1a) für ungültig erklären; **~ité** [~di'te] *f* Invalidität *f*.
invasion [ɛ̃va'zjɔ̃] *f* Invasion *f*.
invectiv|e [ɛ̃vɛk'tiːv] *f* Schmährede *f*;
~er [~ti've] (1a) *v/t.* mit Schmähungen überhäufen; *v/i.*: ~ *contre*
schimpfen auf (*acc.*).
inventaire [ɛ̃vã'tɛːr] *m* Inventar *n*; †
Inventur *f*; *dresser l'~* Inventur machen; **~er** [~'te] *v/t.* (1a) erfinden;
~eur, -rice [~'tœːr, ~'tris] *su.* Erfin-
der(in *f*) *m*; **~ion** [~'sjɔ̃] *f* Erfindung
f; **~orier** [~tɔ'rje] *v/t.* (1a) inventari-
sieren.
invers|e [ɛ̃'vɛrs] **1.** *adj.* umgekehrt;
2. *m* Gegenteil *n*; **~er** [~'se] *v/t.* (1a)
umkehren; **~eur** ⚡ [~'sœːr] *m* Um-
schalter *m*; **~ible** [~'sibla] *adj.* um-
kehrbar.
invertébré, -e *zo.* [ɛ̃vɛrte'bre] *adj.*
wirbellos.
investig|ateur, -rice [ɛ̃vɛstiga'tœːr,
~'tris] **1.** *adj.* forschend; **2.** *su.* For-
scher(in *f*) *m*; **~ation** [~ga'sjɔ̃] *f*
Forschung *f*; 🛲 Nachforschung *f*.
invest|ir [ɛ̃vɛs'tiːr] *v/t.* (2a) **1.** *féod.*
belehnen; *allg.* ~ *q. d'un droit* j-m ein
Recht verleihen; ~ *q. de pouvoirs* j-n
mit Vollmachten ausstatten; **2.** ⚔
einschließen, belagern; umstellen;
3. *fin.* investieren; **~issement** *fin.*
[~tis'mã] *m* Investition *f*.
invétéré, -e [ɛ̃vete're] *adj.* alteinge-
wurzelt; *péj.* Gewohnheits...
invincible [ɛ̃vɛ̃'sibla] *adj.* unbesieg-
bar.
inviolable [ɛ̃vjɔ'labla] *adj.* unverletz-
bar, unantastbar.
invisible [ɛ̃vi'zibla] *adj.* unsichtbar.
invit|ation [ɛ̃vita'sjɔ̃] *f* Einladung *f*;
Veranlassung *f*; **~e** [ɛ̃'vit] *f* Empfehlung *f*, Hinweis *m*; **~é, -e** [~'te] *su.*
Eingeladene(r *m*) *m* u. *f*, Gast *m*; **~er**
[~] *v/t.* (1a) einladen; auffordern.
invocation [ɛ̃vɔka'sjɔ̃] *f* Anrufung *f*.
involontaire [ɛ̃vɔlɔ̃'tɛːr] *adj.* unfrei-
willig, unbewußt, unwillkürlich.
involution [ɛ̃vɔly'sjɔ̃] *f biol.*, 🩺 Rück-
bildung *f*; ♀ Einrollung *f*.
invoquer [ɛ̃vɔ'ke] *v/t.* (1m) anrufen;
sich berufen (*qch.* auf etw. *acc.*);
vorschützen.
invraisembl|able [ɛ̃vrɛsã'blabla]
adj. unwahrscheinlich; **~ance** [~
'blãs] *f* Unwahrscheinlichkeit *f*.
invulnérable [ɛ̃vylne'rabla] *adj.* un-
verwundbar; ~ *à la crise* krisenfest.

iod|e [jɔd] *m* Jod *n*; **~é, -e** [jɔ'de] *adj.*
jodhaltig.
iouler [ju'le] *v/i.* (1a) jodeln.
irascible [ira'sibla] *adj.* jähzornig.
iris [i'ris] *m anat.* Regenbogenhaut *f*;
♀ Schwertlilie *f*; **~é, -e** [~'ze] *adj.*
regenbogenfarbig; **~er** [~] *v/rfl.* (1a):
s'~ schillern.
irlandais, -e [irlã'dɛ, ~'dɛːz] **1.** *adj.*
irisch; **2.** ♀(e) *su.* Ire *m*, Irin *f*.
iron|ie [irɔ'ni] *f* Ironie *f*; **~ique** [~'nik]
adj. ironisch; **~iser** [~ni'ze] *v/i.* (1a)
ironisch werden.
irradi|ation [irradja'sjɔ̃] *f* Ausstrah-
lung *f*; Bestrahlung *f*; **~er** [~'dje] (1a)
v/i. ausstrahlen; *v/t.* bestrahlen (*a.*
at.).
irréaliste [irrea'list] *adj.* unrealis-
tisch.
irré|cusable [irreky'zabla] *adj.* ein-
wandfrei; **~ductible** [~dyk'tibla] *adj.*
♧, 🛠 unreduzierbar; 🎗 nicht wieder
einrenkbar; *fig.* unbeugsam; unerbittlich.
irréel, -le [irre'ɛl] *adj.* irreal, unwirk-
lich.
irré|fléchi, -e [irrefle'ʃi] *adj.* unüber-
legt; unbesonnen; **~futable** [~fy-
'tabla] *adj.* unwiderlegbar.
irrégul|arité [irregylari'te] *f* Unre-
gelmäßigkeit *f*; **~ier, -ère** [~'lje, ~
'ljɛːr] *adj.* unregelmäßig; regel-,
ordnungs-widrig.
irrémédiable [irreme'djabla] *adj.*
unheilbar; *fig.* nicht wiedergut-
zumachen(d).
irremplaçable [irrãpla'sabla] *adj.*
unersetzlich.
irré|parable [irrepa'rabla] *adj.* nicht
wiedergutzumachen(d); unersetz-
lich; **~prochable** [~prɔ'ʃabla] *adj.*
tadellos, einwandfrei; **~sistible** [~
zis'tibla] *adj.* unwiderstehlich.
irrésolu, -e [irrezɔ'ly] *adj.* unentschlossen; **~tion** [~'sjɔ̃] *f* Unent-
schlossenheit *f*.
irrespons|abilité [irrɛspõsabili'te] *f*
Unverantwortlichkeit *f*; 🛲 Unzu-
rechnungsfähigkeit *f*; **~able** [~
'sabla] *adj.* unverantwortlich; 🛲 un-
zurechnungsfähig.
irré|trécissable [irretresi'sabla] *adj.*
Stoff: nicht einlaufend; **~vocable**
[~vɔ'kabla] *adj.* unwiderruflich.
irrig|ation ⚕ [irriga'sjɔ̃] *f* Bewässe-
rung *f*; **~uer** ⚕ [~'ge] *v/t.* (1m)
bewässern.
irrit|able [irri'tabla] *adj.* reizbar;

~ant, -e [~'tɑ̃, ~'tɑ̃:t] **1.** *adj.* (auf)reizend; **2.** *m phm.* Reizmittel *n*; **~er** [~'te] *v/t.* (1a) aufregen; reizen; **s'~** sich aufregen (*de* über *acc.*); gereizt werden.

irruption [irryp'sjɔ̃] *f* (feindlicher) Einfall *m*; Eindringen *n*.

isard *zo.* [i'za:r] *m* Gemse *f*.

islam [is'lam] *m* Islam *m*; **~isant** [~mi'zɑ̃] *m* Islamforscher *m*; **~ologie** [~mɔlɔ'ʒi] *f* Islamforschung *f*.

islandais, -e [islɑ̃'dɛ, ~'dɛ:z] **1.** *adj.* isländisch; **2.** ♀(e) *su.* Isländer(in *f*) *m*.

isocèle ⅍ [izɔ'sɛl] *adj.* gleichschenklig.

isochron|e [izɔ'krɔn], **~ique** [~'nik] *adj.* gleich lange dauernd.

isol|ant, -e [izɔ'lɑ̃, ~'lɑ̃:t] **1.** *adj.* Isolier...; **2.** *m* Isolierstoff *m*; **~ateur** ⚡, *rad.* [~la'tœ:r] *m* Isolator *m*; **~ation** ⚡, ⊕ [~la'sjɔ̃] *f* Isolierung *f*; **~ement** [~l'mɑ̃] *m* Isolierung *f* (*a. pol., éc.*, 🛡, ⚡); *fig.* Abgeschiedenheit *f*; **~er** [~'le] *v/t.* (1a) isolieren; **~oir** [~'lwa:r] *m* Wahlzelle *f*.

isopsophique 🛡 [izɔpsɔ'fik] *adj.*: *courbes f/pl.* **~s** Lärmzigarre *f*.

isotope ⚛ [izɔ'tɔp] *m* Isotop *n*.

israél|ien, -ne [israe'ljɛ̃, ~'ljɛn] **1.** *adj.* israelisch; **2.** ♀(ne) *su.* Israeli *m*; **~ite** *hist.* [~'lit] **1.** *adj.* israelitisch; **2.** ♀ *su.*

Israelit(in *f*) *m*.

issu, -e [i'sy] *adj.* abstammend; **~e** [~] *f* Ausgang *m*; *fig.* Ausweg *m*; Ende *n*; **~s** *pl.* Abfälle *m/pl.*; *à l'~ de* am Ende (*gén.*), nach Abschluß (*gén.*).

ital|ien, -ne [ita'ljɛ̃, ~'ljɛn] **1.** *adj.* italienisch; **2.** ♀(ne) *su.* Italiener(in *f*) *m*; **~ique** [~'lik] **1.** *m typ.* Schräg-, Kursiv-buchstabe *m*; *en* **~s** kursiv, in Kursivdruck; **2.** *adj. antiq.* italisch.

item [i'tɛm] *adv.* desgleichen, dito.

itératif, -ve [itera'tif, ~'ti:v] *adj.* nochmalig, wiederholt.

itinér|aire [itine'rɛ:r] **1.** *adj.* Weg...; **2.** *m* (Reise-)Route *f*; Marschroute *f*; (Fahr-)Strecke *f*; 🚌, *tram.* Fahr-weg *m*, -straße *f*; ✈ Flugstrecke *f*; *bisw.* Reisebeschreibung *f*; **~ant, -e** [~'rɑ̃, ~'rɑ̃:t] *adj.* wandernd; *exposition f* **~e** Wanderausstellung *f*.

ivoir|e [i'vwa:r] *m* Elfenbein *n*; **~ien, -ne** [ivwa'rjɛ̃, ~'rjɛn] *adj.* der Elfenbeinküste.

ivraie [i'vrɛ] *f* 🌿 Lolch *m*; *fig.* Spreu *f*, Unkraut *n*.

ivr|e [i'vrə] *adj.* betrunken; **~** *mort* total betrunken; **~esse** [i'vrɛs] *f* Trunkenheit *f*; *fig.* Rausch *m*; Begeisterung *f*.

ivrogn|e [i'vrɔɲ] **1.** *adj.* trunksüchtig; **2.** *m* Säufer *m*; **~erie** [~ɲ'ri] *f* Trunksucht *f*; **~esse** ℙ [~'ɲɛs] *f* Säuferin *f*.

jatte

J

J (*ou* **j**) [ʒi] *m* J (*od.* j) *n*; le jour J der Tag X.

j' [ʒ-] *pr*/*p. vor vo. u. stummen h* = je ich.

jabot [ʒaˈbo] *m* Kropf *m der Vögel*; Hemdkrause *f*.

jacasse F [ʒaˈkas] *f* Elster *f*; **~er** [~ˈse] *v*/*i.* (1a) *Elster*: schreien; F tratschen.

jachère ✓ [ʒaˈʃɛːr] *f* Brachfeld *n*.

jacinthe ♀ [ʒaˈsɛ̃ːt] *f* Hyazinthe *f*.

jack ⚡ [ʒak] *m* Schaltklinke *f*.

jacobin, -e [ʒakɔˈbɛ̃, ~ˈbin] **1.** *su. hist.* ♀ Jakobiner(in *f*) *m*; **2.** *m* leidenschaftlicher Republikaner *m*; **3.** *adj.* jakobinisch.

jacquard [ʒaˈkaːr] *m* jacquardgemusterter Pullover *m*.

Jacques [ʒak] *m*: F faire le ~ sich dumm (an)stellen.

jacquot *orn.* [ʒaˈko] *m* Graupapagei *m*.

jactance P [ʒakˈtɑ̃ːs] *f* Gequatsche *n*.

jadis [ʒaˈdis] *adv.* früher, einst.

jaguar *zo.* [ʒaˈgwaːr] *m* Jaguar *m*.

jaillir [ʒaˈjiːr] *v*/*i.* (2a) hervorsprudeln; heraus-strömen, -spritzen.

jais *min.* [ʒɛ] *m* Gagat *m*, Pechkohle *f*.

jalon [ʒaˈlɔ̃] *m* Absteckpfahl *m*; *fig.* Zeichen *n*; poser les premiers ~s de qch. die ersten Zeichen für etw. setzen; **~ner** [~bˈne] *v*/*t.* (1a) abstecken.

jalous|er [ʒaluˈze] *v*/*t.* (1a) beneiden; **~ie** [~ˈzi] *f* Neid *m*; Eifersucht *f*; Jalousie *f* (*Rollaten*).

jaloux, -se [ʒaˈlu, ~ˈluːz] *adj.* neidisch; eifersüchtig; ~ de eifrig bedacht auf (*acc.*).

jamais [ʒaˈmɛ] *adv.* je(mals); ne ... ~ nie(mals); à ~, pour ~ für immer.

jamb|age [ʒɑ̃ˈbaːʒ] *m* Grundmauer *f*; (Tür-, Fenster-)Pfosten *m*; Grundstrich *m der Buchstaben*; **~e** [ʒɑ̃ːb] *f* Bein *n*; △ Pfeiler *m*; à toutes ~s Hals über Kopf, so schnell man kann; F cela me fait une belle ~! was hab' ich schon davon!; **~é, -e** [ʒɑ̃ˈbe] *adj.*: bien ~ mit hübschen Beinen; **~ière** [~ˈbjɛːr] *f* Gamasche *f*; *Sport:* Beinschutz *m*; **~on** [~ˈbɔ̃] *m* Schinken *m*; **~onneau** *cuis.* [~bɔˈno] *m* (*pl.* ~x)

Eisbein *n*; **~onner** P [~ˈne] *v*/*t.* (1a) langweilen.

jamboree [ʒãboˈre, ~ˈri] *m* Pfadfindertreffen *n*.

jante [ʒãːt] *f* (Rad-)Felge *f*.

janvier [ʒãˈvje] *m* Januar *m*.

japon [ʒaˈpɔ̃] *m* japanisches Porzellan *n*.

japonais, -e [ʒapɔˈnɛ, ~ˈnɛːz] **1.** *adj.* japanisch; **2.** ♀(e) *su.* Japaner(in *f*) *m*; **3.** *m*: le ~ das Japanische, Japanisch *n*.

japper [ʒaˈpe] *v*/*i.* (1a) kläffen.

jaquemart [ʒakˈmaːr] *m* Turmuhr: Stundenschläger *m* (*Figur*).

jaquette [ʒaˈkɛt] *f* Cut *m*; Kostümjacke *f*; *fig.* Schutzumschlag *m*.

jardin [ʒarˈdɛ̃] *m* Garten *m*; ~ d'enfants Kindergarten *m*; ~ ouvrier Klein-, Schreber-garten *m*; ~ potager Gemüsegarten *m*; ~ public öffentliche Anlage *f*; ~ zoologique zoologischer Garten *m*.

jardin|age [ʒardiˈnaːʒ] *m* Gartenarbeit *f*; Fleck *m in Diamanten*; **~er** [~ˈne] *v*/*i.* (1a) im Garten arbeiten; **~et** [~ˈne] *m* Gärtchen *n*; **~eux, -se** [~ˈnø, ~ˈnøːz] *adj. Edelstein:* fleckig; **~ier, -ère** [~ˈnje, ~ˈnjɛːr] **1.** *adj.* Garten...; **2.** *su.* Gärtner(in *f*) *m*; **~ière** [~ˈnjɛːr] *f* ~ d'enfants Kindergärtnerin *f*; **2.** Blumen-kasten *m*, -ständer *m*; **3.** *cuis.* Gemüseplatte *f*; à la ~ mit Gemüsebeilage.

jargon [ʒarˈgɔ̃] *m* Fachsprache *f*; Jargon *m*; *péj.* Kauderwelsch *n*; **~ner** [~gɔˈne] *v*/*i.* (1a) unverständlich reden.

jarre [ʒaːr] *f* großer irdener Krug *m*.

jarret [ʒaˈrɛ] *m* anat. Kniekehle *f*; ⊕ Knierohr *n*; △ Winkel *m*; *cuis.* ~ de veau Kalbshachse *f*; **~elle** [ʒarˈtɛl] *f* Strumpfhalter *m* am Hüfthalter; **~ière** [~ˈtjɛːr] *f* Strumpfband *n*.

jars *orn.* [ʒaːr] *m* Gänserich *m*.

jas|er [ʒaˈze] *v*/*i.* (1a) schwatzen; **~eur, -se** [~ˈzœːr, ~ˈzœːz] *su.* Schwätzer(in *f*) *m*.

jasmin ♀ [ʒasˈmɛ̃] *m* Jasmin *m*.

jaspe *min.* [ʒasp] *m* Jaspis *m*.

jatte [ʒat] *f* Napf *m*, Satte *f*.

jaug|e [ʒoːʒ] f Eichmaß n; ⚓ Tonnengehalt m; ⊕ Lehre f; ✓ Einschlaggrube f; Auto, ⚙ ~ d'essence Benzinuhr f; **~er** [ʒoˈʒe] v/t. (1l) eichen; ausmessen; fig. abschätzen.

jaun|âtre [ʒoˈnɑːtrə] adj. gelblich; **~e** [ʒoːn] 1. adj. gelb; 2. adv.: rire ~ gezwungen lachen; 3. m Gelb n; Streikbrecher m; ~ d'œuf Eidotter n od. m; **~ir** [ʒoˈniːr] (2a) v/t. gelb färben; v/i. gelb werden; **~isse** [~ˈnis] f ⚕ Gelbsucht f; F en faire une ~ sich krank ärgern; **~issement** [~sˈmɑ̃] m Gelbfärben n; Vergilben n.

javanais, -e [ʒavaˈnɛ, ~ˈnɛːz] 1. adj. javanisch; 2. ℒ(e) su. Javaner(in f) m.

javart vét. [ʒaˈvaːr] m Fesselgeschwür n.

Javel [ʒaˈvɛl] Ortsname: eau f de ~ Bleichlauge f.

jav|eler ✓ [ʒavˈle] v/t. (1c) in Schwaden legen; **~elle** ✓ [~ˈvɛl] f Schwade(n m f).

javelot [ʒavˈlo] m Wurfspieß m; Sport: Speer(werfen n) m.

jazz ♪ [dʒaz] m Jazz m; **~iste** [~ˈzist] 1. m Jazzmusiker m; 2. adj.: nuits f/pl. ~s Jazznächte f/pl.

je [ʒə] pr/p. ich.

jean cout. [dʒin] m Jeans pl.

jean-foutre P [ʒɑ̃ˈfuːtrə] m (inv.) Taugenichts m, Nichtsnutz m.

jeep [(d)ʒip] f Jeep m; ~ lunaire Mondauto n.

je-m'en-foutisme F [ʒmɑ̃fuˈtism] m (inv.) Gleichgültigkeit f.

jerrycan [ʒɛriˈkan] m Benzinkanister m.

Jésus-Christ [ʒezyˈkri] m Jesus Christus m.

jet¹ [ʒɛ] m Wurf m; Strahl m; ♀ Trieb m; ⊕, fig. Guß m; ~ d'eau Wasserstrahl m; Springbrunnen m; ~ de flamme Stichflamme f; ⊕ ~ de sable Sandstrahl m.

jet² ⚙ [dʒɛt] m Jet m, Düsenflugzeug n.

jet|able [ʒəˈtablə] adj.: papier m Wegwerfpapier n; **~ée** [~ˈte] f Mole f; Hafendamm m; **~er** [~] v/t. (1c) werfen; (her)auswerfen; aus-strahlen, -speien; weg-werfen, -gießen; Brücke schlagen; ⚓ treiben; se ~ (sich) stürzen; sich (hin)werfen; **~on** [~ˈtɔ̃] m Spielmarke f.

jeu [ʒø] m (pl. ~x) Spiel n; fig. Spielraum m; ⊕ Gang m e-r Maschine; Satz m, Garnitur f; avoir beau ~ leichtes Spiel haben; montrer son ~ s-e Karten aufdecken; cacher son ~ sich nicht in die Karten sehen lassen; ~ de construction Baukasten m (Spielzeug); ~x Olympiques Olympische Spiele n/pl.; thé. ~ de scène Bühnenspiel n; ~ d'esprit Denksportaufgabe f; ⊕ ~ inutile toter Gang m e-r Maschine; être vieux ~ altmodisch sein.

jeudi [ʒøˈdi] m Donnerstag m; ~ saint Gründonnerstag m.

jeun [ʒœ] adv.: à ~ nüchtern.

jeune [ʒœn] 1. adj. jung; jugendlich; fig. unreif; P zu klein, zu kurz, zu schmal; ~s gens m/pl. junge Leute pl.; 2. m junger Mann m; Jugendliche(r) m; former des ~s Nachwuchs heranbilden.

jeûn|e [ʒøːn] m Fasten n; **~er** [ʒøˈne] v/i. (1a) fasten.

jeun|esse [ʒœˈnɛs] f Jugend f; **~et, -te** [~ˈnɛ, ~ˈnɛt] adj. blutjung; **~isme** [~ˈnism] m Haß m auf junge Menschen; **~iste** [~ˈnist] su. Jugendhasser(in f) m.

joaill|erie [ʒwajˈri] f Juwelierkunst f; Juwelierwaren f/pl.; **~ier, -ère** [~ˈje, ~ˈjɛːr] su. Juwelier m.

Job¹ [ʒɔb] m: pauvre comme ~ bettelarm; F péj. monter le ℒ à q. j-n verkohlen.

job² F [dʒɔb] m Job m.

jobard, -e [ʒɔˈbaːr, ~ˈbard] su. Dummkopf m; **~erie** F [~barˈdri] f, **~ise** [~ˈdiːz] f Einfalt f.

jockey Sport [ʒɔˈkɛ] m Jockei m.

joie [ʒwa] f innere Freude f.

joindre [ˈʒwɛ̃drə] (4b) v/t. aneinander-fügen, -legen; hinzufügen; einholen; treffen; Hände falten; zu j-m stoßen; v/i. genau anliegen; dicht schließen.

joint [ʒwɛ̃] m anat. Gelenk n; ⊕ Abdichtung f, Gelenk n, Naht f; (Mauer-)Fuge f; sans ~ nahtlos; F trouver le ~ hinter den Dreh kommen; **~é, -e** [~ˈte] adj. Pferd: court-~ kurz gefesselt; **~er** [~] v/t. (1a): ⊕ des feuilles de placage Furnierschichten verkleben; **~if, -ve** [~ˈtif, ~ˈtiːv] adj. aneinandergesetzt; fugendicht; **~oyer** ⚒ [~twaˈje] v/t. (1h) aus-, verfugen; **~ure** [~ˈtyːr] f (Knochen-)Gelenk n; ⚒, ⊕ Fuge f, Verbindungsstelle f.

joli, -e [ʒɔˈli] adj. hübsch; niedlich; **~ment** [~ˈmɑ̃] adv. hübsch; nett F;

F sehr, recht, schwer F; *iron.* mit gemischten Gefühlen.

jonc [ʒɔ̃] *m* 1. ♣ Binse *f*; 2. einfacher (*Finger*-)Ring *m*.

jonch|aie [ʒɔ̃'ʃɛ] *f s.* jonchère; **~ée** [~'ʃe] *f* auf den Weg gestreute Blumen *f/pl.*; Rahmkäse *m*; Haufen *m*; **~er** [~] *v/t.* (1a) bestreuen; *fig.* übersäen; **~ère** [~'ʃɛːr] *f* Binsendickicht *n*; **~ets** [~'ʃe] *m/pl.* Stäbchenspiel *n*.

jonction [ʒɔ̃k'sjɔ̃] *f* Verbindung *f*; ⊕ Gleisanschluß *m*; ⊕ *boîte f de* ~ Anschlußdose *f*; ⊕ *gare f de* ~ Anschlußbahnhof *m*.

jongl|er [ʒɔ̃'gle] *v/i.* (1a) jonglieren; **~erie** [~glɔ'ri] *f* Jonglieren *n*; **~eur** [~'glœːr] *m* Jongleur *m*.

jonque ♣ [ʒɔ̃k] *f* Dschunke *f*.

jordanien, -ne [ʒɔrda'njɛ̃, ~'njɛn] 1. *adj.* jordanisch; 2. ♀(*ne*) *su.* Jordanier(in *f*) *m*.

jouable *thé.*, ♪ [ʒwabl] *adj.* spielbar.

jouailler ♪ [ʒwa'je] *v/i.* (1a) *Kartenspiel:* niedrig spielen; ♪ klimpern; stümperhaft fiedeln.

joual *dial. Canada, Haiti* [ʒwal] *m* (*pl. -aux*) Pferd *n*; *fig.* kanadischer Dialekt *m*.

joue [ʒu] *f* Backe *f*; ✕ *en* ~ *!* legt an!; ✕ *mettre q. en* ~ auf j-n zielen.

jou|er [ʒwe] (1a) *v/t.* spielen: *Schachspiel usw.:* ziehen; *fig.* einsetzen, wagen; gleichen (*dat.*), aussehen wie; ~ *q.* j-n täuschen, betrügen, zum besten haben; ~ *du Chopin, du Molière* (*od. nur:* ~ *Ch., M.*) Ch., M. spielen; *v/i.* spielen; ⊕ sich hin- und herbewegen, leicht gehen; *fig.* tändeln, scherzen; *Holz:* sich werfen; ~ *au billard* (*aux cartes, aux échecs*) Billard (Karten, Schach) spielen; ♪ ~ *du piano* (*de la flûte*) Klavier (Flöte) spielen; *fig.* le temps joue contre un pays die Zeit arbeitet gegen ein Land; *se* ~ *de q.* sich über j-n lustig machen; **~et** [ʒwɛ] *m* Spielzeug *n*; *fig.* Spielball *m*; **~eur, -se** [ʒwœːr, ʒwøːz] 1. *su.* Spieler(in *f*) *m*; 2. *adj.* verspielt.

joufflu, -e [ʒu'fly] *adj.* pausbäckig.

joug [ʒu] *m* Joch *n*.

jou|ir [ʒwiːr] *v/i.* (2a): ~ *de* genießen; *fig.* sich erfreuen (*gén.*), sich freuen über (*acc.*); **~issance** [ʒwi'sɑ̃ːs] *f* Genuß *m*; Nutznießung *f*.

joujou *enf.* [ʒu'ʒu] *m* (*pl. ~x*) Spielzeug *n*; *faire* ~ spielen.

jour [ʒuːr] *m* Tag *m*; (*Tages*-)Licht *n*;

△ ~ *d'en haut* Oberlicht *n*; ~ *de l'an Neujahr*(stag *m*) *n*; *vivre au* ~ *le* ~ von der Hand in den Mund leben; ✕ *être de* ~ Dienst haben; *fig. se faire* ~ sich Bahn brechen; *zum Durchbruch kommen; à* ~ auf dem laufenden, auf dem neuesten Stand; *Stickerei:* durchbrochen; *au* ~ *bei Tageslicht;* ~ *douteux* Halbdunkel *n*, trübes Licht *n*; *au grand* ~ am hellen Tage; *éclater au grand* ~ an den Tag kommen; *de* ~ bei Tage; *de nos* ~*s* heutzutage; *du* ~ *au lendemain* von heute auf morgen, über Nacht; *être à* ~ auf dem laufenden sein; *mettre à* ~ *uns* auf den neuesten Stand bringen; auf den neuesten Stand bringen; *mettre au* ~ *bei Ausgrabungen* freilegen; *fig.* veröffentlichen; *l'autre* ~ neulich; *par* ~ täglich; ~ *par* (*od. pour*) ~ Tag für Tag, tagtäglich; *au point* (*od. à la pointe, au lever*) *du* ~, *au petit* ~ bei Tagesanbruch, am frühen Morgen; *un* (*beau*) ~ eines (schönen) Tages; *un de ces* ~*s* demnächst; *à un de ces* ~*s! bis zum nächsten Mal!; *quel* ~ *sommes-nous?* den Wievielten haben wir?; *un* ~ *ou l'autre* über kurz oder lang; ~ *ouvrable* Werktag *m*.

journal [ʒur'nal] *m* (*pl. -aux*) Zeitung *f*; Tagebuch *n*; ✝ Journal *n*; ~ *officiel* Amtsblatt *n*; *rad.* ~ *parlé* (Rundfunk-)Nachrichten *f/pl.*; **~ier, -ère** [~'lje, ~'ljɛːr] 1. *adj.* täglich; 2. *su.* ♀ Tagelöhner(in *f*) *m*; **~iste** [~'list] *su.* Journalist(in *f*) *m*.

journée [ʒur'ne] *f* Tag *m* (*Dauer e-s Tages*); Tages-arbeit *f*, -marsch *m*; Tagewerk *n*; Tagelohn *m*; *denkwürdiger Tag m.

joute [ʒut] *f féod.* Lanzenbrechen *n*; *fig.* ~ *oratoire* Wortgefecht *n*.

jovial, -e [ʒɔ'vjal] *adj.* (*m/pl. ~s od. -aux*) fröhlich, fidel, lustig; **~ité** [~li'te] *f* Lustigkeit *f*.

joyau [ʒwa'jo] *m* (*pl. ~x*) Juwel *n*.

joyeux, -se [ʒwa'jø, ~'jøːz] *adj.* fröhlich; freudig.

jubil|aire [ʒybi'lɛːr] *adj.* Jubel...; **~ation** *litt.* [~la'sjɔ̃] *f* Jubel *m*; **~é** [~'le] *m* fünfzigjähriges Jubiläum *n*; **~er** F [~] *v/i.* (1a) jubeln.

juch|er [ʒy'ʃe] *v/t.* (1a) hoch setzen; ~ *un enfant sur ses épaules* ein Kind auf s-e Schultern setzen (*od.* nehmen); *se* ~ *Hühner, Vögel:* sich *zum Schlafen* auf e-e Stange *od.* e-n Zweig setzen; **~oir** [~-

'[ʃwaːr] *m* Hühnerstange *f*.

judaïque *rl.* [ʒydaˈik] *adj.* jüdisch; **~isme** [~ˈism] *m* jüdische Religion *f*.

Judas [ʒyˈdɑ] *m fig.* Verräter *m*, Judas *m*; ♀ Guckloch *n*.

judéophobe [ʒydeoˈfɔb] *adj.* judenfeindlich.

judiciaire [ʒydiˈsjɛːr] *adj.* gerichtlich; richterlich; **~eux, -se** [~ˈsjø, ~ˈsjøːz] *adj.* verständig; vernünftig; sinnvoll.

judo [ʒyˈdo] *m* Judo *n*; **~ka** [~doˈka] *m* Judokämpfer *m*.

juge [ʒyːʒ] *m* Richter *m*; **~** *naturel* Schöffe *m*, Laienrichter *m*; **~ement** [ʒyʒˈmɑ̃] *m* Urteil(sspruch *m*); **~eote** F [~ˈʒɔt] *f* Grips *m*; **~er** [~ˈʒe] *v/t.* (11) ⚖ aburteilen; das Urteil sprechen (*q.* über j-n); *fig.* urteilen (*q.*, *qch.* über j-n, etw.); beurteilen; **~** *à propos* es für ratsam halten.

jugulaire [ʒygyˈlɛːr] **1.** *adj.* Kehl...; Gurgel...; *veine f* **~** Drosselader *f*; **2.** *f* 𝕏 Sturmband *n*; **~er** [~ˈle] *v/t.* (1a) *Erörterung* kurz abbrechen; *Aufruhr* im Keim ersticken; ✄ kupieren; unterdrücken; hemmen.

juif, -ve [ʒɥif, ʒɥiːv] **1.** *adj.* jüdisch; **2.** ♀, Juive *su.* Jude *m*, Jüdin *f*.

juillet [ʒɥiˈjɛ] *m* Juli *m*.

juin [ʒɥɛ̃] *m* Juni *m*.

juke-box [ʒyk-, dʒukˈbɔks] *m* (*inv.*) Musikbox *f*.

julep *phm.* [ʒyˈlɛp] *m* geschmackverbessernde Flüssigkeit *f*, Korrigens *n*.

jules [ʒyl] *m* ✶ Kerl *m*, Zuhälter *m*; P Pinkelpott *m*.

julienne [ʒyˈljɛn] *f* ♀ Nachtviole *f*; *cuis.* Gemüsesuppe *f*.

julot ✶ [ʒyˈlo] *m* Zuhälter *m*.

jumeau, -elle [ʒyˈmo, ~ˈmɛl] (*m/pl.* ~*x*) **1** *adj.* Zwillings...; verbunden; Doppel...; **2.** *su.* Zwilling *m*; Zwillings-bruder *m*, -schwester *f*.

jumelage [ʒymˈlaːʒ] *m* ⊕ Verkoppelung *f*; (*Städte-*)Partnerschaft *f*; **~é, -e** [~ˈle] *adj.*: *deux villes f/pl.* **~es** zwei Partnerstädte *f/pl.*

jumelles [ʒyˈmɛl] *f/pl.* ⊕ zwei ähnliche, sich entsprechende Stücke *n/pl.*; *opt.* Fern-, Opern-glas *n*; Feldstecher *m* (*a.* 𝕏).

jument [ʒyˈmɑ̃] *f* Stute *f*.

jungle [ˈʒɔ̃ːglə] *f* Dschungel *m*.

junte *péj.* [ʒɔ̃ːt, ʒœ̃ːt] *f*: **~** *militaire* Militärjunta *f*.

jupe [ʒyp] *f* (Damen-)Rock *m*; **~** *à bretelles* Trägerrock *m*; **~** *clochée*

Glockenrock *m*; **~** *à plis*, **~** *plissée* Faltenrock *m*; **~-culotte** [~kyˈlɔt] *f* (*pl. jupes-culottes*) Hosenrock *m*.

jupette [ʒyˈpɛt] *f* Röckchen *n*.

jupon [ʒyˈpɔ̃] *m* Unterrock *m*; *fig.* F *courir le* **~** ein Schürzenjäger sein.

juré -e [ʒyˈre] **1.** *adj.* vereidigt; geschworen; **2.** *su.* Geschworene(r *m*) *m u. f*; **~er** [~ˈre] (1a) *v/t. u. v/i.* schwören; *v/i.* fluchen; **~** *avec qch.* nicht mit etw. zs.-passen.

juridiction [ʒyridikˈsjɔ̃] *f* Gerichtsbarkeit *f*; Rechtsprechung *f*; Rechtspflege *f*; Gerichtsbezirk *m*; *lieu m de* **~** Gerichtsstand *m*; **~dique** [~ˈdik] *adj.* juristisch; **~diquement** [~kˈmɑ̃] *adv.* gerichtlich; vom Rechtsstandpunkt aus.

jurisconsulte [ʒyriskɔ̃ˈsylt] *m* Rechts-gelehrte(r) *m*, -berater *m*; **~prudence** [~pryˈdɑ̃ːs] *f* Rechtswissenschaft *f*; Rechtsprechung *f*.

juriste [ʒyˈrist] *su.* Jurist(in *f*) *m*.

juron [ʒyˈrɔ̃] *m* Fluch *m*.

jury [ʒyˈri] *m* Geschworene(n) *pl.*; Prüfungsausschuß *m*; Jury *f*, Preisgericht *n*; **~** *d'expertise* Sachverständigenausschuß *m*.

jus [ʒy] *m* Saft *m*, Brühe *f*; P Kaffee *m*; P Wasser *m*; P ⚡ Strom *m*, Saft *m* P; P Benzin *m*; P *Gerede m*, Rede *f*; P Schulaufsatz *m*; P Schick *m*, Eleganz *f*; ✶ Heroin *n*; P *il en a du* **~**! er ist schick!; P *ça vaut le* **~** das lohnt sich schon.

jusqu'au-boutisme *pol.* [ʒyskobuˈtism] *m* Radikalismus *m*; **~iste** [~ˈtist] *su.* Radikalist(in *f*) *m*.

jusquiame ♀ [ʒysˈkjam] *f* Bilsenkraut *n*.

jusque [ʒyskə)] **1.** *prp.* bis; *jusqu'(à) aujourd'hui* bis heute; *jusqu'à maintenant*, *jusqu'à présent* bis jetzt; *jusqu'au quatre mai* bis zum vierten Mai; *jusqu'en mai* bis zum Mai; *jusqu'ici* s. *ici*; **~-là** bis dahin, bis dorthin; *jusqu'où*? bis wohin?, wie weit?; **2.** *adv.* sogar, selbst; **3.** *cj.*: *jusqu'à ce que* (*subj.*) bis.

juste [ʒyst] **1.** *adj.* gerecht; berechtigt, gerechtfertigt; genau, richtig, passend; (zu) eng; **2.** *adv.* richtig; genau; knapp; gerade; *au* **~** genau, eigentlich; *comme de* **~** selbstverständlich, natürlich; **~** *en cas* für alle Fälle; **~** *avant l'accident* gerade kurz vor dem Unfall; *tout* **~** *âgé(e) de vingt ans* gerade erst zwanzig Jahre alt;

tomber ~ das Richtige treffen; **3.** *m*
Gerechte(r) *m*; **~ement** [~tə'mɑ̃]
adv. gerecht; mit Recht; eben, gerade; **~esse** [~'tɛs] *f* Richtigkeit *f*,
Genauigkeit *f*; *échapper de* ~ mit
knapper Not entkommen.
justic|e [ʒys'tis] *f* Gerechtigkeit *f (a.
rl.)*; Recht *n*; Rechtspflege *f*, Ge-
richtswesen *n*, Justiz *f*; Gericht(shof
m) *n*; ~ *pénale* Strafgerichtsbarkeit *f*;
~iable [~'sjablə] *adj.* der Gerichtsbarkeit unterworfen; *fig. auteur m* ~
de la critique Verfasser *m*, der der
Kritik unterliegt; **~ier, -ère** [~'sje,
~'sjɛːr] *su.* Verfechter(in *f*) *m* der
Gerechtigkeit.
justifi|catif, -ve [ʒystifika'tif, ~'tiːv]
adj. rechtfertigend; beweiskräftig;
exemplaire m ~ Belegexemplar *n*;

pièce f justificative Beweisstück *n*; ✝
Beleg *m*; **~cation** [~ka'sjɔ̃] *f* Recht-
fertigung *f*; Nachweis *m*; **~er** [~'fje]
(1a) *v/t.* rechtfertigen; gutheißen;
nachweisen; *v/i.* ⚍ ~ *de son identité*
sich ausweisen; *se* ~ *devant q. de qch.*
sich vor j-m für etw. verantworten.
jute [ʒyt] *m* Jute *f*.
juter [ʒy'te] *v/i.* (1a) saftig sein, Saft
geben; F suppen; P großspurig re-
den; angeben.
juteux, -se [ʒy'tø, ~'tøːz] **1.** *adj.* saftig; P sehr einträglich; **2.** *m* ✶ ⚔
Feldwebel *m*, Spieß *m* P.
juvénil|e [ʒyve'nil] *adj.* jugendlich;
~ité [~li'te] *f* Jugendlichkeit *f*.
juxtaposer [ʒykstapo'ze] *v/t.* (1a)
daneben-, nebeneinander-stellen,
-legen.

K

K (*ou* **k**) [ka] *m* K (*od.* k) *n.*

kaki [ka'ki] *adj.* (*inv.*) khakifarben.

kangourou *zo.* [kãgu'ru] *m* Känguruh *n.*

kaolin [kaɔ'lɛ̃] *m* Porzellanerde *f.*

karaté [kara'te] *m* Karate *n*; **~ka** [~'ka] *m* Karatekämpfer *m.*

kayak ⚓ [ka'jak] *m* Kajak *m.*

képi *a.* ⚔ [ke'pi] *m Art* Schirmmütze *f*, Käppi *n.*

kermesse [kɛr'mɛs] *f* Kirmes *f.*

khâgn|e ✱ *Fr. écol.* [kaɲ] *f* Klasse, die şich auf den sprachlichen Zweig der Ecole Normale Supérieure vorbereitet; **~eux, -se** ✱ [~'ɲø, ~'ɲø:z] *su.* Schüler(in *f*) *m* e-r Khâgne.

kidnapper [kidna'pe] *v/t.* (1a) kidnappen, entführen; F klauen.

kif-kif F [kif-kif] *adj.* (*inv.*) ganz egal.

kiki F [ki'ki] *m* Hals *m*, Gurgel *f*; *c'est parti mon* ~ ohne lange zu fackeln F.

kil P [kil] *m* Liter *m od. n.*

kilo [ki'lo] *m* Kilo *n*; *phys.* ~ (*de pression*) atü *od.* Atü *m od. n.*

kilo|gramme [kilɔ'gram] *m* (*abr.* kg) Kilogramm *n*; **~métrage** [~me-'tra:ʒ] *m* Kilometer-zahl *f*, -messung *f*; **~mètre** [~'mɛ:trə] *m* (*abr.*

km) Kilometer *m*; **~métrer** [~me-'tre] *v/t.* (1f) mit Kilometersteinen versehen.

kilt [kilt] *m* Kilt *m* (*Schottenrock*).

kinésithérapeute ✱ [kinezitera'pøt] *su.* Heilgymnastiker(in *f*) *m.*

kiosque [kjɔsk] *m* Kiosk *m*, Blumen-, Zeitungs-stand *m*; (Garten-)Pavillon *m*; ⚓ Turm *m* e-s *U-Bootes.*

kirsch [kir∫] *m* Kirsch(wasser *n*) *m.*

kitsch [kit∫] **1.** *m* Kitsch *m*; **2.** *adj.* (*inv.*) kitschig.

klaxon *Auto* [kla'ksɔ̃] *m* Hupe *f*; **~ner** [~ksɔ'ne] *v/i.* (1a) hupen.

koweïtien, -ne [kɔwei'sjɛ̃, ~'sjɛn] **1.** *adj.* kuwaitisch; **2.** ♀(ne) *su.* Kuwaiter(in *f*) *m.*

krach ✝ [krak] *m* Börsen-, Bankkrach *m.*

Kremlin [krɛm'lɛ̃] *m*: *le* ~ der Kreml; **♀ologie** [~linɔb'ʒi] *f* Kremlforschung *f.*

kurde [kyrd] **1.** *adj.* kurdisch; **2.** ♀ *su.* Kurde *m*, Kurdin *f.*

k-way *cout.* [ka'wɛ] *m* sehr leichte Windjacke *f.*

kyste ✱ [kist] *m* Zyste *f.*

L

L (*ou* **l**) [ɛl] *m* L (*od.* l) *n*.
l' [l-] *art. u. pr/p. vor vo. u. stummem h* = le, la.
la¹ [la] *art. u. pr/p. acc. f s.* le.
la² ♪ [la] *m* A *n*, a *n*; *donner le* ~ das A angeben.
là [la] *adv.* da, dort; dahin, dorthin; **~-bas** [~'ba] *adv.* da unten, da draußen, da hinten; da.
labeur [la'bœːr] *m* schwere Arbeit *f*.
labial, -e [la'bjal] *adj.* (*m/pl. -aux*) labial.
labile [la'bil] *adj.: une mémoire* ~ ein schwaches Gedächtnis.
labo F [la'bo] *m* Labor *n*.
labor|antin, -e [labɔrɑ̃'tɛ̃, ~'tin] *su.* Laborant(in *f*) *m*; **~atoire** [~ra'twaːr] *m* Laboratorium *n, mst* Labor *n*; ~ *de langues* Sprachlabor *n*; **~ieux, -se** [~'rjø, ~'rjøːz] *adj.* mühselig; arbeitsam; *fig.* schwerfällig.
labour ⚹ [la'buːr] *m* (Feld-)Arbeit *f*; **~able** [~bu'rablə] *adj.* bestellbar; *terre f* ~ Ackerland *n*; **~age** [~'raːʒ] *m* Pflügen *n*; Behacken *n*; **~er** [~'re] *v/t.* (1a) pflügen; behacken; umgraben; *Feld* bestellen; *fig.* aufwühlen; *Anker: den Grund* aufführen; **~eur** [~'rœːr] *m* Bauer *m*.
labyrinthe [labi'rɛ̃t] *m* Labyrinth *n*.
lac [lak] *m* See *m*; F *fig. être dans le* ~ in der Tinte sitzen; verloren sein; im Eimer sein F.
lacer [la'se] *v/t.* (1k) (ein-, zu-)schnüren.
lacérer [lase're] *v/t.* (1f) zerfetzen.
lacet [la'sɛ] *m* Schnürsenkel *m*; *ch.* Schlinge *f*; **~s** *pl.* Windungen *f/pl. e-r Straße*, Serpentinen *f/pl.*
lâch|age F [lɑ'ʃaːʒ] *m* Sitzenlassen *n*; treuloses Verlassen *n*; **~e** [lɑːʃ] **1.** *adj.* locker; schlaff; *fig.* kraftlos; feige; niederträchtig, gemein; **2.** *m* Feigling *m*; *le* ~! dieser Schuft!; **~er** [lɑ'ʃe] (1a) *v/t.* lockern; nachlassen; los-, laufen-, fallen-lassen; *Schuß* abfeuern; ~ *pied* ✗ zurückweichen; *fig.* nachgeben, einlenken; *v/i. Seil:* reißen; *Bremsen:* versagen; nachgeben; **~eté** [~ʃ'te] *f* Feigheit *f*; Gemeinheit *f*.

lacis [la'si] *m* netzartiges Gewebe *n*; *fig.* Netz *n*; Gewirr *n*.
lacrymal, -e [lakri'mal] *adj.* (*m/pl. -aux*) Tränen...
lacs [lɑ] *m* Schlinge *f*.
lact|é, -e [lak'te] *adj.* Milch...; *ast. Voie f* ~*e* Milchstraße *f*; **~ose** ⚗ [~'toːz] *m* Milchzucker *m*.
lacune [la'kyn] *f* Lücke *f*.
lacustre [la'kystrə] *adj.* im Seen lebend (*od.* wachsend); *cité f* ~ Pfahlbauten *m/pl.*, Pfahldorf *n*.
là-dessous [lad'su] *adv.* d(a)runter.
là-dessus [lad'sy] *adv.* d(a)rüber; d(a)rauf.
ladite [la'dit] *s.* ledit.
ladr|e *litt.* ['lɑːdrə] **1.** *adj.* geizig, knauserig; **2.** *m* Knauser *m*; **~erie** *litt.* [lɑdrə'ri] *f* Knauserei *f*.
laender *All.* [lɛn'dɛːr] *m/pl. s.* land.
lai¹, -e *rl.* [lɛ] *adj.: frère m* ~ Laienbruder *m*.
lai² [lɛ] *m* Lai *n* (*Verserzählung od. Lied*).
laïci|sation *Fr. écol.* [laisizɑ'sjɔ̃] *f* Verstaatlichung *f*; **~ser** [~'ze] *v/t.* (1a) verstaatlichen; **~té** [~'te] *f*: ~ *scolaire,* ~ *de l'enseignement* konfessionsloser Unterricht *m*.
laid, -e [lɛ, lɛd] *adj.* häßlich; **~eur** [~'dœːr] *f* Häßlichkeit *f*.
laie [lɛ] *f zo.* Wildsau *f; for.* Schneise *f*; ⊕ Zahnhammer *m*.
lain|age [lɛ'naːʒ] *m* Wollware *f;* Wollstoff *m*; Strickjacke *f*; Aufrauhen *n v. Tuch*; **~s** *pl.* Wollsachen *f/pl.*; **~e** [lɛn] *f* Wolle *f*; **~er** [~'ne] *v/t.* (1b) *Tuch* aufrauhen; **~erie** [~n'ri] *f* Wollwaren *f/pl.*; Wollwaren-handlung *f,* -fabrik *f*; Schafscherplatz *m*; **~eux, -se** [~'nø, ~'nøːz] *adj.* wollig; **~ier, -ère** [~'nje, ~'njɛːr] **1.** *adj.* Woll...; **2.** *su.* Wollwarenhändler(in *f*) *m*; Wollarbeiter(in *f*) *m*.
laïque *rl.* [la'ik] **1.** *adj.* weltlich; Laien...; **2.** *m* Laie *m*.
laisse [lɛs] *f* Leine *f*; Koppelriemen *m; fig. en* ~ am Gängelband.
laissé-pour-compte [lɛ'sepur'kɔ̃t] *m* (*pl. laissés-pour-compte*) **1.** ✝ Retourware *f*; **2.** Ladenhüter *m*; **3.** *fig.*

abgelehnte (*od.* uninteressante) Sache *f* (*od.* Person *f*); Stiefkind *n* (*fig.*).
laisser [lɛ'se] *v/t.* (1b) lassen; unter-, sein-, übrig-, zurück-, liegen-lassen; zulassen; hinterlassen, vermachen; ~ à penser zu denken geben; **~aller** [~a'le] *m* (*inv.*) Sichgehenlassen *n.*
laissez-passer [lɛsepɑ'se] *m* (*inv.*) Passierschein *m.*
lait [lɛ] *m* Milch *f*; ~ longue conservation H-Milch *f*; ~ en poudre Milchpulver *n*; **~age** [~'ta:ʒ] *m* Milchprodukt *n*, -speise *f*; **~ance** *zo.* [~'tɑ̃:s] *f*, **~e** *zo.* [lɛt] *f* Milch *f* der männlichen Fische; **~erie** [~'tri] *f* Molkerei *f*; Milchgeschäft *n*; **~eux, -se** [~'tø, ~'tø:z] *adj.* milchig; milchfarben; **~ier, -ère** [~'tje, ~'tjɛːr] 1. *adj.* Milch...; Molkerei...; *vache f laitière* Milchkuh *f*; 2. *su.* Milchhändler(in *f*) *m*, Milch-mann *m*, -frau *f.*
laiton [lɛ'tõ] *m* Messing *n.*
laitue ♀ [lɛ'ty] *f* grüner Salat *m*; ~ pommée Kopfsalat *m.*
laïus F *a. écol.* [la'jys] *m* (lange) Ansprache *f*; Gefasel *n.*
lama [la'ma] *m* 1. *rl.* Lama *m*; 2. *zo.* Lama *n.*
laman|age ♋ [lama'na:ʒ] *m* Lotsendienst *m*; **~eur** [~'nœ:r] *m* Lotse *m.*
lambeau [lɑ̃'bo] *m* (*pl.* ~x) Fetzen *m.*
lambin, -e F [lɑ̃'bɛ̃, ~'bin] *adj.* trödelig; **~er** F [~bi'ne] *v/i.* (1a) trödeln.
lambrequin [lɑ̃brə'kɛ̃] *m* Querbehang *m am* Fenster.
lambris [lɑ̃'bri] *m* Paneel *n*; Gipsverkleidung *f*; **~ser** [~'se] *v/t.* (1a) paneelieren; mit Gips verkleiden.
lam|e [lam] *f* 1. (Metall- *usw.*) Plättchen *n*; Platte *f*; (Messer- *usw.*) Klinge *f*; ~s *pl.* de parquet Parkettstäbe *m/pl.*; ~ de rasoir Rasierklinge *f*; ~ de scie Sägeblatt *n*; 2. Welle *f*, Woge *f*; **~elle** [~'mɛl] *f* Plättchen *n*; Lamelle *f* (*a. beim Pilz*).
lament|able [lamɑ̃'tabl] *adj.* kläglich, jämmerlich; **~ation** [~tɑ'sjõ] *f* (*oft* ~s *pl.*) Gejammer *n*; Wehklage *f*; **~er** [~'te] *v/rfl.* (1a): se ~ jammern.
lamin|age [lami'na:ʒ] *m* Walzen *n*; **~er** [~'ne] *v/t.* (1a) ⊕ walzen; *fig.* ersticken; **~oir** ⊕ [~'nwa:r] *m* Walzmaschine *f*, -straße *f*, -werk *n.*
lampa|daire [lɑ̃pa'dɛ:r] *m* Straßenlaterne *f*; Stehlampe *f*; **~ro** [~'ro] *m* Fischerlampe *f*; Lampenboot *n* (*für Nachtfischerei*); pêcheur *m* au ~

Nachtfischer *m.*
lampe [lɑ̃:p] *f* 1. Lampe *f*, Leuchte *f*; Glühbirne *f*; *rad.* Röhre *f*; ~ de chevet Nachttischlampe *f*; ~ de poche Taschenlampe *f*; ~ témoin Kontrollampe *f*, Prüflampe *f*; 2. P Bauch *m.*
lamp|ée F [lɑ̃'pe] *f* tüchtiger Schluck *m*; **~er** F [~'pe] *v/t.* (1a) aussaufen.
lampion [lɑ̃'pjõ] *m* Lampion *m*; F s'en mettre plein le ~ sich vollfressen, sich vollsaufen.
lampist|e [lɑ̃'pist] *m* thé., 🚋 Lampenwärter *m*; F *fig.* kleiner Mann *m*; **~erie** *bsd.* 🚋 [~'tri] *f* Lampenraum *m.*
lamproie *icht.* [lɑ̃'prwa] *f* Neunauge *n.*
lampyre *ent.* [lɑ̃'pi:r] *m* Glühwürmchen *n*, Leuchtkäfer *m.*
lance [lɑ̃:s] *f* 1. Lanze *f*; 2. ~ (à eau) Strahlrohr *n*; Spritzdüse *f*; Spritze *f*; ~ d'arrosage Gartenschlauch *m*; ~ d'incendie Strahlrohr *n*; 3. * Regen *m*; Wasser *n*; Urin *m.*
lancé, -e [lɑ̃'se] *adj. fig.* losgelassen, in Fahrt F.
lance|-eau [lɑ̃'so] *m* (*inv.*) Wasserwerfer *m*; **~flammes** ✕ [lɑ̃s'flɑ:m] *m* (*inv.*) Flammenwerfer *m*; **~fusées** ✕ [~fy'ze] *m* (*inv.*) Raketenwerfer *m.*
lance|ment [lɑ̃s'mɑ̃] *m* ♋ Stapellauf *m*; *fig.* Förderung *f* e-s *Künstlers*; Emporkommen *n*; Veröffentlichung *f*; ✝ Einführung *f*; *Auto:* Anlassen *n*; 🚀 Start *m*; Abschuß *m* e-r *Rakete*; **~er** [~'se] 1. *v/t.* (1c) schleudern, werfen; *Strahlen* schießen, aussenden; ✝ einführen; auf den Markt bringen; vom Stapel lassen; 🚗 Zug ablassen; *etw.* in Gang (*od.* in Schwung) bringen; *j-n, etw.* lancieren; *Auto*, 🚀 ~ le moteur den Motor anlassen; se ~ dans sich stürzen in (*acc.*); sich werfen auf (*acc.*); se ~ trop sich zu weit einlassen (*dans in acc.*); 2. *m Sport:* Werfen *n*, Wurf *m*; ~ du disque Diskuswerfen *n*; ~ du (*od.* de) poids Kugelstoßen *n.*
lance-roquettes [lɑ̃srɔ'kɛt] *m* (*inv.*): ~ (*anti-chars*) Panzerfaust *f.*
lancette *chir.* [lɑ̃'sɛt] *f* Lanzette *f.*
lanceur, -se [lɑ̃'sœ:r, ~'sœ:z] 1. *su.* j., der *etw.* in Gang bringt; *j-n* einführt *usw.*; Förderer *m*, Förderin *f* e-s *Künstlers*; *Sport:* ~ de disque Diskuswerfer(in *f*) *m*; 2. *m* Trägerrakete *f* e-r *Raumfähre*; ~ de satellites Satellitenrakete *f.*

lancinant, -e [lãsi'nã, ~'nã:t] adj.
stechend; fig. quälend, auf die Nerven fallend.

land All. [lã:d] m (pl. laender) (Bundes-)Land n; Flächenstaat m.

landau [lã'do] m (pl. ~s) Kinderwagen m; ~ de poupée Puppenwagen m.

lande [lã:d] f Heide(land n) f.

lander [lã'dɛ:r] m Landeroboter m (Marssonde).

langage [lã'ga:ʒ] m Sprache f; Sprechfähigkeit f; Rede-, Ausdrucks-weise f; Sondersprache f.

lang|e [lã:ʒ] m Windel f; **~er** [~'ʒe] v/t. (1l) Säugling wickeln.

langoureux, -se [lãgu'rø, ~'rø:z] adj. schmachtend.

langouste zo. [lã'gust] f Languste f.

langu|e [lãːg] f Zunge f; Sprache f; ~ étrangère Fremdsprache f; F avoir la ~ bien pendue ein tüchtiges Mundwerk haben; F ne pas avoir sa ~ dans sa poche schlagfertig sein; F donner sa ~ au chat keine Lösung wissen; F tirer la ~ sur un problème über e-r schwierigen Aufgabe schwitzen; **~ette** [lã-'gɛt] f Zunge f e-r Waage; ♪ (Ventil-)Klappe f; cord. Lasche f am Schuh; charp. Feder f; **~eur** [~'gœːr] f Mattigkeit f; Schmachten n; Niedergeschlagenheit f; Wehmut f, unbestimmte Sehnsucht f; **~ir** [~'giːr] v/i. (2a) kümmerlich dahinleben, schmachten; fig. stocken; ~ après qch. ungeduldig auf etw. (acc.) warten; F dial. se ~ de q. sich nach j-m sehnen; **~issant, -e** [~gi'sã, ~'sãːt] adj. stockend; eintönig; ✝ flau.

lanière [la'njɛːr] f schmaler Riemen m; ~ de massage Massagegurt m.

lantern|e [lã'tɛrn] f Laterne f (a. ⚠); ~ à projections Projektionsapparat m; ~ sourde Blendlaterne f; ~ vénitienne Lampion m; ~s pl. Auto: Standlicht n; **~er** [~'ne] v/i. (1a) bummeln; faire ~ q. j-n warten lassen; **~ier** F [~'nje] m Bordellbesitzer m.

lanugineux, -se [lanyʒi'nø, ~'nøːz] adj. flaumig.

lapalissade [lapali'sad] f Binsenwahrheit f.

laparotomie chir. [laparɔtɔ'mi] f Bauchschnitt m.

laper [la'pe] v/t. u. v/i. (1a) (auf-)lecken; Hund: schlabbern F.

lapereau zo. [la'pro] m (pl. ~x) junges Kaninchen m.

lapid|aire [lapi'dɛːr] 1. adj. Stein...;

fig. style m ~ Lapidarstil m; 2. m Edelsteinschleifer m; **~ation** [~da-'sjõ] f Steinigung f; **~er** [~'de] v/t. (1a) steinigen; **~ifier** [~di'fje] v/t. (1a) versteinern.

lapin [la'pɛ̃] m 1. zo. Kaninchen n; ~ de garenne, ~ sauvage Wildkaninchen n; ~ domestique, ~ de choux Hauskaninchen n; 2. F fameux ~ schlauer Fuchs m (fig.); F poser un ~ à q. j-n versetzen; **~e** zo. [~'pin] f weibliches Kaninchen n; **~ière** [~pi'njɛːr] f Kaninchenstall m; **~isme** F iron. [~'nism] m übermäßige Fruchtbarkeit f.

lapis(-lazuli) min. [la'pis, ~lazy'li] m (inv.) Lapislazuli m.

lapon, -ne [la'põ, ~'pɔn] 1. adj. lappländisch, lappisch; 2. 2(ne) su. Lappe m, Lappin f.

laps [laps] m: ~ de temps Zeitraum m.

laque [lak] f Lack m; Haarfestiger m.

laquelle [la'kɛl] s. lequel.

laquer [la'ke] v/t. (1a) lackieren.

larbin F péj. [lar'bɛ̃] m Lakai m; fig. Kriecher m; **~isme** [~bi'nism] m Kriechertum n.

larcin [lar'sɛ̃] m kleiner Diebstahl m.

lard [laːr] m Speck m; **~er** [lar'de] v/t. (1a) cuis., fig. spicken (de mit dat.); fig. durchbohren; **~on** [~'dõ] m Speckscheibe f; P kleines Kind n.

larg|e [larʒ] 1. adj. breit; weit; ausgiebig; fig. beachtlich; 2. m Breite f; ♣ hohe (od. offene) See f; F au ~! weg da!; être au ~ viel Platz haben; fig. wohlhabend sein; gagner le ~ das Weite suchen; **~esse** [~'ʒɛs] f: faire des ~s großzügig spenden; **~eur** [~-'ʒœːr] f Breite f.

largu|e ♣ [larg] adj. Tau: schlaff; **~er** [~'ge] v/t. (1m) Bomben ausklinken, abwerfen; ♣ Segel, Tau nachlassen, schießen lassen.

larme [larm] f Träne f; fig. Tropfen m v. e-r Flüssigkeit.

larmoy|ant, -e [larmwa'jã, ~'jãːt] adj. weinerlich; **~er** [~'je] v/i. (1h) Augen: tränen, feucht werden; péj. winseln, heulen.

larve ent. [larv] f Larve f.

laryng|ite 🕭 [larɛ̃'ʒit] f Kehlkopfentzündung f; **~oscope** 🕭 [~gɔs'kɔp] m Kehlkopfspiegel m; **~otomie** chir. [~gɔtɔ'mi] f Kehlkopfschnitt m.

larynx [la'rɛ̃ːks] m Kehlkopf m.

las, -se [lɑ, lɑːs] adj. müde; litt. ~ de qch. e-r Sache (gén.) überdrüssig.

lascar F [las'ka:r] *m* schlauer (*od.* durchtriebener) Kerl *m*.

lasc|if, -ve [la'sif, ~'si:v] *adj.* wollüstig, unzüchtig; lüstern; **~iveté** [~siv'te], **~ivité** [~vi'te] *f* Wollust *f*; Lüsternheit *f*.

lass|er [lɑ'se] *v/t.* (1a) langweilen; *j-s Geduld* erschöpfen; *die Begeisterung* erschüttern; se *~ de qch.* e-r Sache (*gén.*) überdrüssig (*od.* müde) werden; **~itude** [~si'tyd] *f* Müdigkeit *f*; Überdruß *m*.

latent, -e [la'tɑ̃, ~'tɑ̃:t] *adj.* latent.

latéral, -e [late'ral] *adj.* (*m/pl. -aux*) seitlich.

latin, -e [la'tɛ̃, ~'tin] **1.** *adj.* lateinisch; **2.** *m* Latein(isch) *n*.

latitude [lati'tyd] *f* (geographische) Breite *f*; *fig.* Freiheit *f*.

latrines [la'trin] *f/pl.* Abort *m*.

latt|e [lat] *f* Latte *f*; **~is** [~'ti] *m* Lattenwerk *n*.

laudatif, -ve [loda'tif, ~'ti:v] *adj.* lobend.

lauréat, -e [lɔre'a, ~'at] **1.** *adj.* mit e-m Preis ausgezeichnet, preisgekrönt; **2.** *su.* Preisträger(in *f*) *m*.

laurier [lɔ'rje] *m* Lorbeer *m*; **~-cerise** ♀ [~s(ə)'ri:z] *m* (*pl. lauriers-cerises*) Kirschlorbeer *m*; **~-rose** ♀ [~'ro:z] *m* (*pl. lauriers-roses*) Oleander *m*.

lav|able [la'vablə] *adj.* waschbar; **~abo** [~va'bo] *m* Waschbecken *n*; Waschraum *m*; *mst* **~s** *pl.* Toilette *f*; **~age** [~va:ʒ] *m* (Ab-, Aus-)Waschen *n*; Wäsche *f*; Reinigen *n*; ♣ Auspumpen *n des Magens*; ⊕ Schlämmen *n*, Auslaugen *n*; *phot.* Wässern *n*.

lavande ♀ [la'vɑ̃:d] *f* Lavendel *m*.

lavasse F [la'vas] *f* Suppe usw.: dünne Brühe *f*, Plörre *f* P.

lave [la:v] *f* Lava *f*.

lav|e-glace *Auto* [lav'glas] *m* (*pl. ~s*) Scheibenwaschanlage *f*; **~ement** ♣ [~v'mɑ̃] *m* Klistier *n*, Einlauf *m*; **~er** [~'ve] *v/t.* (1a) waschen; ab-, auswaschen; spülen; *Fenster* putzen; *fig.* ab-, rein-waschen; *peint. Farbe* verwaschen; *phot.* wässern; ♣ *Magen* auspumpen; se *~ la figure* sich das Gesicht waschen; **~erie** [~'vri] *f* Wäscherei *f*; **~ette** [~'vɛt] *f* Waschlappen *m* (*für Geschirr u. fig.*); P Zunge *f*; **~eur, -se** [~'vœːr, ~'vøːz] *su.* Wäscher(in *f*) *m*; **~e-vaiselle** [lavvɛ'sɛl] *m* (*inv.*) Geschirrspülmaschine *f*; **~e-**

-vitre ⚡ [~'vi:trə] *m* Scheibenwaschgerät *n*; **~is** [~'vi] *m* Tuschen *n*; Tuschzeichnung *f*; **~oir** [~'vwa:r] *m* Wasch-küche *f*, -haus *n*; ~ *public* öffentlicher Waschplatz *m*.

laxatif, -ve ♣ [laksa'tif, ~'ti:v] **1.** *adj.* abführend; **2.** *m* Abführmittel *n*.

lax|isme [la'ksism] *m* zu große Toleranz *f*; Nachgiebigkeit *f*; F Schlamperei *f*; *pol.* Aufweichung *f*; **~iste** [~'ksist] *adj.* nachgiebig.

layer *for.* [lɛ'je] *v/t.* (1i) e-e Schneise schlagen (*une forêt* in e-m Wald); *Bäume* anlaschen; markieren.

layette [lɛ'jɛt] *f* Babywäsche *f*.

lazaret [laza'rɛ] *m* Quarantänestation *f*.

lazulite *min.* [lazy'lit] *f* Lapislazuli *m*.

le [lə] *m*, **la** [la] *f* (*beide vor vo. od. stummem h*: l'); *pl.* **les** [le] **1.** *art.* der *m*, die *f*, das *n*; *pl.* die; le *20 mai* am 20. Mai; **2.** *pr/p. acc.* ihn *m*, sie *f*, es *n*; *pl.* sie.

lé [le] *m text.* Breite *f*, Bahn *f e-s Stoffes*; ♣ Treidelpfad *m*.

leader [li'dœːr] *m pol.* Parteiführer *m*; *Sport:* Spitzenreiter *m*, Anführer *m*, Beste(r) *m*; *journ.* Leitartikel *m*.

leasing ✝ [li'zin] *m* Leasing *n*.

lèche F [lɛʃ] *f* Speichelleckerei *f*; *faire de la ~ à q.* j-m um den Bart gehen; **~frite** [~'frit] *f* Abtropfpfanne *f unter dem Bratspieß od. Grill*.

lécher [le'ʃe] *v/t.* (1f) (ab-, be-)lecken; leicht bespülen; F *fig. litt.*, *peint.* übertrieben sorgfältig ausarbeiten.

lèche-vitrines [lɛʃvi'trin] *m* (*inv.*): *faire du ~* e-n Schaufensterbummel machen.

lécithine *phm.* [lesi'tin] *f* Lezithin *n*.

leçon [lə'sɔ̃] *f* Lehrstunde *f*; Lehre *f*; Lektion *f*; Denkzettel *m*; *écol.* ~ *d'observations, bisher:* ~ *de choses* sachbezogener Unterricht *m* (*in der Unterstufe*); *fig.* faire la ~ *à q.* j-n ins Gebet nehmen; j-m e-e Lektion erteilen.

lect|eur, -rice [lɛk'tœːr, ~'tris] *su.* Leser(in *f*) *m*; *univ.* Lektor(in *f*) *m*; **~ure** [~'ty:r] *f* Lesen *n*; Lektüre *f*; *parl.* Lesung *f*.

ledit [lə'di] (*f: ladite; m/pl.: lesdits, f/pl.: lesdites*) *adj.* besagte(r, -s); der (die, das) genannte.

légal, -e [le'gal] *adj.* (*m/pl. -aux*) gesetzlich, legal; rechtmäßig; gerichtlich; *heure ~e* Normalzeit *f*; **~iser**

[~li'ze] v/t. (1a) amtlich beglaubigen (bzw. zulassen); legalisieren; **~ité** [~'te] f Legalität f.

légat rl., antiq. [le'ga] m Legat m; **~aire** [~'tɛ:r] m Vermächtnisnehmer m; **~ion** [~ga'sjɔ̃] f Gesandtschaft f.

légend|aire [leʒã'dɛːr] adj. legendenhaft; berühmt; **~e** [~'ʒã:d] f Legende f (a. auf Münzen u. Karten); Sage f; Bildunterschrift f; Zeichenerklärung f auf Karten; Randschrift f auf Münzen.

léger, -ère [le'ʒe, ~'ʒɛːr] adj. Gewicht, Wein, Kleidung, Stil usw.: leicht; fig. leichtsinnig; unbedeutend; à la légère leichtfertig; vêtu à la légère leicht gekleidet.

légèreté [leʒɛr'te] f Leichtigkeit f; fig. Leichtfertigkeit f.

légion [le'ʒjɔ̃] f ✗ Legion f; F fig. große Menge f; ♀ d'honneur Ehrenlegion f; ♀ étrangère Fremdenlegion f; **~naire** [~ʒjɔ'nɛːr] m (Fremden-) Legionär m; Mitglied m der Ehrenlegion.

législat|eur, -rice [leʒisla'tœːr, ~'tris] su. Gesetzgeber(in f) m; **~if, -ve** [~'tif, ~'tiːv] adj. gesetzgebend; gesetzgeberisch; Rechts...; **~ion** [~la-'sjɔ̃] f Gesetzgebung f; Gesetzeskunde f; **~ure** [~la'tyːr] f gesetzgebende Versammlung f; Legislaturperiode f.

légiste [le'ʒist] m Jurist m.

légitim|ation [leʒitima'sjɔ̃] f gesetzliche Anerkennung f, Legitimierung f; **~e** [~'tim] 1. adj. legitim; gesetzmäßig; Kind: ehelich; fig. gerecht; 2. f F (Ehe-)Frau f; **~er** [~'me] v/t. (1a) für legitim (od. ehelich) erklären; rechtfertigen.

legs ⚖ [leg, lɛ] m Vermächtnis n.

léguer [le'ge] v/t. (1f u. 1m) testamentarisch vermachen; hinterlassen.

légum|e [le'gym] 1. m Gemüse n; **~s** pl. secs Trocken-, Dörr-gemüse n; Hülsenfrüchte f/pl.; 2. f: F fig. une grosse ~ ein hohes Tier n, ein Bonze m; **~ier, -ère** [~'mje, ~'mjɛːr] 1. adj. Gemüse...; 2. m Gemüseschüssel f; **~ineuses** [~mi'nøːz] f/pl. Hülsenfrüchte f/pl.

leitmotiv litt., ♩, allg. [lɛit-, laitmɔ-'tif] m (pl. ~e) Leitmotiv n.

lendemain [lãd'mɛ̃] m: le ~ der folgende (od. nächste) Tag; am folgenden (od. nächsten) Tag.

lénifier ⚕ [leni'fje] v/t. (1a) lindern.

léninisme pol. [leni'nism] m Leninismus m.

lénitif, -ve ⚕ [leni'tif, ~'tiːv] 1. adj. (schmerz)lindernd; 2. m Linderungsmittel n.

lent, -e [lã, lãːt] adj. langsam; träge; ⚕ schleichend.

lente ent. [lãːt] f Nisse f.

lenteur [lã'tœːr] f Langsamkeit f.

lentille [lã'tij] f ✿, opt. Linse f; opt. ~s pl. de contact Kontaktlinsen f/pl.; F ~s pl. Sommersprossen f/pl.

léopard zo. [leɔ'paːr] m Leopard m.

lépidoptères ent. [lepidɔp'tɛːr] m/pl. Schmetterlinge m/pl.

lépisme ent. [le'pism] m Silberfischchen n.

lèpre [¹lɛprə] f ⚕ Lepra f, Aussatz m; fig. Krebsschaden m.

lépr|eux, -se [le'prø, ~'prøːz] 1. adj. leprakrank, aussätzig, leprös; 2. su. Lepra-kranke(r m) m u. f, Aussätzige(r m) m u. f; **~oserie** [~proz'ri] f Leprakrankenhaus n.

lequel [lə'kɛl] (f: laquelle; m/pl.: lesquels, f/pl.: lesquelles) 1. pr/r. welche(r, -s), pl. welche; der, die, das, pl. die; 2. pr/i. welche(r, -s)?, pl. welche?

les [le] art. u. pr/p. acc. pl. s. le; **~dit(e)s** [~'di(t)] s. ledit.

lèse-majesté [lɛzmaʒɛs'te] f: crime m de ~ Majestäts-beleidigung f, -verbrechen n.

léser [le'ze] v/t. (1f) schädigen (a. ♩); fig. verletzen.

lésiner [lezi'ne] v/i. (1a) knausern (sur qch. mit etw. dat.).

lésion [le'zjɔ̃] f ⚕ Verletzung f; ♩, ⚖ Schädigung f.

lesquel(le)s [lekɛl] s. lequel.

lessiv|age [lɛsi'vaːʒ] f Scheuern n; **~e** [~'siːv] f Wäsche f (a. als Tätigkeit); Wasch-mittel n, -pulver n; **~er** [~si-'ve] v/t. (1a) Wäsche waschen; abscheuern; **~euse** [~'vøːz] f Waschkessel m; **~iel, -le** [~'vjɛl] adj. Wasch...; produit m ~ Waschmittel n.

lest [lɛst] m Ballast m.

leste [lɛst] adj. flink; fig. frei, ungeniert.

lester [lɛs'te] v/t. (1a) mit Ballast beladen; se ~ sich vollessen.

léthargie [letar'ʒi] f ✗ Lethargie f (a. fig.); Scheintod m; fig. Teilnahmslosigkeit f; **~ique** [~'ʒik] adj. lethargisch.

lettre [ˈlɛtrə] *f* **1.** Buchstabe *m*; *à la* ~ wortgetreu; **2.** Brief *m*; Schreiben *n*; ~ *d'affaires*, ~ *commerciale* Geschäftsbrief *m*; ~ *par avion* Luftpostbrief *m*; *hist.* ~ *de cachet* Verhaftungsbefehl *m* (*vor der Franz. Revolution*); ✝ ~ *de change* Wechsel *m*; ~ *chargée*, ~ *de valeur déclarée* Wertbrief *m*; ~ *circulaire* Rundschreiben *n*; ~*s pl. de créance* Beglaubigungsschreiben *n*; ~ *exprès* Eilbrief *m*; ~ *de faire-part* Todes-, Familien-anzeige *f*; ~ *de procuration* schriftliche Vollmacht *f*; ~ *recommandée* eingeschriebener Brief *m*, Einschreiben *n*; ~ *de voiture* Frachtbrief *m*; *lever les* ~*s* den Briefkasten leeren; **3.** ~*s pl.* Literatur (-wissenschaft *f*) *f*; *les* (*belles-*)~*s* die schöne Literatur, die Belletristik.
lettré, -e [lɛˈtre] *adj.* gebildet.
lettrique *phon.* [lɛˈtrik] *adj.* buchstabenmäßig.
leur [lœːr] **1.** *pr/poss.* (*3. Person pl.*) ihr(e); ~*s pl.* ihre; *le* ~, *la* ~ der, die, das ihr(ig)e; ihre(r, -s); *les* ~*s* die ihr(ig)en; ihre; **2.** *pr/p. das* ihnen.
leurr|e [lœːr] *m* Köder *m* (*a. fig.*); ~**er** [lœˈre] *v/t.* (1a) ködern (*a. fig.*); *se* ~ *sur qch.* sich bei etw. (*dat.*) in Hoffnung wiegen.
levage [ləˈvaːʒ] *m* Heben *n*.
levain [ləˈvɛ̃] *m* Hefe *f* (*bsd. pât.*); Sauerteig *m*; *fig.* Keim *m*.
levant [ləˈvɑ̃] *m* Osten *m*; *Fr.* Ost-wind *m*.
lev|é [ləˈve] *m* ♪ Auftakt *m*; *Vermessung*: Aufnahme *f*; ~**ée** [~] *f* Aufheben *n*; Geländeaufnahme *f*; Aufhebung *f e-r Sitzung usw.*; Abnahme *f des Siegels*; *Kartenspiel*: Stich *m*; Leerung *f e-s Briefkastens*; (*aufgeschütteter*) Damm *m an e-m Fluß entlang*; ⊕ Hub(höhe *f*) *m*; ~**er** [~] **1.** (1d) *v/t.* (*auf*)heben; *Hut* abnehmen; *Geländeplan* aufnehmen; ~ *les épaules* mit den Achseln zucken; *v/i.* ♣ aufgehen, keimen; *se* ~ aufstehen; *Sonne*: aufgehen; *Wind*: aufkommen; *Meer*: unruhig werden; *le jour se lève* der Tag bricht an; *le temps se lève* das Wetter klärt (*od.* hellt) sich auf; **2.** *m* Aufgang *m der Sonne*; *thé.* Aufziehen *n des Vorhangs*.
levier [ləˈvje] *m* Hebel *m*; ~ *à main* Handhebel *m*; ~ *à pied* Fußhebel *m*; ~ *de commande* Schalt-, Steuer-hebel *m*.
levraut *zo.* [ləˈvro] *m* Häschen *n*.

lèvre [ˈlɛːvrə] *f* Lippe *f*; ~*s pl.* (Wund-)Rand *m*.
levrette *zo.* [ləˈvrɛt] *f* Windhündin *f*.
lévrier *zo.* [levriˈe] *m* Windhund *m*.
levure [ləˈvyːr] *f* **1.** Backpulver *n*; **2.** (Bier-, Wein-)Hefe *f*.
lexème *ling.* [lɛkˈsɛːm] *m* Lexem *n*; Semantem *n*.
lexic|al, -e [lɛksiˈkal] *adj.* (*m/pl. -aux*) lexikalisch; ~**ographie** [~kɔgraˈfi] *f* Lexikographie *f*; ~**ographique** [~ˈfik] *adj.* lexikographisch.
lexique [lɛkˈsik] *m* Wortschatz *m*, Vokabular *n*; Wörterbuch *n*.
lézard [leˈzaːr] *m zo.* Eidechse *f*; *fig.* faire le ~ sich aalen, sich sonnen; ~**e** [~ˈzard] *f* Riß *m*, Spalt(e *f*) *m in e-r Mauer*; ~**er** [~ˈde] (1a) *v/t.* rissig machen; *v/i.* F faulenzen; ~ *au soleil* sich sonnen; *se* ~ rissig werden.
liage [ljaˈʒ] *m* Binden *n*.
liaison [ljɛˈzɔ̃] *f* Verbindung *f* (*a. téléph.*); *cuis.* Binden *n* (*mit Eigelb usw.*); *phon.*, ♪ Bindung *f*; ⚡ Verband *m*; *fig.* Liaison *f*, Liebesverhältnis *n*.
liant, -e [ljɑ̃, ljɑ̃ːt] **1.** *adj.* gesellig; freundlich; **2.** *m* Geselligkeit *f*; ⚙, ⚡ Bindemittel *n*.
liasse [ljas] *f* Stoß *m*, Bündel *n*.
libanais, -e [libaˈnɛ, ~ˈnɛːz] **1.** *adj.* libanesisch; **2.** ♀(e) *su.* Libanese *m*, Libanesin *f*; **3.** *m* ★ libanesisches Hasch *n*.
libations F [libaˈsjɔ̃] *f/pl.* Zecherei *f*.
libell|e [liˈbɛl] *m* Schmähschrift *f*; ~**é** *⚡⚡*, *allg.* [~ˈle] *m* Wortlaut *m*; ~**er** *⚡⚡*, *allg.* [~] *v/t.* (1a) ausfertigen; abfassen; ~**iste** *litt.* [~ˈlist] *m* Verfasser *m* e-r Schmähschrift.
libellule *ent.* [libeˈlyl] *f* Libelle *f*.
liber ♀ [liˈbɛːr] *m* Bast *m*.
libér|able [libeˈrablə] *adj.* zu entlassen(d); ~**al, -e** [~ˈral] *adj.* (*m/pl. -aux*) liberal; *économie f* ~*e* freie (Markt-)Wirtschaft *f*; *professions f/pl.* ~*es* freie Berufe *m/pl.*; ~**alisme** [~ˈlism] *m* Liberalismus *m*; *éc.* freie Wirtschaft *f*; ~**alité** [~ˈlite] *f* Geschenk *n*, Spende *f*; ~**ateur, -rice** [~raˈtœːr, ~ˈtris] *su.* Befreier(in *f*) *m*; ~**ation** [~raˈsjɔ̃] *f* Befreiung *f*; *⚡⚡* Freilassung *f*; ✂ Entlassung *f*; ~**er** [~ˈre] *v/t.* (1f) befreien (*de* von *dat.*); *⚡⚡* freilassen; ✂ entlassen; ⚙, *phys.* freisetzen.
libérien, -ne [libeˈrjɛ̃, ~ˈrjɛn] **1.** *adj.* liberianisch, liberisch; **2.** ♀(ne) *su.*

Liberianer(in f) m.

libériste [libe'rist] m Drachenflieger m.

liberté [liber'te] f Freiheit f.

libertin, -e [liber'tɛ̃, ~'tin] **1.** adj. ausschweifend; unanständig; **2.** su. ausschweifender Mensch m; Wüstling m; **~age** [~ti'naːʒ] m Ausschweifungen f/pl.

libidineux, -se plais. [libidi'nø, ~'nøːz] adj. lüstern.

libraire [li'brɛːr] su. Buchhändler(in f) m; **~-éditeur** [~edi'tœːr] m (pl. libraires-éditeurs) Verlagsbuchhändler m.

librairie [librɛ'ri] f Buchhandlung f; Buchhandel m; ~ d'occasion Antiquariat(sbuchhandlung f) n.

libre ['liːbrə] adj. frei; ~ à vous de ... es steht Ihnen frei, zu ...; ~ de suite sofort frei (od. verfügbar); **~-échange** [~e'ʃãːʒ] m Freihandel m, freier Markt m; **~échangisme** [~eʃã'ʒism] m Freihandelssystem n; **~-échangiste** [~'ʒist] (pl. ~s) **1.** adj. Freihandels...; **2.** su. Anhänger(in f) m des Freihandelssystems; **~-service** [~sɛr'vis] m (pl. libres-services) Selbstbedienung f; Selbstbedienungs-laden m, -restaurant n.

librett|iste [librɛ'tist] m (Opern-)Textdichter m, Librettist m; **~o** [~'to] m (pl. libretti od. ~s) Operntext m, Libretto n.

libyen, -ne [li'bjɛ̃, ~'bjɛn] **1.** adj. libysch; **2.** ♀(ne) su. Libyer(in f) m.

lice [lis] f **1.** hist. Turnierplatz m; fig. entrer en ~ sich zum Wettkampf stellen; **2.** text. Schaft m; **3.** Jagdhündin f.

licence [li'sãːs] f Fr. univ. Staatsexamen n; Gewerbeschein m; ♁, Sport: Lizenz f; st. s. Zügellosigkeit f; ~ poétique dichterische Freiheit f; **~ié, -e** [~sã'sje] su. Referendar(in f) m; Lizenzträger(in f) m; **~iement** [~si'mã] m Entlassung f; **~ier** [~'sje] v/t. (1a) entlassen; **~ieux, -se** [~'sjø, ~'sjøːz] adj. unanständig; allzu frei.

lichen ♀, ♨ [li'kɛn] m Flechte f.

licit|ation [lisita'sjɔ̃] f Versteigerung f; **~e** ₰₰ [~'sit] adj. zulässig; **~er** ₰₰ [~'te] v/t. (1a) versteigern.

licorne myth. [li'kɔrn] f Einhorn n.

licou [li'ku] m Halfter m od. n.

lie [li] f Bodensatz m; fig. Hefe f; Abschaum m des Volkes.

liège [ljɛːʒ] m Kork m.

lien [ljɛ̃] m Band n (a. fig.); fig. Bindung f; ~s pl. (d'amitié Freundschafts-)Bande n/pl.

lier [lje] v/t. (1a) binden (a. cuis.); an-, ver-, zu-knüpfen; verbinden, vereinigen; verpflichten; fesseln.

lierre ♀ [ljɛːr] m Efeu m.

liesse [ljɛs] f: en ~ jubelnd.

lieu [ljø] m (pl. ~x) Ort m, Stätte f; ~x pl. (d'aisances) Abort m; ~x pl. communs Gemeinplätze m/pl.; au ~ de statt (gén. od. zu mit inf.); avoir ~ stattfinden, sich ereignen; donner ~ à qch. zu etw. (dat.) Anlaß geben; en premier ~ an erster Stelle; ~ de destination Bestimmungsort m; ~ de naissance Geburtsort m; ~ de paiement (règlement) Zahlungs-(Erfüllungs-)ort m; il y a ~ de ... es ist Grund vorhanden zu ...; sur les ~x an Ort und Stelle; néol. vor Ort; fig. nous avons tout ~ de ... wir haben allen Grund zu ...

lieue [ljø] f Meile f.

lieur, -se [ljœːr, ljøːz] **1.** su. Binder(in f) m (von Garben usw.); **2.** lieuse f ⊕, ✶ Mähbinder m.

lieutenant [ljøt'nã] m **1.** ✕ Oberleutnant m; **2.** péj., iron. Parteikumpel m; ~s pl. Kumpane m/pl.; **~-colonel** [~kɔlɔ'nɛl] m (pl. lieutenants-colonels) Oberstleutnant m.

lièvre ['ljɛːvrə] m zo. Hase m; fig. lever (od. soulever) le ~ den Stein ins Rollen bringen.

liftier, -ère [lif'tje, ~'tjɛːr] su. Fahrstuhlführer(in f) m.

ligament anat. [liga'mã] m Band n.

ligatur|e [liga'tyːr] f ♨, typ. Ligatur f; ♁ Abbindung f; Binde f; **~er** ♁ [~ty're] v/t. (1a) abbinden.

lign|age typ. [li'naːʒ] m Zeilenzahl f; **~ard** [~'naːr] m **1.** journ. Zeilenschinder m; **2.** ₰ Leitungsstreckenarbeiter m; **~e** [liɲ] f ♁, ♨, ✕ usw. Linie f; Strich m; Zeile f; Reihe f; Richtung f; Strecke f; Ahnenreihe f; Angelschnur f; ♁ Leine f; téléph., ₰ Leitung f; ~ aérienne ♣ Freileitung f; ♒ Flugstrecke f; ♣ ~ de grande communication D-Zug-Strecke f; ~ de force d'un programme électoral Hauptziele n/pl. e-s Wahlprogramms; pêcher à la ~ angeln; surveiller sa ~ auf s-e (schlanke) Linie achten; **~ée** [~'ne] f Geschlecht n; Nachkommenschaft f; **~er** [~] v/t. (1a) lin(i)ieren; **~eul** cord. [~'nœl] m Pechdraht m.

lign|eux, -se [li'nø, ~'nø:z] adj. holzig; **~ifier** [~ni'fje] v/rfl. (1a): se~ verholzen; **~ite** [~'nit] m Braunkohle f.

ligue| [lig] f Liga f, Bund m; **~er** [~'ge] v/t. (1m) (zu e-m Bund) zs.-schließen; se~ sich verbünden.

lilas [li'lɑ] **1.** m ♀ Flieder m; **2.** adj. (inv.) lila.

lima|ce [li'mas] f zo. Nacktschnecke f; ~ Hemd n; **~çon** [~'sɔ̃] m zo. Schnecke f mit Haus; anat. (Ohr-)Schnecke f.

limaille [li'mɑ:j] f Feilspäne m/pl.

limande [li'mɑ̃:d] f icht. Rotzunge f; ⊕ Richtscheit n; ♣ geteertes Leinentuch n.

limbe [lɛ̃:b] m ♀, ast. Rand m; ♀ Gradbogen m; **~s** pl. rl. Vorhölle f; fig. erste Anfänge m/pl.; Randgebiete n/pl. (fig.); être encore dans les ~s noch im Werden sein.

lim|e [lim] f Feile f; ~ à ongles Nagelfeile f; **~er** [~'me] v/t. (1a) feilen.

limier [li'mje] m Spürhund m; F fig. Detektiv m, Spitzel m.

limit|atif, -ve [limita'tif, ~'ti:v] adj. einschränkend; Aufzählung: erschöpfend; **~ation** [~ta'sjɔ̃] f Be-, Ein-schränkung f; ~ de vitesse Geschwindigkeitsbegrenzung f; **~e** [~'mit] f Grenze f; **~er** [~'te] v/t. (1a) begrenzen; beschränken; **~rophe** [~'trɔf] adj. angrenzend.

limoger F [limo'ʒe] v/t. (11) Offizier, Beamten kaltstellen, absägen F.

limon [li'mɔ̃] m **1.** Schlamm m; **2.** Deichsel f; **3.** △ Treppenwange f; **~ade** [~mɔ'nad] f Limonade f; **~a-dier, -ère** [~na'dje, ~'djɛ:r] su. Limonadenverkäufer(in f) m; Café-besitzer(in f) m; **~eux, -se** [~nø, ~'nø:z] adj. schlammig.

limousin|e [limu'zin] f grobwollener Hirtenmantel m; **~er** [~'ne] v/t. (1a) mit Bruchsteinen mauern.

limpid|e [lɛ̃'pid] adj. klar (a. fig.); **~ité** [~di'te] f Klarheit f.

lin [lɛ̃] m ♀ Flachs m, Lein m; text. Leinen n; **~ceul** [~'sœl] m Leichentuch n.

liné|aire [line'ɛ:r] adj. Linear...; mesure f ~ Längenmaß n; **~aments** [~a'mɑ̃] m/pl. Gesichtszüge m/pl.; Umrisse m/pl.; erster Entwurf m.

linge| [lɛ̃:ʒ] m (Leib-, Tisch- usw.) Wäsche f; **~erie** [lɛ̃ʒ'ri] f Unter- (bsd. Damen-)wäsche f.

lingot métall. [lɛ̃'go] m Block m; Edel-

metalle: Barren m.

lingu|al, -e [lɛ̃'gwal] adj. (m/pl. -aux) Zungen...; **~e** ♣ [lɛ̃:g] m Messer n; **~iste** [lɛ̃'gwist] su. Sprachforscher(in f) m, Linguist(in f) m; **~istique** [~'tik] **1.** adj. sprachwissenschaftlich, linguistisch; Sprach(en)...; **2.** f Sprachwissenschaft f, Linguistik f.

linier, -ère [li'nje, ~'njɛ:r] adj. Leinen...

liniment phm. [lini'mɑ̃] m Liniment n, Einreibemittel n.

linoléum [linɔle'ɔm] m Linoleum n.

linotte [li'nɔt] f orn. Hänfling m; fig. tête f de ~ Schussel m.

linteau △ [lɛ̃'to] m (pl. ~x) (Tür-, Fenster-)Sturz m.

lion [ljɔ̃] m zo. u. ♀ ast. Löwe m; **~ceau** zo. [~'so] m (pl. ~x) junger Löwe m; **~ne** zo. [ljɔn] f Löwin f.

lip|ides ♣ [li'pid] m/pl. Fette n/pl.; **~oïde** ♣ [~pɔ'id] adj. fettartig; **~ome** ♣ [~'po:m] m Fettgeschwulst f.

lipp|e [lip] f dicke Unterlippe f; F faire la ~ schmollen, maulen; **~u, -e** [~'py] adj. dicklippig.

liqué|faction [likefak'sjɔ̃] f Verflüssigung f; **~fier** [~'fje] v/t. (1a) verflüssigen; se~ flüssig werden.

liquette P [li'kɛt] f Hemd n.

liqueur [li'kœ:r] f Likör m.

liquid|ateur, -rice [likida'tœ:r, ~'tris] su. Liquidator(in f) m; **~ation** [~dɑ'sjɔ̃] f Liquidation f; Abrechnung f; ✝ Totalausverkauf m; (Geschäfts-)Auflösung f; **~e** [~'kid] **1.** adj. flüssig; **2.** m Flüssigkeit f; ✝ flüssige Nahrung f; **3.** f ling. Liquida f; **~er** [~'de] v/t. (1a) ✝ regeln, abrechnen; ausverkaufen; F erledigen; j-n liquidieren.

liquor|eux, -se [likɔ'rø, ~'rø:z] adj. likörartig; Wein: süß; **~iste** [~'rist] su. Likörfabrikant(in f) m; Likörhändler(in f) m.

lire¹ [li:r] v/t. (4x) lesen; vorlesen; je vous lis difficilement ich kann Ihre Schrift schwer lesen.

lire² [li:r] f Lira f (italienische Währungseinheit).

lis ♀ [lis] m Lilie f.

lisér|é [lize're] m Litze f; Borte f; **~er** [~] v/t. (1f) mit e-r Borte einfassen.

liseron ♀ [liz'rɔ̃] m Winde f.

liseur, -se [li'zœ:r, ~'zø:z] **1.** su.: gros ~ m, grosse liseuse f Leseratte f; **2.** liseuse f Lesezeichen n; Buchhülle f; Bettjäckchen n.

lisib|ilité [lizibili'te] f Lesbarkeit f; **~le** [~'ziblə] adj. lesbar, leserlich.

lisière [li'zjɛːr] f (Kleider-, Wald-) Saum m, Rand m; (Feld-)Rain m; fig. tenir q. en ~s j-n am Gängelband führen.

lisse[1] [lis] adj. glatt; eben.

liss|e[2] [lis] f Geländer n; ♪ Planke f; Weberei: Aufzug m, Kette f; **~é** [~'se] m text. Glanz m; cuis. gesponnener Zucker m; **~er** [~] v/t. (1a) glätten; polieren.

liste [list] f Liste f, Verzeichnis n.

listeau △ [lis'to] m (pl. ~x), **listel** [~'tɛl] m (pl. ~s od. listeaux) Leiste f.

lit [li] m Bett n, Lager n; géol. Flußbett n; géol. Lage f, Schicht f; enfant du second ~ Kind n aus zweiter Ehe; ~ de camp Feldbett n; ~ d'enfant Kinderbett n; ~ pliant Klappbett n; ~ de plume Federbett n; ♪ ~ de la marée Meeresströmung f; ~ du vent Windstrich m.

litanie [lita'ni] f Litanei f; fig. la même ~ die alte Leier.

liteau [li'to] m (pl. ~x) text. bunter Streifen m; men. Leiste f.

liter [li'te] v/t. (1a) schichten (Fische in Fässern).

literie [li'tri] f Bettwäsche f.

litho [li'to] f, **~graphie** [~tɔgra'fi] f Steindruck m, Lithographie f.

litière [li'tjɛːr] f Streu f; fig. faire ~ de qch. etw. geringschätzen; sich über etw. hinwegsetzen.

litig|e ⚖ [li'tiːʒ] m Streit m; **~ieux, -euse** [~ti'ʒjø, ~'ʒjøːz] adj. strittig, Streit...

litre[1] [li'trə] m Liter m od. n.

litron P [li'trɔ̃] m Liter m Wein.

littér|aire [lite'rɛːr] adj. literarisch; **~al, -e** [~'ral] adj. (m/pl. -aux) buchstäblich; **~ateur** oft péj. [~ra'tœːr] m Literat m; **~ature** [~ty:r] f Literatur f; péj. leere Worte n/pl.

littoral, -e [lito'ral] (m/pl. -aux) 1. adj. Ufer...; Küsten...; 2. m Küstenstrich m.

liturgie rl. [lityr'ʒi] f Liturgie f.

livid|e [li'vid] adj. leichenblaß; **~ité** [~di'te] f fahle (Haut-)Farbe f.

livr|able ✝ [li'vrablə] adj. lieferbar; **~aison** [~vrɛ'zɔ̃] f Lieferung f.

livre[1] ['liːvrə] m Buch n; à ~ ouvert ♪ vom Blatt; aus dem Stegreif; ✝ grand ~ Hauptbuch n; tenir les ~s Buch führen; porter sur les ~s verbuchen.

livre[2] ['liːvrə] f Pfund n (Gewichts-

u. Währungseinheit).

livre-cadeau [livrəka'do] m (pl. livres-cadeaux) Geschenkband m.

livrée [li'vre] f Livree f; ch. Pelz m; orn. Gefieder n.

livrer [li'vre] v/t. (1a) (ab-, aus-) liefern; ~ passage à q. j-n durchlassen; vorbei-lassen.

livresque a. péj. [li'vrɛsk] adj. Buch-..., Bücher...; avoir beaucoup de connaissances ~s über ein großes Buchwissen verfügen, viele theoretische Kenntnisse besitzen.

livret [li'vrɛ] m Büchlein n; ~ de caisse d'épargne Spar(kassen)buch n; ~ de l'exposition Ausstellungskatalog m; ~ de famille Familienstammbuch n; ~ militaire Militärpaß m; ~ du musée Museumsführer m; ~ de l'opéra Libretto n; ~ universitaire Studienbuch n.

livreur, -se [li'vrœːr, ~'vrø:z] 1. su. Lieferant(in f) m; 2. livreuse f Lieferauto n.

lob [lɔb] m Tennis: Hochschlag m.

lobe anat., ♀ [lɔb] m Lappen m; ~ de l'oreille Ohrläppchen n; ~ du poumon Lungenlappen m.

lober Sport [lɔ'be] v/i. (1a) e-n hohen Ball schießen.

lobule anat. [lɔ'byl] m Läppchen n.

local, -e [lɔ'kal] (m/pl. -aux) 1. adj. örtlich; Orts...; 2. m Raum m; Räumlichkeit f; **~ier** P [~'lje] m Provinzjournalist m; **~iser** [~li'ze] v/t. (1a) lokalisieren; **~ité** [~'te] f Ortschaft f.

locat|aire [lɔka'tɛːr] su. Mieter(in f) m; **~if, -ve** [~'tif, ~'ti:v] 1. adj. Miet...; 2. m gr. Lokativ m; **~ion** [~ka'sjɔ̃] f (a. Auto-)Vermietung f; Mieten n; Mietpreis m; thé. Vorverkauf(skasse f) m; ♦, ☎, ✈, Hotel: Platz- bzw. Zimmer-reservierung f; donner en ~ vermieten; prendre en ~ mieten.

loch ♪ [lɔk] m Log m.

lock-out [lɔ'kawt] m (inv.) Aussperrung f; **~er** [~'te] v/t. (1a) aussperren.

locomo|tion [lɔkɔmɔ'sjɔ̃] f Fortbewegung f; **~tive** ⬛ [~mɔ'ti:v] f Lokomotive f, Lok f.

locuste ent. [lɔ'kyst] f Wanderheuschrecke f.

locut|eur, -rice ling. [lɔky'tœːr, ~'tris] su. Sprecher(in f) m; **~ion** [~'sjɔ̃] f Redensart f.

loden text. [lɔ'dɛn] m Loden m.

lœss géol. [lœs] m Löß(boden m) m.

lof ⚓ [lɔf] *m* Luv-, Wind-seite *f*.

loge [lɔːʒ] *f thé.*, *Freimaurer:* Loge *f*; ⚓ Fach *n*; *thé.* ~ *d'acteurs* Umkleideraum *m*, Garderobe *f*; **~able** [lɔˈʒablə] *adj.* bewohnbar; **~ment** [ˌ~ʒˈmɑ̃] *m* Wohnung *f*; Quartier *n* (*a.* ✕); Unterkunft *f*.

log|er [lɔˈʒe] (1l) *v/t.* beherbergen; unterbringen; ✕ einquartieren; *v/i.* wohnen; ~ *en meublé* möbliert wohnen; *logé et nourri* frei Kost und Logis; *trouver à se* ~ e-e Wohnung finden; **~eur, -se** [~ˈʒœːr, ~ˈʒøːz] *su.* Zimmervermieter(in *f*) *m*; Hauswirt (-in *f*) *m*.

logiciel *cyb.* [lɔʒiˈsjɛl] *m* Software *f*.

log|icien [lɔʒiˈsjɛ̃] *m* Logiker *m*; *inform.* Logistiker *m*; **~ique** [~ˈʒik] 1. *f* Logik *f*; 2. *adj.* logisch.

logis [lɔˈʒi] *m litt.* Wohnung *f*, Quartier *n*; Haus *n*; *corps m de* ~ Hauptbau *m*.

logistique [lɔʒisˈtik] 1. *f* ✕, ⚕ Logistik *f*; 2. *adj.* ✕ logistisch; Nachschub...

loi [lwa] *f* Gesetz *n*; *All.* ~ *fondamentale* Grundgesetz *n*.

loin [lwɛ̃] *adv.* weit, fern; *au* ~ weit weg, in der (*bzw.* in die) Ferne; *de* ~ von weitem; *mit Superlativ:* bei weitem; *de* ~ *en* ~ ab und zu; hier und dort; in großen Abständen; 2. *cj.:* ~ *de* (*inf.*) weit davon entfernt zu (*inf.*).

lointain, -e [lwɛ̃ˈtɛ̃, ~ˈtɛn] 1. *adj.* entfernt; 2. *m peint.* Hintergrund *m*; *dans le* ~ in der Ferne.

loir *zo.* [lwaːr] *m* Siebenschläfer *m*.

lois|ible [lwaˈziblə] *adj.: il vous est* ~ *de faire qch.* es steht Ihnen frei, etw. zu tun; **~ir** [~ˈziːr] 1. *m* Muße *f*; ~*s pl.* Freizeit *f/sg.*; 2. *advt.:* (*tout*) *à* ~ in (aller) Ruhe.

lolo *enf.* [lɔˈlo] *m* Milch *f*; *c'est du* ~ das ist was Gutes.

lomb|aire *anat.* [lɔ̃ˈbɛːr] *adj.* Lenden...; **~es** *anat.* [lɔ̃ːb] *m/pl.* Lenden *f/pl.*

londonien, -ne [lɔ̃dɔˈnjɛ̃, ~ˈnjɛn] 1. *adj.* Londoner, aus London; 2. ♀(*ne*) *su.* Londoner(in *f*) *m*.

long, -ue [lɔ̃, lɔ̃ːg] 1. *adj.* lang; langwierig; *à* ~ *terme* langfristig; *être* ~ *à croitre* langsam wachsen; *de* ~*ue ma- leine* langwierig; *à la* ~*ue* auf die Dauer; *mit der Zeit*; 2. *adv.:* *en savoir* ~ viel wissen (*sur* über *acc.*); 3. *m* Länge *f*; *de deux mètres de* ~ von zwei

Metern Länge, zwei Meter lang; *tomber de son* ~ der Länge nach hinschlagen; *de* ~ *en large* auf und ab; hin und her; *tout au* ~ in allen Einzelheiten; *tout du* ~ von Anfang bis Ende; von e-m Ende bis zum andern; *prpt.:* *le* ~ *de* längs (*gén.*), an *etw.* (*dat.*) entlang; *tout le* ~ *du jour* den ganzen Tag lang; *tout le* (*od. tout au*) ~ *du chemin* den ganzen Weg entlang.

longanimité [lɔ̃ganimiˈte] *f* Langmut *f*.

long-courrier [lɔ̃kuˈrje] *m* (*pl.* ~s) ✈ Langstreckenflugzeug *n*; ⚓ Überseedampfer *m*.

long|e [lɔ̃ːʒ] *f* 1. *man.* Leine *f*; 2. *cuis.* Lenden-stück *n*, -braten *m*; ~ *de veau* Kalbsnierenbraten *m*; **~er** [lɔ̃ˈʒe] *v/t.* (11) entlang-gehen, -reiten, -fliegen, -fahren, -führen an (*dat.*); **~eron** [~ʒˈrɔ̃] *m* ⚙ Brückenbalken *m*; ✈ Holm *m*.

longévité [lɔ̃ʒeviˈte] *f* Langlebigkeit *f*; Lebensdauer *f*.

longiligne [lɔ̃ʒiˈliɲ] *adj.* langglied(e)rig.

longitud|e [lɔ̃ʒiˈtyd] *f* geographische Länge *f*; **~inal, -e** [~diˈnal] *adj.* (*m/pl.* -aux) der Länge nach, Längs...

longtemps [lɔ̃ˈtɑ̃] *adv.* lange (Zeit).

longu|e [lɔ̃ːg] 1. *adj.:f* s. long; 2. *f mét.* Länge *f*; **~ment** [lɔ̃gˈmɑ̃] *adv.* lange; ausführlich, eingehend.

longueur [lɔ̃ˈgœːr] *f* Länge *f* (*a. Sport*); *rad.* ~ *d'onde* Wellenlänge *f*; *à* ~ *d'hiver* den ganzen Winter hindurch.

longue-vue [lɔ̃gˈvy] *f* (*pl.* longues-vues) Fernrohr *n*.

lopin 🌾 [lɔˈpɛ̃] *m:* ~ *de terre* Stückchen *n* Land.

loquac|e [lɔˈkwas] *adj.* gesprächig; **~ité** [~siˈte] *f* Gesprächigkeit *f*.

loques [lɔk] *f/pl.:* *en* ~ in Lumpen.

loquet [lɔˈkɛ] *m* Klinke *f*; Drücker *m*; **~eau** [~kˈto] *m* (*pl.* ~x) Fallklinke *f*, Schnapper *m*.

loqueteux, -se [lɔkˈtø, ~ˈtøːz] *adj.* zerlumpt.

lorgn|er [lɔrˈɲe] *v/t.* (1a) verstohlen betrachten, anblinzeln; *fig.* ~ *qch.* auf etw. (*acc.*) scharf sein F; **~ette** [~ˈɲɛt] *f* Opernglas *n*; **~on** [~ˈɲɔ̃] *m* (*bisw.* ~*s pl.*) Kneifer *m*.

loriot *orn.* [lɔˈrjo] *m* Goldamsel *f*.

lorrain, -e [lɔˈrɛ̃, ~ˈrɛn] 1. *adj.* lothringisch; 2. ♀(e) *su.* Lothringer(in *f*) *m.*

lors [lɔ:r] 1. *adv.*: dès ~ seitdem; *fig.* demzufolge; 2. *prp.*: ~ de zur Zeit (*gen.*); anläßlich (*gen.*).

lorsque ['lɔrsk(ə)] *cj.* als; wenn.

losange ♣ [lɔ'zã:ʒ] *m* Rhombus *m*, Raute *f.*

lot [lo] *m* Anteil *m*; Los *n* (*a. fig.*); ✝ Posten *m*; Parzelle *f*; le gros ~ das Große Los; *fig.* être mis dans le ~ de ... als ... eingruppiert werden; **~erie** [lɔ'tri] *f* Lotterie *f*; Lotto *n*; ~ *foraine* Spiel-, Glücks-bude *f*; **~eur** P [lɔ-'tœ:r] *m* Spielbudenbesitzer *m.*

lotion *cosm.* [lo'sjõ] *f* Lotion *f*; ~ *capillaire* Haarwasser *n.*

lotir [lɔ'ti:r] *v/t.* (2a) parzellieren, aufteilen; ~ *q. d'une maison* j-m ein Haus zuweisen; **~issement** [~tis-'mã] *m* Parzellierung *f*; Siedlung *f.*

loto [lɔ'to] *m* Lotto(spiel *n*) *n.*

louable ['lwablə] *adj.* lobenswert.

louage [lwa:ʒ] *m* Vermietung *f*; *donner à* ~ in Miete geben.

louange [lwã:ʒ] *f* Lob *n*, Lobpreisung *f*; **~er** [lwã'ʒe] *v/t.* (1l) preisen.

louche¹ [luʃ] *adj.* trüb(e); *fig. péj.* dunkel, undurchsichtig, anrüchig.

louche² [luʃ] *f* Suppenkelle *f.*

loucher [lu'ʃe] *v/i.* (1a) schielen.

louchet [lu'ʃe] *m* schmaler Spaten *m.*

louer¹ [lwe] *v/t.* (1a) (ver)mieten; (ver)pachten; sich leihen; *Platzkarte* vorbestellen, reservieren.

louer² [lwe] *v/t.* (1a) loben (*de od. pour qch. für etw.*); se ~ zufrieden sein (*de mit dat.*).

loufiat P [lu'fja] *m* Kellner *m* im Café.

loufoque P [lu'fɔk] 1. *adj.* verrückt; 2. *m* Verrückte(r) *m.*

loulou [lu'lu] *m* zo. Spitz *m* (*Hunderasse*); F Herzchen *n*, Liebling *m.*

loup [lu] *m* zo. Wolf *m*; *fig.* Halbmaske *f*; ⊕, *cout.* Fehler *m*; *à pas de* ~ auf leisen Sohlen, leise; *fig.* ~ *de mer* alter Seebär *m*; **~-cervier** zo. [~ser-'vje] *m* (*pl. loups-cerviers*) Luchs *m.*

loupe [lup] *f opt.* Lupe *f*; ⚕ Grützbeutel *m*; ♀ Knorren *m an Bäumen*; **~er** F [~'pe] *v/t.* (1a) verfehlen, verpassen; *écol.* verpatzen, verhauen.

loup-garou [luga'ru] *m* (*pl. loups-garous*) Werwolf *m.*

loupiote F ⚡ [lu'pjɔt] *f* Lampe *f.*

lourd, -e [lu:r, lurd] *adj.* schwer; *Luft:* drückend; *Stil:* schwerfällig; **~aud** [lur'do] *m* Tolpatsch *m*; **~e** P

[lurd] *f* Tür *f*; **~eur** [~'dœ:r] *f* Schwere *f*; *fig.* Schwerfälligkeit *f.*

louré, -e ♪ [lu're] *adj. Ton:* ausgehalten.

loustic F [lus'tik] *m* Spaßmacher *m.*

loutre zo. ['lu:trə] *f* Fischotter *m.*

louve zo. [lu:v] *f* Wölfin *f*; **~eteau** [luv'to] *m* (*pl. ~x*) zo. junger Wolf *m*; *fig.* junger Pfadfinder *m.*

louvoyer ⚓, *fig.* [luvwa'je] *v/i.* (1h) lavieren.

loyal, -e [lwa'jal] *adj.* (*m/pl. -aux*) loyal, treu, ehrlich, zuverlässig; ✝ reell.

loyauté [lwajo'te] *f* Loyalität *f.*

loyer [lwa'je] *m* Miete *f.*

lu [ly] *p.p. von* lire.

lubie [ly'bi] *f* Tick *m*, Marotte *f.*

lubri|cité [lybrisi'te] *f* Geilheit *f*; **~fiant** ⊕ [~'fjã] *m* Schmiermittel *n*; **~fication** [~fika'sjõ] *f* Schmierung *f*; **~fier** ⊕ [~'fje] *v/t.* (1a) (ein)ölen; **~que** [~'brik] *adj.* lüstern.

lucane ent. [ly'kan] *m* Hirschkäfer *m.*

lucarne [ly'karn] *f* Dachfenster *n*; F *télév.* Glotze F *f*; ⚽ Auge *n.*

lucide [ly'sid] *adj. fig.* hell, klar; **~ité** [~di'te] *f* Klarheit *f*; Klarsicht *f.*

luciole [ly'sjɔl] *f* Leuchtkäfer *m.*

lucr|atif, -ve [lykra'tif, ~'ti:v] *adj.* einträglich; **~e** *péj.* [lykrə] *m* Profit *m.*

lud|ique [ly'dik] *adj.*: *activité f* ~ Spielen *n*; **~othèque** [~dɔ'tɛk] *f* Spielzeugverleih *m*; **~othérapie** *psych.* [~tera'pi] *f* Spieltherapie *f.*

luette anat. [luɛt] *f* Zäpfchen *n.*

lueur [lɥœ:r] *f* Schimmer *m.*

luge [ly:ʒ] *f* (Rodel-)Schlitten *m*; *aller en* ~, *faire de la* ~ rodeln; **~eur, -se** [ly'ʒœ:r, ~'ʒø:z] *su.* Rodler(in *f*) *m.*

lugubre [ly'gy:brə] *adj.* 1. *litt.* grausig; 2. düster, unheimlich; traurig; völlig niedergeschlagen.

lui¹ [lɥi] *pr/p.* 1. *verbunden:* ihm *m u. n*, ihr *f*; 2. *unverbunden:* er; ihn; *nach prp.:* sich; **~même** [~'mɛm] *pr/p.* (er) selbst; sich (selbst).

lui² [lɥi] *p.p.* (*stets inv.*) *von* luire.

luire [lɥi:r] *v/i.* (4c) leuchten, glänzen.

luisant, -e [lɥi'zã, ~'zã:t] 1. *adj.* glänzend; leuchtend; 2. *m* Glanz *m e-s Stoffes.*

lumbago ⚕ [lõba'go] *m* Hexenschuß *m.*

lumi|dôme ⚛ [lymi'do:m] *m* Lichtkuppel f; **ère** [ˌ~'mjɛːr] f Licht n; fig. siècle m des ~s Aufklärung(szeit f) f; **gnon** [ˌ~miˈɲɔ̃] m Funzel f.

lumin|aire [lymiˈnɛːr] m Beleuchtung f in e-r Kirche; allg. Leuchtkörper m; **escent, -e** phys. [ˌ~neˈsɑ̃, ˌ~'sɑ̃ːt] adj. lumineszierend; **eux, -se** [ˌ~'nø, ˌ~'nøːz] adj. leuchtend; **osité** [ˌ~noziˈte] f Helligkeit f; phot. Lichtstärke f.

lumitype typ. [lymiˈtip] m Licht-, Foto-setzmaschine f.

lun|aire [lyˈnɛːr] adj. Mond...; **aison** [ˌ~nɛˈzɔ̃] f Mondumlauf m; **atique** [ˌ~naˈtik] adj. launisch.

lunch [lœ̃ʃ, lœntʃ] m Gabelfrühstück n, Lunch m.

lundi [lœ̃ˈdi] m Montag m; faire le ~ blauen Montag machen; **nite** plais. [ˌ~'nit] f Montagskater m.

lun|e [lyːn] f Mond m; Sport: Aufschwung m; P Hintern m; F face f de pleine ~ Vollmondgesicht n; P con comme la ~ saudumm; ~ de miel Flitterwochen pl.; **é, -e** [lyˈne] adj.: F être bien (mal) ~ gut (schlecht) gelaunt sein.

lunette [lyˈnɛt] f 1. ~s pl. Brille f; ~s de soleil Sonnenbrille f; une nouvelle paire de ~s e-e neue Brille; 2. ~ d'approche Fernrohr n; Auto: ~ arrière Heckscheibe f.

lunures [lyˈnyːr] f/pl. Mondringe m/pl. (Fehler im Holz).

lupin ♀ [lyˈpɛ̃] m Lupine f.

lurette F [lyˈrɛt] f: il y a belle ~ es ist schon lange her; depuis belle ~ seit langer, langer Zeit.

luron [lyˈrɔ̃] m flotter Bursche m; **ne** [ˌ~'rɔn] f resolute Frau f.

lus [ly] p/s. von lire (1. u. 2. Person).

lusitanien, -ne [lyzitaˈnjɛ̃, ˌ~'njɛn] adj. antiq., géol. lusitanisch; weitS. portugiesisch.

lustr|e [ˈlystrə] m 1. Glanz m; Kronleuchter m; 2. Zeitraum m von fünf Jahren; **er** [ˌ~'tre] v/t. (1a) glänzend machen.

lut [ly] m Kitt m; **er** [ˌ~'te] v/t. (1a) verkitten.

luth ♪ [lyt] m Laute f.

luthérien, -ne rl. [lyteˈrjɛ̃, ˌ~'rjɛn] 1. adj. lutherisch; 2. su. Lutheraner(in f) m.

luthier [lyˈtje] m Hersteller m von Saiteninstrumenten.

lutin, -e [lyˈtɛ̃, ˌ~'tin] 1. adj. schelmisch; 2. m Kobold m; fig. Wildfang m; **er** [ˌ~ti'ne] v/t. (1a) schäkern (une femme mit e-r Frau).

lutrin [lyˈtrɛ̃] m Gesangspult n in der Kirche; Chorraum m.

lutt|e [lyt] f a. Sport: Kampf m; Ringkampf m, Ringen n; **er** [ˌ~'te] v/i. (1a) ringen; kämpfen; **eur, -se** [ˌ~'tœːr, ˌ~'tøːz] 1. m Sport: Ringkämpfer m; 2. su. Kämpfer(in f) m.

luxation ⚕ [lyksɑˈsjɔ̃] f Verrenkung f.

luxe [lyks] m Luxus m.

luxembourgeois, -e [lyksɑ̃burˈʒwa, ˌ~'ʒwaːz] 1. adj. luxemburgisch; 2. ⩗(e) su. Luxemburger(in f) m.

luxer ⚕ [lyˈkse] v/t. (1a) verrenken; se ~ le bras sich den Arm verrenken.

luxueux, -se [lyˈksɥø, ˌ~'ksɥøːz] adj. luxuriös.

luxur|e [lyˈksyːr] f Unzucht f; **iant, -e** ♀ [ˌ~ksyˈrjɑ̃, ˌ~'rjɑ̃ːt] adj. üppig; **ieux, -se** [ˌ~'rjø, ˌ~'rjøːz] adj. lüstern, geil; wollüstig.

luzerne ♀ [lyˈzɛrn] f Luzerne f.

lycé|e [liˈse] m Oberschule f, Gymnasium n; **en, -ne** [ˌ~seˈe, ˌ~'ɛn] su. Oberschüler(in f) m, Gymnasiast(in f) m.

lymphe physiol. [lɛ̃ːf] f Lymphe f.

lyncher [lɛ̃ˈʃe] v/t. (1a) lynchen.

lynx zo. [lɛ̃ks] m Luchs m.

lyre ♪ [liːr] f Leier f.

lyr|ique [liˈrik] 1. adj. a) litt. lyrisch; poésie f ~ lyrische Dichtung f; genre m ~ Lyrik f (als Gattungsbegriff); b) thé., ♪ gesungen; Opern...; Lieder...; 2. m a) Lyrik f (= genre ~); b) Lyriker m; **isme** [ˌ~'rism] m Lyrik f (als individuelle Ausdrucksart); lyrische Note f, lyrisches Schaffen n; fig. innerer Schwung m.

M

M (*ou* **m**) [ɛm] *m* M (*od.* m) *n*.
m' [m-] *pr/p. vor vo. u. stummem h =*
me.
ma [ma] *s.* mon.
maboul, -e F [ma'bul] *adj.* verrückt.
macabre [ma'kɑːbrə] *adj.* schaurig;
makaber; *peint. danse f ~* Totentanz
m.
macadamiser [makadami'ze] *v/t.*
(1a) *Straße* (be)schottern.
macaque [ma'kak] *m zo.* Meerkatze
f; F *fig. figure f de ~* häßliches Gesicht
n, Affenfratze *f*.
macar|on [maka'rɔ̃] *m pât.* Makrone
f; F *fig.* rundes Abzeichen *n*; **~oni**
cuis. [~rɔ'ni] *m* (*mst ~s pl.*) Makkaroni
pl.
macédoine [mase'dwan] *f cuis.* Obst-
salat *m*; gemischtes Gemüse *n*; *fig.*
Sammelsurium *n*.
macérer [mase're] (1f) *v/t. phm.* ein-
weichen; *rl.* kasteien; *v/i.: ~ dans les
soucis* es schwer haben.
mâche 💰 [mɑːʃ] *f* Feldsalat *m*, Rapunzel *f*.
mâchefer [mɑʃ'fɛːr] *m* Schlacke *f*.
mâcher [mɑ'ʃe] *v/t.* (1a) kauen; F *~ de
haut ohne Appetit essen; ~ la besogne
à q.* j-m die Arbeit vorkauen; *ne pas ~
ses mots* kein Blatt vor den Mund
nehmen.
machette 💰 [ma'ʃɛt] *f* Machete *f*,
Buschmesser *n*.
machin F [ma'ʃɛ̃] *m* Dings(da *n*) *n*.
machin|al, -e [maʃi'nal] *adj.* (*m/pl.
-aux*) mechanisch; **~ation** [~na'sjɔ̃] *f*
Intrige *f*; **~e** [~'ʃin] *f* Maschine *f*;
Lokomotive *f*; Flugzeug *n*; Motor-,
Fahr-rad *n*; Auto *n*; *à coudre* (*à
écrire, à laver*) Näh- (Schreib-,
Wasch-)maschine *f*; ~ *à sous* Spielautomat *m*; **~e-outil** [~nu'ti] *f* (*pl.
machines-outils*) Werkzeugmaschine
f; **~er** [~'ne] *v/t.* (1a) anzetteln; **~erie**
[~n'ri] *f* Maschinen(raum *m/sg.*) *f/pl.*;
~ette [~'nɛt] *f* Taschendieb *m*;
~iste [~'nist] *m* U-Bahn-Fahrer *m*,
Busfahrer *m*; Maschinist *m*; *thé.*
Bühnenarbeiter *m*; *cin.* Filmtech-
niker *m*.
macho ✶ [ma'ʃo] *m* Feind *m* der

Frauen in der Arbeitswelt.
mâch|oire [mɑ'ʃwaːr] *f* Kinnbacken
m; **~onner** [~ʃɔ'ne] *v/t.* (1a) langsam
(*od.* mit Mühe) kauen; *fig.* vor sich
hin murmeln.
mâchur|e [mɑ'ʃyːr] *f* Druckstelle *f*
(*im Stoff od. Pelz*); **~er** [~ʃy're] *v/t.*
(1a) zu sehr drücken (*od.* quetschen); schmutzig machen; *typ.*
unsauber abziehen.
mâcon [mɑ'kɔ̃] *m* (*Burgunder-*)Wein-
sorte.
maçon [ma'sɔ̃] *m* Maurer *m*; **~ner**
[~sɔ'ne] *v/t.* (1a) (ver-, zu-)mauern;
~nerie [~sɔn'ri] *f* Maurerarbeit *f*;
Mauerwerk *n*; **~nique** [~'nik] *adj.*
freimaurerisch.
macqu|e [mak] *f* Flachs-, Hanf-
breche *f*; **~er** [~'ke] *v/t.* (1m) *Flachs,
Hanf* brechen.
macro-économie *éc.* [makrɔekɔnɔ-
'mi] *f* Makroökonomik *f*.
macul|e [ma'kyl] *f* Tintenfleck *m* (*auf
dem Papier*); 🌸 roter Fleck (*auf der
Haut*); *ast.* Sonnenfleck *m*; **~er** [~'le]
(1a) *v/t. litt.* beflecken; beschmut-
zen; *v/i.* klecksen.
madame [ma'dam] *f* (*abr.* Mme; *pl.*
mesdames* [me'dam], *abr.* Mmes) *mit
Namen:* Frau *f*; *als Anrede:* ♀ Frau ...
(*Name*); gnädige Frau!; *Mesdames,
Messieurs!* meine Damen und Herren!; *comment va* ♀ ...? wie geht es
Ihrer Gattin?
madeleine [mad'lɛn] *f* **1.** *pât. e-e* Art
Sandplätzchen *n*; **2.** frühe Sorte Birnen,
Pfirsiche, Pflaumen u. Weintrauben.
mademoiselle [madmwa'zɛl] *f* (*abr.*
Mlle; *pl.* mesdemoiselles, *abr.* Mmes)
mit Namen: Fräulein *n*; *als Anrede:* ♀
Fräulein ... (*Name*); *Mesdemoiselles!*
meine (jungen)Damen!
madère [ma'dɛːr] *m* Madeirawein *m*.
madone [ma'dɔn] *f* Madonnenbild *n*.
madras [ma'drɑːs] *m* Madras *m*
(*Stoff*); Kopftuch *n*.
madré, -e [ma'dre] *adj.* verschmitzt.
madrier 🔺 [madri'e] *m* Bohle *f*.
madrilène [madri'lɛn] **1.** *adj.* Ma-
drider, aus Madrid; **2.** ♀ *su.* Madri-
der(in *f*) *m*.

maf(f)i|a [ma'fja] *f* Maf(f)ia *f*; **~otage** *péj.* [~fjɔ'ta:ʒ] *m* verbrecherisches Cliquenwesen *n*.
magasin [maga'zɛ̃] *m* Geschäft *n*; Laden *m*; Lager *n*, Speicher *m*; ⚔, *phot.* Magazin *n*; *grand* ~ Warenhaus *n*; ~ *de grande surface* Großraumgeschäft *n*; ~ *frigorifique* Kühlhaus *n*; **~age** [~zi'na:ʒ] *m* (Ein-)Lagerung *f*; Speicherung *f*; Lager-zeit *f*, -geld *n*; **~ier** [~'nje] *m* Lagerverwalter *m*.
magazine [maga'zin] *m* Zeitschrift *f*, Illustrierte *f*.
mage [ma:ʒ] **1.** *m hist.* Magier *m*; **2.** *adj. bibl. les Rois m/pl.* ~*s* die Heiligen Drei Könige *m/pl.*
maghrébin, -e [magre'bɛ̃, ~'bin] *adj.* maghrebinisch, des Maghreb.
mag|icien, -ne [maʒi'sjɛ̃, ~'sjɛn] *su.* Zauberer *m*, Zauberin *f*; **~ie** [~'ʒi] *f* Zauberei *f*, Magie *f*; *fig.* Zauber *m*; **~ique** [~'ʒik] *adj.* magisch; *fig.* bezaubernd.
magister *péj.* [maʒis'tɛ:r] *m* Pedant *m*, Silbenstecher *m*.
magistr|al, -e [maʒis'tral] *adj.* (*m/pl.* *-aux*) meisterhaft (*a. peint.*); *phm.* vom Arzt zs.-gestellt; *péj.* herrisch; *plais.* anständig, gehörig; **~at** ⚖, *adm.*, *pol.* [~'tra] *m* hohe(r) Beamte(r) *m*; **~ature** [~'ty:r] *f* Richter-amt *n*, -stand *m*; Justizbehörde *f*; ~ *assise* Richterstand *m*; ~ *debout* Staatsanwaltschaft *f*.
magnan *Prov.* [ma'ɲɑ̃] *m* Seidenraupe *f*.
magnanim|e [maɲa'nim] *adj.* großherzig; **~ité** [~mi'te] *f* Großherzigkeit *f*, Großmut *f*.
magnat [ma'ɲa] *m* Magnat *m*.
magner P [ma'ɲe] *v/rfl.* (1a): *se* ~ sich beeilen; *Auto*: Gas geben.
magnésium ⚗ [maɲe'zjɔm] *m* Magnesium *n*.
magnét|ique [maɲe'tik] *adj.* magnetisch; **~isme** [~'tism] *m* Magnetismus *m*; **~o** *Auto* [~'to] *f* Magnetzünder *m*; **~ophone** [~tɔ'fɔn] *m* Tonbandgerät *n*; ~ *à cassettes* Kassettenrecorder *m*; **~oscope** [~'skɔp] *m* Videorecorder *m*.
magnif|icence [maɲifi'sɑ̃:s] *f* Pracht *f*, Pomp *m*, Luxus *m*; Prunk(liebe *f*) *m*; *Stil*: Brillanz *f*; *litt.* Freigebigkeit *f*; **~ier** *litt.* [~'fje] *v/t.* (1a) verherrlichen; **~ique** [~'fik] *adj.* herrlich, großartig, wundervoll (*a. iron.*).
magnolier ⚘ [maɲɔ'lje] *m* Magnolie *f*.
magot [ma'go] *m* **1.** *zo.* Magot *m*, Berberaffe *m*; *weitS.* groteske Porzellanfigur *f*; **2.** F verstecktes Geld *n*.
mai [mɛ] *m* Mai *m*; Maibaum *m*.
maigr|e ['mɛ:grə] **1.** *adj.* mager; *fig.* dünn, dürr; dürftig; **2.** *m cuis.* magere Kost *f*; *faire* ~ fasten; **~elet, -te** [mɛgrə'lɛ, ~'lɛt] *adj.* etwas mager; **~eur** [~'grœ:r] *f* Magerkeit *f*; **~ichon, -ne** [~gri'ʃɔ̃, ~'ʃɔn] **1.** *adj.* schmächtig; **2.** *su.* schmächtige Person *f*; **~ir** [~'gri:r] (2a) *v/i.* mager werden, abnehmen; abspecken F; *v/t.* schlanker erscheinen lassen; ⊕ *Brett* dünner machen.
mail [maj] *m* Allee *f*.
maille [mɑ:j] *f* **1.** Masche *f*; *hist.* Panzerring *m*; Fleck *m*, Auge *n* (*z. B. auf Rebhuhnflügeln*); *à* ~*s serrées* fein-, eng-maschig; ~ *filée*, ~ *qui file*, ~ *rompue* Laufmasche *f*; **2.** *ehm.* kleine Kupfermünze *f*; *fig. avoir* ~ *à partir avec q.* mit j-m ein Hühnchen zu rupfen haben; **~chort** ⚗ [maj'ʃɔ:r] *m* Neusilber *n*.
mailler [mɑ'je] (1a) *v/t.* *Netze* stricken; *fer m maillé* Eisengitter *n*; *v/i.* ⚘ Fruchtknoten ansetzen; (*se*) ~ *Rebhuhn*: bunte Flecken bekommen.
maillet [ma'jɛ] *m* Holzhammer *m*.
mailloche [ma'jɔʃ] **1.** *f* großer Holzhammer *m*; Paukenschlegel *m*; **2.** ★ *adj.* groß, stark, riesig.
maillot [ma'jo] *m* **1.** Windel(n *pl.*) *f*; **2.** Trikot *n* (*der Tänzerinnen usw.*; *a. Sport*); ~ (*de bain*) Badehose *f*; ~ *une pièce* (*deux-pièces*) einteiliger (zweiteiliger) Badeanzug *m*; ~ *de corps* Unterhemd *n*.
main [mɛ̃] *f* Hand *f*; *zo.* Fuß *m*; *zo.* Fang *m*; *zo.* Schere *f*; Handfertigkeit *f*; *fig.* Besitz *m*; Gewalt *f*; *Spiel*: Vorhand *f*; Stich *m*; ⚘ Wickelranke *f*; Schaufel *f*; *Fußball*: Handspiel *n*; *il y a* ~! das war Hand!; *péj. homme m de* ~ Handlanger *m*; *à la* ~ in (*od.* mit) der Hand; *avoir la* ~ *au jeu* die Vorhand haben; *battre des* ~*s* Beifall klatschen; *changer de* ~*s* den Besitzer wechseln, in andere Hände übergehen; *donner la haute* ~ *à q.* j-m die Leitung *e-s Unternehmens* anvertrauen; *de la* ~ *à la* ~ ohne Zwischenhändler; ohne Förmlichkeit; *de longue* ~ von langer Hand, seit langem; *avoir qch. en* ~ (*od. entre les* ~*s*) über etw. verfügen können; *en* ~*s propres* eigenhändig; *en un tour de* ~

im Handumdrehen; être aux ~s de q. in j-s Händen sein; *faire la* ~ *beim Spiel:* Karten geben; *haut la* ~ s. haut; haut les ~s! Hände hoch!; *en sous-*~ unterderhand; *sous la* ~ zur *(od. bei der)* Hand; **~courante** [~kuˈrãːt] *f (pl. mains-courantes)* Handgriff *m (am Bus)*; Treppengeländer *n*; ✝ Kladde *f*; **~d'œuvre** [~ˈdœːvrə] *f (pl. mains-d'œuvre)* Arbeit *f*; Arbeitskräfte *f/pl.*; **~forte** [~ˈfɔrt] *f:* demander ~ Hilfe verlangen; *prêter* ~ à q. j-m Beistand leisten; **~levée** ⚖ [~ˈlve] *f* Aufhebung *f e-r gerichtlichen Beschlagnahme;* Löschung *f e-r Hypothek;* **~mise** [~ˈmiːz] *f* Beschlagnahme *f*; *péj.* Druck *m (sur q. auf j-n)*; **~morte** ⚖ [~ˈmɔrt] *f: biens m/pl. de* ~ unveräußerliches Gut *n*.

maint, -e [mɛ̃, mɛ̃ːt] *adj.* manche(r, -s).

mainten|ance [mɛ̃tˈnãːs] *f* Instandhaltung *f (a. ⊕)*; ⊕ Wartung *f*; **~ant** [~ˈnã] *adv.* jetzt; **~ir** [~ˈniːr] *v/t.* (2h) aufrechterhalten; behaupten.

maintien [mɛ̃ˈtjɛ̃] *m* Aufrechterhaltung *f*; (Körper-)Haltung *f*; *perdre son* ~ die Fassung verlieren.

mair|e [mɛːr] *m* Bürgermeister *m*; **~ie** [mɛˈri] *f* Rathaus *n*, Gemeindehaus *n*; Amt *n* des Bürgermeisters.

mais [mɛ] 1. *cj.* aber; sondern; ~ *non* aber nein; 2. *adv. litt.* je *n'en puis* ~ ich kann nichts dafür.

maïs 🌾 [maˈis] *m* Mais *m*.

maison [mɛˈzɔ̃] *f* Haus *n*; Haushalt *m*; Hauspersonal *n*; Familie *f*, Geschlecht *n*; ✝ ~ *affiliée* Tochterunternehmen *n*; ~ *caserne f* Mietskaserne *f*; ~ *d'arrêt* Untersuchungsgefängnis *n*; ~ *(de commerce)* Handelshaus *n*; Firma *f*; ~ *communautaire* Gemeinschaftswohnhaus *n*; ~ *centrale,* ~ *de force* Zuchthaus *n*; ~ *de rapport* Mietshaus *n*; ✝ ~ *mère* Stammhaus *n*; *employée f de* ~ Hausangestellte *f*; *tenir* ~ *ouverte* ein offenes Haus haben.

maisonn|ée F [mɛzɔˈne] *f* alle Hausbewohner *m/pl.*; *die ganze Familie f*; **~ette** [~ˈnɛt] *f* Häuschen *n*.

maîtr|e [ˈmɛːtrə] *m* Herr *m*, Gebieter *m*; Lehrer *m*; Meister *m*; *adjt.:* Ober..., Haupt...; ~ *baigneur* Bademeister *m*; ~ *chanteur* Erpresser *m*; *univ.* ~ *de conférences* Dozent *m*; ~ *d'hôtel* Oberkellner *m*; Butler *m*; ~ *fripon* Erzschelm *m*; ~ *d'études* Stu-

dienaufseher *m*; ~ *nageur* Schwimmlehrer *m*; ~ *d'œuvre* 🔺 Bauleiter *m*; *fig.* führender Kopf *m*; **~esse** [mɛˈtrɛs] *f* Herrin *f*, Gebieterin *f*; Lehrerin *f*; Meisterin *f*; Mätresse *f*; *la* ~ *de maison* die Frau des Hauses; *adjt.:* erreur *f* ~ kapitaler Irrtum *m*; idée *f* ~ Leitgedanke *m*; ~ *femme* Managerin *f*.

maîtris|able [mɛtriˈzablə] *adj.* zu beherrschen(d); **~e** [~ˈtriːz] *f* Herrschaft *f*, Beherrschung *f*; Meisterrecht *n*; Singschule *f*; Gesamtheit *f* der Meister; *univ.* Magisterwürde *f*; *univ.* ~ *de conférences* Dozentur *f*; ~ *de l'air* Luftherrschaft *f*; *avec* ~ meisterhaft; **~er** [~triˈze] *v/t.* (1a) meistern; beherrschen; *fig. e-n Brand* eindämmen.

majest|é [maʒɛsˈte] *f* Majestät *f*; **~ueux, -se** [~ˈtɥø, ~ˈtɥøːz] *adj.* majestätisch.

majeur, -e [maˈʒœːr] 1. *adj.* größer; höher; ⚖ voll-, groß-jährig; *force f* ~*e* höhere Gewalt *f*; ♪ *mode m* ~ Dur *n*; ♪ *tierce f* ~*e* große Terz *f*; 2. *su.* ⚖ Volljährige(r *m*) *m u. f*; 3. *m anat.* Mittelfinger *m*.

major [maˈʒɔːr] *m* 1. *Fr.* ✗ höherer Offizier *m* vom Dienst; 2. *écol.* Erste(r) *m* ("erster Bewerber *m* e-r ,,grande école"*; **~ation** [~ʒɔraˈsjɔ̃] *f* Aufschlag *m*, Erhöhung *f*, Zulage *f*; **~dome** [~ʒɔrˈdɔm] *m* Butler *m*; **~er** [~ˈre] *v/t.* (1a) *Preise usw.* erhöhen; heraufsetzen; **~ette** [~ˈrɛt] *f* Majorette *f*; Tambourmajorin *f*; **~ité** [~riˈte] *f* Mehrheit *f*; Mehrzahl *f*; ⚖ Volljährigkeit *f*.

majuscule [maʒysˈkyl] 1. *adj.: lettre f* ~ = 2. *f* großer Buchstabe *m*.

makhila [makiˈla] *f* Baskenstock *m*.

mal [mal] 1. *m (pl. maux)* Schlechte(s) *n*, Böse(s) *n*, Schlimme(s) *n*; Übel *n*, Krankheit *f*; Leiden *n*; Mühe *f*; *faire* ~ weh tun; *avoir* ~ *aux dents (à la tête)* Zahn-(Kopf-)schmerzen haben; *j'ai* ~ *au cœur* mir ist schlecht; ~ *de l'air* Luftkrankheit *f*; ~ *de mer* Seekrankheit *f*; ~ *du pays* Heimweh *n*; être en ~ *de qch.* etw. dringend benötigen; *se donner du* ~ sich Mühe geben; 2. *adv. bzw. adj. (inv.)* schlecht, schlimm, übel; ~ *à l'aise* unpäßlich, unwohl, unbehaglich; ~ *fait* mißgestaltet; *il est (od. va)* ~ es geht ihm (gesundheitlich) schlecht; F être ~ *fichu* nicht auf dem Damm sein; être ~ *en point*

malade

294

(*a.* gesundheitlich) übel dran sein; ∼ *à propos* zur unrechten Zeit; ungehörig, unpassend; *se trouver* ∼ ohnmächtig werden; *pas* ∼ nicht übel; *pas* ∼ *de* ziemlich viel; *prendre* ∼ *qch.* etw. übelnehmen; *bon an* ∼ jahraus, jahrein.

malad|e [ma'lad] **1.** *adj.* krank; *tomber* ∼ krank werden; *devenir* ∼ allmählich erkranken; **2.** *su.* Kranke(r *m*) *m u. f*; **∼ie** [∼'di] *f* Krankheit *f*; ∼ *professionnelle* Berufskrankheit *f*; *vét.* ∼ *de Carré* Staupe *f*; F *fig.* je n'*en ferai pas une* ∼ ich werde daraus keine große Sache machen; **∼if, -ve** [∼'dif, ∼'di:v] *adj.* kränklich; krankhaft.

maladr|esse [mala'drɛs] *f* Ungeschicklichkeit *f*; **∼oit, -e** [∼'drwa, ∼'drwat] *adj.* ungeschickt.

malais|e [ma'lɛz] *m* Unwohlsein *n*; *fig.* Unbehagen *n*, Beklommenheit *f*; *éc.* Krise *f*; **∼é, -e** [∼ɛ'ze] *adj.* schwierig.

malappris [mala'pri] *m* Flegel *m*.

malaria ⚕ [mala'rja] *f* Malaria *f*.

malavisé, -e [malavi'ze] **1.** *adj.* unüberlegt; **2.** *su.* unbesonnener Mensch *m*.

malaxeur ⊕ [mala'ksœ:r] *m*: ∼ *à béton* Betonmischmaschine *f*.

malbâti, -e F [malbɑ'ti] *adj.* schlecht gewachsen.

malchanc|e [mal'ʃɑ:s] *f* Mißgeschick *n*, Unglück *n*; F Pech *n*; **∼eux, -se** [∼ʃɑ̃'sø, ∼'sø:z] **1.** *adj.* unglücklich; **2.** *su.* F Pechvogel *m*.

maldonne [mal'dɔn] *f Kartenspiel:* falsches Geben *n*; F Mißverständnis *n*.

mâle [mɑ:l] **1.** *adj.* männlich; **2.** *m zo.* Männchen *n*.

malé|diction [maledik'sjɔ̃] *f* Verwünschung *f*; Fluch *m*; **∼fice** [∼'fis] *m* Behexung *f*; **∼fique** [∼'fik] *adj.* unheilvoll.

malen|contreux, -se [malɑ̃kɔ̃'trø, ∼'trø:z] *adj.* ärgerlich, unerfreulich; **∼tendu** [∼tɑ̃'dy] *m* Mißverständnis *n*.

mal|façon ⊕ [malfa'sɔ̃] *f* Defekt *m*; ∼*s pl.* Fehler *m/pl.*, Mängel *m/pl.*; **∼faisant, -e** [∼fə'zɑ̃, ∼'zɑ:t] *adj.* boshaft; schädlich; **∼faiteur** [∼fɛ'tœ:r] *m* Übeltäter *m*; **∼formation** [∼fɔrma'sjɔ̃] *f* Mißbildung *f*.

malgache [mal'gaʃ] **1.** *adj.* madagassisch; **2.** ♀ *su.* Madagasse *m*, Madagassin *f*.

---

malgré [mal'gre] **1.** *prp.* trotz (*gén.*); ∼ *soi* gegen s-n Willen; **2.** *cj.*: ∼ *que* (*subj.*) obwohl.

malhabile [mala'bil] *adj.* ungeschickt.

malheur [ma'lœ:r] *m* Unglück *n*; ∼ *à lui!* wehe ihm!; **∼eusement** [∼lœrøz-'mɑ̃] *adv.* leider; unglücklicherweise; **∼eux, -se** [∼'rø, ∼'rø:z] *adj.* unglücklich; *fig.* erbärmlich.

malhonnêt|e [malɔ'nɛːt] *adj.* unehrlich; **∼eté** [∼ɛt'te] *f* Unehrlichkeit *f*.

malic|e [ma'lis] *f* Schelmerei *f*; **∼ieux, -se** [∼'sjø, ∼'sjø:z] *adj.* schelmisch.

malignité [maliɲi'te] *f* Boshaftigkeit *f*; Bösartigkeit *f*.

malin, -gne [ma'lɛ̃, ∼'liɲ] **1.** *adj.* schlau, gerissen; ⚕ bösartig; F *bsd. verneint:* schwierig; F *c'est* ∼ *de ...* (*inf.*) es ist dumm, zu ... (*inf.*); **2.** *m* Schlaukopf *m*, Pfiffikus *m*; ♀ Teufel *m*.

maline [ma'lin] *f* Springflut *f*.

malines [ma'lin] *f/sg.* Mechelner Spitze *f*.

malingre [ma'lɛ̃:grə] *adj.* schwächlich.

malintentionné, -e [malɛ̃tɑ̃sjɔ'ne] *adj.* böswillig.

mal-jugé ⚖ [malʒy'ʒe] *m* Fehlurteil *n*.

malle [mal] *f* Reisekoffer *m*; *Auto:* ∼ *arrière* Kofferraum *m*; **∼porte-habits**, **∼armoire** Schrankkoffer *m*; (*dé*)*faire sa* ∼ s-n Koffer (aus)packen.

malléable [male'abl] *adj.* schmiedbar, hämmerbar; *fig.* beeinflußbar, bildsam; fügsam; nachgiebig.

mallette [ma'lɛt] *f* kleiner Handkoffer *m*; **∼-table** *Camping:* Koffertisch *m*.

malmener [malmə'ne] *v/t.* (1d) grob behandeln; mißhandeln.

malotru, -e [malɔ'try] **1.** *su.* ungehobelter Mensch *m*; Flegel *m*; **2.** *adj.* ungehobelt; flegelhaft.

malpropr|e [mal'prɔprə] *adj.* unsauber; **∼eté** [∼'te] *f* Unsauberkeit *f*.

mal|sain, -e [mal'sɛ̃, ∼'sɛn] *adj.* ungesund; **∼séant, -e** [∼se'ɑ̃, ∼'ɑ:t] *adj.* unanständig; **∼sonnant, -e** [∼sɔ'nɑ̃, ∼'nɑ:t] *adj.* anstößig.

malt [malt] *m* Malz *n*.

maltraiter [maltrɛ'te] *v/t.* (1a) mißhandeln.

malveill|ance [malvɛ'jɑ:s] *f* Böswilligkeit *f*; Mißgunst *f*; **∼ant, -e** [∼'jɑ̃,

~'jà:t] *adj.* böswillig; übelgesinnt.

malversation [malvɛrsɑ'sjɔ̃] *f* Veruntreuung *f.*

maman [ma'mã] *f* Mama *f.*

mamelle [ma'mɛl] *f* Brust(drüse *f*) *f*; *bei Tieren*: Zitze *f.*

mamel|on [mam'lɔ̃] *m* Brustwarze *f*; *fig.* rundlicher Hügel *m*; **~onné, -e** [~lɔ'ne] *adj.* hügelig.

m'amie F (*od.* **ma mie**) [ma'mi] *f* mein Liebchen *n.*

mam|illaire [mami'lɛ:r] *adj.* warzenförmig; **~maire** [~'mɛr] *adj.* Brust...; **~mifère** *zo.* [~mi'fɛ:r] *m* Säugetier *n.*

mammouth *zo.* [ma'mut] *m* Mammut *n.*

mamours F [ma'mu:r] *m/pl.*: faire des ~ à q. mit j-m schmusen.

manager [mana'dʒɛ:r] *m* Manager *m* (*a. Sport, cin.*).

manche [mã:ʃ] **1.** *m* Griff *m*, Stiel *m*; ✂ (Steuer-)Knüppel *m*; ♪ Griffbrett *n*; Hals *m* e-r Geige; *vél.* ~ phosphorescent Abweis-, Abstandskelle *f*; **2.** *f* Ärmel *m*; ~ à incendie Feuerwehrschlauch *m*; *Sport*: la première ~ das erste Spiel.

manch|ette [mã'ʃɛt] *f* **1.** Manschette *f*; **2.** *Zeitung*: Schlagzeile *f*; sous une grosse ~ in großer Aufmachung; **3.** Kinnhaken *m*; **4.** *Ringkampf*: Unterarmgriff *m*; **~on** [~'ʃɔ̃] *m* Muff *m*; ⊕ Muffe *f*; Glühstrumpf *m*; petit ~ Pulswärmer *m.*

manchot, -e [mã'ʃo, ~'ʃɔt] **1.** *adj.* einarmig; *fig.*, *bsd. verneint*: ungeschickt; **2.** *su.* Einarmige(r *m*) *m u. f*; **3.** *m orn.* Pinguin *m.*

mandant 🕮 [mã'dã] *m* Mandant *m.*

mandarin [mãda'rɛ̃] *m* einflußreicher Literat *m*, Intellektuelle(r) *m*; Boß *m*; **~at** *péj.* [~ri'na] *m* privilegierte Klasse *f.*

mandarine 🍊 [mãda'rin] *f* Mandarine *f.*

mandat [mã'da] *m* Mandat *n*; Auftrag *m*; (Zahlungs-, Geld-)Anweisung *f*; 🕮 Strafbefehl *m*; **~aire** [~'tɛ:r] *su.* Bevollmächtigte(r *m*) *m u. f*; **~carte** 🕮 [~'kart] *m* (*pl.* mandats-cartes) Postanweisung *f* (*in Form e-r Postkarte*); **~er** [~'te] *v/t.* (1a) beauftragen; *fin.* anweisen; **~poste** 🕮 [~'pɔst] *m* (*pl.* mandats-poste) Postanweisung *f.*

mand|ement *rl.* [mãd'mã] *m* Hir-

tenbrief *m*; **~er** *litt.* [~'de] *v/t.* (1a): ~ q. j-n zu sich bestellen.

mandibule F [mãdi'byl] *f* Kinnbacken *m.*

mandoline ♪ [mãdɔ'lin] *f* Mandoline *f.*

mandragore 🌿 [mãdra'gɔ:r] *f* Alraune *f.*

mandrill *zo.* [mã'dril] *m* Mandrill *m.*

mandrin ⊕ [mã'drɛ̃] *m* Bohrfutter *n*; Locheisen *n.*

manducation *biol.* [mãdyka'sjɔ̃] *f* Kauen *n.*

manège [ma'nɛ:ʒ] *m* Schulreiten *n*; Reitbahn *f*; Reitschule *f*; Göpelwerk *n*; *fig.* Schliche *m/pl.*; ~ (de chevaux de bois) Pferde-)Karussell *n.*

manette ⊕ [ma'nɛt] *f* (Schalt-, Bedienungs-)Hebel *m*; *Auto*: ~ d'allumage Zündhebel *m.*

manganèse 🜍 [mãga'nɛ:z] *m* Mangan *n.*

mange|able [mã'ʒablə] *adj.* eßbar; **~aille** F [~'ʒɑ:j] *f* Fraß *m*; **~oire** [~'ʒwa:r] *f* (Futter-)Trog *m*, Freßnapf *m.*

mang|er [mã'ʒe] **1.** *v/t.* (1l) essen; *Tiere*: fressen; *fig.* verprassen, durchbringen; *Wörter* verschlucken; **2.** *m* Essen *n*; **~e-tout** [~ʒ'tu] *m* (*inv.*) grüne Bohnen *f/pl.*; Zuckererbsen *f/pl.*; **~eur, -se** [~'ʒœ:r, ~'ʒø:z] *su.* Esser(in *f*) *m*; *fig.* Verschwender *m.*

mangue 🥭 [mã:g] *f* Mango(pflaume *f*) *f.*

mani|abilité [manjabili'te] *f* Handlichkeit *f*; *Auto usw.*: Wendigkeit *f*; **~able** [~'njablə] *adj.* handlich; leicht zu verarbeiten(d); *Auto*, ✂ wendig; *fig.* fügsam; *Sprache*: geschmeidig.

man|iaque [ma'njak] **1.** *adj.* besessen; wunderlich; 💊 von e-r Manie befallen, verrückt; **2.** *su.* Besessene(r *m*) *m u. f*; komischer Kauz *m*, komische Heilige(r) *m*; **~ie** [~'ni] *f* Manie *f*; fixe Idee *f*; ~ de la persécution Verfolgungswahn *m.*

mani|ement [mani'mã] *m* Handhabung *f*; *fig.* Verwaltung *f*; ~ de qch. Umgang *m* mit etw. (*a. fig.* mit Geld, Menschen); **~er** [~'nje] *v/t.* (1a) handhaben; umgehen (qch. mit etw.; q. mit j-m); behandeln; verwalten; **~ère** [~'njɛ:r] *f* Art *f*, Weise *f*; Manier *f* (*bsd. in der Kunst*); de ~ à (*od.* que) so daß; **~s** *pl.* Benehmen *n/sg.*, Manieren *f/pl.*; sans ~s ohne große

maniéré 296

Umstände; **~éré, -e** [~nje're] *adj.* geziert, erkünstelt, gesucht; manieriert; **~eur** [~'njœːr] *m*: ~ d'argent Finanzmann *m*.

manifest|ation [manifɛstɑ'sjɔ̃] *f* Äußerung *f*, Bekundung *f*; Kundgebung *f*, Demonstration *f (a. pol.)*; *kulturelle, sportliche* Veranstaltung *f*; **~e** [~'fɛst] **1.** *adj.* offenkundig; **2.** *m* Manifest *n*, Aufruf *m*; **~er** [~'te] (1a) *v/t.* äußern, kundtun, bekunden; *v/i.* demonstrieren; *se* ~ sich äußern, sich zeigen.

manigance F [mani'gɑ̃ːs] *f* Trick *m*, Kniff *m*; **~s** *pl.* Schliche *m/pl.*; **~er** F [~gɑ̃'se] *v/t.* (1k) anzetteln, einfädeln, aushecken.

manipul|ateur, -rice [manipyla-'tœːr, ~'tris] *su.* Laborant(in *f*) *m*; *pol.* Scharfmacher(in *f*) *m*; **~ation** [~lɑ'sjɔ̃] *f* Handhabung *f*; *écol. phys.,* ⚛ Versuch *m*; *péj.* Manipulation *f*, Kniff *m*; **~s** *pl. péj.* Machenschaften *f/pl.*; **~er** [~'le] *v/t.* (1a) handhaben; hantieren (*qch. mit etw. dat.*); transportieren; *péj.* manipulieren.

manitou F [mani'tu] *m* einflußreiche Persönlichkeit *f*.

manivelle ⊕ [mani'vɛl] *f* Kurbel *f*.

manne [man] *f* **1.** Manna *n od. f*; *fig.* Segen *m*; **2.** großer Korb *m*.

mannequin [man'kɛ̃] *m* **1.** *chir., peint.* Gliederpuppe *f*; **2.** *cout.* Vorführdame *f*, Mannequin *n*; Kleiderpuppe *f*; **3.** *fig.* willenloser Mensch *m*, Waschlappen *m*.

manœuvr|abilité [manœvrabili'te] *f bsd.* ⊕ leichte Bedienung *f*; *Auto,* ✈ *usw.:* Wendigkeit *f*, Manövrierfähigkeit *f*; **~able** [~'vrablə] *adj.* wendig, leicht zu bedienen(d), manövrierfähig; **~e** [~'nœːvrə] **1.** *f* Handhabung *f*; 🚢 Rangieren *n*; ✗, ⚓, ✈, *fig.* Manöver *n*; **2.** *m* Hilfsarbeiter *m*; Handlanger *m*; **~er** [~nœ'vre] (1a) *v/t.* in Bewegung setzen; 🚢 rangieren; handhaben; *fig., bsd. pol.* manipulieren; *v/i.* ✗, ⚓, ✈ manövrieren; *fig.* geschickt vorgehen; *facile à ~* wendig; **~ier** [~vri'e] *m* geschickter Taktiker *m (od.* Stratege *m); a. péj.* auf Erfolge bedachter Politiker *m*.

manoir [ma'nwaːr] *m* Landsitz *m*.

manomètre ⊕ [mano'mɛːtrə] *m* Manometer *n*.

manque [mɑ̃ːk] **1.** *m* Fehlen *n*; Mangel *m (de an dat.)*; ✝ Manko *n*,

Fehlbetrag *m*; ⊕ Defekt *m*; ✝ ~ à gagner Gewinnausfall *m*; ~ d'animation Lustlosigkeit *f (an der Börse)*; **2.** *prp.*: *(par)* ~ de aus Mangel an *(dat.)*; **~é, -e** [mɑ̃'ke] *adj.* verpaßt, versäumt; mißlungen; verfehlt; *psych. acte m* ~ Fehlleistung *f*; **~ement** [~k'mɑ̃] *m* Verfehlung *f*; Verstoß *m (à gegen)*; **~er** [~'ke] (1m) *v/t.* verfehlen, nicht treffen; verpassen; *v/i.* fehlen; *Stimme:* versagen; ~ à son *devoir* s-e Pflicht versäumen; *j'ai manqué de tomber* beinahe wäre ich gefallen.

mansarde [mɑ̃'sard] *f* Mansarde *f*.

mansuétude [mɑ̃sɥe'tyd] *f* Milde *f*.

mante *ent.* [mɑ̃ːt] *f* Fangheuschrecke *f*.

mant|eau [mɑ̃'to] *m (pl. ~x)* Mantel *m*; *fig.* Deckmantel *m*; **~elet** [~t'lɛ] *m*: ~ de bain Bademantel *m* für Kinder.

manu|cure [many'kyːr] **1.** *f* Maniküre *f*, Handpflege *f*; **2.** *su.* Handpfleger(in *f*) *m*; Maniküre *f*; **~el, -le** [~'nɥɛl] **1.** *adj.* Hand...; **2.** *m* Lehrbuch *n*, Handbuch *n*.

manufactur|e [manyfak'tyːr] *f* Manufaktur *f*; **~er** [~ty're] *v/t.* (1a) anfertigen.

manuscrit, -e [manys'kri, ~'krit] **1.** *adj.* handschriftlich; **2.** *m* Manuskript *n*.

manutention [manytɑ̃'sjɔ̃] *f* Handhabung *f*, Verladen *n*, Förderung *f (v. Waren)*; **~ner** ⊕, ✝ [~sjɔ'ne] *v/t.* (1a) umladen, befördern.

mappemonde [map'mɔ̃ːd] *f* Welt-, Erd-karte *f*.

maquer|eau [ma'kro] *m (pl. ~x)* **1.** *icht.* Makrele *f*; **2.** P Kuppler *m*, Zuhälter *m*; **~elle** P [~'krɛl] *f* Puffmutter *f*.

maquette *peint.,* ⊕ [ma'kɛt] *f* erste Skizze *f*; Modell *n*.

maquignon [maki'ɲɔ̃] *m* Pferdehändler *m*; *mst péj.* Roßtäuscher *m*; ✝ *péj.* durchtriebener Vermittler *m*, gerissener (Auto-)Händler *m*; **~nage** [~ɲɔ'naːʒ] *m* Pferdehandel *m*; *fig.* Kuhhandel *m*; Schwindel *m*, Betrug *m*.

maquill|er [maki'je] *v/t.* (1a) schminken; *fig.* (ver)fälschen; *Bilanz* frisieren; *gestohlenes Auto* mit anderer Farbe überstreichen; **~eur, -se** *cin., thé.* [~'jœːr, ~'jøːz] *su.* Maskenbildner(in *f*) *m*.

marge

maquis [ma'ki] *m* Dickicht *n*, Buschwald *m*; *Fr. im 2. Weltkrieg*: Widerstands-gruppe *f*, -bewegung *f*; **~ard** [~'za:r] *m* französischer Widerstandskämpfer *m*.

marabout [mara'bu] *m* **1.** *Islam*: Marabut *m*; **2.** *orn.* Marabu *m*.

maraîcher, -ère [marɛ'ʃe, ~'ʃɛ:r] **1.** *adj*. Gemüse...; **2.** *su*. Gemüsegärtner(in *f*) *m*.

marais [ma'rɛ] *m* Sumpf *m*, Morast *m*, Moor *n*; *✔* Gemüseland *n*; *pol.* le ♀ die Wechselwähler *m/pl.*

marasme [ma'rasm] *m 🌡* Auszehrung *f*, *fig.* Niedergang *m*.

marathon [mara'tɔ̃] *m* Marathonlauf *m*, -sitzung *f*, -tanzen *n*.

marâtre *péj.* [ma'ra:trə] *f* Rabenmutter *f*.

maraud|age [maro'da:ʒ] *m* Forst- und Feld-diebstahl *m*; **~e** [~'ro:d] *f* kleiner Diebstahl *m*; **~er** [~ro'de] (1a) *v/t.* stibitzen; *v/i. Taxi*: langsam herumfahren, um Fahrgäste zu finden.

marbr|e ['marbrə] *m* Marmor *m*; Marmor-arbeit *f*, -bild *n*, -statue *f*, -tafel *f*; **~er** [~'bre] *v/t.* (1a) marmorieren; **~ure** [~'bry:r] *f* Marmorierung *f*.

marc [ma:r] *m* Treber *pl.*; **~ de café** Kaffee-satz *m*, -grund *m*.

marcai(re)rie [marke(r)'ri] *f* Sennerei *f in den Vogesen*.

marcassin *zo.*, *ch.* [marka'sɛ̃] *m* Frischling *m*.

marchand, -e [mar'ʃɑ̃, ~'ʃɑ̃:d] **1.** *adj*. handeltreibend; gangbar; *marine f* **~e** Handelsmarine *f*; *prix m* **~** Handelspreis *m*; **2.** *su*. Händler(in *f*) *m*; **~ d'antiquités** Antiquitätenhändler *m*; **~ des quatre-saisons** Obst- und Gemüsehändler *m*; **~age** [~ʃɑ̃'da:ʒ] *m* Feilschen *n*; *fig.* Kuhhandel *m*; **~er** [~'de] *v/t.* (1a): **~ qch.** um etw. feilschen; *ne pas* **~ Leben** nicht schonen; *mit s-m Lob* nicht zurückhalten; **~ise** [~'di:z] *f* Ware *f*; *train m de* **~s** Güterzug *m*.

marche [marʃ] *f* Gang *m* (a. ⊕); Gehen *n*; Wanderung *f*; Marsch *m* (a. ✗ u. ♩); *ast.* Lauf *m*; Betrieb *m*; *fig.* Verlauf *m*; *Treppe*: Stufe *f*; ⊕ **~ à vide** Leerlauf *m*; *en* **~** in voller Fahrt; *Auto*, ⊕ in Gang befindlich; *en ordre de* **~** fahrbereit; ✗ **~ forcée** Eilmarsch *m*; *Auto*: **~ arrière** (avant) Rückwärts- (Vorwärts-)gang *m*;

faire **~ arrière** rückwärts fahren; *fig.* e-n Rückzieher machen.

marché [mar'ʃe] *m* Markt(platz *m̃*) *m*, Wochenmarkt *m*; Einkäufe *m/pl.*; Geschäft *n*; *bon* **~** billig; *fig. faire bon* **~ de qch.** etw. auf die leichte Schulter nehmen; *meilleur* **~** billiger; *par-dessus le* **~** obendrein, noch dazu; **~ au comptant** Bargeschäft *n*; **~ noir** schwarzer Markt *m*.

marchepied [marʃə'pje] *m* Fußschemel *m*; Tritt(leiter *f*) *m*; Trittbrett *n*; *fig. servir de* **~ à q.** j-m als Sprungbrett dienen.

march|er [mar'ʃe] *v/i.* (1a) gehen, schreiten, marschieren, treten; fahren; laufen; ⊕ mitmachen; *F faire* **~ q.** mit j-m beliebig umspringen; *F ne pas se laisser* **~ sur les pieds** sich nichts gefallen lassen; *F se donner à la marche-ou-crève* auf Tod und Verderben drauflosgehen; *marchons!* vorwärts!; **~eur, -se** [~'ʃœ:r, ~'ʃø:z] *su.* Marschierer(in *f*) *m*; Wanderer *m*, Wanderin *f*.

marcott|e *✔* [mar'kɔt] *f* Ableger *m*, Absenker *m*; **~er** *✔* [~'te] *v/t.* (1a) e-n Ableger absenken, einlegen.

mardi [mar'di] *m* Dienstag *m*; **~ gras** Fastnacht *f*, Karnevalsdienstag *m*.

mare [ma:r] *f* Tümpel *m*; Lache *f*.

marécag|e [mare'ka:ʒ] *m* Moor *n*, Sumpf *m*; **~eux, -se** [~ka'ʒø, ~'ʒø:z] *adj*. sumpfig.

maréchal ✗ [mare'ʃal] *m* (*pl. -aux*): **~ de France** Marschall *m von* Frankreich.

marée [ma're] *f* **1.** Ebbe und Flut *f*; **~ basse** Ebbe *f*; **~ haute** Flut *f*; **grande ~** Springflut *f*; **~s** *pl.* Gezeiten *pl.*; **2.** *🐟* frische Seefische *m/pl.*; **3.** *fig.* **~ humaine** Menschenmenge *f*; **~ noire** Ölpest *f*.

marégraphe [mare'graf] *m* Flutmesser *m*.

marelle [ma'rɛl] *f*: **~** (à cloche-pied) Himmel und Hölle (*Kinderspiel*).

marémoteur, -rice [maremɔ'tœ:r, ~'tris] *adj*.: *usine f* (*od. centrale f*) **~ marémotrice** Gezeitenkraftwerk *n*.

mareyeur [mare'jœ:r] *m* Seefischgroßhändler *m*.

margarine [marga'rin] *f* Margarine *f*.

marg|e [marʒ] *m* Rand *m*; *fig.* Spielraum *m*; *♦* **~ bénéficiaire**, **~ de profit** Gewinnspanne *f*; **~ commerciale** Handelsspanne *f*; *en* **~** am Rand(e);

~elle [~ˈʒɛl] f Brunnenrand m; **~inal, -e** [~ʒiˈnal] **1.** adj. (m/pl. -aux) am Rand(e) befindlich, Rand...; fig. nebensächlich; **2.** m Aussteiger m F; **~inaliser** [~liˈze] v/rfl. (1a): se ~ in der Randgesellschaft untertauchen; soc. aussteigen; **~iner** [~ʒiˈne] v/t. (1a) mit Randbemerkungen versehen.

margouillis F [marguˈji] m Matsch m, Dreck m; fig. Mischmasch m.

margoulin péj. [marguˈlɛ̃] m kleiner Börsenjobber m; Gauner m.

marguerite ♀ [margəˈrit] f: (grande) ~ Margerite f.

mari [maˈri] m (Ehe-)Mann m; **~able** [~ˈrjablə] adj. heiratsfähig; **~age** [~ˈrjaːʒ] m Heirat f; Ehe f; Ehestand m; Trauung f, Hochzeit f; zo. Paarung f; ♀ Befruchtung f; **~é, -e** [~ˈrje] **1.** adj. verheiratet; **2.** su. Bräutigam m, Braut f am Hochzeitstag; **~er** [~] v/t. (1a) verheiraten (q. avec od. à q. j-n mit j-m); trauen; fig. verbinden; mischen; se ~ heiraten (v/i.); se ~ avec q. j-n heiraten; fig. se ~ zueinander passen.

marin, -e [maˈrɛ̃, ~ˈrin] **1.** adj. See...; **2.** m Seemann m; **~ade** cuis. [~riˈnad] f Marinade f; **~e** [~ˈrin] **1.** f Marine f; peint. Seestück n; Fr. modernes Ferienlandhaus n am Mittelmeer; **2.** m ✕ USA-Marinesoldat m; **3.** adj. (inv.): (bleu) ~ marineblau; **~er** [~ˈne] (1a) v/t. cuis. marinieren; v/i. F schmoren; **~ier, -ère** [~ˈnje, ~ˈnjɛːr] **1.** adj. See...; **2.** m Seemann m; Flußschiffer m; **~ière** [~ˈnjɛːr] f **1.** cout. Matrosenbluse f (für Damen); **2.** nager (à) la ~ auf der Seite schwimmen.

mariol(l)e P [maˈrjɔl] m Schlaukopf m; fig. faire le ~ sich aufspielen, sich wichtig machen.

marionnette [marjɔˈnɛt] f Marionette f (a. fig.); (Glieder-, Draht-) Puppe f; fig. willenloses Werkzeug n, Spielball m.

maritalement [maritalˈmã] adv. wie in der Ehe.

maritime [mariˈtim] adj. See...; Küsten...

marivaudage [marivoˈdaːʒ] m gezierter Stil m.

marjolaine ♀ [marʒɔˈlɛn] f Majoran m.

mark [mark] m deutsche Währung: Mark f.

marketing ✝ [markəˈtiŋ] m Absatzforschung f.

marlou P [marˈlu] m Zuhälter m.

marmaille F [marˈmaːj] f Kinderschwarm m, Gören n/pl.

marmelade [marmɔˈlad] f Marmelade f, Mus n.

marmit|e [marˈmit] f Kochtopf m; faire bouillir la ~ für den Unterhalt sorgen; **~on** [~ˈtɔ̃] m Küchenjunge m.

marmonner [marmɔˈne] (1a) v/t. u. v/i. (vor sich hin) murmeln, brummeln.

marmor|éen, -ne [marmɔreˈɛ̃, ~ˈɛn] adj. marmorartig; **~iser** [~riˈze] v/t. (1a) in Marmor verwandeln.

marmot F [marˈmo] m kleiner Junge m.

marmott|e [marˈmɔt] f **1.** zo. Murmeltier n; **2.** Musterkoffer m; **~er** [~ˈte] v/t. (1a) vor sich hin murmeln.

marmouset [marmuˈzɛ] m groteske Figur f.

marn|e [marn] f Mergel m; **~er** [~ˈne] (1a) v/t. ✔ mit Mergel düngen; v/i. P schuften.

marocain, -e [marɔˈkɛ̃, ~ˈkɛn] **1.** adj. marokkanisch; **2.** ♊(e) su. Marokkaner(in f) m.

maronner F [marɔˈne] v/i. (1a) murren; faire ~ q. j-n auf die Palme bringen.

maroquin [marɔˈkɛ̃] m Saffian m.

marotte [maˈrɔt] f **1.** Narrenzepter n; **2.** Perücken-, Hut-kopf m der Friseure u. Modistinnen; **3.** fig. fixe Idee f, Marotte f; Tick m; Hobby n, Steckenpferd n.

maroufl|e [maˈruflə] f Malerleim m; **~er** [~ˈfle] v/t. (1a) Gemälde aufleimen.

marqu|age [marˈkaːʒ] m Kennzeichnung f; Sport: Deckung f; **~ant, -e** [~ˈkã, ~ˈkãːt] adj. markant; hervorstechend; **~e** [mark] f (Ab-)Zeichen n, Merkmal n; (Auto-)Marke f; Warenzeichen n; Sport: Markierung f; ~ déposée eingetragene Schutzmarke f; ~ de qualité Gütezeichen n; **~er** [~ˈke] (1m) **1.** v/t. bezeichnen; stempeln; brandmarken; aufzeichnen, aufschreiben; Waren auszeichnen; Wäsche, Vieh zeichnen; markieren, anstreichen; festsetzen; ~ d'une croix ankreuzen; Sport: ~ un but ein Tor schießen; **2.** v/i. sich auszeichnen; auffallen; Pferd: die Kennung haben; F ~ *bien* (*mal*) e-n guten (schlechten) Eindruck machen.

marqueterie [markɛ'tri] *f* eingelegte Arbeit *f*, Intarsienarbeit *f*.

marqueur *Sport* [mar'kœːr] *m* Anschreiber *m*; ~ *de but* Torschütze *m*.

marquis *hist.* [mar'ki] *m* Marquis *m*; ~**e** [~'kiːz] *f* **1.** *hist.* Marquise *f*; **2.** Markise *f*, leinenes Schutzdach *n*.

marraine [ma'rɛn] *f* Patin *f*.

marrant, -e P [ma'rɑ̃, ~'rɑ̃ːt] *adj.* sehr ulkig, zum Piepen P; komisch.

marre F [maːr] *adv.*: *en avoir* ~ genug davon haben, es satt haben.

marrer P [ma're] *v/rfl.* (1a): *se* ~ sich biegen vor Lachen.

marri, -e *litt.* [ma'ri] *adj.* betrübt.

marron[1] [ma'rɔ̃] **1.** *m* Eßkastanie *f*, Marone *f*; **2.** *adj.* (*inv.*) kastanienbraun.

marron[2], **-ne** [ma'rɔ̃, ~'rɔn] *adj.*: *avocat m* ~ Winkeladvokat *m*.

mars [mars] *m* März *m*; ♀ *ast.* Mars *m*; *atterrir sur* ♀ auf dem Mars landen.

marseillais, -e [marsɛ'jɛ, ~'jɛːz] **1.** *adj.* Marseiller; **2.** ♀(e) *su.* Marseiller(in *f*) *m*; **3.** *la* ♀e die Marseillaise (*französische Nationalhymne*).

marsouin [mar'swɛ̃] *m zo.* Tümmler *m*; * männliches Glied *n*.

marsupiaux *zo.* [marsy'pjo] *m/pl.* Beuteltiere *n/pl.*

marte *zo.* [mart] *f* Marder *m*.

marteau [mar'to] *m* (*pl*, ~x) Hammer *m*; ~ *à air comprimé* Preßlufthammer *m*.

martel [mar'tɛl] *m* † Hammer *m*; *nur noch in*: *se mettre* ~ *en tête* sich Sorgen (*od.* Gedanken) machen; ~**age** [~tə-'laːʒ] *m* (Be-)Hämmern *n*; *for.* Anlaschen *f*.

martèlement [martɛl'mɑ̃] *m* Hämmern *n*; *fig.* Dröhnen *n*.

marteler [martə'le] *v/t.* (1d) hämmern; *for.* Bäume anlaschen; *fig.* deutlich artikulieren; ~**et** [~'lɛ] *m* Hämmerchen *n*.

martial, -e [mar'sjal] *adj.* (*m/pl. -aux*) kriegerisch; Kriegs...; ~**en, -ne** [~'sjɛ̃, ~'sjɛn] **1.** *adj.* Mars...; *paysage m* ~ Marslandschaft *f*; **2.** ♀(ne) *su.* Marsmensch *m*.

martinet [marti'nɛ] *m* **1.** *orn.* Turmschwalbe *f*; **2.** Klopfpeitsche *f*.

martin-pêcheur *orn.* [martɛ̃pɛ'ʃœːr] *m* (*pl.* martins-pêcheurs) Eisvogel *m*.

martre ['martrə] *f* Marder(fell *n*) *m*.

mart|yr, -e [mar'tiːr] *su.* Märtyrer(in *f*) *m*; ~**yre** [~] *m* Märtyrer-tod *m*, -tum *n*; Martyrium *n* (*a. fig.*); ~**yriser** [~tiri'ze] *v/t.* (1a) martern.

marx|isme [mar'ksism] *m* Marxismus *m*; ~**iste** [~'ksist] **1.** *adj.* marxistisch; **2.** *su.* Marxist(in *f*) *m*.

mas [ma(ːs)] *m* südfranzösisches Bauernhaus *n*.

mascara *cosm.* [maska'ra] *m* Wimperntusche *f*.

mascar|ade [maska'rad] *f* Maskerade *f*; *fig.* Heuchelei *f*, Theater *n* (*fig.*); ~**et** [~'rɛ] *m* Springflut *f*.

mascotte [mas'kɔt] *f* Maskottchen *n*.

masculin, -e [masky'lɛ̃, ~'lin] **1.** *adj.* männlich; Mannes...; **2.** *m gr.* Maskulinum *n*; ~**iser** [~lini'ze] *v/t.* (1a) vermännlichen; *gr.* als Maskulinum gebrauchen.

masoch|isme [mazɔ'ʃism] *m* Masochismus *m*; ~**iste** [~'ʃist] **1.** *adj.* masochistisch; **2.** *su.* Masochist(in *f*) *m*.

masque [mask] *m* Maske *f* (*a. fig.*); *fig.* Schein *m*, Deckmantel *m*; ~ *à gaz* Gasmaske *f*; ~ *d'oxygène* Sauerstoffmaske *f*; ~ *de plongée* Taucherbrille *f*; ~**er** [~'ke] *v/t.* (1m) maskieren; *fig.* bemänteln, verschleiern, tarnen.

massacr|ant, -e [masa'krɑ̃, ~'krɑ̃ːt] *adj.* unausstehlich; ~**e** [~'sakrə] *m* Blutbad *n*, Massaker *n*; *fig.* Verschandelung *f* e-s *Kunstwerks*; ~**er** [~'kre] *v/t.* (1a) niedermetzeln; *fig.* verpfuschen, verschandeln; ~**eur** [~'krœːr] *m* Massenmörder *m*; *fig.* Pfuscher *m*.

massage ✂ [ma'saːʒ] *m* Massage *f*; Massieren *n*; ~ *cardiaque* Herzmassage *f*.

masse [mas] *f* Masse *f*.

massé *bill.* [ma'se] *m* Kopfstoß *m*.

massepain [mas'pɛ̃] *m ein Mandelgebäck.*

masser[1] [ma'se] *v/t.* (1a) *in Massen* versammeln, zs.-drängen; ✕ *Truppen* zs.-ziehen, massieren; *se* ~ sich (in Massen) versammeln.

masser[2] ✂ [ma'se] *v/t.* (1a) massieren; ~**eur, -se** [~'sœːr, ~'søːz] *su.* Masseur *m*, Masseuse *f*.

massicot ⊕ [masi'ko] *m* Papierschneidemaschine *f*.

massif, -ve [ma'sif, ~'siːv] **1.** *adj.* massiv, massig; *fig.* stark; **2.** *m* ⌂ starke Grundmauer *f*; *géol.* Massiv *n*; ~ *d'arbres* dichte Baumgruppe *f*; ~ *de fleurs* Blumenbeet *n*.

mass media [masmeˈdja] *m/pl.* Massenmedien *n/pl.*

massue [maˈsy] *f* Keule *f*.

mastic [masˈtik] *m* (Fenster-)Kitt *m*.

masti|cation [mastikaˈsjɔ̃] *f* Kauen *n*; **~quer** [~ˈke] *v/t.* (1m) **1.** (ver)kitten; **2.** kauen.

mastoc F *péj.* [masˈtɔk] *adj. (inv.)* klobig, schwerfällig, plump.

mastodonte [mastoˈdɔ̃ːt] *m zo.* Mastodon *n; fig.* Koloß *m;* dicke Person *f;* ⚫ Mammutbau *m; Auto:* Riesenwagen *m;* ~ *du cinéma* Filmmagnat *m*.

masure [maˈzyːr] *f* baufälliges Haus *n*, Bruchbude *f*.

mat¹ *Schach* [mat] **1.** *adj. (inv.)* (schach)matt; **2.** *m* Matt *n*.

mat², -e [mat] *adj.* glanzlos, matt; *Ton:* dumpf; *or* ~ Mattgold *n*.

mât [mɑ] *m* ⚓ Mast *m;* 📡 Signalmast *m;* ⚓ Landungsmast *m; gym.* Kletterstange *f;* Zeltmast *m;* Fahnenstange *f*.

mata|dor [mataˈdɔːr] *m Stierkampf:* Matador *m;* **~more** [~ˈmɔːr] *m* Renommist *m*, Maulheld *m*.

match *Sport* [matʃ] *m (pl.* ~[e]s) (Wett-)Spiel *n;* (Wett-)Kampf *m;* Match *m;* ~ *de football* Fußballspiel *n*.

matefaim [matˈfɛ̃] *m (inv.)* **1.** *cuis.* dicker Eierkuchen *m;* **2.** Appetithemmer *m*.

matelas [matˈla] *m* Matratze *f; Camping:* ~ *fauteuil* Sitzmatratze *f;* ~ *pneumatique* Luftmatratze *f;* ~ *à ressorts,* ~ *à suspension* Federkernmatratze *f;* ~ (en caoutchouc) mousse Schaumgummimatratze *f*.

matelot ⚓ [matˈlo] *m* Matrose *m;* **~e** *cuis.* [~ˈlɔt] *f* Fischragout *n*.

mater [maˈte] *v/t.* (1a) *Gold* mattieren; ⊕ verstemmen; *Schach:* matt setzen; *fig.* bändigen; niederzwingen; * beobachten.

mâter ⚓ [mɑˈte] *v/t.* (1a) bemasten.

matérial|iser [materjaliˈze] *v/t.* (1a) verwirklichen; kennzeichnen (*z.B. e-e Grenze*); *phil.* materialisieren, verkörperlichen; **~isme** [~ˈlism] *m* Materialismus *m;* **~iste** [~ˈlist] **1.** *adj.* materialistisch; **2.** *su.* Materialist(in *f*) *m;* **~ité** [~liˈte] *f* Stofflichkeit *f;* ⚖ des faits Sachverhalt *m*.

matéri|au [mateˈrjo] *m (pl.* ~x) Material *n;* Baustoff *m;* **~aux** [~] *m/pl.* ⚫ Baumaterial *n; fig.* Material *n für e-e wissenschaftliche Arbeit;* **~el, -le** [~ˈrjɛl] **1.** *adj.* materiell; stofflich;

körperlich; sinnlich; **2.** *m* Material *n,* Werkstoff *m;* Ausrüstung *f; cyb.* Hardware *f;* ~ *d'enseignement* Lehrmittel *n/pl.;* ~ *d'études* Lernmittel *n/pl.;* **~ellement** [~ˈmɑ̃] *adv.* praktisch, faktisch.

matern|el, -le [matɛrˈnɛl] *adj.* mütterlich; Mutter...; **~elle** *Fr.* [~] *f* Kindergarten *m;* **~ité** [~niˈte] *f* Mutterschaft *f;* Entbindungsheim *n*.

math *u.* **~s** *F écol.* [mat] *f/pl.* Mathe *f*.

mathémat|icien, -ne [matematiˈsjɛ̃, ~ˈsjɛn] *su.* Mathematiker(in *f*) *m;* **~ique** [~ˈtik] **1.** *adj.* mathematisch; **2.** **~s** *f/pl.* Mathematik *f/sg.*

matière [maˈtjɛːr] *f* Stoff *m,* Materie *f; écol.* Fach *n;* Thema *n;* ⚖ Sache *f;* ~ *brute,* ~ *première* Rohstoff *m;* ~ *de base* Grundstoff *m;* ~ *grise anat.* graue Substanz *f;* F Grips *m; écol.* ~ à *option* Wahlfach *n;* ~ *plastique* Preß-, Kunst-stoff *m; table f des* ~s Inhaltsverzeichnis *n; entrer en* ~ zur Sache kommen; *en la* ~, *sur cette* ~ auf diesem Gebiet; *en* ~ *d'art* auf dem Gebiet der Kunst.

matin [maˈtɛ̃] *m* Morgen *m,* Vormittag *m; ce* ~ heute morgen; *de bon* ~, *de grand* ~, *bisw. au petit* ~ am frühen Morgen; *un de ces quatre* ~s an e-m der nächsten Tage.

mâtin¹ [mɑˈtɛ̃] *m* Hofhund *m*.

mâtin², -e F [mɑˈtɛ̃, ~ˈtin] *su.* Schelm(in *f*) *m*.

matin|al, -e [matiˈnal] *adj. (m/pl. -aux)* morgendlich; Morgen...; être ~ früh aufstehen; **~ée** [~ˈne] *f* Morgen(zeit *f*) *m;* Vormittag *m; thé.* Nachmittags-vorstellung *f,* -konzert *n; faire la grasse* ~ bis in den Tag hinein schlafen; **~es** *rl.* [~ˈtin] *f/pl.* Frühmette *f*.

matois, -e *litt.* [maˈtwa, ~ˈtwaːz] *adj.* gerissen, durchtrieben.

matou [maˈtu] *m* Kater *m*.

matraqu|age *fig. péj.* [matraˈkaːʒ] *m* Berieselung *f;* **~e** [~ˈtrak] *f* (Gummi-)Knüppel *m;* Schlagstock *m;* **~er** [~ˈke] *v/t.* (1m) niederknüppeln.

matras 🧪 [maˈtrɑ] *m* Glaskolben *m*.

matriarcat [matriarˈka] *m* Matriarchat *n,* Mutterrecht *n*.

matrice [maˈtris] *f* ⊕ Prägematrize *f;* Gesenk *n; typ.* Matrize *f,* Mater *f;* ⚖ Matrikel *f;* (Steuer-)Stammrolle *f*.

matricul|e [matriˈkyl] **1.** *f* Matrikel *f;* Stammrolle *f;* **2.** *m* Eintragungsnummer *f;* **~er** [~ˈle] *v/t.* (1a) in die

Stammrolle eintragen.

matrimonial, -e [matrimɔ'njal] *adj.* (*m*/*pl.* -*aux*) ehelich; Ehe...

matrone *péj.* [ma'trɔn] *f* Matrone *f*.

maturation [matyra'sjɔ̃] *f* Reifen *n*.

mâture ⚓ [ma'ty:r] *f* Mastwerk *n*.

maturité [matyri'te] *f* Reife *f* (*a. fig.*); *avec* ~ mit Überlegung; *en* ~ reif.

maudire [mo'di:r] *v*/*t*. (4m) (ver)fluchen; verwünschen; **dissable** [~di'sablə] *adj.* fluchwürdig.

maugréer [mogre'e] *v*/*i*. (1a) fluchen; schimpfen, wettern.

maure [mɔ:r] *adj.* maurisch.

mauritanien, -ne [mɔrita'njɛ̃, ~'njɛn] **1.** *adj.* mauretanisch; **2.** ♀(*ne*) *su.* Mauretanier(in *f*) *m*.

mausolée [mozo'le] *m* Mausoleum *n*.

maussade [mo'sad] *adj.* mürrisch, unfreundlich; **erie** [~'dri] *f* mürrische Stimmung *f*.

mauvais, -e [mo'vɛ, ~'vɛ:z] **1.** *adj.* schlecht; ungesund; übel; schlimm; falsch; **2.** *adv.* schlecht; übel; **3.** *su.* Böse(r *m*) *m u. f*.

mauve [mo:v] **1.** *f* ♀ Malve *f*; **2.** *m* Malvenfarbe *f*; **3.** *adj.* (*inv.*) malvenfarbig.

mauviette [mo'vjɛt] *f* anfällige Person *f*.

mauvis *orn.* [mo'vi] *m* Singdrossel *f*.

maux [mo] *pl. von* mal.

maxi *cout.* [ma'ksi] **1.** *adj.* (*inv.*) Maxi...; **2.** *m* Maximode *f*.

maxillaire *anat.* [maksi'lɛ:r] *adj.* Kiefer...

maxime [ma'ksim] *f* Grundsatz *m*; *fig.* Ausspruch *m*; **um** [~'mɔm] *m* Maximum *n*, Höchstmaß *n*.

mayonnaise *cuis.* [majɔ'nɛ:z] *f* Mayonnaise *f*.

mazout ⊕ [ma'zut] *m* Heizöl *n*; *chauffage m à* ~ Ölheizung *f*.

me [mə] *pr*/*p*. mir, mich; ~ *voici!*, ~ *voilà!* hier bin ich!, da bin ich!

méandre [me'ã:drə] *m* Windung *f* e-s Baches *usw.*; *fig.* Winkelzug *m*.

mec ✶ [mɛk] *F* **1.** *m* Typ *m*, Kerl *m*; **2.** Zuhälter *m*.

mécanicien [mekani'sjɛ̃] *m* Mechaniker *m*; Autoschlosser *m*; Lokomotivführer *m*; ~ *de précision* Feinmechaniker *m*; **ique** [~'nik] **1.** *adj.* mechanisch; **2.** *f* Mechanik *f*; **iser** [~ni'ze] *v*/*t*. (1a) mechanisieren; **isme** [~'nism] *m* Mechanismus *m*; ⊕ Getriebe *n*; ♪ Technik *f*; *fig. mst* ~s *pl.* Mechanismen *m*/*pl.*, Vorgänge *m*/*pl.*

mécano F [meka'no] *m* Mechaniker *m*.

mécène [me'sɛn] *m* Mäzen *m*.

mécénat [mese'na] *m* Mäzenatentum *n*.

méchanceté [meʃãs'te] *f* Bosheit *f*; **ant, -e** [~'ʃã, ~'ʃã:t] **1.** *adj.* boshaft, gemein; *fig.* bissig; unartig; heikel, übel; F phantastisch, toll F; **2.** *su.* Bösewicht *m*.

mèche [mɛʃ] *f* Docht *m*; Zündschnur *f*, Lunte *f*; ⊕ Bohrer *m*; ~ (*de cheveux*) Haar-strähne *f*, -locke *f*; *fig. éventer la* ~ den Braten (*od.* Lunte) riechen; P *vendre la* ~ die Sache ausplaudern; F *être de* ~ *avec q.* mit j-m unter e-r Decke stecken; P *il n'y a pas* ~ da ist nichts zu machen.

mécompte [me'kɔ̃t] *m* Enttäuschung *f*.

méconnaissable [mekɔnɛ'sablə] *adj.* unkenntlich; *être* ~ nicht wiederzuerkennen sein; **ance** [~'sã:s] *f* Verkennung *f*.

méconnaître [mekɔ'nɛ:trə] *v*/*t*. (4z) verkennen; ablehnen; unterschätzen.

mécontent, -e [mekɔ̃'tã, ~'tã:t] *adj.* unzufrieden (*de* mit *dat.*); **ement** [~t'mã] *m* Unzufriedenheit *f*; **er** [~'te] *v*/*t*. (1a) mißvergnügt machen.

mécréant, -e [mekre'ã, ~'ã:t] *adj.* ungläubig.

mecton ✶ [mɛk'tɔ̃] *m* Junge *m*, Bengel *m* (*12–16 Jahre alt*).

médaille [me'da:j] *f* Medaille *f*; Gedenkmünze *f*; Erkennungsmarke *f*; **é, -e** [~da'je] *su.* Inhaber(in *f*) *m* e-s Ordens; **iste** [~'jist] *su.* Münzensammler(in *f*) *m*; **on** [~'jɔ̃] *m* große (Gedenk-)Münze *f*; Medaillon *n*; *cuis.* ~ *de veau* Kalbsmedaillon *n*.

médecin [med'sɛ̃] *m* Arzt *m*; *All.* ~ *de caisse*, *Fr.* ~ *conventionné* Kassenarzt *m*; ~ *de (la) famille* Hausarzt *m*; **e** [~'sin] *f* Medizin *f* (*als Fachgebiet*); ~ *légale* Gerichtsmedizin *f*; ~ *spatiale* Raumfahrtmedizin *f*.

media, média [me'dja] *m*/*pl.* Massenmedien *n*/*pl.*

médial, -e [me'djal] *adj.* (*m*/*pl.* -*aux*), **an, -e** [~'djã, ~'djan] *adj.* mittlere(r, -s); Mittel...; **at, -e** [~'dja, ~'djat] *adj.* mittelbar; **ateur, -rice** [~dja'tœ:r, ~'tris] *su.* Vermittler(in *f*) *m*.

médiathèque [medja'tɛk] *f* Mediothek *f*.

médiation [medja'sjɔ̃] *f* Vermittlung *f*.

médical, -e [medi'kal] *adj.* (*m*/*pl.*
-aux) ärztlich.

médicament [medika'mã] *m* Arznei
f, Heilmittel *n*, Medizin *f*, Medikament *n*; **~eux, -se** [~'tø, ~'tøːz] *adj.*
heilkräftig; Heil...

médic|astre [medi'kastrə] *m* Quack-
salber *m*, Kurpfuscher *m*; **~ation**
[~ka'sjɔ̃] *f* Heilverfahren *n*;

médicinal, -e [medisi'nal] *adj.* (*m*/*pl.*
-aux) Heil...

médico-légal, -e [medikole'gal] *adj.*
(*m*/*pl.* *-aux*) gerichtsmedizinisch;
~sportif, -ve [~spɔr'tif, ~'tiːv] *adj.*
sportärztlich.

médiéval, -e [medje'val] *adj.* (*m*/*pl.*
-aux) mittelalterlich.

médiocr|e [me'djɔkrə] *adj.* mittel-
mäßig; **~ité** [~kri'te] *f* Mittelmäßigkeit *f*.

médi|re [me'diːr] *v*/*i.* (4m): **~** de q.
j-m Übles nachreden, über j-n her-
ziehen; **~sance** [~di'zɑːs] *f* üble
Nachrede *f*; **~sant, -e** [~'zã, ~'zɑ̃ːt] **1.**
adj. verleumderisch; **2.** *su.* Lästerzunge *f*, -maul *n*.

médit|atif, -ve [medita'tif, ~'tiːv] *adj.*
nachdenklich; sinnend; **~ation**
[~ta'sjɔ̃] *f* Nachdenken *n*; Medita-
tion *f*; *rl.* stille Andacht *f*; **~s** *pl.*
Betrachtungen *f*/*pl.*; **~er** [~'te] (1a)
v/*t.*: **~** qch. über etw. (*acc.*) nachdenken; etw. vorhaben, etw. im Schilde
führen; *v*/*i.* nachdenken (sur qch.
über etw. *acc.*); meditieren.

méditerranéen, -ne [mediterane'ɛ̃,
~'ɛn] *adj.* Mittelmeer...; *pays m*/*pl.* **~s**
Mittelmeerländer *n*/*pl.*

médium [me'djɔm] *m* Medium *n*; ♪
Mittelstimme *f*; *peint.* Bindemittel
n.

médius [me'djys] *m* Mittelfinger *m*.

médull|aire *anat.*, ♀ [medy'lɛːr] *adj.*
Mark...; **~eux, -se** ♀ [~'lø, ~'løːz] *adj.*
markhaltig.

méduse *zo.* [me'dyːz] *f* Qualle *f*.

médusé, -e [medy'ze] *adj.* sprachlos.

meeting [mi'tiŋ] *m* **1.** *pol.* Versammlung *f*; **2.** sportliche Veranstaltung *f*.

méfait [me'fɛ] *m* Missetat *f*; **~s** *pl.*
verhängnisvolle Folgen *f*/*pl.*

méfi|ance [me'fjɑːs] *f* Mißtrauen *n*;
~ant, -e [~'fjã, ~'fjãːt] *adj.* mißtrauisch; **~er** [~'fje] *v*/*rfl.* (1a): se **~** de
q. (de qch.) j-m (e-r Sache) mißtrauen.

méga|lomanie [megalɔma'ni] *f* Grö-
ßenwahn *m*; **~phone** [~'fɔn] *m* Me-

gaphon *n*, Schalltrichter *m*.

mégarde [me'gard] *advt.*: par **~** aus
Versehen.

mégatonne *at.* [mega'tɔn] *f* Mega-
tonne *f*.

mégère [me'ʒɛːr] *f* Megäre *f*.

mégisserie [meʒis'ri] *f* Weißgerberei
f.

mégot P [me'go] *m* Zigaretten-, Zi-
garren-stummel *m*, Kippe *f* P.

meilleur, -e [mɛ'jœːr] **1.** *adj.* besser;
le **~**, *la* **~e** der, die, das beste; **2.** *su.*: *le*
~, *la* **~e** der, die, das Beste; **3.** *m*: *le* **~** das
Beste.

méjanage *text.* [meʒa'naːʒ] *m* Einteilung *f* der Wollgärten.

méjuger [meʒy'ʒe] *v*/*t.* (1l) falsch
beurteilen.

mélancol|ie [melãkɔ'li] *f* Melancho-
lie *f*; **~ique** [~'lik] *adj.* melancho-
lisch.

mélang|e [me'lãːʒ] *m* Mischung *f*;
Mischen *n*; (Rassen-)Kreuzung *f*; **~**
explosible Explosionsgemisch *n*; **~**
réfrigérant Kältemischung *f*; **~s** *pl.*
Vermischte(s) *n*; vermischte Schrif-
ten *f*/*pl.*; **~er** [~lã'ʒe] *v*/*t.* (1l) (ver-)
mischen, (ver)mengen; **~eur** ⊕
[~'ʒœːr] *m* Mischer *m*; *bét.* Misch-
maschine *f*.

mélasse [me'las] *f* Melasse *f*; F dichter Nebel *m*; *fig.* Klemme *f*.

mêl|ée [me'le] *f* Handgemenge *n*;
Sport: Gedränge *n*; *fig.* Streit *m*;
~er [~] *v*/*t.* (1a) (ver)mischen,
(ver)mengen; in Unordnung bringen, verwirren; *fig.* verbinden, vereinigen; *fig.* **~** q. dans qch. j-n in etw.
(*acc.*) verwickeln; se **~** de qch. sich um
etw. kümmern; se **~** à la foule sich
unter die Menge mischen.

mélèze ♀ [me'lɛːz] *m* Lärche *f*.

méli-mélo F [melime'lo] *m* (*pl.* *mélis-
-mélos*) Sammelsurium *n*; Mischmasch *m*.

mélo|die ♪ [melɔ'di] *f* Melodie *f*;
~dieux, -se [~'djø, ~'djøːz] *adj.* melo-
diös; **~dique** [~'dik] *adj.* melo-
disch; **~drame** [~'dram] *m* Melo-
dram(a) *n*; **~mane** [~'man] *su.* Mu-
sikfreund(in *f*) *m*.

melon [mə'lɔ̃] *m* ♀ Melone *f*; (*chapeau*
m) **~** Melone *f*, steifer Hut *m*.

membran|e *anat.* [mã'bran] *f* Häut-
chen *n*; Membran(e) *f*; **~eux, -se**
[~'nø, ~'nøːz] *adj.* *anat.* häutig; ♀
pergamentartig.

membr|e [ˈmãːbrə] *m* Glied *n*; *fig.*

mention

Mitglied n; ♣ Spant n; ~ure [mã-'bry:r] f Gliederbau m; ♣ Rippenwerk n.

même [mɛm] **1.** adj.: le ~, la ~ der-, die-, das-selbe; pl. les ~s dieselben; la ~ chose dasselbe; ce ~ fait ebendieselbe Tatsache; nous-~s wir selbst; de moi-~ von mir aus, von selbst, freiwillig; **2.** nachgestellt: selbst, selber; la bonté ~ die Güte selbst; ce jour (od. aujourd'hui) ~ heute noch; **3.** adv. selbst, sogar; ~ pour moi sogar für mich; voire ~ ja sogar; **4.** advt.: de ~ ebenso; ~ pas od. pas ~ nicht einmal (ohne Verb); ne ... ~ pas nicht einmal (mit e-m Verb); boire à ~ la bouteille (od. à ~ le goulot) gleich aus der Flasche trinken; peint à ~ la peau direkt auf die Haut gemalt; être (mettre) à ~ de ... (inf.) imstande sein (in den Stand setzen) zu ... (inf.); tout de ~, quand ~ trotzdem (adv.); de ~ que ebenso wie.

mémère F enf. [me'mɛːr] f Oma f.

mémoire [me'mwaːr] **1.** f Gedächtnis n; Erinnerung f; Gedenken n; EDV: Speicher m; de ~ aus dem Gedächtnis; citer de ~ aus dem Kopf zitieren; de ~ d'homme seit Menschengedenken; **2.** m Denkschrift f; wissenschaftliche Abhandlung f; Bericht m; Kostenaufstellung f; ~s pl. Memoiren pl.

mémor|able [memɔ'rablə] adj. denkwürdig; **~ial** [~'rjal] m **1.** Erinnerungsschrift f; Denkschrift f; **2.** (pl. -aux) Denkmal n; **~ialiste** [~'list] su. Memoirenschreiber(in f) m.

menac|e [mə'nas] f Drohung f; **~er** [~'se] v/t. (1k): ~ q. de qch. j-m mit etw. (dat.) drohen, j-n mit etw. bedrohen.

ménag|e [me'naːʒ] m Haushalt f; faux ~ wilde Ehe f; faire le ~ den Haushalt machen; faire des ~s Aufwartungen haben; faire bon ~ in glücklicher Ehe leben; gut miteinander auskommen; femme f de ~ Aufwartung f; monter son ~ sich einrichten; tenir le ~ de q. j-m den Haushalt führen; pain m de ~ selbstgebackenes Brot n; **~ement** [~naʒ'mã] m Rücksichtnahme f; Schonung f; **~er¹** [~'ʒe] v/t. (11) schonen; fig. sparen; verschaffen, vermitteln; ⊕ anbringen; **~er², ~ère** [~'ʒe, ~'ʒɛːr] adj. haushälterisch; école f ménagère Haushaltungsschule f; **~ère** [~'ʒɛːr] f Hausfrau f; Besteck-

kasten m; **~erie** [~ʒ'ri] f Tierschau f.

mendi|ant, -e [mã'djã, ~'djã:t] **1.** adj. bettelnd; Bettel...; **2.** su. Bettler(in f) m; les quatre ~s Studentenfutter n (Feigen, Rosinen, Mandeln, Nüsse); **~cité** [~disi'te] f Bettelei f; **~er** [~'dje] v/t. u. v/i. (1a) betteln (qch. um etw.); **~got, ~e** [~di'go, ~'gɔt] su. Bettler(in f) m.

men|ée [mə'ne] f **1.** ch. Fährte f e-s fliehenden Hirsches; **2.** ~s pl. Schliche m/pl.; Umtriebe m/pl.; **~er** [~] (1d) v/t. führen; leiten, lenken; j-n (an e-n Ort) bringen, begleiten; etw. transportieren; Vieh treiben; fig. Prozeß, Verhandlungen führen, betreiben; ~ à bien etw. zu e-m guten Ende führen; v/i. führen (a. Weg u. Sport).

ménestrel hist. [menɛs'trɛl] m Minnesänger m, Spielmann m.

meneur [mə'nœːr] m Führer m; fig. péj. Drahtzieher m; ~ de jeu télév. Quizmaster m; Kabarett: Conférencier m.

méning|es F [me'nɛ:ʒ] f/pl. Grips m F; **~ite** ✞ [~nɛ̃'ʒit] f Hirnhautentzündung f; ~ cérébro-spinale Genickstarre f.

ménisque [me'nisk] m **1.** opt. Punktalglas n; **2.** anat. Meniskus m.

ménopause ✞ [menɔ'poːz] f Wechseljahre n/pl.

menotte [mə'nɔt] f Händchen n; ~s pl. Handschellen f/pl.

mensong|e [mã'sõːʒ] m Lüge f; pieux ~ Notlüge f; **~er, ~ère** [~sõ'ʒe, ~'ʒɛːr] adj. lügnerisch.

mensu|alité [mãsɥali'te] f monatliche Zahlung f; Monatsrate f; **~el, -le** [~'sɥɛl] adj. monatlich.

mensuration ✞ [mãsyra'sjõ] f Körpermessung f.

mental, -e [mã'tal] adj. (m/pl. -aux) geistig; Geistes...; gedanklich; calcul m ~ Kopfrechnen n; oraison f ~e stilles Gebet n; restriction f ~e geheimer Vorbehalt m; **~ement** [~l'mã] adv. geistig; in Gedanken; calculer ~ im Kopf rechnen; **~ité** [~li'te] f Mentalität f.

menteu|r, -se [mã'tœːr, ~'tœ:z] **1.** adj. lügenhaft; **2.** su. Lügner(in f) m.

menthe ♀ [mã:t] f Minze f; ~ poivrée Pfefferminze f.

mention [mã'sjõ] f Erwähnung f; Vermerk m, Angabe f; écol. Note f, Beurteilung f (bei e-r Prüfung); faire

~ (de) = **~ner** [~sjɔˈne] v/t. (1a) erwähnen.

ment|ir [mãˈtiːr] v/i. (2b) lügen; ~ à q. j-n belügen; **~isme** psych. [~ˈtism] m Ideenflucht f.

menton [mãˈtõ] m anat. Kinn n; zo. Unterkiefer m; **~nière** [~tɔˈnjɛːr] f Kinnband n; ⊕ Sturmriemen m.

mentor [mɛ̃ˈtɔːr] m fig. Führer m, Ratgeber m, Mentor m (a. Sport).

menu, -e [mɔˈny] 1. adj. dünn, fein; winzig, klein; fig. gering; le ~ peuple die kleinen Leute pl.; par le ~ (détail) haarklein; 2. adv.: hacher ~ Holz kleinhacken; trotter ~ trippeln; 3. m a) Speisenfolge f, Menü n; b) Speise(n)karte f.

menuisier [mɔnɥiˈzje] m Tischler m.

méphit|ique [mefiˈtik] adj. übelriechend; **~isme** [~ˈtism] m Luftverseuchung f durch Gase.

méplat, -e [meˈpla, ~ˈplat] 1. adj. halbflach; abgeflacht; 2. m Abflachung f.

méprendre litt. [meˈprãːdrə] v/rfl. (4q): se ~ sich irren; à s'y ~ zum Verwechseln.

mépris [meˈpri] m Verachtung f; au ~ de ohne Rücksicht auf (acc.); **~able** [~ˈzablə] adj. verächtlich; **~e** [~ˈpriːz] f Irrtum m, Verwechslung f; par ~ aus Versehen; **~er** [~priˈze] v/t. (1a) ver-, miß-achten.

mer [mɛːr] f Meer n, See f; haute ~ offene See f; voyage m par (od. sur) ~ Seereise f.

mercant|i péj. [mɛrkãˈti] m Schieber m; **~ile** péj. [~ˈtil] adj.: esprit m ~ Krämergeist m.

merce|naire [mɛrsɔˈnɛːr] m Söldner m; **~rie** [~ˈri] f Kurzwaren f/pl.

merci [mɛrˈsi] 1. int.: ~! danke!; ~ bien!, ~ beaucoup! vielen Dank!; grand ~! tausend Dank!; ~ de (od. pour) qch. besten Dank für etw.; 2. m: dites-lui un grand ~ de ma part richten Sie ihm meinen besten Dank aus; 3. f Gnade f; nur noch in: être à la ~ de qch. (de qch.) j-m (e-r Sache) ausgeliefert (od. preisgegeben) sein; sans ~ erbarmungslos, ohne Gnade.

mercredi [mɛrkrɔˈdi] m Mittwoch m.

mercur|e 🜍 [mɛrˈkyːr] m Quecksilber n; **~iale** [~kyˈrjal] f Marktbericht m; F fig. Standpauke f; **~iel, -le** 🜍 [~ˈrjɛl] adj. quecksilberhaltig.

merde V [mɛrd] f Scheiße f V.

mère [mɛːr] 1. f Mutter f; 2. adj.

Haupt...; **Mutter...**; idée f ~ Leitgedanke m; ~ patrie f Mutterland n.

méridi|en, -ne [meriˈdjɛ̃, ~ˈdjɛn] 1. adj. ast. den Meridian betreffend; 2. m ast. Meridian m; 3. ~ne f ast. Mittagslinie f; F Mittagsschläfchen n; **~onal, -e** [~djoˈnal] (m/pl. -aux) 1. adj. südlich; 2. ♀(e) su. Südfranzose m, -französin f.

meringue pât. [mɔˈrɛ̃ːg] f Baiser n; ~ à la crème Sahnebaiser n.

meris|e ♀ [mɔˈriːz] f Vogelkirsche f (Frucht), **~ier** [~riˈze] m Vogelkirsche f (Baum).

mérit|e [meˈrit] m Verdienst n; **~er** [~ˈte] (1a) v/t. verdienen; v/i.: (bien) ~ sich verdient machen (de um); **~oire** [~ˈtwaːr] adj. verdienstvoll.

merlan icht. [mɛrˈlã] m Merlan m.

merle orn. [mɛrl] m Amsel f.

merl|u icht. [mɛrˈly] m Seehecht m; **~uche** [~ˈlyʃ] f 1. = merlu; 2. ✝ Stockfisch m.

merrain [mɛˈrɛ̃] m ⊕ Daubenholz n; ch. Stange f des Hirschgeweihs.

merveill|e [mɛrˈvɛj] f Wunder n; à ~ ausgezeichnet; **~eux, -se** [~ˈjø, ~ˈjøːz] adj. wundervoll, herrlich.

mes [me] s. mon.

mésalliance [mezaˈljãːs] f Mißheirat f.

mésange orn. [meˈzãːʒ] f Meise f.

mésaventure [mezavãˈtyːr] f Mißgeschick n, unglücklicher Zufall m.

mes|dames [meˈdam] pl. von madame; **~demoiselles** [~dmwaˈzɛl] pl. von mademoiselle.

més|entente [mezãˈtãːt] f Unstimmigkeit f; **~estimer** [~zɛstiˈme] v/t. (1a) mißachten; geringschätzen; **~intelligence** [~zɛ̃telˈjãːs] f Unfrieden m, Zwürfnis n.

mesqu|in, -e [mɛsˈkɛ̃, ~ˈkin] adj. kleinlich; **~inerie** [~kinˈri] f Kleinlichkeit f; Knauserei f.

mess ✕ [mɛs] m Kasino n.

message [meˈsaːʒ] m Botschaft f; Nachricht f; rad. Durchsage f; **~er, -ère** [~saˈʒe, ~ˈʒɛːr] 1. su. Bote m, Botin f; 2. m fig. Vorbote m, Anzeichen n; **~eries** [~ʒˈri] f/pl. 1. ⚓, ✕ Transport m; 2. Gütereilverkehr m.

messe rl., ♪ [mɛs] f Messe f.

messeoir litt. [meˈswaːr] v/i. (3k) bsd. verneint: ne pas ~ à qch. zu etw. (dat.) passen.

messieurs [meˈsjø] pl. von monsieur; P bonjour (au revoir), ♀ Dames! guten

Tag (auf Wiedersehen), meine Herr-schaften!

messin, -e [mɛ'sɛ̃, ~'sin] **1.** *adj.* aus Metz; **2.** ♀(ne) *su.* Einwohner(in *f*) *m* von Metz.

mesur|able [məzy'rablə] *adj.* meßbar; **~age** [~'ra:ʒ] *m* (Ab-, Aus-) Messen *n*; **~e** [~'zy:r] *f* Maß *n*; Maßstab *m*; *mét.* Silbenmaß *n*; ♪ Takt *m*; *esc.* richtiger Abstand *m*; *fig.* Maßhalten *n*; Maßnahme *f*; à ~ de im Verhältnis zu (*dat.*); à ~ que je nachdem; être en ~ de ... (*inf.*) imstande sein zu ... (*inf.*); *éc.* ~ de relance Konjunkturspritze *f*; ~ de rigueur erforderliche Maßnahme *f*; outre ~ maßlos, ohne Maß und Ziel; par ~ d'hygiène aus hygienischen Gründen; poids et ~s Maße und Gewichte *n/pl.*; sur ~ nach Maß; **~er** [~zy're] *v/t.* (1a) (ab-, aus-, be-, er-)messen; *fig.* abwägen.

métabolisme *biol.* [metabɔ'lism] *m* Stoffwechsel *m*.

métairie [metɛ'ri] *f* Halbpachtgut *n*, Meierei *f.*

métal [me'tal] *m* (*pl.* -aux) Metall *n*; ~ précieux Edelmetall *n.*

métall|ifère [metalli'fɛ:r] *adj.* metallhaltig; **~ique** [~'lik] *adj.* Metall...; metallisch; **~iser** ⊕ [~li'ze] *v/t.* (1a) metallisieren; **~o** ⊥ [~'lo] *m* Metallarbeiter *m*, Metaller *m* F.

métallurg|ie [metalyr'ʒi] *f* Metallurgie *f*, Hüttenwesen *n*; **~ique** [~'ʒik] *adj.* metallurgisch, Hütten...; **~iste** [~'ʒist] *adj. u. m*: (ingénieur *m*) ~ Hütteningenieur *m*; (ouvrier *m*) ~ Metallarbeiter *m.*

métamorphos|e [metamɔr'fo:z] *f* Ver-, Um-wandlung *f*; **~er** [~fo'ze] *v/t.* (1a) ver-, um-wandeln.

métaphonie *gr.* [metafɔ'ni] *f* Umlaut *m.*

métaphor|e [meta'fɔ:r] *f* Metapher *f*; **~ique** [~fɔ'rik] *adj.* metaphorisch.

méta|stase [meta'sta:z] *f* Metastase *f*; **~thèse** *phon.* [~'tɛ:z] *f* Metathese *f.*

métayer, -ère [metɛ'je, ~'jɛ:r] *su.* Halbpächter(in *f*) *m.*

méteil ✔ [me'tɛj] *m* Mengkorn *n.*

météo F [mete'o] *f* Wetterbericht *m.*

météor|e [mete'ɔr] *m* Meteor *m* (*a. fig.*); **~ique** [~ɔ'rik] *adj.* Meteor...; **~isme** ⚕ [~'rism] *m* Blähsucht *f*; **~ite** [~'rit] *f* (*oft a. m*) Meteorit *m.*

météorolog|ie [meteɔrɔlɔ'ʒi] *f* Meteorologie *f*, Wetterkunde *f*; Wetterdienst *m*; **~ique** [~'ʒik] *adj.* meteorologisch, Wetter...; *bulletin m* ~ Wetterbericht *m*; **~iste** [~'ʒist] *su.*, **~ue** [~'lɔg] *su.* Meteorologe *m*, Meteorologin *f.*

météorosensible [meteɔrɔsɑ̃'siblə] *adj.* wetterfühlig.

méthode [me'tɔd] *f* Methode *f*; **~ique** [~'dik] *adj.* methodisch.

méticul|eux, -se [metiky'lø, ~'lø:z] *adj.* peinlich genau; pedantisch; **~osité** [~lozi'te] *f* peinliche Genauigkeit *f.*

métier [me'tje] *m* Handwerk *n*; Gewerbe *n*; Beruf *m*; ~ à tisser Webstuhl *m*; ~ à broder Stickrahmen *m*; avoir du ~ Routine haben.

métis, -sse [me'tis] **1.** *adj. biol.* durch Kreuzung entstanden; *text.* Misch...; *toile f* ~se Halbleinen *n*; **2.** *su.* Mischling *m.*

métrage [me'tra:ʒ] *m* Vermessung *f* nach Metern; Meterzahl *f*; *cin. long* ~ Spielfilm *m*; *court* ~ Kurzfilm *m.*

mètre ['mɛtrə] *m* Meter *m od. n*; ~ carré Quadratmeter *m od. n*; ~ cube Kubikmeter *m od. n*; ~ à ruban Bandmaß *n*; ~ pliant Zollstock *m*; ~ roulant Rollbandmaß *n.*

métr|é [me'tre] *m* Ausmessen *n*; **~eur** ⊿ [~'trœ:r] *m* Messungsingenieur *m*; **~ique** [~'trik] **1.** *adj.* metrisch; **2.** *f* Metrik *f.*

métro [me'tro] *m* U-Bahn *f.*

métro|logie [metrɔlɔ'ʒi] *f* Maß- und Gewichtskunde *f*; **~nome** ♪ [~'nɔm] *m* Metronom *n*, Taktmesser *m.*

métropole [metrɔ'pɔl] *f* Metropole *f*; Mutterland *n*; erzbischöflicher Sitz *m*; **~itain, -e** [~li'tɛ̃, ~'tɛn] **1.** *adj.* hauptstädtisch; mutterstaatlich; erzbischöflich; **2.** *m* (*dafür häufiger: métro*) Untergrundbahn *f*, **~ite** *m* [~'lit] *m* Erzbischof *m.*

mets [mɛ] *m* Gericht *n*, Speise *f*; ~ tout préparé Fertiggericht *n.*

mett|able [me'tablə] *adj.* Kleidungsstück: tragbar; **~eur** [~'tœ:r] *m cin.*, *thé.* ~ en scène, *rad.*, *télév.* ~ en ondes Regisseur *m*; Spielleiter *m*; *typ.* ~ en pages Metteur *m.*

mettre ['mɛtrə] *v/t.* (4p) stellen, setzen, legen; bringen; hineintun; *Fehlendes* hinzufügen; *Kleider* anziehen; *Krawatte* umbinden; *Hut* aufsetzen; *Geld* anlegen; *beim Spiel* (ein)setzen; ~ deux heures à (faire) qch. zwei Stunden brauchen zu etw. (um etw. zu tun); ~ au net ins reine schreiben; ~ au point klar-, richtig-, rad. ein-stellen; noch einmal über-arbeiten; opt. scharf einstellen; ~ l'adresse sur qch. etw. adressieren; ~ q. à même de faire qch. j-n in den Stand setzen, etw. zu tun; rad. ~ à terre erden; ⚡ ~ en circuit einschal-ten; ~ en feu Hochofen anblasen; ~ en marche Motor anspringen lassen; typ. ~ en pages umbrechen; Auto: ~ plein gaz Vollgas geben; Auto: ~ en code abblenden; ✝ ~ en vente zum Verkauf bringen; 🚗 usw. ~ hors de service ausrangieren; se ~ à (faire) qch. sich an etw. (acc.) machen; anfangen, etw. zu tun; se ~ à table sich zu Tisch setzen; se ~ en quatre pour q. sich für j-n halb umbringen f; se ~ en route sich auf den Weg ma-chen; se ~ en usage aufkommen, gebräuchlich werden; F péj. s'en ~ plein les poches sich die Taschen vollstopfen (od. füllen).

meubl|ant, -e [mœ'blã, ~'blãːt] adj. zum Möblieren geeignet; Möbel...; 🔧 **meubles** m/pl. ~s Hausrat m; ~e ['mœblə] 1. adj.: ♂ terre f ~ lockerer Boden m; 🔧 bien m ~ bewegliches Gut n; 2. m Möbelstück n; ~s pl. Mobiliar n; ~s métalliques Stahlmö-bel n/pl.; ~s superposables et juxtapo-sables Auf- und Anbaumöbel n/pl.; se mettre dans ses ~s sich ein eigenes Heim gründen; ~ radio-phono, ~ radio combiné Musik-truhe f, -schrank m; ~er [~'ble] v/t. (1a) möblieren; ~ bien wohnlich gestalten.

meugl|ement [møglə'mã] m Muhen n; ~er [~'gle] v/i. (1a) muhen.

meul|e [møːl] f ⊕ Mühl-, Schleif-stein m; ♂ (Heu- usw.) Schober m; Kohlenmeiler m; sehr großer Käse m; ~er [mø'le] v/t. (1a) ab-, ein-, aus-schleifen; ~ en creux hohlschlei-fen.

meun|erie [møn'ri] f Müllerei f; ~ier, -ère [~'nje, ~'njɛːr] su. Mül-ler(in f) m.

meurs [mœːr] prés. u. impér. von mourir (1. u. 2. Person sg.).

meurt-de-faim [mœrdə'fɛ̃] m (inv.) Hungerleider m.

meurtr|e ['mœrtrə] m Mord m; ~ier, -ère [~tri'e, ~tri'ɛːr] 1. adj. mörde-risch; 2. su. Mörder(in f) m; ~ière frt. [~tri'ɛːr] f Schießscharte f; ~ir

[~'triːr] v/t. (2a) (zer)quetschen; ~is-sure [~tri'syːr] f Quetschung f; an-gestoßene Stelle f.

meus [mø] prés. u. impér. von mouvoir (1. u. 2. Person sg.).

meute [møːt] f Meute f (a. fig.).

mévente ✝ [me'vãːt] f Absatzflaute f.

mexicain, -e [mɛksi'kɛ̃, ~'kɛn] 1. adj. mexikanisch; 2. ♀(e) su. Mexika-ner(in f) m.

mi ['mi] m E n, e n.

mi-... [mi] advt. halb; mit Monatsna-men (diese werden f): (à la) ~-janvier Mitte Januar.

miaou [mja'u] m Miauen n.

miauler [mjo'le] v/i. (1a) miauen.

mi-bas [mi'bɑ] m (inv.) Kniestrumpf m.

mica min. [mi'ka] m Glimmer m.

miche [miʃ] f: ~ (de pain) Laib m Brot.

micheline 🚗 [miʃ'lin] f Schienenbus m, Triebwagen m.

mi-chemin [miʃ'mɛ̃] advt.: à ~ auf halbem Wege.

micmac F [mik'mak] m Intrige f.

micro [mi'kro] m Mikrophon n.

microbe [mi'krɔb] m Mikrobe f; F sehr kleine Person f.

micro|bus [mikro'bys] m Kleinbus m; ~céphale [~se'fal] adj. kleinköp-fig; ~économie [~ekɔnɔ'mi] f Mi-kroökonomik f; ~électronique [~elɛktrɔ'nik] f Mikroelektronik f; ~film [~'film] m Mikrofilm m; ~fil-mer [~'me] v/t. (1a) auf Mikrofilm aufnehmen; ~génique [~ʒe'nik] adj. für das Mikrophon geeignet; ~mè-tre [~'mɛːtrə] m Mikrometer n.

micron [mi'krɔ̃] m Mikron n, My n.

micro|-organisme [mikroɔrga-'nism] m Kleinstlebewesen n; ~-perche télév., cin. [~'pɛrʃ] f Gal-gen m, Mikrophonstange f; ~phone [~'fɔn] m Mikrophon n; ~scope [~'skɔp] m Mikroskop n; ~sillon [~si'jɔ̃] m Langspielplatte f.

midi [mi'di] m 1. Mittag m; zwölf Uhr (mittags); ~ et quart, ~ un quart Viertel eins, (ein) Viertel nach zwölf; ~ et demi halb eins; 2. Süden m; le ♀ Südfrankreich n; die südlichen Län-der n/pl. Europas; der Süden e-s Landes.

midinette [midi'nɛt] f 1. F Nähmäd-chen n, junge Modistin f (in Paris);

mimosa

2. naives Mädchen *n*.

mie [mi] *f* Krume *f*.

miel [mjɛl] *m* Honig *m*; ~ *des montagnes* Berghonig *m*; **~leux, -se** [~'lø, ~'lø:z] *adj.* scheinheilig.

mien, -ne [mjɛ̃] 1. *pr/poss.*: *le* ~, *la* ~*ne* der, die, das mein(ig)e, mei-ne(r, -s); *litt. un* ~ *frère* ein Bruder von mir; 2. *m*: *le* ~ das Mein(ig)e, mein Eigentum *n*; *les* ~*s pl.* die Mein(ig)en *pl.*, meine Angehörigen *pl.*

miette [mjɛt] *f* Krümchen *n*.

mieux [mjø] 1. *adv.* besser; lieber; *le* ~ *am besten, am liebsten; le* ~ *possible* so gut wie möglich; *aimer* ~ lieber mögen; *changer en* ~ sich zum Vorteil verändern; *tant* ~ um so besser; *valoir* ~ besser sein; 2. *m: le* ~ das Bessere, das Beste; Besserung *f im Befinden; faute de* ~ s. *faute; au* ~ aufs beste.

mièvr|e [mjɛ:vr] *adj.* fad(e); manie-riert, **~erie, ~eté** [mjɛvrə'ri, ~'te] *f* Manieriertheit *f*, Affekthascherei *f*.

mignard, -e [mi'na:r, ~'nard] *adj.* affektiert; F niedlich; **~ise** [~nar'di:z] *f* Affektiertheit *f*.

mign|on, -ne [mi'nɔ̃, ~'nɔn] 1. *adj.* allerliebst, niedlich; 2. *su.* Liebling *m*; Geliebte(r *m) m u. f*; **~oter** [~nɔ'te] *v/rfl.* (1a): *se* ~ sich feinma-chen.

migraine [mi'grɛ:n] *f* Migräne *f*.

migr|ant [mi'grã] *m (od. adj. travail-leur m* ~) Wanderarbeitnehmer *m*; F Gastarbeiter *m*; **~ateur, -rice** [~gra-'tœ:r, ~'tris] *adj.* wandernd; *oiseau m* ~ Zugvogel *m*; **~ation** [~gra'sjɔ̃] *f* Wanderung *f*; Ziehen *n der Vögel*; **~atoire** [~gra'twa:r] *adj.* Wander...

mijaurée *péj.* [miʒo're] *f* Zierpuppe *f*.

mijoter [miʒɔ'te] (1a) *v/t. cuis.* lang-sam kochen (*od.* schmoren) lassen; F *fig.* aushecken; *v/i.* langsam kochen (*od.* schmoren).

mil [mil] 1. *a/n.c.* tausend (*in Jahres-zahlen, sofern es sich nicht um glatte Tausender handelt*); 2. *m gym.* Keule *f*.

milan *orn.* [mi'lã] *m* Gabelweihe *f*.

milanais, -e [mila'nɛ, ~'nɛːz] *adj.* mailändisch; Mailänder; 2. ⓛ(e) *su.* Mailänder(in *f) m*.

mildiou ♀ [mil'dju] *m* Mehltau *m*.

miliaire ⚕ [mi'ljɛːr] 1. *adj.* hirse-kornartig; *fièvre f* ~ Frieselfieber *n*; 2. *f* Frieseln *pl*.

milic|e ⚔ [mi'lis] *f* Miliz *f*; **~ien** [~'sjɛ̃] *m* Milizsoldat *m*.

milieu [mi'ljø] *m (pl.* ~*x)* Mitte *f*; Milieu *n*, Umwelt *f*; * Unterwelt *f*; ⚘ ~ *de culture* Nährboden *m; au* ~ *de* mitten in (*dat. bzw. acc.*), in der Mitte (*gén.*).

milit|aire [mili'tɛːr] 1. *adj.* militä-risch; Militär...; Kriegs...; 2. *m* Sol-dat *m; les* ~*s pl.* das Militär; **~ant, -e** [~'tã, ~'tã:t] 1. *adj.* kämpferisch; mi-litant; 2. *su.* (Vor-)Kämpfer(in *f) m*; aktives Mitglied *n*; **~ariser** [~tari'ze] *v/t.* (1a) militarisieren; **~arisme** [~'rism] *m* Militarismus *m*; **~ariste** [~'rist] 1. *adj.* militaristisch; 2. *m* Militarist *m*; **~er** [~'te] *v/i.* (1a): ~ *en faveur de q.* für j-n sprechen (*od.* kämpfen).

milk-bar [milk'ba:r] *m (pl.* ~*s)* Milchbar *f*.

mille¹ [mil] 1. *a/n.c.* tausend; 2. *m Zahl:* Tausend *f*; Tausender *m; Menge:* Tausend *n*.

mille² [mil] *m* Meile *f*; ~ *marin* See-meile *f*.

mille-feuille [mil'fœj] (*pl.* ~*s*) 1. *f* ♀ Schafgarbe *f*; 2. *m pât.* Cremeschnit-te *f* aus Blätterteig.

millén|aire [mile'nɛːr] 1. *adj.* tau-sendjährig; 2. *m* Jahrtausend *n*; Tau-sendjahrfeier *f*.

mille-pattes *ent.* [mil'pat] *m (inv.)* Tausendfüß(l)er *m*.

millésime [mile'zim] *m* Jahreszahl *f auf Münzen usw.*; Jahrgang *m bei Weinen*.

millet ♀ [mi'jɛ] *m* Hirse *f*.

milli|aire [mi'ljɛːr] *adj.*: *pierre f* ~, *borne f* ~ Meilenstein *m*; **~ard** [~'lja:r] *m* Milliarde *f*; **~ardaire** [~ljar'dɛːr] *su.* Milliardär(in *f) m*; **~ème** [~'ljɛːm] 1. *a/n.o.* tausendste(r, -s); 2. *m* Tau-sendstel *n*; **~er** [~'lje] *m* Tausend *n*; *par* ~*s* zu Tausenden.

milli|gramme [mili'gram] *m* Milli-gramm *n*; **~litre** [~'li:tr] *m* Milliliter *m od. n*; **~mètre** [~'mɛ:tr] *m* Milli-meter *m od. n*; **~métrique** [~me'trik] *adj.*: *papier m* ~ Millimeterpapier *n*.

million [mi'ljɔ̃] *m* Million *f*; **~naire** [~ljɔ'nɛːr] *su.* Millionär(in *f) m*.

mim|er [mi'me] *v/t.* (1a) 1. pantomi-misch darstellen; 2. nachäffen; **~é-tisme** *biol.* [~me'tism] *m* Mimikry *f*.

mimi [mi'mi] *m enf.* Katze *f*, Mieze *f*; F *faire* ~ à *q.* j-n abküssen.

mimosa ♀ [mimo'za] *m* Mimose *f*.

minable F [mi'nablə] *adj.* schäbig, ärmlich; *fig.* kümmerlich.

minaud|er [mino'de] *v/i.* (1a) sich zieren; **~erie** [~'dri] *f* Ziererei *f*.

mince [mɛ̃:s] **1.** *adj.* dünn; *fig.* winzig; **2.** *int.* P ~ (*alors*)! verdammt (noch mal)!

mine¹ [min] *f* Miene *f*; Aussehen *n*; *avoir bonne* ~ gut aussehen; *faire* ~ *de* (*inf.*) so tun (*od.* sich stellen), als ob; *faire la* ~ schmollen.

min|e² [min] *f* Bergwerk *n*, Zeche *f*; Erzader *f*; Mine *f* (*a.* ✖); *fig.* Fundgrube *f*; **~er** [~'ne] *v/t.* (1a) ✖ verminen; *fig.* unterminieren, untergraben; **~erai** [~n'rɛ] *m* Erz *n*.

minéral, -e [mine'ral] (*m/pl. -aux*) **1.** *adj.* mineralisch; *eau f* ~ Mineralwasser *n*; *ressources f/pl.* ~es Bodenschätze *m/pl.*; **2.** *m* Mineral *n*, Gestein *n*; **~iser** [~li'ze] *v/t.* (1a) mineralisieren; vererzen; ~ *l'eau* dem Wasser Mineralien zusetzen.

minéralog|ie [mineralɔ'ʒi] *f* Mineralogie *f*; **~ique** [~'ʒik] *adj.* mineralogisch; **~iste** [~'ʒist] *m* Mineraloge *m*.

min|et F [mi'nɛ] *m*, **~ette¹** F [~'nɛt] *f* Kätzchen *n*; Liebling *m*.

minette² *min.* [mi'nɛt] *f* Minette *f*.

mineur¹, -e [mi'nœ:r] **1.** *adj.* zweitrangig; ♫ *fig.* minderjährig; ♪ *mode m* ~ Moll *n*; **2.** *su.* ♫ Minderjährige(r *m*) *m u. f*.

mineur² [mi'nœ:r] *m* ✖ Bergmann *m*; ✖ Minenleger *m*.

mini *cout.* [mi'ni] *m* Minimode *f*; **~(-)...** *in Zssgn:* Mini...

miniatur|e [minja'ty:r] *f* Miniatur *f*; **~iste** [~ty'rist] *su.* Miniaturmaler(in *f*) *m*.

minibus [mini'bys] *m* Kleinbus *m*.

min|ier, -ère [mi'nje, ~'njɛ:r] *adj.* Bergwerks...; Bergbau...; Gruben...; Montan...; **~ière** [~'njɛ:r] *f* Bergwerk *n* im Tagebau.

minim|a [mini'ma] s. *minimum*; **~al, -e** [~'mal] *adj.* (*m/pl. -aux*) minimal; Mindest...; **~e** [~'nim] *adj.* sehr klein; **~iser** [~mi'ze] *v/t.* (1a) bagatellisieren; verniedlichen.

minimum [mini'mɔm] (*pl.* ~s *od.* *minima*) **1.** *adj.* (*f:* ~ *od.* *minima*) minimal; Mindest...; *ration f minima* Mindestration *f*; **2.** *m* Minimum *n* (*a.* 🅐); ~ *vital* Existenzminimum *n*.

miniparti *pol.* [minipar'ti] *m* Kleinst-, Splitter-partei *f*.

minislip [mini'slip] *m* Sportslip *m*.

minist|ère [minis'tɛ:r] *m* Ministerium *n*; Amt *n*; ~ *des Affaires étrangères* Außenministerium *n*; *All.* Auswärtiges Amt *n*; ♫ ~ *public* Staatsanwaltschaft *f*; *rl.* ~ *sacerdotal* Priesteramt *n*; **~ériel, -le** [~te'rjɛl] *adj.* ministeriell; Regierungs...; Minister...; **~re** [~'nistrə] *m* Minister *m*; Gesandte(r) *m*; *rl.* evangelischer Pfarrer *m*.

minium [mi'njɔm] *m* Mennige *f*.

minois [mi'nwa] *m* (niedliches) Gesichtchen *n*.

minorité [minɔri'te] *f* Minderheit *f* (*a. pol.*); ♫ Minderjährigkeit *f*.

minoterie [minɔ'tri] *f* Mehl-fabrik *f*, -handel *m*.

minuit [mi'nɥi] *m* Mitternacht *f*; *à* ~ *et demi* nachts um halb eins.

minuscule [minys'kyl] **1.** *adj.* sehr klein, winzig; *lettre f* ~ = **2.** *f* kleiner Buchstabe *m*.

minut|e [mi'nyt] *f* **1.** Minute *f*; ~! e-n Moment mal!, halt!; **2.** ♫ Urschrift *f*; **~er** [~'te] *v/t.* (1a) **1.** ♫ abfassen; **2.** die Dauer (*z. B. e-s Rundfunkvortrages*) genau festlegen; **~erie** [~'tri] *f* Schaltuhr *f*; *téléph.* Zeittakt *m*; ⚡ ~ *d'escalier* automatische Treppenbeleuchtung *f*; **~ie** [~ny'si] *f* peinliche Genauigkeit *f*; **~ieux, -se** [~'sjø, ~'sjø:z] *adj.* peinlich genau.

mioche F [mjɔʃ] *su.* kleiner Junge *m*; Göre *f*; Balg *m*.

mi-partition [miparti'sjɔ̃] *f* Halbierung *f*.

mirabelle 🜲 [mira'bɛl] *f* Mirabelle *f*.

mir|acle [mi'ra:klə] *m* Wunder *n*; **~aculeux, -se** [~raky'lø, ~'lø:z] *adj.* Wunder...; wunderbar; übernatürlich; **~ador** ✖ [~'dɔ:r] *m* Wach(t)turm *m*; **~age** [~'ra:ʒ] *m* Fata Morgana *f*; *fig.* Trugbild *n*; **~e** [mi:r] *f* ✖ Visierkorn *n*; *arp.* Meßlatte *f*; ~ *de réglage* Testbild *n*; *point m de* ~ Zielpunkt *m*; **~er** [mi're] *v/t.* (1a) *Eier* gegen das Licht halten und prüfen; **~ifique** *plais.*, *oft iron.* [~ri'fik] *adj.* großartig, phantastisch.

mirliton [mirli'tɔ̃] *m* ♪ Pappflöte *f*; 🎖 Vorwarnschild *n*, Bake *f*.

miro P [mi'ro] *adj.* (*inv.*) kurzsichtig.

mirobolant, -e F [mirɔbɔ'lɑ̃, ~'lɑ̃:t] *adj.* fabelhaft, einzigartig.

miroir [mi'rwa:r] *m* (kleiner) Spiegel *m*.

miroit|é, -e [mirwa'te] *adj.* Pferd: hell getupft; **~er** [~] *v/i.* (1a) spiegeln; *fig.* schillern; *faire* ~ in glän-

mixture

zenden Farben schildern.

miroton *cuis.* [miro'tɔ̃] *m* gekochtes Rindfleisch *n* mit Zwiebeln.

mirvlage ✕ [mir'va:ʒ] *m* Ausrüstung *f* mit Mehrfachsprengköpfen; **⁓é, -e** ✕ [⁓'ve] *adj.* mit Mehrfachsprengköpfen.

mis [mi] *p.p. u. p/s. von* mettre.

misaine ⚓ [mi'zɛn] *f* Focksegel *n; mât m de ⁓* Fockmast *m.*

misanthrope [mizɑ̃'trɔp] *su.* Menschenfeind *m,* Misanthrop *m.*

miscible [mi'siblə] *adj.* mischbar.

mise [mi:z] *f* Setzen *n,* Stellen *n;* Versetzen *n in e-n Zustand; ⁓* Einlage *f;* Spiel: Einsatz *m; Auktion:* Gebot *n;* Kleidung *f;* ✕, *a. écol. usw. (Strafe) ⁓ à pied* Entlassung *f; ⁓ à la retraite* Versetzung *f* in den Ruhestand; ⚓ *⁓ à l'eau* Stapellauf *m; ⁓ au point* Einstellung *f (a. phot. u. fig.);* Richtig-, Klar-stellung *f;* ⊕ Nachregulierung *f; ⚡ ⁓ à terre* Erdung *f; v. Tieren: ⁓ bas* Werfen *n;* ✕ *⁓ de feu* Abfeuern *n,* Zündung *f;* ✝ *⁓ de fonds* (Geld-)Investition *f; ⁓ en état* Versetzung *f in e-e Lage; ⁓ en exploitation* Inbetriebnahme *f e-r Anlage;* Erschließung *f e-s Landes; ⁓ en fabrication* Produktionsaufnahme *f; ⁓ en marche (route, service)* Inbetriebnahme *f,* Inbetriebsetzung *f; Auto:* Anlassen *n;* ✕ Anwerben *n; a. Auto:* Start *m; ⁓ en œuvre* Anwendung *f;* Durchführung *f; rad. ⁓ en ondes* Spielleitung *f; Raumfahrt: ⁓ en (od. sur) orbite* Abschuß *m* auf die Umlaufbahn; *typ. ⁓ en pages* Umbruch *m; ⁓ en plis* Wasserwelle *f (Frisur); ⁓ en pratique* Anwendung *f; thé. ⁓ en scène* Inszenierung *f; ⁓ en vente* Verkauf *m; ⁓ hors de combat* Knockout *m; ⁓ hors de service* Stillegung *f; ne pas être de ⁓* nicht üblich *(od.* unpassend) sein.

misérable [mize'rablə] *adj.* bedauernswert; kümmerlich.

misère [mi'zɛːr] *f* **1.** Elend *n; ⁓s pl.* Kümmernisse *f/pl.;* **2.** Lappalie *f.*

miséricordle [mizeri'kɔrd] *f* Barmherzigkeit *f; ⁓ieux, -se* [⁓'djø, ⁓'djøːz] *adj.* barmherzig.

missel *rl.* [mi'sɛl] *m* Meßbuch *n.*

missile ✕ [mi'sil] *m* (Kampf-)Rakete *f; ⁓ de croisière* Flügelrakete *f,* Marschflugkörper *m,* Cruise missile *n; ⁓ier* [⁓'lje] *m* Raketentechniker *m.*

missliologie *rl.* [misjɔlɔ'ʒi] *f* Missionslehre *f; ⁓ion* [⁓'sjɔ̃] *f* Mission *f;* Auftrag *m;* Aufgabe *f;* Sendung *f; adm. a.* Dienstreise *f; ⁓ionnaire rl.* [⁓sjɔ'nɛːr] *m* Missionar *m; ⁓ive* F, *iron.* [⁓'siːv] *f* Brief *m.*

mistigri [misti'gri] *m* **1.** F Katze *f;* **2.** *ein Kartenspiel;* Kreuzbube *m in diesem Spiel u. a.*

mistoufle P [mis'tuflə] *f* Misere *f.*

mistral [mis'tral] *m* Mistral *m,* Nord-(west)wind *m (in Südostfrankreich).*

mitage *néol.* ⚠ [mi'ta:ʒ] *m* Zersiedelung *f.*

mitaine [mi'tɛn] *f* fingerloser (Arbeits-)Handschuh *m.*

mitle *ent.* (mit) *f* Motte *f; ⁓é, -e* [⁓'te] *adj.* von Motten zerfressen.

mi-temps [mi'tɑ̃] *f* Halbzeit *f.*

miteux, -se F [mi'tø, ⁓'tøːz] *adj.* ärmlich, elend.

mithridatisation [mitridatizɑ'sjɔ̃] *f* Giftfestigkeit *f.*

mitigation ⚖ [mitiga'sjɔ̃] *f* Strafmilderung *f.*

miton [mi'tɔ̃] *m* Pulswärmer *m.*

mitonner [mitɔ'ne] *v/t. u. v/i.* langsam kochen; *v/t.* F *fig.* geschickt vorbereiten.

mitoyen, -ne [mitwa'jɛ̃, ⁓'jɛn] *adj.* in der Mitte befindlich; *clôture f ⁓ne* (Grenz-)Zaun *m;* ⚠ *mur m ⁓* Brandmauer *f.*

mitraillade ✕ [mitra'jad] *f, ⁓age* ✕ [⁓'ja:ʒ] *m* MG-Beschuß *m; ⁓e* [⁓'traːj] *f* **1.** ✕ *sous la ⁓* unter Artilleriefeuer; **2.** F Kleingeld *n; ⁓er* [⁓tra'je] *v/t.* (1a) ✕ mit MG-Feuer belegen; F *phot.* Bilder schießen *(q., qch.* von j-m, von etw.);* F filmen; *fig.* mit *Fragen* bombardieren; F bedrängen; *⁓ette* ✕ [⁓'jɛt] *f* Maschinenpistole *f,* MP *f; ⁓eur* ✕ [⁓'jœːr] *m* MG-Schütze *m; ⁓euse* ✕ [⁓'jøːz] *f* Maschinengewehr *n,* MG *n.*

mitrle [mi'tr] *f* Bischofsmütze *f;* ⚠ Schornsteinaufsatz *m; ⁓on* F [⁓'trɔ̃] *m* Bäcker-, Konditor-geselle *m.*

mixlage *cin.* [mi'ksa:ʒ] *m* Mischen *n;* Tonmischung *f u. a.;* *⁓er¹ cin.* [⁓'kse] *v/t.* (1a) mischen.

mixler², ⁓eur *cuis.* [mi'ksœːr] *m* Mixer *m.*

mixtle [mikst] *adj.* gemischt; ✕ kombiniert; *éducation f ⁓* Koedukation *f; ⁓ion phm.* [⁓'tjɔ̃] *f* Mixtur *f; ⁓ure* [⁓'tyːr] *f phm.* Mixtur *f; péj.* Mischmasch *m.*

mobil|e [mɔˈbil] **1.** *adj.* beweglich; verstellbar; dreh-, fahr-bar; lose; *Fr.* ✕ *garde f,* Bereitschaftspolizei *f;* **2.** *m méc.* beweglicher Körper *m; fig.* Triebfeder *f,* Motiv *n,* (Beweg-) Grund *m,* treibende Kraft *f;* **~ier, -ère** [~ˈlje, ~ˈljɛːr] **1.** *adj.* ⚠ beweglich, Mobiliar...; **2.** *m* Mobiliar *n;* **~isation** ✕ [~lizaˈsjɔ̃] *f* Mobilmachung *f;* **~iser** [~ˈze] *v/t.* (1a) ✕ mobilisieren (*a. fig.*), mobil machen; 🏦 **†** *Kapital* flüssigmachen; **~ité** [~ˈte] *f* Beweglichkeit *f;* Unstetigkeit *f; phys. ~ des ions* Ionenwanderung *f;* **~ome** [~ˈlɔm] *m* komfortabler Wohnwagen *m.*

mobylette [mɔbiˈlɛt] *f* Mofa *n.*

moche F [mɔʃ] *adj.* häßlich; mies, schlecht, kitschig; fies F, gemein.

modal, -e [mɔˈdal] *adj.* (*m/pl. -aux*) modal; **~ité** [~liˈte] *f* Modalität *f;* **~s** *pl. de paiement* Zahlungs-weise *f,* -bedingungen *f/pl.*

mode [mɔd] **1.** *m* Art *f* und Weise *f;* Methode *f; J* Tonart *f; gr.* Modus *m; ~ d'emploi* Gebrauchsanweisung *f;* **†** *~ de paiement* Zahlungsweise *f; ~ de vie* Lebensweise *f;* **2.** *f* Mode *f; ~s pl.* Modewaren *f/pl.; à la ~* modern, modisch; *cuis. bœuf m ~* Schmorbraten *m.*

modelage [mɔdˈlaːʒ] *m* Modellieren *n,* Formen *f; faire du ~* modellieren.

modèle [mɔˈdɛl] *m* Muster *n;* Modell *n,* Typ *m,* Bauart *f;* Vorlage *f; ~ déposé* Gebrauchsmuster *n; ~ de tricot* Strickmuster *n;* **†** *~ d'une lettre de change* Wechselformular *n.*

model|é [mɔdˈle] *m* Modellierung *f;* **~er** [~] *v/t.* (1d) modellieren, formen; bilden, gestalten; *se ~ sur q.* sich jn zum Vorbild nehmen; **~eur** ⊕, *peint.* [~ˈlœːr] *m* Modellierer *m.*

modéliste [mɔdeˈlist] *m* Modellzeichner *m,* -schneider *m,* -bauer *m.*

modér|ateur, -rice [mɔderaˈtœːr, ~ˈtris] **1.** *adj.* mäßigend; **2.** *su.* Mäßiger(in *f*) *m;* **3.** *m* ⊕ Regler *m; phys.* Moderator *m;* Bremssubstanz *f;* **~ation** [~raˈsjɔ̃] *f* Mäßigung *f;* Verminderung *f;* **~é, -e** [~ˈre] *adj.* mäßig; *pol.* gemäßigt; **~er** [~] *v/t.* (1f) mäßigen.

modern|e [mɔˈdɛrn] *adj.* modern, neuzeitlich; **~iser** [~niˈze] *v/t.* (1a) modernisieren; **~iste** [~ˈnist] **1.** *su.* Anhänger(in *f*) *m* des Modernen;

2. *adj.* modern eingestellt; *péj.* neuerungssüchtig; **~ité** [~niˈte] *f* neuzeitlicher Stil *m.*

modest|e [mɔˈdɛst] *adj.* bescheiden; **~ie** [~ˈti] *f* Bescheidenheit *f.*

modicité [mɔdisiˈte] *f* **†** Niedrigkeit *f,* Mäßigkeit *f des Preises; fig.* Grenzen *f/pl.,* Mittelmäßigkeit *f.*

modique [mɔˈdik] *adj.* gering.

modiste [mɔˈdist] *f* Modistin *f.*

modifi|able [mɔdiˈfjablə] *adj.* veränderlich; ⊕ einstellbar; **~cation** [~fikaˈsjɔ̃] *f* Abänderung *f;* Neugestaltung *f;* **~er** [~ˈfje] *v/t.* (1a) abändern; modifizieren; *gr.* näher bestimmen.

modul|ation [mɔdylaˈsjɔ̃] *f* Modulation *f (a. ♪); J* Übergang *m* in e-e andere Tonart; Vortragsart *f; rad. ~ de fréquence* Ultrakurzwelle *f;* **~e** [~ˈdyl] *m* ⚠, 🏠, cyb., ☆ Modul *m,* Einheitsmaß *n; Raumfahrt: ~ lunaire* Mondfähre *f; ~ de commande* Kommandokapsel *f;* **~er** [~ˈle] *v/t. u. v/i.* (1a) modulieren.

moell|e *anat.* [mwal] *f* Mark *n; ~ épinière* Rückenmark *n;* **~eux, -se** [~ˈlø, ~ˈløːz] *adj.* weich; *Wein:* halbtrocken; *Stimme:* voll und weich; **~on** [~ˈlɔ̃] *m* ⚠ Bruch-, Bau-stein *m; ~s pl. concassés* Splitt *m.*

mœurs [mœːr, F mœrs] *f/pl.* Sitten *f/pl.*

moi [mwa] **1.** *pr/p.* ich; mich (*acc.*); mir (*dat.*); *~ aussi* ich auch; *~ non plus* ich auch nicht; *c'est ~* ich bin es; *à ~!* Hilfe!; *c'est à ~* ich bin dran; das gehört mir; *donne-~ le livre!* gib mir das Buch!; **2.** *m phil., psych.* Ich *n.*

moignon [mwaˈɲɔ̃] *m* Stumpf *m.*

moindre [ˈmwɛ̃ːdrə] *adj.* geringer; *le ~, la ~* der, die, das geringste (*od.* mindeste).

moin|e [mwan] *m* Mönch *m;* **~eau** *orn.* [~ˈno] *m* (*pl. ~x*) Spatz *m,* Sperling *m;* **~illon** [~niˈjɔ̃] *m* Mönchlein *n.*

moins [mwɛ̃] **1.** *adv.* weniger; 🅰 *a.* minus; *le ~* am wenigsten; *au ~, du ~* wenigstens (*vor Zahlen nur: au ~*); *à ~* für weniger, unter; *à ~ de deux francs* unter zwei Franc; *à ~ de (inf.), à ~ que ... ne ... (subj.)* sofern nicht, außer wenn; *en ~* de rien, en *~ de deux* im Nu; **2.** *m: le ~* das wenigste, das mindeste; 🅰 Minuszeichen *n;* **~-value** [~vaˈly] *f* (*pl. ~s*) Wertverlust *m.*

moir|e *text.* [mwaːr] *f* Moiré *m od. n;*

~er [mwa're] *v/t.* (1a) *Stoff* moirieren.

mois [mwa] *m* Monat *m*; Monatslohn *m*, -gehalt *n*, -miete *f*; *par* ~, *tous les* ~ monatlich.

mois|i, -e [mwa'zi] **1.** *adj.* schimm(e)lig; **2.** *m* Schimmel *m*; **~ir** [~'zi:r] (2a) *v/t.* schimm(e)lig werden lassen; *v/i.* (ver)schimmeln; *F* lange bleiben; *F* versauern; *écol.* nicht mitkommen; **~issure** [~zi'sy:r] *f* Schimmel *m*; (Ver-)Schimmeln *n*; ~s *pl.* Schimmelpilze *m/pl.*; *tache f de* ~ Stockfleck *m*.

moisson [mwa'sɔ̃] *f* (Getreide-)Ernte *f*; **~ner** [~sɔ'ne] *v/t.* (1a) (ab)ernten; *fig.* dahinraffen; **~neur, -se** [~'nœ:r, ~'nøːz] *su.* Schnitter(in *f*) *m*; **~neuse** [~'nøːz] *f* Mähmaschine *f*; **~neuse-batteuse** [~ba'tøːz] *f* (*pl.* moissonneuses-batteuses) Mähdrescher *m*; **~neuse-lieuse** [~'ljøːz] *f* (*pl.* moissonneuses-lieuses) Mähbinder *m*.

moit|e [mwat] *adj.* feucht; **~eur** [~'tœːr] *f* Feuchtigkeit *f*.

moitié [mwa'tje] **1.** *f* Hälfte *f*; *à* ~ halb, zur Hälfte; *à* ~ *prix* zum halben Preis; *à* ~ *chemin* auf halbem Wege; *être de* ~ *dans qch.* zur Hälfte an etw. (*dat.*) beteiligt sein; **2.** *adv.* halb.

moka [mɔ'ka] *m* Mokka *m*; *pât.* Mokkatorte *f*.

mol [mɔl] *s.* mou.

molaire [mɔ'lɛːr] *f* Backenzahn *m*.

môle [mo:l] *m* Mole *f*.

molécule [mɔle'kyl] *f* Molekül *n*.

molester [mɔlɛs'te] *v/t.* (1a): ~ *q.* j-n übel zurichten.

molette [mɔ'lɛt] *f* Spornrad *n am Reitsporn*; ⊕ Rändel-rad *n*, -eisen *n*; *peint.* Reibekeule *f*; *clé f à* ~ verstellbarer Schraubenschlüssel *m*.

moll|asse [mɔ'las] *adj.* weichlich, schlaff; **~e** [mɔl] *s.* mou; **~esse** [~'lɛs] *f* Weichheit *f*; Schlaffheit *f*; Weichlichkeit *f*; **~et, -te** [~'lɛ, ~'lɛt] **1.** *adj.* weich; *œuf m* ~ weichgekochtes Ei *n*; *pain m* ~ Milchbrot *n*; **2.** *m* Wade *f*; **~etière** [~'tjɛːr] **1.** *adj./f:* bande *f* ~ = **2.** *f* Wickelgamasche *f*; **~eton** *text.* [~'tɔ̃] *m* Molton *m*; **~ir** [~'liːr] *v/i.* (2a) weich werden; nachgeben; **~usque** zo. [~'lysk] *m* Weichtier *n*.

molosse [mɔ'lɔs] *m* großer (Wach-)Hund *m*.

molysmologie [mɔlismɔlɔ'ʒi] *f* Wissenschaft *f* von der Umweltverschmutzung.

môme P *od.* F [mo:m] **1.** *su.* Kind *n*; Gör *n* F; **2.** *f* junges Mädchen *n*.

moment [mɔ'mɑ̃] *m* **1.** Augenblick *m*, Moment *m*; **2.** *phys., méc.* Moment *n*; **~ané, -e** [~ta'ne] *adj.* augenblicklich.

mom|ie [mɔ'mi] *f* Mumie *f*; **~ifier** [~'fje] *v/t.* (1a) mumifizieren.

mon [mɔ̃] (*f:* ma [ma], *vor Vokal und stummem* h mon; *pl.*: mes [me]) *pr/poss.* mein(e *f*) *m u. n*; *pl.* meine.

mona|cal, -e [mɔna'kal] *adj.* (*m/pl. -aux*) mönchisch; **~chisme** [~'ʃism] *m* Mönchstum *n*.

monar|chie [mɔnar'ʃi] *f* Monarchie *f*; **~chisme** [~'ʃism] *m* Monarchismus *m*; **~chiste** [~'ʃist] **1.** *adj.* monarchistisch; **2.** *su.* Monarchist(in *f*) *m*; **~que** [~'nark] *m* Monarch *m*.

monast|ère [mɔnas'tɛːr] *m* Kloster *n*; **~ique** [~'tik] *adj.* klösterlich; mönchisch; Kloster...; Mönchs...

monceau [mɔ̃'so] *m* (*pl.* ~x) Haufen *m*.

mond|ain, -e [mɔ̃'dɛ̃, ~'dɛn] **1.** *adj. rl.* weltlich, irdisch; *allg.* mondän; **2.** *m* Welt-mann *m*, -dame *f*; Mann *m* (Dame *f*) von Welt; **3.** ♀e *f* Rauschgift- und Zuhälterei-dezernat *n*; **~anité** [~dani'te] *f* Hang *m* zum mondänen Leben; **~e** [mɔ̃:d] *m* Welt *f*; Menschheit *f*; du ~ Leute *pl.*; Besuch *m*; *tout le* ~ jedermann; *aux yeux de tout le* ~ vor aller Welt; *le* ~ *entier* die ganze Welt; *le grand* ~ die große (*od.* vornehme) Welt.

mondial, -e [mɔ̃'djal] *adj.* (*m/pl. -aux*) Welt...; welt-weit, -umfassend; **~isme** [~'lism] *m* Weltoffenheit *f*; **~iste** [~'list] *adj.* welt-offen, -weit.

mond(i)ovision *télév.* [mɔ̃d(j)ovi'zjɔ̃] *f* Satellitenübertragung *f*.

monégasque [mɔne'gask] **1.** *adj.* monegassisch; **2.** ♀ *su.* Monegasse *m*, Monegassin *f*.

monème *ling.* [mɔ'nɛːm] *m* Monem *n*.

monét|aire [mɔne'tɛːr] *adj.* Währungs...; Münz...; Geld...; monetär; **~isation** [~tiza'sjɔ̃] *f* Münzprägung *f*; **~iser** [~'ze] *v/t.* (1a) *Metall* ausmünzen; zu Münzen ausprägen.

mongol, -e [mɔ̃'gɔl] **1.** *adj.* mongolisch; **2.** ♀(e) *su.* Mongole *m*, Mongolin *f*; **~ien, -ne** [~'ljɛ̃, ~'ljɛn] *adj.* mongoloid; **~ique** [~'lik] *adj.* mongolisch; **~isme** ✧ [~'lism] *m* Mongolismus *m*.

moni|teur, -rice [mɔni'tœːr, ~'tris] **1.** *su.* Sport-, Turn-, Ski-, Fahr-, Fluglehrer(in *f*) *m*; Betreuer(in *f*) *m* (*e-r Ferienkolonie*); **2.** *m inform.* Programmsteuersystem *n*; **~torat** [~tɔ'ra] *m* Funktion *f e-s* Betreuers *usw.*; **~toring** [~'riŋ] *n* Kontrolle *f v.* Tonbandaufnahmen; *télév.* Bildkontrolle *f* (*durch e-n Monitor*).

monnaie [mɔ'nɛ] *f* Münze *f*; Kleingeld *n*; Währung *f e-s Landes*; ~ *métallique* Hartgeld *n*; ~ *or* Goldwährung *f*; *dépréciation f de la* ~ Geldentwertung *f*; *fig. payer de même* ~ Gleiches mit Gleichem vergelten; *rendre la* ~ wechseln, herausgeben; *fig. rendre à q. la* ~ *de sa pièce* j-m mit gleicher Münze heimzahlen; *fig. c'est* ~ *courante* das ist üblich, das ist gang und gäbe; **~-du-pape** ✿ [~dy-'pap] *f* (*pl. monnaies-du-pape*) Mondviole *f*.

monnay|er [mɔnɛ'je] *v/t.* (1i) *Metall* (aus)münzen; *Münzen* (aus)prägen; **~eur** [~'jœːr] *m* Münzer *m*.

mono F *péd.* [mɔ'no] *m* Betreuer *m*.

mono|bloc ⊕ [mɔnɔ'blɔk] **1.** *adj.* (*inv.*) in e-m Stück (*od. Block*) gegossen; **2.** *m* Blockgußstück *n*, Zylinderblock *m* (*a. Auto*); **~cle** [~'nɔklə] *m* Monokel *n*; **~coque** [~'kɔk] **1.** *adj.* mit selbsttragender Karosserie; **2.** *f* Sturzhelm *m* aus einer Schale; **~culture** 🌱 [~kyl'tyːr] *f* Monokultur *f*; **~lithique** [~li'tik] *adj.* monolithisch; **~lithisme** [~'tism] *m* Geschlossenheit *f*, monolithischer Charakter *m e-r Partei, e-s Systems*; **~logue** [~'lɔg] *m* Monolog *m* (*a. thé.*); Selbstgespräch *n*; **~loguer** [~'ge] *v/i.* (1m) Selbstgespräche führen; **~loguiste** *thé.* [~'gist] *su.* Monologsprecher(in *f*) *m*.

monôme [mɔ'noːm] *m* **1.** ⅍ Monom *n*; **2.** Protestmarsch *m* (*v. Studenten*).

mono|moteur ✈ [mɔnɔmɔ'tœːr] *m* einmotoriges Flugzeug *n*; **~place** [~'plas] **1.** *adj.* einsitzig; **2.** *m* ✈ Einsitzer *m*; **~plan** ✈ [~'plɑ̃] *m* Eindecker *m*; **~pole** [~'pɔl] *m* Monopol *n*; **~poliser** [~li'ze] *v/t.* (1a) *éc.* monopolisieren; *fig.* für sich in Anspruch nehmen; **~rail** 🚆 [~'raːj] **1.** *adj.* (*inv.*) einschienig; **2.** *m* Einschienenbahn *f*; **~ski** [~'ski] *m* Einbrettski *m* (*Wasserski*); **~syllabe** [~si'lab] **1.** *adj.* ein-

silbig; **2.** *m* einsilbiges Wort *n*; **~théisme** [~te'ism] *m* Monotheismus *m*; **~tone** [~'tɔn] *adj.* monoton; **~tonie** [~'ni] *f* Monotonie *f*.

monseigneur [mɔ̃sɛ'nœːr] **1.** *m* (*pl. messeigneurs* [mɛse'nœːr]) *Titel:* Seine Exzellenz; Seine Durchlaucht; *Anrede:* Eure Exzellenz; Euer Durchlaucht; **2.** *adjt.:* ⊕ *pince f* ~ Brecheisen *n*.

monsieur [mə'sjø, m(p)sjø] *m* (*abr. M.; pl. messieurs* [me'sjø], *abr. MM.*) *mit Namen;* Herr *m; als Anrede:* ♀ Herr ... (*Name*); *im Brief:* ♀ Sehr geehrter Herr ... (*Name*) *Messieurs!* meine Herren!; *comment va* ♀ ...? wie geht es Ihrem Gatten?; *ce* (*un*) ~ dieser (ein) Herr; *c'est un grand* ~ er ist ein bedeutender Mann.

monstr|e ['mɔ̃strə] **1.** *m* Monstrum *n*; Ungeheuer *n*; **2.** *adj.* kolossal, Riesen...; *procès* ~ Monsterprozeß *m*; **~ueux, -se** [mɔ̃stry'ø, ~'øːz] *adj.* mißgestaltet; ungeheuer (*groß*); scheußlich; **~uosité** [~ozi'te] *f* Mißbildung *f*; Ungeheuerlichkeit *f*.

mont [mɔ̃] *m* (*fast nur noch in Eigennamen*) Berg *m*.

montage [mɔ̃'taːʒ] *m* ⊕ Montage *f*; ⚡ Schaltung *f*; *cin.* Schnitt *m e-s Films*; *fig. fot.* Propagandatrick *m*, Bluff *m*; *Auto, vél.* ~ *des bandages*, ~ *des pneus* Montieren *n* der Reifen, Bereifen *f*.

montagn|ard, -e [mɔ̃ta'naːr, ~'nard] **1.** *adj.* Gebirgs..., Berg...; **2.** *su.* Bergbewohner(in *f*) *m*; **~e** [~'tan] *f* Berg *m; a.* ~*s pl.* Gebirge *n*; *dans les* ~*s im* (*bzw. ins*) Gebirge; ~*s russes* Berg-und-Tal-Bahn *f*; **~eux, -se** [~-'nø, ~'nøːz] *adj.* bergig, gebirgig.

mont|aison [mɔ̃tɛ'zɔ̃] *f* Aufsteigen *n*, Laichzeit *f der Lachse*; **~ant, -e** [~'tɑ̃, ~'tɑ̃ːt] **1.** *adj.* an-, auf-steigend; aufwärts gehend (*od. fahrend*); **2.** *m* Betrag *m e-r Rechnung*; Blume *f des Weines*; Prickeln *n des Mostrichs*; △ Stütze *f*, Pfosten *m*; Leiterbaum *m*.

mont-de-piété [mɔ̃dpje'te] *m* (*pl. monts-de-piété*) Leihhaus *n*, Pfandleihe *f*.

monté, -e [mɔ̃'te] *adj.* beritten; ~ *sur un cheval* auf e-m Pferd (sitzend); *fig.* ~ *en qch.* wohlversehen mit etw. (*dat.*); *fig. coup m* ~ abgekartete Sache *f*; F *être* ~ wütend (*od. auf der Palme* F) sein.

monte-|charge [mɔ̃t'|arʒ] *m* (*inv.*) Lastenaufzug *m*; **~châssis** [~'ʃa'si *m (inv.)* Fensterheber *m*.

montée [mɔ̃'te] *f* Hinauf-fahren *n*, -steigen *n*, -fliegen *n*; *Auto:* Berg-fahrt *f*; Auffahrt *f*, Rampe *f*; *fig.* Steigen *n der Preise, der Temperatur*; *fig.* An-, Auf-stieg *m*.

monte-|en-l'air [mɔ̃tɑ̃'lɛːr] *m (inv.)* Fassadenkletterer *m*; **~-livres** [~'liːvrə] *m (inv.)* Bücheraufzug *m*; **~-pente** [~'pɑːt] *m (inv.)* Ski-, Schi-lift *m*; **~-plats** [~'pla] *m (inv.)* Speisenaufzug *m*.

mont|er [mɔ̃'te] (1a) **1.** *v/i.* steigen (*à bicyclette aufs Fahrrad; à cheval, en selle aufs Pferd; à scooter auf den Motorroller; en avion ins Flugzeug; en voiture in den Wagen*); ~ (*à cheval*) *a.* reiten; *Barometer, Thermometer, Fluß, Meer, Preise:* steigen; *Getreide, Ruhm:* wachsen; *Milch:* hoch-kommen; ♪ aufwärts laufen; *Anhöhe:* sich erheben; *Sonne:* aufsteigen; *Flugzeug:* hochgehen, (auf)steigen; *Wut:* größer werden; *im Beruf* auf-rücken; F *Künstler:* Karriere ma-chen; ~ *à Paris (aus e-r südlichen Provinz)* nach Paris gehen; ~ *dans un taxi* in e-e Taxe steigen; *écol.* ~ *d'une classe* versetzt werden; ~ *sur le trône* den Thron besteigen; *fig.* ~ *sur ses grands chevaux* sich aufs hohe Pferd setzen; *les actions ont (la Seine a) monté* die Aktien sind (die Seine ist) gestiegen; *faire ~ les prix* die Preise hochtreiben; **2.** *v/t.* besteigen; *e-e Treppe* hinauf-gehen, -steigen; hinauf-bringen, -tragen; *Kran:* heben; ⊕ montieren; *Edelstein* fassen; *Tiere* decken; *Zelt* aufschlagen; *cin.* Film schneiden, cuttern; ⚡ schalten; *fig. Partie* veranstalten; *a. péj.* inszenieren; *ins Leben rufen; etw.* hochspielen; *thé.* einstudieren; ~ *q.* j-n aufhetzen; ~ *q. en qch.* j-n mit etw. (*dat.*) versorgen (*od.* ausstatten); **3.** *se* ~ sich besteigen lassen; *se* ~ *à Preis:* sich belaufen auf (*acc.*); F *se* ~ wütend werden; **~eur** [~'tœːr] *m* ⊕ Monteur *m*; ~ *électricien, ~ installateur* Elektromonteur *m*; ~ *de tuyaux* Rohrleger *m*; *fig.* ~ *de coups* Schwindler *m*; **~icule** [~ti'kyl] *m* flache Erhebung *f*.

Montparno F [mɔ̃par'no] *m* Mieter *m* im Montparnasse-Hochhaus.

montre [mɔ̃tr] *f* **1.** Taschenuhr *f*; ~ *à déclic* Stoppuhr *f*; ~ *à quartz* Quarzuhr *f*; ~ *sous-marine* Taucher-uhr *f*; **2.** *faire* ~ *de qch. fig.* etw. zur Schau tragen; *mit etw. (dat.)* prahlen; *pour la* ~ zum Angeben; **~-bracelet** [~bras'lɛ] *f (pl. montres-bracelets)* Armbanduhr *f*.

montrer [mɔ̃'tre] *v/t.* (1a) zeigen; ~ *qch. du doigt* (auf) etw. mit dem Finger zeigen; *fig.* ~ *q. du doigt* mit Fingern auf j-n zeigen.

monture [mɔ̃'tyr] *f* Reittier *n*; (Brillen-)Gestell *n*; Fassung *f e-s Edelsteins*; ♪ Saiten *f/pl.*

monument [mɔny'mɑ̃] *m* Denkmal *n*; Monument *n*; ~ *funéraire* Grabmal *n*; **~al, -e** [~'tal] *adj. (m/pl. -aux)* monumental.

moqu|er [mɔ'ke] *v/rfl.* (1m): *se* ~ *de* sich lustig machen über (*acc.*); **~erie** [~'kri] *f* Spott *m*; **~ette** *text.* [~'kɛt] *f* Auslegeware *f*; Teppichboden *m*; **~eur, -se** [~'kœːr, ~'køːz] **1.** *adj.* spöttisch; **2.** *su.* Spötter(in *f*) *m*.

moraine [mɔ'rɛːn] *f* Moräne *f*.

moral, -e [mɔ'ral] **1.** *adj. (m/pl. -aux)* sittlich (gut), moralisch; seelisch, geistig; **2.** *m das* Sittliche; innerer Halt *m*, Moral *f e-s Heeres, e-s Kranken*.

moral|e [mɔ'ral] *f* Moral *f*, Sittenlehre *f*; Strafpredigt *f*; **~isateur, -rice** [~liza'tœːr, ~'tris] *adj.* moralisierend; **~isation** [~za'sjɔ̃] *f* sittliche Hebung *f*; **~ité** [~'te] *f* Moral *f e-r Fabel, sittlicher Wert m*; Sittlichkeit *f*; sittliche Haltung *f*.

moratoire † [mɔra'twaːr] **1.** *adj.* lettre *f* ~ Stundungsbrief *m*; *intérêts m/pl.* ~s Verzugszinsen *pl.*; **2.** *m* Moratorium *n*.

morbid|e [mɔr'bid] *adj.* krankhaft; Krankheits...; *peint.* weich, zart; **~esse** *peint.* [~'dɛs] *f* Weichheit *f des Fleisches, der Haltung*; **~ité** [~di'te] *f* krankhafter Zustand *m*.

morc|eau [mɔr'so] *m (pl. ~x)* **1.** *(abgetrenntes)* Stück *n*; **2.** Happen *m*, Bissen *m*; **3.** ~ *de lecture* Lesestück *n*; ~ *de piano* Klavierstück *n*; **4.** P *cracher le* ~ auspacken *(fig.)*; ~ *ler* ~ die Sache schaffen; **~eler** [~sə'le] *v/t.* (1c) *Land* aufteilen; **~ellement** [~sɛl'mɑ̃] *m* Aufteilung *f*.

mord|ache [mɔr'daʃ] *f* Klemmbacke *f am Schraubstock*; **~ant, -e** [~'dɑ̃, ~'dɑ̃ːt] **1.** *adj. fig.* bissig; ätzend; **2.** *m* ⊕, *text.* Beize *f*; *litt.* Schwung *m*; ✗, *Sport:* Schneid *m*; **~icus** F [~di'kys] *adv.* steif und fest; **~iller** [~di'je] *v/t.*

(1a): ～ qch. an etw. (dat.) knabbern (od. herumbeißen).

mordoré, -e [mɔrdɔˈre] adj. goldbraun.

mordre [ˈmɔrdrə] (4a) v/t. beißen; Floh: stechen; ⚯ ätzen; v/i. Anker: fassen; bsd. Fisch: anbeißen (à qch. an etw. dat.); F fig. ～ à qch. an etw. (dat.) Geschmack finden; fig. ～ sur q. über j-n herziehen; Sport: ～ sur la ligne de départ über die Startlinie treten; Auto: ～ sur une ligne jaune über e-n gelben Strich fahren.

mordu, -e F [mɔrˈdy] adj. bsd. Sport: begeistert, besessen (pour von dat.).

mor|eau, -elle¹ [mɔˈro, ～ˈrɛl] adj. tiefschwarz; cheval m ～ Rappe m; **～elle²** ♀ [～ˈrɛl] f Nachtschatten m.

moresque hist. [mɔˈrɛsk] adj. maurisch.

morfil ⊕ [mɔrˈfil] m Grat m.

morfondre [mɔrˈfɔ̃:drə] v/rfl. (4a): se ～ sich (zu Tode) langweilen.

morgue [mɔrg] f 1. Dünkel m, Arroganz f; 2. Leichenschauhaus n.

mori|bond, -e [mɔriˈbɔ̃, ～ˈbɔ̃:d] 1. adj. todkrank; 2. su. Sterbende(r m) m u. f; **～caud, -e** F [～ˈko, ～ˈko:d] 1. adj. dunkelhäutig; 2. su. Dunkelhäutige(r m) m u. f; **～géner** [～ʒeˈne] v/t. (1f) ausschimpfen, abkanzeln.

morille ♀ [mɔˈrij] f Morchel f.

morillon [mɔriˈjɔ̃] m ♀ dunkelrote Traube f; orn. Reiherente f; min. roher Smaragd m.

morne [mɔrn] adj. trüb(sinnig), düster; Farbe: matt.

moros|e [mɔˈro:z] adj. mißgestimmt, mürrisch; **～ité** [～roziˈte] f mürrisches Wesen n.

morph * [mɔrf] f Morphium n.

morphème ling. [mɔrˈfɛ:m] m Morphem n.

morphin|e ⚕, ♀ [mɔrˈfin] f Morphium n; **～isme** ♀ [～ˈnism] m Morphiumvergiftung f; **～omane** [～nɔˈman] 1. adj. morphiumsüchtig; 2. su. Morphinist(in f) m; **～omanie** [～ˈni] f Morphiumsucht f.

morphologie [mɔrfɔlɔˈʒi] f Morphologie f; ling. Formenlehre f.

mors [mɔːr] m 1. Gebiß n am Zaum; prendre le ～ aux dents Pferd: durchgehen; fig. aufbrausen; etw. energisch anpacken; 2. ⊕ Backe f.

morse¹ zo. [mɔrs] m Walroß n.

morse² [mɔrs] m Morse-telegrafie f, -apparat m, -alphabet n.

morsure [mɔrˈsy:r] f Biß(wunde f) m; Stich m (a. fig.); ～ d'un serpent Schlangenbiß m.

mort¹ [mɔːr] f Tod m; fig. Ruin m, Untergang m; ～ apparente Scheintod m; F ce n'est pas la ～! das ist doch nicht so schlimm!

mort², -e [mɔːr, mɔrt] 1. p.p. von mourir; 2. adj. tot; abgestorben; Wasser: stehend; peint. nature f ～e Stilleben n; 3. su. Tote(r m) m u. f; Leiche f; jour m des ～s Allerseelen n; 4. m Spiel: Strohmann m.

mortaise ⊕ [mɔrˈtɛ:z] f Zapfenloch n.

mortalité [mɔrtaliˈte] f Sterblichkeit f.

mort-aux-rats [mɔrоˈra] f (inv.) Rattengift n.

mortel, -le [mɔrˈtɛl] 1. adj. sterblich; tödlich; Tod...; vergänglich; verhängnisvoll; F entsetzlich langweilig; 2. su. Sterbliche(r m) m u. f.

morte-saison † [mɔrtsɛˈzɔ̃] f (pl. mortes-saisons) Sauregurkenzeit f F.

mortier [mɔrˈtje] m cuis., phm.; ⚔ Mörser m; ⚖ Barett n; △ Mörtel m.

mortifi|cation [mɔrtifikaˈsjɔ̃] f tiefe Kränkung f; rl. Kasteiung f; cuis. Abhängenlassen n; **～er** [～ˈfje] v/t. (1a) tief kränken; rl. kasteien; cuis. abhängen lassen.

mortuaire [mɔrˈtɥɛ:r] adj. Toten..., Leichen...; extrait m ～ Totenschein m; maison f ～ Trauerhaus n.

morue [mɔˈry] f 1. icht. Kabeljau m; ～ sèche Stockfisch m; petite ～ Dorsch m; huile f de foie de ～ Lebertran m; 2. P Hure f, Nutte f.

morv|e [mɔrv] f vét. Rotz m der Pferde; ♀ Nasenschleim m; **～eux, -se** F [～ˈvø, ～ˈvø:z] su. dummer Junge m; dumme Gans f.

mosa|ique¹ [mɔzaˈik] f Mosaik n; fig. buntes Allerlei n; **～ique²** bibl. [～] adj. mosaisch: **～isme** [～ˈism] m mosaisches Gesetz n; **～iste** [～ˈist] m Mosaikarbeiter m.

mosc|outaire pol., iron. [mɔskuˈtɛ:r] 1. adj. moskauhörig; 2. su. Moskauhörige(r m) m u. f; **～ovite** [～kɔˈvit] 1. adj. Moskauer; moskauisch; 2. su. Moskauer(in f) m.

mosquée [mɔsˈke] f Moschee f.

mot [mo] m Wort n; ～s pl. croisés Kreuzworträtsel n; bon ～ Witz m; ～ d'ordre ⊕ Parole f; weitS. pol. Weisung f; allg. Zielsetzung f; ne dire ～

ne souffler ~ kein Wort sagen; *sans ~ dire, sans dire (un)~* ohne ein Wort zu sagen; *à ~s couverts* durch die Blume; *au bas ~* mindestens, gering geschätzt; *~ à ~* [mɔta'mo], *~ pour ~* wortgetreu; *en un ~* kurz (und gut).

motard F [mɔ'ta:r] *m* Polizist *m* auf e-m Motorrad; ✠ Kradfahrer *m*.

motel [mɔ'tɛl] *m* Motel *n*.

motesse [mɔ'tɛs] *f* Werbeagentin *f* auf e-m Motorrad.

motet ♩ [mɔ'tɛ] *m* Motette *f*.

moteur, -rice [mɔ'tœ:r, ~'tris] **1.** *adj.* motorisch; Antriebs...; **2.** *m* Motor *m*; *fig.* treibende Kraft *f*.

mot|if [mɔ'tif] *m* Beweggrund *m*; Motiv *n* (*a.* ♩); **~ilité** [~tili'te] *f* Bewegungsvermögen *n*.

motion [mo'sjɔ̃] *f* Bewegung *f*; *fig.* Antrag *m*; *~ de censure* Mißtrauensantrag *m*; *faire une ~* e-n Antrag stellen.

motivation [mɔtiva'sjɔ̃] *f écol.* Motivation *f*; *psych.* Motivierung *f*; **~nel, -le** [~sjo'nɛl] *adj.* motivierend.

motiv|er [mɔti've] *v/t.* (1a) begründen; motivieren; **~ité** *ling.* [~vi'te] *f*: *~ conceptuelle* begriffliche Motiviertheit *f*.

moto F [mɔ'to] *f* Motorrad *n*; **~ball** [~'bɔl] *m* Motorradfußball *m*; **~batteuse** [~ba'tø:z] *f* Motordrescher *m*; **~cross** [~'krɔs] *m* Motorrad-Geländerennen *n*; **~culteur** [~kyl'tœ:r] *m* Bodenfräse *f*; **~culture** [~'ty:r] *f* motorisierte Landwirtschaft *f*; **~cyclette** [~si'klɛt] *f* Motorrad *n*; *~ à sidecar* Motorrad mit Beiwagen *m*; *faire de la ~* Motorrad fahren; **~cycliste** [~'klist] *su.* Motorradfahrer(in *f*) *m*; **~godille** ⚓ [~gɔ'dij] *f* Außenbordmotor *m*; **~nautique** [~no'tik] *adj.* Motorboot...; **~nautisme** [~'tism] *m* Motorbootsport *m*.

motorhome [mɔtɔ'ro:m] *m* Wohnwagen *m*.

motoris|ation [mɔtɔriza'sjɔ̃] *f* Motorisierung *f*; **~er** [~'ze] *v/t.* (1a) motorisieren.

mot-outil [mou'til] *m* (*pl. mots-outils*) satznotwendige Wortart *f* (*art., prp., cj.*).

motrice [mɔ'tris] **1.** *adj.* s. *moteur*; **2.** *f* Triebwagen *m*.

mot-souche [mo'suʃ] *m* (*pl. mots-souches*) Stichwort *n*.

motte [mɔt] *f* (Erd-)Scholle *f*; Klumpen *m*; *~ de beurre* Butterklumpen *m*.

motteux *orn.* [mɔ'tø] *m* Steinschmätzer *m*.

motus! [mɔ'tys] *int.* still davon!

mot-vedette [mova'dɛt] *m* (*pl. mots-vedettes*) Stichwort *n*.

mou [mu] (*m vor Vokal u. stummem h: mol* [mɔl], *f: molle* [mɔl]) **1.** *adj.* weich; *Wetter:* feuchtwarm; *Wind:* lau; matt, schlaff; träge, lässig; **2.** *m cuis.* ~ *de veau* Kalbslunge *f*.

mouchard, -e F [mu'ʃa:r, ~'ʃard] *su.* (Polizei-)Spitzel *m*; *écol.* Petze *f*; **~er** F [~ʃar'de] *v/t. u. v/i.* (1a) bespitzeln, ausspionieren; *écol.* (ver)petzen.

mouch|e [muʃ] *f ent.* Fliege *f*; *fig.* Kinnbärtchen *n*; Schönheitspflästerchen *n*; kleiner Dampfer *m*; Lederknopf *m am Florett*; *das* Schwarze, Zentrum *n der Schießscheibe*; Tüpfel *m od. n auf Stoffen*; *pattes f/pl. de ~* Gekritzel *n*; **~er** [~'ʃe] *v/t.* (1a) **1.** ~ *son nez, se ~* sich die Nase putzen, sich schnauben; **2.** F ~ *q.* j-n abkanzeln.

moucherolle *orn.* [muʃ'rɔl] *f* Fliegenschnäpper *m*.

moucheron [muʃ'rɔ̃] *m* **1.** *ent.* Mücke *f*; **2.** F Steppke *m*.

mouch|eter [muʃ'te] *v/t.* (1c) sprenkeln, tüpfeln; *Florettspitze mit e-m Knopf versehen*; **~eture** [~'ty:r] *f* bunte Flecke *m/pl.*; **~oir** [~'wa:r] *m* Taschentuch *n*; **~ure** [~'ʃy:r] *f* Nasenschleim *m*.

moudre ['mudrə] *v/t.* (4y) mahlen.

moue [mu] *f* schiefes Gesicht *n*; *faire la ~* schmollen; *e-n Flunsch ziehen* F.

mouette *orn.* [mwɛt] *f* Möwe *f*.

moufle ['muflə] **1.** *f* Fausthandschuh *m*; **2.** 🜪 Muffel *f*, Schmelztiegel *m*; **3.** ⊕ *m u.* ⚓ *f* Flaschenzug *m*.

mouflet, -te F [mu'flɛ, ~'flɛt] *su.* Bengel *m*; Göre *f*.

mouflon *zo.* [mu'flɔ̃] *m* Mufflon *m*.

mouillabilité *opt.* [mujabili'te] *f* Befeuchtungsmöglichkeit *f*.

mouill|age [mu'ja:ʒ] *m* Anfeuchten *n*; Verdünnen *n* mit Wasser; ⚓ Ankergrund *m*; Liegeplatz *m*; **~er** [~'je] *v/t.* (1a) naß machen, anfeuchten, benetzen, begießen; *phon.* mouillieren, erweichen; ⚓ *Anker* werfen; *F se ~* sich kompromittieren; **~ure** [~'jy:r] *f* Feuchtsein *n*; Wasserfleck *m*.

mouise P [mwi:z] *f* Elend *n*; *il est dans la ~* es geht ihm dreckig.

moujingue ✶ [mu'ʒɛ̃:g] *m* Bengel *m*.
moulage ⊕ [mu'la:ʒ] *m* (Ab-)Formen *n*; Abdruck *m*, Abguß *m*.
moule[1] [mul] *m* (Gieß-)Form *f*; Modell *n*; *métall.* jeter en ~ gießen.
moule[2] [mul] *f* zo. Miesmuschel *f*; P *fig.* Waschlappen *m*.
moul|é, -e [mu'le] *adj. métall.* gegossen; *fig.* sehr gut geformt; angegossen; **~er** [~] *v/t.* (1a) ⊕ formen, pressen, gießen; *cout. die Körperformen* hervortreten lassen; *fig.* se ~ sur q. sich j-n zum Vorbild nehmen; **~eur** [~'lœːr] *m* Formgießer *m*.
moulin [mu'lɛ̃] *m* Mühle *f*; **~er** [~li-'ne] *v/t.* (1a) *Seide* zwirnen; F *cuis.* zerkleinern; **~et** [~'nɛ] *m* Quirl *m*; Drehkreuz *n*; Rolle *f an der Angel*; *fig.* faire des ~s avec un bâton e-n Stock im Kreis herumwirbeln; *battre avec un* ~ quirlen.
moulu, -e [mu'ly] 1. *p.p. von moudre*; 2. *adj. Kaffee:* gemahlen; *fig.* être ~ wie gerädert sein.
moulure [mu'lyːr] *f* ⌂ Gesims *n*; *men.* (Zier-, Bilder-)Leiste *f*.
mour|ant, -e [mu'rɑ̃, ~'rɑ̃:t] 1. *adj.* sterbend; *fig. Auge:* brechend; 2. *su.* Sterbende(r *m* m) *u. f*; **~ir** [~'riːr] *v/i.* (2k) sterben; *fig.* absterben, ausgehen, eingehen, erlöschen; im Sterben liegen; se ~ de désir vor Sehnsucht vergehen; s'ennuyer à ~ sich entsetzlich (*od.* zu Tode) langweilen.
mouron [mu'rɔ̃] *m* 1. ♀ Gauchheil *m*; 2. P Haare *n/pl.*; se faire du ~ sich Sorgen machen.
mousquet|aire *ehm.* ✗ [muskə'tɛːr] *m* Musketier *m*; **~on** [~'tɔ̃] *m* Karabinerhaken *m*.
mousse [mus] 1. *m* Schiffsjunge *m*; 2. *f* ♀ Moos *n*; Schaum *m v. Bier, Seife*; Schaumstoff *m*; ✶ Haare *n/pl.*; *cosm.* ~ gommante Aufbauschaum *m*; 3. *adj. Schneide:* stumpf.
mousseline [mus'lin] 1. *f text.* Musselin *m*; Nesseltuch *n*; 2. *adj.* (*inv.*): verre *m* ~ hauchdünnes Glas *n*; *cuis.* pommes *f/pl.* ~ Kartoffelpüree *n*; sauce *f* ~ holländische Soße *f* mit Schlagsahne.
mouss|er [mu'se] *v/i.* (1a) schäumen; *fig.* wütend werden; F faire ~ q. (qch.) j-n (etw.) über Gebühr herausstreichen; P faire ~ q. j-n wütend machen; **~eux, -se** [~'sø, ~'søːz] 1. *adj.* schäumend; 2. *m* Schaumwein *m*; **~on**

[~'sɔ̃] *f* Monsun *m*; **~u, -e** [~'sy] *adj.* bemoost.
moustach|e [mus'taʃ] *f* 1. (*a.* ~s *pl.*) Schnurrbart *m*; 2. ~s *pl.* Schnurrhaare *n/pl. bei Katzen usw.*; 3. ✗ kleines, einziehbares Querruder *n*; **~u, -e** [~'ʃy] *adj.* schnurrbärtig.
moustiqu|aire [musti'kɛːr] *f* Moskitonetz *n*; **~e** [~'tik] *m* Moskito *m*, (Stech-)Mücke *f*.
moût [mu] *m* (*Trauben-, Apfel-, Birnen-*)Most *m*.
moutard|e [mu'tard] *f cuis.* Senf *m*, Mostrich *m*; ♀ Senf *m*; P Mädchen *n*; **~ier** [~'dje] *m* Mostrich-, Senf-topf *m*; Senf-händler *m*, -fabrikant *m*; F se croire le premier ~ du pape sehr eingebildet sein.
mouton [mu'tɔ̃] *m zo.* Hammel *m*, Schaf *n*; *cuis.* Hammelfleisch *m*; Schaf-leder *n*, -fell *n*; *fig.* nachgiebiger Mensch *m*; ✶ Gefangenenspitzel *m*; ⊕ Ramme *f*; ⚒ Querbalken *m am Glockenstuhl*; F ~ à cinq pattes komischer Kauz *m*; ~ de Panurge Herdenmensch *m*; ~s *pl.* Staubflocken *f/pl.*; Schaumkronen *f/pl. auf Wellen*; Schäfchenwolken *f/pl.*; **~né, -e** [~tɔ'ne] *adj.*: ciel *m* ~ Himmel *m* voller Schäfchen(wolken); **~ner** [~] (1a) *v/i. Wasser:* Schaumkronen bilden; sich kräuseln; *v/t.* kraus (*od.* wollig) machen; ✶ *Gefangenen* aushorchen; **~neux, -se** [~'nø, ~'nøːz] *adj. Meer:* schäumend, mit Schaumkronen bedeckt; **~nier, -ère** [~'nje, ~'njɛːr] *adj.* blind folgend, denkfaul, stur; *esprit* m ~ Herdengeist *m*.
mouture [mu'tyːr] *f* Mahlen *n*; Mengkorn *n*; F *fig. litt., péj.* Abklatsch *m*, Aufguß *m*.
mouv|ant, -e [mu'vɑ̃, ~'vɑ̃:t] *adj.* in Bewegung (befindlich); unruhig; beweglich; *sables m/pl.* ~s Treibsand *m*, Flug-sand *m*; **~ement** [~'mɑ̃] *m* Bewegung *f*; Gang *m*; ✗ An- und Ab-flug *m* (*auf dem Flugplatz*); ♪ Tempo *n*; Satz *m* e-s *Musikstücks*; Verkehr *m*, (reges) Leben *n*; Unruhe *f*, Regung *f der Seele*; Unebenheit *f im Gelände*; Räderwerk *n der Uhr*; ✝ Umsatz *m*; ~ d'ensemble Gruppen-, Riegen-turnen *n*; ⊕ ~ perdu Leerlauf *m*, toter Gang *m*; ~ perpétuel Perpetuum mobile *n*; ~ syndical Gewerkschaftsbewegung *f*; **~ementé, -e** [~'te] *adj.* belebt, wechselvoll; hügelig.
mouvoir [mu'vwaːr] *v/t.* (3d) be-

wegen.

moyen, -ne [mwa'jɛ̃, ~'jɛn] **1.** *adj.* mittlere(r, -s); Mittel...; *fig.* mittelmäßig, durchschnittlich; ♀ Âge *m* Mittelalter *n*; **2.** *m* Mittel *n*; *phil.*, ⅍ Mittelglied *n*; ~s *pl.* (Geld-)Mittel *n/pl.*; *fig.* Anlagen *f/pl.*, (geistige) Fähigkeiten *f/pl.*; ⅟₂ ~s de preuve Beweismittel *n/pl.*; ~ de transport Verkehrsmittel *n*; au ~ de, par le ~ de mit Hilfe (*gén.* od. von *dat.*), durch (*acc.*); le ~ de refuser quand on ...? wie kann man da nein sagen, wenn man ...?; **3.** ~ne *f* Durchschnitt *m*; ⅍ Mittel *n*.

moyen|âgeux, -se *péj.* [mwajɛna'ʒɵ, ~'ʒɵːz] *adj.* mittelalterlich; **~nant** [~'nɑ̃] *prp.* für (*acc.*); mit (*dat.*); gegen (*acc.*); mittels (*gén.*); durch (*acc.*); ~ un prix convenu zu e-m vereinbarten Preis; **~ne** [~'jɛn] *f* s. moyen.

moyeu [mwa'jø] *m* Nabe *f* e-s Rades, e-s Lenkrades; Radnabe *f*.

mû, mue [my] *p.p. von* mouvoir.

mucilage [mysi'la:ʒ] *m* ♀ Pflanzenschleim *m*; *phm.* Gummilösung *f*.

mucosité [mykozi'te] *f* Schleim *m*.

mue [my] *f* Mauser *f* der Vögel; Abwerfen *n* des Geweihs; Häuten *n* der Schlangen; ✗ Stimmbruch *m*; **~r** [mɥe] *v/i.* (1a) sich mausern; sich häuten; im Stimmbruch sein.

muet, -te [mɥe, mɥɛt] **1.** *adj.* stumm; **2.** *su.* Stumme(r *m*) *m* u. *f*.

mufle ['myfla] *m* Schnauze *f*; Maul *n*; F Flegel *m*; **~ier** ♀ [~fli'e] *m* Löwenmaul *n*.

mug|ir [my'ʒi:r] *v/i.* (2a) brüllen; brausen; **~issement** [~ʒis'mɑ̃] *m* Gebrüll *n*; Tosen *n*.

muguet [my'gɛ] *m* ♀ Maiglöckchen *n*; ✗ Soor *m*, Schwämmchen *n*.

mulâtre [my'lɑ:tra] *m* Mulatte *m*; **~esse** [~lɑ'trɛs] *f* Mulattin *f*.

mule¹ [myl] *f* Pantoffel *m*; ~s *pl.* de bain Badepantoffeln *m/pl.*

mule² *zo.* [myl] *f* Mauleselin *f*; **~et** *zo.* [~'lɛ] *m* Maul-esel *m*, -tier *n*; **~etier** [~l'tje] *m* Maultiertreiber *m.*

mulot *zo.* [my'lo] *m* Waldmaus *f.*

mulsion [myl'sjɔ̃] *f* Melken *n.*

multi|colore [myltiko'lɔ:r] *adj.* bunt; mehr-, viel-farbig; **~culture** ✓ [~kyl'ty:r] *f* Gemischtkultur *f*; **~lingue** [~'lɛ̃:g] *adj.* mehrsprachig; **~ple** [~'tiplə] **1.** *adj.* mehrfach; vielfach; vielfältig; **2.** *m* ⅍ Vielfache(s) *n*;

~plexeur *électron.* [~plɛ'ksœ:r] *m* Multiplex-, Mehrkanal-gerät *n*; **~plicateur¹** ⅍, *éc.* [~plika'tœ:r] *m* Multiplikator *m*; **~plicateur²**, **-rice** [~'tœ:r, ~'tris] *su.* Verbreiter (-in *f* von Sprache und Kultur; **~plication** [~ka'sjɔ̃] *f* Vervielfältigung *f*, Vermehrung *f*; ⅍ Multiplikation *f*; *vél.* Übersetzung *f*; 🚗 Verdichtung *f* der Zugfolge; **~plier** [~pli'e] *v/t.* (1a) vermehren; multiplizieren; **~racial, -e** [~ra'sjal] *adj.* (*m/pl.* -aux) gemischtrassisch.

multi-salles *cin.* [mylti'sal] *f/pl.* Gebäude *n* mit mehreren Vorführräumen.

multitude [mylti'tyd] *f* Menge *f.*

municipal, -e [mynisi'pal] *adj.* (*m/pl.* -aux) Stadt..., Gemeinde...; conseil *m* ~ Gemeinderat *m*; **~ité** [~li'te] *f* Magistrat *m*; Gemeindeverwaltung *f.*

munific|ence *litt.* [mynifi'sɑ̃:s] *f* große Freigebigkeit *f*; **~ent, -e** [~'sɑ̃, ~'sɑ̃:t] *adj.* sehr freigebig.

mun|ir [my'ni:r] *v/t.* (2a) versehen, ausstatten (mit *dat.*); **~itions** [~ni-'sjɔ̃] *f/pl.* ✗ Munition *f*; F *cuis.* Vorrat *m*; Geld *n.*

muqueux, -se [my'kø, ~'kø:z] **1.** *adj.* schleimig; Schleim...; membrane *f* muqueuse = 2. *f* Schleimhaut *f.*

mur [my:r] *m* Mauer *f*, Wand *f*; ~ de poitrines Menschenmauer *f*; ~ du son Schallmauer *f*; ~ odorant Duftmauer *f* (*Umwelt*); mettre au pied du ~ in die Enge treiben.

mûr, -e [my:r] *adj.* reif.

mur|age [my'ra:ʒ] *m* Vermauern *n*; **~aille** [~'ra:j] *f* (Stadt-, Festungs-) Mauer *f*; **~al, -e** [~'ral] *adj.* (*m/pl.* -aux) Mauer..., Wand...; **~alisme** *peint.* [~'lism] *m* großflächige Wandmalerei *f.*

mûre ♀ [my:r] *f* Maulbeere *f*; ~ sauvage, ~ de ronce Brombeere *f.*

mur|er [my're] *v/t.* (1a) um-, zumauern; **~et** [~'rɛ] *m*, **~ette** [~'rɛt] *f* niedrige Mauer *f.*

mûrier ♀ [my'rje] *m* Maulbeerbaum *m.*

mûrir [my'ri:r] (2a) *v/t.* reifen (*od.* reif werden) lassen; *v/i.* reifen, reif werden.

murmure [myr'my:r] *m* Gemurmel *n*; Geplätscher *n*; Säuseln *n*; Murren *n*; **~r** [~my're] (1a) *v/i.* murmeln; plätschern; säuseln; murren; *v/t.*

Worte murmeln.

mur-rideau ⟁ [myrri'do] *m* (*pl. murs-rideaux*) **1.** Sichtblende *f*; **2.** Vorhangwand *f*.

musard, -e F [my'za:r, ~'zard] **1.** *adj.* die Zeit vertrödelnd; **2.** *su.* Bummelant(in *f*) *m* F; **~er** F [~zar'de] *v*/*i*. (1a) die Zeit vertrödeln.

musc [mysk] *m* Sekret, Parfüm: Moschus *m*; *zo.* Moschustier *n*.

muscade [mys'kad] *f* (*a. adj.: noix f ~*) Muskatnuß *f*; **~et** [~'dɛ] *m* leichter, trockener Weißwein *m*.

muscardin *zo.* [myskar'dɛ̃] *m* Haselmaus *f*.

muscari ♀ [myska'ri] *m* Traubenhyazinthe *f*.

muscat [mys'ka] *m u. adj.*/*m*: (*raisin m*) ~ Muskatellertraube *f*; (*vin m*) ~ Muskateller(wein *m*) *m*, Muskatwein *m*.

muscle ['myskla] *m* Muskel *m*; ~ *extenseur* Streckmuskel *m*; **~é, -e** [~'kle] *adj.* muskulös; *fig.* stark, intensiv; energisch; *Kritik:* handfest; *péj.* kraftstrotzend; **~er** [~] *v*/*t*. (1a) muskulös machen; *fig.* ~ *ses propos* e-e deutlichere Sprache sprechen.

musculaire [mysky'lɛ:r] *adj.* Muskel...; **~eux, -se** [~'lø, ~'lø:z] *adj.* muskulös.

muse [my:z] *f* Muse *f*.

museau [my'zo] *m* (*pl. ~x*) Schnauze *f*; F Gesicht *n*; V Fresse *f* V.

musée [my'ze] *m* Museum *n*.

museler [myz'le] *v*/*t*. (1c): ~ *un chien* e-m Hund den Maulkorb anlegen; *fig.* ~ *q.* j-n mundtot machen; **~ière** [~zə'ljɛ:r] *f* Maulkorb *m*.

muséo|bus *Fr.* [myzeɔ'bys] *m* fahrbares Kunstmuseum *n*; **~logie** [~lɔ-'ʒi] *f* Museumskunde *f*; **~logue** [~-'lɔg] *su.* Museumskundler(in *f*) *m*.

musette [my'zɛt] *f* **1.** ♪ *ehm.* Musette *f* (*Art Dudelsack u. Tanz*); *heute:* bal *m* ~ Tanzvergnügen *n* mit Akkordeonmusik; **2.** Futterbeutel *m der Pferde*; Brotbeutel *m* (*a.* ⚔); Werkzeug-, Zeitungs-tasche *f*.

musical, -e [myzi'kal] *adj.* (*m*/*pl. -aux*) musikalisch; Musik...; **~e-ment** [~'mã] *adv.*: *être doué* ~ musikalisch begabt sein.

music-hall [mjuzi'kɔ:l] *m* (*pl. ~s*) Varieté *n*.

musicien, -ne [myzi'sjɛ̃, ~'sjɛn] **1.** *adj.* musikalisch; **2.** *su.* Musiker(in *f*) *m*; Komponist(in *f*) *m*; **~icologie**

[~kɔlɔ'ʒi] *f* Musikwissenschaft *f*; **~i-corama** [~ra'ma] *m* Chansonabend *m*; **~ique** [~'zik] *f* Musik *f*; ~ *d'ambiance* Stimmungs-, Unterhaltungsmusik *f*; ~ *enregistrée* Schallplattenmusik *f*; (*livre m de*) ~ Musikalbum *n*, (gedruckte) Noten *f*/*pl.*; *notes f*/*pl. de* ~ Noten *f*/*pl.* (*als musikalische Schriftzeichen*); *magasin m de* ~ Musikalienhandlung *f*; *papier m à* ~ Notenpapier *n*.

musqué, -e *zo.* [mys'ke] *adj.*: *bœuf m* ~ Bisamochse *m*; *rat m* ~ Bisamratte *f*.

musulman, -e [myzyl'mã, ~'man] **1.** *adj.* mohammedanisch; **2.** *su.* Mohammedaner(in *f*) *m*.

mut|abilité [mytabili'te] *f* Veränderlichkeit *f*; **~ant** *biol.* [~'tã] *m* Mutant *m*; **~ation** [~ta'sjɔ̃] *f* Veränderung *f*, Wechsel *m*; *biol.* Mutation *f*; *adm.* Versetzung *f* *e-s Beamten*; **~ationnisme** *biol.* [~tasjɔ'nism] *m* Mutationstheorie *f*; **~er** [~'te] *v*/*t*. (1a) *Beamten* versetzen; *Weinbereitung:* die Gärung unterbrechen (*qch. gén.*).

mutil|ation [mytila'sjɔ̃] *f* Verstümmelung *f*; **~é** [~'le] *m*: ~ *de guerre* Kriegsbeschädigte(r) *m*; **~er** [~] *v*/*t*. (1a) verstümmeln.

mutin¹, -e [my'tɛ̃, ~'tin] *adj.* verschmitzt.

mutin² [my'tɛ̃] *m* Meuterer *m*; **~er** [~ti'ne] *v*/*rfl.* (1a): *se* ~ meutern; **~erie** [~n'ri] *f* Meuterei *f*.

mutisme [my'tism] *m* ⚕ Stummheit *f*; *fig.* Schweigen *n*.

mutu|alisme *biol., soc.* [mytɥa'lism] *m* Mutualismus *m*; **~alité** [~li'te] *f* Versicherung *f* auf Gegenseitigkeit; **~el, -le** [~'tɥɛl] **1.** *adj.* gegenseitig; *pari m* ~ Toto *n od. m*; **2.** *su.* **~le** *f* Versicherungsverein *m* auf Gegenseitigkeit.

myocarde [mjɔ'kard] *m anat.* Herzmuskel *m*; **~** *infarctus m du* ~ Herzinfarkt *m*; **~ite** [~'dit] *f* Herzmuskelentzündung *f*.

myope ⚕ [mjɔp] *adj.* kurzsichtig; **~ie** [~'pi] *f* Kurzsichtigkeit *f*.

myosotis ♀ [mjɔzɔ'tis] *m* Vergißmeinnicht *n*.

myriade [mi'rjad] *f* Myriade *f*; *fig.* Unzahl *f*.

myrrhe [mir] *f* Myrrhe *f*.

myrte ♀ [mirt] *m* Myrte *f*.

myrtille ♀ [mir'tij] *f* Blau-, Heidelbeere *f*.

myst|ère [misˈtɛːr] *m* Geheimnis *n*;
~érieux, -se [~teˈrjø, ~ˈrjøːz] *adj.*
mysteriös, geheimnisvoll; **~icisme**
phil., rl. [~tiˈsism] *m* Mystik *f*; **~ifier**
[~ˈfje] *v/t.* (1a) foppen, zum besten
haben; täuschen; **~ique** [~ˈtik] **1.** *adj.*
mystisch; schwärmerisch; **2.** *su.*
Mystiker(in *f*) *m*; **3.** *f rl.* Mystik *f*
(*Teil der Theologie*); *allg.* erhabene
Größe *f*.

myth|e [mit] *m* Mythos *m*, Sage *f*;
~ique [~ˈtik] *adj.* mythisch.
mytholog|ie [mitɔlɔˈʒi] *f* Mythologie
f; **~ique** [~ˈʒik] *adj.* mythologisch;
~ue [~ˈlɔg] *su.* Mytho-loge *m*, -login *f*.
mythoman|e *psych.* [mitɔˈman] *adj.*,
~iaque *psych.* [~ˈnjak] *adj.* patho-
logisch lügenhaft; **~ie** *psych.* [~ˈni] *f*
krankhafte Neigung *f* zur Lüge, My-
thomanie *f*.

N

N (*ou* **n**) [ɛn] **1.** *m* N (*od.* n) *n*; **2.** *adj.* n
Å n; F x; *fig.* n générations f/pl. x
Generationen f/pl.; **3.** *m od.* f N.
N.N. (*unbekannte Person*).

n' [n-] *adv. vor vo. u. stummem* h = ne.

nabab [na'bab] *m fig.* Nabob *m*.

nacelle 🛥 [na'sɛl] f Gondel f.

nacr|e ['nakrə] f Perlmutter f *od.* n;
∼é, -e [∼'kre] *adj.* perlmutterartig.

nag|e [na:ʒ] f Schwimmen *n*; ∼ libre
Freistilschwimmen *n*; à la ∼ schwimmend; être en ∼ in Schweiß gebadet
sein; **∼eoire** [∼'ʒwa:r] f 1. *icht.* Flosse
f; **2.** 🛥 Gleitflosse f; **∼er** [∼'ʒe] v/i.
(1l) schwimmen; **∼eur, -se** [∼'ʒœːr,
∼'ʒøːz] su. Schwimmer(in f) *m*; ∼ de
grand fond Weitschwimmer *m*.

naguère *litt.* [na'gɛːr] *adv.* unlängst,
vor kurzem; *abus.* früher.

naïf, -ïve [na'if, ∼'iːv] *adj.* naiv (*a.*
péj.); urwüchsig; natürlich, unbefangen; *péj.* kindisch, einfältig.

nain, -e [nɛ̃, nɛn] **1.** *adj.* zwerg(en)-haft; Zwerg...; **2.** *su.* Zwerg(in f) *m*.

naissain [nɛ'sɛ̃] *m* Austernbrut f.

naissance [nɛ'sɑ̃:s] f Geburt f; Entstehung f; *fig.* Anfang *m*; acte *m* de ∼
Geburtsurkunde f.

naître ['nɛːtrə] v/i. (4g) geboren werden; entstehen; *Fluß:* entspringen;
faire ∼ hervorrufen; verursachen.

naïveté [naiv'te] f Naivität f (*a. péj.*);
Natürlichkeit f; Unbefangenheit f;
péj. Einfalt f; Weltfremdheit f.

naja *zo.* [na'ʒa] *m* Brillenschlange f.

nanar * [na'naːr] *m* 🎬 Schund(ware
f) *m*; *cin.* ulkiger Film *m*.

nant|i, -e F [nɑ̃'ti] *adj.* reich; **∼isse-ment** [∼tis'mɑ̃] *m* Verpfändung f;
Pfand *n*.

nap F [nap] *m* Napoleonmütze f.

napalm 🗙 [na'palm] *m*: bombe f au ∼
Napalmbombe f.

naphte [naft] *m* Naphtha *n od.* f,
Erdöl *n*.

napolitain, -e [napoli'tɛ̃, ∼'tɛn] **1.** *adj.*
neapolitanisch; **2.** ♀(e) *su.* Neapolitaner(in f) *m*.

napp|e [nap] f Tischtuch *n*; ∼ aquifère, ∼ d'eau souterraine Grundwasserschicht f; ∼ de pétrole Ölteppich

m; **∼eron** [∼'prɔ̃] *m* Übertischtuch *n*;
Tellerdeckchen *n*.

naquis [na'ki] p/s. von naître.

narciss|e ♀ [nar'sis] *m* Narzisse f;
∼isme *psych.* [∼'sism] *m* Narzißmus
m.

narco|se 🧫 [nar'koːz] f Betäubung f,
Narkose f; **∼tique** [∼kɔ'tik] **1.** *adj.*
narkotisch; **2.** *m* Narkotikum *n*; **∼tiser** [∼ti'ze] v/t. (1a) betäuben.

narguer [nar'ge] v/t. (1m) herausfordern.

narine [na'rin] f Nasen-loch *n*,
-flügel *m*; *Pferd:* Nüster f.

narquois, -e [nar'kwa, ∼'kwaːz] *adj.*
schelmisch, spöttisch.

narr|ateur, -rice [nara'tœːr, ∼'tris]
su. Erzähler(in f) *m*; **∼atif, -ve** [∼'tif,
∼'tiːv] *adj.* erzählend; **∼ation** [∼ra-
'sjɔ̃] f Erzählung f; écol. (einfacher)
Aufsatz *m*; **∼er** [∼'re] v/t. (1a) ausführlich erzählen.

narval *zo.* [nar'val] *m* Narwal *m*.

nasal, -e [na'zal] **1.** *adj.* (*m/pl. -aux*)
Nasen...; *phon.* nasal; **2.** ∼e f Nasal *m*;
∼isation [∼liza'sjɔ̃] f Nasalierung f;
∼iser [∼ze] v/t. (1a) nasalieren.

naseau [na'zo] *m* (*pl. ∼x*) Nasenloch *n*
(*bei Tieren*); Nüster f (*bsd. beim
Pferd*).

nasill|ard, -e [nazi'jaːr, ∼'jard] *adj.*
näselnd; **∼er** [∼'je] v/i. (1a) näseln;
knarren; quäken.

nasse [nas] f (Fisch-)Reuse f; (Vogel-)Netz *n*.

natal, -e [na'tal] *adj.* (*pl. ∼s*) Geburts...; heimatlich; **∼iste** [∼'list] *adj.*
geburtenfördernd; **∼ité** [∼li'te] f Geburtenziffer f.

nat|ation [nata'sjɔ̃] f Schwimmen *n*;
Schwimmsport *m*; **∼atoire** [∼ta-
'twaːr] *adj.* Schwimm...

natchaver * [natʃa've] v/rfl. (1a): se ∼
türmen F.

natif, -ve [na'tif, ∼'tiːv] **1.** *adj.* gebürtig; angeboren; *Metall:* gediegen;
2. *su.* Eingeborene(r *m*) *m u. f*.

nation [nɑ'sjɔ̃] f Nation f; Volk *n*; **∼al,
-e** [nasjo'nal] *adj.* (*m/pl. -aux*) national; Volks...; Landes...; Staats...;
staatlich; **∼alisation** [∼liza'sjɔ̃] f

Verstaatlichung f; **~aliser** [~'ze] v/t. (1a) verstaatlichen; **~alisme** [~'lism] m Nationalismus m; **~aliste** [~'list] **1.** adj. nationalistisch; **2.** su. Nationalist(in f) m; **~alité** [~li'te] f Nationalität f; Staatsangehörigkeit f; **~aux** [~'no] m/pl. Staatsangehörige pl.

nativité [nativi'te] f rl. Christi Geburt f; ast. Nativität f.

natt|e [nat] f (Stroh-)Matte f; Zopf m; ~ de roseau Rohrgeflecht n; **~er** [~'te] v/t. (1a) flechten.

natural|iser [natyrali'ze] v/t. (1a) naturalisieren; einbürgern; ♀, zo. einheimisch machen; Tiere ausstopfen; Pflanzen präparieren; **~iste** [~'list] **1.** adj. naturalistisch; **2.** su. Naturforscher m, -philosoph m, -wissenschaftler m; (Tier-)Ausstopfer m; Naturalist m.

natur|e [na'ty:r] **1.** f Natur f; Beschaffenheit f; Wesen n, Eigentümlichkeit f; Anlage f, Leibesbeschaffenheit f; peint. ~ morte Stilleben n; **2.** adj. (inv.) cuis. ohne Beilagen, ohne Zutaten; café m ~ schwarzer Kaffee m; **~el, -le** [~ty'rɛl] **1.** adj. natürlich; Natur...; **2.** m Naturell n; Charakter m; Gemütsart f; Natürlichkeit f; cuis. au ~ ohne Zutaten; **3.** su.: bsd. ~s pl. Eingeborene pl.; **~ellement** [~rɛl'mã] adv. natürlich; selbstverständlich; von Natur (aus); **~isme** [~'rism] m ♣ Naturheilmethode f; Freikörperkultur f; **~iste** [~'rist] **1.** adj. Freikörper...; **2.** su. Nudist(in f) m; **~opathe** [~rɔ'pat] m Naturarzt m.

naufrag|e [no'fra:ʒ] m Schiffbruch m; allg. Untergang m; faire ~ Schiffbruch erleiden; **~é,-e** [~fra'ʒe] **1.** adj. schiffbrüchig; **2.** su. Schiffbrüchige(r m) m u. f.

nausé|abond, -e [nozea'bõ, ~'bõːd] adj. ekelerregend; fig. widerlich; **~e** [~'ze] f Übelkeit f; fig. Ekel m; **~eux, -se** phm. [~ze'ø, ~'øːz] adj. Brechen erregend.

nautique [no'tik] adj. nautisch; See...; club m ~ Ruder-, Segel-klub m.

naval, -e [na'val] adj. (pl. ~s) Schiffs-...; See...; chantier m ~ (Schiffs-)Werft f.

navarin cuis. [nava'rɛ̃] m Hammelragout n.

navet [na'vɛ] m **1.** weiße Rübe f; chou m ~ Kohlrübe f; **2.** F a) Kitschfilm m;

b) Schmöker m; c) kitschiges Bild n.

navett|e [na'vɛt] f ⊕ Weber-, Nähmaschinen-schiffchen n; rl. Weihrauchgefäß n; ⚙ Pendelzug m; (service m de) ~ Pendelverkehr m; ~ spatiale Raumtransporter m; faire la ~ pendeln, im Pendelverkehr fahren; **~eur, -se** [~'tœːr, ~'tøːz] su. Pendler (-in f) m.

navig|abilité [navigabili'te] f Schiffbarkeit f; See-, Flug-tüchtigkeit f; **~able** [~'gabl] adj. schiffbar; see-, flug-tüchtig; **~ant, -e** ✈ [~'gã, ~'gãːt] adj.: personnel m ~ fliegendes Personal n; **~ateur** [~ga'tœːr] m **1.** adj. ✈ Navi gator m; **2.** adj./m seefahrend; schiffahrttreibend; **~ation** [~ga'sjõ] f Navigation f; Schiffahrt(skunde f) f; ~ aérienne Luftschiffahrt f; ~ interplanétaire Weltraumfahrt f; **~uer** [~'ge] v/i. (1m) ⚓ fahren; steuern; ✈ fliegen.

naviplane ⚓ [navi'plan] m Naviplan m, Luftkissenbus m.

navire [na'viːr] m (See-)Schiff n; ~ porte-conteneurs Containerschiff n; ~ (trans)roulier Roll-on/roll-off-Schiff n für Container; ~ vraquier Schüttgutfrachter m.

navrer [na'vre] v/t. (1a) sehr betrüben; je suis navré es tut mir sehr leid.

nazi pol. péj. [na'zi] **1.** adj. nazistisch; **2.** su. Nazi m.

ne [nə] adv. (vor vo. u. stummem h: n'): ~ (... pas) nicht; ~ ... guère kaum; ~ ... jamais nie; ~ ... jamais que immer nur; ~ ... plus nicht mehr; ~ ... point gar nicht; ~ ... que nur; ~ ... pas que ..., mais aussi nicht nur ..., sondern auch.

né, -e [ne] **1.** p.p. von naître; **2.** adj. geboren; être ~ coiffé ein Glückskind sein.

néanmoins [neã'mwɛ] adv. dennoch, nichtsdestoweniger.

néant [ne'ã] m **1.** Nichts n; réduire à ~ restlos vernichten; **2.** auf Formularen: entfällt; besondere Kennzeichen: keine.

nébul|euse ast. [neby'løːz] f Nebel (-fleck m) m; **~eux, -se** [~'lø, ~'løːz] adj. bewölkt, neb(e)lig; fig. verworren; **~osité** [~lozi'te] f Bewölkung f; fig. Unklarheit f.

néces|saire [nese'sɛːr] **1.** adj. notwendig; **2.** m Notwendige(s) n; (Reise-, Näh-)Necessaire n; Besteck n des

Arztes; **~ité** [~si¹te] *f* Notwendigkeit *f*; **~s** *pl.* Erfordernisse *n*/*pl.*; **~iter** [~] *v*/*t.* (1a): **~** qch. etw. erfordern; **~teux, -se** [~si¹tø, ~¹tø:z] **1.** *adj.* notleidend; **2.** *su.* Notleidende(r *m*) *m u. f*, Bedürftige(r *m*) *m u. f*.

nécro|loge [nekro¹lɔ:ʒ] *m* Totenliste *f*; **~logie** [~lɔ¹ʒi] *f* Nekrolog *m*; *journ.* Todesanzeigen *f*/*pl.*; **~logique** [~¹ʒik] *adj.*: *article m ~* Nachruf *m in e-r Zeitung*; **~mancie** [~¹mãˡsi] *f* Geisterbeschwörung *f*; **~pole** [~¹pɔl] *f* Totenstadt *f*.

nécrose ✶ [ne¹kro:z] *f* Nekrose *f*.

nectar [nɛk¹ta:r] *m* Nektar *m*.

néerlandais, -e [neɛrlã¹dɛ, ~¹dɛ:z] **1.** *adj.* niederländisch; **2.** ♀(e) *su.* Niederländer(in *f*) *m*.

nef △ [nɛf] *f* Kirchenschiff *n*.

néfaste [ne¹fast] *adj.* unheilvoll; schädlich; *jour m ~* Unglückstag *m*.

nèfle ♀ [¹nɛflə] *f* Mispel *f* (*Frucht*).

néflier ♀ [nefli¹e] *m* Mispel *f* (*Baum*).

néga|tif, -ve [nega¹tif, ~¹ti:v] **1.** *adj.* negativ; **2.** *m phot.* Negativ *n*; **~tion** [~ga¹sjɔ̃] *f* Verneinung *f*; **~tive** [~ga-¹ti:v] *f*: *dans la ~* wenn nicht; *s'obstiner dans la ~* hartnäckig ablehnen; *répondre par la ~* abschlägig beantworten; verneinen; *se tenir sur la ~* sich ablehnend verhalten; **~tivisme** *psych.* [~ti¹vism] *m* Negativismus *m*, negative Einstellung *f*; **~ton** *pl.* [~¹tɔ̃] *m* Negatron *n*.

néglig|é [negli¹ʒe] *m* Morgenrock *m*; Hauskleid *n*; **~ence** [~¹ʒɑ̃:s] *f* Nachlässigkeit *f*; Fahrlässigkeit *f*; **~ent, -e** [~¹ʒɑ̃, ~¹ʒɑ̃:t] *adj.* nachlässig; **~er** [~¹ʒe] *v*/*t.* (1l) vernachlässigen; versäumen.

négoce [ne¹gɔs] *m* (Groß-)Handel *m*; **~iable** ✝ [~¹sjablə] *adj.* *Wechsel:* begebbar; übertragbar; *en gros* Großhändler *m*; **~iant** [~¹sjɑ̃] *m* Kaufmann *m*; **~ en gros** Großhändler *m*; **~iateur, -rice** [~sja¹tœ:r, ~¹tris] *su.* Unterhändler(in *f*) *m*; Vermittler(in *f*) *m*; **~iation** [~sja¹sjɔ̃] *f* Verhandlung *f*; Unterhandlung *f*; ✝ Begebung *f e-s Wechsels*; **~ier** [~¹sje] (1a) *v*/*i.* verhandeln; *v*/*t.* aushandeln; *Wechsel* begeben; *Auto:* ~ *un virage* e-e Kurve nehmen.

nègre [¹nɛgrə] *m* **1.** Neger *m*; **2.** Ghostwriter *m*; **3.** *parler petit ~* kauderwelschen.

négr|esse [ne¹grɛs] *f* Negerin *f*, **~itude** [~gri¹tyd] *f* Négritude *f* (*bsd. kulturelle Eigenständigkeit der Fran-*

zösisch sprechenden Neger).

neig|e [nɛ:ʒ] *f* Schnee *m*; **~s** *pl.* Schnee-massen *f*/*pl.*, -fälle *m*/*pl.*; *Ski:* **~** *collante* Pappschnee *m*; *crouteuse* Harsch(schnee *m*) *m*; **~** *poudreuse* Pulverschnee *m*; *couche f de* **~** Schneedecke *f*; *limite f des* **~s** Schneegrenze *f*; *écol. classe f de* **~** Winteraufenthalt *m* e-r Schulklasse im Gebirge; (*aller*) *faire la* **~** zum Skisport fahren; *cuis. œufs m*/*pl. à la* **~** Eischnee *m*; **~er** [nɛ¹ʒe] *v*/*imp.* (1l) schneien; **~eux, -se** [~¹ʒø, ~¹ʒø:z] *adj.* schneebedeckt; Schnee...

nénette ✶ [nɛ¹nɛt] *f* junge Frau *f*.

nénuphar ♀ [neny¹fa:r] *m* Seerose *f*.

néocolonial|isme *pol.* [neɔkɔlɔnja-¹lism] *m* Neokolonialismus *m*; **~iste** *pol.* [~¹list] *adj.* neokolonialistisch.

néo|-latin, -e [neɔla¹tɛ̃, ~¹tin] *adj.* neulateinisch; romanisch; **~logisme** *ling.* [~lɔ¹ʒism] *m* Neologismus *m*, Neubildung *f*.

néon ⚛ [ne¹ɔ̃] *m* Neon *n*.

néophyte [neɔ¹fit] *su.* neuer Anhänger *m*, neue Anhängerin *f e-r Lehre, e-r Partei*; *rl.* Neubekehrte(r *m*) *m u. f*.

néphr|algie ✶ [nefral¹ʒi] *f* Nierenschmerzen *m*/*pl.*; **~étique** [~fre¹tik] **1.** *adj.* Nieren...; **2.** *su.* Nierenkranke(r *m*) *m u. f*; **~ite** [~¹frit] *f* Nierenentzündung *f*.

népotisme [nepɔ¹tism] *m* Vetternwirtschaft *f*.

nerf [nɛr] *m anat.* Nerv *m*; *fig.* Haupttriebfeder *f*; **~** *de bœuf* Ochsenziemer *m*; *avoir ses* **~s** gereizt sein; *fig. avoir du* **~** [*a.* nɛrf] kräftig sein; *vivre sur les* **~s** nur noch mit äußerster Willensanstrengung arbeiten.

nerprun ♀ [nɛr¹prœ] *m* Kreuzdorn *m*.

nerv|ation [nɛrva¹sjɔ̃] *f* Nervatur *f*, Aderung *f bei e-m Blatt od. Insektenflügel*; **~eux, -se** [~¹vø, ~¹vø:z] *adj.* Nerven...; nervig, kraftvoll; nervös; *Motor:* schnell anspringend; **~i** ✶ [~¹vi] *m* Schlägertyp *m*; Mörder *m*; **~in** *phm.* [~¹vɛ̃] **1.** *adj.*/*m:* *remède m ~* **=** **2.** *m* Nervenheilmittel *n*; **~osisme** ✶ [~vo¹zism] *m* Nervenleiden *n*; **~osité** [~zi¹te] *f* Nervosität *f*; *fig.* Reizbarkeit *f*; **~ure** [~¹vy:r] *f* Nervengewebe *n*; Holzmaserung *f*; ✶ Rippe *f*; **~s** *pl.* (Blatt-, Buch-) Gewölbe-) Rippen *f*/*pl.*; **~uré, -e** [~vy¹re] *adj.* gerippt; △ *plancher m* **~** Rippen-

decke f, **-te** [nɛt] 1. adj. sauber, rein;
lauter; unvermischt; unverkennbar,
klar, deutlich; rad. klangrein; ♈
Netto.., Rein...; produit m ∼ Rein-
ertrag m; 2. adv. geradeheraus;
netto; refuser ∼ rundweg abschlagen;
3. m: mettre au ∼ ins reine schreiben;
mise f (od. copie f) au ∼ Reinschrift f.
nett|ement [nɛtˈmã] adv. klar und
deutlich; offenkundig; scharf; **∼eté**
[∼ˈte] f Reinheit f; Reinlichkeit f; fig.
Klarheit f, Deutlichkeit f; rad. ∼ de la
réception, ∼ de l'audition Klangreinheit f; **∼oiement** [∼twaˈmã] m: ∼ (des
rues Straßen-)Reinigung f; **∼oyage**
[∼twaˈjaːʒ] m Reinigen n, Säubern n;
∼ à sec Trockenreinigung f; F faire le
∼ par le vide alles wegwerfen; **∼oyer**
[∼twaˈje] v/t. (1h) reinigen, säubern;
* fertig-, kalt-machen.
neuf¹ [nœf; in der Bindung: nœv] 1.
a/n.c. neun; arith. preuve f par ∼
Neunerprobe f; 2. m Neun f.
neuf², -ve [nœf, nœːv] 1. adj. neu;
ungebraucht; unbewandert; 2. m: le
∼ das Neue; quoi de ∼? was gibt's
Neues?; à ∼ (wie) neu; remettre à ∼
Kleidung aufarbeiten; Motor überholen.
neurasthén|ie 𝒮 [nœrasteˈni] f Ner-
venschwäche f; **∼ique** 𝒮 [∼ˈnik]
1. adj. nervenschwach; 2. su. Neur-
astheniker(in f) m.
neurolog|iste [nœrɔlɔˈʒist] su., **∼ue**
[∼ˈlɔg] su. Nerven-arzt m, -ärztin f.
neutral|iser [nøtraliˈze] v/t. (1a) pol.,
fig. neutralisieren; fig. unschädlich
(od. unwirksam) machen; ✕ binden;
∼isme [∼ˈlism] m Neutralitätspolitik
f, blockfreie Politik f; **∼iste** [∼ˈlist]
adj. neutralistisch, blockfrei; **∼ité**
[∼liˈte] f Neutralität f.
neutre [ˈnøːtr] 1. adj. neutral, parteilos; ♀, zo. geschlechtslos; gr. sächlich; 2. m gr. Neutrum n; 3. su. pol.
Neutrale(r m) m u. f.
neutron pl. [nøˈtrɔ̃] m Neutron n; ✕
bombe f à ∼s (a. aux ∼s) Neutronen-
bombe f; **∼ique** [∼trɔˈnik] adj.: émission f ∼ Neutronenstrahlung f.
neuv|aine rl. [nœˈvɛn] f neuntägige
Andacht f; **∼e** [nœːv] s. neuf²; **∼ième**
[nœˈvjɛm] 1. a/n.o. neunte(r, -s); 2. m
Neuntel n.
névé [neˈve] m Firn m.
neveu [nɔˈvø] m (pl. ∼x) Neffe m.
névralg|ie 𝒮 [nevralˈʒi] f Neuralgie f;

abus. Kopfschmerz m; **∼ique** 𝒮 [∼-
ˈʒik] adj. neuralgisch.
névrose 𝒮 [neˈvroːz] f Neurose f.
nez [ne] m Nase f; fig. Gesicht n;
géogr. Vorgebirge n, Kap n; ♣ Bug
m; avoir du ∼ e-e feine Nase (od. e-n
Riecher F) haben; faire qch. au ∼ et à
la barbe de q. vor j-s Augen etw. tun;
faire un ∼ ein langes Gesicht machen;
faire un pied de ∼ à q. sich über j-n
mokieren; P fig. avoir le ∼ sale betrunken (od. blau F) sein; avoir q.
dans le ∼ j-n nicht riechen können,
j-n nicht mögen; se trouver ∼ à ∼ avec q.
j-m (plötzlich) gegenüberstehen.
Nhaqué * [naˈke] m Chinese m.
ni [ni] cj.: (ne) ... ∼ ... ∼ ... weder ...
noch ...; sans parler ∼ bouger ohne zu
sprechen und sich zu bewegen; (∼)
moi non plus ich auch nicht, (∼)
ebensowenig.
niable [ˈnjablə] adj.: cela n'est pas ∼
das läßt sich nicht leugnen.
niais, -e [njɛ, njɛːz] adj. albern, kindisch; **∼erie** [∼zˈri] f Albernheit f.
niche [niʃ] f 1. Nische f; Hundehütte
f; 2. Streich m.
nich|ée [niˈʃe] f Nestvoll n; **∼er** [∼]
(1a) v/i. nisten; F hausen; se ∼ sich
einnisten.
nichrome métall. [niˈkroːm] m (e-e)
Chrom-Nickel-Eisen-Legierung f.
nickel min. [niˈkɛl] m Nickel n; **∼er**
[∼ˈkle] v/t. (1c) vernickeln.
nicotine ♈ [nikɔˈtin] f Nikotin n.
nid [ni] m Nest n; ∼ d'abeilles (Bie-
nen-)Wabe f; cout. ∼s pl. d'abeilles
Smokarbeit f; Waffel-, Waben-
muster n; Straße: ∼ de poule Schlagloch n; **∼ification** [∼difikaˈsjɔ̃] f
Nestbau m.
nièce [njɛs] f Nichte f.
nielle [njɛl] f 1. ♣ (Getreide-)Brand
m; ♀ Kornrade f; 2. m ⊕ Niello n.
niell|er [njɛˈle] v/t. (1a) 1. ♣ brandig
machen; se ∼ brandig werden; 2. ⊕
niellieren; **∼ure** [njɛˈlyːr] f 1. ♣ (Getreide-
brand(schaden) m) m; 2. ⊕ Niello-
arbeit f.
nième [ɛˈnjɛm] adj. ♬ n-te(r, -s); F
x-te(r, -s); pour la ∼ fois zum x-tenmal.
nier [nje] v/t. (1a) leugnen, abstrei-
ten; verneinen.
nigaud, -e [niˈgo, ∼ˈgoːd] 1. adj. albern; 2. su. Dummkopf m; alberne
Gans f; **∼erie** [∼ˈdri] f Albernheit f.

nimb|e [nɛ̃:b] *m* Heiligenschein *m*; **~er** [nɛ̃'be] *v/t.* (1a) mit e-m Nimbus umgeben.

nipp|é, -e F [ni'pe] *adj.* gekleidet; **~es** F [nip] *f/pl.* abgetragene Kleidung *f*, Klamotten *f/pl.* F.

nique F [nik] *f*: faire la ~ à q. j-n verhöhnen.

nitouche [ni'tuʃ] **1.** *f*: sainte ~ Scheinheilige *f*; **2.** *adj.* (*inv.*) F scheinheilig.

nitr|ate 🜪 [ni'trat] *m* Nitrat *n*; ~ d'argent Höllenstein *m*; **~e** 🜪 ['ni:trə] *m* Salpeter *m*; **~ification** [nitrifika-'sjɔ̃] *f* Salpeterbildung *f*; **~ifier** [~'fje] *v/rfl.* (1a): se ~ sich in Nitrate verwandeln; **~ique** [~'trik] *adj.* Salpeter...; *acide m* ~ Salpetersäure *f*.

nitro|benzène 🜪 [nitrobɛ̃'zɛːn] *m* Nitrobenzol *n*; **~gène** 🜪 [~'ʒɛn] *m* Stickstoff *m*.

niv|éal, -e ♃ [nive'al] *adj.* (*m/pl. -aux*) im Winter blühend.

niveau [ni'vo] *m* (*pl. ~x*) Niveau *n*, Höhe *f* (*beide a. fig.*); *fig.* Stufe *f*; ⊕ Wasserwaage *f*; waagerechte Fläche *f*; ~ des eaux souterraines Grundwasserspiegel *m*; *Auto*: ~ d'huile Ölstand *m*; ~ de maçon Lotwaage *f*; *ling.* ~ seuil sprachpädagogische Grundstufe *f* für e-n Sprachkurs; ~ de vie Lebensstandard *m*; *advt.* de ~ waagerecht; *au* ~ de auf gleicher Höhe (*od.* Ebene) mit (*dat.*); *pourparlers m/pl.* au ~ le plus élevé Verhandlungen *f/pl.* auf höchster Ebene.

nivel|er [niv'le] *v/t.* (1c) Höhenunterschiede messen; (ein)ebnen; *fig.* nivellieren, ausgleichen; **~eur** [~'lœːr] *m* Feldmesser *m*.

nivellement ⊕ [nivɛl'mɑ̃] *m* Abmessen *n* der Höhenunterschiede; Planieren *n*; *fig. pol.* Gleichmacherei *f*.

nobiliaire [nɔbi'ljɛːr] **1.** *adj.* Adels...; **2.** *m* Adelsbuch *n*.

nobl|e ['nɔblə] **1.** *adj.* ad(e)lig; edel; edelmütig; **2.** *su.* Adlige(r *m*) *m* u. *f*; **~esse** [nɔ'blɛs] *f* Adel *m*.

noce [nɔs] *f*, *oft* ~s *pl.* Hochzeit *f*; Hochzeits-gesellschaft *f*, -feier *f*; P être de ~s an e-r Hochzeitsfeier teilnehmen; F faire la ~ flott leben, prassen, sich amüsieren.

noc|if, -ive [nɔ'sif, ~'siːv] *adj.* schädlich; **~ivité** [~sivi'te] *f* Schädlichkeit *f*.

noct|ambule [nɔktã'byl] *su.* Nachtschwärmer(in *f*) *m*; **~uelle** *ent.* [~'tɥɛl] *f* Nachtfalter *m*; **~urne** [~'tyrn]

1. *adj.* nächtlich; Nacht...; *oiseau m* ~ Nachtvogel *m*; **2.** *m* ♪ Nokturne *f*; **3.** *f* ♰ Spätverkaufsstelle *f*.

nod|al, -e [nɔ'dal] *adj.* (*m/pl. -aux*) Knoten...; **~osité** ♀, 🜪 [~dozi'te] *f* Knoten *m*.

Noël [nɔ'ɛl] *m* Weihnacht(en *n*) *f*; *joyeux ~!* fröhliche Weihnachten! *pl.*; *Bonhomme m ~*, *Père m ~* Weihnachtsmann *m*; *faire ~* Weihnachten feiern; *passer un beau ~* ein schönes Weihnachtsfest verbringen; *à ~*, *als Fest f*: *à la ~*, *à l'occasion de la ~*, *pour* (F *la*) ~ zu Weihnachten; *pour la ~ de cette année* zum diesjährigen Weihnachtsfest; ♀ *m* Weihnachtslied *n*; F Weihnachtsgeschenk *n*.

nœud [nø] *m* Knoten *m*; *fig.* Schwierigkeit *f*; *thé.* Verwicklung *f*; *anat.* Fingerknöchel *m*; Ast *m* im Holz; ~ coulant Schlinge *f*; Schleife *f* e-r Krawatte; *fig.* ~s *pl.* Bande *n/pl.*

noir, -e [nwa:r] **1.** *adj.* schwarz; dunkel, finster; schmutzig; *fig.* traurig, düster; gemein; P total betrunken, blau; *cuis.* beurre m ~ braune Butter *f*; *cheval m ~* Rappe *m*; *film m ~* Gangster-, Kriminal-film *m*; *série f ~e* Unglücksserie *f*, Pechsträhne *f*; **2.** *m* Schwarz *n*; Schwarze(s) *n*; Trauer(kleidung *f*) *f*; Schwärze *f*; F schwarzer Kaffee *m*; *mettre dans le ~* auf Anhieb das Richtige treffen; *se mettre en ~* Trauerkleidung anlegen; *tendu de ~* schwarz behangen; *fig. broyer du ~* Trübsal blasen; **3.** ~e *f* ♪ Viertelnote *f*; **4.** *su.* Schwarze(r *m*) *m* u. *f*; **~âtre** [nwa'rɑ:trə] *adj.* schwärzlich; **~aud, -e** [~'ro, ~'ro:d] **1.** *adj.* dunkelhäutig; **2.** *su.* dunkelhäutiger Typ *m*.

noirc|eur [nwar'sœːr] *f* Schwärze *f*; *fig.* schwarzer Hautfleck *m*; düstere Stimmung *f*; Bosheit *f*, Gemeinheit *f*; **~ir** [~'siːr] (2a) *v/t.* schwarz machen; *fig. litt.* anschwärzen; *v/i.* schwarz werden; *se* ~ trübe (*od.* dunkel) werden; **~issure** [~si'syːr] *f* schwarzer Fleck *m*, Trübung *f* des Weines.

noise [nwa:z] *f* nur gebräuchlich in: *chercher ~ à q.* mit j-m Streit suchen.

nois|etier ♀ [nwaz'tje] *m* Hasel(nuß)-strauch *m*; **~ette** [~'zɛt] **1.** *f* Haselnuß *f*; ~s *pl.* 🜪 Nußkohle *f*; **2.** *adj.* haselnußbraun.

noix [nwa] *f* Nuß *f*, Walnuß *f*; ~ de coco Kokosnuß *f*; *cuis.* ~ de veau

Kalbsnuß f.

nom [nõ] m Name m; gr. Substantiv n; ~ de baptême Tauf-, Vor-name m; ~ de famille Familienname m; ~ de jeune fille Mädchenname m; ~ de guerre Künstlername m, Pseudonym n; ~ propre Eigenname m; ~ commercial Firmenname m; de ~ dem Namen nach; du ~ mit Namen; le ~ de Grand der Beiname ,,der Große''; petit ~ Kosename m; F Vorname m; in Ausrufen: ~ de ~!, ~ d'une pipe! zum Donnerwetter!, verflucht noch mal!

nomade [nɔ'mad] **1.** adj. nomadenhaft; unstet; **2.** su. Nomade m.

no man's land ⚔, fig. [nɔmans'lɑ̃:d] m (inv.) Niemandsland n.

nombrable [nõ'brablə] adj. zählbar.

nombre [nõ:brə] m Zahl f; Anzahl f; gr. Numerus m; sans ~ zahllos; (grand) ~ de (Verb im pl.!) (sehr) viele; **~eux, -se** [~'brø, ~'brø:z] adj. zahlreich; famille f nombreuse kinderreiche Familie f.

nombril anat. [nõ'bril] m Nabel m.

nomenclature [nɔmɑ̃kla'ty:r] f Nomenklatur f, Namensregister n; Wörterverzeichnis n.

nomin|al, -e [nɔmi'nal] adj. (m/pl. -aux) namentlich; Namens...; Nenn...; nominell; gr. substantivisch; **~atif, -ve** [~na'tif, ~'ti:v] **1.** adj. namentlich, auf e-n bestimmten Namen lautend; **2.** m gr. Nominativ m; **~ation** [~na'sjõ] f Ernennung f.

nomm|é, -e [nɔ'me] adj. ge-, ernannt; à point ~ zur rechten Zeit, wie gerufen; un ~ N. ein gewisser N.; **~ément** [~'mã] adv. namentlich; besonders; **~er** [~'me] v/t. (1a) (be-, er-)nennen; angeben; se ~ heißen; genannt werden.

non [nõ] **1.** adv. nein; dire (que) ~ nein sagen; ~ pas! keineswegs!; F ~, mais! nein, so (et)was!; ~ plus auch nicht; ~ que (subj.) nicht etwa, daß od. nicht als ob (subj.); **2.** m (inv.) Nein n.

non-activité [~naktivi'te] f Untätigkeit f; mettre en ~ j-n zur Disposition stellen.

nonagénaire [nɔnaʒe'nɛ:r] **1.** adj. neunzigjährig; **2.** su. Neunzigjährige(r m) m u. f.

non-agression [nõnagrɛ'sjõ] f: pacte m de ~ Nichtangriffspakt m.

nonce [nõːs] m Nuntius m.

nonchal|ance [nõʃa'lɑ̃:s] f (Nach-) Lässigkeit f; **~ant, -e** [~'lɑ̃, ~'lɑ̃:t] adj. (nach)lässig.

non-comparution ⛧ [nõkõpary'sjõ] f Nichterscheinen n vor Gericht; **~-conducteur, -rice** ⚡ [~kõdyk'tœ:r, ~'tris] adj. nichtleitend; **~-disponibilité** [~dispɔnibili'te] f Unabkömmlichkeit f; **~-dissémination** [~disemina'sjõ] f Nichtweitergabe f (v. Kernwaffen).

non-éclaté ⚔ [nõnekla'te] m Blindgänger m.

non-fumeur [nõfy'mœ:r] m Nichtraucher m.

non-immixtion, ~-ingérence, ~-intervention pol. [nõnimiks'tjõ, nõnʒe'ra:s, nõnɛtɛrvã'sjõ] f Nichteinmischung f.

non-lieu ⛧ [nõ'ljø] m Einstellung f, Niederschlagung f e-s Prozesses.

nonne ent., plais. rl. [nɔn] f Nonne f.

nonobstant [nõnɔps'tã] prp. ungeachtet (gén.).

non-prolifération [nõprɔlifera'sjõ] f Nichtweiterverbreitung f (v. Kernwaffen); **~réussite** [~rey'sit] f Mißerfolg m; **~sens** [~'sã:s] m Unsinn m, Sinnlosigkeit f; **~valeur** [~va-'lœ:r] f wertlose Sache f; fin. nicht eintreibbarer Posten m; fig. unbrauchbarer Mensch m; **~violence** [~vjɔ'lã:s] f Gewaltlosigkeit f.

nord [nɔ:r] **1.** m Nord(en) m; vent m du ~ Nordwind m; F fig. perdre le ~ den Kopf verlieren; **2.** adj. (inv.) nördlich; Nord...; **~-est** [nɔ'rɛst] m Nordost(en) m; Nordost(wind m) m; **~-ouest** [nɔ'rwɛst] m Nordwest(en) m; Nordwest(wind m) m.

noria ⊕ [nɔ'rja] f Schöpfrad n.

normal, -e [nɔr'mal] adj. (m/pl. -aux) normal; regelmäßig; École f ~ etwa: Pädagogische Hochschule f; **~ien, -ne** [~'ljɛ̃, ~'ljɛn] su. Student(in f) m e-r École normale; **~isation** [~liza-'sjõ] f Normung f; Normalisierung f; **~iser** [~'ze] v/t. (1a) normen; normalisieren.

normand, -e [nɔr'mã, ~'mã:d] **1.** adj. normannisch; fig. zweideutig; **2.** ♀(e) su. Normanne m, Normannin f; fig. réponse f de ♀ zweideutige Antwort f.

norme [nɔrm] f Vorschrift f, Regel f, Norm f.

norvégien, -ne [nɔrve'ʒjɛ̃, ~'ʒjɛn] **1.** adj. norwegisch; **2.** ♀(ne) su. Norweger(in f) m.

nos [no] s. notre.

nostalg|ie [nɔstal'ʒi] f Heimweh n; Sehnsucht f; **~ique** [~'ʒik] adj. sehnsuchtsvoll.

not|abilité [nɔtabili'te] f hervorragende Persönlichkeit f; **~able** [~'tablə] **1.** adj. angesehen, hervorragend, bedeutend; **2.** m angesehene Persönlichkeit f; **~s** pl. Spitzen f/pl. der Gesellschaft.

notaire [nɔ'tɛːr] m Notar m.

notamment [nɔta'mɑ̃] adv. besonders.

notari|al, -e [nɔta'rjal] adj. (m/pl. -aux) notariell; **~at** [~'rja] m Notariat n; **~é, -e** [~'rje] adj. notariell beglaubigt.

not|ation [nɔta'sjɔ̃] f Notierung f; Bezeichnung f; Beurteilung f; école. Notengebung f; **~** chimique chemische Formelsprache f; **~e** [nɔt] f Note f (a. ♪); Notiz f; Anmerkung f; école. Zensur f, Note f; † Rechnung f; *prendre* **~** *de qch.* sich etw. merken; † etw. buchen; fig. ne pas être dans la **~** aus dem Rahmen fallen; **~er** [~'te] v/t. (1a) (an-, ver-, vor-)merken, notieren; † buchen; école. mit e-r Note versehen, zensieren; ♪ in Noten setzen; * école. **~** *à la tête du client* vorziehen (*abs.*); **~ice** [~'tis] f kurzer Bericht m; ⊕ **~** *d'entretien* Betriebsanleitung f.

notifi|cation [nɔtifika'sjɔ̃] f amtliche Bekanntgabe f; Zustellung f e-r Urkunde; **~er** adm., ᵗᵗˢ [~'fje] v/t. (1a) bekanntgeben; *j-m e-e* Urkunde zustellen.

notion [nɔ'sjɔ̃] f Begriff m.

not|oire [nɔ'twaːr] adj. offenkundig, notorisch; berüchtigt; **~oriété** [~tɔrje'te] f Offenkundigkeit f.

notre [ˈnɔtrə] (pl. nos [no]) pr/poss. unser(e f) m u. n; pl. unsere.

nôtre [ˈnoːtrə] **1.** pr/poss.: le **~**, la **~** der, die, das unsere (*od.* unsrige), unsere(r, -s); **2.** m: le **~** das Unsere, das Unsrige; les **~s** pl. die Unseren (*od.* Unsrigen) pl.; unsere Angehörigen pl.

notule [nɔ'tyl] f kurze Anmerkung f.

nou|age text. [nwaːʒ] m Knüpfen n; **~e** [nu] f ♪ Marschland n; ⌂ Dachkehle f; **~er** [nwe] (1a) v/t. zs.-, ein-, an-knüpfen (a. fig.); *Schnürsenkel, Krawatte* binden; v/i. u. se **~** *Obstbaum*: Früchte ansetzen; **~eux, -se** [nwø, nwøːz] adj. knotig.

nougat [nu'ga] m Nougat m; **~ine**

[~'tin] f Krokant m.

nouille [nuj] f **1.** F péj. Schlappschwanz m; **2.** **~s** pl. cuis. Nudeln f/pl.

noulet ⌂ [nu'lɛ] m Kehlrinne f.

nounou enf. [nu'nu] f Amme f.

nounours enf. [nu'nurs] m Teddybär m.

nourr|ain [nu'rɛ̃] m Fischbrut f; **~ice** [~'ris] f **1.** Amme f; fig. Ernährerin f; **2.** ⊕, Auto: Reservetank m; **~icier, -ère** [~ri'sje, ~'sjɛːr] adj. ernährend; Pflege...; **~ir** [~'riːr] v/t. (2a) (er)nähren; beköstigen; stillen; füttern; fig. hegen; **~issage** [~ri'saːʒ] m Viehmast f; **~issant, -e** [~'sɑ̃, 'sɑ̃ːt] adj. nahrhaft; **~isseur** [~'sœːr] m Viehzüchter m; **~isson** [~'sɔ̃] m Säugling m; **~iture** [~'tyːr] f Ernährung f; Nahrung(smittel n) f; Futter n der Tiere; fig. geistige Kost f.

nous [nu] pr/p. wir; *Objekt (acc. od. dat.):* uns.

nouure [nu'yːr] f ♂ rachitischer Rosenkranz m; ♀ Fruchtansatz m.

nouveau [nu'vo] (m vor vo. u. stummem h: nouvel [nu'vɛl], f: nouvelle [nu'vɛl]; m/pl. **~x**) **1.** adj. neu(artig); andere(r -s); unbekannt; unerfahren; nouvel an Neujahr(stag m) n; **2.** adv.: à **~** von Grund auf, ganz von neuem; b) **~** de **~** erneut, wieder; **3.** m Neue(s) n; **4.** su.: le **~**, la nouvelle der, die Neue; Neuling m.

nouveau|-né, -e [nuvo'ne] (pl. **~s**) **1.** adj. neugeboren; **2.** su.: le **~** das Neugeborene; **~té** [~'te] f Neuheit f; Neuerung f; neuer Modeartikel m; Buch: Neuerscheinung f; thé. neues Stück n.

nouvel [nu'vɛl] s. nouveau.

nouvell|e [nu'vɛl] **1.** s. nouveau; **2.** f Nachricht f; litt. Novelle f; donner de ses **~s** von sich hören lassen; F connais-tu la **~?** weißt du schon das Neueste?, hast du schon gehört?; **~ement** [~l'mɑ̃] adv. kürzlich; **~iste** [~'list] su. Novellenschreiber(in f) m, Novellist(in f) m.

novateur, -rice [nɔva'tœːr, ~'tris] **1.** adj. bahnbrechend; **2.** su. Bahnbrecher(in f) m, Neuerer m.

novembre [nɔ'vɑ̃ːbrə] m November m.

novic|e [nɔ'vis] **1.** adj. unerfahren; **2.** su. Neuling m; rl. Novize m, Novizin f; **~iat** [~'sja] m rl. Noviziat n; Novizenhaus n; allg. Ausbildung(szeit f) f.

noyade [nwa'jad] *f* Ertrinken *n*.

noyau [nwa'jo] *m* (*pl.* ~x) Kern *m*, Stein *m im Obst*; *fig.* Kern *m*, Mittelpunkt *m*; *phys.* ~ atomique Atomkern *m*; *biol.* ~ cellulaire Zellkern *m*; **~tage** *pol.* [~'ta:ʒ] *m* Unterwanderung *f*; **~ter** *pol.* [~'te] *v/t.* (1a) unterwandern.

noyé, -e [nwa'je] **1.** *adj.* ertrunken; *fig.* des yeux ~s de larmes tränennasse Augen *n/pl.*; **2.** *su.* Ertrunkene(r *m*) *m u. f*.

noyer¹ [nwa'je] *v/t.* (1h) ertränken; *Tiere* ersäufen; *Land* überschwemmen; se ~ ertrinken.

noyer² [nwa'je] *m* Nußbaum *m*.

nu, -e [ny] **1.** *adj.* nackt; kahl; bloß; mettre à ~ bloßlegen, entblößen; *fig.* aufdecken; **2.** *m peint.* Akt *m*.

nuage [nɥa'ʒ] *m* Wolke *f*; **~eux, -se** [nɥa'ʒø, ~'ʒøːz] *adj.* wolkig.

nuance [nɥɑ̃:s] *f* Nuance *f* (*a. fig.*); *fig.* feiner Unterschied *m*; **~er** [nɥɑ̃-'se] *v/t.* (1k) nuancieren (*a. fig.*).

nubile [ny'bil] *adj.* *Mädchen:* heiratsfähig.

nucal, -e ⚕, *anat.* [ny'kal] *adj.* (*m/pl.* -aux) Nacken...

nucléaire [nykle'ɛːr] **1.** *adj.* Atom...; Kern...; **2.** *m* Kernenergie *f*; **~arisation** [~ariza'sjɔ̃] *f* Umstellung *f* auf Kernenergie; **~ocrate** [~ɔ'krat] *m* Kernkraftanhänger *m*.

nudisme [ny'dism] *m* Freikörper-, Nackt-kultur *f*; **~ité** [~di'te] *f* Nacktheit *f*; Blöße *f*; Kahlheit *f*; *peint.* ~s *pl.* nackte Figuren *f/pl.*

nue [ny] *f*: élever (*od.* mettre, porter) aux ~s in den Himmel heben; *tomber* des ~s aus allen Wolken fallen; **~ée** [nɥe] *f* Wolke *f* (*a. fig.*); Schwarm *m*, Unmenge *f*.

nui [nɥi] *p.p.* (*stets inv.*) *von* nuire.

nuire [nɥiːr] *v/i.* (4c) schaden.

nuisances [nɥi'zɑ̃:s] *f/pl.* (Umwelt-) Störungen *f/pl.*

nuisette [nɥi'zɛt] *f* kurzes (Damen-) Nachthemd *n*.

nuisibilité [nɥizibili'te] *f* Schädlichkeit *f*; **~ible** [~'zibla] *adj.* schädlich.

nuit [nɥi] *f* Nacht *f*; être de ~ Nachtschicht haben; **~ard** ⚲ [~'taːr] *m* Briefsortierer *m* mit Nachtdienst;

~ée [~'te] *f* Übernachtung *f*.

nul, -le [nyl] **1.** *adj.* gleich Null; wertlos; ⚖ ungültig, nichtig; *Sport:* unentschieden; *mit ne vor dem vb.:* kein(e); sans ~ ohne irgendein(en); **2.** *pr/ind.* (*nur m/sg.*) *st.s.:* ~ ne ... keiner, niemand.

nullement [nyl'mɑ̃] *adv.* keineswegs; ganz und gar nicht; **~ité** [~li'te] *f* ⚖ Ungültigkeit *f*, Nichtigkeit *f*; *fig.* Bedeutungslosigkeit *f*; *Person:* Null *f*.

numéraire [nyme'rɛːr] **1.** *adj.* Zahl-...; Münz...; **2.** *m* bares Geld *n*; **~al, -e** [~'ral] *adj.* (*m/pl.* -aux) Zahl(en)-...; *gr.* adjectif *m* ~ Zahlwort *n*; **~ateur** ⚕ [~ra'tœːr] *m* Zähler *m*; **~ation** [~ra'sjɔ̃] *f* Numerierung *f*; Zählen *n*; **~ique** [~'rik] *adj.* numerisch, zahlenmäßig, Zahlen...; **~iseur** *inform.* [~ri'zœːr] *m* Analog-Digital-Wandler *m*.

numéro [nyme'ro] *m* Nummer *f*; (*Lotterie- usw.*) Los *n*; ~ de téléphone Telefonnummer *f*; *Auto:* ~ d'immatriculation Zulassungs-, Auto-nummer *f*; ~ du dossier Aktenzeichen *n*; *fig.* un drôle de ~ ein komischer Kauz *m*; **~tage** [~ɔ'taːʒ] *m* Numerierung *f*; **~ter** [~ɔ'te] *v/t.* (1a) numerieren; **~teur** [~'tœːr] *m* Nummernstempel *m*.

numismate [nymis'mat] *m* Numismatiker *m*; **~ique** [~'tik] *f* Numismatik *f*, Münzkunde *f*.

nu-pieds [ny'pje] **1.** *adv.* barfuß; **2.** *m/pl.* Strandschuhe *m/pl.*

nuptial, -e [nyp'sjal] *adj.* (*m/pl.* -aux) hochzeitlich; Hochzeits...; Braut...; bénédiction *f* ~e Trauung *f*; **~ité** [~li-'te] *f* Zahl *f* der Eheschließungen.

nuque [nyk] *f* Genick *n*, Nacken *m*.

nurse [nœrs] *f* Kindermädchen *n*.

nu-tête [ny'tɛt] *adv.* ohne Kopfbedeckung.

nutriment *phm.* [nytri'mɑ̃] *m* Nährstoff *m*; **~tif, -ve** [~'tif, ~'tiːv] *adj.* nahrhaft; **~tion** *biol.* [~'sjɔ̃] *f* Ernährung *f*.

nylon [ni'lɔ̃] *m* Nylon *n*.

nymphe [nɛ̃f] *f* Nymphe *f*; *ent.* Puppe *f*; **~éa** ⚘ [nɛ̃fe'a] *m* Seerose *f*; **~ette** F [~'fɛt] *f fig.* kesses Ding *n*.

O

O (*ou* **o**) [o] *m* O (*od.* o) *n*.

ô [o] *int.* (*stets vor su. od. adj.*): ô ciel! o Himmel!

oas|ien, -ne [ɔa'zjɛ̃, ~'zjɛn] **1.** *adj.* Oasen...; **2.** *su.* Oasenbewohner(in *f*) *m*; **~is** [~'zis] *f* (*bisw. m*) Oase *f*.

obédience [ɔbe'djɑ̃:s] *f rl.* Gehorsam *m*, Unterwerfung *f*; *politische* Richtung *f*, Prägung *f*.

obéir [ɔbe'i:r] *v/i.* (2a) gehorchen; sich fügen, nachgeben; folgen; *se faire*~ sich Gehorsam verschaffen; *je suis obéi* man gehorcht mir.

obéiss|ance [ɔbei'sã:s] *f* Gehorsam *m*; **~ant, -e** [~'sã, ~'sã:t] *adj.* gehorsam.

obérer [ɔbe're] *v/t.* (1f) mit Schulden belasten.

obèse [ɔ'bɛ:z] *adj.* zu dick.

obésité [ɔbezi'te] *f* Fettsucht *f*.

obier ♀ [ɔ'bje] *m* Schneeball *m*.

obit *rl.* [ɔ'bit] *m* Seelenmesse *f*.

object|er [ɔbʒɛk'te] *v/t.* (1a) einwenden; entgegenhalten; entgegnen; *tadelnd* vorwerfen; **~eur** [~'tœ:r] *m*: ~ *de conscience* Wehrdienstverweigerer *m*; **~if, -ve** [~'tif, ~'ti:v] **1.** *adj.* objektiv, sachgemäß, sachlich; **2.** *m phot., opt.* Objektiv *n*; Ziel *n* e-r *Person od. Handlung*; ~ *militaire* militärisches Ziel *n*; **~ion** [~k'sjɔ̃] *f* Einwand *m*, Einwendung *f*; *ne soulever aucune* ~ auf keinen Widerspruch (*od. auf kein Hindernis*) stoßen; **~iver** [~ti've] *v/t.* (1a) objektivieren, vergegenständlichen; äußern; **~ivité** [~vi'te] *f* Objektivität *f*, Sachlichkeit *f*.

objet [ɔb'ʒɛ] *m* Objekt *n*; Gegenstand *m*; ✝ Artikel *m*; ★ Mensch *m*; *in Geschäftsbriefen usw.*: ⚥: ... Betrifft: ...; ~ *de valeur* Wertgegenstand *m*; ~s *pl. trouvés* Fundsachen *f/pl.*

objurgation [ɔbʒyrga'sjɔ̃] *f* inständige Bitte *f*.

obligat|aire [ɔbliga'tɛ:r] *su.* Inhaber (-in *f*) *m* e-r Obligation; **~ion** [~ga-'sjɔ̃] *f* **1.** Pflicht *f*; Verpflichtung *f*; *écol., univ.* ~ *de réussir* Leistungsdruck *m*; **2.** *fin.* Schuld-verschreibung *f*, -schein *m*; Obligation *f*; ~

foncière Pfandbrief *m*; **~oire** [~ga-'twa:r] *adj.* obligatorisch, verbindlich; zwangsläufig; *enseignement* *m* ~ Schulpflicht *f*; *service* *m* *militaire* ~ allgemeine Wehrpflicht *f*; **~oirement** [~twar'mã] *adv.* unbedingt; F zwangsläufig.

oblig|é, -e [ɔbli'ʒe] **1.** *adj.* verpflichtet; verbunden, dankbar; *weit S.* notwendig, unerläßlich; **2.** *su.* Schuldner(in *f*) *m*; **~eamment** [~ʒa'mã] *adv.* in verbindlicher Weise; **~eance** [~'ʒã:s] *f* Gefälligkeit *f*, Freundlichkeit *f*; **~eant, -e** [~'ʒã, ~'ʒã:t] *adj.* gefällig; zuvor-, entgegen-kommend; freundlich; **~er** [~'ʒe] *v/t.* (1l) verpflichten, zwingen (*à faire qch. etw. zu tun*); *aber: je suis obligé de le faire* ich bin gezwungen, es zu tun; ~ *q. de qch.* j-m mit etw. e-n Gefallen tun.

obliqu|e [ɔ'blik] *adj.* schief, schräg; **~er** [~'ke] *v/i.* (1m) schräg (*od.* seitwärts) abschwenken; **~ité** [~kɥi'te] *f* Schräglage *f*.

oblitér|ation [ɔblitera'sjɔ̃] *f* Verblassen *n v. Manuskripten*; ✆ Entwertung *f*, Abstemp(e)lung *f*; ✚ Verstopfung *f v. Gefäßen*; **~er** [~'re] *v/t.* (1f) *litt. fig.* verwischen; ✆ entwerten, abstempeln; ✚ *Gefäß* verstopfen.

oblong, -ue [ɔ'blɔ̃, ɔ'blɔ̃:g] *adj.* länglich.

obnubiler [ɔbnybi'le] *v/t.* (1a) j-s *Gedanken* trüben.

obole [ɔ'bɔl] *f* Obolus *m*.

obsc|ène [ɔp'sɛn] *adj.* obszön, zotenhaft; **~énité** [~seni'te] *f* Unanständigkeit *f*, Obszönität *f*; Zote *f*.

obscur, -e [ɔps'ky:r] *adj.* dunkel, finster, düster; *Wetter:* trübe; *fig.* undeutlich; unbekannt; *Herkunft:* niedrig; **~antisme** [~kyrã'tism] *m* Fortschritts- u. Bildungsfeindlichkeit *f*; Obskurantismus *m*; Verdummung *f*; **~ation** *ast.* [~ra'sjɔ̃] *f* Verfinsterung *f*; **~cir** [~'si:r] *v/t.* (2a) verdunkeln, dunkel machen; *fig.* unklar machen; *s'~* dunkel werden; **~cissement** [~sis'mã] *m* Verdunkelung *f*; Dunkelwerden *n*; **~ément** [~re'mã] *adv.* vage; unbemerkt; **~ité** [~ri'te] *f* Dunkelheit *f*; *fig.* Unklarheit *f*; Unscheinbarkeit *f*; niedrige Herkunft *f*.

obsécration [ɔpsekra'sjɔ̃] *f* flehentliche Bitte *f*, Beschwörung *f*.

obséder [ɔpse'de] *v/t.* (1f) quälen, heimsuchen, plagen.

obsèques [ɔp'sɛk] *f/pl.* Leichenbegängnis *n*; ~ *nationales* Staatsbegräbnis *n*.

obséqui|eux, -se [ɔpse'kjø, ~'kjø:z] *adj.* kriecherisch; **~osité** [~kjozi'te] *f* Kriechertum *n*.

observ|able [ɔpsɛr'vablə] *adj.* bemerkbar; **~ance** *rl.* [~'vã:s] *f* (Beachtung *f* e-r) Ordensregel *f*; Orden *m*; **~ateur, -rice** [~va'tœ:r, ~'tris] 1. *su.* Beobachter(in *f*) *m*; Forscher(in *f*) *m*; 2. *adj.* beobachtend; **~ation** [~va'sjɔ̃] *f* Beobachtung *f*; Be-, Anmerkung *f*; Forschung *f*; **~atoire** [~va'twa:r] *m* Observatorium *n*; Wetter-, Stern-warte *f*; ✕ Beobachtungsstand *m*; *weitS.* Überwachungsstelle *f*; **~er** [~'ve] *v/t.* (1a) beobachten; prüfend betrachten; *Gesetz* befolgen; *Veränderung* bemerken, wahrnehmen; *faire ~ qch. à q.* j-n auf etw. (*acc.*) aufmerksam machen; *s'~* sich selbst kritisch betrachten; sich in acht nehmen; ✕ sich gegenseitig beobachten.

obsession [ɔpse'sjɔ̃] *f* fixe Idee *f*, quälender Gedanke *m*; *psych.* Zwangsvorstellung *f*, Besessenheit *f*.

obstacle [ɔps'taklə] *m* Hindernis *n* (*a. Sport*); ✕ **~s** *pl. antichars* Panzersperren *f/pl.*

obstétrique ✚ [ɔpste'trik] *f* Geburtshilfe *f*.

obstin|ation [ɔpstina'sjɔ̃] *f* Eigensinn *m*; **~é, -e** [~'ne] *adj.* eigensinnig; stur F; **~er** [~] *v/rfl.* (1a): *s'~ à faire qch.* hartnäckig darauf bestehen (*od.* sich darauf versteifen), etw. zu tun.

obstruction [ɔpstryk'sjɔ̃] *f* ✚, ⊕ Verstopfung *f*; *pol.* Verhinderung *f*, Verschleppung *f* e-r *Beschlußfassung*; *Fußball, Hockey*: Sperren *n*; **~nisme** [~ksjɔ'nism] *m* Obstruktions-, Verschleppungs-politik *f*, -taktik *f*.

obstruer [ɔpstry'e] *v/t.* (1a) versperren; ✚ verstopfen.

obtempérer [ɔptãpe're] *v/i.* (1f) ‡‡

adm. Folge leisten; *allg.* gehorchen.

obten|able *néol.* [ɔptə'nablə] *adj.* erhältlich; **~ir** [~'ni:r] *v/t.* (2h) erlangen, erreichen, durchsetzen; *abs.* ~ *que* (*subj.*) es durchsetzen (*od.* erreichen), daß; **~tion** [~tã'sjɔ̃] *f* Erlangung *f*.

obtur|ateur, -rice [ɔptyra'tœ:r, ~'tris] 1. *adj.* verschließend; 2. *m* Verschluß *m*; Dichtungsring *m*; *chir.* künstlicher Gaumen *m*; *phot.* ~ (*instantané*) (Moment-)Verschluß *m* (*instantané*) (Moment-)Verschluß *m*; *phot.* ~ *de plaque*, ~ *à rideau* Schlitzverschluß *m*; **~ation** [~ra'sjɔ̃] *f* Verschließung *f*; *phot.* Überblendung *f*; ⊕ Dichtung *f*; Zahnfüllung *f*; **~er** [~'re] *v/t.* (1a) zustopfen, verschließen; ✚ plombieren.

obtus, -e [ɔp'ty, ~'ty:z] *adj.* Ⓐ stumpf; *fig.* abgestumpft; stumpfsinnig, schwerfällig; **~angle** Ⓐ [~'zã:glə] *adj.* stumpfwink(e)lig.

obus ✕ [ɔ'by] *m* Granate *f*; ~ *à balles* Schrapnell *m*; ~ *non éclaté* Blindgänger *m*; **~ier** ✕ [~'zje] *m* Haubitze *f*.

obvier [ɔb'vje] *v/i.* (1a) vorbeugen.

occasion [ɔka'zjɔ̃] *f* Gelegenheit *f*; *fig.* Veranlassung *f*; † Gelegenheitskauf *m*; *à l'~* gelegentlich; *d'~* gebraucht; *Buch*: antiquarisch; **~ner** [~zjɔ'ne] *v/t.* (1a) verursachen.

occident [ɔksi'dã] *m* Westen *m*; **~al, -e** [~'tal] (*m/pl. -aux*) 1. *adj.* westlich; 2. *m*: *pol. les Occidentaux* die Westmächte *f/pl.*; **~aliser** [~tali'ze] (1a) *v/t.* (*u. v/rfl. s'~*) verwestlichen.

occiput [ɔksi'pyt] *m* Hinterkopf *m*.

occlusion ✚, *phon.* [ɔkly'zjɔ̃] *f* Verschluß *m*.

occult|ation *ast.* [ɔkylta'sjɔ̃] *f* Verfinsterung *f*; **~e** [ɔ'kylt] *adj.* okkult; **~isme** [~'tism] *m* Okkultismus *m*.

occup|ant, -e [ɔky'pã, ~'pã:t] 1. *adj.* besitzend; ✕ besetzend; 2. *m* beauftragt; 2. *m* ✕, *Auto*: Insasse *m*; *Auto*: Mitfahrer *m*; Bewohner *m* e-s *Hauses*; ✕ Besatzungsmacht *f*; ‡‡ *premier* ~ erster Besitznehmer *m*; **~ation** [~pa'sjɔ̃] *f* Besitznahme *f*; Besetzung *f*, Besetzthalten *n*; Beschäftigung *f*; *sans* ~ arbeitslos; **~é, -e** [~'pe] *adj.* besetzt; *Person*: beschäftigt; **~er** [~] *v/t.* (1a) besetzen; besetzt halten; innehaben; *Amt* bekleiden; beschäftigen.

occurrence [ɔky'rã:s] *f* 1. *en l'~* in vorliegendem (*od.* in diesem) Fall; 2. *ling.* Okkurrenz *f*, Vorkommen *n*.

océan [ɔse'ã] m Ozean m; **~ique** [~a-'nik] adj. ozeanisch.

ocelle [ɔ'sɛl] m Auge n auf Pfauen-
federn od. Schmetterlingsflügeln.

ocr|e ['ɔkrə] f Ocker m od. n; **~er**
[ɔ'kre] v/t. (1a) mit Ocker färben;
~eux, -se [ɔ'krø, ɔ'krø:z] adj. ocker-
farben.

octaèdre [ɔkta'ɛ:drə] **1.** adj. acht-
flächig; **2.** m Oktaeder n.

octave ♪ [ɔk'ta:v] f Oktave f.

octobre [ɔk'tɔbrə] m Oktober m.

octo|génaire [ɔktɔʒe'nɛ:r] **1.** adj.
achtzigjährig; **2.** su. Achtzigjährige(r
m) m u. f; **~gone** [~'gɔn] m Achteck n.

octr|oi [ɔk'trwa] m Gewährung f;
~oyer [~'je] v/t. (1h) gewähren.

octuple [ɔk'typlə] adj. achtfach.

ocul|aire [ɔky'lɛ:r] **1.** adj. Augen...;
2. m opt. Okular n; **~iste** [~'list] su.
Augen-arzt m, -ärztin f.

odeur [ɔ'dœ:r] f Geruch m; île f à ~ de
pétrole ölträchtige Insel f.

odieux, -se [ɔ'djø, ɔ'djø:z] adj. verhaßt; widerlich.

odomètre ⊕ [ɔdɔ'mɛ:trə] m Schritt-
zähler m.

odométrie [ɔdɔme'tri] f Wegmes-
sung f.

odont|algie [ɔdõtal'ʒi] f Zahn-
schmerz(en pl.) m; **~algique** [~'ʒik]
m Mittel n gegen Zahnschmerzen;
~ologie [~tɔlɔ'ʒi] f Zahnheilkunde f.

odor|ant, -e [ɔdɔ'rã, ~'rã:t] adj. duf-
tend; **~at** [~'ra] m Geruchssinn m;
~iférant, -e [~rife'rã, ~'rã:t] adj.
wohlriechend.

odyssée [ɔdi'se] f fig. Odyssee f, Irr-
fahrt f; dramatisches Abenteuer n.

œil [œj] m (pl. yeux) **1.** Auge n (a. ♀ u.
auf der Suppe); à l'~ umsonst, gratis;
für nichts und wieder nichts; à l'~ nu
mit bloßem Auge; à mes yeux meiner
Ansicht nach, in meinen Augen;
avoir l'~ faible schwache Augen haben; avoir l'~ à achtgeben auf (acc.);
coup m d'~ Blick m; fig. Überblick m;
faire de l'~ à j-m schöne Augen
machen; fermer les yeux sur qch. etw.
übersehen, bei etw. ein Auge zudrücken; F se mettre le doigt dans l'~
sich gewaltig irren (od. verrechnen);
F taper dans l'~ sehr gefallen; in die
Augen fallen; voir du même ~ derselben Ansicht sein; **2.** Loch n im Brot
od. Käse; **3.** ⊕ (pl. ~s) Öse f; **~-de-
-bœuf** [~də'bœf] m (pl. œils-de-
-bœuf) rundes (Dach-)Fenster n; **~-**
-de-perdrix ✳ [~dəpɛr'dri] m (pl.
œils-de-perdrix) Hühnerauge n; **~la-
de** [œ'jad] f verstohlener (od. zärt-
licher) Blick m; **~lère** [œ'jɛ:r] f Au-
genbadewanne f; Scheuklappe f (a.
fig.); (a. adj.: dent f ~) Augenzahn m;
~let [œ'jɛ] m Öse f; ♀ Nelke f; **~leton**
[œj'tõ] m ♀ Schößling m, Ableger m;
phot. Visier n; **~lette** ♀ [œ'jɛt] f
Mohn(öl n) m.

œsophage anat. [ezɔ'fa:ʒ] m Speise-
röhre f.

œstre ent. ['ɛstrə] m Bremse f, Bies-
fliege f.

œuf [œf, pl. ø] m Ei n; blanc m (jaune
m) d'~ Eiweiß n (Eidotter m od. n); ~s
brouillés Rührei n; ~ à la coque
weich(gekocht)es Ei n; ~ dur
hart(gekocht)es Ei n; ~s sur le plat
Spiegel-, Setz-eier n/pl.; détruire (od.
écraser) dans l'~ im Keim ersticken.

œuvé, -e icht. [œ've] adj. mit Rogen.

œuvr|e [ˈœːvrə] **1.** f Werk n; les ~s rl.
u. litt. die Werke n/pl.; écol., univ. die
Stiftungen f/pl.; bois m d'~ Nutzholz
n; fig. tout mettre en ~ pour ... alles
aufbieten, um zu ...; **2.** m peint.
Gesamtwerk n; ♪ Opus n; le grand ~
der Stein der Weisen; ∆ gros ~
Rohbau m; **~er** [œ'vre] v/i. poet. u. journ.
[œ'vrə] v/i. (1a) (daran hin)arbeiten,
tätig sein; ~ pour qch. sich um etw.
bemühen; ~ à qch. an etw. (dat.)
arbeiten.

offens|e [ɔ'fã:s] f Beleidigung f; **~er**
[ɔfã'se] v/t. (1a) beleidigen; verletzen; weh tun; s'~ de qch. etw. übelnehmen, an etw. (dat.) Anstoß nehmen; **~eur** [~'sœ:r] m Beleidiger m;
~if, -ve [~'sif, ~'si:v] adj. offensiv;
Angriffs...; **~ive** [~'si:v] f Offensive f,
Angriff m.

offert [ɔ'fɛ:r] p.p. von offrir; **~oire** f.
[ɔfɛr'twa:r] m Offertorium n.

offic|e [ɔ'fis] m **1.** Amt n, Stelle f,
Büro n, Geschäftslokal n; ~ des brevets Patentamt f; ~ de tourisme Ver-
kehrs-amt n, -büro n; faire ~ de
Person: tätig sein als; Gegenstand:
dienen als; **2.** pol. offrir (od. proposer)
ses bons ~s s-e Vermittlung (od. s-e
guten Dienste) anbieten; **3.** Anrich-
tezimmer n; **4.** advt.: d'~ von Amts
wegen; **~ialisation** adm. [~sjali-
za'sjõ] f offizielle Anerkennung f;
~ialiser [~'ze] v/t. (1a) e-n offiziel-
len Charakter geben (dat.); bestätigen; **~iant** rl. [~'sjã] m Offiziant m;

~iel, -le [~'sjɛl] *adj.* amtlich, offiziell.
officier¹ [ɔfi'sje] *m* **1.** ✕ Offizier *m*; **2.** *adm.*, ⚖ Beamte(r) *m*.
officier² [ɔfi'sje] *v/i.* (1a) Gottesdienst halten; *allg.* s-s Amtes walten.
officière [ɔfi'sjɛːr] *f* weiblicher Offizier *m* in der Heilsarmee.
officieux, -se [ɔfi'sjø, ~'sjøːz] *adj.* offiziös, halbamtlich.
officin|al, -aux [ɔfisi'nal] *adj.* (*m/pl. -aux*) offizinal; Arznei...; Heil...; **~e** [~'sin] *f* Laboratorium *n* e-r Apotheke; *weit S.* Apotheke *f*; *fig.* Werk-, Geburts-stätte *f*; *péj.* Brutstätte *f*; *péj.* Schwindel-firma *f*, -unternehmen *n*; **~ de paris** Wettannahme *f*.
offr|ande [ɔ'frãːd] *f* (Opfer-)Gabe *f* (*bsd. rl.*); **~ant** [ɔ'frã] *m*: *le plus ~ der Meistbietende*; **~e** [ɔfrə] *f* Angebot *n*; Offerte *f*; *allg.* Anerbieten *n*; **~ d'emploi** Stellenangebot *n*; **~ir** [ɔ'friːr] *v/t.* (2f) (an)bieten; offerieren (*bsd.* ✝); schenken; darbieten; *rl.* darbringen.
offusquer [ɔfys'ke] *v/t.* (1m) ärgern, empören, entrüsten, schockieren; **s'~ de** Anstoß nehmen an (*dat.*).
ogiv|al, -e ⚛ [ɔʒi'val] *adj.* (*m/pl. -aux*) spitzbogig; **~e** [ɔ'ʒiːv] *f* **1.** ⚛ Spitzbogen *m*; **2.** *m* Sprengkopf *m* e-s *Geschosses*; **~ nucléaire** Atomsprengkopf *m*.
ogre, -esse [ɔgrə, ɔ'grɛs] *su.* Menschenfresser(in *f*) *m* im *Märchen*; *fig.* Vielfraß *m*; gemeiner, grausamer Mensch *m*.
oh! [o] *int.* oh!; **~ là là!** meine Güte!; oje!
oie [wa] *f* Gans *f*.
oignon [ɔ'ɲɔ̃] *m* ♀ Zwiebel *f*; ✚ Schwiele *f am Fuß*; F *fig.* Kartoffel *f fig.* P, Zwiebel *f fig.* P (*alte Taschenuhr*).
oindre [¹wɛ̃:drə] *v/t.* (4b) mit Öl *usw.* bestreichen, einfetten; *rl.* salben.
oint *rl.* [wɛ̃] *m* Gesalbte(r) *m*.
oiseau [wa'zo] *m* (*pl.* ~x) **1.** Vogel *m*; *à vol d'~* in der Luftlinie; *vue f à vol d'~* Ansicht *f* aus der Vogelperspektive; **2.** * ✕, ⚓ Raketenexperte *m*; **3.** Mörteltrage *f des Maurers*; **~-mouche** *orn.* [~¹muʃ] *m* (*pl. oiseaux-mouches*) Kolibri *m*.
oisel|er [waz¹le] *v/t.* (1c) zur Beize abrichten; *v/i.* Vogelfallen stellen; **~et** [~¹lɛ] *m* Vöglein *n*; **~eur** [~¹lœːr] *m* Vogelfänger *m*; **~ier** [~¹lje] *m* Vogelhändler *m*.

oisellerie [wazɛl¹ri] *f* Vogel-handlung *f*, -zucht *f*.
ois|eux, -se [wa¹zo, ~¹zøːz] *adj.* sinnlos; **~if, -ve** [~¹zif, ~¹ziːv] *adj.* müßig, untätig.
oisillon [wazi¹jɔ̃] *m* Vögelchen *n*.
oisiveté [waziv¹te] *f* Müßiggang *m*.
oison [wa¹zɔ̃] *m* Gänschen *n*.
oléagineux, -se [ɔleaʒi¹nø, ~¹nøːz] **1.** *adj.* ölhaltig; ölig; *plante oléagineuse* = **2.** *m* Ölpflanze *f*.
oléoduc [ɔleo¹dyk] *m* Ölleitung *f*.
olfac|tif, -ve *anat.* [ɔlfak¹tif, ~¹tiːv] *adj.* Geruchs...; **~tion** [~k¹sjɔ̃] *f* Riechen *n*.
oligo-élément ♙, *biol.* [ɔligoele¹mã] *m* (*pl.* ~s) Spurenelement *n*.
oliv|acé, -e [ɔli¹va¹se] *adj.* olivenfarbig; **~âtre** [~¹vɑ:trə] *adj.* olivgrün; **~e** [ɔ¹liːv] *f* Olive *f*; **~ier** [ɔli¹vje] *m* Ölbaum *m*.
olympique [ɔlɛ̃¹pik] *adj.*: *jeux m/pl.* ♀s Olympische Spiele *n/pl.*
ombelle ♀ [¹bɛl] *f* Dolde *f*.
ombilic [ɔ̃bi¹lik] *m* Nabel *m*.
ombrag|e [ɔ̃¹braːʒ] *m* schattiges Laubwerk *n*; Schatten *m*; *fig. porter ~ à q.* Mißtrauen bei j-m erregen; *prendre ~ de qch.* etw. übelnehmen; **~er** [ɔ̃bra¹ʒe] *v/t.* (1l) beschatten; **~eux, -se** [~¹ʒø, ~¹ʒøːz] *adj.* Pferd: scheu; *fig.* mißtrauisch; übelnehmerisch.
ombr|e [¹ɔ̃:brə] *f* Schatten *m* (*a. fig.*); Schattengestalt *f*; *fig.* Dunkel *n*; *fig.* Zurückgezogenheit *f*; *fig.* leiseste Spur *f*; dunkle Stelle *f in Gemälden*; *peint.* Umbra(erde *f*) *f*; **~ portée** Schlagschatten *m*; **~ absolue** Kernschatten *m*; **~s chinoises** Schattenspiele *n/pl.*; *à l'~ de* im Schatten (*gén.*); *à l'~ de* im Schutz (*gén.*); *fig. rejeter dans l'~ alles* in den Schatten stellen; *vivre dans l'~* zurückgezogen leben; **~elle** [ɔ̃¹brɛl] *f* kleiner Sonnenschirm *m*; *fig. u. peint.* [ɔ̃¹brø, ɔ̃¹brøːz] *adj.* schattig.
omelette *cuis.* [ɔm¹lɛt] *f* Omelett *n*.
omettre [ɔ¹mɛtrə] *v/t.* (4p) aus-, unter-, weg-lassen; übersehen, vergessen.
omission [ɔmi¹sjɔ̃] *f* Aus-, Unterlassung *f*; Lücke *f*.
omnibus 🚌 [ɔmni¹bys] *m u. adj.* (*inv.*): *train m ~* Personenzug *m*.
omni|directionnel, -le [ɔmnidirɛk-sjɔ̃¹nɛl] *adj.* nach allen Richtungen;

~potence [~pɔˈtɑ̃:s] f Allmacht f;
~praticien, -ne [~pratiˈsjɛ̃, ~ˈsjɛn]
su. praktischer Arzt m, praktische
Ärztin f; **~prescient, -e** [~preˈsjɑ̃,
~ˈsjɑ̃:t] adj. alles vorherwissend; **~
présent, -e** [~preˈzɑ̃, ~ˈzɑ̃:t] adj. all-
gegenwärtig; **~sports** [~ˈspɔːr] adj.
(inv.) für alle Sportarten.

omoplate anat. [ɔmɔˈplat] f Schul-
terblatt n.

on [ɔ̃] pr/ind. man; wird oft anstelle
von nous gebraucht: ~ s'en va wir
gehen (los).

once¹ [ɔ̃:s] f Gewicht: Unze f; F fig.
ganz geringe Menge f; leichter Anstrich m.

once² zo. [ɔ̃:s] f Schneeleopard m.

oncle [ɔ̃:kl] m Onkel m.

onc|tion [ɔ̃kˈsjɔ̃] f Einsalben n; rl.
Salbung f; **~tueux, -se** [~ˈtɥø, ~
ˈtɥøːz] adj. fettig; fig., oft péj. sal-
bungsvoll.

ond|e [ɔ̃:d] f Welle f; mise f en ~s
Rundfunkbearbeitung f; **~é, -e** [ɔ̃-
ˈde] adj. wellig; **~ée** [~] f Platzregen
m, Regenguß m; **~in** [ɔ̃ˈdɛ̃] m Nix m,
Wassergeist m; **~ine** [ɔ̃ˈdin] f Nixe f,
Wasserjungfrau f.

on-dit [ɔ̃ˈdi] m (inv.) Gerücht n, On-
dit n; pl. a. Gerede n.

ond|oiement [ɔ̃dwaˈmɑ̃] m Wellen-
bewegung f; rl. Nottaufe f; **~oyer**
[ɔ̃dwaˈje] (1h) v/i. wogen; flattern (a.
fig.); v/t. nottaufen.

ondul|ation [ɔ̃dylaˈsjɔ̃] f Wellen-linie
f, -bewegung f; **~atoire** [~laˈtwaːr]
adj. wellenförmig; **~é, -e** [~ˈle] adj.
wellig, gewellt; tôle f ~e Wellblech n;
~er [~] (1a) v/i. sich wellen, wogen;
v/t. Haare ondulieren; **~eux, -se**
[~ˈlø, ~ˈløːz] adj. wellenförmig.

onéreux, -se [ɔneˈrø, ~ˈrøːz] adj.
kostspielig; à titre ~ kostenpflichtig.

ongl|e [ɔ̃:glə] m Nagel m; zo.
Kralle f, Klaue f (a. fig.); F avoir les ~s
en deuil Trauerränder an den Nägeln
haben; **~ée** [ɔ̃ˈgle] f Erstarren n der
Fingerspitzen (durch Kälte); **~ier**
[ɔ̃gliˈe] m Manikürenecessaire n,
Nagelbesteck n; abus. ~s pl. Nagel-
schere f.

onguent [ɔ̃ˈgɑ̃] m Salbe f.

ongulés [ɔ̃gyˈle] m/pl. Huftiere n/pl.

onusien, -ne pol. [ɔnyˈzjɛ̃, ~ˈzjɛn] adj.
UNO-...

onz|e [ɔ̃:z] 1. a/n. c. elf; 2. m Elf f;
~ième [ɔ̃ˈzjɛm] 1. a/n. o. elfte(r, -s);
2. m Elftel m.

opacité [ɔpasiˈte] f Undurchsichtig-
keit f; Trübung f.

opal|e min. [ɔˈpal] f Opal m; **~in, -e**
[~ˈlɛ̃, ~ˈlin] adj. opalartig; milchweiß.

opaque [ɔˈpak] adj. undurchsichtig.

opéra [ɔpeˈra] m Oper(nhaus n) f.

opér|able [ɔpeˈrablə] adj. operierbar;
~ateur, -rice [~raˈtœːr, ~ˈris] 1. su.
Bedienungs-mann m, -person f; 2. m
❦ Briefverteiler m; cin. Kameramann m; ✂, ♣ Bordfunker m; inform., ling. Operator m; 3. f Telefo-
nistin f; **~ation** [~raˈsjɔ̃] f Wirkung f;
Handlung f; Vorgang m; ✗ Opera-
tion f, Eingriff m; ✗ Kampfhand-
lung f; ♫ Rechnungsart f; Rechen-
vorgang m; ✝ Geschäft n, Abschluß
m; Unternehmung f; ♠ Bau m; ⊕
Arbeits(vor)gang m; ~ de crédit Kre-
ditgeschäft n; ~ de sauvetage Ret-
tungsaktion f; **~ationnel, -le** [~ra-
sjɔˈnɛl] adj. ✗ einsatzfähig; Opera-
tions...; ✝, ⊕ gebrauchs-, betriebs-
fertig; allg. praktisch; Fr. la Défense
⦿le du Territoire die strategische Verteidigung des Landes.

opercule [ɔpɛrˈkyl] m ♣ Kapseldeckel
m; icht. Kiemendeckel m.

opér|er [ɔpeˈre] v/t. (1f) bewirken;
ausführen, vornehmen; ✗, ✗, ♫
operieren; **~ette** [~ˈrɛt] f Operette f.

ophtalm|ie [ɔftalˈmi] f Augenent-
zündung f; **~ologie** [~mɔlɔˈʒi] f Au-
genheilkunde f; **~oscope** [~mɔˈskɔp]
m Augenspiegel m.

opiacé, -e [ɔpjaˈse] adj. opiumhaltig.

opiner adm., ✝, plais. [ɔpiˈne] v/i.
(1a) s-e Meinung sagen; ~ du bonnet
bedingungslos zustimmen.

opiniâtr|e [ɔpiˈnjɑ:trə] adj. hartnäk-
kig; **~eté** [~njɑtrəˈte] f Hartnäckigkeit f.

opinion [ɔpiˈnjɔ̃] f Meinung f; Ansicht f; à mon ~ m-r Meinung nach;
avoir l'~ que der Meinung sein, daß; ~
personnelle persönliche Meinung f;
l'~ (publique) die öffentliche Meinung.

opi|omane ✗ [ɔpjɔˈman] su. Opium-
süchtige(r m) m u. f; **~um** [ɔˈpjɔm] m
Opium n.

opportun, -e [ɔpɔrˈtœ̃, ~ˈtyn] adj.
günstig, angebracht (fig.); **~isme** [~
tyˈnism] m Opportunismus m; **~iste**
[~ˈnist] 1. adj. opportunistisch; 2. su.
Opportunist(in f) m; **~ité** [~niˈte] f
Zweckmäßigkeit f.

oppos|ant, -e [ɔpoˈzɑ̃, ~ˈzɑ̃:t] adj.

gegnerisch, widersprechend; 2. *su.*
Gegner(in *f*) *m*; **~é, -e** [~'ze] **1.** *adj.*
gegenüberliegend; entgegengesetzt;
A̱ angles *m/pl.* **~s** (*par le sommet*)
Scheitelwinkel *m/pl.*; **2.** *m* Gegensatz *m*; *à l'~* de im Gegensatz zu
(*dat.*); **~er** [~] *v/t.* (1a) gegenüber-
setzen, -stellen, -hängen; entgegen-
stellen; *fig.* einwenden; *s'~ à* sich
widersetzen (*dat.*); **~ition** [~zi'sjõ] *f*
Gegenüberstellung *f*; Gegensatz *m*;
Widerspruch *m*; *a̱a̱* Einspruch *m*;
pol. Opposition(spartei *f*) *f*; *par ~ à*
im Gegensatz zu (*dat.*).

oppresse|r [ɔprɛ'se] *v/t.* (1b): ~ *q.* j-n
bedrücken, auf j-m lasten; *physiol.*
j-n beengen; j-n beklemmen; **~eur**
[~'sœːr] *m* Unter-, Be-drücker *m*; **~if,
-ve** [~'sif, ~'siːv] *adj.* Zwangs...; **~ion**
[~'sjõ] *f* Unter-, Be-drückung *f*; *physiol.* Beklemmung *f*, Atemnot *f*.

opprimer [ɔpri'me] *v/t.* (1a) *Volk,
Freiheit* unterdrücken.

opprobre [ɔ'prɔbrə] *m* Schande *f*.

ops * [ɔps] *m* Opium *n*.

optatif, -ve *gr.* [ɔpta'tif, ~'tiːv] **1.** *adj.*
optativ; e-n Wunsch ausdrückend;
2. *m* Optativ *m*.

opter [ɔp'te] *v/i.* (1a) e-e Wahl treffen; ~ *pour* sich entscheiden für.

opticien, -ne [ɔpti'sjɛ̃, ~'sjɛn] *su.* Op-
tiker(in *f*) *m*.

optim(al)iser *éc.*, *⊕* [ɔptimali'ze, ~
mi'ze] *v/t.* (1a) optimieren, optimal
gestalten; **~isme** [~'mism] *m* Opti-
mismus *m*; **~iste** [~'mist] **1.** *adj.* opti-
mistisch; **2.** *su.* Optimist(in *f*) *m*.

option [ɔp'sjõ] *f* Wahl *f*; **~nel, -le †,**
écol. [~sjɔ'nɛl] *adj.* fakultativ.

optique [ɔp'tik] **1.** *adj.* optisch; **2.** *f*
Optik *f*; *fig.* Gesichtspunkt *m*.

opul|ence [ɔpy'lãːs] *f* großer Reich-
tum *m*, Überfluß *m*; **~ent, -e** [~'lã,
~'lãːt] *adj.* sehr reich; *fig.* üppig.

or¹ [ɔːr] *m* Gold *n*; *d'~* golden; *rouler
sur l'~* Geld wie Heu haben.

or² [ɔːr] *cj.* nun (aber); also.

orag|e [ɔ'raːʒ] *m* Gewitter *n*; *fig.*
Sturm *m*; **~eux, -se** [ɔra'ʒø, ~'ʒøːz]
adj. stürmisch (*a. fig.*).

oraison [ɔrɛ'zõ] *f* Gebet *n*; ~ *domini-
cale* Vaterunser *n*; ~ *funèbre* Grab-
rede *f*.

oral, -e [ɔ'ral] *adj.* (*m/pl. -aux*) mündlich.

orange [ɔ'rãːʒ] **1.** *f* Frucht: Apfelsine
f, Orange *f*; **2.** *m Farbe:* Orange *n*; **3.**
adj. (*inv.*) orange; **~é, -e** [ɔrã'ʒe] *adj.*

orangefarben; **~eade** [~'ʒad] *f* Oran-
geade *f*; **~er** [~'ʒe] *m* Apfelsinen-,
Orangen-baum *m*; **~erie** [~ʒ'ri] *f*
Orangerie *f*.

orang-outan(g) *zo.* [ɔrãu'tã] *m* (*pl.
orangs-outan[g]s*) Orang-Utan *m*.

orat|eur [ɔra'tœːr] *nur m* Redner(in *f*)
m; elle est bon ~ sie ist eine gute
Rednerin; **~oire** [~'twaːr] **1.** *adj.* red-
nerisch; **2.** *m rl.* Bet-kapelle *f*, -saal
m; **~orio** [~ɔ'rjo] *m* Oratorium *n*.

orb|e [ɔrb] **1.** *adj.*: coup *m* ~ Streif-
schuß *m*; mur *m* ~ blinde Mauer *f*;
2. *m ast.* Planetenbahn *f*; Himmels-
kreis *m*; *fig.* Umkreis *m*; **~ital, -e**
[~bi'tal] *adj.* (*m/pl. -aux*): vol *m* ~
Raumflug *m*; **~ite** [~'bit] *f anat.* Au-
genhöhle *f*, *ast.*, *Raumfahrt:* Umlaufbahn *f*; mise *f* sur (*od.* en) ~
Abschuß *m* auf die Umlaufbahn;
voyage m sur ~ Raumfahrt *f*; mettre en
~ auf die Umlaufbahn brin-
gen (*od.* befördern); **~iter** *ast.* [~'te]
v/i. (1a): ~ *autour de la terre* um die
Erde kreisen.

orchestr|e [ɔr'kɛstrə] *m ♩* Orchester
n; *thé.* Parkett *n*; ~ *d'instruments à
corde* Streichorchester *n*; *chef m d'~*
Kapellmeister *m*, Dirigent *m*; **~er**
[~'tre] *v/t.* (1a) instrumentieren; *fig.*
inszenieren; betreiben; lenken, anführen.

orchidée *♀* [ɔrki'de] *f* Orchidee *f*.

ordin|aire [ɔrdi'nɛːr] **1.** *adj.* üblich,
gewöhnlich; mittelmäßig; *nourriture
f* ~ Hausmannskost *f*; *prix m* ~ La-
denpreis *m*; *vin m* ~ Tischwein *m*; **2.**
m Gewöhnliche(s) *n*; Alltagskost *f*;
✗ Mannschaftskost *f*; **3.** *advt.:* d'~
gewöhnlich; *comme à l'~* wie üblich;
~ateur [~na'tœːr] *m* Computer *m*;
Elektronenrechner *m*; **~ation** *rl.* [~
na'sjõ] *f* Priesterweihe *f*.

ordonn|ance [ɔrdɔ'nãːs] *f adm.* Ver-
ordnung *f* (*a.* *♞*); Anordnung *f*;
Erlaß *m*; *♣* Rezept *n*; *a̱a̱* Zahlungs-
befehl *m*; *peint.*, *△* künstlerische
(*bzw.* architektonische) Gestaltung
f; **~ancement** [~nãs'mã] *m* Zah-
lungsanweisung *f*; *éc.*, *⊕* Fertigungs-
steuerung *f* und -kontrolle *f*;
~ateur, -rice [~na'tœːr, ~'tris] *su.*
Ordner(in *f*) *m*; Anweiser(in *f*) *m*;
~ée [~'ne] *f* Ordinate [*f*]; **~er** [~] *v/t.*
(1a) anordnen; befehlen; *♣* ver-
schreiben; *rl.* weihen.

ordre [ɔrdrə] *m* (An-)Ordnung *f*;
Befehl *m* (*bsd.* ✗); *✝* Auftrag *m*; *fig.*

Stand *m*, Klasse *f*; *rl.* Orden *m*; *rl.:* ~*s pl.* Weihe *f*; ~ *établi* bestehende (*od.* herrschende) Ordnung *f*; *rad.* ~ des *émissions* Sendefolge *f*; ~ *du jour* Tagesordnung *f*; *de l'*~ *de ... in der* Größenordnung von ...; *jusqu'à nouvel* ~ bis auf weiteres; *rl.* entrer dans les ~*s* Mönch (*bzw.* Nonne) werden.

ordur|e [ɔr'dyːr] *f* Unrat *m*; *fig.* Zote *f*; ~*s pl.* Müll *m*; *zo.* Kot *m*; **~ier, -ère** [~dy'rje, ~'rjɛːr] *adj.* zotig.

orée [ɔ're] *f* Waldrand *m*.

oreillard, -e [ɔrɛ'jaːr, ~'jard] **1.** *adj.* langohrig; **2.** *m zo.* Langohrfledermaus *f*.

oreill|e [ɔ'rɛj] *f* Ohr *n*; *Hase:* Löffel *m*; *Gefäß:* Henkel *m*; *avoir l'*~ *dure* schwerhörig sein; *se faire tirer l'*~ sich lange nötigen lassen; **~e-d'ours** ♀ [~'duːrs] *f* (*pl.* oreilles-d'ours) Aurikel *f*, **~er** [~'je] *m* Kopfkissen *n*; **~ette** [~'jɛt] *f* Ohrenschützer *m*; *anat.* Herzvorkammer *f*; **~ons** ♂ [~'jɔ̃] *m/pl.* Ziegenpeter *m*, Mumps *m*.

orfèvr|e [ɔr'fɛːvr̥] *m* Goldschmied *m*; **~erie** [~fɛvrǝ'ri] *f* Goldschmiedekunst *f*; *coll.* Gold- (u. Silber-)waren *f/pl.*

orfraie *orn.* [ɔr'frɛ] *f* Seeadler *m*.

organ|e [ɔr'gan] *m anat. u. fig.* Organ *n*; ♪ Stimme *f*; ⊕ Element *n*, Teil *n e-r Maschine*; *fig.* Werkzeug *n*; Blatt *n* (*Zeitung*); *pol.* Wortführer *m*; Sprachrohr *n*; *adm.* Stelle *f*; **~i-gramme** [~ni'gram] *m* **1.** *inform.* Flußdiagramm *n*; **2.** Organisationsplan *m*; **~ique** [~'nik] *adj.* organisch; *loi f* ~ Grundgesetz *n*.

organ|isateur, -rice [ɔrganiza'tœːr, ~'tris] **1.** *su.* Organisator(in *f*) *m*; **2.** *adj.* organisatorisch; **~isation** [~za-'sjɔ̃] *f* Organisation *f*; Verband *m*; Veranstaltung *f*; ✗ Anlage *f*; **~iser** [~'ze] *v/t.* (1a) organisieren, einrichten; veranstalten; ✗ ausbauen; **~isme** [~'nism] *m* Organismus *m*; Verband *m*; *adm.* Stelle *f*; **~iste** ♪ [~'nist] *su.* Organist(in *f*) *m*.

orge [ɔrʒ] **1.** *f* ♀, *♪* Gerste *f*; **2.** *m:* ~ *mondé* (Gersten-)Graupen *f/pl.*; ~ *perlé* Perlgraupen *f/pl.*; **~eat** [~'ʒa] *m* Mandelmilch *f*; **~elet** ♂ [~ʒ°'lɛ] *m* Gerstenkorn *n*.

orgie [ɔr'ʒi] *f* Orgie *f*; Saufgelage *n*; *weitS.* Prasserei *f*.

orgue ♪ [ɔrg] *m:* ~ *od.* ~*s f/pl.* Orgel *f*; les ~*s m/pl.* die Orgeln *pl.*; ~ *de Barbarie* Drehorgel *f*, Leierkasten *m*.

orgueil [ɔr'gœj] *m* Hochmut *m*; **~leux, -se** [~'jø, ~'jøːz] *adj.* hochmütig, überheblich.

orient [ɔ'rjɑ̃] *m* Osten *m*; ♀ Orient *m*; **~able** [~'tabl̥] *adj.* verstell-, lenk-, schwenk-, dreh-bar (*bsd.* ⊕); **~al, -e** [~'tal] (*m/pl.* -aux) **1.** *adj.* östlich; orientalisch; **2.** 2(e) *su.* Orientale *m*, Orientalin *f*; **~ation** [~ta'sjɔ̃] *f* Orientierung *f*, Zurechtfinden *n* ✗; Ortung *f*; *pol.* Richtung *f*, Kurs *m*; *écol.* (Unterrichts-)Zweig *m*; ~ *professionnelle* Berufsberatung *f*; **~é, -e** [~'te] *adj.:* rad. cadre *m* ~ Richt-(strahl)antenne *f*; **~er** [~] *v/t.* (1a) orientieren; ausrichten; *écol.* beraten; *fig.* ~ *q.* j-n leiten; s'~ sich orientieren, sich zurechtfinden.

orifice ⊕ [ɔri'fis] *m* Öffnung *f*.

origan ♀ [ɔri'gɑ̃] *m* Majoran *m*.

origin|aire [ɔriʒi'nɛːr] *adj.* ursprünglich; gebürtig, abstammend; **~al, -e** [~'nal] (*m/pl.* -aux) **1.** *adj.* original, ursprünglich, echt; *fig.* originell; **2.** *m* Original *n*; *ᵗᵗ* Urschrift *f*; **3.** *su. Person:* Sonderling *m*, Original *n*; **~alité** [~nali'te] *f* Originalität *f*; Eigentümlichkeit *f*; Sonderbarkeit *f*; **~e** [~'ʒiːn] *f* Ursprung *m*; Herkunft *f*, Abstammung *f*; **~el, -le** [~ʒi'nɛl] *adj.* ursprünglich, eigentlich; angeboren; *péché m* ~ Erbsünde *f*.

oripeaux [ɔri'po] *m/pl.* **1.** alte Festtagskleidung *f*; **2.** Flitter *m*.

orme [ɔrm] *m* ♀ Ulme *f*; *fig. iron. attendez-moi sous l'*~*!* da können Sie lange warten!

ornemaniste [ɔrnǝma'nist] *m* Dekorationsmaler *m*; Stukkateur *m*.

ornement [ɔrnǝ'mɑ̃] *m* Verzierung *f*; *fig.* Zierde *f*; **~al, -e** [~'tal] *adj.* (*m/pl.* -aux) ornamental; Schmuck..., Zier-...; **~er** [~'te] *v/t.* (1a) verzieren.

orner [ɔr'ne] *v/t.* (1a) schmücken.

ornière [ɔr'njɛːr] *f* (Wagen-)Spur *f*; *fig.* Schlendrian *m*, Trott *m*.

ornithologie [ɔrnito'lɔʒi] *f* Vogelkunde *f*; 🕮 Ornithologie *f*.

oronge ♀ [ɔ'rɔ̃ːʒ] *f* Eierpilz *m*; *fausse* ~ Fliegenpilz *m*.

orpaill|age [ɔrpa'jaːʒ] *m* Goldwaschen *n*; **~eur** [~'jœːr] *m* Goldwäscher *m*; *weitS.* Goldsucher *m*.

orphelin, -e [ɔrfǝ'lɛ̃, ~'lin] **1.** *adj.* verwaist; **2.** *su.* Waise(nkind *n*); ~ *de père* (*od.* de mère) Halbwaise *f*; ~ *de père et de mère* Vollwaise *f*; **~at** [~li'na] *m* Waisenhaus *n*.

orphéon [ɔrfeˈõ] *m* (Männer-)Gesangverein *m*.

orteil [ɔrˈtɛj] *m* Zehe *f*, Zeh *m*; (gros) ~ große Zehe *f*.

ortho|doxe [ɔrtoˈdɔks] *adj.* orthodox; strenggläubig; **~graphe** [~ˈgraf] *f* Rechtschreibung *f*, Orthographie *f*; **~graphiation** [~fjaˈsjõ] *f* richtiges Schreiben *n*; **~graphie** [~ˈfi] *f* △ Aufriß *m*; ⚐ senkrechte Projektion *f*; **~graphier** [~ˈfje] *v/t.* (1a) richtig schreiben; **~pédie** ⚕ [~peˈdi] *f* Orthopädie *f*; **~phonie** [~fɔˈni] *f* Sprecherziehung *f*; **~phoniste** [~ˈnist] *su.* Sprecherzieher(in *f*) *m*.

ortie ♀ [ɔrˈti] *f* Brennessel *f*.

ortolan *orn.* [ɔrtɔˈlã] *m* Gartenammer *f*.

orvet *zo.* [ɔrˈvɛ] *m* Blindschleiche *f*.

os [ɔs; *pl.* o] *m* Knochen *m*; *pl. a.* Gebeine *n/pl.*; *trempé jusqu'aux* ~ bis auf die Haut durchnäßt.

oscar [ɔsˈkaːr] *m cin.* Oscar *m* (*Filmpreis*); *allg.* Auszeichnung *f*.

oscill|ation [ɔsilaˈsjõ] *f* Schwingung *f*; *fig.* Schwankung *f*; **~er** [~ˈle] *v/i.* (1a) schwingen; *bsd. fig.* schwanken; **~ographe** ∮ [~lɔˈgraf] *m* Oszillograph *m*; **~omètre** ⚡ [~lˈmɛːtrə] *m* Blutdruckmesser *m*.

osé, -e [oˈze] *adj.* gewagt; kühn.

oseille [oˈzɛj] *f* ♀ Sauerampfer *m*; ✶ Geld *n*, Zaster *m* ℙ.

oser [oˈze] *v/t.* (1a) wagen; ~ *faire qch.* (es) wagen, etw. zu tun; *sich erlauben* (*od.* sich erdreisten), etw. zu tun.

osier [oˈzje] *m* **1.** ♀ Korbweide *f*; Weiden-rute *f*, -geflecht *n*.

osmose [ɔsˈmoːz] *f* ⚗ Osmose *f*; *fig.* gegenseitige Durchdringung *f od.* Beeinflussung *f*.

oss|ature [ɔsaˈtyːr] *f anat.* Knochengerüst *n*; ⊕ Gerüst *n*, Skelett *n*; **~elet** [ɔsˈlɛ] *m* Knöchelchen *n*; **~ements** [~ˈmã] *m/pl.* Gebeine *n/pl.*; **~eux, -se** [~ˈsø, ɔˈsøːz] *adj.* knochig; **~ification** [ɔsifikaˈsjõ] *f* Knochenbildung *f*; Verknöcherung *f*; *éc.* garantierte Absicherung *f* der vorhandenen Arbeitsplätze; **~ifier** [~ˈfje] *v/t.* (1a) **1.** stärken; **2.** verhärten; **~u, -e** [ɔˈsy] *adj.* (stark)knochig; **~uaire** [ɔˈsɥɛːr] *m* Beinhaus *n*; *bsd.* Gefallenengedenkstätte *f*.

osten|sible [ɔstãˈsiblə] *adj.* ostentativ, demonstrativ, betont auffällig, sichtbar; **~soir** *rl.* [~ˈswaːr] *m* Monstranz *f*; **~tation** [~taˈsjõ] *f* Prahlerei *f*.

ostéo|pathe ⚕ [ɔsteoˈpat] *m* Osteopath *m*; **~pathie** [~ˈti] *f* Knochenleiden *n*; **~praticien, -ne** [~pratiˈsjẽ, ~ˈsjɛn] *su.* Spezialist(in *f*) *m* für Knochenleiden.

ostracé, -e *zo.* [ɔstraˈse] **1.** *adj.* muschelartig; **2.** ~s *m/pl.* Muscheln *f/pl.* (*als Gattung*).

ostréi|cole [ɔstreiˈkɔl] *adj.* Austern...; **~culteur** [~kylˈtœːr] *m* Austernzüchter *m*; **~culture** [~ˈtyːr] *f* Austernzucht *f*.

ostrogot(h), -e [ɔstrɔˈgo, ~ˈgɔt] **1.** *adj. hist.* ostgotisch; **2.** *su. fig.* Flegel *m*; *hist.* ℚ(e) Ost-gote *m*, -gotin *f*.

otage [ɔˈtaːʒ] *m* (*bei Frauen bisw. a. f*) Geisel *f*.

otalgie ⚕ [ɔtalˈʒi] *f* Ohrenschmerz *m*.

otarie *zo.* [ɔtaˈri] *f* Seelöwe *m*.

ôter [oˈte] *v/t.* (1a) wegnehmen; *von s-m Platz* entfernen; *Kleidungsstück* ausziehen; *Hut* abnehmen; ⚐ abziehen, subtrahieren.

otite ⚕ [ɔˈtit] *f* Ohrenentzündung *f*.

oto-rhino [ɔtoriˈno] *su.* Kurzwort für **~laryngologiste** [~larēgɔlɔˈʒist] *su.* Hals-Nasen-Ohren-Arzt *m*, -Ärztin *f*.

ottomane [ɔtɔˈman] *f* Sofa *n*.

ou [u] *cj.* oder; ~ *bien* oder aber; ~ ... ~ entweder ... oder.

où [u] *adv.* wo, wohin; worin; *d'*~ woher; *par* ~ wodurch.

ouailles *rl.* [waːj] *f/pl.* Pfarrkinder *n/pl.*

ouais! F [wɛ] *int. iron., skeptisch:* jaja!

ouate [wat] *f* (*mst la* ~, *aber a. l'*~) Watte *f*; **~er** [~ˈte] *v/t.* (1a) wattieren.

oubli [uˈbli] *m* Vergessen(heit *f*) *n*; **~er** [~ˈe] *v/t.* (1a) vergessen; verlernen; übersehen; vernachlässigen; **~ettes** [~ˈɛt] *f/pl.* Verlies *n/sg.*; **~eux, -se** [~ˈø, ~ˈøːz] *adj.* vergeßlich.

oued *géogr.* [wɛd] *m* Wadi *n*.

ouest [wɛst] **1.** *m* West(en) *m*; *vent m d'*~ Westwind *m*; **2.** *adj.* (*inv.*) westlich; West...; **~-allemand, -e** [~alˈmã, ~ˈmãːd] *adj.* westdeutsch.

ouf! [uf] *int.* ah!; Gott sei Dank!

oui [wi] **1.** *adv.* ja; *dire (que)* ~ ja sagen; *mais* ~ [mɛˈwi] allerdings; **2.** *m* (*inv.*) Ja *n*.

ouï [wi] *p.p. von* ouïr.

ouï-dire [wiˈdiːr] *m* (*inv.*) Hörensagen *n*.

ouïe [wi] *f* Gehör(sinn *m*) *n*; ♪, △

Schalloch n; ~s pl. icht. Kiemen f/pl.

ouille! [uj] int. Schmerz: au!; Erstaunen, Unzufriedenheit: ach!

ouïr [wiːr] v/t. (dft.: nur inf. u. p.p. ouï) hören.

ouistiti zo. [wisti'ti] m (mst le ~, aber a. l'~) Pinseläffchen n.

ouragan [ura'gã] m Orkan m.

ourdir text., fig. [ur'diːr] v/t. (2a) anzetteln.

ourl|er cout. [ur'le] v/t. (1a) säumen; **~et** [~'lɛ] m Saum m.

ours [urs] m 1. zo. Bär m; ~ blanc Eisbär m; 2. fig. bärbeißiger Mensch m; P manger de l'~ verprügelt werden; 3. P ~ pl. Regel f, Periode f; ~ [~] f zo. Bärin f; ast. la Grande ♀ der Große Bär; **~in** zo. [~'sɛ̃] m Seeigel m; **~on** zo. [~'sɔ̃] m junger Bär m.

oust!, **~e!** F [ust] int. raus!

outarde orn. [u'tard] f Trappe f.

outil [u'ti] m Werkzeug n.

outill|age [uti'jaːʒ] m coll. Handwerkszeug n, Ausrüstung f; P Kram m, Krempel m; **~er** [~'je] v/t. (1a) mit Werkzeugen ausrüsten; **~eur** [~'jœːr] m Werkzeugmacher m.

outrag|e [u'traːʒ] m Beleidigung f; ~ à magistrats Beamtenbeleidigung f; **~er** [utra'ʒe] v/t. (1l) schwer beleidigen, beschimpfen; verletzen; **~eusement** [~ʒøz'mã] adv. fig. sehr stark; übertrieben.

outranc|e [u'trãːs] f Übertreibung f; Überspanntheit f; à ~ bis aufs äußerste; fig. bis aufs Messer; **~ier, -ère** [utrã'sje, ~'sjɛːr] adj. maßlos, übertrieben.

outre¹ [ˈutrə] f Schlauch m.

outre² [ˈutrə] 1. prp. a) außer (dat.); ~ cela außerdem; ~ une ferme, il possède trois maisons außer e-m Bauernhof besitzt er noch drei Häuser; b) über ... hinaus; ~ mesure über die Maßen; ce film ne m'intéresse pas ~ mesure dieser Film interessiert mich nicht besonders; 2. adv.: passons ~! gehen wir darüber hinweg!; passer ~ à un interdiction gegen ein Verbot verstoßen; en ~ außerdem, obendrein; 3. cj.: ~ que abgesehen davon, daß; **~-Atlantique** [utratlã'tik] adv. jenseits des Atlantiks.

outrecuid|ance litt. [utrəkɥi'dãːs] f Überheblichkeit f; Anmaßung f; **~ant, -e** [~'dã, ~'dãːt] adj. anmaßend.

outre|-Manche [utrə'mãːʃ] adv. jen-

seits des (Ärmel-)Kanals; **~mer** [~-ˈmɛːr] m Ultramarin n; **~-mer** [~] adv.: d'~ überseeisch, Übersee...; **~passer** [~pa'se] v/t. (1a) fig. überschreiten.

outrer [u'tre] v/t. (1a) etw. übertreiben; j-n empören.

outre-Rhin [utra'rɛ̃] adv. jenseits des Rheins.

outsider Sport, fig. [awtsaj'dœːr, utsi'dɛːr] m Außenseiter m.

ouvert, -e [u'vɛːr, u'vɛrt] 1. p.p. von ouvrir; 2. adj. geöffnet; offen (a. fig.); **~ement** [uvɛrtə'mã] adv. offen, freiheraus; **~ure** [~'tyːr] f Öffnen n; Öffnung f; fig. Anfang m; ♪ Ouvertüre f; ~ d'esprit geistige Aufgeschlossenheit f; heures f/pl. d'~ Öffnungszeiten f/pl.; phot. objectif m à grande ~ lichtstarkes Objektiv n.

ouvr|able [u'vrabl] adj. verarbeitbar; jour m ~ Werktag m; **~age** [u'vraːʒ] m Arbeit f; Werk n; ♙ Bauwerk m; frt. Befestigungsanlage f; **~agé, -e** [uvra'ʒe] adj. ausgearbeitet, verziert.

ouvre|-boîtes [uvrə'bwat] m (inv.) Büchsenöffner m; **~-bouteilles** [~bu'tɛj] m (inv.) Flaschenöffner m; **~-gants** [~'gɑ̃] m (inv.) Handschuhweiter m.

ouvrer ⊕ [u'vre] v/t. (1a) ver-, bearbeiten; Stoff mustern.

ouvreuse cin. [u'vrøːz] f Platzanweiserin f.

ouvrier, -ère [uvri'e, ~'ɛːr] 1. su. Arbeiter(in f) m; ~ à façon Heimarbeiter(in f) m; ~ aux pièces Akkordarbeiter(in f) m; ~ qualifié Facharbeiter m; simple ~ ungelernter Arbeiter m; ~ spécialisé angelernter Arbeiter m; 2. adj. Arbeiter...; ent. abeille f ouvrière Arbeitsbiene f.

ouvriér|isme hist. [uvrie'rism] m gewerkschaftliche Arbeiterbewegung f; **~iste** hist. [~'rist] su. Gewerkschaft(l)er(in f) m.

ouvrir [u'vriːr] (2f) v/t. (er)öffnen; aufmachen, aufdrehen; Appetit anregen; ~ en grand la radio das Radio ganz laut stellen; ~ un pays à l'exploitation ein Land erschließen; v/i. Geschäft, Theater: öffnen, aufmachen; Fenster: (auf)gehen (z. B. nach der Straße); fig. s'~ à q. j-m sein Herz ausschütten.

ouvroir [u'vrwaːr] m Arbeitssaal m e-s Wohltätigkeitsvereins; Nähstube f der Nonnen.

ovaire [ɔ'vɛːr] m ♀ Fruchtknoten m; anat. Eierstock m.

ovale [ɔ'val] **1.** adj. oval; **2.** m Oval n.

ovation [ɔva'sjɔ̃] f Ovation f.

ovni [ɔv'ni] m (inv.) (= objet volant non identifié) Ufo n (unbekanntes Flugobjekt).

ovule biol. [ɔ'vyl] m Ei(zelle f) n.

oxyd|ation ⚗ [ɔksida'sjɔ̃] f Oxyda-tion f, Oxydierung f; **~e** ⚗ [ɔ'ksid] m Oxyd n; **~er** ⚗ [~'de] (1a) v/t. u. s'~ oxydieren.

oxy|gène [ɔksi'ʒɛn] m Sauerstoff m; **~géné, -e** [~ʒe'ne] adj. sauerstoff-haltig; **~géner** [~] v/t. (1f) ⚗ mit Sauerstoff anreichern; Haar blon-dieren.

ozon|e ⚗ [o'zɔn] m Ozon m (a. n); **~é, -e** [~'ne] adj. ozonhaltig.

P

P (*ou* **p**) [pe] *m* P (*od.* p) *n*.

pacage [pa'ka:ʒ] *m* Viehweide *f*.

pachyderme *zo.* [paʃi-, paki'dɛrm] *m* Dickhäuter *m*.

pacificateur, -rice [pasifika'tœ:r, ~'tris] *su.* Friedensstifter(in *f*) *m*; **~i-cation** [~ka'sjɔ̃] *f* Friedensstiftung *f*, Befriedung *f*; Wiederherstellung *f* der Ruhe; **~ier** [~'fje] *v/t.* (1a) beruhigen, befrieden; **~** *un pays* in e-m Land den Frieden wiederherstellen; *le* ≈ der Stille Ozean, der Pazifik; **~ique** [~'fik] *adj.* friedliebend; friedlich; **~isme** [~'fism] *m* Pazifismus *m*; **~iste** [~'fist] **1.** *adj.* pazifistisch; **2.** *su.* Pazifist(in *f*) *m*.

pacotille *péj.* [pakɔ'tij] *f* Ausschußware *f*, Schund *m*.

pact|e [pakt] *m* Pakt *m*, Abkommen *n*; **~iser** *péj.* [~ti'ze] *v/i.* (1a) paktieren (*avec q.* mit j-m).

pactole *litt.* [pak'tɔl] *m fig.* Quell *m* des Reichtums, der Gesundheit.

paf [paf] **1.** *int.*: ~! paff!; plauz!; **2.** *adj.* (*inv.*) P blau, besoffen P.

pagaie *Sport* [pa'gɛ] *f* Paddel *n*.

pagaille *od.* **pagaïe** F [pa'gaj] *f* Wirrwarr *m*, Durcheinander *n*; *avoir qch.* en ~ etw. in Hülle und Fülle haben.

pagan|iser [pagani'ze] *v/t.* (1a) *Volk* heidnisch machen; **~isme** [~'nism] *m* Heidentum *n*.

pagaye F [pa'gaj] *f s. pagaille*.

pagayer [pagɛ'je] *v/i.* (1i) paddeln.

page[1] [pa:ʒ] *m* Page *m*, Edelknabe *m*.

page[2] [pa:ʒ] *f* (Schrift-, Druck-)Seite *f*; *en* (*od. à la*) ~ 100 auf Seite 100; *fig. être à la* ~ auf dem laufenden (*od.* im Bilde) sein.

pageot P [pa'ʒo] *m* Bett *n*, Falle *f* P.

paginer *typ.* [paʒi'ne] *v/t.* (1a) paginieren.

pagne [paɲ] *m* (Lenden-)Schurz *m*.

paie [pɛ] *f s. paye*.

paiement [pɛ'mɑ̃] *m* Zahlung *f*; ~ *anticipé*, ~ *d'avance* Vorauszahlung *f*; ~ *comptant* Barzahlung *f*; ~ *échelonné*, ~ *partiel* Raten-, Teilzahlung *f*; ~ *forfaitaire* Pauschalzahlung *f*; ~ *du* (*od. pour*) *solde* Restzahlung *f*; ~ *ultérieur* Nachzahlung *f*.

païen, -ne [pa'jɛ̃, ~'jɛn] **1.** *adj.* heidnisch; **2.** *su.* Heide *m*, Heidin *f*.

paill|age [pɑ'ja:ʒ] *m* Bedecken *n* mit Stroh; **~ard, -e** [~'ja:r, ~'jard] **1.** *adj.* lüstern; unzüchtig; **2.** *su.* Wüstling *m*; Nutte *f*; **~ardise** [~jar'di:z] *f* Unzucht *f*; **~asse** [~'jas] *f* Strohsack *m*; P Hure *f*; **~asson** [~ja'sɔ̃] *m* Strohmatte *f*, Fußabtreter *m*; *péj.* Kriecher *m*.

paill|e [pɑ:j] **1.** *f* Stroh *n*; Stroh-, Trink-halm *m*; ⊕ Fehler *m*, Sprung *m*, Riß *m*; Fleck *m* in *Edelsteinen*; ⊕ ~ *de fer* Stahlspäne *m/pl.*; ~ *hachée* Häcksel *n od. m*; *tirer à la courte* ~ mit Hälmchen losen; *couleur f* (*de*) ~ Strohfarbe *f*; **2.** *adj.* (*inv.*) strohfarben, -gelb; **~é, ~e** [pɑ'je] *adj.* strohfarben; *Metall:* brüchig; **~er**[1] [~] *m* Stroh-haufen *m*, -schuppen *m*, -miete *f*; **~er**[2] [~] *v/t.* (1a) mit Stroh bedecken; aus Stroh flechten.

paill|et [pɑ'jɛ] *m* ⚓ (Schutz-)Matte *f*; *a. adj.*: (*vin m*) ~ Bleichert *m*; **~eté, -e** [~'jte] *adj.* mit Flitter besetzt; **~ette** [~'jɛt] *f* Flitter *m*; Gold-körnchen *n*, -blättchen *n*; **~eux, -se** [~'jø, ~'jø:z] *adj.* ✓ strohig; ⊕ brüchig; **~is** [~'ji] *m* Streu *f auf Gartenbeeten*; **~on** [~'jɔ̃] *m* Flaschenhülse *f aus Stroh*; **~ote** [~'jɔt] *f* Strohhütte *f*.

pain [pɛ̃] *m* Brot *n*; *fig.* Lebensunterhalt *m*; ★ Schlag *m*; Ohrfeige *f*; ~ *bis* Graubrot *n*; ~ *blanc* Weißbrot *n*; ~ *complet* Vollkorn-, Schrot-brot *n*; ~ *d'épice* Pfeffer-, Leb-kuchen *m*; ~ *de munition* Kommißbrot *n*; *petit* ~ Brötchen *n*, Semmel *f*; ~ *rassis* altbackenes Brot *n*; ~ *de seigle* Roggenbrot *n*; ~ *de savon* Riegel *m* Seife; ~ *de sucre* Zuckerhut *m*; *cuis.* ~ *de veau* falscher Hase *m*.

pair, -e [pɛ:r] **1.** *adj. Zahl:* gerade, durch zwei teilbar; *hors* (*de*) ~ unvergleichlich; **2.** *m* (*der, die, das*) Gleiche, Ebenbürtige; *hist.* Pair *m*; *in England:* Peer *m*; ✝ Pari *m*; *de* ~ auf gleichem Fuß; *être au* ~ a) *Aktien:* (al) pari stehen; b) e-e Au-pair-Stelle haben, für freie Kost und Logis arbeiten; *in England:*

Chambre f des ~s Oberhaus n.
paire [pɛːr] *f* Paar m; Gespann r; *une* ~ *de ciseaux* e-e Schere; *une* ~ *de gants* ein Paar Handschuhe; *une* ~ *de lunettes* e-e Brille; ~ *de bœuf, de chevaux* Ochsen-(Pferde-)gespann n.
paisible [pɛˈziblə] *adj.* friedlich.
paître [ˈpɛːtrə] *v/i.* (4z; *dft.*) auf der Weide sein; weiden; *faire (od. mener)* ~ auf die Weide führen; F *envoyer q.* ~ j-n zum Teufel schicken.
paix [pɛ] *f* Frieden m; Stille f, Ruhe f; ~ *séparée* Sonderfrieden m; *la* ~! laß mich in Ruhe!; *ficher (od.* P *foutre) la* ~ *à q.* j-n in Ruhe lassen.
pakistanais, -e [pakistaˈnɛ, ~ˈnɛːz] 1. *adj.* pakistanisch; 2. 2(e) *su.* Pakistani m *u.* f, Pakistaner(in f) m.
pal [pal] *m (pl.* ~s) Pfahl m.
palabres [palaˈbrə] *f/pl.* 1. † Verhandlung f mit Eingeborenen; 2. *péj.* Gequatsche n.
palace [paˈlas] *m* modernes Luxushotel n; moderner Luxusbau m.
paladin [palaˈdɛ̃] *m:* F ~ *du champignon* Ritter m am Steuer.
palais [paˈlɛ] *m* 1. Palast m; ~ *de justice* Gericht(sgebäude n) n; 2. Gaumen m; ~ *artificiel* Gaumenplatte f.
palan [paˈlɑ̃] *m* ⚓ Zugwinde f; Flaschenzug m; ✝ Takel n, Talje f; ~**che** [~ˈlɑ̃:ʃ] *f* Tragejoch n für Eimer; ~**çons** [~ˈlɑ̃ˈsɔ̃] *m/pl.* Schal-wandung f, -holz n; ~**que** frt. [~ˈlɑ̃:k] *f* Pfahlwerk n; ~**quin** [~ˈlɑ̃ˈkɛ̃] *m* im Orient: Sänfte f.
palass ✱ [paˈlas] *m* 1. langweiliges Geschwafel n; 2. marktschreierische Reklame f *(od.* Ansage f).
palatal, -e phon. [palaˈtal] *adj. (m/pl. -aux)* palatal, Gaumen...; ~**isation** phon. [~lizaˈsjɔ̃] *f* Palatalisierung f; ~**iser** phon. [~ˈze] *v/t.* (1a) palatalisieren.
palatin, -e anat. [palaˈtɛ̃, ~ˈtin] *adj.* Gaumen...
palatinat hist. [palatiˈna] *m* Pfalzgrafenwürde f, -grafschaft f; *le* 2 die Rheinpfalz.
pale [pal] *f* Ruderblatt n; ⚓ Propellerflügel m.
pâle [pɑːl] *adj.* blaß, bleich; *fig.* matt; ✱ ⚰, P krank; P ~s *couleurs f/pl.* Bleichsucht f; *se faire porter* ~ sich krank schreiben lassen; *allg.* blaumachen f.
palefroi féod., *litt.* [palˈfrwa] *m* Paradepferd n, Zelter m.

paleron [palˈrɔ̃] *m zo.* Bug m *(a. Fleischstück)*; *cuis.* Schulterstück n *(v. Rind)*.
palet [paˈlɛ] *m* Wurfscheibe f.
paletot [palˈto] *m* 1. längere Herrenwetterjacke f; dreiviertellanger Damenmantel m, Paletot m; 2. Berufsjacke f; Jägerjackett n; Regenumhang m, -mantel m für Fischer.
palett|e [paˈlɛt] *f* Ballschläger m; *peint.* Palette f; Schaufel f am Wasserrad; *cuis.* Schulterstück n *(v. Hammel od. Schwein)*; Fördertechnik: Stapel-palette f, -platte f; ⚒ ~ *de rame* Ruderblatt n; ~ *d'hélice* Luftschraubenflügel m; ~**isation** [~tizaˈsjɔ̃] *f* Palettierung f; ~**iser** [~ˈze] *v/t.* (1a) palettieren, auf e-r Palette stapeln.
pâleur [paˈlœːr] *f* Blässe f.
palier [paˈlje] *m* ⚑ Treppenabsatz m; ⊕ (Zapfen-)Lager n; ✈, ≹ horizontale Strecke f; ≹ Horizontalflug m; *fig.* Etappe f e-s Fortschritts; *à billes* Kugellager n; ~ *d'âge* Altersstufe f.
palification ⚑ [palifikaˈsjɔ̃] *f* Verpfählung f.
palinodies [palinoˈdi] *f/pl.* Meinungsänderung f.
pâlir [paˈliːr] (2a) *v/i. Person:* erblassen, bleich werden; *Farbe:* verblassen; *v/t.* blaß machen; *bsd. p.p.* *pâli* verblaßt.
paliss|ade [paliˈsad] *f* Palisade f; Bauzaun m; ✔, ⚘ lebende Hecke f; ~**ader** [~ˈde] *v/t.* (1a) mit Pfählen *od.* Brettern umzäunen; ~**er** ✔ [~ˈse] *v/t.* (1a) *junge Bäume* am Spalier festbinden; palisieren.
palliatif, -ve [paljaˈtif, ~ˈtiːv] 1. *adj.* lindernd; 2. *m* ≸ Linderungsmittel n; *fig.* Notbehelf m; ~**ier** ≸ [~ˈlje] (1a) *v/t. (abus. v/i.:* ~ *à)* lindern; *fig.* bemänteln; *Bilanz* verschleiern.
palmarès [palmaˈrɛs] *m* écol. Liste f der präm(i)ierten Schüler; *Sport:* Siegerliste f; ♪ Hitparade f.
palm|e [palm] *f* ⚘ Palm(en)zweig m; *fig.* Siegespalme f; *Sport:* ~s *pl. (de caoutchouc)* Schwimmflossen f/pl.; ~**ier** ⚘ [~ˈmje] *m* Palme f.
palmipède [palmiˈpɛd] *m* Schwimmvogel m.
palois, -e [paˈlwa, ~ˈlwaːz] *adj.* aus Pau.

palombe *orn.* [paˈlɔ̃:b] *f* Ringeltaube *f.*

palonnier [palɔˈnje] *m* Ortscheit *n am Wagen; Auto:* Bremsausgleich *m;* ⚡ Fußhebel *m* zur Betätigung des Seitenruders.

pâlot, -te [pɑˈlo, ~ˈlɔt] *adj.* bläßlich.

palp|able [palˈpablə] *adj.* greifbar; *fig.* handgreiflich; **~e** [palp] *m* ent. Taster *m; icht.* Bartfaser *f;* **~er** [~ˈpe] *v/t.* (1a) betasten; F Geld einstreichen F, einkassieren.

palpit|ant, -e [palpiˈtɑ̃, ~ˈtɑ̃:t] *adj.* zuckend; *fig.* spannend; **~ation** [~taˈsjɔ̃] *f* Zucken *n;* ~s *pl.* Herzklopfen *n;* **~er** [~ˈte] *v/i.* (1a) zucken; *Herz:* klopfen, pochen; *Busen:* wogen.

palplanche ⌂ [palˈplɑ̃:ʃ] *f* Spundbohle *f.*

palqueur ★ [palˈkœ:r] *m,* **palquiste ★** [palˈkist] *m* Zirkuskünstler *m* unter freiem Himmel.

paltoquet [paltoˈkɛ] *m* Flegel *m.*

paludisme 🞲 [palyˈdism] *m* Malaria *f.*

palustre [paˈlystrə] *adj.* Sumpf...; Moor...

pâmer [pɑˈme] *v/rfl.* (1a): se ~ de joie außer sich vor Freude sein; se ~ de rire sich kranklachen.

pâmoison *plais.* [pɑmwaˈzɔ̃] *f* Ohnmacht *f.*

pamphl|et [pɑ̃ˈflɛ] *m* Pamphlet *n,* Schmähschrift *f;* **~étaire** [~fleˈtɛ:r] *su.* Pamphletist(in *f*) *m.*

pamplemousse ♀ [pɑ̃pləˈmus] *m* Pampelmuse *f,* Grapefruit *f.*

pampre ♀ [ˈpɑ̃:prə] *m* Weinranke *f.*

pan¹ [pɑ̃] *m* Bahn *f es-Kleides;* Rockschoß *m;* ⌂ (Mauer-)Stück *n;* ⌂ Feld *n,* Fläche *f;* ⚔, ⊕ Seite *f.*

pan² [pɑ̃] *int.:* ~! bum!; peng!

panacée [panaˈse] *f* Allheilmittel *n.*

panach|e [paˈnaʃ] *m* Helm-, Federbusch *m;* äußerlicher Glanz *m;* Aufwand *m;* Eigenstolz *m;* Schneid *m;* ~ de fumée Rauchwolke *f; faire ~ Auto:* sich überschlagen; *Ski:* hinschlagen; **~é, -e** [~ˈʃe] *adj.* buntgestreift; gefleckt; F *a. fig.* gemischt; **~er** [~] *v/t.* (1a) bunt(streifig) machen.

panade [paˈnad] *f cuis.* Brotsuppe *f;* P Not *f,* Elend *n,* Misere *f.*

panaris 🞲 [panaˈri] *m* Nagelgeschwür *n.*

panas [paˈna] *m/pl. fig.* Schwarten *f/pl.,* wertlose Bücher *n/pl. od.* Stiche *m/pl.*

pancarte [pɑ̃ˈkart] *f* Anschlagzettel *m;* Transparent *n.*

panégyrique [paneʒiˈrik] *m* Lobrede *f; péj.* Lobhudelei *f.*

panel [paˈnɛl] *m* 1. *soc.* Panel *n (ausgewählte Personengruppe für die Meinungsbefragung);* 2. Diskussionsausschuß *m.*

paner *cuis.* [paˈne] *v/t.* (1a) panieren.

paneuropéen, -ne [panœrɔpeˈɛ̃, ~ˈɛn] *adj.* gesamteuropäisch.

panier [paˈnje] *m* Korb *m;* ~ métallique Drahtkorb *m;* F les dessus du ~ das Beste; F *fig.* ~ à salade Polizeiauto *n* für Gefangene, grüne Minna *f* P; **~repas** [~rəˈpɑ] *m (pl. paniers-repas)* Lunchpaket *n.*

panif|ication [panifikaˈsjɔ̃] *f* Brotbacken *n;* **~ier** [~ˈfje] *v/t.* (1a) zu Brot backen.

paniqu|ard F [paniˈka:r] *m* Panikmacher *m;* **~e** [~ˈnik] 1. *f* Panik *f;* 2. *adj.: terreur f* ~ panischer Schrecken *m;* **~é, -e** F [~ˈke] *adj.* von Panik ergriffen; **~er** [~] (1m) *v/t.* in Panik versetzen; *v/i. u.* se ~ die Nerven verlieren.

panne [pan] *f* 1. *Auto, vél.,* ⚓, *mot.* Panne *f;* Störung *f (a.* ⚡*);* Defekt *m; être en ~ e-e* Panne haben; *rester en ~ liegenbleiben; tomber en ~ d'essence (od. en ~ sèche)* kein Benzin mehr haben; 2. *text.* Felbel *m,* Pelzsamt *m;* 3. *thé.* armselige Rolle *f;* 4. (Bauch-) Fett *n der Schweine;* 5. *charp.* (Dach-)Pfette *f.*

panné, -e P [paˈne] *adj.* ruiniert, verarmt.

panneau [paˈno] *m (pl. ~x)* Schild *n,* Tafel *f;* ⌂ Feld *n,* Fach *n;* (Tür-) Füllung *f; ch.* Garn *n,* Netz *n;* ⊕ Fläche *f;* ⚔ Feld *n,* Bahn *f; Skylab:* ~ solaire Sonnenpaddel *n;* ~ de signalisation (Straßen-)Verkehrsschild *n; fig. tomber (od. donner) dans le ~* sich anführen lassen, reinfallen F.

panneton [panˈtɔ̃] *m* (Schlüssel-) Bart *m.*

panoplie [panɔˈpli] *f* vollständige (Ritter-)Rüstung *f;* Waffensammlung *f;* F Arsenal *n (fig.),* Sammlung *f;* ~s *pl.* fig. Mittel *n/pl.*

panoptique [panɔpˈtik] *m (od. adj.: bâtiment m* ~) übersichtlicher Bau *m.*

panorama [panɔraˈma] *m* Panorama *n,* Rundblick *m.*

pans|age [pɑ̃ˈsa:ʒ] *m* Putzen *n,* Striegeln *n der Pferde;* **~e** [pɑ̃:s] F F Wanst *m; zo.* Vormagen *m der Wiederkäuer;* Bauch *m e-r Flasche;* Rundung *f e-s Buchstabens;* **~ement** [pɑ̃s'mɑ̃] *m* Verband *m,* Verbinden *n;* **~er** [~'se] *v/t.* (1a) *chir. Wunden* verbinden; *Pferde* striegeln.

pantal|on [pɑ̃ta'lɔ̃] *m* lange Hose *f;* **~s** *pl. disco* Karottenhose *f;* **~onnier, -ère** [~lɔ'nje, ~'njɛːr] *su.* Hosenschneider(in *f*) *m.*

pante P [pɑ̃ːt] *m* Typ(e *f*) *m* (*fig.*).

pantelant, -e [pɑ̃t'lɑ̃, ~'lɑ̃ːt] *adj.* keuchend, röchelnd.

panthère *zo.* [pɑ̃'tɛːr] *f* Panther *m.*

pantin [pɑ̃'tɛ̃] *m* Hampelmann *m* (*a. fig. péj.*).

pantographe [pɑ̃tɔ'graf] *m* Storchschnabel *m* (*Instrument zum technischen Zeichnen*).

pantois [pɑ̃'twa] *adj./m* verblüfft.

pantoufl|e [pɑ̃'tufl] *f* Hausschuh *m,* Pantoffel *m;* **~er** [~'fle] *v/i.* (1a) den Staatsdienst verlassen.

panurgisme F [panyr'ʒism] *m* Herdengeist *m.*

paon [pɑ̃] *m orn.* Pfau *m; Schmetterling:* Pfauenauge *n.*

pap|a [pa'pa] *m enf.* Papa *m;* F *à la* ~ ganz gemütlich; F ~ *gâteau* zu guter Vater *m;* **~al, -e** [~'pal] *adj.* (*m/pl. -aux*) päpstlich; **~auté** [~po'te] *f* Papsttum *n,* Papstwürde *f;* **~e** [pap] *m* Papst *m.*

papelard, -e [pa'plaːr, ~'plard] *adj.* scheinheilig.

paperass|e [pa'pras] *f* beschriebenes Stück *n* Papier; Wisch *m;* **~erie** [~s'ri] *f* Papierkrieg *m;* **~ier, -ère** *péj.* [~'sje, ~'sjɛːr] **1.** *adj.* schreibwütig; **2.** *su.* Federfuchser *m.*

papet|erie [pape'tri, pap'tri] *f* Papierfabrik *f,* -handel *m,* -verarbeitung *f;* Schreibwaren*geschäft n,* -handlung *f;* **~ier** [pap'tje] *m* Schreibwarenhändler *m.*

papier [pa'pje] *m* Papier *n;* Schriftstück *n, pol.* Arbeitspapier *n;* Zeitungsartikel *m;* ✝ Wertpapier *n;* **~s** *pl.* (*d'identité*) (Ausweis-)Papiere *n/pl.;* ~ *buvard* Löschpapier *n;* ~ *à calquer* Pauspapier *n;* ~ *carbone* Kohlepapier *n;* ~ *à la cuve* Büttenpapier *n;* ~ *à dessin* Zeichenpapier *n;* ~ *bible* Dünndruckpapier *n;* ~ *couché* Kunstdruckpapier *n;* ~ *hygiénique* Toilettenpapier *n;* ~ *serviette f en* ~ Papierserviette *f;* ~ *journal* Zeitungspapier *n;* ~ *à lettres* Briefpapier *n;* ~

mâché Papiermasse *f;* ~ *à musique* Notenpapier *n;* ~ *peint,* ~ *de tenture,* ~ *de tapisserie* Tapete *f;* ~ *pelure* Durchschlagpapier *n;* Luftpost-, Dünndruck-papier *n;* ~ *timbre* Stempelpapier *n;* **~émeri** [~em'ri] *m* (*pl. papiers-émeri*) Schmirgelpapier *n;* **~monnaie** [~mɔ'nɛ] *m* (*pl. papiers-monnaies*) Papiergeld *n.*

papille *anat.* [pa'pij, ~'pil] *f* Papille *f,* kleine Hautwarze *f.*

papillon [papi'jɔ̃] *m ent.* Schmetterling *m; Herrenkrawatte:* Fliege *f;* kleine geographische Karte *f in der Ecke e-r größeren Karte;* ✝, *Auto:* Aufkleber *m; Auto:* Strafzettel *m;* ⊕ Drosselklappe *f;* ⊕ Flügelmutter *f;* schmetterlingsförmiger Gasbrenner *m; Sport:* Schmetterlingsschwimmen *n; fig.* Flattergeist *m; fig.* **~s** *pl. noirs* düstere Gedanken *m/pl.,* Grillen *f/pl.;* **~ner** [~jɔ'ne] *v/i.* (1a) **1.** *Personen:* herumschwirren; **2.** sich verzetteln.

papillot|e [papi'jɔt] *f* Lockenwickler *m;* **~er** [~'te] (1a) *v/t. Locken* wickeln; *cuis. Kotelett usw.* in gefettetes Papier wickeln; *v/i.* blinzeln; *fig.* flimmern, glitzern.

papotages F [papo'taːʒ] *m/pl.* Geschwätz *n.*

papyrus [papi'rys] *m* Papyrus *m.*

paquebot [pak'bo] *m* ⚓ Passagierdampfer *m; plais. Auto:* ~ *roulant* Straßenkreuzer *m.*

pâquerette ♀ [pɑ'krɛt] *f* Gänseblümchen *n.*

Pâques [pɑːk] **1.** *m* Ostern *n od. pl.; fête(s) f(pl.) de* ~ Osterfest *n; à* ~ zu Ostern; *à* ~ *prochain* (*dernier*) nächste (letzte) Ostern; *quand* ~ *sera venu* wenn Ostern ist; **2.** *f/pl.: joyeuses* ~! frohe Ostern!; ~ *fleuries* Palmsonntag *m; faire ses* ♀ zur österlichen Kommunion gehen.

paquet [pa'kɛ] *m* Paket *n,* Bündel *n;* ~ *de cigarettes* Päckchen *n* Zigaretten; ♥~ (*poste*) Paket *n; petit* ~ Päckchen *n;* F *lâcher le* ~ *à q.* j-m sein Herz ausschütten; *mettre le* ~ *s-e ganze Kraft einsetzen; recevoir son* ~ *e-n* Rüffel bekommen; **~age** [~k'taːʒ] *m: faire son* ~ *s-e* Sachen packen; **~eur, -se** [~k'tœːr, ~'tøːz] *su.* Packer(in *f*) *m.*

par [paːr] *prp.* **1.** *räumlich:* durch; über (*acc.*); ~ *la porte* (*la fenêtre*) durch die Tür (das Fenster); zur Tür (zum Fenster) hinaus (*od.* herein); (de) ~ *le monde* irgendwo in der Welt; in die weite Welt; ~ *toute la terre* über die ganze Erde; auf der ganzen Erde; *tomber* ~ terre hinfallen; (*der Länge nach*) auf die Erde fallen; *passer* ~ *Berlin* über Berlin reisen; ~ *eau* (*terre*) zu Wasser (Lande); *prendre* ~ *la main* bei der Hand nehmen; **2.** *zeitlich:* an (*dat.*); in (*dat.*); bei; ~ *la pluie* bei Regen, während des Regens; ~ *un beau temps* bei schönem Wetter; ~ *un beau soir* an e-m schönen Abend; **3.** *Grund u. Folge, Art u. Weise:* ~ *conséquent* infolgedessen, daher; ~ *curiosité* aus Neugierde; ~ *hasard* zufällig; ~ *malheur* unglücklicherweise; ~ *bonheur* glücklicherweise; ~ *cœur* auswendig; ~ *pitié* aus Mitleid; **4.** *Handlung e-r Person im Passiv:* von; durch; *vaincu* ~ *César* von Cäsar besiegt; *Le Cid* ~ *Corneille* „Der Cid" von Corneille; **5.** *Mittel:* mit (*dat.*); durch; *arriver* ~ (*le*) *bateau* mit dem Schiff ankommen; ~ *le train*, ~ *chemin de fer* mit der Bahn; *partir* ~ *le premier train* mit dem ersten Zug abfahren; ~ *la poste* mit der Post; ~ *la route* mit dem Wagen, Auto, Rad *usw.*; **6.** *Verteilung:* ~ *an* jährlich; ~ *jour* täglich; *jour* ~ *jour* Tag für Tag; ~ *tête* pro Kopf; ~ *centaines* zu Hunderten; ~ *tas* haufenweise; **7.** *commencer* (*finir, terminer*) ~ *faire qch.* anfangs (schließlich *od.* zuletzt) etw. tun; **8.** *in Verbindung mit adv.:* ~ *en bas* unten durch; nach unten zu; ~ *ici* hierher; hierdurch; ~ *trop* allzu(sehr, -viel); **9.** *Beteuerung:* ~ *ma foi!* meiner Treu!; **10.** *de* ~ *le roi* im Namen des Königs.

para ✕ [pa'ra] *m* Fallschirmjäger *m*.

parabole [para'bɔl] *f* ⚠ Parabel *f*; *fig.* Gleichnis *n*.

parachever [paraʃ've] *v/t.* (1d) ganz vollenden.

parachut|e [para'ʃyt] *m* ⚓ Fallschirm *m*; Fangvorrichtung *f* an e-m *Aufzug*; **~er** [~'te] *v/t.* (1a) mit dem Fallschirm abwerfen (*od.* absetzen); *troupes f/pl. parachutées* Fallschirmtruppen *f/pl.*; **~iste** [~'tist] **1.** *m* ✕ Fallschirmjäger *m*; **2.** *su. Sport:* Fallschirmspringer(in *f*) *m*.

parad|e [pa'rad] *f* **1.** Zurschautragen *n*; *faire* ~ *de qch.* mit etw. (*dat.*) prahlen; *cheval* ~ *de* ~ Paradepferd *n*; **2.** ✕ Parade *f*; **3.** *esc.* Parieren *n*;

Parade *f*; **4.** *fig.* Abwehr *f*, Entgegnung *f*; **~er** [~'de] *v/i.* (1a) sich präsentieren; *faire* ~ *un cheval* ein Pferd zur Schau (vor)reiten.

paradigme *gr.* [para'digm] *m* Paradigma *n*, Beispiel *n*.

paradis [para'di] *m* Paradies *n*; *thé.* oberste Galerie *f*, Olymp *m*; **~iaque** [~'zjak] *adj.* paradiesisch; **~ier** *orn.* [~'zje] *m* Paradiesvogel *m*.

paradox|al, -e [paradɔ'ksal] *adj.* (*m/pl. -aux*) paradox; widersinnig; **~e** [~'dɔks] *m* Paradox *n*; Widersinnigkeit *f*.

parafe [pa'raf] *m* s. *paraphe*; **~er** [~'fe] s. *parapher*.

parafoudre [para'fu:drə] *m* Blitzableiter *m*.

parages [pa'ra:ʒ] *m/pl.* Gewässer *n/pl.*; Küstenstrich *m*; Gegend *f*.

paragraphe [para'graf] *m* **1.** Absatz *m*; Abschnitt *m*; **2.** Paragraphenzeichen *n*.

paraître [pa'rɛ:trə] (4z) *v/i.* erscheinen (*a. Buch*); sichtbar werden; sich zeigen; scheinen, den Anschein haben; *vient de* ~ *Buch:* soeben erschienen; *v/imp.: il paraît que* (*ind.*) es scheint, daß (*od.* als ob).

parallèle [para'lɛl] **1.** *adj.* parallel; *barres f/pl.* ~s Barren *m* (*Turngerät*); **2.** *f* ⚠ Parallele *f*; **3.** *m géogr., ast.* Parallelkreis *m*; *géogr.* Breitenkreis *m*, -grad *m*; *fig.* Parallele *f*, Vergleich *m*; **~élisme** [~le'lism] *m* Parallelität *f*; Parallelismus *m*; **~élogramme** ⚠ [~lɔ'gram] *m* Parallelogramm *n*.

paralys|er [parali'ze] *v/t.* (1a) lähmen (*a. fig.*); **~ie** [~'zi] *f* ✍ Lähmung *f* (*a. fig.*); **~tique** ✍ [~'tik] *adj.* gelähmt.

parangon [parɑ̃'gɔ̃] *m* fleckenloser Diamant *m*; *litt.* Vorbild *n*.

parapet [para'pɛ] *m* ⚠ Brüstung *f*, Geländer *n*; *frt.* Brustwehr *f*.

parapétrolier, -ère [parapetro'lje, ~'lje:r] *adj.* für Erdölnebenprodukte.

paraphe [pa'raf] *m* Paraphe *f*; **~er** [~'fe] *v/t.* (1a) paraphieren.

paraphras|e [para'fra:z] *f* Umschreibung *f*; **~er** [~fra'ze] *v/t.* (1a) umschreiben; *fig.* ausschmücken.

parapluie [para'plɥi] *m* Regenschirm *m*; ✕ ~ *atomique* Atomschirm *m*.

parasismique ⚠ [parasis'mik] *adj.* erdbebenfest.

parasit|age *rad.*, ⊕ [parazi'ta:ʒ] *m*

Störung f; **~e** [~'zit] **1.** adj. biol. schmarotzend; rad. bruit m ~ Nebengeräusch n; **2.** m biol., fig. Schmarotzer m, Parasit m; destructeur m de ~s Kammerjäger m; ✗ Schädlingsbekämpfer m; **~isme** [~'tism] m Parasitentum n (a. fig.).

para|sol [para'sɔl] m Sonnenschirm m; ~ de jardin Gartenschirm m; **~soleil** phot. [~sɔ'lɛj] m Sonnenblende f; **~solette** [~sɔ'lɛt] f kleiner Sonnenschirm m; **~tonnerre** [~tɔ'nɛːr] m Blitzableiter m; **~vent** [~'vã] m Wand-, Bett-schirm m, spanische Wand f; ~ anti-vue Sichtblende f (a. ✗).

parbleu! [par'blø] int. wahrhaftig!; F weiß Gott! (als Zustimmung, Bekräftigung).

parc [park] m **1.** Park m; **2.** Auto: ~ de stationnement Parkplatz m; **3.** Laufgitter n, -ställchen n für Kleinkinder; **4.** ~ automobile, ~ de voitures Wagenpark m; Fahrzeugbestand m; ~ d'aviation Flug(zeug)park m; ~ informatique Bestand m an Computern; ~ machines Maschinenpark m; **5.** Pferch m für Schafe; ~ à huîtres Austernpark m; **~age** [~'kaːʒ] m **1.** Auto: Parken n; ~ autorisé Parkplatz m; **2.** Einpferchen n v. Schafen; Einsetzen n v. Austern.

parcell|aire [parsɛ'lɛːr] adj. Parzellen...; cadastre m ~ Grundsteuerregister n; **~e** [~'sɛl] f Parzelle f; **~er** [~'le] v/t. (1a) parzellieren.

parce que ['pars(ə)kə] cj. weil.

parchemin [parʃə'mɛ̃] m Pergament n; ~s pl. Adelsbriefe m/pl.; **~é, -e** [~mi'ne] adj. pergamentartig.

par-ci [par'si] adv.: ~, par-là hier und da; hin und wieder.

parcimon|ie [parsimɔ'ni] f Knauserigkeit f; **~eux, -se** [~'njø, ~'njøːz] adj. knick(e)rig.

parc(o)mètre Auto [park(ɔ)'mɛːtrə] m Parkuhr f.

parcour|ir [parku'riːr] v/t. (2i) durch-laufen, -fahren; flüchtig durchlesen, schnell überblicken, prüfen; **~s** [~'kuːr] m durchlaufene Strecke f; Bus-, Eisenbahn-strecke f; ⚡ Flugstrecke f; service m de grand ~ Fernverkehr m.

par(-)delà [pardə'la] **1.** prp. jenseits (gén.); **2.** adv. drüben.

par-derrière [pardɛ'rjɛːr] **1.** adv. von hinten; hinterrücks; **2.** prp.

hinter (dat.).

par-dessous [pardə'su] **1.** prp. unter (dat.); **2.** adv. (von) unten.

pardessus¹ [pardə'sy] m Überzieher m.

par-dessus² [pardə'sy] **1.** prp. über (acc.); **2.** adv. d(a)rüber, d(a)rauf.

par-devant [pardə'vã] **1.** prp. räumlich: vor (dat.); **2.** adv. vorn.

pardi! F [par'di] int. wirklich!

pardon [par'dɔ̃] m Verzeihung f.

pardonn|able [pardɔ'nablə] adj. entschuldbar; **~er** [~'ne] (1a) v/t. verzeihen; vous êtes tout pardonné! gar keine Ursache!; v/i.: c'est une maladie qui ne pardonne pas das ist e-e unheilbare Krankheit.

pare-|avalanches [parava'lãʃ] m (inv.) Lawinenschutz(anlage f) m; **~boue** Auto [par'bu] m (inv.) Kotflügel m; **~brise** Auto [~'briːz] m (inv.) Windschutzscheibe f; **~chocs** Auto [~'ʃɔk] m (inv.) Stoßstange f.

pareil, -le [pa'rɛj] **1.** adj. gleich, ähnlich; derartig, solch; **2.** su.: sans ~(le) unvergleichlich; **3.** f: rendre la ~le a) sich erkenntlich zeigen; b) Gleiches mit Gleichem vergelten.

parement [par'mã] m Verzierung f; (Ärmel-)Aufschlag m (a. ✗); ▲ Vorderfläche f; Randstein m e-s Pflasters; **~er** [~'te] v/t. (1a) ▲ verblenden; cout. besetzen.

parent, -e [pa'rã, ~'rãːt] **1.** su. Verwandte(r m) m u. f; **2.** ~s m/pl. Eltern pl.; **3.** adj. verwandt; **~al, ~e** [~rã'tal] adj. (m/pl. -aux) elterlich; **~é** [~'te] f Verwandtschaft f.

parenthèse [parã'tɛːz] f eingeschalteter Satz m; fig. Abschweifung f; typ. (runde) Klammer f; entre ~s a) in Klammern; b) nebenbei gesagt.

parer¹ [pa're] v/t. (1a) schmücken (de mit dat.); cuis. zubereiten, herrichten.

parer² [pa're] (1a) v/t. abwehren, parieren; Kap umfahren, umschiffen; v/i.: ~ à qch. e-r Sache (dat.) vorbeugen.

pare-soleil Auto [parsɔ'lɛj] m (inv.) Sonnenblende f.

paress|e [pa'rɛs] f Faulheit f; ⚕ ~ intestinale Darmträgheit f; **~eux, -se** [~'sø, ~'søːz] **1.** adj. faul; arbeitsscheu; **2.** su. Faulenzer m; **3.** m zo. Faultier n.

pare-vent ⚡ [par'vã] m (inv.) Luft-

druckschutzvorrichtung f (vor den Startbahnen für Düsenflugzeuge).
par|faire [par'fɛːr] v/t. (4n) vervollkommnen; ausfeilen; **~fait, -e** [~'fɛ, ~'fɛt] **1.** adj. vollkommen, vollendet, perfekt, fehler-, einwandfrei; ausgemacht; absolut; **2.** m gr. Perfekt n; cuis. Eisbombe f; **~faitement** [~fɛt'mɑ̃] adv. völlig; als Antwort: ganz recht!
parfois [par'fwa] adv. manchmal.
parfum [par'fœ̃] m Duft m; cosm. Parfüm n; cuis. Aroma n, Geschmacksrichtung f, Sorte f; **~er** [~fy'me] v/t. (1a) cosm. parfümieren; cuis. schmackhaft machen; **~erie** [~fym'ri] f Parfümerie f, Parfümgeschäft n, -waren f/pl.
pari [pa'ri] m Wette f; **~ mutuel** Toto n.
parier [pa'rje] v/t. (1a) wetten.
pariétal, -e anat. [parje'tal] (m/pl. -aux) **1.** adj. parietal; os m ~ = **2.** m Scheitelbein n.
parieur, -se [pa'rjœːr, ~'rjøːz] su. Wetter(in f) m.
parigot, -e P [pari'go, ~'gɔt] **1.** adj. pariserisch; **2.** 2(e) su. Pariser(in f) m.
paris|ianisme [parizja'nism] m Pariser Redensart f (od. Sitten f/pl.); **~ien, -ne** [~'zjɛ̃, ~'zjɛn] **1.** adj. Pariser; pariserisch; **2.** 2(ne) su. Pariser(in f) m.
parisyllabique gr. [parisila'bik] adj. gleichsilbig.
parit|aire [pari'tɛːr] adj. paritätisch; **~é** fin. [~'te] f Parität f.
parjur|e [par'ʒyːr] **1.** adj. meineidig; eidbrüchig; **2.** su. Meineidige(r m) m u. f; **3.** m Meineid m; **~er** [~ʒy're] v/rfl. (1a): se ~ eidbrüchig werden.
parka [par'ka] m Parka f od. m (Anorak mit Kapuze).
parking [par'kiŋ] m Parken n; Parkplatz m; ~ souterrain Tiefgarage f.
par-là [par'la] s. par-ci.
parlant, -e [par'lɑ̃, ~'lɑ̃ːt] adj. F redefreudig; fig. sprechend ähnlich; cinéma m ~, film m ~ (a. ~ m) Ton-, Sprech-film m; rad., téléph. horloge f ~e Zeitansage f.
parlement [parlə'mɑ̃] m Parlament n; **~aire** [~'tɛːr] **1.** adj. parlamentarisch; **2.** m Parlamentarier m, Parlamentsmitglied n; Parlamentär m, Unterhändler m; **~er** [~'te] v/i. (1a) ver-, unter-handeln.

parl|er [par'le] **1.** (1a) v/t. Sprache sprechen; ~ affaires über Geschäfte sprechen; v/i. reden, sprechen; ~ à (od. avec) q. j-n sprechen; mit j-m sprechen (od. reden); ~ de qch., de q. von (od. über) etw., von j-m (od. über j-n) sprechen (od. reden); sans ~ de ganz zu schweigen von, ganz abgesehen von (dat.); **2.** m Reden n; Sprechweise f; Mundart f; **~eur, -se** [~'lœːr, ~'løːz] **1.** su. Schwätzer(in f) m; **2.** m péj. beau ~ Schönredner m; **~oir** [~'lwaːr] m Sprechzimmer n; **~ote** F [~'lɔt] f Debattierklub m; Plauderei f.
parmi [par'mi] prp. (mitten) unter (dat. u. acc.).
parod|ie [paro'di] f Parodie f; **~ier** [~'dje] v/t. (1a) parodieren; **~iste** [~'dist] su. Parodiendichter(in f) m.
parodon|pathie 💊 [parodɔ̃pa'ti] f, **~tose** 💊 [~'toːz] f Parodontose f.
paroi [pa'rwa] f Wand(ung f) f.
paroiss|e [pa'rwas] f Pfarrgemeinde f; **~ial, -e** [~'sjal] adj. (m/pl. -aux) Pfarr...; **~ien, -ne** [~'sjɛ̃, ~'sjɛn] **1.** su. Pfarrkind n; **2.** m Gebetbuch n.
parol|e [pa'rɔl] f Wort n; fig. Sprache f; ~ d'honneur Ehrenwort n; ~s pl. Wortwechsel m; Text m e-r Oper; **~ier, -ère** [~'lje, ~'ljɛːr] su. Textdichter(in f) m; Texter m.
paroxysme [parok'sism] m 💊 Krise f; fig. Höhepunkt m.
parquer [par'ke] (1m) v/t. einpferchen; Auto parken (a. v/i.); ✗, 🎖 Munition, Wagen auf-, zs.-fahren; Austern in e-n Park setzen; v/i. zs.-gepfercht sein.
parquet [par'kɛ] m men. Parkett n; 🏛 Staatsanwaltschaft f; Börse: Maklersaal m; 🏛 petit ~ Schnellgericht in (in Paris); **~er** men. [~kə'te] v/t. (1c) parkettieren; **~eur** [~'tœːr] m Parkettleger m.
parqueur, -se [par'kœːr, ~'køːz] su. Austernzüchter(in f) m.
parrain [pɑ'rɛ̃] m Pate m; **~age** [~rɛ'naːʒ] m Patenschaft f; **~er** [~'ne] v/t. (1a) befürworten, fördern.
parricide [pari'sid] **1.** m Vater-, Mutter-, Verwandten-mord m; **2.** su. Vater-, Mutter-, Verwandtenmörder(in f) m; **3.** adj.: enfant m ~ Vater-, Mutter-mörder(in f) m.
parsemer fig. [parsə'me] v/t. (1d) übersäen, bestreuen.
part [paːr] f Anteil m; Beteiligung f;

pas

fig. Richtung *f*, Seite *f*; prendre ~ à qch. sich an etw. (*dat.*) beteiligen; *fig.* an etw. (*dat.*) Anteil nehmen; de la ~ de q. von seiten (*od.* im Auftrage) j-s; autre ~ anderswo(hin); d'autre ~ andererseits; *nulle* ~ nirgends; *quelque* ~ irgendwo(hin); à ~ beiseite; à ~ cela abgesehen davon; à ~ soi innerlich, bei sich; de ma ~ von mir, meinerseits; de ~ et d'autre von (nach, auf) beiden Seiten; beiderseits; de ~ en ~ ganz durch (*z. B. Gewehrkugel*).

partag|e [par'ta:ʒ] *m* Teilung *f*; *fig.* ~ des voix Stimmengleichheit *f*; ligne *f* de ~ des eaux Wasserscheide *f*; **~er** [~ta'ʒe] *v/t.* (1l) teilen; *fig.* teilnehmen an (*dat.*); entzweien; ab-, einteilen; ~ à austeilen unter (*acc.*); être bien (mal) partagé gut (übel) dran sein.

partance ⚓, 🕊 [par'tã:s] *f*: en ~ pour abfahr(t)bereit nach.

partant[1] [par'tã] *m* Abreisende(r) *m*; *Sport:* Teilnehmer *m*.

partant[2] [par'tã] *adv. litt.* folglich.

partenaire [partə'nɛ:r] *su.* Partner(in *f*) *m* (*a.* ✠); Mitspieler(in *f*) *m*.

parterre [par'tɛ:r] *m* ✿ Beet *n*; *thé.* Parkett *n*; Zuschauer *m*/*pl.*

parti [par'ti] *m pol.* Partei *f*; Entschluß *m*; Vorteil *m*; Behandlung *f*; Partie *f*, Heirat *f*; ~ pris Voreingenommenheit *f*.

partial, -e [par'sjal] *adj.* (*m/pl. -aux*) parteiisch; **~ité** [~li'te] *f* Parteilichkeit *f*.

particip|ation [partisipa'sjõ] *f* Teilnahme *f*; Beteiligung *f* (*a.* Sport); Mitbestimmung *f*; ✝ Partnerschaft *f*; **~e** *gr.* [~'sip] *m* Partizip *n*; **~er** [~'pe] *v/i.* (1a): ~ à qch. an etw. (*dat.*) teilnehmen.

particulari|ser [partikylari'ze] *v/t.* (1a) differenzieren; kennzeichnen; 🕊 gesondert verfolgen; **~té** [~'te] *f* Einzelheit *f*; besonderer Umstand *m*; Eigentümlichkeit *f*.

particul|e [parti'kyl] *f* Teilchen *n*; *gr.* Partikel *f*; *at.* Materie-, Elementarteilchen *n*, Partikel *f*; **~ier, -ère** [~'lje, ~'ljɛ:r] **1.** *adj.* besondere(r, -s), eigen(tümlich); privat; merkwürdig; **2.** *su.* F Individuum *n*.

part|ie [par'ti] *f* (Bestand-, Körper-) Teil *m*; *fig.* Fachgebiet *n*; ♪ Part *m*, Stimme *f*; Tennis, Kartenspiel: Spiel *n*, Partie *f*; *Sport:* Runde *f*; ✕, 🕊

Partei *f*; en ~ teilweise; en ~ ... en ~ teils ... teils; faire ~ de qch. zu etw. (*dat.*) gehören; prendre q. à ~ j-n angreifen, 🕊 j-n verklagen; **~iel, -le** [~'sjɛl] *adj.* partiell, Teil...

partir [par'ti:r] *v/i.* (2b) abreisen (pour nach); 🕊, Sport: starten; ab-, weg-, fort-, los-gehen; ab-fahren, -fliegen, -segeln; *Schuß:* losgehen; *mot.* anspringen; ~ à la montagne in die Berge fahren; l'autre route partait vers ... der andere Weg führte nach ...; ~ pour la neige zum Wintersport fahren; ~ d'un éclat de rire laut auflachen; ~ de qch. von etw. (*dat.*) ausgehen; à ~ de ab; von ... an.

partis|an [parti'zã] *nur m* Anhänger *m*, Parteigänger *m*; ✕ Partisan *m*; **~an, -e** [~'zã, ~'zan] *adj.* (*f a.* ~te) être ~ de qch. für etw. sein, etw. befürworten; **2.** *péj.* Partei...

partition [parti'sjõ] *f* ⬛ lineare Einteilung *f e-s Schildes*; ♪ Partitur *f*; *pol.* (Gebiets-)Teilung *f*.

partitocratie F [partitokra'si] *f* Filzokratie *f*, Parteienherrschaft *f*.

partout [par'tu] *adv.* überall.

partouz|ard, -e P [partu'za:r, ~'zard] *su.* Teilnehmer(in *f*) *m* an e-r Sexparty; **~e** P [~'tu:z] *su* Sexparty *f*.

paru [pa'ry] *p.p. von paraître.*

parure [pa'ry:r] *f* Schmuck *m*, Geschmeide *n*; (Wäsche-)Garnitur *f für Damen.*

parution [pary'sjõ] *f* Erscheinen *n e-s Buches.*

parven|ir [parvə'ni:r] *v/i.* (2h) ankommen, erreichen (*v. Sachen*); zu etw. gelangen; *abs.* emporkommen; je parviens à (*inf.*) es gelingt mir zu (*inf.*); **~u, -e** [~'ny] *su.* Emporkömmling *m*; Arrivierte(r *m*) *m u. f.*

parvis [par'vi] *m* Vorplatz *m e-r Kirche.*

pas [pɑ] **1.** *m* Schritt *m*; Tanzschritt *m*; Vorrang *m*; ~ sur q. den Vorrang für j-m haben; prendre le ~ sur q. j-n übertreffen; *géogr.* le ⚲ de Calais die Straße von Dover; à ~ de loup mit leisen Schritten; au ~! langsam fahren!; à cadencé Gleichschritt *m*; ~ de gymnastique Laufschritt *m*; ⊕ ~ de vis Schraubengang *m*; faux ~ Fehltritt *m*; marquer le ~ auf der Stelle treten; sauter (*od.* franchir) le ~ e-n kühnen Entschluß fassen; **2.** *adv.:* ne ... ~ (*in der Umgangssprache mst nur ~*) nicht; ne ... ~ de kein; ne ... ~ un(e) nicht

ein(e); *ne ... ~ non plus* auch nicht; *non
~!* nein, durchaus nicht!

pascal, -e [pas'kal] *adj.* (*m/pl. ~s od.
-aux*) österlich; Oster...

pas-de-porte [pad'pɔrt] *m* (*inv.*) Abstand(szahlung *f*) *m*.

passable [pa'sablə] *adj.* mittelmäßig;
écol. ausreichend.

passade [pa'sad] *f* Liebelei *f; fig.*
schnell vorübergehende Neigung *f.*

passag|e [pa'sa:ʒ] *m* Durch-gang *m,*
-marsch *m,* -reise *f;* Zug *m der
Vögel;* Vorbei-gehen *n,* -fahren *n,*
-reiten *n;* Überqueren *n;* ✗ Überfliegen *n;* Übergangs-, Durchlaßstelle *f;* ⚠ Passage *f;* Überfahrt *f mit
dem Schiff;* Fähr-, Brücken-geld *n;
fig.* Übergang *m,* Wechsel *m;* Stelle *f
in e-m Buch od. Musikstück; écol.*
Versetzung *f;* 🐎 *~ à niveau* Bahnübergang *m; être de ~* auf der Durchreise sein; **~er, -ère** [~a'ʒe, ~'ʒɛ:r] **1.**
adj. vorübergehend; *fig.* flüchtig; **2.**
su. Reisende(r *m*) *m u. f;* ⚓, ✗
Passagier *m;* ✗ Fluggast *m;* Insasse
m (*a. e-s Autos*); *~ clandestin* blinder
Passagier *m.*

pass|ant, -e [pa'sã, ~'sã:t] **1.** *adj.: rue
f ~* verkehrsreiche (*od.* belebte)
Straße *f;* **2.** *su.* Passant(in *f) m;* **3.** *m*
Schlaufe *f;* ~ation [~sa'sjɔ̃] *f:* ~ *de
commande* Auftragserteilung *f;* ~ *des
pouvoirs* Machtübertragung *f;* **~a-
vant** [~sa'vã] *m* Zollwesen: Passierschein *m.*

passe [pa:s] *f* Sport: (Ball-)Abgabe *f;
Spiel:* Zahl *f* über 18 beim Roulett;
⚓ Fahrrinne *f;* ✝ *~ de caisse* Mankogeld *n; mot m de ~* Losungswort *n;
être en ~ de* (*inf.*) im Begriff sein zu
(*inf.*); gute Aussichten haben zu
(*inf.*); *Sport: faire une ~ à q.* j-m den
Ball zuspielen.

passé [pa'se] **1.** *m* Vergangenheit *f* (*a.
gr.*); *gr. au ~, allg. dans le ~* in der
Vergangenheit; **2.** ~, -e *adj.* vergangen; letzte(r, -s); *la semaine ~e* in
der letzten Woche; **3.** *prp.* (*inv.*) nach
(*zeitlich*); jenseits, hinter.

passe|-bouillon *cuis.* [pasbu'jɔ̃] *m*
(*inv.*) Durchschlag *m* (*Sieb*); ~-
droit [~'drwa] *m* (*pl. ~s*) Schiebung *f f* (*fig.*), ungerechte Zurück-,
Hintan-setzung *f.*

passée [pa'se] *f* Vorüberziehen *n der
Schnepfen; ch.* Fährte *f.*

pass|isme oft *péj.* [pase'ism] *m* Vergangenheitskult *m;* **~iste** [~'ist] *adj.*

der Vergangenheit zugewandt; *péj.*
rückständig.

passement [pas'mã] *m* Borte *f,* Besatz *m;* **~erie** [~'tri] *f* Posamentierwaren *f/pl.*

passe|-montagne [pasmɔ̃'taɲ] *m* (*pl.
~s*) Winter-, Ski-mütze *f;* **~partout**
[~par'tu] *m* (*inv.*) Hauptschlüssel *m;*
Wechselrahmen *m;* ⊕ Schrotsäge *f;*
~passe [~'pa:s] *m* (*inv.*): *tour m de ~*
Taschenspielerstück *n;* **~pied** [~-
'pje] *m* (*pl. ~s*) **1.** ♪ Gartenwerk *n;* **2.**
Fußgängersteg *m;* **~poil** [~'pwal] *m*
Borte *f,* Streifen *m;* ✗ Biese *f;* **~port**
[~'pɔ:r] *m* (Reise-)Paß *m;* **~purée**
cuis. [~py're] *m* (*inv.*) Kartoffelpresse *f.*

passer [pa'se] (1a) **1.** *v/i.* von e-m Ort
zum anderen gehen; *an e-m Ort* vorbei-gehen, -fahren, -fliegen, -fließen,
-kommen; übergehen (*à zu
dat.*); *bei e-r Prüfung* durchkommen;
verfließen, vergehen; verblühen;
nachlassen; *~ pour* sich ~ gelten; *~ sous une voiture* von e-m
Auto überfahren werden; *~ sur qch.
etw.* über-schlagen, -gehen; *y ~* es
über sich ergehen lassen; F *~ dran
glauben* müssen, sterben; *v. Sachen:*
dabei draufgehen (*od.* flötengehen);
laisser ~ hingehen lassen; *~ chez q.*
bei j-m vorsprechen; *~ maître* Meister werden; **2.** *v/t.* über-queren,
-schreiten; *hinüberfahren über*
(*acc.*); *j-n übersetzen; etw.* her-
überreichen; *Flüssigkeit* durchseihen; *hinausgehen über* (*acc.*); übersteigen; *j-n übertreffen;* durch-
stecken, -stoßen; *Hemd* anziehen;
Zeit ver-, zu-bringen; *Vertrag* abschließen; *Prüfung* ablegen, bestehen; *Film* vorführen, spielen; *j-m
etw.* nachsehen, erlauben, verzeihen; *etw.* aus-, weg-lassen; F *et
j'en passe* und ich lasse die anderen weg; *téléph. abs. ~ un coup de fil*
anrufen; *je vous la passe* ich
verbinde Sie mit ihr; *~ qch. en revue* etw. überprüfen; *~ par les armes* erschießen; **3.** se ~ sich ereignen,
stattfinden; passieren; vor-
übergehen; *Angelegenheit:* verlaufen; sich leisten; sich gönnen; *se ~
de qch.* auf etw. (*acc.*) verzichten;
je ne peux m'en ~ ich kann das
nicht entbehren.

passerelle [pas'rɛl] *f* Steg *m;* ✗
Gangway *f; écol.* Übergangsmög-

lichkeit *f* ; *classe f* ∼ Übergangsklasse *f*.

passe|-temps [pɑsˈtɑ̃] *m* (*inv.*) Zeitvertreib *m*; **∼thé** [∼ˈte] *m* (*inv.*) Teesieb *n*.

passeur [pɑˈsœːr] *m* Fährmann *m*; Führer *m* (*Person*) *beim illegalen Überschreiten e-r Grenze.*

passible [pɑˈsiblə] *adj.* 🏛 straffällig; *être* ∼ *d'une amende* e-e Geldstrafe entrichten müssen; ∼ *de douane* zollpflichtig.

passif, -ve [pɑˈsif, ∼ˈsiːv] **1.** *adj.* passiv; *défense f passive* Zivilschutz *m*; *gr. voix f passive* Passiv *n*; **2.** *m gr.* Passiv *n*; ✝ Passiva *pl.*

passion [pɑˈsjɔ̃] *f* Leidenschaft *f*, Passion *f*; Liebe *f*; Gegenstand *m* der Liebe; Hang *m*, Sucht *f*; *rhét.* innere Wärme *f*; *rl.* Leiden *n Christi*, Leidensgeschichte *f*; **∼né, -e** [∼sjɔ̃-ˈne] **1.** *adj.* leidenschaftlich; **2.** *su.*: *un* ∼ *de musique* ein begeisterter Musikliebhaber *m*; **∼nel, -le** [∼ˈnɛl] *adj.* affektbedingt; *Verbrechen*: im Affekt begangen; *drame m* ∼ Eifersuchtsdrama *n*; **∼ner** [∼ˈne] *v/t.* (1a) begeistern; *se* ∼ *pour qch.* sich für etw. begeistern.

passivité [pasiviˈte] *f* Passivität *f*.

passoire *cuis.* [pɑˈswaːr] *f* Sieb *n*; Durchschlag *m*.

pastel [pasˈtɛl] *m* Pastell-, Farb-stift *m*; Pastell(gemälde *n*) *n*.

pasteur [pasˈtœːr] *m* **1.** *prot.* Pfarrer *m*; *poét.* Hirt(e) *m*; **2.** *adjt.*: *peuple m* ∼ Hirtenvolk *n*.

pasteurisa|tion [pastœrizaˈsjɔ̃] *f* Pasteurisierung *f*; **∼er** [∼ˈze] *v/t.* (1a) pasteurisieren.

pastiche *litt.*, *peint.* [pasˈtiʃ] *m* Nachahmung *f*; **∼er** [∼ˈʃe] *v/t.* (1a) nachahmen.

pastille [pasˈtij] *f* (Zucker-, Schokoladen-)Plätzchen *n*; *phm.* Pastille *f*.

pastor|al, -e [pastɔˈral] **1.** *adj.* (*m/pl. -aux*) Hirten...; *rl.* pastoral; **2.** ∼*e f* Hirten-gedicht *n*, -lied *n*; Schäferspiel *n*; *rl.* Seelsorge *f*; seelsorgerische Betreuung *f*; **∼at** *prot.* [∼ˈra] *m* Seelsorgeamt *n*.

pastour|eau [pastuˈro] *m* (*pl.* ∼**x**) Hirtenknabe *m*; **∼elle** [∼ˈrɛl] *f* Hirtenmädchen *n*.

pat *Schachspiel* [pat] **1.** *adj.* patt; **2.** *m* Patt *n*.

pataquès *phon.* [pataˈkɛs] *m* Bindungsfehler *m*.

patate 🥔, F [paˈtat] *f* Kartoffel *f*.

patati F [paˈtati] *int.*: *et* ∼ *et patata* und so schwatzen sie in einem fort.

patatras! [pataˈtra] *int.* krach bums!

pataud [paˈto] *m* junger Hund *m*.

patauger [patoˈʒe] *v/i.* (11) *im Schlamm* herumwaten; F *fig.* sich verhaspeln.

pâte [pɑːt] *f* Teig *m*; Paste *f*; ∼**s** *pl.* (*alimentaires*) Teigwaren *f/pl.*; ∼ *dentifrice* Zahn-pasta *f*, -creme *f*; *bonne* ∼ (*d'homme*) gute, ehrliche Haut *f*; F ∼ *molle* Waschlappen *m* F, Flasche *f* F, Nulpe *f* F; **∼é** [pɑˈte] *m* **1.** *cuis.* Pastete *f*; ∼ *de foie gras* Gänseleberpastete *f*; **2.** Tintenklecks *m*; **3.** ∼ *de maisons* Häuserblock *m*; **∼ée** [∼] *f* **1.** Futterbrei *m*; **2.** F Pampe *f*, Fraß *m* F; **3.** P Keile *f*.

patelin F [patˈlɛ̃] *m* Dorf *n*, Nest *n* (*Ortschaft*).

patent, -e [paˈtɑ̃, ∼ˈtɑ̃ːt] *adj.* offenkundig.

patente [paˈtɑ̃ːt] *f* Gewerbesteuer *f*.

patepelu, -e ✱ [patpəˈly] *adj.* katzenfreundlich.

Pater *rl.* [paˈtɛːr] *m* (*inv.*) Vaterunser *n*.

patère [paˈtɛːr] *f* Kleiderhaken *m*.

patern|alisme [patɛrnaˈlism] *m* **1.** *soc.* Paternalismus *m*; **2.** politische Bevormundung *f*; **∼e** [∼ˈtɛrn] *adj.* gönnerhaft; **∼el, -le** [∼ˈnɛl] *adj.* väterlich; **∼ité** [∼niˈte] *f* Vaterschaft *f*.

pater-noster ⊕ [patɛrnɔsˈtɛːr] *m* (*inv.*) Paternoster *m*.

pâteux, -se [pɑˈtø, ∼ˈtøːz] *adj.* teigig, pappig; 🐍 *Zunge*: belegt; *Boden*: matschig; *Tinte*: dickflüssig.

pathétique [pateˈtik] **1.** *adj.* pathetisch; **2.** *m* Pathetische(s) *n*.

patho|gène [patɔˈʒɛːn] *adj.* krankheitserregend; **∼logiste** [∼lɔˈʒist] *su.* Pathologe *m*, Pathologin *f*.

patibulaire [patibyˈlɛːr] *adj.* unheimlich.

patience [paˈsjɑ̃ːs] *f* Geduld *f*; Langmut *f*; *avoir de la* ∼ Geduld haben; *perdre* ∼ die Geduld verlieren; *prendre* ∼ sich gedulden.

patient, -e [paˈsjɑ̃, ∼ˈsjɑ̃ːt] **1.** *adj.* geduldig; ausdauernd; **2.** *su.* Patient(in *f*) *m*; **∼er** [∼sjɑ̃ˈte] *v/i.* (1a) sich gedulden.

patin [paˈtɛ̃] *m* **1.** Schlittschuh *m*; (Schlitten-)Kufe *f*; ∼ *à roulettes* Rollschuh *m*; ⊕ ∼ *de frein* Bremsschuh *m*; **2.** ✱ Kuß *m*; **∼age** [∼tiˈnaːʒ] *m* Eis-,

Schlittschuh-laufen n; ~ artistique Kunsteislauf m.

patine [pa'tin] f Patina f, Edelrost m; Möbel: alte Politurschicht f.

patiner [pati'ne] (1a) **1.** v/i. eislaufen, Schlittschuh laufen; bei Glätte rutschen (a. Auto); Räder: durchdrehen; **2.** v/t. ⊕ patinieren.

patin|ette [pati'nɛt] f Roller m (Kinderfahrzeug); **~eur, -se** [~'nœːr, ~'nøːz] su. Schlittschuhläufer(in f) m; **~oire** [~'nwaːr] f Eisbahn f.

pâtir [pɑ'tiːr] v/i. (2a) leiden (de qch. unter etw. dat.); die Folgen (gén.) tragen.

pâtiss|erie [patis'ri] f Feingebäck n; Konditorei f; **~ier, -ère** [~'sje, ~'sjɛːr] su. Konditor(in f) m.

patoche F [pa'tɔʃ] f große Hand f, Flosse f P.

patois [pa'twa] **1.** m Mundart f; **2.** **~e** adj. mundartlich; **~ant, -e** [~'zɑ̃, ~'zɑ̃t] adj. e-e Mundart sprechend.

patouiller F [patu'je] (1a) v/i. im Straßenschlamm panschen; v/t. begrapschen P.

patraque F [pa'trak] adj. unwohl.

pâtre litt. ['pɑːtrə] m Hirt m.

patriarcal, -e [patriar'kal] adj. (m/pl. -aux) patriarchalisch.

patrie [pa'tri] f Vaterland n; Geburtsort m; Heimat f.

patrimoine [patri'mwan] m Vermögen n.

patriot|e [patri'ɔt] **1.** adj. vaterlandsliebend, patriotisch; **2.** su. Patriot(in f) m; **~ique** [~'tik] adj. patriotisch; **~isme** [~'tism] m Vaterlandsliebe f; ~ de clocher Lokalpatriotismus m.

patron¹, -ne [pa'trɔ̃, ~'trɔn] **1.** su. Schutz-patron(in f) m, -heilige(r m) m u. f; Patronatsherr(in f) m; Gönner(in f) m, Beschützer(in f) m; Schirmherr(in f) m; Arbeitgeber(in f) m; Betriebsleiter(in f) m; Chef(in f) m; Meister(in f) m; Wirt(in f) m e-r Gaststätte, e-s Hotels; **2.** m ⚕ Chefarzt m.

patron² [pa'trɔ̃] m ⊕ Modell n, Muster n; cout. Schnittmuster n; peint. Schablone f.

patron|age [patrɔ'naːʒ] m Schutz m, Schutzherrschaft f; Patronat n, Gönnerschaft f; Wohltätigkeitsverein m; Jugend-heim n, -verein m; **~at** [~'na] m Arbeitgeberschaft f, Unternehmertum n; **~ner** [~'ne] v/t. (1a) protegieren; **~nesse** [~'nɛs] f

Vorstandsdame f, Festordnerin f bei e-r Wohltätigkeitsveranstaltung.

patrouill|e [pa'truj] f Streife f der Polizei; ✕ Patrouille f, Spähtrupp m; **~er** [~'je] v/i. (1a) patrouillieren; **~eur** [~'jœːr] m Patrouillenboot n; ✕ Aufklärer m; Patrouillengänger m.

patte [pat] f Pfote f, Tatze f, Klaue f; Schere f des Krebses; Bein n der Insekten; Fuß m e-s Kelches, Leuchters; F Hand f; cout. Patte f, Klappe f (an e-r Tasche; Briefklappe); ⊕ Lasche f; Klammer f, Krampe f; **~s** pd. de mouche Gekritzel n; F graisser la ~ (à q. j-n) schmieren od. bestechen; F montrer ~ blanche sich gebührend ausweisen; faire ~ de velours schmeicheln; F en avoir plein les ~s fußmüde sein; **~d'oie** [~'dwa] f (pl. pattes-d'oie) Straßenkreuzung f; Krähenfüße m/pl. F, Runzeln f/pl. in den Augenwinkeln.

pâtur|age [paty'raːʒ] m Weideplatz m; Weidenutzung f; Trift f; **~e** [~'tyːr] f Futter n; Fraß m; Nahrung f (der Tiere); Weide(platz m) f; **~er** [~ty're] (1a) v/i. Vieh: weiden, grasen; v/t. abweiden, abgrasen.

paturon anat. [paty'rɔ̃] m Fessel f des Pferdes.

paume [poːm] f flache Hand f; (jeu m de) ~ Art Schlagballspiel n.

paumé, -e F [po'me] adj. ratlos, hilflos.

paumer P [po'me] v/t. (1a) **1.** erwischen; klauen; Schläge erhalten; **2.** Geld verlieren; **3.** se ~ sich verlieren (dans in); se ~ (en route) sich verirren; se ~ dans un texte sich in e-m Text verhaspeln.

paupérisme [pope'rism] m Massenarmut f.

paupière [po'pjɛːr] f (Augen-)Lid n.

paupiette cuis. [po'pjɛt] f Roulade f.

pause [poːz] f Pause f (nicht écol.); faire une (od. la) ~ e-e Pause machen; ~ café Kaffeepause f.

pauvr|e ['poːvrə] **1.** adj. arm; jämmerlich; dürftig; **2.** su. Arme(r m) m u. f; **~esse** [po'vrɛs] f Bettlerin f; **~et, -te** [~'vrɛ, ~'vrɛt] su. armer Kerl m; la ~te die Arme, das arme Ding; **~eté** [~vrə'te] f Armut f; Armseligkeit f.

pavage [pa'vaːʒ] m Pflaster(n) n.

pavaner [pava'ne] v/rfl. (1a): se ~ angeben F, sich brüsten; umherstolzieren.

pav|é [pa've] m Pflaster(stein m) n;

fig. Straße *f*; *fig.* jeter des ~s dans la mare Staub aufwirbeln (*fig.*); ~e-**ment** [~v'mɑ̃] *m* Pflaster *n*; ~er [~'ve] *v/t.* (1a) pflastern; ~**eur** [~-'vœːr] *m* Pflasterer *m*, Steinsetzer *m*.

pavillon [pavi'jɔ̃] *m* Einfamilien-, Garten-haus *n*; Laube *f*; Jagd-schlößchen *n*; Schalltrichter *m*; ⚔ Standarte *f*; ⚓ Flagge *f*; ~ hospitalier Gästeheim *n*; ~ de l'oreille Ohrmuschel *f*.

pavois [pa'vwa] *m ehm.* großer Schild *m*; ⚓ Flaggenschmuck *m*; *fig.* élever sur le ~ auf den Schild erheben; ~er [~'ze] *v/t.* (1a) (be)flaggen.

pavot ♀ [pa'vo] *m* Mohn *m*.

pay|able [pε'jablə] *adj.* zahlbar; ~**ant**, **-e** [~'jɑ̃, ~'jɑ̃ːt] **1.** *adj.* (be)zahlend; gebührenpflichtig; **2.** *su.* F Zahler(in *f*) *m*.

paye [pεj] *f* (*a.* paie) Löhnung *f*; Arbeitslohn *m*; Lohn *m*; ~ à la pièce Stück-, Akkord-lohn *m*; P il y a une ~ es ist schon lange her; P une bonne (mauvaise) ~ ein guter (schlechter) Zahler *m*; ~**ment** [~'mɑ̃] *m s.* paiement.

pay|er [pε'je] (1i) *v/t.* bezahlen; büßen; ~ q. de retour j-s Gefälligkeit erwidern; *v/i.* sich bezahlt machen; *abs.* bezahlen; ~ d'audace frech auftreten; ~ de mine gut aussehen, Eindruck machen; se ~ de sich begnügen mit (*dat.*); se ~ qch. sich etw. leisten; ~**eur, -se** [~'jœːr, ~'jøːz] *su.* Zahler(in *f*) *m*.

pays[1] [pe'i] *m* Land *n*; Heimat *f*; ~ de transit Durchgangsland *n*; ~ en (voie od. cours de) développement Entwicklungsland *n*; mal *m* du ~ Heimweh *n*; voir du ~ etw. von der Welt sehen.

pays[2], **-e** [pe'i, ~'iːz] *su.* Landsmann *m*, -männin *f*.

paysag|e [pei'zaːʒ] *m* Landschaft *f*; ~**iste** [~za'ʒist] *su* Landschaftsmaler *m*; Gartenarchitekt *m*.

paysan, -ne [pei'zɑ̃, ~'zan] **1.** *adj.* bäu(e)risch; Bauern...; **2.** *su.* Bauer *m*, Bäuerin *f*; ~**nat** [~za'na] *m*, ~**nerie** [~zan'ri] *f* Bauerntum *n*.

péage [pe'aːʒ] *m* Benutzungs-, Auto-bahn-gebühr *f*; Brückengeld *n*.

peau [po] *f* (*pl.* ~x) Haut *f*; Fell *n*; Balg *m* (*abgezogene Tierhaut*); Leder *n*; ♀ Schale *f*; F ~ d'âne Diplom *n*; P ~ de balle! nichts zu machen!; défendre sa ~ sich s-r Haut wehren; faire ~ neuve sich häuten; *fig.* ein anderer

Mensch werden; *plais.* sich neu ein-kleiden; 2-**Rouge** [~'ruːʒ] *f* (*pl.* Peaux-Rouges) Rothaut *f*, Indianer *m*.

pébroc ★ [pe'brɔk] *m* Regenschirm *m*, Musspritze *f* F.

peccadille [pɛka'dij] *f* leichtes Vergehen *n*.

pêche[1] [pεʃ] *f* Pfirsich *m*.

pêche[2] [pεʃ] *f* Fischerei *f*; Fischen *n*; Fang *m*; ~ à la ligne Angeln *n*; grande ~ Hochseefischerei *f*.

péch|é [pe'ʃe] *m* Sünde *f*; ~ mignon (mortel) Lieblings-(Tod-)sünde *f*; ~**er** [~] *v/i.* (1f) sündigen; ~ contre qch. gegen etw. verstoßen; *fig.* ~ par qch. an etw. (*dat.*) kranken.

pêcher[1] ♀ [pε'ʃe] *m* Pfirsichbaum *m*.

pêcher[2] [pε'ʃe] *v/t.* (1a) fischen (*a. abs.*); Fische fangen; Teich ausfischen; F *fig.* auf-fangen, -gabeln; entdecken; ~ à la ligne angeln.

pécheur, -eresse *rl.* [pe'ʃœːr, ~'ʃ'rɛs] **1.** *adj.* sündig, sündhaft; **2.** *su.* Sünder(in *f*) *m*.

pêcheur, -se [pε'ʃœːr, ~'ʃøːz] *su.* Fischer(in *f*) *m*.

pécore [pe'kɔːr] *f v.* e-r Frau: dumme Gans *f*.

pectoral, -e [pɛktɔ'ral] *adj.* (*m/pl.* -aux) Brust...; Husten...

pécule [pe'kyl] *m* Ersparnisse *f/pl.*; Spargroschen *m*.

pécuniaire [peky'njεːr] *adj.* Geld...

pédag|ogie [pedagɔ'ʒi] *f* Pädagogik *f*; ~**ogique** [~'ʒik] *adj.* pädagogisch; ~**ogue** [~'gɔg] *su.* Pädagoge *m*, Pädagogin *f*; Erzieher(in *f*) *m*.

pédal|age [peda'laːʒ] *m* Radfahren *n*; ~**e** [~'dal] *f vél.*, Auto, ♪ Pedal *n*; Auto: ~ d'accélérateur (d'embrayage, de frein) Gas-(Kupplungs-, Brems-) pedal *n*; *fig.* perdre les ~s sich nicht mehr zu helfen wissen; bei e-r Rede ins Stocken geraten; ~**ée** [~'le] *f* Pedalumdrehung *f*; ~**er** [~] *v/i.* (1a) radfahren; die Pedale treten; ~**o** Sport [~'lo] *m* Wassertretrad *n*.

pédant, -e [pe'dɑ̃, ~'dɑ̃ːt] **1.** *adj.* schulmeisterlich; **2.** *su.* Besserwisser(in *f*) *m*; ~**erie** [~dɑ̃'tri] *f* Besserwisserei *f*; ~**esque** [~'tɛsk] *adj.* Stil: geschraubt; ~**isme** [~'tism] *m s.* pédanterie.

pédestre [pe'dɛstrə] *adj.* zu Fuß; Fuß...

pédiatr|e [pe'djatrə] *su.* Kinder-arzt *m*, -ärztin *f*; ~**ie** [~'tri] *f* Kinder-

heilkunde f.
pédicur|e [pedi'ky:r] su. Fußpfleger (-in f) m, Pediküre f (*Person*); art m (*od. soins* m/pl.) du ~ = **~ie** néol. [~ky'ri] f Fußpflege f, Pediküre f (*Handlung*).
pédologie géol. [pedɔlɔ'ʒi] f Bodenkunde f.
peeling cosm. [pi'liŋ] m: ~ de beauté Schälkur f.
pègre ['pɛ:grə] f Unterwelt f.
peign|e [pɛɲ] m Kamm m; ~ fin Staubkamm m; ~ de poche Taschenkamm m; se donner un coup de ~ sich schnell mal (über)kämmen; **~é** [~'ne] m 1. Kammgarn n; 2. un mal ~ ein Struwwelpeter m; **~er** [~] v/t. (1a) kämmen (a. Wolle); text. krempeln; Hanf, Flachs hecheln; **~oir** [~'nwa:r] m Bade-, Frisier-mantel m; Morgenmantel m für Damen.
peinard, -e P [pɛ'na:r, ~'nard] adj. ruhig; völlig sorglos.
peindre ['pɛ̃:drə] v/t. (4b) malen; anstreichen; fig. beschreiben; schildern; fig. ~ en beau beschönigen; F ~ le visage a. sich schminken, péj. sich anmalen; ~ au pistolet spritzen, spritzlackieren.
peine [pɛn] f Strafe f; Mühe f, Arbeit f; fig. Schwierigkeit f; seelischer Schmerz m, Kummer m; Sorge f; à ~ adv. kaum; homme m de ~ Schwerarbeiter m; ⚙ Handlanger m.
pein|é, -e [pɛ'ne] adj. betrübt; **~er** [~] (1b) v/t. betrüben; v/i. sich sehr anstrengen.
peintre ['pɛ̃:trə] m Maler m (a. ⚙); fig. Schilderer m; femme f ~ Malerin f; ~ en bâtiments Anstreicher m.
peintur|e [pɛ̃'ty:r] f Malerei f; Gemälde n; Anstrich m; Farbe f; fig. Schilderung f; ~ fraîche! frisch gestrichen!; **~lurer** [~tyrly're] v/t. (1a) (an)malen, (be)pinseln.
péjor|atif, -ve [peʒɔra'tif, ~'ti:v] adj. verschlechternd, herabsetzend, pejorativ; **~ation** ling. [~ra'sjɔ̃] f Verschlechterung f.
pékinois, -e [peki'nwa, ~'nwa:z] 1. adj. von Peking; 2. ⒉(e) su. Einwohner(in f) m von Peking; 3. m zo. Pekinese m.
pelade ⚕ [pə'lad] f Haarausfall m.
pelage [pə'la:ʒ] m 1. Fell n; 2. Enthaaren n der Häute; 3. Schälen n v. Früchten u. Gemüse.
pelé, -e [pə'le] adj. kahl; fig. öd(e).

pêle-mêle [pɛl'mɛl] 1. adv. bunt durcheinander; 2. m (inv.) Durcheinander n.
peler [pə'le] (1d) 1. v/t. Tierhäute enthaaren; Frucht, Rinde (ab)schälen; Kartoffel a. (ab)pellen; 2. v/i. ⚕ sich schälen; zo. sich häuten; 3. se ~ vét. haaren, das Haar verlieren.
pèlerin, -e [pɛl'rɛ̃, ~'rin] su. Pilger(in f) m; **~age** [~ri'na:ʒ] m Pilgerschaft f; Pilger-, Wall-fahrt f; Wallfahrtsort m; **~e** [~'rin] f Umhang m.
pélican orn. [peli'kɑ̃] m Pelikan m.
pelisse [pə(ə)'lis] f Gehpelz m.
pellagre ⚕ [pɛl'la:grə] f Pellagra n.
pell|e [pɛl] f Schaufel f, Schippe f; ~ mécanique Schaufelbagger m; F fig. ramasser une ~ hinfallen, fallen; a. durchfallen; Pech haben; ~ à gâteaux Tortenheber m; ~ à ordures (od. à poussière) Kehrichtschaufel f, Müllschippe f; **~etée** [pɛl'te] f Schaufelvoll f; **~eter** [~] v/t. (1c) Getreide umschaufeln.
pellet|erie [pɛl'tri] f Kürschnerei f; Pelzhandel m; Pelzware f; **~eur** [pɛl'tœ:r] m 1. Schipper m; Baggerführer m; 2. ⊕ Schaufellader m; **~euse** [~'tø:z] f Bagger m; Schaufellader m; **~ier** [~'tje] m Kürschner m, Pelzhändler m.
pellicul|aire [peliky'lɛ:r] adj. hautähnlich; Haut...; **~e** [~'kyl] f Häutchen n; ⚕ Schuppe f; phot., ciné. Film m.
pelot|age F [pəlɔ'ta:ʒ] m Betätscheln n, Begrapschen n, Abknutschen n; **~e** [~'lɔt] f Knäuel m od. n; Nadelkissen m; Sport: ~ basque Pelota f (baskisches Ballspiel); F faire sa ~ sein Schäfchen ins trock(e)ne bringen; F fig. avoir les nerfs en ~ nur noch ein Nervenbündel sein; mettre les nerfs de q. en ~ j-n sehr aufregen; **~er** [~'te] v/t. (1a) betätscheln; umschmeicheln; **~on** [~'tɔ̃] m Knäuel m od. n; Gruppe f; Sport: (Haupt-)Feld n; ⚔ Rotte f, Trupp m, Zug m; ~ d'exécution Erschießungskommando n; **~onner** [~tɔ'ne] v/t. (1a) aufwickeln; se ~ sich zs.-kauern; sich zs.-rollen; sich ducken.
pelouse [pə'lu:z] f Rasen-fläche f, -platz m; Sport: Rennbahn f.
peluch|e [pə'lyʃ] f Plüsch m; **~eux, -se** [~'ʃø, ~'ʃø:z] adj. plüschartig.
pelure [pə'ly:r] f Haut f, Schale f e-r Frucht; Durchschlag m e-s

pensionnaire

Schriftstücks; F Mantel *m*.

pénal, -e [pe'nal] *adj*. (*m/pl*. *-aux*) Straf...; **~isation** *Sport* [~liza'sjɔ̃] *f* Strafpunkt *m*; **~ité** [~'te] *f* Strafbarkeit *f*; Strafsystem *n*; ᵗᵗ, *Sport*: Strafe *f*.

penalty [penal'ti] *m* (*pl*. ~s *od*. penalties) *Fußball*: Elfmeter *m*, Strafstoß *m*.

pénates F *fig*. [pe'nat] *m/pl*. trautes Heim *n*.

penaud, -e [pə'no, ~'noːd] *adj*. beschämt; verlegen; verdutzt.

pench|ant [pã'ʃɑ̃] *m fig*. Hang *m*, Neigung *f* (*pour od*. à *qch*. zu etw. *dat*.); **~er** [~'ʃe] (1a) *v/t*. Kopf neigen; *Gegenstand* schief halten; *fig. etw.* niederbeugen; *v/i.* sich neigen, schief stehen, (über)hängen; *fig*. ~ *pour* (*od*. à) *qch*. zu etw. (*dat*.) (hin)neigen; ~ à *croire que ...* zu der Ansicht neigen, daß ...; *se* ~ *sur un livre* sich in ein Buch vertiefen; *se* ~ *sur une question* sich mit e-r Frage intensiv befassen.

pend|able [pã'dablə] *adj. fig*. ganz gemein, übel; **~aison** [~dɛ'zɔ̃] *f* Erhängen *n*; ~ *de crémaillère* Einzugsschmaus *m*; **~ant¹, -e** [~'dã, ~'dãːt] **1.** *adj*. (herab)hängend; *fig.*, ᵗᵗ schwebend; **2.** *m* Pendant *n*, Gegenstück *n*; Vergleich *m*; ~s *pl*. *d'oreilles* Ohrgehänge *n*.

pendant² [pã'dã] **1.** *prp*. während (*gén*.); **2.** *cj*.: ~ *que* (*zeitlich u. a. gegensätzlich*) während.

pend|ard, -e [pã'daːr, ~'dard] *su. fig*. Galgenstrick *m*; **~eloques** [~d'lɔk] *f/pl*. Ohrgehänge *n*; Leuchtergehänge *n*; **~entif** [~dã'tif] *m* Anhänger *m* (*Schmuck*); ᛘ Hängezwickel *m*; **~erie** [~'dri] *f* Garderobe *f*.

pendiller [pãdi'je] *v/i*. (1a) baumeln.

pend|re ['pã:drə] (4a) **1.** *v/t*. (an-, auf-, ein-)hängen; *dire pis que* ~ *de q*. kein gutes Haar an j-m lassen; **2.** *v/i*. (herab)hängen; **~u, -e** [pã'dy] *su*. Erhängte(r *m*) *m u. f*.

pendul|aire [pãdy'lɛːr] *adj*. pendelartig; **~e** [~'dyl] **1.** *m* Pendel *n*; **2.** *f* Pendel-, Stutz-, Wand-, Zimmeruhr *f*; ~ à *carillon* Wanduhr *f* mit Glockenwerk; ~ *de pointage* Kontroll-, Stech-uhr *f*; **~ette** [~'lɛt] *f* kleine Stutzuhr *f*.

pêne [pɛːn] *m* Riegel *m* am *Schloß*.

pénéplaine *géogr*. [pene'plɛːn] *f* Fastebene *f*, Wellungsebene *f*.

pénétr|able [pene'trablə] *adj*. durchdringbar; erforschbar; **~ant, -e** [~'trã, ~'trãːt] *adj*. durchdringend; penetrant; *Blick*: scharf; *Kälte*: schneidend; **~ation** [~tra'sjɔ̃] *f* Eindringen *n*; Durchdringung *f*; Scharfblick *m*; **~er** [~'tre] (1f) *v/t*. durchdringen; ganz erfüllen; durchschauen; *v/i.*: ~ *dans qch*. in etw. (*acc*.) eindringen; *phm. en pénétrant jusqu'aux pores* mit Tiefenwirkung.

pénible [pe'niblə] *adj*. mühsam; schwierig; schmerzlich.

péniche [pe'niʃ] *f* ⚓ Schleppkahn *m*; * Treter *m*, Oderkahn *m* (*Schuh*); ~s *pl*. Füße *m/pl*.

pénicill|é, -e *zo*. [penisi'le] *adj*. pinselförmig; **~ine** *phm*. [~'liːn] *f* Penizillin *n*.

péninsul|aire [penɛ̃sy'lɛːr] *adj*. Halbinsel...; **~e** [~'syl] *f* Halbinsel *f*.

pénitenc|e *rl*. [peni'tã:s] *f* Buße *f*; Strafe *f*; **~erie** [~tãs'ri] *f* päpstliches Sondergericht *n*; **~ier** [~'sje] *m* Strafanstalt *f*.

pénitent, -e [peni'tã, ~'tãːt] **1.** *adj*. bußfertig; **2.** *su*. Büßer(in *f*) *m*; **3.** *m* Büßermönch *m*; **~iaire** [~tã'sjɛːr] *adj*. Straf...; Gefängnis...; **~iaux** [~'sjo] *adj*. (*nur m/pl*.): *Psaumes m/pl.* ~ Bußpsalmen *m/pl*.; **~iel, -le** [~'sjɛl] *adj*. Buß...

penn| age [pɛ'na:ʒ] *m* Gefieder *n*; **~e** [pɛn] *f* (Schwanz-, Schwung-)Feder *f*; **~é, -e** ♀ [~'ne] *adj*. gefiedert.

pennon [pɛ'nɔ̃] *m féod*. Panier *n*, Banner *n*; Wappenschild *m*.

pénombre [pe'nɔ̃:brə] *f* Halbschatten *m*; *fig*. Verborgenheit *f*.

pens|ant, -e [pã'sã, ~'sãːt] *adj*. denkend; *bien* ~ konformistisch; **~e-bête** F [~s'bɛːt] *m* (*pl*. ~s) Einkaufs-, Notiz-zettel *m*; **~ée** [~'se] *f* Denken *n*; Gedanke(ngut *n*) *m*; Sinn *m*; Meinung *f*; Absicht *f*; ♀ Stiefmütterchen *n*; **~er** [~] (1a) *v/t*. denken (à *q*., *qch*. an j-n, etw.); der Meinung sein, davon ausgehen; *mit inent inf.*: beabsichtigen zu; *v/t. etw*. denken; *etw*. meinen, glauben; ersinnen, ausdenken; ~ *q*. (*qch*.) j-n (etw.) vor Augen haben; **~eur, -se** [~'sœːr, ~'søːz] *su*. Denker(in *f*) *m*; **~if, -ve** [~'sif, ~'siːv] *adj*. nachdenklich.

pension [pã'sjɔ̃] *f* Pension *f*; Ruhegehalt *n*; Rente *f*; Kostgeld *n*; Fremdenheim *n*; *écol*. Internat *n*; ~ *complète* Vollpension *f*; **~naire** [~sjɔ-

'ne:r] su. Pensionsgast m; écol. Internatsschüler(in f) m; univ. Stipendiat(in f) m; thé. festangestellter Schauspieler m, festangestellte Schauspielerin f; **~nat** [~'na] m Internat n, Schüler(innen)heim n, Pensionat n; **~né, -e** [~'ne] su. Pensionär(in f) m, Ruhegehaltsempfänger(in f) m, Rentner(in f) m; **~ner** [~] v/t. (1a) pensionieren.

pensum [pã'som] m 1. écol. Strafarbeit f; 2. fig. lästige Pflichtübung f.

pente [pãːt] f Abhang m.

Pentecôte [pãt'koːt] f Pfingsten n od. pl.; à la ~ zu Pfingsten.

pénultième ling. [penyl'tjɛːm] 1. adj. vorletzte(r, -s); 2. f vorletzte Silbe f.

pénurie [peny'ri] f Knappheit f; ~ de place Raummangel m.

pépée F enf. [pe'pe] f Püppchen n.

pépère [pe'pɛːr] m F enf. Opa m; * Auto: rouler ~ im Schneckentempo fahren.

pépettes P [pe'pɛt] f/pl. Geld n.

pép|ie [pe'pi] f vét. Pips m; F avoir la ~ großen Durst haben; **~iement** [~-'mã] m Piepsen n; **~ier** [~'pje] v/i. (1a) piepsen.

pépin [pe'pɛ̃] m Obstkern m; F Musspritze f (Regenschirm); F fig. Haken m, Schwierigkeit f; **~ière** [~pi'njɛːr] f Baumschule f; fig. Bildungsstätte f; **~iériste** [~nje'rist] su. Baumschulgärtner(in f) m.

pepsine phm. [pɛp'siːn] f Pepsin n.

péquen|aud, ~ot P péj. [pek'no] m Bauernlümmel m; Flegel m.

perçage [pɛr'saːʒ] m Bohren n; (Durch-)Bohrung f.

percall|e text. [pɛr'kal] f Perkal m; **~ine** text. [~'lin] f Perkalin n.

perçant, -e [pɛr'sã, ~'sãːt] adj. durchbohrend; fig. Schrei: durchdringend; Kälte, Wind: schneidend.

perc|e [pɛrs] f ⊕ Bohrer m; ♪ Loch n e-r Flöte usw.; mettre en ~ Faß anstechen; **~e-bois** ent. [~sə'bwa] m (inv.) Holzwurm m; **~ée** [~'se] f Bohrung f; Durchhau m im Wald; ⊕, ✗, Sport: Durchbruch m; △ (Fenster-, Tür-)Öffnung f; **~ement** [~sə'mã] m Durch-, Aus-brechen n; Durchstich m; △ Durchbruch m.

perce-neige ♀ [pɛrsə'nɛːʒ] m (inv.) Schneeglöckchen n; **~oreille** ent. [~sɔ'rɛj] m (pl. ~s) Ohrwurm m.

percep|teur, -rice [pɛrsɛp'tœːr, ~'tris] 1. adj. anat. wahrnehmend; 2.

m Steuereinnehmer m; weit S. Finanzamt n; **~tibilité** [~tibili'te] f Wahrnehmbarkeit f; **~tible** [~'tibla] adj. wahrnehmbar; **~tif, -ve** phil. [~'tif, ~'tiːv] adj. phil. Wahrnehmungs...; **~tion** [~'sjɔ̃] f (Steuer-) Erhebung f; phil. Wahrnehmungsvermögen n.

perc|er [pɛr'se] (1k) v/t. durch-bohren, -löchern, -stechen, -dringen; Tür durch-brechen, -schlagen; v/i. Geschwür: aufgehen; ✗, Sport, Licht, Zähne: durchbrechen; Sonne, Wasser, Zähne: durchkommen; fig. an den Tag kommen; sich Bahn brechen; Person: berühmt werden; **~eur, -se** [~'sœːr, ~'søːz] adj. bohrend; 2. su. Bohrer(in f) m; 3. m: ~ de coffres Geldschrankknacker m; **~euse** ⊕ [~'søːz] f Bohrmaschine f.

percev|able [pɛrsə'vabla] adj. Steuern: erhebbar; **~oir** [~'vwaːr] v/t. (3a) wahrnehmen, merken; Geld einnehmen; Steuern erheben.

perch|e [pɛrʃ] f 1. Stange f; Stab m; Angelrute f; ⚡ Stromabnehmer m; rad. usw. Mikrophonstange f; Sport: saut m à la ~ Stabhochsprung m; fig. tendre la ~ à q. j-m aus der Klemme helfen; 2. icht. Barsch m; **~er** [~'ʃe] (1a) v/i. Vögel: sich auf e-e Stange od. e-n Zweig setzen; **~eur, -se** [~'ʃœːr, ~'ʃøːz] 1. adj. Vögel: (gewöhnlich) auf Zweigen sitzend; oiseaux m/pl. ~s = 2. ~s m/pl. Baumvögel m/pl.; **~is** [~'ʃi] m Stangenzaun m; **~oir** [~'waːr] m (Sitz-)Stange f für Vögel; Hühnerstange f; F fig. Mansarden-, Dach-wohnung f.

perclus, -e [pɛr'kly, ~'klyːz] adj. (glieder)lahm.

perçoir ⊕ [pɛr'swaːr] m Bohrer m.

percolateur [pɛrkɔla'tœːr] m Kaffeemaschine f.

percussion [pɛrky'sjɔ̃] f Schlag m; Stoß m; ✗ Aufschlag m; ✗ Ab-, Beklopfen n; ♪ Schlaginstrumente n/pl. in e-m Orchester; **~niste** ♪ [~sjɔ'nist] m Schlagzeuger m.

percut|er [pɛrky'te] v/t. (1a) beklopfen; **~eur** ✗ [~'tœːr] m Schlagbolzen m.

percuti-réaction ☆ [pɛrkytireak'sjɔ̃] f (pl. ~s) perkutane Tuberkulinreaktion f.

perd|ant, -e [pɛr'dã, ~'dãːt] 1. adj. verlierend; numéro (od. billet) ~ Niete f; 2. su. Verlierer(in f) m;

~ition [~di'sjɔ̃] f **1.** navire m en ~ Schiff n in Seenot; **2.** rl. Verdammnis f; **3.** fig. lieu m de ~ Ort m des Lasters.

perdre ['pɛrdrə] (4a) v/t. verlieren; irreführen; zugrunde richten, ruinieren; v/i. verlieren; an Wert verlieren, sich verschlechtern; se ~ verlorengehen; verschwinden; aussterben; sich verirren; sich verlaufen (a. bill.); fig. sich (in Vermutungen) verlieren.

perdr|eau [pɛr'dro] m (pl. ~x) junges Rebhuhn n; **~ix** [~'dri] f Rebhuhn n.

perdu, -e [pɛr'dy] adj. verloren; Kranker: nicht mehr zu retten; Kugel: verirrt; Dorf: entlegen; † Einweg...; à vos heures ~es in Ihren Mußestunden (od. freien Stunden); courir comme un ~ wie ein Verrückter umherlaufen; reprise f ~e Kunststopfen n.

perdurer [pɛrdy're] v/i. (1a) sich lange halten.

père [pɛːr] m Vater m; rl. Pater m; ~ spirituel Beichtvater m.

pérégrinations [peregrina'sjɔ̃] f/pl. weite Reisen f/pl.; Irrfahrten f/pl.; Hin und Her n.

péremp|tion [perɑ̃p'sjɔ̃] f Verjährung f; **~toire** [~'twaːr] adj. entscheidend, unumstößlich, unwiderlegbar; **~toirement** [~twar'mɑ̃] adv. eindeutig, energisch, ein für allemal.

pérenn|e [pe'rɛn] adj. nicht versiegend; **~iser** [~ni'ze] v/t. (1a) verewigen; Beamten in e-e Planstelle einweisen; **~ité** [~'te] f Fortbestand m.

péréquation [perekwa'sjɔ̃] f (Steuerusw.)Ausgleich m; ~ des charges Lastenausgleich m.

perfect|ibilité [pɛrfɛktibili'te] f Vervollkommnungsfähigkeit f; **~ible** [~'tiblə] adj. vervollkommnungsfähig.

perfection [pɛrfɛk'sjɔ̃] f Vollendung f; Vollkommenheit f; **~nement** [~sjɔn'mɑ̃] m Vervollkommnung f; Fortbildung f; **~ner** [~'ne] v/t. (1a) vervollkommnen; ausarbeiten; **~nisme** [~'nism] m Perfektionismus m.

perfid|e [pɛr'fid] adj. treulos, hinterlistig, heimtückisch, falsch; **~ie** [~'di] f Treulosigkeit f; Falschheit f; Verräterei f.

perfor|age [pɛrfɔ'raːʒ] m s. perforation; **~ateur, -rice** [~ra'tœːr, ~'tris]

1. adj. durch-bohrend, -lochend; **2.** su. Bohrer(in f) m; Locher(in f) m; **~ation** [~ra'sjɔ̃] f Durch-bohren n, -lochen n; Lochung f; **~atrice** ⊕ [~ra'tris] f Bohrmaschine f; ~ (à air comprimé) Preßluftbohrer m; **~er** [~'re] v/t. (1a) durchbohren, (durch-)lochen; **~euse** ⊕ [~'røːz] f Lochmaschine f.

perform|ance Sport, ⊕, ⚡, Auto, allg. [pɛrfɔr'mɑ̃s] f Leistung f; **~ant, -e** [~'mɑ̃, ~'mɑ̃ːt] adj. Person: leistungs-fähig, -stark; **~atif, -ve** [~ma'tif, ~'tiːv] adj. ling. performativ; weitS. Prospekt: leistungsorientiert.

pergélisol géol. [pɛrʒeli'sɔl] m Dauerfrostboden m.

pergola [pɛrgɔ'la] f Pergola f.

péricard|e anat. [peri'kard] m Herzbeutel m; **~ite** [~'dit] f Herzbeutelentzündung f.

péricarpe ♧ [peri'karp] m Fruchthülle f, Samengehäuse n.

péricliter [perikli'te] v/i. (1a) etw.: gefährdet sein; faire ~ gefährden.

péril bsd. litt. [pe'ril] m Gefahr f; **~leux, -se** [~ri'jø, ~'jøːz] adj. gefährlich; saut m ~ Salto m.

périmètre [peri'mɛːtr] m ∆ Umfang m; allg. Zone f, Fläche f.

périnée anat. [peri'ne] m Damm m.

périod|e [pe'rjɔd] f Periode f (a. gr., ∆, phys.); Zeit f, Zeit-abschnitt m, -raum m; écol. England: Unterrichtsstunde f; ast. Umlauf(szeit f) m; ⚽ Stadium n; ✕ Reserveübung f; phys. Schwingungsdauer f; **~icité** [~disi'te] f regelmäßige Wiederkehr f; journ. Erscheinungsweise f; **~ique** [~'dik] **1.** adj. periodisch, regelmäßig wiederkehrend; ⚽ fièvre f ~ Wechselfieber n; **2.** m Zeitschrift f.

périost|e anat. [pe'rjɔst] m Knochenhaut f; gtte ✾ [~'tit] f Knochenhautentzündung f; **~ose** ✾ [~'toːz] f Knochenhautgeschwulst f.

péripétie [peripe'si] f Schicksalswende f; plötzlicher Umschwung m; fig. (unerwartetes) Ereignis n.

périphér|ie [perife'ri] f Peripherie f; Stadtrand m; géom. Umfang(slinie f) m; **~ique** [~'rik] **1.** adj.

Rand...; peripher(isch); **2.** *m* Ring-, Umgehungs-straße *f*.

périphrase [peri'frɑːz] *f* Umschreibung *f*; **~tique** [~fras'tik] *adj.* umschreibend.

périr [pe'riːr] *v/i.* (2a) ver-, untergehen; umkommen; zugrunde gehen; enden.

périscop|**e** *opt.* [peris'kɔp] *m* Periskop *n*; Sehrohr *n e-s U-Boots*; **~ique** *opt.* [~'pik] *adj.* periskopisch.

périss|**able** [peri'sablə] *adj.* vergänglich; *Ware:* leichtverderblich; **~oire** ♣ [~'swaːr] *f* Paddelboot *n*.

péristyle ⌂ [peris'til] *m* Säulen-gang *m*, -reihe *f*.

périt|**oine** *anat.* [peri'twan] *m* Bauchfell *n*; **~onite** ♣ [~tɔ'nit] *f* Bauchfellentzündung *f*.

péri(-)urbain, -e [periyr'bɛ̃, ~'bɛn] *adj.* stadtnah.

perl|**e** [pɛrl] *f* Perle *f* (*a. fig.*); *typ.* Perlschrift *f*; **~é, -e** [~'le] *adj.* mit Perlen besetzt; perlartig; fein und sauber genäht (*od.* ausgeführt); *grève f ~e* Bummelstreik *m*; **~er** [~] (1a) *v/t.* perlförmig machen; fein ausarbeiten; *Musikstück* so vortragen, daß die Töne perlen; *v/i. Schweiß:* perlen.

perlimpinpin F *iron.* [pɛrlɛ̃pɛ̃'pɛ̃] *m: poudre f de ~* Wunder-, Allheil-mittel *n*; de ~ fragwürdig.

perlot P [pɛr'lo] *m* Tabak *m*.

permafrost *géol.* [pɛrma'frɔst] *m* Dauerfrostboden *m*.

perman|**ence** [pɛrma'nɑ̃ːs] *f* Fortdauer *f*; Dauerzustand *m*; Dienststelle *f*; Bereitschaftsdienst *m*; Hauptsitz *m e-r Partei*; *écol.* Aufenthaltsraum *m für Schüler*; **~en-cier, -ère** [~nɑ̃'sje, ~'sjɛːr] *su.* Quartiervermittler(in *f*) *m*; **~ent, -e** [~'nɑ̃, ~'nɑ̃ːt] **1.** *adj.* ständig; unkündbar; *Heer:* stehend; **2.** *m* (Gewerkschafts-, Partei-)Funktionär *m*; **3.** **~e** *f* Frisur: Dauerwelle *f*.

perme P ✗ [pɛrm] *f* Urlaub *m*.

perm骨|**abilité** [pɛrmeabili'te] *f* Durchlässigkeit *f*; **~able** [~'ablə] *adj.* durchlässig (*a. Grenze, écol.*); undicht; *fig. péj.* **~** *à qch. für etw.* empfänglich.

permettre [pɛr'mɛtrə] *v/t.* (4p) erlauben, gestatten; dulden.

permis [pɛr'mi] **1.** *p.p. von permettre*; **2.** *m* Erlaubnis(schein *m*) *f*; Genehmigung *f*; *Auto:* ~ *de conduire*

Führerschein *m*; ~ *de construire* Baugenehmigung *f*; ~ *de pêche* Angelschein *m*; ~ *de séjour* Aufenthaltsgenehmigung *f*, -erlaubnis *f*; ~ *d'exportation* Ausfuhrerlaubnis *f*.

permiss|**if, -ve** [pɛrmi'sif, ~'siːv] *adj. Gesellschaft:* permissiv, progressiv--tolerant; **~ion** [~'sjɔ̃] *f* Erlaubnis *f* (*a. als Bescheinigung*); Genehmigung *f*; ✗ Urlaub *m*; **~ionnaire** ✗ [~sjɔ-'nɛːr] *m* Urlauber *m*.

permut|**able** [pɛrmy'tablə] *adj.* vertauschbar; versetzbar; **~ation** [~ta-'sjɔ̃] *f* Dienststellentausch *m*; (Amts-)Versetzung *f*; ♬, *ling.* Permutation *f*; *a. allg.* Vertauschung *f*; **~er** [~'te] (1a) *v/t.* vertauschen; *bsd.* ♬ umstellen, umsetzen; *v/i.:* ~ *avec q.* mit j-m *s-e Stellung* tauschen.

pernicieux, -se [pɛrni'sjø, ~'sjøːz] *adj.* ♬ bösartig; *litt.* schädlich.

péronnelle F [perɔ'nɛl] *f* Schnatterliese *f*, dumme Gans *f*; Klatschweib *n*.

péror|**aison** [perɔrɛ'zɔ̃] *f* Schlußwort *n e-r Rede*; **~er** [~'re] *v/i.* (1a) weitschweifig und hochtrabend reden.

perpendiculaire [pɛrpɑ̃diky'lɛːr] **1.** *adj.* senkrecht; **2.** *f* Senkrechte *f*; Lot(rechte *f*) *n*.

perpétr|**ation** ♬ [pɛrpetra'sjɔ̃] *f* Verübung *f*; **~er** ♬ [~'tre] *v/t.* (1f) *Verbrechen* verüben.

perpétu|**el, -le** [pɛrpe'tɥɛl] *adj.* fortwährend, ständig, ewig; **~er** [~'tɥe] *v/t.* (1a) fortpflanzen; verewigen; **~i-té** [~tɥi'te] *f* ununterbrochene Fortdauer *f*; à ~ auf immer; ♬ lebenslänglich.

perplex|**e** [pɛr'plɛks] *adj.* ratlos, bestürzt; verlegen (*von Personen*); **~ité** [~ksi'te] *f* Bestürzung *f*, Ratlosigkeit *f*.

perquisition ♬ [pɛrkizi'sjɔ̃] *f* Durchsuchung *f*; à domicile Haussuchung *f*; **~ner** ♬ [~sjɔ'ne] *v/t.* (1a) durchsuchen.

perron ⌂ [pɛ'rɔ̃] *m* Freitreppe *f*.

perroquet [perɔ'kɛ] *m* **1.** *orn.* Papagei *m*; **2.** ♣ mât *m de* ~ Bramstenge *f*; **3.** F Abhöranlage *f*.

perruche *orn.* [pe'ryʃ] *f* Papageienweibchen *n*; ~ (*ondulée*) Wellensittich *m*.

perruque [pe'ryk] *f* Perücke *f*; ★ ⊕ bezahlte Privatarbeit *f*.

pers|**an, -e** [pɛr'sɑ̃, ~'san] **1.** *adj.* persisch; **2.** ♀(e) *su.* Perser(in *f*) *m*; **~**

antiq. [pɛrs] **1.** *adj.* (alt)persisch; **2.** ♀(e) *su.* Perser(in *f*) *m.*

persécut|er [pɛrseky'te] *v/t.* (1a) *grausam* verfolgen; *fig.* ~ *q.* j-n belästigen; **~eur, -rice** [~'tœ:r, ~'tris] *su.* Verfolger(in *f*) *m*; **~ion** [~'sjɔ̃] *f grausame* Verfolgung *f.*

persévér|ance [pɛrseve'rɑ̃:s] *f* Ausdauer *f*; **~ant, -e** [~'rɑ̃, ~'rɑ̃:t] *adj.* beharrlich; **~er** [~'re] *v/i.* (1f) beharren (*dans qch.* in, auf, bei etw. *dat.*); aushalten.

persienne [pɛr'sjɛn] *f* durchbrochener Fenster-, Klapp-laden *m.*

persifl|age [pɛrsi'fla:ʒ] *m* Spöttelei *f*; **~er** [~'fle] *v/t.* (1a) verspotten; **~eur, -se** [~'flœ:r, ~'flø:z] *su.* Spötter(in *f*) *m.*

persil ⚘ [pɛr'si] *m* Petersilie *f*; **~lade** *cuis.* [~'jad] *f* gehackte Petersilie *f* (*bsd. mit Knoblauch*); kalte Rindfleischschnitten *f/pl.* mit Petersilie in Essig und Öl; **~lé, -e** [~'je] *adj.*: *fromage m* ~ Gorgonzola *m* (*grünfleckiger Käse*); *viande f* ~*e* durchwachsenes Fleisch *n.*

persique *géogr.* [pɛr'sik] *adj.*: *le golfe* ♀ der Persische Golf.

persist|ance [pɛrsis'tɑ̃:s] *f* Be-, Verharren *n*; Beständigkeit *f*; Fortbestand *m*; **~er** [~'te] *v/i.* (1a) **1.** verharren; ~ *dans qch.* auf etw. (*dat.*) bestehen; ~ *dans une bonne résolution* e-m guten Vorsatz treu bleiben; ~ *à nier* beharrlich (*od.* hartnäckig) leugnen; **2.** *Schmerzen, Kälte*: anhalten; andauern.

personn|age [pɛrsɔ'na:ʒ] *m* (bedeutende) Persönlichkeit *f*; *thé.* Person *f*; Rolle *f*; F *péj.* Figur *f*; **~aliser** [~nali'ze] *v/t.* (1a) e-e persönliche Note geben (*dat.*); **~alité** [~'te] *f* Persönlichkeit *f* (*a. psych.*); Wesen *n*, Charakter *m* (*a. von Tieren*).

personne [pɛr'sɔn] **1.** *f* Person *f*; *jeune* ~ junge Dame *f*; ~ *morale* juristische Person *f*; ~ *physique* natürliche Person *f*; **2.** *pr/ind.* irgend jemand; ~, *beim vb.*: *ne ...* ~ niemand; ~ *d'autre*, *literarisch*: ~ *autre* niemand anders.

personn|el, -le [pɛrsɔ'nɛl] **1.** *adj.* persönlich; **2.** *m* Personal *n*; ~ *enseignant* Lehrkörper *m*; ✈ ~ *navigant*, ~ *volant* fliegendes Personal *n*; ~ *stable* Stammpersonal *n*; ✈ ~ *au sol*, F ~ *rampant* Bodenpersonal *n*; ~*s pl. de contrôle* Fluglotsen *m/pl.*; **~ification** [~nifika'sjɔ̃] *f* Personifizierung *f*; **~ifier** [~'fje] *v/t.* (1a) personifizieren.

perspec|tif, -ve [pɛrspɛk'tif, ~'ti:v] *adj.* perspektivisch; **~tive** [~'ti:v] *f* Perspektive *f*; *fig.* Aussicht *f*; ⚠ Avenue *f*, Prachtstraße *f.*

perspicac|e [pɛrspi'kas] *adj.* scharfsinnig; **~ité** [~si'te] *f* Scharfblick *m*; Scharfsinn *m.*

perspir|able *physiol.* [pɛrspi'rablə] *adj.* durchlässig (*bsd. von den Poren der Haut*); **~ation** [~ra'sjɔ̃] *f* Ausdünstung *f.*

persuader [pɛrsɥa'de] *v/t.* (1a): ~ *q.* (*seltener*: *à q.*) *de faire qch.* j-n überreden, etw. zu tun; ~ *q. de* j-n überzeugen von (*dat.*); *litt.* ~ *qch. à q.* j-m etw. einreden.

persuas|if, -ve [pɛrsɥa'zif, ~'zi:v] *adj.* überzeugend; **~ion** [~sɥa'zjɔ̃] *f* Überredung *f*; Überzeugung *f.*

perte [pɛrt] *f* Verlust *m*; Untergang *m*, Verderben *n*; *à* ~ mit Verlust; *à* ~ *de vue* endlos weit; *fig.* endlos lange; *en pure* ~ vergeblich; *à* ~ *d'ouïe* außer Hörweite; ⚕ ~ *de sang* Blutverlust *m*; ~ *de substance* Substanzschwund *m*; ⚡ ~ *à la terre* Erdschluß *m.*

pertin|emment [pɛrtina'mɑ̃] *adv.* (zu)treffend; bestimmt, ganz genau; **~ence** [~'nɑ̃:s] *f* ⚖ Erheblichkeit *f*; *allg.* Zutreffen *n*; Richtigkeit *f*; **~ent, -e** [~'nɑ̃, ~'nɑ̃:t] *adj.* zur Sache gehörig; (zu)treffend; triftig; zweckdienlich; *ling.* distinktiv.

pertuis [pɛr'tɥi] *m* **1.** Flußverengung *f*; Meerenge *f*; **2.** Schleusenöffnung *f*; **3.** Engpaß *m.*

perturb|ateur, -rice [pɛrtyrba'tœ:r, ~'tris] **1.** *adj.* (ruhe)störend; **2.** *su.* Störenfried *m*; Unruhestifter(in *f*) *m*; Chaote *m*, Chaotin *f*; **~ation** [~ba'sjɔ̃] *f* Störung *f* (*a. éc., rad.*); Umwälzung *f*; **~er** *a.* ⊕ [~'be] *v/t.* (1a) stören.

péruvien, -ne [pery'vjɛ̃, ~'vjɛn] **1.** *adj.* peruanisch; **2.** ♀(*ne*) *su.* Peruaner(in *f*) *m.*

pervenche ⚘ [pɛr'vɑ̃:ʃ] *f* Immergrün *n.*

pervers, -e [pɛr'vɛ:r, ~'vɛrs] *adj.* pervers; **~ité** [~vɛrsi'te] *f* Perversität *f.*

pervertir [pɛrvɛr'ti:r] *v/t.* (2a) sittlich verderben.

pesade [pə'zad] *f* Bäumen *n des Pferdes.*

pes|age [pə'za:ʒ] *m* Wiegen *n*; Wiegeplatz *m für Jockeis*; **~ant, -e** [~'zɑ̃, ~'zɑ̃:t] **1.** *adj. Gewicht*: schwer; vollwichtig; *fig.* schwerfällig, plump; **2.** *m:* *valoir son ~ d'or* Gold wert sein; **~anteur** [~zã'tœːr] *f* Gewicht *n*, Schwere *f*; Schwerkraft *f*; *fig.* Schwerfälligkeit *f*.

pèse * [pɛːz] *m* Geld *n*.

pèse-bébé [pɛzbe'be] *m* (*pl.* ~[s]) Babywaage *f*.

pesée [pə'ze] *f* Wiegen *n*; ⊕ Druck *m*; *faire la ~ de qch.* etw. wiegen.

pèse|-lettre [pɛz'lɛtrə] *m* (*pl.* ~[s]) Briefwaage *f*; **~personne** [~pɛr'sɔn] *m* (*pl.* ~[s]) Personenwaage *f*.

pes|er [pə'ze] (1d) *v/t.* (ab)wiegen; *fig.* (ab)wägen; *v/i.* wiegen; *e-n* Druck ausüben; schwer sein; schwerfallen; lasten; *e-e* Bedeutung haben, zählen; **~ante** ⊕ [~'zɛt] *f* Münzwaage *f*; **~on** [~'zɔ̃] *m* Schnellwaage *f*.

pessim|isme [pɛsi'mism] *m* Pessimismus *m*; **~iste** [~'mist] **1.** *adj.* pessimistisch; **2.** *su.* Pessimist(in *f*) *m*; Schwarzseher *m*.

peste [pɛst] *f* ✷ Pest *f*; *fig.* Geißel *f*; *vét.* ~ *bovine* Rinderpest *f*; ✷ ~ *bubonique* Beulenpest *f*; ~ *soit de ...!* hol' der Teufel *den ...!*; ~! verflucht noch mal!; *v. e-m kleinen Mädchen: une petite* ~ *e-e* kleine Hexe, *ein kleines* Aas; **~er** [~'te] *v/i.* (1a) fluchen, toben; **~iféré, -e** [~tife'rɛ] **1.** *adj.* pestkrank; von der Pest verseucht; **2.** *su.* Pestkranke(*r m*) *m u. f.*

pestilen|ce [pɛsti'lãːs] *f* Gestank *m*; **~tiel, -le** [~lã'sjɛl] *adj.* übelriechend.

pet F [pɛ] *m* Pup *m* F, Furz *m* P.

pétale ♀ [pe'tal] *m* Blütenblatt *n*.

pét|arade [peta'rad] *f* Knallerei *f*, Geknalle *n*; Geknatter *n*, Rattern *n*; **~ard** [~'taːr] *m* Knallkörper *m*; Sprengsatz *m*; Sprengschuß *m*; Knallbonbon *mod. n*, Schwärmer *m*, Frosch *m* (*Feuerwerksartikel*); *fig.* F aufsehenerregende Nachricht *f*; Skandal *m*, Radau *m*; P Hintern *m*; * Revolver *m*.

pétaudière F [peto'djɛːr] *f:* *c'est une véritable* ~ hier geht es drunter und drüber.

péter F [pe'te] *v/i.* (1f) pupen F, sich unanständig aufführen, furzen P; krachen, knallen; kaputtgehen.

pétiller [peti'je] *v/i.* (1a) *Feuer:* prasseln, knistern; *Mineralwasser:* sprudeln; *Sekt:* perlen, moussieren; *Augen:* blitzen, funkeln; *Radio:* knattern; *fig.* ~ *d'esprit* vor Geist sprühen.

petiot, -e F [pə'tjo, ~'tjɔt] **1.** *adj.* klein; **2.** *su.* Kleine(*r m*) *m u. f.*; Knirps *m*.

petit, -e [pə'ti, ~'tit] **1.** *adj.* klein; gering, unbedeutend; kleinlich; lieb; ~ *à* ~ allmählich; **2.** *su.:* *le* ~, *la* ~ *e* der, die, das Kleine; *v. Tieren: le* ~ das Junge; **~beurre** *pât.* [~'bœːr] *m* (*pl.* petits-beurre) Butterkeks *m*; **~-blanc** [~'blã] *m* (*pl.* petits-blancs) einfacher Weißwein *m*.

petite|-bière [pə'tit'bjɛːr] *f* (*pl.* petites-bières) Dünnbier *n*; *fig. ce n'est pas de la* ~ das ist nicht von Pappe F; **~fille** [~'fij] *f* (*pl.* petites-filles) Enkelin *f*; **~ment** [~'mã] *adv.* ganz wenig; ärmlich; kleinlich; **~nièce** [~'njɛs] *f* (*pl.* petites-nièces) Großnichte *f*.

petit|esse [pə'ti'tɛs] *f* Kleinheit *f*; Geringfügigkeit *f*; Kleinlichkeit *f*; *fig.* Niedrigkeit *f*; **~fils** [~ti'fis] *m* (*pl.* petits-fils) Enkel *m*; **~-gris** [~'gri] *m* (*pl.* petits-gris) *zo. u. Pelz:* Feh *m*.

pétition [peti'sjɔ̃] *f* Gesuch *n*, Bittschrift *f*, Petition *f*; **~naire** [~sjɔ'nɛːr] *su.* Bittsteller(in *f*) *m*.

petit-lait [pə(ə)ti'lɛ] *m* (*pl.* petits-laits) Molke *f*; **~neveu** [~nə'vø] *m* (*pl.* petits-neveux) Großneffe *m*.

petits-enfants [pə(ə)tizã'fã] *m/pl.* Enkel(kinder *n/pl.*) *m/pl.*

petit-suisse Fr. [pə(ə)ti'sɥis] *m* (*pl.* petits-suisses) kleiner runder Weichkäse.

peton F [pə'tɔ̃] *m* Füßchen *n*.

pétrel *orn.* [pe'trɛl] *m* Sturmvogel *m*.

pétri|fication [petrifika'sjɔ̃] *f* Versteinerung *f*; **~fier** [~'fje] *v/t.* (1a) versteinern (lassen); *fig. j-n* erstarren lassen; *se* ~ versteinern.

pétr|in [pe'trɛ̃] *m* Backtrog *m*; F *fig.* Klemme *f*; **~ir** [~'triːr] *v/t.* (2a) kneten; *fig.* bilden, schaffen.

pétro|banquier [petrobã'kje] *m* Ölbankier *m*; **~chimie** [~ʃi'mi] *f* Petrochemie *f*; **~chimique** [~'mik] *adj.* petrochemisch; **~dollar** [~dɔ'laːr] *m* Petrodollar *m*.

pétrol|e [pe'trɔl] *m* Erdöl *n*; Petroleum *n*; **~ier, -ère** [~'lje, ~'ljɛːr] **1.** *adj.* Öl...; **2.** *m* ♣ (Öl-)Tanker *m*; **~ifère** [~li'fɛːr] *adj.* erdölhaltig.

pétul|ance [pety'lãːs] *f* Ausgelassenheit *f*; **~ant, -e** [~'lã, ~'lãːt] *adj.* ausgelassen.

peu [pø] **1.** *adv.* wenig; ~ *de pain* wenig Brot; ~ *à* ~ nach und nach; *à* ~

près beinahe; *dans* ~, *sous* ~, *avant* ~, *d'ici* ~ bald, in Kürze; *depuis* ~ seit kurzem; *en* ~ *de temps* in kurzer Zeit; *quelque* ~ einigermaßen; *tant soit* ~ ein klein wenig; *un* ~, *mit su.*: *un* ~ *de* ein wenig, ein bißchen; **2.** *cj.*: *pour* (*od. si*) ~ *que* (*subj.*) wenn auch noch so wenig; **3.** *m*: *le* ~ das wenige; *à* ~ *de mérite* das geringe Verdienst; *le* ~ *de leçons* die wenigen Stunden.

peupl|ade [pœ'plad] *f* Völkerschaft *f*; **~e** ['pœplə] *m* Volk *n*; **~ement** [~plə-'mɑ̃] *m* Besied(e)lung *f*; **~er** [~'ple] *v/t.* (1a) bevölkern; *fig. mit Wild usw.* besetzen.

peuplier ♀ [pœpli'e] *m* Pappel *f*.

peur [pœːr] *f* Angst *f*, Furcht *f*; **~eux, -se** [pœ'rø, ~'røːz] *adj.* ängstlich.

peut-être [pø'tɛːtrə] *adv.* vielleicht.

peux [pø] *prés. von pouvoir* (*1. und 2. Person sg.*).

phagocyter [fagɔsi'te] *v/t.* (1a) *biol.* aufnehmen und abbauen, fressen; *fig.* schlucken.

phalange [fa'lɑ̃ːʒ] *f* ✗ *hist.* Phalanx *f*; *anat.* Finger-, Zehen-glied *n*.

phalanstère [falɑ̃s'tɛːr] *m* Gemeinschaftsgruppe *f*; Arbeitersiedlung *f*.

phalène *ent.* [fa'lɛːn] *f* Spanner *m*.

phallocratie *plais.* [falɔkra'si] *f* Männerherrschaft *f*.

phanérogames ♀ [fanerɔ'gam] *f/pl.* Blütenpflanzen *f/pl.*

phare [faːr] *m* ♣ Leuchtturm *m*; ♣, ✈ Leuchtfeuer *n*; *fig.* Leitstern *m*; *Auto:* Scheinwerfer *m*; *mettre les* ~*s en code* abblenden; ~ *perce-brouillard* Nebellampe *f*; **~-chercheur** [far∫ɛr-'∫œːr] *m* (*pl. phares-chercheurs*) Suchscheinwerfer *m*.

pharis|aïque [fariza'ik] *adj.* pharisäisch (*a. fig.*); *fig.* pharisäerhaft; heuchlerisch; **~aïsme** [~'ism] *m* Pharisäertum *n*; *fig.* Scheinheiligkeit *f*, Heuchelei *f*; **~ien** [~'zjɛ̃] *m* Pharisäer *m* (*a. fig.*); *fig.* Heuchler *m*.

pharma|ceutique [farmasø'tik] *adj.* pharmazeutisch; **~cie** [~'si] *f* Pharmazie *f*; Pharmazeutik *f*; Apotheke *f*; ~ *familiale* Hausapotheke *f*; **~cien, -ne** [~'sjɛ̃, ~'sjɛn] *su.* Apotheker(in *f*) *m*; Pharmazeut(in *f*) *m*; **~codépendance** [~kodepɑ̃'dɑ̃ːs] *f* Abhängigkeit *f* von Arzneimitteln; **~cologie** [~lɔ'ʒi] *f* Arzneimittelkunde *f*; **~copée** [~'pe] *f* Arzneibuch *n*.

phase [faːz] *f* Phase *f*.

phénicien, -ne [feni'sjɛ̃, ~'sjɛn] **1.** *adj.*

phönizisch; **2.** ♀(*ne*) *su.* Phönizier(in *f*) *m*.

phénix [fe'niks] *m* Phönix *m*; *fig. Person:* Leuchte *f*.

phénol ♀ [fe'nɔl] *m* Karbolsäure *f*.

phénomène [fenɔ'mɛːn] *m* Phänomen *n* (*a. fig.*); (Natur-)Erscheinung *f*; F *fig.* Original *n*.

philantrop|e [filɑ̃'trɔp] *su.* Philanthrop(in *f*) *m*, Menschenfreund(in *f*) *m*; **~ique** [~'pik] *adj.* philanthropisch, menschenfreundlich.

philatél|ie [filate'li] *f* Briefmarkenkunde *f*; **~iste** [~'list] *su.* Briefmarkensammler(in *f*) *m*.

philharmon|ie [filarmɔ'ni] *f* Philharmonie *f*; **~ique** [~'nik] *adj.* philharmonisch.

philippique [fili'pik] *f* geharnischte Rede *f*.

philistin [filis'tɛ̃] *m* Philister *m*.

philolog|ie [filɔlɔ'ʒi] *f* Philologie *f*; ~ *germanique* Germanistik *f*; ~ *romane* Romanistik *f*; **~ique** [~'ʒik] *adj.* philologisch; **~ue** [~'lɔg] *su.* Philologe *m*, -login *f*.

philosoph|e [filɔ'zɔf] *su.* Philosoph(in *f*) *m*; **~ie** [~'fi] *f* Philosophie *f*; **~ique** [~'fik] *adj.* philosophisch.

philtre ['filtrə] *m* Liebes-, Zaubertrank *m*.

phléb|ite ♂ [fle'bit] *f* Venenentzündung *f*; **~otomie** [~bɔtɔ'mi] *f* Aderlaß *m*.

phobie ♂ [fɔ'bi] *f* Phobie *f*, Angst *f*.

phone *phys.* [fɔn] *m* Phon *n*.

phon|ème *ling.* [fɔ'nɛːm] *m* Phonem *n*; **~émique** *ling.* [~ne'mik] *adj.* phonemisch.

phonétique [fɔne'tik] **1.** *adj.* phonetisch; *Laut...*; **2.** *f* Phonetik *f*, Lautlehre *f*.

phoniatrie ♂ [fɔnja'tri] *f* Sprech- und Stimm-therapie *f*.

phono [fɔ'no] *m s. phonographe*; **~capteur** [~kap'tœːr] *m* Schalldose *f*, Tonabnehmer *m*; **~graphe** [~nɔ-'graf] *m* Grammophon *n*; **~logisation** *ling.* [~lɔʒiza'sjɔ̃] *f* Lautwiedergabe *f* in der Schrift; **~thèque** [~'tɛk] *f* Tonbandarchiv *n*, Phonothek *f*.

phoque [fɔk] *m* **1.** *zo.* Seehund *m*, Robbe *f*; **2.** (*peau f de* ~) Seehunds-, Robben-fell *n*.

phosphate ♂ [fɔs'fat] *m* Phosphat *n*.

phosphor|e ♂ [fɔs'fɔːr] *m* Phosphor *m*; **~é, -e** [~'re] *adj.* phosphorhaltig; **~escence** [~re'sɑ̃ːs] *f* Phosphoreszieren n; **~escent, -e** [~'sã, ~'sã:t] adj. phosphoreszierend; *ca-dran m* ~ Leuchtzifferblatt n; **~eux, -se** [~'rø, ~'rø:z] adj., **~ique** [~'rik] adj. phosphorhaltig; Phosphor...; **~isation** [~riza'sjɔ̃] f Verwandlung f in phosphorsaures Salz; **~iser** [~'ze] v/t. (1a) mit Phosphor verbinden; **~ite** min. [~'rit] f Phosphorit m (*Kalziumphosphat*).

photo [fɔ'to] f Foto *od.* Photo n; (Licht-)Bild n.

photo|chimie [fɔtoʃi'mi] f Photochemie f; **~chromie** [~kro'mi] f Farbdruck m; farbiges Lichtbild n; **~ciné** [~si'ne] m Filmkamera f für *Amateure*; **~composeuse** typ. [~kɔ̃po'zø:z] f Lichtsetzmaschine f; **~copie** [~kɔ'pi] f Fotokopie f; **~copier** [~'pje] v/t. (1a) fotokopieren; ablichten; **~dégradable** [~degra'dablə] adj. durch das Tageslicht abbaubar; **~électrique** phys. [~elɛk'trik] adj. photoelektrisch; **~finish** Sport [~fi-'niʃ] f Ziel-fotografie f, -kamera f; **~gène** phys. [~'ʒɛːn] adj. lichterzeugend; **~génique** [~ʒe'nik] adj. fotogen, bildwirksam.

photograph|e [fɔtɔ'graf] su. Fotograf (-in f) m; **~ie** [~'fi] f Fotografie f; Lichtbild n, Aufnahme f; ~ aérienne Luftbild n; ~ de poses Aktfoto n; ~ en couleurs Farbfotografie f; ~ instantanée Momentaufnahme f; ~ prise de près Nahaufnahme f; **~ier** [~'fje] v/t. (1a) fotografieren; **~ique** [~'fik] adj. fotografisch.

photo|gravure [fɔtɔgra'vy:r] f Kupfertiefdruck m; **~lithographie** [~li-tɔgra'fi] f Photolithographie f; **~mètre** [~'mɛːtrə] m Belichtungsmesser m; **~montage** [~mɔ̃'ta:ʒ] m Fotomontage f; **~pile** [~'pil] f 1. Sperrschichtfotozelle f; 2. Art Sonnenbatterie f; **~robot** [~rɔ'bo] f s. robot; **~stoppeur, -se** [~stɔ'pœ:r, ~'pø:z] su. Straßenfotograf(in f) m; **~télégramme** [~tele'gram] m Bildtelegramm n; **~thérapie** [~tera'pi] f Lichtheilverfahren n; **~thérapique** [~'pik] adj. lichtheilkundlich; *appliquer un traitement* ~ à j-n mit der Höhensonne bestrahlen; **~typie** [~ti'pi] f Lichtdruck m; **~vidéo** [~vide'o] f Fotovideo n.

phras|e [frɑːz] f gr. Satz m; J Phrase f; ~s pl. leere Redensarten f/pl.; *tour m de ~* Rede-

wendung f; *sans ~s* unumwunden, geradeheraus, unverblümt; **~éologie** [frazeɔlɔ'ʒi] f Phrasenschatz m; Ausdrucksweise f; Phrasendrescherei f; péj. Phrasenhaftigkeit f; **~éologique** [~'ʒik] adj. phraseologisch; *dictionnaire m* ~ Satzwörterbuch n; **~er** J [~'ze] v/t. (1a) phrasieren; **~eur, -se** J [~'zœ:r, ~'zø:z] su. Phrasendrescher(in f) m.

phratrie soc. [fra'tri] f Sippe f.

phréatique géol. [frea'tik] adj.: *nappe f* ~ Grundwasserschicht f.

phtis|ie ⚕ [fti'zi] f Schwindsucht f; **~iologie** [~zjɔlɔ'ʒi] f Lungenheilkunde f; **~ique** [~'zik] adj. 1. schwindsüchtig; 2. su. Schwindsüchtige(r m) m u. f.

phylloxéra ent. [filɔkse'ra] m Reblaus f.

physicien, -ne [fizi'sjɛ̃, ~'sjɛn] su. Physiker(in f) m.

physio|logie [fizjɔlɔ'ʒi] f Physiologie f; **~logique** [~'ʒik] adj. physiologisch; **~logiste** [~'ʒist] su. Physiologe m, -login f; **~nomie** [~nɔ'mi] f Physiognomie f, Gesichtsausdruck m; fig. eigenes Gepräge n; **~thérapie** ⚕ [~tera'pi] f Physiotherapie f.

physique [fi'zik] 1. adj. physisch, physikalisch; 2. su. Schreibals m; **~er** F [~'se] v/t. (1a) Pferd, allg. stampfen.

physique [fi'zik] 1. adj. physisch, physikalisch; 2. m Körperbeschaffenheit f; Äußere(s) n; 3. f Physik f; ~ nucléaire Kernphysik f.

phyto|sanitaire [fitɔsani'tɛ:r] adj. Pflanzenschutz...; **~thérapeute** [~tera'pøt] m Pflanzentherapeut m.

piaff|ement [pjaf'mɑ̃] m *Pferd*: Stampfen n; **~er** [~'fe] v/i. (1a) *Pferd*, allg. stampfen.

piaill|ard, -e F [pja'ja:r, ~'jard] 1. adj. kreischend; 2. su. Schreihals m; **~er** F [~'je] v/i. (1a) *Vögel*: piepsen; allg. kreischen, schreien; **~erie** [~j'ri] f Kreischen n, Geplärr(e) n; **~eur, -se** [~'jœ:r, ~'jø:z] su. Kind: Schreihals m.

pian|iste J [pja'nist] su. Pianist (-in f) m, Klavierspieler(in f) m; **~istique** [~'tik] adj. Klavier...; **~o** J [~'no] 1. adv. piano, leise; 2. m: ~ (droit) Piano n, Klavier n; ~ à queue Flügel m; **~oter** péj. [~nɔ'te] v/i. (1a) auf dem Klavier klimpern.

piapiater F [pjapja'te] v/i. (1a) tratschen, quatschen.

piaul|e P [pjo:l] f Zimmer n, Stube f; péj. Bude f; **~er** [pjo'le] v/i. (1a) *kleine Vögel:* piepen; F *Kinder:* plärren.

pic [pik] *m* **1.** Hacke *f*; Spitzhaue *f*; Bergspitze *f*; ~ *pneumatique* Druckluftmeißel *m*; *à* ~ senkrecht; F *fig. arriver à* ~ gerade zur rechten Zeit kommen; **2.** *orn.* Specht *m*.

picador [pika'dɔːr] *m Stierkampf:* Pikador *m*.

picaillons P [pika'jɔ̃] *m/pl.* Moneten *pl.*, Zaster *m/sg.*

picaresque [pika'rɛsk] *adj.: roman m* ~ Schelmenroman *m*.

pichet [pi'ʃɛ] *m* kleiner Krug *m (für Wein usw.).*

pickpocket [pikpɔ'kɛt] *m* Taschendieb *m*.

pick-up [pi'kœp] *m (inv.)* Plattenspieler *m*; Tonabnehmer *m*.

picoler P [piko'le] *v/i.* (1a) saufen.

picorer [pikɔ're] (1a) *v/t.* (auf)picken; *v/i.*

picot [pi'ko] *m* Spitzhammer *m der Steinbrecher;* Eisenspitze *f e-r Angelrute;* Zäckchen *n an Spitzen;* ~**ement** [~kɔt'mɑ̃] *m* Prickeln *n*, feines Stechen *n*; ~**er** [~kɔ'te] *v/t.* (1a) prickeln, stechen; *Vögel:* (an-, auf-) picken.

picpoquer P [pikpɔ'ke] *v/t.* (1m) *:* ~ *q.* j-m die Taschen leer machen.

pie[1] [pi] *f orn.* Elster *f*; F Schwätzer(in *f*) *m*.

pie[2] [pi] *adj. (inv.)* Pferd, Rind: gescheckt, scheckig; *cheval m (od. vache f)* ~ Schecke *m od. f*.

pie[3] [pi] *adj./f: faire œuvre* ~ ein frommes Werk tun.

pièce [pjɛs] *f* Stück *n*; Flicken *m*; Geschütz *n*; Stückfaß *n*; Zimmer *n*; Geldstück *n*; Aktenstück *n*; Theaterstück *n*; *rad.* ~ *radiophonique* Hörspiel *n*; ~ *pl. détachées* Einzelteile *n/pl.*; ~ *s de rechange* Ersatzteile *n/pl.*; *cuis.* ~ *de résistance* Hauptgericht *n*; *à la* ~ Akkord...; *mettre en* ~ s in Stücke zerreißen; *tout d'une* ~ aus e-m Stück.

pied [pje] *m* Fuß *m (a. v. Möbeln);* ch. Lauf *m*; Fang *m des Habichts;* ⊕~ *à coulisse* Schublehre *f; fig. au* ~ *levé* aus dem Stegreif; *au* ~ *de la lettre* buchstäblich; *en* ~ in ganzer Figur; *à voûte affaissée* Senkfuß *m*; ~ *plat* Plattfuß *m*; *mise à* ~ Entlassung *f; lever le* ~ mit der Kasse durchbrennen; *être sur* ~ wieder auf den Beinen sein; *au* ~! *zum Hund:* Fuß!

pied|-à-terre [pjeta'tɛːr] *m (inv.)* vorübergehende Unterkunft *f*; ~**-d'alouette** ❦ [~da'lwɛt] *m (pl. pieds-d'alouette)* Rittersporn *m*; ~**-de-biche** ⊕ [~d'biʃ] *m (pl. pieds-de-biche)* Kuhfuß *m*, Nagelzieher *m*; ~**-de-lion** ❦ [~dəˈljɔ̃] *m (pl. pieds-de-lion)* Edelweiß *n*; ~**-de-poule** *text.* [~d'pul] *m (pl. pieds-de-poule)* Hahnentrittmuster *n*; ~**-droit** △ [~ˈdrwa] *m (pl. pieds-droits)* Nebenpfeiler *m*.

piédestal △ [pjedɛs'tal] *m (pl. -aux)* Sockel *m*, Säulenfuß *m*.

piège [pjɛːʒ] *f* Falle *f*.

piég|é, -e [pje'ʒe] *adj.: lettre f* ~e Briefbombe *f;* ~**er** [~'ʒe] *v/t.* (1g) *e-e* (Auto-)Falle locken; Fallen aufstellen *(le bois im Wald);* ⚔ verminen; ~ *une mine e-e* Mine legen; ~ *qch. an (od. in) etw. (dat.) e-e* versteckte Sprengladung anbringen.

pierraille [pjɛ'raːj] *f* Schotter *m*.

pierr|e [pjɛːr] *f* Stein *m*; ~ *calcaire* Kalkstein *m*; ~ *milliaire* Meilenstein *m*; ~ *précieuse* Edelstein *m*; △ ~ *reconstituée* Betonwerkstein *m*; ~ *tombale* Grabstein *m*; 𝒮 ~ *(de la vessie)* Blasenstein *m; il gèle à ~-fendre* es ist starker Frost; ~**eries** [pjɛr'ri] *f/pl.* Edelsteine *m/pl.*; ~**eux, -se** [~'rø, ~'røːz] *adj.* steinig.

pierrot [pje'ro] *m* **1.** *thé.* Hanswurst *m*; **2.** *orn.* Spatz *m*.

piétaille F *plais.* [pje'taːj] *f* Fußvolk *n*.

piété [pje'te] *f* Frömmigkeit *f*; Liebe *f* und Ehrerbietung *f*; ~ *filiale* kindliche Liebe *f*.

piétiner [pjeti'ne] (1a) *v/i.* stampfen; trampeln; *fig.* nicht vorankommen; *v/t.: ~ le sol* auf den Boden stampfen *(od.* treten).

piétisme *rl.* [pje'tism] *m* Pietismus *m*.

piéton [pje'tɔ̃] **1.** *m* Fußgänger(in *f*) *m*; * Verkehrspolizist *m*; **2.** *adjt.: rue f* ~*ne* Fußgängerstraße *f;* ~**nier, -ère** [~tɔ'nje, ~'njɛːr] *adj.: rues f/pl.* piétonnières Fußgängerzone *f*.

piètre ['pjɛːtrə] *adj.* armselig, kümmerlich; gering.

pieu [pjø] *m (pl. ~x)* Pfahl *m*; P Bett *n*, Falle *f* P.

pieuvre ['pjœːvrə] *f zo.* Krake *m; fig.* raffgierige Person *f; ville f* ~ Moloch *m* von Großstadt.

pieux, -se [pjø, pjøːz] *adj.* fromm.

pif [pif] **1.** *m* P (dicke) Nase *f*, Zinken

m P; *faire qch. au* ~ etw. über den Daumen peilen, etw. nach Schnauze machen P; **2.** *int.:* ~ *paf!* piff, paff!; **~(f)er** P [~'fe] *v/t.* (1a): *je ne peux pas le* ~ ich kann ihn nicht riechen.

pifomètre F [pifɔ'mɛːtrə] *m: au* ~ nach Augenmaß; *juger au* ~ über den Daumen peilen.

pige P [piːʒ] *f* **1.** Jahr *n;* **2.** *journ.* Zeilenhonorar *n;* **3.** *faire la* ~ *à q.* j-n übertreffen.

pigeon [pi'ʒɔ̃] *m* Taube *f; fig.* Dumme(r) *m;* ~ *voyageur* Brieftaube *f;* **~neau** [~ʒo'no] *m (pl.* ~*x)* Täubchen *n;* **~nier** [~'nje] *m* Taubenschlag *m;* F Dachwohnung *f.*

piger P [pi'ʒe] *v/t.* (1l) erwischen; kriegen; *sich e-e Krankheit* holen; ansehen, bewundern; begreifen, kapieren.

pigment [pig'mɑ̃] *m* Pigment *n.*

pigne ♀ [piɲ] *f* Kiefernzapfen *m.*

pignocher [piɲɔ'ʃe] *v/i. u. v/t.* (1a) ohne Appetit essen; peinlich genau malen.

pignon [pi'ɲɔ̃] *m* **1.** △ Giebel *m; avoir* ~ *sur rue* ein gutgehendes Geschäft haben; **2.** Getrieberad *n,* Ritzel *n.*

pignouf P *péj.* [pi'ɲuf] *m* Flegel *m.*

pilage [pi'laːʒ] *m* (Zer-)Stampfen *n;* Auspressen *n (bsd. der Äpfel).*

pilastre [pi'lastrə] *m* Wandpfeiler *m.*

pile¹ [pil] *f* Haufen *m,* Stoß *m;* △ Brückenpfeiler *m; phys.* Säule *f;* ⚡ Batterie *f;* F derbe Tracht *f* Prügel; ⚔ vernichtete Niederlage *f; at.* ~ *atomique* Kern-, Atom-reaktor *m; en* ~ übereinandergeschichtet; ⚡ ~ *sèche* Trockenbatterie *f.*

pile² [pil] *f* Rückseite *f* e-r Münze; *jouer à* ~ *ou face* durch Kopf oder Schrift entscheiden.

pile³ [pil] *adv.:* *s'arrêter* ~ plötzlich stehenbleiben.

piler [pi'le] (1a) *v/t.* zerstampfen, zerstoßen; *fig.* F schlagen; *v/i.* ~ plötzlich halten.

pileux, -se [pi'lø, ~'løːz] *adj.* haarig; Haar...

pilier [pi'lje] *m* △ (Stütz-)Pfeiler *m; fig.* Stütze *f; Rugby:* Stürmer *m; fig.* F Stammgast *m.*

piliforme [pili'fɔrm] *adj.* haarförmig.

pillage [pi'jaːʒ] *m* Plünderung *f; fig.* Plagiat *n;* **~ard, -e** [~'jaːr, ~'jard] **1.** *adj.* plündernd; **2.** *su.* Plünderer *m;* **~er** [~'je] *v/t.* (1a) (aus)plündern; *fig.*

aus fremden Büchern abschreiben; *pille! zum Hund:* faß!; **~eur** [~'jœːr] *m* Plünderer *m.*

pilon [pi'lɔ̃] *m* ⊕ Stampfe *f;* Stößel *m; fig.* Geflügelkeule *f; mettre un livre au* ~ ein Buch einstampfen (lassen); **~nage** *fig. péj.* [~lɔ'naːʒ] *m* Berieselung *f;* **~ner** [~'ne] *v/t.* (1a) (zer-) stampfen; feststampfen; ⚔ beharken, mit schwerem Beschuß belegen.

pilori *hist.* [pilɔ'ri] *m* Pranger *m.*

pilot [pi'lo] *m* △ großer Pfahl *m; Papierherstellung:* Lumpen *m/pl.;* **~age** [~lɔ'taːʒ] *m* ⚓ Steuern *n,* Lotsen(dienst *m*) *n;* ✈ Flugzeugführung *f.*

pilote [pi'lɔt] *m* ⚓ Lotse *m;* ✈ Pilot *m,* Flugzeugführer *m; Auto:* Kraftfahrer *m,* Chauffeur *m; d'essai* Testpilot *m,* Einflieger *m;* ~ *de ligne* Pilot *m* e-r Linienmaschine; **~er** [~'te] *v/t.* (1a) ⚓ lotsen; ✈, *Auto* steuern, fahren; **~in** [~'tɛ̃] *m* Offiziersanwärter *m der Handelsmarine;* **~is** △ [~'ti] *m* Pfahlwerk *n.*

pilou [pi'lu] *m* weicher Baumwollstoff *m.*

pilule [pi'lyl] *f phm.* Pille *f; fig. avaler la* ~ in den sauren Apfel beißen; *dorer la* ~ die (bittere) Pille versüßen.

pimbêche [pɛ̃'bɛʃ] *f* hochnäsige Frau *f.*

piment [pi'mɑ̃] *m* **1.** Paprika(schote *f*) *m;* ~ *couronné, ~ des Anglais* Nelkenpfeffer *m;* **2.** *fig.* Würze *f;* **~er** [~'te] *v/t.* (1a) pfeffern; *fig.* würzen.

pimpant, -e [pɛ̃'pɑ̃, ~'pɑ̃ːt] *adj.* forsch, schick, adrett.

pimpin, -e P [pɛ̃'pɛ̃, ~'pin] *adj.* süß, lieb.

pin ♀ [pɛ̃] *m* Kiefer *f;* ~ *parasol,* ~ *pignon* Pinie *f;* ~ *sylvestre* Gemeine Kiefer *f,* Föhre *f;* ~ *pomme f de* ~ Kienapfel *m,* Kiefernzapfen *m.*

pinacle [pi'naklə] *m* △ Fiale *f;* Zinne *f; fig. porter q. au* ~ j-n in den Himmel heben.

pinacothèque [pinakɔ'tɛk] *f* Gemäldegalerie *f.*

pinard P [pi'naːr] *m* Wein *m.*

pinasse ⚓ [pi'nas] *f* Pinasse *f.*

pince [pɛ̃ːs] *f* Zange *f,* Krebsschere *f;* Klammer *f; Fahrrad:* Hosenklammer *f;* ⊕ Brecheisen *n;* P Hand *f,* Flosse *f;* ~ *à linge* Wäscheklammer *f; cout.* ~ *d'aisance* Bundverlängerung *f;* ~*s pl.* Schneidezähne *m/pl.*

der Grasfresser; P *à* ~s zu Fuß; ~ *à couper* Kneifzange f; ~ *à percer* Lochzange f; ~ *à tubes* (*od. à tuyaux*) Rohrzange f.

pincé, -e [pɛ̃'se] adj. herablassend; fig. kühl.

pinceau [pɛ̃'so] m (pl. ~x) Pinsel m.

pincée [pɛ̃'se] f: une ~ de poivre e-e Prise Pfeffer.

pincement [pɛ̃s'mɑ̃] m Zupfen n; ~ au cœur Herzstiche m/pl.

pince-nez [pɛ̃s'ne] m (inv.) Kneifer m, Klemmer m, Zwicker m.

pincer [pɛ̃'se] (1k) v/t. (ab)kneifen; zwicken; Saiten zupfen, ♪ pizzicato spielen; mit der Zange fassen; F. erwischen; v/i. F en ~ pour la boisson sehr gern e-n hinter die Binde gießen.

pince-sans-rire [pɛ̃ssɑ̃'ri:r] m (inv.) Mensch m mit trockenem Humor.

pincette [pɛ̃'sɛt] f ⚙ Pinzette f; ~s pl. Feuerzange f; F n'être pas à rendre avec ~s sehr schmutzig sein; sehr schlecht gelaunt sein.

pinède [pi'nɛd] f Kiefernwald m.

pingouin orn. [pɛ̃'gwɛ̃] m Pinguin m.

ping-pong [piŋ'pɔ̃:g] m Tischtennis n, Pingpong n.

pingr|e F ['pɛ̃:grə] 1. adj. knaus(e)rig, knickerig; 2. su. Geizhals m, Knauser m; **~erie** [pɛ̃grə'ri] f Knauserei f.

pinson [pɛ̃'sɔ̃] m Fink m.

pintade orn. [pɛ̃'tad] f Perlhuhn n.

pint|e [pɛ̃:t] f Schoppen m; **~er** P [pɛ̃'te] v/i. (1a) viel trinken, péj. saufen.

pioch|e [pjɔʃ] f Hacke f; **~er** [~'ʃe] (1a) v/t. (um-, auf-)hacken; F suchen, schnüffeln; v/i. u. v/t. écol. F büffeln, pauken; **~eur, -se** [~'ʃœ:r, ~'ʃø:z] su. Hacker(in f) m; F Arbeitstier n; écol. Büffler(in f) m; **~euse** ✍ [~'ʃø:z] f (Boden-)Hackmaschine f.

piolet alp. [pjɔ'lɛ] m Eispickel m.

pion [pjɔ̃] 1. m Bauer m im Schachspiel; (Brett-)Stein m; 2. **~, -ne** [pjɔ̃] su. ⋆ écol. péj. Aufseher(in f) m.

pioncer P [pjɔ̃'se] v/i. (1k) schlafen, pennen F.

pionnier [pjɔ'nje] m Pionier m (a. fig.).

pipe [pip] f (Tabaks-)Pfeife f; fumer la ~ Pfeife rauchen.

pipe-line [pajp'lajn, pip'lin] f Pipeline f.

pip|er [pi'pe] (1a) v/i.: ne pas ~ nicht piep sagen; v/t. mit der Lockpfeife

fangen; Würfel, Karten fälschen; **~ette** [~'pɛt] f Pipette f.

piquant, -e [pi'kɑ̃, ~'kɑ̃:t] 1. adj. spitz, stechend; Worte: verletzend; Wind: schneidend; cuis., fig. prickelnd, pikant; 2. m Stachel m (a. fig.); litt. Pikante(s) n.

pique [pik] 1. f Pike f; Spieß m; ~s pl. fig. Spitzen f/pl.; 2. m Kartenspiel: Pik n; **~é, -e** [~'ke] 1. adj. Wein: sauer, stichig; Spiegel: fleckig; F etwas verrückt; ~ des vers wurmstichig; 2. m Steppstich m; text. Pikee m; ✈ vol m en ~ Sturzflug m.

pique-assiette [pika'sjɛt] su. (inv.) Schmarotzer m; **~feu** [~'fø] m (inv.) Schüreisen n; **~nique** [~'nik] m (pl. ~s) Picknick n; **~niquer** [~'ke] v/i. (1m) picknicken; **~notes** [~'nɔt] m (inv.) Zettelhaken m.

piqu|er [pi'ke] (1m) 1. v/t. stechen, pieken F; durchlöchern; cuis. spikken; cout. steppen; beißen, prikkeln (la langue auf der Zunge); Neugierde erwecken; F plagen; P klauen; P festnehmen; ~ au vif j-n kränken; la rouille den Rost abklopfen; vét. faire ~ einschläfern lassen; phot. ~ le sujet die Person aufs Korn nehmen; ~ un soleil e-n roten Kopf bekommen; ~ une tête e-n Kopfsprung machen; 2. v/i. ✈ im Sturzflug herunterkommen; ~ sur losgehen auf (acc.); 3. se ~ de qch. sich etwas auf etw. (acc.) einbilden; sich [~'ke] m (Absteck-)Pfahl m; Zeltpflock m; Kartenspiel: Pikett n; ~ d'incendie Feuerwache f; ~ de grève Streikposten m; **~eter** [~k'te] v/t. (1c) mit Pfählen abstecken; **~ette** [~'kɛt] f Tresterwein m, Krätzer m; **~eur, -se** [~'kœ:r, ~'kø:z] 1. m ch. Pikör m; Stallwart m; Bauaufseher m; ⛏ Bahn-, Werk-meister m; ⚒ Hauer m; 2. su. Stepper(in f) m.

piqûre [pi'ky:r] f Stich m; Stockfleck m; Steppstich m; ⚕ Einspritzung f, Spritze f.

pirat|e [pi'rat] m Pirat m, Seeräuber m; **~er** [~'te] (1a) v/i. Seeräuberei treiben; v/t.: ~ un avion ein Flugzeug entführen; **~erie** [~'tri] f Seeräuberei f; fig. Erpressung f.

pire [pi:r] 1. adj. schlimmer; 2. m: le ~ das Schlimmste.

piriforme [piri'fɔrm] adj. birnenförmig.

pirogue ⚓ [piˈrɔg] f Piroge f, Einbaum m.

pirouett|e [piˈrwɛt] f Tanzkunst: Pirouette f; fig. bsd. ~s pl. plötzliche Gesinnungs- od. Meinungsänderung f; schlechte Witze m/pl.; **~er** [~ˈte] v/i. (1a) sich im Kreis herumdrehen; fig. schnell s-n Standpunkt ändern.

pis¹ [pi] m Euter n.

pis² [pi] adv. schlimmer; au ~ aller schlimmstenfalls.

pis-aller [pizaˈle] m (inv.) Notbehelf m.

pisci|cole [pisiˈkɔl] adj. Fischzucht...; **~culteur** [~kylˈtœːr] m Fischzüchter m; **~culture** [~ˈtyːr] f Fischzucht f; **~forme** [~ˈfɔrm] adj. fischförmig; **~ne** [~ˈsin] f Schwimmbassin n, -bad n; **~vore** [~siˈvɔːr] adj. Fische fressend.

pis|é ⚒ [piˈze] m Stampfbau m; **~er** [~] v/t. (1a) mit Stampferde bauen.

piss|at [piˈsa] m Tierharn m; **~e** P [pis] f Pisse f ∨; **~enlit** ♀ [~ãˈli] m Löwenzahn m; **~er** ∨ [~ˈse] v/i. (1a) pissen ∨; **~eux, -se** F [~ˈsø, ~ˈsøːz] adj. stinkig; **~otière** F [~sɔˈtjɛːr] f Pißbude f ∨.

pistache ♀ [pisˈtaʃ] f Pistazie f.

pistage [pisˈtaːʒ] m Hunde: Fährten(-suchen n) n.

pist|e [pist] f Piste f; Fährte f, Spur f (a. fig.); Renn-, Roll-, Rodel-bahn f; ~ cendrée Aschenbahn f; ~ cyclable Rad(fahr)weg m; ~ de danse Tanzfläche f; Motorsport: ~ en terre Sandbahn f; ~ d'envol Startbahn f; ~ de santé Trimm-dich-Pfad m; cin. ~ sonore Ton-spur f, -streifen m; Sport: sur ~ couverte in der Halle; **~eur** Ski [~ˈtœːr] m Pistenkosmetiker m.

pistil ♀ [pisˈtil] m Stempel m.

pistolet [pistɔˈle] m **1.** Pistole f; ~ mitrailleur Maschinenpistole f; **2.** ⚒ ~ à peindre Farbspritzpistole f; **3.** Kurvenlineal n; **4.** ♀ F Harnglas n.

piston [pisˈtɔ̃] m ⊕ Kolben m; ♪ (a. cornet m à ~s) Klapphorn n; Klapphornbläser m; F fig. Protektion f, Beziehungen f/pl.; ⊕ course f de ~ Kolbenhub m; **~ner** f [~tɔˈne] v/t. (1a) protegieren, lancieren.

pitance F, oft iron. [piˈtãːs] f Essen n, Fressen n P; avoir maigre ~ kümmerlich leben.

piteux, -se [piˈtø, ~ˈtøːz] adj. jämmerlich, erbärmlich.

pithécanthrope [pitekãˈtrɔp] m Affenmensch m.

pitié [piˈtje] f Erbarmen n, Mitleid n.

piton [piˈtɔ̃] m ⊕ Ringschraube f; Bergspitze f; alp. Fels-, Eis-haken m; P dicke Nase f, Zinken m P.

pitoyable [pitwaˈjablə] adj. beklagenswert; fig. kümmerlich.

pitre [ˈpitrə] m Hanswurst m; **~rie** [~trɔˈri] f Hanswursterei f.

pittoresque [pitɔˈrɛsk] adj. malerisch.

pivert orn. [piˈvɛːr] m Grünspecht m.

pivoine ♀ [piˈvwan] f Pfingstrose f.

pivot [piˈvo] m ⊕ Angel f, Zapfen m; fig. Angelpunkt m; Hauptstütze f; ♀ Pfahlwurzel f; dent f à ~ Stiftzahn m; **~er** [~vɔˈte] v/i. (1a) sich um die eigene Achse (od. um sich selbst) drehen; ♀ e-e Pfahlwurzel treiben.

plac! [plak] int. plauz!

placage ♀ [plaˈkaːʒ] m ⚒ Verkleidung f, Verblendung f; men. Furnierung f; Furnier n.

placard [plaˈkaːr] m Plakat n, Anschlagzettel m; ⚒ Wand-, Einbauschrank m; typ. Fahnenabzug m; ⚹ Karzer m P, Knast m P, Gefängnis n; péj. vierschrötiger Kerl m, Schrank m; **~er** [~karˈde] v/t. (1a) öffentlich anschlagen.

place [plas] f Platz m; Stelle f, Ort m; Raum m; Stellung f, Position f; sur ~ an Ort und Stelle; modern: vor Ort; ~ d'armes Paradeplatz m; ✝ faire la ~ die Kunden in e-r Stadt besuchen; se mettre en ~ sich ansiedeln; par ~s stellenweise.

placebo ♀ [plaseˈbo] m Scheinmedikament n.

placement [plasˈmã] m Aufstellen n; Anlage f, Unterbringung f v. Geldern; Vertrieb m v. Waren; bureau m de ~ Arbeitsamt n; fin. ~ de père de famille mündelsichere Geldanlage f.

placer¹ [plaˈse] v/t. (1k) an e-n Ort setzen, stellen, legen; an-, unterbringen; versorgen; Geld anlegen; Waren absetzen; Sport: se ~ en troisième position den dritten Platz belegen.

placer² géol. [plaˈsɛːr] m (Gold-)Seife f.

placet ⚖ [plaˈsɛ] m Abschrift f des Prozeßprotokolls.

placeur, -se [plaˈsœːr, ~ˈsøːz] su. thé.

Platzanweiser(in *f*) *m*; Stellenvermittler(in *f*) *m*.

placid|e [pla'sid] *adj.* sanft, gelassen, ruhig; **~ité** [~di'te] *f* Sanftmut *f*.

placier, -ère [pla'sje, ~'sjɛːr] *su.* **1.** Platzmakler(in *f*) *m* auf dem Markt; **2.** Handelsvertreter(in *f*) *m*.

plafond [pla'fɔ̃] *m* (Zimmer-) Decke *f*; 🐴 Maximal(steig)höhe *f*; *fin.*, ✈ Höchst-grenze *f*, -betrag *m*; *peint.* Deckengemälde *n*; *Auto:* Höchstgeschwindigkeit *f*.

plafonn|age [plafɔ'naːʒ] *m* Einziehen *n* e-r Decke; **~ement** [~n'mɑ̃] *m* Höchstbegrenzung *f*; **~er** [~'ne] (1a) *v/t.* 🐴 e-e Decke einziehen (*qch.* in etw. *acc.*); *peint.* Decken-*figuren* verkürzen; *v/i.* 🐴 s-e Maximalhöhe (*Auto:* die Höchstgeschwindigkeit) erreichen; *alle* s-e Höchstgrenze *bzw.* (*a. écol.*) s-e höchste Leistungsgrenze erreichen; **~ier** [~'nje] *m* Decken-lampe *f*, -beleuchtung *f*.

plage [plaːʒ] *f* Strand *m*; Badeort *m*, Seebad *n*; *fig.* Fläche *f*; **~ arrière** ⚓ Achterdeck *n*; *Auto:* Ablagefläche *f* hinter dem Rücksitz; **⚓ ~ avant** Vordeck *n*; **~ de sable** Sandstrand *m*.

plagi|aire [pla'ʒɛːr] *su.* Plagiator *m*; **~at** [~'ʒja] *m* Plagiat *n*; **~er** [~'ʒje] *v/t.* (1a) plagiieren.

plagiste [pla'ʒist] *su.* Strandpächter (-in *f*) *m*.

plaid [plɛd] *m* Plaid *n*, wollene Reisedecke *f*.

plaid|able 🏛 [plɛ'dablə] *adj.* verfechtbar; **~er** 🏛 [~'de] (1b) *v/i.* prozessieren; plädieren; *v/t.* e-e *Sache* verteidigen; *weitS.* **~ pour** *q.* für j-n sprechen; **~eur, -se** 🏛 [~'dœːr, ~'dœːz] *su.* Prozeßführende(r *m*) *m* u. *f*; **~oirie** [~dwa'ri] *f*, **~oyer** 🏛 [~dwa'je] *m* Plädoyer *n*.

plaie [plɛ] *f* klaffende Wunde *f*; *fig.* Plage *f*; wunder Punkt *m*.

plaignant, -e 🏛 [plɛ'nɑ̃, ~'nɑ̃ːt] **1.** *adj.* klagend; **2.** *su.* Kläger(in *f*) *m*.

plain-chant [plɛ̃'ʃɑ̃] *m* (*pl. plains--chants*) gregorianischer Kirchengesang *m*.

plaindre ['plɛ̃:drə] *v/t.* (4b) beklagen; **se ~** klagen; sich beklagen (*de qch.* über etw. *acc.*).

plaine *géol.* [plɛn] *f* Ebene *f*.

plain-pied [plɛ̃'pje] *adv.*: **de ~ zu** ebener Erde, ebenerdig; auf gleicher Höhe; *fig.* mit Leichtigkeit.

plaint|e [plɛ̃t] *f* Klage *f* (*a.* 🏛); Beschwerde *f*; **~if, -ve** [plɛ̃'tif, ~'tiːv] *adj. Stimme:* klagend.

plaire [plɛːr] *v/i.* (4aa) gefallen; *s'il vous plaît* bitte; *plaît-il?* wie bitte?; *se ~ à* Gefallen finden an (*dat.*); *se ~ ici* gern hier sein; *se ~ Pflanze:* gedeihen.

plaisanc|e [plɛ'zãːs] *f*: **de ~** Erholungs...; Vergnügungs...; **~ier** [~zã-'sje] *m* Segelsportler *m*.

plaisant, -e [plɛ'zã, ~'zãːt] **1.** *adj.* angenehm; drollig; *vor su.:* lächerlich, seltsam; **2.** *m: mauvais ~* übler Witzbold *m*; **~er** [~zã'te] (1a) *v/i.* scherzen, spaßen; *v/t.: ~ q.* sich über j-n etwas mokieren; **~erie** [~'tri] *f* Scherz *m*, Spaß *m*; *mauvaise ~* übler Scherz *m*; **~in** [~'tɛ̃] *m* **1.** Witzbold *m*; **2.** F *péj.* Schaumschläger *m* (*fig.*).

plaisir [plɛ'ziːr] *m* Vergnügen *n*, Freude *f*; Gefallen *m*; *à ~* nach Herzenslust; *gratis; fait à ~ aus* der Luft gegriffen; *pour vous faire ~* um Ihnen entgegenzukommen.

plan, -e [plã, plan] **1.** *adj.* eben, flach; **2.** *m* Fläche *f*; Grundriß *m*; Plan *m*; **~ de construction** Bauplan *m*; *thé.* **premier ~** Vordergrund *m*; **deuxième ~** Mitte *f* e-s (Bühnen-)Bildes; **troisième ~** Hintergrund *m*; *fig. passer au second ~* in den Hintergrund treten; *cin., phot. Auto:* Großaufnahme *f*; **⚙ ~ de roue** Lauffläche *f* des *Autoreifens*; *sur le ~ confort* hinsichtlich des Komforts.

planch|e [plã:ʃ] *f* Planke *f*; Brett *n*, Bohle *f*; 🍀 Beet *n*; Metall-, Holzplatte *f*; (Kupfer-)Stich *m*; ⚓ Lauf-planke *f*; *thé.* **~s** *pl.* Bühne *f*/*sg.*; *Spiel:* **~ à roulettes** Skateboard *n*; *Auto,* 🚗 **~ de bord** Armaturenbrett *n*; *Autobahn:* **~ de guidage** Leitplanke *f*; *faire la ~ beim Schwimmen:* den toten Mann machen; *écol. s. plancher²*; **~éier** [plãʃe'je] *v/t.* (1a) mit Bohlen (*od.* Dielen) belegen; **~er¹** [~'ʃe] *m* Fußboden *m*; F *fig.* **~ des vaches** festes Land *n*; F *Auto: mettre le pied au ~* das Gaspedal durchtreten; **~er²** [~] *v/i.* (1a) * *écol.* an der Tafel abgefragt werden; F **~ sur qch.** sich mit etw. (*dat.*) befassen; **~ette** [~'ʃɛt] *f* Brettchen *n*.

plane ⊕ [plan] *f* Ziehmesser *n*.

planéité [planei'te] *f* Ebenheit *f*.

planement [plan'mã] *m* Schweben *n*.

planer[1] [pla'ne] v/t. (1a) planieren.

planer[2] [pla'ne] v/i. (1a) in der Luft schweben; * im Rauschzustand sein; *fig.* ~ *sur* erhaben sein über (*acc.*).

planét|aire [plane'tɛːr] **1.** *adj. ast.* Planeten...; **2.** *m* ⊕ Umlaufgetriebe *n*; **~arium** [~ta'rjɔm] *m* Planetarium *n*.

planète *ast.* [pla'nɛt] *f* Planet *m*.

planeur [pla'nœːr] *m* Segelflugzeug *n*.

plani|fication *pol., éc.* [planifika'sjɔ̃] *f* Planung *f*; **~fier** ⚬ [~'fje] v/t. (1a) planmäßig lenken.

planimétr|ie ⚕ [planime'tri] *f* Flächenlehre *f*, Planimetrie *f*; **~ique** ⚕ [~'trik] *adj.* planimetrisch.

plan|isme [pla'nism] *m* Planwirtschaft *f*; **~iste** *éc.* [~'nist] **1.** *su.* Planwirtschaftler(in *f*) *m*; **2.** *adj.* planwirtschaftlich.

planitude *men.* [plani'tyd] *f* Ebenheit *f*.

planning ⊕ [pla'niŋ] *m:* ~ *d'exploitation* Betriebsplanung *f*.

planque F [plɑ̃ːk] *f* Druckposten *m*; **~é** P ⚔ [plɑ̃'ke] *m* Drückeberger *m*, Etappenschwein *n*; **~er** P [~] v/t. (1m) verstecken; *se* ~ *irgendwo* untertauchen.

plant ⚘ [plɑ̃] *m* Setzling *m*; junge Pflanze *f*; ~*s pl.* Schonung *f*; **~age** [~'taːʒ] *m* Pflanzen *m*; **~ain** ⚘ [~'tɛ̃] *m* Wegerich *m*; **~ation** [~ta'sjɔ̃] *f* Anpflanzung *f*; Plantage *f*; *thé.* Aufstellen *n der Bühnendekoration*; *jeune* ~ Schonung *f*.

plante[1] [plɑ̃ːt] *f* Pflanze *f*, Gewächs *n*; ~ *d'intérieur* Zimmerpflanze *f*; ~ *économique* Nutzpflanze *f*; *jardin m des* ~*s* botanischer Garten *m*.

plante[2] [plɑ̃ːt] *f:* ~ *du pied* Fußsohle *f*.

plant|er [plɑ̃'te] v/t. (1a) pflanzen; in die Erde stecken (*od.* schlagen); hinstellen, -setzen; ~ *là* q. j-n stehenlassen, j-n im Stich lassen; ~ *là* qch. etw. aufgeben; **~eur** [~'tœːr] *m* Pflanzer *m*.

plantigrade *zo.* [plɑ̃ti'grad] *adj.* auf den Sohlen gehend.

plantoir ⚘ [plɑ̃'twaːr] *m* Pflanzholz *n*.

planton ⚔ [plɑ̃'tɔ̃] *m* Ordonnanz *f*; F *rester de* ~ stehend warten.

plantureux, -se [plɑ̃ty'rø, ~'røːz] *adj.* Essen: reichhaltig; *Frau:* drall.

plaque [plak] *f* Platte *f*; Schildchen

n; Türschild *n*; Plakette *f*; (Ordens-) Stern *m*; *géol.* (Kontinental-) Scholle *f*; ~ *commémorative* Gedenktafel *f*; ~ *d'identité* Erkennungsmarke *f*; *Auto:* ~ *minéralogique*, ~ *d'immatriculation* Nummernschild *n*; 🚗 ~ *tournante* Drehscheibe *f*; **~é** [~'ke] *m* plattierte Arbeit *f*; **~er** [~] v/t. (1m) plattieren; furnieren; *das Haar* anklatschen; F *fig.* im Stich lassen; **~ette** [~'kɛt] *f* kleine Platte *f*; Plakette *f*; Büchlein *n*.

plasma *physiol., at.* [plas'ma] *m* Plasma *n*.

plast|ic ⚗ [plas'tik] *m* Sprenggelatine *f*; *bombe f au* ~ Plastikbombe *f*; *poseur m de* ~ = *plastiqueur*; **~icien** [~ti'sjɛ̃] *m* Arbeiter *m* der Kunststoffindustrie; **~icité** [~si'te] *f* Plastizität *f*; **~ifiant** ⚗ [~'fjɑ̃] *m* Plastverarbeitung: Weichmacher *m*; **~ifié, -e** [~'fje] *adj.* mit Kunststoff überzogen; *fil m* ~ Kunststoffkabel *n*; **~iquage** [~'kaːʒ] *m* Plastikbombenattentat *n*; **~ique** [~'tik] **1.** *adj.* plastisch; *art m* ~ = **2.** *f* Plastik *f*; Bildhauerkunst *f*; **3.** *m* (*od. matière f* ~) Kunst-, Preß-stoff *m*; Plastik *n*, Plast *m*; **~iquer** [~'ke] v/t. (1a) mit e-r Plastikbombe in die Luft sprengen; **~iqueur** [~'kœːr] *m* Plastikbombenattentäter *m*.

plastron [plas'trɔ̃] *m* **1.** Vorhemd *n*; **2.** ⚔ fingierter Feind *m*; **~ner** [~trɔ'ne] v/i. (1a) sich aufspielen.

plat, -e [pla, plat] **1.** *adj.* platt, flach; *fad(e)*; schal; *bourse f* ~*e* leeres Portemonnaie *f*; *calme m* ~ vollständige Windstille *f* (*od.* Geschäftsruhe *f*); *être à* ~ abgespannt (*od.* kaputt) sein; *Auto:* e-n Platten haben, auf Latschen stehen; *thé. tomber à* ~ gänzlich durchfallen; **2.** *m* flacher Teil *m*; Fläche *f*; Schüssel *f*; *cuis.* Gericht *n*; *mettre les pieds dans le* ~ ins Fettnäpfchen treten.

platane ⚘ [pla'tan] *m* Platane *f*.

plateau [pla'to] *m* (*pl.* ~*x*) Tischplatte *f*; ⚒ Instrumententisch *m*; Tablett *n*; Präsentier-brett *n*, -teller *m*; *géogr.* Plateau *n*, Hochebene *f*; ⊕ Scheibe *f*; Stapelbrett *n*; Waagschale *f*; Plattenteller *m*; *thé.* Bühne *f*; *télév.* Fernsehstudio *n*; **~repas** [~rə'pa] *m* (*pl. plateaux-repas*) Menüplatte *f* für Fertiggerichte.

plate-bande [plat'bɑ̃ːd] *f* (*pl. plates-bandes*) ⚘ schmales Gartenbeet *n*; Einfassung *f*; △ Bortensims *m*.

platée [pla'te] f **1.** cuis. une ~ de ... e-e Schüssel voll ...; **2.** △ Grundmauer f.

plate-forme [plat'fɔrm] f (pl. plates-formes) Sport: Sprungturm m; Skistation: Parkplatz m; 🚂 offener Güterwagen m; Plattform f e-s Waggons, Busses; (Garten-)Terrasse f; fig. Wahlprogramm n; ⊕~ de forage Bohrinsel f; ⊕~ roulante laufendes Band n; △ toit m en ~ Terrassendach n.

platine [pla'tin] **1.** f Schloßblech n an Türen; Laufwerk n des Plattenspielers; Tonbandgerät: Deckplatte f; **2.** m Platin n.

platin|é, -e [plati'ne] adj.: cheveux m/pl. ~s platinblondes Haar n; Auto: vis f/pl. ~es Unterbrecherkontakte m/pl.; **~er** [~] v/t. (1a) ⊕ platinieren; Haar blondieren.

platitude [plati'tyd] f geistige Mittelmäßigkeit f; fig. Plattheit f; Wein: fader Geschmack m.

plâtr|age [plɑ'traːʒ] m Gipsarbeit f; **~as** [~'trɑ] m Gipsschutt m; **~e** [~'plɑːtrə] m Gips m; Gips-abguß m, -figur f; f baisse ~ durchprügeln; **~er** [plɑ'tre] v/t. (1a) △ vergipsen, mit Gips verputzen; chir. in Gips legen; **~eux, -se** [~'trø, ~'trøːz] adj. gipsartig.

plausible [plo'ziblə] adj. plausibel.

play-back cin., télév. [plɛ'bak] m Playback n, Nachsynchronisation f.

pléb|éien, -ne [plebe'jɛ̃, ~'jɛn] **1.** adj. plebejisch; **2.** su. Plebejer(in f) m; **~iscite** [~bi'sit] m Volksabstimmung f; **~isciter** [~'te] v/t. (1a): ~ qch. über etw. (acc.) durch e-e Volksabstimmung entscheiden.

plein, -e [plɛ̃, plɛn] **1.** adj. voll; (an-)gefüllt; fig. vollständig, ganz; satt; beleibt; völlig, gehaltvoll; weibliches Säugetier: ~e trächtig; ~ emploi Vollbeschäftigung f; en ~ mitten in (dat.); en ~ air unter freiem Himmel, im Freien; en ~ été im Hochsommer; en ~ hiver mitten im Winter; en ~ jour am hellichten Tage; en ~e rue auf offener Straße; donner en ~ contre direkt aufprallen auf (acc.), zs.-stoßen mit (dat.); P Auto: donner à ~ Vollgas geben; ~ comme un œuf voll bis oben hin, vollgestopft; de son ~ gré aus freien Stücken, aus eigenem Antrieb; en ~ rapport in voller Ertragsfähigkeit; F tout ~ viel(e); il a tout ~

d'envieux er hat viele Neider; **2.** m phys. voller Raum m; Fülle f; Schrift: Grundstrich m; Mitte f e-s Waldes; ✕ Zentrum n; le trop ~ das Übermaß; le ~ de la saison der Höhepunkt der Saison; Auto: faire son ~ (od. le ~) (voll)tanken; faire le ~ des chaudières die Kessel (auf)füllen; dans le but Volltreffer m; **~(-)air** [plɛ'nɛːr] m Freilichtmalerei f; Freilicht-bild n, -gemälde n; **~(-)airiste** [~nɛ'rist] su. Freilichtmaler(in f) m.

plénier, -ère [ple'nje, ~'njɛːr] adj. Plenar...

plénipotentiaire [plenipɔtɑ̃'sjɛːr] **1.** m Bevollmächtigte(r) m; **2.** adj. bevollmächtigt.

plénitude [pleni'tyd] f fig. Fülle f; il a conservé la ~ de ses facultés intellectuelles er ist noch im Vollbesitz s-r geistigen Kräfte.

pléonasme rhét. [pleɔ'nasm] m Pleonasmus m.

pléthor|e [ple'tɔːr] f **1.** 🩺 Vollblütigkeit f; ♀ Vollsaftigkeit f; **2.** fig. Überfülle f; **~ique** [~tɔ'rik] adj. überreichlich; fig. überladen; écol. überfüllt; 🩺 überlastet; ♀ vollsaftig.

pleur litt. [plœːr] m Träne f; verser des ~s Tränen vergießen; **~ard, -e** F [plœ'raːr, ~'rard] su. weinerlicher Mensch m; **~er** [~'re] (1a) v/i. weinen; Augen: tränen, triefen; v/t. weinen.

pleurésie 🩺 [plœre'zi] f Rippenfellentzündung f.

pleur|eur, -se [plœ'rœːr, ~'røːz] adj. weinerlich; ♀ saule m ~ Trauerweide f; **~euse** [~'røːz] f Klageweib n.

pleurnich|er F [plœrni'ʃe] v/i. (1a) flennen; **~ement** [~ʃ'mɑ̃] m, **~erie** F [~ʃ'ri] f Geflenne n; **~eur, -se** F [~'ʃœːr, ~'ʃøːz] su. Heul-peter m, -suse f.

pleutre [plø:trə] m Feigling m.

pleuvoir [plœ'vwaːr] v/imp. (3e) regnen (a. fig.); il pleut à verse es regnet (od. gießt) in Strömen.

plèvre anat. [ˈplɛːvrə] f Rippenfell n.

plexiglas ⊕ [plɛksi'glas] m Plexiglas n.

pli [pli] m **1.** Falte f; ~ de pantalon Bügelfalte f; **2.** Briefumschlag m; Brief m; **3.** fig. Gewohnheit f; **4.** fig. Neigung f; **5.** ~s pl. die verborgensten Winkel pl. des Herzens; faire des ~s Falten werfen; ne pas faire un ~ wie angegossen sitzen; sous ce ~

beiliegend; *fig.* prendre un ~ e-e Gewohnheit annehmen; **~able** [~'ablə] *adj.* biegsam; **~ant, -e** [~'ɑ̃, ~'ɑ̃:t] *adj.* zs.-klappbar; *bicyclette f* ~e Klappfahrrad *n*; *canot m* ~ Faltboot *n*.

plie *icht.* [pli] *f* Scholle *f*.

plier [pli'e] (1a) *v/t.* (zs.-)falten; knikken; biegen; beugen; zwingen (*à qch.* zu etw. *dat.*); unterwerfen; *v/i. Ast:* sich biegen; *Person:* sich beugen, nachgeben; ✕ (zurück)weichen; se ~ *à* sich beugen, sich fügen, sich anpassen (*dat.*).

plinthe △ [plɛ̃:t] *f* (Säulen-)Platte *f*; Scheuerleiste *f*.

pliss|é *cout.* [pli'se] *m* Plissee *n*; **~er** *bsd. cout.* [~] *v/t.* (1a) in Falten legen; kniffen.

pliure ⊕ [pli'y:r] *f* Falzen *n*.

plomb [plɔ̃] *m* Blei *n*; (Zoll-)Plombe *f*; (Blei-)Lot *n*; ⚡ Sicherung *f*; *à* ~ lot-, senk-recht; *sommeil m de* ~ bleierner Schlaf *m*; *ch.* ~s *pl.* de chasse Schrotkugeln *f/pl.*; *fig.* n'avoir pas de ~ dans la tête sehr leichtsinnig sein; **~age** [~'ba:ʒ] *m* Plombieren *n* (*a.* ⚙); Zahnfüllung *f*, Zahnplombe *f*; **~agine** [~ba'ʒin] *f* Graphit *m*; **~é, -e** [~'be] *adj.* blei-farben, -grau; plombiert (*a.* ⚙); **~er** [~] *v/t.* (1a) mit Blei belegen (*od.* ausfüllen, beschweren); ✝, ⚙ plombieren; △ abloten; ✲ *Erde* feststampfen; *fig.* bleiern färben; **~ier** ⊕ [~'bje] *m* Klempner *m*, Installateur *m*, Rohrleger *m*.

plombifère [plɔ̃bi'fɛ:r] *adj.* bleihaltig.

plong|e [plɔ̃:ʒ] *f Teller, Geschirr:* Abwaschen *n*; **~eant, -e** [plɔ̃'ʒɑ̃, ~'ʒɑ̃:t] *adj.* von oben nach unten gerichtet; **~ée** [~'ʒe] *f* Tauchen *n*; ⚓ Tauchmanöver *n*; *en* ~ unter Wasser; **~eon** [~'ʒɔ̃] *m* **1.** *Sport:* Kopfsprung *m*; *F fin.* Sturz *m* e-r *Währung*; *faire le* ~ untertauchen; in Not geraten; **2.** *orn.* Taucher *m*; **~er** [~'ʒe] (1l) *v/t.* (unter)tauchen; *in etw.* stoßen, stürzen; *v/i.* tauchen; *Schwimmsport:* e-n Kopfsprung machen, springen; *Blick:* hinabschweifen; ⚔ ~ *sur son objectif* auf sein Ziel hinunterstoßen; *fig.* se ~ *dans qch.* sich in etw. (*acc.*) versenken; **~eur, -se** [~'ʒœ:r, ~'ʒø:z] **1.** *su.* Taucher(in *f*) *m*; *Schwimmsport:* Springer(in *f*) *m*; *fig.* Tellerwäscher(in *f*) *m*; **2.** ~s *m/pl. orn.* Tauchvögel *m/pl.*

plot ⚡ [plo] *m*: ~ (de contact) Kon-

takt *m*.

plouf [pluf] **1.** *int.*: ~! plumps!, platsch!; **2.** *m* F Plumps *m*.

plouk F [pluk] *m* Bauernlümmel *m*.

ploutocrat|e [pluto'krat] *m* Plutokrat *m*; **~ie** [~'si] *f* Plutokratie *f*; **~ique** [~'tik] *adj.* plutokratisch.

ploy|able [plwa'jablə] *adj.* biegsam; **~er** [~'je] (1h) *v/t.* zs.-falten; biegen; beugen; *v/i.* sich biegen; sich beugen; nachgeben; ~ *sous la douleur* sich vor Schmerzen winden.

plu [ply] *p.p.* von plaire u. pleuvoir.

pluie [plɥi] *f* Regen *m*; *craint la* ~! vor Nässe (zu) schützen!; *fig.* faire la ~ et le beau temps die ganze Geige spielen.

plum|age [ply'ma:ʒ] *m* Gefieder *n*; **~ard** P [~'ma:r] *m* Bett *n*, Falle *f* P.

plum|e [plym] *f* Feder *f*; Schreibfeder *f*; *nom m de* ~ angenommener Schriftstellername *m*; *fig.* tenir la ~ die Feder führen; se parer des ~s du paon sich mit fremden Federn schmücken; *au courant de la* ~ ohne lange zu überlegen, aus dem Stegreif; **~eau** [~'mo] *m* (*pl.* ~x) Flederwisch *m*, Staubwedel *m*; **~ée** [~'me] *f* Rupfen *n der Vögel*; ausgerupfte Federn *f/pl.*; **~er** [~] *v/t.* (1a) *Vogel* rupfen; *fig.* j-n rupfen, ausbeuten; **~et** [~'me] *m* Hutfeder *f*; **~ier** [~'mje] *m* Federkasten *m*; **~itif** [~mi'tif] *m* Federschwein *m*; Schreiberling *m*; **~ule** [~'myl] *f* Flaumfeder *f*, Daune *f*; ♀ Blattkeim *m*.

plupart [ply'pa:r] *f*: *la* ~ *des* ... die Mehrzahl (*gén.*), die meisten (*pl.*); *la* ~ *du temps* meistens; *pour la* ~ größtenteils, meistenteils.

plural|isme [plyra'lism] *m* Pluralismus *m*; **~iste** [~'list] *adj.* pluralistisch; **~ité** [~li'te] *f* Mehrheit *f*; Vielheit *f*

pluriannuel, -le [plyria'nɥɛl] *adj.* Mehrjahres...

pluriel *gr.* [ply'rjɛl] **1.** *m* Plural *m*, Mehrzahl *f*; **2.** ~, -le *adj.*: *terminaison f* ~e Pluralendung *f*.

pluri|fonctionnel, -le [plyrifɔ̃ksjɔ'nɛl] *adj.* Mehrzweck...; **~lingue** [~'lɛ̃:g] *adj.* mehrsprachig; **~linguisme** [~lɛ̃'gɥism] *m* Mehrsprachigkeit *f*; **~partisme** *pol.* [~par'tism] *m* Mehrparteiensystem *n*.

plus [ply, *vor vo.* plyz; *am Ende e-s Satzgliedes* plys] **1.** *adv.* mehr; ~ *tard* später; ~ *tôt* früher; *de* ~ mehr; ferner, außerdem; *en* ~ noch dazu; *le*

poignarder

~ am meisten; *non* ~ auch nicht; *moi non* ~ ich auch nicht; *rien de* ~ weiter nichts; *sans* ~ ohne etwas hinzuzufügen, ohne weiteres; *vor inf.*: ohne weiter zu ...; *tout au* ~ höchstens; *que, vor Zahlen*: ~ de mehr als; *ne* ... ~ *de* (*su.*) kein(e) ... mehr; *ne* ... ~ *que, am Satzanfang vor Zahlen*: ~ que nur noch; ~ ... ~ je mehr ... desto mehr; *de* ~ *en* ~ immer mehr; *on ne peut* ~ äußerst, aufs äußerste; *tant et* ~ reichlich, außerordentlich viel; *tu n'y es* ~! du bist wohl nicht gescheit!; **2.** *m*: *le* ~ das meiste; Å [plys] Plus (-zeichen *n*) *m*.

plusieurs [ply'zjœːr] *adj.* (*inv.*) mehrere.

plus-que-parfait *gr.* [plyskəpar'fɛ] *m* Plusquamperfekt *n*.

plus-value *éc.* [plyva'ly] *f* (*pl.* ~s) Mehrwert *m*.

plut [ply] *p/s. von* pleuvoir *u.* plaire (3. *Person sg.*).

plutôt [ply'to] *adv.* eher, lieber; vielmehr; *voyez* ~! sehen Sie nur!

pluvi|al, -e [ply'vjal] *adj.* (*m/pl. -aux*) Regen...; **~er** *orn.* [~'vje] *m* Regenpfeifer *m*; **~eux, -se** [~'vjø, ~'vjøːz] *adj.* regnerisch; **~omètre** *phys.* [~vjɔ'mɛːtrə] *m* Regenmesser *m*.

pneu [pnø] *m* **1.** (*Auto-, Fahrrad-*)Reifen *m*; ~ *antidérapant* Gleitschutzreifen *m*; ~ *crevé* Reifenschaden *m*; ~ *neige* Winterreifen *m*; ~ *de rechange* Ersatzreifen *m*; *un* ~ *a éclaté* ein Reifen ist geplatzt; **2.** Rohrpostbrief *m*; **3.** F ♣ ~ *de graisse* Fettpolster *n*; **~matique** [~ma'tik] **1.** *adj.* Luft...; Druckluft...; *carte f* ~ Rohrpostkarte *f*; *poste f* ~ Rohrpost *f*; **2.** *m* Reifen *m*; Rohrpostbrief *m*.

pneumon|ie ♣ [pnømɔ'ni] *f* Lungenentzündung *f*; **~ique** [~'nik] *adj.* an Lungenentzündung erkrankt.

pochade [pɔ'ʃad] *f* flüchtige Skizze *f*.

poche [pɔʃ] *f cout.* Tasche *f*; *zo.* Beutel *m*, Tasche *f*, Kropf *m*; Sack *m für Getreide*; ♣ (Eiter-)Sack *m*; ausgebeulte Stelle *f in e-m Kleidungsstück*; ⚔ Einbruch(stelle *f*) *m an der Front*; ☰ ~ *d'air* Luftloch *n*; ~s *pl.* (*sous les yeux*) Tränensäcke *m/pl.* (*unter den Augen*); *faire les* ~s *à q.* heimlich j-s Taschen durchsuchen; j-m die Taschen leeren (*als Taschendieb*).

pocher [pɔ'ʃe] *v/t.* (1a) **1.** *cuis.* ~ *des œufs* Eier pochieren; **2.** ~ *un œil à q.*

j-m ein Auge blau schlagen; **3.** *Skizze* flüchtig entwerfen.

poch|eté P [pɔʃ'te] *f* Dummkopf *m*; **~ette** [~'ʃɛt] *f* (Hand-)Täschchen *n*; Kavaliertuch *n*; *écol.* Federtasche *f*; ~ *de compas* Reißzeugtasche *f*; **~oir** [~'ʃwaːr] *m* Schablone *f*; **~on** [~'ʃɔ̃] *m* Suppenkelle *f*.

podium [pɔ'djɔm] *m Sport:* Podest *n zur Siegerehrung; allg.* Podium *n*.

poêle¹ [pwal] *m* **1.** (*Zimmer-*)Ofen *m*; **2.** Sargtuch *n*.

poêl|e² [pwal] *f* Pfanne *f*; ~ *à frire* Bratpfanne *f*; **~ée** [~'le] *f*: *une* ~ *de ...* e-e Pfanne voll ...; **~on** [~'lɔ̃] *m* Kasserolle *f*.

poème [pɔ'ɛːm] *m* (*längeres*) Gedicht *n*; ~ *épique* Epos *n*.

poésie [pɔe'zi] *f* Poesie *f*; Dichtkunst *f*; Dichtung *f*; (*kürzeres*) Gedicht *n*; ~ *du terroir* Heimatdichtung *f*.

poète [pɔ'ɛt] *m* Dichter *m*; *femme f* ~ Dichterin *f*.

poét|ereau *péj.* [pɔe'tro] *m* (*pl.* ~x) Dichterling *m*; **~esse** *oft péj.* [~'tɛs] *f* Dichterin *f*; **~ique** [~'tik] **1.** *adj.* dichterisch; poetisch; *fig.* stimmungsvoll; **2.** *f* Poetik *f*; **~iser** [~ti'ze] *v/t.* (1a) dichterisch ausschmücken.

pogrom(e) [pɔ'grɔm] *m* Pogrom *m od. n*.

poids [pwa] *m* Gewicht *n*; *fig.* Wichtigkeit *f*; Last *f*; Beschwerde *f*; ~ *vide* Leergewicht *n*; ~ *atomique* Atomgewicht *n*; ~ *brut* Rohgewicht *n*; ~ *de charge* Ladegewicht *n*; ~ *en charge* Gewicht *n* bei voller Belastung; ~ *mort* tote Last *f*; *Sport:* ~ *coq* Bantamgewicht *n*; ~ *mouche* Fliegengewicht *n*; ~ *plume* Federgewicht *n*; ~ *léger* Leichtgewicht *n*; ~ *moyen* Mittelgewicht *n*; ~ *(mi-)lourd* (Halb-)Schwergewicht *n*; *Auto:* ~ *lourd* Last(kraft)wagen *m*, Lkw *m*; *de peu de* ~ unbedeutend; *être de* ~ vollwichtig sein (*z. B. Münzen*); *faire bon* ~ gutes Gewicht geben, reichlich wiegen; F *faire le* ~ kompetent sein, sich durchsetzen; *prendre du* ~ dick werden, ansetzen; ~ *utile* Nutzlast *f*; ~ *vif* Lebendgewicht *n*.

poign|ant, -e [pwa'nɑ̃, ~'nɑ̃ːt] *adj.* stechend; *fig.* herzergreifend, packend; **~ard** [~'naːr] *m* Dolch *m*; **~arder** [~nar'de] *v/t.* (1a) erdolchen; *fig.* tief schmerzen; ~ *q. dans le dos* j-m in den Rücken fallen.

poign|e [pwaɲ] *f fig.* Kraft *f*, Energie *f*, Entschlossenheit *f*; *a. pol. homme m à ~* Mann *m* mit e-r starken Hand; **~ée** [~'ɲe] *f* Handvoll *f*; Griff *m*; *~ de main* Händedruck *m*; **~et** [~'ɲɛ] *m* Hand-gelenk *n*, -wurzel *f*; Man-schette *f*.

poil [pwal] *m* Haar *n der Tiere*, ⚘ *u. an verschiedenen Körperteilen*; *~s pl.* fol-lets Flaumhaare *n/pl.*; *à ~* nackt; *reprendre le ~ de la bête* sich wieder hochrappeln, wieder auf den Damm kommen, neuen Mut schöpfen; **~u**, **-e** [~'ly] **1.** *adj.* behaart; **2.** *m Fr.* ✕ Frontsoldat *m* (des Ersten Welt-kriegs).

poinçon ⊕ [pwɛ̃'sɔ̃] *m* Pfriem *m*; Grabstichel *m*; (Präge-)Stempel *m für Gold u. Silber*; **~ner** [~sɔ'ne] *v/t.* (1a) *Maße usw.* eichen; *Gold, Silber* stempeln; *Fahrkarten* knipsen, lo-chen.

poindre ['pwɛ̃:dra] (4b; *dft.: fast nur noch im inf., in der 3. Person sg. u. pl. prés. u. impf. u. im p.pr.*) *v/t. litt. j-n* überkommen; *v/i. Tag:* anbrechen.

poing [pwɛ̃] *m* Faust *f*.

point [pwɛ̃] **1.** *m* ⚕, *gr. usw.* Punkt *m* (*a. fig.* = Gegenstand); Ort *m*; Zu-stand *m*, Lage *f*; *a.* ⚓ Stich *m*; Stickerei *f*; *genähte* Spitze *f*; *~s pl.* Augen *n/pl. e-r Karte u. auf Würfeln*; ✝ *~ chaud* Hauptanziehungspunkt *m*; *deux ~s* Doppelpunkt *m*; *~ d'ex-clamation* Ausrufungszeichen *n*; *~ d'interrogation* Fragezeichen *n*; *~s pl. de suspension* Auslassungspunkte *m/pl.*; *~ de vue* Gesichts-, Stand-punkt *m*; ✂ *~s pl. de côté* Seitenste-chen *n*; *~ d'arrêt* Haltestelle *f*; ♪ *~ d'orgue* Fermate *f*; *écol. mauvais ~* schlechte Note *f*; *~ mort* toter Punkt *m*; *Auto:* Leerlauf *m*; *~ du jour* Ta-gesanbruch *m*; *à ~* gerade zur rech-ten Zeit; *cuis.* gar, durchgebraten; *être sur le ~ de ...* im Begriff sein zu ...; *de ~ en ~* nach dem Buchstaben; in allen Einzelheiten; *~ par ~* Punkt für Punkt; *au (od. à tel, à ce) ~ que* so (sehr), daß; *faire le ~* den Standort feststellen; *fig.* e-e Bestandsaufnah-me machen; *fig. marquer un ~* e-n Erfolg zu verzeichnen haben; *mettre au ~ Gerät* einstellen; *Essen* fertig-machen, anrichten; *fig. etw.* regeln, klarstellen; *une organisation bien au ~* e-e gut funktionierende (*od.* e-e straffe) Organisation; *en tout ~* in

jeder Hinsicht; *Sport: battre aux ~s* nach Punkten schlagen; ⊕ *~ d'at-tache* Halterung *f*; **2.** *adv.: ne ... ~ (gar)* nicht; *(ne ...) ~ de* gar kein(e); *~ du tout* durchaus nicht.

pointage [pwɛ̃'ta:ʒ] *m* Punktieren *n*; ✕ *Geschütz:* Richten *n*; Stechuhr-kontrolle *f in Betrieben*; *pol.* Stim-menzählung *f*; Abhaken *n*; *Sport:* Wertung *f*.

point|e [pwɛ̃:t] *f* Spitze *f*; Stachel *m*; ⊕ Stift *m*; Zipfel *m*; *cuis.* geringe Menge *f*; ✕ (Panzer-)Spitze *f*, Vor-stoß *m*; *fig.* Spitze *f*, Anspielung *f*; *heures f/pl. de ~* Spitzenzeiten *f/pl. im Verkehr*; *vitesse f de ~* Spitzenge-schwindigkeit *f*; *en ~* spitz; *avoir une ~ de vin* ein Räuschchen haben; *à la ~ du jour* bei Tagesanbruch; *jour m de ~* Rekordtag *m* mit höchster Besucher-zahl; **~er¹** [pwɛ̃'te] (1a) *v/t.* ⊕, ♪, *peint.* punktieren; *auf e-r Liste* abha-ken; *Sport:* werten; *cout.* heften; ✕ *Geschütz* richten; *~ q.* (qch.) *du doigt* mit dem Finger auf j-n (etw.) zeigen; *v/i. Pferd:* sich bäumen; ⚘ hervor-sprießen, keimen; *Tag:* anbrechen; *Kirchturmspitze usw.:* emporragen; *Vogel:* in die Höhe fliegen; *Arbeit-nehmer: an der Stechuhr* stempeln; *aller ~ Arbeitslose:* stempeln gehen; ✕ *~ sur* vorstoßen gegen; **~er²** *ch.* [~'te:r] *m* Vorstehhund *m*; **~eur** [~-'tœːr] *m* ✕ Richtkanonier *m*; Kon-trolleur *m* der Arbeitszeit; *Sport:* Zeitnehmer *m*, Punktzähler *m*; *pol.* j., der den Wahlausgang vorhersagt.

pointill|er [pwɛ̃ti'je] *v/t.* (1a) punk-tieren; **~eux**, **-euse** [~'jø, ~'jøːz] *adj.* kleinlich, rechthaberisch.

point|u, **-e** [pwɛ̃'ty] *adj.* spitz; *fig.* spitzfindig; empfindlich, reizbar; *Stimme:* scharf, schrill; **~ure** [~'ty:r] *f* (Schuh-, Handschuh-, Hut-)Nummer *f*, Größe *f*.

point-virgule *gr.* [pwɛ̃vir'gyl] *m* (*pl. points-virgules*) Semikolon *n*.

poire [pwa:r] *f* Birne *f*; *F* Gesicht *n*; *P ma ~, ta ~, sa ~* ich, du, er; ✂ *~ en caoutchouc* Klistierspritze *f*; *fig. ~ pour la soif* Notgroschen *m*.

poiré [pwa're] *m* Birnenmost *m*.

poireau [pwa'ro] *m* (*pl. ~x*) ⚘ Porree *m*; *F* Warze *f*; *F* faire le ~ = **~ter** *F* [~'te] *v/i.* (1a) lange warten.

poirée ⚘ [pwa're] *f* Mangold *m*.

poirier [pwa'rje] *m* Birnbaum *m*; *gym.* faire le ~ *fourchu* (e-n) Kopfstand machen.

pois ♀ [pwa] *m* **1.** Erbse *f*; ~ *chiche* Kichererbse *f*; ~ *pl.* en cosse Schotenerbsen *f/pl.*; ~ *pl. gourmands* Zuckererbsen *f/pl.*; ~ *pl. verts, petits* ~ *pl.* grüne Erbsen *f/pl.*; **2.** ~ *de senteur* (Garten-)Wicke *f*.

poison [pwa'zɔ̃] *m* Gift *n*.

poissard, -e [pwa'sa:r, ~'sard] **1.** † *adj.* vulgär; **2.** *f* Fischweib *n*.

poiss|er [pwa'se] *v/t.* (1a) (aus-, ver-) pichen; *fig.* beschmieren; P klauen; P erwischen; **~eux, -se** [~'sø, ~'sø:z] *adj.* klebrig, schmierig.

poisson [pwa'sɔ̃] *m* Fisch *m*; ~ *fumé* Räucherfisch *m*; ~ *rouge* Goldfisch *m*; ~ *des grands fonds* Tiefseefisch *m*; *fig.* ~ *d'avril* Aprilscherz *m*; *donner un* ~ *d'avril à q.* j-n in den April schicken; **~nerie** [~sɔn'ri] *f* Fisch-geschäft *n*, -markt *m*; **~neux, -se** [~'nø, ~'nø:z] *adj.* fischreich; **~nier, -ère** [~'nje, ~'njɛ:r] *su.* Fischhändler(in *f*) *m*; **~nière** *cuis.* [~'njɛ:r] *f* Fischbratpfanne *f*.

poitrail [pwa'traj] *m* Pferd, Rind *usw.*: Brust *f*; △ Träger *m*.

poitrine [pwa'trin] *f* Brust *f*; Busen *m*; *cout.* Oberweite *f*.

poivr|ade *cuis.* [pwa'vrad] *f* Pfeffersoße *f*; *à la* ~ mit Salz und Pfeffer; **~e** ['pwa:vrə] *m* Pfeffer *m*; **~é, -e** [pwa'vre] *adj.* scharf; *fig.* Preis, *Witz:* gepfeffert; **~er** *cuis.* [~] *v/t.* (1a) pfeffern (*a. fig.*); **~ier** [~'vrie:r] *m* **1.** ♀ Pfeffer(strauch *m*) *m*; **2.** = **~ière** [~vri'ɛ:r] *f* Pfefferstreuer *m*; **~ot, -e** [~'vro, ~'vrɔt] *su.* Säufer(in *f*) *m*.

poix [pwa] *f* Pech *n*.

poker [pɔ'kɛ:r] *m* Poker *n*.

polaire [pɔ'lɛ:r] *adj.* polar; Polar...

polar F [pɔ'la:r] *m* Krimi *m*.

polar|isation *phys.* [pɔlariza'sjɔ̃] *f* Polarisation *f*; **~iser** [~'ze] *v/t.* (1a) *phys.* polarisieren; *★ écol., allg.* être polarisé *sur une question* von e-r Frage geistig völlig beansprucht sein; **~ité** *phys.* [~'te] *f* Polarität *f*.

polder [pɔl'dɛ:r] *m* Polder *m*.

pôle [po:l] *m* Pol *m*.

polém|ique [pɔle'mik] **1.** *adj.* polemisch; **2.** *f* Polemik *f*; **~iquer** [~'ke] *v/i.* (1m) polemisieren; **~iste** [~'mist] *su.* Polemiker(in *f*) *m*; **~ologie** [~mɔlɔ'ʒi] *f* Friedensforschung *f*.

polenta *cuis.* [pɔlɛn'ta] *f* Polenta *f*.

poli, -e [pɔ'li] **1.** *adj.* glattpoliert,

blank; höflich; **2.** *m* Politur *f*.

police[1] [pɔ'lis] *f* Polizei *f*; ~ *criminelle, Fr.* ~ *judiciaire* Kriminalpolizei *f*, Kripo *f*; ~ *secours* Überfallkommando *n*; Unfall-dienst *m*, -wagen *m*.

police[2] [pɔ'lis] *f* Police *f*.

polichinelle [pɔliʃi'nɛl] *m* Hanswurst *m*; *c'est le secret de* ~ das ist ein offenes Geheimnis, das ist stadtbekannt.

policier, -ère [pɔli'sje, ~'sjɛ:r] **1.** *adj.* Polizei...; *film m* (roman *m*) ~ Kriminal-film *m* (-roman *m*), Krimi *m* F; **2.** *m* Polizist *m*; F Krimi *m*.

policlinique [pɔlikli'nik] *f* städtisches Krankenhaus *n*; Poliklinik *f*.

polio ♂ [pɔ'ljo] *f*, **~myélite** ♂ [~ljɔmje'lit] *f* spinale Kinderlähmung *f*.

polir [pɔ'li:r] *v/t.* (2a) glätten, polieren; *fig.* ausfeilen; den letzten Schliff geben (*dat.*).

polisson, -ne [pɔli'sɔ̃, ~'sɔn] **1.** *adj.* ungezogen, keß; anzüglich; **2.** *m* Lausebengel *m*, Schlingel *m*; **3.** ~*ne f* Göre *f*; **~ner** [~sɔ'ne] *v/i.* (1a) sich keß benehmen, sich herumtreiben; **~nerie** [~n'ri] *f* Dumme(r)jungenstreich *m*; Zote *f*.

politesse [pɔli'tɛs] *f* Höflichkeit *f*.

politic|ailler *péj.* [pɔlitika'jœ:r] *m*, **~aillon** *péj.* [~'jɔ̃] *m*, **~ard** *péj.* [~'ka:r] *m* Politikaster *m*.

politicien, -ne [pɔliti'sjɛ̃, ~'sjɛn] **1.** *su.* Politiker(in *f*) *m*; *péj.* politischer Laie *m*; **2.** *adj.* politisch geschickt; *péj.* stümperhaft.

politique [pɔli'tik] **1.** *adj.* politisch; Staats...; *économie f* ~ Volkswirtschaft *f*; **2.** *m* a) *litt.* Politiker *m*, Staatsmann *m*; b) *le* ~ das Politische; die politische Seite; **3.** *f* Politik *f*; Staatskunst *f*; ~ *de l'autruche* Vogel-Strauß-Politik *f*; *pol.* jouer la ~ *du pire* e-n sehr harten Kurs einschlagen.

polit|isation [pɔlitiza'sjɔ̃] *f* Politisierung *f*; **~er** [~'ze] *v/t.* (1a) politisieren.

politolog|ie [pɔlitɔlɔ'ʒi] *f* Politologie *f*; **~ue** [~'lɔg] *su.* Polito-loge *m*, -login *f*.

poll|en ♀ [pɔl'lɛn] *m* Blütenstaub *m*, Pollen *m*; **~inisation** ♀ [~liniza'sjɔ̃] *f* Bestäubung *f*.

pollu|ant, -e [pɔl'lyɑ̃, ~'lyɑ̃:t] **1.** *adj.* umwelt-feindlich, -schädlich, -verschmutzend; **2.** *m* Schadstoff *m*; **~er** [~'lye] *v/t.* (1a) verschmutzen; **~eur** [~'lyœ:r] *m*: ~ de l'environnement Um-

weltverschmutzer *m*; **~tion** [~ly'sjɔ̃] *f*
1. Verschmutzung *f*; ~ (de l'environnement) Umweltverschmutzung *f*; 2.
⚜ Pollution *f*.

polochon F [polɔ'ʃɔ̃] *m* Keilkissen *n*.

polonais, -e [polɔ'nɛ, ~'nɛːz] 1. *adj.*
polnisch; ~s *f* ⚜ (de terre) Kartoffel *f*; ~ ⚜ (de terre) sautées Bratkartoffeln *f/pl.*; F ma ~ ich, meine
Wenigkeit F; F tomber dans les ~s
ohnmächtig werden; **~é, -e** ⚜ [~'me]
adj. rund, Kopf...; choux *m* ~ Kopfkohl *m*; laitue *f* ~e Kopfsalat *m*; **~eau**
[~'mo] *m (pl.* ~x) Degenknauf *m*;
Sattelknopf *m*; **~elé, -e** [~m'le] *adj.*
mit Schäfchenwolken bedeckt; cheval *m* gris ~ Apfelschimmel *m*; **~elle**
[~'mɛl] *f* Siebblech *n* vor e-r Röhre;
~er [~'me] *v/i.* (1a) Salat, Kohl: e-n
Kopf ansetzen; **~ette** [~'mɛt] *f*
Backenknochen *m*; **~ier** [~'mje] *m*
Apfelbaum *m*.

pomologie [pomolɔ'ʒi] *f* Pomologie *f*,
Obstkunde *f*.

pompe[1] [pɔ̃ːp] *f litt.* Pomp *m*; ~s *pl.*
funèbres Beerdigungsinstitut *n*.

pompe[2] [pɔ̃ːp] *f* Pumpe *f*; P Schuh
m; ~ à air Luftpumpe *f*; Auto: ~ à
essence Zapfstelle *f*, Tanksäule *f*;
donner un coup de ~ à (wieder) aufpumpen; **~er** [pɔ̃'pe] (1a) *v/t.* (aus-)
pumpen; *fig.* aufsaugen; F ausfragen; P écol. schlauchen, allg. erschöpfen; *v/i.* P saufen; ★ écol. abschreiben (sur von *dat.*); **~ette** [~'pɛt] *adj.* angeheitert, beschwipst.

pompeux, -se [pɔ̃'pø, ~'pøːz] *adj.*
pompös; *péj.* Stil: schwülstig, hochtrabend.

pompier[1] [pɔ̃'pje] *m* Feuerwehrmann *m*; ~s *pl.* Feuerwehr *f/sg.*

pompier[2], -ère F [pɔ̃'pje, ~'pjɛːr]
adj. kitschig; abgedroschen; geschraubt, hochtrabend; **~iérisme**
[~pje'rism] *m* pseudoklassischer Stil
m; Kitsch *m*.

pompiste [pɔ̃'pist] *m* Tankwart *m*.

pompon [pɔ̃'pɔ̃] *m* Quaste *f*; P Kopf
m; F *fig.* à lui le ~! ihm kommt keiner
gleich!; **~ner** *péj.* [~pɔ'ne] *v/t.* (1a)
ausstaffieren.

Ponce [pɔ̃ːs] *m*: renvoyer de ~ à Pilate
von Pontius zu Pilatus schicken.

ponce [pɔ̃ːs] *f* (a. *adj.*: pierre *f* ~)
Bimsstein *m*.

poncer [pɔ̃'se] *v/t.* (1k) durchpausen; abschleifen; **~euse** ⊕ [~'søːz] *f*
Schleifmaschine *f*.

poncif [pɔ̃'sif] *m* Schablone *f*; *fig.*
abgedroschene Redensart *f*.

ponction ⚕ [pɔ̃k'sjɔ̃] *f* Punktion *f*,

Punktur f; **~ner** [~sjɔ'ne] v/t. (1a) ⚔ punktieren; weitS. abzapfen.

ponctua|lité [pɔ̃ktɥali'te] f Pünktlichkeit f; **~tion** [~tɥɑ'sjɔ̃] f Zeichensetzung f, Interpunktion f; ⚓ Punktierung f.

ponctu|el, -le [pɔ̃k'tɥɛl] adj. pünktlich; fig. gezielt; Einzel...; punktuell; phys. punktförmig; **~er** [~'tɥe] v/t. (1a) punktieren, tüpfeln; gr. interpunktieren; fig. durch Gesten usw. hervorheben.

pondaison [pɔ̃dɛ'zɔ̃] f Legezeit f der Vögel.

pondér|able [pɔ̃de'rablə] adj. wiegbar; **~al, -e** [~'ral] adj. (m/pl. -aux) Gewichts...; **~ation** [~rɑ'sjɔ̃] f Gleichgewicht(slehre f) n; éc., Statistik: Gewichtung f; fig. Ausgewogenheit f; **~er** [~'re] v/t. (1a) abwägen, richtig verteilen; ins Gleichgewicht bringen; éc., Statistik: gewichten; **~eux** ✝ [~'rø] m/pl. Schwergut n; Massengüter n/pl.

pond|eur f [pɔ̃'dœːr] m fig. j., der viel hervorbringt; terrible **~** de prose Vielschreiber m; **~euse** [~'døːz] f (a. adjt.: poule f **~**) Legehenne f; **~oir** [~'dwaːr] m Lege-korb m, -nest n der Hühner.

pondre ['pɔ̃dːrə] v/t. (4a) Eier legen; fig. F verfassen, ausbrüten F.

poney [pɔ'nɛ] m Pony n.

pongé text. [pɔ̃'ʒe] m Pongé m.

pongidés zo. [pɔ̃ʒi'de] m/pl. Menschenaffen m/pl.

pongiste [pɔ̃'ʒist] su. Tischtennisspieler(in f) m.

pont [pɔ̃] m Brücke f; cout. Hosenlatz m, -klappe f; ⚓ Deck n; ✈ **~** aérien Luftbrücke f; ⊕ **~** à bascule Brückenwaage f; **~** de bateaux Schiffs-, Ponton-brücke f; Auto: **~** élévateur Hebebühne f; ✈ **~** d'envol Startdeck n auf e-m Flugzeugträger; **~** à haubans Seilbrücke f; ⚓ **~** promenade Promenadendeck n; **~** supérieur Oberdeck n; **~** suspendu Hängebrücke f; **~** tournant Drehbrücke f; 🏭 Drehscheibe f; **~** transbordeur Schwebefähre f; **~s** et chaussées pl. Tiefbau(amt n) m; Brücken- und Wegebau m; fig. faire le **~** an' e-m Werktag zwischen zwei Feiertagen nicht arbeiten.

pontage [pɔ̃'taːʒ] m ⚔ Brückenschlag m; 🧬 Überbrückung f.

ponte¹ [pɔ̃ːt] f Eierlegen n; Legezeit f; Gelege n.

ponte² [pɔ̃ːt] m Roulett: Gegenspieler m; F péj. Bonze m, hohes Tier n.

ponter¹ [pɔ̃'te] v/i. (1a) im Spiel gegen den Bankhalter setzen, wetten.

ponter² [pɔ̃'te] v/t. (1a) Schiff mit e-m Deck versehen.

pontet [pɔ̃'tɛ] m Abzugsbügel m am Gewehr; Verschlußbügel m an e-r Aktentasche.

pontif|e [pɔ̃'tif] m Kirchenfürst m; Prälat m; F fig., oft iron. Tonangeber m, Koryphäe f; souverain **~** Papst m; **~ical, -e** [~fi'kal] adj. (m/pl. -aux) bischöflich, pontifikal; päpstlich; **~icat** [~'ka] m päpstliche Würde f; **~ier** F [~'fje] v/i. (1a) hochtrabend reden, sich aufspielen.

pont-levis [pɔ̃'lvi] m (pl. ponts-levis) Zugbrücke f.

ponton [pɔ̃'tɔ̃] m Ponton m, Brückenboot n; schwimmende Landungsbrücke f.

pool éc., pol., ⚔ [pul] m Pool m, Interessengemeinschaft f; Parteiblock m; **~** des dactylos (Maschinen-)Großraumbüro n.

popeline text. [pɔ'plin] f Popelin(e f) m.

popote [pɔ'pɔt] **1.** f ⚔ Offizierskasino n; F Suppe f, Küche f; faire **~** ensemble gemeinsam kochen; **2.** adj. F hausbacken (fig.).

popul|ace [pɔpy'las] f Pöbel m; **~acier, -ère** [~'sje, ~'sjɛːr] adj. pöbelhaft; **~age** ⚓ [~'laːʒ] m Dotterblume f; **~aire** [~'lɛːr] adj. Volks...; volkstümlich; populär; beliebt; allgemein [~lari'ze] v/t. (1a) gemeinverständlich machen; **~arité** [~'te] f Beliebtheit f; Volkstümlichkeit f; **~ation** [~lɑ'sjɔ̃] f Bevölkerung f; Statistik: Population f; **~eux, -se** [~'lø, ~'løːz] adj. (dicht)bevölkert; **~iste** litt. [~'list] adj. volksnah, populistisch; **~o** F [~'lo] m (einfaches) Volk n; Pöbel m.

porc [pɔːr] m Schwein n; Schweinefleisch n; fig. péj. Dreckschwein n.

porcelaine [pɔrsa'lɛːn] f Porzellan n; Porzellangeschirr n; **~** de Saxe Meißener Porzellan n.

porcelet zo. [pɔrsa'lɛ] m Ferkel n.

porc-épic zo. [pɔrke'pik] m (pl. porcs-épics) Stachelschwein n.

porchaison ch. [pɔrʃɛ'zɔ̃] f Feistzeit f der Wildschweine.

porche △ [pɔrʃ] m Portalvorbau m.

porch|er, -ère [pɔr'ʃe, ~'ʃɛːr] su.

Schweinehirt(in f) m; **~erie** [~ʃə'ri] f Schweinestall m.

por|e [pɔːr] m Pore f; **~eux, -se** [pɔ'rø, ~'røːz] adj. porös; durchlässig.

porion ⚒ [pɔ'rjɔ̃] m Steiger m.

pornographie [pɔrnɔgra'fi] f Pornographie f, Schmutzliteratur f.

porosité [pɔrozi'te] f Durchlässigkeit f.

porphyre min. [pɔr'fiːr] m Porphyr m.

porreau ⚘ [pɔ'ro] m (pl. ~x) Porree m.

port[1] [pɔːr] m Hafen m; Hafenstadt f; fig. Zufluchtsort m; ~ d'attache Heimathafen m; entrer dans un ~ in e-n Hafen einlaufen; arriver à bon ~ wohlbehalten ankommen; ~ de transbordement Umschlaghafen m.

port[2] [pɔːr] m Tragen m; Fracht f; Fuhrlohn m; ⚓ Porto n; ⚓ Haltung f; ⚓ ~ en lourd Tragfähigkeit f e-s Schiffes; ⚓ en ~ dû unfrankiert; ~ dû, ~ à percevoir portopflichtig; lettre f officielle en ~ dû portopflichtige Dienstsache f; ~ payé, franc de ~ portofrei.

port|able [pɔr'tablə] adj. tragbar; ⚖ dette f ~ Bringschuld f; **~age** [~'taːʒ] m Trägerdienst m; ⚓ unbefahrbare Strecke f.

portail ⚓ [pɔr'taj] m (pl. ~s) Portal n, Haupttür f.

portainer ⊕, ⚓ [pɔrtɛ'nɛːr] m Containerverladebrücke f.

port|ant, -e [pɔr'tɑ̃, ~'tãːt] 1. adj. tragend; ⊕, ⚓ tragfähig; fig. bien ~ wohlauf; mal ~ unwohl; 2. m (Hand-) Griff m am Koffer; phys. Anker m am Magneten; thé. Kulissenstütze f; **~tif, -ve** [~ta'tif, ~'tiːv] adj. tragbar; Hand...; phono m ~ Koffergrammophon n; force f portative Tragfähigkeit f, Tragkraft f.

porte [pɔrt] f Tor n, Tür f; fig. Eingang m; ~s pl. a. Engpaß m, Schlucht f; mettre q. à la ~ j-n rauswerfen; mettre la clef sous la ~ ausziehen, ohne die Miete zu bezahlen; prendre la ~ (weg)gehen; ~ à claire-voie Gittertür f; ~ à deux battants Flügeltür f; ~ cochère Torweg m; ~ de secours Notausgang m; ~ tournante Drehtür f; ~ vitrée Glastür f.

porte|-à-faux [pɔrta'fo] m (inv.): ⚓ des marches en ~ freitragende Stufen f/pl.; fig. vivre en ~ in Unsicherheit leben; **~affiches** [~ta'fiʃ] m (inv.)

Schwarzes Brett n für Anschläge; **~ -aiguille** chir., ⊕ [~te'gɥij] m (pl. ~[s]) Nadelhalter m; **~aiguilles** cout. [~] m (inv.) Nadel-behälter m, -brief m.

porte-à-porte [pɔrta'pɔrt] m: faire du ~ von Haus zu Haus gehen.

porte|-assiette [pɔrta'sjɛt] m (pl. ~[s]) Telleruntersatz m; **~avions** [~ta-'vjɔ̃] m (inv.) Flugzeugträger m.

porte|-bagages [pɔrt(ə)ba'gaːʒ] m (inv.) Gepäckträger m am Fahrrad; Gepäcknetz n im Zug od. Bus; **~ -bébé** [~be'be] m (pl. ~[s]) Babytragetasche f; **~bonheur** [~bɔ-'nœːr] m (inv.) Glücksbringer m; **~ -bouteilles** [~bu'tɛj] m (inv.) Flaschenständer m; **~chapeaux** [~ʃa-'po] m (inv.) Hutständer m; **~cigare** [~si'gaːr] m (inv.) Zigarrenspitze f; **~ -cigares** [~] m (inv.) Zigarrentasche f; **~cigarette** [~siga'rɛt] m (inv.) Zigarettenspitze f; **~ciga- rettes** [~] m (inv.) Zigarettenetui n; **~clefs** [~'kle] m (inv.) Schlüsselring m; **~documents** [~dɔky'mã] m (inv.) Kollegmappe f; Dokumententasche f; **~drapeau** [~dra'po] m (pl. ~[x]) Fahnenträger m.

portée [pɔr'te] f Schuß-, Wurf-weite f; zo. Wurf m; fig. Reich-, Tragweite f, Bedeutung f; Bereich m; ⚓ Spannweite f; ♪ Notenlinien f/pl.; fig. Fassungskraft f; Leistungsfähigkeit f; action f à longue ~ Aktion f auf lange Sicht; fusée f à moyenne ~ Mittelstreckenrakete f; être à la ~ de q. in j-s Reichweite sein; für j-n zugänglich sein; à la ~ de toutes bourses für jeden erschwinglich; à la ~ de tous allgemeinverständlich.

porte|-épée [pɔrte'pe] m (pl. ~[s]) Degengehänge n; **~fenêtre** [~t(ə)fə'nɛːtrə] f (pl. portes-fenêtres) Glastür f.

portefeuille [pɔrtə'fœj] m Brieftasche f; Geschäftsbereich m e-s Ministers; ✝ Effektenbestand m.

porte|-foret [pɔrt(ə)fɔ'rɛ] m (pl. ~[s]) Handbohrmaschine f; **~jarretelles** [~ʒar'tɛl] m (inv.) Hüfthalter m; **~ -journaux** [~ʒur'no] m (inv.) Zeitungsständer m; **~manteau** [~mã-'to] m (pl. ~x) Kleiderhaken m; Garderobenständer m; **~mine** (pl. ~[s]) od. **~mine** [~'min] m Drehbleistift m; **~monnaie** [~mɔ'nɛ] m (inv.) Portemonnaie n; **~parapluies**

[~para'plųi] m (inv.) Schirmständer m; **~parole** [~pa'rɔl] m (inv.) Sprecher m, Wortführer m; Zeitung: Sprachrohr n; **~plume** [~'plym] m (inv.) Federhalter m.

porter [pɔr'te] (1a) **1.** v/t. tragen; fig. a. ertragen, aushalten; Kleidung usw. tragen, anhaben; Freundschaft usw. hegen; v. e-m Gesetz usw.: lauten, besagen; bringen, hinschaffen; veranlassen; Augen usw. auf etw. richten; Urteil fällen; einschreiben; Früchte, Zinsen tragen; Lotterielos: gewinnen (a. abs.); ein-, hervorbringen; Toast ausbringen; verursachen, nach sich ziehen; ~ à l'écran verfilmen; ~ beau e-e repräsentative Erscheinung sein; ~ sur soi bei sich haben (od. führen); ✝ ~ en compte in Rechnung stellen; être porté disparu als vermißt gemeldet (od. registriert) werden; ~ remède à qch. e-r Sache abhelfen; tout porte à croire que ... alles läßt vermuten, daß ...; **2.** v/i. Eis, Hündin, Gewehr: tragen; Schall: reichen; ~ sur qch. auf etw. (dat.) liegen (od. ruhen); auf etw. (acc.) (hin)zielen; sich auf etw.(acc.) beziehen; ~ sur q. j-n (be)treffen; Wein: ~ à la tête zu Kopf steigen; ~ sur les nerfs auf die Nerven fallen; **3.** se ~ sich tragen werden; litt. sich wohin begeben; sich (gut, schlecht) befinden; se ~ candidat als Wahlkandidat auftreten; se ~ à qch. sich zu etw. (dat.) hinreißen lassen; se ~ garant pour q. für j-n bürgen.

porte-savon [pɔrt(ə)sa'vɔ̃] m (pl. ~[s]) Seifenschale f; **~serviettes** [~sɛr'vjɛt] m (inv.) Handtuchhalter m.

porteur, -se [pɔr'tœːr, ~'tøːz] **1.** su. (Gepäck-)Träger(in f) m; Dienstmann m; Überbringer(in f) m, Inhaber(in f) m e-s Wechsels; **2.** m biol. Keimträger m; **3.** adj.: ~ d'avenir zukunftsträchtig.

porte-veine [pɔrtə'vɛːn] m (inv.) Glücksbringer m; **~voix** [~'vwa] m (inv.) Sprachrohr n.

portier [pɔr'tje] m Pförtner m; Portier m (a. e-s Hotels); **~ière** [~'tjɛːr] f Auto, ⊞ Wagentür f; (Tür-)Vorhang m; **~illon** [~ti'jɔ̃] m Türchen n (bsd. e-s Bahnübergangs); Pariser U-Bahn: Bahnsteigsperre f.

portion [pɔr'sjɔ̃] f (An-)Teil m; Portion f; Ration f; ~ congrue dürftiges

Einkommen n.

portique [pɔr'tik] m Säulenhalle f; (Turn-)Gerüst n; ~ à escalades Klettergerüst n; phil. le ◯ die Stoa; fig. Stoizismus m.

porto [pɔr'to] m Portwein m.

portrait [pɔr'trɛ] m Bildnis n, Porträt n; Brustbild n; fig. Charakterbild n; Schilderung f; ℙ Visage f; ⚖ journ. ~ robot Phantombild n, Täterzeichnung f, Fahndungsskizze f; fig. être le ~ de q. j-s Ebenbild sein, j-m wie aus dem Gesicht geschnitten sein; **~iste** [~'tist] su. Porträtmaler(in f) m; **~urer** [~ty're] v/t. (1a) porträtieren.

portuaire [pɔr'tɥɛːr] adj. Hafen...

portugais, -e [pɔrty'gɛ, ~'gɛːz] **1.** adj. portugiesisch; **2.** ◯(e) m Portugiese m, Portugiesin f; **3.** m: le ~ das Portugiesische, Portugiesisch n.

posage [po'zaːʒ] m Aufstellen n.

pose [poːz] f Setzen n, Legen n; Anbringen n; Anpassen n; Installierung f; (Körper-)Haltung f; Stellung f; Sitzen n beim Maler; phot. Zeitaufnahme f; Belichtung f; fig. Pose f, Angabe f, Verstellung f; Effekthascherei f; absence f de ~ Ungezwungenheit f; phot. salle f de ~ Aufnahmeraum m.

posé, -e [po'ze] adj. fig. bedächtig, gesetzt; cela ~ dies vorausgesetzt; **~ment** [~mɑ̃] adv. ruhig, bedächtig.

posemètre phot. [pozˈmɛːtr] m Belichtungsmesser m.

poser [po'ze] (1a) v/t. (an-, auf-, hin-)setzen, (-)stellen, (-)legen; ab-, nieder-legen; anbringen; Rohre, Schienen, Kabel, Parkett (ver)legen; fig. voraussetzen, den Satz aufstellen; ~ le cas den Fall setzen; v/i. ruhen (sur auf dat.); e-m Maler Modell stehen; phot. sich fotografieren lassen; se ~ ☇ aufsetzen, landen; fig. sich in Position setzen; se ~ en auftreten als; **~eur, -se** [~'zœːr, ~'zøːz] **1.** su. Angeber(in f) m, Wichtigtuer(in f) m; **2.** m Schienen-, Parkett-leger m; Steinsetzer m; ~ de plastic s. plastiqueur.

positif, -ve [pozi'tif, ~'tiːv] **1.** adj. allg., 🌣, gr., phys. positiv; allg. bejahend; sicher; fig. nüchtern; **2.** m phot. Positiv n; gr. Positiv m; allg. le ~ das Positive, das Tatsächliche; **~tion** [~'sjɔ̃] f Lage f; Stellung f; Haltung f; en ~ assise in sitzender Stellung, im Sitzen; **~tionner** [~sjɔ'ne] v/t. (1a)

✺, ⚓ den Standort (*gén.*) bestimmen; *allg.* lokalisieren.

posologie *phm.* [pozɔlɔˈʒi] *f* Dosierung *f*.

posséd|é, -e [poseˈde] *su.* Besessene(r *m*) *m u. f*; **~er** [~] *v/t.* (1f) besitzen; *Sprache* beherrschen; F *~q.* j-n reinlegen (*od.* übertölpeln, bemogeln); *se* ~ sich beherrschen.

possess|eur [poseˈsœːr] *m* Besitzer(in *f*) *m*; **~if, -ve** *gr.* [~ˈsif, ~ˈsiːv] *adj.* possessiv, besitzanzeigend; **~ion** [~ˈsjɔ̃] *f* Besitz *m*; *psych.* Besessenheit *f*.

poss|ibilité [posibiliˈte] *f* Möglichkeit *f*; **~ible** [~ˈsibl] **1.** *adj.* möglich; *autant que* ~ soweit wie (*od.* als) möglich; *le moins* ~ sowenig wie (*od.* als) möglich, möglichst wenig; *le plus* ~ soviel wie (*od.* als) möglich, möglichst viel; *le plus souvent* (*vite*) ~ möglichst oft (schnell), so oft (schnell) wie (*od.* als) möglich; **2.** *m*: *le* ~ das Mögliche; *je ferai tout mon* ~ ich werde mein möglichstes tun.

postal, -e [posˈtal] *adj.* (*m/pl.* -aux) Post...

post|combustion ✺ [pɔstkɔ̃bysˈtjɔ̃] *f* Nachverbrennung *f*; **~cure** ⚕ [~ˈkyːr] *f* Nachkur *f*; **~dater** [~daˈte] *v/t.* (1a) vordatieren.

poste[1] [post] *f* Post(amt *n*) *f*; ~ *aérienne* Luftpost *f*; ~ *pneumatique* Rohrpost *f*; *mettre à la* ~ *Brief usw.* zur Post bringen, aufgeben; ~ *restante* postlagernd.

poste[2] [post] *m* Posten *m*; Wachtposten *m*; Wach-stube *f*, -lokal *n*; Wachmannschaft *f*; *beruflich:* Anstellung *f*, Stellung *f*, Posten *m*; (*Arbeits-*)Schicht *f*; *rad. usw.* Empfänger *m*; Empfangs-, Sende-gerät *n*; ✺ ~ *avancé* Vorposten *m*; ~ *budgétaire* Planstelle *f*; ~ *clé* Schlüsselstellung *f*; ~ *couleur* Farbfernseher *m*; ~ *d'essence* Tankstelle *f*; ~ *frontière* Grenzübergang *m*; ~ *d'incendie* *etwa:* Feuerlöschanlage *f* (*mit Hydrant u. Schlauch*); ~ *de jour* Tagschicht *f*; ~ *de nuit* Nachtschicht *f*; ~ *de police* Polizeirevier *n*; ~ *de secours* Unfallstation *f*, Rettungsstelle *f*; ~ *de télévision* Fernsehempfänger *m*; ~ *téléphonique* Fernsprecher *m*; Fernsprechstelle *f*; 🕾 ~ *d'aiguillage* Stellwerk *n*; ✺ ~ *de pilotage* Cockpit *n*, Pilotenkabine *f*.

poster[1] [posˈte] *v/t.* (1a) aufstellen;

Brief aufgeben, mit der Post abschicken.

poster[2] [posˈtɛːr] *m* Poster *n od. m*.

postéri|eur, -e [posteˈrjœːr] **1.** *adj.* hintere(r, -s); spätere(r, -s); **2.** *m* F Hintern *m*; **~té** [~riˈte] *f* Nachkommenschaft *f*; Nachwelt *f*.

post|face [postˈfas] *f* Nachwort *n*; **~glaciaire** *géol.* [~glaˈsjɛːr] *adj.* postglazial, nacheiszeitlich.

posthume [posˈtym] *adj.* nachgeboren; *Werk:* postum, nachgelassen; *nach j-s Tod* eintretend.

postiche [posˈtiʃ] **1.** *adj.* später hinzugefügt; *Haare, Zähne:* unecht, falsch; unpassend, simuliert; **2.** *m* Haarteil *n*.

postier, -ère [posˈtje, ~ˈtjɛːr] *su.* Postbeamte(r) *m*, -beamtin *f*.

postillon [postiˈjɔ̃] *m* hist. Postkutscher *m*; *fig.* Speicheltropfen *m*.

post|industriel, -le *éc.* [pɔstɛ̃dystriˈɛl] *adj.* nachindustriell; **~position** *gr.* [~poziˈsjɔ̃] *f* Nachsetzen *n*; Postposition *f*; **~scolaire** [~skoˈlɛːr] *adj.* Fortbildungs...; **~scriptum** [~skripˈtɔm] *m* (*inv.*) Postskriptum *n*, Nachschrift *f*.

postul|ant, -e [postyˈlɑ̃, ~ˈlɑ̃ːt] *su.* Bewerber(in *f*) *m*; **~at** *phil.* [~ˈla] *m* Postulat *n*; **~er** [~ˈle] *v/t.* (1a) sich bewerben (*qch.* um etw.).

postur|al, -e [postyˈral] *adj.* (*m/pl.* -aux) Haltungs...; *anomalie f* **~e** Haltungsschaden *m*; **~e** [~ˈtyːr] *f* Haltung *f*, Positur *f*; *fig.* *être en bonne* (*mauvaise*) ~ gut (schlecht) gestellt sein.

pot [po] *m* Topf *m*; Kanne *f*; ~ *à eau* Wasser-topf *m*, -kanne *f*; ~ *à fleurs* Blumentopf *m*; ~ *à lait* Milch-topf *m*, -kanne *f*; ~ *d'eau* Topf *m* (mit) Wasser; *découvrir le* ~ *aux roses* hinter das Geheimnis kommen.

pot|abilité [potabiliˈte] *f* Trinkbarkeit *f*; **~able** [~ˈtabla] *adj.* **1.** trinkbar; *nur noch in: eau f* ~ Trinkwasser *n*; **2.** F *fig.* akzeptabel.

potache F *écol.* [poˈtaʃ] *m* Pennäler *m*.

pot|age [poˈtaːʒ] *m* Suppe *f*; ~ *aux champignons* Pilzsuppe *f*; F *pour tout* ~ alles in allem; **~ager, -ère** [~taˈʒe, ~ˈʒɛːr] **1.** *adj.* Küchen...; Suppen...; **2.** *m* Gemüsegarten *m*.

potass|e 🜋 [poˈtas] *f* Pottasche *f*; ~ *caustique* Ätzkali *n*; **~er** F [~ˈse] *v/t. u. v/i.* (1a) pauken, ochsen, büffeln; **~ium** 🜋 [~ˈsjɔm] *m* Kalium *n*.

pot|-à-tabac P [pɔtataˈba] *m* Dickwanst *m*; **~-au-feu** [~toˈfø] 1. *m* (*inv.*) *cuis.* Potaufeu *m od.* n (*Eintopf aus Rindfleisch, Brühe u. Gemüse*); Suppenfleisch *n zum Potaufeu*; 2. *adj.* (*inv.*) F *Frau:* hausbacken; spießbürgerlich; **~-de-vin** [pɔdˈvɛ̃] *m* (*pl. pots-de-vin*) Draufgeld *n beim Kauf*; Bestechungs-, Schmier-geld *n*.

pote P [pɔt] *m* Kumpel *m*, Kamerad *m*.

poteau [pɔˈto] *m* (*pl. ~x*) Pfahl *m*, Pfosten *m*; ⚡ Mast *m*; ⚓ Stütze *f*; *Sport:* Torpfosten *m*; P Kumpel *m*; ~ *indicateur* Wegweiser *m*; ~ *à griffes* Krallenwetzbrett *n für Katzen*.

potée *cuis.* [pɔˈte] *f* Gemüseeintopf *m*.

potelé, -e [pɔtˈle] *adj.* rundlich, drall.

potence [pɔˈtɑ̃s] *f* Galgen *m*; ⊕ Arm *m*, Träger *m*; ⚓ Kniestütze *f*.

potentat [pɔtɑ̃ˈta] *m* Machthaber *m*.

potentiel, -le [pɔtɑ̃ˈsjɛl] 1. *adj.* potentiell; 2. *m* Potential *n*; ~ *de guerre* Kriegspotential *n*.

potentille ♀ [pɔtɑ̃ˈtij] *f* Fingerkraut *n*.

potentiomètre ⚡ [pɔtɑ̃sjɔˈmɛːtrə] *m* Potentiometer *n*, Spannungsteiler *m*.

poterie [pɔˈtri] *f* Tongeschirr *n*, Keramik *f*, Töpferware *f*; Töpferei *f*.

potiche [pɔˈtiʃ] *f* Chinavase *f*; *fig.* Strohpuppe *f*.

potier [pɔˈtje] *m* Töpfer *m*.

potin [pɔˈtɛ̃] *m* 1. *bsd.* ~s *pl.* Klatsch *m*; 2. Lärm *m*; **~er** F [~tiˈne] *v/i.* (1a) tratschen.

potion *phm.* [pɔˈsjɔ̃] *f* Arzneitrank *m*.

potiron ♀ [pɔtiˈrɔ̃] *m* Riesenkürbis *m*.

pot-pourri [popuˈri] *m* (*pl. pots-pourris*) Potpourri *n*.

pou *ent.* [pu] *m* (*pl. ~x*) Laus *f*.

pouah! F [pwa] *int.* pfui!

poubelle [puˈbɛl] *f* Mülleimer *m*; Müll-tonne *f*, -kasten *m*.

pouce [pus] *m anat.* Daumen *m*; große Zehe *f*, großer Zeh *m*; *altes Längenmaß:* Zoll *m*; *fig.* F *donner un coup de* ~ (*heimlich*) ein bißchen nachhelfen; *fig. manger sur le* ~ schnell im Stehen *etw.* essen; *mettre les* ~s nachgeben; *se tourner les* ~s Däumchen (*od. die Daumen*) drehen; **~ier** [~ˈsje] *m* Däumling *m zum Schutz des Daumens*; (*Tür-*)Drücker *m*.

pouding *cuis.* [puˈdiŋ] *m* Plumpudding *m*.

poudr|e [ˈpuːdrə] *f* Puder *m*; Pulver *n*; Schießpulver *n*; ✶ Heroin *n*; *café en* ~ gemahlener Kaffee *m*; *sucre en* ~ Puderzucker *m*; ~ *effervescente* Brausepulver *n*; ~ *de mine* Sprengpulver *n*; **~er** [puˈdre] *v/t.* (1a) pudern; **~euse** ⊕ [~ˈdrøːz] *f*: ~ *d'insecticides* Insektenpulverspritze *f*; **~eux, -se** [~ˈdrø, ~ˈdrøːz] *adj.* pulv(e)rig; *neige f poudreuse* Pulverschnee *m*; **~ier** [~ˈdriˈɛ] *m* Puderdose *f*; *ehm.* Streusandbüchse *f*; **~ière** [~driˈɛːr] *f ehm.* Pulverlager *n*; *fig. pol.* Pulverfaß *n*; **~in** ⚓ [~ˈdrɛ̃] *m* Sprühregen *m*; Gischt *m*; **~oyer** [~drwaˈje] *v/i.* (1a) stauben.

pouf [puf] 1. *int.:* ~! plumps!; 2. *m* Puff *m*, Polsterhocker *m*.

pouffer [puˈfe] *v/i.* (1a): ~ *de rire* laut auflachen.

pouf(f)iasse P [puˈfjas] *f* 1. Nutte *f*; 2. dicke Frau *f*.

pouillard *dial.* [puˈjaːr] *m* Rebhühnchen *n*; kleiner Fasan *m*.

pouill|erie [pujˈri] *f* Dreckstall *m* P; äußerste Ärmlichkeit *f*; **~es** [puj] *f/pl.:* *chanter* ~*s à q.* j-n be-, ausschimpfen; **~eux, -se** [~ˈjø, ~ˈjøːz] 1. *adj.* verlaust; dreckig; *Land:* unfruchtbar; völlig verarmt; 2. *su.* zerlumpter Mensch *m*; armer Schlucker *m*.

poulailler [pulaˈje] *m* Hühnerstall *m*; F *thé.* Galerie *f*, Olymp *m* F.

poulain [puˈlɛ̃] *m zo.* Fohlen *n*, Füllen *n*; ⊕ Schrotleiter *f*; *fig. Autor, Sportler usw.:* être le ~ *de q.* j-s Schützling sein.

poularde [puˈlard] *f* Masthühnchen *n*.

poul|e [pul] *f* Huhn *n*, Henne *f*; *Kartenspiel:* Runde *f*, Satz *m*; *Sport:* Spiel *n*; *Rugby:* Mannschaft *f*; *fig.* F Täubchen *n*; P Frau *f*; *péj.* Nutte *f*; *fig.* ~ *mouillée* Angsthase *m*; F *avoir la chair de* ~ e-e Gänsehaut haben; **~et** [~ˈlɛ] *m* Hühnchen *n*; F Polizist *m* F; *fig.* Liebesbrief *m*; **~ette** [~ˈlɛt] *f* junge Henne *f*; F junges Mädchen *n*; *sauce f* (*à la*) ~ holländische Soße *f*.

pouliche [puˈliʃ] *f zo.* Stutenfohlen *n*; ✶ Prostituierte *f*.

poulie [puˈli] *f* ⊕ Riemenscheibe *f*; Rolle *f zum Heben v. Lasten*; ⚓ ~ *mouflée* Flaschenzug *m*.

poulin|er [puliˈne] *v/i.* (1a) *Stute:* fohlen; **~ière** [~ˈnjɛːr] *f* 1. *adj./f:* *jument f* ~ = 2. *f* Zuchtstute *f*.

poulot, -te F [pu'lo, ~'lɔt] *su.* Herzchen *n*, Schätzchen *n*.

poulpe *zo.* [pulp] *m* Krake *m*.

pouls [pu] *m* Puls *m*; *tâter le ~ à q.* j-m den Puls (*fig.* j-m auf den Zahn) fühlen; *se tâter le ~* s-e Kräfte *vor e-r Entscheidung* messen.

poumon [pu'mɔ̃] *m* Lunge(nflügel *m*) *f*; *~s pl.* Lunge *f*.

poupard [pu'pa:r] *m* pausbäckiges Kind *n*, Wonneproppen *m* F.

poupe ⚓ [pup] *f* Heck *n*.

poupée [pu'pe] *f* Puppe *f*; Zierpuppe *f*; *fig.* Puppe *f für Hutmodelle usw.*

poupin, -e [pu'pɛ̃, ~'pin] *adj.* pausbäckig, frisch; kugelrund.

poupon, -ne [pu'pɔ̃, ~'pɔn] *su.* Baby *n*, Pausbäckchen *n*; **~nière** [~pɔ'njɛ:r] *f* Säuglingsheim *n*.

pour [pu:r] **I.** *prp.* **1.** für (*acc.*); *~ moi* für mich; *être ~ beaucoup (~ peu) dans qch.* großen (geringen) Anteil haben an etw. (*dat.*), viel (wenig) beigetragen haben zu etw. (*dat.*); **2.** nach (*dat.*); ✈ *s'envoler ~* abfliegen nach; *partir ~* abreisen nach; **3.** wegen (*gén.*); *~ cela* deswegen, deshalb; *et ~ cette raison* aus diesem Grunde; *et ~ cause* und somit aus gutem Grund; **4.** zugunsten (*gén.*); (aus Zuneigung) für; *être ~ q.* (*qch.*) es mit j-m halten (für etw. sein); **5.** in bezug auf (*acc.*), gegen (*acc.*), mit Rücksicht auf (*acc.*), was ... (*acc.*) betrifft; *~ cela, ~ ce qui est de cela* was das betrifft; *du respect ~* Achtung vor (*dat.*); *de l'aversion ~* Abneigung gegen (*dat.*); *sévère ~* streng gegen; **6.** anstatt (*gén.*), als; *avoir ~ ami* zum Freund (*od.* als Freund) haben; *prendre q. (qch.) ~ q. (qch.)* j-n (etw.) für j-n (etw.) fälschlich halten; **7.** für, auf (*acc.*); *~ demain* auf morgen; *~ huit jours* auf acht Tage; *~ cent francs* für hundert Franc; *dix ~ cent* zehn Prozent; **8.** *mit inf.*: **a)** um zu (*inf.*); *~ apprendre* um zu lernen, zum Lernen; **b)** weil; *~ l'avoir dit* weil ich es gesagt habe; **c)** *mit folgender Verneinung:* obgleich, obwohl; *~ être riche, il n'est pas moins malheureux* obwohl er reich ist, ist er doch unglücklich; **II.** *cj.* **1.** *~ que (mit subj.)* damit, (auf) daß; **2.** *~ peu que (mit subj.)* wenn auch noch so wenig; **3.** (*~ autant) que je sache* soviel ich weiß; **III.** *m: le ~ et le contre* das Für und Wider.

pourboire [pur'bwa:r] *m* Trinkgeld *n*.

pourceau *litt.* [pur'so] *m* (*pl. ~x*) Schwein *n* (*a. fig.*).

pourcentage [pursɑ̃'ta:ʒ] *m* Prozentsatz *m*.

pourchasser [purʃa'se] *v/t.* (1a) j-n jagen, beharrlich verfolgen; Jagd machen auf (*acc.*).

pourcompte † [pur'kɔ̃:t] *m* Verkauf *m* für Rechnung des Absenders e-r Ware.

pourfend|eur [purfɑ̃'dœ:r] *m* **1.** *iron.* Zerstörer *m*; **2.** Gegner *m*; **~re** *litt. od. plais.* [~'fɑ̃:drə] *v/t.* (4a) zerschlagen, vernichten.

pourlécher [purle'ʃe] *v/rfl.* (1f): *se ~* sich die Lippen lecken.

pourparlers [purpar'le] *m/pl.* Besprechungen *f/pl.*, Verhandlungen *f/pl.*

pourpr|e ['purprə] **1.** *adj.* purpurrot; **2.** *m* Purpurrot *n*; *zo.* Purpurschnecke *f*; **3.** *f* Purpurfarbe *f* (*Farbstoff*); *text.* Purpur *m*; **~é, -e** [~'pre] *adj.* purpurn.

pourquoi [pur'kwa] **1.** *adv.* warum, weshalb; **2.** *cj.*: *c'est ~, voilà ~* deshalb.

pourr|i, -e [pu'ri] **1.** *adj.* verfault; *fig.* verdorben; verregnet; **2.** *m* Moder *m*; **~ir** [~'ri:r] (2a) *v/t.* in Fäulnis übergehen lassen; (sittlich) verderben; *v/i.* (ver)faulen, verwesen; **~iture** [~ri'ty:r] *f* Fäulnis *f*.

pour|suite [pur'sɥit] *f* Verfolgung *f*; **~suiteur** *vél.* [~'tœ:r] *m* Verfolger *m*; **~suivant** [~sɥi'vɑ̃] *m* Verfolger *m*; *t* Kläger *m*; **~suivre** [~'sɥi:vrə] *v/t.* (4h) verfolgen, quälen, plagen; *fig.* streben nach (*dat.*); *etw.* nachstreben; *j-n* gerichtlich belangen; *etw.* fortsetzen; fortfahren (*qch.* mit *od.* in etw. *dat.*).

pourtant [pur'tɑ̃] *adv.* dennoch, doch.

pourtour [pur'tu:r] *m* Umfang *m*; Umkreis *m*; Rand(fläche *f*) *m*.

pourvoi *tt* [pur'vwa] *m* Einspruch *m*; Rechtsmittel *n*; *~ en révision* Revisionsantrag *m*.

pourvoir [pur'vwa:r] (3b) **1.** *v/i.*: *~ à qch.* für etw. sorgen; *~ aux dépenses* die Ausgaben bestreiten; *~ à un emploi* e-e Stelle besetzen; **2.** *v/t.*: *~ q. de qch.* j-n mit etw. (*dat.*) versehen (*od.* ausstatten, versorgen); *oft p.p.*: *pourvu de qch.* mit etw. versehen (*od.* ausgestattet); *les nations pourvues de wohlhabenden Länder n/pl.*; **3.** *se ~*

en *justice* gerichtlich vorgehen.

pourvoyeur, **-se** [purvwaˈjœːr, ~ˈjøːz] **1.** *su. litt.* Lieferant(in *f*) *m*; **2.** *m* ✕ Munitions-träger *m*, -kanonier *m*.

pourvu [purˈvy] **1.** *p.p. von* pourvoir; **2.** *cj.*: ~ que (*mit subj.*) vorausgesetzt, daß ...; sofern ...

poussage ⚓ [puˈsaːʒ] *m* Schubschifffahrt *f*.

poussa(h) [puˈsa] *m* Stehaufmännchen *n*; *fig.* Dickwanst *m*.

pousse [pus] *f* ♀ Treiben *n der Blätter*; Schößling *m*, Trieb *m*; Wachsen *n der Haare usw.*; Durchbruch *m der Zähne*, Zahnen *n*; ♣ Wiederausbrechen *n e-s Hautausschlags*; *vét.* Herzschlächtigkeit *f*; Trübwerden *n des Weines*; **~é, -e** [~ˈse] *adj. Industrie*; ⊕ *Leistung*: hochentwickelt; *geistige Arbeit*: intensiv; umfassend; vorangetrieben; *peint.* sorgfältig; *Scherz*: überspitzt; *Verhör*: scharf; *Stimme*: überlaut; ♪ *Bewegung des Bogens*: durchgezogen; *phot.* überentwickelt; *Motor*: hochgezüchtet.

pousse-café [puskaˈfe] *m* (*inv.*) Gläschen *n* Schnaps nach dem Kaffee.

poussée [puˈse] *f* Stoß *m*; ✕, *pol.* Vorstoß *m*; ⚠ Druck *m*; *phys.* Schub *m*; ✈ (Düsen-)Antrieb *m*; Schubkraft *f e-s (Raketen-)Triebwerks*; ♣ Ausbruch *m*; Hautausschlag *m*; *fig.* Aufschwung *m*; ~ *démographique* Bevölkerungszuwachs *m*.

pousse-pousse [pusˈpus] *m* (*inv.*) Rikscha *f*.

pousser [puˈse] (1a) **1.** *v/t.* (an-, vor-, zurück-, weg- *usw.*) stoßen, (-)drängen, (-)schieben, (-)treiben; *écol. u. fig.* fördern; anspornen; förderlich sein (*q. j-m*); *fig.* verleiten; *Schrei* ausstoßen; *Arbeit* vorantreiben; ♀ *Schößlinge* (hervor)treiben; *Auto*: ~ (*le moteur*) à *fond* Vollgas geben, den Motor hochjagen; *Aufschrift an e-r Tür*: *poussez!* drücken!; **2.** *v/i.* stoßen, schieben; *Zähne usw.*: hervorkommen; *Bäume*: treiben, ausschlagen; wachsen; *Wein*: in Gärung kommen; *vét.* herzschlächtig werden; **3.** *se* ~ gestoßen *usw.* werden; *fig. se* ~ *dans le monde* vorwärtskommen; *fig.* ~ *du col* großtun; sich überall vordrängen.

poussette [puˈsɛt] *f* Sportwagen *m* (*für Kinder*); ~ à *provisions* Marktroller *m*.

pouss|eur ⚓ [puˈsœːr] *m* Schubschiff *n*; **~ière** [~ˈsjɛːr] *f* Staub *m*; ♀ ~ *fécondante* Blütenstaub *m*, Pollen *m*; **~s** *pl.* radio-actives radioaktive Staubteilchen *n/pl.*; *mordre la* ~ ins Gras beißen; **~iéreux**, **-se** [~sjeˈrø, ~ˈrøːz] *adj.* staubig; **~if**, **-ve** [~ˈsif, ~ˈsiːv] *adj. vét.* herzschlächtig; *fig.* kurzatmig.

poussin [puˈsɛ̃] *m* Küken *n*; **~ière** [~siˈnjɛːr] *f* Küken-käfig *m*, -trockner *m*.

poussoir *Auto* [puˈswaːr] *m* Stößel *m*.

poutr|e [ˈpuːtrə] *f* Balken *m*; Träger *m*; **~elle** [puˈtrɛl] *f* kleiner Balken *m* (*od.* Träger *m*).

pouvoir [puˈvwaːr] **1.** *v/t. u. v/i.* (3f) können; *puis-je?* darf (*od.* dürfte) ich?; *puissiez-vous réussir!* möge Ihnen Erfolg beschieden sein!; *cela se peut bien* das kann sehr wohl möglich sein; **2.** *m* Können *n*; Macht *f*, Gewalt *f*; Vollmacht *f*; ⚖ ~ *d'achat* Kaufkraft *f*; *fondé m de* ~ Bevollmächtigte(r) *m*.

pragmat|ique [pragmaˈtik] *adj.* pragmatisch; **~isme** [~ˈtism] *m* Pragmatismus *m*.

prairie [prɛˈri] *f* Wiese(nland *n*) *f*.

pralin|e [praˈlin] *f* gebrannte Mandel *f*; **~er** [~liˈne] *v/t.* (1a) in Zucker rösten.

pratic|able [pratiˈkabl] **1.** *adj. Weg*: befahrbar; *thé.* praktikabel; **2.** *m cin.* verstellbare Plattform *f für Kameras usw.*; ⊕ Stauförderer *m* mit automatischer Bündelungsanlage; **~ien**, **-ne** [~ˈsjɛ̃, ~ˈsjɛn] *su.* Praktiker(in *f*) *m*; praktischer Arzt *m*, praktische Ärztin *f*.

praticulture [pratikylˈtyːr] *f* Wiesenbau *m*.

pratiqu|ant, **-e** *rl.* [pratiˈkɑ̃, ~ˈkɑ̃t] *adj. Katholik*: praktizierend; **~e** [~ˈtik] **1.** *adj.* praktisch; **2.** *f* Praxis *f*; (praktische) Erfahrung *f*; Übung *f*; Ausübung *f e-s Berufs*, *Sports*; Gewohnheit *f*; ~ *judiciaire* Gerichtspraxis *f*; **~s** *pl.* Kniffe *m/pl.*, Praktiken *f/pl.*; **~er** [~ˈke] *v/t.* (1m) ausüben; (praktisch) anwenden, durchführen; einrichten, anbringen, anlegen; *abs.* (*od.* ~ *une religion*) die Religionsvorschriften beachten.

pré [pre] *m* Wiese *f*, Anger *m*.

préalable [preaˈlabl] **1.** *adj.* vorherig; vorhergehend; **2.** *m* Vorbedingung *f*; **3.** *advt.*: *au* ~ vorher, zuerst.

préambule [preã'byl] *m* Präambel *f*.
pré-apprentissage *écol.* [preaprãti-'saːʒ] *m* vorbereitende Lehrzeit *f*.
préau [pre'o] *m* (*pl.* ~x) überdachter Schulhof *m*.
préavis [prea'vi] *m* vorherige Benachrichtigung *f*; Kündigung *f*; *téléph.* Voranmeldung *f*; *sans* ~ fristlos.
prébende [pre'bãːd] *f* Pfründe *f*.
précaire [pre'kɛːr] *adj.* prekär; **~carité** [~kari'te] *f* Unsicherheit *f*.
précaution [preko'sjɔ̃] *f* Vorsicht *f*; Umsicht *f*; ~s *pl.* Vorsichtsmaßregeln *f/pl.*; **~neux, -se** [~sjo'nø, ~'nøːz] *adj.* vorsichtig; umsichtig.
précéd|emment [preseda'mã] *adv.* vorher; zuvor; **~ent, -e** [~'dã, ~'dãːt] **1.** *adj.* vorhergehend, vorig; **2.** *m* Präzedenzfall *m*; *sans* ~ noch nie dagewesen, beispiellos; **~er** [~'de] *v/t.* (1f) **1.** ~ q. vor j-m her-gehen, -fahren; früher als j. ankommen; *je suis précédé de q.* ich habe j-n vor mir; **2.** *zeitlich* voran-, voraus-gehen (*dat.*).
précept|e [pre'sɛpt] *m* Vorschrift *f*; **~eur, -rice** [~'tœːr, ~'tris] *su.* Hauslehrer(in *f*) *m*; Erzieher(in *f*) *m*; **~oral, -e** [~tɔ'ral] *adj.* (*m/pl. -aux*) schulmeisterlich; **~orat** [~'ra] *m* Hauslehrerstelle *f*.
prêch|e [prɛʃ] *m* protestantische Predigt *f* (F, *iron., a. fig.*); **~er** [~'ʃe] (1a) *v/t. u. v/i.* predigen (*q. j-m*); *v/i.:* ~ *d'exemple* mit gutem Beispiel vorangehen; **~eur, -se** [~'ʃœːr, ~'ʃøːz] **1.** *su.* Moralprediger(in *f*) *m*; **2.** *adj./m:* *Frères* ~s *pl.* Dominikaner *m/pl.*
prêchi-prêcha F [prɛ'ʃiprɛ'ʃa] *m* (*inv.*) Salbaderei *f*.
préci|eux, -se [pre'sjø, ~'sjøːz] *adj.* kostbar; *Steine:* edel; wertvoll; *fig.* affektiert; preziös; **~osité** [~sjozi'te] *f* Geziertheit *f*, Affektiertheit *f*.
précipice [presi'pis] *m* Abgrund *m*.
précipit|amment [presipita'mã] *adv.* überstürzt, Hals über Kopf; **~ant** 🔬 [~'tã] *m* Niederschlags-, Fällungs-mittel *n*; **~ation** [~ta'sjɔ̃] *f* Überstürzung *f*; 🔬 Niederschlagung *f*, (Aus-)Fällen *n*; *météor.* mst ~s *pl.* Nieder-schlag *m*, -schläge *m/pl.*; **~é, -e** [~'te] **1.** *adj.* eilig, hastig; überstürzt; **2.** *m* 🔬 Niederschlag *m*; **~er** [~] *v/t.* (1a) (hinab-) stürzen; beschleunigen; überstürzen; 🔬 niederschlagen, (aus)fällen; *se* ~ sich (hinab)stürzen; *Ereignisse:*

sich überstürzen; *se* ~ *sur q.* sich auf j-n stürzen, auf j-n losstürzen; 🔬 *se* ~ (*a. v/i.*) ausgefällt werden, ausfallen.
précis, -e [pre'si, ~'siːz] **1.** *adj.* präzis(e); bestimmt; deutlich; klar; sachlich; *à dix heures* ~es Punkt zehn Uhr; **2.** *m* kurze Übersicht *f*, Abriß *m*; **~ément** [~ze'mã] *adv.* präzis(e); genau; gerade; richtig; **~er** [~'ze] *v/t.* (1a) genau bestimmen; **~ion** [~'zjɔ̃] *f* Präzision *f*; Genauigkeit *f*; Bestimmtheit *f*; ~s *pl.* nähere Angaben *f/pl.*
pré|cité, -e [presi'te] *adj.* obenerwähnt; vorgenannt; **~clinique** [~kli'nik] *adj.* vorklinisch.
précoce [pre'kɔs] *adj.* frühreif (*a. psych.*); vorzeitig; **~ité** [~si'te] *f* Frühreife *f*.
précolombien, -ne *hist.* [prekɔlɔ̃'bjɛ̃, ~'bjɛn] *adj.* vorkolumbianisch.
préconçu, -e [prekɔ̃'sy] *adj.* vorgefaßt.
préconiser [prekɔni'ze] *v/t.* (1a) befürworten, empfehlen.
précontraint, -e *bét.* [prekɔ̃'trɛ̃, ~'trɛt] *adj.* vorgespannt; *béton* ~ ~ Spannbeton *m*.
pré|curseur [prekyr'sœːr] **1.** *m* Vorläufer *m*; **2.** *adj./m: signe* ~ ~ Vorzeichen *n*, -bote *m*; **~décesseur** [~dese'sœːr] *m* Vorgänger *m*; *nos* ~s *pl.* unsere Vorfahren *m/pl.*
prédestin|ation [predɛstina'sjɔ̃] *f* Vorherbestimmung *f*; *rl.* Gnadenwahl *f*; **~er** [~'ne] *v/t.* (1a) vorherbestimmen; *rl.* auserwählen.
prédic|ateur [predika'tœːr] *m* Prediger *m*; Kanzelredner *m*; **~ation** [~ka'sjɔ̃] *f* Predigen *n*; Predigt *f*.
prédiction [predik'sjɔ̃] *f* Vorhersage *f*; Prophezeiung *f*.
prédilection [predilɛk'sjɔ̃] *f* Vorliebe *f*; *de* ~ Lieblings...
prédire [pre'diːr] *v/t.* (4m) vorher-, voraus-sagen; prophezeien; weissagen.
prédispos|er [predispo'ze] *v/t.* (1a) empfänglich machen (*à* für); vorbereiten; *être prédisposé à qch.* e-e Anlage zu etw. (*dat.*) haben; **~ition** [~zi'sjɔ̃] *f* Veranlagung *f*.
prédomin|ance [predɔmi'nãːs] *f* Vorherrschen *n*, Überwiegen *n*; Vorherrschaft *f*, Übergewicht *n*; **~ant, -e** [~'nã, ~'nãːt] *adj.* vorherrschend; **~er** [~'ne] *v/i.* (1a) vorherr-

schen, überwiegen.

préémin|ence [preemi'nã:s] f absolute Überlegenheit f; **~ent, -e** [~'nã, ~'nã:t] adj. überlegen.

pré|emption ⚓ [preãp'sjõ] f: droit m de ~ Vorkaufsrecht n; **~éruption** géol. [~eryp'sjõ] f vorausgehende Eruption f; **~établir** [~eta'bli:r] v/t. (2a) vorher festsetzen, vorherbestimmen; **~existence** rl. [~egzis'tã:s] f Präexistenz f.

préfabri|cation ⚓ [prefabrika'sjõ] f Fertigbau(weise f) m; **~qué, -e** [~'ke] adj. vorgefertigt, Fertig...; maison f ~e Fertighaus n.

préfac|e [pre'fas] f Vorwort n; Einleitung f; **~er** [~'se] v/t. (1k) mit e-m Vorwort versehen; **~ier** [~'sje] m Verfasser m des Vorworts.

préfect|oral, -e [prefekto'ral] adj. (m/pl. -aux) des Präfekten; **~ure** [~'ty:r] f Präfektur f; ~ de police Polizeipräfektur f, All. ~präsidium n.

préfér|able [prefe'rabl] adj. vorzuziehen(d) (à qch. e-r Sache dat.); **~ence** [~'rã:s] f Vorzug m; Bevorzugung f; Vorliebe f; Vorrecht n (a. ⚓); de ~ vorzugsweise; **~entiel, -le** [~rã'sjɛl] adj. Vorzugs...; **~er** [~'re] v/t. (1f): ~ qch. à qch. etw. e-r Sache (dat.) vorziehen; ~ faire qch. etw. lieber tun.

préfet [pre'fɛ] m Präfekt m; Fr. écol. ~ des études Studienaufseher m; **~ète** [~'fɛt] f Präfektengattin f.

préfix|e gr. [pre'fiks] m Präfix n, Vorsilbe f; **~er** gr. [~'kse] v/t. (1a) präfigieren.

préformage ⊕ [prefɔr'ma:ʒ] m Vorformen n; Vorbehandlung f.

pré-gazon 🗡 [prega'zõ] m (pl. prés-gazons) gepflegte Wiese f, Rasenplatz m.

préhension zo. [preã'sjõ] f Greifen n.

préhist|oire [preis'twa:r] f Vorgeschichte f; **~orique** [~to'rik] adj. vorgeschichtlich.

préindustriel, -le éc. [preɛ̃dystri'ɛl] adj. vorindustriell.

préjudic|e [preʒy'dis] m Nachteil m, Schaden m; au ~ de zum Nachteil von (od. gén.), zuungunsten (gén.); sans ~ de unbeschadet (gén.); **~iable** [~'sjabla] adj. nachteilig (à für); **~iaux** [~'sjo] adj. (nur m/pl.): frais m/pl. ~ Gerichtskostenvorschuß m (vor Einlegung e-s Rechts-

mittels); **~iel, -le** ⚖️ [~'sjɛl] adj.: question f ~e Vorfrage f.

préjug|é [preʒy'ʒe] m Vorurteil n; **~er** [~] v/i. (11): ~ de qch. e-e voreilige Entscheidung über etw. (acc.) treffen.

prélasser [prela'se] v/rfl. (1a): se ~ sich aalen, es sich bequem machen.

prélat cath. [pre'la] m Prälat m.

prêle, prèle ♻ [prɛ:l] f Schachtelhalm m.

prélèvement [prelɛv'mã] m Entnahme f; fin. Abzug m; 🩺 Abstrich m; éc. ~ conjoncturel Konjunkturabschöpfung f; 🩺 ~ sanguin Blutentnahme f, ~probe f; opérer un ~ e-n Abstrich machen; **~lever** [~l've] v/t. (1d) Probe entnehmen; fin. Geld abheben; 🩺 ~ du sang à q. j-m Blut abnehmen.

préliminaire [prelimi'nɛ:r] 1. adj. vorläufig, einleitend, Vor...; 2. **~s** m/pl. Präliminarien pl.; **~s** de (la) paix Friedens-)Vorverhandlungen f/pl.

prélud|e [pre'lyd] m ♪ Präludium n; fig. Vorbote m; les ~s d'une conférence die Vorbereitungen f/pl. zu e-r Konferenz; **~er** [~'de] v/i. (1a) ♪ mit e-m einleitenden Vorspiel beginnen, präludieren; fig. ~ à qch. das Vorspiel zu etw. (dat.) sein.

prématur|é, -e [prematy're] 1. adj. frühreif; zu früh, verfrüht; 2. m 🩺 Frühgeburt f; **~ément** [~'mã] adv. vor der Zeit; **~ité** psych. [~ri'te] f Frühreife f.

préméditation [premedita'sjõ] f Vorsätzlichkeit f; avec ~ vorsätzlich; **~er** [~'te] v/t. (1a) vorher bedenken, (vor)planen.

prémices litt. [pre'mis] f/pl. Anfänge m/pl.

premier, -ère [prə'mje, ~'mjɛ:r] 1. adj. u. a/n. o. erste(r, -s); au (od. du) ~ coup auf Anhieb, beim ersten Mal; tout ~, toute première allererste(r, -s); le ~ venu (la première venue) der (die) erste beste; 🗡 nombre m ~ Primzahl f; 2. su.: le ~, la première der, die, das erste (der Reihe nach); der, die, das Erste (dem Rang nach); partir le ~ zuerst (od. als erster) fortgehen; thé. jeune ~ jugendlicher Held m (od. Liebhaber m); jeune première jugendliche Heldin f; 3. m pol. Ministerpräsident m; écol. Primus m; ⚓ erster Stock m; 4. première f ✝ Primawechsel m; *thé., cin.* Premiere f; Ur-, Erst-aufführung f; *thé.* erste Rangloge f; 🏛 erste Klasse f; *Auto:* erster Gang m; *alp.* Erstbesteigung f.

premièrement [prəmjɛr'mã] *adv.* erstens, in erster Linie, zuerst.

premier-né, première-née [prəmje'ne, ‿mjɛr'ne] (*pl.* premiers-nés, premières-nées) **1.** *adj.* erstgeboren; **2.** *su.* Erstgeborene(r m) m u. f.

prémisse [pre'mis] f Prämisse f.

pré|monitoire 🩺 [premɔni'twa:r] *adj.* Warn..., vorausgehend; **‿munir** [‿my'ni:r] (2a) **1.** *v/t. st.s. sich* warnen (*contre* vor *dat.*); **2.** se ‿ *contre* qch. sich vor etw. (*dat.*) *od.* gegen etw. (*acc.*) schützen.

prenant, -e [prə'nã, ‿'nã:t] *adj.* fesselnd.

prendre ['prã:drə] (4q) **1.** *v/t.* (weg-, ab-, an-, mit-)nehmen; (an)fassen, ergreifen; gefangennehmen; *Stadt* einnehmen; *Fische usw.* fangen; ertappen; überraschen; zu sich nehmen, essen, trinken; *Krankheit* bekommen; *Weg* einschlagen; auffassen, deuten; *rad.* ‿ *une station* e-n Sender hereinbekommen; ‿ *q.* j-n abholen; ‿ *mal* übelnehmen; ‿ *q. de court* j-n überrumpeln, j-n in Verlegenheit bringen; ‿ *de vitesse q.* (qch.) j-m zuvorkommen (etw. überfordern, zu hohe Ansprüche an etw. stellen); ‿ *la liberté* sich die Freiheit nehmen; ‿ *port,* ‿ *terre* landen; ‿ *pour* qch. halten für etw. halten; *pour qui me prenez-vous?* für wen halten Sie mich?; *bien pris(e) Gestalt:* wohlproportioniert; ‿ *une heure* e-e Stunde dauern; **2.** *v/i.* 🌱 *Wurzel* fassen; *fig.* Erfolg haben, Anklang finden; haften, festsitzen; *Feuer* fangen (*le feu a pris à la maison* das Haus hat Feuer gefangen); *Zement:* abbinden; *Gewässer:* zufrieren; ‿ *sur* qch. von etw. absparen, abziehen; **3.** s'y ‿ sich bei etw. anstellen; *se* ‿ *d'amitié pour* q. sich mit j-m anfreunden; *s'en* ‿ *à q. de* qch. s-n Ärger an j-m wegen e-r Sache auslassen; j-m die Schuld an etw. zuschieben; *se* ‿ *à faire* qch. anfangen, etw. zu tun; *se* ‿ (*a. v/i.*) *Gewässer:* zufrieren; *se* ‿ *les doigts dans la porte* sich die Finger in der Tür einklemmen; *se* ‿ *les pieds dans une phrase* sich in e-m Satz verhaspeln.

prénégociation [prenegɔsja'sjɔ̃] f Vorverhandlung f.

preneur, -se [prə'nœ:r, ‿'nø:z] **1.** *su.* 🏦 Abnehmer(in f) m; *rad., cin.* ‿ *de son* Tontechniker(in f) m; 🏛 ‿ *à bail* Pächter(in f) m; **2.** *adj./f:* ⊕ *benne f preneuse* Greifer m.

prénom [pre'nɔ̃] m Vorname m; **‿mer** [‿nɔ'me] *v/t.* (1a): ‿ *q.* j-m e-n Vornamen geben.

préoccup|ant, -e [preɔky'pã, ‿'pã:t] *adj.* besorgniserregend; **‿ation** [‿pa'sjɔ̃] f Hauptinteresse n; Unruhe f, Sorge f; **‿er** [‿'pe] *v/t.* (1a) intensiv beschäftigen; beunruhigen; *se* ‿ *de* qch. sich mit etw. beschäftigen; sich um etw. Sorgen machen.

prépar|ateur, -rice [prepara'tœ:r, ‿'tris] *su.* Assistent(in f) m (*bei Experimenten*); ‿ *en pharmacie* Laborant(in f) m; **‿atifs** [‿'tif] *m/pl.* (Reise-, Essens-)Vorbereitungen f/pl.; **‿ation** [‿ra'sjɔ̃] f *allg., écol.* Vorbereitung f; *cuis.* Zubereitung f; *anat.,* 🏥 Präparieren n, Präparat n; *sans* ‿ unvorbereitet; **‿atoire** [‿ra'twa:r] *adj.* vorbereitend; **‿er** [‿'re] *v/t.* (1a) vor-, zu-bereiten; ‿ *un examen* sich auf ein Examen vorbereiten; *se* ‿ sich vorbereiten (*à* auf *acc.*); *im Anzug sein; unpersönlich: il se prépare* qch. es ist etw. im Gange (*od.* im Anzug).

prépondér|ance [prepɔde'rã:s] f *fig.* Übergewicht n; **‿ant, -e** [‿'rã, ‿'rã:t] *adj.* überwiegend.

prépos|é [prepo'ze] m Vorgesetzte(r) m, Aufseher m; *adm.* Briefträger m; **‿er** [‿] *v/t.* (1a): ‿ *q. à* qch. j-n mit der Leitung e-r Sache beauftragen; **‿ition** gr. [‿zi'sjɔ̃] f Präposition f, Verhältniswort n; **‿itionnel, -le** gr. [‿sjɔ'nɛl] *adj.* präpositional.

préprofessionnel, -le *écol.* [preprɔfesjɔ'nɛl] *adj.* vorberuflich.

préretraite [prerə'trɛt] f vorzeitige Pensionierung f; Frührente f.

prérogative [prerɔga'ti:v] f Vorrecht n.

près [prɛ] **1.** *adv.* nah(e), nahebei; *tout* ‿ ganz in der Nähe; *ici* ‿ dicht nebenan; *à peu* ‿ ungefähr, etwa; *à beaucoup* ‿ bei weitem (nicht); *à cela* ‿ dies ausgenommen; davon abgesehen; *à cette nuit* ‿ bis auf diese Nacht; von dieser Nacht, bis auf diese Nacht; *à quelques exceptions* ‿ bis auf einige Ausnahmen; *de* ‿ in (*od.* aus) der Nähe; *fig.* ganz genau; *couper de* ‿

Haare ganz kurz schneiden; *au plus* ~ *fig.* auf dem kürzesten Wege; ⚓ hart am Wind; **2.** *prp.*: ~ de nah(e) bei (*dat.*), in der Nähe von (*dat.*), neben (*dat. u. acc.*); être ~ de (*inf.*) nahe daran sein zu ...; ~ *de deux heures* beinahe zwei Stunden; fast zwei Uhr.

présage [preˈzaːʒ] *m* Vorbedeutung *f*; Vorzeichen *n*; Ahnung *f*; **~er** [~zaˈʒe] *v/t.* (1l) ahnen lassen; voraussehen.

presbyacousie ⚕ [prɛsbiakuˈzi] *f* Altersschwerhörigkeit *f*.

presbyte ⚕ [prɛsˈbit] *adj.* weitsichtig.

presbytère [prɛsbiˈtɛːr] *m* Pfarrhaus *n*.

préscolaire [preskɔˈlɛːr] *adj.* Vorschul...

prescription [prɛskripˈsjɔ̃] *f* Vorschrift *f*; Anordnung *f*; ⚕ (ärztliche) Verordnung *f*, Rezept *n*; ⚖ Verjährung *f*.

prescrire [prɛsˈkriːr] *v/t.* (4f) vorschreiben; ⚕ verschreiben; ⚖ *etw.* verjähren lassen; se ~ verjähren (*par dix ans* in zehn Jahren).

préséance [preseˈɑ̃ːs] *m* Vorrang *m*.

présélection [preselɛkˈsjɔ̃] *f* ⊕ Vorwahl *f*; 🖵 Vorverteilung *f*.

présence [preˈzɑ̃ːs] *f* Gegenwart *f*; Anwesenheit *f*; *fig.* être en ~ ea. (feindlich) gegenüberstehen.

présénilité *psych.* [preseniliˈte] *f* Frühsenilität *f*.

présent¹, -e [preˈzɑ̃, ~ˈzɑ̃ːt] **1.** *adj.* gegenwärtig, anwesend; vorliegend; *bsd.* ⚔ ...*! hier*!; *lui* ~ in seiner Gegenwart; **2.** *m* Gegenwart *f* (*a. gr.*); gegenwärtige Zeit *f*; *gr.* Präsens *n*; *les* ~*s* die Anwesenden *pl.*; *à* ~ jetzt; *pour le* ~ für jetzt.

présent² *litt.* [preˈzɑ̃] *m* Geschenk *n*; *faire* ~ *de* schenken; *recevoir en* ~ zum (*od.* als) Geschenk erhalten.

présent|able [prezɑ̃ˈtabl] *adj.*: être ~ sich sehen lassen können; **~ateur, -rice** [~taˈtœːr, ~ˈtris] *su. rad., télév.* Conférencier *m*, Ansager(in *f*) *m*; ✝ Präsentant *m* e-s fälligen Wechsels; **~ation** [~taˈsjɔ̃] *f* Ein-, Überreichung *f*; Eingabe *f*; Vorstellung *f*; Vorführung *f* e-r Kollektion; ✝ Aufmachung *f*; Ausstattung *f* e-s Buches; Vorschlag *m* für ein Amt; ✝ *payable à* ~ zahlbar bei Sicht; **~ement** [~t'mɑ̃] *adv.* zur Zeit; **~er** [~'te] *v/t.* (1a)

überreichen; dar-, an-bieten; vorstellen, einführen; übergeben; darbringen; aufweisen; *für e-e Stellung* vorschlagen; (vor)zeigen; se ~ sich (persönlich) vorstellen; se ~ *chez q.* bei j-m vorsprechen; **~oir** ✝ [~ˈtwaːr] *m* Muster-tabelle *f*, -koffer *m*, -karton *m*; Verkaufsständer *m*.

présérie ⊕ [preseˈri] *f* Nullserie *f*.

préserv|atif ⚕ [prezɛrvaˈtif] *m* Präservativ *n*; **~ation** [~vaˈsjɔ̃] *f* Schutz *m*; **~er** [~ˈve] *v/t.* (1a): ~ *q. de qch.* j-n vor etw. (*dat.*) schützen (*od.* bewahren).

présid|ence [preziˈdɑ̃ːs] *f* Vorsitz *m*; Präsidentschaft *f*; **~ent** [~ˈdɑ̃] *m* Vorsitzende(r) *m*; Präsident *m*; **~en-tialisme** *Fr.* [~dɑ̃sjaˈlism] *m* Präsidialsystem *n*; **~entiel, -le** [~dɑ̃ˈsjɛl] *adj.* den Präsidenten betreffend, Präsidenten...; **~er** [~ˈde] (1a) *v/t.* den Vorsitz führen (*une assemblée* bei e-r Versammlung) *v/i.*: ~ *à* leiten (*acc.*); *fig.* beherrschen (*acc.*); den Ausschlag geben bei (*dat.*).

présompt|if, -ve [prezɔpˈtif, ~ˈtiːv] *adj.* mußmaßlich; **~ion** [~pˈsjɔ̃] *f* Vermutung *f* (*a.* ⚖); Anmaßung *f*, Dünkel *m*, Spleen *m*; **~ueux, -se** [~pˈtɥø, ~ˈtɥøːz] *adj.* überheblich; anmaßend.

presque [prɛsk(ə)] *adv.* beinahe, fast; *la* ~ *totalité de* ... fast alle ...; *la* ~ *unanimité* die nahezu völlige Einstimmigkeit.

presqu'île [prɛsˈkil] *f* Halbinsel *f*.

press|age ⊕ [prɛˈsaːʒ] *m* (Aus-)Pressen *n*; **~ant, -e** [~ˈsɑ̃, ~ˈsɑ̃ːt] *adj.* drängend; dringlich; dringend; **~e** [prɛs] *f* Presse *f* (*a.* ⊕); *typ. sous* ~ im Druck; **~é, -e** [~ˈse] *adj.* Stil: gedrängt; dicht, eng *geschrieben*; *Person od. Sache*: eilig.

presse-citron [prɛssiˈtrɔ̃] *m* (*inv.*) Zitronenpresse *f*; **~-fruits** [~ˈfrɥi] *m* (*inv.*) Frucht-, Saft-presse *f*.

pressent|iment [prɛsɑ̃tiˈmɑ̃] *m* Vorgefühl *n*, Ahnung *f*; **~ir** [~ˈtiːr] *v/t.* (2b) ahnen; *fig.* sondieren; sondieren; vorfühlen (*q.* bei j-m).

presse-papiers [prɛspaˈpje] *m* (*inv.*) Briefbeschwerer *m*; **~-purée** [~py-ˈre] *m* (*inv.*) Gemüse-, Kartoffelquetsche *f*.

press|er [prɛˈse] (1b) *v/t.* drücken, (aus)pressen, keltern; zs.-drängen; bedrängen; dringen (*q.* in j-n); zur Eile antreiben; beschleunigen; *v/i.*

drängen; *rien ne presse* es hat keine Eile; *se* ~ sich beeilen; sich drängen (*autour de q.* um j-n); **~ing** [~'siŋ] *m* Dampfbügelei *f;* **~ion** [~'sjɔ̃] *f* Druck *m; fig.* Zwang *m;* **~oir** [~'swa:r] *m* Kelter *f (bsd. für Wein),* (*Frucht-*)Presse *f;* Kelterhaus *n.*

pressur|age [presy'ra:ʒ] *m* Auspressen *n,* Keltern *n;* **~er** [~'re] *v/t.* (1a) ausdrücken, auspressen, keltern; *fig. j-n* ausbeuten; **~eur** [~'rœ:r] *m* Kelterer *m; fig.* Ausbeuter *m;* **~iser** ✂ [~ri'ze] *v/t.* (1a) mit Überdruck versehen; **~iseur** *at.* [~'zœ:r] *m* Druckanlage *f.*

prest|ance [prɛs'tã:s] *f* stattliches Aussehen *n;* **~ant** ♩ [~'tã] *m* Hauptpfeifenwerk *n,* Prinzipal *n e-r Orgel;* **~ation** [~ta'sjɔ̃] *f* Leistung *f (bsd. der Sozialversicherung);* **~s** *pl. de maladie* Leistungen *f/pl.* bei Krankheit; **~ de serment** Eidesleistung *f.*

prest|e [prɛst] *adj.* behende, flink; **~esse** [~'tɛs] *f* Behendigkeit *f,* Flinkheit *f;* **~idigitateur, -rice** [~tidiʒita'tœ:r, ~'tris] *su.* Taschenspieler(in *f*) *m.*

prestig|e [prɛs'ti:ʒ] *m* Prestige *n,* Ansehen *n; jouir d'un grand* ~ großes Ansehen genießen; **~ieux, -se** [~ti'sjø, ~'sjø:z] *adj.* bezaubernd; *Werbesprache:* anspruchsvoll, von Rang.

présumer [prezy'me] (1a) *v/t.* vermuten, annehmen; meinen; *v/i.:* ~ *trop* e-e zu hohe Meinung haben (*de* von *dat.*).

présupposer [presypo'ze] *v/t.* (1a) voraussetzen; erfordern.

présure [pre'zy:r] *f (Kälber-)*Lab *n.*

prêt¹, -e [prɛ, prɛt] *adj.* bereit (*à* etw.) zu etw.); fertig; ~ *au départ* startbereit; reisefertig; ~ *à être fourni* lieferfertig; ~ *à l'usage* gebrauchsfertig.

prêt² [prɛ] *m* Darlehen *n;* Ausleihen *n v. Büchern usw.;* ✕ Sold *m; service m de* ~(*s*) *de livres* Buchverleih *m;* ✝ ~ *sur gage,* ~ *sur nantissement* Pfanddarlehen *n;* ~ *gratuit* (~ *à intérêt*) unverzinsliches (verzinsliches) Darlehen *n.*

pretantaine F, **prétantaine** F [prɔ-, prɛtã'tɛ:n] *f: courir la* ~ sich herumtreiben.

prêt-à-porter [prɛtapɔr'te] *m (pl. prêts-à-porter)* Konfektion *f,* Fertigkleidung *f;* Kleid *n (od.* Kostüm *n,* Anzug *m)* von der Stange.

prétend|ant [pretã'dã] *m* Prätendent *m;* Freier *m;* **~re** [~'tã:drə] (4a) **1.** *v/t.* **a)** behaupten, vorgeben; **b)** *mit inf.:* beabsichtigen, wollen; **2.** *v/i.:* ~ *à* Anspruch erheben auf (*acc.*); streben nach (*dat.*); **~u, -e** [~tã'dy] **1.** *adj.* angeblich; **2.** *su. dial.* Bräutigam *m,* Braut *f.*

prête-nom [prɛt'nɔ̃] *m (pl.* ~*s*) Strohmann *m,* vorgeschobene Person *f.*

préten|tiard, -e P [pretã'sja:r, ~'sjard] *adj.* angeberisch; **~tieux, -se** [~'sjø, ~'sjø:z] *adj.* anmaßend, anspruchsvoll; **~tion** [~'sjɔ̃] *f* Anspruch *m; fig.* Anmaßung *f,* Dünkel *m.*

prêter [prɛ'te] (1a) *v/t.* (aus)leihen; darbieten; *Eid, Hilfe* leisten; zuschreiben, unterstellen (*qch. à q.* j-m etw.); *v/i. text.* sich dehnen; ~ *à* Anlaß geben zu (*dat.*); sich eignen zu (*dat.*); *se* ~ *à* sich hergeben zu (*dat.*), zustimmen (*dat.*).

prétérit *gr.* [prete'rit] *m* Präteritum *n.*

prêteur, -se [prɛ'tœ:r, ~'tø:z] *su.* Verleiher(in *f*) *m;* Darlehensgeber(in *f*) *m.*

prétext|e [pre'tɛkst] *m* Vorwand *m; prendre* ~ *de qch.* etw. zum Vorwand nehmen; *sous* ~ *de (inf.) od. que ...* unter dem Vorwand zu (*inf.*) *od.* daß ...; **~er** [~'te] *v/t.* (1a): ~ *qch.* etw. vorschützen; ~ *que ...* vorgeben, daß ...

prétoire [pre'twa:r] *m* Gerichtssaal *m.*

prétraité, -e ⊕ [pretrɛ'te] *adj.* vorbehandelt.

prêtr|e [ˈprɛtrə] *m* Priester *m;* **~esse** [prɛ'trɛs] *f* Priesterin *f;* **~ise** [~'tri:z] *f* Priester-weihe *f,* -tum *n.*

preuve [prœ:v] *f* Beweis *m;* Beleg *m;* Zeichen *n;* Zeugnis *n; arith.* Probe *f; faire la* ~ *de qch.* etw. beweisen.

prévaloir [preva'lwa:r] *v/i.* (3h) sich durchsetzen, sich Geltung verschaffen (*contre q.* j-m gegenüber); vorwiegen, -herrschen; *se* ~ *de qch.* etw. geltend machen; sich etw. zunutze machen; *auf* etw. (*acc.*) pochen.

prévari|cateur, -rice [prevarika'tœ:r, ~'tris] *adj.* pflichtvergessen; **~cation** [~ka'sjɔ̃] *f* Pflichtverletzung *f;* **~quer** [~'ke] *v/i.* (1m) pflichtwidrig handeln.

préven|ance [prev'nã:s] *f* Zuvorkommenheit f; **~ant, -e** [~'nɑ̃, ~'nɑ̃:t] adj. zuvorkommend; **~ir** [~'ni:r] v/t. (2h): ~ qch. e-r Sache (dat.) vorbeugen; etw. verhüten; etw. vereiteln; ~ q. de qch. j-n (vorher) von etw. (dat.) benachrichtigen; j-n vor etw. (dat.) warnen.

préven|tif, -ve [prevɑ̃'tif, ~'ti:v] adj. vorbeugend; Präventiv...; détention f (od. prison f) préventive Untersuchungshaft f; **~tion** [~'sjɔ̃] f Voreingenommenheit f; Vorurteil n; Vorbeugung f; ½½ Untersuchungshaft f; Fr. ~ routière (Maßnahmen f/pl. zur) Verhütung f von Verkehrsunfällen; **~torium** [~to'rjɔm] m Art Sanatorium n für Tbc-Gefährdete.

prévenu, -e [prev'ny] 1. p.p. von prévenir; 2. adj. ½½ beschuldigt; être ~ voreingenommen sein (en faveur de für, contre gegen); 3. su. Beschuldigte(r m) f.

prévis|ible [previ'zibl] adj. voraussehbar; **~ion** [~'zjɔ̃] f Vorhersehen n; éc. ~s pl. Planzahlen f/pl., Soll-Etat m; ~ du temps, ~s météorologiques Wettervorhersage f; **~ionniste** éc. [~zjɔ'nist] su. Vorausplaner(in f) m.

prévoir [pre'vwa:r] v/t. (3b) voraus-, vorher-sehen; (im voraus) bedenken; vorsehen, planen.

prévôt ⚔ [pre'vo] m Feldrichter m; **~é** [~'te] f Feldjäger(truppe f) m/pl.

prévoy|ance [prevwa'jɑ̃:s] f Vorausischt f; Vorsorge f; Fürsorge f; prendre des mesures de ~ Vorsichtsmaßregeln treffen; **~ant, -e** [~'jɑ̃, ~'jɑ̃:t] adj. vorausschauend; vorsorglich.

prie-Dieu [pri'djø] m (inv.) Betstuhl m.

prier [pri'e] v/t. (1a) 1. ~ q. de faire qch. j-n bitten, etw. zu tun; je vous en prie a) ich bitte Sie darum; wenn ich bitten darf; b) bitte sehr!; gern geschehen!; macht nichts!; 2. litt. ~ q. à déjeuner j-n zum (Mittag-)Essen einladen; 3. rl. (a. abs.) beten (Dieu zu Gott).

prière [pri'ɛːr] f Bitte f; Gebet n; faire sa ~ beten (v/i.); ~ de ne pas fumer bitte nicht rauchen; ~ d'insérer Waschzettel m (zu e-m Besprechungsexemplar).

prieur, -e rl. [pri'œːr] su. Prior(in f) m; **~é** [~'re] m Priorei f.

prim|aire [pri'mɛːr] 1. adj. Elementar...; Anfangs...; Ur...; Primär...; 2. m écol. Grundschulunterricht m;

⚡ Primärkreis m; **~arisme** [~ma'rism] m Engstirnigkeit f.

prim|at rl. [pri'ma] m Primas m; **~auté** [~mo'te] f Vorrang m; Primat m od. n (a. des Papstes); Vorhand f beim Spiel.

prime¹ [prim] adj.: de ~ abord von vornherein.

prime² [prim] f Prämie f, Gratifikation f; ✝ Zugabe f, Werbegeschenk n; fig. faire ~ sehr gesucht sein.

primer¹ [pri'me] v/t. (1a) übertreffen; la force prime le droit Gewalt geht vor Recht.

primer² [pri'me] v/t. (1a) präm(i)ieren.

primerose ♀ [prim'ro:z] f Stockmalve f, -rose f.

primesautier, -ère [primso'tje, ~'tjɛːr] adj. spontan; urwüchsig.

primeur [pri'mœːr] f 1. litt. Neuheit f; avoir la ~ de qch. etw. als erste(r) haben (od. erfahren); als erste(r) in den Genuß von etw. kommen; 2. ~s pl. erstes Gemüse n, Früh-gemüse n, -obst n; **~iste** [~mœ'rist] m Frühobst-, Frühgemüse-gärtner m.

primevère ♀ [prim've:r] f Primel f.

primitif, -ve [primi'tif, ~'ti:v] adj. ursprünglich; Ur...; Grund...; primitiv.

primovaccination 💉 [primovaksinɑ'sjɔ̃] f Erstimpfung f.

prince [prɛ̃:s] m Fürst m; Prinz m.

princeps [prɛ̃'sɛps] adj. (inv.): édition f ~ Erstausgabe f.

princ|esse [prɛ̃'sɛs] f Fürstin f; Prinzessin f; **~ier, -ère** [~'sje, ~'sjɛːr] adj. fürstlich (a. fig.); Fürsten...; fig. luxuriös.

princip|al, -e [prɛ̃si'pal] (m/pl. -aux) 1. adj. hauptsächlich; Haupt...; 2. m Haupt-sache f, -punkt m; ♪ Prinzipal n e-r Orgel; 3. **~e** f gr. Hauptsatz m; **~auté** [~po'te] f Fürstentum n; **~e** [~'sip] m 1. litt. Ursprung m, Grundursache f; 2. 🜨 Grundbestandteil m; 3. Prinzip n (a. phys.); Grundsatz m; en ~ grundsätzlich; par ~ aus Prinzip.

printan|ier, -ère [prɛ̃ta'nje, ~'njɛːr] adj. Frühlings...

printemps [prɛ̃'tɑ̃] m Frühling m.

prior|at rl. [prio'ra] m Priorat n; **~itaire** [~ri'tɛːr] adj. vorrangig; route f ~ Vorfahrt(s)straße f; **~ité** [~'te] f Priorität f, Vorrang m, Vorzug m; Straßenverkehr: Vorfahrt f; avoir ~ sur (die) Vorfahrt haben vor (dat.).

pris   384

pris, -e [pri, pri:z] **1.** *p.p. von* prendre; **2.** *adj.* besetzt; beschäftigt; *Gewässer:* zugefroren; ~ *de boisson* angetrunken.

prise [pri:z] *f* Nehmen *n*, Ergreifen *n*; ✕ Einnahme *f*, Eroberung *f*; erbeutetes Schiff *n*, Prise *f*; Beute *f*; *Bergsteigen:* Griff *m*, Halt *m*; *phot.* Aufnahme *f*; Gefrieren *n*; kleine Menge *f*, Prise *f*; Abbinden *n v. Zement*; ~ *d'air* Luftzufuhr *f*; ~ *d'armes* Parade *f* (*mit Waffen*); ~ *d'eau* Hydrant *m*; ~ *de conscience* Bewußtseinsbildung *f*; ~ *de contact* Fühlungnahme *f*; ⚡ ~ *de courant* Steckkontakt *m*, Steckdose *f*; ~ *de sang* Blutentnahme *f*; *rad.* ~ *de terre* Erdung *f*, Erden *n*; ~ *de vues* Filmaufnahme *f*; *donner* ~ *à Anlaß* geben zu; ~ *en charge* Kostenübernahme *f* (*durch die Versicherung*); ~ *en considération* Berücksichtigung *f*; *être aux* ~*s avec q.* sich mit j-m auseinandersetzen; *lâcher* ~ loslassen; *avoir* (*od. trouver*) ~ *sur q.* (*od. qch.*) j-n (*od. etw.*) fassen, (an)packen; *fig.* auf j-n Eindruck machen; *donner* ~ *sur soi* sich e-e Blöße geben.

prisée [pri'ze] *f* Taxierung *f*.

priser¹ *litt.* [pri'ze] *v/t.* (1a) schätzen, würdigen.

priser² [pri'ze] *v/t.* (1a) schnupfen.

priseur¹ ⚖ [pri'zœ:r] *m* Taxator *m*.

priseur² [pri'zœ:r] *m* (Tabak-) Schnupfer *m*.

prism|atique [prisma'tik] *adj.* prismenförmig; **~e** [prism] *m* Prisma *n*.

prison [pri'zɔ̃] *f* Gefängnis *n*; **~nier,** **-ère** [~zɔ'nje, ~'njɛːr] *su.* Gefangene(r *m*) *m u. f*.

priv|atif, -ve *gr.* [priva'tif, ~'ti:v] *adj.* verneinend; privativ; **~ation** [~va'sjɔ̃] *f* Entziehung *f*; Entbehrung *f*; Fehlen *n*, Mangel *m*; **~atiser** *éc.* [~vati'ze] *v/t.* (1a) privatisieren; **~autés** [~vo'te] *f/pl.* (zu große) Vertraulichkeiten *f/pl.*; **~é, -e** [~'ve] **1.** *adj.* privat; *en* ~ unter vier Augen; **2.** *m: dans le* ~ im Privatleben; *privat;* ✝ *in der Privatwirtschaft;* **~er** [~] *v/t.* (1a): ~ *q. de qch.* j-n e-r Sache (*gén.*) berauben.

privi|lège [privi'lɛ:ʒ] *m* Privileg *n*, Vorrecht *n*; **~légié, -e** [~le'ʒje] *adj.* privilegiert; **~légier** [~] *v/t.* (1a) privilegieren; begünstigen.

prix [pri] *m* Preis *m*; ~ *convenu* (*od. fait*) vereinbarter Preis *m*; ~ *courant* Marktpreis *m*; ~ *d'ama*-

teur Liebhaberpreis *m*; ~ *d'ami* Freundschaftspreis *m*; *dernier* ~ äußerster Preis *m*; ~ *de revient* Selbstkostenpreis *m*, Gestehungskosten *pl.*; ~ *de vente* Verkaufspreis *m*; *diminution f de* ~ Preisabbau *m*; ~ *fixe* fester Preis *m*; ~ *minimum*, ~ *plancher* Mindestpreis *m*; ~ *réclame*, ~ *publicitaire* Reklamepreis *m*; *à vil* ~ zu e-m Spottpreis; *à tout* ~ um jeden Preis; *à aucun* ~ um keinen Preis; *hors de* ~ unerschwinglich; **~-courant** [~ku-'rɑ̃] *m* (*pl.* ~*s*) Preisliste *f*.

pro F [pro] *m* (*inv.*) Profi *m*.

prob|abilité [prɔbabili'te] *f* Wahrscheinlichkeit *f*; **~able** [~'babl] *adj.* wahrscheinlich; **~ant, -e** [~'bɑ̃, ~'bɑ̃:t] *adj.* beweiskräftig; **~ation** *rl.* [~ba'sjɔ̃] *f* (Probezeit *f* vor dem) Noviziat *n*; **~ité** [~bi'te] *f* Redlichkeit *f*; Rechtschaffenheit *f*.

problématique [problema'tik] **1.** *adj.* problematisch; **2.** *f* Problematik *f*.

problème [prɔ'blɛːm] *m* Problem *n*, schwierige Frage *f*; ⚓ Aufgabe *f*.

procéd|é [prɔse'de] *m* **1.** Verfahren *n*; **2.** Lederstück *n* *am Billardstock*; **3.** *péj.* Klischee *n*, Abklatsch *m*; **4.** Verhalten *n*; ~*s pl.* Manieren *f/pl.*, ~ *s* *pl.* Lebensart *f*; *manquer de* ~*s* keine Lebensart haben; *user de bons* ~*s* sich höflich benehmen; **~er** [~] *v/i.* (1f) verfahren, vorgehen, zu Werke gehen; ~ *à qch.* etw. durchführen; ~ *de* herrühren von (*dat.*); **~ure** [~'dy:r] *f* (Gerichts-)Verfahren *n*; Prozedur *f*.

procès [prɔ'sɛ] *m* ⚖ Prozeß *m*; *fig. litt.* ~ *d'apprentissage* (*de maturation*) Lern-(Reife-)prozeß *m*.

procession [prɔse'sjɔ̃] *f* Prozession *f*; **~naire** *ent.* [~sjɔ'nɛːr] **1.** *adj.: chenille* ~ = 2. *f* Prozessionsraupe *f*; **~nal** *rl.* [~'nal] *m* (*pl. -aux*) Prozessionsliederbuch *n*; **~nel, -le** [~'nɛl] *adj.* prozessionsmäßig.

processus [prɔse'sys] *m* *fig.* (Entwicklungs-)Prozeß *m*; Verfahren *n*; *anat.* Fortsatz *m*; ~ *opératoire* Arbeitsweise *f* e-r *Maschine*.

procès-verbal [prɔsevɛr'bal] *m* (*pl. procès-verbaux*) Protokoll *n*; ~ *de constatation* Tatbestandsaufnahme *f*; ~ *de séance* Sitzungsprotokoll *n*; *dresser* (*un*) ~ ein Protokoll aufnehmen.

prochain, -e [prɔ'ʃɛ̃, ~'ʃɛn] **1.** *adj. Reihenfolge, a. zeitlich:* nächste(r

-s); *le mois* ~ der nächste Monat; im nächsten Monat; *au* ~ *village* im nächsten Dorf; **2.** *m bibl.* **le** ~ der Nächste; *amour m du* ~ Nächstenliebe *f*; **3.** *f:* F *à la* ~e an der nächsten Haltestelle (*od.* Station); **~ement** [~ʃɛn'mɑ̃] *adv.* nächstes.

proche [prɔʃ] **1.** *adj.* räumlich, zeitlich, *fig.* nah(e); *la ville la plus* ~ die (am) nächste(n gelegene) Stadt; *le passé* die nahe Vergangenheit; *fig. le syriaque, très* ~ *de l'araméen* das Syrische, das dem Aramäischen verwandt ist; *le plus* ~ *adjoint* der nächststehende Gehilfe; *un* ~ *parent* ein naher Verwandter; **2.** *adv.* heute nur noch in: *de* ~ *en* ~ allmählich, immer mehr, immer weiter; **3.** ~s *m/pl.:* nos ~s unsere Angehörigen *m/pl.*, unsere (nahen) Verwandten *m/pl.*

proclam|ation [prɔklama'sjɔ̃] *f* Bekanntmachung *f*; ~ *au peuple* Aufruf *m* an das Volk; **~er** [~'me] *v/t.* (1a) ausrufen; bekanntmachen; verkünden; ~ *q. empereur* j-n zum Kaiser ausrufen.

procréer [prɔkre'e] *v/t.* (1a) Kinder zeugen.

procur|ation [prɔkyra'sjɔ̃] *f* Vollmacht *f*; ✝ Prokura *f*; *dresser une* ~ Vollmacht geben; ✝ Prokura erteilen; *par* ~ als Bevollmächtigter; ~ *per procura;* **~er** [~'re] *v/t.* (1a) verschaffen; besorgen; verursachen; **~eur** [~'rœːr] *m* Bevollmächtigte(r) *m*; ~ *de la République* (Ober-)Staatsanwalt *m*; ~ *général* Generalstaatsanwalt *m*.

prodig|alité [prɔdigali'te] *f* Verschwendung(ssucht *f*) *f*; **~e** [~'diːʒ] **1.** *m* Wunder *n*; Wunder-ding *n*, -geschöpf *n*; **2.** *adj.: enfant m* ~ Wunderkind *n*; **~ieux, -se** [~'ʒjø, ~'ʒjøːz] *adj.* erstaunlich; gewaltig.

prodigue [prɔ'diːg] **1.** *adj.* verschwenderisch; *bibl. u. allg. l'enfant m* ~ der verlorene Sohn; **2.** *su.* Verschwender(in *f*) *m*; **~er** [~di'ge] *v/t.* (1m) verschwenden; *fig.* reichlich spenden; ~ *les premiers soins à un blessé* e-m Verletzten bereitwillig Erste Hilfe leisten.

prodrome [prɔ'drɔːm] *m* 🩺 Vorbote *m*, Prodrom *n*; *fig.* Vorzeichen *n*.

product|eur, -rice [prɔdyk'tœːr, ~'tris] **1.** *adj.* herstellend; **2.** Erzeuger *m*, Hersteller *m*; **~ible** [~'tibl] *adj.* erzeugbar; **~if, -ve** [~'tif, ~'tiːv]

adj. produktiv; einträglich; **~ion** [~k'sjɔ̃] *f* **1.** Produktion *f*, Erzeugung *f*, Ausstoß *m*; ~ *en grand* Massenerzeugung *f*; ~ *en série* Serienherstellung *f*, -produktion *f*; ~ *journalière* Tagesleistung *f*; **2.** 🌾 Ertrag *m*; **3.** 🏛 Beibringung *f v. Beweisen;* **~ivité** [~tivi'te] *f* Produktivität *f*, Leistungsfähigkeit *f*, Ergiebigkeit *f*; schöpferische Kraft *f*.

produi|re [prɔ'dɥiːr] *v/t.* (4c) produzieren, erzeugen, hervorbringen; vor-führen, -legen; (er)zeugen; einbringen, *Zinsen* abwerfen; *Beweise* beibringen; verursachen; *se* ~ sich zeigen; sich ereignen; sich sehen lassen; *Tod, Stille:* eintreten; **~t** [~'dɥi] *m* Erzeugnis *n*, Ertrag *m*; 🍴, ⊕, 🜨 Produkt *n*; ~ *accessoire* Nebenprodukt *n*; ✝ ~ *fabriqué* Fabrikat *n*; ~ *fini* Fertigfabrikat *n*; ~ *national* Sozialprodukt *n*; ~ *semi-fini* Halbfabrikat *n*; ✝ ~ *d'ambiance* Luftverbesserer *m*; *phys.* ~ *de fission* Spaltprodukt *n*; ~ *de laiterie* Milch- (*od.* Molkerei-)produkt *n*; ~ *du capital* Kapitalertrag *m*.

proémin|ence [prɔemi'nɑ̃ːs] *f* Hervorragen *n*; Höcker *m*, Vorsprung *m*; Bodenerhebung *f*; **~ent, -e** [~'nɑ̃, ~'nɑ̃ːt] *adj.* vorspringend.

prof F *écol., univ.* [prɔf] **1.** *m* Lehrer *m*; Professor *m*; **2.** *f: la* ~ die Lehrerin.

profan|ateur, -rice [prɔfana'tœːr, ~'tris] *su.* (Kirchen-)Schänder(in *f*) *m*; **~ation** [~na'sjɔ̃] *f* Entweihung *f*, Schändung *f*; **~e** [~'fan] **1.** *adj.* profan; unkundig; **2.** *m* Weltliche(s) *n*; **3.** *su.* Laie *m*; Uneingeweihte(r *m*) *m u. f*; *fig.* Außenstehende(r *m*) *m u. f*; **~er** [~'ne] *v/t.* (1a) entweihen.

proférer [prɔfe're] *v/t.* (1f) hervorbringen, aussprechen.

profès, -esse *cath.* [prɔ'fɛ, ~'fɛs] *su.* Profeß *f*.

profess|er [prɔfɛ'se] *v/t.* (1b) öffentlich bekennen; unterrichten, lehren; **~eur** [~'sœːr] *su.* Lehrer(in *f*) *m an e-r höheren Schule;* Professor(in *f*) *m*; *Fr.* ~ *certifié etwa:* Studien-rat *m*, -rätin *f*; **~ion** [~'sjɔ̃] *f* öffentliches Bekenntnis *n*; Beruf *m*, Stand *m*; ~ *de foi* Glaubensbekenntnis *n*; *de* ~ vom Fach, seines Zeichens; **~ionnalisme** [~sjɔna'lism] *m* berufliche Tätigkeit *f*; *univ., écol.* Berufsorientiertheit *f*; *Sport:* Berufssportlertum n; **~ionnel, -le** [~'nɛl] **1.** adj. berufs-mäßig; enseignement m ~ Fachschul-unterricht m; orientation f ~le Berufs-beratung f; **2.** m Fachmann m; Sport: Berufs-sportler m, -spieler m; **~orat** [~ɔ'ra] m höheres Lehramt n; Professur f.

profil [prɔ'fil] m Profil n; Seitenan-sicht f; Querschnitt m; **~é, -e** ⊕ [~'le] **1.** adj. Profil...; **2.** m (Stahl-, Kunst-stoff-)Profil n; ~s d'acier Profil-, Form-stahl m; **~er** [~] v/t. (1a) im Profil (od. im Querschnitt) darstel-len; ⊕ profilieren; se ~ fig. sich abzeichnen.

profit [prɔ'fi] m Profit m, Gewinn m, Nutzen m; mettre qch. à ~ sich etw. zunutze machen; **~able** [~'tablə] adj. vorteilhaft, nützlich; einträglich; **~er** [~'te] v/i. (1a) **1.** ~ de qch. aus etw. (dat.) Nutzen ziehen, von etw. (dat.) profitieren; ~ à q. j-m nützlich sein, j-m Vorteil(e) bringen, j-m zu-gute kommen; **2.** F sich körperlich entwickeln; **~eur** [~'tœːr] m Profit-jäger m; ~ de guerre Kriegsgewinnler m.

profond, -e [prɔ'fɔ̃, ~'fɔ̃ːd] **1.** adj. tief; fig. gründlich; **2.** m: au plus ~ de la mer (de la forêt) in der Meerestiefe (im tiefsten Wald); **~ément** [~fɔde-'mã] adv. tief; zutiefst; **~eur** [~'fœːr] f Tiefe f; en ~ tiefgreifend; ⚓ mit Tiefenwirkung; ~ de bonnet Körb-chengröße f e-s Büstenhalters.

profus, -e litt. [prɔ'fy, ~'fyːz] adj. reichlich (a. ⚓); **~ément** [~ze'mã] adv. verschwenderisch; **~ion** [~'zjɔ̃] f: une ~ de e-e verschwenderische Fülle von, e-e Überfülle von; à ~ im Überfluß.

progéniture [prɔʒeni'tyːr] f Nach-kommenschaft f; Kinder n/pl.

programm|ateur, -rice rad., télév., cin. [prɔgrama'tœːr, ~'tris] su. Pro-grammgestalter(in f) m; **~athèque** inform. [~'tɛk] f Programmbibliothek f; **~ation** [~ma'sjɔ̃] f rad., télév., cin. Programmgestaltung f; él. Programm-ierung f; **~e** [~'gram] m Programm n; Festordnung f; Theaterzettel m; ~ des études Lehrplan m; **~er** [~'me] v/t. (1a) él. programmieren; rad., télév. auf das Programm (cin. auf den Spielplan) setzen; allg. planmäßig festlegen; **~erie** él. [~m'ri] f Software f; **~eur, -se** él. [~'mœːr, ~'møːz] su. Programmierer(in f) m.

progrès [prɔ'grɛ] m Fortschritt m; Fortgang m; ♪ Fortschreiten n.

progress|er [prɔgrɛ'se] v/i. (1b) vor-wärtsgehen; Fortschritte machen; **~if, -ve** [~'sif, ~'siːv] adj. gestaffelt; fortschreitend; schrittweise; fin. progressiv; **~ion** [~'sjɔ̃] f Fort-schreiten n (a. ♪); ⚔ Vorrücken n; fin. Staffelung f; A Reihe f; **~isme** pol. [~'sism] m Progressismus m; **~iste** pol. [~'sist] **1.** adj. fortschritt-lich, progressiv, progressistisch; **2.** su. Progressist(in f) m; **~ivité** [~sivi-'te] f Fortschrittlichkeit f; fin. stu-fenweises Ansteigen n, Progression f.

prohib|er [prɔi'be] v/t. (1a) verbie-ten; **~itif, -ve** [~bi'tif, ~'tiːv] adj. verbietend; unerschwinglich; **~ition** [~'sjɔ̃] f Verbot n; **~itionniste** [~sjɔ-'nist] **1.** adj. prohibitionistisch; **2.** su. Prohibitionist(in f) m.

proie [prwa] f Raub m; Beute f; fig. être en ~ à qch. etw. (dat.) preisgege-ben sein.

project|eur [prɔʒɛk'tœːr] m Schein-werfer m; Projektor m, Projektions-apparat m; bét. Spritzmaschine f; **~if, -ve** [~'tif, ~'tiːv] adj. projektiv (a. psych.); **~ile** [~'til] m Geschoß n; **~ion** [~k'sjɔ̃] f (Fort-)Schleudern n; Werfen n, Wurf m; Ausstoßung f des Gasstrahls bei Düsenantrieb; opt., géom. Projektion f; cin. Vorführung f; ⚠ ~ horizontale Grundriß m; ~-débat Fernsehdiskussion f.

projet [prɔ'ʒɛ] m Projekt n, Plan m; Entwurf m; Vorhaben n; **~er** [~ʒ'te] v/t. (1c) vorwärtsschleudern; (nach vorn) werfen; ausstrahlen; projizie-ren; vorhaben, planen; ~ son ombre Schatten werfen; ~ des étincelles Funken sprühen.

prolét|aire [prole'tɛːr] m Proletarier m; **~ariat** [~ta'rja] m Proletariat n; **~arien, -ne** [~'rjɛ̃, ~'rjɛn] adj. prole-tarisch; **~ariser** [~ri'ze] v/t. (1a) pro-letarisieren.

proli|fération [prolifera'sjɔ̃] f ⚕, zo. Vermehrung f (durch Zellteilung); ⚘ Sprossen n; ⚕ Wucherung f; ling. Ausbreitung f, Weiterbildung f; fig. schnelle Zunahme f; Verbreitung f v. Atomwaffen; **~férer** [~fe're] v/i. (1f) sich stark vermehren; über-handnehmen; gr. weitere Ablei-tungen hervorbringen; **~fique** biol. [~'fik] adj. sich stark vermehrend;

kinderreich.

prolix|e [prɔ'liks] adj. geschwätzig; **~i-té** [~ksi'te] f Weitschweifigkeit f.

prolo P [prɔ'lo] m Prolet m.

prologue [prɔ'lɔg] m thé. Prolog m; ♪, litt., cin., a. fig. Vorspiel n.

prolong|ation [prɔlɔ̃gɑ'sjɔ̃] f zeitliche (a. Aufenthalts-, Straf-)Verlängerung f (a. Sport); Ausdehnung f; **~e** [~'lɔ̃:ʒ] f Schleppseil n; **~ement** [~lɔ̃ʒ'mɑ̃] m Verlängerung f (bsd. räumlich); **~er** [~'ʒe] v/t. (11) verlängern; länger dauern lassen; se ~ sich hinziehen (zeitlich).

promen|ade [prɔm'nad] f Spaziergang m, -fahrt f, -ritt m; Spazierweg m, Promenade f, Anlagen f/pl.; **~er** [~'ne] (1d) v/t. spazierenführen, herumführen; fig. herumlaufen lassen; fig. hinhalten; ~ son chien s-n Hund ausführen; v/i. F envoyer ~ q. j-n wegschicken; se ~ spazieren-gehen, -fahren, -reiten; va te ~! scher dich zum Teufel!; **~eur, -se** [~'nœ:r, ~'nø:z] su. Spaziergänger(in f) m; **~oir** [~'nwa:r] m Wandelgang m.

pro|messe [prɔ'mɛs] f Versprechen n (a. ♣); **~metteur, -se** [~mɛ'tœ:r, ~'tø:z] adj. vielversprechend; **~mettre** [~'mɛtr] v/t. (4p) versprechen; ♪ abs. gut stehen; fig. voraussagen; se ~ sich vornehmen; erhoffen.

promis, -e [prɔ'mi, ~'mi:z] 1. p.p. von promettre; 2. adj. versprochen; ~ au succès erfolgversprechend; 3. su. dial. Verlobte(r m) m u. f.

promiscuité [prɔmiskɥi'te] f (a. ~s pl.) Zs.-gepferchtsein n, -gewürfeltsein n.

promontoire [prɔmɔ̃'twa:r] m Vorgebirge n.

pro|moteur, -rice [prɔmɔ'tœ:r, ~'tris] su. Anstifter(in f) m; Initiator(in f) m; ♥ Verkaufsleiter(in f) m; ♠ Bauträger(in f) m; péj. Baulöwe m; **~motion** [~mo'sjɔ̃] f Beförderung f; beruflicher Aufstieg m; écol. (Entlassungs-)Jahrgang m; ~ sociale sozialer Aufstieg m; ♥ ~ des ventes Verkaufs-, Absatz-förderung f; **~motionnel, -le** ♥ [~mosjɔ'nɛl] adj. verkaufs-, absatz-fördernd; **~mouvoir** [~mu'vwa:r] v/t. (3d) befördern; ernennen; etw. fördern.

prompt, -e [prɔ̃, prɔ̃:t] adj. rasch, schnell, flink; prompt; hitzig; ~ à croire leichtgläubig; ~ comme l'éclair blitzschnell; trop ~ zu voreilig; ~ à se

décider kurz entschlossen; **~itude** [~ti'tyd] f Schnelligkeit f; Promptheit f; ~ de l'esprit leichte Auffassungsgabe f.

promu, -e [prɔ'my] 1. p.p. von promouvoir; 2. su. Beförderte(r m) m u. f.

promulg|ation [prɔmylgɑ'sjɔ̃] f Veröffentlichung f e-s Gesetzes; **~uer** [~'ge] v/t. (1m) Gesetz veröffentlichen.

prôn|e cath. [pro:n] m Predigt f; **~er** [pro'ne] v/t. (1a) loben, preisen.

pronom gr. [prɔ'nɔ̃] m Pronomen n, Fürwort n; **~inal, -e** gr. [~nɔmi'nal] adj. (m/pl. -aux) pronominal; verbe m ~ reflexives Verb n.

pronon|çable [prɔnɔ̃'sabl] adj. aussprechbar; **~cé, -e** [~'se] 1. adj. stark ausgeprägt, stark hervortretend; fig. ausgesprochen; 2. m (Urteils-)Spruch m; **~cer** [~] (1k) v/t. aussprechen; vortragen; Urteil fällen, verkünden; peint. kräftig ausdrücken; v/i. ♣ entscheiden; se ~ ausgesprochen werden; sich äußern, sich erklären; **~ciation** [~sja'sjɔ̃] f Aussprache f; Aussprechen n; ♣ Verkündung f des Urteils.

pronost|ic [prɔnɔs'tik] m Voraussage f; Prognose f (a. ♠); Sport: Tip m; **~ique** [~] adj. prognostisch; **~iquer** [~'ke] v/t. (1m) vorhersagen; schließen lassen auf (acc.); **~iqueur** [~'kœ:r, ~'kø:z] m/f., Sport: j., der Voraussagen macht; Sport: (Toto-)Tipper m.

propagand|e [prɔpa'gɑ̃:d] f Propaganda f, Werbung f; **~isme** [~gɑ̃'dism] m Bekehrungseifer m; Propagandawesen n; pol. Agitation f; **~iste** [~'dist] 1. adj. propagandistisch; 2. su. Propagandist(in f) m.

propag|ateur, -rice [prɔpaga'tœ:r, ~'tris] su. Verbreiter(in f) m v. Ideen; **~ation** [~ga'sjɔ̃] f biol. Vermehrung f, Fortpflanzung f; fig. Aus-, Ver-breitung f; rad. ~ des ondes Ausbreitung f der Wellen; **~er** [~'ʒe] v/t. (11) biol. vermehren, fortpflanzen; fig. verbreiten; se ~ sich aus-, ver-breiten; sich vermehren, sich fortpflanzen.

propane ♠ [prɔ'pan] m Propan(gas n) n.

propension [prɔpɑ̃'sjɔ̃] f: ~ à qch. Hang m zu etw. (dat.).

propergol ♠ [prɔpɛr'gɔl] m Propergol n (Treibstoff für Raketentrieb-

werke).

prophète [prɔ'fɛt] *m* Prophet *m*.

prophét|esse ⚘ [prɔfe'tɛs] *f* Prophe-
tin *f*; **~ie** [~fe'si] *f* Prophezeiung *f*;
~ique [~'tik] *adj.* prophetisch; **~iser**
[~ti'ze] *v/t.* (1a) prophezeien.

prophyl|actique ⚕ [prɔfilak'tik] *adj.*
prophylaktisch, vorbeugend; **~axie**
⚕ [~'ksi] *f* Prophylaxe *f*, Vorbeu-
gung *f*.

propice [prɔ'pis] *adj.* gnädig; günstig.

propiti|ation *rl.* [prɔpisja'sjɔ̃] *f* Ver-
söhnung *f*; **~atoire** *rl.* [~sja'twa:r]
adj. Sühn...

proportion [prɔpɔr'sjɔ̃] *f* Verhältnis
n, Proportion *f*; **~né, -e** [~sjɔ'ne] *adj.*:
bien ~ wohlgestaltet; **~nel, -le** [~'nɛl]
adj. verhältnismäßig; **~ner** [~'ne]
v/t. (1a): ~ *qch. à* etw. in ein richtiges
Verhältnis bringen zu (*dat.*); etw.
anpassen (*dat.*).

propos [prɔ'po] *m* 1. *litt.* Entschluß
m; 2. *oft* ~ *pl.*: Worte *n/pl.*; Äuße-
rung(en *pl.*) *f*; Gerede *n*; Gesprächs-
thema *n*; *à* ~ bei passender Gelegenheit, zur rechten Zeit, gelegen, passend; *mal à* ~ ungelegen, zu ungele-
gener Zeit; *hors de* ~ zur Unzeit;
grundlos, ohne Grund; *il est à* ~ *de se*
taire es ist angebracht zu schweigen;
juger à ~ *de* es für ratsam halten zu; *à*
~! übrigens!, was ich sagen wollte!,
dabei fällt mir ein; *à* ~ *de* anläßlich,
bei Gelegenheit (*gén.*); *à tout* ~ bei
jeder Gelegenheit; *changer de* ~ von
etw. anderem sprechen; *porter q. sur*
le ~ *de qch.* j-n auf das Thema e-r
Sache (*gén.*) bringen.

propos|er [prɔpo'ze] *v/t.* (1a) vor-
schlagen; vorbringen; *se* (*dat.*) ~ *sich*
etw. vornehmen, etw. vorhaben; se
(*acc.*) ~ sich *für e-e Stelle* melden;
~ition [~zi'sjɔ̃] *f* Vorschlag *m*; Angebot *n*; Lehre *f*, Meinung *f*; Behauptung *f*; *gr.* Satz *m*; ✠ Lehrsatz *m*; ~ *de*
loi Gesetzesvorlage *f*; ~ *de paix* Frie-
densangebot *n*; ~ *de scrutin* Wahlvor-
schlag *m*.

propre [prɔprə] **1.** *adj.* eigen; eigentlich, wirklich; eigentümlich, charakteristisch (*à* für); reinlich; sauber;
ordentlich; anständig; *Wort*: richtig, treffend; ~ *à qch.* für (*od. zu*) etw.
geeignet; *être* ~ *à* sich eignen für (*od.*
zu); *sens m* ~ eigentlicher Sinn *m e-s*
Wortes; **2.** *m das* Eigentümliche,
Eigenart *f*; *posséder qch. en* ~ etw.

als Eigentum besitzen; F *iron. c'est*
du ~! das ist ja e-e schöne Wirtschaft!; **~-à-rien** [~pra'rjɛ̃] *m* (*pl.*
propres-à-rien) Nichtskönner *m*.

propr|et, -te [prɔ'prɛ, ~'prɛt] *adj.*
sauber; **~eté** [~prə'te] *f* Sauberkeit *f*,
Reinlichkeit *f*.

propriét|aire [prɔprie'tɛːr] *su.* Ei-
gentümer(in *f*) *m*; Inhaber(in *f*) *m*;
Hausbesitzer(in *f*) *m*; **~é** [~'te] *f* Eigentum *n*, Besitz *m*; Eigenschaft *f*;
Eigentümlichkeit *f*; ~ *foncière*
Grundbesitz *m*; ~ *littéraire* Urhe-
berrecht *n e-s Autors*.

proprio ℙ [prɔpri'o] *m* Hauswirt *m*.

propuls|er ⊕ [prɔpyl'se] *v/t.* (1a) an-
treiben; **~eur** [~'lsœːr] *m* An-
trieb(sanlage *f*) *m*; 🦋 *a.* Triebwerk
n; ~ *à hélice*, ~ *à réaction* Propeller-
antrieb *m*; 🦋 *a.* Düsentriebwerk *n*;
~if, -ve [~'sif, ~'siːv] *adj.* Antriebs...;
~ion ⊕ [~'sjɔ̃] *f* Antrieb *m*; ~ *par*
réaction Düsenantrieb *m*.

prorata [prɔra'ta] *m* Anteil *m*; *au* ~ *de*
im Verhältnis zu (*dat.*).

prorog|ation [prɔrɔga'sjɔ̃] *f* Auf-
schub *m*, Verlängerung *f*; ✝ Stundung *f*; *pol.* Vertagung *f*; **~er** [~'ʒe]
v/t. (11) aufschieben; stunden; *pol.*
vertagen.

prosa|ïque *péj.* [prɔza'ik] *adj.* pro-
saisch; *fig.* nüchtern; **~ïsme** *péj.* [~
'ism] *m* Alltäglichkeit *f*; **~teur** [~
'tœːr] *m* Prosaschriftsteller *m*.

proscri|ption [prɔskrip'sjɔ̃] *f* Äch-
tung *f*; *fig.* Abschaffung *f*; **~re** [~
'kriːr] *v/t.* (4f) ächten; verfolgen;
fig. abschaffen; **~t** [~'kri] *m* Geächte-
te(r) *m*, Verbannte(r) *m*; Verfolgte(r)
m.

prose [proːz] *f* Prosa *f*.

prosélyte [prɔze'lit] *su. rl.* Neu-
bekehrte(r *m*) *m u. f*; *allg.* Anhän-
ger(in *f*) *m*.

prospect|er [prɔspɛk'te] *v/t.* (1a) *géol.*
schürfen; *fig. Gebiet* erkunden, erforschen; ✝ *une région* in e-m
Gebiet Kundenwerbung treiben;
~eur, -rice [~'tœːr, ~'tris] **1.** *su.* ✝
Kundenwerber(in *f*) *m*; **2.** *m géol.*
Prospektor *m*; Schürfer *m*; **~ion** [~k-
'sjɔ̃] *f géol.* Prospektion *f*; Schürfung
f; ✝ (Kunden-)Werbung *f*; **~us**
[~'tys] *m* Prospekt *m*.

prospère [prɔs'pɛːr] *adj. Gesundheit*:
strahlend; *Handel*: blühend; *Jahr*:
glücklich.

prospér|er [prɔspe're] *v/i.* (1f) vorwärtskommen, guten Erfolg haben; glücken; *zo.*, ⚭ gedeihen; ~ité [~ri'te] *f* Aufschwung *m*; Wohlstand *m*.

prosterner [prɔstɛr'ne] *v/rfl.* (1a): se ~ sich niederwerfen; *fig.* sich erniedrigen.

prostitu|ée [prɔsti'tɥe] *f* Prostituierte *f*; ~er [~] *v/t.* (1a) der Unzucht preisgeben; *fig.* schänden; mißbrauchen; se ~ sich prostituieren; ~tion [~ty'sjɔ̃] *f* Prostitution *f*; *fig.* Schändung *f*; Mißbrauch *m*.

prostr|ation [prɔstra'sjɔ̃] *f* völlige Erschöpfung *f*, Kollaps *m*; ~é, -e *✻* [~'tre] *adj.* völlig entkräftet.

protagoniste [prɔtago'nist] *su.* **1.** *thé.* Hauptdarsteller(in *f*) *m*; **2.** *fig.* Bahnbrecher *m*; Vorkämpfer(in *f*) *m*.

prote *typ.* [prɔt] *m* Faktor *m*.

protecteur, -rice [prɔtɛk'tœːr, ~'tris] **1.** *adj.* beschützend; gönnerhaft; *régime m* ~ Schutzzollsystem *n*; **2.** *su.* Beschützer(in *f*) *m*; Gönner(in *f*) *m*; Schirmherr(in *f*) *m*; ~ de l'environnement Umweltschützer *m*.

protection [prɔtɛk'sjɔ̃] *f* Schutz *m*; Beistand *m*; Stütze *f*; Gönnerschaft *f*; ~ civile Luft-, Zivil-schutz *m*; ~ contre les gaz Gasschutz *m*; ~ de la nature Naturschutz *m*; ~ de l'environnement Umweltschutz *m*; ~nisme [~sjo'nism] *m* Protektionismus *m*; Schutzzollsystem *n*; ~niste [~'nist] **1.** *adj.* protektionistisch; **2.** *su.* Protektionist(in *f*) *m*; Anhänger(in *f*) *m* des Schutzzollsystems.

protectorat *ehm.* [prɔtɛktɔ'ra] *m* Protektorat *n*.

protée [prɔ'te] *m* **1.** wetterwendischer Mensch *m*; **2.** *zo.* Grottenolm *m*.

protégé, -e [prɔte'ʒe] *su.* Schützling *m*.

protège-cahier [prɔtɛʒka'je] *m* (*pl.* ~s) Schutzumschlag *m* (für ein Schulheft).

protéger [prɔte'ʒe] *v/t.* (1g) (be-)schützen; ⊕, *✻* sichern; *j-n* protegieren; begünstigen; fördern.

protège-radiateur *Auto* [prɔtɛʒradja'tœːr] *m* (*pl.* ~s) Kühlerverkleidung *f*.

protéine *biol.* [prɔte'in] *f* Eiweiß *n*, Protein *n*; ~ique *biol.* [~te'ik] *adj.* proteinhaltig.

protestant, -e *rl.* [prɔtɛs'tɑ̃, ~'tɑ̃ːt] **1.** *adj.* protestantisch; **2.** *su.* Protestant(in *f*) *m*; ~isme *rl.* [~'tism] *m* Protestantismus *m*.

protest|ataire [prɔtɛsta'tɛːr] **1.** *adj.* protestierend; **2.** *su.* Protestler(in *f*) *m*; ~ation [~ta'sjɔ̃] *f* Protest *m*; feierliche Versicherung *f*; ~er [~'te] (1a) *v/t.* ✝ *e-n Wechsel* protestieren; *v/i.*: ~ de son innocence s-e Unschuld beteuern; ~ contre qch. gegen etw. protestieren.

protêt ✝ [prɔ'tɛ] *m* Wechselprotest *m*.

prothèse *✻* [prɔ'tɛːz] *f* Prothese *f*.

prothésiste [prɔte'zist] *su.*: ~ dentaire Zahntechniker(in *f*) *m*.

protocol|aire [prɔtɔkɔ'lɛːr] *adj.* protokollarisch; Protokoll...; ~e [~'kɔl] *m pol.* Protokoll *n*; *bsd.* die (Hof-)Etikette *f*.

prototype [prɔtɔ'tip] *m* Prototyp *m*, Vorbild *n*; *fig.* Muster *n*.

protubérance [prɔtybe'rɑ̃ːs] *f anat.* Auswuchs *m*; Protuberanz *f der Sonne*.

prou [pru] *adv. litt.* peu ou ~ mehr oder weniger; (ni) peu ni ~ gar nicht; ~e ⚓ [pru] *f* Bug *m*; ~esse [~'ɛs] *f* Heldentat *f*.

prouv|able [pru'vabl] *adj.* beweisbar; ~er [~'ve] *v/t.* (1a) beweisen.

proven|ance [prɔv'nɑ̃ːs] *f* Herkunft *f* (*bsd. v. Waren*); ✝ ~s *pl.* importierte Waren *f/pl.*; en ~ de aus (... kommend); ~ant, -e 🎎 [~'nɑ̃, ~'nɑ̃ːt] *adj.* herkommend, (her)stammend.

provençal, -e [prɔvɑ̃'sal] (*m/pl.* -aux) **1.** *adj.* provenzalisch; **2.** ♀(e) *su.* Provenzale *m*, Provenzalin *f*; **3.** *m*: le ~ das Provenzalische, Provenzalisch *n*.

provende [prɔ'vɑ̃ːd] *f ✻* Mischfutter *n*; *fig.* Nahrung *f*.

provenir [prɔv'niːr] *v/i.* (2h): ~ de (her)kommen, (her)stammen, herrühren von *od.* aus (*dat.*).

proverb|e [prɔ'vɛrb] *m* Sprichwort *n*; ~ial, -e [~'bjal] *adj.* (*m/pl.* -aux) sprichwörtlich; ~ialiser [~'li'ze] *v/t.* (1a) sprichwörtlich machen.

providen|ce [prɔvi'dɑ̃ːs] *f* Vorsehung *f*; *fig.* Schutzengel *m*; ~tiel, -le [~dɑ̃-'sjɛl] *adj.* von der Vorsehung bestimmt.

provigner *✓* [prɔvi'ɲe] *v/t.* (1a) *Reben* absenken.

provin *✓* [prɔ'vɛ̃] *m* Absenker *m*.

provinc|e [prɔ'vɛ̃ːs] *f* Provinz *f*; ~ial, -e [~vɛ̃'sjal] (*m/pl.* -aux) **1.** *adj.* provinziell; *péj.* kleinstädtisch; **2.** *su.* Provinzbewohner(in *f*) *m*; Kleinstädter(in *f*) *m*; **3.** *m* *rl.* Ordensprovinzial m.

proviseur *Fr.* [provi'zœːr] m Direktor m e-s staatlichen *Gymnasiums für Jungen.*

provis|ion [provi'zjɔ̃] f Vorrat m; Deckung f e-s *Schecks;* ⚖ Vorschuß m *für e-n Notar usw.;* ~s pl. Proviant m; Einkauf m; **~oire** [~'zwaːr] **1.** *adj.* provisorisch; behelfsmäßig; Not...; **2.** m Notbehelf m; ⚖ vorläufiges Urteil n; einstweilige Verfügung f; **~orat** *Fr.* [~zɔ'ra] m Direktorat n e-s *Gymnasiums.*

provo|cant, -e [provɔ'kɑ̃, ~'kɑ̃ːt] *adj.* provozierend; **~cateur, -rice** [~ka'tœːr, ~'tris] **1.** *adj.* provokatorisch; **2.** m Provokateur m; **~cation** [~ka'sjɔ̃] f Provokation f, Herausforderung f; **~quer** [~'ke] *v/t.* (1m) provozieren, herausfordern; *Interesse* wecken, wachrufen.

proxén|ète [prɔkse'nɛt] **1.** m Zuhälter m; **2.** *su. litt.* Kuppler(in f) m; **~étisme** [~ne'tism] m Zuhälterei f.

proximité [prɔksimi'te] f Nähe f; à ~ de nahe bei (*dat.*).

prude [pryd] *adj.* prüde, zimperlich.

prud|ence [pry'dɑ̃ːs] f Vorsicht f; Umsicht f; Besonnenheit f; **~ent, -e** [~'dɑ̃, ~'dɑ̃ːt] *adj.* vorsichtig; umsichtig.

pruderie [pry'dri] f Prüderie f.

prud'homme [pry'dɔm] m Beisitzer m beim Arbeitsgericht; *conseil m des* ~s Arbeitsgericht n.

pruine [pry'in] f Reif m, Beschlag m *auf Früchten.*

prun|e [pryn] f Pflaume f, Zwetsch(g)e f; F *pour des* ~s umsonst; **~eau** [~'no] m (pl. ~x) Backpflaume f; P ⚔ blaue Bohne f; **~elle** [~'nɛl] f ♀ Schlehe f; *anat.* Pupille f; **~ier** [~'nje] m Pflaumenbaum m.

prur|igineux, -se [pryriʒi'nø, ~'nøːz] *adj.* juckend; **~it** [~'rit] m Juckreiz m.

pruss|ien, -ne [pry'sjɛ̃, ~'sjɛn] **1.** *adj.* preußisch; **2.** ♀(ne) ⚔ Preuße m, Preußin f; **~ique** ⚗ [~'sik] *adj.: acide m* ~ Blausäure f.

psalmod|ie [psalmɔ'di] f Absingen n der Psalmen; *fig. u. litt.* Herunterleiern n e-s *Gedichts;* Geleier n; **~ier** [~'dje] *v/t.* (1a) psalmodieren; herunterleiern.

psaume [psoːm] m Psalm m.

psautier *bibl.* [pso'tje] m Psalter m.

pseudonyme [psødɔ'nim] **1.** *adj.* pseudonym; **2.** m Pseudonym n.

psitt! [psit] *int.* (*um j-n auf sich aufmerksam zu machen*) pst!, st!

psittac|idés *orn.* [psitasi'de] m/pl. *Familie der* Papageien m/pl. *od.* Sittiche m/pl.; **~isme** [~'sism] m Nachplappern n; **~ose** ⚕ [~'koːz] f Papageienkrankheit f.

pst! [pst] *int. s.* psitt.

psychanal|yse [psikana'liːz] f Psychoanalyse f; **~yste** [~'list] *su.* Psychoanalytiker(in f) m; **~ytique** [~li'tik] *adj.* psychoanalytisch.

psyché [psi'ʃe] f großer Drehspiegel m.

psychédélique *psych.* [psikede'lik] *adj.* psychedelisch.

psychiatr|e [psi'kjaːtr] *su.* Psychiater(in f) m; **~ie** [~kja'tri] f Psychiatrie f; **~ique** [~'trik] *adj.* psychiatrisch.

psych|ique [psi'ʃik] *adj.* psychisch, seelisch; **~isme** [~'ʃism] m seelische Struktur f.

psychodrogue [psikɔ'drɔg] f Psychodroge f.

psycholog|ie [psikɔlɔ'ʒi] f Psychologie f; **~ique** [~'ʒik] *adj.* psychologisch; **~ue** [~'lɔg] *su.* Psycho-loge m, -login f.

psycho|moteur, -rice *psych.* [psikɔmɔ'tœːr, ~'tris] *adj.* psychomotorisch; **~motricité** *psych.* [~trisi'te] f Psychomotorik f; **~pathe** [~'pat] *su.* Psychopath(in f) m; **~pathique** [~'tik] *adj.* psychopathisch; **~réflexologie** [~reflɛksɔlɔ'ʒi] f Reflexwissenschaft f.

psychose ♀ [psi'koːz] f Psychose f (*a. fig.*), Geisteskrankheit f.

psycho|sociologie [psikɔsɔsjɔlɔ'ʒi] f Sozialpsychologie f; **~somatique** ♀ [~sɔma'tik] **1.** *adj.* psychosomatisch; **2.** f Psychosomatik f; **~technique** [~tɛk'nik] f Psychotechnik f, Eignungskunde f; **~thérapie** [~tera'pi] f Psychotherapie f; **~trope** *phm.* [~'trɔp] *adj.* psychotrop, auf die Psyche einwirkend.

psychromètre ⊕ [psikrɔ'mɛːtrə] m Psychrometer n, Luftfeuchtigkeitsmesser m.

puant, -e [pɥɑ̃, pɥɑ̃ːt] *adj.* stinkend; *fig.* widerlich, unerträglich blasiert; **~eur** [pɥa'tœːr] f Gestank m.

pub F [pyb] f Werbung f.

pub|ère *litt.* [py'bɛːr] *adj.* mannbar; **~erté** [~bɛr'te] f Pubertät f.

pulvériser

pubescent, -e ♀ [pybe'sɑ̃, ~'sɑ̃:t] *adj.* flaumhaarig.

pubis *anat.* [py'bis] *m* Schambein *n.*

public, -que [py'blik] **1.** *adj.* öffentlich; staatlich; Staats...; *rendre* ~ (öffentlich, allgemein) bekanntmachen; **2.** *m* Publikum *n*; Öffentlichkeit *f*; Allgemeinheit *f.*

publi|cation [pyblika'sjɔ̃] *f* Veröffentlichung *f*, Publikation *f*; Bekanntmachung *f*; **~citaire** [~si'tɛ:r] **1.** *adj.* Werbe...; Reklame...; **2.** *m* Werbefachmann *m*; **~cité** [~si'te] *f* **1.** öffentlicher Charakter *m*, Öffentlichkeit *f*; **2.** Werbung *f*, Reklame *f*; Reklamewesen *n*; Werbeplakat *n*, -anzeige *f*; *office m de* ~ Werbeagentur *f.*

publier [pybli'e] *v/t.* (1a) veröffentlichen; herausgeben.

publi|phobe [pybli'fɔb] *su.* Feind(in *f*) *m* der Werbung; **~reportage** [~rəpɔr'ta:ʒ] *m* Werbereportage *f.*

puce [pys] **1.** *f ent.* Floh *m*; *F secouer les* ~s *à q.* j-m den Kopf waschen; **2.** *adj.* (*inv.*) flohbraun.

pucelle [py'sɛl] *f* Jungfrau *f*; *hist. la* ♀ *d'Orléans* die Jungfrau von Orléans.

puceron *ent.* [pys'rɔ̃] *m* Blattlaus *f.*

pucier [py'sje] *m* P Bett *n*; F Flohmarkthändler *m.*

puciste [py'sist] *su.* Mitglied *n* des Pariser Universitätssportklubs.

pudding *cuis.* [pu'diŋ] *m s. pouding.*

pud|eur [py'dœ:r] *f* Scham(haftigkeit *f*) *f*, Keuschheit *f*; Zartgefühl *n*; **~ibond, -e** [~di'bɔ̃, ~'bɔ̃:d] *adj.* prüde; **~ique** [~'dik] *adj.* keusch.

puer [pɥe] *v/t. u. v/i.* (1a) stinken (*qch. nach etw. dat.*).

puéricult|rice [pɥerikyl'tris] *f* Kinderpflegerin *f*; **~ure** [~'ty:r] *f* Kinderpflege *f.*

puéril, -e [pɥe'ril] *adj.* kindisch; **~ité** [~li'te] *f* Kinderei *f.*

puîné, -e [pɥi'ne] **1.** *adj.* jünger, nachgeboren; **2.** *su. der, die* Jüngere.

puis¹ [pɥi] *adv.* dann, darauf.

puis² [pɥi] *prés. von pouvoir* (*Nebenform del 1. Person sg.*).

puis|ard [pɥi'za:r] *m* Sickergrube *f*;

~atier [~za'tje] *m* Brunnenbauer *m*; **~er** [~'ze] *v/t.* (1a) schöpfen; ~ *de l'eau dans la rivière* (*aber: à la source*) Wasser aus dem Fluß (aus der Quelle) schöpfen; ~ *dans la caisse de son patron* in die Kasse s-s Chefs greifen.

puisque ['pɥisk(ə)] *cj.* da (ja), da nun einmal; *in e-m Ausrufesatz:* doch.

puiss|amment [pɥisa'mɑ̃] *adv.* wirksam; stark; **~ance** [~'sɑ̃:s] *f* Macht *f*; Gewalt *f*; Kraft *f*; ⊕ Leistung *f*; *géol.* Mächtigkeit *f e-r Schicht*; ⚛ Potenz *f*; ~ *atomique* Atommacht *f*; ~ *d'occupation* Besatzungsmacht *f*; *rad., télév.* ~ (*du son*) Lautstärke *f*; *Auto:* ~ *ascensionnelle* Steigungsfähigkeit *f*; ~s *pl. occidentales* Westmächte *f/pl.*; *en* ~ potentiell; **~ant, -e** [~'sɑ̃, ~'sɑ̃:t] *adj.* mächtig; kräftig; stark (*a. phm.*); ⊕, *Auto:* leistungsfähig; *rad.* peu ~ lautschwach.

puits [pɥi] *m* Brunnen *m*; Schacht *m*; ~ *d'aérage*, ~ *d'aération* Luftschacht *m*; ⚒ Wetterführung *f*; ~ *d'ascenseur* Fahrstuhlschacht *m*; ⚔ ~ *d'éclatement* Granat-, Spreng-trichter *m*; *fig. un* ~ *de science* ein hochgelehrter Mann.

pull [pyl] *m* Pulli *m*; **~débardeur** [~debar'dœ:r] *m* (*pl.* ~s) Sonnenpulli *m*; **~over** [~'lɔ'vœ:r, ~'vɛ:r] *m* (*pl.* ~s) Pullover *m.*

pulluler [pyly'le] *v/i.* (1a) sich schnell vermehren; wimmeln.

pulmonaire [pylmɔ'nɛ:r] **1.** *adj. anat.*, ⚕ Lungen...; **2.** *f* ♀ Lungenkraut *n.*

pulp|ation *phm.* [pylpa'sjɔ̃] *f* Verwandlung *f* in Brei; **~e** [pylp] *f* (*Frucht-*)Fleisch *n*; Mark *n*; *phm.* Brei *m*; ~ *dentaire* Zahnmark *n*; **~er** *phm.* [~'pe] *v/t.* (1a) zu Brei (*od. Mus*) quetschen; **~eux, -se** *adj.* ♀ [~'pø, ~'pø:z] *adj.* fleischig.

pulsar *ast.* [pyl'sa:r] *m* Pulsar *m.*

puls|atif, -ve ⚕ [pylsa'tif, ~'ti:v] *adj.* klopfend; **~ation** [~sɑ'sjɔ̃] *f physiol.* Pulsschlag *m*; *phys.* Schwingung *f*; Pulsieren *n*; ⚡ Kreisfrequenz *f*; **~ion** *psych.* [~'sjɔ̃] *f* Regung *f*; **~oréacteur** ⚒ [~sɔreak'tœ:r] *m* Pulsostrahltriebwerk *n.*

pulvéris|ateur [pylveriza'tœ:r] *m* Zerstäuber *m*; ⊕ Spritzpistole *f für Maler*; **~ation** *cosm.* [~za'sjɔ̃] *f* Absprühung *f*; **~er** [~'ze] *v/t.* (1a) pulverisieren, zerstäuben; *fig.* vernich-

ten; ~ un record e-n Rekord brechen.
pulvérul|ence [pylvery'lɑ̃:s] f Pulverförmigkeit f; Staubigkeit f; **~ent,
-e** [~'lɑ̃, ~'lɑ̃:t] adj. pulverförmig; staubig.

puma zo. [py'ma] m Puma m.

punais|e [py'nɛːz] f 1. ent. Wanze f;
2. Reißnagel m; **~er** [~nɛ'ze] v/t. (1a) mit Reißnägeln anheften, dial. anpinnen.

punch [pɔ̃:ʃ] m Punsch m.

pun|ir [py'niːr] v/t. (2a) (be)strafen;
~issable [~ni'sablə] adj. strafbar; **~i-
tion** [~'sjɔ̃] f Strafe f.

pupill|aire [pypi'lɛːr] adj. 1. ⚕ Mündel...; 2. anat. Pupillen...; **~arité** ⚕
[~lari'te] f Mündelstand m.

pupille [py'pij] 1. su. ⚕ Mündel n od.
m (für Mädchen bisw. a. f); 2. f anat.
Pupille f.

pupitr|e [py'pitrə] m Pult n; ⚡ ~ de
commande, ~ de distribution Schaltpult n; rad., télév. ~ de mélange, ~ de
mixage Mischpult n; **~eur** inform.
[~'tœːr] m Konsole-Operator m,
Steuerpultbediener m.

pur, -e [pyːr] adj. rein; lauter; echt;
makel-, fehler-los; ♩ klangrein.

purée [py're] f cuis. Brei m, Püree n;
F Not f; être dans la ~ in Not geraten
sein.

pureté [pyr'te] f Reinheit f; Lauterkeit f; rad. ~ de la réception, ~ de
l'audition Klangreinheit f; 🔥 à l'état
de ~ in chemisch reiner Form.

purgatif, -ve [pyrga'tif, ~'tiːv] 1.
adj. abführend; 2. m Abführmittel n;
~oire rl. [~'twaːr] m Fegefeuer n.

purg|e [pyrʒ] f Abführmittel n; ⚕,
⊕ Entleerung f; ⚕ Tilgung f, Löschung f e-r Hypothek; pol. Säuberungsaktion f; **~er** [~'ʒe] v/t. (11)
reinigen; läutern (bsd. fig.); Strafe
ab-, ver-büßen; Hypothek tilgen, löschen; ⚕ ~ q. j-m ein Abführmittel
geben; abs. abführen; se ~ ein
Abführmittel (ein)nehmen.

purification [pyrifika'sjɔ̃] f Reinigung f; Läuterung f; **~er** [~'fje] v/t.
(1a) reinigen.

puriforme ⚕ [pyri'fɔrm] adj. eiterartig.

purin ✔ [py'rɛ̃] m Jauche f.

pur|isme [py'rism] m Purismus m;
~iste [~'rist] 1. adj. puristisch; 2. su.
Purist(in f) m.

purit|ain, -e [pyri'tɛ̃, ~'tɛn] 1. adj. puritanisch; 2. su. Puritaner(in f) m; **~a-**

nisme [~ta'nism] m Puritanismus m.

purotin F [pyro'tɛ̃] m armer Schlukker m.

pur-sang [pyr'sɑ̃] m (inv.) Vollblut
(-pferd n) n.

purul|ence ⚕ [pyry'lɑ̃:s] f Eiterung f;
~ent, -e ⚕ [~'lɑ̃, ~'lɑ̃:t] adj. eit(e)rig.

pus¹ ⚕ [py] m Eiter m.

pus² [py] p/s. von pouvoir (1. u. 2.
Person sg.).

pusillanim|e litt. [pyzila'nim] adj.
kleinmütig, verzagt; **~ité** litt. [~mi-
'te] f Kleinmut m, Verzagtheit f.

pustule [pys'tyl] f Eiterbläschen n.

putain ⚕ [py'tɛ̃] f Hure f.

putatif, -ve [pyta'tif, ~'tiːv] adj. vermeintlich.

putois zo. [py'twa] m Iltis m.

putré|faction [pytrefak'sjɔ̃] f Fäulnis
f; Verwesung f; **~fié, -e** [~'fje] adj. in
Fäulnis übergegangen; **~fier** [~] v/t.
(1a) verfaulen lassen; se ~ faulen,
verwesen.

putresc|ent, -e [pytre'sɑ̃, ~'sɑ̃:t] adj.
(ver)faulend; **~ible** [~'siblə] adj. verweslich.

putride [py'trid] adj. faulig.

putsch pol. [putʃ] m Putsch m; **~iste**
pol. [~t'ʃist] m Putschist m.

puzzle ['pœzlə] m Puzzle(spiel n) n.

pycnomètre phys. [pikno'mɛːtrə] m
Pyknometer n, Dichtemesser m.

pygmée [pig'me] m Pygmäe m; fig.
Zwerg m, Wicht m.

pyjama [piʒa'ma] m Schlafanzug m,
Pyjama m.

pylône [pi'lo:n] m 🏛 Pylon m; ⊕
Kranbaum m; ⚡ (Licht-, Leitungs-,
Antennen-, Sende-)Mast m; Verkehrs-, Funk-turm m.

pyramid|al, -e [pirami'dal] adj.
(m/pl. -aux) pyramidenförmig; **~e**
[~'mid] f Pyramide f.

pyrite min. [pi'rit] f Pyrit m; ~ de fer
Eisenkies m.

pyro|gravure [pirogra'vyːr] f Brandmalerei f; **~mane** [~'man] 1. adj.
pyromanisch; 2. su. Pyromane m u. f.

pyrosis ⚕ [piro'zis] m Sodbrennen n.

pyrotechn|icien [pirotɛkni'sjɛ̃] m
Feuerwerker m; **~ie** [~'ni] f Feuerwerkerei f, Pyrotechnik f; **~ique** [~
'nik] adj. pyrotechnisch.

pyrrhonisme phil. [piro'nism] m
Skeptizismus m.

python zo. [pi'tɔ̃] m Python(schlange
f) m; **~isse** litt. od. plais. [~to'nis] f
Wahrsagerin f.

Q

Q (*ou* **q**) [ky] *m* Q (*od.* q) *n*.
qu' [k-] *pr/r.*, *pr/i. u. cj. vor vo. u. stummem h = que.*

quadr|agénaire [kwadraʒeˈnɛːr] **1.** *adj.* vierzigjährig; **2.** *su.* Vierziger (-in *f*) *m*; **~angulaire** [~drãgyˈlɛːr] *adj.* viereckig.

quadrant ⚓, ♃, *ast.* [k(w)aˈdrã] *m* Quadrant *m*.

quadrat|ique [kwadraˈtik] *adj.* quadratisch; **~ure** [~ˈtyːr] *f* ⚓ Quadratur *f*; *ast.* Geviert *n*.

quadri|chromie [kwadrikrɔˈmi] *f* Vierfarbendruck *m*; **~folié, -e** ⚘ [~fɔˈlje] *adj.* vierblätt(e)rig; **~latère** [k(w)adrilaˈtɛːr] *m* Viereck *n*.

quadrill|age [kadriˈjaːʒ] *m* *text.* Karomuster *n*; Liniennetz *n auf Papier*; ✂ Abriegelung *f*; Stützpunktsystem *n*; **~e** [~ˈdrij] *f* Quadrille *f*; **~é, -e** [~ˈje] *adj.* kariert.

quadri|moteur ✈ [k(w)adrimɔˈtœːr] **1.** *adj./m* viermotorig; **2.** *m* viermotoriges Flugzeug *n*; **~partite** *pol.* [kwadriparˈtit] *adj.* Vierer...; **~phonie** *rad.* [~fɔˈni] *f* Quadrophonie *f*; **~réacteur** ✈ [k(w)adrireakˈtœːr] **1.** *adj.* vierstrahlig; **2.** *m* vierstrahlige Maschine *f*; **~syllabique** [kwadrisilaˈbik] *adj.* viersilbig; **~valent, -e** 🜍 [~vaˈlã, ~ˈlãːt] *adj.* vierwertig.

quadrupède *zo.* [k(w)adryˈpɛd] **1.** *adj.* vierfüßig; **2.** *m* Vierfüß(l)er *m*.

quadrupl|e [k(w)aˈdrypl] **1.** *adj.* vierfach; **2.** *m* Vierfache(s) *n*; **~ement** [~plˈmã] *m* Vervierfachung *f*; **~er** [~ˈple] (1a) *v/t.* vervierfachen; *v/i.* sich vervierfachen.

quai [ke] *m* Kai *m*; 🚂 Bahnsteig *m*.

qualifi|able [kaliˈfjabl] *adj.* benennbar; *Sport:* teilnahmeberechtigt; **~catif, -ve** [~fikaˈtif, ~ˈtiːv] **1.** *adj.* Eigenschaft bezeichnend; **2.** *m* Bezeichnung *f*; **~cation** [~kaˈsjɔ̃] *f* Benennung *f*; Qualifizierung *f*, Befähigung *f zu e-r Sache*; **~é, -e** [~ˈfje] *adj.* qualifiziert; bezeichnet, benannt; *fig.* geeignet; 🜛 *Raub:* schwer; **~er** [~] *v/t.* (1a) benennen, näher bezeichnen; qualifizieren; **~ de nennen**

(*acc.*), bezeichnen als; **~ q.** de sot j-n e-n Narren nennen; *se* **~ de** sich qualifizieren; *se* **~ de** sich ausgeben als.

qualit|atif, -ve [kalitaˈtif, ~ˈtiːv] *adj.* qualitativ; **~é** [~ˈte] *f* Qualität *f*; Eigenschaft *f*; Beschaffenheit *f*; ✝ Güte *f*; Berechtigung *f*; *avoir* **~ pour** berechtigt sein zu; *en* **~ de** (in der Eigenschaft) als; **~ musicale** Tonwiedergabe *f*; **~s** *pl.* d'organisation Organisationstalent *n*.

quand [kã] **1.** *adv.* wann?; *depuis* **~?** seit wann?; *jusqu'à* **~?** bis wann?; **2.** *même* dennoch, trotzdem; *cj.* als; wenn (*zeitlich*); **~ (bien) même** und wenn auch.

quant [kã] *prp.:* **~ à** was ... (*acc.*) betrifft; **~ à moi** was mich betrifft.

quantième [kãˈtjɛm] *m*: *le* **~ du** *mois* der wievielte des Monats.

quantif|icateur *ling.* [kãtifikaˈtœːr] *m* Quantor *m*, Operator *m*; **~ication** *éc.* [~kaˈsjɔ̃] *f* Messung *f*, Errechnung *f*; **~ieur** *ling.* [~ˈfjœːr] *m* Mengebegriff *m*.

quantit|atif, -ve [kãtitaˈtif, ~ˈtiːv] *adj.* quantitativ; der Menge nach; **~é** [~ˈte] *f* Quantität *f*, Menge *f*; ⚓ Größe *f*; *ces exemples et* **~ d'autres** diese Beispiele und viele andere.

quarantaine [karãˈtɛn] *f* **1.** *une* **~ (de)** etwa vierzig; **2.** *Alter:* Vierzig *f*, *die* Vierziger *pl.*; *avoir la* **~** etwa vierzig Jahre alt sein; *avoir passé la* **~** in den Vierzigern sein; **3.** ⚓, ⚕ Quarantäne *f*; *mettre en* **~** in Quarantäne legen; *fig.* j-n isolieren; **4.** ⚘ Sommerlevkoje *f*.

quarant|e [kaˈrãːt] **1.** *a/n. c.* vierzig; **2.** *m* (*inv.*) Vierzig *f*; *les* ♀ *die* Vierzig = die vierzig Mitglieder der Académie française; **~ième** [~rãˈtjɛm] **1.** *a/n. o.* vierzigste(r, -s); **2.** *m* Vierzigstel *n*.

quart [kaːr] *m* Viertel *n*; Viertelliter *m od. n*; *un* **~** de beurre ein Viertel (-pfund) Butter; ♪ **~** de soupir Sechzehntelpause *f*; *les trois* **~s** drei Viertel; **~ d'heure** Viertelstunde *f*; *Uhrzeit:* il est le **~** es ist Viertel (nach);

une heure et ~ (ein) Viertel nach eins,
Viertel zwei; *deux heures moins le* ~
(ein) Viertel vor zwei, drei Viertel
zwei; *le* ~ *a sonné* es hat (ein) Viertel
geschlagen.

quart|e [kart] *f* ♪ Quart(e) *f; esc.*
Quart *f;* **~é** [~'te] *m hipp.* Viererwette
f; cin., thé., litt. Quartett *n;* **~eron**[1]
[~tə'rɔ̃] *m oft péj.* Grüppchen *n,* kleiner Haufen *m,* Handvoll *f;* **~eron**[2],
-ne [~'rɔ̃, ~'rɔn] *su.* Terzerone *m,*
Terzeronin *f (Mischling).*

quartier [kar'tje] *m* Viertel *n (z. B. e-s*
Apfels, e-s Rindes, des Mondes, e-r
Stadt); Teil *m od. n,* Stück *n (e-s*
zerlegten Ganzen); ✕ (Stand-)Quar-
tier *n;* ✕ *ne pas faire de* ~ keine
Gefangenen machen; *pas de* ~! keine
Gnade!; ~ *d'habitation,* ~ *résidentiel*
Wohnviertel *n;* ~ *ouvrier* Arbeiter-
viertel *n;* ~ *perdu* abgelegener Stadtteil *m;* **~-maître** ⚓ [~'mɛːtrə] *m (pl.*
quartiers-maîtres) Maat *m.*

quart-monde [kar'mɔ̃:d] *m: le* ~ die
vierte Welt, das Unterproletariat.

quartz *min.* [kwarts] *m* Quarz *m.*

quasi [ka'zi] *adv.* fast, gleichsam;
Schein...; **~ment** F [~'mɑ̃] *adv.*
gleichsam; beinahe; **~télesco-
page** 🚗, *Auto,* 🚃 [~teleskɔ'paːʒ] *m*
Beinahe-Zusammenstoß *m.*

quaternaire [kwatɛr'nɛːr] **1.** *adj.*
durch vier teilbar; *géol.* Quartär...;
ère *f* ~ = *m* Quartär *n.*

quatorz|e [ka'tɔrz] **1.** *a/n. c.* vierzehn;
2. *m* Vierzehn *f;* **~ième** [~'zjɛm] **1.**
a/n. o. vierzehnte(r, -s); **2.** *m* Vier-
zehntel *n.*

quatrain [ka'trɛ̃] *m* vierzeiliges Gedicht *n.*

quatre [ˈkatrə] **1.** *a/n. c.* vier; *Henri*
(IV) Heinrich der Vierte (IV.);
Sport: le ~ *ans* der Vierjährige (v.
e-m Pferd); **2.** *m* Vier *f;* **~saisons**
[katrə)sɛ'zɔ̃] *f (inv.)* 🌱 Monats-
erdbeere *f; pl.: marchand m des* ~
Obst- und Gemüsehändler *m auf der*
Straße.

quatre-vingt *u.* **~s** [katrə'vɛ̃] *a/n. c.*
achtzig; **~dix** [~'dis] *a/n. c.* neunzig;
~dixième [~di'zjɛm] *a/n. o.* neun-
zigste(r, -s); **~ième** [~'tjɛm] *a/n. o.*
achtzigste(r, -s); **~onze** [~'ɔ̃:z] *a/n.*
c. einundneunzig; **~un** [~'œ̃] *a/n. c.*
einundachtzig.

quatrième [katri'ɛm] **1.** *a/n. o.* vier-
te(r, -s); **2.** *m* vierter Stock *m,* vierte
Etage *f;* **3.** *f écol.* Quarta *f,* dritte

Klasse *f im Gymnasium.*

quatuor ♪ [kwa'tɥɔ:r] *m* Quartett *n;* ~
à cordes Streichquartett *n.*

quayage [kɛ'ja:ʒ] *m* Kaigeld *n.*

que[1] [kə] **1.** *pr/i.* was?; ~ *s'est-il passé?*
was ist passiert?; *mais qu'y faire?*
aber was kann man da machen?; *mit*
de od. in Ausrufen: wie(viel); ~ *de*
monde! wie viele Leute!; ~ *c'est beau!*
wie schön (das ist)!; *mit ne ohne pas in*
Fragen: ~ *ne suis-je riche?* warum bin
ich nicht reich?; **2.** *pr/r.* welchen *od.*
den, welche *od.* die, welches *od.* das;
als Prädikatsnominativ bei être: mal-
heureux ~ tu es! Unglücklicher, der
du bist!, du Unglücklicher!; *ce ~*
(das) was (acc.); je sais ce qu'il veut
ich weiß, was er will; *ell.* ~ *je sache*
soviel ich weiß; *je ne sais* ~ *(od. quoi)*
dire ich weiß nicht, was ich sagen
soll; *le jour* ~ der Tag, an welchem
(od. an dem) ...; **3.** *abus. ce* ~ *adv.: ce*
~ *j'ai eu peur!* habe ich eine Angst
gehabt!

que[2] [kə] *cj.* **1.** daß; *je crois qu'il vient*
ich glaube, daß er kommt; **2.** ob; ~
vous aimiez ceci ou cela ob Sie dieses
oder jenes mögen; **3.** *nach e-m Kom-*
parativ: als; *plus grand ~ moi* größer
als ich; **4.** *in Vergleichen:* wie; *tel ~ je*
suis so wie ich bin; **5.** *stellvertretend*
als Wiederholung e-r anderen cj.: ~ *puis-*
que vous le dites et ~ *nous le croyons* da
Sie es sagen und wir es glauben; **6.**
unübersetzt: je pense ~ *oui (non)* ich
denke ja (nein); **7.** *ne* ... ~ nur; *non*
(pas) ... ~ *(subj.)* nicht als ob.

québécois, -e [kebe'kwa, ~'kwa:z]
adj. aus Quebec.

quel, -le [kɛl] *adj.* **1.** welche(r, -s);
was für ein(e), *pl.* was für; ~ *le heure*
est-il? wieviel Uhr ist es?; ~ *le chance!*
was für ein Glück!; **2.** ~ *que (mit subj.*
v. être) welches auch immer; ~ *s qu'ils*
soient wer (*od.* was, wie) sie auch sein
mögen; ~ *le que soit son influence* welches (*besser:* wie groß) auch immer
sein (*bzw.* ihr) Einfluß sein mag.

quelconque [kɛl'kɔ̃:k] *adj.* **1.** (*mst*
nachgestellt) irgendein(e), *pl.* irgend-
welche; *pour une raison* ~ aus irgend-
einem Grund; **2.** *péj.* (*vorgestellt*
od. prädikativ) x-beliebig; (sehr)
mittelmäßig; *d'une* ~ *manière* auf
irgendeine beliebige Art; *votre fro-*
mage est ~ Ihr Käse ist mittelmäßig.

quelque [kɛlk(ə)] **1.** *adj.* irgendein(e);
~ *chose* etwas; ~ *s pl.* einige; **2.** *adv.*

vor Zahlen: ungefähr, etwa; ~ ... (*adj.*) que (*subj.*) wie ... (*adj.*) auch.

quelquefois [kɛlkə'fwa] *adv.* manchmal.

quelqu'un, -e [kɛl'kœ̃, ~'kyn] *pr/ind.* (irgend) jemand; (irgend)ein(e, -er); ~ *d'autre* jemand anders, irgendein anderer; *être* ~ e-e (bedeutende) Persönlichkeit sein; *pl.* quelques-uns [kɛlkə'zœ̃], quelques-unes [kɛlkə-'zyn] einige.

quémand|er [kemɑ̃'de] *v/t.* (1a): ~ *qch.* um etw. aufdringlich betteln; **~eur, -se** [~'dœːr, ~'døːz] *su.* lästiger Bettler m, lästige Bettlerin f.

qu'en-dira-t-on F [kɑ̃dira'tɔ̃] *m* (*inv.*) Gerede n der Leute.

quenelle *cuis.* [kə'nɛl] f (Fleisch-, Fisch-)Klößchen n.

quenotte f *enf.* [kə'nɔt] f Zähnchen n, Beißerchen n.

quenouille [kə'nuj] f Spinnrocken m; ♪ Spindelbaum m.

querell|e [kə'rɛl] f Streit m, Zank m; *une* ~ *d'Allemand* ein unmotivierter Streit; **~er** [~'le] *v/t.* (1a): ~ *q.* j-m Vorwürfe machen; *se* ~ sich streiten; **~eur, -se** [~'lœːr, ~'løːz] **1.** *adj.* streitsüchtig; **2.** *su.* Zänker(in f) m; F Streithammel m, Xanthippe f.

quérir *litt., dial.* [ke'riːr] *v/t.* (*nur inf.*): *aller* ~, *venir* ~ (ab)holen; *envoyer* ~ (ab)holen lassen.

questeur *Fr. parl.* [k(ɥ)ɛs'tœːr] *m* Schatzmeister m.

question [kɛs'tjɔ̃] f (*parl.* An-)Frage f; ~ *capitale*, ~ *clé* Kernfrage f; ~ *d'actualité* Zeitfrage f; ~ *en suspens* schwebende Frage f; *il est* ~ *de* es handelt sich um; *tout est* ~ *de budget* alles hängt von der Brieftasche ab; *être en* ~ in Frage stehen; *mettre en* ~ in Frage stellen; *à la* ~! zur Sache!; **~naire** [~tjɔ'nɛːr] *m* Fragebogen m; **~ner** [~'ne] *v/t.* (1a) ab-, aus-, befragen; *parl. abs.* anfragen; **~neur, -se** [~'nœːr, ~'nøːz] *su.* Fragesteller(in f) m.

quête [kɛt] f Suchen n; öffentliche Geldsammlung f; *la* ~ *de la paix* die Bemühungen f/pl. um den Frieden; *se mettre en* ~ zu suchen anfangen; **~er** [~'te] *v/t.* (1a) *ch.* auf-, nachspüren; sammeln; ~ *qch.* nach etw. (*dat.*) suchen; **~eur, -se** [~'tœːr, ~-'tøːz] *su.* Sammler(in f) m v. Spenden; **2.** *adj. ch. chien* m ~ Spürhund m.

queue [kø] f Schwanz m (*a.* ⚷); Stiel

m *e-r Pfanne*; Schleppe f *am Kleid*; Billardstock m; ⚓ Nachhut f; lange Reihe f, Schlange f (*beim Anstehen*); ♪ Wetzstein m; *à la* ~ hintereinander; *faire* (*la*) ~ sich anstellen, Schlange stehen; *Auto, Straßenverkehr: faire une* ~ *de poisson à q.* j-n schneiden; *à la* ~, *en* ~ hinten, am Ende; *marcher à la* ~ *leu leu* im Gänsemarsch gehen; *n'avoir ni* ~ *ni tête* weder Hand noch Fuß haben; ♪ *piano m à* ~ Flügel m; *fig. tenir la* ~ *de la poêle* den Ton angeben, etw. zu sagen haben.

queux ♪ [kø] f Wetzstein m.

qui [ki] **1.** *pr/i.* wer?, wen?; *de* ~? wessen?; *à* ~? wem?; **2.** *pr/r.* welcher *od.* der, welche *od.* die, welches *od.* das; *pl.* welche *od.* die; *ce* ~ was (*nom.*); *à* ~ *mieux mieux* um die Wette; *c'est à* ~ (*mit fut. od. cond.*) es geht um die Wette, wer ...; *rien* ~ nichts was; ~ *pis est* was noch schlimmer ist; *c'est toi* ~ *l'as fait* du hast es gemacht; ~ *que ce soit* wer es auch sein mag; *jede*(*r*); **3.** *pr/ind.*: ~ ..., ~ ... der (die) eine(n) ..., der (die) andere(n).

quiconque [ki'kɔ̃:k] *pr/ind.* jeder, der ...; jede, die ...; *la France n'a pas à rougir devant* ~ Frankreich braucht sich vor niemandem zu schämen.

quidam [k(ɥ)i'dam] *m*: *un* ~ ein gewisser.

quiet, -ète † [kjɛ, kjɛt] *adj.* ruhig.

quiétude [kje'tyd] f (Seelen-)Ruhe f.

quignon [ki'ɲɔ̃] *m* Brotkanten m.

quille¹ [kij] f Kegel m; F ⚓ Entlassung f; * ~s *pl.* Beine n/pl.; *jouer aux* ~s kegeln, Kegel schieben; *être reçu comme un chien dans un jeu de* ~s sehr kühl empfangen werden.

quille² ⚓ [kij] f Kiel m.

quinaire [ki'nɛːr] *adj.* durch fünf teilbar.

quincaillerie [kɛ̃kaj'ri] f Eisen- und Haushalt-waren f/pl.; Eisenwarenhandlung f, Haushaltwarengeschäft n.

quinconce ♪ [kɛ̃'kɔ̃:s] *m* Kreuzpflanzung f; *en* ~ schachbrettförmig, auf Lücke.

quine [kin] *m* Fünftreffer m in der *Lotterie*; *fig.* (Riesen-)Dusel m F.

quiné, -e ♀ [ki'ne] *adj.* zu je fünf angeordnet.

quinine *phm.* [ki'nin] f Chinin n.

quinquagénaire [k(ɥ)ɛ̃kwaʒe'nɛːr]

1. *adj.* fünfzigjährig; **2.** *su.* Fünfziger(in *f*) *m*.

quinquennal, -e [kɛ̃kɛ'nal] *adj.* (*m/pl. -aux*) Fünfjahres...

quinquina [kɛ̃ki'na] *m* ♀ Chinarindenbaum *m*; *phm.* Chinarinde *f*; Chinawein *m*.

quint, -e [kɛ̃, kɛ:t] *adj.* **1.** *hist.* *Charles* ♀ *Kaiser* Karl V. (der Fünfte); *Sixte* ♀ *Papst* Sixtus V.; **2.** ♣ *fièvre f* ⁓e Fünftagefieber *n*.

quintal [kɛ̃'tal] *m* (*pl. -aux*) Doppelzentner *m*.

quinte [kɛ̃:t] *f* ♩ Quint(e) *f*; *esc.* Quint *f*; ♣ heftiger Hustenanfall *m*.

quintessenc|e [kɛ̃te'sã:s] *f* Quintessenz *f*; *fig. la* ⁓ das Wesentliche; **⁓ié, -e** [⁓sã'sje] *adj.* überfeinert; spitzfindig.

quinteux, -se [kɛ̃'tø, ⁓'tø:z] *adj.* ♣ in heftigen Anfällen auftretend; *Pferd:* widerspenstig.

quintupl|e [kɛ̃'typl] *adj.* fünffach; **⁓er** [⁓'ple] (1a) *v/t.* verfünffachen; *v/i.* sich verfünffachen.

quinzaine [kɛ̃'zɛn] *f* Maß: Mandel *f*; etwa fünfzehn; etwa vierzehn Tage *m/pl.*

quinz|e [kɛ̃:z] **1.** *a/n. c.* fünfzehn; ⁓ *jours* vierzehn Tage *m/pl.*; **2.** *m* Fünfzehn *f*; *Sport:* Rugbymannschaft *f*; **⁓ième** [kɛ̃'zjɛm] **1.** *a/n. o.* fünfzehnte(r, -s); **2.** *m* Fünfzehntel *n*.

quiproquo [kiprɔ'ko] *m* Verwechs(e)lung *f*; *fig.* Irrtum *m*.

quittanc|e [ki'tã:s] *f* Quittung *f*; *dont* ⁓ dankend erhalten; *donner* ⁓ *de* = **⁓er** [⁓tã'se] *v/t.* (1k) quittieren.

quitte [kit] *adj.* quitt, nichts schuldig; los, frei *von etw.*; *en être* ⁓ *pour la peur* mit dem (bloßen) Schrecken davonkommen; ⁓ *à* (*inf.*) selbst wenn

...; auf die Gefahr hin, daß ...; nur um ...; **⁓er** [⁓'te] *v/t.* (1a) verlassen; aufgeben; *Kleidungsstück* ausziehen; ⁓ *Moscou pour Vienne* Moskau verlassen, um sich nach Wien zu begeben; ⁓ *les sabots* die Holzschuhe ausziehen; *téléph.* ne *quittez pas!* bleiben Sie am Apparat!; se ⁓ sich trennen.

quitus *fin.* [ki'tys] *m* Entlastung *f*; Schluß-, General-quittung *f*.

qui-va-là? [kiva'la] *int.* wer da?

qui-vive [ki'vi:v] **1.** *int.* ⚔ ⁓? wer da?; **2.** *m:* être ⁓ *que vous tenir) sur le* ⁓ aufpassen, auf der Hut sein.

quoi [kwa] *pr.* (*betonte Form von* que) was?; *à* ⁓ wozu, woran; *après* ⁓ worauf; *de* ⁓ wovon; *sans* ⁓ sonst; *avoir de* ⁓ *vivre* die nötigen Mittel zum Leben haben; (*il n'y a*) *pas de* ⁓! keine Ursache!, nichts zu danken!, *bitte!*; ⁓ *de neuf?* was gibt es (*od.* gibt's) Neues?; ⁓ *que* (*mit subj.*) was auch (immer); ⁓ *que vous fassiez* was ihr auch tun möget; ⁓ *qu'il en soit* wie dem auch sei; *un je-ne-sais-* ⁓ ein gewisses Etwas; *F advt.: a) bekräftigend: une affreuse journée,* ⁓! ein schrecklicher Tag, wirklich!; *b) als Ausdruck der Ungeduld:* selbstverständlich!, natürlich!

quoique [ˈkwakə] *cj.* (*mit. subj.*) obgleich, obwohl, wenn auch.

quolibet [kɔli'bɛ] *m* Anzüglichkeit *f*.

quorum [k(w)ɔ'rɔm] *m* beschlußfähige Anzahl *f*, Quorum *n*.

quote-part *fin.* [kɔt'pa:r] *f* (*pl. quotes--parts*) Anteil *m*.

quotidien, -ne [kɔti'djɛ̃, ⁓'djɛn] **1.** *adj.* täglich; **2.** *m* Tageszeitung *f*.

quotidienneté *néol.* [kɔtidjɛn'te] *f* Alltäglichkeit *f*.

quotient *arith.* [kɔ'sjã] *m* Quotient *m*.

R

R (*ou* **r**) [ɛːr] *m* R (*od.* r) *n*.

rab P [rab] *m* s. rabiot.

rabâch|age F [raba'ʃaːʒ] *m fig.* Wiederkäuen *n*; **~er** F [~'ʃe] *v/t. u. v/i.* (1a) immer dasselbe sagen, *fig.* wiederkäuen; **~eur, -se** [~'ʃœːr, ~'ʃøːz] *su.* langweiliger Schwätzer *m*, langweilige Schwätzerin *f*.

rabais [ra'bɛ] *m* Rabatt *m*, Abzug *m*; **~** de faveur Sonderrabatt *m*; adjudication *f* au **~** Zuschlag *m* an den Mindestfordernden; vendre au **~** zu herabgesetzten Preisen verkaufen.

rabaisser [rabɛ'se] *v/t.* (1b) *fig.* j-n erniedrigen; etw. schmälern; se **~** sich erniedrigen.

rabat [ra'ba] *m* **1.** Beffchen *n* der Richter u. Geistlichen; **2.** Klappe *f* e-r Tasche od. e-s Briefumschlags.

rabat-joie F [raba'ʒwa] *m* (*inv.*) Spielverderber *m*, Störenfried *m*.

rabatt|age [raba'taːʒ] *m* ✗ Stutzen *n* der Bäume; *ch.* Treiben *n*; **~ement** Auto [~t'mɑ̃] *m* Sicheinordnen *n*; **~eur** [~'tœːr] *m ch.* Treiber *m*; *fig. péj.* ✝ Kundenkleppper *m*; *Waffenbeschaffer m*; *pol.* Parteiwerber *m*.

rabattre [ra'batrə] *v/t.* (4a) niederschlagen, -drücken; herunter-lassen, -klappen; *fig.* j-s Stolz beugen; ✗ Baum stutzen; **~** sur le (*od.* du) prix vom Preis abziehen; F *fig.* **~** le caquet à q. j-m das Maul stopfen; se **~** Auto usw.: sich wieder einreihen; *Fr.* Bahnsteigsperre der Metro: sich wieder schließen; se **~** sur sa droite e-e plötzliche Wendung nach rechts machen; *fig.* se **~** sur qch. mit etw. (*dat.*) vorliebnehmen; sich e-r Sache (*dat.*) zuwenden.

rabattu, -e [raba'ty] *adj.* Ast: herabhängend; *Hutkrempe:* heruntergeschlagen; *Kragen:* umgelegt.

rabbin [ra'bɛ̃] *m* Rabbiner *m*.

rabdoute *, P [rab'dut] s. rabiot.

rabiole *dial.* [ra'bjɔl] *f* Kohlrübe *f*.

rabiot F [ra'bjo] *m bsd.* ✗ Nachschlag *m bei* der Verpflegung; Nachdienst *m*; faire du (*od.* le) **~** *allg.* Überstunden machen; ✗ nachdienen.

rabique [ra'bik] *adj.*: virus *m* **~** Tollwuterreger *m*.

râbl|e ['rɑːblə] *m* **1.** *cuis.* Rücken *m* (*bsd.* des Hasen); **2.** *anat.* F Kreuz *n*; **3.** Ofenhaken *m*; **~é, -e** [ra'ble] *adj.* Pferd usw.: mit breitem Rücken; Mensch: stämmig.

rabot [ra'bo] *m* Hobel *m*; ⚙ Mörtelschippe *f*; **~er** [~bo'te] *v/t.* (1a) (be-, ab-)hobeln; **~euse** [~'tøːz] *f* Hobelmaschine *f*; **~eux, -se** [~'tø, ~'tøːz] *adj.* holp(e)rig.

rabougrir ⚘ [rabu'griːr] (2a) *v/t.* verkümmern lassen; *v/i.* verkümmern.

rabouillère *dial.* [rabu'jɛːr] *f* Kaninchenbau *m*.

rabouter [rabu'te] *v/t.* (1a) aneinander-stückeln, -nähen.

rabrouer [rabru'e] *v/t.* (1a): **~** q. j-m e-e Abfuhr erteilen.

racaille [ra'kɑːj] *f* Gesindel *n*.

raccommod|age [rakɔmɔ'daːʒ] *m* Flicken *n*, Flickarbeit *f*; **~ement** F [~d'mɑ̃] *m* Versöhnung *f*; **~er** [~'de] *v/t.* (1a) flicken; *Strümpfe* stopfen; *fig.* versöhnen; **~eur, -se** [~'dœːr, ~'døːz] *su.* Flicker(in *f*) *m*.

raccompagner [rakɔ̃pa'ɲe] *v/t.* (1a) zurückbegleiten.

raccord [ra'kɔːr] *m* ⊕ Verbindungsstück *n*; *fig.*, *a. cin.* Übergang *m*; *thé.* Szenenübergang *m*; **~ement** [~kɔrdə'mɑ̃] *m* Verbindung *f*, Vereinigung *f*; ⚡ Verbindungsstelle *f*; Fernsprechanschluß *m*; **~** au secteur Netzanschluß *m*; **~** téléphonique interurbain Fernanschluß *m*; ☎ (ligne *f* de) **~** Zweig-, Verbindungs-bahn *f*; **~er** [~'de] *v/t.* (1a) verbinden; ⚡, *téléph.* anschließen.

raccourci, -e [rakur'si] **1.** *adj.* verkürzt; à bras **~s** mit aller Gewalt; * faire change **~** zuwenig Geld herausgeben; **2.** *m* Verkürzung *f*; Abkürzung(sweg *m*) *f*; *fig.* Abriß *m*; en **~** in kurzen Worten; in geraffter Form; im kleinen; **~ir** [~'siːr] (2a) *v/t.* ab-, ver-kürzen; *v/i. u.* se **~** kürzer werden; *Stoff:* einlaufen; se **~** sich klein machen; *Boxer:* sich duk-ken; **~issement** [~sis'mɑ̃] *m* Verkürzung f; Einlaufen n v. Stoffen.

raccroc [ra'kro] adv.t.: par ~ ganz zufällig.

raccrocher [rakrɔ'ʃe] v/t. (1a) wieder an-, auf-hängen; téléph. (a. abs.) den Hörer auflegen; etw. wieder in den Griff bekommen; ~ q. sich j-m auf der Straße aufdrängen; se ~ sich an Gegenständen festklammern (à an dat.); se ~ à q. (qch.) sich an j-n (etw. acc.) klammern.

rac|e [ras] f Rasse f; Geschlecht n; Stamm m; mv.p. Sippschaft f; écrivain m de ~ Schriftsteller m von Format; **~é, -e** [~'se] adj. zo. Rasse...; Person: rassig; Auto, Boot: schnittig.

racer Sport [rɛ'sœːr, ra'sɛːr] m Rennboot n, -wagen m.

rachat [ra'ʃa] m Wieder-, Rück-, Los-kauf m; Einlösung f.

rachet|able [raʃ'tabl] adj. wiederkäuflich; einlösbar, tilgbar; **~er** [~ʃ-'te] v/t. (1d) zurückkaufen; Rente ablösen; los-, frei-kaufen; rl. erlösen; fig. wiedergutmachen; ausgleichen (a. ♣).

rachit|ique ♣ [raʃi'tik] adj. rachitisch; **~isme** ♣ [~'tism] m Rachitis f.

racin|age [rasi'naːʒ] m coll. Wurzelwerk n (a. als e-e Art Verzierung); Buchbinband: Marmorierung f; **~e** [~'sin] f Wurzel f (a. ♣, gr., fig.); Sockel m e-s Berges; **~er** [~'ne] v/t. (1a) Buchdeckel marmorieren.

rac|isme [ra'sism] m Rassismus m; **~iste** [~'sist] 1. adj. rassistisch; politique f ~ Rassenpolitik f; 2. su. Rassist (-in f) m.

racket [ra'kɛt] m Erpressung f; Erpresserbande f; **~teur** [~'tœːr] m Erpresser m.

racl|ée F [rɑ'kle] f Keile f, Tracht f Prügel; **~er** [~] v/t. (1a) schaben; abkratzen; raspeln; Schuhsohlen, Getreidemaß abstreichen; fig. im Hals, auf der Geige kratzen; **~erie** F [~klɔ'ri] f Gefiedel n; **~ette** ⊕ [~'klɛt] f, **~oir** ⊕ [~'klwaːr] m Schabeisen n, Spachtel m od. f; **~ure** [~'klyːr] f Abschabsel n.

racol|age [rakɔ'laːʒ] m Kunden-, Wähler-fang m; hist. ✕ Anwerben n v. Soldaten; **~er** [~'le] v/t. (1a) Kunden anlocken; a. hist. ✕ anwerben; Mitglieder werben, keilen F; **~eur, -se** [~'lœːr, ~'løːz] su. Kundenwerber(in f) m; Werber(in f) m von

Parteimitgliedern; **~euse** [~'løːz] f Straßendirne f.

raconter [rakɔ̃'te] v/t. (1a): ~ qch. etw. erzählen; abs. en ~ lang und breit erzählen; se ~ à q. zu j-m von sich selbst sprechen.

racornir [rakɔr'niːr] v/t. (2a) hart und zäh machen; se ~ verknöchern; zs.-schrumpfen.

radar [ra'daːr] m 1. Radar(gerät n) m od. n; écran m ~ Radarschirm m; station f ~ Radarstation f (a. ✕); Auto: ~ anti-collision Abstandsradaranlage f; ~ routier Radarfalle f; **~s** pl. de surveillance Sicherungsradaranlagen f/pl.; ✕ rendre le ~ aveugle das Radarsystem lahmlegen; F Sport: tu joues au ~ du läßt keine Bälle durch; 2. * Nase f; **~iste** [~'rist] m Radartechniker m, -experte m.

rade ⚓ [rad] f Reede f.

radeau [ra'do] m (pl. ~x) Floß n.

radi|aire [ra'djɛːr] adj. strahlenförmig; **~al, -e** [~'djal] adj. (m/pl. -aux) radial; anat. Speichen...; **~ant, -e** [~'djɑ̃, ~'djɑ̃ːt] adj. (aus)strahlend; Strahlen...

radiat|eur [radja'tœːr] m Heizkörper m; ⚡ Heizsonne f; Auto: Kühler m; **~ion** [~dja'sjɔ̃] f 1. Ausstrahlung f; Strahlung f; at. ~ nocive schädliche Strahlung f; 2. Ausstreichen n aus e-r Liste od. Rechnung; ⚖ Löschung f.

radic|al, -e [radi'kal] adj. (m/pl. -aux) 1. adj. ♣, gr., ♣ Wurzel...; fig. gründlich; pol. radikal; 2. m ♠ Radikal n; gr. Stamm m; ♠ Wurzelzeichen n; 3. su. pol. Radikalsozialist(in f) m; **~a-lisme** pol. [~'lism] m Radikalismus m; **~elle** ♣ [~'sɛl] f Wurzelfaser f.

radier¹ [ra'dje] v/t. (1a) ausstreichen; ⚖ Hypothek usw. löschen.

radier² [ra'dje] m ⊕, Wasserbau, △ Fundament n, Sohle f, Bettung f; △ ~ de tunnel Tunnelsohle f.

radi|esthésie [radjɛste'zi] f Radiästhesie f (Strahlenfühligkeit); **~eux, -se** [~'djø, ~'djøːz] adj. strahlend.

radio [ra'djo] 1. f Rundfunk m, Radio n, Funk m; f Rundfunkgerät n; (abr. für ~graphie) Röntgenaufnahme f; 2. m Funker m; ✕ ~ volant Bordfunker m.

radio|... [radjo] in Zssgn: anat. Speichen...; phys. Radio..., Rundfunk..., Funk..., Röntgen..., Strahlen...; **~ actif, -ve** [~ak'tif, ~'tiːv] adj. radioaktiv; **alignement** 🖉 [~aliɲˈmã] m: ~ de piste Landekurssender m; **astronomie** [~astrɔnɔˈmi] f Radioastronomie f; **borne** [~ˈbɔrn] f Markierungsfunkfeuer n; **chimie** [~ʃiˈmi] f Radiochemie f; **diffuser** [~difyˈze] v/t. (1a) (durch Rundfunk) übertragen; **diffusion** [~zjɔ̃] f Sendung f, Übertragung f; **électricité** [~elɛktrisiˈte] f Funktechnik f; drahtlose Fernmeldetechnik f; **élément** [~eleˈmã] m radioaktives Element n; **goniométrie** [~gɔnjɔmeˈtri] f Funkpeilung f; **gramme** [~ˈgram] m Funkspruch m; **graphie** [~graˈfi] f Röntgen-aufnahme f, -bild n; **graphier** [~ˈfje] v/t. (1a) durchleuchten, röntgen; **guidage** [~giˈdaːʒ] m Funksteuerung f; rad. Verkehrsleitung m; **guidé, -e** [~giˈde] adj. funkgesteuert; **(-)journal** [~ʒurˈnal] m (pl. -aux) Rundfunknachrichten f/pl.; **localisation** [~lɔkalizaˈsjɔ̃] f Funkortung f; **logie** [~lɔˈʒi] f Strahlen-, Röntgen-lehre f; **logue** [~ˈlɔg] m Röntgenologe m, Röntgenarzt m; Strahlenforscher m; **mètre** phys. [~ˈmɛtrə] m Strahlungsmesser m; **navigant** ⚓︎, 🖉 [~naviˈgã] m (Bord-)Funker m; **navigation** ⚓︎, [~gaˈsjɔ̃] f Funknavigation f; **phare** [~ˈfaːr] m Funkfeuer m; **phonie** [~fɔˈni] f Funksprechverkehr m; **phonique** [~ˈnik] adj. Funk..., Radio...; pièce f ~ Hörspiel n; **phono** [~fɔˈno] m Rundfunkempfänger m mit Plattenspieler; meuble m ~ Musiktruhe f; **photo(graphie)** [~fɔˈto, ~fɔtɔgraˈfi] f Funkbild n; 🖉 Schirmbildfotografie f; **programme** [~prɔˈgram] m Rundfunkprogramm n; **réception** [~resɛpˈsjɔ̃] f Rundfunkempfang m; **repérage** [~rəpeˈraːʒ] m Funkortung f; **reportage** [~rɔpɔrˈtaːʒ] m Funkreportage f; **scopie** 🖉 [~skɔˈpi] f Durchleuchtung f; **sensibilité** 🖉 [~sãsibiliˈte] f Strahlenempfindlichkeit f; **sonde** météor. [~sɔ̃ːd] f Funksonde f; **taxi** [~taˈksi] m Funktaxi n; **technique** [~tɛkˈnik] 1. adj. funktechnisch; 2. f Funk-, Radio-technik f; **télégramme** [~teleˈgram] m Funktelegramm n, Funkspruch m; **télégraphie** [~graˈfi] f Funktelegrafie f; **télégraphiste** a. ✕ [~graˈfist] m Funker m; **téléphonie** [~fɔˈni] f Sprechfunk m; **télescope** ast. [~telɛsˈkɔp] m Radiotele-

skop n; **thérapie** 🖉 [~teraˈpi] f Bestrahlung f, Radiotherapie f; Röntgentherapie f.

radis [raˈdi] m ⚥ Radieschen n; n'avoir plus un ~ keinen Pfennig mehr haben, völlig abgebrannt sein.

radium [raˈdjɔm] m Radium n; **thérapie** [~teraˈpi] f Radiumheilverfahren n.

radius anat. [raˈdjys] m Speiche f.

radome, radôme 🖉 [raˈdoːm] m Radarkuppel f.

radot|age [radɔˈtaːʒ] m Faselei f; **er** [~ˈte] v/i. (1a) faseln; **eur, -se** [~ˈtœːr, ~ˈtøːz] su. Schwätzer(in f) m.

radoub ⚓︎ [raˈdu] m Ausbesserung f; bassin m de ~ Trockendock n; **er** [~ˈbe] v/t. (1a) ausbessern; Fischnetz flicken.

radoucir [raduˈsiːr] v/t. (2a) mildern.

rafale [raˈfal] f (kurzer) Windstoß m; ⚓︎ Bö f; ✕ Feuerstoß m; tir m par ~ ✕ Feuergarbe f; fig. Ausbruch m.

raffermir [rafɛrˈmiːr] v/t. (2a) fig. (be)stärken; straffen; **issement** [~misˈmã] m fig. Stärkung f; Straffung f; fin. Festigung f.

raffin|age [rafiˈnaːʒ] m Veredelung f; Raffinieren n; **é, -e** [~ˈne] adj. geläutert, gereinigt; fig. feinsinnig, kultiviert; **ement** [~nˈmã] m Überfeinerung f; Feinheit f, Raffinesse f, Besonderheit f; **er** [~ˈne] (1a) v/t. raffinieren, veredeln, reinigen; v/i.: ~ sur qch. etw. übertreiben; **erie** [~nˈri] f Raffinerie f.

raffoler [rafɔˈle] v/i. (1a) vernarrt sein (de in acc.); furchtbar gern haben.

raffut F [raˈfy] m Radau m.

raffûter ⊕ [rafyˈte] v/t. (1a) wieder schärfen.

rafiau, rafiot F [raˈfjo] m alter Kahn m.

rafistoler F [rafistɔˈle] v/t. (1a) ausbessern, zurechtflicken.

rafle [ˈrɑːfl] f Razzia f.

rafler F [rɑˈfle] v/t. (1a) an sich raffen; fig. (z. B. Goldmedaillen) einheimsen; fig. aufkaufen.

rafraîch|ir [rafreˈʃiːr] v/t. erfrischen; abkühlen; auffrischen; v/i. Getränk: kühl werden; se ~ Wetter: kühler werden; **issement** [~ʃisˈmã] m Abkühlung f; Erfrischung f (bsd. als Getränk); servir des ~s Erfrischungen reichen.

ragaillardir [ragajarˈdiːr] v/t. (2a)

rage

aufmuntern.

rag|e [ra:ʒ] f vét., ✻ Tollwut f; allg. Wut f; rasende Schmerzen m/pl.; Sucht f; **~er** ✻ [ra'ʒe] v/i. (1l) wütend sein; **~eur, -se** [~'ʒœːr, ~'ʒøːz] adj. jähzornig.

raglan [ra'glɑ̃] m Raglanmantel m.

ragondin [ragɔ̃'dɛ̃] m Nutria(fell n) f.

ragots péj. [ra'go] m/pl. Klatsch m.

ragoût cuis. [ra'gu] m Ragout n; **~ant, -e** [~'tɑ̃, ~'tɑ̃:t] adj. nach Negation od. iron.: appetitlich; fig. angenehm.

ragréer [ragre'e] v/t. (1a) ⊕ die letzte Hand an e-e Arbeit legen; ∆ neu verputzen.

rai [rɛ] m Speiche f e-s Holzrads.

raid [rɛd] m Auto: Fernfahrt f; ✈ Fernflug m; ✗ Überfall m, Kommandounternehmen n; Luftangriff m.

raid|e [rɛd] **1.** adj. steif, unbiegsam, straff; Felsen: steil; schroff; Fluß: reißend; fig. starrsinnig; e-e Geschichte: kitz(e)lig, unglaublich; ✗ krank; P völlig abgebrannt (fig.), pleite; P total blau; **2.** adv. ganz plötzlich; ~ mort auf der Stelle tot; **~eur** [~'dœːr] f Steifheit f; fig. Ungelenkheit f; Unbeugsamkeit f, Schroffheit f; Steilheit f; **~illon** [~di'jɔ̃] m kurzer, steiler Weg m; **~ir** [~'diːr] (2a) v/t. versteifen, steif (od. straff) machen; v/i. u. se ~ steif werden; fig. se ~ sich sträuben; **~issement** [~dis'mɑ̃] m Straffen n; pol. Versteifung f.

raie¹ [rɛ] f Strich m; Streifen m; Schramme f auf Möbeln; Scheitel m im Haar; Furche f; phys. Linie f.

raie² icht. [rɛ] f Rochen m.

raifort 🌿 [rɛ'fɔːr] m Meerrettich m.

rail [ra:j] m (Eisenbahn-)Schiene f; ~ à courant électrique Stromschiene f; ~ mobile Weichenschiene f; fig. l'affaire roule sur des ~s die Sache läuft wie am Schnürchen; les spécialistes du ~ die Spezialisten m/pl. des Bahnverkehrs.

raill|er [ra'je] v/t. (1a) (ver)spotten; **~erie** [raj'ri] f Spott m, Stichelei f; entendre (la) ~ Spaß verstehen; **~eur, -se** [~'jœːr, ~'jøːz] **1.** adj. spöttisch; **2.** su. Spötter(in f) m.

rainette zo. [rɛ'nɛt] f Laubfrosch m.

rainure [rɛ'nyːr] f Nut f.

raiponce 🌿 [rɛ'pɔ̃ːs] f Rapunzel f.

raïs arab. [ra'is] m Staatschef m.

raisin [rɛ'zɛ̃] m (Wein-)Traube f; ~

sec Rosine f; **~é** [~zi'ne] m Weintraubenkonfitüre f.

raison [rɛ'zɔ̃] f Vernunft f; Verstand m; Recht n; Rechenschaft f; fig. Grund m; Ursache f; ♣ Verhältnis n; avoir ~ recht haben; avoir ~ de q. (de qch.) mit j-m (mit etw.) fertig werden; à ~ de nach Maßgabe von; ✝ in Höhe von; à plus forte ~ um so mehr; comme de ~ wie es recht und billig ist; en ~ de mit Rücksicht auf (acc.); pour cette ~ aus diesem Grund(e), daher; ✝ ~ sociale Firma f, Firmen-name m, -bezeichnung f; **~nable** [~zɔ'nablə] adj. vernunftbegabt; vernünftig, verständig; fig. u. ✝ angemessen; **~nement** [~n'mɑ̃] m Überlegung f; Urteilskraft f; Schlußfolgerung f; ~s pl. Widerrede f; **~né, -e** [~'ne] adj. überlegt; durchdacht; wohlbegründet; **~ner** [~] (1a) v/i. urteilen; diskutieren; nachdenken (sur qch. über etw. acc.); fig. Einwendungen machen; v/t.: ~ q. j-m gut zureden; **~neur, -se** [~'nœːr, ~'nøːz] su. **1.** péj. Nörgler(in f) m; **2.** Denker(in f) m.

rajeun|ir [raʒœ'niːr] (2a) v/t. verjüngen; v/i. wieder jung werden; se ~ sich jung machen; **~issement** [~nis-'mɑ̃] m Verjüngung f.

rajouter [raʒu'te] v/t. (1a) hinzufügen.

rajust|ement [raʒystə'mɑ̃] m Angleichung f; ~ des salaires Lohnanpassung f; **~er** [~'te] v/t. (1a) wieder in Ordnung bringen; ⊕ neu eichen; an-, aus-gleichen; ~ les salaires die Löhne anpassen.

râlant, -e P [rɑ'lɑ̃, ~'lɑ̃:t] adj. ärgerlich.

ralbol! ★ [ral'bɔl] int. mir (od. uns) reicht's!

râle [rɑ:l] m **1.** orn. Ralle f; **2.** Röcheln n (bsd. bei Sterbenden).

ralent|i [ralɑ̃'ti] m: au ~ mit der Zeitlupe; mettre au ~ verlangsamen; Motor drosseln; **~ir** [~'tiːr] (2a) v/t. verlangsamen; langsamer machen; fig. (ab)schwächen; v/i. langsamer werden (od. fahren); **~issement** [~tis'mɑ̃] m Verlangsamung f; Langsamerwerden n; fig. Abnahme f des Eifers; **~isseur** [~ti'sœːr] m Auto: Bremsvorrichtung f; at. Bremssubstanz f; cin. Zeitlupe f.

râl|er [rɑ'le] v/i. (1a) **1.** Sterbender: röcheln; **2.** F nörgeln, meckern F; **~eur, -se** F [~'lœːr, ~'løːz] su. Meckerer *m*, Meckerziege *f*.

ralliement [rali'mɑ̃] *m* 1. ✕ Sammlung *f*; point *m* de ~ Sammelplatz *m*; 2. *pol.* Sammlungsbewegung *f*; **~er** [~'lje] *v/t.* (1a) ✕ wieder sammeln, zs.-ziehen; wieder einigen; ⚓ ~ *un port* wieder zu e-m Hafen zurückkehren; *se à q. (qch.)* sich j-m (e-r Sache) *od.* an j-n (an etw.) anschließen.

rallonge [ra'lɔ̃:ʒ] *f* Verlängerungsstück *n*; *table f à* ~**s** Ausziehtisch *m*; **~ement** *cout.* [~lɔ̃ʒ'mɑ̃] *m* Verlängerung *f*; **~er** *cout.* [~'ʒe] *v/t.* (11) verlängern.

rallumer [raly'me] *v/t.* (1a) wieder anzünden; *fig.* wieder entfachen.

rallye [ra'li] *m Auto:* Sternfahrt *f*; ✈ ~ *aérien* Sternflug *m*.

ramage [ra'ma:ʒ] *m* Ranken *f/pl.* (*mit Blumen auf Stoffen*); Zwitschern *n der Vögel*; F Geplapper *n von Kindern*; **~er** [~ma'ʒe] *v/i.* (11) *Vögel:* zwitschern, singen.

ramassage [rama'sa:ʒ] *m* Ein-, Aufsammeln *n*; *écol.* ~ *scolaire* Schulbusdienst *m*; **~é, ~e** [~'se] *adj.* stämmig, gedrungen; ⚘ dicht stehend; *fig. Stil:* bündig; **~e-miettes** [~s'mjɛt] *m* (*inv.*) Tisch-besen *m*, -schaufel *f*; **~er** [~'se] *v/t.* (1a) zs.-lesen; *von der Erde* aufheben; einsammeln; F festnehmen; ergreifen; P *j-n* aufgabeln, P abkanzeln, herunterputzen; F *Schelte, Schnupfen* kriegen, bekommen; *se* ~ sich zs.-kauern; F *nach e-m Fall* wieder aufstehen; **~is** [~'si] *m* Sammelsurium *f*; Gesindel *n*.

ramdam * [ram'dam] *m* Lärm *m*.

rame [ram] *f* 1. ⚓ Ruder *n*; *Sport:* Rudern *f*; 2. ⛓, *U-Bahn:* Wagenreihe *f*, Zug *m*; 3. ✝ Ries *n* (*Papier*); *vingt Rollen f/pl.* Tapete.

ramé, ~e [ra'me] *adj.:* cerf *m* ~ Schmalspießer *m* (*junger Hirsch*).

rameau [ra'mo] *m* (*pl.* ~x) Zweig *m* (*a. e-r Familie, e-r Wissenschaft*); *géol.* Ausläufer *m*; *dimanche m. des* 2*x* Palmsonntag *m*.

ramée ✿ [ra'me] *f* Baumsteckling *m* für e-e Uferböschung.

ramender [ramɑ̃'de] *v/t.* (1a) *Netze* ausbessern; ✿ *Feld* wieder düngen; ⊕ neu vergolden.

ramener [ram'ne] *v/t.* (1d) wieder her-, mit-bringen; zurück-bringen, -führen; *fig. Ruhe* wiederherstellen; *se* ~ *à* hinauslaufen auf (*acc.*).

ramequin [ram'kɛ̃] *m Art* Käsekuchen *m*.

ramer [ra'me] (1a) 1. *v/t.* ✿ *mit Stangen* stützen; 2. *v/i.* rudern; **~eur, ~se** [~'mœ:r, ~'mø:z] *su.* Ruderer *m*, Ruderin *f*; **~euter** [~mø'te] *v/t.* (1a) wieder zs.-bringen, -holen; F aufrütteln, wecken; **~eux, ~se** [~'mø, ~'mø:z] *adj.* vielästig; verzweigt; **~ier** [~'mje] *m orn.* Ringeltaube *f*; F Faulpelz *m*; **~ification** [~mifika'sjɔ̃] *f* Verzweigung *f*; **~ifier** [~'fje] *v/rfl.* (1a): *se* ~ sich verzweigen (*a. fig.*); **~ille** [~'mij] *f* kleiner Zweig *m*; **~s** *pl.* Reisig *n/sg.*

ramolli, ~e [ramo'li] *adj.* aufgeweicht; F *fig. Person:* schlapp; verkalkt; **~ir** [~'li:r] *v/t.* (2a) weich machen; aufweichen; *fig.* verweichlichen; *se* ~ weich werden; erschlaffen; *fig.* verkalken; **~issement** [~li-'mɑ̃] *m* Erweichung *f* (*a. fig.*); ✗ ~ *cérébral* Gehirnerweichung *f*.

ramoner [ramo'ne] *v/t.* (1a) *den Schornstein* fegen; *weitS. Pfeife* reinigen; **~eur** [~'nœ:r] *m* Schornsteinfeger *m*.

rampant, ~e [rɑ̃'pɑ̃, ~'pɑ̃:t] 1. *adj.* kriechend; abschüssig; *fig.* kriecherisch; 2. *m* Schrägdach *n*; F ✕ ~*s* *pl.* Bodenpersonal *n*.

rampe [rɑ̃p] *f* Treppenstück *n* zwischen zwei Absätzen; Treppengeländer *n*; Rampe *f* (*a. thé.*), Auffahrt *f*; Abhang *m*, Steigung *f*; ⛓ *en* ~ de ... bei e-m Gefälle (e-r Steigung) von ...; *feux m/pl.* (*od. éclairage m*) *de la* ~ *thé.* Rampenlicht *n*; Schaufensterbeleuchtung *f*; ⛓ ~ *de chargement* Laderampe *f*; *Autobahn:* ~ *d'accès* Zufahrtsstraße *f*, Zubringer *m*; ~ *de protection* Leitplanke *f*; **~er** [rɑ̃'pe] *v/i.* (1a) kriechen (*a. fig.*); *Pflanze:* sich hinschlängeln; *fig.* sich erniedrigen; *Stil:* gemein sein.

ramponneau P [rɑ̃po'no] *m* (*pl.* ~x) Schubs *m*, Puff *m*.

ramure [ra'my:r] *f* Astwerk *n*; (*Hirsch-*)Geweih *n*.

rancard * [rɑ̃'ka:r] *m* Auskunft *f*; F Tip *m*; *aller aux* ~*s* sich erkundigen; **~er** [~'kar'de] *v/t.* (1a) e-n Tip geben (*q. j-m*); *se* ~ sich erkundigen.

rancart [rɑ̃'ka:r] *m* 1. F *mettre au* ~ ausrangieren; beiseite (*od. zum alten Eisen*) werfen; 2. P Rendezvous *n*.

rance [rɑ̃:s] *adj.* ranzig; **~ir** [rɑ̃'si:r]

v/i. (2a) ranzig werden; **~issement** [~sis'mã] *m* Ranzigwerden *n*.

rancœur [rã'kœːr] *f* Groll *m*.

rançon [rã'sõ] *f* Lösegeld *n*; **~ner** [~sɔ'ne] *v/t.* (1a) erpressen; prellen, neppen.

rancun|e [rã'kyn] *f* Groll *m*, Rachsucht *f*; *sans ~!* nichts für ungut!; **~ier, -ère** [~'nje, ~'njɛːr] **1.** *adj.* grollend, nachtragend; **2.** *su.* nachtragender Mensch *m*.

randonnée [rãdɔ'ne] *f ch.* Kreisen *n* des Wildes um sein Lager; *fig.* Ausflug *m*; Wanderung *f*; Exkursion *f*; (*Auto-, Rad-*)Tour *f*.

rang [rã] *m* Reihe *f*; Ordnung *f*; ✕ Glied *n*; Rang(stufe *f*) *m*, Stand *m*; ✕ Steinschicht *f*; **~é, -e** [rã'ʒe] *adj.* *Schlacht:* planmäßig; *fig.* solide; ordentlich; **~ée** [~] *f* Reihe *f*; *à une seule ~* einreihig; **~er** [~] *v/t.* (1l) in Ordnung bringen; aufstellen; ordnen; *Zimmer* aufräumen; *Auto* parken; ⚓ *la côte an der Küste entlangfahren; se ~ Auto:* parken; *allg.* beiseite treten, Platz machen; ✕ antreten, sich aufstellen; *fig.* solide werden; *se ~ à l'opinion de q.* sich j-s Meinung (*dat.*) anschließen, j-m beipflichten.

ranim|ation *mst fig.* [ranima'sjõ] *f* (Wieder-)Belebung *f*; **~er** ⚕, *fig.* [~'me] *v/t.* (1a) wiederbeleben.

rapac|e [ra'pas] **1.** *adj.* raubgierig; habsüchtig; **2.** *m* Raubvogel *m*; **~ité** [~si'te] *f* Raubgier *f*; Habsucht *f*.

rapatri|é, -e [rapatri'e] *su.* Rückwanderer *m*, -wanderin *f*; Heimkehrer(in *f*) *m*; **~er** [~] *v/t.* (1a) repatriieren.

râp|e [rɑːp] *f* Reibeisen *n*; grobe Feile *f*, Raspel *f*; ✍ (Weintrauben-)Kamm *m*; **~é, -e** [rɑ'pe] *adj.* *Kleidung:* abgetragen, schäbig; **~er** [~] *v/t.* (1a) *Käse usw.* reiben; *Holz* (ab-)raspeln; *Kleidung* abtragen.

rapetasser F [rapta'se] *v/t.* (1a) grob flicken.

rapetisser [rapti'se] *v/t.* (1a) verkleinern.

râpeux, -se [rɑ'pø, ~'pøːz] *adj.* *Zunge, Stoff:* rauh; *Wein:* herb.

raphia [ra'fja] *m* Raphia(~)Bast *m*.

rapiat, -e [ra'pja, ~'pjat] *adj.* knick(e)rig.

rapid|e [ra'pid] **1.** *adj.* schnell, reißend, steil; *Lektüre:* kursorisch; *Stil:* lebhaft; **2.** *m* Stromschnelle *f*; 🚂 Schnellzug *m*; **~ité** [~di'te] *f*

Schnelligkeit *f*; Steilheit *f*; Lebhaftigkeit *f*.

rapiécer [rapje'se] *v/t.* (1f *u.* 1k) flicken, ausbessern; zs.-stückeln (*a. fig.*).

rapine *litt.* [ra'pin] *f* Raub *m*; Beute *f*.

rapparier [rapa'rje] *v/t.* (1a) ein Paar (*z. B. Handschuhe*) wieder vollständig machen; *zo.* wieder paaren.

rappel [ra'pɛl] *m* Zurückrufen *n*; *pol.* Abberufung *f*; Erinnerung *f*, Mahnung *f*; Nachzahlung *f*; *thé.* Herausrufen *n*; *Bergsport:* Sichern *n* (*mit dem Seil*);✕ Signal *n* zum Sammeln; *~ du chariot* Rücktaste *f* an der *Schreibmaschine*; 💉 *injection f de ~* Wiederholungsspritze *f*; *~ à l'ordre* Ordnungsruf *m*; ✕ *battre le ~* zum Sammeln trommeln; *faire un ~* sich am Seil herunterlassen; sich sichern; **~er** [~'ple] *v/t.* (1c) noch einmal rufen; *a. téléph.* zurückrufen;✕ wieder einberufen; *thé.* hervorrufen; auffordern, mahnen; ins Gedächtnis zurückrufen, erinnern (*qch. à q.* j-n an etw. *acc.*); *~ ses esprits* wieder zur Besinnung kommen; *se ~ q.* (*qch.*) sich an j-n (etw.) erinnern; *jedoch* F: *je m'en* (*st.s. je me le*) *rappelle* ich erinnere mich daran.

rappliquer F [rapli'ke] *v/i.* (1m) (an-)kommen, hereinschneien.

rapport [ra'pɔːr] *m* Bericht *m*; Gutachten *n*; ✕ Meldung *f*; Verhältnis *n*, Zs.-hang *m*, Beziehung *f*, Hinsicht *f*; 🌳 Ertrag *m*; *Hund:* Apportieren *n*; *maison f de ~* Mietshaus *n*; *en ~ avec* im Zusammenhang mit; *par ~ à* im Verhältnis zu; im Vergleich mit; *sous tous les ~s* in jeder Beziehung (*od.* Hinsicht); *~s pl. de commerce* Handelsbeziehungen *f/pl.*; *~s de force* Kräfteverhältnis *n*; **~er** [~pɔr'te] *v/t.* (1a) wieder-, zurück-, mitbringen; *Hund:* apportieren; 🏛 *Maßnahmen, Gesetz* zurücknehmen, widerrufen; *fig. Ehre usw.* davontragen, einbringen, abwerfen; *etw. Gehörtes* wiedergeben; anstükkeln; ✕, 🏛 berichten, hinterbringen; *écol.* petzen; *~ à qch. auf* etw. (*acc.*) beziehen; *e-r Sache etw.* zuschreiben; *se ~ passen*; sich beziehen (*à auf acc.*); *s'en ~ à* sich berufen (*od.* verlassen) auf (*acc.*); **~eur, -se** [~'tœːr, ~'tøːz] **1.** *su.* Berichterstatter(in *f*) *m*; *écol. usw.* Hinterbringer(in *f*) *m*; Petze *f*; **2.** *m* A̶ Winkelmesser *m*.

rapprendre [raˈprɑ̃:drə] v/t. (4q) von neuem (od. wieder) lernen.

rapproch|ement [raprɔʃˈmɑ̃] m Annäherung f; Verständigung f; Gegenüberstellung f, Vergleich m; **∼er** [∼ʃe] v/t. (1a) etw. heranrücken; fig. näherbringen; fig. versöhnen; fig. gegenüberstellen, vergleichen (de mit dat.).

rapt [rapt] m Entführung f, (Menschen-)Raub m.

râpure ⊕ [rɑˈpy:r] f Raspelspäne m/pl.; ∼ de corne Hornspäne m/pl.

raquette [raˈkɛt] f Tennisschläger m; Schnee-schuh m, -reifen m.

rare [ra:r] adj. selten; knapp, wenig, rar; Haar, Luft: dünn; Puls: schwach.

raré|faction phys. [rarefakˈsjɔ̃] f Verdünnung f (z. B. der Luft); **∼fier** [∼ˈfje] v/t. (1a) Gase verdünnen; se ∼ Luft: dünner werden; fig. selten (od. knapp) werden.

rareté [rarˈte] f Seltenheit f, Rarität f; Mangel m; Knappheit f; phys. Dünne f der Luft; Langsamkeit f des Pulses, des Atems.

ras, -e [rɑ, rɑ:z] **1.** adj. ganz (od. kurz) abgeschnitten, kurzhaarig; flach, platt; gestrichen voll; P en avoir ∼ le bol de qch. von etw. (dat.) die Nase voll haben; cout. ∼ de (od. du) cou kragenlos; faire table ∼e reinen Tisch machen; **2.** adv.: à ∼ kahl; coupé à ∼ kurzgeschnitten; kahlgeschoren; **3.** prp.: au ∼ de auf gleicher Höhe mit (dat.); au ∼ du sol zu ebener Erde; au ∼ des toits dicht über den Dächern; rouler au ∼ du trottoir ganz dicht am Gehweg fahren; verser du vin à ∼ bord Glas bis zum Rand voll Wein gießen; rempli à ∼ bord bis an den Rand gefüllt; **4.** m ⚓ Arbeitsfloß n; cout. ∼ de cou kragenlose Herren(leder)jacke f.

ras|ade [rɑˈzad] f volles Glas n; verser une ∼ à q. j-m das Glas bis zum Rand vollgießen; **∼ement** [∼zˈmɑ̃] m ⚓ Abreißen n; frt. Schleifen n.

rase-mottes ✈ [rɑzˈmɔt] m (inv.) Tiefflug m.

ras|er [rɑˈze] v/t. (1a) rasieren; F langweilen; ⚔ dem Erdboden gleichmachen; frt. schleifen; ⊕ einebnen; ⚓ abreißen; ∼ qch. an etw. (acc.) streifen; an etw. (dat.) entlangfahren; **∼eur, -se** F [∼ˈzœ:r, ∼ˈzø:z] **1.** su. langweiliger Mensch m;

2. adj. langweilig; **∼ibus** F [∼ziˈbys] **1.** adv. ganz kurz; **2.** prp.: ∼ de qch. dicht an etw. (dat.) vorbei.

ras-le-bol [rɑlˈbɔl] m (inv.) Überdruß m, Verdrossenheit f; Abscheu m, Ekel m.

rasoir [rɑˈzwa:r] m **1.** Rasier-messer n, -apparat m; **2.** F (a. adj.: homme m ∼) langweiliger Mensch m.

rassasier [rasaˈzje] v/t. (1a) sättigen.

rassembl|ement [rasɑ̃bləˈmɑ̃] m Einsammeln n; Auflauf m; Versammlung f; Sammlung(sbewegung f) f; **∼er** [∼ˈble] v/t. (1a) einsammeln; ⚔ zu-ziehen; (ver)sammeln; ⊕ wieder zs.-fügen (od. zs.-setzen).

rasseoir [raˈswa:r] v/t. (3k) wieder hinstellen; se ∼ sich wieder hinsetzen.

rasséréner [rasereˈne] v/t. (1f) wieder aufheitern.

rassis, -e [raˈsi, ∼ˈsi:z] adj. fig. Person: gesetzt; Brot: altbacken.

rassurer [rasyˈre] v/t. (1a) j-n beruhigen; se ∼ sich beruhigen, ruhiger werden.

rasta F [rasˈta], **∼quouère** F [∼ˈkwɛ:r] m internationaler Hochstapler m.

rat [ra] m zo. Ratte f; F fig. ∼ de bibliothèque Bücherwurm m, Leseratte f; P péj. d'église Betbruder m; Kriecher m; ∼ d'hôtel Hotel-dieb m, -marder m.

rata F [raˈta] m mieser Fraß m.

ratage [raˈta:ʒ] m Mißerfolg m.

ratatiner [rataˈtine] v/rfl. (1a): se ∼ zs.-schrumpfen, runz(e)lig werden.

ratatouille [rataˈtuj] f **1.** cuis. Ratatouille f (provenzalischer Gemüseeintopf); **2.** F péj. Fraß m.

rate [rat] f anat. Milz f; F désopiler (od. dilater, épanouir) la ∼ à q. j-n zum Lachen bringen; F ne pas se fouler la ∼ sich kein Bein ausreißen.

raté [raˈte] **1.** m Motor: Fehlzündung f; ⚔ Blindgänger m; allg. Panne f F; **2.** ∼(e) su. Person: Versager m; verkrachte Existenz f F.

rât|eau [rɑˈto] m (pl. ∼x) Rechen m, Harke f; **∼elier** [∼ˈlje] m (Futter-) Raufe f; Gewehrständer m; F künstliches Gebiß n.

rater [raˈte] v/i. (1a) v/i. Schuß: nicht losgehen; Schußwaffe: versagen; fig. fehlschlagen, schiefgehen F; v/t. verfehlen; verpassen; F ∼ sa vie sein Leben verpfuschen; F ∼ un examen in e-r Prüfung durchfallen.

26*

ratiboiser F [ratibwaˈze] v/t. (1a) stibitzen, klauen F; ruinieren.

ratichon * [ratiˈʃɔ̃] m Pfaffe m.

ratière [raˈtjɛːr] f Rattenfalle f.

ratifi|cation [ratifikɑˈsjɔ̃] f Ratifizierung f; **~er** [~ˈfje] v/t. (1a) ratifizieren.

ratiner text. [ratiˈne] v/t. (1a) kräuseln.

ratiociner péj. [rasjɔsiˈne] v/i. (1a) grübeln; F sinnieren.

ration [rɑˈsjɔ̃] f Ration f.

rational|isation [rasjɔnaliza'sjɔ̃] f Rationalisierung f; **~iser** [~ˈze] v/t. (1a) rationalisieren; **~isme** phil. [~ˈlism] m Rationalismus m; **~iste** phil. [~ˈlist] 1. adj. rationalistisch; 2. su. Rationalist(in f) m; **~ité** [~liˈte] f Vernunftbedingtheit f; éc. Wirtschaftlichkeit f.

rationn|aire [rasjɔˈnɛːr] su. Rationenempfänger(in f) m; **~el, -le** [~ˈnɛl] adj. 1. phil. vernunftgemäß, a. ⅄ rational; 2. éc. rationell, wirtschaftlich, rentabel, zweckmäßig; **~ement** [~nˈmã] m Rationierung f, Zwangsbewirtschaftung f; **~er** [~ˈne] v/t. (1a) Lebensmittel rationieren, bewirtschaften; ⚕ j-n auf Rationen setzen.

ratiss|age [ratiˈsaːʒ] m: **~** policier Polizeirazzia f; **~er** [~ˈse] v/t. (1a) (glatt-)harken, einebnen; ⅄ durchkämmen; F klauen; ruinieren; **~oire** [~ˈswaːr] f Jäthacke f.

raton [raˈtɔ̃] m 1. zo. kleine Ratte f; **~** laveur Waschbär m; 2. P péj. Araber m; **~nade** ⚕ [~tɔˈnad] f Razzia f.

ratrac ⊕ Ski [raˈtrak] m Pistenpflug m mit Raupenketten.

rattach|ement pol. [rataʃˈmã] m Rückgliederung f, Wiederanschluß m; **~er** [~ˈʃe] v/t. (1a) wieder anbinden, wieder verknüpfen; anschließen, angliedern (à an acc.); se **~** sich anschließen.

rattrap|age [ratraˈpaːʒ] m 1. écol. cours m de **~** Nachholunterricht m; 2. éc. (besoin m de) **~** Nachholbedarf m; **~er** [~ˈpe] v/t. (1a) wieder fangen; wieder erwischen; fig. einholen; écol. nachholen.

ratur|age [ratyˈraːʒ] m (Aus-, Durch-)Streichen n; **~e** [~ˈtyːr] f Streichung f; (Aus-, Durch-)Gestrichene(s) n; **~er** [~tyˈre] v/t. (1a) (aus-, durch-)streichen.

raucité phon. [rosiˈte] f Rauheit f.

rauque [roːk] adj. heiser, rauh.

ravag|e [raˈvaːʒ] m Verwüstung f; **~er** [~vaˈʒe] v/t. (1l) verheeren.

ravaler [ravaˈle] v/t. (1a) (wieder) hinunterschlucken (a. fig.); ⅄ abteufen; fig. erniedrigen; Bäume stutzen; Mauer putzen; fig. **~** au rang de qch. zu etw. (dat.) degradieren.

ravauder [ravoˈde] v/t. (1a) ausbessern, flicken, stopfen.

rave ⚹ [raːv] f Rübe f.

ravi, -e [raˈvi] adj. sehr erfreut (de über acc.).

ravier [raˈvje] m kleine Schüssel f für Vorspeisen.

ravière [raˈvjɛːr] f Rübenfeld n.

ravigot|e cuis. [raviˈgɔt] f pikante Kräutersoße f; **~er** [~ˈte] v/t. (1a) Schnaps usw.: j-n aufmuntern.

ravin [raˈvɛ̃] m Schlucht f, Hohlweg m; **~e** [~ˈvin] f Sturzbach m; **~er** [~ˈne] v/t. (1a) géol. auswaschen; fig. durchfurchen.

ravir [raˈviːr] 1. v/t. (2a) rauben; entführen; fig. hinreißen; 2. adv.: à **~** bezaubernd; hinreißend; wundervoll.

raviser [raviˈze] v/rfl. (1a): se **~** s-e Meinung ändern.

raviss|ant, -e [raviˈsã, ~ˈsãːt] adj. entzückend; **~ement** [~sˈmã] m Entzücken n; † Entführung f; **~eur, -se** [~ˈsœːr, ~ˈsøːz] su. Entführer(in f) m.

ravitaill|ement [ravitajˈmã] m (Lebensmittel-)Versorgung f, Ernährungswirtschaft f; ⅄ Verpflegungsempfang m; Nachschub m; office m de **~** Beschaffungsamt n; **~er** [~ˈje] v/t. (1a) versorgen.

raviver [raviˈve] v/t. (1a) fig. neu beleben; se **~** wiederaufleben.

ravoir [raˈvwaːr] v/t. (nur inf.) wieder-haben, -bekommen.

ray|é, -e [rɛˈje] adj. Stoff: gestreift; Papier: lin(i)iert; Geschützrohr: gezogen; **~er** [~] v/t. (1l) ritzen, lin(i)ieren; mit Streifen versehen; riefeln; aus-, durch-streichen.

'rayon [rɛˈjɔ̃] m Strahl m; ⅄ Halbmesser m, Radius m; Umkreis m; Speiche f e-s Rades; Querbrett n in Schränken usw.; Abteilung f im Warenhaus; adm. UdSSR: Bezirk m; ⚹ Rille f; bsd. ⅄, ⚹ **~** d'action Aktionsradius m, Reichweite f; **~** de miel Honigwabe f; at. **~s** pl. alpha Alphastrahlen m/pl.; ⚕ **~s** X Röntgenstrahlen m/pl.; fig. F c'est

rebondir

votre ~ das betrifft Sie.

rayonn|age [rɛjɔ'naːʒ] *m* Regal *n (für Bücher od. Waren)*; **~ant, -e** [~'nɑ̃, ~'nɑ̃ːt] *adj.* (aus)strahlend; *fig.* glänzend; ~ *de joie* freudestrahlend; **~e** [~'jɔn] *f* Kunstseide *f*; **~é, -e** [~'ne] *adj.* strahlenförmig; **~ement** [~'mɑ̃] *m phys.* Strahlung *f*; *fig.* Ausstrahlung *f*, Wirkung *f*; **~er** [~'ne] (1a) *v/i.* strahlen; *phys.* ausgestrahlt werden; *weitS.* Fahrten in die Umgebung machen; *v/t.* ausstrahlen; mit Regalen (*od.* Fächern) versehen.

rayure [rɛ'jyːr] *f* Streifen *m*; Schramme *f*; Zug *m e-r Feuerwaffe.*

raz [rɑ] *m* reißende Strömung *f*; ~ *de marée* Flutwelle *f*; *fig.* Flut *f*.

razzia [ra'zja] *f* Raubüberfall *m*.

ré ♩ [re] *m* D *n*, d *n*.

réacheminer ⚓ [reaʃəmi'ne] *v/t.* (1a) *Briefe usw.* weiterbefördern.

réact|eur [reak'tœːr] *m* ✈ Düse(n-triebwerk *n*)*f*; Strahltriebwerk *n*; *at.* Reaktor *m*; ~ *d'essai* Versuchsreaktor *m*; **~if, -ve** [~'tif, ~'tiːv] **1.** *adj. phys.* rückwirkend; 🜂 reagierend; **2.** *m* 🜂 Reagens *n*; **~ion** [~k'sjɔ̃] *f* Rückwirkung *f*; Reaktion *f (a. pol.);* avion *m à* ~ Düsenflugzeug *n; montage m de* ~ Rückkopplungsschaltung *f*; ~ *en chaîne* Kettenreaktion *f*; ~ *nucléaire* Kernreaktion *f*; **~ionnaire** *pol.* [~k-sjɔ'nɛːr] **1.** *adj.* reaktionär; **2.** *su.* Reaktionär(in *f*) *m*.

réactiv|ation [reaktiva'sjɔ̃] *f* Reaktivierung *f*; Wiederbelebung *f*; **~er** [~'ve] *v/t.* (1a) wiederbeleben.

réadapter [readap'te] *v/t.* (1a) wieder anpassen; ✚ rehabilitieren; ⊕ *Betrieb* umstellen.

réagir *phys., chem. fig.* [rea'ʒiːr] *v/i.* (2a) reagieren (*à* auf *acc.*).

réajuster [reaʒys'te] *v/t.* (1a) s. *rajuster.*

réalis|able [reali'zablə] *adj.* realisierbar, durchführbar; ✚ verwertbar; in Geld umsetzbar; **~ateur, -rice** [~za'tœːr, ~'tris] *su. cin.* (Film-)Regisseur(in *f*) *m*; *télév.* Moderator(in *f*) *m; rad.* Sendeleiter(in *f*) *m*; *Unterhaltungsabend:* Programmgestalter (-in *f*) *m*; **~ation** [~za'sjɔ̃] *f* Verwirklichung *f*; ✚ Flüssigmachung *f; cin.* Spielleitung *f*, Filmregie *f*; Aufnahme *f*, Verfilmung *f*; **~er** [~'ze] *v/t.* (1a) verwirklichen; ausführen; gestalten; *cin.* aufnehmen; ✚ zu Geld machen; *etw.* begreifen, sich vorstel-

len, klar erfassen; ~ *un profit* e-n Gewinn erzielen; se ~ in Erfüllung gehen; se ~ *pleinement dans* (*od.* en) zu höchster Vollendung gelangen in (*dat.*).

réal|isme [rea'lism] *m phil., litt., peint., pol. usw.* Realismus *m*; **~iste** [~'list] **1.** *adj.* realistisch; **2.** *su.* Realist(in *f*) *m*; **~ité** [~li'te] *f* Realität *f*, Wirklichkeit *f*, Tatsache *f*.

réanim|ation *nur* ✚ [reanima'sjɔ̃] *f* Wiederbelebung *f*; **~er** [~'me] *v/t.* (1a) **1.** ✚ wiederbeleben; **2.** *fig.* e-m *Gebiet* neuen Aufschwung geben.

réappar|aître [reapa're:trə] *v/i.* (4z) wieder erscheinen; **~ition** [~ri'sjɔ̃] *f* Wiedererscheinen *n*.

réapprovisionner [reaprɔvizjɔ'ne] *v/t.* (1a) wieder beliefern.

réarm|ement [rearmə'mɑ̃] *m* (Wieder-)Aufrüstung *f*; Wiederbewaffnung *f*; **~er** [~'me] (1a) *v/t. Schiff* wieder ausrüsten; *Land, Truppe* wiederbewaffnen; *v/i. Staat:* wiederaufrüsten.

réassigner [reasi'ne] *v/t.* (1a) ✝ neu anweisen; ⚖ nochmals vorladen.

réassortir [reasɔr'tiːr] *v/t.* (2a) *Lager* wieder auffüllen.

réassurer ⚖ [reasy're] *v/t.* (1a) rückversichern.

rebaptiser [rəbati'ze] *v/t.* (1a) *rl.* wieder taufen; *allg.* umbenennen.

rébarbatif, -ve [rebarba'tif, ~'tiːv] *adj.* abstoßend; mürrisch.

rebâtir [rəba'tiːr] *v/t.* (2a) wieder aufbauen.

rebattre [rə'batrə] *v/t.* (4a): ~ *les cartes* die Karten noch einmal mischen; ~ *les oreilles à q. de qch.* j-m wegen e-r Sache in den Ohren liegen; *avoir les oreilles rebattues de qch.* etw. bis zum Überdruß gehört haben; *chemin m rebattu* vielbetretener Weg *m*.

rebell|e [rə'bɛl] **1.** *adj.* aufrührerisch; *fig.* widerspenstig; *Krankheit usw.:* hartnäckig; **2.** *su.* Rebell *m*, Aufrührer *m*; **~er** [~'le] *v/rfl.* (1a): se ~ rebellieren.

rébellion [rebɛ'ljɔ̃] *f* Aufruhr *m*.

rebiffer F [rəbi'fe] *v/rfl.* (1a): se ~ sich sträuben, bocken F.

reboiser [rəbwa'ze] *v/t.* (1a) (wieder) aufforsten.

rebond [rə'bɔ̃] *m* Abprall *m*; *gym.* Rücksprung *m*; **~i, -e** [~'di] *adj.* dick und rund; prall; **~ir** [~'diːr] *v/i.* (2a)

wieder aufspringen; abprallen; **~is-
sement** [~dis'mã] m Zurückprallen
n; fig. Rückschlag m; Wiederauf-
lodern n (z. B. e-r Krise); Wieder-
aufnahme f (z. B. e-r Untersuchung).
rebord [rə'bɔːr] m Rand(leiste f) m;
Einfassung f; Umschlag m am Kleid;
Kragen m am Mantel; (Hut-)Krem-
pe f; Sims m od. n; **~er** [~bɔr'de] v/t.
(1a) einfassen.
reboucher [rəbu'ʃe] v/t. (1a) wieder
zustopfen, wieder zukorken.
rebours [rə'buːr] **1.** advt.: à ~ gegen
den Strich; rückwärts; fig. verkehrt;
✠ compte m à ~ Countdown m od.
n, Rückwärtszählen n; **2.** prpt.: au (od.
à) ~ de im Gegensatz zu (dat.); ...
(dat.) zuwider.
reboutement ✠ [rəbut'mã] m Wiedereinrenkung f; **~er** [~'te] v/t. (1a)
Glied wieder einrenken; **~eur, ~eux**
[~'tœːr, ~'tø] m Heilkundige(r) m, der
Glieder einrenkt.
rebrousse|-courant [rəbrusku'rã]
advt.: à ~ in entgegengesetzter
Richtung; **~-poil** [~'pwal] advt.: à ~
gegen den Strich; F verkehrt.
rebrousser [rəbru'se] v/t. (1a) gegen
den Strich bürsten (od. kämmen);
Wind: Haare hochblasen; fig. ~ chemin umkehren, kehrtmachen.
rebuffade [rəby'fad] f Abfuhr f, Zu-
rückweisung f.
rébus [re'bys] m Bilderrätsel n.
rebut [rə'by] m ✠ Ausschuß(ware f)
m; ⚖ & pl. unzustellbare Sendungen
f/pl.; au ~ unzustellbar; mettre au ~
ausrangieren; **~ant, -e** [~'tã, ~'tãːt]
adj. abstoßend; **~er** [~'te] v/t. (1a)
entmutigen, abschrecken; se ~ sich
abschrecken lassen.
récalcitrant, -e [rekalsi'trã, ~'trãːt]
adj. störrisch; aufsässig.
recal|é, -e F [rəka'le] adj. durchgefal-
len (in e-r Prüfung); **~er** F [~] v/t. (1a)
in e-r Prüfung durchfallen lassen.
récapitul|ation [rekapityla'sjɔ̃] f Zs.-
fassung f; Rekapitulation f; **~er** [~'le]
v/t. (1a) zs.-fassen; kurz wiederholen; rekapitulieren.
recaser F [rəka'ze] v/t. (1a) j-n wieder
unterbringen; se ~ wieder unter-
kommen.
re|cel, ~cèlement ⚖ [rə'sɛl, ~sɛl'mã]
m Hehlerei f.
recel|er [rəs'le] v/t. (1d) verbergen;
verborgen halten; ⚖ hehlen; verheimlichen; géol. bergen; **~eur, -se**

⚖ [~'lœːr, ~'løːz] su. Hehler(in f) m.
récemment [resa'mã] adv. kürzlich.
recens|ement [rəsãs'mã] m (Volks-)
Zählung f; ⊕, ✝, adm. Bestands-
zählung f; Besichtigung f; **~er** [~'se]
v/t. (1a) Bevölkerung usw. zählen; ⊕,
✝ nachprüfen; besichtigen; **~ion**
[~'sjɔ̃] f kritischer Vergleich m v.
Texten; litt. Rezension f; fig. kri-
tische Bestandsaufnahme f.
récent, -e [re'sã, ~'sãːt] adj. neu;
kürzlich erfolgt; le passé ~ die
jüngste Vergangenheit.
récépissé [resepi'se] m Empfangs-
bescheinigung f.
récept|acle [resɛp'takl] m ⊕ Auf-
fangbecken f; Sammelbecken n (a.
fig.); ♀ Fruchtboden m; **~eur** [~-
'tœːr] m rad. Empfänger m, Emp-
fangsgerät n; téléph. Hörer m; ~ télé
Fernsehempfänger m; ~ de radio, ~
radiophonique Rundfunkempfänger
m; ~ tous courants Allstromempfän-
ger m; **~if, -ve** [~'tif, ~'tiːv] adj. ✝
anfällig, empfänglich (à qch. für
etw.); psych. rezeptiv, aufnahme-
fähig; **~ion** [~p'sjɔ̃] f Aufnahme f,
Empfang m (a. rad.); Abnahme f v.
Bauten, Maschinen usw.; **~ionner** [~-
sjo'ne] v/t. (1a) Maschinen usw. abnehmen; **~ivité** [~tivi'te] f psych.
Aufnahmefähigkeit f; ✝ Anfälligkeit
f.
récession ✝ [resɛ'sjɔ̃] f Rezession f.
recette [rə'sɛt] f Einnahme f; Ertrag
m; (Geld-)Erhebung f; Steuer-amt
n, -kasse f; phm. allg. Mittel n;
(Koch-)Rezept n; garçon m de ~
Kassenbote m; faire ~ ein
Kassenschlager sein.
recev|able [rəs'vabl] adj. annehm-
bar; zulässig; **~eur, -se** [~'vœːr, ~-
'vøːz] su. tram. usw. Schaffner(in f)
m; ✝ Vorsteher(in f) m; **~oir** [~'vwaːr] v/t.
(3a) empfangen, bekommen, erhal-
ten; Strahlen auffangen; fig. an-
auf-, ein-nehmen; (als wahr u. bindend) annehmen; feierlich aufnehmen; einführen; zulassen; être reçu
docteur die Doktorwürde erhalten;
être reçu à un examen bei e-r Prüfung
durchkommen.
rechange [rə'ʃãːʒ] m **1.** ✝ Rück-
wechsel m; **2.** de ~ Reserve...; pièce f
de ~ Ersatzteil n (a. m); **~er** [~ʃã'ʒe]
v/t. (1l) auswechseln.
rechap|age [rəʃa'paːʒ] m Profil-,

Rund-erneuerung f v. Reifen; ~é, -e [~'pe] adj. Reifen: runderneuert.

réchapper [reʃa'pe] v/i. (1a) davonkommen; ~ *d'une maladie* e-e Krankheit glücklich überstehen.

recharg|e [rə'ʃarʒ] f Wiederladung f (≨ usw.); **~er** [~'ʒe] v/t. (11) wieder auf-, be-laden; umladen; *Gewehr u. ≨* wieder laden; *Wege usw.* neu beschütten; phot. ~ *un appareil photo* e-n neuen Film in e-n Fotoapparat einlegen.

réchaud ⊕ [re'ʃo] m Kocher m; Heizplatte f; ~ *à gaz* Gaskocher m.

réchauff|é [reʃo'fe] m Aufgewärmte(s) n; F fig. aufgewärmter Kohl m F, alte Geschichte f; **~er** [~] (1a) wieder erwärmen; aufwärmen; fig. anfeuern; *Herz* erwärmen.

rechausser [rəʃo'se] v/t. (1a) *Schuhe* (und *Strümpfe*) wieder anziehen (q. j-m); ✿ *Pflanze* anhäufeln; *Auto* neu bereifen; ⚠ ~ *un mur* ein neues Fundament unter e-e Mauer legen.

rêche [rɛʃ] adj. *Haut:* rauh; fig. schroff, barsch (*avec q.* zu j-m).

recherch|e [rə'ʃɛrʃ] f (Er-)Forschung f; ⚖ Ermittlung f; fig. Verlangen n; Geziertheit f *im Stil;* feiner Geschmack m *in der Kleidung;* ~s pl. *spatiales* (Welt-)Raumforschung f; **~é, -e** [~'ʃe] adj. gesucht; begehrt; fig. affektiert; sorgfältig ausgearbeitet; **~er** [~] v/t. (1a) noch einmal suchen; ~ *qch.* etw. nach etw. *dat.*) intensiv suchen; nach etw. (*dat.*) trachten; ~ *q.* nach j-m fahnden; ~ *des solutions* nach Lösungen suchen.

rechign|é, -e [rəʃi'ne] adj. griesgrämig; mürrisch; **~er** [~] v/i. (1a): ~ *à qch.* sich gegen etw. sträuben.

rechute 𝔰 u. fig. [rə'ʃyt] f Rückfall m.

récidiv|e 𝔰, ⚖ [resi'di:v] f Rückfall m; **~er** [~di've] v/i. (1a) 𝔰 *Krankheit:* wiederkommen; ⚖ rückfällig werden; **~iste** [~'vist] su. Rückfällige(r m) m u. f.

récif géogr. [re'sif] m Riff n; **~al, -e** géol. [~'fal] adj. (m/pl. -aux) Riff...

récip|iendaire [resipjã'dɛːr] m in e-e Akademie neu aufzunehmendes Mitglied n; Kandidat m bei e-r Prüfung; **~ient** [~'pjã] m Behälter m.

réciproc|ité [resiprɔsi'te] f Gegenseitigkeit f; **~oque** [~'prɔk] 1. adj. gegen-, wechsel-seitig; 2. f: *rendre la* ~ sich revanchieren.

récit [re'si] m Erzählung f; Bericht m; ♪ Solopartie f, Hauptstimme f; **~al** ♪ [~'tal] m (pl. -s) Konzert n; Vortrag m (a. v. Gedichten); ~ *de piano* Klavier-abend m, -konzert n; ~ *de chants* Liederabend m; **~ant, -e** [~'tã, ~'tãːt] su. 1. ♪ Solosänger(in f) m; 2. cin., thé. Sprecher(in f) m verbindender Worte; **~atif** [~ta'tif] m Rezitativ n; **~ation** [~ta'sjɔ̃] f Vortrag m; Rezitieren n; **~er** [~'te] v/t. (1a) aufsagen, vortragen, deklamieren; vorsingen.

réclam|ant, -e [rekla'mã, ~'mãːt] su. Beschwerdeführer(in f) m; **~ation** [~ma'sjɔ̃] f Beanstandung f; Beschwerde f; Reklamation f; ✝ *faire une ~ sur l'état* (od. *sur la qualité*) *d'une marchandise* e-e Ware reklamieren (od. beanstanden); **~e** [~'klam] f Reklame f, Werbung f; **~er** [~'me] (1a) v/t. zurückfordern; beanspruchen; v/i. Einspruch erheben, protestieren; *se* ~ sich berufen (*de* auf acc.).

reclass|ement [rəklas'mã] m Neueinteilung f; Wiedereingliederung f in den Arbeitsprozeß; ~ *des traitements* Besoldungsneuregelung f; **~er** [~'se] v/t. (1a) neu einteilen, neu eingruppieren; *se* ~ wieder in ein normales Leben finden.

reclus, -e [rə'kly, ~'kly:z] 1. adj. abgeschieden, zurückgezogen; 2. su. Einsiedler(in f) m.

réclusion [rekly'zjɔ̃] f litt. Abgeschiedenheit f; ⚖ Zuchthausstrafe f; **~naire** [~zjɔ'nɛːr] su. Zuchthäusler(in f) m.

récognition phil. [rekɔgni'sjɔ̃] f (Wieder-)Erkennen n.

recoiffer [rəkwa'fe] v/t. (1a) wieder frisieren; *se* ~ a. den Hut wieder aufsetzen.

recoin [rə'kwɛ̃] m (verborgener) Winkel m *e-s Speichers usw.;* fig. geheimster Winkel m *des Herzens.*

reçois [rə'swa] *prés. von* recevoir (1. u. 2. Person sg.).

récol|ement [rekɔl'mã] m amtliche Nachprüfung f, Bestandsaufnahme f; **~er** [~'le] v/t. (1a) amtlich nachprüfen.

récollection rl. [rekɔlɛk'sjɔ̃] f Andacht f, innere Sammlung f.

récolt|e [re'kɔlt] f Ernte f; **~er** [~'te] v/t. (1a) ernten.

recommand|able [rəkɔmã'dablə] adj. empfehlenswert; **~ataire** ✝ [~da'tɛːr] su. Wechsel: Notadressat m;

~ation [~dɑ'sjɔ̃] f Empfehlung f; ✆ fiche f de ~ postale Einschreibezettel m; **~er** [~'de] v/t. (1a) empfehlen; raten; ✆ einschreiben lassen.

recommencer [rəkɔmɑ̃'se] v/t. (1k) wieder (od. von vorn) anfangen.

récompens|e [rekɔ̃'pɑ̃:s] f Belohnung f; **~er** [~pɑ̃'se] v/t. (1a) belohnen (de für).

recompos|er [rəkɔ̃po'ze] v/t. (1a) wieder zs.-setzen.

recompter [rəkɔ̃'te] v/t. (1a) nachrechnen; nachzählen.

réconcili|ateur, -rice [rekɔ̃silja'tœ:r, ~'tris] su. Versöhner(in f) m; **~ation** [~lja'sjɔ̃] f Versöhnung f; **~er** [~'lje] v/t. (1a) versöhnen; Kirche neu weihen; fig. in Einklang bringen.

recon|duction [rəkɔ̃dyk'sjɔ̃] f Verlängerung f, Erneuerung f e-s Miet- od. Pachtvertrages; Fortsetzung f e-r Politik; **~duire** [~'dɥi:r] v/t. (4c) zurück-führen, -begleiten; adm. e-e Politik fortsetzen.

réconfort [rekɔ̃'fɔ:r] m Trost m; **~ant, -e** [~fɔr'tɑ̃, ~'tɑ̃:t] 1. adj. tröstlich; Medikament: stärkend; 2. m Stärkungsmittel n; **~er** [~'te] v/t. (1a) stärken; trösten.

reconnaiss|able [rəkɔnɛ'sablə] adj. erkennbar; **~ance** [~'sɑ̃:s] f (Wieder-)Erkennung f; ✗ Aufklärung f; † Schuld-, Pfand-schein m; Anerkennung f; Geständnis n; Dankbarkeit f; **~ant, -e** [~'sɑ̃, ~'sɑ̃:t] adj. dankbar (de für).

reconnaître [rəkɔ'nɛ:trə] v/t. (4z) (wieder)erkennen; e-e Gegend auskundschaften; ✗ aufklären; anerkennen; zugeben; se ~ a. sich zurechtfinden.

reconqu|érir [rəkɔ̃ke'ri:r] v/t. (2l) wiedererobern; **~ête** [~'kɛt] f Wiedereroberung f; fig. Wiedergewinnung f.

reconstitu|ant, -e [rəkɔ̃sti'tɥɑ̃, ~'tɥɑ̃:t] 1. adj. stärkend; 2. m Kräftigungsmittel n; **~er** [~'tɥe] v/t. (1a) wiederherstellen; **~tion** [~ty'sjɔ̃] f Wiederherstellung f; Neubildung f; Rekonstruktion f.

reconstr|uction [rəkɔ̃stryk'sjɔ̃] f Wiederaufbau m; **~uire** [~'trɥi:r] v/t. (4c) wiederaufbauen.

reconvention ⚖ [rəkɔ̃vɑ̃'sjɔ̃] f Gegenklage f.

reconver|sion [rəkɔ̃vɛr'sjɔ̃] f berufliche Umschulung f; Umstellung f (a. éc.); **~tir** [~'ti:r] v/t. (2a) j-n umschulen; Fabrik umstellen.

record [rə'kɔ:r] m Rekord m; détenir le ~ den Rekord innehaben; fig. an der Spitze sein.

record|er télév. [rəkɔr'dœ:r] m: ~ vidéo Videorecorder m; **~ite** [~'dit] f Rekordsucht f.

recoucher [rəku'ʃe] v/t. (1a) Kind wieder ins Bett bringen; se ~ wieder ins Bett gehen.

recoudre [rə'ku:drə] v/t. (4d) wieder zs.-nähen; Knopf wieder annähen; ❧ Wunde nähen.

recoup|e [rə'kup] f Verschnitt m v. Alkohol; **~er** [~'pe] (1a) v/t. erneut abschneiden; Wein verschneiden; fig. Nachricht, Aussage bestätigen; v/i. Kartenspiel: noch einmal abheben.

recourber [rəkur'be] v/t. (1a) am Ende umbiegen.

recour|ir [rəku'ri:r] v/i. (2i): ~ à sich wenden an (acc.); s-e Zuflucht nehmen zu (dat.); **~s** [~'ku:r] m Ausweg m; Zuflucht f; ⚖ Rechtsmittel n; ⚖ † Regreß m, Rückgriff m; ~ en grâce Gnadengesuch n.

recouvr|ement [rəkuvrə'mɑ̃] m 1. Wiedererlangung f; Einziehung f, Eintreibung f v. Steuern; ✆ mandat m (od. ordre m) de ~ postal Postauftrag m; 2. bsd. 🔺 Wiederbedekken n; Decke f; 3. géol. Verwerfung f; **~er** [~'vre] v/t. (1a) wiederbekommen; Steuern einziehen, eintreiben; **~ir** [~'vri:r] v/t. (2f) wieder (be-)decken; Schirm, Stuhl neu beziehen; fig. bemänteln; ling. se ~ sich bedeutungsmäßig decken.

récréat|if, -ve [rekrea'tif, ~'ti:v] adj. unterhaltsam; **~ion** [~krea'sjɔ̃] f Erholung f; écol. Pause f.

recréer [rəkre'e] v/t. (1a) neu schaffen.

récréer litt. [rekre'e] v/t. (1a) belustigen; se ~ sich entspannen.

recrépir [rəkre'pi:r] v/t. (2a) 🔺 neu verputzen; F stark schminken; Nachricht zurechtfrisieren.

récrier [rekri'e] v/rfl. (1a): se ~ aufschreien; laut protestieren.

récrimin|ations [rekrimina'sjɔ̃] f/pl. Vorwürfe m/pl.; **~er** [~'ne] v/i. (1a) Vorwürfe machen.

récrire [re'kri:r] v/t. (4f) wieder schreiben; fig. umarbeiten.

recroître [rə'krwɑ:trə] v/i. (4w)

nachwachsen; *Mond*: wieder zunehmen.

recroquevill|é, -e [rəkrɔkvi'je] *adj.* zs.-geschrumpft; **~ement** [~j'mɑ̃] *m fig.* Insichgehen *n*, Selbstbesinnung *f*; **~er** [~'je] *v/rfl.* (1a): se ~ zs.-schrumpfen; *fig.* sich zs.-kauern.

recrû *Fr.* [rə'kry] *m* Jungtriebe *m/pl.*

recrudesc|ence [rəkryde'sɑ̃ːs] *f* 🞉 Verschlimmerung *f*; *a. fig.* Wiederausbruch *m*; Verschärfung *f*; **~ent, -e** 🞉 [~'sɑ̃, ~'sɑ̃ːt] *adj.* schlimmer werdend.

recrue [rə'kry] *f* 🗡 Rekrut *m*; *fig.* neues Mitglied *n*.

recruter [rəkry'te] *v/t.* (1a) 🗡 ausheben; *allg.* anwerben; *Arbeitskräfte* einstellen.

rect|angle Å [rɛk'tɑ̃ːglə] **1.** *adj.* rechtwink(e)lig; **2.** *m* Rechteck *n*; **~angulaire** Å [~tɑ̃gy'lɛːr] *adj.* rechtwink(e)lig; rechteckig.

recteur Fr. [rɛk'tœːr] *m* (Akademie-)Rektor *m*.

rectif|icatif, -ve [rɛktifika'tif, ~'tiːv] **1.** *adj.* richtigstellend; **2.** *m* Berichtigung *f*; **~cation** [~ka'sjɔ̃] *f* Begradigung *f*; *fig.* Berichtigung *f*; **~er** [~'fje] *v/t.* (1a) begradigen; *fig.* berichtigen.

recti|ligne [rɛkti'liɲ] *adj.* geradlinig; **~tude** [~'tyd] *f* Geradheit *f* (*a. des Denkens*); Redlichkeit *f*.

recto [rɛk'to] *m* Vorderseite *f* e-s *Blattes*.

rectum *anat.* [rɛk'tɔm] *m* Mastdarm *m*.

reçu, -e [rə'sy] **1.** *p.p. von* recevoir; **2.** *adj.* üblich; feststehend; **3.** *m* (Post-)Quittung *f*; *au* ~ bei Empfang.

recueil [rə'kœj] *m* Sammlung *f*; **~lement** [~j'mɑ̃] *m* innere Sammlung *f*, Andacht *f*; **~lir** [~'jiːr] *v/t.* (2c) (ein)sammeln, ernten; *Wasser* auffangen; zs.-suchen; *s-e Gedanken* sammeln; (bei sich) aufnehmen; *Erbschaft* antreten; ~ *des renseignements* Erkundigungen einziehen; se ~ sich sammeln.

recuire [rə'kɥiːr] *v/t.* (4c) aufkochen.

recul [rə'kyl] *m* Zurücktreten *n* (*a. fig.*); *Auto*: Abstand *m* (*vom Steuer*); ⊕ Rück-lauf *m*, -stoß *m*; 🕂 Rückgang *m der Kurse od. Preise*; *pol.* Rückschlag *m*; *fig.* être en ~ zurückgehen (*a. Krankheit*); **~ade** *péj.* [~'lad] *f* Rückzieher *m*; **~é, -e** [~'le] *adj.* entlegen, entfernt; **~er** [~] (1a) *v/t.* zurück-stellen, -setzen, -schieben;

weiter hinausrücken; *Auto* zurückfahren; aufschieben; *v/i.* rückwärts gehen (*od.* fahren); zurückweichen; klein beigeben; *fig. pol.* le parti recule de 5% die Partei verliert 5%; **~ons** [~'lɔ̃] *adv.*: à ~ rückwärts; rücklings.

récupér|able [rekype'rablə] *adj. Schrott*: (wieder)verwertbar; *Arbeitszeit*: nachzuholen(d); *Schuld*: eintreibbar; *Person*: resozialisierbar; **~ateur** [~ra'tœːr] *m* **1.** ⊕ Vorwärmer *m*; **2.** Altmaterialsammler *m*; **~ation** [~ra'sjɔ̃] *f* Wiedererlangung *f*; Bergung *f v. Raumkapseln*; ⊕ (Wieder-)Verwertung *f*; Nachholen *n v. Arbeitszeit*; **~er** [~'re] (1f) *v/t.* wiedererlangen; *Altmaterial* (wieder)verwerten; *Raumkapsel* bergen; *verlorene Arbeitszeit* nachholen; *v/i. bsd. Sport*: sich wieder erholen.

récur|ant [reky'rɑ̃] *m* Putzmittel *n*; **~er** [~'re] *v/t.* (1a) (ab)scheuern.

récurrent, -e [reky'rɑ̃, ~'rɑ̃ːt] *adj.* 🞉 Rückfall...; *fig.* immer wieder auftretend.

récus|able [reky'zablə] *adj.* zurückweisbar; bestreitbar; **~er** ⚖ [~'ze] *v/t.* (1a) zurückweisen; se ~ sich für unzuständig erklären.

recycl|age [rəsi'klaːʒ] *m* **1.** Weiterbildung *f*; Umschulung *f v. Arbeitskräften*; **2.** ⊕ Wiederverwertung *f*, Recycling *n*; **3.** *éc.* Rückführung *f v. Kapitalien*; **~er** [~'kle] *v/t.* (1a) weiterbilden; umschulen; ⊕ wiederverwerten; se ~ sich weiterbilden; sich umschulen lassen.

rédact|eur [redak'tœːr] *m* Verfasser *m*; Redakteur *m*, Schriftleiter *m* e-r *Zeitung*; **~ion** [~k'sjɔ̃] *f* (Zeitungs-)Redaktion *f*; Abfassen *n* e-s *Textes*; *écol.* Aufsatz *m*.

redan [rə'dɑ̃] *m* 🔺 Zahnung *f*; (Mauer-)Vorsprung *m*; 🕂 Stufe *f*; *géol.* leicht schräges Faltungsende *n*.

reddition [rɛdi'sjɔ̃] *f* Zurückgabe *f*; 🗡 Übergabe *f*, Kapitulation *f*; 🕂 de(s) compte(s) Rechnungslegung *f*.

redemander [rədmɑ̃'de] *v/t.* (1a) noch einmal erbitten; zurückfordern.

redémarrer [rədema're] *v/i.* (1a) wieder in Gang kommen.

rédempt|eur, -rice [redɑ̃p'tœːr, ~'tris] **1.** *adj.* erlösend; **2.** *m rl.* le ⚹ der Erlöser; **~ion** *rl.* [~p'sjɔ̃] *f* Erlösung *f*.

redent [rə'dɑ̃] *m* s. redan.

redescendre [rədeˈsɑ̃ːdrə] (4a) *v/i.*
wieder herunterkommen; *Barome-
ter:* wieder fallen; *v/t.* wieder her-
unter-fahren, -nehmen; *Berg* wieder
hinabsteigen.

redev|able [rədəˈvablə] *adj.:* ~ de
noch etw. schuldig; *fig.* zu Dank
verpflichtet für; **~ance** [~ˈvɑ̃ːs] *f
Camping:* Standgeld *n;* regelmäßige Abgabe *f;* Lizenzgebühr *f.*

rédhibition [redibiˈsjɔ̃] *f* Rück-
gängigmachung *f.*

rédiger [rediˈʒe] *v/t.* (1l) abfassen, zu
Papier bringen; *journ.* redigieren.

redingote [rədɛ̃ˈgɔt] *f* **1.** *ehm.* Geh-
rock *m;* **2.** Damenmantel *m* auf
Taille.

redire [rəˈdiːr] (4m) *v/t.* noch einmal
sagen; weitersagen; ausplaudern;
*v/i. trouver (od. avoir) à ~ à tout an
allem etwas auszusetzen haben.

rediriger [rediriˈʒe] *v/t.* (1l) *Briefpost
usw.* wieder auf den Weg bringen.

redistribution [rədistribyˈsjɔ̃] *f* Neu-
verteilung *f;* ~ *des rôles* Rollentausch
m.

redite [rəˈdit] *f* unnötige Wiederholung *f des Gesagten.*

redond|ance [rədɔ̃ˈdɑ̃ːs] *f* Wort-
schwall *m;* **~ant, -e** [~ˈdɑ̃, ~ˈdɑ̃ːt] *adj.
Stil:* weitschweifig.

redonner [rədɔˈne] (1a) *v/t.* (*mst fig.
in Verbindung mit abstrakten Begriffen*) zurückgeben; *thé.* wieder spielen; *v/i.* ✕ von neuem angreifen; ~
dans qch. wieder in etw. (*acc.*)
verfallen; *la pluie redonne de plus belle*
es fängt wieder stärker an zu regnen.

redoubler [rəduˈble] *v/t.* (1a) ver-
doppeln; *Pelz usw.* neu füttern; *fig.*
verstärken; *écol.* ~ *une classe* e-e
Klasse wiederholen; sitzengeblie-
ben sein.

redout|able [rəduˈtablə] *adj.* furcht-
bar; **~er** [~ˈte] *v/t.* (1a) sehr fürchten.

redress|ement [rədrɛsˈmɑ̃] *m* Ge-
raderichten *n;* ⚡ Abfangen *n; fig.*
Berichtigung *f;* Abstellung *f e-s
Mißstandes;* Wiederaufbau *m;* ⚡
Gleichrichtung *f;* ✝ Ankurbelung *f,*
Wiederbelebung *f;* ⚖ *centre m de* ~
Jugendhof m; **~er** [~ˈse] *v/t.* (1b)
wieder geraderichten; wieder aufrichten; *Finanzen* sanieren; *fig.* be-
richtigen, wiedergutmachen, berei-
nigen, beheben; ✝ ankurbeln; ~ *q.*
j-n zurechtweisen; *se* ~ *a.* sich in die

Brust werfen; **~eur** [~ˈsœːr] *m* **1.** ⚡
Gleichrichter *m;* ~ *à sec* Trocken-
gleichrichter *m;* **2.** *Topographie:*
Entzerrungsgerät *n.*

réduct|eur, -rice [redykˈtœːr, ~ˈtris]
1. *adj.* ⚗ reduzierend; **2.** *m* ⚡ Re-
duktionsmittel *n; phot.* Verkleine-
rungsgerät *n;* ⊕ ~ (*de vitesse*) Unter-
setzungsgetriebe *n;* **~ibilité** [~tibili-
'te] *f* Reduzierbarkeit *f;* **~ible** [~
'tiblə] *adj.* reduzierbar; ⚗ auflösbar;
⚡ einrenkbar; ⚡ kürzbar; **~ion** [~k-
'sjɔ̃] *f* Reduzierung *f;* ⚡ Kürzung *f
e-s Bruches;* ⚡ Wiedereinrenkung *f;*
⚗ Reduktion *f; peint.* Verkleinerung
f; inform. ~ *des données* Daten-
verdichtung *f;* ~ *de personnel* Perso-
nalabbau *m.*

réduire [reˈdɥiːr] (4c) **1.** *v/t. a.* ⚗, ⚗
reduzieren; zurückführen; *peint.*
verkleinern; *fig.* vermindern; *Preis*
herabsetzen; ~ *q. à qch.* j-n zu etw.
bringen (*od.* zwingen); ~ *q. à la
mendicité* j-n an den Bettelstab bringen; ~ *en* verwandeln in (*acc.*); **2.** *v/i.
cuis. Soße:* ein-, ver-kochen; **3.** *se* ~
sich beschränken (*à auf acc.*); sich
verwandeln (*en in acc.*).

réduit [reˈdɥi] *m* enger, dunkler
Raum *m,* Loch *n* (*fig.*); Nische *f e-s
Zimmers* (*als Wandschrank*).

réédifier [reediˈfje] *v/t.* (1a) wieder-
aufbauen.

rééditer [reediˈte] *v/t.* (1a) neu herausgeben; **~ion** [~ˈsjɔ̃] *f* Neuausgabe
f.

rééduc|ation [reedykaˈsjɔ̃] *f* Um-
schulung *f;* Umerziehung *f;* ⚡
Heilgymnastik *f;* **~quer** [~ˈke] *v/t.*
(1m) j-n anlernen; *für e-n
neuen Beruf* umschulen; *Kind* um-
erziehen; ⚡ mit Heilgymnastik behandeln.

réel, -le [reˈɛl] **1.** *adj.* wirklich, tatsächlich, real; ⚖ dinglich; **2.** *m*
Wirkliche(s) *n;* Wirklichkeit *f.*

réél|ection [reelɛkˈsjɔ̃] *f* Wiederwahl
f; **~igible** [~liˈʒiblə] *adj.* wiederwähl-
bar; **~ire** [~ˈliːr] *v/t.* (4x) wieder-
wählen.

réempl|oi [reɑ̃ˈplwa] *m* Wiederver-
wendung *f* v. *Sachen;* Wieder-
beschäftigung *f,* -einstellung *f* v.
Personen; **~oyer** [~plwaˈje] *v/t.* (1h)
etw. wieder verwenden; j-n wieder
beschäftigen (*od.* einstellen).

réemption [reɑ̃pˈsjɔ̃] *f* Rück-
kauf(srecht *n*) *m.*

réengager [reãgaˈʒe] v/t. s. rengager.

réévalu|ation fin. [reevalɥaˈsjɔ̃] f Aufwertung f; **~er** fin. [~ˈlɥe] v/t. (1a) aufwerten.

réexpédier [reɛkspeˈdje] v/t. (1a) Post nachsenden.

réexport|ation ✝ [reɛkspɔrtaˈsjɔ̃] f Wiederausfuhr f; **~er** [~ˈte] v/t. (1a) wieder ausführen.

re|faire [rəˈfɛːr] v/t. (4n) noch einmal machen; umarbeiten; ausbessern; ✗ wieder kräftigen; F betrügen; P klauen; Auto; ~ le plein auftanken; se ~ ✗ wieder zu Kräften kommen; **~fait, -e** F [~ˈfɛ, ~ˈfɛt] adj. reingefallen.

réfection [refɛkˈsjɔ̃] f Instandsetzung f; ~s pl. Instandsetzungsarbeiten f/pl.; **~oire** [~ˈtwaːr] m Speisesaal m im Internat; Refektorium n im Kloster.

refend [rəˈfɑ̃] m 1. ⊕, △ Teilung f; mur m de ~ Trennwand f; 2. Reklamefläche f an Autostraßen; **~re** [~ˈfɑ̃ːdrə] v/t. (4a) ⊕ spalten; Holz der Länge nach schneiden.

référé ⚖ [refeˈre] m einstweilige Verfügung f; vorläufiger Beschluß m.

référen|ce [refeˈrɑ̃ːs] f Bezugnahme f; (Brief- Akten-)Zeichen n; Beleg m; ✝ Bestellnummer f; ~s pl. Referenzen f/pl., Empfehlungen f/pl.; **~daire** Fr. [~rɑ̃ˈdɛːr] m Rechnungsrat m.

référendum [referɛ̃ˈdɔm] m Volksentscheid m; Meinungsumfrage f.

référer [refeˈre] v/i. (1f): en ~ à q. j-m Bericht erstatten; se ~ à qch. sich auf etw. (acc.) beziehen (od. berufen); se ~ à q. sich auf j-n berufen.

refermer [rəfɛrˈme] v/t. (1a) wieder schließen; se ~ sur soi-même sich abkapseln.

refiler P [rəfiˈle] v/t. (1a) j-m etw. andrehen.

réfléch|i, -e [refleˈʃi] adj. überlegt, bedächtig; gr. reflexiv; **~ir** [~ˈʃiːr] (2a) v/t. reflektieren, zurück-werfen, -strahlen; v/i. fig. überlegen, nachdenken (sur, à über acc.); se ~ sich spiegeln (dans in dat.).

réflecteur [reflɛkˈtœːr] m Reflektor m, Rückstrahler m.

reflet [rəˈflɛ] m Widerschein m, Reflex m; fig. Abbild n.

refléter [rəfleˈte] v/t. (1f) Licht widerspiegeln, reflektieren.

refleurir [rəflœˈriːr] v/i. (2a) wieder blühen.

réflex|e ✗, psych. [reˈflɛks] m Reflex m; **~ion** [~kˈsjɔ̃] f Zurückstrahlung f, Reflexion f; fig. Überlegung f; à la ~ bei näherer Betrachtung.

reflu|er [rəˈflɥe] v/i. (1a) zurückfließen (a. fig.); **~x** [~ˈfly] m Ebbe f; fig. Zurückweichen n e-r Menschenmenge.

refon|dre [rəˈfɔ̃ːdrə] v/t. (4a) ⊕ umschmelzen; fig. überarbeiten; **~te** [~ˈfɔ̃ːt] f ⊕ Umschmelzen n; fig. Überarbeitung f e-s Buches.

réform|able [refɔrˈmablə] adj. verbesserungsfähig; **~ateur, -rice** [~maˈtœːr, ~ˈtris] 1. adj. reformerisch; 2. su. Reformer(in f) m; **~ation** ⚖ [~maˈsjɔ̃] f Abänderung f e-r Entscheidung; **~e** [~ˈfɔrm] f Reform f, Neuordnung f; ✗ Entlassung f bei Dienstuntauglichkeit; Ausmusterung f (a. v. Material); rl. la ♀ die Reformation Luthers; **~é** ✗ [~ˈme] m Dienstuntaugliche(r) m.

reformer [rəfɔrˈme] v/t. (1a) neu bilden.

réform|er [refɔrˈme] v/t. (1a) reformieren, verbessern(d umgestalten); Schädliches abschaffen; ✗ entlassen; ausmustern; **~ette** iron. [~ˈmɛt] f Reförmchen n; **~isme** pol. [~ˈmism] m Reformpolitik f.

refoul|ement [rəfulˈmɑ̃] m psych. Verdrängung f; allg. a. Zurückdrängen n; ⊕ Stauchen n v. Metallen; **~er** [~ˈle] v/t. (1a) zurückdrängen; an der Grenze zurückweisen; psych. verdrängen.

réfract|aire [refrakˈtɛːr] 1. adj. widerspenstig; ⊕ feuerfest; 2. m j., der das Gesetz mißachtet; Wehrdienst-, Arbeits-verweigerer m; **~ion** [~kˈsjɔ̃] f Strahlen-, Licht-, Farben-, Schallbrechung f.

refrain [rəˈfrɛ̃] m Refrain m, Kehrreim m; F fig. c'est toujours le même ~ es ist immer die alte Leier.

réfrangible phys. [refrɑ̃ˈʒiblə] adj. brechbar.

refréner [rəfreˈne] v/t. (1f) fig. zügeln, im Zaum halten; etw. eindämmen.

réfrigér|ant, -e [refriʒeˈrɑ̃, ~ˈrɑ̃ːt] 1. adj. phys. kühlend; 2. m 🔧, ⊕ Kühlvorrichtung f; **~ateur** [~raˈtœːr] m Kühlschrank m; **~ation** phys. [~raˈsjɔ̃] f (Ab-)Kühlung f; **~er** phys. [~ˈre] v/t. (1f) (ab)kühlen.

réfringent, -e phys. [refrɛ̃ˈʒɑ̃, ~

'ʒã:t] *adj.* strahlenbrechend.

refroid|ir [rəfrwa'di:r] (2a) *v/t.* (ab-)kühlen; *fig. j-n* ernüchtern; *Begeisterung* dämpfen, abkühlen; P *j-n* kaltmachen; *v/i.* kühler werden; *Speise, Motor*: (sich) abkühlen; se ~ kälter werden; sich abkühlen (*a. fig.*); *fig.* erkalten; ⚕ sich erkälten; **~issement** [~dis'mã] *m* Abkühlung *f* (*a. fig.*); ⚕ Erkältung *f*; ⊕ ~ *par air* Luftkühlung *f*.

refuge [rə'fy:ʒ] *m* Zufluchtsort *m*; Verkehrsinsel *f*; (Schutz-)Hütte *f im Gebirge*; ~ *pour animaux* Tierheim *n*.

réfug|ié, -e [refy'ʒje] *su.* Flüchtling *m*; **~ier** [~] *v/rfl.* (1a): se ~ sich flüchten.

refus [rə'fy] *m* Weigerung *f*; Ablehnung *f*; ~ *d'acceptation*, ✝ ~ *de prendre livraison* Annahmeverweigerung *f*; *essuyer un* ~ abschlägig beschieden (*od.* abgewiesen) werden; **~er** [~'ze] (1a) *v/t.* ablehnen; *v/i.* nein sagen; ⊕ nicht mehr funktionieren; *Pfahl*: nicht tiefer eindringen; ~ *de* (*inf.*) u. se ~ *à* (*inf.*) sich weigern zu (*inf.*).

réfut|able [refy'tablə] *adj.* widerlegbar; **~er** [~'te] *v/t.* (1a) widerlegen.

regagner [rəga'ɲe] *v/t.* (1a) wiedergewinnen; wieder erreichen.

regain [rə'gɛ̃] *m* ♣ Grummet *n*; *fig.* Wiederaufleben *n*.

régal [re'gal] *m* (*pl.* ~s) Lieblingsessen *n*; *fig.* besonderes Vergnügen *n*; **~ade** [~'lad] *f*: *boire à la* ~ aus der Flasche trinken, ohne sie an die Lippen zu setzen; **~age** [~'la:ʒ] *m* Einebnen *n*; **~e** [~'gal] 1. *adj.*: *f*: 🜇 *eau* ~ Königswasser *n*; 2. *f hist.* Hoheitsrecht *n*; **~er** [~'le] *v/t.* (1a) 1. bewirten; se ~ *de qch.* sich etw. schmecken lassen; 2. planieren, einebnen.

regard [rə'ga:r] *m* Blick *m*; ⚓ Licht-, Einsteig-loch *n*; *en* ~ gegenüberstehend; *Text: avec traduction en* ~ mit gegenüberstehender Übersetzung; **~ant, -e** [~gar'dã, ~'dã:t] *adj.* kleinlich; **~er** [~'de] (1a) *v/t.* ansehen, anblicken, betrachten; *fig.* berücksichtigen; *Sache: j-n* angehen, betreffen; ~ *la télé* fernsehen; *regarde-moi faire!* sieh mal, wie ich's mache!; *v/i.* ansehen, blicken, schauen; *fig.* ~ *à qch.* auf etw. (*acc.*) achten.

régate [re'gat] *f* (*mar.* ✼ *pl.* ~*s*) Regatta *f*.

regel [rə'ʒɛl] *m* neuer Frost *m*.

régence [re'ʒã:s] *f* Regentschaft *f*.

régénérer [reʒene're] *v/t.* (1l) regenerieren; *fig.* wiederbeleben; erneuern.

régent, -e [re'ʒã, ~'ʒã:t] *su.* Regent(in *f*) *m*; **~er** [~ʒã'te] *v/t.* (1a) beherrschen.

régicide [reʒi'sid] 1. *su.* Königsmörder(in *f*) *m*; 2. *m* Königsmord *m*.

régie [re'ʒi] *f* 1. *adm.* Regie *f*, Verwaltung *f*; 2. *thé., télév., cin.* Regie (-assistenz *f*) *f*.

regimber [rəʒɛ̃'be] *v/i.* (1a) hinten ausschlagen; *fig.* sich sträuben; ~ *devant qch.* vor etw. (*dat.*) zurückschrecken.

régime [re'ʒim] *m* Regime *n*, Regierung(sform *f*) *f*; Verfahren *n*, Einrichtung *f*, Ordnung *f*, System *n*, Wirtschaft *f*; Verwaltung *f*; Betriebszustand *m*; ⚕ Diät *f*; *gr.* Objekt *n*; ♀ (*Bananen, Datteln*) Büschel *n*; 🚂 ~ *accéléré* Eilfrachtverkehr *m*; ~ *ordinaire* Frachtverkehr *m*; ~ *direct* näheres Objekt *n*, Akkusativ *m*; ~ *carné*, ~ *lacté* Fleisch-, Milch-kur *f*; ~ *de la communauté* (*des biens*) eheliche Gütergemeinschaft *f*; ~ *végétarien* vegetarische Kost *f*; ⚡ *tension f de* ~ Betriebsspannung *f*; *être* (*mettre*) *au* ~ Diät halten (verordnen); *rad. vociférer à plein* ~ in voller Lautstärke brüllen.

régiment [reʒi'mã] *m* ⚔ Regiment *n*; *fig.* Riesenmenge *f*; **~aire** [~'tɛ:r] *adj.* Regiments...

région [re'ʒjõ] *f* Gegend *f* (*a. anat.*); *a. fig.* Gebiet *n*, Region *f*, Bereich *m*; ~ *désertique* Wüstengegend *f*; ~ *économique* Wirtschaftsgebiet *n*; ~ *vinicole* Weingegend *f*; **~al, -e** [~ʒjo'nal] 1. *adj.* (*m*/*pl.* -*aux*) regional; Bezirks...; 2. *m*: ~ *téléphonique* regionales Telefonnetz *n* (*in der Provinz*).

rég|ir [re'ʒi:r] *v/t.* (2a) *gr.* regieren; ✝✝ regeln; lenken; **~isseur** [~ʒi'sœ:r] *m* (Guts-)Verwalter *m*; *thé., cin., télév.* Regieassistent *m*.

registre [rə'ʒistrə] *m* Register *n* (*a.* ♪); Verzeichnis *n*; ♪ Stimmlage *f*; *ling.* Sprach-ebene *f*, -niveau *n*; ⊕ Schließklappe *f*; ~ *des plaintes* Beschwerdebuch *n*; ~ *hypothécaire* Grundbuch *n*; *faire* (*od. tenir*) ~ *de* Buch führen über (*acc.*).

régl|able [re'glablə] *adj.* regulierbar; **~age** [~'gla:ʒ] *m* 1. ⊕ Regulierung *f*, Einstellung *f*; *bouton m de* ~ Einstellknopf m; **2.** Lin(i)ieren n des Papiers.

règle ['rɛːglə] f Lineal n; Regel f, Richtschnur f; Vorschrift f; Ordnung f; arith. Rechnungsart f; 🅢 ~s pl. Periode f, Regel f; ~ à calcul Rechenschieber m; de ~ gang und gäbe; en ~ recht, in aller Form; arith. les quatre ~s die vier Grundrechnungsarten; ~ courbe Kurvenlineal n.

réglé, -e [re'gle] adj. geregelt, ordentlich; erledigt; ⊕ eingestellt; Papier: lin(i)iert.

règlement [rɛglə'mɑ̃] m Regelung f; ✕ Reglement n; Statut n; Verordnung f; Bestimmung f; Bereinigung f; ✝ Bezahlung f; Auto: ~ de la circulation Fahrvorschrift f.

réglementaire [reglɑmɑ̃'tɛːr] adj. vorschriftsmäßig; **~ation** [~tɑ'sjɔ̃] f Regelung f; Bewirtschaftung f; **~er** [~'te] v/t. (1a) durch Verordnung bestimmen; bewirtschaften.

régler [re'gle] v/t. (1f) regeln (a. Verkehr); einrichten; normen; Papier lin(i)ieren; ⊕ einstellen, regulieren; fig. bestimmen, abmachen; Rechnung begleichen, bezahlen; se ~ sur sich richten nach (dat.).

réglet △ [re'glɛ] m Art Zierleiste f.

réglisse [re'glis] **1.** f ♀ Süßholzstrauch m; **2.** m Lakritze f.

règne [rɛɲ] m Regierung(szeit f) f; Herrschaft f; ~ animal (végétal, minéral) Tier- (Pflanzen-, Stein-)reich n.

régner [re'ɲe] v/i. (1f) regieren (vor)herrschen.

regonfle * dial. [rə'gɔ̃:f] advt.: à ~ in Hülle und Fülle, im Überfluß.

regonfler [rəgɔ̃'fle] v/t. (1a) vél. wieder aufpumpen; F seelisch wiederaufrichten.

regorger [rəgɔr'ʒe] (11) v/i.: ~ de qch. voll von etw. (dat.) sein; v/t. F fig. wieder heraus-rücken, -geben.

regratter △ [rəgra'te] (1a) v/t. ein Gebäude abputzen.

régressif, -ve [regrɛ'sif, ~'siːv] adj. rückläufig; **~ion** [~'sjɔ̃] f Rückschritt m; Zurückgehen n e-r Epidemie, e-r Überschwemmung; Rückgang m der Arbeitslosigkeit; éc. Rezession f, Abschwung m.

regret [rə'grɛ] m Bedauern n; Reue f; Sehnsucht f; à ~ ungern; **~table** [~'tablə] adj. bedauernswert; bedauerlich; **~ter** [~'te] v/t. (1a) bedauern; vermissen; bereuen; notre

regretté président unser allzufrüh verstorbener Präsident.

regrèvement [rəgrɛv'mɑ̃] m Steuererhöhung f.

regroupement [rəgrup'mɑ̃] m Umgruppierung f; Umschichtung f der Bevölkerung; **~er** [~'pe] v/t. (1a) umgruppieren; umschichten.

régulariser [regylari'ze] v/t. (1a) allg., cyb. regeln; ⊕ in Ordnung bringen; **~ité** [~'te] f Regelmäßigkeit f; Pünktlichkeit f.

régulateur, -rice [regyla'tœːr,~'tris] **1.** adj. regelnd; médecin m ~ leitender Arzt m; **2.** m ⊕ Regler m (a. cyb.), Regulator m; 🚆 Fahrdiensthelfer m; rad. ~ de tonalité Tonblende f; **~ation** [~la'sjɔ̃] f Regelung f; Steuerung f; **~é** ⊕ [~'gyl] m Lagermetall n; **~ier, -ère** [~'lje, ~'ljɛːr] **1.** adj. regelmäßig; ordentlich; pünktlich; ✞, Bus usw.: regulär, planmäßig; **2.** m Ordensgeistliche(r) m.

régurgiter [regyrʒi'te] v/t. (1a) orn. hervorwürgen; Mensch: ausspukken.

réhabilitation [reabilita'sjɔ̃] f Rehabilitierung f; △ Sanierung f; **~er** [~'te] v/t. (1a) rehabilitieren; △ sanieren.

réhabituer [reabi'tɥe] v/t. (1a): ~ à qch. wieder an etw. (acc.) gewöhnen.

rehausser [rəo'se] v/t. (1a) erhöhen; fig. hervorheben; △ aufstocken.

réimportation ✝ [reɛ̃pɔrta'sjɔ̃] f Wiedereinfuhr f; **~er** [~'te] v/t. (1a) wieder einführen.

réimposer [reɛ̃po'ze] v/t. (1a) neu besteuern.

réimpression [reɛ̃prɛ'sjɔ̃] f Neudruck m; **~imer** [~pri'me] v/t. (1a) nachdrucken.

rein [rɛ̃] m **1.** anat. Niere f; ~s pl. Lenden f/pl.; Kreuz n; fig. avoir les ~s solides gutsituiert sein; Firma: gut fundiert sein; **2.** △ Gewölbezwickel m.

réincorporer [reɛ̃kɔrpɔ're] v/t. (1a) wieder eingliedern.

reine [rɛn] f Königin f.

reinette [rɛ'nɛt] f Apfel: Renette f.

réinscription univ. [reɛ̃skrip'sjɔ̃] f Rückmeldung f.

réinstallation [reɛ̃stala'sjɔ̃] f Wiedereinsetzung f; Wiederansiedlung f.

réintégration pol. [reɛ̃tegra'sjɔ̃] f Rückgliederung f; **~er** [~'gre] v/t.

(1f) wiedereinsetzen; *pol.* rückgliedern; ⚓ wieder integrieren; zurückkehren in *(acc.)*; ~ q. en prison j-n (wieder) ins Gefängnis zurückführen.

réitér|atif, -ve [reitera'tif, ~'ti:v] *adj.* nochmalig; **~er** [~'re] *v/t.* (1f) wiederholen.

rejaillir [rəʒa'ji:r] *v/i.* (2a) *Flüssigkeit:* spritzen; *fig.* ~ sur q. auf j-n zurückfallen.

rejet [rə'ʒɛ] *m* Auswerfen *n*; (Zurück-)Werfen *n*; Ausweisung *f*; *fig.* Ablehnung *f*; ⛏ Übertrag *m*; ♀ neuer Trieb *m*; **~s** *pl.* Abgase *n/pl.*; *géol.* ~ d'une faille Überhang *m* e-r Verwerfung; **~able** [~ʒ'tablə] *adj.* verwerflich; **~er** [~ʒ'te] *v/t.* (1c) wieder werfen; zurück-, auswerfen; abschleudern; *neue Zweige* treiben; *fig.* ablehnen; ~ l'échec sur q. j-n für das Mißlingen verantwortlich machen; **~on** [~ʒ'tɔ̃] *m* ♀ Schößling *m*; ⛏ *fig.* Sprößling *m*.

rejoindre [rə'ʒwɛ̃:drə] *v/t.* (4b) wieder zurückkehren zu *(dat.)*; einholen; treffen; *fig.* sehr ähnlich sein *(dat.)*.

réjou|i, -e [re'ʒwi] *adj.* vergnügt, fröhlich, munter, lustig; **~ir** [~'ʒwi:r] *v/t.* (2a) erfreuen; se ~ sich freuen (de über *acc.*); **~issance** [~ʒwi'sɑ̃:s] *f* (allgemeine) Fröhlichkeit *f*; **~s** *pl.* (Freuden-)Fest *n*; Festlichkeiten *f/pl.*

relâche [rə'lɑ:ʃ] *f* **1.** Unterbrechung *f*; sans ~ unaufhörlich; *thé.* aujourd'hui ~ heute keine Vorstellung; **2.** ⚓ Zwischenaufenthalt *m*; **~é, -e** [~la-'ʃe] *adj.* fig. gelockert; **~ement** [~ʃ-'mɑ̃] *m* ⚓ Erschlaffung *f*; Nachlassen *n der Disziplin, der Spannung*; Lockerung *f der Sitten*; Freilassung *f*; **~er** [~'ʃe] (1a) *v/t.* Muskeln entspannen; *Disziplin* lockern; wieder freilassen; *v/i.* ⚓ in e-n Zwischenhafen einlaufen; se ~ erschlaffen, schlaff werden; sich gehenlassen; nachlassen *(a. écol.)*.

relais [rə'lɛ] *m* **1.** *ehm.* Poststation *f*, Umspannort *m*; *heute bisw.* Zwischenstation *f*; *adm.* Verbindungsstelle *f*; *ch.* frische Jagdhunde *m/pl.*; ⚡ Relais *n*; *rad.* Übertragung *f*; angeschlossener Sender *m*; ~ routier Raststätte *f für Autofahrer*; *Sport:* course *f* de ~ Staffellauf *m*; **2.** *géol.* Sandbank *f.*

relanc|e [rə'lɑ̃:s] *f* höherer Einsatz *m beim Spiel*; *éc.* neuer Aufschwung *m*; Wiederbelebung *f*; Wiederaufnahme *f* e-r Tätigkeit; **~er** [~'lɑ̃:se] *v/t.* (1k) *Ball* zurückwerfen; *éc.* wieder ankurbeln; *fig.* wieder aufgreifen; *ch.* wieder auftreiben; *fig.* j-m dauernd auf dem Hals sitzen; *beim Spiel* überbieten.

relat|er [rəla'te] *v/t.* (1a) ausführlich berichten; **~if, -ve** [~'tif, ~'ti:v] *adj.* bezüglich *(à auf acc.)*; *gr.* relativ; *fig.* relativ, bedingt; **~ion** [~la'sjɔ̃] *f* Beziehung *f*, Verhältnis *n*, Verbindung *f*, Verkehr *m*; Bericht *m*; **~s** *pl.* publiques Öffentlichkeitsarbeit *f*, Public Relations *pl.*; **~ivement** [~lativ-'mɑ̃] *adv.*: à betreffs; im Verhältnis zu *(dat.)*; **~ivité** [~vi'te] *f* Relativität *f.*

relax|ation *physiol.* [rəlaksa'sjɔ̃] *f* Entspannung *f*; **~er** [~'kse] *v/t.* (1a) entspannen; se ~ sich entspannen.

relay|er [rəlɛ'je] (1i) *v/t.* bei der Arbeit, beim Sport: j-n ablösen; *rad.* anschließen; Programm übernehmen; *v/i.* ⚓ die Pferde wechseln; se ~ sich abwechseln; **~eur, -se** *Sport* [~'jœːr, ~'jøːz] *su.* Staffelläufer(in *f*) *m.*

reléguer [rəle'ge] *v/t.* (1f u. 1m) *etw.* abstellen, beiseite stellen; j-n abschieben, in den Hintergrund drängen.

relent [rə'lɑ̃] *m* übler Geruch *m*; *fig.* Spur *f*, Beigeschmack *m*, Anflug *m.*

relev|age [rəl'va:ʒ] *m* ⚒ Bergung *f*; ⚓ Hebung *f*; **~ant, -e** [~vɑ̃, ~'vɑ̃:t] *adj.* gehörig *(de du dat.).*

relève [rə'lɛːv] *f* Ablösung *f.*

relevé, -e [rəl've] **1.** *adj.* hochgeschlagen, -gekrempelt; *Stil:* gehoben; *cuis.* pikant; **2.** *m* ⛏ (Rechnungs-)Auszug *m*; Ablesen *n* e-s Stromzählers usw.; Verzeichnis *n*; Liste *f*; Aufstellung *f.*

relèvement [rəlɛv'mɑ̃] *m* Wiederaufrichtung *f*; Erhöhung *f*; ⚓ Wiederflottmachen *n*; *éc.* Aufschwung *m*, Aufschwung *m*, ⚓, ⚒ Peilung *f*; Ortsaufnahme *f*; ~ des traitements Gehaltsaufbesserung *f.*

relever [rəl've] (1d) *v/t.* wieder aufheben *(od.* aufrichten); wieder aufbauen; ⚓ flottmachen; erhöhen; aufkrempeln; zu Ansehen bringen; *fig.* hervorheben, rühmen; *écol.* Hefte einsammeln; verbessern; *allg.* notieren; ⚓, ⚔ peilen; *j-n* ablösen; *téléph. Störung* beseitigen; *cuis., fig.* pikanter machen; ~ *q. de qch.* j-n von e-r Verpflichtung entbinden; *v/i.*: ~ *de maladie* e-e Krankheit überstanden haben, gerade krank gewesen sein; ~ *de q.* von j-m abhängen; *se* ~ *a.* sich wieder erholen, wieder hochkommen.

relief [rə'ljɛf] *m* Relief *n* (*a. géol.*); Boden-beschaffenheit *f*, -erhebungen *f/pl.*; *fig.* Nachdruck *m*; *rad.* ~ *acoustique* Raumklang *m*; ♨ Höhe *f* über der Wasserlinie; ~*s pl.* Essensreste *m/pl. auf dem Tisch*; *mettre en* ~ hervorheben; *prendre un nouveau* ~ neue Gestalt annehmen (*fig.*).

reli|er [rə'lje] *v/t.* (1a) wieder (zs.-)binden; *Buch* (ein)binden; *Faß* binden; ♨, *téléph.* verbinden; ♪ anschließen; ♣ *zwei Punkte* verbinden; ~**eur, -se** [~'ljœːr, ~'ljøːz] *su.* Buchbinder(in *f*) *m*.

relig|ieux, -se [rəli'3jø, ~'3jøːz] 1. *adj.* religiös; 2. *su.* Mönch *m*, Nonne *f*; ~**ion** [~'3jɔ̃] *f* Religion *f*; ~**iosité** [~3jozi'te] *f* Frömmigkeit *f*.

reliqu|aire [rəli'kɛːr] *m* Reliquienschrein *m*; ~**at** ✝ [~'ka] *m* Rest *m*, Saldo *m*; Restposten *m*; ~**e** [~'lik] *f* Reliquie *f*.

relire [rə'liːr] *v/t.* (4x) nochmals lesen.

reliure [rə'ljyːr] *f* (Buch-)Einband *m*; Einbinden *n*.

relocation [rəlɔka'sjɔ̃] *f* Wieder-, Weiter-vermietung *f*.

relouer [rə'lwe] *v/t.* (1a) wieder (ver-)mieten; weiter-, unter-vermieten.

relui|re [rə'lɥiːr] *v/i.* (4c) glänzen, schimmern; ~**sant, -e** [~lɥi'zɑ̃, ~'zɑ̃ːt] *adj.* blitzblank, strahlend.

reluquer F [rəly'ke] *v/t.* (1m) neugierig (*a.* gierig) anblicken; *fig. péj.* (neidisch) schielen (*qch.* nach etw. *dat.*).

remâcher [rəma'ʃe] *v/t.* (1a) wiederkäuen; *fig.* nicht loskommen von (*dat.*).

remanier [rəma'nje] *v/t.* (1a) umarbeiten; *pol.* umbilden.

remarier [rəma'rje] *v/rfl.* (1a): *se* ~ wieder heiraten, sich wieder verheiraten.

remarqu|able [rəmar'kablə] *adj.* beachtlich; ~**e** [~'nark] *f* An-, Bemerkung *f*; Vermerk *m*; Fußnote *f*; ~**er** [~'ke] *v/t.* (1m) bemerken, beobachten; *faire* ~ *qch. à q.* j-n auf etw. (*acc.*) aufmerksam machen; *se faire* ~ sich bemerkbar machen, sich auszeichnen.

remballer [rɑ̃ba'le] *v/t.* (1a) wieder einpacken (*a. fig.*).

rembarquer [rɑ̃bar'ke] (1a) *v/t.* wieder einschiffen; *v/i. u. se* ~ sich wieder einschiffen; wieder an Bord gehen; F *fig. se* ~ *dans qch.* sich auf etw. (*acc.*) wieder einlassen.

rembl|ai [rɑ̃'blɛ] *m* Aufschüttung *f*; ♨ Bahndamm *m*; ~**ayer** [~blɛ'je] *v/t.* (1i) aufschütten.

remboîter *chir.* [rɑ̃bwa'te] *v/t.* (1a) (*u. se* ~ sich) wieder einrenken.

rembourr|age ⊕ [rɑ̃bu'ra:ʒ] *m* Polsterung *f*; Dichtung *f*; ~**er** [~'re] *v/t.* (1a) (aus)polstern; abdichten.

rembours|able [rɑ̃bur'sablə] *adj.* (zu)rückzahlbar; ~**ement** [~sə'mɑ̃] *m* Rückzahlung *f*; ♔ Nachnahme *f*; ~**er** [~'se] *v/t.* (1a) zurückzahlen, (zu)rückerstatten, (rück)vergüten; ~ *ses frais à q.*, ~ *q. de ses frais* j-m die Kosten vergüten (*od.* erstatten); ~ *q.* j-m das Geld zurückzahlen; *se faire* ~ sich das Geld zurückzahlen lassen.

rembrunir [rɑ̃bry'niːr] (2a) *v/rfl.*: *se* ~ *Gesicht, Miene*: sich verfinstern; *v/t. nur noch als p.p.*: *air m rembruni* finstere Miene *f*.

remède [rə'mɛd] *m* Heilmittel *n*; *fig.* Abhilfe *f*; *porter* ~ abhelfen.

reméd|iable [rəme'djablə] *adj.* heilbar; ~**ier** [~'dje] *v/i.* (1a): ~ *à qch.* etw. heilen; etw. beheben; e-r Sache (*dat.*) abhelfen.

remembrement [rəmɑ̃brə'mɑ̃] *m* Flurbereinigung *f*; Zs.-legung *f*.

remerc|iement [rəmɛrsi'mɑ̃] *m* Dank(sagung *f*) *m*; ~**ier** [~'sje] *v/t.* (1a): ~ *q. de qch.* (*neuerdings a. pour qch.*) j-m für etw. danken (*a. ablehnend*); ~ *q.* j-n entlassen.

remettre [rə'mɛtrə] *v/t.* (4p) wieder hin-stellen, -setzen, -bringen *usw.*; *Kleidungsstücke* wieder anziehen, *Hut* wieder aufsetzen; *chir.* wieder einrenken; ♨ *e-n Kranken* wiederherstellen; *fig.* j-n wiedererkennen; *fig.* ab-, über-geben, aushändigen; ausliefern; überlassen; aufschieben; *thé.* absagen; (*Schach-*)*Partie* als unentschieden aufgeben; *Strafe* erlassen; ⊕ ~ *qch. en état* etw. (wieder) instand setzen; ~ *à flot Schiff, fig. a. Unternehmen* (wieder) flottmachen;

P ~ *ça* wieder anfangen; *se* ~ *à qch.* sich wieder an etw. (*acc.*) machen; *se* ~ *de qch.* sich (wieder) von etw. (*dat.*) erholen; *je m'en remets à vous* ich verlasse mich auf Sie.

remilitariser [rəmilitari'ze] *v/t.* (1a) remilitarisieren.

réminiscence [remini'sã:s] *f* schwache Erinnerung *f*; *fig.* Nachklang *m*.

remise [rə'mi:z] *f* Über-reichung *f*, -gabe *f*, Zustellung *f*; ✝ Auslieferung *f*; Rimesse *f*; Rabatt *m*; Aufschub *m*; Remise *f*, Schuppen *m*; ~ *à domicile* Zustellung *f* durch Boten; ~ *à neuf* Wiederherrichtung *f*; ~ *en état* (Wieder-)Instandsetzung *f*; *voiture f de grande* ~ Luxusleihwagen *m* mit Chauffeur.

remiser [rəmi'ze] *v/t.* (1a) *Wagen* unterstellen; *etw.* beiseite stellen; F ~ *q.* j-m s-n Standpunkt klarmachen, j-n zurechtweisen.

rémissible [remi'siblə] *adj.* verzeihbar; **~ion** [~'sjõ] *f* **1.** *rl.* Vergebung *f*; *sans* ~ schonungslos; **2.** ✸ zeitweiliges Nachlassen *n des Fiebers usw.*

rémittence [remi'tã:s] *f* (zeitweiliges) Nachlassen *n*; **~ent, -e ✸** [~'tã, ~'tã:t] *adj.* (zeitweise) nachlassend.

remmailler [rãma'je] *v/t.* (1a) die Maschen wieder aufnehmen (*qch.* an etw. *dat.*).

remodelage [rəmɔd'la:ʒ] *m* Straffung *f der Haut*, Lifting *n*; Um-, Neu-gestaltung *f*; **~er** [~'le] *v/t.* (1d) *Haut, Muskeln* straffen; umgestalten, neu gestalten.

remontage [rəmõ'ta:ʒ] *m* Wiederzusammensetzen *n*; 🚢 *u. von Flußschiffen*: Bergfahrt *f*; ⚓ Stromaufwärtsfahren *n*; Aufziehen *n der Uhr*; **~ant, -e** [~'tã, ~'tã:t] **1.** *adj. phm.* stärkend, remontant; **2.** *m phm.* Stärkungstrank *m*; **~e** [~'mõ:t] *f* Bergfahrt *f*, Stromaufwärtsfahren *n v. Schiffen*; Aufsteigen *n v. Fischen (zum Laichen)*; ✕ Pferdemusterung *f*; Nachwuchspferde *n/pl.*; **~ée** [~'mõ'te] *f* Wiederaufstieg *m*; Stromaufwärtsfahren *n*; Rückkehr *f an die Oberfläche*; Ausfahren *n der Bergleute*; Radsport: Aufholen *n*; **~s** *pl. mécaniques* Seilbahnen *f/pl.* und (Ski-)Lifte *m/pl.*

remonte-pente [rəmõt'pã:t] *m* (*pl.* **~s**) Schlepplift *m für Skifahrer.*

remonter [rəmõ'te] (1a) *v/i.* wieder hinauf-gehen, -steigen, -fahren;

aufwärts gehen; wieder in die Höhe gehen (*od.* steigen); ⚓ remontieren; ~ *à* sich erstrecken bis, zurückgehen auf (*acc.*); *v/t.* wieder hinauf-gehen, -fahren, -steigen, -bringen, -holen; wieder einrichten; wieder versehen (*de* mit *dat.*); *Uhr* wieder aufziehen; neu zs.-setzen, neu einrichten; *fig.* neu beleben, kräftigen; ✕ ~ *la filière* den Verbrecherring zurückverfolgen.

remontoir ⊕ [rəmõ'twa:r] *m* Aufzug(rad *n*) *m*, Aufziehvorrichtung *f* an e-r *Uhr.*

remontrances [rəmõ'trã:s] *f/pl.* Vorhaltungen *f/pl.*; **~er** [~'tre] *v/i.* (1a): *en* ~ *à q.* sich j-m überlegen fühlen.

remordre [rə'mɔrdrə] (4a) *v/t. etw.* wieder anbeißen; *v/i. fig.* ~ *au travail* die Arbeit wieder anpacken.

remords [rə'mɔ:r] *m* Schuldgefühl *n*; ~ *pl.* Gewissensbisse *m/pl.*

remorquage [rəmɔr'ka:ʒ] *m* ⚓ Schleppen *n*; *Auto*: Abschleppen *n*; **~e** [~'mɔrk] *f tram., Auto*: Anhänger *m*; Schleppseil *n*; *prendre en* ~ *Schiff* ins Schlepptau nehmen; *Auto* abschleppen; **~er** [~'ke] *v/t.* (1m) ⚓ schleppen; *Auto* abschleppen; **~eur** ⚓ [~'kœ:r] *m* Schlepper *m*.

rémoulade *cuis.* [remu'lad] *f* Remoulade *f (pikante Soße).*

rémouleur [remu'lœ:r] *m* Scherenschleifer *m*.

remous [rə'mu] *m* **1.** ⚓ Kielwasser *n*, Sog *m*; Strudel *m*; Gegenströmung *f*; **2.** *fig. pl.* Umwälzung *f/sg.*, Erschütterungen *f/pl.*; Ausbrüche *m/pl.* (*der Leidenschaften*); *les* ~ *de la foule* das Hin und Her der Menschenmenge; *provoquer des* ~ *Staub* aufwirbeln (*z. B. von e-m Buch*).

rempailleur, -se [rãpa'jœ:r, ~'jø:z] *su.* Stuhlflechter(in *f*) *m*.

rempart [rã'pa:r] *m* Wall *m*, Bollwerk *n*.

rempiéter [rãpje'te] *v/t.* (1f) *Strümpfe* anstricken; den unteren Teil e-r *Mauer usw.* ausbessern.

rempiler [rãpi'le] (1a) *v/t.* wieder aufschichten; *v/i.* ✱ ✕ freiwillig länger dienen.

remplaçant, -e [rãpla'sã, ~'sã:t] *su.* Stellvertreter(in *f*) *m*; *Sport*: Ersatzspieler(in *f*) *m*.

remplacement [rãplas'mã] *m* Ersetzung *f*; Vertretung *f*; *en* ~ als

Ersatz; *matières f/pl.* de ~ Ersatz *m;* **~er** [~'se] *v/t.* (1k) ersetzen; ~ *q.* j-n vertreten.

rempli¹, -e [rɑ̃'pli] *adj. thé.* gut besetzt, voll; *Tag:* ausgefüllt; ~ de ... voller ...

rempli² *cout.* [rɑ̃'pli] *m* Einschlag *m am Rock;* **~er** *cout.* [~'e] *v/t.* (1a) einschlagen.

rempl|ir [rɑ̃'pliːr] *v/t.* (2a) (an)füllen; ausfüllen (*a. Formular*); ergänzen; erfüllen; ausüben; **~issage** [~pli'saːʒ] *m* (Aus-, Nach-)Füllen *n;* △ Füllung *f;* Belegung *f e-s Hotels.*

rempl|oi [rɑ̃'plwa] *m* **1.** s. *réemploi;* **2.** Wiederanlage *f v.* Geld; **~oyer** [~plwa'je] *v/t.* (1h) **1.** s. *réemployer;* **2.** Geld wieder anlegen.

remplumer [rɑ̃ply'me] *v/rfl.* (1a): se ~ wieder Federn bekommen; *fig.* F sich wieder hochrappeln.

rempocher [rɑ̃pɔ'ʃe] *v/t.* (1a) wieder in die Tasche stecken.

remporter [rɑ̃pɔr'te] *v/t.* (1a) wieder forttragen; wieder mitnehmen; *fig. Vorteil* erringen, erlangen; *Preis* gewinnen; *Sieg* davontragen.

rempoter ✔ [rɑ̃pɔ'te] *v/t.* (1a) umtopfen.

remu|age [rə'mɥaːʒ] *m* Umrühren *n;* Umschaufeln *n;* Rütteln und Drehen *n des Schaumweins;* **~ant, -e** [~'mɥɑ̃, ~'mɥɑ̃ːt] *adj.* lebhaft; *Kind:* rege; *péj. esprit m* ~ unruhiger Geist *m.*

remue|-ménage [rəmyme'naːʒ] *m (inv.)* Umstellen *n v. Möbeln usw.; fig.* Durcheinander *n;* Krawall *m;* **~-méninges** *éc.* [~me'nɛːʒ] *m (inv.)* Brainstorming *n,* Wirtschaftsberatung *f.*

remu|ement [rəmy'mɑ̃] *m* (Hinundher-)Bewegen *n;* **~er** [~'mɥe] (1a) *v/t.* bewegen, rühren; (weg-) rücken; ✔ *Erde* umgraben; *fig.* aufrütteln, aufregen; *v/i. u.* se ~ sich rühren; se ~ *fig.* sich Mühe geben.

rémunér|ateur, -rice [remynera-'tœːr, ~'tris] *adj.* einträglich; **~ation** [~rɑ'sjɔ̃] *f* Vergütung *f,* Entlohnung *f,* (Arbeits-)Entgelt *n;* ~ en nature Naturalbezüge *m/pl.;* **~er** [~'re] *v/t.* (1f) bezahlen; vergüten; entlohnen.

renâcler [rənɑ'kle] *v/i.* (1a) *v. Pferd:* schnauben; *fig.* sich sträuben (à od. devant gegen).

renaissance [rənɛ'sɑ̃ːs] *f* Wiedergeburt *f;* Wiederaufleben *n;* ⚥ Re-

naissance *f.*

renaître [rə'nɛːtrə] *v/i.* (4g) wiedergeboren werden (*a. rl.*); *fig.* wiederaufleben; ⚘ erneut sprießen.

rénal [re'nal] *adj.* (*m/pl. -aux*) Nieren...

renard [rə'naːr] *m* **1.** *zo.* Fuchs *m;* ~ *bleu* Blaufuchs *m;* **2.** Fuchs(pelz *m*) *m;* **3.** *fig.* Streikbrecher *m;* **~e** *zo.* [~'nard] *f* Füchsin *f;* **~eau** [~'do] *m (pl. ~x)* junger Fuchs *m;* **~ière** [~'djɛːr] *f* Fuchsbau *m.*

renauder * [rəno'de] *v/i.* (1a) protestieren.

rencarder * [rɑ̃kar'de] *v/t.* (1a) s. *rancarder.*

rencart P [rɑ̃'kaːr] *m* Rendezvous *n.*

renchér|ir [rɑ̃ʃe'riːr] (2a) *v/t.* verteuern; *v/i.* teurer werden; *fig.* hinzufügen, noch deutlicher werden (*fig.* ~ *sur q.* (od. *qch.*) j-n (od. etw.) überbieten (od. übertreffen); **~issement** [~ris'mɑ̃] *m* Verteuerung *f.*

rencogner F [rɑ̃kɔ'ɲe] *v/t.* (1a) in die Enge treiben (od. drängen).

rencontr|e [rɑ̃'kɔ̃ːtrə] *f* Begegnung *f,* Treffen *n; Sport:* Wettkampf *m;* Duell *n;* Zs.-fluß *m,* -stoß *m,* -treffen *n;* ✗ Gefecht *n; pol.* ~ *au sommet* Gipfeltreffen *n; Sport:* ~ *finale* Endspiel *n,* Entscheidungsspiel *n; aller à la* ~ entgegengehen (de *q.* j-m); de ~ gelegentlich, Gelegenheits...; *par* ~ durch Zufall; **~er** [~kɔ̃-'tre] *v/t.* (1a): ~ *q.* j-n (an)treffen, j-m begegnen; auf j-n (od. *qch.* etw.) stoßen; se ~ *a.* sich treffen; *fig.* denselben Gedanken haben; vorkommen, gefunden werden.

rendement [rɑ̃d'mɑ̃] *m* **1.** ✔ Ertrag *m;* Ergiebigkeit *f;* ⊕ Leistung *f e-r Maschine, e-s Arbeiters;* Wirkungsgrad *m; éc.* Rendite *f;* ~ *économique* Wirtschaftlichkeit *f,* Rentabilität *f;* ~ *maximum* Höchstleistung *f; Sport:* Spitzenleistung *f;* ~ *réalisé,* ~ *effectif* Ist-Ertrag *m;* ~ *théorique* Soll *n,* Sollleistung *f;* **2.** *Sport:* Vorgabe *f.*

rendez-vous [rɑ̃de'vu] *m (inv.)* **1.** Verabredung *f; Treffen n;* Treffpunkt *m;* **2.** ~ *(amoureux)* Rendezvous *n,* Stelldichein *n.*

rendormir [rɑ̃dɔr'miːr] *v/t.* (2b) wieder zum Einschlafen bringen; se ~ wieder einschlafen.

rendre ['rɑ̃ːdrə] (4a) *v/t.* zurück-, wieder-geben; *écol. Hausarbeit* abgeben; erweisen; *mit adj. od. su.*

machen; (wieder) von sich geben; *Stadt* übergeben; erwidern, vergelten; ausdrücken, darstellen; übersetzen; *Urteil* sprechen; ~ *compte* Rechenschaft geben (*od.* ablegen); *fig.* ~ *nul* aufheben, für nichtig erklären; *adm., pol.* ~ *public* veröffentlichen, bekanntgeben; ~ *les armes* die Waffen strecken, sich ergeben; ~ *heureux* glücklich machen; ~ *maître* zum Herrn machen; *v/i.* ✶ einbringen, abwerfen; ergiebig sein; *en photo, je ne rends jamais bien* auf e-m Foto mache ich mich niemals gut (*od.* sehe ich nie gut aus); *se* ~ *sich irgendwohin* begeben; ✕ sich ergeben; nicht mehr (weiter)können.

rendu, -e [rã'dy] **1.** *adj.* völlig erschöpft; angekommen; ✝ ~ *à bord* frei (an) Bord; **2.** *m* peint. Wiedergabe *f*; ✝ zurückgegebene Ware *f*; *F un prêté pour un ~* Wurst wider Wurst.

renduire △ [rã'dɥiːr] *v/t.* (4c) neu verputzen.

rendurc|ir [rãdyr'siːr] *v/t.* (2a) wieder hart machen; **~issement** [~sis'mã] *m* erneute Verhärtung *f*.

rêne [rɛːn] *f* Zügel *m* (*a. fig.*).

renégat, -e [rəne'ga, ~'gat] *su. rl., fig.* Abtrünnige(r *m*) *m u. f*, Renegat *m*; *pol. a.* Überläufer(in *f*) *m*.

renégociation *bsd. pol.* [rənegɔsja-'sjɔ̃] *f* Neuverhandlung *f*.

renferm|e, -e [rãfɛr'me] **1.** *adj.* *Mensch:* verschlossen; **2.** *m* Dumpfige(s) *n*; *odeur f de* ~ muffiger Geruch *m*; *sentir le* ~ muffig riechen; **~er** [~] *v/t.* (1a) enthalten; ~ *une pensée dans peu de mots* e-n Gedanken in wenigen Worten zs.-fassen.

renfl|ement [rãflə'mã] *m* Anschwellung *f*; △ Ausbauchung *f*; Wulst *m*; **~er** [~'fle] (1a) *v/t.* anschwellen lassen; *v/i.* ✶ wieder anschwellen.

renflouer [rã'flwe] *v/t.* (1a) ⚓ wieder flottmachen; wieder heben; *fig.* wieder in Schwung bringen.

renfonc|ement [rãfõs'mã] *m* △ Vertiefung *f*; ✝ Schlag *m* auf den Hut; **~er** [~'se] *v/t.* (1k): *fig.* ~ *son chapeau sur les oreilles* sich den Hut tief über die Ohren stülpen.

renfor|çateur *phot.* [rãfɔrsa'tœːr] *m* Verstärker *m*; **~cement** [~sə'mã] *m* Verstärkung *f* (*a. ✕ u. phot.*); **~cer** [~'se] *v/t.* (1k) verstärken.

renfort *a.* ✕ [rã'fɔːr] *m* Verstärkung *f*; *cheval m de* ~ Vorspannpferd *n*.

renfrogner [rãfrɔ'ɲe] *v/rfl.* (1a): *se* ~ ein saures Gesicht machen.

rengager [rãga'ʒe] *v/t.* (1l) *Arbeitskräfte* wieder einstellen; *Kampf* wiederaufnehmen; *j-n* wieder verpflichten (*od.* ✕ wieder anwerben); *se* ~✕ freiwillig weiterdienen; *allg.* sich erneut verpflichten; *fig.* von neuem anfangen; *se* ~ *dans qch.* sich wieder in etw. (*acc.*) einlassen.

rengain|e [rã'gɛn] *f fig.* alte Leier *f*; **~er** [~'ne] *v/t.* (1b) wieder in die Scheide stecken; *F fig.* für sich behalten, runterschlucken.

rengorger [rãgɔr'ʒe] *v/rfl.* (1l): *se* ~ sich brüsten.

rengraisser [rãgrɛ'se] *v/i.* (1b) wieder fett (*od.* dick) werden.

renier [rə'nje] *v/t.* (1a) verleugnen; aufgeben; *s-m Glauben* abschwören.

renifl|e ✶ [rə'nifl̩] *f* Polente *f P*, Polizei *f*; **~er** [~'fle] (1a) *v/t.* *Tabak* schnupfen; *an e-r Flasche* schnuppern; *v/i.* schnüffeln; *Schleim* hochziehen; schnauben; *F fig.* ~ *sur Widerwillen empfinden gegen;* **~ette** ✶ [~'flɛt] *f* **1.** Polente *f P*; **2.** Kokain *n*; **~eur, -se** [~'flœːr, ~'fløːz] *adj.* schnüffelnd.

rénit|ence ✶ [reni'tãːs] *f* Gespanntheit *f e-s Geschwürs;* **~ent, -e** ✶ [~'tã, ~'tãːt] *adj.* e-m Druck widerstehend, prall.

renne *zo.* [rɛn] *m* Ren *n*, Rentier *n*.

renom [rə'nɔ̃] *m* guter Ruf *m*, Berühmtheit *f*; **~mé, -e** [~nɔ'me] *adj.* berühmt (*pour für*); **~mée** [~] *f* guter Ruf *m*, Ansehen *n*, großer Name *m*; **~mer** [~] *v/t.* (1a) wieder ernennen.

renonc|e [rə'nɔ̃ːs] *f* Kartenspiel: Nichtbedienen *n*; *P* (*Drogen-*)Entziehung *f*; **~ement** [~nɔ̃s'mã] *m* Entsagung *f*; ~ *à soi-même* Selbstverleugnung *f*; **~er** [~'se] *v/t.* (1k) **1.** ~ *à qch.* auf etw. (*acc.*) verzichten; *beim Kartenspiel:* nicht bedienen; **2.** *abs.* resignieren; **~iation** [~sja'sjɔ̃] *f* Verzicht *m*.

renoncule ♀ [rənɔ̃'kyl] *f* Hahnenfuß *m*, Ranunkel *f*.

renou|ée ♀ [rə'nwe] *f* Knöterich *m*; **~er** [~] *v/t.* (1a) wieder binden, wieder knüpfen; *fig. Verhandlungen* wiederaufnehmen; *Bündnis* erneuern.

renouv|eau [rənu'vo] *m* (*pl.* ~x) *fig.*

Rückkehr f; Wiederaufleben n; Erneuerung f, Neugestaltung f; **~eler** [~'le] v/t. (1c) erneuern; Paß usw. verlängern; **~ellement** [~vɛl'mã] m Erneuerung f; Verlängerung f e-s Passes usw.

rénov|ateur, -rice [renɔva'tœːr, ~'tris] **1.** adj. erneuernd; **2.** su. Erneuerer m; **~ation** [~va'sjɔ̃] f Erneuerung f; fig. Neubelebung f; △ Renovierung f; **~er** [~'ve] v/t. (1a) Wohnung renovieren; Gemälde, Möbel auffrischen.

renquiller * [rãki'je] v/i. (1a) zurückkehren.

renseign|ement [rãsɛɲ'mã] m Auskunft f; donner (od. fournir) des ~s Auskunft geben (od. erteilen); prendre des ~s Erkundigungen einziehen, Auskünfte einholen; **~er** [~'ɲe] v/t. (1a): ~ q. sur qch. j-m über etw. (acc.) Auskunft geben; se ~ sich erkundigen (auprès de q. bei j-m).

rentab|ilité [rãtabili'te] f Rentabilität f; **~le** [~'tablə] adj. rentabel; lohnend.

rente [rãːt] f Rente f; ~ viagère Leibrente f; titre m de ~ Rentenbrief m.

rentier, -ère [rã'tje, ~'tjɛːr] su. Rentner(in f) m.

rentrage [rã'traːʒ] m: le ~ du bois das Einfahren des Holzes.

rentrant, -e [rã'trã, ~'trãːt] adj. zurückspringend, zurückweichend; ⊕ einklappbar, einziehbar.

rentray|age [rãtrɛ'jaːʒ] m Kunststopfen n; **~eur, -se** [~'jœːr, ~'jøːz] su. Kunststopfer(in f) m.

rentrée [rã'tre] f Rückkehr f; ✔ Einbringen n der Feldfrüchte; thé. Wiedereröffnung f nach der Sommerpause; univ. Vorlesungsbeginn m; ✝ Eingang m v. Briefen od. Geldern; opérer les ~s Außenstände einziehen; écol. ~ des classes Schulbeginn m.

rentrer [rã'tre] (1a) **1.** v/i. wieder eintreten; wieder hinein- (od. herein-)gehen (od. -kommen); zurückkehren; ✝ Briefe, Gelder: eingehen; Stoff: einlaufen; ✗ Ausschlag: nach innen schlagen; ♪ einfallen; Gerichtssitzungen, Schule: wieder anfangen; abus. (hinein)gehen; ~ dans un cinéma in ein Kino gehen; ~ (chez soi) nach Hause gehen (od. kommen); fig. ~ dans l'insignifiance förmlich (od. einfach) verblassen; ~ dans qch. in etw. (acc.) mit énthalten sein;

~ dans un arbre gegen e-n Baum fahren; ~ déjeuner zu Mittag nach Hause gehen; ~ de vacances vom Urlaub zurückkehren; **2.** v/t. einfahren; Krallen, ✗ Fahrgestell einziehen; unter etw. verstecken; hineinstoßen; typ. Zeile einrücken; fig. ~ ses larmes die Tränen unterdrücken.

renvers|ant, -e F [rãvɛr'sã, ~'sãːt] adj. unglaublich; toll F; **~e** [~'vɛrs] f: tomber à la ~ auf den Rücken fallen; **~é, -e** [~'se] adj. umgekehrt; umgestoßen, umgefallen; fig. sprachlos, platt F; **~ement** [~sə'mã] m Umkehrung f (a. ♣); Umreißen n; pol. Sturz m e-r Regierung; Umsturz m; **~er** [~'se] (1a) v/t. umkehren (a. ♣, ♪); um-kippen, -stoßen, -stürzen, -werfen; Auto: j-n überfahren; umschütten; vergießen; Kopf nach hinten beugen; fig. in Unordnung bringen; pol. stürzen; v/i. Gezeiten: wechseln; Milch: überkochen.

renvi [rã'vi] m Spiel: Mehreinsatz m.

renvoi [rã'vwa] m Zurückschicken n, Rücksendung f; Zurückschlagen n des Balles; Zurück-strahlen n, -werfen n; ✗ Aufstoßen n, F Rülpser m; Entlassung f v. Arbeitskräften; écol. Verweisung f v. der Schule; zeitliche Verschiebung f; hinweisendes Zeichen n, Hinweis m in e-m Text.

renvoyer [rãvwa'je] v/t. (1p) zurückschicken, -schlagen, -werfen, -strahlen; j-n entlassen, fortschicken; an j-n verweisen; auf etw. (acc.) hinweisen; zeitlich verschieben.

réoccuper [reɔky'pe] v/t. (1a) wieder besetzen.

réorganis|ation [reɔrganiza'sjɔ̃] f Neugestaltung f; Umorganisation f; **~er** [~'ze] v/t. (1a) neu gestalten; umorganisieren.

réouverture [reuvɛr'tyːr] f Wiedereröffnung f.

réoxygéner F [reɔksiʒe'ne] v/rfl. (1f): se ~ Frischluft tanken.

repaire [rə'pɛːr] m Zufluchtsort m, Schlupfwinkel m; Höhle f v. wilden Tieren; fig. Räubernest n.

repaître [rə'pɛːtrə] (4z) v/i. Tiere: fressen; v/t. fig. s-e Augen weiden; se ~ de sich weiden an (dat.).

répandre [re'pãːdrə] v/t. (4a) vergießen, verschütten; Blumen streuen; fig. aus-, ver-breiten; se ~ dans le monde gesellschaftliche Beziehungen pflegen.

répandu, -e fig. [repãˈdy] adj. überall bekannt.

réparable [repaˈrablə] adj. wiedergutzumachen(d); reparabel; ersetzbar.

reparaître [rəpaˈrɛːtrə] v/i. (4z) wieder erscheinen.

répar|ateur, -rice [reparaˈtœːr, ~ˈtris] 1. adj. wohltuend; 2. su. Wiederhersteller(in f) m; **~ation** [~raˈsjõ] f Ausbesserung f, Reparatur f, Wiederherstellung f; Wiedergutmachung f; ~ de dommages Schadensersatz m; frais m/pl. de ~ Reparaturkosten pl.; **~er** [~ˈre] v/t. (1a) ausbessern; wiederherstellen; fig. wiedergutmachen, ersetzen.

reparler [rəparˈle] v/i. (1a): ~ de qch. auf etw. (acc.) zurückkommen.

repart|ie [rəparˈti] f schlagfertige Antwort f; **~ir** [~ˈtiːr] (2b) 1. v/i. wieder ab-reisen, -fahren; (wieder) aufbrechen; ✗ ~ à l'attaque wieder zum Angriff übergehen; 2. v/t. litt. schnell erwidern.

répart|ir [reparˈtiːr] v/t. (2a) ver-, auf-teilen; **~ition** [~tiˈsjõ] f Verteilung f.

repas [rəˈpɑ] m Mahlzeit f.

repass|age [rəpɑˈsaːʒ] m Bügeln n, Plätten n ⊕ v. Wäsche u. Kleidung; ⊕ Schleifen n, Abziehen n v. Messern; **~er** [~ˈse] (1a) v/i. wieder vorbeigehen, -fahren, -kommen, -fliegen, -reiten; wieder zurückkommen; fig. ~ à qch. wieder zu etw. übergehen; v/t. wieder über-queren, -schreiten; Fahrgäste (mit e-r Fähre) wieder übersetzen; Schüsseln (bei Tisch) wieder (herüber)reichen; fig. (wieder) bearbeiten; Wäsche plätten, bügeln; Messer schleifen; Gewinde nachschneiden; Lehrstoff, Schulaufgabe noch einmal durchgehen, wiederholen; Prüfung noch einmal machen, wiederholen; Rechnung (nach)prüfen; fer m à ~ Bügel-, Plätt-eisen n.

repav|age, ~ement [rəpaˈvaːʒ, ~ˈmã] m Neupflasterung f; **~er** [~ˈve] v/t. (1a) neu pflastern.

repêch|age [rəpɛˈʃaːʒ] m Wieder(her-aus)fischen n; fig. F Fr. Wiederholungs- od. Ergänzungs-prüfung f; cours m de ~ Nachholkursus m; **~er** [~ˈʃe] v/t. (1a) wieder (heraus)fischen; fig. heraushelfen (q. dans j-m aus dat.); Sport: wieder zulassen; écol. F ~ un candidat bei e-r Prüfung bei e-m Kandidaten ein Auge zudrücken.

repeindre [rəˈpẽːdrə] v/t. (4b) übermalen; Auto neu spritzen.

repenser [rəpãˈse] (1a) v/t.: ~ qch. sich etw. noch einmal überlegen; ~ un problème à fond noch einmal überdenken; v/i.: ~ à qch. über etw. (acc.) noch einmal nachdenken.

repent|ant, -e [rəpãˈtã, ~ˈtãːt] adj. reumütig; **~ir** [~ˈtiːr] 1. v/rfl. (2b): se ~ de qch. etw. bereuen; 2. m Reue f; typ. Autorkorrektur f.

repérage [rəpeˈraːʒ] m Markieren n; Ortung f, Peilung f; Ermittlung f.

réper|cussion [repɛrkyˈsjõ] f phys. Widerhall m; Rückstoß m; fig. Rückwirkung f; **~cuter** [~ˈte] v/t. (1a) phys. zurückwerfen; rad., télév. ausstrahlen; verbreiten (a. journ.); Befehl, Auftrag weitergeben; Unkosten abwälzen; se ~ zurückprallen; fig. sich auswirken.

repère [rəˈpɛːr] m (Merk-)Zeichen n, Markierung f; Referenznummer f auf Waren; fig. (a. point m de ~) Anhaltspunkt m.

repérer [rəpeˈre] v/t. (1f) mit Merkzeichen versehen, markieren; mit Hilfe v. Merkzeichen auffinden; ausfindig machen; ✗ orten, sichten; se ~ sur sich orientieren nach (dat.).

répertoire [repɛrˈtwaːr] m Sachregister n; thé. Repertoire n.

répét|er [repeˈte] v/t. (1f) wiederholen; phys. widerspiegeln; thé. proben; Rolle einstudieren; **~iteur, -rice** [~tiˈtœːr, ~ˈtris] su. Repetitor m, Einpauker m; **~ition** [~ˈsjõ] f Wiederholung f; Nachhilfe-, Wiederholungs-stunde f; thé. Probe f; Originalkopie f e-s Kunstwerkes; montre f à ~ Repetieruhr f; ✗ fusil m à ~ Repetiergewehr n.

repeupler [rəpœˈple] v/t. (1a) Gebiet wieder bevölkern; Teich, Jagd wieder mit Fischen bzw. Wild besetzen; Wald wieder aufforsten.

repiger P [rəpiˈʒe] v/t. (1l) wieder erwischen.

repiqu|age [rəpiˈkaːʒ] m Überspielung f e-r Schallplatte; **~er** [~ˈke] v/t. (1m) wieder stechen; Pflanzen pikieren, auspflanzen; Pflaster ausbessern; Schallplatte überspielen.

répit [re'pi] *m* Frist *f*, Aufschub *m*; *fig.* Ruhe *f*; Atempause *f*; *sans ~* unaufhörlich, unentwegt.

replacer [rəpla'se] *v/t.* (1k) wieder hinstellen; *j-n* wieder anstellen.

replanter [rəplɑ̃'te] *v/t.* (1a) um-, ver-pflanzen; versetzen; wieder neu bepflanzen.

replâtr|age [rəplɑ'tra:ʒ] *m* Übergipsen *n*; *péj.* Flickwerk *n*; oberflächliche Aussöhnung *f*; *iron.* Aufguß *m*; **~er** [~'tre] *v/t.* (1a) übergipsen.

replet, -ète [rə'plɛ, ~'plɛt] *adj.* beleibt, dick, rundlich.

réplétion [reple'sjɔ̃] *f* Völle *f*.

repli [rə'pli] *m* Falte *f*; *cout.* Umschlag *m*; Windung *f* *e-r Schlange, e-s Weges usw.*; ⚔ Rückzug *m*; *fig.* **~s** *pl. du cœur* verborgene Winkel *m/pl.* des Herzens; **~able** [~'abla] *adj.* zs.-klappbar; **~er** [~'e] *v/t.* (1a) wieder zs.-falten, -legen; krümmen; falzen; *(Ponton-)Brücke* abbrechen; ⚔ zurückziehen; *se ~* ⚔ sich absetzen.

répliqu|e [re'plik] *f* Erwiderung *f*, Antwort *f*, Widerrede *f*; *thé.* Stichwort *n*; *peint.* Kopie *f*; ⊕ Nachbildung *f*; **~er** [~'ke] *v/t.* (1m) erwidern.

répond|ant, -e [repɔ̃'dɑ̃, ~'dɑ̃:t] **1.** *su.* Bürge *m*, Bürgin *f*; F *avoir du ~* a) kapitalkräftig sein; b) sich nicht kleinkriegen lassen; schlagfertig sein; c) *Sache:* ein Echo finden; **2.** *adj.*: *~ aux faits* sachlich, zweckdienlich; **~eur** *téléph.* [~'dœ:r] *m* Anrufbeantworter *m*.

répondre [re'pɔ̃:drə] (4a) *v/t.* antworten (*qch.* etw., *a.* mit etw.); *la montre à quartz répond qch.* die Quarzuhr zeigt etw. an; *v/i.*: *~ à qch.* auf etw. (*acc.*) antworten, etw. beantworten; *~ de* bürgen für.

réponse [re'pɔ̃:s] *f* Antwort *f*; *en ~ à* in Beantwortung (*gén.*).

report [rə'pɔ:r] *m* ✝ Übertrag *m*; *univ.* Aufschub *m v.* Prüfungen; **~age** [~pɔr'ta:ʒ] *m* Reportage *f*; **~er¹** [~'te] *v/t.* (1a) wieder hin-tragen, -bringen; ✝ *Buchung* übertragen; verweisen (*sur auf acc.*); **~er²** [~'tɛ:r] *m* Reporter *m*.

repos [rə'po] *m* Ruhe *f*, Erholung *f*; ♪ Phrasenschluß *m*; *mét.* Einschnitt *m*, Pause *f*; Absatz *m e-r Treppe*; ⚔ *~!* rührt euch!; **~ant, -e** [~'zɑ̃, ~'zɑ̃:t] *adj.* erholsam; **~ée** *ch.* [~'ze] *f*

Lager *n*.

repose-pied [rəpoz'pje] *m* (*pl. ~[s]*) Fußraste *f beim Motorrad*.

reposer [rəpo'ze] (1a) *v/t.* wieder hin-stellen, -setzen, -legen; ausruhen lassen; entspannen; ⚔ *reposez arme(s)!* Gewehr ab!; *v/i.* ausruhen; *fig.* beruhen (*sur auf dat.*); *laisser ~ Wein* ablagern lassen; *Flüssigkeit* sich absetzen lassen; *Erde* brachliegen lassen; *se ~* (sich) ausruhen; sich verlassen (*sur auf acc.*).

repouss|ant, -e [rəpu'sɑ̃, ~'sɑ̃:t] *adj.* abstoßend; **~er** [~'se] (1a) *v/t.* zurück-stoßen, -treiben, -schlagen; *fig.* abweisen; abschrecken; *v/i.* zurückstoßen; ⚘ wieder ausschlagen; *Bart:* wieder wachsen; **~oir** [~'swa:r] *m cosm.* Nagelhautschieber *m*; ⊕ Durchschlagbolzen *m*; Steinmeißel *m*; *peint.* Repoussoir *n*; F *fig.* Kontrast(figur *f*) *m*; F häßliche Frau *f*; *servir de ~ à qch.* j-s Vorzüge durch Kontrastwirkung hervorheben.

répréhensible [repreã'siblə] *adj.* verwerflich.

reprendre [rə'prɑ̃:drə] (4q) *v/t.* wieder (ab-, auf-, ein-, weg-)nehmen; wieder einfangen; wieder befallen (*von Krankheiten*); *sein Wort* zurücknehmen; überarbeiten, ändern; erwischen (*à qch. bei etw. dat.*); *~ q. à qch.* (*od. sur qch.*) j-n wegen etw. (*gén.*) tadeln; *venir ~* wieder abholen; *~ le dessus* sich wieder hochrappeln; *v/i.* erwidern; ⚘ wieder anwachsen, Wurzel(n) schlagen; ⚕ wieder zuheilen; *fig.* wieder anfangen (*od.* aufkommen); *Verhandlungen, Arbeit:* wiederaufgenommen werden; *Gewässer:* wieder zufrieren; *fig. ~ sur* wieder zurückkommen auf (*acc.*).

représailles [repre'za:j] *f/pl.* Repressalien *f/pl.*

représent|able [reprezã'tablə] *adj.* darstellbar; **~ant, -e** [~'tã, ~'tã:t] **1.** *su.* (Stell-)Vertreter(in *f*) *m*; **2.** *m* ✝ Handelsvertreter *m*; **~atif, -ve** [~ta'tif, ~'ti:v] *adj.* repräsentativ, stellvertretend; *~ de qch.* charakteristisch für etw.; **~ation** [~ta'sjɔ̃] *f peint.*, *sculp.* Darstellung *f* (*a. als Skizze od. Zeichnung*); *psych.* Vorstellung *f*; *thé.*, *cin.*, *rad.*, *télév.* Aufführung *f*; *thé.*, *cin.* Vorstellung *f*; *pol.*, 🏛 ✝ Vertretung *f*; **~ativité** [~tativi'te] *f* repräsentativer (*od.* stellvertretender) Charakter *m*; **~er** [~'te] (1a) *v/t.*

darstellen; *thé.*, *cin.*, *rad.*, *télév.* aufführen; ~ qu. j-n vertreten; *v/i.* repräsentieren; se ~ sich *etw.* vorstellen; sich wieder *als Prüfling od. Wahlkandidat* melden.

répress|if, -ve [reprɛˈsif, ~ˈsiːv] *adj.* repressiv; unterdrückend; Straf...; **~ion** [~ˈsjɔ̃] *f* Unterdrückung *f*; Bestrafung *f*; *psych.* bewußte Verdrängung *f*, Repression *f*.

réprimable [repriˈmablə] *adj.* unterdrückbar; strafbar.

réprimand|e [repriˈmɑ̃ːd] *f* Strafpredigt *f*; **~er** [~mɑ̃ˈde] *v/t.* (1a) zurechtweisen, ausschimpfen (*sur qch. wegen etw.*).

réprimer [repriˈme] *v/t.* (1a) *Gefühle*, *Revolte* unterdrücken.

repris, -e [rəˈpri, ~ˈpriːz] *su.:* ~ de justice Vorbestrafte(r *m*) *m u. f.*

repris|e [rəˈpriːz] *f* Wieder(ein)nahme *f*; Wieder-aufnahme *f*, -holung *f*; *thé.* Wiederaufführung *f*; *Kartenspiel:* Runde *f*; ♪ zu wiederholender Teil *m*; Wiederholungszeichen *n*; Wieder-belebung *f*, -anziehen *n der Geschäfte od. Kurse*; neuer Gang *m beim Fechten*; Ausbesserung *f* (*a.* △), Stopfen *n der Kleidung*; *à plusieurs* ~s (zu) wiederholt(en Malen); **~er** [~priˈze] *v/t.* (1a) ausbessern, stopfen.

réprobat|eur, -rice [reprɔbaˈtœːr, ~ˈtris] *adj.* vorwurfsvoll; mißbilligend; **~ion** [~baˈsjɔ̃] *f* Mißbilligung *f*.

reproch|e [rəˈprɔʃ] *m* Vorwurf *m*, Tadel *m*; **~er** [~ˈʃe] *v/t.* (1a) vorwerfen (*fig.*); tadeln.

reproduct|eur, -rice [rəprɔdykˈtœːr, ~ˈtris] **1.** *adj.* Fortpflanzungs...; *fig.* wiedergebend, vervielfältigend; **2.** *m* männliches Zuchttier *m*; **~ibilité** [~tibiliˈte] *f* Fortpflanzungsfähigkeit *f*; **~ible** [~ˈtiblə] *adj.* fortpflanzungsfähig; **~ion** [~kˈsjɔ̃] *f biol.* Fortpflanzung *f*; Reproduktion *f*, Wiedergabe *f*; Vervielfältigung *f*; Nachdruck(en *n*) *m*.

reproduire [rəprɔˈdɥiːr] *v/t.* (4c) wieder hervorbringen, wieder erzeugen; wiedergeben; ab-, nachdrucken; vervielfältigen; se ~ wieder vorkommen, sich wiederholen; *biol.* sich fortpflanzen.

reprographie [rəprɔgraˈfi] *f* Reprographie *f*.

réprouv|é, -e [repruˈve] *su.* Ausgestoßene(r *m*) *m u. f.*; **~er** [~] *v/t.* (1a)

mißbilligen; *rl.* verwerfen.

reps *text.* [rɛps] *m* Rips *m*.

reptile *zo.* [rɛpˈtil] *m* Reptil *n*.

repu, -e [rəˈpy] **1.** *adj.* gesättigt, satt; **2.** *p.p. von repaître.*

républic|ain, -e [repybliˈkɛ̃, ~ˈkɛn] **1.** *adj.* republikanisch; **2.** *su.* Republikaner(in *f*) *m*; **~ique** [~ˈblik] *f* Republik *f*.

répudier [repyˈdje] *v/t.* (1a) verleugnen; ausschlagen; verstoßen.

répugn|ance [repyˈɲɑ̃ːs] *f* Abscheu *m*; **~ant, -e** [~ˈɲɑ̃, ~ˈɲɑ̃ːt] *adj.* widerlich, ekelhaft; **~er** [~ˈɲe] *v/i.* (1a) **1.** *Person:* ~ à qch. sich vor etw. (*dat.*) ekeln; je répugne à (*od. il me répugne de*) vous dire es widerstrebt mir, Ihnen zu sagen; **2.** *Sache:* ~ à q. j-n anwidern.

répuls|if, -ve [repylˈsif, ~ˈsiːv] *adj.* abstoßend (*bsd. phys.*); **~ion** [~ˈsjɔ̃] *f phys.* Abstoßung *f*; *fig.* Widerwille *m* (*pour gegen*).

réput|ation [repytaˈsjɔ̃] *f* (*a. guter*) Ruf *m*; ✝ Renommee *n*; *connaître de* ~ vom Hörensagen kennen; **~é, -e** [~ˈte] *adj.* angesehen.

requér|ant, -e [rɔkeˈrɑ̃, ~ˈrɑ̃ːt] *su.* Antragsteller(in *f*) *m*; **~ir** [~ˈriːr] *v/t.* (2l) ersuchen; (gerichtlich) beantragen; *fig.* Aufmerksamkeit erfordern.

requête [rɔˈkɛːt] *f* Antrag *m*, Gesuch *n*.

requin *icht.* [rɔˈkɛ̃] *m* Hai(fisch *m*) *m*.

requis, -e [rɔˈki, ~ˈkiːz] **1.** *adj.* erforderlich; dienstverpflichtet; **2.** *p.p.* von requérir.

réquisit|ion [rekiziˈsjɔ̃] *f* Ersuchen *n*; ⚖ Antrag *m*; ✕ Beschlagnahme *f*, Requisition *f*; Dienstverpflichtung *f*; *à présenter à toute* ~ auf Verlangen vorzuzeigen; **~ionner** [~sjɔˈne] *v/t.* (1a) etw. beschlagnahmen, requirieren; *j-n* dienstverpflichten; **~oire** [~ˈtwaːr] *m* ⚖ Plädoyer *n* des Staatsanwalts; *fig.* Anklagerede *f*.

rescapé, -e [rɛskaˈpe] *su.* Überlebende(r *m*) *m u. f.*

rescind|able ⚖ [resɛ̃ˈdablə] *adj.* aufhebbar; **~ant** ⚖ [~ˈdɑ̃] *m* Nichtigkeitsantrag *m*; **~er** ⚖ [~ˈde] *v/t.* (1a) aufheben.

rescision ⚖ [resiˈzjɔ̃] *f* Aufhebung *f*.

rescousse [rɛsˈkus] *f*: *venir à la* ~ zu Hilfe kommen.

réseau [reˈzo] *m* (*pl.* ~x) Netz *n*; Geflecht *n*; ⚡ Leitungs-, Strom-netz *n*; ~ de chemins de fer, ~ ferroviaire

Eisenbahnnetz n; ~ routier Straßennetz n.

résection chir. [resɛk'sjɔ̃] f operative Entfernung f, Resektion f.

réséda ♀ [reze'da] m Reseda f.

réséquer chir. [rese'ke] v/t. (1f u. 1m) operativ entfernen.

réserv|ation [rezɛrva'sjɔ̃] f Reservierung f; **~e** [~'zɛrv] f Vorbehalt m; Zurückhaltung f; Vorrat m; Reserve f (a. ✕); Feuerwehr: Ausgeherlaubnis f; for. Schonung f; Reservat n, Tierpark m; Auto: bidon m de ~ Reservetank m; ⊕ ~ de puissance Kraftreserve f; en ~ in Reserve, vorrätig; sous ~ de vorbehaltlich (gén.); **~é, -e** [~'ve] adj. reserviert, zurückhaltend; thé., cin. belegt, besetzt; **~er** [~] v/t. (1a) zurückbehalten; Zimmer usw. reservieren; ~ qch. à q-m etw. vorbehalten; se ~ qch. sich etw. (od. etw. für sich) reservieren; sich etw. vorbehalten; **~iste** ✕ [~'vist] m Reservist m; **~oir** [~'vwa:r] m Reservoir n (a. fig.); Behälter m; ~ d'essence Benzintank m.

résid|ant, -e [rezi'dɑ̃, ~'dɑ̃:t] adj. wohnhaft; **~ence** [~'dɑ̃:s] f Wohnsitz m; Residenz f; Wohnanlage f; **~ent** [~'dɑ̃] m 1. (a. adjt.: ministre m ~) Geschäftsträger m; 2. in e-m Gastland ansässiger Ausländer m; **~entiel, -le** [~dɑ̃'sjɛl] adj. Wohn...; immeuble m ~ Wohnhaus n; **~er** [~'de] v/i. (1a) sich aufhalten; wohnen; fig. liegen, bestehen (dans od. en etw. dat.).

résidu [rezi'dy] m Rest m; Überbleibsel n; ⊕, 🜏 Rückstand m, Abfall m; **~aire** [~'dɛ:r] adj. Rest...; Abfall...; eaux f/pl. ~s Abwässer n/pl.; **~uel, -le** [~'dɥɛl] adj. Rest...; zurückbleibend.

résign|ation [reziɲa'sjɔ̃] f Resignation f; **~ée, -e** [~'ne] adj. resigniert, gefaßt; **~er** [~] v/rfl. (1a): se ~ resignieren; se ~ à son sort sich in sein Schicksal fügen.

résilier [rezi'lje] v/t. (1a) Vertrag kündigen.

résille [re'zij] f Haarnetz n.

résine [re'zin] f Harz n; ~ synthétique Kunstharz n; bét. ~ de scellement Gießharz m; **~eux, -se** [~'nø, ~'nø:z] adj. harzig; Harz...

résist|ance [rezis'tɑ̃:s] f Widerstand m (a. ⚡); Ausdauer f, Haltbarkeit f; ⚡ pol. Widerstandsbewegung f; **~ant,**

-e [~'tɑ̃, ~'tɑ̃:t] 1. adj. widerstandsfähig, haltbar; ~ à la chaleur wärmebeständig, hitzefest; ~ à la lumière lichtecht; ~ au climat tropical tropen-fest, -sicher; ~ aux acides säurefest; ~ aux intempéries wetterfest; 2. su. pol. Widerstandskämpfer(in f) m; **~er** [~'te] v/i. (1a) widerstehen, Widerstand leisten; ~ à qch. a. etw. aushalten.

résolu, -e [rezɔ'ly] 1. adj. (fest) entschlossen; 2. p.p. von résoudre; **~tif** phm. [~'tif] m Lösemittel n; **~tion** [~'sjɔ̃] f phys., 🜍, ♪ Auflösung f; Lösung f e-r Frage; ⚡ Aufhebung f; 🜏 Zurückgehen n e-r Geschwulst; Be-, Ent-schluß m; Entschließung f (bsd. pol.); fig. Entschlossenheit f; prendre une ~ e-n Entschluß fassen; **~toire** ⚖ [~'twa:r] adj. aufhebend.

réson|ance [rezɔ'nɑ̃:s] f Resonanz f; Nachhall m; Mitklingen n; table f de ~ Resonanzboden m; **~ner** [~'ne] v/i. (1a) widerhallen; fig. erschallen, erklingen.

résor|ber [rezɔr'be] v/t. (1a) resorbieren; 🜏 aufsaugen; fig. Arbeitslosigkeit, Defizit beseitigen; Beamte übernehmen; se ~ Hochwasser: wieder sinken; **~ption** [~p'sjɔ̃] f Resorption f; fig. Beseitigung f der Arbeitslosigkeit, der Inflation.

résoudre [re'zu:dr] v/t. (4bb) (auf-) lösen (a.); beschließen; 🜏 Geschwulst auflösen; se ~ aufheben.

respect [rɛs'pɛ] m Achtung f, Respekt m; tenir q. en ~ j-n in Schach halten; sans ~ de Mißachtung (acc.); sauf votre ~ mit Verlaub; **~able** [~k-'tabl] adj. achtbar; **~er** [~k'te] v/t. (1a) achten, (ver)ehren; respektieren; **~if, -ve** [~k'tif, ~'ti:v] adj. jeweilig; beider-, gegen-seitig; **~ivement** [~ktiv'mɑ̃] adv. beziehungsweise; **~ueux, -se** [~k'tɥø, ~'tɥø:z] adj. respektvoll.

respir|able [rɛspi'rabl] adj. atembar; **~ateur** [~ra'tœ:r] m Atemgerät n; **~ation** [~ra'sjɔ̃] f Atmen n; **~atoire** [~ra'twa:r] adj. Atem...; **~er** [~'re] (1a) v/i. (auf)atmen; fig. sich offenbaren (dans qch. in etw. dat.); v/t. einatmen.

resplend|ir litt. [rɛsplɑ̃'di:r] v/i. (2a) strahlen, glänzen; **~issement** litt., fig. [~dis'mɑ̃] m Glanz m.

respons|abilité [rɛspɔ̃sabili'te] f Verantwortung f; prêt à prendre (od. à *assumer*) la ~ verantwortungsfreudig; *goût m des* ~s Verantwortungsfreudigkeit *f;* ~ *civile* Haftpflicht *f;* *question f de* ~ Schuldfrage *f;* **~able** [~'sablə] **1.** *adj.* verantwortlich (*de* für); **2.** *su.* Verantwortliche(r *m*) *m u. f; écol.* ~ *de classe* Klassensprecher(in *f*) *m;* **3.** *m* Funktionär *m;* Leiter *m.*

resquill|e F [rɛs'kij] *f* Nassauern *n;* Schwarzfahrt *f in e-m Verkehrsmittel;* *rad., télév.* Schwarz-hören *n,* -sehen *n;* **~er** F [~'je] *v/i.* (1a) nassauern; Zaungast sein; schwarzfahren; *rad., télév.* schwarz-hören, -sehen; **~eur** [~'jœ:r] *m* Nassauer *m;* blinder Passagier *m;* Schwarzfahrer *m; rad., télév.* Schwarzhörer *m,* -seher *m.*

ressac ⚓ [rə'sak] *m* Brandung *f.*

ressaisir [rəse'zi:r] *v/t.* (2a) wieder ergreifen (*a. fig.*); se ~ sich fassen.

ressasser [rəsa'se] *v/t.* (1a) *fig.* noch einmal durchgehen, wiederkäuen F, wieder aufwärmen (*fig.*).

ressaut [rə'so] *m* ⚓ Vorsprung *m;* Unebenheit *f; géol.* Sprung *m.*

ressembl|ance [rəsɑ̃'blɑ̃:s] *f* Ähnlichkeit *f;* **~ant,** *~e phot.* [~'blɑ̃, ~-'blɑ̃:t] *adj.* gut getroffen; **~er** [~'ble] *v/i.* (1a): ~ *à* ähnlich sein (*dat.*); gleichen (*dat.*).

ressemeler [rəsəm'le] *v/t.* (1c) *Schuhe* neu besohlen.

ressent|iment [rəsɑ̃ti'mɑ̃] *m* Ressentiment *n,* Groll *m;* **~ir** [~'ti:r] *v/t.* (2b) lebhaft empfinden; *fig.* merken; se ~ *de qch.* die Folgen von etw. (*dat.*) od. e-r Sache (*gén.*) immer noch verspüren.

resserr|ement [rəsɛr'mɑ̃] *m* Zs.-ziehen *n; fig.* größere Festigung *f* (*a. pol.*); Raffung *f e-s Textes; fin.* ~ *de crédit* Kreditbeschränkung *f;* **~er** [~'re] *v/t.* (1b) enger zs.-ziehen, enger schnallen; nach-spannen, -ziehen; *fig.* enger knüpfen; *Text* raffen; *litt.* beengen.

ressort [rə'sɔ:r] *m* **1.** ⊕ Feder *f; fig.* Triebkraft *f;* *faire* ~ federn; **2.** ⚖ Zuständigkeitsbereich *m;* Gerichtsbezirk *m;* en dernier ~ in letzter Instanz; **3.** *fig.* Gebiet *n,* Fach *n;* **~ir** [~sɔr'ti:r] **1.** (2b) *v/i.* wieder hinausgehen; hervortreten; *v/imp.* sich ergeben; hervorgehen (*de aus dat.*); **2.** *v/i.* (2a): ~ *à* gehören zu (*e-r Gerichtsbarkeit; a. fig.*); **~issant, -e** *bsd.* ⚖ [~ti'sɑ̃, ~'sɑ̃:t] *su.* Staats-

angehörige(r *m*) *m u. f.*

ressource [rə'surs] *f* Hilfs-quelle *f,* -mittel *n;* **~s** *pl.* Einnahmequellen *f/pl.,* Geldmittel *n/pl.;* en dernière ~ als letztes, verzweifeltes Mittel; ~ *énergétique* Energiequelle *f;* **~s** *minérales* Bodenschätze *m/pl.;* **~clé** *éc.* [~'kle] *f* (*pl.* ressources-clé[s]) Haupteinnahmequelle *f.*

ressouvenir [rəsuv'ni:r] *v/rfl.* (2h): se ~ *de qch.* sich an etw. (*acc.*) wieder erinnern.

ressuer [rə'sɥe] (1a) *v/i. Mauer:* schwitzen; *v/t.* ⊕ ausschmelzen.

ressusciter [resysi'te] (1a) *v/t.* wieder auferwecken; *fig.* wieder aufrütteln; neu beleben; *v/i. rl.* auferstehen.

restant, -e [rɛs'tɑ̃, ~'tɑ̃:t] **1.** *adj.* restlich; ⚖ *poste* f ~e postlagernd; **2.** *m* Rest *m.*

restaur|ant [rɛstɔ'rɑ̃] *m* Restaurant *n;* ~ *libre-service* Selbstbedienungsrestaurant *n;* ~ *universitaire* Mensa *f;* **~ateur, -rice** [~ra'tœ:r, ~'tris] *su.* **1.** (Gast-)Wirt(in *f*) *m;* **2.** Restaurator(in *f*) *m v. Kunstwerken;* **~ation** [~ra'sjɔ̃] *f* Restaurierung *f;* Wiederherstellung *f; fin.* Sanierung *f;* ⚖ *hist.* Restauration *f;* **~er** [~'re] *v/t.* (1a) ⚓, *peint.* restaurieren; wiederherstellen; *pol.* wiedereinführen; se ~ sich stärken.

restauroute [rɛstɔ'rut] *m* s. *restoroute.*

rest|e [rɛst] *m* Rest *m;* Übrige(s) *n;* Überbleibsel *n;* du ~ (*st.s. au* ~) übrigens; *de* ~ mehr als nötig; *être en* ~ im Rückstand sein (*avec q.* bei j-m); *abs.* nachstehen; **~er** [~'te] *v/i.* (1a) (übrig-, zurück-, ver-)bleiben; F wohnen; *il restait devoir mille francs* er blieb noch tausend Franc schuldig; ~ *sur son appétit,* ~ *sur sa faim* hungrig bleiben; *fig.* nicht auf s-e Kosten kommen.

restitu|able [rɛsti'tɥablə] *adj.* zurückzugeben(d); **~er** [~'tɥe] *v/t.* (1a) zurückgeben; (zurück)erstatten; *litt.* wiederherstellen; *phot.* auswerten; **~tion** [~ty'sjɔ̃] *f* Rück-gabe *f,* -zahlung *f; litt.* Wiederherstellung *f.*

restoroute [rɛstɔ'rut] *m* Raststätte *f* *an e-r Autostraße.*

restreindre [rɛs'trɛ̃:drə] *v/t.* (4b) be-, ein-schränken; se ~ sich einschränken.

restrict|if, -ve [rɛstrik'tif, ~'ti:v] *adj.* einschränkend; **~ion** [~k'sjɔ̃] *f* Ein-

retouche

schränkung f; *sans* ~ vorbehaltlos; *fig.* ~ *mentale* stillschweigender Vorbehalt m.

restructurer [rɛstrykty're] v/t. (1a) umstrukturieren.

résult|ante [rezyl'tãːt] f Folge f; *phys.* Resultante f; **~at** [~'ta] m Resultat n, Ergebnis n; **~er** [~'te] v/i. (1a) sich ergeben, resultieren, folgen (*de* aus *dat.*).

résum|é [rezy'me] m Zs.-fassung f; *écol.* ~ *écrit* Protokoll n *e-r* Stunde; *en* ~ zs.-fassend, kurz; **~er** [~] v/t. (1a) kurz zs.-fassen.

résurgence [rezyr'ʒãːs] f *géol.* Wiederzutagetreten n *e-r* Quelle; *fig.* Wiederauftreten n.

résurrection [rezyrɛk'sjõ] f Auferstehung f; *fig.* Wiederaufleben n.

retable △ [rə'tabl] m Altaraufsatz m.

rétabl|ir [reta'bliːr] v/t. (2a) wiedereinrichten, -einsetzen, -herstellen (a. ✗); **~issement** [~blis'mã] m Wiederherstellung f usw.; *gym.* ~ *sur les bras* (*od. sur les poignets*) Streckstütz m.

rétam|é, -e F [reta'me] *adj.* total besoffen; körperlich fertig, völlig kaputt; **~er** [~] v/t. (1a) wieder verzinnen; F total besoffen machen; völlig fertigmachen.

retaper F [rətaˈpe] v/t. (1a) reparieren, wieder zurechtmachen, wieder auffrischen; umarbeiten; *Hut* aufbügeln; *Nagel* wieder festklopfen; *auf der Schreibmaschine* noch einmal abtippen; ✗, *allg. j-n* wieder hochbringen; * *od.* durchfallen lassen; * erneut anpumpen; ✗ *se* ~ sich wieder hochrappeln.

retard [rə'taːr] m Verspätung f; ✝ Verzug m; Aufschub m, Verzögerung f; Retardierwerk n (*e-r* Uhr); *écol.* Versäumte(s) n; *arriver en* ~ zu spät ankommen; *être en* ~ zu spät kommen; im Rückstand sein; *Uhr:* nachgehen; *ma montre est en* ~ *de cinq minutes* meine Uhr geht fünf Minuten nach.

retard|ataire [rətarda'tɛːr] **1.** *adj.* verspätet; rückständig; säumig; **2.** *su.* Nachzügler(in*f*) m; **~ateur, -rice** [~'tœːr, ~'tris] *adj. phys.* verzögernd; ✗ hinhaltend; **~é, -e** *psych.* [~'de] **1.** *adj.* zurückgeblieben; **2.** *su.* Spätentwickler m; **~ement** [~də'mã] m *nur noch in:* *à* ~ ✗ mit Zeitzünder; *fig.* erst nachträglich; **~er** [~'de] (1a) v/t.

aufhalten, verzögern; *Uhr* zurückstellen; v/i. *Uhr:* nachgehen (*de* um).

retéléphoner F *téléph.* [rətelefo'ne] v/i. (1a) zurückrufen.

retenir [rət'niːr] v/t. (2h) zurück-, an-, auf-halten; zurückbehalten; sich merken, (im Gedächtnis) behalten; *Strahlen* abhalten; abziehen (*v. e-m Betrag*); *Plätze usw.* reservieren, belegen; *se* ~ sich festhalten (*à* an *dat.*); plötzlich stehenbleiben; sich beherrschen.

retent|ir [rətã'tiːr] v/i. (2a) widerhallen; ertönen; **~issement** [~tis'mã] m Widerhall m; *fig.* Aufsehen n.

retenu, -e [rət'ny] *adj.* vorbestellt, reserviert; *Stimme:* gedämpft; zurückhaltend; **~e** [~] f Abzug m vom Gehalt; *écol.* Nachsitzen n; ~ *d'eaux* Stausee m.

réticence [reti'sãːs] f **1.** Verschweigung f; **2.** *oft* ~*s pl.* Zögern n, Zurückhaltung f.

réticul|e [reti'kyl] m *phot.* Fadenkreuz n; Handtasche f; **~é, -e** [~'le] *adj.* netzförmig.

rétif, -ve [reˈtif, ~ˈtiːv] *adj.* störrisch.

rétin|e *anat.* [re'tin] f Netzhaut f; **~ite** ✗ [~'nit] f Netzhautentzündung f.

retir|é, -e [rəti're] *adj.* abgelegen, einsam; *vivre* ~ ein zurückgezogenes Leben führen; **~er** [~] v/t. (1a) zurück-, heraus-ziehen; entziehen, *Lästiges* wegnehmen; *Ruhm usw.* ernten; *Pfand* einlösen; *Geld* abheben; *Kleider* ausziehen; *Hut* abnehmen; ~ *sa pipe de la bouche* die Pfeife aus dem Mund nehmen; ~ *de la circulation* aus dem Verkehr ziehen; *se* ~ sich zurückziehen; *Stoff:* einlaufen.

retomb|ée [rətõ'be] f **1.** △ Gewölbeanfänger m; **2.** *fig.* Folge f, Auswirkung f; **3.** *fig. pol.* Nachlassen n; **4.** *at.* ~*s pl. nucléaires* radioaktiver Ausfall m; **~er** [~] v/i. (1a) wieder fallen; zurückfallen.

retordre [rə'tɔrdrə] v/t. (4a) wieder auswringen; ⊕ zwirnen; *fig. donner du fil à* ~ *à q.* j-m viel zu schaffen machen.

rétorquer [retɔr'ke] v/t. (1m) erwidern.

retors, -e [rə'tɔːr, ~'tɔrs] **1.** *adj.* gezwirnt; *fig.* geschraubt; *fig.* gerissen; *fil m* ~ Zwirn m; **2.** *m fig.* Schlauberger m.

retouch|e ⊕ [rə'tuʃ] f Retuschierung

f; Überarbeitung *f*; **~er** [~'∫e] *v/t.* (1a) retuschieren; überarbeiten.

retour [rə'tu:r] *m* Rück-fahrt *f*, -flug *m*, -kehr *f*, -reise *f*; ⊕, *cin.* Rücklauf *m*; † Rücksendung *f*; ♙ Vorsprung *m*; *fig.* Wiederkehr *f*; ♉ port *m* de ~ Rückporto *n*; † frais *m/pl.* de ~ Rückfrachtkosten *pl.*; ⚓ fret *m* de ~ Rückfracht *f*; ✈ vol *m* (de) ~ Rückflug *m*; être de ~ zurück(gekehrt) sein; *sans* ~ unwiederbringlich; être sur le ~ im Aufbruch begriffen sein; *fig.* altern; en ~ dafür, dagegen; ♂ d'âge Wechseljahre *n/pl.*; *Auto:* ~ à l'allumage Spätzündung *f*.

retournement [rəturnə'mã] *m* Wandel *m* (*a. cin.*).

retourner [rətur'ne] (1a) *v/i.* zurückkehren; ~ à son travail die Arbeit wiederaufnehmen; *v/t.* umkehren, umwenden; zurücksenden; *Karte* auf-, um-schlagen; ✔ umgraben, umpflügen; F *j-n* rumkriegen; se ~ sich umdrehen; sich wenden; F sich durch-winden, -helfen; *Auto:* sich überschlagen; s'en ~ wieder umkehren; wieder weggehen.

retracer [rətra'se] *v/t.* (1k) nochmals zeichnen; *fig.* schildern.

rétract|er [retrak'te] *v/t.* (1a) zurück-, ein-ziehen; *fig.* widerrufen; se ~ sein Wort zurücknehmen; *fig.* umfallen; ♂ sich verkürzen; **~ile** [~'til] *adj.* zurück-, zs.-, ein-ziehbar; **~ion** ♂ [~k'sjɔ̃] *f* Zs.-ciehung *f*.

retraduire [rətra'dɥi:r] *v/t.* (4c) rückübersetzen.

retrait [rə'trɛ] *m* Zs.-ziehen *n*, Zs.-schrumpfen *n*; ⊕ Schrumpfung *f*; *fin.* Abhebung *f*; ♉ Abholung *f*; ⚓ Abnahme *f* der Fahrkarten; ✕ Abzug *m*; *fig.* Ausscheiden *n*; ~ du permis de conduire Entzug *m* des Führerscheins; ♙ en ~ zurückspringend.

retrait|e [rə'trɛt] *f* 1. ✕ Rückzug *m*; 2. ✕ Zapfenstreich *m* nach e-m Manöver; ~ aux flambeaux Fackelzug *m*; 3. *ch.* Rückkehr *f*; Abblasen *n*; 4. *rl. usw.* Zurückgezogenheit *f*; 5. Ruhestand *m*; (Alters-)Rente *f*, Ruhegeld *n*, Pension *f*; en ~ pensioniert; mettre à la ~ in den Ruhestand versetzen; partir en ~ in Pension gehen; prendre sa ~ in den Ruhestand treten; 6. † Rückwechsel *m*; **~é, -e** [~'te] 1. *adj.* im Ruhestand; pensioniert; 2. *su.* Rentner(in *f*) *m*; *Beamte:* Pensionär(in *f*) *m*, Ruheständler(in *f*) *m*;

~ement *at.* [~t'mã] *m* Wiederaufbereitung *f*.

retranch|ement ✕ [rətrã∫'mã] *m* Verschanzung *f*; **~er** [~'∫e] *v/t.* (1a) Überflüssiges streichen; *etw.* von e-m Betrag abziehen; *fig.* abschaffen, ausmerzen; *fig.* se ~ derrière qch. sich hinter etw. (*dat.*) verschanzen.

retransmettre *rad.*, *télév.* [rətrãs'mɛtrə] *v/t.* (4p) *Veranstaltung* übertragen.

retravailler [rətrava'je] (1a) *v/t.* wieder bearbeiten; *v/i.* wieder arbeiten.

rétréc|ir [retre'si:r] (2a) *v/t.* enger machen, verengern; *fig.* einengen, beschränken; *v/i.* enger werden; *Stoff:* einlaufen; se ~ *Straße:* enger werden; sich verjüngen; **~issement** [~sis'mã] *m* Verengung *f*; *text.* Einlaufen *n*.

retremper [rətrã'pe] *v/t.* (1a) wieder eintauchen; *Stahl* wieder härten; *fig.* mit neuer Energie laden; se ~ *fig.* neue Kraft schöpfen.

rétrib|uer [retri'bɥe] *v/t.* (1a) entlohnen, bezahlen; **~ution** [~by'sjɔ̃] *f* Vergütung *f*, Bezahlung *f*.

rétro [re'tro] 1. *adj.* (*inv.*) nostalgisch; mode *f* ~ Nostalgiemode *f*; vague *f* ~ Nostalgiewelle *f*; 2. *f* = mode ~; 3. *m* Nostalgie *f*; P *Auto:* Rückspiegel *m*.

rétro|actif, -ve [retroak'tif, ~'ti:v] *adj.* rückwirkend; effet *m* ~ rückwirkende Kraft *f*; **~céder** ↄↄ [~se'de] *v/t.* (1f) wieder abtreten; **~fusée** [~fy'ze] *f* *Raumfahrt:* Bremsrakete *f*; **~grade** [~'grad] *adj. ast.* rückläufig; *fig.* rückschrittlich; **~grader** [~'de] (1a) *v/i.* zurück-gehen, -weichen; *Auto:* zurückschalten; *fig.* zurück-bleiben, -gehen; *v/t.* zurückstufen; **~pédalage** *vél.* [~peda'la:ʒ] *m* Rücktritt *m*; **~spectif, -ve** [~spɛk'tif, ~'ti:v] *adj.* rückblickend; coup *m* d'œil ~ Rückblick *m*; **~spective** [~'ti:v] *f* Rückblick *m*; *cin.*, *Ausstellung:* Retrospektive *f*.

retrouss|é, -e [rətru'se] *adj. Ärmel:* aufgekrempelt; *Rock:* geschürzt; nez *m* ~ Stupsnase *f*; **~er** [~] *v/t.* (1a) *Ärmel* aufkrempeln (*a. fig.*); *Rock* schürzen, (hoch)raffen; *Haar* hochkämmen; hochstreifen; *Schnurrbart* nach oben streichen.

retrouv|ailles [rətru'va:j] *f/pl.* Wiedersehen *n*; **~er** [~'ve] *v/t.* (1a) wiederfinden; se ~ *a.* sich wieder einfinden.

rétro|version [retrɔvɛr'sjõ] f Rück-übersetzung f; & Retroversion f, Rückwärtsneigung f der Gebärmutter; **~viseur** Auto [~vi'zœ:r] m Rückspiegel m.

rets [rɛ] m Netz n.

réun|ification pol. [reynifika'sjõ] f Wiedervereinigung f; **~ifier** pol. [~'fje] v/t. (1a) wiedervereinigen; **~ion** [~'njõ] f (Wieder-)Vereinigung f; Wiederzusammenführung f v. Familien; Versammlung f, Zs.-kunft f, Sitzung f; **~ionite** péj. [~njo'nit] f Versammlungssucht f; **~ir** [~'ni:r] v/t. (2a) (wieder)vereinigen.

réussi, -e [rey'si] adj. gelungen; **~ir** [~'si:r] (2a) v/i. Erfolg (od. Glück) haben; &, Kind: gedeihen; Sache: glücken; & Arznei, Klima: gut bekommen; je réussis à faire qch. es gelingt (od. glückt) mir, etw. zu tun; ~ à un examen e-e Prüfung bestehen; v/t. mit Erfolg zustande bringen; Prüfung bestehen; il a réussi son coup die Sache ist ihm geglückt; elle a réussi ce tableau dieses Bild ist ihr gut gelungen; **~ite** [~'sit] f Erfolg m.

réutilisation [reytiliza'sjõ] f Wiederverwertung f, -verwendung f; ~ des déchets Abfallverwertung f.

revacciner [rəvaksi'ne] v/t. (1a) wieder impfen.

reval|oir [rəva'lwa:r] v/t. (3h): ~ qch. à q. a) j-m etw. heimzahlen (als Rache); b) sich bei j-m für etw. erkenntlich zeigen; **~orisation** [~ɔriza'sjõ] f Aufwertung f; Aufbesserung f der Gehälter; Anpassung f der Renten; **~oriser** [~'ze] v/t. (1a) aufwerten.

revanch|ard, -e pol. [rəvã'ʃa:r, ~'ʃard] 1. adj. revanchistisch; 2. su. Revanchist(in f) m; **~e** [~'vã:ʃ] f Vergeltung f; Sport, Spiel: Revanche f; en ~ dafür; dagegen; prendre sa ~ sich rächen (de qch. sur q. für etw. an j-m); sich revanchieren (für etw. Gutes); Sport: Revanche nehmen; à charge de ~ bei entsprechender Gegenleistung; nur wenn man sich revanchieren kann.

rêvass|er [rɛva'se] v/i. (1a) vor sich hin träumen; **~erie** [~s'ri] f Dösen n; Hirngespinst n; **~eur, -se** [~'sœ:r, ~'sø:z] su. verträumter Mensch m.

rêve [rɛ:v] m Traum m; faire un ~ e-n Traum haben.

revêche [rə'vɛʃ] adj. barsch, un-freundlich, abweisend.

réveil [re'vɛj] m Erwachen n; Wecker m (Uhr); X Wecken n; ~ à pile Batteriewecker m.

réveill|er [reve'je] v/t. (1a) (auf-)wecken; fig. wieder beweglich machen; anregen; wieder hervorrufen; se ~ aufwachen; **~on** [~'jõ] m Festessen n (bsd. in der Weihnachts- od. Silvesternacht); **~onner, -se** [~jo-'nœr, ~'nø:z] su. Weihnachts-, Neujahrs-gast m.

révél|ateur, -rice [revela'tœ:r, ~'tris] 1. adj. aufschlußreich; 2. m phot. Entwickler m; **~ation** [~la'sjõ] f Enthüllung f; rl. Offenbarung f; **~er** [~'le] v/t. (1f) enthüllen, entdecken; verraten; rl. offenbaren; phot. entwickeln; se ~ sich als etw. erweisen.

revenant [rəv'nã] m Gespenst n; il y a des ~s es spukt; **~-bon** [~'bõ] m (pl. revenants-bons) Nebengewinn m.

revend|eur, -se [rəvã'dœ:r, ~'dø:z] su. Wiederverkäufer(in f) m; **~icatif, -ve** [~dika'tif, ~'ti:v] adj. fordernd; journée f revendicative Streiktag m wegen Lohnforderungen; **~ication** [~ka'sjõ] f Anspruch m; (Lohn-)Forderung f; **~iquer** [~'ke] v/t. (1m) in Anspruch nehmen; fordern; ~ un crime die Verantwortung für ein Verbrechen übernehmen; **~re** [~'vã:dr] v/t. (4a) weiterverkaufen; wieder verkaufen; avoir de qch. à ~ etw. im Überfluß haben; F en ~ à q. j-n übers Ohr hauen.

revente [rə'vã:t] f Wiederverkauf m.

reven|u [rəv'ny] m Einkommen n; Einkünfte pl.; **~ue** [~] f Zurückkommen n; for. Nachwuchs m; ch. Heraustreten n des Wildes.

rêver [rɛ've] (1a) v/i. träumen; phantasieren; F spinnen; ~ à qch. über etw. (acc.) nachdenken; ~ de träumen von (dat.); v/t. träumen; sich erträumen.

réverb|ère [revɛr'bɛːr] m 1. Reflektor m, Hohlspiegel m; 2. Straßenlampe f; **~érer** [~be're] v/t. (1f) zurückstrahlen.

reverdir [rəvɛr'diːr] v/i. (2a) wieder grün werden.

révérenc|e [reve'rãːs] f Ehrerbietung f; Verbeugung f; Knicks m; **~iel, -le** [~rã'sjɛl] adj. ehrfurchtsvoll; **~ieux, -se** [~'sjø, ~'sjøːz] adj. ehrerbietig.

révérend, -e [reve'rã, ~'rãːd] adj. ehrwürdig; **~issime** [~rãdi'sim] adj. hochwürdigst.

révérer [reve're] v/t. (1f) verehren.

rêverie [rɛv'ri] f Träumerei f; péj. Phantasterei f.

revers [rə'vɛːr] m Kehr-, Rück-seite f; cout. Umschlag m; Stulpe f am Stiefel; fig. Schicksalsschlag m, Umschwung m; ~ de l'enveloppe Briefklappe f; ✗ à ~ von hinten; **~ement** [~vɛrsə'mã] m Übertragung f; ✗ Über-tragung f; **~er** [~'se] v/t. (1a) (wieder) eingießen; zurückgießen; fin. übertragen; ~ dans la caisse wieder in die Kasse zurückfließen lassen.

revers|ible [revɛr'siblə] adj. 🕮 umkehrbar; übertragbar; ⊕ umsteuerbar, auswechselbar; **~ion** [~'sjõ] f 🕮 Übertragung f; biol. Rückschlag m.

revêt|ement Δ [rəvɛt'mã] m Verkleidung f, Belag m; Mauermantel m; Stützmauer f e-r Böschung od. Terrasse; ~ du sol Fußbodenbelag m; **~ir** [~'tiːr] v/t. (2g) bekleiden (de mit dat.); etw. od. j-n anziehen; versehen (qch. de qch. etw. mit etw.); Δ Wand verkleiden; Fußboden belegen.

rêveur, -se [rɛ'vœːr, ~'vøːz] 1. adj. träumerisch; 2. su. Träumer(in f) m.

revient ✝ [rə'vjã] m: prix m de ~ Selbstkostenpreis m.

revigorer [rəvigɔ're] v/t. (1a) wieder kräftigen.

revirement [rəvir'mã] m Wenden n e-s Schiffes od. Autos; fig. Wendung f, Umschwung m.

révis|er [revi'ze] v/t. (1a) (wieder) durchsehen, revidieren; ⊕, Auto: überholen; **~eur** [~'zœːr] m Revisor m, Überprüfer m; **~ion** [~'zjõ] f (nochmalige) Durchsicht f, Revision f, letzte Korrektur f; Auto: Überprüfung f; 🕮 Wiederaufnahmeverfahren n; ✗ Musterung f; **~ionnisme** pol. [~zjɔ'nism] m Revi-

sionismus m; **~ionniste** pol. [~'nist] 1: adj. revisionistisch; 2. su. Revisionist(in f) m.

revitalisation éc. [rəvitaliza'sjõ] f Wiederbelebung f.

revitalion ... *(entry appears as)* **revitalisation** ...

revivifier [rəvivi'fje] v/t. (1a) wiederbeleben; neu beleben.

revivre [rə'viːvrə] (4e) v/i. fig. wiederaufleben; weiterleben; v/t. noch einmal erleben.

révoc|able [revɔ'kablə] adj. widerruflich; Beamte: absetzbar; **~ation** [~ka'sjõ] f Aufhebung f, Widerruf m; Absetzung f.

revoi|ci [rəvwa'si] adv.: me ~ hier bin ich wieder; **~là** [~'la] adv.: le ~ malade da ist er wieder krank.

revoir [rə'vwaːr] v/t. (3b) wiedersehen; fig. noch einmal prüfen (od. durchsehen); au ~! auf Wiedersehen!; téléph. auf Wiederhören!

révolt|ant, -e [revɔl'tã, ~'tãːt] adj. empörend; **~e** [~'vɔlt] f Empörung f; **~é, -e** [~'te] 1. adj. aufständisch; 2. su. Aufständische(r) m; **~er** [~] v/t. (1a) aufwiegeln; fig. empören; se ~ sich empören.

révolu, -e [revɔ'ly] adj. vollendet; cent ans ~s volle hundert Jahre; **~tion** [~'sjõ] f Revolution f; Umdrehung f; Umlauf (zeit f) m der Planeten; ~ des saisons Jahreszeitenwechsel m; **~tionnaire** [~sjɔ'nɛːr] 1. adj. revolutionär; aufrührerisch; 2. su. Revolutionär(in f) m; **~tionner** [~sjɔ'ne] v/t. (1a) aufwiegeln; revolutionieren; fig. umwälzen.

revolver [revɔl'vɛːr] m Revolver m.

révoquer [revɔ'ke] v/t. (1m) absetzen; widerrufen; ~ en doute anzweifeln.

revu|e [rə'vy] f genaue Durchsicht f; ✗ Truppenschau f; Zeitschrift f; thé. Revue f; ~ spéciale (od. professionnelle) Fachzeitschrift f; ~ de(s) modes Modenschau f; F nous sommes gens de ~ wir sehen uns wieder; passer en ~ besichtigen; die Parade (mit gén.) abnehmen; **~iste** thé. [~'vɥist] su. Verfasser(in f) m e-r Revue.

révuls|er [revyl'se] v/t. (1a) ableiten; **~if, -ve** 🕮 [~'sif, ~'siːv] 1. adj. ableitend; 2. su. ableitendes Mittel n.

rez-de-chaussée [redʃo'se] m (inv.) Erdgeschoß n; Parterre(wohnung f) n; ~ surélevé Hochparterre n.

rhabiller [rabi'je] v/t. (1a) neu einkleiden; Uhr reparieren; Δ um-

rigidité

bauen; *fig.* erneuern; se ~ sich wieder anziehen.

rhénan, -e [re'nɑ̃, ~'nan] *adj.* rheinisch.

rhéostat ⚡ [reɔ'sta] *m* Rheostat *m*.

rhétor|icien, -ne [retɔri'sjɛ̃, ~'sjɛn] *su.* Rhetoriker(in *f*) *m*; *péj.* Phrasendrescher(in *f*) *m*; **~ique** [~'rik] *f* Rhetorik *f*, Redekunst *f*.

rhino|céros *zo.* [rinɔse'rɔs] *m* Nashorn *n*, Rhinozeros *n*; **~plastie** *chir.* [~plas'ti] *f* Nasenplastik *f*; **~scopie** 🏥 [~skɔ'pi] *f* Nasenspiegelung *f*.

rhizome 🌿 [ri'zo:m] *m* Wurzelstock *m*.

rhodanien, -ne [rɔda'njɛ̃, ~'njɛn] *adj.* Rhone...

rhombique [rɔ̃'bik] *adj.* rhombisch.

rhubarbe 🌿 [ry'barb] *f* Rhabarber *m*.

rhum [rɔm] *m* Rum *m*.

rhumat|isant, -e 🏥 [rymati'zɑ̃, ~'zɑ̃:t] **1.** *adj.* an Rheuma leidend; **2.** *su.* Rheumatiker(in *f*) *m*; **~ismal, -e** 🏥 [~tis'mal] *adj.* (*m*/*pl.* -aux) rheumatisch; **~isme** 🏥 [~'tism] *m* Rheuma *n*, Rheumatismus *m*.

rhumb ⚓ [rɔ̃:b] *m* Strich *m* (der Kompaßrose).

rhume [rym] *m* Katarrh *m*; *weitS.* Erkältung *f*; ~ *de cerveau* Schnupfen *m*; ~ *des foins* Heuschnupfen *m*; ~ *de poitrine* Bronchialkatarrh *m*.

ri [ri] *p.p. von* rire.

riant, -e [rjɑ̃, rjɑ̃:t] *adj.* strahlend; lieblich.

ribambelle F [ribɑ̃'bɛl] *f* Schwarm *m*.

riblette *cuis.* [ri'blɛt] *f* dünne, geröstete Scheibe *f* Fleisch.

ribote P [ri'bɔt] *f* Sauferei *f*; Fresserei *f*; *faire* ~ sich besaufen; *être en* ~ besoffen sein.

ribouis P [ri'bwi] *m* Latschen *m*, Treter *m* (*Schuh*).

ribouldingue F [ribul'dɛ̃:g] *f* Prasserei *f*; Sauferei *f*.

Ricain P [ri'kɛ̃] *m* = *Américain*.

ricaner [rika'ne] *v/i.* (1a) grinsen; **~eur, -se** [~'nœ:r, ~'nø:z] *adj.* grinsend.

ric-à-rac F [rika'rak] *adv.* auf Heller und Pfennig.

richard, -e F *péj.* [ri'ʃa:r, ~'ʃard] *su.* schwerreicher Mann *m*, schwerreiche Frau *f*.

rich|e [riʃ] **1.** *adj.* reich; **2.** *m* Reiche(r) *m*; **~ement** [~ʃ'mɑ̃] *adv.* reich(lich); (sehr) gut; **~esse** [~'ʃɛs] *f* Reichtum

m; Ergiebigkeit *f*; Kostbarkeit *f*, Pracht *f*; ⚒ ~*s pl. du sous-sol* Bodenschätze *m*/*pl.*; **~issime** F [~ʃi'sim] *adj.* steinreich.

ricin 🌿 [ri'sɛ̃] *m* Rizinus *m*.

ricoch|er [rikɔ'ʃe] *v/i.* (1a) auf-, abprallen; **~et** [~'ʃɛ] *m* Abprall *m* *e-s Steines auf dem Wasser*; *fig.* Rückwirkung *f*; ✕ Querschläger *m*; *faire un* ~ *Geschoß*: abprallen; *fig. par* ~ indirekt.

rictus [rik'tys] *m* Grinsen *n*.

rid|e [rid] *f* Runzel *f*; Falte *f*; **~eau** [~'do] *m* (*pl.* -x) Vorhang *m*; Gardine *f*; ~ *de fer thé.* eiserner (*pol.* Eiserner) Vorhang *m*; Eisengitter *n* *vor e-m Schaufenster*; *thé.* ~ *de manœuvre* Zwischenvorhang *m*; ✕ ~ *de vue* Sichtblende *f*; ★ *faire* ~, *passer au* ~ leer ausgehen; **~elle** [~'dɛl] *f* Wagenleiter *f*; **~er** [~'de] *v/t.* (1a) runzeln, in Falten ziehen; *fig.* kräuseln.

ridicul|e [ridi'kyl] **1.** *adj.* lächerlich; **2.** *m* Lächerliche(s) *n*; Lächerlichkeit *f*; *tourner en* ~ lächerlich machen; **~iser** [~li'ze] *v/t.* (1a) lächerlich machen.

rien [rjɛ̃] **1.** *pr/ind.*: (*ne* ...) ~ nichts; *in Sätzen negativen Inhalts*: etwas; *de* ~! keine Ursache!; *homme m de* ~ hergelaufener Kerl *m*; Null *f* (*péj.*); *en moins de* ~ im Nu; *en* ~ keineswegs; *pour* ~ unentgeltlich, umsonst; (*ne* ...) ~ *moins que* nichts weniger als, durchaus nicht; (*ne* ...) ~ *de moins que* nichts Geringeres als; ~ *du tout* gar nichts; *compter pour* ~ gar nicht zählen; *n'être pour* ~ *dans une affaire* in e-r Sache nichts zu tun haben; *il ne dit jamais* ~ er sagt niemals etwas; *sans* ~ *dire* ohne etwas zu sagen; *ce n'est* ~ es ist nicht schlimm, macht nichts; **2.** *m* Nichts *n*, Lappalie *f*; *des* ~*s* Nichtigkeiten *f*/*pl.*; F *un* ~ *fâché* ein kleines bißchen beleidigt.

rieur, -se [rjœ:r, rjø:z] **1.** *adj.* fröhlich; **2.** *su.* Lacher(in *f*) *m*.

rif ★ [rif] *m* Feuer *n*; Streit *m*.

rififi ★ [rifi'fi] *m* Schlägerei *f*.

riflard F [ri'fla:r] *m* Mußspritze *f* (*Regenschirm*).

rifl|er [ri'fle] *v/t.* (1a) ⊕ *Holz* hobeln; *Metall* feilen; P klauen; **~ette** [~'flɛt] *f* P Krieg *m*; **2.** *adj.* ★ schick; **~o(t)** ★ [~'flo] *adj.* schick, piekfein; reich.

rigid|e [ri'ʒid] *adj.* starr; streng; **~ité**

[∼di⁺te] f Starrheit f, Steifheit f; fig. Strenge f.

rigol|ade F [rigɔ'lad] f Scherz m, Ulk m, Spaß m; Jux m; enfilé à la ∼ liederlich gekleidet; prendre à la ∼ scherzhaft auffassen; **∼age** ✔ [∼'la:ʒ] m Ableiten n des Wassers durch Rinnen; Furchenziehen n; **∼ard, -e** F [∼'la:r, ∼'lard] 1. adj. ulkig; 2. su. Spaßvogel m; **∼e** [∼'gɔl] f Rinne f; ✔ Rigole f; **∼er** [∼'le] (1a) 1. v/i. F Spaß machen; tu rigoles! da machst wohl Witze!; 2. v/t. ✔ rigolen, mit Rinnen durchziehen; **∼euse** ✔ [∼'lø:z] f Rigolpflug m; **∼o, -te** [∼'lo, ∼'lɔt] 1. adj. F drollig, zum Piepen; 2. su. F Spaßvogel m; 3. m * Revolver m, Kanone f F.

rigor|isme [rigɔ'rism] m Sitten-, Glaubens-, Prinzipien-strenge f; **∼iste** [∼'rist] 1. adj. sittenstreng; 2. su. Rigorist m, strenger Verfechter m von Grundsätzen.

rigoureux, -se [rigu'rø, ∼'rø:z] adj. streng; unerbittlich; rigoros; hart, rauh; fig. peinlich genau, streng.

rigueur [ri'gœ:r] f Strenge f, Härte f; große Genauigkeit f; strenge Befolgung f; à la ∼ notfalls; de ∼ unerläßlich; vorgeschrieben; délai m (od. terme m) de ∼ äußerster Termin m.

rillettes [ri'jɛt] f/pl., F **rillette** [∼] f/sg. Schmalzfleisch n in Dosen.

rillons cuis. [ri'jõ] m/pl. Grieben f/pl.

rim|e [rim] f Reim m; zs. Verse m/pl.; **∼er** [∼'me] (1a) v/t. in Reime bringen; v/i. (sich) reimen; fig. zs.-passen; ne ∼ à rien keinen Sinn haben, zwecklos sein; à quoi ce a rime-t-il? was hat das für e-n Sinn?; **∼eur** péj. [∼'mœ:r] m Dichterling m.

rimmel [ri'mɛl] m Wimperntusche f.

rinçage [rɛ̃'sa:ʒ] m Spülen n.

rince|-bouteilles [rɛ̃sbu'tɛj] m (inv.) Flaschenspülmaschine f; **∼-doigts** [∼'dwa] m (inv.) Spülnäpfchen n (zum Fingerreinigen).

rinc|ée F [rɛ̃'se] f Regenguß m; **∼er** [∼] v/t. (1k) (aus-, ab-)spülen; P verprügeln; ✔ beim Spiel ausnehmen; P se ∼ la dalle e-n heben; se ∼ l'œil Stielaugen machen, sich die Augen ausgucken.

rinçure [rɛ̃'sy:r] f schlechter Wein F.

ring [riŋ] m Boxen: Ring m.

ripaille F [ri'pa:j] f Schlemmerei f; **∼er** [∼pɑ'je] v/i. (1a) schlemmen.

ripaton P [ripa'tõ] m Flosse f P, Fuß m.

riper [ri'pe] v/i. (1a) rutschen.

ripoliner [ripɔli'ne] v/t. (1a) mit Lackfarbe streichen.

ripost|e [ri'pɔst] f schlagfertige Antwort f; esc. Gegenstoß m; ✗ u. fig. Gegenangriff m; **∼er** [∼'te] v/i. (1a) schlagfertig antworten; esc. parieren und nachstoßen; ✗ u. fig. ∼ à une attaque zurückschlagen.

riquiqui F [riki'ki] adj. (inv.) winzig; armselig; wertlos.

rire [ri:r] 1. v/i. (4r) lachen (de über acc.); ∼ aux éclats, ∼ à gorge déployée laut auflachen; ∼ au nez de q. j-m ins Gesicht lachen; ∼ jaune nur gezwungen lachen; c'est à mourir de ∼ es ist zum Totlachen; c'est pour ∼ es ist nur Scherz; ∼ de q. (de qch.) sich über j-n (etw.) lustig machen; ∼ des difficultés die Schwierigkeiten spielend überwinden; 2. m Lachen n, Gelächter n; fou ∼ unbändiges Gelächter n; éclater de ∼ in Gelächter ausbrechen.

ris [ri] m 1. cuis. ∼ de veau Kalbsmilch f; 2. ⚓ Reff n.

risée [ri'ze] f 1. allgemeines Gelächter n; Gespött n; 2. ⚓ Windstoß m.

risette [ri'zɛt] f freundliches (F gezwungenes) Lächeln n; faire ∼ à q. j-m zulächeln.

risible [ri'zibla] adj. lächerlich; ulkig.

risqu|e [risk] m Gefahr f, Wagnis n; à tout ∼ aufs Geratewohl, auf alle Fälle; ✝ à ses ∼s et périls auf eigene Gefahr; au ∼ de (inf.) auf die Gefahr hin zu (inf.); **∼é, -e** [∼'ke] adj. riskant; **∼er** [∼] v/t. (1m) riskieren, wagen; ∼ de (inf.) Gefahr laufen zu (inf.).

risque-tout [riskə'tu] m (inv.) Draufgänger m.

rissol|e cuis. [ri'sɔl] f Art Fleischpastete f; **∼er** [∼'le] v/t. (1a) cuis. braun braten (od. backen); Sonne: bräunen.

ristourn|e ✝ [ris'turn] f Rückvergütung f; Preisnachlaß m; **∼er** ✝ [∼'ne] v/t. (1a) rückvergüten.

rite [rit] m Ritus m.

ritournelle [ritur'nɛl] f ♪ Ritornell n; fig. die alte Leier.

rituel, -le [ri'tɥɛl] 1. adj. rituell; 2. m Ritual n.

rivage [ri'va:ʒ] m (Meeres-)Strand m.

rival, -e [ri'val] (m/pl. -aux) 1. adj. rivalisierend; wetteifernd; 2. su.

Nebenbuhler(in f) m; Rivale m, Rivalin f; **~iser** [~li'ze] v/i. (1a) rivalisieren, wetteifern (avec q. de qch. mit j-m in etw. dat.); **~ité** [~'te] f Rivalität f; Wettstreit m.

rive [ri:v] f Ufer n.

river [ri've] v/t. (1a) vernieten.

riverain, -e [riv'rɛ̃, ~'rɛn] 1. adj. Ufer...; Grenz...; 2. su. Uferbewohner(in f) m; Anlieger(in f) m.

rivet ⊕ [ri've] m Niet m, Niete f.

rivière [ri'vjɛ:r] f Fluß m; fig. ~ de diamants Diamantenkollier n.

rixe [riks] f Schlägerei f.

riz [ri] m Reis m; **~ière** [~'zjɛ:r] f Reisfeld n.

robe [rɔb] f Kleid n; ⚖ Robe f; Talar m; biol. Hülse f, Haut f, Schale f; Deckblatt n e-r Zigarre; Fell n e-s Tieres; ~ du soir Abendkleid n; ~ bain-de-soleil Strandkleid n; ~ chemisier Hemdblusenkleid n; ~ de chambre Schlafrock m; pommes f/pl. de terre en ~ de chambre Pellkartoffeln f/pl.

robinet [rɔbi'nɛ] m ⊕ Hahn m; F fig. ~ d'eau tiède langweiliger Schwätzer m.

robot [rɔ'bo] 1. m Roboter m; cuis. Mixer m; 2. adj.: portrait m ~, silhouette f ~, photo~ f Phantombild n, Fahndungsskizze f.

robuste [rɔ'byst] adj. robust, kräftig, stämmig; ⊕ strapazierfähig; **~esse** [~'tɛs] f Kraft f; kernige Gesundheit f.

roc [rɔk] m Felsgestein n.

rocaille [rɔ'kɑ:j] 1. f steiniger Boden m; Grotten-, Muschel-werk n; 2. adj.: style m ~ Rokokostil m; **~eux, -se** [~kɑ'jø, ~'jø:z] adj. steinig; fig. Stil: holp(e)rig; Stimme: rauh.

rocambolesque [rɔkɑ̃bɔ'lɛsk] adj. extravagant, abnorm, unglaublich.

roch|e [rɔʃ] f Felsen m; min. Gestein n; ⚒ ~-mère f Muttergestein m; F fig. de vieille ~ von altem Schrot und Korn; **~er** [~'ʃe] m hoher, spitzer Felsen m, Felswand f; monter sur un ~ auf e-n Felsen steigen; grimper un ~ e-n Felsen erklimmen; fig. insensible comme un ~ hartherzig, hartgesotten; un (cœur de) ~ ein Herz von Stein; parler aux ~s tauben Ohren predigen; **~eux, -se** [~'ʃø, ~'ʃø:z] adj. felsig.

rocking-chair [rɔkiŋ'tʃɛ:r] m (pl. ~s) Schaukelstuhl m.

rocky [rɔ'ki] m (pl. ~s) Rocker m.

rococo [rɔkɔ'ko] m Rokoko n.

rodage [rɔ'da:ʒ] m Einfahren n e-s Autos; Einarbeitung f e-r Person.

rodé, -e F [rɔ'de] adj. erfahren; eingearbeitet.

rodéo [rɔde'o] m Rodeo m od. n; fig. Hetzjagd f (Polizei).

roder [rɔ'de] v/t. (1a) ⊕ einschleifen; Auto einfahren; Motor sich einlaufen lassen; allg. vertraut machen; ~ à l'émeri abschmirgeln.

rôd|er [rɔ'de] v/i. (1a) umherstreifen; sich herumtreiben; **~eur, -se** [~'dœ:r, ~'dø:z] su. Herumtreiber(in f) m.

rodomontade [rɔdɔmɔ̃'tad] f Großsprecherei f, Prahlerei f.

rogat|oire ⚖ [rɔga'twa:r] adj.: commission f ~ Rechtshilfeersuchen n; **~ons** F [~'tɔ̃] m/pl. Speisereste m/pl., Aufgewärmte(s) n.

rogn|e F [rɔɲ] f Stinkwut f; **~er** [~'ne] (1a) v/t. beschneiden, stutzen; fig. kürzen; v/i. F wütend sein; **~euse** ⊕ [~'nø:z] f (Buch-)Beschneidemaschine f; **~on** [~'nɔ̃] m cuis. Niere f; géol. Knolle(n m) f; **~ures** [~'ny:r] f/pl. (Papier-, Karton-, Metall-) Schnipsel m/pl.

rogomme F [rɔ'gɔm] m: voix f de ~ Bierbaß m.

rogue [rɔg] 1. adj. hochmütig, schroff, unwirsch; 2. f (Fisch-) Rogen m.

roi [rwa] m König m.

roitelet [rwat'lɛ] m orn. Goldhähnchen n; abus. Zaunkönig m; fig. kleiner König m; un des ~s du pétrole e-r der Ölkönige.

rôle [ro:l] m (Theater-, Tabaks-)Rolle f; à tour de ~ der Reihe nach.

romain, -e [rɔ'mɛ̃, ~'mɛn] 1. adj. römisch; 2. ⚷(e) su. Römer(in f) m; 3. m typ. Antiqua f; **~e** [~'mɛn] f 1. ⊕ Schnellwaage f mit Laufgewicht; 2. ♀ römischer Salat m.

romaïque [rɔma'ik] adj. neugriechisch.

roman, -e [rɔ'mɑ̃, ~'man] 1. adj. ling., △ romanisch; 2. m a) ling. romanische Volkssprache f; △ Romanik f; b) Roman m; ~ d'anticipation Zukunftsroman m; ~-feuilleton Zeitungsroman m; ~ à suivre (od. à suite) Fortsetzungsroman m; ~ d'épouvante Schauerroman m; ~ de pacotille (od. de quatre sous) Schund-,

Hintertreppen-roman m; ~ picaresque Schelmenroman m; ~ policier, ~ noir Detektiv-, Kriminalroman m; **~ce ♪** [~l'mã:s] f Romanze f; **~cer** [~mã'se] v/t. (1k) in Romanform schreiben; **~che** [~'mã:ʃ] adj.: langue ~ Rätoromanisch n, Romamaun(t)sch n.

romancier, -ère [rɔmã'sje, ~'sjɛːr] su. Romanschriftsteller(in f) m.

roman-cycle [rɔmã'sikl] m (pl. romans-cycles) Romanzyklus m.

romand, -e [rɔ'mã, ~'mã:d] adj.: la Suisse ~e die französische Schweiz.

roman|esque [rɔma'nɛsk] adj. romanhaft; fig. schwärmerisch, überspannt; **~fleuve** [~mã'flœːv] m (pl. romans-fleuves) langer Roman m; **~ichel, -le** [~mani'ʃɛl] su. Zigeuner(in f) m; **~iser** [~ni'ze] (1a) v/t. romanisieren; rl. römisch-katholisch machen; v/i. rl. römisch-katholisch eingestellt sein; **~iste** [~'nist] su. Romanist(in f) m; **~tique** [~mã'tik] 1. adj. romantisch; 2. m das Romantische; 3. su. Romantiker(in f) m.

romarin ♀ [rɔma'rɛ̃] m Rosmarin m.

rombière F [rɔ̃'bjɛːr] f alte Schachtel f (fig.) f.

rompre ['rɔ̃:prə] v/t. (4a) (ab-, auf-, durch-, entzwei-)brechen; fig. nicht innehalten; ✕ feindliche Einheit zerschlagen; fig. aufgeben; fig. stören, vereiteln; hemmen; ✕ ~ les rangs wegtreten; rompez (les rangs)! weggetreten! v/i. brechen; zerreißen; ~ avec q. mit j-m brechen; ~ avec la tradition mit der Tradition brechen; se ~ zerbrechen, entzweigehen; se ~ à qch. sich an etw. (acc.) (Unbequemes, Schweres) gewöhnen; se ~ le cou fig. sich das Genick brechen.

rompu, -e [rɔ̃'py] 1. p.p. von rompre; 2. adj.: ~ à bewandert in (dat.); ~ aux affaires geschäftstüchtig; être ~ (de fatigue) wie gerädert sein.

ronce [rɔ̃:s] f ♀ Brombeerstrauch m; fig. ~s pl. Dornen m/pl.; ~s artificielles Stacheldraht m.

ronchonner F [rɔ̃ʃɔ'ne] v/i. (1a) meckern, nörgeln.

rond, -e [rɔ̃, rɔ̃:d] 1. adj. rund; fig. g(e)rade, offen; P besoffen; 2. m Rund n; Kreis m; ⊕ Rundstahl m; ~ de serviette Serviettenring m; **~de-cuir** péj. [rɔ̃də'kɥiːr] m (pl. ronds-

-de-cuir) Bürokrat m.

ronde [rɔ̃:d] f Runde f, Rundgang m; Reigen m; ♪ ganze Note f; ✕ Patrouille f; Sport: ~ de six jours Sechstagerennen n; 🚋 ~ d'examen à vue (des rails) Streckenbegehung f; à la ~ ringsherum.

rondeau ♪ [rɔ̃'do] m (pl. ~x) Rondo n.

rondelet, -te [rɔ̃d'lɛ, ~'lɛt] adj. rundlich; drall; somme f ~te nettes Sümmchen n.

rond|elle [rɔ̃'dɛl] f 1. runde Scheibe f; Unterleg-, Loch-scheibe f; Dichtungsring m; ~ de bocal à conserves Einweckring m; 2. Schneeteller m des Skistocks; **~eur** [~'dœːr] f 1. ~s pl. F weibliche Rundungen f/pl.; 2. fig. Ungezwungenheit f; **~in** [~'dɛ̃] m Rund-, Knüppel-holz n; ~ir * [~'diːr] v/rfl. (2a): se ~ sich besaufen; **~ouillard, -e** F [~du'jaːr, ~'jard] adj. dicklich.

rond-point [rɔ̃'pwɛ̃] m (pl. ronds-points) Rondell n, runder Platz m, Stern m.

ronéo [rɔne'o] m Vervielfältigungsgerät n; **~typer** typ. [~neɔti'pe] v/t. (1a) vervielfältigen.

ronfl|ant, -e [rɔ̃'flã, ~'flã:t] adj. schnarchend; Motor: dröhnend; fig. Stil: hochtrabend; **~ement** [~flɔ'mã] m Schnarchen n; Dröhnen n; Geratter n; **~er** [~'fle] v/i. (1a) schnarchen; Feuer: bullern; Motor: dröhnen; ♪ summen; **~eur, -se** [~'flœːr, ~'flø:z] 1. su. Schnarcher(in f) m; 2. m ♪ Summer m.

rong|er [rɔ̃'ʒe] v/t. (1l) (ab-, be-, zer-) nagen; fig. anfressen; fig. quälen; se ~ a. fig. sich verzehren; **~eur, -se** [~'ʒœːr, ~'ʒø:z] 1. adj. nagend; 2. m Nagetier n.

ronron [rɔ̃'rɔ̃] m Katze: Schnurren n, Spinnen n; **~ner** [rɔ̃rɔ'ne] v/i. (1a) Katze: schnurren, spinnen; Motor: wummern, dröhnen.

roquer [rɔ'ke] v/i. (1m) Schach: rochieren; **~et** [~'kɛ] m Köter m, Kläffer m; **~ette** [~'kɛt] f 1. ♀, ✖ Rakete(ngeschoß n) f; 2. ♀ Rauke f, Senfkohl m.

rosace ⊿ [ro'zas] f Rosette f; **~cées** ♀ [~'se] f/pl. Rosengewächse n/pl.

ros|aire rl. [ro'zɛːr] m Rosenkranz m; **~âtre** [~'zɑːtrə] adj. schmutzigrosa.

rosbif cuis. [rɔs'bif] m Roastbeef n.

rose [ro:z] 1. f ♀ Rose f; ⊿ Rosette f, Fensterrose f; météor. ~ des vents

Windrose f; **2.** m Rosa n, Rosenfarbe f; **3.** adj. rosa, rosenfarben; fig. ce n'est pas tout ~ das ist nicht gerade rosig.

rosé, -e [ro'ze] adj. zartrosa; vin m ~ Rosé(wein m) m.

roseau [ro'zo] m (pl. ~x) ♣ Schilf(rohr n) n; fig. schwankendes Rohr n.

rosée [ro'ze] f Tau m.

roselière [rozə'ljɛ:r] f Röhricht n.

roser [ro'ze] v/t. (1a) rosa anlaufen lassen.

roseraie [roz'rɛ] f Rosengarten m.

rosette [ro'zɛt] f Rosette f; Ordensschleife f; Stellscheibe f e-r Uhr.

rosier ♣ [ro'zje] m Rosenstrauch m, Rose f.

rosière [ro'zjɛ:r] f: la ~ du pays die Tugend in Person.

rosiériste [rozje'rist] su. Rosen-liebhaber(in f) m, -züchter(in f) m.

rossard F [rɔ'sa:r] m gemeiner (od. böswilliger) Mensch m.

rosse [rɔs] **1.** f litt. Klepper m, Gaul m; fig. gemeiner Mensch m; **2.** adj. gemein, zynisch; **~ée** F [~'se] f Tracht f Prügel; **~er** F [~] v/t. (1a) durchprügeln.

rossignol [rɔsi'nɔl] m orn. Nachtigall f; ✝ Ladenhüter m; ⊕ Dietrich m.

rossolis ♣ [rɔsɔ'li] m Sonnentau m.

rostre [ˈrɔstrə] m ♣ Schnabel m; zo., ent. Rüssel m.

rot P [ro] m Rülpser m, Aufstoßen n.

rotat|eur [rɔta'tœ:r] adj./m Dreh...; **~if, -ve** [~'tif, ~'ti:v] adj. Dreh..., drehend, rotierend; **~ion** [~ta'sjɔ̃] f (Um-)Drehung f, Rotation f; weitS. a. ✝ Verkehrsfluß m; ✝ Umsatz m; ✔ ~ (des cultures) Wechselwirtschaft f; **~ive** typ. [~ta'ti:v] f Rotationsmaschine f; **~iviste** typ. [~ti'vist] su. Arbeiter(in f) m an der Rotationsmaschine; **~oire** [~'twa:r] adj. rotierend.

rotel [rɔ'tɛl] m (= hôtel roulant) Rotel n (mit Bettkojen ausgestatteter Autobusanhänger).

roter P [rɔ'te] v/i. (1a) rülpsen; fig. il lui en a fait ~ er hat ihn gezwiebelt.

rôti [ro'ti] m Braten m; **~e** [~] f geröstete Brotschnitte f, Toast m.

rotin [rɔ'tɛ̃] m Flechtrohr n; siège m en ~ Korbsessel m; P ne plus avoir un ~ keinen Pfennig mehr haben.

rôtir [ro'ti:r] (2a) v/t. braten; rösten; fig. versengen; v/i. braten (a. F fig. Person).

28 Franz.-Dtsch.

rôtiss|age [roti'sa:ʒ] m Braten n, Rösten n; **~erie** [~s'ri] f Grillrestaurant n; **~eur, -se** [~'sœ:r, ~'sø:z] su. Grillkoch m, -köchin f; **~oire** [~'swa:r] f Grill(gerät n) m.

roto F typ. [rɔ'to] f Rotationsmaschine f.

rotond|e [rɔ'tɔ̃:d] f △ Rotunde f; Schirmdach n in Gärten; Lokomotivschuppen m; **~ité** [~tɔdi'te] f Rundheit f; F Korpulenz f.

rotor ⚡, ✈ [rɔ'tɔ:r] m Rotor m.

rotule [rɔ'tyl] f anat. Kniescheibe f; ⊕ Kugelgelenk n; F Sport: sur les ~s erschöpft, k. o.

rotur|e [rɔ'ty:r] f péj. Bürgerpack n; hist. la ~ die Nichtad(e)ligen m/pl.; **~ier, -ère** [~ty'rje, ~'rjɛ:r] **1.** adj. bürgerlich; hist. nichtad(e)lig; **2.** m péj. Kleinbürger(in f) m; hist. Nichtad(e)lige(r m) m u. f.

rouage [rwa:ʒ] m Räderwerk n.

rouan, -ne [rwɑ̃, rwan] adj.: (cheval m) ~ rotgrau(er Schimmel m).

roublard, -e F [ru'bla:r, ~'blard] **1.** adj. schlau, gerissen, ausgekocht; **2.** su. schlaues Aas n.

rouble [ˈrublə] m Rubel m.

roucoul|er [ruku'le] v/i. Tauben: gurren; fig. schmachten; v/t. schmalzig singen.

roue [ru] f Rad n; faire la ~ gym. radschlagen; Pfau: ein Rad schlagen; fig. großtun; ⊕ ~ dentée Zahnrad n; sur ~s fahrbar; à ~ à chaîne Kettenrad n; ~ avant (arrière) Vorder-(Hinter-)rad n; ~ de rechange Ersatzrad n; ♣ ~ directrice Steuerrad n; ~ motrice Treibrad n; Auto: frein m sur quatre ~s Vierradbremse f; grande ~ Riesenrad n (auf dem Rummelplatz); **~é, -e** [rwe] **1.** su. durchtriebene Person f; **2.** adj./Sgs. ausgekocht, durchtrieben; **~elle** cuis. [rwɛl] f Fleischscheibe f aus der Kalbskeule; **~er** [rwe] v/t. (1a) hist. rädern; ~ de coups krumm und lahm schlagen; **~erie** [ru'ri] f Trick m, Gaunerei f; Durchtriebenheit f; **~et** [rwɛ] m (Spinn-)Rad n.

rouflaquette P [rufla'kɛt] f Schmachtlocke f.

rouge [ru:ʒ] **1.** adj. rot; fig. rotglühend; Haare: feuer-, fuchs-rot; ~ cuivre kupferrot; ~ sang blutrot; ~ tirant sur le blanc blaßrötlich; bâton m de ~ Schmink-, Lippen-stift m; chapeau m ~ Kardinalshut m; fig. voir ~

vor Wut außer sich sein; *Auto usw.:* feu m ~ à l'arrière rotes Rück- (*od.* Schluß-)licht n; 2. m Rot n, Röte f; *pol.* Rote(r) m/f; *cosm.* rote Schminke f; ~ *à lèvres* Lippenstift m; *mettre du* ~ sich schminken; ⊕ *porter au* ~ zur Rotglut bringen; **~âtre** [ru'ʒɑ:tr] *adj.* rötlich; **~aud, -e** [~'ʒo, ~'ʒo:d] **1.** *adj.* mit rotem Gesicht; **2.** *su.* Mann m (Frau f) mit rotem Gesicht; **~gorge** *orn.* [ruʒ'gɔrʒ] m (*pl.* rouges-gorges) Rotkehlchen n; **~ole** 🐾 [~'ʒɔl] f Masern *pl.*; **~queue** *orn.* [ruʒ'kø] m (*pl.* rouges-queues) Rotschwänzchen n.

rouget, -te [ru'ʒɛ, ~'ʒɛt] **1.** *adj.* rötlich; **2.** *m icht.* Seebarbe f; *vét.* Rotlauf m der Schweine.

rougeur [ru'ʒœ:r] f Röte f; *fig.* Erröten n; ~s *pl.* 🐾 Hitzblattern f/pl.

rougir [ru'ʒi:r] (2a) *v/t.* rot färben, rot streichen, röten; ⊕ glühend machen; *v/i.* rot werden; *fig.* erröten (*de honte* vor Scham).

roui *cuis.* [rwi] m: *sentir le* ~ nach schmutzigem Spülwasser schmecken.

rouill|e [ruj] f Rost m; 🐾 Brand m; **~er** [~'je] *v/t.* (1a) rostig machen; *se* ~ ver-, ein-rosten (*a. fig.*); ungelenkig (🐾 brandig) werden; *fig.* versauern, verbauern.

rouir 🪶 [rwi:r] *v/t. u. v/i.* (2a) rösten (*Flachs usw.*).

rouissage 🪶 [rwi'sa:ʒ] m Rösten n.

roulade [ru'lad] f *cuis.* Roulade f; ~s *pl.* 🎵 Koloratur f.

roulage [ru'la:ʒ] m Güterkraftverkehr m; Fuhrgeld n; Walzen n e-s Feldes.

roulant, -e [ru'lɑ̃, ~'lɑ̃:t] **1.** *adj.* rollend, Roll...; *escalier* m ~ Rolltreppe f; ⊕ *pont* m ~ Laufkran m; *tapis* m ~ Förderband n; **2.** ~s m/pl. *F* 🎭 fahrendes Personal n.

rouleau [ru'lo] m (*pl.* ~x) Rolle f; Roll-, Mangel-, Nudel-holz n; Walze f; * Einnahme f, Inkasso f (*Zirkus*); ⊕ ~ *compresseur* Straßenwalze f; *fig. être au bout de son* ~ am Ende s-r Kunst sein; *Sport:* ~ *ventral* Bauchrolle f.

roulement [rul'mɑ̃] m Rollen n; 🎵 Lauf m; (Trommel-)Wirbel m; Geldumlauf m; Personenwechsel m in Ämtern; Schichtwechsel m in Betrieben; ⊕ *à billes* Kugellager n; ⊕ *à rouleaux* Rollenlager n; ~ *à vide*

Leerlauf m; ~ *des pieds* Trampeln n (*im Hörsaal*); 💰 *fonds* m *de* ~ Betriebskapital n; *service* m *par* ~ Schichtdienst m.

rouler [ru'le] (1a) *v/t.* (fort-, hin-)rollen, (-)wälzen; walzen; auf-, zs.-rollen, -wickeln; *fig. Plan* wälzen (*dans sa tête* im Kopf); *F fig. j-n* übers Ohr hauen; *F* ~ *sa bosse* viel herumkommen; *v/i.* rollen, sich wälzen; *Donner:* grollen; *fig.* herumwandern; 🚢 schlingern; 🎭 trudeln; ✷ quatschen; *Auto:* ~ (*en voiture*) fahren; ~ *à tombeau ouvert* in e-m irrsinnigen Tempo fahren; ~ *de front Radfahrer:* nebeneinander fahren; *fig.* ~ *sur qch.* sich um etw. drehen, etw. betreffen; *fig.* ~ *sur l'or* steinreich sein; *F fig. ça roule?* geht's gut?; *se* ~ sich (herumwälzen; sich zs.-rollen; *fig. rire à se* ~ *par terre* sich totlachen.

roulette [ru'lɛt] f Rolle f (*bsd. unter Möbeln*); Rad n, Rädchen n; Roulett(e) n, Glücksrad n; ~ *de dentiste* Bohrer m; *Sport: patin m à* ~s Rollschuh m; *sifflet m à* ~ Trillerpfeife f.

rouleur [ru'lœ:r] m **1.** guter Radrennfahrer m; **2.** ⊕ fahrbarer Wagenheber m.

roulis 🚢 [ru'li] m Schlingern n.

roulotte [ru'lɔt] f *a. Auto:* Wohnwagen m (*a. der Zigeuner usw.*).

roulure *P* [ru'ly:r] f Nutte f.

roumain, -e [ru'mɛ̃, ~'mɛn] **1.** *adj.* rumänisch; **2.** 🎭(e) *su.* Rumäne m, Rumänin f; **3.** m: *le* ~ das Rumänische, Rumänisch n.

round *Sport* [rawnd, rund] m Runde f.

roupie [ru'pi] f Rupie f.

roupill|er *F* [rupi'je] *v/i.* (1a) pennen; **~on** *F* [~'jɔ̃] m Schläfchen n.

rouquin, -e *F* [ru'kɛ̃, ~'kin] **1.** *adj.* rothaarig; **2.** *su.* Rothaarige(r m) m *u.* f; **3.** m ✷ Rotwein m.

rouspét|ance *F* [ruspe'tɑ̃:s] f Gemecker(e) n; **~er** *F* [~'te] *v/i.* (1a) meckern; protestieren; **~eur, -se** *F* [~'tœ:r, ~'tø:z] *su.* Meckerer m, Nörgeliese f.

roussâtre [ru'sɑ:tr] *adj.* rötlich.

rousse¹ [rus] s. *roux.*

rouss|e² ✷ [rus] f Polente f P, Polizei f; **~er** [~'se] *v/i.* (1a) nörgeln, meckern.

rousseur [ru'sœ:r] f Röte f *des Haares usw.*; ~s *pl.*, *taches* f/pl. *de* ~ Sommersprossen f/pl.

rue²

roussi [ru'si] *m* Brandgeruch *m*; *sentir le ~ ehm. fig.* der Ketzerei verdächtig sein; *jetzt*: angebrannt riechen; *fig.* brenzlig werden; *pol.* verdächtig sein.

roussin ✱ [ru'sɛ̃] *m* Bulle *m* P (*fig.*), Polizeispitzel *m*.

roussir [ru'si:r] (2a) *v/t.* (gelb)rot machen; *fig.* versengen; *v/i.* (gelb-) rot werden.

routage ⚘ [ru'ta:ʒ] *m* **1.** Sortieren *n v. Drucksachen usw.* nach Leitgebieten; **2.** *private* Sortierleitzahl *f*.

routard, -e F [ru'ta:r, '²tard] *su.* Tramper(in *f*) *m*.

route [rut] *f* (Fahr-, Land-)Straße *f*; Bahn *f* (*fig.*), Lauf *m*; Weg *m*; ♫ Fahrt *f*, Kurs *m*; ✈ Flugstrecke *f*; *~ à priorité* Vorfahrt(s)straße *f*; *~ bitumée* Asphaltstraße *f*; *~ empierrée* Schotterstraße *f*; *~ en lacets*, *~ tortueuse* Schlängelweg *m*; *~ en corniche* Panoramastraße *f*; *~ glissante* Rutschgefahr *f* (*Verkehrszeichen*); *~ nationale Fr.* Nationalstraße *f*; *BRD* Bundesstraße *f*; *~ stop* Stoppstraße *f*; *~ de grande circulation* Hauptverkehrsstraße *f*; *en ~ pour* Dijon auf dem Wege nach D.; *a. Auto*: *faire bonne ~* e-e gute Fahrt haben; *prendre la ~ de ... nach ... fahren*; *faire ~ avec* mitfahren, mitreisen; *faire la ~* ins Blaue fahren; *demander la ~* überholen wollen; *mettre en ~* in Gang setzen; *se mettre en ~* sich auf den Weg machen.

router ⚘ [ru'te] *v/t.* (1a) *Drucksachen usw.* nach Leitgebieten sortieren.

routier¹ [ru'tje] *m* Fern(last)fahrer *m*; *vél.* Langstreckenfahrer *m*; Scout *m* (*über 16 Jahre alt*); *fig. vieux ~* alter Praktikus *m*; **~ier², -ère** [~'tje, ~'tjɛ:r] *adj.* Straßen...; *réseau m ~* Straßennetz *n*; *carte f routière* Straßen-, Auto-karte *f*; **~ière** [~'tjɛ:r] *f vél.* Tourenrad *n*; *Auto*: Tourenwagen *m*; ✱ Straßendirne *f*.

routin|e *péj.* [ru'tin] *f* Routine *f*, Trott *m*, Gewohnheit *f*; *affaire f de ~* Routinesache *f*; **~ier, -ère** [~'nje, ~'njɛ:r] **1.** *adj.* am Alten hängend; routinemäßig; **2.** *su.* Gewohnheitsmensch *m*.

rouvre ⚘ ['ru:vrə] *m* Steineiche *f*.

rouvrir [ru'vri:r] *v/t.* (2f) wieder (er-) öffnen; *~ à la circulation* für den Verkehr wieder freigeben.

roux, rousse [ru, rus] **1.** *adj.* gelb-, fuchs-rot; rothaarig; *lune f rousse* Zeit *f* der späten Nachtfröste (*April/Mai*); **2.** *m* (Gelb-, Fuchs-) Rot *n*; *cuis.* Mehlschwitze *f*, Einbrenne *f*; **3.** *su.* Rothaarige(r *m*) *m u. f.*

royal, -e [rwa'jal] **1.** *adj.* (*m/pl. -aux*) königlich; *caniche m ~* Königspudel *m*; **2.** *~e f* Spitzbart *m*; **~iste** [~'list] **1.** *adj.* royalistisch, königstreu; **2.** *su.* Royalist(in *f*) *m*.

royau|me [rwa'jo:m] *m* Königreich *n*; *fig.* Reich *m*; **~té** [~jo'te] *f* Königswürde *f*, Königtum *n*.

ru *dial.* [ry] *m* kleiner Bach *m*.

ruade [rɥad] *f Pferd*: Ausschlagen *n.*

ruban [ry'bɑ̃] *m* Band *n*; Ordensband *n*; Gurt *m*; ✱ Trottoir *n*; *~ adhésif*, *~ de fixage* Klebestreifen *m*; *~ encreur* Farbband *n*; *~ transporteur* Förderband *n.*

rubéfier ✗ [rybe'fje] *v/t.* (1a) röten.

rubéole ✗ [rybe'ɔl] *f* Röteln *pl.*

rubi|cond, -e [rybi'kɔ̃, ~'kɔ:d] *adj.* Gesicht: hochrot; **~gineux, -se** [~ʒi'nø, ~'nø:z] *adj.* rostig; rostfarben.

rubis [ry'bi] *m min.* Rubin *m*; Stein *m e-r Uhr*; *payer ~ sur l'ongle* sofort auf Heller und Pfennig bezahlen.

rubrique [ry'brik] *f* Rubrik *f.*

ruch|e [ryʃ] *f* **1.** Bienen-korb *m*, -stock *m*; **2.** Rüsche *f*; **~er** [~'ʃe] *m* Bienenhaus *n*, -stand *m.*

rude [ryd] *adj.* rauh; roh; *Wein*: herb; *fig.* mühsam; unangenehm; hart; streng (*à* gegen); *fig.* heftig, gewaltig; *un ~ coup* ein harter Schlag; **~ment** F [~'mɑ̃] *adv.* sehr, viel, riesig; tüchtig.

rudéral, -e ⚘ [ryde'ral] *adj.* (*m/pl. -aux*) auf Schutt wachsend.

rudesse [ry'des] *f* Rauheit *f*; Roheit *f*; Härte *f*; Herbheit *f*; Derbheit *f.*

rudiment [rydi'mɑ̃] *m biol.* Rudiment *n*, Ansatz *m*, Spur *f es Organs*; *~s pl.* Anfangsgründe *m/pl.*; **~aire** [~'tɛ:r] *adj.* Elementar...; Grund...; *biol.* verkümmert.

rudoyer [rydwa'je] *v/t.* (1h) hart anfahren, anschnauzen.

rue¹ [ry] *f* Straße *f*; *dans la ~* auf der (*bzw.* die) Straße; *~ à sens unique* Einbahnstraße *f*; *~ barrée!* gesperrt!; *~ commerçante* Geschäftsstraße *f*; *indicateur m des ~s* Straßenverzeichnis *n.*

rue² ⚘ [ry] *f* Raute *f.*

ruée [ʀy͜e] *f* Ansturm *m*.

ruelle [ʀy͜ɛl] *f* Gäßchen *n*; (schmaler) Gang *m* zwischen Bett und Wand.

ruer [ʀy͜e] *v/i.* (1a) *Pferd usw.*: (hinten) ausschlagen; se ~ *sur* herfallen über (*acc.*), sich stürzen auf (*acc.*).

rugine *chir.* [ʀy'ʒin] *f* Knochenfeile *f*.

rug|ir [ʀy'ʒiːʀ] *v/i.* (2a) brüllen; *Wind*: heulen; *fig.* ~ *de fureur* vor Wut toben; **~issement** [~ʒis'mã] *m* Gebrüll *n*; *fig.* Wutgeschrei *n*.

rugosité [ʀygozi'te] *f* Unebenheit *f*, Rauheit *f* *e-r Oberfläche*.

rugueux, -se [ʀy'gø, ~'gøːz] *adj.* uneben; rauh.

ruin|e [ʀy͜in] *f* Einsturz *m*, Verfall *m*; Ruine *f*; Ruin *m*, Verderben *n*; *tomber en* ~ verfallen; **~er** [~'ne] *v/t.* (1a) zerstören; verwüsten; *fig.* ruinieren, um Hab und Gut bringen; *Hoffnungen* vereiteln; se ~ *fig.* sich zugrunde richten; **~eux, -se** [~'nø, ~'nøːz] *adj.* *fig.* (sehr) kostspielig.

ruisseau [ʀy͜i'so] *m* (*pl.* ~x) Bach *m*; Rinnstein *m*, Gosse *f*.

ruissel|er [ʀy͜is'le] *v/i.* (1c) rieseln, rinnen; triefen (*de sueur* von Schweiß); **~et** [~s'lɛ] *m* Bächlein *n*, **~ement** [~sɛl'mã] *m* **1.** Rieseln *n*, Geriesel *n*; Rauschen *n* *des Wassers usw.*; Triefen *n*; *géol.* ~ *pluvial* Abfluß *m* des Regenwassers (an der Erdoberfläche); **2.** Glitzern *n* (*v. Diamanten*).

rumb ⚓ [ʀɔ̃ːb] *m* s. *rhumb*.

rumeur [ʀy'mœːʀ] *f* allgemeine Unruhe *f*; Lärm *m*, dumpfes Getöse *n*; Stimmengewirr *n*; *fig.* Gerücht *n*.

rumin|ant, -e *zo.* [ʀymi'nã, ~'nãːt] **1.** *adj.* wiederkäuend; **2.** ~s *m/pl.* Wiederkäuer *m/pl.*; **~er** [~'ne] *v/t.* (1a) *zo.* wiederkäuen (*a. abs.*); *fig.* hin und her überlegen; ~ *une conversation* ein Gespräch über-, durch-denken.

run|e [ʀyn] *f* Rune *f*; **~ique** [~'nik] *adj.* Runen...

ruolz [ʀy͜ɔls] *m* Neusilber *n*.

rupestre [ʀy'pɛstʀə] *adj.* Fels(en)...

rupin, -e P [ʀy'pɛ̃, ~'pin] **1.** *adj.* sehr reich; piekfein, schick; **2.** *m* Krösus *m*; *les* ~s die Reichen *pl.*; **~er** ✻ *écol.* [~pi'ne] *v/i.* (1a): ~ (*à mort od. le tonnerre*) *im Examen* glänzen.

rupture [ʀyp'tyːʀ] *f* Bruch *m*; Aufbrechen *n*, Aufsprengen *n*; Riß *m*; *fig.* Abbruch *m* *v. Verhandlungen*; Auflösung *f* *v. Versammlungen*; ~ *des fiançailles* Entlobung *f*.

rural, -e [ʀy'ʀal] *adj.* (*m/pl. -aux*) ländlich; *population f* ~*e* Landbevölkerung *f*.

rus|e [ʀyːz] *f* List *f*; **~é, -e** [ʀy'ze] *adj.* listig; schlau; **~** [~] *v/i.* (1a) List anwenden.

rush [ʀœʃ] *m* Ansturm *m*; *Sport*: Endspurt *m*.

russ|e [ʀys] **1.** *adj.* russisch; **2.** ♀ *su.* Russe *m*, Russin *f*; **3.** *m*: *le* ~ das Russische, Russisch *n*; **~ifier** [~si-'fje] *v/t.* (1a) russifizieren.

rustaud, -e [ʀys'to, ~'toːd] **1.** *adj.* ungeschliffen, bäu(e)risch; **2.** *su.* Bauerntrampel *m od. n*.

rusticité ♀, *zo.* [ʀystisi'te] *f* Widerstandsfähigkeit *f*.

rustine *vél.* [ʀys'tin] *f* (Reifen-) Flicken *m*.

rustique [ʀys'tik] *adj.* ♀, *zo.* widerstandsfähig (*gegen Witterungsunbilden*); *fig.* rustikal; **~er** [~'ke] *v/t.* (1a) *Bausteine* grob bearbeiten; *Mauer* rauh verputzen.

rustre [ʀystʀə] **1.** *adj.* flegelhaft; **2.** *m* Grobian *m*, Flegel *m*.

rut *ch.* [ʀyt] *m* Brunst *f*; *en* ~ brünstig.

rutil|ant, -e [ʀyti'lã, ~'lãːt] *adj.* hochrot; *fig.* glänzend; **~er** [~'le] *v/i.* (1a) glänzen.

rythm|e [ʀitm] *m* Rhythmus *m*; Tempo *n*; Takt *m*; **~er** [~'me] *v/t.* (1a) rhythmisch gliedern; *fig.* rhythmisch untermalen; **~ique** [~'mik] **1.** *adj.* rhythmisch; **2.** *f* Rhythmik *f*.

S

S (*ou* **s**) [ɛs] *m* S (*od.* s) *n*.
s' [s-] **1.** *pr*/*p. vor vo. u. stummem h =*
se; **2.** *cj. vor il, ils =* si.
sa [sa] s. son¹.
sabbat [sa'ba] *m* Sabbat *m*; *fig.* F
Höllenspektakel *m*.
sabine ♣ [sa'bin] *f* Sadebaum *m*.
sabir [sa'biːr] *m* romanische Misch-
sprache *f* der Levante und Nord-
afrikas, Lingua franca *f*; *allg.* Kauderwelsch *n*.
sable ['saːbl̩] *m* **1.** Sand *m*; ♣ Nie-
rengrieß *m*; ~ *mouvant* Flugsand *m*;
fig. se perdre dans le ~ sich im Sand
verlieren; **2.** *zo.* Zobel *m*.
sablé [sa'ble] *m* Sandgebäck *n*.
sabler [sa'ble] *v/t.* (1a) mit Sand
bestreuen; ⊕ sandstrahlen; *métall.*
in Sand gießen; *fig. ein Glas Champagner od. Wein heruntergießen*.
sabl|eux, -se [sa'blø, ~'bløːz] *adj.*
sandhaltig; sandig; Sand...; **~ier**
[~bli'e] *m* Sanduhr *f*; **~ière** [~bli'ɛːr] *f*
Sandgrube *f*; ⚠ Bodenschwelle *f*.
sablon [sa'blɔ̃] *m* ⊕ Feinsand *m*;
Streusand *m*; **~ner** [~blɔ'ne] *v/t.* (1a)
mit Sand scheuern; **~neux, -se**
[~'nø, ~'nøːz] *adj.* sandig; **~nière**
[~'njɛːr] *f* Sandgrube *f*.
sabord ♣ [sa'bɔːr] *m* Stückpforte *f*;
~age [~bɔr'daːʒ] *m* Selbstversen-
kung *f*; **~er** [~'de] *v/t.* (1a) Schiff
versenken; *Betrieb* einstellen; se ~ ♣
sich selbst versenken; *fig.* s-n Betrieb (*Zeitung*: das Erscheinen) einstellen.
sabot [sa'bo] *m* Holzschuh *m*; *zo.* Huf
m; ⊕ Bremsklotz *m*; *Spielzeug:*
Kreisel *m*; etwas Schlechtes *n* (*z. B.
schlechtes Musikinstrument, schlechtes
Schiff, schlechtes Werkzeug*); Trans-
portkiste *f für Tiere*; Fr. ~ de Denver
[dɑ̃'vɛːr] Bremszange *f, die die Pariser Polizei an den Rädern falsch ge-
parkter Autos anbringt*; *fig.* dormir
comme un ~ tief schlafen; **~age** [~bɔ-
'taːʒ] *m* Sabotage *f*; **~er** [~'te] *v/t.* (1a)
absichtlich beschädigen; sabotieren;
verpfuschen; **~eur, -euse** [~'tœːr,
~'tøːz] *su.* Saboteur(in *f*) *m*;
Pfuscher(in *f*) *m*; **~ier, -ère** [~'tje,

~'tjɛːr] *su.* Holzschuhmacher(in *f*) *m*.
sabre ['saːbrə] *m* Säbel *m*; ~ au clair
mit gezogenem Säbel; *traîneur* de ~
Säbelraßler *m*; **~baïonnette** ✗
[~bajɔ'nɛt] *m* (*pl. sabres-baïonnettes*)
Seitengewehr *n*.
sabrer [sa'bre] *v/t.* (1a) niedersäbeln;
fig. zs.-streichen.
saburral, -e ♣ [saby'ral] *adj.* (*m*/*pl.
-aux*): *langue f* ~e belegte Zunge *f*.
sac [sak] *m* **1.** Sack *m*, Beutel *m*;
Damenhandtasche *f*; Tornister *m*;
Ranzen *m*; ~ à main Handtasche *f*; ~ à
provisions Einholtasche *f*; ~ de cou-
chage Schlafsack *m*; ~ de cours Kol-
legmappe *f*; ~ de plage Badetasche *f*;
~ porte-habits Kleidersack *m*; ~ de
sport Sporttasche *f*; ~ de voyage
Reisetasche *f*; *phot.* ~ tout prêt Bereitschaftstasche *f*; ~ tyrolien Rucksack *m*; homme de ~ et de corde
Galgenstrick *m*; **2.** Plünderung *f* e-r
Stadt; **3.** ★ tausend (Francs) *m*/*pl.*
sac-à-jeter [sakaʒ'te] *m* (*pl. sacs-à-
jeter*) Wegwerfbeutel *m*.
saccad|e [sa'kad] *f* Ruck *m*; par ~s
ruck-, stoß-weise; **~é, -e** [~'de] *adj.*
fig. heftig, unregelmäßig; *Redeweise:*
abgerissen; *Stil:* abgehackt.
saccag|e [sa'kaːʒ] *m* Plünderung *f*;
~er [~ka'ʒe] *v/t.* (1l) plündern; verwüsten; *fig.* durcheinanderbringen;
~eur¹ [~'ʒœːr] *m* Plünderer *m*.
saccageur², -se [saka'ʒœːr, ~'ʒøːz]
adj. umweltgefährdend.
sacchar|eux, -se 🜨 [saka'rø, ~'røːz]
adj. Zucker...; **~ifère** [~ri'fɛːr] *adj.*
zuckerhaltig; **~ifier** 🜨 [~'fje] *v/t.*
(1a) in Zucker verwandeln; **~ine** 🜨
[~'rin] *f* Sa(c)charin *n*.
sacer|doce [saser'dɔs] *m* Priester-amt
n, -stand *m*; Geistlichkeit *f*; **~dotal,
-e** [~dɔ'tal] *adj.* (*m*/*pl. -aux*) Priester...
sachet [sa'ʃɛ] *m* Säckchen *n*; Tütchen
n; Riechkissen *n*; gefütterte Ver-
sandtasche *f*; ~ de paie Lohntüte *f*.
sacoche [sa'kɔʃ] *f* Geld-, Reise-tasche
f; *vél.* Satteltasche *f*; Werkzeug-
tasche *f*; Schulranzen *m*; ~ postale
Posttasche *f*; ~ de distribution Zu-

stelltasche f.

sacramentel, -le [sakramɑ̃'tɛl] adj. rl. sakramental; fig. feierlich.

sacre ['sakrə] m 1. Salbung f e-s Königs; Weihe f; 2. orn. Würgfalke m; **~é, -e** [~'kre] adj. heilig, geheiligt; F fig. (vor su.) verflucht; art m ~ sakrale Kunst f.

sacrebleu! F [sakrə'blø] int. verflucht noch mal!

sacrement rl. [sakrə'mɑ̃] m Sakrament n; **~er** [~'kre] (1a) v/t. salben; weihen; v/i. fluchen.

sacrificateur antiq. [sakrifika'tœ:r] m Opferpriester m; **~fice** rl., allg. [~'fis] m Opfer n (das man bringt); **~fier** [~'fje] v/t. (1a) (auf)opfern; **~lège** [~'lɛ:ʒ] 1. adj. gottlos, frevelhaft; 2. su. Kirchenschänder(in f) m; 3. m Kirchenschändung f; allg. Freveltat f; **~pant** F [~'pɑ̃] m Schurke m; **~stain** rl. [~s'tɛ̃] m Küster m; **~sti** F [~s'ti] int.: ~! verflixt noch mal!; **~stie** rl. [~] f Sakristei f.

sacro-saint, -e iron. [sakro'sɛ̃, ~'sɛ̃:t] adj. hochheilig.

sacrum anat. [sa'krɔm] m Kreuzbein n.

sadique [sa'dik] 1. adj. sadistisch; 2. su. Sadist(in f) m.

safari-photo [safariʃ'to] m (pl. safaris-photos) Fotosafari f.

safran ⚘ [sa'frɑ̃] m Safran m; Krokus m.

saga [sa'ga] f litt. Saga f; allg. Epos n.

sagace [sa'gas] adj. scharfsinnig; **~ité** [~si'te] f Scharfsinn m.

sage [sa:ʒ] 1. adj. weise, klug, vernünftig; fig. Kind: artig, folgsam; 2. m Weise(r) m; **~-femme** [saʒ'fam] f (pl. sages-femmes) Hebamme f.

sagesse [sa'ʒɛs] f Weisheit f; Klugheit f; Mäßigung f; fig. Artigkeit f.

sagittaire [saʒi'tɛ:r] 1. m antiq. Bogenschütze m; 2 ast. Schütze m; 2. f ⚘ Pfeilkraut n.

sagou cuis. [sa'gu] m Sago m.

sagouin F [sa'gwɛ̃] m Schmutzfink m.

saharien, -ne [saa'rjɛ̃, ~'rjɛn] adj. (in, aus) der Sahara.

saie [sɛ] f kleine Kratzbürste f der Goldschmiede; **~etter** [~jɛ'te] v/t. (1a) mit der Kratzbürste putzen.

saignant, -e [sɛ'ɲɑ̃, ~'ɲɑ̃:t] adj. blutend; viande f ~e nicht ganz durchgebratenes Fleisch n; **~ée** [~'ɲe] f Aderlaß m (a. fig.); anat. Armbeuge f; **~er** [~] (1b) v/i. bluten; ~ du nez aus der

Nase bluten; v/t. Blut abzapfen (q. j-m); fig. j-n schröpfen, j-n ausnehmen; Tier abschlachten; Graben usw. ableiten; * ~ q. j-n abmurksen; fig. F se ~ pour ses enfants sein Letztes für s-e Kinder hergeben; se ~ aux quatre veines große finanzielle Opfer bringen, F bluten (pour q. für j-n).

saillant, -e [sa'jɑ̃, ~'jɑ̃:t] 1. adj. vorspringend; fig. geistig hervorragend; 2. m ✗ frt. aussspringender Winkel m; fig. das Hervorragende; **~ie** [~'ji] f △ Vorsprung m, Überhang m; peint. Tiefenwirkung f; 🞐 Höcker m; zo. Decken n; **~ir** [~'ji:r] 1. v/t. (2a) zo. decken, belegen; 2. v/i. (2c) △ hervorragen, vorspringen; hervortreten (a. peint.).

sain, -e [sɛ̃, sɛn] adj. gesund; heilsam; ~ et sauf unversehrt; **~e** fatigue f gesunde Erschöpfung f; **~bois** ⚘ [sɛ̃'bwa] m Seidelbast m; **~doux** [~'du] m Schweineschmalz n; **~foin** ⚘ [~'fwɛ̃] m Esparsette f, Süßklee m.

saint, -e [sɛ̃, sɛ̃:t] 1. adj. heilig; ~ Jean Sankt Johannes; semaine f ~e Karwoche f; jeudi m ~ Gründonnerstag m; vendredi m ~ Karfreitag m; 2. su. Heilige(r m) m u. f; fig. pauvre ~ armer Schlucker m; les ~s de glace die Eisheiligen m/pl.; 3. m: le ~ des ~s das Allerheiligste; **~bernard** zo. [sɛ̃-bɛr'na:r] m (inv.) Bernhardiner (-hund) m; **~crépin** F [~kre'pɛ̃] m (inv.) Habseligkeiten f/pl.

sainteté [sɛ̃t'te] f Heiligkeit f.

saint-frusquin P [sɛ̃frys'kɛ̃] m (inv.) Habseligkeiten f/pl.; **~glinglin** F [~glɛ̃'glɛ̃] adv.: à la ~ am Sankt-Nimmerleins-Tag; **2-Père** [~-'pɛ:r] m der Heilige Vater, Papst m; **~Siège** [~'sjɛ:ʒ] m der Heilige Stuhl; **~Sylvestre** [~sil'vɛstrə] f Silvester m od. n.

sais [sɛ] prés. von savoir (1. u. 2. Person sg.).

saisi 🏛 [sɛ'zi] m Gepfändete(r) m; **~ie** 🏛 [~] f Beschlagnahme f (a. v. Zeitungen); Pfändung f; **~ine** 🏛 [~-'zin] f Besitzrecht n e-s Erben; Anrufung f, Befassung f; **~ir** [~'zi:r] v/t. (2a) ergreifen (a. fig.), fassen, packen; Krankheit: j-n befallen; 🏛 pfänden; fig. verstehen, auffassen; ~ q. à bras le corps j-n umklammern; 🏛 ~ un tribunal ein Gericht anrufen (de qch. wegen etw.); se ~ de q. (de qch.) sich j-s (e-r Sache) bemächtigen.

saisiss|able ʒ̣t̨ [sɛzi'sablə] *adj.* pfändbar; **~ant, -e** [~'sã,~'sã:t] *adj.* ergreifend; *Kälte*: durchdringend; **~ement** [~s'mã] *m* Erschauern *n* (*vor Kälte*); (plötzliche) Ergriffenheit *f*; Schock *m*.

saison [sɛ'zɔ̃] *f* Jahreszeit *f*; Zeit *f der Ernte, der Reife*; Saison *f*; la ~ bat son plein es ist Hochsaison; la ~ des fraises de Erdbeerzeit; marchand *m* de(s) quatre ~s s. quatre-saisons; *fig.* être de ~ angebracht (*od.* passend) sein; **~ner** [~zɔ'ne] *v/i.* (1a) reichlich Früchte tragen; **~nier, -ère** [~'nje, ~'njɛ:r] **1.** *adj.* der Jahreszeit entsprechend; saisonbedingt; Saison...; *ouvrier m* ~ = **2.** *m* Saisonarbeiter *m*.

salad|e [sa'lad] *f* **1.** *cuis.* Salat *m*; ~ de laitue (Kopf-)Salat *m* (*zubereitet*); **2.** *fig.* Durcheinander *n*; F *panier m à* ~ s. *panier*; * *péj.* raconter des ~s etw. zs.-faseln; **~ier** [~'dje] *m* Salatschüssel *f*.

salage [sa'la:ʒ] *m* Salzen *n*; Pökeln *n*; Streusalz *n*.

salaire [sa'lɛ:r] *m* (*Arbeits-)Lohn m*; (*Angestellten-)Gehalt n*; ~ de base Grund-lohn *m*, -gehalt *n*.

salaison [salɛ'zɔ̃] *f* Einsalzen *n*; ~s *pl.* Pökelfleisch *n*.

salamandre [sala'mã:drə] *f zo.* Salamander *m*; ⊕ *kleiner Dauerbrandofen m*.

salant [sa'lã] *adj./m.*: *lac m* ~ Salzsee *m*; *marais m* ~ Salzsumpf *m*.

salari|al, -e [sala'rjal] *adj.* (*m/pl. -aux*) Lohn...; **~at** [~'rja] *m* Stellung *f* e-s Lohnempfängers; Arbeitnehmerschaft *f*; **~é, -e** [~'rje] *su.* Arbeitnehmer(in *f*) *m*; Gehalts-, Lohnempfänger(in *f*) *m*.

salaud, -e P [sa'lo, ~'lo:d] **1.** *adj.* gemein, fies F; **2.** *m* gemeiner Kerl *m*.

sale [sal] *adj.* schmutzig; *fig.* zotig.

salé, -e [sa'le] **1.** *adj.* salzig; Salz...; *fig.* beißend, scharf; schlüpfrig; F *Preis*: gepfeffert; **2.** *m* Pökelfleisch *n*; *petit* ~ frisch eingesalzenes Schweinefleisch *n*; P Gör *n*.

sal|ement P [sal'mã] *adv.* außerordentlich, sehr, mächtig, verdammt P; **~er** [~'le] *v/t.* (1a) salzen; einsalzen, (ein)pökeln; *fig.* F ~ la note e-e gepfefferte Rechnung machen; *fig.* ~ q. j-n streng bestrafen; **~eté** [~l'te] *f* Schmutz *m*; *fig.* Zote *f*, Schweinerei *f*; F ~s *pl.* Ramsch *m*.

salicaire ♀ [sali'kɛ:r] *f* Weiderich *m*.

saliculture [salikyl'ty:r] *f* Salzgewinnung *f*.

salière [sa'ljɛ:r] *f* Salznäpfchen *n*.

salifi|able ʌ̯ [sali'fjablə] *adj.* salzbildend; **~cation** ʌ̯ [~fika'sjɔ̃] *f* Salzbildung *f*; **~er** ʌ̯ [~'fje] *v/t.* (1a) in Salz verwandeln.

saligaud P [sali'go] *m* Schmutzfink *m*; *fig.* Schweinehund *m*.

salin, -e [sa'lɛ̃, ~'lin] **1.** *adj.* salzhaltig, -artig; ♀ auf Salzboden wachsend; *Marmor*: körnig; *solution f* ~e Salzlösung *f*; **2.** *m* Salzsumpf *m*.

salin|e [sa'lin] *f* Saline *f*; Salzsud *m*; **~ité** [~ni'te] *f* Salzgehalt *m*.

sal|ir [sa'li:r] *v/t.* (2a) beschmutzen, besudeln; **~issant, -e** [~li'sã, ~'sã:t] *adj.* (be)schmutzend; entehrend.

sali|vaire [sali've:r] *adj.* Speichel...; **~vation** 😕 [~va'sjɔ̃] *f* Speichelfluß *m*; **~ve** [~'li:v] *f* Speichel *m*; **~ver** [~li've] *v/i.* (1a) Speichel absondern.

salle [sal] *f* Saal *m*, (*großes) Zimmer n*; ~ à manger Eßzimmer *n*; Speisesaal *m*; ~ de séjour Wohnzimmer *n*; ~ d'attente Warteraum *m*; ~ d'eau Duschraum *m*; ~ d'école Klassenraum *m*; ⚡ ~ de commande Schaltzentrale *f*; ~ de spectacle Schauspielhaus *n*.

salmi|gondis [salmigɔ̃'di] *m* Sammelsurium *n*; ~s *cuis.* [~'mi] *m* Ragout *n von gebratenem Geflügel od. Wildbret*.

salon [sa'lɔ̃] *m* Salon *m*, Empfangszimmer *n*; (*Kunst-)Ausstellung f*; ~ de l'automobile Automobil-ausstellung *f*, -salon *m*.

salop|e P [sa'lɔp] *f* Schlampe *f*, liederliches Frauenzimmer *n*; **~erie** P [~'pri] *f* Schweinerei *f*; *fig.* Gemeinheit *f*; Schund *m*; **~ette** [~'pɛt] *f* **1.** Monteuranzug *m*; **2.** Träger-, Spielhose *f*.

salpêtre ʌ̯ [sal'pɛ:trə] *m* Salpeter *m*.

salpingite 😕 [salpɛ̃'ʒit] *f* Eileiterentzündung *f*.

salsifis ♀ [salsi'fi] *m* Bocksbart *m*; ~ noir, ~ d'Espagne Schwarzwurzel *f*.

saltation [salta'sjɔ̃] *f* **1.** *géol.* Saltation *f*; **2.** ⊕ Transport *m* durch Ausnutzung der Wasserkraft.

saltimbanque [saltɛ̃'bã:k] *m* Seiltänzer *m*, Gaukler *m*.

salubr|e [sa'ly:brə] *adj.* gesundheitsfördernd; gesund, heilsam; **~ité** [~lybri'te] *f* Bekömmlichkeit *f*, Zuträg-

lichkeit f *der Luft usw.*; Hygiene f,
Gesundheitspflege f.
saluer [sa'lɥe] *v/t.* (1n) grüßen; be-
grüßen; ✗, ⚓ salutieren (*q.* vor j-m);
se ~ sich (dat.)grüßen.
salure [sa'ly:r] f Salzigkeit f.
salut [sa'ly] m Wohl n; *rl.* Heil n,
Rettung f; *rl.* ewige Seligkeit f; Gruß
m, Begrüßung f *(durch Gesten; a.* ✗);
rl. Abendgottesdienst m; **~aire**
[~'tɛːr] *adj.* heilsam; **~ation** [~ta-
'sjɔ̃] f Gruß m, Begrüßung f; **~iste**
[~'tist] *su.* Mitglied n der Heils-
armee.
salve [salv] f ✗ Salve f; *fig.* Beifalls-
sturm m.
samedi [sam'di] m Sonnabend m,
Samstag m.
samovar [samo'va:r] m Samowar m.
sana F [sa'na] m, **~torium** [~tɔ'rjɔm]
m *(pl.* **~s)** Sanatorium n.
sanctifi|cateur, -rice *rl.* [sãktifika-
'tœːr, ~'tris] **1.** *adj.* heiligend; **2.** m: le
♀ der Heilige Geist; **~cation** *rl.* [~ka-
'sjɔ̃] f Heiligung f; Heilighaltung f;
~er [~'fje] *v/t.* (1a) heiligen; heilig-
halten.
sanction [sãk'sjɔ̃] f Sanktion(ierung
f) f; Genehmigung f; *pol.* Sanktion f,
Vergeltungsmaßnahme f; **~ner** [~
sjɔ'ne] *v/t.* (1a) sanktionieren; *pol.*
mit Sanktionen belegen.
sanctu|aire [sãk'tɥɛːr] m Heiligtum
n; Sanktuarium n e-r Kirche; *fig.*
geweihte Stätte f; △ Kirchenchor m;
✗ Stützpunkt m; **~ariser** [~tɥari-
'ze] *v/t.* (1a) zu e-m gemeinsamen
Stützpunkt machen.
sanctus *rl.* [sãk'tys] m Sanctus n.
sandale [sã'dal] f Sandale f; **~ette**
[~'lɛt] f Sandalette f.
sandow [sã'do] m Sport: Expander
m; ⊕ Gummiseil n.
sandre *icht.* ['sãːdrə] m *od.* f Zander
m.
sandwich [sã'dwitʃ] m *(pl.* **~[e]s)** belegtes Butterbrot n, belegtes Brötchen n, Sandwich n; *fig.* en ~ entre
eingeklemmt zwischen (*dat.*).
sang [sã] m Blut n; *fig.* Abkunft f;
Menschenschlag m; *pur* ~ Voll-
blut(pferd n) n; *fig. il a ça dans le* ~
das liegt ihm im Blut; *il a du* ~ er hat
Ehrgefühl; er weiß, was er will; se
faire du mauvais ~ sich Sorgen machen; ✗ *coup* m *de* ~ Schlaganfall m; F
piquer un coup de ~ plötzlich wütend
werden; **~froid** [~'frwa] m *(inv.)*

Kaltblütigkeit f; *de* ~ kaltblütig, gelassen.
sangl|ant, -e [sã'glã, ~'glãːt] *adj.* blu-
tig; *fig.* bitter; **~e** ['sãːglə] f Gurt m;
Tragriemen m; **~er** [sã'gle] *v/t.* (1a)
mit e-m Gurt zs.-schnüren; F ~ *un
coup de poing à q.* j-m e-n tüchtigen
Faustschlag versetzen; se ~ *dans son
uniforme* sich in s-e Uniform zwängen.
sanglier *zo.* [sãgli'e] m Wildschwein
n.
sanglot [sã'glo] m Schluchzen n; **~er**
[~glɔ'te] *v/i.* (1a) schluchzen.
sangsue [sã'sy] f *zo.* Blutegel m; *fig.* F
Person: Klette f F.
sanguin, -e [sã'gɛ̃, ~'gin] **1.** *adj.* Blut-
...; blutreich, vollblütig; blutfarben;
fig. sanguinisch; **2.** m Sanguiniker m;
~aire [~gi'nɛːr] **1.** *adj.* blutdürstig;
Kampf: blutig; *fig.* grausam; *Tier:*
reißend; **2.** f ♀ Blutwurz f; **~e** [~'gin]
f Blut-apfelsine f, -orange f; *min.*
roter Jaspis m; Rötel(zeichnung f) m;
~olent, -e ✗ [~nɔ'lã, ~'lãːt] *adj.* mit
Blut vermischt.
sanie ✗ [sa'ni] f wässeriger Eiter m.
sani|eux, -se [~'njø, ~'njøːz] *adj.*
eit(e)rig; **~nisme** [~ni'nism] m
sexuelles Sichausstoben n; **~taire** [~
'tɛːr] **1.** *adj.* sanitär; Gesund-
heits...; **2.** m: le ~ die sanitären
Anlagen f/pl.
sans [sã] **1.** *prp.* ohne (*acc.*); ...los; ~
doute wahrscheinlich; sicher(lich); ~
aucun doute zweifellos; ~ *faute* fehler-
los; ~ *pain* brotlos; ~ *quoi* sonst,
andernfalls; ~ *mit inf.*: ohne zu; **2.** *cj.*:
~ *que* (*subj.*) ohne daß; **~abri** [sãza-
'bri] *su. (inv.)* Obdachlose(r m) m u.
f; Trebegänger(in f) m; **~cœur** F
[sã'kœːr] *su. (inv.)* Rohling m; **~-
culotte** *hist.* [~ky'lɔt] m *(pl.* **~s)**
Sansculotte m; **~façon** [~fa'sɔ̃] m
(inv.) Ungezwungenheit f; **~fil** [~
'fil] m *(pl.* **~s)** Funkspruch m; **~-
filiste** [~fi'list] m *(pl.* **~s)** Funker m;
Radiobastler m; **~gêne** [~'ʒɛːn] m
(inv.) Ungeniertheit f; **~logis** [~lɔ-
'ʒi] *su. (inv.)* Obdachlose(r m) m u. f.
sansonnet *orn.* [sãsɔ'nɛ] m Star m.
sans|-parti [sãpar'ti] *su. (inv.)* Par-
teilose(r m) m u. f; **~-patrie** [~pa'tri]
su. (inv.) Heimatlose(r m) m u. f; **~-
souci** [~su'si] *adj. (inv.)* sorglos; **~-
travail** [~tra'vaj] *su. (inv.)* Arbeits-
lose(r m) m u. f.
santal [sã'tal] m Sandelholz n.

santé [sɑ̃'te] f Gesundheit f; être en bonne ~ gesund sein; meilleure ~! gute Besserung!; à votre (bonne) ~! auf Ihr Wohl!, prosit!; maison f de ~ Privatklinik f; Nervenheilanstalt f.

sant|oline ♀ [sɑ̃to'lin] f Zypressenkraut n; **~on** [~'tɔ̃] m bunte (Weihnachts-)Krippenfigur f aus Terrakotta.

sanve ♀ [sɑ̃:v] f Ackersenf m.

saoud|ien, -ne [sau'djɛ̃, ~'djɛn] **1.** adj. saudiarabisch; **2.** ♀s m/pl. Saudiaraber m/pl.; **2ite** géogr. [~'dit] adj. Saudi-.

saoul, -e [su, sul] adj. s. soûl.

sapajou [sapa'ʒu] m zo. Kapuzineraffe m; fig. kleiner, unansehnlicher Mensch m.

sap|e [sap] f ✕ Laufgraben m; Anlegen n von Laufgräben; Pionierwesen n; Untergraben n e-r Mauer; Unterspülung f an der Küste; ⚓ große Sichel f; * ~s pl. Klamotten f/pl. F, Sachen f/pl.; **~er** [~'pe] v/t. (1a) untergraben (a. fig.); unterspülen, aushöhlen; * bekleiden.

sapeur ✕ [sa'pœ:r] m Pionier m; **~-pompier** [~pɔ̃'pje] m (pl. sapeurs-pompiers) Feuerwehrmann m.

saphir [sa'fi:r] m min. Saphir m; ⊕ Saphirnadel f.

sapin [sa'pɛ̃] m ♀ Tanne f; Tannenholz n; * Sarg m; * sentir le ~ ein Todeskandidat sein; **~ière** [~pi'njɛ:r] f Tannenwald m.

saporifique [sapori'fik] adj. Geschmack erzeugend.

sappé, -e * [sa'pe] adj.: être bien ~ in Schale sein, schick angezogen sein.

sapristi! [sapris'ti] int. verflucht!

sarbacane [sarba'kan] f Blas-, Pusterohr n (a. Spielzeug).

sarcas|me [sar'kasm] m Sarkasmus m; **~tique** [~'tik] adj. sarkastisch.

sarcelle orn. [sar'sɛl] f Krickente f.

sarcl|er ✓ [sar'kle] v/t. (1a) (aus-)jäten; **~oir** ✓ [~'klwa:r] m Jäthacke f.

sarcome ✿ [sar'ko:m] m Sarkom n.

sarcophage [sarkɔ'fa:ʒ] m Sarkophag m.

sarcopte ent. u. ✿ [sar'kɔpt] m Krätzmilbe f.

sarde [sard] **1.** adj. sardisch; **2.** ♀ su. Sarde m, Sardin f.

sardin|e [sar'din] f Sardine f; ~s pl. à l'huile Ölsardinen f/pl.; ✕ F ~s pl. Tressen f/pl. der Unteroffiziere; **~ier** [~'nje] m **1.** Sardinenfischer m; **2.**

Boot n für den Sardinenfang.

sardoine min. [sar'dwan] f Sardonyx m.

sardonique [sardɔ'nik] adj. höhnisch.

sari [sa'ri] m Sari m.

sarigue zo. [sa'ri:g] f Beutelratte f.

sarment ♀ [sar'mɑ̃] m (Wein-)Rebe f, Ranke f; Rebholz n; **~eux, -se** ♀ [~'tø:z] adj. rankenreich.

sarrasin, -e [sara'zɛ̃, ~'zin] **1.** adj. sarazenisch; **2.** ♀(e) su. Sarazene m, Sarazenin f; **3.** m ♀ Buchweizen m; **~e** ehm. frt. [~'zin] f Fallgatter n.

sarrau [sa'ro] m (pl. ~s od. ~x) (Bauern-, Maler- od. Kinder-)Kittel m.

sarriette ♀ [sa'rjɛt] f Bohnenkraut n.

sarrois, -e [sa'rwa, ~'rwa:z] **1.** adj. saarländisch; **2.** ♀(e) su. Saarländer(in f) m.

sas [sɑ] m **1.** Haarsieb n; **2.** ⊕ Schleusenkammer f; ✕ Gasschleuse f; ⚓ Luftschleuse f; Raumschiff: Verbindungsschleuse f.

sasse ⚓ [sɑs] f Wasserschaufel f, Schöpfkelle f.

sasser [sa'se] v/t. (1a) **1.** durchsieben; sichten; **2.** ⚓ durchschleusen.

satané, -e F [sata'ne] adj. verteufelt.

satanique [sata'nik] adj. satanisch.

satellis|ation [satɛliza'sjɔ̃] f Entsendung f auf e-e Satellitenbahn; **~er** [~'ze] v/t. (1a) auf e-e Satellitenbahn schicken; pol. zu (e-m) Satelliten degradieren.

satellite [satɛ'lit] **1.** m ast., pol. Satellit m; ~ météorologique Wettersatellit m; **2.** m ✈ Abfertigungsgebäude n; **3.** adjt.: phénomène m ~ Begleiterscheinung f; pol. État m ~ Satellitenstaat m.

satiété [sasje'te] f Übersättigung f; à ~ bis zum Überdruß.

satin text. [sa'tɛ̃] m Satin m; **~é, -e** [~ti'ne] adj. atlasweich; sehr zart; satiniert; **~ette** † [~'nɛt] f baumwollener Satin m.

satir|e [sa'ti:r] f Satire f; Spott-gedicht n, -schrift f; fig. (witziger) Spott m; **~ique** [~ti'rik] **1.** adj. satirisch; poète m ~ = **2.** m Satiriker m; **~iser** [~ri'ze] v/t. (1a) verspotten.

satis|faction [satisfak'sjɔ̃] f Befriedigung f; Genugtuung f; **~faire** [~'fɛ:r] (4n) v/t. befriedigen; j-n zufriedenstellen; v/i.: ~ à Genüge tun; Verpflichtungen nachkommen; e-r Lei-

denschaft frönen; **~faisant, -e** [~fə-
'zã, ~'zɑ:t] _adj._ befriedigend; **~fait,
-e** [~'fɛ, ~'fɛt] _adj._ zufrieden.
satou ★ [sa'tu] _m_ Zirkuskünstler _m_
(_Tierleichenfresser, Feuerschlucker_).
satur|able ⚗ [saty'rablə] _adj._ sätti-
gungsfähig, **~ation** [~ra'sjɔ̃] _f_ Sätti-
gung _f_; _fig._ Überfüllung _f_ (_z. B. e-s
Krankenhauses_): Überlastung _f_ (_e-s
Kabelnetzes; e-r Straße_); **~er** [~'re]
_v/t._ (1a) ⚗ sättigen; _fig._ übersättigen.
saturnisme ☿ [satyr'nism] _m_ Blei-
vergiftung _f_.
satyre [sa'ti:r] _m myth._ Satyr _m_; _fig._
Lüstling _m_.
sauc|e [so:s] _f_ **1.** _cuis._ Soße _f_; ~ _ravigote_
pikante Soße _f_; **2.** F Regenguß _m_; **3.** F
Benzin _n_; _donner (od. mettre) toute la_
~ Vollgas geben; **~ée** P [so'se] _f_
Regenguß _m_; _fig._ Züchtigung _f_; **~er**
[~] _v/t._ (1k) _Teller mit Brot aus-
wischen;_ F _fig. se faire_ ~ patschnaß
werden; **~ière** [~'sjɛ:r] _f_ Soßen-
schüssel _f_.
sauciss|e [so'sis] _f_ Bratwurst _f_;
Würstchen _n_; ✈ F Fesselballon _m_;
~on [~'sɔ̃] _m_ **1.** Wurst _f_; ~ _sec_ Hart-
wurst _f_; _tranche_ (_od. rondelle_) _de_ ~
Wurstscheibe _f_; _entamer un_ ~ _e-e_
Wurst anschneiden; **2. ★** ✈ Fesselballon _m_.
sauf [sof] **1.** _adj._ (_f:_ **sauve** [so:v])
unbeschädigt, wohlbehalten; _l'hon-
neur est_~ die Ehre ist gerettet; **2.** _prp._
mit Ausnahme von; bis auf; außer; ~
accident de parcours, ~ _imprévu_ wenn
nichts Außergewöhnliches dazwi-
schenkommt; **~conduit** _bsd._ ✕
[~kɔ̃'dɥi] _m_ (_pl._ ~s) Passierschein _m_;
freies Geleit _n_.
sauge ♀ [so:ʒ] _f_ Salbei _m od. f_.
saugrenu, -e [sogrə'ny] _adj._ absurd.
saule ♀ [so:l] _m_ Weide _f_; ~ _pleureur_
Trauerweide _f_.
saumâtre [so'mɑ:trə] _adj._ _Wasser:_
brackig; leicht salzig; _fig._ bitter, unangenehm.
saumon _icht._ [so'mɔ̃] _m_ Lachs _m_; **~é,
-e** [~mo'ne] _adj._ lachsartig; _truite f_~_e_
Lachsforelle _f_.
saumur|e [so'my:r] _f_ (Salz-)Lake _f_;
~é, -e [~my're] _adj.:_ _harengs m/pl._ ~s
Salzheringe _m/pl._
sauna [so'na] _m_ Sauna _f_.
saunage [so'na:ʒ] _m_ ⊕ Salzgewinnung _f_; ✝ Salzhandel _m_.
saupiquet _cuis._ [sopi'kɛ] _m_ Art pi-

kante Soße _f_.
saupoudrer [sopu'dre] _v/t._ (1a) (mit
Salz, Zucker _usw._) bestreuen; _fig._ ~
de qch. Rede _usw._ mit etw. (_dat._)
würzen.
saur [so:r] _adj./m:_ _hareng m_ ~ Bückling _m_; **~é** [~] _adj._ _Pferd:_ gelbbraun;
~er [so're] _v/t._ (1a) _Heringe_ räuchern.
saussaie [so'sɛ] _f_ Weidengebüsch _n_.
saut [so] _m_ Sprung _m_, Satz _m_; (_Was-
ser-_)Fall _m_; _gym._ ~ _au cheval d'arçon_
Sprung _m_ über das Pferd; ~ _en hau-
teur_ (~ _en longueur_) Hoch-(Weit-)
sprung _m_; _au_ ~ _du lit_ beim Aufstehen; ~ _de haies_ Hürdensprung _m_; ~ _à
la perche_ Stabhochsprung _m_; ~ _péril-
leux_ Salto mortale _m_; _fig. faire faire le_
~ _à q._ j-n um s-e Stellung bringen;
j-m (_damit er fällt_) ein Bein stellen;
par ~_s_ sprungweise; **~-de-lit** [sod'li]
_m_ (_pl._ _sauts-de-lit_) leichtes Morgen-
kleid _n_; **~e** [sot] _f_ ⚓ Umspringen _n_
des Windes; _fig._ ~ _d'humeur_ plötzlicher Stimmungs-umschwung _m_,
~-wechsel _m_; **~e-bouton** [sotbu'tɔ̃]
_m_: _télév._ jouer à ~ an den Schalt-
knöpfen herumspielen; **~ée** _gym._
[so'te] _f_ Sprungweite _f_.
sautelle ⚘ [so'tɛl] _f_ Setzrebe _f_.
saute-mouton [sotmu'tɔ̃] _m_ (_inv._) **1.**
gym. Bockspringen _n_; **2.** _Auto:_ Ko-
lonnenspringen _n_.
sauter [so'te] (1a) **1.** _v/i._ springen; in
die Luft fliegen, explodieren, ge-
sprengt werden; _von e-m Gegenstand
zum anderen_ übergehen; _Wind:_ umspringen; ~ _en l'air_ vor Wut in die
Luft springen; ~ _avec élan_ mit Anlauf
springen; _faire_ ~ sprengen, in die
Luft jagen; _cuis._ braten; ~ _sur l'occa-
sion_ die Gelegenheit beim Schopf
ergreifen; **2.** _v/t._ (weg)springen (_qch._
über etw. _acc._); _Wort, Zeile_ auslassen; ~ _le pas_ zu e-m Entschluß kommen; sterben; F _fig. la_ ~ Kohldampf
schieben F; **~elle** [~'tɛl] _f_ _ent._
Heuschrecke _f_; _fig. Person:_ grande ~
Bohnenstange _f_; **~ie** [~'tri] _f_ kleines
Tänzchen _n_.
saut|eur, -se [so'tœ:r, ~'tø:z] **1.** _su._
Sport: Springer(in _f_) _m_; **2.** _m_ F unzu-
verlässiger Mensch _m_, Luftikus _m_;
~euse [~'tø:z] _f_ _cuis._ Bratpfanne _f_; **★**
leichtes Mädchen _n_; **~iller** [~'tije]
_v/i._ (1a) hüpfen, hopsen; **~oir** [~-
'twa:r] _m_ _gym._ Sprunggrube _f_; ∅
liegendes (_od. Andreas-_)Kreuz _n_;

lange Halskette f; ordre m en ~ am
Bande auf der Brust getragener Orden m.

sauvage [so'va:ʒ] **1.** adj. wild; scheu;
fig. ungesellig; ungesittet; **2.** su. Wil-
de(r m) m u. f; **~eon** ✓ [~va'ʒɔ̃] m
Wildling m; **~erie** [~ʒ'ri] f Wildheit
f; Roheit f; F fig. Menschenscheu f;
~ine [~'ʒin] f coll. Wasservögel m/pl.;
✝ Wildbalg m; sentir la ~ nach Was-
servögeln riechen.

sauve [so:v] s. sauf.

sauvegard|e [sov'gard] f Schutz m,
Gewährleistung f; Wahrung f; **~er**
[~'de] v/t. (1a) schützen, bewahren;
wahrnehmen.

sauve-qui-peut [sovki'pø] m (inv.)
Panik f; wilde Flucht f.

sauver [so've] v/t. (1a) retten; ⚓
bergen; in Sicherheit bringen; rl.
erlösen; fig. wahren; se ~ sich retten;
davonlaufen; F (weg)gehen, abhauen F; Milch: überkochen; se ~ sur
qch. sich durch etw. (acc.) schadlos
halten.

sauvet|age [sov'ta:ʒ] m Rettung f;
Bergung f; **~eur** [~'tœ:r] **1.** m Retter
m; **2.** adj./m: bateau m ~ Rettungsboot m.

sauvette [so'vɛt] advt.: à la ~ a) unterderhand, illegal, Schwarzmarkt...;
b) in aller Eile, in Hast.

sauveur [so'vœ:r] m Retter m (des
Vaterlandes; vom Arzt); ♀ rl. Erlöser
m.

savamment [sava'mã] adv. mit
gründlicher Sachkenntnis.

savane géogr. [sa'van] f Savanne f.

savant, -e [sa'vã, ~'vã:t] **1.** adj. gelehrt, erfahren, kunstvoll, geschickt;
chien m ~ abgerichteter (od. dressier-
ter) Hund m; **2.** su. Gelehrte(r m) m
u. f.

savarin pât. [sava'rɛ̃] m Savarin f.

savate [sa'vat] f abgetragener Schuh
m (od. Pantoffel m); Sport: Bein-
stoßen m (Art Boxen mit den Beinen);
F péj. Tolpatsch m, Pfuscher m,
Niete f (fig.); F fig. traîner la ~ sich
kümmerlich durchschlagen.

savetier ✝ [sav'tje] m Flickschuster
m.

saveur [sa'vœ:r] f Geschmack m; fig.
Pikanterie f; sans ~ fade.

savoir [sa'vwa:r] **1.** v/t. (3g) wissen;
können, verstehen; ~ conduire Auto
fahren können; je ne saurais ich kann
nicht (gut); c'est à ~, il est question de

~, il s'agit de ~, il reste à ~ es ist noch
die Frage; advt. (à) ~ und zwar,
nämlich; faire ~ mitteilen, wissen
lassen, bekanntmachen; **2.** m Wissen
n, Gelehrsamkeit f; **~faire** [~'fɛ:r] m
(inv.) Gewandtheit f, Geschicklichkeit f; ⊕, ✝ Anleitung f; Know-how
n; **~vivre** [~'vi:vrə] m (inv.) Lebensart f.

savon [sa'vɔ̃] m Seife f; F fig. Rüffel
m; ~ à barbe Rasierseife f; ~ de
Marseille Kernseife f; ~ en paillettes
Seifenflocken f/pl.; bulle f de ~ Sei-
fenblase f; pain m de ~ Stück n Seife;
donner un coup de ~ à qch. etw. mit
Seife waschen; fig. donner un ~ à q.
j-m den Kopf waschen; **~nage**
[~vɔ'na:ʒ] m Abseifen n; **~ner** [~'ne]
v/t. (1a) mit Seife waschen; einseifen
(zum Rasieren); **~nerie** [~n'ri] f
Seifensiederei f; **~nette** [~'nɛt] f
(Stück n) Toilettenseife f; montre f à
~ Sprungdeckeluhr f; **~neux, -se**
[~'nø, ~'nø:z] adj. seifig.

savour|er [savu're] v/t. (1a) genie-
ßen; **~eux, -se** [~'rø, ~'rø:z] adj.
schmackhaft; saftig; fig. pikant,
köstlich.

savoyard, -e [savwa'ja:r, ~'jard] **1.**
adj. savoyisch; **2.** ℒ(e) su. Savoyer
(in f) m.

saxatile [saksa'til] adj. ♀ auf Felsen
wachsend; zo. zwischen (od. unter)
Steinen lebend.

saxe [saks] m Meißener Porzellan n.

saxifrage ♀ [saksi'fra:ʒ] f Steinbrech
m.

saxo ♪ [sa'kso] m Saxophonist m;
~phone ♪ [~ksɔ'fɔn] m Saxophon n.

saynète ✝ thé. [sɛ'nɛt] f kleines Lustspiel n, Einakter m.

sbire péj. [zbi:r] m Häscher m, Scherge m.

scabieux, -se ♣ [ska'bjø, ~'bjø:z] adj.
krätzig, skabiös.

scabreux, -se [ska'brø, ~'brø:z] adj.
schlüpfrig, anstößig.

scaferlati [skafɛrla'ti] m Tabak:
Feinschnitt m.

scalène [ska'lɛ:n] adj. ungleichseitig.

scalp [skalp] m Skalp m.

scalpel chir. [skal'pɛl] m Skalpell n.

scandal|e [skã'dal] m Skandal m, An-
stoß m, Ärgernis n, Empörung f,
Entrüstung f; **~eux, -se** [~'lø, ~'lø:z]
adj. skandalös, empörend; **~iser**
[~li'ze] v/t. (1a): ~ q. j-n empören,

j-n entrüsten; se ~ de Anstoß nehmen an (dat.).

scander [skã'de] v/t. (1a) mét. skandieren; allg. Worte beim Sprechen scharf hervorheben.

scandinave [skãdi'na:v] 1. adj. skandinavisch; 2. ♀ su. Skandinavier(in f) m.

scansion mét. [skã'sjõ] f Skandieren n.

scaphandr|e [ska'fã:dr] m Taucheranzug m; Raumanzug m der Astronauten; ~ atomique Atomschutzanzug m; ~ier [~fãdri'e] m Taucher m.

scapulaire [skapy'lɛ:r] 1. adj. Schulter...; 2. m ✠ Schulterbinde f.

scarabée ent. [skara'be] m Skarabäus m, Pillendreher m.

scarifi|cateur [skarifika'tœ:r] m ✍ Schröpfschnäpper m; ✍ Grubber m; ⊕ Straßenaufreißer m; ~er [~'fje] v/t. (1a) ✍ Haut (ein)ritzen; ✍ grubbern.

scarlatine ✍ [skarla'tin] f Scharlach m.

sceau [so] m (pl. ~x) Siegel n; fig. Merkmal n.

scélérat, -e [sele'ra, ~'rat] 1. adj. gemein, niederträchtig; 2. su. Schurke m, Schurkin f; ~esse [~'tɛs] f Niederträchtigkeit f.

scell|é [sɛ'le] m gerichtliches Siegel n; ~er [~] v/t. (1a) be-, versiegeln; fig. bekräftigen; (luftdicht) verschließen; △ einmauern; einzementieren.

scénar|io [sena'rjo] m cin. Drehbuch n; thé. Entwurf m; Text m; allg., éc., pol. Entwicklung f, Verlauf m; Vorgehen m; Situation f; ~iste [~'rist] m Drehbuchautor m.

scène [sɛn] f thé. Bühne f; Szene f; Schauplatz m; Auftritt m; fig. Ereignis n; ~ de ménage Ehekrach m; faire une ~ Vorwürfe machen; ~ en plein air Freilichtbühne f; mettre en ~ auf die Bühne bringen; inszenieren; mise f en ~ Inszenierung f.

scénique [se'nik] adj. szenisch, Bühnen...

scénograph|e thé. [seno'graf] su. Dekorationsmaler(in f) m; ~ie thé. [~'fi] f Bühnenmalerei f.

sceptique [sɛp'tik] 1. adj. skeptisch; 2. su. Skeptiker(in f) m.

sceptre ['sɛptr] m Zepter n.

schém|a [ʃe'ma] m Schema n; ~atique [~'tik] adj. schematisch; ~a-

tiser [~ti'ze] v/t. (1a) schematisch darstellen.

schisme [ʃism] m Kirchenspaltung f, Schisma n; Spaltung f.

schist|e min. [ʃist] m Schiefer m; ~eux, -se [~'tø, ~'tø:z] adj. Schiefer...

schizophr|ène ✍ [skizo'frɛn] 1. adj. schizophren; 2. su. Schizophrene(r m) m u. f; ~énie ✍ [~fre'ni] f Schizophrenie f.

schlague F [ʃlag] f: à la ~ mit Gewalt.

schlass ✶ [ʃlas] adj. (inv.) besoffen P.

schlinguer ✶ [ʃlɛ̃'ge] v/i. (1m) stinken.

schlitte [ʃlit] f Schlitten m (zum Holztransport).

schnaps F [ʃnaps] m Schnaps m.

schnauzer zo. [ʃno-, ʃnaw'ze:r] m Schnauzer m (Hunderasse).

schnorchel ⚓ [ʃnor'kɛl] m Schnorchel m.

schooner ⚓ [ʃu-, sku'nœ:r] m Schoner m.

schuss [ʃus] m Ski: Schußfahrt f; fig. pol. Radikallösung f; F fig. être ~ auf Draht sein.

sciant, -e F [sjã, sjã:t] adj. langweilig, ermüdend; F fig. nervtötend.

sciatique ✍ [sja'tik] 1. adj. Hüft...; 2. f Ischias m (a. f od. n).

scie [si] f ⊕ Säge f; icht. Sägefisch m; F fig. langweilige Sache f (od. Person f); F alte Leier f; Stumpfsinn m; F Gassenhauer m, alte Schlagermelodie f; ♪ ~ musicale singende Säge f; P monter une ~ à q. j-n hochnehmen.

sciemment [sja'mã] adv. wissentlich.

science [sjã:s] f Wissenschaft f; Wissen n; ~ des organisations Betriebswirtschaft f; ~s économiques et commerciales Wirtschaftswissenschaften f/pl.; ~s humaines Geisteswissenschaften f/pl.; ~s naturelles Naturwissenschaften f/pl.; ~-fiction litt. [~fik'sjõ] f Science-fiction f.

scientifique [sjãti'fik] adj. wissenschaftlich.

scier [sje] (1a) v/t. ⊕ sägen; P Nachricht: j-n umwerfen; v/i. ⚓ rückwärts rudern.

scierie ⊕ [si'ri] f Sägewerk n.

scieuse ⊕ [sjø:z] f Sägemaschine f.

scind|ement [sɛ̃d'mã] m Teilung f (nur fig.); ~er [~'de] v/t. (1a) fig. (auf)spalten, trennen; se ~ en sich (auf)spalten in (acc.).

seau

scintill|er [sɛ̃ti'je] v/i. (1a) wie Sterne funkeln, schimmern; **~ométrie** ast. [~jome'tri] f Flimmermessung f.

scion [sjɔ̃] m ♣ Schößling m, Reis n; (dünnes) Ende n e-r Angelrute.

scirpe ♀ [sirp] m Binse f.

sciss|ile [si'sil] adj. spaltbar; **~ion** [~'sjɔ̃] f Spaltung f (a. pol.); faire (une) ~ sich absondern; **~ionnaire** pol. [~sjɔ'nɛːr] m Spalter m; Abtrünnige(r) m; **~ionniste** [~sjɔ'nist] adj.: politique f ~ Spalterpolitik f; **~iparité** biol. [~sipari'te] f Vermehrung f durch Teilung (Protozoen); **~ure** anat. [~'syːr] f Nahtlinie f; Furche f.

sciure [sjyːr] f Sägespäne m/pl.

scléreux, -se ♣ allg. [skle'rø, ~'røːz] adj. verkalkt.

scléro|se ♣ [skle'roːz] f Sklerose f, Verkalkung f; **~ser** [~ro'ze] v/rfl. (1a): se ~ verkalken; **~tique** [~ro'tik] 1. ♣ sklerotisch, verhärtend; 2. f anat. Lederhaut f des Auges.

scobine ⊕ [skɔ'bin] f Raspel f.

scol|aire [skɔ'lɛːr] 1. adj. Schul...; âge m ~ schulpflichtiges Alter n; année f ~ Schuljahr n; établissement m ~ Unterrichtsanstalt f; 2. néol. su. Schüler(in f) m; 3. ♣ m: (groupe m) ~ Schul-bau m, -anlage f; **~arisable** [~lari'zablə] adj. schulpflichtig; **~arisation** [~za'sjɔ̃] f Einschulung f; Schulunterricht m; **~ariser** [~ze] v/t. (1a) einschulen; **~arité** [~'te] f (ganze) Schulzeit f; ~ obligatoire Schulpflicht f.

scolopendre [skɔlɔ'pɑ̃ːdrə] f ent. Tausendfüß(l)er m; ♀ Zungenfarn m.

scombre icht. ['skɔ̃ːbrə] m Makrele f.

sconse [skɔ̃ːs] m Skunkspelz m.

scooter [sku'tœːr] m Motorroller m; se promener à (od. a. en) ~ mit dem Motorroller spazierenfahren.

scootériste [skute'rist] su. Motorrollerfahrer(in f) m.

scorbut [skɔr'byt] m Skorbut m; **~ique** [~'tik] adj. skorbutkrank.

score [skɔːr] m Sport: Punktzahl f, psych. Testpunktwert m; pol. Stimmenanteil m.

scori|e [skɔ'ri] f (mst hochwertige) Stahlschlacke f; fig. Schlacke f; **~s** pl. de haut-fourneau Hochofenschlacke f; ~ de coke Koksschlacke f; **~fication** [~fika'sjɔ̃] f Verschlackung f.

scorpion [skɔr'pjɔ̃] m ent. u. ♋ ast. Skorpion m.

scorsonère ♀ [skɔrsɔ'nɛːr] f Schwarzwurzel f.

scoumoune ✶ [sku'mun] f Pech n (fig.).

scout [skut] m Pfadfinder m; **~isme** [~'tism] m Pfadfinderbewegung f.

scrib|e [skrib] m (Ab-)Schreiber m; péj. = **~ouillard** [~bu'jaːr] m Schreiberling m.

script [skript] 1. m Blockschrift f; ♣ Interimsschein m; 2. f cin. Skriptgirl n.

scroful|e ♣ [skrɔ'fyl] f Skrofulose f, Skrofeln f/pl.; **~eux, -se** ♣ [~'lø, ~'løːz] adj. skrofulös.

scro(n)gneugneu! [skrɔŋnøˈnø] int. alter Gnatzkopp!

scrotum anat. [skrɔ'tɔm] m Hodensack m.

scroutch ✶ [skrutʃ] m Art Volkstanz m.

scrupul|e [skry'pyl] m Skrupel m, Bedenken n; (ängstliche) Gewissenhaftigkeit f; **~eux, -se** [~'lø, ~'løːz] adj. gewissenhaft; peinlich genau.

scrut|ateur, -rice [skryta'tœːr, ~'tris] 1. adj. forschend; 2. su. pol. Stimmzähler(in f) m; **~er** [~'te] v/t. (1a) (aus-, er-)forschen; (gründlich) untersuchen; **~in** [~'tɛ̃] m Abstimmung f, Wahl f; ~ public (secret) öffentliche (geheime) Abstimmung f; ~ de ballottage Stichwahl f; résultat m du ~ Wahlergebnis n; tour m de ~ Wahlgang m.

scull ⚓ [skœl] m Skuller m.

sculpt|er [skyl'te] v/t. (1a) (aus-)schnitzen; Statue in Stein hauen; Steinblock behauen; **~eur** [~'tœːr] m Bildhauer(in f) m; **~ure** [~'tyːr] f Skulptur f; Schnitzwerk n; Autoreifen: Profil n.

se [sə] pr/p. sich.

séance [se'ɑ̃ːs] f Sitzung f; Tagung f; bsd. ♪ Veranstaltung f; a. cin. Vorstellung f; ~ de gymnastique Gymnastikstunde f; peint. ~ de pose Modellsitzen n; ~ plénière Vollsitzung f; ♣ ~ de rayons Bestrahlung f; fig. ~ tenante unverzüglich.

séant, -e [se'ɑ̃, ~'ɑ̃ːt] 1. adj. litt. anständig; schicklich; 2. m Gesäß n; se mettre sur son ~ sich aufrichten.

seau [so] m (pl. ~x) Eimer m; ~ à ordures Mülleimer m; ~ en plastic Plastikeimer m; F il pleut à ~x es gießt (*od.* regnet) in Strömen.

sébacé, -e [seba'se] *adj.* talgartig, Talg...

sébile [se'bil] *f* (kleine) Holzschale *f*.

sec, sèche [sɛk, sɛʃ] **1.** *adj.* trocken; ausgetrocknet; gedörrt; hager; ohne weitere Zutat, rein; glatt (*fig.*); ✝ *Geld:* bar; *Wechsel:* trocken; *Wein:* herb; *fig.* dürr, anmutlos; kalt, gefühllos; barsch, schroff, kraß; ⚡ *Untergang:* vollständig; *Geräusch:* kurz abgebrochen; *coup m de frein sec* scharfes Bremsen *n*; *une perte sèche de quelque 15 millions* ein glatter Verlust von etwa 15 Millionen; *jouer* (*parier*) *sec* hoch spielen (wetten); **2.** *m* das Trockene; Trockenheit *f*; *trockenes Futter n*; ⚓ *Drogbank f; F en cinq sec* im Nu, im Handumdrehen; *F être à sec* kein Wasser haben; *fig.* nichts zu sagen wissen; kein Geld haben, auf dem trocknen sitzen; *fig. boire sec* viel trinken (*od.* zechen).

sécante ⟨ [se'kɑ̃:t] *f* Sekante *f*.

sécateur ✄ [seka'tœːr] *m* Baum-, Garten- *od.* Rosen-schere *f*; ⟨ à volailles Geflügelschere *f*.

sécession *pol.* [sese'sjɔ̃] *f* Trennung *f*; *guerre f de ♀ Sezessionskrieg m* (*1861–1865*); **-niste** [~sjɔ'nist] *su.* Sezessionist *m*.

séchage [se'ʃaːʒ] *m* Trocknen *n*.

sèche¹ [sɛʃ] *s. sec.*

sèche² *zo.* [sɛʃ] *f* Tintenfisch *m*.

sèche³ ⚡ P [sɛʃ] *f* Zigarette *f*, Stäbchen *n* P.

sèche-cheveux ⚡ [sɛʃʃ(ə)'vø] *m* (*inv.*) Haartrockner *m*, Fön *m*.

sécher [se'ʃe] (1f) *v/i.* vertrocknen; verdorren; *fig.* versauern; sich (*vor Ärger*) verzehren; *écol.* nicht antworten können; durchfallen; *v/t.* (ab-, aus-)trocknen; dörren; P hintereinander austrinken; ✱ *j-n* umbringen; *écol.* ✱ *la classe* die Schule schwänzen; *faire ✱ un élève* e-n Schüler in der Prüfung durchfallen lassen.

séch|eresse [seʃ'rɛs] *f* Trockenheit *f*, Dürre *f*; *fig.* Barschheit *f*, Gefühllosigkeit *f*; *peint.*, *Stil:* Härte *f*; **-oir** [~'ʃwaːr] *m* Handtuchhalter *m*; Trocken-boden *m*, -kammer *f*, -platz *m*, -gestell *n*; *phot.* Trockenständer *m*; ✱ *électrique* Haartrockner *m*, Fön *m*; ⊕ ✱ *parapluie* Wäschespinne *f*; ⊕, ⚡ ✱ *rotatif*

Wäschetrockner *m*.

second, -e [sgɔ̃, sgɔ̃:d] **1.** *adj. u. a/n. o.* zweite(r, -s); 2. *su.:* le ✱, la ✱e der, die, das zweite; **3.** *m* ⚓ Deck(unter)offizier *m*, Maat *m*; ⚓ zweiter Stock *m*, zweite Etage *f*; Sekundant *m bei e-m Duell*; en ✱ an zweiter Stelle; **-aire** [sgɔ̃'dɛːr] **1.** *adj.* sekundär; nebensächlich; Neben...; *école f ✱* höhere Schule *f*; *enseignement m ✱ =* **2.** *m* höheres Schulwesen *n*; Unterricht *m* an höheren Schulen; **-e** [sgɔ̃:d] *f* Zeiteinheit, ♪ Sekunde *f*; *Fr. écol.* Sekunda *f*; 🚗 zweite Klasse *f*; *Auto:* zweiter Gang *m*; *esc.* Sekondhieb *m*; ✝ ✱ *de change* Sekundawechsel *m*; **-ement** [sgɔ̃'dmɑ̃] *adv.* zweitens; **-er** [~'de] *v/t.* (1a): ✱ *q.* j-m beistehen, j-m helfen; ✱ *les désirs de q.* j-s Wünsche unterstützen.

secouer [s(ə)'kwe] *v/t.* (1a) schütteln, rütteln; *fig.* aufrütteln.

secour|able [səku'rablə] *adj.* hilfsbereit; **-ir** [~'riːr] *v/t.* (2i): ✱ *q.* j-m helfen; **-iste** [~'rist] *su.* (Sanitäts-)Helfer(in *f*) *m*; ✱s [s(ə)'kuːr] *m* Hilfe *f*, Beistand *m*; Unterstützung *f*; Fürsorge *f*; *au* ✱! Hilfe!; ✱ *de chômage* Arbeitslosenunterstützung *f*.

secousse [s(ə)'kus] *f* Erschütterung *f* (*a. fig.*), Stoß *m* (*a. fig.*); Erdstoß *m*; ⚡ Schlag *m*; 💊 ✱ *nerveuse* Nervenschock *m*; *advt. par* ✱s stoß-, ruckweise.

secret, -ète [sə'krɛ, ~'krɛt] **1.** *adj.* geheim, verborgen; *fig.* verschwiegen; **2.** *m* Geheimnis *n*; *fig.* geheimes Mittel *n*; Kunstgriff *m*; Verschwiegenheit *f*; *en* ✱ insgeheim; ✱ *de Polichinelle* öffentliches Geheimnis *n*; ✱ *professionnel* Berufsgeheimnis *n*; *être dans le* (*od. du*) ✱ (in das Geheimnis) eingeweiht sein; *mettre q. dans le* ✱ j-n (in das Geheimnis) einweihen; 🔒 *mettre au* ✱ *Häftling* isolieren.

secrét|aire [səkre'tɛːr] **1.** *su.* Sekretär(in *f*) *m*; ✱ *particulier* (-ère) Privatsekretär(in *f*) *m*; **2.** *m* Schriftführer *m*; *Möbel:* Sekretär *m*, Schreibschrank *m*; *orn.* Sekretär *m*, Stelzengeier *m*; **-ariat** [~ta'rja] *m* Sekretariat *n*, Büro *n*; Geschäftsstelle *f*.

sécrét|er *physiol.* [sekre'te] *v/t.* (1f) absondern; **-eur, -se** *od.* **-rice** *physiol.* [~'tœːr, ~'tøːz *od.* ~'tris] *adj.* absondernd; **-ion** *physiol.* [~'sjɔ̃] *f* Absonderung *f*.

sect|aire *rl.* [sɛk'tɛːr] *m* Sektierer *m*;

~arisme rl. u. fig. [~ta'rism] m Sektiererturm n; **~e** rl. [sɛkt] f Sekte f.

secteur [sɛk'tœːr] m Sektor m (a. A); X Frontabschnitt m; ⚡ (Strom-)Netz n; éc. Wirtschafts-sektor m, -bereich m; ~ primaire primärer Sektor m; Landwirtschaft f und Bergbau m; ~ secondaire sekundärer Sektor m; Industrie f; ~ tertiaire tertiärer Sektor m; Dienstleistungssektor m; ~ quaternaire Sozialbereich m.

section [sɛk'sjɔ̃] f Durchschneidung f; A Schnitt m; ⊕ Querschnitt m; Abschnitt m; Straßenbahn, Bus: Teilstrecke f; adm. Abteilung f, Sektion f; X Zug m, Trupp m; gym. Riege f; **~ner** [~sjɔ'ne] v/t. (1a) durchschneiden; fig. auf-, unter-teilen (en in acc.).

séculaire [seky'lɛːr] adj. alle hundert Jahre stattfindend; hundertjährig; **~ariser** [~lari'ze] v/t. (1a) säkularisieren, verweltlichen; **~ier, -ère** [~'lje, ~'ljɛːr] 1. adj. weltlich; 2. su. Laie m.

sécuriser [sekyri'ze] v/t. (1a) ein Gefühl der Sicherheit geben (q. j-m); **~ité** [~'te] f Sicherheit f; ⚥ sociale Fr. Sozialversicherung f; Krankenkasse f (der sozialen Krankenversicherung).

sédatif, -ve ⚕ [seda'tif, ~'tiːv] 1. adj. schmerzstillend, beruhigend; 2. m schmerzstillendes Mittel n.

sédentaire [sedɑ̃'tɛːr] adj. viel sitzend; fig. häuslich; Bevölkerung: seßhaft; vie f ~ sitzende (bzw. seßhafte) Lebensweise f; **~arité** [~tari'te] f sitzende Tätigkeit f; Bewegungsarmut f.

sédiment [sedi'mɑ̃] m (Boden-)Satz m, Niederschlag m; géol. Ablagerung f; **~aire** géol. [~'tɛːr] adj. Ablagerungs..., sedimentär; **~ation** [~ta-'sjɔ̃] f 1. ⚕ ~ du sang Blutsenkung f; 2. géol. Ablagerung f.

sédit|ieux, -se [sedi'sjø, ~'sjøːz] 1. adj. aufrührerisch; 2. su. Aufständische(r m) m u. f; **~ion** [~'sjɔ̃] f Aufstand m.

séduct|eur, -rice [sedyk'tœːr, ~'tris] 1. adj. verführerisch; 2. su. Verführer(in f) m; **~ion** [~k'sjɔ̃] f Verführung f; fig. Zauber m.

séduire [se'dɥiːr] v/t. (4c) verführen, verleiten; hinreißen, bezaubern; j-n gewinnen; **~sant, -e** [~dɥi'zɑ̃, ~'zɑ̃ːt] adj. verführerisch; fig. bezaubernd.

séga [se'ga] f kreolischer Volkstanz m.

segment [sɛg'mɑ̃] m A, zo. Segment n, Abschnitt m; A ~ circulaire Kreisabschnitt m; ⊕ ~ de piston Kolbenring m; 🚋 ~ de frein Bremsbacke f; **~aire** zo. [~'tɛːr] adj. segmentär; **~er** [~'te] v/t. (1a) in Abschnitte teilen.

ségrégation [segrega'sjɔ̃] f Absonderung f; ~ raciale Rassentrennung f; **~niste** [~gasjo'nist] 1. adj. Rassentrennungs...; 2. su. Vertreter(in f) m der Rassentrennung.

seiche zo. [sɛʃ] f Tintenfisch m.

séide péj. [se'id] m fanatischer und rücksichtsloser Anhänger m.

seigle ✿, ♀ ['sɛglə] m Roggen m.

seigneur [sɛ'nœːr] m hist. (Lehns-, Landes-, Guts-)Herr m; z. T. noch heute: Großgrundbesitzer m; grand ~ ehm. Standesherr m; heute péj. Junker m; rl. le ⚥ der Herr, Gott m; **~ial, -e** [~nœ'rjal] adj. (m/pl. -aux) herrschaftlich; **~ie** [~'ri] f hist. Lehnsherrschaft f; herrschaftliches Gut n; Anrede: Sa ⚥ Seine Herrlichkeit.

sein [sɛ̃] m Busen m, Brust f; fig. Schoß m, Innerste(s) n, Herz n.

seine [sɛːn] f Fischerei: Schleppnetz n.

seing ⚖ [sɛ̃] m: acte m sous ~ privé Privaturkunde f.

séisme [se'ism] m Erdbeben n; fig. Erschütterung f.

seiz|e [sɛːz] 1. a/n. c. sechzehn; 2. m Sechzehn f; **~ième** [sɛ'zjɛm] 1. a/n. o. sechzehnte(r, -s); 2. m Sechzehntel n.

séjour [se'ʒuːr] m Aufenthalt m; fig. Wohnsitz m; permis m de ~ Aufenthaltsgenehmigung f; interdiction f de ~ Aufenthaltsverbot n; **~ner** [~ʒur'ne] v/i. (1a) sich aufhalten, verweilen; Rast machen.

sel [sɛl] m Salz n; fig. feiner Witz m, Pikanterie f; ~ nutritif Nährsalz n.

select, adj. **sélect** F [se'lɛkt] adj. (f inv.) auserlesen, fein.

sélect|eur [selɛk'tœːr] m téléph. Wähler m; Fußschalthebel m am Motorrad; **~if, -ve** [~'tif, ~'tiːv] adj. trennend; rad. trennscharf; **~ion** [~k'sjɔ̃] f Auswahl f; Zuchtwahl f; **~ivité** rad. [~tivi'te] f Trennschärfe f.

sélén|ique ✿ [sele'nik] adj. Selen...; **~ite** ✿ [~'nit] f selensaures Salz n; **~ium** ✿ [~'njɔm] m Selen n.

sélénographie *ast.* [selenɔgra'fi] *f* Mondbeschreibung *f*.

self [sɛlf] *f* **1.** *rad.* Spule *f*; **2.** Selbstbedienungsrestaurant *n*; **~-induction** ⚡ [~ɛ̃dyk'sjɔ̃] *f* Selbstinduktion *f*; **~-service** [~sɛr'vis] *m* (*pl.* ~s) Selbstbedienungsrestaurant *n*, -laden *m*.

selle [sɛl] *f* Sattel *m*; Modellierbock *m e-s Bildhauers*; *cuis.* (Reh-, Hammel-)Rücken *m*; *mst* ~s *pl.* Stuhlgang *m*; *aller à la* ~ Stuhlgang haben; **~er** [~'le] *v/t.* (1a) satteln; **~erie** [~l'ri] *f* Sattlerei *f*; Sattelzeug *n*; Sattlerarbeit *f*; **~ette** [~'lɛt] *f*: *être sur la* ~ auf der Anklagebank sitzen; *mettre q. sur la* ~ j-n scharf ausfragen; **~ier** [~'lje] *m* Sattler *m*.

selon [sə'lɔ̃] **1.** *prp.* gemäß, nach, zufolge (*dat.*); *F c'est* ~ je nachdem; ~ *moi* meiner Ansicht nach; **2.** *cj.*: ~ *que* je nachdem.

Seltz [sɛls] *m*: *eau f de* ~ Selterswasser *n*.

semailles [s(ə)'maːj] *f/pl.* Säen *n*, Saat *f*; Saatkorn *n*; Saatzeit *f*.

semaine [s(ə)'mɛn] *f* Woche *f*; ~ *sainte* Karwoche *f*; *être de* ~ in dieser Woche Dienst haben; **~ier** [~'nje] *m* Terminkalender *m*.

sémaphore [sema'fɔːr] *m* Signalstation *f*, -mast *m*; 🚢 Ein- und Ausfahrtsignal *n*.

sembl|able [sɑ̃'blablə] **1.** *adj.* ähnlich; derartig; solch; **2.** *m*: *mon* ~ meinesgleichen; *aider ses* ~s *s-n* Mitmenschen helfen; **~ant** [~'blɑ̃] *m* (An-)Schein *m*; *faire* ~ *d'être malade* sich krank stellen; *il fait* ~ *er tut nur so*; *F ne faire* ~ *de rien* sich nichts anmerken lassen; **~er** [~'ble] *v/i.* (1a) scheinen; den Anschein haben; *il me semble* mir scheint; *que vous en semble?* was halten Sie davon?

semelle [s(ə)'mɛl] *f* (Schuh-)Sohle *f*; *battre la* ~ sich (*beim Warten*) die Füße vertreten, mit den Füßen auf den Boden stampfen (*um warm zu werden*).

sem|ence [s(ə)'mɑ̃ːs] *f* 🌱 Samen *m*; *fig.* Keim *m*, Ursache *f*; ⊕ Blauzwecken *f/pl.*; ~ *de diamants* Diamantsplitter *m/pl.*; **~er** [~'me] *v/t.* (1d) (aus-, be-)säen; ausstreuen (*a. fig.*); *F* ~ *q.* j-n links liegenlassen, j-n abhängen; ⚡ ~ *en ligne* drillen.

semestr|e [s(ə)'mɛstrə] *m* Halbjahr *n*, Semester *n*; **~iel, -le** [~tri'ɛl] *adj.* halbjährlich.

sem|eur [s(ə)'mœːr] *m* Sämann *m*; *fig.* Verbreiter *m* (*v.* Gerüchten); **~euse** 🔧 [~'møːz] *f* Sämaschine *f*.

semi|-cintré, -e *cout.* [s(ə)misɛ̃'tre] *adj.* mäßig tailliert; **~-finale** *Sport* [~fi'nal] *s. demi-finale*; **~-fini, -e** [~fi'ni] *adj.* halbfertig.

sémill|ance [semi'jɑ̃ːs] *f* Lebhaftigkeit *f*, Temperament *n*; **~ant, -e** [~'jɑ̃, ~'jɑ̃ːt] *adj.* quicklebendig.

séminaire [semi'nɛːr] *m* Seminar *n*.

séminal, -e [semi'nal] *adj.* (*m/pl. -aux*) Samen...

séminariste *rl.* [semina'rist] *m* Seminarist *m*.

semi-officiel, -le [s(ə)misfi'sjɛl] *adj.* halbamtlich.

sémio|logie *ling.* [semjɔlɔ'ʒi] *f* Semiologie *f*; **~ticien, -ne** *ling.* [~ti'sjɛ̃, ~'sjɛn] *su.* Semiotiker(in *f*) *m*; **~tique** *ling.* [~'tik] **1.** *adj.* semiotisch; **2.** *f* Semiotik *f*.

semi-produit ⊕ [s(ə)miprɔ'dɥi] *m* Halbfabrikat *n*; **~-remorque** ⊕ [~rɔ'mɔrk] *m od. f* Sattelschlepper *m*; **~-rigide** [~ri'ʒid] *adj.* halbstarr.

semis 🔧 [s(ə)'mi] *m* (Aus-)Säen *n*, Aussaat *f*; Sämlinge *m/pl.*; eingesätes Beet *n*.

sémit|e [se'mit] **1.** *adj.* semitisch; **2.** ♀ *su.* Semit(in *f*) *m*; **~ique** [~'tik] *adj.* ♀ *Sprache:* semitisch.

semi-voyelle *gr.* [s(ə)mivwa'jɛl] *f* Halbvokal *m*.

semoir 🔧 [s(ə)'mwaːr] *m* Sämaschine *f*.

semonce [s(ə)'mɔ̃ːs] *f* Verweis *m*.

semoule *cuis.* [s(ə)'mul] *f* Grieß *m*.

sempiternel, -le [sɛ̃pitɛr'nɛl] *adj.* ewig, andauernd.

Sénat [se'na] *m* Senat *m*; **♀eur** [~'tœːr] *m* Senator *m*.

sénégalais, -e [senega'lɛ, ~'lɛːz] **1.** *adj.* senegalesisch; **2.** ♀(e) *su.* Senegalese *m*, Senegalesin *f*.

sénil|e [se'nil] *adj.* senil; altersschwach; greisenhaft; **~ité** [~li'te] *f* Senilität *f*; Altersschwäche *f*.

senior *Sport* [se'njɔːr] *m* Senior *m*.

sens [sɑ̃ːs] *m* Sinn *m*; Verstand *m*; Meinung *f*; Bedeutung *f*; Richtung *f*, Seite *f*; ~ *pl. die* Sinne *m/pl.*; Sinnlichkeit *f*; ~ *artistique* Kunstsinn *m*; *le bon* ~ *der gesunde* Menschenverstand; ~ *moral* sittliches Bewußtsein *n*; ~ *des responsabilités* Verantwortungsgefühl *n*; (*rue f à*) ~ *unique*

Einbahnstraße f; (circulation f à) ~ giratoire Kreisverkehr m; ~ interdit! Durchfahrt verboten!; ~ [sã] dessus dessous völlig durcheinander; mettre en ~ unique zur Einbahnstraße machen.

sensation [sãsa'sjõ] f Empfindung f; Gefühl n; Wahrnehmung f; fig. Sensation f; Aufsehen n; ~ de faim Hungergefühl n; faire ~ Aufsehen erregen; **~nel, -le** [~sasjõ'nɛl] adj. sensationell.

sensé, -e [sã'se] adj. vernünftig.

sensibil|isation [sãsibiliza'sjõ] f Sensibilisierung f; Wecken n des Interesses (de q. à qch. j-s für etw.); **~iser** [~'ze] v/t. (1a) biol. phot., fig. sensibilisieren; biol. reizen; phot. lichtempfindlich machen; fig. ~ l'opinion (publique) à qch. die Öffentlichkeit für etw. empfänglich (od. aufgeschlossen) machen; **~ité** [~'te] f Empfindungsvermögen n; Empfindlichkeit f; Empfindsamkeit f; Sensibilität f.

sensibl|e [sã'sibl] adj. empfindlich; sensibel; wahrnehmbar; fühlbar, merklich; ✝ durch Import gefährdet; phot. très ~ hochempfindlich; **~erie** [~blə'ri] f Gefühlsduselei f.

sensit|if, -ve [sãsi'tif, ~'ti:v] adj. Empfindungs...; **~ive** ♀ [~'ti:v] f Mimose f (a. fig.).

sensoriel, -le [sãsɔ'rjɛl] adj. sensorisch.

sensual|isme phil. [sãsɥa'lism] m Sensualismus m; **~iste** [~'list] 1. adj. sensualistisch; 2. su. Sensualist(in f) m; **~ité** [~'te] f Sinnlichkeit f.

sensuel, -le [sã'sɥɛl] 1. adj. sinnlich; 2. su. sinnlicher Mensch m.

sente dial. [sã:t] f kleiner Pfad m.

sentence [sã'tã:s] f Kern-, Sinnspruch m; Ausspruch m; ⚖ Spruch m, Urteil n; ~ arbitrale Schiedsspruch m; **~ieux, -se** péj. [~tã'sjø, ~'sjø:z] adj. dozierend.

senteur [sã'tœːr] f (Wohl-)Geruch m.

sentier [sã'tje] m Pfad m.

sentiment [sãti'mã] m Gefühl n, Empfindung f; fig. Meinung f, Ansicht f; ~ d'infériorité Minderwertigkeitsgefühl n; mon ~ est bon ie habe ein gutes Gefühl (als Vorahnung); contre son ~ intime gegen s-e innerste Überzeugung; **~al, -e** [~'tal] adj. (m/pl. -aux) sentimental, gefühlvoll; **~alité** [~li'te] f Sentimentalität f, Empfindsamkeit f.

sentine [sã'tin] f ⚓ Bilge f (unterster Schiffsraum); fig. litt. Kloake f.

sentinelle ⚔ [sãti'nɛl] f (Wach-, Wacht-)Posten m; être en ~ Posten stehen.

sentir [sã'tiːr] v/t. (2b) fühlen; fig. empfinden; wahrnehmen, merken; ahnen; ~ qch. nach etw. riechen; etw. erkennen lassen; ~ bon (mauvais, fort) gut (schlecht, stark) riechen; se ~ sich fühlen; se ~ de l'appétit Appetit bekommen.

seoir [swaːr] (3k) v/i. j-m (gut) stehen, j-n kleiden; v/imp. sich ziemen (à q. für j-n).

séoud|ien, -ne [seu'djɛ̃, ~'djɛn] adj. s. saoudien; **~ite** [~'dit] adj. s. Saoudite.

sépale ♀ [se'pal] m Kelchblatt n.

sépar|able [sepa'rabl] adj. trennbar; **~ateur, -rice** [~ra'tœːr, ~'tris] adj. trennend; opt. pouvoir m ~ Auflösungsvermögen n; **~atif, -ve** [~'tif, ~'tiːv] adj. Trennung bewirkend; gr. separativ; mur m ~ Trennungsmauer f; **~ation** [~ra'sjõ] f Trennung f; Absonderung f (a. 🝔); **~atiste** pol. [~ra'tist] 1. adj. separatistisch; 2. su. Separatist(in f) m; **~ément** [~re'mã] adv. getrennt; **~er** [~'re] v/t. (1a) trennen; absondern; (unter)scheiden.

sépia [se'pja] f zo. Tintenfisch m; peint. Sepiazeichnung f.

sept [sɛt] 1. a/n. c. sieben; 2. m Sieben f.

septante dial. [sɛp'tãːt] a/n. c. siebzig.

septenn|al, -e [sɛptɛ'nal] adj. (m/pl. -aux) sieben-jährig, -jährlich; **~at** [~'na] m siebenjährige Amtszeit f des französischen Präsidenten.

septentrional, -e [sɛptãtriɔ'nal] adj. (m/pl. -aux) nördlich.

septi|cémie [sɛptise'mi] f Blutvergiftung f; **~cémique** 🝔 [~'mik] adj. septisch; **~cité** [~si'te] f septischer Charakter m.

septième [sɛ'tjɛm] 1. a/n. o. siebte(r, -s), siebente(r, -s); 2. m Sieb(en)tel n; 3. f ♪ Septime f.

septique [sɛp'tik] adj. 🝔 septisch; fosse f ~ Klärgrube f.

septuagénaire [sɛptɥaʒe'nɛːr] 1. adj. siebzigjährig; 2. su. Siebzigjährige(r m) m u. f.

septuor ♪ [sɛp'tɥɔːr] m Septett n.

septuple [sɛp'typlə] 1. adj. siebenfach; 2. m: le ~ das Siebenfache; **~er**

sépulcral 450

[ˌ'ple] v/t. (1a) versiebenfachen.

sépul|cral, -e [sepyl'kral] adj. (m/pl. -aux) Grab...; Toten...; voix f ~e Grabesstimme f; **~cre** [ˌ'pylkrə] m Grabstätte f; le saint ~ das Heilige Grab; **~ture** [ˌ'ty:r] f Bestattung f; Grab(stätte f) n.

séquelles ⚕, péj. [se'kɛl] f/pl. Folgen f/pl., Nachwirkungen f/pl.

séquence [se'kã:s] f a. cin. Sequenz f; Folge f; Bildfolge f; Ablauf m.

séquestr|ation [sekɛstra'sjõ] f Freiheitsberaubung f; **~e** [ˌ'kɛstrə] m ⚖ Beschlagnahme f, Sequestration f, Zwangsverwaltung f; ⚕ abgestorbenes (u. verkapseltes) Knochenstück n; **~er** ⚖ [ˌ'tre] v/t. (1a) mit Beschlag belegen; widerrechtlich einsperren.

sérac géol. [se'rak] m Firnblock m.

sérail [se'raj] m Serail n.

séra|phin rl. [sera'fɛ̃] m Seraph m; **~phique** [ˌ'fik] adj. engelhaft.

serbe [sɛrb] 1. adj. serbisch; 2. ♀ su. Serbe m, Serbin f.

serchoir * ⊕ [sɛr'ʃwa:r] m Schraubzwinge f.

serein, -e [sə'rɛ̃, ˌ'rɛn] adj. heiter, wolkenlos, hell; fig. ungetrübt, heiter; ausgeglichen; Kritik: nüchtern.

sérén|ade ♪ [sere'nad] f Serenade f; **~ité** [ˌni'te] f Unbewölktheit f, fig. Heiterkeit f; Ausgeglichenheit f.

séreux, -se ⚕ [se'rø, ˌ'rø:z] adj. serös.

serf, -ve féod. [sɛrf, sɛrv] 1. adj. leibeigen; 2. su. Leibeigene(r m) m u. f.

serfou|ette ✓ [sɛr'fwɛt] f (Jät-)Hacke f; **~ir** ✓ [ˌ'fwi:r] v/t. (2a) leicht umbe-hacken.

serge text. [sɛrʒ] f Serge f.

sergent [sɛr'ʒã] m Unteroffizier m; **~chef** ✕ [ˌ'ʃɛf] m (pl. sergents-chefs) Feldwebel m; **~major** ✕ [ˌma'ʒɔ:r] m (pl. sergents-majors) Ober-, Haupt-feldwebel m; a. Rechnungsführer m.

sergot P [sɛr'go] m Polizist m.

séricicult|eur [serisikyl'tœ:r] m Seidenraupenzüchter m; **~ure** [ˌ'ty:r] f Seidenraupenzucht f.

séri|e [se'ri] f, Reihe f; Abteilung f, Klasse f; ⚡ coupler en ~ hintereinanderschalten; par ~ satzweise; hors ~ in Sonderanfertigung hergestellt; fig. außergewöhnlich; **~er** [ˌ'rje] v/t. (1a) Probleme systematisch aufgliedern.

sérieux, -se [se'rjø, ˌ'rjø:z] 1. adj.

ernst(haft); fig. ernstlich; bedenklich; Person: zuverlässig; gesetzt; Firma: seriös; vorangestellt: groß, bedeutend; prendre un air ~ e-e ernste Miene machen; 2. m Ernst m; Ernsthaftigkeit f; garder son ~ ernst bleiben; prendre q. (qch.) au ~ j-n (etw.) ernst nehmen; le ~ farouche der tierische Ernst.

serin [sə'rɛ̃] m orn. Kanarienvogel m; Zeisig m; fig. F Dummkopf m; **~er** [ˌri'ne] v/t. (1a): ~ un oiseau e-m Vogel zum Lernen vorpfeifen; F écol. ~ qch. à q. j-m etw. einpauken (od. eintrichtern); **~ette** [ˌ'nɛt] f 1. † Vogelorgel f; 2. F fig. ausdrucksloser Sänger m.

seringu|e [s(ə)'rɛ̃:g] f ⚕ u. ✓ (kleine) Spritze f, ⚕ Klistier-, Injektionsspritze f; * Pistole f; **~er** [sərɛ̃'ge] v/t. (1m) (be-, ein-, aus-)spritzen.

serment [sɛr'mã] m Schwur m, Eid m (prêter leisten); ⚖ déclarer sous (la foi du) ~ unter Eid erklären.

sermon [sɛr'mõ] m Predigt f; **~naire** [ˌmõ'nɛ:r] m Predigtbuch n; **~ner** [ˌ'ne] (1a) v/t.: ~ q. j-n abkanzeln; v/i. F predigen, e-e Rede halten; **~neur, -se** [ˌ'nœ:r, ˌ'nø:z] 1. adj. nörgelnd, meckernd; 2. su. Nörgler(in f) m; Kritikaster m.

séro|sité ⚕ [serozi'te] f seröse Flüssigkeit f; **~thérapie** ⚕ [ˌrotera'pi] f Serumtherapie f.

serpe ✓ [sɛrp] f Gartenmesser n.

serpent [sɛr'pã] m 1. zo. Schlange f; ~ à lunettes Brillenschlange f; ~ à sonnettes Klapperschlange f; 2. éc. ~ monétaire Währungsschlange f; **~eau** [ˌ'to] m (pl. ~x) zo. junge Schlange f; Feuerwerk: Schwärmer m; **~er** [ˌ'te] v/i. (1a) sich schlängeln; aller en serpentant Schlangenwindungen machen; **~in, -e** [ˌ'tɛ̃, ˌ'tin] 1. adj. schlangenartig; 2. m ⊕ Schlangen-, Kühl-rohr n; Papierschlange f.

serpette ✓ [sɛr'pɛt] f (kleines) Garten-, Winzer-messer n.

serpigineux, -se ⚕ [sɛrpiʒi'nø, ~'nø:z] adj. sich weiter verbreitend.

serpillière [sɛrpi'jɛ:r] f Scheuerlappen m.

serpolet ♀ [sɛrpɔ'lɛ] m Thymian m.

serrage [se'ra:ʒ] m ⊕ (Ein-, Fest-)Klemmen n, (-)Spannen n; Anziehen n e-r Schraube od. Bremse; bét. Verdichtung f.

serre [sɛːr] f Drücken n, Pressen n; Keltern n; Klaue f, Kralle f der *Raubvögel*; ♪ ~ (chaude) Gewächs-, Treib-haus n.

serré, -e [sɛˈre] **1.** adj. dicht; knapp; peinlich genau; heftig; vorsichtig; *Logik:* streng; *Stil:* gedrängt, knapp; être ~s zs.-gedrängt sein (od. stehen); *fig.* avoir le cœur ~ bekümmert sein; **2.** adv.: jouer ~ vorsichtig spielen.

serre|-bijoux [sɛrbiˈʒu] m (inv.) Schmuckkästchen n; **~file** f [~ˈfil] m (pl. ~s) Schlußmann m; ♣ Schlußschiff n; **~fils** [~ˈfil] m (inv.) Klemme f; **~frein(s)** ⊕ [~frɛ̃] m Bremser m; **~joint(s)** ⊕ [~ˈʒwɛ̃] m Schraub-, Leim-zwinge f; **~livres** [~ˈliːvrə] m (inv.) Bücherstütze f.

serrer [sɛˈre] (1b) v/t. drücken, pressen; straff(er) anziehen, spannen, klemmen; zs.-schnüren; zs.-drängen; ver-, ein-schließen; ~ d'trop hart zusetzen; ~ de prés hart bedrängen, in die Enge treiben; ~ les dents die Zähne zs.-beißen; ✗ ~ les rangs aufrücken, aufschließen; v/i.: ~ à droite sich rechts halten; se ~ sich drängen; se ~ (la taille) sich schnüren; le cœur se serre man bekommt Herzbeklemmungen; *fig.* das Herz dreht sich e-m im Leibe herum.

serre-tête [sɛrˈtɛt] m (inv.) Pudelmütze f; Kopftuch n.

serriste [sɛˈrist] su. Treibhauszüchter(in f) m.

serrur|e [sɛˈryːr] f (Tür- usw.) Schloß n; **~erie** [~yˈri] f Schlosserei f; **~ier** [~ˈrje] m Schlosser m.

sers, sert [sɛːr] prés. sg. von servir.

sert|e ⊕ [sɛrt] f Fassung f (von Edelsteinen); **~ir** ⊕ [~ˈtiːr] v/t. (2a) Edelsteine fassen; **~issage** ⊕ [~tiˈsaːʒ] m Fassen n; **~issure** ⊕ [~ˈsyːr] f Fassung f.

sérum [seˈrɔm] m 🜍 Serum n; ~ du lait Molke f.

servage hist. [sɛrˈvaːʒ] m Leibeigenschaft f, Knechtschaft f.

serval zo. [sɛrˈval] m (pl. ~s) Serval m (Raubkatze).

servant [sɛrˈvɑ̃] **1.** adj./m dienend; m rl. Ministrant m; *Computer:* Operator m; ~s pl. ✗ Bedienungsmannschaft f; ⚓ Bodenpersonal n; **~e** [~ˈvɑ̃t] f **1.** † Dienstmädchen n, Magd f; **2.** Anrichte f, Serviertisch m.

serv|eur [sɛrˈvœːr] m Balljunge m; Kellner m (a. im Zug); **~euse** [~ˈvøːz] f Kellnerin f, Serviererin f.

serviab|ilité [sɛrvjabiliˈte] f Hilfsbereitschaft f; **~le** [~ˈvjablə] adj. hilfsbereit, gefällig.

service [sɛrˈvis] m Dienst m; Aufwartung f; Dienstleistung f; Bedienung f, Service ['sœrvis] m; Gefälligkeit f; rl. Gottesdienst m; *beim Essen:* Gang m; *Tischgeschirr:* Service n; *Tennis:* Aufschlag m; Abteilung f e-s Betriebs; Dienststelle f, Amt n der Verwaltung; (Verkehrs-)Verbindung f; ~ aérien Luftverkehr m; ~ auxiliaire Hilfsdienst m; 🜚 ~ de grand parcours Fernverkehr m; ~ de navette Pendelverkehr m; *Auto:* ~ de dépannage Reparaturwerkstatt f; ~ après-vente Kundendienst m; ~ des achats Einkaufsabteilung f; ~ de table Tafelservice n, -gedeck n; *téléph.* ~ urbain (interurbain) Orts-(Fern-)verkehr m; être de ~ Dienst haben; ~ compris einschließlich Bedienung; ~ militaire obligatoire allgemeine Wehrpflicht f; ~s pl. publics öffentliche Betriebe m/pl.; mettre en ~ in Betrieb nehmen; solliciter les bons ~s de q. j-n um e-e Gefälligkeit bitten.

serviette [sɛrˈvjɛt] f Hand-, Bade-tuch n; Serviette f, Mundtuch n; Aktentasche f, Mappe f; ~ à soufflets Kollegtasche f; ~ hygiénique Damen-, Monats-binde f; **~-éponge** [~eˈpɔ̃ːʒ] f (pl. serviettes-éponges) Frottier(hand)tuch n.

servil|e [sɛrˈvil] adj. sklavisch; *fig.* unterwürfig; servil; *Übersetzung:* zu wörtlich; **~ité** [~liˈte] f Kriechertum n, Unterwürfigkeit f.

servir [sɛrˈviːr] (2b) v/t. dienen (q. j-m); j-n bedienen; j-m aufwarten; *fig.* j-m gefällig sein; j-m e-n Dienst erweisen; *die Suppe usw.* auftragen; j-m vorlegen; *für e-e Firma* arbeiten; j-m auszahlen; le déjeuner est servi es ist angerichtet; thé. ~ la soupe e-e Nebenrolle spielen; F il nous sert toujours les mêmes histoires er tischt uns immer dieselben Geschichten auf; v/i. dienen, brauchbar sein, nützen; ~ de qch. als etw. dienen, die Stelle von etw. (dat.) vertreten; ~ à qch. zu etw. (dat.) dienen; se ~ sich etw. benutzen, sich e-r Sache (gén.) bedienen.

servit|eur [sɛrviˈtœːr] m Diener m;

~ude [~'tyd] *f* Knechtschaft *f*; ⚖ Auflage *f*; Last *f*; *emplois m/pl. de ~* Dienstleistungen *f/pl.*
servomoteur ⊕ [sɛrvɔmɔ'tœːr] *m* Servo-, Stell-motor *m.*
ses [se] s. *son*[1].
sessile ♀ [sɛ'sil] *adj.* ungestielt.
session *parl.* [sɛ'sjɔ̃] *f* Sitzung(speriode *f*) *f.*
set [sɛt] *m Tennis*: Satz *m*; *cin.* Aufnahmebühne *f.*
séton ⚕ [se'tɔ̃] *m*: *plaie f en ~* kanalförmige Wunde *f unter der Haut.*
setter *zo.* [sɛ'tɛːr] *m* Setter *m.*
seuil [sœj] *m* (Tür-)Schwelle *f*; *fig. ~ auditif* Hörschwelle *f.*
seul, -e [sœl] *adj.* allein(ig), einzig; einsam; **~ement** [~'mɑ̃] *adv.* nur, bloß; erst; *ne ... pas ~* nicht einmal, nicht nur; **~et, -te** F [~'lɛ, ~'lɛt] *adj.* ganz allein, mutterseelenallein.
sève [sɛːv] *f* ♀ Saft *m*; *fig.* Kraft *f*, Frische *f*, Schwung *m.*
sévère [se'vɛːr] *adj.* streng; *fig.* scharf; *Kunst*: ernst; ⚠ strenglinig; *Verlust*: schwer.
sévérité [severi'te] *f* Strenge *f*, Härte *f*; Ernsthaftigkeit *f*; ⚠ strenge Regelmäßigkeit *f.*
sévices [se'vis] *m/pl.* Mißhandlungen *f/pl.*
sévir [se'viːr] *v/i.* (2a) **1.** *~ contre q.* streng gegen j-n vorgehen; (*disziplinarisch*) durchgreifen; **2.** *Seuche, Epidemie*: wüten, grassieren; *Krise*: herrschen.
sevr|age [sə'vraːʒ] *m* Entwöhnung *f e-s Kindes*; Absetzen *n e-s Tieres*; ✓ Abtrennung *f e-s Baumablegers*; **~er** [~'vre] *v/t.* (1d) *Kind* entwöhnen; *Tier* absetzen; ✓ *Baumableger* ab-, los-lösen; *~ q. de qch.* j-m etw. entziehen.
sexagénaire [sɛksaʒe'nɛːr] **1.** *adj.* sechzigjährig; **2.** *su.* Sechzigjährige(r *m*) *m u. f.*
sexe [sɛks] *m* Geschlecht *n*; *le troisième ~* die Homosexuellen *pl.*; *des deux ~s* beiderlei Geschlechts.
sexennal, -e [sɛksɛ'nal] *adj.* (*m/pl. -aux*) sechs-jährig, -jährlich.
sex|isme [sɛ'ksism] *m* Sexismus *m*; **~iste** [~'ksist] *adj.*: *ségrégation f ~* Geschlechtertrennung *f.*
sexologue [sɛksɔ'lɔg] *su.* Sexualwissenschaftler(in *f*) *m.*
sextupl|e [sɛks'typlə] **1.** *adj.* sechsfach; **2.** *m*: *le ~* das Sechsfache; **~er** [~'ple] *v/t.* (1a) versechsfachen.
sexuel, -le [sɛ'ksɥɛl] *adj.* sexuell.
seyant, -e [sɛ'jɑ̃, ~'jɑ̃ːt] *adj. Kleidung*: gutsitzend.
shampooing [ʃɑ̃'pwɛ̃] *m* **1.** Shampoo(n) *n*, Schampun *n*; **2.** Haarwäsche *f.*
shampouineur [ʃɑ̃pwi'nœːr] *m* Schampuniergerät *n* (*für Fußböden u. Auslegeware*).
shooter [ʃu'te] *v/t.* (1a) *Fußball*: *den Ball* schießen; *se ~* sich *Drogen* einspritzen, P sich fixen.
shopping [ʃɔ'piŋ] *m*: *faire du ~* einkaufen gehen.
short [ʃɔrt] *m* Shorts *pl.*
shot *Sport* [ʃɔt] *m* (Ball-)Schuß *m.*
show [ʃo] *m* Show *f.*
shunt ⚡ [ʃœ̃ːt] *m* Nebenschluß *m*; **~er** ⚡ [ʃœ̃'te] *v/t.* (1a) nebenschließen.
si [si] **1.** *cj.* wenn, falls; ob; *~ ce n'est que* außer daß; *~ tant est que* wenn es wahr ist, daß; **2.** *adv.* so; *nach negativen Fragen*: doch, ja; *~ riche qu'il soit* so reich er auch sein mag; **3.** *mais ~!* aber ja!; **4.** *m* (*inv.*) Wenn *n*; ♪ H *n*, h *n.*
sibérien, -ne [sibe'rjɛ̃, ~'rjɛn] *adj.* sibirisch.
sibilant, -e ⚕ [sibi'lɑ̃, ~'lɑ̃ːt] *adj.* pfeifend.
siccatif, -ve [sika'tif, ~'tiːv] **1.** *adj.* trocknend; **2.** *m* Trockenmittel *n.*
sicilien, -ne [sisi'ljɛ̃, ~'ljɛn] **1.** *adj.* sizilianisch; **2.** ♀(e) *su.* Sizilianer(in *f*) *m.*
side-car [sid-, sajd'kaːr] *m* (*pl. ~s*) Beiwagen *m e-s Motorrades.*
sidér|al, -e [side'ral] *adj.* (*m/pl. -aux*) Stern...; **~é, -e** F [~'re] *adj.* verblüfft, sprachlos; **~olithique** *géol.* [~rɔli'tik] *adj.* eisenerzhaltig.
sidérurg|ie [sideryr'ʒi] *f* Eisenhüttenkunde *f*; eisenschaffende Industrie *f*, Eisen- und Stahl-industrie *f*; **~ique** [~'ʒik] *adj.* Eisenhütten...; *groupement m ~, complexe m ~* Stahlwerk *n*; *produits m/pl. ~s* Eisen- und Stahl-erzeugnisse *n/pl.*; **~iste** [~'ʒist] *m* Stahlarbeiter *m.*
siècle ['sjɛklə] *m* Jahrhundert *n*; *fig. le ~ des lumières, le ~ philosophique* das Zeitalter der Aufklärung.
siège [sjɛːʒ] *m* Sessel *m*; Sitz *m* (*fig. e-r Regierung, Firma, Krankheit, Wunde usw.*); Stuhl *m* (*fig. Richterstuhl, Päpstlicher Stuhl*); ⚔ Belagerung *f*; *~ arrière Auto*: Rücksitz *m*; *Motor-*

rad: Soziussitz *m*; ⚡ ~ *du pilote* Führersitz *m*; ⚓ ~ *social* Firmensitz *m*; *fig*. F *lever le* ~ die Sitzung (*od*. die Tafel) aufheben.

siéger [sje'ʒe] *v/i*. (1g *u*. 1l) sitzen; *Papst, Regierung usw*.: s-n (*bzw*. ihren) Sitz haben (*bzw*. *fig*. tagen, e-e Sitzung abhalten; Mitglied (*od*. Vorsitzender) sein.

sien, -ne [sjɛ̃, sjɛn] **1.** *pr/poss*.: *le* ~, *la* ~*ne* der, die, das sein(ig)e *bzw*. ihr(ig)e; seine(r, -s) *bzw*. ihre(r, -s); *ma maison et la* ~*ne* mein und sein (*od*. ihr) Haus *n*; **2.** *su*.: *les* ~*s m/pl*. die Sein(ig)en *bzw*. Ihr(ig)en *pl*., seine (*bzw*. ihre) Angehörigen *pl*.; F *en voilà des* ~*nes* das sieht ihm (*od*. ihr) ähnlich.

sieste [sjɛst] *f* Mittagsruhe *f*.

sieur ⚖ *od*. *péj*. [sjœːr] *m*: *un* ~ *N*. ein Herr N.

siffl|ant, -e [si'flã, si'flãːt] **1.** *adj*. pfeifend; zischend; *consonne f* ~*e* = **2.** ~*e f* Zischlaut *m*; **~ement** [sifləˈmã] *m* Pfeifen *n*, Zischen *n*, Sausen *n*; ⚕ [si'fle] (1a) *v/i*. pfeifen; ⚕ keuchen; *Schlange*: zischen; *Wind*: sausen; *Pfeil*: schwirren; *v/t*. pfeifen; *thé*. auspfeifen, auszischen; P ~ *un coup* schnell e-n zwitschern (*od*. hintergießen *od*. verdrücken); **~et** [si'flɛ] *m* Pfeife *f*; *thé*. (Aus-)Pfeifen *n*; Pfiff *m*; P Gurgel *f*; P Frack *m*; *à roulette* Trillerpfeife *f*; 🚂 ~ *d'alarme* Dampfpfeife *f*; Sicherheitsventil *n*; *de détresse* Notsignal *n*; *coup m de* ~ Pfiff *m*; *en* ~ schräg; P *couper le* ~ *à q*. j-m die Kehle durchschneiden; **~eur, -se** [si'flœːr, si'fløːz] **1.** *adj*. pfeifend; keuchend; **2.** *su*. j., der pfeift (*od*. auszischt); Pfeifer *m*.

sifflot|ement [siflɔt'mã] *m* Vorsichhinpfeifen *n*; **~er** [si'te] *v/t. u. v/i*. (1a) halblaut vor sich hin pfeifen.

sifilet *orn*. [sifi'lɛ] *m* Goldparadiesvogel *m*.

sigill|aire [siʒi'lɛːr] *adj*. Siegel...; **~é, -e** [siʒi'le] *adj*. mit siegelartigen Mustern versehen.

siglaison *ling*. [siglɛ'zõ] *f* Gebrauch *m* von Kürzeln.

sigle ['siglə] *m* Kürzel *n*, Sigel *n*.

signal [si'ɲal] *m* (*pl*. *-aux*) Signal *n*, Zeichen *n*; ~ *acoustique*, ~ *d'appel rad*. Pausenzeichen *n*; *téléph*. Rufzeichen *n*; 🚂 ~ *absolu* Hauptsignal *n*; ~ *avertisseur* Vorsignal *n*; ~ *d'arrêt* Halte-

signal n; ~ *d'alarme* Alarmsignal *n*; 🚂 Notbremse *f*; ~ *de circulation* Verkehrszeichen *n*; ~ *de danger* Warnzeichen *n*; ~ *de détresse* Notruf *m*; ~ *d'interdiction* Verbotszeichen *n*; *rad*. ~ *horaire* Zeitzeichen *n*; ~ *lumineux* Lichtsignal *n*; *signaux pl*. *radio* Funkzeichen *n/pl*.; **~ement** [~'mã] *m* Personenbeschreibung *f*; **~er** [~'le] *v/t*. (1a) signalisieren, ankündigen, melden; hinweisen auf (*acc*.); **~étique** *adm*. [~le'tik] *adj*. beschreibend; markierend, kennzeichnend; *fiche f* ~ Personalienbogen *m*; **~eur** [~'lœːr] *m* Signalgeber *m* (*a*. ✖); **~isation** [~liza'sjõ] *f* Signalisierung *f*; Beleuchtung *f*; Beschilderung *f*; *champignon m de* ~ Verkehrslicht *n* (*auf e-r Verkehrsinsel*); *feux m/pl*. *de* ~ Verkehrsampel *f*; *panneau m de* ~ Verkehrs-schild *n*, -zeichen *n*; *tour(elle) f de* ~ Verkehrsturm *m*; **~iser** [~'ze] *v/t*. (1a) 🚂 *Strecke* kennzeichnen; *Straße* beschildern; ~ *par les panneaux etw*. ausschildern.

signat|aire [siɲa'tɛːr] *su*. Unterzeichner(in *f*) *m*; *weitS*. Signatarstaat *m*; **~ure** [~'tyːr] *f* Unterschrift *f*; Unterzeichnung *f*.

sign|e [siɲ] *m* Zeichen *n*; *fig*. Merkmal *n*; Wink *m*; **~er** [si'ɲe] *v/t*. (1a) unter-schreiben, -zeichnen; ~ *le livre d'or* sich in das Goldene Buch e-r Stadt eintragen; *se* ~ sich bekreuzigen; **~et** [si'ɲɛ] *m* Lese-, Buch-zeichen *n*.

signifi|ant *ling*. [siɲi'fjã] *m* Signifikant *m*, Wortkörper *m*; **~catif, -ve** [~fika'tif, ~'tiːv] *adj*. bedeutsam; bezeichnend; vielsagend; **~cation** [~ka'sjõ] *f* Bedeutung *f*; **~é** *ling*. [~'fje] *m* Signifikat *n*, Wortinhalt *m*; **~er** [~] *v/t*. (1a) bedeuten, heißen; ausdrücklich zu verstehen geben; ⚖ zustellen.

silenc|e [si'lãːs] *m* (Still-)Schweigen *n*; Stille *f*; Ruhe *f*; *Auto*: ~ *de marche* Laufruhe *f*; *passer sous* ~ stillschweigend übergehen; **~ieux, -se** [~lã'sjø, ~'sjøːz] **1.** *adj*. schweigsam, verschlossen; still, geräuschlos; **2.** *m* Schalldämpfer *m* e-s *Motors od*. e-r *Schußwaffe*; *Auto*: Auspufftopf *m*.

silésien, -ne [sile'zjɛ̃, ~'zjɛn] **1.** *adj*. schlesisch; **2.** ⦵(*ne*) *su*. Schlesier(in *f*) *m*.

silex *min*. [si'lɛks] *m* Feuerstein *m*.

silhouett|e [si'lwɛt] *f* Silhouette *f*; **~er**

[∿'te] v/t. (1b) in e-r Silhouette darstellen.

silice ⚛ [si'lis] f Kieselerde f; **~cium** ⚛ [∿'sjɔm] m Silizium n; **~cose** 💊 [∿'ko:z] f Silikose f, Staublunge f.

silique ♀ [si'lik] f Schote f.

sillage [si'ja:ʒ] m ⚓ Kielwasser n; fig. Fuß(s)tapfen f/pl.

sillet ♪ [si'jɛ] m (Saiten-)Sattel m.

sillomètre ⚓ [sijɔ'mɛːtrə] f Geschwindigkeitsmesser m, Log m.

sillon [si'jɔ̃] m ✔ Furche f; fig. Streifen m; Rille f; **~ner** [∿jɔ'ne] v/t. (1a) (durch)furchen; fig. durchstreifen.

silo [si'lo] m Silo m, (Spezial-)Speicher m für Getreide usw.; ~ à automobiles Turmgarage f.

silphe icht. [silf] m Aaskäfer m.

silure icht. [si'ly:r] m Wels m.

simagrées F [sima'gre] f/pl. Getue n.

simien, -ne zo. [si'mjɛ̃, ~'mjɛn] 1. adj. Affen...; 2. ~s m/pl. Affen m/pl. (Tiergattung).

simiesque [si'mjɛsk] adj. affenähnlich.

simil|aire [simi'lɛːr] adj. gleichartig; ähnlich; **~arité** [∿lari'te] f Gleichartigkeit f.

simili [simi'li] m Nachahmung f; en ~ unecht; aus Kunstleder; aus Talmi; **~...** [∿] in Zssgn: ähnlich; unecht, nachgemacht; **~or** [∿'ɔːr] m Talmi n.

similitude [simili'tyd] f Ähnlichkeit f; pol. ~ de vues Übereinstimmung f der Ansichten (sur über acc.).

simonie rl. [simɔ'ni] f Simonie f.

simoun [si'mun] m Samum m (heißer Wüstenwind).

simpl|e ['sɛ̃:plə] 1. adj. einfach; fig. schmucklos; arglos; schlicht; einfältig; vor dem su.: einfach, bloß, weiter nichts als; ~ soldat m einfacher Soldat m; 2. m Tennis: Einzelspiel n; ~s pl. Heilkräuter n/pl., Arzneipflanzen f/pl.; **~icité** [sɛ̃plisi'te] f Einfachheit f; ~ d'esprit Einfalt f.

simplifi|cation [sɛ̃plifika'sjɔ̃] f Vereinfachung f; ⅄ Kürzung f e-s Bruches; **~er** [∿'fje] v/t. (1a) vereinfachen; ⅄ Bruch kürzen; se ~ einfacher werden.

simpliste [sɛ̃'plist] adj. naiv, einseitig, grob vereinfachend, oberflächlich; argument m ~ billiges Argument n.

simul|acre [simy'lakrə] m Trugbild n; ~ de combat Scheingefecht n; **~a-**

teur, -rice [∿la'tœːr, ∿'tris] 1. su. Simulant(in f) m; 2. m ⊕ Simulator m; ~ de réactions humaines künstlicher Raumfahrer m; **~ation** [∿la-'sjɔ̃] f Verstellung f, Heuchelei f; a. ⊕ Simulieren n; **~é, -e** [∿'le] adj. fingiert, Schein...; **~er** [∿] v/t. (1a) vortäuschen; a. ⊕ simulieren.

simultan|é, -e [simylta'ne] adj. gleichzeitig; simultan; traduction f ~e Simultanübersetzung f; **~éisme** litt., cin. [∿ne'ism] m Simultantechnik f; **~ité** [∿ni'te] f Gleichzeitigkeit f.

sinapisme 💊 [sina'pism] m Senfpflaster n.

sincère [sɛ̃'sɛːr] adj. aufrichtig.

sincérité [sinseri'te] f Aufrichtigkeit f, Lauterkeit f.

sing|e [sɛ̃:ʒ] m zo. Affe m; ⊕ Kreuzhaspel f; ✖, P Büchsenfleisch n; P Chef m; der Alte m; je suis un (trop) vieux ~ ich bin ein alter Hase; **~er** [sɛ̃'ʒe] v/t. (11) nachäffen; **~erie** [∿ʒ'ri] f Affenstreich m; Nachäffung f; ~s pl. Mätzchen n/pl.

singular|iser [sɛ̃gylari'ze] v/t. (1a) auszeichnen; se ~ auffallen; **~ité** [∿ri'te] f Sonderbarkeit f, Eigenheit f.

singulier, -ère [sɛ̃gy'lje, ∿'ljɛːr] 1. adj. sonderbar, eigenartig; combat m ~ Einzelkampf m; 2. m gr. Singular m.

sinistr|e [si'nistrə] 1. adj. unheilverkündend; unheilvoll; unheimlich; 2. m Unglück n, Katastrophe f; Versicherungswesen: Schadensfall m; **~é, -e** [∿'tre] 1. adj. geschädigt; im Krieg a.: ausgebombt; 2. su. Abgebrannte(r m) m u. f; Verunglückte(r m) m u. f; Geschädigte(r m) m u. f; ~s de guerre Kriegsgeschädigte(r) m.

sinon [si'nɔ̃] cj. andernfalls, sonst; außer; wenn nicht (gar).

sino-soviétique [sinɔsɔvje'tik] adj. chinesisch-sowjetisch.

sinu|eux, -se [si'nɥø, ∿'nɥøːz] adj. sich schlängelnd, gewunden; **~osité** [∿nɥozi'te] f Krümmung f, Windung f.

sinus [si'nys] m anat. Höhle f; ⅄ Sinus m; **~ite** [∿'zit] f Stirnhöhlenvereiterung f.

siphon [si'fɔ̃] m phys. (Saug-)Heber m; Siphon m; Selterswasserflasche f; zo. Saugrüssel m der Weichtiere; ⊕ Kniestück n e-s Abflußrohres.

sire [siːr] *m* 1. *Anrede*: ♀! Majestät!; 2. *un pauvre* ~ ein kleines Licht, ein armer Schlucker.

sirène [si'rɛn] *f* Sirene *f*.

siroc(c)o [siro'ko] *m* Schirokko *m*.

sirop [si'ro] *m* Sirup *m*.

siroter F [siro'te] *v/t.* (1a) ausschlürfen.

sis, -e [si, siːz] 1. *adj.* liegend, gelegen; 2. *p.p. von* seoir.

sismographe [sismo'graf] *m* Seismograph *m*.

site [sit] *m* Lage *f*; Landschaft *f*; *Archäologie*: Fundort *m*; ~ *banal* allgemeine Fahrbahn *f*; ~ *propre* reservierte Fahrspur *f*.

sitôt [si'to] 1. *adv.* sogleich; *pas de* ~ nicht so bald (*od.* schnell); 2. *cj.*: ~ *que* sobald.

sittelle *orn.* [si'tɛl] *f* Kleiber *m*; Blauspecht *m*.

situation [situɑ'sjɔ̃] *f* Lage *f*; Situation *f*; Stellung *f*; Zustand *m der Geschäfte*; Vermögensverhältnisse *n/pl.*; *ling.* dialogues *m/pl.* en ~ situationsgerechte Dialoge *m/pl.*; **~naliser** [~sjonali'ze] *v/t.* (1a) e-r bestimmten Situation anpassen (*a. ling.*); **~nisme** [~'nism] *m* Gegnerschaft *f* von allem Bestehenden; **~niste** [~'nist] 1. *adj.* establishmentfeindlich; 2. *su.* Gegner(in *f*) *m* des Establishments.

situ|é, -e [si'tɥe] *adj.* gelegen; *être* ~ liegen; **~er** [~] *v/t.* (1a) lokalisieren; einordnen; *e-e Handlung* spielen lassen; *se* ~ liegen; zeitlich fallen.

six [sis, *vor cons.*: si, *vor vo. u. stummem* h: siz] 1. *a/n. c.* sechs; 2. *m* Sechs *f*; F *à la* ~-*quatre-deux* hingepfuscht.

sixième [si'zjɛm] 1. *a/n. o.* sechste(*r*, -s); 2. *m* Sechstel *n*; 3. *f* école. Sexta *f*; *Fr.* erste Klasse *f* im *Lycée*.

sixte ♩ [sikst] *f* Sexte *f*.

skating [ske'tiŋ] *m* Rollschuh-laufen *n*, -bahn *f*.

sketch *thé.*, *cin.* [skɛtʃ] *m* (*pl.* ~es) kurzes Lustspiel *n*, Sket(s)ch *m*.

ski [ski] *m* Ski *od.* Schi *m*; Skisport *m*; *chausser les* ~*s* die Skier anschnallen; *aller en* ~*s*, *faire du* ~ Ski laufen; **~able** ['skjabla] *adj.* für den Skisport geeignet; **~er** [skje] *v/i.* (1a) Ski laufen; **~eur, -se** [skjœːr, skjøːz] *su.* Skiläufer(in *f*) *m*.

skif(f) ⚓ [skif] *m* Skiff *n*.

skivertex [skai-, skivɛr'tɛks] *m* Plastikeinband *m*.

slalom *Skisport* [sla'lɔm] *m* Slalom *m*; **~eur, -se** [~'mœːr, ~'møːz] *su.* Slalomläufer(in *f*) *m*.

slav|e [slaːv] 1. *adj.* slawisch; 2. ♀ *su.* Slawe *m*, Slawin *f*; **~iser** [slavi'ze] *v/t.* (1a) slawisieren.

slip *text.* [slip] *m* Slip *m*; ~ *de bain* Badehose *f*; ~ *taille basse* Sportslip *m*; F *laisser q. en* ~ j-n leer ausgehen lassen.

slogan [slɔ'gɑ̃] *m* Slogan *m*.

slovaque [slɔ'vak] 1. *adj.* slowakisch; 2. ♀ *su.* Slowake *m*, Slowakin *f*.

slovène [slɔ'vɛn] 1. *adj.* slowenisch; 2. ♀ *su.* Slowene *m*, Slowenin *f*.

smash *Tennis* [smaʃ] *m* Schmetterball *m*.

smicard [smi'kaːr] *m* Mindestlohnempfänger *m*.

smoking [smɔ'kiŋ] *m* Smoking *m*.

snack(-bar) [snak('baːr] *m* Imbißstube *f*.

snob [snɔb] 1. *su.* Snob *m*; 2. *adj.* (*f inv.*) snobistisch; **~inette** F [~bi'nɛt] *f* snobistische junge Frau *f*; **~isme** [~'bism] *m* Snobismus *m*.

sobre ['sɔbrə] *adj.* mäßig im Essen u. Trinken; maßvoll; nüchtern; *fig.* schlicht.

sobriété [sɔbrie'te] *f* Nüchternheit *f*; *fig.* Besonnenheit *f*; Knappheit *f des Ausdrucks*.

sobriquet [sɔbri'kɛ] *m* Spitzname *m*.

soc ✔ [sɔk] *m* Pflugschar *f*.

soci|abilité [sɔsjabili'te] *f* Geselligkeit *f*; **~able** [~'sjabla] *adj.* gesellig.

social, -e [sɔ'sjal] *adj.* (*m/pl. -aux*) gesellschaftlich; sozial, Sozial...; *a.* ✝ Gesellschafts..., ~*e assistante f* ~*e* Sozialarbeiterin *f*; *capital m* ~ Gesellschaftskapital *n*; *raison f* ~*e* Firmenbezeichnung *f*, Firma *f*.

social-démocrat|e *pol.* [sɔsjaldemo'krat] (*f sociale-démocrate*) *m/pl. sociaux-démocrates*) 1. *adj.* sozialdemokratisch; 2. *su.* Sozialdemokrat(in *f*) *m*; **~ie** [~'si] *f* Sozialdemokratie *f*.

social|isation [sɔsjaliza'sjɔ̃] *f* Sozialisierung *f*, Verstaatlichung *f*; **~iser** [~'ze] *v/t.* (1a) sozialisieren, verstaatlichen; **~isme** [~'lism] *m* Sozialismus *m*; **~iste** [~'list] 1. *adj.* sozialistisch; 2. *su.* Sozialist(in *f*) *m*.

sociét|aire [sɔsje'tɛːr] 1. *adj.* zu e-r Gesellschaft gehörend; 2. *su.* Mitglied *n* e-r Gesellschaft; ✝ Gesellschafter *m*; **~é** [~'te] *f* Gesellschaft *f* (*a.* ✝); Verein *m*; ✝ Handelsgesellschaft *f*; Firma *f*; ~ *anonyme*, ~ *par actions* Aktiengesellschaft *f*.

socio-critique [sɔsjɔkri'tik] *f* Gesellschaftskritik *f*; **~drame** *litt.* [~'dram] *m* Soziodrama *n*; **~logie** [~lɔ-'ʒi] *f* Soziologie *f*; **~logue** [~'lɔg] *su.* Sozio-loge *m*, -login *f*.

socle ['sɔklə] *m* Sockel *m*.

socquette [sɔ'kɛt] *f* Söckchen *n*.

sod|a [sɔ'da] *m* Sodawasser *n*; **~ium** ⚗ [~'djɔm] *m* Natrium *n*.

sodomie [sɔdɔ'mi] *f* Sodomie *f*; Homosexualität *f*; **~isateur** *péj.* [~za-'tœːr] *m* Kretin *m*, Beschränkte(r) *m*.

sœur [sœːr] *f* Schwester *f*; *rl.* Ordensschwester *f*.

sofa [sɔ'fa] *m* Sofa *n*.

soffite *the.*, 🔺 [sɔ'fit] *f* Soffitte *f*; Felderdecke *f*.

soi [swa] *pr/p.* sich; *amour m de* ~ Selbst-, Eigen-liebe *f*; *être* ~ sich gleichbleiben; *être chez* ~ zu Hause sein; *en* ~ an (und für) sich.

soi-disant [swadi'zã] **1.** *adj.* (*inv.*) sogenannt, angeblich; **2.** *adv.* sozusagen, angeblich.

soie [swa] *f* Seide *f*; Spinngewebsfaden *m*; *zo.*, ⚘ Borste *f*; ⊕ Heftzapfen *m*; ~ *artificielle* (*lavable*) Kunst-(Wasch-)seide *f*; ~ *grège* Rohseide *f*; **~rie** [~'ri] *f* Seiden-handel *m*, -fabrik *f*.

soif [swaf] *f* Durst *m*; *fig.* Begierde *f*; *avoir* (*très*) ~ (sehr) durstig sein; *rester sur sa* ~ nicht genug zu trinken bekommen; *fig. soc.* ~ *de considération* Streben *n* nach Ansehen; **~fard**, **-e** P [~'faːr, ~'fard] *su.* Säufer(in *f*) *m*.

soign|é, -e [swa'ɲe] *adj. Arbeit:* sorgfältig; *Person:* gepflegt; F tüchtig; *rhume m* ~ gehöriger Schnupfen *m*; **~er** [~'ɲe] *v/t.* (1a) Sorge tragen für, betreuen, pflegen; sorgfältig ausarbeiten; sorgfältig behandeln; **~eur** *Sport* [~'ɲœːr] *m* Betreuer *m*; **~eux**, **-se** [~'ɲøː, ~'ɲøːz] *adj.* gewissenhaft; ~ *de qch.* auf etw. (*acc.*) bedacht.

soi-même [swa'mɛm] *pr/p.* **1.** *betont:* selbst; *de* ~ von selbst; **2.** *reflexiv:* sich selbst.

soin [swɛ̃] *m* Sorgfalt *f*, Sorge *f*; ~*s pl.* Betreuung *f*, Pflege *f*; Aufmerksamkeiten *f/pl.*; *auf Briefen:* aux bons ~s de bei; per Adresse; 💉 *premiers* ~s Erste Hilfe *f*; *avoir, prendre* ~ *de qch.* Sorge tragen für etw.; ~*s superflus* vergebliche Mühe *f*; *donner des* ~*s à*

pflegen, ärztlich behandeln, betreuen; ~*s de beauté* Schönheitspflege *f*.

soir [swaːr] *m* Abend *m*; *le* ~ abends; *du matin au* ~ von früh bis spät; *ce* ~ heute abend; *à ce* ~ bis heute abend; *vers* (*od. sur*) *le* ~ gegen Abend; **~ée** [swa're] *f* Abend(zeit *f*) *m*; Abendgesellschaft *f*, -vorstellung *f*; ~ *dansante* Tanzabend *m*.

soit¹ [swat] *int.*: ~! meinetwegen!; *ainsi* ~-*il!* amen!

soit² [swa] *cj.* **1.** ~ ... ~ entweder ... oder; ~ ... *ou* ... sei es ... oder ...; ~ *que* ... (*subj.*), ~ *que* ... (*subj.*) sei es, daß ... oder daß ...; **2.** 🜊 gegeben; **3.** *vor Zahlen:* das heißt, *bei Rechnungen:* das macht.

soixantaine [swasã'tɛn] *f*: *une* ~ etwa (*od.* an die) sechzig (Stück), ungefähr ein Schock.

soixante [swa'sãːt] *a/n. c.* sechzig; **~dix** [~sãt'dis] *a/n. c.* siebzig; **~dixième** [~di'zjɛm] *a/n. o.* siebzigste(r, -s).

soixantième [swasã'tjɛm] **1.** *a/n. o.* sechzigste(r, -s); **2.** *m* Sechzigstel *n*.

soja ⚘ [sɔ'ʒa] *m* Sojabohne *f*.

sol¹ [sɔl] *m* (Acker-, Erd-)Boden *m*; Erde *f*; Grund *m*; ~ *sablonneux* Sandboden *m*.

sol² ♪ [sɔl] *m* (*inv.*) G *n*, g *n*.

solaire [sɔ'lɛːr] *adj.* Sonnen...; 🔺 sonnenbeheizt.

solan|(ac)ées ⚘ [sɔla'ne (~na'se)] *f/pl.* Nachtschattengewächse *n/pl.*; **~um** ⚘ [~'nɔm] *m* Nachtschatten *m*.

solarisation 🔺 [sɔlariza'sjɔ̃] *f* Sonnenbeheizung *f*.

solarium [sɔla'rjɔm] *m* Sonnenterrasse *f*; Solarium *n*.

soldat [sɔl'da] *m* Soldat *m*; ~ *de carrière* Berufssoldat *m*; **~esque** *péj.* [~'tɛsk] **1.** *adj.* roh, Soldaten...; **2.** *f* Soldateska *f*.

solde¹ ⚔ *u. péj.* [sɔld] *f* Sold *m*.

solde² † [sɔld] *m* Saldo *m*; ~*s pl.* (Saison-)Ausverkauf *m*; ~ *créditeur* (*débiteur*) Kredit-(Debet-)saldo *m*; ~ *de marchandises* Restbestände *m/pl.*; *pour* ~ *de votre facture* zum Ausgleich (*od. zur* vollständigen Zahlung) Ihrer Rechnung; *régler le* ~ *d'une facture* den Betrag e-r Rechnung bezahlen, e-e Rechnung begleichen; *adresser un* ~ e-n Restbetrag überweisen; F *courir les* ~*s* zum Ausverkauf gehen.

solder † [sɔl'de] v/t. (1a) *ein Konto* abschließen; bezahlen; ausverkaufen; *fig.* se ~ *par un échec* mit e-m Mißerfolg enden.

sole *icht.* [sɔl] f Seezunge f.

soleil [sɔ'lɛj] m Sonne f (a. fig., z. B. *Feuerwerk*); rl. Monstranz f; ♀ Sonnenblume f; *gym.* Riesenwelle f; ♣ *coup m de* ~ Sonnenbrand m; *il fait du* ~ die Sonne scheint; ~ *des hauteurs* Höhensonne f; ♣ ~ *artificiel* Höhensonne f; F *piquer un* ~ ganz rot werden.

solennel, -le [sɔla'nɛl] *adj.* feierlich; festlich; *péj.* gravitätisch; **~ité** [~ni-'te] f Feierlichkeit f; *péj.* Gehabe n; ♣♣ ~s *pl.* Förmlichkeiten f/pl.

solfège ♪ [sɔl'fɛːʒ] m allgemeine Musiklehre f; *Buchtitel:* Gesangschule f; **~ier** ♪ [~'fje] v/t. (1a) *Musikstück* mit Benennung der Noten singen.

solid|aire [sɔli'dɛːr] *adj.* solidarisch; ⊕ (fest) verbunden (de mit *dat.*); **~ariser** [~dari'ze] v/rfl. (1a): se ~ *avec* q. sich mit j-m solidarisch erklären; **~arité** [~'te] f Solidarität f.

solide [sɔ'lid] 1. *adj.* fest; solid(e); haltbar, strapazierfähig; kräftig, rüstig; *fig.* zuverlässig; gründlich; F *vorangestellt:* anständig F; *raison f* ~ stichhaltiger Grund m; 2. m *phys.* fester Körper m.

solidi|fication [sɔlidifika'sjɔ̃] f Erstarrung f, Verfestigung f; **~fier** [~'fje] v/t. (1a) fest (*od.* starr) machen; verfestigen; **~té** [~'te] f Haltbarkeit f; Zuverlässigkeit f; feste Grundlage f.

soli|fluer *géol.* [sɔlifly'e] v/i. (1a) ins Rutschen geraten; **~fluxion** *géol.* [~fly'ksjɔ̃] f Bodenfließen n.

soliloque [sɔli'lɔk] m Selbstgespräch n.

solipède *zo.* [sɔli'pɛd] *adj.* einhufig.

soliste ♪ [sɔ'list] 1. *adj.* Solo...; 2. su. Solist(in f) m.

solit|aire [sɔli'tɛːr] 1. *adj.* einsam; abgelegen; ♣, *zo.* ver m ~ Bandwurm m; 2. su. Einsiedler(in f) m; 3. m *Diamant:* Solitär m; *ch.* alter Keiler m; **~ude** [~'tyd] f Einsamkeit f; *fig.* Abgeschiedenheit f.

solive △ [sɔ'liːv] f Deckenbalken m.

sollicit|ation [sɔlisita'sjɔ̃] f Bewerbung f; Gesuch n; dringende Bitte f; ⊕ Beanspruchung f; † Bemühung f; **~er** [~'te] v/t. (1a): ~ q. de faire qch. j-n dringend bitten, etw. zu tun; ~

qch. auprès de q. j-n dringend um etw. (*acc.*) bitten; ~ *une place* sich um e-e Stellung bewerben; ~ *une audience* um e-e Audienz nachsuchen; ⊕ ~ *un moteur* e-n Motor beanspruchen; *fig.* ~ *l'attention* die Aufmerksamkeit auf sich ziehen; **~eur, -se** [~'tœːr, ~'tøːz] su. Bittsteller(in f) m; Bewerber(in f) m; **~ude** [~'tyd] f Hingabe f.

solo ♪ [sɔ'lo] m (pl. ~s od. soli) Solo n.

solstice *ast.* [sɔls'tis] m Sonnenwende f.

solu|bilité [sɔlybili'te] f Löslichkeit f; **~ble** [~'lybl] *adj.* löslich; *Problem:* lösbar; **~tion** [~'sjɔ̃] f 🜊 Lösung f; *Vorgang:* Auflösen n; *fig.* (Auf-)Lösung f; Trennung f; ~ *de continuité* Unterbrechung f; ~ geschichtlicher Einschnitt m; ~ *de torture* Notlösung f; ~s *pl.* bâtardes Halb-, Scheinlösungen f/pl.; ~ *provisoire* Zwischenlösung f.

solvab|ilité [sɔlvabili'te] f Zahlungsfähigkeit f; **~le** [~'vablə] *adj.* zahlungsfähig.

solvant 🜊 [sɔl'vɑ̃] m Lösungsmittel n.

somal|i, -e [sɔma'li] 1. *adj.* somalisch; 2. ℒ(e) su. Somali m u. f; **~ien, -ne** [~'ljɛ̃, ~'ljɛn] *adj.* somalisch.

sombr|e [ˈsɔ̃ːbrə] *adj.* dunkel, düster; trüb(e); *fig.* finster; ~ *à la peau dunkelhäutig*; *vêtu de* ~ in dunklem Anzug; **~er** [sɔ̃'bre] v/i. (1a) 🜊 (ver)sinken, untergehen; *fig.* ~ *dans la boisson* dem Trunk verfallen; ~ *dans le sommeil* in Schlaf sinken.

somm|aire [sɔ'mɛːr] 1. *adj.* kurzgefaßt, gedrängt; *Mahlzeit:* einfach; 2. m Inhaltsangabe f; **~ation** [~ma'sjɔ̃] f Aufforderung f, Mahnung f; ⅋ Summieren n; ⅋⅋ Vorladung f; **~e** [sɔm] 1. f Summe f; ~ *forfaitaire*, *globale* Pauschalsumme f; en ~ im ganzen genommen; kurz; 2. f nur noch in: *bête f de* ~ Lasttier n; 3. F m Schläfchen n; *faire un (petit)* ~ ein Nickerchen machen.

sommeil [sɔ'mɛj] m Schlaf m (a. fig.); Schläfrigkeit f; *avoir* ~ schläfrig sein; **~ler** [~mɛ'je] v/i. (1a) schlummern (a. fig.).

sommel|ier, -ère [sɔmə'lje, ~'ljɛːr] su. Kellermeister(in f) m; **~lerie** [~mɛl'ri] f Kellermeisteramt n; Weinkeller m.

sommer [sɔ'me] v/t. (1a) 1. ~ q. de

faire qch. j-n auffordern, etw. zu tun; 2. 🅰 summieren.

sommet [sɔ'mɛ] m Gipfel m; Wipfel m; ♀ Spitze f; ♈, △ Scheitel(punkt m) m; pol. Gipfel-konferenz f, -treffen n; ~ du nez Nasenwurzel f; ~ du poumon Lungenspitze f; alp. déboucher au ~ den Gipfel erreichen; F au ~ erstklassig.

sommier [sɔ'mje] m 1. † Hauptbuch n; 2. ⚖ (judiciaire) Strafregister n; 3. △ Waage-, Trage-balken m; Glockenstuhl m; Windkasten m e-r Orgel; (Sprungfeder-)Matratze f; ~ de béton Betonschicht f/pl. e-r Rollbahn.

sommit|al, -e alp. [sɔmi'tal] adj. (m/pl. -aux) höchst, der Bergspitze; névé m ~ Gletscherschnee m der Bergspitze; ~é [~'te] f ♀ Spitze f; fig. Kapazität f.

somnambul|e [sɔmnɑ̃'byl] 1. adj. nachtwandelnd, mondsüchtig; 2. su. Nachtwandler(in f) m; ~ique [~'lik] adj. s. somnambule; ~isme [~'lism] m Mondsüchtigkeit f.

somnifère [sɔmni'fɛːr] 1. adj. einschläfernd; 2. m Schlafmittel n.

somnol|ence [sɔmnɔ'lɑ̃ːs] f Schläfrigkeit f; ⚕ Schlafsucht f; ~ent, -e [~'lɑ̃, ~'lɑ̃ːt] adj. schläfrig; ⚕ schlafsüchtig; ~er [~'le] v/i. (1a) schlummern; vor sich hin dämmern (od. F dösen).

somptu|aire [sɔ̃p'tɥɛːr] adj. den Aufwand betreffend; Luxus...; ~eux, -se [~'tɥø, ~'tɥøːz] adj. prunkvoll, grandios, prächtig; ~osité [~tɥozi'te] f Pracht f, Aufwand m.

son[1] [sɔ̃] (f: sa [sa], vor vo. u. stummem h son; pl.: ses [se]) pr/poss. sein(e f) m u. n; pl. seine; mit Bezug auf e-n weiblichen Besitzer: ihr(e f) m u. n; pl. ihre.

son[2] [sɔ̃] m Ton m, Laut m, Klang m, Schall m; ★ les ~ et lumière die alten Leute qi.

son[3] [sɔ̃] m Kleie f; F fig. taches f/pl. de ~ Sommersprossen f/pl.

sonar ⊕, ♧ [sɔ'naːr] m Sonar(gerät n) n.

sonatine ♪ [sɔna'tin] f Sonatine f.

sond|age [sɔ̃'daːʒ] m ⊕ Bohrung f, Lotung f; ♧ Peilen n; fig. Stichprobe f; ~ d'opinion Rundfrage f, Meinungsforschung f; tour f de ~ Bohrturm m; ~agite péj. [~da'ʒit] f Abhängigkeit f von Rundfragen; ~e [sɔ̃ːd] f Lot n; (Senk-)Blei n; ♊, ⊕

Sonde f; Such-, Visitier-eisen n der Zollbeamten; ⚒ Erdbohrer m; ~ lunaire Mondsonde f; ~er [sɔ̃'de] v/t. (1a) ♧ loten, peilen; sondieren (a. fig.); fig. untersuchen; j-n ausforschen; etw. ergründen; ~eur ♧ [~'dœːr] m: ~ à écho Echolot n; ~ à ultra-sons Ultraschallecholot n; ~o-manie [~dɔma'ni] f Meinungsforschungssucht f.

songe litt. [sɔ̃ːʒ] m Traum m; ~-creux [sɔ̃ʒ'krø] m (inv.) Phantast m, Träumer m.

song|er [sɔ̃'ʒe] v/i. (1l) denken (à qch. an etw. acc.); sich etw. vor Augen halten; songez-y! überlegen Sie sich's genau!; ~erie [~ʒ'ri] f Träumerei f; ~eur, -se [~'ʒœːr, ~'ʒøːz] 1. adj. nachdenklich; 2. su. Träumer(in f) m.

sonique [sɔ'nik] adj. Schall...

sonnaill|e [sɔ'naːj] f Kuhglocke f; ~er [~'nɑ'je] 1. m Leit-tier n, -hammel m; 2. v/i. (1a) péj. dauernd bimmeln F.

sonnant, -e [sɔ'nɑ̃, ~'nɑ̃ːt] adj. Uhr: schlagend; klingend; à midi ~ Punkt zwölf (Uhr); à deux heures ~es Punkt zwei (Uhr); espèces f/pl. ~es klingende Münze f, bares Geld n.

sonner [sɔ'ne] (1a) v/t. läuten; herbeiklingeln; ★ zu Boden schlagen; F ~ les cloches à q. j-n anschnauzen; v/i. klingeln; läuten; klingen, tönen, schallen; Uhr: schlagen; ♪ ~ du cor (auf dem) Horn blasen; ~ creux hohl klingen; fig. leer sein.

sonnerie [sɔn'ri] f Geläut(e) n (von Glocken); Schlagwerk n (e-r Uhr); ⚡ Läutewerk n; Klingel f; ch. Trompetensignal n; la grosse ~ das Glockenwerk e-r Kirche.

sonnet litt. [sɔ'nɛ] m Sonett n.

sonnette [sɔ'nɛt] f Klingel f; ⊕ Ramme f; ~ à main Tischklingel f.

sonneur [sɔ'nœːr] m Glöckner m.

sono F [sɔ'no] f 1. Tonwiedergabe f; 2. Lautsprecheranlage f.

sonomètre Auto usw. [sɔnɔ'mɛːtrə] m Schall-, Geräusch-messer m.

sonor|e [sɔ'nɔːr] adj. tönend, klingend; klangreich; film m ~ Tonfilm m; ~isation [~nɔriza'sjɔ̃] f Beschallung f e-s Saales; Lautsprecheranlage f; cin. Vertonung f; Tonuntermalung f; phon. Stimmhaftwerden n; ~iser [~ni'ze] v/t. (1a) Saal beschallen; Film vertonen; se ~ phon. stimmhaft werden; ~ité [~'te] f

Wohlklang m; Klangfülle f; Akustik f e-s Saales; phon. Stimmhaftigkeit f.

sono|thèque [sɔnɔ'tɛk] f Lautarchiv n; **~tone** [~'tɔn] m Hörgerät n.

sophisme [sɔ'fism] m Scheinbeweis m; Trugschluß m.

sophist|ication [sɔfistika'sjɔ̃] f **1.** Verfälschung f (phm. u. v. Handelswaren); **2.** Geziertheit f; **3.** ⊕ technische Verfeinerung f; **~ique** [~'tik] **1.** adj. sophistisch; spitzfindig; verfänglich; überspannt; **2.** f phil. Sophistik f; **~iqué, -e** [~'ke] adj. **1.** geziert; **2.** néol. hochentwickelt, technisch verfeinert; exquisit.

soporifique [sɔpɔri'fik] **1.** adj. einschläfernd; fig. langweilig; **2.** m Schlafmittel n.

sorabe [sɔ'rab] **1.** adj. sorbisch; **2.** ♀ su. Sorbe m, Sorbin f.

sorbet [sɔr'bɛ] m Sorbett m od. n, Scherbett m od. n.

sorbier [sɔr'bje] m Eberesche f.

sorbonnard, -e F [sɔrbɔ'naːr, ~'nard] su. Student(in f) m od. Professor(in f) m der Sorbonne.

sorc|ellerie [sɔrsɛl'ri] f Hexerei f; **~ier, -ère** [~'sje, ~'sjɛːr] su. Zauberer m (a. fig.), Zauberin f; Hexenmeister m, Hexe f.

sordide [sɔr'did] adj. schmutzig; fig. schäbig; **~ité** [~di'te] f Schmutz m; fig. Schäbigkeit f.

sornettes [sɔr'nɛt] f/pl. Gefasel n.

sort [sɔːr] m Schicksal n; (Lebens-) Los n, Geschick n; Zufall m; fig. Lebensstellung f, Vermögensverhältnisse n/pl.; tirer au ~ losen; fig. jeter un ~ sur q. j-n behexen; réserver un ~ particulier à qch. e-r Sache (dat.) e-e Sonderrolle (od. Sonderbehandlung) vorbehalten; **~able** [sɔr-'tabl] adj. **1.** bsd. verneint: korrekt gekleidet; ansehnlich; **2.** Kleidung: tragbar; **~e** [sɔrt] **1.** f Art und Weise f; Sorte f; toutes ~s de allerlei, allerhand; de la ~ so, auf die(se) Weise; en quelque ~ gewissermaßen; **2.** cj.: de ~ que, en ~ que so daß.

sortie [sɔr'ti] f Hinaus-, Herausgehen n; Ausgehen n, Ausfahren n; Spazier-gang m, -fahrt f; Ausreise f aus e-m Land; ⚓ Kommen n, Durchbrechen n der Zähne usw.; ⚓, usw. Ausgang m, Ausfahrt f; fig. Austritt m; thé. Abtreten n von der Bühne; ✝ Ausfuhr f; ⚔ Ausfall m aus e-r Festung; ~ de secours Notausgang m;

fin. ~ de devises Devisenabfluß m; ✝ acquit m de ~ (Waren-)Ausgangsschein m; écol. privation f de ~ Arrest m.

sortilège [sɔrti'lɛːʒ] m Zauber m; Zauberei f.

sortir¹ [sɔr'tiːr] **1.** (2b) v/i. herausgehen, -treten; ausgehen; hervorkommen; ⚓ Zähne: durchbrechen; reliefartig hervortreten; aus e-r Lage herauskommen; von etw. abgehen, abweichen; loskommen, sich freimachen; abstammen; ~ de table vom Tisch aufstehen (od. sich erheben); v/t. heraus-bringen (a. ✝), -fahren, -führen, -tragen, -ziehen; ✝ auf den Markt bringen; Hund ausführen; F ~ q. j-n begleiten; ~ les enfants die Kinder an die Luft bringen; F s'en ~ sich aus der Affäre ziehen; lebend davonkommen; **2.** m: au ~ beim Herausgehen; fig. poét. au ~ de l'hiver gegen Ende des Winters.

sortir² ⚖ [sɔr'tiːr] v/t. (2a) erhalten, erlangen; ⚖ Urteil: ~ son plein et entier effet Rechtskraft erlangen, rechtskräftig sein (od. werden).

sosie [sɔ'zi] m Doppelgänger(in f) m.

sot, -te [so, sɔt] **1.** adj. dumm; verlegen; töricht; lächerlich; **2.** su. Dummkopf m; Narr m, Närrin f; dumme Gans f.

sottise [sɔ'tiːz] f Dummheit f.

sou [su] m ehm. Sou m (= 5 Centimes); fig. Pfennig m, Heller m; être sans le ~ nicht e-n Pfennig besitzen.

souabe [swab] **1.** adj. schwäbisch; **2.** ♀ su. Schwabe m, Schwäbin f.

souahéli ling. [swae'li] m: le ~ Suaheli n.

soubassement [subas'mɑ̃] m △ Unterbau m; Sockel m; Auto: Fahrzeugboden m; géol. Grundgebirge n; fig. Grundlage f.

soubresaut [subrə'so] m plötzlicher Sprung m, Ruck m, Satz m, Stoß m; fig. Zuckung f; fig. plötzliche Erregung f.

soubrette thé. [su'brɛt] f Soubrette f.

souche [suʃ] f (Baum-)Stumpf m; fig. Stamm m e-s Geschlechtes; Ahnherr m; △ Schornsteinmündung f; Kontrollabschnitt m; Français m de vieille ~ echter Franzose m; fig. faire ~ Stammvater sein.

souchet ♀ [su'ʃɛ] m Zypergras n; **~te** ♀ [~'ʃɛt] f Eichenschwamm m.

souci¹ [su'si] m Sorge f.

souci²

souci² ♀ [su'si] *m* Ringelblume *f*.

souci|er [su'sje] *v/rfl.* (1a): se ~ de qch. sich um etw. (acc.) kümmern; *fig.* ne se ~ de rien in den Tag hinein leben; **~eux, -se** [~'sjø, ~'sjø:z] *adj.* bekümmert; ~ de bedacht auf (acc.).

soucoupe [su'kup] *f* Untertasse *f*; ~ *volante* fliegende Untertasse *f*.

soud|able ⊕ [su'dabl] *adj.* lötbar; schweißbar; **~age** [~'da:ʒ] *m* Löten *n*; Schweißen *n*.

soudain [su'dɛ̃] **1.** *adj.* plötzlich; **2.** *adv.* = **~ement** [~dɛn-'mɑ̃] *adv.* plötzlich; **~eté** [~dɛn'te] *f* Plötzlichkeit *f*.

soudanais, -e [suda'nɛ, ~'nɛ:z] **1.** *adj.* sudanesisch; **2.** ♀(e) *su.* Sudanese *m*, Sudanesin *f*.

soudard [su'da:r] *m* Grobian *m*.

soude ⚗ [sud] *f* Natron *n*, Soda *f* od. *n*.

souder [su'de] *v/t.* (1a) ⊕ (an)löten; schweißen; *fig.* fest verbinden.

soudoyer *péj.* [sudwa'je] *v/t.* (1h) dingen.

soudure [su'dy:r] *f* ⊕ Lötmittel *n*; Löten *n*, Schweißen *n*; Schweiß-, Löt-stelle *f*; *fig.* enge Verbindung *f*; faire la ~ éc. e-e Versorgungslücke überbrücken; F *fin.* über die Runden kommen.

soue *dial.* [su] *f* Schweinestall *m*.

souffl|age [su'fla:ʒ] *m* ⊕ Glasblasen *n*; *écol.* Vorsagen *n*; **~e** ['sufla] *m* Hauch *m*; Atemzug *m*, Atem *m*; *fig.* Wehen *n*, Säuseln *n*; Lüftchen *n*; *rad.* Rauschen *n*; *fig.* Eingebung *f*; **~é, -e** *cuis.* [~'fle] **1.** *adj.*: omelette *f* ~ = **2.** *m* Eierauflauf *m*; **~er** [~] (1a) *v/i.* blasen, pusten; hauchen; wehen; brausen; schnaufen; den Blasebalg treten; *fig.* sich verschnaufen, sich verpusten; *v/t.* Glas blasen; an-, aus-, weg-, auf-blasen; *écol.* vorsagen, zuflüstern; *thé.* soufflieren; *fig.* eingeben; F wegschnappen; unterschlagen; *fig.* ~ le chaud et le froid das Mäntelchen nach dem Winde drehen; ne ~ mot de qch. von etw. (dat.) kein Wort sagen; sans ~ mot ohne e-n Ton zu sagen.

soufflerie [suflə'ri] *f* ⊕ Gebläse *n*; ♩ Windkanal *m* e-s Harmoniums, e-r Orgel usw.

soufflet [su'flɛ] *m* Blasebalg *m*; Balg *m* e-r Klappkamera; Klappverdeck *n* e-s Wagens; ⌖ (Harmonika-)Verbindungsgang *m*; *cout.* Einsatz *m*;

fig. litt. Ohrfeige *f*; **~er** [~flə'te] *v/t.* (1c) † ohrfeigen; *heute nur noch fig.*: ~ q. de son mépris j-n mit Verachtung strafen; ~ le bon sens dem gesunden Menschenverstand ins Gesicht schlagen.

souffleur, -se [su'flœ:r, ~'flø:z] *su. thé.* Souffleur *m*, Souffleuse *f*; *écol.* Vorsager(in *f*) *m*.

souffr|ance [su'frã:s] *f* Leiden *n*; ⚖ Duldung *f*; en ~ unerledigt; *Wechsel*: überfällig; *Brief usw.*: unzustellbar; **~ant, -e** [~'frã, ~'frã:t] *adj.* unwohl, leicht erkrankt; leidend.

souffre-douleur [sufrədu'lœ:r] *m* (*inv.*) Sündenbock *m*, Prügelknabe *m*.

souffreteux, -se [sufrə'tø, ~'tø:z] *adj.* schwächlich; leidend; kränklich.

souffrir [su'fri:r] (2f) *v/t.* (er)leiden, erdulden; *fig.* aushalten, ertragen; *fig.* erlauben; *v/i.* leiden (de qch. an etw. *dat.*; *fig.* unter etw. *dat.*).

soufr|e ['sufrə] *m* Schwefel *m*; **~er** [~'fre] *v/t.* (1a) schwefeln; **~ière** [~fri'ɛ:r] *f* Schwefelgrube *f*.

souhait [swɛ] *m* Wunsch *m*; à ~ nach Wunsch; *beim Niesen*: à vos ~s! Gesundheit!; **~able** [~'tabl] *adj.* wünschenswert; **~er** [~'te] *v/t.* (1b) wünschen; ~ le bonjour à q. j-m e-n guten Tag wünschen; ~ la bonne année ein frohes neues Jahr wünschen.

souill|er [su'je] *v/t.* (1a) besudeln, beschmutzen; *fig.* beflecken; **~ure** [~'jy:r] *f* Schmutzfleck *m*; *fig.* Schandfleck *m*.

souk [suk] *m* S(o)uk *m* (*arabischer Markt*).

soûl, -e [su, sul] **1.** *adj.* F besoffen; **2.** *m* (*mit pr/poss.*): tout mon (ton usw.) ~ nach Herzenslust; manger tout son ~ sich ordentlich satt essen.

soulag|ement [sulaʒ'mã] *m* Erleichterung *f*; **~er** [~'ʒe] *v/t.* (1l) erleichtern; ~ q. j-m Erleichterung verschaffen; F *fig.* se ~ s-e Notdurft verrichten.

soûl|ard, -e P [su'la:r, ~'lard] *su.* Säufer(in *f*) *m*; **~er** F [~'le] *v/t.* (1a) j-n besoffen machen; se ~ sich besaufen.

soulèvement [sulɛv'mã] *m* pol. Aufstand *m*, Erhebung *f*; *géol.* Hebung *f*; ✚ ~ de cœur Übelkeit *f*, Brechreiz *m*.

soulever [sul've] *v/t.* (1d) hochheben; aufwirbeln, aufwühlen; *fig.* beseelen; aufhetzen; *Frage* aufwerfen;

♂ ~ le cœur Übelkeit erregen; *gym.* ~ un poids lourd ein Gewicht stemmen (*od.* hochreißen); ~ le rideau unter dem Vorhang hervorgucken; se ~ sich auflehnen, sich empören.

soulier [su'lje] *m* Schuh *m*; *Sport:* ~s *pl. à pointes* Spikes *pl.*; F *fig.* être dans ses petits ~s in Verlegenheit (*od.* im Druck) sein.

soulign|ement [sulinə'mã] *m* Unterstreichen *n*; *fig.* Hervorheben *n*; **~er** [~'ne] *v/t.* (1a) unterstreichen; *fig.* hervorheben, betonen.

soumettre [su'mɛtrə] *v/t.* (4p) unterwerfen; *fig.* vorlegen, unterbreiten; ✝ ~ *au calcul* berechnen.

soumis, -e [su'mi, ~'mi:z] **1.** *p.p. von* soumettre; **2.** *adj.* gehorsam, fügsam, unterwürfig; ~ *à une autorisation* genehmigungspflichtig; ~ *à l'impôt* steuerpflichtig.

soumission [sumi'sjɔ̃] *f* Unterwerfung *f*; Unterwürfigkeit *f*, Ergebenheit *f*; Gefolgschaftstreue *f*; *Verwaltung:* Lieferungsangebot *n*; **~naire** [~sjɔ'nɛːr] *m* Submittent *m*, Bewerber *m* um Lieferung; **~ner** [~'ne] *v/t.* (1a) ein Lieferungsangebot machen auf (*acc.*); eine Lieferung übernehmen.

soupape ⊕ [su'pap] *f* Ventil *n*.

soupçon [sup'sɔ̃] *m* Argwohn *m*, Verdacht *m*; *fig.* Vermutung *f*; F *fig.* un ~ ein ganz klein wenig; **~ner** [~sɔ'ne] *v/t.* (1a) verdächtigen, in Verdacht haben; *fig.* vermuten, ahnen; **~neux, -se** [~'nø, ~'nøːz] *adj.* mißtrauisch.

soupe [sup] *f* Suppe *f* (*bsd. einfache Fleischbrühe mit Brot*); ~ *populaire* Volksküche *f*; ~ *aux oignons* Zwiebelsuppe *f*; ~ *grasse* Fleischsuppe *f*; F *pol. aller à la* ~ sein Mäntelchen nach dem Winde drehen; F *s'emporter* (*od. monter*) *comme une* ~ au lait schnell wütend werden; *trempé comme une* ~ durch und durch naß.

soupente ⊿ [su'pãːt] *f* Hängeboden *m*.

souper [su'pe] **1.** *v/i.* (1a) nach e-r *Abendveranstaltung* essen; soupieren; *regional:* zu Abend essen; F *fig.* j'en ai soupé das wird mir über; **2.** *m* Essen *n* (nach e-r Abendveranstaltung); Souper *n*; *regional:* Abendessen *n*.

soupeser [supə'ze] *v/t.* (1d) mit der Hand wiegen; *fig.* abwägen.

soupière [su'pjɛːr] *f* Suppenschüssel *f*.

soupir [su'piːr] *m* Seufzer *m*; ♪ Viertelpause *f*.

soupirail ⊿ [supi'raj] *m* (*pl.* -aux) Kellerfenster *n*.

soupir|ant *litt. od. plais.* [supi'rã] *m* Verehrer *m*; **~er** [~'re] *v/i.* (1a) seufzen; *fig.* sich sehnen (*après qch.* nach etw.; *pour q.* nach j-m).

soupl|e ['suplə] *adj.* biegsam; wendig; *fig.* flexibel; schmiegsam, lenksam; **~esse** [~'plɛs] *f* Biegsamkeit *f*; Wendigkeit *f*; *fig.* Nachgiebigkeit *f*; Flexibilität *f*.

sourc|e [surs] *f* Quelle *f*; Ursprung *m*; *prendre sa* ~ *dans* entspringen in (*dat.*); **~ier** [~'sje] *m* Rutengänger *m*.

sourcil [sur'si] *m* Augenbraue *f*; *froncer les* ~s die Stirn runzeln; **~er** [~'sje] *v/i.* (1a): *ne pas* ~ keine Miene verziehen; **~leux, -se** [~'sjø, ~'sjøːz] *adj.* kleinlich.

sourd, -e [suːr, surd] **1.** *adj.* taub; dumpf; ♪ gedämpft; *phon.* stimmlos; *faire la* ~ *oreille à qch.* etw. überhören; ~ *comme un pot* stocktaub; *lanterne f* ~*e* Blendlaterne *f*; **2.** *su.* Taube(r *m*) *m u. f.*

sourdine [sur'din] *f* ♪ Dämpfer *m*; *en* ~ in aller Stille.

sourd|-muet, ~e-muette [sur'mɥɛ, surd'mɥɛt] (*pl.* sourds-muets, sourdes-muettes) **1.** *adj.* taubstumm; **2.** *su.* Taubstumme(r *m*) *m u. f.*

sourdre *s.t.s.* ['surdrə] (4a; *dft.: nur inf. u. 3. Person prés. sg. u. pl.*) hervorquellen; *fig.* entstehen.

souric|eau [suri'so] *m* (*pl.* ~x) Mäuschen *n*; **~ière** [~'sjɛːr] *f* Mausefalle *f*.

sourire [su'riːr] **1.** *v/i.* (4r) lächeln; ~ *à q.* j-m zulächeln; ~ *de nouveau à l'existence* sich wieder s-s Daseins freuen (*z. B. nach e-r Krankheit*); **2.** *m* Lächeln *n*.

souris [su'ri] *f zo.* Maus *f* (*a. Fleischstück*); *fig.* ~ *d'hôtel* Hoteldiebin *f*.

sournois, -e [sur'nwa, ~'nwaːz] **1.** *adj.* verschlossen; heimtückisch; **2.** *su.* Duckmäuser *m*; *fig.* Schleicher *m*; **~erie** [~nwaz'ri] *f* Duckmäuserei *f*.

sous [su] *prp.* unter (*dat. u. acc.*); ✌~ *bande* unter Kreuzband; *fig.* ~ *dictée* nach Diktat; ~ (*le règne de*) *Frédéric* unter Friedrich, während der Regierung Friedrichs; ~ *la main* zur Hand, zur Verfügung; ~ *mon commandement* unter meinem Kommando; ~

peine d'amende bei Geldstrafe; ~ peu in Kürze, bald; ~ mes pieds zu meinen Füßen; typ. ~ presse in Druck; ~ prétexte de unter dem Vorwand zu (od. gén.); ~ ce rapport in dieser Hinsicht; ~ scellé versiegelt; ~ mes yeux vor meinen Augen; mettre une lettre ~ enveloppe e-n Brief in den Umschlag stecken.

sous|-affermer [suzafɛr'me] v/t. (1a) in Unterpacht geben (od. nehmen); **~alimentation** [suzalimɑ̃ta'sjɔ̃] f Unterernährung f; **~alimenté, -e** [~'te] adj. unterernährt; **~bail** [su'baj] m (pl. sous-baux) Unter-miete f, -pacht f; **~bois** [~'bwa] m (inv.) Unterholz n; peint. Waldstück n.

souscript|eur [suskrip'tœːr] m Subskribent m; Aussteller m e-s Wechsels; Zeichner m e-r Anleihe; **~ion** [~p'sjɔ̃] f Subskription f.

souscrire [sus'kriːr] (4f) v/t. unterschreiben; v/i.: ~ à qch. in etw. (acc.) einwilligen; etw. gutheißen; etw. (od. auf etw. acc.) abonnieren; ~ à un emprunt e-e Anleihe zeichnen; ~ pour qch. sich (durch Unterschrift) zur Zahlung für etw. verpflichten.

sous|-cutané, -e ℋ [sukyta'ne] adj. subkutan; **~développé, -e** [~devlɔ'pe] adj. (wirtschaftlich) unterentwickelt; **~entendre** [suzɑ̃'tɑ̃ːdr] v/t. (4a) mit darunter verstehen; stillschweigend mit einbegreifen; **~entendu, -e** [~tɑ̃'dy] (pl. ~s) 1. adj. unausgesprochen; gr. le verbe est ~ das Verb ist zu ergänzen; 2. m Andeutung f, Anspielung f; **~entrepreneur** [suzɑ̃trəprə'nœːr] m (pl. ~s) Zwischenunternehmer m; **~estimer** [suzɛsti'me] v/t. (1a) unterschätzen; **~exposer** [suzɛkspo'ze] v/t. (1a) unterbelichten; **~locataire** [sulɔka'tɛːr] su. (pl. ~s) Untermieter(in f) m; **~location** [~lɔka'sjɔ̃] f (pl. ~s) (Weiter- od. Wieder-)Vermietung f; Untervermietung f; **~louer** [~'lwe] v/t. (1a) untervermieten; als Untermieter mieten; **~main** [~'mɛ̃] m (inv.) Schreibunterlage f; en ~ unterderhand, heimlich; **~marin, -e** ⚓ [~ma'rɛ̃, ~'rin] (pl. ~s) 1. adj. unterseeisch; 2. m U-Boot n; ~ porte-plongeurs, ~ humide Unterwasserjeep m; **~médicalisé, -e** [~medikali'ze] adj. ärztlich unterversorgt; **~officier** ✕ [suzɔfi'sje] m (pl. -s) Unterof-

fizier m; **~ordre** [su'zɔrdrə] m (pl. ~s) ♀ usw. Unterordnung f; fig. Untergebene(r) m; en ~ in untergeordneter Stellung; créancier m en ~ Zweitgläubiger m; **~pied** [su'pje] m (pl. ~s) Hosensteg m; **~poutre** ⊕ [~'putrə] f (pl. ~s) Stahlbau: Unterzug m; **~préfet** Fr. [~pre'fɛ] m (pl. ~s) Unterpräfekt m; **~préfete** Fr. [~'fɛt] f (pl. ~s) Unterpräfektin f; **~produit** [~prɔ'dɥi] m (pl. ~s) Nebenprodukt n; **~prolétariat** [~prɔleta'rja] m Lumpenproletariat n; **~pull** [~'pyl] m Unterziehpulli m; **~secrétaire** [~s(ə)kre'tɛːr] m (pl. ~s): ~ d'État Unterstaatssekretär m.

soussigné, -e 🏛 [susi'ne] 1. adj. unterzeichnet; 2. su. Unterzeichnete(r) m u. f.

sous|-sol [su'sɔl] m (pl. ~s) 1. ♂ Untergrund m; 2. Bodenschätze m/pl.; 3. 🏛 Untergeschoß n; **~station** ⚡ [~sta'sjɔ̃] f: ~ électrique Nebenstelle f e-s Elektrizitätswerks.

sous|traction [sustrak'sjɔ̃] f Unterschlagung f; arith. Subtraktion f; **~traire** [~'trɛːr] v/t. (4s) unterschlagen; arith. subtrahieren.

sous-trait|ance † [sutrɛ'tɑ̃ːs] f Vergabe f an Zulieferer; **~ant** † [~'tɑ̃] m (pl. ~s) Zulieferer m.

sous|-ventrière [suvɑ̃tri'ɛːr] f (pl. ~s) Bauchgurt m (am Pferdegeschirr); **~verge** [~'vɛrʒ] m (inv.) Handpferd n; **~vêtements** [~vɛt'mɑ̃] m/pl. Unterkleidung f; **~vireur, -se** Auto [~vi'rœːr, ~'røːz] adj.: voiture f sous-vireuse Wagen m, der die Kurven durch zu weites Ausholen schlecht nimmt.

soutache [su'taʃ] f Litzen-, Schnurbesatz m.

soutane [su'tan] f rl. (langer) Priesterrock m; fig. Priesterstand m.

soute [sut] f ⚓ Bunker m; ⚓ ~ à bagages Gepäckraum m.

soutenable [sut'nablə] adj. Ansicht: haltbar, vertretbar.

soutènement [suten'mɑ̃] m 🏛 Halt m, Stütze f; 🏛 Rechnungsbeleg m.

soutenir [sut'niːr] v/t. (2h) stützen, halten, tragen; aufrecht halten; s-n Ruf bewahren; fig. für j-n den Lebensunterhalt bestreiten; als wahr behaupten; j-m Beistand leisten; aushalten; ~ les concurrences internationales mit der internationalen Konkurrenz Schritt halten; ~ une *théorie* e-e Lehre verteidigen.

soutenu, -e [sut'ny] *adj.* anhaltend; *fig. Stil:* gehoben; *Börse:* fest.

souterrain, -e [sutɛ'rɛ̃, ⁓'rɛn] **1.** *adj.* unterirdisch; △ *travaux m/pl.* ⁓s Tiefbau *m;* **2.** *m* △ Unterführung *f.*

soutien [su'tjɛ̃] *m* Stütze *f* (*a.* △ *u. fig.*); ⁓**-gorge** [⁓'gɔrʒ] *m* (*pl. soutiens--gorge*) Büstenhalter *m.*

soutirer ⊕ [suti're] *v/t.* (1a) *Flüssigkeiten* abfüllen; *fig.* ⁓ *qch. à q.* j-m etw. ablocken.

souvenir [suv'niːr] **1.** *v/rfl.* (2h): se ⁓ *de* sich erinnern an (*acc.*); denken an (*acc.*); *faire* ⁓ *q. de* j-n erinnern an (*acc.*); **2.** *m* Erinnerung *f;* Andenken *n; si j'en ai bon* ⁓ wenn ich mich noch recht erinnere.

souvent [su'vɑ̃] *adv.* oft(mals); *assez* ⁓ öfters; *le plus* ⁓ meistens.

souverain, -e [suv'rɛ̃, ⁓'rɛn] **1.** *adj.* höchst, oberst; unübertroffen; *pol.* souverän, unumschränkt; **2.** *su.* Souverän *m,* Staatsoberhaupt *n,* Herrscher(in *f*) *m;* **3.** *m* ✝, *num.* Sovereign *m;* ⁓**eté** [⁓rɛn'te] *f* Souveränität *f.*

soviet *pol.* [sɔ'vjɛt] *m* Sowjet *m; les* ⁓s *pl.* die Sowjets *pl.*, die Sowjetunion.

soviét|ique [sɔvje'tik] *adj.* sowjetisch; ⁓**isme** [⁓'tism] *m* Sowjetsystem *n;* ⁓**ologie** [⁓tɔlɔ'ʒi] *f* Sowjet-kunde *f,* -forschung *f.*

soya [sɔ'ja] *m* s. *soja.*

soyeux, -se [swa'jø, ⁓'jøːz] *adj.* seidig.

spacieux, -se [spa'sjø, ⁓'sjøːz] *adj.* geräumig.

spahi *Fr. ehm.* ✗ [spa'i] *m* Spahi *m (nicht mehr seit September 1962).*

sparadrap [spara'dra] *m* Heftpflaster *n;* Leukoplast *n.*

spasm|e ⚕ [spasm] *m* Krampf *m;* ⁓**odique** [⁓mɔ'dik] *adj.* spastisch, krampfhaft.

spastique ⚕ [spas'tik] *adj.* s. *spasmodique.*

spath *min.* [spat] *m* Spat *m;* ⁓ *fluor* Flußspat *m.*

spatial, -e [spa'sjal] *adj.* (*m/pl. -aux*) räumlich; (Welt-)Raum...; *recherches f/pl.* ⁓es (Welt-)Raumforschung *f; peint. évocation f* ⁓e Raumvorstellung *f;* ⁓**iser** [⁓li'ze] *v/t.* (1a) an die Weltraumbedingungen anpassen.

spatul|e [spa'tyl] *f* ⊕ Spachtel *m od. f;* Spatel *m (a.* △); Spitze *f e-s Skis; orn.* Löffelreiher *m;* ⁓**é, -e** [⁓'le] *adj.* spachtel-, spatel-förmig.

speaker *rad.* [spi'kœːr] *m* Ansager *m;* ⁓**ine** *rad.* [⁓'krin] *f* Ansagerin *f.*

spec ✶ [spɛk] *m Zirkus:* große Parade *f.*

spécial, -e [spe'sjal] *adj.* (*m/pl. -aux*) speziell; besondere(r, -s); Sonder...; Spezial...; Extra...; Fach...; ⁓**e** [⁓] *f* Sonderausgabe *f;* ⁓**ement** [⁓l'mɑ̃] *adv.* besonders, speziell; ⁓**isation** [⁓liza'sjɔ̃] *f* Spezialisierung *f;* ⁓**iser** [⁓'ze] *v/t.* ⁓ *q.* sich spezialisieren; ⁓**iste** [⁓'list] *su.* Spezialist(in *f*) *m;* Fach-arzt *m,* -ärztin *f;* ⁓**ité** [⁓li'te] *f* Spezialität *f;* (Spezial-)Fach *n;* Fachgebiet *n;* ✝ ausschließliche Herstellung *f;* besonderer Geschäftszweig *m;* Markenartikel *m.*

spécieux, -se [spe'sjø, ⁓'sjøːz] **1.** *adj.* trügerisch; *tour m* ⁓ sich spezios über Wahrheit; **2.** *m* Scheinbare(s) *n.*

spécif|ication [spesifika'sjɔ̃] *f* Spezifizierung *f;* genaue Angabe *f,* genaue Bezeichnung *f;* ⁓**icité** ⚕, *biol.* [⁓fisi'te] *f* Eigentümlichkeit *f;* (Spezial-)Fach *n;* ⁓**ier** [⁓'fje] *v/t.* (1a) spezifizieren; *bien* ⁓ betonen, deutlich sagen; ⁓**ique** [⁓'fik] **1.** *adj.* spezifisch; **2.** *m* spezielles Heilmittel *n.*

spécimen [spesi'mɛn] *m* Probe-seite *f,* -stück *n;* Schriftprobe *f;* Muster *n.*

spect|acle [spɛk'taklə] *m* Anblick *m,* Schauspiel *n; aller au* ⁓ ins Theater gehen; ⁓**s** *pl.* forains (Jahrmarkts-)Schaubuden *f/pl.*, Rummelplatz *m;* ⁓**aculaire** [⁓ky'lɛːr] *adj.* spektakulär, eindrucksvoll, dramatisch; ⁓**ateur, -rice** [⁓'tœːr, ⁓'tris] *su.* Zuschauer(in *f*) *m.*

spectr|al, -e [spɛk'tral] *adj.* (*m/pl. -aux*) gespenstisch; *phys.*, 🔭 Spektral...; ⁓**e** ['spɛktrə] *m* Gespenst *n; fig.* Schreckbild *n; opt.* Spektrum *n.*

spécul|ateur, -rice ✝ [spekyla'tœːr, ⁓'tris] *su.* Spekulant(in *f*) *m;* ⁓**atif, -ve** [⁓'tif, ⁓'tiːv] *adj.* spekulativ; ⁓**ation** [⁓la'sjɔ̃] *f* Spekulation *f;* ⁓**er** [⁓'le] *v/i.* (1a) spekulieren *(sur qch.* ✝ mit etw. *dat.; fig.* auf etw. *acc.*).

speech F [spitʃ] *m* (*pl.* ⁓es) kurze Rede *f.*

spéléo F [spele'o] *m* = ⁓**logue.**

spéléolo|gie [speleɔlɔ'ʒi] *f* Höhlenforschung *f;* ⁓**gique** [⁓'ʒik] *adj.* höhlenkundlich; ⁓**gue** [⁓'lɔg] *su.* Höhlenforscher(in *f*) *m.*

sperme *biol.* [spɛrm] *m* Samen *m.*

sphère [sfɛːr] *f* **1.** *géom.* Kugel *f; ast.* ⁓ *céleste* Himmels-kugel *f,* -globus *m;* ⁓ *terrestre* Erdkugel *f;* **2.** *fig.* Sphäre *f*; Bereich *m*; Gebiet *n*; Geschäfts-, Wirkungs-kreis *m*; Umfang *m* (*der Macht, Kenntnisse usw.*).

sphéri|cité [sferisi'te] *f* Kugelform *f*; **~que** [~'rik] *adj.* sphärisch.

sphinx [sfɛ̃:ks] *m* Sphinx *f* (*a. fig.*).

spider *Auto* [spi'dɛ:r] *m* Notsitz *m*.

spinal, -e *anat.* [spi'nal] *adj.* (*m/pl. -aux*) spinal; Rückgrat...

spiral, -e [spi'ral] (*m/pl. -aux*) **1.** *adj.* spiralförmig; Spiral...; *ressort m ~ =* **2.** *m* Unruh-, Spiral-feder *f e-r Uhr*; **~e** [~] *f* Spirale *f*; **~iforme** *phys.* [~li'fɔrm] *adj.: électrode f ~* Spiral-elektrode *f*.

spire [spi:r] *f* Windung *f e-r Spirale, & e-r Spule*; *zo.* Gewinde *n des Schneckenhauses*.

spirée ♀ [spi're] *f* Spiräe *f*.

spirit|e [spi'rit] **1.** *adj.* spiritistisch; **2.** *su.* Spiritist(in *f*) *m*; **~isme** [~'tism] *m* Spiritismus *m*.

spiritual|iser [spirituali'ze] *v/t.* (1a) vergeistigen; **~ité** [~'te] *f* Geistigkeit *f*; (religiöse) Innerlichkeit *f*.

spirituel, -le [spiri'tɥɛl] **1.** *adj.* geistig; *rl.* religiös, kirchlich; *fig.* geistreich, witzig; **2.** *m das* Geistliche; Seelsorge *f*; Kirchenwesen *n*.

spiritueux [spiri'tɥø] *m/pl.* Spirituosen *pl.*

spiro|mètre ⚕ [spirɔ'mɛ:trə] *m* Atmungsmesser *m*; **~technique** [~tɛk-'nik] *f* Atmungstechnik *f*.

spleen [splin] *m* Schwermut *f*.

splend|eur [splɑ̃'dœ:r] *f* (Licht-) Glanz *m*; Pracht *f*; **~ide** [~'did] *adj.* herrlich; wundervoll.

splén|ique [sple'nik] *adj.* Milz...; **~ite** ⚕ [~'nit] *f* Milzentzündung *f*.

spoli|ation ⚖ [spɔlja'sjɔ̃] *f* Besitzentziehung *f*; **~er** ⚖ [~'lje] *v/t.* (1a) berauben.

spondée *mét.* [spɔ̃'de] *m* Spondeus *m*.

spongi|aires *zo.* [spɔ̃'ʒjɛ:r] *m/pl.* Spongien *f/pl.*, Schwämme *m/pl.*; **~eux, -se** [~'ʒjø, ~'ʒjø:z] *adj.* schwammig.

spontané -e [spɔ̃ta'ne] *adj.* spontan; **~isme** [~ne'ism] *m* spontane Haltung *f*; **~ité** [~nei'te] *f* Freiwilligkeit *f*; Spontan(e)ität *f*; Unbefangenheit *f*.

sporadique [spɔra'dik] *adj.* vereinzelt auftretend, sporadisch.

spore ♀ [spɔr] *f* Spore *f*.

sport [spɔ:r] **1.** *m* Sport *m*; *~ pour tous les âges* Breitensport *m*; **2.** *adj.* (*inv.*)

F sportlich; **~if, -ve** [spɔr'tif, ~'ti:v] **1.** *adj.* Sport...; sportlich; sport(s)-mäßig; **2.** *su.* Sportler(in *f*) *m*; **~ivité** [~tivi'te] *f* Sportlichkeit *f*; Sportgeist *m*.

spot *télév.* [spɔt] *m* **1.** Abtastfleck *m*; **2.** (Werbe-)Spot *m*.

sprat *icht.* [sprat] *m* Sprotte *f*.

spray [sprɛ] *m* Spray *m od. n*; *~-meubles* [~'mœ:blə] *m* Möbel-spray *m od. n*.

sprint *Sport* [sprint] *m* (End-)Spurt *m*; *vél.* Kurzstreckenfahrt *f*; **~er¹** [~'tœ:r] *m* Sprinter *m*; **~er²** [~'te] *v/i.* (1a) spurten, sprinten.

spumeux, -se [spy'mø, ~'mø:z] *adj.* schaumig.

squale *icht.* [skwal] *m* Hai *m*.

squam|e ⚕ [skwam] *f* Schuppe *f*; **~eux, -se** [~'mø, ~'mø:z] *adj.* schuppig.

square [skwa:r] *m* Grünanlage *f*; *néol.* Innenhof *m* mit Grünanlagen.

squelett|e [skə'lɛt] *m* Skelett *n*; **~ique** [~'tik] *adj.* spindeldürr; *fig.* knapp bemessen.

stabilisa|teur [stabiliza'tœ:r] *m* ⚙ Stabilisierungsfläche *f*; ⊕ Stabilisator *m*, Kippsicherung *f*; **~tion** [~za'sjɔ̃] *f* Stabilisierung *f*.

stabil|iser [stabili'ze] *v/t.* (1a) stabilisieren, festigen; *Weg* befestigen; **~ité** [~'te] *f* Festigkeit *f*; Dauerhaftigkeit *f*; Beständigkeit *f* (*a. fig.*); *a.* ⊕ Stabilität *f*.

stable [sta'blə] *adj.* fest, beständig (*a. Wetter*); *méc.* stabil; *Regierung*: tragfähig.

stabulation 🐄 [stabyla'sjɔ̃] *f*: *~ libre* Offenstallhaltung *f*.

stade [stad] *m gym.* Stadion *n*, Sportplatz *m*, Kampf-, Renn-bahn *f*; ⚙ *u. fig.* Stadium *n*, Abschnitt *m*.

stage [sta:ʒ] *m* Praktikum *n*, (*berufliche*) Vorbereitungs- (*od.* Probe-) zeit *f*; Referendarzeit *f*; ⚖ Probe-dienstleistung *f*; (Fortbildungs-) Lehrgang *m*, (-)Kurs *m*.

stagiaire [sta'ʒjɛ:r] **1.** *adj.* in der praktischen Berufsausbildung befindlich; **2.** *su.* (Gerichts-, Studien-) Referendar(in *f*) *m*; *a.* ⚖ Praktikant(in *f*) *m*; Teilnehmer(in *f*) *m* an e-m Studienaufenthalt *od.* Lehrgang.

stag|nant, -e [stag'nɑ̃, ~'nɑ:t] *adj.* stagnierend, stehend; ♱ flau; *fig.* stockend; **~nation** [~na'sjɔ̃] *f* Sta-

gnieren *n*; ✝ Stockung *f*, Flauheit *f*.
stalactite *géol.* [stalak'tit] *f* hängender Tropfstein *m*, Stalaktit *m*.

stalagmite *géol.* [stalag'mit] *f* aufsteigender Tropfstein *m*, Stalagmit *m*.

stalle [stal] *f rl.* Chorstuhl *m*; *thé.* Sperrsitz *m*; (Pferde-)Box *f*.

stance *mét.* [stɑ̃s] *f* Stanze *f*.

stand [stɑ̃:d] *m* Zuschauertribüne *f*; Verkaufs-, Ausstellungs-stand *m*; Schießstand *m*.

standard [stɑ̃'da:r] **1.** *m* Muster *n*; Norm *f*, Typ *m*, Standard *m* (*a. fig.*); Telefonzentrale *f*; ~ de vie Lebensstandard *m*; **2.** *adj.* (*inv.*) genormt, Standard...; *pièces f/pl.* ~ genormte (Maschinen-)Teile *n/pl.*; **~isation** [~dardizɑ'sjɔ̃] *f* Vereinheitlichung *f*, Normung *f*, Standardisierung *f*; **~iser** [~'ze] *v/t.* (1a) vereinheitlichen, normen, standardisieren.

standing [stɑ̃'diŋ] *m* sozialer Status *m*; Rang *m*, Stand *m*; Komfort *m*, Luxus *m* e-r Wohnung; symbole *m* de ~ Statussymbol *n*; *pol.* donner le ~ d'un État souverain den Rang e-s souveränen Staates geben.

star *cin.* [sta:r] *f* (Film-)Star *m*, Filmstern *m*; **~lette** *cin.* [star'lɛt] *f* junger Filmstar *m*.

starter [star'tɛ:r] *m* Sport: Starter *m*; *Auto:* Startvorrichtung *f*.

starting-block *Sport* [startiŋ'blɔk] *m* (*pl.* ~s) Startblock *m*.

station [stɑ'sjɔ̃] *f* Haltung *f*; Stillstehen *n*, Rast *f*; Aufenthaltsort *m*; 🚇, *Tram, U-Bahn, Bus:* Station *f*; Haltestelle *f*; Station *f* (*in e-m Krankenhaus*); *biol.* Standort *m* e-r Pflanze; ~ d'altitude (*od. climatique*) Höhenluftkurort *m*; ~ de correspondance Umsteigestelle *f* (*Tram, Bus, U-Bahn*); ~ estivale, ~ d'été Sommerkurort *m*; ~ de sports d'hiver Wintersportplatz *m*; ~ télémétrique Entfernungsmessungsstation *f*; *rad.* ~ émettrice, ~ radiophonique Sender *m*; ~ centrale elektrische Zentrale *f*, Zentralstelle *f*; ~s *pl. assises* sitzende Tätigkeit *f*; ~s *pl. debout* Stehen *n*; ~ radar Radarstation *f*; ~ spatiale Raumstation *f*; **~naire** [~sjɔ'nɛ:r] **1.** *adj.* stationär, stillstehend (*a. fig.*); ✝ unverändert; *Waldbrand:* eingedämmt; **~nement** [~sjɔn'mɑ̃] *m Auto:* Parken *n*; ✕ Stationierung *f*;

~ner [~sjɔ'ne] *v/i.* (1a) parken; **~-service** [~sjɔsɛr'vis] *f* (*pl. stations-service*) Tankstelle *f*.

statique [sta'tik] **1.** *adj.* statisch; **2.** *f* Statik *f*, Gleichgewichtslehre *f*.

statisme *a. pol.* [sta'tism] *m* Starrheit *f*, Unbeweglichkeit *f*.

statist|icien, -ne [statisti'sjɛ̃, ~'sjɛn] *su.* Statistiker(in *f*) *m*; **~ique** [~'tik] **1.** *adj.* statistisch; **2.** *f* Statistik *f*.

stator ⚡ [sta'tɔ:r] *m* Stator *m*.

statoréacteur 🛩 [statɔreak'tœ:r] *m* Strahltriebwerk *n*.

statuaire [sta'tɥɛ:r] **1.** *adj.* Bild(säulen)...; *Bildhauer*...; **2.** *m* Bildhauer *m*; **3.** *f* Bildhauerkunst *f*.

statu|e [sta'ty] *f* Statue *f*, Bildsäule *f*, Standbild *n*; **~er** [~'tɥe] *v/t.* (1a) festsetzen, bestimmen, verordnen; ~ sur Beschluß fassen über (*acc.*); **~fier** F [~ty'fje] *v/t.* (1a): ~ q. j-m ein Standbild errichten; *fig.* j-n zu Stein erstarren lassen.

statu quo *bsd. pol.* [staty'kwo] *m* Status quo *m*.

stature [sta'ty:r] *f* Statur *f*, Wuchs *m*.

statut ⚖ [sta'ty] *m* Satzung *f*, Statut *n*; **~aire** [~'tɛ:r] *adj.* satzungsgemäß.

stéar|ine [stea'rin] *f* Stearin *n*; **~ique** [~'rik] *adj.* Stearin...

steeple ['stipl] *m*, **~-chase** [stipəl-'tʃɛ:z] *m* (*pl.* ~s) *Sport:* Hindernisrennen *n*.

stellaire [stɛl'lɛ:r] **1.** *adj.* sternförmig; Sternen...; **2.** *f* ♀ Sternmiere *f*.

stencil [stɛn'sil] *m* Wachsmatrize *f*.

sténo [ste'no] *f* Stenographie *f*; Stenotypistin *f*; **~dactylo** [~nɔdakti'lo] *f* Stenotypistin *f*; **~gramme** [~'gram] *m* Stenogramm *n*; **~graphie** [~gra'fi] *f* Stenographie *f*, Kurzschrift *f*; **~graphier** [~'fje] *v/t.* (1a) stenographieren; **~typiste** [~ti'pist] *su.* Maschinenstenograph(in *f*) *m*.

stentor [stɑ̃'tɔ:r] *m*: voix *f* de ~ Stentorstimme *f*.

steppe [stɛp] *f* Steppe *f*.

steppeur [stɛ'pœːr] *m* Rennpferd *n*.

stercoraire [stɛrkɔ'rɛ:r] **1.** *adj.* Mist...; **2.** *m ent.* Mistkäfer *m*; *orn.* Raubmöwe *f*.

stère [stɛ:r] *m* Raummeter *m od. n*.

stéréométr|ie ⚛ [stereɔme'tri] *f* Stereometrie *f*, **~ique** ⚛ [~'trik] *adj.* stereometrisch.

stéréophon|ie [stereɔfɔ'ni] *f* Stereophonie *f*, Raumton *m* (*a. cin.*); **~ique** [~'nik] *adj.* Stereo...; *électrophone m* ~

Stereoplattenspieler m.

stéréoscop|e opt. [stereɔsˈkɔp] m Stereoskop n; **~ique** [~ˈpik] adj. stereoskopisch.

stéréotyp|e [stereɔˈtip] m typ. Stereotyp-platte f, -druck m; psych. Stereotyp m od. n; fig. Klischeebild n; **~é, -e** [~ˈpe] adj. stereotyp; ständig wiederkehrend; sourire m **~** stereotypes Lächeln n; **~er** typ. [~] v/t. (1a) stereotypieren; **~ie** typ., psych. [~ˈpi] f Stereotypie f.

stérer [steˈre] v/t. (1f) Holz nach Raummetern messen.

stéril|e [steˈril] adj. ♂, ♀, zo. u. fig. unfruchtbar; steril (a. ♣); keimfrei; ✿ taub; **~iser** [~liˈze] v/t. (1a) sterilisieren (a. ♣); keimfrei machen; **~ité** [~ˈte] f Unfruchtbarkeit f; Sterilität f (a. ♣).

sternum anat. [stɛrˈnɔm] m Brustbein n.

sternut|ation [stɛrnytaˈsjɔ̃] f Niesen n; **~atoire** [~aˈtwaːr] adj. Nies...; poudre f **~** Niespulver n.

stéthoscope [stetɔsˈkɔp] m Hörrohr n, Stethoskop n.

steward ♣, ✈ [stju-, stiˈward] m Steward m, ♣ a. Flugbegleiter m; **~ess** ♣ [~ˈdɛs] f Stewardeß f.

stick [stik] m 1. Eishockeyschläger m; 2. cosm. Stift m; 3. ✈ **~** de parachutistes Gruppe f von Fallschirmspringern.

stigmat|e [stigˈmat] m 1. rl. **~s** pl. Stigmen n/pl., Wundmale n/pl. Christi; 2. ♣, ♀ Narbe f; fig. u. péj. Stigma n; Schandfleck m; 3. ent. Atemloch n; **~ique** [~ˈtik] adj. rl. Stigmen (od. Wundmale) zeigend; ♀ Narben...; ♣ Spuren (od. Narben) zurücklassend; **~iser** [~tiˈze] v/t. (1a) bsd. fig. brandmarken.

still phot. [stil] m Standfoto n.

stimul|ant, -e [stimyˈlɑ̃, ~ˈlɑ̃ːt] 1. adj. anregend; 2. m ♣ Stimulans n; fig. Ansporn m; **~ateur** [~laˈtœːr] m: **~** cardiaque Herzschrittmacher m; **~ation** [~laˈsjɔ̃] f Anregung f; **~er** [~ˈle] v/t. (1a) anregen; fig. anspornen; **~us** [~ˈlys] m (pl. stimuli) ♣ Reiz m; fig. Anreiz m, Antrieb m.

stipendi|é, -e [stipɑ̃ˈdje] adj. gedungen; **~er** péj. [~ˈe] v/t. (1a) dingen.

stipul|ation [stipylaˈsjɔ̃] f vertragsmäßige Bedingung f, Klausel f; ✝ Absprache f; **~er** [~ˈle] v/t. (1a) vertragsmäßig festsetzen, vereinbaren.

stock ✝ [stɔk] m Lagerbestand m, Warenvorrat m; **~able** [~ˈkabl] adj. lagerfähig; **~age** ✝ [~ˈkaːʒ] m Lagerung f; **~** tournant Drehgestell n für Waren; at. **~** définitif Endlagerung f.

stock-car [stɔkˈkaːr] m (pl. **~s**): course f de **~s** Hindernisrennen n mit alten Serienwagen.

stock|er [stɔˈke] v/t. (1a) Warenvorräte (auf)stapeln; (ein)lagern; Geld horten; cyb. speichern; **~iste** [~ˈkist] m Warenlagerbesitzer m; Lagervertreter m für Autoteile usw.

stoï|cien, -ne phil. [stɔiˈsjɛ̃, ~ˈsjɛn] 1. adj. stoisch; fig. standhaft; 2. su. Stoiker(in f) m; **~cisme** [~ˈsism] m phil. Stoizismus m; fig. Gelassenheit f, Gleichmut m; **~que** allg. [~ˈik] adj. stoisch; gelassen, gleichmütig; standhaft.

stolon ♀ [stɔˈlɔ̃] m Ausläufer m.

stoma|cal, -e anat., ♣ [stɔmaˈkal] adj. (m/pl. -aux) Magen...; **~chique** ♣ [~ˈʃik] 1. adj. magenstärkend; 2. m magenstärkendes Mittel n; **~toscope** ♣ [~tɔsˈkɔp] m Mundspiegel m.

stop [stɔp] 1. int.: **~**! stop(p)!, halt!; 2. m Stopp-licht n, -schild n; ♀ Per-Anhalter-Fahren n.

stopp|age [stɔˈpaːʒ] m 1. ⊕ Anhalten n; 2. (Kunst-)Stopfen n; **~er¹** [~ˈpe] (1a) v/t. anhalten; Maschine abstellen; v/i. Auto: halten, stoppen; **~er²** [~] v/t. (1a) kunststopfen.

store [stɔːr] m Rollvorhang m.

strabisme ♣ [straˈbism] m Schielen n.

strangul|ation [strɑ̃gylaˈsjɔ̃] f Erwürgung f; **~er** plais. [~ˈle] v/t. (1a) erwürgen.

strangurie ♣ [strɑ̃gyˈri] f Harnzwang m.

strapontin [strapɔ̃ˈtɛ̃] m Notsitz m.

stratagème [strataˈʒɛːm] m ✗ Kriegslist f; allg. List f, Dreh m.

stratège [straˈtɛːʒ] m Stratege m.

stratég|ie [strateˈʒi] f Strategie f; **~ique** [~ˈʒik] adj. strategisch.

stratifi|é [stratiˈfje] m Hartfaserplatte f; **~fier** [~] v/t. (1a) schichten; géol., ✦ stratifizieren; **~graphie** géol. [~graˈfi] f Stratigraphie f, Schichtenkunde f.

stratosphère [stratɔsˈfɛːr] f Stratosphäre f.

stratus [straˈtys] m Schichtwolke f.

stress ♣ [strɛs] m Streß m; **~ant, -e** [~ˈsɑ̃, ~ˈsɑ̃ːt] adj. Lärm: belastend.

strict, -e [strikt] adj. streng; strikt; genau; Sprache, Kleidung: korrekt.

strident, -e [stri'dã, ~'dã:t] adj. gellend, kreischend, schrill.

stridul|ant, -e ent. [stridy'lã, ~'lã:t] adj. zirpend; **~ation** [~la'sjõ] f Zirpen n der Grillen usw.; **~eux, -se** 🐝 [~'lø, ~'lø:z] adj. Atem: keuchend, pfeifend.

strie [stri] f Streifen m, Rille f; Striemen m; Schramme f auf Brillengläsern; géol. Rutschstreifen m.

strier [stri'e] v/t. (1a) ritzen.

strip-tease [strip'ti:z] m Striptease m; **~teaseuse** [~ti'zø:z] f Stripteasetänzerin f.

stroborama cin. [strobora'ma] m Ultrablitzkamera f.

strophantine phm. [strɔfã'tin] f Strophantin f.

strophe [strɔf] f Strophe f.

structur|al, -e [strykty'ral] adj. (m/pl. -aux) Struktur...; strukturell; **~alisme** [~'lism] m Strukturalismus m; **~aliste** [~'list] 1. adj. strukturalistisch; 2. su. Strukturalist(in f) m; **~ation** néol. [~ra'sjõ] f psych. ~ de comportement Verhaltensweise f; **~e** [~'ty:r] f Struktur f, Aufbau m, Anordnung f; **~é, -e** néol. [~ty're] adj. durchorganisiert; durchdacht; **~el, -le** [~'rɛl] adj. strukturell.

strychnine phm. [strik'nin] f Strychnin n.

stuc 🔺 [styk] m (Gips-)Stuck m.

studi|eux, -se [sty'djø, ~'djø:z] adj. Schüler, Student: fleißig; Ferien: den Studien gewidmet; **~o** [~'djo] m Studio n; Künstleratelier n; Herren-, Arbeits-zimmer n; Einzelzimmer n; Einzimmerwohnung f; Filmatelier n; rad. Senderaum m.

stupé|faction [stypefak'sjõ] f Verblüffung f; **~fait, -e** [~'fɛ, ~'fɛt] adj. höchst erstaunt, verblüfft; **~fiant, -e** [~'fjã, ~'fjã:t] 1. adj. betäubend; fig. verblüffend; 2. m Rauschgift n; **~fier** [~'fje] v/t. (1a) verblüffen.

stupeur [sty'pœr] f psych. Stupor m, Abgestumpftheit f; fig. Bestürzung f.

stupide [sty'pid] 1. adj. stumpfsinnig, dumm; 2. su. Dummkopf m; **~ité** [~di'te] f Dummheit f; Stumpf-, Blöd-sinn m.

stuquer 🔺 [sty'ke] v/t. (1a) stuckieren.

styl|e [stil] m Stil m, Schreibart f; ♀ Griffel m; être de ~ stilecht sein; **~er** [~'le] v/t. (1a) anlernen, schulen; stylé dans les (od. aux) affaires in den Geschäften bewandert.

stylet [sti'lɛ] m Stilett n; chir. Sonde f.

styl|iser [stili'ze] v/t. (1a) stilisieren; **~isme** [~'lism] m 1. péj. stilistische Manieriertheit f; 2. ~ industriel Design n; **~iste** [~'list] su. Stilist(in f) m; Industrie: Designer(in f) m; **~istique** [~'tik] 1. adj. stilistisch; 2. f Stilistik f.

stylo [sti'lo] m Füller m, Füllfederhalter m; **~bille** [~lo'bij] m (pl. stylos-bille) Kugelschreiber m; **~mine** [~'min] m Drehbleistift m.

su [sy] 1. p.p. von savoir; 2. m: au vu et au ~ de tout le monde vor aller Augen.

suaire [sɥɛːr] m Leichentuch n.

suant, -e [sɥã, sɥã:t] adj. schwitzend; F lästig; 2. ~e f * Woche f.

suave [sɥa:v] adj. lieblich; köstlich; anmutig; Parfüm: zart; **~ité** [sɥavi-'te] f Lieblichkeit f.

subalterne [sybal'tɛrn] 1. adj. untergeordnet, subaltern; 2. m Subalterne(r) m.

subconscient [sypkõ'sjã] m Unterbewußtsein n.

subcutané, -e 🐝 [sypkyta'ne] adj. subkutan.

subdivis|er [sybdivi'ze] v/t. (1a) unterteilen; **~ion** [~'zjõ] f Unterteilung f, Abschnitt m; Fr. ⚔ Ersatzbezirk m.

subéreux, -se [sybe'rø, ~'rø:z] adj. korkartig; Kork...

subir [sy'bi:r] v/t. (2a) erleiden, aushalten; sich e-r Sache unterziehen; Probe bestehen; ~ l'influence de q. unter j-s Einfluß stehen.

subit, -e [sy'bi, ~'bit] adj. plötzlich.

subjectif, -ve [sybʒɛk'tif, ~'ti:v] adj. subjektiv.

subjonctif, -ve [sybʒõk'tif, ~'ti:v] 1. adj. konjunktivisch; mode m ~ = 2. m Konjunktiv m.

subjuguer [sybʒy'ge] v/t. (1m) 1. faszinieren; 2. litt., psych. unterwerfen.

sublim|e [sy'blim] 1. adj. erhaben; überragend; 2. m das Erhabene; **~er** [~'me] v/t. (1a) 🔒 u. fig. sublimieren; fig. verfeinern, vergeistigen; **~ité** [~mi'te] f Erhabenheit f.

sublunaire [sybly'nɛ:r] adj. unter dem Mond befindlich; irdisch.

submer|ger [sybmɛr'ʒe] v/t. (11)

überschwemmen; ✕ über-wältigen, -rollen; *fig. être submergé de besogne* mit Arbeit überhäuft sein; **~sible** [~'sibla] *adj.* überschwemmbar; tauchfähig; ⚓ unter Wasser lebend; **~sion** [~'sjɔ̃] *f* völlige Überschwemmung *f*; Versenken *n*; *mort f par ~* Tod *m* durch Ertrinken.

subodorer F [sybɔdɔ're] *v/t.* (1a) ahnen.

subordination [sybɔrdinɑ'sjɔ̃] *f* Unterordnung *f*.

subordonné, -e [sybɔrdɔ'ne] *su.* Untergebene(r *m*) *m u. f.*; **~ée** *gr.* [~]*f* (*od. adj.*: *proposition f ~*) Nebensatz *m*; **~er** [~] *v/t.* (1a) unterordnen.

suborner ⚖ [sybɔr'ne] *v/t.* (1a) *Zeugen* beeinflussen.

subrept|ice ⚖ [sybrɛp'tis] *adj.* erschlichen; heimlich; **~ion** ⚖ [~p'sjɔ̃] *f* Erschleichung *f*.

subrog|é, -e ⚖ [sybrɔ'ʒe] *adj.*: *~ tuteur m, ~e tutrice f* Gegenvormund *m*; **~er** ⚖ [~] *v/t.* (1l) in die Rechte e-s anderen einsetzen.

subséqu|emment [sypseka'mɑ̃] *adv.* darauf; demzufolge; **~ent, -e** [~'kɑ̃, ~'kɑ̃:t] *adj.* (nach)folgend.

subsid|e [syp'sid] *m* Zuschuß *m*, Beihilfe *f*; **~iaire** [~'djɛ:r] *adj.* ergänzend; zweitrangig; **~iarité** [~djari'te] *f* untergeordnete Rolle *f*, sekundäre Bedeutung *f*.

subsist|ance [sypsis'tɑ̃:s] *f* (Lebens-) Unterhalt *m*; Auskommen *n*; **~ant, -e** [~'tɑ̃, ~'tɑ̃:t] *adj.* weiterbestehend; **~er** [~'te] *v/i.* (1a) fortbestehen; *s-n Lebensunterhalt bestreiten.

subsonique [sypsɔ'nik] *adj.* Unterschall...

substance [syp'stɑ̃:s] *f* Substanz *f*; Stoff *m*; Materie *f*; *fig.* Hauptinhalt *m*, Kernpunkt *m*; *en ~* im wesentlichen; *litt. riche de ~* gehaltvoll.

substant|iel, -le [sypstɑ̃'sjɛl] *adj.* substantiell; *fig.* wesentlich; *Essen:* nahrhaft, kräftig; **~if** *gr.* [~'tif] *m* Substantiv *n*; **~ivé, -e** *gr.* [~ti've] *adj.* substantiviert.

substit|uant ⚗ *at.* [sypsti'tɥɑ̃] *m* Substituent *m*; **~ué, -e** ⚖ [~'tɥe] *su.* Nach-erbe *m*, -erbin *f*; **~uer** [~] *v/t.* (1a) **1.** *~ qch. à qch.* etw. durch etw. ersetzen; ⚖ zum Nachfolgen einsetzen; **~ut** ⚖ [~'ty] *m* Vertreter *m* des Staatsanwaltes; **~ution** [~ty'sjɔ̃] *f* Vertauschung *f*, Ersetzen *n*; Unterschiebung *f* (*e-s Kindes usw.*); ⚖

Einsetzung *f* e-s Nacherben.

substrat [syp'stra] *m* Substrat *n*.

substruct|ion ⚖ [sypstryk'sjɔ̃] *f* Tief-, Unter-, Grund-bau *m*; **~ure** ⚖ [~'ty:r] *f* Unterbau *m*.

subterfuge [sypter'fy:ʒ] *m* Ausrede *f*.

subtil, -e [syp'til] *adj.* dünn, fein; *fig.* scharfsinnig, spitzfindig; listig; **~iser** [~'li'ze] (1a) *v/t.* F stibitzen; *v/i.* grübeln; **~ité** [~'te] *f* Gewandtheit *f*; Scharfsinn *m*; Spitzfindigkeit *f*.

suburbain, -e [sybyr'bɛ̃, ~'bɛn] *adj.* vorstädtisch; Vorstadt..., Vorort...; *colonie f ~e* Stadtrandsiedlung *f*.

subvention [sybvɑ̃'sjɔ̃] *f* Subvention(ierung *f*) *f*; **~nel, -le** [~sjɔ'nɛl] *adj.* Unterstützungs...; **~ner** [~'ne] *v/t.* (1a) subventionieren.

subvers|if, -ve [sybvɛr'sif, ~'si:v] *adj.* umstürzlerisch; **~ion** [~'sjɔ̃] *f* Umsturz *m*.

suc [syk] *m* Saft *m*; *fig.* Beste(s) *n*.

succéd|ané, -e [syksedɑ'ne] **1.** *adj.* als Ersatz dienend; **2.** *m* Ersatz(mittel *n*) *m*, Surrogat *n*; **~er** [~'de] *v/i.* (1f): *~ à q.* (*qch.*) auf j-n (etw.) folgen.

succès [syk'sɛ] *m* Erfolg *m*; *fig. litt., thé.* Reißer *m*, Schlager *m*; *poète m à ~* erfolgreicher Dichter *m*; *avoir du ~* Erfolg haben.

success|eur [sykse'sœːr] *m* Nach-, Thron-folger *m*; **~if, -ve** [~'sif, ~ 'si:v] *adj.* aufeinanderfolgend; ununterbrochen; **~ivement** [~siv'mɑ̃] *adv.* nacheinander; nach und nach; **~ion** [~'sjɔ̃] *f* Aufeinanderfolge *f*; ⚖ Erbfolge *f*; Nachlaß *m*, Erbschaft *f*; **~oral, -e** [~sɔ'ral] *adj.* (*m/pl. -aux*) Erbfolge...; *pol.* Nachfolge...

succin *min.* [syk'sɛ̃] *m* Bernstein *m*.

succinct, -e [syk'sɛ̃, ~'sɛ̃:t] *adj.* bündig, knapp, gedrängt; F *plais. Mahlzeit:* mager.

succion [syk'sjɔ̃] *f* Saugen *n*.

succomber [sykɔ̃'be] *v/i.* (1a) unterliegen (*à qch. e-r Sache dat.*); *fig.* umkommen, sterben.

succul|ence [syky'lɑ̃:s] *f* Schmackhaftigkeit *f*; **~ent, -e** [~'lɑ̃, ~'lɑ̃:t] *adj.* schmackhaft, köstlich.

succursale [sykyr'sal] **1.** *f* ✝ Filiale *f*; Zweigniederlassung *f*; **2.** *adj./f*: *église f ~* Filialkirche *f*.

suce-canelle P [syska'nɛl] *m* (*inv.*) Trinker *m*.

sucer [sy'se] *v/t.* (1k) (ein-, aus-) saugen; lutschen; *fig. ~ avec le lait une saine doctrine* e-e vernünftige

Lehre von Kindesbeinen an in sich aufnehmen; **~ette** [~'sɛt] *f* Schnuller *m*; Lutschstange *f*; **~eur, -se** ent. [~'sœːr, ~'søːz] *su.* Sauger(in *f*) *m*.

sucçoir ent. [sy'swaːr] *m* Saugrüssel *m*; **~on** F [~'sɔ̃] *m* Knutschfleck *m*; **~oter** F [~tɛ] *v/t.* (1a) lutschen.

sucrage [sy'kraːʒ] *m* Zuckern *n*; **~ase** 🖝 [~'kraːz] *f Art* Trauben- *od.* Stärke-zucker *m*, Invertzucker *m*.

sucre ['sykrə] *m* Zucker *m*; ~ de betterave Rübenzucker *m*; ~ de raisin Traubenzucker *m*; ~ en morceaux Würfelzucker *m*; ~ en poudre Puderzucker *m*; ~ glacé Zuckerglasur *f*; **~ée** F [~'kre] *f* Zierpuppe *f*; **~er** [~] *v/t.* (1a) (über)zuckern; F se ~ sur le dos des autres sich auf Kosten anderer gesundstoßen; **~erie** [~krə'ri] *f* Zuckerfabrik *f*; **~s** *pl.* Süßigkeiten *f/pl.*; **~ier, -ère** [~kri'e, ~'ɛːr] 1. *adj.* Zucker...; 2. *m* Zuckerdose *f*; Zuckerfabrikant *m*; **~in** [~'krɛ̃] *m* Zuckermelone *f*.

sud [syd] 1. *m* Süd(en) *m*; vent du ~ Südwind *m*; 2. *adj.* (*inv.*) südlich; Süd...

sudation 🖝 [syda'sjɔ̃] *f* Schwitzen *n*; **~atoire** 🖝 [~da'twaːr] *adj.* Schweiß...

sud-est [sy'dɛst] *m* Südost(en) *m*; le Sud-Est asiatique Südostasien *n*.

sudiste hist. [sy'dist] 1. *adj.* südstaatlich; 2. *su.* Südstaatler(in *f*) *m* (*in den USA*).

sudorifique 🖝 [sydɔri'fik] 1. *adj.* schweißtreibend; 2. *m* schweißtreibendes Mittel *n*.

sud-ouest [sy'dwɛst] *m* Südwest(en) *m*.

suédois, -e [sɥe'dwa, ~'dwaːz] 1. *adj.* schwedisch; 2. ♀(e) *su.* Schwede *m*, Schwedin *f*.

suée [sɥe] *f* Schwitzen *n*.

suer [sɥe] (1a) *v/i.* schwitzen; *Fenster:* (sich) beschlagen; F *fig. faire ~ q.* j-m auf die Nerven fallen; F *ça me fait ~* das hängt mir zum Halse heraus; *se faire ~* sich langweilen; *v/t.* (aus)schwitzen; P *en ~ une* e-n Tanz hinlegen F, 'ne Runde drehen P; *fig. ~ sang et eau* Blut und Wasser schwitzen; sich abquälen.

suette 🖝 [sɥɛt] *f* Schweißfieber *n*.

sueur [sɥœːr] *f* Schweiß *m*.

suffire [sy'fiːr] (4o; *p.p. suffi inv.*) *v/i.* genügen, ausreichen; *v/imp. il suffit es* genügt; *il suffit de quelques jours es*

---

genügen einige Tage.

suffisamment [syfiza'mɑ̃] *adv.* genügend, ausreichend; **~ance** [~'zɑ̃ːs] *f* Selbstgefälligkeit *f*; *en ~* zur Genüge; **~ant, -e** [~'zɑ̃, ~'zɑ̃ːt] *adj.* genügend; *fig.* selbstgefällig, eingebildet.

suffixe gr. [sy'fiks] *m* Suffix *n*.

suffoçant, -e [syfɔ'kɑ̃, ~'kɑ̃ːt] *adj.* stickig; anschaulich; **~cation** [~ka'sjɔ̃] *f* Ersticken *n*; **~quer** [~'ke] (1m) *v/t. u. v/i.* ersticken; *v/i. fig. ~ d'ennui* vor Lange(r)weile umkommen.

suffragant [syfra'gɑ̃] *m* 1. *cath.* (*a. adj.: évêque m ~*) Suffragan-, Weihbischof *m*; 2. *prot.* Vikar *m*; **~e** [~'fraːʒ] *m* Wahl *f*; Stimmabgabe *f*; (Wahl-)Stimme *f*; Beifall *m*; ~ *féminin* Frauenstimmrecht *n*; ~ *universel* allgemeines Wahlrecht *n*.

suffusion 🖝 [syfy'zjɔ̃] *f* Bluterguß *m*.

suggérer [syg3e're] *v/t.* (1f) anregen; nahelegen; (ein)suggerieren.

suggestif, -ve [syg3ɛs'tif, ~'tiːv] *adj.* anregend; anschaulich; suggestiv; **~ion** [~'tjɔ̃] *f* Vorschlag *m*, Anregung *f*; Suggestion *f*; ~ *grégaire* Massensuggestion *f*.

suicidaire psych. [sɥisi'dɛːr] 1. *su.* Suizidgefährdete(r *m*) *m u. f*; 2. *adj.* suizidgefährdet; **~e** [~'sid] *m* Selbstmord *m*; **~é, -e** [~'de] *su.* Selbstmörder(in *f*) *m*; **~er** [~] *v/rfl.* (1a) *se ~ sich* das Leben nehmen.

suie [sɥi] *f* Ruß *m*.

suif [sɥif] *m* Talg *m*; * Streit *m*.

suint ⊕ [sɥɛ̃] *m* Wollfett *n*; Schlacke *f*, Schaum *m auf flüssigem Glas*; *laine f en ~* ungewaschene Wolle *f*; **~er** [~'te] *v/i.* (1a) durchsickern.

suis [sɥi] 1. *prés. von être* (*1. Person sg.*); 2. *prés. u. impér. von suivre* (*1. u. 2. Person sg.*).

suisse [sɥis] 1. *adj.* schweizerisch; Schweizer; 2. ♀ *su.* Schweizer(in *f*) *m*; 3. *m* Kirchendiener *m*; Schweizer Gardist *m*; ♀**esse** [~'sɛs] *f* Schweizerin *f*.

suite [sɥit] *f* 1. Folge *f*; *fig.* Gefolge *n*; Fortsetzung *f* (*e-s Romans*); Reihenfolge *f*, Verlauf *m*; folgende Zeit *f*; Wirkung *f*; Zs.-hang *m*; *avoir de la ~ dans les idées* konsequent sein; *avoir l'esprit de ~* folgerichtig denken und handeln; 2. *advt.: de ~* in e-r Reihe, hintereinander; *et ainsi de ~* und so weiter, und so fort; *tout de ~*, F *de ~* sofort, gleich F; *par la ~* in der Folge, im folgenden, dann, darauf; **3.** *prp.*: *à la ~ de* nach (*dat.*); hinter (*dat.*); ~ *à* im Anschluß an (*acc.*); *par ~ de* infolge (*gén.*).

suitée [sɥi'te] *adj.*/*f Stute*: mit Fohlen; *Bache*: mit Frischlingen.

suivant, -e [sɥi'vã, ~'vã:t] **1.** *adj.* (nach)folgend; *au ~!* der nächste, bitte!; **2.** *prp.* gemäß (*dat.*); je nach (*dat.*); **3.** *cj.*: *~ que ... je* nachdem, ob ...

suiveur [sɥi'vœ:r] *m* Mitläufer *m* (*a. pol.*); *vél.* Windschattenfahrer *m*; *péj.* Nachläufer *m*.

suivi, -e [sɥi'vi] **1.** *p.p. von* suivre; **2.** *adj.* fortgesetzt; zs.-hängend; ununterbrochen; ✝ vorrätig; *Qualität*: gleichbleibend; *thé. bien ~* gut besucht; ✿ *médicalement bien ~* ärztlich gut betreut.

suivre ['sɥivrə] *v/t.* (4h) folgen (*q. j-m*; *qch. auf etw. acc.*); *j-n* begleiten; (*a. e-n Verbrecher*) verfolgen; *Vorschrift* befolgen; genau beobachten; *fig.* fortsetzen, weiter ausführen; *fleißig besuchen*; *Kolleg* hören; ✿ *faire ~, s.v.p.!* bitte nachsenden!; *à ~* Fortsetzung folgt.

sujet, -te [sy'ʒɛ, ~'ʒɛt] **1.** *adj.*: *~ à* verpflichtet zu (*dat.*); ✿ anfällig gegen (*acc.*), *a. allg.* ausgesetzt (*dat.*); *fig.* verbunden mit (*dat.*); *~ à caution* unzuverlässig; *~ à déclaration* anmeldepflichtig; *~ à la douane* zollpflichtig; *péj. ~ à* (*inf.*) geneigt zu; *~ à s'enivrer* trunksüchtig; **2.** *su.* Staatsangehörige(r *m*) *m u. f*; *Untertan* (*m f*) *m*; **3.** *m gr. usw.* Subjekt *n*; *fig.* Gegenstand *m*; Vorwurf *m e-s Gemäldes*; Stoff *m zum Besprechen usw.*; *Thema n e-s Aufsatzes* (*a. ♪*); Anlaß *m*; Person *f*; ✿ Patient *m*; Versuchsperson *f*, *-tier n*; *anat.* Leiche *f*; *mauvais ~* Taugenichts *m*; *délicat, ~ épineux* Reizthema *n*; *à ce ~* in dieser Beziehung.

sujétion [syʒe'sjõ] *f* Untertänigkeit *f*; *fig.* lästiger Zwang *m*; Gebundenheit *f*.

sulfamide *phm.* [sylfa'mid] *m* Sulfonamid *n*.

sulfater ✎ [sylfa'te] *v/t.* (1a) mit Vitriol bespritzen.

sulfur|e ⚗ [syl'fy:r] *m* Schwefelverbindung *f*; **~er** ⚗ [~fy're] *v/t.* (1a) mit Schwefel verbinden; (aus-) schwefeln; **~ique** ⚗ [~'rik] *adj.*: *acide m ~* Schwefelsäure *f*.

sultan [syl'tã] *m* Sultan *m*.

super F [sy'pɛ:r] *m* **1.** Super(benzin *n*) *n*; **2.** ✝, *cin.* Knüller *m*.

superbe [sy'pɛrb] **1.** *adj.* wundervoll, herrlich; **2.** *f* Hochmut *m*.

supercherie [sypɛrʃə'ri] *f* Betrug *m*.

super|fétation [sypɛrfeta'sjõ] *f* Überflüssige(s) *n* (*z.B. im Sprachstil*); **~ficialité** [~fisjali'te] *f* Oberflächlichkeit *f*; **~ficie** [~'si] *f* Fläche *f*, Flächeninhalt *m*; **~ficiel, -le** [~'sjɛl] *adj.* oberflächlich; **~fin, -e** [~'fɛ̃, ~'fin] *adj.* äußerst fein; **~flu, -e** [~'fly] **1.** *adj.* überflüssig; **2.** *m* Überflüssige(s) *n*; **~forteresse** ✈ [~fɔr'trɛs] *f* Superfestung *f*; **~-grands** *pol.* [~'grã] *m/pl.* Supermächte *f/pl.*

supér|ieur, -e [sype'rjœ:r] **1.** *adj.* obere(r, -s) Ober...; höhere(r, -s), höher gelegen; höherstehend; *fig.* überlegen; hervorragend; vorzüglicher (*à* als); *enseignement m ~ s.* enseignement; **2.** *su.* Vorgesetzte(r *m*) *m u. f*; *rl.* Superior(in *f*) *m*; Oberin *f*; **~ieurement** [~rjœr'mã] *adv.* vortrefflich; meisterhaft; **~iorité** [~rjori'te] *f* Überlegenheit *f*; hervorragende Qualität *f*.

super|latif, -ve *gr.* [sypɛrla'tif, ~'ti:v] **1.** *adj.* superlativisch; **2.** *m* Superlativ *m*; **~marché** [~mar'ʃe] *m* Supermarkt *m*; **~pétrolier** ⚓ [~petrɔ'lje] *m* Riesentanker *m*.

superpied P [sypɛr'pje] *adj.* (*inv.*): *c'est ~!* das ist ja ganz prima!

superpos|able [sypɛrpo'zablə] *adj.* übereinanderlegbar; *fig.* übereinstimmend; **~é, -e** [~'ze] *adj.* übereinanderliegend; **~er** [~] *v/t.* (1a) übereinanderlegen; *rad.* überlagern; **~ition** [~zi'sjõ] *f* Übereinander-setzen *n*, -legen *n*; Überlagerung *f* (*a. rad.*).

super|production *cin.* [sypɛrprɔdyk'sjõ] *f* Groß-, Monumental-film *m*; **~sonique** [~sɔ'nik] *adj.* Überschall...

superstit|ieux, -se [sypɛrsti'sjø, ~'sjø:z] *adj.* abergläubisch; *fig.* übertrieben gewissenhaft; **~ion** [~'sjõ] *f* **1.** Aberglaube *m*; **2.** *~s pl.* Brauchtum *n*; **3.** Besessenheit *f*.

super|structure [sypɛrstryk'ty:r] *f* 🏛 Ober-, Über-bau *m*; ⚓ Aufbauten *m/pl.*; **~viser** [~vi'ze] *v/t.* (1a) beaufsichtigen.

supplanter [syplã'te] *v/t.* (1a) *Rivalen* ausstechen, verdrängen.

supplé|ant, -e [syple'ã, ~'ã:t] **1.** *adj.*
stellvertretend; **2.** *su.* Stellvertre-
ter(in *f*) *m*; **~er** [~'e] (1a) *v/t.* ergän-
zen; ersetzen; *gr.* hinzudenken; *j-n*
vertreten; *v/i.*: ~ *à qch.* für etw.
Ersatz bieten; **~ment** [~'mã] *m* Ergänzung *f*; **Å** *u. zu e-m Buch:* Sup-
plement *n*; (Zeitungs-)Beilage *f*; Zulage *f*, Zuschuß *m*; **⚙** Zuschlag(karte
f) *m*; **~mentaire** [~mã'tɛːr] *adj.*
ergänzend, zusätzlich; **Å** Supple-
ment...; *assurance f* ~ Zusatzversicherung *f*; *écol. corrigé m* ~ Nach-
verbesserung *f*; *heure f* ~ Überstunde
f; **~tifs** ✕ [~'tif] *m/pl.* (eingeborene)
Hilfstruppe *f/pl.*

supplia|nt, -e [sypli'ã, ~'ã:t] *adj.* de-
mütig bittend; **~cation** [~ka'sjɔ̃] *f*
demütige Bitte *f*; Flehen *n*; **~ce** [~
'plis] *m* Hinrichtung *f*; Folter *f*; Pein,
Marter *f*, Qual *f*; **~cier** [~'sje] *v/t.*
(1a) hinrichten; *fig. litt.* heftig quälen; **~er** [~'e] *v/t.* (1a) anflehen, demütig bitten; **~que** [~'plik] *f* Bittschrift *f*.

support [sy'pɔːr] *m* Stütze *f*; **⊕** Ständer *m*, Gestell *n*, Träger *m*; **♀** Wurzelstock *m*; *fig.* Beistand *m*; ✕ ~
logistique Nachschub- und Transport-wesen *n*; **~able** [~pɔr'tabl] *adj.*
erträglich; **~er¹** [~'te] *v/t.* (1a) tragen; (unter)stützen; *fig.* (geduldig)
ertragen; aushalten, verkraften **F**;
~er² [~'tœːr, ~'tɛːr] *m Sport:*
Schlachtenbummler *m*; *pol.* Anhänger *m*.

suppos|é, -e [sypo'ze] **1.** *adj.* mut-
maßlich; **2.** *p.p.* (*vor su. inv., nach su.
veränderlich*) ~ *cette chose* = *cette
chose* ~*e* dies vorausgesetzt; **3.** *cj.:* ~
que ... (*subj.*) vorausgesetzt (*od.* ange-
nommen), daß ...; **~er** [~] *v/t.* (1a)
annehmen, vermuten; davon ausgehen, den Fall setzen, voraussetzen; **~ition** [~zi'sjɔ̃] *f* Annahme *f*,
Vermutung *f*; Voraussetzung *f*; **~i-
toire** ✚ [~'twaːr] *m* Zäpfchen *n*.

suppôt *litt.* [sy'po] *m* Komplize *m*.

suppression [sypre'sjɔ̃] *f* Beseitigung
f; Aufhebung *f*, Abschaffung *f*; Abbau *m* *v. Arbeitsplätzen.*

supprimer [sypri'me] *v/t.* (1a) beseitigen; aufheben, abschaffen;
Führerschein entziehen; *Geschriebenes* streichen; *Satz* aus-, weg-lassen;
wegfallen lassen; *j-n* umbringen;
Arbeitsplätze abbauen.

suppur|atif, -ve ✚ [sypyra'tif, ~'tiːv]

adj. den Eiterabfluß fördernd; **~a-
tion** ✚ [~ra'sjɔ̃] *f* Eiterung *f*; **~er** ✚
[~'re] *v/i.* (1a) eitern.

supput|ation [sypyta'sjɔ̃] *f* Berech-
nung *f*, (Rechnungs-)Überschlag *m*;
~er [~'te] *v/t.* (1a) (ungefähr) berechnen, überschlagen.

supra|national, -e [sypranasjɔ'nal]
adj. (*m/pl.* -aux) übernational; **~ré-
gional, -e** [~reʒjɔ'nal] *adj.* (*m/pl.*
-aux) überregional.

suprématie [syprema'si] *f* Vor-
machtstellung *f*; *fig.* Überlegenheit
f.

suprême [sy'prɛːm] **1.** *adj.* oberste(r,
-s); höchste(r, -s); Hoch..., Ober...;
äußerste(r, -s); letzte(r, -s); **2.** *m cuis.*
*Gericht aus Fischfilet oder aus dem
feinsten Geflügelfleisch.*

sur¹ [syːr] *prp.* auf, über (*beide mit
dat. auf die Frage: wo?, mit acc. auf
die Frage: wohin?*); *fig. avoir de l'argent* ~ *soi* Geld bei sich haben; *juger* ~
l'apparence nach dem Schein urteilen; *se répandre* ~ *sich* verbreiten
über ... (*hin*); *retenir* ~ *le salaire* vom
Gehalt abziehen; *fig. tourner* ~ *son
axe* sich um seine (*bzw. ihre*) Achse
drehen; *fermer la porte* ~ *soi* die Tür
hinter sich zumachen; ~ *la droite*
nach rechts (*hin*); *coup* ~ *coup* Schlag
auf Schlag; *quatre* ~ *dix* vier von (=
unter) zehn; *un jour* ~ *trois* jeden
dritten Tag, jeder dritte Tag; *fig.* ~
toutes choses vor allem; ~ *mon honneur!* auf Ehre!, bei meiner Ehre!;
impôt m ~ *le revenu* Einkommen-
steuer *f*; (*situé*) ~ *le Rhin* am Rhein
(*gelegen*); ~ *le soir* gegen Abend.

sur², -e [syːr] *adj.* sauer, herb.

sûr, -e [syːr] *adj.* sicher, gefahrlos;
fig. zuverlässig; zweifellos; *à coup* ~,
F *pour* ~ ganz bestimmt; *le plus* ~ *est
de* (*inf.*) das sicherste ist zu (*inf.*).

surabond|ance [syrabɔ̃'dãːs] *f* Über-
fülle *f*; **~ant, -e** [~'dã, ~'dãːt] *adj.*
überreichlich; übermütig; **~er** [~'de]
v/i. in großen Mengen dasein; ~
de qch. etw. im Überfluß haben.

suraigu, -ë [syre'gy] *adj.* **♪** zu hoch,
gellend; *fig.* äußerst akut.

suralimentation [syralimãta'sjɔ̃] *f*
Überernährung *f*.

suranné, -e [syra'ne] *adj.* veraltet,
altmodisch.

surbaisser **△** [syrbɛ'se] *v/t.* (1b) *Gewölbe* flach konstruieren.

surbooking [syrbu'kiŋ] *m* Überbu-

chen *n v. Reisen.*
surboum ★ [syr'bum] *f (bisw. m)*
Party *f; ★* [~'me] *v/i.* (1a) e-e
Party veranstalten.
surcharg|e [syr'ʃarʒ] *f* neu hinzu-
kommende Last *f;* Überbelastung *f;*
Übergewicht *n; hipp.* Mehrgewicht
n; fig. Überfülle *f (z.B. der Gedanken); écol. usw.* darübergeschriebe-
nes Wort *n;* Überdruck *m auf Briefmarken;* **~er** [~'ʒe] *v/t.* (11) überla-
den; zu sehr belasten; *Briefmarken*
überdrucken; *écol.* ~ toute une ligne
e-e ganze Zeile darüberschreiben.
surchauff|e *&, éc.* [syr'ʃof] *f* Überhit-
zung *f;* **~er** [~'fe] *v/t.* (1a) über-
hitzen, -heizen.
surchemise [syrʃə'mi:z] *f* Überfall-
hemd *n.*
surclasser *stud. Sport* [syrkla'se] *v/t.*
(1a) übertreffen.
surconsommation [syrkɔ̃sɔma'sjɔ̃] *f*
Überverbrauch *m.*
surcouper [syrku'pe] *v/t.* (1a) *beim
Kartenspiel* übertrumpfen.
surcroît [syr'krwa] *m* Steigerung *f,*
Mehr *n,* Vermehrung *f; par (od. de)* ~
obendrein.
surdi-mutité *&* [syrdimyti'te] *f*
Taubstummheit *f.*
surdité *&* [syrdi'te] *f* Taubheit *f.*
surdorer [syrdɔ're] *v/t.* (1a) doppelt
vergolden.
surdos *man.* [syr'do] *m* Kreuzgurt *m.*
surdoué, -e [syr'dwe] *adj.* überbe-
gabt.
sureau ♥ [sy'ro] *m (pl. ~x)* Holunder
m.
sur|élévation △ [syreleva'sjɔ̃] *f* Auf-
stockung *f;* **~élever** △ [syrel've] *v/t.*
(1d) aufstocken.
surelle *dial.* ♥ [sy'rɛl] *f* Sauerampfer
m.
suremploi [syrɑ̃'plwa] *m* Überbe-
schäftigung *f.*
suren|chère [syrɑ̃'ʃɛːr] *f* Über-, Höh-
er-gebot *n bei Versteigerungen;*
~chérir [~ʃe'riːr] *v/i.* (2a) überbieten
(sur q. j-n).
surencombrement [syrɑ̃kɔ̃brə'mɑ̃]
m Überfüllung *f (z.B. v. Krankenhäusern).*
surestimer [syrɛsti'me] *v/t.* (1a)
überschätzen.
suret, -te [sy'rɛ, ~'rɛt] *adj.* säuerlich.
sûreté [syr'te] *f* Sicherheit *f (a. fig. des
Geschmacks, der Hand usw.);* Siche-
rung *f e-r Waffe;* ✝ Deckung *f;*

Gewähr *f; Fr.* ♀ Sicherheitspolizei *f.*
surexcit|ation *&* [syrɛksita'sjɔ̃] *f*
Überreizung *f;* **~er** *&* [~'te] *v/t.* (1a)
überreizen.
surexposer *phot.* [syrɛkspo'ze] *v/t.*
(1a) überbelichten.
surface [syr'fas] *f* Oberfläche *f;* ~ *de
chauffe* Heizfläche *f; en* ~ ♣ *auf*
der Oberfläche; ⚒ über Tage; ~
cultivée Anbaufläche *f;* ~ *utilisable*
Nutzfläche *f; faire* ~ *U-Boot, Tau-
cher:* auftauchen; *fig. Person:* aufkreuzen F.
surfaix *man.* [syr'fɛ] *m* Obergurt *m.*
surgelé, -e [syrʒə'le] *adj.* tiefgekühlt.
surgeon *&* [syr'ʒɔ̃] *m* Ableger *m.*
surg|ir [syr'ʒiːr] *v/i.* (2a) sich plötz-
lich erheben; hervorbrechen; plötzlich erscheinen; *fig.* auftauchen;
faire ~ ins Leben rufen; *Auto:* ~ *à vive
allure* in rasendem Tempo angefahren kommen; **~issement** [~ʒis-
'mɑ̃] *m* Auftauchen *n;* plötzliches
Erscheinen *n.*
sur|homme *phil.* [sy'rɔm] *m* Über-
mensch *m;* **~humain, -e** [syry'mɛ̃,
~'mɛn] *adj.* übermenschlich.
surimposer [syrɛ̃po'ze] *v/t.* (1a)
übermäßig besteuern.
sur|impression [syrɛ̃prɛ'sjɔ̃] *f phot.*
Doppelbelichtung *f; fig. s'ajouter en*
~ obendrein hinzukommen; **~im-
primer** ⊛ [~ɛ̃pri'me] *v/t.* (1a) überdrucken.
surin [sy'rɛ̃] *m ✒* noch ungepfropfter
Apfelbaum *m; ★* Dolch *m.*
surintendant *Fr. hist.* [syrɛ̃tɑ̃'dɑ̃] *m*
Oberintendant *m;* **~e** [~'dɑ̃ːt] *f:* ~
d'usine Betriebsfürsorgerin *f.*
surir [sy'riːr] *v/i.* (2a) sauer werden.
surjet *cout.* [syr'ʒɛ] *m* überwendliche
Naht *f;* **~er** *cout.* [~ʒə'te] *v/t.* (1c)
überwendlich nähen.
sur-le-champ [syrlə'ʃɑ̃] *adv.* auf der
Stelle, sofort.
surlendemain [syrlɑ̃d'mɛ̃] *m* über-
nächster Tag *m.*
surlonge *cuis.* [syr'lɔ̃ːʒ] *f* Lendenstück *n vom Rind.*
surmen|age [syrmə'naːʒ] *m* Über-
arbeitung *f;* **~er** [~'ne] *v/t.* (1d) überanstrengen.
surmonter [syrmɔ̃'te] *v/t.* (1a) **1.**
sich erheben über *(dat.);* überragen; *surmonté de qch. von*
etw. gekrönt, (oben) mit etw.
versehen; **2.** überwinden; mei-
stern; bezwingen.

surmouler sculp. [syrmu'le] v/t. (1a) von e-m Abguß abformen.

surmulot zo. [syrmy'lo] m Wanderratte f.

surnager [syrna'ʒe] v/i. (1l) obenauf schwimmen; fig. fortbestehen.

surnaturel, -le [syrnaty'rɛl] adj. übernatürlich.

sur|nom [syr'nɔ̃] m Bei-, Spitz-name m; **~nombre** [~'nɔ̃:brə] m Überzahl f; **~nommer** [~nɔ'me] v/t. (1a): ~ q. j-m e-n Beinamen geben.

surnuméraire [syrnyme'rɛ:r] adj. überzählig.

suroffre † [sy'rɔfrə] f höheres Angebot n.

suroît ⚓ [sy'rwa] m Südwestwind m; Südwester m (Seemannshut).

surpasser [syrpɑ'se] v/t. (1a) über etw. hinaus-ragen, -gehen; höher (od. größer) sein als; fig. übertreffen, überragen; F fig. in höchstes Erstaunen versetzen.

surpat' * [syr'pat] f Tanz m, Schwof m P.

surpay|e [syr'pɛj] f Überbezahlung f; **~er** [~'je] v/t. (1i) zu hoch bezahlen.

surpeupl|é, -e [syrpœ'ple] adj. übervölkert; Krankenhaus: überfüllt; **~ement** [~plə'mɑ̃] m Übervölkerung f; Überfüllung f.

surplace [syr'plas] m 1. faire du ~ im Schneckentempo fahren; 2. vél. Stehversuch m.

surplis rl. [syr'pli] m Chorhemd n.

surplomb ⚓ [syr'plɔ̃] m Überhängen n; en ~ überhängend; **~er** ⚓ [~'be] (1a) v/i. ausladen, vorkragen; v/t. überragen.

surplus [syr'ply] m Überschuß m, Mehr n; au ~ übrigens.

surpoids [syr'pwa] m Übergewicht n (a. fig.).

surpopulation [syrpɔpylɑ'sjɔ̃] f Überbevölkerung f.

sur|prenant, -e [syrprə'nɑ̃, ~'nɑ̃:t] adj. erstaunlich; eigenartig; **~prendre** [~'prɑ̃:drə] v/t. (4q) überraschen; überrumpeln; überlisten; aufdecken; in Erstaunen setzen; ~ la bonne foi de q. j-s guten Glauben mißbrauchen.

surpression ⊕ [syrprɛ'sjɔ̃] f Überdruck m.

surprime [syr'prim] f Zuschlagsprämie f bei Versicherungen.

surprise [syr'pri:z] f Überraschung f; Verwunderung f; ✕ Überfall m;

~partie [~par'ti] f (pl. surprises-parties) Party f.

surproduction éc. [syrprɔdyk'sjɔ̃] f Überproduktion f.

surrégénérateur at. [syrreʒenera-'tœ:r] m schneller Brüter m.

surrénal, -e anat. [syrre'nal] adj. (m/pl. -aux): capsule f (od. glande f) ~e Nebenniere f.

sursalaire [syrsa'lɛ:r] m Zulage f.

sursaturer [syrsaty're] v/t. (1a) übersättigen (a. fig.).

sursaut [syr'so] m plötzliches Auffahren n (od. Aufspringen n); s'éveiller en ~ aus dem Schlaf auffahren; **~er** [~'te] v/i. (1a) zs.-fahren, auffahren, aufschrecken.

surseoir ⚖ [syr'swa:r] v/i. (3l): ~ à qch. etw. aufschieben, etw. aussetzen.

sursi|s [syr'si] m ⚖ Strafaufschub m; ✕ ~ d'appel Gestellungsaufschub m; **~taire** ✕ [~'tɛ:r] m Zurückgestellte(r) m, Unabkömmliche(r) m.

surtaux [syr'to] m zu hohe Steuereinschätzung f.

surtax|e [syr'taks] f Nachsteuer f; (Gebühren-)Zuschlag m; ✮ Nachgebühr f, Strafporto n F; **~er** [~'kse] v/t. (1a) zu hoch veranlagen; ✮ mit e-r Nachgebühr belegen.

surtout [syr'tu] 1. adv. besonders; non, ~ pas! nein, bloß nicht!; F ~ que um so mehr als; 2. ~ m Tafelaufsatz m.

surveill|ance [syrvɛ'jɑ̃:s] f Aufsicht f; Überwachung f; ⊕ Wartung f; sans ~ unbeaufsichtigt; **~ant, -e** [~'jɑ̃, ~'jɑ̃:t] su. Aufseher(in f) m; **~er** [~'je] v/t. (1a) überwachen; écol. beaufsichtigen.

survenance ⚖ [syrvə'nɑ̃:s] f unvorhergesehenes Dazukommen n.

survenir [syrvə'ni:r] v/i. (2h) plötzlich ankommen; Auto: plötzlich angefahren kommen; Person: aufkreuzen F; Veränderung: plötzlich eintreten (od. erfolgen); Zwischenfall: sich plötzlich ereignen.

survente ⚓ [syr'vɑ̃:t] f aufkommender Sturm m.

survêtement [syrvɛt'mɑ̃] m Trainingsanzug m.

survie [syr'vi] f Überleben n; Fortleben n nach dem Tod.

survir|er Auto [syrvi're] v/i. (1a) übersteuern; **~eur, -se** Auto [~'rœ:r, ~'rø:z] adj. übersteuernd.

survitrage ⊕ [syrvi'tra:ʒ] m Überverglasung f (Wärmeschutz).

surviv|ance [syrvi'vãːs] f Relikt n; **~ant, -e** [~'vã, ~'vãːt] 1. adj. überlebend; 2. su. Überlebende(r m) m u. f; **~re** [~'viːvr] v/i.(4e) mit dem Leben davonkommen; ~ à q. j-n überleben.

survol ✗, orn., fig. [syr'vɔl] m Überfliegen n; ~ de l'histoire Überblick m über die Geschichte; **~er** [~'le] v/t. (1a) überfliegen.

survolt|age ⚡ [syrvɔl'taːʒ] m Überspannung f; **~é, -e** [~'te] adj. fig. überspannt; übererregt; hektisch; **~er** [~] v/t. (1a) ⚡ hinauftransformieren; fig., a. pol. auf Hochtouren bringen.

sus¹ [sy] p/s. von savoir (1. u. 2. Person sg.).

sus² [sy(s)] prp.: en ~ de außer (dat.), zusätzlich zu (dat.).

suscept|ibilité [syseptibili'te] f Empfindlichkeit f; **~ible** [~'tibl] adj. empfindlich; ~ de qch. zu etw. (dat.) fähig (od. geeignet).

susciter [sysi'te] v/t. (1a) hervorrufen.

suscription adm. [syskrip'sjɔ̃] f Aufschrift f auf Briefen.

sus|dit, -e [sys'di, ~'dit] 1. adj. obengenannt; 2. su. der (die, das) Obengenannte; **~mentionné, -e** [~mãsjɔ-'ne] adj. obenerwähnt; **~nommé, -e** [~nɔ'me] 1. adj. obengenannt; 2. su. der (die, das) Obengenannte.

suspect, -e [sys'pɛ(kt), ~'pɛkt] adj. verdächtig; **~er** [~pɛk'te] v/t. (1a) j-n verdächtigen.

suspend|re [sys'pãːdr] v/t. (4a) (auf)hängen; fig. aufschieben; aussetzen, einstellen; einstweilen des Amtes entheben, suspendieren; Zeitung verbieten; **~u, -e** [~pã'dy] adj. aufgehängt; (frei od. in Federn) hängend, schwebend; Hänge...; pont m ~ Hängebrücke f; bien (mal) ~ gut (schlecht) gefedert; fig. être ~ schweben.

suspens [sys'pã] 1. adj./m rl. vom Amt suspendiert; 2. advt.: en ~ in der Schwebe; unentschieden.

suspense cin., thé. [sys'pɛns] m Spannung f.

suspens|if, -ve [syspã'sif, ~'siːv] adj. aufschiebend; **~ion** [~'sjɔ̃] f Aufhängen n; Aufschub m; Stillstand m; fig. Einstellung f; einstweilige Amtsenthebung f, Suspendierung f; Sport:

(zeitweiliger) Ausschluß m; ✈ Hängelage f; Auto: Federung f; fig. Spannung f; gr. Unterbrechung f in e-m Satz; (lampe f à) ~ Hängelampe f, Ampel f; ~ d'armes, ~ d'hostilités Waffenstillstand m; ~ (de paiement) Zahlungseinstellung f; ~ du trafic Verkehrssperre f; Auto: ~ indépendante Schwingachse f; Satzzeichen: points m/pl. de ~ Auslassungspunkte m/pl.; **~oir** [~'swaːr] m Suspensorium n.

suspentes ✗ [sys'pãːt] f/pl. Seilwerk n, Fangleinen f/pl.

suspicion [syspi'sjɔ̃] f Verdacht m, Argwohn m.

sustent|ateur, -rice [systãta'tœːr, ~'tris] adj. tragend, Trag...; ✗ surfaces f/pl. sustentatrices Tragflächen f/pl.; **~ation** [~ta'sjɔ̃] f ✗ Auftrieb m; ⚓ Schwimmkraft f; **~er** [~'te] v/t. (1a) bei Kräften halten; den Geist rege erhalten; se ~ F sich ernähren; ✗ sich in der Luft halten.

susurrer [sysy're] v/t. u. v/i. (1a) flüstern, (leise) murmeln.

sutur|e [sy'tyːr] f chir., anat., zo., ⚕ Naht f; fig. litt. Übergang m; **~er** chir. [~ty're] v/t. (1a) ver-, zs.-nähen.

suzerain, -e féod. [syz'rɛ̃, ~'rɛn] 1. adj. (ober)lehnsherrlich; seigneur m ~ = 2. m (Ober-)Lehnsherr m; **~eté** féod. [~rɛn'te] f (Ober-)Lehnshoheit f.

svastika [svasti'ka] m Hakenkreuz n.

svelte [svɛlt] adj. schlank; **~esse** [~'tɛs] f Schlankheit f, schlanke Linie f.

swahéli [swae'li] m s. souahéli.

sweater [swi'tœːr] m Sweater m, dicke, wollene Strickjacke f.

swing [swiŋ] m Jazz: Swing m; Boxsport: Schwinger m.

sybarite litt. [siba'rit] 1. m verweichlichter Wollüstling m; 2. adj. wollüstig; **~isme** litt. [~'tism] m Genußsucht f.

sycomore ⚘ [sikɔ'mɔːr] m Maulbeerfeigenbaum m; faux ~ Bergahorn m.

syllab|e [si'lab] f Silbe f; **~ique** [~'bik] adj.: écriture f ~ Silbenschrift f.

sylph|e [silf] m, **~ide** [~'fid] f Sylphe f, Elfe f, Luftgeist m.

sylv|ain, -e [sil'vɛ̃, ~'vɛn] 1. adj. in Wäldern lebend; Wald...; 2. ~s m/pl. Waldgeister m/pl.; **~estre** [~'vɛstrə] adj. Wald...

sylvicult|eur [silvikyl'tœːr] *m* Forstwirtschaftler *m*; **~ure** [~'tyːr] *f* Forstwirtschaft *f*, **~-wissenschaft** *f*.

symbiose [sɛ̃'bjoːz] *f* Symbiose *f*; *vivre en ~ fig.* in enger Gemeinschaft leben.

symbol|e [sɛ̃'bɔl] *m* Symbol *n*, Sinnbild *n*, (Erkennungs-)Zeichen *n*; ⚕ Symbol *n*, chemisches Zeichen *n*; *rl.* Glaubensbekenntnis *n*; **~ique** [~'lik] *adj.* symbolisch, sinnbildlich; **~iser** [~li'ze] *v/t.* (1a) verkörpern, symbolisieren, versinnbildlichen, sinnbildlich darstellen; **~isme** [~'lism] *m* Symbolismus *m*; **~iste** [~'list] **1.** *adj.* symbolistisch; **2.** *su.* Symbolist(in *f*) *m*.

symétr|ie [sime'tri] *f* Symmetrie *f*; **~ique** [~'trik] *adj.* symmetrisch.

sympa F [sɛ̃'pa] *adj.* (*inv.*) sympathisch.

sympath|ie [sɛ̃pa'ti] *f* Sympathie *f*; Mitgefühl *n*, Beileid *n*; Einklang *m v. Tönen u. Farben*; **~ique** [~'tik] **1.** *adj.* sympathisch; **2.** *m anat.* Sympathikus *m*; **~iser** [~ti'ze] *v/i.* (1a) sympathisieren (*avec q.* mit j-m); mitfühlen; zs.-passen.

symphon|ie [sɛ̃fɔ'ni] *f* Sinfonie *f*, Symphonie *f*; **~ique** [~'nik] *adj.* sinfonisch; Sinfonie...; **~iste** [~'nist] *su.* Sinfoniker(in *f*) *m*.

symphyse *anat.*, ⚕ [sɛ̃'fiːz] *f* Verwachsung *f*.

sympos|ium [sɛ̃po'zjɔm] *m*, a. **~ion** [~'zjɔ̃] *m* Symposium *n*, Tagung *f*.

symptomat|ique ✶ *u. fig.* [sɛ̃ptɔma'tik] *adj.* symptomatisch (*de* für); **~ologie** [~tɔlɔ'ʒi] *f* Symptomatologie *f*.

symptôme [sɛ̃p'toːm] *m* ✶ *u. fig.* Symptom *n*; *fig.* Anzeichen *n*, Vorbote *m*.

synagogue [sina'gɔg] *f* Synagoge *f*.

synarque *éc.* [si'nark] *m* Teilhaber *m* an e-r Machtkonzentration.

synchron|e ⊕, ♪ [sɛ̃'krɔn] *adj.* synchron; **~ique** [~'nik] *adj.* synchronistisch, gleichzeitig; *ling.* synchronisch; **~isation** *cin.* [~niza'sjɔ̃] *f* Synchronisierung *f*; **~iser** *cin.* [~'ze] *v/t.* (1a) synchronisieren; **~isme** [~'nism] *m* Synchronismus *m*; ⊕ Gleichtakt *m*.

synchrotron *at.* [sɛ̃krɔ'trɔ̃] *m* Synchrotron *n*, Teilchenbeschleuniger *m*.

syncop|e [sɛ̃'kɔp] *f* ♪ *u. ling.* Synkope

f; ✶ Ohnmacht *f*; **~é, -e** F [~'pe] *adj.* perplex, völlig sprachlos.

synderme [sɛ̃'dɛrm] *m* Faserkunstleder *n*.

syndic [sɛ̃'dik] *m* Syndikus *m*; Konkursverwalter *m*; **~al, -e** [~'kal] *adj.* (*m/pl.* -aux) gewerkschaftlich; **~alisation** [~liza'sjɔ̃] *f* gewerkschaftliche Organisierung *f*; **~aliste** [~'list] **1.** *adj.* in *Zssgn*: Gewerkschafts...; *mouvement m ~* Gewerkschaftsbewegung *f*; **2.** *su.* Gewerkschaft(l)er (-in *f*) *m*; **~at** [~'ka] *m* Gewerkschaft *f*; Syndikat *n*; Berufsverband *m*; Konsortium *n*; ~ *d'employeurs* Arbeitgeberverband *m*; ~ *d'initiative* (Fremden-)Verkehrsverein *m*; ~ *industriel* Kartell *n*; ~ *ouvrier* Arbeitergewerkschaft *f*; ~ *patronal* Arbeitgeber-, Unternehmer-verband *m*; Kartell *n*; ~ *professionnel* Berufsverband *m*.

syndiqu|é, -e [sɛ̃di'ke] *su.* Gewerkschaft(l)er(in *f*) *m*; **~er** [~] *v/t.* (1m) gewerkschaftlich organisieren; *se ~* sich gewerkschaftlich organisieren.

syndrome ✶ *u. fig.* [sɛ̃'droːm], **~'drɔm]** *m* Syndrom *n*.

synod|al, -e *rl.* [sinɔ'dal] *adj.* (*m/pl.* -aux) synodal; Synoden...; **~e** [~'nɔd] *m* Synode *f*; *prot.* Kirchentag *m*; **~ique** [~'dik] *adj. rl.* synodal; *ast.* synodisch.

synonym|e [sinɔ'nim] **1.** *adj.* synonym, sinnverwandt; **2.** *m* Synonym *n*; **~ie** [~'mi] *f* Sinnverwandtschaft *f*, Synonymik *f*; **~ique** [~'mik] *adj.* synonym, sinnverwandt.

synop|sis [sinɔp'sis] *f* (a. *m*) Synopsis *f*, vergleichende Übersicht *f*; *cin.* Exposé *n*; **~tique** [~'tik] *adj.* synoptisch, übersichtlich zs.-gestellt; *Übersichts...*

syntax|e *gr.* [sɛ̃'taks] *f* Syntax *f*, Satzlehre *f*; **~ique** *gr.* [~'ksik] *adj.* syntaktisch.

synthèse [sɛ̃'tɛːz] *f* Synthese *f* (a. ⚕); Zs.-fassung *f*, -stellung *f*.

synthét|ique [sɛ̃te'tik] *adj.* synthetisch; *fig.* zs.-fassend; **~iser** [~ti'ze] *v/t.* (1a) zs.-fassen; synthetisch herstellen.

synton|ie *rad.* [sɛ̃tɔ'ni] *f* Abstimmung *f* (Zustand); **~isateur** *rad.* [~za'tœːr] *m* Abstimmknopf *m*; **~isation** *rad.* [~za'sjɔ̃] *f* Abstimmung *f* (Handlung); **~iser** *rad.* [~'ze] *v/t.* (1a) abstimmen.

syphilis 🗲 [sifi'lis] *f* Syphilis *f*.

syriaque [si'rjak] *adj.* altsyrisch.

syrien, -ne [si'rjɛ̃, ~'rjɛn] **1.** *adj.* syrisch; **2.** ℒ(*ne*) *su.* Syrer(in *f*) *m*.

systémat|ique [sistema'tik] **1.** *adj.* systematisch; planmäßig; *fig.* hartnäckig; **2.** *f zo.* Klassifikation *f*, Taxonomie *f*; **~iser** [~ti'ze] *v/t.* (1a) systematisieren; nach e-m System ordnen.

système [sis'tɛːm] *m* System *n*; ~ *codé* Schlüsselsystem *n*; F ~ *D* (*abr. für débrouille-toi*) Selbsthilfe *f*, Sichdurchlavieren *n*; ⚡ ~ *de montage* Schaltplan *m*; ⚠~ *porteur* Tragwerk *n*; ~ *rail-roue* Rad-Schiene-System *n*; ~ *d'alerte* Alarmvorrichtung *f*; *bsd.* ⚔ Warnsystem *n*; ~ *d'éclairage* Beleuchtungsanlage *f*.

systole 🗲 [sis'tɔl] *f* Systole *f*.

T

T (*ou* **t**) [te] *m* **1.** T (*od.* t) *n*; **2.** *T* Reißschiene *f*.

t' [t-] *pr/p. vor vo. u. stummem h* = te; P = tu.

ta [ta] s. **ton**[1].

tabac [ta'ba] **1.** *m* Tabak *m* (*a. Pflanze*); ~ *à fumer* (*à priser*) Rauch-(Schnupf-)tabak *m*; ~ *à chiquer* Kautabak *m*; (*bureau m od. débit m de*) ~ Tabakladen *m*; ♣ *coup m de* ~ Sturm *m*; F *faire un* ~ e-n großen Erfolg haben; **2.** *adj.* (*inv.*) tabakbraun.

tabag|ie [taba'ʒi] *f* verräuchertes Zimmer *n* (*od.* Lokal *n*); **~ique** [~'ʒik] *adj.*: *habitudes f/pl.* ~s Rauchergewohnheiten *f/pl.*; **~isme** [~'ʒism] *m* Nikotinvergiftung *f*; Nikotinsucht *f*.

tabasser P [taba'se] *v/t.* (1a) verprügeln.

tabatière [taba'tjɛːr] *f* Tabaksdose *f*.

tabernacle *cath.* [tabɛr'naklə] *m* Tabernakel *n*.

tablature ♪ [tabla'tyːr] *f* Tabulatur *f*.

table ['tablə] *f* Tisch *m*; Tafel *f*, Platte *f*; (*Speise-*)Tisch *m*; *fig.* Tabelle *f*, Register *n*; Verzeichnis *n*; ~ *à rallonges* Ausziehtisch *m*; ~ *camping* Campingtisch *m*; ~ *de chevet* Nachttischchen *n*; ✝ ~ *des intérêts* Zinstabelle *f*; Å ~ *de multiplication* Einmaleins *n*; *phot.* ~ *de pose* Belichtungstabelle *f*; ~ *des matières* Inhaltsverzeichnis *n*; *se mettre à* ~ sich zu Tisch setzen; F *fig.* gestehen, auspacken.

tableau [ta'blo] *m* (*pl.* ~x) (Wand-)Tafel *f* (*écol. a.* ~ *noir*); Schwarzes Brett *n*; Gemälde *n* (*a. fig.*); Bild *n* (*a. fig. u. thé.*); *fig.* Schilderung *f*; Liste *f*; Tabelle *f*; ~ *d'avis* Warnungstafel *f*; *Auto u.* ✈ ~ *de bord* Instrumenten-, Armaturen-brett *n*; ⚡ ~ (*de distribution*) Schalttafel *f*; ✝ ~ *de publicité* Reklametafel *f*; ⛟ ~ *de service* Tafel *f* mit Abfahrts- *od.* Ankunfts-zeiten; **~tin** [~'tɛ̃] *m* kleines Bild *n*.

tabl|ée [ta'ble] *f* Tischgesellschaft *f*; **~er** [~] *v/i.* (1a): ~ *sur* *fig.* rechnen mit (*dat.*); **~etier** [~blə'tje] *m* Kunstdrechsler *m*.

tablett|e [ta'blɛt] *f* Bücherbrett *n*; Kaminsims *m od. n*; ~ *de chocolat* Tafel *f* Schokolade; *antiq.* ~ *de cire* Wachstafel *f*; △ ~ *de fenêtre* Fensterbrett *n*; *fig.* *rayez cela de vos* ~s! rechnen Sie nicht darauf!; **~erie** [~'tri] *f* Kunstdrechslerei *f*.

tablier [tabli'e] *m* Schürze *f*; ⊕ Schutzwand *f*; Fahrbahn *f* e-r Stahlbrücke; Schieber *m* e-s Ofenrohrs; *fig.* *rendre son* ~ sein Amt niederlegen.

tabloïd, -e *journ.* [tablɔ'id] *adj.*: *paraître sur format* ~ in Kleinformat *im* Kurzberichten erscheinen.

tabou [ta'bu] **1.** *adj.* (*f* ~e *od. inv.*) tabu; unantastbar; **2.** *m* (*pl.* ~s) Tabu *n*.

tabou|ret [tabu'rɛ] *m* Fußbank *f*; Schemel *m*, Hocker *m*; ⊕, ⚡ Isolierschemel *m*; **~rin** ⊕ [~'rɛ̃] *m* Rauchfangklappe *f*.

tabulaire [taby'lɛːr] *adj.* **1.** Tabellen...; **2.** *géol.* *massif m* ~ Tafelgebirge *n*.

tabula|teur [tabyla'tœːr] *m* Tabulator *m*; **~rice** [~'tris] *f* Tabelliermaschine *f*.

tac [tak] **1.** *m* kurzer Schall *m*, kurzer Schlag *m*; *esc.* Degenklirren *n*; *riposter du* ~ *au* ~ sehr schlagfertig sein; **2.** *int.*: ~! tack!

tache [taʃ] *f* Fleck *m*; Fehler *m*, Makel *m*, Schandfleck *m*; ~ *de graisse* Fettfleck *m*; ~ *de naissance* Muttermal *n*; ~s *pl. de rousseur* Sommersprossen *f/pl.*; *fig.* *faire* ~ nicht hingehören, abstechen von; *faire* ~ *d'huile* *Aufstand*: mehr und mehr um sich greifen.

tâche [taʃ] *f* aufgegebene Arbeit *f*, Aufgabe *f*; *à la* ~ im Akkord, im Stücklohn; *prendre à* ~ es sich zur Aufgabe machen.

tacher [ta'ʃe] *v/t.* (1a) fleckig machen; *se* ~ fleckig werden.

tâcher [ta'ʃe] *v/i.* (1a): ~ *de* versuchen zu; **~on** ⊕ [taʃ'rɔ̃] *m* Akkordarbeiter *m*.

tacheter [taʃ'te] *v/t.* (1d) fleckig machen, sprenkeln.

tachy... [taki...] *in Zssgn* Schnell...; schnell...; **~mètre** *Auto,* 🚗 *usw.* [\'mɛːtrə] *m* Tachometer *m.*

tacite [ta'sit] *adj.* stillschweigend.

taciturn|e [tasi'tyrn] *adj.* schweigsam; **~ité** [\~ni'te] *f* Schweigsamkeit *f.*

tacot F *Auto* [ta'ko] *m* Karre *f,* fahrbarer Untersatz *m,* Mühle *f.*

tact [takt] *m* Tastsinn *m; fig.* Takt *m,* Feingefühl *n;* **~icien** ✕ [\~ti'sjɛ̃] *m* Taktiker *m;* **~ile** [\~'til] *adj.* fühlbar; den Tastsinn betreffend; **~ique** [\~'tik] **1.** *adj.* taktisch; **2.** *f* ✕ *u. fig.* Taktik *f.*

taf ✶ [taf] *m* Angst *f.*

taffetas [taf'ta] *m text.* Taft *m; phm.* ~ anglais, ~ gommé Heftpflaster *n.*

taie [tɛ] *f* (Kopfkissen-)Bezug *m;* 🐟 weißer Fleck *m auf der Hornhaut.*

taillable *féod.* [ta'jabl] *adj.* steuer-, zoll-, zins-pflichtig.

taillad|e [ta'jad] *f* 🗡 Schnitt *m ins Fleisch; esc.* Schmarre *f,* Schmiß *m;* **~er** [\~'de] *v/t.* (1a) aufschlitzen; einschneiden; se ~ les poignets sich die Pulsadern aufschneiden.

taill|e [tɑ:j] *f* Be-, Zu-schneiden *n,* Schnitt *m* (*a.* ✿); *chir.* Steinschnitt *m; esc.* Schneide *f;* Behauen *n von Bausteinen;* Schleifen *n,* Schliff *m von Edelsteinen;* (Holz-)Schnitt *m;* (Kupfer-)Stich *m;* Holzschlag *m;* (Körper-)Größe *f,* Wuchs *m,* Figur *f,* Statur *f;* Taille *f; fig.* Format *n; Kartenspiel:* Abziehen *n,* Abzug *m;* ~ à la garçonne Herrenschnitt *m* (*Damenfrisur); par rang de* ~ *der Größe nach; être de* ~ *à* (*inf.*) *imstande* (*od.* fähig) *sein zu* (*inf.*); **~e-crayon** [tajkrɛ'jɔ̃] *m* (*pl.* ~[-s]) Bleistiftspitzer *m;* **~e-douce** [\~'dus] *f* (*pl.* tailles--douce) Kupferstich *m;* **~er** [ta'je] (1a) *v/t.* (be-, ein-, zu-)schneiden; *Bleistift* spitzen; *Edelstein* schleifen; *Stein* behauen; ~ la soupe Brot in die Suppe schneiden; ~ en pointe (an)spitzen; bien taillé stattlich; *v/i.* die Bank halten (*beim Kartenspiel*); se ~ la part du lion den Löwenanteil an sich reißen; se ~ une grande réputation sich ein großen Ruf verschaffen; **~eur** [\~'jœːr] *m* Schneider *m;* Damenkostüm *n,* Jackenkleid *n,* Tailleur *m;* ~ d'arbres Baumbeschneider *m;* ~ de pierres Steinmetz *m;* ~ de diamants Diamantschleifer *m;* ~ pour dames Damenschneider *m;* ~ pour messieurs Herrenschneider *m;* ~ travaillant sur mesure Maßschneider *m;* **~euse** [\~'jøːz] *f* Zuschneiderin *f;* **~is** [\~'ji] *m* Dickicht *n.*

tailloir △ [ta'jwaːr] *m* (Kapitell-)Deckplatte *f.*

tain ⊕ [tɛ̃] *m* Spiegelbelag *m.*

taire [tɛːr] (4aa) **1.** *v/t. s.t.s.* verschweigen; geheimhalten; **2.** se ~ sur qch. über etw. (*acc.*) schweigen; taisez--vous! halten Sie den Mund!; faire ~ q. j-n zum Schweigen bringen.

talbin ✶ [tal'bɛ̃] *m* Geldschein *m.*

talc *min.* [talk] *m* Talk *m;* ~ en poudre Talkum *n.*

talent [ta'lɑ̃] *m* Talent *n,* Gabe *f,* Anlage *f;* **~ueux, -se** F [\~'tɥø, ~-'tɥøːz] *adj.* talentiert.

taler [ta'le] *v/t.* (1a) *Früchte* zerquetschen.

talion [ta'ljɔ̃] *m* Wiedervergeltung *f.*

talisman [talis'mɑ̃] *m* Talisman *m.*

tall|e ✿ [tal] *f* Wurzelschößling *m;* **~er** ✿ [\~'le] *v/i.* (1a) Wurzelschößlinge treiben.

tallipot ♪ [tali'po] *m* Fächerpalme *f.*

taloch|e [ta'lɔʃ] *f* **1.** △ Reibebrett *n der Maurer;* **2.** F Ohrfeige *f;* **~er** F [\~'ʃe] *v/t.* (1a) ohrfeigen.

talon [ta'lɔ̃] *m* Ferse *f;* (Schuh-)Absatz *m;* Hacke(n *m*) *f;* letztes, unteres Ende *n;* (Brot-)Kanten *m;* Stammabschnitt *m e-s Scheckbuchs usw.; Kartenspiel:* Kartenstock *m,* Talon *m;* ~ aiguille Pfennigabsatz *m;* ~ en caoutchouc Gummiabsatz *m; être sur les ~s de q. j-m auf den Fersen sein; montrer (od. tourner) les ~s Fersengeld geben; v/i.* ♣ *auf Grund stoßen;* 🚗 *aufprallen;* **~ner** [\~lɔ'ne] (1a) *v/t.* auf den Fersen sein (q. j-m); *fig., a. Sport:* j-n hart verfolgen; j-n bedrängen; ~ un cheval e-m Pferd die Sporen geben; *v/i.* ♣ auf Grund stoßen; 🚗 aufprallen; **~nette** [\~'nɛt] *f* Ferseneinlage *f im Schuh;* (Hosen-)Stoßband *n;* **~neur** [\~'nœːr] *m Rugby:* Hackler *m.*

talquer [tal'ke] *v/t.* (1m) mit Talk einreiben.

talus [ta'ly] *m* Böschung *f; en* ~ abschüssig.

talweg *géogr.* [tal'vɛg] *m* Talweg *m.*

tamanoir *zo.* [tama'nwaːr] *m* Ameisenbär *m.*

tamarin [tama'rɛ̃] *m* **1.** ✿ Tamarindenfrucht *f;* **2.** *zo.* kleiner Seidenaffe *m.*

tambouille F [tã'buj] *f* Fraß *m* P.

tambour [tã'buːr] *m* ♪ Trommel *f*; Tambour *m*, Trommler *m*; ⊕ Kaffee-, *anat.* Gehör-trommel *f*; Drehtür *f*; ⊕ Walze *f*, Welle *f*; ~ *de frein* Bremstrommel *f*; ~ (*à broder*) Stickrahmen *m*; ~ *battant* ✗ im Sturmschritt; *fig.* auf der Stelle; *sans* ~ *ni trompette* sang- und klanglos; **~in** ♪ [~bu'rɛ̃] *m* Tamburin *n*; Tamburinspiel *n*, -spieler *m*, -tanz *m*; **~iner** [~ri'ne] (1a) *v/i.* trommeln (*an die Scheiben*; *vom Regen*); *v/t.* ♪ *e-n Marsch* trommeln; *fig.* ~ *q.* j-m keine Ruhe lassen.

tamis [ta'mi] *m* Sieb *n*; **~er** [~'ze] (1a) *v/t.* (durch)sieben; *Licht* dämpfen, mildern; *fig.* kreuz und quer durchstreifen; *v/i.* durch ein Sieb gehen.

tampon [tã'pɔ̃] *m* Pfropfen *m*, Spund *m*, Stöpsel *m*; *Gasmaske:* Einsatz *m*, *chir.* (Watte-)Bausch *m*; ⊕ Puffer *m*; ⊕ (*bsd. charp.*) Dübel *m*; Stempel(kissen *n*); ~ *encreur* Farbkissen *n*; *coup* ~ *de* ~ Faustschlag *m*; ⊕ Zs.-prall *m*; ✗ Stempel *n*; **~nement** ⊕, *Auto* [~pɔn'mã] *m* Zs.-stoß *m*; **~ner** [~'ne] *v/t.* (zu) *chir.* Blut stillen, abtupfen; (ab)stempeln; ~ *son front avec son mouchoir* sich den Schweiß von der Stirn wischen; ⊕, *Auto:* ~ *qch.* auf etw. (*acc.*) auffahren, mit etw. (*dat.*) zs.-stoßen; *se* ~ zs.-stoßen, aufeinanderfahren; **~nier** ⊕ [~'nje] *m*, **~noir** ⊕ [~'nwaːr] *m* Dübelmeißel *m*.

tam-tam [tam'tam] *m* (*pl.* ~s) ♪ *u. fig.* Tamtam *n*; *fig. faire du* ~ viel Tamtam (*od.* viel Wesens) machen.

tan [tã] *m* (Gerber-)Lohe *f*.

tancer *litt.* [tã'se] *v/t.* (1k) ausschelten.

tanche *icht.* [tã:ʃ] *f* Schlei(e *f*) *m*.

tandem [tã'dɛm] *m vél.* Tandem *n*; *fig. péj.* Gespann *n*.

tandis que [tã'di(s)kə] *cj.* während (*zeitlich u. gegensätzlich gebraucht*).

tangage ♣ [tã'gaːʒ] *m* Stampfen *n des Schiffes*.

tangent, -e [tã'ʒã, ~'ʒã:t] *adj.* ~ berührend; ✗ *Prüfung, Prüfling:* schwach; **~e** [~'ʒãt] *f* Tangente *f*; *par la* ~ ganz unmerklich (*od.* diskret); **~er** F [~ʒã'te] *v/t.* (1a): ~ *qch.* kurz vor etw. (*dat.*) stehen.

tangible [tã'ʒibl] *adj.* fühlbar; greifbar.

tango [tã'go] *m* Tango *m*; **~ter** [~go-'te] *v/i.* (1a) Tango tanzen.

tangue [tã:g] *f* Meerschlamm *m*.

tanguer [tã'ge] *v/i.* (1m) ♣ stampfen; ✗, ♣ *usw.* schaukeln.

tanière [ta'njɛːr] *f* Höhle *f der wilden Tiere; fig.* Schlupfwinkel *m*, Loch *n*.

tanin 🔬 [ta'nɛ̃] *m* Gerbstoff *m*.

tank [tã:k] *m* (Öl-, Wasser-)Tank *m*; ✗ Panzer *m*, Tank *m*; F *Auto:* Straßenkreuzer *m*.

tann|ant, -e [ta'nã, ~'nã:t] *adj.* Gerbstoff enthaltend, Gerb...; F *fig.* unerträglich; **~e** 🐞 [tan] *f* Mitesser *m*; **~é, -e** [~'ne] *adj.* lohfarben; *fig.* braungebrannt; **~er** [~] *v/t.* (1a) gerben; *fig.* belästigen, löchern; *fig.* P schlagen; ~ *q.* j-m das Fell gerben, j-n durchprügeln.

tan-sad [tã'sad] *m* (*pl.* ~s) *Motorrad:* Soziussitz *m*.

tant [tã] **1.** *adv.* so; so viel(e); so sehr; soundso viel(e); ~ (*il*) *y a que* soviel ist sicher, daß; ~ *soit peu* sei es auch noch so wenig; *il vous aime* ~ er liebt Sie so sehr; *il ne travaille pas* ~ *que son frère* er arbeitet nicht soviel wie sein Bruder; ~ *bien que mal* so einigermaßen, recht und schlecht; *faire* ~ *que es so weit treiben, daß*; ~ *mieux* um so (*od.* desto) besser; ~ *pis* schade; da kann man nichts machen; ~ *pis pour vous* das ist Ihr eigener Schaden; **2.** *cj.:* ~ *que* solange, soweit; *si* ~ *est que* (*subj.*) falls, sofern, wenn überhaupt; *en* ~ *que* (*Français*) als (*Franzose*) (in der Eigenschaft); ~ ... *que* sowohl ... als auch.

tante [tã:t] *f* Tante *f*; P Schwule(r) *m*; F *chez ma* ~ im Leihhaus.

tantième [tã'tjɛːm] *m* Tantieme *f*.

tantine F *enf.* [tã'tin] *f* Tantchen *n*.

tantinet F [tãti'ne] *m*: *un* ~ ein ganz klein bißchen.

tantôt [tã'to] *adv.* **1.** heute nachmittag; *à* ~! bis heute nachmittag!; **2.** ~ ..., ~ ..., bald ..., bald ...

tantouze ✶ [tã'tuːz] *f* Homosexuelle(r) *m*.

taon *ent.* [tã] *m* (Vieh-)Bremse *f*.

tapag|e [ta'paːʒ] *m* Lärm *m*, Spektakel *m*; *à grand* ~ mit großem Tamtam; *faire du* ~ Krach machen; **~eur, -se** [~pa'ʒœːr, ~'ʒøːz] **1.** *adj.* lärmend, laut; auffallend. **2.** *m* Unruhestifter *m*.

tapant, -e [ta'pã, ~'pã:t] *adj.:* *à six heures* ~*es* (*a. rein verbal:* ~) Punkt sechs Uhr.

tape|e [tap] *f* **1.** Klaps *m*; **2.** ⚓ Spund *m*, Zapfen *m*; **~é, -e** [~'pe] *adj*. **1.** *Frucht:* angeschlagen; **2.** F ausgemergelt F; **3.** F *bien* ~ gelungen; **4.** F verrückt, bekloppt F.

tape-à-l'œil [tapa'lœj] **1.** *adj*. (*inv.*) kitschig; **2.** *m* (*inv.*) Kitsch *m*; **~cul** [~p'ky] *m* Wippe *f*; Klapperkasten *m* (*jedes schlechte Fahrzeug*); P *faire du* ~ reiten.

tapée F [ta'pe] *f* Menge *f*, Haufen *m*.

taper [ta'pe] (1a) *v/t*. F ~ *q*. j-m e-n Klaps geben; F ~ *cent francs* um hundert Franc; ~ *la table à coups de poing* mit der Faust auf den Tisch klopfen; F ~ *les tapis* die Teppiche (aus)klopfen; F ~ *un texte* e-n Text (ab)tippen; *péj.* ~ *sur un piano* e-e Melodie auf e-m Klavier klimpern; *v/i. elle tape bien* (*à la machine*) sie schreibt gut Maschine; ~ *du piano* klimpern; *le soleil tape dur* die Sonne sticht; P *ça tape ici!* hier stinkt's!; P *ça tape dur ici!* hier ist dicke Luft!; ~ *à la porte* an die Tür klopfen; F ~ *à côté* sich täuschen, danebenhauen F, versagen; ~ *dans le mille* richtig raten; ~ *dans l'œil de q.* j-m sehr gefallen; F ~ *dans les provisions* sich an die Vorräte machen; ~ *dans le tas* blind drauflosschlagen; ~ *du pied* mit dem Fuß stampfen; ~ *du poing sur la table* mit der Faust auf den Tisch hauen; ~ *sur l'épaule de q.* j-m auf die Schulter klopfen; ~ *sur les nerfs de q.* j-m auf die Nerven gehen; ~ *sur un piano* auf e-m Klavier herumhacken; ~ *sur le ventre de q.* sich bei j-m anbiedern; ~ *sur q.* j-n verhauen; *a.* ~ *sur le dos de q.* über j-n herziehen; F *se* ~ *de qch.* bei etw. (*dat.*) leer ausgehen; F *se* ~ *un bon déjeuner* ein gutes Mittagessen leisten; P *se* ~ *une femme* e-e Frau umlegen P; *se* ~ *les clous* sich durchwursteln F; *se* ~ *tout le travail* die ganze Arbeit machen; *je me tape de l'œil* mir fallen vor Müdigkeit die Augen zu; F *c'est à se* ~ *la tête contre les murs!* da kann man ja die Wände hochgehen!; P *il peut toujours se* ~! er kann ruhig warten!

tapette [ta'pɛt] *f* Teppichklopfer *m*; Fliegenklatsche *f*; Mause-, Fuchsfalle *f*; ⊕, ⚒ Klopfholz *n*; F Zunge *f*; *avoir une bonne* (*od.* *grande, fière*) ~ ein tüchtiges Mundwerk haben.

tapeur F [ta'pœːr] *m* Pumpgenie *n*;

péj. iron. ~ *d'ivoire* Herumdrescher *m* auf dem Klavier.

tapinois [tapi'nwa] *advt.*: *en* ~ heimlich, verstohlen.

tapir¹ *zo.* [ta'piːr] *m* Tapir *m*.

tapir² [ta'piːr] *v/rfl.* (2a): *se* ~ sich ducken, sich kauern.

tapis [ta'pi] *m* Teppich *m*; Tischdecke *f*; *Sport:* (Ring-)Matte *f*; ⚒ ~ *chauffant* Heizteppich *m*; ⊕ ~ *roulant* Förderband *n*; ~ *vert* Spieltisch *m*; *fig. amuser le* ~ die Gesellschaft unterhalten; *envoyer q. au* ~ *Sport:* j-n auf die Matte legen; *allg.* j-n kleinkriegen; *mettre sur le* ~ zur Sprache bringen; **~ser** [~'se] *v/t.* (1a) tapezieren; *fig.* ausschmücken; * identifizieren; **~serie** [~s'ri] *f* Wandteppich *m*, Gobelin *m*; ~ *de siège* Möbel(bezugs)stoff *m*; *faire* ~ *beim Tanz* nicht aufgefordert werden, Mauerblümchen sein; **~sier, -ère** [~'sje, ~'sjɛːr] **1.** *su.* Teppichweber(in *f*) *m*; Tapezierer(in *f*) *m*; **2.** *m* Polsterer *m*.

tapoter [tapɔ'te] *v/t.* (1a) sanft klopfen; betätscheln; F ~ *du piano* auf dem Klavier klimpern.

taque *dial. zo.* [tak] *f* Salamander *m*.

taquet ⊕ [ta'kɛ] *m* Pflock *m*.

taquin, -e [ta'kɛ̃, ~'kin] *adj.* schelmisch; **~er** [~ki'ne] *v/t.* (1a) necken; **~erie** [~n'ri] *f* Neckerei *f*, Stichelei *f*.

tarabiscot|é, -e [tarabisko'te] *adj. fig. Stil:* überladen, geschraubt, geschwollen; **~er** [~] *v/t.* (1a) *fig. Stil* überladen.

tarabuster F [tarabys'te] *v/t.* (1a) schikanieren; *j-n* zusetzen, quälen.

tarar|age ⚒ [tara'raːʒ] *m* Getreidereinigung *f*; **~e** ⚒ [~'raːr] *m* Getreidereinigungsmaschine *f*, Windfege *f*.

taraud ⊕ [ta'ro] *m* Gewindebohrer *m*; **~er** [~'de] *v/t.* (1a) ⊕ ein Gewinde schneiden in (*acc.*); P *j-m* zusetzen; * anständig durchprügeln; **~euse** ⊕ [~'døːz] *f* Gewindeschneidemaschine *f*.

tard [taːr] **1.** *adv.* spät; *au plus* ~ spätestens; *pas plus* ~ *que* erst; *il se fait* ~ es wird spät; *dormir un peu plus* ~ etwas länger schlafen; **2.** *m*: *sur le* ~ spät(er); *fig.* in vorgerücktem Alter; **~er** [tar'de] *v/i.* zögern; *ne pas* ~ *à faire qch.* etw. bald tun; *v/imp. il me tarde de* (*inf.*) ich möchte gern bald (*inf.*); **~if, -ve** [~'dif, ~'diːv] *adj.* spät (eintretend, reifend); verspätet;

fruits m/pl. ~s Spätobst n; **~iflore** ♀ [~di'flɔːr] adj. spätblühend; **~igrade** [~'grad] **1.** adj. langsam gehend; **2.** ~s m/pl. zo. Faultiere n/pl.; **~illon, -ne** F [~'jɔ̃, ~'jɔn] su. Spätling m, Nachkömmling m; fig. Nesthäkchen n; **~iveté** [~v'te] f Spätreifen n.

tare [taːr] f ✝ Tara f, Verpackungsgewicht n; fig. Makel m, Mangel m; psych. ~ héréditaire erbliche Belastung f.

taré, -e [ta're] adj. fehlerhaft; erblich belastet; Ware: mangelhaft; fig. verdorben; verkommen.

tarentule ent. [tarɑ̃'tyl] f Tarantel f; être piqué (od. mordu) de la ~ wie von der Tarantel gestochen sein.

tarer † [ta're] v/t. (1a) das Verpackungsgewicht bestimmen.

targette [tar'ʒɛt] f Schubriegel m; * Schuh m.

targuer [tar'ge] v/rfl. (1m): se ~ de qch. sich mit etw. (dat.) brüsten.

tarière ⊕ [ta'rjɛːr] f Stangen-, Erdbohrer m.

tarif [ta'rif] m Tarif m; Preisverzeichnis n; Taxe f; ~ contractuel Vertragstarif m; ~ minimum Mindesttarif m; ~ réduit ermäßigter Tarif m; ~ forfaitaire Pauschaltarif m; ~ des honoraires Gebührenordnung f der Ärzte usw.; ~ par mot Wortgebühr f; **~aire** [~'fɛːr] adj. tariflich, Tarif...; **~er** [~'fe] v/t. (1a): ~ qch. für etw. e-n Tarif festsetzen; **~ication** [~fika'sjɔ̃] f Tarifgestaltung f.

tarin [ta'rɛ̃] m orn. Zeisig m; P Zinken m P, Nase f.

tar|ir [ta'riːr] (2a) v/t. trockenlegen; fig. erschöpfen; v/i. versiegen; fig. aufhören, stocken; **~issement** [~ris'mɑ̃] m Versiegen n.

tarots [ta'ro] m/pl. Tarock-karten f/pl., -spiel n.

tars|algie ♣ [tarsal'ʒi] f Fußwurzelschmerz m; **~e** anat. [tars] m Fußwurzel f.

tartan text. [tar'tɑ̃] m Schotten-, Plaid-stoff m; Kleid n (od. Schal m) aus diesem großkarierten Stoff.

tarte [tart] **1.** f Torte f, (Obst-) Kuchen m; P Ohrfeige f; **2.** adj. häßlich; dusselig (bzw. dußlig), blöd(e); **~elette** [~t'lɛt] f Törtchen n.

tartin|e [tar'tin] f bestrichene Brotschnitte f; F fig. langweiliger Zeitungsartikel m; * Schuh m; **~er** [~'ne] (1a) v/t. Brotschnitte

(be)streichen; v/i. * herumfaseln, quatschen.

tartouse * [tartu:z] adj. häßlich.

tartr|ate ♫ [tar'trat] m Tartrat n (Salz der Weinsäure); **~e** ['tartr] m ♫, Weinstein m; Kessel-, Zahn-stein m; **~ifuge** [~tri'fy:ʒ] m Reinigungsmittel n für Dampfkessel; **~ique** ♫ [~'trik] adj.: acide m ~ Weinsäure f.

tartuf [tar'tyf] m Scheinheilige(r) m; **~erie** [~'fri] f Heuchelei f.

tas [tɑ] m Haufen m; Menge f; ⚠ Baustelle f.

tasse [tɑːs] f Tasse f; une ~ de café e-e Tasse Kaffee; une ~ à café e-e Kaffeetasse.

tasseau [ta'so] m (pl. ~x) ⚠ hervorragender Kragstein m; men. Dachleiste f; ⊕ Handamboß m.

tass|ement [tɑs'mɑ̃] m Zs.-drücken n; géol. Senkung f; ⚠ Absacken n; **~er** [~'se] (1a) v/t. Heu usw. in Haufen setzen; an-, auf-häufen; Sport: Gegner abdrängen; v/i. ♀ dicht(er) werden; se ~ sich senken; sich drängen; F bucklig werden; F sich kauern; F fig. sich geben, sich klären; P se ~ des gâteaux (des apéritifs) sich mehrere Stück Kuchen (mehrere Aperitifs) leisten.

tâter [tɑ'te] (1a) v/t. befühlen; be-, ab-tasten; ~ le terrain vorfühlen, das Terrain sondieren; v/i. F ~ de qch. etw. (aus)probieren, etw. versuchen; se ~ sich (selbst) fragen, mit sich zu Rate gehen.

tâte-vin [tɑt'vɛ̃] m (inv.) Weinpipette f.

tatillon, -ne [tati'jɔ̃, ~'jɔn] **1.** adj. kleinlich, pedantisch; **2.** su. Kleinigkeitskrämer(in f) m; **~nage** [~jɔ'naːʒ] m Kleinigkeitskrämerei f; **~ner** [~'ne] v/i. (1a) pedantisch sein.

tâtonner [tɑto'ne] v/i. (1a) herumtappen; fig. tastende Versuche machen.

tâtons [tɑ'tɔ̃] adv.: à ~ tastend; auf gut Glück, aufs Geratewohl.

tatou zo. [ta'tu] m Gürteltier n.

tatou|age [ta'twaːʒ] m Tätowierung f; **~er** [~'twe] v/t. (1a) tätowieren; **~eur** [~'twœːr] m Tätowierer m.

taud ♣ [to] m, **~e** ♣ [to:d] f Persenning f; Segelbezug m.

taudis [to'di] m Elendsquartier n, Bruchbude f.

taul|e * [to:l] f **1.** Knast m P, Kittchen n F; **2.** Zimmer n, Bude f F; **~ier** * [to'lje] *m* 1. Bordellbesitzer *m*, Wirt *m*; 2. Geschäftsinhaber *m*.

taupe [top] *f* zo. Maulwurf *m*; F *écol.* Vorbereitungsklasse *f* für die École polytechnique; *pol. faire la ~* untertauchen; **~grillon** zo. [~gri'jɔ̃] *m* (*pl. taupes-grillons*) Maulwurfsgrille *f*.

taup|ier [to'pje] *m* Maulwurfsfänger *m*; **~ière** [~'pjɛːr] *f* Maulwurfsfalle *f*; **~inière** [~pi'njɛːr] *f* Maulwurfshügel *m*.

taur|eau [to'ro] *m* (*pl. ~x*) zo. Stier *m*, Bulle *m*; *fig. cou m de ~* Stiernacken *m*; *course f de ~x* Stierkampf *m*; **~illon** [~ri'jɔ̃] *m* junger Stier *m*; **~o- machie** [~rɔma'ʃi] *f* Stierkampf *m*.

tautologie *rhét.* [totɔlɔ'ʒi] *f* Tautologie *f* (*doppelte Bezeichnung e-r Sache*).

taux [to] *m* (Prozent-)Satz *m*; Rate *f*; Quote *f*; Ziffer *f*; Zinsfuß *m*; *Börse:* Kurs *m*; *~ d'expansion* Wachstumsrate *f*; *~ de mortalité* Sterblichkeitsziffer *f*; *~ de boisement* Holz-, Waldbestand *m*; ⊕ *~ de compression* Verdichtungsverhältnis *n*; *~ du change* Wechselkurs *m*; *~ d'escompte* Diskontsatz *m*; *~ horaire* Stundensatz *m*.

tavaillon ⌂ [tava'jɔ̃] *m* Holzschindel *f*.

tavel|age [tav'la:ʒ] *m* Fleckigwerden *n des Obstes*; **~er** [~'le] *v*/*rfl.* (1c): *se ~* fleckig werden; **~ures** [~'lyːr] *f*/*pl.* Flecken *m*/*pl. e-r Frucht, der Haut.*

taverne [ta'vɛrn] *f* Restaurant *n* in rustikalem Stil.

tax|able [ta'ksablə] *adj.* versteuerbar, gebührenpflichtig; **~ation** [~ksa'sjɔ̃] *f* Taxierung *f*.

taxe [taks] *f* Taxe *f*, Taxpreis *m*, Gebühr *f* (*téléph.*, 🕭 *usw.*); 🕭 Tarifsatz *m*; Steuer *f*; *~ due* Steuerschuld *f*; *~ de livraison* Zustellgebühr *f*; *~ d'emmagasinage* Lagergeld *n*; *~ successorale* Erbschaftssteuer *f*; *~ sur le chiffre d'affaires* Umsatzsteuer *f*; *~ sur la valeur ajoutée* Mehrwertsteuer *f*; *être soumis aux ~s* abgaben-, steuer-pflichtig sein; **~er** [~'kse] *v*/*t.* (1a) taxieren, abschätzen, *den Preis* bestimmen, festsetzen; besteuern; *~ q. de qch.* j-n e-r Sache (*gén.*) beschuldigen; *avertissement m taxé* gebührenpflichtige Verwarnung *f*.

taxi *Auto* [ta'ksi] *m* Taxe *f*, Taxi *n*; **~dermie** [~dɛr'mi] *f* Ausstopfen *n v. Tieren*; **~mètre** [~'mɛːtrə] *m* Taxa-

meter *m*; **~phone** [~'fɔn] *m* Fernsprechautomat *m*, Münzfernsprecher *m*.

tchécoslovaque [tʃekɔslɔ'vak] 1. *adj.* tschechoslowakisch; 2. ♀ *su.* Tschecho-slowake *m*, -slowakin *f*.

tchèque [tʃɛk] 1. *adj.* tschechisch; 2. ♀ *su.* Tscheche *m*, Tschechin *f*.

te [tə] *pr*/*p.* dir; dich.

té ⊕ [te] *m* T-Stück *n*; Reißschiene *f*.

techn|icien, -ne [tɛkni'sjɛ̃, ~'sjɛn] *su.* Techniker(in *f*) *m*; Fachmann *m* (*a. v. e-r Frau*); **~s** *pl. de la publicité* Werbefachleute *pl.*; **~icité** [~si'te] *f* fachlicher Charakter *m e-s Textes usw.*; **~ique** [~'nik] 1. *adj.* technisch; fachlich, Fach...; 2. *f* Technik *f*; 3. *m écol.* technischer Zweig *m*.

technocrat|e [tɛkno'krat] *m* Technokrat *m*; **~ie** [~kra'si] *f* Technokratie *f*; **~ique** [~'tik] *adj.* technokratisch.

technolog|ie [tɛknɔlɔ'ʒi] *f* Technologie *f*, Technik *f*; **~ique** [~'ʒik] *adj.* technologisch, technisch.

teck [tɛk] *m* Teakholz *n*.

teckel zo. [tɛ'kɛl] *m* Dackel *m*, Dachshund *m*.

tectrice *orn.* [tɛk'tris] 1. *adj.*/*f*: *plume f ~* = 2. *f* Deckfeder *f*.

tégument zo., *anat.*, ♣ [tegy'mɑ̃] *m* Haut *f*, Decke *f*, Hülle *f*.

teigne [tɛɲ] *f ent.* Motte *f*; 🕭 (Kopf-) Grind *m*, Schorf *m*; *vét.* Räude *f*.

teindre ['tɛ̃:drə] *v*/*t.* (4b) färben.

teint [tɛ̃] 1. *m* Färbung *f*; Teint *m*, Gesichts-, Haut-farbe *f*; *bon ~, grand ~* echte Färbung *f*; *petit ~* unechte Färbung *f*; *cintre m grand ~* nicht abfärbender Kleiderbügel *m*; *tissu m bon ~* farbechtes Gewebe *n*; 2. *~, -e* [tɛ̃:t] *adj.* Stoff, Haar: gefärbt; **~e** [tɛ̃:t] *f* Färbung *f*; Farb-ton *m*, -schattierung *f*; *fig.* Anflug *m*, Anstrich *m*; **~é, -e** [tɛ̃'te] *adj.* getönt; gefärbt; **~er** [~] *v*/*t.* (1a) tönen (*durch Farbe*); *Holz* beizen; **~ure** [~'tyːr] *f* Färben *n*; Farbe *f*; Färbemittel *n*, Farblösung *f*; *phm.*, 🕭 Tinktur *f*; *fig.* oberflächliche Kenntnis *f*, Anflug *m*; *~ pour les cheveux* Haarfärbemittel *n*; **~urerie** [~tyr'ri] *f* 1. Reinigungsanstalt *f*, (chemische) Reinigung *f*; 2. Färberei *f*.

tel, -le [tɛl] 1. *adj.* solche(r, -s); so ein(e); solch; so beschaffen, dergleichen, so; wie (*Vergleich*); *~ que* so beschaffen wie; *~ celui que montre la photographie* wie der, den das Bild zeigt; ~ ... que von der Beschaffenheit (od. derartig od. so) ..., daß; ~ que (subj.) wie auch immer; ~ quel unverändert; prendre la chose telle quelle die Sache so nehmen, wie sie (gerade) ist; **2.** pr/ind. manche(r, -s); der und der (die und die, das und das); monsieur un~ (madame une ~le), a. un ~ (une ~le) Herr (Frau) Soundso.

télé abr. [te'le] f Fernsehen n; **~aste** [~'ast] m Fernsehmoderator m; **~benne** [~'bɛn] f, **~cabine** [~ka'bin] f Skilift m; **~caméra** [~kame'ra] f Fernsehkamera f; **~commande** [~kɔ'mã:d] f Fernsteuerung f; **~communications** [~kɔmynika-'sjɔ̃] f/pl. Fernmelde-wesen n, -leitung f; **~diffusion** [~dify'zjɔ̃] f Fernsehübertragung f; **~enseignement** [~ãsɛɲ'mã] m Fernsehunterricht m; **~férique** [~fe'rik] f (Draht-)Seilbahn f; **~génique** [~ʒe'nik] adj. für das Fernsehen geeignet; **~gramme** [~'gram] m Telegramm n.

télégraph|e [tele'graf] m Telegraf m; **~ie** [~'fi] f Telegrafie f; ~ sans fil (= T.S.F.) drahtlose Telegrafie f; **~ier** [~'fje] v/t. (1a) telegrafieren; **~ique** [~'fik] adj. telegrafisch; poteau m ~ Telegrafen-mast m, -stange f; mandat m ~ telegrafische Geldüberweisung f; **~iste** [~'fist] su. Telegrafist(in f) m; Telegrammbote m.

télé|guidé, -e [telegi'de] adj. ferngelenkt; **~imprimeur** [~ɛ̃pri'mœːr] m Fernschreiber m; **~mètre** phot. [~'mɛtrə] m Entfernungsmesser m; **~phile** [~'fil] su. Fernsehfreund(in f) m.

téléphon|e [tele'fɔn] m Telefon n, Fernsprecher m; bei Adressen a. Ruf m; ~ de table Tischtelefon n; ~ intérieur Haustelefon n; abonné m au ~ Fernsprechteilnehmer m; coup m de ~ Anruf m; avez-vous le ~? haben Sie Telefon?; appeler q. au ~ j-n anrufen; F ~ arabe Flüsterpropaganda f; **~er** [~'ne] (1a) v/i. telefonieren; à q. j-n anrufen, mit j-m telefonieren; v/t. telefonisch mitteilen; **~e-secours** [~s(ə)'kuːr] m Notrufsäule f; **~ie** [~'ni] f Telefonie f; ~ sans fil drahtlose Telefonie f; **~ique** [~'nik] adj. telefonisch, fernmündlich; **~iste** [~'nist] su. Telefonist(in f) m.

télé|photographie [telefɔtɔgra'fi] f Fern-, Tele-fotografie f; **~repor-** **tage** [~rəpɔr'taːʒ] m Fernsehreportage f.

télescop|age 🚑, Auto, 🚂 [telɛskɔ'paːʒ] m Zs.-stoß m; **~e** [~'kɔp] m Teleskop n, Fernrohr n; **~er** 🚑, Auto, 🚂 [~'pe] v/rfl. (1a): se ~ zs.-stoßen.

télé|scripteur [teleskrip'tœːr] m Fernschreiber m; **~siège** [~'sjɛːʒ] m Sessellift m; **~ski** [~'ski] m Ski-, Schlepp-lift m; **~speaker** [~spi-'kœːr] m Fernsehansager m; **~speakerine** [~spi'krin] f Fernsehansagerin f; **~spectateur, -rice** [~spɛkta-'tœːr, ~'tris] su. Fernseh-zuschauer(in f) m, -teilnehmer(in f) m; **~type** [~'tip] m Fernschreiber m; message m par ~ Fernschreiben n.

télévis|é, -e [televi'ze] adj. durch Fernsehen übertragen; **~er** [~] v/t. (1a) im Fernsehen übertragen; **~eur** [~'zœːr] m Fernsehgerät n, Fernseher m; **~ible** [~'zibla] adj. im Fernsehen übertragbar; **~ion** [~'zjɔ̃] f Fernsehen n; avoir la ~ ein Fernsehgerät haben; ~ en couleurs Farbfernsehen n; ~ par câble Kabelfernsehen n; poste m de ~ Fernsehgerät n; **~ionnite** plais. [~zjɔ'nit] f Fernsehkrankheit f.

télex [te'lɛks] m Fernschreiben n; transmettre par ~ durch Telex übermitteln; **~er** 🚂 [~'kse] v/t. (1a) telexen, durch Telex übermitteln; **~iste** [~'ksist] su. Fernschreiber(in f) m (Person).

tellement [tɛl'mã] adv. derartig; so sehr; so viel; il y a ~ de voitures es gibt so viele Wagen.

telline zo. [tɛ'lin] f Tellmuschel f.

tellur|e 🜍 [tɛl'yːr] m Tellur n; **~ique** [~ly'rik] adj. géol. Erd...; 🜍 Tellur...

témér|aire [teme'rɛːr] adj. tollkühn; fig. Urteil: leichtfertig; **~ité** [~ri'te] f Tollkühnheit f.

témoign|age [temwa'ɲaːʒ] m Zeugenaussage f; Zeugnis n; Beweis m; Zeichen n; **~er** [~'ɲe] (1a) v/t. zeigen; etw. erkennen lassen; v/i. 🜨 (als Zeuge) aussagen; ~ de qch. etw. bezeugen; etw. beweisen.

témoin [te'mwɛ̃] m **1.** Zeuge m, Zeugin f; **2.** Sport: Staffelstab m.

tempe anat. [tãːp] f Schläfe f.

tempér|ament [tãpera'mã] m **1.** körperliche Veranlagung f, Natur f; **2.** Temperament n, Wesensart f, Veranlagung f, Naturell n; **3.** 🕂 acheter à

~ auf Raten (*od.* Abzahlung) kaufen; *paiement m à* ~ Ratenzahlung *f*; *vente f à* ~ Teilzahlungsverkauf *m*; **~ance** [~'rãːs] *f* Mäßigung *f*, Enthaltsamkeit *f*; **~ant, -e** [~'rã, ~'rãːt] *adj.* mäßig, enthaltsam; **~ature** [~ra'tyːr] *f* 1. Temperatur *f*, Wärmegrad *m*; *phys.* ~ *de fusion* Schmelzpunkt *m*; ⊕ ~ *de refoulement* Austrittstemperatur *f*; 2. ♪ Fieber *n*; **~é, -e** [~'re] *adj.* 1. *géogr.* Klima: gemäßigt; *zone f* ~*e* gemäßigte Zone *f*; 2. ♪ temperiert; **~er** [~'re] *v/t.* (1f) mildern; ♪ temperieren.

tempête [tã'pɛt] *f* Unwetter *n*, Sturm *m* (*a. fig.*); **~er** [~'te] *v/i.* (1a) *Person*: wettern, toben.

temple ['tãːplə] *m* Tempel *m*; (protestantische) Kirche *f*; **~ier** *hist.* [tãpli'e] *m* Tempelritter *m*.

temporaire [tãpɔ'rɛːr] *adj.* vorübergehend; zeitweilig; *main-d'œuvre f* ~ Zeitarbeitskräfte *f/pl.*; *travail m* ~ Zeitarbeit *f*; **~al, -e** *anat.* [~'ral] *adj.* (*m/pl.* -aux) Schläfen...; **~el, -le** [~'rɛl] 1. *adj.* zeitlich; *rl.* weltlich; 2. *m* weltliche Macht *f*.

temporis|ateur, -rice [tãpɔriza'tœːr, ~'tris] 1. *adj.* abwartend; hinhaltend; 2. *su.* Zauderer *m*, Zauderin *f*; 3. *m* ⊕ ~ *électronique* elektronisches Zeitwerk *n*; **~ation** [~za'sjɔ̃] *f* Abwarten *n*; **~er** [~'ze] *v/i.* (1a) abwarten; Zeit gewinnen (wollen).

temps [tã] *m* Zeit *f*; *fig.* Wetter *n*; *gr.* Tempus *n*; ♪ *mesure f à trois* ~ Dreivierteltakt *m*; *à* ~ rechtzeitig; ~ *jadis* in alten Zeiten; *litt.* dans le ~ früher, einstmals; *de* ~ *en* ~, *de* ~ *à autre* dann und wann; (*ne pas*) *avoir le* ~ (keine) Zeit haben; *perdre du* ~ Zeit verlieren; *sans perdre de* ~ unverzüglich, ohne Zeit zu verlieren; *pour pris du bon* ~ ein paar vergnügte Stunden verlebt haben; *depuis beau* ~ seit geraumer Zeit, seit längerem; *de tout* ~ seit jeher; *en même* ~, *dans le même* ~ gleichzeitig; *le* ~, *c'est de l'argent* Zeit ist Geld; *il est grand* ~, *il n'est que* ~ es ist höchste Zeit; *il est* ~ *que ...* (*subj.*) es ist Zeit, daß ...; *le* ~ *de* (*inf.*) kaum; bloß mal schnell.

tenable [tə'nablə] *adj.* (*mst verneint*) *Stellung*: zu halten(d); *fig.* erträglich.

tenace [tə'nas] *adj. Geruch*: anhaltend; *fig.* hartnäckig; beharrlich; *Gedächtnis*: zuverlässig.

ténacité [tenasi'te] *f* Klebrigkeit *f*, Zähigkeit *f* (*a. fig.*); lange Dauer *f e-s Geruchs*; Starrsinn *m*, Hartnäckigkeit *f*; Treue *f des Gedächtnisses*.

tenailles [tə'naːj] *f/pl.* Kneifzange *f*.

tenancier, -ère [tənã'sje, ~'sjɛːr] *su.* Inhaber(in *f*) *m e-s Hotels usw.*

tenant, -e [tə'nã, ~'nãːt] 1. *adj.*: *séance f* ~*e* auf der Stelle, sofort, gleich F; 2. *su. Sport*: ~ *du titre* Titelhalter *m*; 3. *m* a) Anhänger *m e-r Lehre, e-r Partei*; b) *propriété f d'un seul* ~ zs.-hängendes Grundstück *n*; *les* ~ *et aboutissants m/pl.* ♯♯ die angrenzenden Grundstücke *n/pl.*; *fig.* die näheren Umstände *m/pl.*

tendanc|e [tã'dãːs] *f* Tendenz *f*; Streben *n*; Richtung *f*; Hang *m*; *avoir* ~ *à* croire Zu der Ansicht neigen; **~ieux, -se** [~dã'sjø, ~'sjøːz] *adj.* tendenziös.

tendelet ⚓ [tãd'lɛ] *m* Sonnensegel *n*.

tender ⚙ [tã'dɛːr] *m* Tender *m*.

tendeur [tã'dœːr] *m* ⊕ Spanner *m*, Spannvorrichtung *f*; *Auto*: elastische Gepäckbefestigung *f*; *vél.* Kettenspanner *m*; *gym.* Expander *m*.

tendin|eux, -se *anat.* [tãdi'nø, ~'nøːz] *adj.* sehnig; Sehnen...; **~ite** ♯ [~'nit] *f* Sehnenentzündung *f*.

tendon *anat.* [tã'dɔ̃] *m* Sehne *f*.

tendre¹ ['tãːdrə] (4a) *v/t.* spannen; *Fallen* stellen; *Gardine* aufhängen; (*dar*)reichen, hinhalten; ~ *du papier* tapezieren; ~ *une embuscade* e-n Hinterhalt legen; ~ *son esprit* s-n Kopf anstrengen; ~ *le bras* den Arm ausstrecken; ~ *les bras* die Arme ausbreiten; *Person*: ~ *à* (*od. vers*) *qch.* nach etw. (*dat.*) streben; ~ *à qch.* auf etw. (*acc.*) abzielen.

tendre² ['tãːdrə] *adj.* zart; mürbe; weich; *frisch gebacken*; empfindlich; zärtlich, liebevoll; *mot m* ~ Kosewort *n*; **~esse** [tã'drɛs] *f* Zärtlichkeit *f*; Liebe *f*; ~ *ridicule* Affenliebe *f*; **~s** *pl.* Liebkosungen *f/pl.*

tendron [tã'drɔ̃] *m* ♀ junger Trieb *m*; *cuis.* ~ *de veau* Kalbsbrust (knorpel *m*) *f*.

tendu, -e [tã'dy] *adj.* gespannt.

ténèbres [te'nɛːbrə] *f/pl.* Finsternis *f*.

ténébreux, -se [tene'brø, ~'brøːz] *adj.* finster; *fig.* undurchsichtig.

teneur¹ [tə'nœːr] *f* Wortlaut *m*, Inhalt *m*, Tenor [²te:-] *m*; 🜨 Gehalt *m*; ~ *en carbone* Kohlenstoffgehalt *m*; 🜨 ~ *en sucre* Zuckerspiegel *m*.

teneur², **-se** [tə'nœːr, ~'nøːz] su.: ~ de livres Buchhalter(in f) m.

ténia zo. [te'nja] m Bandwurm m.

ténifuge ✷ [teni'fyːʒ] m Bandwurmmittel n.

tenir [tə'niːr] (2h) **1.** v/t. (fest)halten; in der Hand halten (od. haben); haben, besitzen; besetzt halten; Dieb usw. gefaßt haben; Platz einnehmen; fassen, enthalten; Tagebuch, Konto, ✝ Artikel führen; ~ pour ansehen als, halten für; ~ compte de qch. etw. berücksichtigen, e-r Sache (dat.) Rechnung tragen; ~ séance e-e Sitzung abhalten, tagen (v/i.); ~ le coup Person: aus-, durchhalten; Sache: (sich) halten; Auto: bien ~ la route e-e gute Straßenlage haben; abs. tiens! a) da!; da, nimm!; b) ah!; wirklich?; sieh mal an!; tenez! a) da!; nehmen Sie!; b) hören Sie!; sehen Sie!; **2.** v/i. fest sitzen; halten; von Bestand sein; Person: (es) aushalten, standhalten; Platz haben, Platz finden (dans in dat.); hineingehen (z.B. in e-e Tasche); ~ à qch. großen Wert auf etw. (acc.) legen; an etw. (dat.) liegen, s-n Grund in etw. (dat.) haben; ~ de q. j-m ähnlich sein; cela tient du miracle das grenzt an ein Wunder; cela tient en peu de mots das ist mit wenigen Worten gesagt; y ~ (es) aushalten; ~ bon contre standhalten gegen; **3.** se ~ sich (fest)halten (à an dat.); (stehen)bleiben; sich benehmen; sich verhalten; s'en ~ à qch. sich an etw. (acc.) halten; es bei etw. (dat.) bewenden lassen; se ~ de rire sich das Lachen verbeißen.

tennis Sport [tɛ'nis] m Tennis n.

tenon ⊕ [tə'nɔ̃] m Zapfen m, Stift m.

ténor ♪ [te'nɔːr] m Tenor m [-'nɔːr] m.

tens|eur anat. [tɑ̃'sœːr] **1.** adj./m: muscle m ~ = **2.** m Spanner m; **~iomètre** [~sjɔ'mɛːtrə] m Blutdruckmesser m; **~ion** [~'sjɔ̃] f Spannung f (a. ⚡ u. fig.); phys. Ausdehnung f, Spannkraft f; ~ artérielle Blutdruck m; ⚡ ~ de service Betriebsspannung f.

tentacul|aire [tɑ̃taky'lɛːr] adj. zo. Tentakel...; fig. Stadt: sich weithin ausdehnend; éc. weltumspannend; **~e** zo. [~'kyl] m Tentakel m od. n; Fühlfaden m; Fangarm m.

tent|ant, -e [tɑ̃'tɑ̃, ~'tɑ̃t] adj. verführerisch; **~ateur, -rice** [~ta'tœːr, ~'tris] su. Verführer(in f) m; **~ation**

[~ta'sjɔ̃] f Versuchung f, Anfechtung f; **~ative** [~ta'tiːv] f Versuch m (a. ⚡); ~ d'assassinat Mordversuch m; ~ d'extorsion Erpressungsversuch m.

tente [tɑ̃ːt] f Zelt n; dresser (lever) une ~ ein Zelt aufschlagen (abbrechen); ~ de campeur Campingzelt n; ~ familiale Wohnzelt n; **~-abri** [tɑ̃ta'bri] f (pl. tentes-abris) kleines Schutzzelt n.

tenter [tɑ̃'te] v/t. (1a) versuchen, wagen; verlocken, in Versuchung führen; verführen; reizen; être (bien) tenté de (inf.) (große) Lust haben zu (inf.).

tentiste [tɑ̃'tist] su. Zelturlauber(in f) m.

tenture [tɑ̃'tyːr] f Tapeten-behang m, -stoff m; Tapete f.

ténu, -e [te'ny] adj. sehr dünn, fein; fig. subtil; wenig stichhaltig.

tenue [tə'ny] f Haltung f; fig. Abhaltung f e-r Sitzung od. Konferenz; ✝ Führung f e-s Buches, Hauses; gym. (Körper-)Haltung f; écol. usw. Anstand m, Benehmen n; Anzug m; ✗ Uniform f; ✝ ~ en partie double doppelte Buchführung; petite ~ = ~ de ville, ~ de soirée, ✗ ~ de service Straßen-, Abend-, Dienst-anzug m; grande (petite) ~ Parade-(Dienst-) uniform f; Auto: ~ de route Straßenlage f; être en ~ légère (od. en petite ~) sehr wenig anhaben.

ténuité litt. [tenui'te] f Zartheit f.

ter [tɛːr] adv. dreimal; bei Hausnummern: b (a. c).

tercer ✔ [tɛr'se] v/t. (1k) s. tiercer.

tercet mét. [tɛr'sɛ] m Terzine f.

térébenthine [terebɑ̃'tin] f Terpentin n.

térébr|ant, -e [tere'brɑ̃, ~'brɑ̃t] adj. Schmerz: bohrend; **~ation** [~bra'sjɔ̃] f Anbohren n (bsd. zur Harzgewinnung).

tergal text. [tɛr'gal] m Tergal n (vollsynthetischer Stoff).

tergivers|ation [tɛrʒivɛrsa'sjɔ̃] f Ausflucht f; Winkelzug m; **~er** [~'se] v/i. (1a) Ausflüchte (od. Winkelzüge) machen.

terme [tɛrm] m antiq. Grenz-, Hermen-säule f; fig. Grenze f, Ziel n; Ende n; bsd. ✝ Termin m; Frist f; Rate f; vierteljährliche Mietzeit f; Miete f; fig. Ausdruck m, Wort n; ♫ usw. Glied n; fig. figuré bildlicher Ausdruck m; ~ technique Fachausdruck *m*; **~s** *pl.* (menschliches) Verhältnis *n*; ♱ *à* ~ auf Zeit; *opération f à* ~ Termingeschäft *n*; *à court* ~ kurzfristig; *à long* ~ langfristig; *aux* **~s** *de cette proposition* nach (*od.* gemäß) diesem Vorschlag; ~ *de rigueur* äußerster Termin *m*; *demander* ~ Aufschub verlangen; *en* **~s** *de commerce* in kaufmännischer Sprache; *par* **~s** ratenweise; *fig.* *nous sommes en très bons* **~s** wir stehen sehr gut miteinander.

termin|aison [tɛrminɛ'zɔ̃] *f* Ende *n*; *gr.* Endung *f*; **~al, -e** [~'nal] (*m/pl. -aux*) 1. *adj.* End...; ♀ gipfelständig; 2. *m inform.* Datengerät *n*; **~er** [~'ne] *v/t.* (1a) begrenzen; beendigen; aufessen, austrinken; *se* ~ zu Ende gehen; *gr. se* ~ *en* enden (*od.* ausgehen) auf (*acc.*).

terminologie [tɛrminɔlɔ'ʒi] *f* Terminologie *f*; **~ique** [~'ʒik] *adj.* terminologisch.

terminus 🚋, Straßenbahn, Bus [tɛrmi'nys] *m* Endstation *f*.

ternaire [tɛr'nɛːr] *adj.* ternär; aus drei Einheiten bestehend; *nombre m* ~ durch drei teilbare Zahl *f*.

terne¹ [tɛrn] *adj.* matt, trüb(e), glanzlos.

terne² [tɛrn] *m* Lotterie: Dreitreffer *m*; *Würfelspiel:* Dreierpasch *m*.

tern|ir [tɛr'niːr] *v/t.* (2a) matt, trüb(e), glanzlos machen; *fig. j-s Ruf* schmälern; **~issure** [~ni'syːr] *f* Trübung *f*.

terrage 🌿 [tɛ'raːʒ] *m* Behäufeln *n*.

terrain [tɛ'rɛ̃] 1. *m* Gelände *n*, Terrain *n*; Land *n*, Grundstück *n*; *Sport:* Spielfeld *n*, Platz *m*; ⚔, *géol.* Erd-boden *m*, -reich *n*; Gebirgsart *f*; *peint.* Bodenpartie *f*; ~ *à bâtir* Baugelände *n*; ~ *vague* ungenutztes Grundstück *n*; 2. *adj. Fahrzeug:* *tout* ~ geländegängig.

terrass|e [tɛ'ras] *f* Terrasse *f*; *géol.* Erdstufe *f*; △ Flachdach *n*; **~ement** [~s'mã] *m* Erdarbeiten *f/pl.*; (Erd-)Aufschüttung *f* (*a.* 🚋); **~er** [~'se] *v/t.* (1a) zu Boden schlagen, niederstrecken; **~ier** [~'sje] *m* Erd-, Tiefbau-, Bahn-arbeiter *m*.

terrazzo △ [tɛrad'dzo] *m* Terrazzo *m*.

terre [tɛːr] *f* Erde *f*; *géol.* Ton *m*; 🌿

Erdboden *m*; Feld *n*, Land *n*; *fig.* Welt *f*; *la planète* ♀ der Planet Erde; 🌿 ~ *arable*, ~ *labourable* Ackerboden *m*; ~ *franche*, ~ *végétale* Mutterboden *m*; ~ *en friche*, ~ *en jachère* Brachland *n*; ~ *pourrie* Modererde *f*; ~ *cuite* Terrakotta *f*; ~ *ferme* Festland *n*; *armée f de* ~ Landstreitkräfte *f/pl.*, Heer *n*; ⚓, 🚢 *prendre* ~ landen; *tomber à* ~ auf die Erde (herunter)fallen; *tomber par* ~ lang hinfallen; 🚢 *toucher* ~ den Erdboden berühren; *de* ~ aus Ton, irden, tönern; ⚡ *conducteur m de* ~ Erdleitung *f*; *F fig. tout est par* ~ alles ist im Eimer.

terre-à-terre [tɛra'tɛːr] *adj.* (*inv.*) alltäglich; Alltags...

terreau [tɛ'ro] *m* (*pl. ~x*) Garten-, Kompost-erde *f*; **~ter** [~'te] *v/t.* (1a) mit Komposterde bestreuen.

terre|-neuvas [tɛrnœ'va] *m* (*inv.*) Neufundlandfahrer *m*; **~-neuve** *zo.* [~'nœːv] *m* (*inv.*) Neufundländer *m*.

terre-plein [tɛr'plɛ̃] *m* (*pl. ~s*) △ gemauerter Erdwall *m*, Hinterfüllung *f*; 🚋 Bahnkörper *m*; *Straße:* Leitinsel *f*, (Längs-)Teiler *m*; terrassenartiger Parkplatz *m*; *frt.* Wallgang *m*.

terrer [tɛ're] *v/t.* (1b) 🌿 *usw.* mit Erde bewerfen; häufeln; *se* ~ *Tiere:* sich in die Erde einwühlen; ⚔ *mil.* sich eingraben; *allg.* sich verkriechen.

terrestre [tɛ'rɛstrə] *adj.* Erd...; Land...; *fig.* irdisch, weltlich; *zo.*, ♀ auf der Erde lebend *bzw.* wachsend.

terreur [tɛ'rœːr] *f* Schrecken *m*; Terror *m*; *Fr. hist. la* ♀ die Schreckensherrschaft.

terreux, -se [tɛ'rø, ~'røːz] *adj.* erdig; mit Erde beschmutzt; erd-farbig, -fahl.

terri [tɛ'ri] *m s. terril.*

terrible [tɛ'riblə] *adj.* furchtbar; *fig.* fürchterlich; F phantastisch.

terrien, -ne [tɛ'rjɛ̃, ~'rjɛn] 1. *adj.:* *propriétaire m* ~ Guts-, Grund-besitzer *m*; *station f de télécommunication* ~*ne* Erdefunkstelle *f*; 2. ♀(*ne*) *su.* Erdbewohner(in *f*) *m*.

terrier *zo.* [tɛ'rje] *m* 1. Bau *m* *e-s Tieres*; 2. Terrier *m*.

terrifier [tɛri'fje] *v/t.* (1a) in Schrecken setzen; *fig.* einschüchtern.

terril ⚒ [tɛ'ri(l)] *m* (Abraum-)Halde *f*.

terrine [tɛ'rin] *f* Terrine *f*, tiefe

Schüssel f; cuis. Schüsselgericht n.

territoire [tɛri'twaːr] m (Hoheits-) Gebiet n; Territorium n; zo. Revier n.

territorial, -e [tɛritɔ'rjal] adj. (m/pl. -aux) territorial, Land...; armée f ~e (od. ~e f) Landsturm m; **~ité** [~li'te] f Territorialität f; Zugehörigkeit f zu e-m Staatsgebiet; Beschränkung f e-s Gesetzes auf ein Gebiet.

terroir [tɛ'rwaːr] m (Acker-)Boden m; sentir le ~ s-e Herkunft nicht verleugnen können (bsd. v. Wein); F fig. il sent son ~ man merkt ihm seine Heimat an; poète m du ~ Heimatdichter m.

terror|iser [tɛrɔri'ze] v/t. (1a) terrorisieren; **~isme** [~'rism] m Terrorismus m; **~iste** [~'rist] **1.** adj. terroristisch; Terror...; **2.** su. Terrorist(in f) m.

terser [tɛr'se] v/t. (1a) s. tiercer.

tertiaire [tɛr'sjɛːr] adj. drittrangig; géol. tertiär; éc. secteur m ~ Dienstleistungswirtschaft f.

tertio [tɛr'sjo] adv. drittens.

tertre [ˈtɛrtrə] m Anhöhe f; Erdhügel m.

tes [te] s. ton[1].

tessellé, -e △ [tɛsɛ'le] adj. Fußboden: schachbrettförmig belegt.

tessiture ♩ [tɛsi'tyːr] f Stimmlage f.

tesson [tɛ'sɔ̃] m Scherbe f.

test[1] [tɛst] m Test m; Prüfung f.

test[2] zo. [tɛst] m Schale f, Gehäuse n; **~acés** zo. [~ta'se] m/pl. Schaltiere n/pl.

testament [tɛsta'mɑ̃] m Testament n; **~aire** [~'tɛːr] adj. Testaments... (m/pl. -aux) Zeugen...

test|ateur, -rice [tɛsta'tœːr, ~'tris] su. Erblasser(in f) m; **~er[1]** [~'te] v/i. (1a) sein Testament machen.

tester[2] [tɛs'te] v/t. (1a) testen, prüfen.

testicule anat. [tɛsti'kyl] m Hoden m.

testimonial, -e [tɛstimɔ'njal] adj. (m/pl. -aux) Zeugen...

testomanie écol. [tɛstɔma'ni] f Testsucht f.

têt ⚗ [tɛ] m Probiergefäß n.

tétanos [teta'nɔs] m Wundstarrkrampf m.

têtard zo. [tɛ'taːr] m Kaulquappe f.

tête [tɛt] f Kopf m; fig. Verstand m; Stück n Vieh; Bildseite f e-r Münze; oberster Teil m von etw.; ♀ Gipfel m; ~ à la garçonne Bubikopf m (Frisur); 🚂 ~ de ligne Ausgangsbahnhof m; ~

de page Pagenkopf m; homme m de ~ kluger, entschlossener Mensch m; agir ~ baissée tollkühn, blindlings handeln; avoir la ~ chaude (froide) hitzig, leicht zornig sein (kaltblütig sein); à la ~ de ... an der Spitze ... (gén.); casser la ~ Dickkopf m; faire la ~ schmollen; en faire une ~ ein schiefes Gesicht machen; F idée f de derrière la ~ Hintergedanke m; tenir ~ die Stirn bieten; piquer une ~ e-n Kopfsprung ins Wasser machen; prendre la ~ de ... die Führung ... (gén.) übernehmen; ~ à ~ unter vier Augen; calculer de ~ im Kopf rechnen; at. ~ atomique Atomsprengkopf m; ~ de lecture Tonkopf m (Tonband).

tête-à-queue Auto [tɛta'kø] m (inv.) Drehung f um die eigene Achse.

tête-à-tête [tɛta'tɛt] m (inv.) Zwiegespräch n; kleines Sofa n; Tee-, Kaffee-service n für zwei Personen.

tête-bêche [tɛt'bɛʃ] adv.: coucher ~ Kopf bei Fuß liegen.

téter [te'te] v/t. u. v/i. (1f) saugen.

têtière [tɛ'tjɛːr] f Sesselschoner m.

tétin plais. [te'tɛ̃] m Brustwarze f; **~e** [~'tin] f **1.** zo. Zitze f, Euter n; **2.** Schnuller m, Nuckel m.

téton F [te'tɔ̃] m weibliche Brust f.

tétra... ▥ [tetra] in Zssgn: vier...

tétrabasique ♞ [tetraba'zik] adj. vierbasisch.

tétraèdre ♶ [tetra'ɛːdrə] **1.** adj. vierflächig; **2.** m Tetraeder n, Vierflächner m.

tétraphonie rad. [tetrafɔ'ni] f Quadrophonie f.

tétras orn. [te'tra] m Waldhuhn n; grand ~ Auerhahn m; petit ~ Birkhahn m.

tette zo. [tɛt] f Zitze f.

têtu, -e [tɛ'ty] **1.** adj. dickköpfig; **2.** su. Dickkopf m.

teuf-teuf F [tœf'tœf] m (inv.) Oldtimer m (Auto).

teutonique [tøtɔ'nik] adj. altdeutsch; hist. l'ordre m ~ der Deutsche Ritterorden.

texan, -e [tɛk'sɑ̃, ~'ksan] **1.** adj. texanisch; **2.** ♀(e) su. Texaner(in f) m.

texte [tɛkst] m Text m, Wortlaut m.

textile [tɛks'til] **1.** adj. Textil...; **2.** m Textilindustrie f; **~s** pl. Textilien pl.; * Gegner m/pl. der Freikörperkultur.

textologie [tɛkstɔlɔ'ʒi] f Textkritik f.

textuel, -le [tɛks'tɥɛl] adj. wörtlich.

texture [tɛks'ty:r] *f* Struktur *f der Haut*; *géol.* Textur *f*; *litt.* Anordnung *f*.

thaïlandais, -e [tailɑ̃'dɛ, ~'dɛ:z] **1.** *adj.* thailändisch; **2.** ♀(e) *su.* Thailänder(in *f*) *m*.

thalweg [tal'vɛg] *m* s. *talweg*.

thaumaturg|e [toma'tyrʒ] **1.** *adj.* wundertätig; **2.** *su.* Wundertäter(in *f*) *m*; **~ie** [~'ʒi] *f* Wundertätigkeit *f*.

thé [te] *m* Tee *m*; **~ dansant** Tanztee *m*; *salon m de* **~** Café *n*.

théâtr|al, -e [tea'tral] *adj.* (*m/pl. -aux*) dramatisch, bühnenmäßig; *fig.* theatralisch, gespreizt; **~e** [~'a:tr] *m* Theater *n*; Bühne *f*; Schauspielkunst *f*; Schauplatz *m*; dramatische Literatur *f*; **~ en plein air** Freilichtbühne *f*.

théba|ïde [teba'id] *f* abgeschiedene, ruhige Gegend *f*; **~ïque** [~'ik] *adj.* Opium...; **~ïsme** [~'ism] *m* Opiumvergiftung *f*.

théière [te'jɛ:r] *f* Teekanne *f*.

thématique [tema'tik] **1.** *adj. gr.*, *♪* thematisch; **2.** *f* Thematik *f*.

thème [tɛm] *m* Thema *n* (*a. ♪*); *litt.* Stoff *m*; *Kunst:* Sujet *n*; *écol.* Übersetzung *f* in die Fremdsprache, Hinübersetzung *f*; **~ d'entraînement** Übersetzungsübung *f*.

théocratie [teokra'si] *f* Theokratie *f*.

théodolite *arp.*, *ast.* [teɔdɔ'lit] *m* Theodolit *m*.

théolog|ie [teɔlɔ'ʒi] *f* Theologie *f*; **~ien** [~'ʒjɛ̃] *m* Theologe *m*; **~ique** [~'ʒik] *adj.* theologisch.

théor|ème *♀*, *phil.* [teɔ'rɛm] *m* Theorem *n*, Lehrsatz *m*; **~icien, -ne** [~ri'sjɛ̃, ~'sjɛn] *su.* Theoretiker(in *f*) *m*; **~ie** [~'ri] *f* Theorie *f*; Lehre *f*; Lehrgebäude *n*; *fig. st.s.* (lange) Reihe *f*; *♀* **~ des ensembles** Mengenlehre *f*; **~ique** [~'rik] *adj.* theoretisch; **~iser** [~ri'ze] *v/t.* (1a) e-e Theorie aufstellen (*qch. für etw.*); *abs.* theoretisieren.

thérap|eute [tera'pøt] *su.* Therapeut(in *f*) *m*; **~eutique** [~'tik] **1.** *adj.* therapeutisch; Heil...; **2.** *f* Therapie *f*; **~ de choc** Schocktherapie *f*; **~ie** *♂*, *bsd. psych.* [~'pi] *f* Therapie *f*; **~ de groupe** Gruppentherapie *f*.

therm|al, -e [tɛr'mal] *adj.* (*m/pl. -aux*) Warmbad..., Thermal...; **~alisme** [~'lism] *m* Kurbetrieb *m*; **~es** [tɛrm] *m/pl.* Kurhaus *n*; **~ique** [~'mik] **1.** *adj.* thermisch; **2.** *f* Wärmelehre *f*.

thermo|copie [tɛrmɔkɔ'pi] *f* Ablichtung *f*; **~copieur** ⊕ [~kɔ'pjœ:r] *m* Ablichtungsgerät *n*; **~dynamique** [~dina'mik] *f* Wärmemechanik *f*; **~électrique** *phys.* [~elɛk'trik] *adj.* thermoelektrisch; **~gène** [~'ʒɛn] *adj.* wärmeerzeugend; **~graphe** [~'graf] *m* Thermograph *m*, Temperaturschreiber *m*; **~mètre** [~'mɛːtr] *m* Thermometer *n*; **~nucléaire** *phys.* [~nykle'ɛːr] *adj.* thermonuklear; **~plongeur** [~plɔ̃'ʒœ:r] *m* Tauchsieder *m*; **~pompe** ⊕ [~'pɔ̃:p] *f* Wärmepumpe *f*.

thermos [tɛr'mɔs] *m od. f* Thermosflasche *f*.

thermo|siphon [tɛrmɔsi'fɔ̃] *m* Warmwasserheizung *f*; **~soudable** ⊕ [~su'dablə] *adj.* Oberflächenveredelung: heißsiegelfähig; **~stable** [~'stablə] *adj.* hitzebeständig; **~stat** ⊕, *Auto*, *✈* [~'sta] *m* Thermostat *m*.

thésauriser [tezori'ze] *v/t. u. v/i.* (1a) sammeln, horten.

thèse [tɛ:z] *f* These *f*; Behauptung *f*; *univ.* Dissertation *f*, Doktorarbeit *f*.

thon *ich.* [tɔ̃] *m* Thunfisch *m*.

thor|acique *anat.* [tɔra'sik] *adj.* Brust...; **~ax** [~'raks] *m anat.* Brust(-korb *m*) *f*; *ent.* Bruststück *n der Insekten*.

thrombose *♂* [trɔ̃'bo:z] *f* Thrombose *f*.

thym *♀* [tɛ̃] *m* Thymian *m*.

tiare [tja:r] *f* Tiara *f*.

tibétain, -e [tibe'tɛ̃, ~'tɛn] **1.** *adj.* tibetisch, tibetanisch; **2.** *♀*(e) *su.* Tibeter(in *f*) *m*, Tibetaner(in *f*) *m*.

tibia *anat.* [ti'bja] *m* Schienbein *n*.

tic *♂* [tik] *m* *♀* (Gesichts-)Zucken *n*; Tick *m* (*a. fig.*); *fig.* Manie *f*, schlechte (*od. komische*) Angewohnheit *f*.

ticket [ti'kɛ] *m* Fahr-karte *f*, -schein *m*; Eintrittskarte *f*; *🚋* Platzkarte *f*; Marke *f*, Abschnitt *m* *e-r Lebensmittelkarte*; **~ de vestiaire** Garderobenmarke *f*, -nummer *f*; *🚋* **~ de quai** Bahnsteigkarte *f*.

tic-tac [tik'tak] *m* (*inv.*) Ticken *n*.

tictaquer [tikta'ke] *v/i.* (1m) ticken.

tiède [tjɛd] *adj.* lauwarm; lau (*a. pol.*).

tléd|eur [tje'dœ:r] *f* laue Wärme *f*; *fig.* Lauheit *f*; **~ir** [~'di:r] (2a) *v/i.* lau(warm) werden; *v/t.* erwärmen.

tien, -ne [tjɛ̃, tjɛn] **1.** *pr/poss.:* le **~**, la **~ne** der, die, das dein(ig)e, deine(r, -s); *litt.* il est **~** es gehört dir; **2.** *m:* le

tirailler

~ das Dein(ig)e, dein Eigentum *n*; le ~ et le mien das Mein und (das) Dein; les ~s *pl.* die Dein(ig)en *pl.*, deine Angehörigen *pl.*

tierce [tjɛrs] **1.** *f ♪, esc., cath.* Terz *f*; *typ.* letzte Korrektur *f*; * Bande *f*, Clique *f*; **2.** *adj./s* tiers.

tiercé *hipp.* [tjɛr'se] *m* großer Einlauf *m*, Dreierwette *f*.

tiercer *♂* [tjɛr'se] *v/t.* (1k) Feld zum drittenmal (um)pflügen.

tiers, tierce [tjɛːr, tjɛrs] **1.** *adj.* dritte(r, -s); *hist.* le ~ État der dritte Stand; *♣ fièvre f tierce* Tertianafieber *n*; *pol., éc.* le ~ monde die dritte Welt; *pays m* ~ Drittland *n*; **2.** *m bsd.* ⚹ Dritte(r) *m* (*der nicht Partei ist*); *♣* Drittel *n*.

tiers-point [tjɛr'pwɛ̃] *m* (*pl.* ~s) ⊕ Dreikantfeile *f*; *♣* arc *m* en ~ Spitzbogen *m*.

tif(fe)s * [tif] *m/pl.* Haar(e *n/pl.*) *n*.

tifosi F *Sport* [tifo'zi] *m/pl.* Sportfans *m/pl.*

tige [tiːʒ] *f ♀* Stengel *m*, Stiel *m*; (Baum-)Stamm *m*, *fig.* Stammvater *m*; Abstammung *f*; Schaft *m* (*des Stiefels, e-s Schlüssels*); ⊕ Stange *f*, Stift *m*, Bolzen *m*; * Glimmstengel *m* F, Zigarette *f*, Stäbchen *n* F; ⊕ ~ de piston Kolbenstange *f*.

tignasse F *péj.* [ti'ɲas] *f* Mähne *f* (*fig.*).

tigr|e *zo.* ['tiːgrə] *m* Tiger *m*; **~é, -e** [ti'gre] *adj.* getigert; **~esse** *zo.* [~'grɛs] *f* Tigerin *f*.

tilde *ling.* [tild] *m* Tilde *f*.

tilleul [ti'jœl] *m ♀* Linde *f*; Lindenblütentee *m*.

timbal|e [tɛ̃'bal] *f ♪* (Kessel-)Pauke *f*; *fig.* Becher *m*; *cuis.* Art Auflauf *m* (*Fleisch, Makkaroni od. Krebse in e-r Teighülle*); F *décrocher la* ~ den Vogel abschießen; **~ier** ♪ [~'lje] *m* Paukenschläger *m*, Pauker *m*.

timbr|age [tɛ̃'braːʒ] *m* (Ab-)Stempeln *n*; *postal* Poststempelung *f*; **~e** ['tɛ̃ːbrə] *m* Glocke *f* (*e-s Weckers, e-r Klingelanlage*); Schlagwerk *n* (*e-r Uhr*); Klingel *f* (*e-s Fahrrads*; *♪* Klang *m*; *♫ usw.* Stempel *m*; Briefmarke *f*; *collection f de* ~s Briefmarkensammlung *f*; *fig. avoir le* ~ *fêlé* e-n Vogel haben, nicht richtig im Kopf (F im Oberstübchen) sein; **~é, -e** [tɛ̃'bre] *adj.* **1.** *♪ bien* ~ klangvoll; **2.** F *fig.* übergeschnappt; **3.** *papier m* ~ Stempelpapier *n*.

timbre|-poste [tɛ̃brə'pɔst] *m* (*pl.* tim-

bres-poste) Briefmarke *f*; **~-quittance** [~ki'tãːs] *m* (*pl.* timbres-quittances) Quittungsmarke *f*.

timbr|er [tɛ̃'bre] *v/t.* (1a) abstempeln; **~ologie** [~brɔlɔ'ʒi] *f* Briefmarkenkunde *f*.

timid|e [ti'mid] *adj.* schüchtern; **~ité** [~di'te] *f* Schüchternheit *f*.

timocratie *pol.* [timɔkra'si] *f* Timokratie *f*.

timon [ti'mɔ̃] *m* Deichsel *f*; Ruderpinne *f*; *fig.* Staatsruder *n*; Steuer *n*; **~erie** [~mɔn'ri] *f* ⚓ Steuermannsstand *m*; Steuerraum *m*; *Auto:* Lenk- und Brems-gestänge *n*; **~ier** ⚓ [~'nje] *m* Steuermann *m*.

timoré, -e [timɔ're] *adj.* ängstlich; eingeschüchtert.

tinctorial, -e [tɛ̃ktɔ'rjal] *adj.* (*m/pl. -aux*) Färbe...; Farb...

tinette F [ti'nɛt] *f* Lokus *m* P.

tint|amarre [tɛ̃ta'maːr] *m* Krach *m*, Heidenlärm *m*; **~ement** [~t'mã] *m* Anschlagen *n* (*e-r Glocke*); (Nach-) Klingen *n*; Gebimmel *n*; *♣* ~ d'oreilles Ohren-sausen *n*, -klingen *n*; **~er** [~'te] (1a) *v/i.* läuten; klingen; *les oreilles me tintent* ich habe Ohrensausen; *v/t.:* ~ *la cloche* (*la messe*) die Glocke (zur Messe) läuten.

tintin [tɛ̃'tɛ̃] *int.:* ~! gar nichts!; aus der Traum!

tintouin [tɛ̃'twɛ̃] *m* **1.** F Kopfzerbrechen *n*; **2.** P Lärm *m*.

tique *ent.* [tik] *f* Zecke *f*.

tiqu|é, -e F [ti'ke] *adj.*: *il est* ~ *là* er hat Lunte gerochen; **~er** [~] *v/i.* (1m) mißmutig (*od.* verstimmt) werden; *ne pas* ~ sich nichts anmerken lassen.

tir [tiːr] *m* Schießen *n*; Beschuß *m*; Schuß *m*; Schießbude *f*; ~ *de barrage* Sperrfeuer *n*; ~ *d'essai* Probeschießen *n*; ~ *sportif* Schießsport *m*; *préau m de* ~ Schießhalle *f*; *régler son* ~ sich einschießen.

tirade [ti'rad] *f thé.* längerer Monolog *m*; *péj.* Redeschwall *m*.

tirage [ti'raːʒ] *m* Ziehen *n* (*der Zugtiere usw.*); *Lotterie:* Ziehung *f*; Zug *m* (*e-s Kamins*; Abziehen *n* (*des Weins*; Strecken *n* (*des Metalls*; *phot.* Abzug *m*; *typ.* Druck *m*, Auflage *f*; * Schwierigkeiten *f/pl.*

tirail|lement [tiraj'mã] *m* (Hin- und Her-)Zerren *n*; *fig., a. pol.* ~s *pl.* Reibereien *f/pl.*, Tauziehen *n*, Hickhack *m od.* *n*; Gerangel *n*; *♣* ~ *d'estomac* Magenkrampf *m*; **~er**

[~¹je] (1a) v/t. hin- und her-ziehen, -zerren; quälen; v/i. ⚡ immer wieder ein paar Schüsse abgeben; ~erie [~¹ri] f Schießerei f; ⚡ Geplänkel n; ~eur ⚡ [~¹jœ:r] m Einzelschütze m.

tirant [ti¹rɑ̃] m: ⚓ ~ d'eau Tiefgang m.

tire* [ti:r] f Taxe f; Auto n.

tiré, -e [ti¹re] **1.** adj. ausgemergelt; fig. ~ par les cheveux an den Haaren herbeigezogen; **2.** m ✝ Bezogene(r) m, Trassat m; ch. Jagd f (nur mit dem Gewehr); Jagdrevier n.

tire-au-flanc [tiro¹flɑ̃] m (inv.) Drückeberger m (a. ⚡); ~-bagages [~ba¹ga:ʒ] m (inv.) fahrbare Koffertrage f, Kofferroller m zum Ziehen; ~-botte [~¹bɔt] m (pl. ~s) Stiefelknecht m; ~-bouchon [~bu¹ʃɔ̃] m (pl. ~s) Korkenzieher m; ~-braise [~¹brɛ:z] m (inv.) Ofenhaken m; Art Schüreisen n; ~-d'aile [~¹dɛl] advt.: voler à ~ pfeilschnell fliegen; ~-larigot F [~lari¹go] advt.: à ~ zur Genüge, reichlich; boire à ~ wie ein Loch saufen P; ~-ligne [~¹liɲ] m (pl. ~s) Reißfeder f.

tirelire [tir¹li:r] f Sparbüchse f.

tire-lire [tir¹li:r] m (inv.) Trillern n der Lerche.

tirer [ti¹re] (1a) v/t. ziehen; reißen; zerren; hervorziehen; Wein abzapfen; typ. drucken; phot. abziehen; fig. kein Wort aus j-m herausbringen; erlangen; (ab-, ver-)schießen, abfeuern; die Karten legen; a. ling. herleiten; ~ (de) l'eau Wasser schöpfen; ~ à balle (à blanc) scharf (blind) schießen; ~ au sort (aus)losen; ✝ ~ sur q. Wechsel auf j-n ausstellen; ~ la langue die Zunge herausstrecken; v/i. ziehen (a. Ofen, Zigarre); 💉 Haut: gespannt sein; Menschen, Vögel, allg. ziehen, sich wenden, gehen; schießen, feuern; losgehen; typ. ~ à cinq mille exemplaires in fünftausend Exemplaren herauskommen; ~ sur le rouge ins Rote spielen; F ~ au flanc, ~ au cul sich vor der Arbeit drücken; P se ~ weg-, ver-gehen; ✝ ~ se tire das Jahr geht zu Ende; s'en ~ sich wieder hochrappeln; über die Runden kommen.

tir|et [ti¹rɛ] m Gedanken-, Trennungs-strich m; ~ette [~¹rɛt] f Ausziehplatte f; ~eur [~¹rœ:r] m Schütze m; ✝ Wechselaussteller m, Trassant m; ~euse [~¹røz] f **1.** ~ de cartes Kartenlegerin f; **2.** ⊕ Kopier-, Ab-

tire-veine chir. [tir¹vɛn] m Venenentferner m, Stripper m.

tiroir [ti¹rwa:r] m Schublade f; thé. pièce f à ~s (Theater-)Stück n mit eingeschobenen Szenen, Schubladenstück n.

tisane [ti¹zan] f Kräutertee m.

tison [ti¹zɔ̃] m glimmendes Holzstück n; ~né, -e [~zɔ¹ne] adj. Pferd: schwarzgefleckt; ~ner [~] v/t. (1a) Feuer schüren; ~nier [~¹nje] m Schürhaken m.

tiss|age [ti¹sa:ʒ] m Weben n; Webart f; Weberei f (Fabrik); ~er [~¹se] v/t. (1a) weben; fig. ~ une toile d'araignée jusque ... s-e Fäden bis ... spinnen; ~erand, -e [~¹srɑ̃, ~¹rɑ̃:d] su. Weber(in f) m; ~erin orn. [~¹srɛ̃] m Webervogel m; ~eur, -se [~¹sœ:r, ~¹sø:z] su. Weber(in f) m in der Fabrik.

tissu, -e [ti¹sy] **1.** adj. gewebt; fig. gesponnen, angezettelt; **2.** m Gewebe n (a. fig.); Stoff m; fig. péj. Reihe f, Kette f.

titan myth. [ti¹tɑ̃] m Titan m; ~esque [~ta¹nɛsk] adj. gewaltig, gigantisch.

titi [ti¹ti] m Pariser Straßenjunge m.

titiller [titi¹je] v/t. u. v/i. (1a) kitzeln.

titiste pol. [ti¹tist] adj. titoistisch.

titrage ⚗ [ti¹tra:ʒ] m Maßanalyse f.

titre [¹titr] m (Buch-, Ehren-)Titel m; Überschrift f e-s Kapitels; Bezeichnung f; Diplom n, Bestallung f; Urkunde f, Beweisstück n; Wertpapier n, Stück n; Rechtsanspruch m; Feingehalt m des Goldes usw.; ✝ ~ minier m Kux m; professeur m en ordentlicher Professor m; à divers ~s aus verschiedenen Gründen; à ~ exceptionnel ausnahmsweise; à ~ gracieux unentgeltlich; à juste ~ mit vollem Recht; à plus d'un ~ in mehrfacher Hinsicht; à ~ de in der Eigenschaft als; à ~ d'essai versuchsweise; à ~ d'information zur Kenntnisnahme; à ~ d'office von Amts wegen; cette visite se fait au ~ des échanges culturels dieser Besuch erfolgt im Rahmen des Kulturaustausches; ✝ vous en avez payé la moitié à ~ d'a-compte Sie haben die Hälfte angezahlt.

titrer [ti¹tre] v/t. (1a) **1.** ~ q. j-n adeln; **2.** ⚗ titrieren, enthalten; titré à ... mit soundso viel Feingehalt; la bière allemande titre au minimum 12% de deutsche Bier enthält mindestens 12%.

tituber [tity'be] *v/i.* (1a) taumeln, schwanken.

titulaire [tity'lɛːr] **1.** *adj. professeur m* ~ a) *univ.* ordentlicher Professor *m*; b) *écol.* ins Beamtenverhältnis übernommener Lehrer *m*; **2.** *m* Inhaber *m e-s Amtes, e-s Dokuments; Sport:* Titel-halter *m*, -verteidiger *m*; ~ *d'un brevet* Patentinhaber *m*; ~ *d'un compte de chèques postaux* Inhaber *m* e-s Postscheckkontos; ~ *d'un permis* Inhaber *m* e-s Führerscheins; ~ *du prix Nobel* Nobelpreisträger *m*.

titularis|ation [titylariza'sjɔ̃] *f* feste Anstellung *f*; Übernahme *f* ins Beamtenverhältnis; Verbeamtung *f*; **~er** [~'ze] *v/t.* (1a) fest anstellen; ins Beamtenverhältnis übernehmen, verbeamten.

toast [tost] *m* **1.** Toast *m*, Trinkspruch *m*; *porter un* ~ e-n Toast ausbringen; **2.** *cuis.* Toast *m*, Röstbrot *n*; **~er** [~'te] (1a) **1.** *v/i.* e-n Toast (*od.* Trinksprüche) ausbringen; **2.** *v/t. cuis.* toasten; **~eur** *cuis.* [~'tœːr] *m* Toaster *m*.

toboggan [tɔbɔ'gã] *m* Rodelschlitten *m*; Gleit-, Rutsch-bahn *f*; Straßenverkehr: kreuzungsfreie Überführung *f*; ⊕ Rutsche *f*.

toc [tɔk] **1.** *int.:* ~*!* poch!; tapp!; **2.** *m* ⊕ Drehherz *n*; F Talmi *n*, Kitsch *m* (*v. Möbeln, Schmuck*); schlechtes Material *n*, Tinnef *m* F.

tocante F [tɔ'kãt] *f* Taschenuhr *f*.

tocsin [tɔk'sɛ̃] *m* Sturmglocke *f*.

tohu-bohu [tɔybɔ'y] *m* (*inv.*) Wirrwarr *m*.

toi [twa] *pr/p.* du; dich (*acc.*); *à* ~ dir (*dat.*).

toile [twal] *f text.* Leinwand *f*, Leinen *n*; (Lein-)Tuch *n*; ⊕ Geflecht *n*; *peint.* (Öl-)Gemälde *n*; *thé.* ~ *de fond* Hintergrund *m*; ~*s pl. ch.* Garn *n*; ⚓ Segel *n/pl.*, Segelwerk *n*; ~ *à voiles* Segeltuch *n*; ~ *cirée* Wachstuch *n*; ~ *de coton* Kattun *m*; ~ *d'amiante* Asbestgewebe *n*; ~ *d'araignée* Spinn(en)gewebe *n*; ~ *métallique* Drahtgeflecht *n*; Fliegengitter *n*.

toilett|age [twalɛ'taːʒ] *m* Hunde-, Katzen-, Auto-pflege *f*; **~e** [~'lɛt] *f* Wasch-, Frisier-tisch *m*; Damenkleidung *f*, Toilette *f*, Aufmachung *f*; *bsd.* Damenkleid *n*; *cabinet m de* ~ Waschraum *m*; *les* ~*s pl.* das WC, die Toilette, der Abort; *faire sa* ~ Toilette machen, sich fertigmachen, sich anziehen.

tois|e [twaːz] *f* Meßgerät *n* (*für Körperlänge*); **~er** [twa'ze] *v/t.* (1a): ~ *q.* j-s Körpergröße messen; *fig. péj.* j-n mit Blicken mustern; **~on** [~'zɔ̃] *f* Vlies *n*; (Haar-)Tolle *f*; *il a une* ~ *sur la poitrine* er hat e-e behaarte Brust.

toit [twa] *m* Dach *n* e-s *Gebäudes, e-s Fahrzeugs; fig.* Haus *n*, Wohnung *f*; *Auto:* ~ *ouvrant* Schiebedach *n*; **~ure** [~'tyːr] *f* Bedachung *f*, Dach *n*.

tôle [toːl] *f* Blech *n*; P Kittchen *n*; ~ *ondulée* Wellblech *n*; P *mettre en* ~ ins Kittchen stecken.

tolér|able [tɔle'rablə] *adj.* erträglich; **~ance** [~'rãːs] *f* Toleranz *f*, Duldung *f*, Nachsicht *f*; Duldsamkeit *f*; ⊕ Toleranz *f*, Spielraum *m*, Spiel *n*; **~ant, -e** [~'rã, ~'rãːt] *adj.* tolerant, duldsam; **~er** [~'re] *v/t.* (1f) dulden, ertragen, zulassen.

tôlerie [tol'ri] *f* Blechwaren *f/pl.*

tolet ⚓ [tɔ'lɛ] *m* (Ruder-)Dolle *f*.

tollé [tɔl'le] *m* Zetergeschrei *n*.

tomate ♀ [tɔ'mat] *f* Tomate *f*.

tombac [tɔ̃'bak] *m* Tombak *m*; ~ *blanc* Neusilber *m*.

tombal, -e [tɔ̃'bal] *adj.* (*pl.* ~s) Grab...

tombant, -e [tɔ̃'bã, ~'bãːt] **1.** *adj.* fallend, sinkend; *Haar:* herabhängend; ~ *en ruines Haus:* baufällig; *à la nuit* ~*e* bei Einbruch der Nacht; **2.** *m géol.* steile Unterwasserfelsenküste *f*.

tomb|e [tɔ̃ːb] *f* Grabstein *m*; Grab *n*, Gruft *f*; **~eau** [tɔ̃'bo] *m* (*pl.* ~*x*) Grab *n*; Grabmal *n*, Grabhügel *m*; *fig. rouler à* ~ *ouvert* mit e-r irrsinnigen Geschwindigkeit fahren, F rasen.

tombée [tɔ̃'be] *f* Einbruch *m* der Nacht; (Schnee-, Regen-)Fall *m*; *dès la* ~ *du soleil* seit Sonnenuntergang.

tombelle *antiq.* [tɔ̃'bɛl] *f* Grabhügel *m*.

tomber [tɔ̃'be] *v/i.* (1a) fallen; hinab-, herunter-fallen; *Haar:* ausfallen, ausgehen; herabhängen; umfallen; abstürzen (*a. im Gebirge*); werden; *in e-e Lage* geraten, kommen, es (*gut usw.*) treffen; *j-m* zufallen; abnehmen; nachlassen; ~ *malade* krank werden; ~ *en panne* e-e Panne haben; F *tu tombes bien* du kommst gerade zur rechten Zeit; *im Spiel:* ça tombe das paßt; ~ *sur q.* auf j-n zufällig stoßen; *a.* über j-n herfallen; ~ *de son haut* sehr überrascht sein; völlig sprachlos sein; ~ *juste* den Nagel auf den Kopf treffen; *la fête tombe le 9 mai* das Fest fällt auf den 9. Mai; *il tombe de la pluie* es regnet; *P qu'est-ce qu'il tombe!* wie es gießt!; ~ *d'accord sur qch.* sich mit j-m über etw. (*acc.*) einigen; ~ *de fatigue* vor Ermüdung zs.-brechen; P ~ *dans les pommes* ohnmächtig werden; *v/t.* P niederstrecken, zu Fall bringen; F ~ *la veste* die Jacke ausziehen; **~eau** [~'bro] *m* (*pl.* ~x) Kippkarren *m*.

tombeur [tɔ̃'bœːr] *m* △ Abbrucharbeiter *m*; F Sieger *m* (*im Ringkampf*); F Frauenheld *m*.

tombola [tɔ̃bɔ'la] *f* Tombola *f*, Verlosung *f*.

tome *litt.* [tɔm] *m* Band *m*.

tomenteux, -se ♀ [tɔmɑ̃'tø, ~'tøːz] *adj.* flaumig.

tommette *Südfr.* △ [tɔ'mɛt] *f* Fußbodenstein *m*.

ton¹ [tɔ̃] (*f:* ta [ta], *vor Vokal u. stummem h* ton; *pl.:* tes [te]) *pr/poss.* dein(e *f*) *m u. n*; *pl.* deine.

ton² [tɔ̃] *m* ♪ Ton *m*; Tonart *f*; Stimmhöhe *f*; Farbton *m*; *fig.* Ton *m*, Stil *m*, Redeweise *f*; Lebensart *f*; *physiol.* Spannkraft *f*; *ne pas être dans le ~* sich nicht zu benehmen wissen.

tonal, -e [tɔ'nal] *adj.* (*m/pl. -aux*) Ton...; **~ité** [~li'te] *f* ♪ Klangfarbe *f*; *téléph.* Ruf-, Frei-zeichen *n*; *Mode:* Tönung *f*; *peint.* dominierender Farbton *m*; *rad. régulateur m de ~* Klangregler *m*.

tond|age [tɔ̃'daːʒ] *m* Scheren *n des Tuchs*; **~aille** [~'daːj] *f* Schafschur *f*; **~eur, -se** [~'dœːr, ~'døːz] *su.* Scherer(in*f*) *m*; **~euse** [~'døːz] *f* ⊕ Scher-, Haarschneide-maschine *f*; ♪ Rasenmäher *m*; **~re** [tɔ̃'drə] *v/t.* (4a) (ab)scheren; ♪ *Hecken* beschneiden; *Wiesen* mähen; *fig.* ~ *q.* j-n zum Mönch machen; *fig.* j-n neppen, aussaugen; **~u, -e** [tɔ̃'dy] **1.** *adj.* geschoren; ♪ *Wiese:* abgemäht; *Hecke:* beschnitten; **2.** *m* Geschorene(r) *m*.

toni|cité *physiol.* [tɔnisi'te] *f* Spannkraft *f*; **~fiant** *phm.* [~'fjɑ̃] *m* Kräftigungsmittel *n*; **~fication** *♪* [~fika-'sjɔ̃] *f* Erhöhung *f* der Spannkraft; **~fier** [~'fje] *v/t.* (1a) Spannkraft verleihen (*q.* j-m); stärken.

tonique¹ *physiol.* [tɔ'nik] **1.** *adj.* tonisch, die Spannkraft erhöhend; **2.** *m* Tonikum *n*.

tonique² [tɔ'nik] **1.** *adj. gr.* accent *m* ~ Tonakzent *m*; **2.** *f gr.* betonter Vokal *m*, betonte Silbe *f*; ♪ Tonika *f*, Grundton *m*.

tonitruant, -e [tɔnitry'ɑ̃, ~'ɑ̃:t] *adj.* donnernd; *voix f* ~ Donnerstimme *f*.

tonn|age ♣ [tɔ'naːʒ] *m* Wasserverdrängung *f*; Ladungsfähigkeit *f*; Tonnage *f*, Tonnengehalt *m*; **~e** [tɔn] *f* Tonne *f* (*Gewicht = 1000 kg*); großes Faß *n*; **~elier** *♪* [~nə'lje] *m* Böttcher *m*, Küfer *m*; **~elle** [~'nɛl] *f* Garten-häuschen *n*, -laube *f*; △ Tonnengewölbe *n*; **~ellerie** ⊕ [~nɛl'ri] *f* Böttcherei *f*.

tonner [tɔ'ne] *v/imp. u. v/i.* (1a) donnern (*a. fig.*).

tonnerre [tɔ'nɛːr] *m* Donner *m*; *fig.* ~ *d'applaudissements* brausender Beifall *m*; F *une fille du* ~ ein tolles Mädchen; *l'auto marche toujours du* (*od. le*) ~ der Wagen läuft immer fabelhaft.

tonsille *anat.* [tɔ̃'sij] *f* Mandel *f*.

tonsur|e *rl* [tɔ̃'syːr] *f* Tonsur *f*; **~er** [~sy're] *v/t.* (1a) mit der Tonsur versehen.

tonte [tɔ̃t] *f* **1.** (Schaf-)Schur *f*; Schurzeit *f*; Schurwolle *f*; **2.** ♪ Grasmähen *n*; Beschneiden *n e-r Hecke.

tonton *enf.* [tɔ̃'tɔ̃] *m* Onkelchen *n*.

tonture [tɔ̃'tyːr] *f* ⊕ Scheren *n*; Schurwolle *f*; ♣ Erhöhung *f des Schiffsdecks an Bug und Heck*, Sprung *m*.

tonus *♪* [tɔ'nys] *m* Tonus *m*, Spannungszustand *m der Muskeln usw.*

topaze *min.* [tɔ'paːz] *f* Topas *m*.

tope! [tɔp] *int.* topp!, abgemacht!

toper [tɔ'pe] *v/i.* (1a) topp sagen.

topique [tɔ'pik] **1.** *adj.* ♪ örtlich wirkend; **2.** *m* örtliches Heilmittel *n*.

topo [tɔ'po] *m* **1.** ♪ Geländeskizze *f*, Entwurf *m*; **2.** *bsd. a. écol.* kurze schriftliche *od.* mündliche Ausarbeitung *f*.

topograph|e [tɔpɔ'graf] *m* Topo-

graph m; **~ie** [~'fi] f Topographie f;
~ique [~'fik] adj. topographisch.

toquade F [tɔ'kad] f Marotte f, Einfall
m, Fimmel m.

toquante F [tɔ'kɑ̃:t] f Taschenuhr f,
péj. Zwiebel f.

toque [tɔk] f Mütze f; Toque f; Barett
n der Richter usw.; **~ de fourrure**
Pelzmütze f.

toqu|é, -e F [tɔ'ke] adj. bekloppt F,
verdreht, übergeschnappt F; **~ de**
verknallt in (acc.); **~er** F [~'e] v/rfl.
(1m): **se ~ de q.** sich in j-n verknallen.

torch|e [tɔrʃ] f (Pech-)Fackel f; Ta-
schenlampe f; peint. Lappen m;
Strohwisch m; Tragwulst m auf dem
Kopf; **~er** [~'ʃe] v/t. (1a) (ab)wi-
schen, putzen; **⚗** mit Lehm und
Stroh mauern; F fig. verpfuschen;
~ère [~'ʃɛ:r] f 1. großer Kandelaber
m; Leuchter m; 2. Feuerschale f; **~is**
⚗ [~'ʃi] m Strohlehm m; **~on** [~'ʃɔ̃] m
Wischlappen m; Geschirrtuch n;
journ. Revolverblatt n; F schriftliche Pfuscharbeit f; F coup m de ~
heftiger Streit m; Säubern n; **~on-**
ner F [~ʃɔ'ne] v/t. (1a) zs.-schmie-
ren, hinpfuschen.

torcol orn. [tɔr'kɔl] m Wendehals m.

tord|age ⊕ [tɔr'da:ʒ] m Drehen n;
Zwirnen n; **~ant, -e** F [~'dɑ̃, ~'dɑ̃:t]
adj. urkomisch; **~boyaux** [~
bwa'jo] m (inv.) Fusel m, Rachen-
putzer m; **~re** [tɔrdrə] v/t. (4a) ab-,
um-, ver-drehen; winden; Wäsche
auswringen; zwirnen; **~ et avaler**
gierig schlingen; **se ~** sich drehen,
sich winden (z. B. vor Schmerz); rire
à se ~ sich halb totlachen, sich biegen
vor Lachen; **~u, -e** [~'dy] 1. p.p. von
tordre; 2. adj. verbogen; krumm;
verzerrt; Fuß: verrenkt; verdreht; F
verrückt; krummbuckelig; besoffen
F.

tore ⚗ [tɔ:r] m Wulst m od. f.

toréador [tɔrea'dɔ:r], **toréro** [tɔre'ro]
m Torero m, Stierkämpfer m.

torgnole P [tɔr'ɲɔl] f saftige Ohrfeige
f; a. Faustschlag m.

tornade [tɔr'nad] f Tornado m.

toron [tɔ'rɔ̃] m Litze f; **⚗** großer
Wulst m.

torp|eur [tɔr'pœ:r] f Erstarrung f,
Betäubung f; **~ide** [~'pid] adj. erstarrt; fig. empfindungslos.

torpill|e [tɔr'pij] f ✖, **⚓** Torpedo m;
Mine f; icht. Zitterrochen m; **~er**
[~'je] v/t. (1a) torpedieren; **~eur** †

[~'jœ:r] m Torpedoboot n.

torré|facteur ⊕ [tɔrefak'tœ:r] m
Röstmaschine f, Röster m; **~ à café**
Kaffeeröstmaschine f; **~faction**
[~fak'sjɔ̃] f Rösten n; **~fier** [~'fje] v/t.
(1a) rösten.

torrent [tɔ'rɑ̃] m Gebirgs-, Sturzbach m; fig. Flut f; Strom m; céder
(résister) au ~ mit dem (gegen den)
Strom schwimmen; **~iel, -le** [~'sjɛl]
adj. Sturzbach...; durch Regenströ-
me verursacht; pluie f **~le** strömender
Regen m, Wolkenbruch m; **~ueux,
-se** litt. [~'tɥø, ~'tɥø:z] adj. brausend, reißend; fig. heftig bewegt.

torride [tɔ'rid] adj. (glühend) heiß;
zone f ~ heiße Zone f.

tors, -e [tɔ:r, tɔrs] 1. adj. gedreht;
gewunden; krumm; 2. m text. Zwir-
nung f; **~ade** [tɔr'sad] f gedrehte
Franse f; **~ader** [~'de] v/t. (1a) ⊕
verdrillen; Mode: bouton m en cuir
torsadé Knopf m aus gedrehtem Leder; **~adeur** [~'dœ:r] m Draht-
bindevorrichtung f (Ballenpresse).

torse [tɔrs] m Torso m; fig. Rumpf m;
se mettre le ~ nu den Oberkörper frei
machen.

torsion [tɔr'sjɔ̃] f Drehen n, Winden
n; Drehung f; Verzerren n des Gesichts.

tort [tɔ:r] m Unrecht n; Schuld f;
Schädigung f, Nachteil m; à ~ mit
(od. zu) Unrecht; à ~ et à travers
unbesonnen, ohne Überlegung;
faire du ~ à q. j-m Schaden zufügen.

torticolis ✖ [tɔrtiko'li] m steifer Hals
m.

tortill|ard [tɔrti'ja:r] 1. adj./m ♀
krumm gewachsen; 2. m F Bum-
melzug m; **~ement** [~ʃ'mɑ̃] m (Zs.-)
Drehen m; Windung f; **~er** [~'je] (1a)
v/t. zs.-drehen, wickeln, drillen; fig.
P verschlingen; Boxen: schnell k.o.
schlagen; v/i. a. fig. sich drehen und
winden; **se ~** sich krümmen; sich
winden; **~on** [~'jɔ̃] m Kopfpolster n
(zum Lastentragen); Wischer m der
Kreidezeichner.

tortionnaire [tɔrsjɔ'nɛ:r] m Folter-
knecht m.

tortis ⊕ [tɔr'ti] m (Seiden-, Woll-,
Flachs-)Strähne f.

tortu, -e [tɔr'ty] adj. schief, krumm;
F fig. verschroben.

tortue zo. [tɔr'ty] f Schildkröte f.

tortueux, -se [tɔr'tɥø, ~'tɥø:z] adj.
gekrümmt, sich schlängelnd; ge-

wunden (*a. fig.*); *fig.* verborgen, unlauter, dunkel.

tortur|e [tɔr'tyːr] *f* Folter *f*; *fig.* Qual *f*; *fig.* ~ **er** [~ty're] *v/t.* (1a) foltern, martern; *fig.* ~ **un texte** e-n Text entstellen.

torve [tɔrv] *adj. Blick:* böse, finster.

tôt [to] *adv.* früh, zeitig; *au plus* ~ a) frühestens; b) = *le plus* ~ *possible* so bald wie möglich, möglichst bald; ~ *ou tard* früher oder später; *pas de si* ~ nicht so bald (*od.* schnell).

total, -e [tɔ'tal] (*m/pl. -aux*) **1.** *adj.* ganz, völlig; total; **2.** *m das* Ganze; Gesamtzahl *f*; Summe *f*; Gesamtbetrag *m*; *au* ~ im ganzen.

total|isateur [tɔtaliza'tœːr] *m* Totalisator *m*; *Auto:* ~ kilométrique (Gesamt-)Kilometerzähler *m*; ~ **isation** [~za'sjɔ̃] *f* Zs.-zählen *n*, -rechnen *n*; ~ **iser** [~'ze] *v/t.* (1a) (insgesamt) erreichen; ~ **itaire** [~'tɛːr] *adj.* totalitär; ~ **itarisme** *pol.* [~ta'rism] *m* Totalitarismus *m*; ~ **ité** [~'te] *f* Gesamtheit *f*.

tôt-fait *påt.* [to'fɛ] *m* (*pl.* ~*s*) Biskuitkuchen *m*.

toton [tɔ'tɔ̃] *m* kleiner Kreisel *m*.

touage ⚓ [twa:ʒ] *m* Schleppen *n*; Schleppschiffahrt *f*.

toubib F [tu'bib] *m* Arzt *m*.

touch|ant, -e [tu'ʃɑ̃, ~'ʃɑ̃:t] *adj.* rührend, ergreifend; ~ **e** [tuʃ] *f* Berühren *n*; Taste *f e-s Klaviers, e-r Schreibmaschine*; Knopf *m e-s Akkordeons*; Griffbrett *n e-s Saiteninstruments*; *peint.* Pinsel-strich *m*, -führung *f*; Manier *f* (*z. B. e-s Malers*); *cosm.* Tupfer *m*; ⊕ Strichprobe *f des Goldschmieds*; F Aussehen *n*, Aufmachung *f e-r Person*; *Fußball:* (ligne *f* de) ~ Seitenlinie *f*; ~ *de recul* Rücktaste *f der Schreibmaschine*; ⊕ ~ *pour magnétophone, ~ pour lecture des enregistrements* Tonbandtaste *f*; *Sport:* arbitre *m de* ~ Linienrichter *m*; *pierre f de* ~ Probierstein *m*; *fig., bsd. pol.* mettre *q. sur la* ~ j-n kaltstellen; *fig.* rester *sur la* ~ leer ausgehen, Pech haben, in die Röhre gucken F, den Anschluß verpassen.

toucher [tu'ʃe] **1.** *v/t.* (an)rühren, berühren, befühlen; *beim Schießen od. Fechten:* treffen; *Boxsport:* anschlagen; ⚓ *Hafen* anlaufen; *Geld* einnehmen *od.* einkassieren, *vom Bankkonto* abheben; *mit dem Probierstein* probieren; *peint.* die Farben

auftragen auf (*acc.*); (*gut*) darstellen; *Harfe usw.* spielen; *Vieh* vor sich hertreiben; *fig.* rühren, ergreifen; betreffen, angehen; interessieren; *téléph.* ~ *q. par téléphone* j-n telefonisch erreichen; *v/i.* ~ *à qch.* an etw. (*acc.*) rühren, etw. nur leicht berühren, etw. anfassen, sich an etw. (*dat.*) zu schaffen machen; an etw. (*acc.*) stoßen, (an)grenzen, hinanreichen; *e-m Zeitpunkt* nahe sein; *fig.* ~ *à sa fin* s-m Ende entgegengehen; *défense de* ~! Berühren (*od.* Anfassen) verboten!; F *touchez la!* willigen Sie ein!; F *pas touche!* laß das!; **2.** *m* Gefühl *n*, Fühlen *n*, Tastsinn *m*; ♪ Anschlag *m*; *avoir le* ~ *de la laine* sich wie Wolle anfühlen.

touchette ♪ [tu'ʃɛt] *f* Bund *m* e-r Gitarre *od. Mandoline.*

toucheur [tu'ʃœːr] *m* Viehtreiber *m*; *typ.* Auftragwalze *f*.

tou|e ⚓ [tu] *f* Schleppen *n*; Fährboot *n*; ~ **ée** ⚓ [twe] *f* Bugsiertau *n*; ~ **er** ⚓ [~] *v/t.* (1a) schleppen, bugsieren; ~ **eur** ⚓ [twœːr] *m* Kettenschleppschiff *n*.

touff|e [tuf] *f* Büschel *n*; Schopf *m*; Baumgruppe *f*; ~ *d'arbres* Gehölz *n*; ~ **iane** * [~'fjan] *f* Rohopium *n*; ~ **u, -e** [~'fy] *adj.* buschig; dicht belaubt; *Stil:* überladen.

toujours [tu'ʒuːr] *adv.* immer, stets; immer noch; wieder; doch wenigstens; immerhin; *pour* ~ auf immer.

touloupe [tu'lup] *m od. f* russische Lammfelljoppe *f*.

toundra *géogr.* [tun'dra] *f* Tundra *f*.

toupet [tu'pɛ] *m* **1.** (Haar-)Büschel *n*, Schopf *m*, Tolle *f*; Sturmlocke *f*; *faux* ~ Toupet *n*; **2.** F *fig.* Frechheit *f*, Unverfrorenheit *f*.

toup|ie [tu'pi] *f* Kreisel *m*; ⊕ (Holz-)Fräsmaschine *f*; *fig.* F *vieille* ~ alte Schachtel *f*, alte Schraube *f*; *c'est une* ~ das ist e-e alberne (*od.* eingebildete) Gans (*od.* Trine); ~ **iller** ⊕ [~'je] *v/t.* (1a) *Holz* fräsen.

tour[1] [tuːr] *f* **1.** Turm *m* (*a. beim Schachspiel*); ⚔ ~ *de contrôle* Kontrollturm *m*; ⊕ ~ *de forage* Bohrturm *m*; ~ *de télévision* Fernsehturm *m*; **2.** ▲ Wohn-, Büro-turm *m*, (Büro-)Hochhaus *n*.

tour[2] [tuːr] *m* kreisförmige Bewegung *f*, Umdrehung *f*; Umkreis *m*; (Spazier-)Gang *m*, Rundfahrt *f*, Reise *f*; Wendung *f* (*a. fig.*); *Sport:*

Runde f, Gang m; ⊕ Dreh-, Drechsel-bank f; ∮ Windung f, Wicklung f; Streich m; Kunststück n; Reihe f; à mon ~ wenn (od. da) ich an der Reihe bin; fermer à double ~ doppelt verschließen; ~ de qch. Gang m um etw. herum; ~ de faveur bevorzugte Abfertigung f; ~ de hanches Hüftweite f; ~ de main Taschenspielertrick m; en un ~ de main im Handumdrehen, im Nu; ∯ ~ de reins Hexenschuß m; Sport: ~ de repêchage Zwischenrunde f; ~ éliminatoire Ausscheidungsrunde f; ~ cycliste Radtour f; fig. un bref ~ d'horizon ein kurzer Überblick m; pol. ~ de scrutin Wahlgang m.

tourb|age [tur'ba:ʒ] m Torfstechen n; **~e** [turb] f Torf; marais m à ~ Torfmoor n; **~er** [~'be] v/i. (1a) Torf stechen; **~ier** [~'bje] m Torfstecher m; **~ière** [~'bjɛːr] f Torf-moor n, -stich m; **~illon** [~bi'jõ] m Wirbelwind m; Strudel m; fig. Taumel m; ~ de neige Schneegestöber n; **~illonner** [~bijɔ'ne] v/t. (1a) emporwirbeln, -strudeln; fig. herumkreisen.

tourelle [tu'rɛl] f Türmchen n; Verkehrsturm m; ✕ Drehturm m e-s Panzers; Geschützturm m e-s Schiffes, e-r Festung; Maschinengewehrkanzel f e-s Flugzeugs.

tourie ⚗ [tu'ri] f große Korbflasche f.

tourier, -ère [tu'rje, ~'rjɛːr] su. Klosterpförtner(in f) m.

tourillon ⊕ [turi'jõ] m Drehzapfen m.

touring|-car [turiŋ'kaːr] m (pl. ~s) Reisebus m; **~club** [~'klœb] m (pl. ~s) Touristenverein m.

Touring-Secours Auto [turinsə'kuːr] m (inv.) motorisierte Erste Hilfe f.

tourisme [tu'rism] m Reise-, Touristen-verkehr m; Tourismus m; Fremdenverkehr(swesen n) m; Touristik f; office m de ~ Verkehrsamt n, -büro n.

tourist|e [tu'rist] su. Tourist(in f) m; Reisende(r m) m u. f; Ausflügler(in f) m; Wanderer m, Wanderin f; **~ique** [~'tik] adj. Touristen...; Fremdenverkehrs...; **~odrome** plais. [~tɔ'drɔm] m etwa: Touristenattraktion f.

tourment [tur'mã] m Plage f; Qual f; **~e** litt. [~'mãːt] f (See-, Schnee-)Sturm m; **~er** [~mã'te] v/t.

(1a) fig. quälen; belästigen; se ~ sich Sorgen machen; **~eur, -se** litt. [~'tœːr, ~'tøːz] su. Quälgeist m.

tournage cin. [tur'na:ʒ] m Dreharbeiten f/pl.

tournailler F [turna'je] v/i. (1a) dauernd hin und her gehen.

tournant, -e [tur'nã, ~'nãːt] **1.** adj. sich drehend; escalier m ~ Wendeltreppe f; pont m ~ Drehbrücke f; grève f ~e etwa: wechselnder Schwerpunktstreik m; **2.** m Kurve f; Ecke f e-r Straße; fig. Wendepunkt m, Meilenstein m.

tourne [turn] f Fortsetzung f e-s Zeitungsartikels der e-r der nächsten Seiten.

tourné, -e [tur'ne] adj. **1.** bien ~ wohlgestaltet; Rede: gut formuliert; avoir l'esprit mal ~ immer auf schlechte Gedanken kommen; **2.** Milch, Wein: sauer geworden.

tourne|broche cuis. [turnə'brɔʃ] m Drehspieß m; **~disque** [~'disk] m (pl. ~s) Plattenspieler m; valise f ~ Phonokoffer m; **~dos** cuis. [~'do] m Rinderfiletscheibe f.

tournée [tur'ne] f Dienst-, Geschäfts-reise f; Gang m, Runde f e-s Briefträgers; Rundfahrt f; thé. Tournee f, Gastspielreise f; F Lage f (Bier, Wein usw.); P Tracht f Prügel; faire des ~s a. Arzt: Hausbesuche machen.

tournemain litt. [turnə'mɛ̃] advt.: en un ~ im Nu, im Handumdrehen.

tourner [tur'ne] (1a) v/t. drehen (a. cin.); umkehren, umwenden; Buchseite umblättern; Karte aufdecken, Trumpf machen; richten, wenden; herumdrehen (qch. um etw.; v/r. etw. umgehen (bsd. fig.); ⊕ drechseln; ⊕, cin. (ab)drehen; umformen, auffassen, auslegen; Brot formen; ~ la manivelle kurbeln; tournez le bouton du contact! schalten Sie (Licht) ein!; v/i. sich drehen; F Fabrik: in Betrieb sein, laufen; mit e-m Wagen umwenden; sich wohin wenden; thé. thé. e-e Tournee machen, ✝ e-e Vertreterrundreise machen; sich ändern, z.B. Milch: sauer werden, gerinnen; ~ à droite rechts abbiegen; F Motor, allg.: ~ rond gut laufen; ⊕ à vide leer laufen; la tête me tourne mir ist schwind(e)lig; le temps tourne au beau das Wetter wird schön; ~ bien gut ablaufen, sich gut entwickeln; ~ mal e-e schlechte Wendung nehmen; ~ en qch. sich in etw. (acc.) verwandeln; _Wind:_ ~ à l'est (sich) nach Osten drehen; _cin. silence, on tourne!_ Achtung, Aufnahme!; _v/imp. Kartenspiel:_ il tourne cœur Herz ist Trumpf; se ~ sich umwenden, sich umdrehen; se ~ vers q. sich j-m zuwenden.

tournesol [turnə'sɔl] _m_ ♀ Sonnenblume _f;_ Lackmuskraut _n;_ 🜍 Lackmus _m od._ n.

tournette [tur'nɛt] _f_ Käfig _m für Eichhörnchen;_ ⊕ Glasschneider _m (Gerät)._

tourneur [tur'nœːr] _m_ Dreher _m;_ Drechsler _m._

tourne-|vent [turnə'vɑ̃] _m (inv.)_ Schornsteinhaube _f;_ **~vis** [~'vis] _f_ Schraubenzieher _m._

tournicoter F [turnikɔ'te] _v/i._ (1a) herumgeistern.

tourniole 🍀 [tur'njɔl] _f_ Nagelbettentzündung _f._

tourniquet [turni'kɛ] _m_ Dreh-kreuz _n,_ -tür _f; Art_ Fensterwirbel _m,_ (Vor-)Reiber _m (am Fenster);_ (Postkartenusw.)Ständer _m; Glücksspiel:_ Drehscheibe _f; chir._ Aderknebel _m;_ 🌶 Drehsprenger _m,_ Kreisregner _m._

tournis [tur'ni] _m vét._ Drehkrankheit _f der Schafe; fig._ 🌶 Schwindel _m._

tournoi [tur'nwa] _m_ Turnier _n; Sport:_ Wett-spiel _n,_ -kampf _m;_ **~ement** [~'mɑ̃] _m_ Sichdrehen _n,_ Wirbeln _n;_ ~ de tête Schwindel _m._

tournoyer [turnwa'je] _v/i._ (1h) sich im Kreise drehen, herumwirbeln.

tournure [tur'nyːr] _f_ 1. (Rede-)Wendung _f;_ Aussehen _n e-r Sache;_ Lauf _m der Ereignisse;_ ~ d'esprit Geisteshaltung _f,_ Wesensart _f; prendre_ ~ Gestalt annehmen, sich abzeichnen; 2. ⊕ Drehspäne _m/pl._

tourt|e [turt] 1. _f cuis._ Pastete _f;_ P Dummkopf _m;_ 2. _adj._ dumm, blöd(e); **~eau** [~'to] _m (pl._ ~x) ✹ Ölkuchen _m; métall._ Schlackenkuchen _m; zo._ Taschenkrebs _m;_ **~reaux** _fig._ [~tɔ'ro] _m/pl._ Turteltäubchen _n/pl.,_ Liebespärchen _n;_ **~erelle** _orn._ [~'rɛl] _f_ Turteltaube _f;_ **~ière** _cuis._ [~'tjɛːr] _f_ Torten-, Pastetenform _f._

tous [tu, tus] s. _tout._

Toussaint _rl._ [tu'sɛ̃] _f: la_ ~ Allerheiligen _n._

touss|er [tu'se] _v/i._ (1a) husten; **~oter**

[~sɔ'te] _v/i._ (1a) hüsteln.

tout [tu, _vor vo. u. stummem h_ tut] _(f:_ **toute** [tut]; _m/pl.:_ **tous** [tu, _alleinstehend u. am Satzende_ tus], _f/pl.:_ **toutes** [tut]) 1. _adj._ ganz, ganze(r, -s); all(e, -es); ~ _la ville_ die ganze Stadt; ~ _Paris_ ganz Paris; ~ _le monde_ jedermann, ein jeder, alle Welt; ~ _le reste_ alles übrige; _tous les deux jours_ jeden zweiten Tag; _somme_ ~e alles in allem; _de tous les côtés_ von (od. nach) allen Seiten; _de_ ~_es sortes_ allerlei; ~_e(s) sorte(s) de plaisir(s)_ jede Art von Vergnügen; _en_ ~ _cas, de_ ~_e façon_ auf jeden Fall, auf alle Fälle; 2. _pr/ind.:_ alles; _voilà_ ~ das ist alles; _est-ce_ ~? ist das alles?, weiter nichts?; _notre intérêt à tous_ unser aller Interesse; ~ _fut mis en usage_ alles wurde versucht; _on se fait à_ ~ man gewöhnt sich an alles; 3. _adv. u. advt. (vor konsonantisch anlautendem adj./f_ ~e _bzw._ ~es) ganz; ~ _à coup_ plötzlich; ~ _à fait_ ganz und gar; ~ _à l'heure_ soeben, gerade; ~ _au plus_ höchstens; ~ _autant_ genauso viel, ebensoviel; ~ _d'abord_ zu(aller)erst, anfangs; ~ _de bon_ allen Ernstes; ~ _d'un coup_ auf einmal, plötzlich; ~ _de même_ trotzdem; ~ _de suite_ [tut'sɥit] gleich, sofort, auf der Stelle; ~ _juste_ gerade noch, man gerade F, knapp; _c'est_ ~ _autre chose_ das ist etwas ganz anderes; _c'est_ ~ _un_ das ist ein und dasselbe; _(en Gerundium verstärkend):_ ~ _en riant_ obgleich er lachte, wobei er noch lachte; ~ ... _(adj.) que_ ... _(ind.)_ so ... _(adj.)_ auch; ~ _pauvres qu'ils sont_ so arm sie auch sind, wenn sie auch arm sind; ~_es vieilles qu'elles sont_ so alt sie auch sein mögen; 4. _m: le_ ~ das Ganze; _un_ ~ ein Ganzes; _pas du_ ~ gar nicht, überhaupt nicht; _rien du_ ~ gar nichts; _du_ ~ _au_ ~ vollkommen, völlig.

tout-à-l'égout [tutale'gu] _m (inv.)_ (Abwässer-)Kanalisation _f._

toute [tut] s. _tout;_ **~fois** [~'fwa] _adv._ jedoch; indessen; dennoch; _si_ ~ wenn überhaupt; **~puissance** _rl., allg._ [~pɥi'sɑ̃:s] _f_ Allmacht _f._

toutes [tut] s. _tout._

toutou _enf._ [tu'tu] _m_ Wauwau _m._

toux [tu] _f_ Husten _m._

toxicité [tɔksisi'te] _f_ Giftigkeit _f._

toxicoman|e [tɔksikɔ'man] 1. _adj._ (rausch)giftsüchtig; 2. _su._ (Rauschgift-)Süchtige(r _m) m u. f;_ **~ie** [~'ni] _f_ Rauschgiftsucht _f._

tox|ine 🌶 [tɔ'ksin] _f_ Toxin _n;_ **~ique**

[~'ksik] **1.** *adj.* giftig; **2.** *m* Gift *n.*
trac [trak] *m* Lampenfieber *n*; F Bammel *m*; *avoir le ~* Lampenfieber (*od.* Manschetten P) haben; *flanquer le ~ à q.* j-n in Angst versetzen, j-n ins Bockshorn jagen; F *il l'a dit tout à ~* er hat sich verplappert F.
traçant, -e [tra'sɑ̃, ~'sɑ̃:t] *adj.*: *balle f ~e* Leuchtspurgeschoß *n.*
tracas [tra'kɑ] *m* Schererei *f*; Sorgen *f/pl.*
tracass|ant, -e [traka'sɑ̃, ~'sɑ̃:t] *adj.* mißlich; **~er** [~'se] *v/t.* (1a) schikanieren, plagen, quälen; se ~ sich Sorgen machen; **~erie** [~s'ri] *f* Schikane *f*; **~ier, -ère** [~'sje, ~'sjɛ:r] *adj.* schikanös.
trac|e [tras] *f* Spur *f* (*a. fig. u.* ⚕); Fuß(s)tapfe *f*; *ch.* Fährte *f*; **~é** [~'se] *m* Lageplan *m*, Umriß *m*; 🚂 Absteckung *f*, Linie *f*; Trasse *f*; Verlauf *m e-r Straße, der Grenze usw.*; **~er** [~] (1k) *v/t.* aufzeichnen, entwerfen; *Linie* ziehen; 🚂 abstecken; *fig.* bezeichnen, vorschreiben; schreiben; schildern; *v/i.* ♀ an der Oberfläche wurzeln; F rasen, flitzen; **~eret** ⊕ [~s'rɛ] *m* Reißnadel *f*; **~eur, -se** [~'sœ:r, ~'sø:z] **1.** *su.* Vorzeichner(in *f*) *m*; **2.** *m cosm.* ~ *pour la paupière* Eyeliner *m*; **3.** *adj.* ⚔ *balle f traceuse* Leuchtspurgeschoß *n.*
trach|ée [tra'ʃe] *f anat.* Luftröhre *f*; *zo.* Trachee *f*; **~éite** ⚕ [~ke'it] *f* Luftröhrenentzündung *f*; **~éotomie** *chir.* [~keɔtɔ'mi] *f* Luftröhrenschnitt *m.*
tracsir * [trak'si:r] *m* Bammel *m* F.
tract [trakt] *m* Flug-blatt *n*, -schrift *f*; **~ations** *péj.* [~tɑ'sjɔ̃] *f/pl.* Machenschaften *f/pl.*
tracteur ⊕ [trak'tœ:r] *m* Traktor *m*, Schlepper *m*; ~ *à chenilles* Raupenschlepper *m*; **~-remorque** [~rə'mɔrk] *m* (*pl. tracteurs-remorque*) Sattelschlepper *m.*
traction [trak'sjɔ̃] *f* ⊕ Ziehen *n*, Zug *m*; Antrieb *m*; F Wagen *m*, Auto *n*; *Auto*: ~ (*avant*) Wagen *m* mit Frontantrieb; **~niste** F [~sjɔ'nist] *su.* Autofahrer(in *f*) *m.*
tradition [tradi'sjɔ̃] *f* Tradition *f*, Überlieferung *f*, Brauch *m*; **~alisme** [~sjɔna'lism] *m* Traditionsbewußtsein *n*; **~aliste** [~'list] **1.** *adj.* traditionsbewußt, -gebunden; **2.** *su.* Traditionalist(in *f*) *m*; **~nel, -le** [~'nɛl] *adj.* traditionell, althergebracht.
traduct|eur, -rice [tradyk'tœ:r, ~'tris] *su.* Übersetzer(in *f*) *m*; **~ion** [~k'sjɔ̃] *f* Übersetzung *f*, Übertragung *f.*
tradui|re [tra'dɥi:r] *v/t.* (4c) übersetzen, -tragen (*z.B. en français* ins Französische); ⚖ ~ *q. devant un tribunal* j-n vor Gericht bringen; ~ *qch. dans les faits* etw. in die Tat umsetzen; ~ *une conviction* e-e Überzeugung zum Ausdruck bringen; se ~ übersetzt werden, sich übersetzen lassen; *Gefühl*: zum Ausdruck kommen, sich äußern (*par* in *dat.*); **~sible** [~dɥi'ziblə] *adj.* übersetzbar; *difficilement* ~ schwer zu übersetzen(d).
trafic [tra'fik] *m* 🚦, 🚂, ⚓, 📯, ✈ Verkehr *m*; *péj.* Schmuggel *m*; ~ *fluvial* Flußverkehr *m*; *le ~ routier, ferroviaire et aérien* der Straßen-, Bahn- und Luft-verkehr; ~ *téléphonique* Fernsprechverkehr *m*; 🚂 ~ *local* Nah-, Orts-verkehr *m*; ~ *à grande distance* Fernverkehr *m*; ~ *de compensation* Verrechnungsverkehr *m*; ~ *de va-et-vient* Pendelverkehr *m*; ~ *d'outre-mer* Überseeverkehr *m*; *suspension f du ~* Verkehrssperre *f*; **~oter** F *péj.* [~kɔ'te] *v/t.* (1a): ~ *une question avec q.* ein Ding mit j-m drehen; **~oteur, -se** F [~'tœ:r, ~'tø:z] *su.* Schwarzhändler(in *f*) *m*; Schmuggler(in *f*) *m.*
trafiqu|ant, -e *péj.* [trafi'kɑ̃, ~'kɑ̃:t] *su.* Schwarzhändler(in *f*) *m*; **~er** *péj.* [~'ke] (1m) **1.** *v/i.* **a**) ~ *de qch.* etw. verschachern; aus etw. Profit schlagen; ~ *de son âme* s-e Seele verkaufen; F ~ *de ses charmes* sich der Prostitution hingeben; ~ *de son honneur* s-e Ehre aufs Spiel setzen; **b**) F krumme Wege gehen; **2.** *v/t.* F machen, treiben; F *Waren* (ver)fälschen; *Wein, Milch* pan(t)schen; ⚡ ~ *un compteur* e-n Zähler manipulieren; *Auto*: ~ *un moteur* e-n Motor frisieren.
tragéd|ie [traʒe'di] *f* Trauerspiel *n*, Tragödie *f* (*a. fig.*); **~ien, -ne** [~'djɛ̃, ~'djɛn] *su.* Tragöde *m*, Tragödin *f.*
tragique [tra'ʒik] **1.** *adj.* tragisch; *auteur m ~* Tragiker *m*; *thé. pièce f ~* tragisches Stück *n*; **2.** *m thé.* **a**) *le ~* das Tragische, die Tragik; *fig. prendre au ~* tragisch nehmen, (allzu) ernst nehmen; **b**) Tragiker *m.*
trahir [tra'i:r] *v/t.* (2a) verraten.
trahison [trai'zɔ̃] *f* Verrat *m.*

traille [traːj] *f* Seilfähre *f*.

train [trɛ̃] *m* 1. 🚂 Zug *m*; le ~ de (*od.* pour) *Bordeaux*, le ~ en *direction de Bordeaux* der Zug nach B.; le ~ en *provenance de Bordeaux*, le ~ venant (*od. qui vient*) *de Bordeaux* der Zug aus B.; F *prendre le ~ onze* zu Fuß gehen; 2. *Auto*: ~ de camions Lkw-Kolonne *f*; ~ *routier* Lastzug *m*; ~ de *voitures* Autoschlange *f*; ~ de *pneus* Reifensatz *m*; ~ de *roues* Radsatz *m*; ~ *arrière* (*avant*) Hinter-(Vorder-) achse *f*; 3. *Raumfahrt*: ~ *spatial* Raumkombination *f*; 4. ✈ *d'atterrissage* Fahrgestell *n*; 5. ~ de *bois* (Baum-)Floß *n*; 6. ✕ *Nachschubtruppe f*; 7. *fig. aller bon* ~ schnell gehen (*od.* fahren, reiten); *gute Fortschritte machen*; *mener grand* ~ auf großem Fuß leben; *être en* ~ in Form (*od.* gut aufgelegt) sein; *être en* ~ de *faire qch.* gerade etw. tun; *mettre qch. en* ~ etw. in Gang bringen; F *être dans le* ~ mit der Zeit gehen; F *faire un* ~ *du diable* e-n Riesenradau machen.

train|age [trɛ'naːʒ] *m* Ziehen *n*, Schleppen *n*; Beförderung *f* auf e-m Schlitten; **~ard** [~'naːr] *m* Nachzügler *m*; ⊕ Sägeschlitten *m*; **~asser** [~na'se] *v/i.* (1a) herumbummeln; **~e** [trɛn] *f cout.* Schleppe *f*; ⚓ Schlepp-tau *n*, -netz *n*; F *être à la* ~ zurückbleiben; *fig.* im Rückstand sein, nachhinken; **~eau** [~'no] *m* (*pl.* ~x) (großer Pferde-)Schlitten *m*; *ch. u. zum Fischen*: Schleppnetz *n*; ~ *automobile* Motorschlitten *m*.

traînée [trɛ'ne] *f* Spur *f*, Streifen *m verstreuten Korns usw.*; ✈ Rücktrift *f*, Luftwiderstand *m*; P Prostituierte *f*; *a. fig.* ~ de *poudre* Lauffeuer *n*.

traîner [trɛ'ne] (1b) *v/t.* (nach-) schleppen; ~ *ses mots* (*od. v/i. sur les mots*) in schleppendem Tonfall (*od.* gedehnt) sprechen; ~ *en longueur* in die Länge ziehen; ~ *des nuits entières* ganze Nächte verbringen (*od.* vertrödeln); *v/i.* auf der Erde nachschleppen; *fig.* unordentlich herumliegen; *von Personen u. fig.*: zurückbleiben; herumbummeln; *se* ~ kriechen.

training *psych., Sport* (*néol.*) [trɛ'niŋ] *m* Training *n*.

train-poste 🚂 [trɛ̃'pɔst] *m* (*pl. trains-poste*) Postzug *m*.

train-train, traintrain F [trɛ̃'trɛ̃] *m das alltägliche Einerlei; fig.* Trott *m*.

traire [trɛːr] *v/t.* (4s) melken.

trait [trɛ] *m* Zug *m beim Trinken; écol.* (Feder-)Strich *m*; (Gesichts-)Zug *m*; (Charakter-)Zug *m*; *fig.* Streich *m*; ♪ Lauf *m*, Passage *f*; *cheval m de* ~ Zugpferd *n*; *avoir* ~ *à* sich beziehen auf (*acc.*); *boire d'un seul* ~ in e-m Zuge trinken; ~ *d'esprit* Geistesblitz *m*; ~ *d'union* Bindestrich *m*; *d'un* ~ de *plume* mit e*inem* Federstrich.

traite [trɛt] *f* 1. ✝ Tratte *f*, gezogener Wechsel *m*; 2. ✐ Melken *n*; 3. *hist.* ~ des *Noirs* Sklavenhandel *m*; ~ des *Blanches* Mädchenhandel *m*; 4. *d'une* (*seule*) ~, *tout d'une* ~ ohne haltzumachen; ✐ im Nonstopflug; *fig.* hintereinander.

trait|é [trɛ'te] *m* Abhandlung *f; univ. a.* Lehrbuch *n*; (*internationaler*) Vertrag *m*; **~ement** [~t'mã] *m* Behandlung *f* (*a.* ⚙); ⊕ Aufbereitung *f*; Besoldung *f*, Gehalt *n; inform.* ~ de *l'information* Datenverarbeitung *f*; **~er** [~'te] (1a) *v/t.* ab-, be-handeln; erörtern; *péj.* schelten; ⚙, ⊕ behandeln; ~ *en usine* verhütten; ⚙ *par les rayons* bestrahlen; ~ *q. de menteur* j-n e-n Lügner nennen (*od.* schelten); *v/i.*: ~ de *qch.* von etw. (*dat.*) handeln; *über* etw. (*acc.*) reden, schreiben, verhandeln.

traité-type [trɛte'tip] *m* (*pl. traités-type*) Modellvertrag *m*.

traiteur [trɛ'tœːr] 1. *m* Stadtküche *f*; 2. *adjt.* ✐ *service m* ~ Speiseservice *m*.

traître|, -esse ['trɛːtrə, trɛ'trɛs] 1. *adj.* verräterisch; heimtückisch; *ne pas dire un* ~ *mot* kein Sterbenswörtchen sagen; 2. *su.* Verräter(in *f*) *m*; ~ *à son pays* Landesverräter *m*; *prendre q. en* ~ j-n hinterrücks überfallen; **~eusement** [trɛtrøz'mã] *adv.* hinterrücks; **~ise** [~'triːz] *f* Verrat *m*; Hinterlist *f*, Heimtücke *f*.

trajectoire [traʒɛk'twaːr] *f* Flugbahn *f e-s Geschosses, e-r Rakete*; Bahn *f e-s Planeten*.

trajet [tra'ʒɛ] *m* Überfahrt *f*; Fahrt *f*, Flug *m*, Reise *f*; Strecke *f*; *anat.* Verlauf *m e-s Nervs usw.*

tralala F [trala'la] *m* Gehabe *n*; Aufwand *m*, Tamtam *n* F; *fig.* Staat *m*.

tram F [tram] *m* s. tramway.

tram|e [tram] *f Weberei:* Einschlag *m*, Schuß *m*; *typ., a. phot.* Raster *m*; *fig.* Hintergrund *m*, Ursache *f*; *avoir*

pour ~ als Ursache haben; **~er** [~'me]
v/t. (1a) *Weberei:* einschießen; *fig.*
anzetteln.

traminot F [trami'no] *m* Straßenbahner *m.*

tramontane [tramɔ̃'tan] *f* Nordwind
m (*bsd. im Mittelmeer*).

tramway [tram'wɛ] *m* Straßenbahn
f; motrice f de ~ Triebwagen *m.*

tranchant, -e [trɑ̃'ʃɑ̃, ~'ʃɑ̃:t] **1.** *adj.*
scharf, schneidend (*a. fig.*); *fig.* entscheidend; *Farben u.* ♪ grell abstechend; **2.** *m* Schneide *f.*

tranche [trɑ̃:ʃ] *f* Schnitte *f*, Scheibe *f*
Brot, Fleisch usw.; fig. Abschnitt *m;*
(Marmor-)Platte *f;* (Brett-)Kante *f;*
(Münz-)Rand *m;* (Buch-)Schnitt *m;*
couper par ~s in Scheiben schneiden;
★ *en avoir une ~* blöd(e) (*od.* bekloppt
P) sein; **★** *s'en payer une ~* sich glänzend amüsieren.

tranché, -e [trɑ̃'ʃe] *adj. fig.* scharf
unterscheiden; grell.

tranchée [trɑ̃'ʃe] *f* Graben *m;* ✕
Schützengraben *m;* ✻ *~s pl.* Bauchgrimmen *n;* **~abri** [~a'bri] *f* (*pl.
tranchées-abris*) Unterstand *m;*
Luftschutzgraben *m.*

tranch|er [trɑ̃'ʃe] (1a) *v/t.* (ab-,
durch-, zer-)schneiden (*od.* -hauen);
fig. entscheiden; *tranchons le mot!*
nennen wir das Kind beim Namen!;
~ la question die Frage entscheiden;
v/i. schneiden; *fig.* sich abheben (*sur*
von *dat.*); *~ sur qch.* über etw. (*acc.*)
entscheiden; *~ dans le vif* energisch
durchgreifen; **~oir** [~'ʃwa:r] *m*
Hack-, Wiege-brett *n.*

tranquill|e [trɑ̃'kil] *adj.* ruhig, ungestört; *fig.* unbesorgt; friedlich; **~isant** ♪ [~li'zɑ̃] *m* Beruhigungsmittel
n; **~iser** [~'ze] *v/t.* (1a) beruhigen;
beschwichtigen; **~ité** [~'te] *f* Ruhe *f,*
Stille *f; ~ d'esprit* Gemütsruhe *f.*

transaction [trɑ̃zak'sjɔ̃] *f* 🏛 Vergleich *m;* ✝ Geschäft *n; ~s pl.* Handelsverkehr *m,* Umsatz *m.*

transatlantique [trɑ̃zatlɑ̃'tik] **1.** *adj.*
überseeisch; **2.** *m* Überseedampfer
m; Liegestuhl *m.*

transbahuter F [trɑ̃sbay'te] *v/t.* (1a)
schleppen; *j-n* hin und her schubsen.

transbord|ement ⚓ [trɑ̃sbɔrdə'mɑ̃]
m Umladen *n;* pont *m de ~* Ladebrücke *f;* **~er** ⚓ [~'de] *v/t.* (1a) umladen; **~eur** [~'œ:r] **1.** *m* ⊕ Schiebebühne *f;* Verladekran *m;* **2.** *adj./m:*

pont *m ~* Verladebrücke *f.*

transcend|ance *phil.* [trɑ̃sɑ̃'dɑ̃:s] *f*
Transzendenz *f;* **~ant, -e** [~'dɑ̃,
~'dɑ̃:t] *adj.* transzendent.

transcr|iption [trɑ̃skrip'sjɔ̃] *f* Abschreiben *n;* Abschrift *f; schriftliche*
Übertragung *f* (*a. aus Kurzschrift*);
🏛 Eintragung *f;* ♪ Umsetzen *n; ~*
phonétique phonetische Umschrift *f;*
Lautschrift *f;* **~ire** [~'kri:r] *v/t.* (4f)
abschreiben; 🏛 ein-, über-tragen; ♪
umsetzen; *ling.* phonetisch umschreiben.

transducteur ⚡ [trɑ̃sdyk'tœ:r] *m*
Energiewandler *m.*

transe [trɑ̃:s] *f* **1.** *~s pl.* höllische
Angst *f;* **2.** *psych.* Trance *f.*

transept ⌂ [trɑ̃'sɛpt] *m* Querschiff *n.*

trans|férer [trɑ̃sfe're] *v/t.* (1f) überführen; übertragen; **~férobot** ⊕
[~'rɔ'bo] *m* automatischer Schnellförderwagen *m* (*90 m/Min.*); **~fert**
[~'fɛ:r] *m* Überführung *f,* Verlegung
f; ✝, 🏛 Übertragung *f* (*a. psych.*),
Abtretung *f; ~ de populations* Umsiedlung *f.*

transfigur|ation *rl.* [trɑ̃sfigyra'sjɔ̃] *f*
Verklärung *f;* **~er** *rl.* [~'re] *v/t.* (1a)
verklären (*a. fig.*); *se ~* verklärt werden.

transfo ⚡ [trɑ̃s'fo] *m* Trafo *m.*

transform|ateur, -rice [trɑ̃sfɔrma'tœ:r, ~'tris] **1.** *adj.* umformend; ⊕
verarbeitend; **2.** *m* ⚡ Transformator
m; ~ du courant Stromwandler *m;*
~ation [~ma'sjɔ̃] *f* (Ver-)Änderung
f; Umformung *f;* Umgestaltung *f;*
Umwandlung *f; Rugby:* Torwechsel *m;*
⚡ Umformung *f;* ✝, ⊕ Verarbeitung
f; Rugby: Torwechsel *m;* **~er** [~'me]
v/t. (1a) umbilden; ver-, um-wandeln; ⚡ umspannen; *se ~* sich verändern; *se ~ en* sich verwandeln in
(*acc.*); **~isme** *biol.* [~'mism] *m* Abstammungslehre *f.*

transfuge [trɑ̃s'fy:ʒ] *m* ✕, *bsd. pol.*
Überläufer *m; fig.* Abtrünnige(r) *m.*

transfus|er [trɑ̃sfy'ze] *v/t.* (1a) umfüllen; ✻ *du sang* Blut übertragen;
~ion ✻ [~'zjɔ̃] *f: ~ (du sang)* Blutübertragung *f,* (Blut-)Transfusion *f.*

transgresser [trɑ̃sgrɛ'se] *v/t.* (1b)
Gesetz übertreten.

transhum|ance [trɑ̃zy'mɑ̃:s] *f* Almauftrieb *m,* Sömmerung *f;* **~er** [~'me]
(1a) *v/t.* auf die Gebirgsweide führen; *v/i. Herden:* auf die Alm ziehen.

transi, -e [trɑ̃'zi] *adj.* starr, erstarrt
vor Kälte; *fig.* schüchtern.

transiger [trãzi'ʒe] v/i. (1l) e-n Vergleich (*od.* e-n Kompromiß) schließen.

transistor [trãzis'tɔːr] *m* ⚡ Transistor *m*; *rad.* (poste *m*) ~ Transistorradio *n*, -gerät *n*, -empfänger *m*.

transit ✝ [trã'zit] *m* Transit(verkehr *m*) *m*; Durchfuhr(handel *m*) *f*; **~aire** ✝ [~'tɛːr] **1.** *adj.* Transit...; Durchfuhr...; **2.** *m* Transit-händler *m*, -spediteur *m*; **~er** ✝ [~'te] (1a) *v/t.* *Waren* durchführen, im Transitverkehr befördern; *v/i.* im Transitverkehr befördert werden; **~if, -ve** *gr.* [~'tif, ~'tiːv] *adj. Verb:* transitiv, zielend; **~ion** [~zi'sjɔ̃] *f* Übergang *m*; *u. litt. a.* Überleitung *f*; **~oire** [~'twaːr] *adj.* Übergangs...; vorübergehend.

translation [trãsla'sjɔ̃] *f* Beförderung *f* an e-n anderen Ort; Versetzung *f* e-s Beamten; *rl.* Verlegung *f* e-s Festes; ✝, ⚡ Übertragung *f*; *inform., méc.* Verschiebung *f*.

translittérer [trãslite're] *v/t.* (1f) *ling.* transliterieren; *inform.* umcodieren.

translucide [trãsly'sid] *adj.* durchscheinend (*a.* △).

transmetteur *rad.*, ⚡ [trãsmɛ'tœːr] *m* Sender *m*; **~re** [~'mɛtr] *v/t.* (4p) *an j-n gelangen lassen;* weitergeben; übermitteln; übersenden; überliefern; vererben; *Krankheit* übertragen; ⚡ leiten; *phys. Licht usw.* durchlassen; *rad., télév.* ~ en direct direkt übertragen, live senden.

transmigration [trãsmigra'sjɔ̃] *f:* ~ des âmes Seelenwanderung *f*.

transmissibilité [trãsmisibili'te] *f* Übertragbarkeit *f*; *biol.* Vererbbarkeit *f*; **~ible** [~'sibl] *adj.* übertragbar; *biol.* vererblich; **~ion** [~'sjɔ̃] *f* *rad.*, ⊕, ⚡ ⚡ Übertragung *f*; ⚡ Überlassung *f*; Übermittlung *f* v. *Nachrichten;* *biol.* Vererbung *f*; *rad.* Sendung *f*; ⊕ Transmission *f*; ⚏ Überlieferung *f alter Handschriften;* ✕, ~s *pl.* Nachrichtenwesen *n*; ~ (*service m des*) ~s Fernmeldetruppe *f*.

transmuable [trãs'mɥabl] *adj.* umwandelbar (*a.* ⚛ *v. Elementen*); **~muer** [~'mɥe] *v/t.* (1a) umwandeln (*bsd.* ⚛).

transmutabilité [trãsmytabili'te] *f* Umwandelbarkeit *f*; **~able** [~'tabl] *adj.* umwandelbar; **~ation** [~ta'sjɔ̃] *f* Verwandlung *f* der Wirklichkeit

durch die Kunst; *at.*, ⚛ Umwandlung *f*; **~er** [~'te] *v/t.* (1a) ver-, umwandeln.

transocéanique [trãzɔsea'nik] *adj.* transozeanisch, Übersee...

transparaître [trãspa'rɛːtrə] *v/i.* (4z) durchscheinen; **~ence** [~'rãs] *f* Durchsichtigkeit *f*; **~ent, -e** [~'rã, ~'rãːt] **1.** *adj.* durchsichtig (*a. fig.*); *fig.* leicht zu durchschauen(d); *enveloppe f* ~ Fenster(brief)umschlag *m*; **2.** *m* Linienblatt *n*; *peint.* Transparent *n* (*Bild*).

transpercer [trãspɛr'se] *v/t.* (1k) durch-bohren, -stechen, -dringen.

transpiration [trãspira'sjɔ̃] *f* (Haut-) Ausdünstung *f*; Schweiß *m*; **~er** [~'re] *v/i.* (1a) transpirieren, schwitzen; *fig.* durchsickern.

transplant *chir.* [trãs'plã] *m* Transplantat *n*; **~able** [~'tabl] *adj.* verpflanzbar; **~ation** [~ta'sjɔ̃] *f* *u. fig.* Verpflanzung *f* (*a. chir.*); *chir.* Transplantation *f*; **~er** [~'te] *v/t.* (1a) ⚡ *u. fig.* verpflanzen (*a. chir.*) *chir.* transplantieren.

transpondeur [trãspɔ̃'dœːr] *m:* (*radar m*) ~ Radar-sender *m*, -strahler *m*, Transponder *m*.

transport [trãs'pɔːr] *m* Transport *m*; Beförderung *f* an e-n Ort; ✕ (Truppen-)Transportschiff *n*; ~s *pl.* Verkehr *m*; Verkehrs-, Transport-wesen *n*; *géol.* Geröll *n*; ~s aériens Luftverkehr *m*; ❤ ~ au cerveau Blutandrang *m* zum Gehirn; *courroie f de* ~ Umhängeriemen *m* e-r *Kamera usw.*; ~ scolaire Schulbusverkehr *m*; ⚏ ~ sur les lieux, ~ sur place Lokalbesichtigung *f*; **~able** [~'tabl] *adj.* transportierbar; *Kranke, Verletzte:* transportfähig; **~ation** *ehm.* [~ta'sjɔ̃] *f* Deportation *f* v. *Schwerverbrechern;* **~er** [~'te] *v/t.* (1a) transportieren, befördern; wegschaffen; *in Gedanken irgendwohin* versetzen; *fig. intr.* begeistern; ergreifen (*fig.*); *ehm. Schwerverbrecher* deportieren; se ~ sich begeben; **~eur** [~'tœːr] *m* Spediteur *m*; ⊕ Förderer *m*; ~ aérien Förderer *m* e-r Schwebebahn; ~ oscillant Schwingförderer *m*.

transposable [trãspo'zabl] *adj.* umstellbar, versetzbar (*a. gr.*); ♪ transportierbar; **~er** [~'ze] *v/t.* (1a) umstellen, versetzen; ⚞ *in Gleichungen* hinüberschaffen; ♪ transponieren; **~iteur** ♪ [~zi'tœːr] *m* transpo-

nierendes Instrument *n*; **~itif, -ve**
[~'tif, ~'ti:v] *adj*.: *langue f transpositive* Sprache *f*, die e-e Umstellung
der Wörter gestattet; **~ition** [~'sjɔ̃] *f*
Umstellung *f* (*bsd. gr. der Wortfolge*);
♪ Transponieren *n*, Transposition *f*;
Å Hinüberbringen *n in Gleichungen*.

transrobot ⊕ [trãsrɔ'bo] *m* automatischer Förderwagen *m* (*20 m/Min.*).

transsibérien, -ne [trãssibe'rjɛ̃,
~'rjɛn] **1.** *adj.* transsibirisch; **2.** *m*
Transsibirische Eisenbahn *f*.

transsonique *phys.* [trãssɔ'nik] *adj.*
transsonisch.

transstockeur [trãsstɔk'kœːr] *m* Warenstaugerät *n* für Supermärkte.

transsuder [trãssy'de] (1a) **1.** *v/t.*
ausschwitzen; **2.** *v/i. fig.* sichtbar
werden, sprechen (*fig.*).

transvaser [trãsva'ze] *v/t.* (1a) umgießen, umfüllen.

transversaire *anat.* [trãsvɛr'sɛːr] *m*
Quermuskel *m*; **~al, -e** [~'sal] *adj.*
(*m/pl. -aux*): *section f* ~*e* Querschnitt
m; **~e** *anat.* [~'vɛrs] *adj.* Quer...

transvider [trãsvi'de] *v/t.* (1a) umschütten; umfüllen.

trapèze [tra'pɛːz] *m* Å, *gym.* Trapez
n; *gym.* Schwebe-, Hänge-reck *n*.

trapéziste [trape'zist] *su.* Trapezkünstler(in *f*) *m*.

trappe [trap] *f* Falle *f*; Klappe *f*;
Falltür *f*; *thé.* Versenkung *f*.

trapu, -e [tra'py] *adj.* untersetzt,
stämmig.

traque *ch.* [trak] *f* Treibjagd *f*;
~enard [~k'naːr] *m* Falle *f*; *ch.*
Fuchseisen *n*; ~ *pour autos* Autofalle
f; **~er** [~'ke] *v/t.* (1m) *ch.* treiben;
verfolgen; umstellen, hetzen; **~eur**
ch. [~'kœːr] *m* Treiber *m*.

traumatique ✚ [troma'tik] *adj.*
Wund...; **~isant, -e** [~ti'zɑ̃, ~'zɑ̃:t]
adj. schockierend; **~iser** [~'ze] *v/t.*
(1a) ✚, *psych.* j-m e-n Schock versetzen; verletzen; *fig.* schwer treffen;
~isme [~'tism] *m* ✚ Verletzung *f*;
psych. Trauma *n*, Schock *m*; ~ *crânien* Schädelverletzung *f*.

travail [tra'vaj] *m* (*pl. -aux*) **1.** Arbeit
f; ~ *noir*, ~ *illicite* Schwarzarbeit *f*; ~ *à
la chaîne* Fließband-, Serien-arbeit
f; ~ *en équipe*, ~ *d'équipe* Teamarbeit
f, Teamwork *n*, Gemeinschaftsarbeit *f* (*a. écol.*); ~ *en* (*od. par*) *équipes*
Schichtarbeit *f*; ~ *intellectuel* Kopfarbeit *f*, geistige Arbeit *f*; *travaux pl.
forcés* Zuchthaus(strafe *f*) *n*; *cesser le*

~ die Arbeit einstellen; **2.** *femme f en*
~ Frau *f* in den Wehen, Gebärende *f*;
salle f de ~ Kreißsaal *m*; *travaux pl. de
la maternité* Geburtswehen *f/pl.*; **3.** *
Einbruch *m*; **4.** (*pl. ~s*) Tiergestell *n*
(*zum Beschlagen der Hufe, für Verbandszwecke usw.*).

travailler [trava'je] (1a) *v/i.* arbeiten; *Holz*: sich werfen; *Mauer*: sich
senken; *Geld*: Zinsen bringen;
Wein: gären; F ~ *du chapeau* verrückt sein; *v/t.* be-, ver-arbeiten;
ausarbeiten; *écol.* pauken; ♪ einüben; *Sport*: üben; *fig.* nicht zur
Ruhe kommen lassen, quälen; **~eur,
-se** [~'jœːr, ~'jøːz] **1.** *adj.* arbeitsam;
2. *su.* Arbeiter(in *f*) *m*; Erwerbs-,
Werk-tätige(r *m*) *m* u. *f*; Arbeitnehmer(in *f*) *m*; **~euse** *cout.* [~'jøːz] *f*
Nähtisch *m*; **~isme** [~'jism] *m* Doktrin *f* der Labour Party; **~iste** [~'jist]
1. *su.* Mitglied *n* der Labour Party; **2.**
adj. Labour...; *parti m* ~ Labour
Party *f*.

travée [tra've] *f* Å Fach *n*, Feld *n*; ~
de pont Jochweite *f* e-r Brücke;
weitS. ~ *de stockage* Hochraumlagerschacht *m*.

travers [tra'vɛːr] **1.** *m* kleiner Fehler
m, Verschrobenheit *f*; **2.** *adv.*: *de* ~
schief; verkehrt; *sa bouche est de* ~
sein Mund ist schief; *répondre tout de*
~ ganz verkehrt antworten; **3.** *prp.*: *à*
~ *qch., bsd. bei Hindernissen*: au ~ *de
qch.* (quer) durch etw.; *à* ~ *champs*
querfeldein; *à* ~ *la France* quer durch
Frankreich; *se mettre en* ~ sich quer
legen (*od.* stellen); **~able** [~vɛr'sablə]
adj. überschreitbar; **~ant** [~'sɑ̃] *m*
Diele *f* (*Hauseingang*); **~e** [~'vɛrs] *f* ⊕
Quer-balken *m*, -stück *n*; 🚂 (Schienen-)Schwelle *f*; (*chemin m de*)
Querweg *m*; **~ée** [~'se] *f* Überfahrt *f*
(*de über acc.*); Reise *f* (*de durch*);
Durchquerung *f*; 🚂 Überfliegen *f*
🚂 ~ *de voie* Gleiskreuzung *f*; **~er**
[~'se] *v/t.* (1a) durchqueren, quer
durch (*z. B. ein Land*) gehen (*od.*
fahren, reisen); 🚂 überfliegen; über
e-n Fluß setzen, schwimmen; durch
etw. (hindurch)dringen; *fig.* ~ *des
temps difficiles* schwere Zeiten
durchmachen.

traversin [travɛr'sɛ̃] *m* Keilkissen *n*,
petit ~ Schlummerrolle *f*; **~e** ⚓ [~
'sin] *f* Laufbrett *n* *zwischen zwei
Schiffen.*

travesti [travɛs'ti] *m* Verkleidung *f*;

Maskenkostüm n; thé. Hosenrolle f; psych. Person: Transvestit m; **~ir** [~'ti:r] v/t. (2a) verkleiden (en femme als Frau); fig. j-s Gedanken entstellt wiedergeben; bal m travesti Maskenball m; **~isme** psych. [~'tism] m Transvestismus m; **~issement** [~tis'mã] m Verkleidung f; fig. Parodierung f.

trayeur, -se [trɛ'jœ:r, ~'jø:z] su. Melker(in f) m.

trayon zo. [trɛ'jõ] m Zitze f.

trébuchant, -e [treby'ʃã, ~'ʃã:t] adj. stolpernd; **~er** [~'ʃe] v/i. (1a) stolpern; fig. Gedächtnis: versagen; **~et** [~'ʃɛ] m Goldwaage f.

tréfiler [trefi'le] v/t. (1a) zu Draht ziehen.

trèfle ['trɛ:flə] m ♣ Klee m; Kartenspiel: Treff n, Kreuz n.

tréflière ✓ [trefli'ɛ:r] f Kleefeld n.

tréfonds litt. [tre'fõ] m fig. das Innerste; le fonds et le ~ die ganzen Hintergründe m/pl.; connaître l'affaire jusqu'au ~ auch die Hintergründe der Sache kennen; le ~ d'une âme das Innerste e-r Seele.

treillage [trɛ'ja:ʒ] m Gitter n; ~ métallique Drahtgeflecht n; **~ager** [~ja-'ʒe] v/t. (1l) ver-, um-gittern; **~e** [trɛj] f Wein-spalier n, -laube f; **~is** [~'ji] m 1. Gitter n; ~ métallique Drahtgewebe n; 2. text. Drillich(anzug m) m; **~isser** [~ji'se] v/t. (1a) vergittern.

treize [trɛ:z] 1. a/n. c. dreizehn; 2. m Dreizehn f; **~ième** [trɛ'zjɛm] 1. a/n. o. dreizehnte(r, -s); 2. m Dreizehntel n.

tremble ♣ ['trã:blə] m Zitterpappel f, Espe f; **~ement** [trãblə'mã] m Zittern n; ~ de terre Erdbeben n; F et tout le ~ und alles übrige; **~er** [~'ble] v/i. (1a) zittern; beben; sich fürchten; ♪ tremolieren; **~oter** F [~blɔ'te] v/i. (1a) etwas zittern; ♪ tremolieren.

trémie [tre'mi] f ⊕ Schütt-, Füll-, Beton-trichter m; ~ de déversement (Kohlen-, Koks-)Schütte f; Auto: ~ de sortie Ausfahrt f.

trémolo ♪ [tremɔ'lo] m Tremolo n.

trémousser [tremu'se] v/rfl. (1a): se ~ (herum)zappeln, hin und her rutschen.

trempe [trã:p] f ⊕ Härten n des Stahls; Bierbrauerei: Maische f; F Tracht f Prügel; être d'une bonne ~ von gutem Schlag sein; **~é, -e** [trã-

'pe] adj. fig. bien ~ gediegen; des hommes au caractère bien ~ charakterfeste Menschen m/pl.; **~er** [~'pe] (1a) v/t. ein-tauchen, -weichen, -tunken; Stahl härten; fig. stählen; Wein mit Wasser mischen; Papier anfeuchten; v/i. in etw. Nassem liegen, aufweichen; ~ dans un crime an e-m Verbrechen beteiligt sein; **~ette** [~'pɛt] f: faire ~ a) nur mit den Füßen kurz ins Wasser gehen; b) Brot eintunken.

tremplin [trã'plɛ̃] m gym. Sprungbrett n (a. fig.); ~ (de ski) (Ski-)Sprungschanze f.

trémulation ♣ [tremyla'sjõ] f Zittern n.

trench-coat [trɛnʃ'kot] m (pl. ~s) Trenchcoat m.

trentaine [trã'tɛn] f: une ~ (de) etwa dreißig; Alter: avoir dépassé la ~ in den Dreißigern sein; **~e** [trã:t] 1. a/n. c. dreißig; 2. m Dreißig f; **~ième** [trã'tjɛm] 1. a/n. o. dreißigste(r, -s); 2. m Dreißigstel n.

trépan [tre'pã] m chir. Schädelbohrer m; ⊕ Schachtbohrer m; **~ation** [~pana'sjõ] f Schädelbohrung f; **~er** chir. [~'ne] v/t. (1a) aufmeißeln.

trépas litt. [tre'pã] m Hinscheiden n, Tod m; **~ser** litt. [~'se] v/i. (1a) dahinscheiden.

trèpe P [trɛp] m (Menschen-)Masse f.

trépidation [trepida'sjõ] f ⊕ Rütteln n, Wummern n, Vibration f; fig. Hektik f.

trépied [tre'pje] m Dreifuß m; phot. Stativ n.

trépigner [trepi'ɲe] v/i. (1a) mit den Füßen stampfen, trampeln.

trépointe cord. [tre'pwɛ̃t] f genähter Rand m.

très [trɛ] adv. 1. nur vor adj. od. adv.: sehr; ~ joli sehr hübsch; ~ bien sehr gut; 2. vor su. in verstärkender Bedeutung: j'ai ~ peur (soif, faim) ich habe große Angst (großen Durst, Hunger); je n'avais pas ~ envie de parler ich hatte keine große Lust zu sprechen; truc m ~ mode sehr modische Sache f; j'avais ~ mal à la tête ich hatte starke Kopfschmerzen; faire ~ attention sehr achtgeben; il faut prendre ~ garde à ... man muß sehr auf ... (acc.) achten; un jus ~ fruit ein natureuler Saft m; un panorama ~ ville neuve ein modern-architektonischer Ausblick m; nous sommes ~ copains wir verstehen uns wundervoll.

trésaill|é, -e [treza'je] *adj. Gemälde, Keramik:* rissig; **~ure** [~'jy:r] *f* Riß *m*, Sprung *m*.

trésor [tre'zo:r] *m* Schatz *m*; Schatzkammer *f*, -amt *n*; Fiskus *m*; Geldschrank *m*; Panzergewölbe *n* (*e-r Bank*); *fig.* Fundgrube *f*; **~erie** [~zor'ri] *f* Finanz-verwaltung *f*, -wesen *n*; Barkapital *n*; **~ier** [~'rje] *m* Kassenwart *m*, Schatzmeister *m*.

tressage [trɛ'sa:ʒ] *m* Flechtarbeit *f*.

tressaill|ement [tresaj'mã] *m* Zucken *n*, Schauer *m*; **~ir** [~'ji:r] *v/i.* (2c; *fut.*: 2a) zs.-fahren, zittern.

tressauter [treso'te] *v/i.* (1a) aufspringen.

tress|e [trɛs] *f* Zopf *m*; Geflecht *n*; Beflechtung *f*; **~er** [~'se] *v/t.* (1a) (durch)flechten.

tréteau [tre'to] *m* (*pl.* ~x) Gerüst *n*; *ehm. thé.* ~x *pl.* Gerüstbühne *f*.

treuil ⊕ [trœj] *m* Winde *f*, Haspel *f*.

trêve [trɛ:v] *f* Waffenruhe *f*; *fig.* Rast *f*, Ruhe *f*; ~ *de cérémonies!* nur keine Umstände!; ~ *de raillerie!* Scherz beiseite!; *pourparlers m/pl. de* ~ Waffenstillstandsverhandlungen *f/pl.*

tri [tri] *m* Sortieren *n*, Auswahl *f*.

triage [tri'a:ʒ] *m* Auslesen *n*, Sortieren *n*; Schichten *n*; *géol.* Schichtfuge *f*.

trian|gle [tri'ã:gl] *m* Ⓐ Dreieck *n*; ♪ Triangel *m*; **~gulaire** [~ãgy'lɛ:r] *adj.* dreieckig; **~gulation** [~la'sjɔ̃] *f* trigonometrische Vermessung *f*.

trias *géol.* [tri'a:s] *m* Trias *f*; **~ique** *géol.* [~a'zik] *adj.* Trias...

triathlon *Sport* [triat'lɔ̃] *m* Dreikampf *m*.

tribal, -e [tri'bal] *adj.* (*m/pl.* -aux) Stammes...

tribo-électricité [tribɔelɛktrisi'te] *f* Reibungselektrizität *f*.

tribord ⊕ [tri'bɔ:r] *m* Steuerbord *n*.

tribu [tri'by] *f* Volksstamm *m*; *biol.* Tribus *f*; *iron.* Sippe *f*, Anhang *m*.

tribulations [tribyla'sjɔ̃] *f/pl.* Mißgeschicke *n/pl.*

tribun|al [triby'nal] *m* (*pl.* -aux) Gericht *n*; ~ *d'instance* Amtsgericht *n*; ~ *pour enfants* Jugendgericht *n*; *rl.* ~ *de la pénitence* Beichtstuhl *m*; **~e** [~'byn] *f* Tribüne *f*; *rad., télév.* ~ *des critiques* Podiumsgespräch *n*.

tribut [tri'by] *m* Tribut *m*; Abgabe *f*; **~aire** [~'tɛ:r] *adj.* tributpflichtig; abhängig (*de q.* von j-m); *géogr. être* ~

d'un fleuve (d'une mer) in e-n Fluß (in ein Meer) münden (*od.* fließen).

tricard, -e * [tri'ka:r, ~'kard] *adj.* s. *triquard.*

trich|e F [triʃ] *f* Betrug *m*, Schummel *m* F; ~ *durch* Schummel; **~er** [~'ʃe] *v/i.* (1a) betrügen; F mogeln, schummeln; **~erie** [~'ri] *f* Betrug *m*; F Mogelei *f*, Schummel *m*.

trichine *zo.* [tri'ʃin, ~'kin] *f* Trichine *f*.

trichromie [trikrɔ'mi] *f typ.* Dreifarbendruck *m*; *phot.* Dreifarbensystem *n*.

tricolore [trikɔ'lɔ:r] **1.** *adj.* dreifarbig; *drapeau m* ~ Trikolore *f*; **2.** ⚡ *Sport: les* ~*s m/pl.* die französische (National-)Mannschaft.

tricorne [tri'kɔrn] *m* Dreispitz *m*.

tricot [tri'ko] *m* Trikot *n*; Strickarbeit *f*; Strickweste *f*; ~ *de peau*, ~ *de corps* (*Herren-*)Unterhemd *n*; **~age** [~ko'ta:ʒ] *m* Stricken *n*; **~er** [~'te] *v/t. u. v/i.* (1a) stricken; **~euse** [~'tø:z] *f* Strickerin *f*; ⊕ Strickmaschine *f*.

tricouni [triku'ni] *m* Zwecke *f* für Bergstiefel.

trictrac [trik'trak] *m* Puffspiel *n*; Puffbrett *n*; Partie *f* Puff.

tricycle [tri'sikl] *m* dreiräd(e)riger Lieferwagen *m*; *vél.* Dreirad *n* (*für Kinder*); 🚲 dreiräd(e)riger Gepäckkarren *m*.

trident [tri'dã] *m* Dreizack *m*; ↙ Mistgabel *f*.

trièdre [tri'ɛ:drə] *adj.* dreiflächig.

trien|nal, -e [triɛ'nal] *adj.* (*m/pl.* -aux) dreijährlich; dreijährig; *plan m* ~ Dreijahresplan *m*; **~nat** [~'na] *m* dreijährige Amtszeit *f*.

trier [tri'e] *v/t.* (1a) sortieren (*a. Briefe*); sichten; aus-, ver-lesen; 🚲 rangieren.

trieur, -se [tri'œ:r, ~'ø:z] **1.** *su.* Sortierer(in *f*) *m*; **2.** *m* ⊕ (Getreideusw.)Verlesemaschine *f*; **3.** *trieuse f* ⊕ Verlesemaschine *f*; ⚙ ~ *de lettres* Briefsortieranlage *f*.

trifouiller F [trifu'je] *v/i.* (1a) wühlen, kramen, stöbern; ~ *dans les affaires de q.* j-s Sachen durchwühlen.

trigon|e Ⓐ [tri'gɔn] *adj.* dreieckig; **~ométrie** Ⓐ [~nɔme'tri] *f* Trigonometrie *f*.

trilatéral, -e [trilate'ral] *adj.* (*m/pl.* -aux) dreiseitig.

trilingue [tri'lɛ̃:g] *adj.* dreisprachig.

trill|e ♪ [trij] *m* Triller *m*; **~er** [~'je]

$v/t.$ u. $v/i.$ (1a) trillern.
trillion [tri'ljõ] m Trillion $f.$
trilobé, -e $\female$ [trilɔ'be] $adj.$ dreilappig.
trimard ✶ ⚓ [tri'ma:r] m Landstraße f; **~er** P [~mar'de] (1a) $v/i.$ tippeln; herumstromern, sich (he)rumtreiben; $v/t.$ schleppen; **~eur** P [~'dœ:r] m Tippelbruder m; Stromer m, Vagabund m.
trimbaler F [trɛ̃ba'le] $v/t.$ (1a) überall mit sich herumschleppen.
trimer F [tri'me] $v/i.$ (1a) sich abrackern, schuften.
trimestr|e [tri'mɛstrə] m Vierteljahr n, Quartal n; vierteljährliche Zahlung f; **~iel, -le** [~tri'ɛl] $adj.$ vierteljährlich.
tringle [trɛ̃:glə] f Stange f, Leiste f, Latte f; $bsd.$ Gardinenstange $f.$
trinité [trini'te] f **1.** Dreiheit f; **2.** $rl.$ ♀ Dreieinigkeit f, Dreifaltigkeit f; F à la ~ am Nimmerleinstag.
trinquart ⚓ [trɛ̃'ka:r] m Heringsboot $n.$
trinquer [trɛ̃'ke] $v/i.$ (1m) **1.** ~ avec q. à un événement mit j-m auf ein Ereignis anstoßen; **2.** F herhalten müssen; $abs.$ reinfallen.
trio [tri'o] m ♪ Terzett n, Trio n; $fig.$ $plais.$, $mv.p.$ Kleeblatt n, Trio $n.$
triode $rad.$ [tri'ɔd] f ($od. adj.$: lampe f ~) Triode $f.$
triolet [trio'lɛ] m **1.** ♪ Triole f; **2.** ♀ Wolfs-, Schafs-klee $m.$
triomph|al, -e [triõ'fal] $adj.$ ($m/pl.$ $-aux$) Triumph...; **~alement** [~l'mã] $adv.$ im Triumph; **~ant, -e** [~'fã, ~'fã:t] $adj.$ triumphierend; **~ateur, -rice** [~fa'tœ:r, ~'tris] **1.** $su.$ Sieger(in f) m; **2.** $m antiq.$ Triumphator m; **~e** [tri'õ:f] m Triumph m; Sieg m; glänzender Erfolg m; **~er** [triõ'fe] $v/i.$ (1a) **1.** triumphieren, siegen (de über $acc.$); ~ de qch. etw. besiegen, etw. überwinden; **2.** $abs.$ frohlocken, jubeln.
tripaille $ch.$ [tri'pa:j] f Eingeweide $n/pl.$
tripart|i, -e [tripar'ti] $adj.$ s. $tripartite$; **~isme** $pol.$ [~'tism] m Dreiparteiensystem n; **~ite** [~'tit] $adj.$ **1.** ♀ dreiteilig; **2.** $pol.$ Dreier..., Dreimächte...; Dreiparteien...; **~ition** [~ti'sjõ] f Dreiteilung $f.$
tripatouiller F [tripatu'je] $v/t.$ (1a) entstellen; verfälschen.
trip|e [trip] f **1.** mst ~s $pl.$ $zo.$ Eingeweide $n/pl.$; $cuis.$ Kaldaunen $f/pl.$; **2.**

$cuis.$ œuf m à la ~ hartes Ei n in Scheiben mit Zwiebeln; **~ette** [~'pɛt] f nur noch in: cela ne vaut pas ~ das ist gar nichts wert.
triphasé, -e ⚡ [trifa'ze] $adj.$ dreiphasig.
tripl|e ['triplə] **1.** $adj.$ dreifach; **2.** m: le ~ das Dreifache; **~er** [~'ple] (1a) $v/t.$ verdreifachen; $v/i.$ sich verdreifachen; **~icité** [~plisi'te] f dreifaches Vorkommen n; **~on** [~'plõ] m dreimal das gleiche Geschenk.
triporteur $vél.$ [tripɔr'tœ:r] m Lieferdreirad $n.$
tripot [tri'po] m Spielhölle f; **~age** F [~po'ta:ʒ] m Anfassen n, Begrapschen n $f/pl.$; oft ~s $pl.$ Schwindel m; Machenschaften $f/pl.$; **~ée** F [~'te] f Tracht f Prügel; Horde f Kinder; **~er** F [~] (1a) $v/t.$ herumspielen (qch. mit etw. $dat.$); $etw.$ begrapschen P; $fig.$ herumkramen; dunkle Geschäfte machen; intrigieren; ~ aux machines an den Maschinen herumfummeln F.
triquard, -e ✶ [tri'ka:r, ~'kard] $su.$ u. $adj.$: être ~ Aufenthaltsverbot haben.
triqu|e [trik] f **1.** Knüppel m; être habitué à marcher à la ~ an Kadavergehorsam gewöhnt sein; **2.** ✶ Aufenthaltsverbot n; **~er** [~'ke] $v/t.$ (1m) schlagen ($bsd.$ Esel $od.$ Kühe).
trisaïeul, -e [triza'jœl] $su.$ Ururgroßvater m, -mutter $f.$
trisannuel, -le [triza'nɥɛl] $adj.$ alle drei Jahre stattfindend, dreijährlich; ♀ dreijährig.
trisection [trisɛk'sjõ] f Dreiteilung $f.$
trisser¹ [tri'se] $v/i.$ (1a) Schwalbe: zwitschern.
trisser² [tri'se] (1a) **1.** $v/t.$ zum zweitenmal da capo verlangen; **2.** $v/i.$ ✶ rasen, flitzen, wetzen F; se ~ ✶ abhauen, türmen.
trist|e [trist] $adj.$ traurig; betrübend; $fig.$ trübselig, langweilig; jämmerlich; trüb(e), finster ($bsd.$ vom Wetter); **~esse** [~'tɛs] f Traurigkeit f; Betrübnis f, Schwermut f; $fig.$ Öde $f.$
triton [tri'tõ] m $zo.$ Wassermolch m; Trompetenschnecke f; $fig.$ F faire les ~s schwimmen, baden.
tritur|able [trity'rablə] $adj.$ zerreibbar; **~er** [~'re] $v/t.$ (1a) zerreiben.
trivial, -e [tri'vjal] $adj.$ ($m/pl.$ $-aux$) vulgär; **~ité** [~li'te] f Unanständigkeit f; vulgärer Ausdruck $m.$

trixtu ♪ [triks'ty] *m* Baskenflöte *f mit drei Löchern.*

troc [trɔk] *m* Tauschhandel *m.*

trochée *mét.* [trɔ'ʃe] *m* Trochäus *m.*

troène ♀ [trɔ'ɛːn] *m* Liguster *m.*

troglodyte [trɔglɔ'dit] *m* **1.** Höhlenbewohner *m;* **2.** *orn.* Zaunkönig *m.*

trogn|e *F* [trɔɲ] *f* Vollmondgesicht *n;* **~on** [~'ɲõ] **1.** *m* Kerngehäuse *n, dial.* Griebs *m;* (Kohl-)Strunk *m;* P *fig.* Kopf *m,* Birne *f* P; F Liebling *m; jusqu'au ~* total; **2.** *adj./m fig.* niedlich, süß F.

troïka [trɔ'ika] **1.** *f* Troika *f,* Dreigespann *n (a. fig.);* **2.** *adjt.: ville f ~* Dreistadt *f.*

trois [trwɑ] **1.** *a/n. c.* drei; **2.** *m* Drei *f;* **~ième** [~'zjɛm] **1.** *a/n. o.* dritte(r, -s); **2.** *m* Drittel *m,* ♙ dritter Stock *m,* dritte Etage *f;* **3.** *f Fr. écol.* vierte Klasse *f des Gymnasiums;* **~mâts** ♙ [~'mɑ] *m (inv.)* Dreimaster *m;* **~quarts** [~'kaːr] *m (inv.)* ♪ Dreiviertel-, Kinder-geige *f; cout.* Dreiviertelmantel *m; Rugby:* Dreiviertelspieler *m; phot.* Dreiviertelprofil *n; les ~ du temps* meistens.

trolley ⚡ [trɔ'lɛ] *m* Stromabnehmer *m; fil m de* ~ Oberleitung *f; perche f de* ~ Kontaktstange *f der Straßenbahn;* **~bus** [~'bys] *m* Oberleitungsomnibus *m,* Obus *m.*

trombe [trɔːb] *f* Windhose *f;* ~ *d'eau* Wasserhose *f; fig. arriver en* ~ angesaust kommen.

trombin|e F [trɔ'bin] *f* Gesicht *n;* **~oscope** P [~nɔ'skɔp] *m* **1.** *plais.* illustriertes Jahrbuch *n der Parlamentsmitglieder;* Porträtalbum *n;* **2.** *phot.* Kleinkamera *f* in Geschäften zum Fotografieren von Scheckbetrügern.

trombon|e [trɔ'bɔn] *m* **1.** ♪ Posaune *f;* Posaunist *m;* **2.** Büroklammer *f;* **~iste** ♪ [~'nist] *m* Posaunist *m,* Posaunenbläser *m.*

trompe [trɔːp] *f* **1.** *u. ch.* Horn *n;* Jagdhorn *n; Auto:* Hupe *f; zo.* Rüssel *m des Elefanten u. einiger Insekten;* ♙ Tromba *f; anat.* ~ *d'Eustache* Ohrtrompete *f;* ⊕ ~ *à eau* Wasserstrahlpumpe *f.*

trompe-la-mort F [trɔpla'mɔːr] *m (inv.)* wieder gesund gewordener Todeskandidat *m;* Draufgänger *m;* **~-l'œil** [~'lœj] *m (inv.)* perspektivisch gemaltes Gemälde *n; fig.* trügerischer Schein *m,* Spiegelfechterei *f; en* ~ täuschend ähnlich.

tromper [trɔ'pe] *v/t.* (1a) betrügen, täuschen; irreführen; *fig.* ~ *la faim* das Hungergefühl betäuben; *se* ~ sich irren (*de in dat.*); **~ie** [~p'ri] *f* Betrug *m.*

trompett|e [trɔ'pɛt] **1.** *f* ♪ Trompete *f;* ✶ Nase *f; Visage f; fig.* ~ *de la ville,* ~ *du quartier* Klatschmaul *n;* **2.** *m* ♪ Trompeter *m;* **~iste** ♪ [~'tist] *su.* Trompeter(in *f*) *m.*

trompeur, -se [trɔ'pœːr, ~'pøːz] **1.** *adj.* täuschend, (be)trügerisch; **2.** *su.* Betrüger(in *f*) *m.*

tronc [trɔ̃] *m* ♀ (Baum-)Stamm *m;* ♙, ♙ Stumpf *m; anat.* Rumpf *m;* ~ *des pauvres* Opferstock *m;* ~ *à collectes* Sammelbüchse *f; Fr. écol.* ~ *commun* gemeinsamer Bildungsweg *m.*

tronche P [trɔ̃ʃ] *f* Kopf *m,* Birne *f* P; *toute ma* ~! mir wie aus dem Gesicht geschnitten!

tronçon [trɔ̃'sõ] *m* (abgeschnittenes *od.* Bruch-)Stück *n;* Schwanzrübe *f e-s Pferdes;* ♙ *usw.* Strecke *f;* Teilstrecke *f;* ✈ Abschnitt *m e-r Flugstrecke;* ~ *d'autoroute* Autobahnabschnitt *m,* -teilstück *n;* ~ *de banlieue* Vorortstrecke *f.*

tronconique [trɔkɔ'nik] *adj.* kegelstumpfförmig; abgestumpft.

tronçonn|er [trɔsɔ'ne] *v/t.* (1a) zerschneiden; zerstückeln; **~euse** ⊕ [~'nøːz] *f* Kettenbaumsäge *f.*

trôn|e [troːn] *m* Thron *m;* **~er** [tro'ne] *v/i.* (1a) thronen; *fig. péj.* die erste Geige spielen.

tronquer [trɔ'ke] *v/t.* (1m) ♙, ♙ abstumpfen; *fig.* verstümmeln.

trop [tro, *in der Bindung* trop] *adv.* zuviel, zu (sehr); *ne ... pas* ~ nicht allzu(sehr); *beaucoup* ~ viel zuviel, viel zu sehr; *vor adj.:* viel zu; *elle parle beaucoup* ~ sie spricht viel zuviel; *il est beaucoup* ~ *jeune* er ist noch viel zu jung; ~ *peu* zuwenig; *litt. par* ~ allzu; *de* ~ überflüssig, zuviel.

trophée [trɔ'fe] *m* Trophäe *f,* Siegeszeichen *n.*

trophique ✿ [trɔ'fik] *adj.* Ernährungs...

tropical, -e [trɔpi'kal] *adj.* (*m/pl.* *-aux*) tropisch, Tropen...; **~iser** ⊕ [~li'ze] *v/t.* (1a) tropenfest machen.

tropique *géogr.* [trɔ'pik] *m* Wendekreis *m.*

tropisme [trɔ'pism] *m* **1.** *biol.* Tropismus *m;* **2.** *fig.* Zuneigung *f (zu e-m Land).*

trop-plein [tro'plɛ̃] *m* (*pl.* ~s) ⊕ Überlauf *m*; *fig.* Übermaß *n*; Überfülle *f*; ~ de population Bevölkerungsüberschuß *m*.

troquer [tro'ke] *v/t.* (1m) eintauschen (*contre* gegen).

troquet F [tro'kɛ] *m* Kneipe *f*.

trot [tro] *m* Trab *m*; *aller au* ~ Trab reiten; *mettre au* ~ traben lassen.

trott|e F [trɔt] *f* gutes Stück *n* Weg; *tout d'une* ~ ohne anzuhalten; **~e-menu** [~mə'ny] *adj.* (*inv.*) La Fontaine: *la gent* ~ die Mäuse *f/pl.*; **~er** [~'te] *v/i.* (1a) traben; *Mäuse*: huschen; *fig.* herumlaufen; **~eur** [~'tœːr] *m* **1.** *Pferd*: Traber *m*; **2.** tüchtiger Wanderer *m*; **3.** ~ *pliant* Gehgestell *n* für Kleinkinder; **~euse** [~'tøːz] *f* Sekundenzeiger *m der Uhr*; **~iner** [~ti'ne] *v/i.* (1a) *man.* ganz kurzen Trab gehen, tänzeln; F trippeln; **~inette** [~'nɛt] *f* Roller *m* (*Kinderspielzeug*); **~oir** [~'twaːr] *m* Bürgersteig *m*, Gehweg *m*; ~ *cyclable* Radfahrweg *m*; F *faire le* ~ auf den Strich gehen.

trou [tru] *m* Loch *n*; *fig.* Lücke *f*; F ~ (*perdu*) gottverlassenes Nest *n*, Kaff *n*; ✈ *d'air* Luftloch *n*; ~ *d'aiguille* Nadelöhr *n*; *boucher un* ~ ein Loch zustopfen; e-e Schuld abtragen; *faire un* ~ *à la lune* sich verdrücken, ohne s-e Schulden zu bezahlen; P *mais c'était un* ~ *noir* aber das war ein Reinfall.

troubade ✶ [tru'bad] *m* Soldat *m*.

troubadour *litt.* [truba'duːr] *m* (*provenzalischer*) Minnesänger *m*.

troublant, -e [tru'blɑ̃, ~'blɑ̃ːt] *adj.* verwirrend; aufregend; beunruhigend.

trouble ['trubl] **1.** *adj.* trüb(e); *fig.* unklar; verworren; *la* ~ *situation die* verworrene Lage; **2.** *m* Verwirrung *f*; *fig.* Aufregung *f*; Unruhe *f*; ~s *pl.* Aufruhr *m*; ☞, *psych.* Störungen *f/pl.*; **3.** *f* s. *truble*.

trouble-fête [trublə'fɛt] *m* (*inv.*) Störenfried *m*, Spielverderber *m*.

troubler [tru'ble] *v/t.* (1a) *Wasser usw.* trüben, trüb(e) machen; verdüstern; *Wellen* aufwühlen; *Frieden, Schlaf usw.* stören; *Geist* verwirren; *Plan* zerstören; se ~ trüb(e) werden; sich verwirren; *fig.* sich beunruhigen; unsicher werden.

trouée [tru'e] *f for.* Schneise *f*; *géol.*, ⚔ Durchbruch *m*; *Hecke*: Lücke *f*.

trouer [tru'e] *v/t.* (1a) durch-bohren, -löchern; se ~ Löcher bekommen.

troufion ⚔ P [tru'fjɔ̃] *m* Landser *m*, *péj.* Muschkote *m*.

trouill|ard P [tru'jaːr] *m* Feigling *m*, Angsthase *m*; *pomme f de* ~! der Idiot von Feigling!; **~e** P [truj] *f* Riesenangst *f*, Schiß *m* V.

troup|e [trup] *f* Truppe *f*, Mannschaft *f*; Trupp *m*, Schar *f*, Haufen *m*; *ch. a.* Rudel *n*; Schwarm *m*; ~s *pl.* Truppen *pl.*; **~eau** [~'po] *m* (*pl.* ~x) Herde *f*.

trouss|e [trus] *f* Garnitur *f*, Satz *m*; (Feder-)Etui *n*; (Werkzeug-)Tasche *f*; *chirurgisches* Besteck *n*; ~ (*de toilette od. de voyage*) Reisenecessaire *n*; ~ (*de couture*) Nähzeug *n*; ~s *pl. ehm.* Pluderhosen *f/pl.*; *être aux* ~s *de q.* hinter j-m her sein, j-m auf den Fersen sein; ~ *de pansement* Verband(s)tasche *f*; ~ *pharmaceutique* Taschenapotheke *f*; **~é, -e** [~'se] *adj.*: *bien* ~ hübsch zurechtgemacht; F gut gebaut (*od.* gewachsen); F gut getroffen (*Kunstwerk, litt., Kompliment*); **~eau** [~'so] *m* (*pl.* ~x) **1.** ~ *de clefs* Schlüsselbund *m od. n*; **2.** Aussteuer *f*, Ausstattung *f*.

trouss|er [tru'se] *v/t.* (1a) zs.-packen; *fig.* schnell u. leicht verfassen; *fig.* e-e *Sache* prompt erledigen; *cuis.* *Geflügel* bratfertig machen; F ~ *les femmes* die Frauen verführen.

trouvable [tru'vabl] *adj.* auffindbar.

trouvaille [tru'vɑːj] *f* glücklicher Fund *m*; Einfall *m*, Entdeckung *f* e-s *Künstlers od. Forschers*; Volltreffer *m* (*fig.*).

trouver [tru've] *v/t.* (1a) finden; erfinden; erachten; herausfinden; entdecken, er-, aus-denken; *aller* ~ *q.* j-n aufsuchen; se ~ gefunden werden; vorkommen; sich fühlen; se ~ (*mit p/p.*) werden; se ~ *mal* in Ohnmacht fallen; *il se trouve que* ... es erweist sich, daß ...; *comment trouvez-vous* ...? wie finden Sie ...?, was halten Sie von ... (*dat.*)?; wie gefällt Ihnen ...?; *ce prestige se trouve augmenté de manière spectaculaire* dieses Prestige wird in beachtliche Weise vergrößert.

trouvère *litt.* [tru'vɛːr] *m* (*nordfranzösischer*) Minnesänger *m*.

trouveur, -se [tru'vœːr, ~'vøːz] *su.* Finder(in *f*) *m*.

truand [try'ɑ̃] *m* Gangster *m*; **~er**

néol. [~ˈde] *v/t.* (1a) *j-n* übers Ohr hauen.
truble [ˈtryblə] *f Fischerei*: Kescher *m.*
trublion [trybliˈɔ̃] *m* Unruhestifter *m*; *univ.*, *pol.* Chaote *m.*
truc [tryk] *m* **1.** Dreh *m*, Kniff *m*, Trick *m*; **2.** Ding *n*, Dingsda *n*; **3.** 🚃 offener Güterwagen *m*, Lore *f*; ~ *électrique* Elektrokarren *m.*
trucage [tryˈkaːʒ] *m* s. *truquage.*
truchement [tryʃˈmɑ̃] *m*: *par le* ~ *de q.* durch j-s Vermittlung, über j-n, durch j-n.
truck [tryk] *m* s. *truc* 3.
truculent, -e [trykyˈlɑ̃, ~ˈlɑːt] *adj.* urwüchsig; *Witz*: saftig; *Stil*: kraftvoll.
truelle ⚠ [tryˈɛl] *f* Kelle *f.*
truff|e [tryf] *f* **1.** ⚘, *cuis.* Trüffel *f*; **2.** Nase *f des Hundes*; P Zinken *m* (*Nase*); F *quelle* ~! was für ein Idiot!; **~er** [~ˈfe] *v/t.* (1a) *cuis.* mit Trüffeln füllen (*od.* garnieren); *fig. Text* spicken (de mit *dat.*); **~iculture** ✓ [~fikylˈtyːr] *f* Trüffelzucht *f*; **~ier, -ère** [~ˈfje, ~ˈfjɛːr] *adj.* Trüffel...; *chien m* ~ Trüffelsucher *m* (*Hund*); **~ière** ✓ [~ˈfjɛːr] *f* Trüffelboden *m.*
truie [trɥi] *f* Sau *f*, Mutterschwein *n.*
truisme [tryˈism] *m* Binsenweisheit *f.*
truite *icht.* [trɥit] *f* Forelle *f*; ~ *saumonée* Lachsforelle *f.*
truité, -e [trɥiˈte] *adj.* (rot) gesprenkelt; *Glasur*: rissig.
trumeau [tryˈmo] *m* (*pl.* ~*x*) Fenster-, Tür-pfeiler *m*; Pfeilerspiegel *m*; *cuis.* Rinderkeule *f.*
truqu|age [tryˈkaːʒ] *m* Schwindel *m*, Fälschung *f*; *cin.* Trickaufnahme *f*; ~ *photographique* Fotomontage *f*; **~er** [~ˈke] (1m) *v/i.* schwindeln; *v/t.* (ver)fälschen; *Möbel*, *Bild* auf alt zurechtmachen; *Bilanz* frisieren; *film m truqué* Trickfilm *m.*
trust [trœst] *m* Konzern *m*, Trust *m*; **~er** [~ˈte] *v/t.* (1a) monopolisieren.
tsar [tsaːr] *m* Zar *m*; **~ine** [tsaˈrin] *f* Zarin *f*; **~iste** [~ˈrist] *adj.* zaristisch.
tsé-tsé *ent.* [tseˈtse] *f* (*inv.*) Tsetsefliege *f.*
tsigane [tsiˈgan] **1.** *su.* Zigeuner(in *f*) *m*; **2.** *adj.* Zigeuner...
tu¹ [ty] *pr/p.* du.
tu² [ty] *p.p. von taire.*
tuant, -e [tɥɑ̃, tɥɑ̃ːt] *adj.* anstrengend; zum Sterben langweilig; unausstehlich.
tu-autem F [tɥoˈtɛm] *m* (*inv.*) Kern (-punkt *m*) *m*; Hauptschwierigkeit *f.*
tub [tœb] *m* Duschwanne *f*; Dusche *f.*
tuba [tyˈba] *m* ♪ Tuba *f*; *Sport*: Schnorchel *m.*
tubage [tyˈbaːʒ] *m* ⊕ Rohrlegung *f*; ⚕ Einführung *f* e-r Sonde.
tubard, -e F [tyˈbaːr, ~ˈbard] **1.** *adj.* tuberkulös; **2.** *su.* Tuberkulosekranke(r *m*) *m u. f*; **~ise** * [~barˈdiːz] *f* Tuberkulose *f.*
tub|e [tyb] *m* Rohr *n*; Röhre *f* (*a. rad.*), Lampe *f*; Tube *f für Farben, Pasten usw.*; Blasrohr *n*; *anat.* Gang *m*, Kanal *m*; Rohrpost *f*; P Telefon *n*; F Magen *m*; * ♪ Hit *m*, neuester Schlager *m*; ⚡ ~ *au néon* Neonröhre *f*; *rad.* ~ *d'émission* Senderöhre *f*; ⚗ ~ *d'essai* Reagenzglas *n*; *anat.* ~ *digestif* Verdauungskanal *m*; *télév.* ~ *image* Bildröhre *f*; **~er** ⊕ [~ˈbe] *v/t.* (1a): ~ *qch.* Rohre in etw. (*acc.*) einsetzen.
tubercul|e [tybɛrˈkyl] *m* ⚘ Knolle *f*; *anat.* Höcker *m*; ⚕ Knötchen *n*; *bei Tuberkulose*: Tuberkel *m*; **~eux, -se** ⚕ [~ˈlø, ~ˈløːz] **1.** *adj.* tuberkulös; **2.** *su.* Tuberkulosekranke(r *m*) *m u. f*; **~ose** ⚕ [~ˈloːz] *f* Tuberkulose *f.*
tubéreuse ⚘ [tybeˈrøːz] *f* Tuberose *f.*
tubér|eux, -se ⚘ [tybeˈrø, ~ˈrøːz] *adj.* knollig; **~isation** [~rizaˈsjɔ̃] *f* ⚘ Knollenbildung *f*; ⚕ Tuberkelbildung *f*; **~osité** [~roziˈte] *f anat.* Auswuchs *m*; ⚘ Knolle *f.*
tubiste [tyˈbist] *m* Caissonarbeiter *m.*
tubul|aire [tybyˈlɛːr] *adj.* röhrenförmig; Röhren...; **~ure** ⊕ [~ˈlyːr] *f* Rohransatz *m*, Stutzen *m.*
tudesque [tyˈdɛsk] *adj.* altdeutsch.
tue|-chien ⚘ [tyˈʃjɛ̃] *m* (*inv.*) Herbstzeitlose *f*; **~-mouche** [~ˈmuʃ] **1.** *adj.*: *papier m* ~*s* Fliegenpapier *n*; **2.** *m* (*inv.*) ⚘ Fliegenpilz *m.*
tuer [tɥe] *v/t.* (1a) töten; erlegen; schlachten; *fig.* ruinieren; F ~ *le ver* frühmorgens ein Schnäpschen trinken; *se* ~ a) sich das Leben nehmen; b) tödlich verunglücken; *se* ~ *au travail* sich totarbeiten.
tuerie [tyˈri] *f* Blutbad *n*, Gemetzel *n.*
tue-tête [tyˈtɛt] *advt.*: *à* ~ aus vollem Halse; aus Leibeskräften.
tueur, -se [tɥœːr, tɥøːz] **1.** *su.* Mörder(in *f*) *m*; **2.** *m* Schlächter *m.*
tuf *min.* [tyf] *m* Tuffstein *m.*

tuil|e [tɥil] f **1.** Dachziegel m; **2.** Pech n (fig.); quelle ~! was für ein Pech!; j'ai eu une ~ ich habe diesmal Pech gehabt; **~erie** [~l'ri] f Ziegelei f.

tulipe [ty'lip] f ♀ Tulpe f; Tulpenglas n; Lampenglocke f.

tulle text. [tyl] m Tüll m.

tumé|faction ✻ [tymefak'sjɔ̃] f Schwellung f; **~fier** ✻ [~'fje] v/t. (1a) anschwellen lassen; se ~ anschwellen.

tumeur [ty'mœːr] f ✻ Geschwulst f; ♀ Knorren m.

tumulaire [tymy'lɛːr] adj. Grab...

tumult|e [ty'mylt] m Tumult m; Treiben n (fig.), Unruhe f; **~ueux, -se** [~'tɥø, ~'tɥøːz] adj. lärmend, tobend.

tumulus antiq. [tymy'lys] m Grabhügel m, Hügelgrab n.

tungstène 🜨 [tœ̃ks'tɛn] m Wolfram n.

tunique [ty'nik] f antiq., Damenmode: Tunika f; ✕ Waffenrock m; anat., ⊕ Häutchen n.

tunisien, -ne [tyni'zjɛ̃, ~'zjɛn] **1.** adj. tunesisch; **2.** ♀(ne) su. Tunesier(in f) m.

tunnel [ty'nɛl] m Tunnel m; **~ier** [~'lje] m Tunnelbohrer m.

turban [tyr'bɑ̃] m Turban m.

turbin P [tyr'bɛ̃] m Arbeit f, Job m; **~e** ⊕ [~'bin] f Turbine f; **~é, -e** biol. [~'ne] adj. kreiselförmig; **~er** P [~] v/i. (1a) schuften P, schwer arbeiten.

turbo|clair ⊕ [tyrbɔ'klɛːr] m Nebelbeseitiger m für Flugplätze; **~propulseur** ✈ [~prɔpyl'sœːr] m Turboproptriebwerk n; **~propulsion** [~'sjɔ̃] f Turboantrieb m; **~réacteur** ✈ [~reak'tœːr] m Turboluftstrahltriebwerk n, Strahlturbine f.

turbot icht. [tyr'bo] m Steinbutt m.

turbul|ence [tyrby'lɑ̃ːs] f Ausgelassenheit f; phys., météor. Turbulenz f; néol. géol. turbulentes Fließen n; **~ent, -e** [~'lɑ̃, ~'lɑ̃ːt] adj. ausgelassen, wild; phys. turbulent.

turc, f: turque [tyrk] **1.** adj. türkisch; **2.** ♀ su. Türke m, Türkin f; fig. tête f de Turc Prügelknabe m; **3.** m: le ~ das Türkische, Türkisch n.

turf hipp. [tyrf] m Renn-sport m, -bahn f; **~iste** [~'fist] su. Wetter(in f) m bei Pferderennen.

turgescence ✻ [tyrʒe'sɑ̃ːs] f Turgeszenz f, Turgor m.

turion ♀ [ty'rjɔ̃] m Wurzelknospe f.

turlupiner F [tyrlypi'ne] v/t. (1a) j-n schikanieren; j-m auf die Nerven fallen.

turlututu [tyrlyty'ty] **1.** m F ♪ Flöte f; **2.** int.: ~! papperlapapp!

turne ★ [tyrn] f Studentenbude f.

turpitude [tyrpi'tyd] f Schande f.

turque [tyrk] s. turc.

turquin [tyr'kɛ̃] adj./m: bleu m ~ Türkischblau n.

turquoise min. [tyr'kwaːz] f Türkis m.

tussilage ♀ [tysi'laːʒ] m Huflattich m.

tutélaire 🜨 [tyte'lɛːr] adj. Treuhand...; vormundschaftlich.

tutelle [ty'tɛl] f Vormundschaft f; fig. péj. Bevormundung f.

tuteur, -rice [ty'tœːr, ~'tris] **1.** su. Vormund m, v. a. Vormund m; Vormund m; **2.** m ♪ (Baum- usw.) Stütze f; Spalierstange f.

tutoiement [tytwa'mɑ̃] m Duzen n.

tutoyer [tytwa'je] v/t. (1h) duzen.

tutu [ty'ty] **1.** m Ballettröckchen n; ★ Telefon n; gewöhnlicher Wein m; enf. Popo m; **2.** adj. (inv.) ★ tuberkulös.

tuyau [tɥi'jo] m (pl. ~x) Rohr n; Röhre f; ♀ Halm m; F Tip m, Wink m; ~ d'arrosage Gartenschlauch m; Auto: ~ d'échappement Auspuffrohr n; ~ de trop-plein Überlaufrohr n; **~tage** [~jɔ'taːʒ] m Rohrleitung f; **~ter** F [~'te] v/t. (1a): ~ q. j-m vertrauliche Winke geben.

tuyère ⊕ [tɥi'jɛːr] f Düse f.

tympan [tɛ̃'pɑ̃] m anat. Trommelfell n; △ Giebelfeld n; men. Füllung f; **~isme** ✻ [~pa'nism] m, **~ite** ✻ [~'nit] f Blähungen f/pl.; **~on** ♪ [~'nɔ̃] m Hackbrett n.

typ|e [tip] m Typ m; Urbild n; Grundform f; F Kerl m, Mensch m, Mann m; péj. Type f, Marke f; Sonderling m; typ. mst ~s pl. Lettern f/pl., Typen f/pl.; △ ~ de construction Bauart f; **~é, -e** [ty'pe] adj. ausgeprägt; **~esse** P péj. [~'pɛs] f Frauenzimmer n.

typhique ✻ [ti'fik] **1.** adj. typhuskrank; **2.** su. Typhuskranke(r m) m u. f.

typhon [ti'fɔ̃] m Taifun m.

typhus [ti'fys] m ✻ Typhus m; vét. ~ du chien Stuttgarter Hundeseuche f.

typique [ti'pik] adj. typisch (de qch. für etw., de od. pour q. für j-n).

typisation [tipizaˈsjɔ̃] f Typisierung f, Normung f, Vereinheitlichung f.

typo [tiˈpo] **1.** m abr. für typographe; **2.** f abr. für typographie.

typo|chromie [tipokrɔˈmi] f Farbendruck m; **~graphe** [~ˈgraf] m Schriftsetzer m; **~graphie** [~ˈfi] f Typographie f; Buchdruckerkunst f; Druck m.

typologie [tipolɔˈʒi] f Typologie f (bsd. psych.).

tyran [tiˈrɑ̃] m Tyrann m (a. fig.); **~nicide** [~raniˈsid] **1.** su. Tyrannenmörder(in f) m; **2.** m Tyrannenmord m; **~nie** [~ˈni] f Tyrannei f; fig. Macht f; **~nique** [~ˈnik] adj. tyrannisch.

tzar [tsaːr] usw. s. tsar.

tzigane [tsiˈgan] s. tsigane.

U

U (*ou* **u**) [y] *m* U (*od.* u) *n*.

ubiqu|iste F [ybi'kɥist] **1.** *adj.* allgegenwärtig; *fig.* überall tätig (*a. péj.*); **2.** *m* in allen Dingen bewanderter Mensch *m*; *iron. péj.* Hansdampf *m* in allen Gassen; **~ité** [~kɥi'te] *f* Allgegenwart *f*; *fig.* je n'ai pas le don d'~ ich kann nicht überall zugleich sein.

ubuesque [yby'ɛsk] *adj.* grotesk.

ufologue [yfɔ'lɔg] *su.* j., der die Existenz von Ufos wissenschaftlich untersucht.

ulcération [ylsera'sjɔ̃] *f* Geschwürbildung *f*; Geschwür *n*.

ulcère 🌿 [yl'sɛːr] *m* Geschwür *n*.

ulcér|er [ylse're] *v/t.* (1f) 🌿 ein Geschwür bilden; *fig.* verbittern; **~eux, -se** [~'rø, ~'røːz] *adj.* geschwürartig; mit Geschwüren bedeckt.

ultérieur, -e [ylte'rjœːr] *adj.* **1.** spätere(r, -s); (zu)künftige(r, -s); weitere(r, -s); **2.** *géogr.* jenseitig.

ultim|atum [yltima'tɔm] *m* Ultimatum *n*; **~e** [~'tim] *adj.* letzte(r, -s); **~o** [~'mo] *adv.* zuletzt.

ultra *pol.* [yl'tra] *m* Extremist *m*, Radikalist *m*; **~moderne** [~mɔ-'dɛrn] *adj.* hypermodern; **~montain, -e** *cath.* [~mɔ̃'tɛ̃, ~'tɛn] **1.** *adj.* ultramontan; **2.** *su.* Ultramontane(r *m*) *m u. f*; **~montanisme** *cath.* [~mɔ̃ta'nism] *m* Ultramontanismus *m*; **~-sensible** *phot., rad.* [~sɑ̃'siblə] *adj.* hochempfindlich; **~(-)son** [~'sɔ̃] *m* Überschall *m*; **~sonique** [~sɔ'nik] *adj.* Überschall...; **~violet, -te** [~vjɔ-'lɛ, ~'lɛt] *adj.* ultraviolett; *rayons m/pl.* **~s** ultraviolette Strahlen *m/pl.*; 🌿 *exposition f aux rayons* **~s** Bestrahlung *f* mit Höhensonne; *appliquer le traitement par les rayons* **~s** mit der Höhensonne bestrahlen.

ululer [yly'le] *v/i.* (1a) *Eule*: schreien; *allg.* laut heulen.

un [œ̃, ɛ̃] *m*, **une** [yn] *f* **1.** *a/n. c.* alleinstehend: un (*inv.*) eins; *vor su.*: ein *m u. n*, eine *f* (*alleinstehend*: einer *m*, eine *f*, ein[e]s *n*) F *ne faire ni une ni deux* nicht lange fackeln; *pas un* nicht einer; *il est gentil comme pas un* er ist riesig nett; *advt.*: *un` à un* einzeln,

einer nach dem andern, eins nach dem andern; **2.** *adj.* unteilbar; einheitlich; einzig; *c'est tout un* es ist alles eins, das ist ein und dasselbe; *pol.* rester un(e) et indivisible völlig unteilbar bleiben; *ne faire qu'un* eins sein; sich gegenseitig helfen; **3.** *art. indéfini* ein *m u. n*, eine *f*; **4.** *pr/ind.* einer *m*, eine *f*, ein(e)s *n*; *l'un*, *l'une* der (die, das) eine; *les uns*, *les unes* die einen; *l'un(e) l'autre* einander; *les un(e)s pour les autres* füreinander; (*l')un de ces jours* an einem dieser Tage; *à un de ces jours!* bis bald!; *de deux jours l'un* jeden zweiten Tag; *de deux choses l'une* eins von beiden; **5.** *m* (*inv.*) le un die Eins; der Ein(s)er.

unanim|e [yna'nim] *adj.* einstimmig, einmütig; **~ité** [~mi'te] *f* Einstimmigkeit *f*; *à l'~* einstimmig.

une [yn] *s. un*.

uni, -e [y'ni] **1.** *adj.* glatt; eben; einfarbig; schmucklos, schlicht; **2.** *m* einfarbiger Stoff *m*.

uni|cellulaire *biol.* [ynisɛly'lɛːr] *adj.* einzellig; **~cité** [~si'te] *f* Einmaligkeit *f*; **~colore** [~kɔ'lɔːr] *adj.* einfarbig; **~corne** *zo.* [~'kɔrn] *adj.* einhörnig.

unième [y'njɛm] *a/n. o. nur in Zssgn:* vingt et **~** einundzwanzigste(r, -s); cent **~** hunderterste(r, -s).

unifi|cation [ynifika'sjɔ̃] *f* Einigung *f* (*zu e-m Ganzen*); Vereinheitlichung *f*; **~er** [~'fje] *v/t.* (1a) einigen; vereinheitlichen.

uniform|e [yni'fɔrm] **1.** *adj.* gleichförmig, -mäßig, -artig; einförmig; **2.** *m* Uniform *f*; **~ément** [~me'mɑ̃] *adv. s. uniforme* 1.; **~isation** [~miza-'sjɔ̃] *f* Uniformierung *f*; Vereinheitlichung *f*; **~iser** [~'ze] *v/t.* (1a) uniformieren; vereinheitlichen; **~ité** [~'te] *f* Gleich-, Ein-förmigkeit *f*.

unijambiste [yniʒɑ̃'bist] **1.** *adj.* beinamputiert; einbeinig; **2.** *su.* Beinamputierte(r *m*) *m u. f*.

uni|latéral, -e [ynilate'ral] *adj.* (*m/pl. -aux*) einseitig; **~lingue** [~'lɛ̃ːg] *adj.* einsprachig.

union [y'njɔ̃] *f* Union *f*; Zs.-schluß

m; Verbindung *f*; Vereinigung *f*; Bund *m*; Bündnis *n*; Staatenbund *m*; Einigkeit *f*, Eintracht *f*.

unipolaire ⚡ [ynipɔˈlɛːr] *adj.* einpolig.

unique [yˈnik] *adj.* einzig; einzigartig; F *iron.* sonderbar; *seul et* ~ einzig und allein; *école f* ~ Einheitsschule *f*; *prix m* ~ Einheitspreis *m*; ~**ment** [~ˈmã] *adv.* einzig und allein; nur.

unir [yˈniːr] *v/t.* (2a) **1.** verbinden, vereinigen; *Brautpaar* trauen; **2.** ebnen, glätten.

uni|service ⚕ [yniˈsɛrvis] *m* nur zu einmaligem Gebrauch bestimmter Gegenstand *m*; ~**sexualité** *écol.* [~sɛksyaliˈte] *f* Geschlechtertrennung *f* bei der Erziehung.

unisson [yniˈsõ] *m* ♪ Gleichklang *m*; *fig.* Übereinstimmung *f*; *♪ à l'*~ einstimmig; *se mettre à l'*~ *des circonstances* sich nach den Umständen richten.

unit|aire [yniˈtɛːr] **1.** *adj.* einheitlich; Einheits...; **2.** *m rl.* Unitarier *m*; *pol.* Unitarist *m*; ~**arisme** *rl., pol.* [~taˈrism] *m* Unitarismus *m*.

unité [yniˈte] *f* Einheit *f* (*a.* ⚔); Einheitlichkeit *f*; Maßeinheit *f*; ⚖ Einer *m*; ♀ Stück *n*; ⊕ Anlage *f*; ⚔ ~ *combattante* Kampfeinheit *f*; *univ.* ~ *d'enseignement et de recherche* Einz.: Fachbereich *m*; ♀ *prix m à l'*~ Einzel-, Stück-preis *m*.

univalent, -e ⚗ [ynivaˈlã, ~ˈlãːt] *adj.* einwertig.

univers [yniˈvɛːr] *m* Weltall *n*, Universum *n*; ~**aliser** [~vɛrsaliˈze] *v/t.* (1a) allgemein verbreiten; ~**alité** [~ˈte] *f* Allgemeinheit *f*; Vielseitigkeit *f*; ~**el, -le** [~ˈsɛl] *adj.* universal, vielseitig; allgemein.

universit|aire [yniversiˈtɛːr] **1.** *adj.* Universitäts...; **2.** *su.* Universitätsprofessor(in *f*) *m*; ~**é** [~ˈte] *f* Universität *f*; *in Frankreich:* Gesamtschulwesen *n*, Gesamtlehrkörper *m*; ~ *populaire* Volkshochschule *f*.

univoque [yniˈvɔk] *adj.* Logik: eindeutig; *gr.* gleichlautend; ♪ gleichnamig.

Untel [œ̃ˈtɛl] *m*: *Monsieur* ~ *Herr Soundso m.*

uppercut [ypɛrˈkyt] *m* Boxsport: Kinnhaken *m*.

uranium ⚛ [yraˈnjɔm] *m* Uran *n*.

urbain, -e [yrˈbɛ̃, ~ˈbɛn] *adj.* städ-

tisch; Stadt...; *chauffage m* ~ Fernheizung *f*; *réseau m* ~ *téléph.* Ortsnetz *n*; 🚇 Stadtbahnnetz *n*.

urban|isation [yrbanizaˈsjõ] *f* Verstädterung *f*; ~**isme** [~ˈnism] *m* (Stadtplanung *f* und) Städtebau *m*; ~**iste** [~ˈnist] **1.** *su.* Städteplaner(in *f*) *m*; **2.** *adj.* städteplanerisch; ~**ité** [~niˈte] *f* Weltgewandtheit *f*.

uré|e ⚗ [yˈre] *f* Harnstoff *m*; ~**mie** ⚕ [~ˈmi] *f* Harnvergiftung *f*; ~**térite** ⚕ [~teˈrit] *f* Harnleiterentzündung *f*.

urètre *anat.* [yˈrɛtrə] *m* Harnröhre *f*.

urg|ence [yrˈʒãːs] *f* **1.** Dringlichkeit *f*; *une* ~ *Kranker:* ein dringender Fall *m*; *service m des* ~s Unfallstation *f im Krankenhaus*; *salle f des* ~s Notaufnahme *f für Fernsehgeräte*; *il y a (grande)* ~ es eilt (sehr), es ist (sehr) dringend; **2.** *adv.:* *d'*~ dringend; ~**ent, -e** [~ʒã, ~ˈʒãːt] *adj.* (*adv. nur: d'urgence*) dringend, eilig.

urger F [yrˈʒe] *v/i.* (11): *ça urge!* das eilt!

urin|aire [yriˈnɛːr] *adj.* Harn...; ~**al** [~ˈnal] *m* (*pl.* -aux) Uringlas *n*; ~**ation** [~naˈsjõ] *f* Urinieren *n*, Wasserlassen *n*; ~**e** [~ˈrin] *f* Urin *m*; ~**er** [~ˈne] *v/i.* (1a) urinieren, Wasser lassen; *auf Fr.* [~ˈnwaːr] *m* Bedürfnisanstalt *f* (*für Männer*).

urique ⚗ [yˈrik] *adj.:* *acide m* ~ Harnsäure *f*.

urne [yrn] *f* Urne *f*.

uro|cystite ⚕ [yrɔsisˈtit] *f* Blasenentzündung *f*; ~**logie** ⚕ [~lɔˈʒi] *f* Urologie *f*; ~**logue** [~ˈlɔg] *su.* Urologe *m*, Urologin *f*; ~**scopie** ⚕ [~skɔˈpi] *f* Urinuntersuchung *f*.

urticaire ⚕ [yrtiˈkɛːr] *f* Nesselfieber *n*.

uruguayen, -ne [yrygwɛˈjɛ̃, ~ˈjɛn] **1.** *adj.* uruguayisch; **2.** 2(*ne*) *su.* Uruguayer(in *f*) *m*.

us [ys] *m/pl.*: ~ *et coutumes f/pl.* Sitten *f/pl.* und Gebräuche *m/pl.*

usag|e [yˈzaːʒ] *m* Benutzung *f*; Gebrauch *m*; Sitte *f*; ⚖ Nutzung *f*; *fig.* Gewohnheit *f*, Vertrautheit *f*; ~ *du monde* Weltkenntnis *f*, Lebensart *f*; *hors d'*~ nicht mehr gebräuchlich; *Kleidung:* abgetragen; ~**é, -e** [yzaˈʒe] *adj. Kleidung:* getragen, gebraucht; ~**er** [~] *m* Benutzer *m*; Teilnehmer *m*; ~ *(de la route)* Verkehrsteilnehmer *m*; ~ *(de la poste)* Postkunde *m*; ~ *(du téléphone)* Fernsprechteilnehmer *m*; *les* ~s *du français* die Französischsprechenden *pl.*

usance [y'zãːr] *f* **1.** ✝ Wechselfrist *f*;
2. *for.* Zeitspanne *f* nach der Füllung.

usant, -e F [y'zã, y'zãːt] *adj.* aufrei-
bend.

usé, -e [y'ze] *adj.* ge-, ver-braucht;
Truppen: abgekämpft; *Film*: abge-
spielt; *fig.* homme *m* ~ verbrauchter
Mensch *m*; *phrase f* ~e abgedroschene Redensart *f*.

user [y'ze] *v/i.*: ~ de qch. etw.
gebrauchen, etw. anwenden; *v/t.*: ~
qch. etw. verbrauchen; etw. abnutzen, *Kleidung* abtragen; s'~ sich abnutzen; sich aufreiben.

usin|age [yzi'naːʒ] *m* Verarbeitung *f*;
~e [y'zin] *f* Fabrik *f*; Werk *n*; Betrieb
m; Hüttenwerk *n*; ~ *atomique* Atomkraftwerk *n*; **~er** [~'ne] *v/t.* (1a) ver-
arbeiten.

usité, -e *ling.* [yzi'te] *adj. Wort*: gebräuchlich.

ustensile [ystã'sil] *m* (Haus-,
Küchen-, Garten-)Gerät *n.*

usuel, -le [y'zyɛl] *adj.* gebräuchlich,
üblich; *langue f* ~le Umgangssprache
f.

usufruit ⚖ [yzy'frɥi] *m* Nießbrauch
m, Nutznießung *f*; **~ier, -ère** ⚖
[~'tje, ~'tjɛːr] *su.* Nutznießer(in *f*) *m.*

usuraire [yzy'rɛːr] *adj.* wucherisch.

usur|e [y'zyːr] *f* Wucher *m*; ☆, ⊕
Abnutzung *f*, Verschleiß *m*; ☆ symptôme *m* d'~ Abnutzungserscheinung
f; ~ nerveuse Nervenverschleiß *m*; F
avoir q. à l'~ j-n (*mit Bitten od.
Fragen*) weichmachen; avec ~ *fig.*
reichlich (*vergelten*), *péj.* anständig
(*heimzahlen*); **~ier, -ère** [yzy'rje,
~'rjɛːr] *su.* Wucherer *m*, Wucherin *f.*

usurp|ateur, -rice [yzyrpa'tœːr,
~'tris] *su.* Thronräuber(in *f*) *m*; **~a-
tion** [~pa'sjɔ̃] *f* Thronraub *m*; ⚖ ~ *de
fonctions* Amtsanmaßung *f*; **~atoire**

⚖ [~pa'twaːr] *adj.* widerrechtlich;
~er [~'pe] *v/t.* (1a) sich widerrechtlich aneignen.

ut ♪ [yt] *m* (*inv.*) C *n*, c *n*; ténor *m* à l'~
de poitrine Heldentenor *m.*

utérin, -e [yte'rɛ̃, ~'rin] *adj. anat.*
Gebärmutter...; ⚖ frères *m/pl.* ~s
Halbbrüder *m/pl.* mütterlicherseits.

utile [y'til] *adj.* nützlich, (zweck-)
dienlich; *en temps* ~ zur rechten Zeit.

utilis|able [ytili'zablə] *adj.* benutz-
bar, verwendbar; befahrbar; non ~
ohne Gebrauchswert; *surface f* ~
Nutzfläche *f*; **~ation** [~za'sjɔ̃] *f*
Nutzbarmachung *f*; (Aus-)Nut-
zung *f*; An-, Ver-wendung *f*; Be-
nutzung *f*; Verwertung *f* v. *Resten*;
△ ~ de l'espace Raumnutzung *f*; ~ des
loisirs Freizeitgestaltung *f*; ~ pacifique de l'énergie atomique friedliche
Nutzung *f* der Atomenergie; **~er**
[~'ze] *v/t.* (1a) nutzbar machen;
(nützlich) an-, ver-wenden; ausnutzen; benutzen; *Reste* verwerten;
⊕ ~ complètement Maschine aus-
lasten.

utilit|aire [ytili'tɛːr] **1.** *adj.* Ge-
brauchs..., Nutz...; **2.** *m* Utilitarist
m; **~arisme** *phil.* [~ta'rism] *m* Utili-
tarismus *m*; Nützlichkeits-prinzip *n*,
-lehre *f*; **~é** [~'te] *f* Nützlichkeit *f*,
Nutzen *m*; *thé.* ~s *pl.* Nebenrollen
f/pl.

utop|ie *pol.*, *allg.* [yto'pi] *f* Utopie *f*;
Hirngespinst *n*; **~ique** [~'pik] *adj.*
utopisch; unreal; überspannt; unmöglich; **~iste** [~'pist] **1.** *adj.* utopisch; **2.** *su.* Utopist(in *f*) *m*; Welt-
verbesserer *m.*

utricule *anat.*, ♀ [ytri'kyl] *m* (kleiner)
Schlauch *m.*

uval, -e [y'val] *adj.* (*m/pl. -aux*) Trauben...

uvulaire *anat.*, *phon.* [yvy'lɛːr] *adj.*
Zäpfchen...

V

V (*ou* **v**) [ve] *m* V (*od.* v) *n*.

va [va] **1.** *prés.* (*3. Person sg.*) *u. impér.* (*2. Person sg.*) *von* aller; **2.** *advt.*: prôner qch. à tout ∼ um jeden Preis für etw. sein; **3.** *int.*: ∼! na schön!; mei-netwegen!; **✝** ∼ *pour cette somme!* nehmen Sie es dafür!

vacance [va'kɑ̃:s] *f* freie Stelle *f*, Vakanz *f*; ∼s *pl.* Ferien *pl.*; **∼erie** [∼kɑ̃s'ri] *f* Feriengestaltung *f*; **∼ier**, **-ère** [∼'sje, ∼'sjɛːr] *su.* Urlauber(in *f*) *m*; Feriengast *m*.

vacant, -e [va'kɑ̃, ∼'kɑ̃:t] *adj.* leer-stehend; unbesetzt, offen, vakant.

vacarme [va'karm] *m* Lärm *m*.

vacation [vaka'sjɔ̃] *f* Zeitaufwand *m* e-s *Beamten*; ⚖ Sitzung *f*; ∼s *pl.* Gebühren *f/pl. der Notare usw.*; ⚖ ∼s *pl.* Gerichtsferien *pl.*

vaccin 🏥 [vak'sɛ̃] *m* Impfstoff *m*; Vakzine *f*.

vaccin|able 🏥 [vaksi'nablə] *adj.* impfbar; **∼al, -e** 🏥 [∼'nal] *adj.* (*m/pl. -aux*) Impf...; **∼ateur, -rice** [∼na-'tœːr, ∼'tris] *su.* Impf-arzt *m*, -ärztin *f*; **∼ation** 🏥 [∼na'sjɔ̃] *f* Impfung *f*; **∼e** *vét.* [∼'sin] *f* Kuhpocken *pl.*; **∼er** [∼'ne] *v/t.* (1a) 🏥 impfen; *allg.* im-mun machen.

vach|e [vaʃ] **1.** *f* **a**) *zo.* Kuh *f*; ∼ *laitière* Milchkuh *f*; F *fig.* ∼ à lait melkende Kuh *f*; **b**) P Polizist *m*; ∼ à roulettes Polizist *m* auf e-m Fahr- *od.* Motor-rad; **2.** *adj.* F gemein; **∼ement** P [∼ʃ'mɑ̃] *adv.* riesig, äußerst; **∼er, -ère** [∼'ʃe, ∼'ʃɛːr] *su.* Kuhhirt(in *f*) *m*; **∼erie** [∼ʃ'ri] *f* Kuhstall *m*; F Ge-meinheit *f*; **∼erin** [∼ʃ'rɛ̃] *m* **1.** *Art* Gruyère *m* (*Käse aus der Franche-Comté*); **2.** *pât.* Eistorte *f* mit Zwi-schenschichten aus Sahnebaiser; **∼ette** [∼'ʃɛt] *f* Rind(s)leder *n*.

vacill|ant, -e [vasi'jɑ̃, ∼'jɑ̃:t] *adj.* schwankend; *Licht*: flackernd; *fig.* wankelmütig; unschlüssig; **∼ation** [∼ja'sjɔ̃] *f* Schwanken *n*, Wanken *n*; Flackern *n des Lichtes*; *fig.* Unent-schlossenheit *f*; **∼atoire** [∼ja'twaːr] *adj.* schwankend; *fig.* unentschlos-sen; **∼er** [∼'je] *v/i.* (1a) (sch)wanken; *Licht*: flackern; *fig.* unschlüssig sein.

vacuité [vakɥi'te] *f* Leere *f* (*a. fig.*).

vacuomètre *phys.* [vakɥo'mɛːtrə] *m* Vakuummeter *n*, Unterdruckmesser *m*.

vacuum [va'kɥɔm] *m* Vakuum *n*; Leere *f*.

vade-mecum [vademe'kɔm] *m* (*inv.*) Handbuch *n*, Vademekum *n*.

vadrouill|e [va'druj] *f* ⚓ Schiffs-besen *m aus Tauwerk*; F Bummel *m*, Bierreise *f*; **∼er** F [∼'je] *v/i.* (1a) bummeln, sich herumtreiben; **∼eur, -se** F [∼'jœːr, ∼'jøːz] **1.** *su.* Herum-treiber(in *f*) *m*; **2.** *adj.* sich herum-treibend.

va-et-vient [vae'vjɛ̃] *m* (*inv.*) Hin-und Herbewegung *f*; *fig.* Schwanken *n der Meinungen*; Kommen und Ge-hen *n*; Pendelverkehr *m*; ⊕ sich hin-und herbewegendes Maschinenteil *n*; ⚡ Wechselschalter *m*.

vagabond, -e [vaga'bɔ̃, ∼'bɔ̃:d] **1.** *adj.* herumstreifend, unstet; **2.** *su.* Vaga-bund(in *f*) *m*, Landstreicher(in *f*) *m*; **∼age** [∼bɔ̃'da:ʒ] *m* Landstreicherei *f*; **∼er** [∼'de] *v/i.* (1a) vagabundieren; herumstrolchen; umherschweifen (*a. fig.*); *Hund*: streunen.

vagin *anat.* [va'ʒɛ̃] *m* Scheide *f*.

vag|ir [va'ʒiːr] *v/i.* (2a) wimmern, winseln; **∼issement** [∼ʒis'mɑ̃] *m* Wimmern *n*, Gewinsel *n*.

vague[1] [vag] *f litt.* Woge *f*, Welle *f*; ∼ *de chaleur* Hitzewelle *f*; ∼ *de froid* Kältewelle *f*; *enfourcher la* ∼ *et la vogue* den Trend (*od.* die Mode) mitmachen.

vag|ue[2] [vag] **1.** *adj.* vage, unbe-stimmt; unklar, undeutlich; unbe-baut; *terrains m/pl.* ∼s Ödland *n*; **2.** *m das* Unbestimmte, *das* Unbegrenzte; *Unbestimmbare(s) n*; *peint.* Un-deutlichkeit *f*, *das* Duftige; ∼ *d l'âme* Weltschmerz *m*; *avoir du* ∼ dans *l'esprit* etwas benommen sein; **∼uer** [∼'ge] *v/i.* (1m) umherschweifen; streunen.

vaill|ance *litt.* [va'jɑ̃:s] *f* Tapferkeit *f*; **∼ant, -e** [∼'jɑ̃, ∼'jɑ̃:t] *adj.* **1.** *litt.* tapfer; beherzt; **2.** *il n'a un sou* ∼ er hat keinen Pfennig (*bzw.* Sou) in der

Tasche.

vaille [vaj] **1.** *prés. subj. von* valoir (*1. u. 3. Person sg.*); **2.** *advt.*: ~ que ~ so oder so; schlecht und recht.

vain, -e [vɛ̃, vɛn] *adj.* nutzlos, vergeblich; *fig.* nichtig, grundlos; *advt.*: en ~ vergeblich.

vaincre [ˈvɛ̃:krə] (4i) *v/t.* besiegen; überwinden; *v/i.* siegen.

vaincu, -e [vɛ̃ˈky] *su.* Besiegte(r *m*) *m u. f.*

vainqueur [vɛ̃ˈkœːr] **1.** (*nur*) *m* Sieger(in *f*) *m*; **2.** *adj./m* siegreich; air *m* ~ Siegermiene *f.*

vair ⊘ [vɛːr] *m* Feh *n.*

vairon [vɛˈrɔ̃] **1.** *adj./m* Augen: verschiedenfarbig; **2.** *m icht.* Elritze *f.*

vaisseau [vɛˈso] *m* (*pl.* ~x) **1.** *bsd.* ✂ *u.* poét. Schiff *n*; ~ spatial Raumschiff *n*; **2.** *anat.*, ♀ Gefäß *n*; ~ sanguin Blutgefäß *n.*

vaiss|elier [vɛsəˈlje] *m* Geschirrschrank *m*; ~**elle** [~ˈsɛl] *f* Tafel-, Tisch-geschirr *n*; faire la ~ (das) Geschirr spülen; abwaschen.

val [val] *m* (*pl.* ~s *od.* vaux) *litt.* Tal *n*; par monts et par vaux über Berg und Tal; géogr. le ♀ de Loire das Loiretal.

valable [vaˈlablə] *adj.* gültig.

valaisan, -ne [valɛˈzɑ̃, ~ˈzan] **1.** *adj.* Walliser, walliserisch; **2.** ♀(ne) *su.* Walliser(in *f*) *m.*

valda * [valˈda] *f* Geschoß *n.*

valdingu|e * [valˈdɛ̃:g] **1.** *m od. f.*: faire un(e) ~ (hinunter)fallen; ramasser un ~ hinfallen; stürzen; *fig.* reinfallen; **2.** *f* Koffer *m*; ~**er** * [~dɛ̃ˈge] (1m) *v/i.* fallen; *v/t.* wegwerfen.

valence [vaˈlɑ̃:s] *f* **1.** ♀ spanische Apfelsine *f*; **2.** ⚗ Wertigkeit *f.*

valenciennes [valɑ̃ˈsjɛn] *f* Valenciennesspitze *f.*

valérian|e ♀, *phm.* [valeˈrjan] *f* Baldrian *m*; ~**elle** ♀ [~ˈnɛl] *f* Feldsalat *m*, Rapunzel *f.*

valet [vaˈlɛ] *m* ehm. Diener *m*; Knecht *m*; Kartenspiel: Bube *m*, Bauer *m*; Sperrstange *f* e-r Tür; ~ de chambre Kammerdiener *m*; ~ de nuit, ~ muet stummer Diener *m*, Kleiderständer *m*; ~ de place Gepäckträger *m*; ~**aille** péj. [valˈtɑ:j] *f* Dienerpack *n.*

valeur [vaˈlœːr] *f* Wert *m*; Bedeutung *f*, Geltung *f*; ♀ Wertpapier *n*; Valuta *f*; ~ alimentaire Nährwert *m*; mention *f* de la ~ fournie Wertklausel *f*; de ~ hochwertig; être mis en ~ zur Geltung kommen; ~**eux, -se** *litt.*

[~lœˈrø, ~ˈrøːz] *adj.* tapfer.

valid|ation ⚖ [validaˈsjɔ̃] *f* Gültigkeitserklärung *f*; ~**e** [~ˈlid] *adj.* **1.** rechtskräftig; **2.** gesund, kräftig; tauglich (*a.* ✕); ~**er** [~ˈde] *v/t.* (1a) für gültig erklären; ~**ité** [~diˈte] *f* (Rechts-)Gültigkeit *f.*

valise [vaˈliːz] *f* **1.** (Hand-)Koffer *m*; faire ses ~s s-e Koffer packen (*a. fig.*); **2.** ~ diplomatique Diplomatenpost *f*; ~**armoire** [~arˈmwaːr] *f* (*pl.* valises-armoires), ~**porte-habits** [~pɔrtaˈbi] *f* (*pl.* valises-porte-habits) Schrankkoffer *m.*

valisette * [valiˈzɛt] *f* Tragetasche *f.*

vallée [vaˈle] *f* Tal *n.*

vallon [vaˈlɔ̃] *m* kleines Tal *n*; ~**né, -e** [~lɔˈne] *adj.* hüg(e)lig; ~**nement** [~lɔnˈmɑ̃] *m* Hügelbildung *f.*

valoir [vaˈlwaːr] (3h) *v/i.* wert sein, gelten; taugen; kosten; ~ cher teuer sein; ~ mieux besser sein; ✝ à ~ a conto; à ~ sur in Anrechnung auf (*acc.*); faire ~ geltend machen; aus-, ver-werten; ça vaut combien? wieviel kostet das?; ~ son pesant d'or s. pesant; P ça vaut dix! das ist ja fabelhaft!, das ist ja fein; *v/t.*: ~ qch. à q. j-m etw. einbringen; ~ référence ernst genommen werden können.

valoris|ation éc. [valɔrizaˈsjɔ̃] *f* Wertsteigerung *f*; ~**er** [~ˈze] *v/t.* (1a) éc. den Preis (*e-r Ware*) stützen; *fig.* ins rechte Licht setzen, zur Geltung bringen.

vals|e ♩ [vals] *f* Walzer *m*; ~**er** [~ˈse] *v/i.* (1a) Walzer tanzen; ~**eur, -se** [~ˈsœːr, ~ˈsøːz] *su.* Walzertänzer(in *f*) *m.*

valv|aire ♀ [valˈvɛːr] *adj.* Klappen...; ~**e** [valv] *f* ⊕ Klappe *f*, Ventil *n*; *zol.* Röhre *f*; ♀ Fruchtklappe *f*; *zo.* Muschelschale *f*; ~**é, -e** [~ˈve] *adj.* klappenförmig; ~**ule** *anat.*, ♀ [~ˈvyl] *f* Klappe *f.*

vamp *cin.* [vɑ̃:p] *f* Vamp *m*; ~**er** F [vɑ̃ˈpe] *v/t.* (1a) *Männer* verführen.

vampire [vɑ̃ˈpiːr] *m* Vampir *m* (*a. zo.*); *fig.* Ausbeuter *m.*

van [vɑ̃] *m* **1.** ✔ Getreideschwinge *f*; **2.** Pferdetransportwagen *m.*

vandalisme [vɑ̃daˈlism] *m* Vandalismus *m*, Zerstörungswut *f.*

vanill|e ♀ [vaˈnij] *f* Vanille *f*; ~**é, -e** [~ˈje] *adj.* Vanille...

vanisé, -e *text.* [vaniˈze] *adj.* plattiert.

vanit|é [vaniˈte] *f* Einbildung *f*, Eitelkeit *f*; ~**eux, -se** [~ˈtø, ~ˈtøːz] **1.** *adj.*

eingebildet; eitel; 2. *su.* eingebildeter Mensch *m*.

vannage [va'na:ʒ] *m ✓* Schwingen *n des Getreides*; ⊕ Wehr *n*.

vanne [van] 1. *f* ⊕ ~ *d'arrêt* Absperschieber *m*; ~ *d'écluse* Schleusentor *n*; 2. *m* P dumme (*a.*: krumme) Sache *f*; * Unverschämtheit *f*.

vanneau *orn.* [va'no] *m* (*pl.* ~*x*) Kiebitz *m*.

vanner [va'ne] *v/t.* (1a) *✓ Getreide* schwingen; P *j-n* ermüden.

vannerie [van'ri] *f* Korbwaren *f/pl.*

vann|ette *✓* [va'nɛt] *f* Futterschwinge *f*; **~eur** * [~'nœ:r] *m* Renommist *m*; **~euse** ⊕ [~'nø:z] *f* Getreidesieber *m*.

vannier [va'nje] *m* Korbmacher *m*.

vannure *✓* [va'ny:r] *f* Spreu *f*.

vantail [vã'taj] *m* (*pl.* -aux) Tür-, Fenster-flügel *m*.

vantard, -e [vã'ta:r, ~'tard] 1. *adj.* prahlerisch; 2. *su.* Großsprecher(in *f*) *m*; Angeber(in *f*) *m*; **~ise** [~tar'di:z] *f* Prahlerei *f*.

vanter [vã'te] *v/t.* (1a) rühmen, anpreisen; se ~ *de qch.* sich e-r Sache (*gén.*) rühmen.

va-nu-pieds [vany'pje] *su.* (*inv.*) Habenichts *m*.

vape P [vap] *f* 1. momentane Bewußtlosigkeit *f* (*durch Alkoholgenuß usw.*); 2. Pechsträhne *f*.

vapeur [va'pœ:r] 1. *f* Dampf *m*; *⚕* ~s *pl.* Blut-, Hitze-wallungen *f/pl.*; Benebelung *f* (*durch Alkoholgenuß*); ~s *médicamenteuses* Heildämpfe *m/pl.*; 2. *m* Dampfboot *n*, kleiner Dampfer *m*; ~ *côtier*, ~ *de cabotage* Küstendampfer *m*.

vaporeux, -se [vapo'rø, ~'rø:z] *adj.* dunstig; *fig.* nebelhaft, unklar; *peint.* zart, hauchfein; *Bluse*: duftig.

vaporis|age ⊕ [vapori'za:ʒ] *m* Dämpfung *f*, Dampfbehandlung *f*; **~ateur** [~za'tœ:r] *m* Spraydose *f*; **~er** [~'ze] *v/t.* (1a) verdampfen; verdunsten lassen; *Parfüm* zerstäuben; se ~ verdampfen, verdunsten, sich verflüchtigen; **~eur** [~'zœ:r] *m* Spraydose *f*.

vaquer [va'ke] *v/i.* (1m) *adm.* (Gerichts-)Ferien haben; *Unterricht*: ausfallen; *fig.* ~ *à qch.* e-r Sache (*dat.*) nachgehen.

varappe *alp.* [va'rap] *f* Klettern *n*.

varech ❦ [va'rɛk] *m* Tang *m*; Braunalgen *f/pl.*

vareuse [va'rø:z] *f* Matrosenbluse *f*; Joppe *f*; ~ *de toile* Drillichjacke *f*; ~ *de sport* Sportjacke *f*.

variab|ilité [varjabili'te] *f* Veränderlichkeit *f*; **~le** [~'rjabl ə] 1. *adj.* veränderlich; ⊕ verstellbar; 2. *f* ♪ Veränderliche *f*.

variante [va'rjã:t] *f* Variante *f*, verschiedene Lesart *f*; ♪ Variante *f*.

variation [varja'sjɔ̃] *f* Veränderung *f*, Wechsel *m*; *phys.* Abweichung *f* der Magnetnadel; ♪ Variation *f*.

varice *⚕* [va'ris] *f* Krampfader *f*.

varicelle *⚕* [vari'sɛl] *f* Windpocken *pl.*

vari|é, -e [va'rje] *adj.* mannigfaltig, verschieden(artig); *fig.* abwechselnd, bunt; **~er** [~] (1a) *v/t.*: ~ *qch.* in etw. (*acc.*) Abwechslung bringen; etw. variieren (*a.* ♪); *v/i.* sich verändern; veränderlich sein; *phys. Magnetnadel*: abweichen; *fig.* ~ *sur qch.* über etw. (*acc.*) verschiedener Ansicht sein.

variété [varje'te] *f* Verschiedenheit *f*; Mannigfaltigkeit *f*; Ab-, Spiel-art *f*; ~s *pl.* Varieté *n*; *journ.* Vermischtes *n*; *rad., télév. émission f de* ~s Varietésendung *f*.

variol|e *⚕* [va'rjɔl] *f* Blattern *pl.*, Pocken *pl.*; **~é, -e** *⚕* [~'le] *adj.* pokkennarbig, pockig; **~eux, -se** [~'lø, ~'lø:z] *adj.* pockenkrank; **~ique** *⚕* [~'lik] *adj.* Pocken...

variomètre [varjɔ'mɛ:trə] *m ⚡* Variometer *n*; *✈* Steiggeschwindigkeitsmesser *m*.

variqueux, -se *⚕* [vari'kø, ~'kø:z] *adj.* Krampfader...

varlop|e ⊕ [var'lɔp] *f* großer Hobel *m*; **~er** [~'pe] *v/t.* (1a) hobeln.

varsovien, -ne [varso'vjɛ̃, ~'vjɛn] 1. *adj.* Warschauer; 2. ⊋(ne) *su.* Warschauer(in *f*) *m*.

vasculaire *anat.* [vasky'lɛ:r] *adj.* Gefäß...

vase [va:z] 1. *m* Gefäß *n*, Vase *f*; ~ *de nuit* Nachttopf *m*; *fig.* en ~ *clos* abgeschieden; * *avoir du* ~ Schwein haben F; 2. *f* Schlamm *m*; P Regen *m*.

vaseline *phm.* [vaz'lin] *f* Vaselin *n*, Vaseline *f*.

vaser P [va'ze] *v/i.* (1a) regnen.

vaseux, -se [va'zø, ~'zø:z] *adj.* 1. schlammig; 2. F erschöpft, kaputt F; konfus, unklar; *être en* ~ e-n Kater haben.

vasistas [vazis'tas] *m* Lüftungsflügel

m an Türen od. Fenstern.

vaso-moteur, -rice *anat.* [vazɔmɔ-
'tœːr, ‿'tris] *adj.* (*pl.* ‿s) vasomo-
torisch.

vasouiller ★ [vazu'je] *v*/*i.* (1a) *mit der
Antwort zögern, sich verhaspeln.*

vasque [vask] *f* großes flaches
(Springbrunnen-)Becken *n*; Blu-
menschale *f.*

vassal *hist.* [va'sal] *m* (*pl. -aux*) Vasall
m, Lehnsmann *m.*

vaste [vast] *adj.* weit, ausgedehnt;
weitläufig, geräumig; *fig.* vielseitig;
umfangreich; umfassend.

vaticane [vati'kan] *adj.*/*f* vatikanisch;
la bibliothèque ‿ (od. la 2) die Vatika-
nische Bibliothek.

vaticin|ation [vatisinɑ'sjɔ̃] *f* Weis-
sagung *f*; *péj.* ‿s *pl.* Hirngespinste
n/*pl.*; **‿er** [‿'ne] *v*/*i.* (1a) weissagen,
prophezeien (*oft péj.*).

va-tout [va'tu] *m* (*inv.*) *Kartenspiel:*
letzter Trumpf *m*; *fig. jouer son ‿ alles
auf eine Karte (od. aufs Spiel) setzen.

vaudevill|e *thé.* [vod'vil] *m* Singspiel
n, Vaudeville *n*; **‿esque** [‿'lɛsk] *adj.*
in der Art e-s Vaudeville; **‿iste**
[‿'list] *su.* Verfasser(in *f*) *m* von Vau-
devilles.

vaudois, -e [vo'dwa, ‿'dwaːz] **1.** *adj.*
waadtländisch; **2.** 2(e) *su.* Waadt-
länder(in *f*) *m*; **3.** *m rl.* Waldenser *m.*

vau-l'eau [vo'lo] *advt.:* à ‿ stromabwärts; *fig. aller à ‿ dem* Ruin
entgegengehen; scheitern; *s'en aller
à ‿ dahinschwinden.

vaurien [vo'rjɛ̃] *m* Taugenichts *m.*

vautour [vo'tuːr] *m orn.* Geier *m*; *fig.*
habgieriger Mensch *m*; Wucherer *m.*

vautrer [vo'tre] *v*/*rfl.* (1a): se ‿ sich
(*im Kot*) wälzen; *fig.* sich hinfläzen.

vau-vent *ch.* [vo'vɑ̃] *advt.:* à ‿ mit
dem Wind im Rücken.

vauvert [vo'vɛːr] *advt.:* au diable ‿ s.
diable.

veau [vo] *m* (*pl.* ‿x) *zo.* Kalb *n*; *cuis.*
Kalbfleisch *n.*

vecteur [vɛk'tœːr] *m* ⚕ Vektor *m*;
biol. (Bazillen-)Träger *m*; *at.* Trans-
portmittel *n für e-e Kernladung.*

vécu, -e [ve'ky] **1.** *p.p. von vivre*; **2.**
adj. erlebt; *Geschichte:* wahr.

vedettariat [vədɛta'rja] *m* Startum *n*,
Welt *f* der Stars.

vedette [və'dɛt] *f* **1.** *ehm.* ✕ (Kavalle-
rie-)Posten *m*; **2.** ⚓ Vorposten-, Motorboot *n*; ‿ *anti-sous-marine* U-

Boot-Jäger *m*; ‿ *côtière* Küstenboot
n; ‿ *de la douane* Zollboot *n*; ‿ *rapide*
Schnellboot *n*; **3.** *thé.*, *cin.* Haupt-
darsteller(in *f*) *m*; *cin.* Star *m*, Film-
größe *f*; *Sport:* Kanone *f*; *une ‿ de la
boxe* e-e Größe des Boxsports; ‿ *de
l'écran*, ‿ *du cinéma* Film-diva *f*, -star
m; *allg. la ‿ du jour* der Held des
Tages; **4.** *fig.* Anrede *f im* Brief; **5.** *en*
‿ vorn, im Vordergrund; *fig. être en ‿
immer aufpassen, auf dem Posten
sein; mettre en ‿* in den Vordergrund
rücken; *journ.* in großer Aufmachung (*od.* in Schlagzeilen) bringen;
6. *adjt.* Spitzen...; Star...;
Haupt...; *attraction f* ‿ Hauptanziehungspunkt *m.*

végét|al, -e [veʒe'tal] (*m*/*pl. -aux*)
1. *adj.* pflanzlich; Pflanzen...; Gewächs...; *aliments m*/*pl. végétaux*
pflanzliche Nahrungsmittel *n*/*pl.*,
Vegetabilien *pl.*; **2.** *m* Pflanze *f*, Gewächs *n*; **‿arien, -ne** [‿ta'rjɛ̃, ‿'rjɛn]
1. *adj.* vegetarisch; **2.** *su.* Vegeta-
rier(in *f*) *m*; **‿atif, -ve** [‿ta'tif, ‿'tiːv]
adj. vegetativ; **‿ation** [‿ta'sjɔ̃] *f* Ve-
getation *f*; ✚ ‿s *pl.* Wucherungen
f/*pl.*; **‿er** [‿'te] *v*/*i.* (1f) *Person:* vege-
tieren, ein kümmerliches Leben
führen, kümmerlich (dahin)leben.

véhém|ence [vee'mɑ̃ːs] *f* Heftigkeit *f*;
Ungestüm *n*; **‿ent, -e** [‿'mɑ̃, ‿'mɑ̃ːt]
adj. (*adv.:* *avec véhémence*) heftig,
ungestüm; *fig.* heftig, hinreißend.

véhicul|aire [veiky'lɛːr] *adj.: langue f
‿* Verkehrssprache *f*; **‿e** [‿'kyl] *m*
Beförderungsmittel *n*; Fahrzeug *n*;
phys. Übertrager *m*, Leiter *m*; *fig.*
Mittler *m*; **‿er** [‿'le] *v*/*t.* (1a) transportieren, befördern; *phys.*, ⚙, *biol.*
übertragen; *télév.* vermitteln.

veill|e [vɛj] *f* Wachen *n*; (Nacht-)
Wache *f*; Vorabend *m*, Tag *m* vorher; *la ‿ de Noël* der Heilige Abend;
la ‿ de son départ der (*od.* am) Tag vor
s-r Abreise; ‿s *pl.* schlaflose Nächte
f/*pl.*; *fig. à la ‿ de ...* kurz vor ...
(*dat.*); *mit inf.:* nahe daran, zu ...; **‿ée**
[‿'je] *f* Nachtwache *f*; Abend-unter-
haltung *f*, -stunden *f*/*pl.*; **‿er** [‿] (1a)
v/*i.* wachen; sorgen (*à qch.* für etw.);
‿ *à ce que* (*subj.*) dafür sorgen, daß;
‿ *sur* wachen über (*acc.*); achtgeben
auf (*acc.*); ‿ *tard* lange aufbleiben;
v/*t.*: ‿ *q.* bei j-m wachen; ‿ *un mort*
bei j-m die Totenwache halten.

veill|eur [vɛ'jœːr] *m* Wächter *m*; ‿ *de
nuit* Nachtwächter *m*; ‿ *de garage*

venir

Garagenwächter m; **~euse** [~'jø:z] f Nacht-lampe f, -licht n; Sparflamme f beim Gasherd; Zündflamme f beim Durchlauferhitzer; Auto: Standlicht n; mettre en ~ Gas, Licht kleinstellen; Auto: das Standlicht einschalten; cath. la ~ du sanctuaire die Ewige Lampe.

veinard, -e F [vɛ'na:r, ~'nard] su. Glücks-pilz m, -kind n.

vein|e [vɛn] f Ader f (a. in Holz, Stein usw.); 🎿 Gang m, Flöz n; anat. Vene f; fig. Neigung f; fig. Glück n, Schwein n F; Erfolg m; avoir de la ~ Glück (od. Schwein) haben; mauvaise ~ Unglück n, Pech n; être en ~ de qch. zu etw. (dat.) aufgelegt sein; **~é, -e** [~'ne] adj. Holz, Marmor usw.: geädert; **~er** [~] v/t. (1b) ädern, ad(e)rig machen; **~eux, -se** [~'nø, ~'nø:z] adj. ad(e)rig; geädert; aderreich; anat. Venen...; **~ule** [~'nyl] f Blutäderchen n; **~ure** [~'ny:r] f Maserung f.

vélaire phon. [ve'lɛ:r] adj. velar.

vélar ♀ [ve'la:r] m Schöterich m.

vélaris|ation phon. [velariza'sjɔ̃] f Velarisierung f; **~er** phon. [~'ze] v/t. (1a) velarisieren.

vêler [vɛ'le] v/i. (1a) Kuh: kalben.

vélin [ve'lɛ̃] m Velin n (Pergament); (a. adj./m: papier m ~) Velinpapier n.

véliplane [veli'plan] m Drachenflugzeug n.

velléité [vɛlei'te] f Anwandlung f, Regung f; **~s** pl. Gelüste n/pl.

vélo F [ve'lo] m Fahrrad n.

vélo|cité [velosi'te] f Schnelligkeit f; Geschwindigkeit f; **~drome** [~'dro:m] m Radrennbahn f; **~moteur** [~mɔ'tœ:r] m Leichtmotorrad n.

velours [və'lu:r] m Samt m, Velours m; ling. falsche Bindung f; fig. Zartheit f der Haut; milder Geschmack m des Weines.

velout|é, -e [və'lu'te] 1. adj. samtartig, -weich; vin m ~ milder dunkelroter Wein m; 2. m Weichheit f; cuis. sämige Gemüsesuppe f; ~ de tomates Tomatencremesuppe f; **~er** [~] v/t. (1a) samtartig weben (od. machen).

velu, -e [və'ly] adj. haarig, zottig.

vélum [ve'lɔm] m Sonnenzeltdach n.

velv|antine, -entine [vɛlvã'tin] f s. velvet.

velvet text. [vɛl'vɛ] m Velvet m od. n (Baumwollsamt).

venaison cuis. [vənɛ'zɔ̃] f Wild n.

vénal, -e [ve'nal] adj. (m/pl. -aux) péj. käuflich, bestechlich; ✝ valeur f ~e Verkaufswert m; **~ité** péj. [~li'te] f Käuflichkeit f, Bestechlichkeit f.

venant, -e [və'nã, ~'nã:t] 1. adj.: bien ~ gut gedeihend; 2. m: allants et ~s pl. Kommende und Gehende m/pl., Passanten m/pl.; à tout ~ dem ersten besten.

vendable [vã'dabl] adj. verkäuflich.

vendang|e [vã'dã:ʒ] f Weinlese f; Traubenernte f; **~s** pl. Weinlesezeit f; **~eoir** [~dã'ʒwa:r] m Trauben-korb m, -bütte f; **~er** [~'ʒe] (11) v/t. Weinberg abernten; v/i. Weinlese halten; **~eur, -se** [~'ʒœ:r, ~'ʒø:z] su. Winzer(in f) m.

vendetta [vãdɛt'ta] f Blutrache f.

vendeur, -se [vã'dœ:r, ~'dø:z] su. Verkäufer(in f) m.

vendre [vã:dr] v/t. (4a) verkaufen; fig. für Geld verraten.

vendredi [vãdrə'di] m Freitag m; ~ saint Karfreitag m.

vendu, -e [vã'dy] 1. adj. verkauft; 2. su. bestochener Mensch m.

venelle [və'nɛl] f Gäßchen n; F enfiler la ~ ausreißen, flüchten.

vénéneux, -se [vene'nø, ~'nø:z] adj. Pflanze, Substanz: giftig.

vénér|able [vene'rabl] adj. ehrwürdig; **~ation** [~ra'sjɔ̃] f Verehrung f; **~er** [~'re] v/t. (1f) verehren.

vénerie [vɛn'ri] f Jägerei f; Hetzjagd f.

vénérien, -ne ♐ [vene'rjɛ̃, ~'rjɛn] adj. Geschlechts...; venerisch; maladie f ~ne Geschlechtskrankheit f.

veneur [və'nœ:r] m (Hetz-)Jäger m.

veng|eance [vã'ʒã:s] f Rache f; **~er** [~'ʒe] v/t. (11) rächen (q. de qch. j-n für og. wegen etw.); ~ qch. etw. rächen; se ~ de qch. sur q. sich für etw. an j-m rächen.

vengeur, -eresse [vã'ʒœ:r, ~ʒ'rɛs] 1. su. Rächer(in f) m; 2. adj. litt. od. plais. rächend.

véniel, -le [ve'njɛl] adj. Sünde: verzeihlich; F Fehler: leicht.

venimeux, -se [vəni'mø, ~'mø:z] adj. giftig; fig. langue f venimeuse Lästerzunge f.

venin [və'nɛ̃] m (bsd. Schlangen-)Gift n; fig. Gift n und Galle f.

venir [və'ni:r] 1. v/i. (2h) kommen; zufallen (durch Erbschaft usw.); eintreten, stattfinden; abstammen; entstehen; geraten, gut, schlecht gedeihen; hinaufreichen *bis* ...; passen; à ~ (zu)künftig; *il ne faut pas laisser les choses en* ~ là so weit darf man es nicht kommen lassen; ~ *chercher* (*od.* ~ *prendre*) q. (*qch.*) j-n abholen (*od.* holen); ~ *dire* sagen, (um) zu sagen *od.* kommen und sagen *od.* *bloß* sagen; ~ *de faire* soeben etw. getan haben; ~ *de dire* (so)eben gesagt haben; ~ *à dire* zufällig sagen; en ~ *à qch.* zu etw. (*dat.*) schreiten (*od.* greifen); sich auf etw. (*acc.*) einlassen; ~ *voir* q. j-n besuchen; *voir* ~ q. j-s Absicht merken; *je vous vois* ~ ich sehe, worauf Sie hinauswollen; *faire* ~ q. j-n kommen lassen; *faire* ~ *qch.* etw. kommen lassen, etw. bestellen; *être bien venu partout* überall gern gesehen sein; *être mal venu à* ... nicht berechtigt sein zu ...; *être mal venu de faire qch.* schlecht beraten sein, etw. zu tun; *s'en* ~ kommen; F zurückkehren; **2.** *m* Kommen *n*.

vénitien, -ne [veni'sjɛ̃, ~'sjɛn] **1.** *adj.* venezianisch; **2.** 2(ne) *su.* Venezianer(in *f*) *m*.

vent [vɑ̃] *m* Wind *m*; 🜛 Blähung *f*; *ch.* Witterung *f*; ♪ *instrument* *m* à ~ Blasinstrument *n*; ~*s pl.* alizés Passatwinde *m/pl.*; ~ *au dos*, ~(-)*arrière* Rückenwind *m*; ~ *au sol* Bodenwind *m*; ~ *coulis* Zug(luft *f*) *m*; ~ *debout*, ~ *devant* Gegenwind *m*; F *être dans le* ~ modern sein, auf dem laufenden (*od.* up to date) sein, mit dem Strom schwimmen; *en coup de* ~ schnell, ganz plötzlich, nur ganz kurz.

vente [vɑ̃:t] *f* Verkauf *m*; Vertrieb *m*; Absatz *m*; *salle f des* ~*s* Auktionslokal *n*; ~ *en série(s)*, ~ *en grandes quantités* Serienverkauf *m*, Massenabsatz *m*; ~ *publique* (öffentliche) Versteigerung *f*, Auktion *f*; *être de bonne* ~ *Ware*: gut gehen; *être dur à la* ~ *Ware*: schlecht gehen.

ventil|ateur [vɑ̃tila'tœ:r] *m* Ventilator *m*; ~**ation** [~la'sjɔ̃] *f* Ventilation *f*, Lüftung *f*; *fig. fin.* Verteilung *f*, Aufschlüsselung *f*; ~**er** [~'le] *v/t.* (1a) ventilieren, lüften; 🜨 mit Luftzügen versehen; ⚖ *bei Erbschaften:* abschätzen; *fin.* aufschlüsseln, verteilen.

ventillon ⊕ [vɑ̃ti'jɔ̃] *m* Blasebalgventil *n*.

ventis *for.* [vɑ̃'ti] *m/pl.* Windbruch *m*.

ventous|e [vɑ̃'tu:z] *f* *chir.* Schröpfkopf *m*; ⊕ Zug-, Luft-loch *n*; Gum-

misauger *m*; Entlüftungsventil *n*; *zo.* Saugnapf *m* *bei Würmern*; ~**er** 🜛 [~tu'ze] *v/t.* (1a) *Blut* absaugen.

ventral, -e [vɑ̃'tral] *adj.* (*m/pl.* -aux) Bauch...; *Sport:* rouleau *m* ~ Bauchrolle *f*.

ventre ['vɑ̃:trə] *m* Bauch *m*, (Unter-) Leib *m*; *fig.* Ausbauchung *f*; *aller* ~ *à terre* in gestrecktem Galopp reiten; *faire* ~ *Gefäß, Mauer:* sich ausbauchen; F *taper sur* ~ sich anbiedern (*à* q. *bei* j-m); F *prendre du* ~ dick werden.

ventrée [vɑ̃'tre] *f* Wurf *m* *Junge*; P Bauchvoll *m*; P *prendre une* ~ sich den Bauch vollfressen.

ventricule *anat.* [vɑ̃tri'kyl] *m* Kammer *f*, Höhle *f*.

ventrière [vɑ̃tri'ɛːr] *f* Pferdegeschirr, Tiertransport: Bauchriemen *m*; *charp.* Querbalken *m*.

ventriloque [vɑ̃tri'lɔk] *su.* Bauchredner(in *f*) *m*.

ventripotent, -e F [vɑ̃tripɔ'tɑ̃, ~'tɑ̃:t] *adj.* dickbäuchig.

ventru, -e [vɑ̃'try] **1.** *adj.* dickbäuchig; 🜍 bauchig; ⊕ stark bauchig; **2.** *su. Person:* Schmerbauch *m*.

venu, -e [və'ny] **1.** *p.p. von venir*; **2.** *adj. fig.* bien ~ gelungen, geglückt; *Prüfung:* bestanden; gut gewachsen; *mal* ~ verwachsen; **3.** *su.:* le premier ~ der erste beste; *écol.* un nouveau ~ ein Neuer.

venue [və'ny] *f* **1.** Ankunft *f*; *il n'avait annoncé sa* ~ er hatte sein Kommen nicht angekündigt; **2.** 🜍, *anat.* Wuchs *m*; *d'une belle* ~ schön gewachsen; *tout d'une* ~ oben und unten gleich dick.

vêpres *rl.* ['vɛːprə] *f/pl.* Nachmittagsgottesdienst *m*, Vesper *f*.

ver [vɛːr] *m* Wurm *m* (*a. fig.*); Made *f*; ~ *blanc* Engerling *m*; ~ *luisant* Glühwürmchen *n*; ~ *de terre* Regenwurm *m*; ~ *à soie* Seidenraupe *f*; ~ *solitaire* Bandwurm *m*; F *avoir le* ~ *solitaire* dauernd Hunger haben; *fig.* ~ *rongeur* Gewissensbisse *m/pl.*; *tirer les* ~*s du nez à* q. j-n ausfragen.

véracité [verasi'te] *f* Wahrhaftigkeit *f*; Wahrheit *f*, Richtigkeit *f*.

véranda 🜍 [verɑ̃'da] *f* Veranda *f*.

verbal, -e [vɛr'bal] *adj.* (*m/pl.* -aux) mündlich; *Diplomatie*, ⚖ Verbal...; *gr. adjectif* *m* ~ Verbaladjektiv *n*.

verbalis|ation [vɛrbaliza'sjɔ̃] *f* Proto-

vermine

kollieren n; **~er** [~'ze] v/i. (1a) ein Protokoll aufnehmen.

verb|e [vɛrb] m Verbum n, Zeitwort n; bibl. le ♀ das Wort; avoir le ~ haut laut sprechen; fig. das große Wort führen; dialectique f du ~ Dialektik f des Wortes; **~eux, -se** [~'bø, ~'bø:z] adj. redselig; weitschweifig.

verbiage [vɛr'bja:ʒ] m Wortschwall m, Gefasel n.

verbosité [vɛrbozi'te] f Wortschwall m, Weitschweifigkeit f, Phrasenhaftigkeit f, Wortgeklingel n.

verdage ☞ [vɛr'da:ʒ] m Gründünger m, Gründüngung f.

verdâtre [vɛr'dɑ:trə] adj. grünlich.

verdet ⚗ [vɛr'dɛ] m Kupfergrün n.

verdeur [vɛr'dœ:r] f Unreife f des Obstes; Saft m der Bäume; Herbheit f, Säure f des Weines, des Obstes; fig. Jugendfrische f, Rüstigkeit f; ♀ Wachstumsfreudigkeit f; fig. Unverblümtheit f der Rede.

verdict ⚖ [vɛr'dik(t)] m Urteilsspruch m.

verdier orn. [vɛr'dje] m Grünfink m, Grünling m.

verdir [vɛr'di:r] (2a) v/t. grün färben; grün werden lassen; v/i. grün werden.

verdiss|age [vɛrdi'sa:ʒ] m Grünfärben n; **~ement** [~s'mɑ̃] m Grünwerden n; Grünsein n.

verdoy|ant, -e [vɛrdwa'jɑ̃, ~'jɑ̃:t] adj. grünend; **~er** [~'je] v/i. (1h) grün werden.

verdure [vɛr'dy:r] f Grün n der Bäume usw.; grünes Laub n; Rasenteppich m; Frisch-, Gartengemüse n; théâtre m de ~ Freilichtbühne f.

véreux, -se [ve'rø, ~'rø:z] adj. Frucht: wurmstichig; fig. unreell; cas m ~ faule Sache f.

verge [vɛrʒ] f Rute f, Gerte f; anat. männliches Glied n.

vergé, -e [vɛr'ʒe] adj. Stoff: aus verschieden starken od. ungleich gefärbten Fäden; papier m ~ Papier n mit Wasserzeichen aus parallelen Linien.

verger [vɛr'ʒe] m Obstgarten n.

verget|é, -e [vɛrʒə'te] adj. striemig; Haut: streifig; **~er** [~] (1c) ausbürsten, ausklopfen; **~te** [~'ʒɛt] f kleine Rute f; **~ures** [~ʒə'ty:r] f/pl. Striemen m/pl.; Schwangerschaftsstreifen m/pl.

vergeure [vɛr'ʒy:r] f Wasserstreifen m im Papier.

verglacé, -e [vɛrgla'se] adj. vereist.

verglas [vɛr'gla] m Glatteis n.

vergne ♀ dial. [vɛrɲ] m Erle f.

vergogne [vɛr'gɔɲ] f: sans ~ unverschämt, schamlos; fig. abgebrüht.

vergue ⚓ [vɛrg] f Rahe f.

véricle [ve'riklə] m falscher Edelstein m.

véri|dique [veri'dik] adj. wahrheitsliebend; **~fiable** [~'fjablə] adj. nachprüfbar; **~ficateur, -rice** [~fika'tœ:r, ~'tris] su. 1. Prüfer(in f) m; Kontrolleur(in f) m; 2. ⊕ Prüf-, Kontrollgerät n; **~fication** [~ka'sjɔ̃] f (Nach-) Prüfung f; **~fier** [~'fje] v/t. (1a) die Richtigkeit untersuchen, (nach)prüfen, bestätigen; se ~ bestätigt werden.

vérin [ve'rɛ̃] m ⊕ Schraubenwinde f; Auto: Wagenheber m.

vér|isme litt., Kunst [ve'rism] m Verismus m; **~iste** [~'rist] 1. su. Verist(in f) m; 2. adj. veristisch.

vérit|able [veri'tablə] adj. echt; wirklich; **~é** [~'te] f Wahrheit f; ~ banale, ~ triviale, ~ de La Palice, ~ qui court les rues, iron. ~ première Binsenweisheit f; en ~ wahrlich, in der Tat; à la ~ zwar; übrigens, tatsächlich.

verjus [vɛr'ʒy] m Saft m unreifer Trauben; unreife Trauben f/pl.; saurer Wein m, Krätzer m; fig. voix f au ~ versoffene Stimme f.

verjuté, -e [vɛrʒy'te] adj. sauer, herb.

vermeil, -le [vɛr'mɛj] 1. adj. hochrot; 2. m vergoldetes Silber n.

vermicelle [vɛrmi'sɛl] m Fadennudeln f/pl.; potage m au ~ Nudelsuppe f.

vermicul|aire ☞ [vɛrmiky'lɛ:r] adj. wurmförmig; **~é, -e** △ [~'le] adj. mit kleinen gewundenen Verzierungen; **~ure** △ [~'ly:r] f wurmartiges Ornament n.

vermifuge ☞ [vɛrmi'fy:ʒ] 1. adj. wurm(ab)treibend; 2. m Wurmmittel n.

vermill|er [vɛrmi'je] v/i. (1a) Wildschwein usw.: nach Würmern wühlen; **~on** [~'jɔ̃] m Zinnober m; Zinnoberrot n; **~onner** [~jɔ'ne] (1a) 1. v/t. mit Zinnober bemalen; rot schminken; se ~ sich schminken; 2. v/i. ch. Dachs: nach Würmern suchen.

vermin|ation ☞ [vɛrmina'sjɔ̃] f Wurmkrankheit f; **~e** [~'min] f Ungeziefer *n*; *fig.* Gesindel *n*; *lutte contre la* ~ Schädlingsbekämpfung *f*.

vermis *anat.* [vɛr'mis] *m* Vermis *m* (*Kleinhirn*).

vermisseau [vɛrmi'so] *m* (*pl.* ~x) (Regen-)Würmchen *n*; *fig.* kleiner, armer Wicht *m*.

vermivore *zo.* [vɛrmi'vɔ:r] *adj.* würmerfressend.

vermoul|u, -e [vɛrmu'ly] *adj.* wurmstichig; **~ure** [~'ly:r] *f* Wurmfraß *m*; Wurmmehl *n*.

vermout(h) [vɛr'mut] *m* Wermut *m*.

vernaculaire [vɛrnaky'lɛ:r] *adj.* regional begrenzt, einheimisch.

vernal [vɛr'nal] *adj.* (*m/pl.* -aux) Frühlings...; *ast.* équinoxe *m* ~, point *m* ~ Frühjahrs-Tagundnachtgleiche *f*.

verne ♀ *dial.* [vɛrn] *f* Erle *f*.

verni, -e [vɛr'ni] **1.** *adj.* lackiert; Lack...; *chaussures f/pl.* ~es Lackschuhe *m/pl.*; *cuir m* ~ Lackleder *n*; F *fig.* être ~ Glück haben; **2.** *su.* F *fig.* Glückspilz *m*.

vernier [vɛr'nje] *m* ⊕ Nonius *m*; *rad., télév.* Feineinsteller *m*.

vernir [vɛr'ni:r] *v/t.* (2a) firnissen; lackieren; ⊕ glasieren; *Möbel* polieren.

vernis [vɛr'ni] *m* Firnis *m*; Lack *m*; Politur *f*; Glasur *f*; *fig.* äußerer Anstrich *m*; ~ à ongles Nagellack *m*; **~sage** [~'sa:ʒ] *m* Lackieren *n*; ⊕ Glasieren *n*; (*jour m de*) ~ Vernissage *f*, Vorbesichtigung *f e-r Kunstausstellung*; **~ser** ⊕ [~'se] *v/t.* (1a) glasieren.

vérole P 🖋 [ve'rɔl] *f* Syphilis *f*; *petite* ~ Blattern *pl.*, Pocken *pl.*; *petite* ~ *volante* Windpocken *pl.*

vérolé, -e P 🖋 [verɔ'le] *adj.* syphilitisch.

véronique ♀ [verɔ'nik] *f* Ehrenpreis *m*, Männertreu *f*.

verrai [vɛ'rɛ] *fut. von* voir (*1. Person sg.*).

verraille [vɛ'ra:j] *f* kleine Glaswaren *f/pl.*

verr|e [vɛ:r] *m* Glas *n*; *papier m de* ~ Sandpapier *n*; à *eau* Wasserglas *n*; ~ d'eau Glas *n* Wasser; ♦ *avec le* ~ *compris* einschließlich Flasche; ⊕ ~ *armé* Drahtglas *n*; ~ à *pied* Weinglas *n*; ~ *dépoli* Milch-, Matt-glas *n*; ~ *feuilleté* Verbundglas *n*; *Auto:* ~ *incassable*, ~ *de sécurité* splittersicheres Glas *n*; 🜍 ~ *soluble* Wasserglas *n*; ~

trempé Hartglas *n*; *petit* ~ Schnäpschen *n*; **~erie** [vɛr'ri] *f* Glashütte *f*; Glaswaren *f/pl.*; ♠ ~(*s*)! *Aufschrift:* Zerbrechlich! Glas!; **~ier** [vɛ'rje] *m* Glasbläser *m*; *peintre m* ~ Glasmaler *m*; **~ière** [~'rjɛ:r] *f* △ Kirchenfenster *n*; Glas-dach *n*, -wand *f*; 🛩 (Flugzeug-)Kuppel *f*; **~ine** [~'rin] *f* **1.** 🛥 Steuermannslampe *f*; **2.** kleine Glaslampenkugel *f*; **~oterie** [~rɔ'tri] *f* kleine Glaswaren *f/pl.*

verrou [vɛ'ru] *m* Riegel *m*; *mettre sous* ~ wegschließen; *sous les* ~s hinter Schloß und Riegel; **~iller** [~'je] *v/t.* (1a) ab-, ver-riegeln.

verrue [vɛ'ry] *f* Warze *f*.

vers¹ [vɛ:r] *m* Vers *m*.

vers² [vɛ:r] *prp.* gegen; ~ *l'est* (*od.* nach) Osten (hin), ostwärts; ~ *le ciel* zum Himmel; ~ *l'époque* um die Zeit; ~ *midi* gegen (*od.* um) Mittag.

versage 🖉 [vɛr'sa:ʒ] *m* erstes Umpflügen *n*.

versant [vɛr'sɑ̃] *m* Abhang *m*; △ Schräge *f*.

versatil|e [vɛrsa'til] *adj.* wankelmütig, unstet; **~ité** [~li'te] *f* Wankelmut *m*, Unbeständigkeit *f*.

verse [vɛrs] *f* **1.** Liegen *n des Getreides*; **2.** *advt.:* *il pleut à* ~ es gießt in Strömen.

versé, -e [vɛr'se] *adj.:* ~ *dans* bewandert in (*dat.*).

verseau¹ △ [vɛr'so] *m* (*pl.* ~x) Schräge *f* des Oberteils e-s nicht abgedeckten Band- *od.* Haupt-gesimses.

Verseau² *ast.* [vɛr'so] *m* Wassermann *m*.

versement [vɛrsə'mɑ̃] *m* (Ein-, Aus-) Zahlung *f*; (Geld-)Aufwendung *f*; ~ *complémentaire* Nachzahlung *f*; *faire un* ~ aus-, ein-zahlen; *faire des* ~*s a.* Geld aufwenden *für*; *par* ~*s échelonnés sur dix mois* in Zehn Monatsraten, in Raten innerhalb von zehn Monaten.

verser [vɛr'se] (1a) *v/t.* (ein-, aus-, ver-)gießen; *fig.* einflößen; ~ (*à boire*) einschenken; aus-, weg-, ver-schütten; verbreiten; ausströmen; *Geld* einzahlen; *Getreide* umlegen, niederschlagen; ~ *des fonds* Kapital ein-, an-legen; *fig.* ~ *son sang* sein Leben opfern; ~ *la clarté* Licht verbreiten; *v/i.* unkippen; *Getreide:* sich legen; *fig.* ~ *dans ...* in ... (*acc.*) verfallen; *ne versez jamais sur de dessous de table* gehen Sie stets auf Nummer

Sicher.

verset [vɛr'sɛ] *m* Bibelvers *m*.

vers|eur [vɛr'sœːr] **1.** *adj./m*: bec *m* ~ Tülle *f*; **2.** *m* ⊕ Gießer *m*; Waggon-kipper *m*; **~euse** [~kø'sjɔ] *f* Kaffee-kanne *f* (*mit horizontalem Griff*).

versicolore [vɛrsikɔ'lɔːr] *adj.* ver-schiedenfarbig.

versifi|cateur [vɛrsifika'tœːr] *m* Verskünstler *m*; **~cation** [~ka'sjɔ] *f* Vers-bau *m*, -kunst *f*, -lehre *f*; **~er** [~'fje] *v/t.* (1a) in Verse bringen.

version [vɛr'sjɔ] *f* **1.** *école.* Übersetzung *f in die Muttersprache*, Her-übersetzung *f*; **2.** Version *f*, Lesart *f*; *cin.* Fassung *f*; **3.** ⊕ (Bau-)Typ *m*.

verso [vɛr'so] *m* Rückseite *f e-s Blattes, e-r Buchseite*; *au* ~ umseitig.

vert, -e [vɛːr, vɛrt] **1.** *adj.* grün; *Obst a.* unreif; *Gemüse:* frisch; *Holz:* grün, naß; *Wein:* noch herb; *alter Mensch: encore* ~ noch munter, noch rüstig; *fig. langage m* ~ derbe Spra-che *f*; *langue f* ~e Gaunersprache *f*; *en dire des* ~*s* saftige Witze (*od.* Ge-schichten) erzählen; **2.** *m* grüne Farbe *f*; ⚘ Grünfutter *n*; ~ *tirant sur le jaune* Gelbgrün *n*; *f* se *mettre au* ~ ins Grüne fahren.

vert-de-gris [vɛrdə'gri] *m* Grünspan *m*; **~é, -e** [~'ze] *adj.* mit Grünspan bedeckt.

vertébral, -e *anat.* [vɛrte'bral] *adj.* (*m/pl. -aux*) Wirbel...; *colonne f* ~*e* Wirbelsäule *f*.

vertèbre *anat.* [vɛr'tɛːbrə] *f* Wirbel *m*, Wirbelknochen *m*; ~*s pl. cervicales* (*dorsales*)   Hals-(Rücken-)wirbel *m/pl*.

vertébré, -e [vɛrte'bre] **1.** *adj.* mit Wirbeln; **2.** ~*s m/pl.* Wirbeltiere *n/pl*.

vertement [vɛrtə'mɑ̃] *adv.* unver-blümt, geradeaus, drastisch.

vertical, -e [vɛrti'kal] **1.** *adj.* (*m/pl. -aux*) senkrecht, vertikal; *ast. point m* ~ Zenit *m*; *ligne f* ~*e* = **2.** ~*e f* Senkrechte *f*; **~ité** [~li'te] *f* senkrech-te Stellung *f*.

vertige [vɛr'tiː]] *m* ⚕ Schwindel *m*; *fig.* Taumel *m*; *cela donne le* ~ das macht schwind(e)lig; *j'ai le* ~ mir ist schwind(e)lig.

vertigineux, -se [vɛrtiʒi'nø, ~'nøːz] *adj.* schwindelnd, schwindelerre-gend; *fig.* atemberaubend; sprung-haft.

vertu [vɛr'ty] *f* **1.** Tugend *f*; **2.** Kraft *f*, Wirksamkeit *f*; ~ *curative* Heilkraft *f*;

3. *prpt.*: *en* ~ *de* auf Grund (*od.* aufgrund) von (*od.* mit dem gén.); kraft (*gén.*); *en* ~ *de la loi* kraft (des) Gesetzes; *par la seule* ~ *du programme commun* allein durch das gemein-same Programm; **~eux, -se** [~'tɥø, ~'tɥøːz] *adj.* tugendhaft; sittsam.

verve [vɛrv] *f* stilistische Brillanz *f*, virtuose Ausdruckskraft *f*, Redner-gabe *f*; *être en* ~ in Fahrt sein.

verveine ⚘ [vɛr'vɛn] *f* Eisenkraut *n*.

vesce ⚘ [vɛs] *f* Wicke *f*.

vésic|ant, -e [vezi'kɑ̃, ~'kɑ̃t] *u.* **~atoire** ⚕ [~ka'twaːr] **1.** *adj.* bla-senziehend; **2.** *m* Zugpflaster *n*.

vésicul|aire ⚘, *anat.* [veziky'lɛːr] *adj.* bläschenartig; Bläschen...; **~e** ⚘, *anat.* [~'kyl] *f* Bläschen *n*; ~ *biliaire* Gallenblase *f*.

vesou [və'zu] *m* Zuckerrohrsaft *m*.

vespasienne [vɛspa'zjɛn] *f* Bedürf-nisanstalt *f für Männer*.

vespéral, -e [vɛspe'ral] *adj.* (*m/pl. -aux*) Abend...; abendlich.

vess|e V [vɛs] *f* Furz *m P*, Pup *m P*; *bsd. écol.* ~! Vorsicht!; **~er** V [~'se] *v/i.* (1b) furzen P, pupen P.

vessie [vɛ'si] *f anat.* Harnblase *f*; **⚕** ~ *de glace* Eisbeutel *m*; ~ *natatoire* Schwimmblase *f der Fische*; *f fig. prendre des* ~*s pour des lanternes* sich etw. vormachen lassen F.

vestale [vɛs'tal] *f* Vestalin *f*; *fig.* keu-sches Mädchen *n*.

veste [vɛst] *f* Jacke *f*; Jackett *n*, Joppe *f*; *fig.* P Reinfall *m*; *f* *remporter une* ~ Pech haben; F *pol. retourner sa* ~ umschwenken.

vestiaire [vɛs'tjɛːr] *m* Kleiderablage *f*, Garderobe *f*; Umkleideraum *m*; Sachen *f/pl.*, Kleidungsstücke *n/pl.*; *préposée f au* ~ Garderobenfrau *f*.

vestibule [vɛsti'byl] *m* Hausflur *m*, Vorhalle *f*, Diele *f*, Flur *m*.

vestiges [vɛs'tiːʒ] *m/pl.* Spuren *f/pl*.

veston [vɛs'tɔ̃] *m* (Herren-)Jackett *n*, Sakko *m*, kurze Jacke *f* (*od.* Joppe *f*); *un complet* ~ ein (Sakko-)Anzug *m*; ~ *d'intérieur* Hausjacke *f*.

vêtement [vɛt'mɑ̃] *m* Kleidungs-stück *n*; ~*s pl. de dessus* (*de dessous*) Ober-(Unter-)kleidung *f/sg*.

vétéran [vete'rɑ̃] *m* Veteran *m*.

vétérinaire [veteri'nɛːr] **1.** *adj.* tier-ärztlich; Veterinär...; **2.** *su.* Tier-arzt *m*, -ärztin *f*.

vétill|ard, -e [veti'jaːr, ~'jard] *adj.* s. **vétilleux**; **~e** [~'tij] *f* Lappalie *f*; **~eux,**

-se litt. [∼'jø, ∼'jø:z] adj. peinlich genau; kleinlich.

vêtir [ve'ti:r] v/t. (2g) anziehen, (an-, be-)kleiden; se ∼ sich anziehen.

veto [ve'to] m Veto n; droit m de ∼ Vetorecht n; opposer son ∼ à sein Veto einlegen gegen.

vêtu, -e [ve'ty] 1. p.p. von vêtir; 2. adj. angezogen (bien gut); bekleidet (de mit dat.).

vêture [vɛ'ty:r] f rl. Einkleidung f; litt. Kleidung f.

vétuste [ve'tyst] adj. alt; abgenutzt; Gebäude: baufällig; ∼é [∼'te] f hohes Alter n, Baufälligkeit f.

veuf, -ve [vœf, vœ:v] 1. adj. verwitwet; 2. su. Witwe(r m) f); 3. veuve f * Guillotine f.

veul|e [vø:l] adj. schlapp, energielos, weichlich; matt; ∼erie [vøl'ri] f Schlappheit f, Energielosigkeit f; Mattigkeit f.

veuv|age [vœ'va:ʒ] m Witwer-, Witwen-stand m, F-dasein n; ∼e [vœ:v] s. veuf.

veux [vø] prés. von vouloir (1. u. 2. Person sg.).

vex|ant, -e [vɛ'ksã, ∼'ksã:t] adj. Worte: verletzend; Sache: ärgerlich; a. Person: enervierend; ∼ation [∼ksa-'sjõ] f Kränkung f; Schikane f; ∼atoire [∼ksa-'twa:r] adj. lästig, drückend; ∼er [∼'kse] v/t. (1a) kränken, verletzen; ärgern; fig. cela me vexe das ärgert mich; se ∼ de sich ärgern über (acc.).

via [vja] prp. vor Ortsnamen: über (acc.).

viab|ilité [vjabili'te] f 1. Lebensfähigkeit f; 2. △ Erschließung f; Befahrbarkeit f; ∼le ['vjabl] adj. lebensfähig; befahrbar; fig. durchführbar.

viaduc [vja'dyk] m Viadukt m.

viager, -ère [vja'ʒe, ∼'ʒɛ:r] 1. adj. lebenslänglich, auf Lebenszeit; rente f viagère = 2. ∼ m Leibrente f.

viande [vjãd] f Fleisch n; ∼ blanche weißes Fleisch n (Kalb, Kaninchen, Geflügel); ∼ noire Wildschwein-, Reh-, Hasen-fleisch n; ∼ rouge Rind-, Hammel-, Pferde-fleisch n; ∼s pl. froides assorties kalter Aufschnitt m.

viand|é, -e F [vjã'de] adj. dick, fett; ∼er m [∼] v/i. (1a) äsen, weiden; ∼is ch. [∼'di] m Geäse n, Weide f.

viatique [vja'tik] m Taschengeld n bzw. Proviant m für die Reise; cath. Letzte Ölung f.

vibrant, -e [vi'brã, ∼'brã:t] 1. adj. schwingend; fig. aufregend; schwungvoll; phon. consonne f ∼e = 2. ∼ e f Vibrant m, Zitterlaut m (r, l).

vibr|ateur [vibra'tœ:r] m rad. usw. Summer m; bét. Betonrüttler m; ∼ation [∼bra'sjõ] f Schwingung f; cin. Flimmern n; bét. Rütteln n; Auto: Erschütterung f; ∼er [∼'bre] v/i. (1a) vibrieren, schwingen, zittern, beben; cin. flimmern; faire ∼ in Schwingung(en) versetzen; fig. erschüttern; mitreißen, ergreifen.

vibrisses [vi'bris] f/pl. zo. Schnurrhaare n/pl.; orn. Schnabelflaum m; anat. Härchen n/pl. in der Nase.

vicaire rl. [vi'kɛ:r] m Vikar m.

vice [vis] m Fehler m, Gebrechen n; Mangel m; Unvollkommenheit f; Untugend f; pfort Laster n; Sittenlosigkeit f; ∼ de forme Formfehler m; ∼ de conformation körperlicher Fehler m; ⊕, △ ∼ de construction Konstruktionsfehler m.

vice... [vis...] in Zssgn: stellvertretend; Vize..., Unter...

vice versa [vis(e)vɛr'sa] adv. umgekehrt.

vichy [vi'ʃi] m karierter (od. gestreifter) Baumwollstoff m; ein Glas n Vichy-Mineralwasser.

vici|er [vi'sje] v/t. (1a) verderben; ⚖ ungültig machen; air m vicié schlechte (od. verbrauchte, verschmutzte) Luft f; ∼eux, -se [∼'sjø, ∼'sjø:z] adj. fehlerhaft, mangelhaft; lasterhaft, liederlich; Pferd usw.: tückisch.

vicinal, -e [visi'nal] adj. (m/pl. -aux): chemin m ∼ Land-, Feld-weg m; chemin m de fer ∼ Kleinbahn f.

vicissitudes [visisi'tyd] f/pl. Wechselfälle m/pl.; Schicksalsschläge m/pl.

vicomt|e [vi'kõ:t] m Vicomte m; ∼esse [∼kõ'tɛs] f Vicomtesse f.

victime [vik'tim] f Opfer n (das man wird od. ist); Opfertier n; ∼ de guerre Kriegsopfer n.

victoire [vik'twa:r] f Sieg m; crier ∼ ein Siegesgeschrei anstimmen; remporter la ∼ den Sieg erringen (od. davontragen).

victorieux, -se [vikto'rjø, ∼'rjø:z] adj. siegreich.

victuailles [vik'tɥa:j] f/pl. Lebensmittel n/pl., Proviant m.

vidage [vi'da:ʒ] m Entleerung f; écol.

* Rausschmiß *m*; *inform.* ~ de la *mémoire* Ausdrucken *n* des Speicherinhalts.

vidang|e [viˈdãːʒ] *f* Entwässerung *f*, Abfuhr *f* der Fäkalien; Nichtvollsein *n* *e-s Fasses*; **~s** *pl. a.* Fäkalien *pl.*; Jauche *f*; *Auto:* ~ d'huile Ölwechsel *m*; **~er** [~ˈdãˈʒe] *v/t.* (1l) leeren; *inform.* beheben, ausleeren.

vide [vid] **1.** *adj.* leer; *fig.* gehaltlos, hohl; ~ de sens sinnlos; **2.** *m* Leere *f*; leerer Raum *m*; Vakuum *n*; *fig.* Nichtigkeit *f*; *faire le* ~ dans qch. etw. luftleer pumpen (*od.* machen); *tomber dans le* ~ im Sande verlaufen; **3.** *advt.:* à ~ leer; ⊕ *marche à* ~ Leerlauf *m e-r Maschine*; **~bouteille** [~buˈtɛj] *m* (*pl.* ~s) Saugheber *m*.

videlle *cuis.* [viˈdɛl] *f* Teigrädchen *n*.

vidéo [videˈo] *adj.* (inv.) *télév.* Video...; *cin.* animation *f* ~ Filmanregung *f*; *matériel m* ~ Filmmaterial *n*; *production f* ~ Filmproduktion *f*; **~bus** [~ˈbys] *m* Filmbus *m*; **~cassette** *télév.* [~kaˈsɛt] *f* Videokassette *f*; **~disque** *télév.* [~ˈdisk] *m* Bildplatte *f*; **~gramme** *cin.* [~ˈgram] *m* Fernseh-, Bild-aufzeichnung *f*; **~graphe** [~ˈgraf] *m* Bildaufnahmegerät *n*; **~phone** *télév.* [~ˈfɔn] *m* Bildplattenabspielgerät *n*.

vide-ordures [vidɔrˈdyːr] *m* (inv.) Müllschlucker *m*.

vidéote F [videˈɔt] *m* Filmamateur *m*.

vide-poches [vidˈpɔʃ] *m* (inv.) *Auto:* Handschuhfach *n*; Ablage-tischchen *n*, -schale *f*; **~pomme** [~ˈpɔm] *m* (inv.) Apfelausstecher *m*.

vider [viˈde] *v/t.* (1a) (aus-, ent-) leeren; *cuis.* Geflügel, Fisch ausnehmen; *Obst* entkernen; F *fig.* Ort räumen; *Rechnung, Streit* erledigen; F rausschmeißen; *fig.* ~ l'esprit die geistigen Kräfte erschöpfen.

videur F [viˈdœːr] *m* Rausschmeißer *m* F.

vidim|er [vidiˈme] *v/t.* (1a) *Abschrift* kollationieren und beglaubigen; **~us** [~ˈmys] *m* beglaubigte Abschrift *f*.

vidures [viˈdyːr] *f/pl.* **1.** *cuis.* (*Fisch-, Geflügel-)*Innereien *f/pl.*; **2.** ausgeschütteter Inhalt *m e-r Mülltonne*.

vie [vi] *f* Leben *n*; Lebens-beschreibung *f*, -kraft *f*, -unterhalt *m*, -weise *f*, -zeit *f*; à ~ lebenslänglich; *de ma* ~, *je n'avais vu telle affluence* noch nie hatte ich so ein Gedränge gesehen; F

jamais de la ~*!* nie und nimmer!; auf keinen Fall!; *sans* ~ leblos; temperamentlos; ⊕ ~ *utile* Lebensdauer *f*.

vieil [vjɛj] s. **vieux**.

vieill|ard [vjɛˈjaːr] *m* Greis *m*; **~e** [vjɛj] s. **vieux**; **~erie** [~jˈri] *f* **1.** F *plais.* Alter *m*; **2.** 𝒬(e) su. a) Trödel *m*, alter Kram *m*; *fig.* abgedroschene Gedanken *m/pl.*; **~esse** [~ˈjes] *f* (hohes *od.* Greisen-)Alter *n*; **~ir** [~ˈjiːr] (2a) *v/i.* altern; schwächer werden; veralten; *v/t.* alt machen, alt erscheinen lassen; **~isme** [~ˈjism] *m* Haß *m* auf die alten Menschen; **~issement** [~jisˈmã] *m* Altern *n*; Veralten *n*; Altmachen *n*.

vieillot, -te [vjeˈjo, ~ˈjɔt] *adj.* ältlich.

vielle ♪ [vjɛl] *f* Drehleier *f*.

vienne [vjɛn] *prés. subj. von* **venir** (*1. u. 3. Person sg.*).

viennois, -e [vjeˈnwa, ~ˈnwaːz] **1.** *adj.* **a)** von Vienne (*Isère*); **b)** Wiener, wienerisch; **2.** 𝒬(e) *su.* **a)** Einwohner(in *f*) *m* von Vienne; **b)** Wiener(in *f*) *m*.

viens [vjɛ̃] *prés. von* **venir** (*1. u. 2. Person sg.*).

vierge [vjɛrʒ] **1.** *f* Jungfrau *f*; **2.** *adj.* jungfräulich; rein; unbenutzt; *Papier:* unbeschrieben; *Film:* unbelichtet; *forêt f* ~ Urwald *m*; ♥ *vigne f* ~ wilder Wein *m*; *min. argent m* (*or m*) ~ gediegenes Silber *n* (Gold *n*); *bande f* ~ unbespieltes Tonband *n*; *page f* ~ leere Seite *f*; *pellicule f* ~ a. Rohfilm *m*.

vieux [vjø] (*m vor vo. und stummem h:* vieil [vjɛj], F vieille [vjɛj], F vieil. *adj.* alt; *P fam.* vieille [vjɛj]) **1.** *adj.* alt; **2.** *su.:* le ~, la vieille der, die Alte; *les* ~ die Alten *pl.*; P die Eltern *pl.*; *un coup de* ~ ein plötzliches Altern *n*; *un* ~ de la vieille ein alter Routinier *m*, F ein alter Hase *m*.

vif, -ve [vif, viːv] **1.** *adj.* lebendig; lebend; ⚡ unter Spannung; *fig.* lebhaft, munter; scharf; eindringlich; *eau f* vive Quellwasser *n*; △ *arête f* vive scharfe Kante *f*; *haie f* vive grüne (*od.* lebende) Hecke *f*; **2.** *su.* ♓ Lebende(r *m*) *m u. f*; **3.** *m physiol.* lebendes, gesundes Fleisch *n*; *fig.* Kernpunkt *m*; *piquer* (*od. toucher*) *q.* au ~ j-n in seinem Selbstgefühl treffen; *prendre sur le* ~ aus dem Leben greifen; nach der Natur zeichnen; *prendre une photo sur le* ~ *vive.* lebend aufnehmen; *un sujet pris sur le* ~ ein aus dem Leben gegriffenes Thema.

vif-argent [vifar'ʒɑ̃] *m* Quecksilber *n.*

vigie [vi'ʒi] *f* **1.** ⚓ Schiffswache *f*; kleine Klippe *f*; *Art* Boje *f*; **2.** ✠ Wächter *m* auf dem Kommandoposten für Luftsicherung; 🎓 Kontrollturm *m in Roissy*; **3.** 🚂 Bremsersitz *m.*

vigil|ance [viʒi'lɑ̃:s] *f* Wachsamkeit *f*; **~ant, -e** [~'lɑ̃, ~'lɑ̃:t] *adj.* wachsam, umsichtig.

vigile [vi'ʒil] **1.** *f cath.* Vorabend *m e-s Festes*; **2.** *m néol.* Nachtwächter *m.*

vign|e [viɲ] *f* 🌿 Weinrebe *f*; 🍇 Weinberg *m*; cep *m de* ~ Weinstock *m*; ~ *vierge* s. *vierge*; ȇtre *dans les* ~s *du Seigneur* betrunken sein, einen sitzen haben *F*; **~eron, -ne** [~ɲə'rɔ̃, ~'rɔn] *su.* Winzer(in *f) m.*

vignette [vi'ɲɛt] *f* Vignette *f*, Randverzierung *f*; Titelbildchen *n*; Stempel-, Steuer-marke *f*; *Auto:* Kfz-Steuermarke *f*; (Mitglieds-) Abzeichen *n*; Warenzeichen *n.*

vignoble [vi'ɲɔblə] *m* Weinberg *m.*

vignon [vi'ɲɔ̃] *m* Stechginster *m.*

vigogne [vi'gɔɲ] *f* **1.** *zo.* Vikunja *n od. f*; **2.** *text.* Vikunjawolle *f.*

vigoureux, -se [vigu'rø, ~'rø:z] *adj.* kräftig, stark; rüstig; *phot.* hart; *fig.* nachdrücklich, energisch.

vigueur [vi'gœ:r] *f* Lebenskraft *f*, Rüstigkeit *f*; *peint.* Kräftigkeit *f*; 🏛 *usw.* Kraft *f*, Gültigkeit *f*; *entrer en* ~ in Kraft treten; *être en* ~ gültig sein; *plein de* ~ kraftstrotzend.

vil, -e [vil] *adj.* niedrig; *fig. litt.* widerlich; 🌿 ~ *prix m* Schleuderpreis *m*; *à* ~ *prix* spottbillig; *de* ~ *prix* von geringem Wert; *fig. de* ~*e condition* von niedrigem Stande.

vilain, -e [vi'lɛ̃, ~'lɛn] **1.** *adj.* gemein, widerlich, abstoßend; *fig.* unangenehm, lästig; schlecht; garstig, häßlich; abscheulich; ungezogen; unpassend; **2.** *m* Krach *m*, Skandal *m*; *ehm.* Bauer *m*, Nichtad(e)lige(r) *m*; *fig.* Flegel *m.*

vilebrequin [vilbrə'kɛ̃] *m* ⚙ Bohrwinde *f*, Brustleier *f*; *Auto:* Kurbelwelle *f.*

vilenie *litt.* [vil'ni] *f* Gemeinheit *f*, Niederträchtigkeit *f.*

vilipender *litt.* [vilipɑ̃'de] *v/t.* (1a) heruntermachen, verunglimpfen.

villa [vi'la] *f* Villa *f*, Landhaus *n*; ~ *individuelle* Einfamilienhaus *n.*

villag|e [vi'la:ʒ] *m* Dorf *n*; ~ *de toile*

Zeltstadt *f*; ~ *de vacances* Feriendorf *n*; **~eois, -e** [~la'ʒwa, ~'ʒwa:z] **1.** *adj.* ländlich; **2.** *su.* Dorfbewohner(in *f) m.*

villanelle *ehm.* [vila'nɛl] *f* Hirtenlied *n*; Bauerntanz *m.*

ville [vil] *f* Stadt *f*; *la* ~ *de Paris* die Stadt Paris; ~ *d'eau* Badeort *m*; *à la* ~ in der Stadt (*Ggs.: à la campagne*); *en* ~ in der (*bzw.* in die) Stadt, außer Haus; *auf Briefen:* hier; *aller en* ~ in die Stadt fahren (*od.* gehen); *déjeuner en* ~ in der Stadt (*od.* auswärts, außer Haus) essen; *être (sorti) en* ~ nicht zu Hause sein, ausgegangen sein.

villégiature [vileʒia'ty:r] *f* Sommerfrische *f*, -aufenthalt *m*; P *plais.* *être en* ~ im Kittchen sitzen.

villosité [vilozi'te] *f* Zottigkeit *f*; *anat.* ~s *pl.* intestinales Darmzotten *f/pl.*

vin [vɛ̃] *m* Wein *m*; ~ *baptisé* verdünnter Wein *m*; ~ *chaud* Glühwein *m*; ~ *d'origine* naturreiner Wein *m*; *grands* ~s *pl.* edle (*od.* berühmte) Weine *m/pl.*; ~ *de meilleur cru* Auslese *f*, Spitzenwein *m*; ~ *de liqueur* Süßwein *m*; *gros (petit)* ~ schwerer (leichter) Wein *m*; ~ *sec* herber Wein *m*; *entre deux* ~s leicht angeheitert; 🏵 *tache f de* ~ rotes Muttermal *n.*

vinage [vi'na:ʒ] *m* Alkoholzusatz *m.*

vinaigr|e [vi'nɛgrə] *m* Essig *m*; *tourner au* ~ sauer (*od.* schlecht) werden; *fig.* schiefgehen; P *faire* ~ sich beeilen; **~er** [~'gre] *v/t.* (1a) mit Essig zubereiten; **~ette** *cuis.* [~'grɛt] *f* Salatsoße *f*; *bœuf m à la* ~ Rindfleischsalat *m.*

vinasse [vi'nas] *f* schlechter Wein *m.*

vind|icatif, -ve [vɛ̃dika'tif, ~'ti:v] *adj.* rachsüchtig; **~icte** 🏛 [~'dikt] *f* Ahndung *f.*

vin|ée [vi'ne] *f* Weinernte *f*; Ertrag *m* (*der Weinlese*); Rebenzweig *m*; Gärkeller *m für Wein*; **~er** [~] *v/t.* (1a) *dem Wein* Alkohol zusetzen.

vinette 🌿 [vi'nɛt] *f* Sauerampfer *m.*

vineux, -se [vi'nø, ~'nø:z] *adj.* weinreich, -artig, -rot; *Wein:* feurig, gehaltvoll; weinfleckig; *année f vineuse* gutes Weinjahr *n.*

vingt [vɛ̃, *vor vo. bzw.* stummem *h u. in Zssgn:* vɛ̃t] **1.** *a/n. c.* zwanzig; **2.** *m* Zwanzig *f*; **~aine** [~'tɛn] *f: une* ~ (*de*) etwa (*od.* ungefähr) zwanzig; **~ième** [~'tjɛm] **1.** *a/n. o.* zwanzigste(r, -s)

visa

2. *m* Zwanzigstel *n*; **~uple** [~'typlə]
1. *adj.* zwanzigfach; **2.** *m*: le ~ das
Zwanzigfache.

vini|cole [vini'kɔl] *adj.* weinbauend;
Wein...; **~culture** [~kyl'ty:r] *f* Weinbau *m*; **~fication** [~fika'sjɔ̃] *f* Weinbereitung *f*.

vinosité [vinozi'te] *f* Weingehalt *m*.

viol [vjɔl] *m* Vergewaltigung *f*.

violable [vjɔ'lablə] *adj.* verletzbar.

violacé, -e [vjɔla'se] *adj.* ins Violette
übergehend.

viol|ateur [vjɔla'tœ:r] *m* ♫ *usw.*
Übertreter *m*; *rl.* Kirchenschänder
m; **~ation** [~la'sjɔ̃] *f* ♫ *usw.* Verletzung *f*; *rl.* Schändung *f*; ~ de domicile
Hausfriedensbruch *m*.

viole ♪ [vjɔl] *f*: ~ de gambe Gambe *f*.

viol|ence [vjɔ'lɑ̃:s] *f* Heftigkeit *f*; Gewalt(tätigkeit *f*) *f*; faire ~ Gewalt
antun; **~ent, -e** [~'lɑ̃, ~'lɑ̃:t] *adj.*
heftig; gewaltsam; ungestüm; **~er**
[~'le] *v/t.* (1a) *Gesetz* verletzen, übertreten; *Eid* brechen; *Kirche, Grabmal* schänden; *Frau* vergewaltigen.

violet, -te [vjɔ'lɛ, ~'lɛt] **1.** *adj.* violett,
veilchenblau; **2.** *m* Violett *n*, Veilchenblau *n*.

violette ♀ [vjɔ'lɛt] *f* Veilchen *n*.

violier ♀ [vjɔ'lje] *m* Levkoje *f*; ~ jaune
Goldlack *m*.

violine [vjɔ'lin] *adj.* purpurviolett.

violon [vjɔ'lɔ̃] *m* **1.** ♪ Violine
f; Geiger(in *f*) *m*; *fig.* ~ d'Ingres
Steckenpferd *n*; **2.** P *fig.* Kittchen *n*
F.

violoncelle ♪ [vjɔlɔ̃'sɛl] *m* Cello *n*;
~iste ♪ [~'list] *su.* Cellist(in *f*) *m*.

violon|eux F [vjɔlɔ̃'nø] *m* Dorffiedler
m; **~iste** ♪ [~'nist] *su.* Geiger(in *f*) *m*,
Violinist(in *f*) *m*.

viorne ♀ [vjɔrn] *f* Schneeball *m*.

vipère *zo.* [vi'pɛ:r] *f* Viper *f*.

virage [vi'ra:ʒ] *m* **1.** Drehen *n*, Wenden *n*; Wendung *f*; *Sport*: Kehre *f*;
vél., Auto usw.: Kurve *f*; ~ à droite
Rechtskurve *f*; *Sport*: ~ en épingle à
cheveux Haarnadelkurve *f*; ~ serré
scharfe Kurve *f*; prendre le ~ die
Kurve nehmen; **2.** *phot.* Tonung *f*;
~fixage *phot.* [~fi'ksa:ʒ] *m* Tonfixierbad *n*.

virago [vira'go] *f* Mannweib *n*.

vire [vi:r] *f* **1.** schmale Felsterrasse *f*;
2. ✝ Nagelgeschwür *n*.

virée F [vi're] *f* Bummel *m*; *Auto*:
Spazierfahrt *f*; *plais.* ~ en bagnole
Spritzfahrt *f*.

virement [vir'mɑ̃] *m* ⚓ Wenden *n*; ✝
Überweisung *f*; Verrechnung *f*;
Umbuchung *f*, Giro *n*; *par* ~ bargeldlos.

virer [vi're] (1a) **I** *v/i.* **1.** e-e Kurve
fahren; *tourner et* ~ sich drehen u.
wenden; **2.** wenden; **3.** ~ au jaunâtre
ins Gelbliche übergehen; **II** *v/t.* **4.**
drehen, wenden; *e-n Motor* umschalten; **5.** *phot.* tonen; **6.** ✝ überweisen; umbuchen, girieren; **7.** F
entlassen, rausschmeißen F.

vireux, -se [vi'rø, ~'rø:z] *adj. Pflanze*:
giftig; *Geruch, Geschmack*: ekelhaft,
widerlich.

virevolt|e [vir'vɔlt] *f* Kehrtwendung *f*
e-r Tänzerin; *fig.* plötzlicher Umschwung *m*; **~er** [~'te] *v/i.* (1a) umkehren; herum-wirbeln, -fliegen.

virgin|al, -e [virʒi'nal] *adj.* (*m/pl.
-aux*) jungfräulich; **~ité** [~ni'te] *f*
Jungfräulichkeit *f*; *fig.* Reinheit *f*.

virgule [vir'gyl] *f* Komma *n*.

viril, -e [vi'ril] *adj.* männlich; *fig.*
mannhaft, entschlossen; **~isation**
[~liza'sjɔ̃] *f* Vermännlichung *f*;
~iser [~'ze] *v/t.* (1a) männlichen
Charakter geben (*dat.*); **~ité** [~'te] *f*
Mannesalter *n*; *physiol.* Mannbarkeit *f*; *fig.* Männlichkeit *f*.

virole [vi'rɔl] *f* Griffring *m*; Zwinge *f*.

virolog|ie [virɔlɔ'ʒi] *f* Virusforschung
f; **~ique** [~'ʒik] *adj.* Virus...; **~iste**
[~'ʒist] *su.* Virusforscher(in *f*) *m*.

virtu|alité [virtɥali'te] *f* Wirkungsvermögen *n*; **~el, -le** [~'tɥɛl] *adj.* dem
Wesen (*od.* dem Inhalt nach) vorhanden, möglich, theoretisch vorhanden; *fig.* schlummernd; *opt.*
scheinbar, virtuell; *phys.* imaginär,
virtuell; *phil.* virtuell, potentiell.

virtuos|e [vir'tɥo:z] *su.* Virtuose *m*,
Virtuosin *f*; **~ité** [~tɥozi'te] *f* Virtuosität *f*.

virul|ence [viry'lɑ̃:s] *m* ✿ Virulenz *f*;
fig. Bissigkeit *f*; **~ent, -e** [~'lɑ̃, ~'lɑ̃:t]
adj. ✿ virulent; *fig.* bissig; **~icide**
[~li'sid] *adj.* virustötend.

virus ✿ [vi'rys] *m* Virus *n od. m*;
maladie f à ~ Viruskrankheit *f*.

vis¹ [vis] *f* Schraube *f*; ⊕ *pas m de* ~
Schraubengang *m*; *fig.* serrer la ~ à q.
j-n kurzhalten.

vis² [vi] **1.** *p/s. von voir* (*1. u. 2. Person
sg.*); **2.** *prés.* (*1. u. 2. Person sg.*) *u.
impér.* (*2. Person sg.*) *von vivre.*

visa [vi'za] *m* Visum *n*, Sichtvermerk
m.

visag|e [vi'za:ʒ] *m* Gesicht *n*; *fig.* *prêter du ~ à q.* j-m Beachtung schenken; *trouver ~ de bois* niemanden antreffen; **~isme** [~za'ʒism] *m* Gesichtskosmetik *f*; **~iste** [~'ʒist] *su.* Gesichtskosmetiker(in *f*) *m*.

vis-à-vis [viza'vi] **1.** *adv.* gegenüber; **2.** *prp.*: *~ de* gegenüber (*dat.*); *fig.* *se trouver ~ de rien* vor dem Nichts stehen; **3.** *m* Visavis *n*, Gegenüber *n*.

viscéral, -e [vise'ral] *adj.* (*m*/*pl.* *-aux*) *anat.* Eingeweide...; *fig.* tief.

viscères *anat.* [vi'sɛ:r] *m*/*pl.* Eingeweide *n*/*pl.*

viscos|e 🜄 [vis'ko:z] *f* Viskose *f*; **~ité** [~kozi'te] *f* Zähflüssigkeit *f*, Viskosität *f*.

visée [vi'ze] *f* Zielen *n*; *fig.* *~s pl.* Absichten *f*/*pl.*, Pläne *m*/*pl.*

viséophone [vizeɔ'fɔn] *m* Telefon *n* mit Sichtmöglichkeit.

viser [vi'ze] (1a) **1.** *v*/*t.* **a)** erstreben, es abgesehen haben auf (*acc.*); betreffen, sich beziehen auf (*acc.*); *~ q. (qch.)* auf j-n (auf etw.) zielen; P j-n (etw.) sehen; ✗ *~ q. à la tête* auf j-s Kopf zielen; **b)** Paß mit e-m Visum versehen; **2.** *v*/*i.* ✗ anlegen; zielen (*à qch.* auf etw. *acc.*); *~ à qch.* Maßnahme: auf etw. (*acc.*) abzielen; *~ à plaire* zu gefallen suchen.

viseur [vi'zœ:r] *m* Visier *n an Feuerwaffen*; *phot.* Sucher *m*.

visib|ilité [vizibili'te] *f* Sicht *f*; **~le** [~'zibl] *adj.* sichtbar; *fig.* offensichtlich.

visière [vi'zjɛ:r] *f ehm.* Visier *n*, Helmgitter *n*; (*Mützen-*)Schirm *m*; *fig.* *rompre en ~ à q.* (*à qch.*) mit j-m (mit e-r Sache) kurzerhand brechen; *j-m s-e Meinung ins Gesicht sagen*.

vision [vi'zjɔ̃] *f* **1.** Sehen *n*, Schauen *n*; 🜨 Sehstärke *f*; **2.** *fig.* Vision *f*, Erscheinung *f*, Traumbild *n*, Hirngespinst *n*; **~naire** [~zjɔ'nɛ:r] **1.** *adj.* visionär; **2.** *su.* Geisterseher(in *f*) *m*; **~ner** [~'ne] *v*/*t.* (1a) *cin.* Film beim Schnitt ansehen; *allg.* sichten, überprüfen; **~neuse** [~'nø:z] *f cin.* Bildbetrachter *m*; *phot.* Dia-Betrachter *m*; *Sprachlabor:* Monitor *m in der Kabine*.

Visitation *rl.* [vizita'sjɔ̃] *f*: *la ~ de la Vierge Mariä* Heimsuchung *f*.

visit|e [vi'zit] *f* Besuch *m*; Visite *f* (*bsd. des Arztes im Krankenhaus*); *rl.*, *écol.*, ⚓ Visitation *f*, Besichtigung *f*, Durchsuchung *f*; (*Zoll-*)Kontrolle

f; *rendre ~ à q.* j-n besuchen; **~er** [~'te] *v*/*t.* (1a) *Kranke, Gefangene, Stadt, Messe* besuchen; *Stadt, Haus usw.* besichtigen, sich ansehen; *j-n, ein Geschäft* aufsuchen; *Gepäck, Wohnung* durchsuchen; *rl.* heimsuchen; **~eur, -se** [~'tœ:r, ~'tø:z] *su.* Besucher(in *f*) *m*, Gast *m*; *~ de douane* Zollkontrolleur(in *f*) *m*.

vison [vi'zɔ̃] *m zo.* Nerz *m* (*a. Pelz*); Nerzfell *n*.

visqueux, -se [vis'kø, ~'kø:z] *adj.* klebrig; zähflüssig.

visser [vi'se] *v*/*t.* (1a) an-, festschrauben; F *fig. j-n* streng halten.

visualis|ation *inform.* [vizɥaliza'sjɔ̃] *f* optische Anzeige *f*; **~er** [~'ze] *v*/*t.* (1a) sichtbar machen.

visuel, -le [vi'zɥɛl] *adj.* Seh...; visuell.

vital, -e [vi'tal] *adj.* (*m*/*pl.* *-aux*) vital, Lebens...; lebenswichtig; / **~iseur** [~li'zœ:r] *m* Haarkräftigungsmittel *n*; **~ité** [~'te] *f* Vitalität *f*.

vitamine [vita'min] *f* Vitamin *n*.

vite [vit] **1.** *adv.* schnell, rasch; **2.** *adj.* *Sport:* schnell.

vitesse [vi'tɛs] *f* Schnelligkeit *f*; Geschwindigkeit *f* (*a. phys.*); *Auto:* Gang *m*; *petite* (*grande*) *~* Fracht-(Eil-)gut *n*; *~ maximale od. maximum* (*minimum*) Höchst-(Mindest-)geschwindigkeit *f*; *~ réglementée* Richtgeschwindigkeit *f*; *gagner* (*od. prendre*) *de ~ Sport:* j-n überholen; *fig.* j-n *zeitlich* überrumpeln; *rester maître de sa ~* s-n Wagen in der Hand behalten; *fig. être en perte de ~* an Einfluß verlieren; *la ~ de vie d'aujourd'hui* das heutige Tempo.

viticole [viti'kɔl] *adj.* Wein...

viticult|eur [vitikyl'tœ:r] *m* Weinbauer *m*; **~ure** [~'ty:r] *f* Weinbau *m*.

vitrage [vi'tra:ʒ] *m* Fenster *n*, Glastür *f*, -wand *f*; Oberlicht *n*; ⊕ Verglasung *f*.

vitr|ail [vi'traj] *m* (*pl. vitraux*) Kirchenfenster *n*; **~e** ['vitr] *f* Glasscheibe *f*; Fenster(scheibe *f*) *n*; *~ protectrice* Schutzscheibe *f*; *casser les ~s fig. a.* mit der Tür ins Haus fallen; **~é, -e** [~'tre] *adj.* glasartig; Glas...; verglast; *porte f ~e* Glastür *f*; **~er** [~] *v*/*t.* (1a) verglasen; **~erie** [~tra'ri] *f* Glaserei *f*; Fensterglas *n*; **~eux, -se** [~'trø, ~'trø:z] *adj.* glasartig; glasig (*a. fig.*).

vitri|er [vitri'e] *m* Glaser *m*; **~ère**

[~'ɛːr] f Fenstereisen n.

vitrine [vi'trin] f Schaufenster n; Glasschrank m, Vitrine f; Schaukasten m.

vitriol [vitri'ɔl] m Vitriol n; **~er** [~'le] v/t. (1a) mit Vitriol bespritzen.

vitupérer [vitype're] (1f) v/t. litt. heftig tadeln; v/i.: ~ contre heftig protestieren gegen.

vivac|e [vi'vas] adj. biol. lebenskräftig, zäh; Pflanzen: mehrjährig; fig. unauslöschlich; **~ité** [~si'te] f Lebhaftigkeit f.

vivandier, -ère ehm. ⚔ [vivã'dje, ~'djɛːr] su. Marketender(in f) m.

vivant, -e [vi'vã, ~'vãːt] **1.** adj. lebend, lebendig; fig. lebhaft; belebt; **2.** m: de son ~ zu (od. bei) seinen Lebzeiten; du ~ de Voltaire zu Lebzeiten Voltaires.

vivat [vi:v] m Hochruf m, Vivat n.

vive¹ icht. [vi:v] f Petermännchen n.

vive² [vi:v] **1.** s. vif; **2.** prés. subj. von vivre (1. u. 3. Person sg.); int.: ~...! es lebe ...!

vivement [viv'mã] adv. schnell, rasch, F ~ qu'il parte! ach, wenn er doch abreiste!

viveur [vi'vœːr] m Lebemann m.

vivier [vi'vje] m Fischteich m; Fischkasten m.

vivifi|ant, -e [vivi'fjã, ~'fjãːt] adj. belebend; **~er** [~'fje] v/t. (1a) lebendig machen; (neu) beleben; 🌱 stärken.

vivi|pare zo. [vivi'paːr] adj. lebendgebärend; **~section** [~sɛk'sjɔ̃] f Vivisektion f.

vivoter [vivɔ'te] v/i. (1a) kümmerlich leben.

vivre¹ ['viːvrǝ] **1.** (4e) v/i. leben; ~ plus vieux älter werden; ~ beaucoup en dedans ein ausgeprägtes Innenleben führen; se laisser ~ ein sorgloses Leben führen; ⚔ qui vive? wer da?; v/t. erleben, durchmachen; ~ sa foi nach seinem Glauben leben; ~ sa vie sein Eigenleben führen; **2.** ~s m/pl. Lebensmittel n/pl., Proviant m/pl.; fig. couper les ~s à q. j-m den Brotkorb höher hängen; j-m den Geldhahn zudrehen.

vivre² 🚫 ['viːvrǝ] f gewundene Schlange f.

vivrier, -ère [vivri'e, ~'ɛːr] adj. nahrungsmittelerzeugend.

vlan!, v'lan! [vlã] int. klatsch!

vloo! [vlo] int. Jagdruf beim Sichten e-s Ebers.

vocab|le [vɔ'kablǝ] m ling. Wort n, Vokabel f; rl. sous le ~ de unter dem Schutz e-s Heiligen; **~ulaire** [~by-'lɛːr] m Vokabular n; Wortschatz m; Fachsprache f; Wörterverzeichnis n.

vocal, -e [vɔ'kal] adj. (m/pl. -aux) anat. Stimm...; ♪ Vokal..., Gesangs...; **~ique** phon. [~'lik] adj. vokalisch; **~isation** [~liza'sjɔ̃] f ♪ Stimmübung f; phon. Vokalisierung f; **~ise** ♪ [~'liːz] f Singübung f, Vokalise f; **~iser** [~li'ze] (1a) v/t. phon. vokalisieren; v/i. ♪ Stimmübungen machen; se ~ phon. zum Vokal werden; **~isme** phon. [~'lism] m Vokalismus m.

vocation [vɔka'sjɔ̃] f innerer Ruf m; Berufung f; Bestimmung f.

vociférations [vɔsifera'sjɔ̃] f/pl. Gebrüll n; **~er** [~'re] (1f) v/i. wütend schreien; v/t. laut ausstoßen.

vodka [vɔd'ka] f Wodka m.

vœu [vø] m (pl. ~x) Gelübde n; Wunsch m.

vogu|e [vɔg] f Beliebtheit f; être en ~ beliebt sein, modern (od. in Mode) sein; **~er** [~'ge] v/i. (1m) litt. ⚓ dahinsegeln; F fig. vogue la galère! komme, was da wolle!

voici [vwa'si] **1.** adv. hier (od. da) ist, hier (od. da) sind; me ~! da bin ich!; **2.** prpt. litt. vor (zeitlich rückblickend).

voie [vwa] f Weg m, Fahrbahn f, Straße f; a. ch. Spur f, Fährte f; 🚂 Gleis n; Spurweite f; fig. Mittel n, Weg m; anat. Kanal m; Auto: ~ d'accès Zubringer(straße f) m; ~ à grande circulation Hauptstraße f; ~ de dégagement Entlastungsstraße f; ~ de communication Verbindungsweg m; (par la) ~ des airs (auf dem) Luftweg m; ~ d'évitement Ausweichgleis n; ~ express, ~ rapide Schnellstraße f; 🚂 ~ ferrée Schienen-strang m, -weg m; ~ prioritaire Vorfahrt(s)straße f; à ~ normale voll-, normal-spurig; à ~ large breitspurig; 🚂 à ~ unique eingleisig; à double ~ zweigleisig; ligne f à ~ étroite Schmalspurbahn f; adm.; ⚖ ~ hiérarchique Instanzen-, Dienstweg m; ast. ⚹ lactée Milchstraße f; anat. ~s respiratoires Atemwege m/pl.; fig. ~s et moyens Mittel und Wege pl.

voilà [vwa'la] **1.** adv. hier (od. da) ist, hier (od. da) sind; me ~ à Paris! jetzt bin ich in Paris!; ~ *tout* das ist alles; ~ *pourquoi* darum; *nous y* ~! a) jetzt haben wir's geschafft!; b) *iron.* da haben wir den Salat!; **2.** *prpt.* seit, vor *(zeitlich rückblickend).*

voilage [vwa'la:ʒ] *m* **1.** *cout.* Voileschleife *f* für den Hut; **2.** Voilestore *m.*

voile [vwal] **1.** *m* Schleier *m*; *fig.* Deckmantel *m*; *text.* Voile *m*, Schleierstoff *m*; *anat.* Gaumensegel *n*; *prendre le* ~ Nonne werden; **2.** *f* ♣ Segel *n*; *fig.* Schiff *n*; ♣ *construction f en* ~ Flächentragwerk *n*; *faire* ~ (ab)segeln *(pour nach)*; F *mettre les* ~*s* abhauen F; *tendre la* ~ *selon le vent* das Segel nach dem Winde richten; *fig.* das Mäntelchen nach dem Winde drehen *(od.* hängen).

voiler [vwa'le] *v/t.* **(1a)** verschleiern; verhüllen; bemänteln; *phot.* überbelichten; ⚔ ~ *à l'aide de la fumée* vernebeln; *voix f voilée* belegte Stimme *f*; *se* ~ *Holz:* sich werfen.

voilette [vwa'lɛt] *f* kleiner Schleier *m.*

voil|ier [vwa'lje] *m* Segel-boot *n*, -schiff *n*; **~ure** [~'ly:r] *f* Segelwerk *n*; ✈ Tragwerk *n*, Verspannung *f*; Flugwerk *n e-r Rakete*; Hülle *f*, Kappe *f e-s Fallschirms*; Zeltzeug *n.*

voir [vwa:r] **(3b)** *v/t.* sehen; *fig.* erleben; einsehen; durchsehen; beurteilen; *faire* ~ zeigen; *être bien vu* gut angeschrieben sein; *se faire bien* ~ *de q.* sich bei j-m beliebt machen; *aller (bzw. venir)* ~ *q.* j-n besuchen; *aller* ~ *qch.* sich etw. ansehen, etw. besichtigen; *venez me* ~ *dimanche* kommen Sie am Sonntag zu mir; ~ *q.* mit j-m verkehren; ~ *le médecin* den Arzt aufsuchen; *v/i.* sehen können; ~ *à qch.* nach etw. *(dat.)* sehen, für etw. sorgen; *c'est à* ~ das will überlegt sein; *cela se voit* das sieht man; *il s'est vu rappeler que ...* er hat sich in Erinnerung bringen lassen müssen, daß ...

voire [vwa:r] *adv.:* ~ *(même)* (ja) sogar.

voirie [vwa'ri] *f* Straßenbauamt *n*; Müllabfuhr *f*; Schuttabladeplatz *m.*

voisement *ling.* [vwaz'mã] *m* Stimmhaftmachung *f.*

voisin, -e [vwa'zɛ̃, ~'zin] **1.** *adj.* benachbart; angrenzend; **2.** *su.* Nachbar(in *f*) *m*; **~age** [~zi'na:ʒ] *m* Nachbarschaft *f*; **~er** [~'ne] *v/i.* **(1a):** ~ *à table avec q.* neben j-m am Tisch

sitzen.

voiturage [vwaty'ra:ʒ] *m* Transport *m*; ~ *scolaire* Schulbusverkehr *m.*

voiture [vwa'ty:r] *f* Wagen *m*; Auto *n*; (Pferde-)Fuhrwerk *n*; Kutsche *f*; *Bus:* ~ *à un seul agent* Einmannwagen *m*; ~ *de course* Rennwagen *m*; ~ *de fonction* Dienstwagen *m*; ~ *directe* Kurswagen *m*; ~ *radio* Funkwagen *m*; *en* ~! einsteigen!; *lettre f de* ~ Frachtbrief *m*; **~-balai** [~tyrba'lɛ] *f (pl. voitures-balais)* Krankenwagen *m (beim Radrennen; a. der Polizei);* **~-couchettes** 🏢 [~ku'ʃɛt] *f (pl. voitures-couchettes)* Liegewagen *m.*

voiturée [vwaty're] *f* Wagenvoll *m.*

voiture|-lit 🏢 [vwatyr'li] *f (pl. voitures-lits)* Schlafwagen *m*; **~-panier** [~pa'nje] *f (pl. voitures-panier)* Korbwagen *m*; **~-piège** [~'pjɛ:ʒ] *f (pl. voitures-pièges)* Polizeiwagen *m der Verkehrspolizei (als Privatwagen getarnt).*

voiturer F [vwaty're] *v/t.* **(1a)** j-n im Auto fahren; *etw.* transportieren.

voiture-restaurant [vwatyr-rɛstɔ'rã] *f (pl. voitures-restaurants)* Speisewagen *m.*

voitur|ette [vwaty'rɛt] *f* kleiner Wagen *m*; Handwagen *m*; *Auto:* Kleinwagen *m*; (kleiner Schiebe-)Wagen *m in Selbstbedienungsläden;* **~ier** [~'rje] *m* Frachtführer *m*; Fahrer *m (z. B. e-s Hotels).*

voix [vwa] *f* Stimme *f (a.* ♪ *u. fig.);* *pol.* (Wahl-)Stimme *f*; Stimmrecht *n*; *ch.* Anschlagen *n der Hunde; à haute* ~ laut, mit lauter Stimme; *à basse* leise, mit leiser Stimme; *de vive* ~ mündlich; *gr.* ~ *active* Aktiv *n*, Tätigkeitsform *f*; ~ *passive* Passiv *n*, Leideform *f*; *fig.* ~ *de la conscience* Stimme *f des Gewissens; avoir* ~ *au chapitre* etwas zu sagen *(od.* ein Wort mitzureden) haben.

vol¹ [vɔl] *m* Flug *m*, Fliegen *n (a.* ✈); ~ *à voile* Segelflug *m*; ~ *acrobatique* Kunstflug *m*; ~ *d'oiseau aus der Vogelschau; in der Luftlinie; au* ~ im Fluge.

vol² [vɔl] *m* Diebstahl *m*, Raub *m*; ~ *à la petite semaine* Gelegenheitsdiebstahl *m*; ~ *à la roulotte* Ausplündern *n* von Autos.

volage [vɔ'la:ʒ] *adj.* flatterhaft, unbeständig; ♣ *Schiff:* leicht umschlagend.

vomitif

volaille [vɔˈlɑːj] f Geflügel n.

volant, -e [vɔˈlɑ̃, ˈlɑ̃:t] **1.** adj. fliegend; lose; Treppe: einziehbar; **2.** m Federball(spiel n) m; cout. Volant m; ⊕ Schwungrad n; Auto: Steuer(rad n) n, Lenkrad n, Volant m; ⚙ abreißbares Rechnungsformular n; ~ de sécurité Reservefonds m; prendre le ~ sich ans Steuer setzen.

volatil, -e [vɔlaˈtil] adj. flüchtig, leicht verdunstend; **~e** [~] m (Stück n) Geflügel n; **~iser** [~liˈze] v/t. (1a) verdunsten lassen; ⚙ klauen; se ~ verdunsten.

vol-au-vent cuis. [vɔloˈvɑ̃] m (inv.) Blätterteigpastete f.

volcan [vɔlˈkɑ̃] m Vulkan m; **~icité** [~kanisiˈte] f vulkanische Beschaffenheit f; **~ique** [~ˈnik] adj. vulkanisch; fig. überschäumend; **~isme** [~ˈnism] m Vulkanismus m; **~ologie** [~nɔlɔˈʒi] f Vulkanforschung f; **~ologue** [~ˈlɔg] su. Vulkanforscher(in f) m.

vole [vɔl] f Kartenspiel: faire la ~ alle Stiche machen.

volée [vɔˈle] f (Aus-)Flug m; Fliegen n; Kinder, Vögel: Schwarm m; Schwung m der Glocke; ⚙, ⊕ Hubhöhe f; Ausladung f; Ausleger m e-s Krans; Tennis: Flugball m; ⚙ Salve f; ⚙ Lauf m e-r Treppe; ⚙ Tracht f Prügel; fig. ~ de bois vert Auftrieb m.

voler¹ [vɔˈle] v/i. (1a) fliegen (a. ⚙); fig. eilen.

voler² [vɔˈle] v/t. (1a) stehlen.

volet [vɔˈlɛ] m Fenster-, Klapp-laden m; ⊕ Klappe f; ⚙ Landeklappe f; phot. Kassettenschieber m; ⊕ (Wasserrad-)Schaufel f; fig. Seite f; ~ roulant Rolladen m, Rolljalousie f.

voleter [vɔlˈte] v/i. (1c) flattern.

voleur, -se [vɔˈlœːr, ~ˈløːz] **1.** su. Dieb(in f) m; **2.** adj. diebisch.

volière [vɔˈljɛːr] f großes Vogelbauer n; Vogelhaus n.

voli|tif, -ve psych. [vɔliˈtif, ~ˈtiːv] adj. willensmäßig; **~tion** psych. [~ˈsjɔ̃] f Willensakt m; Wille m.

volleyeur, -se [vɔlɛˈjœːr, ~ˈjøːz] su. Volleyballspieler(in f) m.

volont|aire [vɔlɔ̃ˈtɛːr] **1.** adj. freiwillig; eigensinnig; enfant m ~ eigensinniges Kind n; **2.** su. Freiwillige(r m) m u. f (m a. ⚙); **~ariat** nur ⚙ [~taˈrja] m freiwilliger (Militär-)Dienst m; **~arisme** phil. [~ˈrism] m Voluntarismus m, Willenslehre f; **~ariste**

[~ˈrist] adj. phil. voluntaristisch; weit S. Politik: auf das Allgemeinwohl abgestimmt; **~é** [~ˈte] f Wille m; faire acte de bonne ~ s-n guten Willen zeigen; à ~ nach Belieben, nach Wunsch, beliebig (viel); **~iers** [~ˈtje] adv. gern(e); (bereit)willig; fig. leicht, ohne weiteres.

volt ⚡ [vɔlt] m Volt n; **~age** ⚡ [~ˈtaːʒ] m Spannung f; **~aïque¹** [~taˈik] adj.: arc m ~ elektrischer Lichtbogen m.

voltaïque² géogr. [vɔltaˈik] **1.** adj. obervoltaisch; **2.** ♀ su. Obervoltaer(in f) m.

voltaire [vɔlˈtɛːr] m Großvaterstuhl m.

voltampère ⚡ [vɔltɑ̃ˈpɛːr] m Voltampere n.

volte [vɔlt] f esc. rasche Wendung f, Volte f; man. Kreisritt m; ⚙ Schleife f.

volte-face [vɔltəˈfas] f (inv.) ⚙ u. man. Kehrtwendung f; fig. plötzlicher Gesinnungswechsel m; faire ~ sich plötzlich wenden (a. fig.).

voltig|e [vɔlˈtiːʒ] f Trapezspringen n; man. Voltige f; **~er** [~tiˈʒe] v/i. (11) (herum)flattern; fig. springen; **~eur** [~ˈʒœːr] m Trapezkünstler m; Kunstreiter m; ⚙ Stoßtruppgrenadier m.

volubil|e [vɔlyˈbil] adj. ♀ sich windend; fig. geschwätzig; **~is** ♀ [~ˈlis] m Winde f; **~ité** [~liˈte] f Geschwätzigkeit f.

volum|e [vɔˈlym] m Band m (Buch); phys., ♀ usw. Rauminhalt m, Volumen n; ♪ Umfang m der Stimme; ~ des échanges commerciaux Handelsvolumen n; **~ineux, -se** [~miˈnø, ~ˈnøːz] adj. sperrig; umfangreich.

volupt|é [vɔlypˈte] f (Sinnen-)Lust f; Wollust f; Hochgenuß m, Wonne (-gefühl n) f; **~ueux, -se** [~ˈtɥø, ~ˈtɥøːz] adj. sinnlich; wollüstig.

volute [vɔˈlyt] f zo. Walzenschnecke f; △ Schnecke f (a. e-r Geige), Spirale f.

vomique¹ ⚙ [vɔˈmik] f plötzlicher Eiterauswurf m.

vom|ique² phm. [vɔˈmik] adj.: noix f ~ Brechnuß f; **~ir** [~ˈmiːr] v/t. (2a) er-, aus-brechen; (wieder) von sich geben; fig. abs. sich übergeben, ⚙ brechen; fig. ausstoßen; **~issement** [~misˈmɑ̃] m Erbrechen n; **~itif, -ve** ⚙, phm. [~miˈtif, ~ˈtiːv] **1.** adj. Erbrechen erregend; Brech...; 2. *m* Brechmittel *n*; **ito-negro** ⚕ [⌐tne-ˈgro] *m* (*inv.*) Gelbfieber *n*.

vorac|e [vɔˈras] *adj.* gefräßig; **ité** [⌐siˈte] *f* Gefräßigkeit *f*.

vos [vo] s. *votre*.

vot|ant, -e [vɔˈtɑ̃, ⌐ˈtɑ̃:t] *su.* Wähler(in *f*) *m*; **ation** [⌐taˈsjɔ̃] *f dial.* Abstimmung *f*; *mode m de ~* Stimmverfahren *n*; **e** [vɔt] *m* Stimme *f*; Abstimmung *f*; ~ *par assis et levé* Abstimmung *f* durch Erheben von den Sitzen; ~ *plural* Mehrstimmenwahl *f*; **er** [⌐ˈte] (1a) *v/i.* abstimmen; *v/t.* stimmen für; *Gesetz* verabschieden.

votif, -ve *rl.* [vɔˈtif, ⌐ˈti:v] *adj.* Votiv..., Weih...

votre [ˈvɔtrə] *pr/poss.* (*pl.* vos [vo]) euer, eure; *pl.* eure; *Höflichkeitsform:* Ihr(e); *pl.* Ihre.

vôtre [ˈvo:trə] **1.** *pr/poss.*: le~, la~, der, die, das eure (*od.* eurige), eure(r, -s); *Höflichkeitsform:* der, die, das Ihre (*od.* Ihrige), Ihre(r, -s); **2.** *m*: le~ das Eure, das Eurige; das Ihre (*od.* Ihrige); les ~s die Euren (*od.* Eurigen) *pl.*; eure Angehörigen *pl.*; die Ihren (*od.* Ihrigen) *pl.*; Ihre Angehörigen *pl.*; *je suis des ~s* ich schließe mich Ihnen an; ich mache mit.

vouer [vwe] *v/t.* (1a) widmen, weihen.

vouloir [vuˈlwa:r] **1.** (3i) *v/t.* wollen; *je voudrais a.* ich möchte gern; *je veux bien* ich habe nichts dagegen; ~ *dire* bedeuten; *qu'est-ce que vous me voulez?* was wollen Sie von mir?; *v/i.* en ~ à q. j-m grollen, auf j-n böse (*od.* ärgerlich) sein; en ~ à qch. nach etw. (*dat.*) trachten; *un dictionnaire qui se veut utile ...* ein Wörterbuch, das nützlich sein soll, ...; **2.** *m*: (*bon, mauvais*) ~ (guter, böser) Wille *m*.

vous [vu] **1.** *pr/p.* ihr, Ihr; *Objekt* (*acc. od. dat.*): euch; *Höflichkeitsform:* Sie; *Objekt:* Sie (*acc.*), Ihnen (*dat.*); *de ~ à moi* unter uns gesagt; **2.** *pr/ind.* einen, einem.

vouss|oir ⌂ [vuˈswa:r] *m* Gewölbestein *m*; **ure** ⌂ [⌐ˈsy:r] *f* Bogenrundung *f*.

voût|e ⌂ [vut] *f* Gewölbe *n*, Wölbung *f*; **é, -e** [⌐ˈte] *adj.* ⌂ u. anat. gewölbt; *fig.* krumm; **er** [⌐] *v/t.* (1a) wölben; se ~ sich wölben; *fig.* e-n krummen Buckel bekommen.

vouvoyer [vuvwaˈje] *v/t.* (1h) siezen.

voyag|e [vwaˈja:ʒ] *m* Reise *f*; Fahrt *f*; (Besorgungs-)Gang *m*; Fuhre *f*; ~ *circulaire* Rundreise *f*; ~ *d'agrément* Vergnügungsreise *f*; ~ *d'affaires* Geschäftsreise *f*; ~ *en avion* Flugreise *f*; *en* ~ auf Reisen, verreist; **er** [⌐jaˈʒe] *v/i.* (11) (umher)reisen; **e-surprise** [⌐ʒsyrˈpri:z] *m* Fahrt *f* ins Blaue; **eur, -se** [⌐ˈʒœ:r, ⌐ˈʒø:z] **1.** *su.* Reisende(r *m*) *m* u.f.; **2.** *adj./m:* commis *m* ~ Handlungsreisende(r) *m*.

voyant, -e [vwaˈjɑ̃, ⌐ˈjɑ̃:t] **1.** *adj.* sehend; *Farbe:* grell, schreiend; **2.** *su.* Hellseher(in *f*) *m*; **3.** *m* Kontrollicht *n*; Kontrollampe *f*; ⚓ Signalfeuer *n*; ~ *lumineux* Leuchtzeichen *n*.

voyelle [vwaˈjɛl] *f* Vokal *m*.

voyeur ✶ [vwaˈjœ:r] *m* Voyeur *m*, Spanner *m* F; *weit S.* heimlicher Beobachter *m*; *péj.* neugieriger Zuschauer *m*; **isme** *psych.* [⌐jœˈrism] *m* Schautrieb *m*.

voyou [vwaˈju] *m* jugendlicher Strolch *m*, Trebegänger *m*; **te** P [⌐ˈjut] *f* Göre *f*.

vrac [vrak] *adv.*: *en* ~ durcheinander, lose, unverpackt; *marchandises f/pl. en* ~ Massengüter *n/pl.*

vrai, -e [vrɛ] **1.** *adj.* wahr; wahrheitsgemäß, -getreu; echt; wirklich; richtig; *il est* ~ *que a.* zwar, freilich, allerdings; **2.** *m das* Wahre; Wahrheit *f*; *au* ~ genau, wahrheitsgetreu; *être dans le* ~ das Richtige getroffen haben; F, *a. enf. pour de* ~ im Ernst, wirklich; **3.** *adv.*: *dire* ~, *parler* ~ die Wahrheit sagen (*od.* sprechen); *à* ~ *dire*, *à dire* ~ offen gestanden; **ment** [⌐ˈmɑ̃] *adv.* wirklich; echt F; *iron.* ~! was Sie nicht sagen!

vraisembl|able [vrɛsɑ̃ˈblablə] *adj.* wahrscheinlich; **ance** [⌐ˈblɑ̃:s] *f* Wahrscheinlichkeit *f*.

vrill|e [vrij] *f* ⊕ Nagelbohrer *m*; ♀ Ranke *f*; ✈ *descendre en* ~ abtrudeln; **ée** ♀ [⌐ˈje] *f* Ackerwinde *f*; **er** [⌐] (1a) *v/t.* durchbohren; *v/i.* sich in die Höhe schrauben; ✈ trudeln; ♀ sich in die Höhe ranken.

vromb|ir [vrɔ̃ˈbi:r] *v/i.* (2a) brummen, dröhnen (*bsd.* ✈); *Motor:* knattern; **issement** [⌐bisˈmɑ̃] *m* Dröhnen *f*; Geknatter *n*.

vu [vy] **1.** *p.p. von* voir; **2.** *prp.* nach Durchsicht (*gén.*); angesichts (*gén.*); **3.** *cj.*: ~ *que* (*ind.*) da; weil; mit

Rücksicht darauf, daß; **4.** *m*: *au* ~ *et au su de tous* vor aller Welt.

vue [vy] *f* Sehen *n*, Sehkraft *f*; Augenlicht *n*; Augen *n/pl.*; Blick *m*; Anblick *m*; Ansicht *f*; Aus-, Fern-sicht *f*; *phot.* Aufnahme *f*; ~s *pl. fig.* Absichten *f/pl.*; Ziele *n/pl.*; *avoir qch. en* ~ etw. im Auge haben, etw. beabsichtigen; *avoir q. en* ~ an j-n denken; *à* ~ *d'œil* nach (bloßem) Augenmaß; zusehends; ✝ *à* ~ *Wechsel*: auf Sicht; *à trois jours de* ~ drei Tage nach Sicht; *fig. à larges* ~s, *à grandes* ~s großzügig; *à perte de* ~ so weit das Auge reicht; *avoir la* ~ *basse* kurzsichtig sein; *fig.* ~ *d'ensemble* Überblick *m* (*de* über *acc.*); ~ *latérale* Seitenansicht *f*; *faiblesse f de la* ~ Sehschwäche *f*; *cin.* ~ *prise de près* Nahaufnahme *f*; *double* ~ Doppelsehen *n*; *en* ~ *de* in Hinsicht (*od.* mit Rücksicht) auf (*acc.*); angesichts (*gén.*); *être en* ~ sichtbar (*od.* in Sicht) sein; *être gardé à* ~ unter

(*polizeilicher*) Bewachung stehen.
vulcaniser ⊕ [vylkani'ze] *v/t.* (1a) vulkanisieren.
vulgaire [vyl'gɛːr] **1.** *adj.* üblich, alltäglich, gewöhnlich; *péj.* gemein, vulgär; *langue f* ~ Volkssprache *f*; **2.** *m litt.* le ~ die kleinen Leute *pl.*; das Gemeine, das Ordinäre.
vulgar|iser [vylgari'ze] *v/t.* (1a) (all)gemeinverständlich machen; **~ité** [~'te] *f* niedriges Niveau *n*; Zug *m* (*fig.*) zum Vulgären; ~s *pl.* vulgäre Sachen *f/pl.*
vulnér|abilité [vylnerabili'te] *f* Verwundbarkeit *f*; **~able** [~'rablə] *adj.* verwundbar; **~aire** [~'rɛːr] **1.** *adj.* Wund..., Heil...; **2.** *f* ♀ Wund-klee *m*, -kraut *n*.
vultueux, -se ♉ [vyl'tɥø, ~'tɥøːz] *adj.* *Gesicht*: hochrot.
vulve *anat.* [vylv] *f* Scham *f*, Vulva *f*.
VU- (*od.* **vu-**)**mètre** [vy'mɛːtrə] *m* Volt-Universalmeter *n*, Aussteuerungsanzeiger *m* (*Tonband- u. Stereogeräte*).

W

W

W (*ou* **w**) [dublə've] *m* W (*od.* w)
n.
wadi *géol.* [va'di] *m* Wadi *n,* Trocken-
tal *n.*
wagon 🚃 [va'gɔ̃] *m* Wagen *m,* Waggon *m;* ~ *couvert (découvert)* gedeckter (offener) Güterwagen *m;* ~ *frigorifique,* ~ *réfrigérant* Kühlwagen *m;* ~
plat Brückenwagen *m; le* ~ *de queue
(de tête)* der hintere (vordere) Wagen; **~citerne** [~si'tɛrn] *m* (*pl. wa-
gons-citernes*) Tank-, Kessel-wagen
m; **~couchettes** [~ku'ʃɛt] *m* (*pl. wa-
gons-couchettes*) Liegewagen *m;* **~lit**
† [~'li] *m* (*pl. wagons-lits*) Schlaf-
wagen *m.*
wagonn|ée [vagɔ'ne] *f* Waggonla-
dung *f;* **~et** [~'nɛ] *m* (Kipp-)Lore *f;*
Seilbahn-, Förder-wagen *m.*
wagon|-poste 🚃 [vagɔ̃'pɔst] *m* (*pl.
wagons-poste*) Postwagen *m;* **~-res-
taurant** † [~rɛstɔ'rɑ̃] *m* (*pl. wagons-
-restaurants*) Speisewagen *m.*

wallon, -ne [wa'lɔ̃, ~'lɔn] **1.** *adj.* wal-
lonisch; **2.** ℒ(ne) *su.* Wallone *m,* Wal-
lonin *f.*
warrant † [va'rɑ̃, wa'rɑ̃] *m* Lager-
schein *m.*
water-polo *Sport* [watɛrpɔ'lo] *m*
Wasserball(spiel *n*) *m.*
waters [wa'tɛːr] *m/pl.* Klosett *n,* Toilette *f.*
watt ⚡ [wat] *m* Watt *n;* **~age** ⚡ [~'taːʒ]
m Leistungs-, Energie-verbrauch *m;*
~heure ⚡ [~'tœːr] *m* (*pl. watts-
-heures*) Wattstunde *f.*
week-end [wik'ɛnd] *m* (*pl.* ~s) Wochenende *n; partir en* ~ zum (*od.*
übers) Wochenende wegfahren.
western *cin.* [wɛs'tɛrn] *m* Western *m,*
Wildwestfilm *m.*
whisky [wis'ki] *m* Whisky *m.*
Wisigoths *hist.* [vizi'go] *m/pl.* West-
goten *m/pl.*
wolfram *min.* [vɔl'fram] *m* Wolfram
n.

X

X (*ou* **x**) [iks] *m* X (*od.* x) *n*; Ä x *n*;
jambes f/pl. en X X-Beine *n/pl.*; *Monsieur* X Herr X; *rayons m/pl.* X Röntgenstrahlen *m/pl.*
xénophile [ksenɔˈfil] *adj.* fremden-,
ausländer-freundlich.
xénophob|e [ksenɔˈfɔb] *adj.* frem-
den-, ausländer-feindlich; **~ie** [~ˈbi]
f Fremdenhaß *m*, Ausländer-

feindlichkeit *f.*
xéranthème ♥ [kserãˈtɛːm] *m* Stroh-
blume *f.*
xérès [gzeˈrɛs] *m* Sherry *m.*
xylo|graphie [ksilɔgraˈfi] *f* Holz-
schneidekunst *f;* **~phage** *ent.*
[~ˈfaːʒ] **1.** *adj.:* *insecte m* ~ = **2.** *m*
holzfressendes Insekt *n;* **~phone** ♪
[~ˈfɔn] *m* Xylophon *n.*

Y

Y (*ou* **y**) [iˈgrɛk] *m* Y (*od.* y) *n.*
y [i] **1.** *adv.* dort(hin), da(hin); *j'y vais*
ich gehe hin; *j'y irai* ich werde dort-
hin gehen; *y voyez-vous encore?* können Sie noch sehen?; *on y va!* es
kommt schon jemand!, ich komme
(*od.* gehe) schon!, gleich!; *vous n'y
êtes pas!* weit gefehlt!; *mais qu'y
faire?* aber was kann man da machen?; **2.** *pr/p.* (y vertritt meist den
sächlichen Dativ = à cela) dafür,
daran, darauf, dazu, darunter, damit, darin, danach, dabei, darüber;
j'y pense ich denke daran; *y compris*
darunter, mit einbegriffen; *je ne m'y
fie pas* ich habe kein Vertrauen dazu.
yacht ⚓ [jɔt] *m* Jacht *f;* ~ *à voile*
Segeljacht *f;* **~ing** [~ˈtiŋ] *m* Segelsport *m;* **~ing-club** [~ˈklœb] *m* (*pl.*
~s) Segelklub *m.*
yack, yak *zo.* [jak] *m* Jak *m*, Grunz-
ochse *m.*

yaourt [jaˈurt] *m* Joghurt *m od. n.*
yéménite [jemeˈnit] **1.** *adj.* jemeni-
tisch; **2.** ♀ *su.* Jemenit(in *f*) *m.*
yeuse ♥ [jøːz] *f* immergrüne Steineiche *f.*
yeux [jø] *m/pl.* s. *œil.*
yiddish *ling.* [jiˈdiʃ] *adj.* jiddisch.
yoga [jɔˈga] *m* Yoga (*od.* Joga) *m od.
n.*
yogourt [jɔˈgurt] *m* s. *yaourt.*
yoguique [jɔˈgik] *adj.:* *méditation f* ~
Yogameditation *f.*
yole ⚓ [jɔl] *f* Jolle *f.*
youfte [juft] *m* Juchten(leder *n*) *m od.
n.*
yougoslave [jugɔˈslaːv] **1.** *adj.* jugo-
slawisch; **2.** ♀ *su.* Jugoslawe *m*, Jugo-
slawin *f.*
youyou ⚓ [juˈju] *m* Dingi *n.*
ypréau ♥ [ipreˈo] *m* (*pl.* ~x) Silber-
pappel *f.*
yucca ♥ [juˈka] *m* Yucca *f*, Palmlilie *f.*

Z

Z (*ou* **z**) [zɛd] *m* Z (*od.* z) *n*.

zazou F [za'zu] *m* Jazzfan *m*; Geck *m*; **~dé, -e** F [~'de] *adj.* jazzwütig.

zèbre *zo.* ['zɛːbrə] *m* Zebra *n*.

zébré, -e [ze'bre] *adj.* gestreift.

zébu *zo.* [ze'by] *m* Zebu *m od.* n.

zélateur *bsd. rl.* [zela'tœːr] *m* (blinder) Eiferer *m* (de für); eifriger Anhänger *m* (*od.* Verfechter *m*).

zèle [zɛl] *m* Eifer *m*; F faire du ~ zuviel Eifer zeigen.

zélé, -e [ze'le] *adj.* eifrig.

zélot|e [ze'lɔt] *m hist.* Zelot *m*; *fig.* Fanatiker *m*; **~isme** [~'tism] *m* Zelotentum *n*; *fig.* blinder Eifer *m*.

zénith [ze'nit] *m ast.* Zenit *m*, Scheitelpunkt *m*; *fig.* Gipfel *m*.

zéphyr [ze'fiːr] *m poét.* Zephir *m*, lauer Wind *m*; *text.* Zephir *m*.

zéro [ze'ro] *m* Null *f*; *fig.* Nichts *n*, reine Null *f*; Nullpunkt *m*; *écol. etwa:* Sechs *f*; ~ de conduite *e-e* Sechs in Betragen; *phys.* ~ absolu absoluter Nullpunkt *m*; *fig.* partir de ~, repartir à ~ wieder von vorn(e) anfangen; *une température de ~ degré e-e* Temperatur von null Grad; 🚆 *le train part à ~ heure* der Zug fährt um null Uhr ab.

zest|e [zɛst] *m* Schale *f e-r* Zitrone *od.* Apfelsine; *fig.* cela ne vaut pas un ~ das ist absolut nichts wert; **~eur** ⊕ [~'tœːr] *m* Zitrusfrüchteschäler *m*, Orangen-, Grapefruit-schälmesser *n*.

zézayer [zeze'je] *v/i.* (1i) lispeln; [z] statt [ʒ] und [s] statt [ʃ] sprechen.

zibeline *zo.* [zi'blin] *f* Zobel(pelz *m*) *m*.

zibeth *zo.* [zi'bɛt] *m* Zibetkatze *f*.

ziggourat 🔺 [zigu'ra] *f* Zikkurat *f* (*babylonischer Tempel in Pyramidenform*).

zigoto * [zigo'to] *m* Kauz *m*, Type *f*.

zigouiller F *plais.* [zigu'je] *v/t.* (1a) abmurksen P, kaltmachen P.

zig(ue) P [zig] *m*: (bon) ~ (guter) Kamerad *m*, feiner, lieber Kerl *m*.

zigzag [zig'zag] *m* Zickzack *m*; **~uer** [~'ge] *v/i.* (1m) hin u. her taumeln; sich im Zickzack bewegen; *Weg:* im Zickzack verlaufen; 🦅 im Zickzack fliegen.

zinc [zɛ̃k] *m* Zink *n*; F Theke *f*, Schenktisch *m*; 🦅 Kiste *f* (*Flugzeug*).

zinc|ifère [zɛ̃si'fɛːr] *adj.* zinkhaltig; **~ique** 🜍 [~'sik] *adj.*: oxyde *m* ~ Zinkoxyd *n*; *sels m/pl.* ~s Zinksalze *n/pl.*

zingage ⊕ [zɛ̃'gaːʒ] *m* Verzinken *n*.

zingu|er ⊕ [zɛ̃'ge] *v/t.* (1m) mit Zink decken; verzinken; **~erie** [~'gri] *f* Zinkhütte *f*; Zink-handel *m*, -waren *f/pl.*

zinzin * [zɛ̃'zɛ̃] **1.** *m* Herr Dingsda *m*; Ding *n*; **2.** *adj.* (*inv.*) dumm; **~erie** * [~zin'ri] *f* Dummheit *f*.

zinzinuler [zɛ̃ziny'le] *v/i.* (1a) *Meise:* zwitschern; *Grasmücke:* singen.

zinzolin [zɛ̃zɔ'lɛ̃] *m* rötlichviolette Farbe *f*; F *ne pas sortir du ~* noch nicht trocken hinter den Ohren sein.

zizanie [ziza'ni] *f* Zwietracht *f*.

zizi [zi'zi] *m* **1.** *orn.* Zaunammer *f*; **2.** *enf.* Zipfelchen *n* (*Penis*).

zodiaque *ast.* [zɔ'djak] *m* Tierkreis *m*.

zoïle *litt.* [zɔ'il] *m* boshafter Kritiker *m*.

zona 🩺 [zo'na] *m* Gürtelrose *f*.

zon|age [zo'naːʒ] *m* Einteilung *f* in Zonen; **~ard, -e** P [~'naːr, ~'nard] *su.* Vorstadtbewohner(in *f*) *m*.

zone [zoːn] *f ast.*, 🜨, *pol.* Zone *f*; Erdgürtel *m*; (*gürtelartiger*) Streifen *m*; Landstrich *m*; Gebiet *n*; P Vorort *m*; ~ bleue Kurzparkzone *f* (*in Städten*); *Sport:* ~ de penalty Strafraum *m*; *fig.* de seconde ~ zweitrangig.

zoner* [zo'ne] *v/rfl.* (1a): se ~ schlafen gehen.

zonier [zo'nje] *m* Grenzbewohner *m*.

zoo [zoo] *m* Zoo *m*.

zoolog|ie [zɔɔlɔ'ʒi] *f* Zoologie *f*; **~ique** [~'ʒik] *adj.* zoologisch; *jardin m* ~ zoologischer Garten *m*, Tierpark *m*; **~iste** [~'ʒist], **~ue** [~'lɔg] *su.* Zoologe *m*, Zoologin *f*.

zoom *phot.* [zum] *m* Zoom *n*; Zoomobjektiv *n*; *variable* Zoomgeschwindigkeit *f*.

zoo|phage [zɔɔ'faːʒ] *adj.* Tiere fressend; **~phyte** † *biol.* [~'fit] *m*

Zoophyt *m od. n*; **~technicien, -ne** [~tɛkni'sjɛ̃, ~'sjɛn] *su.* Tierzüchter(in *f*) *m* (auf wissenschaftlicher Grundlage); **~thérapie** [~tera'pi] *f* Tierheilkunde *f*.

zouave [zwa:v] *m ehm.* ⚔ Zuave *m*; F *fig.* *faire le* ~ sich aufspielen.

zozo P [zɔ'zo] *m* Trottel *m*.

zupéen, -ne [zype'ɛ̃, ~'ɛn] *su.* Einwohner(in *f*) *m* e-r Zone für vorrangige Stadtplanung (s. *abr.* Z.U.P.).

zut! P [zyt] *int.* ach was!, ich pfeif' drauf!; denk nicht daran!; scher dich weg!, laß mich in Ruhe!; verdammt!

zyeuter P [zjø'te] *v/t.* (1a) anglotzen.

zygote *biol.* [zi'gɔt] *m* befruchtete Eizelle *f*.

zymo|logie 🔥 [zimɔlɔ'ʒi] *f* Zymologie *f*, Gärungslehre *f*; **~technie** 🔥 [~tɛk'ni] *f* Zymotechnik *f*, Gärungstechnik *f*; **~tique** 🔥 [~'tik] *adj.* zymotisch, Gärung bewirkend.

Geographische Namen

Noms géographiques

A

Adige [a'di:ʒ] *m*: l'~ die Etsch.
Afghanistan [afganis'tɑ̃] *m*: l'~ Afghanistan *n*.
Afrique [a'frik] *f*: l'~ Afrika *n*.
Aix-la-Chapelle [ɛkslaʃa'pɛl] *m* Aachen *n*.
Albanie [alba'ni] *f*: l'~ Albanien *n*.
Alger [al'ʒe] *m* Algier *n*.
Algérie [alʒe'ri] *f*: l'~ Algerien *n*.
Allemagne [al'maɲ] *f*: l'~ Deutschland *n*.
Alpes [alp] *f/pl.*: les ~ die Alpen *f/pl.*
Alsace [al'zas] *f*: l'~ das Elsaß.
Amérique [ame'rik] *f*: l'~ Amerika *n*.
Angleterre [ɑ̃glə'tɛːr] *f*: l'~ England *n*.
Angola [ɑ̃gɔ'la] *m*: l'~ Angola *n*.
Antarct|ide, ~ique [ɑ̃tark'tid, ~'tik] *f*: l'~ die Antarktis.
Anvers [ɑ̃'vɛːr] *m* Antwerpen *n*.
Arabie [ara'bi] *f*: l'~ Arabien *n*; l'~ Saoudite (*od.* Séoudite) Saudi-Arabien *n*.
Arctique [ark'tik] *m*: l'~ die Arktis.
Argentine [arʒɑ̃'tin] *f*: l'~ Argentinien *n*.
Argovie [argɔ'vi] *f*: l'~ der Aargau.
Asie [a'zi] *f*: l'~ Asien *n*; l'~ Mineure Kleinasien *n*.
Athènes [a'tɛn] *f* Athen *n*.
Atlantique [atlɑ̃'tik]: l'~ *m od.* l'océan *m* ~ der Atlantik, der Atlantische Ozean.
Australie [ostra'li] *f*: l'~ Australien *n*.
Autriche [o'triʃ] *f*: l'~ Österreich *n*.

B

Bade [bad] *m*: le (pays de) ~ Baden *n*.
Bâle [bɑːl] *f* Basel *n*.
Balkans [bal'kɑ̃] *m/pl.*: les ~ der Balkan.
Baltique [bal'tik]: la mer ~ die Ostsee.
Basque [bask]: le Pays ~ das Baskenland.
Basse-Saxe [bɑs'saks] *f*: la ~ Niedersachsen *n*.
Bavière [ba'vjɛːr] *f*: la ~ Bayern *n*.
Belgique [bɛl'ʒik] *f*: la ~ Belgien *n*.
Berlin [bɛr'lɛ̃] *mst m* Berlin *n*; ~-Est Ost-Berlin *n*; ~-Ouest West-Berlin *n*.
Berne [bɛrn] *f* Bern *n*.
Bienne [bjɛn] *f* Biel *n*.
Birmanie [birma'ni] *f*: la ~ Birma *n*.
Bohême [bɔ'ɛm] *f*: la ~ Böhmen *n*; la forêt de ~ der Böhmerwald.
Bolivie [bɔli'vi] *f*: la ~ Bolivien *n*.
Bourgogne [bur'gɔɲ] *f*: la ~ Burgund *n*.
Brême [brɛm] *f* Bremen *n*.
Brésil [bre'zil] *m*: le ~ Brasilien *n*.
Bretagne [brə'taɲ] *f*: la ~ die Bretagne.
Bruges [bryʒ] *f* Brügge *n*.
Brunswick [brɛ̃-, brœs'vik] *f* Braunschweig *n*.
Bruxelles [bry'sɛl] *m* Brüssel *n*.
Bulgarie [bylga'ri] *f*: la ~ Bulgarien *n*.

C

Caire [kɛːr] *m*: le ~ Kairo *n*.
Cameroun [kam'run] *m*: le ~ Kamerun *n*.
Canada [kana'da] *m*: le ~ Kanada *n*.
Cap [kap] *m*: Le ~ Kapstadt *n*.
Carinthie [karɛ̃'ti] *f*: la ~ Kärnten *n*.
Centre ['sɑ̃:trə] *m*: le ~ Mittelfrankreich *n*.
Cervin [sɛr'vɛ̃] *m*: le mont ~ das Matterhorn.
Champagne [ʃã'paɲ] *f*: la ~ die Champagne.
Chili [ʃi'li] *m*: le ~ Chile *n*.
Chine [ʃin] *f*: la ~ China *n*.
Chypre ['ʃiprə] *f* Zypern *n*.
Coblence [kɔ'blɑ̃s] *f* Koblenz *n*.
Coire [kwaːr] *f* Chur *n*.
Cologne [kɔ'lɔɲ] *f* Köln *n*.
Colombie [kɔlɔ̃'bi] *f*: la ~ Kolumbien *n*.
Congo [kɔ̃'go] *m*: le ~ der Kongo.

Constance [kɔ̃'stɑ̃:s] f Konstanz n; le lac de ~ der Bodensee.

Copenhague [kɔpɛ'nag] f Kopenhagen n.

Corée [kɔ're] f: la ~ Korea n.

Cornouailles [kɔr'nwɑ:j] f/pl.: les ~ Cornwall n.

Corse [kɔrs] f: la ~ Korsika n.

Côte-d'Ivoire [kotdi'vwa:r] f: la ~ die Elfenbeinküste.

Cracovie [krakɔ'vi] f Krakau n.

Crète [krɛt] f: la ~ Kreta n.

Crimée [kri'me] f: la ~ die Krim.

Croatie [krɔa'si] f: la ~ Kroatien n.

Cuba [ky'ba] f Kuba n.

D

Damas [da'mɑ:s] m Damaskus n.

Danemark [dan'mark] m: le ~ Dänemark n.

Danube [da'nyb] m: le ~ die Donau.

Deux-Ponts [dø'pɔ̃] Zweibrücken n.

Dominicaine [dɔmini'kɛn]: la république ~ die Dominikanische Republik.

Douvres [ˈduːvrə] f Dover n.

Dresde [drɛsd] f Dresden n.

Dunkerque [dɛ̃-, dœ̃'kɛrk] f Dünkirchen n.

É

Écosse [e'kɔs] f: l'~ Schottland n.

Égypte [e'ʒipt] f: l'~ Ägypten n.

Elbe [ɛlb] f: 1. l'~ die Elbe; 2. l'île d'~ Elba n.

Équateur [ekwa'tœ:r] m: l'~ Ecuador n.

Escaut [ɛs'ko] m: l'~ die Schelde.

Espagne [ɛs'paɲ] f: l'~ Spanien n.

Etats-Unis [etazy'ni] m/pl.: les ~ die Vereinigten Staaten m/pl.

Éthiopie [etjɔ'pi] f: l'~ Äthiopien n.

Etna [ɛt'na] m: l'~ der Ätna.

Europe [œ'rɔp] f: l'~ Europa n.

Extrême-Orient [ɛkstrɛmɔ'rjɑ̃] m: l'~ der Ferne Osten, Ostasien n.

F

Finlande [fɛ̃'lɑ̃:d] f: la ~ Finnland n.

Flandre [ˈflɑ̃:drə] f: la ~ od. les ~s pl. Flandern n.

Florence [flɔ'rɑ̃:s] f Florenz n.

Forêt-Noire [fɔrɛ'nwa:r] f: la ~ der Schwarzwald.

France [frɑ:s] f: la ~ Frankreich n.

Francfort [frɑ̃'fɔ:r] f: 1. ~-sur-le-Main Frankfurt n am Main; 2. ~-sur-l'Oder Frankfurt n an der Oder.

Franconie [frɑ̃kɔ'ni] f: la ~ Franken n.

Fribourg [fri'bu:r] f 1. Schweiz: Freiburg n; 2. ~-en-Brisgau Freiburg n im Breisgau.

Frisonnes [fri'zɔn]: les îles f/pl. ~ die Friesischen Inseln f/pl.

G

Gabon [ga'bɔ̃] m: le ~ Gabun n.

Galles [gal] f: le pays de ~ Wales n.

Gambie [gɑ̃'bi] f: la ~ Staat: Gambia n; Fluß: der Gambia.

Gand [gɑ̃] m Gent n.

Gange [gɑ̃:ʒ] m: le ~ der Ganges.

Garde [gard]: le lac de ~ der Gardasee.

Gascogne [gas'kɔɲ] f: la ~ die Gascogne; le golfe de ~ die Biskaya, der Golf von Biskaya.

Gaule hist. [go:l] f: la ~ Gallien n.

Gênes [ʒɛn] f Genua n.

Genève [ʒə'nɛ:v] f Genf n.

Germanie hist. [ʒɛrma'ni] f: la ~ Germanien n.

Ghana [ga'na] m: le ~ Ghana n.

Grande-Bretagne [grɑ̃dbrə'taɲ] f: la ~ Großbritannien n.

Granges [grɑ̃:ʒ] f Grenchen n.

Grèce [grɛs] f: la ~ Griechenland n.

Grisons [gri'zɔ̃] m/pl.: les ~ Graubünden n.

Groenland [grɔɛn'lɑ̃:d] m: le ~ Grönland n.

Guatemala [gwatema'la] m: le ~ Guatemala n.

Guinée [gi'ne] f: la ~ Guinea n.

Gulf Stream [gœlf'strim] m: le ~ der Golfstrom.

Guyane [gɥi'jan] f: la ~ Guayana n.

H

'Hambourg [ɑ̃'bu:r] f Hamburg n.

'Hanovre [a'nɔvrə] f Hannover n.

'Haute-Volta [otvɔl'ta] f: la ~ Obervolta n.

'Havane [a'van] f: La ~ Havanna n.

'Haye [ɛ] f: La ~ Den Haag n.

Helvétie hist. [ɛlve'si] f: l'~ Helvetien n.

'Hesse [ɛs] f: la ~ Hessen n.

'Hollande [ɔ'lɑ̃:d] f: la ~ Holland n.

'Honduras [ɔdy'ras] m: le ~ Honduras n.

'Hongrie [ɔ̃'gri] f: la ~ Ungarn n.

I

Inde [ẽːd] *f:* *l'~ (ehm. les ~s pl.)* Indien *n.*

Indochine [ẽdɔ'ʃin] *f:* *l'~* Indochina *n.*

Indonésie [ẽdɔne'zi] *f:* *l'~* Indonesien *n.*

Irak [i'rak] *s.* Iraq.

Iran [i'rã] *m:* *l'~* Iran *n od.* der Iran.

Iraq [i'rak] *m:* *l'~* Irak *n od.* der Irak.

Irlande [ir'lãːd] *f:* *l'~* Irland *n*; *l'~ du Nord* Nordirland *n.*

Islande [is'lãːd] *f:* *l'~* Island *n.*

Israël [isra'ɛl] *m* Israel *n.*

Italie [ita'li] *f:* *l'~* Italien *n.*

J

Jamaïque [ʒama'ik] *f:* *la ~* Jamaika *n.*

Japon [ʒa'pɔ̃] *m:* *le ~* Japan *n.*

Jérusalem [ʒeryza'lɛm] *f* Jerusalem *n.*

Jordanie [ʒɔrda'ni] *f:* *la ~* Jordanien *n.*

Jourdain [ʒur'dẽ] *m:* *le ~* der Jordan.

Jura [ʒy'ra] *m:* *le ~* **1.** der Jura (*Gebirge*); **2.** *franz. Departement;* **3.** *le ~ suisse* der Kanton Jura.

K

Kenya [ke'nja] *m:* *le ~* Kenia *n.*

Koweït [kɔ'weit] *m:* *le ~* Kuwait *n.*

L

Laos [la'os, ~'ɔs] *m:* *le ~* Laos *n.*

Laponie [lapɔ'ni] *f:* *la ~* Lappland *n.*

Léman [le'mã] *m:* *le (lac) ~* der Genfer See.

Liban [li'bã] *m:* *le ~* der Libanon (*Staat u. Gebirge*); *Staat a.* Libanon *n.*

Libéria *od.* **Liberia** [libe'rja] *m:* *le ~* Liberia *n.*

Libye [li'bi] *f:* *la ~* Libyen *n.*

Liège [ljɛːʒ] *f* Lüttich *n.*

Lisbonne [lis'bɔn] *f* Lissabon *n.*

Londres ['lɔ̃ːdrə] *m* London *n.*

Lorraine [lɔ'rɛn] *f:* *la ~* Lothringen *n.*

Lucerne [ly'sɛrn] *f* Luzern *n.*

Lusace [ly'zas] *f:* *la ~* die Lausitz.

Luxembourg [lyksã'buːr] *m:* *le ~* Luxemburg *n.*

M

Madagascar [madagas'kaːr] *f* Madagaskar *n.*

Madère [ma'dɛːr] *f* Madeira *n.*

Main [mẽ] *m:* *le ~* der Main.

Majeur [ma'ʒœːr]: *le lac ~* der Lago Maggiore [-'dʒoːre].

Majorque [ma'ʒɔrk] *f* Mallorca *n.*

Malaysia [male'zja] *f:* *la ~* Malaysia *n.*

Malines [ma'lin] *f* Mecheln *n.*

Malte [malt] *f* Malta *n.*

Manche [mãː'ʃ] *f:* *la ~* der Ärmelkanal.

Maroc [ma'rɔk] *m:* *le ~* Marokko *n.*

Marseille [mar'sɛj] *mst m* Marseille *n.*

Maurice [mɔ'ris]: *l'île f ~* Mauritius *n.*

Mauritanie [mɔrita'ni] *f:* *la ~* Mauretanien *n.*

Mayence [ma'jãs] *f* Mainz *n.*

Mecklembourg [mekle-, meklã-'buːr] *m:* *le ~* Mecklenburg *n.*

Mecque [mɛk] *f:* *La ~* Mekka *n.*

Médine [me'din] *f* Medina *n.*

Méditerranée [meditɛra'ne] *f:* *la ~* das Mittelmeer.

Métallifères [metali'fɛːr]: *les monts m/pl. ~* das Erzgebirge.

Meuse [møːz] *f:* *la ~* die Maas.

Mexico [mɛksi'ko] *m* Mexiko *n* (*Stadt*).

Mexique [mɛ'ksik] *m:* *le ~* Mexiko *n* (*Land*).

Midi [mi'di] *m:* *le ~* Südfrankreich *n.*

Milan [mi'lã] *m* Mailand *n.*

Minorque [mi'nɔrk] *f* Menorca *n.*

Mongolie [mɔ̃gɔ'li] *f:* *la ~* die Mongolei.

Moravie [mɔra'vi] *f:* *la ~* Mähren *n.*

Morges [mɔrʒ] *f* Morsee *n.*

Moscou [mɔs'ku] *m* Moskau *n.* /

Moselle [mɔ'zɛl] *f:* *la ~* die Mosel.

Moutier [mu'tje] *m* Münster *n* (*in der Schweiz*).

Moyen-Orient [mwajɛnɔ'rjã] *m:* *le ~* der Mittlere Osten.

Mozambique [mo-, mɔzã'bik] *m:* *le ~* Moçambique *od.* Mosambik *n.*

Mulhouse [my'luːz] *m* Mülhausen *n.*

Munich [my'nik] *m* München *n.*

N

Namibie [nami'bi] *f:* *la ~* Namibia *n.*

Naples ['naplə] *m od. f* Neapel *n.*

Nicaragua [nikara'gwa] *m:* *le ~* Nicaragua *od.* Nikaragua *n.*

Nice [nis] *f* Nizza *n.*

Niger [ni'ʒɛːr] *m:* *le ~* Staat: Niger *n*; *Fluß:* der Niger.

Nigéria [niʒe'rja] *m od. f:* *le od. la ~*

Nigeria n.
Nord [nɔːr] m: *la mer du* ~ die Nordsee.
Norvège [nɔrˈvɛːʒ] f: *la* ~ Norwegen n.
Nouvelle-Zélande [nuvɛlzeˈlãːd] f: *la* ~ Neuseeland n.
Nuremberg [nyrɛ̃-, nyrãˈbɛːr] m Nürnberg n.

O

Océanie [ɔseaˈni] f: *l'*~ Ozeanien n.
Oder [ɔˈdɛːr] m: *l'*~ die Oder.
Oman [ɔˈmã] m: *l'*~ Oman n; *le golfe d'*~ der Golf von Oman; *la mer d'*~ das Arabische Meer.
Ouganda [ugãˈda] m: *l'*~ Uganda n.

P

Pacifique [pasiˈfik]: *le* ~ *od. l'océan m* ~ der Pazifik, der Pazifische (*od.* Stille) Ozean.
Pakistan [pakisˈtã] m: *le* ~ Pakistan n.
Palatinat [palatiˈna] m: *le* ~ die Pfalz.
Palestine [palɛsˈtin] f: *la* ~ Palästina n.
Panam * [paˈnam] m Paris n.
Panamá [panaˈma] m: *le* ~ Panama n; *le canal de* ~ der Panamakanal.
Paraguay [paraˈgwɛ] m: *le* ~ Paraguay n.
Paris [paˈri] m Paris [-ˈriːs] n.
Pays-Bas [peiˈba] m/pl.: *les* ~ die Niederlande n/pl.
Pékin [peˈkɛ̃] m Peking n.
Pérou [peˈru] m: *le* ~ Peru n.
Perse hist. [pɛrs] f: *la* ~ Persien n.
Persique [pɛrˈsik]: *le golfe* ~ der Persische Golf.
Pologne [pɔˈlɔɲ] f: *la* ~ Polen n.
Polynésie [pɔlineˈzi] f: *la* ~ Polynesien n.
Poméranie [pɔmeraˈni] f: *la* ~ Pommern n.
Portugal [pɔrtyˈgal] m: *le* ~ Portugal n.
Prague [prag] f Prag n.
Proche-Orient [prɔʃɔˈrjã] m: *le* ~ der Nahe Osten, Nahost n.
Provence [prɔˈvãːs] f: *la* ~ die Provence.
Prusse hist. [prys] f: *la* ~ Preußen n.
Pyrénées [pireˈne] f/pl.: *les* ~ die Pyrenäen pl.

Q

Quatre-Cantons [katrəkãˈtõ] m/pl.: *le lac des* ~ der Vierwaldstätter See.

R

Ratisbonne [ratisˈbɔn] f Regensburg n.
Rhénanie [renaˈni] f: *la* ~ das Rheinland.
Rhin [rɛ̃] m: *le* ~ der Rhein.
Rhodésie [rɔdeˈzi] f: *la* ~ Rhodesien n.
Rhône [roːn] m: *le* ~ die Rhone.
Rome [rɔm] f Rom n.
Roumanie [rumaˈni] f: *la* ~ Rumänien n.
Ruanda [rwãˈda, rwanˈda] m: *le* ~ Ruanda n.
Ruhr [ruːr] f: *la* ~ das Ruhrgebiet; *Fluß*: die Ruhr.
Russie [ryˈsi] f: *la* ~ Rußland n.

S

Sahara [saaˈra] m: *le* ~ die Sahara.
Sainte-Hélène [sɛ̃teˈlɛn] f Sankt Helena n.
Saint-Gall [sɛ̃ˈgal] m Sankt Gallen n.
Saint-Gothard [sɛ̃goˈtaːr] m: *le* ~ der Sankt Gotthard.
Saint-Marin [sɛ̃maˈrɛ̃] m San Marino n.
Salvador [salvaˈdɔːr] m: *le* ~ El Salvador n.
Salzbourg [salzˈbuːr] f Salzburg n.
Saône [soːn] f: *la* ~ die Saône.
Sardaigne [sarˈdɛɲ] f: *la* ~ Sardinien n.
Sarre [saːr] f: *la* ~ das Saarland; *Fluß*: die Saar.
Sarrebruck [sarˈbryk] m Saarbrücken n.
Savoie [saˈvwa] f: *la* ~ Savoyen n.
Saxe [saks] f: *la* ~ Sachsen n.
Scandinavie [skãdinaˈvi] f: *la* ~ Skandinavien n.
Schaffhouse [ʃaˈfuːz] f Schaffhausen n.
Seine [sɛːn] f: *la* ~ die Seine.
Sénégal [seneˈgal] m: *le* ~ Senegal n; *Fluß*: der Senegal.
Serbie [sɛrˈbi] f: *la* ~ Serbien n.
Sibérie [sibeˈri] f: *la* ~ Sibirien n.
Sicile [siˈsil] f: *la* ~ Sizilien n.
Silésie [sileˈzi] f: *la* ~ Schlesien n.
Sion [sjõ] m 1. Zion n (*Jerusalem*) u. m (*Berg*); 2. Sitten n (*in der Schweiz*).
Slovaquie [slɔvaˈki] f: *la* ~ die Slowakei.
Soleure [sɔˈlœːr] f Solothurn n.
Somalie [sɔmaˈli] f: *la* ~ Somalia n.
Souabe [swab] f: *la* ~ Schwaben n.
Soudan [suˈdã] m: *le* ~ der Sudan.

Spire [spi:r] *f* Speyer *n.*
Strasbourg [stras'bu:r] *f* Straßburg *n.*
Styrie [sti'ri] *f: la* ~ die Steiermark.
Suède [sɥɛd] *f: la* ~ Schweden *n.*
Suez [sɥɛz] *m* Suez *n; le canal de* ~ der Suezkanal.
Suisse [sɥis] *f: la* ~ die Schweiz.
Syrie [si'ri] *f: la* ~ Syrien *n.*

T

Tamise [ta'mi:z] *f: la* ~ die Themse.
Tanzanie [tãza'ni] *f: la* ~ Tansania *n.*
Taunus [to'nys] *m: le* ~ der Taunus.
Tchad [tʃad] *m: le* ~ der Tchad, Tchad *n.*
Tchécoslovaquie [tʃekɔslɔva'ki] *f: la* ~ die Tschechoslowakei.
Téhéran [tee'rã] *m* Teheran *n.*
Tel-Aviv [tɛla'vi:v] *m* Tel Aviv *n.*
Terre de Feu [tɛrdə'fø] *f: la* ~ Feuerland *n.*
Terre-Neuve [tɛr'nœ:v] *f* Neufundland *n.*
Thaïlande [tai'lã:d] *f: la* ~ Thailand *n.*
Thoune [tun] *f* Thun *n; le lac de* ~ der Thuner See.
Thurgovie [tyrgɔ'vi] *f: la* ~ der Thurgau.
Thuringe [ty'rɛ̃:ʒ] *f: la* ~ Thüringen *n.*
Tibet [ti'bɛ] *m: le* ~ Tibet *n.*
Togo [tɔ'go] *m: le* ~ Togo *n.*
Tokyo [tɔ'kjo] *m* Tokio *n.*
Transylvanie [trãsilva'ni] *f: la* ~ Siebenbürgen *n.*
Trentin-Haut-Adige [trãtɛ̃ota'di:ʒ] *m: le* ~ Südtirol *n.*
Trèves [trɛ:v] *f* Trier *n.*
Tunis [ty'nis] *m* Tunis *n.*
Tunisie [tyni'zi] *f: la* ~ Tunesien *n.*
Turquie [tyr'ki] *f: la* ~ die Türkei.
Tyrol [ti'rɔl] *m: le* ~ Tirol *n.*

U

Ukraine [y'krɛn] *f: l'*~ die Ukraine.
Union soviétique [ynjõsɔvje'tik] *f:*
l'~ die Sowjetunion.
Uruguay [yry'gwɛ] *m: l'*~ Uruguay *n.*

V

Valais [va'lɛ] *m: le* ~ das Wallis.
Varsovie [varsɔ'vi] *f* Warschau *n.*
Vatican [vati'kã] *m: le* ~ der Vatikan; *la cité du* ~ die Vatikanstadt.
Vaud [vo] *m: le canton de* ~ die Waadt, der Kanton Waadt.
Venezuela [venezɥe'la] *m: le* ~ Venezuela *n.*
Venise [və'ni:z] *f* Venedig *n.*
Versailles [vɛr'saj] *m* Versailles *n.*
Vésuve [ve'zy:v] *m: le* ~ der Vesuv.
Vienne [vjɛn] *f* **1.** Wien *n (in Österreich);* **2.** *Stadt, Fluß u. Departement in Frankreich.*
Viêt-nam [vjɛt'nam] *m: le* ~ Vietnam *n.*
Vistule [vis'tyl] *f: la* ~ die Weichsel.
Volga [vɔl'ga] *f: la* ~ die Wolga.
Vosges [vo:ʒ] *f/pl.: les* ~ die Vogesen *pl.*

W

Wallonie [walɔ'ni] *f: la* ~ Wallonien *n.*
Westphalie [vɛstfa'li] *f: la* ~ Westfalen *n.*
Wurtemberg [vyrtɛ̃'bɛ:r] *m: le* ~ Württemberg *n.*
Wurtzbourg [vyrts'bu:r] *f* Würzburg *n.*

Y

Yémen [je'mɛn] *m: le* ~ der Jemen, Jemen *n.*
Yougoslavie [jugɔsla'vi] *f: la* ~ Jugoslawien *n.*

Z

Zaïre [za'i:r] *m: le* ~ Zaire *n.*
Zambèse [zã'bɛ:z] *m: le* ~ der Sambesi.
Zambie [zã'bi] *f: la* ~ Sambia *n.*
Zimbabwe [zimbabwe] *m: le* ~ Zimbabwe *n.*
Zurich [zy'rik] *m* Zürich *n; le lac de* ~ der Zürichsee.

Französische Abkürzungen

Sigles français

A

A 2 *Antenne deux* „Zweites Programm" (des französischen Fernsehens).

A.C.F. *Automobile Club de France* Französischer Automobilklub.

A.C.T.I.M. *Agence pour la coopération technique, industrielle et économique* Agentur füt technische, industrielle und wirtschaftliche Zusammenarbeit.

A.E.A. *Association des étudiants allemands* Vereinigung der deutschen Studenten.

A.E.L.E. *Association européene de libre-échange* Europäische Freihandelsgemeinschaft, Freihandelszone.

A.F.E.F. *Association française des enseignants de français* Verband der Lehrkräfte der französischen Sprache.

A.F.N.O.R. *Association française de normalisation* Französischer Verband für Normengebung.

A.F.P. *Agence France-Press* AFP *(franz. Nachrichtenagentur).*

A.I.E.A. *Agence internationale de l'énergie atomique* Internationale Agentur für Atomenergie.

A.I.T. *Alliance internationale du tourisme* Internationale Allianz für Touristik.

A.J. *auberge de la jeunesse* Jugendherberge.

A.J.P. *Accueil des jeunes en France* Aufnahmestelle für junge Menschen in Frankreich.

A.M.S. *Assemblée mondiale de la santé* Weltgesundheitskongreß.

A.N.P.E. *Agence nationale pour l'emploi* Nationale Agentur für Stellenvermittlung *(etwa:* Arbeitsamt).

arr. *arrondissement* Pariser Stadtbezirk.

A.S. *association sportive* Sportverein.

A.S.S.U. *Association sportive scolaire et universitaire* Schul- und Universitätssportverband.

Av. *avenue* Avenue.

A.V.E.L. *Association de vacances éducatives et linguistiques* Verband für Feriengestaltung auf dem Bildungs- und Fremdsprachensektor.

B

B.A.S. *Bureau d'aide sociale* Sozialamt.

bd *boulevard* Boulevard.

B.I.T. *Bureau international du travail* Internationales Arbeitsamt.

B.O. *Bulletin officiel* Amtsblatt.

B.P. *boîte postale* Postfach.

B.P.F. *bon pour francs* gut für ... Franc *(auf Schecks, Wechseln usw.).*

B.V.P. *Bureau de vérification de la publicité* Amt für Werbungskontrolle.

C

C.A.D. *Comité d'aide au développement* Hilfsausschuß für Entwicklung.

c.-à-d. *c'est-à-dire* das heißt.

C.A.F. *caisse d'allocations familiales* Kasse für Familienbeihilfe, Kindergeldkasse.

C.A.P.E.S. *certificat d'aptitude pédagogique à l'enseignement secondaire* Bescheinigung über die pädagogische Befähigung zum Unterricht an höheren Schulen.

C.C. *Corps consulaire* Konsularisches Korps; *compte courant* laufendes Konto.

C.C.I. *Chambre de commerce internationale* Internationale Handelskammer.

C.C.P. *compte chèques postaux* Postscheckkonto.

C.D. *Corps diplomatique* Diplomatisches Korps.

C.E.C.A. *Communauté européenne du charbon et de l'acier* Europäische Gemeinschaft für Kohle und Stahl,

Montanunion.

C.E.D. *Communauté européenne de défense* Europäische Verteidigungsgemeinschaft.

Cedex, *a.* **Cédex** *Courrier d'entreprises à distribution exceptionnelle* Sonderbüro für die Posteingänge von Großbetrieben.

C.E.E. *Communauté économique européenne* Europäische (Wirtschafts-)Gemeinschaft, E(W)G.

C.E.G. *Collège d'enseignement général Fr. Art* Realschule.

C.E.S. *Collège d'enseignement secondaire Fr.* Gymnasium der 6.–3. Klasse.

C.E.S.C. *Conférence européenne de sécurité et de coopération* KSZE, Konferenz für Sicherheit und Zusammenarbeit.

C.E.T. *Collège d'enseignement technique Fr.* Gymnasium mit technischer Oberstufe von 2 bzw. 3 Jahren.

cf. *confer, comparez* vergleiche.

C.G.C. *Confédération générale des cadres* Allgemeiner Bund der (leitenden) Angestellten (*Angestelltengewerkschaft*).

C.G.T.-F.O. *Confédération générale du travail – Force ouvrière* Französischer Gewerkschaftsverband.

C.H. *centre hospitalier* Krankenhauszentrum.

C.I.C.R. *Comité international de la Croix-Rouge* Internationales Komitee vom Roten Kreuz.

C.I.O. *Comité international olympique* Internationales Olympisches Komitee.

C.L.I.F. *Centre de liaison interfamiliale* Zentralstelle für Verbindungen zwischen den Familien.

C.N.A.J.E.P. *Comité national des associations de jeunesse et d'éducation populaire* Nationalausschuß der Jugend- und Volksbildungsvereine.

C.N.E.S. *Centre national d'études spatiales* Nationales Raumforschungszentrum.

C.N.O.S.F. *Comité national olympique du sport français* Olympischer Nationalausschuß des französischen Sports.

C.N.P.F. *Conseil national du patronat français* Nationalrat der französischen Arbeitgeberschaft.

C.N.R.S. *Centre national de la recherche scientifique* Staatliche Zentrale für wissenschaftliche Forschung.

CP *cours préparatoire* Vorbereitungsklasse; erste Grundschulklasse.

C.-R.F. *Croix-Rouge française* Französisches Rotes Kreuz.

C.-R.I. *Croix-Rouge internationale* Internationales Rotes Kreuz.

C.R.L. *Centre des Républicains libres* Zentrum der freien Republikaner.

C.R.S. *Compagnie républicaine de sécurité* Republikanische Sicherheitskompanie; Bereitschaftspolizei; *un C.R.S.* ein Bereitschaftspolizist.

C.S.C.E. *Conférence sur la sécurité et la coopération en Europe* Konferenz über die Sicherheit und Zusammenarbeit in Europa, KSZE (*Helsinki, 1975*).

D

D.A.F.U. *Direction de l'aménagement foncier et de l'urbanisme* Direktion für Boden- und Stadtplanung.

dép. *départ* Abfahrt; *député* Abgeordneter.

D.E.U.G. *Diplôme d'études universitaires générales* Diplom über allgemeine Universitätsstudien.

D.P.L.G. *diplômé par le gouvernement* von der Regierung diplomiert (*etwa*: staatlich geprüft).

D.S.T. *Direction de la surveillance du territoire* Direktion der Landesüberwachung (*Geheimdienst*).

E

E.D.F. *Electricité de France* Französische Elektrizitätsgesellschaft.

E.N.A. *Ecole nationale d'administration* Staatliche Verwaltungsschule.

E.N.S. *Ecole normale supérieure* Hochschule zur Ausbildung von Lehrern an höheren Schulen.

E.N.S.E.P.S. *Ecole normale supérieure d'éducation physique et sportive* Hochschule für Leibesübungen.

E.U.A. *Etats-Unis d'Amérique* USA, Vereinigte Staaten von Amerika.

exp. *expéditeur* Absender (Abs.).

F

F.E.D. *Fonds européen de développement* Europäischer Entwicklungsfonds.

F.F.A. *Forces françaises en Allemagne* Französische Streitkräfte in Deutschland.

F.F.F. *Fédération française de football* Französischer Fußballbund.

F.I.A.N.E. *Fonds d'intervention et d'action pour la nature et l'environnement* Interventions- und Aktionsfonds für die Natur und die Umwelt.

F.I.C.T.A.D. *Fonds international de coopération technique et d'aide au développement* Internationaler Fonds für technische Zusammenarbeit und Entwicklungshilfe.

F.I.F.A. *Fédération internationale de football association* Internationaler Fußballverband.

F.I.P.F. *Fédération internationale des professeurs de français* Internationaler Verband der Lehrkräfte der französischen Sprache.

F.I.T. *Fédération internationale des traducteurs* Internationaler Übersetzerverband.

F.M.I. *Fonds monétaire international* Internationaler Währungsfonds.

F.O. *Force ouvrière* Arbeitermacht (*e-e Gewerkschaft*).

F.S. *faire suivre!* nachsenden!

F.S.M. *Fédération syndicale mondiale* Weltgewerkschaftsbund.

G

G.A.E.C. *Groupement agricole d'exploitation en commun* Landwirtschaftlicher Zusammenschluß für gemeinsame Nutzung.

G.D.F. *Gaz de France* Französische Gasgesellschaft.

G.V. *grande vitesse* Eilgut.

H

H.E.C. *Hautes études commerciales* höhere Handelsstudien.

H.L.M. (*mst abus. m*) *habitation à loyer modéré* Wohnung zu mäßiger Miete, Sozialwohnung.

H.L.R. *habitation à loyer réduit* (*neuer als H.L.M.*) Wohnung zu herabgesetzter Miete.

I

I.D.I. *Institut de développement industriel* Institut für industrielle Entwicklung.

I.F. *Institut de France* Französisches Institut.

I.F.O.P. *Institut français d'opinion publique* Französisches Institut für Meinungsforschung.

I.G.A.M.E. *od.* **igame** *Inspecteur général de l'Administration en mission extraordinaire* Generalinspektor der Verwaltung mit einem Sonderauftrag, *Art* Oberpräfekt.

I.N.E.D. *Institut national d'études démographiques* Staatliches Institut für demographische Studien.

I.N.S. *Institut national du sport* Staatliches Sportinstitut.

I.N.S.E.E. *Institut national de la statistique et des études économiques* Staatliches Institut für Statistik und Wirtschaftsstudien.

I.P.E.S. *Institut de préparation à l'enseignement secondaire* Institut zur Vorbereitung auf den Lehrdienst an höheren Schulen.

J

J.E.C. *Jeunesse étudiante chrétienne* Christliche studentische Jugend.

J.M.F. *Jeunesses musicales de France* Musik-Jugend Frankreichs (*Bewegung zur Förderung der Musikerziehung*).

J.O. *Jeux Olympiques* Olympische Spiele; *Journal officiel* Amtsblatt.

J.O.C. *Jeunesse ouvrière chrétienne* Christliche Arbeiterjugend.

K

kg/cm² *kilogramme par centimètre carré* Kilogramm pro Quadratzentimeter (atü).

km/h *kilomètre(s)-heure od. kilomètre(s) à l'heure* Stundenkilometer, Kilometer je Stunde.

L

L.D.H. *Ligue des droits de l'homme* Liga für Menschenrechte.

M

M. *Monsieur* Herr(n).

Me *maître* Rechtsanwalt.

M.I.J.E. *Maisons internationales de la jeunesse et des étudiants* Internationale Häuser der Jugend und der Studenten.

M.J.C. *Maison de jeunes et de culture* Kulturhaus der Jugend.

M.L.F. *Mouvement de libération des femmes* Bewegung für die Befreiung der Frauen.

Mlle *Mademoiselle* Fräulein.

Mlles *Mesdemoiselles* Fräulein *pl.*

MM. *Messieurs* (an) die Herren.
Mme *Madame* Frau.
Mmes *Mesdames* *pl.* *als Adresse:*
Mmes X et Y Frau X und Frau Y.
M.O. *Moyen-Orient* Mittlerer Osten.
M.R.P. *Mouvement républicain populaire ehm.* Republikanische Volksbewegung.
M.T.S. *mètre, tonne, seconde* Meter, Tonne, Sekunde *(franz. Maßsystem bis 1961).*

N

N.D.L.R. *note de la rédaction* Anmerkung der Redaktion.
N.I. *non-inscrits* Parteilose *pl.*
no. *numéro* Nummer.
N/Réf. *notre référence* unser Zeichen.
N.U. *Nations Unies* Vereinte Nationen.

O

O.A.C.I. *Organisation de l'aviation civile internationale* Internationale Organisation der Zivilluftfahrt.
O.C.D.E. *Organisation de coopération et de développement économiques* Organisation für wirtschaftliche Zusammenarbeit und Entwicklung.
O.E.A. *Organisation des Etats américains* Organisation der amerikanischen Staaten.
O.F.A.J. *Office franco-allemand pour la jeunesse* Französisch-deutsches Jugendwerk.
O.I.E.A. *Organisation internationale de l'énergie atomique* Internationale Atomenergiebehörde.
O.I.P.C. *Organisation internationale de police criminelle* Internationale Organisation der Kriminalpolizei.
O.L.P. *Organisation de libération palestinienne* Palästinensische Befreiungsfront (PLO).
O.M.S. *Organisation mondiale de la santé* Weltgesundheitsorganisation.
O.N.M. *Office national météorologique* Staatliches Amt für den Wetterdienst.
O.N.T. *Office national du tourisme* Staatliches Touristenbüro.
O.N.U. *Organisation des Nations Unies* UNO, Organisation der Vereinten Nationen.
O.P.E.P. *Organisation des pays exportateurs de pétrole* Organisation ölexportierender Länder.
O.R.T.F. *Office de radiodiffusion-télé*

vision française (bis 7. 8. 1974) Amt für französische Rundfunk- und Fernsehsendungen *(seit 1974: T.F.).*
O.T.A.N. *Organisation du Traité de l'Atlantique-Nord* NATO *od.* Nato *(seit 4. 4. 1949).*
O.U.A. *Organisation de l'unité africaine* Organisation für die Einheit Afrikas *(seit 25. 5. 1963).*
O.V.N.I. *od.* **ovni** *m objet volant non identifié* unbekanntes Flugobjekt, Ufo *od.* UFO.

P

p. *page(s)* Seite(n); *pour* für.
P.C. *Parti communiste* Kommunistische Partei.
P.C.C. *pour copie conforme* für die Richtigkeit der Abschrift.
P.-D.G. *od.* **P.D.G.** *président-directeur général* Generaldirektor; Aufsichtsratsvorsitzender; Industriemanager.
p.ex. *par exemple* zum Beispiel.
P.I.B. *produit intérieur brut* Bruttoinlandsprodukt.
P.J. *Police judiciaire* Kriminalpolizei; *pièce(s) jointe(s)* Anlage(n).
P.M.E. *Petites et moyennes entreprises* kleine und mittlere Betriebe.
P.M.U. *Pari mutuel urbain* Pferdetoto.
P.N.B. *produit national brut* Bruttosozialprodukt.
P.S.U. *Parti socialiste unifié* Fr., *seit 1960* Sozialistische Einheitspartei.
P.T. *Postes et Télécommunications (so genannt seit 1960)* Post und Fernmeldewesen.
P.T.T. *Postes, télégraphes et téléphones* Post, Telegraf und Telefon; Post und Fernmeldewesen *(bis 1959).*
P.U.F. *Presses universitaires de France* Französische Universitätsdruckerei *(Verlag).*
P.V. *petite vitesse* Frachtgut.

Q

Q.G. *quartier général* Stabsquartier.
Q.I. *quotient intellectuel od. quotient d'intelligence* Intelligenzquotient.

R

R. *recommandé* Einschreiben.
r. *rue* Straße.
R.A.T.P. *Régie autonome des transports parisiens* Autonome Regie der

Pariser Verkehrsbetriebe.

R.C. *registre du commerce* Handelsregister.

R.D.A. *République démocratique allemande* Deutsche Demokratische Republik (DDR).

R.F. *République française* Französische Republik.

R.F.A. *République fédérale d'Allemagne* Bundesrepublik Deutschland (BRD).

R.N. *route nationale* Nationalstraße; *in der BRD*: Bundesstraße.

R.P. *réponse payée* Antwort bezahlt.

R.P.R. *Rassemblement pour la République (seit dem 5.12.1976)* Sammlungsbewegung für die Republik *(unter Chirac)*.

R.S.V.P. *répondez, s'il vous plaît* bitte antworten!

S

S.A. *Société anonyme* Aktiengesellschaft (AG).

S.A.M.U. *service d'aide médicale d'urgence* Dienststelle für ärztliche Soforthilfe; *etwa*: Notarzt, Rettungsdienst.

S.A.R.L. *Société à responsabilité limitée* Gesellschaft mit beschränkter Haftung (GmbH).

S.E.O. *sauf erreur ou omission* Irrtum oder Auslassung vorbehalten.

S.I. *syndicat d'initiative* Fremdenverkehrsamt.

S.M.I.C. *salaire minimum interprofessionnel de croissance* dynamischer Mindestlohn für alle Berufssparten.

S.M.I.G. *salaire minimum interprofessionnel garanti* garantierter Mindestlohn für alle Berufssparten.

S.N.C.F. *Société nationale des chemins de fer français* Staatliche französische Eisenbahngesellschaft.

S.N.E.C.M.A. *Société nationale d'étude et de construction de moteurs d'aviation* Staatliche Gesellschaft für das Studium und den Bau von Flugzeugmotoren.

S.O.F.R.E.S. *Société française d'enquête par sondage* Französische Gesellschaft für Untersuchungen durch Meinungsbefragung.

S.P.A. *Société protectrice des animaux* Tierschutzverein.

s.v.p. *s'il vous plaît* bitte.

T

T.E.E. *Trans-Europ-Express* Trans-Europ-Express.

TF 1 *Télévision française un* Französisches Fernsehen – erstes Programm.

T.G.V. *train à grande vitesse* Hochgeschwindigkeitsbahn.

T.N.P. *Théâtre national populaire* Nationales Volkstheater *(Theater in Paris)*.

T.T.C. *toutes taxes comprises* einschließlich aller Gebühren.

T.V.A. *taxe à la valeur ajoutée* Mehrwertsteuer.

U

u.c. *unité de compte* Verrechnungseinheit.

U.D.R. *Union pour la défense de la République (seit Mai 1968)* Union für die Verteidigung der Republik.

U.E.O. *Union de l'Europe occidentale* Westeuropäische Union.

U.E.P. *Union européenne de paiements* Europäische Zahlungsunion.

U.N.R. *Union pour la Nouvelle République (1962-1968; jetzt: U.D.R.)* Union für die Neue Republik.

U.P.U. *Union postale universelle* Weltpostverein.

U.R.S.S. *Union des Républiques socialistes soviétiques* Union der Sozialistischen Sowjetrepubliken (UdSSR).

V

v. *voir* siehe.

V.A.C. *vin d'appellation contrôlée* kontrollierter Markenwein.

V.I.P. *f very important person (= personnage très important)* sehr bedeutende Persönlichkeit.

V/REF *votre référence* Ihr Zeichen.

W

W.-C. *water-closet* Wasserklosett, Toilette (WC).

X

X.P. *exprès payé* Eilbote bezahlt.

Z

Z.U.P. *Zone à urbaniser en priorité* Zone für vorrangige Stadtplanung.

Konjugation
der französischen Verben

Die in der folgenden Zusammenstellung angeführten Verben sind als Musterbeispiele zu betrachten. Im Wörterbuch sind hinter jedem Verb Nummer und Buchstabe (1a), (2b), (3c), (4d) usw. angegeben, die auf diese Musterbeispiele hinweisen.

Zur Bildung der Zeiten

Impératif: In der Regel aus der 2. Person Singular des *Indicatif présent* unter Weglassung des Personalpronomens. Die Verben der 1. Konjugation verlieren das **s** der 2. Person des Indikativs (wenn nicht *en* oder *y* darauf folgt).

Imparfait: Aus der 1. Person Plural des *Indicatif présent* durch Änderung von **...ons** in **...ais** usw.

Participe présent: Aus der 1. Person Plural des *Indicatif présent* durch Änderung von **...ons** in **...ant.**

Subjonctif présent: Aus der 3. Person Plural des *Indicatif présent* durch Änderung von **...ent** in **...e** usw.

Subjonctif imparfait: Aus der 2. Person Singular des *Passé simple* durch Anhängung von **...se** usw.

Futur I: Aus dem *Infinitiv présent* durch Anhängung von **...ai** usw.

Conditionnel I: Aus dem *Infinitiv présent* durch Anhängung von **...ais** usw.

Man beachte besonders:

1. In der 1. Person Singular des *Indicatif présent* der Verben auf -er ist nur die umschriebene Frageform mit *est-ce que* möglich: *est-ce que je blâme?*

2. In der Umgangssprache benutzt man für die Vergangenheit, wie im Deutschen, besonders das *Passé composé: j'ai blâmé.*

3. Außer in der 3. Person Singular ist heute das *Imparfait du subjonctif* (Konjunktiv des *Imparfait*) in Wort und Schrift fast völlig ungebräuchlich.

Alphabetisches Verzeichnis
der aufgeführten Konjugationsmuster

Hilfsverben

(1) avoir

A. Indicatif

I. Einfache Formen

Présent
sg. j'ai / tu as / il a
pl. nous avons / vous avez / ils ont

Imparfait
sg. j'avais / tu avais / il avait
pl. nous avions / vous aviez / ils avaient

Passé simple
sg. j'eus / tu eus / il eut
pl. nous eûmes / vous eûtes / ils eurent

Futur simple
sg. j'aurai / tu auras / il aura
pl. nous aurons / vous aurez / ils auront

Conditionnel présent
sg. j'aurais / tu aurais / il aurait
pl. nous aurions / vous auriez / ils auraient

Participe présent
ayant

Participe passé
eu (f. eue)

II. Zusammengesetzte Formen

Passé composé
j'ai eu

Plus-que-parfait
j'avais eu

Passé antérieur
j'eus eu

Futur antérieur
j'aurai eu

Conditionnel passé
j'aurais eu

Participe composé
ayant eu

Infinitif passé
avoir eu

B. Subjonctif

I. Einfache Formen

Présent
sg. que j'aie / que tu aies / qu'il ait
pl. que nous ayons / que vous ayez / qu'ils aient

Imparfait
sg. que j'eusse / que tu eusses / qu'il eût
pl. que nous eussions / que vous eussiez / qu'ils eussent

II. Zusammengesetzte Formen

Passé
que j'aie eu

Plus-que-parfait
que j'eusse eu

C. Impératif

aie — ayons — ayez

Hilfsverben

(1) être

A. Indicatif

I. Einfache Formen

Présent

sg. je suis
tu es
il est

pl. nous sommes
vous êtes
ils sont

Imparfait

sg. j'étais
tu étais
il était

pl. nous étions
vous étiez
ils étaient

Passé simple

sg. je fus
tu fus
il fut

pl. nous fûmes
vous fûtes
ils furent

Futur simple

sg. je serai
tu seras
il sera

pl. nous serons
vous serez
ils seront

Conditionnel présent

sg. je serais
tu serais
il serait

pl. nous serions
vous seriez
ils seraient

Participe présent

étant

Participe passé

été

II. Zusammengesetzte Formen

Passé composé

j'ai été

Plus-que-parfait

j'avais été

Passé antérieur

j'eus été

Futur antérieur

j'aurai été

Conditionnel passé

j'aurais été

Participe composé

ayant été

Infinitif passé

avoir été

B. Subjonctif

I. Einfache Formen

Présent

sg. que je sois
que tu sois
qu'il soit

pl. que nous soyons
que vous soyez
qu'ils soient

Imparfait

sg. que je fusse
que tu fusses
qu'il fût

pl. que nous fussions
que vous fussiez
qu'ils fussent

II. Zusammengesetzte Formen

Passé

que j'aie été

Plus-que-parfait

que j'eusse été

C. Impératif

sois — soyons — soyez

(1a) blâmer

Erste Konjugation

I. Einfache Formen

Présent	**Impératif**
sg. je blâme	blâme
tu blâmes	blâmons
il blâme[1]	blâmez
pl. nous blâmons	NB. blâme*s*-en (-y)
vous blâmez	
ils blâment	

		Conditionnel I
	sg.	je blâmerais
		tu blâmerais
		il blâmerait
	pl.	nous blâmerions
		vous blâmeriez
		ils blâmeraient

Imparfait	**Subjonctif présent**
sg. je blâmais	sg. que je blâme
tu blâmais	que tu blâmes
il blâmait	qu'il blâme
pl. nous blâmions	pl. que nous blâmions
vous blâmiez	que vous blâmiez
ils blâmaient	qu'ils blâment

Passé simple	**Participe présent**
sg. je blâmai	blâmant
tu blâmas	
il blâma	
pl. nous blâmâmes	
vous blâmâtes	
ils blâmèrent	

Futur I	**Subjonctif imparfait**
sg. je blâmerai	sg. que je blâmasse
tu blâmeras	que tu blâmasses
il blâmera	qu'il blâmât
pl. nous blâmerons	pl. que nous blâmassions
vous blâmerez	que vous blâmassiez
ils blâmeront	qu'ils blâmassent

Participe passé	**Infinitif présent**
blâmé(e)	blâmer

[1] blâme-t-il?

II. Zusammengesetzte Formen

(Vom *Participe passé* mit Hilfe von **avoir** und **être**)

1. Das Aktiv

Passé composé: j'ai blâmé
Plus-que-parfait: j'avais blâmé
Passé antérieur: j'eus blâmé
Futur II: j'aurai blâmé
Conditionnel II: j'aurais blâmé

2. Das Passiv

Présent: je suis blâmé
Imparfait: j'étais blâmé
Passé simple: je fus blâmé
Passé composé: j'ai été blâmé
Plus-que-parf.: j'avais été blâmé
Passé antérieur: j'eus été blâmé
Futur I: je serai blâmé
Futur II: j'aurai été blâmé
Conditionnel I: je serais blâmé
Conditionnel II: j'aurais été blâmé
Impératif: sois blâmé
Participe présent: étant blâmé
Participe passé: ayant été blâmé
Infinitif présent: être blâmé
Infinitif passé: avoir été blâmé

Zeichen	Infinitif	Bemerkungen	Présent de l'indicatif	Présent du subjonctif	Passé simple	Futur	Impératif	Participe passé
(1b)	aimer	Oft wird vortoniges *ai*- wie [e] und nicht wie [ɛ] gesprochen.	aime aimes aime aimons aimez aiment	aime aimes aime aimions aimiez aiment	aimai aimas aima aimâmes aimâtes aimèrent	aimerai aimeras aimera aimerons aimerez aimeront	aime aimons aimez	aimé(e)
(1c)	appeler	Der Schlußkonsonant des Stammes verdoppelt sich unter dem Ton (auch im *fut.* und *cond.*, da Nebenton).	appelle appelles appelle appelons appelez appellent	appelle appelles appelle appelions appeliez appellent	appelai appelas appela appelâmes appelâtes appelèrent	appellerai appelleras appellera appellerons appellerez appelleront	appelle appelons appelez	appelé(e)
(1d)	celer	Das **e** des Stammes wird **è** unter dem Ton (auch im *fut.* und *cond.*, da Nebenton).	cèle cèles cèle celons celez cèlent	cèle cèles cèle celions celiez cèlent	celai celas cela celâmes celâtes celèrent	cèlerai cèleras cèlera cèlerons cèlerez cèleront	cèle celons celez	celé(e)
(1e)	crocheter	**èt** unter dem Ton (auch im *fut.* und *cond.*, da Nebenton)	crochète crochètes crochète crochetons crochetez crochètent	crochète crochètes crochète crochetions crochetiez crochètent	crochetai crochetas crocheta crochetâmes crochetâtes crochetèrent	crochèterai crochèteras crochètera crochèterons crochèterez crochèteront	crochète crochetons crochetez	crocheté(e)

Zeichen	Infinitif	Bemerkungen	Présent de l'indicatif	Présent du subjonctif	Passé simple	Futur	Impératif	Participe passé
(1f)	céder	Das é des Stammes wird è unter dem Ton **nur** im *prés.* und *impér.*, nicht im *fut.* und *cond.*	cède cèdes cède cédons cédez cèdent	cède cèdes cède cédions cédiez cèdent	cédai cédas céda cédâmes cédâtes cédèrent	céderai céderas cédera céderons céderez céderont	cède cédons cédez	cédé(e)
(1g)	abréger	Das é des Stammes wird è unter dem Ton **nur** im *prés.* und *impér.*, nicht im *fut.* u. *cond.* Nach **g** Einschiebung eines stummen **e** vor **a** u. **o**	abrège abrèges abrège abrégeons abrégez abrègent	abrège abrèges abrège abrégions abrégiez abrègent	abrégeai abrégeas abrégea abrégeâmes abrégeâtes abrégèrent	abrégerai abrégeras abrégera abrégerons abrégerez abrégeront	abrège abrégeons abrégez	abrégé(e)
(1h)	employer	Das **y** des Stammes wird **i** unter dem Ton (auch im *fut.* und *cond.*, da Nebenton)	emploie emploies emploie employons employez emploient	emploie emploies emploie employions employiez emploient	employai employas employa employâmes employâtes employèrent	emploierai emploieras emploiera emploierons emploierez emploieront	emploie employons employez	employé(e)
(1i)	payer	Für das **y** des Stammes wird unter dem Ton (auch im *fut.* u. *cond.*, da Nebenton) die Schreibung mit **i** bevorzugt	paie, paye paies, payes paie, paye payons payez paient, -yent	paie, paye paies, payes paie, paye payions payiez paient, -yent	payai payas paya payâmes payâtes payèrent	paierai, paye- paieras paiera paierons paierez paieront	paie, paye payons payez	payé(e)

Zeichen	Infinitif	Bemerkungen	Présent de l'indicatif	Présent du subjonctif	Passé simple	Futur	Impératif	Participe passé
(1k)	menacer	c erhält eine Cedille (ç) vor a und o, damit dem c der [s]-Laut erhalten bleibt	menace menaces menace menaçons menacez menacent	menace menaces menace menacions menaciez menacent	menaçai menaças menaça menaçâmes menaçâtes menacèrent	menacerai menaceras menacera menacerons menacerez menaceront	menace menaçons menacez	menacé(e)
(1l)	manger	Einschiebung eines stummen e zwischen Stamm und mit a oder o beginnender Endung, damit das g den [ʒ]-Laut behält	mange manges mange mangeons mangez mangent	mange manges mange mangions mangiez mangent	mangeai mangeas mangea mangeâmes mangeâtes mangèrent	mangerai mangeras mangera mangerons mangerez mangeront	mange mangeons mangez	mangé(e)
(1m)	conjuguer	Das stumme u am Ende des Stammes bleibt überall, auch vor a und o	conjugue conjugues conjugue conjuguons conjuguez conjuguent	conjugue conjugues conjugue conjuguions conjuguiez conjuguent	conjuguai conjuguas conjugua conjuguâmes conjuguâtes conjuguèrent	conjuguerai conjugueras conjuguera conjuguerons conjuguerez conjugueront	conjugue conjuguons conjuguez	conjugué(e)
(1n)	saluer	**Arguer** hat auch die Formen **j'arguë** usw., **nous arguïons** usw. (**ë**, **ï** nach **u**)	salue salues salue saluons saluez saluent	salue salues salue saluions saluiez saluent	saluai saluas salua saluâmes saluâtes saluèrent	saluerai salueras saluera saluerons saluerez salueront	salue saluons saluez	salué(e)

Zeichen	Infinitif	Bemerkungen	Présent de l'indicatif	Présent du subjonctif	Passé simple	Futur	Impératif	Participe passé
(1o)	aller	Wechsel des Stammes **all** mit den Stämmen von lateinisch **vadere** und **ire**	vais vas va allons allez vont	aille ailles aille allions alliez aillent	allai allas alla allâmes allâtes allèrent	irai iras ira irons irez iront	va (vas-y; *aber:* va-t'en) allons allez	allé(e)
(1p)	envoyer	Nach (1h), hat aber unregelmäßiges *fut.* und *cond.*	envoie envoies envoie envoyons envoyez envoient	envoie envoies envoie envoyions envoyiez envoient	envoyai envoyas envoya envoyâmes envoyâtes envoyèrent	enverrai enverras enverra enverrons enverrez enverront	envoie envoyons envoyez	envoyé(e)

(2a) punir *

Zweite Konjugation

Zweite regelmäßige Konjugation, deren Kennzeichen meist die Stammerweiterung durch **..is..** bzw. **..iss..** ist

I. Einfache Formen

Présent	Impératif	Futur I	Subjonctif présent
sg. je punis	punis	*sg.* je punirai	*sg.* que je punisse
tu punis	punissons	tu puniras	que tu punisses
il punit	punissez	il punira	qu'il punisse
pl. nous punissons		*pl.* nous punirons	*pl.* que nous punissions
vous punissez	*Imparfait*	vous punirez	que vous punissiez
ils punissent		ils puniront	qu'ils punissent
	sg. je punissais		
Passé simple	tu punissais	*Conditionnel I*	*Subjonctif imparfait*
	il punissait		
sg. je punis	*pl.* nous punissions	*sg.* je punirais	*sg.* que je punisse
tu punis	vous punissiez	tu punirais	que tu punisses
il punit	ils punissaient	il punirait	qu'il punît
pl. nous punîmes		*pl.* nous punirions	*pl.* que nous punissions
vous punîtes	*Participe présent*	vous puniriez	que vous punissiez
ils punirent		ils puniraient	qu'ils punissent
	punissant		
Participe passé			
puni(e)			
Infinitif présent			
punir			

II. Zusammengesetzte Formen

Vom *Participe passé* mit Hilfe von **avoir** und **être**; s. (1a)

---

* fleurir im bildlichen Sinne wird im *Participe présent* meist **florissant**, im *Imparfait* meist **florissait**

Zeichen	Infinitif	Bemerkungen	Présent de l'indicatif	Présent du subjonctif	Passé simple	Futur	Impératif	Participe passé
(2b)	sentir	Keine Stammerweiterung. Abwerfen des Stamm-Endkonsonanten im *sg.* des *prés. ind.* **dormir**: je dors **partir**: je pars	sens sens sent sentons sentez sentent	sente sentes sente sentions sentiez sentent	sentis sentis sentit sentîmes sentîtes sentirent	sentirai sentiras sentira sentirons sentirez sentiront	sens sentons sentez	senti(*e*)
(2c)	cueillir	*prés., fut.* und *cond.* nach der 1. Konjugation	cueille cueilles cueille cueillions cueilliez cueillent	cueille cueilles cueille cueillions cueilliez cueillent	cueillis cueillis cueillit cueillîmes cueillîtes cueillirent	cueillerai cueilleras cueillera cueillerons cueillerez cueilleront	cueille cueillons cueillez	cueilli(*e*)
(2d)	fuir	Keine Stammerweiterung durch **...iss...** bzw. **...is...** Wechsel zwischen **y** und **i** je nach End- od. Stammbetonung	fuis fuis fuit fuyons fuyez fuient	fuie fuies fuie fuyions fuyiez fuient	fuis fuis fuit fuîmes fuîtes fuirent	fuirai fuiras fuira fuirons fuirez fuiront	fuis fuyons fuyez	fui(*e*)
(2e)	bouillir	*prés. ind.* und Ableitungen nach der 4. Konjugation	bous bous bout bouillons bouillez bouillent	bouille bouilles bouille bouillions bouilliez bouillent	bouillis bouillis bouillit bouillîmes bouillîtes bouillirent	bouillirai bouilliras bouillira bouillirons bouillirez bouilliront	bous bouillons bouillez	bouilli(*e*)

Zeichen	Infinitif	Bemerkungen	Présent de l'indicatif	Présent du subjonctif	Passé simple	Futur	Impératif	Participe passé
(2f)	couvrir	prés. ind. und Ableitungen nach der 1. Konjugation; p.p. auf -ert.	couvre couvres couvre couvrons couvrez couvrent	couvre couvres couvre couvrions couvriez couvrent	couvris couvris couvrit couvrîmes couvrîtes couvrirent	couvrirai couvriras couvrira couvrirons couvrirez couvriront	couvre couvrons couvrez	couvert(e)
(2g)	vêtir	Keine Stammerweiterung. Abgesehen von vêtu wird vêtir kaum noch gebraucht.	vêts vêts vêt vêtons vêtez vêtent	vête vêtes vête vêtions vêtiez vêtent	vêtis vêtis vêtit vêtîmes vêtîtes vêtirent	vêtirai vêtiras vêtira vêtirons vêtirez vêtiront	vêts vêtons vêtez	vêtu(e)
(2h)	venir	prés. ind., fut., p.p. u. Ableitungen nach der 4. Konjugation. Im passé simple Umlaut [ɛ]; man beachte das eingeschobene -d- im fut. und cond.	viens viens vient venons venez viennent	vienne viennes vienne venions veniez viennent	vins vins vint vînmes vîntes vinrent	viendrai viendras viendra viendrons viendrez viendront	viens venons venez	venu(e)
(2i)	courir	prés. ind., p.p., fut. u. Ableitungen nach der 4.; passé simple nach der 3. Konjugation; -rr- im fut. und cond.	cours cours court courons courez courent	coure coures coure courions couriez courent	courus courus courut courûmes courûtes coururent	courrai courras courra courrons courrez courront	cours courons courez	couru(e)

Zeichen	Infinitif	Bemerkungen	Présent de l'indicatif	du subjonctif	Passé simple	Futur	Impératif	Participe passé
(2k)	mourir	*prés. ind., fut.* und Ableitungen nach der 4. Konjugation, doch Umlaut **eu** neben **ou**; *passé simple* nach der 3. Konjugation	meurs meurs meurt mourons mourez meurent	meure meures meure mourions mouriez meurent	mourus mourus mourut mourûmes mourûtes moururent	mourrai mourras mourra mourrons mourrez mourront	meurs mourons mourez	mort(e)
(2l)	acquérir	*prés. ind.* und Ableitungen nach der 4. Konjugation mit Einschiebung von **i** vor **e**; *p.p.* mit **-s**; **-err-** im *fut. u. cond.*	acquiers acquiers acquiert acquérons acquérez acquièrent	acquière acquières acquière acquérions acquériez acquièrent	acquis acquis acquit acquîmes acquîtes acquirent	acquerrai acquerras acquerra acquerrons acquerrez acquerront	acquiers acquérons acquérez	acquis(e)
(2m)	haïr	Geht nach (2a); aber es verliert im *sg. prés. ind.* und *imper.* das Trema auf dem **i**	hais [ɛ] hais hait haïssons haïssez haïssent	haïsse haïsses haïsse haïssions haïssiez haïssent	haïs [a'i] haïs haït haïmes haïtes haïrent	haïrai haïras haïra haïrons haïrez haïront	hais haïssons haïssez	haï(e)
(2n)	faillir	Defektiv; *passé simple, fut.* und *cond.* nach (2a).			faillis faillis faillit faillîmes faillîtes faillirent	faillirai failliras faillira faillirons faillirez failliront		failli(e)

(3a) **recevoir**

Dritte Konjugation

I. Einfache Formen

Présent	Impératif	Futur I	Subjonctif présent
sg. je reçois tu reçois il reçoit	reçois recevons recevez	sg. je recevrai tu recevras il recevra	sg. que je reçoive que tu reçoives qu'il reçoive
pl. nous recevons vous recevez ils reçoivent		pl. nous recevrons vous recevrez ils recevront	pl. que nous recevions que vous receviez qu'ils reçoivent

Passé simple	Imparfait	Conditionnel I	Subjonctif imparfait
sg. je reçus tu reçus il reçut	sg. je recevais tu recevais il recevait	sg. je recevrais tu recevrais il recevrait	sg. que je reçusse que tu reçusses qu'il reçût
pl. nous reçûmes vous reçûtes ils reçurent	pl. nous recevions vous receviez ils recevaient	pl. nous recevrions vous recevriez ils recevraient	pl. que nous reçussions que vous reçussiez qu'ils reçussent

Participe passé	Participe présent
reçu(e)	recevant

Infinitif présent
recevoir

II. Zusammengesetzte Formen

Vom *Participe passé* mit Hilfe von **avoir** und **être**; s. (1a)

Zeichen	Infinitif	Bemerkungen	Présent (de l'indicatif)	Présent (du subjonctif)	Passé simple	Futur	Impératif	Participe passé
(3b)	voir	Wechsel zwischen **i** und **y** wie in (2d). Ableitungen regelmäßig, jedoch im *fut.* und *cond.* **-err-** (statt **-oir-**)	vois vois voit *voyons* *voyez* *voient*	voie voies voie *voyions* *voyiez* voient	vis, vis, vit, *vîmes*, *vîtes*, virent *pourvoir*: je pourvus	verrai *pourvoir*: je pourvoirai; *prévoir*: je prévoirai	vois voyons voyez	*vu(e)*
(3c)	falloir	Nur gebräuchlich in der 3. P. *sg.*	il faut	qu'il *faille*	il fallut	il faudra		fallu (*inv.*)
(3d)	mouvoir	Tonsilbe: **meu.** In den Formen mit **mouv** rückt die Betonung auf die Endung	meus meus meut mouvons mouvez meuvent	meuve meuves meuve mouvions mouviez meuvent	mus mus mut *mûmes* *mûtes* murent	mouvrai mouvras mouvra mouvrons mouvrez mouvront	meus mouvons mouvez	mû, mue *émouvoir*: ému(e) *promouvoir*: promu(e)
(3e)	pleuvoir		il pleur	qu'il pleuve	il plur	il pleuvra		plu (*inv.*)
(3f)	pouvoir	Im *prés. ind.* manchmal je **puis**; **puis-je** fragend (besser als peux-je)	peux peux peut pouvons pouvez peuvent	puisse puisses puisse puissions puissiez puissent	*pus* *pus* *put* *pûmes* *pûtes* purent	pourrai pourras pourra pourrons pourrez pourront		pu (*inv.*)

Zeichen	Infinitif	Bemerkungen	Présent de l'indicatif du subionctif		Présent du subionctif	Passé simple	Futur	Impératif	Participe passé
(3g)	savoir	*p.pr.* **sachant**	sais sais sait savons savez savent	sache saches sache sachions sachiez sachent	sus sus sut sûmes sûtes surent	saurai sauras saura saurons saurez sauront	sache sachons sachez	su(*e*)
(3h)	valoir	**prévaloir** bildet das prés. subj. regelmäßig: **que je prévale,** etc.	vaux vaux vaut valons valez valent	vaille vailles vaille valions valiez vaillent	valus valus valut valûmes valûtes valurent	vaudrai vaudras vaudra vaudrons vaudrez vaudront		valu(*e*)
(3i)	vouloir	Tonsilbe: **veu-**. In den Formen mit **voul-** rückt die Betonung auf die Endung. Im *fut.* Einschiebung von **-d-**	veux veux veut voulons voulez veulent	veuille veuilles veuille voulions vouliez veuillent	voulus voulus voulut voulûmes voulûtes voulurent	voudrai voudras voudra voudrons voudrez voudront	veuille veuillons veuillez	voulu(*e*)
(3k)	seoir	Geht nach der 4. Konjugation. Defektiv; **il seyait;** *impf. ind.* **il seyait,** *a.* *p.pr.* **seyant,** *a.* **séant**	il sied ils siéent			il siéra ils siéront		sis(*e*)

Zeichen	Infinitif	Bemerkungen	Présent de l'indicatif	Présent du subjonctif	Passé simple	Futur	Impératif	Participe passé
(3l)	asseoir	Hat, außer im passé simple und p.p. (assis), doppelte Formen: assied..., assey..., assié...	assieds assieds assied asseyons asseyez asseyent	asseye asseyes asseye asseyions asseyiez asseyent	assis assis assit assîmes assîtes assirent	assiérai assiéras assiéra assiérons assiérez assiéront	assieds asseyons asseyez	assis(e)
	surseoir	Hat die Formen sursoi..., sursoy...	sursois sursoyons	sursoie sursoyons	sursis	surseoirai	sursois sursoyons	sursis(e)
(3m)	choir	Selten gebraucht. Im fut. und cond. auch Verdoppelung des -r-	chois		il chut	choirai od. cherrai		chu(e)
	déchoir		déchois déchois déchoit déchoyons déchoyez déchoient	déchoie déchoies déchoie déchoyions déchoyiez déchoient	déchus déchus déchut déchûmes déchûtes déchurent	déchoirai déchoiras déchoira déchoirons déchoirez déchoiront		déchu(e)
	échoir	Defektiv; p.pr. échéant	il échoit ils échoient	il échoie ils échoient	il échut ils échurent	il échoira ils échoiront		échu(e)

Vierte Konjugation

(4a) **vendre**

Vierte regelmäßige Konjugation mit unverändertem Stamm

I. Einfache Formen

Présent	Impératif	Futur I	Subjonctif présent
sg. je vends	vends	*sg.* je vendrai	*sg.* que je vende
tu vends	vendons	tu vendras	que tu vendes
il vend[1]	vendez	il vendra	qu'il vende
pl. nous vendons		*pl.* nous vendrons	*pl.* que nous vendions
vous vendez		vous vendrez	que vous vendiez
ils vendent		ils vendront	qu'ils vendent

Passé simple	Imparfait	Conditionnel I	Subjonctif imparfait
sg. je vendis	*sg.* je vendais	*sg.* je vendrais	*sg.* que je vendisse
tu vendis	tu vendais	tu vendrais	que tu vendisses
il vendit	il vendait	il vendrait	qu'il vendît
pl. nous vendîmes	*pl.* nous vendions	*pl.* nous vendrions	*pl.* que nous vendissions
vous vendîtes	vous vendiez	vous vendriez	que vous vendissiez
ils vendirent	ils vendaient	ils vendraient	qu'ils vendissent

Participe passé	Participe présent
vendu(e)	vendant

Infinitif présent

vendre

[1] rompre bildet: il rompt; battre bildet: je (tu) bats, il bat.

II. Zusammengesetzte Formen

Vom *Participe passé* mit Hilfe von **avoir** und **être**: s. (1a)

Zeichen	Infinitif	Bemerkungen	Présent de l'indicatif	Présent du subjonctif	Passé simple	Futur	Impératif	Participe passé
(4b)	peindre	Wechsel zwischen nasalem **n** und mouilliertem **n** (**gn**); **-d-** nur vor **r**, also im *inf.*, *fut.* und *cond.*	peins peins peint peignons peignez peignent	peigne peignes peigne peignions peigniez peignent	peignis peignis peignit peignîmes peignîtes peignirent	peindrai peindras peindra peindrons peindrez peindront	peins peignons peignez	peint(e)
(4c)	conduire	**Luire, reluire, nuire** haben im *p.p.* kein **t: lui, relui, nui**	conduis conduis conduit conduisons conduisez conduisent	conduise conduises conduise conduisions conduisiez conduisent	conduisis conduisis conduisit conduisîmes conduisîtes conduisirent	conduirai conduiras conduira conduirons conduirez conduiront	conduis conduisons conduisez	conduit(e)
(4d)	coudre	Vor den mit Vokal beginnenden Endungen wird **-d-** durch **-s-** ersetzt	couds couds coud cousons cousez cousent	couse couses couse cousions cousiez cousent	cousis cousis cousit cousîmes cousîtes cousirent	coudrai coudras coudra coudrons coudrez coudront	couds cousons cousez	cousu(e)
(4e)	vivre	Wegfall des End-**v** des Stammes im *sg. prés. ind.;* passé simple **vécus**; *p.p.* **vécu**	vis vis vit vivons vivez vivent	vive vives vive vivions viviez vivent	vécus vécus vécut vécûmes vécûtes vécurent	vivrai vivras vivra vivrons vivrez vivront	vis vivons vivez	vécu(e)

Zeichen	Infinitif	Bemerkungen	Présent de l'indicatif	Présent du subjonctif	Passé simple	Futur	Impératif	Participe passé
(4f)	écrire	Vor Vokal bleibt **v** aus lateinisch **b** erhalten	écris écris écrit écrivons écrivez écrivent	écrive écrives écrive écrivions écriviez écrivent	écrivis écrivis écrivit écrivîmes écrivîtes écrivirent	écrirai écriras écrira écrirons écrirez écriront	écris écrivons écrivez	écrit(e)
(4g)	naître	**-ss-** im *pl. prés. ind.* u. dessen Ableitungen; im *sg. prés. ind.* erscheint **i** vor **t** als **î**	nais nais naît naissons naissez naissent	naisse naisses naisse naissions naissiez naissent	naquis naquis naquit naquîmes naquîtes naquirent	naîtrai naîtras naîtra naîtrons naîtrez naîtront	nais naissons naissez	né(e)
(4h)	suivre	*p.p.* nach der 2. Konjugation	suis suis suit suivons suivez suivent	suive suives suive suivions suiviez suivent	suivis suivis suivit suivîmes suivîtes suivirent-	suivrai suivras suivra suivrons suivrez suivront	suis suivons suivez	suivi(e)
(4i)	vaincre	Kein **t** in der 3. P. *sg. prés. ind.*; Umwandlung des **c** in **qu** vor Vokalen (jedoch: **vaincu**)	vaincs vaincs vainc vainquons vainquez vainquent	vainque vainques vainque vainquions vainquiez vainquent	vainquis vainquis vainquit vainquîmes vainquîtes vainquirent	vaincrai vaincras vaincra vaincrons vaincrez vaincront	vaincs vainquons vainquez	vaincu(e)

Zeichen	Infinitif	Bemerkungen	Présent de l'indicatif	du subjonctif	Passé simple	Futur	Impératif	Participe passé
(4k)	clore	*prés.* 3. P. *pl.* **closent**; entsprechend *prés. subj.*; 3. P. *sg. prés. ind.* auf **...ôt**	je clos tu clos il clôt ↘ ils clos*ent*	↘ que je close		↘ je clorai	clos	clos(*e*)
	éclore	Nur in der 3. P. gebräuchlich	il éclôt ils éclos*ent*	qu'il éclose qu'ils éclos*ent*		il éclora ils éclor*ont*		éclos(*e*)
(4l)	conclure	*passé simple* geht nach der 3. Konjugation. **Reclure** hat im *p.p.* **reclus(e)**; ebenso: **inclus(e)**; aber: **exclu(e)**	conclus conclus conclut conclu*ons* conclu*ez* conclu*ent*	conclue conclues conclue conclu*ions* conclu*iez* conclu*ent*	conclus conclus conclut conclû*mes* conclû*tes* conclu*rent*	conclu*rai* conclu*ras* conclu*ra* conclu*rons* conclu*rez* conclu*ront*	conclus conclu*ons* conclu*ez*	conclu(*e*)
(4m)	dire	**Redire** wird wie **dire** konjugiert. Die anderen Komposita haben im *prés.* **...disez** mit Ausnahme v. **maudire**, das nach der 2. Konjugation geht, aber im *p.p.* **maudit** hat	dis dis dit dis*ons* di*tes* dis*ent*	dise dises dise dis*ions* dis*iez* dis*ent*	dis dis dit dî*mes* dî*tes* di*rent*	di*rai* di*ras* di*ra* di*rons* di*rez* di*ront*	dis dis*ons* di*tes*	dit(*e*)

Zeichen	Infinitif	Bemerkungen	Présent de l'indicatif	Présent du subjonctif	Passé simple	Futur	Impératif	Participe passé
(4n)	faire	Vielfacher Wechsel des Stammvokals	fais [fɛ] fais fait faisons [fə'zɔ̃] faites font	fasse fasses fasse fassions fassiez fassent	fis fis fit fîmes fîtes firent	ferai feras fera [fə-] ferons ferez feront	fais faisons faites	fait(e)
(4o)	confire	**Suffire** hat im p.p. **suffi** (inv.)	confis confis confit confisons confisez confisent	confise confises confise confisions confisiez confisent	confis confis confit confîmes confîtes confirent	confirai confiras confira confirons confirez confiront	confis confisons confisez	confit(e)
(4p)	mettre	Abwerfung des einen **t** im sg. prés. ind. in den stammbetonten Formen	mets mets met mettons mettez mettent	mette mettes mette mettions mettiez mettent	mis mis mit mîmes mîtes mirent	mettrai mettras mettra mettrons mettrez mettront	mets mettons mettez	mis(e)
(4q)	prendre	Einige Formen werfen **d** ab	prends prends prend prenons prenez prennent	prenne prennes prenne prenions preniez prennent	pris pris prit prîmes prîtes prirent	prendrai prendras prendra prendrons prendrez prendront	prends prenons prenez	pris(e)

Zeichen	Infinitif	Bemerkungen	Présent de l'indicatif	Présent du subjonctif	Passé simple	Futur	Impératif	Participe passé
(4r)	rire	p.p. nach der 2. Konjugation	ris ris rit rions riez rient	rie ries rie riions riiez rient	ris ris rit rîmes rîtes rirent	rirai riras rira rirons rirez riront	ris rions riez	ri *(inv.)*
(4s)	traire	*passé simple* und *imparfait subj.* fehlen	trais trais trait trayons trayez traient	traie traies traie trayions trayiez traient		trairai trairas traira trairons trairez trairont	trais trayons trayez	trait(*e*)
(4t)	circoncire		circoncis circoncis circoncit circoncisons circoncisez circoncisent	circoncise circoncises circoncise circoncisions circoncisiez circoncisent	circoncis circoncis circoncit circoncîmes circoncîtes circoncirent	circoncirai circonciras circoncira circoncirons circoncirez circonciront	circoncis circoncisons circoncisez	circon-cis(*e*)
(4u)	boire	Vor Vokal bleibt **v** aus lat. **b** erhalten. *passé simple* nach der 3. Konjugation	bois bois boit buvons buvez boivent	boive boives boive buvions buviez boivent	bus bus but bûmes bûtes burent	boirai boiras boira boirons boirez boiront	bois buvons buvez	bu(*e*)

Zeichen	Infinitiv	Bemerkungen	Présent de l'indicatif	Présent du subjonctif	Passé simple	Futur	Impératif	Participe passé
(4v)	croire	passé simple nach der 3. Konjugation	crois crois croit croyons croyez croient	croie croies croie croyions croyiez croient	crus crus crut crûmes crûtes crurent	croirai croiras croira croirons croirez croiront	crois croyons croyez	cru(e)
(4w)	croître	**Accroître** und **décroître** haben im sg. prés. ind. **...crois** (aber 3. P.: **...croît**, im passé simple **...crus** usw.; p.p. **ac-crus(e)**, **décru(e)**	crois crois croît croissons croissez croissent	croisse croisses croisse croissions croissiez croissent	crûs crûs crût crûmes crûtes crûrent	croîtrai croîtras croîtra croîtrons croîtrez croîtront	croîs croissons croissez	crû, crue
(4x)	lire	passé simple nach der 3. Konjugation	lis lis lit lisons lisez lisent	lise lises lise lisions lisiez lisent	lus lus lut lûmes lûtes lurent	lirai liras lira lirons lirez liront	lis lisons lisez	lu(e)
(4y)	moudre	passé simple nach der 3. Konjugation	mouds mouds moud moulons moulez moulent	moule moules moule moulions mouliez moulent	moulus moulus moulut moulûmes moulûtes moulurent	moudrai moudras moudra moudrons moudrez moudront	mouds moulons moulez	moulu(e)

Zeichen	Infinitif	Bemerkungen	Présent de l'indicatif	Présent du subjonctif	Passé simple	Futur	Impératif	Participe passé
(4z)	paraître	î vor **t**; *passé simple* nach der 3. Konjugation	parais parais paraît paraissons paraissez paraissent	paraisse paraisses paraisse paraissions paraissiez paraissent	parus parus parut parûmes parûtes parurent	paraîtrai paraîtras paraîtra paraîtrons paraîtrez paraîtront	parais paraissons paraissez	paru(*e*)
(4aa)	plaire	*passé simple* nach der 3. Konjugation; **taire** bildet **il tait** (ohne ˆ); *participe passé:* **tu(e)**	plais plais plaît plaisons plaisez plaisent	plaise plaises plaise plaisions plaisiez plaisent	plus plus plut plûmes plûtes plurent	plairai plairas plaira plairons plairez plairont	plais plaisons plaisez	plu (*inv.*)
(4bb)	absoudre	**Résoudre** hat als übliches *passé simple:* **je résolus**, als *participe passé:* **résolu(e)**	absous absous absout absolvons absolvez absolvent	absolve absolves absolve absolvions absolviez absolvent	↯ absolus ↯ absolus ↯ absolut ↯ absolûmes ↯ absolûtes ↯ absolurent	absoudrai absoudras absoudra absoudrons absoudrez absoudront	absous absolvons absolvez	absous absoute
(4cc)	bruire	defektiv	il bruit					

Bildung des Plurals
der Substantive und Adjektive

1. Hauptregel:

Der Plural der Substantive und Adjektive wird im allgemeinen durch
Anhängen eines **s** an die Singularform gebildet.

le fleuve *der Fluß*	les fleuves
utile *nützlich*	utiles
grand, grande *groß*	grands, grandes

Substantive, die im Singular auf **s**, **x** oder **z** enden, bleiben im Plural
unverändert. Das gilt auch für die Adjektive auf **-eux**.

le fils *der Sohn*	les fils
la voix *die Stimme*	les voix
le nez *die Nase*	les nez

Substantive und Adjektive, die den Plural nach dieser Hauptregel bilden,
erhalten im Wörterbuchteil keinen Hinweis.

2. Pluralbildung mit -x:

Die im Singular auf **-au**, **-eau**, **-eu**, **-œu** (sowie einige der auf **-ou**) endenden
Substantive und Adjektive nehmen im Plural im allgemeinen ein **x** an. (Dieses
x wird in der Bindung wie ein stimmhaftes **s** gesprochen.)

Substantive und Adjektive, die den Plural mit **x** bilden, erhalten im
Wörterbuchteil einen entsprechenden Hinweis.

le manteau (*pl.* ⁓x) *der Mantel*	les manteaux
le jeu (*pl.* ⁓x) *das Spiel*	les jeux
le genou (*pl.* ⁓x) *das Knie*	les genoux

3. Plural auf -aux:

Substantive und Adjektive, die im Plural die Endung **-al** oder **-ail** in **-aux**
verwandeln, erhalten im Wörterbuchteil einen entsprechenden Hinweis.

le cheval (*pl. -aux*) *das Pferd*	les chevaux
le journal (*pl. -aux*) *die Zeitung*	les journaux
le travail (*pl. -aux*) *die Arbeit*	les travaux
amical, -e (*m/pl. -aux*) *freundschaftlich*	amicaux (*f/pl.:* amica-les)

4. Zusammengesetzte Substantive:

Zusammengesetzte Substantive erhalten eine Angabe zur Pluralbildung.

la petite-fille (*pl. petites-filles*)	*die Enkelin*
le timbre-poste (*pl. timbres-poste*)	*die Briefmarke*
le haut-parleur (*pl.* ⁓s)	*der Lautsprecher*
(Plural: les haut-parleurs)	
le gratte-ciel (*inv.*)	*der Wolkenkratzer*
(Plural: les gratte-ciel)	

Bildung des Femininums
der Adjektive und Substantive

1. Hauptregel:

Um das Femininum (d. h. die weibliche Form) eines Adjektivs oder Substantivs zu bilden, fügt man ein **e** an das Maskulinum an. Das Maskulinum (= die männliche Form) gilt als Grundform des Wortes und tritt als Stichwort auf. Um die Bildung des Femininums zu bezeichnen, erhält das Stichwort im Wörterbuch den Zusatz **-e**. Wird das Femininum anders ausgesprochen als das Maskulinum, dann wird das in der Aussprachebezeichnung angegeben.

futur, -e [fy'ty:r] *zukünftig*	f: future (unveränderte Aussprache)
ami, -e [a'mi] *Freund(in)*	f: amie *Freundin*
chaud, -e [ʃo, ʃo:d] *warm*	f: chaude [ʃo:d]
grand, -e [grã, grã:d] *groß*	f: grande [grã:d]
sourd, -e [su:r, surd] *taub*	f: sourde [surd]
certain, -e [sɛr'tɛ̃, ~'tɛn] *sicher, gewiß*	f: certaine [sɛr'tɛn]
français, -e [frã'sɛ, ~'sɛ:z] *französisch*	f: française [frã'sɛ:z]

Adjektive, die auf **e** enden, haben keine besondere Form für das Femininum, z. B.: utile *nützlich* (f: utile), sage *weise* (f: sage). Diese Adjektive erhalten keinen Hinweis.

2. Besonderheiten:

Viele Adjektive weisen bei der Bildung der weiblichen Form Besonderheiten auf, wie z. B. die Verdoppelung des Endkonsonanten. Ein entsprechender Hinweis steht im Wörterbuch beim Stichwort. Im folgenden führen wir diese Hinweise in alphabetischer Reihenfolge auf.

-ce	doux, -ce [du, dus] *süß*	f: douce [dus]
-che	blanc, -che [blã, blã:ʃ] *weiß*	f: blanche [blã:ʃ]
-ë	Die Endung des Femininums ist **ë**, wenn das Maskulinum auf **-gu** endet, um die Aussprache [-gy] anzugeben.	
	aigu, -ë [e'gy] *scharf, spitz*	f: aiguë [e'gy]
-ère	entier, -ère [ã'tje, ã'tjɛ:r] *ganz*	f: entière [ã'tjɛ:r]
-eresse	enchanteur, -eresse [ãʃã'tœ:r, ~'trɛs] *bezaubernd*	f: enchanteresse [ãʃã'trɛs]
-esse	exprès, -esse [ɛks'prɛs] *ausdrücklich*	f: expresse [ɛks'prɛs]
-ète	secret, -ète [sə'krɛ, ~'krɛt] *geheim*	f: secrète [sə'krɛt]

-gne	bénin, -gne [be'nɛ̃, ~'niɲ] *gutartig* *f*: bénigne [be'niɲ]

-le Der Endkonsonant des Maskulinums wird verdoppelt.

actuel, -le [ak'tɥɛl] *aktuell*   *f*: actuelle [ak'tɥɛl]
pareil, -le [pa'rɛj] *gleich, ähnlich*   *f*: pareille [pa'rɛj]

-ne Das auslautende **n** der Maskulina auf **-an, -en, -on** wird verdoppelt.
Das Femininum wird ohne Nasalierung gesprochen.

paysan, -ne [pei'zɑ̃, ~'zan] *bäurisch*   *f*: paysanne [pei'zan]
ancien, -ne [ã'sjɛ̃, ã'sjɛn] *alt*   *f*: ancienne [ã'sjɛn]
bon, -ne [bɔ̃, bɔn] *gut*   *f*: bonne [bɔn]

-que Beim Anhängen des **e** wird das **c** des Maskulinums in **-que**
verwandelt, um die Aussprache [-k] zu bezeichnen.

caduc, -que [ka'dyk] *hinfällig*   *f*: caduque [ka'dyk]
public, -que [py'blik] *öffentlich*   *f*: publique [py'blik]

-rice Dieser Hinweis bedeutet, daß sich die Endung **-eur** in der weiblichen Form in **-rice** verwandelt.

conducteur, -rice [kɔ̃dyk'tœːr, ~'tris]   *f*: conductrice [kɔ̃dyk'tris]
leitend; Leiter(in)

-se 1. Der Endkonsonant des Maskulinums wird verdoppelt.
bas, -se [bɑ, bɑːs] *niedrig*   *f*: basse [bɑːs]

2. Die Endung **-eux** wird beim Anhängen des **e** in **-euse** verwandelt.
heureux, -se [œ'rø, œ'røːz] *glücklich*   *f*: heureuse [œ'røːz]

3. Die Endung **-eur** verwandelt sich in der weiblichen Form in
-euse.
trompeur, -se [trɔ̃'pœːr, ~'pøːz] *täuschend*   *f*: trompeuse [trɔ̃'pøːz]

-te 1. Der Endkonsonant des Maskulinums wird verdoppelt.
muet, -te [mɥɛ, mɥɛt] *stumm*   *f*: muette [mɥɛt]

2. Unregelmäßige Bildung des Femininums:
favori, -te [favɔ'ri, ~'rit] *beliebt*   *f*: favorite [favɔ'rit]

-ue Beim Anhängen des **e** wird das **g** des Maskulinums in **-gue**
verwandelt, um die Aussprache [-g] zu bezeichnen.

long, -ue [lɔ̃, lɔ̃ːg] *lang*   *f*: longue [lɔ̃ːg]

-ve Das auslautende **f** des Maskulinums wird durch das Anhängen des **e**
stimmhaft.

actif, -ve [ak'tif, ~'tiːv] *aktiv*   *f*: active [ak'tiːv]

Bei stärkeren Abweichungen des Femininums gegenüber dem Maskulinum
sind im Wörterbuch beide Formen angegeben.

faux, fausse [fo, foːs] *falsch*   *f*: fausse [foːs]
frais, fraîche [frɛ, frɛʃ] *frisch*   *f*: fraîche [frɛʃ]
sec, sèche [sɛk, sɛʃ] *trocken*   *f*: sèche [sɛʃ]

Zahlwörter

Adjectifs numéraux

Grundzahlen — Nombres cardinaux

0 zéro [ze'ro] *null*
1 un, une [œ̃, yn] *eins*
2 deux [dø] *zwei*
3 trois [trwa] *drei*
4 quatre ['katrə] *vier*
5 cinq [sɛ̃k] *fünf*
6 six [sis] *sechs*
7 sept [sɛt] *sieben*
8 'huit [ɥit] *acht*
9 neuf [nœf] *neun*
10 dix [dis] *zehn*
11 onze [ɔ̃:z] *elf*
12 douze [du:z] *zwölf*
13 treize [trɛ:z] *dreizehn*
14 quatorze [ka'tɔrz] *vierzehn*
15 quinze [kɛ̃:z] *fünfzehn*
16 seize [sɛ:z] *sechzehn*
17 dix-sept [di'sɛt] *siebzehn*
18 dix-huit [di'zɥit] *achtzehn*
19 dix-neuf [diz'nœf] *neunzehn*
20 vingt [vɛ̃] *zwanzig*
21 vingt et un(e) [vɛ̃te'œ̃, ‿'yn] *einundzwanzig*
22 vingt-deux [vɛ̃t'dø] *zweiundzwanzig*
23 vingt-trois [vɛ̃t'trwa] *dreiundzwanzig*
24 vingt-quatre [vɛ̃t'katrə] *vierundzwanzig*
25 vingt-cinq *fünfundzwanzig*
26 vingt-six *sechsundzwanzig*
27 vingt-sept *siebenundzwanzig*
28 vingt-huit *achtundzwanzig*
29 vingt-neuf *neunundzwanzig*
30 trente [trɑ̃:t] *dreißig*
31 trente et un(e) *einunddreißig*
32 trente-deux *zweiunddreißig*
40 quarante [ka'rɑ̃:t] *vierzig*
50 cinquante [sɛ̃'kɑ̃:t] *fünfzig*
60 soixante [swa'sɑ̃:t] *sechzig*
69 soixante-neuf [swasɑ̃t'nœf] *neunundsechzig*
70 soixante-dix [swasɑ̃t'dis] *siebzig*
71 soixante et onze [swasɑ̃te'ɔ̃:z] *einundsiebzig*

72 soixante-douze *zweiundsiebzig*
79 soixante-dix-neuf *neunundsiebzig*
80 quatre-vingt(s) [katrə'vɛ̃] *achtzig*
81 quatre-vingt-un(e) [katrəvɛ̃'œ̃, ‿'yn] *einundachtzig*
82 quatre-vingt-deux [katrəvɛ̃'dø] *zweiundachtzig*
90 quatre-vingt-dix [katrəvɛ̃'dis] *neunzig*
91 quatre-vingt-onze [katrəvɛ̃'ɔ̃:z] *einundneunzig*
92 quatre-vingt-douze *zweiundneunzig*
99 quatre-vingt-dix-neuf *neunundneunzig*
100 cent [sɑ̃] *(ein)hundert*
101 cent un(e) [sɑ̃'œ̃, sɑ̃'yn] *(ein)hunderteins*
102 cent deux *(ein)hundertzwei*
110 cent dix *(ein)hundertzehn*
200 deux cents [dø'sɑ̃] *zweihundert*
201 deux cent un(e) *zweihunderteins*
211 deux cent onze *zweihundertelf*
500 cinq cents *fünfhundert*
900 neuf cents *neunhundert*
1000 mille [mil] *(ein)tausend*
1001 mille un(e) [də'mil, mi'lyn] *(ein)tausendeins*
1002 mille deux [mil'dø] *(ein)tausendzwei*
1100 onze cents [ɔ̃z'sɑ̃] *(ein)tausendeinhundert*
1308 treize cent huit *(ein)tausenddreihundertacht*
2000 deux mille [dø'mil] *zweitausend*
10 000 dix mille [di'mil] *zehntausend*
100 000 cent mille *hunderttausend*
1 000 000 un million [mi'ljɔ̃] *eine Million*
2 000 000 deux millions *zwei Millionen*
un milliard [mi'lja:r] *eine Milliarde*
un billion [bi'ljɔ̃] *eine Billion*
un trillion [tri'ljɔ̃] *eine Trillion*

575

Ordnungszahlen — Nombres ordinaux

1ᵉʳ le premier [prə'mje] *der (die, das) erste*

1ʳᵉ la première [prə'mjɛ:r] *die (der, das) erste*

2ᵉ le (la) deuxième [dø'zjɛm] *der (die, das) zweite*
le second, la seconde [sgɔ̃, sgɔ̃:d] *der (die, das) zweite*

3ᵉ troisième [trwa'zjɛm] *dritte*

4ᵉ quatrième [katri'ɛm] *vierte*

5ᵉ cinquième [sɛ̃'kjɛm] *fünfte*

6ᵉ sixième [si'zjɛm] *sechste*

7ᵉ septième [sɛ'tjɛm] *siebte, siebente*

8ᵉ 'huitième [ɥi'tjɛm] *achte*

9ᵉ neuvième [nœ'vjɛm] *neunte*

10ᵉ dixième [di'zjɛm] *zehnte*

11ᵉ onzième [ɔ̃'zjɛm] *elfte*

12ᵉ douzième [du'zjɛm] *zwölfte*

13ᵉ treizième [trɛ'zjɛm] *dreizehnte*

14ᵉ quatorzième [katɔr'zjɛm] *vierzehnte*

15ᵉ quinzième [kɛ̃'zjɛm] *fünfzehnte*

16ᵉ seizième [sɛ'zjɛm] *sechzehnte*

17ᵉ dix-septième [disɛ'tjɛm] *siebzehnte*

18ᵉ dix-huitième [dizɥi'tjɛm] *achtzehnte*

19ᵉ dix-neuvième [diznœ'vjɛm] *neunzehnte*

20ᵉ vingtième [vɛ̃'tjɛm] *zwanzigste*

21ᵉ vingt et unième [vɛ̃tey'njɛm] *einundzwanzigste*

22ᵉ vingt-deuxième [vɛ̃tdø'zjɛm] *zweiundzwanzigste*

30ᵉ trentième [trɑ̃'tjɛm] *dreißigste*

31ᵉ trente et unième [trɑ̃tey'njɛm] *einunddreißigste*

32ᵉ trente-deuxième [trɑ̃tdø'zjɛm] *zweiunddreißigste*

40ᵉ quarantième [karɑ̃'tjɛm] *vierzigste*

50ᵉ cinquantième [sɛ̃kɑ̃'tjɛm] *fünfzigste*

60ᵉ soixantième [swasɑ̃'tjɛm] *sechzigste*

70ᵉ soixante-dixième [swasɑ̃di'zjɛm] *siebzigste*

71ᵉ soixante et onzième [swasɑ̃teɔ̃'zjɛm] *einundsiebzigste*

72ᵉ soixante-douzième [swasɑ̃du'zjɛm] *zweiundsiebzigste*

79ᵉ soixante-dix-neuvième *neunundsiebzigste*

80ᵉ quatre-vingtième [katrəvɛ̃'tjɛm] *achtzigste*

81ᵉ quatre-vingt-unième [katrəvɛ̃y'njɛm] *einundachtzigste*

82ᵉ quatre-vingt-deuxième *zweiundachtzigste*

90ᵉ quatre-vingt-dixième [katrəvɛ̃di'zjɛm] *neunzigste*

91ᵉ quatre-vingt-onzième *einundneunzigste*

99ᵉ quatre-vingt-dix-neuvième *neunundneunzigste*

100ᵉ centième [sɑ̃'tjɛm] *hundertste*

101ᵉ cent unième [sɑ̃y'njɛm] *hunderterste*

102ᵉ cent deuxième *hundertzweite*

200ᵉ deux centième [døsɑ̃'tjɛm] *zweihundertste*

1000ᵉ millième [mi'ljɛm] *tausendste*

1001ᵉ mille unième [mily'njɛm] *tausenderste*

2000ᵉ deux millième [dømi'ljɛm] *zweitausendste*

10 000ᵉ dix millième [dimi'ljɛm] *zehntausendste*

100 000ᵉ cent millième *hunderttausendste*

1 000 000ᵉ millionième [miljɔ'njɛm] *millionste*

Bruchzahlen — Nombres fractionnaires

¹/₂ (un) demi [də'mi] *ein halb*

1¹/₂ un et demi *eineinhalb, anderthalb*

¹/₃ un tiers [œ̃'tjɛ:r] *ein Drittel*

²/₃ (les) deux tiers [dø'tjɛ:r] *zwei Drittel*

¹/₄ un quart [œ̃'ka:r] *ein Viertel*

³/₄ (les) trois quarts [trwa'ka:r] *drei Viertel*

2¹/₄ deux un quart [døzœ̃'ka:r] *zweieinviertel*

¹/₅ un cinquième [œ̃sɛ̃'kjɛm] *ein Fünftel*

Dezimalbrüche (Fractions décimales):

0,5 zéro virgule [vir'gyl] cinq *null Komma fünf*

2,8 deux virgule 'huit *zwei Komma acht*

Französische Maße und Gewichte

Mesures et poids français

Längenmaße

Mesures de longueur

1 mm	*millimètre*	Millimeter
1 cm	*centimètre*	Zentimeter
1 dm	*décimètre*	Dezimeter
1 m	*mètre*	Meter
1 dam	*décamètre*	Dekameter
1 hm	*hectomètre*	Hektometer
1 km	*kilomètre*	Kilometer
	mille marin	Seemeile (sm)

Flächenmaße

Mesures de superficie

1 mm²	*millimètre carré*	Quadratmillimeter
1 cm²	*centimètre carré*	Quadratzentimeter
1 dm²	*décimètre carré*	Quadratdezimeter
1 m²	*mètre carré*	Quadratmeter
1 km²	*kilomètre carré*	Quadratkilometer
1 a	*are*	Ar
1 ha	*hectare*	Hektar

Raummaße

Mesures de volume

1 mm³	*millimètre cube*	Kubikmillimeter
1 cm³	*centimètre cube*	Kubikzentimeter
1 dm³	*décimètre cube*	Kubikdezimeter
1 m³	*mètre cube*	Kubikmeter

Hohlmaße

Mesures de capacité

1 ml	*millilitre*	Milliliter
1 cl	*centilitre*	Zentiliter
1 dl	*décilitre*	Deziliter
1 l	*litre*	Liter
1 dal	*décalitre*	Dekaliter (Dl, dkl)
1 hl	*hectolitre*	Hektoliter

Gewichte

Poids

1 mg	*milligramme*	Milligramm
1 cg	*centigramme*	Zentigramm
1 dg	*décigramme*	Dezigramm
1 g	*gramme*	Gramm
1 dag	*décagramme*	Dekagramm (Dg; *östr.* dag)
1 hg	*hectogramme*	Hektogramm
1 kg	*kilogramme*	Kilogramm
1 q	*quintal*	Doppelzentner (dz)
1 t	*tonne*	Tonne

**LANGENSCHEIDTS
TASCHENWÖRTERBÜCHER**

LANGENSCHEIDT

DICTIONNAIRE DE POCHE

DES LANGUES FRANÇAISE ET ALLEMANDE

Seconde Partie

Allemand-Français

Par

DR. EDUARD WEYMUTH

Nouvelle édition refondue 1982

LANGENSCHEIDT
BERLIN · MUNICH · VIENNE · ZURICH

LANGENSCHEIDTS
TASCHENWÖRTERBUCH
DER FRANZÖSISCHEN UND DEUTSCHEN SPRACHE

Zweiter Teil

Deutsch-Französisch

Von

DR. EDUARD WEYMUTH

Neubearbeitung 1982

LANGENSCHEIDT
BERLIN · MÜNCHEN · WIEN · ZÜRICH

Inhaltsverzeichnis

Table des matières

Auflage: 5. 4.	*Letzte Zahlen*
Jahr: 1986 85 84 83	*maßgeblich*

7. Neubearbeitung 1982
Copyright 1884, 1902, 1911, 1929, 1952, © 1959, 1982
Langenscheidt KG, Berlin und München
Druck: Philipp Reclam jun. Stuttgart
Printed in Germany · ISBN 3-468-10156-2

Vorwort

Wie schon das Taschenwörterbuch Französisch-Deutsch ist
auch das vorliegende deutsch-französische Wörterbuch
einer umfassenden Neubearbeitung unterzogen worden, die
der in den letzten Jahren erfolgten raschen Entwicklung des
Wortschatzes ausführlich Rechnung trägt. Der Seiten-
umfang wurde deutlich erweitert; sowohl auf der inhalt-
lichen als auch auf der grammatischen Ebene weist es
zahlreiche Verbesserungen auf.

Im Bereich des Wortschatzes wurden Tausende von Neu-
wörtern aufgenommen, die uns im sprachlichen Alltag – sei
es bei der Lektüre aktueller Texte oder im Gespräch – immer
wieder begegnen. Darüber hinaus wurde auch der Kern-
wortschatz wichtiger Fachsprachen erfaßt, wie die folgenden
Beispiele zeigen: *Anrufbeantworter, Autoreisezug, Bildungsurlaub, Dauerauftrag, Energiekrise, Fertigungsstraße, Rüstungswettlauf, Sperrmüll, Umweltverschmutzung, Vermarktung* usw.

Bei der kritischen Durchsicht aller deutschen Stichwörter
und ihrer französischen Übersetzungen wurden ebenso die
phraseologischen und idiomatischen Wendungen wie auch
die Ausdrücke der familiären Sprachebene ergänzt, verbes-
sert und dem Sprachstand der achtziger Jahre angepaßt. Die
Zahl der grammatischen Hilfen wurde erheblich vermehrt;
auf systematische Weise wird jetzt bei Substantiven, Verben
und Adjektiven auf den vom Deutschen abweichenden
Gebrauch der Präpositionen hingewiesen. In allen Zweifels-
fällen (z. B. *führen Leben*: mener; *Geschäft*: gérer) finden sich
erläuternde Zusätze, die gerade den Französischlernenden
vor der Wort-für-Wort-Übersetzung und den daraus resul-
tierenden Fehlern bewahren.

Das Wörterbuch enthält schließlich wertvolle Anhänge mit
Abkürzungen, Zahlwörtern und einem neu aufgenommenen
Verzeichnis der deutschen Eigennamen und ihrer Überset-
zung. Insbesondere der frankophone Benutzer wird die
ausführlichen Übersichten zur Aussprache, Deklination und
Konjugation im Deutschen sehr zu schätzen wissen.

Préface

Ce dictionnaire de poche allemand-français, comme auparavant la partie français-allemand, a été entièrement remanié et augmenté. Cette nouvelle édition tient compte de l'évolution rapide du vocabulaire au cours de ces dernières années et apporte de nombreuses améliorations dans les domaines lexical et grammatical.

Le lexique s'est élargi à de nouveaux domaines. Un grand nombre de mots nouveaux qui entrent dans l'usage écrit ou parlé du français – au cours de conversations ou de lectures – ont été introduits et on a accordé une plus grande place au vocabulaire technique et scientifique. Ainsi figurent dans le lexique: *Anrufbeantworter, Autoreisezug, Bildungsurlaub, Dauerauftrag, Energiekrise, Fertigungsstraße, Rüstungswettlauf, Sperrmüll, Umweltverschmutzung, Vermarktung,* etc.

Chaque article a été revu d'une manière approfondie et a été complété. On a intégré de nouvelles expressions idiomatiques et des emplois dans un nouveau contexte phraséologique. La plus grande attention a été également apportée aux registres de langue, particulièrement à la langue familière. Cette nouvelle édition présente donc l'état du lexique français usuel des années 80.

Nous avons aussi accordé une large part aux informations grammaticales et donné pour chaque substantif, verbe ou adjectif l'emploi de la préposition lorsque celui-ci diffère de l'allemand. Bien souvent il arrive qu'une traduction mot à mot soit source d'erreur, c'est pourquoi nous mettons en garde le lecteur français, en donnant dans certains cas une indication supplémentaire, par exemple: *führen Leben*: mener; *Geschäft*: gérer. Pour chaque entrée, nous avons indiqué la prononciation.

En appendice, le lecteur français trouvera une liste des abréviations allemandes usuelles, les adjectifs numéraux et un registre des principaux noms propres allemands avec leur traduction. Nous espérons qu'il appréciera les tableaux de déclinaison et conjugaison allemande.

Hinweise
für die Benutzung des Wörterbuches
Indications pour l'emploi du dictionnaire

1. Die alphabetische Reihenfolge ist überall beachtet worden. Hierbei werden die Umlaute (ä, ö, ü) den Buchstaben a, o, u gleichgestellt.

An ihrem alphabetischen Platz sind gegeben: die unregelmäßigen Formen der Zeitwörter mit Verweisung auf die Grundform, die Steigerungsformen der Eigenschaftswörter sowie die verschiedenen Formen der Fürwörter.

2. Die Bedeutungsunterschiede der verschiedenen Übersetzungen sind durch bildliche Zeichen, abgekürzte Bedeutungshinweise (s. Verzeichnis S. 586) oder durch Sammelbegriffe wie *Sport, Auto usw.*, zuweilen auch durch verwandte oder entgegengesetzte Ausdrücke (Synonyme, Antonyme) gekennzeichnet.

3. Das grammatische Geschlecht der Hauptwörter (*m, f, n*) ist bei jedem deutschen und französischen Wort angegeben.

4. Die betonte Silbe wird durch einen vorhergehenden Akzent gekennzeichnet, z. B. **ato¹mar, ent¹sprechen.** Der Akzent entfällt, wenn das Wort auf der ersten Silbe betont ist oder wenn er in der phonetischen Umschreibung enthalten ist.

5. Deklination und Konjugation. Bei jedem einfachen abwandelbaren Wort steht in runden Klammern eine Ziffer als Hinweis auf das entsprechende Beispiel der Deklinations- und Konjugationstabellen am Schluß des Bandes.

Aus Gründen der Raumersparnis ist die Ziffer häufig weggelassen worden:

a) bei Substantiven mit den Endungen -ei, -heit, -ion, -keit,

1. L'ordre alphabétique a été rigoureusement observé. Les voyelles infléchies (ä, ö, ü) y correspondent aux lettres a, o, u.

Vous trouverez à leur place alphabétique: les formes irrégulières des verbes (dont les infinitifs sont toujours indiqués), les comparatifs et des superlatifs des adjectifs ainsi que les formes diverses des pronoms.

2. Les différences d'acception des différentes traductions sont signalées par des signes symboliques, par des abréviations explicatives (voir la liste page 586) ou sont indiquées par des mots collectifs tels que *Sport, Auto, etc.* Parfois, ces différences sont expliquées par des expressions analogues ou contraires (synonymes, antonymes).

3. Le genre grammatical des substantifs (*m, f, n*) est indiqué pour tous les mots allemands et français.

4. La syllabe accentuée est indiquée par un accent qui la précède, p. ex. **ato¹mar, ent¹sprechen.** L'accent n'est pas indiqué s'il porte sur la première syllabe ou s'il est compris dans la transcription phonétique.

5. Déclinaison et conjugaison. Les chiffres entre parenthèses qui suivent certains mots renvoient aux modèles de la déclinaison et conjugaison placés à la fin du volume.

Par souci d'économie, ces chiffres ont souvent été supprimés pour:

a) les substantifs en -ei, -heit, -ion, -keit, -schaft, -tät, -ung

-schaft, -tät, -ung, die nach (16) abgewandelt werden; alle femininen Substantive auf -in (z. B. Freundin) sind abwandelbar nach (16¹);

qui se déclinent sur le modèle (16); tous les substantifs féminins en -in (p. ex. Freundin) se déclinent sur le modèle (16¹);

b) bei den substantivierten Adjektiven (z. B. Uneingeweihte *m, f*); sie werden nach (18) abgewandelt;

b) les adjectifs substantivés (p. ex. Uneingeweihte *m, f*) qui se déclinent sur le modèle (18);

c) bei den substantivierten Verben (z. B. Geschehen); sie sind Neutra und abwandelbar nach (6);

c) les infinitifs substantivés (p. ex. Geschehen) qui, en tant que neutres, se déclinent sur le modèle (6);

d) bei den Verben auf -ieren (z. B. radieren); sie werden nach (25) abgewandelt.

d) les verbes en -ieren (p. ex. radieren) qui se conjuguent sur le modèle (25).

Der Vermerk (sn) bedeutet, daß das betreffende intransitive Verb das Perfekt usw. mit „sein" bildet. Die übrigen Verben werden mit „haben" konjugiert.

(sn) après un verbe intransitif indique que ce verbe forme les temps composés avec «sein». Les autres verbes se conjuguent avec «haben».

6. Die Konjugation der starken und unregelmäßigen Zeitwörter. Diese deutschen Zeitwörter führen wir in einer alphabetischen Liste auf, die im Anhang hinter Ziffer (30) eingefügt ist (S. 1211).

6. La conjugaison des verbes forts et irréguliers. Pour ces verbes allemands, nous donnons dans l'appendice, insérée après le chiffre (30), une liste alphabétique (page 1211).

7. Aufeinanderfolgende gleichlautende Wortteile sind durch den Bindestrich ersetzt, z. B. **Ankläger (-in** *f*) *m* accusateur, -trice = accusatrice.

7. Les parties homonymes d'un mot qui se succèdent ont été remplacées par un trait d'union, p. ex. **Ankläger(in** *f*) *m* accusateur, -trice = accusatrice.

8. Rechtschreibung. Für die Rechtschreibung der französischen Wörter dienen als Grundlage die Regeln der Académie française, für die deutschen Wörter der „Duden".

8. L'orthographe. L'orthographe des mots français est conforme aux prescriptions de l'Académie française, celle des mots allemands se règle sur le «Duden».

Erklärung der im Wörterbuch angewendeten Zeichen und Abkürzungen

Explication des signes et abréviations employés dans ce dictionnaire

1. Bildliche Zeichen — Signes

Die Tilde (das Wiederholungszeichen) ~ ~ ⌀ ⌀ dient dazu, zusammengehörige und verwandte Wörter zu Gruppen zu vereinigen.

Le tilde (signe de répétition) ~ ~ ⌀ ⌀ a été employé pour réunir par groupes les mots de la même catégorie et les mots apparentés.

Die fette Tilde (~) vertritt das ganze voraufgegangene Wort oder den Wortteil vor dem senkrechten (|) Strich, z.B. **Abbild** *n* image *f*; **~ung** *f* (= *Abbildung*) illustration *f*; **Abend|sonne** *f* soleil *m* couchant; **~stern** *m* (= *Abendstern*) Vénus *f*.

Le tilde en caractère gras (~) remplace la totalité du mot précédent ou la partie du mot devant le trait vertical (|), p. ex. **Abbild** *n* image *f*; **~ung** *f* (= *Abbildung*) illustration *f*; **Abend|sonne** *f* soleil *m* couchant; **~stern** *m* (= *Abendstern*) Vénus *f*.

Die einfache Tilde (~) vertritt

Le tilde normal (~) remplace

a) in den Anwendungsbeispielen und Wendungen das unmittelbar voraufgegangene Stichwort, das auch mit Hilfe der Tilde gebildet sein kann, z.B. **abwarten** attendre; **~d:** e-e ~e (*abwartende*) *Haltung einnehmen* garder l'expective.

a) dans les exemples et locutions le mot-vedette immédiatement précédent, parfois représenté à l'aide du tilde, p. ex. **abwarten** attendre; **~d:** e-e ~e (*abwartende*) *Haltung einnehmen* garder l'expective.

b) in der Aussprachebezeichnung hingegen die bereits vorangegangene Aussprache oder Teile derselben, z.B. **Agent** [a'gɛnt], **~ur** [~'tuːr].

b) dans la transcription phonétique toutefois, la prononciation précédente en total ou en partie, p. ex. **Agent** [a'gɛnt], **~ur** [~'tuːr].

Die Tilde mit Kreis (⌀) weist darauf hin, daß sich die Schreibung des Anfangsbuchstabens der voraufgegangenen ·Wortes in der Wiederholung ändert (groß in klein oder umgekehrt), z.B. **allein**, **⌀besitz** = *Alleinbesitz m*; **Alkohol** *m*, **⌀frei** = *alkoholfrei adj.*

Le tilde avec cercle (⌀) indique que le mot précédent prend une majuscule ou une minuscule lorsqu'il est repris à l'aide du tilde, p. ex. **allein**, **⌀besitz** = *Alleinbesitz m*; **Alkohol** *m*, **⌀frei** = *alkoholfrei adj.*

Der kurze Strich (-) in Wörtern wie gut-artig, Turm-uhr usw. deutet die Trennung der Sprechsilben an, um den Ausländer vor Irrtümern in der Aussprache des Deutschen zu bewahren.

Le trait court (-) dans des mots comme gut-artig, Turm-uhr, etc. indique la séparation des syllabes pour éviter que l'étranger prononce mal le mot allemand.

F	familiär, vertraulich nachlässige Sprechweise, *langage familier.*	✝	Handel, kaufmännisch, *commerce, commercial.*
P	populär, Sprache des (ungebildeten) Volkes, *populaire, poissard.*	♪	Musik, *musique.*
V	vulgär, unanständig, *vulgaire, inconvenant.*	⚡	Elektrizität, Elektrotechnik, *électricité, électrotechnique.*
⑴	wissenschaftlich, *scientifique.*	⚖	Rechtswissenschaft, *jurisprudence, droit.*
⚘	Pflanzenkunde, Pflanze, *botanique, plante.*	✆	Postwesen, *postes.*
⊕	Handwerk, Technik, *terme de métier ou technique.*	A̷	Mathematik, *mathématiques.*
⚒	Bergbau, *mines.*	⚲	Ackerbau, Landwirtschaft, Gartenbau, *agriculture, agronomie, horticulture.*
✕	militärisch, *militaire.*		
⚓	Marine, Schiffahrt, Schiffersprache, *marine, navigation, langage marin.*	♏	Chemie, *chimie.*
		⚕	Heilkunde, Medizin, *médecine, thérapeutique.*

2. Abkürzungen — Abréviations

a.	*aussi,* auch	a/poss.	*adjectif possessif,* besitzanzeigendes Adjektiv
abr.	*abréviation,* Abkürzung		
abs.	*absolu,* absolut	Arch.	*architecture,* Baukunst
abus.	*abusif, abusivement,* mißbräuchlich	art.	*article,* Artikel, Geschlechtswort
acc.	*accusatif,* Akkusativ (Wenfall)	artill.	*artillerie,* Artillerie
		astr.	*astronomie,* Sternkunde
adj.	*adjectif,* Adjektiv, Eigenschaftswort	Auto	Automobilwesen, *automobilisme*
adv.	*adverbe,* Adverb, Umstandswort	b.	*bei,* dans
		bibl.	*biblique,* biblisch
a/ind.	*adjectif indéfini,* unbestimmtes Adjektiv	bill.	*billard,* Billard(spiel)
		biol.	*biologie,* Biologie
allg.	*allgemein,* généralement	bisw.	*bisweilen, parfois*
anat.	*anatomie,* Anatomie, Lehre vom Körperbau	bsd.	besonder(s), *principal(ement)*
		cath.	*catholique,* katholisch
a/n. c.	*adjectif numéral cardinal,* Grundzahl	ch.	*chasse,* Jagd
		charp.	*charpenterie,* Zimmermannsausdruck
a/n. o.	*adjectif numéral ordinal,* Ordnungszahl		
		cj.	*conjonction,* Konjunktion, Bindewort
antiq.	*antiquité,* Altertum		

coll.	terme collectif, Sammelname	j.	jemand, quelqu'un
com.	comique, scherzhaft	j-m	jemand(em), à quelqu'un
comp.	comparatif, Komparativ	j-n	jemand(en), quelqu'un (acc.)
cond.	conditionnel, Konditional	j-s	jemandes, de quelqu'un
cons.	consonne, Mitlaut	ling.	linguistique, Sprachwissenschaft
cout.	couture, Schneiderei	litt.	littérature, Literatur, nur in der Schriftsprache
cuis.	cuisine, Kochkunst, Küche		
dat.	datif, Dativ (Wemfall)	loc.	locution, Redensart
dipl.	diplomatie, Diplomatie	m	masculin, männlich
d-m	deinem, à ton, à ta	m-ea	miteinander, l'un avec l'autre
d-n	deinen, ton, ta (acc.)	méc.	mécanique, Mechanik
dt.	deutsch, allemand	men.	menuiserie, Tischlerei
ea.	einander, l'un l'autre, réciproquement	mép.	méprisable, verächtlich
		mét.	métrique, Verslehre
écol.	langage des écoliers, Schülersprache	métall.	métallurgie, Hüttenwesen
		min.	minéralogie, Mineralogie
e-e	eine, un, une	m/pl.	masculin pluriel, männliche Mehrzahl
égl.	église, Kirche		
ehm.	ehemals, autrefois	mst	meistens, le plus souvent
e-m	einem, à un, à une	mv.p.	en mauvaise part, im üblen od. schlimmen Sinne
e-n	einen, un, une (acc.)		
enf.	langage des enfants, Kindersprache	myth.	mythologie, Mythologie
		n	neutre, sächlich
engS	im engeren Sinne au sens étroit	néol.	néologisme, Neubildung
		nom.	nominatif, Nominativ (Werfall)
e-r	einer, d'un, d'une; à un, à une		
		n/pl.	neutre pluriel, sächliche Mehrzahl
e-s	eines, d'un, d'une		
Esb.	Eisenbahn, chemin de fer	npr.	nom propre, Eigenname
esc.	escrime, Fechtkunst	num.	numismatique, Münzkunde
etc.	et cetera, und so weiter	o.	ohne, sans
etw.	etwas, quelque chose	od.	oder, ou
f	féminin, weiblich	opt.	optique, Optik
féod.	féodalité, Lehnswesen	orn.	ornithologie, Vogelkunde
fig.	figuré, figürlich, bildlich	östr.	österreichisch, autrichien
Flgw.	Flugwesen, aviation	parl.	parlement, Parlament
for.	Forstwissenschaft, sylviculture	part.	participe, Mittelwort
		pass.	passif, Passiv, Leideform
f/pl.	féminin pluriel, weibliche Mehrzahl	peint.	peinture, Malerei
		péj.	péjoratif, verschlimmernd, verächtlich Herabsetzung ausdrückendes Wort
frt.	fortification, Befestigungswesen		
fut.	futur, Zukunft	pfort	plus fort, verstärkter Sinn
gén.	génitif, Genitiv (Wesfall)	phil.	philosophie, Philosophie
géogr.	géographie, Erdkunde	phm.	pharmacie, Apothekerkunst
géol.	géologie, Geologie	phon.	phonétique, Lautlehre
gér.	gérondif, Gerundium	phot.	photographie, Photographie
gr.	grammaire, Grammatik	phys.	physique, Physik
h.	haben, avoir	phys.	
hist.	histoire, Geschichte	atom.	physique atomique, Atomphysik
ind.	indicatif, Indikativ		
indéf.	indéfini, unbestimmt	physiol.	physiologie, Physiologie
inf.	infinitif, Infinitiv	pl.	pluriel, Mehrzahl
int.	interjection, Empfindungswort, Ausruf	poét.	poétique, dichterisch
		pol.	politique, Politik
inv.	invariable, unveränderlich	p.p.	participe passé, Partizip der Vergangenheit
iron.	ironiquement, spöttisch		

588

p.p. adjt.	*participe passé employé adjectivement,* Partizip Perfekt adjektivisch gebraucht	*serr.*	*serrurerie,* Schlosserei
		sg.	*singulier,* Einzahl
p.p. advt.	*participe passé employé adverbialement,* Partizip Perfekt adverbial gebraucht	*s-m*	*seinem, à son, à sa*
		sn	*sein, être*
		s-n	*seinen, son, sa (acc.)*
p.pr.	*participe présent,* Partizip der Gegenwart	*Sp.*	*Sport, sports*
		s-r	*seiner, de son, de sa; à son, à sa*
		s-s	*seines, de son, de sa*
p.pr.adjt.	*participe présent employé adjectivement,* Partizip Präsens adjektivisch gebraucht	*st.s.*	*style soutenu,* gehobener Stil
		su.	*substantif,* Hauptwort
p.pr.advt.	*participe présent employé adverbialement,* Partizip Präsens adverbial gebraucht	*subj.*	*subjonctif,* Konjunktiv
		südd.	süddeutsch, *allemand du sud*
		suj.	*sujet,* Subjekt, Satzgegenstand
pr.	*pronom,* Fürwort		
pr. abs.	*pronom absolu,* absolutes Fürwort	*sup.*	*superlatif,* Superlativ
		télégr.	*télégraphie,* Telegraphie
pr/d.	*pronom démonstratif,* hinweisendes Fürwort	*téléph.*	*téléphonie,* Fernsprechwesen
		text.	*textiles,* Textilien
prés.	*présent,* Präsens, Gegenwart	*thé.*	*théâtre,* Theater
pr/i.	*pronom interrogatif,* fragendes Fürwort	*typ.*	*typographie,* Buchdruck(er-kunst)
pr/ind.	*pronom indéfini,* unbestimmtes Fürwort	*TV*	*télévision,* Fernsehen
		u.	und, *et*
pro.fr.	*prononciation fran:aise,* französische Aussprache	*usw.*	und so weiter, *et cetera*
		v.	*von, vom, de*
prot.	*protestant,* protestantisch	*var.*	*variable,* veränderlich
prov.	*proverbe,* Sprichwort	*v/aux.*	*verbe auxiliaire,* Hilfszeitwort
prp.	*préposition,* Verhältniswort		
pr/p.	*pronom personnel,* persönliches Fürwort	*vb.*	*verbe,* Verb(um), Zeitwort
		vét.	*médecine vétérinaire,* Tierheilkunde
pr/poss.	*pronom possessif,* besitzanzeigendes Fürwort	*vgl.*	vergleiche, *comparez*
pr/r.	*pronom relatif,* bezügliches Fürwort	*v/i.*	*verbe intransitif,* intransitives Zeitwort
psych.	*psychologie,* Psychologie	*v/imp.*	*verbe impersonnel,* unpersönliches Zeitwort
q.	*quelqu'un,* jemand		
qch.	*quelque chose,* etwas	*vo.*	*voyelle,* Selbstlaut
rad.	*radio,* Rundfunk	*v/rfl.*	*verbe réfléchi,* reflexives Zeitwort
resp.	*respectivement,* respektive, beziehungsweise	*v/t.*	*verbe transitif,* transitives Zeitwort
rhét.	*rhétorique,* Rhetorik, Redekunst	*weit S.*	in weiterem Sinne, *par extension*
rl.	*religion,* Religion		
S.	*Seite, page*	*z.B.*	zum Beispiel, *par exemple*
s.	*siehe, voir*	*zo.*	*zoologie,* Zoologie, Tierkunde
schweiz.	schweizerisch, suisse (*alémanique*)	*zs.*	zusammen, *ensemble*
sculp.	*sculpture,* Bildhauerkunst	*Zssgn*	Zusammensetzungen, *mots composés*
s-e	*seine, sa, son, ses*		

Tableau de la prononciation allemande à l'usage des lecteurs français

Lettre	Trans-cription	Explication	Exemple
		a) les voyelles	
a	ɑː	lang *long (âme)*	Abend ['ɑːbənt] kam [kɑːm] Paar [pɑːr] Laden ['lɑːdən]
	a	kurz *bref (patte)*	Ast [ast] Kamm [kam] Markt [markt] Matte ['matə]
ä	ɛː	offen und lang *ouvert et long (fenêtre)*	ähnlich ['ɛːnliç] Mähne ['mɛːnə] Käse ['kɛːzə] Träger ['trɛːgər]
	ɛ	offen und kurz *ouvert et bref (ennemi)*	emsig ['ɛmziç] Kämme ['kɛmə] Teller ['tɛlər] Herr [hɛr]
e	eː	geschlossen und lang *fermé et long (donné)*	Esel ['eːzəl] See [zeː] leben ['leːbən] nehmen ['neːmən]
	e	geschlossen u. mittellang (kurz) *fermé et moyen (défendre)*	Debatte [deˈbatə] Telephon ['teːlefoːn]
	ə	schwach und kurz *faible et bref (me)*	Tinte ['tintə] Rose ['roːzə] gegeben [gəˈgeːbən]
i	iː	geschlossen und lang *fermé et long (église)*	ihnen ['iːnən] Bibel ['biːbəl] Dieb [diːp]
	i	geschlossen u. mittellang (kurz) *fermé et moyen (histoire)*	in [in] binden ['bindən] Wind [vint]
o	oː	geschlossen und lang *fermé et long (rose)*	oben ['oːbən] Bote ['boːtə] Moor [moːr] Sohn [zoːn]

Lettre	Trans- cription	Explication	Exemple
	o	geschlossen u. mittellang (kurz) *fermé et moyen (**chaud**)*	Tomate [to'mɑ:tə] Geologe [geo'lo:gə] monoton [mono'to:n]
	ɔ	offen und kurz *ouvert et bref (**poste**)*	offen ['ɔfən] Form [fɔrm] locken ['lɔkən]
ö	ø:	geschlossen und lang *fermé et long (**jeûne**)*	Öse ['ø:zə] Töne ['tø:nə] Goethe ['gø:tə]
	œ	geschlossen und kurz *fermé et bref (**neuf**)*	öffnen ['œfnən] Löffel ['lœfəl]
u	u:	geschlossen und lang *fermé et long (**tour**)*	Uhr [u:r] Mut [mu:t] Fuhre ['fu:rə] Bude ['bu:də]
	u	geschlossen und kurz *fermé et bref (**moustache**)*	unten ['untən] bunt [bunt] Mutter ['mutər]
ü	y:	geschlossen und lang *fermé et long (**pur**)*	Übel ['y:bəl] Tür [ty:r] Mühle ['my:lə]
	y	geschlossen und kurz *fermé et bref (**brusque**)*	üppig ['ypiç] Müll [myl] Rücken ['rykən]

b) les diphtongues

ai/ei/ey	aɪ	das offene und kurze [ɪ] nähert sich dem geschlossenen und mittellangen (kurzen) [e] *l'[ɪ] ouvert et bref se rapproche de l'[e] fermé et moyen (**ail**)*	Eisen ['aɪzən] Greise ['graɪzə] Mai [maɪ]
au	aʊ	das offene und kurze [ʊ] nähert sich dem geschlossenen und mittellangen (kurzen) [o] *l'[ʊ] ouvert et bref se rapproche de l'[o] fermé et moyen (**caoutchouc**)*	Aufbau ['aʊfbaʊ] Maus [maʊs] Brause ['braʊzə]
äu/eu	ɔY	das offene und kurze [Y] nähert sich dem geschlossenen und mittellangen (kurzen) [ø] *l'[Y] ouvert et bref se rapproche de l'[ø] fermé et moyen (**œil**)*	euch [ɔYç] äußern ['ɔYsərn] Beute ['bɔYtə] läuten ['lɔYtən]

c) les consonnes

| g | g | comme dans le mot
gant | geben ['ge:bən]
Lage ['lɑ:gə] |
| | ʒ | comme dans le mot
jupe | Genie [ʒe'ni:]
Regie [re'ʒi:]
Jackett [ʒa'kɛt] |

Lettre	Transcription	Explication	Exemple
j	j	comme dans le mot *mayonnaise*	jeder ['je:dər] gejagt [gə'jɑːkt]
s	z	im Anlaut vor Vokalen und zwischen Vokalen *au début devant voyelle et entre voyelles (zèle)*	Sonne ['zɔnə] Base ['bɑːzə]
	s	in allen anderen Positionen und wo ss oder ß geschrieben wird *dans tous les autres cas et pour les graphies ss ou ß (austère; sou)*	Aster ['astər] lispeln ['lispəln] Haus [haʊs] Messer ['mɛsər] naß [nas]
sch	ʃ	comme dans le mot *cheval*	Schein [ʃaɪn] Asche ['aʃə] Mensch [mɛnʃ] Spiel [ʃpiːl] Stein [ʃtaɪn] gestehen [gə'ʃteːən]
z	ts	comme *t* et *ç* fondus	Zange ['tsaŋə] kurz [kurts] sitzen ['zitsən] Platz [plats]
v	f	comme dans le mot *faible*	Vater ['fɑːtər] vergessen [fɛr'gɛsən] passiv ['pasiːf]
w	v	comme dans le mot *vendre*	Waage ['vɑːgə] Vampir ['vampiːr] November [no'vɛmbər]
ng	ŋ	comme dans le mot *camping*	singen ['ziŋən] Rang [raŋ] wanken ['vaŋkən] Bank [baŋk]
h	h	prononcé avec un véritable souffle	heben ['heːbən] erholen [er'hoːlən] Uhu ['uːhu]
(i)ch	ç	son qui ressemble à la semi-consonne i des mots français tels que m*i*el, s*i*en	ich [iç] rechnen ['rɛçnən] Teich [taɪç] leuchten ['lɔʏçtən] räuchern ['rɔʏçərn] Bücher ['byːçər] Löcher ['lœçər] Fläche ['flɛçə] Milch [milç] horch [hɔrç] mancher ['mançər] Chemie [çe'miː] China ['çiːna]

Lettre	Trans- cription	Explication	Exemple
(a)ch	x	son purement laryngal qui peut se comparer à la prononciation du r vélaire final, surtout des Parisiens, dans les mots *gare*, *guerre*	Dach [dax] Loch [lɔx] Buch [buːx] auch [aʊx] machen ['maxən] acht [axt]
	k	comme dans le mot *camp*	Chor [koːr] Christ [krist] Fuchs [fuks] sechs [zɛks] Hexe ['hɛksə]

Le signe [ʔ] indique un *coup de glotte* (Kehlkopfverschlußlaut, Knacklaut), p. ex. antarktisch [ant'ʔarktiʃ], aufeinander [aʊf'ʔaɪ'nandər].

L'accent tonique ['] précède la syllabe accentuée, p. ex. ändern ['ɛndərn], Tomate [to'maːtə].

L'emploi des majuscules en allemand

Prennent une majuscule: 1. le premier mot d'une phrase; 2. tous les substantifs; 3. tous les noms propres; 4. les adjectifs, pronoms et adjectifs numéraux ordinaux qui font partie d'un titre ou nom propre (das Schwarze Meer = la mer Noire), Heinrich der Vierte = Henri IV; 5. les adjectifs dérivés des noms propres (die Voltaireschen Schriften = les œuvres de Voltaire); 6. des mots de toute espèce employés comme substantifs (das Gute = le bon); 7. les pronoms de la 2ᵉ personne du singulier et du pluriel dans une lettre (Du, Ihr, Dich, Euch, Dein, Euer, etc.), ainsi que le pronom Sie (= vous) avec ses dérivés Ihnen et Ihr.

La division des mots allemands

1. Les mots monosyllabes ne sont pas divisés à la fin d'une ligne (Haus, fein, Mund); 2. Dans les mots polysyllabes, il n'y a pas de division si la syllabe n'est formée que d'un son (aber, eben), **mais** Au-to (deux sons); 3. Une consonne placée entre deux voyelles appartient à la seconde syllabe (Va-ter, Ro-se, Na-gel); 4. Si une voyelle est suivie de deux ou plusieurs consonnes, la dernière appartient à la syllabe suivante (Gel-der, Kas-se, Nut-zen, Ver-wand-te, hüpf-te); 5. ch, st, sch, ß ne représentant qu'un son unique, on ne les divise jamais (Kü-che, mei-ste, Wä-sche, hei-ßen); 6. Les mots composés sont divisés suivant leurs parties composantes (Diens-tag, wor-an, dar-auf, Tür-schloß, be-ob-ach-ten).

A

A, a [αː] *n* A, a *m*; *von A bis Z* depuis A jusqu'à Z, d'un bout à l'autre; *wer A sagt, muß auch B sagen* quand le vin est tiré, il faut le boire; *das A und O* l'alpha *m* et l'oméga *m*.

Aal [αːl] *m* (3) anguille *f*; **2en** *v/rfl.*: *sich ~* s'étirer; *sich in der Sonne ~* faire le lézard; **2glatt** *adj.* souple comme une anguille.

Aar *poét.* [αːr] *m* (3) aigle *m*.

Aas [αːs] *n* (4) charogne *f*; **2en** [ˈαːzən] *v/i.*: *mit etw. ~* gaspiller qch.; **~geier** *m* vautour *m*; *fig.* profiteur *m*.

ab [ap] *adv. u. prp.* ✈ *~ Bahnhof* pris à la gare; *~ Berlin* pris à Berlin; *(auf Fahrplänen)* départ; *~ Werk* départ usine; *von gestern ~* à partir d'hier; *dès hier; ~ und zu* de temps à autre, de temps en temps; *(abzüglich)* à déduire; *Hut ~!* chapeau bas!; *der Knopf ist ~* le bouton a sauté *(od.* s'est détaché).

ab-änder|n *v/t. (völlig)* changer; *(teilweise)* modifier, retoucher; **2ung** *f (völlige)* changement *m*; *(teilweise)* modification *f*; **2ungs-antrag** *m* amendement *m (stellen* déposer).

ab-arbeiten 1. *v/t. Schuld:* acquitter par le travail; **2.** *v/rfl.: sich ~* s'épuiser au travail, s'éreinter.

Ab-art ♀, *zo.* *f* variété *f*; **2ig** *adj.* anomal.

Abbau *m (e-r Fabrik, e-r Anlage usw.)* démontage *m*; ⚒ exploitation *f*; *~ v. Steinkohle* déhouillement *m*; *(v. Personal)* licenciement *m*, congédiement *m*; *(v. Preisen)* réduction *f*, diminution *f*; **2en** *v/t.* démonter; ⚒ exploiter; *Personal:* licencier, congédier; *Preise usw.:* diminuer, réduire.

abbeißen *v/t.* arracher *(od.* couper *od.* détacher) avec les dents; *ein Stück Wurst ~* mordre dans une saucisse.

abbeizen *v/t.* enlever à l'eau-forte.

abbekommen 1. *v/t. (erhalten)* avoir sa part de; *(losbekommen)* réussir à détacher.

abberuf|en *pol. v/t.* rappeler, révoquer; **2ung** *f* rappel *m*, révocation *f*.

abbestellen *v/t.* décommander, contremander.

abbezahlen *v/t. (endgültig)* achever de payer; solder; *(durch Raten)* payer par acomptes.

abbiegen 1. *v/t. (umbiegen)* plier, courber; **2.** *v/i.* (sn): *vom Weg ~* s'écarter de sa route; *nach rechts ~* tourner *(od.* obliquer) à droite.

Abbild *n* image *f*, copie *f*; *(e-r Person)* portrait *m*; **2en** *v/t.* faire une copie *(resp.* un portrait) (de); **~ung** *f* image *f*; *typ.* illustration *f*.

abbinden *v/t.* délier, détacher; ✖ ligaturer.

Abbitte *f*: *~ tun*, *~ leisten* demander pardon *(bei j-m für etw. à q. de qch.)*.

abblasen *v/t. Staub:* souffler; ⚔ *Gas:* émettre; *Veranstaltung:* contremander, révoquer, annuler.

abblättern *v/i.* (sn) s'effeuiller, *(Farbe, Putz)* s'écailler.

abblend|en *v/t. Auto* baisser les phares; *phot.* diaphragmer; **2licht** *n (éclairage m)* code *m*, feux *m/pl.* de croisement; **2schalter** *m* interrupteur *m* code.

ab|blitzen *v/i.: j-n ~ lassen* éconduire q.; **~blühen** *v/i.* (sn) défleurir; **~brausen 1.** *v/t.* doucher; *Pflanzen:* arroser; **2.** F *v/i.* (sn) partir à toute vitesse; **~brechen 1.** *v/t.* rompre; *(zerbrechend)* briser, ôter en rompant; *(losmachen)* détacher; *(abtragen)* démolir; *(abpflücken)* cueillir; *(aufhören mit)* rompre, *(plötzlich)* couper court; ⚔ *Lager:* lever; ⚔ *Brücke:* replier; *Gerüst:* enlever; *Zelt:* démonter, plier; *Reise:* interrompre; *Kampf:* arrêter; *Spitze:* casser; **2.** *v/i.* (sn) se rompre, (h.) *(aufhören)* cesser, *(kurz)* couper court; *wir wollen hier ~* brisons là!, restons-en là!

abbremsen *v/t.* freiner, ralentir (a. *fig.*).

abbrennen 1. *v/t.* brûler; *Feuerwerk:* tirer; **2.** *v/i.* (sn) être consumé par le feu.

abbringen *v/t.: j-n von etw. ~* détourner *(od.* écarter) q. de qch.; *j-n von*

abbröckeln

s-r Meinung ~ faire changer q. d'avis.
abbröckeln 1. v/t. Brot: émietter; **2.** v/i. (sn) s'émietter; (Farbe, Putz) s'écailler.

Abbruch m démolition f; (v. Beziehungen) rupture f; j-m ~ tun nuire (od. porter préjudice) à q.; e-r Sache (dat.) ~ tun porter atteinte à qch.

ab|brühen v/t. échauder; cuis. blanchir; **~bürsten** v/t. brosser; **~büßen** v/t. Schuld: expier; Strafe: subir, purgir.

Abc [aːbeˈtseː] n abc m; alphabet m; **~Buch** n abécédaire m; **~Schütze** m enfant m qui en est à l'abc; **~Waffen** f/pl. armes f/pl. ABC (atomiques, biologiques et chimiques).

abdach|en [ˈabdaxən] (25) **1.** v/t. mettre en pente; **2.** v/rfl.: sich ~ aller en pente; **2ung** f pente f; talus m.

abdämm|en v/t. endiguer; **2ung** f endiguement m.

Abdampf m vapeur f d'échappement; **2en** v/i. (sn) s'évaporer; (abfahren) F partir.

abdank|en v/i. démissionner; (Herrscher) abdiquer; **2ung** f démission f; abdication f.

abdeck|en v/t. découvrir; Haus: enlever le toit; Tisch: desservir; Tier: équarrir; **2er** m (7) équarrisseur m; **2erei** [~ˈraɪ] f équarrissoir m.

abdicht|en v/t. (26) calfeutrer; boucher; Leck: étancher; **⚓** calfater; **2ung** f calfeutrage m; (gegen Wasser) étanchement m; **⚓** calfatage m.

ab|dienen ⚔ v/t.: s-e Zeit ~ faire son service militaire; **~drängen** v/t. écarter; repousser; **~drehen 1.** v/t. détacher en tordant; casser; Licht: éteindre; das Gas ~ fermer le robinet (du gaz); **2.** v/i. (sn) Flgw. u. ⚓ changer de route.

Abdruck m impression f; reproduction f; (Finger2) empreinte f digitale; **2en** v/t. imprimer; reproduire.

abdrücken v/t. prendre une empreinte; Waffe: décharger.

abebben [ˈʔɛban] v/i. (sn) se calmer peu à peu; baisser.

Abend [ˈaːbant] m (3¹) (als Zeitpunkt) soir m; (als Zeitdauer) soirée f; am ~ le soir; eines ~s un soir; gegen ~ vers le soir; heute 2 ce soir; gestern 2 hier (au) soir; morgen 2 demain soir; am ~ vorher la veille au soir; der Heilige ~ la veille de Noël; zu ~ essen dîner (etw. de qch.), ~ souper (etw. de

qch.); guten ~! bonsoir!; es wird ~ le jour baisse, il se fait tard; **~anzug** m habit m de soirée; **~brot** n = Abendessen; **~dämmerung** f crépuscule m; **~essen** n dîner m; souper m; **2füllend** p.pr. adjt.: ~er Film long métrage m; **~gebet** n prière f du soir; **~geläut** n cloches f/pl. du soir; **~gesellschaft** f soirée f; **~gottesdienst** m office m du soir; **~kleid** n robe f de soirée; **~land** n Occident m; **2ländisch** [ˈ~lɛndiʃ] adj. occidental; **2lich** adj. du soir; **~mahl** rl. n communion f; Cène f (bsd. prot.); das ~ geben (nehmen) communier; **~rot** n, **~röte** f rougeoiement m du soir (od. soleil) couchant.

abends [ˈaːbənts] adv. le soir; von morgens bis ~ du matin au soir.

Abend|sonne f soleil m couchant; **~stern** m Vénus f; étoile f du soir; **~tau** m serein m; **~unterhaltung** f, **~veranstaltung** f soirée f; **~wind** m vent m du soir; **~zeitung** f journal m du soir.

Abenteuer [ˈaːbəntɔyər] n (7) aventure f; auf ~ ausgehen chercher aventure; **2lich** adj. aventureux; **~lust** f esprit m d'aventure.

Abenteurer(in f) m (7) aventurier m, -rière f.

aber [ˈaːbər] **1.** cj. mais; nun ~ or; oder ~ ou bien; **2.** adv. mais; ~ ja! mais oui!; nun ist es ~ genug! en voilà assez!

Aber|glaube m superstition f; **2gläubisch** [ˈ~glɔybiʃ] adj. superstitieux.

aberkenn|en [ˈapˈʔɛrkɛnən] v/t.: j-m etw. ~ contester (od. refuser) qch. à q., priver q. de qch.; **t̸t̸** déposséder q. de qch.; **2ung** **t̸t̸** f: ~ der bürgerlichen Ehrenrechte privation f des droits civiques.

aber|malig [ˈ~maːliç] adj. répété; autre; **~mals** [ˈ~maːls] adv. de nouveau; encore une fois.

ab-ernten v/t. moissonner.

abfahren 1. v/t. Lasten: transporter, camionner, charrier; Strecke: parcourir; Reifen: user; Körperteil (durch Unfall): écraser; **2.** v/i. (sn) partir (nach pour); Auto a. démarrer.

Abfahrt f départ m; Auto a. démarrage m; **⚓** partance f; Sp. descente f.

abfahrts|bereit adj. prêt à partir; **2lauf** Sp. m course f de descente; **2zeichen** n signal m de (od. de) départ; **2zeit** f heure f du départ.

Abfall m (mst pl.: *Abfälle*) déchets m/pl.; (*Küchen2*) épluchures f/pl.; (*Müll*) ordures f/pl.; 🜊 résidu m; (*der Blätter*) chute f; (*v. e-r Partei*) défection f; rl. apostasie f; (*Gelände2*) pente f; déclivité f; **~eimer** m seau m à ordures; poubelle f; **2en** v/i. (sn) (*sich loslösen*) tomber; (*sich neigen*) aller en pente; (*Straße*) descendre; (*nachlassen*) baisser; von j-m ~ abandonner q.; von e-r Partei ~ faire défection; rl. apostasier; fig. es wird etw. für dich ~ tu en auras ta part; **2end** p.pr. adjt. (*Gelände*) en pente, incliné.

abfällig adj. (*Bemerkung*) défavorable.

Abfallprodukt n sous-produit m.

abfangen v/t. (*erwischen*) attraper; *Brief, Ball*: intercepter; *Flgw.* redresser; *Arch.* étançonner.

abfärben v/i. déteindre (*auf sur*); fig. auf j-n ~ influencer q.

abfassen v/t. *Vertrag*: dresser; (*verfassen*) rédiger, composer; 🜊 a. libeller; **2ung** f rédaction f; 🜊 a. libellé m.

abfaulen v/i. (sn) pourrir, tomber en pourriture; **~fegen** v/t. balayer; **~feilen** v/t. limer.

abfertigen v/t. expédier; *Kunden*: servir; e-n Zug ~ faire partir un train; j-n kurz ~ (*abweisen*) renvoyer q., F envoyer promener q.; **2ung** f expédition f; (v. *Kunden*) service m; fig. renvoi m.

abfeuern v/t. *Schuß*: tirer.

abfinden 1. v/t. payer, rémunérer; (*entschädigen*) dédommager, indemniser; 2. v/rfl.: sich ~ s'accommoder de qch.; sich mit j-m ~ s'arranger avec q.; **2ung** f (*findun*) f accommodement m; arrangement m; (*Entschädigung*) indemnisation f; **2ungssumme** f montant m de l'indemnité.

abflachen [*~flaxən*] v/t. aplatir.

abflauen [*~flauən*] v/i. (sn) (*Interesse*) diminuer; faiblir; (*Wind*) tomber; 🜨 mollir; **~fliegen** *Flgw.* v/i. (sn) (*wegfliegen*) s'envoler; **~fließen** v/i. (sn) s'écouler; **2flug** m départ m; envol m.

Abfluß m écoulement m; (e-s *Gewässers*) décharge f; (*Vorrichtung*) égout m; **~graben** m rigole f; **~rohr** n déchargeoir m; **~ventil** n soupape f de décharge.

abfordern v/t.: j-m etw. ~ réclamer qch. de q.; **~formen** v/t. mouler; **~fragen** v/t. interroger (j-n *ene q.* sur qch.); *Schüler*: faire réciter sa leçon à; **~fressen** v/t. brouter; ronger; **~frieren** v/i. (sn) geler.

Abfuhr [*~fuːr*] f (16) charroi m; (*Leerung*) vidange f; fig. échec m; j-m e-e ~ erteilen éconduire q.

abführen 1. v/t. emmener; *Verbrecher*: conduire en prison; *Summe*: verser; j-n vom Wege ~ détourner q. du chemin; 2. v/i. 🜊 se purger; **~end** 🜊 p.pr. adjt. purgatif, laxatif; **2mittel** 🜊 n laxatif m, purgatif m.

abfüllen v/t. soutirer; in *Flaschen* ~ embouteiller; **2ung** f soutirage m; auf *Flaschen* embouteillage m.

abfüttern v/t. donner à manger à; nourrir; alimenter; *Kleidung*: fourrer.

Abgabe f (15) (*Ablieferung*) remise f; livraison f; (*Verkauf*) vente f; (*Gepäck2*) mise f en consigne; *Sp.* (*Ball2*) passe f; (e-r *Erklärung*) dépôt m; **~n** pl. droits m/pl., impôts m/pl., taxes f/pl.; soziale ~n charges f/pl. sociales; **2nfrei** adj. exempt de taxes, non imposable; **2npflichtig** [*~pflictiç*] adj. soumis aux taxes, imposable.

Abgang m départ m, sortie f; (*Verkauf*) débit m; (*Verlust*) diminution f; perte f.

Abgangsprüfung f examen m de fin d'études (od. de sortie); **~zeugnis** n certificat m de fin d'études.

Abgas n gaz m d'échappement (od. de combustion).

abgearbeitet [*apgə'arbaitət*] p.p. adjt. épuisé (od. fatigué) par le travail.

abgeben 1. v/t. (*abliefern*) (dé)livrer; (*zurückgeben*) remettre, rendre; (*abtreten*) céder; (*absondern*) dégager; *Meinung, Stimme*: donner; *Schuß*: tirer; *Gepäck*: déposer; e-n *Wechsel auf j-n* ~ tirer une lettre de change sur q.; *Sp.* den *Ball* ~ faire une passe; e-n *guten Arzt* ~ faire un bon médecin; 2. v/rfl.: sich ~ mit s'occuper de.

abgebrannt [*~gəbrant*] p.p. adjt. incendié; sinistré; fig. ~ sein être à sec; **~brüht** fig. p.p. adjt.: gegen alles ~ sein n'avoir plus 'honte de rien, être endurci; ein ~er *Kerl* un dur à cuire; **~droschen** fig. [*~gədrɔʃən*] p.p. adjt. rebattu; **~feimt** [*~gəfaimt*] p.p. adjt.

astucieux; malin; ~er Schurke fieffé coquin m; **~griffen** ['~gəgrifən] p.p. adjt. usé (a. fig.); **~hackt** p.p. adjt. 'haché (a. fig. Stil); fig. (Sprechweise) saccadé; **~härtet** ['~gəhɛrtət] p.p. adjt. endurci (gegen à).

abgehen v/i. (sn) (sich entfernen) s'en aller, partir; (sich loslösen) se détacher; von der Schule ~ quitter l'école; gut ~ se passer bien; ✝ se vendre; reißend ~ s'enlever; 500 Franken gehen ab cinq cents francs à déduire; das geht ihm ab (fehlt ihm) cela lui manque; von etw. nicht ~ persévérer dans qch.

abge|kämpft ['apgəkɛmpft] p.p. adjt. usé; exténué; **~kartet** p.p. adjt.: ~es Spiel coup m monté; **~lagert** ['~gəla:gərt] p.p. adjt. Wein: reposé en cave; **~legen** ['~gəle:gən] p.p. adjt. éloigné, écarté.

abgelt|en v/t. (bezahlen) payer, rembourser; Schuld: s'acquitter (de); (entschädigen) indemniser; **2ung** f paiement m, remboursement m; (e-r Schuld) acquittement m; (Entschädigung) indemnité f.

abge|macht ['~gəmaxt] p.p. adjt. convenu, ~! (c'est) entendu!, d'accord!; **~neigt** ['~gənaıkt] p.p. adjt. peu enclin (à); défavorable (à); j-m sein avoir de l'aversion pour q.; e-r Sache ~ sein répugner à qch.; **~nutzt** ['~gənutst] p.p. adjt. usé.

Abgeordnete(r m) ['~gə'ʔɔrdnɛtə(r)] m, f député(e F f) m; délégué(e f) m; **~nhaus** n Chambre f des députés; (heute) Assemblée f nationale.

abgerissen ['~gərisən] p.p. adjt. déguenillé; (Sätze) décousu.

Abgesandte(r m) m, f envoyé(e f) m, délégué(e f) m.

abgeschieden p.p. adjt. retiré, isolé; **2heit** f retraite f, isolement m.

abgeschlossen p.p. adjt. fermé; (vollendet) achevé; (von der Welt) isolé, retiré; **2heit** f isolement m.

abgeschmackt ['~gəʃmakt] adjt. insipide, fade; (widersinnig) absurde; **2heit** f insipidité f, fadeur f; (Widersinnigkeit) absurdité f.

abgesehen ['~gəze:ən] p.p. adjt.: ~ von abstraction faite de, en dehors de; davon ~ à part cela; ~ davon, daß ... outre que ... (ind.); es auf j-n (etw.) ~ haben avoir des visées sur q. (qch.).

ab|gespannt ['~gəʃpant] adjt. fatigué; épuisé; F à plat; **2gespanntheit** f fatigue f; épuisement m; **~gestanden** ['~gəʃtandən] p.p. adjt. pas frais; Wein: éventé; **~gestorben** ['~gəʃtɔrbən] p.p. adjt. (Glieder) engourdi, (für immer) paralysé; die Füße sind mir wie ~ j'ai les pieds engourdis; **~gestumpft** ['~gəʃtumpft] p.p. adjt. (Kegel) tronqué; fig. émoussé; abruti; ~ sein gegen être indifférent à; **~getan** ['~gəta:n] p.p. adjt. réglé; fini; **~getragen** p.p. adjt. usé; (Kleidung a.) élimé.

abgewinnen v/t.: j-m etw. ~ gagner qch. sur q.; e-r Sache (dat.) Geschmack ~ trouver goût à qch.

abgewöhnen v/t.: j-m etw. ~ faire perdre l'habitude de qch. à q.; sich etw. ~ se désaccoutumer de qch.

abgezehrt ['~gətse:rt] p.p. adjt. amaigri; émacié.

abgießen v/t. verser (ce qui est de trop); cuis. Kartoffeln ~ jeter l'eau (de cuisson) des pommes de terre; ⊕ (in e-e Form) couler, mouler; 🔩 décanter.

Abglanz m reflet m (a. fig.).

abgleiten v/i. (sn) glisser (von de).

Abgott m idole f.

Abgött|erei [~gœtə'raı] f idolâtrie f; **2isch 1.** adj. idolâtre; **2.** adv.: j-n ~ lieben aimer q. passionnément; ~ verehren idolâtrer.

abgraben fig. v/t.: j-m das Wasser ~ couper l'herbe sous le pied de q.

ab|grämen v/rfl.: sich ~ se consumer de chagrin; **~grasen** v/t. brouter; **~greifen** v/t. user (à force de manier); **~grenzen** v/t. délimiter; borner; **2grenzung** f délimitation f.

Ab|grund m abîme m, gouffre m; (steiler) précipice m; **2gründig** ['~gryndiç] adj. insondable, impénétrable; **2grundtief** adj. profond comme l'abîme.

abgucken F v/t.: j-m etw. ~ apprendre qch. en imitant q.; (in der Schule) copier (von j-m sur q.).

Abguß m moulage m; typ. cliché m.

ab|haben F v/t.: etw. ~ wollen vouloir en avoir un peu; **~hacken** v/t. détacher à coups de hache; **~haken** v/t. décrocher; **~halftern** v/t. ôter le licou à q.; F renvoyer; débarquer.

abhalt|en v/t. (hindern) empêcher; Gottesdienst: célébrer; Sitzung: tenir; ein Kind ~ faire faire ses besoins à un bébé; **2ung** f empêchement m; (Veranstaltung) organisation f.

abhandeln v/t. (*erörtern*) traiter; j-m
etw. ~ acheter qch. à q.; etw. vom Preis
~ demander (*resp.* obtenir) une
diminution de prix.

ab'handen adv.: ~ kommen s'égarer;
se perdre.

Abhandlung f traité m, dissertation
f; thèse f.

Abhang m pente f; penchant m; (*Gebirgs*&2;) versant m.

abhängen 1. v/t. dépendre; *téléph.*
décrocher; *Sp.* j-n ~ laisser q. derrière soi; **2.** v/i.: ~ von dépendre de;
~**ig** ['~hɛŋiç] adj. dépendant; (*Satz*)
subordonné; &2;**igkeit** f dépendance f;
gegenseitige &2; interdépendance f.

abhärmen v/rfl.: sich ~ se consumer
de chagrin.

abhärt|en ['~hɛrtən] v/t. (v/rfl. sich ~
s')endurcir (*gegen* à); &2;**ung** f endurcissement m (*gegen* à).

ab|haspeln ⊕ ['~haspəln] v/t. dérouler, dévider; ~**hauen 1.** v/t. abattre,
couper; ✍ faucher; **2.** v/i. (sn) F
(*verschwinden*) décamper, filer; ~**häuten** ['~hɔytən] v/t. écorcher; dépouiller; (*schälen*) peler; ~**heben 1.**
v/t. enlever; *Kartenspiel:* couper;
Geld: retirer; *téléph.* décrocher; **2.**
v/rfl.: sich ~ se détacher de; &2;**hebung** f
(v. Geld) retrait m, prélèvement m;
~**heften** v/t. *Akten:* classer; ~**heilen**
v/i. (sn) se cicatriser; ~**helfen** v/i.:
e-r Sache (dat.) ~ remédier à qch.;
dem ist nicht abzuhelfen c'est irrémédiable; ~**hetzen** v/t. (v/rfl. sich ~
s')éreinter.

Abhilfe f remède m; ~ schaffen porter
remède (*od.* remédier) à.

abhobeln v/t. raboter.

abhold [ap'hɔlt] adj.: e-r Sache ~ sein
être ennemi de (*od.* défavorable) à
qch.

ab|holen v/t. aller (den Angeredeten:
venir) chercher (*od.* prendre); ~ lassen envoyer chercher; ~**holzen** v/t.
(27) déboiser; ~**horchen** v/t. écouter; ✗ ausculter; ~**hören** v/t. *Funkspruch, Ferngespräch:* intercepter;
capter; ✗ être aux écoutes; *Schüler:*
faire réciter sa leçon à.

Abi F ['abi] n (11) bac m, bachot m;
~**tur** [~'tu:r] n (3) baccalauréat m;
~**turient(in** f) [~tu'rjent(in)] m (12)
bachelier m, -ière f.

ab|jagen v/t.: j-m etw. ~ arracher
qch.à q.; ~**kanzeln** F v/t. (29): j-n ~
sermonner q.; ~**kapseln** v/rfl. (29):

sich ~ s'isoler, se retrancher du monde; ~**kaufen** v/t. acheter.

Abkehr ['~ke:r] f (14, o.pl.) éloignement m (von de); &2;**en** v/rfl.: sich ~ von
se détourner de.

abklären v/t. clarifier; 🧪 décanter.

Abklatsch ['~klatʃ] m (3²) copie f;
calque m; *typ.* cliché m.

ab|klemmen v/t. pincer; ~**klingen**
v/i. (sn) s'évanouir; *fig.* disparaître;
~**klopfen** v/t. faire tomber en frappant; den Staub ~ épousseter; ✗
percuter; ~**knabbern** v/t. grignoter,
~**knallen** v/t. (abfeuern) décharger;
(*erschießen*) F descendre; ~
knapsen F ['~knapsən] v/t. rogner;
~**kneifen** v/t. pincer; ~**knicken** v/t.
rompre en pliant; ~**knipsen** v/t.
Draht: couper, pincer; F photographier; ~**knöpfen** v/t. (25) déboutonner; j-m etw. ~ soustraire qch. à
q.; ~**kochen** v/t. cuire; 🧪 faire une
décoction de; ~**kommandieren**
v/t. détacher.

Abkomme m (13) descendant m.

abkommen 1. v/i. (sn) (vom Weg,
vom Thema) s'écarter, s'éloigner; (v.
e-m Brauch) abandonner (von etw.
qch.); *Sp.* gut~ faire un beau départ;
ich bin davon abgekommen j'en suis
revenu; ~ können être disponible; **2.** &2;
n (6) (vom Weg, vom Thema)
éloignement m; (*Start*) départ m;
(*Vertrag*) arrangement m, convention f, accord m.

abkömm|lich ['~kœmliç] adj. disponible; &2;**ling** ['~kœmlin] m (3) descendant m; (*Trieb*) rejeton m.

ab|koppeln v/t. ch. Hunde: découpler; *Esb.* détacher; ~**kratzen 1.** v/t.
enlever, gratter, racler; **2.** v/i. (sn) P
crever, casser sa pipe; ~**kriegen** v/t.
= abbekommen.

abkühl|en v/t. (v/rfl. sich ~ se) rafraîchir, (se) refroidir (a. fig.); &2;**ung** f
rafraîchissement m; refroidissement
m.

Abkunft ['~kunft] f (14) origine f,
descendance f.

abkuppeln *Esb.* v/t. détacher.

abkürz|en v/t. raccourcir; *Wörter:*
abréger; übermäßig ~ écourter;
&2;**ung** f raccourcissement m;
(v. Wörtern) abréviation f; &2;**ungszeichen** n signe m d'abréviation.

abküssen v/t. couvrir de baisers.

abladen v/t. décharger; &2;**en** n dé-

chargement *m*; ♀**eplatz** *m* débarcadère *m*.
Ablage *f* (15) dépôt *m*; (*Kleider*♀)
vestiaire *m*; (*Akten*♀) classement *m*;
~korb *m* boîte *f* de classement, classeur *m*.
ablager|n 1.*v/t.* déposer; 2. *v/i.* (sn)
(*Wein*) vieillir; ♀**ung** *f* mise *f* en cave
(*resp.* sur chantier); *géol.* gisement *m*.
Ablaß ['~las] *m* (4²) (*Abfluß*) écoulement *m*; ⊕ décharge *f*; *rl.* indulgen-
ce(s *pl.*) *f*; (*Preis*♀) réduction *f*; **~**
brief *m* lettre *f* d'indulgence.
ablassen 1.*v/t.* (*loslassen*) lâcher; (*ab-*
treten) céder; *Faß*: vider; *etw.* vom
Preis ~ faire une réduction; 2.*v/i.*:
von etw. ~ renoncer à qch.; *von e-m*
Fehler ~ se corriger d'un défaut.
Ablaßventil *n* soupape *f* d'écoulement (*od.* d'échappement).
Ablauf *m* (*Abfluß*) écoulement *m*;
(*e-r Frist*) expiration *f*; (*e-s Wechsels*)
échéance *f*; (*der Ereignisse*) déroule-
ment *m*; *Sp.* départ *m*; *nach* ~ *von* au
bout de; ♀**en** *v/i.* (sn) (*abfließen*)
s'écouler; (*verstreichen*) expirer;
(*verlaufen*) se dérouler; se passer;
Sp. partir; *fig.* die Uhr *ist abgelaufen*
la montre s'est arrêtée.
Ablaut *gr. m* apophonie *f*, alternance
f vocalique; ♀**en** *gr. v/i.* changer de
voyelle radicale.
Ableben *n* mort *f*, décès *m*.
ablecken *v/t.* lécher.
ableg|en 1. *v/t.* déposer; *Akten*: clas-
ser; *Kleider*: ôter; *legen Sie ab!* débarrassez-vous!; *Maske*: lever; *Ge-*
wohnheit: se défaire de; *Fehler*: se
corriger de; *Gelübde*: prononcer;
Trauer: quitter; *Prüfung*: passer;
Eid: prêter; *Probe*: fournir; *Rechen-*
schaft, *Zeugnis*: rendre; 2. *v/i.*
(*Schiff*) appareiller; ♀**en** *n* (*v. Akten*)
classement *m*; (*e-s Gelübdes*)
prononciation *f*; (*e-s Eides*) prestation *f*; ♀**er** 🗡 *m* (7) marcotte *f*; (*des*
Weins a.) provin *m*.
ablehn|en *v/t.* refuser; décliner; *An-*
trag: rejeter, repousser; ⚡ récuser;
~end *p.pr. adj.* défavorable, négatif;
♀**ung** *f* refus *m*, rejet *m*; ⚡ récusation
f.
ableisten *v/t.*: *s-n Militärdienst* ~ accomplir (*od.* faire) son service militaire.
ableit|bar ['~laitba:r] *adj.* dérivable;
~en *v/t.* détourner; *gr.*, 🜂 dériver;
(*gedanklich*) déduire; ♀**ung** *f* dé-

tournement *m*; *gr.* dérivation *f*; 🜂
dérivée *f*; (*gedankliche*) déduction *f*;
♀**ungssilbe** *gr. f* syllabe *f* dérivative.
ablenk|en *v/t.* détourner; (*zer-*
streuen) distraire; *Verdacht*: écarter;
phys. diffracter; ♀**ung** *f* diversion *f*;
(*Zerstreuung*) distraction *f*; *phys.* diffraction *f*; ♀**ungsmanöver** *n* diversion *f*.
ablesen *v/t.* lire (*von den Augen* dans
les yeux); *Früchte*: cueillir; *die Rau-*
pen ~ écheniller.
ableugn|en *v/t.* nier; désavouer;
♀**ung** *f* désaveu *m*.
ablicht|en *v/t.* photocopier; ♀**ung** *f*
photocopie *f*.
abliefer|n *v/t.* livrer; remettre; ♀**n** *n*,
♀**ung** *f* livraison *f*; remise *f*.
ab|liegen *v/i.* (sn) (*entfernt sein*) être
éloigné (*von* de); **~listen** ['~listən]
v/t.: *j-m etw.* ~ obtenir qch. de q. par
ruse; **~locken** *v/t.*: *j-m etw.* ~ tirer
habilement qch. de q.; **~lösbar** *adj.*
séparable; **~löschen** *v/t.* effacer;
Tinte: sécher.
ablös|en *v/t.* (*v/rfl. sich* ~ se) détacher,
(se) séparer; *Wache*: (se) relever;
Arbeiter: (se) relayer; ♀**ung** *f*
séparation *f*; ✕ relève *f*.
abluchsen F ['~luksən] *v/t.*: *j-m etw.* ~
soutirer qch. à q.
abmach|en *v/t.* (*losmachen*) déta-
cher; (*wegnehmen*) ôter; (*vereinba-*
ren) arranger, régler; (*vertrags-*
mäßig) stipuler; ♀**ung** *f* arrangement
m, convention *f*, accord *m*; (*vertrags-*
mäßige) stipulation *f*.
abmager|n ['~ma:gərn] *v/i.* (29, sn)
(a)maigrir; ♀**ung** *f* amaigrissement
m; ♀**ungskur** *f* cure *f* d'amaigrissement.
ab|mähen *v/t.* faucher; **~malen** *v/t.*
peindre; (*kopieren*) copier.
Abmarsch *m* départ *m*; ♀**bereit** *adj.*
prêt à partir; ♀**ieren** *v/i.* (sn) se
mettre en marche.
abmeld|en 1. *v/t.* contremander; *j-n*
~ annoncer le départ de q.; 2. *v/rfl.*:
sich ~ prendre congé; (*behördlich*)
déclarer son départ; ♀**ung** *f* déclaration *f* de départ.
abmess|en *v/t.* mesurer; *Gelände*:
arpenter; *Worte*: peser; ♀**ung** *f* mesurage *m*; arpentage *m*; **~en** *pl.* dimensions *f/pl.*
ab|montieren *v/t.* démonter; **~**
mühen *v/rfl.*: *sich* ~ se donner de
la peine; (*abplagen*) se fatiguer;

~**murksen** P v/t. zigouiller; ~**mustern** ⚓ v/t. licencier; ~**nagen** v/t. ronger; 2**näher** cout. m (7) pince f.

Abnahme [ˈɂnɑːmə] f (15) (Wegnahme) enlèvement m, levée f; (Verkleinerung) diminution f; (Schwächung) affaiblissement m; (Entgegennahme) réception f; (des Wassers) décrue f; ✚ amputation f; (des Mondes) déclin m (a. fig.).

abnehm|bar adj. amovible; démontable; ~**en 1.** v/t. (wegnehmen) ôter; enlever; teléph. décrocher; (kaufen) acheter; (entgegennehmen) recevoir; ✚ amputer; Wäsche: dépendre; Bart: couper, raser; Paß, Fahrkarte: retirer; (prüfen) (prüfen) examiner; j-m etw. ~ prendre qch. à q.; **2.** v/i. diminuer (a. Tage); décroître (a. Mond); (schwächer werden) s'affaiblir; (am Körper) maigrir; (Geschwulst) (se) désenfler; (Preis) baisser; déchoir; ~**end** p.pr. adj. diminuant; (Mond, Bevölkerung) décroissant.

Abnehmer(in f) m (7) acheteur m, -euse f; ~ finden trouver acheteur (od. preneur).

Abneigung f aversion f; répulsion f.

ab|norm [~ˈnɔrm] adj. ano(r)mal; 2**normität** [~iˈtɛːt] f (16) anomalie f.

abnötigen v/t.: j-m etw. ~ arracher (od. extorquer) qch. à q.

abnutz|en, abnütz|en v/t. user; 2**ung** f usure f; 2**ungs-entschädigung** f indemnité f d'usure.

Abonn|ement [abɔnəˈmãː] m (11) abonnement m; ~**ements-erneuerung** f réabonnement m; ~**ementsvorstellung** f représentation f pour abonnés; ~**ent(in** f) [~ˈnɛnt] m (12) abonné(e) f m; 2**ieren** [~ˈniːrən] v/t. s'abonner à; être abonné à.

ab-ordn|en v/t. déléguer, députer; 2**ung** f délégation f, députation f.

Abort[1] [ˈabˈɔrt] m (3) cabinets m/pl. (d'aisances); W.-C. m.

Abort[2] [aˈbɔrt] m (3[1]) avortement m.

ab|packen v/t. Waren: empaqueter; ~**passen** v/t. compasser; (auflauern) guetter; ~**pfeifen** Sp. v/t.: das Spiel ~ siffler la fin du match; 2**pfiff** Sp. m coup de sifflet final (od. de fin); ~**pflücken** v/t. cueillir; ~**placken**, ~**plagen** v/rfl.: sich ~ se fatiguer; F s'échiner, s'éreinter; ~**platten** [ˈplatən] v/t. (26) aplatir; ~**platzen**

v/i. (sn) (Lack, Knopf) sauter.

Abprall [ˈpral] m (3, o.pl.) rebondissement m; 2**en** v/i. (sn) rebondir.

ab|pressen v/t. Geständnis, Versprechen usw.: arracher (j-m à q.); ~**putzen** v/t. nettoyer; Nase: crépir; Nase: moucher; ~**quälen** v/rfl.: sich ~ se torturer; ~**quetschen** v/t. écraser; ~**rackern** [ˈrakərn] v/rfl. (29): sich ~ s'éreinter; ~**rahmen** v/t. écrémer; ~**rasieren** v/t. raser; ~**raten** v/t. u. v/i.: j-m (von) etw. ~ déconseiller qch. à q., dissuader q. de faire qch.; ~**räumen** v/t. débarrasser; déblayer; Tisch: desservir; ~**reagieren 1.** v/t. Ärger: décharger (an j-m, an etw. sur q., sur qch.); **2.** v/rfl.: sich ~ se tranquilliser, se calmer.

abrechn|en 1. v/t. (abziehen) déduire; décompter; fig. faire abstraction (von de); **2.** v/i. faire les comptes; mit j-m ~ régler ses comptes avec q. (a. fig.); 2**ung** f (Abzug) déduction f; ✚ règlement m de compte; die ~ machen faire les comptes; 2**ungsstelle** f bureau m de compensation.

Abrede f: etw. in ~ stellen contester qch.

abreib|en v/t. frictionner; frotter; (wegreiben) ôter en frottant; 2**ung** f friction f; F fig. raclée f; (Schelte) savon m; j-m e-e ~ verpassen flanquer une raclée à q.; passer un savon à q.

Abreise f départ m; 2**n** v/i. (sn) partir (nach pour).

abreiß|en 1. v/t. arracher; détacher; Haus: abattre, démolir; Faden: casser **2.** v/i. (sn) déchirer, se détacher; (Faden) (se) casser; 2**kalender** m calendrier-bloc m.

ab|reiten v/t. Strecke: parcourir à cheval; ~**rennen** F v/rfl.: sich ~ s'épuiser à force de courir.

abricht|en v/t. Tiere: dresser; ⊕ ajuster; fig. j-n ~ endoctriner q.; 2**en** n, 2**ung** f dressage m; ⊕ ajustage m.

abriegeln v/t. (29) Tür: verrouiller; ✕, Straße: barrer.

abringen 1. v/t.: j-m etw. ~ arracher qch. à q.; **2.** v/rfl.: sich ein Lächeln ~ se forcer à (un) sourire.

Abriß m plan m; esquisse f; (kurze Darstellung) abrégé m; précis m; (e-s Hauses) démolition f.

ab|rollen 1. v/t. dérouler; **2.** v/i. (sn) (Ereignis) se dérouler; ~**rücken 1.** v/t. écarter; éloigner; **2.** v/i. (sn)

✗ partir; *fig.* se retirer (*von* de); s'écarter (de).

Abruf ✝ *m*: auf ~ sur appel; 2**en** *v/t.* ✝ *Ware*: faire livrer.

abrunden *v/t.* arrondir.

abrupfen *v/t.* arracher.

abrupt [a'prupt] *adj.* abrupt; brusque.

abrüst|en *v/t. u. v/i.* désarmer; 2**ung** *f* désarmement *m*.

abrutschen *v/i.* (sn) glisser.

absacken *v/i.* (sn) s'affaisser; *Flgw.* descendre à plat; ⚓ couler bas.

Absage *f* (15) refus *m*; e-e ~ erteilen refuser; 2**n** *v/t. Veranstaltung*: décommander; e-e *Einladung* ~ s'excuser, (*v. Einladenden*) retirer une invitation.

absägen *v/t.* scier; F *fig.* j-n ~ débarquer q.

absatteln *v/t.* desseller.

Absatz *m* (*Schuh*2) talon *m*; *typ.* alinéa *m*; (*neuer*) ~! à la ligne!; (*Treppen*2) palier *m*; ✝ débit *m*; vente *f*; 2**fähig** *adj.* vendable; ~**gebiet** *n*, ~**markt** *m* débouché *m*; marché *m*.

absaugen *v/t.* enlever en suçant; *Teppich*: aspirer.

abschaben 1. *v/t.* gratter; racler 2. *v/rfl.*: sich ~ s'user; s'élimer.

abschaff|en *v/t.* (25) abolir; supprimer; (*v. Gesetzen*) abroger; 2**ung** *f* abolition *f*; suppression *f*; (*v. Gesetzen*) abrogation *f*.

abschälen *v/t.* peler; *die Rinde* ~ écorcer.

abschalt|en 1. *v/t. Strom*: couper; *Maschine*: arrêter; 2. *v/i.* F *fig.* refuser toute attention; se détendre; 2**ung** *f* ⚡ (*des Stroms*) coupure *f*.

abschätz|en *v/t.* estimer; évaluer; taxer; 2**ung** *f* estimation *f*; évaluation *f*; taxation *f*.

Abschaum *m fig.*: der ~ der *Gesellschaft* la lie du peuple; der ~ der *Menschheit* le rebut de l'humanité.

abscheiden *v/t.* 🜀 séparer.

abscheren *v/t. Haare, Bart*: tondre.

Abscheu *m* (3) horreur *f*; répulsion *f*; dégoût *m*; ~ *einflößen* faire horreur; ~ *vor etw.* (*dat.*) (*j-m*) *haben* avoir qch. (q.) en horreur.

abscheuern 1. *v/t.* récurer 2. *v/rfl.*: sich ~ s'user par frottement.

abscheulich [~'ʃɔʏlɪç] *adj.* horrible; détestable; affreux; 2**keit** *f* horreur *f*; abomination *f*; atrocité *f*.

ab|schicken *v/t.* envoyer; expédier; ~**schieben** 1. *v/t.* (*ins Ausland*) expulser; *Schuld*: rejeter (*auf* sur); 2. *v/i.* (sn) F filer; décamper.

Abschied ['~ʃiːt] *m* (3) congé *m*; adieux *m/pl.*; ~ *nehmen* prendre congé; s-n ~ *einreichen* demander sa retraite; donner sa démission; ✗ quitter le service.

Abschieds|besuch *m* visite *f* d'adieux; ~**brief** *m* lettre *f* d'adieux; ~**essen** *n* dîner *m* d'adieux; ~**feier** *f* fête *f* d'adieux; ~**gesuch** *n* demande *f* de retraite; ~**kuß** *m* baiser *m* d'adieux; ~**rede** *f* discours *m* d'adieux.

abschießen *v/t.* tirer; *Flugzeug, Wild*: abattre; *Pfeil*: décocher; *Torpedo, Rakete*: lancer.

ab|schinden *v/rfl.*: F sich ~ s'esquinter; ~**schirmen** *v/t.* protéger (*gegen* contre); ⚡ blinder; *Licht*: masquer; ~**rede** *f* discours *m* d'adieux.

abschirren ['~ʃɪrən] *v/t.* (25) déharnacher.

abschlachten *v/t.* tuer; abattre.

Abschlag *m Sp.* (*Fußball*) coup *m* de pied de but; (*Preis*2) diminution *f*; rabais *m*; auf ~ *kaufen* acheter à tempérament; ohne ~ sans rien rabattre; 2**en** *v/t.* abattre; *Angriff*: repousser; *Kopf*: couper; *Bitte*: refuser.

abschlägig ['~ʃlɛːgɪç] *adv.*: ~ *beschieden werden* essuyer un refus.

Abschlagszahlung *f* acompte *m*.

abschleifen 1. *v/t.* meuler; polir; 2. *v/rfl.*: sich ~ se polir (*a. fig.*).

Abschlepp|dienst *Auto m* service *m* de dépannage; 2**en** 1. *v/t.* remorquer; dépanner; 2. *v/rfl.* F: sich ~ mit s'éreinter avec; ~**seil** *n* câble *m* de remorquage; ~**wagen** *m* dépanneuse *f*.

abschließen 1. *v/t. Tür usw.*: fermer (à clef); *Debatte*: clore; *Konto*: arrêter; *Rechnung*: régler; *Kauf, Vertrag*: conclure; (*vollenden*) achever; (*absperren*) isoler; 2. *v/i.* se terminer; 3. *v/rfl.*: sich ~ s'isoler; s'enfermer; ~**d** 1. *p.pr. adjt.* final; définitif; 2. *p.pr. advt.* finalement.

Abschluß *m* (*e-r Arbeit*) achèvement *m*; (*e-r Veranstaltung, Rechnung*2) clôture *f*; (*e-s Vertrages*) conclusion *f*; zum ~ *bringen* achever; terminer; mit etw. zum ~ *kommen* en finir avec qch.; ~**prüfung** *f* examen *m* de fin d'études; ~**rechnung** *f* compte *m* définitif; ~**zeugnis** *n* certificat *m*

(od. diplôme m) de fin d'études.
ab|schmecken v/t. goûter; ~
schmelzen 1. v/t. métall. séparer par
fusion; **2.** v/i. (sn) fondre; ~**schmie-**
ren v/t. Auto: graisser; ~**schmin-**
ken v/t. (v/rfl. sich ~ se) démaquiller;
~**schnallen** v/t. déboucler; ~
schneiden v/t. couper; gut ~ s'en
tirer bien.
Abschnitt m coupon m; (Kreis2)
segment m; (Front2) secteur m;
(Epoche) période f; (im Buch) paragraphe m; (Teil) partie f; section f.
ab|schnüren v/t. ✠ ligaturer; j-m die
Luft ~ étouffer q.; étrangler q.
~**schöpfen** v/t.: den Rahm (von etw.)
~ écrémer (qch.) (a. fig.); den Schaum
von etw. ~ écumer qch.; das Fett von
etw. ~ dégraisser qch.; ~**schrägen** ⊕
['∼ʃrɛːɡən] v/t. chanfreiner; biseauter.
abschrauben v/t. dévisser.
abschreck|en v/t. intimider; effarou-
cher; Metall: tremper; Eier: rafraîchir; ~**end** p. pr adjt. effrayant;
repoussant; ~es Beispiel exemple m à
ne pas suivre; 2**ung** f intimidation f;
⊕ trempe f. pr adjt.; 2**ungsmittel** m moyen m
d'intimidation.
abschreib|en v/t. copier (von sur);
(entlehnen) plagier; (ins reine schreiben) mettre au net; ✝ amortir; (absagen) s'excuser par écrit; (abbestellen)
décommander par écrit; Bleistift,
Farbband: user; fig. j-n ~ ne plus
compter sur q.; 2**er** m copiste m;
plagiaire m; 2**ung** ✝ f amortissement m.
abschreiten v/t. mesurer au pas; ⚔
die Front ~ passer devant le front des
troupes.
Abschrift f copie f; double m; duplicata m; für gleichlautende ~ pour
copie conforme.
ab|schrubben v/t. récurer; ~**schuf-**
ten v/rfl. F: sich ~ s'éreinter; ~
schuppen 1. v/t. Fisch: écailler; **2.**
v/rfl. sich ~ (Haut) se desquamer.
abschürf|en v/t. Haut: érafler; écor-
cher; 2**ung** f éraflure f; écorchure f.
Abschuß m lancement m; ~**basis** f
base f de lancement.
abschüssig ['∼ʃʏsiç] adj. escarpé.
abschütteln v/t. secouer; Bäume:
'hocher; Früchte: faire tomber en
secouant.
abschwächen v/t. (v/rfl. sich ~ s')af-
faiblir; fig. atténuer; Stoß: amortir;

2**ung** f affaiblissement m; (e-s Sto-
ßes) amortissement m; fig. atténuation f.
abschweif|en v/i. s'écarter; faire des
digressions; divaguer; 2**ung** f digression f.
ab|schwellen v/i. (sn) (se) désenfler;
se dégonfler; ~**schwenken** v/i. (sn)
dévier; prendre une autre direction;
~**schwindeln** v/t.: j-m etw. ~ soutirer
qch. à q.; ~**schwirren** v/i. (sn) F filer;
ficher le camp; ~**schwören** v/i.: etw.
(dat.) ~ abjurer qch.; ~**sehbar**
['∼ze:baːr] adj. à portée de la
vue; in ~er Zeit dans un avenir peu
éloigné.
absehen 1. v/t.: es ist kein Ende abzusehen on n'en voit pas la fin; es auf j-n
(etw.) abgesehen haben avoir la ~ (qch.)
en vue; viser q. (qch.); **2.** v/i.: ~ von
faire abstraction de.
ab|seifen v/t. savonner; ~**seilen** ['∼
zaɪlən] **1.** v/t. (25) assurer (od. descendre) à la corde; **2.** v/rfl.: sich ~ se
laisser descendre à la corde.
abseits ['∼zaɪts] adv. à l'écart; à part;
Sp. 'hors-jeu; off-side.
absend|en v/t. envoyer; expédier;
2**er(in** f) m expéditeur m, -trice f.
absengen v/t. roussir; cuis. flamber.
absetz|bar adj. amovible; ✝ venda-
ble; ~**en 1.** v/t. déposer; Glas: reposer; Hut: ôter; Beamten: destituer;
König: détrôner; ✝ Ware: écouler;
vendre; thé. v. Spielplan: remettre;
retirer; (v. der Tagesordnung) rayer;
(v. den Steuern) déduire; **2.** v/i.: ohne
abzusetzen sans s'arrêter; **3.** v/rfl.:
sich ~ se déposer; 2**ung** f (v. Beamten) destitution f; (v. Herrschern)
détrônement m; thé. retrait m.
absichern v/t. assurer; protéger.
Absicht f intention f; (Vorsatz) dessein m; mit ~ à dessein; das war nicht
m-e ~ je ne l'ai pas fait exprès; 2**lich**
1. adj. intentionnel; **2.** adv. a. avec
intention; à dessein; exprès; ~**s-er-**
klärung f déclaration f d'intention;
2**slos** adj. u. adv. sans intention.
Absinth [∼'zɪnt] m (3) absinthe f.
absitzen v/i.(sn): vom Pferd ~ descendre de cheval; **2.** v/t. Strafe:
purger; Zeit: faire.
absolut [apzo'luːt] adj. absolu; 2**ion**
[∼luˈtsjoːn] f absolution f; 2**ismus**
[∼'tɪsmʊs] m absolutisme m.
absolvieren [∼zɔl'viːrən] v/t. Studien: faire; terminer; achever.

ab|sonderlich adj. particulier; bizarre; singulier.

absonder|n v/t. séparer; isoler; physiol. sécréter; **2ung** f séparation f; isolement m; physiol. sécrétion f.

ab|sorbieren [~zɔr'bi:rən] v/t. absorber; **2sorption** f [~p'tsjo:n] f absorption f; **~spalten 1.** v/t. fendre; détacher; **2.** v/rfl.: sich ~ se détacher de; **~spannen** v/t. Pferd: dételer.

ab|sparen v/rfl.: sich etw. vom Munde ~ économiser sur la nourriture; **~speisen** v/t. fig.: j-n mit Worten ~ payer q. de mots; **~spenstig** ['~ʃpenstiç] adj.: ~ machen détourner; Arbeiter: débaucher.

absperr|en v/t. fermer; (absondern) isoler; Straße: barrer; barricader; ⊕ arrêter; couper; **2hahn** m robinet m d'arrêt; **2ung** f (-s Gebietes) barrage m.

abspiegeln v/t. (v/rfl. sich ~ se) refléter.

ab|spielen 1. v/t. Nationalhymne: jouer; Schallplatte: (faire) passer; Sp. (den Ball) ~ faire une passe; **2.** v/rfl.: sich ~ se dérouler; **~splittern** v/i. (sn) se détacher par éclats; **2-sprache** f accord m; entente f; **2-sprachegemäß** adv. conformément aux accords; comme convenu; **~sprechen 1.** v/t.: j-m etw. ~ contester (od. dénier) qch. à q.; mit j-m etw. ~ convenir de qch. avec q.; **2.** v/rfl.: sich ~ convenir (de faire qch.); se concerter; **~springen** v/i. (sn) sauter; (Knopf) se détacher; (zurückprallen) rebondir; **~spritzen** v/t. arroser; asperger; laver; **2sprung** m saut m; Sp. départ m; **2sprungbalken** Sp. m planche f de départ; **~spulen** v/t. dévider.

abspülen v/t. rincer; laver.

abstammen v/i. descendre (von de); gr. dériver (de); **2ung** f descendance f; origine f; gr. dérivation f; étymologie f.

Abstand m distance f; écart m; intervalle m; (Geldsumme) indemnité f; ~ halten tenir ses distances; in Abständen à (od. par) intervalles; von etw. ~ nehmen renoncer à qch.; s'abstenir de qch.

abstatten ['~ʃtatən] v/t. Besuch: rendre.

abstauben v/t. (25) épousseter.

abstech|en 1. v/t. Vieh: saigner;

2. v/i. (sich abheben) contraster (gegen, von avec); **2er** m (7): e-n ~ machen faire un crochet.

abstecken v/t. tracer; délimiter; (mit Pfählen) jalonner.

abstehen v/i. être distant; **~d** p.pr. adjt.: ~e Ohren oreilles f/pl. décollées.

absteifen ⊕ v/t. arc-bouter; étayer.

absteig|en v/i. (sn) descendre; **2e-quartier** n pied-à-terre m; péj. maison f de passe.

abstell|en v/t. (abschaffen) réformer; supprimer; Auto: garer; Gepäck: déposer; Maschinen, Radio: arrêter; Gas: couper; **2gleis** n voie f de garage (a. fig.); **2raum** m débarras m; **2tisch** m desserte f.

abstempeln v/t. estampiller; timbrer; Briefmarke: oblitérer; fig. marquer.

absteppen v/t. piquer.

absterben v/i. (sn) dépérir; (Glied) s'engourdir; ✿ s'atrophier.

Abstich m (Wein2) soutirage m; (Hochofen2) percée f; métall. coulée f.

Abstieg ['~ʃti:k] m (3) descente f.

abstimm|en 1. v/t. (in Einklang bringen) accorder; rad. régler; syntoniser; **2.** v/i. voter; über etw. (acc.) ~ mettre qch. aux voix; **2ung** f rad. réglage m; syntonisation f; (Wahl) vote m; scrutin m; (Volks2) plébiscite m; zur ~ bringen mettre aux voix; zur ~ schreiten passer au vote; geheime (offene) ~ scrutin m secret (public); namentliche ~ vote m par appel nominal; **2ungs-ergebnis** n résultat m du vote.

abstinen|t [apsti'nɛnt] adj. abstinent; **2z** f inv. abstinence f.

abstoppen 1. v/t. arrêter; stopper; Sp. chronométrer **2.** v/i. (Tempo) ralentir.

Abstoß m Sp. coup m de pied de but; **2en** v/t. repousser; Ware: vendre; die Ecke ~ écorner; sich die Hörner ~ jeter sa gourme; fig. dégoûter; **2end** p.pr. adjt. dégoûtant.

abstottern F v/t. payer par acomptes.

abstrahieren [~ʃtra'hi:rən] v/t. abstraire.

abstrakt [~'ʃtrakt] adj. abstrait; **2ion** [~'tsjo:n] f abstraction f.

ab|streichen v/t. enlever; Korn, Maß: rader; Messer: repasser; **~streifen** v/t. dépouiller; Handschuhe *usw.*: ôter; *fig.* etw. ~ se défaire de qch.; **~streiten** *v/t.* contester; *Schuld*: dénier.

Abstrich *m* (*Abzug*) diminution *f*; rabais *m*; *fig.*: ~ *machen* en rabattre; ✳ prélèvement *m*.

abstuf|en ['~ʃtuːfən] *v/t.* (25) étager; *Töne, Farben u. fig.* nuancer; **2ung** *f* gradation *f*; nuance *f*.

abstumpfen ['~ʃtumpfən] *v/t.* (25) émousser; *fig.* (*v/i.* [sn] s')émousser.

Absturz *m* chute *f*; (*Abhang*) précipice *m*.

abstürzen *v/i.* (sn) faire une chute; *Flgw.* s'abattre.

abstützen *v/t.* étayer; étançonner.

absuchen *v/t.* chercher dans; fouiller; *Gelände*: explorer, *ch.* battre.

absurd [~'zurt] *adj.* absurde; **2ität** *f* absurdité *f*.

Abszeß [aps'tsɛs] *m* abcès *m*.

Abt [apt] *m* (3³) abbé *m*.

abtakeln ⚓ *v/t.* (26) dégréer.

abtasten *v/t.* tâter; *fig.* sonder.

abtauen *v/i.* (sn) (*v/t.* faire) dégeler.

Abtei [ap'taɪ] *f* (16) abbaye *f*.

Abteil [ap'taɪl] *n* compartiment *m*; **2en** ['aptaɪlən] *v/t.* diviser; (*abtrennen*) séparer; **~ung** ['~taɪluŋ] *f* division *f*; séparation *f*; [~'taɪluŋ] section *f*; rayon *m*; ✕ détachement *m*.

Ab'teilungsleiter *m* chef *m* de service (*od.* de rayon).

abtele|fonieren F *v/i.*: (*j-m*) ~ se décommander (chez q.) par téléphone; **~grafieren** F *v/i.*: (*j-m*) ~ se décommander (chez q.) par télégramme.

abtippen F *v/t.* taper à la machine.

Äbtissin [ɛp'tisin] *f* (16) abbesse *f*.

ab|tönen *v/t.* nuancer; dégrader; **2-tönung** *f* dégradation *f*; **~töten** *v/t. Gefühl*: étouffer; *rl.* mortifier.

abtragen *v/t.* déblayer; enlever; (*abnutzen*) user; (*abzahlen*) acquitter; *die Tafel* ~ desservir (la table).

abträglich ['~trɛːklɪç] *adj.* nuisible; préjudiciable.

Abtragung *f* enlèvement *m*; (*e-r Schuld*) acquittement *m*.

Abtransport *m* évacuation *f*; **2ieren** *v/t.* transporter; évacuer.

abtreib|en 1. *v/t.* chasser; ✳ *ein Kind* ~ se faire avorter; **2.** *v/i.* ⚓, *Flgw.* dériver; **2ung** ✳ *f* avortement *m*.

abtrenn|en *v/t.* séparer; *Genähtes*: découdre; **2ung** *f* séparation *f*.

abtret|bar *adj.* cessible; **~en 1.** *v/i.*

(sn) se retirer; *von der Bühne* ~ quitter la scène; (*hinausgehen*) sortir; **2.** *v/t.* (*überlassen*) céder; (*sich*) *die Füße* ~ (s')essuyer les pieds; décrotter ses chaussures; **2er** *m* décrottoir *m*; (*Fußmatte*) paillasson *m*; **2ung** *f* cession *f*; **2ungs-urkunde** *f* acte *m* (*od.* document *m*) de cession.

Ab|trift ⚓, *Flgw.* *f* dérive *f*; **~tritt** *m* (*Abort*) cabinets *m/pl.*; (*Weggang*) *thé.* sortie *f*; **2trocknen** *v/t.* essuyer; (*a. v/i.* [sn]) sécher; **2tropfen** *v/i.* (sn) dégoutter; **2trotzen** *v/t.*: *j-m* etw. ~ arracher (*od.* extorquer) qch. à q.; **2trudeln** *Flgw. v/i.* (sn) tomber en vrille.

abtrünnig ['~trɪnɪç] *adj.* infidèle; renégat; rebelle; *s-m Glauben* ~ *werden* renier sa foi; **2e(r m** *m*) *m*, *f* renégat *m*, *-e f*.

abtun *v/t.*: etw. (*mit e-m Scherz*) ~ passer sur qch. (en plaisantant).

abtupfen *v/t.* tamponner; nettoyer avec de l'ouate.

ab-urteil|en *v/t.* juger; **2ung** *f* jugement *m* définitif.

abverlangen *v/t.*: *j-m* etw. ~ réclamer qch. de q.

ab|wägen *v/t.* peser; **~wälzen** *v/t. fig.* rejeter (*auf* sur); etw. *von sich* ~ se décharger de qch.; *e-e Schuld von sich* ~ se disculper d'une accusation.

abwandeln *v/t.* modifier; varier; **~ern** *v/i.* (sn) émigrer (*in die Städte* vers les villes); **2erung** *f* émigration *f*; exode *m*; (*des Kapitals*) fuite *f*; **2lung** *f* modification *f*; variation *f*.

Abwärme ⊕ *f* chaleur *f* perdue (*od.* d'échappement).

abwarten *v/t.* attendre; *das bleibt abzuwarten* c'est à voir; **~d** *p.pr. adjt.* expectant; *e-e* ~*e Haltung einnehmen*, *sich* ~ *verhalten* rester dans l'expectative.

abwärts ['~vɛrts] *adv.* en bas; vers le bas; ~ *gehen* (*fahren*) descendre.

abwasch|bar *adj.* lavable; **~en** *v/t.* laver; *cuis.* faire la vaisselle; **2wasser** *n* eau *f* de vaisselle.

Abwässer ['~vɛsər] *n/pl.* eaux *f/pl.* d'égout; (*v. Fabriken*) eaux *f/pl.* industrielles; **~beseitigung** *f* évacuation *f* des eaux usées.

abwechseln 1. *v/t.* changer; varier; **2.** *v/i.* alterner; *mit-ea.* ~ se succéder; se relayer; **~d** *p.pr. adjt.* changeant; alternatif.

Abwechslung *f* changement *m*; va-

riation f; (Wechselfolge) alternance f;
zur ~ pour changer; **£sreich** adj.
mouvementé; varié; **£sweise** adv.
pour changer.

Abweg m: auf ~e geraten faire fausse
route; **£ig** ['-gıç] adj. erroné.

Abwehr f défense f; (Schutz) préservation f; (gegen Spione) contre-
-espionnage m; **£en** v/t. se défendre
de; Stoß: parer; Unglück: détourner; **~stoffe** m/pl. anticorps m/pl.

abweich|en v/i. (sn) s'écarter; dévier;
diverger; phys. décliner; ♣, Flgw.
dériver; (verschieden sein) différer;
~end p.pr. adj. divergent; ano(r)-
mal; gr. irrégulier; **£ung** f écart m;
déviation f; divergence f; phys. déclinaison f; (Licht) diffraction f; ♣,
Flgw. dérive f; (v. der Regel) anomalie f; gr. irrégularité f.

abweiden v/t. paître; brouter.

abweis|en v/t. renvoyer; refuser; An-
griff, Bitte: repousser; ♣♣ débouter;
~end p.pr. adj. repoussant; gegen j-n
~ sein se montrer froid envers q.;
£ung f refus m; renvoi m.

abwend|en v/t. détourner; Unglück
a. prévenir; **£ung** f (e-r Gefahr)
détournement m; (Abkehr) détachement m.

abwerb|en v/t. Kunden: détourner;
Arbeitskräfte: débaucher; **£ung** f
détournement m; recrutement m déloyal; débauchage m.

abwerfen v/t. jeter; se débarrasser
de; Reiter: désarçonner; Joch: secouer; Bomben: lancer; Gewinn:
rapporter; mit dem Fallschirm ~ parachuter.

abwert|en ['-ve:rtən] v/t. dévaluer;
dévaloriser; **£ung** f dévaluation f;
dévalorisation f.

abwesen|d ['-ve:zənt] adj. absent;
fig. distrait; **£de(r** m) m, f absent m,
-e f; **£heit** f absence f.

abwickeln v/t. dérouler; dévider;
Geschäft: régler; liquider; **£lung** f
(e-s Geschäfts) règlement m; liquidation f.

ab|wiegen v/t. peser; **~wimmeln**
v/t. envoyer promener; **£wind** m
vent m descendant (od. rabattant);
~winken v/i. faire signe que non;
~wischen v/t. nettoyer; effacer;
Tränen: essuyer; **~wracken** ♣ ['-
vrakən] v/t. (25) démolir; **£wurf**
Flgw. m largage m; lancement m; ~
mit dem Fallschirm parachutage m;

~würgen v/t. étrangler; fig. F Motor:
caler.

abzahlen v/t.: etw. ~ payer qch.; etw.
auf e-e Schuld ~ payer un acompte.

abzählen v/t. compter (an den Fingern
sur les doigts); (abziehen) soustraire.

Abzahlung f acompte m; paiement m
par acomptes; auf ~ à tempérament;
~sgeschäft n (Unternehmen: maison
f de) vente f à tempérament.

abzapfen v/t. (sou)tirer.

abzäumen ['aptsɔʏmən] v/t. débri-
der.

abzäun|en ['-tsɔʏnən] v/t. séparer
(od. délimiter) par une clôture; (einzäunen) enclore; **£ung** f séparation f;
(Zaun) clôture f.

Abzeich|en n insigne m; marque f;
£nen 1. v/t. dessiner; copier (au
crayon, etc.); Schriftstück: émarger;
parapher; **2.** v/rfl.: sich ~ se dessiner;
se profiler; sich ~ gegen contraster
avec.

Abzieh|bild n image f à décalquer;
décalcomanie f; **£en 1.** v/t. (herun-
terziehen) ôter; retirer; ♣ soustraire;
♣ déduire; décompter; rabattre;
(vom Gehalt) retenir (sur); Wein:
(sou)tirer; Bett: dégarnir; Bild: dé-
calquer; das Fell ~ écorcher; Messer:
repasser; typ. tirer; imprimer; **2.** v/i.
(sn) s'en aller; partir; (Truppen) décamper; se retirer; (Rauch) sortir;
~en n ♣ soustraction f; (Wein) soutirage m; (Bild) décalcomanie f;
(Messer) repassage m; typ. tirage m.

ab|zielen v/i. u. v/t.: ~ auf (acc.) viser
à; **~zirkeln** v/t. (29) compasser (a.
fig.).

Abzug m départ m; (Truppen£) retrait
m; (Rückzug) retraite f; (Rauch£)
cheminée f d'appel; ♣ décompte m;
(Gehalt£) retenue f (von sur); (v.
Preis) rabais m; remise f (Diskont)
escompte m; typ., phot. épreuve f;
(am Gewehr) détente f.

abzüglich ['-tsy:kliç] adv. déduction
faite de; moins.

abzugs|fähig adj. ♣ déductible; dé-
duisible; **£rohr** n tuyau m de dégagement; tuyau m de décharge (od.
d'émission); **£vorrichtung** f dispositif m de détente.

abzupfen v/t. arracher; Fäden: effiler.

abzweig|en ['-tsvaıgən] (25) **1.** v/t. ♭
brancher; dériver; **2.** v/i. (sn) Wege,
Esb. bifurquer; **£ung** f bifurcation

_f;_ embranchement _m; ⚡ branche-_
ment _m;_ dérivation _f._

abzwicken _v/t._ pincer; enlever (à la
pince).

ach! [ax] _int._ ah!; (_Klage_) hélas!;
(_Erstaunen_) pas possible!; P sans blague!; ~ _was!_ bah!; ~ _wo!_ il s'en faut
(de) beaucoup; ~ _daß (doch)_ ... plût à
Dieu que ... (_subj._); ~ _so!_ ah! c'est
ça!; ♀ und Weh schreien jeter les
'hauts cris; _mit ♀ und Krach_ avec bien
du mal.

Achat [a'xɑːt] _m_ (3) agate _f._

Achillesferse [a'xiles-] _f_ talon _m_
d'Achille; _fig._ point _m_ faible.

Achse ['aksə] _f_ (15) essieu _m; ⊕ arbre_
_m;_ (_Erd♀_) axe _m; Auto_ pont _m._

Achsel ['aksəl] _f_ (15) aisselle _f;_ épaule
_f_ (_zucken_ 'hausser); _etw. auf die_
leichte ~ nehmen prendre qch. à la
légère; _über die ~ ansehen_ regarder
de haut en bas (_od._ avec dédain); ~
höhle _f_ creux _m_ de l'aisselle; **klap-**
pe _f_ patte _f_ d'épaule; **stück** _n_
épaulette _f;_ (_am Hemd_) gousset _m;_
zucken _n_ 'haussement _m_ d'épaules.

Achsenbruch _m_ rupture _f_ d'essieu.

acht [axt] _a/n. c._ 'huit; _alle ~ Tage tous_
les huit jours; _binnen ~ Tagen_ dans les
huit jours; _innerhalb von ~ Tagen_ en
huit jours; _vor ~ Tagen_ il y a huit
jours; _etwa ~_ une huitaine de.

Acht _f: sich in ~ nehmen_ prendre
garde; _außer ♀ lassen_ négliger.

achtbar _adj._ estimable; honorable;
♀**keit** _f_ honorabilité _f._

acht|e _a/n. c._ 'huitième; _der ~ (am, den_
~n) Juli le 'huit juillet; ♀**-eck** _n_ (3)
octogone _m;_ **~eckig** _adj._ octogonal;
♀**el** _n, schweiz. m_ 'huitième _m._

Achtel|note ♩ _f_ croche _f;_ **~takt** ♩ _m_
mesure _f_ d'une croche.

achten 1. _v/t._ (_schätzen_) estimer; _Ge-_
setz: respecter; (_für etw. halten_)
croire; juger; **2.** _v/i._ (_aufpassen_) ~ _auf_
(_acc._) faire attention à.

ächten ['ɛçtən] _v/t._ (26) bannir; pros-
crire; mettre 'hors la loi.

acht|ens ['axtəns] _adv._ 'huitième-
ment; **~enswert** _adj._ estimable;
♀**er** _m_ (7) _Sp._ canot _m_ à 'huit rameurs; 'huit _m;_ ♀**erbahn** _f_ montagnes _f/pl._ russes; ♀**erdeck** _n_ pont _m_
arrière; **~erlei** [~'laɪ] _adj._ de huit
espèces; **~fach** [~'fax] _adv._ 'huit fois
autant; **~geben** _v/i.: ~ auf_ (_acc._) faire
attention à; prendre garde à;

prendre soin de; **~hundert** _a/n. c._
'huit cent(s); **~jährig** ['~jɛːrɪç] _adj._
de huit ans; **~los** _adj._ inattentif;
négligent; ♀**losigkeit** _f_ inattention _f;_
~sam _adj._ attentif; (_sorglich_) soigneux; ♀**samkeit** _f_ attention _f;_
soin(s _pl._) _m;_ ♀'**stundentag** _m_ journée _f_ de huit heures; **~tägig** _adj._ de
huit jours.

Achtung ['axtuŋ] _f_ (_Hochachtung_)
estime _f;_ (_Ehrfurcht_) respect _m;_
(_Achtsamkeit_) attention _f;_ ~! attention!; gare!; ~ _einflößen_ imposer;
j-m ~ erweisen avoir des égards pour
q.; _sich ~ zu verschaffen wissen_ se faire
respecter.

Ächtung ['ɛçtuŋ] _f_ bannissement _m;_
proscription _f;_ mise _f_ 'hors la loi.

Achtungs|erfolg _m_ succès _m_ d'esti-
me; ♀**voll** _adj._ respectueux.

acht|zehn _a/n. c._ dix-huit; **~zig** ['ax-
tsɪç] _a/n. c._ quatre-vingt(s); _in den ~er_
Jahren dans les années quatre-vingts;
♀**zige(r)** ['~gər] _m_ (7) octogénaire _m;_
~zigjährig ['~jɛːrɪç] _adj._ octogénaire.

ächzen ['ɛçtsən] **1.** _v/i._ (27) gémir;
geindre; **2.** ♀ _n_ gémissement _m._

Acker ['akər] _m_ (7[1]) champ _m;_ **~bau** _m_
(3) agriculture _f;_ ♀**bautreibend**
p.pr. adjt. agricole; **~boden** _m_ terre _f_
labourable; **~gaul** _m_ cheval _m_ de
labour; **~gerät** _n_ instrument _m_ ara-
toire; **~land** _n_ terre _f_ labourable; ♀**n**
(29) **1.** _v/t._ labourer; **2.** _v/i._ F bûcher;
piocher; **~scholle** _f_ glèbe _f._

ad absurdum [at ap'zurdum] _adv.:_
etw. ~ führen pousser qch. à l'absurde.

ad acta [at 'akta] _adv.: etw. ~ legen_
ne plus parler de qch.; considérer
qch. comme réglé.

Adams|apfel ['ɑːdams-~] _m_ pomme
_f_ d'Adam; **~kostüm** _n_ F: _im ~_ en
costume d'Adam.

add|ieren [a'diːrən] _v/t._ additionner;
♀**iermaschine** _f_ additionneuse _f;_
machine _f_ à additionner; ♀**ition**
[adi'tsjoːn] _f_ addition _f._

Adel ['ɑːdəl] _m_ (7) noblesse _f;_ (_die_
~igen) les nobles _m/pl._

ad(e)lig ['ɑːd(ə)lɪç] _adj._ noble; ♀**e(r**
_m) m, f_ noble _m, f._

adeln _v/t._ (29) anoblir; _fig._ ennoblir.

Adels|stand _m_ noblesse _f; in den ~_
erheben anoblir; **~titel** _m_ titre _m_
nobiliaire.

Ader ['ɑːdər] _f_ (15) veine _f;_ (_Schlag♀_)

artère *f*; *fig.* verve *f*; j-n zur ~ lassen saigner q.; **~laß** [ˈ~las] *m* (4²) saignée *f*.

adieu [aˈdjøː] *int.* adieu; ~ *sagen* faire ses adieux.

Adjektiv [ˈatjɛktiːf] *n* (3¹) adjectif *m*; **2isch** *adj.* adjectif.

Adjutant [atjuˈtant] *m* (12) aide *m* de camp.

Adler [ˈaːdlər] *m* (7) aigle *m* (*Feldzeichen: f*); **~auge** *n* œil *m* d'aigle; **~blick** *m fig.* œil *m* perçant; **~horst** *m* aire *f* de l'aigle; **~nase** *f* nez *m* aquilin.

Admiral [atmiˈraːl] *m* (3¹) amiral *m*; **~i'tät** *f* amirauté *f*; **~stab** *m* état-major *m* général de la marine.

adoptieren [adɔpˈtiːrən] *v/t.* adopter; **2ion** [~ˈtsjoːn] *f* adoption *f*.

Adressat [adrɛˈsaːt] *m* (12) destinataire *m*.

A'dreßbuch *n* bottin *m*; annuaire *m*; carnet *m* d'adresses.

Adresse [aˈdrɛsə] *f* (15) adresse *f*; per ~ chez, (*durch Gefälligkeit*) aux soins de.

adressier|en [~drɛˈsiːrən] *v/t.* adresser; mettre l'adresse sur; **2maschine** *f* adressographe *m*; machine *f* à adresser.

adrett [aˈdrɛt] *adj.* propret.

A-Dur [ˈaːduːr] *n* (*inv.*) la *m* majeur.

Advent [atˈvɛnt] *m* (3) Avent *m*; **~szeit** *f* temps *m* de l'Avent.

Adverb [atˈvɛrp] *n* adverbe *m*; **2ial** [~ˈbjaːl] *adj.* adverbial.

Advokat [atvoˈkaːt] *m* (12) avocat *m*.

Aero|dynamik [aerodyˈnaːmik] *f* aérodynamique *f*; **2dy'namisch** *adj.* aérodynamique; **2'statisch** *adj.* aérostatique.

Affäre [aˈfɛːrə] *f* (15) affaire *f*; *sich aus der ~ ziehen* se tirer d'affaire; se débrouiller.

Affe [ˈafə] *m* (13) singe *m*; ✕ P sac *m*; F *e-n kleinen ~n haben* être un peu parti; être un peu gris.

Affekt [aˈfɛkt] *m* (3) émotion *f*; passion *f*; *im ~ handeln* agir sous le coup de l'émotion; *im ~ begangenes Verbrechen* crime *m* passionnel; **~handlung** *f* acte *m* passionnel; **2iert** [~ˈtiːrt] *adj.* affecté; maniéré.

affen|-artig *adj.* simiesque; F *mit ~er Geschwindigkeit* avec une vitesse vertigineuse; **2hitze** F F chaleur *f* tropicale; fournaise *f*; **2liebe** *f* amour *m* aveugle; **2schande** *f* scandale *m*;

2theater *n fig.* F farce *f*; cirque *m*; **2weibchen** *n* guenon *f*.

affig *fig.* F [ˈafiç] *adj.* maniéré; ridicule.

Afrikan|er(in *f*) [afriˈkaːnər] *m* (7) Africain(e *f*) *m*; **2isch** *adj.* africain.

After [ˈaftər] *m* (7) anus *m*; **~mieter** *m* sous-locataire *m*.

ägäisch [ɛˈgɛːiʃ] *adj.* égéen; *das 2e Meer* la mer Égée.

Agave ♀ [aˈgaːvə] *f* agave *m*, agavé *m*.

Agent [aˈgɛnt] *m* (12) agent *m*; chargé *m* d'affaires; **~ur** [~ˈtuːr] *f* agence *f*.

Aggregat [agreˈgaːt] *n* agrégat *m*; **~zustand** *n* état *m* de la matière.

Aggress|ion [agrɛˈsjoːn] *f* (16) agression *f*; **2iv** *adj.* agressif; **~ivi'tät** *f* agressivité *f*.

Agio ✝ [ˈaːjo] *n* (11) (*Aufgeld*) agio *m*; (*Mehrwert*) prime *f*.

Agitat|ion [agitaˈtsjoːn] *f* agitation *f*, propagande *f*; **~ator** [~ˈtaːtoːr] *m* (8¹) agitateur *m*; propagandiste *m*; **2a'torisch** *adj.* agitateur; **2'ieren** *v/i.* faire de la propagande.

Agraffe [aˈgrafə] *f* (15) agrafe *f*.

Agrar|land [aˈgraːr-] *n* pays *m* agricole; **~markt** *m* marché *m* agricole; **~reform** *f* réforme *f* agraire.

Ägypter|(in *f*) [ɛˈgyptər] *m* (7) Égyptien(ne) *m*; **2isch** *adj.* égyptien.

ah! *int.* ah!; ~ *was!* ah bah!

aha! *int.* ah! ah!; je l'avais bien dit!

Ahle [ˈaːlə] *f* (15) alêne *f*; *typ.* pointe *f*.

Ahn [aːn] *m* (5 u. 12) aïeul *m*; ~en *pl.* ancêtres *m/pl.*; aïeux *m/pl.*

ahnd|en [ˈaːndən] *v/t.* (26) punir; venger; **2ung** *f* punition *f*; vengeance *f*.

Ahne [ˈaːnə] 1. *m* = Ahn; 2. *f* (15) aïeule *f*.

ähneln [ˈɛːnəln] *v/i.* (26) j-m ~ ressembler (un peu) à q.

ahnen [ˈaːnən] *v/t. u. v/i.* (25) pressentir; (*vermuten*) se douter de.

Ahnentafel *f* arbre *m* généalogique.

ähnlich [ˈɛːnliç] *adj.* ressemblant; semblable; analogue; j-m ~ sehen ressembler à q.; *das sieht Ihnen ganz* ~ je vous reconnais bien là; **2keit** *f* ressemblance *f*; *fig.* analogie *f*.

Ahnung [ˈaːnuŋ] *f* pressentiment *m*; (*Vorstellung*) idée *f*; **2slos** *adj.* qui ne se doute de rien; **~slosigkeit** *f* ignorance *f*; **2svoll** *adj.* plein de pressentiment.

Ahorn [ˈaːhɔrn] *m* (3) érable *m*.

Ähre ['ɛːrə] f (15) épi m; ～n lesen glaner; **～nlese** f glanage m.

Airbus ['ɛːrbus] m aérobus m.

Akademie [akade'miː] f (15) académie f; **～mitglied** n académicien m.

Akade|miker (aka'deːmikər) m (7) universitaire m; **2misch** adj. académique; ～ gebildet qui a fait des études universitaires.

Akazie [a'kaːtsjə] f (15) acacia m.

akklimatisier|en [aklimati'ziːrən] v/rfl.: sich ～ s'acclimater; **2ung** f acclimatation f.

Akkord [a'kɔrt] m (3) ♪ accord m; (Folge von ～en) harmonie f; (Vergleich) arrangement m; im ～ arbeiten travailler aux pièces (od. à la tâche od. à forfait); **～arbeit** f travail m aux pièces (od. à la tâche od. à forfait); **～arbeiter(in** f) m ouvrier m, -ière f aux pièces.

Akkordeon [a'kɔrdeɔn] n (11) accordéon m.

Ak'kordlohn m salaire m à la tâche (od. aux pièces).

akkredit|ieren [akredi'tiːrən] v/t. accréditer; **2iv** [-'tiːf] n (3¹) dipl. lettres f/pl. de créance; ✝ lettre f de crédit; accréditif m.

Akku|(mulator) [akumu'laːto:r] m (11 [8¹]) accu(mulateur) m ([auf]laden [re]charger).

akkurat [～'raːt] adj. exact; soigneux; **2esse** [～'tɛsə] f (15, o.pl.) exactitude f; soin m.

Akkusativ ['akuzatiːf] m (3¹) accusatif m; **～objekt** n complément m direct.

Akne ['aknə] f (15) akné f.

Akontozahlung [a'kɔntotsaːluŋ] f acompte m; paiement m par acomptes.

Akribie [akri'biː] f (15, o.pl.) soin m méticuleux; exactitude f méticuleuse.

Akrobat|(in f) [akro'baːt] m (12) acrobate m, f; **～ik** f acrobatie f; **2isch** adj. acrobatique.

Akt [akt] m (3) acte m (a. thé.); peint. nu m.

Akte ['aktə] f (15) pièce f; document m; ～n pl. dossier m; zu den ～n legen classer; joindre au dossier; fig. ne plus parler de qch.; nach Einsicht der ～n après consultation du dossier.

Akten|deckel m chemise f; **2kundig** adj. enregistré; **～notiz** f mention f au dossier; **～ordner** m classeur m;

～schrank m armoire f à dossier (od. à classement); meuble-classeur m; **～stück** n = Akte; **～tasche** f serviette f; **～zeichen** n cote f; numéro m du dossier.

Aktie ['aktsjə] f (15) action f.

Aktien|gesellschaft f société f anonyme (od. par actions); **～inhaber** m actionnaire m; **～kapital** n fonds m social; **～markt** m marché m des actions.

Aktion [ak'tsjoːn] f action f; **～är(in** f) [～'nɛːr(in)] m actionnaire m, f; **～s-radius** m rayon m d'action.

aktiv [ak'tiːf] **1.** adj. actif; ✗ en activité (de service); **2.** ❤ gr. ['aktiːf] n (3¹) actif m; voix f active; **2a** [～'tiːva] n/pl. actif m; **～ieren** [～'viː-] v/t. activer; **2ität** f activité f; **2vermögen** n capital m effectif.

Aktstudie f étude f de nu.

aktuell [aktu'ɛl] adj. actuel; e-e ～e Frage une question d'actualité.

Aktzeichnung f dessin m de nu.

Akust|ik [a'kustik] f (16) acoustique f; **2isch** adj. acoustique.

akut [a'kuːt] adj. aigu; ～er Zustand acuité f.

Akzent [～'tsɛnt] m (3) accent m.

akzentuieren [～tu'iːrən] v/t. accentuer.

Akzept ✝ [～'tsɛpt] n (3) acceptation f (einholen procurer).

Akzep|tant ✝ [～'tant] m (12) acceptant m; **2tieren** [～'tiːrən] v/t. accepter.

Alabaster [ala'bastər] m (7) albâtre m.

Alarm [a'larm] m (3¹) alarme f; alerte f; ～ schlagen (blasen) donner (sonner) l'alarme; falscher ～ fausse alerte; **～anlage** f dispositif m d'alarme; **～bereitschaft** f: sich in ～ befinden être en état d'alerte; **～glocke** f tocsin m; ✗ sonnerie f d'alarme; **2ieren** [～'miːrən] v/t. alarmer; ✗ alerter; **2ierend** [～'miː-] p.pr. adjt. alarmant; inquiétant; **～zustand** m état m d'alerte.

Alaun [a'laʊn] m (3¹) alun m; **2haltig** ['～haltiç] adj. aluneux.

Alban|er [al'baːnər] m (13), **～erin** f Albanais(e f) m; **2isch** adj. albanais.

albern ['albərn] **1.** adj. niais; sot; **2.** v/i. dire des niaiseries; **2heit** f niaiserie f; sottise f.

Album ['album] n (9 u. 11) album m.

Alchi|mie [alçi'mi:] f alchimie f;
~mist [~'mist] m (12) alchimiste m.

Alemann|e [alə'manə] m (13) Alaman m; **2isch** adj. alémanique.

Alexandriner mét. [alɛksan'dri:nər] m (7) alexandrin m.

Alge ['algə] f (15) algue f.

Algebra ['algebra:] f (9¹) algèbre f; **2isch** [~'bra:iʃ] adj. algébrique.

Algeri|er(in) f [al'ge:rjər] m (7) Algérien(ne f) m; **2sch** adj. algérien.

Alibi ['a:libi] n (11) alibi m; sein ~ nachweisen fournir son alibi.

Alimente [ali'mɛntə] pl. pension f alimentaire.

Alkali [alka'li] n (8) alcali m; **2sch** adj. alcalin.

Alkohol ['alkoho:l] m (3¹) alcool m; **2frei** adj. sans alcool; non-alcoolisé; **~e** Getränke boissons f/pl. non-alcooliques; **~gehalt** m teneur f en alcool; **2haltig** (**~iker** [~'ho:likər] m) alcoolique (m); **2isch** [~'ho:liʃ] adj. alcoolique; **~e** Getränke spiritueux m/pl.; **2i'sieren** v/t. alcooliser; **~spiegel** m degré m (od. taux m) d'alcool; **~verbot** n prohibition f (d'alcool); **~vergiftung** f intoxication f par l'alcool.

Alkoven [al'ko:vən] m (16) alcôve f.

all [al] **1.** adj. (21) tout; **~e** Menschen tous les hommes; **~e** zwei Tage tous les deux jours; **~es** Gute! bonne chance!; vor **~em** avant tout; **~e** pl. tout le monde; **2.** **~** n univers m.

all'|-abendlich adv. tous les soirs; **~bekannt** adj. connu de tout le monde; (als sicher) notoire; (v. vielen gewußt) public.

Allee [a'le:] f (15) allée f, avenue f.

Allegor|ie [alego'ri:] f (15) allégorie f; **2isch** [ale'go:riʃ] adj. allégorique.

allein [a'laɪn] **1.** adj. u. adv. seul; schon **~** der Gedanke à la seule pensée; mit j-m **~** sein être en particulier (od. en tête-à-tête) avec q.; **2.** cj. mais; cependant; **2berechtigt** f droit m exclusif; **2besitz** m possession f exclusive; **2-erbe** m héritier m unique; **2herrscher** m souverain m absolu; monarque m; **~ig** adj. exclusif; **2sein** n solitude f; **~stehend** p.pr. adjt. seul; isolé; (ehelos) célibataire; (einsam) solitaire; **2verkauf** m vente f exclusive; **2vertreter** m représentant m exclusif; **2vertrieb** m exclusivité f.

'alle|mal adv. toutes les fois; toujours; ein für **~** une fois pour toutes.

'allen'falls adv. (zur Not) au besoin; à la rigueur; (höchstens) tout au plus.

allenthalben ['alənt'halbən] adv. partout.

'aller|'best adj. le meilleur de tous; das **2e** ce qu'il y a de mieux; **~'dings** adv. sans doute; en effet; bien entendu; **~'erst 1.** adj. le premier de tous, la première de toutes, etc.; **2.** adv. zu **~** avant tout.

Allerg|ie [alɛr'gi:] f (15) allergie f; **2isch** [a'lɛrgiʃ] adj. allergique (gegen à).

aller|hand adj. pas mal de; das ist **~!** c'est trop fort!; **2'heiligen(fest)** n (6) la Toussaint; das **2heiligste** in e-m Tempel: le sanctuaire; im jüdischen Tempel: le saint des saints; **~'höchstens** adv. tout au plus; **~'lei** adj. toutes sortes de; **2'lei** n pot-pourri m; pêle-mêle m; cuis. Leipziger **~** macédoine f de légumes; **~'letzt 1.** adj. le dernier de tous, la dernière de toutes, etc.; **2.** adv. zu **~** en dernier lieu; **~'liebst** adj. charmant; ravissant; am **~en** de préférence; **~'meist** adj. la plupart des ...; am **~en** le plus (souvent); **~'nächst** adj. le plus proche; **~'neu(e)st** adj. le plus nouveau; das **2e** le dernier cri; **2'seelen** n (6) jour m des morts; **~'seits** adv. de tous côtés; **2'weltskerl** F m gaillard m; type m; **~'wenigst** [~'ve:niçst] adj.: das **~e** le moins; am **~en** le moins.

alles pr./ind. tout; **~** in allem en somme; tout bien considéré; **~** zu seiner Zeit chaque chose en son temps; da hört doch **~** auf c'est trop fort; c'est le comble.

'alle|'samt adv. tous ensemble; **2skleber** m colle f universelle; **~'zeit** adv. toujours; en tout temps.

Allgegen|wart f omniprésence f; ubiquité f; **2wärtig** adj. omniprésent.

allge'mein adj. général; commun; universel; **2befinden** n état m général (de la santé); **2bildung** f culture f générale; **~gültig** adj. généralement valable; de valeur universelle; **2heit** f généralité f; universalité f; (Publikum) public m; **~verständlich** adj. intelligible à tous; à la portée de tous.

all|gewaltig adj. tout-puissant; **2'heilmittel** n remède m universel; panacée f.

Allianz [ali'ants] f (16) alliance f.

Alligator [ali'ga:to:r] m (8¹) alligator m.

alli'jährlich adj. annuel; 2**macht** f toute-puissance f; ~**mächtig** adj. tout-puissant; der 2e m le Tout--Puissant; ~**mählich** [~'mε:liç] 1. adj. graduel; 2. adv. a. peu à peu.

Allotria [a'lo:tria] pl.: ~ treiben faire des fredaines, baguenauder.

all|seitig ['·zaitiç] adj. universel; 2**strom-empfänger** m, 2**stromgerät** n récepteur m (od. poste m) tous--courants.

All|tag m jour m ordinaire (od. ouvrable); fig. der ~ la vie quotidienne (od. de tous les jours); der graue ~ la grisaille quotidienne; 2**täglich** adj. quotidien; fig. banal; trivial; ~**täglichkeit** f banalité f; trivialité f.

alltags adv. en semaine; 2**sorgen** f/pl. soucis m/pl. quotidiens.

all|-umfassend adj. universel; qui embrasse tout; ~'**wissend** adj. qui sait tout; omniscient; 2¹'**wissenheit** f omniscience f; ~**wöchentlich** adj. hebdomadaire; ~**zu** adv. trop; ~**zu-'sehr**, ~**zu'viel** adv. trop; ~ ist ungesund trop est trop; ~**zweck-** in Zssgn ... à tout faire.

Alm [alm] f (16) pâturage m alpestre.

Almanach ['almanax] m (3¹) almanach m.

Almosen ['·mo:zən] n (6) aumône f; ~ geben faire l'aumône; um (ein) ~ bitten demander la charité.

Aloe ['a:loe] f (15) aloès m.

Alp [alp] m (13) elfe m; lutin m; ~**druck** m, ~**drücken** n cauchemar m.

Alpen|glühen ['alpən-] n embrasement m des Alpes; ~**jäger** m chasseur m alpin; ~**klub** m club m alpin; ~**rose** f rhododendron m des Alpes; ~**veilchen** n cyclamen m; ~**verein** m club m alpin.

Alphabet [alfa'be:t] n (3) alphabet m; 2**isch** adj. (adv. par ordre) alphabétique.

Alphorn n cor m des Alpes.

alpin [al'pi:n] adj. alpin, alpestre; 2**ist** m (12) alpiniste m.

Alptraum m cauchemar m.

Alraun [al'raun] m (3), ~**e** f (15) mandragore f.

als [als] cj. (wie) comme; en; en qualité de; à titre de; en tant que;

zeitlich: quand; lorsque; eines Tages, ~ ... un jour que ...; ~ ob comme si; tun ~ ob faire semblant (od. feindre) (de); nach comp.: que; mehr ~ zwei Jahre plus de deux ans; ~'**bald** adv. aussitôt; ~'**dann** adv. alors; (darauf) puis.

also ['alzo] cj. donc; par conséquent; ~ gut! bon alors!; ~ los! allons!; en route!; na ~! eh bien!; ~ doch! voyez--vous!; ~ wie gesagt or, comme je viens de dire.

alt [alt] 1. adj. âgé; vieux; (ehemalig, altertümlich) ancien; (uralt u. altmodisch) antique; (abgenutzt) usé; ~ werden vieillir; zehn Jahre ~ âgé de dix ans; wie ~ ist er (schätzen Sie ihn)? quel âge a-t-il (lui donnez-vous)?; er ist zehn Jahre ~ il a dix ans; für ~ kaufen acheter d'occasion; immer wieder das ~e Lied (die ~e Leier) fig. toujours la même rengaine; 2. 2 ♪ m (3) alto m.

Altar [al'ta:r] m (3¹ u. 3) autel m; ~**bild** n retable m; ~**decke** f, ~**tuch** n nappe f d'autel.

alt|backen adj. rassis; ~**bekannt** adj. connu depuis longtemps; ~**bewährt** adj. éprouvé par l'expérience (od. par l'usage); ~**deutsch** adj. ancien allemand.

Alte(r m) [al'tə(r)] m, f vieillard m, vieille (femme) f.

Alt|-eisen n ferraille f; ~**er** n (7) (Dauer) âge m; (Greisen2) vieillesse f; hohes ~ (v. Dingen) vétusté f; von ~s her de tout temps.

älter ['εltər] adj. (comp. v. alt) plus âgé; (v. Geschwistern) aîné; er ist ~ als ich il est mon aîné; ein ~er Herr un homme d'un certain âge.

altern v/i. (29, sn) vieillir.

Alternative [altεrna'ti:və] f (15) alternative f.

Alters|-erscheinung f signe m de vieillesse; ~**genosse** m camarade m du même âge; ~**grenze** f limite f d'âge; ~**heim** n maison f de retraite; asile m des vieillards; ~**klasse** f classe f d'ancienneté; ~**präsident** m doyen m d'âge; ~**rente** f pension f de vieillesse; 2**schwach** adj. décrépit; sénile; ~**schwäche** f sénilité f; caducité f; ~**unterschied** m différence f d'âge; ~**versorgung** f pension f de retraite; caisse f de prévoyance-vieillesse; ~**zulage** f prime f d'ancienneté.

Alter|tum n (1²) antiquité f; **2tüm-lich** ['~ty:mliç] adj. antique; (Wort) archaïque.

Altertums|forscher m archéologue m; **~kunde** f archéologie f.

ältest ['ɛltəst] adj. (sup. v. alt) le plus âgé; (v. Geschwistern) aîné; **2e(r)** m (Vorsteher) doyen m.

alt|französisch adj. ancien français; **~gewohnt** adj. habituel; **~herge-bracht** ['~gəbraxt] adj. traditionnel; **~hochdeutsch** adj. ancien 'haut allemand.

Altistin [al'tistin] f (12) contralto m.

alt|jüngferlich adj. de vieille fille; **~klug** adj. précoce; blanc-bec.

ältlich ['ɛltliç] adj. vieillot.

Alt|material n déchets m/pl.; résidus m/pl.; **~materialverwertung** f utilisation f des déchets; **~meister** m vieux maître m; chef m d'école; Sp. ancien champion m; **2modisch** adj. démodé; passé de mode; **~papier** n vieux papiers m/pl. **~sprachler** m (7) philologue m classique; **~stadt** f cité f; **~stimme** f contralto m; **~warenhändler** m brocanteur m; fripier m; **~weibersommer** m été m de la Saint-Martin; (Spinnfäden) filandres f/pl., F fils m/pl. de la Vierge.

Aluminium [alu'mi:njum] n (9) aluminium m; **~folie** f feuille f d'aluminium.

am [am] prp. (an dem) ~ Arm au bras; ~ Morgen le matin; ~ 7. Mai le sept mai; ~ Main sur le Main; ~ besten le mieux.

Amalgam [amal'ga:m] n (3¹) amalgame m.

Amateur [ama'tø:r] m amateur m; **~fotograf** m photographe m amateur.

Amazone [~'tso:nə] f (15) amazone f.

Amboß ['ambɔs] m (4) enclume f.

ambu|lant adj. ⚕ ambulant; ~ ambulatoire; **2lanz** f (16) ambulance f.

Ameise [a'maɪzə] f (15) fourmi f.

Ameisen|bär m fourmilier m; tamanoir m; **~haufen** m fourmilière f; **~löwe** m fourmi-lion m; **~säure** f acide m formique.

Amen ['ɑ:mən] **1.** n (6) amen m; **2.** 2 adv. amen; ainsi soit-il.

Ameri'kan|er(in f) [ameri'ka:nər] m (7), Américain(e f) m; **2isch** adj. américain.

Amethyst [ame'tyst] m (3) améthyste f.

Amme ['amə] f (15) nourrice f; **~n-märchen** n conte m bleu (od. de bonne femme).

Ammer orn. ['amər] f (15) bruant m.

Ammoniak [amo'njak] n (3¹) ammoniaque f; **2haltig** adj. ammoniacal.

Amnesie [amne'si:] f (15) amnésie f.

Amnestie [amnes'ti:] f (15) amnistie f; **2ren** v/t. amnistier.

Amöbe [a'mø:bə] f (15) amibe f.

a-Moll [ɑ:'mɔl] n (inv.) la m mineur.

Amor ['ɑ:mɔr] m Cupidon m; Amour m.

amorph [a'mɔrf] adj. amorphe.

Amortis|ation [amɔrtiza'tsjo:n] f amortissement m; **2ieren** [~'zi:-] v/t. amortir.

Ampel ['ampəl] f (15) suspension f; (Verkehrs2) feux m/pl. (de signalisation).

Ampere ⚡ [am'pɛ:r] n (11[¹]) ampère m; **~meter** n ampèremètre m; **~stunde** f ampère-heure m.

Ampfer ['ampfər] m (7) oseille f.

Amphi|bie [am'fi:bjə] f (15) amphibie m; **~bienfahrzeug** n véhicule m amphibie; **2bisch** adj. amphibie; **~theater** [am'fi:tea:tər] n amphithéâtre m.

Ampulle [am'pulə] f (15) ampoule f.

Amput|ation [amputa'tsjo:n] f amputation f; **2ieren** [~'ti:rən] v/t. amputer.

Amsel orn. ['amzəl] f (15) merle m.

Amt [amt] n (1²) bureau m; office m; (Anstellung) emploi m; poste m; (Amtstätigkeit) fonction f; (Ehren2) charge f; s-s ~es walten faire son devoir; von ~s wegen d'office; in ~ und Würden stehen être arrivé (aux honneurs); **2ieren** [~'ti:-] v/i. être en fonctions; **2lich** adj. officiel; **~mann** m (1²) bailli m.

Amts|-antritt m entrée f en fonctions; **~aus-übung** f exercice m des fonctions; **~befugnis** f compétence f; **~bereich** m ressort m; **~bezirk** m district m; juridiction f; **~blatt** n bulletin m officiel; **~bote** m messager-huissier m; **~bruder** m confrère m; **~dauer** f durée f du mandat; **~diener** m huissier m; **~eid** m serment m d'entrée en charge; **~enthebung** f destitution f; (zeitweilige) suspension f; **~führung** f administration f; gestion f; **~geheimnis** n secret m professionnel; **~gericht** n tribunal m de première instance; **~geschäfte** n/pl. fonctions f/pl.; **~gewalt** f autorité f; **~handlung** f opération f administrative; acte m officiel; **~miene** f mine f officielle; air m officiel; **~mißbrauch** m abus m de pouvoir; 2**müde** adj. fatigué (od. dégoûté) de ses fonctions (od. de son emploi); **~niederlegung** f démission f; **~person** f personnage m officiel; **~richter** m juge m de première instance; **~schimmel** iron. m carriole f administrative; den ~ reiten avoir l'esprit bureaucratique; **~sprache** f langue f officielle (od. administrative); **~stunden** f/pl. heures f/pl. de bureau (od. de service); **~tracht** f costume m officiel; robe f; **~vorgänger** m prédécesseur m; **~vormund** m tuteur m légal (od. d'office); **~vorsteher** m chef m de bureau; **~zeichen** n téléph. tonalité f; **~zeit** f période f d'activité.

Amulett [amu'lɛt] n (3) amulette f.

amü|sant [amy'zant] adj. amusant; divertissant; drôle; **~'sieren** v/t. (v/rfl. sich ~ s')amuser.

an [an] **1.** prp. (wo? dat., wohin? acc.): **a)** örtliche Nähe: à; **b)** geogr. Lage: (situé) sur; **c)** Zeit: am Tage nach Ostern le lendemain de Pâques; ~ e-m schönen Frühlingsmorgen par une belle matinée de printemps; auf Fahrplänen: arrivée; **2.** adv. von … ~ dès; à partir de.

analo|g [ana'lo:k] adj. analogue; 2**'gie** f analogie f.

Analphabet ['an²alfabe:t] m (12) illettré m; analphabète m; **~entum** n analphabétisme m.

Analy|se [ana'ly:zə] f (15) analyse f; 2**'sieren** v/t. analyser; **~tiker** m (7) analyste m; 2**tisch** adj. analytique.

Anämie [anɛ'mi:] ♀ f (15) anémie f.

Ananas ['ananas] f (inv. u. 14²) ananas m.

Anarch|ie [anar'çi:] f (15) anarchie f; **~'ist(in** f) m (12) anarchiste m; 2**i-stisch** adj. anarchiste.

Anatom [ana'to:m] m (12) anatomiste m; **~ie** [~'mi:] f anatomie f; 2**isch** adj. anatomique.

an|bahnen v/rfl.: sich ~ se préparer; **~bändeln** ['~bɛndəln] v/i. (29): mit j-m ~ flirter avec q.; (feindlich) chercher noise à q.

Anbau m ♪ culture f; Arch. annexe f;

2**en** v/t. ♪ cultiver; Gebäude: adosser; 2**fähig** adj. cultivable; **~fläche** f terre f cultivable (od. cultivée); **~möbel** n/pl. meubles m/pl. par éléments.

Anbeginn m début m; origine f; von ~ an dès l'origine.

an|behalten v/t. Kleider: garder; **~'bei** adv. ci-joint; ci-inclus; sous ce pli; **~beißen 1.** v/t. mordre dans; **2.** v/i. (Fisch) mordre à l'hameçon; zum 2 schön joli à croquer; **~belangen** v/t. concerner; was mich anbelangt quant à moi; en ce qui me concerne; **~bellen** v/t. aboyer après (a. od. contre); **~beraumen** ['~bəraumən] v/t. (25) fixer; ⚖ préfixer.

anbet|en v/t. adorer; 2**er(in** f) m (7) adorateur m, -trice f.

Anbetracht m: in ~ (gén.) en considération de; vu; étant donné; in ~, daß vu que; étant donné que.

anbetteln v/t.: j-n ~ mendier auprès de q.

Anbetung f adoration f; 2**swürdig** adj. adorable.

anbieder|n v/rfl. (29): sich ~ se montrer familier (bei avec); F taper sur le ventre (à); 2**ung** f familiarité f.

anbieten v/t. offrir.

anbinden v/t.: ~ an (dat. od. acc.) attacher à; Boot: amarrer; Reben: accoler; palisser.

anblasen v/t. Feuer: souffler; Hochofen: mettre en feu; etw. ~ souffler sur qch.; F j-n ~ attraper q.

Anblick m aspect m; vue f; beim ~ von à la vue de; 2**en** v/t. 2er: regarder.

an|blinzeln v/t. regarder en clignant de l'œil; **~bohren** v/t. forer; Harzbäume: térébrer; (bohrend öffnen) percer; ein Faß ~ mettre un tonneau en perce; ⚓ saborder; **~braten** v/t. faire revenir; **~brechen 1.** v/t. Brot, Flasche: entamer; **2.** v/i. (sn) (Tag) commencer à paraître (od. à poindre); die Nacht bricht an la nuit tombe; **~brennen 1.** v/t. mettre le feu à; Zigarre usw.: allumer; **2.** v/i. (sn) s'allumer; (Speisen) brûler; **~bringen** v/t. placer (a. Wort); mettre; appliquer; ⊕ installer; (herbringen) apporter; (herbeiführen) amener; Plakat: afficher.

Anbruch m: bei ~ des Tages à la pointe du jour; bei ~ der Nacht à la tombée de la nuit.

anbrüllen v/t. F: j-n ~ crier après q.; enguirlander q.; P engueuler q.

An|chovis = Anschovis.

An|dacht ['ˌdaxt] f (16) recueillement m; (Gebet) prière f; s-e ~ halten faire ses dévotions (od. sa prière); **2dächtig** ['ˌdɛçtiç] adj. dévot; recueilli; (aufmerksam) attentif.

Andalus|ier(in f) [anda'lu:zjər] m (7) Andalou(se f) m; **2isch** adj. andalou.

andauern v/i. durer; continuer; persister; ~d adj. permanent; continuel.

Andenken n (6) mémoire f; souvenir m; zum ~ an (acc.) en souvenir de.

ander ['andər] adj. (18) autre; ~e (Leute) autrui; am ~n Tag le lendemain; e-r nach dem ~n tour à tour; ein ~es Mal une autre fois; etw. and(e)res autre chose; nichts ~es (bei vb. mit) rien d'autre; und ~es mehr et autres choses encore; machen Sie das ~en weis! à d'autres!; alles ~e tout le reste; unter ~em entre autres choses; ~erseits adv. d'autre part; par contre; **~mal** adv.: ein ~ une autre fois.

ändern ['ɛndərn] (29) **1.** v/t. changer; (teilweise) modifier; (bessern) corriger; s-e Meinung ~ changer d'avis; **2.** v/rfl.: sich ~ changer; die Preise ~ sich les prix varient.

andern|falls adv. autrement; sinon; en cas contraire; **~teils** adv. d'autre part.

anders adv. autrement; sich ~ besinnen se raviser; j. ~ quelqu'un d'autre; niemand ~ personne d'autre (bei vb. mit ne); nicht ~ können ne pouvoir faire autrement; es war nicht ~ zu erwarten il fallait s'y attendre; **~artig** adj. différent; d'une autre espèce; **~denkend** adj. qui pense autrement; d'avis différent; rl. dissident; **~geartet** adj. d'un autre caractère.

anders|gläubig adj. hétérodoxe; **~herum** adv. dans l'autre sens; **~wo** adv. ailleurs; **~wo'her** adv. d'ailleurs; **~wo'hin** adv. ailleurs.

anderthalb ['ˌthalp] adj. un et demi; ~ Stunden une heure et demie.

Änderung f changement m; modification f; **~s-antrag** m amendement m; **~swunsch** m demande f de modification.

ander|wärts ['ˌvɛrts] adv. ailleurs; **~weitig 1.** adj. autre; ~e Verpflichtungen d'autres obligations; **2.** adv. ailleurs; autrement.

andeut|en v/t. indiquer; (durch Worte) faire allusion à; donner à entendre; peint. ébaucher; **2ung** f indication f; allusion f; **~ungsweise** adv. par allusion.

andichten v/t.: j-m etw. ~ attribuer (faussement) qch. à q.

Andrang m affluence f; afflux m.

andrehen v/t. F Radio, Gas: ouvrir; Licht: allumer; fig. j-m etw. ~ refiler qch. à q.

androh|en v/t.: j-m etw. ~ menacer q. de qch.; **2ung** f menace f; **rt** unter ~ von sous peine de.

andrücken v/t. presser (an contre).

aneignen ['ˌʔaignən] v/rfl.: sich etw. ~ s'approprier qch.; Kenntnisse: assimiler qch.; **2ung** f appropriation f; assimilation f.

an-ei'nander adv. l'un à (resp. près de) l'autre; **~fügen** v/t. joindre; **~geraten** v/i. (sn) en venir aux mains; **~grenzen** v/i. être contigu; se toucher; **~grenzend** p.pr. adjt. voisin; contigu; **~prallen** v/i. (sn) s'entrechoquer; **~reihen** v/t. mettre à la file; **~stoßen** v/i. (sn) s'entrechoquer.

Anekdot|e [anɛk'do:tə] f (15) anecdote f; **2enhaft** adj. anecdotique.

an-ekeln v/t. dégoûter; écœurer.

Ane'mone f (15) anémone f.

an|empfehlen v/t. recommander; **2-erbieten** n (6) offre f.

an-erkannt p.p. adjt. reconnu; **~ermaßen** adv. comme chacun le reconnaît; de l'aveu de tous.

an-erkenn|en v/t. reconnaître (als, für pour); (lobend) apprécier; gesetzlich ~ légitimer; Rekord: homologuer; nicht ~ désavouer; **~enswert** adj. digne d'être apprécié; louable; **2ung** f reconnaissance f; gesetzliche ~ légitimation f.

an-erziehen v/t. inculquer.

an|fachen v/t. (25) souffler; attiser (a. fig.); **~fahren 1.** v/t. Kies, Sand: apporter; Fußgänger: 'heurter; fig. rudoyer; rabrouer; **2.** v/i. (Zug) se mettre en marche; (Auto) démarrer; **⚒** descendre dans la mine.

Anfahrt f accès m; (Ankunft) arrivée f.

Anfall **⚔** m attaque f; atteinte f; accès m; **2en** v/t. attaquer; (überfallen) attenter à.

anfällig ['ˌfɛliç] adj. de santé faible.

Anfang ['ˌfaŋ] m (3³) commencement *m*; erster ~ début *m*; von ~ an dès le début; den ~ mit etw. machen commencer par qch.; 2**en** *v/t. u. v/i.* commencer (zu a *od.* de); se mettre à; (tun) mit j-m Streit ~ chercher querelle à q.

Anfänger|(in f) ['ɛfɛŋər(in)] commençant(e f) *m*, débutant(e f) *m*; novice *m*, *f*; 2**lich** *adj.* premier; primitif; initial; originaire; *adv.* = anfangs.

anfangs ['ɛfaŋs] *adv.* d'abord; au commencement; 2**buchstabe** *m* (lettre f) initiale f; großer ~ majuscule f; kleiner ~ minuscule f; 2**gehalt** *n* traitement *m* initial; 2**geschwindigkeit** *f* vitesse f initiale; 2**gründe** ['ɛgryndə] *m/pl.* éléments *m/pl.*; (ganz elementare) rudiments *m/pl.*; 2**kapital** *n* capital *m* initial; 2**stadium** *n* phase f initiale; 2**unterricht** *m* enseignement *m* élémentaire.

anfassen *v/t.* toucher; prendre; (Kind) la main à q. prendre la main à q.

anfaulen *v/i.* commencer à pourrir.

anfecht|bar ['ɛfɛçtbaːr] *adj.* contestable; ~**en** *v/t.* ⚖ attaquer; contester; ein Testament ~ contester la validité d'un testament; 2**ung** f contestation f; (Versuchung) tentation f.

anfeind|en ['ɛfaɪndən] *v/t.* (26) attaquer; manifester de l'hostilité; 2**ung** f inimitié f; hostilité f.

anfertig|en ['ɛfɛrtiɡən] *v/t.* faire; Kleider: a. confectionner; ⊕ fabriquer; (abfassen) rédiger; (aufstellen) dresser; établir; 2**ung** f fabrication f; (v. Kleidung) confection f; (Abfassung) rédaction f.

anfeucht|en ['ɛfɔyçtən] *v/t.* (26) humecter; mouiller; 2**er** *m* (7) mouilleur *m*.

an|feuern *v/t. fig.* enflammer; *bsd. Sp.* encourager; 2**feuerungsrufe** *m/pl. Sp.* cris *m/pl.* d'encouragement; ~**flehen** *v/t.* implorer; supplier; (um de); ~**flicken** *v/t.* coudre (an acc. à); ~**fliegen** *v/t.* voler sur; faire escale à; 2**flug** *m Flgw.* approche f; *fig.* ombre *m*; idée f; trace f; soupçon *m*.

anfordern *v/t.* demander; faire venir; 2**ung** f demande f; (Anspruch) exigence f; hohe ~en stellen être très exigeant; exiger beaucoup (an j-n de q.).

Anfrag|e f demande f; *parl.* interpel-

lation f; 2**en** *v/i.* demander; *parl.* interpeller; bei j-m nach etw. ~ s'informer de qch. auprès de q.

an|fressen *v/t.* ronger; (Würmer) piquer; (Vögel) picoter; 🜊 corroder; von den Motten angefressen mité; ~**freunden** ['ɛfrɔyndən] *v/rfl.* (26): sich mit j-m ~ se lier (d'amitié) avec q.; sich mit etw. ~ se familiariser avec qch.; ~**frieren** *v/i.* (sn) se geler sur; geler; se congeler; ~**fügen** *v/t.* joindre; ajouter; ~**fühlen** *v/t.* toucher; tâter; sich hart ~ être dur au toucher.

Anfuhr ['ɛfuːr] f (16) charriage *m*; charroi *m*; An- und Abfuhr camionnage *m*.

anführ|en *v/t.* conduire; Beispiel: donner; Heer: commander; Text: citer; Zeugen: produire; Gründe: alléguer; *fig.* tromper; duper; 2**er** *m* (7) chef *m*; ✗ commandant *m*; (v. Aufruhr, Streik) meneur *m*; 2**ung** f conduite f; ✗ commandement *m*; (v. Textstellen) citation f; (v. Gründen) allégation f; 2**ungszeichen** *n* guillemets *m/pl.*

an|füllen *v/t.* remplir (mit de); (übermäßig) combler; 2**gabe** f déclaration f; indication f; (Auskunft) information f; (Prahlerei) vanterie f; nähere ~n détails *m/pl.*; genaue ~n précisions *f/pl.*; statistische ~n données *f/pl.* statistiques; ~**gaffen** F *v/t.* regarder bouche bée; ~**gängig** ['ɛɡɛŋiç] *adj.* faisable; possible.

angeb|en 1. *v/t.* indiquer; dire; nommer; Wert: déclarer; (anzeigen) dénoncer, rapporter; *ecol.* moucharder; genau ~ préciser; 2. *v/i.* F (prahlen) crâner; faire l'important; poser; se vanter; 2**er** *m* (7) indicateur *m*; dénonciateur *m*; (Prahler) crâneur *m*; vantard *m*; fanfaron *m*; 2**erei** [~ə'raɪ] f crânerie f; vanterie f; fanfaronnade f; ~**erisch** *adj.* vantard; fanfaron.

Angebinde ['aŋɡəbində] *n* (3) cadeau *m*.

an|geblich *adj.* prétendu; soi-disant; 2. *adv.* à ce qu'on dit.

angeboren *p.p. adjt.* inné; naturel; de naissance; (Krankheit) congénital.

Angebot *n* offre f.

ange|bracht ['aŋɡəbraxt] *p.p. adjt.* opportun; convenable; ~**brannt** ['ɛɡəbrant] *p.p. adjt.*: ~ riechen sentir le brûlé; ~ *schmecken* avoir un goût de brûlé; ~**bunden** [\~'gəbun-dən] *p.p. adjt.:* kurz ~ *sein* avoir le parler bref, se montrer brusque; ~**deihen** [\~'gədaɪən] *v/i.: j-m etw.* ~ *lassen* accorder qch. à q.; (*Erziehung*) donner; ~**gossen** [\~'gəgɔsən] *p.p. adjt.:* wie ~ *sitzen* aller comme un gant; ~**griffen** [\~'gəgrifən] *p.p. adjt.:* ~ *aussehen* avoir l'air fatigué (*od.* souffrant); ~**heiratet** *p.p. adjt.* apparenté par mariage; ~**heitert** [\~'gəhaɪtərt] *p.p. adjt.:* ~ *sein* être gris (*od.* émêché).

angehen 1. *v/i.* (sn) (*anfangen*) commencer; (*verderben*) se gâter; pourrir; (*leidlich sein*) être passable; (*möglich sein*) être possible; F (*Licht*) s'allumer; (*Feuer*) prendre; 2. *v/t.: j-n* ~ aborder q.; *fig.* s'adresser à q.; (*betreffen*) regarder; concerner; *was mich angeht* quant à moi; *was geht es Sie an?* de quoi vous mêlez-vous?; *j-n um etw.* ~ demander qch. à q.; ~**d** *p.pr. adjt.* futur.

angehö|**ren** [\~'gəhø:rən] *v/i.* (*e-r Klasse usw.*) être (du nombre); de; ♀**rige(r** *m*) *m, f* (*e-s Betriebes, Vereins usw.*) membre *m*; (*Familien*♀) parent(e *f*) *m*; *meine* (*nächsten*)~♀ ma famille; mes proches; les miens.

Angeklagte(r *m*) *m, f* accusé(e *f*) *m*; prévenu(e *f*) *m*.

Angel [ˈaŋəl] *f* (15) ligne *f*; (*Tür*♀) gond *m*.

angelegen [\~'gəleːgən] *adj.:* sich etw. ~ *sein lassen* prendre qch. à cœur; ♀**heit** *f* affaire *f*; question *f*; ♀♂ cause *f*.

angelernt [\~'gəlɛrnt] *p.p. adjt.:* ~er *Arbeiter* ouvrier *m* semi-qualifié.

Angel|**haken** *m* hameçon *m*; ♀**n** *v/t. u. v/i.* (29) pêcher à la ligne; ~**punkt** *m* pivot *m*; ~**rute** *f* canne *f* à pêche; ligne *f*.

Angel|**sachse** *m* (13), ~**sächsin** *f* Anglo-Saxon(ne *f*) *m*; ~**sächsisch** *adj.* anglo-saxon.

Angel|**schnur** *f* ligne *f*; ~**sport** *m* pêche *f* à la ligne.

an|**gemessen** [\~'gəmɛsən] *adj.* convenable; équitable; raisonnable; etw. *für* ~ *halten* juger qch. convenable; ♀**gemessenheit** *f* convenance *f*; ~**genehm** [\~'gəneːm] *adj.* agréable; sympathique; ~**genommen** [\~'gənɔmən] *p.p. adjt.* (*Kind*) adoptif; (*Name*) d'emprunt; ~, *daß* ... supposé que ... (*subj.*).

Anger [ˈaŋər] *m* (7) pâturage *m*; (*Grasplatz*) pelouse *f*.

ange|**regt** [ˈ\~gəreːgt] *p.p. adjt.:* ~e *Unterhaltung* conversation *f* animée; ~**schlagen** [ˈ\~gəʃlaːgən] *p.p. adjt.* (*Boxer*) touché; ~**schrieben** [ˈ\~gə-ʃriːbən] *p.p. adjt.:* bei *j-m* gut (*schlecht*) ~ *sein* (ne pas) être dans les petits papiers de q.

Angeschuldigte(r *m*) *m, f* inculpé(e *f*) *m*.

angesehen [\~'gəzeːən] *p.p. adjt.* estimé; considéré; *schlecht* (*gut*) ~ *sein* bei être mal (bien) vu de.

Angesicht *n* visage *m*; face *f*; ♀**s** *adv.* (*gen.*) eu égard à.

angestammt [ˈ\~ʃtamt] *adj.* héréditaire.

Angestellte(r *m*) *m, f* employé(e *f*) *m*; *m-e* ~*en* mon personnel; *leitender* ~ cadre *m*; *höherer* ~ employé *m* supérieur.

ange|**strengt** [ˈ\~gəʃtrɛŋkt] *p.p. advt.* avec beaucoup d'effort; ~**tan** *p.p. adjt.:* *dazu* ~, *daß* ... fait pour ... (*inf.*); *er hat es ihm* ~ il l'a conquis; ~**trunken** [ˈ\~gətruŋkən] *p.p. adjt.* émêché; gris; ~**wandt** *p.p. adjt.* ✿ appliqué; ♋ *usw.*: expérimental; ~**wiesen** [ˈ\~gəviːzən] *p.p. adjt.:* ~ *sein auf* (*acc.*) dépendre de; *ich bin darauf* ~ je n'ai que cette ressource; ~**wöhnen** [ˈ\~gəvøːnən] 1. *v/t.:* sich etw. ~ accoutumer (*od.* habituer) q. à qch.; 2. *v/rfl.:* sich etw. ~ prendre l'habitude de de qch.

Angewohnheit *f* habitude *f*.

angewurzelt *p.p. adjt.* enraciné; wie ~ *dastehen* être comme cloué sur place.

Angina [aŋgiːna] *f* (16²) angine *f*.

angleich|**en** *v/t.* assimiler; rajuster; ♀**ung** *f* assimilation *f*; rajustement *m*.

Angler [ˈaŋlər] *m* (7) pêcheur *m* (à la ligne).

anglieder|**n** *v/t.* rattacher (*an* à); annexer (*an* à); ♀**ung** *f* rattachement *m*; annexion *f*.

anglotzen P *v/t.* zieuter; reluquer.

Angorawolle [aŋˈgoːra-] *f* laine *f* angora.

angreif|**bar** *adj.* attaquable; contestable; ~**en** *v/t.* attaquer; assaillir; *Gesundheit:* affaiblir; épuiser; *Kapital:* entamer; ♋ ronger; corroder; *die Nerven* ~ porter sur les nerfs; *das hat mich angegriffen* cela m'a secoué;

2er m agresseur m; assaillant m; attaquant m.

angrenzen ['~grɛntsən] v/i.: an etw. (acc.) ~ confiner à qch.; **~d** p.pr. adjt. contigu; voisin; adjacent; (Land a.) limitrophe.

Angriff m attaque f (auf acc. contre); assaut m; agression f; in ~ nehmen commencer; se mettre à; zum ~ übergehen passer à l'attaque.

Angriffs|krieg m guerre f offensive; **~lust** f esprit m agressif; **2lustig** adj. agressif; guerrier; **~punkt** ⊕ m point m d'application; **~waffe** f arme f offensive; **~ziel** n objectif m.

angrinsen v/t. regarder en ricanant.

Angst [aŋst] 1. f (14¹) peur f (vor dat. de); crainte f (vor dat. de); angoisse f; anxiété f; ~ haben avoir peur (vor dat. de); ~ bekommen, in ~ geraten prendre peur; j-m ~ machen faire peur à q.; 2. 2 adj.: mir ist ~ j'ai peur; **~geschrei** n cris m/pl. de détresse (od. d'angoisse); **~hase** m poltron m; F froussard m.

ängstig|en ['ɛŋstigən] v/t. (25) faire peur (à); (v/rfl. sich ~ s')inquiéter (um de); **~lich** ['ɛŋstliç] adj. craintif; peureux; anxieux; inquiet; **2lichkeit** f anxiété f; fig. scrupule m.

Angst|neurose f névrose f d'angoisse; **~schweiß** m sueur f froide (od. d'angoisse); **~voll** adj. angoissé; (plein) d'angoisse.

angucken v/t. regarder.

anhaben v/t. Kleider usw.: avoir mis; porter; j-m etw. ~ wollen en vouloir à q.; man kann ihm nichts ~ on n'a pas de prise sur lui.

anhaften v/i. adhérer (à).

anhaken v/t. accrocher; agrafer; (in e-r Liste) cocher.

Anhalt ['~halt] m = Anhaltspunkt; **2en 1.** v/t. arrêter; (faire) stopper; j-n zu etw. ~ exhorter q. à faire qch.; **2.** v/i. s'arrêter; (fortdauern) continuer; durer; persister; um ein Mädchen ~ demander une fille en mariage; **2end 1.** p.pr. adjt. continuel; **2.** p.pr. advt. continuellement; sans cesse; **~er** m (7) auto-stoppeur m; per ~ fahren faire de l'auto-stop; **~spunkt** m indice m; point m d'appui (od. de repère).

Anhang ['~haŋ] m (e-s Buches) appendice m; (ergänzend) supplément m; (e-s Testaments) codicille m; (e-r Akte) annexe f; (Anhängerschaft) ad-

hérents m/pl., partisans m/pl., mv.p. coterie f; clan m; péj. clique f; ohne ~ sans famille.

anhäng|en v/t. suspendre; (anhaften machen) attacher; (an e-m Haken) accrocher (à); (hinzufügen) ajouter (à); fig. j-m etw. ~ imputer (od. attribuer) qch. à q.; **2er** m (7) adhérent m; partisan m; (Schüler) disciple m; (Schmuck) pendentif m; (Koffer2) étiquette f; (Straßenbahn2) baladeuse f; (Auto2) remorque f; **2erschaft** f partisans m/pl.; **~ig** ['~hɛŋiç] adj. ⅔⅔ pendant; ~es Verfahren procédure f pendante; e-n Prozeß ~ machen intenter un procès; **~lich** adj. attaché; dévoué; **2lichkeit** f attachement m; dévouement m (an acc. pour); **2sel** ['~hɛŋzəl] n (7) (Schmuck) pendeloque f; breloque f.

anhauchen v/t. souffler sur; F fig. rudoyer.

anhäuf|en v/t. amasser; (in Haufen geordnet) entasser; (ungeordnet) amonceler; (höher häufen) accumuler; **2ung** f entassement m; amoncellement m; accumulation f.

an|heben v/t. soulever; relever; **~heften** v/t. attacher (an acc. à); **~heilen** ⅋ v/i. (sn) se refermer en guérissant; **~heimeln** ['~haiməln] v/t. (29): das heimelt mich an je me sens comme chez moi; **~heimelnd** p.pr. adjt. intime; commode; à son aise.

anheim|fallen ['~haim-] v/t. échoir (en partage); **~stellen** v/t.: j-m etw. ~ s'en remettre (od. s'en rapporter) à q. de qch.

an|heizen v/t. Ofen: allumer; fig. Stimmung: chauffer; exciter; **~heuern** ['~hɔyɐn] v/t. Matrosen: engager; Schiff: affréter.

Anhieb m: auf ~ du premier coup.

anhimmeln v/t. adorer; élever (od. porter) aux nues.

Anhöhe f éminence f; élévation f; 'hauteur f; (Hügel) colline f; coteau m.

anhören 1. v/t. écouter; (vernehmen) entendre; prêter l'oreille à; **2.** v/rfl.: sich ~ wie sonner comme; sich gut ~ flatter l'oreille; **3.** 2 n audience f; (v. Zeugen usw.) audition f.

Anilin [ani'li:n] n (3, o. pl.) aniline f.

ani'malisch adj. animal; péj. bestial.

Animier|dame [ani'mi:r-] f entraî-

neuse f; **2en** v/t. entraîner (zu à).
Anis [aˈniːs] m (4) anis m; **~likör** m
anisette f.
ankämpfen v/i. lutter (gegen contre).
Ankauf m achat m; **2en 1.** v/t. acheter; **2.** v/rfl.: sich ~ acheter une
propriété; s'établir.
Anker [ˈaŋkər] m (7) ancre f (werfen
jeter; lichten lever); vor ~ gehen (liegen) se mettre (être) à l'ancre; ⚡
induit m; armature f; **~boje** f balise f;
~grund m mouillage m; **~kette** f
câble-chaîne m; **2n** v/i. (29) ancrer;
jeter l'ancre; mouiller; **~platz** m
mouillage m; **~tau** n câble m (de
retenue); **~uhr** f montre f à échappement; **~wicklung** ⚡ enroulement m d'induit; **~winde** f cabestan
m.
anketten [ˈ~kɛtən] v/t. enchaîner.
Anklage f accusation f; 🏛 prévention
f; **~bank** f banc m des accusés; **2n**
v/t.: j-n e-r Sache (gén.) ~ accuser q.
de qch.; öffentlich ~ dénoncer;
~punkt m chef m d'accusation.
Ankläger m accusateur m; öffentlicher ~ procureur m de la République.
Anklage|schrift f acte m d'accusa-
tion; **~vertreter** m représentant m
de l'accusation; procureur m; **~ver-
tretung** f ministère m public; **~zu-
stand** m mise f en accusation; 🏛
prévention f.
anklammern [ˈ~klamərn] v/t. cramponner (an acc. à); Wäsche usw.: fixer
avec des pinces.
Anklang m résonance f; écho m;
(entfernte Ähnlichkeit) réminiscence
f; ~ finden être bien accueilli.
ankleben 1. v/t. coller; Plakat: afficher; **2.** v/i. (sn) coller ensemble;
adhérer (an dat. à).
ankleiden [ˈ~klaɪdən] v/t. (v/rfl. sich
~ s')habiller; (se) vêtir.
an|klingeln v/t. F téléph.: j-n (od. bei
j-m) ~ téléphoner à q.; **~klingen** v/i.
rappeler (an etw. acc. qch.); **~klop-
fen** v/i. frapper (à la porte); **~knip-
sen** ⚡ v/t. presser (resp. tourner) le
bouton (od. commutateur).
anknüpf|en v/t. attacher; nouer;
Gespräch ~ lier conversation; Beziehungen mit j-m ~ entrer en relations
avec q.; **2.** v/i.: an etw. (acc.) ~ partir
de qch.; **2ungspunkt** m point m de
départ.

ankommen v/i. (sn) arriver; fig. gut
~ être bien accueilli; übel ~ tomber
mal; ~ auf (acc.) dépendre de; es
kommt darauf an cela dépend; c'est
selon; es kommt darauf an, zu ... (inf.)
il s'agit de; es kommt mir darauf an, zu
... (inf.) il m'importe de ... (inf.); je
tiens à ... (inf.); ich lasse es darauf ~ je
courrai la chance; es kommt mir nicht
auf das Geld an je ne regarde pas à
l'argent; darauf soll es nicht ~ qu'à
cela ne tienne.
Ankömmling [ˈ~kœmliŋ] m (3¹)
nouveau venu m, nouvelle venue f.
an|koppeln v/t. attacher (an acc. à);
Esb.: accoupler; accrocher; **~kreiden**
[ˈ~kraɪdən] v/t. (26) fig. F: j-m etw. ~
garder rancune à q. de qch.; **~kreu-
zen** [ˈ~krɔʏtsən] v/t. marquer d'une
croix.
ankündig|en [ˈ~kyndigən] v/t. an-
noncer; (zur Warnung) avertir;
2ung f annonce f; avertissement m;
avis m.
Ankunft [ˈ~kunft] f (14¹) arrivée f;
~szeit f heure f d'arrivée.
an|kuppeln = ankoppeln; **~kurbeln**
v/t. mettre en marche; fig. Wirtschaft: redresser; stimuler; encourager; **~lächeln** v/t.: j-n ~ sourire à
q.; **~lachen** v/t.: j-n ~ regarder q. en
riant.
Anlage [ˈ~laːgə] f (Geld2) placement
m; (Gebäude) établissement m;
(Bau) construction f; (Park) plantation f; **~n** pl. jardins m/pl.; prome-
nades f/pl.; (e-s Gedichts usw.) plan
m; ébauche f (Fähigkeit) disposition f (zu pour); aptitude f (à);
(Beilage) annexe f; pièce f annexée;
(Entwurf) plan m; (Anordnung)
arrangement m; ⊕ installation f; ✕
ouvrages m/pl.; **~kapital** n capital m
d'investissement; mise f de fonds;
~papiere n/pl. valeurs f/pl. de placement.
anlangen [ˈ~laŋən] **1.** v/i. (sn) arriver;
2. v/t. concerner; regarder.
Anlaß [ˈ~las] m (4²) (Veranlassung)
occasion f; (zum Handeln) motif m; ~
geben zu etw. donner lieu à qch.; ohne
allen ~ sans aucun motif.
anlass|en v/t. Kleider: garder; F
Licht: laisser allumé; Motor: lancer;
Metalle: recuire; **2er** m (7) Auto
démarreur m.
anläßlich [ˈ~lɛsliç] prp. (gén.) à l'occasion de; à propos de.

Anlauf m élan m; ~ nehmen prendre son élan (a. fig.); fig. im ersten ~ d'emblée; 2en 1. v/t. ♣ Hafen: toucher; faire escale; 2. v/i. (sn) Sp. prendre son élan; fig. (Produktion, Werbung usw.) commencer; démarrer; (Spiegel) se ternir; (Metall) changer de couleur; rot~ rougir; blau ~ bleuir (vor de); gegen etw. ~ se heurter contre qch.; fig. lutter contre qch.; ~zeit f fig. période f de démarrage.

Anlaut gr. m son m initial; 2en v/i. commencer (mit par).

anläuten v/t.: j-n ~ téléphoner à q.

anlegen 1. v/t. mettre (an acc. contre); Kleider: mettre; Fabrik usw.: établir; installer; Weg: tracer; construire; Geld: placer; 🌳 planter; Gewehr: mettre en joue; 💰 appliquer; es darauf ~, zu ... (inf.) prendre à tâche de ... (inf.); 2. v/i. (landen) aborder; accoster; faire escale; auf j-n ~ coucher q. en joue; 2esteg m, 2estelle f ♣ embarcadère m; débarcadère m; appontement m.

anlehnen v/t.: an etw. (acc.) ~ appuyer contre qch.; Tür: entrebâiller; 2ung f: in ~ an (en) suivant l'exemple de.

Anleihe ['~laɪə] f (15) emprunt m (machen 💰 contracter); bei j-m e-e ~ machen emprunter qch. à q.

anleimen v/t. coller.

anleiten v/t. diriger; (belehren) instruire; 2ung f instruction f.

anlernen v/t. instruire; 2ling m ouvrier m apprenti.

anliefern v/t. livrer (à domicile).

anliegen 1. v/i. (Ländereien) être voisin de; être contigu à; (Kleider) être ajusté; coller; 2. 2en n (6) contiguïté f; (Wunsch) désir m; (Bitte) demande f; ~end p.pr. adj. contigu; adjacent; (Kleider) collant; (beigefügt) sous ce pli; ci-joint; 2er m (7) riverain m; 2erstaat m état m riverain.

an|locken v/t. attirer; séduire; allécher; ~löten v/t. souder; ~lügen v/t.: j-n ~ mentir à q.; ~machen v/t. attacher (an à); fixer (an sur); Feuer, Licht: allumer; Salat: faire; assaisonner; préparer; ~malen v/t. peindre; 2. v/rfl. F: sich ~ (schminken) se peindre.

Anmarsch m approche m; 2ieren v/i. (sn) approcher.

anmaßen ['~maːsən] v/rfl. (27): sich

etw. ~ s'arroger qch.; Erfindung: s'attribuer; Recht: usurper; sich etw. zu tun ~ avoir la prétention de faire qch.; sich ein Urteil ~ se permettre un jugement (über acc. sur); ~end p.pr. adj. arrogant; prétentieux; présomptueux; 2ung f arrogance f; prétention f; présomption f.

Anmeld|efrist f délai m de déclaration (od. d'inscription) (d'arrivée od. de séjour); 2en 1. v/t. annoncer; (zur Versteuerung) déclarer; (einschreiben lassen) faire inscrire; Telefongespräch: demander; Vorbehalte ~ formuler (od. exprimer) des réserves; 2. v/rfl. sich ~ s'inscrire; sich bei der Polizei ~ faire une déclaration de séjour à la police; ~epflicht f déclaration f obligatoire; ~eschein m fiche f de déclaration; ~ung f annonce f; (zur Versteuerung) déclaration f; (Einschreibung) inscription f; téléph. demande f de communication.

anmerken v/t. remarquer; j-m etw. ~ lire qch. sur le visage de q.; (notieren) (an)noter; 2ung f remarque f; note f; annotation f; mit ~en versehen annoter.

an|messen v/t. cout.: j-m etw. ~ prendre la mesure de qch. à q.; ~mustern v/t. ♣ enrôler.

Anmut f (16) grâce f; charme m; 2en v/t. donner l'impression de; 2ig adj. gracieux; charmant; ~ sein avoir du charme; (Gegend) riant.

an|nageln v/t. clouer; ~nähen v/t. coudre (an acc. à).

annäher|n ['anɛːərn] v/t. (v/rfl. sich ~) s'approcher (dat.); ~nd 1. adj. approximatif; 2. adv. approximativement; à peu près; 2ung f approche f; fig. rapprochement m; 2ungsversuch m tentative f de rapprochement; ~e machen faire des avances.

Annahme ['ana:mə] f (15) acceptation f; (Abnahme) réception f; (Zulassung) admission f; (Vermutung) supposition f; hypothèse f; (an Kindes Statt, e-s Antrags, e-s Glaubens) adoption f; in der ~, daß ... supposé que ... (subj.); ~stelle f bureau m de réception; (für Handgepäck) consigne f; ~verweigerung f refus m d'acceptation.

Annalen [a'naːlən] pl. annales f/pl.

annehm|bar ['anne:mbaːr] adj. acceptable; (*Grund*) plausible; (*zulässig*) admissible; **~en** *v/t.* accepter; *nicht* ~ refuser; *Gesuch*: admettre; *Meinung, Antrag, Kind*: adopter; (*übernehmen*) se charger de; (*sich aneignen*) prendre; *Besuche*: recevoir; *Rat*: écouter; (*voraussetzen*) supposer; *Konfession*: embrasser; **2lichkeit** *f* agrément *m*.

annektier|en [anɛkˈtiːrən] *v/t.* annexer; **2ung** *f* annexion *f*.

anno [ˈano:] *prp.* en (l'an).

Annonc|e [aˈnõːsə] *f* (15) annonce *f* (*aufgeben* publier); **2ieren** [anõˈsiːrən] *v/t.* publier une annonce.

annullier|en [anuˈliːrən] *v/t.* annuller; **2ung** *f* annulation *f*.

Anode [aˈnoːdə] *f* (15) anode *f*; **~n...** *in Zssgn* anodique.

anöden [ˈanˈʔøːdən] F *v/t.* ennuyer; embêter.

anomal [ˈanomaːl] *adj.* anomal; **2ie** [~ˈliː] *f* (15) anomalie *f*.

anonym [anoˈnyːm] *adj.* anonyme; **2ität** *f* anonymat *m*.

Anorak [ˈanorak] *m* (11) anorak *m*.

an-ordn|en *v/t.* ([*ein*]*ordnen*) disposer; arranger; (*verordnen*) ordonner; arrêter; **2ung** *f* (*der einzelnen Teile*) disposition *f*; (*im ganzen*) arrangement *m*; (*Verordnung*) ordre *m*; arrêt *m*.

an-organisch *adj.* anorganique.

anpacken *v/t.* empoigner; saisir.

anpass|en *v/t.* (*v/rfl. sich* ~ s')accommoder; (s')ajuster; *fig.* (s')adapter; (*anprobieren*) essayer; **2ung** *f* accommodation *f*; ajustement *m*; *fig.* adaptation *f*; **~ungsfähig** *adj.* souple; d'une grande faculté d'adaptation; **2ungsfähigkeit** *f* souplesse *f*; faculté *f* d'adaptation.

anpeilen *v/t.* ♪, *Flgw.* mettre le cap sur; (*durch Funk*) relever; repérer; *fig.* viser.

anpfeifen *v/t.* *Sp.* donner le coup d'envoi; F *fig.*: j-n ~ savonner q.

Anpfiff *m Sp.* coup *m* d'envoi; F *fig.* savon *m*.

anpflanz|en *v/t.* planter; **2ung** *f* plantation *f*.

an|pinseln F *v/t.* peindre; **~pöbeln** F *v/t.* brusquer.

Anprall *m* (3¹) choc *m*; **2en** *v/i.*(sn): ~ *an* (*acc.*) donner (*od.* 'heurter) contre.

anprangern [ˈanpranərn] *v/t.* (29): j-n ~ mettre (*od.* clouer) q. au pilori.

anpreis|en *v/t.* vanter; recommander; (*übermäßig*) prôner; *s-e Ware* ~ faire l'article; **2ung** *f* recommandation *f*; réclame *f*; éloges *m/pl.*

Anprob|e *f* essayage *m*; **2ieren** *v/t.* essayer.

anpumpen F *v/t.*: j-n um etw. ~ taper q. de qch.

Anrainer [ˈanraɪnər] *östr. m* riverain *m.*

anraten 1. *v/t.*: j-m etw. ~ conseiller qch. à q.; **2.** *2 n*: *auf j-s* ~ sur le conseil de q.

anrech|enbar *adj.* imputable; **~e** *Dienstzeit* service *m* accompli (*od.* pris en compte); **~nen** *v/t.* compter; mettre en compte; ♱ imputer (*auf* sur); *fig.* tenir compte de; (*zuschreiben*) attribuer à; etw. hoch ~ faire grand cas de qch.; **2nung** *f* imputation *f* (*auf* sur); *unter* ~ (*gén.*) avec l'imputation de; *in* ~ bringen mettre en ligne de compte.

Anrecht *n* droit *m* (*auf acc.* à).

Anrede *f* titre *m*; *rhét.* apostrophe *f*; (*feierliche*) 'harangue *f*; **2n** *v/t.* (*feierlich*) 'haranguer; j-n ~ adresser la parole à q., (*unvermittelt*) aborder q., accoster q.

anreg|en *v/t.* animer; exciter; stimuler (a. ♨); zum Denken ~ donner à penser; (*Unternehmung*) suggérer; **~end** *p.pr. adjt.* suggestif; ♨ stimulant; **2ung** *f* suggestion *f*; impulsion *f*; excitation *f*.

anreicher|n *v/t.* enrichir (*mit* de); **2ung** *f* enrichissement *m*.

anreihen [ˈ~raɪən] *v/t.* (*v/rfl. sich* ~ se) joindre; (s')ajouter (*an* à).

Anreiz *m* (*innerer Drang*) impulsion *f*; (*auf etw. Bestimmtes hin*) incitation *f*; ♨, *fig.* stimulation *f*; **2en** *v/t.* exciter; inciter; stimuler.

an|rempeln F *v/t.* (29) bousculer; brusquer; **~rennen** *v/t.*: gegen etw. (j-n) ~ donner contre qch. (q.).

Anrichte [ˈ~rɪçtə] *f* (15) dressoir *m*; crédence *f*; **2n** *v/t.* (*herrichten*) préparer; (*auftragen*) dresser; servir; ⊕ apprêter; préparer; *Schaden*: causer; *da hast du was Schönes angerichtet* tu en as fait de belles.

an|rüchig [ˈ~ryçiç] *adj.* suspect; mal famé; **~rücken 1.** *v/t.* avancer; (*näher rücken*) approcher; **2.** *v/i.* (sn) ✗ s'approcher (*gegen* de).

Anruf *m* appel *m* (*a. téléph.*); (*an Gott usw.*) invocation *f*; **~beantworter**

téléph. m répondeur m automatique; **2en** v/t. appeler; téléph. téléphoner (à); Gott: invoquer; Instanz: avoir recours à; j-s Hilfe ~ implorer le secours de q.; um Hilfe ~ appeler au secours; **~ung** f appel m; (Gottes) invocation f; (Instanz) recours m (à).

anrühren v/t.: etw. ~ toucher (à) qch.; (auflösen) délayer; Eier usw.: battre; brouiller; Gips: gâcher.

Ansag|e ['~za:gə] f (15) annonce f; (feierliche) proclamation f; **2en** v/t. annoncer; (verkünden) proclamer; Heirat usw.: faire part de; **~er(in** f) ['~za:gər] m (7) radi., télév. speaker m, speakerine f; annonceur m, -euse f; (Kabarett) présentateur m.

ansamm|eln v/t. (v/rfl. sich ~ s')a-masser; Menschen: (se) rassembler; Reichtümer: accumuler; **2ung** f amassement m; (Menschen2) rassemblement m; (v. Reichtümern) accumulation f.

ansässig ['~zɛsiç] adj. domicilié; établi; sich ~ machen s'établir; ~ sein résider.

Ansatz m commencement m; rudiment m; (Haar2) naissance f (des cheveux); ⊕ pièce f ajoutée; rallonge f; (Ablagerung, Rost2) dépôt m; gute Ansätze zeigen montrer de bons débuts; in ~ bringen mettre en ligne de compte; **~punkt** m point m de départ.

ansaugen v/t. sucer; phys. aspirer.

anschaff|en v/t. procurer; (durch Kauf) acheter; procurer; **2ung** f acquisition f; (durch Kauf) achat m; **2ungskosten** pl. frais m/pl. d'achat; **2ungspreis** m prix m d'achat; **2ungswert** m valeur f d'achat.

anschalten v/t. mettre en circuit; Licht: allumer.

anschau|en v/t. regarder; (aufmerksam) contempler; (überlegend) considérer; **~lich** adj. clair; évident; **2lichkeit** f évidence f; clarté f; **2ung** f (Betrachtung) contemplation f; phil. intuition f; (Standpunkt) opinion f; (~sweise) manière f de voir; (Vorstellung) idée f.

Anschau-ungs|material n matériel m éducatif (od. documentaire); **~unterricht** m leçon f de choses; **~weise** f manière f de voir.

Anschein m apparence f; semblant m; sich den ~ geben faire semblant (zu de); se donner l'air (de); es hat den ~

daß ... il semble que ... (subj.); dem ~ nach selon les apparences; **2end 1.** adj. apparent; **2.** adv. apparemment; en apparence.

an|schicken v/rfl.: sich zu etw. ~ s'apprêter (od. se disposer) à qch.; **~schießen** ch. v/t. blesser (d'un coup de fusil); **~schirren** v/t. (25) 'harnacher; weitS. atteler.

Anschlag m coup m; attentat m (auf, gegen contre); ([auf] der Schreibmaschine) frappe f; ♪ touche f; (Zettel) affiche f; placard m; ⊕ butée f; ⛳ évaluation f; estimation f; (Kosten2) devis m; Gewehr in ~ bringen mettre en joue; heimlicher ~ complot m; in ~ bringen mettre en ligne de compte; **~brett** n tableau m des affiches (od. d'affichage) **2en 1.** v/t. fixer (an acc. à); Erlaß usw.: afficher; placarder; (läuten) sonner; Saite: toucher; faire vibrer; (Boxsport) toucher; (schätzen) évaluer; estimer; taxer; **2.** v/i. (Hund) aboyer; Sp. (Schwimmen) toucher (le but); ⚕ (Kur, Mittel) être efficace; faire de l'effet; ~ an (acc.) 'heurter contre; **~säule** f colonne f d'affiches; colonne f Morris; **~zettel** m affiche f.

an|schleichen v/rfl.: sich ~ s'approcher à pas de loup; **~schließen 1.** v/t. attacher (an acc. à); Gefangene: enchaîner; (anfügen) joindre; ⚡ connecter; **2.** v/rfl.: sich ~ an (acc.) se joindre à; pol. se rallier à; se rattacher à; sich der Meinung e-s anderen ~ se ranger à l'avis d'un autre; **3.** v/i. joindre; eng ~ coller; **~schließend 1.** adj. suivant; (Zimmer) contigu; **2.** adv. ensuite.

Anschluß m contact m; jonction f; adjonction f; Esb. correspondance f; téléph. communication f (téléphonique); keinen ~ haben ne pas avoir le téléphone; ⚡ connexion f; raccordement m; raccord m; pol. rattachement m; (Bekanntschaft) connaissances f/pl.; im ~ an (acc.) à propos de; **~dose** f prise f de courant; **~klemme** ⚡ f borne f de raccord(ement); **~rohr** n tuyau m de raccordement; **~schnur** ⚡ f cordon m de raccordement; **~station** Esb. f station f d'embranchement; **~zug** m train m correspondant.

anschmieg|en v/rfl. (25): sich an j-n ~ se serrer contre q.; **~sam** adj. souple; caressant.

an|schmieren v/t. barbouiller; fig. F duper; **~schnallen** (25) **1.** v/t. boucler; mettre; Schlittschuhe: attacher; Schi: chausser; **2.** v/rfl.: sich ~ s'attacher; Flgw. bitte ~! attachez vos ceintures, s'il vous plaît; boucler les ceintures.

an|schnauzen F v/t. (27) rudoyer; savonner; P engueuler; **~schneiden** v/t. entamer (a. fig.); **2schnitt** m entame (f.) (Schnittfläche) coupe f.

Anschovis [~'∫o:vis] f anchois m.

an|schrauben v/t. visser; **2schrauben** n visage m; **2schreiben** v/t. écrire; (anmerken) noter; ✝ porter en compte; ~ lassen prendre à crédit; gut angeschrieben sein être bien noté; **~schreien** v/t.: j-n ~ rudoyer q.; **2schrift** f adresse f.

anschuldig|en ['∫uldigən] v/t. (25): j-n ~ accuser q. (e-r Sache gén. de qch.); **2ung** f accusation f.

an|schwärzen v/t. noircir; fig. a. dénigrer; diffamer; **~schweißen** v/t. souder à.

anschwell|en v/i. (sn) s'enfler; (sich mit Gas füllen) se gonfler; (Flüsse) croître; être en crue; **2ung** f gonflement m; (Geschwulst) tumeur f.

anschwemmen v/t. déposer; alluvionner; Sand ~ charrier des sables.

an|schwindeln v/t.: j-n ~ mentir à q.; rouler q.; **~sehen** v/t. regarder; j-n schief ~ regarder q. de travers; sich etw. ~ examiner (resp. aller voir) qch.; irrtümlich ~ für prendre pour; als etw. ~ considérer comme; etw. mit ~ assister à qch.; être témoin de qch.; **2sehen** n (6) vue f; (Anschein) apparence f; air m; (Rücksicht) égard m; (Schätzung) considération f; (Geltung) autorité f; (Einfluß) crédit m; prestige m; importance f; von ~ kennen connaître de vue; in ~ stehen être considéré; sich ~ verschaffen se faire respecter; ohne ~ der Person sans acception de personne; **~sehnlich** ['~ze:nliç] adj. de belle apparence; (bedeutend) considérable; (wichtig) important; **~seilen** v/t. (v/rfl. sich ~ s')encorder; (s')attacher avec une corde; **~sengen** v/t. roussir; angesengt riechen sentir le roussi; **~setzen** **1.** v/t. mettre (an à); (anstücken) ajouter; ✈ (treiben) pousser; (festsetzen) fixer; (taxieren) évaluer; taxer; Becher: porter aux lèvres; Instrument: emboucher; Bowle: faire; préparer; Fett ~ engraisser; **2.** v/i. commencer à; se mettre à; zum Sprung ~ prendre son élan; **2setzung** f (e-s Termins) fixation f.

Ansicht f vue f (a. phot.); aspect m; (geistige Anschauung) manière f de voir; (Meinung) opinion f; avis m; m-r ~ nach selon moi; à mon avis; (Bücher) zur ~ pour examen.

Ansichts|(post)karte f carte f (postale) illustrée; **~sache** f affaire f de goût (od. d'opinion); **~sendung** ✝ f envoi m au choix.

ansied|eln (29) v/t. (v/rfl. sich ~ s')établir; se domicilier; (se) fixer; **2ler** m (7) colon m; **2lung** f colonie f; agglomération f; (Vorgang) colonisation f; établissement m; von Industrie implantation f de l'industrie.

Ansinnen n (6) prétention f; exigence f; ein ~ j-n stellen exiger qch. de q.

anspann|en v/t. Kräfte, Bogen usw.: tendre; Geist: appliquer; Pferde: atteler; **2en** n attelage m; **2ung** f fig. tension f; application f.

an|spielen v/t. jouer le premier; auf etw. (acc.) ~ faire allusion à qch.; **2spielung** ['~∫pi:luŋ] f allusion f; **~spinnen** v/rfl. fig.: sich ~ naître; se nouer; se tramer; **~spitzen** v/t. ⊕ appointer; Bleistift: tailler; **2spitzer** m (7) taille-crayon m.

Ansporn m excitation f; stimulation f; **2en** v/t. éperonner; fig. aiguillonner; stimuler.

Ansprache f 'harangue f; (v. Vorgesetzten) allocution f.

ansprechen 1. v/t.: j-n ~ adresser la parole à q.; aborder q.; j-n um etw. ~ demander qch. à q.; **2.** v/i. (Eindruck machen) plaire; intéresser; **~d** p.pr. adj. agréable; sympathique; tentant.

an|springen 1. v/t. (Hund): j-n ~ bondir sur q.; **2.** v/i. (sn) (Motor) démarrer; **~spritzen** v/t. asperger; (mit Schmutz) éclabousser.

Anspruch m prétention f; droit m; revendication f; réclamation f; auf etw. (acc.) ~ erheben prétendre à (od. réclamer) qch.; ~ haben auf (acc.) avoir droit à; viel Zeit in ~ nehmen prendre beaucoup de temps; sehr in ~ genommen sein être très occupé.

anspruchs|los adj. modeste; sans prétention(s); **2losigkeit** f modestie f; **~voll** adj. prétentieux; exigeant.

anspucken v/t. cracher sur.

anspülen = anschwemmen.

anstacheln v/t. piquer; fig. stimuler.

Anstalt ['-ʃtalt] f (16) établissement m; institution f; ~en machen se préparer (à); faire des préparatifs (de).

Anstand ['-ʃtant] m (3³, o.pl.) bienséance f; convenances f/pl.; décence f; (Ehrbarkeit) honnêteté f; ch. affût m; den ~ wahren respecter les règles de la bienséance; mit ~ convenablement.

anständig ['-ʃtɛndiç] adj. convenable; bienséant; (sittsam) décent; (ehrbar) honnête; sei ~! tiens-toi bien.

Anstands|besuch m visite f de politesse (od. de convenance); **~dame** f chaperon m; **~gefühl** n sentiment m des convenances; tact m; **2halber** ['-halbar] adv. pour la forme; **2los** adv. sans difficulté (od. hésitation); **~regeln** f/pl. règles f/pl. (od. usages m/pl.) de la bienséance.

anstarren v/t. regarder fixement; fixer du regard.

anstatt [-'ʃtat] 1. prp. (gén.) au lieu de; à la place de; ~ meiner à ma place; 2. cj. ~, daß ..., ~ zu (inf.) au lieu de (inf.).

an|staunen v/t. regarder avec étonnement; **~stechen** v/t. piquer; Faß: mettre en perce.

ansteck|en 1. v/t. épingler; attacher avec une épingle; Ring: mettre; Zigarette: allumer; Haus: incendier; ♀ (v/rfl. sich ~) contaminer; 2. v/i. être contagieux; **~end** p.pr. adjt. contagieux (a. fig.); **2ung** f contagion f (a. fig.); infection f; **2ungs- herd** m foyer m d'infection.

anstehen v/i. (warten) faire la queue; (geziemen) être (bien)séant; aller bien; (sich verzögern) être différé; ~ lassen (verzögern) différer; remettre; ajourner.

ansteigen v/i. (sn) monter; aller en montant; (Wasser) croître; être en crue; fig. s'accroître; steil (od. sprunghaft) ~ monter en flèche; **~d** p.pr. adjt. montant.

anstell|en 1. v/t. mettre; placer (an contre); Arbeiter: employer; engager; embaucher; fest ~ titulariser; (veranstalten) arranger; Radio, Gas: ouvrir; ⚡ allumer; Maschine: mettre en marche; Betrachtungen: faire; 2. v/rfl.: sich ~ se poster; faire la

queue; fig. s'y prendre; sich ~, als ob... faire semblant de ... (inf.); **~ig** adj. adroit; habile; **2ung** f place f; emploi m; poste m; **2ungsbedin- gungen** f/pl. conditions f/pl. d'engagement.

ansteuern v/t. ♣, Flgw. mettre le cap sur.

Anstieg ['-ʃtiːk] m (3) montée f; ascension f; (Temperatur2) augmentation f.

anstieren F v/t. (25) regarder d'un air hagard.

anstift|en v/t. causer; provoquer; j-n zu etw. ~ exciter q. à qch.; **2er** m auteur m; instigateur m; **2ung** f provocation f; excitation f.

anstimmen v/t. entonner.

Anstoß ['-ʃtoːs] m choc m; 'heurt m; (Ärgernis) scandale m; (Antrieb) impulsion f; Sp. coup m d'envoi; Stein des ~es pierre f d'achoppement (od. de touche); bei j-m ~ erregen scandaliser q.; choquer q.; ~ nehmen an (dat.) être choqué par; se scandaliser (od. se formaliser) de; **2en 1.** v/t. pousser (contre); 'heurter; 2. v/i. se 'heurter (an à); donner contre; mit den Gläsern ~ choquer les verres; trinquer; (angrenzen) toucher; être contigu à; bei j-m ~ choquer q.; scandaliser q.; mit der Zunge ~ zézayer; **2end** p.prt. adjt. contigu; adjacent; attenant; voisin.

anstößig ['-ʃtøːsiç] adj. choquant; inconvenant; indécent; (schlüpfrig) scabreux.

an|strahlen v/t. Gebäude usw.: illuminer; **~streben** v/t.: etw. ~ aspirer à qch.

anstreich|en v/t. peindre; badigeonner; Stelle: marquer; **2er** m (7) peintre m (en bâtiments).

anstreng|en ['-ʃtrɛŋən] (25) 1. v/t. (ermüden) fatiguer; Prozeß: intenter; Geist: tendre; 2. v/rfl.: sich ~ s'efforcer (de); **~end** p.pr. adjt. fatigant; **2ung** f effort m; fatigue f.

Anstrich m (couche f de) peinture f; badigeonnage m; fig. semblant m; apparence f; air m.

anstücke(l)n ['-ʃtykə(l)n] v/t. rajouter (une pièce).

Ansturm m assaut m; (v. Kunden) affluence f; ruée f; im ersten ~ d'emblée.

anstürmen v/i. (sn): ~ gegen fondre sur; assaillir.

Ansuchen *n* (6) demande *f*; requête *f*; (*inständiges*) instances *f/pl*.

antarktisch [ant'⁹arktiʃ] *adj.* antarctique.

antasten *v/t.* toucher; tâter; palper; *fig.* porter atteinte à.

Anteil *m* part *f*; portion *f*; (*Teilnahme*) intérêt *m*; **an etw.** (*dat.*) ~ **haben** avoir part (*od.* participer) à qch.; **an etw.** (*dat.*) ~ **nehmen** prendre part à qch.; montrer de l'intérêt pour qch.; s'intéresser à qch.; **2mäßig** *adj.* proportionnel; ~**nahme** *f* intérêt *m*; sympathie *f*; (*Beileid*) condoléances *f/pl*.; ~**schein** ✝ *m* action *f*.

antelefonieren F *v/t.* téléphoner (à).

Antenne [an'tɛnə] *f* (15) antenne *f*.

Anthrazit [antra'tsiːt] *m* (3¹) anthracite *m*; **2farben** *adj.* (gris) anthracite.

Anti|alkoholiker [anti⁹alko'hoːlikər] *m* antialcoolique *m*; ~**'babypille** *f* pilule *f* contraceptive; ~**bi'otikum** *n* (9²) antibiotique *m*; ~**fa'schismus** *m* antifascisme *m*; **2fa'schistisch** *adj.* antifasciste.

antik [an'tiːk] *adj.* antique; **2e** *f* (15) antiquité *f*.

Antilope [~'loːpə] *f* (15) antilope *f*.

Anti|pa'thie [~pa'tiː] *f* antipathie *f*; ~**pode** [~'poːdə] *m* (13) antipode *m*.

antippen *v/t.* taper doucement.

An'tiqua *typ.* [~kvaː] *f* (*inv.*) (caractère *m*) romain *m*.

Antiquar [~'kvaːr] *m* (3¹) antiquaire *m*; brocanteur *m*; (*Buchhändler*) marchand *m* de livres d'occasion, F bouquiniste *m*; ~**iat** [~kva'rjat] *n* (3) librairie *f* d'occasion; **2isch** [~'kwaː-] *adj. u. adv.* d'occasion.

Antiquität [~kvi'tɛːt] *f* (16) antiquité *f*; ~**enhändler** *m* marchand *m* d'antiquités; antiquaire *m*; brocanteur *m*.

Antisemit [~ze'miːt] *m* (12) antisémite *m*; **2isch** *adj.* antisémitique; ~**ismus** [~mi'tismus] *m* antisémitisme *m*.

anti'septisch *adj.* antiseptique.

Antlitz ['antlits] *n* (3²) visage *m*; face *f*.

Antrag ['~traːk] *m* (3³) (*Vorschlag*) proposition *f*; (*Anerbieten*) offre *f*; (*Gesuch*) demande *f*, requête *f*; *parl.* motion *f*; **e-n** ~ **stellen** faire une proposition (*resp.* une demande), *parl.* présenter une motion; **auf**~ sur demande; **2en** *v/t.* proposer; ~**s-**

formular *n* formule *f* (*od.* formulaire *m*) de demande; ~**steller** *m* pétitionnaire *m*; ⚖ demandeur *m*; requérant *m*.

antreffen *v/t.* rencontrer; trouver.

antreiben *v/t.* pousser; inciter (**zu** à); *Maschine*: actionner; commander; *Fahrzeug*: propulser.

antreten 1. *v/i.*(sn) ✗ se mettre en rangs; **2.** *v/t.* ein Amt ~ entrer en fonctions (*od.* en charge); *Erbschaft*: recueillir; *Beweis*: fournir; **e-e Reise** ~ partir en voyage; se mettre en route; **die Regierung** ~ prendre le pouvoir.

Antrieb *m* ⊕ commande *f*; entraînement *m*; *Auto*, ⚓, *Flgw.* propulsion *f*; *fig.* impulsion *f*; instigation *f*; excitation *f*; **aus eigenem** ~ de mon (ton, *etc.*) propre mouvement; **aus freiem** ~ spontanément; de plein gré.

Antriebs|kraft *f* force *f* motrice; ~**riemen** *m* courroie *f* de commande; ~**welle** *f* arbre *m* primaire (*od.* de commande).

antrinken *v/rfl.*: **sich e-n** (*Rausch*) ~ se griser; F prendre une cuite.

Antritt *m* commencement *m*; début *m*; **bei**~ **der Reise** au début du voyage; au départ; ~ **e-s Amtes** entrée *f* en fonctions (*od.* en charge); ~**sbesuch** *m* visite *f* d'introduction (*od.* d'entrée (*en charge*)); ~**srede** *f* discours *m* de réception.

antun *v/t.*: **j-m Ehre** (*Gewalt, Schande*) ~ faire honneur (violence, 'honte') à q.; **es j-m** ~ charmer q.; **2.** *v/rfl.*: **sich Zwang** ~ se contraindre; se faire violence; **sich etw.** ~ attenter à ses jours.

Antwort *f* (16) réponse *f* (**auf** à); réplique *f*; *rasche* ~ repartie *f*; riposte *f*; **um** ~ **wird gebeten** (*abr. u.A.w.g.*) réponse, s'il vous plaît (*abr.* R.S.V.P.); **um e-e** ~ **verlegen** à court de riposte; **keine** ~ **schuldig bleiben** avoir réponse (*od.* réplique) à tout; **2en** *v/i.* (26) répondre (*auf acc.* à); répliquer; **schnell** ~ repartir; riposter; ~**karte** *f* carte-réponse *f*; ~**schein** *m* coupon-réponse *m*; ~**schreiben** *n* réponse *f*.

anvertrauen 1. *v/t.* confier; **2.** *v/rfl.*: **sich j-m** ~ se confier à q.; (*mitteilen*) faire ses confidences (*od.* s'ouvrir) à q.

anverwandt *adj.* parent; **2e(r** *m*) *m, f* parent(e *f*) *m*.

apathisch

anwachsen 1. v/i. (sn) (Pflanze) prendre racine; s'enraciner; fig. (zunehmen) s'accroître; augmenter; **2.** ⌀ n accroissement m; augmentation f.

Anwalt ['valt] m (3³) avocat m; (in Zivilsachen) avoué m; fig. défenseur m; ⌀sbüro n étude f (d'avocat); ⌀schaft f barreau m; ⌀skammer f (conseil m de l')ordre m des avocats.

Anwandlung f impulsion f; accès m; ⨯ atteinte f; in e-r ⌀ von Großmut pris d'un accès de générosité.

anwärmen v/t. chauffer légèrement.

Anwärter m candidat m; aspirant m; (Thron⌀) prétendant m.

Anwartschaft ['vart∫aft] f expectative f (auf acc. de); candidature f.

anweisen v/t. (belehren) instruire; (befehlen) ordonner; donner l'ordre (j-n à q.); (zuweisen) assigner (a. Platz); Geld: mandater; ⌀ung f indication f; directives f/pl.; (Belehrung) instruction f; (Befehl) ordre m; (Zuweisung) assignation f; ✝ chèque m; bon m; ⌀ mandat m.

anwendbar ['ventba:r] adj. applicable; adaptable; ⌀barkeit f applicabilité f; utilité f pratique; ⌀en v/t. employer; user de; faire usage de; Regel usw.: appliquer (auf etw. acc. à qch.); ⌀ung f emploi m; utilisation f; application f; ⌀ungsbereich m champ m (od. domaine m) d'application.

anwerben v/t. engager; embaucher; Mitglieder: recruter (a. ✕); enrôler (a. ✕); ✕ lever; ⌀ung f engagement m; embauchage m; Mitglieder, ✕: recrutement m; enrôlement m.

anwerfen v/t. Motor: lancer; mettre en marche.

Anwesen n propriété f.

anwesend p.pr. adjt. présent; ⌀de(r m) m, f personne f présente; die ⌀en à l'assistance f; ⌀heit f présence f; in ⌀von en présence de; ⌀heitsliste f liste f de présence.

anwidern ['vi:dərn] v/t. (29): j-n ⌀ répugner q.; dégoûter q.

Anwohner ['vo:nər] m (7) voisin m; (am Ufer us e-s Flusses) riverain m.

Anwurf m Arch. crépi m; Sp. premier coup m; fig. invective f.

anwurzeln v/t. fig. nur: wie angewurzelt dastehen être comme cloué sur place.

Anzahl f (16, o.pl.) nombre m; ⌀en v/t. payer un acompte (od. des arrhes); ⌀ung f acompte m; arrhes f/pl.

anzapfen v/t. Faß: percer; mettre en perce; Baum: gemmer; F j-n ⌀ taper q. (um de).

Anzeichen n signe m; (deutliches) indice m; (Vorbote) présage m; ✿ symptôme m.

anzeichnen v/t. marquer; (zeichnen) dessiner.

Anzeige ['tsaɪɡə] f (15) (Zeitungs⌀) annonce f; (Familien⌀) faire-part m; ⫝̸ plainte f; dénonciation f; ⌀en v/t. Richtung, Zeit: indiquer; montrer; Temperatur: marquer; Familienereignis: faire part de; (mitteilen) informer; aviser (j-m etw. q. de qch.); ⫝̸ dénoncer; porter plainte (contre); ⌀nblatt n feuille f d'annonces (od. de publicité); ⌀nbüro n office m de publicité; ⌀nteil m (e-r Zeitung) rubrique f de publicité; ⌀pflicht f déclaration f obligatoire; ⌀pflichtig adj. soumis à la déclaration; ⌀r m indicateur m; (Zeitung) gazette f; moniteur m; ⌀tafel f tableau m indicateur (od. de marques).

anzetteln ['tsetəln] v/t. (29) ourdir; tramer; Komplott: machiner.

anziehen 1. v/t. attirer (a. fig.); Kleidung: mettre; s-e Schuhe ⌀ se chausser; j-n ⌀ habiller q.; Schraube, Bremse: serrer; (spannen) tendre; **2.** v/i.(Preise) 'hausser; **3.** v/rfl.: sich ⌀ s'habiller; **4.** ⌀ n attraction f; (Kleiden) habillement m; (der Preise) 'hausse f; ⌀d p.pr. adjt. attrayant; attirant; intéressant.

Anziehung f phys. attraction f (a. fig.); ⌀skraft f force f d'attraction; fig. charme m; (e-s Ortes) attractivité f.

Anzug m costume m; complet m; im ⌀ sein s'approcher.

anzüglich ['tsy:kliç] adj. piquant; à double entente; ⌀keit f allusion f piquante.

anzünden v/t. allumer; mettre le feu à; ⌀zweifeln v/t.: etw. ⌀ mettre qch. en doute.

Aorta [a'ɔrta] f (16²) aorta f.

apart [a'part] adj. particulier; dieses Kleid ist sehr ⌀ cette robe a du cachet.

Apartment [a'partmənt] n (11) studio m; appartement m; ⌀haus n immeuble m de studios.

Apathie [apa'ti:] f apathie f; indifférence f; ⌀isch [a'pɑ:tiʃ] adj. apathique; indifférent.

Apfel ['apfəl] m (7¹) pomme f; in den sauren ~ beißen avaler la pilule; ~**baum** m pommier m; ~**kuchen** m tarte f aux pommes; ~**mus** n marmelade (od. compote) f de pommes; ~**saft** m jus m de pomme; ~**schimmel** m cheval m gris pommelé.

Apfelsine [~'zi:nə] f (15) orange f; ~**nbaum** m oranger m; ~**nsaft** m jus m d'orange.

Apfel|torte f tarte f aux pommes; ~**wein** m cidre m.

Apostel [a'pɔstəl] m (7) apôtre m; ~**geschichte** f Actes m/pl. des Apôtres.

apostolisch [apɔ'sto:liʃ] adj. apostolique.

Apostroph [apɔ'stro:f] m (3¹) apostrophe f.

Apotheke [apo'te:kə] f (15) pharmacie f; ~**r** m (7) pharmacien m.

Apparat [apa'ra:t] m (3) appareil m (a. fig.); téléph. am ~! j'écoute!; ~**ur** [~'tu:r] f (16) appareillage m; équipement m.

Appell [a'pɛl] m (3¹) appel m, appellation f; e-n ~ richten an en appeler à; ~**ation** f appel(lation f) m; 2**ieren** [~'li:rən] v/i. en appeler; faire appel (an a).

Appetit [ape'ti:t] m (3) appétit m (auf acc. de); ~ haben auf avoir envie de; j-m ~ machen donner de l'appétit à q.; der ~ kommt beim Essen l'appétit vient en mangeant; guten ~! bon appétit!; 2**lich** adj. appétissant; ~**losigkeit** f manque m d'appétit, inappétence f.

applau|dieren [aplau'di:rən] v/t.: j-m ~ applaudir q.; 2**s** [a'plaus] m (4) applaudissements m/pl.

apportieren [apɔr'ti:rən] v/t. (r)apporter.

appre|tieren text. [aprɛ'ti:rən] v/t. apprêter; 2**tur** f apprêt(age m) m.

approbiert [apro'bi:rt] p.p. adjt. diplômé; approuvé.

Aprikose [apri'ko:zə] f (15) abricot m.

April [a'pril] m (3¹) avril m; j-n in den ~ schicken donner (od. faire avaler) à q. un poisson d'avril; ~**scherz** m poisson m d'avril.

Aquädukt [akvɛ'dukt] m od. n (3) aqueduc m.

Aquamarin [akvama'ri:n] m (3) aigue-marine f.

Aquarell [akva'rɛl] n (3¹) aquarelle f;

~**farbe** f couleur f à l'eau; ~**maler** m aquarelliste m.

Aquarium [a'kva:rjum] n aquarium m.

Äquator [ɛ'kva:to:r] m (8, o.pl.) équateur m.

Äquivalent [ɛkviva'lɛnt] n équivalent m.

Ar [a:r] n, m (3¹) are m.

Ära ['ɛ:ra] f (16¹) ère f.

Araber(in f) m ['a(:)rabər] Arabe m, f; (Pferderasse) cheval m arabe.

Arabeske [ara'bɛskə] f (15) arabesque f.

arabisch [a'ra:biʃ] adj. arabe.

Arbeit ['arbait] f (16) travail m; besogne f; P boulot m; (mühsame) labeur m; (schwere, lästige) corvée f; (Werk) ouvrage m; (Schulℝ) devoir m; ohne ~ sein chômer, être chômeur; in ~ stecken être plongé dans le travail; bei j-m in ~ stehen être en service chez q.; über der ~ sitzen être à son travail; an die ~ gehen se mettre au travail; die ~ einstellen cesser le travail, (streiken) faire grève; 2**en** (26) 1. v/i. travailler (an etw. dat. à qch.); (Maschine) aller; fonctionner; 2. v/rfl.: sich zu Tode ~ se tuer au travail; sich krank ~ travailler à se rendre malade.

Arbeiter m (7) ouvrier m; travailleur m; geistiger ~ travailleur m intellectuel; ungelernter ~ ouvrier m non qualifié (od. non spécialisé); manœuvre m; ~**bewegung** f mouvement m ouvrier; ~**in** f ouvrière f; travailleuse f; ~**klasse** f classe f ouvrière; ~**partei** f parti m ouvrier; ~**priester** m prêtre-ouvrier m; ~**schaft** f les ouvriers m/pl.; personnel m ouvrier; ~**viertel** n quartier m ouvrier.

Arbeit|geber m employeur m; patron m; ~**nehmer** m employé m; salarié m.

arbeitsam adj. laborieux; (emsig) assidu; actif.

Arbeits|-amt n office (od. bureau m) du travail; ~**anzug** m combinaison f; salopette f; bleu m; ~**ausschuß** m comité f d'action; ~**bedingung** f condition f de travail; ~**beschaffung** f création f d'emplois; ~**bescheinigung** f attestation f (od. certificat m) de travail; ~**buch** n livret m de travail; ~**dienst** m service m du travail; ~**dienstpflicht** f service m du travail obligatoire; ~**eifer** m zèle m; activité f; assiduité f; **~einstellung** f cessation f du travail; (*Streik*) grève f; **~erlaubnis** f permis m de travail; 2**fähig** adj. apte au travail; capable de travailler; **~friede(n)** m paix f sociale; **~gang** f opération f; *in e-m einzigen* ~ en une seule opération; **~gebiet** n champ m d'activité; **~gemeinschaft** f groupement m de travail; (*Schule*) cercle m d'études; **~gericht** n conseil m des prud'hommes; (*Bundes*2) tribunal m fédéral du travail; **~gruppe** f groupe m de travail; 2**kraft** f capacité f de travail; *die* **~kräfte** la main-d'œuvre; les ouvriers; **~lager** n camp m de travail; 2**leistung** f (*e-r Maschine*) rendement m; **~lohn** m salaire m; paie f.

arbeitslos adj. sans travail; 2**e(r** m) m, f chômeur m, -euse f 2**en-unterstützung** f allocation f (de) chômage (*erhalten* toucher); **~enversicherung** f assurance f (contre le) chômage; 2**igkeit** f chômage m.

Arbeits|markt m offres f/pl. et demandes f/pl. d'emploi; marché m de l'emploi (*od.* du travail); **~minister(ium)** m ministre (ministère) m du travail; **~moral** f mentalité f vis-à-vis du travail; **~nachweis** m bureau m de placement; **~niederlegung** f = *Arbeitseinstellung*; **~pferd** n cheval m de trait; **~platz** m place f de travail; (*Stelle*) emploi m; **~platzwechsel** m changement m d'emploi; **~raum** m cabinet m (*od.* pièce f) de travail; bureau m; salle f d'études; **~recht** n droit m de travail; 2**scheu** adj. paresseux; **~streitigkeit** f différend m du travail; **~stunde** f heure f de travail; **~tag** m journée f de travail; (*Werktag*) jour m ouvrable; **~teilung** f division f du travail; **~tier** n fig. F bourreau m de travail; 2**-unfähig** adj. invalide; incapable de travailler; **~-unfähigkeit** f invalidité f; incapacité f de travail; **~-unfall** m accident m du travail; **~-unterlage** f document m (*od.* matériel m) de travail; **~verhältnis** n contrat m de travail; **~se** pl. conditions f/pl. de travail; **~vermittlung** f ([*Amt*] bureau m de) placement m; **~vertrag** m contrat m de travail; **~weise** f manière f de travailler; (*e-r Maschine*) (mode m de) fonctionnement m; 2**willig** adj. prêt à travailler; **~zeit** f heures f/pl. de travail;

durée f du travail; **~zeug** n (*Kleidung*) vêtements m/pl. de travail; **~zimmer** n cabinet m de travail; studio m.

archaisch [ar'ça:iʃ] adj. archaïque.
Archäolog|e [arçeo'lo:gə] m (13) archéologue m; **~ie** [~'gi:] f archéologie f.
Arche ['arçə] f (15) arche f.
Archipel [arçi'pe:l] m (3¹) archipel m.
Architekt [arçi'tɛkt] m (12) architecte m; 2**onisch** [~'to:niʃ] adj. architectonique; **~ur** [~'tu:r] f architecture f.
Archiv [ar'çi:f] n (3¹) archives f/pl.; **~ar** [~çi'va:r] m (3¹) archiviste m.
Areal [are'a:l] n (3¹) aire f; superficie f.
Arena [a're:na] f (9¹) arène f.
arg [ark] (18²) adj. mauvais; (*boshaft*) méchant; malicieux; (*schwerwiegend*) grave; *nichts* 2*es* rien de mal; *im* **~en** *liegen* être en mauvaise posture; *das ist zu* ~ c'est trop fort; *es zu* ~ *treiben* aller trop loin; ~ *mitnehmen* malmener.
Argentini|er(in f) [argɛn'ti:njər] m (7) Argentin(e f) m; 2**sch** adj. argentin.
Ärger ['ɛrgər] m (7) dépit m; colère f; (*Verdruß*) ennui m; (*Unannehmlichkeit*) contrariété f; 2**lich** adj. (*Sache*) fâcheux; vexant; F embêtant; (*Person*) fâché; contrarié (*über* de); ~ *werden* se fâcher; 2**n** (24) **1.** v/t. mettre en colère; agacer; F embêter; **2.** v/rfl.: *sich* ~ se mettre en colère; se fâcher; s'irriter (*über* de); **~nis** n (4¹) scandale m; esclandre m; *öffentliches* ~ *erregen* faire esclandre.
Arg|list f astuce f; malice f; perfidie f; 2**listig** adj. astucieux; malicieux; perfide; 2**los** adj. candide; (*unbefangen*) ingénu; (*ohne schlechte Absicht*) sans malice; **~losigkeit** f candeur f; ingénuité f.
Argument [argu'mɛnt] n (3) argument m; 2**ieren** [~'ti:rən] v/t. argumenter.
Arg|wohn ['~vo:n] m (3) soupçon m; 2**wöhnen** ['~vø:nən] v/t. (25) soupçonner; 2**wöhnisch** adj. soupçonneux.
Arie ['a:rjə] f (15) air m; *kleine* ~ ariette f.
Arier(in f) ['a:rjər] m (7) Aryen(ne f) m; 2**isch** adj. aryen.
Aristokrat(in f) [aristo'kra:t] m (12) aristocrate m; **~ie** [~kra'ti:] f aris-

tocratie f; ℒisch [~'kraːtiʃ] adj. aristocratique; (Person) aristocrate.

Arithmet|ik [arit'meːtik] f (16) arithmétique f; calcul m; ℒisch adj. arithmétique.

arktisch ['arktiʃ] adj. arctique.

Arm [arm] m (3) bras m; ~ in ~ bras dessus bras dessous; j-m unter die ~e greifen donner un coup de main à q.; in s-e ~e schließen serrer dans ses bras.

arm adj. (18²) pauvre; (bedürftig) indigent; ~ machen appauvrir; ~ werden s'appauvrir.

Armatur ⊕ [arma'tuːr] f (16) armature f; (an Maschinen) garniture f; **~enbrett** n tableau m de bord (od. de commande).

Arm|band n bracelet m; **~band-uhr** f montre-bracelet f; **~binde** f écharpe f; (Erkennungszeichen) brassard m; **~bruch** m fracture f du bras; **~brust** f arbalète f; **~brustschütze** m arbalétrier m.

Armee [ar'meː] f (25) armée f; **~befehl** m ordre m du jour de l'armée; **~korps** n corps m d'armée.

Ärmel ['ɛrməl] m (3) manche f; fig. etw. aus dem ~ schütteln faire qch. sans difficulté; **~aufschlag** m parement m; **~loch** n emmanchure f; ℒ**los** adj. sans manches.

Armenhaus n hospice m; asile m.

Armenier|(in f) [ar'meːnjər] m (7) Arménien(ne f) m.

Armen|pflege f assistance f publique; **~pfleger** m aumônier m; **~recht** n assistance f judiciaire.

ärmer ['ɛrmər] comp. v. arm.

Arm(e)sünder|glocke f glas m du condamné; **~miene** f mine f (od. air m) penaude (od. patibulaire).

armieren Arch. [ar'miːrən] v/t. armer.

Arm|lehne f bras m (d'un fauteuil); accoudoir m; **~leuchter** m chandelier m à branches; (großer) candélabre m.

ärmlich ['ɛrmliç] adj. pauvre; misérable; (jämmerlich) chétif.

Arm|reifen m bracelet m; ℒ**selig** adj. pauvre; misérable; pitoyable; **~seligkeit** f état m pitoyable; pauvreté f; misère f; mv. p. mesquinerie f; **~sessel** m, **~stuhl** m fauteuil m.

Armut ['armuːt] f (16) pauvreté f; indigence f; **~szeugnis** n certificat m d'indigence; fig. sich ein ~ ausstellen montrer son incapacité f.

Armvoll m (inv.) brassée f.

Aroma [a'roːma] n (11²) arôme m; ℒ**tisch** [~'maːtiʃ] adj. aromatique.

Arrak ['arak] m (3¹) arac(k) m.

arrangieren [arã'ʒiːrən] v/t. arranger.

Arrest [a'rɛst] m (3²) arrêt m; ✗ arrêts m/pl. (leichter simples; strenger de rigueur); (in d. Schule) retenue f; **~ant** [~'tant] m (12) détenu m; prisonnier m.

arretieren [are'tiːrən] v/t. arrêter.

arrogant [aro'gant] adj. arrogant, 'hautain.

Arsch ∨ [arʃ] m (3², ³) cul m.

Arsen [ar'zeːn] n (11[3¹]) arsenic m.

Arsenal [arze'naːl] n (3¹) arsenal m.

ar'senhaltig adj. arsenical.

Art [aːrt] f (16) manière f; façon f; (Gattung) espèce f; sorte f; genre m; race f; auf diese ~ de cette façon; aus der ~ schlagen dégénérer; von der ~, daß de manière que (final: subj.); ℒ**-eigen** adj. caractéristique de la race (od. de l'espèce).

Arteri|e [ar'teːrjə] f (15) artère f; **~enverkalkung** f artériosclérose f.

artesisch [ar'teːziʃ] adj. artésien.

artfremd adj. étranger à la race (od. à l'espèce).

artig ['aːrtiç] adj. (Kind) sage; gentil; (liebenswürdig) aimable; sei ~! sois sage (od. gentil)!; ℒ**keit** f sagesse f; gentillesse f; **~en** pl. amabilités f/pl.

Artikel [ar'tiːkəl] m (7) article m; ✝ e-n ~ führen faire un article.

artikulieren [~tiku'liːrən] v/t. articuler.

Artille|rie [artilə'riː] f (15) artillerie f (schwere lourde); **~riefeuer** n feu m (od. tir m) d'artillerie; **~rist** [~'rist] m (12) artilleur m; canonnier m.

Artischocke ♣ [arti'ʃɔkə] f (15) artichaut m.

Artist|(in f) [ar'tist] m (12) acrobate m; ℒ**isch** adj. acrobatique.

Arznei [aːrts'nai] f médecine f; (Heilmittel) médicament m; remède m; **~fläschchen** n fiole f à (resp. de) médecine; **~kunde** f pharmacie f; **~mittel** n médicament m; **~pflanze** f plante f officinale; **~trank** m potion f; **~waren** f/pl. produits m/pl. pharmaceutiques.

Arzt [aːrtst] m (3² u. ³) médecin m; docteur m.

Ärzte|kammer f chambre f des médecins; **~schaft** f corps m médical.

Ärzt|in [ˈɛːrtstin] f (16¹) femme f docteur (od. médecin); doctoresse f; **2lich** adj. médical; ~e Verordnung ordonnance f de médecin.

As [as] **1.** n (4¹) as m (a. fig., Sp.); **2.** n (inv.) ♪ la m bémol.

Asbest [asˈbɛst] m (3²) asbeste m; amiante m.

Asch|becher [ˈaʃ-] m cendrier m; **2-blond** adj. blond cendré; **~e** f (15) cendre f (mst pl.).

Aschen|bahn f Sp. cendrée f; **~becher** m cendrier m; **~brödel** n (7), **~puttel** n (7) Cendrillon f.

Ascher m F cendrier m; **~mittwoch** m mercredi m des Cendres.

asch|fahl, **~farbig** adj. cendré; **~grau** adj. gris cendré; **2kasten** m cendrier m.

äsen [ˈɛːzən] v/i. viander; pâturer.

Asiat|in [aˈzjaːt] m (12) Asiatique m, f; **2isch** adj. asiatique.

Aske|se [asˈkeːzə] f (15, o. pl.) ascétisme m; **~t** m (12) ascète m; **2tisch** adj. ascétique.

asozial [ˈazotsjaːl] adj. insociable; asocial.

Aspekt [asˈpɛkt] m (3) aspect m; manière f de voir; point m de vue.

Asphal|t [ˈasfalt] m (3) asphalte m; bitume m; **2tieren** v/t. asphalter; bitum(in)er.

Aspirant|in [aspiˈrant] m (12) candidat m; aspirant m.

Aspirin [aspiˈriːn] n (3¹, o. pl.) aspirine f; **~tablette** f comprimé m d'aspirine.

aß [aːs] s. essen.

Assel [ˈasəl] f (15) cloporte m.

Assessor [aˈsɛsoːr] m (8¹) assesseur m; adjoint m.

Assistent(in f) [asisˈtɛnt] m (12) assistant(e f) m; aide m, f.

Assis|tenz-arzt m interne m des hôpitaux; **2tieren** v/i.: j-m ~ assister q.

Ast [ast] m (3² u. ³) branche f; (im Holz) nœud m; fig. F sich e-n ~ lachen rire comme un bossu.

Aster ♀ [ˈastər] f (15) aster m.

Asthet [ɛsˈtɛːt] m (12) esthète m; **~ik** [~tik] f (16) esthétique f; **2isch** adj. esthétique.

Asthma [ˈastma] n (11 o. pl.) asthme m; **~tiker** [ˈmaːtikər] m (7) asthmatique m; **2tisch** [ˈmaːtiʃ] adj. asthmatique.

Astloch n trou m.

Astro|loge [astroˈloːgə] m (13) astrologue m; **~lo'gie** f (15, o. pl.) astrologie f; **~naut** [ˈnaut] m (12) astronaute m; **~nom** [ˈnoːm] m (12) astronome m; **~no'mie** f (15, o. pl.) astronomie f; **2nomisch** [ˈnoːmiʃ] adj. astronomique (a. fig.).

Astwerk n branchage m.

Asyl [aˈzyːl] n (3¹) asile m; refuge m; ~ gewähren donner asile; abriter; **~recht** n droit m d'asile.

Asym|metrie [azymeˈtriː] f asymétrie f; **2metrisch** adj. asymétrique.

Atelier [ateˈljeː] n (11) studio m; (Werkstatt) atelier m.

Atem [ˈaːtəm] m (6) haleine f; (das Atmen) respiration f; (Lebenshauch) u. poét. souffle m; ~ holen (schöpfen) prendre haleine; respirer; außer ~ kommen perdre haleine; nach ~ ringen avoir des étouffements; **2be-raubend** p. pr. adjt. qui coupe le souffle; **~beschwerden** f/pl. étouffement m; **~gerät** n appareil m respiratoire; **~gymnastik** f gymnastique f respiratoire; **~holen** n respiration f; **2los** adj. ʼhors d'haleineʼ; essoufflé; **~not** f difficulté (od. gêne) f de respiration; essoufflement m; **~pause** f pause f; temps m d'arrêt; **~übung** f exercice m de respiration; **~zug** m souffle m; letzter ~ dernier souffle (od. soupir) m; in e-m ~ tout d'une haleine.

Athei|smus [ateˈɪsmus] m athéisme m; **~st** m (12) athée m; **2stisch** adj. athée.

Athen [aˈteːn] n: Eulen nach ~ tragen porter de l'eau à la rivière (od. à la mer); **~er(in** f) m Athénien(ne f) m.

Äther [ˈɛːtər] m (7) éther m; mit ~ betäuben éthériser; **2isch** [ɛˈteːriʃ] adj. éthéré (a. fig.); **~wellen** f/pl. rad. ondes f/pl. hertziennes.

Äthiop|ier(in f) m [ɛˈtjoːpjər] m (7) Éthiopien(ne f) m; **2isch** adj. éthiopien.

Athlet [atˈleːt] m (12) athlète m; **~ik** f athlétique f; **2isch** adj. athlétique.

atlantisch [atˈlantiʃ] adj. atlantique.

Atlas [ˈatlas] m (4¹, og. a. inv.) **1.** (pl. a. Atʼlanten) atlas m; **2.** text. satin m.

atmen [ˈaːtmən] v/i. u. v/t. (26) respirer; durch den Mund (die Nase) ~ respirer par la bouche (le nez).

Atmosphär|e [atmosˈfɛːrə] f (15) atmosphère f; **2isch** adj. atmosphérique; ~e Störungen troubles m/pl. (od.

perturbations f/pl.) atmosphériques.

Atmung ['aːmuŋ] f respiration f; **~s-organe** n/pl. appareil m respiratoire.

Atom [a'toːm] n (3^1) atome m; **~antrieb** m: mit ~ à propulsion atomique.

ato'mar adj. atomique; nucléaire.

Atom|bombe f bombe f atomique; **~bunker** m abri m anti-atomique; **~energie** f énergie f atomique (od. nucléaire); **~explosion** f explosion f atomique (od. nucléaire); **~forscher** m atomiste m; **~forschung** f recherches f/pl. atomiques; **~gemeinschaft** f: Europäische ~ (Euratom) Communauté f européenne de l'énergie atomique; **~gewicht** n poids m atomique; **~kern** m noyau m atomique; **~kraftwerk** n centrale f atomique (od. nucléaire); **~krieg** m guerre f atomique; **~meiler** m pile f (od. réacteur m) atomique; **~müll** m déchets m/pl. atomiques; **~physik** f physique f atomique; **~spaltung** f fission f nucléaire; **~sperrvertrag** m traité m de non-prolifération des armes atomiques; **~sprengkopf** m ogive f nucléaire; **~versuch** m expérience f atomique; **~waffe** f arme f atomique; **~waffenfrei** adj.: ~e Zone zone f dénucléarisée (od. désatomisée); **~wissenschaftler** m atomiste m; **~zeit-alter** n ère f atomique; **~zertrümmerung** f désintégration f atomique.

Attaché [ata'ʃeː] m (11) attaché m.

Attack|e [a'taka] f (15) attaque f; **2ieren** [~'kiːrən] v/t. (25) attaquer.

Atten|tat [atən'taːt] n (3) attentat m; **~täter** m auteur m d'un attentat.

Attest [a'tɛst] n (3^2) certificat m (ärztliches médical); **2ieren** [~'tiːrən] v/t. attester; certifier.

Attrakt|ion [atrak'tsjoːn] f attraction f; **2iv** [~'tiːf] adj. attirant; séduisant.

Attrappe [a'trapə] f (15) (Schaupackung) article m factice d'étalage.

Attribut [atri'buːt] n (3) attribut m; gr. complément m déterminatif; **2iv** [~'tiːf] adj.: ~es Adjektiv adjectif m épithète.

ätz|en ['ɛtsən] v/t. corroder; 🞂 cautériser; (eingravieren) graver à l'eau--forte; **~end** p.pr. adjt. corrosif; caustique (a. fig.).

Ätz|kalk m chaux f vive; **~mittel** n corrosif m; 🞂 caustique m; **~ung** f

corrosion f; 🞂 cautérisation f; (Kunst) gravure f à l'eau-forte.

au! [au] int. aïe!

auch [aux] adv. u. cj. aussi; (ebenso) de même; (sogar) même; (in der Tat) en effet; nicht nur ..., sondern ~ non seulement ..., mais encore (od. aussi); ~ nicht non plus; ich ~ nicht moi non plus; das ~ noch cela encore; das ~ noch! il ne manquait plus que cela!; oder ~ ou bien; ist es ~ wahr? est-ce (bien) vrai?; mais est-ce vrai?; wenn ~ bien que (subj.); ~ wenn même si; so groß er ~ ist quelque (od. si) grand qu'il soit; wer es ~ (immer) sei qui que ce soit; wie dem ~ sei quoi qu'il en soit.

Audienz [au'djɛnts] f (16) audience f (erteilen donner).

Auditorium [audi'toːrjum] n (9) (Hörsaal) salle f de conférences; amphithéâtre m; (Zuhörerschaft) auditoire m.

Aue ['auə] f (15) prairie f.

Auer|hahn ['auər-] m tétras m; coq m de bruyère; **~ochs** m aurochs m.

auf [auf] **1.** prp. (dat. resp. acc.); **a)** örtlich: sur; à; dans; par; de; en; vers; ~ dem Tisch sur la table; ~ dem Lande à la campagne; ~ der Straße dans la rue; ~ die Erde fallen tomber par terre (od. à terre); ~ allen Seiten de tous côtés; ~ Besuch en visite; ~ mich zu vers (od. sur) moi; **b)** zeitlich: vers; à; pour; en; pendant; ~ den Abend vers le soir; ~ morgen! à demain!; ~ drei Tage pour trois jours; ~ Reisen en voyage; ~ der Flucht pendant la (od. en) fuite; **c)** fig. par; de; à; en; sur; ~ Befehl par ordre; ~ diese Art de cette manière; ~ Ihre Bitte à votre prière; ~ französisch en français; ~ m-n Rat sur mon conseil; **2.** adv. ~ (offen) sein être ouvert; ~ (gestanden) sein être levé (e. debout); ~ und ab (~ und nieder) de haut en bas, (hin und her) de long en large; ~ und ab gehen aller de long en large; faire les cent pas; er ist ~ und davon il est parti; **3.** cj.: ~ daß afin (de pour) que (subj.); **4.** int. ~! allons! debout!

auf|-arbeiten v/t. Kleider: remettre à neuf; (vollenden) achever; **~atmen** v/i. respirer; fig. se sentir (od. être) soulagé; **~bahren** ['~baːrən] v/t. (25) Leichnam: mettre en bière; Sarg: déposer sur le catafalque.

Aufbau m construction f; ⊕ montage m; ⚓ superstructure f; Auto carrosserie f; (Gliederung) structure f; organisation f; **≗en** v/t. construire; Denkmal: ériger; élever; ⊕ monter; fig. organiser.

auf|bäumen v/rfl.: sich ~ se cabrer (a. fig.); **≗bauschen** v/t. enfler (a. fig.); **≗begehren** v/i. réclamer; protester (gegen contre); **≗behalten** f. Kopfbedeckung: garder; den Hut ~ rester couvert; Augen usw.: tenir ouvert; **≗bekommen** v/t. Tür: réussir à ouvrir; Aufgabe: avoir à faire.

aufbereit|en v/t. Erze, Rohmaterialien: traiter; **≗ung** f traitement m.

aufbesser|n v/t. Gehalt: augmenter; **≗ung** f augmentation f.

aufbewahr|en v/t. conserver; garder; **≗ung** f conservation f; garde f; **≗ungs-ort** m dépôt m.

auf|bieten v/t. Kräfte: déployer; Mittel: employer; Polizei, Militär: mettre en action; Brautpaar: publier les bans; **≗bietung** f: unter ~ aller Kräfte en déployant toutes ses forces; **≗binden** v/t. délier; dénouer; défaire; fig. j-m e-n Bären ~ en faire accroire à q., F monter un bateau à q.; **≗blähen** 1. v/t. gonfler; enfler; 2. v/rfl.: sich ~ fig. se rengorger; **≗blasen** v/t. gonfler; **≗bleiben** v/i. (sn) rester ouvert; (wachen) rester debout; veiller; **≗blenden** v/t. u. v/i. Auto mettre les feux de route (od. les phares); se mettre en phares; **≗blicken** v/i.: ~ zu lever les yeux vers (jdz respecter; **≗blitzen** v/i. jeter une lueur vive; jaillir (comme un éclair) (a. fig.); **≗blühen** v/i. (sn) éclore; s'épanouir; (Geschäft, Land) prospérer; **≗blühen** n épanouissement m; **≗bocken** v/t. Auto: mettre sur cales; **≗braten** v/t. repasser au four (od. au gril); **≗brauchen** v/t. consommer; épuiser.

aufbrausen 1. v/i. (sn) entrer en effervescence; bouillonner; fig. s'emporter; leicht ~ avoir la tête près du bonnet; 2. ≗ n effervescence f (a. fig.); fig. emportement m; **≗d** p.pr. adj. effervescent; fig. fougueux; (jähzornig) irascible.

auf|brechen 1. v/t. ouvrir; (gewaltsam) forcer; Wild: éventrer; (einstoßen) enfoncer; 2. v/i. (sn) s'ouvrir; éclore; s'épanouir; (Geschwür) percer; (fortgehen) se mettre en route;

partir; **≗bringen** v/t. Moden: mettre en vogue; introduire; Gerücht: faire courir; Geld: procurer; trouver; die Kosten für etw. ~ faire les frais de qch.; ⚓ lever; Schiff: capturer; (in Zorn bringen) fâcher; mettre en colère; **≗bruch** m départ m; ch. entrailles f/pl.; **≗brühen** v/t. Tee: infuser; Kaffee: faire; **≗bügeln** v/t. repasser; donner un coup de fer à; **≗bürden** v/t. (26): j-m etw. ~ charger q. de qch., imposer qch. à q.; (zur Last legen) imputer qch. à q.; **≗decken** v/t. étendre (od. mettre) sur; das Tischtuch ~ mettre la nappe; (bloßlegen) découvrir; dévoiler; **≗dräng|en** 1. v/t.: j-m etw. ~ imposer qch. à q.; 2. v/rfl.: sich j-m ~ s'imposer à q.; **≗drehen** v/t. Strick: détordre; Hahn usw.: ouvrir.

aufdringlich adj. importun; fâcheux; **≗keit** f importunité f.

Aufdruck m impression f; **≗en** v/t. imprimer (sur).

aufdrücken v/t. appuyer sur; (prägend) imprimer sur; Siegel: apposer; (öffnen) ouvrir en poussant.

aufeinander [~ʔaɪˈnandər] adv. l'un sur l'autre; (zeitlich) l'un après l'autre; ~folge f succession f; **≗folgen** v/i. (sn) se succéder; **≗folgend** p.pr. adjt. successif; consécutif; **≗häufen** v/t. empiler; **≗legen** v/t. mettre l'un sur l'autre; superposer; **≗prallen**, **≗stoßen** v/i. (sn) se heurter; s'entrechoquer; **≗türmen** v/t. entasser.

Aufenthalt [ˈ~ʔɛnthalt] m (3) séjour m; (kurzer) arrêt m; Esb.: zehn Minuten ~ dix minutes d'arrêt; ~ nehmen séjourner.

Aufenthalts|-erlaubnis f, **≗genehmigung** f permis m de séjour; **≗ort** m lieu m de séjour; **≗raum** m salle f de réunion (od. de séjour); **≗verbot** n interdiction f de séjour.

auf-erlegen v/t. imposer; Strafe: infliger.

auf-erstehen v/i. (sn) ressusciter; **≗ung** f résurrection f.

auf|-erwecken v/t. ressusciter; **≗essen** v/t. manger (tout); consommer; achever son repas; **≗fädeln** v/t. (29) Perlen: enfiler.

auffahr|en 1. v/t. Geschütz: mettre en batterie; établir; F Speisen: apporter; 2. v/i. (sn) heurter; tamponner (auf acc. qch.); fig. sursauter; aus dem Schlaf ~ s'éveiller en sursaut; **≗end**

p.pr. adj.: der ~e Wagen la voiture tamponneuse; *fig.* emporté; fougueux; *(jähzornig)* irascible; **&t** *f* (16) *(vor e-m Gebäude)* rampe *f*; *(zur Autobahn)* accès *m*; *(Fahrt in die Höhe)* montée *f*; *schweiz.* = *Himmelfahrt;* **&ts-rampe** *f* rampe *f*; **2-unfall** *m* télescopage *m*.

auffallen *v/i.* (sn) se faire remarquer; *nicht* ~ passer inaperçu; *(überraschen)* frapper; **~d** *p.pr. adj.*, **auffällig** *adj.* frappant; *(Farbe)* voyant.

auffang|en *v/t.* saisir (au vol); attraper; *Stoß:* amortir; *Hieb:* parer; *Flüssigkeit:* recueillir; *Funkspruch:* capter; **2lager** *n* centre *m* d'accueil.

auffärben *v/t.* reteindre.

auffass|en *v/t.* saisir; entendre; concevoir; comprendre; *(deuten)* interpréter; **2ung** *f* opinion *f*; avis *m*; conception *f*; manière *f* de comprendre; *(Deutung)* interprétation *f*; **2ungsgabe** *f* compréhension *f*; *schnelle* ~ esprit *m* prompt.

auffind|bar ['ˈfɪntbaːr] *adj.* trouvable; **~en** *v/t.* trouver; *Verborgenes:* découvrir; **2ung** *f* découverte *f*.

auffischen *v/t.* (re)pêcher; retirer de l'eau; **~flackern** *v/i.* (sn) *(Licht)* s'aviver; **~flammen** *v/i.* (sn) jeter des flammes; s'enflammer; **~fliegen** *v/i.* (sn) prendre son vol; s'élever; *Flgw.* décoller; *(Tür usw.)* s'ouvrir brusquement; ~ *lassen* faire rater.

aufforder|n *v/t.*: ~ *zu* inviter à; engager à; *(ermahnen)* exhorter à; *(amtlich)* sommer de *(zur Übergabe* se rendre); mettre en demeure de; *zum Tanz* ~ inviter à danser; **2ung** *f* invitation *f*; *(amtliche)* sommation *f* *(a. zur Übergabe)*; mise *f* en demeure.

aufforst|en *v/t.* reboiser; **2ung** *f* reboisement *m*.

auffressen *v/t.* dévorer.

auffrischen *v/t.* (25) rafraîchir; *fig.* raviver; renouveler.

aufführ|en 1. *v/t.* *(nennen)* citer; *Gründe:* donner; énumérer; *thé.* représenter; jouer; ♪ exécuter; ✝ porter en compte; **2.** *v/rfl.*: *sich* ~ se comporter; se conduire; **2ung** *f* citation *f*; *thé.* représentation *f*; ♪ exécution *f*; *(Benehmen)* conduite *f*, comportement *m*; **2ungsrecht** *n* droit *m* de représentation.

auffüllen *v/t.* (r)emplir *(mit de);* ✝

das Lager ~ renouveler le stock; **F** *die Suppe* ~ servir la soupe.

Aufgabe *f* *(Arbeit)* tâche *f*; *(Auftrag)* mission *f*; **&** expédition *f*; remise *f*; *(Schulℤ)* devoir *m*; *(mathematische)* problème *m*; *(Verzicht)* abandon *m*; *wegen* ~ *des Geschäfts* pour cause de cessation de commerce.

aufgabeln ['ˈgaːbəln] *v/t.* *fig.* **F** dénicher; pêcher.

Aufgabe|nbereich *m* fonctions *f/pl.*; ressort *m*; compétence *f*; **~nheft** *n* carnet *m* de devoirs; **~ort** **&** *m* lieu *m* de l'expédition; *télégr.* lieu *m* d'origine.

Aufgang *m* *(e-s Gestirns)* lever *m*; *(Hausℤ)* escalier *m*.

aufgeb|en *v/t.* **&** (re)mettre à la poste; expédier; *Gepäck:* faire enregistrer; *Hoffnung, Stellung, Spiel:* abandonner; *(verzichten)* renoncer à; *Meinung:* revenir de; *Kranke:* déclarer perdu; condamner; *Rätsel:* poser; *Schulaufgabe:* donner; *j-m etw.* ~ charger q. de qc.; *ein Geschäft* ~ se retirer des affaires; *den Geist* ~ rendre l'âme.

aufgeblasen ['ˈgəblaːzən] *p.p. adj.* gonflé; *(dünkelhaft)* présomptueux; *(selbstgefällig)* suffisant.

Aufgebot *n* *(zur Ehe)* publication *f* des bans de mariage; **⚔** levée *f*; *mit großem* ~ an à grand renfort de.

aufge|bracht ['ˈaufɡəbraxt] *p.p. adj.* indigné; fâché; **~dunsen** ['ˈɡədunzən] *p.p. adj.* bouffi; boursouflé.

aufgehen *v/i.* (sn) *(sich öffnen)* s'ouvrir; *(Saat)* pousser; *(Samenkorn, Teig)* lever; *(Gestirne, Vorhang)* se lever; *(Geschwür)* percer; *(Knoten)* se dénouer; *(Blüte)* s'épanouir; éclore; *(sich lösen)* se défaire; *(Naht)* se découdre; **⚠** être divisible *(sans reste)*; ~ *in* *(dat.)* être absorbé par; *in Flammen* ~ être la proie des flammes; *es geht gerade auf* le compte y est.

auf|gehoben *p.p. adj.*: *gut* ~ *sein* être en bonnes mains; **~geklärt** ['ˈɡəklɛːrt] *p.p. adj.* éclairé; instruit; *sans préjugés;* **~gekratzt** ['ˈɡəkratst] *p.p. adj. fig.* **F** en train; de bonne humeur; **2geld** *n* arrhes *f/pl.*; *(Zuschlag)* agio *m*; **~gelegt** ['ˈɡəleːkt] *p.p. adj.* disposé *(zu à); gut (schlecht)* ~ *de bonne (mauvaise)* humeur; **~geräumt** ['ˈɡərɔʏmt] *p.p. adj. (Zimmer)* rangé; *fig.* de bonne humeur; **~geregt** ['ˈɡərɛːkt] *p.p. adj.*

agité; ému; excité; ♀geregtheit f excitation f; nervosité f; ~geschlossen ['~gəʃlɔsən] p.p. adj. ouvert; ♀geschlossenheit f: ~ des Geistes ouverture f d'esprit; ~geweckt [~'gəvɛkt] p.p. adj. intelligent; éveillé; ~geworfen [~'gəvɔrfən] p.p. adj.: ~e Lippen lèvres f/pl. épaisses; ~gießen v/t. verser (auf acc. sur); Tee: faire infuser; ~gliedern v/t. diviser (in en); classifier; ✝ a. ventiler; ♀gliederung f division f; classification f; ✝ a. ventilation f; ~graben v/t. creuser; fouiller; ~greifen v/t. Thema, Frage: (re)prendre; Person: saisir; appréhender; F ramasser.

aufgrund prp. s. Grund.

Aufguß m infusion f; ~tierchen n/pl. infusoires m/pl.

aufhaben 1. v/t. Hut: avoir sur la tête; Aufgaben: avoir à faire; **2.** v/i. F (Geschäft) être ouvert.

aufhacken v/t. piocher; ouvrir (à coups de hache).

aufhaken v/t. décrocher; dégrafer.

aufhalsen v/t. F: j-m etw. ~ mettre qch. sur le dos de q.

aufhalten 1. v/t. tenir ouvert; die Hand ~ tendre la main; (hemmen) arrêter; entraver; (zurückhalten) retenir; (verzögern) retarder; **2.** v/rfl.: sich ~ (verweilen) s'arrêter (bei à); séjourner; sich ~ über (acc.) (tadeln) trouver à redire à.

aufhäng|en v/t. pendre (a. Wäsche); suspendre; accrocher; ♀er m (7) attache f; ♀ung f ⊕ suspension f.

aufhäufen v/t. entasser; empiler; accumuler; ♀ung f entassement m; accumulation f.

aufheb|en v/t. lever (aufsparen) mettre de côté; (v. der Erde) ramasser; Last: soulever; (aufbewahren) conserver; garder; (abschaffen) abolir; supprimer; (ungültig machen) annuler; (zeitweise) suspendre; (ausgleichen) compenser; Sitzung, Belagerung: lever; Versammlung: dissoudre; Gesetz: abroger; Urteil: casser; die Verlobung ~ rompre ses fiançailles; ♀en n: viel ~s von etw. machen faire grand bruit de qch.; ♀ung f levée f; (Abschaffung) abolition f; suppression f; 🕀 annulation f; (e-s Gesetzes) abrogation f; (e-s Urteils) cassation f.

aufheiter|n (29) **1.** v/t.: j-n ~ égayer q.; dérider q.; **2.** v/rfl.: sich ~ (Wet-

ter) s'éclaircir; se dégager; (Gesicht) s'éclaircir; se détendre; ~helfen v/i.: j-m ~ aider q. à se relever; secourir q.; ~hellen v/t. (25) éclaircir; fig. a. élucider; ~hetzen v/t. fig. exciter; provoquer (zu à); acharner (gegen contre); ch. lancer; ♀hetzung f excitation f; provocation f; ~heulen v/i. (se mettre à) 'hurler; ~holen 1. v/t. Zeit: rattraper; **2.** v/i. Sp. gagner du terrain; ~horchen v/i. tendre (od. dresser) l'oreille; être tout oreilles; ~hören v/i. cesser; finir; s'arrêter (zu de); (da hört [doch] alles auf! en voilà assez!; c'est un (od. le) comble!; ~jauchzen, ~jubeln v/i. jubiler.

Aufkauf m achat m (en masse); wucherischer ~ accaparement m; ♀en v/t. acheter (en masse); wucherisch ~ accaparer.

Aufkäufer m acheteur m; mv. p. accapareur m.

aufklapp|bar adj. relevable; Auto (Verdeck) décapotable; ~en v/t. ouvrir; relever.

aufklär|en 1. v/t. éclairer; informer (über acc. de); instruire; Frage usw.: tirer au clair; élucider; j-n über etw. ~ renseigner q. au sujet de qch.; j-n über e-n Irrtum ~ tirer q. d'erreur; **2.** v/rfl.: sich ~ (Wetter) s'éclaircir; se mettre au beau; ♀er m ✕ éclaireur m; ♀ung f éclaircissement m; renseignement m; information f; (Zeitalter n der ~ siècle m philosophique (od. des lumières); ♀ungsfilm m film m d'initiation sexuelle; ♀ungsflugzeug n avion m de reconnaissance.

auf|kleben v/t. coller (auf acc. sur); ~klinken v/t. (25) Tür: déclencher; ~knacken v/t. Nuß: casser; ~knöpfen v/t. déboutonner; ~knüpfen v/t. Knoten: défaire; dénouer; (hängen) pendre; ~kochen 1. v/t. bouillir; **2.** v/t. faire bouillir; ~kommen v/i. (sn) s'élever; (genesen) se remettre; se rétablir; (Wind) se lever; (gebräuchlich werden) s'établir; s'introduire; s'implanter; (Zweifel) naître; (Gedanke) se faire jour; (einstehen) se porter garant (für de); répondre de; gegen j-n ~ rivaliser avec q.; für den Schaden ~ payer les dégâts; ~kratzen v/t. égratigner; ~krempeln v/t. Ärmel: retrousser; ~kreuzen v/i. (sn) F apparaître; surgir; ~kriegen v/t. F arriver à ouvrir;

~kündigen v/t. = kündigen; **~lachen** v/i.: laut ~ éclater de rire; **~laden** v/t. charger (auf acc. sur); ⚡ (re)charger; fig. j-m etw. ~ mettre qch. sur le dos de q.

Auflage f (Buch⁢) édition f; (Zeitung⁢) tirage m (Schicht) édition f; charge f (Verpflichtung) charge f; vermehrte und verbesserte ~ édition f corrigée et augmentée; **~(n)höhe** f, **~(n)ziffer** f tirage m.

auflass|en v/t. laisser ouvert; den Hut ~ rester couvert; garder son chapeau; ⚒ céder; **Qung** ⚒ f cession f.

auflauern v/i.: j-m ~ guetter q.; épier q.

Auflauf m rassemblement m; cuis. soufflé m; **Qen** v/i.(sn) (Beträge) s'accumuler; ⚓ échouer; (auf e-e Mine) toucher.

auf|leben v/i. (sn) revivre; se ranimer; **~lecken** v/t. lécher; (Hund) laper; **~legen** v/t. poser (sur); mettre; téléph. raccrocher; Pflaster: appliquer; Steuer: imposer (a. rl. die Hände) Anleihe: émettre; zur Subskription ~ ouvrir une souscription; Buch: éditer; neu ~ rééditer.

auflehn|en v/rfl.: sich ~ s'appuyer; sich ~ gegen se révolter contre; **Qung** f soulèvement m; révolte f.

auf|lesen v/t. ramasser; Ähren: glaner; **~leuchten** v/i. briller; flamboyer; **~liegen** v/i. être posé (auf dat. sur); **~lockern** v/t. desserrer; Federbett: secouer; Erde: ameublir; fig. Wohnviertel, Programm: aérer; dégager; **~lodern** v/i. (sn) s'enflammer; (Flammen) monter.

auflös|bar adj. (dis)soluble; ⚗ résoluble; **~en** 1. v/t. défaire; délier; dénouer; Zucker: fondre; Rätsel, Problem, Gleichung: résoudre; Bruch: réduire; phys. désagréger; (zersetzen) désorganiser; décomposer; (zergehen lassen) dissoudre (a. Vereinigung); délayer; 2. v/rfl.: sich ~ (Zucker) fondre; sich in nichts ~ se réduire à rien; sich in Wohlgefallen ~ finir à la satisfaction de tous; **Qung** f dénouement m; (e-s Rätsels, Problems, e-r Gleichung) solution f; (e-s Bruchs) réduction f; ⚗ décomposition f; dissolution f (a. e-r Vereinigung); **Qungszeichen** ♪ n bécarre m.

aufmach|en 1. v/t. ouvrir; Knoten: défaire; Flasche: déboucher; (putzen) parer; 2. v/rfl.: sich ~ se mettre

en route; sich auf und davon machen décamper; F filer; **Qung** f (e-r Ware) présentation f; in großer ~ (Zeitungsnachricht) en grosses manchettes.

Aufmarsch m (v. Demonstranten) rassemblement m; ✕ (zum Einsatz) déploiement m; (strategischer) concentration f; **Qieren** v/i. (sn) se rassembler; ✕ se déployer; se concentrer.

aufmerk|en v/i. faire attention (auf acc. à); **~sam** adj. attentif; (zuvorkommend) prévenant; empressé; j-n auf etw. (acc.) ~ machen attirer l'attention de q. sur qch., faire remarquer qch. à q.; **Qsamkeit** f attention f (auf sich ziehen attirer sur soi; fesseln captiver; ablenken détourner).

auf|möbeln v/t. F remonter; réconforter; **~mucken** v/i. F se rebiffer; P rouspéter.

aufmunter|n v/t. (29) ranimer; encourager; **Qung** f encouragement m.

aufnähen v/t.: ~ auf (acc.) coudre sur.

Aufnahme f (15) (Empfang) réception f; accueil m; (in e-e Schule, ein Krankenhaus) admission f (in à); phot. photo(graphie) f; vue f; (Film⁢) prise f de vues; (Ton⁢) enregistrement m; (Geld⁢) emprunt m; (Röntgen⁢) radiographie f; phys. absorption f; (Raum im Krankenhaus) bureau m d'accueil; (v. Verhandlungen, Beziehungen) entrée f (en); (Film) Achtung, ~! silence! on tourne; **~bedingung** f condition f d'admission; **Qfähig** adj. réceptif (für à); phys., ✝ (Markt) capable d'absorber; **~fähigkeit** f réceptivité f; ✝, phys. capacité f d'absorption; **~gebühr** f droits m/pl. d'admission; **~gerät** n Film, télév. appareil m de prise de vues; (für Tonaufnahmen) appareil m d'enregistrement; **~leiter** m (Film, Funk) metteur m en scène; **~prüfung** f examen m d'admission (od. d'entrée).

aufnehmen v/t. (re)lever; (vom Boden) ramasser; Faden, Gespräch: wieder ~ reprendre; (in Schule, Verein usw.) admettre (dans); (empfangen) accueillir; recevoir; (fassen) contenir, fig. (verstehen) comprendre; (auslegen) interpréter; etw. günstig ~ prendre qch. en bonne part; Verbindung: établir; Kampf: accepter;

(*borgen*) emprunter; *Hypothek:* prendre; *Anleihe:* contracter; *Protokoll:* dresser; *phot.* photographier; faire (*od.* prendre) une photo de; (*filmen*) filmer; (*auf Platte, Band*) enregistrer; *in sich ~* s'assimiler; *es mit j-m ~* se mesurer avec q.; **~nötigen** *v/t.: j-m etw. ~* imposer qch. à q.

auf|opfern *v/t.* (*v/rfl. sich ~* se) dévouer; (*s*)sacrifier; (*s*)immoler; **~nd** *p.pr. adj.* dévoué; **2ung** *f* dévouement *m*; sacrifice *m*.

auf|päppeln *v/t.* (29) élever au biberon; **~passen 1.** *v/i.* faire attention (*auf acc.* à); prendre garde (à); **2.** *v/t. Hut:* essayer; **2passer** *m* (7) guetteur *m*; mouchard *m*; (*in d. Schule*) surveillant *m*; **~peitschen** *v/t. Sturm das Meer:* soulever; *Leidenschaften:* exciter; **~pflanzen** *v/t.* planter; arborer; *Seitengewehr:* mettre au canon; **~pfropfen** *v/t.* enter sur; **~picken** *v/t.* picorer; becqueter; (*öffnen*) ouvrir à coups de bec; **~plätten** *v/t.* repasser; **~platzen** *v/i.* (sn) crever; éclater; **~plustern** *v/rfl.: sich ~ (Vögel)* gonfler ses plumes; *fig.* se rengorger; **~polieren** *v/t.* (re)polir; **~prägen** *v/t.* graver sur.

Aufprall *m* (3¹) choc *m*; heurt *m*; **2en** *v/i.* (sn) heurter (*auf etw.* qch.).

Aufpreis *m* surplus *m* (de prix).

auf|pumpen *v/t.* gonfler; **~putschen** *v/t.* (*v/rfl. sich ~* s')exciter; **~putzen** *v/t.* (*v/rfl. sich ~* se) parer; (*s*)attifer; **~quellen** *v/i.* (sn) (*anschwellen*) gonfler; *cuis.* renfler; **~raffen 1.** *v/t.* ramasser précipitamment; *Kleider:* relever; retrousser; **2.** *v/rfl.: sich ~* se relever; se ressaisir; rassembler ses forces; **~ragen** *v/i.* se dresser; s'élever; surgir.

auf|räumen *v/t.* mettre en ordre; ranger; *das Zimmer ~* faire la chambre; (*wegräumen*) enlever; *Schutt:* déblayer; ✝ liquider; (*freimachen*) débarrasser; *mit etw. ~ fig.* faire table rase de qch.; **2ungs-arbeiten** *f/pl.* travaux *m/pl.* de déblaiement.

aufrechn|en *v/t.* porter en compte; compenser (*gegen acc.* par); **2ung** *f* compensation *f*.

aufrecht *adj. u. adv.* droit (*a. fig.*); (*stehend*) debout; **~erhalten** *v/t.* maintenir; **2-erhaltung** *f* maintien *m*.

aufreg|en 1. *v/t.* agiter; émouvoir; échauffer; *Leidenschaften:* exciter;

2. *v/rfl.: sich ~* s'emballer; s'émouvoir (*über acc.* de); *reg dich nicht auf!* ne t'en fais pas!; **~end** *p.pr. adj.* émouvant; excitant; **2ung** *f* agitation *f*; émotion *f*; excitation *f*; *in ~ versetzen* mettre en émoi.

auf|reiben 1. *v/t.* frotter; (*wund*) écorcher; (*untergraben*) miner; ruiner; ✕ anéantir; **2.** *v/rfl.: sich ~* s'user; s'exténuer; **~reibend** *p.pr. adj.: eine ~e Arbeit* un travail épuisant (*od.* exténuant); **~reihen** *v/t.* ranger; *Perlen:* enfiler; **~reißen 1.** *v/t.* ouvrir violemment; *Schienen, Pflaster:* enlever; arracher; *die Augen ~* écarquiller les yeux; **2.** *v/i.* (sn) (*Haut*) se gercer; (*Boden*) se crevasser; (*Naht*) se découdre.

aufreizen *v/t.* exciter; irriter; provoquer; **~d** *p.pr. adj.* (*erregend*) irritant; provocant; (*aufwiegelnd*) excitant.

aufrichten 1. *v/t. Mauern usw.:* élever; ériger; *wieder ~* relever; redresser; *fig.* consoler; rendre courage; **2.** *v/rfl.: sich ~* se dresser; *fig.* (re-)prendre courage.

aufrichtig *adj.* sincère; franc; droit; **2keit** *f* sincérité *f*; franchise *f*; droiture *f*.

auf|riegeln *v/t.* déverrouiller; **2riß** *m* élévation *f*; vue *f* de face; **~ritzen** *v/t.* érafler; égratigner; **~rollen** *v/t.* enrouler; mettre en rouleau; (*entfalten*) dérouler; *Frage:* entamer; **~rücken** *v/i.* (sn) avancer; ✕ serrer les rangs; (*im Dienstgrad*) monter en grade; *zum Hauptmann (Abteilungsleiter) ~* passer capitaine (chef de service).

Aufruf *m* appel *m*; (*öffentlicher*) proclamation *f*; (*Aufforderung*) sommation *f*; ⚖ citation *f*; **2en** *v/t.* appeler; convoquer; ⚖ citer.

Aufruhr *m* ['ˈ~ruːr] (3) tumulte *m*; révolte *f*; insurrection *f*; émeute *f*; soulèvement *m*.

aufrühr|en *v/t.* remuer; agiter (*a. fig.*); *fig.* soulever; pousser à la révolte; *Leidenschaften:* exciter; *Streit usw.:* réveiller; **2er** *m* séditieux *m*; rebelle *m*; insurgé *m*; révolté *m*; **~erisch** *adj.* séditieux; rebelle.

aufrunden *v/t. Summe:* arrondir.

aufrüst|en *v/t.* (ré)armer; **2ung** *f* (ré)armement *m*.

auf|rütteln *v/t.* secouer; (*wecken*) réveiller; **~sagen** *v/t.* réciter; **~sam-**

meln v/t. ramasser; recueillir; ~**sässig** [ˈ⸱zɛsiç] adj. récalcitrant; rebelle; 2**sässigkeit** f rébellion f; insubordination f; 2**satz** m (Tisch2) surtout m; (Möbel2) chapiteau m; (Kamin2) garniture f; (Schornstein2) mitre f; (Schul2) rédaction f; composition f; (Zeitungs2) article m; ~**saugen** v/t. absorber; aspirer; 2**saugung** f absorption f; ~**schauen** v/i. lever les yeux (zu vers); ~**schäumen** v/i. écumer; bouillonner; ~**scheuchen** v/t. faire lever; effrayer; effaroucher; ~**scheuern** v/refl.: sich die Haut ~ s'écorcher; ~**schichten** v/t. entasser; disposer par couches; Holz: empiler; ~**schieben** v/t. pousser; ouvrir; (zeitlich) ajourner; différer; remettre (auf acc. à); ~**schießen** v/i. (sn) s'élever (brusquement); ~ pousser; (Kind) grandir vite.

Aufschlag m (Fall) chute f; choc m; (Rock2) revers m; (Ärmel2) parement m; (Preis2) augmentation f; renchérissement m; 'hausse f; (beim Tennis) service m; (Steuer2) surtaxe f; 2**en** 1. v/t. Augen: lever; Ärmel: retrousser; Tür: enfoncer; Lager, Wohnung: établir; Buch: ouvrir; (errichten) dresser; Bett: monter; Zelt: planter; Karte: retourner; (beim Tennis) servir; (befestigen) fixer (auf acc. sur); Preis: 'hausser; 2. v/i. (sn) rebondir; ricocher; † renchérir; ~**zünder** m fusée f percutante.

auf|schließen 1. v/t. ouvrir; 2. v/i. (sn) ✕ serrer les rangs; ~**schlitzen** v/t. fendre; j-m den Bauch ~ éventrer q.; ~**schluchzen** v/i. éclater en sanglots.

Aufschluß m explication f; éclaircissements m/pl.; j-m ~ geben donner à q. des éclaircissements (über acc. sur); renseigner q. (sur); sich ~ verschaffen s'informer (über acc. de).

aufschlüsseln v/t. répartir; † ventiler.

aufschlußreich adj. instructif.

auf|schnallen v/t. boucler; Sattel: mettre; (öffnen) déboucler; ~**schnappen** v/t. 'happer; attraper; fig. F apprendre (par hasard); pêcher; dénicher.

aufschneid|en 1. v/t. ouvrir (en coupant); Buch: couper; Braten usw.: découper; ✗ inciser; 2. v/i. fig. se vanter; fanfaronner; gasconner; 2**er**

m fanfaron m; gascon m; 2e**'rei** f fanfaronnade f; gasconnade f.

Aufschnitt m (Schnittfläche) coupe f; ✗ incision f; kalter ~ viande f froide; assiette f anglaise; charcuterie f.

auf|schnüren v/t. délier; Schuhe: délacer; ~**schrauben** v/t. (anschrauben) visser; (losschrauben) dévisser; ~**schrecken** 1. v/t. effaroucher; effrayer; 2. v/i. (sn) sursauter; 2**schrei** m grand cri m (aigu); ~**schreiben** v/t. mettre par écrit; noter; prendre des notes; ~**schreien** v/i. pousser un cri; 2**schrift** f inscription f; & adresse f (auf Münzen) légende f; 2**schub** m délai m; (Vertagung) ajournement m; † prolongation f; (Straf2) sursis m; ~**schütteln** v/t. secouer; remuer.

aufschütt|en v/t. verser (auf acc. sur); mit Erde ~ remblayer; Damm: élever; 2**ung** f remblai m; (Damm) digue f.

auf|schwatzen v/t.: j-m etw. ~ refiler qch. à q.; ~**schwemmen** v/t. boursoufler; aufgeschwemmtes Gesicht visage m boursouflé (od. bouffi); ~**schwingen** v/refl.: sich ~ s'élancer; prendre son essor; sich zu etw. ~ se résoudre à qch.

Aufschwung m élan m; essor m (a. fig.); Sp. rétablissement m; ~ nehmen prospérer.

aufseh|en v/i. lever les yeux; 2**en** n (6) sensation f; ärgerliches ~ scandale m; ~ erregen faire sensation; ~**en-erregend** p.pr. adjt. sensationnel; 2**er(in** f) m (7) surveillant(e f) m; inspecteur m, -trice f; gardien(ne f) m.

aufsein v/i. être debout; (Geschäft) être ouvert.

aufsetzen 1. v/t. mettre (od. poser) (auf acc. sur); den Hut (die Brille) ~ mettre son chapeau (ses lunettes); Flicken, Taschen: appliquer; Kegel: planter; dresser; Wasser: faire chauffer; Miene: prendre; (schriftlich) mettre par écrit; rédiger; Kontrakt, Rechnung: établir; dresser; 2. v/refl.: sich ~ (Kranker) s'asseoir dans son lit; 3. v/t. Flgw. se poser.

Aufsicht f surveillance f (führen avoir); unter ärztlicher ~ sous surveillance médicale.

Aufsichts|beamte(r) m surveillant m; inspecteur m; contrôleur m; ~**be-**

hörde f inspection f; services m/pl. de surveillance; autorité f de tutelle; **~rat** m conseil m d'administration.

auf|sitzen v/i. (sn) monter (à cheval); (nicht zu Bett gehen) veiller; (Kranker) être assis; fig. F j-n ~ lassen laisser q. en plan; plaquer q.; **~spalten** v/t. (v/i. se fendre; **~spannen** v/t. étendre; Schirm: ouvrir; Segel: déployer; **~sparen** v/t. réserver; économiser; mettre de côté.

aufspeicher|n v/t. (29) emmagasiner; amasser; ✝ accumuler; Waren: stocker; **~ung** f emmagasinage m; ✝ accumulation f; (v. Waren) stockage m.

auf|sperren v/t. ouvrir largement; Augen: écarquiller; Mund und Nase ~ demeurer bouche bée; **~spielen** 1. v/i. jouer; 2. v/rfl.: sich ~ faire l'important; sich als Kenner ~ faire le connaisseur; **~spießen** v/t. enferrer; embrocher; **~sprengen** v/t. forcer; Tür: faire sauter; **~springen** v/i. (sn) sursauter; se lever en sursaut; (Ball, vor Freude) bondir; (bersten) se crev(ass)er; (Haut) (se) gercer; (Tür usw.) s'ouvrir tout d'un coup; **~spritzen** 1. v/i. (sn) (re)jaillir; 2. v/t.: Farbe auf etw. ~ peindre qch. au pistolet; **~sprudeln** v/i. (sn) bouillonner; **~spulen** v/t. (25) (em-)bobiner; **~spüren** v/t. dépister; fig. découvrir; **~stacheln** v/t. aiguillonner; Leidenschaften: exciter; **~stampfen** v/i. frapper du pied; piétiner; **Qstand** m tumulte m; révolte f; soulèvement m; émeute f; **~ständisch** ['~ʃtendiʃ] adj. révolté; séditieux; **~stapeln** v/t. (29) empiler; entasser; ✝ stocker; **~stauen** 1. v/t. accumuler; 2. v/rfl.: sich ~ s'accumuler (a. fig. Ärger usw.); **~stechen** v/t. percer; Geschwür: ouvrir; **~stecken** v/t. (befestigen) attacher, fixer avec des épingles; Haar: relever; Ring: mettre (auf à); Miene: prendre; Fahne: arborer; (aufgeben) renoncer à; **~stehen** v/i. (sn) (sich erheben) se lever; (offen sein) (h.) être ouvert; (auf etw. stehen) reposer (auf dat. sur); (sich empören) se soulever; s'insurger; **~stehen** h lever m; beim ~ au lever; **~steigen** v/i. (sn) s'élever; monter; (Gestirne) se lever; (Gedanken) venir; Flgw. décoller; partir; fig. (beruflich) avancer; s'élever (à); **~steigend** p.pr. adj. montant;

(Verwandtschaft) in ~er Linie en ligne ascendante.

aufstell|en 1. v/t. mettre en place; poser; placer; (aufrichten) mettre debout; (ordnen) ranger; Denkmal: ériger; ✗ Wache: placer; poster; Truppen: mettre sur pied, (anordnen) disposer, ranger; Schach, Plan, Verzeichnis: dresser; Kegel: planter; Netz: tendre; Zeugen: produire; Behauptung: avancer; lancer; Maschine: monter; installer; Bedingung, Grundsatz, Gleichung: poser; Beispiel: proposer; Rekord, Tarif, Rechnung: établir; Wagen: stationner; als Kandidat ~ présenter comme candidat; 2. v/rfl.: sich ~ se placer; ✗ se former; (hintereinander) faire la queue; sich als Kandidat ~ poser sa candidature; **Qung** f placement m; (e-s Denkmals) érection f; ✗ emplacement m; (Truppen✗) mise f sur pied, (Anordnung) disposition f; ⊕ montage m; (e-s Rekords, Tarifs, e-r Rechnung) établissement m; (Verzeichnis) relevé m; detaillierte ~ (bei Rechnungen) décompte m.

auf|stemmen 1. v/t. ouvrir au ciseau; 2. v/rfl.: sich ~ s'appuyer; **Qstieg** ['~ʃtiːk] m (3) montée f; ascension f; Flgw. départ m; décollage m; fig. avancement m; **~stöbern** v/t. ch. faire lever; fig. dénicher; ✗ débusquer; **~stocken** v/t. Haus: surélever (um de); ✝ Kapital: augmenter; **Qstockung** f (e-s Hauses) surélévation f; ✝ augmentation f; **~stören** v/t. ch. débusquer; **~stoßen** 1. v/t. Tür usw.: ouvrir en poussant; Faß: défoncer; 2. v/i. (rülpsen) avoir des renvois; ♣ toucher; auf etw. (acc.) ~ 'heurter contre qch.; **~streben** v/i. s'élever; fig. ~ zu aspirer à; **~strebend** p.pr. adj. ascendant; en plein développement; **~streichen** v/t. Farbe: appliquer; Butter ~ beurrer; **~streifen** v/t. retrousser; **~streuen** v/t. répandre; Mehl usw.: saupoudrer de; **Qstrich** m garniture f de sandwich; **~stülpen** v/t. retrousser; Hut: enfoncer sur la tête; **~stützen** v/rfl.: sich ~ s'appuyer (sur); sich mit dem Ellenbogen ~ s'accouder; **~suchen** v/t. (re)chercher; j-n ~ aller trouver q.; **~takeln** 1. v/t. ♣ gréer; 2. v/rfl.: sich F : sich ~ s'attifer; **Qtakt** m ♪ levé m; (des Dirigenten) signal m; (e-r Bewegung) départ *m*; *fig.* ouverture *f*; prélude *m*; **~tauchen** *v/i.* (sn) paraître à la surface; revenir sur l'eau; émerger; *fig.* apparaître; surgir; **~tauen** *v/i.* (sn) dégeler (*a. v/t.*); (*Eis*) fondre; *fig.* se dégourdir.

auf|teil|en *v/t.* partager; *Land:* démembrer; 2**ung** *f* partage *m*; démembrement *m*.

auftischen ['~tiʃən] *v/t.* (27) servir; *Neuigkeiten:* débiter.

Auftrag ['~tra:k] *m* (3³) charge *f*; commission *f*; (*Bestellung*) commande *f*; ordre *m*; (*Farbe*) couche *f*; im ~ ✝ par ordre (*od.* autorisation); im ~ von de la part de; 2**en** *v/t. Speisen:* servir; *Farbe, Salbe:* mettre; appliquer; *Kleidung:* user; *fig.* stark ~ exagérer; j-m etw. ~ charger q. de qch.; **~geber** *m* commettant *m*; mandant *m*.

Auftrags|bestätigung *f* confirmation *f* de commande; **~buch** *n* livre *m* des commandes; **~dienst** *m* téléph. service *m* des ordres; **~erteilung** *f* remise *f* de commande; 2**gemäß** *adj.* conformément à l'ordre.

auf|treiben *v/t.* (*ausfindig machen*) dénicher; découvrir; *Geld:* trouver; *Wild:* faire lever; **~trennen** *v/t.* découdre; défaire; **~treten** *v/i.* (sn) mettre (*od.* poser) le pied (sur le sol); (*öffentlich*) se présenter (*als* comme); ~ *als* (*sich ausgeben*) se poser en; (*sich benehmen*) se conduire; (*erscheinen*) apparaître; *thé.* entrer (en scène); *zum ersten Mal* ~ débuter; (*Gerücht*) naître; s'élever; *gegen j-n* ~ prendre parti contre q.; 2**treten** *n* (6) manières *f/pl.*; attitude *f*; conduite *f*; (*Erscheinen*) apparition *f*; *thé.* entrée *f* (en scène); *erstes* ~ *début m*.

Auftrieb *m* élan *m*; poussée *f*; *Flgw.* force *f* ascensionnelle.

Auftritt *m* scène *f*; (*Auftreten*) entrée *f* en scène; apparition *f*.

auf|trumpfen *v/i.*: *gegen j-n* ~ dire son fait à q.; **~tun 1.** *v/t.* ouvrir; *Speisen:* servir; **2.** *v/rfl.:* sich ~ s'ouvrir; *fig.* (*Möglichkeit*) se présenter; **~türmen** *v/t.* entasser; amonceler; **~wachen** *v/i.* (sn) s'éveiller; se réveiller; **~wachsen** *v/i.* (sn) croître; grandir.

aufwall|en *v/i.* (sn) bouillonner; *fig.* s'emporter; 2**ung** *f* bouillonnement *m*; ébullition *f*; *fig.* emportement *m*.

Aufwand ['~vant] *m* (3) dépenses *f/pl.*; frais *m/pl.*; (*Prunk*) luxe *m*; *standesgemäßer* ~ représentation *f*; *großen* ~ *treiben* mener grand train; **~s-entschädigung** *f* indemnité *f* de représentation; **~skosten** *f/pl.* frais *m/pl.* de représentation.

aufwärmen *v/t.* (*v/rfl.* sich ~ se) réchauffer.

Aufwartefrau *f* femme *f* de ménage.

aufwarten *v/i.:* mit etw. ~ offrir qch.

aufwärts ['~vɛrts] *adv.* en montant; vers le haut; 2**bewegung** *f* mouvement *m* ascendant; ✝ (tendance *f* à la) hausse *f*; 2**haken** *m* (*Boxkampf*) uppercut *m*.

Aufwartung *f* service *m*; (*Besuch*) visite *f*; j-m s-e ~ machen rendre visite à q.; *a.* = *Aufwartefrau*.

auf|waschen *v/t.* laver; faire la vaisselle; **~wecken** *v/t.* réveiller; **~weichen 1.** *v/t.* amollir; *Boden:* détremper; **2.** *v/i.* (sn) s'amollir; se détremper; (*Schokolade*) fondre; **~weisen** *v/t.* présenter; produire; *Eigenschaften:* montrer.

aufwend|en *v/t.* mettre en œuvre; *Mühe* ~ se donner de la peine; *Geld:* dépenser; **~ig** *adj.* luxueux; somptueux; coûteux; 2**ung** *f* dépense *f*.

aufwerfen *v/t.* jeter en l'air; soulever (*a. Frage*); *Frage:* poser; *mit Erde* ~ remblayer; *Damm:* élever; *Graben:* creuser.

aufwert|en ['~ve:rtən] *v/t.* revaloriser; 2**ung** *f* revalorisation *f*.

auf|wickeln *v/t.* enrouler (*aufspulen*) (em)bobiner; *Zwirn:* pelotonner; *die Haare:* papilloter; (*loswickeln*) dérouler; *Garn:* dévider; *Kind:* démailloter; **~wiegeln** ['~vi:gəln] *v/t.* (29) mutiner; soulever; provoquer; exciter.

aufwieg|en *v/t.* contrebalancer; *fig. a.* valoir autant (que); compenser; *mit Gold* ~ payer au poids de l'or; 2**ler** ['~vi:glər] *m* (7) agitateur *m*; émeutier *m*; **~lerisch** *adj.* séditieux; 2**lung** *f* provocation *f*.

Aufwind *m* vent *m* ascendant.

auf|winden *v/t.* guinder; soulever (avec un cric); (*loswinden*) détortiller; *Anker:* lever; **~wirbeln 1.** *v/t.* soulever; *fig. viel Staub* ~ faire de la poussière; **2.** *v/i.* (sn) s'élever en tourbillons; **~wischen** *v/t.* essuyer; torcher; **~wühlen** *v/t.* fouiller; *Erde:* fouir; *fig.* remuer; **~wühlend** *p.pr. adjt.* bouleversant.

aufzähl|en v/t. énumérer; Geld: compter; **2ung** f énumération f.

aufzäumen v/t. brider.

aufzehren v/t. Essen: consommer; (einsaugen) absorber; fig. Kraft, Vorräte: épuiser; consumer; sein Vermögen ~ manger sa fortune.

aufzeichn|en v/t. dessiner; Plan: tracer; (notieren) noter; **2ung** f dessin m; (Notiz) note f; annotation f; (Fernseh2, Tonband2) émission f en différé.

aufzeigen v/t. montrer; exhiber.

aufziehen 1. v/t. tirer (en 'haut); (faire) monter; Fahne: 'hisser; Vorhang: lever; Bild, Karte, Saite: monter; Uhr: remonter; (spannen) tendre sur; auf Leinwand ~ entoiler; Kinder, Tiere: élever; Pflanzen: cultiver; Schublade: tirer; ouvrir; Perlen: enfiler; (verspotten) railler; (harmlos) plaisanter; (einrichten) organiser; arranger; andere Saiten ~ changer de ton; **2.** v/i. (sn) défiler; passer en cortège (rl. en procession); (Gewitter) monter; ~de Wache garde f montante; **3.** 2 n (e-s Vorhangs) lever m; (e-r Uhr) remontage m (v. Haustieren) élevage m; (v. Pflanzen) culture f.

Aufzucht f élevage m; (v. Pflanzen) culture f.

Aufzug m (Fahrstuhl) ascenseur m; (Lasten2) monte-charge(s) m; (Speisen2) monte-plats m; thé. acte m; (öffentlicher) cortège m; rl. procession f; (Vorbeimarsch) défilé m; (Kleidung) habillement m; costume m.

aufzwingen v/t.: j-m etw. ~ forcer q. à prendre qch.; fig. imposer qch. à q.

Aug-apfel m (7¹) globe m de l'œil; prunelle f (a. fig.); fig. favori m.

Auge ['augə] n (10) œil m (pl. yeux); ♀ a. bouton m; (auf Karten, Würfeln) point m; (Sehen) vue f; regard m; blaue ~n haben avoir les yeux bleus; schwache ~n haben avoir l'œil (od. la vue) faible; mit bloßem ~ à l'œil nu; die ~n offenhalten ouvrir l'œil; s-e ~n überall haben avoir l'œil à tout; aus den ~n lassen perdre de vue; vor meinen ~n sous mes yeux; mit blauem ~ davonkommen l'échapper belle; ganz ~ sein être tout yeux; ~ in ~ stehen se trouver face à face; unter vier ~n seul à seul; entre quatre yeux; j-m schöne ~n machen faire les

yeux doux (F de l'œil) à q.; j-m die ~n öffnen fig. ouvrir les yeux à q.; détromper q.; j-m unter die ~n treten paraître devant q.; ein ~ haben auf (acc.) avoir l'œil sur; ein ~ auf etw. werfen fig. jeter son dévolu sur qch.; j-m etw. an den ~n absehen lire qch. dans les yeux de q.; ~ um ~, Zahn um Zahn œil pour œil, dent pour dent; aus den ~n, aus dem Sinn loin des yeux, loin du cœur; vor ~n führen mettre en évidence; im ~ behalten ne pas perdre de vue; in die ~n treten (springen) sauter aux yeux; der Gefahr ins ~ sehen braver le danger; ins ~ fassen envisager; ein ~ bei etw. zudrücken fermer les yeux sur qch.; j-m ein ~ zudrücken fermer les paupières à q.

äugeln ['ɔygəln] (29) **1.** v/i. lancer des œillades; faire les yeux doux; **2.** v/t. ♀ écussonner.

Augen-arzt m oculiste m; **~binde** f bandeau m; **~blick** m clin m d'œil; instant m; moment m; im ~ à l'instant; alle ~e à tout moment; à chaque instant; jeden ~ d'un moment à l'autre; im ~, als ... au moment où ...; lichter ~ intervalle m lucide; **2blicklich 1.** adj. momentané; instantané; **2.** adv. à l'instant; tout de suite; **~braue** f sourcil m; **~brauenstift** m crayon m à sourcils; **~entzündung** f ophtalmie f; **2fällig** adj. apparent; évident; **~farbe** f couleur f des yeux; **~fehler** m défaut m visuel; **~heilkunde** f ophtalmologie f; **~höhle** f orbite f; **~klappe** f bandeau m; **~klinik** f clinique f ophtalmologique; **~leiden** n ophtalmie f; maladie f des yeux; **~licht** n vue f; **~lid** n paupière f; **~maß** n: ein gutes ~ haben avoir l'œil juste; avoir le compas dans l'œil; nach ~ à vue d'œil; **~merk** n (3, o. pl.): sein ~ auf etw. (acc.) richten avoir qch. en vue; **~nerv** m nerf m optique; **~schein** m: nach dem ~ selon l'apparence; in ~ nehmen inspecter; examiner; **2scheinlich** adj. évident; adv. a. selon les apparences; **~spiegel** m ophtalmoscope m; **~stern** m pupille f; prunelle f; **~tropfen** m/pl. gouttes f/pl. pour les yeux; collyre m (liquide); **~weide** f régal m pour l'œil; spectacle m ravissant; **~winkel** m coin m de l'œil; **~zahn** m canine f; **~zeuge** m témoin m oculaire; **~zeugenbericht** m compte m rendu de témoins oculaires; **~zwinkern** n clignement m d'yeux.

August [aʊˈɡust] m (3) août m.

Augus'tiner m (7) augustin m.

Auktion [aʊkˈtsjoːn] f (16) vente f aux enchères (od. à l'encan); **~ator** [~joˈnaːtoːr] m (8¹) commissaire-priseur m; **~slokal** n salle f de ventes aux enchères.

Aula [ˈaʊlaː] f (16² u. 11¹) salle f des fêtes.

Aurikel ♀ [aʊˈriːkəl] f (15) oreille-d'ours f.

aus [aʊs] 1. prp. (dat.) **a)** örtlich: de; 'hors de; dans; par; ~ der Stadt kommen venir de la ville; ~ den Angeln 'hors des gonds; ~ e-m Glas trinken boire dans un verre; ~ dem Fenster sehen regarder par la fenêtre; **b)** zeitlich: de; ~ der Zeit von du temps de; **c)** Stoff: de; en; ~ Holz de (resp. en) bois; **d)** Ursache: de; par; pour; ~ Furcht vor de peur de; par crainte de; ~ Liebe zu par amour de; ~ diesem Grund pour cette raison; **e)** Mittel, Art u. Weise: de; à; ~ allen Kräften de toutes mes (tes, etc.) forces; ~ vollem Halse à tue-tête; **2.** adv. fini; terminé; das Kino ist um 8 Uhr aus le cinéma finit à 8 heures; la séance de cinéma se termine à 8 heures; es ist ~ mit ihm c'en est fait de lui; von hier ~ d'ici; von Hause ~ dès l'origine; weder ~ noch ein wissen ne savoir que faire; ne savoir où donner de la tête; bei j-m ~ und ein gehen avoir ses petites et ses grandes entrées chez q.; ~! Sp. out!

aus|arbeit|en v/t. élaborer; (vollenden) achever; parfaire; (schriftlich) rédiger; ⊕ ouvrager; ouvrer; façonner; finir; **2ung** f élaboration f; (Vollendung) achèvement m; (schriftliche) rédaction f; ⊕ façonnage m; finissage m.

aus|art|en v/i. dégénérer; **2ung** f dégénération f; dégénérescence f.

aus|ästen [ˈ~ʔɛstən] v/t. élaguer; ébrancher; **~atmen** 1. v/i. expirer; **2.** v/t. exhaler; **2-atmung** f expiration f; **~baden** v/t. fig.: etw. ~ müssen avoir à payer les pots cassés; **~baggern** v/t. draguer; **~balancieren** v/t. équilibrer; **2ball** m Sp. balle f out; **2bau** m achèvement m; (Vergrößerung) agrandissement m; (Erweiterung) extension f; ⊕ (der Stellung) aménagement m; ⊕ démontage m; fig. développement m.

Ausbauchung f évasement m; renflement m.

ausbau|en v/t. achever; (vergrößern) agrandir; ⊕ Stellung: aménager; (herausbauen) démonter; fig. développer; **~fähig** adj. (Position, Unternehmen) susceptible de développement (od. d'agrandissement).

ausbedingen v/rfl.: sich etw. ~ stipuler qch.; se réserver qch.

ausbeißen v/rfl.: sich e-n Zahn ~ se casser une dent; fig. sich die Zähne an etw. ~ se casser les dents sur qch.

ausbesser|n v/t. réparer; raccommoder; ⊕ rabibocher; Gemälde: restaurer; Wäsche: repriser; Schiff: radouber; **2ung** f réparation f; raccommodage m; (e-s Gemäldes) restauration f; (v. Wäsche) reprise f; (e-s Schiffes) radoub m.

ausbeulen v/t. Kotflügel: redresser; Hut: débosseler.

Ausbeut|e f produit m; rendement m; ⚒ exploitation f, ✝ dividende m; fig. profit m; **2en** v/t. (26) exploiter; **~er** m (7) exploitant m; mv. p. exploiteur m; **~ung** f exploitation f.

aus|bezahlen v/t. payer; **~biegen** v/t. Rohr: plier; courber; **~bieten** v/t. mettre en vente; offrir.

ausbild|en v/t. former; développer; ⚒ instruire; entraîner; Geist: cultiver; **2ung** f formation f; développement m; études f/pl.; culture f; ⚒ instruction f; entraînement m; **2ungslehrgang** m cours m d'instruction.

aus|bitten v/rfl.: sich etw. von j-m ~ demander qch. à q.; **~blasen** v/t. souffler; Hochofen: éteindre; **~bleiben** v/i. (sn) rester absent; ne pas venir; ⚒ manquer; ⚖ faire défaut; **2bleiben** n absence f; manque m; **~bleichen** v/t. (v/i. se) décolorer; **~blenden** v/t. Filmszene: fermer; Ton: faire disparaître progressivement; **2-blick** m vue f; perspective f; **~bluten** v/i. (sn) perdre tout son sang; cesser de saigner; **~bohren** v/t. forer; creuser; aléser.

aus|booten v/t. débarquer; fig. limoger; **~braten** v/t.: Schmalz ~ faire fondre de la graisse; **~brechen** 1. v/t. arracher; Speisen usw.: vomir; Arznei: rendre; **2.** v/rfl.: sich e-n Zahn ~ se casser une dent; **3.** v/i. (sn) s'évader (aus de); in Lachen ~ éclater de rire; in Tränen ~ fondre en larmes;

(*Krankheit*) se déclarer; (*Feuer, Krieg usw.*) éclater; (*Vulkan*) faire éruption.

ausbreit|en *v/t.* étendre; déployer; (*auslegen*) étaler; (*verbreiten*) répandre; propager; **2ung** *f* extension *f*; déploiement *m*; (*Verbreitung*) propagation *f*.

ausbrennen 1. *v/t.* consumer par le feu; ♣ cautériser; **2.** *v/i.* (sn) être consumé par le feu; (*erlöschen*) s'éteindre.

ausbringen *v/t.*: e-n *Trinkspruch* ~ porter un toast (*auf* j-n à q.).

Ausbruch *m* éruption *f*; (*v. Leidenschaften*) explosion *f*; (*v. Freude*) éclat *m*; (*aus der Haft*) évasion *f*; (*v. Krankheiten*) apparition *f*; *bei* ~ *des Krieges* lorsque la guerre éclata.

aus|brüten *v/t.* couver; faire éclore; *fig.* machiner; **2buchtung** *f* baie *f*; **~buddeln** *v/t.* F déterrer; **~bügeln** *v/t. Kleider:* repasser; **2bund** *m* modèle *m*; *ein* ~ *an Frechheit* un insolent (*od.* impertinent) fieffé; **~bürgern** *v/t.* expatrier; **2bürgerung** *f* expatriation *f*; **~bürsten** *v/t.* donner un coup de brosse à.

Ausdauer *f* persévérance *f*; (*Beharrlichkeit*) persistance *f*; **2nd** *p.pr. adj.* persévérant; endurant; (*beharrlich*) persistant; ♣ vivace.

ausdehn|bar *adj.* = dehnbar; **~en** *v/t.* (*v/rfl. sich* ~ s')étendre; (s')élargir; (*verlängern*) (s')allonger; *phys.* (se) dilater; **2ung** *f* extension *f*; étendue *f*; *phys.* dilatation *f*; (*Dampf*) expansion *f*; **2ungsvermögen** *n* force *f* d'expansion (*od.* d'extension); capacité *f* de dilatation.

aus|denken *v/rfl.: sich etw.* ~ imaginer qch.; **~dienen** *v/i.* faire son temps (de service); **~diskutieren** *v/t.* discuter à fond; **~dörren** *v/t.* (*v/i.* [sn] sn) dessécher; **~drehen** *v/t. Lampe, Licht:* éteindre; **~dreschen** *v/t.* battre; **2druck** *m* expression *f*; (*Wort*) terme *m*; *zum* ~ *bringen* exprimer; formuler.

ausdrück|en *v/t.* exprimer; (*auspressen*) press(ur)er; **~lich 1.** *adj.* formel; **2.** *adv.* expressément.

Ausdrucks|kraft *f* force *f* d'expression; **2los** *adj. u. adv.* sans expression; **~losigkeit** *f* manque *m* d'expression; **2voll** *adj.* expressif; **~weise** *f* manière *f* de s'exprimer; élocution *f*.

ausdünst|en 1. *v/i.* s'évaporer; (*schwitzen*) transpirer; **2.** *v/t.* exhaler; **2ung** *f* évaporation *f*; exhalation *f*; (*das Ausgedünstete*) exhalaison *f*.

aus-einander *adv.* séparé l'un de l'autre; **~breiten** *v/t.* (26) déployer; **~bringen** *v/t.* séparer; **~fallen** *v/t.* tomber en morceaux; **~falten** *v/t.* déplier; **~fliegen** *v/t.* (sn) s'envoler dans toutes les directions; se disperser (dans l'air); **~gehen** *v/i.* (sn) se séparer; (*Menge*) se disperser; (*Meinungen*) différer; être partagé; **~halten** *v/t. fig.* distinguer; **~jagen** *v/t.* disperser; **~kommen** *v/i.* (sn) se séparer; *fig.* diverger; **~laufen** *v/i.* (sn) se disperser; *phys.* diverger; **~leben** *v/rfl.: sich* ~ se détacher peu à peu l'un de l'autre; **~nehmen** *v/t.* démonter; défaire; **~reißen** *v/t.* déchirer; **~rollen** *v/t.* dérouler; **~rücken** *v/t.* (sn) s'écarter; **~setzen 1.** *v/t.* (*trennen*) séparer; (*darlegen*) exposer; (*erklären*) expliquer; **2.** *v/rfl.: sich* ~ s'expliquer (*mit avec*); (*mit e-m Problem*) réfléchir à; ♣ s'arranger (*mit avec*); **2setzung** *f* (*Erklärung*) explication *f*; (*Darlegung*) exposé *m*; (*Streit*) discussion *f*; dispute *f*; (*bewaffnete*) conflit *m*; ♣ arrangement *m*; **~treiben** *v/t.* disperser; chasser de tous côtés; **~wickeln** *v/t.* dérouler; développer; **~ziehen** *v/t.* étirer.

aus-er|koren *p.p. adj.* élu; choisi; **~lesen** *p.p. adj.* exquis; choisi; **~sehen** *v/t.* (30) destiner (*zu* à); choisir; **~wählen** *v/t.* élire; choisir; destiner (*zu* à).

aus-essen *v/t.* achever (un plat).

ausfahr|en 1. *v/t.*: *j-n* ~ promener (*od.* sortir) q. (en voiture); *Waren, Pakete:* livrer; apporter; *Flgw. Fahrwerk:* sortir; **2.** *v/i.* (sn) sortir (*od.* se promener) en voiture, *etc.*; **2t** *f* (16) sortie (*od.* promenade) *f* en voiture, *etc.*; (*Tor*) porte *f* cochère; sortie *f*.

Aus|fall *m* (3³) (*Haar*♣) chute *f*; (*Fehlbetrag*) manque *m*; déficit *m*; perte *f*; (*Ergebnis*) résultat *m*; ✗ sortie *f*; *esc.* botte *f*; **2fallen** *v/t. Haare, Zähne usw.:* tomber; (*allmählich*) se détacher; ✗ faire une sortie; *esc.* se fendre; (*nicht stattfinden*) ne pas avoir lieu; *die Stunde fällt aus* la leçon est supprimée; *die Schule fällt aus* il n'y aura pas classe; *gut* ~ réussir; finir bien; **2fallend** *p.pr.*

adj., 2**fällig** *adj.* insultant; grossier; **~fall(s)-erscheinung** *f* 𝔰̶ déficience *f*; **~fallstraße** *f* route *f* de sortie.

aus|fasern *v/i.* (sn) s'effilocher; s'effiler; **~fechten** *v/t.* *Streit:* vider; *Kampf:* disputer; **~fegen** *v/t.* balayer; donner un coup de balai à; **~feilen** *v/t.* limer; (*wegnehmend*) enlever à la lime; *fig.* polir.

ausfertig|en *v/t.* (*abfassen*) rédiger; *Urkunde:* dresser; 🕃 passer; 2**ung** *f* (*Abfassung*) rédaction *f*; (*Schriftstück*) document *m*; *in dreifacher Ausfertigung* en trois exemplaires.

aus|findig *adj.:* ~ *machen* finir par découvrir; détecter; **~fliegen** *v/i.* (sn) s'envoler; *fig.* prendre le clef des champs; **~fließen** *v/i.* (sn) (s'é)couler; *fig.* émaner; 2**flucht** *f* faux-fuyant *m*; subterfuge *m*; (*Vorwand*) prétexte *m*; *Ausflüchte machen* tergiverser; 2**flug** *m* excursion *f*; tour *m*.

Ausflügler [ˈ~flyːɡlər] *m* (7) excursionniste *m*.

Ausflugs|lokal *n* guinguette *f*; **~verkehr** *m* trafic *m* d'excursion.

Ausfluß *m* écoulement *m*; décharge *f*; 𝔰̶ flux *m*; (*Mündung*) embouchure *f*; *fig.*, *phys.* émanation *f*.

aus|forschen *v/t.* chercher à découvrir; scruter; *j-n* ~ sonder q. (*über acc.* sur); **~fragen** *v/t.* questionner; interroger; interviewer; 2**fragerei** *f* manie *f* désagréable de questionner; **~fransen** [ˈ~franzən] *v/i.* (sn) effranger; **~fressen** *v/t.* *Trog:* vider; *fig.* F *etw. ausgefressen haben* avoir fait qch.

Ausfuhr [ˈ~fuːr] *f* (16) exportation *f*.

ausführ|bar *adj.* exécutable; réalisable; † exportable; 2**barkeit** *f* possibilité *f* d'exécuter.

Ausfuhrbewilligung *f* licence *f* d'exporter (*od.* d'exportation).

ausführen † *v/t.* exporter; *Auftrag:* exécuter; accomplir; *Bauwerk:* construire; élever; (*darlegen*) exposer; développer; *j-n* ~ sortir q.

Ausfuhr|handel *m* commerce *m* d'exportation; **~land** *n* pays *m* exportateur.

ausführlich [ˈ~fyːrlɪç] **1.** *adj.* détaillé; (*Bericht*) circonstancié; **2.** *adv.* en détail; 2**keit** *f:* *in aller* ~ en détail; dans les moindres détails.

Ausfuhrprämie *f* prime *f* à l'exportation.

Ausführung *f* exécution *f*; (*Darle-gung*) exposé *m*; développement *m*; **~sbestimmung** *f* décret *m* (d'application).

Ausfuhr|verbot *n* défense *f* d'exporter; embargo *m*; **~zoll** *m* droit *m* de douane à l'exportation.

ausfüllen *v/t.* remplir (*mit* de); *Loch, Lücke:* combler (de).

ausfüttern *v/t.* *Kleider:* doubler.

Ausgabe *f* dépense *f* (*Verteilung*) distribution *f*; (*v. Fahrkarten, Lebensmitteln*) délivrance *f*; (*v. Aktien*) émission *f*; (*Buch*2) édition *f*.

Ausgang *m* sortie *f*; issue *f* (*a. fig.*); *kein* ~! impasse!; (*Ende*) fin *f*; (*v. Dramas*) dénouement *m*; (*Ergebnis*) résultat *m*.

Ausgangs|basis *f* base *f* de départ; **~punkt** *m* point *m* de départ; **~stellung** *f* position *f* de départ.

ausgeben *v/t.* *Geld:* dépenser; (*verteilen*) distribuer; (*aushändigen*) délivrer; *Aktien:* émettre; (*in Umlauf setzen*) mettre en circulation; (*sich*) ~ *für* (se) faire passer pour.

ausge|bombt [ˈ~ɡəbɔmpt] *p.p. adjt.:* ~ *sein* être sinistré; 2**burt** *f* créature *f*; ~ *der Hölle* monstre *m* échappé de l'enfer; **~dehnt** *p.p. adjt.* étendu; vaste; **~dient** [ˈ~ɡədiːnt] *p.p. adjt.* (*Kleid*) usé; (*Maschine*) 'hors de service; (*Beamter*) retraité; en retraite; ~*er Soldat* vétéran *m*; **~fahren** *p.p. adjt.* (*Straße*) défoncé; plein d'ornières; **~fallen** *p.p. adjt.* extraordinaire; **~franst** *p.p. adjt.* effrangé; effil(och)é; **~glichen** *p.p. adjt.* équilibré.

ausgehen *v/i.* (sn) sortir; *frei* ~ être acquitté; *rester impuni*; (*Geld, Kräfte*) manquer; (*Waren*) s'épuiser; (*Geduld*) échapper; (*Haar*) tomber; (*Feuer, Licht*) s'éteindre; (*enden*) finir; se terminer (*gr. auf acc.* en *od.* par); ~ *von* partir de, (*herrühren*) provenir de; *auf etw.* (*acc.*) ~ viser (*od.* tendre) à qch.

ausgehungert [ˈ~ɡəhʊŋərt] *p.p. adjt.* affamé; famélique.

Ausgeh|-uniform *f* tenue *f* de sortie; **~verbot** *n* privation *f* de sortie; ✕ consigne *f*.

ausge|klügelt [ˈ~ɡəklyːɡəlt] *p.p. adjt.* roué; **~kocht** *p.p. adjt.* roublard; **~lassen** *p.p. adjt.* plein d'entrain; folâtre; turbulent; *sehr* ~ égrillard; 2**lassenheit** *f* folle gaieté *f*; turbulence *f*; **~leiert** [ˈ~ɡəlaɪərt] *p.p.*

auskämmen

adjt. usé; **~lernt** *p.p. adjt.*: ~ **haben** avoir fini son apprentissage; **~macht** ['~gəmaxt] *p.p. adjt.* entendu; (*Preis*) convenu; *fig.* (*Schwindler usw.*) fieffé; consommé; **~mergelt** ['~gəmɛrgəlt] *p.p. adjt. fig.* 'hâve; **~nommen** ['~gɔnɔmən] **1.** *prp.* (*acc.*) 'hors; sauf; à l'exception de; excepté; **2.** *cj.* ~, *daß* excepté que (*ind.*); **~prägt** ['~gəprɛːkt] *p.p. adjt. fig.* prononcé; marqué; **~rechnet** ['~gərɛçnət] *adv.* justement; précisément; **~schlossen**(!) ['~gəʃlɔsən] *p.p. adjt.* (*int.*) impossible(!); **~schnitten** *p.p. adjt.* décolleté; échancré; **~sprochen** ['~gəʃprɔxən] **1.** *p.p. adjt.* prononcé; marqué; **2.** *p.p. advt.* vraiment; réellement; **~stalten** ['gəʃtaltən] *v/t.* former; façonner; développer; **~sucht** ['~gəzuːxt] *p.p. adjt.* choisi; recherché; exquis; (*Stil*) châtié; **~treten** *p.p. adjt.* (*Schuhe*) avachi; **~wachsen** ['~gəvaksən] *p.p. adjt.* développé; adulte; **~zeichnet** ['~gətsaɪçnət] *p.p. adjt.* (*vorzüglich*) exquis; parfait; excellent; ~! parfait! à merveille!

ausgiebig ['~giːbiç] *adj.* abondant; copieux.

ausgieß|en *v/t.* verser; répandre; **2ung** *rl. f* (*des Heiligen Geistes*) descente *f*.

Ausgleich ['~glaɪç] *m* (3) compensation *f*; compromis *m*; arrangement *m*; accord *m*; (*Budget*2) équilibre *m*; *Sp.* égalisation *f*; *als* (*od. zum*) ~ *für* en compensation de; *zum* ~ *Ihrer Rechnung* en règlement de votre facture; **2en** *v/t.* égaliser; aplanir (*a. fig.*); *fig.* arranger; *Streit:* (r)accommoder; *Rechnung:* régler; solder; *Verluste:* compenser; *Budget:* équilibrer; *Sp.* égaliser.

Ausgleichs|**-entschädigung** *f* indemnité *f* compensatrice; **~fonds** *m* fonds *m* de compensation; **~getriebe** *n* différentiel *m*; **~sport** *m* sport *m* de compensation; **~tor** *n*, **~treffer** *m Sp.* but *m* d'égalisation; **~zulage** *f* indemnité *f* compensatrice.

ausgleiten *v/i.* (30, sn) glisser.

ausgrab|en *v/t.* déterrer; *Leiche:* exhumer; (*vertiefen*) creuser; **2ungen** *f/pl.* fouilles *f/pl.*

ausgreifen *v/i.* (*Pferd*) allonger le pas.

Ausguck ['~guk] *m* (3) poste *m* d'observation; ⚓ vigie *f*.

Ausguß *m* évier *m*; (*Tülle*) bec *m*.

aus|**haben** F *v/t. Mantel:* avoir enlevé; *Buch:* avoir terminé; *Glas:* avoir vidé (*od.* fini); **~hacken** *v/t.* arracher (à coups de bec); *Augen:* **~haken** *v/t.* décrocher; dégrafer; **~halten 1.** *v/t.* soutenir; *Schmerzen:* endurer; supporter; ♪ tenir; (*unterhalten*) entretenir; **2.** *v/i.* tenir bon; persévérer; *das ist nicht auszuhalten* c'est à n'y pas tenir; **~handeln** *v/t. Preis:* débattre.

aushändig|en ['~hɛndigən] *v/t.* (25) remettre; ✝ (dé)livrer; **2ung** *f* remise *f*; livraison *f*; délivrance *f*.

Aushang *m* (3³) (*Plakat*) affiche *f*.

aushängen *v/t. Plakat usw.:* afficher; (*loshaken*) décrocher; **2schild** *n* enseigne *f*.

ausharren *v/i.* persévérer.

aushärt|en *v/t. Metall:* tremper; **2ung** *f* trempe *f*.

aus|**hauchen** *v/t.* exhaler; expirer; **~hauen** *v/t.* creuser à coups de hache; *in Marmor* ~ sculpter en marbre; *Wald:* éclaircir; *Zweige aus e-m Baum* ~ ébrancher un arbre.

aus|**heben** *v/t.* enlever; *Tür:* ôter des gonds; ⚒ lever; *Graben:* creuser; *Eier, junge Vögel vom Nest, Räuber:* dénicher; **2ung** *f* enlèvement *m*; ⚒ levée *f*; (*e-s Grabens*) creusage *m*; creusement *m*.

aus|**hecken** F *v/t.* machiner; **~heilen** *v/i.* (sn) guérir complètement; **~helfen** *v/i.:* *j-m* aider q. (*mit* de).

Aushilfe *f* aide *m, f* (temporaire *od.* intérimaire); *als* (*od. zur*) ~ *arbeiten* travailler comme aide (temporaire).

Aushilfs|**kellner** *m* extra *m*; **~kräfte** *f/pl.* personnel *m* auxiliaire; **2weise** ['~hilfsvaɪzə] *adv.* comme aide (temporaire); provisoirement.

aushöhl|en ['~hø:lən] *v/t.* (25) creuser; excaver; **2ung** *f* creusage *m*; creusement *m*; excavation *f*; (*Loch*) creux *m*.

ausholen *v/i.:* *zum Sprung* ~ prendre son élan; *zum Schlag* ~ lever le bras pour frapper; *fig. weit* ~ aller chercher bien loin.

aus|**holzen** ['~hɔltsən] *v/t.* déboiser; éclaircir; **~horchen** *v/t.:* *j-n* ~ sonder q.; **~hungern** *v/t.* affamer; ⚒ réduire par la famine; **~husten** *v/t.* expectorer (en toussant); **~kämmen** *v/t.* (*entfernen*) enlever en peignant; *Haar:* peigner; démêler;

~**kehlen** men. v/t. (25) canneler; **2-kehlung** f cannelure f; ~**kehren** v/t. (25) balayer; nettoyer; ~**keltern** v/t. passer au pressoir; pressurer; ~**kennen** v/rfl.: sich ~ in (dat.) se connaître à; ~**kernen** ['~kɛrnən] v/t. Kirschen: ôter les noyaux; Äpfel: ôter les pépins; Nüsse: cerner; ~**kitten** ['~ki-tən] v/t. mastiquer; ~**klammern** v/t. fig. exclure.

Ausklang m fin f; note f finale.

aus|klauben v/t. éplucher; **☆** trier; ~**kleiden** v/t. (v/rfl. sich ~ se) déshabiller; dévêtir; Arch. revêtir (mit de); ~**klingen** v/i. (sn) (Rede) s'achever; (Töne) se perdre; expirer; (Verse) finir (auf acc. par); ~**klinken** v/t. décliqu(et)er.

ausklopfe|n v/t. taper; den Staub ~ von etw. épousseter qch.; Pfeife: débourrer; **2r** m (7) baguette f à épousseter (resp. à battre les habits).

aus|klügeln ['~kly:gəln] v/t. Plan, Methode: étudier avec subtilité; ein ausgeklügelter Plan un plan raffiné; ~**kneifen** F v/i. (sn) s'esquiver; filer; ~**knipsen** v/t. Licht: éteindre; ~**knobeln** v/t.: etw. ~ jouer qch. aux dés; fig. F = ausklügeln; ~**kochen** v/t. Wäsche, Instrumente: faire bouillir; Saft: extraire; ~**kommen** v/i. (sn) (Vögel) éclore; mit etw. ~ avoir assez de; se tirer d'affaire avec; mit j-m ~ s'accorder avec q.; s'entendre avec q.; **2kommen** n (6): sein ~ haben avoir de quoi vivre; es ist kein ~ mit ihm on ne peut s'entendre avec lui; ~**kömmlich** ['~kœmliç] adj. suffisant; (Amt usw.) qui nourrit son homme; ~**körnen** ['~kœrnən] v/t. égrener; ~**kosten** v/t.: etw. ~ jouir de qch. jusqu'au bout (a. fig); ~**kramen** v/t. vider; fig. sein Wissen ~ faire montre de son savoir; ~**kratzen** 1. v/t. gratter; effacer; fig. Augen: arracher; 2. v/i. (sn) F filer; ~**kriechen** v/i. (sn) (Vögel) éclore; sortir de l'œuf; Schuh usw.: arriver à enlever; ~**kriegen** F v/t. Schuh usw.: arriver à enlever; ~**kugeln** v/rfl.: sich den Arm ~ se démettre le bras; ~**kundschaften** v/t. épier; Land: explorer; **⚔** reconnaître.

Auskunft ['~kunft] f (14¹) renseignement m; information f; j-m über etw. (acc.) ~ geben renseigner q. sur qch.; ~**ei** [~'taɪ] f (16) bureau m de renseignements.

Auskunfts|beamte(r) m préposé m aux renseignements; ~**büro** n bureau m de renseignements.

aus|kuppeln v/t. Auto débrayer; ~**kurieren** v/t. guérir radicalement; ~**lachen** 1. v/t.: j-n ~ rire (od. se moquer) de q.; 2. v/rfl.: sich ~ rire à son aise.

auslade|n v/t. Waren: décharger; **♣** débarquer; Arch. faire saillir; Gast: décommander; **2n** n déchargement m; **♣** débarquement m; Arch. saillie f; ~**nd** p.pr. adjt. Arch. saillant; (Schultern, Gebärde) large; **2platz** m débarcadère m.

Auslage f **♣** étalage m; esc. garde f; ~**n** pl. frais m/pl.; dépenses f/pl.; j-m s-e ~**n** erstatten rembourser q. de ses frais (od. dépenses).

auslager|n v/t. transporter en lieu sûr; **2ung** f transport m en lieu sûr.

Ausland n étranger m; im ~ à l'étranger.

Ausländ|er(in f) ['~lɛndər] m (7) étranger m, -ère f; **2isch** adj. étranger; **✿** exotique.

Auslands-aufenthalt m séjour m à l'étranger; ~**gespräch** n téléph. communication f internationale; ~**guthaben** n créances f/pl. étrangères; ~**hilfe** f aide f à l'étranger; ~**markt** m marché m étranger; ~**porto** n port m pour l'étranger; ~**reise** f voyage m à l'étranger; ~**telegramm** n télégramme m international; ~**vertretung** f représentation f à l'étranger.

auslangen v/i. (25) étendre le bras; (ausreichen) suffire.

auslass|en 1. v/t. omettre; (aus Vergeßlichkeit) oublier; Zeile: laisser en blanc; Fett: faire fondre; Kleider usw.: élargir; Ärger: décharger (an dat. sur); (falls) passer (sur); Sp. (Slalom) ein Tor ~ sauter une porte; 2. v/rfl.: sich ~ über (acc.) s'étendre (od. se prononcer) sur; **2ung** f omission f; **2ungszeichen** n apostrophe f.

Auslaßventil ⊕ n soupape f d'échappement.

Auslauf m (Wasser2) écoulement m; Sp. (beim Skispringen usw.) piste f de sortie; (Gehege) basse-cour f; (Bewegung) mouvement m; **2en** v/i. (sn) **♣** partir; sortir; (Flüssigkeit) (s')écouler; fuir; (Berge) se prolonger; (Wurzeln) s'étendre; (enden) finir (auf acc. par); se terminer (in acc. en od. par).

Ausläufer m (e-s Gebirges) contrefort m; ♃ rejeton m; stolon m.

auslaugen ⚒ v/t. lessiver (a. fig.).

Auslaut m son m final; **2en** v/i. se terminer (auf acc. en od. par).

ausläuten v/t. annoncer au son des cloches.

aus|leben v/rfl.: sich ~ vivre sa vie; **~lecken** v/t. lécher; vider en léchant.

ausleeren 1. v/t. vider; Grube: vidanger; 2. **2** n vidage m, vidange f.

ausleg|en v/t. Waren: étendre; Netze: tendre; Geld: avancer; Möbel usw.: incruster; marqueter; Fußboden: recouvrir (mit de); (Fliesen ~ carreler; (deuten) interpréter; **2er** m (7) (e-s Krans) flèche f; bras m; **2erboot** n pirogue f à balancier; (Rennboot) outrigger m; **2eware** f moquette f, **2ung** f interprétation f; (der Bibel a.) exégèse f.

aus|leiden v/i. cesser de souffrir; **~leihen** 1. v/t. prêter; (für Geld) louer; 2. v/rfl.: sich etw. ~ emprunter qch.; **~lernen** v/i. finir son apprentissage.

Auslese f (15) (Auswahl) choix m; sélection f; (Wein) vin m de grand cru; fig. élite f, **2n** v/t. choisir; (sortieren) trier; Buch usw.: terminer (la lecture).

aus|leuchten v/t. bien éclairer; **~lichten** v/t. éclaircir.

ausliefer|n v/t. Waren: (dè)livrer; expédier; ⚖ extrader; **2ung** f livraison f; expédition f; ⚖ extradition f; **2ungsvertrag** m traité m d'extradition.

aus|liegen v/i. être étalé; esc. être en garde; **~löffeln** v/t. manger à la cuiller; fig. payer les pots cassés; **~löschen** v/t. Licht: éteindre; Schrift: effacer (a. fig.); **~losen** v/t. mettre en loterie; tirer au sort.

auslös|en v/t. Pfand: dégager; Wechsel: acquitter; (loskaufen) racheter; ⊕, phot.,⚔ déclencher; fig. (hervorrufen) provoquer; **2er** phot. m (7) déclencheur m.

Auslosung f tirage m au sort.

auslüften v/t. aérer; ⊕ éventer; ventiler.

ausmachen v/t. (betragen) faire; Licht, Feuer: éteindre; ♂ a. fermer; (verabreden) convenir (etw. de qch.); (ausfindig machen) détecter; das macht nichts aus cela ne fait rien, n'a pas d'importance.

ausmahlen v/t. bien moudre.

ausmalen 1. v/t. peindre; Kupferstich usw.: colorier; enluminer; fig. dépeindre; 2. v/rfl.: sich etw. ~ se figurer qch.; 3. **2** n peinture f; (e-s Kupferstichs) coloriage m; fig. description f.

Ausmarsch ⚔ m sortie f; départ m; **2ieren** v/i. (sn) sortir; partir.

Aus|maß n dimension f; étendue f; in geringem ~ dans une faible mesure; **2mergeln** s. ausgemergelt; **2merzen** v/t. rayer; retrancher; éliminer; (aus der Sprache) bannir.

ausmess|en v/t. mesurer; Feld usw.: arpenter; ⚓ jauger; **2ung** f mesurage m; arpentage m; ⚓ jaugeage m.

ausmisten v/t. Stall usw.: nettoyer; enlever le fumier de.

ausmontieren v/t. démonter.

ausmünden v/i. (sn) (Straße) déboucher (in dans).

ausmuster|n v/t. rejeter; ⚔ réformer; **2ung** ⚔ f réforme f.

Ausnahme [ˈ~naːmə] f (15) exception f (von à); mit ~ von à l'exception de; bis auf wenige ~n à peu d'exceptions près; **~angebot** n offre f exceptionnelle; **~fall** m cas m exceptionnel; **~gesetz** n loi f d'exception; **~tarif** m tarif m exceptionnel; **~zustand** m état m d'urgence.

ausnahms|los adj. u. adv. sans exception; **~weise** adv. par exception; exceptionnellement.

ausnehmen 1. v/t. Tier: vider; (ausschließen) excepter; ein Nest ~ dénicher des oiseaux; fig. F j-n ~ plumer q.; 2. v/rfl.: sich gut ~ se présenter bien; faire bon effet; sich ~ wie avoir l'air de; faire l'effet de; **~d** p.pr. advt. extraordinairement; extrêmement.

ausnutz|en [ˈ~nutsən] v/t.: etw. ~ profiter de qch.; tirer profit de qch.; j-n ~ exploiter q.; **2ung** f utilisation f; mise f à profit; péj. exploitation f.

auspacken v/t. Kiste: dépaqueter; Waren: déballer; Koffer: défaire; fig. faire un déballage de.

auspeitschen v/t. fouetter; fustiger.

auspfänd|en v/t.: j-n ~ saisir les biens de q.; **2ung** f saisie-exécution f.

auspfeifen v/t. siffler; 'huer.

auspflanzen v/t. transplanter; aus e-m Topf ~ dépoter.

aus-plaudern v/t. ébruiter; divulguer; F vendre la mèche.

ausplünder|n v/t. piller; 2**ung** f pillage m.

aus|polstern v/t. rembourrer; ~**posaunen** v/t. (25) publier à son de trompe; fig. crier sur les toits; ~**pressen** v/t. press(ur)er; Öl: extraire; fig. extorquer; ~**probieren** v/t. essayer; éprouver; mettre à l'épreuve.

Auspuff ['~puf] m (3) Auto échappement m; ~**gas** n gaz m d'échappement; ~**rohr** n tuyau m d'échappement; ~**topf** m pot m d'échappement; ~**ventil** n soupape f d'échappement.

aus|pumpen v/t. pomper; vider; die Luft ~ faire le vide; ~**punkten** ['~puŋktən] v/t. Sp. battre aux points; ~**pusten** v/t. souffler; 2**putzer** m Sp. arrière m; ~**quartieren** v/t. déloger; ~**quetschen** v/t. press(ur)er; fig. extorquer; ~**radieren** v/t. effacer (à la gomme); gommer; (dem Boden gleichmachen) raser; ~**rangieren** v/t. mettre 'hors de service'; × réformer; ~**rauben** v/t. piller; × dévaliser; ~**räubern** F v/t. dévaliser; ~**räuchern** v/t. faire des fumigations; Bienen: enfumer; mit Schwefel ~ soufrer; ~**raufen** v/t. Haare usw.: arracher; ~**räumen** v/t. Wohnung: déménager; Zimmer: démeubler; Schrank usw.: débarrasser; vider; Kanal: curer; Grube: vidanger.

ausrechn|en v/t. calculer; (überschlagen) supputer; 2**ung** f calcul m; (Überschlag) supputation f.

ausrecken v/t. étendre; étirer.

Ausrede f détour m; subterfuge m; excuse f; faux-fuyant m; 2**n 1.** v/t.: j-m etw. ~ dissuader q. de qch.; **2.** v/i.: lassen Sie mich ~ laissez-moi finir; j-n nicht ~ lassen couper la parole à q.

ausreiben v/t. Flecken: enlever en frottant; Augen: se frotter.

ausreichen v/i. suffire; ~ mit avoir assez de; ~**d** p.pr. adj. suffisant.

ausreifen v/i. (sn) (bien) mûrir.

Ausreise f départ m; sortie f; ~**erlaubnis** f permission f de sortie; 2**n** v/i. (sn) sortir du (od. quitter le) pays; passer la frontière; ~**sperre** f interdiction f (od. défense f) de sortie; ~**visum** n visa m de sortie.

ausreiß|en 1. v/t. arracher; er reißt sich kein Bein aus il ne se casse pas; **2.** v/i. (sn) se déchirer; F fig. se sauver;

prendre la fuite; faire une fugue; 2**er** m (7) fugueur m; 2**versuch** m (Radsport) tentative f d'échappée.

ausreiten v/i. (sn) se promener (od. sortir) à cheval.

ausrenken ['~reŋkən] v/t. (25) démettre; luxer; disloquer.

ausricht|en v/t. (re)dresser; × aligner; Auftrag: faire; s'acquitter de; Befehl: exécuter; Fest, Veranstaltung: arranger; organiser; richten Sie ihm m-n Gruß aus! saluez-le de ma part; etw. ~ (erreichen) réussir à faire qch.; 2**ung** f redressement m; (e-s Festes) organisation f.

Aus|ritt m sortie f (od. promenade f) à cheval; 2**roden** v/t. essarter; (urbar machen) défricher; 2**rollen 1.** v/t. Teppich: dérouler; Teig: étendre avec le rouleau; **2.** v/i. (sn) Flgw. rouler (après l'atterrissage).

ausrott|en v/t. (26) extirper; (vernichten) exterminer; 2**ung** f extirpation f; (Vernichtung) extermination f.

ausrücken 1. v/t. ⊕ dé(sem)brayer; typ. sortir; **2.** v/i. (sn) × se mettre en marche; partir; (Feuerwehr) sortir; F (fliehen) décamper.

Ausruf m exclamation f; cri m; (Ankündigung) proclamation f; 2**en 1.** v/i. s'écrier; **2.** v/t. crier; publier à 'haute voix; j-n als König ~ proclamer q. roi; ~**er** m (7) crieur m (public); camelot m; (Zeitungs2) vendeur m; ~**ung** f proclamation f; ~**ungswort** n interjection f; ~**ungszeichen** n point m d'exclamation.

aus|ruhen v/refl.: sich ~ se reposer; ~**rupfen** v/t. arracher; die Federn ~ plumer.

ausrüst|en v/t. munir (mit de); ♣, × équiper; armer; 2**ung** f équipement m; armement m; 2**ungsgegenstände** m/pl. (objets m/pl. od. matériel m d'équipement m.

aus|rutschen v/i. (sn) glisser; 2**saat** f ensemencement m; (Gesätes) semailles f/pl.; ~**säen** v/t. semer.

Aussage f (15) dire m; déclaration f; ₰₶ déposition f; ~**kraft** f force f d'expression; 2**n** v/t. dire; déclarer; ₰₶ in e-r Sache ~ déposer de qch.; gr. énoncer.

aussägen v/t. découper à la scie.

Aussage|satz m proposition f énonciative; ~**wert** m valeur f d'expression.

Aussatz ☜ m (3²) lèpre f.

aussätzig [ˈ˗sɛtsiç] *adj.* lépreux; **2e(r** *m) m, f* lépreux *m*, -euse *f.*

aussaugen *v/t.* sucer; *(ausbeuten)* exploiter.

ausschab|en *v/t.* gratter; *📐* cureter; **~ung** *f 📐* curetage *m.*

aus|schachten [ˈ˗ʃaxtən] *v/t.* (26) excaver; foncer; **~schälen** *v/t. Hülsenfrüchte:* écosser.

ausschalten *v/t.* exclure; écarter; *📐, Sp.* éliminer; *⚡ Strom:* interrompre, couper; *Licht:* éteindre, *Gerät:* débrancher; *Radio:* fermer.

Ausschank [ˈ˗ʃaŋk] *m* (3³) débit *m.*

ausscharren *v/t.* déterrer.

Ausschau *f* tour *m* d'horizon; **~ halten** scruter l'horizon; **2en** *v/i.* regarder; *nach j-m* ~ chercher q. des yeux; *s. a. aussehen.*

ausscheid|en 1. *v/t.* séparer de; *📐* dégager; *physiol.* sécréter; *📐 u. Sp.* éliminer; **2.** *v/i.* (sn) se retirer; *aus dem Dienst* ~ quitter le service; *(aus e-r Gesellschaft)* quitter; *das scheidet aus* cela n'entre pas en ligne de compte; **2ung** *f* séparation *f; 📐* dégagement *m; physiol.* sécrétion *f; 📐 u. Sp.* élimination *f.*

Ausscheidungs|kampf *m* épreuve *f* éliminatoire; **~spiel** *n* match *m* de sélection.

aus|schelten *v/t.* gronder; tancer; **~schenken** *v/t.* verser; *(verkaufen)* débiter.

ausschicken *v/t. Boten:* envoyer; ~ *nach j-m* envoyer chercher q.

aus|schiffen *v/t.* (*v/rfl. sich* ~) débarquer; **2schiffung** *f* débarquement *m;* **~schimpfen** *v/t.* gronder; couvrir d'injures; **~schlachten** *v/t. Tier:* dépecer; *Auto:* démonter; exploiter.

ausschlafen 1. *v/i.* (*v/rfl. sich* ~) dormir son content; **2.** *v/t.:* *s-n Rausch* ~ cuver son vin.

Ausschlag *m 📐* éruption *f;* exanthème *m; (der Magnetnadel)* déviation *f; (der Waage)* trait *m; den* ~ *geben* faire pencher la balance; décider; **2en** **1.** *v/t. Auge:* crever; *Zahn:* casser; *(bekleiden)* garnir *(mit* de); revêtir *(mit* de); *(ablehnen)* repousser; refuser; *Erbschaft:* répudier; **2.** *v/i. (Pferd)* ruer; *(Waage) nach e-r Seite* ~ pencher d'un côté; *(Magnetnadel)* dévier; *📐* pousser; bourgeonner; *mit Händen und Füßen* ~ se débattre à coups de poing et à coups de pied;

2gebend *p.pr. adj.* décisif.

ausschließ|en *v/t.: j-n* ~ fermer la porte à q.; *fig.* exclure; excepter; *Sp.* disqualifier; **~lich** *adj.* exclusif; **2~lichkeit** *f* exclusivité *f.*

aus|schlüpfen *v/i.* (sn) éclore; sortir (de l'œuf); **~schlürfen** *v/t.* vider à petits traits; *(genießerisch)* savourer; *Auster, Ei:* gober.

Ausschluß *m* exclusion *f; Sp.* disqualification *f; unter* ~ *der Öffentlichkeit* à huis clos.

aus|schmieren *v/t.* graisser; *⚓* calfater; *Fugen e-r Mauer:* (re)jointoyer.

ausschmücken *v/t.* orner; décorer; *(verschönern)* embellir; **2ung** *f* ornementation *f; (Verschönerung)* embellissement *m.*

ausschneiden *v/t.* couper; *Baum:* élaguer; *Holz, Papier:* découper; *Kleid:* échancrer; décolleter.

Ausschnitt *m* coupe *f; (Zeitungs2)* coupure *f; (Kleid2)* décolleté *m; (Ärmel2)* échancrure *f; fig.* tranche *f;* section *f.*

ausschöpfen *v/t.* vider; *a. fig.* épuiser.

ausschrauben *v/t.* dévisser.

ausschreib|en *v/t. (ohne Abkürzung)* écrire en toutes lettres; *✝ Scheck:* remplir; *Rechnung:* dresser; *Wahlen:* annoncer; *Stelle:* mettre au concours; *öffentliche Arbeiten:* mettre en adjudication; *Wettbewerb:* ouvrir; **2ung** *f (e-r Stelle)* mise *f* au concours; *✝* mise *f* en adjudication; appel *m* d'offres; *(e-s Wettbewerbs)* ouverture *f.*

ausschreit|en *v/i.* (sn) marcher à grands pas; allonger le pas; *fig.* (dé)passer les bornes; **2ung** *f fig.* excès *m.*

Ausschuß *m* comité *m;* commission *f; (Abfall)* déchet *m; ✝* rebut *m;* pacotille *f;* **~mitglied** *n* membre *m* du comité; **~sitzung** *f* séance *f* de comité; **~ware** *f* marchandise *f* de rebut; camelote *f.*

aus|schütteln *v/t.* secouer; **~schütten** *v/t.* verser; répandre; *Herz:* épancher; *(ausfüllen)* combler; *✝ Dividende:* répartir; **2schüttung** *✝ f* répartition *f;* distribution *f;* versement *m;* **~schwärmen** *v/i.* (sn) *(Bienen)* essaimer; *✕ (Infanterie)* se déployer en tirailleurs; **~schwatzen** *v/t.* ébruiter; raconter.

ausschweif|en *v/t.* échancrer; *⊕* godronner; **~end** *p.pr. adjt.* débauché; dévergondé; libertin; une **~es Leben führen** se livrer à la débauche; **2ung** *f fig.* débauche *f*; libertinage *m*.

aus|schweigen *v/rfl.:* **sich ~** garder le silence (*über de*); **~schwitzen** *⚗ v/t.* exsuder.

aussehen 1. *v/i.:* **~ als ob** avoir l'air de; paraître; **wie j. (etw.) ~** ressembler à q. (à qch.); **gut ~** avoir bonne mine; **2. 2** *n* air *m*; mine *f*; aspect *m*; apparence *f*; **nach dem ~ urteilen** juger sur l'apparence.

aussein *v/i.* [ˈaʊs-zaɪn] (sn) être fini; *s. a.* **ausx.**; *fig.* **~ auf** (*acc*) *od.* **nach** être à la recherche de; viser à.

außen [ˈaʊsən] *adv.* (au) dehors; **von~** (*her*) du dehors; **nach~** (*hin*) en dehors; à l'extérieur; **2-antenne** *f* antenne *f* extérieure; **2-aufnahmen** *f/pl.* prises *f/pl.* en extérieur; **2bahn** *f Sp.* piste *f* extérieure; **2bezirk** *m* quartier *m* extérieur; **2bordmotor** *m* moteur *m* 'hors-bord'.

aussenden *v/t.* envoyer; *Wellen:* émettre.

Außen|hafen *m* avant-port *m*; **~handel** *m* commerce *m* extérieur; **~kurve** *f* virage *m* extérieur; **~ministerium** *n* ministère *m* des affaires étrangères; **~politik** *f* politique *f* extérieure; **2politisch** *adj.* concernant la (*od.* de la) politique extérieure; **~seite** *f* extérieur *m*; (*e-s Stoffes*) endroit *m*; **~seiter** *m* (7) outsider *m* (*a. Sp.*); **~spiegel** *m Auto* rétroviseur *m* extérieur; **~stände** ✝ [ˈ~ʃtɛndə] *m/pl.* créances *f/pl.*; **~stehende(r)** *m* profane *m*; **~stelle** *f* poste *m* secondaire; agence *f*; **~stürmer** *m Sp.* ailier *m*; **~temperatur** *f* température *f* extérieure; **~wand** *f* mur *m* extérieur; **~welt** *f* monde *m* (extérieur); **~winkel** *m* angle *m* externe.

außer [ˈaʊsər] **1.** *prp.* (*dat.*) 'hors de; en dehors de; (*dazu*) outre; (*davon*) excepté; 'hormis; **2.** *cj.* **~ daß, ~ wenn** excepté si (*ind.*); à moins que ... ne (*subj.*); **~amtlich** *adj.* non officiel; privé; **~beruflich** *adj.* en dehors du travail professionnel; **~dem** *adv.* en outre; de plus; au surplus; **~dienstlich** *adj.* en dehors du service.

äußere [ˈɔysərə] **1.** *adj.* extérieur; **2. 2(s)** *n* (18) extérieur *m*; dehors *m/pl.*; apparence *f*; **ein angenehmes ~s** un physique agréable; *pol.* affaires *f/pl.*

étrangères.

außer|-ehelich *adj.* extra-conjugal; (*Kind*) illégitime; naturel; **~etatmäßig** *adj.* extra-budgétaire; **~europäisch** *adj.* extra-européen; **~gerichtlich** *adj.* extrajudiciaire; **~gewöhnlich** *adj.* extraordinaire; **~halb 1.** *prp.* (*gén.*) 'hors de; **~ der Stadt** 'hors ville; **2.** *adv.* au dehors; **~irdisch** *adj.* extra-terrestre.

äußerlich [ˈɔysərlɪç] *adj.* extérieur; externe; (*auf Medizinflaschen*) pour l'usage externe; (*oberflächlich*) superficiel; **2keiten** *f/pl.* formalités *f/pl.*

äußern (29) **1.** *v/t. Meinung:* dire; déclarer; exprimer; *Gefühle:* montrer; *Wunsch, Bitte:* exprimer; **2.** *v/rfl.:* **sich ~** s'exprimer; se montrer; (*Krankheit*) se déclarer; **sich ~ über** (*acc.*) se prononcer sur.

außer|-ordentlich *adj.* extraordinaire; étonnant; prodigieux; **~er Professor** professeur *m* sans chaire; **~parlamentarisch** *adj.* extra-parlementaire; **~planmäßig** *adj.* supplémentaire; extraordinaire; (*Beamter*) surnuméraire; (*Etat*) extra-budgétaire.

äußerst [ˈɔysərst] **1.** *adj.* extrême; dernier; le plus éloigné; **im ~en Falle** (*allenfalls*) à la rigueur; **2.** *adv.* extrêmement.

außerstande [ˈ~ˈʃtandə] *adv.* 'hors d'état.

Äußer|ste(s) *n* (18) extrême *m*; extrémité *f*; **sein ~s tun** faire tout son possible; **zum ~n greifen** avoir recours aux extrêmes; **~ung** [ˈɔysərʊŋ] *f* manifestation *f*; expression *f*; (*Ausspruch*) déclaration *f*; propos *m/pl.*

aussetz|en [ˈaʊszɛtsən] **1.** *v/t.* exposer; *Kind:* abandonner; *⚓* débarquer; *Boot:* mettre à la mer; *Belohnung:* offrir; *Rente:* constituer; **als Preis ~** proposer en prix; *⚖* **an j-m (e-r Sache) etw. auszusetzen haben** critiquer q. (qch.); trouver à redire à qch.; **2.** *v/i.* s'interrompre; s'arrêter; (*Puls*) être intermittent; (*Motor*) avoir des ratés; **mit der Arbeit (für einige Tage) ~** interrompre le travail (pour quelques jours); **3.** *v/rfl.:* **sich e-r Gefahr ~** s'exposer à un danger; **2ung** *f* exposition *f*; (*e-s Kindes*) abandon *m*; *⚓* débarquement *m*; mise *f* à la mer; (*e-r Belohnung*) offre *f*; (*e-r Rente*) constitution f; (e-s Preises) proposition f; (Unterbrechung) interruption f; suspension f; ⚖ sursis m.

Aussicht f vue f; fig. perspective f; espérance f; chance f; ~ auf Erfolg chance f de succès; etw. in ~ haben avoir qch. en vue; etw. in ~ nehmen se proposer qch.; in ~ stehen être en perspective; j-m etw. in ~ stellen faire espérer qch. à q.; ~ in die Zukunft perspective f d'avenir.

aussichts|los adj. voué à l'échec; sans espoir; vain; 2losigkeit f inutilité f; vanité f; 2punkt m point m de vue; ~reich adj. prometteur; plein de chances; 2turm m belvédère m; ~voll = aussichtsreich; 2wagen m voiture f panoramique.

aussieben v/t. cribler; fig. choisir; passer au crible.

aussied|eln v/t. (faire) évacuer; 2ler m/pl. personnes f/pl. évacuées (resp. rapatriées); 2lung f évacuation f.

aussöhn|en ['ˈzøːnən] (25) v/t. (v/rfl.: sich ~ mit se) réconcilier (avec); 2ung f réconciliation f.

aus|sondern v/t. séparer; (auswählen) trier; (ausschalten) éliminer; 𝔰 sécréter; 2sonderung f séparation f; (Auswählen) triage m; (Ausschalten) élimination f; 𝔰 sécrétion f; ~sortieren v/t. retirer; ~spähen 1. v/i.: nach j-m ~ chercher q. des yeux; 2. v/t. épier; espionner.

ausspann|en 1. v/t. étendre; (losspannen) détendre; Pferde: dételer; F j-m etw. ~ chiper qch. à q.; 2. v/i. se reposer; détendre son esprit; 2ung f fig. repos m; détente f.

aussperr|en v/t.: j-n ~ fermer la porte à q.; Arbeiter: lock-outer; 2ung f lock-out m.

aus|spielen 1. v/t. Karte: jouer; (als Gewinn aussetzen) mettre en loterie; 2. v/i. (auszuspielen haben) avoir la main; ~spinnen v/t. fig. amplifier; ~spionieren v/t. espionner.

Aussprache f prononciation f; (Erörterung) discussion f; (klärendes Gespräch) explication f; ~bezeichnung f prononciation f figurée; notation f phonétique.

aus|sprechen 1. v/t. prononcer; (ausdrücken) exprimer; Urteil: rendre; Wunsch: former; formuler; 2. v/rfl.: sich ~ über (acc.) s'exprimer sur; sich

mit j-m über etw. ~ (acc.) s'expliquer avec q. de qch.; sich ~ für se déclarer pour; ~spritzen v/t. faire jaillir; projeter; Feuer: éteindre; 𝔰 Ohr, Nase: laver; 2spruch m parole f; (bsd. Richter2) sentence f; ~spukken v/t. cracher; ~spülen v/t. rincer; laver; den Mund ~ se rincer la bouche; 2spülung f rinçage m; lavage m; ~staffieren v/t. garnir; équiper (mit de); péj. accoutrer; affubler (mit de); 2staffierung f accoutrement m; 2stand m grève f; in den ~ treten se mettre en grève; ~ständig † adj. arriéré.

ausstanzen ⊕ v/t. poinçonner.

ausstatt|en ['ˈʃtatən] v/t. (26) équiper; pourvoir (mit de); Tochter: donner un trousseau à; mit Mitgift ~ doter; fig décorer (mit de); garnir (de); 2ung f équipement m; (Heirats2) trousseau m; (Mitgift) dot f; thé. décors m/pl.; ein Buch mit guter ~ un livre bien présenté; 2ungsstück thé. n pièce f à décors.

aus|stauben v/t. épousseter; ~stechen v/t. Auge: crever; Rasen, Torf: enlever; Graben: creuser; fig. j-n ~ supplanter q., (übertreffen) l'emporter sur q.; ~stehen 1. v/t. supporter; endurer; nicht ~ können ne pouvoir souffrir; 2. v/i. noch ~ n'être pas encore arrivé (Geld: rentré); ~de Forderung dette f active; ~de Gelder sommes f/pl. à recouvrer; ~steigen v/i. (sn) descendre; ♻ débarquer.

ausstell|en v/t. (zur Schau) exposer; (zum Verkauf) étaler; ✕ poser; Paß, Zeugnis: délivrer; Urkunde, Rechnung: dresser; Scheck: faire; émettre; Wechsel: tirer (auf j-n sur q.); s.a. ab-, ausschalten; 2er m (7) exposant m; (e-s Wechsels) tireur m; 2ung f (zur Schau) exposition f; (zum Verkauf) étalage m; ✕ pose f; (v. Schriftstücken) délivrance f; (v. Wechseln) émission f.

Ausstellungs|fläche f surface f d'exposition; ~gelände n terrain m d'exposition; ~raum m salle f d'exposition; ~stand m stand m; ~stück n objet m exposé.

aussterben v/i. (sn) (Familie) s'éteindre; (Pflanzen-, Tiergattung) disparaître.

Aussteuer f trousseau m; (Mitgift) dot f; ~versicherung f assurance f dotale.

Ausstieg [ˈaʊsˌʃtiːk] m (3) sortie f.

ausstopfen v/t. rembourrer; *Tiere*: empailler; mit Watte ~ ouater.

Ausstoß ✝ m production f; débit m; rendement m; ≈en v/t. expulser; (*aus e-r Gesellschaft usw.*) exclure; *Schrei*: pousser; *Schmähungen*: proférer; *Torpedo*: lancer; ~ung f expulsion f; (*aus e-r Gesellschaft*) exclusion f; (*v. Torpedos*) lancement m.

ausstrahl|en 1. v/t. émettre; répandre; rad., TV diffuser; fig. Güte, Ruhe: respirer; rayonner de; 2. v/i. rayonner; irradier; ≈ung f rayonnement m; irradiation f; rad., TV diffusion f; ≈ungskraft f force f de rayonnement.

ausstrecken v/t. (v/rfl. sich ~ s')étendre; (s')allonger.

ausstreichen v/t. *Geschriebenes*: rayer; biffer; (*glatt streichen*) aplanir; (*einfetten*) graisser.

ausstreu|en v/t. disséminer; disperser; *Dünger*: épandre; fig. propager; ≈en n dissémination f; dispersion f; (*v. Dünger*) épandage m; fig. propagation f.

ausström|en 1. v/i. (sn) (*Flüssigkeit*) s'écouler; (*Gas, Dampf*) s'échapper; fuir; 2. v/t. Wärme: dégager; répandre; *Duft*: exhaler; ≈en n écoulement m; échappement m; fuite f; exhalation f.

aussuchen v/t. choisir; trier.

Austausch m échange m; ✝ a. troc m; ≈bar adj. échangeable; interchangeable; ≈en v/t. échanger; ✝ a. troquer; ~motor m moteur m d'échange; ~student m étudiant m qui fait un échange.

austeil|en v/t. distribuer; *Befehle*: donner; *Sakramente*: administrer (a. *Schläge*); ~ unter (*acc.*) partager entre; ≈ung f distribution f; (*v. Sakramenten*) administration f.

Auster [ˈaʊstər] f (15) huître f.

Austern|bank f banc m d'huîtres; ~zucht f ostréiculture f.

austilg|en v/t. (25) (*ausrotten*) exterminer; extirper (a. fig.); *Schuld*: éteindre; ≈ung f extermination f; destruction f; (*e-r Schuld*) extinction f.

austoben 1. v/t.: s-n Zorn ~ donner libre cours à sa colère; 2. v/rfl.: sich ~ s'abandonner à sa fureur resp. ses passions; (*Gewitter*) faire rage; fig. jeter sa gourme; sich ausgetobt haben s'apaiser.

Austrag [ˈ~traːk] m (3³) (*Ausgleich*) arrangement m; (*Lösung*) solution f; (*entscheidender Ausgang*) fin f; ≈en [ˈ~gən] v/t. porter à domicile; & distribuer; *Kind*: porter jusqu'à terme; *Streit*: vider; (*entscheiden*) décider.

Austräger(in f) m (7) porteur m, -euse f; distributeur m, -trice f.

Austragung f & distribution f; (*e-s Streites*) règlement m; Sp. dispute f; ~s-ort m Sp. lieu m du match.

Austral|ier(in f) [aʊsˈtraːljər] m (7) Australien(ne) m; ≈isch adj. australien.

austreib|en v/t. chasser; expulser; j-m etw. ~ faire passer qch. à q.; *Vieh*: mener paître; *Geister*: exorciser; ≈ung f expulsion f; (*v. Geistern*) exorcisme m.

aus|treten 1. v/i. (sn) (*aus e-r Partei, e-m Verein usw.*) quitter (qch.); se retirer (de); sortir (de); (*Wasser*) déborder; (*Gas*) s'échapper; F ~ müssen, ~ gehen sortir (un instant); 2. v/t. (*abnutzen*) user; (*ausweiten*) élargir; *Feuer*: éteindre en le pied; *Schuh*: éculer; ~trinken v/t. vider; alles ~ boire tout; ≈tritt m sortie f; (*aus e-r Partei, e-m Verein usw.*) départ m; ≈tritts-erklärung f déclaration f de sortie (od. de retrait); ~trocknen 1. v/t. dessécher; 2. v/i. (sn) se dessécher; (*Quelle*) (se) tarir; ~trommeln fig. = ~trompeten v/t. F zig. tambouriner; ~tüfteln v/t. F ratiociner; ~tuschen v/t. colorier; passer au lavis.

aus-üb|en v/t. exercer; pratiquer; ~de Gewalt pouvoir m exécutif; ≈ung f exercice m; pratique f.

Ausverkauf m vente f totale; liquidation f; (*alter Ladenbestände*) soldes m/pl.; ≈en v/t. vendre son fonds de boutique; liquider; solder; ≈t p.p. adj. épuisé; (*thé., Kinokasse*) complet; thé. vor ~em Haus spielen jouer à bureaux fermés.

aus|wachsen v/i. (sn) (*Korn*) germer; F es ist zum ≈ c'est assommant; ≈wahl f choix m; sélection f; ✝ assortiment m; e-e große ~ haben être bien assorti.

auswählen v/t. choisir; sélectionner.

Auswahl|mannschaft f Sp. équipe f sélectionnée; ~möglichkeit f possibilité f de choisir; ~spieler m joueur *m* sélectionné.

auswalzen *v/t. Eisen:* laminer.

Auswand|(e)rer *m* (7), **~rerin** *f* émigrant(e *f*) *m*; émigré(e *f*) *m*; **2ern** *v/i.* (sn) émigrer; **~erung** *f* émigration *f*.

auswärtig ['~vɛrtiç] *adj.* étranger; extérieur; **~er** *Schüler* externe *m*; *das* **2e** *Amt* le ministère des affaires étrangères.

auswärts ['~vɛrts] *adv.* (en) dehors; au dehors; **~** *essen* dîner en ville; **2spiel** *n Sp.* match en déplacement; match disputé sur le terrain de l'adversaire.

auswasch|en *v/t. Kleid, Wunde:* laver; *Flecken:* enlever (en lavant); *Felsen:* creuser; *Gold:* extraire (par le lavage); **2ung** *f* lavage *m*.

auswechs|elbar *adj.* amovible; (*untereinander*) interchangeable; **~eln** *v/t.* échanger; *Sp.* remplacer; **2elspieler** *m Sp.* remplaçant *m*; **2lung** *f* échange *m*.

Ausweg *m* issue *f*; expédient *m*; (*Mittel*) moyen *m*; **2los** *adj.* sans issue.

ausweich|en *v/i.* (sn) faire place, se ranger de côté; s'écarter pour laisser passer; *links* ~! doubler à gauche!; (*aus dem Wege gehen*) éviter (*j-m q.*, *e-r Sache* qch.); (*e-r Sache*) échapper à; (*e-r Frage usw.*) éluder (*acc.*); **2en** *n* évitement *m*; *astr.*, *Pendel:* élongation *f*; **~end** *p.p. adj.* évasif; **2flughafen** *m* aéroport *m* de dégagement; **2gleis** *n* voie *f* d'évitement; **2klausel** ⚖ *f* clause *f* échappatoire; **2manöver** *n* manœuvre *f* d'évitement; **2möglichkeit** *f* possibilité *f* d'éviter *q.*, *qch.*

ausweiden *v/t. Wild:* éventrer.

ausweinen *v/rfl.: sich* ~ se soulager en pleurant; *sich die Augen* ~ s'user les yeux à force de pleurer.

Ausweis ['~vais] *m* (4) carte *f* d'identité; passeport *m*; papiers *m/pl.*; **~en 1.** *v/t.* expulser; **2.** *v/rfl.: sich* ~ justifier de son identité; montrer ses papiers; **~karte** *f* carte *f* d'identité; **~kontrolle** *f* contrôle *m* des papiers d'identité; **~papiere** *n/pl.* papiers *m/pl.* d'identité; **~ung** *f* expulsion *f*; **~ungsbefehl** *m* ordre *m* d'expulsion.

aus|weiten *v/t.* élargir; agrandir; **~wendig** *adv.:* ~ *lernen* (*können*) apprendre (savoir) par cœur; **~werfen** *v/t. Netze:* jeter; *Asche, Feuer:* lancer; vomir; *Auge:* crever (en lançant une pierre); *Betrag:* affecter

(*für etw.* à qch.); 💊 expectorer; *Blut:* cracher; *Erde:* déblayer; *Graben:* creuser; *Patronen:* éjecter; (*anweisen*) assigner; **~werten** *v/t.* exploiter; *Buch, Text:* dépouiller; mettre en valeur; **2wertung** *f* exploitation *f*; mise *f* en valeur; **~wetzen** *v/t.: fig. e-e Scharte* ~ réparer un échec; **~wickeln** *v/t.* enlever le papier de; *Kind:* démailloter; **~wiegen** *v/t.* peser; **~wirken** *v/rfl.: sich* ~ produire son effet; se répercuter (*auf acc. sur*); *sich positiv* (*negativ*) ~ avoir des conséquences (négatives); **2wirkung** *f* effet *m*; **~wischen** *v/t. Augen:* frotter; *Gläser:* essuyer; *Schrift:* effacer; F *j-m eins* ~ jouer un tour à *q.*; **~wringen** *v/t.* (25) *Wäsche:* tordre.

Auswuchs ['~vu:ks] *m* (4¹) excroissance *f*; 💊 *u.* 🌿 tumeur *f*; loupe *f*; *fig.* abus *m*; aberration *f*.

auswuchten *v/t.* ⊕ équilibrer.

Auswurf *m* (*Unrat*) immondices *f/pl.*; 💊 expectoration *f*; crachat *m*; *fig.* rebut *m*; lie *f*.

aus|würfeln *v/t.: etw.* ~ jouer qch. aux dés; **~zacken** *v/t.* denteler; créneler.

auszahl|bar *adj.* payable; **~en** *v/t.* payer.

aus|zählen *v/t.* compter; dénombrer; (*beim Boxen*) compter out; *die Stimmen* ~ dépouiller le scrutin; **2zahlung** *f* paiement *m*; (*Lohn*2) paie *f*; **2zählung** *f* dénombrement *m*; *der Stimmen* dépouillement *m* du scrutin; **2zahlungs-anweisung** *f* mandat *m* de paiement; **2zahlungsschein** *m* avis *m* de paiement.

auszanken *v/t.* gronder; tancer.

auszehr|en *v/t.* consumer; épuiser; **2ung** *f* consomption *f*; 💊 phtisie *f*; épuisement *m*.

auszeichn|en 1. *v/t.: j-n* ~ distinguer *q.*, (*mit Orden*) décorer *q.*; ♱ étiqueter; marquer le prix; **2.** *v/rfl.: sich* ~ se distinguer; **2ung** *f* distinction *f*; (*mit Orden*) décoration *f*; ♱ étiquette *f*; marque *f*.

ausziehen 1. *v/t. Nägel, Zähne:* arracher; extraire; (*dehnen*) étendre; *Tisch:* rallonger; *Linie:* tirer; tracer; *mit Tinte* ~ passer à l'encre; *Kleider:* ôter; enlever; (*v/rfl. sich* ~ se) déshabiller; (*sich*) *die Schuhe* ~ (se) déchausser; **2.** *v/i.* (sn) partir; (*aus e-r Wohnung*) déménager (*heimlich:* à la cloche de bois); 2**en** n arrachement m; extraction f; (Auskleiden) déshabillage m; (aus e-r Wohnung) déménagement m; 2**feder** f tire-ligne m; 2**platte** f rallonge f; 2**tisch** m table f à rallonges; 2**tusche** f encre f de Chine.

auszischen v/t. siffler; 'huer.
Auszug m (Buch2, ♠) extrait m; kurzer~ (e-r Schrift) abrégé m; (Konto2) relevé m; (aus e-r Wohnung) déménagement m; 2**sweise** adv. par extraits; en abrégé.
auszupfen v/t. effiler; (ausrupfen) arracher.

Autarkie [aʊtarˈkiː] f (15) autarcie f.
authentisch [aʊˈtɛntiʃ] adj. authentique.
Auto [ˈaʊto:] n (11) auto f; voiture f; ~ fahren faire de l'auto; aller en voiture; ~**anhänger** m remorque f; ~**atlas** m atlas m routier.
Autobahn f autoroute f; ~**gebühr** f péage m; ~**kreuz** n croisement m d'autoroutes; ~**raststätte** f restoroute m; ~**zubringer** m voie f d'accès m à l'autoroute.
Autobiogra'phie f autobiographie f.
Autobus [ˈ~bus] m (4¹) autobus m; (Reisebus) autocar m; ~**haltestelle** f arrêt m d'autobus; ~**linie** f ligne f d'autobus.
Autodidakt [~diˈdakt] m (12) autodidacte m.
Auto|-**einfahrt** f entrée f de voitures; ~**elektriker** m électricien m auto; ~**fähre** f bac m, car-ferry m; ~**fahrer** m automobiliste m; ~**friedhof** m cimetière m d'autos.
autogen [aʊtoˈgən] adj. autogène; 2**schweißung** f soudure f autogène.
Auto'gramm n autographe m; ~**jäger** m chasseur m d'autographes.
Auto|**hilfsdienst** m services m/pl. de dépannage; ~**industrie** f industrie f automobile; ~**karte** f carte f routière; ~**kino** n autorama m; ~**kolonne** f convoi m d'automobiles.
Autokrat [~ˈkraːt] m (12) autocrate m; ~**ie** f (15) autocratie f.
Automarke f marque f d'automobile.
Automat [~ˈmaːt] m (12) automate m; distributeur m automatique; ~**en**-**restaurant** n restaurant m automatique; ~**ik** f dispositif m automa-

tique; fonctionnement m automatique; ~**ion** [~ˈtsjoːn] f automa(tisa)tion f; 2**isch** adj. automatique; ~**i'sierung** f automatisation f.
Auto|**mechaniker** m (7) mécanicien m; garagiste m; ~**minute** f minute f de (od. en) voiture; ~**mobil** [~moˈbiːl] n automobile f; ~**mo'bil**-**ausstellung** f (große) Salon m de l'automobile.
auto|**nom** [~ˈnoːm] adj. autonome; 2**no'mie** f autonomie f.
Auto|**nummer** f numéro m d'immatriculation; ~**papiere** n/pl. papiers m/pl. de la voiture; ~**pilot** Flgw. m pilote m automatique.
Autor [ˈaʊtɔr] m (8¹) auteur m.
Auto|**radio** n autoradio m; ~**reifen** m pneu m; ~**reisezug** m train m autos-couchettes; ~**rennen** n course f d'autos; ~**reparaturwerkstatt** f garage m.
Autorin [aʊˈtoːrin] f auteur m; femme f auteur.
autorisieren [~riˈziːrən] v/t. autoriser (zu à).
autoritä|r [~iˈtɛːr] adj. autoritaire; 2**t** f autorité f.
Auto|**ruf** m poste m téléphonique d'autos; ~**schlange** f file f d'autos (od. de voitures); ~**schlosser** m mécanicien m; garagiste m; ~**schlüssel** m clef f de voiture; ~**skooter** m voiture f tamponneuse; ~**straße** f route f; ~**telefon** n téléphone m de voiture; ~**verkehr** m circulation f (od. trafic m) automobile; ~**verleih** m, ~**vermietung** f location f de voitures; ~**wasch**-**anlage** f poste m de lavage; ~**werkstatt** f atelier m de réparation d'autos; ~**zubehör** n accessoires m/pl. d'automobile.
avantgardistisch [avãgarˈdistiʃ] adj. d'avant-garde.
Avers [aˈvɛrs] m (4) avers m; face f.
Avis [aˈviː(s)] m od. n (4) avis m.
Avoca|do, ~**to** [avoˈkaːdo, ~to] f avocat m.
Axt [akst] f (14¹) 'hache f; cognée f.
Azalee, Azalie [atsaˈleːə, aˈtsaːljə] f (15) azalée f.
Azeton [atseˈtoːn] n(9, o. pl.) acétone f.
Azetylen [atsetyˈleːn] n (3), ~**gas** n acétylène m.
azurblau [aˈtsuːr-] adj. (bleu) d'azur; azuré.

B

B, b [be:] B, b *m*; ♪ *n* si *m* bémol.
Baby ['be:bi:] *n* (11) bébé *m*; ~
ausstattung *f* layette *f*.
babylonisch [baby'lo:niʃ] *adj.* babylonien; de Babylone.
Babysitter ['be:bisitər] *m* (7) baby-
-sitter *m*.
Bach [bax] *m* (3³) ruisseau *m*.
Bache *ch.* ['baxə] *f* (15) laie *f*.
Bachforelle *f* truite *f* commune (*od.* de rivière).
Bächlein ['bɛçlaɪn] *n* (6) ruisselet *m*; ru *m*.
Bachstelze *zo.* *f* bergeronnette *f*; lavandière *f*; F 'hochequeue *m*.
Backbord ⚓ *n* bâbord *m*.
Backe ['bakə] *f* (15) joue *f*; dicke ~ joue *f* enflée; (*Tier*2) bajoue *f*; ~n *pl.* (*am Schraubstock*) mâchoires *f*/*pl.*
backen ['bakən] (30) **1.** *v*/*t.* *Brot usw.*: (faire) cuire; *cuis.* (faire) frire; **2.** *v*/*i.* (*im Ofen*) cuire; (*in der Pfanne*) frire; (*Schnee*) prendre.
Backen|bart *m* favoris *m*/*pl.*; ~**futter** ⊕ *n* mandrin *m* à griffes (*od.* à mâchoires *od.* à mordaches); ~**knochen** *m* (os *m* de la) pommette *f*; ~**tasche** *zo.* *f* abajoue *f*; ~**zahn** *m* molaire *f*.
Bäcker ['bɛkər] *m* (7) boulanger *m*, -ère *f*; ~**ei** [~'raɪ] *f* (16) boulangerie *f*; ~**geselle** *m*, ~**junge** *m* garçon *m* boulanger; F mitron *m*; ~**laden** *m* boulangerie *f*; ~**meister** *m* maître *m* boulanger.
Back|fett *n* graisse *f* de cuisine; ~**fisch** *m* poisson *m* à frire; (*gebackener Fisch*) friture *f*; *fig.* jeune fille *f*; jouvencelle *f*; ~**form** *f* moule *m* à pâtisserie; ~**hähnchen** *n* poulet *m* rôti (*od.* grillé); ~**hefe** *f* levain *m*; ~**obst** *n* fruits *m*/*pl.* séchés; ~**ofen** *m* four *m*; ~**pfeife** *f* soufflet *m*; gifle *f*; ~**pflaume** *f* pruneau *m*; ~**pulver** *n* levure *f* en poudre; ~**rohr** *n*, ~**röhre** *f* = Backofen.
Backstein *m* brique *f*; ~**bau** *m* construction *f* en briques; ~**wand** *f* mur *m* de briques.
Back|stube *f* fournil *m*; ~**trog** *m* pétrin *m*; ~**ware** *f*, ~**werk** *n* pâtis-

series *f*/*pl.*
Bad [ba:t] *n* (1²) bain *m* (*Badezimmer*) salle *f* de bain; (*Schwimmbad*) piscine *f*; (*Freibad*) bassin *m* en plein air; (*Ort*) bains *m*/*pl.*; station *f* balnéaire (*mit warmer Quelle:* thermale); ville *f* d'eaux; *ins* ~ *reisen* aller aux eaux; *ins* (*aus dem*) ~ *steigen* se mettre au (sortir du) bain.
Bade|-anstalt *f* établissement *m* de bains; ~**anzug** *m* maillot *m* des bain; ~**arzt** *m* médecin *m* des eaux; ~**gast** *m* baigneur *m*; (*Kurgast*) curiste *m*; ~**haube** *f* = Badekappe; ~**hose** *f* caleçon *m* de bain; ~**kabine** *f* cabine *f* de bain; ~**kappe** *f* bonnet *m* de bain; ~**kur** *f* cure *f* thermale; ~**mantel** *m* peignoir *m* de bain; ~**matte** *f* s. Badevorlage; ~**meister** *m* maître *m* baigneur (*od.* nageur); ~**mütze** *f* = Badekappe.
baden ['ba:dən] (26) **1.** *v*/*t.* baigner; **2.** *v*/*i.* se baigner; (*in d. Badewanne*) prendre un bain; **3.** ♀ baignade *f*.
Bade|-ofen *m* chauffe-bain *m*; ~**ort** *m* station *f* balnéaire (*mit warmer Quelle:* thermale); ville *f* d'eaux; ~**sachen** *f*/*pl.* affaires *f*/*pl.* de bain; ~**saison** *f* saison *f* balnéaire; ~**salz** *n* sel *m* de bain; ~**schwamm** *m* éponge *f* de toilette (*od.* de bain); ~**strand** *m* plage *f*; ~**tuch** *n* serviette *f* de bain; ~**vorlage** *f*, ~**vorleger** *m* descente *f* de bain; ~**wanne** *f* baignoire *f*; ~**zeug** *n* = Badesachen; ~**zimmer** *n* salle *f* de bains.
Badminton *Sp.* ['bɛtmɪntən] *n* (*inv.*) badminton *m*.
baff F [baf] *adj.*: ~ *sein* être épaté.
Bagatell|e [baga'tɛlə] *f* (15) bagatelle *f*; ~**i'sieren** *v*/*t.* minimiser; ~**sachen** *f*/*pl.* ⚖ *östr., schweiz.* affaires *f*/*pl.* de simple police.
Bagger ['bagər] *m* (7) drague *f*; (*Hafen*2) cure-môle *m*; ~**ausleger** *m* flèche *f* de la pelle; ~**eimer** *m* godet *m* (*od.* louchet *m*) de drague; ~**führer** *m* dragueur *m*; ~**löffel** *m* godet *m* de la pelle; cuiller *f* de drague; ⚓**n** *v*/*t.* u. *v*/*i.* (29) draguer; curer; excavation *f*; ⚓ *m* *n* excavation *f*; ⚓ dragage *m*.

Bahn [ba:n] f (16) voie f; route f (a. astr.); (Planeten2) orbite f; Esb. (Eis2) glissoire f; (Lauf2) carrière f; (Flug-2) trajectoire f; (Kampf2) arène f; stade m; (Stoffbreite) lé m; ~ frei! gare!; fig. sich ~ brechen se faire jour; **~anschluß** m raccordement m de voies ferrées; **~arbeiter** m cheminot m; homme m d'équipe; **~beamte(r)** m employé m de chemin de fer; **2brechend** p.pr. adjt. qui fraie de nouvelles voies; (Erfindung) révolutionnaire; **~brecher** m pionnier m; **~bus** m autobus m des chemins de fer; **~damm** m remblai m.

bahnen ['ba:nən] v/t. (25) Weg: frayer; percer; (ebnen) aplanir; fig. préparer.

Bahn|**fahrt** f voyage m ferroviaire; **~gleis** n voie f ferrée; rails m/pl.; **~hof** m gare f; station f; **~hofbuffet** n schweiz. = Bahnhofsgaststätte.

Bahnhofs|**buchhandlung** f librairie f de gare; **~gaststätte** f buffet m (od. restaurant m) de la gare; **~halle** f 'hall m de la gare; **~mission** f centre m d'accueil; **~vorsteher** m chef m de gare.

Bahn|**körper** m voies f/pl.; terre-plein m; **2lagernd** p.pr. adjt. en gare; **~linie** f ligne f ferroviaire; **~netz** n réseau m ferroviaire; **~polizei** f police f des chemins de fer; **~post** f poste f ambulante (od. de chemin de fer); **~postwagen** m wagon-poste m; **~rennen** n Sp. course f sur piste; **~schranke** f barrière f; **~station** f station f (de chemin de fer); **~steig** m quai m (de la gare); **~steigkarte** f ticket (od. billet) m de quai; **~strecke** f ligne f ferroviaire; **~überführung** f passage m de la voie ferrée supérieur (od. en dessus); **~übergang** m passage m à niveau; **~unterführung** f passage m de la voie ferrée inférieur (od. en dessous); **~verbindung** f communication f ferroviaire; **~verkehr** m trafic m ferroviaire; **~wärter** m garde-barrière m; garde-voie m; **~wärterhäuschen** n guérite f de garde-voie.

Bahr|**e** ['ba:rə] f (15) civière f; (für Kranke) brancard m; (Toten2) bière f.

Baiser [bɛ'ze:] n (11) meringue f.

Baisse † ['bɛ:s(ə)] f (15) baisse f; **~spekulant** m baissier m; **~ten-**denz f tendance f à la baisse.

Bajazzo [ba'jatso:] m (11) paillasse m.

Bajonett [bajo'nɛt] n (3) baïonnette f; **~verschluß** ⊕ m fermeture f (od. verrouillage m od. monture f) à baïonnette.

Bake ⚓ ['ba:kə] f (15) balise f; bouée f.

Bakelit [bakə'li:t] n (3¹, o. pl.) bakélite f.

Bakkarat [baka'ra] n (11) baccara m.

Bakterie [bak'te:riə] f (15) microbe m; bactérie f.

Balan|**ce** [ba'lãsə] f (15) équilibre m; **2cieren** v/t. (v/i. [sn] se tenir en équilibre; **~cierstange** f balancier m.

bald [balt] adv. bientôt; sous peu; (fast) presque; ~ ... ~ tantôt ... tantôt; so ~ si tôt; so ~ kommt er nicht il n'arrivera pas de sitôt; so ~ wie möglich le plus tôt possible; ~ darauf bientôt après.

Baldachin ['baldaxi:n] m (3¹) baldaquin m; dais m.

baldig ['baldiç] adj. prochain; auf ~es Wiedersehen à bientôt; **~st** adv. le plus tôt possible; au plus tôt.

baldmöglichst adv. le plus tôt possible.

Baldrian ['baldria:n] m (3¹) valériane f; herbe-aux-chats f; **~tropfen** m/pl. gouttes f/pl. de valériane.

Balg [balk] m (3³) peau f; (Orgel2) soufflet m; F (Kind) moutard m; marmot m; **2en** ['balgən] v/rfl. (25): sich ~ se colleter; se chamailler; **~erei** [~gə'rai] f chamaillerie f; rixe f.

Balkankriege ['balkan-] m/pl. campagnes f/pl. (od. guerres f/pl.) balkaniques.

Balken ['balkən] m (6) poutre f; (Decken2) solive f; **~decke** f plafond m à solives (od. enfoncé); **~waage** f balance f romaine; **~werk** n charpente f; poutrage m.

Balkon [bal'kɔ̃, südd., östr., schweiz ~'ko:n] m (11; 3¹) balcon m; **~tür** f porte f de balcon; porte-fenêtre f.

Ball [bal] m (3³) balle f; (Fuß2) a. ballon m; (Billard2) bille f; (Gesellschafts2) bal m; ~ spielen jouer à la balle.

Ball|**-abend** m soirée f dansante; **~abgabe** f Sp. passe f.

Ballade [ba'la:də] f (15) ballade f.

Ball-annahme f Sp. réception f du ballon.

Ballast ['balast] m (3²) lest m; fig. bagage m inutile; fatras m.

Ballbehandlung f Sp. technique f (od. contrôle m od. maniement m) du ballon.

Ballen ['balǝn] **1.** m (6) 🏕 balle f; ballot m; (Hand⚮) éminence f du pouce; (Fuß⚮) éminence f du gros orteil; **2.** ⚮ v/t. (25) mettre en boule; die Faust ⹀ serrer le poing; Schnee ⹀ faire des boules de neige; ⚮weise 🏕 adv. par ballots.

Ballett [ba'lɛt] n (3) ballet m (classique); ⚮truppe) corps m de ballet; ⚮kunst f chorégraphie f; ⚮meister m maître m de ballet; ⚮tänzer(in f) m danseur m, -euse f de ballet; (Solotänzerin) ballerine f.

Ball|**junge** m ramasseur m de balles; ⚮**kleid** n robe f de bal; ⚮**netz** n filet m.

Ballon [ba'lɔŋ] m (11; 3¹) ballon m; ⚮**fahrt** f ascension f en ballon; ⚮**führer** m aérostier m; ⚮**gondel** f, ⚮**korb** m nacelle f du ballon.

Ballspiel n jeu m de balles.

Ballung f amas m; agglomération f; 🜨 concentration f; fig. condensation f; ⚮**sgebiet** n, ⚮**sraum** m zone f de concentration urbaine, région f à grande densité démographique.

Ballwechsel m Sp. échange m de balles.

Balsam ['balza:m] m (3¹) baume m; ⚮**duft** m souffle m embaumé; 🜨**ieren** [⹀'mi:rǝn] v/t. embaumer; 🜨**isch** [⹀'za:miʃ] adj. balsamique.

Balte ['baltǝ] m (13), ⚮**in** f (16¹) Balte m, f; 🜨**isch** adj. baltique.

Balustrade [balus'tra:dǝ] f (15) balustrade f.

Balz [balts] f (16), ⚮**zeit** orn. f pariade f; 🜨**en** orn., ch. ['⹀ǝn] v/i. (27) être en chaleur.

Bambus ['bambus] m (inv. od. 4¹), ⚮**rohr** n bambou m; ⚮**stab** m, ⚮**stock** m bâton m (od. canne f) de bambou.

banal [ba'na:l] adj. banal; ⚮**i'sieren** v/t. banaliser; 🜨**i'tät** f banalité f.

Banane [ba'na:nǝ] f (15) banane f; ⚮**nstecker** m rad. fiche f banane.

Banause [ba'naʊzǝ] m (13) homme m sans culture; cuistre m; ⚮**entum** n manque m d'idées élevées; 🜨**isch** adj. plat; terre-à-terre.

Band [bant] **1.** n (3³) (Bindfaden) ficelle f; (Schnur) cordon m; anat.

ligament m; (Ordens⚮) ruban m, (breites) cordon m; (Hut⚮) bride f; ⊕ eisernes ⹀ crampon m; (Faß⚮) cercle m; laufendes ⹀ tapis m roulant; Arbeit am laufenden ⹀ travail à la chaîne; fig. lien m; **2.** m (3³) volume m; (Teil e-s Werkes) tome m; **3.** ⚮ s. binden.

Bandag|**e** 🌢 [ban'da:ʒǝ] f (15) bandage m; 🜨**ieren** [⹀da'ʒi:rǝn] v/t. bander.

Band|**aufnahme** f enregistrement m sur bande (od. ruban magnétique); ⚮**aufnahmegerät** n magnétophone m; ⚮**breite** f rad. largeur f de bande; ⚮**e** ['bandǝ] **1.** n/pl. liens m/pl.; fers m/pl.; **2.** f (15) bande f (a. Billard⚮, Verbrecher⚮); troupe f; (Eishockey, Zirkus) bord m de la piste; bande f; ⚮**eisen** n fer m en rubans; (fer m) feuillard m.

Bandenkrieg m guérilla f.

Banderole [bandǝ'ro:lǝ] f (15) vignette f.

Bandförderer m tapis m roulant.

bandförmig ['bantfœrmiç] adj. en forme de ruban; 🜨 ligulé; (Siedlungsraum) le long d'un axe de développement.

Bandgerät n machine f (od. appareil m) à bande (od. ruban).

bändig|**en** ['bɛndigǝn] v/t. (25) dompter; maîtriser; 🜨**er**(**in** f) m (7) dompteur m, -euse f; 🜨**ung** f domptage m.

Bandit [ban'di:t] m (12) bandit m; brigand m; ⚮**entum** n, ⚮**en-unwesen** n banditisme m.

Band|**maß** n mètre m à ruban; ⚮**säge** f scie f à ruban; ⚮**scheibe** anat. f disque m intervertébral; ⚮**scheibenvorfall** m 'hernie f discale; ⚮**schleife** f nœud m de ruban; ⚮**weberei** f, ⚮**wirkerei** f rubanerie f; ⚮**wurm** m ver m solitaire; 🌢 ténia m.

bang|**e** ['baŋǝ] adj. craintif; peureux; angoissé; mir ist ⹀ j'ai peur (vor dat. de); ⹀ machen faire peur; 🜨**e** f crainte f; peur f; (haben Sie) keine ⹀! n'ayez pas peur!; 🜨**emacher** m alarmiste m; ⚮**en** v/i.: ⹀ um craindre pour; 🜨**igkeit** f (16) crainte f; angoisse f; anxiété f.

Bank [baŋk] f (14¹) banc m; (ohne Lehne) banquette f (a. Esb.); (Werk⚮) établi m; auf die lange ⹀ schieben faire traîner; durch die ⹀ sans (faire de) distinction; 🏕 (16) banque f (a.

Spiel); die ~ halten (sprengen) tenir (faire sauter) la banque; **~anweisung** f chèque m; **~ausweis** m bilan m (od. situation f) d'une banque; **~beamte(r)** m employé m de banque; **~direktor** m directeur m de banque; **~diskont** m escompte m bancaire; **~enkonsortium** n consortium m de banques (od. bancaire).

bankerott [baŋk(ə)'rɔt] 1. adj. insolvable; en (état de) faillite; 2. ⚥ m (3) faillite f; banqueroute f; **~erklärung** f déclaration f de faillite.

Bankett [baŋ'kɛt] n (3) banquet m; dîner m de gala; = **~e** f (15) (e-r Grundmauer) socle m; (Straßen) accotement m, banquette f.

Bank|fach n: im ~ tätig sein être dans la finance; **~filiale** f succursale f d'une banque; **~gebäude** n banque f; bâtiment m bancaire; **~geheimnis** n secret m de banque; **~geschäft** n banque f; **~guthaben** n avoirs m/pl. en banque; **~halter** m banquier m; **~haus** n banque f.

Bankier [~'kje:] m (11) banquier m.

Bank|konto n compte m en banque; **~kredit** m crédit m bancaire; **~note** f billet m (de banque); **~noten-umlauf** m circulation f fiduciaire; **~raub** m coup m à main armée (od. agression f) contre une banque; **~rott** m = Bankerott; **~schalter** m guichet m de banque; **~scheck** m chèque m bancaire; **~spesen** pl. frais m/pl. de banque; **~überweisung** f virement m bancaire; **~wesen** n système m bancaire.

Bann [ban] m (3) ban m; (Verbannung) bannissement m; (Kirchen) excommunication f; fig. (Zauber) charme m; ensorcellement m; in den ~ tun mettre au ban, égl. excommunier; **~bruch** m rupture f de ban; **~en** v/t. (25) (vertreiben) bannir; mettre au ban; égl. excommunier; fig. fasciner; captiver; charmer; (Gefahr, Geister) conjurer; **~er** ['banər] n (7) bannière f; étendard m; **~erträger** m porte-bannière m; porte-étendard m; **~fluch** m, **~strahl** poét. m anathème m; **~meile** f banlieue f; **~wald** m forêt f de protection; **~ware** f contrebande f; **~wart** m (schweiz.) = Flur-, Waldhüter.

Bantamgewicht ['bantam-] n poids

m coq.

bar [baːr] 1. adj. (nackt) nu; mit gén.: dépourvu de; (offen daliegend) pur; **†** comptant; gegen ~ au comptant; en espèces; 2. ⚥ f (11) bar m.

Bär [bɛːr] m (12) ours m; astr. der Große (Kleine) ~ la Grande (Petite) Ourse f; j-m e-n ~en aufbinden en conter de belles à q.; monter un bâteau à q.

Baracke [ba'rakə] f (12) baraque f; **~nlager** n baraquement m.

Barbar [bar'baːr] m (12) barbare m; **~ei** [~'rai] f (16) barbarie f; vandalisme m; **2isch** adj. barbare.

Barbe zo. ['barbə] f (15) barbeau m.

bärbeißig ['bɛːrbaisiç] adj. bourru; 'hargneux; **2keit** f caractère m 'hargneux.

Bar|bestand m espèces f/pl. en caisse; **~betrag** m montant m en espèces; **~bezüge** m/pl. rétribution f en espèces.

Barbier [bar'biːr] m (3¹) barbier m; coiffeur m.

Barchent ['barçɛnt] m (3¹) futaine f.

Bardame f barmaid f.

Bar|ein|gänge m/pl., **~nahmen** f/pl. recettes f/pl. en espèces.

Bären|dienst m fig.: j-m e-n ~ erweisen rendre un mauvais service à q.; **~führer** m montreur m d'ours; **~haut** f: auf der ~ liegen fig. fainéanter; **~hunger** m faim f de loup; **~klau** ♀ f acanthe f; **~natur** f: e-e ~ haben se porter comme un charme; **2stark** adj. fort comme un bœuf; **~zwinger** m fosse f aux ours.

Barett [ba'rɛt] n (3) (der Richter) toque f.

bar|fuß ['baːrfuːs], **~füßig** ['~fyːsiç] adj. nu-pieds; pieds nus.

barg s. bergen.

Bar|gast m client m du bar; **~geld** n argent m comptant; espèces f/pl.; numéraire m; **2geldlos** adj. u. adv. par virement; **2häuptig** ['~hɔyptiç] adj. nu-tête; tête nue; **~hocker** m tabouret m de bar.

Bärin ['bɛːrin] f (16¹) ourse f.

Bariton ['baːritɔn] m (3¹) baryton m.

Barkasse ⚓ [bar'kasə] f (15) barcasse f, vedette f.

Barkauf m achat m au comptant.

Barke ['barkə] f (15) barque f.

Barkeeper ['~kiːpər] m (7) barman m.

Bärlapp ♀ ['bɛːrlap] m (14) lycopode m; pied-de-loup m.

Barlohn *m* rémunération *f* en espèces (*od.* en numéraire).

barmherzig [barm'hɛrtsiç] *adj.* miséricordieux; charitable; ♀**keit** *f* miséricorde *f*; charité *f*.

Barmittel *n/pl.* disponibilités *f/pl.* en espèces.

Barmixer ['‿miksər] *m* (7) barman *m*.

barock [ba'rɔk] *adj.* (♀ *m od. n*) baroque (*m*); ♀**kirche** *f* église *f* baroque; ♀**kunst** *f* art *m* baroque; ♀**stil** *m* style *m* baroque.

Barometer [baro'me:tər] *n* (*a. m*) (7) baromètre *m* (*steht am veränderlich est au variable*); **‿säule** *f* colonne *f* barométrique; **‿stand** *m* 'hauteur *f* barométrique.

Baron(in *f*) [ba'ro:n(in)] *m* (3¹) baron(ne *f*) *m*.

Barre ['barə] *f* (15) barre *f*; **‿n** *m* (6) (*Gold usw.*) lingot *m*; *Sp.* barres *f/pl.* parallèles.

Barriere [bar'je:rə] *f* (15) barrière *f* (*a. fig.*).

Barrikad|e [bari'ka:də] *f* (15) barricade *f*; **‿enkämpfe** *m/pl.* combats *m/pl.* sur les barricades; ♀**ieren** [‿'di:rən] *v/t.* barricader.

Barsch [barʃ] **1.** *zo. m* (3² [*u.* ³]) perche *f*; **2.** ♀ *adj.* brusque; (*mürrisch*) bourru.

Bar|schaft ['bar:ʃaft] *f* (16) argent *m* comptant; **‿scheck** *m* chèque *m* ouvert (*od.* non barré).

Barschheit *f* brusquerie *f*; grossièreté *f*.

barst [barst] *s.* bersten.

Bart [ba:rt] *m* (3³) barbe *f*; (*Schnurr-*♀) moustache *f*; (*d. Katze*) moustaches *f/pl.*; (*Schlüssel*♀) panneton *m*; (*Orgel*) frein *m*; **e-n ‿ bekommen** commencer à avoir de la barbe; **sich den ‿ wachsen lassen** laisser pousser sa barbe; **in den ‿ murmeln** grommeler; **parler entre les dents**; **j-m um den ‿ gehen** courtiser q.; **♀ das hat so einen ‿!** c'est du réchauffé!

Bärtchen ['bɛrtçən] *n* (6) barbiche *f*.

Barthaar *n* poil *m* de la barbe; (*b. Tier*) moustache *f*.

bärtig ['bɛrtiç] *adj.* barbu.

bartlos *adj.* imberbe.

Bar|verkauf *m* vente *f* au comptant; **‿zahlung** *f* paiement *m* comptant; **gegen ‿** paiement au comptant.

Basalt [ba'zalt] *m* (3) basalte *m*; ♀**haltig** *adj.* basaltique.

Basar [ba'za:r] *m* (3¹) bazar *m*.

Base ['ba:zə] *f* (15) cousine *f*; ♀ base *f*.

Baseball *Sp.* ['be:sbɔ:l] *m* (11) base-ball *m*.

Basedowsche Krankheit ['ba:zədoʃə ‿] *f* maladie *f* de Basedow, goitre *m* exophtalmique.

basieren [ba'zi:rən] *v/i.* se baser (*auf dat.* sur), être basé (sur); se fonder (sur).

Basilika [ba'zilika:] *f* (16²) basilique *f*.

Basis ['ba:zis] *f* (16¹) base *f* (*a.* ♠, *fig.*).

Bask|e ['baskə] *m* (13) Basque *m*; **‿enmütze** *f* béret *m*.

Basketball ['ba:skətbɔl] *m* basket-ball *m*.

baskisch *adj.* basque; *das* ♀**e** la langue basque; *l'euskara m.*

Basrelief ['bareljef] *n* bas-relief *m*.

baß [bas] *adj.*: **‿ erstaunt sein** être fort étonné.

Baß *m* (4²) (*Stimme, Person*) basse *f*; **zweiter ‿** basse-contre *f*; (*Instrument*) contre-basse; **‿bariton** *m* basse-taille *f*; basse *f* chantante; **‿flöte** *f* flûte *f* grave; **‿geige** *f* contrebasse *f*; **‿horn** *n* basson *m*.

Bassin [ba'sɛ̃] *n* (11) bassin *m*.

Bassist [ba'sist] *m* (12) contrebassiste *m*.

Baß|klarinette *f* clarinette *f* basse; **‿schlüssel** *m* clef *f* de fa; **‿stimme** *f* voix *f* de basse.

Bast [bast] *m* (3²) liber *m*; (*fibre f* d')écorce *f*; (*Lein*) filasse *f*; (*zum Flechten*) raphia *m*.

basta! ['basta:] *int.* suffit!; assez!

Bastard ['bastart] *m* (3) bâtard *m*; ♀, *zo.* hybride *m*.

Bastei [bas'tai] *f* (16) bastion *m*.

Bast|el-arbeit ['bastəl-] *f* bricolage *m*; **‿eln** *v/t.* (29) bricoler; ♀**farben** *adj.* de la couleur du raphia; **‿faser** *f* fibre *f* d'écorce; **‿ler** *m* bricoleur *m*; **‿matte** *f* natte *f* de raphia.

bat [ba:t] *s.* bitten.

Bataillon [bata'ljo:n] *m* (3¹) bataillon *m*; **‿skommandeur** *m* chef *m* de bataillon.

Bathyskaph ⚓ [baty'ska:f] *m* (12) bathyscaphe *m*.

Batik ['ba:tik] *m* (8) batik *m*.

Batist [ba'tist] *m* (3²) batiste *f*.

Batterie [batə'ri:] *f* (15) ✕ batterie *f*; ⚡ batterie *f*; accu(mulateur)s *m/pl.*

Bau [bau] *m* (3; *pl. a.* **‿ten**) construction f; (*Struktur*) structure f; (*e-s organischen Körpers*) organisation f; ✔ culture f; ⚒ exploitation f; (*Gebäude*) bâtiment m; édifice m; vom ～ sein être du bâtiment; (*Höhle*) terrier m; tanière f; ～**abnahme** f réception f de la construction (*od.* du bâtiment); ～**amt** n office m des constructions; inspection f des bâtiments; ～**arbeiter** m ouvrier m du bâtiment; ～**art** f style m; ～**aufsicht** f surveillance f des travaux; ～**aufzug** m monte-charge m; élévateur m; ～**block** m îlot m; groupe m de constructions; ～**bude** f cabane f; baraquement m.

Bauch [baux] m(3³) ventre m; (*Unterleib*) abdomen m; ～ der Kaffeekanne corps m de la cafetière; (*Schiffs⚓*) coque f; fond m; ～**binde** f ceinture f abdominale; (*v. Zigarren*) bague f; ～**fell** n péritoine m; ～**fell-entzündung** f péritonite f; ～**gegend** f région f abdominale; ～**gurt** m (*Pferdegeschirr*) sous-ventrière f; ～**höhle** f cavité f abdominale; ⚓**ig** adj. ventru; bombé; convexe; ～**landung** f *Flgw.* f atterrissage m sur le ventre (*od.* train rentré).

Bäuch|lein ['bɔʏçlaɪn] n (6) embonpoint m; ⚓**lings** adv. à plat ventre.

Bauch|muskel m muscle m abdominal (*od.* du ventre); ～**nabel** m nombril m; ～**redner** m ventriloque m; ～**schmerzen** m/pl. mal m de ventre; ～ haben avoir mal au ventre; ～**speicheldrüse** f anat. pancréas m; ～**weh** n = Bauchschmerzen.

Baude ['baʊdə] f (15) (*Hütte*) 'hutte f; (*Sennhütte*) chalet m.

Bau|denkmal n monument m; ～**element** n élément m (de construction).

bauen ['baʊən] (25) 1. v/t. bâtir; construire; *Nest:* faire; (*errichten*) élever; dresser; ✔ cultiver; 2. v/i. ～ auf (*acc.*) fig. compter (*od.* tabler) sur.

Bauer ['baʊər] 1. n (7) cage f; (*großes*) volière f; 2. m (13, *a.* 10) paysan m; laboureur m; (*Land*)-*Bürger*; *fig.* rustre m; (*Kartenspiel*) valet m; (*Schach*) pion m.

Bäu|erin ['bɔʏərɪn] f (16¹) paysanne f; fermière f; ⚓(e)**risch** adj. rustique; paysan; *péj.* (*grob*) rustaud; grossier.

Bau-erlaubnis f autorisation f (*od.*

permis m) de bâtir (*od.* construire).

Bauern|-aufstand m révolte f des paysans; jacquerie f; ～**brot** n pain m de campagne; ～**bursche** m jeune paysan m; ～**fänger** m (7) charlatan m; escroc m; bonneteur m; ～**fänge'rei** f attrape-nigaud m; ～**frühstück** n plat m de pommes de terre sautées et d'œufs; ～**gut** n, ～**haus** n ferme f; ～**hochzeit** f noce f de village; ～**hof** m ferme f; (*als Pacht a.*) métairie f; ～**mädchen** n jeune paysanne; ～**partei** f parti m paysan; ～**regel** f diction f sur le temps; ～**schaft** f paysans m/pl.; ⚓**schlau** adj. madré; ～**stand** m classe f paysanne; paysans m/pl.; ～**stube** f salle f de paysans; (*in bäuerlichem Stil*) salle f rustique; ～**tum** n paysannerie f; ～**volk** n = Bauernstand; ～**wirtschaft** f exploitation f agricole.

Bauers|frau f paysanne f; fermière f; ～**leute** pl. paysans m/pl.; ～**mann** m = Bauer.

Bau|fach n bâtiment m; architecture f; ⚓**fällig** adj. caduc; délâbré; ～**fälligkeit** f caducité f; délabrement m; ～**firma** f entreprise f de construction; ～**flucht** f alignement m; ～**führer** m chef m des travaux; ～**gelände** n terrain m à bâtir; ～**genehmigung** f = Bauerlaubnis; ～**genossenschaft** f coopérative f de construction; ～**geschäft** n = Baufirma; ～**gewerbe** n (profession f du) bâtiment m; ～**grube** f fouille f, excavation f; ～**grund** m sol m à bâtir (*od.* d'infrastructure); ～**herr** m propriétaire m; maître m d'œuvre (*od.* de construction); ～**holz** n bois m d'œuvre (*od.* de construction); ～**ingenieur** m ingénieur m des travaux publics; ～**jahr** n année f de construction (*od.* de fabrication); ～**kasten** m boîte f (*od.* jeu m) de construction; ～**klotz** m cube m; F *Bauklötze(r) staunen* être tout ébahi; ～**kosten** pl. frais m/pl. de construction; ～**kostenzuschuß** m subvention f à la construction; ～**kredit** m crédit m à la construction; ～**kunst** f architecture f; ～**land** n zone f (*od.* terrain m) à bâtir; ～**leiter** m = Bauführer; ⚓**lich** adj. architectural.

Baum [baʊm] m (3³) arbre m.

Bau|markt m: *Krise auf dem ～* crise f du bâtiment; ～**material** n matériaux m/pl. de construction.

Baum|bestand m peuplement m forestier; **~blüte** f floraison f des arbres.

Bäumchen [ˈbɔymçən] n (6) arbrisseau m, petit arbre m.

Baumeister m architecte m.

baumeln [ˈbaʊməln] v/i. (29) pendiller.

Baum|garten m verger m; **~grenze** f limite f de la zone des forêts; **~gruppe** f bosquet m; **~krone** f couronne f (od. cime f) de l'arbre; 2**lang** adj.: ein ~er Kerl un type élancé, un grand gaillard; 2**los** adj. sans arbres; dépourvu d'arbres; **~rinde** f écorce f d'arbre; **~säge** f scie f d'élagage; **~schere** f sécateur m; élagueur m; **~schule** f pépinière f; **~stamm** m tronc m d'arbre; 2**stark** adj. fig. fort comme un chêne; **~stumpf** m souche f d'arbre; **~wipfel** m = Baumkrone.

Baumwoll|ballen [ˈbaʊmvɔl-] F m balle f de coton (pressé); **~e** f coton m; 2**en** adj. de (od. en) coton; **~ernte** f récolte f du coton; **~garn** n fil m de coton; **~samt** m velours m de coton; **~strauch** m cotonnier m.

Bau|normen f/pl. standardisation f de la construction; **~ordnung** f réglementation f des constructions; **~plan** m plan m (od. projet m od. programme m) de constructions; ⊕ plan m de montage; **~platz** m terrain m à bâtir; **~polizei** f services m/pl. d'urbanisme.

Bausch [baʊʃ] m (3² [u. ³]) bour(re)let m; coussinet m; in ~ und Bogen en bloc; 2**en** (27) v/i. (v/t. faire) bouffer; 2**ig** adj. bouffant.

Bau|schlosser m serrurier m en bâtiment; **~schreiner** m = Bautischler; **~schutt** m décombres m/pl.

Bauspar|kasse f caisse f d'épargne-logement; **~prämie** f prime f d'épargne; **~vertrag** m plan m d'épargne-logement.

Bau|stein m pierre f à bâtir (a. fig.); s. a. Bauklotz; **~stelle** f chantier m; **~stil** m style m; **~stoffe** m/pl. matériaux m/pl. de construction; **~stopp** m arrêt m de construction; **~tätigkeit** f activité f du bâtiment; **~techniker** m architecte m thé., Film décors m/pl.; öffentliche ~édifices m/pl. publics; **~tischler** m menuisier m en bâtiment; **~unternehmen** n (**~unternehmer** m)

entreprise f (entrepreneur m) de bâtiments (resp. de travaux publics); **~vertrag** m contrat m de construction; **~vorhaben** n projet m de constructions; (öffentliches) projet m de travaux publics; **~vorschriften** f/pl. règlement m sur les constructions; **~weise** f méthode f de construction; **~werk** n édifice m; bâtiment m; **~wesen** n travaux m/pl. de construction; (öffentliches) travaux m/pl. publics.

Bauxit [baʊˈksiːt] m (3¹) bauxite f.

Bau|zaun m clôture f du chantier; palissade f; **~zeichnung** f plan m (od. dessin m) de construction.

Bayer [ˈbaɪər] m (13) Bavarois m; 2**isch** adj. bavarois.

Bazill|enträger [baˈtsɪlɔntrɛːgər] m porteur m de germes (od. de bacilles); **~us** m (16²) bacille m.

B-Dur [ˈbeːduːr] n (inv.) si m bémol majeur.

beabsichtigen [bəˈ^ʔapzɪçtɪgən] v/t. (25) compter (od. penser) faire (qch.); se proposer de; envisager de; avoir l'intention de.

be¹-acht|en v/t. (26) faire attention à; (berücksichtigen) prendre en considération; tenir compte de; Vorschrift: observer; **~enswert** adj. remarquable; **~lich** adj. appréciable; considérable; 2**ung** f (prise f en) considération f; (Aufmerksamkeit) attention f; (e-r Vorschrift) observation f.

Beamt|e(r) [bəˈ^ʔamtə(r)] m (18) fonctionnaire m; (in e-m Büro usw.) employé m; (höherer Gerichts2 usw.) magistrat m; **~enbestechung** f corruption f de fonctionnaires (bzw. d'employés); **~engesetz** n loi f relative au statut des fonctionnaires; statut m de la fonction publique; **~enschaft** f, **~entum** n fonctionnaires m/pl.; **~enverhältnis** n: im ~ stehen être fonctionnaire.

be¹-ängstig|en v/t. alarmer; inquiéter; angoisser; **~end** p.pr. adj. angoissant; inquiétant; alarmant; 2**ung** f angoisse f; (Besorgnis) inquiétude f.

beanspruch|en [~^ʔanʃpruxən] v/t. (25) demander (a. Zeit); réclamer; (als Recht) revendiquer; ⊕ fatiguer; 2**ung** f demande f; réclamation f; (als Recht) revendication f; ⊕ fatigue f.

beanstand|en [~^ʔanʃtandən] v/t.

(26) faire des objections à; trouver à redire à; réclamer contre; **2ung** f réclamation f; objection f; critique f; *Anlaß zu e-r ~ geben* donner lieu à des réclamations (*od. contestations*).

beantrag|en [~'antra:gən] v/t. (25) demander; (*in e-r Versammlung*) proposer; **2ung** f demande f; proposition f.

be'-antwort|en v/t. répondre à; **2ung** f réponse f.

be'-arbeit|en v/t. travailler; (*Form geben*) façonner; ♪ arranger; thé. Text: adapter; (*abfassen*) rédiger; Stoff usw.: traiter; ✗ cultiver; labourer; ⊕ usiner; neu ~ remanier; refaire; renouveler; fig. j-n ~ travailler q.; chercher à gagner q.; **2er** m celui qui travaille (*resp. façonne resp.* remanie) qch.; ♪ arrangeur m; thé. (*e-s Textes*) adapteur m; (*Verfasser*) rédacteur m; **2ung** f travail m; (*Formgebung*) façonnement m; ♪ arrangement m; thé. (*e-s Textes*) adaptation f; (*Abfassung*) rédaction f; (*v. Stoff usw.*) traitement m; ✗ culture f; ⊕ usinage m; (*Umarbeitung*) remaniement m; in ~ en préparation; à l'étude.

be'-argwöhnen v/t. soupçonner; suspecter.

beat|men [be'ʔa:tmən] v/t. pratiquer la respiration artificielle (*od.* contrôlée) sur; **2mung** f respiration f artificielle (*od.* contrôlée); **2mungs-gerät** n respirateur m artificiel.

beaufsichtig|en [~'ʔaʊfzɪçtɪgən] v/t. (25) surveiller; contrôler; inspecter; **2ung** f surveillance f; contrôle m; inspection f.

be'-auftragen v/t. charger (*mit de*); **2tragte(r)** [~tra:kta(r)] m (18) chargé m d'affaires; (*Bevollmächtigter*) mandataire m; (*Abgeordneter*) délégué m; ♱ commissionaire m; **2tragung** f charge f; commission f; délégation f; mandat m.

be'bau|en v/t. bâtir, construire; ✗ cultiver; labourer; *bebaute Flächen* zones f/pl. bâties; **2-ung** f construction f (*de bâtiments*) (*sur*); ✗ culture f; **2-ungsdichte** f densité f de construction; **2-ungsplan** m plan m d'occupation des sols.

beben [be:bən] **1.** v/i. (25) trembler; tressaillir; (*vor Freude in Freude*); **2.** **2** n tremblement m; tressaillement m; (*Erd2*) tremblement m de terre;

séisme m.

bebildern [~'bɪldərn] v/t. (29) illustrer.

Becher [bɛçər] m (7) gobelet m; (*Würfel2*) cornet m; ⚘ cupule f.

Becken [bɛkən] n (6) bassin m (*a. anat. u. géogr.*); (*Wasch2*) cuvette f; ♪ ~ pl. cymbales f/pl.; **~bruch** ✗ m fracture f du bassin; **~knochen** m os m du bassin.

Bedacht [~daxt] **1.** m: *mit ~* avec circonspection; avec prudence; **2.** **2** adj. réfléchi; *auf etw. ~ sein* être soucieux de qch.; songer à qch.

bedächtig [~'dɛçtɪç] adj. (*achtsam*) circonspect; discret; (*überlegend*) réfléchi; prudent; (*bedachtsam, langsam*) lent; **2keit** f circonspection f; réflexion f; prudence f; (*Langsamkeit*) lenteur f.

bedachtsam adj. = bedächtig.

Bedachung [~'daxuŋ] f couverture f; (*Dach*) toiture f.

be'danken v/rfl.: *sich bei j-m ~* remercier q.; *sich bei j-m für etw. ~* remercier q. de (*od.* pour) qch.

Bedarf [~'darf] m (3) besoin m; *nach ~* suivant les besoins; *mein ~* ce qu'il me faut.

Be'darfs|-artikel m article m d'usage courant; **~fall** m: *im ~* au besoin; **~güter** n/pl. biens m/pl. de consommation; **~haltestelle** f arrêt m facultatif.

bedauer|lich [~'daʊərlɪç] adj. regrettable; (*beklagenswert*) déplorable; **~licherweise** adv. malheureusement; **~n** v/t. (29) regretter; (*beklagen*) déplorer; *j-n ~* plaindre q. (*wegen de*); **2n** n regret m; **~nswert** adj. = bedauerlich; **~nswürdig** adj. digne de pitié.

bedeck|en v/t. couvrir (*mit de*); **~t** p.p. adjt. couvert (*a. Himmel*); **2t-samer** ⚘ m/pl. angiospermes f/pl.; **2ung** f couverture f; (*Schutz*) abri m; ✗ couverture f; escorte f; protection f; astr. occultation f; *unter ~* sous escorte.

be'denk|en 1. v/t. considérer; (*überlegen*) penser (*od.* songer *od.* réfléchir) à; *j-n mit etw. ~* pourvoir q. de qch.; léguer qch. à q.; (*zögern*) hésiter; *die Folgen ~* peser les conséquences; *vorher ~* préméditer; **2.** v/rfl.: *sich ~* délibérer; réfléchir; **2en** n (6) considération f; (*Überle-

gung) réflexion *f*; (*Zögern*) hésitation *f*; (*Zweifel*) doute *m*; (*Einwände*) objection *f*; (*Skrupel*) scrupule *m*; **~en-los** *adv.* sans hésitation; sans scrupule; **~lich** *adj.* douteux; critique; grave; (*heikel*) scabreux; délicat; (*Bedenken hegend*) pensif; **2lichkeit** *f* hésitation *f*; scrupule *m*; **2zeit** *f* temps *m* de la réflexion.

be'deut|en [bə'dɔʏtən] *v/t.* signifier; vouloir dire; (*andeuten*) indiquer; (*ankünden*) présager; j-m etw. ~ donner à entendre qch. à q.; **~end** *p.pr. adjt.* important; considérable; **~sam** *adj.* significatif; **2ung** *f* signification *f*; (*Sinn*) sens *m*; (*Wichtigkeit*) importance *f*; eigentliche (*bildliche*) ~ sens *m* propre (figuré).

Be'deutungs|-erweiterung *ling. f* élargissement *m* de sens; **~lehre** *f* sémantique *f*; **~los** *adj.* insignifiant; **~losigkeit** *f* insignifiance *f*; **2voll** *adj.* très significatif; très important; **~wandel** *m* changement *m* de sens.

be'dienen *v/t.* servir; (*handhaben*) manier; manœuvrer; (*b. Kartenspiel*) fournir; sich e-r Sache (*gén.*) ~ se servir de qch.

Be'dien|stete(r) [bə'di:nstətə(r)] *m* (18) agent *m*; employé *m*; **~te(r)** *m* (18) domestique *m*.

Be'dienung [~'di:nuŋ] *f* service *m*; (*Dienerschaft*) domestiques *m/pl.*; (*Kellnerin*) serveuse *f*; (*Handhabung*) maniement *m*; manœuvre *f*.

Be'dienungs|-anleitung ⊕ *f* instructions *f* de service; mode *m* d'emploi; **~fehler** ⊕ *m* erreur *f* de commande; **~geld** *n* service *m*; **~hebel** ⊕ *m* levier *m* de commande (*od.* de manœuvre); **~knopf** *rad. m* bouton *m* de réglage; **~zuschlag** *m* supplément *m* pour le service.

beding|en [~'diŋən] *v/t.* conditionner; (*notwendig machen*) nécessiter; (*erfordern*) exiger; **~t** *p.p. adjt.* conditionné; ~ durch dû à; ~ sein durch être la conséquence de; **2theit** *f* relativité *f*; **2ung** *f* condition *f*; unter der ~, daß ... à condition que... (*subj.*); **2ungsform** *f gr.* conditionnel *m*; **~ungslos** *adj.* sans condition(s); inconditionnel *m*; **2ungssatz** *m* proposition *f* conditionnelle.

be'dräng|en *v/t.* presser fortement; (*bekümmern*) affliger; (*v. Gläubigern*) presser; opprimer; (*v. Gläubigern*) harceler; poursuivre; **2nis** *f* (14²)

détresse *f*; gêne *f*; (*bedrängte Lage*) embarras *m*.

be'droh|en *v/t.* menacer; **~lich** *adj.* menaçant; **2ung** *f* menace *f*.

be'drucken *v/t.* imprimer.

be'drück|en *v/t.* opprimer; oppresser; **~end** *p.pr. adjt.* oppressant; accablant; **2ung** *f* oppression *f*.

Beduine [bedu'iːnə] *m* (13) Bédouin *m*.

be'dürf|en (*gén. od. acc.*) *v/i.* avoir besoin de; **2nis** *n* (4¹) besoin *m*; nécessité *f*; **2nis-anstalt** *f* cabinets *m/pl.* (d'aisances); urinoir *m*; vespasienne *f*; **~nislos** *adj.* sans besoins; frugal; **2nislosigkeit** *f* frugalité *f*; **~tig** *adj.* indigent; nécessiteux; **2-tigkeit** *f* indigence *f*.

beduseln F [bə'du:zəln] *v/t.* (*v/rfl.* sich ~ s')enivrer; (*se*) griser; **~t** *p.p. adjt.* (*angeheitert*) éméché.

Beefsteak ['bi:fste:k] *n* (11) bifteck *m*.

be'-ehren 1. *v/t.*: j-n ~ mit honorer q. de; 2. *v/rfl.*: sich ~ avoir l'honneur de.

beeid|(ig)en [~'⁹aɪd(ig)ən] *v/t.* (26 [25]) affirmer par serment; **~igt** *p.p. adjt.* (*Aussage*) sous serment; (*Person*) assermenté; juré; **2igung** *f* affirmation *f* sous serment.

be'-eilen *v/rfl.*: sich ~ se hâter; se dépêcher.

be-ein|drucken [~'⁹aɪndrukən] *v/t.* (25) impressionner; **~flussen** [~'flusən] *v/t.* (28): j-n ~ influencer q.; etw. ~ influer sur qch.; **2flussung** *f* influence *f*; **~trächtigen** *v/t.* (25) faire tort à; porter préjudice à; **2-trächtigung** *f* préjudice *m* (porté à).

be'-end|(ig)en *v/t.* finir; terminer; achever; **2igung** *f* fin *f*; achèvement *m*; cessation *f*; bei ~ à l'expiration; **2ung** *f* fin *f*; achèvement *m*.

beeng|en [~'⁹ɛŋən] *v/t.* (25) (res)serrer; (*beklemmen*) oppresser; *fig.* restreindre; sich beengt fühlen se sentir à l'étroit; **2theit** *f* resserrement *m*; (*d. Brust*) oppression *f*; *fig.* restriction *f*.

be'-erben *v/t.* hériter de.

beerdig|en [~'⁹e:rdigən] *v/t.* enterrer; **2ung** *f* enterrement *m*.

Beere ['be:rə] *f* (15) baie *f*; (*Wein2*) grain *m* (de raisin); **2nförmig** *adj.* bacciforme; **~n-obst** *n* baies *f/pl.*

Beet [be:t] *n* (3) planche *f*; parterre *m*; (*schmales*) plate-bande *f*.

befähig|en [~'fɛːhɪgən] v/t. (25) qualifier (zu pour); rendre propre (zu à od. capable de); **~t** p.p. adjt. capable (zu de); **2ung** f qualification f; capacité f; aptitude f; **2ungsnachweis** m, **2ungszeugnis** n certificat m d'aptitude.

befahl(st) [~'faː(l)st] s. befehlen.

befahr|bar [~'faːrbaːr] adj. (Weg) praticable; carrossable; (Gewässer) navigable; **2barkeit** f viabilité f; (Fluß) navigabilité f; **~en** v/t. Straße usw.: passer en voiture sur; ♣ naviguer sur; Schacht: descendre dans; sehr ~e Straße rue (resp. route) f très fréquentée (od. passante).

be'fallen v/t. (30) attaquer; surprendre; ~ sein von être atteint de.

be'fangen adj. (verlegen) gêné; embarrassé; (voreingenommen) prévenu; **2heit** f embarras m; (Vorurteil) prévention f; parti m pris; ♣ suspicion f légitime.

be'fassen v/rfl.: sich ~ mit s'occuper de; ♣ befaßt sein mit être saisi de.

Befehl [bə'feːl] m (3) commandement m; ordre m; **2en** v/t. (30) ordonner; commander; **2end** p.pr. adjt., **2erisch** adj. dictatorial; impérieux; **2igen** v/t. commander; exercer le commandement (j-n sur q.).

Be'fehls-|ausgabe ✗ f rapport m journalier; transmission f des ordres; **~form** f impératif m; **2gemäß** 1. adj. conforme aux ordres (reçus); 2. adv. selon les ordres (reçus); **~gewalt** f pouvoir m de commandement; **~haber** [~'feːlshaːbər] m (7) commandant m; **2haberisch** adj. impérieux; autoritaire; **~stab** Esb. m drapeau m; **~verweigerung** f refus m d'obéissance.

befestig|en [~'fɛstɪgən] v/t. attacher (an dat. resp. acc. à); affermir (a. fig.); ✗ fortifier; fig. consolider; stabiliser; **2ung** f ✗ fortification f; fig. affermissement m; consolidation f; stabilisation f.

befeuchten [~'fɔyçtən] v/t. (26) humecter; mouiller.

befiehl(st) [bə'fiːl(st)] s. befehlen.

be'find|en 1. v/t. trouver (für gut bon); **2.** v/rfl.: sich ~ être; se trouver; (gesundheitlich) se porter; **3.** v/i.: ~ über (acc.) juger de; **2en** n (6) (Ansicht) avis m; (Gesundheitszustand) état m de santé; **~lich** adj. existant; situé.

be'flaggen v/t. pavoiser.

befleck|en [~'flɛkən] v/t. (25) tacher; salir; souiller (a. fig.); fig. entacher; flétrir; **2ung** f souillure f.

befleißigen [~'flaɪsɪgən] v/rfl. (25): sich e-r Sache (gén.) ~ s'appliquer à qch.; s'attacher à faire qch.; sich ~, etw. zu tun s'évertuer à faire qch.

beflissen [~'flɪsən] adj. appliqué; empressé; zélé; **2heit** f application f; zèle m; **~tlich** adv. soigneusement.

beflügel|n [~'flyːgəln] v/t. (29) fig. (eilen machen) donner des ailes à; (beschleunigen) accélérer; **~t** p.p. adjt. fig. ailé, rapide.

befohlen [~'foːlən] s. befehlen.

befolg|en [~'fɔlgən] v/t. Rat usw.: suivre; Befehl: exécuter; Gesetz usw.: observer; obéir à; **2ung** f (e-s Befehls) exécution f; (e-s Gesetzes usw.) observation f.

befördern [~'fœrdərn] v/t. expédier; transporter; (in d. Stellung) faire avancer; befördert werden monter en grade; être promu; zum General befördert werden passer général.

Be'förderung f expédition f; transport m; (in d. Stellung) avancement m (en grade); promotion f; **~sbedingungen** f/pl. conditions f/pl. de transport; **~skosten** pl. frais m/pl. de transport (od. de déplacement); **~smittel** n moyen m de transport.

befracht|en [~'fraxtən] v/t. (26) charger; ♣ affréter; **2er** ♣ m affréteur m; **2ung** ♣ f affrètement m.

be'frag|en v/t.: j-n ~ um, über (acc.), nach, wegen demander qch. à q., (um Rat) consulter q. au sujet de; **2ung** f consultation f; ♣ interrogatoire m.

be'frei|en v/t. (25) libérer; délivrer; Sklaven: affranchir; (v. Lasten, Pflichten) exempter; dispenser; exonérer; (v. Hemmnissen) débarrasser; **2er(in** f) m libérateur m, -trice f; vom Wehrdienst befreit libéré des obligations militaires (od. du service militaire); **2ung** f libération f; délivrance f; (v. Sklaven) affranchissement m; (v. Lasten, Pflichten) exemption f; dispense f; exonération f; **2ungskrieg** m guerre f de libération.

befremd|en [~'frɛmdən] v/t. (26) étonner; **2en** n étonnement m; **~end** p.pr. adjt., **~lich** [~'frɛmtlɪç] adj. étrange; surprenant;

ℎung f surprise f; étonnement m.

befreunden [∼'frɔʏndən] v/rfl.: sich ∼ se lier d'amitié (mit avec); befreundet sein être lié (mit avec); être ami (de); sich mit e-m Gedanken ∼ se familiariser avec une idée.

befried|en [∼'fri:dən] v/t. (26) pacifier; ℎigen [∼digən] v/t. (25) contenter; satisfaire; ℎigend p.pr. adjt. satisfaisant; ℎigt p.p. adjt. satisfait; ℎigung f contentement m; satisfaction f; 2ung f pacification f.

befrist|en [∼'fristən] v/t.: etw. ∼ fixer un délai pour qch.; soumettre qch. à un délai; ℎet p.p. adjt. à durée limitée; temporaire; lang (kurz) ∼ à long (court) terme; 2ung f fixation f d'un délai (pour).

befrucht|en [∼'fruxtən] v/t. (26) féconder; (fruchtbar machen) fertiliser; 2ung f fécondation f; (Fruchtbarmachung) fertilisation f.

Befug|nis [∼'fu:knis] f (14²) autorisation f; attributions f/pl.; pouvoirs m/pl. (überschreiten outrepasser); ᵃᵃ compétence f; 2t p.p. adjt. autorisé (à); ᵃᵃ compétent; ∼ sein zu être en droit de.

be'fühlen v/t. toucher; tâter; palper.

Be'fund m (3) état (d'une chose); constatation f; 🩺 résultat m (d'un examen médical); (e-s Experten) rapport m.

be'fürcht|en v/t. craindre; redouter; appréhender; 2ung f crainte f; appréhension f.

befürwort|en [∼'fyrvɔrtən] v/t. (26) recommander; préconiser; Bitte, Gesuch: appuyer; donner (od. émettre) un avis favorable; 2ung f recommandation f; (e-s Gesuchs) appui m.

begab|t p.p.adjt.: ∼ sein être doué (mit de; für pour); 2ten-auslese f sélection f des enfants les plus doués; 2ung f don m; intelligence f; talent m.

begann [∼'gan] s. beginnen.

begas|en [∼'ga:zən] v/t. gazer; 2ungskammer f chambre f à gaz.

begatt|en [∼'gatən] v/rfl. (26): sich ∼ s'accoupler; 2ung f accouplement m.

begaunern [∼'gaʊnərn] v/t. (29) escroquer.

begeb|bar † [∼'ge:pbɑːr] adj. négociable; ℎen (30) **1.** v/t. Aktien, Anlei-

hen: émettre; Wechsel: négocier; **2.** v/rfl.: sich ∼ se rendre; aller; (geschehen) arriver, se passer; sich e-r Sache (gén.) ∼ abandonner qch.; renoncer à qch.; 2enheit f événement m; 2ung f (Ausgabe) émission f; (Verzicht) † f dessaisissement m.

begegn|en [∼'ge:gnən] v/i. (26, sn): j-m ∼ rencontrer q.; (j-m zustoßen) arriver à q.; (abhelfen) remédier à; (zuvorkommen) prévenir (e-r Sache dat. qch.); 2nung f rencontre f.

be'geh|bar adj. (Weg) praticable; 2barkeit f praticabilité f; ℎen v/t. (30) Weg: passer sur; parcourir; festlich ∼ célébrer; Verbrechen: commettre; Fehler: faire; Handlung: accomplir; 2en n = Begehung.

Begehr|(en n) [∼'ge:r(ən)] m (3) demande f; désir m; (Gelüst) convoitise f; 2en v/t.: etw. ∼ demander qch. (von j-m à q.); (wünschen) désirer; (gelüsten) convoiter; 2enswert adj. désirable; 2lich adj. avide; ℎlichkeit f avidité f; convoitise f.

Be'gehung f (zur Prüfung) inspection f; (e-s Verbrechens) perpétration f; (e-s Festes) célébration f.

begeister|n [∼'gaɪstərn] v/t. (u. v/rfl. sich ∼ s')enthousiasmer (für pour); sich leidenschaftlich ∼ für se passionner pour; sich e-r Sache ∼nd p.pr. adjt. enthousiasmant; ∼t p.p. adjt. enthousiaste; passionné; F emballé; hell ∼ ardent; fanatique; ∼e(r) Anhänger m fanatique m; F fan m; 2ung f enthousiasme m; 2ungs-sturm m, 2ungs-taumel m enthousiasme m frénétique; déchaînement m.

Begier|(de [∼'gi:rdə] f (15) appétit m; envie f; (Gier) avidité f; convoitise f; (Habgier) cupidité f; (sinnliche) concupiscence f; 🩺 appétence f; 2ig adj. avide (nach de); (habgierig) cupide; (lüstern) concupiscent.

be'gießen v/t. arroser; mit etw. ∼ verser qch. sur.

Beginn [∼'gin] m (3) commencement m; début m; (e-r Tagung) ouverture f; ∼ der Vorstellung lever m du rideau; 2en v/t. (30) commencer; Kampf, Gespräch: engager.

beglaubig|en [∼'glaʊbɪgən] v/t. (25) attester; certifier; Akte: vidimer; Unterschrift: légaliser; Paß: viser; Gesandten: accréditer; ∼t p.p. adjt. certifié conforme; ∼e Abschrift copie f conforme; 2ung f attestation f; (e-r

Unterschrift) légalisation *f*; *(e-s Passes)* visa *m*; 2ungsschreiben *n* lettres *f/pl.* de créance.

be'gleich|en *v/t.* solder; *Rechnung:* régler; 2ung *f* règlement *m*.

Be'gleit-adresse *f* bulletin *m* d'expédition; ~brief *m* = Begleitschreiben; 2en *v/t.* (26) accompagner *(a. ♪)*; ♆, ✗, convoyer; escorter; ~er(in *f*) *m* compagnon *m*, compagne *f*; ♪ accompagnateur *m*, -trice *f*; ~erscheinung *f* phénomène *(resp.* événement) *m* concomitant; ~flugzeug *n* avion *m* d'escorte; ~musik *f* musique *f* d'accompagnement; *(Film)* musique *f* scénique; ~papiere *n/pl.* feuilles *f/pl.* de route; ~person *f* escorteur *m*; ~schein *m* lettre *f* d'envoi; ~schiff *n* convoyeur *m*; ~schreiben *n* lettre *f* de voiture; bordereau *m (od.* lettre *f)* d'envoi; note *f* de transmission; ~umstand *m* symptôme *m (od.* fait *m)* concomitant; ⚡ circonstance *f* accessoire; ~ung *f* accompagnement *m*; *(Gefolge)* suite *f*; ✗ escorte *f*; *(Film)* commentaire *m*.

beglück|en [~'glʏkən] *v/t.* rendre heureux; ~wünschen (27) *v/t.* féliciter (*zu* de).

begnadet [~'gnɑːdət] *p.p. adj.* béni, doué.

begnadig|en [~'gnɑːdigən] *v/t.* (25) gracier; faire grâce à; 2ung *f* grâce *f*; pardon *m*; 2ungsgesuch *n* recours *m* en grâce; 2ungsrecht *n* droit *m* de grâce.

begnügen [~'gnyːgən] *v/rfl.* (25): *sich mit etw.* ~ se contenter de qch.

Begonie ⚘ [be'goːnjə] *f* bégonia *m*.

be'gonnen [bə'gɔnən] *s. beginnen.*

be'graben *v/t.* enterrer; ensevelir.

Begräbnis [~'grɛːpnis] *n* (4[1]) enterrement *m*; ~feier *f* funérailles *f/pl.*; obsèques *f/pl.*

be'gradigen *v/t. Fluß, Weg, Kriegsfront:* rectifier; 2ung *f* rectification *f*.

be'greif|en *v/t. (geistig erfassen)* saisir; comprendre; concevoir; ~lich *adj.* compréhensible, concevable; naturel; ~licherweise *adv.* naturellement.

begrenz|en [~'grɛntsən] *v/t.* borner; limiter; ~*t p.p. adj.* limité; restreint; *(Verstand)* borné; ~ haltbar *(Lebensmittel)* périssable; 2ung *f* limitation *f*.

Be'griff *m* (3) idée *f*; concept *m*;

notion *f*; *(~svermögen)* entendement *m*; *schwer von* ~ *sein* avoir la tête dure *(od.* l'esprit obtus); *im* ~ *sein, etw. zu tun* être sur le point de faire qch.; 2en *p.p.*: *in e-m Tun* ~ *sein* être occupé à *(od.* en train de) faire qch.; *das Haus ist im Bau* ~ la maison est en (voie de) construction; 2lich *adj.* conceptuel; ~sbestimmung *f* définition *f*; 2stutzig *adj.* qui a l'esprit obtus; ~sverwechslung *f*, ~sverwirrung *f* confusion *f* d'idées.

be'gründ|en *v/t.* fonder; établir; *(beweisen)* donner des raisons; *Antrag:* motiver; 2er(in *f*) *m* fondateur *m*, -trice *f*; 2ung *f (Gründung)* fondation *f*; *(Erklärung)* raison *f*; exposé *m* des motifs; *(Rechtfertigung)* justification *f*.

be'grüß|en *v/t.* saluer; ~enswert *adj.* bienvenu; heureux; dont on peut se réjouir; 2ung *f* salutation *f*; *(Gruß)* salut *m*; 2ungs-ansprache *f*, 2ungsrede *f* discours *m* de réception; allocation *f* de bienvenue.

begucken [~'gʊkən] F *v/t.* contempler; regarder; F lorgner.

begünstig|en [~'gʏnstigən] *v/t.* favoriser; protéger; 2ung *f* faveur *f*; protection *f*.

be'gut-acht|en *v/t.* (26): *etw.* ~ donner son avis sur qch.; 2ung *f* expertise *f*; *weit* S. avis *m*; jugement *m*.

be'gütert [~'gyːtərt] *adj.* riche; opulent.

be'gütigen *v/t.* apaiser; calmer.

behaar|t [~'hɑːrt] *adj.* chevelu; *(am Körper)* poilu; velu; 2ung *f* poils *m/pl.*; *(Haarwuchs)* chevelure *f*; ⚘ vestiture *f*.

behäbig [~'hɛːbiç] *adj.* qui aime ses aises; *(Sache)* commode; 2keit *f* aisance *f*; *(e-r Sache)* commodité *f*.

behaftet [~'haftət] *p.p. adj.* *(mit Schulden)* chargé (mit de); *(mit e-r Krankheit)* atteint (de); *(mit e-m Irrtum)* entaché (de).

behagen [~'hɑːgən] **1.** *v/i.* (25) plaire; convenir; agréer; *das behagt mir* cela me plaît; **2.** 2 *n* (6) agrément *m*; plaisir *m*; confort *m*; *mit* ~ avec plaisir.

be'haglich *adj.* agréable; confortable; *sich* ~ *fühlen* se sentir à son aise; 2keit *f* aise *f*; bien-être *m*; confort *m*.

be'halten *v/t.* garder; *(im Gedächtnis)* retenir.

Behält|er [ʌˈhɛltər] *m* (7), **∼nis** *n* (4¹) récipient *m*; réservoir *m*; *Esb.* container *m*.

be'hand|eln *v/t.* traiter; *Kranken a.:* soigner; *Frage:* examiner; *Maschine:* manier; *als Freund* ∼ traiter en ami; *schlecht* ∼ maltraiter; *Maschine:* manier; *(e-r Maschine)* maniement *m*; **2lung** *f* traitement *m*; *(e-r Maschine)* maniement *m*; **2lungs-art** *f*, **2lungsweise** *f* manière *f* de traiter; *ℱ* thérapeutique *f*.

Be'hang *m* (3³) tenture *f*; *(Baum2)* charge *f*; *ch.* oreille *f* pendante.

be'hängen *v/t.:* mit etw. ∼ garnir de qch., *(schmücken)* orner de qch.

be'harr|en *v/i.* persévérer *(auf, in* dans); persister *(auf, in* dans); *auf s-r Meinung* ∼ insister sur; **∼lich** *adj.* persévérant; constant; **2lichkeit** *f* persévérance *f*; persistance *f*; constance *f*; **2ung** *f* constance *f*; assiduité *f*; **2ungsvermögen** *n* force *f* d'inertie; **2ungszustand** ⊕ *m* état *m* permanent; permanence *f*.

behaucht [ʌˈhaʊxt] *p.p. adjt. phon.* aspiré; **∼e(r)** *Laut* aspirée *f*; **2ung** *f* aspiration *f*.

be'hauen *v/t.* tailler; *vierkantig* ∼ équarrir.

behaupt|en [ʌˈhaʊptən] *v/t.* (26) *(versichern)* affirmer; prétendre; *(aufrechterhalten)* maintenir; défendre; *⚔* rester maître de; **2ung** *f* affirmation *f*; assertion *f*.

Behausung [ʌˈhaʊzʊŋ] *f* logement *m*; demeure *f*.

be'heben *v/t.* écarter; *Schwierigkeiten:* aplanir.

beheimatet [ʌˈhaɪmaːtət] *p.p. adjt.* *(gebürtig)* originaire (de); *(ansässig)* domicilié (à).

Behelf [ʌˈhɛlf] *m* (3) expédient *m*; **2en** *v/rfl.:* sich ∼ se tirer d'affaire; se débrouiller; se contenter de.

Be'helfs|heim *n* habitation *f* provisoire; **2mäßig** *adj.* provisoire; improvisé.

behellig|en [ʌˈhɛligən] *v/t.* (25) importuner; **2ung** *f* importunité *f*.

behende [ʌˈhɛnd(ə)] *adj.* agile; leste; *(schnell)* prompt; **2igkeit** *f* agilité *f*; *(Schnelligkeit)* promptitude *f*.

beherberg|en [ʌˈhɛrbɛrgən] *v/t.* (25) loger; héberger; **2ung** *f* logement *m*; hébergement *m*; **2ungsgewerbe** *n* industrie *f* hôtelière.

be'herrsch|en *v/t.* régner sur; gouverner; *fig.* maîtriser; dominer;

Sprache: posséder; **2er(in** *f)* *m* souverain(e *f)* *m*; *fig.* maître(sse *f)* *m*; dominateur *m*, -trice *f*; **2ung** *f* domination *f*; maîtrise *f*; *(e-r Sprache)* connaissance *f*.

beherzig|en [ʌˈhɛrtsigən] *v/t.* (25) prendre à cœur; **∼enswert** *adj.* digne de considération.

beherzt [ʌˈhɛrtst] *adj.* courageux; 'hardi; **2heit** *f* courage *m*; 'hardiesse *f*.

be'hexen *v/t.* ensorceler.

behilflich [ʌˈhilfliç] *adj.* secourable; *j-m bei etw.* ∼ sein aider q. à faire qch.

be'hindern *v/t.* empêcher; gêner.

Behörd|e [ʌˈhøːrdə] *f* (15) autorité *f*; *(Stadt2)* autorités *f/pl.*; *(Gerichts2)* magistrats *m/pl.*; die Hohe ∼ *pol.* la Haute Autorité; **2lich** *adj.* officiel.

behüten [ʌˈhyːtən] *v/t.* garder; protéger; *j-n vor etw. (dat.)* ∼ préserver q. de qch.; *Gott behüte!* Dieu m'en garde!; jamais de la vie!

behutsam [ʌˈhuːtzaːm] *adj.* prudent; *(bedächtig)* circonspect; **2keit** *f* prudence *f*; circonspection *f*.

bei [baɪ] *prp. (dat.)* **a)** *örtlich:* près de; auprès de; *Ehre:* dans; sous; sur; à; de; avec; en; contre; ∼ *Berlin* près de Berlin; ∼ *der Mutter* auprès de la mère; ∼ *mir (zu Hause)* chez moi; ∼ *den Franzosen* chez les Français; ∼ *Schiller* dans Schiller; *etw.* ∼ *der Hand haben* avoir qch. sous la main; *etw.* ∼ *sich haben* avoir qch. sur soi; ∼ *Tisch* à table; *die Schlacht* ∼ *Verdun* la bataille de Verdun; ∼ *ihm lernt man viel* avec lui on apprend beaucoup (de choses); ∼ *dir selbst* en toi-même; *dicht* ∼ *der Tür* tout contre la porte; **b)** *zeitlich:* à; de; en; lors de *(od.* pendant); par; ∼ *seiner Ankunft* à son arrivée; ∼ *seinen Lebzeiten* de son vivant; ∼ *Tage* de jour; ∼ *hellem Tage* en plein jour; ∼ *seinem Aufenthalt* lors de *(od.* pendant) son séjour; ∼ *jedem Wetter* par tous les temps; **c)** *Zustand, Art und Weise:* en; par; sous; sur; ∼ *Wasser und Brot* au pain et à l'eau; ∼ *guter Laune* de bonne humeur; ∼ *guter Gesundheit* en bonne santé; ∼ *Stimme* en voix; *schwören* ∼ jurer par; ∼ *m Namen nennen* nommer par son nom; ∼ *der Hand nehmen* prendre par la main; ∼ *Todesstrafe* sous peine de mort; ∼ *m-r Ehre* sur mon honneur; **d)** *Vergleichung, Einräumung:* avec; malgré; ~m besten Willen avec la meilleure volonté du monde; ~ alledem avec (od. malgré) tout cela.

beibehalt|en ['baɪbəhaltən] v/t. garder; conserver; **2ung** f conservation f.

Beiblatt n supplément m.

Beiboot n canot m.

beibringen v/t. Beweis: fournir; produire (a. Zeugen); Gründe: alléguer; Verlust, Niederlage: infliger; Stoß: porter; j-m etw. ~ (lehren) apprendre qch. à q., (verständlich machen) faire comprendre qch. à q.

Beicht|e ['baɪçtə] f (15) confession f; zur ~ gehen aller à confesse; ~ ablegen faire sa confession; j-m die ~ abnehmen confesser q.; **2en** (26) **1.** v/t. confesser; **2.** v/i. se confesser (bei à); **~geheimnis** n secret m de la confession; **~kind** n pénitent(e f) m; **~stuhl** m confessionnal m; **~vater** m confesseur m.

beidarmig [baɪt⁽ʔ⁾armiç] adj. u. adv. à (od. des) deux bras.

beide ['baɪdə] pr/ind. (18) (tous) les deux; l'un et l'autre; alle ~ tous (les) deux; **~mal** adv. les deux fois.

beider|lei [~dərlaɪ] adj. les (resp. des) deux sortes; ~ Geschlechts des deux sexes (gr. genres); **~seitig** adj. (adv. ~seits) (gegenseitig) mutuel; réciproque; des deux côtés; adv. a. de part et d'autre; ~ tragbar (Kleidungsstück) réversible.

beides pr./ind.: l'un(e) et l'autre (chose f) m.

beidrehen ⚓ v/i. mettre en panne.

bei-ei'nander adv. l'un avec l'autre; (zusammen) ensemble; F gut ~ sein être en bonne santé; **~haben** v/t. Geldsumme: avoir réuni; s-e Gedanken nicht ~ haben être distrait; **~sitzen** v/i. être assis l'un à côté de l'autre.

Beifahrer m (im Auto) passager m; (im Lastauto) chauffeur-livreur m; Sp. coéquipier m; **~sitz** m siège m du chauffeur ou second (resp. du passager).

Beifall ['baɪfal] m (3) applaudissements m/pl. (stürmischer à tout rompre); ~ finden avoir du succès; ~ klatschen (spenden; zollen) applaudir.

beifalls|freudig adj.: ~es Publikum public m applaudissant facilement;

2klatschen n applaudissements m/pl.; **2kundgebung** f acclamations f/pl. enthousiastes; **2ruf** m bravo m; **2sturm** m tonnerre m d'applaudissements.

Beifilm m court-métrage m.

beifüg|en v/t. ajouter; joindre; gr. mettre en apposition; **2ung** f addition f; adjonction f; gr. apposition f; unter ~ en ajoutant.

Beifuß ♀ m armoise f.

Beigabe f supplément m; complément m.

beige [bɛːʒ] adj. beige.

beigeben v/t. ajouter; attacher; klein ~ baisser le ton, F filer doux.

beigeordnet ['baɪɡəʔɔrdnət] p.p. adjt. adjoint; **~es** Mitglied (membre m) adjoint m; gr. coordonné; **2e(r)** m (18) adjoint m.

Beigeschmack m arrière-goût m; petit goût m (de).

beigesellen v/rfl.: sich j-m ~ s'associer à q.

Beiheft n supplément m.

Beihilfe (finanzielle) aide f, allocation f; ⚖ ~ zum Mord complicité f de meurtre.

beiholen ⚓ v/t. Segel: border.

beikommen v/i.: j-m (e-r Sache) ~ avoir prise sur q. (sur qch.).

Beil [baɪl] n (3) 'hache f; cognée f.

Beilage f (15) pièce f ajoutée (od. annexée); (e-r Zeitung) supplément m; cuis. garniture f; mit ~ garni.

beiläufig ['⸱lɔʏfiç] **1.** adj. accessoire; incident; **2.** adv.: ~ gesagt soit dit en passant.

beileg|en 1. v/t. ajouter; annexer; Bedeutung: attacher; Namen usw.: donner; (zuschreiben) attribuer; Streit: arranger; vider; Absicht: prêter; **2.** v/i. ⚓ mettre à la cape; **2ung** f attribution f; (e-s Streits) arrangement m; ⚓ mise f à la cape.

beileibe [~'laɪbə] adv.: ~ nicht! (pas) du tout!; certes non!

Beileid n (3) condoléance f; sein ~ bezeigen od. bezeugen faire ses condoléances; **~sbesuch** m visite f de condoléances; von ~en bitten wir abzusehen la famille s'excuse de ne pas recevoir; **~sbezeigung** f, **~sbezeugung** f condoléances f/pl.; **~skarte** f carte f de condoléances; **2s-schreiben** n lettre f de condoléances.

beiliegen v/i. être joint à; **~d** p.pr.

adjt. ci-joint; ci-annexé; ℒ**de(s)** *n* annexe *f.*

beim = *bei dem.*

beimengen = *beimischen.*

beimessen *v/t.* attribuer; *Schuld:* imputer; *Glauben* ~ ajouter foi.

beimisch|en *v/t.* mêler; mélanger; ℒ**ung** *f* addition *f*; mélange *m.*

Bein [baɪn] *n* (3) (*Körperteil*) jambe *f*; *künstliches* ~ jambe *f* artificielle; (*Tisch*ℒ) pied *m*; (*Knochen*) os *m*; *auf den* ~*en sein* être sur pied; *auf die* ~*e bringen* mettre sur pied; *die* ~*e in die Hand nehmen* prendre ses jambes à son cou; *sich auf die* ~*e machen* se mettre en route; *sich die* ~*e nach etw. ablaufen* se mettre en quatre pour qch.; *ein* ~ *stellen* faire un croc--en-jambe, *fig.* tendre un piège; *j-m wieder auf die* ~*e helfen* aider q. à se relever; *wieder auf die* ~*e kommen* retomber sur ses pieds; *gut auf den* ~*en sein* être de bonnes jambes.

bei|**nah(e)** *adv.* presque; à peu près; *ich wäre* ~ *gefallen* j'ai manqué de tomber; j'ai failli tomber.

Beiname *m* surnom *m*; (*Spitzname*) sobriquet *m.*

bein|**-amputiert** *p.p. adjt.* amputé d'une (*bzw.* des deux) jambe(s); ℒ**arbeit** *f Sp.* jeu *m* des jambes; ℒ**bruch** *m* fracture *f* de la jambe; ℒ**fleisch** *n östr. cuis.* gîte à l'os.

beinhalten [bəˈ⁹ɪnhaltən] *v/t.* contenir; comprendre.

Bein|**haus** *n* ossuaire *m*; ~**kleider** *n/pl.* pantalon *m*; ~**prothese** *f* jambe *f* artificielle (*od.* articulée); ~**schiene** ✝ *f* éclisse *f*; ~**stumpf** *m* moignon *m* de jambe.

bei-**ordnen** *v/t.* (*beigeben*) adjoindre; (*an die Seite stellen*) coordonner; ~**de** *Konjunktion* conjonction *f* de coordination.

Beiprogramm *n* Film avant-programme *m.*

Beirat *m* conseil *m*; comité *m* consultatif; (*Person*) conseiller *m.*

beirren [bəˈ⁹ɪrən] *v/rfl.: sich nicht* ~ *lassen* aller son (droit) chemin.

bei'**sammen** *adv.* ensemble; réuni; *dicht* ~ serrés; ℒ**sein** *n* (6) réunion *f.*

Beisatz *m gr.* apposition *f.*

Beischlaf *m* acte *m* sexuel; coït *m*;

cohabitation *f.*

Beisein *n* présence *f*; *im* ~ *en présence de*, (*e-s Rechtsanwalt*) assisté de; *im* ~ *e-s Notars* par-devant notaire.

bei'**seite** *adv.* à l'écart; de côté; à part; *Scherz* ~! trêve de plaisanteries!; ~ *bringen* faire disparaître; ~ *gehen* s'écarter; ~ *lassen* laisser de côté; ~ *legen* mettre de côté; ~ *nehmen* prendre à part; ~ *schieben* écarter; ~ *stehen* se tenir à l'écart.

beisetz|en *v/t.* enterrer; *Segel:* déployer; ℒ**ung** *f* enterrement *m*; ℒ**ungsfeier** *f* funérailles *f/pl.*; obsèques *f/pl.*

beisitz|en *v/i.* siéger; assister à; ℒ**er** *m* (7) assesseur *m*; ⚖ juge *m* assesseur.

Beispiel *n* exemple *m*; *zum* ~ (*abr.* z. B.) par exemple (*abr.* p. ex.); *als* ~ *anführen* citer en exemple; *mit gutem* ~ *vorangehen* donner le bon exemple; *sich an j-m ein* ~ *nehmen* prendre exemple sur q.; ℒ**gebend**, ℒ**haft** *adj.* exemplaire; ℒ**los** *adj.* sans exemple; (*unerhört*) inouï; ℒ**sweise** *adv.* par exemple; à titre d'exemple.

beispringen *v/i.: j-m* ~ secourir q.

beißen [ˈbaɪsən] *v/t. u. v/i.* (30) mordre; (*Insekten usw.*) piquer; (*kauen*) mâcher; (*brennen*) cuire; *in den Augen* ~ (*Rauch*) piquer les yeux; *das beißt auf der Zunge* cela pique la langue; *ins Gras* ~ mordre la poussière; *in den sauren Apfel* ~ avaler la pilule; *nichts zu* ~ *haben* n'avoir rien à se mettre sous la dent; ~**d** *p.pr. adjt.* mordant; *fig. a.* caustique; (*Schmerz*) cuisant.

Beiß|**korb** *m* muselière *f*; ~**zange** *f* tenaille(s) *f*(*pl.*); pince *f* coupante.

Beistand [ˈbaɪʃtant] *m* (3³) assistance *f*; (*Person*) assistant *m*; ⚖ avocat *m*; ~**s-pakt** *m* pacte *m* d'assistance.

beistehen *v/i.: j-m* ~ assister q.

beisteuern *v/t.* contribuer (*zu* à).

beistimmen *v/i.* = *beipflichten.*

Beistrich *m* virgule *f.*

Beitel [ˈbaɪtəl] *m* (7) ciseau *m* en biseau; gouge *f*; (*Hohl*ℒ) burin *m.*

Beitrag [ˈbaɪtraːk] *m* (3³) contribution *f*; taxe *f*; (*Anteil*) quote-part *f*; (*für e-n Verein*) cotisation *f*; ℒ**en** *v/t. u. v/i.* contribuer (*zu* à).

Beitrags|**-erhöhung** *f* augmentation *f* des cotisations; ℒ**pflichtig** *adj.* assujetti à des cotisations; ~**pflich**-

tige(r) m contribuable m; **~quote** f còntingent m; **~rück·erstattung** f remboursement m des cotisations; **~zahlung** f cotisation f.

beitreib|en v/t.: e-e Summe ~ recouvrer une somme; *Abgaben usw.*: exiger; *Steuer*: faire rentrer; ⚔ réquisitionner; **2ung** f recouvrement m; ⚔ réquisition f.

beitreten v/i. (e-r Partei, e-m Verein) adhérer (à); entrer (dans).

Beitritt m entrée f (dans); adhésion f (à); **~s·erklärung** f déclaration f d'adhésion; **~s·urkunde** f document m d'adhésion.

Beiwagen m (am Motorrad) side-car m; (der Straßenbahn) baladeuse f.

Beiwerk n accessoires m/pl.

beiwohnen v/i. (e-r Veranstaltung) assister à.

Beiwort n épithète f; gr. adjectif m.

Beiz F [baits] schweiz. f (16) bistro(t) m.

Beize ['baitsə] f (15) ⊕ décapage m; (*Ätzen*) corrosion f; (*Mittel*) caustique m; cuis. marinade f.

beizeiten [~'tsaitən] adv. à temps; (*frühzeitig*) de bonne heure.

beizen ['baitsən] 1. v/t. (27) ⊕ décaper; (*ätzen*) corroder; ⚕ cautériser; *Holz*: teinter; *Fleisch*: mariner; *ch.* chasser au faucon; 2. ~ n ⊕ décapage m; (*Ätzen*) corrosion f; ⚕ cautérisation f.

Beiz|falke m faucon m de chasse; **~jagd** f chasse f au vol (od. au faucon); **~mittel** n = Beize; **~vogel** m oiseau m de proie dressé à la chasse.

bejahen [bə'ja:ən] v/t. (25) dire oui à; répondre affirmativement; affirmer; **~d** p.pr. adjt. affirmatif.

bejahrt [~'ja:rt] adj. avancé en âge; âgé.

Be'jahung f affirmation f.

be'jammern v/t. déplorer; **~swert**, **~swürdig** adj. déplorable; digne de pitié; misérable.

be'jubeln v/t. saluer par des cris d'allégresse; acclamer.

be'kämpf|en v/t. combattre; lutter contre; **2ung** f lutte f (contre).

be'kannt adj. connu (j-m de q.); familier; allgemein ~ (Sache) notoire, public, (Person) renommé; er ist mir ~ je le connais; sich ~ machen se faire connaître; mit j-m ~ werden faire la connaissance de q.; machen

Sie mich mit ihr bekannt faites-moi faire sa connaissance; j-n mit etw. ~ machen faire connaître qch. à q.; mit j-m ~ sein connaître q.; **2enkreis** m (cercle m de) relations f/pl.; **2e(r m)** m, f ami(e f) m; connaissance f; ~ pl. gens m/pl. de connaissance; ein ~er von mir un monsieur de ma connaissance; **~er'maßen** adv. comme on sait; notoirement; **2gabe** f publication f; (feierliche) proclamation f; (Anzeige) avis m; communication f; (in d. Zeitung) annonce f; **~geben** v/t. publier; annoncer; (feierlich) proclamer; **~lich** adv. = bekanntermaßen; **~machen** v/t. = bekanntgeben; **2machung** f = Bekanntgabe; **2schaft** f connaissance f.

be'kehr|en v/t. convertir; **2er** m (7) missionnaire m; **2te(r** m) m, f converti(e f)m; prosélyte m, f; **2ung** f conversion f.

be'kenn|en v/t. confesser; avouer; (anerkennen) reconnaître; sich zu etw. ~ se déclarer partisan de qch.; rl. professer qch.; **2er** m celui qui fait profession (de foi); rl. confesseur m.

Be'kenntnis n (4¹) confession f; aveu m; profession f (de foi); **~freiheit** f liberté f de culte; **~schule** f école f confessionnelle.

be'klag|en 1. v/t. plaindre; déplorer; **2.** v/rfl.: sich (bei j-m) ~ über (acc.) se plaindre (à q.) de; **~enswert** adj. (Person) à plaindre; digne de pitié (od. de compassion); (Sache) déplorable; **2te(r** m) m, f inculpé(e f) m; (Zivilprozeß) défendeur m, -deresse f.

be'klatschen v/t. thé. applaudir; **'kleben** v/t. coller (etw. mit etw. qch. sur qch.).

be'klecksen v/t. barbouiller (mit de).

be'kleid|en v/t. revêtir (mit de); (schützend) couvrir (de); Amt: remplir; exercer; (mit e-m Amt) revêtir de; investir de; **2ung** f revêtement m; (Kleider) vêtement m; habillement m; (e-s Amtes) exercice m; (mit e-m Amt) investiture f; Arch. ornementation f; **2ungs·industrie** f confection f.

be'klemm|en v/t. serrer; (bedrücken) oppresser; **~end** p.pr. adjt. angoissant; étouffant; **2ung** f serrement m (de cœur); oppression f.

beklommen [~'kləmən] p.p. adjt.

serré; oppressé; angoissé; **2heit** f angoisse f.

be'klopfen v/t. frapper sur; ✗ percuter; min. sonder.

be'kommen 1. v/t. recevoir (a. Radiostation); (erlangen) obtenir (a. Erlaubnis); bsd. fut.: (commencer à) avoir; Krankheit: prendre; attraper; wo bekommt man ...? où peut-on trouver ...?; Sie ~ noch 100 Franken von mir je vous dois encore cent francs; **2.** v/i. (sn) es bekommt ihm gut il s'en trouve bien; cela lui réussit; wohl bekomm's! grand bien vous fasse!; bon appétit!

bekömmlich [~'kœmliç] adj. digestible; salutaire.

beköstig|en [~'kœstigən] v/t. (25): j-n ~ nourrir q.; sich selbst ~ pourvoir soi-même à sa nourriture; **2ung** f nourriture f.

bekräftig|en [~'krɛftigən] v/t. affirmer; confirmer; **2ung** f affirmation f; confirmation f.

be|kränzen [~'krɛntsən] v/t. couronner (mit de); **~kreuz(ig)en** v/rfl.: sich ~ se signer; faire le signe de (la) croix; **~kriegen** [~'kri:gən] v/t.: j-n ~ faire la guerre à q.; **~kritteln** v/t. critiquer; **~kritzeln** v/t. griffonner.

be'kümmer|n 1. v/t. affliger; **2.** v/rfl. sich ~ um prendre soin de; se soucier de; **2nis** f (14²) affliction f; chagrin m; souci m; **~t** p.p. adj. peiné; affligé; chagriné.

be|kunden [~'kundən] v/t. (26) déclarer; (vor Gericht) déposer; (bezeigen) manifester; montrer; **~lächeln** v/t. sourire de; **~lachen** v/t. rire de; **~laden** v/t. charger (mit de); bsd. fig. accabler (de).

Belag [bə'la:k] m (3³) (auf d. Zunge) enduit m; Butterbrot m: tartine f beurée garnie; (Spiegel) étamure f; tain m; cuis., ⊕ garniture f; (Straßen2) couche f (en béton).

Belager|er [~'la:gərər] m (7) assiégeant m; **2n** v/t. assiéger; **~ung** f siège m; **~ungszustand** m état m de siège (verhängen décréter; aufheben lever).

Belang [~'laŋ] m (3) importance f; intérêt m; **2en** ⚖ v/t. traduire en justice; poursuivre; **2los** adj. sans importance; **~losigkeit** f affaire f sans (aucune) importance.

belassen [bə'lasən] v/t. laisser; es dabei ~ s'en tenir là.

Belast|barkeit [~'lastbarkaɪt] f capacité f (od. charge f) admise; ⚡ wattage m; **2en** v/t. charger (mit de, a. ⚖); ✝ j-s Konto (od. j-n) mit etw. ~ porter qch. au débit de q.; débiter q. de qch.; erblich belastet sein avoir une tare héréditaire.

belästig|en [~'lɛstigən] v/t. (25) importuner (mit de); incommoder (de); pfort. molester (de); **2ung** f importunité f; pfort molestation f.

Belastung [~'lastuŋ] f chargement m; charge f; ✝ débit m; erbliche ~ tare f héréditaire; **~sgrenze** f limite f de charge; **~smaterial** ⚖ n pièces f/pl. à conviction; **~sprobe** f essai m de charge; fig. (schwere rude) épreuve f; **~szeuge** m témoin m à charge.

belaubt [~'laʊpt] p.p. adj. dicht ~ feuillu; touffu.

belauern [bə'laʊərn] v/t. guetter; épier.

be'laufen v/rfl.: sich ~ auf (acc.) se monter (od. s'élever) à.

be'lauschen v/t. épier.

be'leb|en v/t. vivifier; (beseelen) animer; neu ~ Hoffnungen: raviver; **~t** p.p. adj. animé; vif; (Straße) fréquenté; **2ung** f animation f.

Be'lebungs|mittel n tonique m; stimulant m; **~versuch** m tentative f de réanimation.

be'lecken v/t. lécher.

Beleg [~'le:k] m (3) pièce f justificative (od. à l'appui); (Beweis) preuve f; (~stelle) référence f; (Urkunde) document m; (Zahlungs2) quittance f; **2bar** adj. prouvable; justifiable; **2en** [~'le:gən] v/t. mettre sur; Platz: marquer, (bestellen) retenir; Tiere: couvrir; Spiegel: étamer; Rechnungen: justifier; e-e Vorlesung ~ s'inscrire à un cours; durch Stellen ~ prouver par des citations; (bezeugen) attester; ein Butterbrot mit etw. ~ garnir une tartine de qch.; j-n mit e-r Strafe ~ infliger une peine à q.; mit Abgaben ~ imposer, taxer; mit Bomben ~ bombarder; e-n Ort mit Truppen ~ faire cantonner des troupes dans un endroit; **~exemplar** n exemplaire m justificatif; **~schaft** f personnel m; **~stelle** f référence f; **~stück** n = Belegexemplar; **2t** p.p. adj. (Platz) marqué; retenu; (Zunge) chargé; (Brötchen) garni; (Stimme) voilé; (Wort) attesté.

belehn|en [~'le:nən] v/t.: j-n mit etw.

~ investir q. de qch.; 2**ung** f investiture f.

be'lehr|bar adj. corrigible; **~en 1.** v/t. instruire (über acc. de); informer (de); j-n e-s Besseren ~ ouvrir les yeux à q. (über acc. sur); **2.** v/rfl.: sich ~ lassen entendre raison; **~end** p.pr. adj. instructif; 2**ung** f instruction f; information f.

beleibt [~'laıpt] adj. corpulent; ~ werden prendre de l'embonpoint; 2**heit** f corpulence f; embonpoint m.

beleidig|en [~'laıdıgən] v/t. (25) offenser; (gröblich) insulter; (beschimpfen) injurier; **~end** p.pr. adj. offensant; injurieux; **~t 1.** p.p. adj. offensé; vexé; **2.** p.p. advt. F ~ tun se montrer offensé (od. vexé); sich ~ fühlen se sentir offensé (od. vexé); 2**ung** f offense f; injure f; affront m; 2**ungsklage** ⚖ f plainte f en diffamation.

be'leihen ⚓ v/t. Wertgegenstand, Grundstück usw.: (Geldnehmer) contracter un emprunt sur; (Geldgeber) prêter (une somme) sur; 2**ung** f mise f en gages; avance f sur gages.

be'lesen adj.: ~ sein avoir beaucoup lu; 2**heit** f connaissances f/pl. littéraires.

be'leucht|en v/t. éclairer; (festlich) illuminer; fig. éclaircir; examiner; 2**er** thé. m électricien (-machiniste) m; 2**ung** f éclairage m; (festliche) illumination f; fig. éclaircissement m; (in)direkte ~ éclairage (in)direct.

Be'leuchtungs|-anlage f installation f d'éclairage; **~effekt** m effet m d'éclairage; **~körper** m appareil m d'éclairage; **~technik** f technique f de l'éclairage.

beleum(un)det [bə'lɔʏm(un)dət] p.p. adj.: gut (schlecht) ~ sein avoir une bonne (mauvaise) réputation.

Belg|ier ['bɛlgjər] m (7), **~ierin** f (16¹) Belge m, f; 2**isch** adj. belge.

belichten phot. [~'lıçtən] v/t. exposer; 2**ung** phot. f pose f; exposition f.

Be'lichtungs|dauer phot. f temps m de pose; **~messer** phot. m posemètre m; 2**zeit** f = Belichtungsdauer.

be'lieben 1. v/i. plaire; (zu etw. geneigt sein) être disposé à; vouloir; wie es Ihnen beliebt comme il vous plaira; wenn's beliebt s'il vous plaît; **2.** 2 n

(6) plaisir m; gré m; goût m; volonté f; nach ~ à volonté; à discrétion; nach Ihrem ~ à votre gré; in j-s ~ stellen remettre à la discrétion de q.

beliebig [~'li:bıç] adj. quelconque; e-e (F x-)**~e** Linie une ligne quelconque; ein ~es Buch n'importe quel livre.

beliebt [~'li:pt] adj. aimé; (Sachen) recherché; en vogue; beim Volk ~ populaire; sich bei j-m ~ machen se faire aimer de q.; 2**heit** f popularité f; faveur f.

be'liefer|n v/t. approvisionner; j-n mit Waren ~ fournir (od. livrer) des marchandises à q.; 2**ung** f fourniture f; approvisionnement m (mit de, en).

bellen ['bɛlən] (25) v/i. aboyer.

Belletrist [bɛlə'trıst] m (12) homme m de lettres; **~ik** f (16) belles-lettres f/pl.; 2**isch** adj. littéraire.

be'lobig|en v/t. louer; 2**ung** f éloge m; louange f.

be'lohn|en v/t. récompenser (für de); j-n mit Undank ~ payer q. d'ingratitude; 2**ung** f récompense f.

belüft|en [bə'lʏftən] v/t. aérer; ventiler; 2**ung** f aération f; ventilation f.

be'lügen v/t.: j-n ~ mentir à q.

belustig|en [~'lustıgən] v/t. (25) amuser; divertir; **~end** p.pr. adj. amusant; divertissant; 2**ung** f amusement m; divertissement m.

bemächtig|en [~'mɛçtıgən] v/rfl. (25): sich ~ (gén.) s'emparer de; 2**ung** f prise f; saisie f.

bemäkeln F [bə'mɛːkəln] v/t. critiquer.

be'malen v/t. peindre; sich das Gesicht ~ se maquiller; 2**ung** f peinture f.

bemängeln [~'mɛŋəln] v/t. (29) critiquer.

bemann|en ⚓ [~'manən] v/t. (25) équiper; 2**ung** f équipage m.

bemänteln [~'mɛntəln] v/t. (29) Fehler, Übel: pallier; Wahrheit: farder; voiler; Tatsachen: déguiser.

bemerk|bar [~'mɛrkbaːr] adj. apercevable; (wahrnehmbar) perceptible; sich ~ machen se faire remarquer; **~en** v/t. remarquer; apercevoir; (sagen) dire; (aufmerksam machen) faire remarquer (od. observer); es ist zu ~ il est à remarquer; **~ens-wert** adj. remarquable; 2**ung** f (Beobachtung) observation f; (An-

bequemen

merkung) note *f*; *(Äußerung)* remarque *f*.

be'mess|en 1. *v/t.* mesurer; 2. *p.p. adjt.*: *knapp ~* mesuré trop juste; 2ungsgrundlage *f* base *f* de calcul.

bemitleiden [~'mɪtlaɪdən] *v/t.* (25): *j-n ~* avoir pitié de q.

bemittelt [~'mɪtəlt] *adj.* aisé; *~ sein* être dans l'aisance.

be'mogeln F *v/t.* tricher.

bemoost [~'moːst] *adj.* moussu.

bemüh|en [~'myːən] 1. *v/t.*: *j-n ~* donner de la peine à q.; 2.*v/rfl.*: *sich ~,* s'efforcer de; *sich um etw. ~* faire des efforts pour obtenir qch.; *sich für j-n um etw. ~* se mettre en peine pour obtenir qch. à q.; *sich eifrig um etw. ~* briguer qch.; *sich zu j-m ~* se donner la peine d'aller trouver q.; 2en *n*, 2ung *f* peine *f*; effort *m*.

bemüßigt [bə'myːsɪçt] *p.p. advt.*: *sich ~ fühlen* (*od. sehen*) se voir contraint (*od.* obligé).

be'mustern ✝ *v/t.* échantillonner.

bemuttern [~'mʊtɐn] *v/t.* (29): *j-n ~* entourer q. de soins maternels.

benachbart [~'naxbaːrt] *adj.* voisin.

benachrichtig|en [~'naːxrɪçtɪgən] *v/t.* (25): *j-n von etw. ~* informer (*im voraus:* prévenir; *warnend:* avertir) q. de qch.; 2ung *f* information *f*; avertissement *m*; avis *m*.

benachteilig|en [~'naːxtaɪlɪgən] *v/t.* (25): *j-n ~* désavantager q.; porter préjudice à q.; 2ung *f* désavantage *m*.

be'nagen *v/t.* ronger.

benebel|n [~'neːbəln] *v/t.* (29) couvrir de brouillard; *fig.* (*trüben*) offusquer; troubler; F (*berauschen*) griser; *~t p.p. adjt.* brouillé; F (*berauscht*) gris.

Benediktiner [benedɪk'tiːnɐ] *m* (7) bénédictin *m*; *~orden m* ordre *m* de Saint-Benoît; (*ordre m des*) Bénédictins *m/pl.*

be'nehmen *v/t.* ôter; enlever; *den Atem (Appetit) ~* couper la respiration (l'appétit); 2. *v/rfl.*: *sich ~* se conduire; se comporter; 3. 2 *n* (6) conduite *f*; manières *f/pl.*

be'neiden *v/t.*: *j-n ~* envier q.; *j-n um etw. ~* envier qch. à q.; *~swert adj.* digne d'envie.

be'nennen *v/t.* (dé)nommer; appeler; désigner; (*betiteln*) qualifier (*mit* de); *Zeit und Ort ~* désigner le temps et le lieu; 2ung *f* nom *m*; dénomination *f*; qualification *f*; désignation *f*.

be'netzen *v/t.* mouiller; humecter; *mit Tränen ~* baigner de larmes.

Ben'gal|e *m* (13), *~in f* (16¹) Bengali *m*, *f*; 2isch *adj.* bengali; *~es Feuer n* feu *m* de Bengale.

Bengel ['bɛŋəl] (7) *m* gamin *m*; polisson *m*; galopin *m*.

benommen [~'nɔmən] *p.p. adjt.* étourdi; abasourdi; *e-n ~en Kopf haben* avoir la tête lourde; 2heit *f* étourdissement *m*; lourdeur *f*.

be'nötigen *v/t.*: *etw. ~* avoir besoin de qch.

benutz|bar [bə'nʊtsbaːr] *adj.* utilisable; *~en v/t.* utiliser; profiter de; employer; *Gelegenheit:* saisir; 2er *m* (7) usager *m*; utilisateur *m*; *~erkreis m* utilisateurs *m/pl.*; usagers *m/pl.*; 2ung *f* utilisation *f*; usage *m*; emploi *m*; 2ungsgebühr *f* redevance *f*; droit *m* d'utilisation; (*Straßen2*) péage *m*; 2ungsrecht *n* droit *m* d'utilisation.

Benzin [bɛn'tsiːn] *n* (3¹) 🜄 benzine *f*; (*Kraftstoff*) essence *f*; *~feuerzeug n* briquet *m* à essence; *~kanister m* bidon *m* d'essence; jerrycan *m*; *~motor m* moteur *m* à essence; *~preis m* prix *m* de l'essence; *~tank m* réservoir *m* d'essence; *~uhr f* jauge *f* d'essence; indicateur *m* de niveau d'essence.

Benzol [bɛn'tsoːl] *n* (3¹) benzène *m*.

beobacht|en [~'oːbaxtən] *v/t.* (26) observer; (*durch Polizei*) surveiller; (*genau betrachten*) examiner; 2er(in *f*) *m* observateur *m*, -trice *f*; 2ung *f* observation *f*; (*durch Polizei*) surveillance *f*; 2ungsflug *m* vol *m* d'observation; 2ungsgabe *f* esprit *m* d'observation; 2ungsposten ✗ *m* poste *m* d'observation.

beordern [~'ɔrdɐn] *v/t.* (29) commander.

be'packen *v/t.* charger (*mit* de).

be'pflanzen *v/t.* planter (*mit* de); 2ung *f* plantation *f*.

be'pinseln *v/t.* badigeonner (*mit* de).

bequem [~'kveːm] *adj.* commode; confortable; (*nur v. Personen*) qui aime ses aises; *es sich ~ machen* se mettre à son aise; prendre ses aises; *~en v/rfl.* (25): *sich ~* s'accommoder; *sich zu etw.* ~ consentir à qch.; **≈lichkeit** *f* commodité *f*; aises *f/pl.*; confort *m*; *die* ~ *lieben* aimer ses aises.

berappen [~ˈrapən] *v/t.* (25) ⊕ crépir; F (*bezahlen*) payer, F casquer.

beˈrat|en 1. *v/t.*: *j-n* ~ conseiller q.; *etw.* ~ discuter sur qch.; **2.** *v/i.* délibérer; discuter; débattre (*über* sur); **3.** *v/rfl.*: *sich über etw.* (*acc.*) ~ conférer de (*od.* sur) qch.; **~end** *p.pr. adjt.* délibératoire; **~e** *Stimme* voix *f* consultative; **≈er** *m* (7) conseiller *m*; **~schlagen 1.** *v/i.* délibérer (*über acc.* de *od.* sur); conférer (de *od.* sur); **2.** *v/rfl.*: *sich* ~ se consulter (*über acc.* sur); tenir conseil (sur); **≈ung** *f* conseil *m*; délibération *f*; *parl.* débats *m/pl.*; discussion *f*; (*beim Arzt*) consultation *f*; **≈ungsstelle** *f* service *m* de consultation.

beˈraub|en *v/t.* dévaliser; dépouiller; détrousser; piller; (*entziehen*) priver (de); **≈ung** *f* dépouillement *m*; (*Entziehung*) privation *f*.

beˈrausch|en *v/t.* enivrer; griser; **~end** *p.pr. adjt.* enivrant; (*Wein*) capiteux; fumeux; **~t** *p.p. adjt.* ivre; gris.

Berber *m* Berbère *m*; (*Pferderasse*) (cheval *m*) barbe *m*; **≈isch** *adj.* berbère.

Berberitze ⚘ [bɛrbəˈritsə] *f* (15) épine-vinette *f*; berbéris *m*.

berechenbar [bəˈrɛçənbar] *adj.* calculable; (*abschätzbar*) évaluable.

beˈrechn|en *v/t.* calculer; compter; ☤ facturer; **~end** *p.pr. adjt.* calculateur; **≈ung** *f* calcul *m*; compte *m*; ☤ facturation *f*; **≈ungsgrundlage** *f* base *f* de calcul.

beˈrechtig|en *v/t.* (25) autoriser (*zu* à; *zu e-r Annahme* à une supposition); *zu Hoffnungen* ~ justifier les espérances; **~t** *p.p. adjt.* ⚖ fondé (en droit); ayant qualité pour; ~ *sein zu* être autorisé (*od.* habilité) à; **≈te(r)** *m* ayant droit *m*; **~terweise** *adv.* légitimement; **≈ung** *f* autorisation *f*; droit *m*; ⚖ qualité *f* (pour); (*Triftigkeit*) bien-fondé *m*; **≈ungsschein** *m* diplôme *m*; licence *f*.

beˈred|en 1. *v/t.* *etw.* ~ parler de qch.; (*beraten*) discuter; *j-n* ~, *etw. zu tun* décider q. à faire qch.; **2.** *v/rfl.*: *sich mit j-m über etw.* (*acc.*) ~ conférer avec q. de (*od.* sur) qch.; **~sam** *adj.* éloquent; disert; persuasif; **≈samkeit** *f* éloquence *f*; **~t** *adj.* éloquent; (*vielsagend*) significatif; expressif.

Beˈreich *m* (3) domaine *m*; sphère *f*; zone *f*; (*Amts≈*) ressort *m*; (*e-s Geschützes*) portée *f*.

bereicher|n [~ˈraɪçərn] (29) *v/t.* (*v/rfl. sich* ~ s')enrichir; **≈ung** *f* enrichissement *m* (*a.* ⚖).

beˈreif|en *v/t.* couvrir de givre; *Faß usw.*: cercler; *Fahrrad*, *Auto*: munir (*od.* garnir) de pneus; **≈ung** *f* (*e-s Fasses usw.*) cerclage *m*; *Auto*: pneus *m/pl.*

beˈreinig|en *v/t.* *Angelegengeit*: régler; *pfort.* vider; **≈ung** *f* règlement *m*.

beˈreisen *v/t.* *Land*: parcourir; voyager dans; *Märkte*: fréquenter.

bereit [bəˈraɪt] *adj.* prêt (*zu* à); disposé (à); **~en** *v/t.* (26) préparer; (*verwendbar machen*) apprêter; *Kummer*, *Vergnügen usw.*: causer; *Überraschung*: ménager; *Pferd*: dresser; **~halten** *v/t.* tenir prêt; **~legen** *v/t.* préparer; disposer; **~liegen** *v/i.* être prêt; *für j-n* ~ être à la disposition de q.; **~s** *adv.* déjà; **≈schaft** *f* (16) disposition *f*; ⚔ piquet *m*; *in* ~ *halten* tenir prêt; **≈schaftsdienst** *m* (service *m* de) permanence *f*; *ärztlicher* ~ permanence *f* médicale; service *m* d'urgence; **≈schaftspolizei** *f* police *f* mobile; **~stehen** *v/i.* être prêt; **~stellen** *v/t.* préparer; disposer; *j-m etw.* ~ mettre qch. à la disposition de q.; **≈stellung** *f* (*v. Geldmitteln*) affectation *f*; **≈ung** *f* préparation *f*; apprêt *m*; **~willig 1.** *adj.* disposé (*zu* à); empressé; **2.** *adv.* volontiers; **≈willigkeit** *f* bon vouloir *m*; bonne volonté *f*; empressement *m*.

beˈreuen *v/t.*: *etw.* ~ se repentir de qch.

Berg [bɛrk] *m* (3) montagne *f*; (*einzelner mit Namen*) mont *m*; *mit etw. hinter dem* **~e** *halten* cacher ses desseins; *über alle* **~e** *sein* avoir pris le large; *über* ~ *und Tal* par monts et par vaux; *wir sind über den* ~ nous avons fait le plus difficile; *goldene* **~e** *versprechen* promettre monts et merveilles; **≈ˈ-ab** *adv.* en descendant; **~-ahorn** ⚘ *m* érable *m* à feuille d'obier; **~-arbeiter** *m* mineur *m*; **≈ˈ-auf** *adv.* en montant; **~bahn** *f* chemin *m* de fer de montagne; **~bau** *m* exploitation *f* des mines; **~bau-**

industrie f industrie f minière; ~**besteigung** f ascension f (d'une montagne); ~**bewohner(in** f) m montagnard(e f) m.

bergen ['bɛrgən] v/t. (30) sauver (a. ⚓); mettre en sûreté; *Verwundete*: relever; abriter; *in sich* ~ contenir.

Berg|fahrt f excursion f dans les montagnes; ⚓, *Esb.* remontage m; ~**fried** *Arch., hist.* m donjon m; ~**führer** m guide m; ~**gipfel** m sommet m; cime f; pic m; ~**grat** m arête f.

bergig ['bɛrgiç] adj. montueux; montagneux.

Berg|kamm m crête f d'une montagne; ~**kessel** m cirque m de montagnes; ~**kette** f chaîne f de montagnes; ~**krankheit** f mal m des montagnes; ~**kristall** m cristal m de roche; ~**kuppe** f cône m émoussé; sommet m (arrondi); ballon m; ~**land** n pays m de montagnes; ~**mann** ⚒ m mineur m; 2**männisch** adj. selon l'usage des mineurs; ~**massiv** n massif m (montagneux); ~**pfad** m sentier m; ~**predigt** f Sermon m sur la Montagne; ~**rennen** n Sp. course f de côtes; ~**rettungsdienst** m secours m en montagne; ~**rutsch** m glissement m de montagne (od. de terrain); éboulement m; ~**schuh** m brodequin m d'alpiniste; ~**seil** n corde f; ~**spitze** f sommet m; pic m; cime f; ~**sport** m, ~**steigen** n alpinisme m; ~**steiger(in** f) m alpiniste m, f; ~**stock** m bâton m ferré; alpenstock m; ~**sturz** m éboulement m; ~**und-Tal-Bahn** f montagnes f/pl. russes.

Bergung f sauvetage m; ~**s-arbeiten** f/pl. travaux m/pl. de sauvetage; ~**s-mannschaft** f colonne f de sauvetage.

Berg|wacht f secours m en montagne; ~**wand** f flanc m (de montagne); paroi f; ~**wanderung** f excursion f en montagne; ~**welt** f monde m alpestre; ~**werk** n (puits m de) mine f; (im Tagebau) minière f; ~**werksgesellschaft** f société f (od. compagnie f) minière.

Bericht [bə'riçt] m (3) rapport m; (Rechenschafts2, Niederschrift) compte rendu m; (amtlicher) bulletin m; (e-r Sitzung) procès-verbal m; communiqué m; (Erzählung) récit m; relation f; laut ~ suivant avis; ~

erstatten faire un rapport; rendre compte; 2**en** v/t. informer (über acc. de); instruire (de); faire un rapport (sur); relater (acc.); j-m etw. (od. über etw. acc.) ~ rapporter qch. à q.; j-m etw. ~ faire savoir qch. à q.; ~**erstatter** m (7) parl. rapporteur m; (e-r Zeitung) reporter m; rad. radio-reporter m; (auswärtiger) correspondant m; ⚖ juge m rapporteur; ~**erstattung** f information f; rapport m; compte rendu m; (e-r Zeitung) reportage m; (auswärtige) correspondance f; 2**igen** v/t. (25) rectifier; corriger; 2**igend** p.pr. adjt. rectificatif; ~**igung** f rectification f; correction f; (verbesserte Niederschrift) corrigé m; (offizielle) rectificatif m; ~**sjahr** n exercice m.

be'riechen 1. v/t. sentir; **2.** v/rfl.: sich ~ se flairer.

be'rieseln v/t. irriguer; arroser; 2**ung** f irrigation f; arrosage m; épandage m des eaux d'égout; 2**ungs-anlage** f installation f d'irrigation (od. d'arrosage).

beringen [bə'riŋən] v/t. Vogel: baguer.

beritten [~'ritən] p.p. adjt. monté; à cheval.

Berlin|er(in f) [bɛr'li:nər] m (7) Berlinois(e f) m; 2**er, 2(e'r)isch** adj. berlinois; de Berlin; 2**ern** v/i. avoir l'accent berlinois.

Bernhardiner [bɛrnhar'di:nər] m (7) bernardin m; (Hund) Saint-Bernard m; ~**kloster** n couvent m des bernardins.

Bernstein ['bɛrnʃtaɪn] m ambre m jaune; 2**farben** adj. ambré; ~**säure** f acide m succinique.

bersten ['bɛrstən] v/i. (30, sn) crever; (e-n Spalt bekommen) se fendre.

berüchtigt [~'ryçtiçt] adj. mal famé.

be'rücken v/t. captiver; ravir; séduire; ~**d** p.p. adjt. captivant; ravissant; séduisant.

be'rücksichtig|en [~ziçtigən] v/t. (25): etw. ~ avoir égard à qch.; prendre qch. en considération; tenir compte de qch.; 2**ung** f considération f; mit ~ (gén.) en considération (de); unter ~ en raison de; je tenant compte de; eu égard à.

Beruf [bə'ru:f] m (3) profession f; métier m; freier ~ profession f libérale; von ~ de (son) métier; e-n ~

ergreifen embrasser une carrière; **2en 1.** v/t. appeler (*od.* nommer) (zu à); **2.** v/rfl.: sich ~ auf j-n (etw.) s'appuyer sur q. (qch.); se référer à qch.; **3.** adj. compétent; zu etw. ~ sein avoir la vocation pour qch.; **2lich** adj. professionnel.

Be'rufs·arbeit f travail m professionnel; **~ausbildung** f formation f professionnelle; **~berater** m conseiller n d'orientation professionnelle; **~beratung** f orientation f professionnelle; **~bezeichnung** f profession f; **2-erfahren** adj. chevronné; **~erfahrung** f expérience f professionnelle; **~fachschule** f école f professionnelle; **~geheimnis** n secret m professionnel; **~kleidung** f vêtements m/pl. de travail; **~krankheit** f maladie f professionnelle; **~leben** n vie f professionnelle; **2mäßig** adj. professionnel; **~schule** f école f professionnelle; **~soldat** m militaire m de carrière; **~sportler** m professionnel m; **2tätig** adj. qui exerce une profession (resp. un métier); (Ein2) **~tätige(r** m) m/f travailleur m, -euse f; **~verband** m syndicat m (*od.* organisation f *od.* association f) professionnelle; **~verkehr** m heures f/pl. d'affluence (*od.* de pointe); **~wahl** f choix m de la profession.

Berufung [~'ru:fuŋ] f (16) (Ernennung) nomination f; appel m; (innere) vocation f; (Ein2) convocation f; ⚖ appel m; pourvoi m; ~ einlegen interjeter appel (gegen de); mit (unter) ~ auf (acc.) en se référant à; **~sgericht** n cour f (*od.* tribunal m) d'appel; **~skläger** m appelant m.

be'ruh|en v/i.: ~ auf (dat.) reposer sur; (davon abhängen) dépendre de; etw. auf sich (dat.) ~ lassen ne pas poursuivre une affaire; das beruht auf e-m Irrtum cela provient d'une erreur; **~igen** [~'ru:igən] (25) **1.** v/t. tranquilliser; calmer; apaiser; (Zuversicht erwecken) rassurer; **2.** v/rfl.: sich ~ se calmer; se tranquilliser; se rasséréner; **~igend** p.pr. adj. rassurant; reposant; ✗ calmant; **2igung** f apaisement m; zu Ihrer ~ pour vous tranquilliser; zur ~ Ihres Gewissens par acquit de votre conscience; **2igungsmittel** n calmant m; **2igungs-spritze** f injection f calmante.

be'rühmt adj. célèbre; renommé; fameux; hoch ~ illustre; **~berüchtigt** adj. connu comme mal-famé; **2heit** f célébrité f.

be'rühr|en v/t. toucher; (erwähnen) mentionner; aborder; leicht ~ frôler; effleurer; traurig ~ attrister; unangenehm ~ choquer; **2ung** f attouchement m; contact m (a. fig.); fig. rapport m; in ~ kommen mit entrer en rapport (*od.* en contact) avec.

Be'rührungs|linie ≯ f tangente f; **~punkt** m point m de contact.

be'sagen v/t. vouloir dire; signifier.

besagt [~'za:kt] p.p. adj. susdit; ledit; ladite.

besait|en [bə'zaɪtən] v/t. mettre des cordes (à); **~et** p.p. adj.: zart ~ tendre; sensible.

be'sam|en v/t. ensemencer; **2ungs-station** f poste m d'insémination artificielle.

besänftig|en [~'zɛnftigən] v/t. (25) apaiser; adoucir; **2ung** f apaisement m; adoucissement m.

Be'satz m bordure f; garniture f; (loser) volant m; **~ung** f ✗ garnison f; Flgw., ⚓ équipage m.

Be'satzungs|macht f puissance f occupante (*od.* d'occupation); **~truppen** f/pl. troupes f/pl. d'occupation; **~zone** f zone f d'occupation.

be'saufen P v/rfl.: sich ~ se soûler.

besäuselt [bə'zɔʏzəlt] F adj. légèrement ivre.

be'schädig|en v/t. endommager; détériorer; ⚓, Flgw., ✝ avarier; **2ung** f dommage m; détérioration f; ⚓, Flgw., ✝ avarie f.

be'schaffen 1. v/t. (v/rfl. sich ~ se) procurer; **2.** adj. (ainsi) fait; gut ~ en bon état; so ~, daß de nature a; **2heit** f qualité f; état m; condition f; (Körper2) constitution f.

beschäftig|en [~'ʃɛftigən] (25) v/t. (v/rfl. sich ~ se) occuper (mit etw. de [augenblicklich à] qch.); (zu arbeiten geben) employer; **~t** p.p. adj.: ~ sein mit être occupé à; dauernd mit etw. ~ sein avoir toujours le nez sur qch.; **2te(r** m) m/f employé(e f) m; **2ung** f occupation f; emploi m.

be'schäm|en v/t. rendre 'honteux; humilier; (verwirren) confondre; (übertreffen) surpasser; **~end** p.pr. adj. humiliant; **~t** p.p. adj. 'honteux; confus; **2ung** f 'honte f; humiliation f; confusion f.

beschatten [ʌˈʃatən] v/t. (26) ombrager; *fig. Personen:* surveiller.

be'schau|en v/t. contempler; *(betrachten)* regarder; *(prüfen)* examiner; *Fleisch usw.:* inspecter; **er** m (7) spectateur m; **.lich** adj. contemplatif; **lichkeit** f contemplation f; vie f paisible.

Bescheid [ʌˈʃait] m (3) *(Entscheidung)* décision f; réponse f; *(Auskunft)* renseignement(s pl.) m; ½½ jugement m; j-m ~ **geben** renseigner q. *(über acc. sur); über etw. (acc.) ~ wissen* être au fait *(od.* au courant) de qch.; *mit (in dat.) etw. ~ wissen* s'y connaître en qch.; *j-m gehörig ~ sagen* dire son fait à q.; *bis auf weiteren ~* jusqu'à nouvel ordre; *abschlägiger ~* refus m; **en** [ʌdən] 1. v/t.: *abschlägig ~* répondre par un refus; *es war mir beschieden, zu ... (inf.)* il m'a été donné de ... *(inf.);* 2. adj. modeste; *(zurückhaltend)* discret; **enheit** f modestie f; *(Zurückhaltung)* discrétion f.

be'scheinen v/t. éclairer (de ses rayons).

bescheinig|en [ʌˈʃainigən] v/t. (25) certifier; attester; *den Empfang ~ (e-r Summe)* donner quittance *(od.* un reçu), *(e-s Briefes)* accuser réception; **ung** f attestation f; certificat m; *(Quittung)* quittance f; reçu m.

bescheißen [bəˈʃaisən] v/t. V chier sur; P *fig. (betrügen)* rouler; mettre dedans; *(beim Spiel)* tricher.

be'schenken v/t.: *j-n ~* faire un cadeau à q.; *j-n mit etw. ~* faire cadeau de q. de qch.; *j-n reichlich ~* combler q. de cadeaux; *mit etw. beschenkt werden* recevoir qch. en cadeau.

be'scher|en v/t.: *j-m etw. ~* donner qch. (en présent) à q.; **ung** f distribution f des cadeaux (de Noël); *(zu Neujahr)* étrennes f/pl.; *e-e schöne ~!* une jolie histoire!; *da haben wir die ~!* nous y voilà!

be'schicken v/t. *Versammlung:* envoyer des députés à; *Ausstellungen:* participer à; *Hochofen:* charger.

be'schießen v/t. tirer sur; canonner; bombarder; **ung** f canonnade f; bombardement m.

beschildern [bəˈʃildərn] v/t. signaliser.

be'schimpf|en v/t. insulter; outrager; injurier; **ung** f insulte f; outrage m; injure f; affront m.

be'schirm|en v/t. (25) abriter; protéger; défendre; **ung** f protection f; défense f.

Be'schiß P m tromperie f; filoutage m; **ssen** P adj. emmerdant; merdeux.

be'schlafen v/t.: *e-e Sache ~* laisser passer la nuit sur qch.

Be'schlag m garniture f; armature f; ferrure f; *(Huf~)* ferrure f; fers m/pl.; *(Feuchtigkeit)* buée f; *in ~ nehmen (mit ~ belegen) Person:* accaparer, *Sachen:* saisir, confisquer, séquestrer, ♣ mettre l'embargo sur; **en 1.** v/t. garnir; armer (mit de); *(mit Nägeln)* clouter; 2. v/i. (sn) *(Fenster)* embuer; *(Spiegel)* se ternir; 3. adj.: *in etw. (dat.) gut ~ sein* être versé dans (F ferré sur *od.* calé en) qch.; **nahme** f (15) saisie f; arrêt m; confiscation f; séquestre m; ♣ embargo m; ✗ réquisition f; **nahmen** v/t. saisir; confisquer; ♣ mettre l'embargo sur; ✗ réquisitionner.

be'schleichen v/t.: *j-n ~* épier q.; *die Furcht beschleicht ihn* la peur le gagne.

be'schleunig|en v/t. (25) accélérer; 'hâter; **ung** f accélération f; **ungsvermögen** n pouvoir m d'accélération.

be'schließen v/t. résoudre; *(entscheiden)* décider; *(beendigen)* finir; terminer; *das ist beschlossene Sache* c'est une affaire classée; c'est entendu.

Be'schluß m (4²) résolution f *(fassen* prendre); *(Entscheidung)* décision f; **fähig** adj.: *~ sein* avoir atteint le quorum; **fähigkeit** f quorum m; **fassung** f résolution f; décision f.

be'schmieren v/t. enduire (mit de); *mit Fett ~* graisser; *Brot usw.:* beurrer; *(besudeln)* barbouiller.

be'schmutzen v/t. salir; souiller.

be'schneid|en v/t. rogner (a. fig.); *Haare, Nägel:* couper; *Hecke:* tondre; *Bäume:* tailler; *fig. Freiheit, Rechte:* restreindre; réduire; rl. circoncire; **ung** f rognement m; *(der Haare, Nägel)* coupe f; *(e-r Hecke)* tonte f; *(v. Bäumen)* taille f; *fig. (der Freiheit usw.)* restriction f; réduction f; rl. circoncision f.

be'schnüffeln v/t. **be'schnuppern** v/t. flairer; renifler; *fig.* fouiner; *alles ~* fourrer son nez partout.

be'schönig|en v/t. (25) embellir; enjoliver; **ung** f embellissement m.

beschotter|n [~'ʃɔtərn] v/t. (29) empierrer; **2ung** f empierrement m.

be'schränken [bə'ʃrɛŋkən] v/t. (25) borner (*auf acc.* à); limiter; restreindre.

beschrankt [bə'ʃraŋkt] adj. Esb. gardé.

be'schränk|t p.p. adj. étroit; restreint; limité; (*geistig*) borné; **2theit** f étroitesse f (*d'esprit*); (*der Zeit*) brièveté f; (*der Mittel*) insuffisance f; **2ung** f limitation f; restriction f.

be'schreib|en v/t. écrire sur; (*darstellen*) décrire; (dé)peindre; (*genau*) détailler; *es ist nicht zu* ~ c'est inexprimable; **~end** p.pr. adj. descriptif; **2ung** f description f; (*e-r Person*) signalement m.

be'schreiten v/t. mettre le pied sur (*od.* dans); (*fig.*) s'engager dans une voie; *den Rechtsweg* ~ avoir recours à la justice.

beschrift|en [~'ʃriftən] v/t. mettre une inscription sur; **2ung** f inscription f.

beschuldig|en [~'ʃuldigən] v/t. (25) inculper; *e-s Verbrechens* ~ incriminer; *j-n e-r Sache* (*gén.*) ~ imputer qch. à q.; accuser q. de qch.; *fälschlich* ~ calomnier; **2te(r** m) m, f accusé(e f) m; inculpé(e f) m; prévenu(e f) m; **2ung** f inculpation f; incrimination f; imputation f; accusation f.

be'schummeln F v/t. (29) rouler; carotter.

Be'schuß ⚔ m bombardement m.

be'schütz|en v/t. protéger; **2er(in** f) m protecteur m, -trice f.

beschwatzen F [bə'ʃvatsən] v/t. baratiner; embobiner.

Beschwerde [~'ve:rdə] f (15) plainte f; réclamation f; (*Mühe, Last*) peine f; fatigue f; mal m; mst. pl. ~n pl. douleurs f/pl.; incommodités f/pl.; ~ *einlegen* (*führen*) *über* (*acc.*) se plaindre de; **~buch** n registre m des réclamations; **~führer(in** f) m réclamant(e f) m; **~schrift** f plainte f.

beschweren [~'ʃve:rən] (25) **1.** v/t. peser sur; charger; alourdir; **2.** v/rfl.: *sich* ~ *über* (*acc.*) se plaindre de (*bei* à).

be'schwerlich adj. pénible; (*ermüdend*) fatigant; (*belästigend*) importun; (*schwer*) difficile; **2keit** f peine f; difficulté f; fatigue f; incommodité f.

beschwichtig|en [~'ʃviçtigən] v/t. (25) apaiser; calmer; tranquilliser;

2ung f apaisement m; assoupissement m.

be'schwindeln v/t. tromper; duper.

beschwingt [~'ʃvɪŋt] p.p. adj. gai; ailé; (*Melodie*) léger.

beschwipst [~'ʃvɪpst] adj. éméché; gris.

be'schwör|en v/t. affirmer par serment; *j-n* ~ conjurer q.; supplier q.; *Geister*: (*rufen*) évoquer, (*austreiben*) conjurer, exorciser; **2ung** f affirmation f par serment; (*v. Geistern*) (*Herbeirufen*) évocation f, (*Austreibung*) conjuration f, exorcisme m.

beseel|en [~'ze:lən] v/t. (25) animer; **~t** p.p. adj. animé.

be'sehen v/t. regarder; (*prüfend*) examiner; (*besichtigen*) visiter.

beseitig|en [~'zaltigən] v/t. (25) mettre de côté; écarter; (*sich entledigen*) se débarrasser de; *Schwierigkeiten*: aplanir; *Fleck*: enlever; *j-n* ~ faire disparaître q.; **2ung** f éloignement m; élimination f; enlèvement m; (*von Schwierigkeiten*) aplanissement m; (*von Zweifeln*) dissipation f.

Besen ['be:zən] m (6) balai m; P (*Frau*) mégère f; garce f; *ich fresse e-n* ~, *wenn* ... je veux bien être pendu si ...; **~binder** m faiseur m de balais; **~kammer** f, **~schrank** m armoire f à balais; **~stiel** m manche m à balai.

besessen [~'zesən] p.p. adj. possédé; obsédé (*von par*); **2e(r** m) m, f possédé(e f) m; **2heit** f obsession f; manie f.

be'setz|en v/t. mettre sur; (*mit etw. versehen*) garnir (*mit de*); *Amt*: pourvoir à; *thé.* distribuer; (*in Besitz nehmen*) occuper (*a.* ⚔); **~t** p.p. adj. (*Wagen*) complet; (*Toilette, Platz, téléph.*) occupé; (*Tisch, Person*) pris; **2zeichen** *téléph.* n signal m «occupé», «pas libre»; **2ung** f garniture f; (*e-s Amtes*) nomination f (à); *thé.* distribution f (des rôles); (*Inbesitznahme*) occupation f (*a.* ⚔); Sp. équipe f.

besichtig|en [~'ziçtigən] v/t. (25) inspecter; (*besuchen*) visiter; (*prüfend*) examiner; **2ung** f inspection f; (*Besuch*) visite f; (*Prüfung*) examen m.

be'siedel|n v/t. coloniser; **2ung** f colonisation f; implantation f.

be'siegeln v/t. sceller; *fig. a.* confirmer; *dein Schicksal ist besiegelt* ton destin est fixé.

be'sieg|en v/t. vaincre; triompher de;

2te(r m) m, f vaincu(e f) m; **2ung** f victoire f (remportée) sur.

be'singen v/t. chanter; célébrer.

be'sinn|en v/rfl.: sich ~ auf etw. (acc.) se souvenir de qch.; sich ~ (nachsinnen) réfléchir (à); sich e-s Bessern ~ se raviser; ich besinne mich darauf cela me revient à l'esprit; ohne sich zu ~ sans réfléchir, (sogleich) sans hésiter; **2en** n (6) réflexion f; ohne ~ (Zögern) sans hésitation; **~lich** adj. pensif; méditatif; **2lichkeit** f recueillement m; méditation f; **2ung** f connaissance f; (Nachdenken) réflexion f; recueillement m; die ~ verlieren perdre connaissance; (wieder) zur ~ kommen reprendre connaissance, fig. revenir à la raison; fig. j-n zur ~ bringen ramener q. à la raison; **~ungslos** adj. sans connaissance; évanoui; **2ungslosigkeit** f évanouissement m.

Be'sitz m (3²) possession f; in ~ nehmen prendre possession de; in den ~ e-r Sache gelangen entrer en possession de qch.; aus dem ~ bringen déposséder; **2-anzeigend** gr. adj. possessif; **2en** v/t. posséder; avoir; **2end** p.p.r. adj.: die ~en classes f/pl. possédantes; **~er** m (7) possesseur m; (Eigentümer) propriétaire m; **~ergreifung** f prise f de possession; appropriation f; (widerrechtliche) usurpation f; **2los** adj. sans biens; **~losigkeit** f manque m de biens; **~nahme** f = Besitzergreifung; **~recht** n droit m de posséder; **2t** possessoire m; **~stand** m état m de possession; droits m/pl. acquis; **~tum** n (1²): (un)bewegliches ~ biens m/pl. (im)meubles; **~ung** f propriété f; terres f/pl.; überseeische ~en dépendances f/pl. d'outre-mer; **~verhältnisse** n/pl. rapports m/pl. de la possession; **~wechsel** m changement m de possesseur (resp. de propriétaire); **†** remise f.

besoffen P [~'zɔfən] p.p. adj. ivre, soûl.

besohl|en [~'zo:lən] v/t. (25) mettre des semelles à; neu ~ ressemeler; **2en** n, **2ung** f ressemelage m.

besold|en [~'zɔldən] v/t. (26) payer; rétribuer; Truppen: solder; Arbeiter: salarier; Beamte, Angestellte: appointer; **2ung** f (v. Truppen) solde f; (v. Arbeitern) salaire m; paie f; (v. Beamten, Angestellten) traitement m; appointements m/pl.;

(v. Bedienten) gages m/pl.

Be'soldungs|gruppe f échelon m de solde; **~niveau** n niveau m de rémunération; **~ordnung** f barème m des traitements.

besonder [bə'zɔndər] adj. particulier; spécial; singulier; **2heit** f particularité f; spécialité f; singularité f; **~s** adv. en particulier; particulièrement; (hauptsächlich) surtout; nicht ~ (bei vb. ne...) pas trop bien.

besonnen [~'zɔnən] **1.** v/t. ensoleiller; **2.** adj. réfléchi; prudent; circonspect; **2heit** f réflexion f; prudence f; circonspection f.

be'sorg|en v/t. (erledigen) s'occuper de; prendre soin de; (beschaffen) procurer; (befürchten) appréhender; craindre; ~ Sie mir ein Taxi faites-moi venir un taxi; **2nis** f (14²) appréhension f; crainte f; souci m; **~nis-erregend** adj. inquiétant; **~t** p.p. adj. inquiet (um de); soucieux (de); **2theit** f souci m; inquiétude f; **2ung** f soins m/pl.; **~en machen** faire des courses (od. des commissions).

be'spann|en v/t. Wand: tendre (mit de); Instrument, Tennisschläger: garnir (de cordes); mit Pferden: atteler des chevaux à; **2ung** f tenture f; revêtement m; (e-s Wagens) attelage m.

be'speien v/t. cracher sur; conspuer.

be'spiegeln v/rfl.: sich ~ se mirer.

be'spielen v/t. Schallplatte, Tonband: enregistrer; Fußballplatz: jouer sur; thé.: e-n Ort: jouer dans.

bespitzeln [~'ʃpitsəln] v/t. espionner.

be'spötteln v/t. (29) railler.

be'sprech|en v/t. parler de; discuter; s'entretenir (de); Ereignis: commenter; Buch: faire un compte rendu (od. une critique) de; Krankheit: conjurer par des formules; Platte: enregistrer; sich mit j-m ~ conférer avec q. (über acc. de); **2er** m commentateur m; critique m (littéraire); **2ung** f discussion f; conférence f; entretien m; pol. pourparlers m/pl.; (e-s Werkes) compte rendu m; critique f; (e-r Krankheit) conjuration f; **2ungs-exemplar** n spécimen m; **2ungsraum** m salle f de conférence.

be'spreng|en v/t. arroser (mit de); asperger (mit Weihwasser d'eau bénite); Wäsche: mouiller; **2en** n arrosage m; aspersion f.

besprenkeln [bə'ʃprɛnkəln] v/t. tacher.

be'springen v/t. Tier: couvrir; monter.

be'spritzen v/t. arroser (mit de); mit Schmutz ~ éclabousser.

be'spucken v/t. cracher sur.

be'spülen v/t. Ufer: baigner.

besser ['bɛsər] adj. (comp. von gut) meilleur; adv. mieux; ~e Tage des jours meilleurs; ein ~er Herr un monsieur bien; wider ~es Wissen tout en sachant le contraire; ~ werden s'améliorer; ~ sein valoir mieux; être meilleur; ihm ist ~ il va mieux; etw. ~er qch. de meilleur; in Ermangelung e-s ~en faute de mieux; **~n** (29) **1.** v/t. rendre meilleur; améliorer; Fehler: corriger; **2.** v/rfl.: sich ~ devenir meilleur; s'améliorer, (sittlich) se corriger, s'amender; (Kranker) aller mieux, se rétablir; (in Leistungen) faire des progrès; Wetter: se remettre au beau; **~ung** f amélioration f; sittliche: correction f; amendement m; ⚕ rétablissement m; gute ~! meilleure santé!; **~ungs-anstalt** f maison f de correction; pénitencier m; **~wisser** m qui sait tout mieux que les autres; ergoteur m.

bestall|en [~'ʃtalən] v/t. (25): ~ mit (einsetzen) installer dans, (ernennen) nommer à; **~ung** f installation f (dans); nomination f (à); **~ungs-urkunde** f titre m de nomination.

Be'stand m (3³) (Bestehen) existence f; (Dauer) durée f; (Dauerhaftigkeit) stabilité f; (etw. wirklich Vorhandenes) effectif m; ⚘ stock m; (Kassen⚘) encaisse f; ~ haben, von ~ sein subsister; durer; être durable; eiserner ~ fonds m de réserve; **~en** p.p. adjt.: mit Bäumen ~ planté d'arbres.

be'ständig adj. stable; constant; (dauerhaft) durable; (fortgesetzt) continuel; (immerwährend) permanent; ~ sein (Wetter) être au beau fixe; gegen Hitze ~ sein être résistant à la chaleur; **2keit** f stabilité f; constance f; (Fortdauer) durée f; permanence f.

Be'stands-aufnahme f inventaire m.

Be'standteil m partie f (wesentlicher intégrante); élément m; ingrédient m; 🜊 composant m.

be'stärk|en v/t. affermir (in dat. dans); fortifier (in dat. dans); corroborer; confirmer; **2ung** f affermissement m; corroboration f; confirmation f.

bestätig|en [~'ʃtɛːtigən] v/t. (25) (bekräftigen) confirmer; (als wahr ausweisen) constater; gerichtlich ~ entériner; Gesetz: sanctionner; Vertrag: ratifier; Schreiben: accuser réception (de); sich ~ se vérifier; **2ung** f confirmation f; constatation f; vérification f; (e-s Vertrags) ratification f; (e-s Schreibens) accusé m de réception; gerichtliche ~ entérinement m.

bestatt|en [~'ʃtatən] v/t. (26) enterrer; **2ung** f enterrement m; **2ungs-institut** n entreprise f des pompes funèbres.

bestäuben [bə'ʃtɔybən] v/t. (pudern) poudrer; ♀ féconder (par le pollen). **Be'stäubung** ♀ f pollinisation f.

beste ['bɛstə] adj. (sup. von gut): der (die) ⚘ le (la) meilleur(e); der ~ Freund le meilleur ami; beim ~n Willen avec la meilleure volonté du monde; im ~n Schlaf en plein sommeil; nach ~m Wissen und Gewissen en toute conscience; der erste ~ le premier venu; mein ⚘r! mon cher!; das ⚘ le meilleur; le mieux; das ist das ~, was Sie tun können c'est ce que vous pouvez faire de mieux; es ist das ~ (od. am ~n), zu ... (inf.) le mieux est de ... (inf.); es ist das ~, er ... le mieux est qu'il ... (subj.); hoffen wir das ⚘ espérons que tout ira pour le mieux; sein ⚘s tun faire de son mieux; das ⚘ bei der Geschichte ist le meilleur de l'histoire; er will nur dein ⚘s il ne veut que ton bien; zum ⚘n der Armen au profit des pauvres; j-n zum ~n haben se moquer de q.; ~ns; aufs ~; zum ~n le mieux possible; le (od. au) mieux.

be'stech|en v/t. fig. corrompre; F graisser la patte à; Zeugen: suborner; durch Freundlichkeit: séduire; **~end** p.pr. adjt. fig. séduisant; éblouissant; **~lich** adj. corruptible; vénal; **2lichkeit** f corruptibilité f; vénalité f; **2ung** f corruption f; (v. Zeugen) subornement m; (durch Freundlichkeit) séduction f; **2ungs-geld(er)** n (pl.) pot-de-vin m; **2ungsversuch** m tentative f de corruption.

Besteck [~'ʃtɛk] n (3) étui m; 🗡 trousse f; (Tisch⚘) couvert m; **2en** v/t. piquer (mit de); garnir (de).

be'stehen 1. v/t. Kampf: soutenir (avec succès); Probe: subir; Prüfung:

passer; **2.** v/i. exister; (fort~) subsister; se maintenir; auf etw. (dat. od. acc.) ~ insister sur qch., (eigensinnig) s'obstiner dans qch.; auf s-m Kopf ~ s'entêter; ~ aus se composer de; consister en; ~ in (dat.) consister dans (od. à [inf.]); **3.** ℒ n existence f; **.bleiben** v/i. (sn) rester, demeurer, continuer; **.d** p.pr. adjt. existant; composé (aus de).

be'stehlen v/t. voler.

be'steig|en v/t. monter (sur); Berg: faire l'ascension de; Pferd: monter à; Rad: enfourcher; ℒung f ascension f.

Bestell|buch [bə'ʃtɛl-] n livre m (od. carnet m) de commandes; **ℒen** v/t. Waren: commander; Briefe: remettre; ✗ Feld: cultiver; labourer; Auftrag: s'acquitter de; Platz, Zimmer: retenir; (einrichten) arranger; sein Haus ~ régler ses affaires; j-n ~ faire venir q.; j-n zum Richter ~ constituer q. juge; ~ Sie ihm Grüße von mir faites (od. transmettez)-lui mes compliments; es ist schlecht damit bestellt cela prend mauvaise tournure; es ist schlecht mit ihm bestellt il est mal en point; **.er(in** f) m celui (celle) qui passe une commande; commettant m; **.nummer** f numéro m de référence (od. de commande); **.schein** m bulletin m (od. bon m) de commande; **.ung** f (Auftrag) commission f; ✝ commande f (aufgeben passer); (erledigen) exécuter); (e-s Briefes) remise f; (des Feldes) culture f; (e-s Auftrags) exécution f; auf ~ sur commande; (Einrichtung) arrangement m; **.zettel** m = Bestellschein.

besten|falls adv. en mettant les choses au mieux; **.s** adv. le mieux possible; le (od. au) mieux; danke ~! merci bien!; ich empfehle mich ~ mes meilleures salutations; ich werde es ~ erledigen je ferai cela de mon mieux.

be'steuer|bar adj. imposable; taxable; **.n** v/t. imposer; ℒung f imposition f; ℒungsgrundlage f assiette f de l'impôt; base f d'imposition.

Best|form f Sp. meilleure condition f; ℒgehaßt adj. le plus haï.

bestialisch [bɛs'tjɑːliʃ] adj. bestial.

Bestialität [~li'tɛːt] f bestialité f.

be'sticken v/t. garnir de broderies.

Bestie ['bɛstjə] f (15) bête f féroce; brute f (a. fig.).

be'stimm|bar adj. déterminable; (erklärbar) définissable; **.en 1.** v/t.

déterminer; j-n ~ zu destiner (überreden: décider) q. à; (festsetzen) fixer; (erklären) définir; (bezeichnen) désigner; näher ~ préciser; (entscheiden) décider; (anordnen) arrêter; ordonner; (vorschreiben) prescrire; **2.** v/i.: ~ über (acc.) disposer de; **.t 1.** adj. (genau) déterminé; défini; (entscheiden) décidé; résolu; (sicher) certain; sûr; (kurz u. genau) précis; net; (feststehend) fixe; für (zu) etw. ~ sein être destiné à qch.; **2.** adv. certainement; **ℒtheit** f assurance f; ℒland (Gewißheit) certitude f; (Genauigkeit) précision f; ℒung f détermination f; destination f; (Schicksalℒ) destinée f; (Festsetzung) fixation f; (Erklärung) définition f; (Bezeichnung) désignation f; (Anordnung) arrêté m; ordonnance f; (Vorschrift) prescription f; disposition f.

Bestimmungs|bahnhof m gare f de destination; **.land** n pays m de destination; **.ort** m lieu m de destination.

Best|leistung f Sp. record m; ℒmöglich adj. le meilleur (adv. le mieux) possible.

be'straf|en v/t. punir (für de); châtier; ℒung f punition f; châtiment m.

be'strahl|en v/t.: mit etw. ~ exposer aux rayons de qch.; ✗ traiter par les rayons X; von der Sonne ~ lassen exposer au soleil; ℒung f phys. irradiation f; ✗ radiothérapie f; ~ durch die Sonne insolation; ℒungslampe f lampe f d'irradiation.

be'streb|en 1. v/rfl.: sich ~, zu s'efforcer de; tâcher de; s'appliquer à; **2.** ℒ n effort m; application f; es wird mein ~ sein, zu je m'efforcerai de; **.t** p.p. adjt.: ~ sein = sich bestreben; ℒungen f/pl. efforts m/pl.; tendances f/pl.

be'streichen v/t. enduire (mit de); ✗ raser; balayer; mit Fett ~ graisser; mit Butter ~ beurrer.

be'streiken v/t. faire la grève dans une entreprise.

be'streit|bar adj. contestable; **.en** v/t.: etw. ~ contester qch.; Kosten: payer; Sp. disputer; j-s Unterhalt ~ subvenir aux besoins de q.; ℒung f contestation f; (v. Kosten) paiement m.

be'streuen v/t.: mit etw. ~ répandre qch. sur; (mit Salz, Mehl, Zucker) saupoudrer de, (mit Blumen usw.) parsemer de; mit Sand ~ sabler.

be'stricken *v/t. fig.* charmer; enjôler;
~d *p.pr. adj.* charmant; fascinant.
Bestseller ['bɛstsɛlər] *m* (7) best-
-seller *m*; ~autor *m* auteur *m* d'un
best-seller.
bestück|en [bə'ʃtykən] *v/t.* (25) ✗
armer de canons; *allg.* équiper (*mit
de*); **2ung** *f* armement *m*.
Be'stuhlung *f* chaises *f/pl.*; fauteuils
m/pl.
be'stürm|en *v/t.* assaillir (*a. fig.*); *mit
Bitten* ~ obséder de prières; **2ung** *f*
assaut *m*.
bestürz|en *v/t.* consterner; **~end**
p.pr. adj. bouleversant; stupéfiant;
affolant; **~t** *p.p. adj.* consterné;
bouleversé; (*sprachlos*) interdit;
2ung *f* consternation *f*; bouleversement *m*; ~ hervorrufen semer la
consternation.
Bestzeit *f* record *m* de vitesse.
Besuch [~'zu:x] *m* (3) visite *f*; (*häufiger*) fréquentation *f*; *auf* ~ en visite;
er hat ~ il (y) a du monde (*od. q.*) chez
lui; *j-s* ~ *erwidern* rendre sa visite à
q.; *j-m* ~ *abstatten* = **2en** *v/t.* aller
(*resp. venir*) voir, (*förmlich*) rendre
visite à; *oft* ~ fréquenter; *Arzt,
Stadt, Museum usw.:* visiter; *Schule:*
fréquenter; aller à (*a. thé., Konzert*);
Versammlung: assister à; *Vorlesung:*
suivre; **~er(in** *f*) *m* visiteur *m*, -euse
f; *thé.* spectateur *m*, -trice *f*; **~er-
strom** *m* afflux *m* de(s) visiteurs (*od.
spectateurs*); **~s-zeit** *f* heure *f* de
visite; **2t** *p.p. adj.:* *das Konzert ist gut
~* le concert est bien fréquenté (*od.
suivi*).
be'|sudeln *v/t.* salir; (*mit de*); souiller
(*de*); **~tagt** [~'ta:kt] *adj.* âgé; **~tasten**
v/t. tâter; toucher à.
betätig|en [~'tɛːtigən] (25) **1.** *v/t.* ac-
tionner; ⊕ commander; **2.** *v/rfl.:* *sich*
~ être actif; *sich bei etw.* ~ prendre
part (*od. participer*) à qch.; *sich als
Arzt* ~ pratiquer (la médecine; **2ung** *f* activité *f*; (*Teilnahme*)
participation *f*; ⊕ commande *f*;
2ungsfeld *n* champ *m* d'activité.
betäub|en [~'tɔybən] *v/t.* (25) (*durch
Lärm*) assourdir; (*Besinnung rauben*)
étourdir; (*einschläfern*) assoupir; 🌿
anesthésier; (*chloroformieren*) chloroformer; *örtlich* ~ insensibiliser
localement; **2ung** *f* (*durch Lärm*)
assourdissement *m*; (*d. Besinnung*)
étourdissememt *m*; 🌿 narcose *f*;
anesthésie *f*; insensibilisation *f*;

(*Chloroformierung*) chloroformisa-
tion *f*; **2ungsmittel** *n* narcotique *m*;
(*Rauschgift*) stupéfiant *m*.
Bete ['be:tə] 🌿 *f* (15): *rote* ~ betterave *f*
rouge.
beteilig|en [~'tailigən] (25) **1.** *v/t.:* *j-n*
~ *bei* faire participer q. à, ✝ intéres-
ser q. dans; **2.** *v/rfl.:* *sich* ~ *an* (*dat.*)
participer à; **2te(n)** *m, f* (*pl.*) intéres-
sé(s *pl.*) *m*, -ée(s *pl.*) *f*; **2ung** *f* participation *f*; (*Mitwirkung*) collaboration
f; coopération *f*.
beten ['be:tən] **1.** *v/i.* (26) faire (*od.
dire*) sa prière; (*zu Gott*) ~ prier; *vor
Tisch* ~ dire le bénédicité; *nach Tisch*
~ dire les grâces; *ein Vaterunser* ~ dire
un Pater; **2. 2** *n* prière *f*.
beteuer|n [~'tɔyərn] *v/t.* (29) protes-
ter (*de*); **2ung** *f* protestation *f*.
betitel|n [~'ti:təln] *v/t.* (29) *Schrift-
stück:* intituler; *j-n* ~ donner un titre
à q.; traiter q. de.
Beton [be'tɔŋ] *m* (11) béton *m*; **~bau**
m construction *f* en béton; **~block** *m*
bloc *m* en béton.
betonen [~'to:nən] *v/t.* (25) appuyer
sur; accentuer; *fig.* insister sur.
betonier|en [beto'niːrən] *v/t.* béton-
ner; **2ung** *f* bétonnage *m*.
Be'ton|klotz *m* bloc *m* en béton (*a.
péj.*); **~mischer** *m*, **~mischmaschi-
ne** *f* bétonnière *f*; bétonneuse *f*;
~pfeiler *m* pilier *m* en béton;
~straße *f* route *f* bétonnée.
be'ton|t *p.p. adj. phon.* accentué;
fig. marqué; **2ung** *f* accentuation *f* (*a.
fig.*).
betören [bə'tøːrən] *v/t.* (25) séduire;
enjôler; ensorceler; **~d** *p.pr. adj.*
enjôleur; ensorcelant.
Betracht [~'traxt] *m* (3 *o. pl.*) considération *f*; (*Rücksicht*) égard *m*; *etw.
in* ~ *ziehen* prendre qch. en considération; *etw. außer* ~ *lassen* laisser qch.
de côté; *in* ~ *kommen* entrer en ligne
de compte (*od. en considération*);
das kommt nicht in ~ c'est sans importance; **2en** *v/t.* (*besehen*) regarder;
Gestirne usw.: contempler; (*erwä-
gend*) envisager; considérer; (*nachdenklich*) méditer (sur); réfléchir (à);
(*beobachten*) observer; (*v/rfl. sich*) ~
als (se) considérer comme; **~er** *m* (7)
contemplateur *m*; observateur *m*.
beträchtlich [~'trɛçtliç] *adj.* considérable; important.
Betrachtung *f* contemplation *f*; mé-

ditation *f*; réflexion *f*; *bei näherer* ∼ en y regardant de plus près; **∼sweise** *f* manière *f* de considérer (*od.* voir).

Betrag [∼'tra:k] *m* (3³) montant *m*; somme *f*; ∼ *erhalten* reçu; *pour* acquit.

be'tragen 1. *v/i.* se monter à; faire; 2. *v/rfl.:* *sich* ∼ se comporter; se conduire; 3. ♀ *n* (6) conduite *f*.

be'trauern *v/t.:* *j-n mit etw.* ∼ confier qch. à q.; charger q. de qch.; **∼ern** *v/t.* déplorer; *j-n* ∼ porter le deuil de q.

Betreff [∼'trɛf] *m* (*am Briefkopf*) objet *m*; concerne; in ∼ = betreffs; ♀**en** *v/t.* (*angehen*) concerner; regarder; toucher; (*Unglück*) atteindre; frapper; *was mich betrifft* quant à moi; ♀*end p.pr. adj.* en question; 2. *prp.* concernant; ♀**s** *prp.* (*gen.*) en ce qui concerne; à l'égard (*od.* au sujet) de; concernant.

be'treiben 1. *v/t. Geschäft:* exploiter; *Prozeß:* poursuivre; *Beruf:* exercer; *Studien:* se livrer à; faire; 2. ♀**en** *n: auf* ∼ *von* à l'instigation de; ♀**ung** *f* exploitation *f*; exercice *m*; poursuite *f*.

be'treten 1. *v/t. Zimmer:* entrer dans; *Rasen:* marcher sur; *die Schwelle* ∼ franchir le seuil; 2. *adj.* (*Weg*) battu; *fig.* (*verlegen*) confus; (*verwirrt*) consterné; interdit.

be'treuen *v/t.* (25) se charger de; prendre soin de; ♀**er** *m Sp.* soigneur *m*; ♀**ung** *f* soin *m* (*donné* à).

Be'trieb *m* (3) (*Leben, Bewegung*) animation *f*; mouvement *m*; (*Unternehmen*) entreprise *f*; (*Fabrik*) usine *f*; (*Werkstatt*) atelier *m*; (*Inganghaltung*) service *m*; exploitation *f*; (*e-r Maschine*) marche *f*; fonctionnement *m*; *in* ∼ *setzen* mettre en marche (*od.* en service); *außer* ∼ 'hors service; ♀**sam** *adj.* actif; industrieux; ∼**samkeit** *f* activité *f*; industrie *f*.

Be'triebs-angehörige(r) *m* (18) membre *m* de l'entreprise; ∼**anlagen** *f/pl.* installations *f/pl.*; ∼**anleitung** *f* instructions *f/pl.* de service (*od.* d'emploi); ♀**bereit** *adj.* prêt à fonctionner; ♀**eigen** *adj.* appartenant à l'entreprise; ♀**fähig** *adj.* en état de marche; capable de fonctionner; ∼**ferien** *pl.* fermeture *f* annuelle; ∼**fest** *n* fête *f* de l'entreprise; ∼**führung** *f* gestion *f* de l'entreprise; ∼**geheimnis** *n* secret *m* d'entreprise.

Be'triebs|kapital *n* fonds *m/pl.* de roulement; ∼**klima** *n* ambiance *f* de l'entreprise; ∼**kosten** *pl.* frais *m/pl.* d'exploitation; ∼**leiter** *m* chef *m* d'entreprise; ∼**leitung** *f* direction *f* de l'entreprise; ∼**rat** *m* comité *m* d'entreprise; ♀**sicher** *adj.* de fonctionnement sûr; ∼**sicherheit** *f* sécurité *f* de fonctionnement; ∼**unfall** *m* accident *m* du travail; ∼**versammlung** *f* assemblée *f* du personnel; ∼**wirtschaft(s)lehre** *f* économie *f* industrielle.

be'trinken *v/rfl.: sich* ∼ s'enivrer.

betroffen [∼'trɔfən] *p.pr. adj.* frappé; *fig.* confus; embarrassé; *ich fühle mich* ∼ j'en suis affecté; ♀**heit** *f* consternation *f*; confusion *f*.

be'trog(en) *s.* betrügen.

betrüb|en [∼'try:bən] *v/t.* affliger; attrister; *tief* ∼ désoler; ∼**lich** *adj.* affligeant; attristant; *tief* ∼ désolant; ♀**nis** *f* (14²) affliction *f*; tristesse *f*; *tiefe* ∼ désolation *f*; ∼**t** *p.p. adj.* affligé; chagriné.

Be'trug *m* (3) fraude *f*; tromperie *f*; imposture *f*; (*im Spiel*) tricherie *f*.

be'trüg|en *v/t.* tromper; frauder; duper; (*im Spiel*) tricher; ∼ *um* frustrer de; ♀**er(in** *f*) *m* trompeur *m*, -euse *f*; fraudeur *m*, -euse *f*; imposteur *m*; (*im Spiel*) tricheur *m*, -euse *f*; ♀**erei** *f* tromperie *f*; fraude *f*; imposture *f*; (*im Spiel*) tricherie *f*; ∼**erisch** *adj.* trompeur; frauduleux.

be'trunken *p.p. adj.* ivre; F gris; *völlig* (*schwer*) ∼ complètement ivre, F noir; ∼ *machen* enivrer, F griser; ♀**e(r** *m*) *m, f* homme *m* (femme *f*) ivre; ♀**heit** *f* ivresse *f*.

Bet|saal ['be:tza:l] *m* oratoire *m*; ∼**stuhl** *m* prie-Dieu *m*.

Bett [bɛt] *n* (5) lit *m*; *ch.* gîte *m*; *zu* ∼ *bringen* coucher; *zu* ∼ *gehen* (aller) se coucher; *krank zu* ∼ *liegen* être alité; *das* ∼ *hüten* garder le lit; *ins* (*aus dem*) ∼ *steigen* se mettre au (sortir du) lit; *aus dem* ∼ *springen* sauter à bas du lit; ∼**bezug** *m* draps *m/pl.*; ∼**couch** *f* divan-lit *m*; ∼**decke** *f* couvre-lit *m*; *gesteppte* ∼ courtepointe *f*.

bettel|-arm *adj.* pauvre comme Job; misérable; ♀**brief** *m* lettre *f* de quémandeur; ♀**ei** [∼'laɪ] *f* (16) mendicité *f*; (*lästige*) requête *f* importune; ♀**mönch** *m* moine *m* mendiant; ∼**n** *v/i.* (29) mendier; demander l'aumône; (*lästig*) quémander; ♀**stab** *m* bâton *m* de mendiant; *an den* ~ *bringen* réduire à la mendicité.

betten *v/t.* (26) mettre au lit; coucher.

Bett|federn *f/pl.* duvet *m*; **~gestell** *n* bois *m* de lit; châlit *m*; **~kasten** *m* coffre *m* à literie; **2lägerig** *adj.* alité; **~laken** *n* drap *m* de lit.

Bettler(in *f* [16¹]) ['bɛtlər] *m* (7) mendiant(e *f*) *m*; gueux *m*, gueuse *f*; (*lästiger*) quémandeur *m*, -euse *f*.

Bett|nässen *n* incontinence *f* d'urine; **~ruhe** *f*: ~ *verordnen* prescrire le lit; **~schwere** *f*: *die nötige* ~ *haben* être assez fatigué; **~tuch** *n* drap *m*; **~vorleger** *m* descente *f* de lit; **~wäsche** *f* draps *m/pl.* et taies *f/pl.* d'oreiller; **~zeug** *n* literie *f*.

be'tupfen *v/t.* tamponner.

beugen ['bɔʏgən] (25) **1.** *v/t.* plier; courber; fléchir; *fig.* humilier; abaisser; *Recht, Gesetz:* violer; fausser; *gr. Hauptwort:* décliner; *Zeitwort:* conjuguer; **2.** *v/rfl.:* *sich* ~ se pencher (*über* sur); *fig.* se plier; **2ung** *f* fléchissement *m*; flexion *f* (*a. gr.*); (*d. Rechts, Gesetzes*) violation *f*; *gr.* (*v. Hauptwörtern*) déclinaison *f*, (*v. Zeitwörtern*) conjugaison *f*.

Beule ['bɔʏlə] *f* (15) bosse *f*; 🏥 enflure *f*; **~npest** *f* peste *f* bubonique.

beunruhig|en [~¹unru:ɪgən] (25) **1.** *v/t.* inquiéter; alarmer; (*aufregen*) agiter; **2.** *v/rfl.:* *sich* ~ s'inquiéter (*über* de); **2ung** *f* inquiétude *f*; alarme *f*.

be'urkund|en *v/t.* (26) documenter; *Unterschrift:* légaliser; *Schriftstück:* homologuer; authentifier; **2ung** *f* constatation *f* officielle; *zur* ~ dont acte.

beurlaub|en [~¹uːrlaʊbən] *v/t.* (25) donner un congé (*od.* une permission) à; (*suspendieren*) suspendre de ses fonctions; **~t** *p.p. adjt.* en congé; en permission; **2ung** *f* mise *f* en congé; (*Suspendierung*) suspension *f*.

be'urteil|en [~¹ʊrtaɪlən] *v/t.* juger de; *Buch:* faire un compte rendu de; **2ung** *f* jugement *m*; (*e-r Sache gén.* sur qch.); compte rendu *m*.

Beute ['bɔʏtə] *f* (15) butin *m* (*a.* ✂); (*e-s Raubtieres*) proie *f* (*a. fig.*); ~ *machen* faire du butin.

Beutel ['bɔʏtəl] *m* (7) sac *m*; (*Geld*2) bourse *f*; *zo.* poche *f*; ✂ musette *f*; (*Tabaks*2) blague *f* (à tabac); **2n 1.** *v/t. Mehl:* bluter; **2.** *v/rfl.:* *sich* ~ faire des poches; **~tier** *n* marsupial *m*.

Beutezug *m* razzia *f*.

bevölker|n [~¹fœlkərn] *v/t.* (29) peupler; **2ung** *f* population *f*.

Be'völkerungs|dichte *f* densité *f* de population; **~entwicklung** *f* évolution *f* démographique; **~rückgang** *m* régression *f* (*od.* diminution *f*) de la population; **~überschuß** *m* excédent *m* de (la) population; **~zuwachs** *m* accroissement *m* de la population.

bevollmächtig|en [~¹fɔlmɛçtɪgən] *v/t.* (25) autoriser; donner pouvoir (*od.* procuration) à; **~t** *p.p. adjt.*: ~ *sein* avoir pleins pouvoirs; **2te(r)** *m* (18) *dipl.* plénipotentiaire *m*; ✝ fondé *m* de pouvoir; mandataire *m*; **2ung** *f* autorisation *f*; procuration *f*; (*Vollmacht*) plein pouvoir *m*.

bevor [bə¹foːr] *cj.* avant que (*subj.*); avant de (*inf.*); **~munden** [~mundən] *v/t.* (26) être tuteur de; *fig.* tenir en tutelle; *bevormundet werden* être mis en tutelle; **2mundung** *f* tutelle *f*; **~rechten** *v/t.* privilégier; **~stehen** *v/i.* être imminent (*od.* en perspective); **~stehend** *p.pr. adjt.* imminent.

bevorzug|en [~¹foːrtsuːgən] *v/t.* préférer; (*begünstigen*) favoriser; avantager; **2ung** *f* préférence *f*.

be'wach|en *v/t.* garder; surveiller; **2er** *m* (7) gardien *m*.

be'wachsen *p.p. adjt.*: ~ *sein mit* être couvert de.

Be'wachung *f* garde *f*; surveillance *f*.

be'waffn|en *v/t.* armer (*mit* de); **~et** *p.p. adjt.* armé; **2ung** *f* armement *m*.

bewahren [bə¹vaːrən] *v/t.* garder; conserver; *j-n* ~ *vor* (*dat.*) préserver q. de; (*schützen*) protéger (*vor dat.* de); *sich vor etw.* (*dat.*) ~ se garder de qch.; *Gott bewahre!* (point) du tout!

bewähren [~¹vɛːrən] *v/rfl.: sich* ~ faire ses preuves; répondre à l'attente.

bewahrheiten [~¹vaːrhaɪtən] *v/rfl.* (26): *sich* ~ se confirmer.

bewährt [~¹vɛːrt] *p.p. adjt.* éprouvé; *~fort* à toute épreuve.

Be'wahrung *f* garde *f*; préservation *f*.

Be'währung *f* épreuve *f*; (*Bestätigung*) confirmation *f*; **~sfrist** ⚖ *f* sursis *m*.

be'waldet *p.p. adjt.* boisé.

bewältig|en [~¹vɛltɪgən] *v/t.* (25) dompter; subjuguer; *Arbeit:* venir à bout de; *Strecke:* parcourir; **2ung** *f* domptage *m*; subjugation *f*.

bewölken

bewandert [~'vandərt] *p.p. adjt.*: ~ *sein in* (*dat.*) être versé dans (F calé en *od.* ferré sur).

Be'wandtnis [~'vantnis] *f* (14²) caractère *m* (d'une chose); *damit hat es folgende ~* voici comment la chose se présente; voici ce qu'il en est.

bewässer|n [~'vɛsərn] *v/t.* arroser; irriguer; **2ung** *f* arrosage *m*; irrigation *f*; **2ungs-anlage** *f* système *m* d'irrigation; **2ungsgraben** *m* fossé *m* d'irrigation.

beweg|en [~'ve:gən] (30) **1.** *v/t.* mouvoir; mettre en mouvement; remuer; (*hin und her*) agiter (*a. fig.*); (*innerlich*) émouvoir; attendrir; *j-n zu etw. ~* engager (*od.* entraîner) q. à qch.; **2.** *v/rfl.: sich ~* (*gehen*) circuler, ⊕ jouer; *~ um* tourner autour de; *sich ~ lassen fig.* se laisser toucher (*od.* fléchir); **~grund** *m* motif *m*; mobile *m*; **~lich** *adj.* mobile; (*flink*) agile; *~e Güter biens m/pl.* meubles; **2lichkeit** *f* mobilité *f*; (*Flinkheit*) agilité *f*; **~t** [~kt] *p.p. adjt.* agité (*a. See*); mouvementé; (*gerührt*) ému; touché; **2ung** *f* mouvement *m*; agitation *f*; (*Verkehr*) circulation *f*; (*Dreh*2) rotation *f*; (*Rührung*) émotion *f*; (*körperliche*) exercice *m*; *sich in ~ setzen* se mettre en mouvement; s'ébranler.

Be'wegungs|-ablauf *m* déroulement *m* des mouvements; **~drang** *m* besoin *m* (*od.* nécessité *f*) de mouvement; **~freiheit** *f* liberté *f* de mouvement; **~krieg** *m* guerre *f* de mouvement; **2los** *adj.* immobile; **~losigkeit** *f* immobilité *f*; **2-unfähig** *adj.* incapable de bouger; paralysé.

beweihräuchern [bə'vaɪrɔʏçərn] *v/t. péj.* encenser.

be'weinen *v/t.* pleurer; *bsd. Sachen:* déplorer.

Beweis [~'vaɪs] *m* (4) preuve *f* (*für* de); (*~grund*) argument *m*; (*wissenschaftlicher*) démonstration *f*; **~aufnahme** *f* administration *f* des preuves; **2bar** *adj.* prouvable; démontrable; **2en** *v/t.* prouver; démontrer; *Mut usw.*: faire preuve de; **~führung** *f* démonstration *f*; argumentation *f*; **~grund** *m* argument *m*; **~kraft** *f* force *f* démonstrative; **2kräftig** *adj.* concluant; **~material** *n* preuves *f/pl.*; **~mittel** *n* argument *m*; preuve *f*; **~stück** *n* preuve *f*; pièce *f* justificative.

be'wenden 1. *v/i.*: *es bei etw.* (*abs.* *dabei*) *~ lassen* s'en tenir à qch., en rester à qch., *abs.* en rester là; **2.** 2 *n:* *dabei hat es sein ~* il faut s'en tenir là.

be'werb|en *v/rfl.: sich um etw. ~* rechercher qch., tâcher d'obtenir qch., solliciter qch., (*um ein Amt a.*) postuler qch., (*durch Umtriebe*) briguer qch.; *sich um ein Mädchen ~* demander une jeune fille en mariage; *sich um e-n Preis ~* concourir pour un prix; **2er(in** *f* [16¹]) *m* (7) prétendant(e *f*) *m* (*um* à); candidat(e *f*) *m* (à); postulant(e *f*) *m* (à); concurrent(e *f*) *m* (*pour*) (à); **2ung** *f* candidature *f* (*um* à); sollicitation *f* (de); (*um ein Mädchen*) demande *f* en mariage; (*um e-n Preis*) concours *m* (*pour*); **2ungsschreiben** *n* demande *f* d'emploi; lettre *f* de candidature; **2ungs-unterlagen** *f/pl.* dossier *m* de candidature.

be'werfen *v/t. Mauer usw.*: crépir; *j-n mit Steinen ~* jeter des pierres à q.

be'werkstelligen *v/t.* effectuer; (*ausführen*) accomplir; réaliser.

be'wert|en *v/t.* estimer; évaluer; ✝ coter; **2ung** *f* estimation *f*; évaluation *f*; (*von Prüfungen*) cotation *f*; **2ungsziffer** *f* chiffre *m* d'évaluation.

be'willig|en [~'vilɪgən] *v/t.* (25) accorder; *Summe:* allouer; *Rechte:* concéder; *parl.:* voter; **2ung** *f* consentement *m*; (*e-r Summe*) allocation *f*; approbation *f*; (*v. Rechten*) concession *f*; *parl.* vote *m*.

be'wirken *v/t.* faire; produire; (*verursachen*) causer; provoquer.

bewirten [~'virtən] *v/t.* (25) héberger; donner l'hospitalité à; (*mit Essen*) traiter; régaler.

be'wirtschaft|en *v/t.* exploiter; (*verwalten*) administrer; *Waren:* rationner; *Devisen:* réglementer; **2ung** *f* exploitation *f*; (*Verwaltung*) administration *f*; gestion *f*; (*v. Waren*) rationnement *m*; (*v. Devisen*) réglementation *f*.

Be'wirtung *f* hospitalité *f*; (*mit Essen*) traitement *m*; régal *m*.

bewog(en) [~'vo:k(-gən)] *s.* bewegen.

bewohn|bar [~'vo:nba:r] *adj.* habitable; **2barkeit** *f* habitabilité *f*; **~en** *v/t.* habiter; occuper; **2er(in** *f* [16¹]) *m* (7) habitant(e *f*) *m*.

bewölk|en [~'vœlkən] *v/rfl.* (25): *sich ~* se couvrir de nuages; *fig.* s'assombrir; **~t** *p.p. adjt.* nuageux; *fig.* soucieux; **2ung** *f* nuages *m/pl.*

Be'wölkungs|-auflockerung *f* dissipation *f* des nuages; **~zunahme** *f* ennuagement *m.*

Bewunder|er *m* (7) admirateur *m*; **2n** *v/t.* admirer; **2nswert** *adj.* admirable; digne d'admiration; **~ung** *f* admiration *f*; **2ungswürdig = bewundernswert.**

Be'wurf ⊕ *m* (3³) crépi *m*; enduit *m.*

be'wußt *adj.* conscient; *adv. a.* sciemment; en connaissance de cause; *sich e-r Sache (gén.)* ~ *sein* avoir conscience de qch.; *se rendre compte de qch.*; *sich keiner Schuld* ~ *sein* n'avoir rien à se reprocher; *(beabsichtigt)* voulu; intentionnel; *die* **~e** *Sache* l'affaire en question; **~los** *adj.* sans connaissance; ~ *werden* perdre connaissance; **2lose(r)** *m* (18) personne *f* évanouie; **2losigkeit** *f* perte *f* de connaissance; évanouissement *m*; **2sein** *n* conscience *f*; *das* ~ *verlieren (wieder zum* ~ *kommen)* perdre (reprendre) connaissance; *j-m etw. zum* ~ *bringen* faire sentir qch. à q.; **2seinsspaltung** *f* schizophrénie *f.*

be'zahl|en *v/t.* payer; régler; *(vergüten)* rétribuer; rémunérer; *sich bezahlt machen* rapporter; *das macht sich bezahlt* cela paie; **2ung** *f* paiement *m*; *(Vergütung)* rétribution *f*; rémunération *f.*

bezähmen [bə'tsɛːmən] *v/t.* dompter; maîtriser; apprivoiser.

be'zauber|n *v/t.* ensorceler; *(entzücken)* charmer; enchanter; fasciner; **~nd** *p.p. adjt.* charmant; enchanteur; **2ung** *f* ensorcellement *m*; *fig.* charme *m*; enchantement *m.*

be'zeichn|en *v/t.* marquer; *(durch Worte)* désigner; *(angeben)* dénoter; indiquer; *(bedeuten)* signifier; *als etw.* ~ qualifier de qch.; **~end** *p.p. adjt.* significatif; **~enderweise** *adv.* d'une manière typique pour q.; **2ung** *f* marque *f*; *(durch Worte)* désignation *f*; *(Bedeutung)* signification *f.*

be'zeig|en *v/t.* montrer; marquer; témoigner; **2ung** *f* démonstration *f*; marque *f*; témoignage *m.*

be'zeug|en *v/t.* attester; témoigner; **2ung** *f* attestation *f*; témoignage *m.*

bezichtig|en [~'tsiçtigən] *v/t.* (25) accuser; **2ung** *f* accusation *f.*

be'zieh|bar *adj.* rapportable *(auf acc.* à); *(bewohnbar)* habitable; **~en 1.** *v/t. Haus:* aller occuper; s'installer dans; *Ort:* s'établir à *(resp.* dans); *Schule:* entrer à; *Universität:* se rendre à; *Märkte:* fréquenter; *e-e Geige* ~ *(mit Saiten)* monter un violon; *(überziehen)* revêtir de; *(mit etw. bedecken)* couvrir de; *Bett:* mettre des draps à; *Kopfkissen:* mettre une taie à; *Waren:* faire venir; *Gehalt, Unterstützung:* toucher; *Zeitung:* être abonné à; *Wechsel:* tirer; **2.** *v/rfl.: sich auf etw. (acc.)* ~ se rapporter à qch.; *sich auf j-n (auf sein Schreiben)* ~ se référer à q. *(à sa lettre)*; **2ung** *f* rapport *m* *(a. gr.)*; relation *f*; *zu etw. in* ~ *stehen* avoir rapport à qch.; *zu j-m in* ~ *stehen* avoir des rapports *(in Relations)* avec q.; *in dieser* ~ à cet égard; *sous ce rapport*; *in jeder* ~ à tous égards; *in keiner* ~ en aucune façon *(bei vb. mit* ne); *in gewisser (mancher)* ~ à certains *(à beaucoup d')égards*; **~ungslos** *adj.* sans rapport; **~ungsweise** *adv.* respectivement; ou (bien).

beziffern [~'tsifərn] (29) **1.** *v/t.* chiffrer; *Seiten:* numéroter; paginer; **2.** *v/rfl.: sich auf (acc.)* se monter à.

Bezirk [~'tsirk] *m* (3) district *m*; canton *m*; *(Umkreis)* enceinte *f*; enclos *m*; *(Wahl2, Wehr2)* circonscription *f*; *(Stadtteil)* quartier *m*, *(in Paris)* arrondissement *m*; *(größerer Verwaltungs2)* département *m.*

Be'zirksgericht *n* tribunal *m* cantonal.

bezirzen [bə'tsirtsən] F *v/t.* séduire; ensorceler.

Bezogene(r) [bə'tso:gənə(r)] ✝ *m* (18) tiré *m.*

Be'zug *m* enveloppe *f*; *(Bett2)* draps *m/pl.*; *(Kopfkissen2)* taies *f/pl.* d'oreiller; *(Schon2)* housse *f*; *(Möbel2)* étoffe *f*; *(e-r Zeitung)* abonnement *m*; *(in Schreiben)* référence *f*; ~ *nehmen auf (acc.)* se référer à; *mit* ~ *auf (acc.)* en ce qui concerne; *mit* ~ *auf Ihr Schreiben* me référant à votre lettre; *Bezüge pl. s. a. Gehalt.*

bezüglich [~'tsy:kliç] **1.** *prp. (gén.)* concernant; touchant; **2.** *adj.* relatif.

Be'zugnahme *f* (15) renvoi *m*; référence *f*; *unter (od. mit)* ~ *auf (acc.)* (en) se référant à; relativement à.

Be'zugs|bedingungen ✝ *f/pl.* conditions *f/pl.* d'achat *(od. de livraison).*

2**fertig** adj. (Haus, Wohnung) à occuper; prêt à être occupé; ~**preis** m (e-r Zeitung) prix m d'abonnement; ~**quelle** f source f; provenance f.

bezwecken [~'tsvɛkən] v/t. (25) avoir pour but; was ~ Sie damit? à quoi voulez-vous en venir?

be'**zweifeln** v/t. mettre en doute; douter de; es ist nicht zu ~ c'est 'hors de doute.

be'**zwing|en** v/t. vaincre; soumettre; Leidenschaft: maîtriser; Schmerz: surmonter; 2**er** m vainqueur m; 2**ung** f Sp. (e-s Berges) victoire f; soumission f; (von Leidenschaften) domination f.

Bibel ['bi:bəl] f (15): die ~ la Bible, l'Écriture f (sainte); 2**fest** adj. versé dans la Bible; ~**sprache** f langue f biblique; langage m de la Bible; ~**spruch** m verset m; ~**stelle** f passage m de la Bible.

Biber ['bi:bər] m (7) castor m; ~**bau** m terrier m de castor; ~**pelz** m fourrure f de castor.

Bibliograph [bi:blio'grɑ:f] m (12) bibliographe m; ~**ie** [~grɑ'fi:] f (15) bibliographie f; 2**isch** [~'grɑ:fiʃ] adj. bibliographique.

Bibliothek [~'te:k] f (16) bibliothèque f; ~**ar(in** f [16¹]) [~te'kɑ:r(in)] m (3¹) bibliothécaire m, f.

biblisch ['bi:bliʃ] adj. biblique; de la Bible; 2e Geschichte histoire f sainte.

bieder ['bi:dər] adj. brave; honnête; (ohne Falsch) loyal; (unbescholten) intègre; 2**keit** f honnêteté f; loyauté f; 2**mann** m (1²) homme m honnête; homme m de bien; (scherzhaft) bonhomme m; 2**meier** n (époque f de) Louis-Philippe m.

Bieg|efestigkeit ['bi:gə-] ⊕ résistance f à la flexion; 2**en 1.** v/t. plier; courber; ployer; fléchir; **2.** v/i. (sn): um die Ecke ~ tourner le coin; **3.** v/rfl.: sich ~ se courber; sich vor Lachen ~ se tordre de rire; 2**sam** adj. pliable; flexible; (geschmeidig) souple (a. fig.); ~**samkeit** f flexibilité f; souplesse f; ~**ung** f courbure f; (Fluß2) détour m; sinuosité f; (Weg2) tournant m; coude m.

Biene ['bi:nə] f (15) abeille f.

Bienen|haus n rucher m; ~**honig** m miel m d'abeilles; ~**königin** f reine f (od. mère f) des abeilles; ~**korb** m ruche f; ~**schwarm** m essaim m (d'abeilles); ~**stich** m piqûre f d'a-

beille; cuis. biscuit m recouvert d'amandes; ~**stock** m ruche f; ~**volk** n colonie f d'abeilles; ~**wabe** f rayon m de miel; ~**wachs** n cire f; 2**ucht** f apiculture f; ~**züchter** m apiculteur m.

Biennale [bjɛ'nɑ:lə] f (15) biennale f.

Bier [bi:r] n (3) bière f (helles blonde; dunkles brune; vom Faß à la pression); ~**ausschank** m débit m de bière; ~**baß** m voix f de rogomme; ~**brauer** m brasseur m; ~**braue'rei** f brasserie f; ~**deckel** m sous-bock m; ~**faß** n tonneau m de bière; ~**flasche** f bouteille f de bière; ~**gelage** n beuverie f; ~**glas** n verre m à bière; ~**hefe** f levure f de bière; ~**krug** m pot m à bière; ~**lokal** n brasserie f; ~**wärmer** m chauffe-bière m.

Biese ['bi:zə] f (15) passepoil m.

Biest [bi:st] n (1¹) bête f féroce; fig. brute f.

biet|en ['bi:tən] v/t. (30) offrir; sich etw. ~ lassen fig. supporter qch.; 2**er** m (7) (bei Versteigerungen) offrant m; enchérisseur m.

Bigam|ie [biga'mi:] f (15) bigamie f; ~**ist** m (12) bigame m.

bigott [bi'gɔt] adj. bigot; 2e'**rie** f (15) bigoterie f.

Bi'kini m (11) bikini m.

Bilanz [~'lants] f (16) bilan m (aufstellen établir); balance f; die ~ ziehen faire son bilan; ~**aufstellung** f établissement m du bilan; 2**ieren** [~'tsi:-] v/t. faire le bilan; 2**sicher** adj. versé dans l'établissement d'un bilan; ~**verschleierung** f camouflage m de bilan.

bilateral ['bi:latərɑ:l] adj. bilatéral.

Bild [bilt] n (1) image f; (Stich) estampe f; gravure f; (Bildnis) portrait m; (Gemälde) tableau m; (Licht2) photo(graphie) f; (Münz2) effigie f; (Abbildung) illustration f; (Sinn2) symbole m; in ~ern sprechen parler par images; im ~e sein être au fait (od. au courant); sich ein ~ von etw. machen se faire une idée de qch.; ~**archiv** n photothèque f; archives f/pl. photographiques; ~**ausschnitt** m détail m (od. cadrage m) (d'une photographie); ~**band** m livre-album m; livre m de reproductions (photographiques); ~**bericht** m reportage m illustré; ~**bericht-erstatter** m reporter-photographe m; caméraman m; 2**en** ['bildən] (26)

1. v/t. former, construire; *Verein*: constituer; *Geist*: cultiver; *gr.* faire; *(gestalten)* façonner; *(belehren)* instruire; *(schaffen)* créer; **2.** v/rfl.: sich ~ se former; 2end p.pr. adjt. instructif; ~e Künste f/pl. arts m/pl. plastiques.

Bilder|-ausstellung f exposition f de tableaux; **~bibel** f Bible f illustrée; **~bogen** m recueil m d'images; **~buch** n livre m d'images; **~dienst** m service m photographique; **~galerie** f galerie f de tableaux; **~rahmen** m cadre m; **~rätsel** n rébus m; 2**reich** rhét. adj. figuré; métaphorique; **~schrift** f écriture f pictographique *(od.* symbolique); **~sprache** f langage m figuré; **~stürmer** m iconoclaste m.

Bild|fläche ['bilt-] f *(Kino)* écran m; *fig.* wieder auf der ~ erscheinen faire sa réapparition; von der ~ verschwinden disparaître de la circulation; **~folge** f suite f d'images; séquence f; **~funk** m (3¹) téléphotographie f; *(Fernsehen)* télévision f; 2**haft** adj. imagé; **~hauer** m sculpteur m; **~hauer-arbeit** f sculpture f; 2**hübsch** adj. beau comme un ange; joli à croquer; 2**lich** adj. figuratif; *fig.* figuré; *rhét.* métaphorique; **~er** Ausdruck métaphore f; im **~en** Sinne au sens figuré; **~mischer** *TV* m mélangeur m d'images; **~nis** ['~tnis] n (4¹) portrait m; *(Abbildung)* image f; *(auf Münzen)* effigie f; 2**röhre** *TV* f tube m (à rayons) cathodique(s); tube m de l'image; **~säule** f statue f; **~schärfe** phot., *TV* f clarté f *(od.* netteté f) de l'image; **~schirm** m écran m; **~schnitt** m découpage m d'images *(od.* de photos); photomontage m; 2**schön** adj. superbe; beau comme le jour; **~seite** f *(e-r Münze)* effigie f; face f; **~stelle** f cinémathèque f et photothèque f; **~störung** *TV* f interruption f de l'image; **~telegramm** n bélinogramme m; phototélégramme m; **~-Ton-Kamera** f caméra-son f; **~übertragung** f transmission f d'images; **~umwandler** m transformateur m d'images.

Bildung ['bilduŋ] f (16) formation f; constitution f *(Formgeben)* façonnement m; *(geistige)* culture f; *(a.* Schu2) instruction f; éducation f.

Bildungs|-einrichtungen f/pl. équipement m scolaire; 2**fähig** adj. éducable; **~gang** m formation f; études f/pl. poursuivies; **~gefälle** n disparité f du niveau d'instruction; 2**hungrig** adj. affamé de culture; **~lücke** f lacune f (d'éducation); **~stand** m niveau m culturel; **~stufe** f degré m d'instruction; **~urlaub** m congé m de formation continue; **~wesen** n enseignement m.

Bild|-unterschrift f légende f; **~weite** f distance f de l'image; **~werfer** m appareil m de projection; **~wörterbuch** n dictionnaire m en images.

Billard ['biljart, östr. u. schweiz. bil-'ja:r] n (3¹ u. 11) billard m; **~ spielen** jouer au billard; **~kugel** f bille f (de billard); **~stock** m queue f.

Billett [bil'jɛt] n (3) billet m; ticket m.

Billiarde [bil'ja:rdə] f (15) mille billions m/pl. (10¹⁵).

billig ['bilıç] adj. équitable; *(gerecht)* juste; *(vernunftgemäß)* raisonnable; *(Preis)* bon marché, ~er meilleur marché, am ~sten le meilleur marché; **~en** ['~gən] v/t. (25) approuver; agréer; *(zustimmen)* consentir à; **~ermaßen**, **~erweise** adv. équitablement; à bon droit; 2**keit** f équité f; justice f; 2**ung** f approbation f; consentement m.

Billion [bil'jo:n] f (16) billion m (10¹²).

Bilsenkraut ['bilzənkraut] ♀ n jusquiame f (noire); herbe-aux-chevaux f.

bimmeln F ['biməln] v/i. (29) sonner; *(andauernd)* F sonnailler.

Bimsstein ['bimsʃtain] m pierre f ponce.

bin [bin] s. sein.

Binde ['bində] f (15) bande f; *(Verbandzeug)* bandage m; 🗡 ligature f; *(Arm2)* écharpe f, in der ~ en écharpe; *(Stirn2, Augen2)* bandeau m; *(Hals2)* cravate f; fig. j-m die ~ von den Augen nehmen ouvrir les yeux à q.; **~gewebe** anat. n tissu m conjonctif; **~glied** n lien m; **~haut** f conjonctive f; **~haut-entzündung** f conjonctivite f; **~mittel** n cuis. liaison f; *(Zement)* ciment m *(a. fig.)*; *(Mörtel)* mortier m; 2**n** **1.** v/t. lier *(a. fig.)*; *(an etw. befestigen)* attacher *(an* an); *(sittlich)* obliger; *Besen, Strauß*: faire; *Buch*: relier; *Noten*: lier; couler; *gr.* lier; faire la liaison; *Faß*: cercler; *j-n an etw. (acc.)* ~ attacher q. à qch.; *fig.* astreindre q. à qch.; e-m etw. auf die Seele ~ recommander instamment qch. à q.; **2.** v/i. (*Zement, Leim*) lier; **3.** v/rfl.: sich ~ s'engager; se lier; **2**n n (e-s Buches) reliure f; (e-s Fasses) cerclage m; s. a. Bindung; **2nd** p.pr. adjt. fig. obligatoire.

Binder ['bindər] m (7) (*Schlips*) cravate f; **~farbe** f peinture f d'émulsion.

Binde|strich m trait m d'union; ♪ ~ liaison f; **~wort** n conjonction f.

Bindfaden m ficelle f; es regnet Bindfäden il pleut à verse.

Bindung ['binduŋ] f (*sittliche*) obligation f; engagement m; (*beim Sprechen*) liaison f; (*Schi*2) fixation f.

binnen ['binən] prp. dans l'espace de; en; ~ kurzem sous peu.

Binnen|fischerei f pêche f en eau douce; **~gewässer** n/pl. eaux f/pl. continentales; **~hafen** m port m intérieur; bassin m; darse f; **~handel** m commerce m intérieur; **~land** n l'intérieur m du pays; **~markt** m marché m intérieur; **~meer** n mer f intérieure; **~schiffahrt** f navigation f fluviale (od. intérieure); **~see** m lac m intérieur; **~verkehr** m circulation f intérieure; **~währung** f monnaie f nationale; **~zoll** m douanes f/pl. intérieures.

Binse ♀ ['binzə] f (15) jonc m; **~wahrheit** f vérité f banale (od. triviale od. de La Palisse); banalité f.

Bio|chemie [bioçe'mi:] f biochimie f; chimie f biologique; **~chemiker** [~'çe:mikər] m (7) biochimiste m; **2chemisch** adj. biochimique; **~graph** [~'grɑ:f] m (12) biographe m; **~graphie** [~grɑ'fi:] f biographie f; **2graphisch** [~'grɑ:fiʃ] adj. biographique; **~loge** [~'lo:gə] m (13) biologiste m; **~logie** [~lo'gi:] f biologie f; **2logisch** [~'lo:giʃ] adj. biologique; **~sphäre** [~'sfɛ:rə] f biosphère f.

bipolar [bipo'lɑ:r] adj. bipolaire.

birgt [birkt] s. bergen.

Birke ['birkə] f (15) bouleau m.

Birk|hahn m coq m de bruyère; **~huhn** n tétras m lyre.

Birn|baum m (3³) poirier m; **~e** ['birnə] f (15) ♀ poire f; ⚡ ampoule f; **2enförmig** adj. en forme de poire.

bis [bis] **1.** prp. jusque; 7 ~ 8 7 à 8; 7 ou 8; ~ zu, nach; ~ auf, an (acc.) jusqu'à; ~ auf weiteres jusqu'à nouvel ordre; ~ wann? jusque quand?; ~ wohin? jusqu'où?; ~ hierher jusqu'ici;

von ... bis ... de ... à ...; von Kopf ~ Fuß de la tête aux pieds; ~ an (acc.) (*ungefähr*) environ; près de; ~ auf (acc.) (*einschließlich*) y compris (*inv.*), (*ausgenommen*) excepté, sauf, à ... près; ~ dahin jusque-là; ~ nachher! à tout à l'heure!; à bientôt!; à tantôt!; **2.** cj. ~ daß jusqu'à ce que (*subj.*); warten ~ attendre que (*subj.*).

Bisam ['bi:zam] m (3¹) musc m; **~katze** f civette f; **~ratte** f rat m musqué.

Bischof ['biʃɔf] m (3¹ u. ³) évêque m; (*Getränk*) bi(s)chof m.

bischöflich ['~ʃø:fliç] adj. épiscopal.

Bischofs|-amt n épiscopat m; **~hut** m mitre f; **~konferenz** f conférence f épiscopale; **~sitz** m siège m épiscopal; **~stab** m crosse f (épiscopale); **~würde** f dignité f épiscopale; épiscopat m.

bisher ['bis'he:r] adv. jusqu'à présent; jusqu'ici; wie ~ comme par le passé; **~ig** adj. qui a été jusqu'à présent; (*jetzig*) actuel.

Biskuit [bis'kvi:t] m od. n (11) biscuit m.

bislang [bis'laŋ] adv. = bisher.

Bison ['bi:zɔn] m (11) bison m.

biß s. beißen.

Biß [bis] m (4) morsure f (a. v. Schlangen); (*Insekten*2, Schlangen*2*) piqûre f; **2chen** ['~çən] adv.: ein ~ un peu (de).

Bissen ['bisən] m (6) bouchée f; (*Stück*) morceau m.

bissig ['bisiç] adj. méchant; fig. mordant; 'hargneux; Vorsicht, ~er Hund! attention, chien méchant; **2keit** f fig. mordant m; humeur f 'hargneuse.

Bißwunde f morsure f; (*von Schlangen a.*) piqûre f.

bist s. sein.

Bistum ['bistu:m] n (1²) évêché m.

bis'weilen adv. parfois; quelquefois.

Bitte ['bitə] **1.** f (15) prière f; demande f; inständige ~ supplication f; instance f; sollicitation f; **2!** int. permettez; s'il vous (te) plaît; (*als Antwort auf e-n Dank*) (il n'y a) pas de quoi; de rien; (*als Antwort auf e-e Entschuldigung*) (il n'y a) pas de mal; ~ sehr! je vous en prie; faites donc; **2n** v/t. u. v/i. (30) prier; für j-n ~ intercéder en faveur de q.; j-n um etw. ~ demander qch. à q.; prier q. de faire qch.; j-n zu Tisch ~ inviter (od. prier) q. à dîner; sehr ~ solliciter;

(flehentlich) supplier; *ich lasse* ~! faites entrer!

bitter ['bɪtər] *adj.* amer (*a. fig.*); acerbe (*a. fig.*); *fig.* aigre; (*Kälte*) piquant; sévère; (*Not*) dur; (*Feind, Kampf*) acharné; *es ist* ~*er Ernst* ce n'est que trop réel; ~*böse adj.* fort en colère; très fâché; 2~**erde** ♁ *f* magnésie *f*; ~**ernst** *adj.* extrêmement sérieux; 2**keit** *f* amertume *f*; *fig. a.* aigreur *f*; 2**klee** *m* trèfle *m* d'eau; ~**lich** *adv.* amèrement; ~ *weinen* pleurer des larmes amères; 2~**mandelöl** *n* huile *f* d'amandes amères; 2**nis** *f*(4¹) = Bitterkeit; 2**salz** *n* sel *m* de Sedlitz; sulfate *m* de magnésie; sel *m* amer; ~**süß** *adj.* aigre-doux.

Bitt|**gang** *m* procession *f*; ~**gesuch** *n*, ~**schrift** *f* pétition *f*; supplique *f*; requête *f* (*a.* ♏); ~**steller(in** *f*) *m* pétitionnaire *m*,*f*; ~**woche** *f* semaine *f* des rogations.

Biwak ['biːvak] *n* (3¹) bivouac *m*; 2**ieren** [~'kiːrən] *v/i.* bivouaquer.

bizarr [bi'tsar] *adj.* bizarre.

Bizeps ['biːtsɛps] *m* (3²) biceps *m*.

bläh|**en** ['blɛːən] (25) 1. *v/t.* gonfler; 2. *v/i.* ♧ ballonner; ~**end** ♧ *p.pr. adjt.* flatueux; 2**ung** *f* vent *m*, flatuosité *f*; flatulence *f*; P pet *m*.

blam|**abel** [bla'maːbəl] *adj.* 'honteux; 2**age** [~'maːʒə] *f* (15) 'honte *f*; ~**ieren** [~'miːrən] 1. *v/t.* ridiculiser; discréditer; 2. *v/rfl.*: *sich* ~ se compromettre; se rendre ridicule.

blank *adj.* luisant; (*glänzend*) brillant; (*glatt*) poli; (*bloß*) nu; ~*e Waffe* arme *f* blanche; F *fig.* ~ *sein* être à sec.

blanko † ['blaŋko] *adv.* en blanc; *in* ~ *akzeptieren* (*Wechsel*) accepter à découvert; 2~**akzept** *n* acceptation *f* à découvert; 2~**scheck** *m* chèque *m* en blanc; 2~**unterschrift** *f* signature *f* en blanc; 2~**vollmacht** *f* blanc-seing *m*; *fig.* carte *f* blanche.

Bläschen ['blɛːsçən] *n* (6) *anat.* vésicule *f*; ♧ bouton *m*.

Blase ['blaːzə] *f* (15) (*Luft*2) bulle *f*; (*Dampf*2) bouillon *m*; (*Haut*2) cloque *f*; ampoule *f*; ~*n ziehen* faire des cloques; (*Harn*2) vessie *f*; (*Retorte*) alambic *m*; ~**balg** *m* soufflet *m*.

blasen *v/t.* (30) souffler; *Flöte* ~ jouer de la flûte; *Horn* ~ sonner du cor.

Blasen|**entzündung** *f*, ~**ka'tarrh** *m* ♧ cystite *f*; ~**leiden** *n* affection *f* de la vessie; ~**spiegel** ♧ *m* cystoscope

m; ~**stein** *m* calcul *m* vésical.

Bläser ['blɛːzər] *m* (7) (*Glas*2) souffleur *m*; ♪ joueur *m* d'un instrument à vent.

blasiert [bla'ziːrt] *adj.* blasé; 2**heit** *f* snobisme *m*.

blasig *adj.* bulleux.

Blas|**instrument** ['blaːs-] *n* instrument *m* à vent; ~**kapelle** *f* harmonie *f*; ~**musik** *f* musique *f* d'instruments à vent.

Blasphemie [blasfe'miː] *f* (15) blasphème *m*.

Blasrohr ['blaːs-] *n* sarbacane *f*.

blaß [blas] *adj.* pâle; blême; ~ *werden* pâlir, (*Farben*) passer.

Blässe ['blɛsə] *f*(15) pâleur *f*.

Bläßhuhn ['blɛshuːn] *n* foulque *f* noire; poule *f* d'eau.

Blatt [blat] *n* (1², *als Maß im pl. inv.*) feuille *f*; (*Ruder*2) pale *f*; (*Zeitung*) journal *m*; *vom* ~ à livre ouvert, ♪ à première vue; *fig. kein* ~ *vor den Mund nehmen* parler franc; *das* ~ *hat sich gewendet* la fortune a changé; *das steht auf e-m anderen* ~ c'est une autre question.

Blatter ['blatər] *f* (15) pustule *f*; ~**n** *pl.* petite vérole *f*.

blätter|**n** ['blɛtərn] *v/t.* (29) feuilleter (*in etw. dat. qch.*); 2**teig** *m* pâte *f* feuilletée; 2**wald** *iron. m* journaux *m/pl.*; presse *f*; 2**werk** *n* feuillage *m*.

Blatt|**gold** *n* or *m* en feuilles; ~**grün** *n* chlorophylle *f*; ~**laus** *f* puceron *m*; ~**pflanze** *f* plante *f* verte; ~**säge** *f* égoïne *f*; ~**salat** *m* salade *f* verte (non pommée); ~**stiel** ♀ *m* pétiole *m*; ~**zinn** *n* étain *m* en feuilles.

blau [blau] 1. *adj.* bleu; (*himmel*2) azuré; F (*betrunken*) gris; rond; *mit e-m* ~*en Auge davonkommen* l'échapper belle; *j-m* ~*en Dunst vormachen* conter des bourdes à q.; *sein* ~*es Wunder erleben* être émerveillé; ~*(en Montag) machen* ne pas travailler (le lundi); ~*er Fleck* meurtrissure *f*, F bleu *m*; 2. ♧ *n* (3¹ *o. pl.*) bleu *m*; *fig. ins* ~*e hinein* en l'air; *ins* ~*e hinein schwatzen* parler en l'air (*od.* à tort et à travers); ~**äugig** [~'ɔygiç] *adj.* aux yeux bleus; 2**bart** *m* Barbe-Bleue *f*; 2~**beere** *f* myrtille *f*; airelle *f*; ~**blütig** *iron. adj.* de sang bleu; 2**e(s)** *n* = Blau.

Bläue ['blɔyə] *f* (15 *o. pl.*) bleu *m*.

Blau|**fuchs** *zo. m* renard *m* bleu; 2**gefroren** *p.p. adjt.* violacé par le froid; 2**grau** *adj.* gris bleu; 2**grün**

adj. vert bleu; **~kehlchen** zo. n gorge f bleue; **~kraut** n = Rotkohl; **~kreuz** ⚔ n gaz m asphyxiant.
bläulich adj. bleuâtre; ♣ livide.
Blau|licht n signal m bleu clignotant; **~meise** f mésange f bleue; **~papier** n papier m carbone bleu; **~pause** f (calque m) bleu m; **~säure** f acide m prussique; **⒉schwarz** adj. noir bleu; **~stift** m crayon m bleu; **~strumpf** m fig. bas-bleu m.
Blazer ['blɛːzər] m (7) blazer m.
Blech [blɛç] n (3) (Eisen⒉) tôle f; (Weiß⒉) fer-blanc m; F (Geschwätz) bêtises f/pl.; absurdités f/pl.; **~büchse** f, **~dose** f boîte f en fer-blanc; **⒉en** F v/t. (25) casquer; financer; **~ern** adj. de (resp. en) fer-blanc; de (resp. en) tôle; fig. creux; **~geschirr** n casseroles f/pl. en fer-blanc; **~instrument** n (instrument m de) cuivre m; **~musik** f musique f pour cuivres; **~schaden** m tôles f/pl. froissées; **~schere** f cisaille(s) f (pl.)
blecken ['blɛkən] v/t. (25): die Zähne ~ montrer les dents.
Blei [blaɪ] 1. n (3) plomb m; 2. m (3) zo. n/pr. = Bleistift.
Bleibe F ['blaɪbə] f gîte m; demeure f; logis m.
bleiben ['blaɪbən] v/i. (30) (sn) rester; demeurer; ~ (beharren) bei persister dans; (bleiben) bei persister à que...; es bleibt dabei c'est convenu; c'est entendu; am Leben ~ rester en vie; bei der Wahrheit ~ s'en tenir à la vérité; bei der Sache ~ ne pas s'écarter du sujet; ~ Sie mir vom Halse laissez-moi en paix; **~d** p.pr. adj. permanent; (fest) stable; fixe; **~lassen** v/t. ne pas faire; (aufhören) ne plus faire.
bleich [blaɪç] adj. blême; pâle; blafard; **~ werden** blêmir; pâlir; **~en** (25) 1. v/i. (sn) blanchir; se décolorer; fig. passer (a. Farbe); 2. v/t. Leinwand usw.: blanchir; **⒉gesicht** n visage m pâle; **⒉mittel** n décolorant m; produit m de blanchiment; **⒉sucht** ♣ f chlorose f; **~süchtig** ['~zyçtiç] adj. chlorotique.
bleiern adj. de plomb (a. fig.); en plomb.
Blei|erz n minerai m de plomb; **~farbe** f couleur f de plomb; **⒉farben**, **⒉farbig** adj. livide; blafard; **⒉glanz** min. m galène f; **⒉haltig** adj. plombifère; **~hütte** f plomberie f; **~kabel** n câble m sous plomb; **~kristall** n

cristal m au plomb; **~lot** n (fil m à) plomb m; (Senkblei) sonde f; **~rohr** n tuyau m de plomb; **~salbe** f onguent m de Saturne; **⒉schwer** adj. lourd (comme du plomb); **~soldat** m soldat m de plomb; **~stift** m crayon m; **~stiftmine** f mine f; **~stiftspitzer** m taille-crayon m; **~vergiftung** f saturnisme m; **~weiß** n céruse f.
Blende ['blɛndə] f (15) Arch. fausse fenêtre f; fausse porte f; opt.; phot. diaphragme m; (Sonnen⒉) parasoleil m; min. blende f; **⒉n** v/t. aveugler (a. durch Glanz u. fig.); crever les yeux à; (durch Glanz u. fig.); éblouir; fig. fasciner; **~nd** p.pr. adj. aveuglant; (durch Glanz u. fig. a.) éblouissant; fig. (zauberhaft) prestigieux.
blend|frei adj. anti-éblouissant; **⒉laterne** f lanterne f sourde; **⒉schirm** m visière f; **⒉schutz** m dispositif m antiéblouissant; **~ung** f éblouissement m (a. fig.); **⒉werk** n fig. illusion f; fantasmagorie f.
Blesse ['blɛsə] f (15) tache f blanche; étoile f.
Bleßhuhn n = Bläßhuhn.
Blick [blik] m (3) regard m; coup m d'œil; (Auge) vue f; fig. œil m; verliebter ~ œillade f; böser ~ regard m méchant, (zauberkräftiger) mauvais œil m; auf den ersten ~ du premier coup d'œil; Liebe auf den ersten ~ coup m de foudre; den ~ heften auf (acc.) fixer le regard (od. les yeux) sur; **⒉en** v/i. (25) regarder (auf j-n [etw. acc.] q. [qch.]); sich ~ lassen se montrer; paraître; in die Zukunft ~ scruter l'avenir; das läßt tief ~ cela donne à penser; **~fang** m: das ist ein ~ cela attire (od. accroche) le regard; **~feld** n champ m visuel; **~punkt** m point m de vue; im ~ stehen être au centre de; être le point de mire de; **~richtung** f direction f du regard; **~winkel** m angle m visuel.
blieb [bliːp] s. bleiben.
blies [bliːs] s. blasen.
blind [blint] adj. aveugle; ~ machen aveugler; ~ werden perdre la vue, (Spiegel) devenir terne, perdre son éclat; auf einem Auge ~ borgne; (trübe) terne; (trügerisch) faux; feint; ~er Alarm fausse alerte f; ~er Passagier passager m clandestin.
Blinddarm m appendice m; anat. cæcum m; **~entzündung** f appen

dicite f; **~operation** f opération f de l'appendice.

Blind|e(r m) m, f aveugle m, f; **~ekuh** f: **~** spielen jouer à colin-maillard; **~en-anstalt** f asile m d'aveugles; **~enhund** m chien m d'aveugle; **~enschrift** f alphabet m (od. écriture f) braille; **~enstock** m canne f d'aveugle; **~flug** m vol M sans visibilité; **~gänger** ['~gɛŋər] X m obus m (resp. bombe f) non éclaté(e); **2geboren** p.p. adj.: aveugle de naissance; **2heit** f cécité f; fig. aveuglement m; **mit ~ schlagen** aveugler; **wie mit ~ geschlagen sein** avoir la berlue; **2lings** ['~lɪŋs] adv. à l'aveuglette; aveuglément; **~schleiche** ['~ʃlaɪçə] f (15) orvet m; **2schreiben** v/i. (auf der Schreibmaschine) taper sans regarder.

blink|en ['blɪŋkən] v/i. (25) scintiller; étinceler; (Warnlicht) clignoter; **2er** m X signaler m; Auto clignotant m; **2feuer** ⚓ n feu à éclipses; **2licht** n (feu m) clignotant m; **2zeichen** n X signal m lumineux; (im Verkehr) clignotant m.

blinzeln ['blɪntsəln] v/i. cligner (mit den Augen des yeux); (wiederholt) clignoter.

Blitz [blɪts] m (3²) (Schein) éclair m; (Schlag) foudre f; der ~ hat eingeschlagen la foudre est tombée (in acc. sur); vom ~ getroffen frappé par la foudre; **~ableiter** ['~aplaɪtər] m (7) paratonnerre m; **~angriff** X m attaque f éclair; **2-artig** adj. foudroyant; **2'blank** adj. reluisant; resplendissant; **2en** (27) 1. v/imp.: es blitzt il fait des éclairs; 2. v/i. (Metall usw.) étinceler; briller; **~gerät** phot. n flash m; **~gespräch** téléph. n conversation f éclair; **~krieg** m guerre f éclair; **~lampe** phot. f ampoule f flash; **~licht** phot. n flash m; **~lichtaufnahme** f photo f au flash; **2-sauber** adj. étincelant de propreté; **~schlag** m coup m de foudre; **2-schnell** adj. rapide comme l'éclair; **~schutz** m parafoudre m; **~strahl** m foudre f; **~telegramm** n télégramme m éclair.

Block [blɔk] m (3³) bloc m; (Hack2, Henkers2) billot m; (Metall2) saumon m; (Notiz2) bloc-notes m; (Häuser2) pâté m de maisons; **~ade** ['~ka:də] f (15) blocus m; die ~ verhängen (brechen, aufheben) décréter (forcer, lever) le blocus; typ. blocage

m; **~eis** n glace f en blocs; **~flöte** f flûte f à bec; **2frei** pol. adj.: die ~en Staaten les (états m/pl.) non-engagés m/pl.; **~haus** n blockhaus m; **2ieren** ['~ki:rən] v/t. bloquer; typ. barrer; **~ierung** ['~ki:ruŋ] f blocage m; (e-r Straße) obstruction f; **~schrift** f capitales f/pl.

blöd|e ['blø:də] adj. stupide; bête; **~eln** F v/i. dire des idioties; **2heit** f imbécillité f; bêtise f; sottise f; **2ian** ['~dja:n] F m dadais m; imbécile m; **2sinn** m imbécillité f; idiotie f; (Geschwätz) absurdités f/pl.; bêtises f/pl.; **~sinnig** ['~zɪnɪç] adj. imbécile; idiot.

blöken ['blø:kən] v/i. (25) (Schaf) bêler; (Rind) beugler.

blond [blɔnt] adj. blond; ~ werden blondir; **~gelockt** adj. aux boucles blondes; aux cheveux blonds bouclés; **2ine** [blɔn'di:nə] f (15) blonde f; blondine f; **2kopf** m blondin(e f) m.

bloß [blo:s] 1. adj. seul; simple; (unbedeckt) découvert; nu; mit ~en Füßen nu-pieds; pieds nus; mit ~em Auge à l'œil nu; (bar) dépourvu; 2. adv. seulement.

Blöße ['blø:sə] f (15) nudité f; fig. côté m faible; sich e-e ~ geben se découvrir, fig. donner prise sur soi, prêter le flanc.

bloß|legen v/t. dénuder; mettre à nu; **~stellen** v/t. compromettre; (aussetzen) exposer; **2stellung** f compromission f; **~strampeln** v/rfl.: sich ~ se découvrir en gigotant.

Bluff [bluf, blœf] m (11) bluff m; **2en** v/t. u. v/i. bluffer.

blühen ['bly:ən] 1. v/i. (25) fleurir; fig. a. prospérer; 2. ⚘ n (6) floraison f; fig. prospérité f; **~d** p.pr. adj.: en fleur; fleurissant; fig. florissant; prospère.

Blume ['blu:mə] f (15) fleur f; (des Weins) bouquet m; durch die ~ à mots couverts.

Blumen|-arrangement n gerbe f de fleurs; arrangement m de fleurs; **~beet** n parterre m; **~binder(in** f) m fleuriste m, f; **~duft** m parfum m (des fleurs); **~erde** f terreau m; **~flor** m abondance f de fleurs; **~garten** m jardin m de fleurs; **~geschäft** (magasin m de) fleuriste m; **2geschmückt** adj. fleuri; **~händler(in** f) m marchand (e f) m de fleurs; fleuriste m, f; **~kasten** m jardinière f; **~kelch** m calice m;

⁓**kohl** m chou-fleur m; ⁓**korb** m corbeille f à (resp. de) fleurs; ⁓**korso** m bataille (od. fête) f de fleurs; ⁓**krone** f couronne f de fleurs; ♀ corolle f; ⁓**laden** m (magasin m de) fleuriste m; ⁓**mädchen** n bouquetière f; fleuriste f; ⁓**markt** m marché m aux fleurs; ⁓**stand** m kiosque m de fleuriste; ⁓**stock** m fleur f en pot; ⁓**strauß** m bouquet m de fleurs; ⁓**topf** m pot m de fleurs; (Topfblume) fleur f en pot; ⁓**vase** f vase m; ⁓**zucht** f floriculture f; ⁓**zwiebel** f bulbe m.

blumig adj. (Wein) bouqueté; (Stil) maniéré.

Bluse ['bluːzə] f (15) chemisier m; (Damen⁓ a.) corsage m.

Blut [bluːt] n (3, o. pl.) sang m; fig. race f; ⁓ der Reben jus m de la treille; böses ⁓ machen irriter les esprits; ruhig ⁓! du calme!; das ⁓ steigt ihm ins Gesicht le rouge lui monte au visage; heißes ⁓ haben être très passionné; ⁓ und Wasser schwitzen suer sang et eau; ⁓ lassen saigner; mit ⁓ beflecken ensanglanter; ⁓**ader** f veine f; ⁓**alge** f algue f rouge; ⁓**alkohol** m alcool m sanguin (od. du sang); ⁓**andrang** m congestion f; ⁓**apfelsine** f orange f sanguine; ℒ-**arm** adj. anémique; ⁓**armut** f anémie f; ⁓**auswurf** m crachements m/pl. de sang; ⁓**bad** n boucherie f; carnage m; massacre m; ein ⁓ anrichten faire un carnage; ⁓**bahn** f circulation f du sang; ⁓**bank** f banque f du sang; ℒ**befleckt**, ℒ**beschmiert** p.p. adjt. taché (od. souillé) de sang; ⁓**bild** ♂ n formule (od. image) f hématologique; hémogramme m; ℒ**bildend** p.pr. adjt. hémoplastique; ⁓**buche** ♀ f 'hêtre m rouge; ⁓**druck** m tension f artérielle; erhöhter ⁓ hypertension f; zu niedriger ⁓ hypotension f.

Blüte ['blyːtə] f (15) fleur f; (Blütezeit) floraison f; fig. prospérité f.

Blut-egel m sangsue f.

bluten v/i. (26) saigner; aus der Nase ⁓ saigner du nez; (Rebe) pleurer.

Blüten|blatt n pétale m; ⁓**honig** m miel m (provenant de fleurs); ⁓**kelch** m calice m; ⁓**knospe** f bouton m; ⁓**lese** litt. f florilège m; anthologie f; ⁓**stand** m inflorescence f; ⁓**staub** m pollen m; ⁓**stengel** m tige f florale; ℒ**weiß** adj. d'un blanc éblouissant.

Blut|er m hémophile m; ⁓**erguß** m hémorragie f; ⁓**erkrankheit** f hémo-

philie f.

Blütezeit f floraison f; fig. prospérité f; apogée m.

Blut|fleck m tache f de sang; ⁓**gefäß** n vaisseau m sanguin; ⁓**gerinnsel** n caillot m; ⁓**gerinnung** f coagulation f du sang; ⁓**geschwulst** f hématome m; ℒ**gierig** adj. sanguinaire; féroce; ⁓**gruppe** f groupe m sanguin; ⁓**hund** m braque m; fig. tigre m; ⁓**husten** m hémoptysie f; ℒ**ig** adj. sanglant; ensanglanté; (Braten) saignant; ein ⁓er Anfänger un tout débutant m; das ist ⁓er Ernst je suis on ne peut plus sérieux; ℒ**jung** adj. tout jeune; ⁓**konserve** f flacon m de sang conservé; ⁓**körperchen** ['⁓kœrpərçən] n globule m du sang; rotes ⁓ globule m rouge; hématie f; weißes ⁓ globule m blanc; leucocyte m; ⁓**kreislauf** m circulation f du sang; ⁓**lache** f mare f de sang; ⁓**laus** f puceron m lanigère; ℒ**leer** adj. exsangue; ⁓**leere** f; ⁓**mangel** m anémie f; ⁓**orange** f orange f sanguine; ⁓**plasma** n plasma m sanguin; ⁓**probe** f analyse f du sang; ⁓**rache** f vendetta f; ℒ**reinigend** p.pr. adjt. (⁓es Mittel) dépuratif (m); ⁓**reinigung** f dépuration f; ℒ**rot** adj. rouge sang; ℒ**rünstig** ['⁓rynstiç] adj. sanglant; fig. sanguinaire; ⁓**sauger** m sangsue f; fig. a. vampire m; ⁓**schande** f inceste m; ⁓**schuld** f homicide m; ⁓**senkung** ♀ f sédimentation f du sang; ⁓**serum** m sérum m (du sang); ⁓**spender(in** f) m donneur m, -euse f de sang; ⁓**spur** f trace f de sang; ⁓**stau-ung** f congestion f; ℒ**stillend** p.pr. adjt. (⁓es Mittel) hémostatique (m); ⁓**s-tropfen** m goutte f de sang; ⁓**sturz** m hémorragie f foudroyante; ℒ**sverwandt** adj. proche parent; ⁓**sverwandte(r)** m consanguin m; ⁓**sverwandtschaft** f parenté f proche; consanguinité f; ⁓**tat** f meurtre m; ℒ-**überströmt** adj. inondé de sang; ⁓**übertragung** f transfusion f de sang; ⁓**ung** f saignement m; hémorragie f; ℒ-**unterlaufen** adj.: ⁓es Auge œil m poché; ⁓**untersuchung** f analyse f de sang; ⁓**vergießen** n effusion f de sang; massacre m; ⁓**vergiftung** f septicémie f; ⁓**verlust** m perte f de sang; ⁓**wäsche** f dialyse f; ⁓**wurst** f boudin m; ⁓**zeuge** m, ⁓**zeugin** f martyr(e f) m; ⁓**zucker** ♂ m glycémie f; ⁓**zuckerspiegel** ♂ m

taux *m* de la glycémie.
b-Moll *n* (*inv.*) si *m* bémol mineur.
Bö ⚓ [bø:] *f* (16) rafale *f*.
Boa ['bo:a] *f* boa *m*.
Bob [bɔp] *Sp. m* (11) bobsleigh *m*;
~**bahn** *f* piste *f* de bobsleigh; ~**fah-rer** *m* conducteur (*od.* pilote) *m* de bobsleigh; ~**schlitten** *m* bobsleigh *m*.
Bock [bɔk] *m* (3³) mâle *m*; (*Ziegen*~) bouc *m*; (*Kaninchen*~) bouquin *m*; (*Schaf*~, *Sturm*~) bélier *m*; *Sp.* cheval *m* de bois; (*Kutsch*~) siège *m*; (*Gerüst*) chevalet *m*; tréteau *m*; (*Feuer*~) chenet *m*; *fig.* steifer ~ lourd-daud *m*; den ~ zum Gärtner machen enfermer le loup dans la bergerie; *fig.* e-n ~ schießen faire une bévue; gaffer; *ihn stößt der* ~ il est récalci-trant; ~ *springen* (*Spiel*) jouer à saute-mouton; 2**beinig** ['-baɪnɪç] *adj.* récalcitrant; entêté; revêche; ~**bier** *n* bière *f* de mars; bière *f* forte.
bock|en ['bɔkən] *v/i.* sauter comme un bouc; (*Pferd*) se cabrer; *fig.* s'en-têter; être revêche; ~**ig** *adj.* entêté; revêche; 2**käfer** *m* capricorne *m*; longicorne *m*; 2**leiter** *f* échelle *f* double; 2**shorn** *n* corne *f* de bouc; *fig.* j-n ins ~ *jagen* intimider q.; 2**springen** *n* saute-mouton *m*; 2**sprung** *m* cabriole *f*; *Bockspünge machen* sauter comme un cabri; 2**wurst** *f* saucisse *f* (de Francfort).
Boden ['bo:dən] *m* (6¹) sol *m*; terrain *m*; terre *f*; (*Faß*~, *Flaschen*~) fond *m*; (*Fuß*~) plancher *m*; (*Dach*~) grenier *m*; (*Bodenkammer*) mansarde *f*; *aus dem* ~ *stampfen* faire sortir du sol; *zu* ~ *fallen* tomber à (*od.* par) terre; *Flgw. sich vom* ~ *heben* décoller; dem ~ *gleichmachen* raser; *zu* ~ *schlagen* *v/t.* terrasser; *v/i.* tomber à (*od.* par) terre; *die Augen zu* ~ *schlagen* baisser les yeux; *festen* ~ *fassen* prendre pied; den ~ *unter den Füßen verlieren* perdre pied; *auf dem* ~ *des Gesetzes* sur le terrain de la loi; ~**abwehr** *f* défense *f* aérienne; ~**be-arbeitung** 🌱 *f* culture *f*; ~**belag** *m* revêtement *m* du sol; ~**beschaffenheit** *f* nature *f* de sol; ~**erhebung** *f* élévation *f* de terrain; éminence *f*; ~**ertrag** *m* rap-port *m* du sol; ~**erzeugnis** *n* produit *m* du sol; ~**fenster** *n* lucarne *f*; ~**fläche** *f* étendue *f*; superficie *f*; ~**fräse** 🌱 *f* fraiseuse *f* de labour; ~**frost** *m* gelée *f* au sol; ~**kammer** *f*

mansarde *f*; ~**kredit-anstalt** *f* ban-que *f* foncière; 2**los** *adj.* sans fond; *fig.* inouï; ~**personal** *n* personnel *m* non navigant; ~**reform** *f* réforme *f* agraire; ~**satz** *m* dépôt *m*; (*Nieder-schlag*) sédiment *m*; ~**schätze** ['-ʃɛts] *m/pl.* richesses *f/pl.* naturelles (*od.* du sol); ~**senke** *f* dépression *f* de terrain; ~**spekulation** *f* spéculation *f* sur les terrains; 2**ständig** *adj.* natif; enraciné; autochtone; ~**ständigkeit** *f* attachement *m* au sol natal (*od.* à la terre d'origine); ~**station** *f* station *f* terrestre; ~**treppe** *f* escalier *m* du grenier; ~**turnen** *n* gymnastique *f* au sol.
bog [bo:k] *s.* biegen.
Bogen ['bo:gən] *m* arc *m*; *Arch.* a. cintre *m*; (*Krümmung*) courb(ur)e *f*; (*Spitz*~) ogive *f*; (*Brücken*~) arche *f*; (*Geigen*~) archet *m*; (*Papier*~) feuille *f*; (*Sattel*~) arçon *m*; (*Fluß*~) coude *m*; ~**brücke** *f* (6) pont *m* à arches; ~**fenster** *n* fenêtre *f* cintrée; 2**för-mig** *adj.* arqué; en arc; ~**gang** *m* arcade *f*; ~**gewölbe** *n* voûte *f* en plein cintre; ~**lampe** *f* lampe *f* à arc; ~**schießen** *n* tir *m* à l'arc; ~**schütze** *m* archer *m*; ~**strich** ♪ *m* coup *m* d'ar-chet; 2**weise** *adv.* par feuillets.
Bohle ['bo:lə] *f* (15) planche *f* épaisse; *starke* ~ madrier *m*.
Böhm|e ['bø:mə] *m* (13), ~**in** *f* Bohé-mien(ne f) *m*; 2**isch** *adj.* bohémien; *das sind ihm* ~*e Dörfer* pour lui c'est de l'hébreu.
Bohne ['bo:nə] *f* (15) 'haricot *m*; *grüne* ~*n pl.* 'haricots *m/pl.* verts; (*Sau*~) fève *f* de; (*Kaffee*~) grain *m* de café; *fig.* ✗ *blaue* ~*n pl.* pruneaux *m/pl.*
Bohnen|kaffee *m* café *m*; ~**kraut** *n* sarriette *f*; ~**stange** *f* rame *f*; *fig.* ↑ perche *f*; ~**stroh** *n*: F *dumm wie* ~ *bête* à manger du foin; bête comme ses pieds.
Bohner|besen ['bo:nər-] *m* cireuse *f*; ~**maschine** *f* cireuse *f* (mécanique); 2**n** *v/t.* cirer; encaustiquer; ~**wachs** *n* encaustique *f*.
Bohr|-arbeiten ['bo:r-] *f/pl.* travaux *m/pl.* de forage; 2**en** *v/t.* (25) forer; (*durch*~) percer; (*aus*~) aléser; (*Zahnarzt*) creuser; *in den Grund* ~ couler; ~**er** *m* (7) (*für Holz, Stein, Metall*) foret *m*; perçoir *m*; (*großer Holz*~) tarière *f*; (*kleiner Holz*~) vril-le *f*; (*Person*) perceur *m*; ~**hammer**

⊕ m marteau m perforateur (*od.* piqueur); *a.* marteau m à air comprimé; **~loch** n ⊕ forure f; ⚔ trou m de mine; **~maschine** f (*leichte*) perceuse f; (*schwere*) foreuse f; (*für Gestein*) perforatrice f; **~turm** m tour f de sondage; (*Ölfeld*) derrick m; **~ung** f forage m; perçage m; (*Erd2*) sondage m; **~winde** ⊕ f vilebrequin m.

böig ['bøːɪç] *adj.* à rafales.

Boje ['boːjə] f bouée f; balise f.

Bolivian|er(in f) [boli'vjaːnər] m (7) Bolivien(ne f); **2isch** *adj.* bolivien.

Böller ['bœlər] m (7) petit mortier m; **~schüsse** m/pl. salves f/pl. d'artillerie; coups m/pl. de canon.

Bollwerk ['bɔlvɛrk] n (3) bastion m; *fig.* rempart m; boulevard m.

Bolsche|wismus [bɔlʃə'vɪsmus] m (16) bolchevisme m; **~'wist** m (12) bolcheviste m; bolchevik m; **2'wistisch** *adj.* bolcheviste.

Bolzen ['bɔltsən] m (6) (*Waffe*) carreau m; trait m; ⊕ boulon m; cheville f; (*Plätt2*) plaque f; (*Schlag2*) percuteur m.

Bombarde|ment [bombardə'maŋ] n bombardement m; **2ieren** [~'diː-] *v/t.* bombarder.

Bombast [bɔm'bast] m (3²) pathos m; emphase f; **2isch** *adj.* emphatique.

Bombe ['bɔmbə] f (15) bombe f.

Bomben|-abwurf m lancement m de bombes; **~angriff** m bombardement m (aérien); attaque f à la bombe; **~anschlag** m, **~attentat** n attentat m à la bombe (*auf j-n contre* q.); **~erfolg** F m succès m éclatant (*od.* fou); **2fest** *adj.* à l'épreuve des bombes; absolument sûr; **~flugzeug** n avion m de bombardement; bombardier m; **~geschädigte(r)** m sinistré m; **~geschäft** F n affaire f d'or; **~rolle** F f rôle m formidable; **2sicher** *adj.* = bombenfest; **~splitter** m éclat m de bombe; **~trichter** m entonnoir m de bombe.

Bomber m = Bombenflugzeug.

Bon [bɔŋ] m (11) bon m; **~bon** m *od.* n (11) bonbon m; **~bondose** f bonbonnière f.

Bonus ✝ ['boːnus] m (14² *od. inv.*) dividende m supplémentaire.

Bonze ['bɔntsə] m (13) bonze m.

Boom [buːm] m (11) boom m.

Boot [boːt] n (3) bateau m; (*großes*) chaloupe f; (*kleines*) canot m; embarcation f; (*Barke*) barque f.

Boots|bau m construction f de bateaux; **~fahrt** f promenade f en bateau; **~haken** m gaffe f; **~haus** n 'hangar m à bateaux; **~mann** m matelot m; **~rennen** n régates f/pl.; **~steg** m passerelle f d'embarquement; **~verleih** m location f de bateaux.

Borax ['boːraks] m (3², *o. pl.*) borax m.

Bord [bɔrt] (3) **1.** m bord m; *über ~* werfen jeter par-dessus bord; *Mann über ~!* un homme à la mer!; *an ~ gehen* se rendre à bord; **2.** n rayon m; étagère f.

Bordell [bɔr'dɛl] n (3¹) bordel m.

Bord|funker m radio m de bord; **~karte** f carte f d'accès à bord; **~mechaniker** m mécanicien m de bord; **~schwelle** f bordure f (*du trottoir*); **~stein** m pierre f de bordure.

Bordüre [bɔr'dyːrə] f (15) bordure f.

Bord|wache ⚓ f homme m de quart; **~waffen** f/pl. armes f/pl. de bord; **~wand** ⚓ f bordage m.

Borg [bɔrk] m (3): *auf ~* à crédit; **2en** *v/t.* emprunter (*etw. von j-m* qch. à q.); (*ver~*) prêter.

Borke ['bɔrkə] f (15) écorce f; **~nkäfer** m bostryche m.

borniert [bɔr'niːrt] *adj.* borné; fat; **2heit** f étroitesse f d'esprit; fatuité f.

Bor|salbe ['boːrzalbə] f vaseline f boriquée; **~säure** f acide m borique.

Börse ['bœrzə] f (15) bourse f; (*Gebäude*) Bourse f.

Börsen|bericht m bulletin m de la Bourse; **~blatt** n journal m financier; **~geschäft** n affaire f de Bourse; **~krach** m débâcle f financière; krach m; **~kurs** m cours m de la Bourse; **~makler** m agent m de change; **~notierung** f cote f de la Bourse; **~papiere** n/pl. valeurs f/pl. boursières; titres m/pl. de Bourse; **~schluß** m clôture f de le Bourse; **~spekulation** f spéculation f boursière; **~zettel** m cote f.

Borst|e ['bɔrstə] f (15) soie f (de porc); (*e-s Pinsels a.*) poil m; **~envieh** n espèce f porcine; **2ig** *adj.* 'hérissé; ♀ séteux; *fig.* (*widerspenstig*) rébarbatif.

Borte ['bɔrtə] f (15) bord m; bordure f; (*Litze*) passepoil m; (*Tresse*) galon m; passement m.

Borwasser ['boːrvasər] n eau f boriquée.

bösartig [ˈbøːsˀ-] *adj.* malin; (*boshaft*) méchant; **♀keit** *f* malignité *f*; (*Boshaftigkeit*) méchanceté *f*.

Böschung [ˈbœʃuŋ] *f* talus *m*; pente *f*; (*steile*) berge *f*.

böse [ˈbøːzə] *adj.* mauvais (*adv.* mal); (*boshaft*) méchant; (*verderbt*) pervers; (*schwer zu ertragen*) fâcheux; (*erzürnt*) fâché; irrité; (*krank*) malade; (*Zeiten*) dur; **~ machen** fâcher; irriter; **~ werden** se fâcher; **j-m ~ sein** en vouloir à q.; **nicht ~ meinen** ne pas penser à mal; **♀(r)** *rl. m* (18) malin *m*; diable *m*; **♀(s)** *n* mal *m*; **♀wicht** *m* vaurien *m*; *pfort* scélérat *m*.

bos|haft [ˈboːshaft] *adj.* malin; méchant; (*arglistig*) malicieux; **♀haftigkeit** *f*, **♀heit** *f* malignité *f*; méchanceté *f*; (*Arglist*) malice *f*.

böswillig *adj.* malveillant; **♀keit** *f* malveillance *f*.

bot [boːt] *s.* bieten.

Botan|ik [boˈtaːnik] *f* (16) botanique *f*; **♀iker** *m* (7) botaniste *m*; **♀isch** *adj.* botanique; **~er Garten** jardin *m* botanique (*od.* des plantes); **~i'sier-trommel** *f* boîte *f* à herboriser.

Bote [ˈboːtə] *m* (13) messager *m*; courrier *m*; (*für Gänge*) garçon *m* de courses; commissionnaire *m*; porteur *m*.

Boten|frau *f* commissionnaire *f*; **~gang** *m* course *f*; commission *f*; **~lohn** *m* gratification *f*; pourboire *m*.

Botschaft *f* message *m*; *pol.* ambassade *f*; **~er(in** *f*) *m* (7) ambassadeur *m*, -drice *f*; **~er-ebene** *f*: **auf ~** à l'échelon (*od.* au niveau) d'ambassadeurs; **~srat** *m* conseiller *m* d'ambassade.

Böttcher [ˈbœtçɐr] *m* (7) tonnelier *m*; **~ei** [~ˈraɪ] *f* tonnellerie *f*.

Bottich [ˈbotiç] *m* (3) cuve *f*.

Bouillon [bulˈjɔŋ] *f* bouillon *m*; consommé *m*; **~würfel** *m* cube *m* de consommé.

Boulevard [bulˈvaːrprɛsə] *f* presse *f* à sensation (*od.* de boulevard); **~theater** *n* théâtre *m* de boulevard; **~zeitung** *f* journal *m* (*od.* feuille *f*) de boulevard; *péj.* feuille *f* de chou.

Bowle [ˈboːlə] *f* (15) bol *m*; (*Getränk*) vin *m* aromatisé.

Box [bɔks] *f* (16) box *m*.

box|en [ˈbɔksən] *v/t. u. v/i.* (27) boxer; **♀en** *n* boxe *f*; **♀er** *m* (7) boxeur *m*; (*Hund*) boxer *m*; **♀handschuh** *m*

gant *m* de boxe; **♀kampf** *m* match *m* de boxe; **♀ring** *m* ring *m*; **♀sport** *m* boxe *f*.

Boykott [bɔyˈkɔt] *m* (3) boycottage *m*; **♀ieren** *v/t.* boycotter.

brach [braːx] **1.** *s.* brechen; **2.** *adj.* en friche; **♀e** *f* (15), **♀feld** *n* friche *f*; jachère *f*.

Brachialgewalt [braxˈjaːlgəvalt] *f*: **mit ~** à la force du poignet.

Brach|land *n* terre *f* inculte (*od.* en friche); **♀legen** *v/t.* mettre en jachère; **♀liegen** *v/i.* être en friche; *fig.* reposer.

brachte [ˈbraxtə] *s.* bringen.

Brachvogel [ˈbraːx-] *m* courlis *m*.

brack|ig [ˈbrakiç] *adj.* saumâtre; **♀wasser** *n* eau *f* saumâtre.

Brahman|e [braˈmaːnə] *m* brahmane *m*; **♀isch** *adj.* brahmanique.

Branche † [ˈbrɑ̃ʃə] *f* (15) branche *f*; genre *m* d'affaire (*od.* d'activité).

Branchen|kenntnis *f* connaissance *f/pl.* de la branche; **♀kundig** *adj.* au courant de la branche; **♀-üblich** *adj.* usuel dans la branche; **~verzeichnis** *n* liste *f* dressée par branches.

Brand [brant] *m* (3², ³) incendie *m*; (*großer*) embrasement *m*; (*Verbrennen*) combustion *f*; (*Ziegel♀*) cuite *f*; (*die auf einmal gebrannte Masse*) fournée *f*; (*Feuer♀*) brandon *m*; tison *m*; *♣* gangrène *f*; *♀* rouille *f*; nielle *f*; F (*Durst*) soif *f*; **in ~ stecken** mettre le feu à; incendier; **in ~ stehen** être en flammes; **in ~ geraten** prendre feu; s'enflammer; **~blase** *f* ampoule *f*; **~bombe** *f* bombe *f* incendiaire; **~brief** *m fig.* demande *f* pressante de secours; **~eisen** *n* fer *m* rouge; fer *m* à marquer.

branden [ˈbrandən] *v/i.* (26) déferler; se briser contre.

brandenburgisch *adj.* brandebourgeois.

Brand|fackel *f* torche *f* incendiaire; brandon *m* (*a. fig.*); **~fleck** *m* brûlure *f*; *♣* tache *f* gangreneuse; **~gefahr** *f* danger *m* d'incendie; **~geruch** *m* odeur *f* de brûlé; **~herd** *m* foyer *m* d'incendie; **♀ig** [ˈbrandiç] *adj.* qui sent le brûlé; *♣* gangreneux; *♀* rouillé; niellé; **~katastrophe** *f* incendie *m* monstre; **~mal** *n* marque *f* de brûlure; stigmate *m* (*a. fig.*); *fig.* flétrissure *f*; **~marken** *v/t.* (25) marquer au fer rouge; stigmatiser (*a. fig.*); *fig.* flétrir; **~mauer** *f* mur *m* mitoyen; **₂neu** F *adj.* flambant neuf; **~opfer** *bibl.* n holocauste m; **~salbe** f onguent m (*od.* pommade f) contre les brûlures; **~schaden** m dommage m causé par l'incendie; **₂schatzen** ['~ʃatsən] *v/t.* (27) rançonner; **~sohle** f semelle f intérieure; **~stätte** f, **~stelle** f lieu m de l'incendie (*od.* du sinistre); **~stifter(in** f) m incendiaire m, f; **~stiftung** f incendie m volontaire.

Brandung f déferlement m; ressac m; **~swelle** f vague f déferlante.

Brand|-ursache f cause f de l'incendie; **~versicherung** f assurance f contre l'incendie; **~wache** f piquet m d'incendie; **~wunde** f brûlure f.

brannte *s.* brennen.

Branntwein ['brantvaɪn] m eau-de-vie f; **₂brennerei** f distillerie f, **~monopol** n monopole m des alcools.

Brasilian|er(in f) m [brazil'jɑːnər] m Brésilien(ne f) m; **₂isch** *adj.* brésilien.

brät [brɛːt] *s.* braten.

Brat|-apfel m pomme f à cuire; (*gebraten*) pomme f cuite.

braten 1. *v/t. u. v/i.* (30) rôtir; *Äpfel:* cuire; *in der Pfanne* ~ frire; *auf dem Rost* ~ griller; *braun* ~ (faire) rissoler; **2.** ₂m rôti m; *fig.* den ~ *riechen* éventer la mèche; **₂duft** m odeur f de rôti; **₂platte** f plat m à rôti; **₂saft** m jus m de rôti; **₂soße** f sauce f de rôti.

Brat|fisch m poisson m à frire (*gebraten:* frit); **~hering** m 'hareng m à frire (*gebraten:* frit); **~huhn** n poulet m à rôtir (*gebraten:* rôti); **~kartoffeln** f/pl. pommes f/pl. (de terre) sautées; **~ofen** m four m; **~pfanne** f poêle f (à frire); **~rost** m gril m.

Bratsche ♪ ['brɑːtʃə] f (15) alto m; **~ist** [~'tʃist] m (12) altiste m.

Brat|spieß m broche f, **~wurst** f saucisse f à rôtir (*gebraten:* rôtie).

Bräu [brɔy] n (3) bière f; (*Brauerei, Lokal*) brasserie f.

Brauch [braʊx] m (3³) usage m; coutume f; **₂bar** *adj.* qui peut servir, utile; (*verwendbar*) utilisable; (*Kleidungsstück*) mettable; (*Mensch*) capable; **~barkeit** f utilité f; (*es Menschen*) capacité f; **₂en** *v/t.* (*gebrauchen*) se servir (*od.* user) de; employer; (*nötig haben*) avoir besoin de; *er braucht etw. a.* il lui faut qch.; (*verbrauchen*) consommer; *Zeit:*

mettre; *Sie* ~ *nur zu* ... (*inf.*) vous n'avez qu'à ... (*inf.*); **~tum** n coutumes f/pl.

Braue ['braʊə] f (15) sourcil m.

brau|en ['braʊən] *v/t.* (25) *Essig, Punsch usw.:* faire; *Bier:* brasser; **~er** m (7) brasseur m; **₂erei** [~ə'raɪ] f brasserie f.

braun [braʊn] *adj.* brun; (*Gesicht*) bruni; 'hâlé; basané; bronzé; (*Pferd*) bai; (*Butter*) noir; ~ *werden*, ~ *färben* brunir; ~ *braten* roussir; (*faire*) rissoler; **~äugig** ['~ˀɔygiç] *adj.* aux yeux bruns; **₂bär** m ours m brun.

Bräun|e ['brɔynə] f (15) couleur f brune; teint m 'hâlé; (*Hals* ₰) angine f; *häutige* ~ croup m; **₂en 1.** *v/t.* (25) brunir; (*v. d. Sonne a.*) 'hâler; bronzer; *cuis.* rissoler; *Zucker:* caraméliser; *Metall:* bistrer; **2.** *v/refl.:* *sich* ~ *lassen* se faire bronzer.

braun|gebrannt *p.p. adj.* bronzé; **~gelb** *adj.* feuille-morte; **₂kohle** f lignite m.

bräunlich ['brɔynliç] *adj.* brunâtre.

Braus [braʊs] m *s.* Saus.

Brause ['braʊzə] f (15) (pomme f d')arrosoir m; **~bad** n) f douche f; **~limonade** f) limonade f gazeuse; **₂n** *v/i.* bruire; mugir; (*wallen*) bouillonner; (*Wogen a.*) gronder; (*Wind*) souffler; *bsd.* ₰ entrer (*resp.* être) en effervescence; F (*Fahrzeug*) (sn) passer en trombe; filer à grand fracas (*od.* en rafale); (*a. v/refl.:* *sich* ~) prendre une douche; **~n** n bruissement m; mugissement m; (*im Ohr*) tintements m/pl.; bourdonnements m/pl.; *bsd.* ₰ effervescence f; (*Dusche*) douche f; **~pulver** n poudre f effervescente.

Braut [braʊt] f (14¹) fiancée f; (*am Hochzeitstag*) (jeune) mariée f; **~ausstattung** f trousseau m de mariée; **~führer** m garçon m d'honneur.

Bräutigam m (3¹) fiancé m; (*am Hochzeitstag*) (jeune) marié m.

Braut|jungfer f demoiselle f d'honneur; **~kleid** n robe f de mariée; **~kranz** m couronne f nuptiale; **~leute** *pl.*, **~paar** n fiancés m/pl.; (*am Hochzeitstag*) (jeunes *od.* nouveaux) mariés m/pl.; **~schau** f: *auf* ~ *gehen* chercher femme; **~schleier** m voile m de mariée; **~schmuck** m parure f de mariée; **~vater** m père m de la mariée.

brav [brɑːf] *adj.* brave; (*bieder a.*)

bravo! 694

honnête; (*Kind*) sage.
bravo! [ˈbraːvoː] *int.* bravo!; ♀**rufe**
m/pl. bravos *m/pl.*
Bravour [braˈvuːr] *f*: mit ~ = ♀ös
[~ˈrøːs] *adj.* avec brio; ~**stück** *n* action *f* d'éclat.
Brech|bohnen *f/pl.* 'haricots *m/pl.*
verts; ~**durchfall** *m* cholérine *f*; ~
eisen *n* levier *m* de fer; pince *f*
monseigneur; ♀**en** (30) **1.** *v/t.* rompre; casser; briser; (*durch etw. hindurch*) percer; *Gliedmaßen*: casser; fracturer; *Flachs*: broyer; *phys.* réfracter; réfléchir; *fig. Frieden usw.*: rompre; *Wort, Treue*: manquer à; *Ehe, Eid*: violer; *Gesetz*: enfreindre; **2.** *v/i.* (*sen*) rompre; se casser; se briser; (*Leder*) se freindre; (*Stoff*) se couper; (*Stimme*) muer; (*Auge*) s'éteindre; ~ mit rompre avec; (*sich er~*) vomir; *gebrochen Deutsch sprechen* écorcher l'allemand; *gebrochene Worte* paroles *f/pl.* entrecoupées; ~**en** *n* rupture *f*; cassement *m*; fracture *f*; (*v. Flachs*) broyage *m*; (*e-r Ehe, e-s Eids*) violation *f*; (*Er♀*) vomissement *m*; ~**er** ♣ *m* (7) paquet *m* de mer; ~**mittel** *n* vomitif *m*; émétique *m*; ~**reiz** *m* nausée *f*; envie *f* de vomir; ~**stange** *f* = Brecheisen; ~**ung** *f* réfraction *f*; réflexion *f*; ~**ungswinkel** *m* angle *m* de réfraction.
Bregen [ˈbreːgən] *m* (6) *cuis.* cervelle *f*.
Brei [brai] *m* (3) bouillie *f*; (*v. Hülsenfrüchten, Kartoffeln*) purée *f*; (*v. Obst*) marmelade *f*; *wie die Katze um den heißen ~ herumgehen* tourner autour du pot; ♀**-ig** *adj.* en bouillie.
breit [brait] *adj.* large; ample; (*Stil*) ample; *mv.p.* prolixe; (*Nase*) plat (*a. Fuß*); camus; 2 m ~ large de 2 m; ~**er** *machen* élargir; ~**er** *werden* s'élargir; ~**beinig** *adv.* les jambes écartées; ~**drücken** *v/t.* aplatir; 2 m ~ largeur *f*; *die* ~ *beträgt 5 m* la largeur est de 5 m; *60 cm in der* ~ 60 cm de large; *in die* ~ *gehen* s'élargir; grossir; *fig.* s'étendre; *géogr., astr.* latitude *f*; (*des Stils*) ampleur *f*; *mv.p.* prolixité *f*; ♀**engrad** *m* degré *m* de latitude; ♀**enkreis** *m* parallèle *m*; ~**machen** *v/rfl.*: *sich* ~ se carrer; s'implanter; ~**schlagen** *fig.* F *v/t.*: *j-n* ~ (*überreden*) persuader q.; ~**schult(e)rig** *adj.* F carré des épaules; ♀**seite** ♣ *f* bordée *f*; ~**spurig** *adj. Esb.* à voie large; *fig.* F qui fait l'important; ~**treten** *fig. v/t.*:

ein Thema ~ s'appesantir sur un sujet; ♀**wandfilm** *m* film *m* sur écran large (*od.* grand écran).
Brei-umschlag *m* (3³) cataplasme *m*.
Brems|backe ⊕ [ˈbrɛms-] *f* mâchoire *f* de frein; ~**belag** *m* garniture *f* de frein; ~**e** *f* (15) frein *m* (*anziehen* serrer; *lösen* desserrer); *zo.* taon *m*; ♀**en** *v/t. u. v/i.* (27) freiner; ♀**er** *Esb. m* (7) garde-frein *m*; ~**hebel** *m* levier *m* de frein; ~**klotz** *m* sabot *m* de frein; ~**kraft** *f* force *f* (*od.* puissance *f*) de freinage; ~**licht** *n* feu *m* de stop (*od.* d'arrêt); ~**pedal** *n* pédale *f* de frein; ~**spur** *f* trace *f* de freinage; ~**weg** *m* parcours *m* de freinage; chemin *m* de freinage.
brenn|bar [ˈbrɛn-] *adj.* combustible; inflammable; ♀**barkeit** *f* combustibilité *f*; inflammabilité *f*; ♀**dauer** *f* ♀ durée *f* d'éclairage; (*e-r Rakete*) durée *f* de combustion; ♀**-eisen** *n* fer *m* rouge; (*fürs Haar*) fer *m* à friser; *chir.* cautère *m*; ~**en 1.** *v/t.* brûler (*a. fig.*); (*durch* 2 *bezeichnen*) marquer au fer rouge; *Haare*: friser; donner un coup de fer (à); *Branntwein*: distiller; *Mehl*: roussir; *Kaffee*: torréfier; *Kalk usw.*: cuire; *chir.* cautériser; **2.** *v/i.* (*Wunde, Auge*) cuire; (*Ofen*) marcher; (*Licht*) être allumé; (*Lampe*) éclairer; *es brennt!* au feu!; *vor Verlangen* (*Ungeduld*) ~ brûler de désir (d'impatience); ♀**en** *n* brûlure *f*; (*Rösten*) grillage *m*; (*v. Branntwein*) distillation *f*; (*v. Kaffee*) torréfaction *f*; (*v. Kalk usw.*) cuisson *f*; ~**end** *p.pr. adjt.* brûlant; ardent; ♀**er** *m* (7) (*v. Branntwein*) distillateur *m*; (*Gerät*) brûleur *m*; (*Gas♀*) bec *m* de gaz; ♀**erei** [~ˈrai] *f* distillerie *f*.
Brennessel *f* (15) ortie *f*.
Brenn|glas *n* loupe *f*; lentille *f*; ~**holz** *n* bois *m* de chauffage; ~**material** *n* combustibles *m/pl.*; ~**ofen** ⊕ *m* fourneau *m* de calcinage; ~**öl** *n* huile *f* lampante; ~**punkt** *m* foyer *m*; *fig.* centre *m*; ~**schere** *f* fer *m* à friser; ~**spiegel** *m* miroir *m* ardent; ~**spiritus** *m* alcool *m* à brûler; ~**stoff** *m* combustible *m*; *Auto* carburant *m*; ~**stoffverbrauch** *m* consommation *f* de combustible (*od.* carburant); ~**weite** *f opt.* distance *f* focale.
brenzlig [ˈbrɛntsliç] *adj.* sentant le brûlé; *fig.* *es wird* ~ ça sent le roussi.
Bresche *f* (15) brèche *f*; *e-e* ~ *schlagen* battre (*in etw. acc.* qch.) en brèche; *in*

die ~ springen se porter au secours.

Bre'ton|**e** m (13), **~in** f (16¹) Breton(ne f) m; **2isch** adj. breton.

Brett [brɛt] n (1) planche f (a. fig.); ais m (nie fig.); Schwarzes ~ tableau m noir (od. d'annonces od. d'affichage); (Bücher2) rayon m; tablette f; (Tablett) plateau m; (Spiel2) damier m; fig. ein ~ vor dem Kopf haben être bouché; bei j-m ein ~ im ~ haben être dans les bonnes grâces de q.; thé. die ~er la scène; les planches f/pl.

Bretter|**boden** m sol m en planches; **~bude** f baraque f (en planches); **~verschlag** m, **~wand** f cloison f; cloisonnage m; **~zaun** m clôture f en planches.

Brettspiel n jeu m de dames.

Brevier [bre'viːr] n (3¹) bréviaire m.

Brezel ['breːtsəl] f (15) bretzel m.

brich(**s**)**t** [briç(s)t] s. brechen.

Brief [briːf] m (3) lettre f; (Epistel) épître f; (Urkunde) document m; **~ablage** ✝ f classement m; **~beschwerer** m (7) presse-papiers m; **~bogen** m feuille f de papier à lettres; **~drucksache** f lettre f au tarif imprimé; **~einwurf** m fente f pour lettres; **~geheimnis** n secret m postal; **~karte** f carte-lettre f; **~kasten** m boîte f aux lettres; (Zeitungsrubrik) courrier m; **~kastenleerung** f levée f des lettres; **~kopf** m en-tête m (de la lettre); **2lich** adj. u. adv. par lettre(s); **~marke** f timbre-poste m.

Briefmarken|**-album** n album m de timbres(-poste); **~anfeuchter** m mouilleur m; **~automat** m distributeur m de timbres-poste; **~sammler**(**in** f) m philatéliste m; **~sammlung** f collection f de timbres(-poste).

Brief|**-öffner** m (7) ouvre-lettres m; coupe-papier m; **~papier** n papier m à lettres; **~porto** n port m de lettres; **~post** f courrier m; **~schreiber**(**in** f) m auteur m (d'une lettre); litt. épistolier m, -ière f; **~tasche** f portefeuille m; **~taube** f pigeon m voyageur; **~telegramm** n télégramme-lettre m; **~träger** m facteur m; **~umschlag** m enveloppe f; **~waage** f pèse-lettre m; **~wahl** f vote m par correspondance; **~wechsel** m correspondance f; échange m de lettres; mit j-m in ~ stehen (treten) être (entrer) en correspondance avec q.

briet [briːt] s. braten.

Brigade [bri'gaːdə] f (15) brigade f.

Brigg ⚓ [brik] f (11¹) brick m.

Brikett [bri'kɛt] n (11) briquette f.

Brillant [bril'jant] 1. m (12) brillant m; diamant m taillé à facettes; 2. 2 adj. brillant; excellent; **~ring** m bague f à brillant(s).

Brille ['brilə] f (15) lunettes f/pl.; e-e ~ une paire de lunettes; e-e ~ aufsetzen mettre des lunettes.

Brillen|**fassung** f monture f; **~futteral** n étui m à lunettes; **~schlange** zo. f serpent m à lunettes; **~träger** m porteur m de lunettes.

bringen v/t. (30) (hin~) porter; (her~) apporter; (her|führen) (a)mener; (geleiten) accompagner; conduire; Artikel: publier; Vorteil: apporter; an sich (acc.) ~ s'approprier; s'emparer de; es auf 80 Jahre ~ parvenir à l'âge de 80 ans; j-n dahin (dazu) ~, daß ... amener q. à ... (inf.); es mit sich ~ entraîner; avoir pour conséquence; es über sich ~ se résoudre (à); j-n um etw. ~ faire perdre qch. à q.; es weit ~ aller loin; es so weit ~, daß ... faire tant et si bien que ...; j-n wieder zu sich ~ faire reprendre connaissance à q.; es zu etw. ~ faire son chemin; Glück ~ porter bonheur; zur Welt ~ mettre au monde.

brisan|**t** [bri'zant] adj. très explosif; **2z** f (16) force f explosive.

Brise [bri'zə] f (15) brise f.

Brit|**e** ['britə] m (13), **~in** f Britannique m; **2isch** adj. britannique.

bröck(**e**)**lig** ['brœk(ə)liç] adj. (zerbrechlich) cassant; (zerreibbar) friable; **~eln** v/i. (29, sn) (s')émietter.

Brocken ['brɔkən] 1. m (6) morceau m; ein paar ~ (e-r Sprache usw.) quelques bribes f/pl.; ⚔ dicke ~ marmites f/pl.; 2. 2 v/t.: Brot in die Suppe ~ tremper la soupe; **2weise** adv. par (petits) morceaux; par fragments.

brodeln ['broːdəln] v/i. (29) bouillonner.

Brokat [bro'kaːt] m (3) brocart m.

Brom [broːm] n (3¹) brome m.

Brom|**beere** ['brɔmbeːrə] f mûre f sauvage; **~beerstrauch** m ronce f.

brom|**haltig** ['...haltiç] adj. contenant du brome; **2säure** f acide m bromique; **2silber** n bromure m d'argent.

Bronch|**ialkatarrh** [brɔnˈçiaːlkatar] m = Bronchitis; **~ien** ['...çiən] f/pl.

(15) bronches f/pl.; **~itis** [~'çitis] f
bronchite f.

Bronz|e ['brɔnsə] f (15) bronze m;
~emedaille f médaille f de bronze;
~ezeit f âge m du bronze.

Brosame ['bro:za:mə] f (15) mie f (de
pain); (*Krümel*) miette f.

Brosch|e ['brɔʃə] f (15) broche f;
2ieren [~'ʃi:rən] v/t. brocher; **~üre**
[~'ʃy:rə] f (15) brochure f.

Brot [bro:t] n (3) pain m; weißes
(schwarzes) ~ pain m blanc (bis); ~
backen cuire du pain; sein ~ verdienen
gagner sa vie; **~aufstrich** m, **~belag**
m garniture f; **~beutel** m filet m à
pain; ✗ musette f.

Brötchen ['brø:tçən] n (6) petit pain
m; belegtes ~ sandwich m; **~geber** F m
patron m.

Brot|-erwerb m gagne-pain m; **~herr**
m employeur m; patron m; **~korb** m
corbeille f à pain; fig. j-m den ~ höher
hängen tenir la dragée 'haute à q.;
rogner les vivres de q.; **~krume** f
mie f (de pain); **~kruste** f = Brot-
rinde; **~laib** m miche f (de pain); **~los**
adj. sans ressources; (*Kunst*) peu
lucratif; ingrat; j-n ~ machen ôter us
moyens d'existence à q.; **~messer** n
couteau m à pain; **~röster** m grille-pain f
de pain; **~röster** m grille-pain m;
~schneidemaschine f coupe-pain
m; **~schnitte** f tranche f de pain;
~suppe f panade f; **~teig** m pâte f à
pain.

Bruch [brux] **1.** m (3³) rupture f;
(*Knochen2*) fracture f; (*Darm2*) 'hernie f; (*Spalte*) fente f; crevasse f; ✝
(*Schokolade usw.*) débris m/pl.; (*das
Zerbrochene*) casse f; (im Papier) pli
m; (*Stein2*) carrière f; *Å* fraction f;
gemeiner ~ fraction f ordinaire; ge-
mischter ~ nombre m fractionnaire;
unechter ~ expression f fractionnaire;
fig. (e-s Vertrages usw.) rupture f;
violation f; in die Brüche gehen
échouer; se réduire à rien; Flgw. F ~
machen s'écraser au sol; Flgw. F ~ **2.** m u. n
(*Sumpf*) marais m; **~band** n bandage
m 'herniaire; **~belastung** ⊕ f charge
f de rupture; **~bude** f ⊥ taudis m;
baraque f; **2fest** adj. résistant à la
rupture.

brüchig ['bryçiç] adj. fragile; (spröde)
cassant; ~e Stimme voix f cassée.

Bruch|landung Flgw. f cassage m de
bois; e-e ~ machen casser du bois (à
l'atterrissage); **~rechnen** n, **~rech-**

nung f calcul m fractionnaire; **~**
schaden m (an Waren) casse f;
~stein Arch. m pierre f de taille;
moellon m; **~stelle** f cassure f; **~**
strich m barre f de fraction; **~stück** n
fragment m; **2stückartig** adj. fragmentaire; **2stückweise** adv. par
fragments; par bribes; **~teil** m partie
f; fraction f; **~zahl** f nombre m
fractionnaire.

Brücke ['brykə] f (15) pont m (schlagen über acc. jeter sur; abbrechen
rompre); (Zahn2) bridge m; ♣ passerelle f; fig. alle ~n hinter sich abbrechen brûler ses vaisseaux.

Brücken|bau m construction f des
ponts; **~bogen** m arche f; **~geländer**
n garde-fou m; parapet m; **~geld** n
péage m; **~kopf** ✗ m tête f de pont;
~pfeiler m pilier m d'un pont; **~**
waage f bascule f; **~zoll** m péage m.

Bruder ['bru:dər] m (7¹) frère m; ~
Leichtfuß écervelé m; ~ Lustig joyeux
compère m.

Brüderchen n petit frère m.

Bruder|herz F n frérot m; **~krieg** m
guerre f fratricide.

brüderlich adj. fraternel; **2keit** f fraternité f.

Bruder|liebe f amour m fraternel;
~mord m, **~mörder** m fratricide m.

Brüderschaft f (16) fraternité f; (Ge-
nossenschaft) communauté f; con-
frérie f; rl. congrégation f; mit j-m ~
schließen (trinken) fraterniser avec q.
(le verre en main).

Brudervolk n peuple m frère.

Brühe ['bry:ə] f (15) bouillon m;
consommé m.

brüh|en v/t. (25) échauder; die Wä-
sche ~ couler la lessive; **~heiß** adj.
bouillant; **~warm 1.** adj. bouillant;
tout chaud (a. fig.); **2.** adv. F etw. ~
erzählen servir une nouvelle toute
fraîche (od. toute chaude); **2würfel**
m cube m de consommé.

brüllen ['brylən] v/i. (25) (Rind) mugir; beugler; (Löwe) rugir; (heulen)
'hurler; (zornig schreien) vociférer.

Brumm|bär m grognard m; **~baß** m
bourdon m; **2en 1.** v/t. u. v/i. (25)
gronder; grogner; Lied: fredonner;
(Insekten) bourdonner; F (im Gefängnis sein) être sous les verrous; in
den Bart ~ grommeler entre ses
dents; mir brummt der Kopf la tête me
tourne; **2.** **~en** n grondement m;
grognement m; (v. Insekten) bour-

donnement m; **∼er** m (7) zo. mouche f bleue; ♪ bourdon m; F dicker ∼ (LKW) camion m; **2ig** adj. grondeur; grognon; **∼kreisel** m toupie f bourdonnante; **∼schädel** F m: e-n ∼ haben avoir mal aux cheveux.

brünett [bryˈnɛt] adj. brun.

Brunft ch. [brunft] f (14¹) chaleur f; rut m; **2ig** adj. en rut; en chaleur; **∼zeit** f temps m du rut.

Brunnen [ˈbrunən] m (6) puits m; (künstliche Quelle) fontaine f; (natürliche Quelle) source f; (zur Kur) eaux f/pl. (minérales); ∼ trinken prendre les eaux; **∼kresse** ♀ f cresson m de fontaine; **∼kur** f cure f d'eaux minérales; **∼rand** m margelle f; **∼wasser** n eau f de puits (od. de fontaine).

Brunst [brunst] f (14¹) ardeur f; ch. = Brunft.

brünstig [ˈbrynstiç] adj. ardent; fervent; ch. en chaleur; en rut.

brüs|k [brysk] adj. brusque; **∼ˈkieren** v/t. brusquer; **2ˈkierung** f offense f.

Brust [brust] f (14¹) poitrine f; (Busen) sein m; gorge f; (Mutter2) mamelle f; sein m; anat. thorax m; (v. Pferd) poitrail m; cuis. (v. Fasan, Rebhuhn) estomac m; (v. Huhn) blanc m; fig. cœur m; sein m; (v. Hemd) devant m; die ∼ geben donner le sein; von der ∼ entwöhnen sevrer; sich an die ∼ schlagen se frapper la poitrine; sich in die ∼ werfen se rengorger; **∼bein** n sternum m; **∼bild** n buste m.

brüsten [ˈbrystən] v/rfl. (26): sich ∼ se rengorger; sich ∼ mit faire parade de.

Brust|fell n plèvre f; **∼fell-entzündung** f pleurésie f; **∼flosse** zo. f nageoire f pectorale; **∼höhle** anat. f cavité f thoracique; **∼kasten** m, **∼korb** m thorax m; F coffre m; **∼krebs** ♂ m cancer m du sein; **∼riemen** m (am Pferd) poitrail m; **∼schwimmen** n brasse f; **∼stimme** f voix f de poitrine; **∼stück** n (Schlächterei) poitrine f; **∼tasche** f poche f intérieure; **∼tee** m tisane f pectorale; **∼ton** m: fig. im ∼ der Überzeugung du ton de la plus profonde conviction; **∼umfang** m tour m de poitrine.

Brüstung [ˈbrystuŋ] f parapet m; appui m; balustrade f.

Brust|warze f mamelon m; tétin m; **∼weite** f = Brustumfang; **∼wirbel** anat. m vertèbre f dorsale.

Brut [bru:t] f (16) (die ausgebrüteten Jungen) couvée f; (Insekten2) couvain m; (Fisch2) alevin m; frai m; böse ∼ mauvaise engeance f.

bru|ˈtal adj. brutal; **2taliˈtät** f brutalité f.

Brut|-apparat m couveuse f (artificielle); **∼ei** n œuf m à couver; (angebrütet) œuf m couvi.

brüten [ˈbry:tən] 1. v/t. u. v/i. (26) couver; (nachsinnen) méditer; fig. über etw. (dat. od. acc.) ∼ couver (od. machiner) qch.; 2. 2 n incubation f.

Brut|henne f (poule f) couveuse f; **∼hitze** f chaleur f d'incubation; fig. chaleur f tropicale; **∼kasten** m couveuse f; incubateur m; **∼schrank** ♂ m étuve f bactériologique; **∼stätte** fig. f foyer m.

brutto [ˈbruto] adj. brut; **2-einkommen** n revenu m brut; **2-einnahme** f recette f brute; **2gewicht** n poids m brut; **2registertonne** f tonneau m de jauge brut; **2sozialprodukt** n produit m national (od. social) brut.

Brutzeit f couvaison f.

Bube [ˈbu:bə] m (13) garçon m; gamin m; (im Kartenspiel) valet m; **∼nstreich** m gaminerie f; polissonnerie f; (Schurkentat) fourberie f.

Bubi|kopf m cheveux m/pl. coupés court; **∼kragen** m col m Claudine.

Buch [bu:x] n (1³) livre m; ∼ Papier main f de papier; ∼ führen tenir les livres; **∼besprechung** f compte m rendu (d'un livre); **∼binder** m relieur m; **∼binde'rei** f métier m (resp. atelier) m de relieur; (das Buchbinden) reliure f; **∼deckel** m couverture f de livre.

Buchdruck m imprimerie f; typographie f; **∼er** m imprimeur m; (Schriftsetzer) typographe m; **∼e'rei** f imprimerie f; **∼erkunst** f art m typographique.

Buch|e ♀ [ˈbu:xə] f (15) 'hêtre m; **∼ecker** ♀ [ˈ∼ɛkər] f (15) faine f.

Buch-einband m reliure f.

buchen [ˈbu:xən] 1. v/t. (25) ✝ inscrire; passer écriture de; Flug, Reise usw.: retenir; réserver; 2. adj. en (bois de) 'hêtre.

Bücher|-abschluß ✝ m clôture f des livres; **∼brett** n rayon m; tablette f; **∼ei** [by:çə'rai] f bibliothèque f; **∼freund** m bibliophile m; **∼narr** m bibliomane m; **∼regal** n étagère f à livres; **∼revisor** m expert m comptable; **~schrank** m bibliothèque f; **~stütze** f appui-livres m; serre-livres m; **~wurm** m teigne f des livres; fig. rat m de bibliothèque, F bouquineur m.

Buch|fink zo. m pinson m; **~führung** f comptabilité f (einfache en partie simple; doppelte double); tenue f des livres; **~gemeinschaft** f club m (od. guilde f) du livre; **~halter(in** f) m comptable m, f; **~haltung** f comptabilité f; **~handel** m commerce m de livres; im ~ sein être en librairie (od. en vente); **~händler(in** f) m libraire m, f; **~handlung** f librairie f; **~hülle** f couvre-livre m; liseuse f; **~laufkarte** f feuille f de recherches (od. d'enquête).

Buchsbaum ['buks-] m (3³) buis m.

Buchse ⊕, ⚡ ['buksə] f (15) douille f.

Büchse ['byksə] f (15) boîte f; étui m; (Gewehr) carabine f.

Büchsen|fleisch n viande f en conserve; ✂ F singe m; **~gemüse** n légumes m/pl. en conserve; **~macher** m armurier m; **~milch** f lait m condensé; **~öffner** m (7) ouvre-boîtes m.

Buchstabe ['ˌtaːbə] m (13¹) lettre f; caractère m; typ. type m; großer ~ majuscule m; kleiner ~ minuscule f; in ~n en toutes lettres.

buchstaben|getreu adj. fidèle à la lettre; **Qrätsel** n logographe m; **Qrechnung** f algèbre f.

buch|stabieren [~ˈbiːrən] v/t. épeler (a. mühsam lesen); **~stäblich** ['ˌʃtɛːplɪç] **1.** adj. littéral; **2.** adv. a. à la lettre; au pied de la lettre.

Bucht [buxt] f (16) baie f; (kleine) anse f; (Meerbusen) golfe m.

Buch|titel m titre m de livre; **~umschlag** m couverture f.

Buchung f inscription f dans les livres; comptabilisation f; (e-r Reise) réservation f; **~sbetrag** m montant m à comptabiliser; **~smaschine** f machine f comptable.

Buch|verleih m service m de prêt de livres; **~weizen** ⚘ m sarrasin m; **~zeichen** n signet m.

Buck|el ['bukəl] m (7) (Höcker) bosse f; (Rücken) dos m; Arch. saillie f; **Q(e)lig** adj. bossu; **~(e)lige(r** m) m,

f bossu(e f) m.

bücken ['bykən] v/rfl. (25): sich ~ se baisser; se courber.

Bückling ['byklɪŋ] m (3¹) cuis. 'hareng m saur; (Verbeugung) révérence f; courbette f; e-n ~ machen faire une courbette.

Buddel F ['budəl] f (15) bouteille f.

buddeln ['budəln] v/t. u. v/i. (29) fouiller.

Buddhis|mus [bu'dɪs-] m bouddhisme m; **~t** m bouddhiste m; **Qtisch** adj. bouddhique.

Bude ['buːdə] f (15) boutique f; échoppe f; (Brettergebäude) baraque f; F turne f; **~nzauber** F m nouba f; bombance f.

Budget [by'dʒeː] n (11) budget m.

Büfett [by'fɛː] n (3) buffet m.

Büffel ['byfəl] m (7) buffle m; **~herde** f troupeau m de buffles; **Qn** F v/t. u. v/i. (29) piocher; bûcher.

Bug [buːk] m (3³) ⚓ proue f; avant m; zo. épaule f.

Bügel ['byːgəl] m (7) pièce f courbe; (Steig2) étrier m; (Korb2) anse f; (Kleider2) cintre m; (Brillen2) branche f; (Gewehr2) sous-garde f; **~brett** n planche f à repasser; **~eisen** n fer m à repasser; **~falte** f pli m du pantalon; **Qfrei** adj. sans repassage; **~maschine** f machine f à repasser; **Qn** v/t. (29) repasser.

Büglerin ['byːglərɪn] f repasseuse f.

buhlen ['buːlən] v/i.: um j-s Gunst ~ briguer la faveur de q.

Buhne ['buːnə] f (15) épi m.

Bühne ['byːnə] f (15) scène f; théâtre m; auf die ~ bringen mettre en scène; über die ~ gehen être représenté; (Gerüst) estrade f; tribune f.

Bühnen|-anweisung f indication f scénique; **~arbeiter** m machiniste f théâtrale; **~aussprache** f prononciation f théâtrale; **~ausstattung** f décors m/pl.; **~bearbeitung** f adaptation f scénique; **~beleuchtung** f éclairage m scénique; **~bild** m décors m/pl.; **~bildner(in** f) m décorateur m, -trice f; **~dichter** m auteur m dramatique; **~fassung** f version f scénique; **~künstler(in** f) m acteur m, actrice f; **~laufbahn** f carrière f théâtrale; **~stück** n pièce f de théâtre; **~vorhang** m rideau m; toile f.

buk [buːk] s. backen.

Bukett [bu'kɛt] n (3) bouquet m.

Bulette [buˈlɛtə] f (15) boulette f.
Bulga|re [bulˈgaːrə] m (13), **~rin** f (16¹) Bulgare m, f; **2risch** adj. bulgare.
Bull-|auge [ˈbul-] n ˈhublot m; **~dogge** f (15) bouledogue m; **~dozer** [ˈ-doːzər] m (7) bulldozer m.
Bulle [ˈbulə] **1.** zo. m (13) taureau m; **2.** f (15) (Urkunde) bulle f; **~nhitze** F f chaleur f à crever.
Bulletin [bylˈtɛ̃] n (11): ein ~ herausgeben publier un bulletin.
Bumerang [ˈbuːməraŋ] m (3¹) boomerang m, boumerang m.
Bummel [ˈbuməl] m (7) promenade f; F balade f; P vadrouille f; auf den ~ gehen F aller se balader, faire une balade, P vadrouiller; **~ei** [~ˈlai] f (16¹) flânerie f; (müßiges Leben) vie f dissipée (od. de dissipation); (Nichtstuerei) fainéantise f; (Saumseligkeit) lanternerie f; (Nachlässigkeit) négligence f; **2n** v/i. (29) flâner; F se balader; P vadrouiller; (nichts tun) fainéanter; (säumig sein) lanterner; lambiner; traîner; (sich vergnügen) s'amuser; **~streik** m grève f perlée (od. du zèle); **~zug** Esb. m train m omnibus; F tortillard m.
Bummler m (7) flâneur m; (Nichtstuer) fainéant m; (Trödler) lambin m.
bums! int. [bums] patatras!; **2musik** F f musique f de bastringue.
Bund [bunt] **1.** m (3³) (Bündnis) union f; (Freundschafts2) alliance f; pol. coalition f; (zu gegenseitiger Unterstützung) confédération f; (zu Schutz und Trutz) ligue f; (bindender Vertrag) pacte m; (Binde) bandeau m; (Kopf2) turban m; **2.** m (3³) (Stroh, Gemüse) botte f; ~ Reisholz fagot m; (Schlüssel2) trousseau f.
Bündel [ˈbyndəl] n (7) paquet m; (Stroh, Gemüse) botte f; (Akten2) liasse f; (Ruten2) faisceau m de verges; ~ Reisholz fagot m; sein ~ schnüren faire son paquet; **2n** v/t. (29) lier ensemble; faire un paquet de; **2weise** adv. par paquets; par bottes; par ligots.
Bundes... in Zssgn fédéral; **~amt** n office m fédéral; **~bahn** f chemin m de fer fédéral; **~behörde** f autorité f fédérale; **2deutsch** adj. fédéral allemand; de l'Allemagne fédérale; **~genosse** m allié m; confédéré m; **~kanzler** m chancelier m de la République fédérale; **~liga** Sp. m pre-

mière division f; **~präsident** m président m de la République fédérale; **~rat** m Conseil m fédéral; Bundesrat m; **~republik** f: die ~ (Deutschland) la République fédérale (d'Allemagne); **~staat** m confédération f; (einzelner) État m fédératif; **~straße** f route f fédérale (od. nationale); **~tag** m Assemblée f fédérale; Bundestag m; **~trainer** Sp. m entraîneur m de l'équipe nationale; **~verfassungsgericht** n tribunal m constitutionnel de la République fédérale; **~wehr** f armée f de la République fédérale; Bundeswehr f.
bündig [ˈbyndiç] adj. (beweisend) concluant; (Redeweise) concis; succinct; net; kurz und ~ sans détours; court et frappant.
Bündnis [ˈbyntnis] n (4¹) alliance f; pacte m; s. Bund; **~politik** f politique f d'alliance.
Bundweite cout. f tour m de taille.
Bungalow [ˈbuŋgalo] m (11) bungalow m.
Bunker [ˈbuŋkər] m ⚓ soute f à charbon; ⚔ fortin m; (zum Schutz) abri m bétonné.
bunt [bunt] adj. en couleurs; de couleurs variées; multicolore; (~scheckig) bigarré; bariolé; fig. varié; (verworren) confus; bekannt sein wie ein ~er Hund être connu comme le loup blanc; **~e Reihe machen** faire alterner les places des messieurs et des dames; (~durcheinander) pêle-mêle; ~ durcheinandergehen aller sens dessus dessous; es wird (ist) mir zu ~ c'en est trop; er treibt es zu ~ il va trop loin; **2druck** m chromotypographie f; **2metall** n métal m non-ferreux; **2papier** n papier m de couleur; **2sandstein** m grès m bigarré; **2scheckig** adj. bigarré; bariolé; **2specht** m pic m rouge; **2stift** m crayon m de couleur.
Bürde [ˈbyrdə] f (15) charge f; (schwere Last) fardeau m.
Burg [burk] f (16) château m (fort); citadelle f; fig. asile m.
Bürg|e [ˈbyrgə] m (13) garant m; (für Zahlung) caution f; e-n ~en stellen fournir caution; **2en** v/i. (27) garantir (für etw. qch.); (einstehen) répondre (für de); für e-n Wechsel ~ avaliser un effet.
Bürger(in f) [ˈbyrgər(in)] m (7) bourgeois(e f) m; (Staats2) citoyen

(-ne f) m; (Stadtbewohner) citadin(e f) m; **~initiative** f initiative f populaire; **~könig** hist. m Roi-Citoyen m; **~krieg** m guerre f civile; **~kunde** f instruction f civique; **2lich** adj. civil; civique; (dem Stande nach) bourgeois; **2es Gesetzbuch** (Recht) code m (droit m) civil; **~e** Küche cuisine f bourgeoise; **~meister** m maire m; (in Deutschland, Belgien, der Schweiz) bourgmestre m; Regierender **~** (Berlin) bourgmestre m régnant; **~pflicht** f devoir m civique; **~recht** n (e-r Stadt) droit m de cité; (e-s Staates) droit m de citoyen; **~schaft** f bourgeoisie f; citoyens m|pl.; **~steig** m trottoir m; **~tum** n bourgeoisie f; **~wehr** f milice f (bourgeoise); garde f nationale.

Burg|flecken m petit bourg m; bourgade f; **~frau** f châtelaine f; **~fräulein** n châtelaine f; **~friede(n)** m union f sacrée; pol. trêve f politique (od. entre les partis); **~herr** m châtelain m.

Bürgschaft ['byrkʃaft] f (16) caution f; cautionnement m; garantie f; **~ leisten** fournir caution.

Burgunder [bur'gundər] m (7) Bourguignon m; (Wein) bourgogne m.

Burgverlies n oubliettes f|pl.

burlesk [bur'lɛsk] adj. burlesque; **2e** thé. f pièce f burlesque.

Büro [by'ro:] n (11) bureau m; **~angestellte(r** m) m f, employé(e) m de bureau; **~klammer** f attache f, agrafe f; trombone m; **2'krat** m (12) bureaucrate m; F rond-de-cuir m; **~kra'tie** f bureaucratie f; **2'kratisch** adj. bureaucratique; **~kra'tismus** m chinoiserie f administrative; **~maschine** f machine f de bureau (od. de comptabilité); **~möbel** n|pl. mobilier m (od. meubles m|pl.) de bureau; **~schluß** m clôture f du (resp. des) bureau(x); **~stunden** f|pl. heures f|pl. de bureau; **~vorsteher** m chef m de bureau.

Bursch|e ['burʃə] m (13) jeune homme m; garçon m; gars m; **⚔** brosseur m; **~enschaft** f association f d'étudiants; **2ikos** [~'ʃi'ko:s] adj. gaillard; sans façons.

Bürste ['byrstə] f (15) brosse f; **2n** v/t. (26) brosser.

Bürsten|-abzug m épreuve f à la brosse; **~binder** m brossier m.

Bürzel ['byrtsəl] m (7) croupion m;

F cuis. a. sot-l'y-laisse m.

Bus [bus] m (4¹) bus m; (Reise²) car m.

Busch [buʃ] m (3² u. ³) buisson m; arbrisseau m; s. a. Büschel; (Urwald) brousse f; **im ~ leben** vivre dans la brousse; fig. auf den ~ klopfen sonder le terrain; sich in die Büsche schlagen s'esquiver; **~bohne** f 'haricot m nain.

Büschel ['byʃəl] m od. n (7) touffe f; (Haar²) toupet m; (Quaste) 'houppe f; **⚓** fascicule m.

Busch|holz n broussailles f|pl.; **2ig** adj. touffu; (Augenbrauen) broussailleux; (Gelände) buissonneux; **~messer** n sabre m d'abattis; machette f; **~wald** m maquis m; **~werk** n broussailles f|pl.

Busen ['bu:zən] m (6) sein m; gorge f; fig. cœur m; poitrine f; (Meer²) golfe m; **2frei** adj. sein nu; **~freund(in** f) m ami(e f) m intime.

Bussard ['busart] m (3) buse f.

Buße ['bu:sə] f (15) pénitence f (auferlegen imposer); (Geld²) amende f; **~ tun** faire pénitence (für de).

büßen ['by:sən] v/t. u. v/i. expier; für etw. **~** porter la peine de qch.; expier qch.; etw. mit s-m Leben **~** expier qch. par sa mort; payer qch. de sa vie; das soll er mir **~** il me paiera cela.

buß|fertig adj. contrit; repentant; **2geld** n amende f.

Bußtag m: **Buß- und Bettag** jour m de pénitence et de prières.

Büste ['bystə] f (15) buste m; **~nhalter** m soutien-gorge m.

Butt zo. [but] m (3) pleuronecte m.

Bütte ['bytə] f (15) cuve f; (Trag²) 'hotte f; **~npapier** ['bytənpapi:r] n papier m à la cuve.

Butter ['butər] f (15) beurre m (braune noir; zerlassene fondu); mit **~ bestreichen** beurrer; F alles in **~**! tout va bien!; **~blume** f bouton m d'or; pissenlit m; **~brot** n tartine f (de beurre); beurrée f; F fig. für ein **~** pour un morceau de pain; **~brotpapier** n papier m parchemin; **~creme** f crème f au beurre; **~cremetorte** f moka m; **~dose** f beurrier m; **~faß** n baratte f; **~kuchen** m gâteau m au beurre; **~milch** f babeurre m; **2n** v|t. (29) baratter; **2weich** adj. mou comme du beurre.

Butzenscheibe ['butsən-] f (15) vitrail m en culs-de-bouteille.

Byzan|tiner [bytsan'ti:nər] m Byzantin m; **2'tinisch** adj. byzantin.

C

C, c [tse] *n* C, c [se] *m*; ♪ ut *m*; do *m*.

Café [ka'fe:] *n* (11) café *m*; *s.* **Kaffee**.

Callgirl ['kɔ:lgœrl] *n* (11) call-girl *f*.

camp|en ['kɛmpən] *v/i.* camper; faire du camping; **2ing** ['⁓piŋ] *n* (11, *o. pl.*) camping *m*; **2ing-ausrüstung** *f* matériel *m* de camping; **2ingplatz** *m* terrain *m* de camping.

Catcher ['kɛtʃər] *m* (7) catcheur *m*.

C-Dur ['tse:du:r] *n* (*inv.*) ut *m* majeur.

Cellist [tʃɛ'list] *m* (12) violoncell(ist)e *m*.

Cello ['tʃɛlo] *n* (11) violoncelle *m*.

Cellophan [tsɛlo'fa:n] *n* (3¹, *o.pl.*) cellophane *f*.

Celsius ['tsɛlzjus]: *Grad* ⁓ degré(s) *m(pl.)* Celsius; **⁓thermometer** *n* thermomètre *m* Celsius.

Cembalo ['tʃɛmbalo] *n* (11) clavecin *m*.

Ces ♪ [tsɛs] *n* (*inv.*) ut *m* bémol.

Chagrinleder [ʃa'grɛ̃-] *n* chagrin *m*.

Chaiselongue [ʃɛːz(ə)'lɔŋ] *f* (11¹) divan *m*; ottomane *f*.

Chamäleon [ka'mɛ:leɔn] *n* (11) caméléon *m*.

Champagner [ʃam'panjər] *m* (7) champagne *m*.

Champignon ['ʃampinjɔ̃] *m* (11) champignon *m* de Paris (*od.* de couche).

Champion *Sp.* ['tʃɛmpjən] *m* (11) champion(ne *f*).

Chance ['ʃãsə] *f* (15) chance *f*.

Chansonsänger [ʃã'sɔ̃-] *m* chanteur *m* (de chansons).

Chaos ['ka:ɔs] *n* (*inv.*) chaos *m*.

chaotisch [ka'o:tiʃ] *adj.* chaotique.

Charakter [ka'raktər] *m* (3¹, *pl.* Charak'tere) caractère *m*; **⁓bild** *n* portrait *m*; **⁓darsteller** *m* thé. acteur *m* de rôles de caractère; **⁓eigenschaft** *f* qualité *f* de caractère; **⁓fehler** *m* défaut *m* de caractère; **2fest** *adj.* d'un caractère ferme; **⁓festigkeit** *f* fermeté *f* de caractère; **2i'sieren** *v/t.* caractériser; **⁓i'sierung** *f* caractérisation *f*; **⁓i'stik** [⁓'ristik] *f* caractéristique *f*; (*e-r Person*) portrait *m* moral; **2istisch**

[⁓'risti∫] *adj.* caractéristique; **2lich** [⁓'raktərliç] *adj.* caractériel; de caractère; **2los** *adj.* sans caractère; **⁓losigkeit** *f* manque *m* de caractère; **⁓schwäche** *f* faiblesse *f* de caractère; **⁓stärke** *f* force *f* de caractère; **⁓zug** *m* trait *m* caractéristique.

charm|ant [ʃar'mant] *adj.* charmant; **2e** [ʃarm] *m* (11, *o.pl.*) charme *m*.

Charta ['karta] *f* (11¹) charte *f*.

Charter|flug ['ʃartər-] *m* vol *m* d'affrètement; **⁓flugzeug** *n* avion *m* affrété; **2n** *v/t.* (29) affréter.

Chassis [ʃa'si:] *n* (11) chassis *m*.

Chauffeur [ʃo'fø:r] *m* (3¹) chauffeur *m*.

Chaussee [ʃo'se:] *f* (15) (grand-)route *f*; **⁓graben** *m* fossé *m* de (la) route.

Chauvin|ismus [ʃovi'nismus] *m* chauvinisme *m*; **⁓ist** [⁓'nist] *m* (12) chauvin *m*; **2istisch** *adj.* chauvin.

Chef [ʃɛf] *m* (11) chef *m*; patron *m*; **⁓arzt** *m* médecin *m* en chef; **⁓in** *f* patronne *f*; F cheffesse *f*; **⁓ingenieur** *m* ingénieur *m* en chef; **⁓pilot** *m* chef-pilote *m*; **⁓redakteur** *m* rédacteur *m* en chef; **⁓sekretärin** *f* secrétaire *f* en (*bzw.* du) chef.

Chemie [çe'mi:] *f* (15) chimie *f*; **⁓faser** *f* fibre *f* synthétique.

Chemikalien [çemi'ka:ljən] *f/pl.* (15) produits *m/pl.* chimiques.

Chem|iker ['çemikər] *m* (7) chimiste *m*; **2isch** 1. *adj.* chimique; **⁓e Fabrik** fabrique *f* de produits chimiques; **2.** *adv.*: ⁓ *rein* chimiquement pur; **⁓reinigen** nettoyer à sec; *etw.* ⁓ *untersuchen* faire l'analyse chimique de qch.

Chiffr|e ['ʃifrə] *f* (15) chiffre *m*; *unter der* ⁓ ... aux initiales ...; sous chiffre ...; **⁓etelegramm** *n* télégramme *m* chiffré; **2ieren** [⁓'fri:rən] *v/t.* chiffrer.

Chile|ne [tʃi'le:nə] *m* (13), **⁓nin** *f* Chilien(ne *f*) *m*; **2nisch** *adj.* chilien.

Chilesalpeter *m* salpêtre *m* du Chili.

Chinarinde *phm.* ['çi:na-] *f* quinquina *m*.

Chine|se [çi'ne:zə] *m* (13), **⁓sin** *f* Chinois(e *f*) *m*; **2sisch** *adj.* chinois.

Chinin [çi'ni:n] n (11) quinine f.
Chirurg [çi'rurk] m (12) chirurgien m; **~rurgie** f (15) chirurgie f; **2'rurgisch** adj. chirurgical.
Chlor [klo:r] n (3²) chlore m; **~at** [~o'ra:t] n (3, o.pl.) chlorate m; **2en** v/t. javelliser; désinfecter au chlore; **2haltig** adj. chloré; **~kalk** m chlorure m de chaux; **~oform** [kloro-'form] n (11, o.pl.) chloroforme m; **2ofor'mieren** v/t. chloroformer; **~ophyll** [~'fyl] n (11, o.pl.) chlorophylle f; **~säure** f acide m chlorique; **~wasserstoff** m acide m chlorhydrique.
Cholera ['ko:ləra] f (inv.) choléra m; **~epidemie** f épidémie f de choléra; **2krank** adj. cholérique.
Choleriker [ko'le:rikər] m colérique m; **2isch** adj. colérique.
Cholesterin [kolɛste'ri:n] n (11, o.pl.) cholestérol m.
Chor [ko:r] m (3³) chœur m (a. thé., Arch.); (Verein) chorale f; im **~** en chœur; **~al** [ko'ra:l] m (3¹ u. ³) choral m; cantique m; hymne f; gregorianischer **~** chant m grégorien; plaint-chant m; **~altar** m maître-autel m.
Choreograph [koreo'gra:f] m (12) chorégraphe m; **~ie** [~gra'fi:] f chorégraphie f.
Chorgesang m chant m du chœur; égl. cath. plein-chant m; **~gestühl** n stalles f/pl.; **~hemd** n surplis m; **~knabe** m enfant m de chœur; **~sänger(in** f) m choriste m, f.
Christ(in f) ['krist(in)] m (12) chrétien(ne f) m; **~baum** m arbre m de Noël.
Christenheit f chrétienté f; **~pflicht** f devoir m de chrétien; **~tum** n (1²) christianisme m; **~verfolgung** f persécution f des chrétiens.
Christfest n fête f de Noël; **2iani'sieren** v/t. christianiser; **~kind** n enfant m Jésus; **2lich** adj. chrétien; **~messe** f messe f de minuit; **~nacht** f nuit f de Noël; **~rose** f 9 (h)ellébore m noir; rose f de Noël.
Christus ['kristus] m Jésus-Christ m; le Christ; vor (nach) **~** (od. Christi Geburt) avant (après) Jésus-Christ; **~bild** n image f du Christ.
Chrom [kro:m] n (3¹) chrome m.
chromatisch [kro'ma:tiʃ] adj. chromatique.
Chromosom biol. [kromo'so:m] n (5¹) chromosome m.

Chromsäure f acide m chromique; **~stahl** m acier m chromé.
Chronik ['kro:nik] f (16) chronique f; **2isch** adj. chronique; **~ist** [~o'nist] m (12) chroniqueur m.
Chronologie [kronolo'gi:] f (15) chronologie f; **2'logisch** adj. chronologique; **~'meter** n (7) chronomètre m.
Chrysantheme [kryzan'te:mə] f (15) chrysanthème m.
Cinemascope [sinema'sko:p] n (inv.) cinémascope m.
circa ['tsirka] adv. environ.
Cis ♩ [tsis] n (inv.) ut m dièse.
Clan [klɛn] m (11) clan m.
Clearing † ['kli:riŋ] n (11) clearing m; **~abkommen** n accord m de compensation.
Clique ['klikə] f (15) coterie f; bande f; † mv.p. clique f; **~nwirtschaft** f régime m de coteries.
Clou [klu:] m (11) clou m.
Clown [klaun] m (11) clown m.
Club m = Klub.
c-Moll ['tse:mɔl] n (inv.) ut m mineur.
Cockpit Flgw., ⚓ ['kɔkpit] n (11) cockpit m.
Cocktail ['kɔkte:l] m (11) cocktail m.
Computer [kɔm'pju:tər] m (7) ordinateur m.
Conférencier [kɔ̃fe:rã'sje:] m présentateur m; animateur m.
Container [kɔn'te:nər] m (7) container m.
Couch [kautʃ] f (14) divan m; canapé m.
Countdown ['kaunt'daun] m (11) compte m à rebours.
Coup [ku:] m (11) coup m: e-n großen **~** landen faire un grand coup.
Coupé [ku'pe:] n (11) Esb. compartiment m; (Wagenform) coupé m.
Couplet [ku'ple:] n (11) chanson (-nette) f.
Courage [ku'ra:ʒə] f (inv.) courage m; † Angst vor der eigenen **~** haben avoir peur de sa propre audace.
Cousin [ku'zɛ̃] m (11) cousin m; **~e** [~'zi:nə] f (15) cousine f.
crawlen ['kraulən] v/i. nager le crawl.
Creme ['kre:m(ə)] f (11¹) crème f (a. fig.); **2farben** adj. crème.
Cup Sp. [kap] m (11) coupe f.
Cutaway ['katəve:] m (11) jaquette f.

D

D, d [de:] *n* D, d *m*; ♪ ré *m*.

da [da] **1.** *adv.* **a)** *örtlich:* là; y; *(hier)* ici; ~ *ist*, ~ *sind* voilà; ~ *bin ich me* voilà; *ihr* ~*!* vous autres!; *Sie* ~*!* eh! vous, là-bas!; ~ *kommt er* le voilà qui vient; ~ *haben wir's!* nous y voilà!; *da* y est!; tu vois *(resp.* vous voyez) bien!; *sieh* ~*!* tiens!; voyez *(donc)!;* *nichts* ~*!* il n'en sera rien; ✗ *wer* ~*?* qui vive?; *der Mann* ~ cet homme-là; l'homme que voilà; **b)** *zeitlich:* (*damals, dann)* alors; à ce moment; *von* ~ *an, von* ~ *ab* dès lors; à partir de ce moment; **2.** *cj.* **a)** *zeitlich:* lorsque; quand; comme; *in e-r Zeit,* ~ *...* en un temps où ...; **b)** *Grund:* parce que; comme; ~ *(nun einmal)*, ~ *doch* puisque.

dabei [da'baɪ] *adv.* **a)** *örtliche Nähe:* auprès; y; **b)** *zeitliche Nähe:* gerade ~ *sein, etw. zu tun* être en train de faire qch.; **c)** *Beziehung:* es bleibt ~ c'est convenu; *es ist nichts* ~ ce n'est pas difficile; *(es macht nichts)* cela ne fait rien; ~ *komme ich zu kurz* je n'y trouve pas mon compte; *was ist denn* ~*?* quel mal y a-t-il à cela?; *er befindet sich wohl* ~ il s'en trouve bien; *(außerdem)* en outre; de plus; **~bleiben** *v/i.* (sn) rester présent *(od.* auprès); *fig. (auf etw. bestehen)* en tenir à; persister dans; **~sein** *v/i.* (sn) être présent (à); en être; assister (à); **~sitzen, ~stehen** *v/i.* se tenir à côté.

dableiben *v/i.* (sn) rester.

da capo [da 'ka:po] *adv.* bis.

Dach [dax] *n* (12) toit *m; (Auto♀)* capote *f; unter* ~ *und Fach* à l'abri; à couvert; *fig.* terminé; *das* ~ *decken* couvrir une maison; *fig. j-m aufs* ~ *steigen* donner sur les doigts à q.; **~antenne** *f* antenne *f* (installée) sur le toit; **~balken** *m* entrait *m;* tirant *m;* **~boden** *m* grenier *m;* combles *m/pl.;* **~decker** *m* couvreur *m;* **~fenster** *n* lucarne *f;* **~first** *m* faîte *m;* **~garten** *m* jardin-terrasse *m* (sur le toit); **~gebälk** *n* charpente *f* de comble; **~geschoß** *n* étage *m* mansardé; **~gesellschaft** ✝ *f* 'holding *m;* **~kammer** *f* mansarde *f;* galetas *m;*

~landeplatz *m (für Hubschrauber)* toit-plateforme *m* d'atterrissage; **~luke** *f* lucarne *f;* **~organisation** ✝ *f* imbrication *f* de sociétés; **~pappe** *f* carton *m* bitumé; **~pfanne** *f* tuile *f;* **~reiter** *m* cavalier *m* de toiture; *Arch.* tourelle *f* du transept; **~rinne** *f* gouttière *f;* **~röhre** *f* tuyau *m* de descente.

Dachs [daks] *m* (4 a. ²) blaireau *m;* F *junger* ~ blanc-bec *m; wie ein* ~ *schlafen* dormir comme une marmotte; **~bau** *m* terrier *m* de blaireau.

Dach|schaden *m fig.* F dérangement *m* du cerveau; **~schiefer** *m* ardoise *f;* **~schindel** *f* bardeau *m;* **~sparren** *m* chevron *m;* **~stroh** *n* chaume *m;* **~stube** *f* = Dachkammer; **~stuhl** *Arch. m* ferme *f;* comble *m;* **~stuhlbrand** *m* incendie *m* de la charpente du toit *(od.* de comble).

dachte ['daxtə] *s.* denken.

Dach|traufe *f* gouttière *f;* **~verband** *m* charpente *f* de combles *(od.* fermes); **~werk** *n* toiture *f;* **~wohnung** *f* logement *m* sous les toits *(od.* mansardé); F pigeonnier *m;* **~ziegel** *m* tuile *f.*

Dackel ['dakəl] *m* (7) basset *m;* teckel *m.*

dadurch 1. *adv.* par là; *(auf solche Weise)* de cette manière; **2.** *cj.* ~, *daß ...* étant donné que ...; du fait que ...

dafür [da'fy:r] *adv. (statt dessen)* pour cela; ~ *daß (weil)* parce que; *(Tausch)* à la place de; au lieu de; en échange; en retour; en revanche; *(Entgelt)* en récompense; *(mit Bezug auf Vorhergehendes)* y; en; ~ *sein* approuver; *wer kann* ~*?* à qui la faute?; *ich kann nichts* ~ ce n'est pas ma faute; je n'y puis rien; **~halten** *v/i.* penser; être d'avis; **2halten** *n* (6) opinion *f;* avis *m; nach meinem* ~ à mon avis.

da'gegen 1. *adv.* contre cela; là-contre; ~ *sein* être contre; être d'un avis contraire; *nichts* ~ *haben* vouloir bien; ne pas s'opposer à; *(Vergleich)* en comparaison de (cela); auprès de (cela); **2.** *cj.* au contraire; par contre; **~halten** *v/t. (vergleichen)* comparer (à); regarder; (*erwidern*) répondre (à); objecter.

daheim [daˈhaɪm] *adv.* (*zu Hause*) chez moi (toi, *etc.*); à la maison; (*in der Heimat*) dans mon (ton, *etc.*) pays.

daher [daˈheːr] **1.** *adv.* **a**) *örtlich*: de là; de ce côté-là; **b**) *Ursache*: de là; aussi (*mit Inversion*); *das kommt ~, daß ...* cela vient de ce que ...; **2.** *cj.* c'est pourquoi; (*folglich*) par conséquent; **~gehen** *v/i.* (sn) passer; **~kommen** *v/i.* (sn) arriver; **~laufen** *v/i.* (sn) accourir; **~reden** *v/i.* parler sans réfléchir (*od.* pour ne rien dire).

dahin [daˈhin, ˈdaːhin] *adv.* là; vers ce lieu-là; y; (*weg*) parti; (*verloren*) perdu; (*vergangen*) passé; (*tot*) mort; *bis ~* jusque-là; **~eilen** *v/i.* (sn) passer rapidement; (*Zeit*) fuir; **~ein** [~ˈnaɪn] *adv.* (en entrant) par là; là-dedans; **~gehen** *v/i.* (sn) s'en aller; (*vergehen*) passer; **~gehend** *cj.* dans le sens suivant; en ce sens; **~gestellt** *p.p. adj.:~ sein lassen* laisser indécis; *es mag ~ bleiben* passons là-dessus; **~leben** *v/i.* (*kümmerlich*) végéter; vivoter; **~raffen** *v/t.* enlever; emporter; faucher; **~schwinden** *v/i.* (sn) s'en aller; (*Vermögen*) fondre; **~siechen** *v/i.* (sn) dépérir; **~stellen** *v/t.: es bleibe dahingestellt* laissons la question ouverte; **~sterben** *v/i.* (sn) se mourir.

daˈhinten *adv.* là-bas; **~ter** *adv.* (là) derrière; *~ steckt etw.* il y a qch. là-dessous; *sich ~ machen* s'y mettre.

daˈhinterknien *v/rfl.: sich ~* s'efforcer (de); s'appliquer (à); **~kommen** *v/i.* (sn) éclaircir la chose; découvrir le secret (*od.* le pot aux roses); **~stecken** *v/i.: es steckt etw. dahinter* il y a qch. là-dessous; il y a anguille sous roche.

Dahlie 🌿 [ˈdaːljə] *f* (15) dahlia *m*.

daˈlassen *v/t.* laisser là; **~liegen** *v/i.* être étendu; être couché.

dalli [ˈdali] *adv.* F: (*aber*) *~!, ~ ~!* dare-dare!; et que ça saute!

damalig [ˈdaːmaːlɪç] *adj.* d'alors; d'antan; **~s** *adv.* alors; *schon ~* dès lors.

Damast [daˈmast] *m* (3²) damas *m*; **~arbeit** *f* damassure *f*; **2-artig,** **2en** *adj.* de damas; damassé; **~fabrik** *f* damasserie *f*.

Dame [ˈdaːmə] *f* (15) dame *f* (*a. Spiel*); femme *f*; *~ spielen* jouer aux dames; *die ~ des Hauses* la maîtresse de maison; **~brett** *n* damier *m*.

Damen|besuch *m* visite *f* féminine; **~binde** *f* serviette *f* hygiénique (pour dames); **~doppel** *n* (*Tennis*) double *m* dames; **~einzel** *n* (*Tennis*) simple *m* dames; **~fahrrad** *n* bicyclette *f* (*od.* vélo *m*) de femme; **~friseur** *m* coiffeur *m* pour dames; **~handtasche** *f* sac *m* à main; **~hut** *m* chapeau *m* de femme; **~kleidung** *f* vêtements *m/pl.* de (*od.* pour) femme; **~konfektion** *f* confection *f* pour dames; **~mannschaft** *Sp.* *f* équipe *f* féminine; **~sattel** *m* selle *f* pour dame; **~schneider** (*in*) *m* couturier *m*, -ière *f*; **~sitz** *m: im ~ reiten* monter en amazone; **~unterwäsche** *f* sous-vêtements *m/pl.* pour femmes; lingerie *f* féminine; **~wahl** *f* (*beim Tanz*) danse *f* où les dames choisissent leur cavalier; **~welt** *f: die ~* les dames *f/pl.*

Dame|spiel *n* jeu *m* de dames; **~stein** *m* pion *m*.

Damhirsch [ˈdam-] *m* (3²) daim *m*.

damit [daˈmit] **1.** *adv.* (*in Beziehung auf etw.*) avec (*resp.* de *resp.* à) cela; en; y; *~ ich ihn einverstanden* j'y consens; *wie steht es ~?* qu'en est-il?; où en est l'affaire?; (*bei Zeitwörtern, die par regieren*) par cela; par là; **2.** *cj.* afin de (*od.* pour) que (*subj.*); (*bei gleichem Subjekt*) afin de (*inf.*); pour (*inf.*).

dämlich F [ˈdɛːmlɪç] *adj.* bête; **2keit** F *f* bêtise *f*.

Damm [dam] *m* digue *f*; (*Fahrweg*) chaussée *f*; (*Hafen2*) jetée *f*; quai *m*; *Esb.* remblai *m*; *fig.* barrière *f*; *wieder auf den ~ kommen* retrouver la santé; *j-n wieder auf den ~ bringen* remettre q. sur pied; *auf dem ~ sein* être en forme; **~bruch** *m* rupture *f* d'une digue.

dämmerig [ˈdɛmərɪç] *adj.* crépusculaire; *fig.* vague; (*verdunkelt*) **2erlicht** *n* demi-jour *m*; pénombre *f*; (*morgens*) lueur *f* de l'aube; (*abends*) lueur *f* du crépuscule; **~ern** *v/imp.* (29): *es dämmert* (*morgens*) le jour (*od.* l'aube) point; le jour commence à poindre; (*abends*) le soir (*od.* la nuit) tombe; il commence à faire nuit; *fig. es dämmert mir* je commence à voir clair.

Dämmer|schein *m* demi-jour *m*; **~stunde** *f* heure *f* du crépuscule; **~ung** *f* crépuscule *m*; (*Morgen2*) aube *f*; aurore *f*; point *m* (*od.* pointe *f)* du jour; *(Abend2)* crépuscule *m*; déclin *m* du jour; **~zustand** ⚥ *m* état *m* de somnolence.

Damm|rutsch *m* éboulement *m* de remblai; **~weg** *m* chaussée *f.*

Damoklesschwert ['dɑ:mokles-] *n* épée *f* de Damoclès.

Dämon ['dɛ:mɔn] *m* (8¹) démon *m* (*a. fig.*); **2isch** [dɛ'mo:niʃ] *adj.* démoniaque; *mv. v. p.* diabolique.

Dampf [dampf] *m* (3³) vapeur *f*; *(v. Speisen)* fumée *f*; *unter* ~ *stehen* être sous pression; **~antrieb** *m* commande *f* à la vapeur; *mit* ~ marchant à la vapeur; **~bad** *n* bain *m* de vapeur; **~boot** *n* (bateau *m* à) vapeur *m*; **~druck** *m* pression *f* de la vapeur; **2en** *v/i.* (25) dégager des vapeurs; *(Speisen)* fumer.

dämpf|en ['dɛmpfən] *v/t.* (25) réprimer; affaiblir; *(Töne)* assourdir; *Schlag, Radio:* amortir; *Brand, Stimme:* étouffer; *cuis.* (en)dauber; étuver; ♪ mettre la sourdine (à); **2en** *n* répression *f*; affaiblissement *m*; *(Töne)* assourdissement *m*; *(Schlag, Radio)* amortissement *m*; *(Brand, Stimme)* étouffement *m*; *cuis.* étuvée *f.*

Dampfer *m* (7) (bateau *m* à) vapeur *m.*

Dämpfer *m* (7) *(Licht)* éteignoir *m*; ♪ sourdine *f*; *(Piano)* étouffoir *m*; *(Stoß2)* amortisseur *m*; *(Schall2)* silencieux *m*; *fig.* douche *f*; *j-m e-n* ~ *aufsetzen* mettre une sourdine à q.

Dampf|heizung *f* chauffage *m* à la vapeur; **~kessel** *m* chaudière *f* à vapeur; **~kochtopf** *m* marmite *f* autoclave; **~lokomotive** *f* locomotive *f* à vapeur; **~maschine** *f* machine *f* à vapeur; **~schiff** *n* = *Dampfer*; **~schiffahrt** *f* navigation *f* à vapeur; **~walze** *f* rouleau *m* compresseur.

Damwild ['damvilt] *n* daims *m/pl.*

danach [da'nɑːx] *adv.* *(nach etw.)* als *Ziel:* après; à cela; y; *Zeit:* après cela; puis; ensuite; *(demnach)* d'après *(od.* selon *od.* suivant) cela; ~ *aussehen* en avoir l'air; ~ *kannst du dich richten* tu peux te régler là-dessus.

Dän|e ['dɛːnə] *m* (13), **~in** *f* (16¹) Danois(e *f*) *m.*

da'neben 1. *adv.* à côté; auprès *(de* cela); **2.** *cj.* *(außerdem)* outre cela; en outre; *(gleichzeitig)* en même temps; **~gehen** *v/i.* (sn) *fig.* F échouer; rater;

~hauen *v/i.* frapper à côté; *fig.* se tromper; **~schießen** *v/t. u. v/i.* tirer à côté; rater le but.

dänisch *adj.* danois.

Dank [daŋk] **1.** *m* (3) remerciement(s) *m(pl.)*; *(Belohnung)* récompense *f*; *(Erkenntlichkeit)* reconnaissance *f*; *haben Sie (vielen)* ~! merci (beaucoup)!; *Gott sei* ~ Dieu merci; ~ *sagen* dire merci; *j-m für etw.* ~ *wissen* savoir gré à q. de qch.; *j-m für etw. zu* ~ *verpflichtet sein* être obligé à q. de qch.; *zum* ~ en remerciement *(für* pour); **2.** **2** *prp. (dat.)* grâce à; **~adresse** *f* adresse *f* de remerciements; **2bar** *adj.* reconnaissant *(für* de); *fig.* qui rend (bien); **~barkeit** *f* reconnaissance *f* (*für* de); gratitude *f*; **~brief** *m* lettre *f* de remerciements; **2en** (25) **1.** *v/i.: j-m für etw.* ~ remercier q. de *(od.* pour) qch.; *(Gruß erwidern)* rendre le salut; **2.** *v/t.* (*vergelten*) récompenser *(j-m etw.* q. de qch.); *(verdanken)* devoir *(j-m etw. qch.* à q.); *danke schön!* (grand) merci!; *danke bestens* mille remerciements; merci bien; **2end** *p.pr. advt.*: ~ *erhalten* ✝ pour acquit; **2enswert** *adj.* digne de reconnaissance; **2-erfüllt** *adj.* pénétré de reconnaissance; **~eschön** *n* (11, *o.pl.*): *ein* ~ un grand merci; **~fest** *n* fête *f* d'action de grâces; **~gebet** *n* action *f* de grâces; *(j-m etw.* q. de qch.); **~gottesdienst** *m cath.* messe *f* d'action de grâces; *prot.* service *m* d'action de grâces; **~sagung** *f* remerciement *m*; *rl.* action *f* de grâces; **~schreiben** *n* lettre *f* de remerciements.

dann [dan] *adv. (damals)* alors; *(darauf)* après cela; puis; ensuite; *(ferner)* en outre; de plus; *(Bedingung)* dans *(od.* en) ce cas; alors; ~ *und wann* de temps à autre.

dannen ['danən] *adv.*: *von* ~ *gehen* s'en aller.

daran [da'ran], F **dran** [dran] *adv.* à cela; y; de cela; en; *(nahe dabei)* (au)près; *was liegt* ~? qu'importe?; *mir liegt nichts* ~ peu m'importe (zu de); ~ *soll es nicht liegen!* qu'à cela ne tienne!; *gut (übel)* ~ *sein* être en bonne (mauvaise) posture; *es ist etw.* ~ la chose en vaut la peine; (*Wahres*) il y a du vrai là-dedans; *wer ist dran?* à qui le tour?; *wir sind dran* c'est notre tour (zu de); **~geben** *v/t.* sacrifier; **~gehen** *v/i.* (sn) se mettre, commencer (etw. zu tun à faire qch.); **~machen** v/rfl.: sich ~ s'y mettre; **~setzen** v/t.: alles ~ mettre tout en œuvre; faire tout ce qu'on peut.

darauf [~'raʊf], F **drauf** adv. **a)** räumlich: (là-)dessus; sur cela; à cela; y; de cela; en; **b)** zeitlich: après cela; (später) ensuite; puis; am Tage ~ le lendemain; das Jahr ~ l'année suivante; **c)** wie kommt er ~? comment l'idée lui en vient-elle?; es kommt ~ an cela dépend; c'est selon; ~ kommt es nicht an cela n'importe pas; ~ soll es nicht ankommen qu'à cela ne tienne; ~ aus sein, etw. zu tun viser à faire qch.; ~ und dran sein être sur le point (zu de); ~ steht der Tod c'est défendu sous peine de mort; **~folgend** p.pr. adjt. suivant; successif; **~gehen** v/i. (sn) es geht viel Zeit darauf on y passe beaucoup de temps; es geht viel Geld drauf on y dépense beaucoup d'argent; **~hin** adv. là-dessus; (demgemäß) d'après cela.

daraus [~'raʊs], F **draus** adv. (sortant) de là; en; ~ wird nichts il n'en sera rien; cela ne donnera rien.

darben v/i. (25) être dans l'indigence.

darbiet|en [ˈdaːrbiːtən] v/t. offrir; présenter; thé. représenter; **2ung** f offre f; thé. représentation f.

darbringen v/t. offrir.

darein [daˈraɪn], F **drein** adv. dans ce lieu; là-dedans; y; **~finden** v/rfl.: sich ~ s'y habituer; s'y faire; se résigner; **~fügen** v/rfl.: sich ~ s'y soumettre; **~mischen** v/rfl.: sich ~ se mêler de; s'en mêler; **~reden** v/i. se mêler à la conversation; j-m ~ interrompre q.; **~willigen** v/i. y consentir.

darf(st) [darf(st)] s. dürfen.

darin [daˈrɪn], F **drin** adv. là-dedans; dans (od. en cela); y.

darleg|en v/t. exposer; (erklären) expliquer; **2ung** f exposition f; exposé m; (Erklärung) explication f.

Darleh(e)n [ˈdaːrleː(ə)n] n (6) prêt m; emprunt m; ein ~ aufnehmen contracter un emprunt; als ~ à titre de prêt; **~geber** m prêteur m; **~skasse** f caisse f de prêts; **~snehmer** m emprunteur m.

Darm [darm] m (3³) intestin m; boyau m; (Wursthülle) robe f; **~blutung** f hémorragie f intestinale;

~entleerung f défécation f; **~geschwür** n ulcère m intestinal; **~katarrh** m entérite f; **~krebs** m cancer m de l'intestin (od. intestinal); **~leiden** n affection f intestinale; **~saite** f corde f de boyau; **~tätigkeit** f fonctions f/pl. intestinales; **~trägheit** f paresse f intestinale; **~verschlingung** f iléus m; **~verschluß** m occlusion f intestinale.

darnach [darˈnaːx] = danach.

darob [daˈrɔp], F **drob** = darüber.

darreich|en v/t. offrir; présenter; tendre; **2ung** f présentation f.

darstell|bar [ˈdaːrʃtɛlbaːr] adj. thé. représentable; jouable; **~en** v/t. (re-)présenter; (mit Worten) exposer; (beschreiben) décrire; thé. jouer; interpréter; sinnbildlich ~ symboliser; **~end** p.pr. adjt. descriptif; **2er(in** f) m (7) artiste m; thé. acteur m, actrice f; interprète m, f; **2ung** f présentation f; thé. représentation f; (Beschreibung) description f; exposé m; graphische ~ graphique m; synoptische ~ tableau m synoptique.

dar|tun v/t. prouver; démontrer; **~über** [daˈryːbər], F **drüber** [ˈdryːbər] adv. **a)** örtlich: au-dessus (de); dessus; **~hin** par-dessus; ~ hinaus au-delà; **b)** zeitlich: pendant ce temps; là-dessus; 10 Jahre und ~ 10 ans et plus (Alter: et au-dessus); fig. là-dessus; de cela; en; y; es geht nichts ~ il n'y a rien de mieux; ich freue mich ~ je m'en réjouis; **~überstehen** [~'ry:-] v/i. être au-dessus; **~um** [~'rum], F **drum** 1. adv.: ~ (herum) autour (de cela); (Beziehung) pour cela; de cela; en; 2. [ˈda-] a. cj. (Grund) voilà (od. c'est) pourquoi; à cause de cela; pour cette raison; **~unter** [~'rʊntər], F **drunter** adv. là-dessous; au-dessous (de); par-dessous; 10 Jahre und ~ 10 ans et moins (Alter: et au-dessous; (Preis) à moins; (aus e-r Anzahl) du nombre; entre; parmi; drunter und drüber sens dessus dessous.

das [das] 1. art. nom. n/sg. u. acc. n/sg. le, la, l', 2. pr/d. n ceci; cela; ce; f ça; was ist ~? qu'est-ce que c'est?; ~ heißt (d. h.) c'est à dire (c.-à-d.); ~ ist es! voilà!; ~ ist es! 3. pr./r. nom. qui; acc. que; das Haus, ~ hoch ist la maison qui est haute; das Buch, ~ ich lese le livre que je lis; nach prp. lequel bzw. laquelle; s. a. der, die.

dasein 1. v/i. (sn) être présent; être là; être venu; (*bestehen*) exister; **2.** ⎣ n (6) présence f; (*Existenz*) existence f; vie f.

Daseins|-angst f peur f existentielle (*od.* de vivre); **~berechtigung** f droit m à l'existence; raison f d'être; **~freude** f joie f de vivre; **~kampf** m lutte f pour l'existence; **~zweck** m fin f (*od.* objet m) de l'existence.

da'selbst adv. en ce lieu; là(-même); y.

dasitzen v/i. être assis là.

dasjenige s. derjenige.

daß [das] cj. que; so ~ de sorte que.

dasselbe [~'zɛlbə] s. derselbe.

dastehen v/i. être là; être debout.

Daten ['da:tən] n/pl. **1.** pl. v. Datum; **2.** (*Angaben*) données f/pl.; indications f/pl.; **~ver-arbeitend** p.pr. adj.: **~e** Maschine ordinateur m; **~ver-arbeitung** f traitement m des données (*od.* de l'information); **~ver-arbeitungsmaschine** f machine f électronique; ordinateur m.

datier|en [da'ti:rən] v/t. u. v/i. dater (von de); ⎣ung f datation f.

Dativ gr. ['da:ti:f] m (3¹) datif m; **~objekt** n complément m d'objet indirect au datif.

dato ['da:to] adv. actuellement; bis ~ jusqu'à ce jour; ⎣wechsel ✝ m lettre f de change à échéance fixe.

Dattel ['datəl] f (15) datte f; **~baum** m, **~palme** f dattier m.

Datum ['da:tum] n (9²) date f; ein ~ abmachen prendre date; ein früheres (späteres) ~ auf etw. (acc.) setzen antidater (postdater) qch.; welches ~ haben wir heute? quel jour (*od.* le combien) sommes-nous aujourd'hui?; **~s-angabe** f (indication f de) date f; **~sgrenze** géogr. f ligne f de changement de date; **~(s)stempel** m (timbre m) dateur m.

Dauer ['dauər] f (15) durée f; (*Kontinuität*) continuité f; permanence f; auf die ~ à la longue; **~auftrag** ✝ m ordre m permanent; **~belastung** ⊕ f charge f permanente; **~beschäftigung** f emploi m stable (*od.* durable); **~brand-ofen** m, **~brenner** m poêle m à feu continu; **~festigkeit** ⊕ f résistance f d'endurance; **~flug** m vol m de durée; ⎣haft adj. durable; solide; stable; **~haftigkeit** f durabilité f; solidité f; stabilité f; **~karte** f carte f d'abonnement (*od.* perma-

nente); **~lauf** m pas m de gymnastique; (*langer Wettlauf*) course f de fond; **~lutscher** m sucette f; **~marsch** m marche f d'épreuve; ⎣n (29) **1.** v/i. durer; **2.** v/t. (*leid tun*) faire pitié à; ⎣nd p.pr. adj.: permanent; persistant; continu; **~rekord** Sp. m record m d'endurance; **~sitzung** f séance f permanente (*od.* en permanence); **~stellung** f emploi m fixe; situation f stable; **~welle** f permanente f; **~wirkung** f effet m durable; **~wurst** f saucisson m sec de conserve; **~zustand** m état m permanent.

Daumen ['daumən] m (6) pouce m; **~abdruck** m empreinte f digitale; **~breite** f largeur f d'un pouce; **~lutscher** m enfant m, f qui suce le pouce.

Däumling ['dɔymlin] m (3¹) poucier m; (*Märchen*) Petit-Poucet m.

Daune ['daunə] f (15) plume f d'eider; **~nbett** n duvet m; édredon m; **~ndecke** f édredon m.

Davidstern ['da:vit-] m étoile f de David (*od.* juive).

Davis-Cup ['dɛiviskap] m (*Tennis*) coupe f Davis.

davon [da'fɔn] adv. de cela; en; **~eilen** v/i. (sn) partir à la hâte; fuir; **~fahren** v/i. (sn) partir (en voiture); **~fliegen** v/i. (sn) s'envoler; **~gehen** v/i. (sn) s'en aller; **~kommen** v/i. (sn) en réchapper; s'en tirer (*mit dem Leben* la vie sauve); *mit blauem Auge* ~ l'échapper belle; *mit dem bloßen Schrecken* ~ en être quitte pour la peur; **~laufen** v/i. (sn) s'enfuir; *es ist zum 2!* c'est à n'y pas tenir!; **~machen** v/rfl.: sich (auf- und) ~ s'enfuir; F filer; **~schleichen** v/i. (sn) (u. v/rfl. sich ~) s'esquiver; **~tragen** v/t. emporter; *den Sieg über j-n* ~ l'emporter (*od.* remporter la victoire) sur q.; Krankheit: attraper; **~ziehen** v/i. (sn) partir.

davor [da'fo:r] adv. **a)** örtlich: devant (cela); **b)** Verhältnis: de cela; en; **~stellen** v/t. mettre devant.

dazu [da'tsu:] adv. **a)** örtlich: y; **b)** Zweck: à cela; y; en; pour cela; dans ce but; (*ferner*) en outre; de plus; **~gehören** v/i. en faire partie; (*Person*) être du nombre; noch ~ s'y ajouter; **~gehörig** adj. qui en fait partie; **~kommen** v/i. (sn) survenir; noch ~ s'y ajouter; **~mal** ['da:tsuma:l] adv. alors;

~schreiben v/t. ajouter par écrit; **~tun** v/t. ajouter; *ohne sein 2* sans son intervention.

dazwischen [da'tsviʃən] adv. entre les deux; **~kommen** v/i. (sn) intervenir; (unvermutet) survenir; **~liegend** p.pr. adjt. intermédiaire; **~reden** v/i. se mêler à la conversation; j-m ~ interrompre q.; **~treten** v/i. (sn) intervenir; s'interposer.

D-Dur ['de:du:r] n (inv.) ré m majeur.

Debakel [de'ba:kəl] n (7) débâcle f; défaite f honteuse.

Debatt|e [de'batə] f (15) débat m; discussion f; zur ~ stehen être à discuter; **2ieren** [~'ti:rən] v/i. u. v/t. débattre (über etw. acc. qch.); discuter (qch.).

Debet † ['de:bɛt] n (11) débit m.

Debitor † ['de:bitor] m (8¹) débiteur m.

Debü|t thé. [de'by:] n (11) débuts m/pl.; **~tant(in** f) m (12) débutant(e f) m; **2tieren** v/i. faire ses débuts.

dechiffrier|en [deʃi'fri:rən] v/t. déchiffrer; **2ung** f déchiffrement m; déchiffrage m.

Deck [dɛk] n (3) ♣ pont m; (Wagen2) impériale f; **~adresse** f, **~anschrift** f adresse f de camouflage (od. d'emprunt); **~bett** n édredon m; (Zimmer2) couverture f; **~blatt** n (e-r Zigarre) robe f; ♣ bractée f; **~e** f (15) couverture f; (Zimmer2) plafond m; (Tisch2) nappe f; fig. mit j-m unter e-r ~ stecken agir de connivence (Fêtre de mèche) avec q.; sich nach der ~ strecken s'accommoder aux circonstances; vivre selon ses moyens; **~el** m (7) couvercle m; ♣ u. zo. opercule m; (Buch2) couverture f; (Uhr2) cuvette f.

decken (25) 1. v/t. couvrir (a. Dach, Kosten, Rückzug, Tiere); den Tisch ~ mettre le couvert; Bedarf: satisfaire à; Sp. a. marquer; Defizit: combler; 2. v/i. (Farbe) couvrir; 3. v/rfl.: sich ~ † se nantir; ♣ coïncider (mit avec), (Meinungen) être identique (mit à); (schützen) protéger; **2beleuchtung** f éclairage m plafonnier; **2gemälde** n (fresque f de) plafond m; **2heizung** f chauffage m au plafond; **2lampe** f plafonnier m.

Deck|farbe f couleur f opaque; **~mantel** m manteau m; fig. a. couvert m; prétexte m; **~name** m pseudonyme m; nom m de guerre; **2ung** f (16) couverture f; † a. garantie f; sûreté f; ohne ~ à découvert; ✗ ~

suchen se couvrir; se mettre à l'abri; volle ~! à couvert!; **2weiß** n blanc m opaque; **~wort** n mot m convenu (od. de convention).

de facto [de: 'fakto] adv. de facto; de fait.

defekt [de'fɛkt] 1. adj. défectueux; (beschädigt) endommagé; en panne; 2. 2 m (3) manque m; défaut m.

defensiv [defɛn'zi:f] adj. défensif; **2e** f (15) défensive f; in der ~ bleiben se tenir sur la défensive; **2spieler** Sp. m joueur m de la défense; **2stellung** f position f défensive.

defini|ieren [defi'ni:rən] v/t. définir; **2ti'on** f définition f; **~i'tiv** adj. définitif.

Defizit † ['de:fitsit] n (3) déficit m.

Deflation [deflatsjo:n] f déflation f.

Deform|ation [deforma'tsjo:n] f déformation f; **2ieren** [~'mi:rən] v/t. déformer.

Defroster [de'frɔstər] m (7) Auto dégivreur m.

Degen ['de:gən] m (6) épée f.

Degener|ation [degenəra'tsjo:n] f dégénérescence f; **2ieren** [~'ri:-] v/i. (sn) dégénérer.

Degen|stich m, **~stoß** m coup m d'épée.

degradier|en [degra'di:rən] v/t. dégrader; Offizier: casser; **2ung** f dégradation f.

dehn|bar ['de:nba:r] adj. extensible; élastique; (Metall) ductile; (Gase) expansible; dilatable; **~er** Begriff notion f mal définie; **2barkeit** f extensibilité f; élasticité f; (v. Metall) ductilité f; (v. Gasen) expansibilité f; dilatabilité f; (in die Länge) allongement m; (in die Breite) élargissement m; **~en** (25) v/t. (v/rfl. sich ~ s')étendre; phys. (se) dilater; (in die Länge) (s')allonger; (in die Breite) (s')élargir; **2en** n, **2ung** f extension f; phys. dilatation f; (in die Länge) allongement m; (in die Breite) élargissement m.

Deich [daıç] m (3) digue f; **~bau** m construction f d'une digue; **~bruch** m rupture f d'une digue.

Deichsel ['daıksəl] f (15) timon m; **2n** F v/t. arranger; goupiller.

dein [daın] (20) pr/poss., **~(e** f) m u. n ton m (vor vo. od. stummem h a. f), ta f (vor cons.); pl. tes; ich bin ~ je suis à toi; der (die, das) ~e od. ~ige le tien, la tienne; **~er** pr./p. (gén. v. du): ich gedenke ~ je me souviens de toi; je pense à toi; **~erseits** [~'zaıts] adv. de ton côté; de ta part; **~esgleichen**

[ˈɔsglaIçən] *pr.* ton (tes) pareil(s), ta (tes) pareille(s); ton, ta (tes) semblable(s).

deinet|halben [ˈ~əthalbən], **~wegen**, **(um) ~willen** *adv.* pour toi; à cause de toi.

deinige [ˈ~Igə] (18b) *s.* dein.

Dekade [deˈkaːdə] *f* (15) décade *f*.

dekaden|t [dekaˈdɛnt] *adj.* décadent; **2z** *f* (16) décadence *f*.

Dekan [deˈkaːn] *m* (3¹) doyen *m*.

dekla|mieren [deklaˈmiːrən] *v/t.* déclamer; (*vortragen*) réciter; **2rati̱on** *f* déclaration *f*; **~ˈrieren** *v/t.* déclarer; **~s̱sieren** *v/t.* déclasser.

Dekli|natiˈon *f* déclinaison *f*; **2ˈnierbar** *adj.* déclinable; **2ˈnieren** *v/t.* décliner.

Dekolle|té [~kɔl(ə)ˈteː] *n* (11) décolleté *m*; **2ˈtiert** *p.p. adj.* décolleté.

Dekor [deˈkoːr] *m* (11) décor *m*; **~aˈteur** [~oraˈtøːr] *m* (3¹) décorateur *m*; **~atiˈon** *f* décoration *f*; *thé.* décor *m*; **~atiˈonsmaler** *m* peintre *m* décorateur; **~atiˈonspapier** *n* papier *m* de décoration; **2aˈtiv** *adj.* décoratif; **2ieren** [~oˈriːrən] *v/t.* décorer.

Dekret [deˈkreːt] *n* (3) décret *m*; **2ieren** [~eˈtiː-] *v/t.* décréter.

Dele|gatiˈon *f* délégation *f*; **~gatiˈonsleiter** *m* chef *m* de (la) délégation; **2ˈgieren** *v/t.* déléguer; **~ˈgierte(r)** *m* délégué *m*.

delikat [deliˈkaːt] *adj.* délicat; (*heikel a.*) difficile; (*köstlich*) délicieux.

Delikatesse [~aˈtɛsə] *f* (15) (*Leckerbissen*) friandise *f*; **✝ ~n** *pl.* comestibles *m/pl.* de choix; (*Zartheit, Feinheit*) délicatesse *f*; **~ngeschäft** *n*, **~nhandlung** *f* épicerie *f* fine.

Delikt [deˈlIkt] *n* (3) délit *m*.

Delirium [deˈliːrjum] *n* (9) délire *m*.

Delphin [delˈfiːn] *m* (3¹) dauphin *m*.

Delta [ˈdɛlta] *n* (11¹) delta *m*.

dem [deːm] **1.** *art.* (*dat/sg. v. der u. das*) au, à la, à l'; 2. *pr/d.:* wie ~ auch sei quoi qu'il en soit; wenn ~ so ist s'il en est ainsi.

Demagog|e [demaˈgoːgə] *m* (13) démagogue *m*; **~ie** [~oˈgiː] *f* démagogie *f*; **2isch** *adj.* démagogique.

Demarkationslinie [demarkaˈtsjoːns-] *f* ligne *f* de démarcation.

demaskieren [demasˈkiːrən] *v/t.* démasquer.

Dementi [deˈmɛnti] *n* (11) démenti *m*; **2ieren** *v/t.* démentir.

ˈdem|-entˈsprechend 1. *adj.* conforme à cela; **2.** *adv.* = demgemäß; **~gegenˈüber** *adv.* en opposition à cela; (*dagegen*) par contre; **~geˈmäß** *adv.* conformément à cela; en conséquence; par conséquent.

Demissioˈn [demiˈsjoːn] *f* démission *f*; **2ˈnieren** *v/i.* démissionner.

ˈdem|ˈnach *adv.* d'après cela; (*logische Folge*) donc; en conséquence; **~ˈnächst** *adv.* bientôt; sous peu.

demobilisier|en [demobiliˈziːrən] *v/t.* démobiliser; **2ung** *f* démobilisation *f*.

Demokrat|(in *f*) [demoˈkraːt(in)] *m* (12) démocrate *m, f*; **~ie** [~aˈtiː] *f* démocratie *f*; **2isch** *adj.* démocratique; (*Person*) démocrate; **2isieren** [~iˈziː-] *v/t.* démocratiser.

demolier|en [demoˈliːrən] *v/t.* démolir; **2ung** *f* démolition *f*.

Demonstr|ant [demonˈstrant] *m* (12) manifestant *m*; **~atiˈon** *f* démonstration *f*; *pol.* manifestation *f*; **~atiˈonszug** *m* cortège *m* de de(s) manifestants; **2aˈtiv** *adj.* démonstratif; **2ieren** *v/i.* démontrer; *pol.* manifester.

Demont|age [~ˈtaːʒə] *f* démontage *m*; **2ieren** [~ˈtiːrən] *v/t.* démonter.

demoralisieren [demoraliˈziːrən] *v/t.* démoraliser.

Demoskopie [demɔskoˈpiː] *f* (15) sondage *m* d'opinion.

Demut [ˈdeːmuːt] *f* (16) humilité *f*.

demütig [ˈ~myːtIç] *adj.* humble; (*unterwürfig*) soumis; **~en** [ˈ~ɡən] *v/t.* (25) humilier; **2ung** *f* humiliation *f*.

demzufolge *adv.* en conséquence; par conséquent.

den [deːn] *art.* (*acc.sg. v. der*) le, la, l'; (*dat./pl.* v. der, die, das) aux.

dengeln [ˈdɛŋəln] *v/t.* (29) *Sense:* battre.

Denk|-anstoß [ˈdɛŋk-] *m* impulsion *f* à la pensée; **~art** *f* manière *f* de penser; mentalité *f*; **2bar** *adj.* imaginable; **2en 1.** *v/i.* penser (*an acc.* à; *über acc.*, von de); (*nach~*) réfléchir (*über acc.* à *od.* sur); zu ~ geben donner à penser; (*vorhaben*) songer à; compter; **2.** *v/t.* penser; croire; présumer; se douter de; was ~ Sie! quelle idée!; wer hätte das gedacht? qui aurait dit cela?; **3.** *v/rfl.:* sich ~ s'imaginer; se figurer; das habe ich mir gedacht je m'y attendais; sich ~ lassen se concevoir; se comprendre; **~en** *n* pensée *f*; (*Nach2*) réflexion *f*; méditation *f*; **~er** *m* penseur *m*; philosophe *m*; **~fähigkeit** *f* faculté *f* de penser;

2faul adj. paresseux d'esprit; **.fehler** m faute f de raisonnement; **.freiheit** f liberté f de penser.

Denkmal n (1² u. 3) monument m; **.pflege** f entretien m des monuments; **.schutz** m protection f des monuments; *unter* ~ *stehen* être classé monument historique.

Denk|modell n modèle m de penser; **.schrift** f mémoire f; aide-mémoire m; mémorandum m; **.sport-aufgabe** f jeu m d'esprit; **.spruch** m sentence f; **.vermögen** n = *Denkfähigkeit*; **.weise** f manière f de penser; **2wür-dig** adj. mémorable; **.würdigkeit** f fait m mémorable; **.zettel** m (*Notiz*) note f; *fig. j-m e-n* ~ *geben* administrer une leçon (*od.* une correction) à q.

denn [dɛn] **1.** *cj. begründend:* car; *nach comp.:* que; **2.** *adv. wo ist er* ~? où est-il donc?; *es sei* ~, *daß* à moins que (ne u. subj.); **.och** *cj. u. adv.* cependant; pourtant; (*gleichwohl*) toutefois.

Dentist [dɛn'tist] m (12) dentiste m.

Denunz|iant(in f) [denun'tsjant(in)] m (12) dénonciateur m, -trice f; **.ia-ti'on** f dénonciation f; **2ieren** [~'tsi:rən] v/t. dénoncer.

Deodorant [deodo'rant] n (3¹ u. 11) désodorisant m, déodorant m.

Depesche [de'pɛʃə] f (15) dépêche f; télégramme m.

deplaziert [depla'tsi:rt] p.p. adjt. déplacé.

deponieren [depo'ni:rən] v/t. déposer.

Depor|tation [~'tsjo:n] f déportation f; **.tati'onslager** n camp m de déportation; **2tieren** v/t. déporter; **.tier-te(r** m) f déporté(e f) m.

Depositen|bank [~'zi:tən-] f banque f de dépôts, **.kasse** f caisse f des dépôts et consignations; **.konto** n compte m de dépôt.

Depot [de'po:] n (11) dépôt m.

Depres|sion [deprɛ'sjo:n] f dépression f (a. ✝, phys.); **2siv** adj. déprimé; assujetti à des dépressions; dépressif.

depri|mieren [depri'mi:rən] v/t. déprimer; **.'miert** p.p. adjt. déprimé; ~ *sein* F avoir le cafard.

Depu'tier(te(r) m) n (11) député m.

der [de:r] **1.** *art. nom.* m/sg. le, la, l'; (*gén./sg. v. die*) de la, du, de l'; (*dat./sg. v. die*) à la, au, à l'; (*gén./pl. v. der, die, das*) des; **2.** *pr/d. s. dieser.*

---

zu ~ *und* ~ *Zeit* à telle et telle heure; **3.** *pr/r. nom.* qui; *dat.* à qui; à laquelle, auquel; *die Stadt, in* ~ *er gewohnt hat* la ville où il a habité; *s.a. die, das.*

der-art [dɛr-] *adv.* de telle manière; tellement; ~, *daß* tellement que; **.ig** *adj.* tel; pareil.

derb [dɛrp] *adj.* (*fest*) solide; ferme; (*kräftig*) vigoureux; fort; (*grob*) rude; grossier; (*hart*) dur; **.e** *Antwort* verte réponse f; **2heit** f (*Festigkeit*) solidité f; fermeté f; (*Stärke*) vigueur f; (*Grobheit*) grossièreté f.

der-'einst *adv.* (*Zukunft*) un jour; (*Vergangenheit*) jadis.

derent|halben ['de:rənthalbən], **.we-gen, .willen** *adv.* à cause d'eux (*resp.* d'elles, *etc.*).

der|gestalt *adv.* de telle manière; ~, *daß* de sorte que (*ind.; final: subj.*); (*so sehr*) tellement; **2'gleichen** *adv.* pareil; tel; *und* ~ *mehr* et autres choses semblables; **.jenige** ['.jenigə] m, **diejenige** f, **dasjenige** n *pr/d.* (22¹) celui m, celle f.

dermaßen ['.ma:sən] = *dergestalt.*

derselbe [~'zɛlbə] m, **die'selbe** f, **das-'selbe** n *pr/d.* (22¹) le (la) même; *dasselbe* la même chose; *das kommt auf dasselbe hinaus* cela revient au même.

der|weil *adv.* en attendant; entre(-)temps.

derzeitig *adj.* actuel; présent.

des [dɛs] *art.* (*gén./sg. v. der u. das*) du, de la, de l'.

Des ♪ [dɛs] n (*inv.*) ré m bémol.

Desert|eur [dezɛr'tø:r] m (3¹) déserteur m; **2ieren** [~'ti:rən] v/i. (sn) déserter.

des|'gleichen *adv.* pareillement; de même; **.'halb 1.** *adv.* à cause de cela; pour cette raison; **2.** *cj.* c'est pourquoi.

Desinfektion [dɛs?infɛk'tsjo:n] f désinfection f; **.smittel** n désinfectant m.

des-infizieren [~fi'tsi:rən] v/t. désinfecter.

des-interes'siert** p.p. adjt. désintéressé.

desodorisieren [dɛs?odori'zi:rən] v/t. désodoriser.

des-orien'tiert p.p. adjt. désorienté.

Desperado [dɛspe'ra:do] m (11) tête f chaude; cerveau m brûlé.

Despot [dɛs'po:t] m (12) despote m; **2isch** adj. despotique; **.ismus** [~o-'tismus] m despotisme m.

dessenungeachtet [ˈdɛsənˀʔungəˀʔaxtət] *adv.* malgré cela; néanmoins.

Destillation [dɛstilaˈtsjoːn] *f* (16) distillation *f*.

Destil'lier|**apparat** *m* alambic *m*; **∾en** [ˌ∾'liːrən] *v/t.* distiller; **∾kolben** *m* alambic *m*; **∾ung** *f* distillation *f*.

desto [ˈdɛsto] *adv.* d'autant; ∾ **besser** d'autant mieux, *(Ausruf)* tant mieux!; ∾ **schlimmer!** tant pis!; je **mehr** ..., ∾ **mehr** ... plus ..., plus ...; je **mehr**, ∾ **besser** plus il y en aura, mieux ça vaudra.

destruktiv [dɛstrukˈtiːf] *adj.* destructif.

des'wegen *adv.* = deshalb.

Detail [deˈtaɪ] *n* (11) détail *m*; **∾handel** *m* commerce *m* de détail; **∾händler** *m* détaillant *m*; **2liert** [detaˈjiːrt] *p.p. adjt.* détaillé.

Detektiv [detɛkˈtiːf] *m* (3¹) detective *m*.

Detektor ⚡ [deˈtɛktɔr] *m* (8¹) détecteur *m*.

deucht [dɔʏçt] *s.* dünken.

Deut [dɔʏt] *m*: keinen ∾ wert sein ne pas valoir un sou.

deut|**eln** [ˈdɔʏtəln] *v/i.* (29) subtiliser *(an dat.* sur); **∾en** (26) 1. *v/i.*: ∾ **auf** *etw. (acc.)* indiquer qch. du doigt *(resp.* des yeux), *fig.* annoncer qch., présager qch.; 2. *v/t. (auslegen)* interpréter *(schlecht, übel* en mal); **2lich** *adj. (leicht unterscheidbar)* distinct; *(verständlich)* clair; *(leserlich)* lisible; *(freimütig)* franc; **2lichkeit** *f* clarté *f*; distinction *f*, *(Leserlichkeit)* lisibilité *f*; *(Freimütigkeit)* franchise *f*.

deutsch [dɔʏtʃ] 1. *adj.* allemand; d'Allemagne; *hist.* germanique; tudesque (*a. mv.p.*); ∾**e** *Redensart* germanisme *m*; 2. *adv.* auf ∾ en allemand; mit j-m ∾ reden dire ton fait à q.; **2e** *n* allemand *m*; **2e(r** *m) m, f)* Allemand(e *f) m*; **2enhaß** *m* germanophobie *f*; **2feindlich** *adj.* allemand-français; **∾freundlich** *adj.* germanophile; **2kunde** *f* civilisation *f* allemande; **2schweizer** *m* Suisse *m* allemand; **∾schweizerisch** *adj.* suisse alémanique; **∾schweizerisch** *adj.* germano-suisse; **2tum** *n* (1²) nationalité *f* allemande; caractère *m* allemand.

Deutung [ˈdɔʏtuŋ] *f* interprétation *f*.

Devise [deˈviːzə] *f* (15) devise *f*; ∾**n**

pl. ✝ devises *f/pl.*; changes *m/pl.*

De'visen|**beschaffung** *f* obtention *f* de devises; **∾bestimmungen** *f/pl.* dispositions *f/pl.* concernant les devises; règlement *m* sur les monnaies; **∾bewirtschaftung** *f* réglementation *f* des devises; **∾handel** *m* commerce *m* du change *(od.* des devises); **∾kurs** *m* cours *m* des changes; **∾schmuggel** *m* contrebande *f* de devises; **∾verkehr** *m* marché *m* (*od.* trafic *m)* des changes *(od.* des devises).

devot [deˈvoːt] *adj. (unterwürfig)* soumis; *(demütig)* humble; *(frömmelnd)* dévot.

Dezember [deˈtsɛmbər] *m* (7) décembre *m*.

dezent [deˈtsɛnt] *adj.* décent; *(zart)* délicat; *(Musik)* tendre.

dezentrali'sieren *v/t.* décentraliser.

Dezernat [detsɛrˈnaːt] *n* (3) ressort *m*.

Deziliter [detsiˈliːtər] *m, n* décilitre *m*.

dezimal [detsiˈmaːl] *adj.* décimal; **2-bruch** *m* (fraction *f)* décimale *f*; **2rechnung** *f* calcul *m* décimal; **2-stelle** *f* décimale *f*; **2waage** *f* bascule *f* (décimale).

dezi'mieren [detsi-] *v/t.* décimer.

Dia F [ˈdiːa] *n* (11) diapo *f*.

Diabetiker [diaˈbeːtikər] *m* (7) diabétique *m*.

Dia|**dem** [diaˈdeːm] *n* (3¹) diadème *m*; **∾gnose** [ˌ∾'gnoːzə] *f* (15) diagnostic *m*; **2gnosti'zieren** *v/t.* diagnostiquer; établir un diagnostic.

diagonal [∾go'naːl] *adj.* diagonal; **2e** *f* diagonale *f*.

Diakon [diaˈkoːn] *m* (3¹ u. 12) diacre *m*; **∾isse**, **∾issin** [∾ko'nisə, ∾in] *f* diaconesse *f*.

Dialekt [diaˈlɛkt] *m* (3) dialecte *m*; **∾ik** *f* dialectique *f*; **2isch** *adj.* dialectique; *(mundartlich)* dialectal.

Dia|**log** [diaˈloːk] *m* (3) dialogue *m*; **∾'mant** *m* diamant *m*; **2me'tral** *adj.* diamétral; **∾posi'tiv** *n* diapositive *f*.

Diarrhöe [diaˈrø:] *f* (15) diarrhée *f*.

Diät [diˈɛːt] *f* (16) diète *f*; *(Gesundheitskost)* régime *m*; ∾ **halten** faire (la) diète; suivre un régime; **∾en** *pl.* indemnité *f* journalière; **∾kost** *f* aliments *m/pl.* de régime; produits *m/pl.* diététiques.

dich *pr/p.* *(acc. v. du)* te *(vor vo. od. stummem h:* t'); *als pr. abs. u. nach prp.* toi.

dicht [diçt] 1. *adj.* dense; compact; *(eng an-ea.-gelegen)* épais; *(eng zu-*

sammen) serré; (Saat, Regen) dru; (Laub) touffu; (gut schließend) bien joint; (wasser~) étanche; imperméable; (luft~) étanche; 2. adv. ~ bei tout près (de); ~ hinter mir juste derrière moi; 2e f (15) densité f; (Undurchlässigkeit) étanchéité f; imperméabilité f; ~en (26) 1. v/t. rendre dense; (gutschließend machen) boucher; fermer hermétiquement; obturer; 2. calfater; 2. v/t. u. v/i. Verse: faire; composer; (erdichten) inventer; 2en m (v. Versen) composition f de vers; all sein ~ und Trachten toute sa pensée et ses efforts; 2er(in f) m (7) poète m, femme f poète; ~erisch adj. poétique; 2erlesung f séance f de lecture par l'auteur; 2erling m (3) péj. rimailleur m; ~halten v/i. savoir se taire; 2kunst f poésie f; 2ung f poésie f; littérature f; (einzelnes Werk) œuvre f poétique; poésie f; poème m; ⊕ joint m; garniture f; 2ungsring m ⊕ (anneau m de) joint m.

dick [dik] adj. épais; gros; (beleibt) corpulent; replet; (geschwollen) enflé; (Milch) caillé; ~ werden grossir (a. ~ machen), (Milch) se cailler; ~ und fett gros et gras; durch ~ und dünn à travers tout; er hat es ~ hinter den Ohren c'est un sournois; fig. e-n ~en Kopf (ein ~es Fell) haben avoir la tête (la peau) dure; ~e Freunde amis m/pl.; ~e Copains m/pl.; ~e Luft fig. F situation f critique; ~bäuchig adj. ventru; 2darm m gros intestin m; 2e f (15) épaisseur f; grosseur f; ~fellig adj. qui a la peau dure; ~flüssig adj. épais; filant; visqueux; 2häuter m (7) pachyderme m.

Dickicht ['~içt] n (3) fourré m; (Buschholz) taillis m.

Dick|kopf m grosse tête f; F caboche f; fig. tête f dure; 2köpfig adj. qui a une grosse tête; F cabochard; fig. entêté; têtu; 2leibig adj. corpulent; obèse; replet; (Buch) gros; volumineux; ~wanst F m pansu m; patapouf m.

Didak|tik [di'daktik] f (inv.) didactique f; 2tisch adj. didactique.

die [di:] 1. art. nom. f/sg. u. acc. f/sg. la, la, l'; (nom/pl. u. acc./pl. v. der, die, das) les; 2. pr/dem. s. diese; 3. pr./r. nom. qui; acc. que; s. a. das.

Dieb(in f) ['di:b(in)] m (3) voleur m, -euse f.

Diebes|bande f bande f de voleurs; 2sicher adj. à l'abri des voleurs.

dieb|isch 1. adj. enclin au vol; voleur; 2. adv. fig. sich ~ freuen s'amuser royalement, (schadenfroh) se réjouir malicieusement, (Tanz2) dancing m. 2stahl ['~ʃta:l] m (3³) vol m; larcin m; geistiger ~ plagiat m; 2stahlversicherung f assurance f contre le vol.

diejenige ['~jeniga] s. derjenige.

Diele ['di:lə] f (15) planche f; (Flur) vestibule m; (Tanz2) dancing m.

dien|en ['di:nən] v/i. (25): j-m ~ servir q.; ~ zu servir à; ~ als servir de; faire fonction de; als Ersatz ~ tenir lieu de; bei j-m ~ être en service (od. en condition) chez q.; j-m zu etw. ~ servir à q. de qch.; womit kann ich (Ihnen) ~? en quoi puis-je vous être utile?; qu'y a-t-il pour votre service?; 2er(in f) m (7) serviteur m, servante f; domestique m, f; valet m; laquais m; (Verbeugung) révérence f; 2erschaft f domestiques m/pl.; ~lich adj. utile; (zuträglich) convenable; (heilsam) salutaire.

Dienst m (3²) service m; (Anstellung) emploi m; place f; ~ ist ~! service d'abord!; ~ am Kunden service m de la clientèle; ~ haben, im ~ sein être de service; in ~ nehmen prendre en service; in ~ treten prendre du service; entrer en condition; bei j-m im ~ stehen être au service de q.; j-m e-n ~ erweisen rendre (un) service à q.; außer ~ 'hors (du) service; (im Ruhestand, abr. a. D.) en retraite; was steht zu ~en? qu'y a-t-il pour votre service?; j-m zu ~en stehen être aux ordres de q.

Dienstag ['di:nsta:k] m (3) mardi m; 2s adv. le mardi; tous les mardis.

Dienst|-alter n ancienneté f; ~älteste(r) m doyen m; le plus ancien (en service); ~antritt m entrée f en charge (od. en service od. en fonctions); ~anweisung f instructions f/pl.; ~aufwands-entschädigung f indemnité f pour frais de représentation; 2bar adj. serviable; (zu Diensten verpflichtet) sujet; ~e Geister domestiques pl.; ~barkeit f sujétion f; ⅛ servitude f; 2beflissen adj. serviable; empressé; 2bereit adj. obligeant; (Apotheke) de garde; ~bote m domestique m; ~eid m serment m de fidélité; ~eifer m empressement m; zèle m; 2eifrig adj. empressé; zélé; ~enthebung f suspension f de fonction; destitution f; ~entlassung f renvoi *m*; congédiement *m*; 2**fähig** *adj.* apte au service; 2**fertig** *adj.* serviable; empressé; 2**fertigkeit** *f* empressement *m*; 2**frei** *adj.* exempt de service; libre; **geheimnis** *n* secret *m* professionnel; **gespräch** *n* conversation *f* de service; **grad** *m* grade *m*; 2**habend** *p.pr. adjt.* de service; **herr** *m* patron *m*; **jahr** *n* année *f* de service; **kleidung** *f* tenue *f* (*od.* vêtements *m/pl.*) de service; **leistung** *f* service *m* (*a.* ✕); ⚖ prestation *f* de service; 2**lich** 1. *adj.* officiel; 2. *adv.*: ~ verhindert retenu par le service; **mädchen** *n* bonne *f*; servante *f*; **mann** *m* (1², *pl. a.* -leute) porteur *m*; **ordnung** *f* règlement *m* (du service); **pflicht** *f* devoir *m* d'une fonction *f*; ✕ allgemeine ~ service *m* militaire obligatoire; 2**pflichtig** *adj.* obligé de servir; ✕ astreint au service militaire; **rang** *m* grade *m* (militaire); **reise** *f* tournée *f* de service; mission *f*; **sache** *f* affaire *f* de service (*od.* officielle); **stelle** *f* bureaux *m/pl.*; services *m/pl.*; **stunden** *f/pl.* heures *f/pl.* de service; 2**tauglich** *adj.* bon pour le (*od.* apte au) service; 2**tuend** *p.pr. adjt.* de service; 2**-unfähig**, 2**-untauglich** *adj.* impropre (*od.* inapte) au service; **vergehen** *n* faute *f* disciplinaire; infraction *f* de service; **verhältnisse** *n/pl.* conditions *f/pl.* de service; **vertrag** *m* contrat *m* de service; **vorschrift** *f* règlement *m*; ✕ consigne *f*; **weg** *m* voie *f* 'hiérarchique (*einhalten* suivre); **wohnung** *f* logement *m* de service; **zeit** *f* années *f/pl.* de service; **zeugnis** *n* état(s *pl.*) *m* (*od.* certificat *m*) de service.

dies [di:s] *s.* dieser; **bezüglich** *adj. u. adv.* à cet effet.

die'selbe *s.* derselbe.

Diesel|motor ['di:zəlmo:tɔr] *m* (8¹) moteur *m* diesel; **öl** *n* Diesel-oil *m*.

dieser *m*, **diese** *f*, **die(se)s** *n*, **diese** *f* (21) 1. *adj./d.* ce (*vor vo. od. stummem h*: cet) *m*, cette *f*; *pl.* ces *m*, *f*; (*bei Gegenüberstellung*) dieses Haus (hier) cette maison-ci; 2. *pr/d.* celui-ci *m*, celle-ci *f*; ceci, cela (ça) *n*; ceux-ci *m/pl.*, celles-ci *f/pl.* adj.

diesig [di:ziç] *adj.* brumeux; nébuleux.

dies|jährig ['di:sjɛːriç] *adj.* de cette année; **mal** *adv.* cette fois(-ci); ~**seitig** ['~zaitiç] *adj.* (qui est) en

deçà; **seits** ['~zaits] *adj.* de ce côté; 2**seits** *n* ce bas monde *m*; ici-bas *m*.

Dietrich ['di:triç] *m* (3) crochet *m*; F rossignol *m*; passe-partout *m*.

Differential [diferən'tsja:l] *n* (3¹) différentielle *f*; **getriebe** *n* engrenage *m* différentiel; **rechnung** *f* calcul *m* différentiel.

Diffe'ren|z *f* (16) différence *f*; (*Streit*) différend *m*; 2**zieren** *v/t.* différencier; Å différentier.

diffe'rieren *v/i.* différer.

Diktat [dik'ta:t] *n* (3) dictée *f*; **or** *m* (8¹) dictateur *m*; 2**orisch** [~a'to:-] *adj.* dictatorial; **ur** [~a'tu:r] *f* (16) dictature *f*.

dik'tier|en *v/t.* dicter; 2**gerät** *n* appareil *m* à dicter.

Dilemma [di'lɛma] *n* (11) dilemme *m*.

Dilettant [dile'tant] *m* (12) dilettante *m*; 2**isch** *adj.* en amateur, en dilettante.

Dill 🌿 [dil] *m* (3) fenouil *m*; anet(h) *m*.

Ding [diŋ] *n* (3) chose *f*; F machin *m*; (*Gegenstand*) objet *m*; (*Angelegenheit*) affaire *f*; guter ~e sein être de bonne humeur; *unverrichteterdinge* zurückkommen revenir bredouille; *vor allen* ~en avant tout; *das geht nicht mit rechten* ~en zu ce n'est pas naturel; *die* ~e beim rechten Namen nennen nommer les choses par leur nom; *das ist ein* ~ der Unmöglichkeit c'est impossible; *jedes* ~ hat zwei Seiten chaque médaille a son revers; *aller guten* ~e sind drei jamais deux sans trois; 2**en** *v/t.* (30) *Mörder:* soudoyer; 2**fest** *adj.*: *j-n* ~ machen mettre q. en état d'arrestation; 2**lich** *adj.* réel.

Dingsda ['diŋsda] *m*, *f*, *n* chose *m*; F machin *m*; Herr ~ monsieur Chose.

Dingwort *n* substantif *m*.

Diözese [diø'tse:zə] *f* (15) diocèse *m*.

Diphtherie [diftə'ri:] *f* (15) diphtérie *f*.

Diphthong [dif'tɔŋ] *m* (3 *u.* 12) diphtongue *f*.

Diplom [di'plo:m] *n* (3¹) diplôme *m*; brevet *m*.

Diplo'mat *m* (12) diplomate *m*; **ie** [~a'ti:] *f* diplomatie *f*; 2**isch** *adj.* diplomatique; (*Person*) diplomate.

Di'plom-ingenieur *m* ingénieur *m* diplômé.

dir *pr/p.* (*dat. v.* du) te (*vor vo. od. stummem h*: t') *als pr. abs.* à toi; *nach prp.* toi.

direkt [di'rɛkt] *adj.* direct; (*tout*)

droit; **2flug** *m* vol *m* direct (*od.* sans escale); **2ion** [~'tsjo:n] *f* direction *f*; **2ive** [~'ti:və] *f* (15) instructions *f/pl.*; directives *f/pl.*; **2or** [~tɔr] *m* (8[1]) directeur *m*; (*e-s staatl. Gymnasiums*) proviseur *m*; (*e-s städt. od. priv. Gymnasiums*) principal *m*; **2orium** [~'to:rjum] *n* direction *f*; directoire *m*; comité *m* directeur; *hist.* Directoire *m* (exécutif); **2sendung** *f rad.* émission *f* en direct; **2übertragung** *f rad.*, TV transmission *f* en direct.

Dirig|ent [diri'gɛnt] *m* (12) chef *m* d'orchestre; **~entenstab** *m* baguette *f* de chef d'orchestre; **2ieren** [~'gi:rən] *v/t.* diriger.

Dirne ['dɪrnə] *f* (15) prostituée *f*; P putain *f*.

Dis ♪ [dɪs] *n* (*inv.*) ré *m* dièse.

Dishar|monie [disharmo'ni:] *f* (15) ♪ dissonance *f*; discordance *f*; *fig.* discorde *f*; **2monisch** *adj.* discordant.

Diskant ♪ [dɪs'kant] *m* (3) dessus *m*.

Diskjockey ['dɪskdʒɔkə] *m* (11) disque-jockey *m*.

Diskont † [~'kɔnt] *m* (3) escompte *m*; den ~ *heraufsetzen* (*herabsetzen*) augmenter (baisser) le taux d'escompte; **~bank** *f* banque *f* d'escompte; **~erhöhung** *f* augmentation *f* du taux d'escompte; **2ieren** [~'ti:rən] *v/t.* escompter; **~satz** *m* taux *m* d'escompte; **~senkung** *f* abaissement *m* du taux d'escompte.

Diskothek [disko'te:k] *f* (16) discothèque *f*.

diskreditieren [~kredi'ti:rən] *v/t.* discréditer; déprécier.

diskret [dɪs'kre:t] *adj.* discret; **2ion** [~kre'tsjo:n] *f* discrétion *f*; ~ *zugesichert* discrétion assurée.

diskriminier|en [diskrimi'ni:rən] *v/t.* discriminer; **2ung** *f* discrimination *f*.

Diskus ['dɪskus] *m* (14[2])disque *m*.

Diskussion [~ku'sjo:n] *f* discussion *f*.

Diskuswerfer *Sp.* *m* lanceur *m* de disque.

disku|tabel [disku'ta:bəl] *adj.* discutable; **~'tieren** *v/t. u. v/i.* discuter (*über acc.* de *od.* sur).

Dispen|s [dɪs'pɛns] *m* (4), **~sati'on** *f*; **2sieren** *v/t.* dispenser (*von* de).

dispo|nieren [dɪspo'ni:rən] *v/i.* disposer (*über acc.* de); **2siti'on** *f* (16) disposition *f*; *zur* ~ (*abr. z. D.*) *stellen* mettre en non-activité (*od.* en disponibilité).

Disput [~'pu:t] *m* (3) dispute *f*.

Disqualifi|kation *Sp* *f* disqualification *f*; **2'zieren** *Sp.* *v/t.* disqualifier.

Dissertation [disɛrta'tsjo:n] *f* (16) dissertation *f*; (*Doktorarbeit*) thèse *f* de doctorat (d'Université).

Dissident [dɪsi'dɛnt] *m* (12) dissident *m*.

Dissonanz [dɪso'nants] *f* (16) dissonance *f*.

Distan|z [dɪs'tants] *f* (16) distance *f*; **2'zieren 1.** *v/t.* *Sp.* distancer; **2.** *v/refl.: sich* ~ *prendre ses distances* (de); se désolidariser (de).

Distel ♀ ['dɪstəl] *f* (15) chardon *m*; **~fink** *orn.* chardonneret *m*.

distinguiert [dɪstɪŋ'gi:rt] *p.p. adjt.* distingué.

Distrikt [dɪs'trɪkt] *m* (3) district *m*; circonscription *f*.

Diszipli|n [dɪstsi'pli:n] *f* (16) discipline *f*; **2narisch** *adj.* disciplinaire; **~'narstrafe** *f* punition *f* (*od.* peine *f*) disciplinaire; **~narverfahren** *n* enquête *f* (*od.* procédure *f*) disciplinaire; **2niert** *p.p. adjt.* discipliné; **2nlos** *adj.* indiscipliné.

Diva ['di:va:] *f* (11[1]) vedette *f*.

diverse [di'vɛrzə] *adj./pl.* divers(es); différent(e)s.

Dividende [divi'dɛndə] *f* (15) dividende *m*; **~nschein** *m* coupon *m*.

divi|dieren *v/t.* diviser; *abs.* faire la division *f*; **2si'on** *f* division *f*; **2sor** ⅍ [~'vi:zɔr] *m* (8[1]) diviseur *m*.

Diwan ['di:va:n] *m* (3[1]) divan *m*.

doch [dɔx] **1.** *adv.* (*unbetont*) mais; donc; *kommen Sie* ~! venez donc!; *ja* ~! mais oui!; *das ist* ~ *zu arg!* c'est vraiment trop fort!; *wenn es* ~ *wahr wäre!* si seulement c'était vrai!; *du hast es ihm* ~ *gesagt?* tu le lui as bien dit, j'espère?; (*betont*) quand même; (*als Antwort*) *hast du es nicht gesagt?* ~! si!; *er kam also* ~? il est quand même venu?; *und* ~! et pourtant!; **2.** *cj.* pourtant; cependant; mais; *man wollte ihn einladen,* ~ *er war schon verabredet* on a voulu l'inviter, mais il avait déjà un rendez-vous.

Docht [dɔxt] *m* (3) mèche *f*.

Dock ⚓ [dɔk] *n* (11) dock *m* (*schwimmendes* flottant); **~arbeiter** *m* docker *m*; **2en** *v/t.* (25) ⚓ faire entrer aux docks; *Garn:* mettre en écheveaux.

dornenvoll

Dogge zo. ['dɔgə] f (15) dogue m.
Dog|ma ['dɔgma] n (9¹) dogme m;
²**matisch** adj. dogmatique.
Dohle orn. ['do:lə] f (15) choucas m.
Doktor ['dɔktɔr] m (8¹) docteur m
(med. en médecine; jur. en droit;
phil. ès lettres; rer. pol. ès sciences
politiques); den ~ machen passer son
doctorat; F (Arzt) médecin m, F
docteur m; Herr ~! bei Ärzten: docteur!, sonst: Monsieur!; **~and** [~ɔ-
'rant] m (12) candidat m au doctorat;
~arbeit f thèse f de doctorat (d'Université); **~examen** n (examen m de)
doctorat m; **~hut** m bonnet m de
docteur; **~in** [~'to:-] f (Ärztin) femme f médecin; doctoresse f; **~titel** m,
~würde f titre m de docteur; die
~würde erhalten être reçu docteur.
Dokument [doku'mɛnt] n (3) document m; (amtlicher Schein) certificat
m; **~arbericht** [~'ta:r~] m chronique
f documentaire; **~arfilm** m (film m)
documentaire; ²**arisch** [~'ta:rif]
adj. documentaire; ²**ati°on** f documentation f; ²**ieren** [~'ti:rən] v/t.
documenter.
Dolch [dɔlç] m (3) poignard m; **~stich**
m, **~stoß** m coup m de poignard.
Dolde ♀ ['dɔldə] f (15) ombelle f.
Dollar ['dɔlar] m (7) dollar m.
dolmetsch|en ['dɔlmɛtʃən] (27) **1.**
v/t. interpréter; **2.** v/i. servir d'interprète; faire l'interprète; ²**er(in)**
m (7) interprète m, f; ²**erschule** f
école f d'interprètes; ²**kabine** f cabine f de traduction simultanée.
Dom [do:m] m (3) cathédrale f; (Kuppel) äußere: dôme m (a. fig.), innere:
coupole f.
Domäne [do'mɛ:nə] f (15) domaine
m; terre f domaniale.
Domherr m chanoine m.
dominieren [domi'ni:-] v/t. u. v/i.
dominer.
Dominikaner(in f) [~ni'ka:nər] m
(7) dominicain(e f) m.
Domino ['do:mino] (11) **1.** m (Maskenkostüm) domino m; **2.** n (Spiel)
domino m; ~ spielen jouer aux dominos; ²**stein** m domino m.
Dom|kapitel n chapitre m de la cathédrale; **~pfaff** orn. m bouvreuil m.
Donner ['dɔnər] m (7) tonnerre m; ~
und Doria! mille tonnerres!; ²**n** (29)
1. v/imp. tonner; es donnert il tonne;
2. v/i. (Meer) mugir; (Geschütze)
gronder; fig. tempêter; **~schlag** m

coup m de tonnerre; mst fig. coup m
de foudre.
Donnerstag m jeudi m; Grüner ~
jeudi m saint; ²**s** adv. le jeudi; tous
les jeudis.
Donner|stimme f voix f tonnante;
~wetter n int. (zum) ~! mille tonnerres!
doof F [do:f] adj. bête; idiot.
dop|en ['dɔpən, 'do:pən] Sp. v/t. (25)
doper; ²**ing** ['~piŋ] n (11) dopage m;
doping m.
Doppel ['dɔpəl] n (6) double m (a.
Sp.); **~adler** m aigle f impériale (od.
à deux têtes); **~besteuerung** f double taxation f (od. imposition f);
~bett n lit m à deux personnes;
~decker m Flgw. biplan m; F (Bus)
autobus m à impériale; **~ehe** f bigamie f; **~fenster** n contre-fenêtre f;
~gänger m double m; sosie m; **~griff**
♪ m double corde f; **~haus** n maisons
f/pl. jumelles; **~kinn** n double menton m; **~konsonant** m consonne f
double; **~polig** ⚡ adj. bipolaire; **~punkt** m deux points m/pl.; typ.
deux-points m; **~reihig** ['raiiç] adj. à
deux rangs; ²**seitig** adj. double; **~sinn** m double sens m; ambiguïté f;
²**sinnig** adj. ambigu; mv. p. équivoque; **~spiel** n (Tennis) double m;
fig. duplicité f; sein ~ treiben jouer
double jeu; **~stecker** ⚡ m fiche f
double.
doppelt ['dɔpəlt] **1.** adj. double; **2.**
adv. ~ soviel deux fois autant; ²**e(s)** n
double m; ²**kohlensauer** adj.: ~es
Natron bicarbonate m de soude.
Doppel|tür f contre-porte f; (Flügeltür) porte f à deux battants; **~verdiener** m ménage m à deux salaires;
F péj. cumulard m; **~verdienst** m F
cumul m; **~zentner** m quintal m;
~zimmer n chambre f à deux lits;
²**züngig** adj. fig. double; dissimulé;
faux.
Dorf [dɔrf] n (1²) village m; (kleines)
'hameau m; **~bewohner(in** f) m village·(ef) m; **~leben** n vie f rustique
(od. au village); **~pfarrer** m curé
(prot. pasteur) m de campagne.
Dorn [dɔrn] m (5) épine f; (Stichel)
poinçon m; (in Schnallen) ardillon m;
er ist mir ein ~ im Auge il me gêne;
~busch m arbuste m épineux.
Dornen|hecke f haie f d'épines; **~krone** f couronne f d'épines; ²**voll**
adj. fig. 'hérissé d'épines.

dorn|ig ['dɔrniç] adj. épineux; ⚹**rös-chen** [~'rø:sçən] n (Märchen) la Belle au bois dormant.

dorren ['dɔrən] v/i. (sn) sécher.

dörr|en ['dœrən] v/t. (25) (des-)sécher; ⚹**fleisch** n viande f séchée; ⚹**gemüse** n légumes m/pl. séchés; ⚹**obst** n fruits m/pl. séchés.

Dorsch [dɔrʃ] m (3²) dorsch m.

dort [dɔrt] adv. là; y; par là; wer ~? qui parle?; allô?; '~**her** adv. de par là; de là-bas; de ce côté-là; en; '~**hin** adv. de ce côté-là; là-bas; par là; y; ~**ig** adj. (qui se trouve) en ce lieu(-là).

Dose ['do:zə] f (15) boîte f; (Schnupf-tabak⚹) tabatière f.

dösen ['dø:zən] v/i. somnoler; rêvasser.

Dosen-öffner m (7) ouvre-boîte m.

dos|ieren [do'zi:rən] v/t. doser; ⚹**is** ['do:zis] f (16²) dose f.

dotier|en [do'ti:rən] v/t. doter (mit de); ⚹**ung** f dotation f.

Dotter ['dɔtər] m u. n (7) jaune m d'œuf; ⚹**blume** f renoncule f; ⚹**gelb** adj. jaune d'œuf.

Double ['du:blə] n (11) Film doublure f.

Dozent|(in f) [do'tsɛnt] m (12) chargé(e f) m de cours; maître m de conférences.

dozieren [~'tsi:rən] v/t. u. v/i. faire des cours; professer; fig. parler avec autorité.

Drache ['draxə] m (13) dragon m; ~**n** m (6) (Papier⚹) cerf-volant m (steigen lassen lancer); fig. F (böse Frau) dragon m; mégère f.

Dragée [dra'ʒe:] n (11) dragée f; phm. pilule f.

Dragoner [dra'go:nər] m (7) dragon m.

Draht [dra:t] m (3³) fil m (de fer, de laiton, etc.); fig. auf ~ sein avoir de l'allant; être dans le mouvement; ~**antwort** f réponse f télégraphique; ~**bürste** f brosse f métallique; ⚹**en** v/t. (26) télégraphier; ~**esel** m bécane f; ~**fenster** n fenêtre f treillagée; ~**funk** m télédiffusion f; ~**geflecht** n grillage m métallique; ~**gitter** n treillis m en fil de fer; ~**glas** n verre m armé; ~**haarterrier** m fox m à poil raide; ~**hindernis** n réseau m de fils de fer; ⚹**los** adj. sans fil; ~es Telegramm radiotélégramme m; ~e Telegraphie f télégraphie f sans fil (abr. T.S.F.); radiotélégraphie f; ~

netz n toile f métallique; ~**schere** f cisailles f/pl.; ~**seil** n câble m (métallique); ~**seilbahn** f funiculaire m; téléphérique m; ~**verhau** m barbelés m/pl.; ~**zange** f pince f à fil de fer; ~**zaun** m clôture f en fil de fer; ~**zieher** m (7) tréfileur m; fig. machinateur m (d'intrigues).

drakonisch [dra'ko:niʃ] adj. draconien; d'une sévérité excessive.

drall [dral] 1. adj. vigoureux; plantureux; 2. ⚹ m (3) torsion f; (im Gewehr) pas m des rayures; (Bewegung) rotation f.

Drama ['dra:ma] n (9¹) drame m; ~**tik** [dra'ma:tik] f (16, o.pl.) drame m; fig. dramatique m; ~**tiker** [~a-'ma:tiker] m (7) auteur m dramatique; dramaturge m; ⚹**tisch** [~'ma:tiʃ] adj. dramatique; fig. a. théâtral; ~**ti'sieren** v/t. dramatiser; ~**turg** m (12) conseiller m dramatique; ~**turgie** [~ur'gi:] f dramaturgie f.

dran [dran] adv. s. daran; ich bin ~ c'est mon tour.

Dränage [drɛ:'na:ʒə] f (15) drainage m.

Drang [draŋ] m (3) (Bedürfnis) besoin m; (Druck) pression f; (Trieb) désir m (impétueux); passion f; impulsion f.

dräng|eln ['drɛŋəln] v/i. (29) pousser; bousculer; ~**en** (25) 1. v/t. serrer; presser; (treiben) pousser (zu à); (Gläubiger) 'harceler; es drängt mich, zu ... (inf.) j'ai grande envie (od. il me tarde) de ... (inf.); 2. v/rfl.: sich ~ (Ereignisse) se précipiter; sich durch die Menge ~ fendre la foule; 3. v/i. presser; auf etw. (acc.) ~ insister sur qch.; die Zeit drängt le temps presse; ⚹**en** n poussée f; fig. instances f/pl.

Drangsal ['draŋza:l] f (14) u. n (3) tourment m; tribulations f/pl.; ~**ieren** [~a'li:rən] v/t. tourmenter; brimer.

drä'nieren v/t. drainer.

drapieren [dra'pi:rən] v/t. draper.

drastisch ['drastiʃ] adj. vif; expressif; énergique.

drauf [drauf] adv. = darauf; ⚹**gänger** [~'gɛŋər] m (7) risque-tout m; casse-cou m; ~**gängerisch** adj. téméraire; crâne; ~**gehen** v/i. (sn) (umkommen) périr; ~**losgehen** v/i. (sn) se lancer sur; F s'emballer sur;

~**'losreden** v/i. parler à tort et à travers.

draußen ['draʊsən] adv. (au) dehors; (in der Fremde) à l'étranger.

Drechsel|bank ['drɛksəl-] f tour m; **~n** v/t. (27) faire au tour; tourner.

Drechsler m (7) tourneur m; **~ei** [~'raɪ] f (16) tournerie; atelier m de tourneur.

Dreck [drɛk] m (3) ordure f; (auf der Straße) boue f; crotte f; (Schund) camelote f; F sich um jeden ~ kümmern fourrer son nez partout; **~fink** F m salaud m; saligaud m; **~ig** adj. sale; boueux; crotté; V merdeux.

Dreh P [dre:] m truc m; auf den ~ kommen trouver le truc; **~achse** f axe f de rotation; **~arbeiten** f/pl. Film (travaux f/pl. de) tournage m; **~bank** f tour m; **~bar** adj. mobile; orientable; **~bleistift** m porte-mine(s) m; **~brücke** f pont m tournant; **~buch** n Film scénario m; **~buch-autor** m scénariste m; **~bühne** f scène f tournante; **2en** (m'e:ən] (25) 1. v/t. Film: tourner; Zigarette: rouler; Pillen: faire; P ein Ding ~ faire un mauvais coup; F Däumchen ~ se tourner les pouces; (winden) tordre; tortiller; 2. v/rfl.: sich ~ tourner (um autour de); der Wind dreht sich le vent tourne; sich im Kreise ~ tournoyer; pivoter; das Gespräch dreht sich um ... la conversation tourne autour de ...; alles dreht sich um ihn il est le pivot de l'affaire; das Rad dreht sich um seine Achse la roue tourne sur son axe; **~er** m (6) (Beruf) tourneur m; **~kondensator** ⚡ m condensateur m variable; **~kran** m grue f tournante; **~kreuz** n tourniquet m; **~orgel** f orgue m de Barbarie; **~pause** Film f arrêt m de tournage; **~punkt** m centre m de rotation; **~schalter** ⚡ m commutateur m rotatif; **~scheibe** f plaque f tournante; (Töpferei) tour m; **~strom** m courant m triphasé; **~stuhl** m chaise f pivotante; **~tür** f porte f tournante; **~ung** f tour m (a. Windung); rotation f; **~zahl** f (Motor) nombre m de tours; **~zahlregler** m régulateur m de vitesse.

drei [draɪ] 1. a/n.c. trois; F nicht bis ~ zählen können ne savoir ni A ni B; 2. 2 f (16) (chiffre m) trois m; **2¹-achteltakt** ♪ m (mesure f à) trois-'huit m; **2-akter** ['~aktər] m (7) pièce f en trois actes; **2-angel** m (7) (in der Hose)

accroc m (en forme de triangle); **~armig** adj. à trois bras (od. branches); **~beinig** ['~baɪnɪç] adj. à trois pieds; **~blätterig** adj. à trois feuilles; trifolié; **~dimensional** adj. à trois dimensions; **2-eck** n triangle m; **~eckig** adj. triangulaire; **~einhalb** adj. trois et demi; **2-'einigkeit** f Trinité f; **~erlei** ['draɪər'laɪ] adj. de trois espèces; **~fach** ['~fax], **~fältig** ['~fɛltɪç] adj. triple; **~farbig** adj. tricolore; **2fuß** m trépied m; **2gespann** n troïka f; **2'groschen-oper** f Opéra f de quat'sous; **~hundert** a/n.c. trois cent(s); **~jährig** ['~jɛːrɪç] adj. de trois ans; (von ~er Dauer) triennal; **~käsehoch** F [~'kɛːzəho:x] m (3) marmouset m; **2klang** ♪ m triple accord m; **2'königsfest** n jour m (od. fête f) des Rois; Épiphanie f; **~mal** adj. trois fois; **~malig** adj. répété trois fois; **~monatig** adj. de trois mois; **~monatlich 1.** adj. trimestriel; **2.** adv. tous les trois mois; **~prozentig** adj. à trois pour cent; **2rad** n tricycle m; tri(-)porteur m; **2satz** Å m règle f de trois; **~seitig** adj. trilatéral; **~silbig** adj. de trois syllabes; **~spaltig** adj. à trois colonnes; **2spitz** m tricorne m; **~sprachig** adj. en trois langues; trilingue; **2sprung** Sp. m triple saut m.

dreißig ['draɪsɪç] a/n.c. trente; gegen (etwa; rund) ~ une trentaine; in den 2er Jahren les années trente à quarante; **~jährig** adj. de trente ans; **~ste(r)** ['~sɪçstə(r)] a/n.o. trentième; **2stel** n trentième m.

dreist [draɪst] adj. 'hardi; (frech) effronté; P culotté.

dreistellig ['~ʃtelɪç] adj. à trois chiffres.

Dreistigkeit f 'hardiesse f; (Frechheit) effronterie f; P culot m.

drei|stimmig ['~ʃtɪmɪç] adj. à trois voix; **~stöckig** adj. de (resp. à) trois étages; **2stufenrakete** f fusée f à trois étages; **~tägig** adj. de trois jours; **~tausend** a/n.c. trois mille; **~teilig** adj. partagé (od. divisé) en trois; de trois pièces; **2teilung** f division f en trois parties; Å trisection f; **2viertelstunde** f trois quarts m/pl. d'heure; **2'vierteltakt** ♪ m mesure f à trois temps; **2zack** m (3) trident m; **~zehn** a/n.c. treize; **~zehnte(r)** a/n.o. treizième; **2zehntel** n treizième m.

Dresch|boden ['drɛʃ-] *m* aire *f* de grange; *fig.* leeres Stroh ⁓ radoter; **⁓en** *n* (6) battage *m*; **⁓er** *m* (7) batteur *m* en grange; **⁓flegel** *m* fléau *m*; **⁓maschine** *f* batteuse *f*.

dress|ieren [drɛ'siːrən] *v/t.* dresser; **⁓ur** [⁓'suːr] *f* (16) dressage *m*.

dribbeln ['dribəln] *Sp. v/i.* dribbler.

Drift [drift] *f* (16) courant *m* de surface.

Drill ⚔ [dril] *m* (3, *o.pl.*) entraînement *m*; dressage *m*; **⁓bohrer** *m* drille *f*; **⁓en** *v/t.* (25) faire tourner; *Seide:* croiser; ⚔ entraîner; dresser; **⁓ich** *m* (3) *text.* treillis *m*; **⁓ing** *m* (3¹) (*Gewehr*) fusil *m* à triple canon; **⁓e** *pl.* triplé(e)s *m(f)/pl.*

drin [drin] *adv.* = darin.

dring|en ['driŋən] *v/i.* (sn) (30) pénétrer (*in acc.* dans; *durch* à travers); ⁓ *aus* sortir de; ⁓ *auf* (*acc.*) insister sur; *in j-n* ⁓ insister auprès de q.; (*drängen*) presser; **⁓end**, **⁓lich 1.** *adj.* pressant; urgent; **2.** *adv.* d'urgence.

Dringlichkeit *f* urgence *f*; **⁓s-antrag** *m* demande *f* d'urgence; **⁓s-stufe** *f* degré *m* d'urgence.

drinnen ['drinən] *adv.* (au) dedans; (là-)dedans.

drisch(s)t [driʃ(s)t] *s.* dreschen.

dritt [drit] *a/n.*: *zu* ⁓ à trois; *zu* ⁓ *sein* être trois; **⁓e** *a/n.o.* troisième; *der* ⁓*e Stand* le tiers état; **⁓e** *Person* tierce (*gr.* troisième) personne *f*; *tiers m*; *der* ⁓*e im Bunde sein* être en tiers; F être le troisième larron; **⁓el** *n* (7) tiers *m*; **⁓eln** *v/t.* (29) diviser en trois parties; **⁓ens** *adv.* troisièmement; en troisième lieu.

droben ['droːbən] *adv.* là-'haut; en 'haut.

Drog|e ['droːgə] *f* (15) drogue *f*; **⁓en-abhängig** *adj.* assujetti aux drogues; **⁓ensüchtig** *adj.* toxicomane; **⁓e'rie** *f* (15) droguerie *f*; **⁓ist** [⁓'gist] *m* (12) droguiste *m*.

Droh|brief ['droː-] *m* lettre *f* de menaces; **⁓en** ['droːən] *v/i.* (25): *j-m* ⁓ menacer q. (*mit de*); **⁓end** *p.pr. adjt.* menaçant; (*Ereignis*) imminent.

Drohne ['droːnə] *f* (15) faux bourdon *m*; *fig.* fainéant *m*.

dröhnen ['drøːnən] **1.** *v/i.* (25) retentir; bourdonner; *Flgw.* vrombir; (*Erde*) trembler; (*Donner*) gronder; **2.** ⚲ *n* bourdonnement *m*; *Flgw.* vrombissement *m*; (*d. Erde*) tremble-

ment *m*; (*v. Donner*) grondement *m*.

Drohung ['droːuŋ] *f* menace *f*.

drollig ['drɔliç] *adj.* plaisant; drôle; *e-e* ⁓*e Geschichte* une histoire drôle; une drôle d'histoire.

Dromedar [drome'daːr] *n* (3¹) dromadaire *m*.

Drops [drɔps] *m(pl.)* (*inv.*) bonbon(s) *m(pl.)* acidulé(s).

drosch [drɔʃ] *s.* dreschen.

Droschke ['drɔʃkə] *f* (15) fiacre *m*; *Auto* taxi *m*; **⁓nkutscher** *m* cocher *m* de fiacre.

Drossel *orn.* ['drɔsəl] *f* (15) grive *f*.

Drossel|klappe *f* clapet *m* d'étranglement; (*am Motor*) papillon *m*; **⁓n** *v/t.* ⊕ étrangler; *Motor:* mettre au ralenti; *fig. Einfuhr usw.:* réduire; freiner; **⁓spule** ⚡ *f* bobine *f* de réactance; **⁓ung** *f* ⊕ étranglement *m*; (*der Einfuhr usw.*) réduction *f*; freinage *m*; **⁓ventil** ⊕ *n* soupape *f* d'étranglement.

drüben ['dryːbən] *adv.* de l'autre côté.

Druck [druk] *m* (3¹) pression *f* (*ausüben* exercer [*auf acc.* sur]); (*Magen⚲*) pesanteur *f* d'estomac; (*Last*) poids *m*; (*Bedrückung*) oppression *f*; *typ.* impression *f*; *im* ⁓ *befindlich* sous presse; *in* ⁓ *geben* faire imprimer; **⁓abfall** *m* baisse (*od.* chute) *f* de pression; **⁓anstieg** *m* augmentation *f* de pression; **⁓ausgleich** *m* compensation *f* de pression; **⁓bogen** *m* feuille *f* (imprimée); **⁓buchstabe** *m* caractère *m* d'imprimerie.

Drückeberger ['drɛkəbɛrgər] *m* (7) tire-au-flanc *m*; ⚔ embusqué *m*.

druck|-empfindlich *adj.* sensible à la pression; **⁓en** *v/t.* (25) imprimer.

drücken ['drykən] (25) **1.** *v/t.* presser; serrer; *fig.* accabler; (*wehe tun*) blesser; (*bedrücken*) opprimer; (*bekümmern*) affliger; *Preise:* (faire) baisser; **2.** *v/i.* (*Schuhe, Kleidung*) gêner; serrer; ⁓ *auf* (*acc.*) appuyer sur, presser (*acc.*), (*lasten*) peser sur; **3.** *v/rfl.: sich* ⁓ F tirer au flanc, (*aus dem Staube machen*) s'esquiver, filer, ⚔ s'embusquer; *sich vor* (*dat.*) ⁓ esquiver qch.; **⁓d** *p.pr. adjt.* pesant; lourd; **⁓e** *Hitze* chaleur *f* accablante.

Drucker *m* (7) imprimeur *m*.

Drücker *m* (7) (*Tür⚲*) poignée *f*; (*Schloß*) loquet *m*; (*am Gewehr*) détente *f*.

Druckerei [drukə'raɪ] f (16) imprimerie f.

Druck-erlaubnis f permission f d'imprimer; imprimatur m.

Drucker|presse f presse f d'imprimerie; **~schwärze** f encre f d'imprimerie.

Druck|fahne f typ. placard m; épreuve f; **~fehler** m faute f d'impression; F coquille f; **~fehlerverzeichnis** n errata m; **2fertig** adj. bon à tirer; **~festigkeit** f résistance f à la compression; **~kammer** f chambre f de compression; **~knopf** m bouton-pression m; **⚡** bouton-poussoir m; **~knopfschalter** m interrupteur m à bouton-poussoir; **~kosten** pl. frais m/pl. d'impression; **~legung** f impression f; **~luft** f air m comprimé; **~maschine** typ. f presse f; **~messer** m manomètre m; **~mittel** n moyen m coercitif; **~papier** n papier m à imprimer; **~probe** f typ. épreuve f; **⊕** essai m de (com)pression; **~pumpe** f pompe f foulante; **~sache** f imprimé m; **~schalter** m interrupteur m manométrique (od. à pression); **~schrift** f ouvrage m imprimé; in ~ en capitales d'imprimerie; **~stelle** f empreinte f; **~stock** typ. m cliché m; **~taste** f touche f; bouton-poussoir m; **~verbot** n défense f d'imprimer; **~verfahren** n procédé m d'imprimer; **~vorlage** f manuscrit m; copie f.

drum [drum] **1.** adv. u. cj. = darum; **2.** n: das ganze 2 und Dran n tout ce qui s'y rattache (od. rapporte); F tout le tremblement.

drunt|en ['druntən] adv. en bas; là-bas; **~er** adv. = darunter; es geht alles ~ und drüber cela va sens dessus dessous.

Drüse ['dry:zə] f (15) glande f; **~n-entzündung** f adénite f.

Dschungel ['dʒuŋəl] m, n (7), a. f (15) jungle f; **~krieg** m guerre f de la jungle; **~pfad** m sentier m dans la jungle.

Dschunke ['dʒuŋkə] f (15) jonque f.

du [du:] (19) pr/p. pom. tu; betont: toi; mit j-m auf ~ und ~ stehen être à tu et à toi avec q.; j-n mit ~ anreden tutoyer q.

Dübel ['dy:bəl] m (7) cheville f; goujon m; tampon m; **2n** v/t. cheviller.

Dubleegold [du'ble:-] n doublé m d'or.

Dublette [du'blɛtə] f (15) double m; gr. doublet m.

duck|en ['dukən] (25) **1.** v/t. (ra)baisser; fig. abaisser; humilier; **2.** v/rfl.: sich ~ se baisser; baisser la tête, (niederkauern) se tapir; **2mäuser** m (7) sournois m; cafard m; **~mäuserisch** adj. sournois; cafard.

dudel|n F ['du:dəln] v/i. faire de la musique importune; **~sack ♩** m cornemuse f; **2sackpfeifer** m joueur m de cornemuse.

Duell [du'ɛl] n (3¹) duel m; zum ~ fordern provoquer en duel; **~ant** [~'lant] m duelliste m; **2ieren** v/rfl.: sich ~ mit se battre en duel avec.

Duett ♩ [du'ɛt] n (3) duo m.

Duft [duft] m (3³) odeur f; (Wohlgeruch) parfum m; **2en** v/i. (26) sentir bon; nach etw. ~ sentir qch.; es duftet nach Rosen cela sent la rose; die Blumen ~ les fleurs sentent bon; **2end** p.pr. adjt. odorant; qui sent bon; **2ig** adj. (Kleid) vaporeux; léger; **2los** adj. inodore; **~stoff** m parfum m; **🝕** matière f odorante.

Dukaten [du'ka:tən] m (6) ducat m.

duld|en ['duldən] v/t. u. v/i. (26) souffrir; (mit Nachsicht) tolérer; (mit Geduld) supporter; **2er(in)** f m (7) martyr(e f) m; souffre-douleur m, f; **2ermiene** f iron. air m de martyr(e); **~sam** [~'za:m] adj. tolérant; **2samkeit** f, **2ung** f tolérance f.

dumm [dum] adj. sot; bête; imbécile; niais; (unwissend) ignorant; **~er** Junge F blanc-bec m; das ~e Zeug bêtises f/pl.; e-e ~e Geschichte une fâcheuse affaire; ~ machen abêtir; sich ~ stellen faire la bête; **~dreist** adj. impertinent; **2e(r** m) m, f: e-n ~n finden trouver un dupe; der ~ sein F être roulé; **2ejungenstreich** m gaminerie f; **2heit** f sottise f; bêtise f; (Unwissenheit) ignorance f; (Ungeschicklichkeit) gaffe f; **2kopf** m sot m; imbécile m.

dumpf [dumpf] adj. sourd; mat; (bedrückt) morne; (gefühllos) apathique; (schwül) étouffant; lourd; ~ riechen sentir le renfermé; **~ig** adj. lourd; étouffant; **~er** Geruch odeur f de renfermé.

Dumping † ['dampiŋ] n (11) dumping m.

Düne ['dy:nə] f (15) dune f; **~nsand** m sable m des dunes.

Dung [duŋ] m (3, o.pl.) engrais

m; (*natürlicher*) fumier *m*.
Düng|emittel *n* engrais *m*; **2en** *v/t.*
(25) engraisser; fumer; *mit Kalk* ~
chauler; **~er** *m* (7) = *Dung*.
Dunghaufen *m* (tas *m* de) fumier *m*.
Düngung *f* fumage *m*; fumure *f*;
(*Kalk2*) chaulage *m*.
dunkel ['duŋkəl] **1.** *adj.* obscur; (*finster*) sombre; (*Farbe*) foncé; (*Teint*)
basané; (*unbestimmt*) vague; (*verworren*) confus; *es ist* ~ il fait sombre;
es wird ~ il commence à faire sombre;
die Nacht tombe; dunkles Bier bière *f*
brune; *dunkler Vokal* voyelle *f* sourde; *dunkle Nacht* nuit *f* noire; *dunkle
Geschäfte* affaires *f/pl.* douteuses (*od.*
louches); *~e Brillengläser* verres *m/pl.*
fumés; *ein Zimmer* ~ *machen* faire
l'obscurité dans une pièce; *mir wird ~
vor den Augen* ma vue se trouble; **2.**
adv.: *sich* ~ *erinnern* se rappeler confusément; **3.** **2** *n* (7) obscurité *f*;
ténèbres *f/pl.*
Dünkel ['dyŋkəl] *m* présomption *f*;
suffisance *f*.
dunkel|braun *adj.* brun foncé;
(*Hautfarbe*) basané; (*Pferd*) bai
foncé; **~farbig** *adj.* foncé; de couleur
sombre.
dünkelhaft *adj.* présomptueux; suffisant; orgueilleux.
dunkel|häutig *adj.* brun (de peau);
2heit *f* obscurité *f*; ténèbres *f/pl.*;
2kammer *phot. f* chambre *f* noire;
~n *v/imp.* (29): *es dunkelt* il commence à faire sombre; **~rot** *adj.*
rouge foncé.
dünken ['dyŋkən] (30) **1.** *v/imp.* sembler; paraître; **2.** *v/rfl.*: *sich* ~ se
croire.
dünn [dyn] *adj.* mince; (*hager*) grêle;
(*schlank*) svelte; (*mager*) maigre;
(*wässerig*) clair; (*verdünnt*) allongé;
(*schwach*) faible; (*Stoff*) léger; (*Luft*)
léger; raréfié; (*Haar*) rare; clairsemé; *~(er) machen* amincir; (*Sauce*)
allonger; *~(er) werden* s'amincir;
(*Haar*) s'éclaircir; F *sich ~ machen*
(*verschwinden*) s'esquiver; **2darm** *m*
intestin *m* grêle; **2druckpapier** *n*
papier *m* bible; **~flüssig** *adj.* très
fluide; **2heit** *f* minceur *f*; (*v. Stoff,
Luft*) légèreté *f*; *phys.* raréfaction *f*;
~wandig *adj.* à paroi mince.
Dunst [dunst] *m* (3² u. ³) exhalaison *f*;
vapeur *f*; fumée *f*; *fig.* j-m *blauen* ~
vormachen conter des bourdes à q.
dünsten *cuis.* ['dynstən] *v/t.* étuver.

dunst|ig *adj.* vaporeux; *es ist* ~ il fait
du brouillard; **2kreis** *m* atmosphère *f*.
Dünung ⚓ ['dy:nuŋ] *f* 'houle *f*; ressac *m*.
Duo ♪ ['du:o] *n* (11) duo *m*.
düpieren [du'pi:rən] *v/t.* duper.
Duplikat [dupli'ka:t] *n* (3) duplicata
m; copie *f*; double *m*.
Duplizität [duplitsi'tɛ:t] *f* (16): *die* ~
der Ereignisse la coïncidence des événements.
Dur ♪ [du:r] *n* mode *m* majeur.
durch [durç] **1.** *prp.* (*acc.*) **a)** *örtlich*:
par; (*quer* ~) à travers; (*mitten* ~) au
travers de; **b)** *zeitlich*: pendant; durant; **c)** *Mittel*: par; au moyen de;
(*dank*) grâce à; ~ *Lesen en lisant*; ~
vieles Arbeiten à force de travail; ~
geteilt ~ *fünf* divisé par cinq; **2.** *adv.*:
er ist ~ (*vorbei*) il est passé, (*hindurch*)
il a traversé, (*außer Gefahr*) il a réussi;
'hors de danger, (*Examen*) il a réussi;
der Käse ist ~ le fromage est bien fait;
~ *und* ~ d'un bout à l'autre; tout à fait;
~ *und* ~ *kennen* connaître à fond; *die
ganze Nacht* ~ toute la nuit.
durch·arbeiten (26) **1.** *v/t.* travailler
avec soin; *Geisteswerke*: étudier à
fond; **2.** *v/i.* travailler sans s'arrêter;
3. *v/rfl.*: *sich* ~ se frayer un passage.
durch'·aus *adv.* tout à fait; (*unbedingt*) absolument; ~ *nicht* (*bei vb.
ne...*) nullement; ~ *nicht* (*bei vb. ne...*) point
du tout.
durch|backen *v/t.* bien cuire; **~bei-
ßen 1.** *v/t.* couper (*od.* percer) d'un
coup de dent; **2.** *v/rfl.*: *sich* ~ *fig.* faire
son chemin, F se débrouiller; **~bet-
teln** *v/rfl.*: *sich* ~ s'en tirer en men-
diant; **~blasen** *v/t. u. v/i.* souffler à
travers; **~blättern,** **~'blättern** *v/t.*
feuilleter; parcourir; **2blick** *m*
échappée *f* de vue; **~blicken** *v/i.* voir
(*od.* regarder) à travers; *fig.* percer;
lassen laisser percer (*od.* entrevoir);
faire comprendre; **~'blicken** *v/t.*
parcourir des yeux.
durch|'bluten *v/t.* irriguer; **2'blu-
tung** *f* irrigation *f* sanguine; **~boh-
ren** *v/t.* perforer; percer; *den Schädel*
~ *chir.* trépaner; **~'bohren** *v/t.*
(*trans*)percer; *mit dem Blick* ~ transpercer d'un regard; **~der Blick** regard
m perçant; *das durchbohrt mir das
Herz* cela me (od. me fend) le
cœur; *von Kugeln durchbohrt* percé
(*od.* criblé) de balles; **~braten** *v/t.*

bien rôtir; bien cuire; **~brechen 1.** v/t. briser; rompre; *Straße*: percer; **2.** v/i. (sn) (*Gedanken usw.*) éclore; se faire jour; (*Zähne*) percer; (*zerbrechen*) se rompre; **~'brechen** v/t. (*brechend spalten*) rompre; ⚔ percer; (*einstoßen*) enfoncer; *Regel*: manquer à; ne pas tenir compte de; **~brennen 1.** v/t. percer à l'aide du feu; brûler; **2.** v/i. (sn) ⚡ (*Sicherung*) fondre; *fig.* F s'esquiver; filer; **~bringen 1.** v/t. faire réussir; *j-n im Examen* ~ faire réussir q. à un examen; *fig. Vermögen*: gaspiller; manger; **2.** v/rfl.: *sich* ~ se tirer d'affaire; gagner sa vie; **2bruch** m percement m; (*e-s Dammes usw.*) rupture f; (*Wasser* ⚓) irruption f; (*e-s Flusses*) débordement m; ⚔ (*an d. Front*) percée f; *fig. zum* ~ *kommen* se faire jour; **~dacht** ['daxt] p.p. adjt. (*Plan*) gut ~ mûrement réfléchi; **~denken** v/t. examiner à fond; approfondir; **~drängeln**, **~drängen** v/rfl. *sich* ~ fendre la foule; **~dringen** v/i. (sn) pénétrer (à travers); *abs.* se frayer un passage; *fig.* réussir; (*Stimme*) percer; (*Wahrheit*) percer; se faire jour; *mit s-r Meinung* ~ faire prévaloir son opinion; **~'dringen** v/t. pénétrer; percer; **~dringend** p.pr. adjt. pénétrant; (*Blick*) perçant; **2dringung** f pénétration f; infiltration f; **~drücken** v/t. faire passer de force; (*eindrücken*) enfoncer; *Willen*: imposer; *die Knie* ~ effacer les genoux; **~'drungen** p.p. adjt. imbu (von de); pénétré (de); **~'eilen** v/t. parcourir; passer à la hâte.

durch-ei'nander 1. adv. confusément; sens dessus dessous; pêle-mêle; (*wahllos*) indifféremment; **2.** ⌂ n (6) pêle-mêle m; confusion f; **~bringen** v/t. confondre; **~geraten**, **~kommen** v/i. (sn) se mélanger; se brouiller; **~werfen** v/t. embrouiller; jeter pêle-mêle.

durch|fahren v/i. (sn) passer par; (*Zug*) brûler les stations; **~'fahren** v/t. traverser; **2fahrt** f traversée f; passage m; (*Torweg*) porte f cochère; **2fall** m chute f; 🝔 diarrhée f; *fig.* échec m, thé. a. four m; **~fallen** v/i. (sn) tomber à travers; (*bei e-r Prüfung*) échouer, essuyer un échec, être refusé, F être collé; thé. tomber, être un four; *j-n* ~ *lassen* refuser q., F recaler q.; **~fechten** v/t. *Meinung*

usw.: faire triompher; **~feilen** v/t. limer; percer (*od.* couper) à la lime; **~finden** v/rfl.: *sich* ~ trouver son chemin; *fig.* se débrouiller.

durch|'flechten v/t. entrelacer (*mit* de); **~fliegen** v/i. (sn) voler à travers; traverser; **~'fliegen** v/t. traverser au vol; **~fließen** v/t. arroser; *Fluß*: traverser; **~'fließen** v/i. (sn) couler à travers; (*Fluß*) passer par; **~'fluten** v/t. inonder; **~forschen** v/t. examiner à fond; *Land*: explorer; **2'forschung** f recherche f; examen m approfondi; (*e-s Landes*) exploration f; **~fragen** v/rfl.: *sich* ~ demander son chemin; **~fressen** v/t. trouer en rongeant; (*ätzend*) corroder; **~frieren** v/i. (sn) geler entièrement; être transi; (*Fisch*) F passer m; ✝ transit m; **~führbar** ['~fy:rba:r] adj. exécutable; **~führen** v/t. conduire à travers; *fig.* exécuter; mener à bonne fin; **2fuhr-erlaubnis** f permission f de transit; **2führung** f exécution f; **2führungsbestimmung** f modalité f d'application (*od.* d'exécution); **2fuhrzoll** m droit m de transit; **~'furchen** v/t. sillonner; **2gabe** rad. F f message m radiophonique; **2gang** m passage m; ✝ transit m; **~gängig** ['~gɛŋiç] adj. général; courant.

Durchgangs|bahnhof m gare f de passage; **~gut** n marchandises f/pl. en transit; **~handel** m commerce m transitaire; **~lager** n camp m de transit; **~straße** f route f de transit; route f nationale; **~verkehr** m transit m; **~wagen** m wagon m à couloir; **~zug** m train m direct; rapide m; express m.

durch|geben rad. F v/t. transmettre; communiquer; **~gehen 1.** v/i. (sn) passer; traverser; (*Vorschlag*) être adopté; (*fliehen*) s'enfuir, F filer, ⚔ déserter; (*Pferd*) s'emballer; *j-m etw.* ~ *lassen* passer qch. à q.; **2.** v/t. *fig.* examiner; contrôler; reviser; vérifier; *noch einmal* ~ *Lektion*: repasser; **~gehend 1.** p.pr. adjt. (*Fahrkarte*) de correspondance; (*Zug*) direct; *fig.* général; courant; **2.** p.pr. advt.: ~ *geöffnet* ouvert en permanence (*od.* sans interruption).

durch|geistigt p.p. adjt. pénétré d'esprit; **~gießen** v/t. filtrer; **~greifen** v/i. passer la main à travers; *fig.* prendre des mesures énergiques; **~greifend** p.pr. adjt. énergique; tranchant; **~halten** v/i. tenir bon (*od.* ferme); **~hauen** v/t. trancher; couper en deux; (*spalten*) fendre; *fig.* den Knoten **~** trancher le nœud; j-n **~** donner une correction à q., F rosser q.; **~hecheln** v/t. ⊕ sérancer; *fig.* critiquer; déchirer à belles dents; **~helfen 1.** v/i.: j-m **~** aider q. à faire qch,; 2. v/rfl.: sich **~** s'en tirer; **~jagen** v/i. (sn) passer à toute allure; **~jagen** v/t. parcourir; **~kämmen** v/t. démêler (avec le peigne); peigner; *Gebiet:* filtrer; **~kämpfen** v/rfl.: sich **~** se faire jour en combattant; *fig.* faire son chemin; **~kauen** v/t. *fig.* F remâcher; **~kneten** v/t. bien pétrir; **~kommen** v/i. (sn) passer (*durch* par); *fig.* se tirer d'affaire; échapper de; (*durch e-e Prüfung*) réussir; être reçu; **~können** v/i. pouvoir passer (*durch* par); **~kreuzen** v/t. croiser; *Pläne:* contrarier; **~kriechen** v/i. se glisser par (*od.* à travers); ⊇**laß** m (1²) passage m; **~lassen** v/t. laisser passer; (*filtern*) filtrer; **~lässig** adj. perméable; poreux; ⊇**lässigkeit** f perméabilité f.

Durchlaucht ['durçlaoxt] f (16) Altesse f (sérénissime); (*Anrede*) Monseigneur m.

durch|laufen 1. v/i. (sn) passer à la hâte; 2. v/t. *Sohlen:* user; sich die Füße **~** se blesser les pieds; (par la marche); **~laufen** v/t. parcourir; *Schule:* passer par; ⊇**lauf-erhitzer** m chauffe-eau m instantané; **~lesen** v/t. lire entièrement; sich durch ein Buch **~** venir à bout de lire un livre; flüchtig **~** parcourir; lire du bout des doigts; **~leuchten** v/t. examiner à la lumière; ⊗ radioscoper; radiographier; **~leuchten** v/i. luire à travers; ⊇**leuchtung** ⊗ f radioscopie f; radiographie f; **~löchern** v/t. (29) trouer; cribler de trous; **~lüften** v/t. aérer; **~lüften** v/i. (sn) aérer à fond; **~machen** v/t. passer par; (*Klasse*) faire; (*beenden*) achever; viel **~** passer par bien des épreuves; ⊇**marsch** m passage m; P diarrhée f; **~marschieren** v/i. (sn) passer (*durch* par); traverser; **~messen** v/t. parcourir; ⊇**messer** m (7) diamètre m; (*Innen*⊇) calibre m; **~mischen** v/t. bien mélanger; **~müssen** F v/i. être obligé de passer par; **~mustern**, **~mustern** v/t. passer

en revue; examiner soigneusement; **~nässen** v/t. tremper; mouiller; **~nehmen** v/t. s'occuper de; traiter; **~pausen** v/t. poncer; calquer; **~peitschen** v/t. fouetter; *fig.* expédier; **~pressen** v/t. faire passer en pressant; **~prügeln** v/t. rosser; **~queren** v/t. traverser; ⊇**querung** f traversée f; **~rasen** v/t., **~rasen** v/i. (sn) traverser à une allure folle; **~rasseln** F v/i. (sn) (*im Examen usw.*) échouer; rater; **~rechnen** v/t. calculer jusqu'au bout; *noch einmal* **~** reviser un compte; **~regnen** v/imp.: es regnet überall durch la pluie perce partout; **~reiben** v/t. écorcher en frottant; ⊇**reiche** f (15) passe-plat m; **~reichen** v/t.: j-m etw. **~** tendre qch. à q. à travers.

Durchreise f passage m; *auf der* **~** durch en passant par; *auf der* **~** *sein* être de passage; **~erlaubnis** f permission f de passer; ⊇n v/i. (sn) passer par; ⊇n ['~raɪzn] v/t. parcourir; **~nde**(**r** m) m, f laissant(e f) m; **~visum** n visa m de transit.

durch|reißen v/t. (v/i. [sn] se) déchirer complètement; **~reiten** v/i. (sn) passer à cheval; **~reiten** v/t. traverser à cheval; **~rieseln** v/imp.: es durchrieselt e-n kalt un frisson vous court le long du corps; **~rieseln** v/i. (sn) ruisseler à travers; **~ringen** v/rfl.: sich **~** surmonter tous les obstacles; sich zu e-r Überzeugung **~** finir par être convaincu; **~rosten** v/i. (sn) (se) rouiller entièrement; **~rütteln** v/t. bien secouer; cahoter; ⊇**sage** f message m radiophonique; **~sagen** téléph. v/t. téléphoner; **~sägen** v/t. couper avec la scie; scier; **~schauen** v/i. voir à travers; **~schauen** v/t. pénétrer; deviner; **~scheinen** v/i. transparaître; *durch* luire à travers; **~scheinend** p.pr. adj. transparent; translucide; diaphane; **~scheuern 1.** v/t. *Stoff:* user par frottement; 2. v/rfl.: sich **~** (*Hände*) s'écorcher; (*Stoff*) s'user par frottement; **~schießen** v/i. tirer à travers; F (*eilen*) (sn) passer rapidement; **~schießen** v/t. percer d'un trait (d'une balle, *etc.*); *typ.* espacer; interligner; *mit Papier* **~** interfolier; **~schimmern** v/i. luire à travers; transparaître; **~schlafen** v/i. dormir sans interruption; **~schlafen** v/t. passer (le temps) à dormir.

durchweichen

Durchschlag m (*Sieb*) passoire f; ⊕ poinçon m; (*Abschrift*) copie f; double m; **2en 1.** v/i. (sn) percer; pénétrer; (*Sicherung*) fondre; (*Papier*) boire; (*Medikament*) faire effet; fig. être efficace (od. convaincant); **2.** v/rfl.: sich ~ se frayer un passage, se débrouiller; (*kümmerlich*) vivoter, gagner péniblement sa vie; **3.** v/t. *Wand*: percer; durch ein Sieb ~ passer à la passoire; durch ein Seihtuch ~ filtrer; **2en** [~'la:gən] v/t. percer; traverser; **2end** p.pr. adjt. efficace; e-n ~en Erfolg haben avoir un succès complet (od. plein succès); **~papier** n papier m pelure; papier m pour doubles; **~skraft** f force f de pénétration.

durch|schlängeln v/rfl.: sich ~ se glisser (od. se serpenter od. se faufiler) à travers; **~schleusen** v/t. éluser; j-n ~ filtrer q.; **~schlüpfen** v/i. (sn) se glisser à travers; fig. échapper; **~schmuggeln** v/t. faire passer furtivement (od. en contrebande); **~schneiden** v/t. couper en deux; trancher; **~'schneiden** v/t. croiser; traverser; *Wellen*: fendre; ♣ couper; **2schnitt** m (3) Arch. coupe f; profil m; (*Mittelmaß*) moyenne f; im ~ en moyenne; **~schnittlich 1.** adj. moyen; **2.** adv. en moyenne.

Durchschnitts|-alter n âge m moyen; **~einkommen** n revenu m moyen; **~geschwindigkeit** f vitesse f moyenne; **~mensch** m homme m moyen; (*mittelmäßiger Mensch*) homme m médiocre; **~preis** m prix m moyen.

durch|'schnüffeln v/t. fouiller; fureter dans; **2schreibblock** m bloc m à copier (od. à calquer); **2schreibeverfahren** n procédé m de calquage; **~schreiten** v/i. (sn) marcher à travers; **~'schreiten** v/t. traverser; arpenter; **2schrift** f copie f; **2schuß** m ⊕ trame f; typ. interligne f; **~schütteln** v/t. bien secouer; **~'schweifen** v/t. rôder par; **~schwimmen** v/i. (sn) passer à la nage; **~'schwimmen** v/t. traverser (à la nage); **~schwindeln** F v/rfl.: sich ~ vivre d'expédients; **~schwitzen** v/t. tremper de sueur; **~sehen 1.** v/i. regarder à travers; **2.** v/t. parcourir (du regard); examiner; revoir; reviser; **~seihen** v/t. filtrer; **~setzen 1.** v/t. venir à bout de; *Meinung usw.*: faire passer (od. adopter); s-n Willen ~ faire sa volonté; es ~, daß ... obtenir que ... (subj. od. fut. resp. cond.); **2.** v/rfl.: sich ~ arriver à ses fins; **~'setzen** v/t. entremêler (mit de); imprégner (de); **2sicht** f re(od. ré)vision f; zur gefälligen ~ soumettre avec prière de revoir; **~sichtig** adj. transparent; limpide; diaphane; clair; **2sichtigkeit** f transparence f; limpidité f; clarté f; **~sickern** v/i. (sn) suinter à travers; fig. s'ébruiter; **~sieben** v/t. *Sand*: cribler; *Mehl, Flüssigkeit*: tamiser; passer au crible (od. au tamis); **~spielen** ♪ thé. v/t. jouer d'un bout à l'autre; **~sprechen** v/t. discuter à fond; téléph. téléphoner; **~'stechen** v/t. percer; **~stechen** v/t. (faire) passer à travers; **~stehen** v/t. tenir; **~stich** m percement m; (*durchstochene Stelle*) percée f; tranchée f; tunnel m; **~'stöbern** v/t. fouiller; fureter dans; **~stoßen** v/t. pousser à travers; **~'stoßen** v/t. percer; trouer; **~streichen** v/t. rayer; biffer; **~'streifen** v/t. rôder à travers; parcourir en tous sens; **~strömen** v/i. (sn) couler à travers; **~'strömen** v/t. traverser.

durch'such|en v/t. fouiller; (gerichtlich) perquisitionner; ✕ *Gebiet*: explorer; ch. faire une battue dans; **2ung** f fouille f; (gerichtliche) perquisition f; ✕ exploration f; ch. battue f; **2ungsbefehl** ⚖ m mandat m de perquisition.

durch|tanzen v/t.: die Sohlen ~ trouer ses semelles à force de danser; die Nacht ~ passer la nuit à danser; **~'tränken** v/t. imprégner (mit de); imbiber (de); **~treiben** v/t. conduire à travers; **~treten** v/t. Gaspedal: appuyer à fond sur l'accélérateur; **~'trieben** [~'tri:bən] p.p. adjt. fin; rusé; ~er Mensch finaud m; filou m; **2'triebenheit** f ruse f; **~'tropfen** v/t. (sn) tomber goutte à goutte; **~'wachen** v/t.: die Nacht ~ veiller toute la nuit; passer la nuit à veiller; **~'wachsen** cuis. p.p. adjt. (Fleisch) entrelardé; ~er Speck lard m maigre; **~wählen** téléph. v/t. faire un numéro interurbain automatique; **~wandern** v/t. traverser à pied; **~wärmen** v/t. bien chauffer; Bett: bassiner; **~waten** v/t. (sn), **~'waten** v/t. passer à gué; **~weg** ['durç'wɛk] adv. sans exception; toujours et partout; (durchgehend) généralement; **~weichen**

(25) v/i. (sn) s'amollir; tremper; ~**'weichen** v/t. amollir; (durch Nässe) tremper; ~**winden** v/rfl.: sich ~ se faufiler; fig. se tirer d'affaire; ~**'wirken** v/t. entrelacer (mit de); mit Gold ~ brocher d'or; ~**'wühlen** v/t. fouiller; ~**zählen** v/t. compter un à un; ~**zechen** v/t.: (die Nacht) ~ passer (la nuit) à boire; ~**zeichnen** v/t. calquer; ~**ziehen** v/t. Faden: passer; Linie: tirer; tracer; ~**'ziehen** v/t. parcourir; traverser; mit etw. ~ pénétrer de qch.; ~**'zucken** v/t. faire tressaillir; 2**zug** m passage m; (Luft2) courant m d'air; ~**zwängen** (25) **1.** v/t. faire passer de force (durch par); **2.** v/rfl.: sich ~ forcer le passage.

dürf|en ['dyrfən] v/aux. (30) avoir le droit (od. la permission) de; pouvoir; (wagen) oser; darf ich? m'est-il permis?; darf ich Sie fragen? puis-je vous demander?; darf ich bitten? s'il vous plaît?; wenn ich so sagen darf si j'ose m'exprimer ainsi; das dürfte wohl falsch sein c'est sans doute une erreur; das ~ Sie mir glauben vous pouvez m'en croire; ~**tig** ['dyrftiç] **1.** adj. indigent; nécessiteux; insuffisant; incomplet; (armselig) mesquin; **2.** adv. insuffisamment; 2**tigkeit** f indigence f; fig. insuffisance f; (Armseligkeit) mesquinerie f.

dürr [dyr] adj. sec; (Holz) mort; (Boden) aride; (mager) maigre; 2**e** f (15) sécheresse f; aridité f; (Magerkeit) maigreur f.

Durst [durst] m (3²) soif f; ~ haben (machen) avoir (donner) soif; bekommen commencer à avoir soif; s-n ~ löschen étancher sa soif; se désaltérer; 2**en, dürsten** ['dyrstən] v/i. (26) avoir soif (fig. nach de); 2**ig** adj. assoiffé; altéré (nach de); 2**löschend,**

2**stillend** p.pr. adjt. désaltérant.
Dur-Ton-art ['du:r-] f mode m majeur.

Dusch|e ['duʃə] f (15) douche f; 2**en** (27) **1.** v/i. (u. v/rfl. sich ~) prendre une douche; **2.** v/t. doucher; ~**raum** m (salle f de) douche(s) f(pl.).

Düse ['dy:zə] f (15) buse f; tuyère f; Auto gicleur m.

Dusel ['du:zəl] m (7) (Schwindel) vertige m; (Schläfrigkeit) somnolence f; F (Glück) veine f; ~ haben avoir de la veine; ~**ei** [~'lai] f (Gedankenlosigkeit) inadvertance f; 2**ig** adj. somnolent; 2**n** v/i. somnoler.

Düsen|-antrieb m propulsion f par réaction; ~**flugzeug** n avion m à réaction; ~**jäger** m chasseur m à réaction; ~**triebwerk** n moteur (od. propulseur) m à réaction; turboréacteur m.

Dussel F ['dusəl] m (7) idiot m; 2**ig** adj. idiot; stupide.

düster ['dy:stər] adj. sombre; ténébreux; fig. morne; (Unheil verkündend) lugubre; 2**keit** f obscurité f; ténèbres f/pl.

Dutzend ['dutsənt] n (3¹) douzaine f; ~**mensch** m homme m médiocre; ~**ware** f marchandise f médiocre; 2**weise** adv. par douzaines.

duz|en ['du:tsən] (27) v/t. (v/rfl. sich ~ se) tutoyer; 2**freund** m ami m intime qu'on tutoie; wir sind ~e nous nous tutoyons.

Dynam|ik [dy'nɑ:mik] f (16, o.pl.) dynamique f; 2**isch** adj. dynamique; ~**it** [~a'mi:t] n (3, o.pl.) dynamite f; mit ~ in die Luft sprengen dynamiter; ~**o** (11) m dynamo f.

Dynastie [dynas'ti:] f (16) dynastie f.

D-Zug ['de:tsu:k] m (3³) train m direct; express m; rapide m.

E

E, e [e:] *n* E, e *m*; ♪ *n* mi *m*.
Ebbe ['ɛbə] *f* (15) reflux *m*; marée *f* descendante (*od.* basse); ~ *und Flut* marée *f*; *fig.* F ~ *sein* être à sec.
eben ['e:bən] **1.** *adj.* (*glatt*) uni; (*flach*) plat; (*nicht holperig*) égal; A *plan*; *zu* ~*er Erde* au rez-de-chaussée; *au ras du sol;* **2.** *adv.* (*gerade*) justement; précisément; (*kaum*) à peine; ~ *erst* à peine; *er ist* ~ *gekommen* il vient d'arriver; *ich wollte* ~ *sagen* j'allais dire; ²**bild** *n* portrait *m*; image *f* (*Gottes de Dieu*); ~**bürtig** *adj.* égal; '~**da** *adv.* au même endroit; ibidem; '~**da'her** *adv.* du même endroit; (*begründend*) pour la même raison; '~**da'hin** *adv.* au même endroit; ~**der-**, ~**die-**, ~**das'selbe** *pr/d.* juste le, la même; ~'**deshalb**, ~'**deswegen** *adv.* voilà justement pourquoi.
Ebene ['e:bənə] *f* (15) plaine *f*; A *plan m; auf höchster* ~ au plus 'haut échelon; *auf politischer* ~ sur le plan politique.
eben|falls *adv.* pareillement; également; de même; ²**holz** *n* (bois *m* d')ébène *f*; ²**maß** *n* symétrie *f*; ~**mäßig** *adj.* bien proportionné; symétrique.
ebenso *adv.* de même; ~ *groß wie* aussi grand que; ~**gut** *adv.* tout aussi bien; ~**viel** *adv.* tout autant (*mit su.* de); ~**wenig** *adv.* tout aussi peu (*mit su.* de); *ne ... pas plus* (*mit su.* de); *ich* ~ ni moi non plus.
Eber ['e:bər] *m* (7) verrat *m*; ~**esche** ♀ *f* sorbier *m*.
ebnen ['e:bnən] *v/t.* aplanir; niveler; égaliser.
Echo ['ɛço] *n* (11) écho *m*; ~**lot** *n* (3) sondeur *m* à écho.
echt [ɛçt] **1.** *adj.* véritable; vrai; (*natürlich*) naturel; (*rein*) pur; (*Stein*) fin; (*verbürgt*) authentique; **2.** *adv.:* ~ *deutsch* typiquement allemand; ²**heit** *f* pureté *f*; (*Verbürgtheit*) authenticité *f*.
Eck|ball *Sp. m* corner *m*; coin *m*; ~**e** ['ɛkə] *f* (15) coin *m* (*a. Sp.*); (*Winkel*) angle *m*; (*Ende*) bout *m*; *abgestoßene*

~ *écornure f; an allen* ~*n und Enden* partout; *de tous côtés; um die* ~ *biegen* tourner le coin; P *um die* ~ *bringen* faire disparaître; assassiner; ~**haus** *n* maison *f* du coin; ²**ig** *adj.* angulaire; anguleux; *fig.* (*linkisch*) gauche, (*ungeschliffen*) peu poli; ~**e** *Klammern f/pl.* crochets *m/pl.*; ~**pfeiler** *m* pilier *m* cornier; (*e-r Brücke*) culée *f*; ~**platz** *m* coin *m*; ~**stein** *m* pierre *f* angulaire; ~**zahn** *m* (dent *f*) canine *f*.
edel ['e:dəl] *adj.* noble; (~*mütig*) généreux; (*Metall*) précieux; (*Wein*) fin; de grand cru; généreux; (*Frucht*) sélectionné; ²**frau** *f* dame *f* noble; ²**gas** *n* gaz *m* rare; ²**gesinnt** [~gə-zint] *p.p. adj.* généreux; ²**kastanie** *f* (*Baum*) châtaignier *m*; (*Frucht*) châtaigne *f*; (*geröstete*) marron *m*; ²**mann** *m* gentilhomme *m*; ²**marder** *zo. m* mart(r)e *f* commune; ²**metall** *n* métal *m* précieux; ²**mut** *m* générosité *f*; ~**mütig** ['~my:tiç] *adj.* généreux; ²**stahl** *m* acier *m* raffiné; ²**stein** *m* pierre *f* précieuse; ²**tanne** *f* sapin *m* argenté; ²**weiß** ♀ *n* (3²) edelweiss *m*; ²**wild** *n* grand gibier *m*.
Edikt [e'dikt] *n* (3) édit *m*.
E-Dur ['e:du:r] *n* (*inv.*) mi *m* majeur.
EDV-Anlage [e:de'faʊ-] *f* ordinateur *m*; calculateur *m* universel.
Efeu ['e:fɔy] *m* (11) lierre *m*.
Effeff [ɛf'ɛf] F *n: etw. aus dem* ~ *können* savoir qch. sur le bout du doigt.
Effekt [ɛ'fɛkt] *m* (3) effet *m*; (*Arbeitsstärke*) puissance *f*.
Effekten [~ən] *pl.* effets *m/pl.*; valeurs *f/pl.*; ~**börse** *f* Bourse *f* des valeurs; ~**handel** *m* commerce *m* de valeurs; ~**händler** *m* agent *m* de change; ~**markt** *m* marché *m* des valeurs.
Effekthascherei *f* recherche *f* de l'effet.
effektiv [ɛfɛk'ti:f] *adj.* effectif; ²**bestand** *m* stock *m* réel; effectif *m*.
ef'fektvoll *adj.* plein d'effet; qui fait de l'effet.

egal [e'ga:l] *adj.* égal; *das ist mir ~* ça m'est égal.

Egge ['ɛgə] *f* (15) 'herse *f*; **2n** *v/t. u. v/i.* (25) 'herser.

Ego|ismus [ego'ismus] *m* (16, *o.pl.*) égoïsme *m*; **~ist(in** *f*) *m* (12) égoïste *m*, *f*; **2istisch** *adj.* égoïste; **2zentrisch** [~'tsɛntriʃ] *adj.* égocentrique.

ehe ['e:ə] *cj.* (*daß*) avant que ... (*subj.*); (*bei gleichem suj.*) avant de ... (*inf.*).

Ehe *f* (15) mariage *m*; *in erster ~ en* premières noces; *Kind erster ~* du premier lit; *wilde ~* union *f* libre; concubinage *m*; *e-e ~ schließen* se marier; *die ~ brechen* être adultère; **~anbahnungs-institut** *n* agence *f* matrimoniale; **~beratung** *f* consultation *f* conjugale; **~bett** *n* lit *m* nuptial; **~brecher(in** *f*) *m* (7) adultère *m*, femme *f* adultère; **2brecherisch** *adj.* adultère; **~bruch** *m* adultère *m*.

ehedem ['e:ə'de:m] *adv.* autrefois.

Ehe|frau *f* femme *f* (mariée); épouse *f*; **~gatte** *m* mari *m*; époux *m*; **~gattin** *f* femme *f*; épouse *f*; **~glück** *n* bonheur *m* conjugal; **~hälfte** F *f* (chère) moitié *f*; **~krise** *f* crise *f* dans le ménage; **~leute** *pl.* époux *m/pl.*; **2lich** *adj.* conjugal; (*Kind*) légitime; **2lichen** *v/t.* (25) épouser; **~losigkeit** ['~lo:ziçkat] *f* célibat *m*.

ehe|malig ['~ma:liç] *adj.* ancien; d'autrefois; *der ~e Minister* l'ex-ministre *m*; **~mals** *adv.* autrefois; jadis.

Ehe|mann *m* mari *m*; époux *m*; **~paar** *n* couple *m* (de mariés); **~partner** *m* conjoint *m*.

eher *adv.* (*früher*) plus tôt; (*lieber*) plutôt; *um so ~* raison de plus; *je ~, desto besser* le plus tôt sera le mieux.

Ehe|recht *n* droit *m* matrimonial; **~ring** *m* anneau *m* de mariage; alliance *f*.

ehern ['e:ərn] *adj.* d'airain.

Ehescheidung *f* divorce *m*; **~sklage** *f* action *f* en divorce.

Ehe|schließung *f* mariage *m*; **~stand** *m* mariage *m*; *in den ~ treten* se marier.

ehestens ['e:əstəns] *adv.* au plus tôt.

Ehe|streit *m* querelle *f* de ménage; **~verbot** *n* interdiction *f* de mariage; **~vermittlung** *f* agence *f* matrimoniale; **~versprechen** *n* promesse *f* de mariage; **~vertrag** *m* contrat *m* de mariage.

ehr|bar ['e:rbar] *adj.* honorable; (*der Sitte gemäß*) honnête; (*dem Anstand gemäß*) décent; (*keusch*) chaste; **2barkeit** *f* honorabilité *f*; honnêteté *f*; (*Anstand*) décence *f*; (*Keuschheit*) chasteté *f*; **2begriff** *m* notion *f* d'honneur; **2e** *f* (15) honneur *m*; *auf ~!* sur l'honneur; *sur ma foi*; *zu j-s ~* en l'honneur de q.; *es ist ihm e-e ~, zu* ... cela lui fait honneur de ...; *j-m die ~ erweisen, zu* ... faire à q. l'honneur de ...; *auf ~ halten* être jaloux de son honneur; *s-e ~ daransetzen, zu* ... se faire un point d'honneur de ...; *in ~n halten* honorer; *wieder zu ~n bringen* réhabiliter; *sich etw. zur ~ anrechnen* se faire un honneur de qch.; **~en** *v/t.* (25) honorer (*mit de*).

Ehren|-amt *n* charge *f* (*od.* fonction *f*) honorifique; **2-amtlich** *adj.* (*adv.* à titre) honorifique; **~bürger(in** *f*) *m* citoyen(ne *f*) *m* d'honneur; **~dame** *f* demoiselle (*resp.* dame) *f* d'honneur; **~doktor** *m* docteur *m* honoris causa; **~gast** *m* convive *m* d'honneur; **~geleit** *n* escorte *f* d'honneur; cortège *m*; **2haft** *adj.* honnête; honorable; **~haftigkeit** *f* honnêteté *f*; honorabilité *f*; **2halber** *adv.* pour l'honneur; honoris causa; **~legion** *f* Légion *f* d'honneur; **~mal** *n* monument *m* aux victimes de la guerre; **~mann** *m* homme *m* d'honneur; **~mitglied** *n* membre *m* honoraire (*od.* d'honneur); **~pflicht** *f* devoir *m* d'honneur; **~platz** *m* place *f* d'honneur; **~preis** *m* prix *m* d'honneur; **♀** véronique *f*; **~rechte** *n/pl.*: *bürgerliche ~* droits *m/pl.* civiques; **~rettung** *f* réhabilitation *f*; **2rührig** *adj.* injurieux; infamant; **~runde** Sp. *f* tour *m* d'honneur; **~sache** *f* affaire *f* d'honneur; **~schuld** *f* dette *f* d'honneur; **~tag** *m* jour *m* solennel; jour *m* où q. est à l'honneur; **~titel** *m* titre *m* honorifique; **2voll** (15) honorable; glorieux 2. *adv.*: *~ bestehen* s'en sortir honorablement; **~wache** *f* garde *f* d'honneur; **2wert** *adj.* honorable; **~wort** *n* parole *f* d'honneur; **~zeichen** *n* insigne *m*; décoration *f*.

ehr|erbietig ['~ɛrbi:tiç] *adj.* respectueux; **2-erbietung** *f* 'haute considération *f*; respect *m*; **2furcht** *f* respect *m*; vénération *f*; *j-m s-e ~ bezeigen* présenter ses respects à q.; *~ gebieten* imposer le respect; **~fürchtig, ~furchtsvoll** *adj.* respectueux;

2gefühl n sens (od. sentiment) m de l'honneur; **2geiz** m ambition f; **~geizig** adj. ambitieux; **~lich** adj. honnête; (rechtschaffen) probe; (loyal) loyal; F **~e Haut** bonne pâte f d'homme; **~ gesagt** à parler franc; **es ~ mit j-m meinen** agir de bonne foi envers q.; **2lichkeit** f honnêteté f; (Rechtschaffenheit) probité f; (Loyalität) loyauté f; **~los** adj. sans honneur; infâme; **2losigkeit** f déshonneur m; infamie f; **2ung** f honneur m (fait à q.); **2verlust** m perte f des droits civiques; dégradation f civique; **2würden** (Anrede): **Euer ~** Votre Révérence; **~würdig** adj. vénérable; respectable.

ei! [aɪ] int. eh!; tiens!; **~, ~!** tiens! tiens!; F **~ ~ machen** faire mimi.

Ei [aɪ] n (1) œuf m (weich[gekocht]es à la coque; hart[gekocht]es dur; rohes cru); **~er legen** pondre.

Eibe ♀ ['aɪbə] f (15) if m.

Eichamt ['aɪç?amt] n bureau m d'étalonnage des poids et mesures.

Eiche ['aɪçə] f (15) chêne m.

Eichel ['~çəl] f (15) gland m; **~häher** zo. ['~hɛːɐ] m geai m.

eichen 1. adj. (od. en) chêne; 2. v/t. (25) étalonner; Gefäß: jauger.

Eichen|holz n (bois m de) chêne m; **~laub** n feuilles f/pl. de (od. feuillage m du) chêne; **~wald** n forêt f de chênes; (kleiner) chênaie f.

Eichhörnchen zo. n (7) écureuil m.

Eich|maß n étalon m; (Gefäß) jauge f; **~meister** m vérificateur m des poids et mesures; **~ung** f étalonnage m; (v. Gefäßen) jaugeage m.

Eid [aɪt] m (3) serment m; **an ~es Statt** à titre de serment; **j-m e-n ~ abnehmen** faire prêter serment à q.; **e-n ~ leisten** (od. schwören) prêter serment; **e-n ~ brechen** violer (od. rompre) son serment; **2brüchig** adj. parjure.

Eidechse ['aɪdɛksə] f (15) lézard m.

Eider|daunen ['aɪdər-] f/pl. édredon m; duvet m de l'eider; **~ente** f eider m.

Eides|formel f formule f de serment; **~leistung** f prestation f de serment; **2stattlich** adj.: **~e Erklärung** déclaration f sous la foi du serment.

Eid|genosse m confédéré m (suisse); **~genossenschaft** f confédération f; **die Schweizerische ~** la Confédération helvétique; **2genössisch** ['~ɡənœsiʃ] adj. fédéral; **2lich** ['aɪtliç] adv.: sich

~ verpflichten, etw. zu tun jurer de faire qch.

Eidotter m u. n (7) jaune m d'œuf.

Eier|becher m coquetier m; **~brikett** n boulet m (de charbon); **~handgranate** f grenade f à main ovoïde; **~kuchen** m omelette f; **~likör** m liqueur f aux œufs; **~schale** f coque f (od. coquille f d'œuf); **~schwamm(erl)** m östr. chanterelle f; **~speise** f entremets m aux œufs; östr. œuf m brouillé; **~stock** anat. m ovaire m; **~stock-entzündung** f ovarite f; **~uhr** f sablier m.

Eifer ['aɪfər] m (7) zèle m; empressement m; (fort) ardeur f; **~er** m (7) zélateur m; fanatique m; **2n** v/i. (29): **~ gegen** s'emporter contre; **~sucht** f jalousie f; **2süchtig** adj. jaloux (auf acc. de); **~suchtstragödie** f drame m de la jalousie.

eifrig ['aɪfriç] 1. adj. zélé; empressé; (fort) ardent; 2. adv. avec zèle.

Eigelb n (3) jaune m d'œuf.

eigen ['aɪɡən] adj. propre; (spezifisch) spécifique; (eigentümlich) particulier; (befremdend) étrange; (sonderbar) singulier; (anspruchsvoll) exigeant; (genau) exact; **sein ~er Herr sein** être son maître; **zu ~en Händen** en main propre; **in ~er Person** en personne; **er hat ein ~es Zimmer** il a une chambre à lui; **ich habe es mit ~en Augen gesehen** je l'ai vu de mes propres yeux; **etw. auf ~e Faust** (aus ~em Trieb) **tun** faire qch. de son propre chef; **sich etw. zu ~ machen** s'approprier qch., juger qch.; **2-art** f particularité f; **~artig** adj. particulier; singulier; **2bedarf** m besoins m/pl. personnels (resp. nationaux); **2brötler** ['~brøːtlər] m (7) original m; **2fabrikat** n fabrication f propre; **2finanzierung** f autofinancement m; **2gewicht** n poids m propre; (e-s Fahrzeugs) poids m mort; **~händig** ['~hɛndiç] adj. u. adv. de ma (resp. ta, etc.) propre main; **~ (geschrieben)** autographe; **2heim** n maison f individuelle (od. en pleine propriété); **2heit** f propriété f; (Eigentümlichkeit) particularité f; (Sonderbarkeit) singularité f; **2kapital** n capital m propre; avoir m net; **2liebe** f amour-propre m; **2lob** n éloge m de soi-même; **2mächtig** 1. adj. arbitraire; 2. adv. à de ma (resp. ta, etc.) propre autorité; **2name** m nom m propre; 2**nutz** m intérêt m personnel; égoïsme m; ~**nützig** [ˈ~nytsiç] **1.** adj. égoïste; **2.** adv. par intérêt.

eigens adv. exprès; spécialement; particulièrement.

Eigenschaft f qualité f; (auszeichnende) caractère m; (das Eigentümliche) propriété f; (Merkmal) attribut m; ~**swort** n adjectif m.

Eigen|sinn m entêtement m; obstination f; opiniâtreté f; (Grille) caprice m; 2**sinnig** [ˈ~ziniç] adj. entêté; obstiné; opiniâtre; (wunderlich) capricieux; 2**ständig** adj. autonome.

eigentlich [ˈaɪɡəntliç] **1.** adj. véritable; vrai; proprement dit; im ~en Sinne au sens propre; **2.** adv. à vrai dire; à proprement parler.

Eigen|tor Sp. m but m marqué contre son camp; ~**tum** n (1²) propriété f; ~**tümer(in** f) [ˈ~ty:mər] m (7) propriétaire m/f; 2**tümlich** adj. propre; particulier; ~**tümlichkeit** f propriété f; particularité f; caractère m; caractéristique f; trait m distinctif; propre m; ~**tumswohnung** f appartement m (od. logement m) en copropriété; ~**verbrauch** ✝ m auto-consommation f; 2**willig** adj. entêté.

eig|nen [ˈaɪɡnən] v/rfl. (29): sich ~ être propre (od. apte) (zu à); être qualifié (pour); se prêter (à); 2**nung** f qualification f; aptitude f; 2**nungsprüfung** f test m; examen m d'aptitude.

Eiland n (3) île f.

Eil|-auftrag m commande f (od. ordre m) d'urgence; ~**bestellung** f remise f par exprès; ~**bote** m: durch ~n par exprès; ~**brief** m lettre f (à remettre par) exprès.

Eile [ˈaɪlə] f (15) hâte f; (Flinkheit) promptitude f, in aller ~ à la (od. en toute) hâte.

Eileiter anat. m trompe f; (b. Tieren) oviducte m.

eilen (25) **1.** v/i. (sn) courir; **2.** v/rfl.: sich ~ se hâter; se dépêcher; se presser; (laufen) courir; **3.** v/imp.: eilt! urgent!; es eilt cela presse; ~ds adv. à la hâte.

eil|fertig 1. adj. pressé; prompt; **2.** adv. a. à la hâte; 2**gut** n marchandises f/pl. en grande vitesse; ~**ig 1.** adj. pressé; (Sache a.) pressant; es ~ haben être pressé; er hatte nichts 2eres zu tun, als zu ... il n'eut rien de plus pressé que de ...; **2.** adv. à la hâte;

~**igst** adv. vite; en toute hâte; 2**marsch** m marche f forcée; 2**zug** m (train m) rapide m; express m.

Eimer [ˈaɪmər] m (7) seau m; 2**weise** adv. par seaux.

ein [aɪn] (20) **1.** a/n.c. un m, une f; (Punkt) ~ Uhr à une heure (précise); ~ für allemal une fois pour toutes; in ~em fort continuellement; ihr ~ und alles son unique trésor; ~ und derselbe (dasselbe) une seule et même personne (chose); auf eins hinauslaufen revenir au même; eins werden tomber d'accord; **2.** pr/ind. ~er nach dem andern l'un après l'autre; **3.** adv. weder ~ noch aus wissen ne (pas) savoir où donner de la tête; **4.** unbestimmter art. un m, une f.

ein|-achsig adj. à essieu unique; à deux roues; 2**-akter** m (7) pièce f en un acte; (vor e-m größeren Stück) lever m de rideau.

einander [aɪˈnandər] pr. acc. l'un l'autre; les uns les autres; dat. l'un à l'autre; les uns aux autres; ~ helfen s'entraider; ~ schaden s'entre-nuire.

ein-arbeit|en (26) **1.** v/t. faire entrer; insérer **2.** v/rfl.: sich ~ in (acc.) se mettre au courant de; s'initier (à); 2**ung** f mise f au courant; initiation f; (v. Arbeitern) entraînement m; ✝ rodage m.

einarmig [ˈ~ʔarmiç] adj. manchot.

einäscher|n [ˈ~ʔɛʃərn] v/t. réduire en cendres; Leichen: incinérer; 2**ung** f incinération f; crémation f.

ein|-atmen v/t. aspirer; respirer; ~**äugig** [ˈ~ʔɔʏɡiç] adj. borgne.

Einbahnstraße f (rue f à) sens m unique.

Einband m (13³) reliure f; ~**decke** f couverture f.

einbändig adj. en un volume.

Einbau m encastrement m; (v. Maschinen usw.) installation f (in acc. dans); montage m; 2**en** v/t. encastrer (in die Wand dans le mur); Maschine usw.: installer (in acc. dans); monter; ~**küche** f cuisine f encastrée.

Einbaum m pirogue f.

Einbaumöbel n/pl. meubles m/pl. incorporés (od. encastrés).

einbe|halten v/t. retenir (vom Lohn sur le salaire); ~**rufen** ✗ v/t. appeler (sous les drapeaux); Parlament usw.: convoquer; 2**rufung** f appel m; (des Parlaments usw.) convocation f.

einbetonieren v/t. encastrer (od.

sceller) dans le béton.

Einbettzimmer n chambre f à un lit.

ein|beulen ['aɪnbɔʏlən] (25) v/t. bosseler; **~beziehen** v/t. comprendre (in acc. dans); **~biegen 1.** v/t. plier en dedans; **2.** v/i. (sn): in e-n Weg ~ prendre un chemin; nach rechts ~ tourner à droite.

einbild|en v/rfl.: sich ~ s'imaginer; se figurer; sich etw. ~ auf (acc.) tirer vanité de; **2ung** f imagination f; (irrige Vorstellung) illusion f; (Anmaßung) présomption f; **2ungskraft** f imagination f; **2ungsvermögen** n faculté f imaginative.

ein|binden v/t. relier; **~blenden 1.** v/t. Filmszene: faire apparaître en fondu; Ton: faire apparaître progressivement; **2.** v/rfl.: sich ~ se brancher (sur); **~bleuen** F ['aɪnblɔʏən] v/t. (25): j-m etw. ~ inculquer qch. à q.; **2blick** m coup m d'œil; fig. aperçu m; idée f; j-m ~ in etw. (acc.) gewähren mettre q. au courant de qch.

einbrech|en 1. v/t. Tür: enfoncer; **2.** v/i. (sn) (Nacht) tomber; (Wasser) faire irruption; (einsinken) s'écrouler; (auf dem Eis) s'enfoncer; (gewaltsam) entrer de force (in acc. dans); in ein Haus ~ cambrioler une maison; ✗ in die Linien ~ enfoncer (od. percer) les lignes; **2er** m (7) cambrioleur m.

ein|brennen v/t. marquer au fer (rouge); **~bringen** v/t. Antrag: déposer; Getreide: engranger; rentrer; Gewinn: rapporter; **~brocken** v/t. (25) tremper; fig. j-m etw. ~ jouer un mauvais tour à q.

Einbruch m (Wasser2) irruption f; (in ein Haus) effraction f; ✗ (in die Front) enfoncement m; percée f; (in ein Land) invasion f; bei ~ der Nacht à la tombée de la nuit; **~(s)diebstahl** m cambriolage m; vol m avec effraction; **2ssicher** adj. incrochetable; **~versicherung** f assurance f contre le vol par effraction.

einbucht|en F ['aɪnbʊçtən] v/t. (einsperren) coffrer; **2ung** f indentation f; (Bucht) anse f.

einbürger|n ['aɪnbʏrgərn] (29) **1.** v/t. naturaliser; **2.** v/rfl.: sich ~ (Sitten, Methoden) s'introduire; passer en usage; ✝ sich ~ lassen se faire naturaliser; **2ung** f naturalisation f.

Ein|buße f dommage m; perte f; **2büßen** v/t. perdre; **2dämmen** v/t.

(25) endiguer; **2decken** v/rfl.: sich ~ se pourvoir (mit de).

Eindecker Flgw. m (7) monoplan m.

ein|deutig ['aɪndɔʏtɪç] **1.** adj. clair; sans ambiguïté; sans équivoque; **2.** adv. clairement; **2deutigkeit** f clarté f; **~deutschen** v/t. germaniser; (Rechtschreibung) ~ d für ... forme f allemande pour ...; **~dicken** v/t. épaissir.

eindring|en v/i. (30, sn) pénétrer; entrer de (od. par) force; (Flüssigkeit) s'infiltrer; fig. auf j-n ~ presser q.; in ein Land ~ envahir un pays; **~lich 1.** adj. pénétrant; (drängend) pressant; **2.** adv. avec insistance; **2ling** m (3¹) intrus m; ✗ envahisseur m.

Eindruck m (3³) fig. impression f; (Gepräge) empreinte f.

ein|drücken v/t. Tür: enfoncer; (zerbrechen, z.B. Glasscheibe) casser; **~drucksvoll** adj. impressionnant; **~e** s. ein; **~ebnen** v/t. (25) aplanir; niveler; fig. auf j-n ~ presser q.; **~eiig** ['aɪn'aɪʔɪç] adj. univitellin; **~e** Zwillinge vrais jumeaux; jumeaux univitellins; **~engen** v/t. resserrer; mettre à l'étroit; fig. gêner.

einer ['aɪnər] **1.** s. ein; **2.** ♫ m Sp. (7) canot m à un rameur; skiff m; **♫** unité f; **'~lei** adj. de même espèce; (das ist) ~! c'est égal (od. indifférent)!; **'2lei** n (6, o. pl.) monotonie f; uniformité f; das tägliche ~ le train-train quotidien.

einerseits ['~zaɪts], **einesteils** ['~staɪls] adv. d'un côté; d'une part.

einfach ['~fax] **1.** adj. simple; (leicht) facile; (bescheiden) modeste; (Essen) frugal; **2.** adv. simplement; **2heit** f simplicité f; frugalité f; der ~ halber pour plus de commodité.

einfädeln (29) **1.** v/t. Nadel: enfiler; fig. Intrige, Plan: engager; tramer; **2.** v/rfl.: sich ~ (Fahrzeug) s'enfiler.

einfahren (30) **1.** v/i. (sn) (r)entrer (en voiture, etc.); ✗ descendre (dans le puits); (Zug) entrer en gare; **2.** v/t. Getreide: rentrer; Auto: roder.

Einfahrt f (16) entrée f; ✗ descente f (dans le puits); (Torweg) porte f cochère.

Einfall m (3³) (Einsturz) écroulement m; ✗ invasion f; phys. (v. Strahlen) incidence f; (Gedanke) idée f; launenhafter ~ caprice m; launiger ~ boutade f; witziger ~ saillie f; wunderlicher ~ lubie f; auf den ~ kommen avoir l'idée

einfallen   730

(zu de); s'aviser (de); 2en v/i. (sn)
s'écrouler; ✗ ~ in (acc.) envahir
(acc.); phys. (Strahlen) faire incidence; ♪ rentrer; (in die Rede) interrompre; es fällt mir ein il me vient à
l'idée (od. à l'esprit); sich etw. ~ lassen
s'aviser de qch.; was fällt dir ein?
quelle mouche te pique?; das fällt
mir nicht ein! j'en suis bien loin!; ihr
Name fällt mir nicht ein votre nom ne
me revient pas; 2slos adj. sans suite;
2sreich adj. plein (od. rempli) de
bonnes idées; 2swinkel m angle m
d'incidence.

Ein|falt ['ʌfalt] f (16, o.pl.) simplicité
f; ingénuité f; (Unbefangenheit)
naïveté f; (Dummheit) niaiserie f;
2fältig ['ʌfɛltiç] adj. simple; naïf;
(dumm) niais; **ʌfaltspinsel** F m
nigaud m; benêt m.

Einfamilienhaus n maison f pour
une seule famille; maison f particulière.

ein|fangen v/t. prendre; capturer;
(ergreifen) saisir; (verhaften) arrêter;
ʌfarbig adj. unicolore; (Stoff) uni.

einfass|en v/t. border (mit de); garnir
(de); cout. a. galonner (de); (umgeben) entourer (de); Schmuck: monter; sertir; enchâsser (a. Brille);
(rahmen) encadrer; 2ung f bordure
f; garniture f; (Einfriedigung) clôture
f.

ein|fetten ['ʌfɛtən] v/t. (26) graisser;
lubrifier; **ʌfinden** v/rfl.: sich ~ se
trouver (à l'endroit indiqué); se présenter; (vor Gericht) comparaître;
ʌfliegen v/t. essayer en vol; Truppen, Waren: amener par avion; **ʌ-
flößen** v/t. (27) Arznei: faire prendre; administrer; fig. suggérer; inspirer; j-m Bewunderung ~ remplir q.
d'admiration.

Einflugschneise f ligne f d'accès de
la piste.

Einfluß m influence f; ascendant m;
(Ansehen) crédit m; auf j-n (etw. acc.)
~ ausüben influencer q. (influer sur
qch.); **ʌbereich** m, **ʌgebiet** n zone f
d'influence; 2reich adj. (très) in-
fluent.

ein|flüstern v/t.: j-m etw. ~ souffler
qch. à q., fig. suggérer qch. à q.;
2flüsterung f insinuation f; suggestion f; **ʌfordern** v/t. réclamer;
Steuern: lever.

einförmig ['ʌfœrmiç] adj. uniforme;
fig. monotone; 2keit f uniformité f;

fig. monotonie f.

ein|fried(ig)en ['ʌfriːd(ig)ən] v/t. en-
clore (d'une haie); clôturer; 2frie-
d(ig)ung f clôture f; enclos m; **ʌfrie-
ren 1.** v/t. Lebensmittel: congeler; 2.
v/i. (sn) geler (a. ✝); (Schiff) être
pris dans les glaces; **ʌfügen 1.** v/t.
insérer (in acc. dans); 2. v/rfl.: sich ~
s'adapter (in acc. à); **ʌfühlen** v/rfl.:
sich ~ in j-n se mettre dans la peau de
q.; 2fühlungsvermögen n intuition
f.

Einfuhr ['ʌfuːr] f (16) importation f;
ʌbeschränkung f restriction f à
l'importation; **ʌbewilligung** f licence f d'importation.

einführen v/t. introduire; Waren:
importer; (in ein Amt) installer (in
acc. dans); fig. in etw. (acc.) ~ initier à
qch.; j-n in ein Geheimnis ~ mettre q.
dans un secret.

Einfuhr|-erlaubnis f licence f (od.
permis m) d'importation (od. d'importer); **ʌhandel** m commerce m
d'importation; **ʌkontingent** n contingent m d'importation; **ʌland** n
pays m importateur; **ʌstopp** m arrêt
m (od. suspension f) des importa-
tions.

Einführung f introduction f (in acc.
dans, fig. à); fig. initiation f (in acc.
à); (v. Waren) importation f; (in ein
Amt) installation f (in acc. dans);
ʌkurs m cours m d'introduction.

Einfuhr|verbot n défense f (od. inter-
diction) f d'importer; prohibition f;
ʌzoll m (droit m d')entrée f.

einfüllen v/t. verser (in acc. dans).

Eingabe f (Gesuch) pétition f; demande f; ✝ requête f; (EDV) entrée
f.

Eingang m entrée f (a. ✝); 2s adv. au
commencement; **ʌbestätigung** f
accusé m de réception; **ʌsdatum** n
date f (od. jour m) d'entrée; **ʌshalle** f
'hall m (d'entrée).

ein|geben v/t. Arznei: faire prendre;
administrer; fig. inspirer; suggérer;
Bittschrift: présenter; **ʌgebildet** ['ʌ-
gəbildət] p.p. adj. imaginaire;
(dünkelhaft) vaniteux; (anmaßend)
présomptueux; auf etw. (acc.) ~ sein
se piquer de qch.

eingeboren p.p. adj. natif; naturel;
indigène; (angeboren) inné; 2e(r m)
m, f indigène m, f.

Ein|gebung ['ʌgeːbuŋ] f inspiration
f; suggestion f; 2gedenk adv.: e-r

Sache (gén.) ~ *sein (bleiben)* se souvenir de qch.; 2**gefallen** *p.p. adjt.*: ~*e Wangen* joues *f/pl.* creuses; ~*e Augen* yeux *m/pl.* enfoncés; 2**gefleischt** ['~gǝflaɪʃt] *p.p.adjt.* incarné; *fig.* incorrigible; ~*er Junggeselle* célibataire *m* endurci; 2**gefroren** *p.p. adjt.* (*Kredit*) bloqué.

eingehen 1. *v/i.* (sn) entrer; (*ankommen*) arriver; (*Gelder*) rentrer; (*erlöschen*) s'éteindre; (*absterben*) dépérir; (*Zeitungen*) cesser de paraître; (*Gesellschaft*) se dissoudre; (*Stoff*) (se) rétrécir; (*Stelle*) ~ *lassen* supprimer; *auf etw.* (*acc.*) ~ (*in etw. einwilligen*) consentir à qch., (*sich zu etw. hergeben*) se prêter à qch., (*sich über etw. auslassen*) se prononcer sur qch.; *auf ein Thema* ~ s'étendre sur un sujet; *auf e-e Bedingung* ~ souscrire à une condition; **2.** *v/t. Bedingung*: souscrire à; *Vertrag*: conclure; *Ehe*: contracter; *Wette*: faire; *Verpflichtung*: prendre; *e-n Vergleich* ~ entrer en composition; ~**d 1.** *p.p. adjt.* détaillé; **2.** *p.pr. advt.*: ~ *behandeln* traiter à fond.

eingelegt ['~gǝlegt] *p.p. adjt.*: ~*e Arbeit* incrustation *f*, marqueterie *f*; *cuis.* ~*e Heringe* harengs *m/pl.* marinés.

Eingemachte(s) ['~gǝmaxtǝ(s)] *n* (18) conserves *f/pl.*; (*Früchte*) confitures *f/pl.*

eingemeind|en ['~gǝmaɪndǝn] *v/t.* (26) incorporer à une commune; 2**ung** *f* incorporation *f* dans une commune.

ein|genommen ['~gǝnɔmǝn] *p.p. adjt.* prévenu (*für* en faveur de; *gegen* contre); *von sich* ~ suffisant; infatué; épris de soi-même; ~**geschnappt** ['~gǝʃnapt] *p.p. adjt.* (*Schloß*) fermé; F (*beleidigt*) vexé; froissé; ~**geschneit** ['~gǝʃnaɪt] *p.p. adjt.* bloqué par la neige; ~**geschränkt** ['~gǝʃrɛŋkt] *p.p. adjt.* borné; restreint; ~**geschrieben** ['~gǝʃriːbǝn] *p.p. adjt.* inscrit; (*Brief*) recommandé; ~**gesessen** ['~gǝzesǝn] *p.p. adjt.* domicilié; (*Bevölkerung*) indigène.

Ein|geständnis *n* aveu *m*; 2**gestehen** ['~gǝʃteːǝn] *v/t.* avouer; (*zugeben*) admettre.

eingetragen ['~gǝtraːgǝn] *p.p. adjt.* enregistré; ~*e Schutzmarke* marque *f* déposée.

Eingeweide ['~gǝvaɪdǝ] *n* (7) *anat.* viscères *m/pl.*; (*Gedärme*) intestins *m/pl.*; entrailles *f/pl.*

ein|geweiht ['~gǝvaɪt] *p.p. adjt.* initié (à); (*in e-n Plan*) informé de; ~**geweihte(r** *m*) *m, f* initié(e *f*) *m*; adepte *m, f*; ~**gewöhnen** *v/t.* (*v/rfl. sich* ~ s')acclimater; (s')habituer à; ~**gewurzelt** ['~gǝvurtsǝlt] *p.p. adjt.* enraciné; ~**gießen** *v/t.* verser (*in acc.* dans); ~**gipsen** ['~gipsǝn] *v/t.* sceller en plâtre; *chir.* mettre dans le plâtre; ~**gleisig** ['~glaɪzɪç] *adj.* à voie unique; ~**gliedern** *v/t.* incorporer; ~**graben 1.** *v/t.* enterrer; (*verschanzen*) enfouir; ⊕ *u. fig.* graver; **2.** ⚔ *v/rfl.*: *sich* ~ se terrer; ~**gravieren** ['~viː-] *v/t.* graver dans; ~**greifen** *v/i.* mettre la main (*in acc.* dans); (*Zahnräder*) engrener; *fig.* se mêler (*in acc.* de); intervenir (dans); *in j-s Rechte* ~ empiéter sur les droits de q.; 2**greifen** *n* intervention *f* (*des Staates* de l'État *od.* des pouvoirs publics); 2**griff** *m* engrenage *m*; *fig.* intervention *f*; (*in das Privatleben*) atteinte *f*; (*widerrechtlicher*) empiétement *m*; *chir.* intervention *f* chirurgicale.

einhaken *v/t.* agrafer; ⊕ enclencher.

Einhalt *m* arrêt *m*; *e-r Sache* (*dat.*) ~ *gebieten* arrêter qch.; 2**en 1.** *v/t.* (*hemmen*) arrêter; (*zurückhalten*) retenir; *Bedingung, Vorschrift*: observer; *Versprechen*: tenir; *Weg*: suivre; **2.** *v/i.* s'arrêter.

einhandeln *v/t.*: ~ *gegen* échanger contre.

einhändig ['aɪnhɛndɪç] *adj.* à une seule main; manchot.

ein|hängen *v/t.* (*sus*)pendre; *Tür*: pendre; *téléph.* raccrocher; *Rad*: enrayer; ~**hauen 1.** *v/t.* enfoncer; *Loch*: percer; *in den Stein* ~ graver sur la pierre; **2.** *v/i.* F (*beim Essen*) avoir un bon coup de fourchette; ~**heben** *v/t. östr. Geld, Steuern* = einziehen; ~**heimisch** ['~haɪmɪʃ] *adj.* indigène (*a.* ♀); natif; du pays; local; national; ~ *machen* naturaliser; ~ *werden* se naturaliser; 2**heimische(r** *m*) *m, f* indigène *m, f*; 2**heimsen** ['~haɪmzǝn] F *v/t.* (27) *fig.* empocher; ~**heiraten** *v/i.* entrer par mariage.

Einheit *f* unité *f*; 2**lich** *adj.* qui a de l'unité; (*gleichmäßig*) uniforme; (*unitarisch*) unitaire; ~**lichkeit** *f* unité *f*; (*Gleichmäßigkeit*) uniformité *f*.

Einheits|liste f liste f unique; **~preis** m prix m unique; **~staat** m État m unitaire.

einheizen v/i. chauffer; fig. j-m tüchtig ~ dire son fait à q.

einhellig [ˈ~hɛliç] **1.** adj. unanime; **2.** adv. à l'unanimité; **2keit** f unanimité f.

einherstolzieren F [~ˈheːr-] v/i. (sn) se pavaner.

einholen v/t. (erreichen) atteindre; rejoindre; Zeit: rattraper; (einkaufen) faire des emplettes; Ernte, Segel: rentrer; Tauwerk: 'haler; Erlaubnis: demander; j-s Rat (Befehle) ~ prendre conseil (les ordres) de q.

Einhorn n licorne f.

Einhufer zo. [ˈ~huːfər] m (7) solipède m.

einhüllen v/t. envelopper; warm ~ emmitoufler.

einig [ˈaɪniç] adj. d'accord; (sich) ~ werden (sein) tomber (être) d'accord (über acc. sur); **~e** [ˈaɪnigə] **1.** adj. indéf. quelques; **2.** pr/ind. quelques-uns (-unes); **~emal** adv. plusieurs fois; **~en** v/rfl. (25): sich ~ se mettre d'accord (über acc. sur); s'arranger (über acc. de); **~ermaßen** [ˈ~maːsən] adv. dans une certaine mesure; en quelque sorte; (leidlich) passablement; **~es** pr/ind. quelque chose; pas mal de choses; **2keit** [ˈ~kaɪt] f (16) union f; concorde f; **2ung** [ˈ~gun] f unification f; (Abkommen) arrangement m; (Übereinstimmung) accord m.

ein|-impfen v/t. inoculer; fig. inculquer; **~jagen** v/t.: Furcht ~ faire peur; **~jährig** [ˈ~jɛːriç] adj. d'un an; (ein Jahr dauernd, alljährlich) annuel; **~kalkulieren** v/t. mettre en ligne de compte.

einkapseln [ˈ~kapsəln] (29) **1.** v/t. ~ enkyster **2.** v/rfl. fig. sich ~ s'isoler.

einkassier|en v/t. encaisser; **2ung** f encaissement m.

Einkauf m achat m; (kleiner) emplette f; **2en 1.** v/t. acheter; faire emplette de; **2.** v/i. faire des emplettes.

Einkäufer m acheteur m.

Einkaufs|genossenschaft f coopérative f d'achat; **~preis** m prix m d'achat; **~tasche** f sac m à provisions; **~zentrum** n centre m d'achat (od. commercial).

Einkehr [ˈ~keːr] f (16) arrivée f; entrée f (dans une auberge); fig. recueillement m; **2en** v/i. (25, sn) entrer; aller loger; descendre (bei j-m chez q.; in ein Gasthaus à un hôtel).

einkellern [ˈ~kɛlərn] v/t. (29) encaver.

einkerben v/t. (25) entailler.

einkerker|n [ˈ~kɛrkərn] v/t. (29) incarcérer; emprisonner; **2ung** f incarcération f; emprisonnement m.

einkesseln [ˈ~kɛsəln] v/t. encercler.

ein|klagen v/t.: Schuld: poursuivre le recouvrement (de); **~klammern** v/t. cramponner; Wörter usw.: mettre entre parenthèses (in eckige Klammern: entre crochets); **2klang** m unisson m; accord m; in ~ bringen mettre d'accord; **~kleben** v/t. coller dans.

einkleid|en v/t. (v/rfl. sich ~ s')habiller; Gedanken: revêtir; **2ung** f habillement m.

ein|klemmen v/t. serrer; coincer; ♣ eingeklemmter Bruch 'hernie f étranglée; **~klinken** v/t. (v/i. [sn] se) fermer au loquet; encliqueter; **~knicken 1.** v/t. casser à demi; e-e Seite ~ faire une corne à une page; **2.** v/i. (sn) se briser; **~kochen 1.** v/i. (sn) se réduire par ébullition; **2.** v/t. Saft: concentrer; Früchte: confire.

Einkommen n (6) revenu m; **~höchstgrenze** f plafond m de ressources; **~steuer** f impôt m sur le revenu.

einkreis|en v/t. encercler; **2ungspolitik** f politique f d'encerclement.

Einkünfte f/pl. (14¹) revenus m/pl.; ressources f/pl.

einkuppeln ⊕ v/t. u. v/i. embrayer.

einlad|en v/t. Waren: charger (in acc. dans); Personen: inviter; **~end** p.pr. adj. (verlockend) engageant; (reizend) séduisant; **2ung** f invitation f.

Ein|lage f (Schuh2) semelle f orthopédique; (Kapital2) mise f de fonds; (Spiel2) enjeu m; (Spar2) dépôt m; thé. intermède m; Suppe mit ~ soupe f garnie; **2lagern** v/t. emmagasiner; **~laß** m (4) admission f; entrée f; **2lassen 1.** v/t. laisser (resp. faire) entrer; admettre; **2.** v/rfl.: sich auf (od. in) etw. (acc.) ~ s'engager dans qch.; sich mit j-m ~ entrer en relations avec q.

Einlaß|karte f carte f d'entrée; **~ventil** n soupape f d'admission.

Einlauf m Sp. arrivée f; ♣ lavement m; **2en** v/i. (sn) entrer; arriver;

(Schiff) entrer au port; (Zug) entrer en gare; (Stoff) (se) rétrécir; nicht ~d (Stoff) irrétrécissable.

einläuten v/t. sonner.

einleben v/rfl.: sich ~ in (acc.) s'habituer à; (heimisch werden) s'acclimater à vivre dans un endroit.

einlege|n v/t. Film: mettre (in acc. dans); (einfügen) insérer (dans); Fleisch, Fisch: mariner; Früchte: confire; (in Holz) incruster; marqueter; Berufung ~ interjeter appel; ein gutes Wort ~ für intercéder pour; Ehre mit etw. ~ retirer de la gloire de qch.; Protest ~ protester; ?sohle f semelle f (à mettre dans les chaussures).

einleit|en v/t. introduire; (vorbereiten) préparer; Verhandlungen usw.: entamer; Prozeß: instruire; ♪ préluder; **~end** p.pr. adjt. préliminaire; **?ung** f introduction f; (Vorbereitung) préparation f; (Vorwort) préface f; ♪ prélude m; ouverture f.

einlenken v/i.: ~ in (acc.) entrer dans; fig. se raviser.

einleuchten v/i. paraître (od. être) évident; **~d** p.pr. adjt. évident; clair.

einliefer|n v/t. livrer; **?ung** f livraison f.

einliegend p.pr. adjt. ci-inclus; ci-joint.

einlös|bar ✝ adj. convertible; **~en** v/t. Pfand: dégager; retirer; Kupons: payer; Wechsel: faire accueil à; Wertpapiere: convertir; Scheck: encaisser; Versprechen: remplir; tenir; **?ung** f dégagement m; ✝ paiement m; (v. Wertpapieren) conversion f; encaissement m.

einmach|en v/t. confire; conserver; **?glas** n bocal m à conserves; verre m à confitures.

einmal adv. une fois; ~ um das andere une fois sur deux; auf ~ en même temps; (plötzlich) tout à coup; ein für allemal une fois pour toutes; noch ~ encore une fois; noch ~ so groß wie le double de; (ehemals) autrefois; es war ~ il y avait (od. il était) une fois; (Zukunft) un jour; hör ~! écoute donc!; nicht ~ (bei vb. ne...) pas même; **?-eins** n table f de multiplication; **~ig** 1. adj. unique; 2. adv. extraordinairement.

Einmarsch m entrée f (des troupes); **?ieren** v/i. (sn) entrer; faire son entrée.

einmauern v/t. (em)murer.

einmeißeln v/t. ciseler (in acc. dans).

einmengen = einmischen.

einmieten 1. v/t.: j-n ~ arrêter un logement pour q.; 2. v/rfl.: sich ~ louer un logement.

einmisch|en 1. v/t. mêler (in acc. à); 2. v/rfl.: sich ~ se mêler (in acc. de); intervenir (dans); s'ingérer (dans); **?ung** f ingérence f; intervention f.

einmotorig adj. monomoteur.

einmünd|en v/i.: ~ in (acc.) déboucher (od. se jeter) dans; (Straße) déboucher sur; **?ung** f (Fluß) embouchure f; (Straße) débouché m.

einmütig ['~my:tiç] adj. unanime.

einnähen v/t. coudre (in acc. dans).

Einnahme ['~na:mə] f (15) ✕ (e-r Stadt) prise f; ✕ (e-s Landes) conquête f; (Steuer?) recette f; ✝ recette f, rentrée f; **~n und Ausgaben** recettes et dépenses; (Einkommen) revenu m; **~n** ~ stellen porter en recette; **~quelle** f source f de revenus.

einnebeln v/t. (29) embrumer; entourer d'un nuage de fumée.

einnehmen v/t. Arznei, Stadt: prendre; Land: conquérir; Stellung: occuper; Steuern: percevoir; Geld: encaisser; toucher; s-n Platz ~ prendre (sa) place; fig. prévenir (für en faveur de; gegen contre); **~d** p.pr. adjt. engageant; séduisant; **~es Wesen** manières f/pl. avenantes.

einnicken v/i. (sn) s'assoupir.

einnisten v/rfl.: sich ~ se nicher; fig. s'implanter (in dat. resp. acc. dans).

Ein-öd|e f désert m; solitude f; coin m perdu; **~hof** m ferme f solitaire.

ein-ölen v/t. huiler.

ein-ordn|en 1. v/t. ranger; classifier; Akten: classer; 2. v/rfl.: sich ~ s'adapter (in acc. à); (im Verkehr) sich (rechts, links, in der Mitte) ~ se ranger dans la file (de droite, de gauche, du milieu); **?ung** f classification f; (v. Akten) classement m.

ein|packen 1. v/t. empaqueter; emballer; in Papier ~ envelopper dans du papier; in Stroh ~ empailler; 2. v/i. faire sa malle; **~passen** v/t. ajuster; **~pauken** F v/t.: j-m etw. ~ fourrer qch. dans la tête de q.; seriner qch. à q.; **~pferchen** v/t. (25) parquer; **~pflanzen** v/t. planter; fig. implanter; **~phasig** ∉ adj. monophasé; **~pökeln** v/t. saler.

einpolig ⚡ [ˈ‿poːliç] adj. unipolaire.

ein|prägen 1. v/t. empreindre; graver (a. fig.); fig. inculquer; 2. v/rfl.: sich etw. ~ graver qch. dans sa mémoire; **~programmieren** v/t. programmer.

einquartier|en v/t. loger; ✗ a. cantonner; **⌾ung** f logement m; ✗ a. (mise f en) cantonnement m; ~ haben loger des soldats.

einrahm|en v/t. (25) encadrer; **⌾ung** f encadrement m.

ein|rammen v/t. enfoncer; **~rasten** v/i. endiqueter.

einräum|en v/t. Möbel: ranger; mettre en place; Wohnung: emménager; (überlassen) céder; (zugestehen) accorder; concéder; **~end** p.pr. adj. concessif; **⌾ung** f emménagement m; (Überlassung) cession f; (Zugeständnis) concession f.

einrechnen v/t. comprendre dans un compte; mit eingerechnet y compris; nicht mit eingerechnet non compris.

Einrede f objection f; contradiction f; ⟨⟩ exception f; **⌾n** 1. v/t.: j-m etw. ~ persuader q. de qch.; faire croire qch. à q.; das lasse ich mir nicht ~ on ne me fera pas croire cela; 2. v/i.: auf j-n ~ chercher à persuader q.

einreib|en v/t. frictionner (mit avec); frotter (mit de); **⌾ung** f friction f (a. 🐟); frottement m.

einreichen v/t. présenter; déposer.

einreih|en v/t. ranger; ✗ enrôler; **~ig** [ˈ‿raiç] adj. à un seul rang; (Anzug) droit.

Einreise f entrée f; **~erlaubnis** f permis m d'entrée; **⌾n** v/i. (sn) entrer; **~visum** n visa m d'entrée.

einreißen 1. v/t. faire une déchirure à; (niederreißen) démolir; 2. v/i. (sn) fig. se répandre; (Gewohnheit) s'introduire.

ein|renken [ˈ‿rɛŋkən] (25) 1. v/t. remboîter; remettre; fig. arranger; 2. v/rfl.: das wird sich schon wieder ~ cela s'arrangera; cela finira par s'arranger; **~rennen** v/t.: offene Türen ~ enfoncer des portes ouvertes; sich den Schädel ~ se casser la tête au mur.

einricht|en 1. v/t. arranger; ⊕ ajuster; (errichten) établir; fonder; installer; organiser; Haus: emménager; Wohnung: meubler; 2. v/rfl.: sich ~ s'arranger; sich wohnlich ~ se meubler confortablement; **⌾ung** f arrangement m; ⊕ ajustage m; (Errich-

tung) établissement m; fondation f; installation f; organisation f; (Verfahren) procédé m; (e-s Hauses) emménagement m; (e-r Wohnung) ameublement m; (Getriebe) mécanisme m; (Vorrichtung) dispositif m.

ein|ritzen v/t. graver; **~rollen** v/t. enrouler; **~rosten** v/i. (sn) s'enrouiller; F fig. s'encroûter; **~rücken** 1. v/t. Anzeige: insérer; ⊕ embrayer; typ. rentrer; 2. v/i. (sn) entrer (in acc. dans); in j-s Stelle ~ succéder à q. dans un emploi; **~rühren** v/t. délayer.

Eins [ains] f (16) un m; (im Zeugnis) très bien; **⌾** 2 un; s.a. ein.

einsam 1. adj. solitaire; isolé; 2. adv. solitairement; en solitaire; sich ~ fühlen se sentir seul; **⌾keit** f solitude f; isolement m.

ein|sammeln v/t. recueillir; ramasser; **~sargen** [ˈ‿zargən] v/t. mettre en bière.

Einsatz m (im Spiel) enjeu m; mise f en jeu; (Tisch⌾) rallonge f; (Spitzen-⌾) entre-deux m; ♪ rentrée f; ✗ entrée f en ligne; unter ~ des Lebens en risquant la vie; **⌾bereit** adj. disponible; prêt à intervenir; **~fähig** adj. apte à être utilisé; **~wagen** m (Verkehrsbetriebe) voiture f supplémentaire; ~ der Polizei voiture f de police.

ein|saugen v/t. sucer; aspirer; absorber; **~säumen** cout. v/t. ourler.

einschalen Arch. v/t. coffrer.

einschalt|en v/t. intercaler; ⚡ mettre en circuit; enclencher; Licht: allumer; Maschine: mettre en marche; (Auto) Gang: passer; 2. v/rfl.: sich ~ intervenir; s'immiscer; s'ingérer; **⌾ung** f intercalation f; ⚡ mise f en circuit.

Einschalung Arch. f coffrage m.

ein|schärfen v/t. inculquer; **~scharren** v/t. enfouir; enterrer; **~schätzen** v/t. estimer; Steuern: taxer; **~schenken** v/t. verser à boire; Glas: remplir; **~schicken** v/t. envoyer; **~schieben** v/t. glisser (in acc. dans); (einschalten) intercaler; **⌾schienenbahn** f monorail m; chemin m de fer monorail; à une seule voie; **~schienig** adj. **~schießen** 1. v/t. Gewehr: éprouver; 2. v/rfl.: sich ~ ✗ s'exercer au tir; régler le tir.

einschiffen v/t. (v/rfl. sich ~ s')embarquer (nach pour); **⌾ung** f embarquement m.

ein|schlafen *v/i.* (sn) s'endormir; *vor dem* ♀ *avant de* s'endormir; *(Glieder)* s'engourdir; *(Beziehungen)* se ralentir; **~schläf(e)rig** *adj.*: **~es** *Bett* lit m à une personne; **~schläfern** [*'~ʃlɛ:fərn*] *v/t.* (29) endormir; assoupir; **~schläfernd** *p.pr. adjt. a. fig.* soporifique; somnifère; *♣* **~es** *Mittel* soporifique *m.*

Einschlag *m* (*e-s Geschosses*) point *m* d'impact (*od.* de chute); *(Blitz♀)* chute *f*; *(Umschlag)* enveloppe *f*; emballage *m*; *(Weberei)* trame *f*; **~en** **1.** *v/t. Nägel, Tür*: enfoncer; *(zerstören)* casser; briser; *(einwickeln)* envelopper (*od.* emballer) (*in acc.* dans); *(Weberei)* tramer; *Weg*: prendre; *(Auto) Räder*: braquer; **2.** *v/i.* *(einwilligen)* toper; *auf j-n* **~** tomber sur q. à bras raccourcis; *(Blitz, Kugel)* tomber (*in acc.* sur); *es hat eingeschlagen* la foudre est tombée; *fig.* réussir; tourner bien.

einschlägig [*'~ʃlɛ:gɪç*] *adj.* relatif à; compétent; **~e** *Literatur* littérature s'y rapportant (*od.* correspondante).

ein|schleichen *v/rfl.*: *sich* **~** se glisser (*in acc.* dans); *fig.* s'introduire; **~schleppen** *v/t. Krankheit*: importer; **~schleusen** *v/t.* ♣ faire entrer dans une écluse; *fig.* faire entrer clandestinement.

einschließ|en *v/t.* enfermer (à clef); *(zum Verwahren)* serrer; *(einzäunen)* enclore; *(beifügen)* inclure; *(verschließen)* mettre sous clef; *(umringen)* entourer; encercler; ✕ cerner; bloquer; *fig.* renfermer; comprendre; **~lich** *adv.* y compris; inclusivement.

ein|schlummern *v/i.* (sn) s'assoupir; **♀schluß** *m* inclusion *f*; *mit* **~** *von* y compris; **~schmeicheln** *v/rfl.*: *sich bei j-m* **~** s'insinuer auprès de q.; **~schmeichelnd** *p.pr. adjt.* insinuant; **~schmelzen** *v/t.* (re)fondre; **~schmieren** *v/t.* enduire (*mit* de); *mit Fett* **~** graisser; *mit Öl* **~** huiler; *mit Salbe* **~** oindre; *Buch*: griffonner; **~schmuggeln** **1.** *v/t.* introduire en contrebande; **2.** *v/rfl.*: *sich* **~** s'introduire furtivement; **~schnappen** **1.** (sn) se fermer à ressort; *fig.* prendre qch. de travers.

einschneiden *v/t.* inciser; entailler; *Namen*: graver; **~d** *p.pr. adjt.* tranchant; *fig.* incisif; radical.

einschneien *v/i.* (sn) couvrir de neige; *eingeschneit sein* être bloqué par la neige.

Einschnitt *m* incision *f*; entaille *f*.

einschnüren *v/t.* (*v/rfl. sich* **~** se) lacer; *Taille*: (se) serrer.

einschränk|en (25) **1.** *v/t.* limiter; restreindre **2.** *v/rfl.*: *sich* **~** *(in den Ausgaben)* réduire ses dépenses; **~end** **1.** *p.pr. adjt.* restrictif; limitatif; **2.** *p.pr. advt.* restrictivement; **♀ung** *f* limitation *f*; restriction *f*; réduction *f*; *(Vorbehalt)* réserve *f.*

einschrauben *v/t.* visser (*in acc.* dans); fixer avec des vis.

Einschreibe|brief *m* lettre *f* recommandée; **~gebühr** *f* droits *m/pl.* d'enregistrement; **♀n** **1.** *v/t.* inscrire; *(registrieren)* enregistrer; *e-n Brief* **~** *lassen* recommander une lettre; **2.** *v/rfl.*: *sich* **~** s'inscrire; *sich* **~** *lassen (Universität)* s'immatriculer; **~n** *n* inscription *f*; *(als Aufschrift)* recommandé; *(Wertbrief)* chargé; *als* **~** *schicken* envoyer en recommandé.

einschreiten **1.** *v/i.* (sn) intervenir; **2.** ♀ *n* intervention *f.*

einschüchter|n *v/t.* (29) intimider; **♀ung** *f* intimidation *f*; **♀ungsversuch** *m* tentative *f* d'intimidation.

einschul|en *v/t.* scolariser; **♀ung** *f* scolarisation *f.*

Einschuß *m* (*e-s Geschosses*) entrée *f* (de la balle); ✝ versement *m*; *(Weberei)* trame *f.*

einschütten *v/t.* verser (*in acc.* dans).

einschwenken ✕ *v/t.* opérer une conversion.

einsegn|en *v/t.* bénir; consacrer; *Kinder*: confirmer; *Priester*: ordonner; **♀ung** *f* bénédiction *f*; consécration *f*; *(v. Kindern)* confirmation *f*; *(v. Priestern)* ordination *f.*

einsehen **1.** *v/t. Bücher, Akten*: examiner; consulter; *(begreifen)* voir; comprendre; *(erkennen)* reconnaître; *(fühlen)* sentir; **2.** ♀ *n*: *ein* **~** *haben* se rendre à la raison (*od.* à l'évidence).

einseifen *v/t.* savonner; *fig.* F *(betrügen)* rouler.

einseitig [*'~zaïtiç*] *adj.* d'un côté; ♀ *u.* ⚕ unilatéral; *fig.* trop spécialisé; *(Auffassung)* étroit; *(ausschließlich)* exclusif; *(parteilich)* partial; **♀keit** *f* étroitesse *f*; point *m* de vue exclusif; *(Parteilichkeit)* partialité *f.*

einsend|en *v/t.* envoyer; *(an Zeitun-*

gen) communiquer; **2er** *m* expéditeur *m*; (*an Zeitungen*) correspondant *m*; **2schluß** *m* date *f* limite des envois; **2ung** *f* envoi *m*.

einsetz|en 1. *v/t.* mettre (*od.* placer) dans; *Scheibe, Zahn:* poser; *Kraft:* employer; *Leben:* risquer; (*im Spiel*) mettre en jeu; miser (*a. abs.*); **𝄞** planter; *Anzeige:* insérer (*in acc.* dans); *Edelsteine:* sertir; enchâsser; *sein Ehrenwort* ~ engager sa parole; (*errichten*) instituer; établir; (*in ein Amt*) installer (*in acc.* dans); (*in e-e Würde*) investir de; *zum Richter* ~ constituer juge; *j-n zu s-m Erben* ~ instituer q. son héritier; (*buchen*) porter au (*od.* sur le) compte; **𝄞** substituer; **✂** engager; mettre en ligne; **2.** *v/i.* commencer; se mettre à; **♩** rentrer; **3.** *v/rfl.:* sich ~ für intervenir pour; s'employer à; **2en** *n* mise *f*; pose *f*; (*v. Kraft*) emploi *m*; (*des Lebens*) risque *m*; (*im Spiel*) mise *f*; **✔** plantation *f*; (*e-r Anzeige*) insertion *f*; (*v. Edelsteinen*) sertissage *m*; (*Errichtung*) établissement *m*; (*in ein Amt*) installation *f* (*in acc.* dans); (*in e-e Würde*) investiture *f*; (*v. Richtern*) constitution *f*; (*v. Erben*) institution *f*; **𝄞** substitution *f*; **✂** entrée *f* en ligne; **♩** rentrée *f*.

Einsicht *f* (16) inspection *f*; consultation *f*; (*Untersuchung*) examen *m*; *fig.* (*Verständnis*) intelligence *f*; jugement *m*; ~ *nehmen in etw.* (*acc.*) examiner qch.; prendre connaissance de qch.; **2ig** *adj.* intelligent; (*verständnisvoll*) compréhensif; **~nahme** *f* consultation *f*; *zur* ~ *à* l'examen; **2slos** *adj.* qui ne comprend pas.

einsickern *v/i.* (sn) s'infiltrer (*in acc.* dans).

Einsied|elei ['aınzi:dəlaı] *f* (16) ermitage *m*; **~ler** *m* ermite *m*.

ein|silbig ['∼zılbıç] *adj.* monosyllab(iqu)e; *fig.* taciturne; **2silbigkeit** *f fig.* taciturnité *f*; **~sinken** *v/i.* (sn) (s')enfoncer; **2sitzer** ['∼zıtsər] *m* voiture *f* à une place; *Flgw.* monoplace *m*; **~spannen** *v/t.* tendre dans (*resp.* sur); *Pferd:* atteler.

einspar|en *v/t.* économiser; **2ung** *f* économie *f*.

ein|sperren *v/t.* enfermer; *in ein Gefängnis* ~ emprisonner, F coffrer; **~spielen** *v/rfl.:* sich ~ Sp. s'entraîner à jouer (en équipe); **~spinnen** *v/rfl.:*

sich ~ se mettre en cocon; **~sprengen** *v/t. Wäsche:* humecter; **~springen** *v/i.* (sn): für *j-n* ~ remplacer q.

einspritz|en *v/t.* injecter; **2motor** *m* moteur *m* à injection; **2ung** *f* injection *f*; piqûre *f*.

Einspruch *m* opposition *f*; objection *f*; (*Protest*) protestation *f* (*a. Sp.*); (*Beschwerde*) réclamation *f*; ~ *erheben* protester (*gegen* contre); **𝄞𝄞** former opposition (à); **~srecht** *n* veto *m*.

einspurig *Esb.* ['∼ʃpu:rıç] *adj.* à une (seule) voie.

einst [aınst] *adv.* un jour; (*früher*) jadis; autrefois.

ein|stampfen *v/t.* faire entrer en foulant; *Buch:* ~ (*lassen*) mettre au pilon; **2stand** *m Sp.* (*Tennis*) égalité *f*; *s-n* ~ *geben* arroser son entrée en fonction; **~stauben** *v/i.* (sn) se couvrir de poussière; **~stechen** *v/t.* enfoncer; *Löcher:* percer; **~stecken** *v/t.* ficher (*in acc.* dans); *Schwert:* rengainer; *Beschimpfung:* avaler; *Hieb:* encaisser; *Brief:* mettre à la boîte; *in die Tasche* ~ empocher; **~stehen** *v/i.* (sn): ~ für répondre de; **~steigen** *v/i.* (sn) monter (en voiture); ~! en voiture!

einstell|bar *adj.* réglable; ajustable; **~en 1.** *v/t.* mettre (*in acc.* dans); *Auto:* garer; ⊕ ajuster; *phot.* mettre au point; *Radio:* régler; *Leute:* embaucher; *Rekruten:* incorporer; (*unterbrechen*) suspendre; (*aufhören lassen*) cesser; *ein gerichtliches Verfahren* ~ rendre une ordonnance de non-lieu; **2.** *v/rfl.:* sich ~ se montrer; se trouver; (*Schmerz*) se faire sentir; *sich plötzlich* ~ survenir; *sich* ~ *auf* (*acc.*) s'adapter à; **~ig** *adj.* d'un seul chiffre; **2schraube** *f* vis *f* de réglage; **2ung** *f* mise *f* (en dépôt); ⊕ ajustement *m*; *phot.* mise *f* au point; (*d. Radios*) réglage *m*; (*v. Leuten*) embauche *f*; embauchage *m*; (*v. Rekruten*) incorporation *f*; (*Unterbrechung*) suspension *f*; (*Aufhören*) cessation *f*; *fig.* attitude *f*; (*Meinung*) opinion *f*.

Einstieg ['aınʃti:k] *m* (3) entrée *f*.

einstig ['aınstıç] *adj.* ancien.

einstimm|en *v/i.* joindre sa voix à; *fig. a.* se joindre (*in acc.* à); **~ig 1.** *adj.* à une (seule) voix, *fig.* unanime; **2.** *adv. a.* à l'unanimité; **2igkeit** *f* unanimité *f*.

einstmals ['aınstmɑ:ls] = *einst.*

ein|stöckig *adj.* à un étage; **~stoßen** *v/t.* enfoncer; *Scheibe:* casser; **2strahlung** *f* irradiation *f*; **~streichen** *v/t.* frotter (mit de); F *Geld:* empocher; **~streuen** *v/t.* répandre dans; *Stroh* ~ faire la litière; *fig.* semer dans; **~strömen** *v/i.* (sn) affluer (in *acc.* dans); **~studieren** *v/t.* étudier; **~stufen** *v/t.* classer; classifier; **2stufung** *f* classement *m*; classification *f*; **2sturz** *m* écroulement *m*; effondrement *m*; (v. *Erdmassen*) éboulement *m*; **~stürzen** *v/i.* (sn) s'écrouler; s'effondrer; (*Erdmassen*) s'ébouler; *fig. auf j-n* ~ fondre sur q.; **2sturzgefahr** *f* danger *m* d'écroulement.

einstweil|en ['aɪnstvaɪlən] *adv.* en attendant; entre(-)temps; provisoirement; **~ig** *adj.* provisoire; intérimaire; ₫₫ provisional; **~e** *Verfügung* (ordonnance *f*) de) référé *m*.

ein|tägig ['~tɛːgɪç] *adj.* d'un jour; *fig.* éphémère; **2tagsfliege** ['~taːksfliːgə] *f* éphémère *m*; **~tauchen** *v/t.* plonger (in *acc.* dans); tremper (dans) (*a. Brot*); immerger; *Feder:* prendre de l'encre; **~tauschen** *v/t.* échanger; troquer (*gegen acc.* contre).

einteil|en *v/t.* diviser (in *acc.* in); *Zeit, Geld:* répartir; *phys.* graduer; (in *Anteile*) partager; in *Klassen* ~ classer; **~ig** *adj.* d'une (seule) pièce; **~er** *Badeanzug* maillot *m* une pièce; **2ung** *f* division *f*; répartition *f*; *phys.* graduation *f*; (in *Anteile*) partage *m*; (in *Klassen*) classement *m*.

eintönig ['~tøːnɪç] *adj.* monotone; **2keit** *f* monotonie *f*.

Eintopf|gericht *n*) *m* plat *m* unique.

Ein|tracht *f* (16, *o.pl.*) concorde *f*; harmonie *f*; union *f*; **2trächtig** ['~trɛçtɪç] *adj. u. adv.* d'accord; en bonne intelligence. ..

Eintrag ['aɪntraːk] *m* (3³) inscription *f*; enregistrement *m*; **2en** *v/t.* (in *e-e Liste*) inscrire (in *acc.* dans); (*registrieren*) enregistrer; (*gerichtlich*) entériner; (*einbringen*) rapporter; produire; *eingetragene Schutzmarke* marque *f* déposée.

einträglich ['~trɛːklɪç] *adj.* lucratif; profitable; rémunérateur.

Eintragung *f* inscription *f*; (*Registrierung*) enregistrement *m*; (*gerichtlich*) entérinement *m*.

einträufeln *v/t.* verser goutte à goutte; instiller.

eintreffen 1. *v/i.* (sn) arriver; (*Voraussage*) se réaliser; **2.** ₂ *n* (6) arrivée *f*; (e-r *Voraussage*) réalisation *f*.

eintreiben *v/t.* *Nagel:* enfoncer; *Vieh:* ramener; *Geld:* recouvrer.

eintreten 1. *v/i.* (sn) entrer (in *acc.* dans); ~ *für* défendre, (*einstehen*) répondre de; (*geschehen*) arriver; se produire; *plötzlich* ~ survenir; **2.** *v/t.* enfoncer (d'un coup de pied); *sich e-n Dorn* ~ s'enfoncer une épine dans le pied.

eintrichtern ['~triçtərn] *v/t.* (29) entonner; *fig.* F inculquer.

Eintritt *m* entrée *f*; *fig.* arrivée *f*.

Eintritts|geld *n* (prix *m* d')entrée *f*; **~karte** *f* billet *m* (d'entrée); **~preis** *m* prix *m* d'entrée.

ein|trocknen *v/i.* (sn) sécher; (*Quelle*) (se) tarir; (*Früchte*) se ratatiner; **~tunken** ['~tʊŋkən] *v/t.* tremper (in *acc.* dans); **~üben** *v/t.* étudier.

einverleib|en ['~fɛrlaɪbən] *v/t.* (25) incorporer (e-r *Sache dat.* dans qch.); annexer (à qch.); **2ung** *f* incorporation *f*; annexion *f*.

Einver|nahme ₫₫ ['~fɛrnaːmə] *f* (15) *schweiz., östr.* audition *f*; **~nehmen** ['~fɛrneːmən] *n* (6) accord *m*; entente *f*; intelligence *f*; ~ *mit dem Feinde* intelligences *f/pl.* avec l'ennemi; in *gutem* ~ *mit j-m stehen* s'entendre bien avec q.; im ~ *mit* d'accord avec; **2standen** *p.p. adj.:* ~! d'accord!; entendu!; ~ *sein mit etw.* approuver qch.; ~ *sein mit j-m* être d'accord avec q.; **~ständnis** *n* accord *m*; approbation *f*; intelligence *f*; (*strafbares*) connivence *f*; im ~ *mit* d'accord avec; in *gegenseitigem* ~ d'un commun accord.

einwachsen 1. *v/i.* (sn) (*Fuß-, Fingernagel*) s'incarner; **2.** *v/t.* cirer; *Schi:* farter.

Einwand ['~vant] *m* (3³) objection *f*; ₫₫ opposition *f*.

Einwander|er *m* (7) immigrant *m*; **2n** *v/i.* (sn) immigrer; **~ung** *f* immigration *f*.

ein|wandfrei *adj.* irrécusable; (*vorwurfsfrei*) irréprochable; **~wärts** ['~vɛrts] *adv.* en dedans; **~wechseln** *v/t. Geld:* changer; **2p.** échanger; **~wecken** *v/t.* (25) conserver; *Früchte:* confire; **2wegflasche** *f* bouteille *f* non reprise (*od.* non consignée); **~weichen** *v/t.* (25) tremper; *Wäsche:* essanger.

einweih|en [ˈˌvaɪən] v/t. inaugurer; rl. bénir; ~ in (acc.) initier à; 2**ung** f inauguration f; rl. bénédiction f; (Einführung) initiation f.

einweis|en v/t. installer (in acc. dans); 2**ung** f installation f (in acc. dans).

einwend|en v/t. objecter (gegen à); 2**ung** f objection f (gegen à).

einwerfen v/t. casser (à coups de pierres); Brief: mettre à la boîte; Sp. Ball: remettre en jeu; fig. objecter.

einwickeln v/t. envelopper; fig. F j-n ~ entortiller q.

einwillig|en [ˈˌvilɪgən] v/i. consentir (in acc. à); 2**ung** f consentement m.

einwirk|en v/i.: ~ auf (acc.) agir sur; fig. influer sur; 2**ung** f influence f.

Einwohner|(in f) [ˈˌvoːnər] m (7) habitant(e f) m; ~**melde-amt** n bureau m des déclarations de résidence; ~**zahl** f nombre m d'habitants.

Einwurf m (Schlitz) fente f; Sp. remise f en jeu.

einwurzeln 1. v/i. (sn) prendre racine; e-e eingewurzelte Gewohnheit une habitude invétérée; 2. v/rfl. fig.: sich ~ s'enraciner.

Einzahl gr. f singulier m; 2**en** v/t. verser; payer; 2**ung** f versement m; paiement m; ~**ungsschein** m bulletin m de versement; feuille f de paiement.

einzäun|en [ˈˌtsɔynən] v/t. (25) entourer d'une clôture; 2**ung** f clôture f.

einzeichnen v/t. dessiner (dans).

Einzel|box f box m (particulier); ~**fall** m cas m isolé; ~**gänger** m solitaire m; ~**haft** f détention f cellulaire; ~**handel** m commerce m de détail; ~**händler** m détaillant m; ~**heit** f particularité f; détail m.

einzellig zo. [ˈˌtsɛlɪç] adj. unicellulaire.

einzeln [ˈaɪntsəln] 1. adj. seul; (besonder) particulier; (abgesondert) séparé; isolé; die ~en Teile les différentes parties f/pl.; ~e (Leute) quelques-un(e)s; ein ~er un homme seul; un individu; jeder ~e chacun en particulier; im ~en en détail; 2. adv. un à un; séparément; en particulier; 2**e(s)** n fait m isolé; détail m.

Einzel|nummer f (e-r Zeitschrift) numéro m isolé; ~**rad-aufhängung** Auto f suspension f à roues indépendantes; ~**spiel** Sp. n simple m; ~

stück n exemplaire m isolé; ~**teile** ⊕ m/pl. pièces f/pl. détachées; ~**verkauf** m (vente f au) détail m; (v. Zeitungen) vente f au numéro; ~**wesen** n individu m; ~**zelle** f cellule f isolée; ~**zimmer** n chambre f individuelle (od. à une personne).

einzieh|en 1. v/t. Gummiband: enfiler; Krallen, Bauch, Beine: rentrer; Flagge: amener; Münzen: retirer de la circulation; typ. Zeile: rentrer; Geld: encaisser; faire rentrer; Steuern: percevoir; Soldaten: appeler (sous les drapeaux); ✝ confisquer; Erkundigungen: prendre; Luft: aspirer; 2. v/i. (sn) entrer (in acc. dans); (Flüssigkeit) pénétrer; (in e-e Wohnung) emménager; (in e-e Wohnung) aller loger chez q.; 2**ung** f (v. Erkundigungen) prise f; (v. Geld) encaissement m; recouvrement m; (v. Steuern) perception f; ✝ appel m sous les drapeaux; ✝ confiscation f; (v. Luft) aspiration f.

einzig [ˈaɪntsɪç] 1. adj. unique; seul; kein ~er pas un seul; 2. adv.: ~ und allein uniquement; ~**artig** adj. singulier.

Ein'zimmerwohnung f studio m.

ein|zuckern v/t. sucrer; 2**zug** m entrée f; (in e-e Wohnung) emménagement m; s-n ~ halten faire son entrée; 2**zugsgebiet** n (e-r Stadt) zone f attenante; grande banlieue f.

Eipulver n œufs m/pl. en poudre.

Eis [aɪs] n (4) glace f (a. Speise2); zu ~ gefrieren se congeler; das ~ treibt auf dem Fluß la rivière charrie des glaçons; fig. das ~ ist gebrochen la glace est rompue; ~**bahn** f patinoire f; ~**bär** m ours m blanc; ~**becher** m coupe f glacée; ~**bein** cuis. n jarret m de porc; ~**berg** m iceberg m; ~**beutel** ❀ m poche f (od. vessie f) de glace; ~**blumen** f/pl. fleurs f/pl. de givre; ~**bombe** f bombe f glacée; ~**brecher** m (7) brise-glace m; ~**creme** f ice-cream m; crème f glacée; ~**decke** f couche f de glace; ~**diele** f glacier m; in der ~ chez le glacier.

Eisen [ˈaɪzən] n (6) fer m; altes ~ ferraille f.

Eisenbahn f chemin m de fer; ~**-abteil** n compartiment m; ~**beamte(r)** m, ~**beamtin** f employé(e f) m de chemin de fer; ~**brücke** f pont m de chemin de fer; ~**er** m (7) cheminot m; ~**fähre** f bac m transbordeur;

Elektrode

~fahrt f voyage m ferroviaire; ~knotenpunkt m nœud m ferroviaire; ~linie f ligne f ferroviaire; ~netz n réseau m ferroviaire; ~schiene f rail m; ~station f station f de chemin de fer; ~überführung f passage m supérieur; ~übergang m passage m à niveau; ~unglück n accident m ferroviaire; ~unterführung f passage m inférieur (od. souterrain); ~verbindung f communication f ferroviaire; ~verkehr m trafic m ferroviaire; ~wagen m wagon m, voiture f; ~zug m train m.

Eisen|band ⊕ n feuillard m; ~bau m construction f en fer; ~bergwerk n mine f de fer; ~beschlag m ferrure f; ~beton m béton m armé; ~blech n tôle f (de fer); ~erz n minerai m de fer; ~gießerei f fonderie f de fer; ~guß m fonte f (de fer). 2haltig [ˈhaltiç] adj. ferrugineux; ~hütte f fonderie f, forge f; usine f sidérurgique; ~industrie f industrie f du fer (od. sidérurgique); ~oxyd n oxyde m de fer; ~säge f scie f à métaux; ~stange f barre f (od. perche f) de fer; ~träger m poutre f en fer; ~ und Stahlindustrie f sidérurgie f; 2ver-arbeitend p.pr. adj.: ~e Industrie sidérurgie f de transformation; ~waren f/pl. (articles m/pl. de) quincaillerie f; ~warenhändler m quincaillier m; ~warenhandlung f quincaillerie f; ~zeit f âge m du fer.

eisern [ˈaizərn] adj. de (od. en) fer; fig. de fer; 🜨 (unveräußerlich) inaliénable; (unveränderlich) inaltérable; ~er Bestand fonds m de réserve; ✕ ~e Ration vivres m/pl. de réserve; das 2e Kreuz la croix de fer; der ~e Vorhang le rideau de fer.

Eis|fläche f étendue f (od. surface f) de glace; 2frei adj. débarrassé des glaces; 2gekühlt p.p. adj. glacé; (Wein) frappé; ~heilige m/pl. saints m/pl. de glace; ~hockey(spiel) n 'hockey m sur glace; ~höhle f glacière f; 2ig [ˈaiziç] adj. a. fig. glacé, glacial; ~kaffee m café m glacé (od. liégeois); 2kalt adj. glacé; glacial; ~(kunst)lauf m patinage m (artistique); 2laufen v/i. (sn) patiner; ~läufer(in f) m patineur m, -euse f; ~maschine f machine f à glace; glacière f; ~meer n océan m glacial; ~pickel m piolet m; ~revue f revue f sur glace; ~scholle f glaçon m; ~-

~schrank m glacière f; ~stadion n stade m d'hiver; patinoire f; ~tanz m danse f sur glace; ~verkäufer m glacier m; ~vogel m martin-pêcheur m; ~würfel m cube m de glace; ~zapfen m glaçon m pendant; ~zeit f époque f glaciaire.

eitel [ˈaitəl] adj. vain; (eingebildet) vaniteux; (putzsüchtig) coquet; 2keit f vanité f (Putzsucht) coquetterie f.

Eiter [ˈaitər] m (7) pus m; ~beule f abcès m; ~bläs-chen n pustule f; ~herd m foyer m purulent; 2ig adj. purulent; (eiternd) suppurant; 2n v/i. (29) suppurer.

Eiweiß n (3²) blanc m d'œuf; rohes ~ glaire f; 🜨 albumen m; ~bedarf m besoin m en protides; ~gehalt m teneur m en protides (od. en albumine); 2haltig [ˈhaltiç] adj. albumineux; ~stoff m albumine f.

Ekel [ˈeːkəl] m (7) dégoût m (vor dat. pour); (mit Übelkeit) nausée f; (Widerwille) répugnance f; ~ vor etw. (dat.) bekommen prendre qch. en dégoût; ~ vor (dat.) etw. haben être dégoûté de qch.; 2haft, 2ig adj. dégoûtant; nauséabond; répugnant; nur fig. rebutant; 2n v/t. (29) v/imp.: es ekelt mich (v/rfl.: ich ekele) davor cela me dégoûte.

Eksta|se [ɛkˈstaːzə] f (15) extase f; in ~ geraten s'extasier; 2tisch adj. extatique.

Ekzem [ɛkˈtseːm] n (3¹) eczéma m.

Elan [eˈlɑːn] m (11, o.pl.) ardeur f; élan m.

elasti|sch [eˈlastiʃ] adj. élastique; 2zität [~tsiˈtɛːt] f élasticité f.

Elch [ɛlç] m (3) élan m.

Elefant [eleˈfant] m (12) éléphant m; F fig. wie ein ~ im Porzellanladen comme un éléphant dans un magasin de porcelaine; ~enzahn m dent f (od. défense f) d'éléphant.

ele'gan|t adj. élégant; 2z f (16, o.pl.) élégance f.

elektrifizier|en [elektrifiˈtsiːrən] v/t. électrifier; 2ung f électrification f.

E'lektri|ker m électricien m; 2sch adj. électrique; ~ische F f tram(way) m; 2sieren v/t. électriser.

Elektrizität [elɛktritsiˈtɛːt] f (16) électricité f; ~sversorgung f alimentation f en courant électrique; ~swerk n usine f électrique; centrale f électrique.

Elek'trode f (15) électrode f.

E'lektro|gerät n appareil m électrique; ~geschäft n magasin m d'appareils électriques; ~herd m cuisinière f électrique; ~industrie f industrie f électrique; ~ingenieur m ingénieur m électricien; ~kardiogramm ⚕ n électrocardiogramme m; ~karren m chariot m électrique; ~lyse [~'ly:zə] f électrolyse f; ~magnet m aimant m; ⒉magnetisch adj. électromagnétique; ~motor m moteur m électrique.

Elektron [elɛk'tro:n] n (8¹) électron m; ~enblitz(gerät n) m flash m électronique; ~en(ge)hirn n cerveau m électronique; ~enrechner m calculateur m électronique; ordinateur m; ~ik f électronique f; ⒉isch adj. électronique.

E'lektro|rasierer m rasoir m électrique; ~schock m électrochoc m; ~technik f électrotechnique f; ~techniker m technicien m électricien; ⒉technisch adj. électro-technique.

Element [ele'mɛnt] n (3) élément m.

elementar [~'ta:r] adj. élémentaire; ~gewalt f force f des éléments (od. élémentaire); ⒉schule f école f primaire; ⒉unterricht m enseignement m primaire.

Elen ['e:lən] m, n (6), ~tier n élan m.

Elend ['e:lɛnt] 1. n (3, o.pl.) misère f; pfort détresse f; calamité f; ins ~ geraten tomber dans la misère; 2. ⒉ adj. misérable; malheureux; 3. ⒉ adv.: sich ~ fühlen se sentir mal en point; ~aussehen avoir très mauvaise mine; ~sviertel n quartier m miséreux; bidonville m.

elf [ɛlf] 1. a/n.c. onze; 2. ⒉ f (16): die ~ (chiffre) onze; Sp. l'équipe f; die onze.

Elf m (12) elfe m; sylphe m; ~e f (15) sylphide f.

Elfenbein n ivoire m.

Elf'meter Sp. m penalty m; ~punkt m point m de penalty.

elfte a/n.o. (als su. ⒉) le, la onzième; Ludwig XI. Louis XI (onze); der, den, am ~(n) Januar le onze janvier; ~ns adv. onzièmement.

Elite [e'li:tə] f (15) élite f.

Ellbogen m coude m; sich auf den ~ stützen s'accouder; mit den ~ stoßen coudoyer; pousser du coude; sich mit den ~ durchdrängen jouer des coudes; ~freiheit f aisance f des coudes; ~ haben avoir ses coudées franches.

Elle ['ɛlə] f (15) aune f; mit der ~ messen auner.

Ellip|se [ɛ'lipsə] f (15) ellipse f; ⒉tisch adj. elliptique.

Elsäss|er(in f) ['ɛlzɛsər] m (7) Alsacien(ne f) m; ⒉isch adj. alsacien.

Elster ['ɛlstər] f (15) pie f.

elterlich ['ɛltərliç] adj. des parents.

Eltern pl. (inv.) parents m/pl.; ~abend m réunion f de parents (d'élèves); ~haus n maison f paternelle; ⒉los adj. sans parents; orphelin; ~teil m un m des parents.

Email [e'mai(l)] n (11), ~le [e'maljə] f (15) émail m; ⒉lieren [emal'ji:rən] v/t. émailler.

Emanzi|pati'on f émancipation f; ⒉'piert p.p. adjt. émancipé.

Embargo [ɛm'bargo] n (11) embargo m.

Embolie [ɛmbo'li:] f (15) embolie f.

Embryo ['ɛmbryo] n (11) embryon m.

Emigr|ant(in f) [emi'grant] m (12) émigré(e f) m; ~ati'on f émigration f; ⒉ieren [~'gri:rən] v/i. (sn) émigrer.

Eminenz [~'nɛnts] f (16) Éminence f.

Emission [emis'jo:n] f †, phys. émission f.

emotion|al, ~ell [emotsjo'na:l, ~'nɛl] adj. émotionnel; émotif.

empfahl [ɛm'pfa:l] s. empfehlen.

empfand s. empfinden.

Empfang [ɛm'pfaŋ] m (3³) réception f (a. Radio); ~ bescheinigen accuser réception; bei ~ Ihres Schreibens au reçu de votre lettre; (Aufnahme) accueil m; ~en v/t. (30) recevoir; Geld a. toucher; Personen a. accueillir.

Empfäng|er [~'pfɛŋər] m (7) 📻 destinataire m; (e-s Wechsels) accepteur m; (Radio) récepteur m; ⒉lich adj. susceptible (für de); sensible (à); ⚕ prédispose (à); für Eindrücke ~ impressionnable; ~lichkeit f susceptibilité f; ⚕ prédisposition f (für à); ~ für Eindrücke impressionnabilité f; ~nis f (14²) conception f; ⒉nisverhütend p.pr. adjt. anticonceptionnel; contraceptif; ~e Mittel produits m/pl. anticonceptionnels.

Empfangs|bescheinigung f reçu m; récépissé m; ~bestätigung f accusé m de réception; ~chef m chef m de (la) réception; ~dame f hôtesse f d'accueil; ~zimmer n salon m.

empfehl|en [ɛm'pfe:lən] (30) 1. v/t.

recommander; ~ *Sie mich (e-r Dame)* mes hommages à, *(e-m Herrn)* mes compliments à; *(ich) empfehle mich (Ihnen)* j'ai l'honneur de vous saluer; **2.** *v/rfl.*: sich ~ *(zurückziehen)* se retirer; **~enswert**, **~enswürdig** *adj.* recommandable; **2ung** *f* recommandation *f*; *(Grüße)* compliments *m/pl.*, *(an e-e Dame)* hommages *m/pl.*; **2ungsbrief** *m*, **2ungsschreiben** *n* lettre *f* de recommandation.

empfind|en [ˌ'pfindən] *v/t. u. v/i.* sentir; éprouver; ressentir; **~lich** *adj.* sensible *(für* à) *(a. fig.)*; *(leicht verletzt)* susceptible; *(zartfühlend)* délicat; *(Kälte, Schmerz)* vif; **2lichkeit** *f* sensibilité *f*; *(Verletzbarkeit)* susceptibilité *f*; *(Zartgefühl)* délicatesse *f*; **~sam** *adj.* sentimental; **2samkeit** *f* sentimentalité *f*; *(übertriebene)* sensiblerie *f*; **2ung** *f* sensation *f*; *(Gemütsbestimmung)* sentiment *m*.

em'pfindungs|los *adj.* privé de sentiment; *fig.* insensible; **2losigkeit** *f* insensibilité *f*; **2vermögen** *n* sensibilité *f*.

empf|ing [ɛm'pfiŋ] *s.* empfangen; **~ohlen** [ˌ'pfoːlən] *s.* empfehlen; **~unden** [ˌ'pfundən] *s.* empfinden.

empor [ɛm'poːr] *adv.* en haut; vers le haut; **~arbeiten** *v/rfl.*: sich ~ *fig.* parvenir par son travail; **~blicken** *v/i.* lever les yeux.

Empore [ɛm'poːrə] *f* (15) jubé *m*; *(für Orgel)* tribune *f* (d'église).

empören [ɛm'pøːrən] (25) *v/t. (v/rfl. sich ~)* soulever; (se) révolter; *fig.* (s')indigner; **~d** *p.pr. adjt.* révoltant; scandaleux.

empor|kommen *v/i.* (sn) s'élever *(a. fig.)*; *fig.* parvenir; faire son chemin; **2kömmling** *m* (3¹) arriviste *m*; parvenu *m*; **~ragen** *v/i.* s'élever *(über acc.* au-dessus de); **~schießen** *v/i.* (sn) jaillir; **~schwingen** *v/rfl.*: sich ~ s'élever d'un vol rapide, *fig.* parvenir rapidement; **~streben** *v/i.* chercher à s'élever.

Empörung [ˌ'pøːruŋ] *f* rébellion *f*; révolte *f*; *fig.* indignation *f*.

em'porwachsen *v/i.* (sn) monter; grandir.

emsig ['ɛmziç] *adj.* diligent; assidu; empressé; appliqué; **2keit** *f* diligence *f*; assiduité *f*; empressement *m*; application *f*.

Ende ['ɛndə] *n* (10) *(räumlich)* bout *m*;

fin *f*; äußerstes ~ extrémité *f*; *(zeitlich)* terme *m*; fin *f*; *(Ablauf)* expiration *f*; *(Ergebnis)* issue *f*, *fig.* but *m*; zu dem ~ dans ce but; à cet effet; ✝ ~ *April* fin avril; ~ *dieses Monats* fin courant; ~ *nächsten Monats* fin prochain; *etw. zu* ~ *bringen* terminer *(od.* terminer) qch.; *mit etw. zu* ~ *sein* avoir fini qch.; *ein* ~ *nehmen* prendre fin; *zu* ~ *gehen, dem* ~ *zugehen, sich s-m* ~ *zuneigen* toucher *(od.* tirer) à sa fin, *(Frist)* expirer; *e-r Sache (dat.) ein* ~ *machen* mettre fin à qch.; *ein* ~ *machen mit* en finir avec; *am* ~ *s-r Kraft sein* être au bout de ses forces; *letzten* ~*s* somme toute; au bout du compte.

End|effekt ['ɛntʔɛfɛkt] *m*: *im* ~ en fin de compte; **2en** ['ɛndən] *v/i.* (26) finir *(mit par)*; se terminer *(gr. auf acc.* en *od.* par); *(Frist)* expirer; ~ *mit (führen zu)* aboutir à; **~ergebnis** ['ɛntʔɛrgeːpnis] *n* résultat *m* final; **2gültig** *adj.* définitif, **2igen** ['ɛndigən] (25) = enden.

Endivie ✿ [ɛn'diːvjə] *f* (15) chicorée *f*.

End|kampf ['ɛntkampf] *m* lutte *f* finale; *Sp.* finale *f*; **~lauf** *Sp. m* course *f* finale; *in den* ~ *kommen* se qualifier pour la course finale.

endlich ['ɛntliç] **1.** *adj. (begrenzt)* limité; *phil.* fini; **2.** *adv.* enfin.

end|los ['ɛntloːs] *adj.* sans fin; infini; **2losigkeit** *f* infinité *f*; **2lösung** *f* solution *f* définitive; **2phase** *f* phase *f* finale; **2punkt** *m* bout *m*; extrémité *f*; **2resultat** *n* résultat *m* définitif; **2runde** *Sp. f* poule *f* finale; **2silbe** *gr. f* syllabe *f* finale; **2spiel** *Sp. n* finale *f*; **2spurt** ['ˌʃpurt] *m* enlevée *f* finale; **2station** *f* terminus *m*; **2summe** *f* total *m*; **2ung** ['ɛnduŋ] *f* terminaison *f*; désinence *f*; **2ziel** *n*, **2zweck** *m* but *m*; fin *f*.

Energie [enɛr'giː] *f* énergie *f*; **~bedarf** *m* besoins *m/pl.* énergétiques; **~haushalt** *m* bilan *m* énergétique; **~krise** *f* crise *f* de l'énergie; **~quelle** *f* source *f* d'énergie; **~verbrauch** *m* consommation *f* énergétique; **~versorgung** *f* approvisionnement *m* en énergie; **~wirtschaft** *f* économie *f* énergétique.

e'nergisch *adj.* énergique.

eng [ɛŋ] **1.** *adj.* étroit; *(eingeengt)* serré; *(eingeschränkt)* restreint; *im* ~*eren Sinne* au sens étroit; ~*er machen* rétrécir; ~*er werden* se rétrécir; **2.** *adv.* étroitement; ~ *schreiben* écrire serré; **~anliegend** *p.pr. adjt.* collant; **~befreundet** *p.pr. adjt.* intimement lié.

Enge ['ɛŋə] *f* (15) étroitesse *f*; *fig. j-n in die ~ treiben* mettre q. au pied du mur.

Engel ['ɛŋəl] *m* (7) ange *m*; **~haft** *adj.* angélique; **~sgeduld** *f* patience *f* angélique.

Engerling ['ɛŋərliŋ] *m* (3¹) ver *m* blanc; larve *f* du hanneton.

engherzig ['~hɛrtsiç] *adj.* étroit; qui a le cœur sec; peu généreux.

Eng|länder(in *f*) ['~lɛndər] *m* (7) Anglais(e *f*) *m*; **~lisch** ['~liʃ] *adj.* anglais; **~e Krankheit** rachitisme *m*; **~lisch-horn** *♩ n* cor *m* anglais.

eng|maschig *adj.* à mailles serrées; **2paß** *m* défilé *m*; gorge *f*; *fig.* ✝ goulot *m* d'étranglement.

en gros [ã'gro:] *adv.* en gros; **Engros|geschäft** ['~gro:-] *n*, **~han-del** *m* commerce *m* de gros.

engstirnig ['ɛŋʃtirniç] *adj.* borné.

Enkel(in *f*) ['ɛŋkəl] *m* (7) petit-fils *m*, petite-fille *f*; **~** *pl.* petits-enfants *m/pl.*

Enklave [ɛn'kla:və] *f* (15) enclave *f*.

enorm [e'nɔrm] *adj.* énorme; extraordinaire.

Ensemble [ã'sã:bl(ə)] *n* thé. troupe *f*, ♩, *cout.* ensemble *m*.

ent'art|en *v/i.* (26, sn) dégénérer; *fig.* se dépraver; **~et** *p.p. adjt.* dégénéré; dépravé; **~e Kunst** art *m* dégénéré; **2ung** *f* dégénérance *f*; dégénérescence *f*; *fig.* dépravation *f*.

entbehr|en ['~be:rən] *v/t.* (25) être privé de; **~ können** pouvoir se passer de; (*vermissen*) regretter; **~lich** *adj.* superflu; **2ung** *f* privation *f*.

ent'bieten *v/t.: j-m s-n Gruß ~* présenter ses salutations à q.

ent'bind|en 1. *v/t.* dispenser (*von* de); (*v. Eid*) délier (de); (*v. Amt*) relever (de); **2.** *v/i.* (*Frau*) accoucher, *entbunden werden von* être accouchée de; **2ung** *f* dispense *f*; (*v. Amt*) délivrement *m*; (*v. Eid*) déliement *f*; (*e-r Frau*) accouchement *m*; **2ungs|an-stalt** *f* maison *f* d'accouchement; maternité *f*.

ent'blättern *v/t.* effeuiller.

entblößen [~'blø:sən] (27) **1.** *v/t.* découvrir; mettre à nu; dénuder; *pfort* dénuer (*von* de); **2.** *v/rfl. fig. sich ~* se dépouiller (*von* de).

ent'brennen *v/i.* (sn) s'enflammer.

ent'deck|en *v/t.* découvrir; **2er** *m* (7) explorateur *m*; **2ung** *f* découverte *f*; **2ungsreise** *f* voyage *m* de découverte.

Ente ['ɛntə] *f* (15) canard *m* (*a. fig.*); *weibl.:* cane *f*; *junge ~* caneton *m*.

ent'ehren [~'⁹e:rən] *v/t.* déshonorer; (*in Verruf bringen*) diffamer.

enteign|en [~'⁹aignən] *v/t.* (26) déposséder; exproprier; **2ung** *f* expropriation *f*; **2ungsverfahren** *n* (procédure *f* d')expropriation *f*.

ent'eilen *v/i.* (sn) s'enfuir.

Enten|braten *m* canard *m* rôti; **~ei** *n* œuf *m* de cane; **~jagd** *f* chasse *f* aux canards (sauvages); **~teich** *m* étang *m* à canards.

ent-erb|en *v/t.* déshériter; **2ung** *f* déshéritement *m*.

Enterhaken *♄ m* grappin (*od.* crochet) *m* d'abordage.

Enterich ['ɛntəriç] *m* (3) canard *m* (mâle).

entern *♄* ['ɛntərn] **1.** *v/t.* (29) aborder; **2.** *♩ n* abordage *m*.

ent'|fachen *v/t.* (25) enflammer; attiser; *Krieg:* déclencher; **~fahren** *v/i.* (sn) échapper; **~fallen** *v/i.* (sn) échapper; *sein Name ist mir ~* son nom m'a échappé; *auf j-n als Anteil ~* revenir à q.

ent'falt|en 1. *v/t.* déplier; déployer (*a. fig.*); (*entwickeln*) développer; **2.** *v/rfl.: sich ~* (*aufblühen*) s'épanouir; **2ung** *f* dépliement *m*; développement *m*; mise *f* en œuvre; (*Aufblühen*) épanouissement *m*.

ent'färb|en 1. *v/t.* décolorer; **2.** *v/rfl.: sich ~* perdre sa couleur; se décolorer.

ent'fern|en (25) *v/t.* (*v/rfl. sich ~* s'éloigner; (*wegschaffen*) écarter; (*wegnehmen*) ôter; *Flecken:* enlever; *♜* éliminer; **~t** *p.p. adjt.* éloigné; (*entlegen*) lointain; (*auseinanderliegend*) distant; *weit ~, es zu glauben* bien loin de le croire; **2ung** *f* distance *f*; (*Beseitigung*) éloignement *m*; écartement *m*; *♜* élimination *f*; **2ungsmesser** *m* télémètre *m*.

ent'|fesseln *v/t.* déchaîner; **2fet-tungskur** [~'fɛtuŋsku:r] *f* cure *f* d'amaigrissement; **~flammen** *v/t.* (*v/i.* [sn]) s'enflammer (*a. fig.*); **~flechtung** *f* déconcentration *f*; **~fliegen** *v/i.* (sn) s'envoler; **~fliehen** *v/i.* (sn) s'enfuir; **~fremden** *v/t.* (25) aliéner; éloigner; *sie sind ea.*

entfremdet il y a du froid entre eux; 2**fremdung** f aliénation f.

Entfroster Auto [ɛntˈfrɔstər] m (7) dégivreur m.

ent**führ|en** v/t. enlever; ravir; kidnapper; 2**er** m (7) ravisseur m; 2**ung** f enlèvement m; ravissement m; rapt m; kidnapping m.

entgasen [~ˈgaːzən] v/t. dégazer.

entgegen [~ˈgeːgən] prp. (dat.) Richtung: au-devant de; à la rencontre de; very; Gegensatz: contre; contraire à; ~**arbeiten** v/i. s'opposer (à); contrarier (acc.); ~**bringen** v/t. apporter; fig. présenter; ~**eilen** v/i. (sn) courir à la rencontre de; ~**gehen** v/i. (sn) aller à la rencontre de; fig. dem Ende ~ toucher à sa fin; ~**gesetzt** p.p. adjt. opposé; contraire; ~**halten** v/t. présenter; (vergleichen) opposer; (einwenden) objecter; ~**kommen** v/i. (sn) venir à la rencontre (od. au-devant); fig. faire des avances; 2**kommen** n bienveillance f; prévenances f/pl.; ~**kommend** p.pr. adjt. prévenant; ~**nehmen** v/t. recevoir; accepter; ~**sehen** v/t. attendre (acc.); ~**setzen**, ~**stellen** v/t. opposer; ~**strecken** v/t. tendre vers; ~**treten** v/i. (sn) s'opposer.

entgegnen [~ˈgeːgnən] v/i. (26) répliquer; répondre; schnell ~ repartir; riposter; 2**ung** f réplique f; réponse f; schnelle ~ repartie f; riposte f.

ent**gehen** v/i. (sn) (e-r Gefahr) échapper (à); 2. v/rfl.: sich die Gelegenheit ~ lassen manquer l'occasion.

entgeistert [ɛntˈgaɪstərt] adj. ébahi; stupéfait; F éberlué.

Entgelt [ɛntˈgɛlt] n (3) dédommagement m; (Entlohnung) rémunération f; (Vergütung) rétribution f; ohne ~ gratuitement; gratis; 2**en** v/t. (entlohnen) rémunérer; j-n etw. ~ lassen s'en prendre à q. de qch.

ent**giften** v/t. désintoxiquer.

ent**gleis|en** v/i. (27, sn) dérailler; fig. a. faire un pas de clerc; 2**ung** f déraillement m; fig. pas m de clerc.

ent**gleiten** v/i. (sn) échapper (aus de).

entgräten [ɛntˈgrɛːtən] v/t. enlever (od. ôter) les arêtes à.

Ent'haarungsmittel n (d)épilatoire m.

ent**halt|en** 1. v/t. contenir; (einschließen) renfermer; 2. v/rfl.: sich (der Stimme) ~ s'abstenir (de voter); ~

sam adj. abstinent; (mäßig) sobre; (geschlechtlich) continent; 2**samkeit** f abstinence f; (Mäßigkeit) sobriété f; (geschlechtliche) continence f; 2**ung** f (Stimm2) abstention f; bei zwei ~en avec deux abstentions.

ent**härten** v/t. Wasser: adoucir; ~**haupten** [~ˈhaʊptən] v/t. (26) décapiter.

ent**heb|en** v/t. dispenser (de); j-n e-r Sache (gén.) ~ délivrer q. de qch.; j-n s-s Amtes ~ suspendre q. de ses fonctions; 2**ung** f (vom Amt) destitution f; révocation f; (vorläufige) suspension f; (v. Verpflichtungen) dispense f.

ent**heiligen** v/t. profaner.

ent**hüll|en** v/t. découvrir; dévoiler; (offenbaren) révéler; (einweihen) inaugurer; 2**ung** f dévoilement m; (Offenbarung) révélation f; (e-s Denkmals) inauguration f.

Enthusias|mus [~tuˈzjas-] m enthousiasme m; (~t m, 2**tisch** 1. adj. enthousiaste (m); 2. adv. avec enthousiasme.

ent**kalken** v/t. détartrer; ~**keimen** v/t. enlever le germe de; (keimfrei machen) stériliser; ~**kernen** [~ˈkɛrnən] v/t. (25) ôter les pépins (resp. les noyaux) de; ~**kleiden** v/t. (v/rfl.: sich ~ se) déshabiller; fig. dépouiller; ~**kommen** v/i. (sn) s'échapper; e-r Gefahr ~ échapper à un danger; ~**korken** [~ˈkɔrkən] v/t. déboucher; ~**kräften** [~ˈkrɛftən] v/t. (26) affaiblir; Beweis: infirmer; ₰ invalider.

ent**lad|en** 1. v/t. décharger; 2. v/rfl.: sich ~ (Gewitter, Zorn) éclater; (Flinte) partir; 2**erampe** f quai m de déchargement; 2**ung** f décharge f; (v. Gewitter, Zorn) éclatement m.

ent**lang** prp. (mit vorangehendem acc. od. an mit dat.) den (od. an dem) Fluß ~ le long de la rivière; den Fluß ~ gehen longer la rivière.

ent**larven** [~ˈlarfən] v/t. (25) démasquer.

ent**lass|en** v/t. renvoyer; congédier; licencier (a. Truppen); (absetzen) destituer; Gefangene: libérer (a. ₰); 2**ung** f renvoi m; congédiement m; licenciement m (a. Truppen); (Absetzung) destitution f; (v. Gefangenen) libération f (a. ₰); s-e ~ einreichen donner sa démission f.

ent**last|en** v/t. décharger (von de); fig. a. soulager; 2**ung** f décharge f.

Ent'lastungs|straße f voie f de décongestion; **~zeuge** m témoin m à décharge; **~zug** m train m supplémentaire.

ent'laufen v/i. (sn) (s')échapper; s'enfuir; (*Gefangene*) s'évader; **~lausen** [~'lauzən] v/t. épouiller.

ent'ledigen [~'le:digən] v/rfl. (25): sich e-r Sache ~ se débarrasser de qch.; sich e-s Auftrages ~ s'acquitter d'une commission; **~'leeren** v/t. vider; *Grube*: vidanger; **☉** lever; évacuer; **☉leerung** f vidage m; **☉** levée f; **♣** évacuation f; **~'legen** adj. écarté; éloigné; **~'lehnen** [~'le:nən] v/t. emprunter (von à); **☉lehnung** f emprunt m; **~'leihen** v/t. emprunter (von à); **☉leihung** f emprunt m; **~'loben** v/rfl.: sich ~ rompre ses fiançailles; **☉lobung** f rupture f de(s) fiançailles; **~'locken** v/t. *Geständnis, Tränen*: arracher; *Töne*: tirer; **~'lohnen** v/t. schweiz.: **~'lohnen** v/t. rémunérer; payer; **☉lohnung,** schweiz. **☉'löhnung** f rémunération f; **~'lüften** v/t. aérer; **☉lüftung** f aération f; aérage m; **~'mannen** [~'manən] v/t. (25) émasculer.

entmilitarisier|en [~militari'zi:rən] v/t. démilitariser; **☉ung** f démilitarisation f.

ent'minen v/t. déminer.

entmündig|en ♃♃ [~'myndigən] v/t. (25) interdire; mettre sous tutelle; **☉ung** f interdiction f.

entmutig|en [~'mu:tigən] v/t. (25) décourager; **☉ung** f découragement m.

Ent'|nahme f (15) prise f; bei ~ von en prenant; **☉nazifizieren** [~natsifi-'tsi:rən] v/t. dénazifier; **~'nehmen** v/t. prendre (*dat.; aus* dans od. à); (*folgern*) conclure (aus de); **☉puppen** [~'pupən] v/rfl. (25): sich ~ zo. sortir de sa chrysalide; fig. se révéler.

ent'|rahmen v/t. *Milch*: écrémer; **~rätseln** [~'rɛ:tsəln] v/t. (29) déchiffrer; (*lösen*) résoudre; débrouiller; **~'rechten** v/t. priver de ses droits; **~'reißen** v/t. arracher; **~'richten** v/t. payer; *Dank*: présenter; **~'rinnen** v/i. (sn) s'écouler; (*entlaufen*) s'échapper (aus de); e-r Gefahr ~ échapper à un danger; **~'rollen** v/t. dérouler; **~'rosten** v/t. dérouiller; **~'rükken** v/t. éloigner; den Augen ~ soustraire aux regards; der Welt entrückt dérobé au monde; **~rümpeln** [~-

'rympəln] v/t. (29) déblayer.

ent'rüst|en v/t. (v/rfl. sich ~ s')indigner (*über* de); **~et** p.p. adj.: über etw. ~ sein être indigné contre q. (par qch.); **☉ung** f indignation f.

ent'sag|en v/i. renoncer (à); dem Thron ~ abdiquer; **☉ung** f renoncement m (à); (*Thron☉*) abdication f.

Ent'satz ✗ m déblocage m.

ent'schädig|en v/t. dédommager (für de); (*gesetzlich*) indemniser (für de); **☉ung** f dédommagement m; (*gesetzliche*) indemnisation f; a. = **☉ungssumme** f indemnité f.

ent'schärfen v/t. *Bombe*: désamorcer; fig. *Gegensätze*: apaiser; *Diskussion*: dépassionner.

ent'scheid|en 1. v/t. u. v/i. décider (etw. qch.; über etw. de qch.); ♃♃ juger (*über* de); **2.** v/rfl.: sich ~ se décider (für pour; gegen contre); **~end** p.p. adj. décisif; **☉ung** f décision f (treffen prendre); ♃♃ jugement m; **☉ungsfreiheit** f liberté f de décision; **☉ungsspiel** n match m décisif; (b. *Tennis*) belle f.

ent'schieden p.p. adj. décidé; (*entschlossen*) résolu; (*Abneigung*) prononcé; **☉heit** f décision f; (*Entschlossenheit*) résolution f.

ent'schlafen v/i. (sn) s'endormir; (*sterben*) s'éteindre.

entschleiern [~'ʃlaiərn] v/t. (29) dévoiler.

ent'schließ|en v/rfl.: sich ~ se résoudre (zu à); se décider (à); **☉ung** f = Entschluß.

entschlossen [~'ʃlɔsən] p.p. adj. résolu; décidé; **☉heit** f résolution f; fermeté f; (*Tatkraft*) énergie f.

ent'schlüpfen v/i. (sn) échapper; das Wort ist mir entschlüpft le mot m'est échappé; **☉schluß** m résolution f (fassen prendre); décision f; **~'schlüsseln** v/t. déchiffrer.

ent'schuld|bar adj. excusable; **~igen** [~'ʃuldigən] (25) **1.** v/t. excuser; ~ Sie! pardon!; excusez-moi!; **2.** v/rfl.: sich ~ mit etw. prendre qch. pour excuse; sich bei j-m ~ s'excuser auprès de q.; sich ~ wegen etw. s'excuser de qch.; er hat sich entschuldigen lassen il s'est excusé; **☉igung** f excuse f; um ~ bitten demander pardon (j-n à q.).

ent'schwinden v/i. (sn) disparaître; **~seelt** [~'ze:lt] p.p. adj. inanimé; mort; **~'senden** v/t. envoyer.

ent'setz|en 1. v/t. (absetzen) destituer; (erschrecken) effrayer; épouvanter; Festung: débloquer; délivrer (les assiégés); 2. v/rfl.: sich ~ s'épouvanter; s'indigner (über de); ℒen n (6) (Schrecken) effroi m; épouvante f; **~lich** adj. horrible; effroyable; épouvantable; **~t** p.p. adj. indigné; épouvanté; ℒung f (Absetzung) destitution f; ✗ déblocument m.

ent'seuchen [~'zɔyçən] v/t. désinfecter; **~'sichern** v/t. enlever le cran d'arrêt; **~'sinnen** v/rfl.: sich ~ (gén.) se souvenir (de); se rappeler (acc.); **~'spannen** 1. v/t. détendre; relâcher; 2. v/rfl.: sich ~ se détendre; se relaxer; ℒ'spannung f détente f.

ent'spinnen v/rfl.: sich ~ naître; (Kampf) s'engager.

ent'sprech|en v/i. (dat.) correspondre (à); répondre (à); (e-m Wunsch) satisfaire (à); donner suite (à); **~end** 1. p.p. adj. correspondant; conforme (à); 2. p.pr. advt. conformément à; selon; den Umständen ~ selon les circonstances; ℒung f équivalent m.

ent'spring|en v/i. (sn) (fliehen) s'évader (aus de); (Fluß) prendre sa source; fig. naître (od. provenir) (aus de); **~'stammen** v/i. (dat.) descendre (od. provenir) (de).

ent'steh|en v/i. (sn) naître (aus de); (hervorgehen) résulter (de); (sich bilden) se former (de); Streit: s'élever; ℒung f naissance f; origine f; (Bildung) formation f; ℒungsgeschichte f genèse f.

ent'stell|en v/t. Gesicht: défigurer; (falsch darstellen) déformer; fig. dénaturer; Wahrheit: altérer; ℒung f défiguration f; déformation f; altération f.

entstör|en ⚡ [ent'ʃtøːrən] v/t. éliminer les parasites de; antiparasiter; ℒung f élimination f des parasites; antiparasitage m; ℒungsdienst ⚙ m service m d'antiparasitage.

ent'täusch|en v/t. décevoir; Hoffnung: désappointer; ℒung f déception f; désappointement m.

ent'thronen v/t. détrôner.

entvölker|n [~'fœlkərn] v/t. (29) dépeupler; ℒung f dépopulation f; (Vorgang) dépeuplement m.

ent'wachsen v/i. (sn): der Schule ~ sein avoir dépassé l'âge scolaire.

ent'waffn|en v/t. désarmer (a. fig.);

ℒung f désarmement m.

Ent'warnung f fin f d'alerte.

ent'wässern v/t. Boden: drainer; ℒe-rung f drainage m.

entweder ['ɛ~'veːdər] cj.: ~ ... oder ... ou (bien) ... ou (bien) ...; ~ - oder d'une façon ou de l'autre; c'est à prendre ou à laisser.

ent'weichen 1. v/i. (sn) (s')échapper; s'évader; 🜨 se dégager; 2. ℒ n évasion f; 🜨 dégagement m.

Ent'weihung f profanation f.

ent'wend|en v/t. (26) dérober; soustraire; voler; ℒung f soustraction f; vol m.

ent'werfen v/t. Plan, Zeichnung: dresser; tracer; (flüchtig) esquisser; Vertrag: ébaucher; Programm, Vorhaben: former; projeter.

ent'wert|en v/t. déprécier; Marken: oblitérer; Geld: dévaloriser; ℒung f dépréciation f; (v. Marken) oblitération f; (v. Geld) dévalorisation f.

ent'wick|eln 1. v/t. développer (a. fig. u. phot.); 2. v/rfl.: sich ~ évoluer; sich zu etw. ~ devenir qch.; ℒler m phot. révélateur m; ℒung f développement m (a. phot.); évolution f.

Ent'wicklungs|geschichte f histoire f du développement; genèse f; biol. (e-s Einzelwesens) ontogénie f; (e-s Stammes) phylogénie f; **~hilfe** f aide f au développement (od. aux pays en voie de développement); **~jahre** n/pl. (époque f de la) puberté f; **~länder** n/pl. pays m/pl. en voie de développement; **~lehre** f théorie f de l'évolution; **~zeit** ⚕ f (période f d')incubation f.

ent'wind|en v/t.: j-m etw. ~ arracher qch. à q.; **~wirren** [~'vɪrən] v/t. (25) débrouiller; démêler; **~wischen** F v/i. (sn) (s')échapper; s'évader; **~wöhnen** [~'vøːnən] v/t. (25) (gén. od. von) déshabituer (de); Kind: sevrer.

ent'würdig|en v/t. dégrader; avilir; **~d** p.p. adj. avilissant; dégradant.

Ent'wurf m projet m; dessein m; (Skizze) esquisse f; ébauche f; croquis m; (Konzept) brouillon m; ℒ-'wurzeln v/t. déraciner; ℒ'zauber'n v/t. désenchanter; ℒ'ziehen 1. v/t. retirer; (wegnehmen) ôter; enlever; 2. v/rfl.: sich ~ se soustraire à qch. (dat.); **~'ziehung** f retrait m; (Wegnahme) enlèvement m; privation f; **~'zie-**

hungskur 🏥 f cure f de désintoxication.

entziffer|n [~'tsifərn] v/t. (29) déchiffrer; **ℒung** f déchiffrement m.

ent'zücken 1. v/t. ravir; enchanter; **2.** ℒ n (6) ravissement m; enchantement m; **~d** p.pr. adjt. ravissant; à ravir.

Entzug [ɛnt'tsu:k] m (3, o.pl.) (d. Führerscheins) retrait m; **~ der Staatsangehörigkeit** dénaturalisation f.

entzünd|bar [~'tsyntba:r] adj. inflammable; **~en** v/t. (v/rfl. sich ~ s')enflammer (a. 🏥); (s')allumer; **ℒung** f inflammation f (a. 🏥).

ent'zwei adv. en deux; en morceaux; cassé; (zerrissen) déchiré; **~brechen** v/t. (v/i. se briser; (se) casser; (se) rompre; **~gehen** v/i. (sn) se casser.

Enzian ['ɛntsja:n] m (3) gentiane f.

Enzyklika égl. cath. [ɛn'tsy:klika] f (16²) encyclique f.

Enzyklopäd|ie [ɛntsyklope'di:] f (15) encyclopédie f; **ℒisch** [~'pɛ:diʃ] adj. encyclopédique.

Epidem|ie [epide'mi:] f (15) épidémie f; **ℒisch** [~'de:miʃ] adj. épidémique.

Epigramm [~'gram] n (3¹) épigramme f.

Epik ['e:pik] f (16, o.pl.) poésie f épique; **~er** m (7) poète m épique.

Epilep|sie [epilɛ'psi:] f (15) épilepsie f; **~tiker** [~'lɛptikər] m (7) épileptique m; **ℒtisch** [~'lɛptiʃ] adj. épileptique; **~er Anfall** attaque f d'épilepsie.

Epilog [~'lo:k] m (3) épilogue m.

episch ['e:piʃ] adj. épique.

Episode [epi'zo:də] f (15) épisode m.

Epistel [e'pistəl] f (15) épître f.

Epoche [e'pɔxə] f (15) époque f; **~ machen** faire époque; **ℒmachend** p.pr. adjt. qui fait époque (od. date); qui marque une époque.

Epos ['e:pɔs] n (16) poème m épique; épopée f.

er [e:r] (19) pr/p. nom. beim Verb il; betont den Gegens. od. alleinstehend lui; ~ allein lui seul; ~ selbst lui-même; ~ auch, auch ~ lui aussi; da ist ~ le voici; le voilà.

er'achten 1. v/t. juger (für nützlich utile); croire; estimer; **2.** ℒ n (6): m-s ~s à mon avis.

er'arbeiten v/t. acquérir par son travail.

Erb|-anlage biol. [ɛrp-] f disposition f (od. caractère m) héréditaire; **~anspruch** 🏛 m prétention f à un héri-

tage; **~anteil** m part f d'héritage.

erbarm|en [~'barmən] v/rfl. (25): sich ~ avoir pitié (de); **ℒen** n (6) pitié f; compassion f; miséricorde f; **~enswert, ~enswürdig** adj. digne de pitié (od. de compassion).

erbärmlich [ɛr'bɛ:rmliç] **1.** adj. déplorable; (jämmerlich) piteux; pitoyable; misérable; (gemein) bas; **2.** adv.: ~ frieren avoir terriblement froid; ~ singen chanter à faire pitié; **ℒkeit** f état m pitoyable; misère f; (Gemeinheit) bassesse f.

erbarmungs|los [~'barmuŋslos] adj. impitoyable; **~voll** adj. plein de compassion; miséricordieux.

er'bau|en v/t. bâtir; construire; fig. édifier; erbaut sein von (v/rfl. sich ~ an dat.) être édifié de; **ℒer** m (7) constructeur m; **~lich** adj. édifiant; **ℒung** f construction f; fig. édification f.

erb|berechtigt ['ɛrpbərɛçtiçt] adj. qui a droit à la succession; **ℒe** ['ɛrbə] **1.** m (13) héritier m; **2.** n (10, o.pl.) héritage m; succession f.

er'beben v/i. trembler; fig. tressaillir.

erben ['ɛrbən] v/t. (25) hériter (etw. de qch.; etw. von j-m qch. de q.); **ℒgemeinschaft** f indivision f héréditaire (od. successorale); communauté f héréditaire.

er'betteln v/t. mendier; quémander (qch.).

erbeuten [~'bɔytən] v/t. (26) capturer; vom Feinde ~ prendre à l'ennemi.

Erb|faktor m facteur m héréditaire; **~fehler** m vice m héréditaire; **~feind** m ennemi m héréditaire; **~folge** f (ordre m de) succession f; **~folgekrieg** hist. m guerre f de succession; **~hof** m domaine m (od. ferme f) héréditaire.

er'bieten v/rfl.: sich ~ zu ... (inf.) s'offrir à ... (inf.).

Erbin ['ɛrbin] f (16¹) héritière f.

er'bitten v/t. demander (etw. von j-m qch. à q.).

erbitter|n [~'bitərn] v/t. (29) aigrir; irriter; (aufbringen) exaspérer; **~t** p.p. adjt. (Kampf usw.) acharné; ~ sein être irrité (od. exaspéré od. aigri) (über de); **ℒung** f aigreur f; irritation f; (Entrüstung) exaspération f.

Erbkrankheit f maladie f héréditaire.

erblassen [~'blasən] v/i. (27, sn) pâlir (vor dat. de); blêmir.

Erblasser(in f) [ˈɛrplasər] m (7) testateur m, -trice f.

erˈbleichen v/i. (30) = erblassen.

erblich [ˈɛrplɪç] **1.** adj. héréditaire; **2.** adv.: ~ belastet sein avoir une hérédité chargée; **2keit** f hérédité f.

erˈblicken v/t. apercevoir; voir; das Licht der Welt ~ voir le jour.

erˈblinden v/i. (26, sn) devenir aveugle; perdre la vue; **2ung** f perte f de la vue; cécité f.

Erb-onkel m oncle m à héritage.

erbosen [ˌʔbozən] v/t. (27) fâcher; irriter; courroucer.

Erbprinz m prince m héritier.

erˈbrechen 1. v/t. briser; forcer; Briefe: décacheter; ouvrir; Schloß: fracturer; Zimmer: entrer par effraction (dans); **2.** v/rfl.: sich ~ 𝔰 vomir; **3.** 2 n (5) rupture f; (v. Briefen) décachetage m; 𝔰 vomissement m.

Erbrecht [ˈɛrp-] n droit m successoral.

erˈbringen v/t. Beweis: apporter; produire.

Erbschaft f (16) héritage m; succession f; **~ssteuer** f impôt m successoral (od. sur les successions).

Erbschleicher m captateur m.

Erbse [ˈɛrpsə] f (15) (petit) pois m.

Erb|stück n chose f héritée; héritage m; **~sünde** f péché m originel; **~teil** n part f d'héritage; elterliches ~ patrimoine m; **~teilung** f partage m d'une succession.

Erd|achse [ˈɛrtʔ-] f axe m de la terre; **~apfel** östr. m pomme f de terre; **~arbeiten** f/pl. terrassement m; **~arbeiter** m terrassier m; **~bahn** astr. f orbite f terrestre; **~ball** m globe m (terrestre).

Erdbeben n tremblement m de terre; séisme m; **~herd** m foyer m du séisme; **~warte** f station f s(é)ismographique.

Erd|beere f fraise f; (Pflanze) fraisier m; **~bestattung** f enterrement m; inhumation f; **~boden** m terre f; sol m; dem ~ gleichmachen raser.

Erde [ˈeːrdə] f (15) terre f; (Welt) monde m; auf ~n sur terre; au monde; ici-bas; auf die ~ werfen (fallen) jeter (tomber) à (od. par) terre; 𝔰 v/t. mettre à la terre; abs. mettre la prise de terre.

erˈdenken v/t. imaginer; inventer; **~lich** adj. imaginable.

Erdenleben n vie f terrestre.

erd|fahl, ~farben [ˈfarbən] adj. terreux; **2gas** n gaz m naturel; **~gebunden** adj. attaché à la terre; **2geist** m gnome m; **2geschichte** f géologie f; **2geschoß** n rez-de-chaussée m; **2gürtel** n zone f terrestre; **2halbkugel** f hémisphère m; demi-globe m; **2hügel** m butte f; tertre m.

erˈdicht|en v/t. inventer; imaginer; **~et** p.p. adj. fictif; imaginaire.

erdig [ˈeːrdɪç] adj. terreux.

Erd|kabel n câble m souterrain; **~kampf** ⚔ m combat m terrestre; **~karte** f mappemonde f; **~kreis** m, **~kugel** f globe m (terrestre); **~kunde** f géographie f; **~leitung** f télégr. ligne f télégraphique souterraine; ⚡ ligne f de terre; **~nähe** astr. f périgée m; **~nuß** f cacahuète f; **~oberfläche** f surface f de la terre; **~öl** n naphte m; pétrole m.

erdolchen [ɛrˈdɔlçən] v/t. (25) poignarder.

erd-öl|haltig adj. pétrolifère; **2leitung** f pipe-line m; oléoduc m; **2produktion** f production f pétrolière; **2vorkommen** n gisement m de pétrole.

Erd|pol m pôle m; **~reich** n terre f.

erˈdreisten v/rfl.: sich ~, zu (inf.) oser (inf.); avoir l'audace de (inf.).

Erdrinde f écorce f (od. croûte f) terrestre.

erˈdröhnen v/i. (sn) retentir.

erdrosseln [ˌʔdrɔsln] v/t. étrangler.

erˈdrücken v/t. a. fig. écraser; étouffer; **~d** p.pr. adj.: ~e Mehrheit majorité f écrasante; ~e Beweise preuves f/pl. accablantes.

Erd|rutsch [ˈɛrtrutʃ] m éboulement m de terrain; éboulis m/pl.; **~satellit** m satellite m terrestre; **~schatten** m ombre f de la terre; **~schicht** f couche f de terre; **~scholle** f motte f (de terre); glèbe f; **~stoß** m secousse f sismique; **~strich** m région f; zone f; **~teil** m continent m.

erˈdulden v/t. souffrir; endurer; supporter.

Erd|-umfang m circonférence f de la terre; **~umkreisung** f révolution f autour de la terre; vol m orbital.

Erdung [ˈeːrduŋ] f ⚡ mise f à la terre.

erˈeifern v/rfl.: sich ~ s'échauffer (über acc. au sujet de); se passionner (pour).

erˈeignen [ɛrˈʔaignən] v/rfl.: sich ~ arriver; se passer.

Ereignis [ɛr¹⁹aɪknɪs] n (4¹) événement m; incident m; ⁂los adj. sans événements importants; calme; ⁂reich adj. mouvementé; riche en événements.

er'eilen v/t. fig. atteindre; surprendre.

Eremit [ere¹mi:t] m (12) ermite m.

er'fahr|en 1. v/t. apprendre; savoir; (erleiden) éprouver; subir; **2.** adj. (geübt) expérimenté; (bewandert) expert; ~ in (dat.) versé dans; ⁂ung f expérience f; aus ~ par expérience; in ~ bringen apprendre; ⁂ungs-austausch m échange m d'expérience; ⁂ungsgemäß adj. selon les données de l'expérience.

er'fassen v/t. saisir (a. fig.); fig. (begreifen) concevoir; comprendre.

er'find|en v/t. inventer; imaginer; (frei ~) controuver; ⁂er m (7) inventeur m; ⁂erisch adj. inventif; (scharfsinnig) ingénieux; ⁂ung f invention f; (Erdichtung) fiction f.

Er'findungs|gabe f, ⁂kraft f talent m (od. esprit m) inventif.

er'flehen v/t. implorer.

Erfolg [~¹fɔlk] m (3) succès m; réussite f; guten ~! bonne chance!; ~ haben avoir du succès; ⁂en v/i. (sn) (stattfinden) avoir lieu; arriver; (als Wirkung) s'ensuivre; résulter; (Zahlung) être effectué; (Antwort) être donné; ⁂los 1. adj. infructueux; 2. adv. sans succès; ⁂reich 1. adj. couronné de succès; 2. adv. avec succès; ~s-aussichten f/pl. chances f/pl. de succès; ⁂versprechend p.p. adj. promelteur; qui promet du succès.

er'forder|lich adj. nécessaire; (Alter) requis; ~n v/t. demander; exiger; ⁂nis n (4¹) exigence f; nécessité f; besoin m.

er'forsch|en v/t. Land usw.: explorer; (ergründen) approfondir; (durchdringen) pénétrer; scruter; ⁂ung f exploration f; recherche f.

er'fragen v/t. apprendre par des questions; den Weg ~ demander son chemin; zu ~ bei ... s'adresser à ...

er'freu|en 1. v/t. réjouir; faire plaisir à; **2.** v/rfl.: sich ~ an (dat.), sich e-r Sache (gén.) ~ jouir de qch.

erfreu|lich [~¹frɔylɪç] adj. réjouissant; (zufriedenstellend) satisfaisant; es ist ~, zu sehen il y a plaisir à voir; ~t p.p. adj. heureux.

er'frieren v/i. (sn) mourir (od. périr) de froid; geler.

er'frisch|en (27) v/t. (v/rfl. sich ~ se) rafraîchir; ~end p.pr. adj. rafraîchissant; ⁂ung f rafraîchissement m; ⁂ungsraum m buvette f.

er'füll|en v/t. remplir (mit de); Bitte: accorder; Pflicht: accomplir (a. Wille); remplir (a. Versprechen); Vertrag: exécuter; Zweck: atteindre; Hoffnung: réaliser; ⁂ung f accomplissement m; réalisation f; in ~ gehen s'accomplir; se réaliser.

ergänz|en [~¹gɛntsən] v/t. (27) compléter; Fehlendes: suppléer; Summe: parfaire; Lücke: combler; ~end p.pr. adj. complémentaire; (zusätzlich) supplémentaire; ⁂ung f (zur Vervollständigung) complément m (a. gr.); (noch zusätzlich) supplément m; ⁂ungsband m supplément m.

ergaunern [~¹gaʊnərn] F v/t. escroquer.

er'geb|en 1. v/t. donner; rendre; rapporter; **2.** v/rfl.: sich ~ se rendre, (sich widmen) se dévouer (à), (sich fügen) se résigner (in acc. à), (e-m Laster) s'adonner (à); sich ~ aus s'ensuivre de; résulter de; **3.** p.p. adj. dévoué; (gelassen) résigné; (e-m Laster) adonné (à); ⁂enheit f dévouement m; (Fügung) résignation f; soumission f; ⁂nis [~gepnɪs] n (4¹) résultat m; (Folge) conséquence f; conclusion f; (Wirkung) effet m; ~nislos adj. u. adv. sans résultat; (unnütz) vain.

er'gehen 1. v/i. (sn) (Gesetz, Anordnung) paraître; être publié; (Urteil) être prononcé; ~ lassen publier; sich (acc.) ~ lassen souffrir patiemment; **2.** v/imp. se trouver; devenir; wie ist es Ihnen dort ergangen? qu'êtes-vous devenu là-bas?; **3.** v/rfl.: sich im Freien ~ prendre l'air; sich ~ in (dat.) (Belobigungen, Flüchen) se répandre en, (Hoffnungen) se bercer de, (Vermutungen) se perdre en; **4.** ⁂ n (état m de) santé f.

er'giebig adj. fertile (an dat. en); (reich) riche (en); (viel hervorbringend) productif; (gewinnbringend) lucratif.

er'gießen v/rfl.: sich ~ se répandre (über acc. sur); (Fluß) se jeter (in acc. dans); ~'glühen v/i. (sn) rougir (a. fig.); in Liebe ~ rougir d'amour.

ergötz|en [~¹gœtsən] (27) **1.** v/t. réjouir; divertir; amuser; **2.** v/rfl.: sich

~ an (dat.) se délecter à; **~lich** adj. divertissant; amusant; plaisant.

er'grauen v/i. (sn) grisonner; blanchir.

er'greifen v/t. saisir; prendre; (packen) empoigner; (festnehmen) appréhender; fig. Flucht, Maßnahmen: prendre; Gelegenheit: saisir; e-n Beruf ~ embrasser une profession; choisir un métier; für j-n Partei ~ prendre parti pour q.; (rühren) émouvoir; toucher; **~d** p.pr. adjt. émouvant; touchant.

ergriffen [ɛr'grifən] p.p. adjt. ému; touché; **2heit** f émotion f.

er'gründen v/t. sonder; fig. a. approfondir.

Er'guß ♉ u. fig. m effusion f; épanchement m.

er'haben adj. en relief; fig. élevé; sublime; (Stil a.) noble; ~ über (acc.) au-dessus de; supérieur à; **2heit** f fig. élévation f; sublimité f; (Überlegenheit) supériorité f.

Er'halt m: nach ~ der Ware après réception de la marchandise; **2en 1.** v/t. recevoir; (durch Bemühungen) obtenir; (bewahren) conserver; **2.** p.p. adjt.: gut ~ bien conservé (od. entretenu); en bon état.

erhältlich [~'hɛltlɪç] adj. en vente.

Er'haltung f conservation f; (Aufrecht2) maintien m; (Unterhalt) entretien m.

er'hängen v/t. (v/rfl. sich ~ se) pendre.

er'härten v/t. Behauptung: corroborer; confirmer.

er'haschen v/t. attraper; saisir; (aufschnappen) 'happer.

er'heb|en v/t. lever; élever (a. fig. u. ♈; ins Quadrat au carré); (preisen) exalter; Klage ~ intenter une action; Gebühren: percevoir; in den Adelsstand ~ anoblir; **2.** v/rfl.: sich ~ se lever (a. Wind); (aufsteigen) s'élever (a. Streit); Flgw. décoller; pol. se soulever; **~end** p.pr. adjt. exaltant; **~lich** [~'he:plɪç] adj. considérable; **2ung** f élévation f (a. fig.); (v. Gebühren) perception f; (Aufstand) soulèvement m; (Umfrage) enquête f; recherche f.

erheiter|n [~'haɪtərn] v/t. (29) égayer; **2ung** f divertissement m; amusement m.

er'hellen v/t. (25) éclairer; Farbe u. fig.: éclaircir.

er'hitzen [~'hɪtsən] (27) **1.** v/t. chauffer; échauffer (a. fig.); **2.** v/rfl.: sich ~ s'échauffer; fig. a. s'exalter.

erhöh|en [~'hø:ən] v/t. (25) élever (um de); (re)'hausser; Preis: augmenter; Geschwindigkeit: accélérer; Strafe: aggraver; **2ung** f élévation f; 'haussement m; (Preis2) augmentation f; (d. Geschwindigkeit) accélération f; (d. Strafe) aggravation f; (Anhöhe) 'hauteur f; éminence f.

er'hol|en v/rfl. sich ~ reprendre des forces; (v. Krankheit) se rétablir; se remettre; (v. Anstrengung) se délasser; se reposer; **~sam** adj. reposant; réparateur; **2ung** f rétablissement m; récréation f; repos m; délassement m.

Er'holungs|-aufenthalt m séjour m de repos; **2bedürftig** adj. qui a besoin de repos; **~gebiet** n lieu m de détente; **~heim** n maison f de repos; **~pause** f récréation f; **~urlaub** m congé m de convalescence.

erhören v/t. exaucer.

Erika ♉ ['e:rika] f (16²) bruyère f.

erinner|lich [ɛr'¹)ɪnərlɪç] adj. présent à la mémoire; **~n** (29) **1.** v/t.: j-n an etw. (acc.) ~ rappeler qch. à q.; j-n daran ~, etw. zu tun faire penser q. à faire qch.; **2.** v/rfl.: sich an etw. (acc.) (od. e-r Sache gén.) ~ se souvenir de qch.; se rappeler qch.; soviel ich mich erinnere autant qu'il m'en souvienne; wenn ich mich recht erinnere si j'ai bonne mémoire; **2ung** f souvenir m; (Mahnung) avertissement m; zur ~ an (acc.) en souvenir de; **2ungsvermögen** n mémoire f.

erkalten [~'kaltən] v/i. (26, sn) (se) refroidir.

erkält|en [~'kɛltən] v/rfl. (26): sich ~ prendre froid; s'enrhumer; **2ung** f refroidissement m; rhume m.

er'|kämpfen v/t. obtenir en luttant; lutter pour avoir; **~'kaufen** v/t. payer (mit dat. de); acquérir (au prix de); etw. teuer ~ müssen devoir payer cher qch.

er'kenn|bar adj. (re)connaissable; **~en** 1. v/t. reconnaître (an dat. à); zu ~ geben donner à entendre; **2.** v/rfl.: sich zu ~ geben se faire connaître; **3.** v/i.: ~ auf (acc.) ♊ condamner à.

er'kenntlich adj. reconnaissable; (dankbar) reconnaissant (für de); **2nis** f (14²) connaissance f.

Er'kennung f reconnaissance f.

Er'kennungs|dienst m (der Polizei) service m d'anthropométrie judiciaire; ~marke f plaque f d'identité; ~melodie f (e-r Radiosendung) indicatif m; ~wort n mot m de passe; ~zeichen n signe m de reconnaissance.

Erker ['ɛrkər] m (7) pièce f en saillie; encorbellement m.

erklär|bar [~'klɛ:rba:r] adj. explicable; ~en v/t. déclarer (a. Krieg, Liebe); (erläutern) expliquer; (darlegen) exposer; (deuten) interpréter; ~end p.pr. adjt. explicatif; interprétatif; ~lich adj. explicable; 2ung f déclaration f; (Erläuterung) explication f; (Darlegung) exposé m; (Deutung) interprétation f.

erklecklich [ɛr'klɛkliç] adj. considérable; important.

er'klettern, er'klimmen v/t. Baum: grimper à od. sur; Berg: gravir; Hindernis: escalader.

er'klingen v/i. (sn) retentir; résonner.

erkrank|en [~'kraŋkən] v/i. (sn) tomber malade; ~ an (dat.) être atteint de; 2ung f maladie f.

erkühnen [~'ky:nən] v/rfl.: sich ~, zu ... (inf.) avoir l'audace de ... (inf.).

erkunden [~'kundən] v/t. sonder; × reconnaître.

erkundig|en [~'kundigən] v/rfl. (26): sich ~ s'informer (über acc., nach de; bei auprès de); se renseigner (sur); er hat sich nach deinem Befinden erkundigt il a demandé de tes nouvelles; 2ung f information f (über acc. sur); renseignement m (sur).

Er'kundung f reconnaissance f.

Erlagschein östr. [ɛr'la:k-] m mandat-carte m; mandat-poste m.

erlahmen [~'la:mən] v/i. (sn) être paralysé (od. perclus); (Kräfte) diminuer; (Eifer) se refroidir.

er'langen v/t. (25) obtenir; (erreichen) atteindre; (erwerben) acquérir.

Erlaß [ɛr'las] m (4²) (Befreiung) dispense f; (e-r Strafe) remise f; rl. absolution f; (Verordnung) ordonnance f; (Regierungs2) décret m; (e-s Ministers) arrêté m; (e-s Gesetzes) promulgation f.

er'lassen v/t. Gesetz, Verordnung: édicter; promulguer; Haftbefehl: décerner; j-m etw. ~ dispenser (od.

exempter) q. de qch., Strafe, Schuld: faire grâce à q. de qch., tenir q. quitte de qch.; j-m s-e Sünden ~ délier q. de ses péchés.

erlaub|en [~'laubən] v/t. (25) permettre; 2nis [~'laupnis] f (14²) permission f.

erlaucht [~'lauxt] adj. illustre.

er'läuter|n v/t. expliquer; éclaircir; commenter; 2ung f explication f; éclaircissement m; commentaire m.

Erle ['ɛrlə] f (15) aune m.

er'leb|en v/t. voir; faire l'expérience de; assister à; être témoin de; (durchmachen) éprouver; subir; schlimme Zeiten ~ passer par de rudes épreuves; wir werden es nicht mehr ~ nous ne verrons plus cela; er wird die Nacht nicht ~ il ne passera pas la nuit; sein sechzigstes Jahr ~ atteindre la soixantaine; etw. ~ avoir une aventure; 2ensfall m: im ~ en cas de vie; 2nis [~'le:pnis] n (4¹) événement m (dont on a été témoin); chose f vécue; (Abenteuer) aventure f.

erledig|en [~'le:digən] v/t. (25) finir; Angelegenheit: régler; Streit: vider; Geschäft: expédier; Auftrag: s'acquitter de; ~t [~'di:çt] p.p. adjt. fini; terminé; réglé; F (erschöpft) claqué, vidé; (ruiniert) flambé; er ist ~ c'est un homme fini; er ist für mich ~ il n'existe plus pour moi; 2ung f (e-s Auftrages) exécution f; (e-s Falles) règlement m; (v. Formalitäten) accomplissement m; (d. Korrespondenz) mise f à jour.

er'legen ch. v/t. abattre; tuer.

erleichter|n [~'laiçtərn] v/t. (29) alléger; Gewissen: décharger; (lindern) soulager; etw. ~ faciliter qch.; ~t p.p. advt.: ~ aufatmen respirer de soulagement; 2ung f allégement m; (Linderung) soulagement m.

er'leiden v/t. subir; éprouver; Niederlage: essuyer; Verlust: supporter; (ertragen) souffrir.

er'lernen v/t. apprendre.

er'lesen p.p. adjt. choisi; de choix.

er'leucht|en v/t. éclairer; festlich ~ illuminer; fig. éclaircir; inspirer; 2ung f éclairage m; festliche ~ illumination f; fig. éclaircissement m; inspiration f.

er'liegen 1. v/i. (sn) (dat.) succomber (à); 2. 2 n: zum ~ kommen succomber; s'arrêter.

Erlkönig ['ɛrlkø:niç] m roi m des

au(l)nes.

erlogen [\ˈloːɡən] p.p. adjt. mensonger; menteur; faux.

Erlös [\ˈløːs] m (4) produit m (de la vente); (Einnahme) recette f.

er¹löschen v/i. (30, sn) s'éteindre; expirer (a. fig.); (Firma) cesser d'exister.

er¹lös|en v/t. délivrer; rl. racheter; ℒer m (7) libérateur m; rl. Rédempteur m; Sauveur m; ℒung f délivrance f; rl. rédemption f.

ermächtig|en [\ˈmɛçtɪɡən] v/t. (25) autoriser (zu à); ℒung f autorisation f; pol. plein pouvoir m.

er¹mahn|en v/t. exhorter (zu à); (zurechtweisen) admonester; ℒung f exhortation f; (Zurechtweisung) remontrance f; admonestation f.

Er¹mangelung f: in ~ (gén.) faute de; à défaut de; in ~ e-s Besseren faute de mieux.

ermäßig|en [\ˈmɛːsɪɡən] v/t. modérer; Preis: réduire; ℒung f modération f; (Preis℧) réduction f.

ermatt|en [\ˈmatən] (26) 1. v/t. lasser; fatiguer; 2. v/i. (sn) se lasser; (sich ermüden) s'épuiser; (schwach werden) s'affaiblir; ℒung f lassitude f; fatigue f.

er¹messen 1. v/t. mesurer; fig. juger; (erwägen) considérer; 2. ℒ n (6) jugement m; nach meinem ~ selon moi; ℒsfrage f question f d'appréciation; ℒsspielraum m liberté f d'appréciation.

ermitt|eln [\ˈmɪtəln] v/t. (29) découvrir; trouver; (nachforschen) rechercher; nicht zu ~ introuvable; ℒlung f découverte f; (Nachforschung) recherche f; 🜨 instruction f.

er¹möglichen v/t. (25) rendre possible.

er¹mord|en v/t. assassiner; ℒung f assassinat m.

ermüd|en [\ˈmyːdən] (26) v/i. (v/t.) [sn] se lasser; (se) lasser; ~end p.pr. adjt. fatigant; ℒung f fatigue f; ℒungs-erscheinungen f/pl. symptômes m/pl. de lassitude (od. de fatigue).

ermunter|n [\ˈmʊntərn] v/t. (29) exciter; (erheitern) égayer; (anfeuern) ranimer; encourager; ℒung f excitation f; encouragement m.

ermutigen [\ˈmuːtɪɡən] v/t. (25) encourager (zu à); ~end p.pr. adjt.

encourageant; ℒung f encouragement m.

er¹nähr|en v/t. (v/rfl. sich ~ se) nourrir; (s')alimenter; ℒer m (7) soutien m; ℒung f nourriture f; alimentation f; (Unterhalt) entretien m; biol. nutrition f; ℒsweise f mode m d'alimentation.

er¹nenn|en v/t.: j-n ~ nommer q. (zum Direktor directeur; zu e-m Amt: à); ℒung f nomination f.

erneuer|n [\ˈnɔʏərn] v/t. renouveler; rénover; Beziehungen: renouer; ℒung f renouvellement m; rénovation f; (d. Beziehungen) renouement m.

er¹neut 1. adj. renouvelé; répété; 2. adv. de nouveau.

er¹niedrig|en v/t. (25) abaisser; dégrader; ♪fort avilir; (demütigen) humilier; ℒung f abaissement m; dégradation f; ♪fort avillissement m; (Demütigung) humiliation f.

Ernst [ɛrnst] 1. m (3², o. pl.) sérieux m; gravité f; im ~ (parlez-vous) sérieusement?, P sans blague?; es wird ~ cela tourne au sérieux; das ist mein ~ c'est sérieux; allen ~es très sérieusement; tout de bon; mit etw. ~ machen prendre qc. au sérieux; 2. ℒ adj. sérieux; grave; ein ~es Wort mit j-m reden dire son fait à q.; 3. ℒ adv.: etw. ~ nehmen prendre qc. au sérieux; ~fall m: im ~ en cas critique; ✕ en cas de guerre; ℒhaft, ℒlich adj. sérieux; grave.

Ernte [ˈɛrntə] f (15) récolte f (a. fig.); (Getreide℧) moisson f; (Wein℧) vendange f; (Heu℧) fenaison f; (Obst℧) cueillette f; ℒarbeiter m moissonneur m; ~dankfest rl. n fête f d'action de grâces pour la récolte; ℒn v/t. u. v/i. (26) récolter; Getreide: moissonner; fig. recueillir; ~zeit f temps m de la moisson.

ernüchter|n [\ˈnʏçtərn] v/t. (29) dégriser; fig. a. désillusionner; ℒung f dégrisement m; fig. a. désillusion f.

Er¹-ober|er m (7) conquérant m; ℒn v/t. (29) conquérir; Stadt: prendre; ℒung f conquête f; (e-r Stadt) prise f.

er¹-öffn|en v/t. ouvrir; Kampf, Diskussion: engager; feierlich ~ inaugurer; (mitteilen) faire savoir, communiquer, (förmlich) notifier; ℒung f ouverture f; feierliche ~ inauguration f; (Mitteilung) communication f, (förmliche) notification f; ℒungsrede f discours m inaugural.

erörter|n [∼¹⁹œrtərn] v/t. (29) discuter; débattre; **ℒung** f discussion f; débat m.

Erot|ik [eˈroːtik] f érotisme m; **ℒisch** adj. érotique.

Erpel [ˈɛrpəl] m (7) canard m (mâle).

erpicht [∼ˈpiçt] adj.: ∼ auf (acc.) acharné à; avide de; aufs Geld ∼ cupide.

er'press|en v/t. (28): j-n ∼ faire chanter q.; von j-m etw. ∼ extorquer qch. à q.; **ℒer** m (7) exacteur m; maître m chanteur; **∼erisch** adj. extorsionnaire; **ℒung** f extorsion f; exaction f; chantage m; **ℒungsversuch** m tentative f de chantage.

er'prob|en v/t. éprouver; mettre à l'épreuve; ⊕ essayer; **∼t** p.p. adjt. éprouvé; à toute épreuve; **ℒung** f épreuve f; essai m.

erquick|en [∼ˈkvikən] v/t. (25) rafraîchir; **∼lich** adj. rafraîchissant.

er'raten v/t. deviner.

er'rechnen v/t. calculer.

er'reg|bar adj. excitable; (reizbar) irritable; (empfindlich) susceptible; **∼en** v/t. exciter; (reizen) irriter; (anstacheln) stimuler; (aufregen) agiter; (aufwiegeln) soulever; Mitleid: émouvoir; Freude: causer; **ℒer** m (7) ⚕ microbe m pathogène; ⚕ excitateur m; **∼ung** f excitation f; (Reizung) irritation f; (Rührung) émotion f; (Aufregung) agitation f.

erreich|bar [∼ˈraiçbaːr] adj. qu'on peut atteindre; accessible; j-m ∼ à la portée de q.; **∼en** v/t. (einholen) rejoindre; rattraper; etw. ∼ atteindre (mühsam: à) qch.; parvenir à qch.; **ℒung** f: bei ∼ der Altersgrenze à l'âge de la retraite.

er'retten v/t. sauver.

er'richt|en v/t. élever (a. ⚒); ériger; (gründen) établir; fonder; **ℒung** f (e-s Denkmals) érection f; (Gründung) établissement m; fondation f.

er'ringen v/t. gagner; remporter.

er'röten v/i. (sn) rougir (über acc., vor dat. de).

Errungenschaft [ɛrˈruŋənʃaft] f (16) acquisition f; conquête f.

Er'satz m (3², o. pl.) (Ausgleich) compensation f; (Wiedererstattung) restitution f; (Schaden⚹) dédommagement m; indemnité f; (stellvertretend) remplacement m; (unzulänglicher) succédané m; ersatz m; (Ge-

genwert) équivalent m; ✗ réserve f; ⚕ prothèse f; j-m für etw. ∼ leisten dédommager q. de qch.; **∼an-spruch** m recours m; **∼dienst** ✗ m: ziviler ∼ service m civil; **∼mann** m remplaçant m; **∼pflicht** f obligation f d'indemniser; **∼rad** n (∼reifen m) roue f (pneu m de rechange; **∼spieler** Sp. m remplaçant m; **∼teil** n (a. m) pièce f de rechange.

er'saufen P v/i. (sn) se noyer; **∼'säufen** v/t. noyer.

er'schaff|en v/t. créer; **ℒung** f création f.

er'schallen v/i. (sn) résonner; retentir; (Gelächter) éclater.

er'schein|en v/i. (sn) paraître; (Geister u. plötzlich) apparaître; ⚖ comparaître; (Buch) soeben erschienen vient de paraître; **ℒen** n (6) arrivée f; ⚖ comparution f; apparition f; (plötzliches) apparition f; **ℒung** f apparition f; (e-s Werkes) publication f; parution f; **ℒung** f apparition f; (Traumbild) vision f; (Natur⚹) phénomène m; in ∼ treten se montrer; (Dinge) se manifester; er ist e-e imponierende ∼ il a de la prestance; **ℒungsjahr** n (e-s Buches) année f de parution (od. de publication).

er'schieß|en 1. v/t. tuer d'un coup de feu; fusiller; passer par les armes; **2.** v/rfl.: sich ∼ se brûler la cervelle; **ℒung** f exécution f par les armes.

er'schlaffen v/i. (25, sn) se relâcher; s'affaiblir.

er'schlagen v/t. tuer; abattre; assommer; vom Blitz ∼ werden être frappé par la foudre; être foudroyé.

er'schließ|en v/t. ouvrir; Gelände: ouvrir à l'exploitation; **ℒung** f (e-s Gebietes) (mise f en) exploitation f.

erschöpf|en v/t. épuiser; exténuer; **∼end 1.** p.pr. adjt. épuisant; (vollständig) complet; exhaustif; **2.** p.pr. advt. à fond; **∼t** p.p. épuisé; exténué; (seelisch) boulversé; ému; **ℒung** f épuisement m.

er'schrecken 1. v/t. (25) effrayer; épouvanter; **2.** v/i. (30, sn) (u. v/rfl. sich ∼) s'effrayer (über acc. de); s'épouvanter (de).

erschütter|n [∼ˈʃytərn] v/t. (29) ébranler; secouer; fig. a. émouvoir; **∼nd** p.pr. adjt. bouleversant; **∼t** p.p. adjt. ébranlé; (seelisch) boulversé; ému; **ℒung** f ébranlement m; secousse f; choc m; fig. a. grosse émotion f;

Auto vibration f; cahot m.

erschweren [~'[ve:rən] v/t. (25) rendre (plus) difficile; (*verschlimmern*) aggraver; **~d** p.pr. adjt. ♣: ~e Umstände circonstances f/pl. aggravantes.

er'schwindeln v/t. escroquer.

er'schwinglich adj. qu'on peut payer; (*Preis*) accessible.

ersehen [~'ze:ən] v/t.: ~ aus voir par.

er'sehnen v/t. souhaiter vivement; désirer avec ardeur.

er'setz|bar adj. remplaçable; réparable; **~en** v/t. remplacer; (*ergänzen*) suppléer (à); *Verlust:* réparer; restituer; j-m e-n Schaden ~ dédommager q. de qch.; j-m s-e Kosten ~ rembourser q. de ses frais.

ersichtlich [~'ziçtliç] adj. visible; (*augenscheinlich*) évident; daraus ist ~ il ressort de là.

er'sinnen v/t. inventer; imaginer.

er'spähen v/t. épier; guetter.

er'spar|en v/t. épargner (a. fig.); économiser; **~nis** f (14²) épargne f; ~se pl. épargnes f/pl.; économies f/pl.

erst [e:rst] adv. premièrement; (*anfänglich*) d'abord; (*vorher*) auparavant; préalablement; eben ~ il n'y a qu'un instant; tout à l'heure; gestern hier seulement; es ist ~ zwei Uhr il n'est que deux heures; ~ recht à plus forte raison; nun ~ recht! raison de plus!; ~ recht nicht! bien moins encore; nun ~ recht nicht! moins que jamais!

er'starken v/i. (25, sn) devenir fort; se fortifier.

er'starr|en v/i. (sn) (se) raidir; (*Glieder*) s'engourdir; (*gerinnen*) se figer; fig. (*Blut*) se glacer; ~ lassen raidir; engourdir; **~t** p.p. adjt.: vor Schreck ~ glacé, paralysé (par); vor Staunen ~ être stupéfié; vor Kälte ~ transi de froid; **2ung** f raidissement m; (d. *Glieder*) engourdissement m; (*Gerinnen*) figement m; fig. stupeur f; stupéfaction f.

er'statt|en v/t. (26) Auslagen: rembourser; Bericht ~ faire un rapport (über sur); **2ung** f restitution f; (v. *Auslagen*) remboursement m; ~ e-s Berichts rapport m.

Erst-aufführung f première f.

er'staun|en 1. v/t. étonner; **2.** v/i. (sn) s'étonner (über acc. de); être étonné (de); **2en** n (6) étonnement m; in ~ setzen étonner; in ~ geraten

s'étonner; zu m-m größten ~ à ma grande surprise; **~lich** adj. étonnant.

erste a/n.o. le premier, la première; am ~n Juni le premier juin; zum ~n Mal pour la première fois; fürs ~ premièrement, (*einstweilen*) pour le moment; Franz der 2 (I.) François Ier; als ~r ankommen arriver le premier; an ~r Stelle en premier lieu; der ~ beste le premier venu; 2 Hilfe premiers soins m/pl.; Esb. ~r Klasse de première (classe).

er'stechen v/t. poignarder.

er'stehen 1. v/i. (sn) naître; **2.** v/t. acheter aux enchères; faire l'acquisition de.

er'steig|en v/t. gravir; escalader; **2ung** f ascension f; escalade f.

erstens ['e:rstəns] adv. premièrement.

erstgeboren ['e:rstgəbo:rən] adj. premier-né; aîné.

er'sticken 1. v/t. étouffer; suffoquer (beide a. v/i. [sn]); (durch Ertrinken, Gase) asphyxier; **2.** 2 n étouffement m; suffocation f; (durch Ertrinken, Gase) asphyxie f.

Erst|klaßhotel ['e:rstklas-] n hôtel m de première catégorie; **2klassig** adj. de première qualité; **~kläßler** m écolier m de première classe; **~kommunion** rl. cath. f première communion f; communion f solennelle.

Erstlings|-arbeit f, **~werk** n premier ouvrage m.

erstmalig 1. adj. premier; **2.** adv. pour la première fois; **~s** adv. pour la première fois.

er'streben v/t. aspirer à; **~swert** adj. digne d'efforts (od. d'être poursuivi).

er'strecken v/rfl.: sich ~ s'étendre (auf acc. à); fig. s'appliquer (à).

er'stürmen v/t. prendre d'assaut.

er'suchen v/t.: j-n um etw. ~ demander qch. à q.; prier q. de faire qch.

er'tappen v/t. attraper; surprendre.

er'teilen v/t. Unterricht, Auskunft usw.: donner; Auftrag: passer; Wort: accorder.

er'tönen v/i. (sn) résonner; retentir.

Ertrag [er'tra:k] m (3³) rendement m; produit m; rapport m; (Erlös) recette f; **2en** v/t. supporter; endurer; nicht zu ~ insupportable; **2fähig** adj. productif.

erträglich [~'tre:kliç] adj. supportable; (ziemlich gut) passable.

er'tränken 1. v/t. noyer (a. fig.); **2.**

v/rfl.: *sich* ~ se jeter à l'eau.

er'träumen 1. *v/t.* rêver de; **2.** *v/rfl.*: *sich etw.* ~ s'imaginer qch.

er'trinken *v/i.* (sn) se noyer.

ertüchtig|en [~'tʏçtigən] (25) *v/t.* (*v/rfl. sich* ~ s')entraîner; **2ung** *f* éducation *f*; entraînement *m*.

erübrigen [~'ºy:brigən] (25) **1.** *v/t.* épargner; économiser; *Zeit*: trouver; **2.** *v/rfl.*: *sich* ~ être inutile (*od.* superflu).

er'wachen **1.** *v/i.* (sn) s'éveiller; (*plötzlich*) se réveiller; *aus e-m Traum* ~ sortir d'un rêve; **2.** **2** *n* (6) réveil *m*.

er'wachsen **1.** *v/i.* (sn) naître; résulter (*aus de*); **2.** *adj.* adulte; **2e(r** *m*) *m*, *f* (18) adulte *m*; *F* grande personne *f*; **2enbildung** *f* éducation *f* des adultes.

er'wäg|en *v/t.* considérer; (*prüfen*) examiner avec soin; **2ung** *f* considération *f*; *in* ~ *ziehen* prendre en considération.

er'wähn|en *v/t.* mentionner; faire mention de; **~enswert** *adj.* digne d'être mentionné; **2ung** *f* mention *f*.

er'wärmen **1.** *v/t.* chauffer; échauffer (*a. fig.*); **2.** *v/rfl.*: *sich* ~ s'échauffer (*a. fig.*); *sich* ~ *für fig.* (commencer à) s'intéresser à.

er'wart|en *v/t.* attendre; (*vermuten*) s'attendre à; **2en** *v*: *wider* ~ contre toute attente; *über alles Erwarten* au-delà de toute attente; **2ung** *f* attente *f*; *in* ~ (*gén.*) dans l'attente de; *s-e* ~*en zu hoch spannen* avoir des espoirs exagérés; **~ungsvoll** *adj.* plein d'espoir.

er'wecken *v/t. fig.* éveiller; exciter; (*hervorrufen*) provoquer; *vom Tode* ~ ressusciter.

er'wehren *v/rfl.*: *sich* ~ (*gén.*) se défendre (de); *sich der Tränen* ~ retenir ses larmes.

er'weichen *v/t.* (25) *fig.* fléchir; (*rühren*) attendrir; *sich* ~ *lassen* se laisser fléchir.

erweisen [ɛr'vaizən] **1.** *v/t.* prouver; *Dienst*: rendre; *Ehre, Gefallen*: faire; *Gunst*: accorder; *Dankbarkeit*: témoigner; montrer; **2.** *v/rfl.*: *sich* ~ se montrer; *sich* ~ *als* se révéler.

erweiter|n [~'vaitərn] *v/t.* (29) élargir; *Geschäft*: agrandir; *gr., rhét.* amplifier; **2ung** *f* élargissement *m*; (*e-s Geschäftes*) agrandissement *m*; *gr., rhét.* amplification *f*.

Erwerb [~'vɛrp] *m* (3) (*Verdienst*) gain *m*; (*Ertrag*) profit *m*; (*Erwerbung*) acquisition *f*; **2en** [~bən] *v/t.* acquérir; gagner.

er'werbs|fähig *adj.* capable de gagner sa vie; **~los** *adj.* sans travail; ~ *sein* chômer; **2losigkeit** *f* chômage *m*; **~tätig** *adj.*: ~ *sein* exercer une activité rémunérée; ~*e Bevölkerung* population *f* active; **2tätigkeit** *f* activité *f* rémunérée; **~unfähig** *adj.* incapable de gagner sa vie; invalide.

Erwerbung [~'vɛrbuŋ] *f* acquisition *f*.

erwider|n [~'vi:dərn] *v/t.* (29) répondre (*auf acc.* à); répliquer; *schnell* ~ repartir; riposter; *Gruß, Besuch*: rendre; **2ung** *f* réponse *f*; réplique *f*; *schnelle* ~ repartie *f*; riposte *f*.

erwiesen [~'vi:zən] *s. erweisen*; **~ermaßen** *adv.* comme il a été prouvé.

er'wirken *v/t.* obtenir.

er'wischen *v/t.* attraper; *F* pincer.

erwünscht [~'vʏnʃt] *p.p. adjt.* désiré; (*angenehm*) agréable.

er'würgen *v/t.* étrangler; égorger.

Erz [ɛ:rts] *n* (3²) *min.* (*Gestein*) minérai *m*; (*Metall*) airain *m*; **~ader** *f* veine *f*; filon *m*.

er'zähl|en *v/t.* raconter; conter; dire; (*kunstvoll*) narrer; **2er(in** *f*) *m* (7) conteur *m*, -euse *f*; narrateur *m*, -trice *f*; (*mit bes. Lust*) raconteur *m*, -euse *f*; **2ung** *f* récit *m*; (*bsd. das Erzählen*) narration *f*; (*Geschichte*) histoire *f*; (*Märchen*) conte *m*; (*Novelle*) nouvelle *f*.

Erz|bischof [ˈɛrts-] *m* archevêque *m*; **~bistum** *n* archevêché *m*; (*Würde*) archiépiscopat *m*; **~engel** *m* archange *m*.

er'zeug|en *v/t.* engendrer; procréer; *fig.* produire; faire naître; **2er** *m* (7) procréateur *m*; *fig.* producteur *m*; **2nis** *n* produit *m*; (*geistiges*) production *f*; **2ung** *f* production *f*; fabrication *f*.

Erzfeind [ˈɛrts-] *m* ennemi *m* juré.

Erzgang **⚒** *m* filon *m*; veine *f*.

Erzgauner *m* filou *m* fieffé; maître *m* fripon.

Erz|gewinnung *f* exploitation *f* de minerai; **2haltig** *adj.* métallifère; qui contient du minerai.

Erzherzog|(in *f*) [ˈɛrts-] *m* archiduc *m*, archiduchesse *f*; **~tum** *n* archiduché *m*.

er'zieh|en *v/t.* élever; **2er(in** *f*) *m* (7)

éducateur m, **-trice** f; **instituteur** m, **-trice** f; (*Hauslehrer*) précepteur m; **gouvernante** f; pédagogue m; **~erisch** adj. pédagogique; **2ung** f éducation f; instruction f.

Er'ziehungs|-anstalt f maison f de correction; pénitencier m; **~wesen** n éducation f nationale.

er'zielen v/t. atteindre; obtenir; *Gewinn*: réaliser.

er'zittern v/i. (sn) se mettre à trembler.

Erzlagerstätte ['ɛrts-] f gisement m de minerai.

Erzpriester ['ɛrts-] m archiprêtre m.

er'zürnen 1. v/t. fâcher; irriter; **2.** v/rfl.: sich mit j-m ~ se fâcher (*od.* se brouiller) avec q.

er'zwingen v/t. forcer; obtenir de force; etw. von j-m ~ extorquer qch. à q.

es (19) pr/p. **1.** als Subjekt: il m, elle f; es (*das Eisen*) ist schwer il (*le fer*) est lourd; es (*das Fenster*) ist offen elle (*la fenêtre*) est ouverte; **2.** als Subjekt bei v/imp.: il; es; on; ~ regnet il pleut; ~ klopft on frappe; ~ ist offenbar c'est évident; **3.** als Objekt: le, la (*beide vor vo. od. stummen* h: l'); en; y; er weiß ~ il le sait; ich kenne ~ (*das Buch*) je le connais; ich sehe ~ (*das Mädchen*) je la vois; du wirst ~ bereuen tu t'en repentiras; ich bin ~ gewohnt j'y suis habitué; in festen Wendungen: ich bin ~ c'est moi; da haben wir's! ça y est!; ich hab's! j'y suis!

Es [ɛs] n ♩ mi m bémol; psych. ça m.

Esche ['ɛʃə] f (15) frêne m.

Esel ['eːzəl] m (7) âne m, baudet m, ânesse f, P bourrique f; **~ei** ['~laɪ] f ânerie f; bêtise f; **~in** f ânesse f; **~sbrücke** f fig. guide-âne m; **~s-ohr** n (*im Buch*) corne f.

Eskalation [ɛskalaˈtsjoːn] f escalade f.

Eskimo ['ɛskimo] m (11) Esquimau m.

Eskor|te [ɛsˈkɔrtə] f (15) escorte f; **2'tieren** v/t. escorter.

Espe ['ɛspə] f (15) tremble m.

Essay ['ɛsɛː] m (11) essai m.

eß|bar ['ɛsbaːr] adj. mangeable; comestible; **2besteck** n couvert m; **2ecke** f coin m repas.

essen ['ɛsən] **1.** v/t. u. v/i. (30) manger; P bouffer; zu Mittag ~ déjeuner; zu Abend ~ dîner; zu Nacht ~ souper; gut ~ und trinken faire bonne chère; etw. gern ~ aimer qch.; **2.** **2** n (6)

manger m; (*Mahl*) repas m; **2szeit** f heure f du repas.

Essenz [ɛˈsɛnts] f (16) essence f.

Eßgeschirr n vaisselle f.

Essig ['ɛsɪç] m (3¹) vinaigre m; **~flasche** f vinaigrier m; **~gurke** f cornichon m au vinaigre; **2sauer** adj. aigre; **🜊** acétique; **~säure** f acide m acétique; **2saure Ton-erde** f acétate m d'alumine; **~ und Ölständer** m huilier m.

Eß|kastanie f marron m; **~löffel** m cuiller f; **~löffelvoll** m cuillerée f; **~lust** f appétit m; **~tisch** m table f (de salle à manger); **~waren** f/pl. comestibles m/pl.; denrées f/pl. alimentaires; **~zimmer** n salle f à manger.

Est|e ['ɛstə] m (13), **~in** f Estonien(ne f) m; **2ländisch**, **2nisch** adj. estonien.

Estrich ['ɛstrɪç] m (3¹) aire f (en ciment, en plâtre etc.).

Etage [eˈtaːʒə] f (15) étage m.

Etagen|heizung f chauffage m central d'étage (*od.* d'appartement); **~kellner** m garçon m d'étage; **~wohnung** f appartement m.

Etappe [eˈtapə] f (15) étape f; ✕ arrière m; **~nsieger** Sp. m vainqueur m d'étape.

Etat [eˈtaː] m (11) budget m (*aufstellen* dresser); **2mäßig** adj. budgétaire.

Eth|ik ['eːtɪk] f (16) éthique f; morale f; **2isch** adj. éthique; moral.

Ethno|loge [ɛtnoˈloːgə] m (13) ethnologue m; **~lo'gie** f ethnologie f.

Etikett [etiˈkɛt] n (11) étiquette f; 🜊 marque f; **~e** f étiquette f; cérémonial m; protocole m.

etliche ['ɛtlɪçə] pr/ind. adj. pl. quelques; su. pl. quelques-un(e)s; ~s su. n plusieurs choses.

Etüde ♩ [eˈtyːdə] f (15) étude f.

Etui [eˈtviː] n (11) étui m.

etwa ['ɛtva] adv. environ; à peu près; ~ 30 une trentaine (de); (*vielleicht*) peut-être; **~ig** ['~vaːɪç] adj. éventuel.

etwas ['ɛtvas] **1.** pr/ind. quelque chose; (*in verneinenden Sätzen*) rien; ohne ~ zu sagen sans rien dire; (*mit su.*) quelque (peu de); ~ Schönes quelque chose de beau; ~ anderes autre chose; **2.** adv. un peu; **3.** **2** n: ein gewisses ~ un certain quelque chose; un je-ne-sais-quoi.

Etymolog|ie [etymoloˈgiː] f (15) étymologie *f*; **&isch** [~'lo:giʃ] *adj.* étymologique.

euch [ɔʏç] *pr/p.* (19) (*dat. u. acc. v. ihr*) vous; *als pr. abs.* (*dat.* à) vous; *nach prp.* vous.

euer ['ɔʏɐr] **1.** *pr/p.* (*gén. v. ihr*) de vous; **2.** *pr/poss.* (*f u. pl. eure*) votre, *pl.* vos; *ist das ~ Buch?* est-ce votre livre?; *der (die, das) eure* le (la) vôtre; *pl. die euren* les vôtres.

Eule ['ɔʏlə] *f* (15) 'hibou *m*; chouette *f*; *~n nach Athen tragen* porter de l'eau à la rivière; **~nspiege'lei** *f* (16) espièglerie *f*.

Eunuch [ɔʏ'nu:x] *m* (12) eunuque *m*.

eure *s.* euer.

eur|erseits *adv.* de votre côté; **~esgleichen** *pr/ind.* vos pareil(le)s.

euret|halben, ~wegen, (um) **~willen** *adv.* pour vous; à cause de vous.

eurig *pr/p.*: *der, die, das ~e* le, la vôtre.

Europä|er(in *f*) [ɔʏro'pɛ:ɐr(in)] *m* (7) Européen(ne *f*) *m*; **&-isch** *adj.* européen.

Eu'ropa|meister(in *f* *m* champion (-ne *f*) *m* d'Europe; **~pokal** *Sp. m* coupe *f* d'Europe; **~rat** *m* Conseil *m* de l'Europe.

Euter ['ɔʏtɐr] *n* (7) pis *m*.

evaku'ieren [eva~] *v/t.* évacuer.

evan'gelisch [evan'ge:liʃ] *adj.* évangélique; protestant; **&elist** [~ge'list] *m* (12) évangéliste *m*; **&elium** [~'le:ljum] *n* (9) Évangile *m*; *~ des Matthäus* l'Évangile *m* selon saint Matthieu.

eventuell [evɛntu'ɛl] *adj.* éventuel.

ewig ['e:viç] *adj.* éternel; (*immerwährend*) perpétuel (*a. Friede*); *seit ~en Zeiten* de temps immémorial; **&keit** *f* éternité *f*; *in alle ~e* à tout jamais.

exakt [ɛ'ksakt] *adj.* exact; **&heit** *f* exactitude *f*.

Exam|en [ɛ'ksɑ:mən] *n* (11) examen *m*; **~ens-arbeit** *f* épreuve *f* écrite d'examen; **&i'nieren** *v/t.* examiner.

Exekut|ion [ɛksekuʦi'o:n] *f* exécution *f*; **~ive** [~'ti:və] *f* (15) pouvoir *m* exécutif.

Exempel [ɛ'ksɛmpəl] *n* (7) exemple *m* (*statuieren* faire [*an j-m* de q.]).

Exemplar [ɛksɛm'plɑ:r] *n* (3) exemplaire *m*; **&isch 1.** *adj.* exemplaire; **2.** *adv.*: *j-n ~ bestrafen* châtier q. exemplairement; infliger une punition exemplaire à q.

exerzier|en [ɛksɛr'ʦi:rən] **1.** *v/t.*

exercer; **2.** *v/i.* faire l'exercice; **&platz** *m* place *f* d'armes.

Exil [ɛ'ksi:l] *n* (3¹) exil *m*; *ins ~ schicken* exiler.

existent [ɛksis'tɛnt] *adj.* existant; **&ialismus** [~tsja'lismus] *m* existentialisme *m*.

Exis'tenz *f* (16) existence *f*; **~berechtigung** *f* raison *f* d'être; **~kampf** *m* lutte *f* pour la vie (*od.* pour l'existence); **~minimum** *n* minimum *m* vital.

exis'tieren *v/i.* exister; vivre.

exklusiv [ɛksklu'zi:f] *adj.* exclusif.

exkommunizieren [ɛkskomuni'tsi:rən] *v/t.* excommunier.

exmatrikulieren [~matriku'li:rən] *v/t.* rayer de la liste (*des étudiants*).

exotisch [ɛ'kso:tiʃ] *adj.* exotique.

Expander *Sp.* [ɛks'pandɐr] *m* (11) extenseur *m*.

Exped|ient [ɛkspe'djɛnt] *m* (12) expéditionnaire *m*; **~ition** [~pedi'tsjo:n] *f* expédition *f* (*a.* ✝).

Experiment [~peri'mɛnt] *n* (3) expérience *f*; **&ell** [~'tɛl] *adj.* expérimental; **&ieren** [~'ti:-] *v/i.* expérimenter.

Expert|e [ɛks'pɛrtə] *m* (13) expert *m*; **~ise** [~'ti:zə] *f* expertise *f*.

explo'dieren *v/i.* (*sn*) exploser; (*bersten*) éclater; **&sion** [~zjo:n] *f* explosion *f*; **&'sivstoff** *m* matière *f* explosive.

Exponent [~po'nɛnt] *m* (12) &ₓ exposant *m*; *fig.* représentant *m*.

Export [ɛks'pɔrt] *m* (3) exportation *f*; **~eur** [~'tø:r] *m* (3¹) exportateur *m*; **&ieren** [~'ti:-] *v/t.* exporter.

expreß [ɛks'prɛs] *adv.* exprès; **&(zug** *m*) *m* (train *m*) express *m*.

extra ['ɛkstra] *adv.* extra; (*absichtlich*) exprès; (*zusätzlich*) en plus; en supplément; **&blatt** *n* édition *f* spéciale.

Extrakt [~'trakt] *m* (3) extrait *m*.

Extrawurst F *f*: *er will immer e-e ~* (*gebraten*) *haben* il lui faut toujours quelque chose de particulier.

extrem [~'tre:m] **1.** *adj.* extrême; **2.** *n* (3) extrême *m*; **&ist** [~e'mist] *m* (12) extrémiste *m*; **&i'täten** *f/pl.* extrémités *f/pl.*

Exzellenz [~tsɛ'lɛnts] *f* (16) Excellence *f*.

exzentrisch [~'tsɛntriʃ] *adj.* excentrique.

Exzeß [~'tsɛs] *m* (4) excès *m*.

F

F, f [εf] *n* F, f *m od.* *f*; ♪ *n* fa *m*.
Fabel ['faːbəl] *f* (15) fable *f*; **~dichter**
m fabuliste *m*; **2haft** *adj.* fabuleux;
magnifique; F épatant; **~tier** *n* animal *m* fabuleux.
Fabrik [fa'briːk] *f* (16) usine *f*; fabrique *f*; **~anlagen** *f/pl.* usines *f/pl.*;
~ant [~i'kant] *m* (12) fabricant *m*;
manufacturier *m*; **~arbeiter** *m* ouvrier *m* d'usine; **~at** [~i'kaːt] *n* (3)
produit *m* (manufacturé); **~ation** *f*
fabrication *f*; usinage *m*; **~ationsfehler** *m* défaut (*od.* vice) *m* de
fabrication; **~besitzer** *m* propriétaire *m* de fabrique; fabricant *m*;
industriel *m*; usinier *m*; **~gebäude** *n*
bâtiment *m* d'usine; **~marke** *f* marque *f* de fabrique; **2neu** *adj.* sortant
de l'usine.
fabrizieren [fabri'tsiːrən] *v/t.* fabriquer; faire; (*erzeugen*) produire.
Fach [fax] *n* (2) (*Koffer2, Schrank2*)
compartiment *m*; (*Kasten*) case *f*;
(*Bücher2*) rayon *m*; *Arch.* panneau
m; *typ.* cassetin *m*; *fig.* branche *f*;
profession *f*; spécialité *f*; (*Lehr2*)
discipline *f*; (*Stoff*) matière *f*; *Mann
vom ~* homme *m* du métier; spécialiste *m*.
Fach|-arbeiter *m* ouvrier *m* qualifié;
~arzt *m* (médecin *m*) spécialiste *m*;
~ausbildung *f* formation *f* professionnelle; **~ausdruck** *m* terme *m*
technique; **~berater** *m* conseiller *m*
spécialisé; **~bibliothek** *f* bibliothèque *f* spéciale.
fächeln ['fɛçəln] *v/t.* éventer; **2er** *m*
(7) éventail *m*; **~erförmig** *adj.* en
(forme d')éventail; **2erpalme** *f* palmier *m* en éventail.
Fach|gebiet *n* spécialité *f*; **~gelehrte(r)** *m* spécialiste *m*; **2gemäß, 2gerecht** 1. *adj.* approprié; 2. *adv.* d'une
façon appropriée; **~geschäft** *n* maison *f* spécialisée; **~kenntnisse** *f/pl.*
connaissances *f/pl.* spéciales; **~kreise** *m/pl.*: *in ~n* parmi les experts;
2kundig *adj.* compétent; **~lehrer(in**
f) m professeur *m* spécialisé; **2lich**
adj. professionnel; **~literatur** *f* littérature *f* spécialisée; **~mann** *m*

homme *m* du métier; spécialiste *m*;
(*Sachverständiger*) expert *m*; **2männisch** ['~mɛnif] *adj.* compétent; de
spécialiste; du métier; **~messe** *f*
foire-exposition *f* (spéciale); foire *f*
spécialisée; **~schule** *f* école *f* professionnelle; **2simpeln** ['~zimpəln] *v/i.*
parler métier; **~sprache** *f* langage *m*
technique (*od.* du métier); **~studium** *n* études *f/pl.* spécialisées;
~verband *m* association *f* professionnelle; **~welt** *f* spécialistes *m/pl.*
Fachwerk *Arch. n* colombage *m*; pan
m de bois; **~haus** *n* maison *f* à
colombage (*od.* en pans de bois).
Fach|wörterbuch *n* dictionnaire *m*
spécial; **~zeitschrift** *f* périodique *m*
professionnel.
Fackel ['fakəl] *f* (15) flambeau *m*;
(*Pech2*) torche *f*; (*Stroh2*) brandon
m; **~träger** *m* porte-flambeau *m*;
~zug *m* défilé *m* aux flambeaux.
fade ['faːdə] *adj.* fade; insipide; **~s**
Geschwätz fadaises *f/pl.*
Faden ['faːdən] *m* (6¹) fil *m* (*a. fig.*);
(*Bind2*) ficelle *f*; (*Näh2*) aiguillée *f*;
⚡ filament *m*; **⚓** (6) (*Maß*) brasse *f*;
den ~ der Rede verlieren perdre le fil;
an e-m (*seidenen*) *~ hängen* ne tenir
qu'à un fil; **~kreuz** *opt. n* réticule *m*;
~nudel *f* vermicelle *m*; **2scheinig**
['~ʃainiç] *adj. fig.* cousu de fil blanc.
Fagott ♪ [fa'gɔt] *n* (3) basson *m*;
~bläser *m*, **~ist** *m* (12) bassoniste *m*.
fähig ['fɛːiç] *adj.* capable (*zu* de);
(*geschickt*) apte (*zu* à); **2keit** *f* capacité *f*; aptitude *f*; (*Talent*) talent
m.
fahl [faːl] *adj.* (*trübe*) terne; (*bleich*)
pâle; blême; blafard; (*~rot*) fauve.
Fähnchen ['fɛːnçən] *n* (6) banderole
f; ✗ fanion *m*.
fahnd|en ['faːndən] *v/i.* (26): *nach
j-m ~* poursuivre q.; rechercher q.;
2ung *f* poursuite *f*; recherche *f*;
2ungsliste *f* tableau *m* (*od.* liste *f*) des
recherches.
Fahne ['faːnə] *f* (15) drapeau *m* (*aufstecken arborer*); bannière *f*; (*Reiter2*) étendard *m*; **⚓** pavillon *m*; *zu
den ~n rufen* appeler sous les dra-

peaux; *mit fliegenden* ~n bannières déployées.

Fahnen|-abzug *typ. m* placard *m*; épreuve *f*; **~eid** *m* serment *m* de fidélité au drapeau; **~flucht** *f* désertion *f*; **2flüchtig** *adj.* déserteur; **~** *werden* déserter; **~mast** *m*, **~stange** *f* 'hampe *f*; **~träger** *m* porte-drapeau *m*; **~weihe** *f* bénédiction *f* du (*resp.* des) drapeau(x).

Fähnrich ['fɛːnriç] *m* (3) enseigne *m*; **~** *zur See* enseigne *m* de vaisseau.

Fahr|bahn *f* chaussée *f*; (*für Rennen*) piste *f*; **2bar** *adj.* roulant; mobile; **2bereit** *adj.* (*Fahrzeug*) en ordre de marche; (*Person*) prêt à partir; **~bereitschaft** *f* service *m* automobile; **~damm** *m* chaussée *f*; **~dienstleiter** *m* chef *m* de gare.

Fähre ['fɛːrə] *f* (15) bac *m*; (*große*) ferry-boat *m*.

fahren ['faːrən] (30) 1. *v/i.* (sn) aller (*im Wagen* en voiture; *im Auto* en auto; *mit dem Dampfer* en bateau; *mit der Eisenbahn* par le train); **~** *durch* passer par; traverser; *über den Fluß* **~** passer (*od.* traverser) la rivière; *gut bei etw.* **~** se trouver bien de qch.; *der Wagen fährt sich gut* la voiture roule bien; *wann fährt der Zug?* à quelle heure part le train?; 2. *v/t.* (*lenken*) conduire; rouler; *Last:* charrier; transporter; *j-n nach Hause* **~** conduire q. à la maison; **~d** *p.pr. adj.* ambulant; errant.

Fahr|er *m* (7) conducteur *m*; chauffeur *m*; **~erflucht** *f* délit *m* de fuite (*après accident*); **~** *begehen* commettre un délit de fuite; **~erin** *f* conductrice *f*; chauffeuse *f*; **~erlaubnis** *f* permis *m* de conduire; **~ersatz** *m* siège *m* du conducteur; **~gast** *m* voyageur *m*; passager *m*; (*Taxi*2) client *m*; **~geld** *n* prix *m* du voyage (*od.* du transport); **~gelegenheit** *f* occasion *f* d'aller en voiture; (*in train usw.*); **~geschwindigkeit** *f* allure *f*; vitesse *f*; **~gestell** *n* *Flgw.* train *m* d'atterrissage; *Auto* châssis *m*; **2ig** *adj.* agité; instable; distrait; **~karte** *f* billet *m*; ticket *m*; **~kartenschalter** *m* guichet *m*; **~kosten** *pl.* frais *m/pl.* de transport.

fahrlässig *adj.* négligent; imprudent; (*sorglos*) insouciant; **~e** *Tötung* homicide *m* par imprudence; **2keit** *f* négligence *f*; imprudence *f*; insouciance *f*.

Fahrlehrer *m* moniteur *m* d'auto--école.

Fährmann *m* (1²) batelier *m*; passeur *m*.

Fahr|plan *m* indicateur *m*; horaire *m*; **2planmäßig** *adj.* régulier; **~e** *Ankunft* arrivée *f* prévue; **~preis** *m* prix *m* du voyage (*od.* du transport); **~prüfung** *f* examen *m* du permis de conduire; **~rad** *n* bicyclette *f*; F vélo *m*; P bécane *f*; **~schein** *m* billet *m*; ticket *m*.

Fährschiff *n* ferry-boat *m*.

Fahr|schule *f* auto-école *f*; **~schüler** *m* élève *m* d'auto-école; **~spur** *f* voie *f*; **~stuhl** *m* ascenseur *m*; lift *m*; **~stuhlführer** *m* liftier *m*; **~stunde** *f* leçon *f* de conduite.

fähr(s)t [fɛːr(s)t] *s.* fahren.

Fahrt [faːrt] *f* (16) course *f*; trajet *m*; (*Reise*) voyage *m*; (*Wander*2) excursion *f*; (*Spazier*2) promenade *f*; ♺ trajet *m*; (*durchfahrene Strecke*) parcours *m*; trajet *m*; **~** *ins Blaue* voyage--surprise *m*.

Fährte *f* (15) trace *f*; piste *f*.

Fahrt|enschreiber *m* tachygraphe *m*; **~richtung** *f* sens *m* de la marche; *vorgeschriebene* **~** sens *m* obligatoire; **~richtungs-anzeiger** *m* indicateur *m* (de changement) de direction; **~unterbrechung** *f* arrêt *m*; interruption *f*.

Fahr|verbot *n* interdiction *f* de conduire; **~vorschrift** *f* règlement *m* de la circulation; code *m* de la route; **~wasser** *n* chenal *m*; passe *f*; *fig. im richtigen* **~** *sein* être dans son élément; **~weg** *m* chemin *m* carrossable; **~werk** *n* train *m* d'atterrissage; **~zeit** *f* durée *f* du parcours (*od.* du trajet).

Fahrzeug *n* (3) véhicule *m*; **~halter** *m* détenteur *m* d'un véhicule; **~park** *m* parc *m* de véhicules.

fair [fɛːr] *adj.* loyal; **2neß** *f* (*inv.*) fair--play *m*; loyauté *f*.

Fäkalien [fɛˈkaːljən] *pl.* (8²) matières *f/pl.* fécales; vidanges *f/pl.*

Fakir ['faːkir] *m* (3¹) fakir *m*.

Faksimile [fakˈziːmilə] *n* (11) fac--similé *m*.

faktisch ['faktiʃ] *adj.* effectif; réel.

Faktor ['faktor] *m* (8¹) facteur *m* (*a.* ⅋ *u. fig.*).

Faktotum [~ˈtoːtum] *n* (9) factotum *m*.

Faktum *n* (9) fait *m*.

Faktu|r(a) [~'tu:r(a)] f (16²) facture f;
  2'rieren v/t. facturer.
Fakultät [fakul'tɛːt] f (16) faculté f.
fakultativ [~'ti:f] adj. facultatif.
falb [falp] adj. fauve; (Pferd) aubère.
Falk|e ['falkə] m (13) faucon m; **~en-beize** f, **~enjagd** f, **~e'rei** f (16)
fauconnerie f.
Fall [fal] m (3²) (Sturz) chute f (a.
fig.); (Wasser2) cascade f, (großer)
cataracte f; (Gefälle) pente f; gr. u.
fig. cas m; rtz, pol. affaire f; (Untergang) ruine f; das war der ~ il en a été
ainsi; zu ~ bringen faire tomber; zu ~
kommen tomber; auf jeden (keinen) ~
en tout (aucun) cas; in diesem ~ en
(od. dans) ce cas; in e-m solchen ~ en
pareil cas; im vorliegenden ~ en l'espèce; im ~e e-s Krieges en cas de
guerre; im ~e, daß ... au (od. dans le)
cas où (cond.); auf jeden ~ en tout cas;
für alle Fälle à toute éventualité; von ~
zu ~ suivant les cas; im besten ~e en
mettant tout au mieux; im schlimmsten ~e au pis aller; **~beil** n guillotine
f; **~brücke** f pont-levis m.
Falle ['falə] f (15) a. fig. piège m;
traquenard m; F (Bett) pieu m; j-m
e-e ~ stellen tendre un piège à q.; in
die ~ gehen donner dans le piège (od.
dans le panneau).
fallen ['falən] 1. v/i. (30, sn) tomber
(a. fig.); (sinken) baisser; être en
baisse; (abnehmen) décroître, diminuer; (Barometer) descendre; baisser; (in der Schlacht) rester sur le
champ de bataille; tomber à l'ennemi; (Schuß) partir; (Licht) frapper; donner sur; (Anteil) passer (an,
auf acc. à); (in e-e Kategorie) rentrer
dans; ~ auf (acc.) (zeitlich) tomber
(acc.); 2. 2 n chute f; (Abnahme)
baisse f; diminution f.
fällen ['fɛlən] v/t. (25) abattre; Lot:
abaisser; rtz Urteil: rendre; prononcer; ein Urteil ~ über (acc.) porter un
jugement sur.
fallenlassen v/t. fig. Wort: lâcher;
Person: laisser tomber; F choir; plaquer; Anspruch: renoncer à; Absicht,
Thema: abandonner.
Fall|geschwindigkeit f vitesse f de
chute; **~gesetz** n loi f de la chute des
corps; **~grube** f trappe f.
fällig ['fɛliç] adj. payable; ~ sein, ~
werden échoir; venir à échéance; 2-
keit f échéance f; 2**keitstermin** m
terme m d'échéance.

Fall|-obst n fruits m/pl. tombés; **~
reep** ✠ ['~reːp] n (3) échelle f de
coupée.
falls [fals] cj. au (od. dans le) cas où
(cond.); si.
Fallschirm m parachute m; mit dem ~
abspringen descendre en parachute;
mit dem ~ abwerfen parachuter; **~
absprung** m descente f en parachute; **~jäger** ✕ m parachutiste m; F
para m; **~springen** n parachutisme
m; **~springer** m parachutiste m.
fäll(s)t [fɛl(s)t] s. fallen.
Fall|strick m lacs m; embûche f;
~sucht f épilepsie f; 2**süchtig** adj.
épileptique; **~tür** f trappe f; 2**weise**
östr. adv. le cas échéant; à l'occasion;
~wind m vent m descendant.
falsch [falʃ] 1. adj. faux (a. Zahn);
(unecht) imité; (erheuchelt) feint;
(unrichtig) incorrect; (unaufrichtig)
peu sincère; (treulos) perfide; (Haar)
postiche; (Spielkarte) biseauté;
(Würfel) pipé; (Akkord) dissonant;
(Ausdruck) impropre; das ist der ~e
Schlüssel c'est la mauvaise clef; in
~em Licht sous un faux jour; 2. adv.: ~
schreiben mal orthographier; ~ sprechen parler incorrectement; ~ aussprechen mal prononcer; ~ verstehen
mal comprendre; comprendre de
travers; ~ singen chanter faux; ~
spielen tricher au jeu; ~ schwören faire
un faux serment; ~ gehen se tromper
de chemin, (Uhr) ne pas être à l'heure, ne pas aller juste; téléph. ~ verbunden il y a erreur; 3. 2 m: ohne ~
loyal; sincère.
fälsch|en ['fɛlʃən] v/t. (27) fausser;
falsifier (a. Geld); Text: altérer;
Karten: biseauter; Würfel: piper;
Wein: frelater; 2**er** m (7) falsificateur
m; (a. Geld2) faussaire m.
Falsch|geld n fausse monnaie f; **~heit**
f fausseté f; (Treulosigkeit) perfidie f.
fälschlich adj. faux; **~er'weise** adv.
faussement; à faux.
Falsch|meldung f fausse nouvelle f;
F canard m; **~münzer** m (7) faux-
-monnayeur m; **~spieler** m tricheur
m.
Fälschung f contrefaçon f; falsifica-
tion f (a. Geld2); faux m; (e-s Textes)
altération f; (v. Karten) biseautage
m; (v. Wein) frelatage m.
Falt|blatt -[falt-] m enveloppe-sac
m; **~boot** n canot m pliant.
Falte ['faltə] f (15) pli m; (Runzel)

ride f; fig. repli m; in ~n legen (fälteln) plisser; ~n werfen faire des plis; die Stirn in ~n ziehen froncer les sourcils.

falten ['faltən] v/t. (26) plier; (fälteln) plisser; Stirn: froncer; Hände: joindre; **~los** adj. sans plis; **2rock** m jupe f plissée; **2wurf** m draperie f.

Falter m (7) lépidoptère m; papillon m.

falt|ig ['faltiç] adj. plissé; (Haut) ridé; **2prospekt** m dépliant m.

Falz [falts] m (3²) Arch. rainure f; ⊕ pli m; **~bein** n plioir m; **2en** v/t. (27) Arch. rainer; Papier: plier; **~maschine** f (Buchbinderei) plieuse f.

familiär [famil'jɛːr] adj. familier.

Familie [fa'miːljə] f (15) famille f.

Fa'milien|-angehörige(r m) m, f membre m de la famille; **~angelegenheit** f affaire f de famille; **~anschluß** m: ~ haben être reçu dans une famille; **~betrieb** m entreprise f familiale; **~feier** f fête f de famille; **~glück** n bonheur m domestique; **~grab** n, **~gruft** f caveau m de famille; **~kreis** m cercle m de famille; im ~ en famille; **~leben** n vie f familiale (od. de famille); **~name** m nom m de famille; **~oberhaupt** n chef m de famille; **~planung** f planning m familial; **~stand** m état m civil; **~unterstützung** f allocation f familiale; **~vater** m père m de famille; **~wappen** n armes f/pl. de famille; **~zuwachs** m F: ~ erwarten attendre un heureux événement.

famos [fa'moːs] adj. fameux; F épatant.

Fan [fɛn] m (11) fan m.

Fanal [fa'naːl] n (3¹) fanal m (a. fig.).

Fana|tiker [fa'naːtikər] m (7) fanatique m; **2tisch** adj. fanatique; **~tismus** [~a'tis-] m fanatisme m.

fand [fant] s. finden.

Fanfare [fan'faːrə] f (15) fanfare f.

Fang [faŋ] m (3²) prise f; capture f; (Beute) proie f; (Fisch2) pêche f; ch. mst pl. défenses f/pl.; der Raubvögel: serres f/pl.; **~arm** zo. m tentacule m; **~eisen** n chausse-trape f; **2en** v/t. (30) prendre; capturer; (ergreifen) saisir; attraper; **~netz** n filet m; **~vorrichtung** f (e-s Aufzugs) dispositif m d'arrêt; 💥 parachute m; **~zahn** zo. m croc m.

Farb|abstimmung ['farpˀapˌʃtimuŋ] f gradation f de couleurs; **~band** n ruban m encreur.

Farbe ['farbə] f (15) couleur f; (Gesichts2) teint m; (Farbton) teinte f; (Farbstoff) teinture f; (Anstrich) peinture f; ~n auftragen mettre des couleurs; colorier; die ~ verlieren déteindre; die ~ wechseln changer de couleur; ~ bekommen se colorer; prendre de la couleur; gesunde ~ haben avoir des couleurs; ~ bekennen (Kartenspiel) donner de la (même) couleur, fig. jouer cartes sur table.

farb-echt adj. (de) bon teint.

Färbe|mittel ['fɛrbə-] n colorant m; (Haar2 a.) teinture f; **2n** (25) **1.** v/t. colorer; (Färberei) teindre (rot en rouge); (bunt machen) colorier; **2.** v/rfl.: sich das Haar ~ se teindre les cheveux.

farben|blind adj. daltonien; **2druck** m impression f en couleurs; chromotypie f; **~freudig**, **~froh** adj. aux couleurs gaies (od. vives); 'haut en couleurs; **2lehre** f théorie f des couleurs; **~prächtig** adj. aux couleurs magnifiques; poét. émaillé; **~reich** adj. riche en couleurs; **2spiel** n jeu m des couleurs (od. des lumières).

Färber ['fɛrbər] m (7) teinturier m; **~ei** [~'raɪ] f teinturerie f.

Farb|fernsehen n télévision f en couleurs; **~fernseher** m, **~fernsehgerät** n récepteur m de télévision en couleurs; **~film** m film m en couleurs; **~filter** phot. m filtre m coloré; **~foto(grafie** f) n, schweiz. f photo(graphie f) f en couleurs; **~gebung** f coloris m; **~ig** adj. de (od. en) couleur; **~ige(r** m) m, f ['~bigə(r)] m homme m, femme f de couleur; **2los** adj. a. fig. sans couleur; incolore; **~stift** m crayon m de couleur; pastel m; **~stoff** m matière f colorante; **~ton** m teinte f.

Far|ce ['farsə] f (15) farce f (a. cuis.; **2cieren** cuis. v/t. farcir.

Farm [farm] f (16) ferme f; **~er** m (7) fermier m.

Farn [farn] n (3), **~kraut** n fougère f.

Fasan [fa'zaːn] m (3 u. 8) faisan m; **~erie** [~zanə'riː] f (15) faisanderie f.

Faschierte(s) östr. [fa'ʃiːrtə(s)] n viande f 'hachée.

Fasching ['faʃiŋ] m (3¹) carnaval m; **~sball** m bal m du carnaval.

Faschi|smus [fa'ʃismus] m fascisme m; **~st** (12) m fasciste m; **2stisch** adj. fasciste.

Fasel|ei [faːzə'laɪ] f radotage m; **2n**

v/i. (29) radoter; divaguer.

Faser [ˈfɑːzər] *f* (15) *anat. u.* ♀ fibre *f*; *(kleine)* filament *m*; *(Bohnen∼)* fil *m*; *(Fleisch∼)* filandre *f*; *synthetische ∼n* fibres *f/pl.* synthétiques; **ℒig** *adj.* fibreux; filamenteux; *(Fleisch)* filandreux; **ℒn** *v/t.* (29) s'effiler; s'effilocher; **∼stoff** *m* fibrine *f*.

Faß [fas] *n* (2¹) tonneau *m*; *(großes)* tonne *f*; *(kleines)* baril *m*; *(Weinℒ)* fût *m*; pièce *f*; *Bier vom ∼* bière *f* (à la) pression; *frisch vom ∼* fraîchement tiré; *nach dem ∼ schmecken* sentir le fût.

Fassade [faˈsɑːdə] *f* (15) façade *f*; **∼nkletterer** *m* monte-en-l'air *m*.

faßbar *adj.* saisissable; *fig. a.* compréhensible.

Faßbier *n* bière *f* en tonneau.

fassen [ˈfasən] (28) 1. *v/t.* prendre; saisir; *Dieb a.:* arrêter; *(aufnehmen können)* contenir; *Edelstein:* monter; sertir; *einchâser;* *Gedanken:* concevoir; *(verstehen)* comprendre; saisir; *Entschluß:* prendre; 2. *v/rfl.: sich ∼ (sich zs.-nehmen)* se contenir, *(sich beruhigen)* se calmer; *sich kurz ∼* être bref.

faßlich [ˈfaslɪç] *adj.* compréhensible.

Fasson [faˈsɔ̃ː; ∼ˈsɔŋ] *f* (11¹) façon *f*.

Faßreifen *m* cercle *m*.

Fassung [ˈfasuŋ] *f (seelische)* contenance *f*; calme *m*; *(Brillenℒ)* monture *f*; *(Edelsteinℒ)* sertissure *f*; *(Glühbirnenℒ)* douille *f*; *(Wortlaut)* rédaction *f*; version *f*; *die ∼ bewahren* garder sa contenance; *die ∼ verlieren* perdre contenance; *j-n aus der ∼ bringen* déconcerter q.

Fassungs|kraft *f* intelligence *f*; compréhension *f*; **ℒlos** *adj.* décontenancé déconcerté; **∼vermögen** *n* capacité *f*; ♣ tonnage *m*; *fig. =* Fassungskraft.

fast [fast] *adv.* presque; à peu près; *∼ nur* ne ... guère que.

fasten [ˈfastən] 1. *v/i.* (26) jeûner; faire maigre; 2. **ℒ** *n* (6) jeûne *m*; 3. ℒ *pl.* carême *m*; **ℒkur** *f* cure *f* d'amaigrissement par le jeûne; **ℒzeit** *f* carême *m*.

Fastnacht *f* mardi *m* gras; **∼szeit** *f* temps *m* du carnaval.

Fasttag *m* jour *m* de jeûne; jour *m* maigre.

faszinieren [fastsiˈniːrən] *v/t.* fasciner.

fatal [faˈtɑːl] *adj. (unangenehm)* fâ-

cheux; désagréable; vexant; *(unheilvoll)* fatal; *das ist ∼!* F quelle tuile!

Fatalis|mus [fataˈlɪsmus] *m*(16,*o.pl.*) fatalisme *m*; **∼t** *m* (12) fataliste *m*.

Fata Morgana [ˈfɑːtamɔrˈgɑːna] *f* (16² *od.* 11¹) mirage *m*.

fauchen [ˈfauxən] *v/i.* (25) cracher; *fig. (Maschine)* souffler.

faul [faul] *adj. (verfault)* pourri; *(verdorben)* gâté; corrompu; *(Zahn)* carié; *(träge)* paresseux, fainéant; P flemmard; *fig. (Witz, Ausrede)* mauvais; *(zweifelhaft)* douteux; *e-e ∼e Sache* une affaire véreuse; *∼er Zauber, ∼e Redensarten* balivernes *f/pl.*; *auf der ∼en Haut liegen* F fainéanter.

Fäule [ˈfɔylə] *f* (15) = Fäulnis.

faul|en [ˈfaulən] *v/i.* (25, sn) pourrir; se putréfier; *(Zahn, Knochen)* se carier; **∼enzen** [ˈ∼lɛntsən] *v/i.* (27) paresser; fainéanter; P battre sa *(od.* la) flemme; **ℒenzer(in** *f) m* (7) paresseux *m*, *-euse f*; fainéant(e *f*) *m*; P flemmard(e *f*) *m*; **ℒenzerei** [∼ˈraɪ] *f* fainéantise *f*; P flemme *f*; **ℒheit** *f* paresse *f*.

Fäulnis [ˈfɔylnɪs] *f* (14² *o.pl.*) pourriture *f*; *(Verwesung)* putréfaction *f*; *(Zahnℒ, Knochenℒ)* carie *f*; *(Zersetzung)* décomposition *f*; **∼bakterien** *f/pl.* bactéries *f/pl.* saprogènes.

Faul|pelz *m* = Faulenzer; **∼tier** *zo. u. fig. n* paresseux *m*.

Faun [faun] *m* (3) faune *m*.

Fauna [ˈfauna] *f* (9¹) faune *f*.

Faust [faust] *f* (14¹) poing *m*; *e-e ∼ machen* fermer le poing; *sich mit Fäusten schlagen* se battre à coups de poing; *fig. auf eigene ∼* de son (propre) chef; **∼ball** *Sp. m* balle *f* au poing.

Fäustchen [ˈfɔystçən] *n* (6): *sich ins ∼ lachen* rire sous cape.

faust|'dick *adj.*: *er hat es ∼ hinter den Ohren* c'est un grand sournois; **ℒ-handschuh** *m* mitaine *f*; **ℒkampf** *m* boxe *f*; *(Streit)* pugilat *m*; **ℒpfand** *n* gage *m*; **ℒrecht** *n* droit *m* du plus fort; **ℒregel** *f* règle *f* approximative *(od.* grossière); **ℒschlag** *m* coup *m* de poing.

Favorit(in *f) [favoˈrit(in)] m* (12) favori(te *f) m*.

Faxen F [ˈfaksən] *f/pl.*: *∼ machen* faire des pitreries *(od.* des singeries).

Fayence [faˈjɑ̃ːs] *f* (15) faïence *f*.

Fazit [ˈfɑːtsɪt] *n* (3¹ *u.* 11) résultat *m*; † total *m*.

F-Dur ['ɛfduːr] n (inv.) fa m majeur.

Februar ['feːbruaːr] m (3¹) février m.

Fecht|boden m salle f d'armes; **2en** ['fɛçtən] v/i. (30) faire de l'escrime; escrimer; **~en** n escrime f; **~er(in** f) m (7) escrimeur m, -euse f; **~meister** m maître m d'armes; **~sport** m escrime f.

Feder ['feːdər] f (15) plume f (a. Schreib2 u. fig.); (Schwanz2) penne f; (Hut2) plumet m; ⊕ (Uhr2 usw.) ressort m; **~n bekommen** s'emplumer; **~n verlieren** perdre ses plumes; se déplumer; sich mit fremden **~n** schmücken se parer des plumes du paon; die **~ ergreifen**, zur **~ greifen** prendre la plume; **~ball** m volant m; (Spiel) badminton m; **~n** é édredon m; **~brett** Sp. n tremplin m à ressorts; **~busch** m panache m, (Helm2) aigrette f; **~fuchser** F ['~fuksər] m (7) gratte-papier m; **2führend** p.pr. adjt. compétent; responsable; **~gewicht** Sp. n poids m plume; **~halter** m porte-plume m; **~kernmatratze** f matelas m à ressorts; **~kissen** m coussin m de plume; **~kleid** zo. n plumage m; livrée f; **~kraft** f élasticité f; **~krieg** m polémique f; **2leicht** adj. léger comme une plume; **~lesen** n: ohne viel **~s** zu machen sans façons; **~messer** n canif m; **2n** v/i. (29) faire ressort; gut **~** (Wagen) être bien suspendu; **2nd** p.pr. adjt. élastique; **~strich** m trait m de plume; **~ung** f ressorts m/pl.; Auto suspension f; **~vieh** n volaille f; **~waage** f peson m à ressort; **~wild** n gibier m à plume; **~wolke** f cirrus m; **~zeichnung** f dessin m à la plume; **~zug** m trait m de plume; parafe m.

Fee [feː] f (15) fée f.

feen|haft ['feːənhaft] adj. féerique; **2märchen** n conte m de fées.

Fegefeuer ['feːgə-] n (7) purgatoire m.

fegen ['feːgən] 1. v/t. (25) balayer; Schornstein: ramoner; ch. frayer; 2. **2** n balayage m; (a. Schornsteins) ramonage m.

Fehde ['feːdə] f (15) querelle f, hostilité f; **~brief** m défi m; **~handschuh** m: j-m den **~** hinwerfen jeter le gant à q.

Fehl [feːl] 1. m: ohne **~** irréprochable; sans défaut; 2. **2** adj.: **~ am Platz sein** ne pas être à sa place; (Mitleid usw.) être déplacé; **~anzeige** f état m

néant; **2bar** adj. faillible; **~besetzung** thé. f mauvaise distribution f (des rôles); **~betrag** m déficit m; e-n **~ aufweisend** déficitaire; **~diagnose** ₰ f diagnostic m erroné.

fehlen ['feːlən] 1. v/i. u. v/imp. (25) manquer (an de); (abwesend sein) être absent; (nicht vorhanden sein) manquer; es fehlt mir an Geld je manque d'argent; ihm fehlt Geld (er vermißt es) il lui manque de l'argent; was fehlt lhnen? qu'avez-vous?; ihm fehlt immer etw. il a toujours qch.; weit gefehlt! vous n'y êtes pas!; erreur!; das fehlte gerade noch! il ne manqu(er)ait plus que cela! à mir soll es nicht **~** il ne tiendra pas à moi (daß ... que ... ne [subj.]); es fehlt wenig daran, daß ... il s'en faut (de) peu que ... ne (subj.); 2. **2** n (6) manque m; défaut m.

Fehl-entscheidung f décision f erronée.

Fehler ['feːlər] m (7) (Verstoß) faute f; (Versehen) erreur f; méprise f; bévue f; (Charakter2) défaut m; (Gebrechen) vice m; ⊕ défectuosité f; grammatischer **~** faute f de grammaire; (gegen die Reinheit der Sprache) barbarisme m; (gegen die Syntax) solécisme m; (gegen den Sinn) contresens m; **2frei** adj. sans faute (resp. défaut); correct; parfait; **2haft** adj. fautif; défectueux; imparfait; (mangelhaft) vicieux; (unrichtig) incorrect; **2los** = fehlerfrei; **~quelle** f source f d'erreur(s).

Fehl|farbe f (Zigarre) cigare f de second choix; **~geburt** f avortement m; fausse couche f; **2gehen** v/i. (sn) (Schuß) rater; fig. se tromper; **~griff** m méprise f; (Schnitzer) bévue f; **~schlag** m échec m; **2schlagen** v/i. (sn) échouer; **~schluß** m conclusion f erronée; **~schuß** m coup m manqué (od. raté); **~start** m faux départ m; **~tritt** m faux pas m; **~urteil** n jugement m erroné; ₰ erreur f judiciaire; **~zündung** Auto f raté m d'allumage.

Feier ['faɪər] f (15) fête f (begehen célébrer); cérémonie f; (e-s Festes) célébration f; zur **~** des Tages pour célébrer le jour; **~abend** m fin f de la journée; repos m; **~ machen** cesser le travail; **2lich** adj. solennel; (förmlich) cérémonieux; **~lichkeit** f solennité f; (Feier) cérémonie f; fête f; **2n** (29) 1. v/t. (feierlich begehen) fêter;

célébrer; *j-n* ~ fêter q.; **2.** *v/i.* (*nicht arbeiten*) chômer; **schicht** *f* service *m* (*od.* poste *m*) chômé; **stunde** *f* heure *f* de repos (*od.* de loisir); (*ernste*) cérémonie *f*; **tag** *m* jour *m* de repos; (*Festtag*) jour *m* férié; jour *m* de fête; *gesetzlicher* ~ fête *f* légale.

feige [ˈfaɪɡə] *adj.* lâche; couard; poltron.

Feige ♀ *f* (15) figue *f*; **nbaum** *m* figuier *m*; **nblatt** *n* fig. feuille *f* de vigne; **nkaktus** *m* nopal *m*.

Feig|heit [ˈfaɪkhaɪt] *f* (3¹) lâcheté *f*; couardise *f*; poltronnerie *f*; **ling** [ˈ~lɪŋ] *m* (3¹) lâche *m*; couard *m*; poltron *m*.

feil [faɪl] *adj.* à vendre; en vente; **bieten** *v/t.* mettre en vente; offrir.

Feile [ˈfaɪlə] *f* (15) lime *f*; **2n** *v/t.* limer; *fig.* châtier; polir.

feilhalten *v/t.*: *Maulaffen* ~ bayer aux corneilles.

feilschen [ˈfaɪlʃən] **1.** *v/i.* marchander (*um etw. qch.*); **2.** ♀ *n* marchandage *m*.

Feilspäne *m/pl.* limaille *f*.

fein [faɪn] *adj.* fin; (*sehr dünn*) ténu; (*schön*) beau; joli; (*erlesen*) choisi; de choix; (*vornehm*) élégant; distingué; exquis; (*zart*) délicat; (*Stimme*) grêle; (*spitzfindig*) subtil; *sich* ~ machen se faire beau; *ein* ~*er Kunde* iron. un joli client; *e-e* ~*e Nase* haben avoir le nez fin (l'oreille fine); *e-e* ~*e Zunge haben* être un gourmet; **2-abstimmung** *rad. f* syntonisation *f* de précision; **2bäcker** *m* pâtissier *m*; confiseur *m*; **2bäckerei** *f* pâtisserie *f*; confiserie *f*; **2blech** *n* tôle *f* fine.

Feind [faɪnt] **1.** *m* (3) ennemi *m*; **2.** ♀ *adj.*: *j-m* (*e-r Sache*) ~ *sein* être hostile à q. (à qch.); **in** [ˈ~dɪn] *f* ennemie *f*; **2lich 1.** *adj.* ennemi; hostile; **2.** *adv.*: ~ *gesinnt sein* être hostile (à); être ennemi (de); **schaft** *f* inimitié *f*; (*feindliche Gesinnung*) hostilité *f*; **2-selig** *adj.* hostile; **seligkeit** *f* hostilité *f*.

Fein-|einstellung *f* réglage *m* (*od.* mise *f*) au point précis(e); **2fühlig** [ˈfaɪnfyːlɪç] *adj.* délicat; sensible; **gebäck** *n* pâtisseries *f/pl.*; **gefühl** *n* tact *m*; délicatesse *f* (des sentiments); **gehalt** *m* (*v. Münzen*) titre *m*; **gold** *n* or *m* fin; **heit** *f* finesse *f*; (*Vornehmheit*) élégance *f*; (*des Umgangs usw.*) délicatesse *f*; **kost** *f*

produit *m* d'épicerie fine; **kosthandlung** *f* épicerie *f* fine; **mechanik(er** *m*) *f* mécanique *f* (mécanicien *m*) de précision; **schmecker** *m* (7) gourmet *m*; **2sinnig** [ˈ~zinɪç] *adj.* d'esprit délicat.

feist [faɪst] *adj.* replet; obèse.

feixen F [ˈfaɪksən] *v/i.* ricaner.

Felchen *zo.* [ˈfɛlçən] *m* (6) féra *f*.

Feld [fɛlt] *n* (1) champ *m* (*a. fig.*); *Sp.* (*Gruppe*) peloton *m*; (*Spiel*) terrain *m*; ⚔ campagne *f*; *Arch.* compartiment *m*; (*Füllung*) panneau *m*; (*Schachspiel*) case *f*; *fig.* domaine *m*; ⚔ *ins* ~ (*od. zu* ~*e*) *ziehen* entrer en campagne (*a. fig.*); *zu* ~*e ziehen gegen* faire la guerre à (*a. fig.*); *aus dem* ~ *schlagen* mettre en fuite; *das* ~ *behaupten* rester maître du terrain; *das* ~ *räumen* abandonner le terrain (*a. fig.*); *auf freiem* ~ en pleine (*od.* rase) campagne; **ahorn** ♀ *m* érable *m* champêtre; **arbeit** *f* travail *m* des champs; labour *m*; **arbeiter** *m* ouvrier *m* des champs; **artillerie** *f* artillerie *f* de campagne; **arzt** ⚔ *m* chirurgien *m*; **ausrüstung** ⚔ *f* équipement *m* de campagne; **bett** *n* lit *m* de camp; **blume** *f* fleur *f* des champs; **dienst-übung** *f* manœuvres *f/pl.* (militaires); **erwirtschaft** ♪ *f* (système *m* d')assolement *m*; **flasche** *f* bidon *m*; **frevel** *m* maraudage *m*; **früchte** *f/pl.* fruits *m/pl.* des champs; **geistliche(r)** *m* aumônier *m* militaire; **gendarmerie** *f* prévôté *f*; **gottesdienst** *m* service *m* religieux en campagne; **2grau** *adj.* gris verdâtre; grisâtre; **herr** *m* capitaine *m*; général *m*; *der Oberste* ~ le général commandant en chef; **hüter** *m* garde *m* champêtre; **küche** ⚔ *f* cuisine *f* roulante; **lager** *n* camp *m*; **lazarett** *n* ambulance *f*; **lerche** *f* alouette *f* commune; **marschall** *m* maréchal *m*; (*deutscher*) feld-maréchal *m*; **2marschmäßig** *adj.* en tenue de campagne; **maus** *f* campagnol *m*; **messer** *m* (7) arpenteur *m*; **messung** *f* arpentage *m*; **mütze** *f* calot *m*; **post** *f* poste *m* militaire (*od.* aux armées); **salat** *m* mâche *f*; doucette *f*; **schlacht** *f* bataille *f* rangée; **spat** *m* feldspath *m*; **stecher** *m* jumelles *f/pl.* (de campagne); **webel** (*Infanterie*) sergent-major *m*; (*Artillerie*) maréchal *m* des logis chef; **~weg** m chemin m vicinal; **~zeichen** n enseigne f; **~zug** m campagne f; expédition f militaire.

Felge ['fɛlgə] f (15) jante f; **~nbremse** f frein m sur jante.

Fell [fɛl] n (3) peau f; F *fig. ein dickes ~ haben* avoir la peau dure; *j-m das ~ über die Ohren ziehen* écorcher q.; **~mütze** f toque f de fourrure.

Fels [fɛls] m (12¹) rocher m; (*~gestein*) roc m; (*~masse*) roche f; **~abhang** m pente f du rocher; pente f rocheuse; **~block** m bloc m de roche.

Felsen ['fɛlzən] m (6) = Fels; **~fest 1.** adj. inébranlable; **2.** adv.: *~ an etw. glauben* croire dur comme fer à qch.; **~klippe** f écueil m; **~küste** f côte f rocheuse; falaise f; **~riff** n récif m.

felsig ['fɛlziç] adj. rocheux.

Fels|massiv n massif m rocheux; **~stein** m pierre f de roche; **~vorsprung** m promontoire m rocheux; **~wand** f paroi f de rocher; rocher m escarpé.

Feme ['fe:mə] f (15) Sainte-Vehme f; **~gericht** n cour f vehmique.

Femininum gr. [femi'ni:num] n (9²) féminin m.

Fenchel ♀ ['fɛnçəl] m (7) fenouil m; **~tee** m tisane f de fenouil.

Fenster ['fɛnstər] n (7) fenêtre f; croisée f; (*Wagen~*) glace f; (*Laden~*) devanture f; vitrine f; (*Frühbeet~*) châssis m (de couche); (*Kirchen~*) vitrail m; **~bank** f, **~brett** n appui m; rebord m; **~brief-umschlag** m enveloppe f à vitre (od. à fenêtre); **~brüstung** f appui m de fenêtre; **~flügel** m battant m de fenêtre; **~gitter** n barreaux m/pl.; grille f de fenêtre; **~glas** n verre m à vitres; **~kreuz** n croisée f; **~laden** m volet m; (*äußerer a.*) contrevent m; **~leder** n peau f de chamois; **~platz** m coin m fenêtre; **~putzer** m laveur m de carreaux; **~rahmen** m châssis m de fenêtre; **~rose** Arch. f rosace f; **~scheibe** f vitre f; carreau m; **~tür** f porte-fenêtre f; **~vorhang** m rideau m.

Ferien ['fe:rjən] pl. (inv.) vacances f/pl.; (*Gerichts~*) vacations f/pl.; **~dorf** n village m de vacances; **~haus** n maison f de vacances; **~kurs** m cours m(pl.) de vacances; **~lager** n camp m de vacances; **~reise** f voyage m de vacances; **~zeit** f (temps m des) vacances f/pl.

Ferkel ['fɛrkəl] n (7) porcelet m; goret

m; *fig.* polisson m; petit cochon m; **2n** v/i. mettre bas; cochonner.

Fermate ♩ [fɛr'maːtə] f (15) point m d'orgue.

Ferment [fɛr'mɛnt] n (3¹) ferment m.

fern [fɛrn] adj. éloigné; (*entlegen*) lointain; (*auseinanderliegend*) distant; *von ~(e)* à distance; *der ~e Osten* l'Extrême-Orient m; **~ab** adv. loin (de).

Fern|amt n bureau m (téléphonique) interurbain; F inter m; **2bleiben** v/i. (sn) ne pas assister (dat. à); ne pas se mêler (à); **~bleiben** n absence f; *unentschuldigtes ~* absence f non excusée.

Ferne f (15, o.pl.) distance f; lointain m; *in der (die) ~* au loin; *aus der ~* de loin; *aus weiter ~* de très loin; *das liegt noch in weiter ~* nous en sommes encore loin.

ferner adv. de plus; en outre; **~hin** adv. à l'avenir.

Fern|fahrer m routier m; **~flug** m vol m de distance; grand raid m; **2gelenkt** p.p. adjt. téléguidé; **~gespräch** n communicaton f interurbaine; **2gesteuert** = ferngelenkt; **~glas** n jumelles f/pl.; (*einrohriges*) longue-vue f; **2halten** v/t. tenir éloigné (od. à l'écart); **~heizung** f chauffage m à distance; **~kurs(us)** m cours m par correspondance; **~licht** Auto n feux m/pl. de route (*einschalten* mettre); **2liegen** v/i. être loin; *das liegt mir fern* c'est loin de ma pensée; **~melde-amt** n bureau m des télécommunications; **2mündlich** adj. u. adv. téléphonique; par téléphone; **~rohr** n longue-vue f; ast. télescope m; **~schreiben** n télex m; **~schreiber** m téléscripteur m.

Fernseh|-ansager(in f) m speaker (-ine f) de la télévision; **~antenne** f antenne f de la télévision; **~apparat** m appareil m de télévision; **~aufzeichnung** f émission f en différé; **~bild** n image f télévisée; **~en** n (6) télévision f; F télé f; **2en** v/i. regarder la télévision; **~er** F m téléviseur m; **~film** m film m pour la télévision; **~gerät** n = Fernsehapparat; **~programm** n programme m de télévision; **~sender** m émetteur m de télévision; **~spiel** n jeu m télévisé; **~turm** m tour f de télévision; **~werbung** f publicité f télévisée.

Fernsicht f vue f (sur le lointain).

Fernsprech|-amt n central m téléphonique; **~anschluß** m abonnement m au téléphone; **~buch** n annuaire m du téléphone (od. téléphonique); **~er** m (7) téléphone m; **~gebühren** f/pl. taxe f téléphonique; **~münze** f jeton m; **~nummer** f numéro m de téléphone; **~teilnehmer** m abonné m au téléphone; **~verkehr** m communication f téléphonique; **~zelle** f cabine f téléphonique.

fern|stehen v/i. être étranger à; **2~steuerung** f téléguidage m; télécommande f; **2studium** n cours m/pl. par correspondance; **~verkehr** m trafic m lointain (od. à grande distance); Esb. service m des grandes lignes; **2verkehrsstraße** f grande route f; **2weh** n nostalgie f des pays lointains.

Ferse ['fɛrzə] f (15) talon m; j-m auf den ~n sein être aux (od. sur les) talons de q.; **~ngeld** n: ~ geben montrer les talons; lâcher pied.

fertig ['fɛrtiç] adj. prêt (zu à); (vollendet) achevé; fini; (Kleider) tout fait; confectionné; de confection; mit etw. ~ sein avoir terminé (od. fini) qch.; ich bin ~ j'ai fini, F (erledigt) je suis à bout; mit etw. ~ werden venir à bout de qch. (de q.); **2bauweise** f préfabrication f; **~bekommen**, **~bringen** v/t. réussir à faire; es ~, zu être capable de; arriver à; **~en** v/t. fabriquer; manufacturer; **2erzeugnis** n, **2fabrikat** n produit m fini; **2haus** n maison f préfabriquée; **2keit** f habileté f; dextérité f; (Übung) routine f; pratique f; (Leichtigkeit) facilité f; (Zungen2) volubilité f; in etw. ~ besitzen exceller (od. être habile) en qch.; **~kriegen** = fertigbekommen; **~machen** v/t. apprêter; **~stellen** v/t. finir; achever; **2stellung** f achèvement m; **2ung** f fabrication f; production f; **2ungsstraße** f chaîne f de production; **2ware** f produit m fini (od. manufacturé).

Fes ♩ [fɛs] n (inv.) fa m bémol.

fesch [fɛʃ] adj. chic; coquet.

Fessel ['fɛsəl] f (15) lien m; (Kette) chaîne f; fers m/pl.; (am Pferdefuß) paturon m; (Hemmnis) entrave f; **~ballon** m ballon m captif; **~gelenk** n (des Pferdes) boulet m; **2n** v/t. (29) ligoter; enchaîner; fig. captiver; fasciner; **2nd** p.pr. adjt. captivant.

fest [fɛst] **1.** adj. ferme (a. Börse); ♩ concret; (haltbar) solide; (unbeweglich) fixe (a. Preis, Stellung, Gehalt); (dauerhaft) stable; (Stoff) serré; (Schlaf) profond; mit ~em Kragen avec col tenant; ~en Fuß fassen prendre pied; **2.** adv.: ~ bleiben persévérer dans qch.; ~ versprechen promettre ferme; ~ an etw. (acc.) glauben croire ferme(ment) à qch.; ~ anblicken fixer les yeux (od. les regards) sur.

Fest n (3²) fête f; frohes ~! joyeuse fête!; **~akt** m cérémonie f.

Fest-angebot n offre f ferme.

Festbeleuchtung f illumination f.

fest|besoldet adj. qui a des appointements fixes; **~binden** v/t. lier; attacher solidement; Knoten: serrer; **~bleiben** v/i. (sn) tenir ferme; **2e** f (15) = Festung.

Fest-essen n festin m; banquet m.

festfahren v/rfl.: sich ~ s'embourber; ♣ toucher le fond.

Fest|gabe f hommage m; **~halle** f salle f des fêtes.

fest|halten 1. v/t. tenir ferme; (festnehmen) arrêter; (zurückhalten, behalten) retenir; **2.** v/i.: an etw. (dat.) ~ tenir à qch.; **3.** v/rfl.: sich an etw. (dat.) ~ se tenir ferme à qch.; s'accrocher à qch.; **2halten** n attachement (an dat. à); **~igen** v/t. fortifier; consolider; affermir; **2igkeit** f fermeté f; (Haltbarkeit) solidité f; (Unbeweglichkeit) fixité f; (Dauerhaftigkeit) stabilité f; **2igung** f consolidation f.

Festival ['fɛstival] n (11) festival m.

fest|klammern 1. v/t. attacher (à); **2.** v/rfl.: sich ~ se cramponner (an acc. à); **~kleben** v/t. coller (an dat. à; an acc. sur); **2land** n terre f ferme; continent m; **~legen 1.** v/t. fixer; Plan usw.: établir; (bestimmen) déterminer; **2.** v/rfl.: sich auf etw. (acc.) ~ s'obliger à qch.

festlich adj. de fête; pompeux; (feierlich) solennel; **2keit** f solennité f; (Fest) fête f; cérémonie f.

fest|liegen v/i. être immobilisé; (Termin) être fixé; **~machen** v/t. fixer; attacher; ♰ confirmer; ♣ amarrer.

Festmahl n festin m; banquet m.

fest|nageln v/t. clouer; river (a. fig.); **2nahme** ['~naːmə] f arrestation f; **~nehmen** v/t. arrêter; **2preis** ♰ m prix m fixe.

Fest|rede f discours m (solennel); **~redner** m orateur m d'une cérémonie; **~saal** m salle f des fêtes.
fest|schnallen v/t. boucler; **~schrauben** v/t. visser.
Festschrift f (livre m en) hommage m (für à).
fest|setzen v/t. fixer; établir; (verordnen) arrêter; décréter; (vertraglich) stipuler; (einsperren) emprisonner; **2setzung** f fixation f; établissement m; (vertragliche) stipulation f; (Festnahme) emprisonnement m; **~sitzen** v/i. être solidement fixé; fig. être immobilisé; (durch Panne) être en panne.
Festspiel|e n/pl. festival m; **~haus** n théâtre m du festival.
fest|stampfen v/t. tasser; fouler; **~stehen** v/i. se tenir ferme sur ses pieds; fig. être certain; **~stehend** p.pr. adjt. fig. certain; (Ziel) fixe; **~stellen** v/t. constater; ⊕ bloquer; **2stellung** f constatation f; ⊕ blocage m.
Festtag m jour m de fête.
Festung ['fɛstuŋ] f (16) forteresse f; (befestigter Ort) place f forte.
Festungs|-artillerie f artillerie f de forteresse; **~bau** m fortification f; **~haft** f détention f (dans une forteresse); **~werk** n (ouvrage m de) fortification f.
festverzinslich † adj. à intérêts fixes.
Fest|vorstellung f représentation f de gala; **~zug** m cortège m (solennel); rl. procession f.
Fetisch ['fe:tiʃ] m (3²) fétiche m.
fett [fɛt] 1. adj. gras; **~er** Bissen bon morceau m; **~ machen**, **~ werden** engraisser; **~ drucken** typ. imprimer en (caractères) gras; 2. 2 n (3) graisse f; 🝔 corps m gras; mit **~ bestreichen** graisser; **~ abschöpfen** dégraisser; **~ ansetzen** engraisser; fig. F j-m sein **~ geben** dire son fait à q.; **~arm** adj. peu gras; **2-auge** n œil m (de bouillon); **2druck** m caractères m/pl. gras; **~en** ['fɛtən] v/t. graisser; ⊕ lubrifier; Haare: pommader; **2fleck** m tache f de graisse; **~gedruckt** p.p. adjt. imprimé en caractères gras; **~haltig** adj. adipeux; **~ig** ['fɛtiç] adj. graisseux; onctueux; 🝔 adipeux; (schmierig) crasseux; **~leibig** ['laɪbiç] adj. obèse; **2leibigkeit** f obésité f; **2näpfchen** n fig.: ins **~ treten** mettre les pieds dans le plat; **2schicht** f couche f de graisse; **2spritze** f seringue f à graisse; **2sucht** f obésité f.
Fetzen ['fɛtsən] m (6) lambeau m; (Lumpen) 'haillon m; (Lappen) chiffon m; etw. in **~ reißen** déchirer qch. en morceaux.
feucht [fɔʏçt] adj. humide; (angefeuchtet) mouillé; (leicht **~**) moite; **~ machen** humecter; **~ werden** s'humecter.
Feuchtigkeit f humidité f; (der Haut) moiteur f; **~sgehalt** m teneur f en humidité; **~smesser** m hygromètre m.
feudal [fɔʏ'da:l] adj. féodal; fig. somptueux.
Feuer ['fɔʏər] n (7) feu m; (Brand) incendie m; fig. chaleur f; ardeur f; fougue f; **~ anmachen** faire du feu; das **~ anstecken** allumer le feu; **~ anlegen** mettre le feu; in **~ geraten** prendre feu; s'enflammer (a. fig.); **~ geben** donner du feu; (schießen) faire feu; unter **~ nehmen** prendre sous son feu; mit **~ und Schwert** verheeren mettre à feu et à sang; das **~ einstellen** cesser le feu; **~ und Flamme** sein pour être tout feu et tout flamme pour; für j-n durchs **~ gehen** se jeter au feu pour q.; **~!** (rufen) (crier) au feu!; **~-alarm** m alerte f d'incendie; **~anzünder** m allume-feu m; **2beständig** adj. qui résiste au feu; 🝔, ⊕ réfractaire; **~bestattung** f crémation f; incinération f; **~eifer** m zèle m ardent; **~einstellung** f cessez-le-feu m; **2fest** adj. incombustible; à l'épreuve du feu; **~gefahr** f danger m d'incendie; **2gefährlich** adj. aisément inflammable; **2haken** m (der Feuerwehr) croc m à incendie; (Schüreisen) tisonnier m; **~herd** m foyer m; **~leiter** f échelle f à incendie; **~löschboot** n bateau-pompe m; **~löscher** m extincteur m; **~melder** m avertisseur m d'incendie; **2n** (29) 1. v/t. faire du feu; chauffer; 2. v/i. (schießen) faire feu; tirer (auf acc. sur); **~probe** f épreuve f du feu; fig. die **~ bestehen** passer par le creuset; **2rot** adj. rouge feu; (Haar) roux; **~sbrunst** f incendie m; **~schaden** m dommage m causé par l'incendie; † sinistre m; **~schein** m lueur f; **2sicher** adj. incombustible; **2speiend** p.p.r. adjt. qui lance des flammes; **~er Berg** volcan m; **~spritze** f pompe f à incen-

die; **~stein** m pierre f à briquet; **~stelle** f foyer m; **~stoß** m rafale f de mitrailleuse; **~taufe** f baptême m du feu; **~überfall** m tir m de surprise; **~ung** f chauffage m; (*Brennmaterial*) combustible m; **~versicherung** f assurance f contre l'incendie; **~wache** f poste m de pompiers; **~waffe** f arme f à feu.

Feuerwehr f (corps m des) pompiers m/pl.; **~auto** n fourgon-pompe m; voiture f de(s) pompiers; **~mann** m pompier m; **~übung** f exercice m des pompiers.

Feuer|werk n feu m d'artifice; **~zange** f pincettes f/pl.; **~zangenbowle** f punch m (chaud flambé); **~zeug** n briquet m.

Feuilleton n [ˈfœj(ə)tõ] n (11) feuilleton m.

feurig [ˈfɔyriç] adj. ardent; (*Auge*) étincelant; (*Wein*) généreux; capiteux; (*Pferd*) fringant.

Fiasko [fiˈasko] n (11) fiasco m.

Fibel [ˈfiːbəl] f (15) abécédaire m.

Fiber [ˈfiːbər] f (15) fibre f.

Fichte [ˈfiçtə] f épicéa m; **~nnadel** f aiguille f d'épicéa.

fidel [fiˈdeːl] adj. gai; joyeux; **~es** Haus F viveur drille m.

Fieber [ˈfiːbər] n (7) fièvre f; ~ bekommen prendre la fièvre; **~anfall** m accès m de fièvre; **2~artig** adj. fébrile; **2frei** adj. sans fièvre; **~haft** adj. fiévreux; fébrile; **2krank** adj. pris de fièvre; qui a de la température; fiévreux; **~kurve** f courbe f de température; ~ v/i. (29) avoir de la fièvre (*od.* de la température); être fiévreux; **~phantasie** f hallucinations f/pl. dues à la fièvre; **~thermometer** n thermomètre m médical.

Fiedel [ˈfiːdəl] f (15) violon m; mv.p. crincrin m; **2n** v/i. (29) racler du violon; **~ler** m F (7) racleur m.

fiel [fiːl] s. fallen.

Figur [fiˈguːr] f (16) figure f; (*Körperwuchs*) taille f; (*Schach*2) pièce f.

figürlich [~ˈgyːrliç] **1.** adj. figuré; **2.** adv. au figuré.

Fiktion [fikˈtsjoːn] f (16) fiction f.

Filet [fiˈleː] n (11) filet m; **~steak** cuis. n bifteck m dans le filet.

Filiale [filiˈaːlə] f (15) succursale f; (*Tochtergesellschaft*) filiale f; **~leiter** m gérant m de succursale.

Filigran [filiˈgraːn] n (3¹) filigrane m.

Film [film] m (3¹) film m (drehen tourner); *phot.* a. pellicule f; **~archiv** n cinémathèque f; filmothèque f; **~atelier** n studio m; **~aufnahme** f prise f de vues; **~bearbeitung** f adaptation f cinématographique; **2en** (25) **1.** v/t. filmer; **2.** v/i. tourner un film; **~festspiele** n/pl. festival m du film; **~industrie** f industrie f cinématographique; **~kamera** f caméra f; **~produktion** f production f cinématographique; **~projektor** m projecteur m cinématographique; **~regisseur** m metteur m en scène; réalisateur m; **~reklame** f réclame f par le cinéma; **~schauspieler(in** f) m acteur m, -trice f de cinéma; **~star** m étoile f de cinéma; vedette f; star f; **~streifen** m bande f (d'un film); **~theater** n cinéma m; **~verleih** m location f de films; **~vorführer** m opérateur m; **~vorführung** f projection f de film; **~vorschau** f présentation f du prochain film; **~vorstellung** f séance f de cinéma.

Filter [ˈfiltər] m u. n (7) filtre m; **~kaffee** m café m filtre; **2n** v/t. filtrer; **~papier** n papier-filtre m; **~zigarette** f cigarette f à bout filtre.

filtrieren [~ˈtriːrən] v/t. filtrer.

Filz [filts] m (3²) feutre m; **~hut** m (chapeau m de) feutre m; **2ig** adj. feutré; **~laus** f pou m du pubis; **~pantoffel** m pantoufle m de feutre; **~schreiber** m, **~stift** m stylo m (à pointe) feutre.

Finale [fiˈnaːlə] n (11, pl. a. inv.) ♪ finale m; *Sp.* finale f.

Finanz|amt [fiˈnants'amt] n bureau m des contributions; **~bedarf** m besoins m/pl. financiers; **~en** f/pl. finances f/pl.; **2iell** [~ˈtsjɛl] adj. financier; **2ieren** [~ˈtsiːrən] v/t. financer; **~ierung** [~ˈtsiːrən] f financement m; **~ierungsplan** [~ˈtsi~] m programme m de financement; **~jahr** n année f financière; exercice m; **~lage** f situation f financière; **~minister(ium** n) m ministre (ministère) m des finances; **~politik** f politique f financière; **~wesen** n, **~wirtschaft** f finances f/pl.

Findel|haus [ˈfindəlhaʊs] n hospice m des enfants trouvés; **~kind** n enfant m trouvé.

find|en [ˈfindən] (30) **1.** v/t. trouver; (*antreffen*) rencontrer; **2.** v/rfl.: sich in etw. (acc.) ~ se résigner à qch.; das wird sich ~ nous verrons bien, (sich *regeln*) cela s'arrangera; **2er(in** f) m (7) celui (celle) qui trouve (*resp.* a trouvé); **2erlohn** m récompense f (à celui qui trouve un objet); **~ig** ['findiç] *adj.* ingénieux; **2ling** ['~tlin] m (3¹) enfant m trouvé; (*Stein*) bloc m erratique.

fing [fiŋ] *s.* fangen.

Finger ['fiŋər] m (7) doigt m; *der große ~* le doigt du milieu; *der kleine ~* le petit doigt; l'auriculaire m; *sich die ~ nach etw. lecken* se lécher les doigts de qch.; *fig. sich die ~ verbrennen* s'échauder; *sich aus den ~n saugen* inventer; *j-m auf die ~ sehen* surveiller q. de près; *mit ~n auf j-n zeigen* montrer q. du (*péj.* au) doigt; *j-m auf die ~ klopfen* donner à q. sur les doigts; *an den ~n abzählen* compter sur les doigts; *fig. man kann es sich an den ~n abzählen* c'est aisé à voir; *lange ~ machen* avoir les doigts crochus; *fig. man kann ihn um den ~ wickeln* il est souple comme un gant; **~abdruck** m empreinte f digitale; **2dick 1.** *adj.* de la largeur (*od.* de l'épaisseur) d'un doigt; **2.** *adv.*: *~ auftragen* mettre une bonne couche; exagérer; **~fertigkeit** f dextérité f; *♪ ~ haben* avoir du doigté; **~glied** n phalange f; **~handschuh** m gant m à doigts; **~hut** m dé m (à coudre); **♀** digitale f; **~ling** m (3¹) doigtier m; **~nagel** m ongle m (du doigt); **~ring** m anneau f m du doigt; bague f; **~spitze** f bout m du doigt; **~spitzengefühl** n doigté m; tact m; **~übung** ♪ f exercice m de doigté; **~zeig** m indication f; avis m.

fingier|en [fin'gi:rən] *v/t.* feindre; simuler; **~t** *p.p. adjt.* feint; simulé.

Fink *orn.* [fiŋk] m (12) pinson m.

Finn|e m (13), **~in** f Finnois(e f) m; Finlandais(e f) m; **2isch** *adj.* finnois; finlandais.

finster ['finstər] *adj.* sombre (*a. fig.*); ténébreux; *~e Nacht* nuit f noire; **2nis** f (14²) ténèbres f/pl.; *astr.* éclipse f.

Finte ['fintə] f (15) feinte f; (*List*) ruse f.

Firma ['firma] f (9¹) maison f (de commerce); firme f; (*Name*) raison f sociale.

Firmament [firma'mɛnt] n (3) firmament m.

firmen ['firmən] *v/t.* (25) confirmer.

Firmen|-inhaber m propriétaire m de firme; **~register** n registre m du commerce; **~schild** n enseigne f.

Firn [firn] m (3) névé m.

Firnis ['firnis] m (4¹) vernis m; **2sen** *v/t.* (28) vernir.

First [first] m (3²) (*Dach2*) faîte f; *poét.* (*Berggipfel*) crête f; **~ziegel** m tuile f faîtière.

Fis ♪ [fis] n (*inv.*) fa m dièse.

Fisch [fiʃ] m (3²) poisson m; (*gebratener*) friture f; **2-arm** *adj.* peu poissonneux; **~bein** n baleine f; **~besteck** n service m à poisson; **~blut** n sang m de poisson; *fig. ~ haben* être froid; **~braterei** f friterie f; **~dampfer** m chalutier m à vapeur.

fischen 1. *v/t.* pêcher; **2.** **2** n pêche f.

Fischer m (7) pêcheur m; **~boot** n bateau m (*od.* canot m) de pêche; chalutier m; **~dorf** n village m de pêcheurs; **~ei** [~'rai] f pêche f; ⊕ métier m de pêcheur; (*Fangstelle*) pêcherie f; **~in** f pêcheuse f.

Fisch|fang m pêche f; **~fanggerät** n attirail m de pêche; **~gericht** n (plat m de) poisson m; **~geruch** m odeur f de poisson; **~geschäft** n poissonnerie f; **~gräte** f arête f de poisson; **~grätenmuster** *cout.* n chevrons m/pl.; **~händler** m marchand m de poisson; **~handlung** f poissonnerie f; **~köder** m amorce f; **~konserven** f/pl. conserves f/pl. de poisson; **~kunde** f ichtyologie f; **~kutter** m chalutier m; **~laich** m frai m; **~leim** m colle f de poisson; **~markt** m marché m aux poissons; **~netz** n filet m; **~otter** m loutre f de poisson; **2reich** *adj.* poissonneux; **~reiher** m 'héron m cendré; **~reuse** f nasse f; **~schuppe** f écaille f de poisson; **~suppe** f soupe f aux poissons; bouillabaisse f; **~teich** m vivier m; **~vergiftung** f intoxication f par le poisson; **~zucht** f pisciculture f; **~zug** m coup m de filet.

fiskalisch [fis'kɑːliʃ] *adj.* fiscal.

Fiskus ['fiskus] m fisc m.

Fistel ['fistəl] f (15) **&** fistule f; ♪ fausset m; **~stimme** f voix f de fausset.

fit [fit] *adj. a. Sp.* en forme; bien entraîné.

Fittich ['fitiç] m (3): *j-n unter s-e ~e nehmen* prendre q. sous son aile.

fix [fiks] *adj.* prompt; (*flink*) alerte; (*Idee, Gehalt*) fixe; *~ und fertig* tout prêt; F *fig.* à plat, claqué.

fixen F *v/i.* se piquer.

Fixier|bad [ˈksiːrbɑːt] *n* bain *m* de fixage; ２en [ˈksiːrən] *v/t.* fixer (*a. phot.*); *j-n* ～ regarder q. fixement.

Fix|stern *m* étoile *f* fixe; ～**um** *n* (somme *f*) fixe *m*.

Fjord [fjɔrt] *m* (3) fjord *m*.

flach [flax] *adj.* plat (*a. fig.*); (*eben*) plan; plain; ras; (*niedrig*) bas; *fig.* superficiel; *mit der* ～*en Hand* du plat de la main; ～ *machen* aplatir; aplanir.

Flachdach *n* toit *m* en terrasse.

Fläche [ˈflɛçə] *f* (15) (*Ober２*) superficie *f*; surface *f*; Å plan *m*; (*Seite*) face *f*.

Flach-eisen *n* fer *m* plat.

Flächen|-inhalt *m* superficie *f*; Å aire *f*; ～**maß** *n* mesure *f* de superficie.

Flach|feile *f* lime *f* plate; ２**gedrückt** *p.p. adj.* aplati; ～**heit** *f* aplatissement *m*; *fig.* platitude *f*; ～**land** *n* pays *m* plat; plaine *f*; ～**relief** *n* bas--relief *m*; ～**rennen** *n* course *f* plate.

Flachs 🌿 [flaks] *m* (4) lin *m*; ～**bau** *m* culture *f* du lin; ～**feld** *n* linière *f*.

Flachzange *f* pince *f* plate.

flackern [ˈflakərn] *v/i.* (29) (*Licht*) vaciller; (*Feuer*) flamber; flamboyer.

Fladen [ˈflɑːdən] *m* (6) flan *m* (*Kuchen*) galette *f*; (*Kuh２*) bouse *f*.

Flagg|e [ˈflagə] *f* (15) pavillon *m*; *die* ～ *streichen* amener le pavillon, *fig.* baisser pavillon; ２en *v/i.* (25) pavoiser; ～**enparade** *f* parade *f* du drapeau; ～**schiff** *n* vaisseau *m* amiral.

flagrant [flaˈgrant] *adj.* flagrant; *j-n in* ～ *ertappen* prendre q. sur le fait (*od.* en flagrant délit).

Flak [flak] *f* (*inv.*) artillerie *f* anti--aérienne; D.C.A. *f* (= défence *f* contre avions).

Flam|e [ˈflɑːmə] *m* (13), ～**in** (*a.* **Flämin** [ˈflɛːmin]) *f* Flamand(e *f*) *m*.

Flamingo [flaˈmiŋgo] *m* (11) flamant *m*.

flämisch [ˈflɛːmiʃ] *adj.* flamand.

Flamme [ˈflamə] *f* (15) flamme *f*; *in* ～*n stehen* être en flammes; *fig. Feuer und* ～ *sein* être tout feu et flamme (*für* pour); ２nd *p.pr. adj.* enflammé; ardent.

Flammen|meer *n* mer *f* de flammes; ～**tod** *m* mort *f* dans les flammes; ～**werfer** *m* lance-flammes *m*.

Flammpunkt 🔥 *m* point *m* de flamme (*od.* d'éclair).

flandrisch [ˈflandriʃ] *adj.* flamand.

Flanell [flaˈnɛl] *m* (3¹) flanelle *f*.

fla'nieren *v/i.* flâner.

Flank|e [ˈflaŋkə] *f* (15) flanc *m*; *Sp.* centre *m*; *j-m in die* ～ *fallen* prendre q. de flanc; ～**en-angriff** *m* attaque *f* de flanc; ～**endeckung** *f* couverture *f* du flanc; ２**ieren** [ˈkiːrən] *v/t.* flanquer.

Flansch [flanʃ] *m* (3²) bride *f*.

Fläschchen [ˈflɛʃçən] *n* (6) fiole *f*; flacon *m*.

Flasche [ˈflaʃə] *f* (15) bouteille *f*; (*Wasser２*) carafe *f*; *aus der* ～ *trinken* boire dans la bouteille; *auf* ～*n ziehen* embouteiller; *mit der* ～ *nähren* nourrir au biberon.

Flaschen|bier *n* bière *f* en bouteilles; ～**boden** *m* cul *m* de bouteille; ２**grün** *adj.* vert bouteille; ～**hals** *m* goulot *m*; ～**kind** *n* enfant *m* (élevé) au biberon; ～**öffner** *m* ouvre-bouteilles *m*; décapsuleur *m*; ２**post** *f* bouteille *f* à la mer; ～**ständer** *m* porte-bouteilles; ～**zug** *m* moufles *f/pl.*

Flatter|geist [ˈflatər-] *m* gironette *f*; esprit *m* volage; ２**haft** *adj.* volage; (*leichtsinnig*) léger; (*unbeständig*) inconstant.

flattern [ˈflatərn] *v/i.* (29, h. u. sn) (*Vogel*) voltiger; voleter; (*Fahne, Autoräder*) flotter; *im Wind* ～ flotter au vent.

flau [flau] *adj.* faible; (*matt*) languissant (*a.* ♱); *mir ist* ～ je me sens défaillir; ♣ ～*er werden* mollir.

Flaum *m* (3) duvet *m*; ～**bart** *m* barbe *f* naissante; ～**feder** *f* duvet *m*; ２**ig** *adj.* duveté; cotonneux; ２**weich** *adj.* moelleux.

Flausch [flauʃ] *m* (3²) frise *f*.

Flaute [ˈflautə] *f* (15) ♣ calme *m*; ♱ morte-saison *f*.

Flecht|e [ˈflɛçtə] *f* (15) tresse *f*; (*Haar２*) natte *f*; 🌿 dartre *f*; 🌿 fressende ～ lupus *m*; 🌿 lichen *m*; ２en *v/t.* (30) tresser; *Haare:* natter; *Kranz:* faire; ～**werk** *n* treillis *m*.

Fleck [flɛk] *m* (3) tache *f*; (*Flicken*) pièce *f*; (*Stelle*) endroit *m*; place *f*; *blauer* ～ bleu *m*; meurtrissure *f*; *sich nicht vom* ～ *rühren* ne pas bouger; *nicht vom* ～ *kommen* ne pas avancer; *das Herz auf dem rechten* ～ *haben* avoir le cœur bien placé; ～**en** *m* (6) tache *f*; (*Markt２*) bourg *m*, (*kleiner*) bourgade *f*; ２**enlos** *adj.* sans tache(s); immaculé; ～**enwasser** *n* détachant m; **~fieber** n fièvre f typhoïde; **2ig** adj. tacheté; (befleckt) taché; **~** werden se tacher; **~typhus** m = Fleckfieber.

Fledermaus ['fle:dər-] f chauvesouris f.

Flegel ['fle:gəl] m (7) fléau m; fig. rustre m; butor m; **~alter** n âge m ingrat; **~ei** [~'lai] f grossièreté f; **2haft** adj. grossier; **~jahre** n/pl. âge m ingrat; in den **~**n sein jeter sa gourme; **2n** v/rfl.: sich **~** se vautrer (auf acc. sur).

flehen ['fle:ən] 1. v/i. (25) supplier (zu j-m q.); implorer (q.); 2. 2 n supplication f; imploration f; **~tlich 1.** adj. instant; 2. adv. a. avec instance.

Fleisch [flai∫] n (3²) chair f; ♀ a. pulpe f; cuis. viande f; j-m in **~** und Blut übergehen devenir une seconde nature chez q.; sich ins eigene **~** schneiden se faire tort à soi-même; **~bank** f étal m (de boucher); **~beschauer** ['~bə∫auər] m inspecteur m sanitaire des abattoirs; **~brühe** f bouillon m; consommé m; **~er** m (7) boucher m; **~erladen** m boucherie f; (Schweine2) charcuterie f; **~eslust** f désirs m/pl. charnels; concupiscence f; **~extrakt** m extrait m de viande; **2farben** adj. couleur chair; incarnadin; **2fressend** p.pr. adjt. carnassier; carnivore; **~gericht** n plat m de viande; **~hauer** östr. m boucher m; **2ig** adj. charnu; potelé; ♀ pulpeux; **~klößchen** n boulette f; quenelle f; **~konserven** f/pl. conserves f/pl. de viande; **2lich** adj. charnel; **2los** adj. décharné; **~er** Tag jour m maigre (od. sans viande); **~pastete** f pâté m de viande; **~speise** f plat m de viande; **~topf** m marmite f; **~vergiftung** f intoxication f par la viande; **~waren** f/pl. charcuterie f; **~wolf** m 'hachoir m (à viande); **~wunde** f blessure f (od. plaie f) dans les chairs; **~wurst** f saucisson m.

Fleiß [flais] m (3²) application f; assiduité f; (Emsigkeit) diligence f; **2ig** adj. appliqué; assidu; diligent.

flektieren gr. [flɛk'ti:rən] v/t. Substantiv: décliner; Verb: conjuguer; **~de** Sprachen langues f/pl. flexionnelles.

flennen F ['flɛnən] v/i. (25) pleurnicher.

fletschen ['flɛt∫ən] v/t. (27): die Zähne **~** montrer les dents.

flex|ibel [flɛ'ksi:bəl] adj. flexible; **2i'on** f flexion f.

Flick|-arbeit f rapiéçage m; **2en** v/t. (25) raccommoder; rapiécer; ravauder; **~en** m (6) pièce f; **~werk** n rapiéçage m; (geistiges) compilation f; **~wort** n cheville f; **~zeug** n (Fahrrad2) nécessaire m de réparation.

Flieder ['fli:dər] m (7) lilas m.

Fliege ['fli:gə] f (15) mouche f; (Querbinder) papillon m; zwei **~**n mit e-r Klappe schlagen faire d'une pierre deux coups.

fliegen ['fli:gən] (30) 1. v/i. (sn) voler; (im Flugzeug) aller en avion; 2. v/t. piloter; 3. 2 n vol m; aviation f; **~d** p.pr. adjt. volant; mobile; **~e** Untertasse soucoupe f volante; **~er** Händler marchand m ambulant; **~es** Personal personnel m navigant (od. volant).

Fliegen|fänger m attrape-mouches m; **~fenster** n fenêtre f gazée; **~gewicht** Sp. n poids m mouche; **~klatsche** f tue-mouches m; **~pilz** m fausse oronge f; **~schrank** m garde- -manger m.

Flieger ['fli:gər] m (7) aviateur m; pilote m; **~-abwehr** f défense f antiaérienne; **~alarm** m alerte f aérienne; **~angriff** m raid m aérien; attaque f par avions; **~ei** [~'rai] f aviation f; **~horst** m base f aérienne; **2isch** adj. d'aviation; **~-offizier** m officier m aviateur; **~schule** f école f de pilotage; **~staffel** f escadrille f d'avions.

flieh|en ['fli:ən] v/i. (30, sn): vor j-m (vor etw. dat.) **~** fuir q. (qch.); (meiden) éviter; zu j-m **~** se réfugier chez q.; **~end** p.pr. adjt. (Kinn, Stirn) fuyant; **2kraft** f force f centrifuge.

Fliese ['fli:zə] f (15) carreau m; dalle f; mit **~**n belegen carreler; daller.

Fließband ['fli:s-] n chaîne f (roulante); **~arbeit** f travail m à la chaîne; **~produktion** f production f en série.

fließen ['fli:sən] v/i. (30, sn) couler; (Papier) boire; durch etw. **~** traverser qch.; ins Meer **~** se jeter dans la mer; **~d 1.** p.pr. adjt. coulant; courant; **~es** Wasser eau f courante; 2. p.pr. advt.: **~** sprechen parler couramment.

Fließpapier n papier m buvard.

Flimmer|kasten ['flimər-] m, **~kiste** f F TV boîte f aux images; **2n** v/i. (29) scintiller; (zittern) vibrer; es flimmert ihm vor den Augen il a des éblouissements; **∼n** *n* scintillement *m*; *astr.*, *phys.* scintillation *f*; (*der Luft*) vibration *f*.

flink [fliŋk] *adj.* agile; leste; alerte; **2heit** *f* agilité *f*.

Flinte ['flintə] *f* (15) fusil *m*; *fig.* die ∼ ins Korn werfen jeter le manche après la cognée.

Flirt [flœrt, flirt] *m* (11) flirt *m*; **2en** *v/i.* (26) flirter.

Flitter ['flitər] *m* (7) paillette *f*; *fig.* clinquant *m*; **∼wochen** *f/pl.* lune *f* de miel.

Flitz|bogen ['flits-] *m* arc *m*; **2en** *v/i.* (27, sn) filer comme une flèche.

flocht [floxt] *s.* flechten.

Flock|e ['flokə] *f* (15) flocon *m*; **2ig** *adj.* floconneux.

flog [flo:k] *s.* fliegen.

Floh [flo:] **1.** *m* (3³) puce *f*; *fig.* F *j-m* e-n ∼ ins Ohr setzen mettre à q. la puce à l'oreille; **2.** 2 *s. fliehen*; **∼markt** *m* marché *m* aux puces; **∼stich** *m* piqûre *f* de puce.

Flor [flo:r] *m* (3¹) fleuraison *f*; *fig.* prospérité *f*; (*Stoff*) crêpe *m*; voile *m*; *in* ∼ en fleur; *fig.* en vogue.

Flora ['flo:ra] *f* (16²) flore *f*.

Florett [flo'rɛt] *n* (3) fleuret *m*; **∼fechter(in *f*)** *m* fleurettiste *m*, *f*.

florieren [flo'ri:rən] *v/i.* être florissant; prospérer.

Floskel ['floskəl] *f* (15) fleur *f* de rhétorique.

floß [flos] *s. fließen*.

Floß [flo:s] *n* (3³) radeau *m*; (*geflößtes Holz*) train *m* de bois; **∼brücke** *f* pont *m* de radeaux.

Flosse ['flosə] *f* (15) *zo.* nageoire *f*; *Flgw.* aileron *m*; stabilisateur *m*.

flöß|en ['flø:sən] *v/t.* (27) flotter; **2er** *m* (7) flotteur *m*.

Flöte ['flø:tə] *f* (15) flûte *f*.

flöten ['flø:tən] *v/t. u. v/i.* jouer de la flûte; (*Vögel*) chanter; siffler; **∼gehen** F *v/i.* (sn) s'abîmer; se perdre; **2spiel** *n* jeu *m* de la flûte; **2spieler(in *f*)** *m* joueur *m*, -euse *f* de flûte; flûtiste *m*, *f*; **2töne** *m/pl. fig.*: *j-m* die ∼ beibringen faire entendre raison à q.

flott [flot] **1.** *adj.* ⏚ à flot; *fig.* (*leicht*) léger; aisé; (*schnell*) rapide; (*Kleidung*) chic; pimpant; **2.** *adv.*: ∼ leben mener joyeuse vie.

Flott|e ['flotə] *f* (15) flotte *f*; **∼en-abkommen** *n* accord *m* (*od.* traité *m*) naval; **∼enmanöver** *n* manœuvres *f/pl.* navales; **∼enparade** *f* revue *f*

navale; **∼enstützpunkt** *m* base *f* navale; **∼ille** [flo'tiljə] *f* (15) flottille *f*; **2machen** *v/t.* mettre à flot (*a. fig.*); *wieder* ∼ renflouer, remettre à flot (*a. fig.*), *Auto*: dépanner.

Flöz [flø:ts] *n* (3²) couche *f* sédimentaire.

Fluch [flux] *m* (3³) malédiction *f*; imprécation *f*; (∼*wort*) juron *m*; **2beladen** *p.p. adj.* chargé de malédiction(s); maudit; **2en** *v/i.* (25) jurer; *j-m* ∼ maudire q.; *auf j-n* ∼ pester contre q.

Flucht [fluxt] *f* (16) fuite *f*; (*aus Gewahrsam*) évasion *f*; *Arch.* alignement *m*; (*Zimmer*2) enfilade *f*; *auf der* ∼ en fuite; en fuyant; *die* ∼ *ergreifen* prendre la fuite; s'évader; *in die* ∼ *schlagen* mettre en fuite (∤ en déroute); **2-artig 1.** *adj.* précipité; **2.** *adv.*: etw. ∼ *verlassen* quitter qch. précipitamment (*od.* à la hâte).

flüchten ['flyçtən] *v/i.* (26, sn) (*u. v/rfl. sich* ∼) s'enfuir; prendre la fuite; se réfugier.

Flucht|helfer *m* passeur *m* de fugitifs; **∼hilfe** *f* complicité *f* de fuite.

flücht|ig ['flyçtiç] *adj.* fugitif; (*vergänglich*) passager; (*eilig*) rapide; (*oberflächlich*) superficiel; (*Arbeit*) négligé; peu soigné; **A** volatil; **2.** *adv.*: etw. ∼ *durchsehen* parcourir qch. (à la hâte); **2igkeit** *f* rapidité *f*; (*Lässigkeit*) négligence *f*; **A** volatilité *f*; **2igkeitsfehler** *m* faute *f* d'inattention; **2ling** ['flyçtliŋ] *m* (3¹) réfugié *m*; (*auf Flucht befindlich*) fugitif *m*; (*Ausreißer*) fuyard *m*; **2lingslager** *n* camp *m* de réfugiés.

Flucht|linie *Arch. f* alignement *m*; **∼versuch** *m* tentative *f* de fuite.

Flug [flu:k] *m* vol *m*; (*längerer*) raid *m*; (*Schwarm*) volée *f*; **∼abwehr** *f* défense *f* antiaérienne; **∼bahn** *f* (*es Geschosses*) trajectoire *f*; **∼ball** *m* (*Tennis*) volée *f*; **2bereit** *adj.* en état de vol; prêt à décoller; **∼betrieb** *m* service *m* aérien; **∼blatt** *n* tract *m*; (*Schmähschrift*) pamphlet *m*; **∼boot** *n* hydravion *m*; **∼dienst** *m* service *m* aérien.

Flügel ['fly:gəl] *m* (7) aile *f*; piano *m* à queue; (*Tür*2, *Fenster*2) battant *m*; vantail *m*; (*Lungen*2) lobe *m*; mit den ∼n *schlagen* battre des ailes; *fig. j-m* die ∼ *beschneiden* rogner les ailes à q.; *die* ∼ *hängen lassen* baisser l'oreille; **∼mann** *m* chef *m* de file; **∼schlag** *m* coup m d'aile; **~schraube** f vis à ailettes; **~stürmer** m (*Fußball*) ailier m; **~tür** f porte f à deux battants; **~weite** f envergure f.

Flug|feld n champ m d'aviation; aérodrome m; **~gast** m passager m.

flügge ['fly:gə] *adj.*: ~ *sein* voler de ses propres ailes; *fig.* ~ *werden* prendre sa volée.

Flug|geschwindigkeit f vitesse f de vol; **~gesellschaft** f compagnie f aérienne; **~hafen** m aéroport m; **~hafengebäude** n aérogare f; **~kapitän** m commandant m de bord; chef-pilote m; **~karte** f billet m de passage; **~lehrer** m instructeur m; **~linie** f ligne f aérienne; **~lotse** m contrôleur m aérien (od. de la navigation aérienne); **~personal** n personnel m navigant; **~plan** m horaire m aérien; **~platz** m aérodrome m.

flugs [fluːks] *adv.* aussitôt; sur-le-champ.

Flug|sand m sable m mouvant; **~schreiber** m boîte f noire (*bisw.* orange); **~schüler** m élève-pilote m; **~sicherung(sdienst** m) f (service m de) sécurité f (de la navigation) aérienne; contrôle m aérien; **~sport** m aviation f sportive; **~stützpunkt** m base f aérienne; **~verbindung** f liaison f aérienne; **~verkehr** m trafic m aérien; **~wesen** n aviation f; **~zeit** f temps m de vol.

Flugzeug n avion m; **~bau** m construction f aéronautique (*od.* d'avions); **~entführer** m rapteur m d'avion; **~entführung** f rapt m (*od.* détournement m) d'avion; **~führer** m pilote m d'avion; **~halle** f hangar m d'avions; **~industrie** f industrie f aéronautique; **~motor** m moteur m d'avion; **~rumpf** m fuselage m; carlingue f d'avion; **~träger** m porte-avions m.

Fluidum ['fluːidum] n (9²) fluide m.

Flunder ['flundər] f (15) flet m.

Flunker|ei [fluŋkə'raɪ] f bluff m; chiqué m; **2n** v/i. hâbler; fanfaronner.

Fluor [ˈfluːɔr] n (3¹, *o.pl.*) fluor m; **2eszieren** [~ɛs'tsiːrən] v/i. être fluorescent; fluorescer.

Flur [fluːr] 1. f (16) champs m/pl.; campagne f; 2. m (3) vestibule m; (*schmaler*) couloir m; (*breiter*) corridor m; (*Treppen2*) palier m; **~bereinigung** f remembrement m agricole; **~garderobe** f portemanteau m.

hüter m garde m champêtre; **~schaden** m dégâts m/pl. dans les champs.

Fluß [flus] m (4²) rivière f; (*Strom*) fleuve m; (*Fließen*) écoulement m; *⚕* fluxion f; *⚒* *métall.* fusion f; *fig.* in ~ *sein* (*bringen*) être (mettre) en train; 2¹-**ab(wärts)** *adv.* en aval; **~arm** m bras m d'un fleuve; 2¹-**auf(wärts)** *adv.* en amont; **~bett** n lit m d'un fleuve; **~dampfer** m bateau-mouche m; péniche f; **~fisch** m poisson m d'eau douce; **~hafen** m port m fluvial.

flüssig ['flysiç] *adj.* liquide; *fig.* (*Stil*) aisé; coulant; ~ *machen* liquéfier, *†* réaliser; ~ *werden* se liquéfier; 2**gas** n gaz m liquéfié; 2**keit** f liquide m; (*d. Stils*) aisance f; facilité f.

Fluß|lauf m cours m d'une rivière; **~netz** n réseau m fluvial; **~pferd** n hippopotame m; **~schiffahrt** f navigation f fluviale; **~spat** m (3) spath m fluor.

flüstern ['flystərn] 1. v/t. u. v/i. (29) murmurer; chuchoter; 2. 2 n chuchotement m.

Flut [fluːt] f (16) flux m; marée f montante; **~en** pl. (*v. Wasser*) flots m/pl.; (*Überschwemmung*) inondation f; *fig.* (*v. Worten, Zuschauern*) flot m; (*v. Tränen*) torrent m; 2**en** v/i. (26) (*strömen*) (s'é)couler; *fig.* se presser en foule; **~licht** n lumière f de projecteurs; **~lichtspiel** Sp. ~ match m en nocturne; **~welle** f raz m de marée; **~zeit** f (heure f de la) marée f.

focht [fɔxt] s. **fechten**.

Födera|lismus [fødəraˈlismus] m (16², *o.pl.*) fédéralisme m; **~list** m (12) fédéraliste m; **~tion** [~ˈtsjoːn] f fédération f.

Fohlen [ˈfoːlən] 1. n (6) poulain m; 2. 2 v/i. (25) pouliner.

Föhn [føːn] m (3) fœhn m.

Föhre [ˈføːrə] f (15) pin m.

Folge [ˈfɔlgə] f (15) suite f; (*Reihen2*) série f; (*Aufeinander2*) succession f; (*Fortsetzung*) continuation f; (*Folgerung*) conséquence f; (*Ergebnis*) résultat m; (*Wirkung*) effet m; in der ~ dans la suite; in bunter ~ pêle-mêle; ~ *leisten* (*dat.*) obéir (à); e-r *Einladung* ~ *leisten* accepter une invitation; zur ~ *haben* avoir pour conséquence; ~n *nach sich ziehen* tirer à conséquence; *an den* ~n *e-r Wunde* des suites d'une blessure; **~erscheinung** f phénomène m consécutif; conséquence f; **2n** v/i. (25, sn): ~ (dat. od. auf acc.) suivre (acc.); (nachfolgen) succéder (à); (gehorchen) obéir (à); (e-r Einladung) accepter (acc.); (sich ergeben) résulter (aus); s'ensuivre (de); **2nd** p.pr. adjt. suivant; der ~e Tag le lendemain; am ~en Morgen le lendemain matin; **2ndermaßen** ['~ndər-'maːsən] adv. de la manière suivante; **2nreich** adj. riche en conséquences; **2nschwer** adj. gros de conséquences; **2richtig 1.** adj. conséquent; logique; **2.** adv.: ~ denken und handeln avoir l'esprit de suite; **~richtigkeit** f conséquence f; **2rn** ['fɔlgərn] v/t. (29) déduire (aus de); (als Schlußfolgerung) conclure (aus de); **~rung** f déduction f; (Schluß2) conclusion f; conséquence f; **~satz** m phil. corollaire m; gr. proposition f consécutive; **2widrig** adj. inconséquent; **~widrigkeit** f inconséquence f; **~zeit** f suite f; avenir m.

folg|lich ['~kliç] cj. u. adv. par conséquent; en conséquence; (also) donc; **~sam** ['~zaːm] adj. obéissant; docile; **2samkeit** f obéissance f; docilité f.

Foliant [fol'jant] m (12) in-folio m.

Folie ['foːljə] f (15) feuille f; (Spiegel2) tain m.

Folklore [fɔlˈkloːrə] f (inv.) folklore m.

Folter ['fɔltər] f (15) torture f; j-n auf die ~ spannen mettre q. à la torture; torturer q. (a. fig.); **~bank** f chevalet m (de torture); **~instrument** n instrument m de torture; **~kammer** f chambre f de torture; **2n** v/t. torturer; (quälen) tourmenter; **~ung** f torture f; supplice m; **~werkzeug** n instrument m de torture.

Fön [føːn] m (3) sèche-cheveux m.

Fond [fõ] m (11) (Hintergrund) arrière-plan m; (im Auto) arrière m.

Fontäne [fɔnˈtɛːnə] f (15) jet m d'eau; (Springbrunnen) fontaine f.

foppen ['fɔpən] v/t. (25) mystifier; duper.

forcieren [fɔrˈsiːrən] v/t. pousser; faire avancer; activer.

Förder|-anlage ⚒ f installation f d'extraction; **~band** n bande f transporteuse; **~er** m promoteur m; **~korb** m benne f; **2lich** adj. profitable; utile.

fordern ['fɔrdərn] v/t. (29): etw. von

j-m ~ demander qch. à q., pfort exiger qch. de q.; Eigentum: réclamer; Recht: revendiquer; Opfer: causer; zum Zweikampf ~ provoquer en duel.

förder|n ['fœrdərn] v/t. (29) activer; faire avancer; promouvoir; (beschleunigen) 'hâter; accélérer; (begünstigen) favoriser; ⚒ extraire; **2schacht** ⚒ m puits m d'extraction.

Forderung f demande f, pfort exigence f; ✝ créance f; (v. Eigentum) réclamation f; (e-s Rechts) revendication f; (Duell2) provocation f en duel.

Förderung f avancement m; encouragement m; (Beschleunigung) accélération f; ⚒ extraction f.

Forelle [foˈrɛlə] f (15) truite f; **~nzucht** f élevage m de truites.

Form [fɔrm] f (16) forme f; (Art u. Weise) façon f; (Guß2) moule m; (Umgangs2) manière f; in gehöriger ~ dans les formes; in (guter) ~ sein être (bien) en forme.

formal [fɔrˈmaːl] adj. formel; **2ität** [~aliˈtɛːt] f (16) formalité f.

Format [fɔrˈmaːt] n (3) format m; ein Mann von ~ un homme d'envergure; **~ion** [~ˈtsjoːn] f formation f; ✕ a. unité f.

form|beständig ['fɔrm-] adj. indéformable; **2blatt** n formulaire m.

Formel f (15) formule f.

formell [fɔrˈmɛl] adj. formel.

form|en v/t. (25) former; (kunstgemäß) façonner; (modeln) modeler; (in d. Gießerei) mouler; **2en** f formation f; (kunstgemäßes) façonnement m; (Modeln) modelage m; (in d. Gießerei) moulage m; **2enlehre** f morphologie f; **2fehler** ✝ m vice m de forme; **2gebung** f façonnement m; **~gerecht** adj. u. adv. dans les formes; **~gewandt** adj. qui a du savoir-vivre.

for'mieren v/t. (v/rfl. sich ~ se) former.

förmlich ['fœrmliç] adj. dans les formes; (ausdrücklich) formel; (feierlich) cérémonieux; **2keit** f formalité f; (Feierlichkeit) cérémonie f.

form|los 1. adj. informe; amorphe; **2.** adv. sans façons; sans formalité; **2losigkeit** f caractère m amorphe; fig. manque m de formes; sans-gêne m; (Unschicklichkeit) inconvenance f; **2sache** f: das ist bloße (od. reine)

~ c'est une simple formalité; **~schön** adj. harmonieux; qui a une belle forme.

Formu|lar [formuˈlɑːr] n (3¹) formulaire m; formule f; **²lieren** v/t. formuler; **~lierung** f manière f d'exprimer; formulation f.

formvoll-endet p.p. adjt. de forme parfaite.

forsch [fɔrʃ] adj. plein d'entrain; crâne.

forsch|en [ˈfɔrʃən] v/i. (27) faire des recherches; ~ nach rechercher; **²er** m (7) chercheur m; savant m; **²ung** f recherche f (scientifique).

Forschungs|-arbeit f travail m de recherche; **~gebiet** n domaine m de recherches; **~gemeinschaft** f communauté f de recherches; **~institut** n institut m de recherche(s); **~reise** f voyage m d'exploration; **~reisende(r)** m (18) explorateur m; **~satellit** m satellite m scientifique.

Forst [fɔrst] m (3²) forêt f; **~akademie** f école f forestière; **~amt** n administration f des eaux et forêts; **~aufseher** m garde m forestier; **~beamte(r)** m employé m de l'administration des eaux et forêts.

Förster [ˈfœrstər] m (7) (garde m) forestier m.

Forst|fach n sylviculture f; **~frevel** m délit m forestier; **~haus** n maison f forestière; **~meister** m inspecteur m des eaux et forêts; **~revier** n district m forestier; **~wesen** n, **~wirtschaft** f sylviculture f; économie f forestière.

Fort [foːr] ✗ n (11) fort m; (kleines) fortin m.

fort [fɔrt] adv. absent; parti; ~! partez!; sortez!; in e-m ~ sans relâche; sans arrêt; sans cesse; und so ~ et ainsi de suite.

fort... in Zssgn s. a. weg...; '~'**-an** adv. dès lors; désormais; **~begeben** v/rfl.: sich ~ s'en aller; partir; **²bestand** m maintien m; continuation f; continuité f; **~bestehen** v/i. continuer d'exister; subsister; se maintenir; **~bewegen** v/rfl.: sich ~ se déplacer; se mouvoir; avancer; **²bewegung** f locomotion f; **~bilden** v/t. (v/rfl. sich ~ se) perfectionner; **²bildung** f perfectionnement m; **²bildungsschule** f école f de perfectionnement postscolaire; **~bleiben** v/i. (sn) ne pas (re)venir; demeurer absent; **~bringen** v/t. emporter; Per-

son: emmener; faire partir; **²dauer** f continuation f; durée f; continuité f; **~dauern** v/i. continuer (d'exister); durer; **~dauernd** p.pr. adjt. permanent; **~eilen** v/i. (sn) partir à la hâte; **²-entwicklung** f développement m ultérieur; évolution f ultérieure; **~fahren** v/i. (sn) partir (en voiture); (weitermachen) continuer; poursuivre; **~fallen** v/i. (sn) être supprimé; ne pas avoir lieu; F tomber; **~fliegen** v/i. (sn) s'envoler; **~führen** v/t. continuer; (wegführen) enlever; emmener; **²führung** f continuation f; (e-r Firma) reprise f; **²gang** m départ m; (Ablauf) marche f; cours m; (Entwicklung) développement m; (Fortschritt) progrès m; **~gehen** v/i. (sn) s'en aller; partir; (weitergehen) continuer; durer; **~geschritten** p.p. adjt. avancé; **~gesetzt** p.p. adjt. continu; continuel; **~jagen** v/t. chasser; **~kommen** v/i. (sn) partir; (vorwärtskommen) avancer; fig. faire son chemin; **²kommen** n avancement m; glückliches ~ réussite f; **~lassen** v/t. laisser partir; (auslassen) omettre; supprimer; **~laufen** v/i. (sn) s'enfuir; (s')échapper; **~laufend** p.pr. adjt. suivi; continu; ~e Nummer numéro m d'ordre; **~leben** v/i. continuer de vivre; survivre; **~machen** v/rfl.: sich ~ s'en aller; décamper; **~pflanzen** v/t. (v/rfl. sich ~ se) reproduire; (se) propager (a. Licht u. fig.); Schall usw.: (se) transmettre; (sich) ~ auf j-n (se) transmettre à q.; **²pflanzung** f reproduction f; propagation f (a. v. Licht u. fig.); (v. Schall usw.) transmission f; **~räumen** v/t. enlever; débarrasser; **~reißen** v/t. (mitreißen) entraîner; (entreißen) arracher; **~schaffen** v/t. transporter; enlever; **~schicken** v/t. renvoyer; **~schleichen** v/i. (sn) (u. v/rfl. sich ~) se retirer furtivement; se dérober; **~schleppen 1.** v/t. emporter; **2.** v/rfl.: sich ~ se traîner; **~schreiten** v/i. (sn) fig. avancer; progresser; faire des progrès; **~schreitend** p.pr. adjt. progressif; **²schritt** m progrès m; (Fortschreiten) avancement m; progression f; **~schrittlich** [ˈ~ʃritliç] adj. progressiste; progressiste; **~setzen** v/t. continuer; poursuivre; **²setzung** f continuation f; (Schrift) suite f; ~ folgt à suivre; **²setzungsroman** m roman-feuilleton m; ~

stehlen v/rfl.: sich ~ se retirer furtivement; **~tragen** v/t. emporter; enlever; **~treiben** v/t. chasser; expulser; **~während 1.** p.pr. adjt. continuel; **2.** p.pr. advt. continuellement; **~werfen** v/t. jeter (de côté od. au loin); **~ziehen 1.** v/t. entraîner; **2.** v/i. (sn) partir; (aus der Wohnung) ~ déménager; (auswandern) émigrer.

Foto F ['foto] n (11), schweiz. f (11¹) photo f; **~apparat** m appareil m photographique; **2gen** [foto'ge:n] adj. photogénique.

Fotograf [foto'gra:f] m (12) photographe m; **~ie** [~gra'fi:] f (15) photographie f; **2ieren** [~'fi:rən] 1. v/t. photographier; 2. v/i. prendre des photos; **2isch** [~'gra:fiʃ] adj. photographique.

Fotoko'pie f photocopie f; **2ren** v/t. photocopier.

Foto|mon'tage f photomontage m; **~zelle** f cellule f photo-électrique.

Fötus ['fø:tus] m (4¹) foetus m.

Foul Sp. [faul] n (11) faute f.

Fox|terrier ['fɔkstɛrjər] m fox-terrier m; **~trott** [~'trɔt] m fox-trot m.

Fracht [fraxt] f (16) charge f; ⏛ fret m; (cargaison f); (~gebühr) frais m/pl. de transport; **~brief** m lettre f de voiture; ⏛ connaissement m; **~er** m (7) cargo m; **2frei** adj. franc(o) de port; **~gebühr** f frais m/pl. de transport; **~gut** n (marchandises f/pl. en) petite vitesse f; **~kahn** m péniche f, chaland m; **~kosten** pl. = Frachtgebühr; **~raum** m soute f à fret; **~satz** m taxe f de transport; **~schiff** n cargo m; **~stück** n colis m; **~verkehr** m transport m de marchandises; **~vertrag** m connaissement m.

Frack [frak] m (11 u. 3³) habit m (noir).

Frage ['fra:gə] f (15) question f (stellen poser); (Nach2) demande f; gr. interrogation f; (Streit2) problème m; in ~ stehend être en question; in ~ stellen mettre en question; das ist noch die~ (c'est) à savoir; das ist außer ~ il n'y a pas de doute; ohne ~ sans aucun doute; das kommt nicht in ~! il n'en est pas question!; **~bogen** m questionnaire m; **~fürwort** n pronom m interrogatif; **2n** (25) 1. v/t. u. v/i.: j-n etw. (od. nach etw.)~ demander qch. à q.; j-n (aus)~ questionner q. (über acc. sur), (prüfend) interroger q. (nach sur); nach j-m ~ de-

mander q., (sich erkundigen) demander des nouvelles de q.; nichts nach etw. ~ ne pas se soucier de qch.; **2.** v/rfl.: sich ~ se demander; **3.** v/imp.: das fragt sich cela est douteux; es fragt sich, ob ... il s'agit de savoir si ...; **2nd 1.** p.pr. adjt. gr. interrogatif; **2.** p.pr. advt.: j-n ~ ansehen interroger q. du regard; **~satz** gr. m proposition f interrogative; **~steller** m (7) interrogateur m; parl. interpellateur m; **~stunde** parl. f heure f d'interpellation; **~wort** gr. n particule f interrogative; **~zeichen** gr. n point m d'interrogation.

frag|lich ['fra:klɪç] adj. en question; (zweifelhaft) douteux; contestable; **~los** adj. incontestable; 'hors de doute.

Fragment [frag'mɛnt] n (3) fragment m; **2arisch** [~'ta:riʃ] adj. fragmentaire.

fragwürdig ['fra:kvyrdɪç] adj. douteux; (problématique); ~e Sache f (od. caractère m) problématique f.

Fraktion [frak'tsjo:n] f (16) fraction f; pol. groupe m; **~ssitzung** f réunion f de groupe parlementaire.

Fraktur [frak'tu:r] f(16) ✠ fracture f; typ. caractères m/pl. allemands (od. gothiques).

frank [fraŋk] adv.: ~ und frei franchement.

Franke ['fraŋkə] m (13) f hist. Franc m; géogr. Franconien m.

frankier|en [fran'ki:rən] v/t. affranchir; **2maschine** f machine f à affranchir; **2ung** f affranchissement m.

Fränk|in ['frɛnkin] f hist. Franque f; géogr. Franconienne f; **2isch** ['frɛnkiʃ] adj. hist. franc; géogr. franconien.

franko ['fraŋko] adv. franc(o) de port.

Franse ['franzə] f (15) frange f.

Franziskaner(in f) [~tsis'ka:nər] m (7) franciscain(e f) m.

Franz|ose [fran'tso:zə] m (13), **~ösin** [~'tsø:zin] f Français(e f) m; **2ösisch 1.** adj. français; ~e Redensart gallicisme m; **2.** adv.: auf ~ en français; sprechen parler français.

fräs|en ['frɛ:zən] v/t. u. v/i. (27) fraiser; **2maschine** f ['~smaʃi:nə] f fraiseuse f.

Fraß [fra:s] m (3²) pâture f; pfort mangeaille f; ⚔ rata m.

fraß [fra:s] s. fressen.

Fratz F [frats] m (3²): eitler ~ petite

coquette *f*; süßer ~ mignonne créature *f*; ~e *f* (15) grimace *f*; (*Zerrbild*) caricature *f*; (*häßliches Gesicht*) visage *m* grotesque; 2**enhaft** *adj.* grotesque.

Frau [frau] *f* (16) femme *f*; (*Ehe*2) épouse *f*; (*Anrede mit folgendem npr. od. Titel*) madame (*abr.* Mme); zur ~ nehmen prendre pour femme; se marier; zur ~ haben avoir épousé; zur ~ geben donner en mariage; Ihre ~ Mutter madame votre mère; Ihre ~ Gemahlin madame ... (*npr.*); die gnädige ~ madame.

Frauen|-arbeit *f* travail *m* des femmes; ~**arzt** *m* gynécologue *m*; ~**bewegung** *f* mouvement *m* féministe; ~**klinik** *f* clinique *f* gynécologique; maternité *f*; ~**kloster** *n* couvent *m* de femmes; ~**krankheit** *f* maladie *f* de (la) femme; ~**rechtlerin** *f* féministe *f*, suffragette *f*; ~**schuh** ♀ *m* sabot *m* de Vénus (*od. de la Vierge*); ~**stimmrecht** *n* (droit *m* de) vote *m* des femmes; ~**zimmer** *péj. u.* F *n* femme *f*, fille *f*; donzelle *f*.

Fräulein ['frɔʏlaɪn] *n* (6) demoiselle *f*; (*Anrede mit folgendem npr. od. Titel*) mademoiselle (*abr.* Mlle); Ihr ~ Tochter mademoiselle votre fille; die gnädige ~ mademoiselle.

fraulich *adj.* féminin; doux.

frech [frɛç] *adj.* insolent; effronté; 2**dachs** F *m* insolent *m*; impertinent *m*; 2**heit** *f* insolence *f*; effronterie *f*.

Fregatte [fre'gatə] *f* frégate *f*; ~**kapitän** *m* capitaine *m* de frégate.

frei [fraɪ] **1.** *adj.* libre; (*befreit; ausgenommen*) exempt; (~*mütig*) franc; hemmungslos) licencieux; (*unentgeltlich*) gratuit; (*kostenlos*) sans frais; ~er Wille libre arbitre *m*; aus ~en Stücken de bon gré; ~e Künste arts *m/pl.* libéraux; ~er Beruf profession *f* libérale; ~e Stelle place *f* vacante; unter ~em Himmel en plein air, (*nachts*) à la belle étoile; aus ~er Hand zeichnen dessiner à main levée; aus ~er Hand schießen tirer sans appui; die ~e Wahl haben avoir libre choix; ~en Lauf lassen laisser libre cours (à); s-r Rede ~en Lauf lassen parler à bâtons rompus; ~e Hand lassen (haben) donner (avoir) carte blanche; auf ~en Fuß setzen mettre en liberté; sein ~er Herr sein être son maître; ~er Tag (*Schule*) jour *m* de congé; ~ haben avoir congé (F campos); so ~ sein, zu ... (*inf.*) prendre la liberté de ... (*inf.*); ich bin so ~! si vous permettez; es steht Ihnen ~, zu ... (*inf.*) libre à vous de ... (*inf.*); **2.** *adv.* † franco; ~ Haus franco (à) domicile; ~ ausgehen n'avoir rien à payer; ~ sprechen parler franchement, (*ohne Konzept*) sans manuscrit); ~ lassen Zeile: laisser en blanc; ~ werden se dégager.

Frei|-bad *n* piscine *f* en plein air; ~**ballon** *m* ballon *m* (libre); 2**beruflich** *adv.*: ~ tätig sein exercer une profession libérale; ~**betrag** *m* (*Steuer*2) montant *m* exonéré; ~**beuter** ['~bɔʏtər] *m* (7) pirate *m*, flibustier *m*; 2**bleibend** ⁂ *p.pr. adjt. u. adv.* sans engagement; (*Preis*) facultatif; ~**brief** *fig. m* carte *f* blanche (für pour); ~**denker** *m* libre penseur *m*.

Freie ['fraɪə] *n*: im ~n au grand air; en plein air.

Freiersfüße *m/pl.*: auf ~n gehen chercher à se marier.

Frei|-exemplar *n* exemplaire *m* gratuit; ~**fläche** *f* espace *m* libre; ~**gabe** *f* (*e-r Strecke, e-s Kontos*) déblocage *m*; (*Rückgabe*) restitution *f*; 2**geben 1.** *v/t.* libérer; *Strecke, Konto:* débloquer; *für den Verkehr* ~ ouvrir à la circulation; **2.** *v/i.*: *j-m* ~ donner congé à q.; 2**gebig** ['~ge:biç] *adj.* large; généreux; **gebigkeit** *f* largesse *f*; générosité *f*; (*große*) munificence *f*; ~**geist** *m* esprit *m* fort; ~**gepäck** *n* franchise *f* de bagages; 2**haben** *v/i.* (*in der Schule, im Betrieb*) avoir congé; ~**hafen** *m* port *m* franc; 2**halten** *v/t. Platz:* réserver; *j-n* ~ régaler q.; ~**handel** *m* libre-échange *m*; 2**händig** *adv.* (*zeichnen*) à main levée; (*schießen*) sans appui.

Freiheit ['fraɪhaɪt] *f* liberté *f*; *dichterische* ~ licence *f* poétique; *in* ~ *setzen* mettre en liberté; *sich die* ~ *nehmen* se permettre (zu de); prendre la liberté (de); *volle* ~ *haben* avoir toute liberté; 2**lich** *adj.* libéral.

Freiheits|-beraubung *f* atteinte *f* à la liberté; ~**drang** *m* soif *f* de liberté; ~**entzug** *m* privation *f* de liberté; ~**kampf** *m* combat *m* pour la liberté; ~**krieg** *m* guerre *f* d'indépendance; ~**strafe** *f* peine *f* privative de liberté.

frei|he'raus *adv.* franchement; 2**herr** *m* baron *m*; 2**karte** *f* billet *m* de faveur; **∼kaufen** v/t. racheter; **2körperkultur** f nudisme m; **2landgemüse** n légumes m/pl. de plein champ; **∼lassen** v/t. mettre en liberté; **2lassung** f mise f en liberté; **2lauf** m roue f libre; **∼legen** v/t. dégager; **2legung** f mise f à jour; dégagement m.

freilich ['fraïliç] adv. assurément; sans doute; (einräumend) il est vrai que.

Frei|lichtbühne f théâtre m de plein air; **∼los** n billet m de loterie gratuit; **2machen** 1. v/t. Weg, Eingang usw.: dégager; Brief: affranchir; 2. v/rfl.: sich ∼ (beim Arzt) se déshabiller; sich ∼ von s'émanciper de; **∼marke** f timbre-poste m.

Freimaurer m franc-maçon m; **∼ei** [∼'raï] f franc-maçonnerie f; **2loge** f loge f (franc-)maçonnique.

frei|mütig [∼my:tiç] adj. franc; (aufrichtig) sincère; **∼schaffend** p.pr. adjt.: ∼er Künstler artiste m indépendant; **2schärler** m (7) partisan m, franc-tireur m; **∼schwimmen** v/rfl.: sich ∼ passer son brevet de natation; **∼sprechen** v/t. rl. absoudre; t̶t̶ acquitter; déclarer non coupable; **2spruch** t̶t̶ m acquittement m; verdict m de non-culpabilité; **2staat** m État m libre; **∼stehen** v/imp.: es steht Ihnen frei, zu ... (inf.) libre à vous (od. vous êtes libre) de ... (inf.); **∼stehend** p.pr. adjt. (Gebäude) isolé; **∼stellen** v/t.: j-m etw. ∼ laisser q. libre de faire qch.; **2stilringen** n lutte f libre; **2stoß** m coup m franc; **2stunde** f heure f libre.

Freitag m vendredi m; **2s** adv. le vendredi.

Frei|tod m mort f volontaire; suicide m; **∼treppe** f perron m; **∼übungen** f/pl. exercices m/pl. d'assouplissement; (exercices m/pl. de) gymnastique f (sans agrès); **∼umschlag** m enveloppe f timbrée; **∼wild** fig. n 'hors-la-loi m; proie f; **2willig 1.** adj. volontaire; spontané; **2.** adv. à bon gré; **∼willige(r)** m volontaire m; **∼willigkeit** f spontanéité f; **∼zeit** f récréation f; loisirs m/pl.; **∼zeitgestaltung** f organisation f des loisirs; **∼zeitkleidung** f tenue f de loisirs (od. de fin de semaine); **2zügigkeit** ['∼tsy:giçkaït] f liberté f de (choisir son) domicile.

fremd [frɛmt] adj. étranger; (seltsam)

étrange; er ist mir ∼ je ne le connais pas; das ist mir ganz ∼ je ne m'y connais pas; das kommt mir ∼ vor cela me paraît étrange; unter ∼em Namen sous un nom d'emprunt; **2-arbeiter** m travailleur m étranger; **∼artig** adj. hétérogène; (seltsam) étrange, pfort bizarre; **2-artigkeit** f hétérogénéité f; (Seltsamkeit) étrangeté f, pfort bizarrerie f; **2e** [frɛmdə] f (15) pays m étranger; in der (die) ∼ à l'étranger.

fremden|feindlich adj. xénophobe; **2führer** m guide m; **2legion** f légion f étrangère; **2legionär** m légionnaire m; **2verkehr** m tourisme m; **2zimmer** n chambre f; (privat) chambre f d'ami.

Fremd|e(r m) (18) m, f étranger m, -ère f; **∼herrschaft** f domination f étrangère; **∼körper** m corps m étranger; **2ländisch** ['∼lɛndiʃ] adj. étranger; (exotisch) exotique; **∼sprache** f langue f étrangère; **∼sprachenkorrespondent** m correspondancier m pour les langues étrangères; **2sprachig** adj. parlant une langue étrangère; **2sprachlich** adj. d'une langue étrangère; ∼er Unterricht enseignement m des langues étrangères; **∼wort** n mot m étranger; **∼wörterbuch** n dictionnaire m de mots étrangers.

frequen|tieren [frekvɛn'ti:rən] v/t. fréquenter; **2z** [∼'kvɛnts] f (16) a. phys. fréquence f.

Fresko ['frɛsko] n (9¹) fresque f.

Fress|e P ['frɛsə] f gueule f; j-m in die ∼ schlagen casser la gueule à q.; **2en** v/t. u. v/i. (30) manger; (verschlingen) dévorer; goinfrer; P bouffer; **∼en** n pâture f; mangeaille f; ein gefundenes ∼ P fig. une aubaine; **∼e-rei** P [∼'raï] f gloutonnerie f; goinfrerie f.

Freß|napf m écuelle f, mangeoire f; **∼paket** F n paquet m de victuailles (od. de ravitaillement); **∼trog** m auge f.

Frettchen zo. ['frɛtçən] n (6) furet m.

Freude ['frɔïdə] f (15) joie f; (Heiterkeit, Fröhlichkeit) gaieté f; réjouissance f; (Vergnügen) plaisir m; (Jubel) allégresse f; s-e ∼ an etw. (dat.) haben prendre plaisir à qch.; außer sich vor ∼ sein ne pas se sentir de joie.

Freuden|botschaft f joyeuse nouvelle f; **∼fest** n fête f; **∼feuer** n feu m de joie; **∼geschrei** n cris m/pl.

d'allégresse; **~haus** n maison f de tolérance; **~mädchen** n fille f de joie; **~tag** m jour m d'allégresse; **~taumel** m transport m de joie; **~tränen** f/pl. larmes f/pl. de joie.

freud|estrahlend adj. rayonnant de joie; **~ig** adj. joyeux; **~es Ereignis** heureux événement m; **~los** adj. sans joie.

freuen (25) 1. v/imp.: es freut mich, zu ... (inf.) je suis heureux de ... (inf.); es freut mich, daß ... je suis heureux que ... (+ subj.); das freut mich j'en suis heureux; 2. v/rfl.: sich ~ se réjouir (über acc. de; auf acc. d'avance de).

Freund [frɔYnt] m (3) ami m; als ~ en ami; ~ sein von etw. aimer qch.; mit j-m gut ~ sein être lié avec q.; j-n zum ~ haben avoir q. pour ami; **~eskreis** m (cercle m d')amis m/pl.; **~in** f amie f; **2lich** 1. adj. aimable; (wohlwollend) bienveillant; (leutselig) affable; (freundschaftlich) amical; (Dinge) agréable; **~es Angebot** offre f obligeante; das ist sehr ~ von Ihnen c'est bien aimable à vous; vous êtes bien aimable; seien Sie bitte so ~ soyez assez aimable (zu pour); 2. adv.: ~ tun faire l'aimable; **2lichkeit** f amabilité f; (Wohlwollen) bienveillance f; (Leutseligkeit) affabilité f; **~schaft** f amitié f; aus ~ par amitié; für j-n ~ hegen avoir de l'amitié pour q.; mit j-m ~ schließen se lier d'amitié avec q.; **2schaftlich** adj. amical.

Freundschafts|dienst m service m d'ami; bon office m; **~spiel** n match m amical; **~vertrag** m traité m d'amitié.

Frevel ['freːfəl] m (7) délit m; crime m; (Missetat) forfait m; rl. sacrilège m; **2haft** adj. criminel; rl. sacrilège; impie; **2n** v/i. (29) se rendre coupable d'un délit (od. d'un crime); (an, gegen contre); **~tat** f = Frevel.

Frieden ['friːdən] m (6) paix f; in ~ en paix; ~ schließen (um ~ bitten) faire (demander) la paix.

Friedens|bedingungen f/pl. conditions f/pl. de paix; **~bruch** m rupture f de la paix; '**~no**'**bel-preis** m prix m Nobel de la paix; **~pfeife** f calumet m de paix; **~richter** m juge m de paix; **~schluß** m conclusion f de la paix; **~stifter** m pacificateur m; **~taube** f colombe f de la paix; **~verhandlungen** f/pl. négociations f/pl. de paix; **~vertrag** m traité m de paix;

~zeit f: in ~en en temps de paix.

fried|fertig ['friːt-] adj. pacifique; **2fertigkeit** f caractère m pacifique; esprit m conciliant; **2hof** m cimetière m; **~lich** adj. pacifique; (ungestört) paisible; **~liebend** p.pr. adjt. pacifique.

frieren ['friːrən] (30) 1. v/i. geler; ich friere j'ai froid; F je gèle; 2. v/imp.: es friert il gèle; es friert mich j'ai froid.

Fries [friːs] m (4) (Arch. u. Stoff) frise f.

Fries|e ['friːzə] m (13), **~in** f Frison (-ne f) m; **2isch** adj. frison.

Frika|delle cuis. [frika'dɛlə] f (15) boulette f de viande 'hachée; **~s'see** cuis. n fricassée f.

frisch [friʃ] 1. adj. frais; (neu) nouveau; (eben geschehen) récent; (Wäsche) blanc; (Obst) frais cueilli; (munter) vif; (flink) alerte; ~ und munter frais et dispos; noch ~ bien conservé; auf ~er Tat sur le fait; en flagrant délit; in ~er Luft au grand air; ~e Luft schöpfen prendre l'air; 2. adv. fraîchement; nouvellement; ~ rasiert rasé de frais; ~ vom Faß fraîchement tiré; ~ gestrichen! attention à la peinture!; **2e** f (15) fraîcheur f; (Jugend2) vigueur f; **2fleisch** n viande f fraîche; **2gemüse** n légumes m/pl. frais; **2haltebeutel** m sac m spécial pour la conservation des aliments; **2ling** zo. m (3¹) marcassin m; **2luft** f air m frais.

Fris|eur [fri'zøːr] m (3¹) coiffeur m; **~euse** [~'zøːzə] f (15) coiffeuse f.

fri'sier|en v/t. coiffer; **2mantel** m peignoir m; **2salon** m salon m de coiffure; **2tisch** m toilette f.

friß(t) [fris(t)] s. fressen.

Frist [frist] f (16) temps m; (bestimmter Zeitraum) terme m; (Aufschub) délai m; répit m; in Jahres2 d'ici un an; **~ablauf** m expiration f du délai; **2en** v/t.: sein Leben (mühsam) ~ gagner péniblement sa vie; vivoter; **2gemäß** adj. u. adv. dans les délais fixés; **2los** adj. (u. adv.) sans délai; **~e Entlassung** renvoi m sans préavis; **~verlängerung** f prolongation f de délai.

Frisur [fri'zuːr] f (16) coiffure f.

frivol [fri'voːl] adj. (leichtfertig) léger; frivole; (schlüpfrig) leste; **2ität** [~voli'tɛːt] f frivolité f.

froh [froː] adj. joyeux; heureux (über

acc. de); content (de); bien aise (de);
s-s Lebens nicht ~ werden ne pas jouir
de l'existence.

fröhlich ['frø:lɪç] *adj.* gai; joyeux;
enjoué; **2keit** *f* gaieté *f*; enjouement
m.

froh|'locken *v/i.* exulter; **2sinn** *m*
gaieté *f*; belle humeur *f*.

fromm [frɔm] *adj.* (18²) pieux; religieux; (*andächtig*) dévot (a. mv.p.);
(*sanft*) doux; ~e Miene mine *f* débonnaire; ein ~er Wunsch un vain souhait; un vœu platonique.

Frömmel|ei [frœmə'laɪ] *f* (16) bigo-
terie *f*; **2n** *v/i.* (29) faire le bigot.

Frömm|igkeit *f* piété *f*; dévotion *f*;
~ler *m* (7) faux dévot *m*; bigot *m*.

Fron [fro:n] *f*, **~dienst** *m* corvée *f*.

frönen ['frø:nən] *v/i.* (25) s'abandonner à; être adonné à.

Fron|'leichnam(sfest *n*) *m* Fête-
Dieu *f*.

Front [frɔnt] *f* (16) front *m*; Arch.
façade *f*; ~ machen faire front, *fig.*
faire face (*gegen* à); **2al** [~'ta:l] *adj. u.
adv.* de front; **~alzusammenstoß**
Auto *m* collision *f* de face; **~antrieb**
Auto *m* traction *f* avant; **~dienst** *m*
service *m* au front; **~kämpfer** *m*
combattant *m*; **~wechsel** *fig.* *m* changement d'opinion, volte-face *f*.

fror [fro:r] *s.* frieren.

Frosch [frɔʃ] *m* (3² u. 3³) grenouille *f*;
(*Feuerwerkskörper*) pétard *m*; **~
mann** *m* homme-grenouille *m*;
~schenkel *m* cuisse *f* de grenouille;
~teich *m* grenouillère *f*.

Frost [frɔst] *m* (3² u. 3³) gel *m*, gelée *f*;
(*Kälte*) froid *m*; **2beständig** *adj.*
résistant à la gelée (*od.* au gel);
~beule *f* engelure *f*.

frösteln ['frœstəln] *v/i.* (21) frissonner; avoir le frisson.

frost|ig ['frɔstɪç] *adj.* froid; glacial;
2schaden *m* dégâts *m/pl.* causés par
le gel; **2schutzmittel** *n* antigel *m*;
2wetter *n* (temps *m* de) gelée *f*.

Frottee [frɔ'te:] *n* (11 u. 11¹) tissu-
-éponge *m*.

frottier|en [frɔ'ti:rən] *v/t.* frotter;
2(hand)tuch *n* serviette-éponge *f*.

Frucht [fruxt] *f* (14¹) fruit *m*; (*Halm-
2*) blé *m/pl.*; (*Ergebnis*) résultat *m*;
die ersten Früchte les primeurs *f/pl.*;
2bar *adj.* fécond (*a. fig.*); **~** fertile;
(*viel liefernd*) productif; **~** machen
féconder; fertiliser; **~barkeit** *f* fé-
condité *f*; fertilité *f*; productivité *f*;

2bringend *p.pr. adjt.* fructifère; *fig.*
fructueux; profitable.

Früchtchen *fig.* F ['fryçtçən] *n*: ein
nettes ~ un mauvais sujet.

Frucht|-eis *n* glace *f* aux fruits; **2en**
v/i. (26) porter des fruits; nichts ~
rester infructueux; **~fleisch** *n* pulpe
f; chair *f*; **~folge** *✍* assolement *m*;
~knoten *m* ovaire *m*; **2los** *adj. fig.*
infructueux; inutile; **~losigkeit** *f*
stérilité *f*; inutilité *f*; **~presse** *f*
presse-fruits *m*; pressoir *m*; **~saft** *m*
jus *m* de fruits; (*eingemachter*) sirop
m; **~schale** *✍* *f* pelure *f*; peau *f*;
2tragend *p.pr.* fructifère; **~
wasser** *anat. n* liquide *m* amniotique; **~zucker** *⌀ₘ m* fructose *m*, lévu-
lose *m*.

frugal [fru'gal] *adj.* frugal, sobre.

früh [fry:] **1.** *adj.* matinal; (*vorzeitig*)
prématuré; (*Früchte*) précoce; 'hâ-
tif; (*anfänglich*) premier; primitif;
am ~en Morgen de grand matin; in
~er Jugend dans sa première (*od.*
prime) jeunesse; in ~en Zeiten dans
les temps primitifs; dans les premiers âges; **2.** *adv.* de bonne heure;
tôt; um 5 Uhr ~ à cinq heures du
matin; ~ am Abend le soir de bonne
heure; ~ und spät matin et soir; von ~
bis spät du matin au soir; ~ aufstehen
être matinal (*stets:* matineux);
2-aufsteher *m* homme *m* matineux;
2beet *✍* *n* couche *f*; **2diagnose** *⚕ f*
diagnostic *m* fait assez tôt; **2e** ['fry:ə]
f (15) matin *m*; (*Tagesanbruch*) point
m du jour; in aller ~ de grand matin;
~er 1. *adj. comp. v.* früh; **2.** *adj.*
(*ehemalig*) ancien; (*vorhergehend*)
précédent; **3.** *adv.* plus tôt; (*vorher*)
auparavant; avant; (*ehemals*) autrefois; jadis; ~ oder später tôt ou tard;
~estens *adv.* au plus tôt; **2geburt** *f*
accouchement *m* prématuré; nais-
sance *f* avant terme; **2gemüse** *n*
primeurs *f/pl.*; **2gymnastik** *f* gymnastique *f* matinale; **2jahr** *n* printemps *m*; **2kartoffel** *f* pomme *f* de
terre précoce (*od.* 'hâtive); **2konzert**
n concert *m* matinal; **2ling** *m* (3¹)
printemps *m*; **2lings-anfang** *m* début *m* du printemps; **2lingsblume** *f*
fleur *f* printanière; **~lingshaft** *adj.*
printanier; **2messe** *f* messe *f* basse;
~'morgens *adv.* de bon (*od.* de
grand) matin; **2-obst** *n* fruits *m/pl.*
précoces; primeurs *f/pl.*; **~reif** *adj.*
précoce; *✍ a.* 'hâtif; **2reife** *f* pré-

cocité f; 2**schicht** f équipe f du matin; 2**schoppen** m chope f du matin; 2**stadium** mst ≈ n débuts m/pl.; premier stade m; 2**stück** n petit déjeuner m; 2**stücken** v/i. (25) prendre le petit déjeuner; ~**zeitig 1.** adj. précoce; *hâtif*; (*vorzeitig*) prématuré; **2.** adv. de bonne heure; 2**zug** m (premier) train m du matin; 2**zündung** f allumage m avancé.

frustrieren [frus'tri:rən] v/t. frustrer.

Fuchs [fuks] m (4²) f renard m; (*junger*) renardeau m; *fig.* rusé compère m; (*Pferd*) alezan m; (*Student*) étudiant m du premier semestre; ~**bau** m renardière f; ~**falle** f piège m à renard.

Fuchsie ♀ ['fuksjə] f (15) fuchsia m.
Füchsin ['fyksin] f renarde f.
Fuchs|jagd f chasse f au renard; ~**pelz** m (peau f de) renard m; 2**rot** adj. roux; ~**schwanz** m queue f de renard; ♀ vulpin m; (*Säge*) égoïne f; 2(**teufels**)**wild** F adj. furieux; 'hors des gonds.

Fuchtel ['fuxtəl] f F: *unter j-s* ≈ *stehen* être sous la férule de q.; 2**n** v/i. (29): *mit den Händen* ≈ agiter les mains; gesticuler.

Fug [fu:k] m: *mit* ≈ *und Recht* à bon droit.

Fuge ['fu:gə] f (15) joint m; (*Naht*) jointure f; ♪ fugue f; *aus den* ≈*n gehen* se déboîter, se disloquer, *fig.* se dissoudre; 2**n** v/t. (25) *Bretter*: joindre; emboîter; *Mauer*: jointoyer.

füg|en ['fy:gən] **1.** v/rfl.: *sich* ≈ *se joindre* (*an acc.* à), se soumettre (*e-r Entscheidung* à une décision), s'accommoder (*in acc.* à); **2.** v/imp.: *das fügt sich gut* cela s'arrange bien; cela se trouve bien; ~**sam** ['ˌkza:m] adj. accommodant; docile; 2**samkeit** f caractère m accommodant; docilité f; 2**ung** ['ˌguŋ] f jonction f (*Schicksals*2) arrêt m du destin; *Gottes* ≈ voies f/pl. de Dieu; ≈ *in* (*acc.*) soumission f à.

fühl|bar ['fy:lba:r] adj. sensible; (*berührbar*) tangible; (*greifbar*) palpable; ~**en** (25) **1.** v/i. sentir; **2.** v/t. (*befühlen*) toucher; tâter; palper; 2**en** n attouchement m; (*Gefühl*) sentiment m; 2**er** m (7) zo. antenne f; *fig.* s-e ≈ *ausstrecken* sonder le terrain; 2**horn** zo. n antenne f; 2**ung** f contact m; ≈ *nehmen mit j-m* entrer en

(*od.* prendre) contact avec q.; contacter q.; 2**ungnahme** f (entrée f en) contact m.

fuhr [fu:r] s. *fahren*.
Fuhre ['fu:rə] f (15) charriage m; (*Ladung*) charretée f.
führen ['fy:rən] (25) v/t. conduire (*a. Auto*); mener; (*geleiten*) guider; (*verwalten*) diriger; ♣, *Flgw.*, *Auto*: piloter; *Dame*: donner le bras à; *Truppen*: commander; *Geschäft*: gérer; *Beweis*: fournir; donner; *Haushalt, Rechnung, Bücher, Kasse, Korrespondenz*: tenir; *Namen, Titel*: porter; *Waren*: avoir (à vendre); *Protokoll*: dresser; *Leben*: mener; *Feder*: manier; *bei sich* ≈ porter sur soi; *mit sich* ≈ (*Fluß*) charrier; *zu weit* ≈ *entraîner trop loin*; **2.** v/rfl.: *sich gut* (*schlecht*) ≈ *se conduire bien* (*mal*); **3.** v/i. mener, conduire (*nach, zu* à); *Sp.* mener (*mit 1:0 par un à zéro*); (*an der Spitze sein*) être en tête; tenir la tête; *das führt zu nichts* cela ne mène à rien; ~**d** p.pr. adj. (*Person*) dirigeant; (*Unternehmen*) prédominant.

Führer m (7) guide m (*a. Buch*), chef m, directeur m; (*Wagen*2) conducteur m; ≈ chef m (*a. pol.*); *pol.* leader m; ~**haus** n cabine f du conducteur; ~**in** f directrice f; conductrice f; 2**los** adj. (*Fahrzeug*) sans conducteur; (*Flugzeug*) sans pilote; (*Land, Gruppe*) sans chef; ~**schein** m permis m de conduire; ~**sitz** m siège m du chauffeur (*Flgw.* du pilote); ~**stand** m poste m du mécanicien.

Fuhr|lohn ['fu:r-] m frais m/pl. de transport; ~**mann** m voiturier m; charretier m; *astr.* Cocher m; ~**park** m parc m.

Führung f conduite f; ⚔ commandement m; *Flgw.* pilotage m; ⊕ guide m; (*Geschäfts*2) gestion f; direction f; gérance f; (*v. Büchern*) tenue f; (*Prozeß*2) procédure f; *die* ≈ *übernehmen* prendre la direction (⚔ le commandement; *Sp.* la tête); ~**skräfte** f/pl. cadres m/pl.; ~**szeugnis** n certificat m de bonne conduite (*od.* de bonne vie et mœurs).

Fuhr|unternehmen n entreprise f de transports; ~**unternehmer** m entrepreneur m de transports; ~**werk** n véhicule m; (*für Fracht*) chariot m.

Fülle ['fylə] f (15) plénitude f; abondance f; (Körper2) embonpoint m.

Füllen zo. ['fylən] n (6) poulain m; (weibliches) pouliche f.

füll|en v/t. (25) remplir (mit de); cuis. farcir; Ballon: gonfler; Zähne: obturer; in Flaschen ~ embouteiller; ~ in (acc.) verser dans; in Fässer ~ entonner; ~ aus tirer de; 2er F m (7), 2(feder)halter m stylo(graphe) m; 2horn n corne f d'abondance; 2ung f remplissage m; (Zahn2) obturation f; (Braten2) farce f; (Ballon2) gonflement m; (Tür2) panneau m; 2wort n (mot m) explétif m.

fummeln F ['fuməln] v/i. (29) tripoter (an etw. dat.), trifouiller (dans qch.).

Fund [funt] m (3) objet m trouvé; glücklicher ~ trouvaille f, (unverhofft) aubaine f.

Fundament [funda'mɛnt] n (3) fondement m; 2al [~'ta:l] adj. fondamental; 2ieren [~'ti:rən] v/t. faire les fondations.

Fund|büro n bureau m des objets trouvés; ~grube f mine f.

fundiert [fun'di:rt] p.p. adjt.: gut ~ bien fondé; † ~e Schuld dette f consolidée.

Fund|-ort m endroit m où un objet a été trouvé; lieu m de découverte; ~sache f objet m trouvé; ~stelle f = Fundort.

fünf [fynf] 1. a/n.c. cinq; ~ gerade sein lassen ne pas chercher midi à quatorze heures; 2. 2 f (chiffre m) cinq m; 2-eck n (3) pentagone m; ~eckig adj. pentagonal; ~er'lei adj. (inv.) de cinq sortes; ~fach 1. adj.: die ~e Menge le quintuple; 2. adv. cinq fois; ~hundert a/n.c. cinq cent(s); 2'jahresplan m plan m quinquennal; ~jährig adj. (âgé) de cinq ans; 2kampf Sp. m pentathlon m; 2linge m/pl. quintuplé(e)s m(f)/pl.; ~mal adv. cinq fois; 2'markstück n pièce f de cinq marks; ~seitig adj. de cinq pages; A pentagonal; ~stellig adj. de (od. à) cinq chiffres; ~stöckig adj. à cinq étages; 2'tagewoche f semaine f de cinq jours; ~te a/n.c. cinquième; der (den, am) ~(n) (5.) März le cinq (5) mars; Karl der 2 Charles-Quint m; 2tel n (7) cinquième m; ~tens adv. cinquièmement; ~zehn a/n.c. quinze; ~zehnte a/n.o. quinzième; 2zehntel n quinzième m; ~zig ['~tsiç] a/n.c. cinquante; etwa ~

une cinquantaine; 2ziger(in f) m (7) quinquagénaire m, f; ~zigste a/n.o. cinquantième; 2zigstel ['~tsiçstəl] n cinquantième m.

fungieren [fuŋ'gi:-] v/i.: ~ als faire fonction de.

Funk [fuŋk] m (3¹, o. pl.) radio f; ~amateur m radio-amateur m; ~anlage f poste m émetteur (od. radio); ~ausstellung f (große) salon m de T.S.F.; ~bild n téléphotographie f.

Fünkchen ['fyŋkçən] n (6) petite étincelle f; fig. kein ~ ... pas un grain de ...

Funk|e m (13¹) étincelle f (a. fig.); (fliegender) étincelle f; fig. lueur f; 2eln v/i. (29) étinceler; (strahlen) briller; (glitzern) scintiller; 2elnagel'neu adj. flambant neuf; ~en m (6) = Funke; 2en v/t. (25) radiotélégraphier; transmettre par radio; ~er m (7) radiotélégraphiste m; radiotéléphoniste m; radio m; ~gerät n poste m émetteur-récepteur; ~haus n station f d'émission radiophonique; ~peilung f radiorepérage m; ~sprechgerät n appareil m radio-(télé)phonique; ~spruch m radio-(télé)gramme m; sans-fil m; ~station f poste m de radio; ~stille f silence m radio (od. en T.S.F.); ~störung f perturbation f radioélectrique; ~streifenwagen m voiture f radio (de la police); ~taxi n taxi m radio; ~telegramm n radio (télé)-gramme m.

Funktion [funk'tsjo:n] f fonction f; ~är [~tsjo'nɛ:r] m (3¹) fonctionnaire m; agent m; 2ell [~'nɛl] adj. fonctionnel; 2ieren [~'ni:rən] v/i. fonctionner; 2sfähig adj. capable de fonctionner; ~sstörung ☞ f trouble m fonctionnel.

Funk|turm m pylône m de radio; ~verbindung f communication f radiophonique; ~verkehr m radio-communications f/pl.; ~wagen m voiture f radio; ~wesen n radiophonie f; radio f.

für [fy:r] 1. prp. (acc.) pour; (als Austausch für) en échange de; (anstatt) au lieu de; (zum Gebrauch für) à l'usage de; (mit Rücksicht auf) à l'égard de; (zugunsten von) en faveur de; ~ diesen Preis à ce prix; Gefühl ~ das Schöne sentiment m du beau; Mann ~ Mann tous l'un après l'autre;

Tag ~ Tag jour par jour; *Schritt ~ Schritt* pas à pas; *Stück ~ Stück* pièce à pièce; *Wort ~ Wort* mot à mot; *~ sich leben* vivre seul; *das ist e-e Sache ~ sich* c'est une chose à part; *das hat viel ~ sich* cela est très plausible; *ich ~ meine Person* quant à moi; *~ erste* premièrement; *was ~ ein(e)* quel(le); quelle espèce de; 2. $2 n$: *das ~ und Wider* le pour et le contre.

Fürbitte *f* intercession *f*; *rl.* prière *f*; *~ einlegen* intercéder (*bei* auprès de).

Furch|e ['furçə] *f* (15) sillon *m*; (*a. Runzel*) ride *f*; 2**en** *v/t.* (25) sillonner; 2**ig** *adj.* sillonné; (*Gesicht a.*) ridé.

Furcht [furçt] *f* (11) crainte *f* (*vor dat.* de); (*Angst*) peur *f* (*vor dat.* de); *aus ~ vor* (*dat.*) (*zu ... inf.*) de crainte (*od.* de peur) de (... *inf.*); *aus ~, daß ...* de crainte (*od.* de peur) que ... ne (*subj.*); *in ~ versetzen* faire peur (à); *effrayer*; 2**bar** 1. *adj.* terrible, effroyable, horrible; *~e Angst* peur *f* terrible; 2. *adv.*: *es ist ~ kalt* il fait horriblement froid; *das ist ~ schwierig* c'est terriblement difficile; 2**-einflößend** *p.pr. adjt.* qui fait peur; atroce.

fürchten ['fyrçtən] (26) 1. *v/t.*: *j-n (etw.) ~*, 2. *v/rfl.*: *sich vor j-m (vor etw. dat.) ~* craindre (qch.); avoir peur de q. (de qch.); *ich fürchte, es ist zu spät* je crains qu'il ne soit trop tard; *ich fürchte, ich habe ...* je crains d'avoir ...

fürchterlich *adj.* effroyable; terrible.

furcht|los *adj.* sans crainte; intrépide; 2**losigkeit** *f* intrépidité *f*; *~sam* *adj.* craintif; (*schüchtern*) timide; (*ängstlich*) peureux; 2**samkeit** *f* timidité *f*.

füreinander [fyr⁹aɪn'andər] *adv.* l'un(e) pour l'autre *bzw.* les un(e)s pour les autres.

Furie ['fu:rjə] *f* (15) furie *f*; *fig. a.* mégère *f*.

Furnier ⊕ [fur'ni:r] *n* (3¹) feuille *f* de placage; 2**en** ⊕ [~] *v/t.* plaquer.

Furore [fu'ro:rə] *f od. n*: *~ machen* faire fureur.

Fürsorge *f* aide *f*, secours *m*; *soziale ~* assistance *f* sociale; *~amt* *n* bureau *m* d'assistance sociale; *~erziehung* *f* régime *m* pénitentiaire; *~rin* *f* assistante *f* sociale; *~unterstützung* *f* allocation *f* d'assistance.

für|sorglich *adj.* plein de sollicitude; 2**sprache** *f* intercession *f*; *~ einlegen*

für intercéder pour (*bei* auprès de); 2**sprecher** *m* intercesseur *m*.

Fürst|(in *f*) ['fyrst(in)] *m* (12) prince *m*, princesse *f*; *~enhaus* *n* maison *f* princière; *~entum* *n* (1²) principauté *f*; 2**lich** 1. *adj.* princier; 2. *adv.*: *~ leben* vivre en prince (*resp.* en princesse).

Furt [furt] *f* (16) gué *m*.

Furunk|el [fu'ruŋkəl] *m* (7) furoncle *m*; *clou* *m*; *~u·lose* ⚕ *f* furonculose *f*.

für|wahr *adv.* vraiment; certes; 2**wort** *gr. n* (1²) pronom *m*.

Furz ∨ [furts] *m* (3² *u.* ³) pet *m*; 2**en** ∨ *v/i.* péter.

Fusel F ['fu:zəl] *m* (7) tord-boyaux *m*.

Fusion [fu'zjo:n] *f* (16) fusion *f*; 2**ie·ren** [~'ni:rən] *f* fusionner.

Fuß [fu:s] *m* (3² *u.* ³) pied *m* (*a. fig.*); (*e-r Säule a.*) base *f*; (*e-s Tieres*) patte *f*; *zu ~* à pied; *gut zu ~ sein* être bon marcheur; *auf gleichem ~e* sur le pied d'égalité; *mit dem ~ an etw.* (*acc.*) *stoßen* se heurter le pied contre qch.; *j-m zu Füßen fallen* se jeter aux pieds de q.; *auf die Füße fallen* retomber sur ses pieds; *auf eigenen Füßen stehen* voler de ses propres ailes; être indépendant; *mit Füßen treten* fouler aux pieds; *festen ~ fassen* prendre pied; *j-m auf dem ~e folgen* suivre q. de près; *auf großem ~(e) leben* mener grand train; *auf freien ~ setzen* mettre en liberté; *mit j-m auf gutem (schlechtem) ~(e) stehen* être en bons (mauvais) termes avec q.; *mit j-m auf gespanntem ~(e) stehen* être brouillé avec q.

Fuß|-abtreter *m* décrottoir *m*; *~angel* *f* chausse-trape *f*; *~bad* *n* bain *m* de pieds.

Fußball *m* ballon *m* (de football); *~ spielen* jouer au football; *~fan* *m* fervent *m* (*od.* enthousiaste *m*) du football; *~mannschaft* *f* équipe *f* de football; *~platz* *m* terrain *m* de football; *~spiel* *n* match *m* de football; *~spieler* *m* footballeur *m*; *~toto* *m od. n* concours *m* de pronostics de football.

Fuß|bank *f* tabouret *m*; *~boden* *m* plancher *m*; *~bodenbelag* *m* revêtement *m* de plancher; *~breit* *m*: *keinen ~ weichen* ne pas reculer d'une semelle; *~bremse* *f* frein *m* à pied.

Fussel ['fusəl] *f* (15) petit poil *m*, peluche *f*; 2**n** *v/i.* pelucher.

fußen ['fu:sən] *v/i.* (27) se fonder,

être fondé, reposer (*auf* sur).

Fuß-ende *n* pied *m* du lit.

Fußgänger|(in *f*) ['fuːsgɛŋər] *m* (7) piéton(ne *f*) *m*; **~brücke** *f* passerelle *f*; **~streifen** *schweiz.* *m*, **~überweg** *m* passage *m* clouté; **~tunnel** *m* tunnel *m* pour piétons; **~zone** *f* zone *f* réservée aux piétons.

Fuß|gelenk *n* articulation *f* du pied; **~hebel** *m* pédale *f*; **2hoch** *adj.* 'haut d'un pied; **~leiste** *f* plinthe *f*; **~marsch** *m* marche *f* à pied; **~matte** *f* paillasson *m*; **~note** *f* note *f* (au bas de la page); **~pfad** *m* sentier *m*; **~pflege** *f* soins *m/pl.* des pieds; **~pfleger(in** *f*) *m* pédicure *m*, *f*; **~raste** *f* (15) repose-pied *m*; **~sack** *m* chancelière *f*; **~schalter** *m* interrupteur *m* à pied; **~schweiß** *m* transpiration *f* des pieds; **~sohle** *f* plante *f* du pied; **~spitze** *f* pointe *f* du pied; **~spur** *f* trace *f*; empreinte *f* (du pied); **~stapfe** *f*: in *j-s* ~n treten marcher sur les traces de q.; **~stütze** *f* repose-pieds *m*; **~tritt** *m* coup *m* de pied; **~volk** *n* infanterie *f*; *fig.* (menu) peuple *m*; **~weg** *m* chemin *m* de piétons; (*Pfad*) sentier *m*; **~wurzel** *f* tarse *m*.

futsch F [futʃ] *adj.* disparu; perdu; (*verdorben*) abîmé; fichu; P foutu.

Futter ['futər] *n* (7) nourriture *f*; pâture *f*; fourrage *m*; mangeaille *f*;

(*Kleider* 2) doublure *f*.

Futteral [~'raːl] *n* (3) étui *m*, gaine *f*, fourreau *m*.

Futter|beutel *m* musette *f*; **~häuschen** *n* abri *m* pour les oiseaux; **~krippe** *f* mangeoire *f*; *fig.* F *an der* ~ *sitzen* avoir trouvé l'assiette au beurre; **~mittel** *n* fourrage(s *pl.*) *m*; 2**n 1.** *v/t.* donner à manger (à); **2.** *v/i.* manger.

füttern ['fytərn] *v/t.* (29) donner à manger (à); *Kind*: faire manger; *Nestvögel*: donner le becquée (à); *Kleider*: doubler (*mit* de); *mit Pelz* ~ fourrer; *mit Watte* ~ ouater; ⊕ revêtir.

Futter|napf *m* mangeoire *f*; **~neid** *m* jalousie *f* (du manger); *fig.* jalousie *f* de métier; **~pflanze** *f* plante *f* fourragère; **~platz** *m* (*für Wild*) râtelier *m* à fourrage; **~rübe** *f* betterave *f* fourragère; **~sack** *m* sac *m* à avoine; musette *f*; **~stoff** *m* étoffe *f* pour (*od.* à) doublure; **~trog** *m* auge *f*; mangeoire *f*.

Fütterung ['fytərʊŋ] *f* affouragement *m*; *die* ~ *der Raubtiere* le repas des fauves.

Futur *gr.* [fu'tuːr] *n* (3¹) futur *m*; **~ismus** [~u'rɪsmus] *m* futurisme *m*; **~ist** [~'rɪst] *m* (12) futuriste *m*; 2**istisch** [~'rɪstiʃ] *adj.* futuriste.

G

G, g [ge:] *n* G, g [ʒe] *m*; ♩ sol *m*.

gab [gɑ:p] *s.* geben.

Gabardine [gabar'di:n] *m* (11, *o.pl.*) gabardine *f*.

Gabe ['gɑ:bə] *f* (15) don *m*; présent *m*; milde ~ aumône *f*; (*Anlage*) don *m*; talent *m*.

Gabel ['gɑ:bəl] *f* (15) (*Eßʒ*) fourchette *f*; (*Heuʒ, Fahrradʒ usw.*) fourche *f*; ~bissen *cuis. m* canapé *m*; F amuse-gueule *m*; ~deichsel *f* brancard *m*; limonière *f*; ʒförmig ['~fœr-miç] *adj.* fourchu; ~frühstück *n* lunch *m*; ʒn *v/rfl.* (29): *sich* ~ bifurquer; ~stapler *m* chariot *m* élévateur à fourche; ~ung *f* bifurcation *f*.

gackern ['gakərn] *v/i.* (29) caqueter.

gaffen P ['gafən] *v/i.* (25) regarder bouche bée; badauder; ʒer P *m* (7) badaud *m*.

Gage ['gɑ:ʒə] *f* (15) cachet *m*.

gähnen ['gɛ:nən] **1.** *v/i.* (25) bâiller; **2.** ʒ *n* (6) bâillement *m*.

Gala ['gala] *f*: *in* ~ en grande tenue; ~abend *m* (soirée *f* de) gala *m*.

Galan [ga'lɑ:n] *m* (3¹) galant *m*.

galant [ga'lant] *adj.* galant; ʒerie [~tə'ri:] *f* (15) galanterie *f*.

Gala-|uniform *f* grande tenue *f*; ~vorstellung *f* représentation *f* de gala.

Galeere [ga'le:rə] *f* (15) galère *f*; ~n-sklave *m*, ~nsträfling *m* galérien *m*; forçat *m*.

Galerie [galə'ri:] *f* (15) galerie *f*; *thé.* paradis *m*; F poulailler *m*.

Galgen ['galgən] *m* (6) potence *f*; gibet *m*; *an den* ~ *kommen* être pendu; ~frist *f* quart *m* d'heure de grâce; ~humor *m* humour *m* macabre; ~strick *m*, ~vogel *m* gibier *m* de potence; pendard *m*.

Galionsfigur [ga'ljo:ns-] *f* figure *f* de proue.

Galle ['galə] *f* (15) bile *f*; (*v. Tieren u. fig.*) fiel *m*; (*v. Fischen*) amer *m*; *ihm läuft die* ~ *über* sa bile s'échauffe; ʒ(n)bitter *adj.* amer comme le fiel.

Gallen|blase *f* vésicule *f* biliaire; ~kolik *f* colique *f* hépatique; ~leiden *n*: *ein* ~ *haben* souffrir de la vésicule (biliaire); ~stein *m* calcul *m*

biliaire.

Gallert ['galərt] *n* (3³), ~e [ga'lɛrtə] *f* (15) gélatine *f*; colloïdal.

Gallier(in *f*) ['galjər(in)] *m* (7) Gaulois(e *f*) *m*.

gallig ['galiç] *adj.* (*a. fig.*) bilieux; fielleux; plein de fiel.

gallisch *adj.* gaulois; ʒismus [~'tsismus] *m* gallicisme *m*.

Galopp [ga'lɔp] *m* (3) galop *m*; *in kurzem (gestrecktem)* ~ au petit (grand) galop; ʒieren *v/i.* (sn) galoper.

Galosche [ga'lɔʃə] *f* (15) galoche *f*.

galt [galt] *s.* gelten.

galva|nisch [gal'vɑ:niʃ] *adj.* galvanique; ~nisieren [~vani'zi:rən] *v/t.* galvaniser; ʒno'meter *n* galvanomètre *m*; ʒno'plastik *f* galvanoplastie *f*.

Gamasche [ga'maʃə] *f* (15) guêtre *f*.

Gammler ['gamlər] *m* (7) hippie *m*.

Gang [gaŋ] **1.** *m* (3³) marche *f*; (*Gangart*) allure *f*; (*e-s Menschen*) démarche *f*; *Auto* vitesse *f*; *den zweiten* ~ *einschalten* passer en seconde vitesse; (*Spazierʒ*) promenade *f*; (*Lauf*) cours *m*; *der* ~ *der Dinge* le train des choses; (*Besorgung*) course *f*; (*Durchʒ*) passage *m*; (*Flur*) couloir *m*; (*breiter*) corridor *m*; (*Weg*) chemin *m*; (*beim Essen*) plat *m*, service *m*, *erster* ~ entrée *f*; ⚔ filon *m*; veine *f*; ⚕, *anat.* canal *m*; conduit *m*; (*Gewinde*) pas *m* (de vis); (*e-r Maschine*) mouvement *m*, marche *f*; *in* ~ *bringen* mettre en marche; *in* ~ *kommen* se mettre en marche; *im* ~ *e sein* marcher; *in vollem* ~*e sein* battre son plein; **2.** ʒ *adv.*: *das ist* ~ *und gäbe* c'est courant.

Gang|-art *f* démarche *f*; (*v. Tieren*) allure *f*; ʒbar *adj.* (*Weg*) praticable; (*Münze*) qui a cours; (*gebräuchlich*) usité; (*Ware*) de bon débit.

Gängelband ['gɛŋəl-] *n*: *j-n am* ~ *führen* tenir q. en lisière.

gängig ['gɛŋiç] *adj.* (*Ausdruck*) courant; (*Ware*) d'un écoulement facile.

Gangschaltung *f* changement *m* de vitesse; (*am Fahrrad*) dérailleur *m*.

Gangster ['gɛŋstər] *m* (7) gangster *m*.

Gangway ['gɛŋveɪ] *f* (11¹) passerelle *f*.

Gans [gans] f (14¹) oie f; fig. dumme ~
oie f, F dinde f.

Gänschen ['gɛnsçən] n (6) oison m.

Gänse|blümchen ['gɛnzəbly:mçən]
n pâquerette f; **~braten** m oie f
rôtie; **~füßchen** n/pl. guillemets
m/pl.; **~haut** f fig. chair f de poule;
~klein n (3¹) abattis m d'oie; **~
leberpastete** f pâté m de foie gras;
~marsch m: im ~ à la queue leu leu,
en file indienne; **~rich** m (3) jars m;
~schmalz n graisse f d'oie.

ganz [gants] 1. adj. tout; (ungeteilt)
entier; (unversehrt) intact; (vollständig) complet; (völlig) total; die ~e
Stadt toute la ville; la ville entière; ein
~es Brot un pain entier; von ~em
Herzen de tout mon cœur; ~ Rom tout
Rome; die ~e Welt le monde entier;
2. adv. entièrement, tout à fait; (vollständig) complètement; (vor adj. u.
adv.) tout (vor adj./f mit konsonant.
Anlaut: toute); ~ und gar absolument; ~ und gar nicht (bei vb. ne ...)
point du tout; ~ gut assez bien; ~
recht! c'est ça!; parfaitement!; ~ gewiß bien sûr; ~ der Ihrige tout à vous;
~ Ohr sein être tout oreilles; er ist ~
der Mann danach c'est bien l'homme
qu'il faut; ~ in Leder en cuir plein; ~
gut assez bien.

Ganz|aufnahme f photo f en pied;
~e(s) n (18) tout m; (Gesamtbetrag)
total m; (Gesamtheit) ensemble m;
totalité f; im ~n au total, en tout, (in
Bausch und Bogen) en bloc; im 2n
genommen à tout prendre; **~heits-
methode** f méthode f globale; **~
leder(ein)band** m reliure f pleine
peau; **~leinen** n pleine toile f.

gänzlich ['gɛntsliç] 1. adj. entier;
total; 2. adv. a. tout à fait.

Ganz|metallbau m construction f
entièrement métallique; **2seitig** adj.
(Anzeige) sur une page entière;
2tägig adv.: ~ geöffnet ouvert toute la
journée; **~tags-arbeit** f emploi m à
plein temps.

gar [gɑːr] 1. adj. (Speise) assez cuit,
cuit à point; 2. adv.: ~ nicht pas du
tout; ~ nichts rien du tout; ~ zu (sehr)
beaucoup trop; ~ keiner personne du
tout.

Garage [ga'rɑːʒə] f (15) garage m; in
e-r ~ unterstellen garer; **~nbesitzer**
m garagiste; **~ntor** n porte f de
garage.

Garan|t [ga'rant] m (12) garant m;

~'tie f (15) garantie f; **2'tieren** v/t. u.
v/i. garantir (für etw. qch.); **~'tie-
schein** m bulletin m de garantie.

Gar-aus m: j-m den ~ machen achever
q.

Garbe ['garbə] f (15) gerbe f; in ~n
binden mettre en gerbes.

Garde ['gardə] f (15) garde f; **~-of-
fizier** m officier m de la garde.

Garderobe [gardə'roːbə] f (15) (Kleidung) vêtements m/pl.; garde-robe f;
(Kleiderablage) vestiaire m; thé. (An-
kleideraum) loge f; (Flur2) portemanteau m.

Garde'roben|frau f préposée f au
vestiaire; **~marke** f, **~nummer** f
ticket m de vestiaire; **~ständer** m
portemanteau m.

Gardine [gar'diːnə] f (15) rideau m;
~npredigt f semonce f (conjugale);
j-m e-e ~ halten sermonner q.; **~n-
stange** f tringle f (à rideaux).

gär|en ['gɛːrən] v/i. (30) fermenter (a.
fig.); (Wein) bouillonner; **2mittel** n
ferment m.

Garn [garn] n (3) fil m; fig. ins ~ gehen
donner dans le panneau (od. le piège).

Garnele zo. [gar'neːlə] f (15) crevette f.

garnier|en [gar'niːrən] v/t. garnir
(mit de); **2ung** f garniture f.

Garnison [garni'zoːn] f (16) garnison
f.

Garnitur [garni'tuːr] f (16) (Besatz)
garniture f; parement m; (Satz zu-
sammengehöriger Dinge) assortiment m; (Da-
menwäsche2) parure f; fig. die erste ~
l'élite f.

Garn|knäuel n peloton m de fil;
~rolle f bobine f de fil.

garstig ['garstiç] adj. vilain, méchant
(zu j-m envers q.).

Gärstoff m ferment m.

Garten ['gartən] m (6¹) jardin m; **~
anlage** f jardin m (public); square m;
~arbeit f jardinage m; **~architekt**
m architecte m paysagiste; **~bau** m
jardinage m; horticulture f; **~bau-
ausstellung** f exposition f d'horticulture; **~blume** f fleur f cultivée;
~erde f terreau m; **~fest** n garden-
-party f; **~gerät** n outil m (a. ut.
tensile m) de jardinage; **~gestaltung**
f aménagement m de jardin; **~haus** n
pavillon m; **~laube** f berceau m;
tonnelle f; **~lokal** n café m avec
jardin; **~möbel** n/pl. meubles m/pl.
de jardin; **~schau** f exposition f

horticole; **~schere** f cisailles f/pl. de jardinier; **~schlauch** m tuyau m d'arrosage; **~stadt** f cité-jardin f; **~stuhl** m chaise f de jardin; **~zaun** m clôture f; **~zwerg** m nain m placé dans un jardin; fig. F (espèce f de) gnome.

Gärtner ['gɛrtnər] m (7) jardinier m; **~ei** [~'rai] f maison f d'horticulture; **~in** f jardinière f.

Gärung ['gɛːruŋ] f fermentation f; **~smittel** n ferment m; **~sprozeß** m processus m de la fermentation.

Garzeit cuis. ['gaːrtsait] f (temps m de) cuisson f.

Gas [gaːs] n (4) gaz m; Auto ~ geben (wegnehmen) donner (couper) les gaz; **~anschluß** m raccordement m au gaz; **~anstalt** f usine f à gaz; **~anzünder** m allume-gaz m; **~automat** m distributeur m automatique de gaz; **~behälter** m gazomètre m; **~beleuchtung** f éclairage m au gaz; **~brenner** m bec m de gaz; **~druck** m pression f du gaz; **~feuerzeug** n briquet m à gaz; **~flamme** f flamme f du gaz; bec m de gaz; **~flasche** f bouteille f de gaz; **2förmig** adj. gazéiforme; **~hahn** m robinet m à gaz; **~hebel** Auto m accélérateur m; **~heizung** f chauffage m au gaz; **~herd** m fourneau m à gaz; **~kammer** f chambre f à gaz; **~kocher** m réchaud m à gaz.

Gaskogn|er(in f) [gas'kɔnjər(in)] m (7) Gascon(ne f) m; **2isch** adj. gascon.

Gas|laterne f bec m de gaz; réverbère m; **~leitung** f conduite f de gaz; **~licht** n lumière f à gaz; **~Luft-Gemisch** n mélange m d'air et de gaz; **~maske** f masque m à gaz; **~messer** m (7) gazomètre m; (in der Wohnung) compteur m à gaz; **~motor** m moteur m à gaz; **~ofen** m poêle m à gaz; **~o'lin** m gazoline f; **~o'meter** m (7) gasomètre m; **~pedal** Auto n accélérateur m.

Gäßchen ['gɛsçən] n (6) ruelle f, venelle f.

Gasse ['gasə] f (15) ruelle f; hohle ~ chemin m creux; fig. e-e ~ bilden former la haie.

Gassen|hauer ['gasənhauər] m (7) scie f; refrain m populaire; **~junge** m gamin m; polisson m.

Gast [gast] m (3² u. ³) hôte m; (eingeladener) invité m; (Fremder) étranger m; (Tisch2) convive m; (Stamm2) habitué m; (Hotel2) client m; pensionnaire m; (Restaurant2) consommateur m; (Fest2) convié m; thé. acteur m en tournée (od. de passage); zu ~ laden inviter; zu ~ sein bei j-m être l'invité de q.; wir haben Gäste nous avons du monde; **~arbeiter** m travailleur m étranger.

Gäste|buch ['gɛstəbux] n livre m des hôtes (od. visiteurs); **~zimmer** n chambre f d'amis.

gast|freundlich adj. hospitalier; **2freundschaft** f hospitalité f; **2geber(in** f) m hôte(sse f); **2haus** n auberge f; **2hof** m hôtel m; **2hörer** m auditeur m libre; **~ieren** [gas'tiːrən] v/i. thé. jouer sur un théâtre étranger; **2land** n pays m d'accueil; **~lich** adj. hospitalier; **2mahl** n banquet m; festin m; **2recht** n droit m d'hospitalité; lois f/pl. de l'hospitalité.

Gastritis ❀ [gas'triːtis] f (16, pl. ~itiden) gastrite f.

Gastronomie [gastrono'miː] f gastronomie f.

Gast|spiel n représentation f d'acteurs en tournée; **~spielreise** f tournée f; **2stätte** f restaurant m; **~stättengewerbe** n industrie f hôtelière; **~stube** f salle f (d'hôtel); **~vorstellung** f = Gastspiel; **~wirt** m hôtelier m; restaurateur m; aubergiste m; (Schankwirt) cabaretier m; **~wirtschaft** f auberge f; restaurant m; (Schenke) cabaret m; **~zimmer** n = Gaststube.

Gas-uhr f compteur m à gaz; **~vergiftung** f intoxication f par les gaz; **~versorgung** f approvisionnement m en gaz; **~werk** n usine f à gaz.

Gatte ['gatə] m (13) mari m; époux m.

Gatter ['gatər] n (7) grille f; treillage m; **~tor** n porte f à claire-voie.

Gattin ['gatin] f femme f; épouse f.

Gattung ['gatuŋ] f genre m; (Familie) famille f; race f; (Art) espèce f; **~sname** m nom m commun; nom m générique.

Gau [gau] m (3) district m; canton m.

Gaudium ['gaudjum] n (9, o.pl.) plaisir m, amusement m.

Gauk|elbild ['gaukəlbilt] n image f trompeuse; illusion f; fantasmagorie f; **~e'lei** f (16) tours m/pl. de passe-passe (od. de prestidigitation); jonglerie f; (Blendwerk) fantasmagorie f; **~ler** ['gauklər] m prestidigitateur m; jongleur m; bateleur m; (Seiltänzer) saltimbanque m;

(*Betrüger*) charlatan *m*.

Gaul F [gaʊl] *m* (3³) rosse *f*.

Gaumen ['gaʊmən] *m* (6) palais *m*; **~laut** *m* palatale *f*; **~segel** *n* voile *f* du palais; **~spalte** *f* scissure *f* de la voûte du palais, gueule-de-loup *f*.

Gauner ['gaʊnər] *m* (7) escroc *m*; filou *m*; **~bande** *f* bande *f* d'escrocs; **~ei** [~'raɪ] *f* escroquerie *f*; filouterie *f*; **~sprache** *f* argot *m*; langue *f* verte; **~streich** *m* tour *m* d'escroc; filouterie *f*; **~tum** *n* escroquerie *f*.

Gaze [gɑːzə] *f* (15) gaze *f*.

Gazelle [ga'tsɛlə] *f* (15) gazelle *f*.

G-Dur *n* (*inv.*) sol *m* majeur.

Geächtete(r) [gə'ʔɛçtətə(r)] *m* proscrit *m*.

Geächze [ge'ʔɛçtsə] *n* (3, *o.pl.*) gémissement(s) *m(pl.)*.

Geäder [gə'ʔɛːdər] *n* (7) système *m* veineux; veines *f/pl.*; (*Marmorierung*) marbrure *f*.

geartet [gə'ʔartət] *p.p. adjt.*: anders ~ d'un naturel différent.

Geäst [gə'ʔɛst] *n* (3, *o.pl.*) branches *f/pl.*; branchage *m*.

Gebäck [gə'bɛk] *n* (3) pâtisserie *f*.

Gebälk [gə'bɛlk] *n* (3, *o.pl.*) charpente *f*.

gebar [gə'baːr] *s. gebären*.

Gebärde [gə'bɛːrdə] *f*(15) geste *m*; **~n machen** gesticuler; **2en** *v/rfl.*: *sich* ~ *se conduire*; *sich ernst* ~ prendre un air sérieux; *sich wie ein Kind* ~ faire l'enfant; **~nspiel** *n*, **~nsprache** *f* mimique *f*.

gebaren [gə'baːrən] **1.** *v/rfl.* (25): *sich* ~ *se conduire*; **2.** **2** *n* (6) conduite *f*.

gebär|en [gə'bɛːrən] *v/t.* (30) mettre au monde; accoucher de; enfanter; *fig.* faire naître; *geboren werden* naître; **2en** *n* enfantement *m*; accouchement *m*; **2mutter** *f* matrice *f*; utérus *m*; **2muttersenkung** *f* descente *f* de l'utérus.

Gebäude [gə'bɔʏdə] *n* (7) bâtiment *m*; immeuble *m*; (*größeres*) édifice *m*; (*jede Art v. Bauwerk*) construction *f*; **~komplex** *m* ensemble *m* de bâtiments; **~steuer** *f* impôt *m* sur la propriété bâtie; **~versicherung** *f* assurance *f* immobilière.

Gebeine [gə'baɪnə] *n/pl.* ossements *m/pl.*

Gebell [gə'bɛl] *n* (3) aboiements *m/pl.*

geben [gə'beːbən] (30) **1.** *v/t.* donner; (*hervorbringen a.*) rendre; produire; *Theaterstück*: jouer; représenter;

Karten ~ (*Spiel*) avoir la donne; *gebe Gott, daß* ... fasse le Ciel que qch. (*subj.*); *Gott geb's!* plaise à Dieu!; *viel auf etw. (acc.)* ~ faire grand cas de qch.; *es j-m* ~ servir son plat à q.; *verloren* ~ considérer comme perdu; *von sich* ~ *Worte*: exprimer, *Speisen usw.*: rendre, vomir; **2.** *v/imp. es gibt* il y a; *es wird Regen* ~ nous aurons de la pluie; *was gibt's?* qu'est-ce qui se passe?; **3.** *v/rfl.*: *sich* ~ se donner (*für etw. pour* qch.), (*Schmerz*) s'apaiser, (*Schwierigkeit*) s'arranger.

Gebet [gə'beːt] *n* (3) prière *f* (*verrichten* faire); *fig.* *j-n ins* ~ *nehmen* confesser q.; **~buch** *n* livre *m* de prières.

gebeten [gə'beːtən] *s. bitten*.

gebier(s)t [gə'biːr(s)t] *s. gebären*.

Gebiet [~'biːt] *n* (3) territoire *m*; (*Besitztum*) domaine *m* (*a. fig.*); *fig.* ressort *m*; **2en** (30) **1.** *v/t.* (*befehlen*) commander; ordonner; **2.** *v/i.* (*verfügen*) disposer (*über acc.* de); **~er(in** *f*) *m* (7) maître(sse *f*) *m*; (*Herrscher*) souverain(e *f*) *m*; **2erisch** *adj.* impérieux; impératif; **~s-abtretung** *f* cession *f* de territoire; **~s-anspruch** *m* revendication *f* territoriale; **~s-erweiterung** *f* agrandissement *m* de territoire; **~sstreifen** *m* zone *f*; **2s-weise** *adv.* par régions; météo. ~ *aufheiternd* éclaircies *f/pl.* par endroits.

Gebilde [~'bɪldə] *n* (7) œuvre *f*; création *f*; (*Erzeugnis*) produit *m*; géol. formation *f*.

gebildet [~'bɪldət] *p.p. adjt.* cultivé; instruit.

Gebimmel F [gə'bɪməl] *n* (7) tintement *m*.

Gebinde [~'bɪndə] *n* (7) faisceau *m*; (*Garbe*) gerbe *f*; (*Böttcherei*) futaille *f*.

Gebirg|e [~'bɪrgə] *n* (7) chaîne *f* de montagnes *f/pl.*; monts *m/pl.*; **2ig** [~'bɪrgɪç] *adj.* montagneux.

Ge'birgs|bewohner *m* montagnard *m*; **~kamm** *m* crête *f*; **~kette** *f* chaîne *f* de montagnes; **~paß** *m* défilé *m*; col *m*; **~schlucht** *f* gorge *f*; **~stock** *m* géol. massif *m* de montagnes; **~zug** *m* = *Gebirgskette*.

Gebiß [~'bɪs] *n* (4) dents *f/pl.*; denture *f*; (*künstliches*) dentier *m*; F râtelier *m*; (*am Zaum*) mors *m*.

gebissen [gə'bɪsən] *s. beißen*.

Gebläse [~'blɛːzə] *n* (1) soufflets *m/pl.*; ⊕ *u. Orgel*: soufflerie *f*.

geblichen [gə'blɪçən] *s. bleichen*.

geblieben [gə'bliːbən] *s. bleiben*.

geblümt [gə'bly:mt] *p.p. adj.* (*Stoff*) à fleurs.

gebogen [~'bo:gən] **1.** *s.* biegen; **2.** *p.p. adj.* courbe; arqué.

geboren [~'bo:rən] **1.** *s.* gebären; **2.** *p.p. adj.* né; ~e X née X; ~ werden naître; ~er Deutscher né Allemand; *fig.* der ~e Politiker un politicien-né; zu etw. ~ sein être doué pour qch.

geborgen [~'bɔrgən] **1.** *s.* bergen; **2.** *p.p. adj. u. advt.* en sûreté; ♀heit *f* sécurité *f*.

geborsten [gə'bɔrstən] *s.* bersten.

Gebot [~'bo:t] *n* (3) commandement *m* (*a. rl.*); (*Angebot*) offre *f*; höheres ~ ✝ enchère *f*; ♀en **1.** *s.* bieten; **2.** *p.p. adj.*: Eile ist ~ la hâte s'impose; ~szeichen *n* signal *m* d'obligation.

gebracht [gə'braxt] *s.* bringen.

gebrannt [gə'brant] *s.* brennen.

Gebräu [gə'brɔy] *n* (3) breuvage *m*; *péj.* mixture *f*.

Gebrauch [~'braox] *m* (3¹) usage *m*; emploi *m*; (*Sitte*) coutume *f*; (*Handhabung*) maniement *m*; zum ~ für à l'usage de; ~ machen von = gebrauchen; in ~ kommen commencer à être employé; außer ~ sein n'être plus usité; außer ~ kommen tomber en désuétude; in ~ nehmen mettre en usage; ♀en *v/t.* se servir (*od.* user *od.* faire usage) de; employer; utiliser; (*handhaben*) manier; zu ~ sein pouvoir servir.

gebräuchlich [~'brɔyçliç] *adj.* d'usage; (*Wörter usw.*) usité; usuel.

Ge'brauchs|anweisung *f* mode *m* d'emploi; ~artikel *m* article *m* d'usage courant; ♀fähig, ♀fertig *adj.* prêt à l'usage (*od.* à l'emploi); ~gegenstand *m* objet *m* usuel; ~graphiker *m* artiste *m* publicitaire; ~güter *n/pl.* biens *m/pl.* de consommation.

ge'braucht 1. *s.* gebrauchen; **2.** *p.p. adj.* usagé; (*Wagen, Buch usw.*) d'occasion.

Gebrech|en [gə'brɛçən] *n* (6) défaut *m*; infirmité *f*; ♀lich *adj.* fragile; infirme; (*hinfällig*) caduc; ~lichkeit *f* fragilité *f*; infirmité *f* (*Hinfälligkeit*) caducité *f*.

gebrochen [gə'brɔxən] **1.** *s.* brechen; **2.** *p.p. adj.* (*Lichtstrahl*) réfracté; (*Linie*) brisé; mit ~em Herzen le cœur brisé; mit ~er Stimme d'une voix étranglée.

Gebrüder [~'bry:dər] *pl.* (17) frères *m/pl.*

Gebrüll [~'bryl] *n* (3) rugissement(s *pl.*) *m*; mugissement(s *pl.*) *m*.

Gebühr [~'by:r] *f* (16) (*Kosten*) droits *m/pl.*; taxe *f*; (*Prämie*) prime *f*; ~en *pl.* (*Arzt usw.*) honoraires *m/pl.*; nach ~ comme il convient; über ~ plus que de raison.

ge'bühren (25) **1.** *v/i.*: j-m ~ être dû (*od.* revenir de droit) à q.; **2.** *v/rfl.*: sich ~ convenir; ~d *p.p. adj.* dû; convenable; ♀erlaß *m* remise *f* des droits; ♀frei *adj.* exempt de droits (*od.* de taxes); ♀ordnung *f* (*Ärzte usw.*) tarif *m* des honoraires; ~pflichtig *adj.* soumis à la taxe.

gebunden [~'bundən] **1.** *s.* binden; **2.** *p.p. adj.* lié; (*Buch*) relié; (*Preis*) imposé; *fig.* engagé; ans Haus ~ sein être tenu à la maison.

Geburt [~'bu:rt] *f* (16) naissance *f*; vor (nach) Christi ~ avant (après) Jésus--Christ; (*Gebären*) accouchement *m*; *fig.* (*Ursprung*) origine *f*.

Ge'burten|beschränkung *f* limitation *f* des naissances; ~kontrolle *f* contrôle *m* des naissances; ~regelung *f* régulation *f* des naissances; ~rückgang *m* dénatalité *f*; ~überschuß *m* excédent *m* de(s) naissances; ~ziffer *f* natalité *f*; ~zuwachs *m* augmentation *f* des naissances.

gebürtig [~'byrtiç] *adj.* natif (aus de).

Ge'burts|adel *m* noblesse *f* héréditaire; ~anzeige *f* faire-part *m* de naissance; (*behördlich*) déclaration *f* de naissance; ~fehler *m* défaut *m* naturel; ~haus *n* maison *f* natale; ~helfer *m* médecin *m* accoucheur; ~hilfe *f* obstétrique *f*; ~jahr *n* année *f* de (la) naissance; ~ort *m* lieu *m* de naissance; ~register *n* registre *m* des naissances; ~stadt *f* ville *f* natale; ~tag *m* date *f* de naissance; (*Festtag*) anniversaire *m* (de naissance); ~urkunde *f* acte *m* (*od.* extrait *m*) de naissance; ~wehen *f/pl.* douleurs *f/pl.* de l'enfantement; ~zange *f* forceps *m.*

Gebüsch [~'byʃ] *n* (3²) buissons *m/pl.*; (*Gestrüpp*) broussailles *f/pl.*; maquis *m*; (*Gehölz*) bocage *m.*

Geck [gɛk] *m* (12) fat *m*; ♀enhaft *adj.* fat.

gedacht [gə'daxt] *s.* denken.

Gedächtnis [~'dɛçtnis] *n* (4¹) mémoire *f*; (*Erinnerung*) souvenir *m*; aus (nach) dem ~ de mémoire; etw. im ~ bewahren garder qch. en mémoire; etw. aus dem ~ verlieren perdre le souvenir de qch.; j-m etw. ins ~ zurückrufen rappeler qch. à q.; aus dem ~ tilgen bannir de sa mémoire; zum ~ von ein mémoire de; mein ~ läßt mich im Stich la mémoire me manque; **~feier** f commémoration f; **~rede** f discours m à la mémoire de q.; **~schwäche** f amnésie f; **~schwund** m perte f de la mémoire; **~stütze** f moyen m mnémotechnique; **~übung** f exercice m de mémoire.

gedämpft p.p. adjt.: mit ~er Stimme à mi-voix; à voix basse (od. étouffée).

Gedanke [~'daŋkə] m (13¹) pensée f; idée f; (Absicht) intention f; (Plan) dessein m; (Vermutung) soupçon m; (Betrachtung) réflexion f; méditation f; in ~n sein être pensif; in ~n versunken sein être absorbé dans ses réflexions; mit dem ~n umgehen, zu ... (inf.) songer à ... (inf.); s-e ~n nicht beisammen haben être distrait; wo warst du mit d-n ~n? où avais-tu l'esprit?; sich über etw. (acc.) ~n machen s'inquiéter de qch.; er verfiel auf den ~n, zu ... (inf.) il eut l'idée de ... (inf.); wer brachte ihn auf den ~? qui lui en a donné l'idée?; j-n auf andere ~n bringen distraire q.; auf andere ~n kommen se changer les idées, (s-e Meinung ändern) changer d'avis; der ~ an (acc.) l'idée f de; kein ~! loin de là!

ge'danken|-arm adj. pauvre en idées; **2-austausch** m échange m d'idées; **2blitz** m saillie f; **2folge** f: ohne logische ~ sans aucune suite dans les idées; **2freiheit** f liberté f de la pensée; **2fülle** f richesse f de pensée; abondance f d'idées; **2gang** m suite f des idées; **2gut** n idées f/pl.; **~los** adj. irréfléchi; étourdi; **2losigkeit** f étourderie f; aus ~ par étourderie; par inadvertance; **2sprung** m coq-à-l'âne m; **2strich** m tiret m; **2-übertragung** f transmission f de la pensée; **2verbindung** f association f d'idées; **~voll** adj. riche en idées; (nachdenklich) pensif; soucieux; **2welt** f monde m des idées.

gedanklich [gə'daŋkliç] adj. u. adv. en ce qui concerne les idées.

Gedärme [~'dɛrmə] n/pl. (7) boyaux m/pl.

Gedeck [~'dɛk] n (3) couvert m; (Tischzeug) linge m de table; (Mahlzeit) repas m à prix fixe.

Gedeih [~'daɪ] m: auf ~ und Verderb à tout risque; **2en** v/i. (sn) prospérer; (gut anschlagen) réussir; (groß werden) grandir; (sich entwickeln) se développer; (wachsen) croître; die Sache ist so weit gediehen, daß ... la chose est arrivée au point où ...; **~en** n (6) prospérité f; réussite f; succès m; (Wachsen) accroissement m; **2lich** adj. prospère; (ersprießlich) profitable.

ge'denk|en v/i. (30): j-s (e-r Sache gén.) ~ se souvenir de q. (de qch.); etw. zu tun ~ penser faire qch.; **2en** n mémoire f (an acc. de); pensée f (à); zu s-m ~ en sa mémoire; **2feier** f commémoration f; **2stätte** f lieu m commémoratif; **2stein** m monument m (commémoratif); **2tafel** f plaque f commémorative; **2tag** m anniversaire m.

Gedicht [~'dɪçt] n (3) poème m; (kleineres) poésie f; **~sammlung** f recueil m de poèmes; anthologie f.

gediegen [~'di:gən] adj. solide; min. pur; (Wert) solidité f; min. pureté f.

gedieh(en) [~'di:(ən)] s. gedeihen.

Gedräng|e [~'drɛŋə] n (7) foule f; cohue f; presse f; fig. ins ~ kommen se trouver dans l'embarras; **2t** 1. p.p. adjt. serré; (Stil) concis; dense; 2. p.p. adv.: ~ voll comble.

gedroschen [~'drɔʃən] s. dreschen.

gedrückt [~'drykt] p.p. adjt. fig. (seelisch) déprimé, triste; (Stimmung usw.) pénible, pesant.

gedrungen [~'drʊŋən] 1. s. dringen; 2. p.p. adjt. (Gestalt) trapu; (Stil) concis.

Geduld [~'dʊlt] f patience f; ~ haben (die ~ verlieren) avoir de la (perdre) patience; mir reißt die ~ ma patience est à bout; **2en** [~dən] v/refl. (26): sich ~ prendre patience; patienter; **2ig** adj. patient; **~(s)spiel** n jeu m de patience.

gedungen [~'dʊŋən] s. dingen.

ge'dunsen adj. (Gesicht) bouffi; boursouflé.

geehrt [gə'e:rt] p.p. adjt.: sehr ~er Herr X! (cher) Monsieur, ...

geeignet [~'''aɪgnət] p.p. adjt. propre (zu à); apte (à); ~e Maßnahme mesure f appropriée.

Gefahr [gə'fa:r] f (16) danger m; (drohende) péril m; (Wagnis) risque m; auf die ~ hin au risque de; auf s-e ~ à ses risques et périls; ~ laufen, zu ... (inf.) courir le risque de... (*inf.*); in ~ sein (*schweben*) être en danger; *sich in* ~ *begeben, in* ~ *kommen* s'exposer au danger.

ge'fährden [~'fɛːrdən] *v/t.* mettre en danger (*resp.* en péril).

Ge'fahren|herd *pol. m* foyer *m* de conflits (*od.* de troubles); **~quelle** *f* source *f* de danger; **~zone** *f* zone *f* dangereuse.

ge'fährlich *adj.* dangereux; (*gefahrvoll*) périlleux; **2keit** *f* danger *m*.

ge'fahrlos *adj.* sans danger.

Gefährt [~'fɛːrt] *n* (3) véhicule *m*; **~e** (13) *m*, **~in** *f* compagnon *m*, compagne *f*; camarade *m,f*.

Gefälle [~'fɛːlə] *n* (7) inclinaison *f*, pente *f*; (*Fluß*~) chute *f*.

ge'fallen 1. *v/i.* plaire; convenir; *wie gefällt Ihnen ...?* comment trouvez-vous ...?; **2.** *v/imp.:* *wie es Ihnen gefällt* comme il vous plaira; *es gefällt mir hier* je me plais ici; **3.** *v/rfl.:* *sich* ~ *in* (*dat.*) se complaire à (*resp.* en *resp.* dans); *sich etw.* ~ *lassen* consentir à qch., (*es ertragen*) supporter qch.; *sich* (*nichts*) *alles* ~ *lassen* (ne pas) se laisser faire; *das lasse ich mir* ~! à la bonne heure!; *das kann man sich allenfalls noch* ~ *lassen* passe encore; *cela peut passer;* **4.** ⚥ *m* (6): *an etw.* (*dat.*) ~ *finden* trouver (*od.* prendre) plaisir à qch.; *ich finde großes* ~ *an ihm* il me plaît beaucoup; *j-m zu* ~ pour faire plaisir à q.; **5.** ⚥ *m* (6) service *m*; plaisir *m*; *tun Sie mir diesen* ~ faites-moi ce plaisir; rendez-moi ce service; **2e(r)** *m* mort *m* (à la guerre).

gefällig [~'fɛlɪç] *adj.* aimable; complaisant; (*dienstfertig*) obligeant; *j-m* ~ *sein* obliger q.; *gern* ~ *sein* aimer (à) rendre service; **2keit** *f* complaisance *f*; obligeance *f*; service *m*; *j-m e-e* ~ *erweisen* obliger q.; *aus* ~ par complaisance; **2keitswechsel** *m* billet *m* de complaisance; **~st** [~'fɛlɪçst] *adv.:* *tun Sie das* ~! donnez-vous la peine de le faire!; *halt* ~ *den Mund!* tu es prié de te taire!

Ge'fall|sucht *f* coquetterie *f*; **2süchtig** [~zyçtɪç] *adj.* coquet.

ge'fangen *p.p. adjt.* prisonnier; captif; (*in Haft*) détenu; **2e(r** *m*) *m, f* prisonnier *m*, -ière *f*; (*Inhaftierte[r]*) détenu(e *f*) *m*; **2enlager** *n* camp *m* de prisonniers; **2enwärter** *m* gardien *m* de prison; **~geben** *v/rfl.:* *sich* ~ se rendre (prisonnier); **~halten** *v/t.* dé-

tenir (en prison); **2nahme** *f* arrestation *f*; capture *f*; **~nehmen** *v/t.* arrêter; capturer; ✕ faire prisonnier; *fig.* captiver; **2schaft** *f* captivité *f*; ✕ *in* ~ *geraten* être fait prisonnier; **~setzen** *v/t.* mettre en prison.

Gefängnis [~'fɛŋnɪs] *n* (4[1]) prison *f*; cachot *m*; *ins* ~ *werfen* mettre en prison; *im* ~ *sitzen* être en prison; **~arbeit** *f* travail *m* pénitentiaire; **~hof** *m* préau *m*; **~strafe** *f* (peine *f* de la) prison *f*; **~wärter** *m* gardien *m* de prison; **~zelle** *f* cellule *f*.

Gefasel F [~'faːzəl] *n* (7) radotage *m*.

Gefäß [~'fɛːs] *n* (3²) vase *m*; récipient *m*; *anat. u.* ♀ vaisseau *m*; **~erweiterung** ♀ *f* dilatation *f* des vaisseaux.

gefaßt [~'fast] *adj.* calme; ~ *sein auf* (*acc.*) s'attendre à.

Gefecht [~'fɛçt] *n* (3) combat *m*; *außer* ~ *setzen* mettre 'hors de combat'; **2sklar** ⚓ *adj.* paré pour le combat; **~sstand** *m* poste *m* de commandement.

gefeit [gə'faɪt] *adj.:* *gegen etw.* ~ *sein* être immunisé contre qch.

Gefieder [~'fiːdər] *n* (7) plumage *m*; **2t** *adj.* emplumé; (*Pfeil*) empenné.

Gefilde *poét.* [~'fɪldə] *n* (7) champs *m/pl.*

Geflecht [~'flɛçt] *n* (3) entrelacs *m*; claie *f*; (*netzartiges*) réseau *m*.

gefleckt [~'flɛkt] *adj.* tacheté.

geflissentlich [~'flɪsəntlɪç] *adv.* à dessein.

geflochten [gə'flɔxtən] *s.* flechten.

geflogen [~'floːgən] *s.* fliegen.

geflohen [~'floːən] *s.* fliehen.

geflossen [~'flɔsən] *s.* fließen.

Geflügel [~'flyːgəl] *n* (7) volaille *f*; **~farm** *f* ferme *f* avicole; **~schere** *f* cisailles *f/pl.* à volaille; **2t** *adj.* ailé; **~es Wort** dicton *m*; sentence *f*; **~zucht** *f* élevage *m* de volailles.

Geflüster [~'flystər] *n* (7) chuchotement *m*; *fig.* murmure *m*.

Gefolg|e [~'fɔlgə] *n* (7) suite *f*; cortège *m*; escorte *f*; *im* ~ *haben* avoir pour conséquence; **2schaft** *f* suite *f*; partisans *m/pl.*; (*im Betrieb*) personnel *m*.

gefragt [gə'fraːkt] *p.p. adjt.* demandé, recherché.

gefräßig [~'frɛːsɪç] *adj.* vorace; glouton.

Gefreite(r) [~'fraɪtə(r)] *m* (18) caporal *m*; soldat *m* de première classe.

Gefrier|-anlage [gə'friːr-] *f* installation f frigorifique; 2en [~'fri:rən] v/i. (sn) (se) geler; se congeler; **fach** ~ congélateur m; freezer m; **fleisch** n viande f congelée (od. frigorifiée); F frigo m; 2**getrocknet** p.p. adjt. lyophilisé; **punkt** m point de congélation; auf dem ~ stehen être à zéro; **truhe** f congélateur m.

gefroren [gə'fro:rən] s. frieren; 2**e(s)** östr. n (18) glace f.

Gefüge [~'fy:gə] n (7) structure f; 2**ig** adj. souple; flexible; (fügsam) docile; **igkeit** f souplesse f; (Fügsamkeit) docilité f.

Gefühl [~'fy:l] n (3) sentiment m; (sinnliche Empfindung) sensation f; (Tastsinn) toucher m; tact m (a. Feingefühl); ~ für das Schöne sentiment m du beau; ~ haben für être sensible à; 2**los** adj. insensible (a. fig. gegen à); **losigkeit** f insensibilité f.

ge'**fühls|betont** p.p. adjt. sentimental; affectif; 2**duselei** [~duzə'laī] f sensiblerie f; 2**kälte** f insensibilité f, froideur f; 2**leben** n vie f sentimentale; **mäßig** adv. par intuition, intuitivement; 2**sache** f affaire f de sentiment; 2**sinn** m (sens m du) toucher m; tact m.

ge'**fühlvoll** adj. sensible; (liebevoll) affectueux.

gefunden [gə'fundən] s. finden.

gegangen [~'gaŋən] s. gehen.

ge'**geben** 1. s. geben; 2. p.p. adjt.: zu ~er Zeit au moment voulu; en temps utile; **~en'falls** adv. le cas échéant; 2**heit** f donnée f, réalité f, fait m.

gegen ['ge:gən] prp. (acc.) contre; (gegenüber) envers; ~ seinen Willen malgré lui; (Richtung, Zeit) vers; ~ Abend vers le soir; (Tausch) contre; pour; ~ Quittung contre quittance; (Vergleich) en comparaison de; auprès de; 2**angriff** m contre-attaque f; 2**befehl** m contrordre m; 2**beschuldigung** f récrimination f; 2**besuch** m: j-m e-n ~ machen rendre une visite à q.; 2**beweis** m preuve f (du) contraire.

Gegend ['ge:gənt] f (16) contrée f; région f; (Landschaft) paysage m.

Gegen|dienst m: j-m e-n ~ erweisen payer q. de retour; **druck** m contre-pression f; réaction f; 2**einander** [~ʔaɪ'nandər] adv. l'un envers (resp. contre) l'autre; **gerade** f ligne f opposée; **gewicht** n contrepoids m; das ~ halten contrebalancer; **gift** n

contrepoison m; antidote m; **kandidat** m concurrent m; **klage** f reconvention f; **leistung** f équivalent m d'un service rendu; **licht** n contre-jour m; **licht-aufnahme** phot. f photo f à (od. de) contre-jour; **liebe** f amour m partagé; keine ~ finden être refusé; **maßnahme** f contre-mesure f; représailles f/pl.; **mittel** n antidote m; **papst** hist. m antipape m; **partei** 2½ f partie f adverse; **probe** f contre-épreuve f; **rede** f réplique f; **reformation** f Contre-Réforme f; **revolution** f contre-révolution f; **satz** m opposition f; contraire m; contraste m; im ~ zu au contraire de; im ~ stehen (e-n ~ bilden) zu contraster avec; 2**sätzlich** adj. opposé (à); **sätzlichkeit** f divergence f; opposition f; **schlag** m contrecoup m; **seite** f côté m opposé; (Umseite) revers m; 2**seitig** adj. mutuel; réciproque; **seitigkeit** f mutualité f; réciprocité f; auf ~ beruhen être réciproque; **spieler** m rival m; **sprech-anlage** f installation f d'intercommunication; **stand** m objet m; (Thema) sujet m; 2**ständlich** adj. objectif; 2**standslos** adj. sans objet; (überflüssig) superflu; **stimme** f voix f contraire; **stoß** m contrecoup m; **strömung** f contre-courant m; **stück** n pendant m; **teil** n contraire m; opposé m; im ~ au contraire; 2**teilig** adj. contraire; opposé.

gegen'über 1. prp. (dat.) vis-à-vis de; en face de; envers; 2. adv. en face; 3. 2 n vis-à-vis m; **liegen** v/i. (v/rfl. sich ~ se) faire face (à); **liegend** p.p. adjt. opposé; **stehen** v/i.: ea. ~ être l'un vis-à-vis de l'autre; (Heere usw.) être en présence; (sich entsprechen) se correspondre; **stellen** v/t. opposer; 2½ confronter; 2**stellung** f opposition f; 2½ confrontation f; (Vergleichung) comparaison f; **treten** v/i. (sn) faire face à.

Gegen|verkehr m circulation f en sens inverse (od. opposé); **vorschlag** m contreproposition f; 2**wart** f présent m (a. gr.); (Anwesenheit) présence f; 2**wärtig** 1. adj. présent (bei a); (jetzig) actuel; 2. adv. à présent; 2**wartsnah** adj. actuel; **wehr** f défense f; résistance f; **wert** m équivalent m; **wind** m vent m contraire (od. debout); **winkel** m angle m opposé; **wir-**

kung f réaction f; **2zeichnen** v/t. contresigner; **~zeuge** m témoin m adverse; **~zug** m contrecoup m; (Schach) riposte f; Esb. train m en sens opposé.

gegessen [gə'gɛsən] s. essen.

geglichen [~'gliçən] s. gleichen.

gegliedert [~'gli:dərt] 1. s. gliedern; 2. p.p. adjt. articulé.

Gegner(**in** f) ['ge:gnər] m (7) adversaire m, f (a. Sp.); (Feind) ennemi(e f) m; (Nebenbuhler) rival(e f) m; **2isch** adj. opposé; adverse; ✗ ennemi; **~schaft** f antagonisme m; = Gegner pl.

gegolten [gə'gɔltən] s. gelten.

gegoren [~'go:rən] s. gären.

gegossen [~'gɔsən] s. gießen.

gegriffen [~'grifən] s. greifen.

Gehabe [gə'ha:bə] n (7, o.pl.) façons f/pl.; manières f/pl.; airs m/pl.

Gehackte(**s**) [~'haktə(s)] n (18) viande f hachée.

Gehalt [~'halt] 1. m (3) (Anteil, bsd. 🜔) teneur f (an en); (Gold, Silber) titre m; fig. fond m, valeur f; 2. n (1²) (v. Beamten) traitement m; (v. Angestellten) appointements m/pl., salaire m; **2en** p.p. adjt.: ~ sein, etw. zu tun être tenu de faire qch.; **2los** adj. fig. futile; sans valeur; insignifiant; **~losigkeit** f fig. futilité f; insignifiance f.

Ge'halts|-abzug m retenue f sur le salaire; **~ansprüche** m/pl. salaire m exigé (od. désiré); **~aufbesserung** f, **~erhöhung** f augmentation f de salaire; **~kürzung** f réduction f de salaire; **~stufe** f échelon m de salaire; **~zulage** f supplément m de salaire. **ge'haltvoll** adj. substantiel; de valeur.

gehärnischt [~'harniʃt] adj. cuirassé; fig. énergique; ein ~er Brief une lettre salée.

gehässig [~'hɛsiç] adj. 'haineux; **2-keit** f 'haine f.

Gehäuse [~'hɔyzə] n (7) étui m; boîte f; (Uhr2) boîtier m; (große Uhr) cage f; (Kern2) trognon m; ⊕ carter m; (Kapsel) capsule f; (Schnecken2) coquille f.

Gehege [~'he:gə] n (7) enclos m; (Wald2) bois m en défen(d)s; ch. garenne f; fig. j-m ins ~ kommen chasser sur les terres de q.

geheim [~'haim] adj. secret; im ~en en secret; en cachette; **2-agent** m

agent m secret; **2dienst** m service m secret; **2fach** n compartiment m à secret; **~halten** v/t. tenir secret; **2-haltungspflicht** f obligation f au secret professionnel; **2mittel** n moyen m secret.

Ge'heimnis n (4¹) secret m; (tiefes) mystère m; ein offenes ~ le secret de Polichinelle; ein ~ vor j-m haben avoir des secrets pour q.; j-n in das ~ einweihen mettre q. dans le secret; ein ~ machen aus faire (un) mystère de; **~krämer** m cachottier m; **~krämerei** f cachotterie f; **2voll** adj. (adv.: ~ tun faire le) mystérieux.

Ge'heim|polizei f police f secrète; **~rat** m conseiller m privé (od. intime); **~sache** f affaire f secrète; **~schrift** f écriture f chiffrée; **~sender** m émetteur m clandestin; **~sprache** f langage m secret; **~waffe** f arme f secrète.

Geheiß [~'hais] n: auf ~ von par ordre de.

gehen ['ge:ən] 1. v/i. (30, sn) aller; (zu Fuß ~) aller à pied; marcher; (weg~) s'en aller; partir; (hinaus~) sortir; (Zug) partir; (Teig) lever; (Gerücht) courir; circuler; ⊕ fonctionner; marcher (a. Uhr); gut ~ (Ware) avoir un bon débit; sich's gut ~ lassen ne pas s'en faire; an die Arbeit ~ se mettre au travail; nach der Straße (Fenster) donner sur la rue; in sich ~ rentrer en soi-même; vor sich ~ avoir lieu; zu j-m ~ aller chez q.; das geht auf dich cela te concerne; es ~ 80 Personen in den Saal la salle contient 80 personnes; wie oft geht vier in acht? en 'huit combien de fois quatre?; darüber geht nichts il n'y a rien au-dessus; es geht nichts über (acc.) ... il n'y a rien de tel que ...; das geht über alle Begriffe cela passe tout; das geht mir über alles je mets cela au-dessus de tout; 2.v/imp. es geht um ... il y va de ...; wie geht es dir? comment vas-tu?; wie geht's? comment ça va (-t-il)?; es geht mir gut (soso) ça vais bien (comme ci, comme ça); es gehe, wie es wolle advienne que pourra; so geht's in der Welt ainsi va le monde; 3. 2 n marche f; das ~ fällt ihm schwer il a de la peine à marcher; das Kommen und ~ les allées et venues f/pl.; le va-et-vient.

gehenlassen v/rfl.: sich ~ se laisser aller.

Geher *Sp.* [ˈgeːər] *m* marcheur *m*.

geheuer [~ˈhɔүər] *adj.*: *nicht ganz* ~ suspect; *es ist hier nicht* ~ on ne se sent pas en sûreté ici.

Geheul [~ˈhɔүl] *n* (3) 'hurlement(s *pl.*) *m*.

Gehilfe [~ˈhilfə] *m* (13) aide *m*; assistant *m*; commis *m*.

Gehirn [~ˈhirn] *n* (3) cervelle *f*; (*Organ*) cerveau *m*; **~blutung** *𝒮* *f* hémorragie *f* cérébrale; **~erschütterung** *f* commotion *f* cérébrale; **~erweichung** *f* ramollissement *m* du cerveau; **~haut** *f* méninge *f*; **~hautentzündung** *f* méningite *f*; **~schlag** *m* apoplexie *f*; **~wäsche** *pol.* *f* lavage *m* de cerveau.

gehoben [~ˈhoːbən] **1.** *s.* heben; **2.** *p.p. adj.* (*Stil*) soutenu; élevé; *in* ~*er Stimmung* *m* d'humeur animée.

Gehöft [~ˈhøːft] *n* (3) métairie *f*; ferme *f*.

geholfen [~ˈhɔlfən] *s.* helfen.

Gehölz [~ˈhœlts] *n* (3²) bois *m*; bocage *m*; bosquet *m*.

Gehör [~ˈhøːr] *n* (3) (*Sinn*) ouïe *f*; *ein gutes* ~ *haben* avoir l'ouïe fine; (*Sinn für Musik*) oreille *f*; ~ *finden* être écouté; *j-m* ~ *schenken* prêter l'oreille à q.

geˈhorchen *v/i.* (25): *j-m* ~ obéir à q.; *j-m nicht* ~ désobéir à q.

geˈhör|en (25) **1.** *v/t.* appartenir (*od.* être) à; ~ *zu* être de; faire partie de; *das gehört nicht zur Sache* c'est en dehors de la question; *das gehört nicht hierher* c'est déplacé ici; *cela n'a rien à faire ici*; *wohin gehört dies?* où faut-il ranger ceci?; *dieser Stuhl gehört nicht hierher* cette chaise n'est pas à sa place ici; *dazu gehört viel Geld* il y faut beaucoup d'argent; *dazu gehört Zeit* cela demande du temps; **2.** *v/imp.*: *es gehört sich* il est convenable; *es gehört sich für ... zu* il convient à... de; *wie es sich gehört* comme il faut; **2fehler** *m* défaut *m* d'ouïe; **2gang** *m* conduit *m* auditif; **~ig 1.** *adj.* appartenant (à); faisant partie (de); (*passend*) convenable; (*tüchtig*) bon; **2.** *adv.* (*gebührend*) dûment; *j-m* ~ *die Meinung sagen* dire son fait à q.; **~los** *adj.* sourd.

Gehörn [~ˈhœrn] *n* (3) cornes *f/pl.*; *ch.* bois *m*; **2t** *adj.* encorné, cornu.

gehorsam [~ˈhoːrzaːm] **1.** *adj.* obéissant; **2.** *2 m* (3) obéissance *f*; **2spflicht** *f* devoir *m* d'obéissance; **2s-**

~verweigerung *f* refus *m* d'obéissance; insubordinance *f*.

Gehweg [ˈgeːveːk] *m* (3) trottoir *m*.

Geier *orn.* [ˈgaɪər] *m* (7) vautour *m*.

Geifer [ˈgaɪfər] *m* (7) bave *f*; **2n** *v/i.* (29) baver.

Geige [ˈgaɪgə] *f* (15) violon *m*; *die erste* ~ *spielen* faire la partie de premier violon, *fig.* jouer le premier rôle; **2n** *v/t. u. v/i.* (25) jouer du violon.

Geigen|bauer *m* luthier *m*; **~bogen** *m* archet *m*; **~kasten** *m* étui *m* à violon.

Geiger(in *f*) [ˈgaɪgər] *m* (7) violoniste *m, f*.

Geigerzähler *phys.* *m* compteur *m* (de) Geiger.

geil [gaɪl] *adj.* *♀* exubérant; luxuriant; (*wollüstig*) lascif; lubrique; **2heit** *f* *♀* exubérance *f*; (*Wollust*) lasciveté *f*.

Geisel [ˈgaɪzəl] *m* (15) otage *m*; **~nahme** *f* prise *f* d'otage(s).

Geiß [gaɪs] *f* (16) chèvre *f*; **~blatt** *n* chèvrefeuille *m*; **~bock** *m* bouc *m*.

Geißel [ˈgaɪsəl] *f* (15) fouet *m*; *fig.* fléau *m*; **2n** *v/t.* (29) fouetter; fustiger; *rl.* flageller (*a. fig.*); **~ung** *f* fustigation *f*; *rl.* flagellation *f*.

Geist [gaɪst] *m* (1¹) esprit *m*; (*Verstand*) intelligence *f*; (*Genie*) génie *m*; (*Gespenst*) revenant *m*; spectre *m*; fantôme *m*; *der Heilige* ~ le Saint-Esprit; *im* ~ en esprit; en (*od.* dans la) pensée; *den* ~ *aufgeben* rendre l'âme (*od.* l'esprit).

Geister|bahn *f* train *m* fantôme; **~beschwörung** *f* (*Anrufung*) nécromancie *f*; (*Austreibung*) exorcisme *m*; **~erscheinung** *f* apparition *f*; vision *f*; **2haft** *adj.* de spectre; (*übernatürlich*) surnaturel; **~stunde** *f* heure *f* des revenants; **~welt** *f* monde *m* des esprits.

geistes-abwesend *adj.* absent; distrait; **2heit** *f* absence *f* d'esprit; distraction *f*.

Geistes|-arbeit *f* travail *m* intellectuel (*od.* de tête); **~arbeiter** (travailleur *m*) intellectuel *m*; **~blitz** *m*, **~funke** *m* saillie *f*, éclair *m* de l'esprit; talent *m*; **~gegenwart** *f* présence *f* d'esprit; **2gegenwärtig** *adj. u. adv.* avec (od. la présence d'esprit; **2gestört** *adj.* aliéné; ~ *sein* avoir l'esprit dérangé; **~haltung** *f* état *m* d'esprit, mentalité *f*; **2krank** *adj.* aliéné; fou; **~krankheit** *f* aliénation *f* mentale; folie *f*; **~leben** *n* vie *f*

intellectuelle (od. spirituelle); 2-
schwach adj. faible d'esprit; imbécile; **~schwäche** f faiblesse f d'esprit; imbécillité f; **~stärke** f force f
d'esprit; **~verfassung** f mentalité f;
2**verwandt** adj. congénial (mit à);
~verwandtschaft f affinité f intellectuelle; **~wissenschaften** f/pl. lettres f/pl.; sciences f/pl. de l'esprit;
~zustand m état m mental.

geistig ['gaɪstɪç] adj. spirituel; (den
Verstand betreffend) intellectuel;
(das Gemüt betreffend) mental; (Getränke) spiritueux; **~lich** adj. spirituel; (zum Klerus gehörig) clérical;
(kirchlich) ecclésiastique; **~er Stand**
clergé m; **~e Musik** musique f sacrée;
2**liche(r)** m (18) ecclésiastique m;
cath. prêtre m; curé m; prot. pasteur
m; 2**lichkeit** f clergé m; prot. pasteur
esprit; (fade) fade; 2**losigkeit** f manque m d'esprit; (Fadheit) fadeur f;
~reich adj. spirituel; **~sprühend**
p.pr. adjt. pétillant d'esprit; **~tötend**
['~tø:tənt] p.pr. adjt. abrutissant;
~voll adj. ingénieux.

Geiz [gaɪts] m (3²) avarice f; 2**en** v/i.
(27) être avare (mit de); **~hals** m
avare m; 2**ig** ['gaɪtsɪç] adj. avare;
~kragen m avare m.

Gejammer [gə'jamər] n (7) lamentations f/pl.

Gejohle [~'jo:lə] n (7) 'huées f/pl.

gekachelt [~'kaxəlt] p.p. adjt. carrelé.

gekannt [~'kant] s. kennen.

Gekicher [~'kiçər] n (7) rires m/pl.
étouffés.

Gekläff(e) [~'klɛf(ə)] n (3[7]) clabau-
dage m (a. fig.).

Geklapper [~'klapər] n (7) claquement m; (v. Störchen) craquètement
m.

Geklatsche [~'klatʃə] n (7) claquement m; fig. commérage m.

Geklimper [~'klɪmpər] n (7) piano-
tage m.

Geklingel [~'klɪŋəl] n (7) sonnerie f.

Geklirr [~'klɪr] n (3) cliquetis m.

geklungen [~'kluŋən] s. klingen.

Geknatter [~'knatər] n (7) pétillement m; pétarade f.

gekniffen [gə'knɪfən] s. kneifen.

Geknister [~'knɪstər] n (7) crépita-
tion f; (v. Seide) frou(-)frou m.

gekonnt [~'kɔnt] 1. s. können; 2. p.p.
adjt.: das ist sehr ~ cela montre du
savoir-faire.

Gekrächze [~'krɛçtsə] n (7) croas-

sement(s pl.) m.

Ge'kreisch n (3) criailleries f/pl.

Gekritzel [~'krɪtsəl] n (7) griffonnage
m.

gekrochen [~'krɔxən] s. kriechen.

Gekröse [~'krø:zə] n (7) fraise f; tripes f/pl.

ge'künstelt p.p. adjt. affecté; recherché.

Gelächter [~'lɛçtər] n (7) rires m/pl.;
schallendes ~ éclats m/pl. de rire; in ~
ausbrechen éclater de rire; zum ~
werden être la risée.

geladen [gə'la:dən] p.p. adjt. (Gewehr, ⚡) chargé; vor ~en Gästen devant les invités; F ~ sein être furieux.

Gelage [~'la:gə] n (7) festin m; banquet m; (Trink2) beuverie f.

gelähmt [~'lɛ:mt] p.p. adjt. perclus;
paralysé.

Gelände [~'lɛndə] n (7) terrain m;
~aufnahme f levé m topographique; **~fahrzeug** n véhicule m
tout terrain; 2**gängig** adj. (Fahrzeug) tout terrain; **~lauf** m cross-
-country m.

Geländer [gə'lɛndər] n (7) balustrade
f; (Treppen2) rampe f; (Brücken2)
garde-fou m; parapet m.

gelang [~'laŋ] s. gelingen.

gelangen [~'laŋən] v/i. (sn) (25) parvenir (an acc., zu à); arriver (à);
atteindre (acc.; mühevoll: à).

ge'lassen 1. adj. calme; placide; (ergeben) résigné; **2.** adv. de sang-froid;
avec calme; 2**heit** f calme m; placi-
dité f; sang-froid m; résignation f.

Gelatine [ʒela'ti:nə] f (15) gélatine f.

geläufig [gə'lɔʏfɪç] adj. (Ausdruck,
Redensart) courant; (vertraut) familier.

gelaunt [~'laʊnt] adj.: gut (schlecht) ~
de bonne (mauvaise) humeur.

Geläut(e) [~'lɔʏt(ə)] n (3) sonnerie f;
carillon m; unter dem ~ der Glocken au
son des cloches.

gelb [gɛlp] adj. jaune; ~ machen, ~
werden jaunir; 2**fieber** ✵ n fièvre f
jaune; 2**filter** m filtre m jaune; **~lich**
adj. jaunâtre; 2**sucht** f jaunisse f;
~süchtig adj. atteint de jaunisse.

Geld [gɛlt] n (1) argent m; (Klein2,
Wechsel2) monnaie f; **~er** pl. fonds
m/pl., capitaux m/pl.; die öffentlichen
~er les deniers m/pl. publics; **~ab-
wertung** f dévaluation f de la monnaie; **~angelegenheit** f affaire f
d'argent; **~anlage** f placement m

de fonds; **~anleihe** f emprunt m; **~anweisung** f mandat m; **~aufwertung** f revalorisation f; **~ausgabe** f dépense f d'argent; **~betrag** m somme f (d'argent); montant m; **~beutel** m, **~börse** f bourse f; porte-monnaie m; **~brief** m lettre f chargée; **~briefträger** m facteur m de mandats; **~buße** f amende f; **~einwurf** m (bei Automaten) fente f (pour la pièce de monnaie); **~entschädigung** f indemnité f en espèces; **~entwertung** f dévaluation f; démonétisation f; **~forderung** f créance f monétaire; **~geber** m bailleur m de fonds; **~geschäft** n affaire f d'argent; **~gier** f cupidité f; **2gierig** adj. avide d'argent; **~heirat** f mariage m d'argent; **~institut** n établissement m financier; **~knappheit** f rareté f de l'argent; **~krise** f crise f financière; **~mangel** m manque m d'argent; **~markt** m marché m monétaire; **~mittel** n/pl. ressources f/pl. financières; **~not** f pénurie f d'argent; **~quelle** f source f d'argent; **~sache** f affaire (od. question) f d'argent; **~schein** m billet m de banque; **~schrank** m coffre-fort m; **~schrankknacker** m (7) perceur m de coffres-forts; **~sendung** f envoi m d'argent; **~sorten** f/pl. espèces f/pl.; **~strafe** f amende f (d'argent); **~stück** n pièce f d'argent; **~summe** f somme f d'argent; **~tasche** f sacoche f; **~umlauf** m circulation f monétaire; **~verlegenheit** f embarras m/pl. pécuniaires; in ~ sein être à court d'argent; **~verlust** m perte f d'argent; **~verschwendung** f gaspillage m d'argent; **~wechsel** m change m; **~wechsler** m (Automat) changeur m de monnaie; **~wert** m valeur f de l'argent.

Gelee [ʒe'le:] n od. m (11) gelée f.

ge'legen 1. s. liegen; 2. p.p. adj. (örtlich) situé; nach Süden ~ donnant au midi; nach der Straße ~ donnant sur la rue; (passend) convenable, opportun; das kommt ihm sehr ~ cela lui arrive fort à propos; ihm ist daran ..., daß ... il lui importe que ... (subj.); **2heit** f occasion f (zu ergreifen saisir); bei ~ à l'occasion (von de); bei dieser ~ à cette occasion; à ce propos; ~ geben donner l'occasion.

Ge'legenheits|-arbeit f travail m occasionnel; **~arbeiter** m ouvrier m

occasionnel; **~dieb** m voleur m occasionnel; **~kauf** m (achat m d')occasion f.

ge'legentlich 1. adj. occasionnel; (zufällig) accidentel; 2. adv. à l'occasion; (zufällig) par hasard.

gelehr|ig [ʌ'le:rɪç] adj. docile; **2igkeit** f docilité f; **2samkeit** f érudition f; **~t** adj. savant; érudit; **2te(r)** m savant m; érudit m.

Geleise [gə'laɪzə] n (7 mst pl.) Esb. voie f (ferrée); rails m/pl.; s. a. Gleis.

Geleit [ʌ'laɪt] n (3) accompagnement m; ✕ escorte f; (Trauer2) cortège m; convoi m (a. ⊕); freies ~ sauf-conduit m; **~brief** m sauf-conduit m; ✝ lettre f d'envoi; **2en** v/t. reconduire; accompagner; ✕ escorter; ⊕ convoyer; **~schutz** ✕ m escorte f; unter ~ sous escorte, escorté; **~wort** n préface f; mit e-m ~ versehen préfacer; **~zug** ⊕ m convoi m.

Gelenk [ʌ'lɛŋk] n (3) articulation f; jointure f; ⊕ joint m; **~entzündung** f arthrite f; **2ig** [ʌ'lɛŋkɪç] adj. souple; **~igkeit** f souplesse f; agilité f; **~rheumatismus** m rhumatisme m articulaire.

gelernt [gə'lɛrnt] p.p. adjt. (Arbeiter) qualifié, de métier.

Geliebte(r m) [ʌ'li:ptə(r)] m, f amant(e f) m; maîtresse f.

geliefert [gə'li:fərt] p.p. adjt.: F ~ sein être perdu (F fichu).

geliehen [ʌ'li:ən] s. leihen.

gelieren [ʒe'li:rən] v/i. se transformer en gelée.

gelinde [gə'lɪndə] 1. adj. doux; modéré; tempéré; ~re Saiten aufziehen adoucir le ton; 2. adv.: ~ gesagt au bas mot.

gelingen [ʌ'lɪŋən] 1. v/i. (30, sn) (Unternehmen) réussir; ihm gelingt alles tout lui réussit; die Sache ist nicht gelungen l'affaire a échoué; 2. v/imp.: es gelingt mir, etw. zu tun je réussis (od. je parviens od. j'arrive) à faire qch.; 3. 2 n (6) réussite f; succès m.

gelitten [ʌ'lɪtən] s. leiden.

gellend [ˈgɛlənt] p.pr. adjt. aigu; strident.

geloben [gə'lo:bən] v/t. (25) promettre solennellement; ein Gelübde ~ faire vœu (de).

Gelöbnis [ʌ'lø:pnɪs] n (4¹) promesse f solennelle; vœu m.

gelogen [ʌ'lo:gən] s. lügen.

Gelse östr. zo. [ˈgɛlzə] f (15) moustique m.

gelt [gɛlt] *int.*: ~? n'est-ce pas?

gelt|en ['gɛltən] (30) 1. *v/i.* valoir; *(gültig sein)* être valable; *(Geld)* avoir cours; *(Gesetz)* être en vigueur; *(geschätzt sein)* être estimé; avoir du crédit; für etw. ~ passer pour; das gilt mir c'est à moi que cela s'adresse; was gilt die Wette? que pariez-vous?; das gilt nicht cela ne compte pas; etw. ~ lassen admettre qch.; 2. *v/imp.*: es gilt, zu ... (*inf.*) il s'agit de ... (*inf.*); **~end** *p.pr. adj.*: die ~e Meinung l'opinion *f* en cours; das ~e Recht le droit coutumier; ~ machen faire valoir; **2ung** *f* (16) valeur *f*; *(Ansehen)* autorité *f*; crédit *m*; *(Gültigkeit)* validité *f*; ✝ vigueur *f*; zur ~ bringen faire valoir; mettre en valeur; zur ~ kommen, sich ~ verschaffen s'imposer; e-r Sache (*dat.*) ~ verschaffen faire respecter qch.; **2ungsbedürfnis** *n* besoin *m* de se faire valoir; **2ungsbereich** *m* domaine *m* d'application. **Gelübde** [~'lypdə] *n* (7) vœu *m*. **gelungen** [~'luŋən] 1. *s.* gelingen; 2. *p.p. adj.* réussi. **Gelüst** [~'lyst] *n* (3²) désir *m*; *(Verlangen)* envie *f*; convoitise *f*; **2en** *v/imp.* (26): es gelüstet mich nach etw. j'ai envie de qch.; *pfort* je convoite qch. **gemach** [~'ma:x] 1. *int.* doucement!; 2. **2** *n* (1², *poet.*³) chambre *f*; salle *f* (d'un palais); die Gemächer les appartements *m/pl.* **gemächlich** [~'mɛːçlɪç] *adj.* commode; nonchalant; **2keit** *f* commodité *f*; nonchalance *f*. **Gemahl(in** *f*) [~'ma:l(in))] *m* (3) époux *m*, épouse *f*. **Gemälde** [~'mɛːldə] *n* (7) tableau *m*; peinture *f*; **~ausstellung** *f* exposition *f* de peinture; **~galerie** *f* galerie *f* de peinture; **~sammlung** *f* collection *f* de tableaux. **gemasert** [~'ma:zərt] *p.p. adj.* madré; veiné. **gemäß** [~'mɛːs] 1. *adj.* conforme (à); 2. *prp.* (*dat.*) conformément (à); suivant; selon; d'après; **~igt** [~'mɛːsɪçt] *p.p. adj.* modéré; *(Klima)* tempéré. **Gemäuer** [~'mɔyər] *n* (7) murailles *f/pl.*; altes ~ mesures *f/pl.* **gemein** [~'main] *adj.* commun; *(gewöhnlich)* ordinaire; vulgaire; *(niedrig)* bas; vilain; *(roh)* grossier; ~er Soldat simple soldat *m*. **Gemeinde** [~'maində] *f* (15) com-

mune *f*; *(Stadt2)* municipalité *f*; *rl.* *(Pfarr2)* paroisse *f*; *(beim Gottesdienst)* communion *f* (des fidèles); **~bezirk** *m* circonscription *f* municipale; **~haus** *n* mairie *f*; *rl.* maison *f* paroissiale; **~rat** *m* conseil *m* municipal; *(Person)* conseiller *m* municipal; **~schule** *f* école *f* communale; **~steuern** *f/pl.* impôts *m/pl.* communaux; **~versammlung** *f* assemblée *f* communale; **~verwaltung** *f* administration *f* municipale; **~vorsteher** *m* maire *m*. **ge|meingefährlich** *adj.* qui constitue un danger public; **~gültig** *adj.* généralement reçu; **~gut** *n* bien *m* commun; *fig.* zum ~ machen vulgariser; **2heit** *f* bassesse *f*; infamie *f*; **2nutz** *m* intérêt *m* général; **~nützig** [~nytsiç] *adj.* d'intérêt général; d'utilité publique; **2platz** *m* lieu *m* commun; banalité *f*; **~sam** 1. *adj.* commun; ~e Sache machen faire cause commune (mit avec); der 2e Markt le Marché commun; 2. *adv.* en commun, ensemble; **2schaft** *f* (16) communauté *f*; in ~ mit j-m en commun avec qn; j.~ *der Gläubigen* communion *f* des fidèles; **~schaftlich** *adj.* commun, collectif. **Ge'meinschafts|-antenne** *f* antenne *f* commune; **~arbeit** *f* travail *m* d'équipe; **~geist** *m* solidarité *f*; **~verpflegung** *f* nourriture *f* de cantine. **Ge'mein|sinn** *m* esprit *m* public; **2verständlich** *adj. u. adv.* à la portée de tous; ~ machen vulgariser; **~wesen** *n* communauté *f*; **~wohl** *n* bien *m* public. **Gemenge** [~'mɛŋə] *n* (7) mélange *m*; *(Hand2)* mêlée *f*. **gemessen** [~'mɛsən] *p.p. adj.* mesuré; ~en Schrittes d'un pas mesuré. **Gemetzel** [~'mɛtsəl] *n* (7) carnage *m*; *(Blutbad)* massacre *m*. **gemieden** [gə'mi:dən] *s.* meiden. **Gemisch** [~'miʃ] *n* (3²) mélange *m*; **2t** *p.p. adj.* mixte, mélangé; *(Eis)* panaché. **gemocht** [~'mɔxt] *s.* mögen. **gemolken** [~'mɔlkən] *s.* melken. **Gemse** ['gɛmzə] *f* (15) chamois *m*. **Gemurmel** [~'murməl] *n* (7) murmure(s *pl.*) *m*. **Gemüse** [~'my:zə] *n* (7) légume(s *pl.*) *m*; erstes ~ primeurs *f/pl.*; **~bau** *m* culture *f* maraîchère; **~garten** *m* jardin *m* potager; **~gärtner** *m* maraîcher m; **∼händler** m marchand m de légumes (od. des quatre-saisons); **∼markt** m marché m aux légumes; **∼suppe** f potage m à la jardinière; julienne f.

gemußt [gə'must] s. müssen.

gemustert [∼'mustərt] p.p. adjt. (Stoff) façonné.

Gemüt [∼'my:t] n (7) âme f; cœur m; die ∼er les esprits m/pl.; sich etw. zu ∼e führen prendre qch. à cœur; **2lich 1.** adj. (Ort) intime, confortable; (Person) bonhomme, agréable; **2.** adv.: es sich ∼ machen se mettre à son aise; ∼ beisammensitzen être bien ensemble; **∼lichkeit** f intimité f; aises f/pl., confort m; **2los** adj. sans âme, insensible.

Ge'müts|**art** f caractère m; tempérament m; **∼bewegung** f émotion f; **2krank** adj. mélancolique; **∼krankheit** f mélancolie f; **∼leben** n vie f sentimentale; (streng) strict; **∼mensch** m homme m de cœur; **∼ruhe** f tranquillité f d'âme (od. de cœur); calme m; **∼verfassung** f, **∼zustand** m humeur f; état m d'âme; moral m.

ge'mütvoll adj. plein de cœur.

gen poét. [gɛn] prp. vers.

Gen biol. [ge:n] n (3¹) gène m.

genannt [gə'nant] s. nennen.

genas [gə'na:s] s. genesen.

genau [∼'nau] **1.** adj. exact; précis; juste; (kleinlich ∼) minutieux; (peinlich ∼) scrupuleux; (ausführlich) détaillé; (streng) strict; **2.** adv.: ∼ passen (gehen) aller juste; ∼ nehmen prendre à la lettre; y regarder de près; ∼ genommen strictement parlant; ∼ wissen savoir exactement; ∼ kennen connaître à fond; ∼ angeben préciser; **2igkeit** f exactitude f; précision f; (Richtigkeit) justesse f; (Knauserigkeit) parcimonie f; (e-r Waage) sensibilité f.

Gendarm [ʒan'darm] m (12) gendarme m.

genehm [gə'ne:m] adj.: j-m ∼ sein plaire (od. convenir) à q.; **∼igen** v/t. (25) agréer; accepter; (zustimmen) consentir (à); (billigen) approuver; (erlauben) permettre; autoriser; (Geld) allouer; sich ∼ (in Schnaps) ∼ se payer un verre; **2igung** f agrément m; (Zustimmung) consentement m; (Billigung) approbation f; (Erlaubnis) permission f; autorisation f.

geneigt [∼'naikt] p.p. adjt. incliné;

penché, fig. enclin (zu à); disposé (à); (wohlgesinnt) bienveillant (j-m pour q.); favorable (à).

General [gena'ra:l] m (3¹ u. ³) général m; Kommandierender ∼ général m en chef; **∼agent** m agent m général; **∼agentur** f agence f générale; **∼bevollmächtigte(r)** m fondé m de pouvoir; **∼direktor** m directeur m en chef; **∼feldmarschall** m feld-maréchal m; (in Frankreich) maréchal m de France; **∼inspektion** f inspection f générale; **∼intendant** thé. m directeur m général; **∼konsulat** n consulat m général; **∼leutnant** m général m de division; **∼major** m général m de brigade; **∼oberst** m général m d'armée (resp. de corps d'armée); **∼probe** f répétition f générale; **∼stab** m état-major m; **∼streik** m grève f générale; **∼versammlung** f assemblée générale; **∼vollmacht** f plein pouvoir m; procuration f générale.

Generation [genera'tsjo:n] f (16) génération f.

Generator [∼'ra:tɔr] m (8¹) générateur m; (Drehstrom2) alternateur m.

generell [gena'rɛl] adj. général.

genesen [∼'ne:zən] v/i. (30, sn) guérir; se rétablir; **2ende(r** m) m, f convalescent(e f) m; **2ung** f guérison f; rétablissement m; (Zeit der ∼) convalescence f.

Genfer ['gɛnfər] **1.** m (7) Genevois m; **2.** adj.: ∼ Konvention Convention f de Genève.

genial [gen'ja:l] adj. génial; de génie; **2ität** [∼ali'tɛ:t] f génie m.

Genick [∼'nik] n (3) nuque f; (Hals) cou m; sich das ∼ brechen se casser le cou (a. fig.); **∼schuß** m balle f dans la nuque; **∼starre** f méningite f cérébro-spinale.

Genie [ʒe'ni:] n (11) génie m.

genieren [ʒe'ni:rən] v/rfl. (25): sich ∼ se gêner; sich ∼, etw. zu tun ne pas oser faire qch.; sich vor j-m ∼ se sentir gêné devant q.

genieß|bar [∼'ni:sba:r] adj. mangeable; (trinkbar) potable; buvable; (erträglich) supportable; **∼en** v/t. (30) goûter; savourer; fig. jouir de; Erziehung: recevoir; nicht zu ∼ immangeable, (Getränk) imbuvable, fig. insupportable; **2er** m (7) jouisseur m; **∼erisch** adv. avec délice, en jouisseur.

Genitalien [geni'tɑ:ljən] *pl.* parties *f/pl.* génitales.

Genitiv ['ge:niti:f] *m* (3) génitif *m*.

genommen [gə'nɔmən] *s.* nehmen.

genormt [ʌ'nɔrmt] *p.p. adjt.* standardisé, normalisé.

genoß [ʌ'nɔs] *s.* genießen.

Genoss|e [ʌ'nɔsə] *m* (13) compagnon *m*, camarade *m* (*a. pol.*); ⚥ ∼n *pl.* consorts *m/pl.*; **⌃enschaft** *f* société *f*; coopérative *f*; syndicat *m*; **∼enschaftler** *m* (7) sociétaire *f*; **⌃enschaftlich** *adj.* coopératif; **∼in** *f* compagne *f*; camarade *f*.

Genremaler ['ʒɑ̃r(ə)-] *m* peintre *m* de genre.

genug [gə'nu:k] *adv.* assez; suffisamment; ∼ *davon!* en voilà assez!; ∼ *sein* suffire; ∼ *haben* avoir assez (*von* de); ∼ *zum Leben haben* avoir de quoi vivre.

Genüg|e [ʌ'ny:gə] *f* (15): *zur* ∼ suffisamment; *e-r Sache* (*dat.*) ∼ *tun* satisfaire à qch.; *j-m* ∼ *tun* satisfaire q.; **⌃en** *v/i.* (25) suffire; *s. a. Genüge tun*; **⌃end** *adj.* suffisant; (*befriedigend*) satisfaisant; **∼sam** *adj.* facile à satisfaire; (*mäßig*) sobre; **∼samkeit** *f* sobriété *f*.

Genugtuung [gə'nu:ktu:uŋ] *f* satisfaction *f*; ∼ *fordern* demander satisfaction (*od.* raison) (*von j-m für etw.* à q. de qch.); *exiger réparation; j-m* ∼ *geben* donner satisfaction à q.; faire réparation à q.; *sich* ∼ *verschaffen* se faire rendre raison.

Genus *gr.* ['genus] *n* (16, *pl.* Genera) genre *m*.

Genuß [gə'nus] *m* (4²) jouissance *f* (*a.* ⚥); plaisir *m*; (*Verzehr*) consommation *f*; *mit* ∼ avec délice *m*; **∼mittel** *n* stimulant *m*; **⌃reich** *adj.* délicieux; **∼sucht** *f* goût *m* du plaisir; **⌃süchtig** *adj.* avide de jouissances.

Geograph [geo'grɑ:f] *m* (12) géographe *m*; **∼ie** [ʌa'fi:] *f* géographie *f*; **⌃isch** *adj.* géographique.

Geolo|ge [geo'lo:gə] *m* (13) géologue *m*; **∼gie** [ʌe'gi:] *f* géologie *f*; **⌃gisch** *adj.* [ʌ'lo:giʃ] géologique.

Geophy'sik *f* géophysique *f*.

geordnet [gə'ʔɔrdnət] *p.p. adjt.*: *in* ∼*en Verhältnissen leben* mener une vie réglée.

Gepäck [ʌ'pɛk] *n* (3) bagage(s *pl.*) *m*); **∼abfertigung** *f* enregistrement *m* des bagages; **∼aufbewahrung** *f* consigne *f*; **∼ausgabe** *f* livraison *f* des bagages; **∼karren** *m* chariot *m* à bagages; **∼netz** *n* filet *m* à bagages; **∼raum** *m* compartiment *m* à bagages; **∼schalter** *m* guichet *m* des bagages; **∼schein** *m* bulletin *m* de bagages; **∼schließfach** *n* consigne *f* automatique; **∼stück** *n* colis *m*; **∼träger** *m* porteur *m*; (*am Fahrrad*) porte-bagages *m*; **∼übergewicht** *n* excédent *m* de bagages; **∼versicherung** *f* assurance *f* des bagages; **∼wagen** *m* fourgon *m*.

gepanzert [ʌ'pantsərt] *p.p. adjt.* blindé; cuirassé.

gepfeffert [ʌ'pfɛfərt] *p.p. adjt.* poivré; *fig.* salé.

gepfiffen [ʌ'pfifən] *s.* pfeifen.

gepflegt [ʌ'pfle:kt] *p.p. adjt.* soigné.

Gepflogenheit [ʌ'pflo:gənhaɪt] *f* coutume *f*.

Geplänkel [ʌ'plɛŋkəl] *n* (7) escarmouche *f*.

Geplapper [ʌ'plapər] *n* (7) babil *m*.

Geplätscher [ʌ'plɛtʃər] *n* (7) clapotis *m*.

Geplauder [ʌ'plaʊdər] *n* (7) causerie *f*.

Gepolter [ʌ'pɔltər] *n* (7) tapage *m*; vacarme *m*.

Gepräge [ʌ'prɛ:gə] *n* (7) empreinte *f*; *fig. a.* caractère *m*.

Gepränge [ʌ'prɛŋə] *n* (7) pompe *f*.

Geprassel [ʌ'prasəl] *n* (7) pétillement *m*; (*Feuer*) crépitement *m*.

gepriesen [gə'pri:zən] *s.* preisen.

geprüft [ʌ'pry:ft] *p.p. adjt.* diplômé.

Gequake [ʌ'kvɑ:kə] *n* (7) coassement *m*.

gequollen [ʌ'kvɔlən] *s.* quellen.

gerade [ʌ'rɑ:də] **1.** *adj.* droit (*a. fig.*); (*ohne Umweg*) direct; (*Zahlen*) pair; **2.** *adv.* justement; précisément; (*soeben*) tout à l'heure; ∼ *etw. getan haben* venir de faire qch.; ∼ *dabei sein, etw. zu tun* être justement en train de faire qch.; ∼ *recht kommen* venir à point; *wie es* ∼ *kommt* au petit bonheur; ∼ *das Gegenteil* tout (*od.* juste) le contraire; **3.** ⚥ *f* (18) (*ligne f*) droite *f*; **∼'aus** *adv.* tout droit; **∼heraus** *adv.* franchement; carrément; **∼richten** *v/t.* (re)dresser; *sich* ∼ *v/i.* se tenir droit; *für etw.* ∼ répondre de qch.; **∼wegs** *adv.* tout droit; **∼zu** *adv.* tout droit; directement; *erstaunlich* vraiment surprenant.

Ge'rad|heit f rectitude f; fig. droiture f; franchise f; 2linig [~li:niç] adj. en ligne droite; ⚓ rectiligne.

Geranie 🌱 [ge'ra:njə] f (15) géranium m.

gerannt [gə'rant] s. rennen.

Gerassel [~'rasəl] n (7) bruit m de ferraille; (v. Wagen) roulement(s pl.) m; (v. Waffen, Ketten) cliquetis m.

Gerät [~'rɛ:t] n (3) engin m; (Haus2) ustensile m; (Werkzeug) outil m; (Apparat, mst. ⚡) appareil m; (Turn2) agrès m; (Ausrüstung) attirail m; (Radio2) poste m; ⊕ matériel m.

geraten [gə'ra:tən] 1. v/i. (30, sn): ~ nach arriver (od. parvenir) à; gut (schlecht) ~ réussir (od. tourner) bien (mal); ~ in (acc.) tomber dans; in j-s Hände ~ tomber entre les mains de q.; an j-n ~ tomber sur q.; auf e-n Weg ~ s'engager dans un chemin; außer sich ~ se mettre 'hors de soi; vor Freude außer sich ~ ne pas se sentir de joie; 2. p.p. adjt.: es für ~ halten juger convenable.

Geräte|schuppen m remise f à outils; ~stecker ⚡ m fiche f (femelle d'un appareil); ~turnen n exercices m/pl. aux agrès.

Geratewohl [gəra:tə'vo:l] n: aufs ~ au hasard; au petit bonheur.

geraum [~'raum] adj.: ~e Zeit longtemps.

geräumig [~'rɔymiç] adj. spacieux; vaste.

Geräusch [~'rɔyʃ] n (3²) bruit m; ~kulisse f fond m sonore; thé. bruitage m; 2los adj. sans bruit; silencieux; 2voll adj. bruyant.

gerb|en [gɛrbən] v/t. (25) corroyer; tanner; weiß ~ mégisser; mégir; fig. j-m das Fell ~ tanner la peau à q.; 2er m tanneur m; (Weiß2) mégissier m; 2e'rei f tannerie f; (Weiß2) mégisserie f; 2säure f acide m tan(n)ique; 2stoff m tannin m.

gerecht [~'rɛçt] adj. juste; équitable; j-m ~ werden rendre justice à q.; e-r Sache (dat.) ~ werden tenir compte de qch.; 2fertigt p.p. adjt. justifié; 2igkeit f justice f; équité f; j-m ~ widerfahren lassen rendre justice à q.; 2igkeitssinn m esprit m de justice.

Gerede [~'re:də] n (7) bavardage m; racontars m/pl.; (Gerücht) bruit m; sich ins ~ bringen faire parler de soi.

geregelt [gə're:gəlt] p.p. adjt. réglé;

régulier.

gereichen [~'raiçən] v/i. (25): zu etw. ~ contribuer à qch.; j-m zur Ehre ~ faire honneur à q.

gereizt [gə'raitst] p.p. adjt. irrité; 2heit f irritation f.

Gericht [~'riçt] n (3) (Speise) mets m; plat m; 🏛 tribunal m, cour f, (Gebäude) palais m de justice; vor ~ fordern (laden) citer en justice; vor ~ erscheinen comparaître; j-n vor ~ ziehen traduire q. en justice; sich dem ~ stellen se présenter en justice; über j-n zu ~ sitzen juger q.; jüngstes ~ jugement m dernier; 2lich adj. judiciaire; (rechtsförmig) juridique.

Ge'richts|akten f/pl. dossier m; ~barkeit f juridiction f; ~beschluß m décision f du tribunal; ~bezirk m juridiction f; ~diener m huissier m; ~ferien pl. vacances f/pl. judiciaires (od. des tribunaux); ~gebäude n palais m de justice; ~hof m cour f; tribunal m; Internationaler ~ cour f internationale de justice; ~kanzlei f greffe m; ~kosten pl. frais m/pl. de justice; ~medizin f médecine f légale; ~ordnung f règlements m/pl. judiciaires; ~saal m salle f d'audience; ~schreiber m greffier m; ~sitzung f séance f; audience f; (Tagung) session f de la cour; ~stand m tribunal m compétent, lieu m de juridiction; ~termin m assignation f; ~urteil n arrêt m de la cour; ~verfahren n procédure f; ~verhandlung f débats m/pl.; ~vollzieher m (7) huissier m; ~wesen n justice f.

gerieben [~'ri:bən] s. reiben.

gering [~'riŋ] adj. petit; peu considérable; (niedrig) bas; (wenig) peu (de); ~er als ... moindre que ...; inférieur à ...; ~er machen, ~er werden diminuer; nichts 2eres als ... (bei vb. ne ...) rien de moins que ...; kein 2erer als ... nul autre que ... (bei vb. mit ne); nicht das ~ste (bei vb. ne ...) pas la moindre chose; das 2ste, was er tun kann le moins qu'il puisse faire; nicht im ~sten (bei vb. ne ...) pas le moins du monde; (bei vb. ne ...) pas du tout; der 2ste le moindre des hommes; ~achten v/t.: etw. ~ faire peu de cas de qch.; ~fügig [~'fy:giç] adj. peu important; (nichtig) futile; insignifiant; 2fügigkeit f futilité f; insignifiance f; ~schätzen v/t. estimer peu;

dédaigner; **~schätzig** [~ʃɛtsiç] adj. dédaigneux; **2schätzung** f dédain m.

gerinn|en [gə'rinən] v/i. (30, sn) coaguler; se figer; (Milch) se cailler; **2sel** [~zəl] n (7) ruisselet m; (Blut2) caillot m de sang.

Gerippe [~'ripə] n (7) squelette m; **⚓**, zo. carcasse f; **2t** adj. (Stoff) côtelé.

gerissen [~'risən] **1.** s. reißen; **2.** p.p. adjt. fig. roué; madré; **2heit** f rouerie f; F roublardise f.

geritten [~'ritən] s. reiten.

Germ östr. [gɛrm] f (14) levain m.

German|e [gɛr'maːnə] m (13), **~in** f Germain(e f) m; **2isch** adj. germanique; **~ist** [~' nist] m (12) germaniste m; **~istik** f étude f des langues germaniques.

gern|(e) [gɛrn(ə)] adv. volontiers; avec plaisir; herzlich ~ de bon cœur; ich möchte ~ wissen je voudrais bien savoir; das glaube ich ~ je crois bien; ~ gesehen sein être bien vu; ~ sein (an e-m Ort) se plaire; ~ haben, ~ mögen aimer; etw. ~ tun aimer (à) faire qch.; P er kann mich ~ haben je me fiche de lui; **2egroß** m (14) fanfaron m.

Geröchel [gə'rœçəl] n (7) râle(ment) m.

gerochen [~'rɔxən] s. riechen.

Geröll [~'rœl] n (3) éboulis m.

geronnen [~'rɔnən] s. rinnen u. gerinnen.

Geröstete östr. [gə'rœstətə] pl. pommes f/pl. de terre sautées.

Gerste ['gɛrstə] f (15) orge f.

Gersten|korn n grain m d'orge; **⚕** orgelet m, F compère-loriot m.

Gerte ['gɛrtə] f (15) verge f; baguette f; (Reit2) badine f; **2nschlank** adj. élancé et souple.

Geruch [~'rux] m (3³) odeur f; (Sinn) odorat m; (Spürsinn) flair m; **2los** adj. sans odeur, inodore; privé de l'odorat; **~sinn** m odorat m.

Gerücht [~'ryçt] n (3) bruit m; rumeur f; es geht das ~, daß ... le bruit court que ...; **~emacher** m alarmiste m; **2weise** adv. d'après la rumeur publique.

ge'rufen p.p. advt.: das kommt wie ~ cela arrive fort à propos.

ge'ruhen v/i.: ~, etw. zu tun daigner faire qch.

ge'rührt p.p. adjt. ému; touché.

geruhsam [gə'ruːzaːm] **1.** adj. tranquille, calme; **2.** adv. tranquille-

ment, avec calme; **2keit** f tranquillité f.

Gerümpel [~'rympəl] n (7) vieux meubles m/pl.; (Plunder) fatras m.

Gerundium gr. [ge'rundjum] n gérondif m.

gerungen [gə'ruŋən] s. ringen.

Gerüst [~'ryst] n (3²) échafaudage m; (Schau2) tréteau m; tribune f.

gesalzen [~'saltsən] p.p. adjt. salé (a. fig.).

gesamt [~'zamt] adj. tout entier; total; das **2e** le tout; l'ensemble m; **2-ansicht** f vue f d'ensemble; **2-ausgabe** f (édition f des) œuvres f/pl. complètes; **2betrag** m somme f totale; total m; **2bild** n tableau m d'ensemble; **2deutsch** adj. concernant toute l'Allemagne; **2-eigentum** n propriété f collective; **2-eindruck** m impression f d'ensemble (od. générale); **2-ergebnis** n résultat m total; Sp. classement m général; **2heit** f totalité f; tout m; ensemble m; **2kosten** pl. coût m total.

gesandt [gə'sant] s. senden. **2e(r)** m (18) envoyé m, ministre m plénipotentiaire; **2schaft** f légation f.

Gesang [~'zaŋ] m (3³) chant m; (Vogel2 a.) ramage m; (Lied) chanson f; rl. cantique m; **2buch** n livre m de cantiques; **~lehrer(in** f) m professeur m de chant; **~s-einlage** f intermède m de chant; **~s-unterricht** m enseignement m du chant; **~ver-ein** m (société f) chorale f.

Gesäß [~'zɛːs] n (3²) séant m, fesses f/pl.; **~tasche** f poche f revolver.

Geschäft [~'ʃɛft] n (3) affaire f; von ~en reden parler affaires; (Unternehmen) opération f (Handel) commerce m; (Gewerbe) métier m; (Handelshaus) maison f (de commerce); établissement m; (Laden) boutique f, (großes) magasin m; F sein ~ verrichten faire ses besoins; **2ig** adj. actif; affairé; **~igkeit** f activité f; **2lich 1.** adj. commercial; d'affaires; **2.** adv.: ~ verhindert empêché par des affaires.

Ge'schäfts|-abschluß m conclusion f d'une affaire; **~anteil** m part f sociale; **~aufgabe** f cessation f de commerce; **~bereich** m ressort m; (domaine m de) compétence f; (e-s Ministers) portefeuille m; **~bericht** m compte m rendu; **~brief** m lettre f d'affaires; **~freund** m correspondant m; **~führer** m gérant m; **~führung** f gestion f des affaires; **~gang** m marche f des affaires; **~gebaren** n gestion f des affaires; manière f de traiter les affaires; **~haus** n maison f (de commerce); **~inhaber** m patron m; chef m d'une maison (de commerce); **~jahr** n exercice m; **~kapital** n fonds m/pl. (de commerce); **~kosten** pl. frais m/pl. généraux; auf ~ aux frais de la maison; **~leben** n commerce m; affaires f/pl.; **~leitung** f direction f (de l'entreprise); **~mann** m (1, pl. ~leute) homme m d'affaires; commerçant m; **~mäßig** 1. adj. propre aux affaires; 2. adv. selon l'usage des affaires; **~ordnung** f règlement m; **~papiere** n/pl. papiers m/pl. d'affaires; **~räume** m/pl. bureaux m/pl.; **~reise** f voyage m d'affaires; **~reisende(r)** m représentant (od. voyageur) m de commerce; **~schluß** m fermeture f; **~stelle** f bureau m; **~straße** f rue f commerçante; **~träger** m chargé m d'affaires; **~tüchtig** adj. capable (od. apte) en affaires; **~unkosten** pl. frais m/pl. généraux; **~verbindung** f, **~verkehr** m relations f/pl. commerciales; **~viertel** n quartier m des affaires; **~wagen** m voiture f d'affaires; **~zimmer** n bureau m; **~zweig** m branche f.

geschah [~'ʃɑː] s. geschehen.

geschehen [~'ʃeːən] 1. v/i. (30, sn) arriver; se passer; (zustoßen) advenir; das geschieht dir recht tu as ce que tu mérites; es ist um mich ~ c'en est fait de moi; ~ lassen laisser faire; 2. ♀ n événements m/pl.

gescheit [~'ʃait] adj. sensé; intelligent; (richtig urteilend) judicieux; (vernünftig) raisonnable; ~er Kopf esprit m bien fait; er ist nicht recht ~ il n'a pas tout son bon sens.

Geschenk [~'ʃɛŋk] n (3) présent m; cadeau m; (Gabe) don m; j-m ein ~ mit etw. machen faire présent (od. cadeau) de qch. à q.; **~gutschein** m bon-cadeau m; **~packung** f emballage m pour cadeaux.

Geschicht|e [~'ʃɪçtə] f (15) histoire f; (Erzählung) conte m; (Vorgang) affaire f; das ist e-e schöne ~! iron. en voilà une affaire!; **♀lich** adj. historique.

Ge'schichts|fälschung f falsification f de l'histoire; **~forscher** m historien

m; **~forschung** f recherches f/pl. historiques; étude f de l'histoire; **~lehrer** m professeur m d'histoire; **~schreiber** m historien m; historiographe m.

Geschick [~'ʃɪk] n (3) (Schicksal) destin m; destinée f; sort m; (Fertigkeit) = **~lichkeit** f adresse f; habileté f; **♀t** adj. adroit; habile.

geschieden [gə'ʃiːdən] 1. s. scheiden; 2. p.p. adj. divorcé (von j-m d'avec q.); séparé.

geschieht [~'ʃiːt] s. geschehen.

geschienen [~'ʃiːnən] s. scheinen.

Geschirr [~'ʃɪr] n (3) vaisselle f; (Küchen♀) batterie f de cuisine; irdenes ~ poterie f; (Pferde♀) harnais m; **~schrank** m buffet m; **~spülmaschine** f machine f à laver la vaisselle.

Geschlecht [~'ʃlɛçt] n (1) biol. sexe m; gr. genre m; (Abstammung) race f; famille f; (Generation) génération f; **♀lich** adj. sexuel.

Ge'schlechts|-akt m acte m sexuel; **♀krank** adj. atteint d'une maladie vénérienne; **~krankheit** f maladie f vénérienne; **~leben** n vie f sexuelle; **~los** biol. adj. asexué; **~name** m nom m de famille; ♀, zo. nom m générique; **~organ** n organe m génital; **~reife** f puberté f; **~teile** m/pl. organes m/pl. génitaux; **~trieb** m instinct m sexuel; **~verkehr** m relations f/pl. sexuelles; **~wort** gr. n article m.

geschlichen [gə'ʃlɪçən] s. schleichen.

geschliffen [~'ʃlɪfən] s. schleifen.

geschlossen [~'ʃlɔsən] 1. s. schließen; 2. p.p. adj. (Reihen) serré; ~e Gesellschaft réunion f privée; cercle m fermé; bei ~en Türen à 'huis clos; **♀heit** f accord m; ensemble m.

geschlungen [~'ʃluŋən] s. schlingen.

Geschmack [~'ʃmak] m (3³) goût m; (a. fig.); cuis. a. saveur f; das ist nicht nach meinem ~ cela n'est pas à mon goût; an etw. (dat.) ~ finden prendre (od. trouver) goût à qch.; goûter qch.; für etw. ~ haben avoir le goût de qch. (od. du goût pour qch.); den ~ an etw. (dat.) verlieren perdre le goût de qch.; e-n bittern ~ im Munde haben avoir la bouche amère; **♀los** adj. sans goût; insipide; fade; fig. de mauvais goût; **~losigkeit** f manque m de goût; insipidité f; fadeur f; fig. acte m de mauvais goût; **~sache** f affaire f de goût; **~sinn** m (sens m du) goût m; **~sver-irrung** f aberration f du goût; faute f de goût; **2voll 1.** *adj.* plein de goût; **2.** *adv.* avec goût.

Geschmeide [~'ʃmaɪdə] *n* (7) bijoux *m/pl.*; *(kostbares)* joyaux *m/pl.*; *(Schmuck)* parure f.

geschmeidig [~'ʃmaɪdiç] *adj.* souple; flexible; *métall.* ductile; **2keit** f souplesse f; flexibilité f; *métall.* ductilité f.

Geschmiere [~'ʃmi:rə] *n* (7) barbouillage m; griffonnage m.

geschmissen [gə'ʃmisən] *s.* schmeißen.

geschmolzen [~'ʃmɔltsən] *s.* schmelzen.

Geschnatter [~'ʃnatər] *n* (7) caquetage m; *(v. Gänsen)* criaillerie f.

geschniegelt [~'ʃni:gəlt] *p.p. adjt.:* ~ *und gebügelt* tiré à quatre épingles.

geschnitten [~'ʃnitən] *s.* schneiden.

geschoben [~'ʃo:bən] *s.* schieben.

gescholten [~'ʃɔltən] *s.* schelten.

Geschöpf [~'ʃœpf] *n* (3) créature f.

geschoren [~'ʃo:rən] *s.* scheren.

Geschoß [~'ʃɔs] *n* (4) projectile m; *(Stockwerk)* étage m; **~bahn** f trajectoire f.

geschossen [gə'ʃɔsən] *s.* schießen.

Geschrei [~'ʃraɪ] *n* (3) cris *m/pl.*; *großes* ~ *erheben* jeter les 'hauts cris; *viel* ~ *von etw. machen* faire grand bruit de qch.

geschrieben [~'ʃri:bən] *s.* schreiben.

geschrie(e)n [~'ʃri:(ə)n] *s.* schreien.

geschritten [~'ʃritən] *s.* schreiten.

geschunden [~'ʃundən] *s.* schinden.

Geschütz [~'ʃyts] *n* (3²) canon m; pièce f; *schweres* ~ artillerie f lourde; *fig. schweres* ~ *auffahren* employer des arguments massifs; **~feuer** n canonnade f; **~rohr** n (tube m de) canon m; **~turm** m tourelle f.

Geschwader [~'ʃva:dər] *n* (7) escadre f; *kleines* ~ escadrille f.

Geschwätz [~'ʃvɛts] *n* (3²) bavardage m; babil m; *(Klatsch)* racontars *m/pl.*; *(unwahres Gerede)* F bobard m; **2ig** *adj.* bavard; loquace; **~igkeit** f loquacité f.

geschweige [~'ʃvaɪgə] *cj.:* ~ *denn* et encore moins; *(hinzufügend)* à plus forte raison.

geschwiegen [gə'ʃvi:gən] *s.* schweigen.

geschwind [~'ʃvint] **1.** *adj.* prompt; rapide; **2.** *adv.* vite; **2igkeit** f vitesse f; rapidité f.

Ge'schwindigkeits|begrenzung f limitation f de vitesse; **~messer** m tachymètre m; **~rekord** m record m de vitesse.

Geschwister [~'ʃvistər] *pl.* frère(s) *m(pl.)* et sœur(s) *f(pl.)*; **2lich** *adj.* fraternel; **~liebe** f amour m fraternel; **~paar** n frère et sœur.

geschwollen [gə'ʃvɔlən] *s.* schwellen.

geschwommen [~'ʃvɔmən] *s.* schwimmen.

geschworen [~'ʃvo:rən] *s.* schwören.

Geschworen|engericht [~'ʃvo:rə-nən-] *n* (Mitglieder) jury m; *(Einrichtung)* cour f d'assises; **~e(r)** m (18) juré m.

Geschwulst [~'ʃvulst] f (14¹) enflure f; tumeur f.

geschwunden [gə'ʃvundən] *s.* schwinden.

geschwungen [~'ʃvuŋən] *s.* schwingen.

Geschwür [~'ʃvy:r] *n* (3) abcès m; ulcère m.

Gesell||e [~'zɛlə] m (13) compagnon m; *(Handwerk a.)* ouvrier m qualifié; *fauler* ~ paresseux m; *schlauer* ~ rusé compère m; *lustiger* ~ bon vivant m; **2en** *v/rfl.* (25): *sich* ~ *zu* joindre (zu à); **~enprüfung** f examen m de fin d'apprentissage artisanal; **2ig** *adj.* sociable; **~es Beisammensein** réunion f; **~igkeit** f sociabilité f.

Ge'sellschaft f (16) société f *(a. pol.)*; compagnie f; *(Fest2)* réunion f; *(Abend2)* soirée f; *(Verein)* association f; *(Club)* cercle m; club m; ~ *mit beschränkter Haftung* société f à responsabilité limitée; *j-m* ~ *leisten* tenir compagnie à q.; *wir haben* ~ nous avons du monde; **~er** m (7) *allg.* compagnon m; associé m; *stiller* ~ commanditaire m; *guter* ~ homme m de bonne compagnie; **~erin** f dame *(resp. demoiselle) f* de compagnie; **2lich** *adj.* en société; mondain; *(sozial)* social; **~e Verhältnisse** conditions *f/pl.* sociales; **~e Beziehungen** relations *f/pl.*

Ge'sellschafts|-abend m soirée f; **~anzug** m tenue f de soirée; **~kleid** n robe f de soirée; **~ordnung** f ordre m social; **~raum** m salon m; **~reise** f voyage m collectif *(od. organisé)*; **~schicht** f couche f sociale; **~spiel** n jeu m de société.

gesessen [gə'zɛsən] *s.* sitzen.

Gesetz [~'zɛts] *n* (3²) loi f; ~ *werden* devenir loi; *vor dem* ~ devant la loi;

im Namen des ~es au nom de la loi; sich etw. zum ~ machen se faire une loi de qch.; nach dem ~ aux termes de la loi; **~buch** n code m; Bürgerliche(s) ~ code m civil; **~entwurf** m projet m de loi; **~eskraft** f force f de loi; **~es-übertretung** f violation f de la loi; **~esvorlage** f projet m de loi; **~gebend** p.pr. adjt. législatif; **~geber** m législateur m; **~gebung** f législation f; **~lich** 1. adj. légal; 2. adv.: ~ geschützt breveté; patenté; **~lichkeit** f légalité f; **2los** adj. sans loi, anarchique; **~lose(r)** m hors-la-loi m; **~losigkeit** f anarchie f; **2mäßig** adj. légal; (regelmäßig) régulier; (rechtmäßig) légitime; **~mäßigkeit** f (Regelmäßigkeit) régularité f; (Rechtmäßigkeit) légitimité f.

ge'setzt p.p. adjt. fig. posé, sérieux; mûr; ~ den Fall, daß supposé que (subj.).

ge'setzwidrig [~vidriç] adj. illégal; **2keit** f illégalité f.

Gesicht [~ziçt] n (1) figure f; (Antlitz) visage m; face f; (Sehvermögen) vue f; (Erscheinung) (3) apparition f; vision f; zu ~ bekommen apercevoir; ein langes ~ machen faire la mine longue; ~er schneiden faire des grimaces; ein ~ ziehen faire la grimace; grimacer; j-m ins ~ lachen rire au nez à q.; j-m ins ~ sehen regarder q. en face; ein anderes ~ bekommen prendre un autre visage (od. aspect).

Ge'sichts|-ausdruck m physionomie f; **~farbe** f teint m; **~feld** n champ m visuel; **~kreis** m horizon m; **~punkt** m point m de vue; **~wasser** n lotion f faciale; **2zug** m trait m (du visage).

Gesims Arch. [~zims] n (4) corniche f.

Gesinde [~zində] n (7) domestiques m/pl.; **~l** n (7) canaille f.

gesinnt [~zint] adj.: j-m gut ~ sein être bien disposé (od. intentionné) à l'égard de q.; feindlich ~ hostile.

Gesinnung [~zinuŋ] f sentiments m/pl.; opinion f; caractère m; niedrige ~ bassesse f de cœur; petitesse f d'esprit.

Ge'sinnungs|genosse m ami m politique; rl. coreligionnaire m; **2los** adj. sans caractère; **~losigkeit** f manque m de caractère; **2treu** adj. loyal; **~wechsel** m volte-face f.

gesittet [~zitət] adj. civil; civilisé.

Gesöff P [~'zœf] n (3) bibine f.

gesoffen [gə'zɔfən] s. saufen.

gesogen [~'zo:gən] s. saugen.

gesondert [~'zɔndərt] 1. p.p. adjt. séparé; 2. p.p. advt. séparément, à part.

gesonnen [~'zɔnən] adj.: ~ sein, etw. zu tun être disposé à faire qch.

gesotten [~'zɔtən] s. sieden.

Gespann [~'ʃpan] n (3) attelage m; fig. couple m.

ge'spannt p.p. adjt. tendu (a. fig.); (Aufmerksamkeit) soutenu; auf etw. (acc.) ~ sein être curieux de qch.; **2heit** f tension f; (Neugier) curiosité f.

Gespenst [~'ʃpɛnst] n (1[1]) fantôme m; spectre m; (Geist) revenant m; **~er-stunde** f heure f des revenants; **2isch** adj. spectral, fantomatique.

Gespiel|e [~'ʃpi:lə] m (13), **~in** f camarade m, f de jeu.

gespie(e)n [~'ʃpi:(ə)n] s. speien.

Gespinst [~'ʃpinst] n (3[2]) filure f.

gesponnen [~'ʃpɔnən] s. spinnen.

Gespött [~'ʃpœt] n: zum ~ werden devenir la risée.

Gespräch [~'ʃprɛːç] n (3) conversation f; entretien m; dialogue m; téléph. a. communication f; sich in ein ~ mit j-m einlassen entrer en conversation avec q.; ein ~ über etw. (acc.) haben avoir une conversation au sujet de qch.; das ~ auf etw. (acc.) bringen amener la conversation sur qch.; **2ig** adj. causeur; (geschwätzig) loquace; j-n ~ machen délier la langue à q.; **~igkeit** f humeur f causeuse; (Geschwätzigkeit) loquacité f; **~s-partner** m interlocuteur m; **~sstoff** m sujet m de conversation; **2sweise** adv. en causant.

gesprenkelt [gə'ʃprɛŋkəlt] p.p. adjt. moucheté.

gesprochen [~'ʃprɔxən] s. sprechen.

gesprungen [~'ʃpruŋən] s. springen.

Gespür [~'ʃpy:r] n (3[1], o. pl.) flair m (für pour).

Gestade [~'ʃta:də] n (7) rivage m.

gestaffelt [~'ʃtafəlt] p.p. adjt. échelonné.

Gestalt [~'ʃtalt] f (16) forme f; (Wuchs) taille f; (Zuschnitt) façon f; litt. personnage m; figuration f; ~ annehmen prendre forme; ~ geben = **2en** v/t. (26) former; façonner; **~ung** f formation f; (künstlerische) réalisation f;

~ungskraft f puissance f créative.
Gestammel [~'ʃtaməl] n (7) balbutiements m/pl.
gestanden [~'ʃtandən] s. stehen.
geständ|ig [~'ʃtɛndɪç] adj.: ~ sein avouer; **2nis** [~'ʃtɛntnɪs] n (4¹) aveu m; (Beichte) confession f; ein ~ von etw. ablegen faire l'aveu de qch.
Gestank [~'ʃtaŋk] m (3, o. pl.) puanteur f; mit ~ erfüllen empester.
gestatten [~'ʃtatən] v/t. (26) permettre.
Geste ['gɛstə] f (15) geste m.
ge'stehen v/t. u. v/i. avouer; (beichten) confesser; (zugeben) convenir (etw. de qch.); offen gestanden à parler franc; à vrai dire; **2ungskosten** pl., **2ungspreis** m prix m coûtant (od. de revient).
Ge'stein n (3) roche f; min. minéral m; **~skunde** f minéralogie f; **~s-schicht** f couche f rocheuse.
Gestell [~'ʃtɛl] n (3) tréteau m; chevalet m; (Fuß2) piédestal m; (Bücher2) étagère f; rayons m/pl.; Auto châssis m; Flgw. carcasse f.
gestern ['gɛstərn] adv. hier (früh matin; mittag à midi; abend soir).
gestiefelt [~'ʃtiːfəlt] adj.: der 2e Kater le Chat botté.
gestiegen [~'ʃtiːgən] s. steigen.
gestikulieren [gɛstiku'liːrən] v/i. gesticuler.
Gestirn [~'ʃtɪrn] n (3) astre m; (Sternbild) constellation f; 2t adj. étoilé; constellé.
Gestöber [~'ʃtøːbər] n (7) tourbillon m (de neige).
gestochen [~'ʃtɔxən] s. stechen.
gestohlen [~'ʃtoːlən] s. stehlen.
gestorben [~'ʃtɔrbən] s. sterben.
Gesträuch [~'ʃtrɔyç] n (3) buissons m/pl.; broussailles f/pl.
gestreckt [~'ʃtrɛkt] p.p. adj.: in ~em Galopp au grand galop.
gestreift [~'ʃtraift] adj. rayé.
gestrichen [~'ʃtriçən] s. streichen.
gestrig ['gɛstriç] adj. d'hier; am ~en Tage hier.
gestritten [gə'ʃtritən] s. streiten.
Gestrüpp [~'ʃtryp] n (3) broussailles f/pl.
Gestühl [~'ʃtyːl] n (3) bancs m/pl.; (Chor2) stalles f/pl.
gestunken [~'ʃtuŋkən] s. stinken.
Gestüt [~'ʃtyːt] n (3) 'haras m.
Gesuch [~'zuːx] n (3) demande f; (Bittschrift) pétition f; bsd. ⚖ re-

quête f; 2t p.p. adj. recherché; ✝ demandé.
Gesumme [~'zumə] n (7) bourdonnements m/pl.
gesund [~'zunt] adj. sain; (körperlich wohl) bien portant; en bonne santé; (der Gesundheit förderlich) salubre; (heilsam) salutaire; bleiben Sie ~! portez-vous bien!; ~ werden = **~en** v/i. (26, sn) guérir; se rétablir; (sanieren) assainir; **2heit** f santé f; (Heilsamkeit) salubrité f; bei guter ~ en bonne santé; ~! (beim Niesen) à vos souhaits!; **~heitlich** adj. sanitaire; hygiénique; aus ~en Gründen pour (des) raisons de santé.
Ge'sundheits|-amt n service m de santé; **2halber** adv. pour raisons de santé; **~lehre** f hygiène f; **~maßnahme** f mesure f d'hygiène; **~pflege** f soins m/pl. d'hygiène; (öffentliche) (office m de l')hygiène f publique; **~polizei** f police f sanitaire; **2schädlich** adj. malsain; insalubre; **~wesen** n hygiène f publique; **~zeugnis** n certificat m de santé; **~zustand** m état m de santé; (der Gesamtheit) état m sanitaire.
Ge'sundung f convalescence f; (Sanierung) assainissement m.
gesungen [gə'zuŋən] s. singen.
gesunken [~'zuŋkən] s. sinken.
Getäfel [~'tɛːfəl] n (7) lambris m; boiserie f; 2t p.p. adj. lambrissé; boisé.
getan [~'taːn] s. tun.
Getöse [~'tøːzə] n (7) fracas m; vacarme m.
Getrampel [~'trampəl] n (7) trépignements m/pl.
Getränk [~'trɛŋk] n (3) boisson f; breuvage m; geistige ~e spiritueux m/pl.; **~e-automat** m distributeur m automatique de boissons; **~esteuer** f impôt m sur les boissons.
getrauen [~'trauən] v/rfl.: sich ~, etw. zu tun oser faire qch.
Getreide [~'traidə] n (7) céréales f/pl.; blé m; grains m/pl.; **~art** f espèce f de céréales; **~bau** m culture f des céréales; **~brand** ✔ m rouille f; **~ernte** f moisson f; **~feld** n champ m de céréales (od. de blé); **~handel** m commerce m des grains; **~land** n pays m (producteur) de céréales; **~markt** m marché m aux grains; **~speicher** m grenier m à blé; silo m.
getrennt [gə'trɛnt] **1.** p.p. adj. sé-

paré; **2.** *p.p. advt.*: ~ leben vivre séparés, ⚖ être séparé de corps.
getreu [˗'trɔy] *adj.* fidèle; loyal.
Getriebe [˗'triːbə] *n* (7) rouages *m/pl.*; engrenage *m*; mécanisme *m*; *Auto* boîte *f* de vitesses; **2n** *s.* treiben.
getroffen [˗'trɔfən] *s.* treffen.
getrogen [˗'troːɡən] *s.* trügen.
getrost [˗'troːst] *adv.* avec confiance, en toute tranquillité.
getrunken [˗'truŋkən] *s.* trinken.
Getto ['ɡɛto] *n* (11) ghetto *m*.
Getue [˗'tuːə] *n* (7) affectation *f*; F chichi *m*.
Getümmel [˗'tyməl] *n* (7) (*Lärm*) tumulte *m*; (*Gedränge*) cohue *f*; (*Schlacht2*) mêlée *f*.
getupft [˗'tupft] *p.p. adjt.* pointillé.
geübt [˗'yːpt] *p.p. adjt.* exercé; *in etw.* ~ sein être de taille à (faire) qch.
Gevatter [˗'fatər] *m* (7 u. 13) compère *m*; ~**in** *f* commère *f*.
Geviert [˗'fiːrt] *n* (3) carré *m*.
Gewächs [˗'vɛks] *n* (4) végétal *m*; (*Pflanze*) plante *f*; (*Wein*) cru *m*; (*Auswuchs*) excroissance *f*.
ge'wachsen *p.p. adjt.*: gut ~ bien fait; *j-m* ~ sein être de taille à tenir tête à q.; *e-r Sache* (*dat.*) ~ sein être à la hauteur de qch.
Ge'wächshaus *n* serre *f*.
gewagt [˗'vaːkt] *p.p. adjt.* osé; ~es Spiel treiben jouer gros (jeu).
gewählt [˗'vɛːlt] *p.p. adjt.* (*Ausdruck*) recherché; **2.** *p.p. advt.*: sich ~ ausdrücken s'exprimer d'une manière recherchée; choisir ses mots.
gewahr [˗'vaːr] *adj.*: ~ werden (*acc. u. gén.*) voir (*acc.*); s'apercevoir de.
Gewähr [˗'vɛːr] *f* (16) garantie *f*; caution *f*; (*Sicherheit*) sûreté *f*; *für etw.* ~ leisten garantir qch.; répondre de qch.; **2en** *v/t.* (28) accorder; (*darbieten*) offrir; (*verschaffen*) procurer; *Kredit, Entschädigung:* allouer; ~ lassen laisser faire; **2leisten** *v/t.* garantir; ~**leistung** *f* garantie *f*.
Ge'wahrsam *m* (3) garde *f*; sûreté *f*; (*Haft*) détention *f*; *in* ~ nehmen prendre sous sa garde; (*Person*) mettre en détention; *in sicherem* ~ en lieu sûr.
Ge'währ|smann *m* autorité *f*, garant *m*; agent *m* de renseignement; ~**ung** *f* (*e-r Gunst, e-s Kredits, e-r Entschädigung*) octroi *m*, concession *f*.
Gewalt [˗'valt] *f* (16) (*Macht*) pouvoir *m*; puissance *f*; (*Stärke*) force *f*;

(~*tätigkeit*) violence *f*; (*moralische*) autorité *f*; *gesetzgebende* (*ausübende*) ~ pouvoir *m* législatif (exécutif); höhere ~ force *f* majeure; *mit aller* ~ de toutes ses forces; ~ anwenden user de violence; *j-m* ~ antun faire violence à q.; *in j-s* ~ stehen être à la merci de q.; *in s-e* ~ bekommen se rendre maître de; *sich in* ~ haben être maître de soi; se posséder; ~**akt** *m* acte *m* de violence; ~**anwendung** *f* emploi *m* de la force; *unter* ~ en faisant usage de la force; ~**herrschaft** *f* despotisme *m*; tyrannie *f*; ~**herrscher** *m* despote *m*; tyran *m*; **2ig** [˗'valtiç] **1.** *adj.* puissant; (*stark*) fort; (*heftig*) violent; (*groß*) prodigieux; énorme; **2.** *adv.*: sich ~ irren se tromper grandement; **2los** *adj. u. adv.* sans violence; **2sam 1.** *adj.* violent; sans ~ en Todes sterben mourir de mort violente; **2.** *adv. a.* par (*od.* de vive) force; ~ öffnen forcer; ~**tat** *f* acte *m* de violence; (*Tätlichkeit*) voie *f* de fait; **2tätig** [˗tɛːtiç] *adj.* violent; brutal; ~**tätigkeit** *f* violence *f*; ~**verbrechen** *n* crime *m* de violence.
Gewand [˗'vant] *n* (1², *poét.* 3) vêtement *m*.
gewandt [˗'vant] **1.** *s.* wenden; **2.** *adj.* (*flink*) leste; agile; (*geschickt*) habile; adroit; (*Stil*) aisé; **2heit** *f* (*Flinkheit*) agilité *f*; (*Geschicklichkeit*) habileté *f*; adresse *f*; (*des Stils*) aisance *f*.
gewann [˗'van] *s.* gewinnen.
gewärtig [˗'vɛrtiç] *adj.*: *e-r Sache* (*gen.*) ~ sein s'attendre à qch.
Gewässer [˗'vɛsər] *n* (7) eaux *f/pl.*; ~**kunde** *f* hydrologie *f*; ~**schutz** *m* protection *f* des eaux.
Gewebe [˗'veːbə] *n* (7) tissu *m*.
Gewehr [˗'veːr] *n* (3) fusil *m*; *das* ~ über! l'arme sur l'épaule!; *das* ~! reposez arme!; *präsentiert das* ~! présentez arme!; *an die* ~e! rompez les faisceaux!; ~ *bei* Fuß stehen être l'arme au pied; ~**feuer** *n* fusillade *f*; ~**kolben** *m* crosse *f* (de fusil); ~**kugel** *f* balle *f* (de fusil); ~**lauf** *m* canon *m* (de fusil); ~**riemen** *m* bretelle *f* (de fusil); ~**ständer** *m* râtelier *m* (d'armes).
Geweih [ɡə'vaɪ] *n* (3) bois *m*; ramure *f*.
Gewerbe [˗'vɛrbə] *n* (7) industrie *f*; (*Beruf*) profession *f*; (*Handwerk*) métier *m*; *ein* ~ betreiben exercer un métier; ~**aufsicht** *f* inspection *f* du

travail (*od.* des métiers); **~ausstellung** *f* exposition *f* industrielle; **~freiheit** *f* liberté *f* industrielle; **~gericht** *n*, **~kammer** *f* conseil *m* des prud'hommes; **~ordnung** *f* code *m* industriel; **~schein** *m* licence *f*; **~schule** *f* école *f* professionnelle; **~steuer** *f* contribution *f* de patente; **2treibend** *p.pr. adjt.* industriel; **~treibende(r)** *m* industriel *m*.

gewerb|lich [~'vɛrplɪç], **~smäßig** *adj.* professionnel.

Gewerkschaft [~'vɛrkʃaft] *f* syndicat *m*; ☒ société *f* d'exploitation; **~ler** *m* (7) syndicaliste *m*; syndiqué *m*; (*in Frankreich* F) cégétiste *m*; **2lich 1.** *adj.* syndical; **2.** *adv.*: ~ *organisiert* syndiqué; **~sbewegung** *f* mouvement *m* syndical; syndicalisme *m*; **~sbund** *m* confédération *f* (*freier libre*) des syndicats; **~sführer** *m* chef *m* de syndicat.

gewichen [~'vɪçən] *s.* **weichen**.

Gewicht [~'vɪçt] *n* (3) poids *m*; *fig.* importance *f*; *nach dem* ~ *verkaufen* vendre au poids; *es fällt schwer ins* ~ c'est très important; *auf etw.* (*acc.*) *legen* attacher de l'importance à qch.; **~heben** *Sp. n* haltérophilie *f*; **2ig** [~tɪç] *adj. fig.* de poids, important.

Ge'wichts|-abnahme *f* perte *f* de poids; **~klasse** *f* catégorie *f* de poids; **~verlagerung** *f* déplacement *m* de poids; *fig.* déplacement *m* du centre d'intérêt; **~zunahme** *f* augmentation *f* de poids.

gewieft F [gə'vi:ft] *adj.* malin; P roublard.

Gewieher [~'vi:ər] *n* (7) 'hennissement *m/pl.*

gewiesen [~'vi:zən] *s.* **weisen**.

gewillt [~'vɪlt] *adj.*: ~ *sein* zu être disposé à.

Gewimmel [~'vɪməl] *n* (7) fourmillement *m*; (*Menge*) foule *f*.

Gewimmer [~'vɪmər] *n* (7) gémissement *m/pl.*; lamentations *f/pl.*

Gewinde [~'vɪndə] *n* (7) filet *m*; ~ *schneiden* tarauder; fileter; **~bohrer** *m* taraud *m*; **~bohrmaschine** *f* taraudeuse *f*.

Gewinn [~'vɪn] *m* (3) gain *m*; † bénéfice *m*; (*Nutzen*) profit *m*; mép. lucre *m*; (*Lotterie2*) numéro *m* gagnant; ~ *bringen* rapporter un bénéfice; être lucratif; *das ist schon ein* ~ c'est autant de gagné; **~anteil** *m* part

f de bénéfice; dividende *m*; **~ausschüttung** *f* distribution *f* des bénéfices; **~beteiligung** *f* participation *f* aux bénéfices; **2bringend** *p.pr. adjt.* profitable; avantageux; lucratif; **2en** *v/t. u. v/i.* (30) gagner (*bei* à); (*erwerben*) acquérir; *Preis:* remporter; ☒ extraire; *Zucker:* tirer (*aus* de); *Gunst:* s'attirer; **2end** *p.pr. adjt.* (*Wesen, Lächeln*) avenant; prévenant, engageant; **~er** *m* (7) gagnant *m*; **~liste** *f* liste *f* des numéros gagnants; **~spanne** *f* marge *f* bénéficiaire (*od.* de bénéfice); **~undVer'lust-Rechnung** *f* compte *m* des profits et pertes; **~ung** ⊕, ⚒ *f* extraction *f*; **~verteilung** *f* répartition *f* des bénéfices.

Gewinsel [~'vɪnzəl] *n* (7) gémissements *m/pl.*

gewiß [~'vɪs] **1.** *adj.* sûr; certain; *ein gewisser ...* un certain ...; *ein gewisses Etwas* un je ne sais quoi; **2.** *adv.* certainement; certes; ~! mais oui!

Gewissen [~'vɪsən] *n* (6) conscience *f*; *mit gutem* ~ en bonne conscience; *nach bestem* ~ en toute conscience; *ein reines* ~ *haben* avoir la conscience pure (*od.* tranquille); *etw. auf dem* ~ *haben* avoir qch. sur la conscience; *j-m ins* ~ *reden* faire appel à la conscience de q.; *das* ~ *schlägt ihm* il a des remords; **2haft** *adj.* consciencieux; scrupuleux; **~haftigkeit** *f* délicatesse *f* de conscience; scrupules *m/pl.*; **2los** *adj. u. adv.* sans conscience; sans scrupule; **~losigkeit** *f* manque *m* de conscience.

Ge'wissens|bisse *m/pl.* remords *m*; **~frage** *f* cas *m* de conscience; **~freiheit** *f* liberté *f* de conscience; **~konflikt** *m* conflit *m* de conscience; **~not** *f* détresse *f* morale; **~zwang** *m* contrainte *f* morale.

gewissermaßen [gəvɪsər'ma:sən] *adv.* en quelque sorte; pour ainsi dire.

Ge'wißheit *f* certitude *f*; ~ *erlangen* obtenir des certitudes; *sich* ~ *verschaffen über* (*acc.*) s'assurer de.

Gewitter [~'vɪtər] *n* (7) orage *m*; **~front** *f* front *m* orageux; **~himmel** *m* ciel *m* orageux.

ge'witt(e)rig *adj.* orageux.

ge'witter|n *v/imp.*: *es gewittert* il fait de l'orage; **2neigung** *f* tendance *f* à l'orage; **2regen** *m* pluie *f* d'orage; **2schauer** *m* averse *f* d'orage; **2**-

schwüle f chaleur f orageuse; **2stimmung** fig. f atmosphère f orageuse; **2wolke** f nuée f d'orage.

gewitzt [~'vɪtst] p.p. adjt. (pfiffig) malin.

gewogen [~'vo:gən] **1.** s. wiegen; **2.** p.p. adjt. bienveillant; j–m ~ sein avoir de l'affection pour q.

gewöhnen [~'vǿ:nən] (25) v/t. (v/rfl. sich ~ s')accoutumer (an acc. à); (s')habituer (à).

Gewohnheit [gə'vo:nhaɪt] f habitude f (annehmen prendre od. contracter); (Sitte) coutume f; usage m; aus ~ par habitude; zur ~ werden tourner en habitude.

ge'wohnheits|mäßig adj. habituel; **2mensch** m routinier m; **2recht** n droit m coutumier; **2tier** F n: der Mensch ist ein ~ l'homme est l'esclave de ses habitudes; **2trinker** m buveur m invétéré; **2verbrecher** m délinquant m d'habitude.

gewöhnlich [~'vǿ:nlɪç] **1.** adj. ordinaire; (zur Gewohnheit geworden) habituel; (herkömmlich) usuel; (gemein) commun, pfort vulgaire; **2.** adv. a. d'habitude; wie ~ comme d'habitude.

gewohnt [~'vo:nt] p.p. adjt. habitué; accoutumé (etw. od. an etw. acc. à qch.).

Gewöhnung [~'vǿ:nuŋ] f habitude f.

Gewölbe [~'vœlbə] n (15) voûte f; unterirdisches ~ souterrain m; (Grab2) caveau m.

Gewölk [~'vœlk] n (3) nuage(s pl.) m.

gewonnen [gə'vɔnən] s. gewinnen.

geworben [~'vɔrbən] s. werben.

geworden [~'vɔrdən] s. werden.

geworfen [~'vɔrfən] s. werfen.

Gewühl [~'vy:l] n (3) (Wühlen) fouilles f/pl.; (Menge) cohue f; (Kampf2) mêlée f.

gewunden [~'vʊndən] **1.** s. winden; **2.** p.p. adjt. tortueux; sinueux.

gewürfelt [~'vyrfəlt] p.p. adjt. quadrillé.

Gewürm [~'vyrm] n (3) vers m/pl.; (Kriechtiere) reptiles m/pl.; fig. vermine f.

Gewürz [~'vyrts] n (3) épice f; condiment m; (Würzung) assaisonnement m; (Würze) aromate m; **~gurke** f cornichon m; **~händler** m épicier m; **~nelken** f/pl. clous m/pl. de girofle; **~pflanze** f plante f aromatique.

gewußt [~'vʊst] s. wissen.

ge|zackt [~'tsakt], **~zahnt** [~'tsa:nt] p.p. adjt. denté; dentelé.

Gezänk [~'tsɛŋk] n (3) querelles f/pl.

Gezeiten [~'tsaɪtən] pl. marées f/pl.; **~kraftwerk** n usine f marémotrice.

Gezeter [~'tse:tər] n (7) 'hauts cris m/pl.

geziemen [~'tsi:mən] v/rfl. (25): sich ~ convenir; être convenable; **~d 1.** p.p. adjt. convenable; décent; **2.** p.pr. advt. a. comme il faut.

geziert [gə'tsi:rt] p.p. adjt. affecté; **2heit** f affectation f.

gezogen [~'tso:gən] s. ziehen.

Gezwitscher [~'tsvɪtʃər] n (7) gazouillement m; ramage m.

gezwungen [~'tsvʊŋən] **1.** s. zwingen; **2.** p.p. advt.: ~ lachen rire jaune; **~ermaßen** adv. forcément.

gib, geb(s)t [gi:p(s)t] s. geben.

Gicht [giçt] f (16) goutte f; **~anfall** m attaque f de goutte; **2–artig, 2isch** adj. goutteux; **~knoten** m nœud m articulaire; **2krank** adj. goutteux.

Giebel ['gi:bl] m (7) pignon m; (Verzierung) fronton m; **~dach** n toit m à pignon; **~haus** n maison f à pignon.

Gier [gi:r] f (16) avidité f (nach de); (Freß2) gloutonnerie f; (Geld2) cupidité f; **2ig** ['gi:riç] adj. avide (nach de); (freß~) glouton; (geld~) cupide.

Gieß|bach ['gi:sbax] m torrent m; **2en** ['gi:sən] (30) **1.** v/t. verser; (ver~) répandre (auf, über acc. sur); ⊕ fondre; couler; jeter en moule; Blumen: arroser; **2.** v/imp.: es gießt il pleut à verse; **~er** m (7) fondeur m; mouleur m; **~erei** [~ə'raɪ] f coulage m; (Gießhaus) fonderie f; **~form** f moule m; **~kanne** f arrosoir m.

Gift [gift] n (3) poison m; ⚕ toxique m; (tierisches) venin m (a. fig.); fig. ~ und Galle speien écumer de rage; fig. da will ich ~ drauf nehmen j'en mettrais ma tête à couper; **~gas** n gaz m toxique; **2ig** adj. (Tiere) venimeux (a. fig.); (Pflanzen, Mineralien) vénéneux; ⚕ toxique; ✿ virulent; (vergiftet) empoisonné; fig. envenimé; plein de rage; (boshaft) malicieux; **~igkeit** f ⚕ toxicité f; ✿ virulence f; fig. (Boshaftigkeit) malice f; **~mischer** m empoisonneur m; **~mord** m empoisonnement m; **~pfeil** m flèche f empoisonnée; **~pilz** m champignon m vénéneux; **~schlange** f serpent m venimeux; **~stoff** m toxine f; **~zahn** m crochet m (à venir).

Gigant [gi'gant] *m* (15) géant *m*; **2isch** *adj.* gigantesque.

Gilde ['gildə] *f* (15) corporation *f*; *hist.* gilde *f*, ghilde *f*, guilde *f*.

gilt [gilt] *s.* gelten.

Gimpel ['gimpəl] *m* (7) *orn.* bouvreuil *m*; *fig.* sot *m*; nigaud *m*.

Gin [dʒin] *m* gin *m*.

ging [giŋ] *s. gehen.*

Ginster ['ginstər] *m* genêt *m*.

Gipfel ['gipfəl] *m* (7) sommet *m*; cime *f*; (*Baum2*) faîte *f*; *fig.* comble *m*, apogée *m*; **∼höhe** *Flgw.* *f* plafond *m*; **∼konferenz** *f* conférence *f* au sommet; **2n** *fig. v/i.* atteindre son point culminant (*in avec*); **∼punkt** *m* point *m* culminant.

Gips [gips] *m* (4) plâtre *m*; **∼abdruck** *m* (moulage *m* en) plâtre *m*; **2en** *v/t.* (27) plâtrer; **∼figur** *f* (figure *f* en) plâtre *m*; **∼verband** *m* bandage *m* plâtré.

Giraffe [gi'rafə] *f* (15) girafe *f*.

Gir|ant † [ʒi'rant] *m* (12) endosseur *m*; **∼at** [∼'raːt] *m* (12) endossataire *m*; **2ieren** [∼'riːrən] *v/t.* endosser.

Girlande [gir'landə] *f* (15) guirlande *f*.

Giro ['ʒiːro] *n* (11) endossement *m*; **∼bank** *f* banque *f* de virement; **∼konto** *n* compte *m* de virement; **∼verkehr** *m* virements *m/pl.*; **∼zentrale** *f* banque *f* centrale de virement.

girren ['girən] *v/i.* (25) roucouler.

Gis ♩ [gis] *n* (*inv.*) sol *m* dièse.

Gischt [giʃt] *m* (3²) *u. f* (16) écume *f*.

Gitarre [gi'tarə] *f* (15) guitare *f*; **∼nspieler** *m* guitariste *m*.

Gitter ['gitər] *n* (7) grille *f*; (*netzartiges*) treillis *m*; **∼fenster** *n* fenêtre *f* grillagée (*od.* à barreaux); **∼tür** *f* (porte *f* de) grille *f*; **∼zaun** *m* clôture *f* à claire-voie.

Glacéhandschuh [gla'seː-] *m* gant *m* (de chevreau) glacé.

Gladiator [gla'djaːtɔr] *m* (8¹) gladiateur *m*.

Gladiole ♀ [gla'djoːlə] *f* (15) glaïeul *m*.

Glanz [glants] *m* (3²) éclat *m*; (*leuchtender*) brillant *m*; (*blanke Politur*) lustre *m* (*alle a. fig.*); (*Herrlichkeit*) splendeur *f*; s-n ∼ verlieren se ternir.

glänzen ['glɛntsən] *v/i.* (27) briller; resplendir; (*schimmern*) (re)luire; **∼d**

p.pr. adjt. brillant, éclatant; e-e ∼e Idee une idée lumineuse.

Glanz|leder *n* cuir *m* verni; **∼leistung** *f* brillante performance *f*; **2los** *adj.* sans éclat (*a. fig.*); (*matt*) mat; (*trübe*) terne; **∼nummer** *f* clou *m*; **∼papier** *n* papier *m* satiné; **2voll** *adj.* brillant, magnifique; **∼zeit** *f* époque *f* brillante.

Glas [glaːs] *n* (2¹) verre *m*; (*geschliffenes*) cristal *m*; **2artig** [∼'Ɂʔaːrtiç] *adj.* vitreux; **∼auge** *n* œil *m* artificiel; **∼baustein** *m* brique *f* en verre; **∼bläser** *m* souffleur *m* de verre; **∼dach** *n* toit *m* vitré; **∼er** *m* vitrier *m*; **∼erei** [∼ə'rai] *f* vitrerie *f*.

gläsern ['glɛːzərn] *adj.* de verre; *fig.* vitreux.

Glas|fabrik *f* verrerie *f*; **∼haus** *n* serre *f*; **∼hütte** *f* verrerie *f*; **2ieren** [gla'ziːrən] *v/t.* vernir; (*Töpferei*) vernisser; *Porzellan:* émailler; *Kuchen:* glacer; **2ig** ['glaːziç] *adj.* vitreux; **∼kasten** *m* vitrine *f*; **∼malerei** *f* peinture *f* sur verre; **∼papier** *n* papier *m* de verre; **∼perle** *f* perle *f* de verre; **∼röhre** *f* tuyau (*od.* tube) *m* de verre; **∼scheibe** *f* vitre *f*; **∼scherbe** *f* tesson *m*; **∼schneider** *m* coupe-verre *m*; **∼schrank** *m* armoire *f* vitrée; (*zur Schau*) vitrine *f*; **∼splitter** *m* éclat *m* de verre; **∼tür** *f* porte *f* vitrée.

Glasur [gla'zuːr] *f* (16) vernis *m*; glaçure *f*; *cuis.* glace *f*.

Glas|waren *f/pl.* verrerie *f*; **∼wolle** *f* laine *f* de verre.

glatt [glat] 1. *adj.* (18²) lisse; (*eben*) uni; (*geglättet*) poli; (*schlüpfrig*) glissant; (*kahl*) ras; (*einschmeichelnd*) souple; insinuant; † (*Betrag*) rond; *Flgw.* (*Landung*) normal; 2. *adv.* a. sans accroc; facilement; ∼ heraus rondement; tout net; ∼ machen = **glätten**.

Glätte ['glɛtə] *f* (15) lisse *f*; (*Straßen2*) route *f* glissante.

Glatt-eis *n* (4) verglas *m*; *fig.* j-n aufs ∼ führen tendre un piège à q.

glätten ['glɛtən] *v/t.* (26) lisser; polir; (*ebnen*) aplanir; *Papier:* satiner; *schweiz.* = bügeln, plätten; *fig.* die Wogen ∼ calmer les esprits.

glatt|streichen *v/t.* lisser; **∼weg** [∼'vɛk] *adv.* tout net.

Glatz|e ['glatsə] *f* (15) calvitie *f*; partie *f* chauve; (*völlige*) tête *f* chauve; e-e ∼ bekommen devenir chauve; **∼kopf** F *m* pelé *m*; chauve *m*;

♀**köpfig** adj. chauve.

Glaube ['glaubə] m (13¹), **-n** m (6) foi f; (persönliche Überzeugung) croyance f; (Vertrauen) créance f; crédit m; ~ an Gott croyance f en Dieu; in gutem ~n handeln agir de bonne foi; ~n schenken ajouter foi à; ~n finden trouver créance; (Nachricht) trouver crédit; ♀**n** (25) 1. v/t. croire; j-n reich ~ croire q. riche; (meinen) penser; 2. v/i.: j-m ~ croire q.; ~ an (acc.) croire à; an Gott ~ croire en Dieu; wenn man ihm ~ darf (soll) à l'en croire; das ist kaum zu ~ c'est à peine croyable; er muß dran ~ il faut bien qu'il en passe par là.

Glaubens|-**änderung** f changement m de religion; ~**artikel** m article m de foi; ~**bekenntnis** n profession f de foi; ~**freiheit** f liberté f religieuse; ~**gemeinschaft** f communauté f des fidèles; ~**genosse** m coreligionnaire m; ~**lehre** f dogme m.

Glaubersalz n sulfate m de soude.

glaubhaft ['glauphaft] adj. croyable; digne de foi; ♀**igkeit** f vraisemblance f, crédibilité f.

gläubig ['glɔybiç] adj. plein de foi; rl. croyant; fidèle.

Gläubiger m (7) créancier m.

glaub|**lich** ['glaublɪç] adj. croyable; ~**würdig** adj. digne de foi; ♀**würdigkeit** f crédibilité f.

gleich [glaiç] 1. adj. égal; (der nämliche) (le) même; (gleichkommend) pareil; (ähnlich) semblable; (gleichgültig) indifférent; zu ~er Zeit en même temps; fig. j-n mit ~er Münze bezahlen rendre q. la monnaie de sa pièce; das ist mir ~ cela m'est égal; 2. adv. (augenblicklich) à l'instant; (auf der Stelle) sur-le-champ; tout de suite; (sogleich) aussitôt; tout à l'heure; ~ etw. tun aller faire qch.; ich komme ~ je viens tout de suite; je vais venir; ~ anfangs de prime abord; dès l'abord; ~ heute dès aujourd'hui; ~teilen partager à parties égales; ~viel autant; ~ groß de même grandeur; ~ weit à égale distance; ~**alt(e)rig** adj. du même âge; ~**artig** adj. de même nature; homogène; similaire; ♀**artigkeit** f homogénéité f; similarité f; ~**bedeutend** p.pr. adjt. synonyme (mit de); identique (à od. avec); ~**berechtigt** p.p. adjt. égal en droits; ♀**berechtigung** f égalité f des droits; ~**bleiben** v/rfl. (sn): sich ~ rester le même; ~**bleibend** p.pr. adjt. invariable; ~**en** (30) 1. v/i. ressembler (j-m à q.); 2. v/rfl.: sie ~ sich wie ein Ei dem anderen ils se ressemblent comme deux gouttes d'eau; ~**ermaßen** adv. pareillement; de la même manière; ~**falls** adv. également; pareillement; de même; danke, ~ merci, à vous de même; ~**förmig** adj. uniforme; monotone; ♀**förmigkeit** f uniformité f; monotonie f; ~**gesinnt** adj.: ~ sein avoir les mêmes idées; ~**gestellt** p.p. adjt. (mis) au même rang; ♀**gewicht** n équilibre m; balance f; ins ~ bringen équilibrer; das ~ halten garder l'équilibre; sich das ~ halten se faire équilibre; aus dem ~ bringen déséquilibrer; ♀**gewichtsstörung** f trouble m de l'équilibre; ~**gültig** adj. indifférent (gegen à); ♀**gültigkeit** f indifférence f; ♀**heit** f égalité f; identité f; parité f; ♀**heitszeichen** ♣ n signe m d'égalité; ♀**klang** m ♪ unisson m; accord m (a. fig.); (v. Wörtern) homonymie f; ~**kommen** v/i. (sn): j-m ~ égaler q. (an, in dat. en); ~**laufend** p.pr. adjt. parallèle; ~**lautend** p.pr. adjt. conforme; gr. homonyme; für ~e Abschrift pour copie conforme; ~**machen** v/t. égal(is)er; niveler; ♀**maß** n proportion f; symétrie f; ~**mäßig** adj. symétrique; (regelmäßig) régulier; (gleichförmig) uniforme; ~**mäßigkeit** f symétrie f; (Regelmäßigkeit) régularité f; (Gleichförmigkeit) uniformité f; ♀**mut** m calme m; impassibilité f; ~**mütig** ['~my:tɪç] adj. calme; impassible; ~**namig** ['~na:miç] adj. du même nom.

Gleichnis ['glaiçnɪs] n (4¹) allégorie f; rhét. métaphore f; bibl. parabole f.

Gleich|**richter** ♀ m redresseur m; ♀**sam** adv. pour ainsi dire; ~**schalten** v/t. ⊕ synchroniser; pol. mettre au pas; ~**schaltung** f ⊕ synchronisation f; pol. mise f au pas; ♀**schenk(e)lig** ['~ʃɛŋk(ə)lɪç] adj. isocèle; ~**schritt** m pas m cadencé; ♀**seitig** ['~zaitɪç] adj. équilatéral; ~**setzen**, ~**stellen** v/t. égaler; mettre au même rang; assimiler; ~**stellung** f assimilation f; ~**strom** m courant m continu; ♀**tun** v/t.: es j-m ~ imiter q.; égaler q.; ~**ung** f équation f; ♀'**viel** adv. tout autant; ♀**wertig** ['~ve:rtɪç] adj. équivalent; ♀'**winkelig** ['~viŋk(ə)lɪç] adj. équiangle; ♀'**wohl** cj.

cependant; toutefois; ℒ**zeitig** ['~tsaɪtɪç] **1.** *adj.* simultané; (*zeitgenössisch*) contemporain; **2.** *adv. a.* en même temps; ~**zeitigkeit** *f* simultanéité *f*.

Gleis [glaɪs] *n* (4) *Esb.* voie *f* (ferrée); rails *m/pl.*; *fig.* aus dem ~ kommen sortir de l'ornière; quitter ses habitudes; *wieder ins* ~ *bringen* remettre dans la bonne voie; *wieder ins* ~ *kommen* retrouver ses habitudes.

Gleit|bahn ['glaɪtbaːn] *f* glissoire *f*; ⊕ glissière *f*; ~**boot** *n* hydroglisseur *m*; ℒ**en** *v/i.* (30, sn) glisser; *Auto* déraper; ~**flug** *m* vol *m* plané; *im* ~ en vol plané; ~**schiene** *f* glissière *f*; ~**schutz** *m* antidérapant *m*.

Gletscher ['glɛtʃər] *m* (7) glacier *m*; ~**spalte** *f* crevasse *f* de glacier.

glich [glɪç] *s.* gleichen.

Glied [gliːt] *n* (1) membre *m*; ⅍ terme *m*; (*Ketten*ℒ) chaînon *m*; (*Geschlecht*) génération *f*; ⚔ rang *m*; file *f*; ℒ**ern** ['gliːdərn] (29) *v/t.* (*v/rfl. sich* ~ se) diviser (*in acc.* en); (*ordnen*) organiser; ~**erpuppe** *f* mannequin *m*; marionnette *f*; ~**erreißen** *n*, ~**erschmerzen** *m/pl.* douleurs *f/pl.* rhumatismales; ~**ertiere** *n/pl.* articulés *m/pl.*; ~**erung** *f* division *f*; (*e-r Rede usw.*) plan *m*; ~**erzug** *m* train *m* articulé; ~**maßen** ['~mɑːsən] *pl.* membres *m/pl.*; ~**staat** *m* état *m* membre (d'une fédération).

glimmen ['glɪmən] *v/i.* (30) brûler sans flamme; (*unter Asche*) couver.

glimpflich ['glɪmpflɪç] *adv.*: ~ davonkommen s'en tirer convenablement.

glitsch|en ['glɪtʃən] *v/i.* (27, sn) glisser; ~**ig** *adj.* glissant.

glitt [glɪt] *s.* gleiten.

glitzern ['glɪtsərn] *v/i.* (29) étinceler; scintiller.

global [glo'baːl] *adj.* global.

Globus ['gloːbus] *m* (16² *u.* 4) globe *m* (terrestre).

Glöckchen ['glœkçən] *n* (6) clochette *f*.

Glocke ['glɔkə] *f* (15) cloche *f*; (*Klingel*) sonnette *f*; (*Fahrrad*ℒ) timbre *m*; grelot *m*; (*große*) bourdon *m*; *fig. etw.* an die große ~ hängen crier qch. sur les toits; *wissen, was die* ~ geschlagen hat savoir à quoi s'en tenir.

Glocken|blume *f* campanule *f*; ℒ**förmig** *adj.* en forme de cloche; ✿ campanulé; ~**geläut(e)** *n* sonnerie *f* de cloches; ~**gießer** *m* fondeur *m*

de cloches; ~**klang** *m* son *m* des cloches; ~**schlag** *m* coup *m* de cloche; *auf den* ~ à l'heure sonnante; ~**spiel** *n* carillon *m*; ~**turm** *m* clocher *m*.

Glöckner ['glœknər] *m* (7) sonneur *m* de cloches.

glomm [glɔm] *s.* glimmen.

Glorie ['gloːrjə] *f* (15) gloire *f*; ~**nschein** *m* nimbe *m*; auréole *f*.

glorreich [glo'raɪç] *adj.* glorieux.

Gloss|ar [glɔ'saːr] *n* (3¹ *u.* 3²) glossaire *m*; ~**e** ['glɔsə] *f* (15) glose *f*; ℒ**ieren** [~'siː-] *v/t.* gloser; *litt.* commenter.

Glotz|auge Ⅎ ['glɔts-] *n* œil *m* proéminent (*od.* à fleur de tête); ℒ**en** *v/i.* regarder d'un œil hagard.

Glück [glyk] *n* (3) bonheur *m*; (*Schicksal*) fortune *f*; (*Zufall*) chance *f*, Ⅎ veine *f*; ~ *bringen* porter bonheur; *sein* ~ *machen* faire fortune; *sein* ~ *versuchen* tenter fortune; ~ *haben* avoir de la chance; *zum* ~ par bonheur; heureusement; *auf gut* ~ au petit bonheur; *j-m zu etw.* ~ *wünschen* féliciter q. de qch.; *viel* ~! bonne chance!; ℒ**bringend** *p.pr. adjt.* qui porte bonheur.

Gluck|e ['glukə] *f* (15) couveuse *f*; ℒ**en** *v/i.* glousser.

glücken ['glykən] *v/i. u. v/imp.* (25) réussir; *alles glückt ihm* tout lui réussit.

gluckern *v/i.* (29) glouglouter.

glücklich *adj.* heureux; *e-e* ~*e Hand haben* avoir la main heureuse; *sich* ~ *schätzen* s'estimer heureux; ~*e Reise!* bon voyage!; ~**erweise** *adv.* heureusement; par bonheur.

Glück|bringer *m* porte-bonheur *m*; ℒ**selig** *adj.* bienheureux; ℒ**seligkeit** *f* félicité *f*; *rl.* béatitude *f*.

Glücks|fall *m* aubaine *f*; chance *f*; ~**göttin** *f* Fortune *f*; ~**kind** *n*, ~**pilz** *m* favori *m* de la fortune; Ⅎ veinard *m*; ~**rad** *n* roue *f* de la fortune; ~**ritter** *m* aventurier *m*; ~**sache** *f* question (*od.* affaire) *f* de chance; ~**spiel** (*automat* *m*) *n* (appareil *m* de) jeu *m* de hasard; ~**stern** *m* bonne étoile *f*; ~**tag** *m* jour *m* de chance.

glück|strahlend *p.pr. adjt.* rayonnant de bonheur, radieux; ℒ**wunsch** *m* félicitation *f*; souhait *m* (de bonheur); *herzlichen* ~! (toutes mes) félicitations!; ℒ**wunschkarte** *f* carte *f* de félicitations.

Glüh|birne ['gly:-] f ampoule f (électrique); ~**en** v/i. (25) être rouge (od. ardent); fig. brûler (vor de); ~**end** p.pr. adj. rouge; fig. ardent; brûlant; ~**faden** m filament m à incandescence; ~**lampe** f lampe f à incandescence; ~**wein** m vin m chaud; ~**würmchen** n ver m luisant.

Glut [glu:t] f (16) ardeur f; fig. a. ferveur f; feu m; (Kohlen♀) brasier m; ~**hitze** f chaleur f torride, fournaise f.

Glyzerin [glytsə'ri:n] n (3) glycérine f.

g-'Moll ♪ n (inv.) sol m mineur.

Gnade ['gna:də] f (15) grâce f; (Milde) clémence f; sich j-m auf ~ und Ungnade ergeben se rendre à la merci de q.; um ~ bitten demander grâce; ~ finden trouver grâce; j-m e-e ~ erweisen faire une grâce à q.; ~ walten lassen user de clémence; ohne (aus) ~ (und Barmherzigkeit) sans (par) pitié; Euer ~n Monseigneur; Votre Grâce.

Gnaden|akt m acte m de grâce; ~**brot** n entretien m par charité; ~**erlaß** m amnistie f; ~**frist** f délai m de grâce; ~**gesuch** n recours m en grâce; ein ~ einreichen se pourvoir en grâce; ~**schuß** m, ~**stoß** m coup m de grâce; ~**weg** m: auf dem ~ à titre de grâce.

gnädig ['gnɛ:diç] adj. (wohlwollend) bienveillant; favorable; (huldreich) clément; gracieux; Gott sei uns ~! que Dieu nous soit en aide!; ~e Frau! Madame!

Gneis min. [gnaıs] m (4) gneiss m.

Gnom [gno:m] m (12) gnome m.

Gnu zo. [gnu:] n (11) gnou m.

Goal [go:l] n (11) östr., schweiz. = (Fußball-)Tor.

Gold [gɔlt] n (3) or m; ~**ader** ⚒ f filon m d'or; ~**ammer** orn. f bruant m; ~**anleihe** † f emprunt-or m; ~**barren** m barre f (od. lingot m) d'or; ~**barsch** m sébaste m; ~**bergwerk** n mine f d'or; ~**bestand** m encaisse-or f; ~**deckung** f couverture-or f; ~**en** ['gɔldən] adj. d'or; en or; (goldfarbig) doré; ~e Hochzeit noces f/pl.; die ~e Mitte le juste milieu; ♀**farben** ['-farbən] adj. doré; couleur d'or; ~**fasan** m faisan m doré; ~**fisch** m poisson m rouge; ~**gehalt** m titre m (od. teneur f) en or; ♀**gelb** adj. jaune doré; ~**gräber** m (7) chercheur m d'or; ~**grube** f mine f

d'or (a. fig.); ♀**haltig** adj. aurifère; ♀**ig** adj. fig. délicieux; ~**lack** ♀ m giroflée f jaune; ~**mark** f mark-or m; ~**markt** m marché m de l'or; ~**mine** f mine f d'or; ~**münze** f monnaie f (od. pièce) f d'or; ~**plombe** f plombage m en or; aurification f; ~**rausch** hist. m ruée f vers l'or; ~**regen** m ♀ cytise m; ~**reserve** † f réserve f d'or; ~**schmied** m orfèvre m; ~**schmiedearbeit** f (Stück) pièce f d'orfèvrerie; ~**schnitt** m: Buch in ~ livre m doré sur tranche; ~**staub** m poudre f d'or; ~**waage** f trébuchet m; jedes Wort auf die ~ legen peser tous ses mots; ~**währung** f étalon-or m; ~**wert** m valeur-or f.

Golf [gɔlf] 1. m (3) golfe m; 2. Sp. n (3[1], o.pl.) golf m; ~**platz** m terrain m de golf; ~**spieler** m joueur m de golf; ~**strom** m Gulf Stream m.

Gondel ['gɔndəl] f (15) gondole f; Flgw. nacelle f; ~**führer** m gondolier m; ~**lied** n barcarolle f.

Gong [gɔŋ] m (3) gong m.

gönn|en ['gœnən] (25) 1. v/t.: j-m etw. ~ ne pas envier qch. à q.; j-m etw. nicht ~ envier qch. à q.; ich gönne es Ihnen j'en suis bien aise pour vous; 2. v/rfl.: sich etw. ~ s'accorder qch.; ♀**er** m (7) protecteur m; (Wohltäter) bienfaiteur m; ~**erhaft** adj. protecteur; ♀**ermiene** f air m protecteur.

gor [go:r] s. gären.

Gör ⸙ [gø:r] n (5), ~**e** f (15) gosse m,f.

Gorilla [go'rila] m (11) gorille m.

goß [gɔs] s. gießen.

Gosse ['gɔsə] f (15) caniveau m; in der ~ landen finir dans la rue.

Got|en ['go:tən] m/pl. Goths m/pl.; ~**ik** f (style m) gothique m; ♀**isch** adj. gothique.

Gott [gɔt] m (1[1] u. ²) dieu m; (christlicher) Dieu m; der liebe ~ le bon Dieu; ~ der Herr le Seigneur; ~ sei Dank! Dieu merci; um ~es Willen pour l'amour de Dieu; ~ bewahre! à Dieu ne plaise!; vergelt's ~! Dieu vous le rende!; ~ sei mit uns! Dieu soit avec nous!

Götterdämmerung ['gœter-] f crépuscule m des dieux.

gottergeben ['gɔt'ɛrge:bən] p.p. adj. soumis à la volonté divine.

Götter|lehre f mythologie f; ~**speise** myth. f ambroisie f; ~**trank** m nectar m.

Gottes|acker m cimetière m; ~

dienst m service m divin; office m (divin); culte m; ~ **halten** célébrer l'office; **2fürchtig** ['~fyrçtiç] adj. craignant Dieu; (fromm) pieux; **~gabe** f don m du ciel; **~haus** n église f; temple m; **~lästerung** f blasphème m; sacrilège m; **~urteil** n jugement m de Dieu; ordalie f; **~ver-ehrung** f culte m.

gottgefällig ['~fɛliç] adj. agréable à Dieu; **2heit** f divinité f.

Göttin ['gœtin] f déesse f; **2lich** adj. divin.

gott|lob! int. Dieu soit loué!; **~los** adj. impie; athée; **~losigkeit** adjt. abandonné de Dieu; **pfort** maudit; (Ort) maudit; ein ~es Nest un trou perdu; **2vertrauen** n croyance f en Dieu.

Götze ['gœtsə] m (13), **~nbild** n idole f; **~ndiener** m idolâtre m; **~ndienst** m idolâtrie f.

Gouvern|ante [guvɛr'nantə] f (15) gouvernante f; **~eur** [~'nø:r] m (3[1]) gouverneur m.

Grab [gra:p] n (1[1]) fosse f; tombe f; (~mal) tombeau m; zu ~e tragen enterrer; j-n zu ~e geleiten rendre les derniers devoirs à q.; **~denkmal** n tombeau m; monument m funéraire.

Graben ['gra:bən] 1. m (6[1]) fossé m; ✗ tranchée f; (Bewässerungs2) canal m; 2. 2 v/t. u. v/i. (30) creuser; (mit dem Spaten) bêcher; Brunnen: forer, foncer.

Grabes|ruhe f, **~stille** f silence m du tombeau; **~stimme** f voix f sépulcrale.

Grab|geläute n glas m funèbre; **~gesang** m chant m funèbre; **~gewölbe** n caveau m; **~hügel** m tombe f; **~inschrift** f inscription f sépulcrale; épitaphe f; **~mal** n tombeau m; **~rede** f oraison f funèbre; **~stätte** f (lieu m de) sépulture f; **~stein** m pierre f tombale; **~stichel** m burin m.

Grad [gra:t] m (3) degré m; (Dienst2) grade m; **~einteilung** f, **~messer** m échelle f graduée.

Graf [gra:f] m (12) comte m.

Gräf|in ['grɛ:fin] f comtesse f; **2lich** adj. comtal.

Grafschaft f comté m.

Gram [gra:m] 1. m (3) chagrin m; 2. 2 adj.: j-m ~ sein en vouloir (od. garder rancune) à q.

grämen ['grɛ:mən] v/rfl. (25): sich ~ se chagriner; sich zu Tode ~ mourir de chagrin.

Gramm [gram] n (3) gramme m.

Gramm|atik [gra'matik] f (16) grammaire f; **2atikalisch** [~'ka:lif], **2atisch** [~'ma:tif] adj. grammatical; **~er Fehler** faute f de grammaire.

Grammeln ['graməln] f/pl. östr. = Grieben.

Grammophon ['gramofo:n] n, schweiz. a. m (3[1]) phono(graphe) m.

Granat min. [gra'na:t] m (3) grenat m; **~apfel** m grenade f.

Granate [gra'na:tə] f (15) obus m; (Hand2) grenade f (à main); **~split-ter** m éclat m d'obus; **~trichter** m entonnoir m; **~werfer** m lance-grenades m.

grandios [gran'djo:s] adj. grandiose.

Granit [gra'ni:t] m (3) granit m.

Granne ♀ ['granə] f (15) barbe f; arête f.

Grapefruit ['gre:pfru:t] f (11[1]) pamplemousse m; ☐ grape-fruit m.

Graph|ik ['gra:fik] f (16) art m graphique; (Einzelblatt) gravure f, estampe f; **~iker** [~ikər] m (7) artiste m du dessin; (Gebrauchs2) artiste m publicitaire; **2isch** adj. graphique; **~e Ateliers** ateliers m/pl. graphiques.

Graphit [gra'fi:t] m (3) graphite m.

Grapholog|e [grafo'lo:gə] m (13) graphologue m; **~ie** [~o'gi:] f graphologie f; **2isch** adj. graphologique.

Gras [gra:s] n (2[1]) herbe f; F fig. ins ~ beißen mordre la poussière; das ~ wachsen hören se croire bien fin; **~büschel** n touffe f d'herbe.

grasen ['gra:zən] v/i. (27) brouter (l'herbe); paître.

Gräser ['grɛ:zər] n/pl. graminées f/pl.

Gras|fläche f surface f couverte d'herbe; **2fressend** p.pr. adjt. herbivore; **2grün** adj. vert comme l'herbe; **~halm** m brin m d'herbe; **~hüpfer** m (7) sauterelle f; **~mücke** f fauvette f; **~narbe** f couche f d'herbe; **~samen** m graine(s) f(pl.) de graminées.

grassieren [gra'si:rən] v/i. (Krankheit) sévir.

gräßlich ['grɛsliç] adj. horrible; atroce.

Grat [gra:t] m (3) crête f; arête f; ⊕ bavure f.

Gräte ['grɛ:tə] f (15) arête f.

Gratifikation [gratifika'tsjo:n] f (16) gratification f.

gratis ['gra:tis] adv. gratis; gratuitement; 2**beilage** f supplément m gratuit.

Grätsch|e Sp. ['grɛ:tʃə] f écart m; 2**en** v/i. écarter les jambes; sauter jambes écartées.

Gratu|lant [gratu'lant] m (12) celui qui félicite; ~**lation** [~'tsjo:n] f félicitation f; 2**lieren** ['li:rən] v/i.: j-m zu etw. ~ féliciter q. de qch.

grau [grau] adj. gris; (düster) sombre; etwas ~ grisâtre; ~ werden, ~**e Haare bekommen** grisonner; fig. darüber lasse ich mir keine ~en Haare wachsen je ne m'en fais pas pour cela; ~ **anstreichen** peindre en gris; ~**blau** adj. gris bleuâtre.

grauen ['grauən] **1.** v/imp.: mir graut vor i'ai horreur de; **2.** 2 n (6) horreur f; ~**erregend**, ~**haft**, ~**voll** adj. affreux; horrible.

grau|haarig adj. aux cheveux gris; ~**len** F ['graulən] v/rfl. (25): sich ~ avoir peur (vor dat. de).

gräulich adj. grisâtre.

graumeliert [~me'li:rt] p.p. adjt. (Haar) poivre et sel; grisonnant.

Graupe ['graupə] f (15) orge m mondé; (feine) orge m perlé.

Graupe|ln [~əln] f/pl. grésil m; 2**n** v/imp. (29): es graupelt il grésille; ~**schauer** m giboulée f.

grausam ['~za:m] adj. cruel; atroce; 2**keit** f cruauté f; atrocité f.

grausen ['grauzən] v/imp. (27): mir graust je frémis d'horreur (vor devant); 2**en** n (6) horreur f; épouvante f; ~**ig** adj. horrible; épouvantable.

Graveur [gra'vø:r] m (3[1]) graveur m.

Gravier|anstalt [gra'vi:r'~] f atelier m de graveur; 2**en** v/t. graver; 2**end** p.p. adjt. sérieux, grave; ~**nadel** f burin m; ~**ung** f gravure f.

Gravitation [~ita'tsjo:n] f, ~**skraft** f gravitation f; ~**sgesetz** n loi f de la gravitation.

gravitätisch [gravi'tɛ:tiʃ] adj. grave; (feierlich) solennel.

Grazie ['gra:tsjə] f (15) grâce f; myth. Grâce f; 2**iös** adj. gracieux.

greif|bar adj. saisissable; (fühlbar) tangible; (zur Hand) à portée de la main; ~**en** (30) **1.** v/t. saisir; prendre; **2.** v/i. ~ **nach** étendre la main pour prendre; fig. um sich ~ se propager; gagner du terrain; 2**er** ⊕ m griffe f.

Greis [grais] m (4) vieillard m; ~**en-alter** n vieillesse f; 2**enhaft** adj. sénile; ~**enhaftigkeit** f sénilité f; ~**in**

f vieille femme f.

Greißler östr. ['graislər] m (7) (petit) épicier m.

grell [grɛl] adj. (Ton) perçant; aigu; (Licht) éblouissant; (Farben) criard; cru; ~**e Gegensätze** contrastes m/pl. violents.

Gremium ['gre:mjum] n (9) collège m, comité m.

Grenz-abkommen ['grɛnts-] n accord m frontalier; ~**bahnhof** m gare f frontière; ~**bewohner** m/pl. frontaliers m/pl.

Grenze ['grɛntsə] f (15) limite f; (Landes2) frontière f; (Schranke) borne f; (äußerstes Ende) extrémité f; confins m/pl.; die ~ (fig. ~n) überschreiten passer la frontière (fig. les bornes); alles hat s-e ~n il y a une limite à tout.

grenzen v/i. (27) confiner (an acc. à); toucher (à); être voisin de; fig. tenir (de); friser (acc.); ~**los** adj. sans bornes; sans limites; (unbeschränkt) illimité; (unendlich) infini; 2**losigkeit** f infinité f.

Grenz|fall m cas m limite; ~**fluß** m fleuve m frontière; ~**gänger** m (travailleur m) frontalier m; ~**gebiet** n région (od. zone) f frontière; ~**land** n pays m limitrophe; ~**linie** f ligne f de démarcation; frontière; borne f; ~**pfahl** m poteau m frontière; ~**schutz** m gardes m/pl. frontières; ~**situation** f situation f limite; ~**sperre** f fermeture f de la frontière; ~**stadt** f ville f frontière; ~**stein** m borne f; ~**streit** m litige m frontière; ~**übergang(s-stelle** f) m passage m de la frontière; ~**verkehr** m trafic m frontalier; ~**verletzung** f violation f de frontière; ~**wert** m valeur f limite; ~**zwischenfall** m incident m de frontière.

Greu|el ['grɔyəl] m (7) horreur f; abomination f; ~**elmärchen** fig. n histoires f/pl. d'atrocités; ~**eltat** f atrocité f.

Grieben ['gri:bən] f/pl. rillons m/pl.

Griebs [gri:ps] m (4) trognon m.

Grieche ['gri:çə] m (13) Grec m; ~**entum** n hellénisme m; ~**in** f Grecque f; 2**isch** ['~iʃ] adj. grec; das ~**e Feuer** feu m grégeois; 2**isch-ka'tholisch** adj. grec orthodoxe; 2**isch--'römisch** adj. gréco-romain.

Gries|gram ['gri:sgra:m] m (3) grognon m; 2**grämig** adj. grognon; grincheux.

Grieß [gri:s] m (3³) cuis. semoule f; ♣ gravelle f; (grober Sand) gravier m; **~brei** m semoule f au lait; **~suppe** f potage m à la semoule.

Griff [grif] 1. m (3) prise f (a. Sp.); (Tür♀, Koffer♀) poignée f; (Messer♀, Werkzeug♀) manche m; ♪ touche f; fig. e-n guten ~ tun avoir la main heureuse; ♪ e-n falschen ~ tun toucher faux; fig. etw. im ~ haben avoir l'habitude de qch.; 2. ♀ s. greifen; ♀**bereit** adj. à portée de la main.

Griffel ['grifəl] m (7) crayon m d'ardoise; ♣ style m.

griffig ['grifiç] adj. (handlich) maniable; (Stoff) qui a du toucher; (Autoreifen♀) adhésif.

Grill [gril] m (11) gril m.

Grille ['grilə] f (15) grillon m; cigale f; fig. caprice m; chimère f; ploug. **~n fangen** broyer du noir, F avoir le cafard; ♀**haft** adj. capricieux; chimérique.

Grimasse [gri'masə] f (15) grimace f.

Grimm [grim] m (3) fureur f; rage f; st. s. courroux m; ♀**ig** adj. furieux; enragé; (Kälte) rigoureux.

grinsen ['grinzən] 1. v/i. (27) ricaner; 2. ♀ n (6) ricanement m.

Grippe ['gripə] f (15) grippe f; die ~ haben avoir la grippe, être grippé; ♀**krank** adj. grippé.

grob [gro:p] adj. (18²) (stark, dick) gros; (plump) grossier; (roh) brutal; (frech) impertinent; ♀**einstellung** f réglage m grossier; ♀**ian** ['gro:bja:n] m (3) rustre m; **~körnig** ['-kœrniç] adj. à gros grains.

grob|maschig adj. à grosses (od. larges) mailles; **~schlächtig** ['-ʃlɛçtiç] adj. de nature grossière.

Grog [grɔk] m (11) grog m.

grölen F ['grø:lən] v/i. (25) brailler.

Groll [grɔl] m (3) rancune f; ♀**en** v/i. (25): j-m ~ garder rancune à q.; en vouloir à q.; (Donner) gronder.

Gros [gros] n (4¹) 1. (12 Dutzend) grosse f; 2. ✕ [gro:] gros m.

Groschen ['grɔʃən] m (6) pièce f de dix pfennigs; F etwa: sou m; der ~ ist (bei ihm) gefallen il y est; il a enfin compris.

groß [gro:s] 1. adj. (18²) grand; (erwachsen a.) adulte; (geräumig) vaste; (dick) gros; wie ~ ist er? quelle taille a-t-il? quelle est sa taille?; im ~en en grand; im ~en (und) ganzen en général; in ~en Zügen à longs traits, fig.

dans les grandes lignes; fig. P ein ~es Maul haben être fort en gueule; ~ (größer) werden grandir; größer machen agrandir; 2. adv.: j-n ~ ansehen faire de grands yeux à q.; ~ schreiben écrire avec une majuscule; ♀**-angriff** m attaque f de grand style; **~artig** ['-ˈʔa:rtiç] adj. grandiose; imposant; magnifique; ♀**-aufnahme** f gros plan m; ♀**baustelle** f grand chantier m; ♀**betrieb** m exploitation f en grand; ♀**buchstabe** m gr. (lettre f) majuscule f; impr. capitale f.

Größe ['grø:sə] f (15) grandeur f (a. fig.); (Weite) ampleur f; (Rauminhalt) volume m; (Körper♀) taille f (a. Kleidung); (Kragen♀, Hemd♀) encolure f; (Hut♀, Handschuh♀, Schuh♀) pointure f; (Menge) quantité f; (Person) célébrité f.

Groß|-einkauf m achat m en gros; **~-einsatz** m opération f de grand style; **~-eltern** pl. grands-parents m/pl.; **~-enkel(in** f) m arrière-petit-fils m, arrière-petite-fille f.

Größen-ordnung f ordre m de grandeur; dimension f.

großenteils adv. en grande partie.

Größen|verhältnis n proportion f; **~wahn** m mégalomanie f.

Groß|feuer n grand incendie m; **~flugzeug** n avion m géant; **~format** n grand format m; **~fürst** m grand-duc m; **~grundbesitz** m grande propriété f; **~grundbesitzer** m grand propriétaire m; **~handel(s-preis** m) m commerce m (prix m) de gros; **~händler** m négociant m en gros; grossiste m; ♀**herzig** ['-hɛrtsiç] adj. généreux; magnanime; **~herzog** m grand-duc m; **~herzogtum** n grand-duché m; **~hirn** anat. n cerveau m; **~-industrie** f grande industrie f.

Grossist [grɔ'sist] m (12) = Groß-händler.

großjährig ['-jɛ:riç] adj. majeur; ♀**kapitalist** m gros capitaliste m; ♀**kaufmann** m négociant m en gros; grossiste m; ♀**macht** f grande puissance f; ♀**maul** n vantard m; **~mäu-lig** adj. vantard; ♀**meister** m grand maître m; ♀**mut** f générosité f; **~mü-tig** adj. généreux; ♀**mutter** f grand-mère f; ♀**neffe** m petit-neveu m; ♀**nichte** f petite-nièce f; ♀**-onkel** m grand-oncle m; ♀**schreibung** f emploi m des majuscules; **~spreche-**

risch *adj.* fanfaron; **~spurig 1.** *adj.* hâbleur; **2.** *adv.*: ~ tun faire l'important; **2stadt** *f* grande ville *f*; **~städtisch** *adj.* de la grande ville; métropolitain; **2tante** *f* grand-tante *f*.

größtenteils [ˈgrøːstənˈtaɪls] *adv.* pour la plupart; (*zeitlich*) le plus souvent.

groß|tuerisch [~tuəriʃ] *adj.* crâneur, poseur; **~tun** *v/i.* faire l'important; (*v/rfl. sich*) *mit etw.* ~ se vanter de qch.; **2vater** *m* grand-père *m*; **2wild** *n* gros gibier; **2wildjagd** *f* chasse *f* aux grands animaux; **~ziehen** *v/t.* élever; **~zügig** [ˈ~tsyːgɪç] *adj. u. adv.* à larges vues; (*in ~er Form*) de grand style; **2zügigkeit** *f* largeur *f* de vues; grand style *m*.

grotesk [groˈtɛsk] *adj.* grotesque.

Grotte [ˈgrɔtə] *f* (15) grotte *f*.

grub [gruːp] *s.* graben.

Grübchen [ˈgryːpçən] *n* (6) fossette *f*.

Grube [ˈgruːbə] *f* (15) fosse *f*; ⚒ mine *f*; *in die* ~ *fahren* descendre dans le puits; (*Vertiefung*) creux *m*.

Grübel|ei [grybəˈlaɪ] *f* (16) ruminations *f/pl.*; **2n** *v/i.* se creuser la tête; ruminer (*über etw. acc. qch.*).

Gruben|-arbeiter *m* mineur *m*; **~bahn** *f* chemin *m* de fer minier; **~gas** *n* grisou *m*; **~lampe** *f* lampe *f* de mineur; **~unglück** *n* accident *m* de mine.

Grübler [ˈgryːblər] *m* (7) songe-creux *m*.

Gruft [gruft] *f* (14¹) caveau *m*.

grün [gryːn] **1.** *adj.* vert; *fig.* ~*er Tisch* tapis *m* vert; ~*er Junge* F blanc-bec *m*; ~*e Welle* feux *m/pl.* coordonnés; ~ *werden* verdir; *fig. auf keinen ~en Zweig kommen* ne pas réussir; **2.** **2** *n* (3¹) vert *m*; (*v. Feldern, Bäumen*) verdure *f*; **2-anlage** *f* parc *m*.

Grund [grunt] *m* (3²) (*tiefste Stelle*) fond *m*; (*Erdboden*) sol *m*; terrain *m*; (*~lage*) fondement *m*; base *f*; (*Ursache*) cause *f*, raison *f*; (*Beweg2*) motif *m*; ~ *und Boden* biens-fonds *m/pl.*; *in* ~ *und Boden* à fond; *aus diesem* ~ pour cette raison; *im ~e* au fond; *auf* ~ *von* en vertu de; ~ *haben, zu ... (inf.)* avoir des raisons de ... (*inf.*); ~ *geben, zu ... (inf.)* donner lieu à ... (*inf.*); *e-r Sache (dat.) auf den* ~ *gehen* examiner une chose à fond; *den* ~ *legen zu etw.* jeter (*od.* établir) *les fondements de qch.*; ⚓ *auf* ~ *geraten* toucher le fond; *in den* ~

bohren couler bas; **~anstrich** *m* (couche *f* de) fond *m*; couche *f* d'apprêt; **~ausbildung** ✕ *f* instruction *f* élémentaire; **~bedeutung** *f* sens *m* primitif; **~bedingung** *f* condition *f* fondamentale; **~begriff** *m* idée *f* fondamentale; notion *f* de base; **~besitz** *m* propriété *f* foncière; **~besitzer** *m* propriétaire *m* (foncier); **~buch** *n* cadastre *m*; **¹2-ehrlich** *adj.* foncièrement honnête; **~eis** *n* glace *f* de fond.

gründ|en [ˈgryndən] (26) **1.** *v/t.* fonder; **2.** *v/rfl.*: *sich* ~ *auf* (*acc.*) se fonder sur, se baser sur; **2er(in** *f*) *m* (7) fondateur *m*, -trice *f*.

Grund-erwerb *m* acquisition *f* de terrain; **~ssteuer** *f* droits *m/pl.* de mutation.

¹grund|falsch *adj.* absolument faux; **2farbe** *f* couleur *f* primitive; *peint.* fond *m*; **2fläche** *f* base *f*; **2form** *f* forme *f* primitive; *gr.* radical *m*; **2gebühr** *f* taxe *f* fixe; *téléph.* taxe *f* d'abonnement; **2gedanke** *m* idée *f* fondamentale; **2gehalt** *n* traitement *m* de base; **2gesetz** *n* loi *f* fondamentale; (*Verfassung*) constitution *f*; **2haltung** *f* attitude *f* fondamentale.

grundieren [grunˈdiːrən] *v/t. peint.* apprêter la toile.

Grund|kapital *n* fonds *m* social; **~lage** *f* base *f*; fondement *m*; **2legend** *p.pr. adj.* fondamental.

gründlich [ˈgryntlɪç] **1.** *adj.* solide; profond; (*genau*) approfondi; minutieux; **2.** *adv.* à fond; soigneusement; **2keit** *f* solidité *f*; profondeur *f*; minutie *f*.

Grund|linie *f* base *f*; **~lohn** *m* salaire *m* de base; **2los 1.** *adj.* sans fond; *fig.* dénué de fondement; **2.** *adv.* sans raison; **~mauer** *f* soubassement *m*.

Grün'donners-tag *m* (3) jeudi *m* saint.

Grund|pfeiler *m* base *f*; soutien *m*; **~preis** *m* prix *m* de base; **~recht** *n* droit *m* foncier; *pol.* droit *m* fondamental; **~regel** *f* règle *f* fondamentale; **~rente** *f* rente *f* foncière; **~riß** *m* plan *m* (horizontal); **~satz** *m* principe *m*; (*Lebensregel*) maxime *f*; **~satz-erklärung** *f* déclaration *f* de principe; **2sätzlich** *adj.* de (*adv.*par) principe; **~schule** *f* école *f* (primaire) élémentaire; **~stein** *m* pierre *f* de base; *den* ~ *legen* poser la première pierre; **~steinlegung** *f* pose *f* de la première pierre; **~steuer** f impôt m foncier; **~stoff** m matière f première; **⚒ corps** m simple; **~stück** m fonds m (de terre); bien-fonds m; (*Bauplatz*) terrain m à bâtir; **~stücksmakler** m agent m immobilier; **~ton** m ♪ tonique f; *peint.* couleur f fondamentale; **~übel** n mal m foncier.

Gründung ['gryndʊŋ] f fondation f; établissement m; création f.

'**grund|ver'schieden** adj. radicalement (*od.* tout à fait) différent; **⚒wasser** n eaux f/pl. souterraines; **⚒wasserspiegel** m nappe f d'eau souterraine; **⚒zahl** f nombre m cardinal; **⚒zug** m trait m principal; *Grundzüge pl.* (*e-r Wissenschaft*) éléments m/pl.

grün|en ['gry:nən] v/i. (25) verdir; verdoyer; **⚒fink** m verdier m; **⚒fläche** f espace m vert; **⚒futter** n fourrage m vert; **⚒kohl** m chou m vert; **~lich** adj. verdâtre; **⚒schnabel** *fig.* m blanc-bec m; **⚒span** m vert-de-gris m; **⚒specht** m pivert m; **⚒streifen** m (*der Autobahn*) bande f verte (*od.* médiane).

grunzen ['grʊntsən] v/i. (27) grogner.

Grünzeug F n verdure f.

Gruppe ['grupə] f (15) groupe m.

Gruppen|arbeit f travail m d'équipe; **~aufnahme** f, **~bild** n (photographie f d'un) groupe m; **~ermäßigung** f réduction f pour groupes; **~führer** m chef m de groupe; **⚒weise** adv. par groupes.

gruppier|en [gru'pi:rən] v/t. grouper; **⚒ung** f groupement m.

Grus ⚒ [gru:s] m (4, o pl.) menu charbon m.

gruselig F ['gru:zəlɪç] adj. qui donne le frisson; (*Geschichte*) à faire dresser les cheveux; **~n** v/imp.: *mir* (*od. mich*) gruselt je frissonne d'épouvante.

Gruß [gru:s] m (3² u. ³) salut m; (*Begrüßung*) salutation f; *freundlichen ~!* mes amitiés!; *m-e besten Grüße* mes meilleurs compliments (*an acc.* à); *viele Grüße von mir* bien des choses de ma part (*an acc.* à); *j-s Grüße bestellen* transmettre les compliments de q.

grüßen ['gry:sən] v/t. (27) saluer; ~ *Sie ihn* (*herzlich*) *von mir* saluez-le (dites-lui bien des choses) de ma part; *er läßt Sie ~* il vous fait ses compliments; *grüß' Gott!* salut!

Grütze ['grytsə] f (15) gruau m; (*als Speise*) bouillie f de gruau; *fig.* F (*Verstand*) cervelle f; jugeote f.

guck|en F ['gukən] v/i. (25) regarder (*nach etw.* [*dat.*], *auf etw.* [*acc.*] qch.); *guck mal!* regarde (donc)!; *aus der Tasche ~* sortir de la poche; **⚒fenster** n vasistas m; **⚒loch** n judas m.

Guerillakrieg [ge'rilja-] m guerre f de guérillas (*od.* de partisans).

Gugelhupf östr., schweiz. ['gu:gəl-hʊpf] m (3) kouglof m.

Gulasch n (3¹) goulasch m; **~kanone** ✗ F cuisine f roulante.

Gulden ['guldən] m (6) florin m.

gültig ['gyltɪç] adj. valable; *jⁿ u. rl.* valide; (*Münze*) qui a cours; *für ~ erklären* valider; **⚒keit** f validité f.

Gummi ['gumi] m (a. n) (11) gomme f; caoutchouc m; **~ball** m balle f élastique; **~band** n (ruban m) élastique m; **~baum** m gommier m; **~boot** n canot m en caoutchouc.

gummieren [~'mi:rən] v/t. gommer.

Gummi|handschuh m gant m de caoutchouc; **~knüppel** m matraque f; **~lösung** f dissolution f (de caoutchouc); **~reifen** m pneu(matique) m; **~schlauch** m tuyau m de caoutchouc; *Auto* chambre f à air; **~sohle** (**~stiefel** m) semelle f (botte f) en caoutchouc; **~strumpf** m bas m élastique; **~zelle** f cabanon m; **~zug** m élastique m.

Gunst [gunst] f (16) faveur f; *zu j-s ~en* en faveur de q.; *sich um j-s ~ bemühen* briguer les faveurs de q.; *j-s ~ erlangen* gagner la faveur de q.

günstlig ['gynstɪç] adj. favorable; propice; *im ~sten Falle* en mettant les choses au mieux; *ein ~es Licht auf j-n* (*etw. acc.*) *werfen* montrer q. (qch.) sous un jour favorable; **⚒ling** m (3) favori m; **⚒lingswirtschaft** f favoritisme m.

Gurgel ['gʊrgəl] f (15) gosier m; gorge f; *j-m die ~ durchschneiden* couper la gorge à q.; **⚒n** v/i. (29) se gargariser; **~wasser** n gargarisme m.

Gurke ['gʊrkə] f (15) concombre m; (*kleine*) cornichon m; *saure ~* cornichon m au vinaigre; **~nsalat** m salade f de concombres.

Gurt [gurt] m (3) sangle f; (*Sicherheits⚒*) ceinture f (de sécurité).

Gürtel ['gyrtəl] m (7) ceinture f (*a. fig.*); *fig. sich den ~ enger schnallen* se serrer la ceinture; **~linie** f ceinture f;

~**rose** 🌶 f zona m; ~**schnalle** f boucle f de ceinture; ~**tier** n tatou m.

gürten v/t. (26) ceindre.

Guß [gus] m (4²) ⊕ coulage m, coulée f; fonte f; (Regen⯑) averse f; (Wasser⯑) jet m, douche f; aus e-m ~ d'un seul jet; d'un bloc; ~**beton** m béton m coulé; ~**eisen** n (fer m de) fonte f; ~**form** f moule m.

gut [gu:t] **1.** adj. bon; es ist ~, (schon) ~! c'est bien!; lassen wir es ~ sein! c'est bon!; n'en parlons plus; ~ denn! soit!; ~ sein zu être bon pour; j-m ~ sein aimer q.; ein ~er Mensch un homme de bien; im ~en Sinne en bonne part; ein ~es Wort bei j-m einlegen für intercéder auprès de q. pour; die ~e alte Zeit le bon vieux temps; **2.** adv. bien; vor ~ zwei Jahren il y a bien deux années; il y a deux bonnes années; Sie tun ~ daran, zu ... vous ferez bien de ...; es ~ haben (od. treffen) avoir de la chance; es ~ meinen avoir de bonnes intentions; Sie haben ~ reden vous en parlez à votre aise; sich mit j-m ~ stehen être bien avec q.; sich ~ bei etw. stehen trouver son compte à qch.; ~ riechen sentir bon; es schmeckt ~ c'est bon; kurz und ~ bref, en un mot.

Gut n (1²) bien m; (Land⯑) propriété f agricole, domaine m; ferme f; (Transport⯑) marchandise f; ~**ach-ten** n (6) avis m (d'expert); expertise f; 2**-artig** adj. d'un bon naturel; 🌶 bénin; ~**dünken** n (6): nach ~ à volonté.

Güte ['gy:tə] f (15) bonté f; (Beschaffenheit) bonne qualité f; haben Sie die ~, zu ... ayez la bonté de ...; in (aller) ~ à l'amiable; ~**klasse** 🌶 f catégorie f de qualité.

Güter ['gy:tər] n/pl. biens m/pl.; 🌶 marchandises f/pl.; ~**abfertigung** f expédition f des marchandises; ~**bahnhof** m gare f (de) marchandises; ~**gemeinschaft** 🌿 f communauté f de biens; ~**transport** m transport m de marchandises; ~**trennung** 🌿 f séparation f de biens; ~**um-schlag** m transbordement m de(s) marchandises; ~**verkehr** m trafic m des marchandises; ~**wagen** Esb. m wagon m de marchandises; ~**zug** m train m de marchandises.

Gute(s) n bien m; bon m; ~s tun faire

le bien; j-m ~s tun faire du bien à q.; des ~n zuviel tun exagérer; sich zum ~n wenden prendre bonne tournure; al-les ~! toutes sortes de bonnes choses; im guten à l'amiable, (gutwillig) de bon gré.

Gütezeichen 🌶 n label m (od. marque f) de qualité.

gut|**gelaunt** [~'laʊnt] adj. de bonne humeur; ~**gemeint** p.p. adj. qui part d'une bonne intention; 2**gläu-big** adj. u. adv. de bonne foi; ~**haben** v/t. avoir à son crédit; 2**haben** n (6) crédit m; avoir m; ~**heißen** v/t. approuver; ~**herzig** ['~hɛrtsiç] adj. qui a bon cœur.

gütig ['gy:tiç] adj. bon; (wohlwollend) bienveillant; mit Ihrer ~en Erlaubnis avec votre permission.

gütlich ['gy:tliç] **1.** adj. (à l')amiable; **2.** adv. à l'amiable; sich ~ tun se régaler (an dat. de).

gut|**machen** v/t. réparer; ~**mütig** ['~my:tiç] adj. bon; ein ~er Mensch une bonne nature; 2**mütigkeit** f bonté f, bonhomie f; ~**sagen** v/i. se porter garant (für de).

Gutsbesitzer m propriétaire m d'un domaine (od. d'une ferme).

Gut|**schein** m bon m; 2**schreiben** v/t.: j-m etw. ~ créditer q. de qch., porter qch. au crédit de q.; ~**schrift-anzeige** f avis m de crédit.

Guts|**hof** m ferme f; ~**verwalter** m administrateur m (od. gérant) m d'un domaine.

gut|**tun** v/i. faire du bien; ~**willig** ['~viliç] **1.** adj. de bonne volonté; **2.** adv. de bon gré; 2**willigkeit** f bonne volonté f.

Gymnasi|**albildung** [gymna'zja:l-] f études f/pl. secondaires; ~**allehrer** m professeur m (de gymnase, de lycée od. de collège); ~**ast**(**in** f) [~'zjast(-in)] m (12) lycéen(ne f) m; collégien(ne f) m; ~**um** [gym'na:zjum] n (9) gymnase m; (in Frankreich: staatliches) lycée m, (städtisches) collège m.

Gymna|**stik** [gym'nastik] f (16) gymnastique f; 2**stisch** [~stiʃ] adj. gymnastique.

Gynäkolog|**e** [gynɛko'lo:gə] m (13) gynécologue m; ~**ie** [~o'gi:] f gynécologie f; 2**isch** [~'lo:giʃ] adj. gynécologique.

H

H, h [haː] *n* H, h [aʃ] *m od. f*; ♪ si *m*.
ha! [haː] *int.* ah!; 'ha!

Haar [haːr] *n* (3) cheveu *m*; *coll.*
cheveux *m/pl.*, chevelure *f*; (*Bart⁀*,
Tier⁀) poil *m*; (*Roß⁀*) crin *m*; *sich das*
⁀ *machen* se coiffer; *aufs* ⁀ exactement; *um ein* ⁀
wäre ich … il s'en est fallu (de) peu
que je … (*subj.*); *fig.* ⁀*e auf den Zähnen
haben* avoir bec et ongles; ⁀*e lassen
müssen* laisser de ses plumes; *sich in
die* ⁀*e geraten* se prendre aux cheveux; *sich in den* ⁀*en liegen* être aux
prises; *kein gutes* ⁀ *an j-m lassen*
déchirer q. à belles dents; *die* ⁀*e
standen mir zu Berge* les cheveux se
dressaient sur ma tête; *an den* ⁀*en
herbeiziehen* tirer par les cheveux;
das hat e-m ⁀ *gehangen* cela n'a
tenu qu'à un cheveu; ⁀**ausfall** *m*
chute *f* des cheveux; ⁀**band** *n* bandeau *m*; ⁀**breit** *n*: *nicht um ein* ⁀
weichen ne pas reculer d'un pouce;
⁀**bürste** *f* brosse *f* à cheveux; ⁀**büschel** *m* touffe *f* de cheveux.

haaren [ˈhaːrən] *v/i.* (25) perdre son
poil.

Haar-|entferner *m* (7) dépilatoire *m*;
⁀**esbreite** *f*: *um* ⁀ de l'épaisseur d'un
cheveu; ⁀**farbe** *f* couleur *f* des cheveux; ⁀**färbemittel** *n* teinture *f* pour
les cheveux; ⁀**fein** *adj.* fin comme un
cheveu; *fig.* subtil; ⁀**festiger** *m* fixatif *m* pour les cheveux; ⁀**2genau** 1.
adj. extrêmement précis; 2. *adv.* précisément; ⁀**2ig** *adj.* chevelu; velu;
poilu; ⁀**2klein** *adv.* par le menu;
⁀**klemme** *f* pince *f* à cheveux;
⁀**knoten** *m* chignon *m*; ⁀**nadel** *f*
épingle *f* à cheveux; ⁀**nadelkurve** *f*
virage *m* en épingle à cheveux; ⁀**netz**
n filet *m*; ⁀**pflege** *f* soins *m/pl.* de la
chevelure; ⁀**pinsel** *m* pinceau *m* fin;
⁀**2scharf** *adj.* tranchant comme un
rasoir; *fig.* très précis; (*ganz nahe*)
tout près de; ⁀**schleife** *f* nœud *m* de
ruban; ⁀**schneiden** *n* (6) coupe *f* des
cheveux; ⁀**schnitt** *m* coiffure *f*;
⁀**sieb** *n* tamis *m* de crin; ⁀**spalterei**
[ˈ⁀ʃpaltəˈraɪ] *f* (16) subtilités *f/pl.*; ⁀
treiben couper les cheveux en quatre;

⁀**spange** *f* barrette *f*; ⁀**spray** *m od. n*
(11) vaporisateur *m*; ⁀**2sträubend**
p.pr. adjt. qui fait dresser les cheveux; horripilant; ⁀**teil** *n* mèche *f*
postiche; ⁀**tracht** *f* coiffure *f*;
⁀**trockner** *m* (7) séchoir *m* électrique; sèche-cheveux *m*; ⁀**waschmittel** *n* shampooing *m*; ⁀**wasser** *n*
lotion *f* capillaire; ⁀**wuchs** *m* pousse
f des cheveux; chevelure *f*; ⁀**wuchsmittel** *n* produit *m* capillaire;
⁀**wurzel** *f* racine *f* d'un (*bzw.* des)
cheveu(x) (*bzw.* poil[s]).

Habe [ˈhaːbə] *f* (15) avoir *m*; bien *m*;
bewegliche ⁀ biens *m/pl.* meubles;
unbewegliche ⁀ immeubles *m/pl.*; *sein
ganzes Hab und Gut* tous ses biens,
tout son avoir.

haben [ˈhaːbən] (30) 1. *v/aux.* avoir;
2. *v/t.* avoir, posséder, tenir; *was hast
du davon?* qu'est-ce que tu y gagnes?;
nichts auf sich ⁀ être sans importance;
er hat viel von s-m Vater il tient
beaucoup de son père; *das Buch ist in
allen Buchhandlungen zu* ⁀ le livre se
trouve (*od.* s'obtient) dans toutes les
librairies; *das ist nicht mehr zu* ⁀ on
n'en trouve plus; *zu* ⁀ *bei* en vente
chez; *das hat nichts zu sagen* cela ne
veut rien dire; *wir* ⁀ *den 15. März*
nous sommes le quinze mars; *wir* ⁀
Winter nous sommes en hiver; *da* ⁀
wir's!; *ich hab's!* j'y suis!; ⁀ *wollen*
vouloir; 3. *v/rfl.: sich* ⁀ faire des
façons; ⁀ *Sie sich doch nicht so!* ne
faites pas tant de manières!; 4. ⁀ ♀ ✝ *n*
(6) avoir *m*, crédit *m*; *Soll und* ⁀ doit et
avoir, débit et crédit.

Hab-|enichts *m* (14¹) pauvre diable *m*;
⁀**gier** [ˈ⁀ɡiːr] *f* cupidité *f*; ⁀**2gierig**
adj. cupide; ⁀**2haft** *adj.*: ⁀ *werden* se
saisir de.

Habicht [ˈhaːbɪçt] *m* (3) autour *m*.

Habilit|ation [habilitaˈtsjoːn] *f* admission *f* à l'enseignement supérieur; ⁀**ieren** [⁀ˈtiːrən] *v/rfl.: sich* ⁀ se
qualifier pour l'enseignement supérieur.

Hab|seligkeiten *f/pl.* affaires *f/pl.*;
effets *m/pl.*; avoir *m*; ⁀**sucht** *f* s.

Habgier; **2süchtig** s. habgierig.
Hachse ['haksə] f (15) jarret m.
Hack|beil n 'hachette f; **~block** m
billot m; **~braten** m rôti m de viande
'hachée; **~brett** n 'hachoir m; ♪ tym-
panon m; **~e** ['hakə] f (15) 'houe f;
(spitze) pioche f; *östr.* = Beil, Axt; =
~en m *(Ferse)* talon m *(zusammen-
schlagen* claquer); *j-m auf den ~*
sein être sur les talons de q.; **2en 1.** v/t.
Fleisch: 'hacher; *Holz:* fendre; ♪
'houer; pioche f; **2.** v/i. *(Vogel)* donner des coups de bec *(nach à)*;
~fleisch n viande f 'hachée; **~frucht**
f plante f sarclée; **~klotz** m billot m;
~messer n couperet m; 'hachoir m.
Häcksel ['hɛksəl] m u. n (7) paille f
'hachée; **~maschine** f 'hache-paille
m.
Hader ['haːdər] m (7) dissension f;
querelle f; **2n** v/i. (29): *mit j-m ~* se
quereller avec q.; *mit dem Schicksal ~*
accuser son sort.
Hafen ['haːfən] m (7¹) port m *(a. fig.)*;
~anlagen f/pl. installations f/pl.
portuaires; **~arbeiter** m docker m;
~becken n bassin m portuaire;
~damm m môle m; jetée f; **~ein-
fahrt** f entrée f du port; *(enge)* goulet
m; **~gebühr** f taxe f portuaire;
~kneipe f bistro(t) m d'un port;
~meister m capitaine m de port; *(e-s
Binnenhafens)* garde-port m; **~stadt** f
ville f portuaire; **~viertel** n quartier
m du port.
Hafer ['haːfər] m (7) avoine f; *ihn
sticht der ~* ça lui monte à la tête;
~flocken f/pl. flocons m/pl. d'avoine; **~grütze** f gruau m d'avoine;
~schleim m crème f d'avoine.
Haff [haf] n (3 u. 11) 'haff m.
Haft [haft] f *(inv.)* emprisonnement
m; détention f; *in ~ nehmen* emprisonner; *in ~ halten* détenir; *aus der ~
entlassen* relâcher; libérer; **~bar** adj. responsable *(für de)*; **~befehl** m mandat m
d'arrêt *(erlassen* décerner); **2en** v/i.
(26): *~ an (dat.)* adhérer *(od. tenir)* à;
~ für répondre de.
Häftling ['hɛftliŋ] m (3¹) détenu m.
Haftpflicht f responsabilité f *(civile)*;
2ig adj. responsable; **~versicherung**
f assurance f de responsabilité civile.
Haftschalen f/pl. verres m/pl. de
contact.
Haftung f responsabilité f.
Hag [haːk] m (3) *(Hecke)* 'haie f;

(Eingehegtes) enclos m; *(Buschwerk)*
buisson m; *(Hain)* bosquet m.
Hage|butte ['haːgəbutə] f (15) fruit m
de l'églantier; F gratte-cul m; **~dorn**
m aubépine f.
Hagel ['haːgəl] m (7) grêle f; **~korn** n
grêlon m; **2n** v/imp. (29): *es hagelt* il
grêle; **~schaden** m dommage m
causé par la grêle; **~schauer** m giboulée f *(accompagnée de grêle)*;
~schlag m *(chute f de)* grêle f; **~ver-
sicherung** f assurance f contre la
grêle; **~wetter** n orage m accompagné de grêle.
hager ['haːgər] adj. maigre; *(grand
et)* sec.
Hagestolz m (3²) célibataire m endurci; vieux garçon m.
Häher ['hɛːər] m (7) geai m.
Hahn [haːn] m (3³) zo. coq m; *(Was-
ser2)* robinet m; *(Faß2)* cannelle f;
(Gas2) bec m; *(Gewehr2)* chien m *(de
fusil)*; *der ~ im Korbe sein* être comme
coq en pâte; *es kräht kein ~ danach*
personne ne s'en soucie.
Hähnchen ['hɛːnçən] n petit coq m;
cuis. poulet m rôti.
Hahnen|fuß ♀ m renoncule f; **~
kamm** m crête f de coq; ♀ crête-de-
-coq f; **~kampf** m combat m de coqs;
~schrei m chant m du coq; **~tritt** m
germe m de l'œuf.
Hahnrei ['haːnraɪ] m (3) cocu m.
Hai [haɪ] m (3), **~fisch** m requin m.
Hain *poét.* [haɪn] m (3) bosquet m;
bocage m.
Häkchen ['hɛːkçən] n (6) *(petit)* crochet m.
Häkel|arbeit f ouvrage m au cro-
chet; **2n** ['hɛːkəln] (29) **1.** v/t. faire
(qch.) au crochet; **2.** v/i. faire du
crochet; **~nadel** f crochet m.
Haken ['haːkən] m (6) crochet m *(a.
Boxsport)*; *(größerer)* croc m; *(zu
Ösen)* agrafe f; *(Kleider2)* patère f;
portemanteau m; *die Sache hat e-n ~* il
y a un mais; **2förmig** [*'~fœrmiç*] adj.
crochu; **~kreuz** n croix f gammée;
svastika m; **~nase** f nez m crochu.
halb [halp] adj. demi; *die Stadt* la
moitié de la ville; *e-e ~e Stunde* une
demi-heure; *ein(e) und e-e ~e Stunde*
une heure et demie; **~ 11** *(Uhr)* dix
heures et demie; *es schlägt ~* la demie
sonne; *auf ~er Höhe* à mi-'hauteur;
auf ~em Wege à mi-chemin; *zum ~en
Preis* à moitié prix; *ein ~es Jahr* six
mois; *nicht ~ so viel (bei vb.* ne...) pas

la moitié; ~ und ~ à demi;
moitié ...; ~moitié ...; ~**amtlich** adj.
officieux; ~**automatisch** adj. semi-
automatique; ~**bildung** f demi-
savoir m; ~**blut** n (Pferd) demi-sang
m; (Mensch) métis m; ~**bruder** m
demi-frère; (väterlicherseits) frère m
consanguin; (mütterlicherseits) frère
m utérin; ~**dunkel** n demi-jour m;
~-**edelstein** m pierre f fine.
halber ['halbər] prp. à (od. pour)
cause de, en raison de; der Umstände
~ à cause des circonstances; der Ordnung ~ pour être en règle.
Halb|fabrikat n produit m demi-
-fini; ~**fertig** adj. à moitié fini; ~-
fett adj. (Käse, Kohle, typ.) demi-
-gras; ~**finale** Sp. n demi-finale f;
~**gar** adj. à moitié cuit; ~**gefrore-
ne(s)** cuis. n sorbet m; ~**geschwister** pl. enfants m/pl. de deux lits;
demi-frères m/pl.; demi-sœurs f/pl.;
~**gott** m demi-dieu m; ~**heit** f (16)
demi-mesure f; (Unvollkommenheit)
imperfection f.
halbier|en [hal'bi:rən] v/t. partager
en deux; ~**ung** f bissection f.
Halb|-insel f presqu'île f; (große)
péninsule f; ~**jahr** n semestre m; ~-
jährig ['~jɛ:riç] adj. durant six
mois; semestriel; ~**jährlich 1.** adj.
semestriel; **2.** adv. tous les six mois;
~**kreis** m demi-cercle m; hémicycle
m; ~**kugel** f hémisphère m; ~**lang**
adj. demi-long; ~**laut** adj. u. adv. à
mi-voix; ~**lederband** m demi-re-
liure f peau; ~**leinenband** m demi-
-reliure f toile; ~**leiter** ⚡ m semi-
-conducteur m; ~**links** Sp. m inter m
gauche; ~**mast** adv.: auf ~ en berne;
~**messer** Å m rayon m; ~**monatlich
1.** adj. bimensuel; **2.** adv. deux fois
par mois; ~**mond** m demi-
-lune f; croissant m; ~**nackt** adj. à
moitié (od. à demi) nu; ~-**offen** adj.
entrouvert; ~**pension** f demi-pen-
sion f; ~**rechts** Sp. m inter m droit;
~**rund** adj. semi-circulaire; ~**schatten** m pénombre f; ~**schlaf** m somnolence f; ~**schuh** m soulier m bas;
~**schwergewicht** Sp. m poids m mi-
-lourd; ~**schwester** f demi-sœur f;
~**seide** f demi-soie f; ~**seitig 1.** adj.
(Anzeige) sur une demi-page; **2.** adv.
⚕ gelähmt paralysé d'un côté;
(Straße) ~ gesperrt barré d'un côté;
~**starke(r)** m demi-sel m; ~**stündig**
['~ʃtyndiç] adj. d'une demi-heure;

~**tägig** adj. d'une demi-journée; ~-
tagsbeschäftigung f emploi m à
mi-temps; ~**ton** ♪ m demi-ton m;
~**tot** adj. à moitié (od. à demi) mort;
~**vokal** m semi-voyelle f; ~**voll** adj. à
moitié plein; ~**waise** f orphelin m de
père (resp. de mère); ~**wegs** ['~ve:ks]
fig. adv. passablement; tant bien que
mal; ~**welt** f demi-monde m; ~**welt-
dame** f demi-mondaine f; ~**wissen**
n demi-savoir m; ~**wüchsig** ['~vy:k-
siç] adj. adolescent; ~**zeit** Sp. f mi-
-temps f.
Halde ⚒ ['haldə] f (15) terri(l) m,
'halde f.
half [half] s. helfen.
Hälfte ['hɛlftə] f (15) moitié f; zur ~ à
moitié; um die ~ mehr moitié plus; um
die ~ größer plus grand de moitié;
iron. u. F meine bessere ~ ma moitié;
Halfter ['halftər] m od. n (7), a. f (15)
licou m, licol m.
Hall [hal] m (3) bruit m, son m.
Halle ['halə] f (15) (grande) salle f;
(Bahnhof⚒, Hotel⚒, Ausstellung⚒)
'hall m; (Markt⚒) 'halle f; Sp. salle
f.
Halleluja [hale'lu:ja] n (11) halléluia
m.
Hallen|bad n piscine f couverte;
~**handball** m 'handball m en salle;
~**meister** m champion m en salle;
~**tennis** n tennis m (sur court) couvert.
hallo! [ha'lo:] **1.** int. 'hé!, 'holà!;
téléph. allô!; **2.** 2 n (11) cris m/pl. (de
joie); mit großem ~ à grands cris.
Halm [halm] m (3) tige f; (Getreide⚒)
chaume m; (Stroh⚒) brin m de paille;
~**früchte** f/pl. céréales f/pl.
Hals [hals] m (4²) cou m; (Kehle)
gorge f; (Flaschen⚒) col m, (enger)
goulot m; (Pferde⚒) encolure f; ~ über
Kopf précipitamment; aus vollem ~
de toutes ses forces; à tue-tête; es im
~e haben avoir mal à la gorge; in den
falschen ~ bekommen avaler de travers; j-m um den ~ fallen se jeter au
cou de q.; sich etw. auf den ~ laden se
mettre qch. sur les bras; sich etw. vom
~ schaffen se débarrasser de qch.;
bleiben Sie mir damit vom ~e laissez-
-moi la paix avec cela; j-m den ~
umdrehen tordre le cou à q.; j-m den ~
brechen casser les reins à q.; fig. F das
hängt mir zum ~ heraus j'en ai par-
-dessus la tête; ~-**abschneider** fig. m
écorcheur m; ~-**ausschnitt** m

échancrure f; décolleté m; ~band n collier m (a. Hunde2); 2brecherisch adj. périlleux; ~eisen n carcan m; ~-entzündung f inflammation f de la gorge; ~kette f collier m; ~krause f collerette f; ~Nasen-Ohren-Arzt m oto-rhino-laryngologiste m; ~schlag-ader f (artère f) carotide f; ~schmerzen m/pl. mal de gorge; 2starrig adj. opiniâtre; entêté; ~starrigkeit f opiniâtreté f cervicale; ~tuch n foulard m, écharpe f, cache-nez m; (für Damen a.) fichu m; ~weh n mal m de gorge; ~weite f encolure f; ~wirbel m vertèbre f cervicale.

Halt [halt] 1. m (3) (temps m d')arrêt m; 'halte f; (Stütze) appui m; soutien m; (innerer) consistance f; tenue f; 2. 2! int. stop!; 'halte!; ~ (mal)! un moment!

haltbar adj. tenable; (fest) solide; (dauerhaft) durable; 2keit f solidité f.

Haltelinie f ligne f d'arrêt (od. de stop).

halten ['haltən] (30) **1.** v/t. tenir; (fest~, an~) arrêter (a. Ball); (zurück-~) retenir; (aufrechter~) maintenir; Maß: garder; Diener, Tier, Fahrzeug: avoir; Rede: faire; prononcer; Lobrede, Vortrag, Mittagsschlaf: faire; Zeitung: être abonné à; Gebot: observer; Gottesdienst: célébrer; ~ von penser de; viel von j-m ~ avoir q. en grande estime; ich weiß, was ich davon zu ~ habe je sais à quoi m'en tenir; ~ für croire; tenir pour; prendre pour; gehalten werden für passer pour; es für gut ~, zu ... (inf.) trouver bon de ... (inf.); es für ratsam ~, zu ... (inf.) juger à propos de ... (inf.); es mit j-m ~ avoir partie liée avec q.; ~ Sie es damit, wie Sie wollen vous en ferez ce que vous voudrez; **2.** v/i. (festsitzen) tenir; (dauerhaft sein) être solide; (haltmachen) s'arrêter (Stand haben) stationner; (Eis) porter; auf etw. (acc.) ~ tenir à qch., (Ehre, gute Sitten) veiller à qch.; auf sich ~ prendre soin de soi; zu e-r Partei (Sache) ~ être le partisan (od. le tenant) d'un parti (d'une cause); an sich ~ se contenir; se retenir; **3.** v/rfl.: fig. sich an etw. (acc.) ~ s'en tenir à qch.; sich an j-n ~ s'en prendre à q. (wegen de); sich nicht mehr ~ können

vor ne plus se tenir de; sich ~ (Lebens-mittel) se conserver; se garder.

Halter m (7) soutien m; appui m; (Feder2) porte-plume m.

Halte|signal n signal m d'arrêt; ~stelle f arrêt m; ~tau ♪ n amarre f; ~verbot n interdiction f de stationner.

halt|los adj. inconsistant; 2losigkeit f inconsistance f; ~machen v/i. s'arrêter; 2ung f attitude f; (Benehmen) tenue f; maintien m; (Stellung) posture f.

Halunke [ha'luŋkə] m (13) coquin m.

hämisch ['hɛːmiʃ] adj. sournois; ~es Lachen rire m sardonique.

Hammel ['haməl] m (7) mouton m; ~braten m rôti m de mouton; ~fleisch n mouton m; ~keule f gigot m; ~sprung parl. m scrutin m par division (od. par portes séparées).

Hammer ['hamər] m (7¹) marteau m; zwischen ~ und Amboß entre l'enclume et le marteau; unter den ~ kommen être vendu aux enchères.

hämmern ['hɛmərn] v/t. u. v/i. (30) marteler.

Hammer|schlag m coup m de marteau; ~werfen Sp. n lancement m du marteau.

Hämorrhoiden [hɛːmɔro'iːdən] f/pl. (15) hémorroïdes f/pl.

Hampelmann ['hampəl-] m (1²) pantin m.

Hamster ['hamstər] m (7) 'hamster m; ~er m accapareur m, stockeur m; 2n v/t. (29) accaparer; faire des stocks (pl.

Hand [hant] f (14¹) main f; (Fußball) (faute f de) main f; ~ aufs Herz! la main sur la conscience; ~ in ~ la main dans la main; ~ drauf! tope!; je vous en donne ma parole; Hände hoch! 'haut les mains!; Hände weg! n'y touchez pas!; die ~ von etw. lassen ne pas toucher à qch.; ne pas se mêler à (od. de) qch.; j-m die ~ drücken serrer la main à q.; die ~ bei etw. im Spiel haben être mêlé à qch.; die ~ auf etw. (acc.) legen saisir qch.; se saisir de qch.; ~ an sich (acc.) legen attenter à ses jours; alle Hände voll zu tun haben ne plus savoir où donner de la tête; fig. weder ~ noch Fuß haben n'avoir ni queue ni tête; er ist m-e rechte ~ il est mon bras droit; an der ~, bei der ~, zur ~ à la (od. sous la od. en) main; à portée de la main; zu Händen von à l'attention de; *j-n an (od. bei) der* ~ *halten (führen)* tenir (conduire) q. par la main; *an die* ~ *nehmen* prendre par la main; *j-m etw. an die* ~ *geben* fournir, *fig.* suggérer qch. à q.; *das liegt auf der* ~ c'est évident; *fig. j-n auf Händen tragen* être aux petits soins pour q.; *etw. aus der* ~ *lassen* lâcher qch.; laisser tomber qch. des mains; *etw. aus der* ~ *geben* se dessaisir de qch.; *aus der* ~ *fressen (nehmen)* manger (prendre) dans la main; *j-m etw. aus der* ~ *schlagen* faire tomber qch. des mains de q.; *aus der* ~ *in den Mund leben* vivre au jour le jour; *aus erster* ~ de première main; *aus dritter* ~ indirectement; *das liegt in s-r* ~ c'est en son pouvoir; *etw. in den* ~ *haben* avoir qch. à la (*od.* dans la *od.* en) main; *j-m in die Hände arbeiten* faire le jeu de q.; *j-m etw. in die Hände spielen* livrer qch. à q.; *das läßt sich mit Händen greifen* on peut toucher cela au doigt; c'est manifeste; *fig. ihm sind die Hände gebunden* à les mains liées; *an Händen und Füßen gebunden* pieds et poings liés; *mit Händen und Füßen um sich schlagen* se défendre à coups de pieds à coups de poings; *die Hände in die Seite stemmen* se camper les poings (*od.* les mains) sur les 'hanches; *mit der* ~ *über etw. (acc.) streichen* passer la main sur qch.; *mit der* ~ *gemacht* fait à la main; *von langer* ~ de longue main; *etw. von der* ~ *weisen* repousser qch.; *die Arbeit geht ihm leicht von der* ~ il a le travail facile.

Hand|-arbeit *f* travail *m* manuel; (*weibliche*) ouvrage *m* à l'aiguille; (*Schulfach*) couture *f*; ~**arbeitslehrerin** *f* maîtresse *f* de couture (*od.* de travaux manuels); ~**aufheben** *n*: *durch* ~ *abstimmen* voter à main levée; ~**ausgabe** *f* édition *f* portative; ~**ball** *m* ballon *m* de 'handball; (*Sportart*) 'handball *m*; ~**ball(spiel)er** *m* joueur *m* de 'handball; 'handballeur *m*; ~**betrieb** *m* actionnement *m* à la main; ~**bewegung** *f* geste *m* de la main; ~**bibliothek** *f* bibliothèque *f* de consultation (sur place); 2**breit** *adj.* large comme la main; ~**bremse** *f* frein *m* à main; ~**buch** *n* manuel *m*.

Händedruck ['hɛndə-] *m* poignée *f* de main.

Handel ['handəl] *m* (7, *o. pl.*) commerce *m*, trafic *m* (*mit de*); *nicht (mehr) im* ~ 'hors commerce; *in den* ~ *bringen* introduire sur le marché; ~*treiben* faire du commerce.

Händel ['hɛndəl] *m/pl.* querelle *f*; ~ *suchen mit j-m* chercher querelle à q.

handeln ['handəln] (29) **1.** *v/i.* agir; (*behandeln*) traiter (*von de*); avoir pour sujet; † commercer (*mit j-m* avec q.); faire du commerce (*mit etw.* de qch.); (*feilschen*) marchander (*um etw.* qch.); *mit sich* ~ *lassen* se montrer traitable; **2.** *v/imp.*: *es handelt sich um* il s'agit de.

Handels|-abkommen *n* accord *m* commercial; ~**adreßbuch** *n* annuaire *m* du commerce; ~**agent** *m* agent *m* commercial; ~**artikel** *m* article *m* de commerce; ~**bericht** *m* rapport *m* commercial; ~**beziehungen** *f/pl.* relations *f/pl.* commerciales; ~**bilanz** *f* bilan *m* commercial; ~**blatt** *n* journal *m* du commerce; ~**brauch** *m* usage *f*; 2**-einig**, 2**-eins** *adj.*: ~ *sein (werden)* être (tomber) d'accord en affaire; convenir du prix; 2**fähig** *adj.* commerciable; ~**flagge** *f* pavillon *m*; ~**flotte** *f* flotte *f* marchande; ~**gericht** *n* tribunal *m* de commerce; 2**gerichtlich** *adj.* consulaire; ~**gerichtsbarkeit** *f* justice *f* commerciale; ~**gesellschaft** *f* société *f* commerciale; ~**gesetzbuch** *n* code *m* de commerce; ~**hafen** *m* port *m* de commerce; ~**haus** *n* maison *f* de commerce; ~**hochschule** *f* école *f* supérieure de commerce; ~**kammer** *f* chambre *f* de commerce; ~**korrespondenz** *f* correspondance *f* commerciale; ~**lehrer** *m* professeur *m* de l'enseignement commercial; ~**marine** *f* marine *f* marchande; ~**minister** *m* ministre *m* du commerce; ~**ministerium** *n* ministère *m* du commerce; ~**mission** *f* mission *f* commerciale; ~**platz** *m* place *f* de commerce; ~**politik** *f* politique *f* commerciale; ~**recht** *n* droit *m* commercial; ~**register** *n* registre *m* du commerce; ~**schiff** *n* navire *m* marchand; ~**schiffahrt** *f* navigation *f* commerciale; ~**schule** *f* école *f* de commerce; ~**spanne** *f* marge *f* commerciale; ~**sperre** *f* embargo *m*; ~**stadt** *f* ville *f* commerçante; 2**-üblich** *adj.*: ~ *sein* être d'usage dans le commerce.

Handels|-unternehmen *n* entreprise f commerciale; ~**verkehr** m trafic m commercial; échanges m/pl. commerciaux; ~**vertrag** m traité m de commerce; ~**vertreter** m représentant m de commerce; ~**vertretung** f représentation f commerciale; ~**volumen** n volume m des échanges commerciaux; ~**ware** f article m de commerce; ~**weg** m voie (od. route) f commerciale; ~**wert** m valeur f marchande (od. commerciale); ~**zeichen** n marque f; ~**zweig** m branche f de commerce.

handeltreibend p.pr. adjt. commerçant.

händeringend p.pr. adjt. u. advt. (en) se tordant les mains.

Hand|feger m balayette f; ~**fertigkeit** f dextérité f; ~**fessel** f menotte f; ♀**fest** adj. robuste; ~**feuerlöscher** m extincteur m à main; ~**feuerwaffe** f arme f à feu portative; ~**fläche** f paume f de la main; ♀**ge-arbeitet** p.p. adjt. fait (à la) main; ~**geld** n arrhes f/pl.; ~**gelenk** n poignet m; ♀**gemein** adj.: ~ werden en venir aux mains; ~**gemenge** n mêlée f; ~**gepäck** n bagages m/pl. à main; ♀**geschrieben** p.p. adjt. écrit à la main; manuscrit; ~**granate** f grenade f (à main); ♀**greiflich** adj. palpable; évident; ~ werden passer aux voies de fait; ~**griff** m poignée f; (Bewegung) manipulation f; ~**habe** f (15) prise f; ~ bieten donner prise; ♀**haben** v/t. (25) manier; manipuler; ⚖ appliquer; ~**habung** f maniement m; manipulation f; ⚖ application f; ~**hebel** m levier m à main.

Handikap ['hɛndikɛp] n (11) 'handicap m (a. Sp.).

händisch F östr. ['hɛndiʃ] adj. avec la main.

Hand|karren m charrette f à bras; ~**koffer** m valise f; ~**kurbel** f manivelle f; ~**kuß** m baisemain m; ~**langer** m (7) manœuvre f; (bei Maurern) aide-maçon m; ~**laterne** f lanterne f portative; ~**lauf** m main f courante.

Händler(in f) ['hɛndlər] m (7) marchand(e f) m, commerçant(e f) m.

handlich ['hantliç] adj. maniable.

Handlung ['handluŋ] f (Tat) acte m; (e-s Dramas usw.) action f; (Laden) boutique f, (große) magasin m.

Handlungs|bevollmächtigte(r) m fondé m de pouvoir; ♀**fähig** ⚖ adj.

capable; ~**freiheit** f liberté f d'action; ~**gehilfe** m employé m de commerce; ~**reisende(r)** m voyageur m de commerce; ~**vollmacht** f procuration f; ~**weise** f manière f d'agir; (Verfahren) procédé m.

Hand|pflege(rin f) manucure f; ~**presse** f presse f à bras; ~**ramme** f dame f, demoiselle f, 'hie f; ~**reichung** f assistance f; coup m de main; ~**rücken** m dos m de la main; ~**schaltung** Auto f changement m de vitesse à (la) main; ~**schellen** f/pl. menottes f/pl.; ~**schlag** m fig. promesse f solennelle; (Händedruck) poignée f de main; ~**schrift** f écriture f; (Schriftwerk) manuscrit m; ~**schriftendeutung** f graphologie f; ~**schriftenkunde** f paléographie f; ♀**schriftlich** 1. adj. écrit à la main; manuscrit; 2. adv. par écrit; ~**schuh** m gant m; ~**schuhfach** n boîte f à gants; ♀**signiert** p.p. adjt. signé à la main; ~**spiegel** m miroir m à main; ~**stand** m arbre m droit, appui m renversé; ~**streich** m coup m de main; ~**tasche** f sac m à main; ~**tuch** n serviette f; essuie-main(s) m; ~**tuchhalter** m porte-serviette f; ~**umdrehen** n: im ~ en un tournemain; ~**voll** f poignée f; ~**wagen** m charrette f à bras; ♀**warm** adj. à une température supportable par la main; ~**waschbecken** n petit lavabo m.

Handwerk ['hantvɛrk] n métier m; coll. artisanat m; j-m das ~ legen mettre fin aux menées de q.; j-m ins ~ pfuschen aller sur les brisées de q.; ~**er** m (7) ouvrier m; artisan m; ♀**lich** adj. artisanal.

Handwerks|betrieb m entreprise f artisanale; ~**geselle** m compagnon m artisan; ~**kammer** f chambre f des métiers; ~**meister** m maître m artisan; ~**zeug** n outils m/pl., outillage m.

Hand|wörterbuch n dictionnaire m d'un format maniable; ~**wurzel** f poignet m; ~**zeichen** n signe m de la main; Abstimmung durch ~ vote f à mains levées; ~**zeichnung** f (6) dessin m fait à la main; ~**zettel** m papillon m.

hanebüchen ['hɑːnəbyːçən] adj. inouï.

Hanf [hanf] m (3) chanvre m.

Hänfling zo. ['hɛnfliŋ] m (3¹) linot m, linotte f.

Hang [haŋ] m (3¹) pente f; fig. penchant m (zu à).

Hangar ['haŋɡaːr] m (11) 'hangar m.

Hänge|-ablage ['hɛŋə-] f classement m suspendu; **~boden** m soupente f; **~brücke** f pont m suspendu; **~busen** m sein m pendant; **~lampe** f suspension f; **~matte** f hamac m.

hängen ['hɛŋən] 1. v/i. (30) pendre; être (sus)pendu; être accroché; an j-m (etw.) ~ être attaché à q. (qch.); 2. v/t. (25) suspendre; (anhaken) accrocher; Verbrecher: pendre; 3. ♀ n: mit ~ und Würgen à grand-peine; **~bleiben** v/i. (30, sn): ~ an (dat.) rester accroché à.

Hansdampf [hans'dampf] m: ~ in allen Gassen brasseur m d'affaires.

Hänsel|ei [hɛnzə'laɪ] f brimade f; taquinerie f; ♀n v/t. (29) brimer; taquiner.

Hansestadt f ville f 'hanséatique.

Hanswurst ['hans-] m (3²) pitre m, clown m; den ~ spielen faire le pitre.

Hantel ['hantəl] f (15) haltère m.

hantieren [~'tiːrən] v/i.: mit etw. ~ manier qch., manipuler qch.

hapern ['haːpərn] v/imp. (29): es hapert an etw. il y a q. chose qui cloche (od. qui ne marche pas).

Happ|en ['hapən] m (6) bouchée f, morceau m; ♀ig ⨍ adj. fort, exagéré.

Harem ['haːrɛm] m (11) 'harem m.

Harfe ['harfə] f (15) 'harpe f; ~**'nist(in** f) m (12) 'harpiste m, f.

Harke ['harkə] f (15) râteau m; ♀n v/t. (25) râtisser.

Harlekin ['harlekiːn] m (3¹) arlequin m.

Harm [harm] m (3) affliction f.

harmlos adj. innocent; inoffensif; anodin; ♀igkeit f innocence f.

Harmon|ie [harmo'niː] f (15) harmonie f; ♀ieren [~o'niːrən] v/i. s'accorder (mit avec); mit j-m ~ s'entendre avec q.

Harmon|ika [har'moːnika] f (16² u. 11) (Mund♀) harmonica f; (Zieh♀) accordéon m; ♀isch adj. harmonieux; ♀ium [~jum] n (9) harmonium m.

Harn [harn] m (3) urine f; **~blase** f vessie f; **~drang** m besoin m d'uriner; ♀en v/i. (25) uriner.

Harnisch ['harniʃ] m (3²) 'harnais m; (Brust♀) cuirasse f; fig. in ~ geraten s'emporter; j-n in ~ bringen exaspérer q.

Harn|leiter m uretère m; **~röhre** f urètre m; **~säure** f acide m urique; **~stein** m calcul m urinaire; ♀treibend p.pr. adjt. diurétique; **~untersuchung** f analyse f d'urine; **~zwang** m strangurie f.

Harpun|e [har'puːnə] f (15) 'harpon m; ♀ieren [~'niːrən] v/t. 'harponner.

harren ['harən] v/i. (25): e-r Sache (gén.) ~ attendre qch. impatiemment.

Harschschnee ['harʃ-] m neige f tôlée.

hart [hart] 1. adj. dur (a. fig.); fig. a. rude, sévère; ~ machen (se) durcir; ~ werden (se) durcir; e-e ~e Nuß zu knacken geben donner du fil à retordre; ~ en Stand haben être dans une position difficile; 2. adv.: ~ arbeiten travailler dur(ement); ~ auf ~ acharné; ~ an (dat.) tout près de.

Härte ['hɛrtə] f (15) dureté f (a. fig.); (v. Metallen a.) trempe f; fig. rigueur f, sévérité f; ♀n v/t. (26) durcir; Stahl: tremper.

Hart|faserplatte f panneau m dur, plaque f en fibre dure; ♀gekocht p.p. adjt. (Ei) dur; ♀geld n espèces f/pl. sonnantes; ♀gesotten fig. p.p. adjt. endurci; **~gummi** m ébonite f; ♀herzig adj. dur; **~herzigkeit** f dureté f; **~holz** n bois m dur.

hartnäckig adj. opiniâtre; (eigensinnig) obstiné; 2. adv.: ~ auf etw. (dat.) bestehen s'obstiner à faire qch.; ♀keit f opiniâtreté f; obstination f.

Harz [haːrts] n (3²) résine f; ♀ig adj. résineux.

Haschee cuis. [ha'ʃeː] m (11) 'hachis m.

haschen ['haʃən] (27) 1. v/t. attraper, saisir; 2. v/i. F fumer (od. prendre) du ha(s)chisch; nach etw. ~ chercher à attraper qch.; fig. viser à qch.

Häschen ['hɛːsçən] n (6) levraut m.

Häscher ['hɛʃər] m (7) sbire m.

Haschisch ['haʃiʃ] n (inv.) 'ha-(s)chisch m.

Hase ['haːzə] m (13) lièvre m; da liegt der ~ im Pfeffer voilà le hic; wissen, wie der ~ läuft connaître le truc.

Hasel|huhn ['haːzəl-] n gélinotte f; **~maus** f muscardin m; **~nuß** f noisette f; **~(nuß)strauch** m noisetier m, coudrier m.

Hasen|braten m rôti m de lièvre; **~fuß** fig. m poltron m; **~jagd** f chasse

f au lièvre; **~panier** *n*: *das ~ ergreifen* prendre la poudre d'escampette; **~pfeffer** *m* civet *m* de lièvre; **~scharte** ⚕ *f* bec-de-lièvre *m*.
Häsin ['hɛːzin] *f* 'hase *f*.
Haspel ['haspəl] *f* (15) (*Garn*2) dévidoir *m*; (*Winde*) treuil *m*; **2n** *v/t*. (29) dévider; (*empor*~) guinder.
Haß [has] *m* (4) 'haine *f* (*gegen* de).
hassen ['hasən] *v/t*. (28) 'haïr; **~swert** *adj*. 'haïssable; (*verhaßt*) odieux.
haß-erfüllt 1. *p.p. adjt*. plein de haine; **2.** *p.p. advt*.: *j-n ~ anblicken* regarder q. avec haine.
häßlich ['hɛsliç] *adj*. laid; *fig. a*. vilain; *~ machen*, *~ werden* enlaidir; **2keit** *f* laideur *f*.
Hast *f* (16) 'hâte *f*; précipitation *f*; **2en** *v/i*. (26, sn) se hâter; se précipiter; **2ig 1.** *adj*. précipité; **2.** *adv*. en toute 'hâte; précipitamment.
hätscheln ['hɛtʃəln] *v/t*. (29) caresser; (*verzärteln*) dorloter; choyer.
hatte ['hatə] *s. haben*.
Hatz *ch*. [hats] *f* (16) chasse *f* à courre.
Häubchen ['hɔʏpçən] *n* (6) petit bonnet *m*; (*Kinder*2) béguin *m*.
Haube ['haʊbə] *f* (15) bonnet *m*; coiffe *f*; (*Motor*2) capot *m*; (*e-s Vogels*) 'huppe *f*; *unter die ~ bringen fig*. marier; **~nlerche** *f* alouette *f* 'huppée.
Haubitze [haʊ'bitsə] *f* (15) obusier *m*.
Hauch [haʊx] *m* (3) souffle *m*; (*Atem*) haleine *f*; *gr*. aspiration *f*; **2dünn** *adj*. léger comme un souffle; **2en** *v/t. u. v/i*. (25) souffler; *gr*. aspirer; **~laut** *m* consonne *f* aspirée.
Haudegen *fig. m*: *alter ~* vieux soudard *m*.
Haue F ['haʊə] *f*: *~ kriegen* recevoir une correction (*od*. une rossée).
hauen ['haʊən] (30) **1.** *v/t*. frapper; battre; (*fällen*) abattre; *Holz*: fendre; *Stein*: tailler; *Loch*: faire; **2.** *v/i*.: *um sich ~* frapper à droite et à gauche.
Hauer *m* (7) ⚒ mineur *m*; *zo*. défense *f*.
Häufchen ['hɔʏfçən] *n* (6) petit tas *m*; (*Menschen*) poignée *f*, petit nombre *m*; F *wie ein ~ Unglück* accablé par le malheur.
häufeln ['hɔʏfəln] *v/t*. (29) mettre en tas; ↗ butter.
Haufen ['haʊfən] *m* (6) tas *m*; amas *m*; monceau *m*; (*geschichteter*) pile *f*; (*Menge*) foule *f*; (*Schar*) troupe *f*; *~ Kinder* marmaille *f*; *über den ~ werfen* culbuter, *fig*. faire fi de; *über den ~n schießen* abattre d'un coup de feu.
häufen (25) **1.** *v/t*. entasser, accumuler; **2.** *v/rfl*.: *sich ~* se multiplier.
haufen|weise *adv*. en tas; en masse; **2wolke** *f* cumulus *m*.
häufig 1. *adj*. fréquent; **2.** *adv. a*. souvent; **2keit** *f* fréquence *f*.
Häufung *f* (*v. Ereignissen*) multiplication *f*.
Hauklotz *m* (3^2 *u*. ^{3}) billot *m*.
Haupt [haʊpt] *n* (1^2) tête *f* (*a. fig*.); (*Ober*2) chef *m*; **~-altar** *m* maître-autel *m*; **2-amtlich 1.** *adj*. professionnel; **2.** *adv*. à titre professionnel; **~-augenmerk** *n*: *sein ~ richten auf* faire principalement attention à; **~bahnhof** *m* gare *f* centrale; **~bestandteil** *m* élément *m* principal; **~buch** *n* grand livre *m*; sommier *m*; **~darsteller(in** *f*) *m* interprète *m* (*f*) principal(e); vedette *f*; protagoniste *m*; **~-eingang** *m* entrée *f* principale; **~geschäft** *n* maison *f* mère; **~gewinn** *m* gros lot *m*; **~haar** *n* cheveux *m/pl*., chevelure *f*; **~hahn** *m* robinet *m* principal; **~kasse** *f* caisse *f* centrale.
Häuptling *m* (3^1) chef *m* de tribu.
Haupt|mahlzeit *f* repas *m* principal; **~mann** *m* (1, *pl. Hauptleute*) capitaine *m*; **~merkmal** *n* caractère *m* distinctif; **~nenner** *m* dénominateur *m* commun; **~-ort** *m* chef-lieu *m*; **~person** *f* personnage *m* principal; **~post-amt** *n* poste *f* centrale; **~punkt** *m* point *m* cardinal; **~quartier** *n* grand quartier *m* général; **~rolle** *f thé u. fig*. premier rôle *m*; *fig. a*. rôle *m* principal; **~sache** *f* essentiel *m*; principal *m*; *in der ~* au fond; (*besonders*) surtout; **2sächlich 1.** *adj*. principal; essentiel; capital; **2.** *adv. a*. surtout; avant tout; **~saison** *f* pleine (*od*. 'haute) saison *f*; **~satz** *gr. m* proposition *f* principale; **~schalter** ⚡ *m* commutateur (*od*. interrupteur) *m* principal; **~schlag-ader** *f* aorte *f*; **~schlüssel** *m* passe-partout *m*; **~schwierigkeit** *f* principale difficulté *f*; F 'hic *m*; **~sitz** *m* siège *m* principal (*od*. central); **~stadt** *f* capitale *f*; métropole *f*; **2städtisch** *adj*. métropolitain; **~straße** *f* grand-route *f*; (*in e-r Stadt*) grand-rue *f*; **~treffer** *m* gros lot *m*; **~verfahren** ⚖ *n* procédure *f* définitive; **~verhandlung** ⚖ *f* débats *m/pl*.; **~verkehrs-**

straße f rue (bzw. route) f à grand trafic; **~verkehrszeit** f heures f/pl. de pointe (od. d'affluence); **~versammlung** f assemblée f générale; **~wort** n substantif m.

Haus [haos] n (2¹) maison f; (Wohnung) logis m; domicile m; parl. Chambre f; (Familie) famille f; dynastie f; (Firma) maison f; firme f; zu ~e être à la maison (od. chez soi); viel zu ~e hocken être casanier; nach ~e rentrer à la maison (od. chez soi); j-n nach ~e bringen reconduire q. à la maison; zu ~e arbeiten travailler à domicile; ins ~ liefern livrer à domicile; aus dem ~ bringen faire sortir; j-n aus dem ~e werfen chasser q. de la maison; von ~ zu ~ gehen aller de porte en porte; bei mir zu ~e (in m-r Heimat) dans mon pays; wo sind Sie zu ~? de quel pays êtes-vous?; im ~e von (bei); von ~e aus originairement; in etw. (dat.) zu ~e sein être au fait de qch.; herzliche Grüße von ~ zu ~ bien des choses de nous tous à tous les vôtres; **~angestellte(r** m) m, f domestique m, f; **~anzug** m vêtement m d'intérieur; **~apotheke** f pharmacie f de famille; **~arbeit** f travaux m/pl. du ménage; (Schule) devoir m; **~arrest** m (haben être aux) arrêts m/pl. (à la chambre); **~arzt** m médecin m de la famille; **~aufgabe** f (Schule) devoir m; **2backen** fig. adj. terre à terre; **~bar** f bar m de salon; **~bedarf** m: für den ~ pour les besoins de la maison (od. du ménage); **~besitzer(in** f) m propriétaire m, f; **~besorger** m (7) östr. = Hauswart; **~bewohner** m habitant m; locataire m.

Häuschen ['hɔʏsçən] n (6) maisonnette f; aus dem ~ sein être dans tous ses états; (vor Freude) ne pas se sentir de joie; j-n aus dem ~ bringen mettre q. 'hors de soi-(même).

Haus|dame f gouvernante f; **~diener** m valet m, bagagiste m.

hausen F ['haozən] v/i. (27) nicher, percher; (Unwesen treiben) faire des ravages.

Häuser|block m pâté m de maisons; **~makler** m courtier m en immeubles.

Haus|flur m vestibule m; **~frau** f maîtresse f de maison; (gute) ~ (bonne) ménagère f; **~freund** m ami m de la maison; péj. sigisbée m; **~frie-**

densbruch m violation f de domicile; **~gebrauch** m: für den ~ pour l'usage m domestique; **~gehilfin** f aide f de ménage; **~gemeinschaft** f (communauté f des) habitants m/pl. d'une maison; **~genosse** m colocataire m; **~halt** m ménage m; (Staats2) budget m; **2halten** v/i.: mit etw. ~ être économe de qch.; **~hälterin** f femme f de ménage; gouvernante f; **2hälterisch** adj. ménager; économe.

Haushalts|artikel m article m de ménage; **~buch** n livre m de dépenses ménagères; **~jahr** n exercice m (od. année f) budgétaire; **~plan** parl. m budget m; **~vorstand** m chef m de famille.

Haus|haltung f tenue f d'un ménage; **~herr** m maître m de maison; (Gastgeber) hôte m; **2hoch** fig. adj. énorme; **~hund** m chien m domestique.

hausier|en [~'zi:rən] v/i.: mit etw. ~ colporter qch.; **2er** m (7) marchand m ambulant; colporteur m.

Haus|katze f chat m domestique; **~kleid** n robe f d'intérieur; **~lehrer** m précepteur m.

häuslich ['hɔʏslɪç] 1. adj. domestique; (haushälterisch) ménager; ([zu-] viel im Hause) casanier; ~e Frau femme f d'intérieur; ~es Leben vie f de famille; ~e Angelegenheit affaire f privée; 2. adv.: sich ~ niederlassen s'installer; **2keit** f intérieur m; vie f de famille; (Liebe zum Hause) goût m de la vie de famille.

Haus|macher-art cuis. f: nach ~ maison; **~mädchen** n bonne f; **~mannskost** f cuisine f bourgeoise; **~meister** m concierge m; schweiz. = Hausbesitzer; **~mittel** n recette f de bonne femme; remède m de bonne femme; **~nummer** f numéro m (de la maison); **~ordnung** f règlement m intérieur; **~personal** n personnel m; gens m/pl. de maison; **2er** m (3, o. pl.) ustensiles m/pl. de ménage; **~rat** m (3, o. pl.) ustensiles m/pl. de ménage; **~ratsversicherung** f assurance f mobilière; **~recht** n droit m du maître de maison; **~schlüssel** m clef f de la maison; **~schuhe** m/pl. pantoufles f/pl.

Hausse † ['ho:s(ə)] f (15) 'hausse f.

Haus|stand m ménage m; e-n ~ gründen fonder une famille; **~suchung** f visite f domiciliaire; bei j-m e-e ~ vornehmen faire une descente de justice chez q.; **~suchungsbefehl** 𝔱𝔥 m mandat *m* de perquisition; **~telefon** *n* téléphone *m* privé; **~tier** *n* animal *m* domestique; **~tochter** *f* aide-ménagère *f* (qui vit avec la famille); **~tür** *f* porte *f* de la maison; **~verwalter** *m* gérant *m* d'immeubles; **~wart** *m* (3) concierge *m*; **~wirt(in** *f*) *m* propriétaire (F proprio) *m*, *f*; **~wirtschaft** *f* économie *f* domestique; **2wirtschaftlich** *adj.* ménager.

Haut [haʊt] *f* (14¹) peau *f*; (*v. Obst*) pelure *f*; *die* ~ *abziehen* dépouiller; écorcher; *er ist nur* ~ *und Knochen* il n'a que la peau et les os; *aus der* ~ *fahren* être 'hors de soi'; *sich s-r* ~ *wehren* défendre sa peau; *s-e* ~ *zu Markte tragen* risquer sa peau; *mit* ~ *und Haaren* en entier; cuir et poil; **~abschürfung** *f* écorchure *f*, égratignure *f*; **⚕** excoriation *f*; **~arzt** *m* dermatologue *m*; **~ausschlag** *m* éruption *f*; eczéma *m*.

Häutchen ['hɔʏtçən] *n* (6) pellicule *f*; membrane *f*.

Hautcreme *f* crème *f* de beauté.

häuten *zo.* ['hɔʏtən] *v/rfl.* (26): *sich* ~ muer.

Haut|-entzündung *f* inflammation *f* de la peau; dermatite *f*; **~farbe** *f* teint *m*; **~jucken** *n* démangeaison *f*/*pl.*; prurit *m*; **~krankheit** *f* maladie *f* de la peau; dermatose *f*; **~krebs** **⚕** *m* cancer cutané; **~pflege** *f* hygiène *f* de la peau.

Havanna(zigarre) [ha'vana(tsiga-rə)] *f* 'havane *m*.

Havarie [hava'ri:] *f* (15) avarie *f*; ~ *erleiden* subir une avarie.

Haxe *südd.* ['haksə] *f* (15) jarret *m*.

H-Bombe ['haː:bɔmbə] *f* bombe *f* H.

he! [heː] *int.* 'hé!; 'holà!

Hebamme ['heːbamə, 'heːp'amə] *f* sage-femme *f*; accoucheuse *f*.

Hebe|baum *m* levier *m*; **~bühne** *f* plate-forme *f* élévatrice; pont *m* élévateur; **~kran** *m* grue *f*.

Hebel ['heːbəl] *m* (7) levier *m*; (*kleiner*) manette *f*; *alle* ~ *in Bewegung setzen* faire jouer tous les ressorts; **~arm** *m* bras *m* de levier.

heben ['heːbən] (30) **1.** *v/t.* lever; élever; (*an*~) soulever; (*vergrößern*) augmenter; **⚓** renflouer; (*erhöhen*) (re)hausser; F *e-n* ~ (*trinken*) lever le coude, boire un coup; **2.** *v/rfl.*: *sich* ~ (*Vorhang*) se lever; *sich e-n Bruch* ~ se donner une 'hernie.

Heber *phys.* *m* (7) siphon *m*.

Hebe|vorrichtung *f*, **~werk** *n* élévateur *m*; **~winde** *f* cric *m*.

Hebrä|er [he'brɛːər] *m* (7) Hébreu *m*; **2isch** *adj.* hébreu *m*, hébraïque *f*.

Hebung *f* relèvement *m* (*a. Niveau*); (*Vergrößerung*) augmentation *f*; (*e-s Schiffes*) renflouage *m*; *mét.* syllabe *f* accentuée.

Hechel ['hɛçəl] *f* (15) séran *m*; **2n** *v/t.* (29) sérancer.

Hecht [hɛçt] *m* (3) brochet *m*; **~sprung** *m* saut *m* de carpe.

Heck [hɛk] *n* (3) arrière *m*; **⚓** *a.* poupe *f*; **~antrieb** *m* traction *f* arrière.

Hecke ['hɛkə] *f* (15) 'haie *f*.

Hecken|rose *f* églantine *f*; **~schere** *f* sécateur *m*; **~schütze** *m* franc-tireur *m*.

Heck|licht **⚓** *n* feu *m* arrière (*od.* de poupe); **~motor** *m* moteur *m* (à l')arrière; **~scheibe** *f* glace *f* arrière.

heda! ['heːdaː] *int.* 'holà!; 'hé!

Heer [heːr] *n* (3) armée *f*; *fig.* foule *f*; (*Schwarm*) nuée *f*; **~esgruppe** *f* groupe *m* d'armées; **~esleitung** *f* 'haut commandement *m*; **~führer** *m* chef *m* d'une armée; général *m*; **~lager** *n* camp *m*; **~schar** *f*: *die himmlischen ~en* les légions *f*/*pl.* célestes; **~straße** *f* route *f* militaire.

Hefe ['heːfə] *f* (15) levain *m*; levure *f*; *fig.* lie *f*; **~kuchen** *m* gâteau *m* en pâte levée; **~teig** *m* pâte *f* levée (*od.* à levain).

Heft [hɛft] *n* (3) (*Schreib*2) cahier *m*, carnet *m*; brochure *f*; (*e-r Zeitschrift*) numéro *m*; (*Griff*) manche *f*; (*e-s Degens*) poignée *f*; *das* ~ *in der Hand haben* tenir le gouvernail.

heft|en *v/t.* (26) attacher, fixer; (*mit Klammern*) agrafer; (*nähen*) faufiler; *Buch*: brocher; *Augen*: fixer; **~** *n* (7) classeur *m*; *s. a. Heftmaschine*. **2faden** *m* faufil *m*.

heftig ['hɛftiç] *adj.* véhément; violent; impétueux; (*leidenschaftlich*) passionné; intense; (*aufbrausend*) emporté; ~ *werden* s'emporter; **2keit** *f* véhémence *f*; violence *f*; impétuosité *f*; intensité *f*.

Heft|klammer *f* agrafe *f*; **~maschine** *f* agrafeuse *f*; (*für Bücher*) brocheuse *f*; **~naht** *f* faufilure *f*; **~pflaster** *n* sparadrap *m*; emplâtre *m*; bande *f* adhésive; *englisches* ~ taffetas *m*; **~zwecke** *f* punaise *f*.

Hegemonie [hegemo'ni:] *f* (15) hégémonie *f*.

hegen ['he:gən] *v/t.* (25) protéger, garder; conserver; *j-n* ~ prendre soin de q.; ~ *und pflegen* choyer; *Hoffnung:* nourrir.

Hehl [he:l] *n:* kein ~ *aus etw. machen* ne pas se cacher de qch.; **2en** [~ɫ̩] *v/i.* (25) receler; **~er(in** *f*) *m* receleur *m*, -euse *f*; **~erei** [~'raɪ] *f* recel *m*; recèlement *m*.

hehr *poēt.* [he:r] *adj.* auguste; sublime.

Heide¹ ['haɪdə] *m* (13) païen *m*; *bibl.* ~*n pl.* gentils *m/pl.*

Heide² *f* (15) bruyère *f*; lande *f*; **~kraut** *n* bruyère *f*; **~landschaft** *f* paysage *m* de landes.

Heidelbeere *f* airelle *f*; myrtille *f*.

Heiden|-angst F *f* peur *f* bleue; F frousse *f*; **~arbeit** F *f* travail *m* énorme; F boulot *m* monstre; **~geld** *n* argent *m* fou; **~lärm** F *m* vacarme *m* infernal; **~spaß** F *m* plaisir *m* fou (*od.* inouï); **~tum** *n* (1²) paganisme *m*.

Heideröschen ['~rø:sçən] *n* petite églantine *f*.

Heid|in ['haɪdin] *f* païenne *f*; **2nisch** *adj.* païen.

heikel ['haɪkəl] *adj.* délicat; épineux.

heil [haɪl] **1.** *adj.* (*gesund*) sain et sauf; (*geheilt*) guéri; (*ganz*) intact, entier; *mit ~er Haut davonkommen* l'échapper belle; **2.** **2** *n* (3) salut *m*; ~! salut!; ~ *dem (König)!* vive le roi!; *sein* ~ *versuchen* tenter fortune.

Heiland ['haɪlant] *m* (3) Sauveur *m*.

Heil|-anstalt *f* maison *f* de santé; établissement *m* hospitalier; (*Irrenanstalt*) maison *f* d'aliénés; **~bad** *n* ville *f* d'eaux; station *f* thermale; **2bar** *adj.* guérissable; curable; **~barkeit** *f* curabilité *f*; **2bringend** *p.pr. adjt.* salutaire; **2en** (25) **1.** *v/t.* guérir; (*abhelfen*) remédier à; **2.** *v/i.* (*sn*) (se) guérir; (*Wunde*) se cicatriser; **2froh** F *adj.* très content; heureux; **~gymnastik** *f* gymnastique *f* médicale.

heilig ['haɪliç] *adj.* saint; (*geheiligt*) sacré; *die* **2** *Schrift* l'écriture *f* sainte; la Bible; *die* **2en** *Drei Könige* les Rois mages; *der* **2** *Geist* le Saint-Esprit; **2-abend** *m* veille *f* de Noël; **2e(r** *m*) *m*, *f* saint(e *f*) *m/f*; **~en** *v/t.* (25) sanctifier; (*weihen*) consacrer.

Heiligen|bild *n* image *f* de saint(e);

~geschichte *f* légende *f* des saints; **~schein** *m* auréole *f* (*a. fig.*); *peint. a.* nimbe *m*; **~schrein** *m* reliquaire *m*.

heilig|halten *v/t.* vénérer; *Sonntag:* sanctifier; **2keit** *f* sainteté *f*; **~sprechen** *v/t.* canoniser; **2sprechung** *f* canonisation *f*; **2tum** *n* sanctuaire *m*.

Heiligung *f* sanctification *f*.

Heil|kraft *f* vertu *f* curative; **2kräftig** *adj.* curatif; salutaire; **~kraut** *n* herbe *f* médicinale; **~kunde** *f* médecine *f*; thérapeutique *f*; **2los** *adj.* irrémédiable, inextricable; *ein ~es Durcheinander* un incroyable pêle-mêle; **~massage** *f* massage *m* thérapeutique; **~methode** *f* méthode *f* thérapeutique (*od.* de traitement); **~mittel** *n* remède *m*; **~pädagogik** *f* pédagogie *f* thérapeutique; **~pflanze** *f* plante *f* médicinale; **~praktiker** *m* guérisseur *m*; **~quelle** *f* source *f* médicinale; **2sam** *adj.* salutaire (*a. fig.*).

Heils-armee *f* armée *f* du salut.

Heil|serum *n* sérum *m* antitoxique; **~stätte** *f* sanatorium *m*; **~ung** *f* guérison *f*; (*e-r Wunde*) cicatrisation *f*; **~verfahren** *n* procédé *m* thérapeutique; traitement *m*; **~wirkung** *f* effet *m* thérapeutique (*od.* curatif).

Heim [haɪm] *n* (3) foyer *m*; domicile *m*; chez-soi *m*; **~arbeit** *f* travail *m* à domicile; **~arbeiter** *m* travailleur *m* à domicile.

Heimat ['haɪmɑ:t] *f* (16) pays *m* (natal); patrie *f*; *in meiner* ~ dans mon pays; *aus der* ~ *vertreiben* expatrier; *in die* ~ *zurückschicken* rapatrier; **~dichter** *m* poète *m* régionaliste (*od.* du terroir); **~dichtung** *f* littérature *f* régionaliste; **~hafen** *m* port *m* d'attache; **~kunde** *f* géographie *f* locale; **~land** *n* = *Heimat*; **2lich** *adj.* (du pays) natal; **2los** *adj.* sans domicile; sans patrie; apatride; **~ort** *m* (*stadt*) *f* lieu *m* (ville *f*) d'origine; **~vertriebene(r)** *m* expulsé *m*, expatrié *m*.

heim|begeben *v/rfl.: sich* ~ se rendre chez soi; rentrer; **~begleiten, ~bringen** *v/t.: j-n* ~ raccompagner q., reconduire q. chez soi.

Heimchen *zo.* ['~çən] *n* (6) grillon *m*.

Heim|fahrt *f* rentrée *f*; retour *m* (à la maison *resp.* au pays); **2führen** *v/t.* ramener à la maison; reconduire; *Frau:* prendre pour femme; **~gang** *fig. m* décès *m*, trépas *m*; **2gehen** *v/i.*

(sn) rentrer chez soi; *fig.* trépasser; $isch *m* du pays; natal; domestique; *(eingeboren)* indigène; *sich ~ fühlen* se sentir (comme) chez soi; *~ werden* s'acclimater; **~kehr** *f* (16) = Heimfahrt; $kehren *v/i.* (sn) rentrer; retourner; **~kehrer** *m* (7) (prisonnier *m* de guerre) rapatrié *m*; **~leiter** *m* directeur *m* d'un foyer; $leuchten *fig.* F *v/i.*: *j-m ~* envoyer promener q.

heimlich 1. *adj.* secret; caché; *mv. p.* clandestin; *(traulich)* intime; **2.** *adv. a.* à la dérobée; en cachette; en tapinois; *~ lachen* rire sous cape; *~ tun* faire des cachotteries; $keit *f* secret *m*; mystère *m*; $tuerei *f* cachotterie *f*.

Heim|reise *f* = Heimfahrt; **~sauna** *f* sauna *m* portatif; $schicken *v/t.* renvoyer (à la maison); $suchen *v/t.* affliger; frapper; *(verwüsten)* infester; *rl.* visiter; **~suchung** *f* affliction *f*; épreuve *f*; *~ Mariä* Visitation *f* de la Vierge; $tückisch *adj.* perfide; sournois; $wärts *adv.* chez soi, à la maison; vers son pays; **~weg** *m* retour *m*; *sich auf den ~ machen* se mettre en route pour rentrer; **~weh** *m* mal *m* du pays; nostalgie *f*; $zahlen *v/t.*: *j-m etw. ~* rendre la pareille à q.

Heinzelmännchen ['haɪntsəlmɛnçən] *n* (6) lutin *m*; gnome *m*.

Heirat ['haɪraːt] *f* (16) mariage *m*; $en (26) **1.** *v/t.* épouser; se marier avec; *aus Liebe (des Geldes wegen) ~* faire un mariage d'amour (d'argent); **2.** *v/i.* se marier; *(Mann a.)* prendre femme; *unter seinem Stande ~* se mésallier.

Heirats|-antrag *m* demande *f* en mariage; **~anzeige** *f* faire-part *m* de mariage; *(Ehewunsch)* annonce *f* matrimoniale; $fähig *adj.* mariable; *(Mädchen)* nubile; **~kandidat** *m* prétendant *m*; $lustig *adj.* qui a envie de se marier; **~schwindler** *m* escroc *m* en mariages; **~urkunde** *f* acte *m* de mariage; **~vermittlung** *f* agence *f* matrimoniale; **~versprechen** *n* promesse *f* de mariage.

heischen ['haɪʃən] *v/t.* (27) demander.

heiser ['haɪzər] *adj.* enroué; *(v. Natur aus)* rauque; *sich ~ schreien* s'égosiller; *~ werden* s'enrouer; $keit *f* enrouement *m*; raucité *f*.

heiß [haɪs] *adj. u. adv.* chaud; *es ist ~*

il fait chaud; *mir ist ~* j'ai chaud; *(Zone)* torride; *~e Quelle* source *f* thermale; *fig.* ardent; *da ging es ~ her* l'affaire fut chaude; *um den ~en Brei herumgehen* tourner autour du pot; **~machen**, *~ werden* chauffer; **~blütig** *adj.* chaud, ardent, passionné; *~ sein a.* avoir le sang chaud.

heißen ['haɪsən] (30) **1.** *v/t.* appeler; nommer; *j-n willkommen ~* souhaiter la bienvenue à q.; **2.** *v/i.* s'appeler; se nommer; *(bedeuten)* signifier; vouloir dire; *das heißt* c'est-à-dire; *wie heißt das auf französisch?* comment cela se dit-il en français?; *ich werde morgen kommen, das heißt, wenn ich kann* je viendrai demain, du moins si je peux; **3.** *v/imp.*: *es heißt, daß ... on dit que ...*

Heiß|hunger *m* faim *f* dévorante; fringale *f*; $hungrig *adj.* affamé *(nach de)*; $laufen ⊕ *v/i.* (sn) chauffer; **~luft** *f* air *m* chaud; **~mangel** *f* calandre *f*; **~wasserbereiter** *m* chauffe-eau *m*.

heiter ['haɪtər] *adj.* serein; *(fröhlich)* gai; joyeux; $keit *f* sérénité *f*; gaieté *f*; *(Gelächter)* hilarité *f*.

heiz|bar *adj.* qui peut être chauffé; **~en** ['haɪtsən] *v/t. u. v/i.* (27) chauffer; $er *m* (7) chauffeur *m*; $fläche *f* surface *f* de chauffe; $kessel *m* chaudière *f*; $kissen *n* coussin *m* chauffant *(électrique)*; $körper *m* radiateur *m*; $material *n* combustibles *m/pl.*; $-ofen *m* radiateur *m* électrique; $-öl *n* mazout *m*; $platte *f* plaque *f* chauffante; $schlange *f* serpentin *m* chauffant; $sonne *f* radiateur *m* électrique; $strom *m* courant *m* de chauffage; $ung *f* chauffage *m*.

Heizungs|-anlage *f* installation *f* de chauffage; **~keller** *m* chaufferie *f*; **~kosten** *pl.* frais *m/pl.* de chauffage; **~monteur** *m* monteur *m* en chauffage.

Hektar ['hɛktaːr] *n m u. n*, *~e schweiz. f* hectare *m*.

hektisch ['hɛktɪʃ] *adj.* fébrile, fiévreux.

hektographieren [hɛktografiˈfiːrən] *v/t.* hectographier.

Hektoliter ['hɛktolitər] *n, m* hectolitre *m*.

Held [hɛlt] *m* (12) 'héros *m*.

Helden|dichtung ['hɛldən-] *f* poésie *f* épique; **~epos** *n* épopée *f*; **~ge-**

dicht n poème m épique; (altfranzösisch) chanson f de geste; 2**haft** adj. héroïque; ~**lied** n = Heldengedicht; ~**mut** m héroïsme m; 2**mütig** [-my:tiç] adj. héroïque; ~**sage** f légende f héroïque; ~**tat** f action f héroïque; exploit m; ~**tenor** m fort ténor m; ~**tod** m mort f héroïque; den ~ sterben mourir au champ d'honneur; ~**tum** n héroïsme m.

Heldin f héroïne f.

helf|en ['hɛlfən] v/i. (30): j-m ~ aider q.; assister q.; secourir q.; seconder q.; ~ gegen être bon q.; (od. efficace contre); j-m bei der Arbeit ~ aider q. dans son travail; was hilft's? à quoi bon?; es hilft nichts cela ne sert à rien; es half alles nichts tout fut en vain; so wahr mir Gott helfe ainsi Dieu me soit en aide; sich zu ~ wissen savoir se débrouiller (od. se tirer d'affaire); ich werde dir ~! (drohend) attends, je saurai bien te trouver!; 2**er(in** f) m aide m, f; assistant(e f) m; 2**ershelfer(in** f) m complice m, f.

Helium ['he:ljum] n (11) hélium m.

hell [hɛl] adj. clair; (erleuchtet) éclairé; (glänzend) brillant; (Bier, Haar) blond; (Kopf) intelligent; es wird ~ le jour vient; es ist ~er Tag il fait grand jour; am ~en Tage en plein jour; bis in den ~en Tag hinein schlafen faire la grasse matinée; es bleibt lange ~ il fait jour longtemps; ~ machen faire de la lumière; ~e Augenblicke moments m/pl. de lucidité.

hell|blau adj. bleu clair; ~**blond** adj. blond clair; ~**braun** adj. brun clair; 2**dunkel** n clair-obscur m; 2**e** f clarté f; (Licht) lumière f.

Hellebarde [hɛlə'bardə] f (15) hallebarde f.

Heller ['hɛlər] m (7) denier m; liard m; sou m; keinen roten ~ haben n'avoir ni sou ni maille; alles auf ~ und Pfennig bezahlen payer jusqu'au dernier centime.

hell|farbig adj. de ton clair; de couleur claire; ~**grün** adj. vert clair; ~**hörig** adj. (Wohnung) sonore; ~ werden dresser l'oreille; ~(**l**)**icht** adj.: am ~en Tag en plein jour; 2**igkeit** f clarté f.

Hell|sehen n seconde vue f; ~**seher(in** f) m voyant(e f) m; 2**seherisch** adj. qui a la seconde vue; 2**sichtig** adj. clairvoyant; lucide; 2**wach** adj. tout à fait éveillé.

Helm [hɛlm] m (3) casque m; Arch. dôme m; coupole f.

Hemd [hɛmt] m (5) chemise f; ~**bluse** f chemisier m; ~**enknopf** m bouton m de chemise; ~**hose** f combinaison f; ~**s-ärmel** m: in ~n en bras de chemise.

Hemisphäre [hemi'sfɛ:rə] f (15) hémisphère m.

hemm|en ['hɛmən] v/t. (25) arrêter; retenir; (bremsen) freiner; entraver; (behindern) gêner; empêcher; (verlangsamen) ralentir; (verzögern) retarder; # inhiber; 2**nis** n (4¹) entrave f; (Hindernis) obstacle m; empêchement m; 2**schuh** m sabot m d'arrêt; 2**ung** f arrêt m; ralentissement m; fig. gêne f; (e-r Uhr) échappement m; ~en haben se sentir gêné; éprouver de la gêne.

hemmungslos adj. sans gêne, déchaîné; 2**igkeit** f manque m de retenue.

Hengst [hɛŋst] m (3²) cheval m entier; (bsd. Zucht2) étalon m; ~**fohlen** n poulain m (mâle).

Henkel m (7) anse f; ~**korb** m panier m à anse.

henk|en ['hɛŋkən] v/t. (25) pendre; 2**er** m (7) bourreau m; (amtlich) exécuteur m des 'hautes œuvres'; fig. F scher dich zum ~! que le diable t'emporte!; 2**erknecht** m valet m de bourreau; 2**ersmahl(zeit** f) n dernier repas m du condamné; fig. dîner m d'adieu.

Henne ['hɛnə] f (15) poule f; junge ~ poulette f.

her [he:r] adv. ici; par ici; ~ damit donnez-le-moi; nur immer ~! donnez toujours!; wo kommst du ~? d'où viens-tu? von da ~ de ce côté-là; de là; Bier ~! à boire!; hinter j-m ~ sein aux trousses de q.; hinter e-r Sache ~ sein (pour)suivre une affaire; es ist ein Jahr ~ il y a un an.

herab [hɛ'rap] adv. en bas; vers le bas; von oben ~ de 'haut; d'en 'haut (a. fig); ~**blicken** v/i. regarder en bas; auf j-n ~ regarder q. de 'haut; ~**fallen** v/i. (sn) tomber; ~**fließen** v/i. (sn) découler; ~**führen** v/t. u. v/i. conduire en bas; ~**hängen** v/i. pendre bas; ~**lassen** 1. v/t. (laisser) descendre; (senken) baisser; Vorhänge usw.: baisser; 2. v/rfl.: sich zu j-m ~ se mettre à la portée de q.; sich zu

herausreden

etw. ~ condescendre à qch.; **~las-**
send *p.pr. adjt.* condescendant; (*geringschätzig*) dédaigneux; 'hautain; **2lassung** *f* condescendance *f*; **~se-**
hen = herabblicken; **~setzen** *v/t.*
mettre plus bas; (r)abaisser (*a.*
Preis); *Preis*: réduire; diminuer;
Ruf: discréditer; déprécier; **2set-**
zung *f* abaissement *m*; (*d. Preises*)
rabais *m*; réduction *f*; (*d. Rufes*)
dépréciation *f*; **~sinken** *v/i.* (sn) descendre; **~springen** *v/i.* (sn) sauter en
bas; **~steigen** *v/i.* (sn) descendre en
masse; tomber à flots; **~stürzen** 1.
v/t. précipiter (du haut en bas); 2. *v/i.*
(sn) tomber (du haut de); **~würdi-**
gen *v/t.* dégrader; avilir; **2würdi-**
gung *f* dégradation *f*; avilissement
m.

heran [hɛˈran] *adv.* par ici; de ce côté;
nur ~! approchez!

heˈran|bilden *v/t.* former; **~bringen**
v/t. approcher; apporter; **~fahren**
v/i. (sn) (*näher*) s'approcher de;
rechts ~ serrer à droite; **~gehen** *v/i.*
(sn) s'approcher (*an* de); *fig.* (*an e-e*
Aufgabe usw.) se mettre à faire
(qch.); **~kommen** *v/i.* (sn) approcher; arriver; **~machen** *v/rfl.*: *sich*
an etw. (acc.) ~ se mettre à qch.; *sich*
an j-n ~ accoster q.; **~pirschen** =
heranschleichen; **~reichen** *v/i.* atteindre (*an acc.* à); **~rücken** 1. *v/t.* approcher; 2. *v/i.* (sn) (s')approcher;
~schleichen *v/i.* (v/rfl. *sich* ~ s')approcher tout doucement; **~treten**
v/i. (sn): *an j-n* ~ aborder q.; **~wach-**
sen *v/i.* grandir; croître; se développer; **~wagen** *v/rfl.*: *sich an etw.*
(acc.) ~ oser approcher de qch.; **~zie-**
hen *v/t.* attirer; (*aufziehen*) élever;
zum Kriegsdienst ~ enrôler.

herauf [hɛˈraʊf] *adv.* vers le haut; en
'haut; **~beschwören** *v/t.* évoquer;
Gefahr: provoquer; **~bringen** *v/t.*
monter; *j-n* ~ conduire q. en 'haut;
~führen *v/t. u. v/i.* conduire en
'haut; **~holen** *v/t.* monter; **~kom-**
men *v/i.* (sn) monter; **~schrauben**,
~setzen *v/t. Preis*: 'hausser; **~stei-**
gen *v/i.* (sn) monter; **~ziehen** 1. *v/t.*
tirer en 'haut; 2. *v/i.* (sn) (*Gewitter*)
monter; s'élever.

heraus [hɛˈraʊs] *adv.* 'hors (de); (en)
dehors; ~ *damit!* montrez (cela)!; ~
mit der Sprache! expliquez-vous!; **~**
bekommen *v/t.* parvenir à faire

sortir; *Geständnis*: arracher; (*entdecken*) découvrir; *Rätsel*: deviner;
Geld: avoir à recevoir; *Sie bekommen*
... heraus il vous revient ...; **~brin-**
gen *v/t.* porter dehors; *Wagen*
usw.: sortir; *Fleck*: enlever; *Wort*:
proférer; *Buch*: éditer; **~fallen** *v/i.*
(sn) tomber dehors; **~finden** 1. *v/t.*
découvrir; démêler; 2. *v/rfl. fig. sich*
~ se reconnaître (dans); **~fließen** *v/i.*
(sn) couler dehors.

Heˈrausforder|er *m* (7) provocateur
m; *Sp.* challenger *m*; **2n** *v/t.* provoquer; défier; *Sp.* challenger; **2nd**
p.pr. adjt. provocant; **~ung** *f* provocation *f*; défi *m*; *Sp.* challenge *m.*

Heˈrausgabe *f* remise *f*; restitution *f*;
(*e-s Buches*) publication *f*; édition *f*.

heˈraus|geben *v/t.* remettre; (*zurückerstatten*) restituer; *Geld*: rendre
(*auf acc.* sur); *Buch*: publier; faire
paraître; éditer; **2geber** *m* éditeur *m*;
~gehen *v/i.* (sn) sortir; *beim* 2 *au*
sortir de; **~greifen** *v/t.* prendre (au
hasard) (*aus parmi*); **~hängen** 1. *v/t.*
suspendre au dehors; 2. *v/i.* (*aus dem*
Fenster) pendre (par); (*aus der*
Tasche) sortir (de); **~helfen** *v/t.* aider
à sortir (de); tirer d'embarras; **~ho-**
len *v/t.* sortir de; **~kehren** *v/t.* faire
voir; **~kommen** *v/i.* (sn) sortir; *fig.*
se tirer de; (*Buch*) être publié; paraître; (*bekanntwerden*) s'ébruiter; *auf*
eins ~ revenir au même; *dabei kommt*
nichts heraus cela ne mène à rien;
~können *v/i.* pouvoir sortir; **~krie-**
gen F *v/t.* arriver à trouver; *s. a.*
herausbekommen; **~lassen** *v/t.* laisser
(*resp.* faire) sortir; *Gefangene*: relâcher; **~laufen** *v/i.* (sn) courir dehors;
sortir (en courant); **~legen** *v/t.* mettre dehors; **~lesen** *v/t.* trier; extraire;
(*aus e-m Text*) retirer de; **~locken**
v/t. attirer dehors; *ein Geheimnis aus*
j-m ~ soutirer un secret à q.; **~lösen**
v/t. éliminer; **~machen** 1. *v/t. Fleck*:
enlever; 2. *v/rfl.*: *sich* ~ se remettre;
~nehmen 1. *v/t.* retirer (*aus de*);
sortir (de); 2. *v/rfl.*: *sich etw.* ~ se
permettre qch.; **~platzen** *v/i.* (sn)
éclater; *mit etw.* ~ laisser échapper
qch.; **~pressen** *v/t.* exprimer; *Geld*,
Geständnis: arracher; *aus j-m etw.* ~
extorquer à q.; **~putzen** *v/t.*
parer; attifer; **~ragen** *v/i.* faire
saillie; *aus etw.* ~ s'élever au-dessus (*od.* dominer) qch.; **~re-**
den *v/rfl.*: *sich* ~ s'en tirer par de

belles paroles; **~reißen** v/t. arracher; *sich* ~ se tirer d'affaire; **~rücken 1.** v/t.: *Geld* ~ financer; **2.** v/i. (sn) *mit der Sprache* ~ se décider à parler; **~rufen** v/t.: *j-n* ~ crier à q. de sortir; appeler q. au dehors; **~schaffen** v/t. transporter dehors; **~schlagen** v/t. fig. tirer (*aus* de); **~schneiden** v/t. couper; découper (*aus* dans); **~springen** v/i. (sn) sauter dehors; *da springt nicht viel heraus* il n'y a pas gros à gagner; **~stellen 1.** v/t. placer dehors; (*hervorheben*) mettre en évidence; **2.** v/rfl.: *sich* (*als richtig*) ~ s'avérer (juste), se révéler (juste); **~strecken** v/t. tendre; *Zunge*: tirer; **~streichen** v/t. effacer, ôter; (*rühmen*) faire valoir; vanter; **~strömen** v/i. (sn) se répandre au dehors; sortir à flots; **~stürmen** v/i. (sn) sortir avec impétuosité; **~stürzen** v/i. (sn) se précipiter dehors; *aus dem Fenster* ~ tomber par la fenêtre; **~suchen** v/t. trier; choisier dans le tas; **~treten** v/i. (sn) sortir; **~wachsen** v/i. (sn) sortir de terre; *er ist aus s-n Kleidern herausgewachsen* ses vêtements lui deviennent trop petits; **~wagen** v/rfl.: *sich* ~ oser sortir; **~werfen** v/t. jeter dehors; **~winden** v/rfl.: *sich* ~ se tirer d'embarras; **~wirtschaften** v/t. *Gewinn*: économiser (*aus* sur); **~wollen** v/i. vouloir sortir; *mit der Sprache nicht* ~ hésiter à parler; **~ziehen** v/t. tirer (*aus* de); extraire (de).

herb [hɛrp] adj. âpre; (*Wein*) sec; fig. amer.

Herbarium [hɛrˈbaːrjum] n (9) herbier m.

herbei [hɛrˈbaɪ] adv. ici; par ici; de ce côté-ci; ~! approchez!; ~**eilen** v/i. (sn) accourir; **~führen** v/t. amener; fig. causer; **~holen** v/t. aller chercher; **~laufen** v/i. (sn) accourir; **~rufen** v/t. appeler; **~schaffen** v/t. faire venir; procurer; **~sehnen** v/t.: *j-n* (etw.) ~ désirer que q. (qch.) arrive; **~strömen** v/i. (sn) affluer; arriver en masse; **~winken** v/t.: *j-n* ~ faire signe à q. d'approcher; **~ziehen** v/t. fig. *etw. an den Haaren* ~ tirer qch. par les cheveux.

herbemühen [ˈheːrbəmyːən] **1.** v/t.: *j-n* ~ prier q. de venir; **2.** v/rfl.: *sich* ~ prendre (od. se donner) la peine de venir.

Herberge [ˈhɛrbɛrgə] f (15) (*Wirts-*

haus) auberge f; (*Unterkunft*) asile m; gîte m.

Herbergsvater m père m aubergiste.

her|bestellen v/t. mander; **~beten** v/t. réciter machinalement.

Herbheit [ˈhɛrphaɪt] f âpreté f; (*des Weins*) caractère m sec.

her|bitten v/t. prier de venir; **~blicken** v/i. regarder par ici; **~bringen** v/t. apporter ici; amener.

Herbst [hɛrpst] m (3²) automne m; **~anfang** m commencement m de l'automne; **~ferien** pl. vacances f/pl. d'automne, **2lich** adj. d'automne, automnal; **~zeitlose** ♀ f (15) colchique m.

Herd [heːrt] m (3) fourneau m, cuisinière f; fig. foyer m.

Herde [ˈheːrdə] f (15) troupeau m; **~ntier** n animal m grégaire; **~ntrieb** m instinct m grégaire (a. fig.).

herein [hɛˈraɪn] adv. (en) dedans; à l'intérieur; ~! entrez!; **~bekommen** v/t. parvenir à faire entrer; *Sender*: capter; **~bemühen** v/rfl.: *sich* ~ se donner la peine d'entrer; **~bitten** v/t.: *j-n* ~ prier q. d'entrer; **~brechen** v/i. (sn) (*Unheil*) s'abattre (*über* sur); (*Nacht*) tomber; **~bringen** v/t. apporter dans; rentrer; **~fallen** v/i. (sn) tomber dedans; fig. donner dans le panneau; **~führen** v/t. introduire; faire entrer; **~helfen** v/t. aider à entrer; **~holen** v/t. *Person*: faire entrer; *Sache*: aller chercher; **~kommen** v/i. (sn) entrer; **~lassen** v/t. laisser (*resp.* faire) entrer; **~legen** v/t.: *j-n* ~ fig. mettre q. dedans; **~platzen** v/i. (sn) fig. arriver à l'improviste; **~regnen** v/imp. pleuvoir dans; **~scheinen** v/i. (*Sonne, Licht*) pénétrer, entrer (*in* dans); **~schleichen** v/rfl.: *sich* ~ se glisser (*in acc.* dans); **~schneien 1.** v/imp. neiger dans; **2.** v/i. (sn) fig. arriver à l'improviste; tomber du ciel; **~strömen** v/i. (sn) entrer à flots (od. en foule); **~stürzen** v/i. (sn) se précipiter (*in acc.* dans; *zu j-m* chez q.); **~tragen** v/t. (ap)porter (*in acc.* dans); **~treten** v/i. (sn) entrer; **~wagen** v/rfl.: *sich* ~ oser entrer; **~winken** v/t.: *j-n* ~ faire signe à q. d'entrer.

her|fahren [ˈheːr-] v/i. (sn) venir (en voiture); *vor j-m* ~ précéder q.; *hinter j-m* ~ suivre q.; **2fahrt** f: *auf der* ~ en venant; **~fallen** v/i. (sn): *über etw.* (*j-n*) ~ tomber (od. se jeter) sur qch.

(q.); **~finden** v/i. trouver le chemin; **⁀gang** m déroulememt m (od. succcesssion f) des faits; **~geben 1.** v/t. donner; **2.** v/rfl.: sich ~ se prêter (zu à); **~gebracht** p.p. adjt. traditionnel; **~gehen** v/i. (sn): vor j-m ~ précéder q.; hinter j-m ~ suivre q.; neben j-m ~ marcher à côté de q.; **~gelaufen** p.p. adjt. venu on ne sait d'où; **~halten 1.** v/t. tendre; **2.** v/i.: ~ müssen être le souffre-douleur; **~holen** v/t. aller chercher; **~hören** v/i. écouter.

Hering ['heːrɪŋ] m (3¹) 'hareng m (gesalzener salé; geräucherter saur, fumé; grüner frais); (Zelt⁀) piquet m; **Herings|fang** m pêche de hareng; **~salat** m salade f de hareng.

her|jagen v/t.: j-n vor sich ~ chasser q. devant soi; **~kommen** v/i. (sn) venir (von de); (abstammen) provenir (de); (sich ableiten) dériver (de); (hervorgehen) résulter (de); **~kömmlich** ['ˈkœmlɪç] adj. traditionnel.

Herkunft ['ˈkʊnft] f (14¹) origine f; provenance f (a. ✝); **~sland** n pays m de provenance (od. d'origine).

her|laufen v/i. (sn): accourir; hinter j-m ~ courir derrière q.; **~leiten** v/t. fig. dériver (von de); **~machen** v/rfl.: sich über etw. ~ se jeter sur qch.

Hermelin [hɛrməˈliːn] n (3¹) hermine f.

hermetisch [hɛrˈmeːtɪʃ] adj. hermétique.

hernach [hɛrˈnaːx] adv. après; puis; ensuite.

hernieder [hɛrˈniːdər] adv. en bas.

Heroin [heroˈiːn] n (3¹, o.pl.) héroïne f; diamorphine f.

heroisch [heˈroːɪʃ] adj. héroïque; **⁀s- mus** [~roˈɪsmʊs] m héroïsme m.

Herold ['heːrɔlt] m (3) 'héraut m.

herplappern v/t. débiter (od. réciter) machinalement.

Herr [hɛr] m (12²) monsieur m; (Gebieter) maître m; (vornehmer) seigneur m; (e-s Geschäfts) chef m; patron m; (e-s Landes) souverain m; (Titel u. mein ~) monsieur m (abr. M.,), (m-e) ~en pl. messieurs m/pl. (abr. MM.); sehr geehrter ~ ... Monsieur; gnädiger ~ monseigneur m; ~ Graf monsieur le comte; ~ Hauptmann (mon) capitaine; rl. der ~ le Seigneur; ~ des Hauses maître m de la maison; ~ im Hause sein être maître chez soi; sein eigener ~ sein être son propre maître; ~ sein über être maître

de; ~ über Leben und Tod sein avoir droit de vie et de mort; aus aller ~en Ländern de tous les coins du monde.

Herrchen F ['hɛrçən] n (6) (e-s Hundes) maître m.

Herren|anzug m complet m; **~arti- kel** m/pl. articles m/pl. pour hommes; **~begleitung** f: in ~ en compagnie d'un homme; **~doppel** Sp. n double m messieurs; **~einzel** Sp. n single m messieurs; **~(fahr)rad** n bicyclette f d'homme; **~haus** n manoir m; **~kleidung** f vêtements m/pl. d'hommes; **~konfektion** f confection f masculine; **⁀los** adj. sans maître; abandonné; ~es Gut épave f; **~moden** f/pl. modes f/pl. masculines; **~schneider** m tailleur m pour hommes; **~zimmer** n bureau-fumoir m.

Herrgott m (1¹ u. ²) Dieu m; Seigneur m; **~sfrühe** f: in aller ~ de grand matin.

herrichten ['heːrɪçtən] v/t. préparer.

Herrin f maîtresse f; (e-s Geschäfts) patronne f; (e-s Landes) souveraine f.

herrisch ['hɛrɪʃ] adj. autoritaire, impérieux; **~lich 1.** adj. magnifique; (köstlich) délicieux; (glänzend) splendide; **2.** adv.: ~ und in Freuden leben mener joyeuse vie; **⁀lichkeit** f magnificence f; splendeur f; **⁀schaft** f domination f; empire m; (Macht) pouvoir m; (Regierungszeit) règne m; (höchste Gewalt) souveraineté f; (Besitz) domaine m; die ~en (v. Dienstboten) monsieur et madame; meine ~en! mesdames et messieurs!; die ~ über sein Fahrzeug verlieren perdre le contrôle de son véhicule; **~schaft- lich** adj. seigneurial.

herrsch|en ['hɛrʃən] v/i. (27) dominer (über sur); (Monarch u. fig.) régner (sur); **~end** p.pr. adjt. (vor~) régnant, (pré)dominant; (Mode usw.) en vogue; **⁀er** m (7) souverain m; **⁀erhaus** n dynastie f régnante; **⁀erin** f souveraine f; **⁀sucht** f despotisme m; esprit m autoritaire; **~süch- tig** adj. despotique; autoritaire; impérieux.

her|rufen v/t. appeler; **~rühren** v/i. provenir (von de); **~sagen** v/t. réciter; **~sehen** v/i. regarder par ici (od. de ce côté-ci); **~stammen** v/i. descendre (von de); provenir (de); (Wort) dériver (de).

herstell|en v/t. faire, fabriquer, produire; *Text:* restituer; (*wieder~*) rétablir; remettre; **2er** *m* (7) fabricant *m*; producteur *m*; **2erland** *n* pays *m* producteur; **2ung** *f* fabrication *f*; (*Wieder2*) rétablissement *m*; **2ungspreis** *m* frais *m/pl.* de fabrication; prix *m* de revient; **2ungsverfahren** *n* procédé *m* de fabrication.

herüber [hɛˈryːbər] *adv.* de ce côté-ci; en deçà; **~geben, ~reichen** v/t. passer.

herum [hɛˈrʊm] *adv.* autour de; *rings* ~ tout autour; *die Reihe* ~ chacun à son tour; *hier* ~ par ici; dans ces alentours; *dort* ~ (quelque part) par là; (*vorbei, abgelaufen*) écoulé.

he'rum|balgen v/rfl.: *sich* ~ se chamailler; **~blättern** v/i.: *in e-m Buch* ~ feuilleter un livre; **~brüllen** P ~ gueuler; **~drehen 1.** v/t. tourner; *e-m die Worte im Munde* ~ dénaturer le sens des paroles de q.; **2.** v/rfl.: *sich* ~ se retourner; faire volte-face; **~fahren 1.** v/i. (sn): ~ *um* faire le tour de; (*um die Straßenecke*) tourner; (*ziellos*) aller çà et là (en voiture, *etc.*); **2.** v/t.: *j-n* ~ promener q. (en voiture, *etc.*); **~fragen** v/i. interroger à la ronde; *überall* ~ faire le tour de tous côtés; **~fuchteln** F v/i. (*mit e-m Gegenstand*) agiter qch. (*vor j-s Nase* sous le nez de q.); *mit den Händen in der Luft* ~ gesticuler; **~führen** v/t. (*ziellos*) conduire çà et là; *um etw.* ~ conduire autour de; *j-n in der Stadt* ~ piloter q. dans la ville; **~gehen** v/i. (sn) circuler; (*ziellos*) aller çà et là; ~ *um* faire le tour de; **~horchen** v/i. écouter partout; **~irren** v/i. (sn) errer (*in der Stadt* dans la ville); **~kommen** v/i. (sn): *um* die *Ecke* ~ tourner le coin; *er ist weit herumgekommen* il a beaucoup voyagé; (*um e-e Arbeit, e-e Strafe*) réussir à éviter qch.; **~kramen** v/i. fouiller (*in dat.* dans); fureter (dans); **~kriegen** F v/t. *Zeit:* passer, tuer; *j-n* ~ faire changer d. d'avis; **~laufen** v/i. (sn) (*ziellos*) courir çà et là; *um etw.* ~ courir autour de qch.; *müßig* ~ flâner; **~liegen** v/i. traîner; **~reichen** v/t. (faire) passer; faire circuler; **~reisen** v/i. (sn): *in der Welt* ~ courir le monde; *in e-m Lande* ~ parcourir un pays; **~reiten** v/i. (sn) se promener à cheval; *fig.* F: *auf etw.* ~ être à cheval (*od.* insister) sur qch.; ~

~schlagen v/rfl.: *sich mit etw.* ~ se bataviller avec qch.; **~schlendern** v/i. (sn) flâner; **~schleppen** v/t.: *mit sich* ~ traîner avec soi; F trimbal(l)er; **~schnüffeln** v/i. fureter (*od.* mettre son nez) partout; **~sitzen** v/i.: ~ *um* être assis autour de; *müßig* ~ être désœuvré; **~sprechen** v/i.: *sich* ~ se divulguer; **~stehen** v/i.: ~ *um* faire le cercle autour de; *müßig* ~ badauder; **~stöbern** v/i. (29) fouiller (*in dat.* dans); **~streifen** v/i. (sn) rôder; flâner; **~streiten** v/rfl.: *sich* ~ se disputer; **~tanzen** v/i. (sn): *j-m auf der Nase* ~ se moquer de q.; **~treiben** v/rfl.: *sich* ~ rôder; *sich in Cafés* ~ courir les cafés; **2treiber(in** *f*) *m* rôdeur *m*, -euse *f*; **~wühlen** = *herumkramen*; **~zanken** = *herumstreiten*; **~ziehen 1.** v/i. (sn) rôder; errer çà et là; ~ *um* tracer autour de; **2.** v/rfl.: *sich* ~ s'étendre autour de; faire le tour de; **~ziehend** p.pr. adj. ambulant; *mv.p.* vagabond.

herunter [hɛˈrʊntər] *adv.* en bas; à bas; ~! descendez!; **~bringen** v/t.: *etw.* ~ descendre qch.; **~bringen** v/i. (sn) tomber (par terre); **~hauen** v/t.: *j-m e-e* ~ donner une gifle à q.; **~klappen** v/t. rabattre; **~kommen** v/i. (sn) descendre; *fig.* déchoir; tomber bien bas; **~lassen** v/t. (faire) descendre; *Vorhang, Verdeck:* baisser; *etw. vom Preis* ~ rabattre qch. du prix; **~machen** v/t. rabattre; *fig.* chapitrer; (*herabwürdigen*) déprécier; **~nehmen** v/t. descendre; **~purzeln** v/i. (sn) dégringoler; **~reißen** v/t. arracher; *fig.* vilipender; **~schlagen** v/t. rabattre; *Verdeck:* baisser; **~schlucken** v/t. avaler; **~werfen** v/t. jeter (en) bas; **~wirtschaften** v/t. (*Betrieb usw.*) couler, ruiner; **~ziehen** v/t. tirer en bas; mettre plus bas.

hervor [hɛrˈfoːr] *adv.* en avant; (au) dehors; **~brechen** v/i. (sn) s'échapper; s'élancer; *fig.* éclater; **~bringen** v/t. produire; faire naître; créer; *Ton, Wort:* proférer; *Eindruck:* causer; **~gehen** v/i. (sn) sortir; naître; résulter (*aus* de); **~heben** v/t. *fig.* faire ressortir; souligner; mettre en évidence (*od.* en relief); **~holen** v/t. tirer (*aus* de); **~kommen** v/i. (sn) sortir; (*durchbrechen*) percer; **~locken** v/t. attirer; **~quellen** v/i. (sn) sourdre; jaillir; **~ragen** v/i. faire sail-

herzzerreißend

lie; saillir; avancer; *aus etw.* ~ émerger de qch.; ~ *über (acc.)* dépasser *(acc.)*; *fig.* se distinguer; **~ragend** *p.pr. adjt.* saillant; *fig. a.* éminent; **~rufen** *v/t.* appeler; *thé.* rappeler; *fig.* faire naître; susciter; provoquer; **~schießen** *v/i.* (sn) s'élancer; **~springen** *v/i.* (sn) sauter en avant; s'élancer; *(hervorragen)* faire saillie; **~sprudeln** *v/i.* (sn) jaillir; **~stechen** *v/i. fig.* se faire remarquer; se distinguer; **~stechend** *p.pr. adjt.* saillant; éminent; **~stehen** *p.pr. adjt.* *(Zähne)* qui s'avancent; *(Augen)* saillant; *Arch.* qui fait saillie; **~treten** *v/i.* (sn) ressortir; se marquer nettement; *fig.* se distinguer; **~tun** *v/rfl.:* sich ~ se distinguer; **~wagen** *v/rfl.:* sich ~ oser s'avancer; **~zaubern** *v/t.* faire apparaître comme par enchantement; **~ziehen** *v/t.* tirer *(aus de; unter dat.* de dessous).

her|wagen ['heːrvaːgən] *v/rfl.:* sich ~ oser venir; **~weg** *m:* auf dem ~ (en) venant (ici).

Herz [hɛrts] *n* (12²) cœur *m (a. Spielkarte)*; *(Mut a.)* courage *m; (Gemüt a.)* âme *f*; sich ein ~ fassen prendre courage; *ein gutes* ~ haben avoir du cœur; *das* ~ *auf dem rechten Fleck haben* avoir le cœur bien placé; *j-m sein* ~ *ausschütten* s'ouvrir à q.; *das* ~ *auf der Zunge haben* parler à cœur ouvert; *sie sind ein* ~ *und e-e Seele* ils sont deux têtes sous un bonnet; *das bricht ihm das* ~ cela lui fend (*od.* brise) le cœur; *das macht ihm das* ~ *schwer* cela lui pèse sur le cœur; *das liegt mir am* ~en j'ai cela à cœur; *das ist ihm ans* ~ *gewachsen* cela lui tient au cœur; *j-m etw. ans* ~ *legen* recommander chaudement qch. à q.; *j-n ans* ~ *drücken* presser q. sur son cœur (*od.* sein); *etw. auf dem* ~en *haben* avoir qch. sur le cœur; *j-n in sein* ~ *geschlossen haben* porter q. dans son cœur; *du weißt nicht, wie mir ums* ~ *ist* tu ne sais les sentiments que j'éprouve; *etw. nicht übers* ~ *bringen* ne pas avoir le cœur (*od.* le courage) de faire qch.; *von* ~*em gern* de bon cœur; *von ganzem* ~en de tout (mon) cœur; *zu* ~en *gehen* aller droit au cœur; *sich etw. zu* ~en *nehmen* prendre qch. à cœur.

Herz|-anfall *m* crise *f* cardiaque; **~beklemmung** *f* serrement *m* de cœur; **~beschwerde** *f* trouble *m* car-

diaque; **~beutel** *m* péricarde *m*; **2bewegend** *p.pr. adjt.* émouvant, touchant; **~blatt** ♀ *n* feuille *f* centrale; *fig.* chéri(e *f*) *m*; **~bube** *m (Spielkarte)* valet *m* de cœur; **~chirurgie** *f* chirurgie *f* cardiaque; **~eleid** *n* crève-cœur *m*; **2en** *v/t.* (27) presser sur son cœur; caresser.

Herzens|-angelegenheit *f* affaire *f* de cœur; **~angst** *f* angoisse *f*; **~brecher** *m* (7) bourreau *m* des cœurs; **2gut** *adj.* très bon; **~güte** *f* bonté *f* de cœur; **~lust** *f:* nach ~ à cœur joie; **~wunsch** *m* désir *m* profond.

herz|-erfrischend *p.pr. adjt.* délectable; **~ergreifend** *p.pr. adjt.* saisissant, touchant; **2-erweiterung** *f* hypertrophie *f* du cœur; **2fehler** *m* déficience *f* cardiaque; **~förmig** *adj.* en forme de cœur; **~haft 1.** *adj.* *(Speise)* savoureux; **2.** *adv.:* ~ *lachen* rire de bon cœur.

herzziehen ['hɛːrtsiːən] *v/i.* (sn) venir s'établir ici; *über j-n* ~ dire du mal de q.

herzig *adj.* mignon, gentil; charmant; **Herz|-infarkt** *m* infarctus *m* du myocarde; **~kammer** *f* ventricule *m*; **~klappe** *f* valvule *f* (du cœur); **~klappenfehler** *m* affection *f* valvulaire; **~klopfen** *n* battement(s *pl.*) *m* du cœur; ✚ tachycardie *f*; **2krank** *adj.* cardiaque; **~kranzgefäße** *n/pl.* vaisseaux *m/pl.* coronaires; **~leiden** *n* affection *f* cardiaque.

herzlich 1. *adj.* cordial; *(liebevoll)* affectueux; **2.** *adv.:* ~ *gern* très volontiers; **2keit** *f* cordialité *f*.

herz|los *adj.* sans cœur; insensible; dur; **2losigkeit** *f* insensibilité *f*; dureté *f*; **2muskel** *m* myocarde *m*.

Herzog|(in *f)* ['hɛrtsoːk(-oːgin)] *m* (3[³]) *m* duc *m*, duchesse *f*; **2lich** *adj.* ducal; **~tum** *n* (1²) duché *m*.

Herz|schlag *m* attaque *f* (F coup *m*) d'apoplexie *f*; *(Schlagen)* battement *m* du cœur; **~schrittmacher** *m* stimulateur *m* cardiaque (*od.* électrique du cœur), pacemaker *m*; **~schwäche** *f* insuffisance *f* cardiaque; **~spezialist** *m* cardiologue *m*; **2stärkend** *p.pr. adjt.* cardiaque, cordial, réconfortant; **~tätigkeit** *f* fonctionnement *m* du cœur; **~töne** *m/pl.* bruits *m/pl.* du cœur; **~verfettung** *f* dégénérescence *f* graisseuse du cœur; **~verpflanzung** *f* greffe *f* du cœur; **2zerreißend** *p.pr. adjt.* navrant.

Hess|e ['hɛsə] m (13), **~in** f 'Hessois(e f) m; **2isch** adj. 'hessois.

Hetz|-artikel ['hɛts-] m article m de provocation; **~blatt** n journal m incendiaire; **~e** f (15) (Eile) précipitation f; fig. campagne f (menée contre); **2en** ['hɛtsən] 1. v/t. Hunde: lâcher (auf acc. sur); Wild: chasser; (verfolgen) poursuivre; persécuter; traquer; ein Tier zu Tode ~ forcer un animal; 2. v/i.: gegen j-n ~ tenir des propos incendiaires contre q.; **~e'rei** f 'hâte f (continuelle); (gegen j-n) propos m/pl. incendiaires (contre); **~jagd** f chasse f à courre; **~rede** f discours m incendiaire.

Heu [hɔy] n (3) foin m; **~boden** m, **~bühne** schweiz. f grenier à foin; fenil m.

Heuchel|ei [hɔyçə'laɪ] f (16) hypocrisie f; (Verstellung) feinte f; dissimulation f; **2n** ['hɔyçəln] v/t. (29) feindre, affecter, faire semblant de.

Heuchler m (7) hypocrite m; **2isch** adj. hypocrite; feint.

heuen ['hɔyən] v/i. (25) faner.

heuer ['hɔyər] adv. cette année.

Heuer ⚓ ['hɔyər] f (15) paie f; salaire m; **2ern** v/t. Schiff: affréter; Matrosen: engager.

Heu|-ernte f fenaison f; **~gabel** f fourche f à faner; **~haufen** m meule f de foin.

heulen 1. v/i. (25) 'hurler; F (weinen) pleurnicher; (Wind) mugir; 2. **2** n (6) hurlement(s pl.) m; F (Weinen) pleurnicheries f/pl.; (des Windes) mugissement(s pl.) m.

heurig ['hɔyriç] adj. de cette année; **2e(r)** m (Wein) vin m nouveau (od. de l'année).

Heu|schnupfen m rhume m des foins; **~schober** m meule f de foin; **~schrecke** f (15) sauterelle f.

heut|e ['hɔytə] adv. aujourd'hui; ~ morgen (abend) ce matin (soir); ~ mittag (aujourd'hui) à midi, ce midi; ~ in acht Tagen (d')aujourd'hui en 'huit; ~ vor acht Tagen il y a 'huit jours; noch ~, ~ noch aujourd'hui même; bis ~ aujourd'hui; bis ~ jusqu'(à) aujourd'hui; bis ~ abend! à ce soir!; **~ig** adj. d'aujourd'hui; am ~en Tage aujourd'hui; **~zutage** adv. de nos jours, aujourd'hui, actuellement.

Heu|wagen m chariot m de (resp. à) foin; **~wender** m faneuse f.

Hex|e ['hɛksə] f (15) sorcière f; (Schimpfwort) mégère f; **2en** v/i. être sorcier; user de sortilèges; **~en-kessel** m fig. chaudière f bouillante; **~enmeister** m sorcier m; **~enschuß** 🎗 m lumbago m; **~e'rei** f sorcellerie f; magie f.

hieb [hi:p] s. hauen.

Hieb [hi:p] m (3) coup m; j-m e-n ~ versetzen porter un coup à q.; der ~ hat gesessen (ist fehlgegangen) le coup a porté (a manqué); es hat ~e gesetzt on a échangé des coups; **2- und stichfest** adj. invulnérable; (Beweis usw.) solide.

hielt [hi:lt] s. halten.

hier [hi:r] adv. ici; (bei Namensaufruf) ~! présent!; (auf Briefen) in ville; ~ ist (sind) ... voici; ~ bin ich me voici; ~ und da çà et là; ~ herum, ~ entlang par ici; von ~ an à partir d'ici; ~ auf Erden en ce bas monde; ~ ruht ci-gît; ici repose; **~an** adv. par là.

Hierarch|ie [hierar'çi:] f (15) 'hiérarchie f; **2isch** [~'rarçi] adj. 'hiérarchique.

hier|auf adv. là-dessus; (zeitlich a.) après cela; **~aus** adv. de ceci; de là; **~bei** adv. à ce sujet; (zeitlich) en même temps; (beigeschlossen) ci-joint; (ein-inclus; (~angenexé); **~bleiben** v/i. (sn) rester ici; par ici; fig. fig. par ce moyen; par là; **~für** adv. pour cela; **~gegen** adv. contre cela; là-contre; **~her** adv. ici; par ici; de ce côté-ci; **~herum** adv. en ces parages; **~hin** adv. par ici; ~ und dorthin par là; **~in** adv. là-dedans; en cela; **~mit** adv. avec cela; ~ bescheinige ich ... par la présente je certifie ...; **~nach** adv. après cela; là-dessus; **~neben** adv. près d'ici.

Hieroglyphe [hiero'gly:fə] f (15) hiéroglyphe m.

Hier|sein n présence f; **2sein** v/i. (sn) être ici, être là, être présent; **2über** adv. là-dessus; à ce sujet; (Richtung) par ici; de ce côté-ci; **2unter** adv. là-dessous; ~ verstehen entendre par là; (worunter) ci-dessus; **2zu** adv. à cela; **2zulande** adv. en (od. dans) ce pays-ci; chez nous.

hiesig ['hi:ziç] adj. d'ici; de cet endroit.

hieß [hi:s] s. heißen.

Hifthorn ['hift-] n cor m de chasse.

Hilfe ['hilfə] f (15) aide f; assistance f;

(Rettung) secours *m;* Erste~ premiers soins *m/pl.; (zu)* ~! au secours!; *mit* ~ *von* à *(e-r Person:* avec:) l'aide de; *um* ~ *rufen* crier *(od.* appeler) au secours; *j-n um* ~ *bitten* demander du secours à q.; *j-m zu* ~ *kommen (eilen)* venir (accourir) au secours de q.; ~ *bringen* porter secours; *j-m* ~ *leisten* secourir q.; 2**flehend** *p.pr.adj.* implorant du secours; **~leistung** *f* aide *f;* assistance *f;* secours *m;* 🕀 *unterlassene* ~ non-assistance *f* à personne en danger; **~ruf** *m* appel *m* au secours; cri *m* de détresse.

hilf|los *adj.* désarmé, délaissé; privé de secours; abandonné; *(Kranker)* impotent; 2**losigkeit** *f* abandon *m;* détresse *f; (e-s Kranken)* impotence *f;* **~reich** *adj.* secourable; serviable.

Hilfs|aktion *f* secours *m/pl. (für* pour, à); *e-e* ~ *einleiten* organiser des secours; **~arbeiter** *m* manœuvre *m;* 2**bedürftig** *adj.* nécessiteux; indigent; 2**bereit** *adj.* secourable; serviable; **~bereitschaft** *f* serviabilité *f;* **~dienst** *m* service *m* auxiliaire; **~kraft** *(Person)* aide *m,f;* **~lehrer** *m* instituteur *m* adjoint; *(an höheren Schulen)* professeur *m* adjoint; **~linie** 🕂 *f* ligne *f* auxiliaire; **~mittel** *n* moyen *m;* ressource *f;* **~motor** *m* moteur *m* auxiliaire; **~quelle** *f* ressource *f;* **~schule** *f* école *f* pour enfants arriérés; **~truppen** *f/pl.* troupes *f/pl.* auxiliaires; **~verb** *n* (verbe *m)* auxiliaire *m;* **~werk** *n* œuvre *f* d'assistance; **~zug** *m* train *m* de secours.

Himbeer|e [ˈhimbeːrə] *f* (15) framboise *f;* **~saft** *m* jus *m* de framboises; **~strauch** *m* framboisier *m.*

Himmel [ˈhiməl] *m* (7) ciel *m;* unter freiem ~ en plein air; ~ *und Erde in Bewegung setzen* remuer ciel et terre; *zwischen* ~ *und Erde* schweben être suspendu entre ciel et terre; *um* ~ *willen* au nom du ciel; *in den* ~ *kommen* aller au (gagner le) ciel; *in den* ~ *heben* porter aux nues; *das schreit zum* ~ c'est révoltant; 2**angst** *f adj.:* mir ist ~ j'ai une peur du diable; **~bett** *n* lit *m* à baldaquin; 2**blau** *adj.* bleu (de) ciel, bleu d'azur; **~fahrt** *f: (Christi)* ~ l'Ascension *f;* Mariä ~ l'Assomption *f;* **~reich** *n* royaume *m* des cieux; 2**schreiend** *adj.* révoltant; qui crie vengeance.

Himmels|erscheinung *f* météore

m; rl. vision *f* céleste; **~gegend** *f* région *f* du ciel; *s. a.* Himmelsrichtung; **~gewölbe** *n* voûte *f* céleste; firmament *m;* **~körper** *m* corps *m* céleste; **~kunde** *f* astronomie *f;* **~richtung** *f* point *m* cardinal; **~schlüssel** 🕀 *m* primevère *f;* **~strich** *m* zone *f;* **~zelt** *n* voûte *f* céleste.

himmel|wärts [ˈ~vɛrts] *adv.* vers le ciel; **~weit** *adj.:* ein ~er Unterschied une différence énorme.

himmlisch *adj.* céleste; *fig.* angélique.

hin [hin] *adv. (örtlich)* là; y; *nach Norden* ~ vers le nord; ~ *und her* çà et là; de côté et d'autre; ~ *und her gehen* aller et venir; *das* 2 *und Her* le va-et-vient; ~ *und zurück* aller et retour; *(zeitlich)* ~ *und wieder* de temps en temps; de temps à autre; *das ist noch lange* ~ c'est encore bien loin; ~ *sein (verflossen)* être passé; *fig.* er ist ~ *(verloren)* c'en est fait de lui; ~ *sein* vor ne plus se tenir de.

hinab [hiˈnap] *adv.* en bas; en descendant; *den Fluß* ~ en aval; **~fahren, ~gehen, ~steigen** *v/i.* (sn) descendre.

hinan [hiˈnan] *adv.* = hinauf.

hin|arbeiten *v/i.: auf etw. (acc.)* ~ viser à qch.

hinauf [hiˈnaʊf] *adv.* vers le haut; en montant; *den Fluß* ~ en amont; **~arbeiten** *v/rfl.:* sich ~ parvenir à force de travail; **~begeben** *v/rfl.:* sich ~ monter; se rendre en 'haut; **~bringen** *v/t.,* **~fahren** *v/t. u. v/i.* (sn), **~gehen** *v/i.* (sn), **~laufen** *v/i.* (sn) monter; **~reichen 1.** *v/t.* tendre en 'haut; **2.** *v/i.* atteindre *(bis an acc.* jusqu'à); **~setzen** *v/t. Preis, Miete:* majorer, augmenter; **~steigen** *v/i.* (sn), **~tragen** *v/t.* monter; **~treiben** *v/t.* faire monter; *Preis:* (faire) 'hausser.

hinaus [hiˈnaʊs] *adv.* (vers le) dehors; ~! sortez!; *zum Fenster* ~ par la fenêtre; *auf Monate* ~ pour plusieurs mois; *über etw. (acc.)* ~ sein avoir dépassé qch.; **~begleiten** *v/t.: j-n* ~ reconduire q., accompagner q. qui sort; **~gehen** *v/i.* (sn) sortir; ~ *auf (acc.) (Fenster)* donner sur; ~ *über (acc.)* dépasser; **~jagen** *v/t.* chasser dehors; **~laufen** *v/i.* (sn) sortir en courant; *auf etw. (acc.)* ~ aboutir à qch.; *auf eins* ~ revenir au même; **~lehnen** *v/rfl.:* sich ~ se pencher au dehors; **~ragen** v/i.: über j-n (etw.) ~ dépasser q. (qch.); **~schicken** v/t.: j-n ~ faire sortir q.; **~schieben** v/t.: etw. ~ repousser (od. différer) q.; **~schleichen** v/rfl.: sich ~ se glisser dehors; **~schmeißen** F = hinauswerfen; **~werfen** v/t. jeter dehors; zur Tür ~ mettre à la porte, F flanquer dehors; zum Fenster ~ jeter par la fenêtre; **~wollen** v/i. vouloir sortir; fig. viser (auf à); worauf willst du hinaus? où veux-tu en venir?; hoch ~ avoir de hautes visées; **~ziehen 1.** v/t. tirer (od. traîner) dehors; **2.** v/i. (sn) sortir; **3.** v/rfl.: sich ~ traîner en longueur.

hin|begeben v/rfl.: sich ~ se rendre (nach à resp. dans; zu à resp. chez); **2blick** m: im ~ auf (acc.) en considération de; eu égard à; **~bringen** v/t. porter (à); (hinführen) conduire (à).

hinder|lich ['hindərliç] adj. embarrassant; gênant; **~n** ['hindərn] v/t. (29) empêcher (an etw.; daran, etw. zu tun de faire qch.); (hemmen) entraver; (stören) embarrasser; gêner; **2-nis** n (4¹) empêchement m; obstacle m; **2nisrennen** n course f d'obstacles; steeple-chase m; **2ungsgrund** m (cause f od. motif m d')empêchement m.

hindeuten v/i.: auf etw. (acc.) ~ désigner (od. montrer) qch.; fig. donner à entendre qch.

Hindu m (11[¹]) Hindou m.

hin'durch adv. à travers; au travers de; (zeitlich) pendant; durant; **~gehen** v/i. (sn): durch etw. ~ traverser qch., passer par qch.

hinein [hi'naɪn] adv. dans; en dedans; à l'intérieur de; **~arbeiten** v/t. faire entrer; **~begeben** v/rfl.: sich ~ entrer; se rendre à l'intérieur de; **~denken** v/rfl.: sich in e-e Rolle ~ entrer dans un rôle; sich in j-s Lage ~ se mettre à la place de q.; **~fahren 1.** v/t. rentrer (in dans); **2.** v/i. (sn) entrer (in dans); **~finden** v/rfl.: sich in etw. (acc.) ~ se faire à qch.; **~gehen** v/i.(sn) entrer (in dans); **~geraten** v/i. (sn): in etw. (acc.) ~ tomber dans qch.; **~lassen** v/t. laisser (bzw. faire) entrer; **~leben** v/i.: in den Tag ~ vivre au jour le jour; **~mischen** v/rfl.: sich ~ in (acc.) se mêler de; **~reden** v/i.: in etw. ~ se mêler de qch.; **~schreiben** v/t. écrire dans; **~stecken** v/t. mettre (od. fourrer) dedans (in etw. acc. dans qch.); Geld: engager (dans); **~treiben** v/t. faire entrer (de force); Nagel: enfoncer; **~tun** v/t. mettre dedans (in etw. acc. dans qch.); **~wagen** v/rfl.: sich ~ oser entrer; **~ziehen** v/t.: in etw. (acc.) ~ entraîner dans qch., fig. englober dans qch.; in etw. (acc.) ~ impliquer q.; **~zwängen** v/t. faire entrer de force.

hin|fahren 1. v/i. (sn) aller (od. se rendre) (en voiture, etc.) (zu à resp. chez); fig. s'en aller; partir; mit der Hand über etw. (acc.) ~ passer la main sur qch.; **2.** v/t. conduire (en voiture, etc.); Lasten: charrier; **Sfahrt** f aller m; auf der ~ à l'aller; **~fallen** v/i. (sn) tomber par terre; **Sfällig** adj. (ungültig) annulé, nul; ⟪ a. caduc; (gebrechlich) caduc; **Sfälligkeit** f caducité f; **~finden** v/i. trouver son chemin; à l'avenir; **~führen** v/t. conduire (zu à resp. vers resp. chez).

hing [hɪŋ] s. hängen.

Hin|gabe f don m de soi; (Ergebenheit) dévouement m; **Sgeben 1.** v/t. donner; (überlassen) livrer; (preisgeben) abandonner; **2.** v/rfl.: sich ~ s'adonner (à); se consacrer (à); se (dé)vouer (à); **~gebung** f dévouement m; **Sgebungsvoll** adj. dévoué.

hin'gegen adv. au contraire; par contre.

hin|gehen v/i. (sn) aller (od. se rendre) (zu à resp. chez); so vor sich hingehen aller au 'hasard; aller droit devant soi; über etw. (acc.) ~ passer sur qch.; j-m etw. ~ lassen passer qch. à q.; (Zeit) passer; (sterben) décéder; **~gehören** v/i. être à sa place; **~geraten** v/i. (sn) tomber; **~halten** v/t. tendre; présenter; (verzögern) faire traîner; mit Versprechungen ~ payer de promesses; j-n ~ F lanterner q.; **~hören** v/i. écouter; dresser l'oreille; nur mit e-m Ohr ~ n'écouter que d'une oreille.

hinken ['hɪŋkən] v/i. boiter (auf e-m Fuß d'un pied); être boiteux; bsd. fig. clocher; **~d** p.pr. adjt. boiteux.

hin|knien v/i. (sn) (v/rfl. sich ~) s'agenouiller; se mettre à genoux; **~kommen** v/i. (sn) venir, arriver (zu à, chez); (Gegenstand) passer; **~länglich** adj. suffisant; **~legen 1.** v/t. mettre; poser; placer; **2.** v/rfl.: sich ~ se coucher; s'étendre; ⟪ ~/ à terre!; **~lenken** v/t. diriger (auf acc. sur od.

vers); *Gespräch:* amener (*auf acc.* sur); **~nehmen** *v/t.* prendre; accepter; *etw. geduldig* ~ prendre qch. en patience; *Beleidigung:* avaler; **~neigen** *v/i.:* zu etw. ~ pencher (od. incliner) à qch.; **~passen** *v/i.* être à sa place; **~reichen 1.** *v/t.:* j-m etw. ~ passer à q.; **2.** *v/i.: das reicht nicht hin* cela ne suffit pas; **~reichend** *p.pr. adj.* suffisant; **2reise** *f* aller *m; auf der* ~ à l'aller; **~reisen** *v/i.* (*sn*) aller (od. se rendre) (zu à, *resp.* chez).

hinreißen *v/t.:* sich zu e-r Bemerkung hinreißen lassen se laisser entraîner à faire une remarque; *hingerissen sein* être enthousiasmé (*von* de); **~d** *p.pr. adj.* entraînant; ravissant.

hinricht|en *v/t.* exécuter; (*enthaupten*) décapiter; (*durch Elektrizität*) électrocuter; **2ung** *f* exécution *f* (capitale); (*durch Elektrizität*) électrocution *f.*

hin|schaffen *v/t.* transporter (zu à *resp.* chez); **~schauen** *v/i.* = hinsehen; **~scheiden** *v/i.* (*sn*) décéder; trépasser; (*u.* *resp.* chez); **~schlagen** *v/i.* (*sn*) s'étaler par terre; **~schleppen** 1. *v/t.* traîner; 2. *v/rfl.: sich* ~ se traîner (*a. fig.*); **~schmieren** *v/t.* barbouiller; griffonner; **~schreiben** *v/t.* écrire; *etw. schnell* (*od. flüchtig*) ~ jeter qch. (*od. quelques mots*) sur le papier; **~sehen** *v/i.* regarder (*vers*); *ohne hinzusehen* les yeux fermés; **~setzen 1.** *v/t.* mettre; poser; placer; **2.** *v/rfl.: sich* ~ s'asseoir; placer; **2sicht** *f* égard *m; in dieser* ~ à cet égard; sous ce rapport; *in gewisser* ~ à certains égards; *in jeder* ~ à tous égards; **~sichtlich** *prp.* (*gén.*) à l'égard de; en ce qui concerne; par rapport à; **~sinken** *v/i.* (*sn*) tomber comme une masse; (*schwinden*) s'évanouir; *tot* ~ tomber mort; **~stellen 1.** *v/t.* placer; mettre; *als Muster* ~ proposer en exemple; **2.** *v/rfl.: sich* ~ se mettre, F se planter; *sich als etw.* ~ se donner pour; **~strecken** *v/t.* tendre; (*niederstrecken*) étendre par terre; **~stürzen** *v/i.* (*sn*) (*fallen*) tomber par terre; (*eilen*) se précipiter (*nach vers*).

hint·|an|setzen, ~stellen *v/t.* laisser de côté; négliger.

hinten [ˈhintən] *adv.* derrière; à l'arrière, en arrière; *von* ~ par derrière; (*im Hintergrund*) au fond; **~herum** *adv.* par derrière; *fig.* F en sous--main; **~über** *adv.* à la renverse.

hinter [ˈhintər] **1.** *prp.* (*Lage dat.; Richtung acc.*) (*zeitlich*) après; ~ etw. (*acc.*) *kommen fig.* découvrir qch.; ~ *sich lassen* dépasser; *etw.* ~ *sich haben* (*abgeschlossen haben*) en avoir fini avec qch.; **2.** *adj.* arrière; postérieur; *de* derrière; *die* ~*e Seite* le côté arrière; *der* ~*e Teil* la partie arrière (*od.* postérieure); **2·achse** *f* essieu *m* arrière; **2·achsenantrieb** *m* traction *f* arrière; **2backe** *f* fesse *f*; **2bein** *n* patte *f* de derrière; *sich auf die* ~ *stellen* se cabrer, *fig.* regimber; **2bliebene(n)** [~ˈbliːbə·nə(n)] *pl.* survivants *m/pl.*; famille *f* du défunt; **~'bringen** *v/t.:* j-m etw. ~ rapporter (*od.* dénoncer) qch. à q.; **~drein** [~ˈdraɪn] *adv.* après coup; **~·ei'nander** *adv.* l'un derrière l'autre; (*zeitlich*) l'un après l'autre; *drei Tage* ~ trois jours de suite.

Hinter·|eingang *m* entrée (*od.* porte) *f* de derrière; **~fuß** *m* pied *m* de derrière; **~gebäude** *n* bâtiment *m* sur la cour; **~gedanke** *m* arrière-pensée *f*; **2gehen** *v/t.* abuser; duper; tromper; **~grund** *m* fond *m; thé.* arrière--plan *m*; **~grundmusik** *f* musique *f* de fond; **~halt** *m* embuscade *f*; guet--apens *m*; **2hältig** *adj.* dissimulé; **~hand** *f* (*des Pferdes*) arrière-main *f*; (*Kartenspiel*) *die* ~ *haben* être le dernier en cartes; **~haus** *n* maison *f* sur la cour; **2her** *adv.* après (*coup*); **~hof** *m* arrière-cour *f*; **~kopf** *m* occiput *m*; **~land** *n* arrière-pays *m*; hinterland *m*; **2lassen** *v/t.* laisser; (*letztwillig*) léguer; **~'lassenschaft** *f* succession *f*; héritage *m*; **2legen** *v/t.* déposer; consigner (*a. Gepäck*); **~legung** *f* dépôt *m*; consignation *f*; **~list** *f* ruse *f*; artifice *m*; **2listig** *adj.* rusé; **~mann** *m* homme *m* de derrière; (*Schule usw.*) voisin *m* de derrière; *mein* ~ l'homme derrière moi; *fig.* instigateur *m*; **~mannschaft** *Sp. f* derrières *m/pl.*, défense *f*.

Hintern F [ˈhintərn] *m* derrière *m*, postérieur *m; j-m den* ~ *vollhauen* (*od. versohlen*) donner une fessée à q., fesser q.

Hinter·|rad *n* roue *f* arrière; **~radantrieb** *m* traction *f* arrière; **2·rücks** [ˈ~ryks] *adv.* par derrière; *fig. a.* traîtreusement; **~seite** *f* côté *m* de derrière; 2**st** *adj.* (*sup. v.* hinten) dernier; ~**teil** *n* partie *f* postérieure; derrière *m*; ~**treffen** *n*: ins ~ geraten être éclipsé; contrecarrer; ~**treiben** *v/t.* faire échouer; contrecarrer; ~**treppe** *f* escalier *m* de service; ~**treppen-roman** *m* roman *m* de concierge; ~**tür** *f* porte *f* de derrière; *fig.* sich e-e ~ offenhalten se ménager une porte de sortie; ~**wäldler** F *fig.* [´~vɛltlər] *m* homme *m* rustaud et arriéré; 2**ziehen** *v/t.*: ~ Steuern ~ frauder le fisc (*od.* l'impôt); ~**zimmer** *n* chambre *f* de derrière.

hin|tragen *v/t.* porter (*zu* à *resp.* chez); ~**treten** *v/i.* (sn): vor *j-n* ~ se présenter devant q.; ~**tun** *v/t.* mettre; placer.

hinüber [hi´ny:bər] *adv.* au-delà; de l'autre côté; *da* ~ par là; (*über hinweg*) par-dessus; ~**blicken** *v/i.* regarder de l'autre côté; ~a regarder du côté de q.; ~**bringen** *v/t.* transporter de l'autre côté; ~**fahren** *v/i.* (sn) passer (*v/t.* transporter) de l'autre côté; ~**gehen** *v/i.* (sn) passer de l'autre côté; ~ *über etw.* (*acc.*) traverser qch.; ~**helfen** *v/i.*: *j-m* ~ *über etw.* (*acc.*) aider q. à traverser qch.; ~**reichen** 1. *v/i.* s'étendre au-delà; 2. *v/t.*: *etw. über den Tisch* ~ passer qch. par-dessus la table; ~**schaffen** = hinüberbringen; ~**schwimmen** *v/i.* (sn): über den Fluß ~ traverser le fleuve à la nage; ~**springen** *v/i.* (sn) sauter de l'autre côté; *über e-n Graben* ~ franchir un fossé d'un bond; ~**steigen** *v/i.* (sn) passer par-dessus (*über etw. acc.* qch.).

hin und her *s.* hin.

hin- und hergehen [hin´unt´he:rgeːɔn] *v/i.* (sn) aller et revenir.

Hin- und 'Rück|fahrt *f* aller et retour *m*; ~**flug** *m* aller et retour *m* (par avion); ~**spiel** *Sp.* *n* match *m* aller et retour.

hinunter [hi´nuntər] *adv.* en bas; en descendant; à (*od.* par) terre; ~**bringen** *v/t.*: *j-n* ~ accompagner q. en bas; *etw.* ~ descendre qch.; ~**gehen** *v/i.* (sn) descendre; ~**schlingen** F *v/t.* avaler; (*gierig*) engouffrer; ~**schlucken** *v/t.* avaler; ~**tragen** *v/t.* porter en bas; descendre; ~**werfen** *v/t.* jeter (en) bas.

Hinweg [´hinve:k] *m* aller *m*; *auf dem* ~ à l'aller.

hinweg [~´vɛk] *adv.* au loin; arrière; ~

mit euch! ôtez-vous de là; ~ mit ihm! qu'on l'emmène!; *über etw.* (*acc.*) ~ sein en avoir fini avec qch.; ~**gehen** *v/i.* (sn): über etw. (*acc.*) ~ passer par-dessus qch.; ~**kommen** *v/i.* (sn): über etw. ~ se consoler de qch.; ich komme nicht darüber hinweg je n'arrive pas à m'en consoler; ~**sehen** *v/i.*: über etw. (*acc.*) ~ fermer les yeux sur qch.; ~**setzen** *v/rfl.*: sich ~ über (*acc.*) se mettre au-dessus de.

Hin|weis [´~vais] *m* (4) indication *f*, renseignement *m* (*auf acc.* au sujet de); (*Verweis*) renvoi *m*; (*auf acc.* à); 2**weisen** 1. *v/t.*: *j-n auf etw.* (*acc.*) ~ faire remarquer qch. à q.: 2. *v/i.*: auf etw. (*acc.*) ~ indiquer qch., (*verweisen*) renvoyer à qch.; 2**weisend** *gr. p.pr.* *adjt.*: ~es Fürwort pronom *m* démonstratif; 2**werfen** *v/t.* jeter; (*umwerfen*) renverser; *fig. Gedanken, Zeichnung:* esquisser; ébaucher; *Wort:* jeter; 2**wollen** *v/t.* vouloir y aller; *wo willst du hin?* où veux-tu aller?

Hinz [hints] *m*: ~ und Kunz Pierre et Paul.

hin|zeigen *v/i.*: auf etw. (*acc.*) ~ montrer qch.; ~**ziehen** 1. *v/t.* (at)tirer; (*zeitlich*) traîner en longueur; 2. *v/i.* (sn) (*sich niederlassen*) aller s'établir (*nach* à); 3. *v/rfl.*: sich ~ (*zeitlich*) traîner en longueur; (*räumlich*) s'étendre (*bis nach* jusqu'à); ~**zielen** *v/i.*: ~ auf (*acc.*) viser (*od.* tendre) à.

hin|zu *adv.* vers; y; (*außerdem*) de plus; en outre; ~**fügen** *v/t.* ajouter; joindre; 2**fügung** *f* adjonction *f*; addition *f*; ~**gesellen** *v/rfl.*: sich ~ zu se joindre à; ~**kommen** *v/i.* (sn) s'ajouter (*zu* à); (*erscheinen*) survenir; *es kommt noch hinzu, daß ...* ajoutez que ...; ~**rechnen** *v/t.* ajouter; ~**treten** *v/i.* (sn) se joindre (*zu* à); ~**zählen** *v/t.* ajouter; ~**ziehen** *v/t.* faire prendre part; *Arzt:* consulter.

Hiobsbotschaft [´hiɔps-] *f* nouvelle *f* désastreuse.

Hirn [hirn] *n* (3) cervelle *f*; (*Organ*) cerveau *m*; ~**gespinst** *n* chimère *f*; ~**haut** *f* méninge *f*; ~**haut-entzündung** *f* méningite *f*; 2**los** F *adj.* sans cervelle, écervelé; ~**masse** *f* matière *f* cérébrale; ~**schale** *f* boîte *f* crânienne; ~**schlag** *m* apoplexie *f*; 2**ver-brannt** F [´~ferbrant] *p.p. adjt.* complètement fou.

Hirsch [hirʃ] *m* (3²) cerf *m*; ~**fänger**

['ˈfɛŋər] m couteau m de chasse; coutelas m; **~geweih** n bois m/pl. de cerf; **~hornsalz** n carbonate m d'ammonium; **~käfer** m cerf-volant m; **~kalb** n faon m; **~kuh** f biche f; **~leder** n peau f de cerf (resp. de daim).

Hirse ['hirzə] f (15) millet m; **~brei** m bouillie f de millet.

Hirt [hirt] m (12) pâtre m; (Schaf2) berger m; (Rinder2) bouvier m; (Kuh2) vacher m; fig. u. rl. pasteur m.

Hirten|brief rl. m lettre f pastorale; **~flöte** f chalumeau m; **~gedicht** n bucolique f; **~stab** m houlette f; rl. crosse f; **~volk** n peuple m pasteur.

His ♪ [his] n (inv.) si m dièse.

hissen ['hisən] v/t. (28) 'hisser.

Histor|ie [hisˈtoːrjə] f (15) histoire f; **~ienmalerei** f peinture f historique; **~iker** m (7) historien m; **~isch** adj. historique.

Hit [hit] m (11[1]) air m en vogue.

Hitzbläschen ['hitsblɛːsçən] n/pl. boutons m/pl. de chaleur.

Hitze ['hitsə] f (15) chaleur f; fig. ardeur f; in ~ geraten s'échauffer; s'emporter; in der ~ des Gefechts dans le feu du combat; **2beständig** adj. résistant à la chaleur; **~ferien** pl. vacances f/pl. de canicule; **~grad** m degré m de chaleur; **~welle** f vague f de chaleur.

hitz|ig adj. fougueux, ardent; (Debatte) violent; ~ werden s'échauffer; **2kopf** m tête f chaude; **2pickel** m/pl. rougeurs f/pl.; **2schlag** m insolation f; coup m de chaleur.

hob [hoːp] s. heben.

Hobby ['hɔbi] n (11) hobby m, passe-temps m.

Hobel ['hoːbəl] m (7) rabot m; **~bank** f établi m; **~maschine** f raboteuse f; **2n** v/t. u. v/i. (29) raboter; fig. façonner; **~späne** m/pl. copeaux m/pl.

hoch [hoːx] (ch vor **e** = h: hohe, hoher, hohes; comp. höher, sup. höchst, s. diese) **1.** adj. 'haut; élevé (Ehre, Verdienst, Ansehen) grand; es ist hohe Zeit is il est grand temps; (Ton, Preis, Zahl, Stellung) élevé; (Spiel, Gewinn, Zinsen) gros; zwei Meter ~ 'haut de deux mètres; hohes Fieber forte fièvre f; (Reitsport) hohe Schule 'haute école f; hohe Feste fêtes f/pl. solennelles; hohes Gericht 'haute cour f; auf hoher See en pleine mer; in hohem

Alter dans un âge avancé; bei hoher Strafe sous peine sévère; fig. auf hohem Roß sitzen être monté sur son grand cheval; **2.** adv.: ~ zu Roß perché sur son cheval; drei Treppen ~ (wohnen) au troisième étage; drei ~ fünf trois puissance cinq; ~ oben tout en 'haut; ~ oben auf au 'haut de; ~ über très 'haut au-dessus de; wie ~ schätzen Sie es? à combien l'évaluez--vous?; das ist mir zu ~ cela me dépasse; es geht ~ her on s'en donne; ~ wohnen habiter en 'haut; ~ spielen jouer gros (jeu); ~ und heilig versprechen promettre solennellement; **3.** 2 n (11) vivat m; ein ~ auf j. ausbringen porter un toast à q.; (Wetter) anticyclone m, (zone f de) 'haute pression f.

hoch-|achten v/t. estimer beaucoup; **2-achtung** f ('haute) considération f; mit vorzüglicher ~ = **~achtungsvoll** adv. veuillez agréer, Monsieur (resp. Madame), l'expression de mes sentiments distingués; **~aktuell** adj. d'une brûlante actualité; **2-altar** m maître-autel m; **2-amt** n grand-messe f; **~anständig** adj. fort honnête; **2-antenne** f antenne f aérienne; **~arbeiten** v/rfl.: sich ~ parvenir à force de travail; **2bahn** f métro m aérien; **2bau** m construction f en surface; **~begabt** adj. extrêmement doué; **~beglückt** p.p. adj. comblé de joie; **~beinig** adj. (Tier) 'haut sur pattes; **~berühmt** adj. très célèbre; **~betagt** adj. chargé de jours; **2betrieb** m activité f intense; **~bringen** v/t. fig. faire marcher; (wieder ~) remettre à flot; **2burg** f citadelle f; centre m; **~deutsch** adj. 'haut allemand; **2druck** m 'haute pression f; mit ~ arbeiten être sous pression; typ. impression f en relief; **2druckgebiet** n zone f de haute pression; **2-ebene** f plateau m; **~empfindlich** adj. suprasensible; **~erfreut** p.p. adj. enchanté; ravi; **~fahren** v/i. (sn): aus dem Schlaf ~ se réveiller en sursaut; **~fein** adj. superfin; **2finanz** f 'haute finance f; **2form** Sp. u. fig. f: in ~ sein être en pleine forme; **2format** n format m à la française (od. en 'hauteur); **2frequenz** ⚡ f 'haute fréquence f; **~gebildet** p.p. adj. très cultivé; **2gebirge** n 'haute montagne f; **2gefühl** n enthousiasme m; exaltation f; **~gehen** v/i. (sn) monter;

(*Vorhang*) se lever; (*Mine*) sauter; *die See geht hoch* la mer est 'houleuse; *fig.* s'échauffer; **~gelegen** *p.p. adjt.* élevé; situé sur une 'hauteur; **~gelehrt** *p.p. adjt.* docte; **2genuß** *m* délice *m*; **~geschlossen** *p.p. adjt.* (*Kleid*) boutonné; **~gespannt** *p.p. adjt.*: ~e Erwartungen grands espoirs *m/pl.*; **~gesteckt** *p.p. adjt.*: ~e Ziele de 'hautes visées; **~gestellt** *p.p. adjt.* 'haut placé; **~gewachsen** *p.p. adjt.* de 'haute taille; **2glanz** *m* brillant *m*, poli *m*; **~gradig** *adjt.* d'un 'haut degré; fort; intense; **~halten** *v/t.* lever; **2haus** *n* building *m*; **~heben** *v/t.* lever; **~kant** *adv.* de chant; **~kommen** *v/i.* (sn) monter; arriver à se lever; **2konjunktur** *f* 'haute conjoncture *f*; **~krempeln** *v/t.* retrousser, relever; **~land** *n* massif *m* montagneux; **~leben** *v/i.*: *j-n* ~ *lassen* boire à la santé de q.; porter un toast à q.; ... *lebe hoch!* vive ...!; **~modern** *adjt.* ultra-moderne; **2moor** *n* fagne *f*; **2mut** *m* 'hauteur *f*; orgueil *m*; **~mütig** [´~my:tiç] *adjt.* 'hautain; orgueilleux; **~näsig** [´~nɛ:ziç] *adj.* qui a un air de morgue; (*geschraubt*) guindé; (*Frau*) pimbêche; **~nehmen** *v/t.* relever; *fig.* taquiner.

Hoch|-ofen *m* 'haut fourneau *m*; **~parterre** *n* rez-de-chaussée *m* surélevé; **2prozentig** *adjt.* d'un pourcentage élevé; **2qualifiziert** *p.p. adjt.* 'hautement qualifié; **~rechnung** *f* estimation *f*, évaluation *f*; **~relief** *n* 'haut-relief *m*; **2rot** *adjt.* (*Gesicht*) rubicond; **~rufe** *m/pl.* vivats *m/pl.*; **~saison** *f* 'haute saison *f*; **2schlagen** *v/t. Kragen:* relever.

Hochschul|e *f* école *f* de l'enseignement supérieur, université *f*; **~lehrer** *m* professeur *m* de l'enseignement supérieur (*od.* universitaire); **~reife** *f* baccalauréat *m*; **~studium** *n* études *f/pl.* supérieures (*od.* universitaires).

hoch|schwanger *adjt.* en état de grossesse avancée; **2seefischerei** *f* pêche *f* en 'haute mer; **2seeflotte** *f* flotte *f* de haute mer; **2sitz** *ch. m* affût *m* perché; **2sommer** *m* plein été *m*; *im* ~ au fort (*od.* cœur) de l'été; **2spannung** *f* 'haute tension *f*; **2spannungsleitung** *f* ligne *f* à 'haute tension; **2sprung** *m* saut *m* en 'hauteur.

höchst [hø:çst] (*sup. von hoch*) **1.** *adjt.* le plus 'haut; *fig.* suprême; (*größt*) le

plus grand; *phys.*, ⊕ *u.* ♰ maximum; (*äußerst*) extrême; *der* ~e Punkt le point culminant; *das* ~e Wesen l'Être *m* suprême; *das* ~e Gut le souverain bien; *im* ~en Grade (*Maße*) au suprême (*od.* dernier) degré; *es ist* ~e Zeit il est grand temps; **2.** *adv.* extrêmement; très.

hoch|stämmig *adj.* à 'haute tige; **2stapelei** [~ʃta:pǝˈlaI] *f* imposture *f*; **2stapler** *m* imposteur *m*; chevalier *m* d'industrie.

Höchst|belastung *f* charge *f* maximum; **~betrag** *m* maximum *m*; *bis zum* ~ von jusqu'à concurrence de.

höchst|ens [ˈhø:çstǝns] *adv.* tout au plus; au maximum; **2fall** *m*: *im* ~ = höchstens; **2form** *Sp. f* pleine forme *f*; **2gehalt** *n* traitement *m* maximum; **2geschwindigkeit** *f* vitesse *f* maximum; **2grenze** *f* plafond *m*, maximum *m*; *die* ~ überschreiten dépasser le plafond. [trêmement gaie.⎫

Hochstimmung *f* ambiance *f* ex-⎭

Höchst|leistung *f* rendement *m* maximum; débit *m* maximum; *Sp.* record *m*; **~maß** *n* maximum *m*; **2persönlich** *adv.* en personne; F en chair et en os; **~preis** *m* prix *m* maximum.

Hochstraße *f* (*in Städten*) route *f* surélevée; (*im Gebirge*) route *f* des crêtes.

höchst|wahrscheinlich *adj.* (*u. adv.*) très probable(ment), très vraisemblable(ment); **2wert** *m* valeur *f* maximale; **~zulässig** *adj.*: ~e Geschwindigkeit vitesse *f* maximum autorisée.

Hoch|touren *f/pl.*: *auf* ~ *laufen* tourner à plein régime (*a. fig.*); **2trabend** *p.p. adjt. fig.* fastueux; emphatique; **2verdient** *p.p. adjt.* de grand mérite; **2ver-ehrt** *p.p. adjt.* très honoré; **~verrat** *m* 'haute trahison *f*; **~verräter** *m* coupable *m* de haute trahison; **~wald** *m* futaie *f*; **~wasser** *n* crue *f*; inondation *f*; **~wasserkatastrophe** *f* inondation *f* catastrophique; **2wertig** *adj.* de haute teneur; riche; **~wild** *n* gros gibier *m*; **~würden** [´~vyrdǝn] (*inv.*) Monseigneur *m*.

Hochzeit [ˈhɔxtsaIt] *f* mariage *m*; (*Fest*) noces *f/pl.*; *silberne* (*goldene*) ~ noces *f/pl.* d'argent (d'or); ~ *halten* célébrer ses noces; **2lich** *adj.* nuptial.

Hochzeits|feier(lichkeit) *f* noces *f/pl.*; **~gäste** *m/pl.* invités *m/pl.* aux

noces; (gens m/pl. de la) noce f;
~geschenk n cadeau m de mariage;
~reise f voyage m de noces; **~tag** m
jour m de la noce.

hochziehen ['ho:xtsi:ən] v/t. Last:
monter; Fahne: hisser; Jalousie: remonter.

Hock|e ['hɔkə] f (15) (Garben♀) tas m
de gerbes; Sp. accroupissement m;
2en v/i. (25) être accroupi; **~er** m (7)
tabouret m; escabeau m.

Höcker ['hœkər] m (7) bosse f; (im
Gelände) saillie f; **2ig** adj. bosselé.

Hockey ['hɔkə] n (11) 'hockey m;
~schläger m crosse f; **~spieler** m
'hockeyeur m.

Hode ['ho:də] m (13) od. f (15), **~n** m
(6) testicule m; **~nsack** m scrotum m.

Hof [ho:f] m (3³) cour f; (Bauern♀)
ferme f; (e-s Gestirns) 'halo m; j-m
den **~** machen courtiser q.; **~dame** f
dame f d'honneur; **2fähig** adj. admis
à la cour.

hoffen ['hɔfən] v/i. (25) espérer (auf
etw. acc. qch.); **~tlich** adv.: **~** kommst
du j'espère que tu viendras; **~!** espé-
rons-le!

Hoffnung ['hɔfnuŋ] f espérance f;
(auf bestimmtes Ziel) espoir m; **~**
schöpfen prendre espoir; die **~** aufgeben perdre tout espoir; sich **~en** auf
etw. (acc.) machen se nourrir de l'espoir d'obtenir qch.; guter **~** sein être
enceinte; j-m **~** auf etw. (acc.) machen
faire espérer qch. à q.

hoffnungs|los adj. sans espoir; dé-
sespéré; **2losigkeit** f désespoir m;
désespérance f; **2schimmer** m, **2**
strahl m lueur f (od. rayon m) d'espoir (od. d'espérance); **~voll** adj.
plein d'espoir.

Hofhund ['ho:fhunt] m chien m de
garde.

höfisch ['hø:fiʃ] adj. de (la) cour;
(ritterlich) courtois.

höflich ['hø:fliç] adj. poli; civil; (gegen Damen) courtois; galant; **2keit** f
politesse f; civilité f; courtoisie f;
galanterie f; **2keitsbesuch** m visite f
de cérémonie; **2keitsformel** f formule f de politesse.

Hoflieferant m fournisseur m de la
cour.

Höfling ['hø:fliŋ] m (3¹) courtisan m.

Hof|marschall m maréchal m du
palais; **~narr** m bouffon m de la cour,
fou m (du roi); **~rat** m (3³) conseil m
aulique; (Titel) conseiller m aulique;

~seite f côté m cour; **~staat** m cour f;
~tor n porte f cochère; **~trauer** f
deuil m de la cour.

hohe ['ho:ə] s. hoch.

Höhe ['ho:ə] f (15) 'hauteur f; (Erhebung) élévation f; (Gipfel) sommet m;
(über Meeresspiegel) altitude f; e-e **~**
von 2 Metern deux mètres de 'haut
(od. de 'hauteur); auf gleicher **~** mit au
niveau de; à la même 'hauteur que;
auf der **~** des Glücks au comble du
bonheur; fig. auf der **~** sein être à la
page; in die **~** fahren (hochspringen)
sursauter; (Preise) in die **~** treiben
faire 'hausser; in die **~** richten redresser; in die **~** sehen lever les yeux; in die
~ schießen s'élancer dans les airs,
(wachsen) grandir; in die **~** schnellen
faire un bond, (Preise) 'hausser rapidement; in die **~** steigen monter,
s'élever; in die **~** werfen jeter en l'air;
das ist die **~**! c'est le comble!

Hoheit ['ho:hait] f (16) pol. souveraineté f; (Titel) Altesse f; Königliche
~ Altesse royale.

Hoheits|gebiet n territoire m natio-
nal; **~gewässer** n/pl. eaux f/pl. territoriales; **~rechte** n/pl. droits m/pl. de
souveraineté; **2voll** adj. majestueux;
~zeichen n emblème m (od. insigne) m
de souveraineté (od. de nationalité).

Hohe|**lied** n (18): das **~** le Cantique
des Cantiques.

Höhen|**angabe** ['hø:ən-] f cote
f d'altitude; **~atmungsgerät** m in-
halateur m d'oxygène; **~flosse** Flgw.
f plan m fixe horizontal; **~flug** m vol
m à grande 'hauteur; **~luft** f air m en
altitude; **~messer** m altimètre m;
géogr. hypsomètre m; **~rekord** m
record m d'altitude; **~sonne** f soleil
m des 'hauteurs; (Apparat) soleil m
artificiel; **~steuer** n gouvernail m
d'altitude; **~unterschied** m différence f de niveau; **~zug** m chaîne f de
collines.

Hohepriester [ho:ə'pri:stər] m (18)
grand prêtre m.

Höhepunkt m point m culminant;
faîte m; apogée m.

höher ['hø:ər] (comp. v. hoch) **1.** adj.
plus 'haut; plus élevé; fig. supérieur;
~en Ortes en 'haut lieu; **~e** Schule
école f secondaire; **~e** Mathematik
'hautes mathématiques f/pl.; **~e** Gewalt force f majeure; auf **~en** Befehl
par ordre supérieur; in **~em** Sinne
dans un sens plus relevé; **2.** adv.: fig.

~ rücken avancer; ~ schrauben monter, *Preis*: 'hausser.

hohl [ho:l] *adj.* creux; *fig.* vide; *die* ~*e Hand* le creux de la main; ~ *werden* se creuser; **Ꜣblockstein** *m* brique *f* creuse.

Höhle ['hø:lə] *f* (15) caverne *f*; grotte *f*; (*der wilden Tiere*) antre *m*; tanière *f*; repaire *m*.

höhlen *v/t.* creuser; **Ꜣbewohner** *m* habitant *m* des cavernes; troglodyte *m*; **Ꜣforscher** *m* spéléologue *m*; **Ꜣforschung** *f* spéléologie *f*.

Hohl|**fläche** *f* concavité *f*; **Ꜣgeschliffen** *p.p. adj.* meulé concave; **~glas** *n* verrerie *f* en bouteilles; **~kehle** *f* gorge *f*; **~kopf** *f fig. m* tête *f* creuse; **~körper** *m* corps *m* creux; **~maß** *n* mesure *f* de capacité; **~raum** *m* vide *m*; **~saum** *m* ourlet *m* à jour; **~schliff** *m* rectification *f* concave (*od.* en creux); **~spiegel** *m* miroir *m* concave.

Höhlung ['hø:luŋ] *f* cavité *f*.

Hohl|**weg** *m* chemin *m* creux; (*Engpaß*) défilé *m*; (*schluchtartig*) ravin *m*; **~ziegel** *m* brique *f* creuse.

Hohn [ho:n] *m* (3) raillerie *f*; ironie *f*; (*herausfordernd*) bravade *f*.

höhnen ['hø:nən] *v/i.* (25) railler.

Hohn|**gelächter** *n* rire *m* moqueur; *zum* ~ *werden* devenir la risée de tout le monde; **~geschrei** *n* 'huées *f/pl.*

höhnisch *adj.* railleur; ironique.

hohn|**lachen** *v/i.* ricaner; **~sprechen** *v/i.* être une insulte à; *der Vernunft* ~ insulter à la raison.

Hokuspokus [ho:kus'po:kus] *m* (*inv.*) tour *m* de passe-passe; jonglerie *f*.

hold [holt] *adj.* gracieux; *j-m* ~ *sein* être favorable à q.; vouloir du bien à q.; *das Glück ist ihm* ~ la fortune lui sourit; **~selig** *adj.* plein de grâces.

holen ['ho:lən] *v/t.* (25) aller (*resp.* venir) chercher; ~ *lassen* envoyer chercher; ~ *Sie e-n Arzt!* faites venir un médecin!; *sich e-n Schnupfen* ~ attraper un rhume.

Holländ|**er**(**in** *f*) ['holɛndər] *m* (7) 'Hollandais(e *f*) *m*; **Ꜣisch** *adj.* 'hollandais.

Hölle ['hœlə] *f* (15) enfer *m*; *zur* ~ *fahren* descendre aux enfers; *in die* ~ *kommen* aller en enfer; être damné; *j-m die* ~ *heiß machen* la donner chaude à q.

Höllen|**angst** *f* angoisse *f* terrible;

~lärm *m* vacarme *m* infernal; **~maschine** *f* machine *f* infernale; **~qual** *f* supplice *m*; martyre *m* infernal; **~stein** *m* 🜔 nitrate *m* d'argent; *phm.* pierre *f* infernale.

höllisch *adj.* infernal; d'enfer.

Holm [holm] *m* (3) (*e-r Leiter*) montant *m*; (*e-s Barrens*) barre *f*.

holp(**e**)**rig** ['holp(ə)riç] *adj.* raboteux; inégal; **~ern** *v/i.* (29, sn) cahoter.

holterdiepolter [holtərdi:'poltər] *adv.* précipitamment.

Holunder [ho'lundər] *m* (7) sureau *m*.

Holz [holts] *n* (1¹ *u.* ²) bois *m*; **~apfel** *m* pomme *f* sauvage; **~art** *f* espèce (*od.* sorte) *f* de bois; **Ꜣartig** *adj.* ligneux; **~bein** *n* jambe *f* de bois; **~bildhauer** *m* sculpteur *m* sur bois; **~blas-instrument** *n* instrument *m* à vent en bois; *pl.* ~*e* bois *m/pl.*; **~bock** *m* chevalet *m*; *zo.* capricorne *m*.

hölzern ['hœltsərn] *adj.* de (*od.* en) bois; *fig.* raide; (*linkisch*) gauche.

Holz|**essig** *m* vinaigre *m* de bois; **~fäller** *m* (7) bûcheron *m*; **~faserplatte** *f* panneau *m* en fibre de bois; **Ꜣfrei** *adj.* sans bois; **~hammer** *m* maillet *m*; **~handel** *m* commerce *m* de bois; **~händler** *m* marchand *m* de bois; **~hauer** *m* (7) bûcheron *m*; **~haus** *n* maison *f* de bois; **Ꜣig** *adj.* ligneux; **~klotz** *m* billot *m* de bois; **~kohle** *f* charbon *m* de bois; **~lager** *n* dépôt *m* de bois; **~pantinen** *f/pl.* sabots *m/pl.*; **~pflock** *m* piquet *m* (de bois); **~schlag** *m* abattage *m* du bois; (*im Revier*) coupe *f* de bois; **~schnitt** *m* gravure *f* sur bois; **~schnitzer** *m* sculpteur *m* sur bois; **~schnitze'rei** *f* sculpture *f* sur bois; **~schuh** *m* sabot *m*; **~span** *m* copeau *m* (de bois); **~stoß** *m* pile *f* de bois; **~täfelung** *f* lambris *m*, boiserie *f*; **~taube** *f* (pigeon *m*) ramier *m*; **~treppe** *f* escalier *m* en bois; **~verkleidung** *f* boiserie *f*; **~weg** *m* chemin *m* forestier; *fig. auf dem* ~ *sein* faire fausse route; **~wolle** *f* laine *f* de bois; **~wurm** *m* ver *m* du bois; perce-bois *m*.

homogen [homo'ge:n] *adj.* homogène; **Ꜣität** *f* homogénéité *f*.

Homöopath [homøo'pa:t] *m* (12) homéopathe *m*; **~ie** [~'ti:] *f* homéopathie *f*; **Ꜣisch** [~'pa:tiʃ] *adj.* homéopathique.

Homosex|**ualität** [homozɛksuali-

'tɛːt] f homosexualité f; **2u'ell** adj. homosexuel; **‿u'elle(r** m) m,f homosexuel(le f) m.

Honig ['hoːniç] m (3¹) miel m; fig. j-m ‿ um den Mund schmieren flagorner q.; **‿biene** f abeille f (mellifique); **‿kuchen** m pain m d'épice; **‿schleuder** f extracteur m; **2süß** adj. doux comme le miel; fig. mielleux; **‿wabe** f rayon m de miel.

Honor|ar [hono'raːr] n (3¹) honoraires m/pl.; **‿arprofessor** m professeur m honoraire; **‿atioren** [‿ra'tsjoː-] pl. notables m/pl.; **2ieren** v/t. rétribuer; Wechsel: faire honneur à.

Hopfen ['hɔpfən] m (6) 'houblon m; an ihm ist ‿ und Malz verloren il n'y a rien à faire de lui; **‿feld** n 'houblonnière f; **‿stange** f perche f à 'houblon.

hopp! [hɔp] int. 'hop!; ‿ ‿! et que ça saute!

hoppla! ['hɔpla] int. 'hop là! (beim Stolpern) 'holà!

hops|en ['hɔpsən] v/i. (27, sn) sauter, sautiller; **2er** F m (7) saut m, gambade f.

Hör·|apparat ['hǿːr-] m appareil m acoustique; aide-ouïe f; **2bar** adj. perceptible (à l'oreille); **‿brille** f lunettes f/pl. acoustiques (od. auditives).

horch|en ['hɔrçən] v/i. (25) écouter, être aux écoutes; **2er** m (7) écouteur m (aux portes), indiscret m; **2gerät** n appareil m d'écoute; **2posten** ✕ m poste m d'écoute.

Horde ['hɔrdə] f (15) 'horde f; bande f.

hören ['hǿːrən] 1. v/t. u. v/i. (25) entendre; (zuhören) écouter; (erfahren) apprendre; gut (schlecht) ‿ avoir l'oreille bonne (dure); auf j-n ‿ écouter q.; (sagen) ‿ entendre dire; ich habe davon gehört j'en ai entendu parler; ‿ Sie mal! dites donc!; auf den Namen ... ‿ répondre au nom de ...; sich ‿ lassen se faire entendre, fig. être plausible, être acceptable; von sich ‿ lassen donner de ses nouvelles; Sie werden von mir ‿ vous aurez de mes nouvelles; 2. ♀ n (6) audition f; (Gehör) ouïe f; ihm verging ‿ und Sehen dabei il en fut tout étourdi; **2sagen** n: vom ‿ par ouï-dire.

Hörer m auditeur m, téléph. récepteur m, écouteur m, combiné m; **‿in** f

auditrice f; **‿schaft** f (e-r Vorlesung) auditoire m; (Radio) auditeurs m/pl.

Hör|fehler m erreur f d'audition; ✗ défaut m de l'ouïe; **‿folge** f série f radiophonique; **‿funk** m radio f; **‿gerät** n = Hörapparat; **2ig** adj.: j-m ‿ sein être l'esclave de q.; **‿igkeit** f sujétion f, esclavage m.

Horizont [hori'tsɔnt] m (3) horizon m; **2al** [‿'taːl] adj. horizontal.

Hormon [hɔr'moːn] n (3) hormone f; **‿behandlung** f traitement m hormonal; **‿präparat** n préparation f hormonale.

Horn [hɔrn] n (1²) corne f; ♪ cor m; ✕ clairon m; auf die (ins) ‿ blasen sonner du cor; sich die Hörner ablaufen jeter sa gourme; j-m Hörner aufsetzen rendre q. cocu; mit j-m ins selbe ‿ blasen être de connivence avec q.; **‿bläser** m (sonneur m de) cor m; **‿brille** f lunettes f/pl. d'écaille.

Hörn|chen ['hœrnçən] n (6) (Gebäck) croissant m; **2en** v/rfl.: sich ‿ ch. jeter sa tête; **‿erklang** m son m du cor.

Hörnerv m nerf m auditif.

Hornhaut f callosité f; (des Auges) cornée f; **‿entzündung** f inflammation f de la cornée.

Hornisse [hɔr'nisə] f (15) frelon m.

Hornist [hɔr'nist] m (12) corniste m; ✕ clairon m.

Horn|signal ✕ n sonnerie f de clairon; **‿vieh** n bêtes f/pl. à cornes.

Hör-organ n organe m de l'ouïe.

Horoskop [horo'skoːp] n (3¹) horoscope m.

horrend [hɔ'rɛnt] adj. énorme; ‿e Preise prix m/pl. exorbitants.

Hör|rohr n cornet m acoustique, ✗ stéthoscope m; **‿saal** m salle f de cours (od. de conférence); amphithéâtre m; **‿spiel** n pièce f radiophonique, audiodrame m.

Horst [hɔrst] m (3²) (Adler2) aire f; Flgw. base f aérienne.

Hort [hɔrt] m (3) (Schatz) trésor m; (Kinder2) garderie f (d'enfants); (Zuflucht) asile m; fig. appui m; **2en** v/t. (26) thésauriser.

Hortensie ♀ [hɔr'tɛnziə] f (15) hortensia m.

Hör|vermögen n capacité f auditive; **‿weite** f: in (außer) ‿ à ('hors de) portée de la voix.

Höschen ['hǿsçən] n (6) petite culotte f; (Schlüpfer) slip m.

Hose ['hoːzə] f (15) pantalon m;

(*kurze*) culotte *f*; *das Herz fiel ihm in die ∼n le cœur lui manqua; fig. sie hat die ∼n an c'est elle qui porte la culotte.*

Hosen|-anzug *m* costume-pantalon *m*; **∼band-orden** *m* ordre *m* de la Jarretière; **∼bein** *n* jambe *f* de pantalon; **∼boden** *m* fond *m* de pantalon; **∼klammer** *f* (*für Radfahrer*) pince *f*; **∼rock** *m* jupe-culotte *f*; **∼rolle** *thé. f* travesti *m*; **∼schlitz** *m* braguette *f*; **∼spanner** *m* cintre *m* à pantalon; **∼tasche** *f* poche *f* de pantalon; **∼träger** *m/pl.* bretelles *f/pl.*

Hospi|tal [hɔspiˈtaːl] *n* (1² *u.* 3¹) hôpital *m*; **∼tant** [∼ˈtant] *m* (12) auditeur *m* libre; **∼tieren** *v/i.* assister au cours (*bei j-m* de q.).

Hospiz [hɔsˈpiːts] *n* (3²) hospice *m*.

Hostess [hɔsˈtɛs] *f* (16) hôtesse *f*.

Hostie [ˈhɔstjə] *f* (15) hostie *f*.

Hotel [hoˈtɛl] *n* (11) hôtel *m*; **∼besitzer(in** *f*) *m* hôtelier *m*, -ière *f*; **∼boy** *m* chasseur *m*, groom *m*; **∼diener** *m* garçon *m* d'hôtel; **∼fachschule** *f* école *f* hôtelière; **∼gewerbe** *n* industrie *f* hôtelière; **∼page** [∼paːʒə] *m* = *Hotelboy.*

hott! [hɔt], **hü!** [hyː] *int.* 'hue!

Hub [huːp] *m* (3³) élévation *f*; (*Kolben∼*) course *f.*

hüben [ˈhyːbən] *adv.*: ∼ und drüben des deux côtés; ∼ wie drüben d'un côté comme de l'autre.

Hu'bertusmantel *m* östr. = *Lodenmantel.*

Hubraum [ˈhuːp-] *m* cylindrée *f.*

hübsch [hypʃ] **1.** *adj.* joli; **2.** *adv.* joliment; ∼ angezogen joliment habillé; F ∼ artig lien sage.

Hubschrauber *m* hélicoptère *m*; **∼landeplatz** *m* héliport *m*, héligare *f.*

huckepack [ˈhukəpak] *adv.*: j-n ∼ tragen porter q. à califourchon.

Huf [huːf] *m* (3) sabot *m*; **∼beschlag** *m* ferrure *f*; **∼eisen** *n* fer *m* à cheval; **∼lattich** ♀ *m* pas-d'âne *m*; **∼nagel** *m* clou *m* à ferrer; **∼schlag** *m* coup *m* de pied de cheval; (*Geräusch*) pas *m* d'un cheval; **∼schmied** *m* maréchal *m* ferrant; **∼schmiede** *f* maréchalerie *f.*

Hüft|bein [ˈhyft-] *n* os *m* iliaque; **∼e** *f* (15) 'hanche *f*; **∼gelenk** *n* articulation *f* de la hanche; **∼halter** *m* gaine *f.*

Huftiere [ˈhuːftiːrə] *n/pl.* ongulés

m/pl.

hüft|lahm *adj.* déhanché; **2-umfang** *m* tour *m* de 'hanches; **2weh** *n* sciatique *f.*

Hügel [ˈhyːgəl] *m* (7) colline *f*; coteau *m*; **2ig** *adj.* montueux; accidenté.

Hugenott|e [hugəˈnɔtə] *m* (13) 'huguenot *m*; **∼in** *f* 'huguenote *f.*

Huhn [huːn] *n* (1²) poule *f*; junges ∼ poulet *m*; gemästetes ∼ poularde *f.*

Hühnchen [ˈhyːnçən] *n* poulet *m*; mit j-m ein ∼ zu rupfen haben avoir maille à partir avec q.

Hühner|-auge ♯ [ˈhyːnər-] *n* cor *m*, œil-de-perdrix *m*; **∼augenpflaster** *n* emplâtre *n* contre les cors; **∼brühe** *f* bouillon *m* de poule; **∼ei** *n* œuf *m* de poule; **∼farm** *f* (*grand*) élevage *m* de poules; **∼hof** *m* basse-cour *f*; **∼leiter** *f* échelle *f* de poulailler; **∼stall** *m* poulailler *m*; **∼stange** *f* perchoir *m*; **∼vögel** *m/pl.* gallinacés *m/pl.*; **∼zucht** *f* élevage *m* de volailles; aviculture *f.*

Huld [hult] *f* (16) grâce *f*; faveur *f.*

huldig|en [ˈ∼dıgən] *v/i.* (25): j-m ∼ présenter ses hommages à q.; e-r Sache ∼ s'adonner à qch.; e-r Ansicht ∼ se déclarer en faveur d'une opinion; **2ung** *f* hommage *m.*

huld|reich, **∼voll** *adj.* plein de grâce.

Hülle [ˈhylə] *f* (15) enveloppe *f*; sterbliche ∼ dépouille *f* mortelle; zo. tégument *m*; ♀ involucre *m*; in ∼ und Fülle en abondance; **2n** *v/t.* (25) envelopper (*in acc.* de); draper (de); **2nlos** *adj.* sans voile, nu.

Hülse [ˈhylzə] *f* (15) gousse *f*; écale *f*; (*Schote*) cosse *f* (*Patronen∼*) douille *f*; **∼nfrucht** *f* légume *m* sec.

human [huˈmaːn] *adj.* humain; plein d'humanité; **2ismus** [∼maˈnısmus] *m* humanisme *m*; **2ist** [∼ˈnıst] *m* (12) humaniste *m*; **∼istisch** [∼ˈnıstiʃ] *adj.* humaniste, classique; **∼iˈtär** *adj.* humanitaire; **2iˈtät** *f* humanité *f.*

Humbug [ˈhumbuk] *m* (3¹) blague(s *pl.*) *f*; mystification *f.*

Hummel [ˈhuməl] *f* (16) bourdon *m.*

Hummer [ˈhumər] *m* (7) 'homard *m.*

Humor [huˈmoːr] *m* (3¹) humour *m*; **∼eske** [∼moˈrɛskə] *f* (15) pièce *f* humoristique; farce *f*; **∼ist** [∼ˈrıst] *m* (12) humoriste *m*; **∼istisch** [∼ˈrıstiʃ] *adj.* humoristique; **2los** *adj.* sans humour; **2voll** *adj.* plein d'humour.

humpeln [ˈhumpəln] *v/i.* (29, h. *u.* sn) boiter; aller clopin-clopant.

Humpen ['humpən] *m* (6) 'hanap *m*.

Humus ['hu:mus] *m* (16, *o.pl.*) humus *m*; terre *f* végétale.

Hund [hunt] *m* (3) chien *m* (*a.* ⚔); bekannt wie ein bunter Hund connu comme le loup blanc; wie ~ und Katze leben vivre comme chien et chat; auf den ~ gekommen sein *fig.* être à bout de forces (*od.* de ressources); vor die ~e gehen être un homme perdu; mit allen ~en gehetzt sein avoir plus d'un tour dans son sac.

Hunde|-abteil ['hundə-] *n* fourgon *m* des chiens; ~**ausstellung** *f* exposition *f* canine; ~**biß** *m* morsure *f* de chien; ℤ**-elend** F *adj.*: ich fühle mich ~ je suis malade comme une bête; ~**hütte** *f* niche *f* à chien; ~**kälte** *f* froid *m* de loup; ~**kuchen** *m* biscuit *m* pour chiens; ~**leben** F *n* vie *f* de chien; ~**leine** *f* laisse *f*; ~**marke** *f* plaque *f* (de chien); ℤ**müde** F *adj.* 'harassé; éreinté; P vanné; ~**rasse** *f* race *f* canine; ~**rennen** *n* course *f* de chiens.

hundert ['hundərt] 1. *a/n. c.* cent; etwa ~ une centaine; 200 deux cents; 250 deux cent cinquante; 2. ℤ *n* cent *m*; ~e von den centaines de; vier vom ~ quatre vingt cent; ℤ**er** *m* (7) centaine *f*; (Geldschein) billet *m* de cent (francs, etc.); ~**erlei** ['-ərlai] *adj.* de cent espèces; ~ Dinge trente-six choses; ~**fach**, ~**fältig** ['fɛltiç] *adj.* centuple; ℤ**jahrfeier** *f* centenaire *m*; ~**jährig** *adj.* (âgé) de cent ans; centenaire; séculaire; ~**mal** *adv.* cent fois; ~**prozentig** ['-pro:tsɛntiç] *adj.* u. *adv.* à cent pour cent; ~**st** (ℤstel *n*) *a/n. o.* centième (*m*); vom ℤsten ins Tausendste kommen discourir à perte de vue; faire des coq-à-l'âne; ~**tausend** *a/n. c.* cent mille.

Hunde|sperre *f* défense *f* de laisser courir les chiens; ~**steuer** *f* impôt *m* sur les chiens; ~**wetter** *n* temps *m* de chien; ~**zucht** *f* élevage *m* de chiens; ~**zwinger** *m* chenil *m*.

Hünd|in ['hyndin] *f* chienne *f*; ℤ**isch** F *adj. fig.* servile.

hunds|gemein F *adj.* abject, infâme; ~**miserabel** F *adj.* fort mauvais; ℤ**tage** ['-ta:gə] *m/pl.* canicule *f*.

Hün|e ['hy:nə] *m* (13) géant *m*; ~**engestalt** *f* colosse *m*; ~**engrab** *n* tumulus *m*; ℤ**enhaft** *adj.* gigantesque.

Hunger ['huŋər] *m* (7) faim *f* (nach de; stillen apaiser; assouvir); ~ (be-

kommen) haben (commencer à) avoir faim; ~ leiden souffrir de la faim; vor ~ sterben mourir de faim; ~**jahr** *n* année *f* de famine; ~**künstler** *m* jeûneur *m* professionnel; ~**kur** *f* diète *f* absolue; ~**leider** *m* (7) famélique *m*; F meurt-de-faim *m*; ~**lohn** *m* salaire *m* dérisoire (*od.* de famine); ℤ*n v/i.* (29) avoir faim; (fasten) jeûner; faire diète; ~**snot** *f* famine *f*; (Knappheit) disette *f*; ~**streik** *m* grève *f* de la faim; ~**tod** *m*: den ~ sterben mourir de faim; ~**tuch** *n*: am ~ nagen tirer le diable par la queue.

hungrig *adj.* qui a faim (nach de); affamé (de); (sehr) ~ sein avoir (très) faim.

Hunne ['hunə] *m* (13) 'Hun *m*.

Hupe ['hu:pə] *f* (15) klaxon *m*, avertisseur *m*; corne *f*; trompe *f*; ℤ*n v/i.* (25) klaxonner; corner.

hüpfen ['hypfən] *v/i.* (25, sn) saut(ill)er; auf e-m Bein ~ sauter à cloche-pied.

Hupverbot ['hu:p-] *n* interdiction *f* de klaxonner.

Hürd|e ['hyrdə] *f* (15) claie *f*; *Sp.* 'haie *f*; ~**enlauf** *m* course *f* de 'haies; ~**enläufer(in** *f*) *m* coureur *m*, -euse *f* de 'haies.

Hure P ['hu:rə] *f* (15) F grue *f*; P putain *f*; ℤ*n v/i.* forniquer; ~**rei** *f* (15) fornication *f*.

hurra! ['hu'ra:] *int.* 'hourra!; ℤ**patriot** *m* chauvin *m*; ℤ**patriotismus** *m* chauvinisme *m*.

hurtig ['hurtiç] *adj.* preste, alerte.

Husar [hu'za:r] *m* (12) 'hussard *m*.

husch! [huʃ] *int.* 'hop!; vite!; ~**en** *v/i.* (27, sn) glisser (*od.* passer) rapidement (über acc. sur).

hüsteln ['hy:stəln] *v/i.* (29) toussoter.

husten ['hu:stən] 1. *v/i.* (26) tousser; 2. ℤ *m* (6) toux *f*; (den) ~ haben tousser; ℤ**-anfall** *m* quinte *f* de toux; ℤ**bonbon** *m od.* *n* bonbon *m* (*od.* pastille *f*) contre la toux; ℤ**mittel** *n* remède *m* béchique; ℤ**reiz** *m* envie *f* de tousser; ℤ**saft** *m* sirop *m* (contre la toux).

Hut [hu:t] 1. *m* (3¹) chapeau *m*; den ~ aufsetzen (lüften) mettre (soulever) son chapeau; den ~ aufbehalten garder son chapeau; rester couvert; den ~ abnehmen ôter son chapeau; se découvrir (vor j-m devant q.); den ~ in die Stirn drücken enfoncer son chapeau; *fig.* unter e-n ~ bringen mettre

d'accord; ~ ab! chapeau bas!; **2.** f
(16) garde f; auf der ~ sein être (od. se
tenir) sur ses gardes.
hüten ['hy:tən] (26) **1.** v/t. garder;
Schafe (das Haus) ~ garder les mou-
tons (la maison); fig. das Bett ~ garder
le lit; **2.** v/rfl.: sich ~ vor (dat.) se
garder de; prendre garde à; sich wohl
~, etw. zu tun n'avoir garde de faire
qch.; er soll sich ~! qu'il prenne
garde!
Hüter(in f) m (7) gardien(ne f) m;
(*Vieh*) gardeur m, -euse f (de bétail).
Hut|**futter** n coiffe f de chapeau;
~**geschäft** n chapellerie f; ~**krempe**
f bord m (d'un chapeau); ~**macher**
(**-in** f) m chapelier m, -ière f; ~**nadel**
f épingle f à chapeau; ~**schachtel** f
carton m à chapeau; ~**schnur** f cordon m de chapeau; fig. F über die ~
gehen passer les bornes.
Hütte ['hytə] f (15) cabane f; 'hutte f;
(*mit Strohdach*) chaumière f; (*der
Eingeborenen*) case f; ⊕ usine f métallurgique; forge f; (*Glas*) verrerie
f.
Hütten|**arbeiter** m ouvrier m mé-
tallurgiste; ~**betrieb** m entreprise
(od. exploitation) f métallurgique;
~**erzeugnis** n produit m métallurgique; ~**kunde** f métallurgie f; ~
werk n = Hütte ⊕; ~**wesen** n métallurgie f.
Hyäne [hy'ɛ:nə] f (15) hyène f.

Hyazinthe [hya'tsintə] f (15) jacinthe f.
Hydrant [hy'drant] m (12) bouche f à
eau (od. d'incendie).
Hydraul|**ik** [hy'draʊlik] f (16, o.pl.)
hydrolique f; **isch** adj. hydraulique.
Hygie|**ne** [hy'gje:nə] f (15, o.pl.) hy-
giène f; **nisch** adj. hygiénique.
Hymne ['hymnə] f (15) hymne m.
Hyperbel [hy'pɛrbəl] f (15) hyperbo-
le f.
Hypno|**se** [hyp'no:zə] f (15) hypnose
f; ~**tiseur** [ti'zø:r] m (3¹) hypnoti-
seur m; **ti'sieren** v/t. hypnotiser.
Hypochond|**er** [hypo'xɔndər] m (7)
hypocondriaque m; **risch** adj. hypocondriaque.
Hypotenuse [te'nu:zə] f (15) hypo-
ténuse f.
Hypothek ['te:k] f (16) hypothèque
f (*aufnehmen* prendre; *löschen* purger); *erste* (*zweite*) ~ hypothèque f de
premier (second) rang; *mit e-r* ~
belasten hypothéquer; **arisch** [te-
'ka:riʃ] adj. hypothécaire.
Hypo'theken|**-ablösung** f purge f de
l'hypothèque; ~**bank** f banque f foncière; ~**belastung** f charge f hypothécaire; ~**zinsen** pl. intérêts m/pl.
hypothécaires.
Hypothe|**se** [hypo'te:zə] f (15) hypo-
thèse f; **tisch** adj. hypothétique.
Hysterie [hyste'ri:] f (15) hystérie f.
hysterisch [s'te:riʃ] adj. hystérique.

I

I, i [iː] *n* I, i *m*.

i! *int.* pouah!; eh!; ~ wo pensez-vous !

iah! [ˈiːaː] *int.* 'hi-han.

iberisch [iˈbeːriʃ] *adj.* ibérique.

ich [iç] **1.** *pr/p.* (19) je; *als pr. abs.* moi; **hier bin** ~ **eine voici;** ~ **bin es** c'est moi; **2.** ♀ *n* moi *m*; **~bezogen** *p.p. adjt.* égocentrique; **~sucht** *f* égoïsme *m*.

ideal [ideˈaːl] **1.** *adj.* idéal; **2.** ♀ *n* (3¹) idéal *m*; **♀fall** *m* cas *m* idéal; **~i'sieren** *v/t.* idéaliser; **♀ismus** [~aˈlis-] *m* idéalisme *m*; **♀ist(in** *f)* [~aˈlist(in)] *m* (12) idéaliste *m*, *f*; **~istisch** [~aˈlistiʃ] *adj.* idéaliste.

Idee [iˈdeː] *f* (15) idée *f*; (*Begriff*) notion *f*; **eine gute** ~ une bonne idée; **eine fixe** ~ une idée fixe.

ideell [ideˈɛl] *adj.* idéal.

ideen|reich [iˈdeːnraɪç] *adj.* riche en idées; **♀verbindung** *f* association *f* d'idées.

identi|fizieren [idɛntifiˈtsiːrən] *v/t.* identifier; **~sch** [~ˈdɛntiʃ] *adj.* identique; **♀'tät** *f* identité *f*.

Ideolog|ie [ideoloˈgiː] *f* (16) idéologie *f*; **♀isch** [~oˈgiʃ] *adj.* idéologique.

Idiom [iˈdjoːm] *n* (3¹) idiome *m*; **♀atisch** [~oˈmaːtiʃ] *adj.* idiomatique.

Idiot [iˈdjoːt] *m* (12) idiot *m*; **♀en|sicher** *adj.* d'une simplicité enfantine; **~ie** [~oˈtiː] *f* idiotie *f*; **♀isch** *adj.* idiot.

Idol [iˈdoːl] *n* (3¹) idole *f*.

Idyll [iˈdyl] *n* (3¹), **~e** *f* (15) idylle *f*; **♀isch** *adj.* idyllique.

Igel [ˈiːgəl] *m* (7) 'hérisson *m*.

Igno|rant [ignoˈrant] *m* (12) ignorant *m*; **~ranz** *f* (16) ignorance *f*; **♀'rieren** *v/t.:* j-n ~ feindre de ne pas connaître q.; *etw.* ~ ne pas tenir compte de qch.

ihm [iːm] *pr/p.* (*dat. v. er, es*) lui; *als pr. abs.* à lui; *nach prp.* lui.

ihn [iːn] *pr/p.* (*acc. v. er*) le (*vor vo. od. stummem* h: l') *als pr. abs. u. nach prp.* lui.

ihnen [ˈiːnən] *pr/p.* **1.** (*dat. pl. v. er, sie, es*) leur; *als pr. abs.* à eux m, à elles *f*; *nach prp.* eux m, elles *f*; **2.** ♀ (*dat. v. Sie*) vous; *als pr. abs.* à vous; *nach prp.* vous.

ihr [iːr] **1.** *pr/p.* (*dat. v. sie sg.*) lui; *als*

pr. abs. à elle; *nach prp.* elle; **2.** *pr/p.* (*nom. pl. v. du*, *in Briefen* ♀) vous; **3.** *adj./poss.* **~e** *(f)* m u. n a) v. e-r *Besitzerin:* son *m* (*vor vo. od. stummem* h: *a. f*), sa *f* (*vor cons.*); *pl.* ses; b) v. mehreren Besitzern: leur; *pl.* ~e leurs; ♀ votre; **4.** *pr/poss.* **~er, ~e, ~es:** der (die, das) ~e *od.* ~ige a) v. e-r *Besitzerin:* le sien, la sienne; b) v. mehreren Besitzern: le (la) leur; ♀ le (la) vôtre; **~er** *pr/p.* (*gén. v. sie*): ich gedenke ~ je me souviens d'elle (*pl.* d'eux, d'elles); je pense à elle (*pl.* à eux, à elles).

ihrerseits *adv.* de sa (*pl.* leur) part; de son (*pl.* leur) côté; ♀ de votre part (*od.* côté).

ihresgleichen [ˈ~əsglaɪçən] *pr.* son (*pl.* leur) pareil; ♀ votre leur pareil.

ihret|halben [ˈiːrət-], **~wegen**, **(um)** **~willen** *adv.* à cause d'elle (d'eux m/pl.; d'elles f/pl.); pour elle (eux m/pl., elles f/pl.); ♀ à cause de vous; pour vous.

ihrig [ˈiːriç] *s. ihr 4.*

Ikone [iˈkoːnə] *f* (15) icône *f*.

illegal [ˈilegaːl] *adj.* illégal.

illegitim [ilegiˈtiːm] *adj.* illégitime.

Illu|sion [iluˈzjoːn] *f* illusion *f*; **♀sorisch** [~ˈzoːriʃ] *adj.* illusoire.

Illustr|ation [ilustraˈtsjoːn] *f* illustration *f*; **♀ieren** [~sˈtriːrən] *v/t.* illustrer; **~ierte** [~sˈtriːrtə] *f* illustré *m*, magazine *m*.

Iltis [ˈiltis] *m* (4¹) putois *m*.

im [im] = *in dem*.

Imbiß [ˈimbis] *m* (4) collation *f*; casse-croûte *m*; **e-n kleinen** ~ **nehmen** prendre une collation; **~halle** *f*, **~stube** *f* snack-bar *m*; (*auf Bahnhöfen*) buvette *f*.

Imker [ˈimkər] *m* (7) apiculteur *m*; **~ei** [~ˈraɪ] *f* (16) apiculture *f*.

Immatrikul|ation [imatrikulaˈtsjoːn] *f* immatriculation *f*; inscription *f* à l'Université; **♀ieren** [~ˈtsiːrən] *v/t.:* sich ~ lassen se faire inscrire, se faire immatriculer.

immer [ˈimər] *adv.* toujours; **auf** (**für**) ~ pour toujours; **à jamais;** ~ **noch** toujours, encore; ~, **wenn er kam**

toutes les fois qu'il venait; ~ mehr de plus en plus; ~ besser de mieux en mieux; ~ größer de plus en plus grand; wer auch ~ qui que ce soit; '~fort adv. continuellement; ~grün ⚥ adj. à feuilles persistantes; ⚥grün ⚥ n pervenche f; '~hin adv. toujours est-il que; ~! tout de même; ~während adj. continuel; perpétuel; ~zu adv. constamment.

Immobilien [imo'bi:ljən] pl. immeubles m/pl.

immun [i'mu:n] adj. immunisé; parl. qui jouit de l'immunité parlementaire; ⚥ität [~muni'tɛ:t] f immunité f.

Imperativ ['imperati:f] m (3¹) impératif m.

Imperfekt ['impɛrfɛkt] n (3) imparfait m.

Imperialis|mus [imperja'lismus] m (16, o. pl.) impérialisme m; ⚥tisch adj. impérialiste.

impf|en ['impfən] v/t. (25) (wieder re)vacciner; ⚥schein m certificat m de vaccination; ⚥stoff m vaccin m; ⚥ung f vaccination f.

imponieren [impo'ni:rən] v/i.: j-m ~ en imposer à q.; ~d p.pr. adjt. imposant.

Import [im'pɔrt] m (3) importation f; ~eur [~'tø:r] m (3¹) importateur m; ⚥ieren [~'ti:rən] v/t. importer.

impoten|t ['impotɛnt] adj. impuissant; ⚥z f (16) impuissance f.

imprägnieren [imprɛg'ni:rən] v/t. imprégner.

improvisieren [improvi'zi:rən] v/t. u. v/i. improviser.

Impuls [im'puls] m (4) impulsion f; ⚥iv [~'zi:f] adj. impulsif.

imstande [im'ʃtandə] adj.: ~ sein zu être en état (od. à même) de.

in [in] prp. (wo? dat., wohin? acc.) dans; en; à; ~ Paris à Paris, (innerhalb) dans Paris; (vor Ländernamen) en (ohne art.); (bei hinzugefügter näherer Bestimmung) dans (mit art.), (vor Ländernamen im pl. und vor männlichen außereuropäischen Ländern) à (mit art.); im Osten à l'Est; ~ drei Wochen (nach Ablauf von) dans trois semaines, (im Laufe von) en trois semaines; ~ m-m ganzen Leben de (od. en toute) ma vie; im Januar en (od. au mois de) janvier; im Sommer usw. en été, etc. (aber: im Frühling au printemps).

Inan|griffnahme [in¹⁹angrifnɑ:mə] f (15) mise f en œuvre; **~spruchnahme** f (15) occupation f.

Inbegriff [inbe'grif] m incarnation f; ⚥en adj. u. adv. (y) compris.

Inbe|sitznahme [inbə'sitsnɑ:mə] f prise f en possession; **~'triebnahme** f (15) mise f en exploitation; mise f en marche.

In|brunst f (14¹) ferveur f; ardeur f; ⚥brünstig adj. fervent; ardent.

in'dem 1. adv. cependant; pendant ce temps; **2.** cj. pendant que; comme; (oft durch gérondif) ~ wir lachen en riant.

Inder(in f) ['indər] m (7) Indien(ne f) m.

indes [in'dɛs], **~sen 1.** adv. cependant; sur ces entrefaites; en attendant; (jedoch) toutefois; **2.** cj. pendant que; (Gegensatz) tandis que.

Index ['indɛks] m (3², sg. a. inv.; pl. a. 'Indizes) index m; ⚥ a. ⚥ indice m.

Indian|er(in f) [in'dja:nər(in)] m (7) Indien(ne f) m; ⚥isch adj. indien.

Indigo ['indigo] m u. n (11) indigo m.

Indikativ [ˈᴧkati:f] m (3¹) indicatif m.

indirekt ['indirɛkt] adj. indirect.

indisch adj. indien.

indiskret [ˈindiskre:t] adj. indiscret; ⚥ion [~'tsjo:n] f indiscrétion f.

Individu|alist(in f) m [individua'list (-in)] m (12) individualiste m, f; ⚥ell [~du'ɛl] adj. individuel; ~um [~'vi:duum] n individu m.

Indizienbeweis [in'di:tsjənbəvaɪs] m présomption f.

Indoger'mane [indo-] m Indo-européen m.

Indones|ier(in f) [indo'ne:zjər(in)] m (7) Indonésien(ne f) m; ⚥isch adj. indonésien.

Indoss|ament [indɔsa'mɛnt] n (3) endossement m; ⚥ieren [~'si:rən] v/t. endosser.

Induktion [induk'tsjo:n] f induction f.

industrialisier|en [industriali'zi:rən] v/t. industrialiser; ⚥ung f industrialisation f.

Industrie [ˈᴧs'tri:] f (15) industrie f; **~abfälle** m/pl. déchets m/pl. industriels; **~anlagen** f/pl. installations f/pl. industrielles; ; **~ausstellung** f exposition f industrielle; **~erzeugnis** n produit m industriel.

industriell [ˈᴧstri'ɛl] adj. industriel; ⚥e(r) m (13) industriel m.

Indu'strie|staat m état m industriel; **~zeit-alter** n époque f industrielle; **~zentrum** n centre m industriel; **~zweig** m branche f d'industrie.

in-ei'nander adv. l'un dans l'autre; **~greifen** v/i. s'engrener; fig. a. s'enchaîner.

infam [in'fa:m] adj. infâme.

Infanter|ie [infantə'ri:] f (15) infanterie f; **~ist** m (12) fantassin m.

Infarkt ♀ [in'farkt] m (3) infarctus m.

Infektion [infɛk'tsjo:n] f infection f; **~sherd** m foyer m d'infection; **~skrankheit** f maladie f infectieuse.

Infinitiv [infini'ti:f] m (3¹) infinitif m.

infizieren [infi'tsi:rən] v/t. infecter.

Inflation [infla'tsjo:n] f inflation f.

infolge [in'fɔlgə] prp. (gén.) par (od. à la) suite de; **~dessen** adv. en conséquence; par conséquent.

Inform|ation [informa'tsjo:n] f information f, renseignement m; **~ieren** [~'mi:rən] v/t. informer (über acc. de).

infrarot adj. infrarouge; **~strahler** m radiateur m infrarouge.

Ingenieur [inʒe'njø:r] m (3¹) ingénieur m.

Ingrimm m (3) rage f intérieure.

Ingwer ['inɡvər] m (7) gingembre m.

Inhaber(in f) ['inha:bər] m (7) (Eigentümer) propriétaire m, f; (e-r Wohnung) occupant(e f) m; (e-s Amtes, Titels, Passes) titulaire m, f; (e-s Wechsels) porteur m.

inhaftier|en [inhaf'ti:rən] v/t. emprisonner; **~te(r** m) m, f détenu(e f) m.

Inhal|ations-apparat [inhala'tsjo:ns-] m inhalateur m; **~ieren** [~li:rən] v/t. inhaler.

Inhalt ['inhalt] m (3) contenu m; (Raum♀) capacité f; contenance f; ⅋ aire f; ~ und Form le fond et la forme; dem ~ nach erklären déclarer en substance; **~s-angabe** f résumé m; analyse f; **~(s)los** adj. creux; sans valeur; qui manque de fond; **~(s)reich** adj. substantiel; plein de fond; **~sverzeichnis** n table f des matières.

Initiative [initsja'ti:və] f (15) initiative f (ergreifen prendre).

In|jektion [injɛk'tsjo:n] f injection f; piqûre f; **~jizieren** [~ji'tsi:rən] v/t. injecter.

Inkasso [~'kaso] n (11) encaissement m.

inklusive [inklu'zi:və] adv. u. prp. inclusivement; y compris.

Inkognito [in'kɔɡnito] n (11), ♀ adv. incognito m.

inkonsequent ['inkɔnzəkvɛnt] adj. inconséquent.

In'kraft|setzung f mise f en vigueur; **~treten** n entrée f en vigueur.

Inkubationszeit ♀ [inkuba'tsjo:nstsaɪt] f période f d'incubation.

Inland n (1, o. pl.) intérieur m (du pays).

Inländ|er(in f) ['inlɛndər(in)] m habitant(e f) m du pays; **~isch** adj. du pays.

Inlandsmarkt m marché m intérieur.

Inlett ['inlɛt] n (3¹) 'housse f d'édredon.

inliegend p.pr. adjt. u. advt. ci--inclus; ci-joint.

in'mitten prp. (gén.) au milieu de.

innehaben ['ina-] v/t. Stellung, Amt: occuper; Rekord: détenir.

innen adv. (au) dedans; nach ~ en dedans; à l'intérieur; nach ~ zu vers le dedans (od. l'intérieur); von ~ du dedans.

Innen-|antenne f antenne f intérieure; **~architekt** m architecte m décorateur; **~aufnahme** phot. f intérieur m; **~ausstattung** f aménagement m intérieur; **~dienst** m service m de bureau; **~leben** n vie f intérieure; **~minister** m ministre m de l'Intérieur; **~politik** f politique f intérieure; **~raum** m intérieur m; **~stadt** f centre m de la ville, cité f.

inner ['inər] adj. intérieur; interne (a. ♀); **~betrieblich** adj. interne; au sein de l'entreprise; **~e(s)** n intérieur m; dedans m; fig. sein m.

Innereien [inə'raɪən] f/pl. tripes f/pl.

inner|halb 1. adv. au dedans; à l'intérieur; **2.** prp. örtlich (gén.) au dedans de; zeitlich (dat. u. gén.) en; dans l'espace de; ~ kurzem sous peu; **~lich 1.** adj. intérieur; intime; mental; **2.** adv.: ~ anzuwenden phm. pour l'usage interne; **~st** adj. intime; le plus profond; **~ste(s)** n (18) cœur m; fond m.

innewohnen v/i.: e-r Sache ~ être inhérent à qch.

innig ['iniç] adj. intime; (herzlich) cordial; (Wunsch) ardent.

Innung ['inun] f (16) corporation f.

in-offiziell adj. inofficiel.

Inqui|sition [inkvizi'tsjo:n] f inquisition f; **~sitor** m inquisiteur m.

ins [ins] = in das.

Insass|e ['inzasə] *m* (13) (*Fahrzeug2*) occupant *m*; passager *m*; (*Heim2*) pensionnaire *m*; **~enversicherung** *f* assurance *f* des occupants (contre les accidents).

insbesondere [insbə'zɔndərə] *adv.* en particulier; spécialement.

Inschrift *f* inscription *f*; (*Grab2 a.*) épitaphe *f*; (*Gebäude2 a.*) épigraphe *f*.

Insekt [in'zɛkt] *n* (5) insecte *m*; **~enfresser** *m* insectivore *m*; **~enkunde** *f* entomologie *f*; **~enpulver** *n* poudre *f* insecticide; **~enstich** *m* piqûre *f* d'insecte.

Insel ['inzəl] *f* (15) île *f*; *kleine* **~** îlot *m*; **~bewohner(in)** *m/f* insulaire *m*, *f*.

Inser|at [inze'rɑːt] *n* (3) annonce *f*; **2ieren** *v/t. u. v/i.* mettre (*od.* insérer) une annonce.

ins|ge'heim *adv.* en secret, secrètement; **~ge'samt** *adv.* en tout, au total.

insofern [in'zoːfɛrn] **1.** *cj.* en tant que; **2.** *adv.* jusqu'à ce point; dans cette mesure.

insolvent [inzɔl'vɛnt] *adj.* insolvable.

Inspek|teur [inspɛk'tøːr] *m* (3[1]) inspecteur *m*; **~tion** [~ʃjoːn] *f* inspection *f*; **~tor** [~'ʃpɛktɔr] *m* (8[1]) inspecteur *m*; (*Verwalter*) administrateur *m*.

Inspir|ation [inspira'tsjoːn] *f* inspiration *f*; **2ieren** [~'riːrən] *v/t.* inspirer.

Inspiz|ient [inspi'tsjɛnt] *m* inspecteur *m*; **2ieren** [~'tsiːrən] *v/t.* inspecter.

Install|ateur [instala'tøːr] *m* (3[1]) plombier *m*; **⚡** électricien *m*; **~ation** [~'tsjoːn] *f* installation *f*; **2ieren** [~li:-] *v/t.* installer.

instand [in'ʃtant] *adv.*: **~** *halten* (main)tenir en état; **~** *setzen* mettre en état; **2haltung** *f* entretien *m*.

inständig ['inʃtɛndiç] *adj.* instant; **~** *Bitte* instance *f*.

In'standsetzung *f* mise *f* en état; réparation *f*.

Instanz [in'ʃtants] *f* (16) instance *f*; *in letzter* **~** en dernier ressort; **~enweg** *m* voie *f* 'hiérarchique (*einhalten suivre*).

Instinkt [in'ʃtiŋkt] *m* (3) instinct *m*; **2iv** [~'tiːf], **2mäßig** *adj.* instinctif.

Institut [insti'tuːt] *n* (3) institut *m*; (*Anstalt*) établissement *m*; (*Einrich-*

tung) institution *f*; (*Pensionat*) pensionnat *m*.

instru|ieren [~stru'iːrən] *v/t.* instruire; **2ktion** [~k'tsjoːn] *f* instruction *f*.

Instrument [~stru'mɛnt] *n* (3) instrument *m*; **~almusik** [~'taːl-] *f* musique *f* instrumentale.

Insulin [insu'liːn] *n* (3[1], *o.pl.*) insuline *f*.

inszenier|en [instse'niːrən] *v/t.* mettre en scène; **2ung** *f* mise *f* en scène.

intakt [in'takt] *adj.* intact; *fig.* intègre.

Integral A [inte'grɑːl] *n* intégrale *f*; **~rechnung** *f* calcul *m* intégral.

Inte|gration [integra'tsjoːn] *f* intégration *f*; **2'grieren** *v/t.* intégrer.

Intellek|t [inte'lɛkt] *m* (3[1], *o.pl.*) intellect *m*; **2tu'ell** *adj.* intellectuel.

intelligen|t [inteli'gɛnt] *adj.* intelligent; **2z** [~ts] *f* (16) intelligence *f*; **2ztest** *m* test *m* d'intelligence.

Inten|dant [intɛn'dant] *m* (12) intendant *m*; **~si'tät** *f* intensité *f*; **2siv** [~'ziːf] *adj.* intense; **⚡**, *gr.* intensif; **2si'vieren** *v/t.* intensifier.

interess|ant [~'sant] *adj.* intéressant; **2e** [inte'resə] *n* (10) intérêt *m*; *es liegt in Ihrem* **~**, *es zu tun* il est de votre intérêt de le faire; **~** *haben* s'intéresser (*für* à); **2engemeinschaft** *f* union *f* d'intérêts; **2ent** [~'sɛnt] *m* (12) intéressé *m*; **~ieren** [~'siːrən] *v/t.* (*v/rfl. sich* **~** s')intéresser (*für* à).

Interimsregierung [intə'rims-] *f* gouvernement *m* provisoire (*od.* intérimaire).

interkontinental [intərkɔntinɛn'tɑːl] *adj.* intercontinental.

intern [in'tɛrn] *adj.* interne.

Internat [intər'naːt] *n* (3) internat *m*.

inter|national [intərnatsjo'nɑːl] *adj.* international; **~nieren** *v/t.* interner; **2'nierungslager** *n* camp *m* d'internement; **2'nist ⚕** *m* (12) (médicin *m*) spécialiste *m* des maladies internes; **~plane'tarisch** *adj.* interplanétaire.

Interpret [~'preːt] *m* (12) interprète *m*; exégète *m*; **~ation** [~preta'tsjoːn] *f* explication *f* (*des textes*); (*Deutung*) interprétation *f*; exégèse *f*; **2ieren** [~pre'tiːrən] *v/t.* *Text, Autor:* expliquer; (*deuten*) interpréter.

Inter|punktion [~puŋk'tsjoːn] *f* ponctuation *f*; **~vall** [~'val] *n* (3) intervalle *m*; **2venieren** [~ve'niːrən] *v/i.* intervenir; **~vention** [~ven'tsjoːn] *f* intervention *f*; **~view** ['intɛrvju:] n (11) interview f; 2'**viewen** v/t. (25) interviewer.

Interzonen|handel [intər'tso:nən-] m commerce m interzonal; **~verkehr** m trafic m interzonal.

intim [in'ti:m] adj. intime; 2**ität** [~timi'tɛ:t] f (16) intimité f.

intoleran|t ['intɔlərant] adj. intolérant; 2**z** f (16) intolérance f.

intransitiv ['~tranziti:f] adj. intransitif.

Intrig|ant [intri'gant] m (12) intrigant m; **~e** [~'tri:gə] f (15) intrigue f; 2**ieren** [~tri'gi:rən] v/i. intriguer.

Invalid|e [~va'li:də] m (13) invalide m; mutilé m; **~enrente** f pension f d'invalidité; **~ität** [~lidi'tɛ:t] f invalidité f.

Invasion [inva'zjo:n] f invasion f.

Inventar [invɛn'ta:r] n (3[1]) inventaire m (aufnehmen faire od. dresser); (Hausrat) mobilier m.

Inventur [invɛn'tu:r] f (16) inventaire m; **~ machen** faire son inventaire; **~ausverkauf** m soldes m/pl.

investieren [~vɛs'ti:rən] v/t. investir; placer.

Investition [~titsjo:n] f investissement m.

inwendig ['invɛndiç] 1. adj. intérieur; 2. adv. au (od. en) dedans.

inwie|fern, **~'weit** adv. dans quelle mesure; jusqu'à quel point.

Inzucht f (16) union f consanguine.

in'zwischen adv. entre-temps; sur ces entrefaites; en attendant.

I-Punkt m point m sur l'i.

ira|kisch [i'ra:kiʃ] adj. iraquien; **~nisch** adj. iranien.

irden ['irdən] adj. de terre.

irdisch ['irdiʃ] adj. terrestre; (weltlich) temporel; mondain.

Ire ['i:rə] m (13) Irlandais m.

irgend ['irgənt] adv.: **~ etwas** n'importe quoi, (negativ) rien; **~ jemand** n'importe qui; wenn **~ möglich** pour peu que ce soit possible; **'~-ein** adj.: **~** Buch quelque (od. n'importe quel) livre; un livre quelconque; (negativ) aucun; **'~-einer** pr/ind. quelqu'un; une personne quelconque; n'importe qui; **'~-einmal** adv.: wenn **~** ist jamais; **'~wann** adv. en quelque temps que ce soit; n'importe quand; **'~was** = irgend etwas; **'~welche** pr. v. irgendein; **'~wer** pr/ind. n'importe qui; **'~wie** adv. d'une manière quelconque; n'im-

porte comment; **'~wo**('hin) adv. en quelque lieu (que ce soit); n'importe où; quelque part; **'~wo**'her adv. de n'importe où.

Ir|in ['irin] f Irlandaise f; 2**isch** adj. irlandais; **~länder(in** f) m = Ire, Irin.

Iron|ie [iro'ni:] f (15) ironie f; 2**isch** [i'ro:niʃ] adj. ironique.

irre ['irə] 1. adj. (verirrt) égaré; (geistig gestört) aliéné; fou; **~** werden ne plus savoir que penser (an dat. de); 2. 2 f: in die **~** führen égarer; 3. 2(**r** m m) f aliéné(e f) m, fou m, folle f; F ein armer **~**r un pauvre fou.

irre|führen v/t. induire en erreur, tromper; 2**führung** f tromperie f, duperie f; **~leiten** v/t. = irreführen; **~machen** v/t. dérouter; (außer Fassung bringen) déconcerter.

irren ['irən] (25) 1. v/i. (sn) (herum~) errer; 2. v/rfl.: sich **~** se tromper (in der Straße de rue); être dans l'erreur; wenn ich mich nicht irre si je ne me trompe; sauf erreur; 2**-anstalt** f, 2**haus** n asile m (od. maison f) d'aliénés.

irrereden v/i. délirer; divaguer.

Irr|fahrt f odyssée f; **~garten** m labyrinthe m; **~glaube** m hérésie f.

irritieren [iri'ti:rən] v/t. irriter.

Irr|läufer m envoi m égaré; **~lehre** f doctrine f erronée; (Ketzerei) hérésie f; **~licht** n feu m follet; **~sinn** m folie f; 2**sinnig** adj. insensé; aliéné; fou; **~tum** m (1[1]) erreur f; (Versehen) méprise f; **~** vorbehalten sauf erreur ou omission; 2**tümlich** 1. adj. erroné; 2. adv. par erreur; **~weg** m faux chemin m; auf **~e** geraten s'égarer.

Ischias ['iʃjas] m od. n (inv.) sciatique f; **~nerv** m nerf m sciatique.

Islam ['islam, ~'la:m] m (11, o.pl.) Islam m.

Island|er(in f) ['i:slɛndər] m (7) Islandais(e f) m; 2**isch** adj. islandais.

Isolation [izola'tsjo:n] f isolement m.

Isolier|band [izo'li:rbant] n ruban m isolant; 2**en** [~'li:rən] v/t. isoler; **~ung** f isolement m; **~** isolation f.

Israel|i [isra'e:li] m (11) Israélien(ne f) m; 2**isch** adj. israélien; **~it(in** f) [~'li:t] m (12) Israélite m, f.

iß(t) [is(t)] s. essen.

ist [ist] s. sein.

Isthmus ['istmus] m (16[2]) isthme m.

Italien|er(in f) [ita'lje:nər] m Italien (-ne f) m; 2**isch** adj. italien.

J

J, j [jɔt] *n* J, j [ʒi] *m*.

ja [jɑː] 1. *adv. u. cj.* oui; o ∼! ma foi oui!; certes; ∼ *doch!* mais oui!; *(Widerspruch)* si!, mais si!, si fait!; ∼ *natürlich*, ∼ *freilich* bien sûr; sans doute; ∼ *sogar* et même; *téléph.* ∼, *bitte?* allô! j'écoute; *zu etw.* ∼ *sagen* consentir à qch.; *tue das* ∼ *nicht* ne fais surtout pas cela; *ich sagte es dir* ∼ je te l'avais bien dit; *das ist* ∼ *unmöglich* mais c'est impossible; 2. ∼ *n*: *das* ∼ le oui; *mit* ∼ *antworten* répondre affirmativement.

Jacht [jaxt] *f* (16) yacht *m*.

Jack|e [ˈjakə] *f* (15) veste *f*; jaquette *f*; ∼**enkleid** *n* tailleur *m*.

Jackett [jaˈkɛt] *n* (11) veston *m*.

Jagd [jɑːkt] *f* (16) chasse *f*; *auf die* ∼ *gehen* aller à la chasse; ∼ *machen auf (acc.)* faire la chasse à; ∼**aufseher** *m* garde-chasse *m*; 2**bar** *adj.* bon à chasser; ∼**beute** *f* tableau *m* de chasse; ∼**bomber** ✕ *m* chasseur *m* bombardier; ∼**flugzeug** *n* avion *m* de chasse; ∼**geschwader** *n* escadre *f* de chasse; ∼**gewehr** *n* fusil *m* de chasse; ∼**horn** *n* cor *m* de chasse; ∼**hund** *m* chien *m* de chasse; ∼**pächter** *m* locataire *m* de chasse; ∼**rennen** *n* steeple-chase *m*; ∼**revier** *n* chasse *f* gardée; ∼**schein** *m* permis *m* de chasse; ∼**zeit** *f* saison *f* de la chasse.

jagen [ˈjɑːgən] (25) 1. *v/t.* chasser; faire la chasse à; *(ver∼)* chasser *(aus de)*; 2. *v/i.* (sn) *(dahin∼)* aller à toute vitesse; courir *(nach* après).

Jäger [ˈjɛːgər] *m* (7) chasseur *m*; *Flgw.* avion *m* de chasse; ∼**latein** *n* histoires *f/pl.* de chasseurs.

Jaguar [ˈjɑːguɑːr] *m* (3¹) jaguar *m*.

jäh [jɛː] *adj.* subit; soudain; *(überstürzt)* précipité; *(abschüssig)* escarpé; *fig.* brusque; ∼**lings** *adv.* soudainement.

Jahr [jɑːr] *n* (3) an *m*; *(als Dauer)* année *f*; *im* ∼*e* ... en ..., *(unter hundert)* l'an ...; *übers* ∼ dans un an; *ein* ∼ *ums andere* tous les deux ans; *von* ∼ *zu* ∼ d'année en année; *auf viele* ∼*e hinaus* pour bien des années; *seit* ∼ *und Tag* depuis longtemps; *in den besten* ∼*en sein* être à la fleur de l'âge; 2¹-**aus**

adv.: ∼, *jahrein* tous les ans; ∼**buch** *n* annuaire *m*; chronique *f*; ∼**bücher** *pl.* annales *f/pl.*; 2**elang** 1. *adj.* qui dure des années entières; 2. *adv.* pendant des années.

jähren [ˈjɛːrən] *v/rfl.* (25): *heute jährt sich der Tag, daß* ... il y a aujourd'hui un an que ...

Jahres|**-abonnement** *n* abonnement *m* annuel *(od.* d'un an); ∼**abschluß** ✝ *m* bilan *m* de fin d'année; ∼**bericht** *m* compte rendu *m* annuel; ∼**einkommen** *n* revenu *m* annuel; ∼**frist** *f* délai *m* d'un an; *nach* ∼ au bout d'un an; ∼**rate** *f* annuité *f*; ∼**ring** *m* cerne *m*; ∼**tag** *m* anniversaire *m*; ∼**umsatz** *m* chiffre *m* d'affaires annuel; ∼**wechsel** *m*, ∼**wende** *f* changement *m* d'année; nouvel an *m*; ∼**zahl** *f* année *f*; date *f*; *(auf Münzen)* millésime *m*; ∼**zeit** *f* saison *f*.

Jahr|gang *m* année *f*; ✕ classe *f*; ∼**'hundert** *n* siècle *m*; 2**'hunderte-alt** *adj.* séculaire; ∼**'hundertfeier** *f* centenaire *m*.

jährlich 1. *adj.* annuel; 2. *adv. a.* par an.

Jahr|**markt** *m* foire *f*; ∼**marktsbude** *f* baraque *f* foraine; ∼**'tausend** *n* millénaire *m*; ∼**'zehnt** *n* (3¹) dizaine *f* d'années, période *f* de dix ans.

Jähzorn *m* accès *m* de colère; *(Eigenschaft)* irascibilité *f*; 2**ig** *adj.* irascible.

Jakobiner [jakoˈbiːnər] *m* (7) jacobin *m*.

Jalousie [ʒaluˈziː] *f* (15) jalousie *f*; *(klappbare)* persienne *f*.

Jammer [ˈjamər] *m* (7) *(Elend)* misère *f*; *(Herzeleid)* affliction *f*; *es ist ein* ∼ c'est pitié; *(Wehklagen)* = ∼**geschrei** *n* lamentations *f/pl.*; ∼**gestalt** *f* figure *f* pitoyable.

jämmerlich [ˈjɛmərliç] *adj.* *(elendig)* misérable; *(kläglich)* pitoyable.

jammer|**n** [ˈjamərn] *v/i.* (29) se lamenter; gémir; ∼**schade** *adj.*: *es ist* ∼ c'est grand dommage.

Jänner [ˈjɛnər] *m* (7) *östr.* = **Januar** [ˈjanuɑːr] *m* (3¹) janvier *m*.

Japan|er(in *f*) [jaˈpɑːnər(in)] *m* (7) Japonais(e *f*) *m*; 2**isch** *adj.* japonais;

nippon.

Jasmin [jas'miːn] *m* (3¹) jasmin *m*.

jäten ['jɛːtən] *v/t. u. v/i.* (26) sarcler.

Jauche ['jauxə] *f* (15) purin *m*; **~grube** *f* fosse *f* à purin.

jauchzen ['jauxtsən] *v/i.* (27) pousser des cris de joie; jubiler.

jaulen ['jaulən] *v/i.* (25) glapir.

Jause ['jauzə] *f* (15) *östr.* = *Imbiß*.

jawohl [ja'voːl] *adv.* oui!, certainement!

Jawort ['jaːvɔrt] *n:* sein ~ geben dire oui, consentir à épouser q.

Jazz [jats, dʒɛz] *m* (*inv.*) jazz *m*; **~musik** *f* musique *f* de jazz.

je [jeː] *adv. u. cj.* jamais; von ~(her) de tout temps; ~ zwei und zwei deux à deux; ~ zehn Wörter chaque dix mots; ~ nach den Umständen selon les circonstances; ~ nachdem selon que, *abs.* c'est selon; ~ mehr (weniger) ..., desto mehr (weniger) ... plus (moins) ..., plus (moins) ...; ~ eher, ~ lieber le plus tôt sera le mieux; ~ weiter wir kommen à mesure que nous avançons.

jedenfalls *adv.* en tout cas.

jeder ['jeːdər], **jede, jedes** (21) **1.** *adj.* chaque, (*verallgemeinernd*) tout; *jeden Augenblick* à tout moment; *er wird jeden Augenblick da sein* il arrivera d'un moment à l'autre; *jedes dritte Wort* tous les trois mots, un mot sur trois; *ohne jeden Zweifel* sans aucun doute; **2.** *pr/ind.* chaque (*resp.* tout) homme *m*, chaque (*resp.* toute) femme *f*; chacun(e); *jeder, der* quiconque.

jeder|lei *adj.* de toutes sortes; **~mann** *pr/ind.* chacun; tout le monde; **~zeit** *adv.* en tout temps; à toute heure.

jedesmal 1. *adv.* chaque fois; **2.** *cj.:* ~ *wenn* chaque fois que, toutes les fois que.

je|doch *cj.* cependant; toutefois.

Jeep [dʒiːp] *m* (11) jeep *f*.

jeher [jeː'heːr] *adv.:* von ~ de tout temps.

Jelängerjelieber ♀ [je'lɛŋərje'liːbər] *n* (7) chèvre feuille *m*.

jemals ['jeːmaːls] *adv.* jamais.

jemand ['jeːmant] *pr/ind.* (24) quelqu'un, (*bei negativem Sinn*) personne, aucun.

jener ['jeːnər], **jene, jenes** (21) **1.** *adj.* ce (*vor vo. od. stummem h:* cet), cette, ces *pl.*; **2.** *pr/dém.* celui-là *m*

(ceux-là *pl.*); celle-là *f* (celles-là *pl.*); *n:* cela.

jenseit|ig ['jɛnzaɪtiç] *adj.* qui est au-delà (*od.* de l'autre côté); **~s 1.** *adv.* de l'autre côté; **2.** *prp.* au-delà de, de l'autre côté de; **2n** *n* au-delà *m*.

Jesuit [jezu'iːt] *m* (12) jésuite *m*; **~enorden** *m* compagnie *f* de Jésus.

Jesus ['jeːzus] *m* Jésus *m*; ~ *Christus* Jésus-Christ *m*.

jetzig ['jɛtsiç] *adj.* d'à présent; (*gegenwärtig*) actuel; de nos jours.

jetzt [jɛtst] *adv.* à présent; maintenant; *bis* ~ jusqu'ici; *von* ~ *an* désormais; *gerade* ~ à l'instant (même).

jeweil|ig ['jeːvaɪliç] *adj.* respectif; **~s** *adv.* chaque fois.

Joch [jɔx] *n* (3) joug *m*; (*Gespann*) paire *f*; (*Feldmaß*) arpent *m*; (*Berg2*) col *m*; (*Brücken2*) arche *f*; *Arch.* travée *f*; **~bein** *n* os *m* de la pommette.

Jockei ['dʒɔki] *m* (11) jockey *m*.

Jod [joːt] *n* (3) iode *m*.

jod|eln ['joːdəln] *v/t. u. v/i.* (29) tyroldeln; jouler; **2ler** *m* (7) jodleur *m*; (*Jodelruf*) tyrolienne *f*.

Jod|lösung *f* iode *f* en solution; **~tinktur** *f* teinture *f* d'iode.

Joghurt ['joːgurt] *m od. n* (3¹, *o.pl.*) yog(h)ourt *m*, yaourt *m*.

Johannis|beere [jo'hanisbeːrə] *f* groseille *f*; (*schwarze*) cassis *m*; **~beerstrauch** *m* groseillier *m*; (*schwarzer*) cassis *m*; **~brot** *n* caroube *f*; **~feuer** *n* feu(x *pl.*) *m* de la Saint-Jean; **~käfer** *m* ver *m* luisant; **~tag** *m* (fête *f* de) la Saint-Jean.

johlen ['joːlən] *v/i.* (25) criailler.

Jolle ['jɔlə] *f* (15) yole *f*.

Jongl|eur [ʒɔ̃'løːr] *m* jongleur *m*; **2ieren** [~'liːrən] *v/t. u. v/i.* jongler.

Joppe ['jɔpə] *f* (15) vareuse *f*, veste *f*.

Journal [ʒur'naːl] *n* (3¹) journal *m*; **~ismus** [~a'lismus] *m* journalisme *m*; **~ist** [~a'list] *m* (12) journaliste *m*.

jovial [jo'vjaːl] *adj.* jovial.

Jubel ['juːbəl] *m* (7) allégresse *f*; **~jahr** *n* jubilé *m*; *fig. alle ~e (einmal)* très rarement; **2n** *v/i.* (29) jubiler.

Jubil|ar [jubi'laːr] *m* (3¹) jubilaire *m*; **~äum** [~'lɛːum] *n* (9) jubilé *m*.

Juchten ['juxtən] *n od. m* (6), **~leder** *n* cuir *m* de Russie.

juck|en ['jukən] (25) **1.** *v/i. u. v/imp.* démanger; *es juckt mich j'ai des démangeaisons; ihm juckt das Fell* le dos lui démange; **2.** *v/t.* (*v/rfl. sich* ~

se) gratter; ♀**reiz** m démangeaison f.
Jude ['ju:də] m (13) Juif m; der Ewige ∼
le Juif errant; ∼**nstern** m étoile f
juive (od. de David); ∼**ntum** n (1)
judaïsme m; (Volk) Juifs m/pl.
Jüd|in ['jy:din] f Juive f; ♀**isch** adj.
juif; judaïque.
Jugend ['ju:gənt] f (16) jeunesse f;
(Kindheit) enfance f; (Jünglingsalter)
adolescence f; ∼ coll. jeunes gens
m/pl.; ∼**bewegung** f mouvement m
de la jeunesse; ∼**buch** n livre m pour
la jeunesse; ∼**er-innerung** f souvenir m de jeunesse; ♀**frei** adj. permis
au mineurs; ∼**freund(in)** f m ami(e)
m de jeunesse (od. d'enfance);
∼**fürsorge** f assistance f à la jeunesse;
∼**gericht** n tribunal m pour mineurs;
∼**gruppe** f groupe m de jeunes;
∼**herberge** f auberge f de (la) jeunesse; ∼**kriminalität** f délinquance
f juvénile; ♀**lich 1.** adj. de (la) jeunesse; jeune; (der Jugend eigen) juvénile; ∼er Held thé. jeune premier m;
2. adv.: ∼ aussehen avoir l'air jeune;
∼**liche(r** m) m, f adolescent(e f) m; f.
die ∼n les mineurs, les jeunes; ∼n ist
der Zutritt verboten interdit aux
moins de dix-huit ans; ∼**liebe** f premières amours f/pl.; ∼**schutzgesetz**
n loi f de protection de la jeunesse;
∼**streich** m folie f de jeunesse;
∼**sünde** f péché m de jeunesse; ∼**zeit** f
jeunesse f; ∼**zentrum** n foyer m (od.
centre) m de la jeunesse.
Jugoslaw|e [jugo'slɑ:və] m (13), ∼**in** f
Yougoslave m, f; ♀**isch** adj. yougoslave.
Juli ['ju:li] m (11) juillet m.
jung [juŋ] adj. (18²) jeune; (Wein a.)
nouveau; vert; (Gemüse) frais; ∼e
Erbsen petits pois m/pl.; ∼ und alt
jeunes et vieux m/pl.; von ∼ auf depuis la plus tendre enfance; in ∼en
Jahren dans la jeunesse; die ∼en Leute
les jeunes gens m/pl.; die ∼en Eheleute
les nouveaux (od. jeunes) mariés
m/pl.; wieder ∼ machen (werden) ra-
jeunir; ♀**brunnen** m fontaine f de
Jouvence.
Junge 1. m (13, pl. a. Jungs) garçon m;
F gamin m; blaue Jungs cols-bleus
m/pl.; F schwerer ∼ criminel m invétéré; **2.** ∼**(s)** zo. n (18) petit m; Junge
pl. werfen (bekommen) = ♀**n** v/i. (25)
mettre bas; avoir des petits; ♀**nhaft**

adj. puéril; de gamin.
jünger ['jyŋər] **1.** adj. (comp. v. jung)
plus jeune; ∼er Bruder frère m cadet;
er ist zwei Jahre ∼ als ich il est mon
cadet de deux ans; **2.** ♀ m (7) disciple
m.
Jungfer ['juŋfər] f: alte ∼ vieille fille f,
vieille demoiselle f.
Jungfern|fahrt f voyage m inaugu-
ral; premier voyage m; ∼**häutchen**
['∼hɔytçən] n hymen m.
Jung|frau f vierge f, pucelle f; die
Heilige ∼ la sainte Vierge; die ∼ von
Orléans la Pucelle d'Orléans; astr.
Vierge f; ♀**fräulich** adj. virginal;
∼**fräulichkeit** f virginité f; ∼**geselle**
m célibataire m, vieux garçon m;
∼**gesellenwohnung** f garçonnière f.
Jüngling ['jyŋliŋ] m (3¹) jeune homme m; adolescent m; ∼**s-alter** n adolescence f.
jüngst [jyŋst] **1.** adj. (sup. v. jung) le
plus jeune; der ♀e cadet; das ♀e
Gericht, der ♀e Tag le jugement dernier; **2.** adv. récemment; dernièrement; l'autre jour.
Juni ['ju:ni] m (11) juin m.
junior ['ju:njɔr] adj. (le) junior; junior; ♀**chef** m chef m junior.
Jura ['ju:ra] **1.** ♀ pl.: ∼ studieren faire
son (od. étudier le) droit; **2.** géol. m
(11, o.pl.) jurassique m.
Jurist [ju'rist] m (12) juriste m; (Student) étudiant m en droit; ♀**isch** adj.
juridique; ∼e Fakultät faculté f de
droit.
Jury ['jy:ri] f (11¹) jury m.
just [just] adv. juste(ment), précisément.
justieren [jus'ti:rən] v/t. ajuster.
Justiz [jus'ti:ts] f (16) justice f; ∼**be-
amte(r)** m fonctionnaire m de justice; (höherer) magistrat m (judiciaire); ∼**gebäude** n palais m de justice;
∼**irrtum** m erreur f judiciaire; ∼**mi-
nister(ium** n) m ministre (ministère) m de la justice; ∼**mord** m meurtre m juridique.
Jute ['ju:tə] f (15) jute m.
Juwel [ju've:l] n (5²) joyau m; bijou m
(a. fig.); ∼**en** pl. pierreries f/pl.; ∼**enhändler** m, ∼**ier** [juvə'li:r] m (3¹)
joaillier m; bijoutier m; ∼**iergeschäft**
[∼ə'li:r-] n bijouterie f, joaillerie f.
Jux F [juks] m (3²) facétie f; P rigolade
f.

K

K, k [kɑː] *n* K, k *m*.

Kabale [ka'bɑːlə] *f* (15) cabale *f*; intrigue *f*.

Kabarett [kaba'rɛt] *n* (3¹) cabaret *m* artistique; F boîte *f* de nuit; **~ist** *m* chansonnier *m* de cabaret.

Kabel ['kɑːbəl] *n* (7) câble *m*; **~bericht** *télégr. m* câble *m*, câblogramme *m*.

Kabeljau ['kɑːbəljaʊ] *m* (3¹ *u.* 11) morue *f*, cabillaud *m*.

kabeln *v/t.* (29) câbler.

Kabine [ka'biːnə] *f* (15) ⚓ cabine *f*; *Flgw.* carlingue *f*; **~nkoffer** *m* malle--cabine *f*; **~nroller** *m* vespa *f* carrossée.

Kabinett [kabi'nɛt] *n* (7) cabinet *m*; *pol. a.* ministère *m*; **~ssitzung** *f* séance *f* du conseil des ministres.

Kabriolett [kabrio'lɛt] *n* (11) cabriolet *m*.

Kachel ['kaxəl] *f* (15) carreau *m* (de faïence); **~ofen** *m* poêle *m* de faïence.

kacken V ['kakən] *v/i.* faire caca.

Kadaver [ka'dɑːvər] *m* (7) cadavre *m* d'animal; (*Aas*) charogne *f*; **~gehorsam** *m* obéissance *f* aveugle.

Kader ⚔, *pol.* ['kɑːdər] *m*, *schweiz. n* (7) cadre(s) *m(pl.)*.

Kadett [ka'dɛt] *m* (12) cadet *m*; **~enanstalt** *f* école *f* de cadets.

Käfer ['kɛːfər] *m* (7) scarabée *m*; escarbot *m*; ◫ coléoptère *m*.

Kaff F *u. péj.* [kaf] *n* (11) trou *m*; patelin *m*; P bled *m*.

Kaffee ['kafe, ka'feː] *m* (11) café *m* (*gemahlener* moulu); *ungemahlener* en grains; *ungerösteter* vert); **~ mit Milch** café *m* au lait; café *m* crème; **~ kochen** faire le café; **~ trinken** prendre du (*od.* le) café; **~bohne** *f* grain *m* de café; **2braun** *adj.* (couleur) café; **~Ersatz** *m* succédané *m* de café; **~haus** *n* café *m*; **~kanne** *f* cafetière *f*; **~löffel** *m* cuiller *f* à café; **~maschine** *f* cafetière *f*; (*große*) percolateur *m*; **~mühle** *f* moulin *m* à café; **~pflanzung** *f* plantation *f* de café; **~rösterei** *f* torréfaction *f* de café; **~satz** *m* marc *m* de café; **~strauch** *m* caféier *m*; **~tasse** *f* tasse *f* à café; **~wär-**

~mer *m* couvre-cafetière *m*.

Kaffer ['kafər] *m* (13) Cafre *m*; *fig.* F idiot *m*.

Käfig ['kɛːfiç] *m* (3) cage *f*.

kahl [kɑːl] *adj.* (*nackt*) nu; (*Baum a.*) dépouillé (de feuilles); (*Kopf*) chauve; (*Gesicht*) glabre; (*Tier*) sans poil (*resp.* plumes); *fig.* pauvre; **~fressen** *v/t.* dévorer toutes les feuilles; ravager; dénuder; **2heit** *f* (*des Kopfes*) calvitie *f*; (*e-s Berges usw.*) nudité *f*; *fig.* pauvreté *f*; **2kopf** *m* tête *f* chauve; **~köpfig** ['~kœpfiç] *adj.* chauve; **2schlag** *for.* *m* coupe *f* à blanc estoc.

Kahn [kɑːn] *m* (3³) barque *f*; canot *m*; (*Nachen*) nacelle *f*; (*größerer*) bateau *m*; **~ fahren** se promener en canot; canoter; **~fahrt** *f* promenade *f* en canot.

Kai [kai] *m* (11) quai *m*; **~anlagen** *f/pl.* quais *m/pl.*; **~gebühr** *f*, **~geld** *n* droit *m* de quai; **~mauer** *f* mur *m* de (*bzw.* du) quai.

Kaiser ['kaizər] *m* (7) empereur *m*; **~haus** *n* maison *f* impériale; **~in** *f* (16¹) impératrice *f*; **~krone** *f* couronne *f* impériale (a. ♀); **2lich** *adj.* impérial; **~reich** *n* empire *m*; **~schnitt** ⚕ *m* (*opération f*) césarienne *f*; **~tum** *n* (1²) empire *m*; **~würde** *f* dignité *f* impériale.

Kajak ['kɑːjak] *m*, *n* (11) kayak *od.* kayac *m*.

Kajüte [ka'jyːtə] *f* (15) cabine *f*.

Kakadu ['kakadu] *m* (3¹ *u.* 11) cacatoès *m*.

Kakao [ka'kɑːo] *m* (11) cacao *m*; F *fig.* *j-n durch den ~ ziehen* jeter du ridicule sur q.; **~baum** *m* cacaotier *m*; **~bohne** *f* amande *f* de cacao; **~pulver** *n* cacao *m* en poudre.

Kak|teen [kak'teːən] *f/pl.* cact(ac)ées *f/pl.*; **~tus** *m* (14², *pl. a.* Kak'teen) cactus *m*.

Kalamität [kalami'tɛːt] *f* (16) calamité *f*; embarras *m*.

Kalauer ['kɑːlaʊər] *m* (7) calembour *m*.

Kalb [kalp] *n* (1²) veau *m*; **2en** ['~bən] *v/i.* (25) vêler; **~e'rei** F *f* folâtrerie *f*;

~fleisch n (viande f de) veau m;
~leder n (cuir m de) veau m.
Kalbs|braten m rôti m de veau; **~brust** f poitrine f de veau; **~hachse** f jarret m de veau; **~keule** f cuisseau m (de veau); **~milch** f ris m de veau; **~nierenbraten** m longe f de veau; **~schnitzel** n escalope f de veau.
Kaldaunen [kal'daunən] f/pl. (15) tripes f/pl.
Kaleidoskop [kalaido'sko:p] n (3¹) kaléidoscope m.
Kalender [ka'lɛndər] m (7) calendrier m; (als Buch) almanach m; **~block** m bloc-calendrier m; **~jahr** n année f civile.
Kali [¹ka:li] n (11) potasse f.
Kaliber [ka'li:bər] n (7) calibre m.
Kalidünger m engrais m potassique.
Kalif [ka'li:f] m calife m.
Kalium [¹ka:ljum] n (11) potassium m; **~permanganat** n permanganate m de potassium.
Kalk [kalk] m (3) chaux f (gelöschter éteinte; ungelöschter vive); **~** brennen cuire la chaux; mit **~** bewerfen crépir; mit **~** düngen chauler; **~en** v/t. (25) enduire de chaux; **✓** chauler; **2haltig** adj. calcaire; **~mangel** ♂ m manque m de calcium; **~ofen** m four m à chaux; **~stein** m pierre f à chaux; calcaire m; **~steinbruch** m carrière f de calcaire.
Kalku|lation [kalkula'tsjo:n] f calcul m; **2lieren** v/t. u. v/i. calculer.
Kalorie [kalo'ri:] f (15) calorie f.
kalt [kalt] adj. u. adv. (18²) froid; fig. a. impassible; indifférent; es ist **~** il fait froid; mir ist **~** j'ai froid; **~e** Füße haben avoir froid aux pieds; **~** werden (se) refroidir; **~** stellen laisser refroidir; mir wird **~** je me refroidis; **~** essen manger froid; **~er** Krieg guerre f froide; **~e** Küche repas m/pl. froids; **~e** Platte charcuterie f; assiette f anglaise; j-m die **~e** Schulter zeigen battre froid à qn; **²blüter** zo. [¹~blytər] m/pl. animaux m/pl. à sang froid; **~blütig** 1. adj. qui a du sang-froid; 2. adv. avec sang-froid; **2blütigkeit** f sang-froid m.
Kälte [¹kɛltə] f (15) froid m; fig. a. froideur f; **2beständig** adj. résistant au froid; **~welle** f vague f de froid.
kalt|herzig adj. u. adv. froid; **~machen** P fig. v/t. tuer; **2schale** f soupe f froide; **~schnäuzig**

F 1. adj. insensible; froid; 2. adv. froidement; **~stellen** fig. v/t. priver de toute influence; écarter; F débarquer; limoger.
Kalvinis|mus [kalvi'nismʊs] m calvinisme m; **~t** (m), **2tisch** adj. calviniste (m).
Kalzium [¹kaltsjum] n (9, o. pl.) calcium m.
kam [ka:m] s. kommen.
Kamel [ka'me:l] n (3) chameau m; fig. F nigaud m; **~haar** n poil m de chameau.
Kamelie [ka'me:ljə] f (15) camélia m.
Ka'meltreiber m chamelier m.
Kamera [¹kaməra] f (11¹) caméra f.
Kamerad|(in f) [kamə'ra:t, **~**'ra:din] m (12) camarade m, f; compagnon m, compagne f; **~schaft** f (16) camaraderie f; **2schaftlich** adj. (a. adv. en) camarade; **~schaftsgeist** m esprit m de camaraderie.
Kameramann m caméraman m; opérateur m.
Kamille [ka'milə] f (15) camomille f; **~ntee** m infusion f de camomille.
Kamin [ka'mi:n] m, schweiz. a. n (3¹) cheminée f; **~aufsatz** m manteau m de cheminée; **~feger** m ramoneur m; **~feuer** n feu m de cheminée; **~schirm** m garde-feu m; écran m.
Kamm [kam] m (3³) peigne m; (weiter) démêloir m; (Gebirgs♀) crête f (a. Hahnen♀); arête f; fig. alles über e-n **~** scheren mettre tout dans le même sac; fig. ihm schwillt der **~** il dresse la crête.
kämmen [¹kɛmən] v/t. (25) peigner; ⊕ a. carder.
Kammer [¹kamər] f (15) chambre f.
Kämmer|ei [kɛmə'rai] f (15) administration f des finances municipales; ⊕ cardage m; peignage m; **~er** m (7) administrateur m des finances municipales; (päpstlicher) camérier m.
Kammer|gericht n cour f d'appel; **~jäger** m chasseur m de vermine; **~musik** f musique f de chambre; **~sänger(in** f) m chanteur m, cantatrice f; **~spiele** n/pl. théâtre m intime; **~zofe** f femme f de chambre; thé. soubrette f; suivante f.
Kammgarn n laine f peignée; **~spinnerei** f filature f de laine peignée; **~weberei** f tissage m de laine peignée.
Kampagne [kam'panjə] f (15) a.

fig. campagne *f.*

Kampf [kampf] *m* (3³) combat *m*; lutte *f*; ~ *ums Dasein* lutte *f* pour l'existence; *j-n zum* ~ *stellen* forcer q. à combattre; *sich zum* ~ *stellen* faire face à l'adversaire; **~ansage** *f* défi *m*; **~anzug** ✕ *m* tenue *f* de combat; **~bahn** *f* stade *m*; **~begierde** *f* ardeur *f* belliqueuse; **2bereit** *adj.* prêt au combat; **~einheit** ✕ *f* unité *f* tactique.

kämpfen [ˈkɛmpfən] *v/i.* (25) combattre (*gegen j-n* q.); lutter (*gegen* contre).

Kampfer [ˈkampfər] *m* (7) camphre *m.*

Kämpfer [ˈkɛmpfər] *m* (7) combattant *m*; lutteur *m*; **2isch** *adj.* combatif.

kampf|fähig *adj.* capable de combattre; **2flieger** *m* pilote *m* de combat; **2flugzeug** *n* avion *m* de combat; **2geist** *m* esprit *m* combatif; **2gericht** *n* jury *m*; **2geschwader** *n* escadre *f* de combat; **2gruppe** ✕ *f* groupement *m* tactique, groupe *m* de combat; **2hahn** *fig.* *m* querelleur *m*; **2-handlung** ✕ *f* action *f* militaire; **~lust** *f* combativité *f*; **~lustig** *adj.* combatif; **2moral** *f* moral *m* au combat; **2pause** *f* interruption *f* du combat; **2platz** *m* lieu *m* du combat; (*Arena*) arène *f*; **2richter** *m* arbitre *m*; **2spiel** *n* lutte *f*; (*Turnier*) tournoi *m*; **~unfähig** *adj.* inapte au combat; ~ *machen* mettre 'hors de combat'; **2verband** *m* = *Kampfgruppe*; **2wa-gen** *m* char *m* d'assaut.

kampieren [kamˈpiːrən] *v/i.* camper.

Kanad|ier [kaˈnaːdjər] *m* Canadien *m*; *Sp.* (canoë) canadien *m*; **2isch** *adj.* canadien.

Kanal [kaˈnaːl] *m* (3¹ *u.* ³) canal *m*; (*Leitung*) conduit *m*; **~isati'on** *f* égouts *m/pl.*; (*mit Einzelanschlüssen*) tout-à-l'égout *m*; **2i'sieren** *v/t.* canaliser; **~i'sierung** *f* canalisation *f*; *s. a.* *Kanalisation*; **~schiffahrt** *f* navigation *f* sur les canaux; **~wähler** *TV m* sélecteur *m* de canaux.

Kanarienvogel [kaˈnaːrjən-] *m* canari *m.*

Kandare [kanˈdaːrə] *f* (15) mors *m.*

Kandelaber [kandəˈlaːbər] *m* (7) candélabre *m.*

Kandid|at(in *f* [16¹]) [kandiˈdaːt] *m* (12) candidat(e *f*) *m*; **~atenliste** *f* liste *f* de candidats; **~a'tur** *f* candi-

dature *f*; **2'ieren** *v/i.* se porter candidat; poser sa candidature.

kandieren [kanˈdiːrən] *v/t.* glacer; confire.

Kandis [ˈkandis] *m* (*inv.*), **~zucker** *m* (sucre *m*) candi *m.*

Känguruh [ˈkɛŋguru] *n* (3¹ *u.* 11) kangourou *m.*

Kaninchen [kaˈniːnçən] *n* (6) lapin *m* (*zahmes* de clapier; *wildes* de garenne); **~gehege** *n* garenne *f*; **~stall** *m* clapier *m*; **~zucht** *f* cuniculture *f.*

Kanister [kaˈnistər] *m* bidon *m.*

kann(st) *s.* können.

Kanne [ˈkanə] *f* (15) pot *m*; (*bsd. Bier*2) can(n)ette *f*; **2nweise** *adv.* par pots.

Kannibal|e [kaniˈbaːlə] *m* (13) cannibale *m*; **2isch 1.** *adj.* de cannibale; **2.** *adv.* F diablement.

kannte *s.* kennen.

Kanon [ˈkaːnɔn] *m* (11) canon *m.*

Kanonade [kanoˈnaːdə] *f* (15) canonnade *f.*

Kanon|e [kaˈnoːnə] *f* (15) canon *m*; *fig.* F as *m*; *fig.* F *unter aller* ~ au-dessous de tout; **~enboot** *n* canonnière *f*; **~endonner** *m* bruit *m* du canon; **~enfutter** F *n* chair *f* à canon; **~enkugel** *f* boulet *m* (de canon); **~enrohr** *n* canon *m*; **~enschuß** *m* coup *m* de canon.

Kanonier [~ˈniːr] *m* (3¹) canonnier *m.*

Kano|nikus [kaˈnoːnikus] *m* (14, *pl.* -ker) chanoine *m*; **2nisch** *adj.* canonique.

Kantate [kanˈtaːtə] *f* (15) cantate *f.*

Kant|e [ˈkantə] *f* (15) arête *f*; (*scharfe Seite*) carne *f*; (*Rand*) bord *m*; (*Tuch*2) lisière *f*; *fig.* *auf die hohe* ~ *legen* mettre de côté; **~en** (6) (*Brot*2) croûton *m*; **2en** *v/t. Holz:* équarrir; (*auf die Kante stellen*) mettre sur la carne; **~holz** *n* bois *m* équarri; **2ig** *adj.* à arête vive; ~ *behauen Holz:* équarrir.

Kantine [kanˈtiːnə] *f* (15) cantine *f*; **~nwirt** *m* cantinier *m.*

Kanton [kanˈtoːn] *m* (3¹) canton *m*; **2al** [~toˈnaːl] *adj.*, **~s...** *in Zssgn* cantonal; **~srat** *schweiz.* *m* Grand Conseil *m*; **~sregierung** *schweiz.* *f* Conseil *m* d'État.

Kantor [ˈkantɔr] *m* (8¹) chantre *m.*

Kanu [kaˈnuː, ˈkaːnu] *n* (11) canoë *m*; **~fahrer** *m* canoéiste *m.*

Kanüle [kaˈnyːlə] *f* (15) canule *f.*

Kanute [kaˈnuːtə] *m* (13) canoéiste *m.*

Kanzel [ˈkantsəl] f (15) chaire f; auf die ~ steigen monter en chaire; von der ~ herab verkünden annoncer en chaire; **~redner** m orateur m de la chaire.

Kanzlei [kantsˈlaɪ] f (16) chancellerie f; greffe m; (Büro) bureau m; (e-s Notars) étude f; **~diener** m huissier m (de chancellerie); **~papier** n papier m ministre; **~stil** m style m de palais (od. de chancellerie); **~vorsteher** m chef m de bureau.

Kanzler [ˈkantslər] m (7) chancelier m.

Kap [kap] n (3¹ u. 11) cap m; promontoire m.

Kapaun [kaˈpaʊn] m (3¹) chapon m.

Kapazität [kapatsiˈtɛːt] f (16) capacité f (a. ⚡ u. fig.).

Kapelle [kaˈpɛlə] f (15) chapelle f; ♪ orchestre m; ⚔ musique f; **~meister** m ♪ chef m d'orchestre; ⚔ chef m de musique.

Kaper [ˈkaːpər] 1. ♀ f (15) câpre f; 2. ⚓ hist. m (7) corsaire m; **~brief** m hist. m lettre f de marque; **⚓n** v/t. (29) Schiff: capturer; **~schiff** n corsaire m.

kapieren F [kaˈpiːrən] v/t. saisir; P piger.

Kapillargefäß anat. [kapiˈlɑːr-] n (vaisseau m) capillaire m.

Kapital [kapiˈtaːl] 1. n (3¹ u. 8²) capital m (totes improductif); 2. ⚡ adj. capital; fondamental; ein ~er Hirsch un superbe cerf; **~abwanderung** f émigration f de capitaux; **~anlage** f placement m de capitaux; **~aufstockung** f = Kapitalerhöhung; **~beschaffung** f obtention f de capitaux; **~bewegungen** f/pl. mouvements m/pl. des capitaux; **~bildung** f constitution f de capital; **~erhöhung** f augmentation f de capital; **~ertragsteuer** f impôt m sur le revenu du capital; **~flucht** f évasion f de capitaux; **~gesellschaft** f société f de capitaux.

kapitalisieren [kapitaliˈziːrən] v/t. capitaliser; **⚡ismus** m (~lismus m) capitalisme m; **⚡ist** [~taˈlist] m (12) capitaliste m; **~istisch** [~ˈlistiʃ] adj. capitaliste.

kapitalkräftig adj. qui possède des capitaux; **⚡markt** m marché m financier od. des capitaux; **⚡nachfrage** f demande f de capitaux; **~steuer** f impôt m sur le capital; **⚡verbrechen** n crime m capital; **⚡wert** m valeur f en capital; **⚡zins** m intérêts m/pl. d'un capital.

Kapitän [~ˈtɛːn] m (3¹) capitaine m (zur See de vaisseau); **~leutnant** m lieutenant m de vaisseau.

Kapitel [kaˈpitəl] n (7) chapitre m.

Kapitell Arch. [kapiˈtɛl] n (3¹) chapiteau m.

Kapitulation [kapitulaˈtsjoːn] f capitulation f; **⚡ieren** [~ˈliːrən] v/i. capituler.

Kaplan [kaˈplaːn] m (3¹ u. ²) chapelain m; vicaire m.

Kapokbaum [ˈkapɔk-] m kapokier m.

Käppchen [ˈkɛpçən] n (6) calotte f.

Kappe [ˈkapə] f (15) bonnet m; chaperon m (a. Arch.); (mit Schirm) casquette f; (Kapuze) capuchon m; (Schuh⚡) bout m; fig. etw. auf s-e ~ nehmen prendre qch. sur soi.

Käppi [ˈkɛpi] n (11) képi m.

Kapriole [kapriˈoːlə] f (15) cabriole f; **~n machen** cabrioler.

kapriziös [kapriˈtsjøːs] adj. capricieux.

Kapsel [ˈkapsəl] f (15) capsule f; boîte f.

kaputt F [kaˈput] adj. cassé; abîmé; **~gehen** v/i. (sn) se casser; s'abîmer; **~machen** v/t. casser; abîmer; **~schlagen** v/t. casser; briser.

Kapuze [kaˈpuːtsə] f (15) capuchon m; (bis über die Schultern) capeline f; **~iner** m (7) capucin m.

Karabiner [karaˈbiːnər] m (7) carabine f; **~haken** m mousqueton m.

Karaffe [kaˈrafə] f (15) carafe f.

Karambolage [karamboˈlɑːʒə] f (15) Auto collision f; bill. carambolage m; **⚡ieren** v/i. Auto entrer en collision; bill. caramboler.

Karamel [karaˈmɛl] m (10, o.pl.) caramel m.

Karat [kaˈraːt] n (3) carat m; **⚡ätig** [kaˈrɛːtiç] adj.: 18 ~es Gold or m à dix-huit carats.

Karawane [karaˈvaːnə] f (15) caravane f; **~n-straße** f route f de caravanes.

Karbid [karˈbiːt] n (3¹) carbure m (de calcium); **~lampe** f lampe f à acétylène (od. à carbure).

Karbol [~ˈboːl] n (7) phénol m; **~säure** f acide m phénique.

Karbonade [~boˈnaːdə] f (15) côtelette f.

Karbunkel ⚕ [karˈbuŋkəl] m (7)

clou *m*; furoncle *m*.

Kardan|gelenk [kar'da:n-] *n* joint *m* de cardan; **~welle** *f* arbre *m* à cardan.

Kardätsche [~'dɛ:tʃə] *f* (15) carde *f*; (*für Pferde*) brosse *f*.

Kardinal [kardi'na:l] *m* (3¹ *u*. ³) cardinal *m*; **~fehler** *m* faute *f* principale; **~shut** *m* chapeau *m* de cardinal; **~zahl** *f* nombre *m* cardinal.

Kardiogramm [kardjo'gram] *n* (3¹) cardiogramme *m*.

Karenzzeit [ka'rɛnts-] *f* délai *m* de carence.

Karfiol [kar'fjo:l] *m* (3¹, *o. pl.*) *östr.* = Blumenkohl.

Karfreitag [ka:r'fraita:k] *m* (3) vendredi *m* saint.

Karfunkel .[kar'fuŋkəl] *m* (7) min. escarboucle *f*; ♂ = Karbunkel.

karg [kark] *adj*. (18[²]) avare (*od.* chiche) (*mit* de); (*knapp*) maigre; (*Mahl*) frugal; **~en** ['~gən] *v/i*. (25) être avare (*od.* chiche) (*mit* de); lésiner; **~heit** *f* lésinerie *f*.

kärglich ['kɛrkliç] *adj.* chiche; mesquin.

kariert [ka'ri:rt] *p.p. adjt.* à carreaux; quadrillé.

Karies ['ka:ries] *f* (16, *o.pl.*) carie *f*.

Karik|atur [karika'tu:r] *f* (16) caricature *f*; **~aturist** [~tu'rist] *m* (12) caricaturiste *m*; **♀ieren** *v/t.* caricaturer.

kariös ♂ [kari'ø:s] *adj.* carié.

karitativ [karita'ti:f] *adj.* charitable.

Karmeliter(in *f* [16¹]) [karme'litər] *m* (7) carme *m*, carmélite *f*.

Karmesin [karme'zi:n] *n* (3¹) cramoisi *m*.

Karmin [kar'mi:n] *n* (3¹) carmin *m*; **♀rot** *adj.* carminé.

Karneval ['karnəval] *m* (3¹ *u*. 11) carnaval *m*.

Karnickel F [kar'nikəl] *n* (7) s. Kaninchen.

Karo ['ka:ro] *n* (11) carreau *m*; **~'linger** *m* (7) Carolingien *m*.

Karosserie [karɔsə'ri:] *f* (15) carrosserie *f*.

Karotin [karo'ti:n] *n* (3, *o. pl.*) carotène *m*.

Karotte [ka'rɔtə] *f* (15) carotte *f*.

Karpfen ['karpfən] *m* (6) carpe *f*; **~teich** *m* étang *m* aux carpes.

Karre ['karə] *f* (15), **~n** *m* (6) (*Schub♀*) brouette *f*; (*zweirädrig*) charrette *f*; F (*altes Fahrzeug*) clou *m*; **♀n** *v/t.* (25) brouetter; charrier.

Karriere [kar'jɛ:rə] *f* (15) carrière *f*; **~ machen** faire carrière; **~macher** *m* arriviste *m*.

Karst [karst] *m* (3²) 'houe *f*; pioche *f*; *geogr.* Karst *m*.

Kartätsche [kar'tɛ:tʃə] *f* (15) boîte *f* à mitraille; *mit* **~n** *beschießen* mitrailler.

Kartause [kar'tauzə] *f* (15) chartreuse *f*.

Kartäuser [kar'tɔyzər] *m* (7) chartreux *m*; **~kloster** *n* chartreuse *f*; **~likör** *m* chartreuse *f*.

Karte ['kartə] *f* (15) carte *f*; (*Eintritts♀, Fahr♀*) billet *m*; ticket *m*; *nach der* **~** *speisen* dîner à la carte; *die* **~n** *legen* tirer les cartes; **~n** *spielen* jouer aux cartes; *mit offenen* **~n** *spielen* jouer cartes sur table (*a. fig.*); *j-m in die* **~n** *sehen* voir dans le jeu de q.; *alles auf e-e* **~** *setzen* jouer tout sur une carte.

Kartei [~'tai] *f* (16) fichier *m*; classeur *m*; **~karte** *f* fiche *f*; **~kasten** *m* fichier *m*.

Kartell [~'tɛl] *n* (3¹) cartel *m*; **~gesetz** *n* loi *f* sur les ententes; **~verbot** *n* interdiction *f* des cartels.

Karten|blatt *n* carte *f*; **~brief** *m* carte-lettre *f*; **~haus** *n* château *m* de cartes; **~kunststück** *n* tour *m* de cartes; **~legen** *n* cartomancie *f*; **~legerin** *f* tireuse *f* de cartes; **~spiel** *n* jeu *m* de cartes; **~spieler(in** *f*) *m* joueur *m*, -euse *f* de cartes; **~ständer** *m* support *m*; **~verkauf** *m* vente *f* de billets; **~werk** *n* atlas *m*.

Kartoffel [kar'tɔfəl] *f* (15) pomme *f* de terre; **~(an)bau** *m* culture *f* de la pomme de terre; **~brei** *m* purée *f* de pommes de terre; **~chips** *pl.* chips *m/pl.*; copeaux *m/pl.* de pommes de terre; **~käfer** *m* doryphore *m*; **~mehl** *n* fécule *f* de pommes de terre; **~püree** *n* s. Kartoffelbrei; **~salat** *m* salade *f* de pommes de terre; **~schalen** *f/pl.* pelures *f/pl.* de pommes de terre; **~suppe** *f* soupe *f* aux pommes de terre.

Kartograph [karto'gra:f] *m* (12) cartographe *m*.

Karton [kar'tɔŋ] *m* (11) carton *m*; **♀ieren** [~to'ni:rən] *v/t.* cartonner.

Kartothek [~to'te:k] *f* (15) fichier *m*; classeur *m*.

Kartusche [kar'tuʃə] *f* (15) cartouche *f*; ✕ gargousse *f*.

Karussell [karu'sɛl] *n* (3¹) carrousel

m; manège *m* de chevaux de bois (*resp.* d'autos, d'avions, *etc.*).

Karwoche [ˈkɑːrvɔxə] *f* semaine *f* sainte.

Karzer [ˈkartsər] *m* (7) cachot *m*.

Karzinom ✝ [kartsiˈnoːm] *n* (3¹) carcinome *m*.

Kaschiermaschine [kaˈʃiːr-] *f* machine *f* à coller.

Kaschmir|wolle [ˈkaʃmiːr-] *f* laine *f* de cachemire; **~ziege** *f* chèvre *f* du Cachemire.

Käse [ˈkɛːzə] *m* (7) fromage *m*; **~blatt** F *n* feuille *f* de chou; **~gebäck** *n* petits gâteaux *m/pl.* au fromage; **~glocke** *f* cloche *f* à fromage; **~kuchen** *m* tarte *f* au fromage.

Kasematte [kazəˈmatə] *f* (15) casemate *f*.

käsen (27) *v/i.* faire du fromage; (*Milch*) se cailler.

Käse|platte *f* plateau *m* de fromage; **~rei** *f* fromagerie *f*.

Kaserne [kaˈzɛrnə] *f* (15) caserne *f*; **~nhof** *m* cour *f* de (la) caserne; **Qieren** [ˌˈniːrən] *v/t.* caserner.

käsig [ˈkɛːziç] *adj.* caséeux; *fig.* F pâle; blême.

Kasino [kaˈziːno] *n* (11) casino *m*; cercle *m*; ✗ mess *m*.

Kaskoversicherung [ˈkasko-] *f* assurance *f* tous risques.

Kasperle [ˈkaspərlə] *m u. n* (7) polichinelle *m*; guignol *m*; **~theater** *n* guignol *m*.

Kassation *jur.* [kasaˈtsjoːn] *f* (15) cassation *f*.

Kasse [ˈkasə] *f* (15) caisse *f*; thé. bureau *m*; *bei ~ sein* être en fonds; *nicht bei ~ sein* être à court d'argent; *per ~ bezahlen* payer comptant.

Kassen|-abschluß *m* compte *m*; **~arzt** *m* médecin *m* de caisse; **~beleg** *m* pièce *f* de caisse; **~bericht** *m* compte *m* rendu de la caisse; **~bestand** *m* encaisse *f*; **~bon** *m* bon *m* de caisse acquitté; **~buch** *n* livre *m* de caisse; **~erfolg** thé. *m* pièce *f* à succès; **~patient** *m* patient *m* affilié à une caisse; **~schalter** *m* guichet *m* de la caisse; **~schein** *m* bon *m* de caisse; **~schlager** *m* article *m* à grand succès; *s. a. Kassenerfolg*; **~stunden** *f/pl.* heures *f/pl.* de bureau; **~sturz** *m* contrôle *m* de la caisse; **~zettel** *m* bon *m*.

Kasserolle [kasəˈrɔlə] *f* (15) cocotte *f*.

Kassette [kaˈsɛtə] *f* (15) cassette *f*;

---

phot. châssis *m*; **~nrecorder** *m* magnétophone *m* à cassette.

kassier|en [kaˈsiː-] *v/t.* encaisser; *Urteil:* casser; **Qer(in** *f*) *m* caissier *m*, -ière *f*.

Kastanie [kasˈtɑːnjə] *f* (15) châtaigne *f*; (*edle*) marron *m*; **~nbaum** *m* châtaignier *m*; (*edler*) marronnier *m*; **Qenbraun** *adj.* châtain; marron; **~nwald** *m* châtaigneraie *f*.

Kästchen [ˈkɛstçən] *n* (6) cassette *f*; coffret *m*.

Kaste [ˈkastə] *f* (15) caste *f*.

kasteien [kasˈtaɪən] *v/rfl.* (25): *sich ~* se mortifier.

Kastell [kasˈtɛl] *n* (3¹) château *m* fort.

Kasten [ˈkastən] *m* (6) caisse *f*; boîte *f*; *östr., schweiz.* = *Schrank*; **~geist** *m* esprit *m* de caste; **~wagen** *m* camionnette *f* fermée.

Kastr|at [kasˈtraːt] *m* (12) castrat *m*; **~ation** [ˌaˈtsjoːn] *f* castration *f*; **Qieren** [ˌˈtriːrən] *v/t.* châtrer.

Kasus *gr.* [ˈkaːzus] *m* (*inv.*) cas *m*.

Kata|falk [kataˈfalk] *m* (3¹) catafalque *m*; **~kombe** [ˌˈkɔmbə] *f* catacombe *f*; **~lane** [ˌˈlɑːnə] *m* (13) catalan *m*; **Qlanisch** *adj.* catalan; **~log** [ˌˈloːk] *m* (3) catalogue *m*; **Qlogisieren** [ˌlogiˈsiːrən] *v/t.* cataloguer; **~pult** [ˌˈpult] *m u. n* (3) catapulte *f*; **Qpul'tieren** Flgw. *v/t.* catapulter; **~'pult-start** Flgw. *m* (décollage *m* par) catapultage *m*.

Katarakt [kataˈrakt] *m* (3) cataracte *f*.

Katarrh [kaˈtar] *m* (3¹) catarrhe *m*; rhume *m*.

Kataster [kaˈtastər] *m u. n* (7) cadastre *m*.

kata|strophal [ˌstroˈfɑːl] *adj.* catastrophique; **Qstrophe** [ˌˈstroːfə] *f* catastrophe *f*.

Kate|chismus [kateˈçismus] *m* (16²) catéchisme *m*; **~gorie** [ˌgoˈriː] *f* (16) catégorie *f*; **Qgorisch** [ˌˈgoːriʃ] *adj.* (*u. adv.*) catégorique(ment).

Kater [ˈkaːtər] *m* (7) matou *m*; chat *m* mâle; *fig. e-n ~ haben* avoir mal aux cheveux.

Katheder [kaˈteːdər] *m u. n* (7) chaire *f*.

Kathedrale [kateˈdrɑːlə] *f* (15) cathédrale *f*.

Kathete ⩗ [kaˈteːtə] *f* (15) côté *m* de l'angle droit; **~ter** ✝ *m* cathéter *m*.

Kathode [kaˈtoːdə] *f* (15) cathode *f*.

Kathol|ik(in *f*) [katoˈliːk] *m* (12) catholique *m, f*; **Qisch** [ˌˈtoːliʃ] *adj.*

catholique; **~izismus** [~i'tsismus] *m* catholicisme *m*.

Kattun [ka'tu:n] *m* (3¹) calicot *m*; (*bedruckter*) indienne *f*.

Kätzchen ['kɛtsçən] *n* (6) chaton *m* (*a.* ♀).

Katze ['katsə] *f* (15) chat *m*, chatte *f*.

katzen|-artig *adj.* félin; *fig. a.* perfide; **2-auge** *n* (*am Fahrrad*) cataphote *m*; catadioptre *m*; **2fell** *n* peau *f* de chat; **~freundlich** *adj.* câlin; félin; **2geschrei** *n* miaulements *m/pl.*; **~haft** *adj.* = katzenartig; **2jammer** *m* mal *m* aux cheveux; *moralischer* ~ malaise *m* moral, F cafard *m*; **2musik** *f* charivari *m*; **2sprung** *m*: *es ist nur ein* ~*fig.* c'est à deux pas; **2zunge** *f* (*Schokolade*) langue-de-chat *f* en chocolat.

Kauderwelsch ['kaʊdərvɛlʃ] *n* (3²) baragouin *m*; jargon *m*.

kau|en ['kaʊən] *v/t. u. v/i.* (25) mâcher; *Tabak* ~ chiquer (du tabac); *an den Nägeln* ~ ronger ses ongles; **~ern** (29) *v/i.* (*v/rfl. sich* ~) s'accroupir; (*zum Verstecken*) se tapir; se blottir.

Kauf [kaʊf] *m* (3³) achat *m*; acquisition *f*; (*~geschäft*) marché *m*; (*kleiner Ein2*) emplette *f*; *etw. mit in* ~ *nehmen* s'accommoder de qch.; **~auftrag** *m* ordre *m* d'achat; **~brief** *m* lettre *f* d'achat; (*Verkauf*) contrat *m* de vente; **2en** *v/t. u. v/i.* acheter (*von j-m etw. qch. à q.*); *fig. den werde ich mir* ~ il me le paiera; *dafür kann ich mir nichts* ~ cela me fait une belle jambe!

Käufer(in *f*) ['kɔyfər] *m* (7) acheteur *m*, -euse *f*.

Kauf|haus *n* (grand) magasin *m*; **~herr** *m* négociant *m*; **~kraft** *f* pouvoir *m* d'achat; **2kräftig** *adj.* qui a de l'argent pour acheter; **~laden** *m* boutique *f*; **~leute** *pl. v. Kaufmann.*

käuflich ['kɔyfliç] **1.** *adj.* à vendre; achetable; (*bestechlich*) vénal; **2.** *adv.*: ~ *erwerben* acquérir par voie d'achat; **2keit** *f* vénalité *f*.

Kauf|lust *f* envie *f* d'acheter; (*Nachfrage*) demande *f*; **~mann** *m* commerçant *m*; (*Händler*) marchand *m*; (*Krämer*) épicier *m*; (*Großhändler*) négociant *m*; **2männisch** ['-mɛniʃ] *adj.* commercial; **~preis** *m* prix *m* d'achat; **~vertrag** *m* contrat *m* d'achat; (*Verkauf*) contrat *m* de vente; **~zwang** *m* obligation *f* d'acheter.

Kaugummi *m* chewing-gum *m*; gomme *f* à mâcher.

Kaulquappe ['kaʊlkvapə] *f* (15) têtard *m*.

kaum [kaʊm] *adv. u. cj.* à peine; ne ... guère; es ~ *glauben können* avoir de la peine à le croire.

Kaumuskel *m* muscle *m* masticateur.

kausal [kaʊ'za:l] *adj.* causal; **2zusammenhang** *m* rapport *m* de cause; relation *f* à effet.

Kautabak *m* tabac *m* à chiquer.

Kaution [kaʊ'tsjo:n] *f* (16) caution *f*; (*Summe*) cautionnement *m*.

Kautschuk ['kaʊtʃuk] *m* (3¹) caoutchouc *m*.

Kauwerkzeuge *n/pl.* organes *m/pl.* masticateurs.

Kauz [kaʊts] *m* (3² u. ³) *orn.* chouette *f*; *fig.* original *m*; drôle *m* de type.

Kavalier [kava'li:r] *m* (3¹) cavalier *m*; **~sdelikt** *n* peccadille *f*.

Kavaller|ie [-'lori:] *f* (15) cavalerie *f*; **~ist** *m* (12) cavalier *m*.

Kaviar ['ka:vjɑ:r] *m* (3¹) caviar *m*.

keck *adj.* 'hardi; (*frech*) effronté; **2heit** *f* 'hardiesse *f*; (*Frechheit*) effronterie *f*.

Kegel ['ke:gəl] *m* (7) (*Spiel*) quille *f*; Å cône *m*; (*Berg*) pic *m*; **~bahn** *f* jeu *m* de quilles; **2förmig** ['-fœrmiç] *adj.* conique; **~klub** *m* club *m* de joueurs de quilles; **~kugel** *f* boule *f* (du jeu de quilles); **2n** *v/i.* (29) jouer aux quilles; **~rad** ⊕ *n* pignon *m* conique; **~schieben** *n* jeu *m* de quilles; **~schnitt** Å *m* section *f* conique; **~spiel** *n* = Kegelschieben; **~stumpf** *m* cône *m* tronqué.

Kehl|deckel ['ke:l-] *m* épiglotte *f*; **~e** *f* (15) gorge *f*; (*Schlund*) gosier *m*; *Arch.* cannelure *f*; *aus voller* ~ à plein gosier; *etw. in die falsche* ~ *bekommen* avaler qch. de travers.

Kehlkopf *m* larynx *m*; **~-entzündung** *f* inflammation *f* du larynx; **~krebs** *m* cancer *m* du larynx; **~schnitt** ℱ *m* laryngotomie *f*; **~spiegel** *m* laryngoscope *m*.

Kehllaut *m* son *m* guttural.

Kehr|-aus ['ke:r-] *m* dernier tour *m* de danse; clôture *f*; *den* ~ *machen* renvoyer tout le monde; **~besen** *m* balai *m*; **2en** *v/t.* (*fegen*) balayer; *Kamin:* ramoner; (*wenden*) tourner; *in sich gekehrt* plongé dans ses réflexions; *sich nicht* ~ *an* (*acc.*) ne faire aucun cas de; ne pas faire attention à.

Kehricht *m u. n* (3) balayures *f/pl.*; ordures *f/pl.*; *s. a. Müll*; **~haufen** *m* tas *m* de balayures; **~kasten** *m* boîte *f* à ordures; poubelle *f*.

Kehr|reim *m* refrain *m*; **~seite** *f* revers *m*; *fig.* revers *m* de la médaille.

kehrt [ke:rt] *int.*: *~!* demi-tour!; **~machen** *v/i.* revenir sur ses pas; ✕ faire demi-tour; **2wendung** *f* volte-face *f (a. fig.)*.

keifen ['kaıfən] (25) *v/i.* criailler; glapir.

Keil [kaıl] *m* (3) coin *m*; (*Hemm2*) cale *f*; **~absatz** *m* semelle *f* compensée; **~e** *fig.* F *f* rossée *f*; **2en** (25) 1. *v/t.* coincer; (*e-n Keil unterlegen*) caler; F (*prügeln*) rosser; 2. *v/i.* (*Pferd*) ruer; **~er** *ch. m* (7) sanglier *m*; **~e'rei** *f* rixe *f*; grabuge *m*; **2förmig** ['~fœrmɪç] *adj.* cunéiforme; **~hose** *f* (pantalon *m*) fuseau *m*; **~kissen** *n* traversin *m*; **~riemen** ⊕ *m* courroie *f* trapézoïdale; **~schrift** *f* caractères *m/pl.* cunéiformes.

Keim [kaım] *m* (3) germe *m*; **~blatt** *n* ♀ cotylédon *m*; *anat.* feuillet *m* embryonnaire; **~drüse** *f* glande *f* génitale; **2en** (25) *v/i.* germer *(a. fig.)*; (*treiben*) pousser; **2fähig** *adj.* qui peut germer; **2frei** *adj.* stérilisé; **~machen** stériliser; **~ling** *m* embryon *m*; germe *m*; **2tötend** *p.pr.* *adjt.* stérilisant; **~zelle** *f* spore *f*.

kein [kaın] (20) 1. *adj.* (*bei vb. ne ...*) pas (*pfort* point) de; *das ist ~ Baum* ce n'est pas un arbre; *~ ... mehr* (*bei vb. ne ...*) plus de; *du bist ~ Kind mehr* tu n'es plus un enfant; *auf ~en Fall* en aucun cas (*bei vb. mit ne*); *unter ~er Bedingung* à aucun prix (*bei vb. mit ne*); 2. *pr./ind.* **~er**, **~e**, **~es** pas un, -e; aucun, -e; nul, -le; personne (*bei vb. alle mit ne*); **~er** von beiden aucun des deux (*bei vb. mit ne*); **~erlei** ['~ər'laı] *adj.*: *auf ~* Weise en aucune façon (*bei vb. mit ne*); **~es'falls**, **~eswegs** ['~'ve:ks] *adv.* pas (*pfort* point) du tout; nullement (*bei vb. alle mit ne*); **~mal** *adv.* pas une seule fois; jamais (*bei vb. beide mit ne*).

Keks [ke:ks] *m* (3¹) biscuit *m*; gâteau *m* sec.

Kelch [kɛlç] *m* (3) coupe *f*; ♀ *u. rl.* calice *m*; *den ~ bis zur Neige trinken* boire le calice jusqu'à la lie; **~blatt** *n* sépale *m*; **~glas** *n* (verre *m* en forme de) coupe *f*.

Kelle ['kɛlə] *f* (15) louche *f*; (*Maurer-*

2) truelle *f*.

Keller ['kɛlər] *m* (7) cave *f*; (*kleiner*) caveau *m*; (*zur Weinbereitung*) cellier *m*; **~ei** [~'raı] *f* (16) caves *f/pl.*; **~fenster** *n* soupirail *m*; **~geschoß** *n* sous-sol *m*; **~lokal** *n* cave *f*; **~meister** *m* sommelier *m*; **~wohnung** *f* sous-sol *m*.

Kellner ['kɛlnər] *m* (7) garçon *m*; (*Wein2*) sommelier *m*; **~in** *f* (16) serveuse *f*; (*Anrede*) mademoiselle *f*.

Kelte *m* (13) Celte *m*.

Kelter ['kɛltər] *f* (15) pressoir *m*; **2n** *v/t.* (29) pressurer.

keltisch *adj.* celtique.

kenn|bar ['kɛn-] *adj.* (re)connaissable; **~en** *v/t.* (30) connaître; (*wissen*) savoir; (*kennenlernen*) *v/t.*: *j-n ~* faire la connaissance de q.; *etw. ~* apprendre à connaître qch.; **2er** *m* (7) connaisseur *m*, -euse *f*; **2erblick** *m* (*2er-miene* *f*) regard *m* (airs *m/pl.*) de connaisseur; **2karte** *f* carte *f* d'identité; **~tlich** *adj.* (re)connaissable.

Kenntnis *f* (14²) connaissance *f*; *pl. a.* savoir *m*; *von etw. ~ haben* être informé de qch.; *von etw. ~ nehmen* prendre connaissance de qch.; *j-n von etw. in ~ setzen* avertir q. de qch.; *j-m etw. zur ~ bringen* mettre q. au courant de qch.; informer q. de qch.; **~nahme** *f*: *zur ~* pour prendre connaissance (*abr.* p.p.c.).

Kenn|wort *n* mot *m* d'ordre; mot *m* de passe; **~zeichen** *n* marque *f* (*distinctive*); (*Merkmal*) indice *m*; **2zeichnen** *v/t.* (26) caractériser; **~ziffer** ₳ *f* caractéristique *f*.

kentern ⚓ ['kɛntərn] *v/i.* (29, sn) chavirer.

Ke'ramik *f* céramique *f*.

Kerb|e ['kɛrbə] *f* (15) (en)coche *f*; entaille *f*; **~el** *m* (7) cerfeuil *m*; **2en** *v/t.* faire une coche à; **~holz** ['kɛrp-] *n*: *etw. auf dem ~ haben* avoir qch. sur la conscience; **~tier** *n* insecte *m*.

Kerker ['kɛrkər] *m* (7) cachot *m*; geôle *f*; **~meister** *m* geôlier *m*; **~strafe** *f* peine *f* du cachot.

Kerl F ['kɛrl] *m* (3) type *m*; individu *m*; gaillard *m*; (*Schuft*) coquin *m*.

Kern [kɛrn] *m* (3) noyau *m*; (*Apfel2 usw.*) pépin *m*; (*Nuß2, Kirsch2*) amande *f*; (*Melonen2*) graine *f*; *fig.* substance *f*; quintessence *f*; **~chemie** *f* chimie *f* nucléaire; **~energie** *f* énergie *f* nucléaire; **~explosion** *f* explosion *f* nucléaire; **~forschung** *f* recherche f nucléaire; **~forschungsstelle** f: *Gemeinsame ~* centre m commun de recherche nucléaire; **~frage** f question f essentielle; **~frucht** f fruit m à pépins; **~gebiet** n centre m; noyau m; foyer m; **~gedanke** m pensée f fondamentale; **~gehäuse** n cœur m; *(v. Apfel)* trognon m; **~gesund** adj. plein de santé; **~holz** n cœur m du bois.

kernig adj. fig. énergique; *(stämmig)* robuste.

Kern|kraftwerk n centrale f nucléaire *(od. atomique)*; **~leder** n cuir m de choix; **~los** adj. sans pépins; **~obst** n fruits m/pl. à pépins; **~physik** f physique f nucléaire; **~problem** n problème m fondamental; **~punkt** m point m essentiel; **~re-aktor** m réacteur m nucléaire; pile f atomique; **~schatten** m ombre f absolue; **~seife** f savon m de Marseille; **~spaltung** f fission f nucléaire; **~spruch** m sentence f; **~stück** n partie f essentielle; cœur m; **~truppen** f/pl. troupes f/pl. d'élite; **~waffen** f/pl. armes f/pl. nucléaires.

Kerosin ⚛ [kero'zi:n] n (3[1], o. pl.) kérosène m.

Kerze ['kɛrtsə] f (15) bougie f *(a. Auto)*; *(Talg⚛)* chandelle f; *(Kirche)* cierge m.

kerzen|gerade adj. droit comme un cierge; **⚛leuchter** m chandelier m; *(kleiner)* bougeoir m; **⚛licht** n, **⚛schein** m lueur f de la chandelle.

keß F [kɛs] adj. déluré; qui a du toupet.

Kessel ['kɛsəl] m (7) chaudron m; *(großer)* chaudière f; *(Kochtopf)* marmite f; *(Wasser⚛)* bouilloire f; *(Tal⚛)* cirque m; cuvette f; **~haken** m crémaillère f; **~haus** n chaufferie f; **~pauke** f timbale f; **~raum** m salle f des chaudières; **~schmied** m chaudronnier m; **~stein** m tartre m; **~treiben** n battue f; rabattage m.

Ketchup ['kɛtʃəp] m od. n (11) ketchup m; sauce f anglaise.

Kette ['kɛtə] f (15) chaîne f *(a. Hals⚛)* collier m; ✂ cordon m.

ketten ['kɛtən] v/t. (26) enchaîner; **⚛antrieb** m transmission f par chaîne; **⚛armband** n bracelet-gourmette m; **⚛brief** m lettre f qui fait boule de neige; **⚛bruch** ⚓ m fraction f continue; **⚛brücke** f pont m suspendu; **⚛gelenk** n, **⚛glied** n

chaînon m; **⚛hund** m chien m d'attache; **⚛raucher** m fumeur m acharné; **⚛reaktion** f réaction f en chaîne.

Ketzer ['kɛtsər] m (7) hérétique m; **~ei** [~'raɪ] f hérésie f; **⚛isch** adj. hérétique; **~verbrennung** f autodafé m.

keuch|en ['kɔʏçən] v/i. (25) 'haleter; panteler; *(Pferd)* être poussif; **~end** p.pr. adjt. 'haletant; **⚛husten** m coqueluche f.

Keule ['kɔʏlə] f (15) massue f; *(Mörser⚛)* pilon m; *(v. Vieh)* cuisse f; *(v. Wild)* cuissot m; *(Hammel⚛)* gigot m; **~nschlag** m coup m de massue.

keusch [kɔʏʃ] adj. chaste; pudique; **~heit** f chasteté f; pudicité f.

Kibbuz [ki'buːts] m (14, pl. -im) kibboutz m.

Kicher|erbse ['kiçər-] f pois m chiche; **2n** v/i. ricaner; rire sous cape.

Kidnapper ['kidnɛpər] m (7) kidnapper m.

Kiebitz ['kiːbits] m (3[2]) orn. vanneau m; fig. *(beim Spiel)* qui fait galerie.

Kief|er ['kiːfər] **1.** m anat. mâchoire f; zo. ~n pl. mandibules f/pl.; **2.** ♀ f pin m; **~erknochen** anat. m os m maxillaire; **~ernnadel** f aiguille f de pin; **~ernwald** m pinède f; **~ernzapfen** m pomme f de pin.

Kiel [kiːl] m (3) *(Feder⚛)* tuyau m (de plume); plume f; ⚓ quille f; *(Rumpf im Wasser)* carène f; **2holen** ⚓ v/t. caréner; **2'oben** adv. la quille en l'air; **~raum** m fond m de cale; **~wasser** n sillage m.

Kieme ['kiːmə] f (15): ~n pl. zo. branchies f/pl., *(außen sichtbare)* ouïes f/pl.

Kien [kiːn] m (3) bois m résineux; **~apfel** m pomme f de pin; **~holz** n bois m résineux; **~span** m copeau m résineux.

Kiepe ['kiːpə] f (15) 'hotte f.

Kies [kiːs] m (4) gravier m.

Kiesel ['kiːzəl] m (7) caillou m; galet m; min. silex m; **~erde** f ⚛ silice f; min. terre f siliceuse; **~haltig** adj. siliceux; **~säure** f acide m silicique; **~stein** m = Kiesel.

Kiesgrube ['kiːs-] f sablière f.

Kikeriki [kikəri'ki:] n cocorico m.

Kilo ['kiːlo] n (11), **~'gramm** n kilo (-gramme) m.

Kilo|meter m kilomètre m; **~geld** n indemnité f kilométrique; **~stand** m kilométrage m au compteur; **~stein** m borne f kilométrique; **~zähler** m

compteur m kilométrique.
Kilo|watt n kilowatt m; **~stunde** f kilowatt-heure m.
Kimme f (15) entaille f; (hervorragend) saillie f; (am Gewehr) cran m de mire.
Kimono cout. [ki'mono] m (11) kimono m.
Kind [kint] n (1) enfant m, f (bekommen accoucher de); von ~ auf dès l'enfance; an ~es Statt annehmen adopter; fig. das ~ beim rechten Namen nennen appeler un chat un chat; sich bei j-m lieb ~ machen s'attirer les grâces de q.; mit ~ und Kegel avec toute sa famille; **~bett** n couches f/pl.; im ~sein être en couches; **~bettfieber** n fièvre f puerpérale; **~chen** n (6) petit enfant m; bambin m.
Kinder|arbeit ['kindər-] f travail m des enfants; **~arzt** m pédiatre m, médecin m pour enfants; **~betreuung** f garderie f d'enfants; **~buch** n livre m pour enfants; **~ei** [~'raɪ] f (16) enfantillage m; **~fest** n fête f enfantine; **~funk** m émission f enfantine; **~fürsorge** f aide f sociale à l'enfance; **~garten** m jardin m d'enfants; école f maternelle; **~gärtnerin** f jardinière f d'enfants; **~geld** n allocations f/pl. familiales; **~heim** n maison f d'enfants; **~hort** m garderie f; **~krankheit** f maladie f infantile; **~krippe** f crèche f; pouponnière f; **~lähmung** f: spinale ~ poliomyélite f; **~leicht** adj. enfantin; das ist ~ un enfant le ferait; **~lieb** adj.: ~ sein aimer les enfants; **~lied** n chanson f enfantine; **2los** adj. sans enfants; **~mädchen** n bonne f d'enfants; **~märchen** n conte m d'enfants; **~mund** fig. m mot m d'enfant; **~narr** m ami m passionné des enfants; **~pflege** f puériculture f; **2reich** adj.: e-e ~e Familie une famille nombreuse; **~schar** f bande f d'enfants; **~schuh** m chaussure f (od. soulier m) d'enfant; **~schwester** f nurse f; **~spiel** n jeu m d'enfants; fig. a. bagatelle f; **~sprache** f langage m enfantin; **~sterblichkeit** f mortalité f infantile; **~streich** m enfantillage m; gaminerie f; **~stube** f chambre f des enfants; e-e gute ~ haben être bien élevé; **~waage** f pèse-bébé m; **~wagen** m voiture f d'enfant; poussette f; **~zeit** f enfance f; **~zimmer** n chambre f d'enfant(s); **~zulage** f = Kindergeld.

Kindes|-alter ['kindəs-] n enfance f; bas âge m; **~beine** n/pl.: von ~n an dès la plus tendre enfance; **~entführung** f enlèvement m d'enfant; **~kind** n petit-fils m, petite-fille f; **~liebe** f amour m filial; **~mord** m infanticide m; **~mörder(in)** f m infanticide m, f; **~pflicht** f devoir m filial.
Kind|heit ['~haɪt] f (16) enfance f; **~heits-erinnerungen** f/pl. souvenirs m/pl. d'enfance; **2isch** ['~dɪʃ] adj. enfantin; (Handlung) puéril; ~ sein faire l'enfant; ~ werden tomber en enfance; **2lich** adj. enfantin; (dem Kinde geziemend) filial; (unbefangen) naïf; **~skopf** m fig. u. F niais m; nigaud m; sei kein ~! ne fais pas le niais!
Kinn [kin] n (3) menton m; **~backe(n** m) f mâchoire f; **~bart** m barbiche f; **~haken** m (Boxkampf) uppercut m, crochet m; **~lade** f mâchoire f.
Kino ['ki:no] n (11) cinéma m; **~reklame** f publicité f au cinéma; **~vorstellung** f séance f de cinéma.
Kiosk ['ki:ɔsk] m (3¹) kiosque m.
Kipp|e ['kipə] f (15) 1.: auf der ~ stehen être près. de tomber; 2. F (Zigaretten2) mégot m; **2en** (25) 1. v/i. (sn) perdre l'équilibre; (schaukeln) basculer; 2. v/t. renverser; **~er** m camion m à benne basculante; **~karren** m tombereau m; **~lader** m = Kipper; **~schalter** ⚡ m interrupteur m à bascule; **~vorrichtung** f culbuteur m; basculeur m.
Kirche ['kɪrçə] f église f, (protestantische in Frankreich) temple m; (als Einrichtung) Église f; (Gottesdienst) service m divin; office m (divin).
Kirchen|-älteste(r) m ancien m d'une église; **~bann** m excommunication f; in den ~ tun excommunier; **~buch** n registre m de la paroisse; **~chor** m maîtrise f; lutrin m; **~diener** m sacristain m; bedeau m; suisse m; **~fahne** f bannière f; **~fenster** n vitrail m (pl. vitraux); **~fest** n fête f religieuse; **~fürst** m prince m de l'Église; **~gemeinde** f paroisse f; **~geschichte** f histoire f ecclésiastique (od. de l'Église); **~jahr** n année f ecclésiastique; **~konzert** m concert m spirituel; **~lehre** f dogme m; **~lied** n cantique m; **~maus** fig. f: arm wie e-e ~ pauvre comme un rat d'église; **~musik** f musique f religieuse (od.

sacrée); **~rat** m consistoire m; **~recht** n droit m canon; **~schändung** f sacrilège m; **~spaltung** f schisme m; **~staat** m États m/pl. de l'Église; (od. du Pape); **~steuer** f impôt m du culte; **~vater** m Père m de l'Église.

Kirch|gänger ['ˌgɛŋər] m (7) fidèle m; **~hof** m cimetière m; **2lich** adj. ecclésiastique; (Trauung) religieux; **~spiel** n paroisse f; **~turm** m clocher m; **~turmpolitik** f politique f de clocher; **~weihe** f consécration f d'une église.

Kirmes f fête f patronale; (in Belgien) kermesse f; (Jahrmarkt) foire f.

Kirsch [kirʃ] m (3²) kirsch m; **~baum** m cerisier m; **~blüte** f fleur f de cerisier; (Zeit) floraison f des cerisiers; **~e** f (15) cerise f; **~kern** m noyau m de cerise; **~kuchen** m tarte f aux cerises; **2rot** adj. rouge cerise; **~wasser** n kirsch m.

Kissen ['kisən] n (6) coussin m; (Kopf2) oreiller m; **~bezug** m taie f d'oreiller.

Kiste ['kistə] f (15) caisse f; (Zigarren2) boîte f.

Kitsch [kitʃ] m pacotille f; toc m; (Schundware) camelote f; (Bild) croûte f; **2ig** adj. tocard.

Kitt [kit] m (3) ciment m (a. fig.) (Glaser2) mastic m; **~chen** F ['kitçən] n prison f; violon m; **~el** ['kitəl] m (7) sarrau m; blouse f; **2en** v/t. (26) cimenter (a. fig.); (Glaser) mastiquer.

Kitz [kits] n (3²) (Reh2) faon m; (Ziegen2) chevreau m; chevrette f.

Kitz|el ['kitsəl] m (7) chatouillement m; (Sinnen2) volupté f; (Jucken) démangeaison f; (Gelüst) envie f; **2(e)-lig** adj. chatouilleux; fig. scabreux; **2eln** v/t. u. v/i. (29) chatouiller; fig. a. flatter; **~ler** anat. m (7) clitoris m.

Kladde ['kladə] f (15) brouillon m.

klaffen ['klafən] v/i. (25) béer; être béant.

kläff|en ['klɛfən] v/i. (25) glapir; (Hund) japper; ch. u. fig. clabauder; **2er** m (Hund) jappeur m; ch. clabaud m; (Person) clabaudeur m.

Klafter ['klaftər] f (15), m, n (7) (Längenmaß) toise f; (Holzmaß) corde f.

Klage ['klɑːgə] f (15) plainte f; ⚖ a. action f; (Jammern) lamentation(s pl.) f = Klagelied; in **~n** ausbrechen se répandre en plaintes; **~**

führen se plaindre (über de); e-e **~** gegen j-n einreichen porter plainte contre q.; intenter un procès à q.; **~lied** n complainte f; mv. p. jérémiade f; **~mauer** f mur m des lamentations; **2n** (25) **1.** v/i. se plaindre; (jammern) se lamenter; ⚖ porter plainte en justice; **2.** v/t.: j-m etw. **~** se plaindre de qch. à q.; **~punkt** ⚖ m chef m d'accusation.

Kläger(in f) ['klɛːgər(in)] m (7) plaignant(e f) m; (im Zivilprozeß) demandeur m, -deresse f.

Klage|ruf ['klɑːgə-] m cri m plaintif; **~schrift** f plainte f; **~weg** m: auf dem **~** par voie d'action; **~weib** n pleureuse f.

kläglich ['klɛːkliç] adj. (klagend) plaintif; (beklagenswert) déplorable; (elend) misérable.

Klamauk [kla'maok] m (3¹, o. pl.) chahut m; chambard m.

klamm [klam] **1.** adj. (beengt) serré; (erstarrt) engourdi; (feucht) moite; der Schnee ist ~ la neige prend; **2. 2** f (16) gorge f; **2er** f (15) crampon m; Arch. ancre f; (Büro2) attache f; (Wäsche2) pince f; **~n** pl. (runde) parenthèses f/pl., (eckige) crochets m/pl.; in **~n** setzen mettre entre parenthèses; **~ern** (29) v/i. (v/rfl. sich **~** se cramponner (an acc. à).

Klamotten P [kla'mɔtən] f/pl. frusques f/pl.; nippes f/pl.

klang s. klingen.

Klang [klaŋ] m (3³) son m; (der Stimme) ton m; fig. e-n guten ~ haben être réputé; **~farbe** f timbre m; **~fülle** f sonorité f; **~lehre** f acoustique f; **2los** adj. sourd; non sonore; **2rein** adj. net; **2voll** adj. sonore.

Klappbett n lit m pliant.

Klappe ['klapə] f (15) (Tisch2) abattant m; (Brief-, Rocktaschen2) patte f; (Deckel) couvercle m; (Fliegen2) tue-mouches m; (Fall2) trappe f; (Ventil) clapet m; (Orgel2) soupape f; (Hosen2) pont m; (Ofen-, Instrumenten2) clef m; (Flöten2) languette f; anat., zo. u. ♥ valvule f; F (Bett) pieu m; in die ~ gehen se mettre au pieu; P (Mund) gueule f; halt die ~! ferme ta gueule; **2n** v/i. (25) claquer; fig. aller bien; P coller; wenn es klappt si ça marche; si ça colle.

Klapper f (15) crécelle f; (Kinder2) 'hochet m; **2ig** adj. branlant; fig. très faible; **~kasten** F m vieux clou m;

(*Auto a.*) tacot m; ⟨n *v/i.* (29) cliqueter; (*Mühle*) faire tic tac; (*Storch*) craqueter; *mit den Zähnen* ~ claquer des dents; ~**schlange** f serpent m à sonnettes; crotale m; ~**storch** m cigogne f.

Klapp|fenster n vasistas m; *Auto* déflecteur m; ~**hut** m claque m; ~**messer** n couteau m pliant; ~**sitz** m, ~**stuhl** m (siège m) pliant m; *Thea.* strapontin m; ~**tisch** m table f à abattants; ~**verdeck** n capote f.

Klaps [klaps] m (4²) tape f; claque f; ⟨en *v/t.* taper; claquer.

klar [klaːr] *adj.* clair (a. *fig.*); (*durchsichtig*) transparent; limpide; (*rein*) pur; (*heiter*) serein; *fig.* lucide; évident; net; ~ *werden* (*Flüssigkeit*) se clarifier, (*Himmel*) s'éclaircir; *ich bin mir darüber im* ~*en* j'y vois clair.

Klär-anlage ['klɛːr-] f station f d'épuration; ~**nreinigung** f nettoyage m de stations d'épuration.

klarblickend *p.pr. adjt.* clairvoyant.

klären ['klɛːrən] *v/t.* (25) clarifier; éclaircir (a. *fig.*); *Sp.* (*Fußball*) dégager.

Klarheit f clarté f; netteté f; (*Augenscheinlichkeit*) évidence f.

Klarinet|te [klariˈnɛtə] f (15) clarinette f; ~**tist** m (12) clarinettiste m.

klar|legen, ~**machen**, ~**stellen** *v/t.* éclaircir; mettre (od. tirer) au clair; *j-m etw.* ~ faire comprendre qch. à q.; ⟨stellung f éclaircissement m.

Klärung f clarification f; *fig.* éclaircissement m.

klarwerden 1. *v/i.* (sn) s'éclaircir; **2.** *v/rfl.: sich über etw.* (*acc.*) ~ comprendre qch.

Klasse ['klasə] f (15) classe f; *Fahrkarte erster (zweiter)* ~ (billet m de) première f (seconde f).

Klassen|-arbeit f composition f; ~**bewußtsein** n conscience f de classe; ~**buch** n journal m de classe; ~**einteilung** f classement m; classification; ~**geist** m esprit m de classe (od. de caste); ~**haß** m 'haine f de classes; ~**kamerad(in** f) m camarade m, f de classe; ~**kampf** m lutte f de classes; ~**lehrer** m professeur m principal; ~**treffen** n rencontre f d'anciens camarades de classe; ~**unterschiede** m/pl. distinction f des classes; ~**vertreter** m représentant m de (od. d'une) classe; ~**zimmer** n (salle f de) classe f.

klassifizier|en [klasifiˈtsiːrən] *v/t.* classifier; ⟨ung f classification f.

Klass|ik f classicisme m; ~**iker** m (auteur m) classique m; ⟨isch *adj.* classique; ~**i'zismus** m classicisme m.

klatsch [klatʃ] **1.** *int.* ~*!* flac! **2.** ⟨ m bavardage m; F commérage m; cancans m/pl.; ⟨base f commère f; cancanière f.

klatsche|n ['klatʃən] *v/i.* claquer; *mit den Händen* ~, *in die Hände* ~ claquer (od. battre) des mains; (*schwatzen*) bavarder; F commérer; cancaner; ²'**rei** f = Klatsch.

klatsch|haft *adj.* bavard, cancanier; ~**maul** n cancanier m, -ière f; ²**mohn** m, ~**rose** f coquelicot m; ~'**naß** *adj.* trempé jusqu'aux os; ~**süchtig** [ˈzʏçtiç] *adj.* cancanier; ⟨tante f, ⟨weib n = Klatschbase.

klauben ['klaobən] *v/t.* trier; *Gemüse*: éplucher; *Worte* ~ ergoter.

Klaue ['klaoə] f (15) griffe f; (*v. Raubvögeln*) serre f; (*Huf*) sabot m; corne f (*Schrift*) mauvaise écriture f; ⟨n P *v/t.* (*stehlen*) chiper; ~**nseuche** f maladie f de la corne; (*v. Schafen*) piétin m.

Klaus|e ['klaozə] f (15) défilé m; cluse f; (*Mönchs*²) cellule f; (*Einsiedelei*) ermitage m; ~**el** ['klaozəl] f (15) clause f; ~**ner** m (7) solitaire m; ermite m; ~**ur** [ˌʔuːr] f rl. clôture f; *in der* ~ (*Schule*) sous surveillance f; ~**ur-arbeit** f épreuves f/pl. surveillées.

Klaviatur [klavjaˈtuːr] f (16) clavier m.

Klavier [klaˈviːr] n (3¹) piano m; ~ *spielen* jouer du piano; ~**auszug** m partition f pour piano; ~**begleitung** f accompagnement m de piano; ~**konzert** n concerto m pour piano; (*e-s Solisten allein*) récital m de piano; ~**lehrer(in** f) m professeur m de piano; ~**schule** f méthode f de piano; ~**spieler(in** f) m pianiste m, f; ~**stimmen** n accordage m de piano; ~**stimmer** m (7) accordeur m de pianos; ~**stunde** f leçon f de piano.

Klebe|band n ruban m adhésif; ~**folie** f feuille f gommée (od. collante); ~**mittel** n colle f; ⚕ agglutinant m; ⟨n ['kleːbən] (25) *v/t.* (*v/i. a.* se) coller (an dat. recip. acc. à); ⟨**⚕** *v/i.* s')agglutiner; *am Buchstaben* ~ s'en tenir à la lettre; ~**r** m (7) colle f; 🔹

gluten m; ~**rolle** f rouleau m de papier collant (od. de ruban adhésif); ~**streifen** m bande f gommée.

kleb|rig adj. gluant; collant; (schleimig) visqueux; glutineux; 2**stoff** m colle f; 🠗 gluten m.

Klecks [klɛks] m (4) tache f; (Tinten2) a. pâté m; 2**en** v/i. (27) faire des taches; (Feder) cracher; (sudeln) barbouiller; ~**e'rei** f (16) barbouillage m.

Klee [kleː] m (3[1]) trèfle m; ~**blatt** n fig. trio m; (Damen2) robe f; 2**en** ['~dən] v/t. (26) (v/rfl. sich ~ s')habiller; (se) vêtir; j-n ~ aller à q.

Kleiber zo. ['klaɪbər] m (7) sittelle f.

Kleid [klaɪt] n (1) habit m; vêtement m; (Damen2) robe f; 2**en** ['~dən] v/t. (26) (v/rfl. sich ~ s')habiller; (se) vêtir; j-n ~ aller à q.

Kleider|-ablage f vestiaire m; ~**bügel** m cintre m; ~**bürste** f brosse f à habits; ~**haken** m patère f; ~**schrank** m garde-robe f; ~**ständer** m portemanteau m; ~**stoff** m étoffe f (od. tissu m) pour robes (od. vêtements).

kleid|sam adj. seyant; qui va bien; 2**ung** f habillement m; vêtements m/pl.; (feine) toilette f; 2**ungsstück** n vêtement m.

Kleie ['klaɪə] f (15) son m.

klein [klaɪn] **1.** adj. petit; (winzig) exigu; menu; ~**er Buchstabe** (lettre f) minuscule f; ~**es Holz** menu (od. petit) bois m; ~**es Geld** (petite) monnaie f; ~**er Junge** bambin m; fig. **der** ~**e Mann** l'homme m du peuple; ein (ganz) ~**wenig** un (tout) petit peu; un tant soit peu; un tantinet; **von** ~ **auf** dès le bas âge; im ~**en** en petit; im ~**en verkaufen** vendre au détail; **2.** adv.: ~**anfangen** partir de rien; ~**beigeben** filer doux; céder; j-n ~ **kriegen** faire mettre les pouces à q.; **sich** ~ **machen** se faire tout petit; im ~**en machen,** ~ **werden** diminuer; 2**-auto(mobil)** n voiturette f; 2**bahn** f chemin m de fer à voie étroite; 2**bauer** m petit cultivateur m; 2**betrieb** m petite entreprise f; petite exploitation f (a. ✍); 2**bildkamera** f appareil m photographique petit format.

Kleinbürger m petit bourgeois m; 2**lich** adj. de la petite bourgeoisie.

Klein|bus m petit (auto)car m; ~**e(r** m) m, f petit(e f) m; ~**e(s)** n peu m de chose; im ~**n** en petit; en miniature; ~**format** n petit format m; ~**geld** n (petite) monnaie f; 2**gläubig** de peu de foi; ~**handel** m commerce m

de détail; ~**handelspreis** m prix m de détail; ~**händler** m détaillant m; ~**heit** f petitesse f; ~**hirn** n cervelet m; ~**holz** n menu bois m; F ~ **machen** faire de la casse.

Kleinigkeit f bagatelle f; rien m; ~**skrämer** m pédant m; ~**skräme-'rei** f pédanterie f.

Klein|kalibergewehr n fusil m de petit calibre; ~**kind** n bébé m; ~**kram** m vétilles f/pl.; riens m/pl.; ~**krieg** m guérilla f; fig. petite guerre f; 2**kriegen** F v/t.: j-n ~ faire plier q.; ~**kunstbühne** f = **Kabarett**; 2**laut** adj. u. adv. déconcertant; interdit; j-n ~ **machen** déconcenter q.; ~ **werden** être déconcerté (od. interdit); baisser le ton; 2**lich** adj. petit; borné; mesquin; (genau) minutieux; ~**lichkeit** f petitesse f d'esprit; mesquinerie f; (Genauigkeit) minutie f; ~**mut** m pusillanimité f; 2**mütig** ['~myːtiç] adj. pusillanime; ~**od** ['~noːt] n (3) bijou m (a. fig.); joyau m; ~**rentner(in** f) m petit(e) rentier m, -ière f; 2**schneiden** v/t. couper menu; ~**staat** m petit État m; État m secondaire; ~**stadt** f petite ville f; ville f de province; ~**städter(in** f) m provincial(e f) m; 2**städtisch** adj. provincial; ~**transport** m transport m léger; ~**verdiener** m gagne-petit m; ~**verkauf** m = **Kleinhandel;** ~**vieh** n menu bétail m; ~**wagen** m petite voiture f; petite cylindrée f.

Kleister ['klaɪstər] m (7) colle f; 2**n** v/t. (29) coller.

Klemm|e ['klɛmə] f (15) pince f; ⚡ borne f; serre-fils m; fig. gêne f; embarras m; in der ~ **sein** être dans l'embarras, F être dans le pétrin (od. dans la dèche); 2**en** (25) **1.** v/t. serrer; F (stehlen) chiper; **2.** v/rfl.: sich ~ se pincer; se coincer; ~**er** m (7) pince-nez m; ~**schraube** f serre-fils m.

Klempner ['klɛmpnər] m (7) ferblantier m; ~**ei** f [~'raɪ] f ferblanterie f.

Klepper ['klɛpər] m (7) rosse f; bidet m; 'haridelle f.

Kleptoma|ne [klɛptoˈmaːnə] m (13) cleptomane m; ~**'nie** f cleptomanie f; ~**nin** f cleptomane f.

kler|ikal [kleriˈkaːl] adj. clérical; 2**iker** ['kleːrikər] m (7) ecclésiastique m; 2**us** ['~rus] m (inv.) clergé m.

Klette ['klɛtə] f (15) bardane f; glouteron m.

Klette'rei f (16) escalade(s) f(pl.).

Kletter|-eisen n grappin m; **~n** ['klɛtərn] v/i. (29, sn) grimper (auf acc. sur; an dat. à); auf e-n Berg ~ gravir une montagne; **~pflanze** f plante f grimpante; **~rose** f rosier m grimpant; **~seil** n corde f; **~stange** f mât m.

Klient(in f) [kli'ɛnt] m (12) client(e f) m.

Klima ['kli:ma] n (11²) climat m; sich an das~ gewöhnen s'acclimater; **~anlage** f dispositif m de climatisation; Auto climatiseur m; Saal mit ~ salle f climatisée; **2tisch** [kli'ma:-] adj. climatique; **2tisieren** v/t. conditionner l'air (de); **~wechsel** m changement m de climat.

Klimbim F [klim'bim] m (3¹, o. pl.) tintamarre m; tralala m.

klimmen ['klimən] v/i. (30, sn) gravir; grimper.

klimpern F ['klimpərn] v/i.: auf dem Klavier ~ pianoter; tapoter.

Klinge ['kliŋə] f (15) lame f; (Degen) fer m; über die ~ springen lassen passer q. au fil de l'épée.

Klingel ['kliŋəl] f (15) sonnette f; ⚡ sonnerie f; ~beutel m bourse f à quêter; **~knopf** m bouton de sonnette; **2n** v/i. (29) sonner; **~zeichen** n coup m de sonnette; **~zug** m cordon m de sonnette.

klingen ['kliŋən] v/i. (30) sonner; tinter (a. die Ohren); **~d** p.pr. adjt. sonore; in ~er Münze en espèces sonnantes; mit ~em Spiel musique en tête.

Klin|ik ['kli:nik] f (16) clinique f; **2isch** adj. clinique.

Klinke ['kliŋkə] f (15) loquet m; **~r** Arch. m (7) brique f vernissée.

klipp [klip-] adv.: ~ und klar clair et net; **2e** f (15) écueil m.

klirren ['kliːrən] **1.** v/i. (25, sn) cliqueter; (Fenster) trembler; (Gläser) s'entrechoquer; **2.** 2n cliquetis m; (v. Fenstern) tremblement m; (v. Gläsern) choc m.

Klischee [kli'ʃeː] n (11) cliché m; **~vorstellung** f cliché m.

Klistier [kli'ʃtiːr] n (3¹) lavement m (j-m geben administrer à q.); clystère m; **~spritze** f seringue f à lavement.

klitsch|ig ['klitʃiç] adj. comme de la pâte; **~naß** adj. trempé jusqu'aux os.

Kloake [klo'aːkə] f (15) égout m; cloaque m.

Klob|en ['kloːbən] m (6) (Scheit) bûche f; ⊕ feststehender ~ poulie f fixe; (Feil2) étau m à main; **2ig** adj. massif; fig. grossier.

klomm [klɔm] s. klimmen.

klopf|en ['klɔpfən] (25) **1.** v/i. frapper; (Herz) battre; (Motor) cogner; **2.** v/imp.: es klopft on frappe; **3.** v/t. battre; Steine: casser; **2er** m (7) (Aus2) battoir m; (Tür2) 'heurtoir m; **~fest** adj. (Treibstoff) antidétonant.

Klöppel ['klœpəl] m (7) (Glocken2) battant m; (Spitzen2) fuseau m à dentelle; **~arbeit** f travail m aux fuseaux; **~kissen** n coussinet m à dentelle; **2n** v/t. u. v/i. faire de la dentelle; **~spitze** f dentelle f aux fuseaux.

Klops cuis. [klɔps] m (4) boulette f.

Klosett [klo'zɛt] n (3) cabinets m/pl. (d'aisance); water-closet m; W.-C. m; **~becken** n cuvette f de cabinets; **~bürste** f balai m de cabinets; **~papier** n papier m hygiénique.

Kloß [kloːs] m (3² u. ³) boule f; (Erd2) glèbe f; cuis. boulette f.

Kloster ['kloːstər] n (7¹) couvent m; cloître m; monastère m; ins ~ gehen entrer au couvent; **~bruder** m religieux m; **~frau** f religieuse f; **~kirche** f église f conventuelle; **~leben** n vie f monastique.

klösterlich ['klœstərliç] adj. conventuel; (mönchisch) monastique; monacal.

Kloster|regel f règle f monacale; **~schule** f école f conventuelle; **~zelle** f cellule f (de couvent).

Klotz [klɔts] m (3² u. ³) bloc m de bois; (Hack2) billot m; (Baumstamm) souche f; fig. rustre m; **2ig** adj. massif; fig. grossier.

Klub [klup] m (11) club m; cercle m; **~haus** n club m; **~mitglied** n membre m d'un club; **~sessel** m fauteuil m.

Kluft [kluft] f (14¹) (Spalte) fente f; (Abgrund) gouffre m; abîme m (a. fig.); F (Kleidung) frusques f/pl.

klug [kluːk] adj. intelligent; (vorsichtig) prudent; (weise) sage; ich kann daraus nicht ~ werden je n'y comprends rien; man wird aus ihm nicht ~ il est indéchiffrable.

Klüge'|lei f subtilité f; **2ln** [klyːgəln] v/i. se perdre en subtilités.

Klugheit f intelligence f; prudence f; sagesse f.

Klump|en ['klʊmpən] m (6) masse f; (runder) boule f; (durch Gerinnen) grumeau m; (Haufen) tas m; ~ Butter motte m de beurre; **~fuß** m pied m bot; **2ig** adj. grumeleux.

Klüngel ['klʏŋəl] m coterie f.

Klus schweiz. geogr. [kluːs] f (16) gorge f; étranglement m d'une vallée.

knabbern ['knabərn] (29) 1. v/i. croquer (an etw. dat. qch.); 2. v/t. grignoter (qch.).

Knabe ['knaːbə] m (13) garçon m. **Knaben|-alter** n enfance f; âge m puéril; **2haft** adj. enfantin; mv. puéril; **~schule** f école f de garçons; **~streich** m gaminerie f.

Knäckebrot ['knɛkə-] n pain m croustillant.

knack|en ['knakən] (25) 1. v/i. craquer; 2. v/t. casser; **~laut** m explosive f; **2mandel** f amande f (sèche); **2s** m fêlure f; fig. F er hat e-n ~ c'est une tête fêlée; **2wurst** f saucisson m fumé.

Knall [knal] m (3³) éclat m; détonation f; explosion f; (d. Peitsche) claquement m; ~ und Fall sur le coup; tout à coup; **~bonbon** m od. n bonbon m fulminant; **~effekt** m coup m de théâtre; **2en** (25) 1. v/i. éclater; (Sprengstoff) détoner; (Schuß) retentir; mit der Peitsche ~ faire claquer son fouet; (schießen) tirer des coups de fusil; 2. v/imp.: es knallt on entend une détonation; **~erbse** f pois m fulminant; **~erei** [~ə'raɪ] f (16) pétarade f; **~frosch** m crapaud m (od. pétard m) à répétition; **~gas** n gaz m détonant; **2rot** adj. d'un rouge éclatant.

knapp [knap] 1. adj. (Kleider) serré; étroit; juste; (Geld) rare; (bündig) succinct; (Stil) concis; (ärmlich) mesquin; mit ~er Not à grand-peine; 2. adv. à peine; tout juste; **2e** m (13) écuyer m; ✕ mineur m; **2heit** f (Enge) étroitesse f; (d. Geldes) rareté f; pénurie f; (d. Stils) concision f; (Ärmlichkeit) mesquinerie f; **2schaft** ✕ f (16) corps m des mineurs.

knarren ['knarən] v/i. (25) craquer; (Tür, Rad) grincer.

Knast P [knast] m (3, o. pl.) (Gefängnis) taule f; **~er** F m (7) perlot m.

knattern ['knatərn] v/i. (29) pétiller; crépiter (a. Gewehr); (Motor) pétarader.

Knäuel ['knɔʏəl] n u. m (7) pelote f; peloton m; fig. agglomération f.

Knauf [knaʊf] m (Degen2) pommeau m; Arch. chapiteau m.

Knauser ['knaʊzər] m (7) ladre m; pingre m; **~ei** [~'raɪ] f ladrerie f; pingrerie f; lésinerie f; **2ig** adj. ladre; pingre; **2n** v/i. (27) lésiner (mit sur).

knautsch|en ['knaʊtʃən] v/t. (v/i. se) froisser; (v/i. se) chiffonner; **~ig** adj. froissé; chiffonné.

Knebel ['kneːbəl] m (7) garrot m; (Mund2) bâillon m; **~bart** m moustache f; **2n** v/t. (29) garrotter; (durch Mundknebel) bâillonner.

Knecht [knɛçt] m (3) valet m; garçon m de ferme; (Leibeigener) serf m; **2en** v/t. (26) asservir; **~schaft** f servitude f.

kneif|en ['knaɪfən] (30) 1. v/t. pincer (j-n in den Arm le bras de q.); 2. v/i. se dérober; esc. rompre la mesure; **2en** n pincement m; **2er** m (7) pince-nez m; **2zange** f tenailles f/pl.

Kneip|e ['knaɪpə] f (15) cabaret m; estaminet m; guinguette f; taverne f; P bistrot m; **2en** F ['knaɪpən] v/i. (25) chopiner.

Kneipenwirt m cabaretier m; P bistrot m.

Kneippkur f cure f hydrothérapique Kneipp.

knet|en ['kneːtən] v/t. (26) pétrir; malaxer; (massieren) masser; **2masse** f pâte f à modeler; **2trog** m pétrin m.

Knick [knik] m (3) (Sprung) fêlure f; (Biegung) coude m; (Falte) pli m; **2en** ['knikən] 1. v/i. (sn) se fêler; 2. v/t. fêler; briser; Halm: casser; (falten) plier; fig. affliger; **~er, ~e'rei, 2erig, 2ern** = Knauser etc.; **~erbocker** ['niːkər-] pl. knickerbocker m; **~s** [kniks] m (4) révérence f; **2sen** ['~zən] v/i. (27) faire la révérence.

Knie [kniː] n (10, a. 3) genou m; ⊕ coude m; auf die ~ (pl.) fallen (auf den ~n liegen) tomber (être) à genoux; fig. übers ~ brechen bâcler; **~beuge** f (15) génuflexion f; **~fall** m génuflexion f; fig. prosternation f; fig. e-n ~ tun se mettre à genoux; **2fällig** adj. u. adv. à genoux; en se prosternant; **2frei** adj.: ~er Rock jupe f s'arrêtant au-dessus des genoux;

~**gelenk** n articulation f du genou; ~**hosen** f/pl. culottes f/pl.; ~**kehle** f jarret m; 2**n** v/i. s'agenouiller; (auf den Knien sein) être à genoux; ~**scheibe** f rotule f; ~**schoner** m, ~**schützer** m genouillère f; ~**strumpf** m bas m long; bas m de sport; ~**stück** ⊕ m coude m; 2**tief** adj. u. adv. jusqu'aux genoux; ~**wärmer** m genouillère f; ~**welle** Sp. f petit élan m.

kniff s. kneifen.

Kniff [knif] m (3) (Kneifen) pincement m; (Fleck) pinçon m; (Falte) pli m; (Trick) truc m; 2**en** v/t. (25) pli(ss)er; 2**lig** adj. épineux.

knipsen ['knipsən] (27) 1. v/t. Fahrkarte: poinçonner; phot. photographier; prendre une photo (de); ⚡ (an.) tourner le bouton; allumer; 2. v/i.: mit den Fingern ~ claquer des doigts.

Knirps [knirps] m (4) nabot m; tompouce m; (kleiner Junge) mioche m.

knirschen ['knirʃən] v/i. (27) craquer; (Schnee) crisser; (Sand) crier; mit den Zähnen ~ grincer les (od. des) dents.

knistern ['knistərn] v/i. (29) craqueter; crépiter; (Feuer) pétiller; (Stoff) froufrouter.

Knittelvers ['knitəl-] m vers m raboteux.

knitter|fest, ~**frei** adj. infroissable; ~**n** v/i. (29) froisser; chiffonner.

knobeln ['kno:bəln] v/i. (würfeln) jouer aux dés.

Knoblauch ['kno:plaʊx] m (3) ail m; ~**zehe** f gousse f d'ail.

Knöchel ['knœçəl] m (7) nœud m; (Fuß2) cheville f; ~**bruch** m fracture f malléolaire.

Knochen ['knɔxən] m (6) os m; ~**bau** m ossature f; structure f osseuse; ~**bruch** m fracture f; ~**fraß** m carie f; ~**gerüst** n squelette m; ossature f; ~**haut** f périoste m; ~**haut-entzündung** f périostite f; ~**leim** m gélatine f d'os; ~**mark** n moelle f; ~**mehl** n poudre f d'os; ~**schwund** ⚕ m atrophie f des os; ~**splitter** m éclat m d'os; esquille f; ~**tuberkulose** f tuberculose f osseuse.

knöchern ['knœçərn] adj. en os; osseux; fig. racorni.

knochig adj. osseux.

Knockout [nɔk'aʊt] m knock-out m; mise f 'hors de combat'.

Knödel ['knø:dəl] m (7) boulette f.

Knoll|e ⚘ ['knɔlə] f (15), ~**en** m (6) tubercule m; bulbe m; ~**engewächs** n plante f à tubercules (od. bulbeuse); 2**ig** ⚘ adj. en tubercule; bulbeux.

Knopf [knɔpf] m (3³) bouton m; (am Stock) pomme f; (Degen2) pommeau m; schweiz., ⊕ = Knoten, Knospe.

knöpfen ['knœpfən] v/t. boutonner.

Knopfloch n boutonnière f.

Knorpel ['knɔrpəl] m (7) cartilage m; cuis. tendron m; 2**ig** adj. cartilagineux.

Knorr|en ['knɔrən] m (6) (am Holz) nœud m; 2**ig** adj. noueux.

Knosp|e ['knɔspə] f (15) bourgeon m; (Blüten2) bouton m; 2**en** v/i. (25) bourgeonner; (Blüte) boutonner; (sich entfalten) s'épanouir.

Knot|en ['kno:tən] m (6) nœud m; (Haar2) chignon m; ⚕ tubercule m; (Nerven2) ganglion m; fig. den ~ schürzen (lösen) nouer (dénouer) l'action; 2**en** v/t. (26) nouer; ~**enpunkt** Esb. m embranchement m; (point m de) jonction f; ~**enstock** m bâton m noueux; 2**ig** adj. noueux.

knüllen ['knylən] v/t. (v/i. [sn] se) froisser; (v/i. se) chiffonner.

knüpfen ['knypfən] v/t. (25) nouer.

Knüppel ['knypəl] m (7) rondin m; (Polizei2) matraque f; Flgw. manche m à balai; ~**damm** m chemin m de rondins; ~**holz** n rondins m/pl.

knurr|en ['knurən] v/i. (25) grogner (a. fig.); (Hund) gronder (a. fig.); mein Magen knurrt j'ai des borborygmes; 2**ig** adj. grognon; grincheux.

Knusper|häuschen ['knuspərhɔʏsçən] n maisonnette f de pain d'épice; 2**(e)rig** adj. croustillant; croquant; 2**rn** s. knabbern.

Knute ['knu:tə] f (15) knout m.

knutschen P ['knu:tʃən] v/i. se sucer la pomme.

Knüttel ['knytəl] m (7) = Knüppel; ~**vers** m = Knittelvers.

k. o. [ka'o:] adj. u. adv.: j-n ~ schlagen mettre q. K.-O.

Koalition [koali'tsjo:n] f (16) coalition f; e-e ~ bilden former une coalition; ~**s-partei** f parti m de coalition.

Kobalt ['ko:balt] n (3) cobalt m; ~**blau** n bleu m de cobalt; ~**bombe** f bombe f au cobalt.

Kobold ['ko:bɔlt] m (3) lutin m.

Koch [kɔx] 1. m (3³) cuisinier m; 2. n (3, o. pl.) östr. F = Brei, Mus; ~**buch** n

livre *m* de cuisine; 2**en 1.** *v/t.* cuire;
Wasser usw.: faire bouillir; *Kaffee*:
faire; **2.** *v/i.* cuire; (*Wasser usw.*)
bouillir; *abs.* faire la cuisine; cuisi-
ner; ~**er** *m* (7) réchaud *m*.

Köcher ['kœçər] *m* (7) carquois *m*.

Koch|geschirr *n* batterie *f* de cuisine;
✕ gamelle *f*; ~**herd** *m* fourneau *m* de
cuisine; cuisinière *f*.

Köchin ['kœçin] *f* (16¹) cuisinière *f*.

Koch|kessel *m* chaudron *m*; marmite
f; ~**kiste** *f* marmite *f* norvégienne;
~**kunst** *f* art *m* culinaire; ~**löffel** *m*
cuiller *f* à pot; ~**platte** *f* réchaud *m*;
~**rezept** *n* recette *f*; ~**salz** *n* sel *m* de
cuisine; ~**topf** *m* pot *m*; marmite *f*;
casserole *f*; ~**zeit** *f* temps *m* de cuisson.

Köder ['kø:dər] *m* (7) appât *m*; amor-
ce *f*; leurre *m*; 2**n** *v/t.* (29) appâter;
leurrer; *fig.* allécher.

Kodex ['ko:dɛks] *m* (3², *sg. a. inv., pl.
a. Kodizes*) code *m*.

Ko-|edukati'on *f* coéducation *f*; ~
existenz *f* coexistence *f*.

Koffein [kɔfɛ'i:n] *n* (3¹) caféine *f*;
2**frei** *adj.* décaféiné.

Koffer ['kɔfər] *m* (7) coffre *m*; (*Reise*2)
malle *f*; (*Hand*2) valise *f*; ~**grammophon** *n* phono *m* portatif; ~**radio**
n mallette-radio *f*; poste *m* de radio
portatif; ~**raum** *m* coffre *m* à
bagages; ~**schreibmaschine** *f* machine *f* à écrire portative.

Kognak ['kɔnjak] *m* (3¹ *u.* 11) cognac
m.

Kohl [ko:l] *m* (3) chou *m*; F *fig.*
(*Geschwätz*) bavardage *m*; ~ **reden**
bafouiller; ~**dampf** F *m*: ~ haben (*od.
schieben*) avoir l'estomac dans les
talons.

Kohle ['ko:lə] *f* (15) charbon *m*;
(*Stein*2) 'houille *f*; (*Zeichen*2) fusain
m; glühende ~ braise *f*; (*wie*) auf
glühenden ~n sitzen être sur des char-
bons ardents.

Kohlen|-anzünder *m* allume-feu *m*;
~**becken** *n* brasero *m*; ✕ bassin *m*
'houiller; ~**bergwerk** *n* mine *f* de
charbon; 'houillère *f*; ~**bunker** *m*
soute *f* à charbon; ~**dioxyd** 🜚 *n* gaz
m (*od.* anhydride *m*) carbonique;
~**-eimer** *m* seau *m* à charbon; ~**flöz** *n*
couche *f* de charbon; ~**gebiet** *n* bassin *m* 'houiller; ~**glut** *f* braise *f*;
brasier *m*; ~**grube** *f* = *Kohlenberg-
werk*; ~**halde** *f* stock *m* de charbon;
2**haltig** ['~haltiç] *adj.* carbonifère;

~**händler** *m* charbonnier *m*; ~**handlung** *f* commerce *m* de charbon;
~**heizung** *f* chauffage *m* au charbon;
~**herd** *m* fourneau *m* à charbon;
~**hydrat** *n* hydrocarbonate *m*; ~
kasten *m* caisse *f* à charbon; ~**lager**
n dépôt *m* de charbon; *min.* gisement
m 'houiller; ~**meiler** *m* charbonnière
f; ~**oxyd**(gas) *n* oxyde *m* de carbone; ~**oxydvergiftung** *f* intoxication *f* par oxyde de carbone; ~**produktion** *f* production *f* de charbon;
~**revier** *n* = *Kohlengebiet*; 2**sauer**
adj. carbonique; ~**säure** *f* acide *m*
carbonique; ~**schaufel** *f* pelle *f* à
charbon; ~**schiff** *n* charbonnier *m*;
~**staub** *m* poussier *m*; ~**stoff** *m* carbone *m*; ~**träger** *m* charbonnier *m*;
~**vorkommen** *n* gisement *m* de
charbon (*od.* de houille); ~**wagen** *m*
tender *m*; ✕ banne *f*; ~'**wasserstoff**
m hydrogène *m* carburé.

Kohlepapier *n* papier *m* carbone.

Köhler ['kø:lər] *m* (7) charbonnier *m*.

Kohle|stift *m* fusain *m*; charbon *m* (à
dessiner); ~**zeichnung** *f* (dessin *m*
au) fusain *m*.

Kohl|kopf *m* tête *f* de chou; ~**meise** *f*
mésange *f* charbonnière; 2**raben-
'schwarz** *adj.* noir comme (du) jais;
~**rabi** [~'ra:bi] *m* (11) chou-rave *m*;
~**rübe** *f* chou-navet *m*; ~**sprossen**
f/pl. östr. = *Rosenkohl*; ~**weißling**
['~vaislin] *m* papillon *m* blanc du
chou.

Koitus ['ko:itus] *m* (*inv.*) coït *m*.

Koje ['ko:jə] *f* (15) cabine *f*.

Kokain [koka'i:n] *n* (3¹) cocaïne *f*;
2**süchtig** [~zyçtiç] *adj.* (~**süchtige**(**r**)
m) [~tigər] cocaïnomane (*m*).

kokett [ko'kɛt] *adj.* coquet; ~**ieren**
[~'ti:rən] *v/i.* faire la coquette; F
coqueter.

Kokon [ko'kɔn] *m* (11) cocon *m*.

Kokos|fett ['ko:kɔs-] *n* graisse *f* (*od.*
huile *f*) de coco; ~**matte** *f* natte *f* (*od.*
paillasson *m*) en (fibre de) coco;
~**milch** *f* lait *m* de coco; ~**nuß** *f* (noix
f de) coco *m*; ~**palme** *f* cocotier *m*.

Kokotte [ko'kɔtə] *f* (15) cocotte *f*.

Koks [ko:ks] *m* (4) coke *m*.

Kolanuß ['ko:la-] *f* noix *f* de cola.

Kolben ['kɔlbən] *m* (6) (*Gewehr*2)
crosse *f*; 🜚 alambic *m*; (*Maschinen*2)
piston *m*; (*Löt*2) soudoir *m*; ~**hub** *m*
course *f* de piston; ~**motor** *m* moteur *m* à piston; ~**stange** *f* bielle *f* de
piston.

Kolchose [kɔl'ço:zə] _f_ (15) kolkhoze _m_.

Kolibri ['ko:libri] _m_ (11) colibri _m_; oiseau-mouche _m_.

Kolik ['ko:lik] _f_ (16) colique _f_.

Kollaborateur _pol. péj._ [kɔlabora-'tør] _m_ (3¹) collaborationniste _m_.

Kollaps ⚕ ['kɔlaps] _m_ (3²) collapsus _m_.

Kolleg [kɔ'le:k] _n_ (8²) cours _m_ (_halten_ faire; _hören_ suivre); _ein ~ belegen_ s'inscrire à un cours; **~e** [~gə] _m_ (13) collègue _m_; (_Fachgenosse_) confrère _m_; **~heft** _n_ cahier _m_ de cours; **~gelder** _n/pl._ droits _m/pl._ d'inscriptions; **~heft** _n_ cahier _m_ de cours;

kollegial [~'gja:l] _adj._ de (_adv._ en) collègue; confraternel; **2i'tät** _f_ (16) confraternité _f_.

Kol'leg|ium _n_ (9) conseil _m_; (_der Kardinäle_) collège _m_; (_Lehrer2_) corps _m_ des instituteurs (_resp._ des professeurs); **~mappe** _f_, **~tasche** _f_ porte-documents _m_.

Kollekte [kɔ'lεktə] _f_ (15) quête _f_; collecte _f_.

kollektiv [kɔlεk'ti:f] _adj._ collectif; 2-**vertrag** _m_ contrat _m_ collectif.

Koller ['kɔlər] _m_ (7) rage _f_; _vét._ vertigo _m_; **2n** _v/i._ (29, sn) (_kullern_) rouler; (_Truthahn_) glouglouter.

kolli|dieren [kɔli'di:rən] _v/i._ (sn) entrer en collision; (_zeitlich_) coïncider; **2sion** [~'zjo:n] _f_ (16) collision _f_; _fig. a._ conflit _m_.

Kolloquium [kɔ'lo:kvium] _n_ (9) colloque _m_; groupe _m_ de discussion.

Kölnischwasser ['kœlniʃ'vasər] _n_ eau _f_ de Cologne.

Kolonial|gebiet [kolo'nja:l-] _n_ territoire _m_ colonial; **~ismus** [~'lismus] _m_ colonialisme _m_; **~reich** _n_ empire _m_ colonial; **~waren** _f/pl._ denrées _f/pl._ coloniales; **~warengeschäft** _n_ épicerie _f_.

Kolon|ie [kolo'ni:] _f_ (15) colonie _f_; **2isieren** [~ni'zi:rən] _v/t._ coloniser; **~ist** _m_ (12) colon _m_.

Kolonnade [kɔlɔ'na:də] _f_ (15) colonnade _f_.

Kolonne [ko'lɔnə] _f_ (15) colonne _f_.

Kolo|phonium [kolo'fo:njum] _n_ (9) colophane _f_; **~ratur** ♪ [kolora'tu:r] _f_; **~en** _pl._ roulades _f/pl._; fioritures _f/pl._; **~ra'tursängerin** _f_ cantatrice _f_ à vocalises; **2rieren** [~'ri:rən] _v/t._ colorier; ♪ orner de fioritures; **~rit** [kolo'ri:t] _n_ (3) coloris _m_.

Koloß [ko'lɔs] _m_ (4) colosse _m_.

kolossal [~'sa:l] _adj._ colossal; F monstre.

kolportieren [kɔlpɔr'ti:rən] _v/t._ colporter.

Kolumne [ko'lumnə] _f_ (15) colonne _f_; _typ. a._ page _f_.

Koma ⚕ ['ko:ma] _n_ (11 _u._ 11²) coma _m_.

Kombin|ation [kɔmbina'tsjo:n] _f_ combinaison _f_; **~ationsgabe** _f_ esprit _m_ de combinaison; **2ieren** [~'ni:rən] _v/t._ combiner.

Kombiwagen ['kɔmbi-] _m_ voiture _f_ commerciale.

Komet [ko'me:t] _m_ (12) comète _f_; **2enhaft** _adj. u. adv._ comme une comète.

Komfort [kɔm'fo:r] _m_ (3) confort _m_; **2abel** [~fɔr'ta:-] _adj._ confortable.

Kom|ik ['ko:mik] _f_ (16) comique _m_; **~iker** _m_ (7) comique _m_; **2isch** _adj._ comique; bouffon; drôle.

Komitee [komi'te:] _n_ (11) comité _m_.

Komma ['kɔma] _n_ (11²) virgule _f_.

Komman|dant [~'dant] _m_ commandant _m_; **~deur** [kɔman'dø:r] _m_ (3¹) commandant _m_; chef _m_; **2dieren** [~'di:rən] _v/t. u. v/i._ commander; **~'ditgesellschaft** _f_ (société _f_ en) commandite _f_.

Kommando [kɔ'mando] _n_ (11) commandement _m_; (_Abteilung_) détachement _m_; **~brücke** ♣ _f_ passerelle _f_ de commandement; **~ruf** _m_, **~wort** _n_ commandement _m_.

kommen ['kɔmən] **1.** _v/i._ (30, sn) venir; (_an~_) arriver; (_eintreten_) entrer; (_vom Sprechenden weg_) aller; _gesprungen ~_ arriver en sautant; _gelaufen ~_ accourir; _geritten ~_ arriver à cheval; _da kommt er!_ le voilà!; _es kommt ein Gewitter_ il se prépare un orage; _es kommt davon, daß ..._ la cause en est que ...; _wie es gerade kommt_ comme cela se trouve; _wie kam das?_ comment est-ce arrivé?; _wie es auch~ mag_ quoi qu'il arrive; _komme, was wolle!_ advienne que pourra; _woher (od. wie) kommt es, daß ...?_ d'où vient que ...?; comment se fait-il que ...?; _das kommt davon, wenn man ..._ voilà ce que c'est que de ...; _dazu kommt, daß ..._ ajoutez à cela que ...; _er soll mir nur ~!_ qu'il y vienne!; _so lasse ich mir nicht ~_ je ne me laisserai pas traiter comme ça; _mein Sie mir so~_ si vous le prenez sur ce ton; _etw. dahin ~ lassen_ laisser les choses en venir là; _wie ~ Sie_ dazu? qu'est-ce qui vous y amène?; *auf* etw. (*acc.*) *zu sprechen* ~ en venir à parler de qch.; *ich komme nicht auf s-n Namen* son nom ne me revient pas; *durch e-e Stadt* ~ passer par (*od.* traverser) une ville; *hinter* etw. (*acc.*) ~ découvrir qch.; *wie weit bist du mit d-r Arbeit gekommen?* où en es-tu de ton travail?; *über* j-n ~ tomber sur q.; *um* etw. ~ perdre qch., (*das man erhalten soll*) être frustré de qch.; *von* j-m ~ sortir de chez q.; *vor* j-m ~ (*den Vorrang haben*) précéder q.; *zu* etw. ~ parvenir à qch., obtenir qch.; *zu nichts* ~ n'arriver à rien; *wieder zu sich* ~ reprendre connaissance; 2. 2 *n: das* ~ *und Gehen* les allées et venues *f/pl.*; le va-et-vient; **~d** *p.pr. adj.* qui vient; à venir; prochain; *die* **~e** *Woche* la semaine prochaine.

Kommentar [kɔmɛnˈtaːr] *m* (3[1]) commentaire *m*; **~ator** [~ˈtaːtɔr] *m* (8[1]) commentateur *m*; **2ieren** [~ˈtiːrən] *v/t.* commenter.

Kommers [kɔˈmɛrs] *m* (4) réunion *f* d'étudiants.

kommerziell [kɔmɛrˈtsjɛl] *adj.* commercial.

Kommiliton|e [kɔmiliˈtoːnə] *m* (13), **~in** *f* (16[1]) camarade *m*, *f* d'études.

Kommissar [kɔmiˈsaːr] *m* (3[3]) commissaire *m*; **~iat** [~ˈrjaːt] *n* (3) commissariat *m*; **2isch** *adj.* provisoire.

Kommission [~ˈsjoːn] *f* commission *f*; **~är** [~ˈnɛːr] *m* (3[1]) commissionnaire *m*; **~sgeschäft** *n* commission *f*.

Kommode [kɔˈmoːdə] *f* (15) commode *f*.

kommu|nal [kɔmuˈnaːl] *adj.* communal; **2nalwahlen** *f/pl.* élections *f/pl.* locales; **2ne** [kɔˈmuːnə] *f* (15) commune *f*; **2ni|kant(in** *f*) *m* (12) communiant(e) *m*; **~ika'tionsmittel** *n* moyen *m* de communication; **2nion** [~ˈnjoːn] *f* communion *f*.

Kommunismus [kɔmuˈnismus] *m* (16, *o. pl.*) communisme *m*.

Kommu'nist|(in *f*) *m* communiste *m, f*; **2isch** *adj.* communiste.

kommunizieren [~ˈtsiːrən] *v/i.* égl. *cath.* communier; *phys.* communiquer; **~de Röhren** vases *m/pl.* communicants.

Komödiant(in *f*) [kɔmøˈdjant(in)] *m* (12) comédien(ne *f*) *m*.

Komödie [~ˈmøːdjə] *f* (15) comédie *f*.

Kompagnon [ˈ~panjɔ̃] *m* (11) associé *m*.

Kompa'nie *f* compagnie *f*; **~chef** *m* capitaine *m*; commandant *m* de compagnie.

Komparativ *gr.* [ˈkɔmparatiːf] *m* comparatif *m*.

Kompaß [ˈkɔmpas] *m* (4) boussole *f*; (*Bord2*) compas *m*; **~nadel** *f* aiguille *f* de la boussole.

Kompens|ation [kɔmpɛnzaˈtsjoːn] *f* (16) compensation *f*; **2ieren** [~ˈziːrən] *v/t.* compenser.

kompetent [kɔmpeˈtɛnt] *adj.* compétent; **2z** *f* (16) compétence *f*.

komplementär [kɔmplemɛnˈtɛːr] *adj.* complémentaire.

Komplet *cout.* [kõˈpleː] *n* (11) ensemble *m*.

komplett [kɔmˈplɛt] *adj.* complet.

Komplex [~ˈplɛks] **1.** *m* (3[2]) complexe *m*; (*Häuser2*) pâté *m*; **2.** 2 *adj.* complexe.

Kompli|kation [kɔmplikaˈtsjoːn] *f* (16) complication *f* (*a.* ⚕); **~ment** [~ˈmɛnt] *n* (3) compliment *m*; **2men-tieren** [~ˈtiːrən] *v/t.* complimenter; **2zieren** [~ˈtsiːrən] *v/t.* compliquer.

Komplott [~ˈplɔt] *n* (3) complot *m* (*anzetteln, schmieden* tramer, ourdir).

Kompo|nente [kɔmpoˈnɛntə] *f* (15) composante *f*; **2nieren** [~ˈniːrən] *v/t. u. v/i.* composer; **~nist** *m* (12) compositeur *m*; **~sition** [~ziˈtsjoːn] *f* composition *f*.

Kompost [kɔmˈpɔst] *m* (3[2]) compost *m*; **~erde** *f* terre *f* végétable; **~haufen** *m* tas *m* de compost; **2ieren** [~ˈtiːrən] *v/t.* composter.

Kompott [kɔmˈpɔt] *n* (3) compote *f*.

Kompress|e [~ˈprɛsə] *f* (15) compresse *f*; **~or** *m* (8[1]) compresseur *m*.

komprimieren [~priˈmiːrən] *v/t.* comprimer.

Kompro|miß [~proˈmis] *m, selten n* (4) compromis *m* (*schließen* établir); **2mißlos 1.** *adj.* intransigeant; inflexible; **2.** *adv.* avec intransigeance; avec inflexibilité; **~miß-lösung** *f* solution *f* de compromis; **2mittieren** [~miˈtiːrən] *v/t.* compromettre.

Kondens|ation [kɔndɛnzaˈtsjoːn] *f* (16) condensation *f*; **~ator** [~ˈzaːtɔr] *m* (8[1]) ⚡ condensateur *m*; **~milch** *f* ⊕ *u. allg.* condenseur *m*; **2ieren** [~ˈziːrən] *v/t.* condenser.

Kon'dens|milch *f* lait *m* condensé; **~streifen** *m* traînée *f* de condensation; **~wasser** *n* eau *f* de condensation.

Konditional *gr.* [~ditsjo'na:l] *m* (3¹) conditionnel *m*.

Konditor [kɔn'di:tɔr] *m* (8¹) confiseur *m*; (*Kuchen₂*) pâtissier *m*; **~ei** *f* confiserie *f*; (*Kuchen₂*) pâtisserie *f*.

Kondo|lenzbesuch [kɔndo'lɛnts-] *m* visite *f* de condoléances; **2lenzbrief** *m* lettre *f* de condoléances; **2lieren** *v/i.* faire ses condoléances.

Konfekt [kɔn'fɛkt] *n* (3) sucreries *f/pl.*; confiserie *f*; dragées *f/pl.*

Konfektion [kɔnfɛk'tsjo:n] *f* confection *f*; **~geschäft** *n* magasin *m* de confection.

Konferenz [~fe'rɛnts] *f* (16) conférence *f*; (*Lehrer₂*) conseil *m* des instituteurs (*resp.* des professeurs); **~beschluß** *m* arrêt *m* de (la) conférence; **~tisch** *m* table *f* de conférence; **~zimmer** *n* salle *f* de conférence.

konferieren [~'ri:rən] *v/i.* conférer (*mit j-m über acc.* avec q. de).

Konfession [~fɛ'sjo:n] *f* confession *f*; **2ell** [~'nɛl] *adj.* confessionnel; **2slos** *adj.* sans confession; **~sschule** *f* école *f* confessionnelle.

Konfetti [kɔn'fɛti] *pl.* confetti *m/pl.*

Konfirmand|(in *f* [16¹]) [kɔnfir'mant, -din] *m* (12) catéchumène *m, f*; **~en-unterricht** *m* catéchisme *m*; instruction *f* religieuse.

Konfir|mation [~ma'tsjo:n] *f* confirmation *f*; **2'mieren** *v/t.* confirmer.

konfiszieren [~fis'tsi:rən] *v/t.* confisquer.

Konfitüren [~fi'ty:rən] *f/pl.* confitures *f/pl.*; (*Zuckerwerk*) confiserie *f*.

Konflikt [kɔn'flikt] *m* (3) conflit *m*; in ~ geraten entrer en conflit.

konfrontieren [~frɔn'ti:rən] *v/t.* confronter.

konfus [kɔn'fu:s] *adj.* confus; troublé.

Kongreß [kɔn'grɛs] *m* (4) congrès *m*; **~mitglied** *n* congressiste *m*.

kongruent [kɔngru'ɛnt] *adj.* congruent; ⚥ coïncident.

König [kø:niç] *m* (3) roi *m* (*a. Spielkarte u. Schachfigur*); **~in** ['~gin] *f* (16¹) reine *f*; **~inmutter** *f* reine *f* mère; **~inwitwe** *f* reine *f* veuve; **2lich** 1. *adj.* royal; 2. *adv.* (*~ gesinnt*) royaliste; **~reich** *n* royaume *m*.

Königs|-adler *zo.* *m* aigle *m* royal; **~haus** *n* maison *f* royale; **~kerze** ♀ *f* molène *f*; **~krone** *f* couronne *f*

royale; ♀ fritillaire *f* impériale; **~tiger** *zo.* *m* tigre *m* royal; **~wasser** ⚗ *n* eau *f* régale; **~würde** *f* dignité *f* royale; royauté *f*.

Königtum ['~niç-] *n* (1²) royauté *f*.

konisch ['ko:niʃ] *adj.* conique.

Konju|gation [kɔnjuga'tsjo:n] *f* conjugaison *f*; **2'gieren** *v/t.* conjuguer; *konjugiert werden* se conjuguer.

Konjunk|tion [kɔnjuŋk'tsjo:n] *f* conjonction *f*; **~tiv** ['~juŋkti:f] *m* (3¹) subjonctif *m*; **~tur** [~'tu:r] *f* conjoncture *f*; **2'turbedingt** *adj.* dû à (l'évolution de) la conjoncture.

konkav [kɔn'ka:f] *adj.* concave.

Konkordat [kɔnkɔr'da:t] *n* concordat *m*.

konkret [~'kre:t] *adj.* concret.

Konkur|rent [~ku'rɛnt] *m* (12) concurrent *m*; (*Mitbewerber*) compétiteur *m*; **~renz** [~'rɛnts] *f* concurrence *f*; (*Mitbewerbung*) compétition *f*; *außer* ~ 'hors concours; **2renzlos** *adj.* sans concurrence; défiant toute concurrence; **2'rieren** *v/i.* concourir (*um pour*).

Konkurs [~'kurs] *m* (4) faillite *f*; ~ *anmelden* se déclarer en faillite; in ~ *geraten* faire faillite; **~erklärung** *f* déclaration *f* de faillite; **~er-öffnung** *f* ouverture *f* de la faillite; **~masse** *f* actif *m* de la faillite; **~ordnung** *f* règlement *m* des faillites; **~verfahren** *n* procédure *f* de la faillite; **~verwalter** *m* syndic *m* de la faillite.

können ['kœnən] 1. *v/aux.* (30) pouvoir; (*gelernt haben*) savoir; *es kann sein, daß ...* il se peut que ... (*subj.*); *ich kann nichts dafür* ce n'est pas ma faute; *so gut ich kann* de mon mieux; 2. **2** *n* pouvoir *m*; savoir *m*; capacité *f*.

Könner ['kœnər] *m* (7) personne *f* très capable; F as *m*.

konnte, könnte *s.* können.

konsequen|t [kɔnze'kvɛnt] *adj.* conséquent; **2z** *f* (16) conséquence *f*.

konservativ [~zɛrva'ti:f] *adj.* conservateur; **2'ive(r)** *m* conservateur *m*; **2orium** [~'to:rjum] *n* conservatoire *m*.

Konser|ve [~'zɛrvə] *f* (12) conserve *f*; **~venbüchse** *f*, **~vendose** *f* boîte *f* de (*resp.* à) conserves; **2vieren** [~'vi:rən] *v/t.* conserver.

Kon|sistorium [~sis'to:rjum] *n* (9) consistoire *m*; **~sole** [~'zo:lə] *f* (15) console *f*; support *m*.

konsoli'dieren *v/t.* consolider.

Kon|sonant [kɔnzo'nant] *m* (12) consonne *f*; **~sortium** [~'zɔrtsjum] *n* (9) consortium *f*; **⌂stant** [~'ʃtant] **1.** *adj.* constant; **2.** *adv.* constamment; **⌂statieren** [~ʃta'tiːrən] *v/t.* constater; **~stellation** [~stɛla'tsjoːn] *f* constellation *f*.

konstitu|ieren [kɔnstitu'iːrən] *v/t.* constituer; **⌂tion** [~'tsjoːn] *f* constitution *f*; **~tionell** [~tsjo'nɛl] *adj.* constitutionnel.

konstru|ieren [kɔnstru'iːrən] *v/t.* construire; **⌂ktion** [~struk'tsjoːn] *f* construction *f*; **⌂kti'onsfehler** *m* défaut (*od.* vice *m*) de construction; **~ktiv** [~'tiːf] *adj.* constructif.

Konsul ['kɔnzul] *m* (10) consul *m*; **⌂arisch** [~'laːriʃ] *adj.* consulaire; **~at** [~'laːt] *n* (3) consulat *m*.

Konsul|tation [kɔnzulta'tsjoːn] *f* (16) consultation *f*; **⌂'tieren** *v/t.* consulter.

Konsum [~'zuːm] *m* (12) consommation *f*; **~artikel** *m* article *m* de consommation; **~ent** [~zu'mɛnt] *m* (12) consommateur *m*; **~güter** *n/pl.* biens *m/pl.* de consommation; **⌂ieren** [~'miːrən] *v/t.* consommer; **~ver-ein** *m* coopérative *f* d'achats.

Kontakt [~'takt] *m* (3) contact *m*; **~abzug** *phot. m* épreuve *f* par contact; **~linse** *f*, **~schale** *f* lentille *f* (od. verre *m*) de contact; **weiche ~** lentille *f* souple.

Konter|fei ['kɔntərfaɪ] *n* (11) portrait *m*; **⌂n** *v/t.* (*Boxen*) riposter; **~revolution** *f* contre-révolution *f*.

Kontinent [~ti'nɛnt] *m* (3) continent *m*; **⌂al** [~'taːl] *adj.* continental.

Kontingent [~tiŋ'gɛnt] *n* (3) contingent *m*; **⌂ieren** [~'tiːrən] *v/t.* contingenter.

kontinu|ierlich [kɔntinu'iːrlɪç] *adj.* continuel; continu; **⌂ität** [~i'tɛːt] *f* continuité *f*.

Konto ['kɔnto] *n* (9¹ *u.* 11) compte *m* (eröffnen ouvrir); **~auszug** *m* relevé *m* de compte; **~inhaber** *m* titulaire *m* d'un compte; **~korrent** [~ko'rɛnt] *n* (3) compte *m* courant.

Kontor [~'toːr] *n* (3¹) bureau *m*; comptoir *m*; **~ist(in** *f* [16¹]) [~to'rist] *m* (12) employé(e *f*) *m* de bureau.

Kontra|baß ['kɔntra-] *m* contrebasse *f*; **~hent** [~'hɛnt] *m* (12) contractant *m*.

Kontrakt [~'trakt] *m* (3) contrat *m*;

s.Vertrag.

Kontrapunkt ♪ *m* contrepoint *m*.

Kontrast [kɔn'trast] *m* (3²) contraste *m*; **⌂ieren** [~s'tiːrən] *v/i.* contraster; être en contraste; **~mittel** ⚕ *n* substance *f* de contraste.

Kon'troll|-abschnitt *m* coupon *m* de contrôle; **~e** *f* (15) contrôle *m*; **~eur** [~'løːr] *m* (3¹) contrôleur *m*; **⌂ieren** [~'liːrən] *v/t.* contrôler; **~kommission** *f* commission *f* de contrôle; **~(l)ampe** *f* lampe *f* témoin (*od.* de contrôle); **~marke** *f* jeton *m* de contrôle; **~rat** *m* conseil *m* de contrôle; **~turm** *m* tour *f* de contrôle; **~uhr** *f* horloge *f* de contrôle; **~zettel** *m* fiche *f* de contrôle.

Kontroverse [kɔntro'vɛrzə] *f* (15) controverse *f*.

Kontur [kɔn'tuːr] *f* (16) contour *m*.

Konvent [kɔn'vɛnt] *m* (3) assemblée *f*; (*Kloster*) couvent *m*; **~ion** [~'tsjoːn] *f* convention *f*; **~io'nalstrafe** ⚖️ *f* peine *f* conventionnelle; **⌂io'nell** *adj.* conventionnel.

Konversation [kɔnvɛrza'tsjoːn] *f* (16) conversation *f*; **~slexikon** *n* encyclopédie *f*.

konvertier|bar [kɔnvɛr'tiːrbaːr] *adj.* convertible; **~en** *v/t.* convertir.

konvex [~'vɛks] *adj.* convexe; bombé.

Konvoi [kɔn'vɔy] *m* (11) convoi *m*.

Konzentrat [kɔntsɛn'traːt] *n* (3) (produit *m*) concentré *m*.

Konzentration [~tra'tsjoːn] *f* concentration *f*; **~sfähigkeit** *f* capacité *f* de concentration; **~slager** *n* camp *m* de concentration.

konzen|trieren [~'triːrən] *v/t.* concentrer; **~trisch** [~'tsɛntriʃ] *adj.* concentrique.

Kon|zept [~'tsɛpt] *n* (3) brouillon *m*; *aus dem ~* kommen perdre le fil; *j-n aus dem ~* bringen faire perdre le fil à q.; **~zeption** [~tsɛp'tsjoːn] *f* conception *f*; **~zern** [~'tsɛrn] *m* (3¹) trust *m*; cartel *m*.

Konzert [kɔn'tsɛrt] *n* (3) concert *m*; (*Solisten*⌂) récital *m*; **~flügel** *m* piano *m* de concert; **~saal** *m* salle *f* de concert; **~sänger(in** *f*) *m* chanteur *m* (cantatrice *f*) de concert.

Konzes|sion [~tsɛ'sjoːn] *f* concession *f*; licence *f*; patente *f*; **⌂sio'niert** *p.p. adjt.* patenté; **~si'ons-inhaber** *m* concessionnaire *m*.

Konzil [~'tsiːl] *n* (3² *od.* 8²) concile *m*.

Koordin|ate [koˀɔrdiˈnaːtə] f (15) co-
ordonnée f; **2ieren** [ˌˈniːrən] v/t.
coordonner.

Köper [ˈkøːpər] m (7) croisé m.

Kopf [kɔpf] m (3³) tête f; (Brief2) en-
-tête m; (e-r Münze) face f; heller
(beschränkter) ~ esprit m lucide (borné); ~ oder Schrift? pile ou face? ich
weiß nicht, wo mir der ~ steht je ne sais
où donner de la tête; sich den ~
zerbrechen se casser la tête; den ~
verlieren perdre la tête; nur s-m ~
folgen n'en faire qu'à sa tête; den ~
hängenlassen être abattu; j-m den ~
zurechtsetzen remettre q. à la raison;
fig. j-m den ~ waschen laver la tête (od.
donner un savon) à q.; j-m den ~
verdrehen tourner la tête à q.; es geht
an ~ und Kragen il y va de la tête; nicht
auf den ~ gefallen sein ne pas être
tombé sur la tête; auf dem ~ stehen
être la tête en bas; j-m etw. auf den ~
zusagen accuser q. ouvertement de
qch.; auf s-m ~ bestehen être entêté;
s'entêter; e-n Preis auf j-s ~ setzen
mettre à prix la tête de q.; auf den ~
stellen mettre sens dessus dessous;
aus dem ~ de mémoire; das geht mir
nicht aus dem ~ cela ne me sort pas de
la tête; sich etw. aus dem ~ schlagen
renoncer à qch.; fig. durch den ~
schießen venir à (od. traverser) l'esprit; sich etw. in den ~ setzen se mettre
qch. en tête; in den ~ steigen monter à
la tête; im ~ nicht richtig sein avoir
l'esprit dérangé; mit dem ~ dafür
haften en répondre sur sa tête; mit
dem ~ gegen etw. stoßen donner de la
tête contre qch.; mit dem ~ durch
(gegen) die Wand rennen se jeter (se
cogner) la tête au mur; j-m über den ~
wachsen dépasser q.; bis über den ~ in
Schulden stecken être dans les dettes
jusqu'au cou; von ~ bis Fuß de pieds
à la tête; j-n vor den ~ stoßen choquer
q.; zu ~ steigen monter à la tête;
~arbeit f travail m de tête; ~arbei-
ter m travailleur m intellectuel; ~
bahnhof m tête f de ligne; gare f en
cul-de-sac; ~ball Sp. m 'heading m;
~bedeckung f coiffure f.

köpfen [ˈkœpfən] v/t. (25) décapiter;
Bäume: étêter; Ball: renvoyer le ballon de la tête.

Kopf·ende n (v. Bett) chevet m;
~haar n cheveux m/pl.; chevelure f;
~haltung f port m de (la) tête; ~haut
f cuir m chevelu; ~hörer m casque m

(d'écoute); ~kissen n oreiller m; ~
kissenbezug m taie f d'oreiller; 2los
fig. adj. étourdi; ~losigkeit fig. f
étourderie f; ~nicken n signe m de
(la) tête; ~rechnen n calcul m mental; ~salat m laitue f (pommée);
2scheu adj. (mißtrauisch) méfiant;
(stutzig) effarouché; ~schmerz m
mal m de tête; ~en haben avoir mal à
la tête; ~schütteln n 'hochement m
de tête; ~sprung m plongeon m;
~stand Sp. m poirier m; e-n ~ machen
faire le poirier; Flgw. capoter;
~steinpflaster n pavé m inégal; ~
stimme f voix f de tête; fausset m;
~stütze f appui(e)-tête m; ~tuch n
fanchon f; 2-über adv. la tête la
première; ~verletzung f blessure f à
la tête; ~waschen n shampooing m;
~weh n = Kopfschmerz; ~zerbre-
chen n casse-tête m; viel ~ machen
donner du cassement de tête.

Kopie [koˈpiː] f copie f; phot. épreuve
f; fig. imitation f.

kopier|en [koˈpiːrən] v/t. copier;
phot. tirer; fig. imiter; 2papier n
papier m sensible; 2rahmen m châs-
sis-presse m; 2stift m crayon m à
copier; 2tinte f encre f à copier.

Kopilot [ˈkoːpiloːt] m copilote m.

Koppel [ˈkɔpəl] 1. f (15) corde f; ch.
laisse f; (Paar Tiere) couple m; (ein-
gefriedetes Feld) enclos m; 2. ⚔ n (7)
ceinturon m.

kopp|eln v/t. (29) coupler; ⚔ accou-
pler; ✗ enclore; 2lung ⚔ f accouplement m.

kor [koːr] s. küren.

Koralle [koˈralə] f (15) corail m; ~n-
fischer m corailleur m; ~n-insel f
atoll m; ~nkette f collier m de corail;
~nriff n récif m de coraux.

Koran [koˈraːn] m (3¹) Coran m.

Korb [kɔrp] m (3¹) panier m; (ohne
Henkel) corbeille f; (zweihenkliger)
manne f, (kleiner) mannette f; (Trag-
2) banne f; (kleiner) bannette f; fig.
j-m e-n ~ geben refuser q.; e-n ~
bekommen essuyer un refus; ~ball m
(Spiel) basket(-ball) m; ~blütler m
[ˈblyːtlər] m compos(ac)ée f; ~fla-
sche f bouteille f clissée ; (große)
bonbonne f; ~macher m vannier m;
~möbel n
meuble m en rotin; ~sessel m siège m
en rotin; ~waren f/pl. vannerie f;
~weide ⚘ f osier m.

Kord [kɔrt] m (3) velours m à côtes

(*od.* côtelé), **~hose** f pantalon m en velours côtelé.

Kordel ['~dəl] f (15) cordon m; ficelle f.

Koreaner(in f [16¹]) [kore'ɑːnər] m (7) Coréen(ne f).

Korinth|e [ko'rintə] f (15) raisin m de Corinthe; **~erbrief** *bibl.* m Épître f aux Corinthiens; **2isch** *adj.* corinthien.

Kork [kɔrk] m (3) liège m; (*Pfropfen*) bouchon m; **~eiche** f (chêne-)liège m; **~en** m (6) bouchon m; **~enzieher** m tire-bouchon m; **~produkt** m produit m en liège; **~sohle** f semelle f compensée en liège.

Korn [kɔrn] m (1² u. ³) grain m; *coll.* grains m/pl.; blé m; (*Roggen*) seigle m; (*Samen*②) graine f; ✕ guidon m, mire f; *aufs* ~ *nehmen* viser; **~ähre** f épi m; **~blume** f bluet m; **~branntwein** m eau-de-vie f de grain.

Körn|chen ['kœrnçən] n (6) petit grain m; granule m; *fig. ein* ~ *Wahrheit* un brin de vérité; **2en** v/t. (25) (*anrauhen*) grener; (*zerkleinern*) granuler; ⊕ (*markieren*) pointer; **~er** ⊕ m (7) pointeau m.

Kornett [kɔr'nɛt] **1.** ♪ n cornet m; **2.** ✕ m cornette m.

Kornfeld n champ m de blé.

körnig *adj.* granuleux.

Korn|kammer f grenier m (*a. fig.*); **~speicher** m grenier m à blé; silo m.

Körper m (7) corps m; **~bau** m stature f; **~beherrschung** f maitrise f du corps; **2behindert** *p.p. adj.* infirme; 'handicapé; **~chen** n corpuscule m; **~erziehung** f éducation f physique; **~fülle** f embonpoint m; corpulence f; **~geruch** m odeur f corporelle; **~gewicht** n poids m (du corps); **~größe** f taille f; **~haltung** f port m; maintien m; tenue f; **~kraft** f force f physique; **~kultur** f culture f physique; **2lich** *adj.* corporel; (*stofflich*) matériel; (*in*)corporel; (*stofflos*) immatériel; **~pflege** f hygiène f du corps; **~schaft** f corporation f; corps m; **~teil** m partie f du corps; **~verletzung** f coups et blessures m/pl. (*mit tödlichem Ausgang* suivis de mort); **~wärme** f chaleur f du corps.

Korporal [kɔrpo'rɑːl] m (3¹) caporal m; (*bei berittenen Truppen*) brigadier m.

Korpora|tion [~pora'tsjoːn] f corporation f; **2tiv** [~'tiːf] *adj.* corporatif.

Korps [koːr] n (*inv.*) corps m; **~geist** m esprit m de corps.

korpulen|t [~pu'lɛnt] *adj.* corpulent; **2z** [~ts] f (16, *o.pl.*) corpulence f.

korrekt [ko'rɛkt] *adj.* correct; **2 heit** f correction f; attitude f correcte.

Korrek|tor [~'rɛktɔr] m (8¹) correcteur m; **~tur** f (16) correction f; (*in der Schule*) corrigé m; *typ.* épreuve f (*lesen* corriger; *revoir*); **~tur-abzug** m, **~turbogen** m épreuve f; **~turfahne** f placard m; **~turlesen** n correction f des épreuves (*resp. des placards*); **~turzeichen** n signe m de correction.

Korrespond|ent [kɔrɛspɔn'dɛnt] m (12) correspondant m; **~enz** [~'dɛnts] f (16) correspondance f; **2ieren** [~'diːrən] v/i. correspondre (*mit* avec).

Korridor ['kɔridoːr] m (3¹) couloir m; corridor m.

korrigieren [kɔri'giːrən] v/t. corriger.

Korrosion [kɔro'zjoːn] f (16) corrosion f; **2beständig** *adj.* résistant à la corrosion; **~sschutz** m anticorrosif m.

korrupt [~'rupt] *adj.* corrompu; **2ion** [~'tsjoːn] f corruption f.

Korse ['kɔrzə] m (12) Corse m.

Korsett [~'zɛt] n (3) corset m; **~stange** f busc m.

Kors|in f Corse f; **2isch** [~'zif] *adj.* corse.

Korvett|e [~'vɛtə] f (15) corvette f; **~enkapitän** m capitaine m de corvette.

Koryphäe [kory'fɛːə] f (15) crack m; génie m.

Kosak [ko'zak] m (12) Cosaque m.

koscher ['kɔʃər] *adj.* cawcher, casher.

Kose|form ['koːzə-] f diminutif m; **2n** v/t. u. v/i. (27) caresser; **~name** m petit nom m d'amitié; **~wort** n mot m tendre.

Kosinus Å ['koːzinus] m (*inv.*) cosinus m.

Kosme|tik [kɔs'meːtik] f (16) cosmétique f; **2tisch** *adj.* cosmétique.

kosmisch ['kɔsmiʃ] *adj.* cosmique.

Kosmonaut [kɔsmo'naut] m (12) cosmonaute m.

Kosmopolit [~mopo'liːt] m (12) cosmopolite m; **2isch** *adj.* cosmopolite.

Kosmos ['kɔsmɔs] m (*inv., o.pl.*) cosmos m; univers m.

Kost [kɔst] *f* (16) nourriture *f*; pension *f*; *gute* (*schlechte*) ~ bonne (mauvaise) chère *f*; *magere* ~ maigre pitance *f*; *in* ~ en pension; *freie* ~ *haben* être nourri (gratuitement); *freie* ~ *und Logis haben* être logé et nourri; *auf schmale* ~ *setzen* mettre à la diète; **2bar** *adj.* cher; (*wertvoll*) précieux; **~barkeit** *f* grande valeur *f*; (*Gegenstand*) objet *m* précieux.

kosten 1. *v/i.* (26) coûter; *wieviel* (*was*) *kostet dieses Buch?* combien (coûte) ce livre?; *das kostet ihn viel cela lui coûte cher; es koste, was es wolle* coûte que coûte; *es sich etw.* ~ *lassen* ne rien coûter en frais; **2.** *v/t.* goûter; *Getränke*: déguster; (*probieren*) essayer; (*genießen*) jouir de; (*sich laben an*) savourer; **3. 2** *pl.* frais *m/pl.*; coût *m*; dépenses *f/pl.*; *fig. u.* ⚖ dépens *m/pl.*; *auf m-e* ~ à mes frais, *fig.* à mes dépens; *auf* ~ *anderer* aux dépens d'autrui; *ich werde die* ~ *davon tragen* c'est moi qui en ferai les frais; *sich* ~ *machen* se mettre en frais; *keine* ~ *scheuen* ne pas regarder à la dépense; *auf s-e* ~ *kommen* rentrer dans ses frais; **4. 2** ~ gustation *f*; (*v. Getränken*) dégustation *f*; **2-aufwand** *m* frais *m/pl.*; dépenses *f/pl.*; **2-erstattung** *f* remboursement *m* des frais; **2frage** *f* question *f* de prix (*od.* de frais); **~frei**, **~los** *adj.* sans frais; gratuit; **2punkt** *m* prix *m*; frais *m/pl.*; **2rechnung** *f* compte *m* (*od.* calcul *m*) des frais; **2vor-anschlag** *m* devis *m*; *e-n* ~ *machen* établir un devis.

Kost|gänger *m* (7) pensionnaire *m*; **~geld** *n* prix *m* de pension.

köstlich [ˈkœstliç] *adj.* délicieux; exquis.

Kostprobe *f* dégustation *f*; *fig.* échantillon *m*.

kostspielig *adj.* coûteux; dispendieux.

Kostüm [kɔsˈtyːm] *n* (3¹) costume *m*; (*Verkleidung*) *a.* travesti *m*; (*Schneider*2) tailleur *m*; **~ball** *m*, **~fest** *n* bal *m* costumé (*od.* travesti); **2ieren** [~tyˈmiː-] *v/t.* costumer; (*verkleiden a.*) travestir; **~probe** *thé.* *f* répétition *f* en costume; **~verleih** *m* location *f* de costumes.

Kot [koːt] *m* (3) boue *f*; crotte *f*; (*v. Menschen*) excréments *m/pl.*; ⚕ fèces *f/pl.*; (*v. Tieren*) fiente *f*; *mit* ~ *bespritzen* éclabousser; crotter; *von* ~

reinigen décrotter.

Kotelett [kotˈ(ə)ˈlɛt] *n* (11) côtelette *f*; **~en** *pl.* (*Bart*) côtelettes *f/pl.*

Köter *péj.* [ˈkøːtər] *m* (7) cabot *m*; (*großer*) mâtin *m*.

Kot|flügel *Auto m* aile *f*; **2ig** *adj.* crotté; ⚕ fécal.

kotzen V[ˈkɔtsən] *v/i.* (27) dégobiller.

Krabbe [ˈkrabə] *f* (15) crevette *f*; crabe *m*; (*Kind*) marmot *m*; **2ln** (27) **1.** *v/i.* (*Kinder*) aller à quatre pattes; (*wimmeln*) grouiller; **2.** *v/t.* (*kitzeln*) chatouiller.

krach [krax] **1.** *int.* ~! crac!; *patatras!*; **2. 2** *m* (3 *u.* 11) craquement *m*; (*Lärm*) vacarme *m*; fracas *m*; (*Streit*) brouille *f*, ⨍ grabuge *m*; ~ *schlagen* faire un esclandre (*od.* du chahut); **~en** *v/i.* (25) craquer; éclater; (*Geschütz*) tonner; **2en** *n* craquement *m*; **2mandel** *f* amande *f* à coque tendre.

krächzen [ˈkrɛçtsən] *v/i.* (27) croasser.

Kraft [kraft] **1.** *f* (14¹) force *f*; (*Tat*2) énergie *f*; (*~fülle*) vigueur *f*; (*Vermögen*) pouvoir *m*; (*moralische*) vertu *f*; (*geistige*) faculté *f*; *aus allen Kräften* de toutes mes (ses, *etc.*) forces; *das steht nicht in meinen Kräften* ce n'est pas en mon pouvoir; *in* ~ *treten* (*setzen*; *sein*) entrer (mettre; être) en vigueur; *außer* ~ *setzen* abroger; *das geht über m-e Kräfte* c'est au-dessus de mes forces; **2. 2** *prp.* (*gén.*) en vertu de; **~anlage** *f* centrale *f* de force motrice; **~anstrengung** *f* effort *m*; **~aufwand** *m* déploiement *m* de forces; **~ausdruck** *m* gros mot *m*; **~brühe** *f* consommé *m*; **~einheit** *f* unité *f* dynamique.

Kräfteverfall ⚕ [ˈkrɛftə-] *m* dépérissement *m*; affaiblissement *m*; (*Siechtum*) marasme *m*.

Kraftfahr|er *m* chauffeur *m*; automobiliste *m*; **~sport** *m*, **~wesen** *n* automobilisme *m* (*od.* ...-bile) *f*; **~zeug** *n* auto(mobile) *f*; **~zeugsteuer** *f* taxe *f* (*od.* impôt *m*) sur les véhicules à moteur.

Kraft|feld *phys. n* champ *m* de force; **~futter** *n* fourrage *m* concentré.

kräftig [ˈkrɛftiç] *adj.* fort; vigoureux; robuste; (*nahrhaft*) substantiel; **~en** *v/t.* (25) fortifier; (*erquicken*) restaurer; **2ung** *f* renforcement *m*; raffermissement *m*; **2ungsmittel** *n* fortifiant *m*; cordial *m*.

kraft|los *adj.* sans force; dénué de vigueur; faible; **2meier** *m* fanfaron m; 2**messer** m dynamomètre m; 2-**probe** f tour m de force; épreuve f (de force); 2**quelle** f source f d'énergie; 2**stoff** m essence f; carburant m; ~**strotzend** p.pr. adjt. plein de force(s); ~**voll** adj. vigoureux; 2**wagen** m auto(mobile) f; 2**wagenführer** m chauffeur m; 2**werk** n usine f électrique; centrale f (hydro-électrique od. nucléaire).

Kragen ['krɑːgən] m (6) (Rock2) collet m; (Hemd2) col m, (zum Anknöpfen) faux col; (der Geistlichen) rabat m; (der Damen) collerette f; (Halskrause) fraise f; j-n beim ~ nehmen saisir q. au collet; es geht ihm an den ~ sa vie est en danger; ~**knopf** m bouton m de faux col; ~**weite** f encolure f.

Krähe ['krɛːə] f (15) corneille f; 2**en** v/i. (25) chanter; ~**enfüße** m/pl. (schlechte Schrift) pattes f/pl. de mouches; (Runzeln) pattes f/pl. d'oie.

Krakeel F [kra'keːl] m (3¹) tapage m; chahut m; 2**en** F v/i. (25) faire du tapage; (sich zanken) se chamailler; ~**er** m (7) tapageur m; (Zänker) querelleur m.

Kralle ['kralə] f (15) griffe f; ongle m; (der Raubvögel) serre f; 2**n** v/rfl.: sich ~ an (acc.) se cramponner à.

Kram [krɑːm] m (3³) (Schundware) pacotille f; (Plunder) fatras m; das paßt nicht in s-n ~ cela ne fait pas son affaire; 2**en** v/i. (25) fouiller (in dat. dans); schweiz. F faire des emplettes.

Krämer ['krɛːmər] m (7) épicier m; ~**geist** m esprit m mercantile; ~**seele** péj. f âme f mesquine; esprit m mercantile.

Kramladen m boutique f.

Krampe ['krampə] f (15) crampon m.

Krampf [krampf] m (3³) crampe f; spasme m; er bekam e-n ~ il lui prit une crampe; ~**ader** f varice f; 2**haft** adj. convulsif; spasmodique; 2**lösend** p.pr. adjt. antispasmodique.

Kran [krɑːn] m (3³ u. 12) grue f; ♏ crône m; ~**führer** m conducteur m de (la) grue.

Kranich ['krɑːniç] m (3) grue f.

krank adj. u. adv. (18²) (werden tombr) malade; sich ~ melden se faire porter malade; sich ~ lachen se pâmer de rire; 2e(r m) m/f malade m, f.

kränkeln ['krɛŋkəln] v/i. (29) être maladif; languir.

kranken v/i. (25): ~ an (dat.) souffrir de; être atteint de.

kränken ['krɛŋkən] v/t. (25) offenser; blesser.

Kranken|**-anstalt** f hôpital m; ~**auto** n ambulance f automobile; ~**bericht** m bulletin m de santé; ~**besuch** m visite f à un malade; ~**bett** n: auf dem ~ liegen être alité; ~**geld** n allocation f de maladie; ~**geschichte** f histoire f de la maladie; ~**haus** n hôpital m; (privates) clinique f; in ein ~ aufnehmen (bringen) hospitaliser; ~**kasse** f caisse f de maladie; ~**kost** f diète f; régime m; ~**lager** n = Krankenbett; ~**pflege** f soins m/pl. donnés aux malades; ~**pfleger(in** f) m infirmier m, -ière f; garde-malade m, f; ~**schein** m feuille f de maladie; ~**schwester** f infirmière f; ~**stuhl** m chaise f de malade; ~**trage** f brancard m; ~**träger** m brancardier m; ~**transport** m transport m de malade(s); ~**versicherung** f assurance-maladie f; ~**wagen** m ambulance f; ~**wärter** m = Krankenpfleger; ~**zimmer** n infirmerie f.

krank|**haft** adj. maladif; ♣ morbide; pathologique; 2**heit** f maladie f (bekommen contracter; attrapen).

Krankheits|**bild** n tableau m (od. aspect m) de la maladie; ~**erreger** m microbe m pathogène; ~**erscheinung** f symptôme m; 2**halber** adv. pour cause de maladie; ~**herd** m foyer m de (la) maladie; ~**verlauf** m déroulement m de la maladie; ~**zeichen** n symptôme m.

kränk|**lich** ['krɛŋkliç] adj. maladif; (schwächlich) chétif; infirme; 2**ung** f offense f.

Kranwagen ['krɑːn-] m camion-grue m; Esb. wagon-grue m.

Kranz [krants] m (3² u. ³) couronne f; Arch. corniche f.

Kränzchen ['krɛntsçən] n (6) petite couronne f; fig. (Damen2) (petit) cercle m (de dames).

Kranzniederlegung f dépôt m de couronne.

Krapfen cuis. ['krapfən] m (6) beignet m.

kraß [kras] adj. (Unwissenheit) crasse; (Gegensatz) vif.

Krater ['krɑːtər] m (7) cratère m.

Kratz|**bürste** f brosse f dure; F fig. personne f revêche; 2**bürstig** ['~byrstiç] adj. F fig. revêche; ~**e** f

(15) grattoir *m*; (*Spinnerei*) carde *f*.
Krätze ⚕ ['krɛtsə] *f* (15) gale *f*.
Kratz|-eisen *n* décrottoir *m*; **2en** ['kratsən] (27) **1.** *v/t.* gratter; (*die Haut ritzen*) égratigner; ⊕ *Wolle*: carder; **2.** *v/rfl.*: sich ~ se gratter; **~er** *m* (7) rayure *f*; éraflure *f*; (*auf der Haut*) égratignure *f*; griffe *f*.
krätzig ⚕ ['krɛtsiç] *adj.* galeux.
Kratzwunde *f* égratignure *f*.
kraul|en ['kraʊlən] (25) **1.** *v/t.* gratter doucement; **2.** *v/i.* *Sp.* nager le crawl, crawler; **2schwimmen** *n* crawl *m*; **2stil** *m* style *m* crawlé.
kraus [kraʊs] *adj.* (18[1]) crépu; frisé; (*Stoff*) crêpé; die Stirn ~ ziehen froncer les sourcils; **2e** *f* (15) (*Hals2*) fraise *f*; (*Hemd2*) jabot *m*.
kräuseln ['krɔʏzəln] *v/t.* (29) friser; *Haare*, *Stoff*: crêper; (*fälteln*) plisser; *Wasser*: rider.
kraus|haarig ['kraʊs-] *adj.* qui a les cheveux crépus; **2kopf** *m* tête *f* crépue; ⊕ fraise *f* conique.
Kraut [kraʊt] *n* (1[2]) herbe *f*; *phm.* Kräuter *pl.* simples *m/pl.*; Kräuter sammeln herboriser; ins ~ schießen pousser tout en feuilles; wie ~ und Rüben sens dessus dessous.
Kräuter|bad ['krɔʏtər-] *n* bain *m* aux herbes; **~buch** *n* herbier *m*; **~-essig** *m* vinaigre *m* aux fines herbes; **~heilmittel** *n* médicament *m* à base de plantes; **~käse** *m* fromage *m* aux herbes; **~kunde** *f* science *f* des herbes; **~likör** *m* liqueur *f* aux herbes; **~sammler** *m* herborisateur *m*; **~tee** *m* tisane *f*.
Krawall [kra'val] *m* (3[1]) bagarre *f*; (*Lärm*) tapage *m*; chahut *m*.
Krawatte [kra'vatə] *f* (15) cravate *f*; **~nnadel** *f* épingle *f* de cravate.
kraxeln ['kraksəln] *v/i.* (sn) grimper.
Kreat|ion [krea'tsjo:n] *f* (16) (*Mode*) création *f*; **~ur** [~'tu:r] *f* (16) créature *f*.
Krebs [kre:ps] *m* (4) écrevisse *f*; *astr.* Cancer *m*; ⚕ cancer *m*; (*Pferde2*) gangrène *f*; **2-artig** ⚕ *adj.* cancéreux; **~bekämpfung** *f* lutte *f* contre le cancer; **2-erregend, 2-erzeugend** *p.pr. adjt.* cancérigène; **~forschung** *f* cancérologie *f*; recherches *f/pl.* sur le cancer; **~gang** *m* marche *f* à reculons; **~geschwür** *n* ulcère *m* cancéreux; **2krank** *adj.* cancéreux; **2rot** *adj.* rouge comme une écrevisse; **~schaden** *m* ⚕ affection *f* cancéreuse; *fig.* gangrène *f*; **~schere** *f* pince *f* d'écrevisse; **~suppe** *f* bisque *f*; **~vorsorge** ⚕ *f* dépistage *m* du cancer; **~wucherung** ⚕ *f* tumeur *f*; prolifération *f* (anormale); **~zelle** ⚕ *f* cellule *f* cancéreuse.
kredenzen [kre'dɛntsən] *v/t.* (27) verser à boire; offrir.
Kredit [kre'di:t] *m* (3) crédit *m*; **~-anstalt** *f* établissement *m* de crédit; **~bank** *f* banque *f* de crédit; **~brief** *m* lettre *f* de crédit; **2fähig** *adj.* solide; **~geber** *m* prêteur *m*; bailleur *m* de fonds; **~genossenschaft** *f* coopérative *f* de crédit; **~nehmer** *m* emprunteur *m*; **2würdig** *adj.* digne de crédit; solide; solvable.
Kreide ['kraɪdə] *f* (15) craie *f*; **2'blaß, 2'bleich** *adj.* blanc comme un linge; **~felsen** *m* roche *f* crétacée; **2'weiß** *fig.* = kreidebIaß; **~zeichnung** *f* dessin *m* au crayon (*od.* à la craie).
Kreis [kraɪs] *m* (4) cercle *m*; (*Verwaltungs2 a.*) district *m*; canton *m*; arrondissement *m*; *fig.* cercle *m*; milieu *m*; sphère *f*; *litt.* cénacle *m*; im ~e der Familie au sein de la famille; im engsten ~e dans la plus stricte intimité; im ~e sitzen être assis en rond; **~-abschnitt** *m* segment *m*; **~-arzt** *m* médecin *m* administratif; **~-ausschnitt** *m* secteur *m*; **~bahn** *astr.* *f* orbite *f*; **~bewegung** *f* mouvement *m* circulaire; **~bogen** *m* arc *m* de cercle.
kreischen ['kraɪʃən] *v/i.* (27) brailler; piailler; (*Säge*) grincer; **~d** *p.pr. adjt.* (*Stimme*) criard; aigu; perçant.
Kreisel ['kraɪzəl] *m* (7) toupie *f*; **~-kompaß** *m* compas *m* gyroscopique.
kreis|en *v/i.* (27, sn) tourner; (*wirbeln*) tournoyer; (*Blut*, *Geld*) circuler; **2fläche** *f* cercle *m*; **~förmig** *adj.* circulaire; **2lauf** *m* mouvement *m* circulaire; (*Blut2*) circulation *f*; **2-laufstörungen** *f/pl.* troubles *m/pl.* circulatoires; **2linie** *f* ligne *f* circulaire; ⩓ circonférence *f*; **~rund** *adj.* circulaire; **2säge** *f* scie *f* circulaire; **2stadt** *f* chef-lieu *m* d'arrondissement; **2-umfang** *m* circonférence *f* du cercle; **2verkehr** *m* sens *m* giratoire.
Krem [kre:m] *f* *s.* Creme.
Krematorium [krema'to:rjum] *n* (9) crématorium *m*; four *m* crématoire.
Kreml [kreml] *m*: der ~ le Kremlin.

Kremp|e [ˈkrɛmpə] f (15) rebord m; (Hut꜀) bord m; **~el 1.** F m (7) bric-à--brac m; 2. f (15) ⊕ carde f; **2eln** ⊕ v/t. u. v/i. carder.

Kreol|e [kreˈoːlə] m (12), **~in** f (16¹) créole m, f.

krepieren [kreˈpiːrən] v/i. (sn) P crever; (Geschoß) éclater.

Krepp [krɛp] m (3) crêpe m; **~papier** n papier m crêpé; **~sohle** f semelle f de crêpe.

Kresse [ˈkrɛsə] f (15) cresson m.

Kreuz [krɔʏts] **1.** n (3²) croix f (a. fig.); fig. a. chagrin m; (des Pferdes) croupe f; ♪ dièse m; (Kartenspiel) trèfle m; das (od. ein) ~ schlagen faire le signe de la croix; ans ~ schlagen mettre en croix; zu ~(e) kriechen faire amende honorable; baisser pavillon; **2.** 2 adv.: ~ und quer en zigzag; en tous sens; **~abnahme** f descente f de croix; **~band** n: unter ~ sous bande; **~bein** n sacrum m; **~blütler** m crucifèracée f; **2brav** adj. bien brave; **2en** (27) **1.** ⌐brav] v/t. croiser (a. Rassen); 2. v/i. (sn) ♱ croiser; (lavieren) louvoyer; **~er** m (7) (Münze) kreutzer m; ♱ croiseur m; **~fahrer** m croisé m; **~fahrt** f croisière f; rl. croisade f; **~feuer** n feu m croisé; unter ~ nehmen prendre entre deux feux; **2fi|del** adj. gai comme un pinson; **~gang** m cloitre m; **~gewölbe** n voûte f en arête; **~hacke** f pioche f; **2igen** v/t. (25) crucifier; **~igung** f crucifixion f; mise f en croix; **2lahm 1.** adj. éreinté; 2. adv.: ~ schlagen éreinter; **~otter** f vipère f commune; **~ritter** m croisé m; **~schmerzen** m/pl. douleurs f/pl. lombaires; **~spinne** f araignée f porte-croix; **~stich** m point m croisé; **~e** (Schmerzen) = Kreuzschmerzen; **~ung** f croisement m; (Straßen2 a.) carrefour m; intersection f; **~ungspunkt** m croisement m; point m d'intersection (a. Å); **~verhör** n interrogatoire m contradictoire; **~weg** m carrefour m; croisée f des chemins; 2weise adv. en (forme de) croix; **~wort(rätsel)** n mots m/pl. croisés; **~zeichen** rl. n signe m de (la) croix; **~zug** m croisade f.

kribbel|ig F [ˈkrɪbəliç] adj. irritable; nerveux; **~n** v/i. u. v/imp. (wimmeln) fourmiller; (prickeln) picoter; (jukken) démanger.

Kricket [ˈkrɪkət] n (11) cricket m.

kriech|en [ˈkriːçən] v/i. (30, sn) ramper; se glisser (durch par); (aus dem Ei) sortir; auf allen vieren ~ aller (od. marcher) à quatre pattes; vor j-m ~ être à plat ventre devant q.; **2er** m (7) flagorneur m; **2eˈrei** f (16) flagornerie f; **~erisch** adj. rampant; flagorneur; **~spur** f (Autobahn) voie f réservée (od. obligatoire) aux poids lourds; **2tier** n reptile m.

Krieg [kriːk] m (3) guerre f; ~ führen gegen (mit) faire la guerre à; in den ~ ziehen partir en guerre.

kriegen F [ˈkriːgən] v/t. (25) (bekommen) obtenir; recevoir; attraper.

Krieger m (7) guerrier m; **~denkmal** n monument m aux morts de la guerre; **2isch** adj. belliqueux; guerrier.

krieg|führend adj. belligérant; **2führung** f stratégie f; manière f de faire la guerre.

Kriegs|-akademie f école f supérieure de guerre; **~anleihe** f emprunt m de guerre; **~ausbruch** m commencement m de la guerre; **~beil** n 'hache f de guerre'; fig. das ~ begraben enterrer la hache de guerre; **~bemalung** f peinture f de guerre; **~bericht-erstatter** m correspondant m aux armées (od. de guerre); **2beschädigt** p.p. adj. mutilé de guerre; **~beschädigte(r)** m (18) mutilé m de guerre; **~dienst** m service m militaire; **~dienstverweigerer** m objecteur m de conscience; **~entschädigung** f indemnité f de guerre; **~erklärung** f déclaration f de guerre; **~fall** m cas m de guerre; **~flotte** f marine f de guerre; **~freiwillige(r)** m (18) volontaire m (de guerre); **~fuß** m: mit j-m auf (dem) ~ stehen être sur le pied de guerre avec q.; **~gebiet** n = Kriegsschauplatz; **~gefangene(r)** m (18) prisonnier m de guerre; **~gefangenschaft** f captivité f; in ~ geraten être fait prisonnier; **~gericht** n cour f martiale; conseil m de guerre; vor ein ~ stellen traduire en conseil de guerre; **~geschädigte(r)** m (18) sinistré m de guerre; **~gewinn** m profits m/pl. de guerre; **~gewinnler** [ˈ-gəvɪnlər] m (7) profiteur m de guerre; **~glück** n sort m (od. fortune f) des armes; **~gott** m dieu m de la guerre; **~gräberfürsorge** f œuvre m des cimetières militaires; **~hafen** m port m militaire; ~**hetzer** m fauteur m de guerre; ~**-invalide** m mutilé m de guerre; ~**kamerad** m compagnon m d'armes; ~**kosten** pl. frais m/pl. de la guerre; ~**kunst** f stratégie f; ~**lasten** f/pl. contributions f/pl. de guerre; ~**list** f stratagème m; ~**macht** f force f militaire; ~**marine** f = Kriegsflotte; ~**material** n matériel m de guerre; ~**minister** m ministre m de la guerre; (in Frankreich) ministre m de la défense; 2**müde** adj. las de la guerre; ~**-opfer** n victime f de guerre; ~**rat** m conseil m de guerre; ~**recht** n lois f/pl. de la guerre; ~**schäden** m/pl. dommages m/pl. de guerre; ~**schauplatz** m théâtre m de la guerre; ~**schuld** f responsabilité f de la guerre; ~**schulden** f/pl. dettes f/pl. de guerre; ~**schiff** n bâtiment m (od. vaisseau m) de guerre; ~**teilnehmer** m combattant m; ~**verbrecher** m criminel m de guerre; ~**waise** f orphelin(e f) m de guerre; (in Frankreich) pupille m, f de la nation; ~**zug** m expédition f (militaire); ~**zustand** m état m de guerre.

Krimi F ['kriːmi] m (11) = Kriminalroman.

Kriminal|beamte(r) [krimi'naːl-] m (18) employé m de la police criminelle; ~**film** m film m policier; ~**gericht** n tribunal m criminel; ~**ität** [~naliˈtɛːt] f criminalité f; délinquance f; ~**kommissar** m commissaire m de la police judiciaire; ~**polizei** f police f criminelle; ~**roman** m roman m policier.

kriminell [krimiˈnɛl] adj. criminel.

Krimskrams F ['krimskrams] m (inv.) fatras m.

Kringel ['kriŋəl] m (7) (Gebäck) craquelin m; bretzel m.

Krippe ['kripə] f (15) crèche f (a. Weihnachts2, Kinder2); (Futter2 a.) mangeoire f; ~**nfigur** f personnage m de la crèche; santon m; ~**nspiel** n jeu m de la Nativité.

Kris|e ['kriːzə] f (15) crise f; 2**eln** v/imp.: es kriselt une crise menace; 2**enfest** adj. à l'abri de la crise.

Kristall [krisˈtal] **1.** m (3¹) cristal m; **2.** n (3¹, o. pl.) cristal m; mst pl. cristaux m/pl.; 2**glas** n verre m de cristal; coll. cristaux m/pl.; 2**isieren** v/i. cristalliser; 2**klar** adj. clair comme du cristal; limpide; (Stimme, Ton) cristallin; ~**zucker** m sucre m cristallisé.

Kriterium [kriˈteːrjum] n critère m; Sp. critérium m.

Kritik [kriˈtiːk] f (16) critique f; (tadelnd) censure f; (in e-r Zeitung) compte rendu m; ~ **üben** faire des critiques; se livrer à la critique; unter aller ~ au-dessous de tout; ~**er** ['kriːtikər] m (7) critique m; 2**los** [kriˈtiːkloːs] **1.** adj. qui manque d'esprit critique; **2.** adv. sans critiquer.

krit|isch ['kriːtiʃ] adj. critique; ~**isieren** [~tiˈziːrən] v/t. faire la critique de; (tadelnd) critiquer; censurer.

kritt|eln ['kritəln] v/i. critiquer minutieusement; 2**ler** m critiqueur m.

Kritzel|ei [kritsə'laɪ] f griffonnage m; 2**n** v/t. u. v/i. griffonner.

Kroat|e [kroˈaːtə] m (13), ~**in** f (16¹) Croate m (f); 2**isch** adj. croate.

kroch [krɔx] s. kriechen.

Krokodil [krokoˈdiːl] n (3) crocodile m; ~**s-tränen** f/pl. larmes f/pl. de crocodile.

Krokus ['kroːkus] m (14, pl. a. inv.) crocus m.

Krone ['kroːnə] f (15) couronne f; (Baum2) cime f; (Houppe f; (Blüten2) corolle f; (Leuchter) lustre m; e-r Sache (dat.) die ~ aufsetzen fig. mettre le comble à qch.

krönen ['krøːnən] v/t. (25) couronner.

Kron|leuchter m lustre m; ~**prinz** m prince m royal (od. héritier); ~**prinzessin** f princesse f royale.

Krönung ['krøːnuŋ] f couronnement m.

Kronzeuge m témoin m principal.

Kropf [krɔpf] m (3¹) zo. jabot m; ⚕ goitre m.

Krösus ['krøːzus] m (14²) F: ein ~ sein être riche comme Crésus.

Kröte ['krøːtə] f (15) crapaud m.

Krück|e ['krykə] f (15) béquille f; an ~n gehen marcher avec des béquilles; ~**stock** m canne f.

Krug [kruːk] m (3³) cruche f; (Topf) pot m; (großer Wasser2) jarre f; (Schenke) auberge f; cabaret m.

Krümchen ['kryːmçən] n (6) miette f; fig. brin m.

Krume ['kruːmə] f (15) mie f (de pain).

Krüm|el ['kryːməl] m (7) miette f; 2**(e)lig** adj. qui s'émiette; 2**eln** (29) v/t. (v/i. s')émietter.

krumm [krum] **1.** adj. courbe; (gebogen) courbé; (hakig) crochu (a.

Nase, Finger); (*unregelmäßig*) tortu; (*Straße*) tortueux; ~e Beine jambes f/pl. torses; ~ werden se courber; (*v. Personen*) se voûter; **2.** *adv.*: ~ biegen courber; **~beinig** adj. bancal; (*X-beinig*) cagneux.

krümmen [ˈkrymən] (25) **1.** v/t. courber; (*biegen*) plier; **2.** v/rfl.: sich ~ se tordre (*a. fig.*).

Krumm|holz n bois m tortu; **2neh-men** v/t.: etw. ~ prendre qch. de travers (*od.* en mauvaise part); **~stab** m crossse f.

Krümmung f courbe f; courbure f; (*e-s Flusses*) sinuosité f.

Kruppe f (15) croupe f.

Krüppel [ˈkrypəl] m (7) estropié m; ~ ohne Beine cul-de-jatte m; zum ~ machen estropier; zum ~ werden être estropié; **2haft** adj. estropié; (*nicht voll entwickelt*) rabougri.

Kruste [ˈkrustə] f (15) croûte f; **~n-tier** n crustacé m.

krustig adj. (re)couvert d'une croûte; en croûte.

Kruzifix [ˈkrutsiˈfiks] n (3²) crucifix m.

Krypta [ˈkrypta] f (16²) crypte f.

Kubaner(in f [16¹]) [kuˈbaːnər] m (7) Cubain(e f) m.

Kübel [ˈkyːbəl] m (7) baquet m; cuveau m; östr., schweiz. = Eimer.

Kubik|meter [kuˈbiːk-] n (a. m) mètre m cube; **~wurzel** & f racine f cubique.

kub|isch & [ˈkuːbiʃ] adj. cubique; **2ismus** peint. [~ˈbismɔs] m cubisme m.

Kubus [ˈkuːbus] m (16²) cube m.

Küche [ˈkyçə] f (15) cuisine f (besorgen faire); gute ~ bonne chère f; kalte ~ repas m froid.

Kuchen [ˈkuːxən] m (6) gâteau m; (*kleiner*) tartelette f; petit four m; **~bäcker** m pâtissier m; **~blech** n tôle f (à pâtisserie).

Küchenchef m chef m de cuisine.

Kuchenform f moule m.

Küchen|gerät n, **~geschirr** n ustensiles m/pl. (*od.* batterie f) de cuisine; **~junge** m marmiton m; **~kräuter** n/pl. fines herbes f/pl.; **~mädchen** n fille f de cuisine; aide-cuisinière f; **~maschine** f appareil m ménager; **~messer** n couteau m de cuisine; **~schrank** m buffet m de cuisine; garde-manger m.

Küchlein [ˈkyçlaɪn] n (6) poussin m.

Kuckuck [ˈkukuk] m (3) coucou m; F zum ~! au diable!; diantre!; das weiß der ~ qui diable peut le savoir; der ~ soll ihn holen! que le diable l'emporte!; **~s-ei** n œuf m de coucou; **~s-uhr** f coucou m.

Kufe [ˈkuːfə] f (15) cuve f; **~n** pl. (*des Schlittens*) barres f/pl.

Küfer [ˈkyːfər] m (7) tonnelier m.

Kugel [ˈkuːgəl] f (15) boule f; & sphère f; (*Billard*&) bille f; (*Gewehr*-&) balle f; (*Kanonen*&) boulet m; sich e-e ~ durch den Kopf jagen (*od.* schießen) se brûler la cervelle; **~ab-schnitt** m segment m de sphère; **~ausschnitt** m secteur m sphérique; **~fang** m pare-balles m; **~fest** adj. à l'épreuve des balles; **2förmig** [ˈ~fœrmiç] adj. sphérique; globulaire; **~gelenk** n articulation f à rotule; joint m articulé; **~lager** n roulement m à billes; **2n** (29) **1.** v/i. (sn) rouler; **2.** v/rfl.: sich vor Lachen ~ se tordre de rire; **2rund** adj. rond comme une boule; sphérique; **~schreiber** m stylo m à bille; **2sicher** = kugelfest; **~stoßen** Sp. n lancement m du poids.

Kuh [kuː] f (14¹) vache f; **~euter** n pis m de vache; **~fladen** m bouse f de vache; **~glocke** f sonnaille f; **~han-del** fig. m maquignonnage m; **~haut** fig. u. F: das geht auf keine ~! c'est incroyable (*od.* inouï); **~hirt** m vacher m.

kühl [kyːl] adj. frais; froid (*a. fig.*); ~ werden se rafraîchir; se refroidir; **2-anlage** f installation f frigorifique; **2e** f (15) fraîcheur f; in der ~ au frais; **~en** v/t. (25) rafraîchir; in Eis ~ mettre à la glace, Wein: frapper; Rache: assouvir; **2er** Auto m radiateur m; **2erhaube** f couvre-radiateur m; **2haus** n entrepôt m frigorifique; **2raum** m chambre f froide (*od.* frigorifique); **2schlange** f serpentin m de refroidissement; **2schrank** m réfrigérateur m; frigidaire m; **2tasche** f sac m isotherme; **2truhe** f (meuble m) congélateur m; **2ung** f réfrigération f; (*Erfrischung*) rafraîchissement m; **2wagen** m wagon m frigorifique; **2wasser** n eau f de refroidissement.

Kuh|milch f lait m de vache; **~mist** m fumier m de vache.

kühn [kyːn] adj. 'hardi'; (*verwegen*) audacieux; (*tollkühn*) téméraire; **2-heit** f 'hardiesse f; (*Verwegenheit*) audace f; (Tollkühnheit) témérité f.

Kuh|pocken f/pl. vaccine f; **~stall** m vacherie f; étable f.

Küken ['ky:kən] n (6) poussin m.

Kukuruz ['kukuruts] m (3) östr. = Mais.

kulant [ku'lant] adj. prévenant; **†** coulant.

Kuli ['ku:li] m coolie m; **2i~narisch** [kuli-] adj. culinaire.

Kulisse [ku'lisə] f (15) coulisse f; **hinter den ~n** dans la coulisse; **~n-schieber** thé. m machiniste m.

Kulminationspunkt [kulmina-'tsjo:ns-] m point m culminant.

Kult [kult] m (3) culte m; **2i~vieren** v/t. cultiver; **2i~viert** p.p. adjt. cultivé; (gepflegt) soigné.

Kultur [kul'tu:r] f (16) culture f; (Gesittung) civilisation f; **2ell** [~tu-'rel] adj. culturel; **~film** m documentaire m; **~geschichte** f histoire f de la civilisation; **2historisch** [~hi'sto:riʃ] adj. du point de vue de l'histoire de la civilisation; **~pflanze** f plante f cultivée; **~schande** f honte f pour la civilisation; **~stufe** f degré m de civilisation; **~träger** m représentant m de la culture (od. de la civilisation); **~volk** n peuple m civilisé.

Kultus ['kultus] m (14³) culte m; **~minister(ium** n) m ministre (ministère) m de l'instruction publique.

Kümmel ['kyməl] m (7) cumin m; (Schnaps) kummel m.

Kummer ['ku:mər] m (7) chagrin m; (Sorge) souci m; **~ bereiten** (haben) causer (avoir) du chagrin.

kümmer|lich 1. adj. misérable; (ärmlich) pauvre; (erbärmlich) chétif; 2. adv.: **~ leben** vivoter; **~n** (29) 1. v/t.: das kümmert mich nicht cela ne me regarde pas; 2. v/rfl.: sich **~ um** se soucier de, (sich einmischen) se mêler de.

kummervoll adj. soucieux.

Kumpan [kum'pɑ:n] m (3¹) copain m.

Kumpel ['kumpəl] m ⚒ mineur m; F copain m.

kündbar ['kyntbɑ:r] adj. résiliable.

Kunde ['kundə] 1. m (13) client m; 2. f (15) nouvelle f.

Kunden|beratung f orientation f des clients; **~dienst** m service m après vente; **~kreis** m clientèle f; **~werbung** f publicité f; réclame f.

kundgeb|en v/t. manifester; **2ung** f

manifestation f.

kundig adj.: e-r Sache **~** sein connaître qch.

kündig|en ['kyndigən] (25) 1. v/i. donner congé (j-m à q.); 2. v/t. Vertrag: dénoncer; résilier; **2ung** f congé m; préavis m; mit monatlicher **~** avec préavis d'un mois; (e-s Vertrages) dénonciation f; résiliation f; **2ungsfrist** f délai m de préavis; (gesetzliche) délai-congé m; **2ungs-schutz** m protection f contre le licenciement (bzw. congé[diement]) injustifié.

Kundin f cliente f.

Kundschaft ['kuntʃaft] f clientèle f; ⚔ reconnaissance f; ⚔ auf **~** ausgehen exécuter une reconnaissance; **2en** v/i. aller aux nouvelles (od. aux informations); aller à la découverte; **~er** ⚔ m (7) éclaireur m.

kundtun v/t. faire savoir.

künftig ['kynftiç] adj. à venir; futur; **~hin** adv. (von jetzt an) désormais; (späterhin) à l'avenir.

Kunst [kunst] f (14¹) art m; (~fertigkeit) adresse f; (Verfahren) procédé m; das ist keine **~** ce n'est pas malin; **~akademie** f école f des beaux--arts; **~ausstellung** f exposition f artistique; **~denkmal** n monument m (classé); **~druckpapier** n papier m couché; **~dünger** m engrais m chimique; **~eisbahn** f patinoire f artificielle.

Künstelei [kynstə'laı] f (16) affectation f.

Kunst|erziehung f éducation f artistique; **~faser** f fibre f synthétique; **2fertig** adj. habile; adroit; **~fertigkeit** f habileté f; adresse f; **~flieger** m aviateur m acrobatique; **~flug** m vol m acrobatique; **~galerie** f galerie f d'art; **~gegenstand** m objet m d'art; **~geschichte** f histoire f de l'art; **2geschichtlich** adj. d'histoire de l'art.

Kunstgewerb|e n art m décoratif (od. appliqué od. industriel); **~emuseum** n musée m des arts décoratifs; **2lich** adj. de l'art décoratif.

Kunst|griff m procédé m; (Kniff) artifice m; F truc m; **~handel** m commerce m d'objets d'art; **~händler** m marchand m d'objets d'art; **~handwerk** n métier(s) m(pl.) d'art; arts m/pl. manuels; **~harz** n résine f artificielle (od. synthétique); **~hi-**

storiker m historien m de l'art; **~honig** m miel m artificiel; **~kenner** m connaisseur m (d'art); **~leder** n similicuir m.

Künst|ler(in f [16¹]) ['kynstlər(in)] m (7) artiste m, f; **~ler-atelier** n studio m; **2lerisch** adj. d'(adv. en) artiste; artistique; **~lername** m pseudonyme m; nom m d'artiste; **2lich** adj. (nachgemacht) artificiel; imité; (unecht) faux; (Haar) postiche.

Kunst|liebhaber(in f) m amateur m d'art; **2los** adj. sans art; (natürlich) naturel; **~maler** m artiste m peintre; **~mappe** f portefeuille m à gravures; **~reiter(in** f) m écuyer m, -yère f; **~richtung** f tendance f de l'art; **~sammlung** f collection f d'objets d'art; **~schätze** m/pl. trésors m/pl. d'art; **~seide** f soie f artificielle; rayonne f; **~sinn** m sentiment (od. goût) m artistique; **~springen** Sp. m plongeons m/pl. de tremplin; sauts m/pl. acrobatiques; **~stein** m pierre f artificielle; **~stoff** m matière f plastique; **2stopfen** v/t. stopper; **~stopferei** f (Werkstatt) atelier m de stoppage; **~stück** n tour m de force (od. d'adresse); das ist kein ~ ce n'est pas malin; **~turnen** n gymnastique f artistique; **~ver-ein** m société f d'amis des arts; **~verlag** m librairie f d'art; **2verständig** adj. expert; **2voll** adj. plein d'art; ingénieux; **~werk** n œuvre f d'art; **~wert** m valeur f artistique; **~wolle** f laine f artificielle.

kunterbunt ['kʊntərbʊnt] 1. adj. bariolé; 2. adv. (bunt durcheinander) pêle-mêle.

Kupfer ['kʊpfər] n (7) cuivre m; in ~ stechen graver (au burin) sur cuivre; **~blech** n cuivre m battu (od. laminé); **~draht** m fil m de cuivre; **~druck** m impression f en taille-douce; **2farben, 2farbig** adj. cuivré; **~geld** n monnaie f de cuivre; **2haltig** adj. cuprifère; cuivreux; **~kessel** m chaudron m (de od. en) cuivre; **~münze** f pièce f de cuivre; **2n** adj. de (resp. en) cuivre; **2rot** adj. cuivré; **~schmied** m chaudronnier m; **~stecher** m graveur m en taille-douce; **~stich** m estampe f; gravure f; taille-douce f; **~vitriol** n vitriol m bleu.

Kuppe ['kʊpə] f (15) sommet m; (Nadel2) tête f; (Finger2) bout m.

Kuppel ['kʊpəl] f (15) (~raum) cou-

pole f; (äußere) dôme m; **~ei** [~'laɪ] f proxénétisme m; **2n** v/t. u. v/i. faire l'entremetteur m, -euse f; ⊕coupler; Auto embrayer; Esb. réunir; atteler; **~ung** f couplage m; Auto embrayage m; Esb. attelage m.

Kuppler(in f) m entremetteur m, -euse f; proxénète m, f.

Kupplungs-pedal n Auto pédale f d'embrayage.

Kur [kuːr] f (16) cure f; traitement m.

Kür Sp. f exercices m/pl. libres; (beim Eiskunstlauf usw.) figures f/pl. libres.

Kuratel [kura'teːl] f (16) curatelle f; tutelle f; unter ~ stehen être en tutelle; unter j-s ~ stehen être sous la tutelle de q.

Kurator [ku'raːtɔr] m (8¹) curateur m; **2ium** [~a'toːrjʊm] n (Verwaltungsrat) conseil m d'administration.

Kur-aufenthalt m séjour m dans une ville d'eaux; séjour m dans une station thermale (od. climatique).

Kurbel ['kʊrbəl] f (15) manivelle f; **2n** v/i. (29) tourner la manivelle; **~welle** f vilebrequin m.

Kürbis ['kʏrbis] m (4¹) citrouille f; courge f.

küren ['kyːrən] v/t. élire.

Kur|fürst m prince m électeur; **~fürstentum** n électorat m; **~fürstin** f femme f d'un prince électeur; **~gast** m estivant(e f) m; curiste m, f; **~haus** n établissement m thermal.

Kurie ['kuːrjə] f (15) curie f.

Kurier [ku'riːr] m (7) courrier m; **2en** [ku'riːrən] v/t. traiter; (heilen) guérir.

kurios [ku'rjoːs] adj. (18¹) curieux; bizarre; **2ität** [~ozi'tɛːt] f curiosité f; bizarrerie f.

Kur|ort m station f thermale (od. balnéaire); **~pfuscher** m charlatan m; **~pfusche'rei** f charlatanerie f.

Kurs [kʊrs] m (4) cours m; ⚓ route f.

Kursaal m casino m.

Kurs|-anstieg m 'hausse f des cours; **~bericht** m bulletin m de la Bourse; **~buch** Esb. n indicateur m (des chemins de fer).

Kürschner ['kʏrʃnər] m (7) pelletier m; fourreur m; **~ei** [~'raɪ] f pelleterie f.

Kursgewinn m bénéfice m sur le cours (od. sur le change).

kursieren [kʊr'ziːrən] v/i. circuler; (Gerücht) courir.

Kursivschrift [kʊr'ziːf-] f italique m.

Kurs|notierung f cote f (de la Bourse); **~schwankung** f fluctuation f des cours; **~sturz** m baisse f; **~us** ['kurzus] m (14³) cours m; **~wagen** Esb. m voiture f directe; **~wert** m cours m du change; **~zettel** m = Kursnotierung.

Kurtaxe f taxe f de séjour (od. d'hébergement).

Kür-übung f exercice m libre.

Kurve ['kurvə] f (15) courbe f; (graphische Darstellung) graphique m; (an Straßen) virage m (nehmen prendre); tournant m; e-e ~ fahren virer; **~n-lage** f (e-s Fahrzeuges) tenue f (d'une voiture) dans les virages; **2nreich** adj. (Straße) aux nombreux virages; (Verkehrsschild) ~e Strecke! virages!; F (Figur) aux belles courbes.

kurz [kurts] **1.** adj. (18²) court; (Zeit) bref; fig. in ~en Zügen en peu de mots; in ~em en peu de temps; sous peu; seit ~em depuis peu; vor ~em il y a peu de temps; vor ~em il y a peu de temps; ~en Prozeß mit j-m machen exécuter q. sans autre forme de procès; den kürzeren ziehen avoir le dessous; kürzer machen raccourcir; kürzer werden (se) raccourcir; **2.** adv.: ~ und bündig laconiquement; ~ und gut bref; en un mot; ~ vorher peu de temps avant; über ~ oder lang tôt ou tard; fig. ~ angebunden sein se montrer brusque, être avare de paroles; ~ entschlossen prompt à se décider; sich ~ fassen être bref; ~ dauern durer peu; bei etw. zu ~ kommen ne pas trouver son compte à qch.; es ~ machen faire vite; um es ~ zu machen en un mot; pour être bref; ~ schneiden couper court; ~ und klein schlagen broyer menu; casser; **2-arbeit** f travail m à temps réduit; chômage m partiel; **~atmig** adj. asthmatique; **2bericht** m résumé m; compte rendu m sommaire.

Kürze ['kyrtsə] f (15) (zeitlich) brièveté f; peu de durée; (räumlich) peu m de longueur; (des Ausdrucks) brièveté f; concision f; in ~ sous peu; **2n** v/t. (27) abréger; raccourcir; écourter; Lohn: réduire.

kurzer hand adv. sans hésiter; **2-film** m court métrage m; **~fristig** ['~fristiç] adj. u. adv. à court terme; **~gefaßt** p.p. adjt. bref; concis; succinct; **2geschichte** f anecdote f;

~lebig ['~le:biç] adj. éphémère.

kürzlich adv. récemment; dernièrement.

Kurz meldungen, **~nachrichten** rad. f/pl. flash m; nouvelles f/pl. brèves; **~parkzone** f zone f de parcage de courte durée; **~schluß** m court-circuit m; **~schlußhandlung** f fig. action f irréfléchie; e-e ~ begehen agir sur un coup de tête; **~schrift** f sténographie f; **2sichtig** adj. myope; fig. à vues bornées; **~sichtigkeit** f myopie f; fig. étroitesse f de vues; **~streckenläufer** m sprinter m; **2-um** adv. bref; en un mot.

Kürzung ['kyrtsuŋ] f (16) réduction f; diminution f; thé. coupure f; & simplification f.

Kurz ware f mercerie f; **~waren-händler** m mercier m; **2weg** adv. sans détours; tout court; **2weilig** ['~vailiç] adj. divertissant; **~welle** f onde f courte; **~wellensender** m émetteur m à ondes courtes.

kuscheln ['kuʃəln] v/refl. (29): sich ~ se blottir (an acc. contre; in dans).

Kusine [ku'zi:nə] f (15) cousine f.

Kuß [kus] m (4¹) baiser m; **2-echt** adj. (Lippenstift) indélébile; tenace.

küssen ['kysən] (28) v/t. (v/refl. sich ~ s')embrasser; Hand, Stirn: baiser.

kuß fest = kußecht; **2hand** f baisemain m; e-e ~ zuwerfen envoyer un baiser.

Küste ['kystə] f (15) côte f; rivage m.

Küsten bewohner(in f) m habitant(e f) m du littoral; **~gewässer** n/pl. eaux f/pl. territoriales; **~schiffahrt** f navigation f côtière; **~strich** m littoral m; **~wachschiff** n garde-côte m.

Küster ['kystər] m (7) sacristain m; bedeau m; marguillier m.

Kustos ['kustɔs] m (14, pl. -'toden) conservateur m.

Kutsch bock ['kutʃ-] m siège m du cocher; **~e** f (15) voiture f; équipage m; (Pracht2) carrosse m; **~er** m (7) cocher m; **2ieren** [~'tʃi:-] **1.** v/i. (sn) aller en voiture; **2.** v/t. conduire.

Kuttel ['kutəl] f (15) froc m; **~eln** f/pl. östr., schweiz. = Kaldaunen; **~er** m ⊕ cotre m; cutter m.

Kuvert [ku'vε:r] n (11) enveloppe f.

Kybernetik [kybər'netik] f (16, o. pl.) cybernétique f.

L

L, l [ɛl] *n* L, l *m od. f.*

Lab [laːp] *n* (3) présure *f.*

laben [ˈlaːbən] **1.** *v/t.* rafraîchir; **2.** *v/rfl.*: sich ~ se rafraîchir; *fig.* se délecter (*an dat.* de).

labil [laˈbiːl] *adj.* instable; **2ität** [~bi-
liˈtɛːt] *f* instabilité *f.*

Labo|r F [laˈboːr] *n* (11 *od.* 3¹) labo *m*;
~rant(in *f*)) [~boˈrant(in)] *m* (12)
chimiste *m,f*; préparateur *m*, -trice *f*;
assistant *m* de laboratoire; laboran-
tine *f*; **~ra'torium** *n* (9) laboratoire
m; officine *f*; **2ˈrieren** *v/i.*: an e-r
Krankheit ~ être travaillé par une
maladie.

Labsal [ˈlaːpsaːl] *n* (3) rafraîchissement *m*, délectation *f*; *fig.* réconfort
m.

Labyrinth [labyˈrint] *n* (3) labyrinthe
m.

Lache *f* (15) **1.** [ˈlaːxə] (*Pfuhl*) mare *f*;
(*Pfütze*) flaque *f*; **2.** F [ˈlaxə] (*Lachen*)
rire *m.*

lächeln [ˈlɛçəln] **1.** *v/i.* (29) sourire
(*über acc.* de; zu à); **2.** 2 *n* sourire *m*;
~d *p.pr. adjt.* souriant.

lachen [ˈlaxən] **1.** *v/i.* (25) rire (*über
acc.* de); *ich muß darüber* ~ cela me
fait rire; *gezwungen* ~ rire du bout
des lèvres; *sich krank* ~ se pâmer de
rire; **2.** *v/t.*: *Tränen* ~ rire aux larmes;
3. 2 *n* (6) rire *m*; *das ist zum* ~ c'est à
faire rire; *zum* ~ *bringen* faire rire *m*; **~d**
p.pr. adjt. riant; *die* ~*en Erben* les
héritiers joyeux; *der* ~*e Dritte* le troisième larron.

Lacher *m/pl.*: *die* ~ *auf s-r Seite haben*
avoir les rieurs de son côté.

lächerlich [ˈlɛçərliç] *adj.* ridicule;
(*zum Lachen*) risible; ~ *machen*, *ins* 2e
ziehen tourner en ridicule; ridicu-
liser; *sich* ~ *machen* se rendre ridicule; **2keit** *f* ridicule *m.*

Lach|gas *n* gaz *m* hilarant; **2haft** *adj.*
ridicule; **~krampf** *m* rire *m* convulsif.

Lachs [laks] *m* (4) saumon *m.*

Lachsalve *f* éclat *m* de rire.

Lachs|fang *m* pêche *f* du saumon;
2farben *adj.* (rouge) saumon;
~forelle *f* truite *f* saumonée; **~schin-**

ken *m* filet *m* de porc fumé.

Lachtaube *f* tourterelle *f* des Indes.

Lack [lak] *m* (3), **~firnis** *m* laque *f*;
vernis *m*; **2ieren** [laˈkiː-] *v/t.* laquer;
vernir; **~leder** *n* cuir *m* verni.

Lackmus [ˈlakmus] *m od. n* (*inv.*)
tournesol *m.*

Lackschuhe *m/pl.* chaussures *f/pl.*
vernies.

Lade|bühne [ˈlaːdə-] *f* perron *m* (*od.*
plate-forme *f*) de chargement; **~fä-
higkeit** *f* tonnage *m*; **~fläche** *f* surface *f* de chargement; **~hemmung** *f*
enrayage *m.*

laden [ˈlaːdən] **1.** *v/t.* (30) charger (*a.*
⚡) (*auf e-n Wagen* sur une voiture);
fig. etw. auf sich ~ se charger de qch.,
Verantwortung: assumer; *j-n zu sich*
(*zu Tisch*) ~ prier (*od.* inviter) q. chez
soi (à dîner); **2.** 2 *n* chargement *m*; *⚔*
u. ⚡ charge *f.*

Laden *m* (6¹) boutique *f*; (*großer*)
magasin *m*; (*Fenster*2) volet *m*; contrevent *m*; **~diebstahl** *m* vol *m* à
l'étalage; **~hüter** *m* garde-boutique
m; rossignol *m*; **~inhaber(in** *f*) *m*
boutiquier *m*, -ière *f*; **~kasse** *f* caisse
f enregistreuse; **~preis** *m* prix *m* de
vente; **~schild** *n* enseigne *f*; **~schluß**
m fermeture *f* des magasins; **~tisch**
m comptoir *m.*

Lade|platz *m* embarcadère *m*; **~
rampe** *f* rampe *f* de chargement;
quai *m*; **~raum** *⚓* *m* cale *f*; **~schein**
m connaissement *m.*

Ladung *f* (16) chargement *m*; cargaison; (*Last*; *a. ⚡*) charge *f*; *⚖*
citation *f*; **~fähigkeit** *f* tonnage *m.*

Lafette [laˈfɛtə] *f* (15) affût *m.*

Laffe [ˈlafə] *m* (13) fat *m*; benêt *m.*

Lage [ˈlaːɡə] *f* (15) situation *f*; (*Stellung*) position *f*; (*Zustand*) état *m* (des
choses); conditions *f/pl.*; (*Schicht*)
couche *f*; ee ~ *Bier* une tournée de
bière; *malerische* ~ site *m* pittoresque; *in der* ~ *sein*, *zu* être en état (*od.* à
même) de; **~bericht** *m* rapport *m* sur
la situation; **~plan** *m* tracé *m* général; plan *m* topographique; *fig.* plan
m de la situation.

Lager *n* (7) couche *f*; lit *m*; (*Nacht*2)

gîte m; (e-s Wildes) retraite f; (des Hasen) gîte m; (wilder Tiere) repaire m; ⚔ camp m; géol. gisement m; ✶ stock m; magasin m; dépôt m; entrepôt m; ein ~ anlegen constituer un stock; auf ~ haben avoir en magasin; ⊕ palier m.

Lager|bestand m stock m; den ~ aufnehmen faire l'inventaire; **~feuer** n feu m de camp; **~gebühr** f, **~geld** n droit m (od. frais m/pl.) de magasinage; **~halle** f entrepôt m de marchandises; **~haus** n entrepôt m; **~leiter** m chef m du camp; **~miete** f magasinage m; **~n** (29) **1.** v/i. camper; (ruhen) reposer; s'étendre; ✝ être en magasin; (Wein) être sur chantier; **2.** v/t. étendre par terre; ✝ emmagasiner; stocker; Wein: mettre en chantier; **~obst** n fruits m/pl. de garde; **~platz** m couche f; gîte m; ⚔ campement m; = **~raum** m dépôt m; entrepôt m; **~schein** m warrant m; **~schuppen** m hangar m; **~ung** f (em)magasinage m; stockage m; géol. gisement m; stratification f; **~verwalter** m magasinier m; **~verzeichnis** n inventaire m; **~vorrat** m stock m.

Lagune [la'gu:nə] f (15) lagune f.

lahm [la:m] adj. paralysé (a. fig.); perclus; (hinkend) boiteux; fig. sans force; **~en** v/i. (25) être boiteux; boiter.

lähmen ['lɛːmən] v/t. (16) paralyser.

lahmlegen v/t. paralyser.

Lähmung ✗ f (16) paralysie f.

Laib [laip] m (3): ~ Brot miche f de pain; ~ Käse meule f de fromage.

Laich [laiç] m (3) frai m; **2en** v/i. (25) frayer; **~platz** m frayère f.

Laie ['laiə] m (13) profane m; rl. laïque, a. laïc m.

Laien|bruder m frère m lai (od. convers); **2haft** adj. de (adv. en) profane; **~priester** m prêtre m séculier; **~spiel** n pièce f jouée par des amateurs.

Lakai [la'kai] m (12) laquais m.

Lake ['la:kə] f (15) saumure f.

Laken n (6) toile f; drap m (de lit).

lakonisch [la'ko:niʃ] adj. laconique.

Lakritze [la'kritsə] f (15) réglisse f.

lallen ['lalən] v/t. u. v/i. (25) bégayer; balbutier.

Lama ['lɑːma] n (11) lama m.

Lamelle [la'mɛlə] f (15) lamelle f.

lament|ieren [lamɛn'tiːrən] v/i. se

lamenter; **2o** [~'mɛnto] n (11) lamentations f/pl.

Lametta [la'mɛta] n (9, o.pl.) lamelles f/pl. d'argent.

Lamm [lam] n (1²) agneau m; **~braten** cuis. m rôti m d'agneau.

Lämmchen ['lɛmçən] n (6) agnelet m.

Lämmer|geier m gypaète m; vautour m barbu; **~wolke** f cirrus m.

Lamm|fell n toison f d'agneau; **2fromm** adj. doux comme un agneau.

Lampe ['lampə] f (15) lampe f.

Lampen|fieber n trac m; **~schirm** m abat-jour m.

Lampion [lam'pjõ] m (11) lampion m.

lancieren [lã:'siːrən] v/t. lancer (a. fig.).

Land [lant] n (1¹ u. 3) terre f (festes ferme); (Erdboden) sol m; (einzelnes Grundstück) champ m; terrain m; géogr. u. pol. pays m; (Gegensatz zu Stadt) campagne f; auf dem ~ à la campagne; außer ~s à l'étranger; an ~ gehen (steigen) débarquer; **~adel** m noblesse f campagnarde; **~arbeit** f travail m des champs; **~arbeiter(in** f) m ouvrier m, -ière f agricole; **~arzt** m médecin m de campagne; **2aus** adv.: ~, landein partout; **~besitz** m propriété f foncière; **~besitzer** m propriétaire m foncier; **~bevölkerung** f population f rurale; **~bewohner** m campagnard m.

Lande|bahn ['landəba:n] f piste f d'atterrissage; **~erlaubnis** f permission f d'atterrir.

landeinwärts [~'ʔainvɛrts] adv. vers l'intérieur du pays.

Landeklappe Flgw. f volet m (d'atterrissage).

landen v/i. (26, sn) ⚓ aborder; accoster; Flgw. atterrir; (Passagiere) descendre à terre.

Land-enge f isthme m.

Landeplatz Flgw. m terrain m d'atterrissage.

Ländereien [lɛndə'raiən] f/pl. biens m/pl. ruraux.

Länder|kampf Sp. m compétition f internationale; **~kunde** f géographie f; **~spiel** Sp. n match m international.

Landes|farben couleurs f/pl. nationales; **~grenze** f frontière f nationale; **~kirche** f Église f nationale; ~**sprache** f langue f nationale; ~**tracht** f costume m national (od. régional); 2-**üblich** adj. usuel (od. en usage od. d'usage) dans le pays; ~**verrat** m 'haute trahison f; ~**verräter** m traître m à son pays; ~**verteidigung** f défense f nationale; ~**verweisung** f proscription f; bannissement m; ~**währung** f unité f monétaire du pays.

Landeverbot Flgw. n interdiction f d'atterrissage.

Land|flucht f désertion f des campagnes; exode m rural; ~**friedensbruch** m trouble m apporté à la paix publique; ~**funk** m radio f agricole; ~**gemeinde** f commune f rurale; ~**gericht** n tribunal m de première instance; ~**gut** n domaine m; ~**haus** n maison f de campagne; ~**jäger** m gendarme m (à pied); ~**karte** f carte f (géographique); ~**kreis** m arrondissement m rural; 2**läufig** adj. généralement reçu (od. admis); courant; ~**leben** n vie f champêtre (od. rustique); ~**leute** pl. campagnards m/pl.; population f rurale.

ländlich ['lɛntlɪç] adj. champêtre; rural; (einfach) rustique.

Land|luft f air m de la campagne; ~**mann** m campagnard m; paysan m; ~**messer** m arpenteur m; ~**partie** f partie f de campagne; ~**pfarrer** m cath. curé m (prot. pasteur m) de campagne; ~**plage** f calamité f publique; ~**rat** m conseil m d'arrondissement; (Person) sous-préfet m; ~**regen** m pluie f générale; ~**rücken** m 'hauteurs f/pl.

Landschaft ['lantʃaft] f paysage m; contrée f, région f; 2**lich 1.** adj. régional, de (od. du) pays; **2.** adv.: ~ schöne Gegend contrée f pittoresque.

Landschafts|gärtner m architecte m paysagiste; ~**maler** m paysagiste m; peintre m de paysages; ~**schutz** m sauvegarde (od. protection) f des paysages.

Land|schildkröte f tortue f terrestre; ~**schulheim** n internat m à la campagne; ~**sitz** m maison f de campagne; villa f.

Lands|knecht m lansquenet m; ~**mann** m, ~**männin** f compatriote m, f; was ist er für ein ~? de quel pays est-il?

Land|stadt f ville f de province; ~**stände** m/pl. états m/pl. provin-

ciaux; ~**straße** f grande route f; ~**streicher** m vagabond m, chemineau m; ~**streiche'rei** f vagabondage m; ~**streitkräfte** ✗ f/pl. forces f/pl. terrestres; ~**strich** m contrée f; région f; ~**tag** m Landtag m; diète f.

Landung f débarquement m; descente f (à terre); Flgw. atterrissage m.

Landungs|brücke f débarcadère m; ~**platz** m débarcadère m; Flgw. terrain m d'atterrissage; ~**steg** m passerelle f.

Land-urlaub ⚓ m permission f de descendre à terre; ~**vermessung** f arpentage m; ~**weg** m chemin m vicinal; auf dem ~ par voie de terre; ~**wein** m vin m du pays; petit vin m.

Landwirt m agriculteur m; cultivateur m; ~**schaft** f agriculture f; 2**schaftlich** adj. agronomique; (den Feldbau betreffend) agricole; ~**schafts-ausstellung** f exposition f agricole; ~**schaftsminister** m ministre m de l'agriculture.

Landzunge f langue f de terre.

lang [laŋ] **1.** adj. (18²) long; drei Meter ~ sein avoir trois mètres de longueur (od. de long); fig. ~e Finger machen avoir les doigts crochus; ein ~es Gesicht machen avoir la mine longue; j-m e-e ~e Nase machen faire un pied de nez à q.; **2.** adv.: ~ und breit longuement; de façon détaillée; drei Jahre ~ pendant trois années; ~ hinschlagen tomber de tout son long; ~**atmig** adj. fig. de longue haleine; ~**e** adv. longtemps; wie ~? combien de temps?; noch ~ nicht (bei vb. ne ...) pas de sitôt; ~ (aus)bleiben être long (od. tarder) à revenir.

Länge ['lɛŋə] f (15) longueur f; longue f; astr., géogr. longitude f; (sich) in die ~ ziehen traîner en longueur; der ~ nach hinfallen tomber de tout son long.

langen (25) **1.** v/i. (ausreichen) suffire; être assez; (heranreichen) atteindre à; nach etw. ~ (étendre la main vers qch.; **2.** v/t. F: j-m e-e ~ flanquer une gifle à q.; das langt! ça suffit!

Längen|grad m degré m de longitude; ~**kreis** m méridien m; ~**maß** n mesure f de longueur.

länger adj. u. adv. (comp. v. lang[e]) plus long; (zeitlich) plus longtemps; wenn Sie es noch ~ so treiben si vous continuez de la sorte; ein Jahr ~ une année de plus; zwei Jahre und ~ deux ans et plus; *es ist~ als e-n Monat her* il y a plus d'un mois; *je ~, je lieber* le plus longtemps sera le mieux; *~ machen* allonger; *~ werden* (s')allonger; augmenter.

Lang|e'weile f (15) ennui m; *aus~ par ennui*; *~ haben* s'ennuyer; **~finger** F m chapardeur m; **2fristig** ['~fristiç] *adj. u. adv.* à long terme; à longue échéance; **2haarig** ['~hɑːriç] *adj.* aux cheveux longs; *zo.* à poil long; **2jährig** ['~jɛːriç] *adj.* (*Erfahrung*) long; (*Freund*) vieux; **~lauf** m course f de fond; **2lebig** *adj.* qui vit longtemps; **~lebigkeit** f longévité f.

länglich ['lɛŋliç] *adj.* oblong.

Lang|mut f (inv.) patience f; **2mütig** ['~myːtiç] *adj.* patient.

längs [lɛŋs] *prp.* (dat. u. gén.) le long de; **2-achse** f axe m longitudinal.

langsam 1. *adj.* lent; (*schwerfällig*) pesant; *~er werden* se ralentir; **2.** *adv.*: *~er gehen* ralentir le pas; *~ fahren!* au pas!; **2keit** f lenteur f.

Langschläfer m grand dormeur m.

Langspielplatte f (disque m) microsillon m.

Längsschnitt m coupe f longitudinale.

längst [lɛŋst] *adv.*: *ich weiß es ~* il y a longtemps que je le sais; **~ens** *adv.* au plus tard.

lang|stielig *adj.* à longue tige.

Langstrecken|flugzeug n avion m de grand raid, (avion m) long-courrier m; **~lauf** Sp. m course f de fond; **~rakete** f fusée f à longue portée; **~rekord** Sp. m record m de fond.

Languste [laŋ'gʊstə] f (15) langouste f.

lang|weilen v/t. (v/rfl. sich ~ s')ennuyer; F (s')embêter, (se) raser; **~weilig** *adj.* ennuyeux; F assommant; **2welle** rad. f onde f longue; **~wierig** ['~viːriç] *adj.* de longue durée; *spec.* \$ chronique.

Lanze ['lantsə] f (15) lance f (*brechen für* rompre pour); **~nstechen** n tournoi m.

Lanzette \$ [lan'tsɛtə] f (15) lancette f.

lapidar [lapi'dɑːr] *adj.* lapidaire.

Lappalie [la'pɑːljə] f (15) bagatelle f; vétille f.

Lappe ['lapə] m (13) Lapon m.

Lappen m (6) lambeau m; chiffon m; 'haillon m; (*Wisch2*) torchon m; *anat.*, \$ lobe m; *fig.* F j-m durch die ~

gehen filer à q. entre les mains.

Lappin f Lapone f.

läppisch F ['lɛpiʃ] *adj.* puéril; inepte; *~es Zeug* inepties f/pl.; fadaises f/pl.

Lappländ|er(in f) ['~lɛndər] m (7) Lapon(e f) m; **2isch** ['~lɛndiʃ] *adj.* lapon.

Lärche \$ ['lɛrçə] f (15) mélèze m.

Lärm [lɛrm] m (3) bruit m; (*Krach*) tapage m; vacarme m; *großer ~* tintamarre m; **~bekämpfung** f lutte (od. campagne) f contre le bruit; **~belästigung** f fatigue f supplémentaire due au bruit; **2en** v/i. (25) faire du bruit (*resp.* du tapage).

Larve ['larfə] f (15) larve f; (*Maske*) masque m.

lasch [laʃ] *adj.* mou; flasque.

Lasche ['laʃə] f (15) ⊕ éclisse f; (*am Schuh*) languette f.

lassen ['lasən] (30) **1.** v/aux. laisser; (*veran~*) faire; *j-n etw. tun ~* laisser (*bzw.* faire) faire qch. à q.; *~ Sie uns gehen!* partons!; **2.** v/i.: *~ von* renoncer à; **3.** v/t.: *etw. sein ~* s'abstenir de qch.; *laß mich!* laisse-moi (tranquille); *laß das!* laisse cela; *laß es dir gesagt sein* tiens-toi pour averti; *wir wollen es dabei ~* nous nous en tiendrons là; *er ist klug, das muß man ihm ~* il est intelligent, il faut en convenir.

lässig ['lɛsiç] *adj.* indolent; nonchalant; négligent; (*gleichgültig*) indifférent; **2keit** f indolence f; nonchalance f; négligence f; (*Gleichgültigkeit*) indifférence f.

Lasso ['laso] n (11) lasso m.

Last [last] f (16) charge f (a. \$); (*Bürde*) fardeau m; faix m; *fig.* poids m; *j-m zur ~ fallen* être à charge à q.; *j-m etw. zur ~ legen* imputer qch. à q.; † *zu~en von ...* au débit de ...; **~auto** n camion m; poids m lourd.

lasten v/i. (26) peser (*auf dat.* sur); **2-aufzug** m monte-charge m; **2-ausgleich** m péréquation f des charges; **~frei** *adj.* exempt de charges; **2segler** Flgw. m planeur-cargo m.

Laster ['lastər] **1.** f (7) vice m; **2.** F m (7) = *Lastauto*.

Lästerer m (7) médisant m, diffamateur m.

lasterhaft *adj.* vicieux; **2igkeit** f immoralité f.

Lasterhöhle f sentine f du vice.

Läster|maul n mauvaise langue f; **2n** ['lɛstərn] (29) **1.** v/i.: *über j-n ~* médire de q.; diffamer q. **2.** v/t. Gott:

blasphémer; ~ung f médisance f; diffamation f; rl. blasphème m.

lästig ['lɛstiç] adj. importun; gênant; (hinderlich) encombrant; j-m ~ werden (fallen) importuner q.

Last|kahn m chaland m; ~**kraftwagen** m camion m; poids m lourd; ~**schrift** † f note f de débit; ~**tier** n bête f de somme; ~**träger** m portefaix m; ~**wagen** m; ~**wagenfahrer** m camionneur m; ~**zug** m camion m à remorque, train m routier.

Lasurstein [la'zu:r-] m lapis-lazuli m.

Latein [la'taɪn] n (1, o. pl.) latin m; F mit s-m ~ am Ende sein être au bout de son latin; ~**er** m (7) latiniste m; **~isch** adj. latin; ~e Buchstaben (caractères m/pl.) romains m/pl.

latent [la'tɛnt] adj. latent.

Laterne [la'tɛrnə] f (15) lanterne f; (tragbare) falot m; ⚓ u. Esb. fanal m; (Straßen~) réverbère m; ~**npfahl** m (poteau m de) réverbère m.

Latrine [la'tri:nə] f (15) latrines f/pl.

Latsche ['la:tʃə] f pin m nain; ~**n** F m (6) (Hausschuh) pantoufle f; (ausgetretener Schuh) savate f; **2n** F v/i. (sn) traîner la jambe.

Latte ['latə] f (15) latte f.

Latten|kiste f caisse f à claire-voie; ~**rost** m caillebotis m; ~**verschlag** m lattis m; ~**zaun** m clôture f en lattis.

Lattich ⚕ ['latiç] m (3) laitue f.

Latz [lats] m (3²) (Brust~) bavette f; (Hosen~) pont m (de pantalon).

Lätzchen ['lɛtsçən] n (6) bavette f.

Latzhose f pantalon m à bavette.

lau [lau] adj. tiède; ~ werden (s'at)tiédir.

Laub [laup] n (3, o. pl.) feuillage m; ~**baum** m arbre m à feuilles caduques; ~**dach** n dôme m de feuillage.

Laube ['laubə] f (15) tonnelle f; berceau m; ~**ngang** m charmille f; ~**nkolonie** f jardins m/pl. ouvriers.

Laub|frosch m rainette f; grenouille f verte; ~**hüttenfest** n fête f des tabernacles; ~**säge** f scie f à chantourner; ~**wald** m forêt f d'essences feuillues; ~**werk** n feuillage m.

Lauch ⚕ [laux] m (3) poireau m.

Lauer ['lauər] f (15): auf der ~ liegen être aux aguets; **2n** v/i. (29) guetter (auf j-n, etw. acc. q., qch.).

Lauf [lauf] m (3) course f; (der Ereignisse) cours m (a. astr.); marche f;

(des Wassers) courant m; (der Welt) train m; (Gewehr~) canon m; ch. (Bein) jambe f; pied m; im ~e von au cours de; im ~e der Zeit à la longue; avec le temps; ~**bahn** f carrière f; ~**brücke** f passerelle f; ~**bursche** m garçon m de courses.

laufen ['laufən] v/i. (30, sn) aller à pied, marcher; (rennen) courir; (Film) passer; (fließen) couler; (Zeit) s'écouler; (Motor) tourner; (Maschinen) marcher; fonctionner; (Gefäß, Füllfederhalter) fuir; ~**d 1.** p.pr. adjt. courant; ~e Ausgaben dépenses f/pl. courantes; am ~en Band à la chaîne; auf dem ~en sein être au courant, † être à jour; ~e Nummer numéro m d'ordre; **2.** p.pr. advt. (regelmäßig) régulièrement, en permanence.

Läufer ['lɔyfər] m (7) coureur m; (Fußball) demi m; (Schach) fou m; (Treppen~) tapis m d'escalier; (schmaler Teppich) chemin m; (Tisch~) chemin m de table.

Lauf|erei [~'rai] f (16) courses f/pl.; viel ~ machen donner bien à courir; ~**feuer** n traînée f de poudre (a. fig.); ~**gitter** n parc m pliant (od. à bébé); F pouponnière f; ~**graben** m tranchée f.

läufig ['lɔyfiç] adj.: ~ sein être en chaleur.

Lauf|junge m garçon m de courses; ~**katze** ⊕ f palan (od. chariot) m roulant; ~**kran** m grue f roulante; ~**kundschaft** f clientèle f de passage; ~**masche** f maille f filée; ~**paß** m: F j-m den ~ geben envoyer promener q.; ~**schritt** m pas m de course; ~**steg** m passerelle f; ~**zeit** f délai m de circulation; terme m d'échéance; ~**zettel** m feuille f de recherches (od. d'enquête); ✕ fiche f de circuit.

Lauge ['laugə] f (15) lessive f.

Lauheit f tiédeur f.

Laun|e ['launə] f (15) humeur f; (Grille) caprice m; bei guter (schlechter) ~ sein être de bonne (mauvaise) humeur; **2enhaft** adj. capricieux; (wunderlich) bizarre; ~**enhaftigkeit** f caractère m capricieux; **2ig** adj. enjoué; (kurzweilig) divertissant; **2isch** adj. capricieux; (wetterwendisch) changeant.

Laus [laus] f (14¹) pou m; ~**bube** F m gamin m, polisson m, fripon m;

~bubenstreich m espièglerie f, (mauvais) tour m.

lausch|en ['lauʃən] v/i. (27) écouter attentivement (auf etw. acc. qch.); prêter l'oreille (à qch.); abs. être aux écoutes; **2er** m (7) écouteur m; **~ig** adj. retiré; intime.

laus|en ['lauzən] v/t. (27) épouiller; **~ig** adj. pouilleux; fig. F misérable.

laut [laut] 1. adj. 'haut; (stark klingend) sonore; (lärmend) bruyant; 2. adv. à 'haute voix; **~** sprechen (singen) parler (chanter) 'haut; **~** lachen rire aux éclats; **~** werden (Stimmen) s'élever; **~** (bekannt) werden s'ébruiter; 3. prp. (gén.) aux termes de; en vertu de; suivant; selon; d'après; 4. **2** m (3) son m; er gab keinen **~** von sich il ne souffla mot.

Laute ['lautə] f (15) luth m.

lauten v/i. (26): das Gesetz lautet ... la loi porte que ...; der Brief lautet folgendermaßen voici les termes mêmes de la lettre; das Urteil lautet auf ein Jahr Gefängnis le tribunal a prononcé une peine d'un an de prison; auf den Inhaber **~d** au porteur; auf den Namen **~d** nominatif.

läuten ['lɔytən] 1. v/t. u. v/i. (26) sonner (j-m q.); 2. v/imp.: es läutet on sonne (zur Messe la messe); 3. **2** n sonnerie f.

lauter 1. adj. (comp. v. laut) plus 'haut; (rein) pur; fig. sincère; 2. adv. (nichts als) (bei vb. ne) rien que; **2keit** f pureté f; fig. sincérité f.

läuter|n ['lɔytərn] v/t. (29) purifier; épurer; 🜂 filtrer; clarifier; métall. (r)affiner; **2ung** f purification f; 🜂 filtrage m; métall. (r)affinage m.

Läuterwerk n sonnerie f.

Laut|gesetz n loi f phonétique; **~lehre** gr. f phonétique f; **2los** adj. sans bruit; muet; (Stille) profond; **2malend** p.pr. adj. onomatopéique; **~malerei** f transcription f phonétique; **2schrift** f transcription f phonétique; **~sprecher** m 'haut-parleur m; **2stark** adj. intense, fort, puissant; **~stärke** f intensité f (du son); **~verschiebung** gr. f mutation f consonantique; **~wandel** gr. m changement m phonétique; **~zeichen** gr. n signe m phonétique.

lauwarm adj. tiède.

Lava ['laːva] f (16²) lave f; **~strom** m coulée f de lave.

Lavendel [la'vɛndəl] m (7) lavande f.

Lawine [la'viːnə] f (15) avalanche f;

2n-artig adj. u. adv. comme une avalanche; **~ngefahr** f danger m d'avalanche.

lax [laks] adj. lâche; **~e** Sitten mœurs f/pl. relâchées; **2heit** f laxité f; relâchement m.

Lazarett [latsa'rɛt] n (3) hôpital m (militaire); fliegendes **~** ambulance f; **~schiff** n vaisseau-hôpital m; **~zug** m train m sanitaire.

Lebe|dame ['leːbədɑːmə] f demi-mondaine f; F bamboche f; **~mann** m viveur m, fêtard m; F bambochard m.

leben ['leːbən] 1. v/i. (25) vivre; être en vie; gut **~** faire bonne chère; (genug) zu **~** haben avoir de quoi vivre; **~** Sie wohl! adieu!; 2. **2** n (6) vie f; langes **~** longévité f; j-m das **~** schenken donner le jour à q.; (Schuldigen) faire grâce de la vie à q.; j-m das **~** nehmen ôter la vie à q.; faire mourir q.; sich das **~** nehmen attenter à ses jours; se suicider; am **~** sein être en vie; aus dem **~** scheiden quitter la vie; aus dem **~** schöpfen prendre sur le vif; etw. für sein **~** gern tun avoir la passion de faire qch.; ins **~** rufen donner naissance à; wieder ins **~** rufen ressusciter, fig. a. faire renaître; ums **~** kommen perdre la vie; périr; ums **~** bringen tuer; auf **~** und Tod à la vie et à la mort; Kampf auf **~** und Tod combat m à mort; **~** und Treiben animation f, mouvement m; das habe ich in m-m **~** nicht gesehen je n'ai vu cela de ma vie; **~d** p.pr. adj. vivant; **2gewicht** n poids m vif; **~dig** [le'bɛndiç] adj. u. adv. vivant; (reges Leben habend) vif; bei **~em** Leibe tout vif; **~** werden s'animer; wieder **~** werden revivre; se ranimer; **~** machen animer; vivifier; **2digkeit** f vivacité f.

Lebens|-abend ['leːbəns-] m soir m de la vie; **~abschnitt** m période f de vie; **~alter** n âge m; **~anschauung** f conception f de la vie; **~art** f manière f de vivre; (Benehmen) savoir-vivre m; **~baum** ♀ m thuya m; **~bedingung** f condition f vitale; **~bedürfnis** n besoin m vital; **~beschreibung** f biographie f; **~bild** n portrait m biographique; **~dauer** f durée f de la vie; auf **~** à vie; **~ende** n terme m de la vie; bis an sein **~** jusqu'à sa mort; **~erfahrung** f expérience f de la vie; **~er-innerungen** f/pl. mémoires m/pl.; **~erwartung** f probabilités f/pl. de vie; ⊇**fähig** adj. viable; ⊸**fähigkeit** f viabilité f; ⊸**frage** f question f vitale; ⊸**freude** f joie f de vivre; ⊇**froh** adj. gaillard; ⊸**führung** f manière f de vivre; conduite f; ⊸**gefahr** f danger m de mort; ⊇**gefährlich** adj. très dangereux; ⊸**gefährte** m, ⊸**gefährtin** f compagnon m, compagne f de la vie; ⊸**gemeinschaft** f communauté f de vie; (*eheliche*) ménage m; ⊸**geschichte** f biographie f; ⊇**groß** adj. de grandeur naturelle; ⊸**haltungskosten** pl. coût m de la vie; ⊸**jahr** n année f (de la vie); ⊸**kraft** f force f vitale; vigueur f; ⊸**künstler** m: ein ⊸ sein savoir vivre; ⊇**länglich** adj. u. adv. perpétuel; pour toute la vie; (*Gefangenschaft*) à perpétuité; (*Berufung, Amt*) à vie; ⊸e Rente rente f viagère; ⊸**lauf** m vie f; curriculum m vitae; ⊸**licht** poét. n flambeau m de la vie; ⊸**lust** f joie f de vivre; ⊇**lustig** adj. heureux de vivre; attaché à la vie.

Lebensmittel n/pl. vivres m/pl., aliments m/pl.; denrées f/pl. (alimentaires); ⊸**geschäft** n épicerie f, magasin m d'alimentation; ⊸**vergiftung** f intoxication f alimentaire (*od.* par les aliments).

lebens|müde adj. las de vivre; ⊇**mut** m courage m de vivre; ⊇**nerv** m nerf m vital; ⊇**notwendig** adj. indispensable à l'existence (*od.* à la vie); ⊇**raum** m espace m vital; ⊇**regel** f règle f de conduite; maxime f; ⊇**rente** f rente f viagère; ⊇**retter** m sauveteur m; ⊇**standard** m standard m de vie; ⊇**stellung** f position f sociale; (*Posten*) situation f pour toute la vie; ⊇**stil** m style m de vie, façon f de vivre; ⊸**überdrüssig** adj. dégoûté de la vie; ⊇**unterhalt** m subsistance f; ⚖ aliments m/pl.; s-n ⊸ verdienen gagner sa vie; ⊇**versicherung** f assurance f sur la vie; ⊇**wandel** m vie f; conduite f; ⊇**weg** m chemin m (de la vie); carrière f; ⊇**weise** f façon f de vivre; train m de vie; ⊸ régime m; ⊇**weisheit** f philosophie f; sagesse f pratique; ⊇**werk** n œuvre f (de sa, *etc.* vie); ⊸**wichtig** adj. vital, de première nécessité; ⊇**wille** m volonté f de vivre; ⊇**zeichen** n signe m de vie; ⊇**zeit** f durée f de la vie; auf ⊸ = lebenslänglich; ⊇**ziel** n, ⊇**zweck** m but m de la vie.

Leber ['leːbər] f (15) foie m; fig. F

frei von der ⊸ weg reden parler à cœur ouvert; ⊸**fleck** m tache f hépatique; ⊇**krank** adj. malade du foie; ⊸**pastete** f pâté m de foie gras; ⊸**schrumpfung** ✠ f cirrhose f du foie; ⊸**tran** m huile f de foie de morue; ⊸**wurst** f saucisse f de (pâté de) foie.

Lebe|wesen n être m vivant; ⊸'**wohl** n adieu m.

lebhaft ['leːphaft] adj. vif; animé (*a. Börse, Geschäft*).

Lebkuchen m pain m d'épice.

leb|los adj. sans vie; inanimé; ⊇**tag** m: mein ⊸ de (toute) ma vie; ⊇**zeiten** f/pl.: zu seinen ⊸ de son vivant.

lechzen ['lɛçtsən] v/i. (27): ⊸ nach être altéré de; fig. a. être avide de; soupirer après.

leck [lɛk] **1.** adj.: ⊸ sein avoir une fuite; fuir; ⚓ faire eau; **2.** ⚓ n fuite f; ⚓ voie f d'eau; ⊸**en 1.** v/i. = leck sein; **2.** v/t. lécher.

lecker ['lɛkər] adj. friand; ⊇**bissen** m, ⊇**ei** [⊸'raɪ] f (16) friandise f; ⊇**maul** n gourmet m; F fin bec m.

Leder ['leːdər] n (7) cuir m; (*weiches*) peau f; vom ⊸ ziehen dégainer; ⊸**einband** m reliure f en cuir; ⊸**handschuh** m gant m de peau; ⊸**hose** f culotte f (*bzw.* pantalon m) en cuir (*od.* de) peau; ⊸**jacke** f blouson m en (*od.* de) cuir; ⊸**n** adj. de (*od.* en) cuir; ⊸**warengeschäft** n maroquinerie f, peausserie f.

ledig ['leːdɪç] adj. célibataire, non marié; F libre; fig. e-r Sache ⊸ sein être quitte (*od.* délivré) de qch.; ⊸**lich** ['⊸dɪç-] adv. uniquement, purement.

Lee ⚓ [leː] f côté m sous le vent.

leer [leːr] adj. vide; (*Stelle*) vacant; (*Platz*) inoccupé; (*Papier*) en blanc; fig. creux; vide de sens; das sind ⊸e Worte ce ne sont que des mots; fig. ⊸es Stroh dreschen radoter; ⊸ machen vider; ⊸ werden se vider; ⊸ ausgehen ne rien obtenir; ⊇**e** ['leːrə] f (15) vide m; ⊸**en** v/t. (25) vider; (*räumen*) évacuer; Briefkasten: faire la levée (de); ⊇**gewicht** n poids m à vide; ⊇**lauf** m ⊕ marche f vide; Auto point m mort; fig. efforts m/pl. inutiles; ⊸**stehend** p.pr. adj. (*Wohnung*) inoccupé; ⊇**taste** f barre f d'espacement; ⊇**ung** f vidange f; (*Briefkasten*) levée f.

Lefze ['lɛftsə] f (15) babines f/pl.

legal [le'gaːl] adj. légal; ⊸**isieren**

[~gali'zi:rən] v/t. légaliser; **ℒität** [~'tɛ:t] f légalité f.

Legat [le'gɑ:t] **1.** m (12) légat m; **2.** n (3) legs m.

Legehenne f (poule f) pondeuse f.

legen ['le:gən] (25) **1.** v/t. mettre; placer; poser; *Eier:* pondre; **2.** v/rfl.: *sich ~* s'allonger, *(nachlassen)* se calmer, s'apaiser, *(zu Bett)* se coucher.

legendär [legɛn'dɛ:r] adj. légendaire; **ℒe** [le'gɛndə] f (15) légende f.

legieren [le'gi:rən] v/t. Metalle: allier; *cuis.* lier; **ℒung** f alliage m.

Legion [le'gjo:n] f légion f; **~är** [~o-'nɛ:r] m (3¹) légionnaire m.

Legislatlive [legisla'ti:və] f (15) pouvoir m législatif; **~'tur(periode)** f (16) législature f.

legitim [legi'ti:m] adj. légitime; **ℒation** [~tima'tsjo:n] f légitimation f; **ℒationskarte** f carte f d'identité; **~ieren** [~'mi:rən] **1.** v/t. légitimer; **2.** v/rfl.: *sich ~* prouver son identité.

Lehen ['le:ən] n (6) fief m.

Lehm [le:m] m (3) (terre f) glaise f; **~boden** m sol m glaiseux; **~grube** f glaisière f; **ℒig** adj. glaiseux.

Lehne ['le:nə] f (15) dos m; dossier m; *(Seitenℒ)* accoudoir m; *(Stütze)* appui m; **ℒn** (25) v/i. *(v/rfl.: sich ~* s')appuyer (gegen, an acc. contre od. à; auf acc. sur), *(mit dem Rücken)* (s')adosser (gegen, an acc. à).

Lehnsessel m fauteuil m.

Lehnslherr m suzerain m; **~mann** m (1) vassal m; **~pflicht** f vasselage m; **~wesen** n féodalité f.

Lehnwort gr. n mot m d'emprunt.

Lehrl-amt n ['le:r-] charge f de professeur *(resp. d'instituteur)*; professorat m; **~anstalt** f école f; **~auftrag** m: e-n ~ haben être chargé de cours; **~brief** m certificat m d'aptitude professionnelle; **~buch** n livre m d'enseignement; *(Handbuch)* manuel m; précis m.

Lehre f (15) leçon f; *(Vorschrift)* précepte m; *(Unterweisung)* instruction f; enseignement m; *(System)* doctrine f *(christliche* chrétienne); système m; *(Lehrzeit)* apprentissage m; *(Warnung)* avertissement m; ⊕ *(Meßinstrument)* calibre m; jauge f; modèle m; *lassen Sie sich das e-e ~ sein!* que cela vous serve de leçon!; *bei j-m in der ~ sein* être en apprentissage auprès de qn.; *j-n in die ~ geben (bringen)* mettre q. en apprentissage;

ℒn v/t. (25): *j-n etw. ~* enseigner *(od. apprendre)* qch. à q.; instruire q. dans qch.; *j-n lesen ~* apprendre à lire à q.

Lehrerl(in f) m instituteur m, -trice f; F maître(sse f) m *(d'école)*; *(an höheren Schulen)* professeur m; **~bildungs-anstalt** f école f normale d'instituteurs *(resp. d'institutrices)*; **~kollegium** n corps m des professeurs *(resp. des instituteurs)*; **~konferenz** f conseil m des professeurs *(resp. des instituteurs)*; **~schaft** f corps m enseignant; **~seminar** n = Lehrerbildungsanstalt.

Lehrlfach n matière f d'enseignement; discipline f; **~film** m documentaire m; **~gang** m cours m; **~geld** n frais m/pl. d'apprentissage; *fig. ~ zahlen* savoir apprendre à ses dépens; **~herr(in** f) m patron(ne f) m; **~jahr** n année f d'apprentissage; **~körper** m corps m des professeurs *(resp. des instituteurs)*; **~kraft** f = Lehrer; **~ling** m (3¹) apprenti m; **~lings-ausbildung** f formation f des apprentis; **~mädchen** n apprentie f; **~meister** m maître m; *(e-s Lehrlings)* patron m; **~methode** f méthode f d'enseignement; **~mittel** n/pl. matériel m d'enseignement; **~plan** m programme m des études; **ℒreich** adj. instructif; **~saal** m salle f de cours; **~satz** m thèse f; ℛ théorème m; rl. dogme m; **~stelle** f place f d'apprenti(ssage); **~stoff** m matière f d'enseignement; **~stuhl** m chaire f *(für Philologie* de philologie); **~tätigkeit** f enseignement m; professorat m; **~tochter** f *schweiz. = Lehrmädchen*; **~vertrag** m contrat m d'apprentissage; **~werkstätte** f atelier m d'apprentissage; atelier-école m; **~zeit** f apprentissage m.

Leib [laip] m (1) corps m; *(Bauch)* ventre m; *j-m auf den ~ rücken* serrer q. de près; *sich j-n vom ~e halten* tenir q. à distance; *bleib mir vom ~!* laisse-moi tranquille! ; *mit ~ und Seele* de tout son cœur; *j-m mit ~ und Seele ergeben sein* être dévoué à q. corps et âme; **~arzt** m médecin m personnel; **~binde** f ceinture f.

Leibchen ['laipçən] n (6) corsage m.

leib-eigen adj. serf; **ℒe(r** m) m, f serf m, serve f; **ℒschaft** f servage m.

Leibesl-erbe m héritier m naturel; **~frucht** f fruit m; fœtus m; **~kräfte**

f/pl.: aus ~n schreien crier de toutes ses forces (*od.* à tue-tête); **~strafe** *f* peine *f* corporelle; **~übung** *f* exercice *m* physique; *pl. a.* éducation *f* physique; **~visitation** *f* fouille *f*.
Leib|garde *f* garde *f* du corps; **~gericht** *n* plat *m* préféré; **2haftig** *adj.* en personne; (*personifiziert*) personnifié; incarné; *der* 2e le diable; **2lich** *adj.* corporel; (*Verwandter*) propre; germain; ↯ ~e Brüder frères *m/pl.* germains; *das* ~e Wohl le bien-être matériel; **~rente** *f* rente *f* viagère; **~riemen** *m* ceinturon *m*; **~schmerzen** *m/pl.* colique(s) *f (pl.);* ~ haben avoir mal au ventre; **~wache** *f* (**~wächter** *m*) garde *f* (garde *m*) du corps; **~wäsche** *f* linge *m* de corps.
Leiche ['laɪçə] *f* (15) cadavre *m; fig.* über ~n gehen être sans scrupules; *nur* über meine ~! seulement sur mon cadavre!
Leichen|begängnis *n* (4¹) funérailles *f/pl.;* obsèques *f/pl.;* **~beschauer** *m* médecin *m* légiste; **~bittermiene** F *f* figure (*od.* mine) *f* d'enterrement; **2blaß** *adj.* blême, livide, pâle comme un mort; **~gift** *n* virus *m* cadavérique; **~halle** *f* dépôt *m* mortuaire; **~hemd** *n* suaire *m*; **~öffnung** *f* autopsie *f*, dissection *f* (*anatomique*); **~rede** *f* oraison *f* funèbre; **~schändung** *f* violation *f* de cadavre; **~schauhaus** *n* morgue *f*; **~starre** *f* rigidité *f* cadavérique; **~tuch** *n* linceul *m*; **~verbrennung** *f* crémation *f*; **~wagen** *m* corbillard *m*; char *m* funèbre; **~zug** *m* cortège *m* funèbre.
Leichnam ['laɪçnɑːm] *m* (3) cadavre *m*; corps *m* (d'un mort).
leicht [laɪçt] **1.** *adj.* (*Gewicht*) léger; (*Krankheit*) peu grave; *fig.* (*einfach*) facile; aisé; *das ist ihm ein* ~es cela ne lui coûte guère; ~es Spiel haben avoir beau jeu; *etw. auf die* ~e Schulter nehmen prendre qch. à la légère; *es wird ihm* ~er (*ums Herz*) il se sent le cœur plus léger; **2.** *adv.* facilement, légèrement; ~ belastig très légèrement; ~(er) machen faciliter, alléger (*beide a. fig.*); sich's ~ machen en prendre à son aise; **2-athlet(in** *f*) *m* athlète *m/f*; **2-athletik** *f* athlétisme *m*; **2bauweise** *f* construction *f* légère; **~entzündlich** *adj.* (*facilement*) inflammable.
Leichter ⚓ ['laɪçtər] *m* (7) allège *f*.

leicht|fallen *v/i.*: es fällt ihm leicht, zu ... il n'a pas de peine à ...; es fällt ihm leicht cela ne lui coûte guère; **~fertig** *adj.* léger; volage; frivole; (*unbedachtsam*) étourdi; **~füßig** ['~fyːsiç] *adj.* aux pieds légers; *fig.* étourdi; léger; **2gewicht** Sp. *n* poids *m* léger; **~gläubig** *adj.* crédule; naïf; **~hin** *adv.* à la légère; **2igkeit** *f* légèreté *f;* (*Mühelosigkeit*) facilité *f;* (*Behendigkeit*) agilité *f;* **2metall** *n* métal *m* léger; **~nehmen** *v/t.* prendre à la légère; **~sinnig** ['~zɪnɪç] *adj.* = leichtfertig; **~verdaulich** *adj.* digestible, facile à digérer; **~verderblich** *adj.* périssable; **~verletzt** *p.p. adjt.* légèrement blessé; **2verletzte(r)** *m* blessé *m* léger; **~verständlich** *adj.* facile à comprendre.
leid [laɪt] **1.** *adv.:* es tut mir ~, daß ... (*resp. zu ... inf.*) je regrette (*od.* je suis fâché) que ... (*subj.*) (*resp. de ... inf.*); das tut mir ~ j'en suis fâché; du tust ihm ~ tu lui fais pitié; **2.** 2 *n* (3) (*Übel*) mal *m;* (*Mühe*) peine *f;* (*Schmerz*) douleur *f;* (*Kummer*) chagrin *m; j-m* ein ~ (an)tun faire du mal (*od.* du chagrin) à q.; sich ein ~ antun attenter à ses jours; sein ~ klagen conter ses chagrins.
Leideform *gr. f* passif *m;* voix *f* passive.
leiden ['laɪdən] (30) **1.** *v/i.* souffrir (an, unter *dat.* de); **2.** *v/t.* souffrir; (*dulden*) tolérer; (*erdulden*) endurer; supporter; (*über sich ergehen lassen*) subir; *j-n* ~ können aimer q.; *j-n* nicht ~ können ne pouvoir souffrir q.; **3.** 2 *n* (6) souffrance *f;* peines *f/pl.;* ✞ affection *f;* ~ Christi passion *f* de Jésus-Christ; **~d** *p.p. adjt.* souffrant.
Leidenschaft *f* passion *f;* **2lich** *adj.* passionné; **2slos** *adj.* sans passion; impassible.
Leidens|gefährte *m*, **~gefährtin** *f,* **~genosse** *m*, **~genossin** *f* compagnon *m*, compagne *f* d'infortune; **~geschichte** *rl. f* passion *f;* **~weg** *m* calvaire *m*.
leid|er ['laɪdər] *adv.* malheureusement; ~! hélas!; **~ig** *adj.* fâcheux; triste; désagréable; **~lich 1.** *adj.* passable; **2.** *adv. a.* comme ça; comme ci, comme ça; F couci-couça; **2tragende(r** *m*) *m, f* qui est en deuil; die ~n la famille du défunt; *fig.* der ~ bei etw. sein être la victime dans qch.; **2wesen** *n*: zu m-m großen ~ à mon

grand regret.

Leier ['laɪər] f (15) lyre f; ~**kasten** m orgue m de Barbarie; 2**n** v/t. u. v/i. psalmodier.

Leih|bibliothek ['laɪ-] f, ~**bücherei** f bibliothèque f de prêt; 2**en** v/t. (30) (ver~) prêter (j-m etw. qch. à q.); (ent~) emprunter (von j-m etw. qch. à q.); ~**gabe** f prêt m; ~**gebühr** f taux m de prêt; ~**haus** n mont-de-piété m; 2**weise** adv. à titre de prêt.

Leim [laɪm] m (3) colle f; (Vogel2) glu f; fig. auf den ~ gehen donner dans le panneau; aus dem ~ gehen se décoller; se déboîter; 2**en** v/t. (25) coller; ch. engluer; ~**farbe** f détrempe f.

Lein [laɪn] m (3) lin m.

Leine ['laɪnə] f (15) corde f; (Zügel) guide f; (Hunde2) laisse f; an der ~ führen (an die ~ nehmen) tenir (mettre) en laisse.

Leinen ['laɪnən] **1.** n (6) lin m, toile f; rein~ pur fil; **2.** 2 adj. de lin, de fil, de toile; ~**band** m reliure f (en) toile; ~**garn** n fil m (de lin); ~**schuh** m espadrille f.

Lein|-öl n huile f de lin; ~**samen** m graine f de lin; ~**tuch** n drap m de lit; ~**wand** f toile f (a. peint.); (Film2) écran m.

leise ['laɪzə] **1.** adj. bas; (Schlaf) léger; fig. doux; délicat; mit ~r Stimme à voix basse; mit ~n Schritten à pas étouffés; **2.** adv. doucement; ~ sprechen parler bas; ~ gehen marcher doucement; Radio ~r stellen baisser.

Leiste ['laɪstə] f (15) liteau m, (Borte) bordure f; anat. aine f.

leisten 1. v/t. (26) Pflicht: faire; s'acquitter de; (ausführen) exécuter; (erfüllen) accomplir; ⊕ rendre; produire; Zahlung: effectuer; Dienst: rendre; Eid, Hilfe: prêter; in e-m Fach etw. ~ être fort en qch.; **2.** v/rfl.: sich etw. ~ se payer (od. s'offrir) qch.; **3.** 2 m forme f; auf den ~ schlagen mettre sur la forme; fig. alles über e-n ~ schlagen mettre tout au même taux; 2**bruch** m 'hernie f inguinale.

Leistung f exécution f; accomplissement m; (Arbeit) travail m; ⊕ puissance f; rendement m; (Produktion) production f; (Zahlung) paiement m; (e-s Eides) prestation f; (Erfolg) résultat m; Sp. performance f; ~**en** pl. (e-r Versicherung) prestations f/pl.

leistungs|fähig adj. efficace, efficient; ⊕ puissant, à grande puissance; à 'haut rendement; (Fabrik usw.) productif; 2**fähigkeit** f capacité f; productivité f; ⊕ puissance f; capacité f de rendement; 2**grenze** f limite f de puissance; 2**soll** n production f imposée; 2**sport** m (sport m de) compétition f; 2**zulage** f prime f de rendement.

Leit|artikel ['laɪt'?artikəl] m article m de fond; leader m; éditorial m; ~**bild** n modèle m.

leiten ['laɪtən] v/t. (26) conduire (a. phys.); (führen) guider; mener; (Richtung geben) diriger; (verwalten) administrer; gérer; Wasser: amener; ~**d** p.pr. adj. conducteur (a. phys.); ~**er Angestellter** cadre m (supérieur).

Leiter 1. (7) a) ~(**in**) f m conducteur m, -trice f; guide m; (e-s Betriebes) directeur m, -trice f; gérant(e f) m; chef m; b) m phys. conducteur m; **2.** f (15) échelle f; ~**sprosse** f échelon m; ~**wagen** m chariot m à ridelles.

Leit|faden m fil m conducteur; (Lehrbuch) manuel m; précis m; fig. fil m rouge; 2**fähig** adj. conductible; ~**fähigkeit** f conductibilité f; 2**gedanke** m idée f directrice; ~**hammel** m bélier m (qui conduit le troupeau); ~**motiv** n thème m dominant; leitmotiv m; ~**planke** f glissière f de sécurité; ~**satz** m principe m; directive f.

Leitung f conduite f (a. Gas, Wasser); téléph.; ⚡ ligne f; (Geschäfts2) direction f, gestion f.

Leitungs|draht m fil m conducteur; ~**mast** m pylône m; ~**netz** ⚡ n réseau m électrique; ~**rohr** n conduit m; conduite f; ~**wasser** n eau f du robinet.

Leitwerk Flgw. n gouvernes f/pl., empennage m/pl.

Lektion [lɛk'tsjoːn] f (16) leçon f.

Lekt|or ['lɛktoːr] m (8[1]) lecteur m; ~**üre** [~'tyːrə] f (15) lecture f.

Lende ['lɛndə] f (15) (Hüfte) 'hanche f; ~**n** pl. (Nierengegend) reins m/pl.; (Wild2, Kalbs2) longe f.

Lenden|braten m filet m; (v. Ochsen) aloyau m; (v. Kalb) longe f; ~**gegend** f région f lombaire; reins m/pl.; 2**lahm** adj. déhanché; éreinté; fig. sans énergie; ~**schurz** m pagne m; ~**stück** n filet m; ~**wirbel** m vertèbre f lombaire.

Leutnant

lenk|bar ['lɛŋkɑːr] *adj.* dirigeable, gouvernable; *fig.* (*Mensch*) traitable, docile; **~en** *v/t.* (25) diriger; *Staat, Schiff*: gouverner; *Wagen, Auto*: conduire; *Flgw.* piloter (*a. Auto, Schiff*); *Blicke*: braquer; **2er** *m* (7) (*am Fahrrad*) guidon *m*; **2rad** *n* volant *m*; **2säule** *f* colonne *f* de direction; **2stange** *f* (*am Fahrrad*) guidon *m*; **2ung** *f* direction *f*; gouvernement *m*; conduite *f*.

Lenz *poét.* [lɛns] *m* (3²) printemps *m*.

Leopard [leo'part] *m* (12) léopard *m*.

Lepra ![symbol] ['leːpra] *f* (*inv.*) lèpre *f*; **~kranke(r** *m*) *m*, *f* lépreux *m*, -euse *f*.

Lerche ['lɛrçə] *f* (15) alouette *f*.

Lern|begierde ['lɛrn-] *f* envie *f* d'apprendre; **2begierig** *adj.* désireux d'apprendre; studieux; **~eifer** *m* application *f*; **2en** *v/t. u. v/i.* apprendre (*lesen* à lire; *bei j-m* auprès de [*od.* avec] q.; *etw. von j-m* qch. de q.); étudier.

Les|art ['leːs'ʔaːrt] *f* version *f*; verschiedene **~** variante *f*; **2bar** *adj.* lisible.

Lese *f* (15) (*Wein2*) vendange *f*; **~brille** *f* lunettes *f/pl.* pour la lecture; **~buch** *n* livre *m* de lecture; recueil *m* de morceaux choisis; (*Elementar2*) abécédaire *m*; **~lampe** *f* liseuse *f*.

lesen ['leːzən] **1.** *v/t.* (30) lire; (*aussuchen*) choisir; trier; (*Vorlesung halten*) faire un cours (*über* sur); (*entziffern*) déchiffrer; (*pflücken*) cueillir; *Korrekturen*: corriger; *Messe*: dire; *Holz*: ramasser; *Gemüse*: éplucher; *Ähren* **~** glaner; *Wein* **~** vendanger; **2.** **2** *n* lecture *f*; (*v. Früchten*) cueillette *f*; (*Aussuchen*) triage *m*, (*v. Gemüse*) épluchage *m*; **~swert** *adj.* digne d'être lu.

Lese|probe *f* échantillon *m* de lecture; *thé.* lecture *f*; **~pult** *n* pupitre *m*.

Leser *m* (7) lecteur *m*.

Leseratte *f* liseur *m*, liseuse *f*; F rat *m* de bibliothèque.

Leser|brief *m* lettre *f* de lecteur; **~e** *pl.* courrier *m* des lecteurs; **~in** *f* lectrice *f*; **~kreis** *m* lecteurs *m/pl.*; public *m*; **2lich** *adj.* lisible; **~schaft** *f* = *Leserkreis*.

Lese|saal *m* salle *f* de lecture; **~stoff** *m* lecture *f*; **~stück** *n* morceau *m*; **~zeichen** *n* signet *m*; **~zirkel** *m* cercle *m* de lecture.

Lesung *f* lecture *f*.

Lethargie [letar'giː] *f* (15, *o. pl.*) léthargie *f*.

Lett|e ['lɛtə] *m* (13), **~in** *f* Letton(ne *f*) *m*; **2isch** *adj.* letton.

letzt [lɛtst] **1.** *adj.* dernier; extrême; **~en** *Sonntag* dimanche dernier; *die* **~** *Hand an etw.* (*acc.*) *legen* mettre la dernière main à qch.; *an* **~er** *Stelle* en dernier lieu; *zum* **~enmal** pour la dernière fois; *in den* **~en** *Zügen liegen* être à l'agonie; *fig. auf dem* **~en** *Loch pfeifen* être à bout; **2er** *Wille* dernières volontés *f/pl.*; **2.** **2** *f*: *zu guter Letzt* finalement, pour terminer; **~ens** *adv.* dernièrement; l'autre jour; (*in Aufzählungen*) en dernier lieu; **~erwähnt**, **~genannt** *p.p. adjt.* qui vient d'être mentionné (*od.* cité); **~'hin**, **~lich** = *letztens*; **2willig** [-'vilç] *adj.* testamentaire; **~** *über etw. verfügen* prendre des dispositions testamentaires au sujet de qch.

Leucht|boje ['lɔʏçt-] *f* bouée *f* lumineuse; **~bombe** *f* bombe *f* lumineuse (*od.* éclairante); **~e** *f* (15) lampe *f*, corps *m* lumineux; *poét.* flambeau *m*; *fig.* coryphée *m*; **2er** *ist keine große* **~** ce n'est pas une grande lumière; **2en** *v/i.* (26) luire; éclairer (*j-m* q.); (*glänzen*) briller; (*funkeln*) étinceler; **2end** *p.pr. adjt.* lumineux; éclatant; **~es** *Beispiel* exemple *m* éclatant; **~er** *m* (7) chandelier *m*; (*Hand-2*) bougeoir *m*; **~farbe** *f* couleur *f* phosphorescente; **~feuer** *n* fanal *m*; **~gas** *n* gaz *m* d'éclairage; **~käfer** *m* ver *m* luisant; lampyre *m*; **~kraft** *f* pouvoir *m* éclairant; intensité *f* lumineuse; **~pistole** ✗ *f* pistolet *m* lance-fusées; **~rakete** *f* fusée *f* lumineuse; **~reklame** *f* réclame *f* lumineuse; **~stoffröhre** *f* tube *m* d'éclairage au néon; **~turm** *m* phare *m*; **~zifferblatt** *n* cadran *m* lumineux.

leugn|en ['lɔʏknən] *v/t.* (26) nier; (*bestreiten*) contester; **2en** *n* reniement *m*; désaveu *m*.

Leukämie [lɔʏkɛ'miː] *f* (15) leucémie *f*.

Leumund ['lɔʏmunt] *m* (3) réputation *f*; **~szeugnis** *n* certificat *m* de bonne vie et mœurs.

Leute ['lɔʏtə] *pl.* (3) gens *m/pl.*; monde *m*; (*Personal*) personnel *m*; *unter die* **~** *gehen* voir du monde.

Leutnant ['lɔʏtnant] *m* (3¹ *u.* 11)

sous-lieutenant m; *schweiz.* lieutenant m.

leutselig [ˈlɔːtseːlɪç] *adj.* affable; débonnaire; **2keit** f affabilité f.

Leviten [leˈviːtən] *pl.:* j-m die ~ lesen chapitrer q.

Levkoje [lɛfˈkoːja] f (15) giroflée f.

Lexikon [ˈlɛksikɔn] n (9¹ *u.* ²) dictionnaire m; *(für einzelne Werke)* lexique m; *(Konversations2)* encyclopédie f.

Liane [liˈaːnə] f (15) liane f.

Libelle [liˈbɛlə] f libellule f; F demoiselle f; ⊕ niveau m à bulle d'air.

liberal [libeˈraːl] *adj.* libéral; **~i'sieren** v/t. libéraliser; **2ismus** [~raˈlis-] m libéralisme m.

Libretto [liˈbrɛto] n (11, *pl. a.* -tti) libretto m, livret m.

Libyer(in f) [ˈliːbyɐr(in)] m (7) Libyen(ne f) m.

Licht [lɪçt] **1.** n (1) lumière f; *(Helle)* clarté f; *(Tages2)* jour m; ~ machen allumer la lumière; *das ~ der Welt erblicken* voir le jour; naître; *mir geht ein ~ auf* je commence à voir clair; *ans ~ kommen* se découvrir; se mettre au jour; *ans ~ bringen* mettre au jour; *bei ~ à la lumière; etw. bei ~ besehen* examiner *(od.* regarder*)* qch. de près; *gegen das ~ à contre-jour; bei j-n hinters ~ führen* duper q.; *du stehst mir im ~* tu m'empêches de voir; **2. 2** *adj.* lumineux; clair; *(Wald, Haare)* clairsemé; **~er Tag** grand *(od.* plein*)* jour m; **~er Augenblick** moment m lucide.

Licht|-anlage f installation f d'éclairage; **~bild** n photo(graphie) f; **~bildervortrag** m conférence f avec projections; **~blick** *fig.* m moment m de bonheur; **~bogen** m arc m électrique; **~druck** m phototypie f; **2durchlässig** *adj.* translucide, diaphane; *(durchsichtig)* transparent; **~effekt** m effet m lumineux; **2-empfindlich** *adj.* sensible à la lumière.

lichten (26) **1.** v/t. *Wald:* éclaircir; *Baum:* élaguer; *den Anker ~* lever l'ancre; *fig.* décimer; **2.** v/rfl.: *sich ~* s'éclaircir.

Lichter|glanz m éclat m des lumières *(bzw. von Kerzen:* des bougies*)*; **2loh** [ˈ~loː] *adv.:* ~ *brennen* être tout en flammes; **~meer** n océan m de lumières.

Licht|geschwindigkeit f vitesse f de la lumière, vitesse-lumière f; **~hof** m cour f vitrée; *phot.* 'halo m; **~hupe** f

avertisseur m lumineux; **~jahr** n année f *(de)* lumière; **~kegel** m faisceau m de lumière; **~maschine** f dynamo f; **~meß** f Chandeleur f; **~pause** f photocalque m; **~quelle** f source f lumineuse; **~reklame** f réclame f lumineuse; **~schacht** m cour f intérieure; **⚒** puits m au jour; **~schalter** m commutateur m; **~schein** m lueur f; reflet m de lumière; **2scheu** *adj.* qui fuit le jour; **~schimmer** m lueur f; **~signal** n signal m optique; **~spieltheater** n cinéma m; **~stärke** f intensité f lumineuse; **~strahl** m rayon *(fig.* trait*)* m de lumière; **2-undurchlässig** *adj.* opaque.

Lichtung [ˈlɪçtʊŋ] f clairière f.

Lichtverhältnisse n/pl.: *ungünstige* ~ conditions f/pl. d'éclairage défavorables.

Lid [liːt] n (1) paupière f.

lieb [liːp] *adj.* cher; *(zärtlich geliebt)* chéri; *(liebenswürdig)* aimable; *(angenehm)* agréable; *der ~e Gott* le bon Dieu; *du ~er Gott!* ah! mon Dieu!; *du ~er Himmel!* bonté du Ciel!; *ach, du ~e Zeit!* bonté divine!; *die ~e Sonne* le bon soleil; *den ~en langen Tag* toute la sainte journée; *es ist mir ~, daß ...* je suis bien aise que ... *(subj.)*; *es ist mir nicht ~, daß ...* je n'aime pas que ... *(subj.)*; *wenn dir dein Leben ~ ist* si tu tiens à la vie; *s. a.* ~er, ~st; **~äugeln** [ˈ~ˈɔyɡəln] v/i.: *mit j-m* lancer des œillades à q.; *mit e-r Reise* ~ caresser l'idée de faire un voyage; **2chen** n (6) bien-aimée f.

Liebe [ˈliːbə] f (15) amour m *(pl. oft* f*)* *(zu* de; a. pour*)*; *(Zuneigung)* affection f; *christliche* ~ charité f *(chrétienne)*; **2bedürftig** *adj.* qui a besoin d'amour *(od.* de tendresse*)*; **~lei** f (16) amourette f; flirt m.

lieben [ˈliːbən] v/t. (25) aimer; *(zärtlich)* chérir; **2de(r** m) m, f: *die ~n* les amants m/pl.

liebens|wert *adj.* digne d'être aimé; **~würdig** *adj.* aimable; **2würdigkeit** f amabilité f.

lieber *adv.* *(comp. v. lieb, gern)*: ~ *haben, (mögen, wollen)* aimer mieux; préférer; *(eher)* plutôt.

Liebes|-abenteuer n, **~affäre** f aventure *(od.* affaire*)* f galante; **~brief** m lettre f d'amour; billet m doux; **~dienst** m complaisance f; *(aus Mildtätigkeit)* œuvre f charitable *(od.* de charité*)*;

~erklärung f déclaration f (d'amour); **~gaben** f/pl. dons m/pl. (charitables); **~geschichte** f histoire f d'amour; **~geständnis** n aveu m d'amour; **~heirat** f mariage m d'amour; **~kummer** m chagrin m d'amour; **~leben** n vie f amoureuse; **~lied** n chanson f d'amour; **~paar** n couple m d'amoureux; **~roman** m roman m d'amour; **~trank** m philtre m d'amour; **~verhältnis** n liaison f (amoureuse).

lieb|evoll ['li:bəfɔl] adj. affectueux; tendre; **~gewinnen** v/t. prendre en affection; se prendre d'amitié pour; **~haben** v/t. aimer; 2**haber** ['~ha:bər] m (7) amant m, amoureux m; (Kunst2) amateur m; thé. jugendlicher ~ jeune premier m; 2**haberei** [~'raɪ] f (16) goût m particulier pour; (Steckenpferd) violon m d'Ingres; 2**haberin** f thé. (Kunst2) amateur m; jugendliche ~ jeune première f; 2**haberpreis** m prix m d'amateur; **~kosen** v/t. caresser; 2**kosung** f caresse f; **~lich** adj. agréable; charmant; suave; (anmutig) gracieux; (Land) riant; doux; 2**ling** ['li:plɪŋ] m (3) favori(te f) m; (Anrede) chéri(e f) m; 2**lingsdichter** m poète m préféré; **~los** adj. sans amour; sec; dur; 2**reiz** m charme(s pl.) m; attraits m/pl.; 2**schaft** f (16) liaison f (amoureuse); amourette f; flirt m.

liebst [li:pst] adj. (sup. v. lieb, gern): am ~en de préférence; am ~en haben aimer le mieux; m-e ~e Beschäftigung mon occupation f favorite; 2**e(r** m) m, f chéri(e f) m, bien-aimé(e f) m.

Lied [li:t] n (1) chanson f; chant m; (Kirchen2) cantique m; (dt. Volkslied) lied m; fig. davon kann ich ein ~ singen j'en sais quelque chose; **~chen** n chansonnette f.

Lieder|-abend ['li:dər-] m récital m de chant; **~buch** n recueil m de chansons; chansonnier m; **~dichter** m chansonnier m.

liederlich ['li:dərlɪç] adj. négligent; désordonné; (ausschweifend) débauché; libertin; **~e** Arbeit travail m bâclé.

lief [li:f] s. laufen.

Liefer|ant [li:fə'rant] m fournisseur m; 2**bar** adj. livrable; **~bedingungen** f/pl. conditions f/pl. de livraison; **~frist** f délai m de livraison; 2**n** v/t. (29) livrer; (besorgen) fournir; **~schein** m bulletin m de livraison;

~termin m date f de livraison; **~ung** f livraison f; (Besorgung) fourniture f; **~wagen** m livreuse f; (kleiner) camionnette f; **~zeit** f = Lieferfrist.

Liege ['li:gə] f (15) divan m, fauteuil m de relaxation; **~geld** ⚓ n droit m d'ancrage; **~kur** f cure f de repos.

liegen ['li:gən] v/i. (30) être couché; (Ort) être situé; (sich befinden) se trouver; être; was liegt daran? qu'importe?; woran liegt es? à quoi cela tient-il?; daran soll es nicht ~! qu'à cela ne tienne!; an wem liegt es? à qui la faute?; an j-m ~ (von j-m abhängen) dépendre de q.; die Entscheidung liegt bei ... la décision relève de ...; mir liegt etw. an dieser Sache je tiens à cette affaire; mir liegt daran, daß ... (resp. zu ... inf.) il m'importe que ... (subj.) (resp. de ... inf.); gegen (od. nach) Süden ~ être exposé au midi; auf den Hof ~ donner sur la cour; **~bleiben** v/i. (sn) rester couché; (Arbeit) être arrêté; ne pas se faire; (Ware) ne pas se vendre; (Brief) rester en souffrance; (Auto) rester en panne; **~d** p.pr. adjt. couché; auf dem Bauch ~ à plat ventre; **~lassen** v/t. laisser; (vergessen) oublier; 2**schaft** f: ~en pl. (16) immeubles m/pl.; biens-fonds m/pl.

Liege|sitz Auto m siège m couchette; **~stuhl** m chaise f longue; fauteuil-couchette m; transat(lantique) m; **~stütz** Sp. m appui m avant; **~wagen** Esb. m voiture-couchettes f; **~wiese** f pelouse f.

lieh [li:] s. leihen.

ließ [li:s] s. lassen.

Lift [lɪft] m (3 od. 11) ascenseur m; **~boy** m liftier m.

Liga ['li:ga] f (16²) ligue f.

Likör [li'kø:r] m (3¹) liqueur f.

lila ['li:la] adj. (2 n) lilas (m).

Lilie ['li:ljə] f (15) lis m.

Liliputaner(in f) [lilipu'ta:nər(ɪn)] m (7) Lilliputien(ne f) m.

Limonade [limo'na:də] f (15) limonade f.

Limousine [limu'zi:nə] f (15) limousine f.

lind [lɪnt] adj. doux.

Lind|e ['lɪndə] f, **~enbaum** m tilleul m; **~enblüte** f fleur f de tilleul; **~enblütentee** m infusion f de tilleul.

linder|n v/t. (29) adoucir; (erleichtern) soulager; Schmerz: calmer; apaiser; alléger; 2**ung** f adoucissement m; (Erleichterung) soulagement m; (Schmerz2) apaisement m; allégement m; **2ungsmittel** n calmant m.

Lineal [line'ɑ:l] n (3¹) règle f.

linear [line'ɑːr] adj. linéaire.

Linguist [liŋgu'ist] m (12) linguiste m; **~ik** f linguistique f.

Linie ['li:njə] f (15) ligne f (a. ⚔.); (e-s Geschlechtes) branche f; fig. in erster ~ en premier lieu; in e-r ~ aufstellen mettre en ligne; aligner.

Linien|blatt n transparent m; **~bus** m autobus m régulier; **~flugzeug** n avion m de ligne; **~papier** n papier m réglé; **~richter** Sp. m juge m de touche; **~schiff** n vaisseau m de ligne; **2treu** adj. fidèle à la ligne (du parti).

lini|ieren [li'ni:rən, lini'²i:rən] v/t. régler.

link [liŋk] adj. gauche; **~e Seite** (v. Stoff, Münzen) envers m; **2e** f (15) la main gauche; pol. la gauche; **zur ~n** à (main) gauche; **~isch** adj. gauche; maladroit.

links [liŋks] adv. à (main) gauche; fig. j-n ~ liegenlassen tourner le dos à q.; **2-abbieger** m tournant m à gauche; **2-außen(stürmer)** Sp. m ailier m gauche; **~händer** m gaucher m; **~händig** ['~hɛndiç] adj. gaucher; **2-innen(stürmer)** Sp. m inter m gauche; **2kurve** f virage m à gauche; **2verkehr** m circulation f à gauche.

Linol|eum [li'no:leum] n (9) linoléum m; **~schnitt** m gravure f sur linoléum.

Lins|e u. opt. ['linzə] f (15) lentille f; **2enförmig** ['~fœrmiç] adj. lenticulaire; **~ensuppe** f soupe f aux lentilles.

Lipp|e ['lipə] f (15) lèvre f; sich auf die ~n beißen se mordre les lèvres; es soll nicht über m-e ~n kommen je n'en soufflerai mot; fig. F e-e ~ riskieren lâcher une impertinence; **~enbekenntnis** n aveu m du bout des lèvres; **~enblütler** ['~bly:tlər] m labié(e)e f; **~enlaut** m labiale f; **~enstift** m (bâton m de) rouge m.

Liquid|ation [likvida'tsjoːn] f (16) liquidation f; **2ieren** [~'di:rən] v/t. liquider.

lispeln ['lispəln] v/i. (29) zézayer.

List [list] f (16) ruse f; astuce f; (Kunstgriff) artifice m.

Liste f (15) liste f; (Aufstellung) relevé m; (Steuer2) rôle m; **~npreis** m prix m de catalogue.

listig adj. rusé; astucieux; finaud.

Litanei [lita'nai] f (16) litanies f/pl.; (Geleier) litanie f.

Litauer(in f) ['litauər(in)] m (7) Lituanien(ne f) m.

Liter ['li:tər] n u. m (7) litre m.

litera|risch [lita'rɑːriʃ] adj. littéraire; **2t** m (12) homme m de lettres.

Literatur [~ra'tuːr] f (16) littérature f; **~angaben** f/pl. bibliographie f; **~geschichte** f histoire f de la littérature; **~preis** m prix m littéraire.

Litfaßsäule ['litfas-] f colonne f d'affiches.

Lithograph [lito'grɑːf] m (12) lithographe m; **~ie** [~gra'fiː] f (15) lithographie f.

Liturg|ie [litur'giː] f (15) liturgie f; **2isch** [li'turgiʃ] adj. liturgique.

Litze ['litsə] f (15) cordon m; (Tresse) galon m; (platte Schnur) soutache f; (Vorstoß) passepoil m; ⚡ câble m torsadé.

Live-Sendung rad., TV ['laif-] f émission f en direct.

Livree [liv're:] f (15) livrée f.

Lizenz [li'tsɛnts] f (16) licence f; **~geber** m titulaire m du droit de licence; **~vertrag** m contrat m de licence.

Lob [lo:p] n (3) louange f; (~rede) éloge m; **2en** ['lo:bən] v/t. (25) louer; faire l'éloge de; j-n für (od. wegen) etw. ~ louer q. de qch.; **2end** p.pr. adjt. élogieux; **2enswert** adj. louable; digne d'éloge; **~gesang** rl. m hymne f; **~hudelei** [~huːdə'lai] f (16) adulation f; **2hudeln** v/i. aduler.

löblich ['løːpliç] adj. louable.

Lob|lied n chant m de louange; rl. = Lobgesang; **2preisen** v/t. (30) glorifier; exalter les mérites de; **~rede** f éloge m; panégyrique m.

Loch [lɔx] n (1²) trou m; (Riß a.) accroc m; F (Gefängnis) cachot m; (im Käse) œil m; elendes ~ (Wohnung) taudis m; **2en** v/t. (25) perforer; Fahrkarten usw.: poinçonner; **~er** m (7) perforateur m.

löcherig ['lœçəriç] adj. troué; (porös) poreux.

Loch|karte f carte (od. fiche) f perforée; **~maschine** ⚙ f perforatrice f, poinçonneuse f; **~streifen** m bande f perforée; **~ung** f perforation f; **~**

zange f (des Schaffners) pince f à poinçonner; ⊕ emporte-pièce m.

Locke ['lɔkə] f (15) boucle f; in ~n legen mettre en boucles; boucler.

locken v/t. (an.) attirer; allécher; appâter; piper; fig. séduire; leurrer.

Locken|**kopf** m tête f frisée; **~wickel** m bigoudi m.

locker adj. lâche; desserré; (nicht dicht) peu cohérent; (porös) poreux; ♪ (Boden) meuble; (moralisch) relâché; léger; libertin; dissolu; ~er Vogel personne f légère; **~lassen** v/i.: er läßt nicht ~ il n'en démord pas; il ne cède pas; **~n** v/t. (29) relâcher; Schraube: desserrer; Boden: ameublir; 2ung f relâchement m; 2ungs**übung** Sp. f exercice m d'assouplissement.

lockig adj. bouclé.

Lock|**mittel** n appât m, amorce f; **~ruf** m (cri de d')appel m; **~spitzel** m agent m provocateur; F mouchard m; **~vogel** ch. m appeau m.

Loden ['lo:dən] m (6) loden m; **~mantel** m (manteau m en) loden m.

lodern ['lo:dərn] v/i. (29) flamber, flamboyer; fig. brûler.

Löffel ['lœfəl] m (7) cuiller f; ch. oreille f; **2n** v/t. (29) manger à la cuiller; **~voll** m (3¹) cuillerée f.

log [lo:k] s. lügen.

Logarithmen|**tafel** [loga'ritmən-] f table f de logarithmes; **~us** m logarithme m.

Logbuch ⚓ ['lɔkbu:x] n journal (od. carnet) m de bord.

Log|**e** ['lo:ʒə] f (15) (thé. u. Freimaurer) loge f; **~enbruder** m frère m (franc-maçon); **~enmeister** m vénérable m.

Logier|**besuch** [lo'ʒi:r-] m invité(s) m(pl.) qui loge(nt); ~ haben loger du monde; 2en v/t. u. v/i. loger.

Logik ['lo:gik] f (16) logique f.

Logis [lo'ʒi:] n (inv.) logement m, logis m.

logisch ['lo:giʃ] adj. logique.

Lohgerberei ['lo:-] f tannerie f.

Lohn [lo:n] m (3²) salaire m, paie f; (der Dienstboten) gages m/pl.; fig. récompense f; **~ausfall** m perte f de salaire; **~ausgleich** m compensation f (de salaire); bei vollem ~ à salaire égal; **~büro** n bureau m de paie; **~empfänger** m salarié m.

lohnen (25) **1.** v/t.: j-m etw. ~ récompenser q. de qch.; **2.** v/rfl.: sich ~

valoir la peine; es lohnt sich (der Mühe) nicht cela n'en vaut pas la peine; **~d** p.pr. adj. profitable; (vorteilhaft) avantageux; (gewinnbringend) lucratif; rémunérateur.

Lohn|**erhöhung** f augmentation f des salaires; **~forderung** f revendication (od. demande) f de salaire; **~gruppe** f catégorie f de salaires; **~kampf** m lutte f pour l'augmentation des salaires; **~kürzung** f, **~senkung** f réduction f des salaires; **~skala** f: gleitende ~ échelle f mobile des salaires; **~stopp** m blocage m des salaires; **~tarif** m tarif m salarial.

Löhnung ['lø:nuŋ] f paie f; salaire m.

Lohn|**zahlung** f paiement m des salaires; **~zettel** m bulletin m (od. fiche f) de paie.

Lok F [lɔk] f (11¹) = Lokomotive.

Lokal [lo'ka:l] n (3) local m; établissement m; (Gaststätte) restaurant m; café m; **~e(s)** n (in e-r Zeitung) chronique f locale; **2isieren** [~kali'zi:rən] v/t. localiser; **~ität** [~'tɛ:t] f local m; **~nachrichten** f/pl. nouvelles f/pl. locales; **~patriotismus** m patriotisme m de clocher; **~termin** ⚖ m descente f sur les lieux.

Lokomotiv|**e** [lokomo'ti:və] f (15) locomotive f; **~führer** m mécanicien m.

Lombardgeschäft [lɔm'bart-] n prêt m sur gages.

Londoner(**in** f) ['lɔndənər(in)] m (7) Londonien(ne) f.

Lorbeer ['lɔrbe:r] m (5²) laurier m; sich auf s-n ~en ausruhen s'endormir sur les lauriers, **~blätter** cuis. n/pl. laurier-sauce m; **~kranz** m couronne f de laurier.

Lore Esb. ['lo:rə] f (15) truc m; (Kipp-2) wagonnet m basculant.

Lorgnette [lɔrn'jɛtə] f (15) binocle m; (Stielbrille) face-à-main m.

Los [lo:s] n (4) lot m; (Schicksal) sort m; destinée f; (Lotterie) billet m de loterie; das Große ~ gewinnen gagner le gros lot; durchs ~ entscheiden décider par le sort; das ~ über etw. (acc.) entscheiden lassen tirer qch. au sort.

los adj. u. adv. (18¹) détaché, (frei) dégagé; (entfesselt) déchaîné; was ist ~? qu'y a-t-il?; es ist etw. ~ il se passe qch.; als ob nichts ~ wäre comme si de rien n'était; sein Geld ist er ~ il en est pour son argent; j-n (etw.) ~ sein être débarrassé (od. quitte) de q. (de qch.); F _etw._ ~ _haben_ se connaître à qch.; ~! allons!; allez!

lösbar ['lø:s-] _adj._ (ré)soluble.

los|bekommen _v/t._ parvenir à détacher; **~binden** _v/t._ détacher; délier.

Lösch|blatt ['lœʃblat] _n_ (papier _m_) buvard _m_; **2en** _v/t._ éteindre; _Schuld a._: amortir; _Hypothek:_ radier; _Durst:_ étancher; _Schiff:_ décharger; _Waren:_ débarquer; (_aus_~) effacer; rayer; **~en** _n_ extinction _f_; (_v. Schulden_) amortissement _m_; (_e-r Hypothek_) radiation _f_; (_v. Schiffen_) déchargement _m_; (_v. Waren_) débarquement _m_; **~er** _m_ (7) buvard _m_; **~gerät** _n_ extincteur _m_; **~mannschaft** _f_ (corps _m_ des) pompiers _m/pl._; **~papier** _n_ = Löschblatt; **~zug** _m_ équipe _f_ de pompiers.

lose ['lo:zə] _adj. u. adv._ lâche; (_losgelöst_) détaché; (_Schraube_) desserré; (_beweglich_) mobile; ✝ au détail; _fig._ licencieux; frivole; ~ _sein_ (_Zahn_) branler; _fig._ e-e ~ _Hand haben_ avoir la main leste; e-n ~n _Mund haben_ avoir une mauvaise langue.

Lösegeld _n_ rançon _f_.

losen ['lo:zən] _v/i._ (27) tirer au sort; **2.** 2 _n_ tirage _m_ au sort.

lösen ['lø:zən] _v/t._ (27) délier (_a. fig._); dénouer; (_trennen_) séparer; _Schraube:_ desserrer; _Aufgabe, Widerspruch:_ résoudre; _Rätsel:_ deviner; _Zweifel:_ lever; _Karte:_ prendre; _Vertrag:_ résilier; annuler; _Knoten:_ défaire; _Pfand:_ retirer; _Schuß:_ lâcher; 🦢 dissoudre.

los|fahren _v/i._ (sn) partir; (_Fahrzeug_) démarrer; ~ _auf_ (_acc._) aller droit sur q.; **~gehen** _v/i._ (sn) partir; (_sich lösen_) se détacher; ✝ (_anfangen_) commencer; _auf j-n_ ~ aller droit sur q., (_herfallen über_) fondre sur q.; _auf etw._ (_acc._) _frisch_ ~ poursuivre qch. avec ardeur; **~kaufen** _v/t._ racheter; **~kommen** _v/i._ (sn) parvenir à se dégager (_von_ de); **~lachen** _v/i._: _laut_ ~ partir d'un éclat de rire; **~lassen** _v/t._ lâcher; _abs._ lâcher prise; **~legen** F _v/i._ commencer.

löslich ['lø:slɪç] _adj._ soluble; **2keit** _f_ solubilité _f_.

los|lösen _v/t._ détacher; **~machen** _v/t._ défaire; détacher; _Hemmnisse:_ dégager; **~marschieren** _v/i._ (sn) se mettre en marche (_auf acc._ sur); **~platzen** _v/i._ (sn) éclater; **~reißen**

_v/t._ arracher; détacher; **~sagen** _v/rfl._: _sich von etw._ ~ se désister de qch.; renoncer à qch.; _sich von j-m_ ~ se désolidariser de q.; **~schießen** _v/i._ _fig._ F: dire ce que l'on a sur le cœur; ~ _auf_ (_acc._) _fig._ fondre (_od._ se jeter) sur; **~schlagen 1.** _v/t._ enlever (_à coups de_ ...); ✝ vendre à tout prix; **2.** _v/i._ commencer l'attaque; _auf j-n_ ~ frapper q.; **~schnallen** _v/t._ déboucler; **~schrauben** _v/t._ dévisser; **~stürmen** _v/i._ (sn) fondre (_auf acc._ sur); (_angreifen_) assaillir; **~stürzen** _v/i._ (sn) se précipiter (_auf acc._ sur); **~trennen** _v/t._ découdre; _Genähtes:_ découdre.

Losung ['lo:zuŋ] _f ch._ fiente _f_, fumées _f/pl._; (_Parole_) mot _m_ d'ordre.

Lösung ['lø:zuŋ] _f_ solution _f_ (_a._ 🦢 _u._ 🧪); _thé._ dénouement _f_; (_Trennung_) séparation _f_; (_Vertrags~_) résiliation _f_; annulation _f_; **~smittel** 🧪 _n_ (dis)solvant _m_.

Losungswort _n_ mot _m_ d'ordre.

los|werden _v/t._ (sn) se débarrasser de; se défaire de; **~ziehen** _v/i._ (sn) marcher (_auf acc._ sur).

Lot [lo:t] _n_ (3) (_ehm. Gewicht_) demi-once _f_; 🖾 perpendiculaire _f_; ⊕ fil _m_ à plomb; ⚓ sonde _f_; **2en** _v/t._ prendre l'aplomb; passer au fil du plomb; ⚓ sonder.

löten ['lø:tən] _v/t._ (26) souder; (_hart~_) braser.

Lothring|er(in _f_) ['lo:trɪŋər(ɪn)] _m_ (7) Lorrain(e _f_) _m_; **2isch** _adj._ lorrain.

Löt|kolben _m_ fer _m_ à souder; **~lampe** _f_ lampe _f_ à souder.

Lotos ['lo:tɔs] _m_ (_inv._) lotus _m_; **~blume** _f_ fleur _f_ de lotus.

lotrecht _adj._ à plomb; d'aplomb; vertical.

Lots|e ['lo:tsə] _m_ (13) pilote _m_; **2en** ['lo:tsən] _v/t._ (27) piloter; **~enboot** _n_ bateau-pilote _m_; **~endienst** _m_ pilotage _m_, lamanage _m_.

Lötstelle _f_ soudure _f_; (_Hart2_) brasure _f_.

Lotterie [lɔtə'ri:] _f_ (15) loterie _f_; **~gewinn** _m_ gain _m_ à la loterie; **~los** _n_ billet _m_ de loterie.

Lotter|leben ['lɔtərle:bən] _n_ vie _f_ dissolue (_od._ de bohème); **2wirtschaft** _f_ incurie _f_.

Lotto ['lɔto:] _n_ (11), **~spiel** _n_ (jeu _m_ de) loto _m_.

Lötzinn _n_ étain _m_ à souder.

Löwe ['lø:və] _m_ (13) lion _m_.

Löwen|-anteil m part f du lion; **~mähne** f crinière f; F fig. a. tignasse f; **~maul** ♀ n muflier m; **~zahn** ♀ m pissenlit m; dent-de-lion f.

Löwin f lionne f.

Luchs [luks] m (4) lynx m; loup--cervier m; fig. Augen wie ein ~ haben avoir des yeux de lynx.

Lücke ['lykə] f (15) lacune f (a. Text♀); (Mauer♀, Hecken♀, Zahn♀) brèche f; (Leere) vide m; **~nbüßer** m bouche-trou m; **2enhaft** adj. qui a des lacunes; (unvollständig) incomplet; défectueux; **2enlos** adj. sans lacunes, sans vides; (vollständig) complet.

Luder ['lu:dər] n (7) ch. charogne f; P (Schimpfwort) salaud m, garce f; armes ~ pauvre diable(sse f) m.

Luft [luft] f (14¹) air m; atmosphère f; ~ schöpfen (schnappen) prendre l'air; keine ~ bekommen manquer d'air; étouffer; wieder ~ bekommen reprendre haleine; s-m Herzen ~ machen épancher sa bile; F j-n an die ~ flanquer q. à la porte; das ist aus der ~ gegriffen c'est pure invention; in der ~ liegen être dans l'air; in die ~ fliegen sauter; in die ~ sprengen faire sauter; nach ~ schnappen chercher à respirer; **~-abwehr** f défense f antiaérienne; **~angriff** m raid m aérien; attaque f aérienne; **~ballon** m ballon m; **~befeuchtung** f humidification f; **~bild** n photo(graphie) f aérienne; **~blase** f bulle f d'air; **~brücke** f pont m aérien; **2dicht** adj. hermétique.

Luftdruck m pression f atmosphérique; **~messer** m baromètre m.

luftdurchlässig adj. perméable à l'air; poreux.

lüften ['lyftən] v/t. (26) aérer; ventiler; Hut usw.: soulever.

Luft|fahrt f aviation f; navigation f aérienne; **~fahrtgesellschaft** f compagnie f de navigation aérienne; **~fahrtwesen** n aéronautique f; aviation f; **~feuchtigkeit** f humidité f atmosphérique; **~feuchtigkeitsmesser** m hygromètre m; **~filter** m filtre m à (od. d')air; **~fracht** f fret m aérien; **~flotte** f flotte f aérienne; **2gekühlt** ['∼gəky:lt] p.p. adj. refroidi par air; **~gewehr** n fusil m à air comprimé; **~hauch** m souffle m (d'air); **~hoheit** f souveraineté f sur

l'espace aérien; **2ig** adj. aérien; (Zimmer) aéré; (Kleid) léger; (flatterhaft) volage; **~kampf** m combat m aérien; **~kissen** n coussin m pneumatique; **~kissenfahrzeug** n aéroglisseur m; **~klappe** f clapet m d'air; volet m d'aération; **~korridor** m couloir m aérien; **2krank** adj.: ~ sein avoir le mal de l'air; **~kühlung** f refroidissement m par air; **~kur-ort** m station f climatique; **~landetruppen** f/pl. troupes f/pl. aéroportées; **~leer** adj. (~er Raum) vide (m); **~linie** f ligne f droite; Flgw. ligne f aérienne; in der ~ à vol d'oiseau, en ligne droite; **~loch** n Arch. soupirail m; ⊕ évent m; ventouse f; Flgw. trou m d'air; **~mangel** m manque m d'air; **~matratze** f matelas m pneumatique; **~pirat** m pirate m de l'air; **~post** f poste f aérienne; durch (od. mit) ~ par avion; **~postbrief** m lettre f par avion; **~pumpe** f pompe f à air (od. à pneu[matique]s); Auto a. gonfleur m; **~raum** m espace m aérien; **~reifen** m pneu(matique) m; **~röhre** f trachée-artère f; **~röhrenentzündung** f trachéite f; **~schacht** ⚒ m puits m d'aération; **~schaukel** f balançoire f; **~schiff** n aérostat m; (lenkbares) dirigeable m; **~schlange** f serpentin m; **~schlauch** m chambre f à air; **~schlösser** n/pl.: ~ bauen bâtir des châteaux en Espagne; **~schraube** f hélice f; propulseur m.

Luftschutz m défense f passive; protection f civile; **~bunker** m abri m (bétonné); **~keller** m cave-abri f; **~übung** f exercice m de défense passive.

Luft|spiegelung f mirage m; **~sprung** m gambade f; saut m en l'air; **~streitkräfte** f/pl. forces f/pl. aériennes; **~strom** m, **~strömung** f courant m atmosphérique; **~stützpunkt** m base f aérienne; **~taxi** n avion-taxi m.

Lüftung ['lyftuŋ] f aération f; aérage m; ventilation f; **~sklappe** f clapet m d'aérage.

Luft|ver-änderung f changement m d'air; **~verkehr** m trafic m aérien; **~verkehrslinie** f ligne f (de navigation) aérienne; **~verschmutzung** f contamination (od. pollution) f de l'air; **~waffe** f arme f aérienne; aviation f (militaire); **~weg** m: auf dem ~e par voie aérienne, par la voie des airs; **~widerstand** m résistance f de l'air; **~zufuhr** f ventilation f; **~zug** m courant m d'air.

Lug [lu:k] m (3): ~ und Trug pur mensonge m.

Lüge ['ly:gə] f (15) mensonge m; j-n ~n strafen démentir qn.

lugen ['lu:gən] v/i. guetter; épier.

lügen ['ly:gən] v/t. u. v/i. (30) mentir; **2detektor** m détecteur m de mensonges; **~haft** adj. menteur; (trügerisch) mensonger.

Lügner(in f) ['ly:knər] m (7) menteur m, -euse f; **2isch** adj. = lügenhaft.

Luke ['lu:kə] f (15) lucarne f; ✧ écoutille f.

lukrativ [lukra'ti:f] adj. lucratif.

Lümmel ['lyməl] m (7) mufle m; **2haft** adj. comme un mufle.

Lump [lump] m (3 u. 12) gueux m; P salaud m.

Lumpen 1. m (6) chiffon m; (pl. zerlumpte Kleider) guenilles f/pl.; 'haillons m/pl.; **2.** 2 v/rfl. (25): sich nicht ~ lassen f n'être pas chiche.

Lumpen|gesindel n, **~pack** n canaille f; **~sammler** m chiffonnier m; F (letzte Straßenbahn) balai m.

Lump|erei [~'raɪ] f (16) vétille f; bagatelle f; **2ig** adj. déguenillé; (armselig, knickerig) mesquin.

Lunge ['luŋə] f (15) poumon m; (Fleischerei) mou m; eiserne ~ poumon m d'acier; sich die ~ aus dem Leibe schreien s'époumoner à force de crier; durch die ~ rauchen avaler la fumée.

Lungen|bläschen ['luŋənblɛːsçən] n vésicule f pulmonaire; **~braten** m östr. = Lendenbraten; **~entzündung** f pneumonie f; **~flügel** m lobe m du poumon; **~haschee** cuis. n 'hachis m de mou; **~heilstätte** f sanatorium f antituberculeux; **2krank** adj. poitrinaire; **~krebs** m cancer m du poumon; **~tuberkulose** f phtisie f; tuberculose f pulmonaire.

lungern F ['luŋərn] (29, h. u. sn) fainéanter.

Lunte ['luntə] f (15) mèche f; fig. ~ riechen éventer la mèche.

Lupe ['lu:pə] f (15) loupe f; fig. unter die ~ nehmen examiner de près.

Lupine ✿ [lu'pi:nə] f (15) lupin m.

Lurch zo. [lurç] m (3) batracien m, amphibie m.

Lust [lust] f (14¹) plaisir m; (Annehmlichkeit) agrément m; (Freude) joie f; (Verlangen) envie f; désir m; (Neigung) goût m (zu de); fleischliche ~ désir m charnel; concupiscence f; ~ haben zu avoir envie de; ich bekomme ~, zu ... (inf.) l'envie me prend de ... (inf.); die ~ verlieren zu ... perdre l'envie de ...; ganz wie Sie ~ haben à votre gré; **~barkeit** f divertissement m; fête f.

Lüster ['lystər] m (7) lustre m.

lüstern adj. plein de convoitise; (geil) lascif; luxurieux; nach etw. ~ sein convoiter (od. désirer) qch.

Lust|garten m jardin m d'agrément; **~gefühl** m sentiment m de plaisir.

lustig 1. adj. gai; joyeux; enjoué; (belustigend) réjouissant; (drollig) amusant; drôle; Bruder 2 joyeux compère m; bouffon m; ~ sein être gai; s'amuser; sich ~ machen se moquer (über acc. de); **2.** adv. gaiement, joyeusement; es geht ~ zu on s'amuse bien; sich ~ machen se moquer (über acc. de); **2keit** f gaieté f.

Lüstling m (3¹) débauché m.

lust|los adj. languissant; sans entrain; **2mord** m crime m sadique; **2mörder** m (criminel m) sadique m; **2schloß** n château m de plaisance; **2spiel** n comédie f.

Luther|aner [lutə'ra:nər] m (7), **2isch** [-'riʃ] adj. luthérien (m).

lutsch|en ['lutʃən] v/t. u. v/i. (27) sucer; **2er** m (7) sucette f.

Luv ✧ [lu:f] f (16, o.pl.) lof m.

Luxemburger(in f) ['luksəmburgər(in)] m (7) Luxembourgeois(e f) m; **2isch** adj. luxembourgeois.

luxuriös [luksu'rjø:s] adj. (18¹) luxueux.

Luxus ['luksus] m (inv.) luxe m; **~artikel** m article m de luxe; **~ausgabe** f édition f de luxe; **~hotel** n hôtel m de luxe.

Lymph|drüse ['lymf-] f glande f lymphatique; **~e** f (15) lymphe f; **~gefäß** n vaisseau m lymphatique.

lynch|en ['lynçən] v/t. (27) lyncher; **2justiz** f lynchage m.

Lyra ♪ ['ly:ra] f (16²) lyre f.

Lyr|ik ['ly:rik] f (16) poésie f lyrique; **~iker** [-'ikər] m (7) (poète m) lyrique m; **2isch** adj. lyrique.

Lyzeum [ly'tse:um] n (9) lycée m (de jeunes filles).

M

M, m [ɛm] n M, m m od. f.

Maat [maːt] m (3) quartier-maître m.

Mach|**-art** ['maxˀaːrt] f façon f; **~e** f: in der ~ haben avoir en main; F das ist doch nur ~ ce n'est que de la frime.

machen ['maxən] (25) **1.** v/t. faire; ~ + adj. oft: rendre; ~ + su. oft: donner; je m'en moque (bien); **3.** v/i.: macht, daß ihr wegkommt! allez-vous-en!

Machenschaften f/pl. machinations f/pl., intrigues f/pl.

Macherlohn m main-d'œuvre f; façon f.

Macht [maxt] f (14¹) pouvoir m; (Staat) puissance f; (geistige) autorité f; (Einfluß) ascendant m; (Kraft) force f; **~befugnis** f pouvoir m; autorité f; **~bereich** m pouvoir m; ressort m; **~ergreifung** f prise f du pouvoir, accession f au pouvoir; **~haber** ['~haːbər] m (7) maître m; potentat m.

mächtig ['mɛçtiç] adj. puissant; (groß) grand; énorme; e-r Sache ~ sein (werden) être (se rendre) maître de qch.

Macht|**kampf** m lutte f pour le pouvoir; **~los** adj. impuissant; dagegen ist man ~ on ne peut rien y faire; **~losigkeit** f impuissance f; **~politik** f politique f de force; **~stellung** f position f de force; **~übernahme** f = Machtergreifung; **~voll** adj. puissant; omnipotent; **~wort** n (3) parole f énergique; ein ~ sprechen faire acte d'autorité.

Machwerk n ouvrage m sans valeur; F bousillage m.

Mädchen ['mɛːtçən] n (6) jeune fille f; kleines ~ fillette f; (Dienst2) servante f; bonne f (für alles à tout faire); **2haft** adj. u. adv. comme une jeune fille; **~handel** m traite f des blanches; **~name** m nom m de fille; (v. verheirateten Frauen) nom m de jeune fille; **~pensionat** n pensionnat m de jeunes filles; **~schule** f école f de filles.

Made ['maːdə] f (15) ver m; asticot m.

Mädel F ['mɛːdəl] n (7) fillette f; petite fille f.

madig adj. véreux.

Madonn|**a** [ma'dɔna] f (16²) Vierge f; madone f; **~enbild** n (image f de la) madone f.

mag [maːk] s. mögen.

Magazin [maga'tsiːn] n (3¹) (Lager) magasin m; dépôt m; (Zeitschrift) magazine m; (e-r Waffe) magasin m; **~verwalter** m magasinier m.

Magd [maːkt] f (14¹) servante f; bonne f.

Magen ['maːgən] m (6) estomac m; schwer im ~ liegen peser sur l'estomac; sich den ~ verderben avoir une indigestion; fig. F j-n (etw.) im ~ haben ne pouvoir digérer q. (qch.); **~beschwerden** f/pl. maux m/pl. d'estomac; ~ haben avoir mal à l'estomac; **~bitter** m digestif m; amer m; **~-Darm-Kanal** anat. m tube m digestif; **~geschwür** n ulcère m d'estomac; **~katarrh** m gastro-entérite f; **~krampf** m crampe f d'estomac; gastralgie f; **~krebs** m cancer m de l'estomac; gastrite f; **~leiden** n maladie f d'estomac; gastrite f; **~saft** m suc m gastrique; **~säure** f aigreurs f/pl. (d'estomac); **~schleimhaut** f muqueuse f de l'estomac; **~schmerzen** m/pl. maux m/pl. d'estomac; **~verstimmung** f embarras m gastrique; indigestion f.

mager ['maːgər] adj. maigre; (Boden a.) aride; ~ werden maigrir; **~machen** amaigrir; **2keit** f maigreur f; (des Bodens a.) aridité f; **2milch** f lait m écrémé.

Ma|**gie** [ma'giː] f (15) magie f; **~gier** ['maːgjər] m (7) mage m; (Zauberer) magicien m; **2gisch** ['maː-] adj. magique.

Magister [ma'gistər] *m* (7) östr. = Apotheker.

Magistrat [magis'tra:t] *m* (3) municipalité *f*; autorités *f/pl.* municipales.

Magnesi|a [mag'ne:sja] *f* (*inv.*) magnésie *f*; **~um** *n* (9, *o.pl.*) magnésium *m*.

Magnet [mag'ne:t] *m* (3) aimant *m*; **~feld** *n* champ *m* magnétique; **2isch** *adj.* magnétique; **~ machen** aimanter; **~ werden** s'aimanter; **2isieren** [~neti'zi:rən] *v/t.* aimanter; *Personen:* magnétiser; **~ismus** [~'tismus] *m* magnétisme *m*; **~nadel** *f* aiguille *f* aimantée; **~ophon** [~to'fo:n] *n* magnétophone *m*.

Magnolie [mag'no:ljə] *f* (15) magnolia *m*.

magst *s.* mögen.

Mahagoni [maha'go:ni] *n* (11) acajou *m*.

Mäh|binder ['mε:bindər] *m* moissonneuse-lieuse *f*; **~drescher** *m* faucheuse-batteuse *f*; **2en** ['mε:ən] *v/t. u. v/i.* (25) faucher.

Mahl [ma:l] *n* (3 *u.* 1²) repas *m*; (*Fest*2) banquet *m*; **2en** *v/t. u. v/i.* (25) moudre; **~en** *n* mouture *f*; **~zeit** *f* repas *m*; (*gesegnete*) **~!** bon appétit!

Mähmaschine *f* (15) faucheuse *f*; moissonneuse *f*; (*für Rasen*) tondeuse *f*.

Mahnbrief ✝ ['ma:nbri:f] *m* (3) réclamation *f*; *ꝑfort* sommation *f*.

Mähne ['mε:nə] *f* (15) crinière *f*.

mahn|en ['ma:nən] *v/t.* (25): j-n an etw. (*acc.*) **~** avertir q. de qch.; rappeler qch. à q.; zu etw. **~** exhorter à qch.; j-n wegen etw. **~** réclamer qch. à q.; **2mal** *n* monument *m* commémoratif; mémorial *m*; **2ruf** *m* exhortation *f*; avertissement *m*; **2ung** *f* exhortation *f*; ✝ avertissement *m*; réclamation *f*; sommation *f*; **2wort** *n* (3) parole *f* d'exhortation; avertissement *m*.

Mähre ['mε:rə] *f* (15) rosse *f*.

Mai [maɪ] *m* (3 *u.* 16) mai *m*; *fig.* printemps *m*; **~baum** *m* (arbre *m* de) mai *m*; **~feier** *f* fête *f* du premier mai; **~glöckchen** *n* muguet *m*; **~käfer** *m* ʰhanneton *m*.

Mais [maɪs] *m* (4) maïs *m*.

Maische ['maɪʃə] *f* (15) trempe *f*; moût *m*.

Mais|feld *n* champ *m* de maïs; **~kol-**

ben *m* épi *m* de maïs; **~mehl** *n* farine *f* de maïs.

Majestät [majεs'tε:t] *f* (16) majesté *f*; (*Anrede*) Sire, Madame; **2isch** *adj.* majestueux; **~sbeleidigung** *f* crime *m* de lèse-majesté.

Majolika [ma'jo:lika] *f* (16²) majolique *f*.

Major [ma'jo:r] *m* (3¹) commandant *m*; chef *m* de bataillon.

Majoran ♀ ['ma:jora:n] *m* (3) marjolaine *f*.

Majorität [majori'tε:t] *f* (16) majorité *f*; **~swahl** *f* scrutin *m* majoritaire.

Majuskel [ma'juskəl] *f* (15) (lettre *f*) majuscule *f*.

makaber [ma'ka:bər] *adj.* macabre.

Makel ['ma:kəl] *m* (7) tache *f*; souillure *f*.

Mäkelei [mε:kə'laɪ] *f* (16) critique *f* mesquine.

makellos *adj.* sans tache.

Make-up [meːkʰ'ap] *n* (11) maquillage *m*.

Makkaroni [maka'ro:ni] *m/pl.* macaroni(s *pl.*) *m*.

Makler ✝ ['ma:klər] *m* (7) courtier *m*; (*beeideter*) agent *m* de change; **~gebühr** *f*, **~geschäft** *n* courtage *m*.

Makrele [ma'kre:lə] *f* (15) maquereau *m*.

Makrone [ma'kro:nə] *f* (15) macaron *m*.

Makulatur [makula'tu:r] *f* (16) maculature *f*.

Mal [ma:l] **1.** *n* (3 *a.* 1²) (*Merkzeichen*) signe *m*; marque *f*; (*Fleck*) tache *f*; (*Denk*2) monument *m*; (*Mutter*2) tache *f* de naissance; **2.** *n* (*zeitlich*) fois *f*; zu wiederholten **~en** à plusieurs reprises; zwei 2 fünf ist zehn deux fois cinq font dix; mit einem **~e** (*ohne Unterbrechung*) tout à un coup, (*plötzlich*) tout à coup; **3.** 2 *adv.* F une fois; sag **~** an! dis-moi donc!; es ist **~** nicht anders c'est comme ça; es ist nicht **~** leserlich ce n'est même pas lisible.

Malai|e [ma'laɪə] *m* (13), **~in** *f* Malais(e *f*) *m*; **2isch** *adj.* malais.

Malaria [ma'la:rja] *f* (16²) paludisme *m*, malaria *f*; **2krank** *adj.* paludéen.

malen ['ma:lən] *v/t.* (25) peindre; sich **~** lassen faire faire son portrait, se faire peindre.

Maler *m* (7) peintre *m*; **~ei** [~'raɪ] *f* (16) peinture *f*; **~in** *f* femme *f* peintre; **2isch** *adj.* pittoresque.

Malkasten m boîte f de couleurs.
malnehmen 🕮 v/t. multiplier.
Malteser|(in f) [mal'te:zər(in)] m (7) Maltais(e f) m; **~kreuz** n croix f de Malte; **~orden** m ordre m de Malte.
Malve ♣ ['malvə] f (15) mauve f; **2nfarbig** adj. mauve.
Malz [malts] n (3²) malt m; **~bier** n bière f de malt; **~bonbon** n, m bonbon m à l'extrait de malt; **~extrakt** m extrait m de malt; **~kaffee** m café m de malt; **~zucker** m maltose m.
Mama [ma'ma:, 'mama] f (11¹) maman f.
Mammut ['mamu:t] n (3 u. 11) mammouth m; **~baum** m sequoia m.
man [man] pr/ind. on (nach si, ou, où, et, que oft: l'on); ~ muß il faut.
manag|en F ['mɛnɛdʒən] v/t. arranger; **2er** m (7) manager m; **2er-krankheit** f surmenage m nerveux.
manch [manç] (21) pr/ind. sg.: ~er m, ~e f, ~es n maint(e f) m; plus d'un(e f) m; ~e pr/ind. pl. plusieurs; (nur adjektivisch) maint(e f)s; so ~es Buch tant de livres; ~es Mal maints fois; **~erlei** [~'lai] adj. divers; 2 n toutes sortes f/pl. de choses; **~mal** adv. quelquefois; parfois.
Mandant(in f) [man'dant] m (12) mandant(e f) m; ⚖ délégant(e f) m; (e-s Rechtsanwalts) client(e f) m.
Mandarine [~da'ri:nə] f (15) mandarine f.
Mandat [~'da:t] n (13) mandement m; (⚖ u. Wahl) mandat m; **~sgebiet** n territoire m sous mandat.
Mandel ['mandəl] f (15) amande f; gebrannte ~ amande f grillée, praline f; anat. amygdale f; **~baum** m amandier m; **~entzündung** f amygdalite f; **~förmig** adj. en (forme f d')amande; **~gebäck** n pâtisserie(s f/pl.) aux amandes; **~öl** n huile f d'amandes.
Mandoline [mando'li:nə] f (15) mandoline f.
Manege [ma'ne:ʒə] f (15) manège m.
Mangan [maŋ'ga:n] n (3¹) manganèse m.
Mangel[1] ⊕ ['maŋəl] f (15) calandre f.
Mangel[2] m (7¹) (Fehler) défaut m; (Fehlen) manque m, pfort pénurie f; (~ am Notwendigen) indigence f; aus ~ an (dat.) faute de; **~haben an** (dat.) manquer de; **~erscheinung** 🧬 f phénomène (od.

symptôme) m de carence; **2haft** adj. défectueux; (unvollständig) incomplet; gr. défectif; (sehr fehlerhaft) vicieux; (Zensur) insuffisant; **~haftigkeit** f défectuosité f; **~krankheit** f maladie f par carence; avitaminose f; **2n 1.** v/t. calandrer; **2.** v/i. u. v/imp. manquer; faire défaut; es mangelt ihm an nichts il ne manque de rien; rien ne lui manque; **2s** prp. (gén.) à défaut de; faute de; **~ware** f marchandise f rare.
Mangold ♣ ['maŋgɔlt] m (3) bette f.
Manie [ma'ni:] f (15) manie f.
Manier [ma'ni:r] f (16) manière f; (Kunst a.) style m; (Verfahren) procédé m; gute ~en bonnes manières f/pl.; savoir-vivre m; **2iert** [~ni-'ri:rt] adj. affecté; maniéré; **~lich** adj. civil; poli; **~lichkeit** f civilité f; politesse f.
Manifest [mani'fɛst] n (3²) manifeste m; **2ieren** [~fɛs'ti:rən] v/t. u. v/i. manifester.
Maniküre [mani'ky:rə] f (15) manucure f; **2n** v/t. u. v/i. (25) manucurer.
Manipul|ation [manipula'tsjo:n] f manipulation f; **2ieren** [~'li:rən] v/t. manipuler.
Manko ✝ ['maŋko] n (11) manque m; déficit m.
Mann [man] m (1²) homme m; (Ehe2) mari m; ~ für ~ un par un; l'un après l'autre; ~ gegen ~ corps à corps; ⚓ mit ~ und Maus corps et biens; ein ~ von Wort sein être homme de parole; wenn Not am ~ ist en cas de besoin; au besoin; er ist nicht der ~ dazu il n'est pas l'homme qu'il faut; ein ganzer ~ sein être (tout à fait) un homme; sich als ~ zeigen se montrer un homme; s-n ~ stehen payer de sa personne; se montrer à la hauteur de sa tâche; s-e Ware an den ~ bringen trouver preneur pour sa marchandise; an den rechten ~ kommen, s-n ~ finden trouver son homme (od. à qui parler); **2bar** adj. (Mädchen) nubile; (Junge) pubère; **~barkeit** f nubilité f; puberté f.
Männchen ['mɛnçən] n (6) petit homme m; zo. mâle m; ~ machen (Hund) faire le beau.
Mannequin ['manəkɛ̃] n (11) mannequin m.
Männer|chor ['mɛnər-] m chœur m d'hommes; **~gesangverein** m chorale f d'hommes; **~stimme** f voix f

d'homme; **~treu** ♀ f véronique f.

Mannes|**-alter** n âge m adulte; **~kraft** f force f virile; virilité f; **~wort** n (3) parole f d'honnête homme.

mannhaft adj. viril; **2igkeit** f virilité f.

mannig|**fach** ['maniçfax], **~faltig** ['~faltiç] adj. varié; divers; **2faltigkeit** f variété f; diversité f.

männlich adj. mâle; masculin (a. gr.); (mannhaft) viril; Kind **~en Geschlechts** enfant m du sexe masculin; **2keit** f masculinité f (a. gr.); (Mannhaftigkeit) virilité f.

Mannschaft f (16) hommes m/pl.; ✕ troupe f; soldats m/pl.; ⚓ équipage m; Sp. équipe f; **~sgeist** Sp. m esprit m d'équipe; **~skapitän** m capitaine m (de l'équipe); **~sraum** m chambrée f.

manns|**hoch** ['mans-] adj. de la taille d'un homme; **2leute** F pl. hommes m/pl.; **2weib** n virago f; amazone f.

Mannweib n virago f; amazone f.

Manometer [mano'me:tər] n (7) manomètre m.

Manöver [ma'nø:vər] n (7) manœuvre f.

manövrier|**en** [~nø'vri:rən] v/t. u. v/i. manœuvrer; **~fähig** adj. manœuvrable; **~unfähig** adj. non manœuvrable.

Mansarde [man'zardə] f (15), **~nzimmer** n mansarde f.

mansch|**en** ['manʃən] v/i. (27) tripoter; **2erei** [~'rai] f tripotage m.

Manschette [man'ʃɛtə] f (15) manchette f; fig. F **~n haben** avoir le trac (od. la frousse); **~nknopf** m bouton m de manchette.

Mantel ['mantəl] m (7¹) manteau m; (Umhang) cape f; (Überzieher) pardessus m; ✕ capote f; 𝔸 surface f convexe; ⊕ enveloppe f (a. e-s Reifens), chemise f (a. Geschoß2); fig. s-n **~ nach dem Wind hängen** louvoyer; tourner comme une girouette.

manuell [manu'ɛl] adj. manuel.

Manufakturwaren [manufak'tu:r-] f/pl. articles m/pl. manufacturés; textiles m/pl.

Manuskript [manu'skript] n (3) manuscrit m; typ. copie f.

Mappe ['mapə] f (15) (Akten2) portefeuille m; größere **~** serviette f; (für Zeichnungen) carton m; (Ablege2) classeur m; (Schüler2) sac m (d'écolier); cartable m.

Mär poét., a. iron. ['mɛ:r] f (16) nou-

velle f.

Marathonlauf Sp. ['maratɔnlauf] m marathon m.

Märchen ['mɛːrçən] n (6) conte m (de fées); **~buch** n livre m de contes; **2haft** adj. féerique; (fabelhaft) fabuleux; **~land** n, **~welt** f monde m féerique (resp. fabuleux).

Marder ['mardər] m (7), **~pelz** m mart(r)e f.

Margarine [marga'ri:nə] f (15) margarine f.

Margerite ♀ [margə'ri:tə] f (15) marguerite f.

Marien|**bild** [ma'ri:ən-] n madone f; **~käfer(chen** n) m coccinelle f; F bête f à bon Dieu; **~kult** m culte m marial; marianisme m.

Marille [ma'rilə] f (15) östr. = Aprikose.

Marine [ma'ri:nə] f (15) marine f; bei der **~** dans la marine; **2blau** adj. bleu marine; **~offizier** m officier m de marine; **~stützpunkt** m base f navale.

marinieren cuis. [mari'ni:rən] v/t.

Marionette [mario'nɛtə] f (15) marionnette f (a. fig.); **~ntheater** n théâtre m de marionnettes.

Mark [mark] 1. n (3) moelle f; durch **~** und Bein jusqu'à la moelle (des os); 2. f (inv.) géogr. marche f; pays m limitrophe; 3. f (inv.) † mark m.

Marke f (15) marque f; (Spiel2, Kontroll2) jeton m; (Speise2) cachet m; (Lebensmittel2, Textil2 usw.) ticket m; (Kleb2) timbre m; (Qualität) sorte f (Wein2) cru m; (Erkennungs2) plaque f d'identité; **~n-artikel** m article m de marque; **~nschutz** m protection f des marques de fabrique.

mark-erschütternd p.pr. adj. qui pénètre jusqu'à la moelle (des os); **~er** Schrei cri m à déchirant.

Marketender(in f) [markə'tɛndər (-in)] m (7) vivandier m, -ière f; cantinier m, -ière f.

Mark|**graf** m, **~gräfin** f margrave m, f; **~grafschaft** f margraviat m.

markier|**en** [~'ki:rən] v/t. marquer; (vortäuschen) simuler; faire semblant de; (betonen) accentuer; souligner; **2ung** f marquage m; (Zeichen) marques f/pl.

Markise [mar'ki:zə] f (15) marquise f.

Mark|**knochen** m os m à moelle;

Maß

~**stein** m borne f.

Markt [markt] m (3³) marché m; (Jahr&) foire f; auf den ~ bringen mettre sur le marché; ~**analyse** f analyse f du marché; ~**bericht** m cours m du marché; ~**bude** f échoppe f; (größere) boutique f; ~**flecken** m bourg m; (kleiner) bourgade f; ~**forschung** f études f/pl. des marchés; ~**frau** f marchande f; ~**halle** f halle f, marché m couvert; ~**platz** m (place f du) marché m; ~**preis** m prix m courant; &**schreierisch** adj. charlatanesque, tapageur; ~**tag** m jour m de marché; ~**weib** F n marchande f; poissarde f.

Marmelade [marmə'lɑːdə] f (15) marmelade f, confiture f.

Marmor ['marmɔr] m (3¹) marbre m; &**artig** adj. marmoréen; ~**bruch** m marbrière f; &**ieren** [~mo'riːrən] v/t. marbrer; &n adj. de (od. en) marbre; ~**platte** f plaque f de marbre.

Marokkan|**er**(**in** f) [marɔ'kaːnər] m (7) Marocain(e f) m; &**isch** adj. marocain.

Marotte [ma'rɔtə] f (15) marotte f.

Marqui|**s** [mar'kiː] m (inv.), ~**se** [~'kiːzə] f (15) marquis(e f) m.

Mars st. [mars] m (inv.) Mars m; ~**bewohner** m/pl. Martiens m/pl.

Marsch [marʃ] 1. f (16) région f marécageuse; 2. m (3² u. ³) marche f (a. ♪); auf dem ~ en marche; 3. &! int. marche!

Marschall ['marʃal] m (3¹ u. ³) maréchal m; ~**stab** m bâton m de maréchal.

Marsch|**befehl** m ordre m de marche; &**bereit** adj. prêt à marcher (resp. à partir); &**ieren** [~'ʃiːrən] v/i. (25, sn) marcher; ~**kolonne** f colonne f de route; ~**musik** f musique f militaire; marches f/pl.; ~**pause** f pause f; 'halte f; ~**route** f itinéraire m; ✗ feuille f de route; ~**verpflegung** f vivres m/pl. de route.

Marstall ['marʃtal] m (3¹ u. ³) écurie f (royale).

Marter ['martər] f (15) martyre m; (Folter) torture f; supplice m; &n v/t. (29) martyriser; (foltern) torturer; ~**pfahl** m poteau m de torture(s); ~**tod** m martyre m.

Märtyrer|(**in** f) ['mɛrtyrər] m (7) martyr(e f) m; ~**tod** m, ~**tum** n (1) martyre m.

Marx|**ismus** [mar'ksismus] m (16,

o.pl.) marxisme m; ~**ist**(**in** f) m marxiste m, f; &**istisch** adj. marxiste.

März [mɛrts] m (3) mars m.

Marzipan [martsi'paːn] n (3¹) massepain m; pâte f d'amandes.

Masch|**e** ['maʃə] f (15) maille f; ~**endraht** m treillis m métallique; &**enfest** adj. indémaillable.

Maschin|**e** [ma'ʃiːnə] f (15) machine f; &**ell** [~ʃi'nɛl] 1. adj. mécanique; 2. adv.: ~ hergestellt fabriqué à la machine.

Maschinen|**-antrieb** m: mit ~ entraîné mécaniquement; ~**bau** m construction f de machines; ~**fabrik** f atelier m de constructions mécaniques; &**geschrieben** p.p. adjt. écrit à la machine; ~**gewehr** n mitrailleuse f; (leichtes) fusil m mitrailleur; ~**meister** m machiniste m (a. thé.); Esb. mécanicien m; ~**öl** n huile f de graissage; ~**park** m parc m de machines; ~**pistole** f mitraillette f; pistolet m mitrailleur; ~**raum** m salle f des machines; ~**satz** typ. m composition f mécanique; ~**schaden** m avarie f de machine; ~**schlosser** m mécanicien m; ~**schreiben** n dactylographie f; ~**schrift** f dactylographie f; in ~ dactylographié; ~**teile** m/pl. pièces f/pl. d'une machine.

Maschin|**erie** [~ʃinə'riː] f machinerie f; ~**ist** [~'nist] m (12) machiniste m; Esb. mécanicien m.

Maser ['maːzər] f (15) masure f; veines f/pl. de bois; ~**holz** n bois m madré; &**ig** adj. veiné, madré.

Masern ⚕ pl. rougeole f.

Maserung f madrure f.

Mask|**e** ['maskə] f (15) masque m; ~**enball** m bal m masqué; ~**enkostüm** n travesti m; ~**erade** [~'raːdə] f (15) mascarade f; &**ieren** [~'kiːrən] v/t. (v/rfl. sich ~ se) masquer; ~**ierung** [~'kiː-] f déguisement m.

Maskottchen [mas'kɔtçən] n (6) mascotte f.

Maß [maːs] 1. n (3²) mesure f; (Verhältnis) proportions f/pl.; (Grenzen) bornes f/pl.; (Aus&) dimension f; étendue f; (Eich&) jauge f; nach ~ sur mesure; in dem ~(e) wie à mesure que; in vollem ~(e) pleinement; in hohem ~(e) à un 'haut degré; in reichem ~(e) à profusion; über die ~en outre mesure; à outrance; über alle ~en extrêmement; ~ nehmen prendre les mesures; 2. f (14, nach Zahlen *inv.*): e-e ~ *Bier* un pot de bière; **3.** ♀ *s. messen.*

Massage [ma'sa:ʒə] *f* (15) massage *m.*

massakrieren [masa'kri:rən] *v/t.* massacrer.

Maß|-anzug ['ma:s-] *m* complet *m* sur mesure; **~arbeit** *f* travail *m* sur mesure.

Masse ['masə] *f* (15) masse *f.*

Maß-einheit *f* unité *f* de mesure.

Massen|-absatz ['masən-] *m* vente *f* en grandes quantités; **~andrang** *m* rush *m* (*auf* sur); afflux *m* brusque d'un grand nombre de personnes; **~artikel** *m* article *m* de série; **~entlassung** *f* congédiement (*od.* licenciement) *m* collectif (*od.* massif); **~grab** *n* fosse *f* commune; **♀haft** *adj.* en masse; **~kundgebung** *f* manifestation *f* monstre; **~medien** *n/pl.* (mass) media *m/pl.*; **~mord** *m* massacre *m*; **~psychose** *f* psychose *f* collective; **~tourismus** *m* tourisme *m* de masse.

Masseu|r [ma'sø:r] *m* (3¹), **~se** [~'sø:-zə] *f* (15) masseur *m*, -euse *f.*

Maß|gabe *f* mesure *f*; *nach ~* (*gén.*) en raison de; **♀gebend, ♀geblich** *adj.* qui set de règle; (*bestimmend*) déterminant; décisif; (*zuständig*) compétent; **♀halten** *v/i.* garder la mesure.

mass|ieren [~'si:rən] *v/t.* ♣ masser; ✗ concentrer; **~ig** F *adv.* en masse.

mäßig ['mɛ:siç] *adj.* modéré; tempéré; (*einfach im Essen*) frugal; (*genügsam*) sobre; (*mittel~*) médiocre; (*gering*) modique; **~en** (25) **1.** *v/t.* modérer; (*mildern*) tempérer; **2.** *v/rfl.:* sich ~ garder la mesure; **♀keit** *f* modération *f*; tempérance *f*; (*Einfachheit im Essen*) frugalité *f*; (*Genügsamkeit*) sobriété *f*; (*Mittel♀*) médiocrité *f*; **♀ung** *f* modération *f.*

massiv [ma'si:f] **1.** *adj.* massif (*a. fig.*); **2.** ♀ *n* (3¹) massif *m*; **♀bau** *m* construction *f* en dur.

maß|los *adj. u. adv.* sans mesure; démesuré; immodéré; **♀losigkeit** *f* démesure *f*; **♀nahme** [~'na:mə] *f*, **♀regel** *f* mesure *f* (*treffen* prendre); **~regeln** *v/t.* (29): j-n ~ rappeler q. à l'ordre; prendre des mesures contre q.; **♀schneider(in** *f) m* tailleur *m* (couturière *f*) travaillant sur mesure; **♀stab** *m* règle *f* graduée; (*auf Karten*) échelle *f*; *in großem ~* sur une grande échelle; *in verjüngtem ~* à échelle réduite; *in petit; fig.* mesure *f*; *e-n ~*

an etw. (*acc.*) legen appliquer une norme (*od.* un critère) à qch.; **~voll** *adj.* mesuré; modéré.

Mast [mast] *m* (3² u. 5¹) ♣ mât *m*; (*Leitungs♀*) pylône *m*; **2.** *f* (16) engraissement *m*; **~baum** *m* = *Mast* 1.; **~darm** *m* rectum *m.*

mästen ['mɛstən] *v/t.* (26) engraisser.

Mast|futter *n* engrais *m*; **~huhn** *n* poularde *f*; **~korb** *m* hune *f*; **~vieh** *n* bétail *m* à l'engrais; bétail *m* engraissé.

Matador [mata'do:r] *m* (8¹) matador *m.*

Mater *typ.* ['ma:tər] *f* (15) matrice *f.*

Material [mater'ja:l] *n* (8²) (*Stoff*) matériau *m*; matière *f*; (*Gerät*) matériel *m*; **~fehler** *m* défaut *m* (de) matériel (*od.* de matière); **~ismus** [~'lismus] *m* matérialisme *m*; **~ist** [~'list] *m* (12) matérialiste *m*; **~istisch** *adj.* matérialiste; **~kosten** *pl.* frais *m/pl.* de matériel; **~prüfung** *f* contrôle *m* (*od.* examen *m*) des matériaux; **~schaden** *m* dégâts *m/pl.* matériels.

Materi|e [ma'te:rjə] *f* (15) matière *f*; **~ell** [~'ɛl] *adj.* matériel.

Mathe|matik [matema'ti:k] *f* (16) mathématiques *f/pl.*; **~matiker** [~'ma:tikər] *m* (7) mathématicien *m*; **♀matisch** *adj.* mathématique.

Matjeshering ['matjəs-] *m* hareng *m* vierge.

Matratze [ma'tratsə] *f* (15) matelas *m.*

Mätresse [mɛ'trɛsə] *f* (15) maîtresse *f.*

Matrikel [ma'tri:kəl] *f* (15) matricule *f.*

Matrize [ma'tritsə] *f* (15) matrice *f*; (*zur Vervielfältigung*) stencil *m.*

Matros|e [ma'tro:zə] *m* (13) matelot *m*; **~enbluse** *f* vareuse *f*; **~enmütze** *f* béret *m* marin.

Matsch [matʃ] *m* (3²) gâchis *m*; bouillie *f*; (*Schmutz*) boue *f*; **♀ig** *adj.* en bouillie; (*schlammig*) boueux; (*Obst*) blet.

matt [mat] *adj.* (*glanzlos*) mat (*a. Schach*); (*trübe*) terne; (*erschöpft*) épuisé; las; languissant; (*schwach*) faible; (*Blick*) éteint; (*Stimme*) mourant; (*Börse*) lourd; j-n ~ setzen faire (*od.* mettre) q. mat.

Matte *f* (15) natte *f*; (*Fuß♀*) paillasson *m*; (*Wiese*) prairie *f.*

Matt|glas *n* verre *m* mat (*od.* dépoli); **~gold** n or m mat; **~heit** f, **~igkeit** f matité f; (Müdigkeit) lassitude f; langueur f; (Schwäche) faiblesse f; **2ieren** [~'ti:rən] v/t. dépolir, mater; F TV petit écran m; F fig.: e-e ~ haben être cinglé.

Matura ~ma'tu:ra] f östr. = Abitur.

Mätzchen ['mɛtsçən] n/pl.: ~ machen minauder.

Mauer ['mauər] f (15) mur m; (Gemäuer) muraille f; **~absatz** m recoupement m; **~anschlag** m affichage m; **~blümchen** n: ~ sein fig. F faire tapisserie; **2n** v/t. (29) maçonner; **~schwalbe** f, **~segler** m (grand) martinet m; **~stein** m moellon m; (Backstein) brique f; **~vertiefung** f niche f; **~vorsprung** m encorbellement m; **~werk** n maçonnerie f; murs m/pl.

Maul [maul] n (1²) gueule f; (Schnauze) museau m; (der Wiederkäuer) mufle m (alle P a. v. Menschen); P halt das ~! ta gueule!; P j-m das ~ stopfen clouer le bec à q.; **~affe** m: **~n** feilhalten badauder; **~beerbaum** m mûrier m; **~beere** f mûre f.

maulen v/i. (25) faire la moue; bouder.

Maul|-esel m bardot m, petit mulet m; **2faul** F adj. peu loquace; **~held** m fanfaron m; **~korb** m muselière f; j-m e-n ~ anlegen museler q.; **~schelle** f soufflet m; gifle f; **~tier** n mulet m, mule f; **~- und Klauenseuche** vét. f fièvre f aphteuse.

Maulwurf [maulwurf] m (3³) taupe f.

Maulwurfs|falle f taupière f; **~grille** f taupe-grillon m, courtilière f; **~hügel** m taupinière f.

Maure ['maurə] m (13) Maure m, More m.

Maurer ['maurər] m (7) maçon m; **~arbeiten** f/pl. (travaux m/pl. de) maçonnerie f; maçonnage m; **~geselle** m ouvrier m maçon; **~kelle** f truelle f; **~meister** m, **~polier** m maître m maçon.

Maur|in f Mauresque f, Moresque f; **2isch** adj. maure; more; mauresque; moresque.

Maus [maus] f (14¹) souris f.

Mäus-chen ['mɔysçən] n (6) souriceau m; F mein ~! mon petit rat!; **2¹still** adj.: es ist ~ on entendrait voler une mouche; sich ~ verhalten se tenir coi.

Mäusebussard zo. ['mɔyzəbusart] m busard m.

Mause|falle f souricière f; **~loch** n trou m de souris.

mausen ['mauzən] (27) **1.** v/i. (Katze) attraper des souris (resp. des rats); **2.** v/t. fig. F chiper; chaparder.

Mauser [mauzər] f (15) mue f; **2n** (29) v/i. (a. v/rfl. sich~) muer; être en mue.

mause|tot F adj. raide mort; bien mort; **~grau** adj. gris souris; **~ig** adj.: sich ~ machen faire l'important.

Mausoleum [mauzo'le:um] n (9) mausolée m.

Maut östr. [maut] f (16) péage m.

maximal [maksi'ma:l] adj. (au) maximum; s. a. Höchst...

Maxime [ma'ksi:mə] f (15) maxime f.

Maximum ['maksimum] n (9²) maximum m.

Mayonnaise [majo'nɛ:zə] f (15) mayonnaise f.

Mäzen [mɛ'tse:n] m (3¹) mécène m.

Mechan|ik [~'ça:nik] f (16) mécanique f; **~iker** m (7) mécanicien m; F mécano m; **2isch** adj. mécanique; **2isieren** [~çani'zi:rən] v/t. mécaniser; **~i'sierung** f mécanisation f; **~ismus** [~'nismus] m (16²) mécanisme m.

Mecker|er F ['mɛkərər] m (7) ronchonneur m; rouspéteur m; **2n** v/i. bêler; (die Ziege nachahmend) chevroter; fig. F ronchonner; rouspéter.

Medaille [me'daljə] f (15) médaille f; j-n mit e-r ~ auszeichnen médailler q.; **~on** [~'jɔ̃] n (11) médaillon m.

Medikament [medika'mɛnt] n (3) médicament m; remède m.

Medium ['me:djum] n (9) médium m; phys. milieu m.

Medizin [medi'tsi:n] f (16) médecine f; (Arznei) remède m; **~ball** m medicine-ball m; **~er(in** f) m (7) étudiant(e f) m en médecine; (Arzt) médecin m; (Ärztin) femme f médecin; **2isch** adj. (ärztlich) médical; (arzneilich) médicinal; **~e** Fakultät faculté f de médecine; **~mann** m sorcier m, guérisseur m.

Meer [me:r] n (3) mer; **~aal** m anguille f de mer; congre m; **~busen** m golfe m; **~enge** f détroit m.

Meeres|brandung f brisants m/pl.; **~grund** m fond m de la mer; **~kunde** f océanographie f; **~spiegel** m niveau m de la mer; über (unter) dem ~ au-

-dessus (au-dessous) du niveau de la mer; **~stille** f calme m; bonace f; **~strömung** f courant m (marin); **~ufer** n bord m de la mer.

meer|grün adj. glauque; **2jungfrau** f sirène f; néréide f; **2katze** zo. f guenon f; **2rettich** m raifort m; **2schaum** m écume f de mer; **2schwein** n marsouin m; **2schweinchen** n cochon m d'Inde; cobaye m; **2-ungeheuer** n monstre m marin; **2wasser** n eau f de mer.

Mega|hertz [mega'hɛrts] n (inv.) mégahertz m; **~phon** ['fo:n] n (3) mégaphone m; porte-voix m.

Mehl [me:l] n (3) farine f; feinstes ~ fine fleur f de farine; mit ~ bestreuen (en)fariner; **~brei** m bouillie f; **~handel** m minoterie f; **~händler** m minotier m; **2ig** adj. farineux; **~käfer** m ténébrion m; **~kloß** m boulette f de farine; **~sack** m sac m à farine; **~schwitze** f roux m; **~speise** f entremets m; **~suppe** f soupe f à la farine; **~tau** m blanc m; mildiou m; **~wurm** m ver m de farine.

mehr [me:r] 1. adv. (comp. v. viel) plus; (ohne folgendes als a.) davantage; ~ als plus que, (vor Zahlen) plus de; ~ als nötig plus qu'il ne faut; ~! encore!; ~ und ~, immer ~ de plus en plus; e-r immer noch ~ als der andere à qui mieux mieux; was noch ~ ist qui plus est; bien plus; ~ oder weniger plus ou moins; er ist ~ reich als arm il est plutôt riche que pauvre; 2. 2 n (7) plus m; (Überschuß) surplus m; 2-arbeit f surcroît m de travail; 2-aufwand m, 2-ausgabe f excédent m de dépenses; 2belastung f surcharge f; 2betrag m excédent m; 2deutig adj. ambigu; 2-einnahme f excédent m de recette.

mehr|en (25) v/t. (u. v/rfl. sich ~) augmenter; (vervielfachen) (se) multiplier; **~ere** ['me:rərə] pr/ind. pl. plusieurs; **~eres** pr/ind. diverses choses f/pl.; **~erlei** [~'laɪ] adj. de plusieurs espèces.

mehr|fach 1. adj. multiple; 2. adv. à différentes reprises; 2familienhaus n logement m collectif; maison f pour plusieurs familles; 2farbendruck m impression f polychrome; polychromie f; **~farbig** ['farbiç] adj. polychrome; 2gewicht n excédent m de poids; 2heit f pluralité f; (der Stimmen) majorité f; 2heitsbeschluß m:

durch ~ à la majorité des voix; **~jährig** ['~jɛ:riç] adj. de plusieurs années; 2kosten pl. excédent m de frais; **~malig** ['~ma:liç] adj. répété; réitéré; **~mals** adv. plusieurs fois; à plusieurs reprises; **~phasig** 𝄞 ['~fa:ziç] adj. polyphasé; 2preis m prix m supplémentaire; (Brief usw.) à plusieurs pages; **~silbig** ['~zilbiç] adj. polysyllabe; **~sprachig** ['~ʃpra:xiç] adj. polyglotte; **~stimmig** ['~ʃtimiç] adj. à plusieurs voix; **~stöckig** adj. à plusieurs étages; 2stufenrakete f fusée f à plusieurs étages; fusée f gigogne; **~tägig** ['~tɛ:giç] adj. de plusieurs jours; 2verbrauch m augmentation f de la consommation; 2wertsteuer f taxe f à la valeur ajoutée (abr. T.V.A.); 2zahl f la plupart; gr. pluriel m; 2zweck... in Zssgn à usages multiples.

meiden ['maɪdən] v/t. (30) éviter; fuir.

Meierei [maɪə'raɪ] f (16) métairie f.

Meil|e ['maɪlə] f (15) mille m; französische ~ (= 4 km) lieue f; **~enstein** m pierre f (od. borne) f milliaire; 2en**weit** adj. u. adv. à plusieurs lieues de distance.

Meiler ['maɪlər] m (7) meule f.

mein [maɪn] (20) 1. pr/poss. adjt.: ~(e f) m u. n mon m (vor vo. od. stummem h a. f), ma f (vor cons.); ~e pl. mes; substantivisch: der (die, das) ~(ig)e le mien, la mienne; die ~(ig)en les miens, les miennes; 2. ~ n: das ~ und Dein le tien et le mien; 3. ~ pr/p. (gén. v. ich = meiner) de moi; gedenke ~ souviens-toi de moi.

Mein-eid m (3) parjure m; 2ig adj. parjure; ~ werden se parjurer.

meinen v/t. (25) être d'avis; (sagen) dire; (glauben) croire; (denken) penser; (als Ziel im Auge haben) avoir en vue; was ~ Sie damit? qu'entendez-vous par là?; man sollte ~ on dirait (od. croirait); damit ist er gemeint cela s'adresse à lui; es war gut gemeint l'intention était bonne; es gut ~ mit j-m vouloir du bien à q.

mein|er, ~e, ~es pr/poss. le mien, la mienne, v. mein; **~er** pr/p. (gén. v. ich): er gedenkt ~ il se souvient de moi; il pense à moi; **~erseits** [~zaɪts] adv. de mon côté; de ma part; ganz ~ (als Kompliment) tout le plaisir était pour moi; **~es'gleichen** pr. mon (mes) pareil(s); mon (mes) semblable(s);

~ethalben ['~ət'halbən], **'~et'wegen** adv. pour moi; à cause de moi; (*ich habe nichts dagegen*) soit; je le veux bien; **'~et'willen** adv.: um ~ pour (l'amour de) moi; à cause de moi; **~ige** pr/poss.: der, die, das ~ le mien, la mienne; ich werde das ~ tun je ferai ce qui dépendra de moi.

Meinung ['maɪnuŋ] f opinion f; avis m; (*Absicht*) intention f; ich bin der ~, daß ... je suis d'avis que ... (*ind.*); sich e-e ~ bilden se faire une opinion; m-r ~ nach à mon avis; selon moi; mit j-m e-r ~ sein être du même avis que q.; j-s ~ teilen partager l'opinion de q.; es herrscht nur e-e ~ darüber tout le monde est d'accord là-dessus; j-m (gehörig) die ~ sagen dire son fait à q.

Meinungs|-äußerung f manifestation (*od. expression*) f d'une opinion; **~austausch** m échange m de vues; **~forscher** m sondeur m; **~forschung** f gallup m, sondage m d'opinion; **~umfrage** f enquête f par sondage; **~verschiedenheit** f divergence f d'opinions.

Meise zo. ['maɪzə] f (15) mésange f.

Meißel ['maɪsəl] m (7) ciseau m; **2n** v/t. (29) ciseler.

meist [maɪst] (*sup. v. viel*) **1.** adj. (18) das ~e Geld le plus d'argent; die ~e Zeit la plupart du temps; die ~en Leute la plupart des gens; das ~e la plus grande partie; le plus; **2.** adv.: am ~en le plus; **2begünstigungsklausel** f clause f de la nation la plus favorisée; **~bietend** p.pr. adj.: ~ verkaufen vendre au plus offrant; **~ens**, **~en'teils** adv. pour la plupart; le plus souvent.

Meister m (7) maître m; ~ werden passer maître; an j-m s-n ~ finden trouver son maître en q.; Sp. champion m; **2haft** adj. magistral; de (adv. en) maître; **~in** f maîtresse f; Sp. championne f; **2n** v/t. (29) maîtriser; Schwierigkeit: vaincre; **~prüfung** f examen m de maîtrise; **~schaft** f (16) maîtrise f; (*Überlegenheit*) supériorité f; Sp. championnat m; **~schaftsspiel** Sp. n match m de championnat; **~schütze** m maître m tireur; **~singer** m (7) maître m chanteur; **~stück** n chef-d'œuvre m; **~titel** m titre m de maître; Sp. titre m de champion; **~werk** n = Meisterstück.

Melanch|olie [melaŋko'li:] f (15) mé-

lancolie f; **2olisch** [~'ko:liʃ] adj. mélancolique.

Melasse [me'lasə] f (15) mélasse f.

Melde|-amt n bureau m de déclaration; ✕ bureau m de recrutement; **~bogen** m feuille f de rapport; **~frist** f délai m de déclaration; **~gänger** ✕ m estafette f; **~hund** m chien m estafette; **~liste** f liste f des inscriptions; **2n** ['meldən] v/t. (26): j-m etw. ~ annoncer (*od.* communiquer) qch. à q.; (*schriftlich*) mander qch. à q.; (*berichten*) rapporter; sich ~ s'annoncer, (*erscheinen*) se présenter, (*polizeilich*) faire sa déclaration de résidence, téléph. répondre à l'appel, (*in der Schule*) lever la main; sich krank ~ se faire porter malade; sich für e-e Stelle ~ se présenter pour une place; sich zu e-m Examen ~ se faire inscrire un examen; **~pflicht** f déclaration f obligatoire; **2pflichtig** adj. soumis à déclaration; **~schluß** m clôture f des inscriptions; **~stelle** f = Meldeamt; **~zettel** m fiche f de voyageurs.

Meldung f annonce f; rapport m (a. ✕); (*Vorstellung*) présentation f; (*polizeiliche*) déclaration f de résidence.

meliert [me'li:rt] p.p. adj. (Haar) grisonnant.

Melisse ⚕ [me'lisə] f (15) mélisse f; **~ngeist** m eau f de mélisse.

Melk|-anlage ['mɛlk-] f trayeuse f électrique; **2en** v/t. (30) traire; **~en** n (6) traite f; **~maschine** f trayeuse f; **~schemel** m escabeau m; tabouret m.

Melod|ie [melo'di:] f (15) mélodie f; **2iös** [~'djø:s], **2isch** [~'lo:diʃ] adj. mélodieux.

Melo'drama n mélodrame m.

Melone [me'lo:nə] f (15) melon m.

Membran(e) [mɛm'brɑ:n(ə)] f (16 [15]) membrane f; ⚕ diaphragme m.

Memme F ['mɛmə] f (15) couard(e f) m.

Memoiren [memo'a:rən] n/pl. mémoires m/pl.

Memorandum [memo'randum] n (9[²]) mémorandum m.

Menagerie [~ʒə'ri:] f (15) ménagerie f.

Menge ['mɛŋə] f (15) quantité f; (*Vielheit*) multitude f; (*der große Haufen*) foule f.

Mengen|lehre f théorie f des ensembles; **2mäßig** adj. quantitatif; **~**

rabatt m rabais m de quantité.
Meniskus anat. [me'niskus] m (16²) anat. ménisque m.

Mennige ['mɛnigə] f (15, o. pl.) minium m.

Mensch [mɛnʃ] m (12) homme m; être m humain; alle ~en tout le monde; unter ~en kommen voir du monde.

Menschen|-affe m anthropoïde m; **~alter** n âge m d'homme; génération f; **~feind** m misanthrope m; **~fresser** m (7) anthropophage m; cannibale m; **~freund** m philanthrope m; **2freundlich** adj. philanthropique; **~freundlichkeit** f philanthropie f; **~gedenken** n: seit ~ de mémoire d'homme; **~geschlecht** n genre m humain; **~gestalt** f forme f humaine; figure f d'homme; **~handel** m traite f des esclaves; **~haß** m misanthropie f; **~jagd** f chasse f à l'homme; **~kenner** m: ~ sein connaître les hommes; **~kenntnis** f connaissance f des hommes; **~kunde** f anthropologie f; **~leben** n vie f humaine; ~ pl. kosten faire des victimes; **~leer** adj. dépeuplé; (öde) désert; **~material** n matériel m humain; **~menge** f foule f; **2|möglich** adj. humainement possible; **~raub** m rapt m; **~recht** n droit m de l'homme; **~scheu** f timidité f; **2scheu** adj. timide; **~schinder** m écorcheur m; exploiteur m; **~schlag** m race f d'hommes; population f; **~seele** f: keine ~ (bei vb. ne ...) pas une âme; **~skind** F int.: ~! mon vieux!; **~sohn** rl. m Fils m de l'homme; **2-unwürdig** adj. indigne d'un homme (od. d'un être humain); **~verstand** m: gesunder ~ bon sens m; sens m commun; **~würde** f dignité f humaine (od. d'homme); **2würdig** adj. digne d'un homme.

Mensch|heit f humanité f; genre m humain; **2lich** adj. humain; **~er werden** s'humaniser; **~lichkeit** f humanité f; **~werdung** rl. f incarnation f.

Menstruation [mɛnstrua'tsjoːn] f règles f/pl.; menstruation f.

Mensur [mɛn'zuːr] f (16) mesure f; esc. duel m d'étudiants.

Mentalität [mɛntali'tɛːt] f (16) mentalité f.

Menthol [mɛn'toːl] n (3¹) menthol m.

Menü [mə'nyː] n (11) menu m.

Menuett [menu'ɛt] n menuet m.

Mergel ['mɛrgəl] m (7) marne f.

Meridian [meri'djaːn] m (3¹) méridien m.

merk|bar adj. perceptible; sensible; **2blatt** n feuille f de renseignements; **2buch** n carnet m; calepin m; **~en** ['mɛrkən] (25) **1.** v/t. remarquer; apercevoir; s'apercevoir de; ~ lassen laisser paraître; j-n etw. ~ lassen laisser entrevoir qch. à q.; faire sentir qch. à q.; **2.** v/rfl.: sich etw. ~ retenir qch.; prendre note de qch.; sich nichts ~ lassen ne faire semblant de rien; **~lich** adj. sensible; (sichtlich) visible; **2mal** n marque f (distinctive); (Anzeichen) indice m; (Eigentümlichkeit) caractère m (distinctif); **~würdig** adj. remarquable; (seltsam) curieux; **~würdiger|weise** adv. chose curieuse; **2würdigkeit** f chose f remarquable; (Seltsamkeit) curiosité f; **2zeichen** n (point m de) repère m.

Mesner ['mɛsnər] m (7) sacristain m.

Meß|-amt rl. n messe f; service m religieux; **~band** n mètre m à ruban; **2bar** adj. mesurable; **~becher** m éprouvette f graduée, gobelet m gradué; **2buch** n missel m; livre m de messe; **~diener** rl. m servant m; enfant m de chœur.

Messe f (15) rl. messe f (lesen dire); † foire f; †, ⚔ mess m; **~besucher** m visiteur m de la foire; **~gelände** n terrain m de la foire; **~halle** f 'hall m de (la) foire.

messen ['mɛsən] (30) **1.** v/t. mesurer; arp. arpenter; **2.** v/rfl.: sich mit j-m ~ se mesurer avec q.

Messer ['mɛsər] **1.** n (7) couteau m; ⚕ scalpel m; **2.** m (Meßapparat) compteur m; **~held** m voyou m qui joue facilement du couteau; **~klinge** f lame f de couteau; **2scharf** adj. tranchant (comme un couteau); **~schmied** m coutelier m; **~schneide** f tranchant m (d'un couteau); **~spitze** f pointe f de couteau; **~stecherei** f rixe f au couteau; **~stich** m coup m de couteau.

Meß|gefäß n ⊕ vase m jaugé; rl. vase m sacré; **~gerät** n rl. objets m/pl. sacerdotaux; ⊕ instrument m de mesure; **~gewand** rl. n chasuble f.

Messias [mɛ'siːas] m (inv.) Messie m.

Messing ['mɛsiŋ] n (3¹) laiton m; cuivre m jaune; **~draht** m fil m de laiton.

Meß|-instrument n = Meßgerät;

~kelch rl. m calice m; **~latte** f mire f, règle f graduée; **~schnur** f cordeau m d'arpenteur; **~stange** f jalon m; **~tisch** m planchette f; **~tischblatt** n feuille f topographique; **~tuch** rl. n corporal m.

Messung f mesurage m; arp. arpentage m.

Mestiz|e [mɛs'ti:tsə] m (13), **~in** f métis(se f) m.

Met [me:t] m (3) hydromel m.

Metall [me'tal] n (3[1]) métal m; **~arbeiter** m ouvrier m métallurgiste; F métallo m; **~baukasten** m meccano m; **2en** adj. de métal; métallique; **~geld** n espèces f/pl. sonnantes; **2haltig** [~haltiç] adj. métallifère; **~industrie** f industrie f métallurgique; **2isch** adj. métallique; **~ur'gie** f métallurgie f; **~warenfabrik** f usine f d'articles (od. de produits) métalliques.

Metamorphose [metamɔr'fo:zə] f (15) métamorphose f.

Metapher [me'tafər] f (15) métaphore f.

Meta|physik [~fy'zik] f métaphysique f; **2'physisch** adj. métaphysique.

Metastase [meta'sta:zə] f (15) métastase f.

Meteo|r [mete'o:r] m od. n (3[1]) météore m; **~'rit** m (3[1]) aérolithe m, météorite m.

Meteorolo|ge [meteoro'lo:gə] m (13) météorologue m; **~'gie** f (15) météorologie f; **2gisch** adj. météorologique.

Mete'orstein m pierre f météorique, aérolithe m, météorite m.

Meter ['me:tər] m (n a. m) (7), **~maß** n mètre m.

Method|e [me'to:də] f (15) méthode f; **~ik** f méthodologie f; **2isch** adj. méthodique.

Methyl-alkohol [me'ty:l-] m alcool m méthylique.

Metr|ik [me'trik] f (16) métrique f; (Abhandlung a.) traité m de métrique; **2isch** adj. métrique.

Metro'pole [metro'po:lə] f (15) métropole f.

Mette égl. cath. ['mɛtə] f (15) matines f/pl.

Mettwurst ['mɛt-] f saucisse f fumée.

Metz|elei [mɛtsə'lai] f massacre m; boucherie f; **~ger** m (7) boucher m; **~gerei** [~gə'rai] f boucherie f.

Meuchel|mord ['mɔʏçəl-] m assassinat m; **~mörder** m assassin m.

meuch|lerisch adj. traître; perfide; **~lings** ['mɔʏçliŋs] adv. traitreusement.

Meut|e ['mɔʏtə] f (15) meute f; **~erei** [~'rai] f (16) mutinerie f; **~erer** m (7) mutin m; **2ern** v/i. (29) se mutiner.

Mexikan|er (in f) [mɛksi'ka:nər] m (7) Mexicain(e f) m; **2isch** adj. mexicain.

miauen [mi'auən] 1. v/i. (25) miauler; 2. 2 n miaulement m.

mich [miç] p/pr. (acc. v. ich) me (vor vo. od. stummem h: m'); nach prp. moi.

Mieder ['mi:dər] n (7) corselet m; corset m; **~waren** f/pl. articles m/pl. corsetiers.

Mien|e ['mi:nə] f (15) mine f; air m; gute ~ zu bösem Spiel machen faire contre mauvaise fortune bon cœur; ohne e-e ~ zu verziehen sans sourciller; **2enspiel** n mimique f.

mies F [mi:s] adj. mauvais; moche; mir ist ~ j'ai mal au cœur; **~machen** v/t. peindre tout en noir; **2macher** m défaitiste m; F rabat-joie m; **2muschel** f moule f.

Miet|-auto ['mi:t-] n auto (od. voiture) f de location; (Taxi) taxi m; **~e** f (15) 1. (~preis) loyer m; zur ~ haben avoir en location; zur ~ wohnen être locataire; 2. ✓ meule f; silo m; **~einnahme** f revenu m locatif; **2en** v/t. (26) louer; Schiff: affréter; **~er** m (7) locataire m; **~erhöhung** f augmentation f de loyer; **~erin** f locataire f; **~erschutz** m protection f des locataires; **~kauf** m location-vente f; **~shaus** n maison f de rapport; **~skaserne** f grand immeuble m de rapport; F caserne f; **~preis** m loyer m; **~vertrag** m contrat m (de location); **~wagen** m = Mietauto; **2weise** adv. à bail; **~wohnung** f appartement m en location; **~zins** m loyer m.

Mieze(katze f) F ['mi:tsə(-)] f minet m, minette f.

Migräne [mi'grɛ:nə] f (15) migraine f.

Mikrobe [mi'kro:bə] f (15) microbe m.

Mikro|biologie ['mi:kro-] f microbiologie f; **~film** m microfilm m; **~organismus** m micro-organisme m.

Mikrophon [mikro'fo:n] n (3[1]) mi-

crophone *m*.
Mikroskop [ʌ'sko:p] *n* (3¹) microscope *m*; **≗isch** *adj.* microscopique.
Milbe *zo.* ['mɪlbə] *f* (15) mite *f*.
Milch [mɪlç] *f* (16) lait *m*; (*Fisch≗*) lait(anc)e *f*; **≁bar** *f* milk-bar *m*; **≁bart** *m* barbe *f* naissante; *fig.* blanc-bec *m*; **≁brötchen** *n* petit pain *m* au lait; **≁drüse** *f* glande *f* mammaire; **≁erzeugnisse** *n/pl.* produits *m/pl.* laitiers; **≁flasche** *f* bouteille *f* à lait; (*für den Säugling*) biberon *m*; **≁frau** *f* laitière *f*; **≁geschäft** *n* laiterie *f*; crémerie *f*; **≁glas** *n* verre *m* à lait; (*Glasart*) opaline *f*; **≁händler(in** *f*) *m* laitier *m*, -ière *f*; crémier *m*, -ière *f*; **≁handlung** *f* = Milchgeschäft; **≗ig** *adj.* laiteux; **≁kaffee** *m* café *m* au lait; **≁kännchen** *n*, **≁kanne** *f* pot *m* à lait; (*große*) bidon *m* à lait; **≁kuh** *f* (vache *f*) laitière *f*; **≁kur** *f* régime *m* lacté; **≁mädchen** *n* laitière *f*; **≁mann** *m* laitier *m*; **≁pulver** *n* lait *m* en poudre; **≁reis** *m* riz *m* au lait; **≁säure** *f* acide *m* lactique; **≁schorf** 𝕘 *m* croûte *f* de lait; **≁straße** *astr.* 𝕘 voie *f* lactée; **≁suppe** *f* soupe *f* au lait; **≁topf** *m* pot *m* à lait; **≁wirtschaft** *f* laiterie *f*; **≁zahn** *m* dent *f* de lait; **≁zucker** *m* sucre *m* de lait; lactose *m*.
mild [mɪlt], **≁e** ['ʌdə] **1.** *adj.* doux; (*gnädig*) clément; (*nachsichtig*) indulgent; (*wohlwollend*) bienveillant; (*Strafe*) léger; (*Wetter*) tempéré; **≁e Stiftung** œuvre *f* pie; **≁e Gabe** don *m* charitable; **≁(er) werden** se radoucir; **2. ≗e** *f* (15) douceur *f*; (*Gnade*) clémence *f*; (*Nachsicht*) indulgence *f*; **≁ern** *v/t.* (29) adoucir; (*ermäßigen*) modérer; (*abschwächen*) atténuer; tempérer; *Strafe:* commuer; **≁e Umstände** circonstances *f/pl.* atténuantes; **≁erung** *f* adoucissement *m*; (*Abschwächung*) atténuation *f*; (*der Strafe*) commutation *f*; **≗erungsgrund** *m* circonstance *f* atténuante; **≁herzig** ['ʌhɛrtsɪç], **≁tätig** *adj.* charitable; **≗tätigkeit** *f* charité *f*.
Milieu [mi'ljø:] *n* (11) milieu *m* (social); **≁geschädigte(r)** *m* personne *f* perturbée par son milieu social.
Militär [mili'tɛːr] (11) **1.** *m* militaire *m*; soldat *m*; **2.** *n* (*o. pl.*) (état *m*) militaire *m*; militaires *m/pl.*; armée *f*; **≁arzt** *m* médecin *m* militaire; **≁attaché** *m* attaché *m* militaire; **≁bündnis** *n* alliance *f* militaire; **≁dienst** (**≁pflicht** *f*) *m* service *m* militaire

(obligatoire); **≁diktatur** *f* dictature *f* militaire; **≁gefängnis** *n* prison *f* militaire; **≁gericht** *n* tribunal *m* militaire; **≗isch** *adj.* militaire.
Militaris|mus [milita'rɪsmʊs] *m* (*inv.*) militarisme *m*; **≗tisch** *adj.* militariste.
Militär|musik *f* musique *f* militaire; **≁regierung** *f* gouvernement *m* militaire; **≁verwaltung** *f* intendance *f* militaire.
Miliz [mi'liːts] *f* (16) milice *f*; **≁soldat** *m* milicien *m*.
Milliard|är(in *f*) [miljar'dɛːr] *m* (3¹) milliardaire *m*, *f*; **≁e** [ʌl'jardə] *f* (15) milliard *m*.
Milli|gramm [mili-] *n* milligramme *m*; **≁meter** *n u. m* millimètre *m*; **≁meterpapier** *n* papier *m* millimétré.
Million [mil'joːn] *f* (16) million *m*; **≁är(in** *f*) [ʌ'nɛːr] *m* (3¹) millionnaire *m*, *f*; **≁stel** *n* (7) millionième *m*.
Milz [mɪlts] *f* (16) rate *f*; **≁brand** *vét.* *m* charbon *m*.
Mim|e ['miːmə] *m* (13) mime *m*; **≁ik** ['ʌmɪk] *f* (16) mimique *f*; **≗isch** *adj.* mimique.
Mimose [mi'moːzə] *f* (15) mimosa *f*; **≗nhaft** *adj. fig.* hypersensible.
Minarett [mina'rɛt] *n* (3) minaret *m*.
minder ['mɪndər] (18) **1.** *adj.* moindre; (*kleiner*) plus petit; *adv.* moins; **≁bemittelt** *adj.* peu fortuné; économiquement faible; **≗heit** *f* minorité *f*; **≁jährig** *adj.* mineur; **≗jährigkeit** *f* minorité *f*; **≁n** *v/t.* (29) diminuer; réduire; **≁ung** *f* diminution *f*; **≁wertig** *adj.* d'une valeur inférieure; de mauvaise qualité; **≗wertigkeit** *f* infériorité *f*; **≗wertigkeitsgefühl** *n* sentiment *m* d'infériorité; **≗zahl** *f* minorité *f*.
mindest ['mɪndəst] (18) **1.** *adj.*: der, die, das **≁e** le, la, le moindre; *nicht das* **≁e** (*bei vb.* ne...) pas la moindre chose; **2.** *adv.* le moins; *nicht im* **≁en** (*bei vb.* ne...) pas le moins du monde; *zum* **≁en** au moins; pour le moins; **≗alter** *n* âge *m* minimum; **≗ens** *adv.* au moins; **≗geschwindigkeit** *f* vitesse *f* minimum; **≗maß** *n* minimum *m*; **≗preis** *m* prix *m* minimum *m*; **≗strafe** *f* minimum *m* de la peine.
Mine ['miːnə] *f* (15) mine *f*.
Minen|feld ⚔ *n* champ *m* de mines; **≁leger** ⚓ *m* (7) mouilleur *m* de mines; **≁räumboot** *n*, **≁suchboot** *n*

dragueur *m* de mines; **~sperre** *f* barrage *m* de mines; **~werfer** ⚔ *m* (7) mortier *m*.

Mineral [minə'rɑːl] *n* (3¹ u. 8²) minéral *m*; **~iensammlung** *f* collection *f* de minéraux; **~isch** *adj.* minéral, **~oge** [~a'loːgə] *m* (13) minéralogiste *m*; **~ogie** [~lo'giː] *f* minéralogie *f*; **&ogisch** [~'loːgiʃ] *adj.* minéralogique; **~öl** *n* huile *f* minérale; **~quelle** *f* source *f* d'eaux minérales; **~reich** *n* règne *m* minéral; **~wasser** *n* eau *f* minérale.

Miniatur [minja'tuːr] *f* (16) miniature *f*; **~maler** *m* miniaturiste *m*.

Minigolf ['minigɔlf] *n* golf *m* miniature.

mini'mal *adj.* minime.

Minimum ['miːnimum] *n* (9²) minimum *m*.

Minirock *m* minijupe *f*.

Minister [mi'nistər] *m* (7) ministre *m*; **~ial-erlaß** *m* arrêté *m* ministériel; **&i'ell** *adj.* ministériel; **~ium** [~s'teːrium] *n* ministère *m*; **~konferenz** *f* conférence *f* de(s) ministres; **~posten** *m* ministère *m*; **~präsident** *m* président *m* du conseil (des ministres); **~rat** *m* conseil *m* des ministres.

Ministr|ant *rl.* [minis'trant] *m* (12) servant *m*; enfant *m* de chœur; **&ieren** *rl.* [~s'triːrən] *v/i.* servir la messe.

Minne *poét.* ['minə] *f* (15) amour *m*; **~sang** *m* poésie *f* des troubadours; **~sänger** *m* minnesänger *m*; *(Nordfrankreich)* trouvère *m*; *(Südfrankreich)* troubadour *m*.

Minorität [minori'tɛːt] *f* (16) minorité *f*.

minus ['miːnus] **1.** *adv.* moins; **2.** ⚲ ♣ déficit *m*; **&pol** *m* pôle *m* négatif; **&zeichen** *n* moins *m*.

Minut|e [mi'nuːtə] *f* (15) minute *f*; **&enlang 1.** *adj.* qui dure des minutes; **2.** *adv.* pendant des minutes; **~enzeiger** *m* aiguille *f* des minutes.

Minze ['mintsə] *f* (15) menthe *f*.

mir [miːr] *pr/p.* *(dat. v. ich)* me *(vor vo. od. stummem* h: m'); *als pr. abs. à* moi; *nach prp.* moi; *~ nichts, dir nichts* sans plus de façons.

Mirabelle [mira'bɛlə] *f* (15) mirabelle *f*.

mischbar ['miʃbar] *adj.* miscible.

Misch|batterie *f* mélangeur *m* d'eau chaude et froide; **~becher** *m* shaker *m*; **~ehe** *f* mariage *m* mixte; **&en**

['miʃən] (27) **1.** *v/t.* mêler; mélanger; *Wein:* frelater; *mit Wasser ~* couper d'eau; *Gift:* préparer; ⌂ combiner; *Karten:* battre; *Metalle:* allier; **2.** *v/rfl.:* sich in etw. *(acc.) ~ se* mêler de qch.; *sich ins Gespräch ~* mêler à la conversation; **~ling** ['~liŋ] *m* (3¹) métis *m*; **~masch** ['~maʃ] *m* (3²) (em)brouillamini *m*; **~maschine** *f* mélangeur *m*; *(Beton&)* bétonnière *f*; **~pult** *rad.*, *TV n* pupitre *m* de mixage; **~ung** *f* mélange *m*; *(Metall&)* alliage *m*; *phm.* mixture *f*; **~ungsverhältnis** *n* proportions *f/pl.* *(od.* rapports *m/pl.)* de mélange; dosage *m*; **~wald** *m* forêt *f* d'essences variées; forêt *f* mixte.

miserabel [mizə'rɑːbəl] **1.** *adj.* misérable, mauvais; **2.** *adv.:* *ich fühle mich ~* je me sens mal à l'aise.

Mispel ['mispəl] *f* (15) nèfle *f*.

miß|-achten [mis'-] *v/t.* mésestimer; dédaigner; **&-achtung** *f* mésestime *f*; dédain *m*; *unter ~* au mépris de; **&behagen** *n* malaise *m*; *(Unlust)* déplaisir *m*; **&bildung** *f* difformité *f*; déformation *f*; **~billigen** *v/t.* désapprouver; **~billigend** *p.pr. adj.* désapprobateur, réprobateur; **&billigung** *f* désapprobation *f*; **&brauch** *m* abus *m*; **~brauchen** *v/t.* abuser de; **~bräuchlich** ['~brɔyçliç] *adj.* abusif; **~deuten** *v/t.* interpréter mal *(od.* de travers); **&deutung** *f* interprétation *f* fausse.

missen ['misən] *v/t.* (28): *etw. ~* être privé de qch.; *etw. nicht ~ können* ne pouvoir se passer de qch.

Miß|-erfolg *m* insuccès *m*; échec *m*; **~-ernte** *f* mauvaise récolte *f*.

Misse|tat *f* méfait *m*; *(Verbrechen)* crime *m*; **~täter(in** *f)* *m* malfaiteur *m*, -trice *f*; criminel(le *f) m*.

miß|'fallen *v/i.* déplaire; **&fallen** *n* déplaisir *m*; **&fällig 1.** *adj.* déplaisant; *(anstößig)* choquant; **2.** *adv.:* *sich ~ äußern über j-n (etw. acc.)* critiquer q. *(qch.)*; **&geburt** *f* avorton *m*; monstre *m*; **~gelaunt** *adj.* de mauvaise humeur; **&geschick** *n* infortune *f*; adversité *f*; malchance *f*; contretemps *m*; **~gestaltet** *adj.* difforme; **~gestimmt** *adj.* mal disposé; de mauvaise humeur; **~glükken** *v/i.* (sn) mal réussir; échouer; **~gönnen** *v/t.:* *j-m etw. ~* envier qch. à q.; **&griff** *m* méprise *f*; **&gunst** *f* envie *f*; jalousie *f*; **~gün-**

stig *adj.* envieux; jaloux; **~handeln** *v/t.* maltraiter; 2**handlung** *f* mauvais traitement *m*; 2**heirat** *f* mésalliance *f*; 2**helligkeit** *f* discordance *f*; dissension *f*; (*Zwist*) différend *m*.

Mission [mis'joːn] *f* (16) mission *f*; **~ar** [~joˈnaːr] *m* (3) missionnaire *m*; 2**ieren** [~'niːrən] *v/t.* évangéliser.

Miß|klang *m* dissonance *f*; cacophonie *f*; **~kredit** *m* discrédit *m*; in ~ bringen discréditer; 2**lich** *adj.* (*ungewiß*) incertain; douteux; (*schwierig*) difficile; (*heikel*) délicat, *p*fort scabreux; 2**liebig** [~'liːbiç] *adj.* mal vu; impopulaire; 2**lingen** [~'liŋən] *v/i.* (sn) ne pas réussir; échouer; F rater; **~lingen** *n* (6) insuccès *m*; échec *m*; **~mut** *m* mauvaise humeur *f*; découragement *m*; 2**mutig** *adj.* de mauvaise humeur; découragé; 2**raten 1.** *v/i.* (sn) ne pas réussir; F rater; **2.** *p.p. adjt.* mal venu; **~stand** *m* inconvénient *m*; **~stimmung** *f* discordance *f*; *fig.* mauvaise humeur *f*; **~ton** *m* son *m* faux; dissonance *f* (*a. fig.*); 2**tönend** *p.pr. adjt.* discordant; 2**'trauen** *v/i.* se méfier de; (*anzweifeln*) se défier de; **~trauen** *n* (6) méfiance *f*; défiance *f*; **~trauens-antrag** *m*, **~trauensvotum** *n* vote *m* de défiance; 2**trauisch** *adj.* méfiant; défiant; **~vergnügen** *n* déplaisir *m*; mécontentement *m*; 2**vergnügt** *adj.* mécontent; **~verhältnis** *n* disproportion *f*; 2**verständlich** *adj.* qui prête à malentendu; **~verständnis** *n* malentendu *m*; (*falsche Auffassung*) méprise *f*; 2**verstehen** *v/t.* entendre (*od.* comprendre) mal; se méprendre sur; **~wirtschaft** *f* mauvaise administration *f*.

Mist [mist] *m* (3²) fumier *m*; (*Kot*) fiente *f*; *fig.* P (*Plunder*) fatras *m*; *östr.* F = Kehricht; **~beet** *n* couche *f*.

Mistel ♀ ['mistəl] *f* (15) gui *m*.

Mist|fink *m fig.* P saligaud *m*; **~gabel** *f* fourche *f* (à fumier); **~haufen** *m* (tas *m* de) fumier *m*; 2**ig** F *adj.* sale, crotté; **~käfer** *m* bousier *m*.

Mistral [mis'traːl] *m* (3¹) mistral *m*.

Mist|stück *n*, **~vieh** *n* P salaud *m*, saligaud *m*.

mit [mit] **1.** *prp.* (*dat.*) **a)** *Begleitung*: avec; komme ~ mir viens avec moi; **b)** *Mittel*: avec; par; de; à; ~ e-m Stock avec un bâton; ~ dem Zug ankommen arriver par le train; ~ dem Finger berühren toucher du doigt; ~ dem

Bleistift schreiben écrire au crayon; **c)** *Art u. Weise*: avec; de; à; en; ~ Vergnügen avec plaisir; ~ Gewalt de force; ~ lauter Stimme à 'haute voix; ~ gutem Gewissen en toute conscience; **d)** *Eigenschaft*: à; ein Kind ~ blauen Augen un enfant aux yeux bleus; **2.** *adv.* aussi; ~ dabeisein en être; y assister.

Mit|-angeklagte(r *m*) *m, f* coaccusé(e *f*) *m*; **~arbeit** *f* collaboration *f*; coopération *f*; 2**-arbeiten** *v/i.* collaborer (*an dat.* à); coopérer (à); **~arbeiter(in** *f*) *m* collaborateur *m*, -trice *f*; **~arbeiterstab** *m* cercle *m* (*od.* équipe *f*) de collaborateurs; 2**bekommen** *v/t.*: als Mitgift ~ avoir en dot; (*verstehen*) saisir, comprendre; 2**benutzen** *v/t.* employer (*od.* utiliser) en commun; **~benutzung** *f* jouissance *f* en commun; **~besitzer(in** *f*) *m* copropriétaire *m*, *f*; **~bestimmungsrecht** *n* droit *m* de cogestion; **~bewerber(in** *f*) *m* concurrent(e *f*) *m*; **~bewohner(in** *f*) *m* cohabitant(e *f*) *m*; 2**bringen** *v/t.* amener; *Sachen*: apporter; **~bringsel** *n* (7) petit cadeau *m*; **~bürger(in** *f*) *m* concitoyen(ne *f*) *m*; **~eigentum** *n* copropriété *f*; **~eigentümer(in** *f*) *m* copropriétaire *m*, *f*; 2**-ei'nander** *adv.* ensemble; l'un avec l'autre; les uns avec les autres; **~empfinden** *n* sympathie *f*; 2**-empfinden** *v/t.* sympathiser (*mit avec*); **~erbe** *m*, **~erbin** *f* cohéritier *m*, -ière *f*; **~esser** ♂ *m* tanne *f*; 2**fahren** *v/i.* (sn) partir avec; accompagner (*acc.*); **~fahrer** *m* passager *m*; 2**fühlen** *v/t.* sympathiser (*mit avec*); 2**geben** *v/t.* donner (*als Mitgift mit*); *Brief* ~ charger q. d'une lettre; **~gefangene(r** *m*) *m, f* compagnon *m*, compagne *f* de captivité; ☆ codétenu(e *f*) *m*; **~gefühl** *n* sympathie *f*; (*Mitleid*) compassion *f*; 2**gehen** *v/i.* (sn) aller avec; accompagner (*acc.*); **~gift** *f* dot *f*; **~giftjäger** *m* coureur *m* de dots.

Mitglied *n* membre *m*; **~sbeitrag** *m* cotisation *f*; 2**schaft** *f* qualité *f* de membre; **~skarte** *f* carte *f* de membre; **~staat** *m* État *m* membre.

Mit|hilfe *f* assistance *f*; coopération *f*; *péj.* complicité *f*; 2**hin** *adv.* donc; par conséquent; **~hören** *v/t. téléph.* intercepter (une communication); **~inhaber(in** *f*) *m* copropriétaire

m, f; associé(e *f*) *m*; ²**kämpfen** *v/i.*
prendre part au combat; ~**kämpfer**
m compagnon *m* de lutte; ²**kom-**
men *v/i.* (sn) venir avec; accompagner (*acc.*); (*in der Schule*) pouvoir
suivre; ²**kriegen** F *v/t.* saisir, comprendre; *s. a.* mitbekommen; ~**läufer**
m complice *m*; *pol.* suiveur *m* (d'un
parti); sympathisant *m*; ~**laut** *gr. m*
(3) consonne *f*.

Mitleid *n* pitié *f*; (*Mitgefühl*) compassion *f*; commisération *f*; *mit j-m* ~
haben avoir pitié de q.; ~**erwecken**
apitoyer; ~**enschaft** *f*: *in* ~ *ziehen*
affecter; *in* ~ *gezogen werden* subir
aussi les suites de qch.; ²**ig** *adj.*
compatissant; charitable.

mit|**machen** *v/t. u. v/i.* prendre part
à; faire comme les autres; *Mode*
usw.: suivre; ²**mensch** *m* prochain
m; ~**nehmen** *v/t.* emmener; *Sachen*:
emporter; *j-n hart* (*od. sehr*) ~ *mal-*
nener q.; (*erschöpfen*) épuiser q.;
~**nichten** [~ˈniçtən] *adv.* (*bei vb.* ne
...) nullement; (*bei vb.* ne ...) point du
tout.

mit|**rechnen** 1. *v/t.* (*hinzurechnen*)
comprendre dans le compte; 2. *v/i.*
(*Bedeutung haben*) compter; ~**reden**
1. *v/i.* prendre part à la conversation;
2. *v/t.fig.* mitzureden haben avoir voix
au chapitre; ²**reisende**(**r** *m*) *m, f*
compagnon *m*, compagne *f* de voyage; ~**reißen** *v/t.* entraîner; ²**samt**
prp. (*dat.*) avec; ~**schicken** *v/t.* envoyer avec; envoyer en même temps;
~**schleppen** *v/t.* traîner avec soi; F
trimbal(l)er; (*merken*) ~ *v/t.* noter;
prendre note (de); ²**schuld** *f* complicité *f*; ~**schuldig** *adj.* complice;
²**schuldige**(**r** *m*) *m, f* complice *m, f*;
²**schuldner** *rt m* codébiteur *m*; ²-
schüler(**in** *f*) *m* condisciple *m*; camarade *m, f* (de classe); ~**spielen** *v/t.*
u. v/i. prendre part au jeu; *j-m übel* ~
jouer un mauvais tour à q.; ²**spie-**
ler(**in** *f*) *m* camarade *m, f* de jeu;
(*beim Kartenspiel*) partenaire *m, f*;
Sp. coéquipier *m*, -ière *f*; ²**sprache-**
recht *n* droit *m* d'intervention.

Mittag [ˈmitaːk] *m* (3) midi *m*; (*Him-*
melsgegend n.) sud *m*; *zu* ~ *essen*
déjeuner; ~**essen** *n* déjeuner *m*; repas *m* de midi.

mittags *adv.* à midi; ²**pause** *f* heure *f*
du repas; F pause *f* de midi; ²**ruhe** *f*,
²**schlaf** *m* sieste *f*; ~ *halten* faire la
sieste; ²**zeit** *f* heure *f* de midi; (*Es-*

senszeit) heure *f* du déjeuner.
Mittäter *m* complice *m*.
Mitte [ˈmitə] *f* (15) milieu *m*; (*Mittel-*
punkt) centre *m*; *in der* ~ au milieu;
au centre; ~ *März usw.* à la mi-mars;
die ~ *halten* garder le (juste) milieu; *in*
unsere(*r*) ~ entre nous; *aus unserer* ~
d'entre nous.

mittei|**len** *v/t.*: *j-m etw.* ~ communi-
quer qch. à q., faire savoir qch. à q.;
(*bei Familienanzeigen*) faire part de
qch. à q.; ~**sam** *adj.* communicatif;
²**ung** *f* communication *f*; (*amtliche*)
communiqué *m*; *vertrauliche* ~ confidence *f*; ²**ungsbedürfnis** *n* besoin *m*
de s'épancher; ²**ungsblatt** *n* bulletin
m (officiel).

Mittel [ˈmitəl] *n* (7) moyen *m*; (*Geld*²)
ressources *f/pl.*; (*Heil*²) remède *m*;
A° moyenne *f*; *im* ~ (*durchschnittlich*)
en moyenne; *sich ins* ~ *legen* s'interposer; intervenir; ~ *und Wege finden*
trouver moyen (*zu* de); ~**alter** *n*
moyen(-)âge *m*; ²**alterlich** *adj.* médiéval; F moyenâgeux; ~**amerika-**
nisch *adj.* d(e l') Amérique centrale;
²**bar** *adj.* (*u. adv.*) indirect(ement);
~**ding** *n* être *m* (*resp.* chose *f*) intermédiaire; être *m* (*resp.* chose *f*) qui
tient de ... et de ...; ²-**europäisch**
adj.: ~*e Zeit* heure *f* de l'Europe
centrale; ~**feld** *Sp. n* centre *m* du
terrain; ²**finger** *m* doigt *m* du milieu; *anat.* médius *m*; ²**fristig** *adj.* à
moyen terme; ~**gebirge** *n* montagnes *f/pl.* moyennes; ~**gewicht** *Sp. n*
poids *m* moyen; ²**groß** *adj.* de taille
moyenne; de moyenne grandeur; ²-
hochdeutsch *adj.* moyen 'haut allemand'; ~**kurs** ✝ *m* cours *m* moyen;
²**ländisch** [ˈlɛndiʃ] *adj.* méditerranéen; ~**läufer** *Sp. m* demi-centre *m*;
~**linie** *f* ligne *f* du milieu; ligne *f*
médiane; ²**los** *adj.* sans ressources;
~**losigkeit** *f* dénuement *m*; ²**mäßig**
adj. médiocre; (*v. mittlerer Größe*
usw.) moyen; ~**mäßigkeit** *f* médiocrité *f*; ~**ohr-entzündung** *f* otite *f*
moyenne; ²**punkt** *m* centre *m*; ²**s**
prp. (*gén.*) moyennant; au moyen de;
~**scheitel** *m* raie *f* au milieu; ~**schiff**
Arch. n nef *f* centrale; ~**schule** *f*
collège *m* d'enseignement secondaire; ~**smann** *m*, ~**sperson** *f* médiateur *m*; (*Vermittler*) intermédiaire *m*;
~**stand** *m* classe *f* moyenne.

Mittelstrecken|**flugzeug** *n* (avion *m*)
moyen courrier *m*; ~**läufer** *m* cou-

reur *m* de demi-fond; ~rakete *f* fusée *f* de portée moyenne.

Mittel|streifen *m* bande *f* médiane; ~stück *n* pièce *f* (*resp.* morceau *m*) du milieu; (*Fleischerei*) flanchet *m*; ~stufe *f* (*Schule*) classes *f/pl.* moyennes; ~stürmer *Sp. m* centre *m*; ~weg *fig. m* juste milieu *m*; ~welle *rad. f* onde *f* moyenne; ~wert *m* (valeur *f*) moyenne *f*; ~wort *gr. n* participe *m*.

mitten *adv.*: ~ auf; ~ in; ~ unter (*dat. resp. acc.*) au milieu de; ~ ins Herz in plein cœur; ~ im Winter en plein hiver; ~ aus du milieu de; ~ durch à travers; au travers de; ~ im Reden tout en parlant; ~'drin, ~'drunter *adv.* en plein milieu; juste au milieu; ~'durch *adv.* au travers du milieu.

Mitter|nacht *f* minuit *m*; 2nächtlich *adj.* de minuit; zu ~er Stunde vers (od. sur le coup de) minuit; ~nachts-messe *rl. f* messe *f* de minuit.

Mittler [ˈmitlər] *m* (7) médiateur *m*.

mittlere *adj.* moyen; (*in der Mitte*) central, du milieu; (*dazwischen*) intermédiaire; ~en Alters entre deux âges, d'un certain âge; ~weile *adv.* en attendant; sur ces entrefaites.

Mittsommer *m* été *m* de la Saint-Jean.

Mittwoch [ˈ~vɔx] *m* (3) mercredi *m*; 2s *adv.* le mercredi.

mit'unter *adv.* parfois; de temps en temps.

Mit|unterzeichner *m* co(ntre)signataire *m*; 2ver-antwortlich *adj.* qui partage la responsabilité; ~welt *f* contemporains *m/pl.*; 2wirken *v/i.* coopérer (*bei* à); collaborer (à); concourir (à); ~wirkende(r *m*) *m* *f*, coopérateur *m*, -trice *f*; *thé.* acteur *m*, -trice *f*; ~wirkung *f* coopération *f*; collaboration *f*; concours *m*; unter ~ von avec le concours de; en collaboration avec; ~wisser [ˈ~visər] *m* confident *m*, complice *m*; 2zählen = mitrechnen.

Mix|becher [ˈmiksbeçər] *m* shaker *m*; 2en *v/i.* mélanger; ~er *m* (7) barman *m*; (*Küchenmaschine*) mixer *m*; ~'tur *phm. f* mixture *f*; potion *f*.

Mob [mɔp] *m* (11) populace *f*.

Möbel [ˈmøːbəl] *n* (7) meuble *m*; ~geschäft *n* magasin *m* d'ameublement; ~politur *f* encaustique *f* liquide pour les meubles; ~stück *n* meuble *m*; ~tischler *m* ébéniste *m*; ~transport *m* déménagement *m*;

~wagen *m* voiture *f* de déménagement.

mobil [moˈbiːl] *adj.* mobile; (*flink*) dispos; ✕ ~ machen mobiliser; 2iar [~bilˈjaːr] *n* (3¹) mobilier *m*; 2ien [~ˈbiːljən] *pl.* biens *m/pl.* meubles; 2i'sieren *v/t.* mobiliser; 2machung *f* mobilisation *f*.

möblier|en [møˈbliːrən] *v/t.* meubler; möbliertes Zimmer chambre *f* meublée (od. garnie); 2ung *f* ameublement *m*.

Mode [ˈmoːdə] *f* (15) mode *f*; (*augenblicklich herrschende a.*) vogue *f*; neueste ~ dernière mode *f*; dernier cri *m*; ~ sein être à la mode (od. en vogue); in ~ bringen mettre à la mode; aus der ~ sein être démodé; aus der ~ kommen passer de mode; sich nach der ~ kleiden, die Mode mitmachen suivre la mode; ~artikel *m* article *m* de mode; nouveauté *f*; ~farbe *f* couleur *f* à la mode; ~geschäft *n* magasin *m* de modes; (*kleines*) boutique *f*.

Modell [moˈdɛl] *n* (3¹) modèle *m* (*a. Person*); (*Schablone*) patron *m*; (*Guß*2) moule *m*; *Arch.* maquette *f*; ~ stehen servir de modèle, *peint.* à poser; ~flugzeug *n* avion-modèle *m*; 2ieren [~ˈliːrən] *v/t.* modeler; ⊕ mouler; ~kleid *n* modèle *m*.

Mode|narr *m* dandy *m*; ~(n)schau *f* défilé *m* de mode.

Moder [ˈmoːdər] *m* (7) pourri *m*; (*Schlamm*) bourbe *f*; vase *f*.

Moderator [modaˈraːtɔr] *m* (8¹) *TV*, *rad.* présentateur *m*, conférencier *m*.

Moder|geruch *m* odeur *m* de pourri; 2n *v/i.* (*sn*) pourrir; se putréfier.

modern [moˈdɛrn] *adj.* moderne; (*nach der neuesten Mode*) à la mode; ~i'sieren *v/t.* moderniser; mettre au goût du jour; 2i'sierung *f* modernisation *f*.

Mode|salon *m* atelier *m* de couture; ~schmuck *m* bijouterie *f* de fantaisie, fausse bijouterie *f*; ~schöpfer *m* créateur *m* de mode; ~wort *n* mot *m* à la mode; ~zeitung *f* journal *m* de modes.

modisch *adj.* à la mode.

Modistin [moˈdistin] *f* modiste *f*.

Modus [ˈmoːdus] *m* (16) mode *m*.

Mogel|ei F [moːɡəˈlaɪ] *f* (16) tricherie *f*; 2n F [ˈmoːɡəln] *v/i.* tricher; (*in der Schule*) frauder.

mögen [ˈmøːɡən] *v/aux. u. v/t.* (30) (*können, dürfen*) pouvoir; (*wollen*) vouloir; avoir envie de; *gern* ~ aimer; *lieber* ~ aimer mieux; *ich möchte* je voudrais; *so sehr ich auch möchte* quelque envie que j'en aie; *es mag sein* il se peut; *was man auch immer sagen mag* quoi que l'on dise; *mag er auch noch so reich sein* si riche qu'il soit; *man möchte meinen (sagen)* on dirait.

möglich ['mø:kliç] *adj. u. adv.* possible; *(ausführbar)* faisable; praticable; **~er'weise** *adv.* peut-être; **≈keit** *f* possibilité *f*; *nach* ~ autant que possible; **≈keitsform** *gr. f* subjonctif *m*; **~st** *adv.*: ~ *bald* le plus tôt possible; ~ *viel* autant que possible; ~ *gut* le mieux possible; *sein* ~*es tun* faire tout son possible.

Mohammedan|er(in *f)* [mohame-'da:nər(in)] *m* (7) musulman(e *f) m*; **≈isch** *adj.* musulman.

Mohn [mo:n] *m* (3) pavot *m*; *(Feld≈)* coquelicot *m*.

Mohr ['mo:r] *m* (12) nègre *m*.

Möhre ['mø:rə] *f* (15), **Mohrrübe** ['mo:ry:bə] *f* carotte *f*.

mokieren [mo'ki:rən] *v/rfl.*: *sich* ~ *über (acc.)* se moquer de.

Mokka ['moka] *m* (11) *(café m)* moka *m*; **~tasse** *f* tasse *f* à moka.

Molch *zo.* [molç] *m* (3) triton *m*.

Mole ['mo:lə] *f* (15) môle *m*; jetée *f*.

Mole|kül [mole'ky:l] *n* (3¹) molécule *f*; **≈kular** [~ku'la:r] *adj.* moléculaire.

Molke ['molkə] *f* (15) petit-lait *m*; **~rei** *f* laiterie *f*.

Moll ♪ [mol] *n (inv.)* mode *m* mineur.

mollig ['moliç] *adj.* douillet; *(rundlich)* potelé; *(warm)* à bonne température; agréable; *(Zimmer)* où il fait bon.

Molluske *zo.* [mo'luskə] *f* (15) mollusque *m*.

Moment [mo'mɛnt] (3) **1.** *m* moment *m*; **2.** *n* facteur *m*; ⊕ moment *m*; *psychologisches* ~ moment *m* psychologique; **≈an** [~'ta:n] **1.** *adj.* momentané; **2.** *adv.* pour le moment; **~aufnahme** *f*, **~bild** *n* instantané *m*; **~verschluß** *phot. m* obturateur *m* instantané.

Monarch|(in *f)* [mo'narç] *m* (12) monarque *m*; souverain(e *f) m*; **~ie** [~'çi:] *f* monarchie *f*; **≈isch** *adj.* monarchique.

Monat [mo:nat] *m* (3) mois *m*; **≈e-lang** *adj. u. adv.* des mois durant; **≈lich 1.** *adj.* mensuel; ~*e Zahlung*

paiement *m* par mensualités; **2.** *adv.* tous les mois; par mois.

Monats|binde *f* serviette *f* hygiénique; **~erdbeere** *f* fraise *f* des quatre saisons; *(Pflanze)* fraisier *m* perpétuel; **~gehalt** *n* traitement *m* mensuel; mois *m*; **~karte** *f* abonnement *m* mensuel; **~rate** *f* mensualité *f*; **~schrift** *f* revue *f* mensuelle.

Mönch [mœnç] *m* (3) moine *m*; religieux *m*; ~ *werden* se faire moine; entrer dans les ordres; **~skutte** *f* froc *m*; **~s-orden** *m* ordre *m* monastique; **~szelle** *f* cellule *f* (de religieux).

Mond [mo:nt] *m* (3) lune *f*; *(anderer Gestirne)* satellite *m*; *der* ~ *scheint* il fait clair de lune; *(weich) auf dem* ~ *landen* alunir (en douceur); **~aufgang** *m* lever *m* de la lune; **~bahn** *f* orbite *f* de la lune; **~fähre** *f* module *m* lunaire; **~finsternis** *f* éclipse *f* de lune; **~landung** *f* alunissage *m* (*weiche en douceur*); **~oberfläche** *f* surface *f* lunaire *(od. de la lune)*; **~phasen** *astr. f/pl.* phases *f/pl.* lunaires; lunaison *f*; **~rakete** *f* fusée *f* lunaire; **~schein** *m* clair *m* de lune; *beim* ~ au clair de la lune; **~sichel** *f* croissant *m* (*de la lune*); **~stein** *m* pierre *f* de lune, adulaire *f*; **~süchtig** ['~zyçtiç] *adj.* somnambule; **~wechsel** *m* lunaison *f*.

Mongol|e [moŋ'go:lə] *m* (13), **~in** *f* Mongol(e *f) m*; **≈isch** *adj.* mongol; **~ismus** ⚕ [~'lismus] *m* mongolisme *m*; **≈o'id** ⚕ *adj.* mongoloïde.

monieren [mo'ni:rən] *v/t.* réclamer.

Mono|gamie [~noga'mi:] *f* monogamie *f*; **~gramm** *n* monogramme *m*.

Monokel [mo'nokəl] *n* (7) monocle *m*.

Mono|log [mono'lo:k] *m* (3¹) monologue *m*; *e-n* ~ *halten* monologuer; **~pol** [~'po:l] *n* (3¹) monopole *m*; **≈polisieren** [~poli'zi:rən] *v/t.* monopoliser; **≈ton** [~'to:n] *adj.* monotone.

Monstranz [mon'strants] *f* (16) ostensoir *m*.

Monstrum ['monstrum] *n* (9[²]) monstre *m*.

Monsun [~'zu:n] *m* (3¹) mousson *f*.

Montag ['mo:nta:k] *m* (3) lundi *m*; **≈s** *adv.* le lundi.

Montage [mon'ta:ʒə] *f* montage *m*; **~halle** *f* hall *m* de montage.

Montan|-industrie [mon'ta:n-] *f* industrie *f* minière et métallurgique; **~union** *f* Communauté *f* Européenne du Charbon et de l'Acier.

Mont|**eur** [mɔn'tø:r] m (3¹) monteur m; **~eur-anzug** m combinaison f, salopette f; F bleu m; **2ieren** [~'ti:rən] v/t. monter.

Monument [monu'mɛnt] n (3) monument m; **2al** [~'ta:l] adj. monumental.

Moor [mo:r] n (3) marais m, marécage m; **~bad** n bain m de boue; **~boden** m terrain m marécageux.

Moos ♀ [mo:s] n (4) mousse f; **2ig** [~'ziç] adj. moussu.

Moped ['mo:pe:t] n (11) cyclomoteur m.

Mops [mɔps] m (4²) carlin m; **2en** F **1.** v/t. chiper; **2.** v/rfl.: sich ~ F (sich langweilen) se raser.

Moral [mo'ra:l] f (16) morale f; (Sittlichkeit) moralité f; (geistige, seelische Verfassung) moral m; **2isch** adj. moral; **2isieren** [~li'zi:rən] v/i. moraliser; **~ist** [~'list] m (12) moraliste m; **~predigt** f sermon m; j-m-e-e~ halten prêcher la morale à q.

Moräne [mo'rɛ:nə] f (15) moraine f.

Morast [mo'rast] m (3² [u. ³]) bourbe f; (Sumpf) marais m; **2ig** adj. bourbeux; marécageux.

Morchel ['mɔrçəl] f (15) morille f.

Mord [mɔrt] m (3) meurtre m; assassinat m; (Totschlag) homicide m; **~anschlag** m attentat m (contre la vie de); **2en** (26) **1.** v/t. assassiner; **2.** v/i. commettre un meurtre.

Mörder|**(in** f) ['mœrdər] m (7) meurtrier m, -ière f; assassin m; **~grube** f: aus s-m Herzen keine ~ machen avoir le cœur sur la main; **2isch** F adj. meurtrier; (Kampf) sanglant.

mord|**gierig** adj. sanguinaire; **2skerl** F m gaillard m; **2slärm** m vacarme m infernal; **2smäßig** F adj. formidable; énorme; **2stat** f = Mord; **2verdacht** m: unter ~ stehen être soupçonné de meurtre; **2versuch** m tentative f d'assassinat; **2waffe** f arme f meurtrière.

Morgen ['mɔrgən] **1.** m matin m; (~zeit) matinée f; (Osten) orient m; (Feldmaß) arpent m; guten ~! bonjour!; am ~ le matin; e-s schönen ~s un beau matin; den anderen ~ le lendemain matin; **2.** 2 adv. demain (früh matin, mittag à midi; abend soir); **~dämmerung** f aube f; pointe f (od. point m) du jour; **2dlich** adj. matinal; **~grauen** n = Morgendäm-

merung; **~land** n l'Orient m; le Levant; **2ländisch** adj. oriental; levantin; **~luft** f air m du matin; ~ wittern fig. flairer une bonne occasion; **~rock** m peignoir m; **~rot** n, **~röte** f aurore f; **2s** adv. le matin; dans la matinée; sechs Uhr ~ six heures du matin; **~stern** m étoile f du matin; **~stunde** f heure f matinale.

morgig adj. de demain.

Morph|**inist(in** f) [mɔrfi'nist] m (12) morphinomane m, f; **~ium** ['~fjum] n morphine f.

morsch [mɔrʃ] adj. (zerbrechlich) caduc; (verfault) pourri; (wurmstichig) vermoulu.

Morse|**-alphabet** ['mɔrzə-] n alphabet m morse; **~apparat** m (manipulateur m) morse m.

Mörser ['mœrzər] m (7) mortier m.

Morsezeichen n (akustisch) signal m en morse; (geschrieben) caractère m en morse.

Mörtel ['mœrtəl] m (7) mortier m; mit ~ bewerfen crépir.

Mosaik [moza'i:k] n (8) mosaïque f; **~fußboden** m carrelage m de mosaïque.

Moschee [mɔ'ʃe:] f (15) mosquée f.

Moschus ['mɔʃus] m (inv.) musc m.

Moskauer(in f) ['mɔskauər(in)] m (7) Moscovite m, f.

Moskito [mɔs'ki:to] m (11) moustique m; **~netz** n moustiquaire f.

Mos|**lem** ['mɔslɛm] m (11), **~lime** [~'li:mə] f (15) musulman(e f) m.

Most [mɔst] m (3²) moût m; (Apfel2) cidre m.

Mostrich ['mɔstriç] m (3) moutarde f.

Motel [mo'tɛl] n (11) motel m.

Motette ♪ [mo'tɛtə] f (15) motet m.

Motiv [mo'ti:f] n (3¹) motif m (a. Kunst); mobile m; **2ieren** [~ti'vi:rən] v/t. motiver.

Motor ['mo:tɔr] m (8¹) moteur m; **~antrieb** m entraînement m par moteur; **~block** m bloc-moteur m; **~boot** n canot m à moteur; **~haube** f capot m; **2isieren** [motori'zi:rən] v/t. motoriser; **~i'sierung** f motorisation f; **~leistung** f puissance f du moteur; **~pumpe** f motopompe f, pompe f à moteur; **~rad** n motocyclette f, F moto f; ~ fahren aller à moto(cyclette); **~radfahrer** m motocycliste m; motard m; **~radsport** m sport m motocycliste; **~roller** m scooter m; ~ fahren aller en scooter; **~säge** f scie f à moteur (*od.* mécanique); **~schaden** *m* panne (*od.* avarie) *f* de moteur; **~spritze** *f* motopompe *f* (d'incendie).

Mott|e ['mɔtə] *f* (15) mite *f*; teigne *f*; **2enfest** *adj.* antimite; **~enkugel** *f* boule *f* de naphtaline; **2enzerfressen** *p.p. adjt.* mité.

Motto ['mɔto] *n* (11) devise *f*; (*im Buch*) épigraphe *f*.

Möwe ['møːvə] *f* (15) mouette *f*; (*größere*) goéland *m*.

Mücke ['mykə] *f* (15) moucheron *m*; (*Stech2*) cousin *m*; moustique *m*.

Mucken ['mukən] *f/pl.*: ~ *haben* avoir des lubies.

Mückenstich *m* piqûre *f* de moustique.

mucksen ['muksən] *v/i.*: *nicht* ~ ne souffler mot; *ne pas ouvrir le bec*.

müd|e ['myːdə] *adj.* fatigué; las; *e-r Sache* (*gén.*) ~ *sein* être las de qch.; *es* ~ *sein, zu* ... (*inf.*) se lasser de ... (*inf.*); ~ *machen* fatiguer; ~ *werden* se fatiguer; *cela n'en vaut pas la peine*; *zum Umfallen* ~ qui tombe de fatigue; **2igkeit** *f* fatigue *f*; lassitude *f*; *vor* ~ *umfallen* tomber de fatigue.

Muff [muf] *m* (3) manchon *m*; **~e** ⊕ *f* (15) manchon *m*; **~el 1.** 🐑 *f* (15) moufle *f*; **2.** F *m* (7) grognard *m*; **2ig** *adj.* moisi; ~ *riechen* sentir le moisi (*od.* le renfermé).

Mühe ['myːə] *f* (15) peine *f*; *mit* ~ *und Not* à grand-peine; *sich* ~ *geben* se donner de la peine; *es macht mir* ~*, zu* ... (*inf.*) j'ai de la peine à ... (*inf.*); *es ist nicht der* ~ *wert* ce n'est pas la peine; *cela n'en vaut pas la peine*; **2los** *adv.* sans peine; **2n** *v/rfl.* (25): *sich* ~ se donner de la peine; **2voll** *adj.* pénible.

Mühl|bach ['myːl-] *m* chenal *m*; **~e** *f* (15) moulin *m*; ~ *spielen* jouer à la marelle; **~espiel** *n* (jeu *m* de) marelle *f*; **~rad** *n* roue *f* de moulin; **~stein** *m* meule *f* (de moulin).

Müh|sal *f* (14) peines *f/pl.*; fatigues *f/pl.*; labeur *m*; **2sam, 2selig** *adj.* pénible; laborieux.

Mulatt|e [mu'latə] *m* (13), **~in** *f* mulâtre(sse *f*) *m*.

Mulde ['muldə] *f* (15) (*Trog*) auge *f*, 'huche *f*; (*zum Backen*) pétrin *m*; *géogr.* cuvette *f*, bassin *m* synclinal; **2nförmig** *adj.* en forme d'auge.

Mull [mul] *m u. n* (3) mousseline *f*.

Müll [myl] *m* (3) balayures *f/pl.*; immondices *f/pl.*; (*Küchenabfälle*)

ordures *f/pl.* ménagères; **~abfuhr** *f* service *m* de nettoiement.

Mullbinde *f* bande *f* de gaze.

Müll-eimer *m* boîte *f* à ordures, poubelle *f*.

Müller(in *f*) ['mylər] *m* (7) meunier *m*, -ière *f*.

Müll|fahrer *m* éboueur *m*; F boueux *m*; **~haufen** *m* tas *m* d'ordures; **~kasten** *m* = *Mülleimer*; **~schaufel** *f*, **~schippe** *f* pelle *f* à ordures; **~schlucker** *m* vide-ordures *m*; **~tonne** *f* poubelle *f*; **~verbrennungs-anlage** *f* installations *f/pl.* d'incinération des ordures; **~wagen** *m* voiture *f* du service de nettoiement.

mulmig F ['mulmiç] *adj.* véreux; louche.

Multipli|kand [multipli'kant] *m* (12) multiplicande *m*; **~kation** [~ka-'tsjoːn] *f* multiplication *f*; **~kator** [~'kaːtɔr] *m* (8[1]) multiplicateur *m*; **2zieren** *v/t.* multiplier.

Mumi|e ['muːmjə] *f* (15) momie *f*; **2fizieren** [mumifi'tsiːrən] *v/t.* momifier.

Mumm F [mum] *m*: ~ *haben* avoir du cran; **~elgreis** F *m* vieux barbon *m*; P birbe *m*; **~enschanz** *m* (3[2]) mascarade *f*.

Mumpitz F ['mumpits] *m* (3[2], *o. pl.*) non-sens *m*, stupidité *f*; blagues *f/pl.*

Mumps 🩺 [mumps] *m* (*inv.*) oreillons *m/pl.*

Mund [munt] *m* (3) bouche *f*; *den* ~ *verziehen* pincer les lèvres; *den* ~ *halten* se taire; tenir sa langue; *den* ~ *voll nehmen* fanfaronner; F *j-m den* ~ *stopfen* clouer le bec à q.; *nicht auf den* ~ *gefallen sein* n'avoir pas sa langue dans sa poche; *j-m Worte in den* ~ *legen* attribuer des propos à q.; *j-m nach dem* ~ *e reden* parler selon les désirs de q.; *j-m über den* ~ *fahren* couper la parole à q.; *sich den* ~ *verbrennen* s'attirer des désagréments par des propos indiscrets; **~art** *f* dialecte *m*; idiome *m*; (*Bauern2*) patois *m*; **~artdichtung** *f* littérature *f* écrite en patois; **2-artlich** *adj.* dialectal; idiomatique.

Mündel ['myndəl] *n* (7) pupille *m*, *f*; **~gelder** *n/pl.* deniers *m/pl.* pupillaires; **2sicher** *adj.* de tout repos.

munden ['mundən] *v/i.* (26): *j-m* ~ être au goût de q.; *sich etw.* ~ *lassen* manger (*resp.* boire) qch. de bon cœur.

münden ['myndən] *v/i.* (26): ~ in (*acc.*) (*Fluß*) se jeter dans; (*Straße*) déboucher dans.

mund|faul *adj.* avare de paroles; 2**fäule** ♀ *f* stomatite *f* ulcéreuse; ~**gerecht** *adj.*: j-m etw. ~ machen accommoder qch. au goût de q.; 2**geruch** *m*: schlechter ~ mauvaise haleine *f*; 2**harmonika** *f* harmonica *m*; 2**höhle** *f* cavité *f* buccale.

mündig *adj.* majeur; ~ werden atteindre sa majorité.

mündlich ['myntliç] **1.** *adj.* verbal; oral; **2.** *adv. a.* de vive voix; das 2e (*bei e-m Examen*) l'oral *m*.

Mund|pflege *f* hygiène *f* dentaire (*od.* de la bouche); ~**raub** *m* vol *m* de nourriture; ~**schenk** *m* (12) échanson *m*; ~**stück** *n* (*e-r Pfeife, Zigarette*) bout *m*; ♩ embouchure *f*; 2**tot** *adj.*: j-n ~ machen interdire à q. de parler; ~**tuch** *n* serviette *f*.

Mündung *f* bouche *f* (*a. e-r Feuerwaffe*); (*Fluß*2) embouchure *f*; ~**s-arm** *m* bras *m* d'une embouchure; ~**sfeuer** ✕ *n* lueur *f* (d'une bouche à feu).

Mund|voll *m* (*inv.*) bouchée *f*; ~**wasser** *n* eau *f* dentifrice; gargarisme *m*; ~**werk** F *n*: ein gutes ~ haben avoir la langue bien pendue; ~**winkel** *m* commissure *f* des lèvres.

Munition [muni'tsjo:n] *f* munition *f*; ~**slager** *n* dépôt *m* de munitions.

munkeln F ['muŋkəln] *v/t. u. v/i.* (29) chuchoter; man munkelt, daß ... on dit que ...

Münster ['mynstər] *n* (*a. m*) (7) cathédrale *f*.

munter ['muntər] *adj.* gai; (*lebhaft*) vif; alerte; (*aufgeweckt*) éveillé; 2**keit** *f* gaieté *f*; (*Lebhaftigkeit*) vivacité *f*; (*Aufgewecktheit*) esprit *m* éveillé.

Münz|e ['myntsə] *f* (15) (*pièce f de*) monnaie *f*; (*Denk*2) médaille *f*; (*Münzstätte*) (hôtel *m* de la) Monnaie *f*; *fig.* etw. für bare ~ nehmen prendre qch. pour argent comptant; ~**einheit** *f* unité *f* monétaire; 2**en** *v/t. u. v/i.* (27) battre monnaie; monnayer; *fig.* das ist auf mich gemünzt c'est à moi que cela s'adresse; c'est une pierre dans mon jardin; ~**ensammler** *m* médailliste *m*, numismate *m*; ~**(en)sammlung** *f* collection *f* de médailles; médaillier *m*;

~**fernsprecher** *m* taxiphone *m*; ~**kunde** *f* numismatique *f*; ~**stempel** *m* coin *m*; ~**umlauf** *m* circulation *f* monétaire; ~**wesen** *n* système *m* monétaire.

mürbe ['myrbə] *adj.* tendre; (*gut durchgekocht*) bien cuit; ~ machen (*Fleisch*) mortifier; *fig.* mater; 2**teig** *m* pâte *f* brisée.

Murmel ['murməl] *f* (15) bille *f*; 2**n** *v/t. u. v/i.* (29) murmurer; in den Bart ~ marmonner entre ses dents; (*Spiel*) jouer aux billes; ~**n** *n* murmure *m*; ~**tier** *n* marmotte *f*.

murren ['murən] *v/i.* (25) murmurer; gronder; grogner.

mürrisch ['myriʃ] *adj.* grincheux; maussade.

Mus [mu:s] *n* (4) marmelade *f*.

Muschel ['muʃəl] *f* (15) coquillage *m*; (*Schale a.*) coquille *f*; (*eßbare*) moule *f*; (*Ohr*2) pavillon *m*; *téléph.* récepteur *m*; 2**förmig** *adj.* en forme de coquille; conchiforme; ~**kalk** *m* calcaire *m* conchylien.

Muse ['mu:zə] *f* (15) muse *f*.

Musel|man(*in* f a. ~**männin**) ['mu:zəl-] *m* musulman(e f) *m*.

Museum [mu'ze:um] *n* (9) musée *m*; (*naturgeschichtliches*) muséum *m*.

Musik [mu'zi:k] *f* (16) musique *f*; ~**abend** *m* soirée *f* musicale.

Musikalienhandlung [muzi'ka:-ljən-] *f* magasin *m* de musique; 2**isch** *adj.* musical; ~ sein être musicien; aimer la musique.

Musikant [~'kant] *m* (12) musicien *m*; ~**enknochen** F *anat. m* petit juif *m*.

Mu'sik|-automat *m* juke-box *m*; électrophone *m* automatique *m*; ~**begleitung** *f* accompagnement *m*; ~**box** *f* = Musikautomat.

Musiker(*in* f) ['mu:zikər] *m* (7) musicien(ne f) *m*.

Mu'sik|hochschule *f* conservatoire *m* (de musique); ~**instrument** *n* instrument *m* de musique; ~**kapelle** *f* orchestre *m*; ✕ musique *f*; ~**lehrer** (-**in** f) *m* professeur *m* de musique; ~**truhe** *f* meuble *m* (*od.* combiné) *m* radio-phono; ~**unterricht** *m* leçons *f/pl.* de musique.

musizieren [~'tsi:rən] *v/i.* faire de la musique.

Muskat [mus'ka:t] *m* (3), ~**nuß** *f* (noix *f*) muscade *f*; ~'**eller**(**wein**) *m* (vin *m*) muscat *m*.

Muskel [ˈmuskəl] *m* (10) muscle *m*; **~kater** *m* courbature *f*; **~kraft** *f* force *f* musculaire; **~krampf** *m* crampe *f*; **~riß** *⚕ m* déchirement *m* musculaire; **~schwund** *m* atrophie *f* musculaire.

Musketier [ˈmuskeˈtiːr] *m* (3¹) mousquetaire *m*.

Muskulatur [muskulaˈtuːr] *f* (16) musculature *f*; **~ös** [~ˈløːs] *adj*. musculeux; musclé.

Muß [mus] *m* (inv.) nécessité *f*.

Muße [ˈmuːsə] *f* (15) loisir *m*; mit ~ à loisir.

müssen [ˈmysən] *v/aux*. (30) devoir; (nötig sein) falloir; (verpflichtet sein) être tenu (od. forcé od. obligé od. contraint) de; ich muß es tun je dois le faire; er muß schlafen il faut qu'il dorme; il lui faut dormir; ich mußte lachen je n'ai pu m'empêcher de rire.

Muße|**stunde** *f*, **~zeit** *f* loisir *m*.

müßig [ˈmyːsiç] *adj*. oisif; désœuvré; (unnütz; überflüssig) oiseux; **2gang** *m* oisiveté *f*; désœuvrement *m*; **2gänger(in** *f*) *m* oisif *m*, -ive *f*.

Muster [ˈmustər] *n* (7) modèle *m*; (Urbild) type *m*; (Zeichnung) dessin *m*; (Schablone) patron *m*; (Warenprobe) échantillon *m*; **~beispiel** *n* modèle *m*; exemple *m* typique (für de); **~betrieb** *m* entreprise *f* modèle; landwirtschaftlicher ~ ferme *f* modèle; **~gatte** *m* mari *m* modèle; **2-gültig**, **2haft** *adj*. exemplaire; **~koffer** *m* boîte *f* à échantillons; marmotte *f*; **~kollektion** *f* collection *f* d'échantillons; échantillonnage *m*; **~messe** *f* foire *f* commerciale; **2n** *v/t*. (29) examiner; inspecter; ✗ passer en revue; fig. toiser; **~schüler(in** *f*) *m* élève *m*, *f* modèle; **~schutz** *m* protection *f* légale des modèles; **~ung** *f* inspection *f*; examen *m*; ✗ revue *f*; (zum Wehrdienst) revision *f*.

Mut [muːt] *m* (3, o. pl.) courage *m*; (kriegerischer) bravoure *f*; ~ fassen (od. schöpfen) prendre courage; j-m ~ machen encourager q.; j-m den ~ nehmen décourager q.; den ~ sinken lassen perdre courage; guten ~es sein avoir du courage.

Mütchen [ˈmyːtçən] *n*: sein ~ kühlen an (dat.) passer sa colère sur.

mut|**ig** *adj*. courageux; **~los** *adj*. découragé; **2losigkeit** *f* découragement *m*.

mutmaß|**en** [ˈmuːtmaːsən] *v/t*. (27)

présumer; soupçonner; conjecturer; **2ung** *f* présomption *f*; conjecture *f*.

Mutter [ˈmutər] *f* (14¹) mère *f*; (Schrauben2) (15) écrou *m*.

Mütterberatungsstelle [ˈmytər-] *f* service *m* de consultation de nourrissons.

Mutterboden *m* terreau *m*; terre *f* arable (od. végétale).

Mütterchen *n*: ein altes ~ une bonne vieille.

Muttergenesungsheim *n* maison *f* de repos pour mères (de famille).

Mutter|**gesellschaft** *f* société *f* mère; **~gottesbild** *n* madone *f*.

Mutter|**-instinkt** *m* instinct *m* maternel; **~kuchen** *anat*. *m* placenta *m*; **~land** *n* pays *m* natal; (Stammland) métropole *f*; mère *f* patrie; **~leib** *m* sein *m* de la mère.

mütterlich [ˈmytərliç] *adj*. maternel.

Mutter|**liebe** *f* amour *m* maternel; **2los** *adj*. sans mère(s); **~mal** *n* tache *f* de naissance; envie *f*; **~milch** *f* lait *m* maternel; **~mord** *m* parricide *m*; matricide *m*; **~mund** *anat*. *m* orifice *m* utérin; **~schaf** *n* brebis *f*; **~schaft** *f* maternité *f*; **~schafts-urlaub** *m* congé *m* de maternité; **~schiff** *n* (bâtiment *m*) ravitailleur *m*; **~schutz** *m* protection *f* de la maternité; **2seelen-al'lein** *adj*. absolument seul; esseulé; **~söhnchen** [~ˈzøːnçən] *n* enfant *m* gâté; **~sprache** *f* langue *f* maternelle; (Stammsprache) langue *f* mère; **~stelle** *f*: ~ vertreten tenir lieu de mère (bei à); **~tag** *m* fête *f* des mères; **~witz** *m* esprit *m* naturel.

Mutti F [ˈmuti] *f* (11¹) maman *f*.

mutwillig *adj*. pétulant; (schelmisch) espiègle; (böswillig) malicieux.

Mütze [ˈmytsə] *f* (15) bonnet *m*; (mit Schirm) casquette *f*; **~enschirm** *m* visière *f* de casquette.

Myrrhe ♀ [ˈmyrə] *f* (15) myrrhe *f*.

Myrte ♀ [ˈmyrtə] *f* (15) myrte *m*.

mysteri|**ös** [mysterˈjøːs] *adj*. mystérieux; **2um** [~ˈteːr-] *n* (9) mystère *m*.

Mystifi|**kation** [~stifikaˈtsjoːn] *f* mystification *f*; **2zieren** *v/t*. mystifier.

Myst|**ik** [ˈmystik] *f* (16) mystique *f*; **~iker** *m*, **2isch** *adj*. mystique (*m*).

Myth|**e** [ˈmyːtə] *f* (15) mythe *m*; **2en**-**haft**, **2isch** *adj*. mythique.

Mythologie [mytoloˈgiː] *f* (15) mythologie *f*.

Mythos [ˈmyːtɔs] *m* (16²) mythe *m*.

N

N, n [ɛn] N, n m od. f.

na! F [na] int. eh bien!; allons!; ~ so was! par exemple!; ~ und ob! ma foi, oui!

Nabe ⊕ ['naːbə] f (15) moyeu m.

Nabel ['naːbəl] m (7¹) nombril m; **~binde** f bandage m ombilical; **~bruch** m 'hernie f ombilicale; **~schnur** f cordon m ombilical.

nach [naːx] **1.** prp. (dat.) **a**) Richtung: à; ~ Paris reisen aller à Paris; (vor Ländernamen) en (ohne art.), (bei hinzugefügter näherer Bestimmung) dans (mit art.), (vor Ländernamen im pl. und vor männlichen außereuropäischen Ländernamen) à (mit art.); ~... Esb., ⚓ à destination de...; abreisen ~ partir pour; der Weg ~ Paris le chemin de Paris; ~ dieser Seite de ce côté; ~ dem Fluß (hin) du côté de la rivière; ~ Norden vers le nord; ~ Norden liegen être exposé au nord; donner au nord; ~ der Straße liegen donner sur la rue; **b**) Rang, Folge, Zeit: après, (nach Ablauf von) au bout de; **c**) (gemäß) d'après; selon; suivant; **2.** adv. mir ~! suivez-moi!; ~ und ~ peu à peu; petit à petit; ~ wie vor après comme avant.

nachäffen ['ˌ~ɛfən] v/t. contrefaire; F singer.

nachahm|en ['ˌ~aːmən] v/t. imiter; copier; péj. contrefaire; **~enswert** adj. digne d'être imité; **2er(in** f) m (7) imitateur m, -trice f; **2ung** f imitation f, péj. contrefaçon f; (nachgeahmtes Kunstwerk) pastiche m; **2ungstrieb** m instinct m d'imitation.

nach-arbeiten 1. v/t. (nachbildend) copier; (verbessernd) retoucher; das Versäumte ~ travailler à (od. pour) rattraper le temps perdu; **2.** v/i.: j-m ~ prendre q. pour modèle; (zusätzlich arbeiten) faire du travail supplémentaire.

Nachbar|(in f) ['naxbaːr] m (10 u. 13) voisin(e f) m; **~haus** n maison f voisine; **2lich** adj. voisin; gut ~ im bon voisin; **~schaft** f voisinage m; in der ~ près d'ici.

Nach|behandlung ⚕ f traitement m ultérieur; postcure f; **2bessern** v/t.

retoucher; **~besserung** f retouche f; **2bestellen** v/t. commander en supplément; **~bestellung** f commande m supplémentaire; **2beten** v/t. répéter machinalement; **2bezahlen** v/t. payer un supplément; **2bilden** v/t. copier; imiter; **~bildung** f copie f, imitation f; **2blicken** v/i.: j-m ~ suivre q. des yeux; **2datieren** f. postdater.

nach'dem 1. cj. après que ...; (bei gleichem Subjekt a.) après ... (inf. passé); (Maß u. Grad) je ~ selon (od. suivant) que (ind.); **2.** adv.: je ~ c'est selon; cela dépend.

nach|denken v/i. réfléchir (über acc. à od. sur); méditer (sur); **2denken** n (6) réflexion f; méditation f; **~denklich** adj. pensif; méditatif; rêveur; **2dichtung** f adaptation f; **~drängen** v/i. (sn) pousser par derrière; dem Feinde ~ talonner l'ennemi; **2druck** m force f; (Tatkraft) énergie f; auf etw. (acc.) ~ legen insister sur qch.; souligner qch.; phys., gr. intensité f; rhét. emphase f; typ. reproduction f; (ungesetzlicher) contrefaçon f; **~drucken** v/t. reproduire; (ungesetzlich) contrefaire; **~drücklich**, **~drucksvoll** adj. énergique; rhét. a. emphatique; **~dunkeln** v/i. (Farben) devenir plus foncé, se rembrunir; **~eifern** v/i.: j-m ~ s'efforcer d'égaler q.; **2-eiferung** f émulation f; **~eilen** v/i. (sn): j-m ~ courir après q.; **~ei'nander** adv. l'un après l'autre; successivement; **~empfinden** v/t.: j-m etw. ~ können comprendre les sentiments de q.

Nachen ['naxən] m (6) nacelle f; canot m; barque f.

Nach|-erbe m (héritier m) substitué m; **~ernte** f seconde récolte f; **2erzählen** v/t. répéter (ce que l'on a entendu raconter, etc.); **~erzählung** f narration f; compte m rendu de lecture; **~fahr** m descendant m; **2fahren** v/i. (sn): j-m ~ suivre q.(en voiture, etc.); **2färben** v/t. reteindre.

Nachfolg|e f succession f; **2en** v/i. (sn): j-m ~ suivre q., (im Amt, als Erbe) succéder à q.; **2end** p.pr. adj. suivant; **~er** m (7) successeur m.

nach|fordern v/t. demander en sus (od. en plus); **2forderung** f demande f en sus; **∼forschen** v/i.: e-r Sache (dat.) ∼ rechercher qch.; faire des recherches sur qch.; s'enquérir de qch.; **2forschung** f recherche f; enquête f; **2frage** f informations f/pl.; recherches f/pl.; ✝ demande f; es ist starke ∼ nach diesem Artikel cet article est très demandé; **∼fragen** v/i. s'informer de; ✝ demander; **∼fühlen** = nachempfinden; **∼füllen** v/t. remplir; **∼geben** v/i. céder; **∼geboren** p.p. adjt. (nach dem Tod d. Vaters) posthume; (nach den Geschwistern) puîné; **2gebühr** f surtaxe f; **2geburt** f arrière-faix m; délivre m; **2gehen** v/i. (sn) (Uhr) retarder; j-m ∼ suivre q.; e-r Sache (dat.) ∼ s'occuper de qch., (Geschäften) vaquer à, (Vergnügen) se livrer à; **∼gemacht** p.p. adjt. imité; artificiel; (gefälscht) contrefait; **∼ge-ordnet** p.p. adjt. subordonné; **∼gerade** adv. enfin; peu à peu; **2ge-schmack** m arrière-goût m; fig. über ∼ déboire m; **∼giebig** ['∼giːbiç] adj. souple; flexible; (willfährig) complaisant; **2giebigkeit** f souplesse f; (Willfährigkeit) complaisance f; **∼gießen** v/t. ajouter (en versant); **∼grübeln** v/i.: ∼ über acc. se creuser la tête au sujet de; **2hall** ['∼hal] m (3¹) retentissement m; écho m; **∼hallen** v/i. retentir; résonner; **∼haltig** ['∼haltiç] adj. durable; persistant; tenace; **∼hängen** v/i.: e-r Sache (dat.) ∼ s'abandonner à qch.; **∼hauseweg** m: auf dem ∼ sur le chemin du retour; **∼helfen** v/i.: j-m ∼ aider q. à avancer; venir en aide à q.; fig. pousser q.; **∼'her** adv. après; ensuite; puis; bis ∼! à tout à l'heure!; à tantôt!; **2hilfe** f aide f; secours m; **2hilfestunde** f leçon f particulière; **∼hinken** v/i. fig. venir après; **2holbedarf** m besoin m de rattrapage (od. de compensation); **∼holen** v/t. rattraper; **∼hut** ✗ f arrière-garde f; **2-impfung** f revaccination f; **∼jagen** v/i. (sn): j-m ∼ poursuivre q.; faire la chasse à q.; (dem Ruhm) courir après; **2klang** m écho m; souvenir m; **∼klingen** v/i. résonner; (Glocke) vibrer.

Nachkomm|e ['naːxkɔmə] m (13) descendant m; **2en** v/i. (sn): j-m ∼ suivre q.; rejoindre q.; (e-m Befehl) se conformer à; (e-r Bitte) acquiescer à; (e-r Forderung) faire droit à; (s-n

Verbindlichkeiten) satisfaire à; **∼en-schaft** f descendance f; postérité f.

Nach|kömmling ['∼kœmliŋ] m (3¹) descendant m; **∼kriegszeit** f après-guerre m (od. f); **∼kur** f soins m/pl. après la cure; **∼laß** ['∼las] m (4[²]) (e-r Strafe) remise f; (des Preises) diminution f; (Erbschaft) succession f; (künstlerischer) œuvres f/pl. posthumes; ohne ∼ sans relâche; **2lassen 1.** v/t. Seil: (re)lâcher; Schraube: desserrer; Strafe, Forderung: remettre; Preis: diminuer; **2.** v/i. (in der Spannkraft) se relâcher; (lose werden) se desserrer; (sich vermindern) diminuer; (schwach werden) faiblir; (Eifer) se refroidir; (Sturm) s'apaiser; (Wind) tomber; (Regen) cesser; **2lässig** adj. négligent; **∼lässigkeit** f négligence f; **∼laßpfleger** m curateur m à la succession; **2laufen** v/i. (sn) courir après; **2legen** v/t. Feuerung: remettre; Base f ✓ glanage m; (Trauben2) grappillage m; fig. recueil m complémentaire; **2lesen** v/t. ✓ glaner; Trauben: grappiller; e-e Stelle: lire; in e-m Buch ∼ consulter un livre; (nochmals lesen) relire; **2liefern** v/t. livrer plus tard; compléter une livraison; **∼lieferung** f livraison f complémentaire; **2lösen** v/t. Fahrkarte: faire supplément; **2machen** = nachahmen; **2messen** v/t. vérifier une mesure.

Nachmittag m après-midi m od. f; heute **2** cet après-midi; **2s** adv. (dans) l'après-midi; **∼svorstellung** f matinée f.

Nachnahme f (15) remboursement m (gegen contre); **∼gebühr** f montant m du remboursement; **∼sendung** f envoi m contre remboursement.

Nach|name m nom m de famille; **2plappern** v/t. répéter (machinalement); **∼porto** n surtaxe f; **2prüfen** v/t. vérifier; contrôler; **∼prüfung** f vérification f; contrôle m; **2rechnen** v/t. vérifier un calcul (✝ un compte); **∼rede** f épilogue m; üble ∼ médisance f; j-n in üble ∼ bringen médire de q.; **2reifen** v/i. (sn) ✓ mûrir après la cueillette; **2reisen** v/i. (sn): j-m ∼ partir pour rejoindre q.

Nachricht ['∼riçt] f (16) nouvelle f; information f (a. rad.); **∼en-agentur** f agence f; française ∼ Agence f France Presse; **∼endienst** m service *m* d'informations; **~ensatellit** *m* satellite *m* relais radio; satellite *m* (télé)communication(s); **~ensprecher** *m* speaker *m*; **~enwesen** *n* service *m* de(s) renseignements; ⚔ transmissions *f/pl.*

nach|rücken *v/i.* (sn) avancer; *dem Feinde ~* poursuivre l'ennemi; **2ruf** *m* article *m* nécrologique; **~sagen** *v/t.* répéter; *j-m etw. ~* dire qch. de q.; **2saison** *f* arrière-saison *f*; **2satz** *gr. m* second membre *m*; **~schauen** = nachsehen; **~schicken** *v/t.* Briefe: faire suivre; **~schlagen 1.** *v/t.* (*in e-m Buch*) consulter; *Stelle im Buch*: chercher; **2.** *v/i.: j-m ~* tenir de q.; **2schlagewerk** *n* ouvrage *m* de référence; **~schleichen** *v/i.* (sn): *j-m ~* suivre q. furtivement; **~schleppen** *v/t.* traîner après soi; remorquer; **2schlüssel** *m* fausse clef (clé) *f*; **~schreiben** *v/t.* copier; *nach Diktat ~* écrire sous la dictée; (*mitschreiben*) prendre des notes; **2schrift** *f* copie *f*; (*Zusatz*) post-scriptum *m*; **2schub** ⚔ *m* ravitaillement *m*; **~sehen 1.** *v/i.: j-m ~* suivre q. des yeux; **2.** *v/t.* (*prüfen*) examiner; vérifier; *~ ob* s'assurer si; *Hefte*: corriger; *Wort*: chercher; *in e-m Buch ~* consulter un livre; *j-m etw. ~* passer qch. à q.; **2sehen** *n*: *du wirst das ~ haben* tu en seras pour tes frais; **~senden** = nachschicken; **2sendung** *f* réexpédition *f*; **~setzen 1.** *v/t.* mettre après; (*hinzufügen*) ajouter; **2.** *v/i.* (sn): *j-m ~* se mettre à la poursuite de q.; **2sicht** *f* indulgence *f* (*gegen* envers); *~ üben* (*od.* haben) user d'indulgence (*gegen* envers); **~sichtig** ['~ziçtiç] *adj.* indulgent (*gegen* envers); **2silbe** *f* suffixe *m*; **~sinnen** *v/i.* réfléchir (*über acc.* à *od.* sur); méditer (sur); **~sitzen** F *v/i.* être en retenue; *~ lassen* mettre en retenue; **2sommer** *m* été *m* de la Saint-Martin; **2speise** *f* dessert *m*; **2spiel** *n* thé. épilogue *m*; *fig.* conséquences *f/pl.*; *die Sache wird ein gerichtliches ~ haben* l'affaire se terminera devant les tribunaux; **~sprechen** *v/t.* répéter; **~spüren** *v/i.: j-m ~* suivre q. à la trace; *ch.* quêter.

nächst [nɛːçst] **1.** *adj.* (*sup. v. nahe*) le plus proche; prochain; *der ~e Weg* le chemin le plus court; **~en Sonntag** dimanche *m* prochain; *die ~e Straße links* la première rue à gauche; *bei*

~er Gelegenheit à la première occasion; *am ~en Tage* le lendemain; *im ~en Augenblick* l'instant d'après; **2.** *adv.* *am ~en* le plus près; le plus proche; **3.** *prp.* (*dat.*) tout près de; (*unmittelbar nach*) après; **~'best** *adj.*: *der, die, das 2e* le premier venu; la première venue; **2e 1.** *n* le plus proche; *das ~* (*zu tun*) *wäre* ... la première chose à faire serait ...; **2.** *m* (*Mitmensch*) prochain *m*; **3.** *m, f* (*in der Reihenfolge*) suivant(e *f*) *m*; prochain(e *f*) *m*.

nach|stehen *v/i.: j-m ~* être inférieur à q.; **~stehend** *p.pr. adj.* suivant; *im ~en* ci-dessous; **~stellen 1.** *v/t.* Uhr: retarder; ⊕ régler; **2.** *v/i.: j-m ~* poursuivre q., (*e-m Mädchen*) courir après; **2stellung** *f* ⊕ réglage *m*; (*Verfolgung*) poursuite *f*.

Nächstenliebe *f* amour *m* du prochain; altruisme *m*.

nächst|ens *adv.* prochainement; sous peu; **~liegend** *p.pr. adj.* qui est situé le plus près; *das ~e* le plus proche.

nach|streben *v/i.* (*e-m Ziel*) tendre à; s'efforcer d'atteindre; *j-m ~* prendre q. pour modèle; **~stürzen** *v/i.* (sn) s'écrouler après; *j-m ~* se précipiter sur les pas de q.; **~suchen** *v/i.* chercher; *um etw. ~* solliciter qch.

Nacht [naxt] *f* (14¹) nuit *f*; *des ~s*, 2s, *bei ~*, *in der ~* (*pendant*) la nuit, de nuit; *tief in die ~ hinein* avant dans la nuit; *bei ~ und Nebel* à la faveur de la nuit; *über ~* pendant la nuit, (*sehr bald und plötzlich*) du jour au lendemain; *gute ~!* bonne nuit!; *es ist ~* il fait nuit; *es wird ~* il commence à faire nuit; *la nuit vient* (*od.* tombe); *über ~ bleiben* passer la nuit; **~angriff** *m* attaque *f* nocturne; **~arbeit** *f* travail *m* de nuit; **~asyl** *n* asile *m* de nuit; **~blindheit** 🎇 *f* héméralopie *f*; **~dienst** *m* service *m* de nuit.

Nachteil ['naːxtail] *m* (3) désavantage *m*; (*Schaden*) préjudice *m*; détriment *m*; *zum ~ von* au préjudice de; *~ bringen* porter préjudice à; *j-m zum ~ gereichen* porter préjudice à q.; *sich im ~ befinden* être désavantagé; **2ig** *adj.* désavantageux; préjudiciable.

nächtelang ['nɛçtəlaŋ] *adj. u. adv.* des nuits entières.

Nacht|-essen *n* souper *m*; **~eule** *zo.* *f* chouette *f*; **~falter** *m* phalène *f od.* *m*; **~flug** *m* vol *m* de nuit; **~frost** *m* gelée *f* nocturne; **~geschirr** *n* vase *m* de nuit; pot *m* de chambre; **~hemd** *n* chemise *f* de nuit.

Nachtigall ['naxtigal] *f* (16) rossignol *m*.

nächtigen ['nɛçtiɡən] *v/i.* (25) passer la nuit, coucher.

Nachtisch ['nɑːxtiʃ] *m* dessert *m*.

Nacht|jäger *Flgw.* ✈ *m* chasseur *m* de nuit; **~klub** *m* = *Nachtlokal*; **~lager** *n* campement *m* nocturne; (*Quartier*) gîte *m*; **~leben** *n* vie *f* nocturne.

nächtlich 1. *adj.* nocturne; 2. *adv.* la nuit; de nuit.

Nacht|lokal *n* établissement *m* de nuit; F boîte *f* de nuit; **~musik** *f* sérénade *f*; **~portier** *m* veilleur *m* (de nuit); concierge *m* de nuit; **~quartier** *n* gîte *m*.

Nach|trag ['nɑːxtraːk] *m* (3³) supplément *m*; ⚖ codicille *m*; avenant *m*; **Ꞛtragen** *v/t.* (*hinzufügen*) ajouter (à); *j-m etw. ~* porter qch. derrière q., *fig.* garder rancune de qch. à q., **Ꞛtragend** *p.pr. adj.* rancunier; **Ꞛträglich** ['~trɛːkliç] 1. *adj.* (*ergänzend*) supplémentaire; (*später nachfolgend*) ultérieur; 2. *adv.* après coup; plus tard.

Nachtruhe *f* repos *m* nocturne; **Ꞛs** *adv.* (*pendant*) la nuit; de nuit; **~schattengewächse** *n/pl.* solanées *f/pl.*; **~schicht** *f* équipe *f* de nuit; **~schwärmer** F *m* noctambule *m*; **~schwester** *f* infirmière *f* de nuit; **~stuhl** *m* chaise *f* percée; **~tisch** *m* table *f* de nuit; **~tischlampe** *f* lampe *f* de chevet; **~topf** *m* = *Nachtgeschirr*.

nachtun ['nɑːxtuːn] *v/t.: es j-m ~* faire autant que q.

Nacht|wache *f* veille *f* de nuit; (*bsd. bei Kranken*) veillée *f*; (*Person*) garde *f*; **~wächter** *m* garde (*od.* veilleur) *m* de nuit; **Ꞛwandeln** *v/i.* être somnambule; **~wandler(in** *f*) *m* somnambule *m*, *f*; **~zeit** *f*: *zur ~* de nuit; **~zug** *m* train *m* de nuit.

Nach|-untersuchung ⚕ *f* examen *m* (*od.* visite *f*) médical(e) postopératoire; **~urlaub** *m* prolongation *f* de congé; **Ꞛwachsen** *v/i.* (sn) repousser; **~wahl** *f* seconde élection *f*; élection *f* complémentaire; **~wehen** *f/pl.* ⚕ douleurs *f/pl.* après l'accouchement; *fig.* suites *f/pl.*; **Ꞛweinen** *v/i.: j-m ~* déplorer la disparition de q.; **~weis** *m* (4) pièce *f*

justificative; preuve *f* (*erbringen* fournir); **Ꞛweisbar** *adj.* démontrable; **Ꞛweisen** *v/t.* prouver; démontrer; (*Arbeit*) procurer; **Ꞛweislich** 1. *adj.* démontrable, prouvable; 2. *adv.* comme on peut en apporter la preuve; **~welt** *f* postérité *f*; **Ꞛwerfen** *v/t.* jeter après; **Ꞛwiegen** *v/t.* repeser; vérifier le poids; **Ꞛwirken** *v/i.* se faire sentir; produire (encore) son effet; (*rückwirken*) avoir des répercussions; **~wirkung** *f* effet *m* ultérieur; (*Rückwirkung*) répercussion *f*; **~wort** *m* épilogue *m*; postface *f*; **~wuchs** ['~vuːks] *m* nouvelle pousse *f*; *for.* recrû *m*; *fig.* génération *f* nouvelle; jeunesse *f*; **Ꞛzahlen** *v/t.* payer (*thé.* prendre) un supplément; **Ꞛzählen** *v/t.* recompter; **~zahlung** *f* paiement *m* supplémentaire; **Ꞛzeichnen** *v/t.* copier; **Ꞛziehen** *v/t.* (*Schraube*): resserrer; (*Striche*): imiter; *fig.* entraîner; **Ꞛzügler** *m* (7) retardataire *m*; ✕ traînard *m*.

Nacken ['nakən] *m* (6) nuque *f*; *j-m den ~ steifen* affermir q. dans sa résolution; **~schläge** *m/pl. fig.*: ~ *bekommen* éprouver des revers.

nackt [nakt] *adj.* nu; *mit ~en Füßen* (les) pieds nus; nu-pieds.

Nackt|heit *f* nudité *f*; **~kultur** *f* nudisme *m*; *Anhänger der ~* nudiste *m*; **~schnecken** *f/pl.* limacides *m/pl.*

Nadel ['nɑːdəl] *f* (15) aiguille *f*; (*Steck*Ꞛ) épingle *f*; (*zum Heften*) broche *f*; **~baum** *m* conifère *m*; **~holz** *n* conifères *m/pl.*; **~kissen** *n* pelote *f* à épingles; **~öhr** *n* trou *m* d'aiguille; chas *m*; **~spitze** *f* pointe *f* d'aiguille (*od.* d'épingle); **~stich** *m* piqûre *f* d'épingle; (*Nähstich*) point *m* (de couture); *fig.* coup *m* d'épingle; **~wald** *m* forêt *f* de conifères.

Nagel ['nɑːɡəl] *m* (7¹) clou *m*; (*hölzerner*) cheville *f*; (*Finger*Ꞛ) ongle *m*; *fig. den ~ auf den Kopf treffen* toucher juste; *fig. etw. an den ~ hängen* mettre qch. au clou; *fig. auf den Nägeln brennen* presser; être urgent; **~bürste** *f* brosse *f* à ongles; **~feile** *f* lime *f* à ongles; **~geschwür** *n* panaris *m*; **~lack** *m* vernis *m* à ongles; **~lackentferner** *m* dissolvant *m* (du vernis à ongles); **Ꞛn** *v/t.* (29) clouer; (*benageln*) clouter; **Ꞛneu** *adj.* battant (*od.* flambant) neuf; **~pflege** *f* manucure *f*; **~reiniger** *m* cure-ongles *m*; **~schere** *f* ciseaux *m/pl.* à ongles;

~schuhe *m/pl.* souliers *m/pl.* à clous.

nage|n ['na:gən] *v/i.* ronger (*an etw. dat.* qch.); **≈tier** *n* rongeur *m*.

nah ['na:] (18²) *adj., adv. u. prp.* proche; (*anstoßend*) attenant; (*Freund*) intime; (*Gefahr*) imminent; près; ~ *bei* (*an*) près de; *er ist ~ an fünfzig* il approche la cinquantaine; *ich war ~ daran, zu ...* (*inf.*) j'ai manqué de (*od.* failli) ... (*inf.*); *es war ~ daran* peu s'en est fallu; *er ist dem Tode* ~ il touche à sa mort; *fig. j'm zu ~ treten* froisser q.; *von ~ und fern* de près et de loin.

Näh-arbeit *f* ouvrage *m* de couture.

Nah-aufnahme *f* gros plan *m*.

nahe ['na:ə] = *nah.*

Nähe ['nɛ:ə] *f* (15) proximité *f*; voisinage *m*; *in der ~* tout près; *aus der ~* de tout près; *aus nächster ~* (*schießen*) à bout portant.

nahe|'bei *adv.* tout près; **~bringen** *v/t.: j-m etw. ~* montrer bien qch. à q.; faire comprendre qch. à q.; **~gehen** *v/i.* (sn): *das geht ihm nahe* la touche de près; **~kommen** *v/i.* (sn) approcher de; **~legen** *v/t.: j-m etw. ~* recommander instamment qch. à q.; **~liegen** *v/i.: das liegt nahe* cela est facile à comprendre; **~liegend** *p.pr. adj.* tout près; *fig.* facile à concevoir.

nahen ['na:ən] *v/i.* (sn) (25) approcher.

nähen *v/t.* (25) coudre; *Hemden usw.:* faire; **≈** suturer.

näher (18, *comp. v. nah*[e]) *adj. u. adv.* plus proche; plus près; **~e** *Umstände* plus amples détails *m/pl.*; **~es** *Objekt* régime *m* direct; *bei ~er Betrachtung* à y regarder de plus près; *er gewinnt bei ~er Bekanntschaft* il gagne à être connu; ~ *rücken* approcher; *kommen* (*treten*) *Sie ~!* approchez!; *j-n ~ kennenlernen* faire plus ample connaissance avec q.; *sich mit etw. ~ bekannt machen* se familiariser avec qch.; **~bringen** *v/t.: j-m etw. ~* faire mieux comprendre qch. à q.; **≈e(s)** *n* plus amples détails *m/pl.*; ~ *bei ...* pour plus de renseignements, s'adresser à ...

Näher|ei [~'raɪ] *f* (15) couture *f*; **~in** *f* couturière *f*; (*an der Maschine*) mécanicienne *f*.

näher|kommen *v/rfl.* (sn): *sich ~* (*sich verstehen lernen*) commencer à s'entendre; **~n** *v/rfl.: sich ~* (s')approcher (de); **~treten** *v/i.* (sn) (*ver-*

trauter werden) se familiariser (avec); *e-r Frage ~* serrer une question de plus près; **≈ungswert** *m* valeur *f* approchée (*od.* approximative).

nahe|stehen *v/i.: j-m ~* être lié avec q.; être l'intime de q.; **~stehend** *p.pr. adj.* proche; **~zu** *adv.* à peu près; presque.

Näh|faden *m*, **~garn** *n* fil *m* à coudre.

Nahkampf *m* combat *m* rapproché; **※** (*Mann gegen Mann*) corps à corps *m*.

Näh|kasten *m* coffret *m* à ouvrage; **~korb** *m* corbeille *f* à ouvrage.

nahm [na:m] *s. nehmen.*

Näh|maschine *f* machine *f* à coudre; **~nadel** *f* aiguille *f* (à coudre).

Nähr|boden *m* terrain *m* favorable; (*für Bakterien*) bouillon *m* de culture; **≈en** *v/t.* nourrir; *Kind:* allaiter; (*beköstigen*) alimenter.

nahrhaft ['na:rhaft] *adj.* nutritif; nourrissant; (*kräftig*) substantiel; (*zur Ernährung dienend*) alimentaire; **≈igkeit** *f* qualités *f/pl.* nutritives.

Nähr|mittel *n/pl.* produits *m/pl.* alimentaires; **~salz** *n* sel *m* nutritif; **~stoff** *m* substance *f* alimentaire.

Nahrung *f* nourriture *f*; (*alles zur Ernährung Dienende*) aliment *m*; ~ *und Kleidung* le vivre et le vêtement.

Nahrungs|-aufnahme *f*: *die ~ verweigern* refuser la nourriture; **~mangel** *m* disette *f*; **~mittel** *n* aliment *m*; *pl. a.* vivres *m/pl.*; **~mittelbedarf** *m* besoins *m/pl.* alimentaires; **~sorgen** *f/pl.* soucis *m/pl.* du pain quotidien.

Nährwert *m* valeur *f* nutritive.

Nähseide *f* soie *f* à coudre.

Naht *f* (14¹) couture *f*; **≈** suture *f*; **⊕** soudure *f*; **≈los** *adj. u. adv.* sans couture; **⊕** sans soudure.

Nahverkehr *m* trafic *m* de banlieue.

Nähzeug *n* nécessaire *m* à ouvrage.

Nahziel **※** *n* but *m* rapproché (*od.* immédiat).

naiv [na'i:f] *adj.* naïf; ingénu; **≈ität** [~ivi-] *f* naïveté *f*; ingénuité *f*.

Name ['na:mə] *m* (13) nom *m*; (*Benennung*) dénomination *f*; (*Ruf*) réputation *f*; *die ~n aufrufen* faire l'appel nominal; *dem ~n nach kennen* connaître de nom; *in seinem ~n* en som nom; *in j-s ~n* au nom de q.

Namen|forschung *f* onomastique *f*; **~gebung** *f* dénomination *f*; **~gedächtnis** *n* mémoire *f* des noms;

~kunde f onomatologie f; **~liste** f liste f nominale (od. des noms); **~los** adj. sans nom; anonyme; fig. indicible; **~register** n nomenclature f.

namens 1. adv. du nom de; nommé; **2.** prp. (gén.) au nom de; **~aktie** f action f nominative; **~änderung** f changement m de nom; **~aufruf** m appel m nominal; **~tag** m fête f; **~verwechslung** f confusion f de noms; **~vetter** m homonyme m; **~zug** m signature f; (abgekürzter) parafe m.

namentlich ['nɑːməntliç] **1.** adj. nominal; **2.** adv. notamment; spécialement.

namhaft adj. renommé; connu; j-n ~ machen nommer q.

nämlich ['nɛːmliç] **1.** adj. même; das ~e la même chose; **2.** adv. (bestimmend) à savoir; c'est-à-dire; (begründend) c'est que.

nannte ['nantə] s. nennen.

nanu! int. [na'nuː] eh bien!, par exemple!, pas possible!

Napalmbombe ['nɑːpalm-] f bombe f au napalm.

Napf [napf] m (3¹) écuelle f; jatte f; bol m; (größerer) terrine f; (Eßß) gamelle f; **~kuchen** m, kouglof m, kougelhof m.

Naphtalin [nafta'liːn] n (11, o. pl.) naphtaline f.

Narbe ['narbə] f (15) cicatrice f; (Schmarre) balafre f; ✎ couche f végétale; **~ig** adj. cicatrisé; (schmarrig) balafré; (Leder) grenu.

Narkose [nar'koːzə] f (15) narcose f; anesthésie f; **~se-arzt** m anesthésiste m; **~tikum** n (9²) narcotique m; **~tisch** adj. narcotique; **~tisieren** [~koti'ziːrən] v/t. anesthésier.

Narr [nar] m (12) fou m; bouffon m; e-n ~en gefressen haben raffoler (an dat. de); j-n zum ~en haben (od. halten) = j-n zum ~en v/t. se jouer (od. se moquer) de q.

Narren|haus n asile m d'aliénés; **~kappe** f bonnet m de bouffon; **~possen** f/pl. bouffonneries f/pl.; **~sicher** adj. excluant toute fausse manœuvre; **~streich** m sottise f, facétie f.

Narr|etei [~'taɪ] f, **~heit** f folie f.

Närr|in ['nɛrin] f folle f, sotte f; **~isch** adj. fou; (überspannt) extravagant;

(possierlich) comique; bouffon; drôle.

Narzisse [nar'tsisə] f (15) narcisse m.

nasal gr. [na'zaːl] adj. nasal; **~ieren** [~za'liːrən] v/t. nasaliser; **~ierung** f nasalisation f; **~laut** m nasale f.

naschen ['naʃən] v/t. manger par gourmandise; gern ~ être friand (etw. de qch.); **~erei** [~ʃə'raɪ] f friandise f; **~haft** adj. friand; gourmand; **~haftigkeit** f gourmandise f; friandise f; **~katze** F f gourmand(e f) m; **~werk** n friandises f/pl.

Nase ['nɑːzə] f (15) nez m; (Witterung) flair m; die ~ rümpfen faire la moue; die ~ hoch tragen prendre des airs 'hautains'; die ~ voll haben en avoir assez; sich die ~ putzen se moucher; die ~ in etw. (acc.) stecken mettre le nez dans qch.; s-e ~ in alles stecken fourrer son nez partout; j-n an der ~ herumführen mener q. par le bout du nez; ich sehe es dir an der ~ an je le vois à ton nez; j-m etw. auf die ~ binden en faire accroire à q.; j-m auf der ~ herumtanzen se jouer de q.; durch die ~ sprechen parler du nez; nasiller; in die ~ steigen prendre au nez; j-m etw. unter die ~ reiben jeter à la figure de q.; j-m etw. vor der ~ wegnehmen enlever qch. au nez de q.; **~lang** adv.: alle ~ F à tout bout de champ.

näseln ['nɛːzəln] v/i. (29) nasiller.

Nasen|bein n os m nasal; **~bluten** n saignement m de nez; **~flügel** m aile f du nez; **~länge** f (bei Rennen) (longueur f de) tête f (um de); **~laut** gr. m nasale f; **~loch** n narine f; **~schleimhaut** f muqueuse f nasale; **~spitze** f bout m du nez; **~stüber** m (7) chiquenaude f.

naseweis ['nɑːzəvaɪs] adj. (18¹) impertinent; curieux.

Nashorn ['nɑːshɔrn] n rhinocéros m.

naß [nas] **1.** adj. (18¹ [u. ²]) mouillé; (feucht) humide; (durchnäßt) trempé; ~ machen mouiller; ~ werden, sich ~ machen se mouiller; durch und durch ~ trempé jusqu'aux os; **2.** 2 n liquide m, eau f.

Nassauer F ['nasauər] m (7) pique-assiette m, écornifleur m; **~n** F v/i. écornifler (bei j-m q.).

Nässe ['nɛsə] f (15) humidité f; **~n** v/i. mouiller; humecter.

naßkalt adj.: es ist ~ il fait un froid humide.

Nation [na'tsjo:n] f nation f.

natio'nal adj. national; **♀feiertag** m fête f nationale; **♀gefühl** n sentiment m national; **♀hymne** m hymne m national; **♀ismus** [∼'lismus] m nationalisme m; **♀'ist** m (12) nationaliste m; **∼'istisch** adj. nationaliste; **♀ität** [∼li'tɛːt] f nationalité f; **♀mannschaft** Sp. f équipe f nationale; **♀-ökonomie** f économie f politique; **♀park** m parc m national; **♀sozialist** m national-socialiste m; F nazi m; **♀spieler** Sp. m sélectionné m; **♀tracht** f costume m national; **♀versammlung** f assemblée f nationale.

Natrium ['naːtrium] n (11) sodium m.

Natron ['naːtrɔn] n (11) soude f; (doppelt)kohlensaures ∼ (bi)carbonate m de soude; **∼lauge** f soude f caustique.

Natter ['natər] f (15) couleuvre f; vipère f.

Natur [na'tuːr] f (16) nature f; (natürliche Beschaffenheit a.) naturel m; (Gemütsart) tempérament m; complexion f; (Charakter) caractère m; nach der ∼ d'après nature.

Natural|ien [∼tu'raːljən] pl. produits m/pl. du sol; (naturgeschichtl. Sammlung) objets m/pl. d'histoire naturelle; **♀isieren** [∼rali'ziːrən] v/t. naturaliser; **∼ismus** [∼'lismus] m naturalisme m; **♀istisch** adj. naturaliste; **∼leistung** f prestation f en nature; **∼lohn** m salaire m en nature.

Na'tur|-anlage f disposition f naturelle; naturel m; **∼beschreibung** f physiographie f; **∼ell** [∼'rɛl] n (3¹) naturel m; **∼ereignis** n, **∼erscheinung** f phénomène m de la nature; **∼forscher** m naturaliste m; **∼forschung** f étude (od. science) f de la nature; sciences f/pl. naturelles; **∼freund** m ami m de la nature; **∼gabe** f don m naturel; **♀gemäß** adj. naturel; normal; **∼geschichte** f histoire f naturelle; **♀geschichtlich** adj. d'histoire naturelle; **∼gesetz** n loi f naturelle; loi f de la nature; **♀getreu** adj. d'après nature; **∼heilkunde** f thérapeutique f naturelle; **∼katastrophe** f cataclysme m naturel, catastrophe f naturelle; **∼kunde** f science f de la nature; sciences f/pl. naturelles.

na'türlich [na'tyːrliç] **1.** adj. naturel; (unbefangen) ingénu; (einfach) naïf;

simple; **2.** adv. sans doute; naturellement; bien sûr; **♀keit** f naturel m; ingénuité f; (Einfachheit) naïveté f; simplicité f.

Na'tur|recht n droit m naturel; **∼reich** n règne m de la nature; **♀rein** adj. (purement) naturel; **∼schutz** m protection f des sites (resp. du paysage); **∼schutzgebiet** n parc m national; **∼seide** f soie f naturelle; **∼trieb** m instinct m; **∼volk** n peuple m primitif; **∼wissenschaften** f/pl. sciences f/pl. naturelles.

Naut|ik ['nautik] f (inv.) art f nautique (od. de la navigation); **♀isch** adj. nautique.

Navigation [naviga'tsjo:n] f (inv.) navigation f; **∼s-offizier** m navigateur m, officier m de route.

Nebel ['neːbəl] m (7) brouillard m; (Dunst) brume f; fig. nuage m; voile m; **∼fleck** m astr. nébuleuse f; **☀** (im Auge) tache f nébuleuse; **♀haft** adj. nébuleux; fig. vague; **∼horn** n trompe f de brume; **♀ig** adj. brumeux; nébuleux (a. fig.); es ist ∼ il fait du brouillard; **∼krähe** f corneille f emmantelée; **∼scheinwerfer** m phare m antibrouillard; **∼schleier** m voile m de brume; **∼schwaden** m/pl. brouillard m flottant; **∼wand** f rideau m de brouillard.

neben ['neːbən] prp. (wo? dat.; wohin? acc.) à côté de; (au)près de; (außer) avec; outre; (verglichen mit) en comparaison de; **♀-absicht** f objet m secondaire; (Hintergedanke) arrière--pensée f; **♀-amt** n emploi m accessoire; **∼'-an** adv. à côté; ici près; **♀-anschluß** teleph. m ligne f téléphonique secondaire; **♀-arbeit** f travail m accessoire; **♀-ausgabe** f dépense f accessoire; (zusätzliche) frais m/pl. supplémentaires; **♀-ausgang** m sortie f latérale; **∼'bei** adv. = nebenan; (noch dazu) en outre; (beiseite) à part; ∼ bemerkt soit dit en passant; **∼beruflich 1.** adj. extra-professionnel; (regulière) occupation f accessoire; **2.** adv. en dehors de la profession (régulière); **♀beschäftigung** f occupation f accessoire; **♀buhler(in** f) m rival(e f) m, concurrent(e f) m; **∼-ei'nander** adv. l'un à côté de l'autre; **∼-ei'nanderstellen** v/t. juxtaposer; (vergleichen) comparer; **♀-eingang** m entrée f latérale; **♀-einkünfte** pl., **♀einnahme(n** pl.) f revenus m/pl. accessoires (zusätzliche:

supplémentaires); ⟨-**erscheinung** f phénomène m accessoire (*od.* secondaire); ⟨**fach** n (*beim Studium*) matière f secondaire; ⟨**fluß** m affluent m; rivière f tributaire; ⟨**gebäude** n dépendance f; annexe f; ⟨**gedanke** m arrière-pensée f; ⟨**geräusch** n rad. bruit m parasite; *téléph.* friture f; ⟨**geschmack** m arrière-goût m; ⟨**gleis** n contre-voie f; ⟨**handlung** f épisode m; **~her**, **~hin** adv. à côté; (*außerdem*) en outre; ⟨**kosten** pl. frais m/pl. accessoires (*zusätzliche:* supplémentaires); ⟨**linie** f (*Herkunft*) ligne f collatérale; *Esb.* ligne (*od.* voie) f latérale; ⟨**mann** m voisin m; ⟨**niere** anat. f capsule f surrénale; ⟨**person** f personnage m secondaire; ⟨**produkt** n sous-produit m; ⟨**raum** m pièce f voisine (*od.* contiguë); ⟨**rolle** f rôle m secondaire; *thé.* rôle m de figurant; ⟨**sache** f accessoire m; à-côté m; *das ist* ~ c'est accessoire; cela ne compte pas; **~sächlich** ['~zɛçliç] adj. accessoire; secondaire; ⟨**satz** m (proposition f) subordonnée f; ⟨**stehend** p.pr. adj. u. advt. ci-contre; ⟨**straße** f rue f voisine (*resp.* latérale); (*Fahr⟨*) route f secondaire; ⟨**tür** f porte f voisine; (*versteckte*) porte f dérobée; ⟨**umstand** m circonstance f accessoire; détail m; ⟨**verdienst** m = *Nebeneinkünfte*; ⟨**weg** m chemin m voisin (*resp.* latéral); ⟨**winkel** &A; m angle m adjacent; ⟨**wirkung** f effet m accessoire; (ré)action f secondaire; ⟨**zimmer** n pièce f voisine (*od.* contiguë).

neblig ['ne:bliç] = nebelig.

nebst [ne:pst] prp. (*dat.*) avec; (*noch hinzu*) outre.

neck|en ['nɛkən] (25) v/t. (v/rfl. sich ~ se) taquiner; ⟨**erei** [~'raɪ] f (16) taquinerie f; **~isch** adj. taquin.

Neffe ['nɛfə] m (13) neveu m.

negativ ['ne:gati:f] adj., ⟨ phot. n négatif (m).

Neger(in f) ['ne:gər] m (7) nègre m; négresse f.

nehmen ['ne:mən] v/t. (30) prendre (*auf sich acc.* sur soi); (*an~*) accepter; (*mit~*) emmener; *Sache:* emporter; (*weg~*) ôter; enlever; *j-n zu* ~ *verstehen* savoir prendre q.; *an sich* (*acc.*) ~ ramasser, (*einstecken*) empocher; *etw. zu sich* ~ prendre qch.; *j-n zu sich* ~ recueillir q. chez soi; *wie man's nimmt* c'est selon.

Nehrung géogr. ['ne:ruŋ] f cordon m littoral; langue f de terre.

Neid [naɪt] m (3) envie f; jalousie f; *aus* ~ par envie; *vor* ~ *vergehen* sécher (*pfort* crever) d'envie; *bei j-m* ~ *erregen* exciter l'envie de q.; **~er** m envieux m; jaloux m; **~hammel** F m envieux m; **~isch** adj.: *auf etw.* (*acc.*) ~ *sein* être envieux de qch.; *auf j-n* ~ *sein* être jaloux de q.; **~los** adv. sans envie.

Neig|e ['naɪgə] f (15) (*Abnahme*) déclin m; (*Ende*) fin f; (*Rest*) reste m; *zur* ~ *gehen* tirer (*od.* toucher) à sa fin; **~en** (25) v/t. (v/rfl. sich ~ se) pencher (*zu vers, fig.* à); (s')incliner (à); *sich* ~ (*abschüssig sein*) aller en pente; *sich zum Ende* ~ décliner; être sur son déclin, (*Tag*) baisser; **~ung** f (*geneigte Lage*) déclivité f; pente f; inclinaison f; (*Körper*) inclination f; *fig.* inclination f (*zu, für* pour); penchant m; tendance f; goût m; *aus* ~ par goût; *Heirat aus* ~ mariage m d'inclination (*od.* d'amour); **~ungswinkel** &A; m angle m d'inclinaison.

nein [naɪn] adv. non; mit (e-m) ⟨ *antworten* répondre que non; répondre négativement; ~ *so was!* par exemple!

Nektar ['nɛkta:r] m (3¹, *o.pl.*) nectar m.

Nelke &V; ['nɛlkə] f (15) œillet m; (*Gewürz⟨*) clou m de girofle.

nennen ['nɛnən] v/t. (30) nommer; appeler; (*betiteln*) qualifier de; (*anführen*) citer; **~swert** adj. notable; considérable.

Nenn|er &A; ['nɛnər] m (7) dénominateur m; *auf e-n* ~ *bringen* réduire au même dénominateur; **~form** gr. f infinitif m; **~ung** f dénomination f; désignation f; *Sp.* inscription f; **~wert** ✝ m valeur f nominale.

Neologismus [neolo'gɪsmus] m (16²) néologisme m.

Neon ['ne:ɔn] n (9, *o. pl.*) néon m; **~beleuchtung** f éclairage m au néon; **~röhre** f tube m néon.

Nerv [nɛrf] m (8 u. 12) nerf m; *auf die* ~*en fallen* (*gehen*) donner sur les nerfs.

Nerven|arzt m neurologue m; ⟨**aufreibend** p.pr. adjt. qui irrite les nerfs; énervant; **~bündel** F fig. n paquet m de nerfs; *ein* ~ *sein* avoir les nerfs en pelote; **~entzündung** f névrite f; **~heil-anstalt** f maison f de santé (pour névropathes); **~kitzel** m sensation f; *iron.* frissons m/pl.; **~krank** adj. névropathe; névrosé; **~leiden** n affection f nerveuse; névropathie f; névrose f; **~schmerz** m névralgie f; **~schock** m choc m nerveux; **~schwäche** f nervosité f; neurasthénie f; 2**stärkend** p.pr. adjt. tonique; **~system** n système m nerveux; **~überreizung** f névrose f; surexcitation f nerveuse; **~zusammenbruch** m effondrement m nerveux; prostration f.

nerv|ig ['nɛrviç] adj. fig. vigoureux; **~ös** [~'vøːs] adj. nerveux; 2**osität** [~vozi'tɛːt] f (16) nervosité f; neurasthénie f.

Nerz [nɛrts] m (3²) vison m; **~mantel** m (manteau m de) vison m.

Nessel ♀ ['nɛsəl] f (15) ortie f; **~fieber** ✠ n urticaire f.

Nest [nɛst] n (1¹) nid m; (*Raubvogel*2) aire f; *ein ~ ausnehmen* dénicher des oiseaux; F (*kleiner Ort*) trou m; (*schlechte Wohnung*) bicoque f; **~häkchen** n (6) benjamin m; culot m; **~wärme** *fig.* f chaleur f du foyer familial.

)ett [nɛt] adj. gentil; (*hübsch*) joli; (*niedlich*) mignon.

)etto ['nɛto] adj. net; 2**einkommen** n revenu m net; 2**gewicht** n poids m net; 2**preis** m prix m net; 2**sozialprodukt** n produit m national net.

Netz [nɛts] n (3²) filet m; (*Fang*2 *a.*) rets m; (*Eisenbahn*2, *Straßen*2) réseau m; **~anschluß** m: *mit ~ rad.* sur secteur; **~empfänger** m poste m sur secteur; 2**en** (22) v/t. humecter; *mit Tränen ~* baigner de larmes; **~haut** f rétine f; **~hemd** n chemise f en cellular; **~karte** f (*für Verkehrsmittel*) carte f de circulation.

neu [nɔʏ] **1.** adj. nouveau; (*ungebraucht, noch nicht dagewesen*) neuf; (*zeitlich*) moderne; (*kürzlich*) récent; frais; *das ist mir ~* c'est nouveau pour moi; *in etw.* (*dat.*) ~ *sein* être novice (*od.* nouveau) en qch.; *er Ausdruck* néologisme m; *die ~ere Geschichte* l'histoire f moderne; *~ere Sprachen* langues f/pl. modernes (*od.* vivantes); *~este Mode* dernière mode f; **2.** adv. nouvellement, fraîchement; à neuf, de neuf; *~ tapeziert* fraîchement tapissé; *~ kleiden* habiller de neuf; *~ machen* remettre à neuf; *~ gestalten* réorganiser; *von*

~em de nouveau; 2**ankömmling** m nouveau venu m; 2**anschaffung** f nouvelle acquisition f; **~artig** adj. nouveau, moderne; 2**auflage** f nouvelle édition f; (*Neudruck*) réimpression f; 2**bau** m nouvelle construction f; reconstruction f; bâtiment m en construction; 2**bauwohnung** f appartement m dans une maison neuve; 2**bearbeitung** f (*e-s Buches*) nouvelle édition f remaniée; 2**bildung** f formation f récente; *gr.* néologisme m; ✠ néoplasme m; 2**druck** m réimpression f; 2**e(s)** n nouveau m; neuf m; moderne m; *was gibt's ~s?* qu'y a-t-il (*od.* quoi) de neuf (*od.* de nouveau); *aufs* 2, *von* 2**m** de (*od.* à) nouveau.

neuer|dings ['nɔʏərdiŋs] adv. (*kürzlich*) récemment; (*seit kurzem*) depuis peu; (*von neuem*) de (*od.* à) nouveau; 2**er** m (7) novateur m.

Neu|erscheinung f nouveauté f; **~erung** f innovation f; 2**französisch** adj. français moderne; **~fundländer** zo. [~'fʊntlɛndər] m (7) terre-neuve m; 2**geboren** p.p. adjt. nouveau-né; *sich wie ~ fühlen* se sentir tout ragaillardi; **~geborene(r** m) m, f nouveau-né(e f); **~gestaltung** f réorganisation f.

Neugier|(de) ['nɔʏgiːr(də)] f (*inv.*) curiosité f; 2**ig** adj. curieux (*auf acc.* de).

neu|griechisch adj. grec moderne; 2**gründung** f nouvelle fondation f; 2**heit** f nouveauté f; **~hochdeutsch** adj. 'haut allemand moderne.

Neuigkeit ['nɔʏiçkaɪt] f nouveauté f; **~skrämer** F m (7) (col)porteur m de nouvelles.

Neu|inszenierung *thé.* f nouvelle réalisation f (*od.* mise f en scène); **~jahr** n jour m de l'an; nouvel an m.

Neujahrs|abend m (la) Saint-Sylvestre f; **~geschenk** n étrenne f; **~tag** m jour m de l'an; **~wunsch** m vœux m/pl. de bonne année.

Neu|land n terre f vierge (*a. fig.*); 2**lich** adv. l'autre jour; **~ling** m (3¹) novice m, f; débutant(e f) m; 2**modisch** adj. à la dernière mode; **~mond** m nouvelle lune f.

neun [nɔʏn] a/n. c. neuf; 2**auge** zo. n lamproie f de rivière; **~erlei** [nɔʏnər-'laɪ] adj. de neuf espèces; **~fach**, **~fältig** ['~fɛltiç] adj. neuf fois autant; **~hundert** a/n. c. neuf cents;

mal adv. neuf fois; **~tägig** [ˈ~tɛːgiç] adj. de neuf jours; **~tausend** a/n. c. neuf mille; **~te** a/n. o. neuvième; der (den, am) ~(n) März le neuf mars; 2**tel** n neuvième m; **~tens** adv. neuvièmement; **~zehn** a/n. c. dix-neuf; **~zehnte** a/n. o. dix-neuvième; **~zig** a/n. c. quatre-vingt-dix; (schweiz. u. in Belgien) nonante; **~zigste** a/n. o. quatre-vingt-dixième.

Neu-|ordnung f réorganisation f; **~orientierung** f orientation f nouvelle; **~philologe** m professeur m de langues modernes (od. vivantes).

Neural|gie [~ral'giː] f (15) névralgie f; 2**gisch** [~'ralgiʃ] adj. névralgique.

Neurasthen|ie [~rasteˈniː] f neurasthénie f; 2**isch** [~'teː-] adj. neurasthénique.

Neu|regelung f nouvelle réglementation f; **~reiche(r)** m nouveau riche m.

Neurologe [nɔʏroˈloːgə] m (13) neurologue m.

Neuro|se ✠ [nɔʏˈroːzə] f (15) névrose f; **~tiker** m (7), 2**tisch** adj. névrosé (m), névrotique (m).

Neu|schnee m neige f fraîche; **~seeländer(in** f) m Néo-Zélandais(e f) m; 2**seeländisch** adj. néo-zélandais; **~silber** n maillechort m; ruolz m; **~sprachler** [ˈ~ʃpraːxlər] m = Neuphilologe; **~stadt** f ville f neuve.

neutral [~'traːl] adj. neutre; **~isieren** [~ali'ziːrən] v/t. neutraliser; 2**ität** [~li'tɛːt] f neutralité f.

Neutr|on phys. [ˈnɔʏtrɔn] n (8) neutron m; **~onenbombe** [~'troːnən-] f bombe f neutronique; **~um** gr. n (9[²]) (substantiv m) neutre m.

neu|vermählt p.p. adj. nouvelle-ment marié; die 2en les nouveaux mariés m/pl.; 2**wahl** f nouvelle élection f; 2**wert** m valeur f à l'état neuf; **~wertig** adj. à l'état (de) neuf; 2**zeit** f temps m/pl. modernes; **~zeitlich** adj. moderne.

nicht [niçt] adv. ne ... pas, pfort ne ... point; (zur Verneinung e-s einzelnen Wortes od. e-s ganzen, nicht wiederholten Satzes) non; ~ viel (bei vb. ne ...) pas beaucoup; warum ~? pourquoi pas?; ich auch ~ (ni) moi non plus; ~ nur (sondern auch) non seulement (mais aussi); ~ daß ... ce n'est pas que ... (subj.); non (pas) que ... (subj.); ~, daß ich wüßte pas que je sache; ~ mehr ne ... plus; ~ mehr und ~

weniger ni plus, ni moins; wenn ~ sinon; ~ wahr?, ~? n'est-ce pas?; ~ doch mais non.

Nicht|-achtung f irrévérence f; dédain m; 2**-amtlich** adj. non officiel; **~angriffspakt** m pacte m de non-agression; **~annahme** f non-acceptation f; **~befolgung** f inobservance f; inobservation f; **~bezahlung** f non-paiement m.

Nichte [ˈniçtə] f (15) nièce f.

Nicht|'-einhaltung f = Nichtbefolgung; **~'-einmischung** f non-intervention f; **~erfüllung** f non-exécution f; 2**-erscheinen** ✠ n contumace f.

nichtig adj. vain; (nichtssagend) futile; ✠ (ungültig) nul; für ~ erklären annuler; 2**keit** f vanité f; (Wertlosigkeit) futilité f; (Ungültigkeit) nullité f; 2**keits-erklärung** f annulation f; 2**keitsklage** ✠ f action (od. instance) f en nullité.

Nicht|mitglied n non-membre m; non-adhérent m; 2**-öffentlich** adj. non public; **~raucher** m non-fumeur m; **~raucher-abteil** n comparti-ment m pour non-fumeurs; 2**rostend** p.pr. adjt. inoxydable, anti-rouille.

nichts [niçts] 1. pr/ind. (bei vb. mit ne) rien; ~ mehr (bei vb. ne ...) plus rien; ~ anderes (bei vb. ne ...) rien d'autre; ~ Neues rien de neuf (od. de nou-veau); für ~ und wieder ~ absolument pour rien; es ist ~ damit il n'en est rien; zu ~ werden se réduire à rien; 2. 2 n (das Nichtsein) néant m; (Geringes) rien m; **~ahnend** p.pr. adjt. sans se douter de rien.

Nichtschwimmer|(in f) m non-na-geur m, -euse f; **~becken** n bassin m pour les non-nageurs.

nichts|desto'weniger adv. néan-moins; toutefois; 2**nutz** m (3²) vau-rien m; **~sagend** [ˈ~zaːgənt] adj. insi-gnifiant; (wertlos) futile; 2**tuer** m (7) fainéant m; 2**tun** n (6) inaction f; oisiveté f; **~würdig** adj. indigne; 2**würdigkeit** f indignité f.

Nicht|vorhandensein n absence f; ✠ défaut m; **~wissen** n ignorance f; **~zulassung** f inadmission f; **~zutreffende(s)** n: ~s ist durchzustrei-chen biffer ce qui ne convient pas; rayer les mentions inutiles.

Nickel [ˈnikəl] n u. m (7) nickel m.

nick|en [ˈnikən] v/i. (25) incliner la

tête; (*als Wink*) faire signe de la tête; (*als Gruß*) saluer d'un mouvement de tête; **2erchen** F *n* (petit) somme *m*.

nie [ni:] *adv.* (*bei vb. mit* ne) jamais; ~ *und nimmer* au grand jamais.

nieder ['ni:dər] **1.** *adj.* bas; (*Rang, Wert*) inférieur; *fig. a.* vil; ignoble; **2.** *adv.* à bas; ~ *mit ...!* à bas ... (*acc.*)!; *mort* ... (*dat.*)!; **2beugen** *v*/*rfl.*: *sich* ~ s'incliner; **~brennen 1.** *v*/*i.* (sn) brûler de fond en comble; **2.** *v*/*t.* réduire en cendres; **~bücken** *v*/*rfl.*: *sich* ~ se baisser; **~deutsch** *adj.* bas allemand; **~drücken** *v*/*t.* déprimer; *fig. a.* accabler; **~fallen** *v*/*i.* (sn) tomber par terre; *vor j-m* ~ se prosterner devant q.; **2frequenz** *f* basse fréquence *f*; **2gang** *m fig.* déclin *m*; décadence *f*; **~gehen** *v*/*i.* (sn) prendre terre; *Flgw.* atterrir; (*aufs Wasser*) amerrir; (*Gewitter*) s'abattre; **~geschlagen** *p.p. adjt.* abattu; **2geschlagenheit** *f* abattement *m*; **~hocken** *v*/*rfl.*: *sich* ~ s'accroupir; **~kämpfen** *v*/*t.* abattre; vaincre; **~knien** *v*/*i.* (sn) s'agenouiller; **~kommen** *v*/*i.* (sn) (*Frau*) accoucher; (*Tiere*) mettre bas; **2kunft** *f* (16 *u.* 14¹) accouchement *m*; couches *f*/*pl.*; **2lage** *f* défaite *f*; (*Lager*) dépôt *m*; entrepôt *m*; (*Filiale*) succursale *f*; filiale *f*; **2länder** (**-in** *f*) *m* Néerlandais(e *f*) *m*; **~ländisch** *adj.* néerlandais; **~lassen 1.** *v*/*t.* (a)baisser; **2.** *v*/*rfl.*: *sich* ~ s'asseoir; (*s-n Wohnsitz nehmen*) s'établir; prendre domicile; **2lassung** *f* établissement *m*; (*Filiale*) succursale *f*; filiale *f*; **~legen 1.** *v*/*t.* mettre par terre; poser; (*hinterlegen*) déposer, (*gerichtlich*) consigner; *Waffen*: mettre bas; *die Krone* ~ abdiquer; *Amt*: se démettre de; *schriftlich* ~ = *niederschreiben*; **2.** *v*/*rfl.*: *sich* ~ se coucher; **2legung** *f* (*e-s Kranzes*) dépôt *m*; (*e-s Amtes*) démission *f*; (*der Arbeit*) arrêt *m*; **~machen**, **~metzeln** *v*/*t.* massacrer; **2metzeln** *n* massacre *m*.

nieder|**prasseln** *v*/*i.* (sn) s'abattre; **~reißen** *v*/*t.* renverser; (*Gebäude*) démolir; **~schießen** *v*/*t.* abattre d'un coup de feu; fusiller; **2schlag** *m* dépôt *m*; sédiment *m*; (*Boxsport*) knock-down *m*; *fig. s-n* ~ *finden* se manifester; **2schläge** *m*/*pl.* (*Regen usw.*) précipitations *f*/*pl.*; **~schlagen 1.** *v*/*t.* abattre; *Augen*: baisser; *Un-*

---

tersuchung: arrêter; **2.** *v*/*rfl.*: *sich* ~ se déposer; **~schlags-arm** *adj.* peu pluvieux; **~schlagsreich** *adj.* pluvieux; **2schlagung** *f* (*e-s Aufstandes*) répression *f*; 🕇 (*e-s Verfahrens*) non-lieu *m*; **~schmettern** *v*/*t.* écraser; *fig.* foudroyer; bouleverser; **~schmetternd** *p.pr. adjt.* bouleversant, foudroyant; **~schreiben** *v*/*t.* mettre par écrit; noter; **2schrift** *f* manuscrit *m*; (*Schule*) rédaction *f*; 🕇 procès-verbal *m*; **~setzen 1.** *v*/*t.* déposer; **2.** *v*/*rfl.*: *sich* ~ s'asseoir; (*Vogel*) se poser; **~sinken** *v*/*i.* (sn) descendre lentement; (*im Wasser*) aller au fond; couler (bas); (*vor Schwäche*) s'affaisser; **2spannung** *⚡ f* basse tension *f*; **~stechen** *v*/*t.* abattre d'un coup d'épée; (*mit e-m Dolch*) poignarder; **~stoßen** *v*/*t.* renverser; **~strecken** *v*/*t.* (*töten*) descendre; (*v*/*rfl. sich* ~ s')étendre par terre; **2tracht** *f* infamie *f*; bassesse *f*; **~trächtig** ['~trɛçtiç] *adj.* infâme; bas; **~treten** *v*/*t.* fouler aux pieds; **2ung** *f* terrain *m* bas; bas-fond *m*; **2wald** *m* taillis *m*; **~werfen 1.** *v*/*t.* renverser; *Gegner*: vaincre; abattre; *Aufstand*: réprimer; **2.** *v*/*rfl.*: *sich vor j-m* ~ se prosterner devant q.; **2werfung** *f* répression *f*; (*Aufstand*) **2wild** *n* menu gibier *m*.

niedlich ['ni:tliç] *adj.* gentil; joli; mignon.

Niednagel *🌿* ['ni:t-] *m* envie *f*.

niedrig ['ni:driç] **1.** *adj.* bas; (*gemein a.*) vil; *von* ~*er Geburt* de basse extraction; **2.** *adv.*: ~*er schrauben* baisser; **2keit** *f* bassesse *f*; basseté *f*; **2wasser** *n* marée *f* basse; basses eaux *f*/*pl.*

niemals ['~ma:ls] *adv.* (*bei vb.* ne...) jamais.

niemand ['~mant] *pr.ind. als Objekt*: ne ... personne; *als Subjekt*: personne (od. aucun od. nul) ... ne; *ohne vb.*: personne; ~ *anders* personne d' (od. nul) autre (*bei vb. mit* ne); **2sland** *n* no man's land *m*; terrain *m* neutre.

Niere ['ni:rə] *f* (15) rein *m*; *cuis. u. min.* rognon *m*; *fig. das geht mir an die* ~*n* cela me touche au vif.

Nieren|**becken** *anat.* ~ *n* bassinet *m* (*des reins*); **~braten** *m* longe *f* de veau; **~entzündung** *f* néphrite *f*; **2förmig** *adj.*: ~*er Tisch* table *f* 'haricot'; **~kolik** *f* colique *f* néphrétique; **2krank** *adj.*: ~ *sein* souffrir des reins; **~krankheit** *f* maladie *f* des reins; **~leiden** *n* maladie *f* des reins; **~stein** *🌿 m* calcul *m* rénal.

nieseln ['niːzəln] *v/i.* bruiner; ♀**regen** *m* bruine *f.*

niesen ['niːzən] **1.** *v/i.* (27) éternuer; **2.** ♀ *n* éternuement *m.*

Nießbrauch ['niːs-] *m* (3) usufruit *m.*

Niet ⊕ [niːt] *m u. n* (3) rivet *m*; **~e** *f* = Niet; (*in der Lotterie*) mauvais numéro *m*; ♀**en** *v/t.* (26) river; **~hosen** *f/pl.* pantalon *m* clouté; ♀**~ und nagelfest** *adj.* rivé solidement; *fig.* bien établi.

Nihilis|mus [nihi'lismus] *m* nihilisme *m*; **~t** *m* (12), ♀**tisch** *adj.* nihiliste (*m*).

Nikotin [niko'tiːn] *n* (3¹) nicotine *f*; ♀**frei** *adj.* sans nicotine; dénicotinisé; **~vergiftung** *f* intoxication *f* par la nicotine.

Nilpferd ['niːlpfeːrt] *n* hippopotame *m.*

Nimbus ['nimbus] *m* (14²) nimbe *m*; auréole *f*; *nur fig.* prestige *m.*

nimmer ['nimər] *adv.* = niemals; **~mehr** *adv.* (*bei vb.* ne ...) jamais plus; **~satt** *adj.* insatiable; ♀**wiedersehen** *n*: *auf* ~ adieu à jamais; *auf* ~ *verlassen* quitter sans espoir de retour.

Nippel ⊕ ['nipəl] *m* (7) raccord *m.*

nippen ['nipən] *v/i.* (25) boire à petits coups; buvoter; *an etw.* (*dat.*) ~ goûter à qch.

Nippsachen ['nip-] *f/pl.* bibelots *m/pl.*

nirgend|s ['nirgənts], **~wo** *adv.* (*bei vb.* ne...) nulle part.

Nische ['niːʃə] *f* (15) niche *f.*

nist|en ['nistən] *v/i.* (26) nicher; faire son nid; ♀**kasten** *m* nichoir *m.*

Nitr|at 🜍 [ni'traːt] *n* (3) nitrate *m*; **~oglyze'rin** 🜍 *n* nitroglycérine *f.*

nivellieren [nive'liːrən] *v/t.* niveler.

Nixe ['niksə] *f* (15) ondine *f.*

nobel ['noːbəl] *adj.* noble; généreux.

Nobelpreis [no'bɛl-] *m* prix *m* Nobel; **~träger** *m* titulaire *m* du prix Nobel.

noch [nɔx] *adv.* encore; ~ *nicht* (*bei vb.* ne...) pas encore; ~ *nie* (*bei vb.* ne...) jamais encore; ~ *einmal* encore une fois; ~ *dazu* en outre; ~ *immer* toujours; encore; ~ *heute* aujourd'hui même (*od.* encore); ~ *einmal so breit* deux fois plus large; ~ *einmal soviel* le double; ~ *bevor* avant même que (*subj.*); ~ *lange nicht* (*bei vb.* ne...) pas avant longtemps; *er ist* ~ *lange nicht so reich wie Sie* il s'en faut de beaucoup qu'il soit aussi riche que vous;

jede ~ *so kleine Gefälligkeit* toute complaisance, si petite soit-elle; *er sei* ~ *so reich* si (*od.* quelque) riche qu'il soit; *wenn er auch* ~ *so sehr bittet* il aura beau prier; **~malig** ['-maːliç] *adj.* réitéré; répété; **~mals** ['-maːls] *adv.* encore une fois.

Nocken ⊕ ['nɔkən] *m* (6) came *f*; **~welle** *f* arbre *m* à cames.

Nomade [no'maːdə] *m* (13) nomade *m*; ♀**enhaft** *adj.* nomade; **~enleben** *n* vie *f* nomade.

nominal [nomi'naːl] *adj.* nominal; ♀**lohn** *m* salaire *m* nominal; ♀**wert** *m* valeur *f* nominale.

Nomi|nativ ['nominatiːf] *m* (3¹) nominatif *m*, cas *m* sujet; ♀**nell** *adj.* nominal; ♀**'nieren** *v/t.* nommer, désigner.

Nonn|e ['nɔnə] *f* (15) religieuse *f*; *zo.* nonne *f*; ~ *werden* prendre le voile; **~enkloster** *n* couvent *m* de femmes.

Nord|(en) ['nɔrd(ən)] *m* (3) nord *m*; ♀**-amerikanisch** ['nɔrt-] *adj.* de l'Amérique du Nord; nord-américain; **~atlantikpakt** *m* pacte *m* de l'Atlantique Nord; **~atlantik-Pakt-Organisation** *f* (*abr.* NATO) organisation *f* du traité de l'Atlantique Nord (*abr.* O.T.A.N.); **~atlantikrat** *m* conseil *m* de l'Atlantique Nord; ♀**isch** *adj.* du Nord; nordique.

nördlich ['nœrtliç] **1.** *adj.* septentrional; boréal; **2.** *adv.*: ~ *von* au nord de.

Nord|licht *n* aurore *f* boréale; **~'-ost** (**-en**) *m* nord-est *m*; ♀**'-östlich** *adj.* au nord-est (*von de*); **~pol** *m* pôle *m* nord; **~seite** *f* côté *m* (du) nord; partie *f* septentrionale; **~'west** (**-en**) *m* nord-ouest *m*; ♀**westlich** *adj.* au nord-ouest (*von de*); **~wind** *m* vent *m* du nord; bise *f.*

Nörg|elei [nœrgə'laɪ] *f* (16) grognerie *f*; P rous^peterie *f*; ♀**eln** ['nœrgəln] *v/i.* trouver à redire; P ronchonner; rouspéter; **~ler** *m* P ronchonneur *m*; rouspéteur *m.*

Norm [nɔrm] *f* (16) norme *f*; règle *f.*

normal [nɔr'maːl] *adj.* normal; (*regelmäßig*) régulier; **~erweise** *adv.* normalement; ♀**fall** *m* cas *m* normal; *im* ~ normalement; ♀**gewicht** *n* poids *m* normal; **~i'sieren** *v/t.* (*v/rfl. sich* ~ se) normaliser; ♀**i'sierung** *f* normalisation *f*; **~spurig** [~ʃpuːriç] *adj.* à voie normale; ♀**verbraucher** *m* consommateur *m* normal; ~**zeit** f heure f légale; heure f exacte.

Normann|e ['nɔrmanə] m, ~**in** f Normand(e f) m; **≈isch** adj. normand.

norm|en ['nɔrmən] v/t. (25) normaliser; standardiser; **≈ung** f normalisation f; standardisation f.

Norweg|er(in f) ['nɔrveːgər(in)] m (7) Norvégien(ne f) m; **≈isch** adj. norvégien.

Not [noːt] f (14¹) nécessité f; besoin m; (Mangel a.) disette f; (Elend) misère f; (Gefahr) péril m; détresse f; (Dringlichkeit) urgence f; (Sorge) souci m; (Mühe) peine f; (Kummer) chagrin m; zur ~ à la rigueur; au pis aller; es hat keine ~ il n'y a rien à craindre, (es eilt nicht) il n'y a pas le presse; es tut ≈, daß ... il faut que ... (subj.); das tut ihm ≈ c'est ce qu'il lui faut; wenn ~ am Mann ist s'il y a péril (od. urgence); jeder hat s-e (liebe) ~ chacun a ses soucis; in~ geraten (~ leiden) tomber (être) dans le besoin; j-m aus der ~ helfen tirer q. d'affaire; ~**anker** fig. m ancre f de salut.

Notar [no'taːr] m (3¹) notaire m; ~**iat** [~r'jaːt] n norariat m (3¹); **≈iell** adj. notarial; (Schriftstück) notarié.

Not|ausgang ['noːt-] m sortie f de secours; ~**behelf** m expédient m; pis-aller m; ~**beleuchtung** f éclairage m de secours; (ständig brennend) veilleuse f; ~**bremse** f frein m de secours; ~**durft** ['~dʊrft] f besoin m; s-e ~ verrichten faire ses besoins; **≈dürftig** ['~dʏrftiç] adj. à peine suffisant; (arm) indigent.

Note ['noːtə] f (15) note f (a. ♪); (Schulz a.) point m; ♮ billet m.

Noten|ausgabe f émission f de billets; ~**austausch** dipl. m échange m de notes; ~**bank** f banque f d'émission; ~**blatt** n feuille f de musique; ~**heft** n cahier m de musique; ~**linie** ♪ f ligne f de la portée; die fünf ~n la portée; ~**papier** n papier m à musique; ~**pult** n pupitre m d'orchestre; ~**schlüssel** ♪ m clef f; ~**ständer** m pupitre m à musique; ~**umlauf** m circulation f des billets; ~**wechsel** m = Notenaustausch.

Not|fall m cas m de besoin; im ~ = **≈falls** adv. au besoin; **≈gedrungen** adv. forcément; ~**groschen** F m poire f pour la soif; ~**hafen** m escale f; ~**helfer** m sauveur m; ~**hilfe** f premiers secours m/pl.

notier|en [no'tiːrən] v/t. noter; prendre note de; (an der Börse) coter; **≈ung** f notation f; (an der Börse) cotation f.

nötig ['nøːtiç] adj. nécessaire; ~ sein falloir; etw. ~ haben avoir besoin de qch.; ~**en** ['~gən] v/t. (25): j-n ~ contraindre (od. forcer od. obliger) q. (zu à); sich ~ lassen se faire prier; ~**enfalls** ['~fals] adv. au besoin; **≈ung** f contrainte f.

Notiz [no'tiːts] f (16) note f; (Hinweis) notice f; von etw. ~ nehmen prendre note de qch.; sich ~en machen prendre des notes; ~**block** m bloc-notes m; ~**buch** n carnet m; calepin m; agenda m.

Not|lage f détresse f; **≈landen** v/i. (sn) faire un atterrissage forcé; ~**landung** f atterrissage m forcé; **≈leidend** p.pr. adjt. nécessiteux; indigent; ~**lösung** f expédient m; solution f provisoire; ~**lüge** f pieux mensonge m; ~**maßnahme** f mesure f d'urgence.

notorisch [no'toːriʃ] adj. notoire.

Not|ruf(säule f) m (poste m d')appel m au secours; ~**schlachtung** f abattage m forcé (od. d'urgence); ~**signal** n signal m d'alarme (auf See: de détresse); ~**sitz** m strapontin m; (Auto≈) spider m; ~**stand** m état m de crise; **≈** état m d'urgence; ~**standsarbeiten** f/pl. travaux m/pl. de secours aux chômeurs; travaux m/pl. d'urgence; ~**standsgebiete** n/pl. régions f/pl. sinistrées; ~**strom-aggregat** n génératrice f de secours; ~**taufe** f baptême m d'urgence; cath. ondoiement m; ~**verband** m pansement m provisoire; ~**verordnung** f décret-loi m; ~**wasserung** f amérrissage m forcé; ~**wehr** f légitime défense f; ~**wendig** ['~vendiç] adj. nécessaire; ~**wendigkeit** f nécessité f; ~**zucht** f viol m.

Nougat ['nuːgat] m od. n (11) nougat m.

Novelle [no'vɛlə] f (15) nouvelle f.

November [no'vɛmbər] m (7) novembre m.

Novize [no'viːtsə] m (13), f (15) novice m, f.

Nu [nuː] m: im ~ en un clin d'œil.

nüchtern ['nʏçtərn] adj. à jeun; (nicht betrunken) qui n'a pas bu, qui n'est pas ivre; (mäßig) sobre; (besonnen) réfléchi; (vernünftig) raisonnable; (*fade*) fade; insipide; (*trocken*) prosaïque; ~ **machen** dégriser; ~ **werden** se dégriser; **2heit** f (*Mäßigkeit*) sobriété f; (*Fadheit*) fadeur f; (*Trokkenheit*) prosaïsme m.

Nudel ['nu:dəl] f (15): ~n pl. nouilles f/pl.; **2n** v/t. (29) empâter; gaver (*a. fig.*); ~**suppe** f potage m au vermicelle.

Nudist [nu'dist] m (12) nudiste m.

Nugat ['nugat] f od. n (11) nougat m.

nuklear [nukle'ɑ:r] adj. nucléaire.

null [nul] **1.** adj. nul; ~ **und nichtig** nul et non avenu; ~ **und nichtig machen** annuler; **2.** ♀ f (16) zéro m; fig. a. nullité f; Sp. ~ **zu** ~ match nul; **2(l)eiter** ⚡ m neutre (a. **2punkt** m zéro m; (*Achsenkreuz*) origine f.

numerier|en [numə'ri:rən] v/t. numéroter; **2ung** f numération f; (*Numerieren*) numérotage m.

numerisch [nu'me:-] adj. numérique.

Nummer ['numər] f (15) numéro m (a. *Zirkus*♀); Sp. (*Rücken*♀) dossard m; (*Größe*) pointure f; (*Bibliothek*) cote f; ~**nscheibe** téléph. f cadran m d'appel; ~**nschild** n Auto plaque f minéralogique (od. d'immatriculation).

nun [nu:n] adv. maintenant; à présent; (*da*) alors; von ~ **an** désormais; dorénavant; (*seitdem*) dès lors; ~ **aber** or, (*Ausruf*) eh bien!; ~ **gut!** soit!; **und was** ~? et après?; ~'**mehr** adv. u. cj. à présent; (*von jetzt an*) désormais.

Nuntius ['nuntsjus] m (16²) nonce m.

nur [nu:r] adv. ne ... que; seulement; **er arbeitet** ~ il ne fait que travailler; **er hat** ~ **noch 100 Mark** il n'a plus que cent marks; **er hat** ~ **etwa 100 Mark** il n'a guère que cent marks; ~ **er lui seul**; ~ **er nicht sauf** (od. excepté) lui; ~ **zu sehr** (bei vb. ne ...) que trop; ~ **nicht zu sehr mais** (bei vb. ne ...) pas trop; ~ **zu!** allez-y!; **sieh** ~! vois donc!; **warte** ~! attends un peu!; **geh** ~! pars donc!; pars si tu veux; **er mag** ~ **gehen** il n'a qu'à partir; qu'il parte s'il veut.

nuscheln F ['nuʃəln] v/i. bredouiller.

Nuß [nus] f (14¹) noix f; (*Hasel*♀) noisette f; ~**baum** (holz n) m noyer m; ~**knacker** m (7) casse-noix (*resp.* -noisettes) m; ~**schale** f coquille f de noix; ~**torte** f gâteau m aux noix.

Nüster ['ny:stər] f (15) narine f; naseau m.

Nut|e ⊕ ['nu:tə] f (15) rainure f; **2en** v/t. rainurer.

nutz [nuts] adj. (*nur prädikativ*) utile (zu à); **zu nichts** ~ bon à rien; **2-anwendung** f utilisation f; (*Fabel*) morale f; ~**bar** adj. utile; utilisable; ~ **machen** utiliser; **2barkeit** f utilité f; **2barmachung** f utilisation f; ~**bringend** p.pr. adjt. profitable; productif; fructueux; ~ **anwenden** mettre à profit.

Nutz-effekt ⊕ m rendement m.

nutzen, nützen 1. v/t. utiliser; **2.** v/i. être utile (zu à); servir (à).

Nutzen m (6) utilité f; (*Vorteil*) avantage m; (*Gewinn*) profit m; bénéfice m; **j-m** ~ **bringen** profiter à q.; **aus etw.** ~ **ziehen** profiter de qch.

Nutz|fahrzeug n véhicule m utilitaire; ~**fläche** f surface f utile; **landwirtschaftliche** ~ surface f cultivable (od. exploitable); ~**garten** m jardin m de rapport; ~**holz** n bois m de construction; ~**last** f charge f utile.

nützlich adj. utile; (*einträglich*) profitable; **2keit** f utilité f.

nutz|los adj. inutile; **2losigkeit** f inutilité f; **2nießer(in** f) ['~ni:sər] m (7) usufruitier m, -ière f; **2nießung** f usufruit m; jouissance f; **2pflanze** f plante f utile; **2ung** f utilisation f; (*Ertrag*) rapport m; ♂ exploitation f; **2ungsdauer** f durée f d'utilisation; **2ungsrecht** n droit m d'usufruit; droit m de jouissance; **2ungswert** m valeur f d'usage; (*e-r Wohnung*) valeur f locative.

Nylon ['naɪlɔn] n (11) nylon m; ~**strumpf** m bas m nylon.

Nymphe ['nymfə] f (15) nymphe f.

O, o 942

O

O, o [o:] n O, o m.

o! int. ô!; oh!; ah!; ~ ja! ah oui!; ~ doch! mais si!; ~ weh! aïe!

Oase [o'ˀɑːzə] f (15) oasis f.

ob [ɔp] **1.** cj. si; ~ ... oder ~ ... que ... (subj.) ou que ... (subj.); **2.** prp. (gen.) à cause de; schweiz. (dat.) au-delà de; au-dessus de.

Obacht ['oːbaxt] f (16) attention f; ~ geben auf (acc.) faire attention à.

Obdach ['ɔpdax] n (1) abri m; asile m; **~los** adj. sans abri; **~lose(r)** m sans-abri m; **~losen-asyl** n asile m de nuit; refuge m pour sans-abri.

Obdu|ktion [~duk'tsjoːn] f autopsie f; **2zieren** [~'tsiːrən] v/t. faire l'autopsie (de).

O-Beine n/pl. jambes f/pl. arquées.

O-beinig adj. aux jambes arquées.

Obelisk [obe'lisk] m (12) obélisque m.

oben ['oːbən] adv. en 'haut; da (dort) là-'haut; nach ~ vers le haut; von ~ herab d'en 'haut; von ~ bis unten du haut en bas; ~ auf dem Berge sur le haut de la montagne; '~'an adv. tout en haut; en tête; '~'auf adv.: ~ sein être en pleine forme, (die Oberhand haben) avoir le dessus; '~'drein adv. en outre; par-dessus le marché; **~erwähnt**, **~genannt** ['~gənant] p.p. adjt. susmentionné; '~'hin adv. superficiellement; à la légère.

ober ['oːbər] **1.** adj. (18) supérieur; 'haut; plus élevé; die ~en Stockwerke les étages m/pl. supérieurs; die ~en Klassen les hautes classes f/pl.; les 'hautes classes f/pl.; die ~en Zehntausend les deux cents familles f/pl.; **2.** 2 m (7) garçon m.

Ober|-arm m bras m; **~arzt** m médecin m (en) chef; **~aufseher(in** f) m surintendant(e f) m; **~aufsicht** f surintendance f; **~bau** m superstructure f; Auto carrosserie f; **~befehl** m commandement m en chef; den ~ haben commander m en chef; **~befehlshaber** m commandant m en chef; **~bekleidung** f vêtement m (de dessus); **~bett** n couvre-lit m; **~bürgermeister** m (in Deutschland) premier bourgmestre; (in Frankreich)

maire m; (von London) lord-maire m; **~deck** ⚓ n pont m (supérieur); **~e(r** m) m, f supérieur(e f) m; **~e(s)** n 'haut m; dessus m; partie f supérieure; **~feldwebel** m adjudant-chef m; **~fläche** f surface f; (Außenseite) superficie f; auf der ~ des Wassers à fleur d'eau; **~flächenbehandlung** ⊕ f traitement m de(s) surface(s); **2flächlich** ['~flɛçlɪç] adj. superficiel; **~flächlichkeit** f caractère m superficiel; **~förster** m garde m général des (eaux et) forêts; **~forstmeister** m inspecteur m général des eaux et forêts; **~gefreite(r)** m caporal-chef m; **~geschoß** n étage m supérieur; **2halb** prp. (gén.) au-dessus de; (stromaufwärts) m en amont de; **~hand** f fig. suprématie f; die ~ gewinnen avoir le dessus; **~haupt** n chef m; **~haus** n (in England) Chambre f des lords; **~haut** f épiderme m; **~hemd** n chemise f; **~herrschaft** f souveraineté f; (Führerschaft) hégémonie f; **~hoheit** f pouvoir m suprême; autorité f suprême; **~in** rl. f supérieure f; **2-irdisch** adj. aérien; **~kellner** m maître m d'hôtel; premier garçon m; **~kiefer** m mâchoire f supérieure; **~kommandierende(r)** m commandant m en chef; **~kommando** n 'haut commandement m; commandement m suprême; **~körper** m buste m; 'haut m du corps; **~landesgericht** n cour f d'appel; **~lauf** m cours m supérieur; **~leder** n empeigne f; **~leitung** f surveillance f générale; ⚡ ligne f aérienne; **~leitungs(omni)bus** m trolleybus m; **~leutnant** m (premier-)lieutenant m; **~licht** n jour m (od. lumière f) d'en 'haut; (an Türen) vasistas m; **~lippe** f lèvre f supérieure; **~postdirektion** f direction f générale des postes; **~priester** m grand prêtre m; **~prima** f première f supérieure.

Obers n (inv.) östr. = Sahne.

Ober|schenkel m ('haut m de la) cuisse f; **~schicht** f couche f supérieure; (in der Gesellschaft) 'hautes classes f/pl.; **~schule** f (staatlich) collège m; (städtisch) lycée m; ~schulrat m inspecteur m général; ~schwester f infirmière f (en) chef; ~seite f côté m supérieur, face f supérieure.

oberst ['o:bərst] **1.** adj. (sup. v. ober) le plus 'haut; le plus élevé; suprême; premier; **2.** ♀ ⚔ m colonel m.

Ober|'staats-anwalt m procureur m général; ~'stabs-arzt m médecin m commandant; ~ste(r m) m, f supérieur(e f) m; ~ste(s) n le plus 'haut; dessus m; das ~ zuunterst kehren mettre tout sens dessus dessous; ~steiger ⚒ m maître m porion; ~stimme ♪ f dessus m, soprano m.

Oberst|'leutnant m lieutenant-colonel m.

Ober|stübchen fig. F n: er ist nicht ganz richtig im ~ il travaille du chapeau; P il est piqué; ~studiendirektor m proviseur m; ~stufe f (in der Schule) classes f/pl. supérieures; ~teil m u. n partie f supérieure; dessus m; ~wachtmeister m adjudant-chef m; ~wasser n: ~ haben fig. tenir le haut du pavé; ~welt f terre f.

obgleich [ɔp'glaiç] cj. quoique; bien que; encore que (alle mit subj.).

Obhut f (inv.) garde f; protection f.

obig ['o:biç] adj. susdit; susmentionné.

Objekt [ɔp'jɛkt] n (3) objet m; gr. complément m; ~iv [~ti:f] adj., ~iv phot. n (3[1]) objectif (m); ~ivi'tät f objectivité f.

Oblate rl. [o'bla:tə] f (15) hostie f.

obliegen v/i.: e-r Sache (dat.) ~ s'appliquer à qch.; j-m ~ être du devoir de q.; incomber à q.; ♀heit f obligation f; (Pflicht) devoir m.

obligat [obli'ga:t] adj. de rigueur; ♀ion [~ga'tsjo:n] ✝ f obligation f; ~orisch [~ga'to:rif] adj. obligatoire.

Obmann m chef m; (Schiedsrichter) arbitre m.

Oboe [o'bo:ə] f (15) 'hautbois m.

Obrigkeit [o'briçkait] f autorité(s pl.) f; ~sstaat m État m autoritaire.

ob'schon = obgleich.

Observatorium [ɔpzɛrva'to:rjum] n observatoire m.

Obst [o:pst] n (3[2]) fruit(s pl.) m; ~bau m arboriculture f; ~baum m arbre m fruitier; ~ernte f récolte f (od. cueillette) f des fruits; ~garten m verger m; ~händler(in f) m fruitier m, -ière f; ~handlung f fruiterie f; ~kern m

pépin m; ~konserven f/pl. conserves f/pl. de fruits; ~kuchen m tarte f aux fruits; ~markt m marché m aux fruits; ~messer n couteau m à fruits; ~pflücker m cueille-fruits m; ~presse f pressoir m à fruits; ~saft m jus m de fruits; ~schale f pelure f; peau f; (Schüssel) coupe f à fruits; ~wein m vin m de fruits.

obszön [ɔps'tsø:n] adj. obscène; ♀ität [~tsɛni'tɛ:t] f obscénité f.

Obus ['o:bus] m (4[1]) trolleybus m.

obwalten v/i. régner; exister; unter den ~den Umständen dans les circonstances présentes.

ob'wohl = obgleich.

Ochse ['ɔksə] m (13) bœuf m; ♀n F v/i. (27) bûcher.

Ochsen|fleisch n (viande f de) bœuf m; ~karren m char m à bœuf; ~maulsalat m salade f de museau de bœuf; ~schwanzsuppe f potage m oxtail (de queue de bœuf); ~zunge f langue f de bœuf.

Ocker ['ɔkər] m (7) ocre f.

Ode ['o:də] f (15) ode f.

öde ['ø:də] **1.** adj. désert; (unbebaut) inculte; fig. ennuyeux; **2.** ♀ f (15) désert m; (Einöde) solitude f; (Leere) vide m.

Odem poet. ['o:dəm] m (6) haleine f.

oder ['o:dər] cj. ou; ou bien; (sonst) sinon; autrement.

Ödland ['ø:tlant] n (1, pl. Ödlände-'reien) terrain m (od. contrée f) inculte.

Ofen ['o:fən] m (6[1]) poêle m; (Back♀) four m; (Koch♀, Schmelz♀) fourneau m; ~ecke f coin m du feu; ~heizung f chauffage m à (od. par) poêle; ~klappe f clef f; ~loch n bouche f de four (resp. de fourneau); ~rohr n, ~röhre f tuyau m de poêle; ~rost m grille f; ~schirm m écran m; (de poêle); ~setzer m poêlier m; fumiste m.

offen ['ɔfən] **1.** adj. ouvert; (freimütig) franc; (aufrichtig) sincère; (Stelle) vacant; (Frage) pendant; (Rechnung) courant; (Kredit) illimité; (Stadt) ouvert; non fortifié; (Wagen) découvert; ~er Wein vin m en carafe; auf ~er See (Straße) en pleine mer (rue); mit ~em Mund bouche bée; ~es Spiel treiben jouer cartes sur table; **2.** adv.: ~ sprechen (reden) parler franchement; ~ gesagt, ~ gestanden à vrai dire; ~bar adj. manifeste; (in die Augen springend)

évident; ~ *werden* se manifester; se
révéler; **~baren** [~'ba:rən] (25) *v/t.*
(*u. v*/*rfl.* sich ~ se) manifester, (se)
révéler; *Geheimnis:* découvrir; dévoiler; **2barung** *f* manifestation *f*;
révélation *f* (*a. rl.*); *die* ~ *Johannis*
l'Apocalypse *f*; **2barungs-eid** *m*
serment *m* d'insolvabilité; **~halten**
v/t. laisser ouvert; *fig.* réserver; **2-
heit** *f* franchise *f*; sincérité *f*; **~her-
zig** ['~hɛrtsiç] *adj.* franc; ouvert;
sincère; **2herzigkeit** *f* franchise *f*;
sincérité *f*; **~kundig** ['~kundiç] *adj.*
public; notoire; patent; **~lassen** *v/t.*
Tür: laisser ouvert; *fig.* laisser
en suspens; **~sichtlich** ['~ziçtliç] **1.**
adj. évident, manifeste; **2.** *adv.* évi-
demment, manifestement.

offensiv [ɔfɛn'zi:f] *adj.* offensif; **2e**
[~və] *f* (15) offensive *f* (*ergreifen*
prendre).

offenstehen *v/i.* être ouvert (*Stelle:*
vacant).

öffentlich ['œfəntliç] **1.** *adj.* public;
die ~*e* *Hand* le fisc; **2.** *adv.*: ~ *bekanntmachen* publier; **2keit** *f* publicité *f*;
(*Publikum*) public *m*; *an die* ~ *bringen*
publier; *an die* ~ *treten* paraître en
public; **~rechtlich** *adj.* de droit
public.

offerieren [ɔfe'ri:rən] *v/t.* offrir;
2erte [ɔ'fɛrtə] *f* (15) offre *f*.

Offizi|alverteidiger [ɔfi'tsja:l-] *m*
avocat *m* d'office; **2ell** [~'tsiɛl] *adj.*
officiel.

Offizier [ɔfi'tsi:r] *m* (3¹) officier *m*.

Offi'ziers|-anwärter *m* aspirant *m*;
~bursche *m* ordonnance *f*; **~kasino**
n mess *m*; **~korps** *n* corps *m* des
officiers; **~patent** *n* brevet *m* d'officier.

offiziös [ɔfi'tsjø:s] *adj.* (18¹) officieux.

öffn|en ['œfnən] *v/t.* (26) ouvrir; *Fla-
sche:* déboucher; **2ung** *f* ouverture *f*;
(*Mündung a.*) orifice *m*; (*e-r Flasche*)
débouchement *m*; (*Loch*) trou *m*; **2-
ungszeit** *f* heure *f* d'ouverture.

oft [ɔft] *adv.* souvent.

öfter ['œftər] *adv.* (*comp. v.* oft) plus
souvent; **~s** *adv.* souvent; à plusieurs
reprises.

oftmal|ig *adj.* fréquent; réitéré; **~s**
adv. souvent; à maintes reprises.

oh! [o:] *int.* oh!

Oheim ['o:haim] *m* (3) oncle *m*.

Ohm ⚡ [o:m] *n* (3) ohm *m*.

ohne ['o:nə] **1.** *prp.* (*acc.*) sans; ~
weiteres sans plus; **2.** *cj.* ~ *daß* ... sans

que ... (*subj.*); **~** *zu* ... (*inf.*) sans ...
(*inf.*); **~dies** *adv.* sans cela; (*übrigens*) d'ailleurs; **~'gleichen** *adv.* sans
pareil; **~hin** = ohnedies.

Ohn|macht ['o:nmaxt] *f* impuissance
f; **&** évanouissement *m*; défaillance
f; syncope *f*; *in* ~ *fallen* s'évanouir;
2mächtig *adj.* impuissant; **&** éva-
noui; ~ *werden* s'évanouir.

oho! [o'ho:] *int.* oh! 'ho!; 'holà!

Ohr [o:r] *n* (5) oreille *f*; *die* ~*en spitzen*
dresser l'oreille; *fig. die* ~*en steifhal-
ten* prendre son courage à deux
mains; *j-m am* ~ *ziehen* tirer l'oreille à
q.; *ich höre nicht gut auf diesem* ~ je
n'entends pas bien de cette oreille;
sich aufs ~ *legen* aller dormir; *schreibe
es dir hinter die* ~*en!* tiens-le-toi pour
dit!; *fig. j-m in den* ~*en liegen* rebattre
les oreilles à q.; *j-m etw. ins* ~ *sagen*
dire qch. à l'oreille de q.; *bis über die*
~*en* par-dessus les oreilles; *fig. j-n*
übers ~ *hauen* duper q.; *j-m etw. zu* ~*en*
bringen rapporter qch. à q.; *es ist mir
zu* ~*en gekommen, daß* ... j'ai entendu
dire que...; *j-m e-n Floh ins* ~ *setzen*
mettre à q. une idée folle en tête.

Öhr ⊕ [ø:r] *n* (3) œil *m*; oreille *f*;
(*Nadel*2) trou *m*; chas *m*.

Ohren|-arzt *m* auriste *m*; **~beichte** *f*
confession *f* auriculaire; **2betäu-
bend** *p.pr. adjt.* assourdissant; **~
entzündung** *f* otite *f*; **~klappe** *f*
oreillette *f*; **~leiden** *n* maladie *f* de
l'oreille; **~sausen** *n* bourdonnements *m*/*pl.* d'oreilles; **~schmalz** *n*
cérumen *m*; **~schmaus** *m* régal *m*
pour l'oreille; **~schmerz** *m* douleur *f*
d'oreille; **~schützer** *m* protège-
-oreilles *m*/*pl.*; **~sessel** *m* fauteuil *m* à
oreilles; **~zeuge** *m* témoin *m* auriculaire.

Ohr|feige *f* soufflet *m*; F gifle *f*;
2feigen ['~faigən] *v/t.* (25) souffle-
ter; F gifler; **~gehänge** *n* pendants
m/*pl.* d'oreilles; **~läppchen** *n* bout
(*anat. lobe*) *m* de l'oreille; **~muschel**
f pavillon *m* de l'oreille; **~ring** *m*
boucle *f* d'oreille.

Okkultismus [ɔkul'tismus] *m* occul-
tisme *m*.

ökologisch [øko'lo:gif] *adj.*: ~*es
Gleichgewicht* équilibre *m* écologi-
que.

Ökonom [øko'no:m] *m* (12) économe
m; (*Landwirt*) agronome *m*; **~ie** [~no-
'mi:] *f* économie *f*; (*Landwirtschaft*)
agronomie *f*; **2isch** *adj.* économique.

Oktaeder [ɔkta⁽ⁿ⁾e:dər] *n* (7) octaèdre *m*.

Oktanzahl 🚗 [ɔkˈta:n-] *f* indice *m* d'octane.

Oktav [ɔkˈta:f] *n* (3¹) (format *m*) in-octavo *m*; **~band** *m* volume *m* in-octavo; **~e** ♩ [~və] *f* (15) octave *f*; **~format** *n* = Oktav.

Oktober [ɔkˈto:bər] *m* (7) octobre *m*.

Okul|ar [oku'la:r] *n* (3¹) oculaire *m*; **~ieren** *v/t.* greffer; écussonner.

ökumenisch [øku'me:niʃ] *adj.*: **~es** Konzil concile *m* œcuménique.

Okzident [ˈɔktsidɛnt] *m* (3) occident *m*.

Öl [ø:l] *n* (3) huile *f*; (Heiz2) mazout *m*; (Erd2) pétrole *m*; **in ~** à l'huile; **~baum** *m* olivier *m*; **~berg** bibl. *m* mont *m* des Oliviers; **~bild** *n* peinture *f* à l'huile; **~druck** *m* chromolithographie *f* (a. Bild); ⊕ pression *f* d'huile; **~druckbremse** *f* frein *m* (à commande) hydrolique.

Oleander [ole⁽ⁿ⁾andər] *m* (7) laurier-rose *m*.

ölen 1. *v/t.* (25) huiler; graisser; lubrifier; **2.** 2 *n* huilage *m*; graissage *m*.

Öl|farbe *f* couleur *f* à l'huile; **~felder** *n/pl.* champs *m/pl.* pétrolifères; **~feuerung** *f* chauffage *m* au mazout; **~frucht** *f* fruit *m* oléagineux; **~gemälde** *n* peinture *f* à l'huile; **~heizung** *f* chauffage *m* au mazout; **~ig** *adj.* huileux; oléagineux.

Olive [o'li:və] *f* (15) olive *f*.

O|livenbaum *m* olivier *m*; **~ernte** *f* olivaison *f*; **~hain** *m* oliv(er)aie *f*; **~öl** *n* huile *f* d'olives; **~pflanzung** *f* oliveraie *f*.

o|livgrün *adj.* vert olive, olivâtre.

Öl|kanne *f* burette *f* (à huile); **~krise** *f* crise *f* du pétrole; **~leitung** *f* conduite *f* de pétrole; **~male'rei** *f* peinture *f* à l'huile; **~ofen** *m* poêle *m* à mazout; **~palme** *f* palmier *m* à huile; **~papier** *n* papier *m* huilé; **~pest** *f* marée *f* noire; **~pflanze** *f* plante *f* oléagineuse; **~quelle** *f* puits *m* de pétrole; **~sardine** *f* sardine *f* à l'huile; **~stand** *m* niveau *m* d'huile; **~stand-anzeiger** *m* indicateur *m* du niveau d'huile; voyant *m*; **~tank** *m* réservoir *m* d'huile; **~ung** *f* huilage *m*; lubrification *f*; rl. onction *f*; die Letzte ~ l'extrême-onction *f*; **~vorkommen** *n* gisement *m* pétrolifère; **~wechsel** Auto *m* vidange *f* d'huile.

Olymp [o'lymp] *m* (3¹) Olympe *m*; F thé. paradis *m*; poulailler *m*; **~iade** [~'pja:də] *f* (15) olympiade *f*; **~iasieger** *m* champion *m* olympique; **~iastadion** *n* stade *m* olympique; **2isch** *adj.* olympien; 2e Spiele jeux *m/pl.* olympiques.

Ölzweig *m* branche *f* (od. rameau *m*) d'olivier.

Oma F [ˈo:ma] *f* (11¹) grand-maman *f*, bonne-maman *f*; F mémé *f*.

Ombudsmann [ˈɔmbudsman] *m* médiateur *m*.

Omelett [oməˈlɛt] *n* (3) omelette *f*.

Om|en [ˈo:mən] *n* (6) présage *m*; augure *m*; mauvais *m*; **2inös** [omiˈnø:s] *adj.* de mauvais augure.

Omnibus [ˈɔmnibus] *m* (4¹) autobus *m*.

Onan|ie [onaˈni:] *f* (15, o. *pl.*) masturbation *f*; **2ieren** [~ˈni:rən] *v/i.* se masturber.

ondulieren [ɔnduˈli:rən] *v/t.* onduler.

Onkel [ˈɔŋkəl] *m* (7) oncle *m*.

Opa F [ˈo:pa] *m* (11) grand-papa *m*, bon-papa *m*; F pépère *m*, pépé *m*.

Opal [o'pa:l] *m* (3¹) opale *f*.

Oper [ˈo:pər] *f* (15) opéra *m*.

Operat|eur [opəraˈtø:r] *m* (3¹) 𝓰 u. Film: opérateur *m*; **~ion** [~'tsjo:n] *f* opération *f*.

Operati'ons|kosten *pl.* frais *m/pl.* d'intervention chirurgicale; **~radius** *m* rayon *m* des opérations; **~saal** *m* salle *f* d'opération; **~schwester** *f* infirmière *f* de salle d'opération; **~tisch** *m* table *f* d'opération.

operativ [opəraˈti:f] *adj.* 𝓰 opératoire; ✗ opérationnel.

Operette [opəˈrɛtə] *f* (15) opérette *f*.

operieren [~ˈri:rən] *v/t.* opérer.

Opern|glas *n*, **~gucker** *m* (7) jumelles *f/pl.* de théâtre; **~haus** *n* Opéra *m*; **~sänger(in** *f*) *m* chanteur *m*, cantatrice *f* d'opéra; **~text** *m* livret *m* d'opéra.

Opfer [ˈɔpfər] *n* (7) sacrifice *m* (bringen faire); rl. offrande *f*; fig. victime *f*; das ~ werden, zum ~ fallen être victime de; **2bereit** *adj.* prêt au sacrifice; **~bereitschaft** *f*, **~freudigkeit** *f* esprit *m* de sacrifice; **~gabe** *f* offrande *f*; **2n** *v/t.* (29) sacrifier; immoler; **~stock** *m* tronc *m* (des pauvres): **~tier** *n* victime *f*; **~tod** *m*, **~ung** *f* sacrifice *m*; **2willig** *adj.* prêt au sacrifice.

Opium [ˈo:pjum] *n* (11) opium *m*;

2haltig *adj.* opiacé; **~pfeife** *f* pipe *f* à opium; **2süchtig** *adj.* opiomane.

Oppo|nent [ɔpoˈnɛnt] *m* (12) opposant *m*; **2nieren** *v/i.* faire de l'opposition.

opportun [ɔpɔrˈtuːn] *adj.* opportun; **2ist** [~ˈtuˈnist] *m* (12) opportuniste *m*.

Opposition [ɔpoz0itsjoːn] *f* opposition *f*; **~sführer** *m* chef (*od.* leader) *m* de l'opposition; **~spartei** *f* (parti *m* de l') opposition *f*.

optieren [ɔpˈtiːrən] *v/i.* opter.

Optik [ˈɔptik] *f* (16) optique *f*; **~er** (7) opticien *m*.

optimal [ɔptiˈmaːl] *adj.* optimal, optimum.

Optim|ismus [ɔptiˈmismus] *m* optimisme *m*; **~ist** [~ˈmist] *m* (12) optimiste *m*; **2istisch** *adj.* optimiste.

Option [ɔpˈtsjoːn] *f* (16) option *f*.

optisch *adj.* optique; **~e** Instrumente *n/pl.* instruments *m/pl.* d'optique.

Opus [ˈoːpus] *m* (16, *pl.* Opera) opus *m*; œuvre *f*.

Orakel [oˈraːkəl] *n* (7), **~spruch** *m* oracle *m*.

Orang|e [oˈraŋʒə] **1.** *f* (15) orange *f*; **2.** **2** *adj.* orange; **~eade** [~ˈʒaːdə] *f* (15) orangeade *f*; **~enbaum** *m* oranger *m*; **~ensaft** *m* jus *m* d'orange.

Orang-Utan [ˈoːraŋˈʔuːtan] *m* (11) orang-outan *m*.

Oratorium [oːraˈtoːrjum] *n* (9¹) (*Betsaal*) oratoire *m*; ♪ oratorio *m*.

Orchest|er [ɔrˈkɛstər] *n* (7) orchestre *m*; **~erloge** (loge *f* d') avant-scène *f*; **2rieren** [~ˈtriː-] *v/t.* orchestrer.

Orchidee [ɔrçiˈdeː] *f* (15) orchidée *f*.

Orden [ˈɔrdən] *m* (6) ordre *m*; (*Auszeichnung a.*) décoration *f*; j-m e-n ~ verleihen décorer q.; **2geschmückt** *p.p. adjt.* couvert de décorations, décoré.

Ordens|band *n* ruban *m* (pour décorations); **~bruder** *rl. m* frère *m*; religieux *m*; **~geistlichkeit** *f* clergé *m* régulier; **~gelübde** *n* vœu *m* monastique; **~kleid** *rl. n* habit *m* (religieux); **~regel** *rl. f* règle *f*; **~ritter** *m* chevalier *m* d'un ordre; **~schwester** *f* sœur *f*; religieuse *f*; **~verleihung** *f* (remise *f* de) décoration *f*.

ordentlich [ˈɔrdəntlic] **1.** *adj.* en (bon) ordre; ordonné; (*gewöhnlich*) ordinaire; (*reichlich*) copieux; abondant; (*gehörig*) il me faut; (*Person*) rangé; (*Richter*) compétent; (*Professor*) titulaire; nichts 2es rien

qui vaille; **2.** *adv.* (*wirklich*) pour de bon; vraiment.

Order † [ˈɔrdər] *f* (15) ordre *m*; *Ihrer* ~ gemäß suivant vos ordres; **~scheck** *m* chèque *m* au porteur.

ordin|är [ɔrdiˈnɛːr] *adj.* ordinaire; vulgaire; **2ariat** [~narˈjaːt] *n* charge *f* de professeur titulaire; (*Schule*) charge *f* de professeur principal; **2arius** [~ˈnaːrjus] *m* professeur *m* titulaire; (*Schule*) professeur *m* principal; **2ate** & *f* (15) ordonnée *f*.

ordn|en *v/t.* (26) mettre en ordre; ranger; (*regeln, einrichten*) régler; ordonner; organiser; disposer; arranger; (*nach Klassen*) classer; (*entwirren*) démêler; débrouiller; *Anzug*: rajuster; **2er** *m* ordonnateur *m*; organisateur *m*; (*für Akten*) classeur *m*; **2ung** *f* ordre *m*; (*An2*) arrangement *m*; (*Aufeinanderfolge*) suite *f*; (*Rang*) rang *m*; in ~ (*Maschine usw.*) en bon état, (*Papiere usw.*) en règle; in ~ bringen = ordnen; j-n zur ~ rufen rappeler q. à l'ordre.

Ordnungs|dienst *m* service *m* d'ordre; **2gemäß 1.** *adj.* conforme à l'ordre; **2.** *adv.* conformément à l'ordre; **~liebe** *f* amour *m* de l'ordre; **2liebend** *p.pr. adjt.* ordonné; **~ruf** *m* rappel *m* à l'ordre; **~sinn** *m* esprit *m* d'ordre; **~strafe** *f* peine *f* disciplinaire; **2widrig** [~ˈviːdric] *adj.* contraire à l'ordre; irrégulier; **~zahl** *f* nombre *f* ordinal.

Ordonnanz ✕ [ɔrdɔˈnants] *f* (16) ordonnance *f*, planton *m*; **~offizier** *m* officier *m* d'ordonnance.

Organ [ɔrˈgaːn] *n* (3¹) organe *m*; **~isation** [~zaˈtsjoːn] *f* organisation *f*; **~isati°ons-talent** *n* qualités *f/pl.* d'organisateur; **~isator** [~ˈzaːtɔr] *m* (8¹) organisateur *m*; **2isaˈtorisch** *adj.* organisateur; **2isch** *adj.* organique; **2isieren** [~ˈziːrən] *v/t.* organiser; **~ismus** [~ˈnismus] *m* (16²) organisme *m*; **~ist** [~ˈnist] *m* (12) organiste *m*.

Orgasmus [ɔrˈgasmus] *m* (16²) orgasme *m*.

Orgel [ˈɔrgəl] *f* (15) orgue *m* (*pl.* orgues *f/pl.*); ~ spielen jouer de l'orgue; **~balg** *m* soufflet *m* d'orgue; **~bauer** *m* facteur *m* d'orgues; **~konzert** *n* récital *m* d'orgue; **2n** *v/i.* (29) jouer de l'orgue; **~pfeife** *f* tuyau *m* d'orgue; **~spiel** *n* jeu *m* de l'orgue; **~spieler** *m* organiste *m*.

Orgie [ˈɔrgjə] f (15) orgie f.

Orient [ˈoːrjɛnt] m (3) Orient m; **~ale** [~ˈtaːlə] m (13), **~alin** [~ˈtaːlin] f/f Oriental(e f) m; **2alisch** adj. oriental.

orientier|en [orjɛnˈtiːrən] v/t. (v/rfl. sich ~ s')orienter; **2ung** f orientation f; **2ungssinn** m sens m de l'orientation.

Origin|al [origiˈnaːl] n (3¹) original m; **2al** adj. original; **~alfassung** f version f originale; **~ali'tät** f originalité f; **~alsendung** rad., TV n émission f en direct; **2ell** [~ˈnɛl] adj. original; (eigentümlich) singulier.

Orkan [ɔrˈkaːn] m (3¹) ouragan m; **2-artig** adj. tempétueux, violent.

Ornament [ɔrnaˈmɛnt] n (3) ornement m; **2al** [~ˈtaːl] adj. ornemental.

Ornat [ɔrˈnaːt] m (3) robe f; (Priester2) habit m sacerdotal.

Ornithologe [ɔrnitoˈloːgə] m (13) ornithologiste m, ornithologue m.

Ort [ɔrt] m (3 u. 1²) lieu m (geometrischer géométrique); endroit m; place f; (Ortschaft) endroit m; **an ~ und Stelle** sur les lieux; **sich an ~ und Stelle einfinden** se trouver à l'endroit convenu; **2en** v/t. ♣ relever; (Radar) repérer.

orthodox [ɔrtoˈdɔks] adj. orthodoxe.

Orthographie [~graˈfiː] f (15) orthographe f; **2isch** [~ˈgraːfiʃ] adj. orthographique; **~er Fehler** faute f d'orthographe.

Orthopäd|e [~ˈpɛːdə] m (13) orthopédiste m; **2isch** adj. orthopédique.

örtlich [ˈœrtliç] adj. local; ♯ topique; **2keit** f localité f.

Orts-adverb [ˈɔrts-] n adverbe m de lieu; **~angabe** f indication f du lieu; **~bestimmung** f gr. complément m de lieu; ♣ relèvement m.

Ortschaft [ˈɔrtʃaft] f (16) endroit m, localité f; **geschlossene ~** agglomération f.

orts|fremd adj. étranger; **2gespräch** téléph. n communication f urbaine (od. locale); **2gruppe** f groupe m (od. section f) local(e); **2kenntnis** f connaissance f des lieux; **2kommandant** m commandant m de la place; **2krankenkasse** f caisse f locale de maladie; **~kundig** adj. connaissant les lieux; **2name** m nom m de lieu; **2netz** téléph. n réseau m (téléphonique (od. urbain)); **2teil** m quartier m, arrondissement m; **~üblich** adj. conforme à l'usage local; **2ver-**

~änderung f changement m de lieu; déplacement m; **2verkehr** m trafic m local; **2zeit** f heure f locale; **2zulage** f indemnité f de résidence; allocation f locale.

Ortung f ♣ relèvement m; (Radar) (radio)repérage m.

Öse [ˈøːzə] f (15) œillet m; anneau m; porte f; (Seilschlinge) élingue f.

Ost [ɔst] m (3²) est m; **~block** m bloc m oriental; **~en** m (6) orient m; astr., géogr., ♣ est m; **der Nahe ~** le Proche-Orient; **der Ferne ~** l'Extrême-Orient m.

ostentativ [ɔstɛntaˈtiːf] **1.** adj. ostentatoire, ostensible; **2.** adv. avec ostentation.

Oster|blume [ˈoːstər-] f pâquerette f; **~ei** n œuf m de Pâques; **~fest** n = Ostern; **~glocke** ♀ f narcisse m; **~hase** m lièvre m de Pâques; **~lamm** n agneau m pascal.

österlich [ˈøstərliç] adj. pascal.

Ostern n (6) od. pl. Pâques m/sg.; (bei den Juden) pâque f; **zu ~** à Pâques; **nächste ~** à Pâques prochain; **fröhliche ~** joyeuses Pâques.

Österreich|er(in f) [ˈøstəraiçər(in)] m (7) Autrichien(ne f) m; **2isch** adj. autrichien.

Oster|sonntag m dimanche m de Pâques; **~woche** f semaine f sainte.

Ostgoten hist. m/pl. Ostrogoths m/pl.

östlich [ˈœstliç] **1.** adj. oriental; **2.** prp. d'est; **~ von** à l'est de.

Ost|politik f politique f à l'égard des États) du bloc oriental; **2wärts** adv. vers l'est; **~West-Handel** m commerce m est-ouest; **~wind** m vent m d'est; **2zone** f zone f Est.

Otter [ˈɔtər] **1.** m (7) (Fisch2) loutre f; **2.** f (15) vipère f.

Ouvertüre [uverˈtyːrə] f (15) ouverture f.

oval [oˈvaːl] adj., **2** n (3¹) ovale (m).

Ovation [ovaˈtsjoːn] f ovation f.

Overall [ˈoːvərɔːl] m (11) salopette f.

Oxyd [ɔˈksyːt] n (3) oxyde m; **~ation** [~ydaˈtsjoːn] f oxydation f; **2ieren** [~yˈdiːrən] v/t. (v/i. s')oxyder.

Ozean [ˈoːtseaːn] m (3¹) océan m; **~dampfer** m paquebot m; transatlantique m; **~flug** m raid m transocéanique; **2isch** [~ˈaːniʃ] adj. océanique, océanien.

Ozelot zo. [ˈoːtsəlɔt] m (11) ocelot m.

Ozon [oˈtsoːn] n (3¹) ozone m; **2haltig** [~haltiç] adj. ozoné.

P

P, p [pe:] n P, p m.

Paar [pɑ:r] **1.** n (3) paire f; ein ~ Schuhe une paire de souliers; (Ehe ~, Tanz ~ usw.) couple m; **2.** ~ adj.: ~ oder unpaar? pair ou impair?; **3.** pr/ind. ein ~ (einige) quelques; peu de; ~en (25) v/t. (v/rfl. sich ~ s') accoupler; (s') apparier; fig. (se) joindre; (s') associer; ~laufen Sp. n patinage m par couple; ~mal adv.: ein ~ quelques fois; ~ung f accouplement m; ~ungszeit f (der Vögel) pariade f; ~weise adv. par paires; par couples; deux à deux.

Pacht [paxt] f (16) ferme f; (~vertrag) bail m; in ~ geben (nehmen) donner (prendre) à bail (od. à ferme); ~en v/t. (26) prendre à ferme (od. à bail); affermer; louer.

Pächter(in f) [ˈpɛçtər] m (7) gérant m, fermier m, -ière f.

Pacht|geld n fermage m; ~gut n, ~hof m ferme f; (in Halbpacht) métairie f; ~ung f, ~vertrag m bail m; ~weise adv. à bail; à ferme; ~zins m fermage m.

Pack [pak] **1.** m (3 u. 3³) paquet m; (Briefe, Papier) liasse f; (Waren) ballot m; **2.** fig. n (3, o. pl.) canaille f.

Päckchen [ˈpɛkçən] n (6) petit paquet m; ~ a. petit colis m (postal); ein ~ Zigaretten un paquet de cigarettes.

Pack-eis n banquise f.

packen (25) **1.** v/t. (ein ~) empaqueter; emballer; Koffer: faire; (fassen) saisir; empoigner (a. fig.); **2.** v/rfl. sich ~ décamper; filer; **2d** p.pr. adjt. fig. émouvant; prenant.

Packer(in f) m (7) emballeur m, -euse f.

Pack|-esel m âne m de bât; fig. souffre-douleur m; ~papier n papier m d'emballage; ~sattel m bât m; ~tasche f sacoche f; ~ung f empaquetage m; emballage m; (Paket) paquet m; ~wagen m fourgon m.

Pädagog|e [pɛdaˈgoːgə] m (13) pédagogue m; ~ik [~gik] f (16) pédagogie f; 2isch adj. pédagogique.

Paddel [ˈpadəl] n (7) pagaie f; ~boot n kayak m; 2n v/i. (29) pagayer.

Paddler(in f) m (7) pagayeur m, -euse f.

paff! [paf] int. paf!; ~en v/i. F fumer à grosses bouffées.

Page [ˈpɑːʒə] m (13) page m; (Hotel ~) chasseur m, groom m; ~nkopf m (Frisur) cheveux m/pl. coupés à la Jeanne d'Arc.

paginieren [pagiˈniːrən] v/t. paginer, numéroter les pages.

Pagode [paˈgoːdə] f (15) pagode f.

Paket [paˈkeːt] n (3) paquet m; & colis m postal; ~annahme f (~ausgabe f) réception (délivrance) f des colis; ~begleit-adresse f, ~karte f bulletin m d'expédition; ~post f service m des colis postaux; ~zustellung f distribution f des colis.

Pakistan|er(in f) [pakisˈtɑːnər(in)] m (7), ~i m (11) Pakistanais(e f) m; 2isch adj. pakistanais.

Pakt [pakt] m (3 u. 5) pacte m; accord m; convention f; 2ieren [~ˈtiːrən] v/i. pactiser.

Palast [paˈlast] m (3² u. ³) palais m; ~revolution fig. f révolution f de palais.

Palaver F [paˈlɑːvər] n (7) palabre f.

Palette [paˈletə] f (15) palette f.

Palisade [paliˈzɑːdə] f (15) palissade f.

Palisanderholz [paliˈzandər-] n lissandre m.

Palm|e [ˈpalmə] f (15) palme f (a. als Preis); ~enhain m palmeraie f; ~-öl n huile f de palme; ~sonntag m dimanche m des Rameaux; Pâques f/pl. fleuries; ~zweig m palme f.

Pampelmuse [pampəlˈmuːzə] f (15) pamplemousse m (a. f).

Pamphlet [pamˈfleːt] n (3) pamphlet m; ~ist [~eˈtist] m (12) pamphlétaire m.

Paneel [paˈneːl] n (3¹) lambris m; panneau m.

Panier [paˈniːr] n (3¹) bannière f.

pa'nier|en v/t. (25) paner; 2mehl n panure f, chapelure f.

Pan|ik [ˈpaːnik] f (16) panique f; 2isch adj.: ~e Angst (~er Schrecken) peur (terreur) f panique.

Panne ['panə] f (15) panne f; e-e ~ beseitigen dépanner; ~nhilfe f service m de dépannage.

Panoptikum [pa'nɔptikum] n (9¹) musée m de figures de cire.

Panorama [pano'rɑ:ma] n (9¹) panorama m.

panschen ['panʃən] (27) 1. v/i. patauger; 2. v/t. Wein: frelater; F baptiser.

Panther ['pantər] m (7) panthère f.

Pantine [pan'ti:nə] f (15) sabot m.

Pantoffel [pan'tɔfəl] m (7 u. 10) pantoufle f; (mit Absatz) mule f; unter j-s ~ stehen être sous la férule de q.; ~held m homme m dont la femme porte la culotte.

Pantomim|e [panto'mi:mə] f (15) pantomime f; 2isch adj. pantomimique.

Panzer ['pantsər] m (7) cuirasse f; ✕ engin m blindé; char m d'assaut; ~abwehrkanone f canon m antichar; ~auto n auto f blindée; ~division f division f blindée; ~faust f lance-fusées m léger antichars; ~geschoß n projectile m perforant; ~glas n verre m blindé (od. de sécurité); ~hemd n cotte f de mailles; ~kreuzer m croiseur m cuirassé; 2n v/t. (29) cuirasser (a. fig.); blinder; ~platte f plaque f de blindage; ~schrank m coffre-fort m; ~spähwagen m engin m blindé de reconnaissance; ~sperre f barrage m antichars; ~truppen f/pl. unités f/pl. blindées; ~ung f blindage m; ~wagen m char m blindé.

Papa [pa'pɑ:, 'papa] m (11) papa m.

Papagei [papa'gai] m (3 u. 12) perroquet m; ~enkrankheit f psittacose f.

Papier [pa'pi:r] n (3¹) papier m; (Wert~ a.) valeur f; zu ~ bringen mettre par écrit; ~drachen m cerfvolant m; ~fabrik(ation) f papeterie f; ~geld n papier-monnaie m; billets m/pl. de banque; ~geschäft n, ~handlung f papeterie f; ~handtuch n serviette f en papier; ~korb m corbeille f à papier; ~krieg m paperasserie f; ~manschette f cache-pot m; ~messer n coupe-papier m; ~mühle f papeterie f; ~schlange f serpentin m; ~schnitzel n u. m rognure f de papier; ~serviette f serviette f en papier; ~streifen m bande f de papier; ~taschentuch n mouchoir m en papier.

Papp ['pap] m colle f (de pâte);

~band m cartonnage m; in ~ cartonné; ~becher m gobelet m en carton; ~deckel m carton m.

Pappe ['papə] f (15) carton m; F fig. das ist nicht von ~ ce n'est pas pour rire.

Pappel ♀ ['papəl] f (15) peuplier m.

päppeln F ['pɛpəln] v/t. (29) donner de la bouillie.

pappen v/i. (Schnee) coller.

Pappen|heimer F m: s-e ~ kennen connaître ses bonshommes; ~stiel F m bagatelle f.

papperlapapp! [papərla'pap] int. et patati, et patata!

pappig ['papiç] adj. pâteux.

Papp|karton m, ~schachtel f carton m; ~schnee m neige f collante.

Paprika ['paprika] m (11) paprika m; ~schote f piment m, poivron m.

Papst [pa:pst] m (3² u. ³) pape m; ~krone f tiare f (pontificale).

päpstlich ['pɛːpstliç] adj. du pape; papal; ~er als der Papst sein être plus royaliste que le roi.

Papsttum n (1) papauté f.

Parab|el [pa'rɑ:bəl] f (15) parabole f; 2olisch [~a'bo:liʃ] adj. parabolique.

Parade [pa'rɑ:də] f (15) ✕ revue f; (Prunk) parade f; ✕ die ~ abnehmen passer les troupes en revue; ~anzug m grande tenue f; ~marsch m défilé m; ~platz f place f d'armes; ~schritt m pas m de parade; ~uniform f grande tenue f.

paradieren [~ra'di:rən] v/i. parader; mit etw. ~ faire parade de qch.

Paradies [~a'di:s] n (4) paradis m; 2isch [~ziʃ] adj. paradisiaque; du paradis; ~vogel m oiseau m de paradis.

paradox [para'dɔks] adj. paradoxal.

Paraffin [~a'fi:n] n (3¹) paraffine f.

Paragraph [~'grɑ:f] m (12) paragraphe m; (Gesetzes2) article m.

parallel [~'le:l] adj. parallèle (mit à); 2e f (15) ╞ parallèle f (ziehen tirer); fig. (Vergleichung) parallèle m; e-e ~ ziehen zwischen établir un parallèle entre, mettre qch. en parallèle; 2ogramm [~lelo'gram] n (3¹) parallélogramme m; 2schaltung ⚡ f montage m en parallèle.

Paraly|se [~'ly:zə] f (15) paralysie f; 2sieren v/t. paralyser (a. fig.); 2tisch adj. paralytique.

paraphieren [~'fi:rən] v/t. parafer.

Parasit [~'zi:t] m (12) parasite m;

~isch *adj.* parasite.
parat [pa'rat] *adj.* prêt.
Pärchen ['pɛːrçən] *n* couple *m.*
Pardon [par'dõ] *m* (11) (*Verzeihung*) pardon *m*; (*Begnadigung*) grâce *f*; ✕ quartier *m*; *um* ~ *bitten* (~ *geben*) ✕ demander (faire) quartier.
Parforcejagd [par'fɔrs-] *f* chasse *f* à courre.
Parfüm [~'fyːm] *n* (3¹) parfum *m*; ~**erie** [~ymə'riː] *f* parfumerie *f*; ~**fläschchen** *n* flacon *m* de (*resp.* à) parfum; **2ieren** [~fy'miːrən] *v/t.* (*v/rfl. sich* ~ *se*) parfumer; ~**zerstäuber** *m* vaporisateur *m.*
Pari † ['paːri] *n* pair *m*; *al* (*über*) ~ *au* (au-dessus du) pair.
parieren [~'riːrən] **1.** *v/t.* parer; **2.** *v/i.* (*gehorchen*) obéir.
Pariser (*in f*) [~'riːzər] *m* (7) Parisien (-ne *f*) *m.*
Parität [pari'tɛːt] *f* (16) parité *f*; **2isch** *adj.* paritaire, à égalité.
Park [park] *m* (3), ~**anlage** *f* parc *m*; **2en** *v/t. u. v/i.* (25) parquer, garer; *nur v/i.* stationner; ~**en** *n* stationnement *m*; parcage *m*; ~ *verboten!* stationnement interdit!
Parkett [~'kɛt] *n* (3) parquet *m*; *thé.* orchestre *m*; ~**(fuß)boden** *m* parquet *m*; ~**platz** *m* fauteuil *m* d'orchestre.
Park|gebühr *f* taxe *f* de stationnement; ~**haus** *n* parking *m* à étages, silo *m* à automobiles; ~**licht** *n* feu *m* de stationnement; ~**lücke** *f* créneau *m*; ~**platz** *m* parking *m*, parcage *m* (*parc m* de) stationnement; ~**scheibe** *f* disque *m* de stationnement; ~**uhr** *f* parcomètre *m*; ~**verbot** *n* défense *f* de stationner, stationnement *m* interdit; ~**wächter** *m* gardien *m.*
Parlament [parla'mɛnt] *n* (3) parlement *m*; ~**arier** [~'taːrjər] *m* (7) parlementaire *m*; **2arisch** *adj.* parlementaire; ~**sbeschluß** *m* vote *m* (*od.* décision *f*) du parlement.
Parme'sankäse *m* parmesan *m.*
Parod|ie [~ro'diː] *f* (15) parodie *f*; **2ieren** [~'diːrən] *v/t.* parodier.
Parodontose ✿ [paro'dɔntoːzə] *f* (15) parodontose *f.*
Parole [~'roːlə] *f* (15) mot *m* d'ordre; consigne *f.*
Partei [par'taɪ] *f* (16) parti *m*; *bsd. mv. p.* faction *f*; *e-r* ~ *angehören* être d'un parti; *in e-e* ~ *eintreten* entrer dans un parti; ~ *ergreifen* (*od. nehmen*) prendre parti (*für pour; gegen contre*); **2isch** *adj.* partial; ~**lichkeit** *f* partialité *f*; **2los** *adj.* neutre; (*im Spiel*) *lose(r)* *m* sans-parti; ~**mitglied** *n* membre *m* du parti; ~**nahme** *f* (15) prise *f* de parti; ~**tag** *m* congrès *m* d'un parti.
Parterre [~'tɛrə] *n* (11) rez-de-chaussée *m*; *thé.* parterre *m.*
Partie [~'tiː] *f* (15) (*Spiel, Ausflug,* ♪) partie *f*; (*Heirats*²) parti *m.*
Partikel *gr.* [~'tiːkəl] *f* (15) particule *f.*
Partikular|ismus [~tikula'rismus] *m* particularisme *m*; **2istisch** *adj.* particulariste.
Partisan [~'zaːn] *m* (12) partisan *m.*
Partitur [~'tuːr] *f* (16) partition *f.*
Partizip [~'tsiːp] *n* (3¹ *u.* 8²) participe *m* (*Präsens* présent; *Perfekt* passé).
Partner|(in f) ['partnər] *m* (7) partenaire *m, f*; **†** associé(e *f*) *m*; ~**schaft** **†** *f* (association *f* en) participation *f*; (*von Städten*) jumelage *m*; ~**stadt** *f* ville *f* jumelée.
Parzell|e [~'tsɛlə] *f* (15) parcelle *f*; lot *m*; **2ieren** [~'liː-] *v/t.* parceller; lotir.
Paspel ['paspəl] *f* (15) passepoil *m.*
Paß [pas] *m* (14¹ *u.* ²) (*Durchgang*) passage *m*; (*enger Übergang*) défilé *m*; col *m*; pas *m*; (*Reise*²) passeport *m* (*sich ausstellen, verlängern, erneuern lassen* se faire délivrer, prolonger, renouveler).
Passagier [pasa'ʒiːr] *m* (3¹) voyageur *m*; *Flgw. u.* ♣ passager *m*; ~**flugzeug** *n* avion *m* commercial, avion *m* de ligne; ~**schiff** *n* paquebot *m.*
Passant(**in** *f*) ['pasant(in)] *m* (12) passant(e *f*) *m*, piéton *m.*
Passat(**wind**) *m* [pa'saːt-] *m* (3) (vent *m*) alizé *m.*
Paßbild *n* photo *f* d'identité.
passen *v/i.* (28) (*Kleidung*) aller bien; (*genehm sein*) convenir; (*im Spiel*) passer; *auf j-n* (*etw. acc.*) ~ s'appliquer à q. (à qch.); *zu etw.* ~ être assorti à qch.; répondre à qch.; (*zusammen*~) s'accorder; *das paßt mir gut* cela m'arrange tout à fait; ~**d** *p.pr. adjt.* (*zusammen*~) assorti; (*genehm*) convenable; (*Kleidung*)

juste; (*Wort*) propre.
Paßfoto n = Paßbild.
Paßgang m amble m.
passier|bar [pa'si:rba:r] *adj.* franchissable, praticable; **~en 1.** *v/t.* passer; *Ort:* passer par; traverser; **2.** *v/i.* (sn) (*geschehen*) se passer; arriver (j–m à q.); **2schein** m laissez-passer m; permis m; (*Straßen2*) coupe-file m; (*Zoll*) acquit-à-caution m.
Passion [pa'sjo:n] f passion f; rl. Passion f; **2iert** [~o'ni:rt] p.p. adjt. passionné.
Passions|blume f passiflore f; **~spiele** n/pl. mystères m/pl. de la Passion (de Notre-Seigneur); **~zeit** f carême m.
passiv ['pasi:f] **1.** *adj.* passif f; **2.** 2gr. n passif m; voix f passive; **2a †** [~'si:va] n/pl. passif m; **2ität** [~'tɛ:t] f passivité f.
Paß|kontrolle f contrôle m des passeports; **~stelle** f bureau (*od.* office) m des passeports; **~zwang** m obligation f de se munir d'un passeport.
Paste ['pastə] f (15) pâte f.
Pastell [pas'tɛl] n (3¹) pastel m; *in* ~ *malen* peindre au pastel; **~maler** m pastelliste m; **~male'rei** f peinture f au pastel; **~stift** m pastel m.
Pastete [pas'te:tə] f (15) pâté m.
pasteurisieren [pastøri'zi:rən] *v/t.* pasteuriser.
Pastor ['pastɔr] m (8¹) prot. pasteur m; cath. curé m.
Pate ['pa:tə] m (13) parrain m.
Paten|kind n filleul(e f) m; **~schaft** f parrainage m; **~stelle** f: *bei* ~ *e-m Kind* ~ *vertreten* servir de parrain (*resp.* de marraine) à un enfant.
Patent [pa'tɛnt] **1.** n (3¹) patente f; (*Urkunde*) brevet m (d'invention); **2.** 2 F *adj.* chic; *ein* ~*er Kerl* un type épatant; **~amt** n bureau (*od.* office) m des brevets d'invention; **~anwalt** m agent m en brevets; **2ieren** [~'ti:rən] *v/t.* breveter; **~inhaber** m détenteur m d'un brevet; **~lösung** f formule f passe-partout; **~schutz** m protection f des inventions.
Pater ['pa:tər] m (7) (révérend) père m; **~noster** [~'nɔstər] n (7) Pater m; (le) Notre Père; *iron.* patenôtre f; **~noster(aufzug** m) m (7) paternoster m.
pathetisch [pa'te:tiʃ] *adj.* (*ergreifend*) pathétique; (*übersteigert*) déclama-

toire.
Patholog|e [~to'lo:gə] m (13) pathologiste m; **~ie** [~lo'gi:] f pathologie f; **2isch** *adj.* pathologique.
Pathos ['pa:tɔs] n (*inv.*) pathos m; *rhét.* emphase f; pathétique m.
Patience [pa'sjɑ̃:s] f (15) patience f, réussite f; *e-e* ~ *legen* faire une patience.
Patient(in f) [pa'tsjɛnt] m (12) malade m, f; (*e-s Arztes*) client(e f) m; (*operierte[r]*) patient(e f) m.
Patin f marraine f.
Patina ['pa:tina] f (*inv.*) patine f.
Patriarch [~tri'arç] m (12) patriarche m; **2alisch** [~'ça:liʃ] *adj.* patriarcal.
Patriot|(in f) [~i'o:t] m (12) patriote m, f; **2isch** *adj.* patriotique; **~ismus** [~o'tismus] m patriotisme m.
Patrizier(in f) [pa'tri:tsjər] m (7) patricien(ne f) m.
Patron [~'tro:n] m (3¹) patron m; *ein übler* ~ un filou; **~at** [~o'na:t] n patronat m; rl. patronage m.
Patrone [~'tro:nə] f (15) cartouche f; ⚔ gargousse f; **~ngurt** m bande f de mitrailleuse; **~nhülse** f douille f; **~ntasche** f cartouchière f.
Patrouill|e [~'truljə] f (15) patrouille f; **2ieren** [~'ji:rən] *v/i.* patrouiller.
Patsch|e F ['patʃə] f (15) (*Hand*) menotte f; *fig. in der* ~ *sitzen* être dans le pétrin; **2n** m (6) (*österr.* = **1.** Hausschuh; **2.** Reifenschaden; **2'naß** *adj.* trempé jusqu'aux os.
patzig F ['patsiç] *adj.* arrogant.
Pauke ['paukə] f (15) timbale f; *türkische* ~ grosse caisse f; *fig. auf die* ~ *hauen* battre la grosse caisse; *mit* ~*n und Trompeten durchfallen* échouer lamentablement; **2n** F *v/t. u. v/i.* bûcher; **~nschläger** m timbalier m; **~r** F m (7) prof m.
pausbäckig ['pausbɛkiç] *adj.* joufflu.
pauschal [pau'ʃa:l] **1.** *adj.* global, forfaitaire; **2.** *adv.* à forfait; **2betrag** m, **2e** f somme f globale (*od.* forfaitaire); forfait m; **2preis** m prix m global (*od.* forfaitaire); **2reise** f voyage m à forfait.
Paus|e ['pauzə] f (15) pause f; (*Schul2*) récréation f; *thé.* entracte m; ⚔ 'halte f; (*Transparentzeichnung*) calque m; **2en** *v/t.* Zeichnung: calquer; **2enlos** *adj. u. adv.* sans arrêt, sans interruption; continuel(le-ment); **~enzeichen** rad. n indicatif m; **2ieren** [~'zi:rən] *v/i.* faire une

pause; **~papier** n papier-calque m.
Pavian ['pa:vian] m (3¹) babouin m.
Pavillon ['pavɪljɔ] m (11) pavillon m;
(*Gartenhäuschen*) gloriette f.
Pazi|fismus [patsi'fɪsmus] m (16,
o.pl.) pacifisme m; **~fist** [~'fɪst] m
(12) pacifiste m; **2fistisch** adj. pacifiste.
Pech [pɛç] n (3) poix f; F fig. malchance f; déveine f; *östr.* = Harz;
~fackel f torche f (de résine); **~kohle**
f jais m; **2'schwarz** adj. noir comme
du jais; **~strähne** f période f de
déveine; **~vogel** m malchanceux m.
Pedal [pe'da:l] m (3¹) pédale f (treten
appuyer sur).
Pedant [~'dant] m (12) pédant m;
~erie [~tə'ri:] f pédanterie f; **2isch**
adj. pédant; pédantesque.
Pedell [~'dɛl] m (3¹ u. 12) appariteur
m.
Pediküre [pedi'ky:rə] f (15) pédicure
f; (*Pflege*) soins m/pl. des pieds.
Pegel ['pe:gəl] m (6) échelle f des
eaux; fluviomètre m; **~stand** m niveau m des eaux.
peil|en ['paɪlən] v/t. sonder; (*orten*)
relever; (*funk* m radiogoniométrie
f; **2kompaß** m compas m de relèvement; **2station** f poste m radiogo-
niométrique; **2ung** f sondage m;
(*Ortung*) relèvement m.
Pein [paɪn] f (16) (grande) peine f;
tourment m; supplice m; **2igen** [~i-
gən] v/t. (25) tourmenter; *pfort* torturer; **~iger** m (7) bourreau m; tortionnaire m.
peinlich ['paɪnlɪç] adj. gênant, pénible; **~ genau** scrupuleux; minutieux.
Peitsch|e ['paɪtʃə] f (15) fouet m;
(*Reit2*) cravache f; **2en** v/t. (27)
fouetter; (*bsd. als Strafe*) fustiger;
~enhieb m coup m de fouet.
Pelerine [pelə'ri:nə] f (15) pèlerine f.
Pelikan ['pe:lika:n] m (3¹) pélican m.
Pell|e ['pɛlə] f (15) pelure f; **2en** v/t.
peler; *Kartoffeln:* éplucher; **2.** v/refl.
sich **~** (*Haut*) peler; **~kartoffeln** f/pl.
pommes f/pl. de terre en robe de
champs.
Pelz [pɛlts] m (3²) peau f; (*Kleidungsstück*) fourrure f; pelisse f; mit **~**
besetzen (*füttern*) garnir (doubler) de
fourrure; fourrer; **~besatz** m garniture f de fourrure; **~geschäft** n pelleterie f; **~händler** m pelletier m; **~
handschuh** m gant m fourré; **~jak-
ke** f veste f de fourrure; **~kragen** m

col m de fourrure; **~mantel** m manteau m de fourrure; pelisse f; **~müt-
ze** f toque f de fourrure; **~tiere** n/pl.
animaux m/pl. à fourrure; **~waren**
f/pl. pelleterie f; fourrures f/pl.
Pendel ['pɛndəl] n (7) pendule m;
(*Uhr2*) balancier m; **~ausschlag** m
amplitude f (du pendule); **2n** v/i.
(29) osciller; (*hin- und herlaufen*) faire la navette; **~schwingung** f oscil-
lation f du pendule; **~tür** f porte f
battante; **~uhr** f pendule f; **~ver-
kehr** m trafic m de va-et-vient; navette f.
Pendler ['pɛndlər] m (7) personne f
qui fait la navette (entre son domicile
et le lieu de travail).
penibel [pe'ni:bəl] adj. scrupuleux,
minutieux.
Penis ['pe:nɪs] m (14², pl. a. Penes)
pénis m.
Penizillin [penitsli'li:n] n (3¹, o.pl.)
pénicilline f.
Pennäler F [pɛ'nɛ:lər] m (7) potache
m.
Penn|bruder F m clochard m; **~e** écol.
f (15) bahut m; **2en** F v/i. roupiller.
Pension [pã'zjo:n] f (16) pension f;
(*Ruhestand*) retraite f; (*Ruhegehalt*)
pension f (de retraite); retraite f;
~är(in f) [~o'nɛ:r] m (3) pensionnaire
m, f; (*Schüler*) interne m, f; **~at**
[~'na:t] n (3) pensionnat m; **2ieren**
[~'ni:rən] v/t. mettre à la retraite;
(*e-n Ehrensold gewähren*) pension-
ner; sich **~** lassen prendre sa retraite;
2iert p.p. adj. en retraite; retraité; **~
werden** être mis à la retraite; **~ie-
rung** f mise f à la retraite; **~s-alter** n
âge m de la retraite; **2sberechtigt**
p.p. adj. qui a droit à une pension
(od. à la retraite); **2skasse** f caisse f
des retraites.
Pensum ['pɛnzum] n (9²) tâche f;
devoir m; (*Strafarbeit*) pensum m.
per [pɛr] prp.: **~** Adresse chez.
perfekt [~'fɛkt] **1.** adj. parfait; (*vollendet*) accompli; achevé; **2.** 2 gr.
['pɛrfɛkt] n passé m composé.
perforieren [pɛrfo'ri:rən] v/t. perforer.
Pergament [~ga'mɛnt] n (3) parchemin m; **~papier** n (3) papier m parchemin.
Period|e [per'jo:də] f (15) période f;
⚕ règle f; **2isch** adj. périodique.
Peripherie [~fe'ri:] f (16) périphérie
f; ⚓ circonférence f.

Periskop [peris'ko:p] *n* (3¹) périscope *m*.

Perl|e ['pɛrlə] *f* (15) perle *f*; **~en** *v*/*i*. (25) perler; (*Getränke a.*) pétiller; mousser; **~enfischerei** *f* pêche *f* des perles; **~enmuschel** *f* huître *f* perlière; **~grau** *adj.* gris perle; **~graupen** *f*/*pl.* orge *m* perlé; **~huhn** *n* pintade *f*; **~mutter** *f* nacre *f*; **~schrift** *typ.* *f* perle *f*; **~zwiebel** *f* rocambole *f*.

permanen|t [pɛrma'nɛnt] *adj.* permanent; **~z** *f* permanence *f*.

Perpendikel [~pɛn'di:kəl] *m* od. *n* (7) balancier *m*.

perplex [~'plɛks] *adj.* (*verwirrt*) confus; perplexe; (*bestürzt, verdutzt*) consterné; interdit.

Pers|er(in *f*) ['pɛrzər] *m* (7) (*Alt~*) Perse *m*, *f*; (*Neu~*) Persan(e *f*) *m*; **~erteppich** *m* tapis *m* de Perse; **~ianer** [~'jɑ:nər] *m* (7) astrakan *m*; **~isch** *adj.* (*alt~*) perse; (*neu~*) persan.

Person [~'zo:n] *f* (16) personne *f*; *thé.* *u. bedeutende*: personnage *m*; (*Persönlichkeit*) personnalité *f*; F *u. mv. pp.* individu *m*; *ich für m-e ~* personnellement; quant à moi.

Personal [~zo'nɑ:l] *n* (3¹) personnel *m*; **~abbau** *m* réduction (*od.* diminution) *f* de personnel; **~abteilung** *f* service *m* du personnel; **~akten** *f*/*pl.*: *j-s ~* dossier *m* personnel (*od.* individuel); **~ausweis** *m* carte *f* d'identité; **~büro** *n* bureau *m* du personnel; **~chef** *m* chef *m* du personnel; **~ien** [~'nɑ:ljən] *pl.* identité *f*; **~pronomen** *n* pronom *m* personnel; **~union** *pol.-f* union *f* personnelle.

Per|sonen|-aufzug *m* ascenseur *m*; **~beförderung** *f* transport *m* des voyageurs; **~beschreibung** *f* signalement *m*; **~kraftwagen** *m* voiture *f* particulière; **~kult** *m* culte *m* de la personnalité; **~name** *m* nom *m* de personne; nom *m* propre; **~stand** *m* état *m* civil; **~tarif** *m* tarif *m* des voyageurs; **~verkehr** *m* trafic *m* (des) voyageurs; **~waage** *f* balance *f*, pèse-personne *m*; **~wagen** *m* Esb. wagon *m* de voyageurs; (*Auto*) voiture *f* particulière; **~zug** *m* train *m* omnibus.

personifizier|en [pɛrzonifi'tsi:rən] *v*/*t.* personnifier; **2ung** *f* personnification *f*.

persönlich [~'zøːnliç] **1.** *adj.* person-

nel; (*leibhaft*) en personne; **~e Freiheit** liberté *f* individuelle; **2.** *adv.*: *~* abgeben remettre en main propre; *~* erscheinen être présent; faire acte de présence; *~* haften être responsable personnellement; **2keit** *f* personnalité *f*; (*bedeutender Mensch*) personnage *m*; (*nach Eigentümlichkeit*) individualité *f*.

Perspektiv|e [~spɛk'ti:və] *f* (15) perspective *f*; **2isch** [~viʃ] *adj.* perspectif.

Peruan|er(in *f*) [peru'ɑ:nər(in)] *m* (7) Péruvien(ne *f*) *m*; **2isch** *adj.* du Pérou; péruvien.

Perücke [pe'rykə] *f* (15) perruque *f*.

pervers [~'vɛrs] *adj.* pervers; **2ion** [~'zjo:n] *f* perversion *f*; **2ität** [~zi'tɛːt] *f* perversité *f*.

Pessim|ismus [pɛsi'mismus] *m* (16) pessimisme *m*; **~ist** [~'mist] *m* (12) pessimiste *m*; **~istisch** *adj.* pessimiste.

Pest [pɛst] *f* (16) peste *f*; **2-artig** *adj.* pestilent(iel); **~beule** *f* bubon *m* de la peste; **~krank** *adj.* pestiféré.

Petersilie [petər'zi:ljə] *f* (15) persil *m*.

Petition [peti'tsjo:n] *f* pétition *f*.

Petroleum [pe'tro:leum] *n* (11) pétrole *m*; **2haltig** *adj.* pétrolifère; **~lampe** *f* lampe *f* à pétrole.

Petschaft ['pɛtʃaft] *n* (3¹) cachet *m*.

Petunie ♀ [pe'tu:njə] *f* (15) pétunia *m*.

petzen F ['pɛtsən] *v*/*i.* cafarder.

Pfad [pfɑːt] *m* (3) sentier *m*; **~finder (-in** *f*) *m* boy-scout *m*, guide *f*; scout *m*; éclaireur *m*; **~finderbewegung** *f* scoutisme *m*.

Pfaffe F *péj.* ['pfafə] *m* (13) calotin *m*, corbeau *m*; *pl.* prêtraille *f*; **~ntum** *n* prêtraille *f*.

Pfahl [pfɑːl] *m* (3³) pieu *m*; poteau *m*; (*Wein~*) échalas *m*; (*Baum~*) tuteur *m*; (*Zaun~*) palis *m*; (*Absteck~*) jalon *m*; *Arch.* (*Grund~*) pilotis *m*; **~bau** *m* construction *f* sur pilotis; **~bauten** *pl.* habitations *f*/*pl.* lacustres; **~brücke** *f* pont *m* sur pilotis.

pfählen ['pfɛːlən] *v*/*t.* (25) (*einzäunen*) palissader; *Bäume*: palisser; *Reben*: échalasser; *j-n ~* empaler q.

Pfahl|muschel *f* taret *m*; **~werk** ⚔ *n* palissade *f*; **~wurzel** ♀ *f* racine *f* pivotante.

Pfalzgraf ['pfaltsgrɑːf] *m* comte *m* palatin.

Pfand [pfant] *n* (1²) gage *m*; *in ~ geben* (*nehmen*) donner (prendre) en gage;

auf ~ *leihen* prêter à gage (*od.* sur gages); *ein* ~ *einlösen* retirer un objet mis en gage.
pfändbar ['pfɛnt-] *adj.* saisissable.
Pfandbrief *m* cédule *f*; obligation *f* hypothécaire.
pfänd|en ['pfɛndən] *v/t.* (26) saisir; *abs.* faire une saisie; **˷erspiel** *n* jeu *m* de société avec gages.
Pfand|haus *n*, **˷leihe** *f* mont-de-piété *m*, prêt *m* sur gage(s); **˷leiher** (**˷in** *f*) *m* (7) prêteur *m*, -euse *f* sur gages; **˷schein** *m* reconnaissance *f* (du mont-de-piété).
Pfändung *f* saisie *f*; **˷befehl** *m* ordre *m* de saisie, saisie-arrêt *f*.
Pfann|e ['pfanə] *f* (15) poêle *f*; **˷kuchen** *m* crêpe *f*; (*gefüllter*) beignet *m*.
Pfarr|amt ['pfar'amt] *n* cure *f*; **˷bezirk** *m*, **˷e** *f* paroisse *f*; **˷er** *m* (7) *cath.* curé *m*; *prot.* pasteur *m*; **˷gemeinde** *f* paroisse *f*; **˷haus** *n* presbytère *m*; cure *f*; **˷kind** *n* paroissien(ne *f*) *m*; **˷kirche** *f* église *f* paroissiale; **˷stelle** *f* cure *f*.
Pfau [pfau] *m* (5 *u.* 12) paon *m*; *sich brüsten wie ein* ~ se pavaner; **˷enauge** *zo. n* paon *m* de nuit (*od.* de jour); **˷enfeder** *f* plume *f* de paon; **˷henne** *f* paonne *f*.
Pfeffer ['pfɛfər] *m* (7) poivre *m*; *spanischer* ~ piment *m*; *F fig.* ... *wo der* ~ *wächst* ... à tous les diables; **˷gurke** *f* cornichon *m*; **˷korn** *n* grain *m* de poivre; **˷kuchen** *m* pain *m* d'épice; **˷'minze** ♀ *f* menthe *f*; **˷'minztee** *m* (infusion *f* de) menthe *f*; **˷mühle** *f* moulin *m* à poivre; **˷n** *v/t.* (29) poivrer; **˷nuß** *f* petit pain *m* d'épice; **˷strauch** *m* poivrier *m*; **˷streuer** *m* (7) poivrier *m*, poivrière *f*.
Pfeife ['pfaifə] *f* (15) (*Tabaks*˷) pipe *f*; *♪* sifflet *m*; (*Quer*˷) fifre *m*; (*Orgel*˷) tuyau *m*; *fig.* *sie tanzt nach seiner* ~ il la mène à la baguette; **˷n** *v/t. u. v/i.* (30) siffler (*j-m q.*); *ich pfeife darauf* je m'en moque, P je m'en fiche; **˷n** *n* sifflement *m*.
Pfeifen|kopf *m* tête *f* (*od.* fourneau *m*) de pipe; **˷reiniger** *m* cure-pipe *m*; **˷ständer** *m* porte-pipes *m*; **˷stopfer** *m* bourre-pipe *m*.
Pfeif|er *m* (7) siffleur *m*; **˷kessel** *m* bouilloire *f* à sifflet; **˷konzert** *n* concert *m* de (*od.* coups de) sifflets.
Pfeil [pfail] *m* (3) flèche *f* (*abschießen* décocher); (*geworfener u. fig.*) trait *m*; **˷er** *m* (7) pilier *m* (*a. fig.*); (*vier-*

eckiger Wand˷) pilastre *m*; (*Fenster*˷, *Tür*˷) montant *m*; jambage *m*; (*Wand zwischen Fenstern*) trumeau *m*; **˷gift** *n* curare *m*; **˷schnell** *adj.* rapide comme un trait; **˷schuß** *m* coup *m* de flèche.
Pfennig ['pfɛniç] *m* (3) pfennig *m*; *fig.* liard *m*; sou *m*; **˷fuchser** F ['˷fuksər] *m* (7) grippe-sou *m*.
Pferch [pfɛrç] *m* (3) parc *m*; **˷en** *v/t.* parquer.
Pferd [pfe:rt] *n* (3) cheval *m*; *Sp.* cheval *m* d'arçons; *zu* ~(*e*) à cheval; *ein* ~ *reiten* monter un cheval; *aufs* ~ *steigen* monter à cheval; *vom* ~ *steigen* descendre de cheval; *fig. wie ein* ~ *schuften* travailler comme un nègre; *sich aufs hohe* ~ *setzen* monter sur ses grands chevaux.
Pferde|-apfel ['˷də-] *m* crottin *m* de cheval; **˷decke** *f* 'housse *f*; **˷dieb** *m* voleur *m* de chevaux; **˷fliege** *f* taon *m* (*des chevaux*); **˷fleisch** *n* viande *f* de cheval; **˷futter** *n* fourrage *m*; **˷geschirr** *n* 'harnachement *m*, 'harnais *m*; **˷haar** *n* crin *m* de cheval; **˷hals** *m* encolure *f*; **˷handel** *m* commerce *m* de chevaux; *bsd. mv. p.* maquignonnage *m*; **˷händler** *m* marchand *m* de chevaux; *bsd. mv. p.* maquignon *m*; **˷huf** *m* sabot *m*; **˷markt** *m* marché *m* aux chevaux; **˷metzge'rei** *f* boucherie *f* chevaline; **˷rennbahn** *f* hippodrome *m*; **˷rennen** *n* course *f* de chevaux; **˷schlitten** *m* traîneau *m*; **˷schwanz** *m* queue *f* de cheval (*a. Frisur*); **˷sport** *m* hippisme *m*; **˷stall** *m* écurie *f*; **˷stärke** *f* (*abr. PS*) cheval-vapeur *m* (*abr. C.V.*); **˷wagen** *m* voiture *f* à cheval; **˷zucht** *f* élevage *m* des chevaux.
Pfiff [pfif] *m* (3) (*das Pfeifen*) sifflement *m*; (*auf e-r Pfeife*) coup *m* de sifflet; *fig.* truc *m*.
Pfifferling ['pfifərliŋ] *m* (3¹) ♀ chanterelle *f*; *fig. F das ist keinen* ~ *wert* cela ne vaut pas tripette.
pfiff|ig *adj.* rusé; finaud; **˷igkeit** *f* ruse *f*; finesse *f*; **˷ikus** F ['˷kus] *m* (14²) finaud *m*.
Pfingst|en ['pfiŋstən] *n od. pl.* (*inv.*), (**˷fest** *n*) (la fête de) la Pentecôte; **˷rose** ♀ *f* pivoine *f*; **˷sonntag** *m* lundi *m* de la Pentecôte.
Pfirsich ['pfirziç] *m* (3) pêche *f*; **˷baum** *m* pêcher *m*; **˷blüte** *f* fleur *f* de pêcher.

Pflanz|e ['pflantsə] f (15) plante f; (*Setzling*) plant m; **~en** v/t. (27) planter.

Pflanzen|butter f beurre m végétal; **~faser** f fibre f végétale; **~fett** n graisse f végétale; **2fressend** p.pr. adj., **~fresser** m herbivore (m); **~kost** f régime m végétarien; **~kunde** f botanique f; **~öl** n huile f végétale; **~reich** n règne m végétal; **~sammler** m herborisateur m; **~schutz** m protection f des végétaux (*od.* des plantes); **~schutzmittel** n produit m phytosanitaire; **~welt** f végétation f, flore f; *s.a.* Pflanzenreich.

Pflanz|er m planteur m; **2lich** adj. végétal; **~schule** f pépinière f; **~ung** f plantation f.

Pflaster ['pflastər] n (7) phm. emplâtre m; *englisches* ~ taffetas m gommé; (*Straßen*2) pavé m (*treten battre*); **~er** m paveur m; **2n** v/t. (29) mettre un emplâtre sur; *Straße:* paver; *mit Fliesen* ~ carreler; **~stein** m pavé m; **~ung** f pavage m; ~ *mit Fliesen* carrelage m.

Pflaum|e ['pflaumə] f (15) prune f; (*Back*2) pruneau m; **~enbaum** m prunier m; **~enmus** n marmelade f de prunes.

Pflege ['pfle:gə] f (15) soins m/pl.; (*Unterhalt*) entretien m; (*Kunst*2, *Garten*2) culture f; *in* ~ *nehmen* se charger de, (*Kind*) prendre en nourrice; **2bedürftig** adj. qui réclame des soins; **~eltern** pl. parents m/pl. nourriciers; **~heim** n asile m; **~kind** n enfant m,f en nourrice; pupille m, f; **~mutter** f mère f nourricière.

pfleg|en (25) 1. v/t. soigner; donner des soins à; (*e-r Sache obliegen*) s'adonner à; se livrer à; (*betreiben*) exercer; *Künste usw.:* cultiver; ~ *zu* ... (*inf.*) avoir coutume de ...; 2. v/i. avoir coutume de; *zu geschehen* ~ arriver ordinairement; **2epersonal** n gardes-malades m f/pl.; **~er**(*in* f) m garde-malade m, f; t/t tuteur m, -trice f; curateur m, -trice f.

Pflege|sohn m fils m en nourrice; pupille m; **~tochter** f fille f en nourrice; pupille f; **~vater** m père m nourricier.

pfleg|lich adj. soigneux; **2ling** m (3¹) = *Pflegekind*; **2schaft** t/t tutelle f; curatelle f.

Pflicht [pflíçt] f (16) devoir m; **2be-**

wußt adj. conscient de son devoir; **~bewußtsein** n conscience f du devoir; **~eifer** m zèle m; **2eifrig** adj. zélé; **~erfüllung** f accomplissement m du devoir; **~fach** n matière f obligatoire; **~gefühl** n sentiment m du devoir; **2gemäß**, **2mäßig** adj. conforme au devoir; loyal; **2schuldig** adj. dû; **~teil** t/t m u. n réserve f; **~übungen** Sp. f/pl. (*Turnen*) exercices m/pl. imposés; (*Eiskunstlauf*) figures f/pl. imposées; **2vergessen** adj. oublieux de ses devoirs; **~verletzung** f manquement m à son devoir; **~versicherung** f assurance f obligatoire; **2widrig** ['vi:driç] adj. contraire au devoir; déloyal.

Pflock [pflɔk] m (3³) cheville f; (*Zelt*2) piquet m.

pflücken ['pflykən] v/t. (25) cueillir.

Pflug [plu:k] m (3³) charrue f.

pflüg|en ['pfly:gən] v/t. u. v/i. (25) labourer; **~en** n labourage m; **~er** m laboureur m.

Pflug|schar f soc m (de charrue); **~sterz** m mancheron m de charrue.

Pforte ['pfɔrtə] f (15) porte f.

Pförtner(*in* f) ['pfœrtnər] m (7) concierge m, f; **~loge** f loge f de concierge.

Pfosten ['pfɔstən] m (6) poteau m; (*Fenster*2, *Tür*2 usw.) jambage m.

Pfote ['pfo:tə] f (15) patte f.

Pfriem [pfri:m] m (3), **~en** m (6) poinçon m; (*Ahle*) alêne f.

Pfropfen ['pfrɔpfən] 1. m (6) bouchon m; (*Spund*) tampon m; 2. 2 v/t. (25) boucher; (*zustopfen*) tamponner; (*vollstopfen*) bourrer; (*hineinstopfen*) fourrer (*in* acc. dans); ✓ greffer.

Pfropf|messer n greffoir m; **~reis** n greffe f.

Pfründ|e ['pfryndə] f (15) prébende f; bénéfice m; *fette* ~ sinécure f; **~ner** m (7) prébendé m; bénéficier m.

Pfuhl [pfu:l] m (3) mare f; bourbier m (a. fig.).

pfui! [pfui] int. fi (donc) (*über* acc. de)!

Pfund [pfunt] n (3) livre f (a. Münze); ~ *Sterling* livre f sterling; **2ig** ['-diç] F adj. épatant; **~skerl** F m type m épatant, chic type m; **2weise** adv. par livres.

Pfusch|-arbeit ['pfuʃ-] f bousillage m, gâchage m, travail m bâclé; **2en**

v/i. (27) bousiller; gâcher; bâcler; **~er** *m* (7) bousilleur *m*; **~erei** [~ə'raɪ] *f* bousillage *m*.

Pfütze ['pfʏtsə] *f* (15) flaque *f* (d'eau).

Phänomen [fɛno'me:n] *n* (3¹) phénomène *m*.

Phantasie [fanta'zi:] *f* (15) imagination *f*; ♪ fantaisie *f*; (*Traumbild*) vision *f* (fantastique); **2los** *adj.* dépourvu d'imagination; **~ren** [~'zi:-rən] *v/i.* se livrer à son imagination; rêver; (*faseln*) radoter; (*irrereden*) délirer; ♪ improviser; **2voll** *adj.* riche (*od.* plein) d'imagination.

Phantast [~'tast] *m* (12) rêveur *m*; esprit *m* romanesque (*od.* chimérique); **2isch** *adj.* fantastique; romanesque; (*grillenhaft*) fantasque.

Phantom [fan'to:m] *n* (3¹) fantôme *m*.

Pharisä|er [fari'zɛ:ər] *m* (7) pharisien *m*; **2isch** *adj.* pharisaïque.

Pharmazeut|(in *f*) [farma'tsɔʏt] *m* (12) pharmacien(ne *f*) *m*; **~ik** *f*, **2isch** *adj.* pharmaceutique (*f*).

Phase ['fa:zə] *f* (15) phase *f*.

Philanthrop [filan'tro:p] *m* (12) philanthrope *m*.

Philatel|ie [filate'li:] *f* (15, *o.pl.*) philatélie *f*; **~ist** *m* (12) philatéliste *m*.

philhar|monisch [filhar-] *adj.*: **~es** *Orchester* orchestre *m* philharmonique.

Philister [fi'listər] *m* (7) philistin *m*; bourgeois *m*.

Philolog|e [filo'lo:gə] *m* (13) philologue *m*; **~ie** [~lo'gi:] *f* philologie *f*; **2isch** *adj.* philologique.

Philosoph [~'zo:f] *m* (12) philosophe *m*; **~ie** [~o'fi:] *f* philosophie *f*; **2ieren** [~o'fi:rən] *v/i.* philosopher (*über acc.* sur); **2isch** *adj.* philosophique.

Phlegma ['flɛgma] *n* (11) flegme *m*; **2matisch** *adj.* flegmatique.

Phonet|ik [fo'ne:tik] *f* (16) phonétique *f*; **2isch** *adj.* phonétique.

Phosphat [fɔs'fa:t] *n* (3) phosphate *m*; **2haltig** *adj.* phosphaté.

Phosphor ['fɔsfɔr] *m* (3¹) phosphore *m*; **2eszieren** [~fɔrɛs'tsi:rən] *v/i.* être phosphorescent; **2sauer** *adj.* phosphaté; **~es Salz** phosphate *m*; **~säure** *f* acide *m* phosphorique.

Photo F ['fo:to] *n, schweiz. f* photo *f*; **~...** in *Zssgn* = **Foto...**

Phras|e ['fra:zə] *f* (15) phrase *f*; **~endrescher** F *m* phraseur *m*; **2enhaft** *adj.* verbeux.

Physik [fy'zi:k] *f* (16) physique *f*; **2alisch** [~zi'ka:lif] *adj.* (de) physique.

Physiker ['fy:zikər] *m* (7) physicien *m*.

Physio|gnomie [fyziɔgno'mi:] *f* (15) physionomie *f*; **~loge** [~o'lo:gə] *m* (13) physiologue *m*; **~lo-gie** *f* physiologie *f*; **2logisch** *adj.* physiologique.

physisch *adj.* physique.

Pian|ist(in *f*) [pia'nist] *m* (12) pianiste *m*, *f*; **~o** [pi'a:no] *n* (11) piano *m*; **~oforte** [~'fɔrtə] *n* (11) pianoforte *m*.

picheln F ['piçəln] *v/t. u. v/i.* chopiner.

Picke ['pikə] *f* (15) pic *m*.

Pickel ['pikəl] *m* (7) petit bouton *m*; (*Picke*) pic *m*; **2ig** *adj.* couvert de boutons.

picken *v/t.* (25) becqueter; (*an~*) picoter.

Picknick ['piknik] *n* (11) pique-nique *m*; **2en** *v/i.* pique-niquer.

piek|en F ['pi:kən] *v/t.* piquer; **~'fein** F *adj.* chic; tiré à quatre épingles.

piep|en *v/i.* piauler; (*Vögel*) pépier; **2matz** F *m* oiselet *m*; **2sig** *adj.* (*Stimme*) grêle.

Pier [pi:r] *m* (3¹) môle *m*; jetée *f*; (*Landungsbrücke*) débarcadère *m*.

Piet|ät [pie'tɛ:t] *f* (16) piété *f*; **2ätlos** *adj.* sans piété, sans respect; **2ätvoll** *adj.* plein de vénération, plein de respect; **~ismus** [~'tismus] *m* piétisme *m*; **~ist(in** *f*) [~'tist] *m* (12) piétiste *m*, *f*.

Pigment [pig'mɛnt] *n* (3) pigment *m*.

Pik [pi:k] 1. *m* (*spitzer Berg*) pic *m*; (*Groll*) pique *f*; *er hat e-n ~ auf mich* il a une dent contre moi; 2. *n* (11) (*Kartenspiel*) pique *m*; **~ant** [pi'kant] *adj.* piquant; **~e** [~'kə] *f* (15) pique *f*; *von der ~ auf dienen* sortir du rang.

Pikee [pi'ke:] *m* (11) piqué *m*.

pikiert [pi'ki:rt] *p.p. adj.* vexé.

Pikkolo ['pikolo] *m* (11) groom *m*; chasseur *m*; **~flöte** *f* piccolo *m*.

Pilger|(in *f*) *m* (7) pèlerin(e *f*) *m*; **~fahrt** *f* pèlerinage *m*; **2n** *v/i.* (29) aller en (*od.* faire un) pèlerinage; *~ nach* faire le pèlerinage de; **~stab** *m* bourdon *m*.

Pille ['pilə] *f* (15) pilule *f*; **~nknick** F *m* baisse *f* de la natalité par suite de la prise de la pilule contraceptive.

Pilot [pi'lo:t] *m* (12) pilote *m*.

Pilz [pilts] *m* (3²) champignon *m*;

∼vergiftung f empoisonnement m (od. intoxication f) par les champignons.

pimp(e)lig F ['pimp(ə)liç] adj. chétif; hypersensible.

Pingpong ['piŋpɔŋ] n (11) ping-pong m.

Pinguin orn. ['piŋgui:n] m (3) pingouin m; 2guinol m manchot m.

Pinie ['pi:njə] f (15) pin m; **∼nwald** m pinède f.

Pinke F ['piŋkə] f (inv.) (Geld) fric m, grisbi m.

pinkeln P ['piŋkəln] v/i. pisser.

Pinne ['pinə] f (15) (Zwecke) broquette f; (Stift) pointe f; (Hammer2) panne f; ♣ barre f.

Pinscher zo. ['pinʃər] m (7) griffon m.

Pinsel ['pinzəl] m (7) pinceau m; (Tüncher2) brosse f; F fig. niais m; nigaud m; benêt m; **∼ei** [∼'lai] f barbouillage m; 2n v/t. (29) manier le pinceau (resp. la brosse); (Maler) peindre; mst p. barbouiller; peinturlurer; **∼strich** m coup m de pinceau.

Pinzette [pin'tsɛtə] f (15) pincettes f/pl.

Pionier [pio'ni:r] m (3¹) soldat m du génie; sapeur m; fig. pionnier m; **∼arbeit** f travail m de pionnier.

Pirat [pi'ra:t] m (12) pirate m.

Pirol orn. [pi'ro:l] m (3¹) loriot m.

Pirsch [pirʃ] f: auf die ∼ gehen aller à la chasse; 2en v/i. (27) chasser; giboyer.

Pisse V ['pisə] f pisse f, pissat m; 2en V v/i. pisser.

Pistazie [∼'ta:tsjə] f (15) pistache f.

Piste ['pistə] f (15) piste f.

Pistole [pi'sto:lə] f (15) pistolet m; fig. j-m die ∼ auf die Brust setzen mettre à q. le poignard sous la gorge; **∼schuß** m coup m de pistolet; **∼ntasche** f étui m (od. gaine f) de pistolet.

pittoresk [pito'rɛsk] adj. pittoresque.

Plackerei F [plakə'rai] f (16) travail m de forçat.

pläd|ieren [plɛ'di:rən] v/i. plaider; 2oyer [∼doa'je:] n (11) plaidoyer m.

Plage ['pla:gə] f (15) tourment m; peine f; (Land2) fléau m; calamité f; **∼geist** m tracassier m, ière f; 2n (25) v/t. (v/rfl. sich ∼ se) tourmenter; (se) tracasser; (belästigen) importuner.

Plagiat [pla'gja:t] n (3) plagiat m; **∼or** [∼'a:tor] m (8¹) plagiaire m.

Plakat [∼'ka:t] n (3) affiche f; **∼maler** m affichiste m, dessinateur m d'af-

fiches; **∼säule** f colonne f d'affiches (od. Morris); **∼träger** m homme-sandwich m; **∼werbung** f affichage m.

Plakette [∼'kɛtə] f (15) plaquette f.

Plan [pla:n] 1. m (3³) plan m (entwerfen dresser, tracer); (Zeichnung) dessin m; (Absicht) dessein m; (Vorhaben) projet m (fassen faire); (Ebene) plaine f; (Kampfplatz) arène f; lice f; auf den ∼ erscheinen entrer en lice; 2. 2 adj. plan; uni; fig. simple.

Plane ['pla:nə] f (15) bâche f.

plan|en v/t. projeter; abs. faire des projets; arrêter un plan; (organisieren) planifier; 2-**erfüllung** f réalisation f du plan.

Pläneschmied F ['plɛ:nəʃmi:t] m faiseur m de projets.

Planet [pla'ne:t] m (12) planète f; 2arisch [∼e'ta:riʃ] adj. planétaire; **∼arium** [∼e'ta:rjum] n (9) planétarium m; **∼enbahn** f orbite f.

planier|en [pla'ni:rən] v/t. aplanir, égaliser; métall. planer; 2raupe f bulldozer m; 2ung f aplanissement m, égalisation f; nivellement m.

Planke ['plaŋkə] f (15) planche f.

Plänk|elei [plɛŋkə'lai] f escarmouche f; 2eln v/i. (29) tirailler.

plan|los [pla:nlo:s] adj. u. adv. sans plan; (aufs Geratewohl) au hasard; en l'air; 2losigkeit f manque m de plan; **∼mäßig** adj. u. adv. méthodique (-ment); 2mäßigkeit f ordre m; méthode f.

Plansch|becken ['planʃ-] n pataugeoire f; 2en v/i. patauger, barboter.

Plantage [plan'ta:ʒə] f (15) plantation f.

Plan|ung f planification f, programmation f; **∼ungskommission** f commission f de planification; **∼wagen** m voiture f à bâche; **∼wirtschaft** f économie f dirigée (od. planifiée); dirigisme m; **∼ziel** n objectif m prévu; but m du plan.

Plapper|maul F ['plapərmaʊl] n bavard(e f) m; 2n v/i. (29) bavarder.

plärren F ['plɛrən] v/i. (25) criailler; (weinen) pleurnicher.

Plas|tik ['plastik] 1. f (16) (art m) plastique f; sculpture f (a. Werk); 2. n (11, o. pl.) matière f plastique; **∼tikbombe** f bombe f au plastic; 2tisch adj. plastique.

Platane [pla'ta:nə] f (15) platane m.

Platin [ˈplɑːtiːn] *n* (11) platine *m*.

platonisch [plaˈtoːniʃ] *adj.* platonique.

plätschern [ˈplɛtʃərn] 1. *v/i.* (29) clapoter; (*im Wasser*) barboter; 2. ℒ *n* (6) clapotis *m*.

platt [plat] 1. *adj.* plat; (*abgeplattet*) aplati; *~es Land* terrain *m* plat; *rase* campagne *f*; (*Nase*) plat; épaté; camus; *fig.* plat; trivial; (*erstaunt*) ébahi; *~ machen* (*drücken*) aplatir; *sich ~ hinwerfen* se mettre à plat ventre; 2. ℒ *n* bas allemand *m*.

Plättbrett [ˈplɛtbrɛt] *n* planche *f* à repasser.

Plattdeutsch *n* bas allemand *m*.

Platte [ˈplatə] *f* (15) (*Metallℒ*) plaque *f* (*a. phot.*); (*SchallℒR*) disque *m*; (*dünne*) lame *f*; (*Fliese*) dalle *f*; carreau *m*; (*Teller*) plat *m*; (*Tischℒ, Servierℒ*) plateau *m*.

Plätt|eisen [ˈplɛtʔ-] *n* fer *m* à repasser; **ℒen** [ˈ-ən] *v/t.* repasser.

Platten|spieler *m* tourne-disque *m*, pick-up *m*; **~ständer** *m* porte-disques *m*; **~teller** *m* plateau *m*; **~wechsler** *m* changeur *m* automatique de disques.

Plätt|erei [ˈ-ˈrai] *f* repassage *m*; **~erin** *f* repasseuse *f*.

Platt|form *f* plate-forme *f*; **~fuß** *m* pied *m* plat; F *Auto* roue *f* à plat; **ℒfüßig** [ˈ-fyːsiç] *adj.* qui a les pieds plats; **~heit** *f* aplatissement *m*; *fig.* platitude *f*; trivialité *f*; **~nase** *f* nez *m* plat (*od.* épaté *od.* camus).

Platz [plats] *m* (3² u. ³) (*Sitzℒ*) place *f*; (*Stelle, Ort*) endroit *m*; lieu *m*; (*Raum*) espace *m*; *~ da!* place!; *~ nehmen* prendre place; *s-n ~ einnehmen* occuper sa place; *~ machen* faire place; *~ greifen* s'implanter; *an s-m ~ sein* être à sa place; *fehl am ~e* sein être déplacé; **~angst** *gⁱⁿ* *f* agoraphobie *f*; **~anweiserin** *f* ouvreuse *f*.

Plätzchen [ˈplɛtsçən] *n* petite place *f*; (*Gebäck*) petits fours *m/pl.*; petits gâteaux *m/pl.*; *phm.* pastille *f*.

platz|en *v/i.* (27, sn) (*bersten*) crever (*a. Reifen*); éclater; (*krachen*) craquer; **ℒkarte** *Esb.* *f* ticket *m* de réservation de place; **ℒkonzert** *n* concert *m* public; **ℒmangel** *m* manque *m* de place (*d'espace*); **ℒpatrone** *f* cartouche *f* à blanc; **~raubend** *p.pr. adj.* encombrant; **ℒregen** *m* averse *f*; **ℒwechsel** *m* changement *m* de place; **†** effet *m*

(*od.* traite *f*) sur place.

Plauder|ei [plaudəˈrai] *f* causerie *f*; **~er** *m* (7), **~in** *f* causeur *m*, -euse *f*; **ℒn** *v/i.* (29) causer; *ein wenig ~* faire un brin de causette; *gemütlich ~* tailler une bavette; **~stündchen** *n* causette *f*; **~ton** *m*: *im ~* sur le ton de la conversation.

plausibel [ˈ-ˈziːbəl] *adj.* plausible; *j-m etw. ~ machen* faire comprendre qch. à q.

Plebej|er(in *f*) [pleˈbeːjər] *m* (7) plébéien(ne *f*) *m*; **ℒisch** *adj.* plébéien.

Plebiszit [plebisˈtsiːt] *n* (3) plébiscite *m*.

Plebs [plɛps] *m* (4) plèbe *f*; populace *f*.

Pleite F [ˈplaitə] 1. *f* (7) faillite *f*; F déconfiture *f*; *~ machen* faire faillite; 2. ℒ *adj.* failli; *~ gehen* faire faillite; *~ sein* être en faillite, P (*kein Geld haben*) être dans la dèche.

Plenarsitzung [pleˈnaːr-] *f* séance *f* plénière.

Plenum [ˈpleːnum] *n* (9, *o.pl.*) assemblée *f* plénière, plénum *m*.

Pleuelstange [ˈplɔyəl-] *f* bielle *f*.

Pliss|ee [pliˈseː] *n* (11) plissé *m*; **ℒiert** [pliˈsiːrt] *p.p. adj.* plissé.

Plomb|e [ˈplɔmbə] *f* (15) (*Zahnℒ*) plombage *m*; obturation *f*; (*Bleisiegel*) plomb *m*; **ℒieren** [ˈ-ˈbiːrən] *v/t.* plomber; *Zahn a.*: obturer.

Plötze *zo.* [ˈplœtsə] *f* (15) gardon *m*.

plötzlich [ˈplœtsliç] 1. *adj.* subit; soudain; 2. *adv. a.* tout à coup; **ℒkeit** *f* soudaineté *f*.

plump [plump] *adj.* grossier; (*schwerfällig*) lourd; **ℒheit** *f* grossièreté *f*; (*Schwerfälligkeit*) lourdeur *f*; **~s!** *int.* pouf!; patatras!; **~sen** [ˈ-sən] *v/i.* (sn) tomber lourdement.

Plunder F [ˈplundər] *m* (7) fatras *m*.

Plünder|er [ˈplyndərər] *m* (7) pillard; *bes.* ✗ maraudeur *m*; **ℒn** *v/t.* (29) piller; *bes.* ✗ marauder; *Menschen*: détrousser; dévaliser; *Bäume*: dépouiller; **~ung** *f* pillage *m*; *bes.* ✗ maraudage *m*; maraude *f*.

Plural [ˈpluːraːl] *m* (3¹) pluriel *m*.

plus [plus] 1. ✚ *adv.*: 3 ✗ 3 plus 2; 2. ℒ *n* plus *m*; **†** excédent *m*.

Plüsch F [plyːʃ] *m* (3¹) peluche *f*.

Plus|punkt *fig.* *m* avantage *m*; élément *m* favorable; trait *m* avantageux; **~quamperfekt** [ˈpluskvampɛrfɛkt] (3) *n* plus-que-parfait *m*; **~zeichen** ✚ *n* (signe *m*) plus *m*.

Pneumat|ik [pnɔy'mɑːtik] f, **2isch** adj. pneumatique (f).

Pöbel ['pøːbəl] m (7) plèbe f; populace f; **2haft** adj. populacier.

pochen ['pɔxən] v/i. (25) frapper; (Herz) battre; fig. auf etw. (acc.) ~ se targuer de qch., (fordern) réclamer qch.

Pocke ⚕ ['pɔkə] f (15) bouton m de petite vérole; **~n** f/pl. petite vérole f; variole f; **2n-artig** adj. varioleux; **~n-impfung** f vaccination f contre la variole; **~nnarbe** f marque f de petite vérole.

Podest [po'dɛst] m u. n (3²) estrade f; (Treppenabsatz) palier m.

Podex F ['poːdɛks] m (3²) derrière m.

Podium ['poːdjum] n (9) estrade f.

Poesie [poe'ziː] f (15) poésie f.

Poet [~'eːt] m (12) poète m; **~ik** [~'eː-tik] f (art m) poétique f; **~in** f poétesse f; **2isch** adj. poétique.

Pokal [po'kɑːl] m (3¹) coupe f; **~spiel** Sp. n (match m de) coupe f.

Pökel|fleisch ['pøːkəl-] n viande f salée; **2n** v/t. (29) saler.

Poker ['poːkər] n (7) poker m; **2n** v/i. jouer au poker.

Pol [poːl] m (3¹) pôle m.

polar [po'lɑːr] adj. polaire; **2-expedition** f expédition f polaire; **2for-scher** m explorateur m des régions polaires; **~isieren** [~ri'ziːrən] v/t. polariser; **2ität** [~'tɛːt] f polarité f; **2-kreis** m cercle m polaire; **2licht** n aurore f boréale; **2stern** m étoile f polaire.

Pole ['poːlə] m (13) Polonais m.

Polem|ik [po'leːmik] f (16) polémique f; **~iker** m (7) polémiste m; **2isch** adj. polémique; **2isieren** [~lemi'ziː-] v/i. polémiquer (über acc. sur); polémiser (sur).

Polente F [po'lɛntə] f (inv.) rousse f, flics m/pl.

Police [po'liːsə] f (15) police f (d'assurance).

Polier [po'liːr] m (3¹) contremaître m; **2en** v/t. (25) polir; (blank putzen) fourbir.

Poliklinik ['poːlikliːnik] f (16) policlinique f, dispensaire m.

Polin ['poːlin] f Polonaise f.

Politbüro [po'lit-] n Politbureau m.

Polit|ik [po'litik] f (16) politique f; **~iker(in** f) [~'liːtikər] m homme m (femme f) politique; politique m; mv. p. politicien(ne f) m; **2isch** adj. [~'liː-

tiʃ] adj. politique; **2isieren** [~ti'ziː-rən] v/i. parler (od. discuter) politique.

Politur [~'tuːr] f (16) poli m; vernis m.

Polizei [~'tsai] f (16) police f; **~-ak-tion** f opération f de police, rafle f; **~-aufsicht** f surveillance f de la police; **~beamte(r)** m agent m de police; **~behörde** f police f; **~büro** n bureau m du commissariat de police; **~funk** m radio f de la police; **~ge-wahrsam** n dépôt m, F violon m; **~hund** m chien m policier; **~kom-missar** m commissaire m de police; **2lich 1.** adj. de la police; **2.** adv. par mesure de police; **~präfekt** m, **~-präsident** m préfet m de police; **~präsidium** n préfecture f de police; **~revier** n commissariat m de police; **~spitzel** m indicateur m, mouchard m; **~staat** m Etat m policier; **~streife** f patrouille f de police; **~streifenwagen** m voiture f de police; **~stunde** f heure f de clôture; **~ver-ordnung** f ordonnance f (od. règlement m) de police; **~wache** f poste m de police; commissariat m (de police); **~wachtmeister** m brigadier m de police; **~wagen** m (für Häftlinge) fourgon m cellulaire; F panier m à salade.

Polizist [~'tsist] m (12) agent m de police; sergent m de ville; gardien m de la paix; F flic m.

Polka ['pɔlka] f (11¹) polka f.

Polklemme ⚡ ['poːlklɛmə] f borne f (d'élément).

Pollen ⚘ ['pɔlən] m (6) pollen m.

polnisch ['pɔlniʃ] adj. polonais.

Polo Sp. ['poːlo] n (11) polo m; **~hemd** n chemise f de sport, polo m.

Polster ['pɔlstər] n (7) rembourrage m; capitonnage m; (Kissen) coussin m; (Matratze) matelas m; **~möbel** n/pl. meubles m/pl. rembourrés; **2n** v/t. (29) rembourrer; capitonner; matelasser; **~stuhl** m siège m rembourré (od. capitonné); **~ung** f rembourrage m; capitonnage m.

Polter|abend ['pɔltər-] m fête f bruyante de veille f des noces; **~geist** m esprit m frappeur; **2n** v/i. faire du tapage.

Poly|eder ⩗ [poly'ʔeːdər] n (7) polyèdre m; **~gamie** [~ga'miː] f polygamie f.

Polyp [po'lyːp] m (12) polype m.

Polytechni|ker [poly'-] m polytechnicien *m*; **~kum** [~kum] *n* (9²) école *f* polytechnique.

Pomad|e [~'maːdə] *f* (15) pommade *f*; **2ig** F *adj.* qui ne se foule pas la rate.

Pomeranze ♦ [pomə'rantsə] *f* (15) orange *f*; (*Baum*) oranger *m*.

Pomp [pɔmp] *m* (3) pompe *f*; **2haft**, **2ös** [~'pøːs] *adj.* pompeux.

Pontifikalamt [pɔntifi'kaːl'amt] *n* office *m* pontifical.

Ponton [pɔn'tɔn] *m* (11) ponton *m*; **~brücke** *f* pont *m* de bateaux.

Pony ['pɔni] **1.** *n* (11) poney *m*; **2.** *m* (11) (*Frisur*) frange *f*.

Popanz ['poːpants] *m* (3²) croquemitaine *m*; (*Scheuche*) épouvantail *m*.

Pope ['poːpə] *m* (13) pope *m*.

Popelin [popə'liːn] *m* (3¹) popeline *f*.

Popo ['poːpoː] *m* (11) derrière *m*; fesses *f/pl.*

popu|lär [popu'lɛːr] *adj.* populaire; **~ machen** = **~larisieren** [~lari'ziːrən] *v/t.* populariser; **2larität** [~lari'tɛːt] *f* popularité *f*; **~lärwissenschaftlich** *adj.* de vulgarisation scientifique.

Por|e ['poːrə] *f* (15) pore *m*; **2ös** [~'røːs] *adj.* poreux.

Pornographi|e [pɔrnogra'fiː] *f* pornographie *f*; **2isch** [~'grɑːfiʃ] *adj.* pornographique.

Porree ['pɔre] *m* (11) poireau *m*.

Portal [pɔr'taːl] *n* (3¹) portail *m*.

Portier [pɔr'tje:] *m* (11) concierge *m*; (*Hotel2*) portier *m*; **~(s)frau** *f* concierge *f*; **~(s)loge** *f* loge *f* de concierge.

Portion [pɔr'tsjoːn] *f* portion *f*; ✕ ration *f*.

Porto ['pɔrto] *n* (11) port *m*; **~auslagen** *f/pl.* frais *m/pl.* de port; **2frei 1.** *adj.* franc de port; **2.** *adv.* franco de port; **2freiheit** *f* franchise *f* de port; **2pflichtig** *adj.* soumis à la taxe postale; **~e** *Dienstsache* lettre *f* officielle en port dû.

Porträt [pɔr'trɛ:] *n* (3, *a.* 11) portrait *m*; **2ieren** [~ɛ'tiːrən] *v/t.* faire le portrait de; **~maler** *m* portraitiste *m*.

Portugies|e [pɔrtu'giːzə] *m* (13), **~in** *f* Portugais(e *f*) *m*; **2isch** *adj.* portugais.

Portwein ['pɔrt-] *m* vin *m* de Porto; porto *m*.

Porzellan [pɔrtsə'laːn] *n* (3¹) porcelaine *f*; **~fabrik** *f* fabrique *f* de porcelaine; **~malerei** *f* peinture *f* sur porcelaine.

Posaun|e [po'zaʊnə] *f* (15) trombone *m*; **2en** ♪ *v/i.* jouer du trombone; **~enbläser** *m* trombone *m*.

Pos|e ['poːzə] *f* (15) pose *f*; **2ieren** [po'ziːrən] *v/i.* poser, prendre une pose.

Position [pozi'tsjoːn] *f* position *f*; ✝ poste *m*; **~slampe** *f*, **~slicht** *n* feu *m* de position.

positiv ['poːzitiːf] **1.** *adj.* positif; (*bejahend*) affirmatif; **2.** ♀ *n* (3¹), **2bild** *phot. n* positif *m*; **2ismus** [~i'vismus] *m* positivisme *m*.

Positur [pozi'tuːr] *f* (16) posture *f*; *sich in ~ setzen* prendre une pose; *esc.* se mettre en garde.

Poss|e ['pɔsə] *f* (15) farce *f*; bouffonnerie *f*; **~en** *m* (6) mauvais tour *m*; *j-m e-n ~ spielen* jouer un tour à q.; **2enhaft** *adj.* burlesque; bouffon; **~enreißer** *m* farceur *m*; bouffon *m*.

possessiv ['pɔsɛsiːf] *adj.* possessif; **2pronomen** *n* pronom *m* possessif.

possierlich [pɔ'siːrliç] *adj.* drôle, plaisant; F rigolo.

Post [pɔst] *f* (16) poste *f*; (*Brief2*) courrier *m*; **~abschnitt** *m* talon *m* de mandat-poste; **2alisch** [~'taːliʃ] *adj.* postal.

Post|amt ['~'amt] *n* bureau *m* de poste; **~anweisung** *f* mandat-poste *m*; **~ausgang** *m* courrier *m* à poster; **~auto** *n* auto *f* postale; (*Überlandauto*) autocar *m*; **~beamte(r)** *m* employé *m* des postes; F postier *m*; **~beförderung** *f* transport *m* postal; **~bezirk** *m* circonscription *f* postale; **~bote** *m* facteur *m*; **~direktion** *f* direction *f* des postes; **~eingang** *m* courrier *m* arrivé; **~einlieferungsschein** *m* récépissé *m*; **~einzahlung** *f* mandat-poste *m*.

Posten ['pɔstən] *m* (6) poste *m*; (*Schildwache*) sentinelle *f*; (*auf*) ~ *stehen* être en sentinelle (*od.* de faction); *auf* ~ *gehen* prendre la garde; ✝ (*Waren2*) lot *m*; (*in der Berechnung zs.-gefaßte Summe*) poste *m*; *nicht auf dem* ~ *sein* ne pas être d'attaque; *wieder auf dem* ~ *sein* être rétabli; **~kette** *f* ligne *f* de sentinelles (*od.* d'avant-postes).

Poster ['pɔstər] *m u. n* (7) poster *m*.

Post|fach *n* boîte *f* postale; **~flugzeug** *n* avion *m* postal; **~gebühr** *f* taxe *f* postale; **~geheimnis** *n* secret *m* postal; **~horn** *n* cor *m* de postillon.

posthum [pɔst'huːm] *adj.* posthume.

postieren [pɔsˈtiːrən] v/t. (v/rfl. sich ~ se) poster.

Post|illion [ˈpɔstiljoːn] m (3¹) postillon m; ~**karte** f carte f postale; ~**kutsche** f diligence f; ~**kutscher** m postillon m; 2**lagernd** p.pr. adjt. u. advt. poste restante; ~**leitzahl** f (numéro m de) code m postal; schweiz. numéro m postal; ~**meister** m directeur m des postes; receveur m des postes.

postoperativ [pɔstˈʔopəraˈtiːf] **1.** adj. postopératoire; **2.** adv. après (l')opération.

Post|paket n colis m postal; ~**sack** m sac m postal; ~**schalter** m guichet m (de la poste); ~**scheck** n chèque m postal; ~**scheck-amt** n centre m de chèques postaux; ~**scheckkonto** n compte m de chèques postaux; ~**schiff** n bateau m postal; ~**schließfach** n boîte f postale; ~**sendung** f envoi m postal.

Postskriptum [ˌ~ˈskriptum] n (9¹) post-scriptum m.

Post|sparbuch n livret m de caisse d'épargne postale; ~**sparkasse** f caisse f d'épargne postale; ~**stelle** f bureau m de poste auxiliaire; ~**stempel** m timbre m de la poste; Datum des ~s cachet m de la poste; ~**tarif** m tarif m postal; ~**überweisung** f virement m postal; ~**verkehr** m trafic m postal; ~**vermerk** m indication f de service; ~**verwaltung** f administration f des postes; ~**wagen** Esb. m wagon-poste m; 2**wendend** adv. par retour du courrier; ~**wertzeichen** n timbre-poste m; ~**wesen** n postes f/pl.; ~**wurfsendung** f envoi m postal collectif; ~**zug** m train m postal; ~**zustellung** f distribution f du courrier.

potent [poˈtɛnt] adj. puissant; 2**ial** [ˌ~tsjaːl] n (3²), ~**iell** [ˌ~tsjɛl] adj. potentiel (m) (a. fig.).

Potenz [poˈtɛnts] f (16) puissance f; 2**ieren** v/t. élever à une puissance.

Potpourri [ˈpɔtpuri] n (11) pot-pourri m.

Pott|asche [ˈpɔtˀaʃə] f potasse f; ~**wal** m cachalot m.

potztausend! [pɔts'-] int. parbleu!

poussieren F [puˈsiːrən] v/t. u. v/i. courtiser; flirter avec; faire la cour à.

Präambel [prɛˀˈambəl] f (15) préambule m.

Pracht [praxt] f (16) magnificence f;

(feierliche) pompe f; (Prunk) faste m; fig. splendeur f; ~**ausgabe** f édition f de luxe; ~**exemplar** n exemplaire m de luxe.

prächtig [ˈprɛçtiç] adj. magnifique; (Aufwand liebend) somptueux; (prachtvoll) superbe; splendide; (köstlich) délicieux.

Pracht|kerl F m gaillard m superbe; ~**mensch** m beau type m d'homme; ~**stück** n exemplaire m superbe; 2**voll** adj. = prächtig; ~**werk** n ouvrage m de luxe.

Prädikat [prediˈkaːt] n (3) gr. verbe m; (Zensur) note f.

Präfektur [prɛfɛkˈtuːr] f (16) préfecture f.

Präfix gr. [ˈprɛˈfiks] n (3²) préfixe m.

präg|en [ˈprɛːgən] v/t. (25) empreindre; Münzen: frapper de la monnaie; monnayer; fig. créer; 2**estempel** m coin m.

prägnan|t [prɛˈgnant] adj. expressif; (kurz) concis; 2**z** [ˌ~ˈnants] f (16, o. pl.) caractère m expressif; (Kürze) concision f.

Prägung f frappe f, monnayage m; fig. création f.

prähistorisch [ˈprɛːhisˈtoːriʃ] adj. préhistorique.

prahl|en [ˈpraːlən] v/i. (25) fanfaronner; se vanter (mit de); 2**er** m (7) fanfaron m; vantard m; 2**erei** [ˌ~ˈraɪ] f vanterie f; (prahlende Äußerung) fanfaronnade f; vantardise f; ~**erisch** adj. fanfaron; vantard; 2**hans** m = Prahler.

Praktikant [praktiˈkant] m (12) stagiaire m.

Prak|tiker [ˈpraktikər] m (7) homme m de sens pratique; ~**tikum** n stage m; 2**tisch** adj. pratique; ~er Arzt (médecin m) généraliste m; 2**tizieren** [ˌ~tsiˈrən] v/i. pratiquer; exercer.

Prälat [prɛˈlaːt] m (12) prélat m.

Prali|ne [praˈliːnə] f (15), ~**né**, ~**nee** östr., schweiz., n (11) bonbon m (od. crotte f) au chocolat.

prall [pral] adj. bien tendu; (voll u. rund) rebondi; in der ~en Sonne en plein soleil; ~**en** v/i. (25): gegen etw. ~ se heurter contre qch.

Prämi|e [ˈprɛːmjə] f (15) prime f; (Belohnung) prix m; récompense f; 2**enfrei** adj. exempt de prime; ~**engeschäft** n marché m à prime.

prämi(i)er|en [ˌ~ˈmiːrən, ˌ~ˈiːrən] v/t. accorder une prime (resp. un prix) à;

♀ung f adjudication (*od.* attribution) f d'un prix.

prang|en ['praŋən] *v/i.* (25) resplendir; briller d'un vif éclat; (*Person*) parader; ~ **mit** faire étalage (*od.* parade) de; **♀er** *m* (7) pilori *m*; carcan *m*; **an den ~ stellen** mettre au pilori.

Pranke ['praŋkə] f (15) griffe f.

Präpar|at [prɛpa'raːt] *n* (3) préparation f; **♀ieren** [~'riːrən] *v/t.* préparer.

Präposition gr. [~pozi'tsjoːn] f préposition f; **~al** [~jo'nɑːl] *adj.* prépositionnel, prépositif.

Präsens gr. ['prɛːzɛns] *n* présent *m.*

Präsent [~'zɛnt] *n* (3) présent *m*; cadeau *m*; **♀ieren** [~'tiːrən] *v/t.* présenter.

Präsenz [~'zɛnts] f (*inv.*) présence f; **~bibliothek** f bibliothèque f de consultation sur place; **~liste** f feuille f de présence.

Präservativ [prɛzɛrva'tiːf] *n* (3[1]) préservatif *m.*

Präsident|(in f) [~zi'dɛnt] *m* (12) président(e f) *m*; **~enwahl** f élection f présidentielle; **~schaft** f présidence f.

präsid|ieren [~'diːrən] *v/i.* présider; **♀ium** [~'ziːdjum] *n* (9) présidence f.

prass|eln ['prasəln] *v/i.* (29) pétiller; crépiter; (*herunter~*) tomber avec fracas; **~en** *v/i.* (28) mener joyeuse vie; F faire bombance; **♀erei** [~'raɪ] f débauche f; F bombance f.

präventiv [~vɛn'tiːf] *adj.* préventif.

Praxis ['praksɪs] f (16[2]) pratique f; (*Kundschaft*) clientèle f; (*Raum*) cabinet *m* de consultation; **in der ~** dans la pratique.

Präzedenzfall [prɛtse'dɛnts-] *m* précédent *m.*

präzis|(e) [prɛ'tsiːs (~izə)] *adj.* précis; exact; **~ieren** [~i'ziːrən] *v/t.* préciser; **♀ion** [~i'zjoːn] f précision f; **♀ionswaage** [~'zjoːns-] f balance f de précision.

predig|en ['preːdigən] *v/t.* (25) prêcher; **♀en** *n* prédication f; **♀er** *m* (7) prédicateur *m*; *mv. p.* prêcheur *m*; **♀t** [~dɪçt] f (16) sermon *m*, *prot.* prêche *m* (*halten* faire).

Preis [praɪs] *m* (4) prix *m* (*ausmachen* convenir de; *aussetzen* instituer; *stiften* fonder; *zuerkennen* décerner; *gewinnen* remporter); (*Lob*) louange f; gloire f; **zum ~ von** au prix de; **um jeden ~** à tout prix; **um keinen ~** à aucun prix (*bei vb. mit* ne); **mit festem**

~ à prix fixe; **äußerster ~** dernier prix *m*; **zu billigem ~** à bas prix; **hoch im ~ stehen** être d'un prix élevé; **im ~ fallen** (*steigen*) baisser ('hausser) de prix; **die ~e treiben** (*verderben*) faire monter (gâter) les prix; **sich um e-n ~ bewerben** être candidat à un prix; **e-n ~ auf j-s Kopf setzen** mettre la tête de q. à prix; **~abbau** *m* réduction f de(s) prix; **~abschlag** *m* remise (*od.* réduction) f de prix; **~angabe** f indication f du prix; **~aufgabe** f sujet *m* de concours; **~aufschlag** *m* supplément *m* de prix; **~ausschreiben** *n* concours *m.*

Preiselbeere ['praɪzəl-] f airelle f rouge.

preisen ['praɪzən] *v/t.* (30) vanter; louer; **glücklich ~** estimer heureux.

Preis|-entwicklung f évolution f des prix; **~erhöhung** f augmentation f des prix; **~ermäßigung** f réduction f de(s) prix; remise f; **~festsetzung** f taxation f (*od.* établissement *m*) de prix; **~frage** f sujet *m* de concours; **~gabe** f abandon *m*; **♀geben** *v/t.* abandonner; **preisgegeben sein** être en proie à; **♀gekrönt** *p.p. adjt.* couronné; **~gericht** *n* jury *m*; **~gestaltung** f formation f des prix; **♀günstig** *adj.* = **preiswert**; **~index** *m* indice *m* des prix; **~kontroll-amt** *n* office *m* du contrôle des prix; **~lage** f: **in dieser ~** dans ces prix; **~liste** f liste f des prix; prix *m* courant; **~nachlaß** *m* = **Preisermäßigung**; **~richter** *m* juge *m*; membre *m* du jury; **~schwankung** f fluctuation f des prix; **~senkung** f = **Preisermäßigung**, **~steigerung** f = **Preiserhöhung**; **~stopp** *m* blocage *m* des prix; **~sturz** *m* chute f des prix; **~tafel** f tableau *m* (d'affichage) des prix; **~träger(in** f) *m* lauréat(e f) *m*; **~treiberei** [~traɪbə'raɪ] f 'hausse f illicite; **~überwachung(sstelle** f) f (office *m* de) contrôle *m* des prix; **~verteilung** f distribution f des prix; **~verzeichnis** *n* = **Preisliste**; **♀wert** ✝ *adj.* qui vaut son prix; (à) bon marché; **♀würdig** *adj.* digne de louanges; louable.

prekär [pre'kɛːr] *adj.* précaire.

Prell|bock Esb. ['prɛlbɔk] *m* (3[3]) butoir *m*; 'heurtoir *m*; **♀en** *v/t. u. v/i.* (25) berner; *fig. a.* duper; **j-n um etw. ~** frustrer q. de qch.; (*wund stoßen*) contusionner; **~e'rei** f duperie f; **~**

stein m chasse-roue m; **~ung** ⚙ f contusion f.

Presse ['prɛsə] f (15) presse f; (Frucht2) pressoir m; e-e gute (schlechte) ~ haben avoir une bonne (mauvaise) presse; **~amt** n, **~büro** n office (od. bureau) m de la presse; **~chef** m chef m de presse; **~dienst** m service m de presse; **~empfang** m réception f de la presse; **~feldzug** m campagne f de presse; **~fotograf** m photographe m de presse, reporter m photographe; **~freiheit** f liberté f de la presse; **~konferenz** f conférence f de presse; **~meldung** f information f par la presse.

pressen 1. v/t. (25) presser; (aus~) pressurer; (zusammen~) comprimer; Stoff: catir; 2. ⚙ n pression f; (Aus2) pressurage m; (Zusammen2) compression f; (v. Stoff) catissage m.

Presse|schau f, **~spiegel** m revue f de la presse; **~stimmen** f/pl. commentaires m/pl. de presse; **~verlautbarung** f = Pressemeldung; **~vertreter** m représentant m de la presse; **~zensur** f censure f de presse.

Preß|glas ['prɛsglas] n verre m comprimé; **~kohle** f briquette f.

Preßluft f air m comprimé; **~bohrer** m perforatrice f à air comprimé; **~hammer** m marteau m pneumatique.

Preuß|e ['prɔysə] m (13), **~in** f Prussien(ne f) m; **2isch** adj. prussien; de Prusse.

prickeln ['prikəln] 1. v/i. (29) piquer; picoter; (Wein) pétiller; in der Nase ~ piquer (od. prendre) au nez; 2. ⚙ n picotement m; **~d** p.pr. adj. piquant.

Priem [pri:m] m (3) chique f.

Priester ['pri:stər] m (7) prêtre m; **~amt** n sacerdoce m; **~in** f prêtresse f; **2lich** adj. sacerdotal; **~rock** m soutane f; **~schaft** f clergé m; **~seminar** n séminaire m; **~tum** n (1) sacerdoce m; **~weihe** f ordination f; die ~ erhalten être ordonné prêtre; **~würde** f dignité f sacerdotale.

Prima ['pri:ma] 1. f (15) (classe f de) première f; 2. ⚙ 2 adj. de première qualité; ~! F chouette!; **~balle'rina** f (16²) première danseuse f; **2donna** f (16²) prima donna f; **~ner(in** f) [pri'maːnər] m (7) élève m, f de première.

primär [pri'mɛːr] adj. primaire, élémentaire.

Primel ['pri:məl] f (15) primevère f.

primitiv [primi'ti:f] adj. primitif.

Primzahl ['pri:m-] f nombre m premier.

Prinz [prints] m (12), **~essin** [~'tsɛsin] f prince(sse f) m; **~gemahl** m prince m consort.

Prinzip [prin'tsi:p] n (3¹ u. 8²) principe m; **~al** [printsi'paːl] m (3¹) patron m; chef m; **2iell** [~i'pjɛl] adj. de (adv. par) principe; **~ienreiter** m doctrinaire m.

Prinzregent m prince m régent.

Prior|(**in** f) ['priːɔr (~'oːrin)] m (8¹) prieur(e f) m; **~ität** [priori'tɛːt] f priorité f.

Prise ['priːzə] f (15) prise f.

Pris|ma ['prisma] n (9¹) prisme m; **~menglas** n jumelles f/pl. à prismes.

Pritsche ['pritʃə] f (15) (Narren2) batte f; (Feldbett) lit m de camp.

privat [pri'vaːt] 1. adj. privé; particulier; 2. adv.: ~ wohnen être logé chez des particuliers; **2-adresse** f adresse f privée (od. personnelle); **2-angelegenheit** f affaire f privée; **2-audienz** f audience f particulière; **2bank** f banque f privée; **2besitz** m propriété f privée; **2detektiv** m détective m (privé); **2dozent** m privat-docent m; **2gespräch** téléph. m conversation f privée; **2haus** n maison f particulière; **2im** [~'vaːtim] adv. en privé; **2-interesse** m intérêt m privé; **2issimum** [~a'tisimum] n cours m fermé; **2klinik** f clinique f privée; **2leben** n vie f privée; **2lehrer(in** f) m précepteur m, -trice f; **2mann** m particulier m; homme m privé; **2recht** n droit m privé; **2rechtlich** 1. adj. de droit privé; 2. adv. d'après le droit privé; **2sache** f affaire f privée; **2schule** f école f privée (od. libre); **2sekretär** m secrétaire m particulier; **2stunde** f leçon f particulière; **2-unternehmen** n entreprise f privée; **2-unterricht** m leçons f/pl. particulières; **2vermögen** n fortune f personnelle; **2wagen** m voiture f particulière; **2weg** m chemin m privé; **2wirtschaft** f économie f privée; **2wohnung** n domicile m personnel.

Privile|g [privi'leːk] n (8²) privilège m; **2gieren** [~le'giːrən] v/t. privilégier.

Pro [pro:] 1. n: das ~ und Kontra le

pour et le contre; **2.** ⚤ *prp.*: ∼ *Kopf* par
tête; ∼ *forma* pour la forme.

probat [pro'baːt] *adj.* éprouvé.

Probe ['proːbə] *f* (15) épreuve *f* (*bestehen* soutenir); essai *m*; *thé.* répétition *f*; ✝ échantillon *m*; spécimen *m*;
(*Beweis*) preuve *f*; *auf* (*od.* zur) ∼ à
titre d'essai; *auf die* ∼ *stellen* mettre à
l'épreuve (*od.* à l'essai); éprouver;
∼abzug *m* épreuve *f*; **∼auftrag** *m*,
∼bestellung *f* commande *f* d'essai;
∼fahrt *f* course *f* (*od.* voyage *m*)
d'essai; ⚤*n v/t.* (25) mettre à l'épreuve; *thé.* répéter; **∼nummer** *f* spécimen *m*; **∼stück** *n* échantillon *m*;
spécimen *m*; ⚤**weise** *adj. u. adv.* à
titre d'essai; à l'essai; **∼zeit** *f* période
f d'essai; *rl.* noviciat *m*.

probieren [pro'biːrən] *v/t.* essayer;
(*erproben*) éprouver; *Speisen*: goûter; *Wein usw.*: déguster; *thé.* répéter; ⚤**glas** *n* éprouvette *f*; ⚤**stube** *f*
(bar *m* de) dégustation *f*.

Problem [∼'bleːm] *n* (3¹) problème
m.

Problematik [∼ble'maːtik] *f* caractère *m* problématique; ⚤**isch** *adj.*
problématique.

problemlos *adj.* qui n'offre point de
problème(s).

Produkt [∼'dukt] *n* (3) produit *m* (*a.*
Å); (*Geistes*⚤) production *f*; **∼ion**
[∼'tsjoːn] *f* production *f.*

Produkti'ons|-ausfall *m* perte *f* de
production; **∼genossenschaft** *f*:
bäuerliche ∼ coopérative *f* agricole de
production; **∼güter** *n/pl.* biens *m/pl.*
de production; **∼rückgang** *m* baisse
f de production; **∼steigerung** *f* accroissement *m* de la production.

produktiv [∼'tiːf] *adj.* productif; ⚤**i-
tät** [∼tivi'tɛːt] *f* productivité *f.*

Produz|ent [∼'tsɛnt] *m* (12) produc-
teur *m*; ⚤**ieren** [∼'tsiːrən] *v/t.* produire.

profan [∼'faːn] *adj.* profane.

Professor [∼'fɛsɔr] *m* (8¹) professeur
m (*der Geschichte* d'histoire).

Profi F ['proːfi] *m* pro *m.*

Profil [∼'fiːl] *n* (3¹) profil *m*; ⚤**iert**
[∼fi'liːrt] *p.p. adjt.* profilé; (*Persönlichkeit*) marquant.

Profit [∼'fiːt] *m* (3) profit *m*; ⚤**ieren**
[∼fi'tiːrən] *v/i.* profiter (*bei* à; *von* de).

Prognose [∼'gnoːzə] *f* (15) pronostic
m (*a.* ✻).

Programm [∼'gram] *n* (3¹) programme *m*; ⚤**(m)äßig** = programmgemäß;

⚤**atisch** [∼'maːtiʃ] *adj.* programma-
tique; ⚤**gemäß** *adj. u. adv.* suivant le
programme; **∼gestalter** *m* program-
mateur *m*; ⚤**ieren** [∼'miːrən] *v/t.* pro-
grammer; **∼ierer** [∼'miːrər] *m* (7)
programmeur *m*; **∼vorschau** *f* prochain programme *m*; *rad., TV* pro-
chaines émissions *f/pl.*

progressiv [progrɛ'siːf] *adj.* progressif.

Projekt [∼'jɛkt] *n* (3) projet *m*; ⚤**ieren**
[∼'tiːrən] *v/t.* projeter.

Projektion [∼jɛk'tsjoːn] *f* projection
f; **∼s-apparat** *m* appareil *m* à projec-
tions, projecteur *m*; **∼sschirm** *m*
écran *m.*

projizieren [∼ji'tsiːrən] *v/t.* projeter.

Proklam|ation [∼klama'tsjoːn] *f* pro-
clamation *f*; ⚤**ieren** [∼'miːrən] *v/t.*
proclamer.

Prokur|a [∼'kuːra] *f* (*inv.*) procura-
tion *f*; *per* ∼ par procuration; **∼ist**
[∼u'rist] *m* (12) fondé *m* de pouvoir.

Proletar|iat [proleta'rjaːt] *n* (3) pro-
létariat *m*; **∼ier** [∼'taːrjər] *m* (7) prolétaire *m*; P *prolo m*; ⚤**isch** [∼'taːriʃ]
adj. prolétarien; (*Klasse*) prolétaire.

Prolog [∼'loːk] *m* (3¹) prologue *m.*

Promen|ade [∼mə'naːdə] *f* (15) pro-
menade *f*; **∼adendeck** ⚓ *n* pont *m*
promenade; **∼adenmischung** F *f*
chien *m* mâtiné; ⚤**ieren** [∼'niːrən] *v/i.*
(sn) se promener.

Promille [pro'milə] *n* (*inv.*) pour
mille *m.*

prominen|t [∼mi'nɛnt] *adj.* éminent,
marquant; ⚤**te**(r *m*) *m, f* personnalité
f marquante; célébrité *f*; ⚤**z** *coll. f*
(16, *o. pl.*) personnalités *f/pl.* mar-
quantes; célébrités *f/pl.*

Promo|tion [∼mo'tsjoːn] *f* promotion
f; ⚤**vieren** [∼'viːrən] *v/i.* passer son
doctorat.

prompt [prɔmpt] *adj.* prompt.

Pronomen *gr.* [∼'noːmən] *n* (6) pronom *m*; ⚤**i'nal** *adj.* pronominal.

Propa|ganda [∼pa'ganda] *f* (*inv.*)
propagande *f*; ✝ réclame *f*; publicité
f; ⚤**gieren** [∼'giːrən] *v/t.* faire de la
propagande pour; mettre en vogue;
préconiser; prôner.

Propangas [pro'paːngas] *n* propane
m.

Propeller [∼'pɛlər] *m* (7) hélice *f.*

Prophet|(in *f*) [∼'feːt] *m* (12) prophète
m, prophétesse *f*; ⚤**isch** *adj.* prophé-
tique.

prophezei|en [∼fe'tsaiən] *v/t.* (25)

prophétiser; (*voraussagen*) prédire; 2ung *f* prophétie *f*; (*Voraussage*) prédiction *f*.

prophylaktisch 🕭 [profy'lakti∫] *adj.* préventif, prophylactique.

Proportion [~por'tsjo:n] *f* proportion *f*; 2al [~tsjo'na:l] *adj.* proportionnel; *direkt* (*umgekehrt*) ~ directement (inversement) proportionnel; 2iert [~'ni:rt] *p.p.* *adjt.* proportionné.

Propst [pro:pst] *m* (3² u. ³) prieur *m*; *prot.* premier pasteur *m*.

Prorektor ['~rɛktor] *m* vice-recteur *m*.

Prosa ['pro:za] *f* (*inv.*) prose *f*; 2isch [pro'za:i∫] *adj.* prosaïque.

prosit! ['pro:zit] *int.* à votre santé!; ~ Neujahr! bonne année!

Prospekt [~'spɛkt] *m* (3) prospectus *m*.

Prostata *anat.* ['prɔstata] *f* (*inv.*) prostate *f*.

prostituieren [prɔstitu'i:rən] *v/rfl.*: *sich* ~ se prostituer; 2ierte [~'i:rtə] *f* prostituée *f*; 2tion [~'tsjo:n] *f* prostitution *f*.

Protektion [protɛk'tsjo:n] *f* protection *f*; ~torat [~o'ra:t] *n* (3) protectorat *m*.

Protest [~'tɛst] *m* (3³) protestation *f*; † protêt *m*; ~ *einlegen gegen* protester contre.

Protestant|(in *f*) [~'tant] *m* (12) protestant(e *f*) *m*; 2isch *adj.* protestant; ~ismus [~'tismus] *m* protestantisme *m*.

protest|ieren [~'ti:rən] *v/i.* protester; 2note [~'tɛst-] *f* note *f* de protestation.

Prothese [~'te:zə] *f* (15) prothèse *f*.

Protokoll [~to'kɔl] *n* (3¹) procès-verbal *m* (*führen* rédiger); *dipl.* protocole *m*; (*Berichterstattung*) compte rendu *m*; *zu* ~ *geben* faire inscrire au procès-verbal; ⚖️ *ein* ~ *aufnehmen* dresser procès-verbal; *verbaliser*; *etw. zu* ~ *nehmen* prendre acte de qch.; ~chef *dipl.* *m* chef *m* du protocole; ~führer *m* rédacteur *m* du procès-verbal; ⚖️ greffier *m*; 2ieren [~o'li:rən] *v/t.* rédiger le procès-verbal (*dipl.* le protocole); ⚖️ dresser procès-verbal; verbaliser.

Prototyp [proto'ty:p] *m* prototype *m*.

Protz [prɔts] *m* (12) homme *m* bouffi d'orgueil; nouveau-riche *m*; ~e ✕ *f* (15) avant-train *m*; 2en *v/i.* (27) se vanter d'être riche; être bouffi d'or-

gueil; se donner de grands airs; *mit etw.* ~ faire étalage (*od.* montre) de qch.; 2ig *adj.* plein d'ostentation; bouffi d'orgueil.

Proviant [pro'vjant] *m* (3) provisions *f/pl.*; vivres *m/pl.*; *mit* ~ *versehen* approvisionner.

Provinz [~'vints] *f* (16) province *f*; 2iell [~tsjɛl] *adj.* provincial; ~ler(in *f*) *m* (7) provincial(e *f*) *m*; ~stadt *f* ville *f* de province.

Provi|sion [~vi'zjo:n] *f* remise *f*; commission *f*; 2sorisch [~vi'zo:ri∫] *adj.*, ~sorium [~'zo:rjum] *n* provisoire (*m*).

Provo|kation [provoka'tsjo:n] *f* provocation *f*; 2zieren *v/t.* provoquer.

Prozedur [protse'du:r] *f* (16) procédure *f*.

Prozent [~'tsɛnt] *n* (3) pour-cent *m*; *zu vier* ~ à quatre pour cent; *zu wieviel* ~? à quel taux?; ~rechnung *f* calcul *m* des intérêts; ~satz *m* pourcentage *m*; † *taux* [~] *m*; 2ual [~u'a:l] **1.** *adj.* (exprimé) en pour-cent (*od.* au pourcentage); proportionnel; **2.** *adv.* selon un pourcentage; proportionnellement.

Prozeß [~'tsɛs] *m* (3) procès *m*; 🗲 processus *m*; *j-m den* ~ *machen* intenter un procès contre q., *fig.* faire le procès à q.; *e-n* ~ *gegen j-n führen* être en procès avec q.; ~akten *f/pl.* dossier *m* d'un procès; ~führung *f* procédure *f*; ~gegenstand *m* objet *m* du procès.

prozessieren [~'si:rən] *v/i.* plaider (*mit* contre); être en procès (avec).

Prozession [~'sjo:n] *f* procession *f*.

Pro'zeß|kosten *pl.* frais *m/pl.* de procès; ~ordnung *f* code *m* de procédure; ~recht *n* procédure *f*.

prüde ['pry:də] *adj.* prude; F bégueule.

prüf|en ['pry:fən] *v/t.* (25) examiner; (*erproben*) mettre à l'épreuve; éprouver; (*probieren*) goûter, *Wein usw.*: déguster; (*nach~*) vérifier; ⊕ essayer; 2er *m* (7) examinateur *m*; 2ling ['~liŋ] *m* candidat(e *f*) *m*; 2stand ⊕ *m* station *f* (*od.* banc *m*) d'essai; 2stein *m* pierre *f* de touche; 2ung *m* examen *m* (*machen* passer; *subir*; *abhalten* faire passer); *schriftliche* ~ épreuves *f/pl.* écrites; *mündliche* ~ (examen *m*) oral *m*; *die* ~ *bestehen* réussir (*od.* être reçu) à l'examen; *in der* ~ *durchfallen* échouer (*od.* être refusé) à l'examen; (*Heimsuchung*) épreuve *f*; (*Nach&*) vérification *f*; ⊕ essai *m*.

Prüfungs|arbeit f épreuve *f* écrite; **~ausschuß** *m* commission *f* (*od.* jury *m*) d'examen; **~bericht** ⊕ *m* rapport *m* d'essai; **~kommission** *f* = Prüfungsausschuß; **~zeugnis** *n* diplôme *m*.

Prügel ['pry:gəl] *m* (7) (*Stock*) gourdin *m*; bâton *m*; *pl.* (*Tracht* ~) correction *f*, volée *f* (de coups de bâton), F rossée *f*; **~ei** [~'laɪ] *f* rixe *f*; es entstand e-e ~ on en vint aux mains; **~knabe** F *m* souffre-douleur *m*; **2n** *v/t.* (29) battre; F rosser; **~strafe** *f* punition *f* corporelle, correction *f*.

Prunk [pruŋk] *m* (3) pompe *f*; faste *m*; parade *f*; **~bett** *n* lit *m* de parade; **2en** *v/i.* (25) étaler un grand faste; *mit etw.* ~ faire parade de qch.; **~gemach** *n* chambre(*s pl.*) *f* d'apparat; **2liebend** *p.pr. adjt.* qui aime le faste; **~saal** *m* salle *f* de parade; **~stück** *n* objet *m* de parade; **~sucht** *f* amour *m* du faste; **2voll** *adj.* pompeux, fastueux.

prusten ['pru:stən] *v/i.* (*Pferd*) s'ébrouer; (*laut niesen*) éternuer très 'haut.

Psal|m [psalm] *m* (5²) psaume *m*; **~'mist** *m* (12) psalmiste *m*; **~ter** *m* (7) psautier *m*.

Pseudonym [psɔydo'ny:m] **1.** *n* (3¹) pseudonyme *m*; nom *m* d'emprunt; **2.** **2** *adj.* pseudonyme.

pst! [pst] *int.* chut!

Psyche ['psy:çə] *f* (15) âme *f*; *myth.* Psyché *f*; **~iater** [psy'ça:tər] *m* (7) psychiatre *m*; **~ia'trie** *f* psychiatrie *f*; **2isch** ['psy:çiʃ] *adj.* psychique.

Psycho|ana'lyse ['psy:çoɁ~] *f* psychanalyse *f*; **~ana'lytiker** *m* psychanalyste *m*; **~loge** [~'lo:gə] *m* (13) psychologue *m*; **~logie** [psyçolo'gi:] *f* psychologie *f*; **2logisch** *adj.* psychologique; **~path** [~'pa:t] *m* (12) psychopathe *m*; **~se** [psy'ço:sə] *f* (15) psychose *f*; **~thera'pie** *f* psychothérapie *f*.

Pubertät [pubɛr'tɛ:t] *f* (16) puberté *f*.

publik [pu'bli:k] *adv.*: ~ machen rendre public; **2ati'on** *f* publication *f*.

Publi|kum ['pu:blikum] *n* (9²) public *m*; **2zieren** [~'tsi:rən] *v/t.* publier; **~zist** [~'tsist] *m* (12) publiciste *m*.

Pudding ['pudiŋ] *m* (3¹) flan *m*.

Pudel ['pu:dəl] *m* (7) caniche *m*; barbet *m*; **2naß** *adj.* trempé comme une soupe.

Puder ['pu:dər] *m* (7) poudre *f*; **~dose** *f* boîte *f* à (*resp.* de) poudre; **2n** *v/t.* (29) poudrer; **~quaste** *f* 'houppette *f*; **~zucker** *m* sucre *m* en poudre.

puff [puf] **1.** *int.*: ~! pouf!; pan!; crac!; **2.** **2** *m* (3³) bruit *m* sourd; (*Stoß*) bourrade *f*; **3.** **2** *m* *n* P (*Bordell*) bordel *m*; **4.** **2** *n* (3, *o. pl.*) (*Spiel*) trictrac *m*; **2-ärmel** *m* manche *m* bouffante; **~en** *v/t. u. v/i.* (25) faire pouf; (*bauschig machen*) faire bouffer; *j-n* ~ cogner q.; **2er** *m* (7) *Esb.* tampon *m*; ⊕ amortisseur *m*; **2erstaat** *m* État *m* tampon.

puh! [pu:] *int.* peuh!; pouah!

Pulle F ['pulə] *f* (15) bouteille *f*.

Pull|i F ['puli] *m* (11) pull *m*; **~over** [~'lo:vər] *m* (7) pull-over *m*.

Puls [puls] *m* (4) pouls *m* (*j-m fühlen* tâter à q.); **~ader** *f* artère *f*; **2ieren** [~'zi:rən] *v/i.* (*schlagen*) battre; **~des Leben** vie *f* intense; **~schlag** *m* pulsation *f*; **~wärmer** *m* (7) mitaine *f*; **~zahl** *f* nombre *m* de pulsations, fréquence *f* de pulsation.

Pult [pult] *n* (3) pupitre *m*; (*Chor&* in der Kirche) lutrin *m*.

Pulver ['pulfər] *n* (7) poudre *f*; **2-artig** *adj.* pulvérulent; **~faß** *n* baril *m* de poudre (*a. fig.*); **2ig** *adj.* pulvérulent; **2isieren** [~vəri'zi:rən] *v/t.* pulvériser; **~schnee** *m* neige *f* poudreuse.

Puma *zo.* ['pu:ma] *m* (11) puma *m*.

Pumpe *f* (15) pompe *f*; **2n** *v/t.* (25) pomper; *fig.* F *j-m etw.* ~ prêter qch. à q.; *von j-m etw.* ~ emprunter qch. à q.; F taper q. de qch.

Pumpernickel ['pumpərnikəl] *m* (7) pain *m* noir de Westphalie.

Pump|hose *f* pantalon *m* bouffant; **~station** *f*, **~werk** *n* pompe(*s pl.*) *f*.

Punkt [puŋkt] *m* (3) point *m*; ~ *für* ~ point par point; *in e-m* ~ *einig sein* d'accord sur un point; ~ *ein Uhr* à une heure précise; *nach* ~*en* aux points; **2ieren** [~'ti:rən] *v/t.* pointiller; *typ.* pointer; ⚕ faire une ponction à.

pünktlich ['pyŋktliç] *adj.* ponctuel; exact; **2keit** *f* ponctualité *f*; exactitude *f*.

Punkt|richter *Sp. m* pointeur *m*; **2schweißen** ⊕ *v/t.* soudre par points; **~sieg** *Sp. m* victoire *f* aux points; **~um** *n*: *und damit* ~! un point, c'est tout!; **~wertung** *Sp. f* pointage *m*, classement *m* par points; **~zahl** *Sp. f* score *m*.

Punsch [punʃ] *m* (3 u. [³]) punch *m*.

Pupille [pu'pilə] *f* (15) pupille *f*.

Puppe ['pupə] *f* (15) poupée *f*; (*Marionette*) marionnette *f* (*a. fig.*); (*Schneider2*) mannequin *m*; *zo.* chrysalide *f*.

Puppen|spiel *n* (jeu *m* de) marionnettes *f/pl.*; guignol *m*; **~spieler** *m* joueur *m* de marionnettes; **~stube** *f* chambre *f* de poupée; **~theater** *n* théâtre *m* de marionnettes; **~wagen** *m* voiture *f* de poupée.

pur [pu:r] *adj.* pur.

Püree [py're:] *n* (11) purée *f*.

Puri|taner(in *f*) [puri'tɑːnər(in)] *m* (7) puritain(e *f*) *m*; **2'tanisch** *adj.* puritain.

Purpur ['purpur] *m* (11) pourpre *f* (*als Farbe*: *m*); **2farben**, **2n**, **2rot** *adj.* pourpre; pourpré.

Purzel|baum ['purtsəlbaʊm] *m* (3³) culbute *f*; e-n ~ schlagen faire une culbute; **2n** *v/i.* (29, sn) culbuter; faire la culbute.

Puste F ['pu:stə] *f* (15, *o. pl.*) souffle *m*; *aus der* ~ *kommen*, *keine* ~ *mehr haben* être à bout de souffle; **~el** ['pustəl] *f* (15) 𝄐 pustule *f*; **2en** *v/t. u. v/i.* souffler.

Put|e ['pu:tə] *f* (15) dinde *f*; **~er** *m* (7) dindon *m*; **2er'rot** *adj.* cramoisi; *vor Ärger* ~ *werden* se fâcher tout rouge.

Putsch [putʃ] *m* (3²) (*Staatsstreich*) coup *m* d'État; putsch *m*; émeute *f*; **2en** *v/i.* faire un coup d'État; **~ist**

[pu'tʃist] *m* (12) putschiste *m*.

Putte *sculp.* ['putə] *f* (15) putto *m* (*pl.* putti); angelot *m*.

Putz *m* (3²) parure *f*; toilette *f*; (*Modeartikel*) articles *m/pl.* de modes; *Arch.* enduit *m*; crépi *m*; **2en** ['putsən] **1.** *v/i.* (27) (*säubern*) nettoyer; *Arch.* crépir; *Gemüse*: éplucher; *Schuhe*: décrotter; (*wichsen*) cirer; (*glänzend machen*) polir; fourbir; (*schmücken*) parer; orner; *Pferde*: panser; *Brille*: essuyer; **2.** *v/rfl.*: sich ~ faire sa toilette; se parer; **~frau** *f* femme *f* de ménage.

putzig *adj.* mignon; (*drollig*) drôle.

Putz|lappen *m* chiffon *m* à nettoyer; torchon *m*; **~leder** *n* peau *f* (de chamois); **~macherin** *f* modiste *f*; **~mittel** *n* détersif *m*; **2süchtig** *adj.* coquet; **~tuch** *n* = *Putzlappen*; **~waren** *f/pl.* articles *m/pl.* de modes; **~wolle** *f* chiffon *m* de laine; **~zeug** *n* ustensiles *m/pl.* de nettoyage.

Puzzle ['pazl] *n* (11) puzzle *m*.

Pygmäe [pyg'mɛːə] *m* (13) pygmée *m*.

Pyjama [py'jɑːma] *m*, *östr. u. schweiz. a. n* (11) pyjama *m*.

Pyramide [pyra'miːdə] *f* (15) pyramide *f*; (*Gewehr2*) faisceau *m*; **2nförmig** *adj.* pyramidal.

Pyro|tech|nik [pyro-] *f* pyrotechnie *f*; **~niker** *m* (7) pyrotechnicien *m*; **2nisch** *adj.* pyrotechnique.

pythagoreisch [pytago're:iʃ] *adj.*: ~er *Lehrsatz* théorème *m* de Pythagore.

Pythonschlange *zo.* ['py:tɔn-] *f* python *m*.

Q

Q, q [ku:] *n* Q, q [ky] *m*.
quabb(e)lig ['kvab(ə)liç] *adj.* mollasse; gélatineux.
Quacksalber F ['kvakzalbər] *m* (7) charlatan *m*; **~ei** [~'raɪ] *f* charlatanisme *m*; (*Mittel*) remède *m* de charlatan; **2n** *v/i.* (29) soigner comme un charlatan.
Quader ⚔ ['kvɑːdər] *m* (7) parallélépipède *m* rectangle; **~(stein)** *Arch.* *m* pierre *f* de taille.
Quadrant [kva'drant] *m* (12) quart *m* de cercle.
Quadrat [kva'drɑːt] *n* (3) carré *m*; ins ~ **erheben** élever au carré; **2isch** *adj.* carré; ⚔ *u. min.* quadratique; **~e Gleichung** équation *f* du second degré; **~(kilo)meter** *n* (*a. m*) (kilo)mètre *m* carré; **~ur** [~a'tuːr] *f* (16) quadrature *f* (*des Kreises* du cercle); **~wurzel** *f* racine *f* carrée (*ziehen* extraire); **~zahl** *f* nombre *m* au carré.
qua'drieren *v/t.* élever au carré.
Quadriga [kva'driːga] *f* (16²) quadrige *m*.
quaken ['kvɑːkən] *v/i.* (25) coasser.
quäken ['kvɛːkən] *v/i.* glapir; vagir.
Quäker(in *f*) ['kvɛːkər] *m* (7) quaker(esse *f*) *m*.
Qual [kvɑːl] *f* (16) tourment *m*; supplice *m*; peine *f*; souffrance *f*.
quäl|en ['kvɛːlən] (25) **1.** *v/t.* tourmenter; torturer; (*belästigen*) importuner; **2.** *v/rfl.*: *sich* ~ se tourmenter; *sich sehr* ~ (*abarbeiten*) se donner bien du mal; **~end** *p.pr. adjt.* tracassant; **2erei** [~'raɪ] *f* torture *f*; tracasseries *f/pl.*; tourments *m/pl.*; **2geist** *m* importun *m*.
Qualifikation [kvalifika'tsjoːn] *f* qualification *f*; **2fizieren** [~fi'tsiːrən] *v/t.* qualifier; **~tät** [~'tɛːt] *f* (16) qualité *f*; **2tativ** [~ta'tiːf] *adj.* qualitatif; **~täts-arbeit** *f* travail *m* de qualité; **~tätsware** *f* marchandise *f* de qualité (*od.* de choix).
Qualle *zo.* ['kvalə] *f* (15) méduse *f*.
Qualm [kvalm] *m* (3) épaisse fumée *f*; **2en** *v/i.* (25) faire une épaisse fumée; (*Fackel usw.*) fumer; (*Lampe*) filer; (*Raucher*) fumer comme un pompier; **2ig** *adj.* rempli de fumée.
qualvoll ['kvɑːl-] *adj.* plein de tourments; cruel.
Quant *phys.* [kvant] *n* (8) quantum *m*; **~entheorie** *f* théorie *f* des quanta.
Quanti|tät [kvanti'tɛːt] *f* (16) quantité *f*; **2tativ** [~ta'tiːf] *adj.* quantitatif.
Quantum ['kvantum] *n* (9¹ *u.* ²) quantité *f*; (*Anteil*) part *f*; portion *f*.
Quarantäne [karan'tɛːnə] *f* (15) quarantaine *f*.
Quark [kvark] *m* (3[³]) fromage *m* blanc; caillebotte *f*.
Quart [kvart] **1.** *n* (3) (*Flüssigkeitsmaß*) pinte *f*; *typ.* (format *m*) in-quarto *m*; **2.** ♪ *f* (16) quarte *f*.
Quart|al [kvar'tɑːl] *n* (3¹) trimestre *m*; **~alssäufer** *m* buveur *m* par périodes; **2alsweise** *adv.* par trimestre; **~band** *m* volume *m* in-quarto *m*; **~ett** [~'tɛt] *n* (3) quatuor *m*.
Quartier [~'tiːr] *n* (3¹) quartier *m*; (*Wohnung*) logement *m*; *bei j-m* ~ **nehmen** loger chez q.; **~macher** *m* (7) fourrier *m*; **~meister** ✕ *m* officier *m* de cantonnement.
Quarz ['kvarts] *m* (3²) quartz *m*; **~lampe** *f* lampe *f* à (tube de) quartz.
quasi ['kvaːzi] *adv.* quasi; pour ainsi dire.
Quast *peint.* [kvast] *m* (3²) brosse *f*; **~e** *f* (15) 'houppe *f*; (*Troddel*) gland *m*; pompon *m*.
Quatsch [kvatʃ] *m* (3²) radotage *m*; **2en** F *v/i.* radoter; **~kopf** F *m* imbécile *m*, bafouilleur *m*.
Quecksilber ['kvek-] *n* mercure *m*; vif-argent *m*; **~säule** *f* colonne *f* de mercure; **~vergiftung** *f* intoxication *f* par le mercure.
Quell [kvɛl] *m* (3), **~e** *f* (15) source *f*; (*Brunnen*) fontaine *f*; *aus der* ~**e schöpfen** puiser à la source; *fig. aus* sicherer ~ de bonne source; **2en** *v/i.* (30, sn) sourdre; jaillir; (*fließen*) s'écouler; (*Holz, Erbsen*) se gonfler; (r)enfler; **~en-angabe** *f*, **~ennachweis** *m* indication *f* des sources; **~enstudium** *n* étude *f* des sources; **~gebiet** *n* région *f* de sources; **~wasser** *n* eau *f* de source.

quengeln [ˈkvɛŋəln] v/i. geindre.
quer [kveːr] **1.** adj. transversal; **2.** adv. de (od. en) travers; ~ durch, ~ über à travers; au travers de.
Quer|-**achse** f axe m transversal; ~**balken** m traverse f; hér. barre f; ♀'**durch** adv. à travers.
Quere f (15) travers m; fig. j-m in die ~ kommen contrarier les desseins de q.; contrecarrer q.; mir ist etw. in die ~ gekommen j'ai eu un empêchement.
quer|**feldein** [~fɛltˀʔaɪn] adv. à travers champs; ♀**feld**'-**einlauf** Sp. m cross-country m; ♀**flöte** f flûte f traversière; ♀**format** typ. n format m oblong; ♀**gebäude** n bâtiment m transversal; ~**gestreift** adj. rayé transversalement; ♀**kopf** m mauvaise tête; ~**köpfig** [ˈ~kœpfiç] adj. : ~ sein faire la mauvaise tête; ♀**leiste** f traverse f; ♀**pfeife** f fifre m; ♀**rinne** f cassis m; ♀**ruder** Flgw. n aileron m; ♀**schiff** Arch. n nef f transversale; transept m; ♀**schläger** ✗ m ricochet m.
Querschnitt m coupe (od. section) f transversale; (Ansicht) vue f en coupe; ♀**gelähmt** adj. paraplégique; ~**s**-**lähmung** f paraplégie f, paralysie f transverse.
Quer|**straße** f rue f transversale; ~**streifen** m bande f transversale; ~**strich** m trait m transversal; typ. barre f transversale; ~**summe** f somme f des chiffres d'un nombre; ~**treiber** m intrigant m; ~**treiberei** [~traɪbəˈraɪ] f intrigues f/pl.; menées f/pl.
Querulant(in f) [kveruˈlant] m (12) rouspéteur m, -euse f.
Quer|**verbindung** f liaison f trans-

versale; ~**wand** f cloison f transversale.
Quetsch|**e** [ˈkvɛtʃə] f (15) presse f; ♀**en** v/t. (27) presser (fort); écraser; (ausdrücken) exprimer; ✗ contusionner; ~**kartoffeln** f/pl. purée f de pommes de terre; ~**ung** ✗ f contusion f; ~**wunde** f plaie f contuse.
quicklebendig F [kvikleˈbɛndiç] adj. vif, alerte, frétillant.
quieken [ˈkviːkən] v/i. pousser des cris perçants.
quietsch|**en** [ˈkviːtʃən] v/i. (Tür, Bremse) grincer; s.a. quieken; ~**vergnügt** [ˈ~fɛrˈgnyːkt] adj. gai comme un pinson.
Quint|(**e**) ♪ [kvint(e)] f (16[15]) quinte f; ~**essenz** f (16) quintessence f; ~**ett** ♪ [kvinˈtɛt] n (3) quintette m.
Quirl [kvirl] m moulinet m; (Schaum-♀) moussoir m; ♀ verticille m; fig. tourbillon m; ♀**en** (25) v/t. battre (avec un moulinet); faire mousser.
quitt [kvit] adj. quitte; wir sind ~ nous voilà quittes.
Quitt|**e** [ˈkvitə] f (15) coing m; (wilde) cognasse f; ~**enbaum** m cognassier m.
quitt|**ieren** [~ˈtiːrən] v/t. acquitter; abs. donner quittance (über acc. de); Dienst: quitter; ♀**ung** f quittance f; acquit m; reçu m; gegen ~ contre quittance; ♀**ungsblock** m carnet m de quittances.
Quiz [kvis] n (inv.) quiz m; ~**master** m (7) animateur m (dans un jeu télévisé).
Quote [ˈkvoːtə] f (15) quote-part f; cote f; (Anteil) contingent m.
Quotient [kvoˈtsjɛnt] m (12) quotient m.
quo'tieren v/t. coter.

R, r

R

R, r [ɛr] n R, r m od. f.

Rabatt [ra'bat] m (3) rabais m; remise f; **~e** ✔ f (15) plate-bande f; **~marke** f timbre m d'escompte.

Rabbi ['rabi] m (11[¹], pl. a. Rab'bi-nen) rabbi m; **~ner** [ra'bi:nər] m (7) rabbin m.

Rab|e ['ra:bə] m (13) corbeau m; fig. weißer ~ merle m blanc; **~en-eltern** pl. parents m/pl. dénaturés; **~en-mutter** f mère f dénaturée; marâtre f; **2en'schwarz** adj. noir comme du jais.

rabiat [ra'bja:t] adj. furieux; (grob) brutal.

Rache ['raxə] f (15) vengeance f; aus ~ par vengeance (für de); nach ~ schrei-en crier vengeance; ~ nehmen = sich rächen; **~akt** m acte m de vengeance; **~gefühl** n sentiment m de vengeance; rancune f.

Rachen ['raxən] m (6) arrière-bouche f; pharynx m; (Maul) gueule f.

rächen ['rɛçən] (25) 1. v/t. venger; 2. v/rfl.: sich an j-m (für etw.) ~ se venger de g. (de qch.); sich an j-m für etw. ~ se venger de qch. sur q.; sich ~ (gestraft werden) s'expier.

Rachen|höhle f pharynx m; **~ka-tarrh** m pharyngite f.

Rächer(in f) m (7) vengeur m, vengeresse f.

Rachgier f soif f de vengeance; **2ig** adj. vindicatif.

Rachitis ☞ [ra'xi:tis] f (15, o. pl.) rachitisme m; **2isch** adj. rachitique.

Rachsucht f = Rachgier.

Racker F ['rakər] m (7) pendard m; kleiner ~ petit(e) coquin(e) m (f).

Rad [ra:t] n (1²) roue f; ein ~ schlagen faire la roue (od. le moulinet); (Fahr2) bicyclette f; vélo(cipède) m.

Radar [ra'da:r] m od. n (11, o. pl.) radar m; **~anlage** f (installation f de) radar; **~gerät** n radar m; **~schirm** m écran m de radar; **~station** f station f radar.

Radau F [ra'dao] m (3¹) tapage m; **~bruder** m tapageur m.

Raddampfer m bateau m à aubes.

radebrechen ['ra:də-] v/t. (25) Spra-che: écorcher.

radeln ['ra:dəln] v/i. (29) aller à bicyclette; F pédaler.

Rädelsführer ['rɛ:dəls-] m meneur m.

räder|n v/t. (29) Verbrecher: rouer; fig. wie gerädert tout moulu; **2werk** n rouage m (a. fig.).

radfahr|en v/i. (sn) aller à bicyclette; **2er(in** f) m cycliste m, f; **2sport** m cyclisme m; **2weg** m piste f cyclable.

Radi ['ra:di] m (11) radis m.

Radiator [~'dja:tɔr] m (8¹) radiateur m.

radier|en [ra'di:rən] v/t. (aus~) effacer; gratter; ⊕ graver à l'eau-forte; **2gummi** m gomme f (à effacer); **2messer** n grattoir m; **2nadel** f échoppe f; **2ung** f gravure f à l'eau-forte.

Radieschen [~'di:sçən] n (6) radis m rose.

radikal [radi'ka:l] adj. radical.

Radio ['ra:djo] n radio f; T.S.F. (= télégraphie sans fil) f; **2-ak'tiv** adj. radio-actif; **~aktivi'tät** f radio-acti-vité f; **~apparat** m poste (od. appareil) m de radio (od. de T.S.F.); **~gerät** n = Radioapparat; **~hörer(in** f) m auditeur m, -trice f de la radio; **~logie** [~lo'gi:] f(16, o. pl.) radiologie f; **~reporter** m radioreporter m; **~sender** m (poste m) émetteur m; **~sendung** f émission f (radiopho-nique); **~telegraphie** f radiotélégra-phie f; **~übertragung** f radiodiffu-sion f; **~wesen** n radio f.

Radium ['ra:djum] n (9) radium m.

Radius ['ra:djus] m (16²) rayon m.

Rad|kappe f chapeau m (de moyeu) de roue; (zur Verzierung) enjoliveur m; **~nabe** f moyeu m (de roue); **~rennbahn** f vélodrome m; **~ren-nen** n course f cycliste; **~rennfah-rer** m coureur m cycliste; **2schlagen** v/i. faire la roue (od. le moulinet); **~sport** m cyclisme m; **~spur** f orniè-re f; **~wechsel** m changement m de roue.

raff|en ['rafən] v/t. (25) enlever; em-porter; Kleid: relever; retrousser;

~gierig *adj.* cupide; *pfort* rapace.

Raffi|nade [rafi'nɑ:də] *f* (15) sucre *m* raffiné; **~ne'rie** *f* (15) raffinerie *f*; **~'nesse** *f* (15) raffinement *m*; *pfort* raffinement *m*; *(Durchtriebenheit)* ruse *f*; 2**'nieren** *v/t.* raffiner; 2**'niert** *p.p. adjt.* raffiné (*a. fig.*).

ragen ['rɑ:gən] *v/i.* se dresser; s'élever.

Ragout [ra'gu:] *n* (11) ragoût *m*.

Rahm [rɑ:m] *m* (3) crème *f*.

Rahmen 1. *m* (6) cadre *m* (*a. Fahrrad2*); *(Fenster2, Auto2)* châssis *m*; *(Stick2)* métier *m*; **2.** 2 *v/t.* (25) encadrer; **~abkommen** *n* accord-cadre *m*; **~erzählung** *f* récit-cadre *m*; **~gesetz** *n* loi-cadre *f*.

rahmig *adj.* crémeux.

Rain [rain] *m* (3) *(Waldrand)* lisière *f*.

räkeln ['rɛ:kəln] *v/rfl.: sich ~* s'étirer.

Rakete [ra'ke:tə] *f* (15) fusée *f*.

Ra|keten|-abschußrampe *f* rampe *f* de lancement de fusées; **~antrieb** *m* propulsion *f* par fusée; **~basis** *f* base *f* de fusées; **~geschoß** *n* projectile-fusée *m*; **~start** *Flgw.* décollage *m* par fusées; **~triebwerk** *n* réacteur *m* à fusée; propulseur *m* à réaction; **~werfer** *m* lance-fusées *m*.

Ramm|e ['ramə] *f* (15) 'hie *f*; demoiselle *f*; *(Dampf2)* mouton *m*; 2**eln** *v/i.* (29) *(Hasen usw.)* s'accoupler; 2**en** *v/t.* (25) enfoncer (avec une 'hie'); *Pflaster:* damer; ♣ éperonner; *Fahrzeug:* entrer en collision avec; tamponner; **~ler** *m* (7) lapin *m* mâle; *ch.* bouquin *m*.

Rampe ['rampə] *f* (15) rampe *f*; **~enlicht** *n* feux *m/pl.* de la rampe.

Ramsch [ramʃ] *m* (3²) camelote *f*; *(Kartenspiel)* rams (*od.* rems) *m*; *im ~ kaufen* = 2**en** *v/t.* acheter en vrac (*od.* en bloc); **~laden** *péj.* *m* bazar *m*, magasin *m* à quatre sous; **~ware** *f* camelote *f*.

ran F [ran] = *heran.*

Rand [rant] *m* (1²) bord *m*; *(Saum, Borte)* bordure *f*; *(Wald2)* bord *m*; *(Buch2 usw.)* marge *f*; *(e-r Wunde, e-s Trichters)* lèvre *f*; *(erhöhter)* rebord *m*; *scharfer ~* arête *f*; *mit schwarzem ~* bordé de noir; *am ~e* au bord, *(Buch, Heft)* en marge; *außer ~ und Band* déchaîné; 'hors des gonds; *bis an den ~* à ras bord; *mit etw. zu ~e kommen* voir le bout de qch.; 2**alieren** [~da'li:rən] *v/i.* chahuter; **~bemerkung** *f* note *f* marginale.

Rand|gebiet *n* (*e-r Stadt*) banlieue *f*; périphérie *f*; 2**los** *adj.* *(Brille)* sans rebord; **~siedlung** *f* (*e-r Stadt*) cité-jardin *f* de banlieue; **~staat** *m* État *m* limitrophe; **~steller** *m* (*e-r Schreibmaschine*) margeur *m*; **~streifen** *m* ganse *f*.

Rang [raŋ] **1.** *m* (3³) rang *m*; classe *f*; *(Stand)* condition *f*; ✕ grade *m*; *thé.* balcon *m*; *j-m den ~ ablaufen* l'emporter sur q.; *j-m den ~ streitig machen* disputer la préséance à q.; **2.** 2 *s.* ringen; **~abzeichen** *n* insignes *m/pl.*; **~älteste(r)** *m* le plus élevé en grade.

Range ['raŋə] *m* (13), *f* (15) polisson(ne *f*) *m*.

Rangfolge *f* hiérarchie *f*; *Sp.* classement *m*.

Rangier|bahnhof [raŋ'ʒi:r-] *m* gare *f* de manœuvre (*od.* de triage); 2**en 1.** *v/t.* ranger; *Esb.* manœuvrer (*a. abs.*); trier; **2.** *v/i.: an erster Stelle ~* avoir le premier rang; **~en** *Esb. n* manœuvre *f*; triage *m*; **~gleis** *n* voie *f* de garage; **~lokomotive** *f* locomotive *f* de manœuvre.

Rang|liste ✕ *f* tableau *m* d'avancement; *Sp.* classement *m*; **~ordnung** *f* ordre *m* de préséance; *nach der ~* d'après le rang; **~stufe** *f* degré *m*; ✕ grade *m*.

rank [raŋk] *adj.* élancé; grêle.

Ranke ['raŋkə] *f* (15) vrille *f*; *(Wein2)* sarment *m*.

Ränke ['rɛŋkə] *m/pl.* (3³) intrigues *f/pl.*; cabale *f*; *~ schmieden* intriguer; cabaler.

ranken (25) **1.** *v/i.* donner des vrilles (*Wein:* des sarments); **2.** *v/rfl.: sich ~* grimper; 2**gewächs** *n* plante *f* grimpante.

Ränke|schmied *m* intrigant *m*; **~spiel** *n* = *Ränke.*

rann [ran] *s.* rinnen.

rannte ['rantə] *s.* rennen.

Ränzel F ['rɛntsəl] *n: sein ~ schnüren* graisser ses bottes.

Ranzen ['rantsən] *m* (6) sac *m*; *(Schul2)* cartable *m*.

ranzig 1. *adj.* rance; *~ werden* rancir; **2.** *adv.: ~ riechen, ~ schmecken* sentir le rance.

Rapier [ra'pi:r] *n* (3¹) rapière *f*; *(Stoß2)* fleuret *m*.

Rappe ['rapə] *m* (13) cheval *m* noir; (cheval *m*) moreau *m*; F *fig. auf*

Schusters ~n *reiten* prendre le train onze.

Rappel F ['rapǝl] *m* toquade *f*; lubie *f*; Ձn F 1. *v/i.* faire du potin; 2. *v/imp.*: *es rappelt bei ihm* il est toqué (*od.* timbré).

Raps 🌻 [raps] *m* (4) colza *m*.

Rapunzel 🌻 [ra'puntsǝl] *f* (15) mâche *f*, doucette *f*; raiponce *f*.

rar [rɑːr] *adj.* rare; Ձität [rari'tɛːt] *f* (16) rareté *f*; objet de curiosité.

rasant [ra'zant] *adj.* (Geschoßbahn) rasant; *fig.* F rapide, vite, avec élan.

rasch [raʃ] 1. *adj.* prompt; rapide; 2. *adv. a.* vite; ~**eln** *v/i.* (29) se glisser rapidement avec un léger bruit; (*Wind*) bruire; (*Seide*) froufrouter; ~**eln** *n* bruissement *m*, frôlement *m*; (*von Seide*) froufrou *m*; Ձ**heit** *f* promptitude *f*; rapidité *f*; vitesse *f*.

rasen ['rɑːzǝn] *v/i.* (27) tempêter; (*tobsüchtig sein*) être furieux; (*sn*) (*jagen*) aller à toute vitesse (*od.* à fond de train); (*Autofahrer*) rouler à tombeau ouvert.

Rasen *m* (6) gazon *m*; (~*fläche*) pelouse *f*.

rasend *p.pr. adjt.* furieux, enragé; ~ *werden* enrager; *j-n* ~ *machen* faire enrager q.; *mit* ~*er Geschwindigkeit* à une vitesse folle (*od.* vertigineuse).

Rasen|fläche *f* pelouse *f*; ~**mäher** *m* (7), ~**mähmaschine** *f* tondeuse *f* à gazon; ~**sprenger** *m* arroseur *m* automatique (*od.* rotatif).

Raserei [~'raɪ] *f* (16) rage *f*; fureur *f*; (*schnelles Fahren*) vitesse *f* folle.

Rasier|-apparat [ra'ziːr-] *m* rasoir *m* (*mécanique od.* de sûreté); *elektrischer* ~ rasoir *m* électrique; Ձ**en** (25) *v/t.* (*v/rfl. sich* ~) raser; (*j-n* à q.); ~**klinge** *f* lame *f* de rasoir; ~**krem** *f* (*u. m*) crème *f* à raser; ~**messer** *n* rasoir *m*; ~**pinsel** *m* blaireau *m*; ~**seife** *f* savon *m* à barbe; ~**zeug** *n* nécessaire *m* à raser; trousse *f* à barbe.

Raspel ⊕ ['raspǝl] *f* (15) râpe *f*; Ձn *v/t.* (29) râper.

Rasse ['rasǝ] *f* (15) race *f*.

Rassel ['rasǝl] *f* (15) crécelle *f*; ~**bande** F *f* bande *f* bruyante (de gosses); Ձn *v/i.* faire un bruit de ferraille; cliqueter; 💀 râler; F (sn) *durchs Examen* ~ échouer.

Rassen|diskriminierung *f* discrimination *f* raciale; ~**frage** *f* question *f* raciale; ~**haß** *m* 'haine *f* raciale;

racisme *m*; ~**merkmale** *n/pl.* signes *m/pl.* distinctifs de race; ~**trennung** *f* ségrégation *f* des races; ~**un-ruhen** *f/pl.* troubles *m/pl.* raciaux.

Rass|epferd *n* cheval *m* racé (*od.* de race); Ձ**erein** *adj.* racé, de pure race; Ձ**ig** *adj.* racé; Ձ**isch** *adj.* racial.

Rast [rast] *f* (16) repos *m*; pause *f*; 'halte *f*; Ձn *v/i.* (26) se reposer; faire une pause; faire 'halte.

Raster *typ. m* (7) trame *f*.

Rast|haus *n* = Raststätte; Ձ**los** *adj.* sans repos; incessant; ~**losigkeit** *f* activité *f* infatigable; ~**platz** *m* 'halte *f*, (parc-)refuge *m*; ~**stätte** *f* restaurant *m* routier, restorouto *m*.

Rat [rɑːt] *m* (3³) conseil *m*; (*Beratung*) délibération *f*; (*Person*) conseiller *m*; (*Kollegium*) conseil *m*; (*Mittel*) moyen *m*; remède *m*; ~ *halten* tenir conseil; délibérer; *j-n um* ~ *fragen*, *j-n zu* ~*e ziehen*, *sich bei j-m* ~ *holen* demander conseil à q.; consulter q.; *j-m e-n* ~ *geben a.* conseiller q.; *mit sich selbst zu* ~*e gehen* s'interroger; *auf j-s* ~ sur le conseil de q.; *er weiß sich keinen* ~ *mehr* il ne sait plus que faire.

Rate ['rɑːtǝ] *f* (15) quote-part *f*; *monatliche* ~ mensualité *f*; *in* ~*n* par mensualités; à tempérament.

raten *v/t.* (30): *j-m etw.* (*od. zu etw.*) ~ conseiller qch. à q.; (*tätig beistehen*) porter remède à; (*mutmaßen*) conjecturer; (*er*~) deviner; ~**weise** *adv.* à tempérament; Ձ**zahlung** *f* paiement *m* à tempérament.

Rat|geber *m* conseiller *m*; ~**haus** *n* hôtel *m* de ville; mairie *f*.

Ratifi|kation [ratifika'tsjoːn] *f* ratification *f*; ~**kations-urkunde** *f* instrument (*od.* acte) *m* de ratification; Ձ**zieren** *v/t.* ratifier.

Ration [ra'tsjoːn] *f* ration *f*; Ձ**al** [~o-'nɑːl] *adj.* rationnel; Ձ**alisieren** [~a-li'ziːrǝn] *v/t.* rationaliser; ~**ali'sie-rung** *f* rationalisation *f*; ~**alismus** [~'lismus] *m* rationalisme *m*; ~**alist** [~a'list] *m* (12) rationaliste *m*; Ձ**a-listisch** *adj.* rationaliste; Ձ**ell** [~o-'nɛl] *adj.* rationnel; Ձ**ieren** [~o'niː-rǝn] *v/t.* rationner; ~**ierung** *f* rationnement *m*.

ratlos *adj.* perplexe; Ձ**igkeit** *f* perplexité *f*.

rätoromanisch [rɛtoro'mɑːniʃ] *adj.*: *die* ~*e Sprache*, *das* Ձ*e* le rhéto-roman; le romanche.

rat|sam adj. à propos, opportun, convenable; **2schlag** m conseil m; **~schlagen** v/i. (25) tenir conseil; mit j-m ~ délibérer avec q. (über acc. sur); **2schluß** m décret m; arrêt m.

Rätsel ['rɛːtsəl] n (7) énigme f; problème m; kleines ~ devinette f; **2haft** adj. énigmatique; problématique; mystérieux.

Rats|herr m conseiller m municipal; **~keller** m restaurant m de l'hôtel de ville; **~versammlung** f conseil m.

Ratte ['ratə] f (15) rat m.

Ratten|falle f ratière f; **~fänger** m preneur m de rats; (Hund) chien m ratier; **~gift** n mort-aux-rats m; **~schwanz** m queue m de rat; fig. (endlose Folge) ein ~ von ... une série de ..., un tas de...

rattern ['ratərn] v/i. faire du bruit, pétarader.

ratzekahl F [ratsə'kaːl] adv.: ~ alles aufessen liquider tout ce qu'il y a.

Raub [raup] m (3) (Entführung) rapt m; enlèvement m; (Straßen2) brigandage m; (Plündern) pillage m; (Beute) proie f; butin m; auf ~ ausgehen aller piller, (Tiere) chercher sa proie; ein ~ der Flammen werden être la proie des flammes; **~bau** m mauvaise exploitation f; fig. abus m; fig. mit s-n Kräften ~ treiben se surmener; **2en** ['~bən] (25) 1. v/t. ravir; enlever; dérober; 2. v/i. piller.

Räuber ['rɔybər] m (7) voleur m; (Entführer) ravisseur m; (Straßen2) brigand m; bandit m; **~bande** f bande f de brigands; **~ei** [~'raɪ] f brigandage m; rapine f; **~geschichte** f histoire f de brigands; **~hauptmann** m chef m de brigands; **~höhle** f repaire m de brigands; **2isch** adj. de brigand.

Raub|fisch m poisson m carnassier; **~gier** f rapacité f; **2gierig** adj. rapace; **~mord** m assassinat m avec vol; **~mörder** m voleur et assassin m; **~ritter** m chevalier m pillard; **~tier** m bête f féroce (od. de proie); **~tierfütterung** f repas m des fauves; **~überfall** m attaque f à main armée; **~vogel** m oiseau m de proie; **~zug** m razzia f.

Rauch [raux] m (3) fumée f; in ~ aufgehen être la proie des flammes; **~abzug** m puits m d'aérage (od. de ventilation); conduite f de fumée; **2en** v/t. u. v/i. (25) fumer; **2** verboten! défense de fumer!; **~er(in** f) m (7)

fumeur m, -euse f.

Räucher-aal ['rɔyçər-] m anguille f fumée.

Raucher-abteil n compartiment m de fumeurs.

Räucher|kammer f fumoir m; **~kerze** f pastille f à brûler; **2n** v/t. (29) Schinken usw.: fumer; Heringe: saurer; **~waren** f/pl. produits m/pl. fumés.

Rauch|fahne f panache m de fumée; **~fang** m cheminée f; **~fleisch** n viande f fumée; **2ig** adj. fumeux; (voll Rauch) enfumé; **~säule** f colonne f de fumée; **~schwalbe** f martinet m; **~verbot** n défense f de fumer; **~vergiftung** f intoxication f par la fumée (resp. par le tabac); **~verzehrer** m fumivore m; **~waren** f/pl. tabacs m/pl.; (Pelz) fourrures f/pl.; pelleterie f; **~wolke** f nuage m de fumée.

Räud|e ['rɔydə] f vét. gale f, teigne f; (der Hunde, Pferde) rouvieux m; lèpre f; **2ig** adj. vét. galeux; ✗ lépreux.

rauf F [rauf] adv. = herauf, hinauf.

Rauf|bold ['~bɔlt] m (3) querelleur m; batailleur m; **~e** f (15) râtelier m; mangeoire f; **2en** ['raufən] (25) 1. v/t.: sich die Haare ~ s'arracher les cheveux; 2. v/i. (u. v/rfl. sich ~) se battre; se chamailler; **~erei** [~'raɪ] f rixe f; **2lustig** adj. querelleur.

rauh [rau] adj. rude; âpre (a. Klima); (Stimme) enroué; rauque; (Ton) dur; (Gegend) sauvage; (Sitte) grossier; **2bein** n rustre m; **2beinig** ['~baɪnɪç] adj. rébarbatif; revêche; **2eit** ['~haɪt] f rudesse f; âpreté f; (Grobheit) grossièreté f; **~en** ['rauən] v/t. (25) Tuch: lainer; **2reif** m givre m.

Raum [raum] m (3²) espace m; (Ausdehnung) étendue f; (Platz) place f; (Aufenthalts2) local m; (Zimmer) pièce f; (Schiffslade2) cale f; fig. ~ geben (e-r Bitte) céder à, (e-m Gedanken) se livrer à; **~anzug** m vêtement m (od. combinaison f) spatial(e); **~einheit** f unité f de volume.

räumen ['rɔymən] v/t. (25) enlever; ôter; Schutt: déblayer; Ort: évacuer; e-e Wohnung ~ déménager; vider les lieux; ✝ Lager: vider.

Raum|-ersparnis f: der ~ wegen pour gagner de la place; **~fahrer** m astronaute m; **~fahrt** f navigation f interplanétaire (od. cosmique); **~fahr-**

zeug n véhicule m spatial, astronef m; **~flug** m vol m spatial; **~gestaltung** f (art m de la) décoration f intérieure; **~inhalt** m volume m; **~kapsel** f capsule f spatiale; **~lehre** f géométrie f.

räumlich adj. dans l'espace; spatial; 2**keiten** f/pl. locaux m/pl.

Raum|mangel m manque m de place; **~maß** n mesure f de volume; **~meter** m od. n mètre m cube; (als Holzmaß) stère m; **~pflegerin** f femme f de ménage; **~planung** f aménagement m du territoire; **~schiff** n = Raumfahrzeug; **~sonde** f satellite m d'observation; **~station** f station f interplanétaire; **~ton** m son m stéréophonique.

Räumung f (16) vidage m; $\frac{1}{2}\frac{1}{2}$ expulsion f; $\times$ évacuation f; **~s-ausverkauf** m liquidation f totale; **~sbefehl** m $\times$ ordre m d'évacuation; $\frac{1}{2}\frac{1}{2}$ arrêté m d'expulsion; **~sklage** f action f en expulsion.

Raumverteilung f disposition f des lieux; typ. espacement m.

raunen ['raunən] 1. v/t. (25) murmurer; chuchoter; 2. $\gtrsim$ n murmure m; chuchotement m.

Raupe ['raupə] f (15) chenille f.

Raupen|fahrzeug n véhicule m chenille; autochenille f; **~kette** ⊕ f chenille f; **~schlepper** m tracteur m à chenilles.

raus F [raus] 1. int. ~ (hier)! 'hors d'ici!, pars!, partez!; 2. adv. = heraus, hinaus.

Rausch [rauʃ] m (3² u. ³) ivresse f; F pointe f de vin; sich e-n ~ antrinken se griser; e-n ~ haben être gris (od. éméché); s-n ~ ausschlafen cuver son vin; 2**en** v/i. (27) bruire; (Bach) murmurer; (Sturzbach) mugir; (Blätter) frémir; (Stoff) froufrouter; **~en** n (6) bruissement m; murmure m; mugissement m; frémissement m; frou(-)frou m; 2**end** p.pr. adjt. (Fest, Beifall) bruyant.

Rauschgift n stupéfiant m; ~ nehmen se droguer; **~handel** m trafic m de stupéfiants; **~händler** m trafiquant m de stupéfiants; 2**süchtig** adj., **~süchtige(r** m) m, f toxicomane (m, f).

räuspern ['rɔyspərn] v/rfl. (29): sich ~ toussoter; (um die Stimme klar zu machen) (tousser pour) s'éclaircir la voix.

rausschmeiß|en P ['rausʃmaisən] v/t. vider; mettre (P flanquer) à la porte; 2**er** P m videur m.

Raute ⚜ ['rautə] f (15) losange m.

Razzia ['ratsja] f (11¹ u. 16²) rafle f; (Raubzug) razzia f.

Reagenzglas [rea'gɛnts-] n éprouvette f.

reagieren [rea'gi:rən] v/i. réagir (auf acc. à).

Reaktion [ʌk't sjoːn] f réaction f; réflexe m; 2**är** [ʌtsio'nɛːr] adj., **~är** m réactionnaire (m); **~sfähigkeit** f réactivité f.

Reaktor [re'ʔaktor] m (8¹) réacteur m.

real [re'aːl] adj. réel, effectif; 2**-einkommen** n revenus m/pl. réels; 2**ien** [ʌ'a:ljən] pl. choses f/pl. réelles; (Sachkenntnisse) connaissances f/pl. positives; **~isieren** [ʌli'zi:rən] v/t. réaliser; 2**ismus** [ʌ'lismus] m réalisme m; 2**ist** [ʌa'list] m (12) réaliste m; 2**istisch** [ʌ'istiʃ] adj. réaliste; 2**ität** [ʌ'tɛːt] f (16) réalité f; 2**lohn** m salaire m réel (od. effectif); 2**politik** f politique f réaliste.

Rebe ['re:bə] f (15) vigne f; (Ranke) sarment m; poét. pampre m.

Rebell [re'bɛl] m (12) rebelle m; 2**ieren** [ʌ'li:rən] v/i. se rebeller; **~ion** [ʌ'ljoːn] f rébellion f; 2**isch** adj. rebelle (gegen à).

Rebhuhn ['rɛp-] n perdrix f; junges ~ perdreau m.

Reb|laus ['re:plaus] f phylloxéra m; **~stock** m cep m.

rechen ['rɛçən] 1. v/t. (25) râteler; ratisser; 2. $\gtrsim$ m (6) râteau m.

Rechen|-anlage f système m ordinateur; **~aufgabe** f devoir m de calcul; problème m d'arithmétique; 2**buch** n livre m de calcul (resp. d'arithmétique); **~exempel** n opération f de calcul (resp. arithmétique); **~fehler** m erreur f de calcul; **~künstler** m calculateur m prodige; **~maschine** f machine à calculer; calculatrice f; **~schaft** f compte rendu m; von etw. ~ ablegen rendre compte de qch.; j-n zur ~ ziehen demander compte (od. raison) à q. (über acc. de); **~schaftsbericht** m compte rendu m; **~schieber** m, **~stab** m règle f à calcul; **~stunde** f leçon f de calcul (resp. d'arithmétique); **~zentrum** n centre m de calcul.

rechn|en ['rɛçnən] v/t. u. v/i. (26) calculer (im Kopf de tête); (zählen)

compter (auf acc. sur; zu parmi); ~
lernen apprendre le calcul; 2en n
calcul m; 2er(in f) m calculateur m,
-trice f; arithméticien(ne f) m; ~-
risch 1. adj. arithmétique; 2. adv.
par voie de calcul.

Rechnung f compte m (laufende courant); (das Rechnen) calcul m;
(schriftliche) note f; (im Restaurant)
addition f; (Waren2) facture f; e-r
Sache (dat.) ~ tragen tenir compte de
qch.; ~ ablegen rendre ses comptes;
in ~ stellen passer en compte; auf j-s ~
stellen porter au compte de q.

Rechnungs|abschluß m règlement
m de compte; (clôture f des comptes;
~beleg m pièce f justificative (od.
comptable); ~führer m comptable
m; ~führung f comptabilité f; ~hof
m cour f des comptes; ~jahr n exercice m; ~prüfung f vérification f des
comptes administratifs; ~wesen n
comptabilité f.

recht [rɛçt] 1. adj. (Hand, Winkel)
droit; (richtig) juste; (schicklich) convenable; (geeignet) propre; (echt)
vrai; véritable; légitime; (angenehm) agréable; (Weg) bon; ~e Seite
(v. Stoff) endroit m; etw. ins ~e Licht
rücken (setzen) mettre qch. sous son
vrai jour; zur ~en Zeit à temps; à
propos; mehr als ~ plus que de raison; das ist nicht mehr als ~ und billig
ce n'est que justice; das ist ~ c'est
bien; ganz ~ c'est cela même; parfaitement; mir ist es ~ je veux bien; cela
me convient; das ist der ~e Mann für
uns voilà notre homme; 2. adv. (sehr)
bien, fort, très; nicht ~ wissen ne
savoir au juste; j-m ~ geben donner
raison à q.; ~ haben avoir raison;
behalten avoir raison, ⚖ gagner sa
cause; es j-m ~ machen contenter q.;
das geschieht ihm ~ il l'a mérité; nun
erst ~ plus que jamais.

Recht n (3) ⚖ droit m; Student der ~
étudiant m en droit; die ~e studieren
faire son droit; (Richtigkeit e-r Forderung od. Behauptung) raison f; (Gerechtigkeit) justice f; mit welchem ~?
de quel droit?; mit (vollem) ~ à bon
droit; à juste titre; avec raison; von ~s
wegen de par la loi, fig. de droit; alle
~e vorbehalten tous droits réservés; ~
sprechen rendre la justice; j-m ~ widerfahren lassen rendre justice à q.;
j-m zu s-m ~ verhelfen faire rendre
justice à q.; j-m das ~ verweigern

refuser justice à q.; ~e 1. f (15) (main
f) droite f; pol. droite f; zur ~ à
droite; 2. ~e(s) n bien m; etw. (nichts)
~s quelque chose ([bei vb. ne ...] rien)
de propre; das ~ treffen trouver juste;
nach dem ~n sehen voir ce que l'on fait.

Recht|eck ['rɛçt'ɛk] n (3) rectangle m;
2eckig adj. rectangulaire; 2ens
adv.: es (od. das) ist ~ c'est de droit;
2fertigen ['~fɛrtigən] (25) v/t. (v/rfl.
sich ~ se) justifier (wegen de); ~ferti-
gung f justification f; 2gläubig adj.
orthodoxe; ~gläubigkeit f ortho-
doxie f; ~haber ['~haːbər] m (7) ergoteur m; ~haberei ['~habəˈraɪ] f manie
f d'avoir toujours raison; 2habe-
risch ['~habərɪʃ] adj. ergoteur; 2lich
adj. (gesetzlich) légal; ⚖ juridique;
~lichkeit f (Gesetzlichkeit) légalité f;
2los adj. privé de ses droits; mis
'hors la loi; ~losigkeit f absence f de
droits; 2mäßig adj. légal; légitime;
~mäßigkeit f légalité f; légitimité f.

rechts [rɛçts] adv. à droite; ~ gehen
(sich ~ halten) prendre (tenir) la
droite; sich nach ~ wenden tourner à
droite.

Rechts|anspruch m prétention f
fondée en droit; droit m (auf acc. à);
~anwalt m, ~anwältin f avocat(e f)
m; (Vertreter) avoué m; (als Anrede)
Maître m (abr. Me); ~auskunft f
renseignement m juridique; ~aus-
schuß m comité m juridique; ~'außen Sp. m ailier m droit; ~beistand
m avocat m; ~belehrung f instruction f judiciaire; ~berater m conseiller m juridique; ~beugung f pré-
varication f; ~bruch m violation f du
droit.

recht|schaffen adj. honnête; probe;
loyal; 2schaffenheit f honnêteté f;
probité f; loyauté f; 2schreibung f
orthographe f.

Rechtsdrall ['rɛçtsdral] m torsion f à
droite.

rechts|fähig adj. habilité; ~ sein jouir
de (ses) droits civils; 2fähigkeit f
capacité f juridique; 2fall m cas (od.
fait) m juridique; 2gelehrte(r) m
jurisconsulte m; juriste m; 2grund-
lage f base f juridique (od. légale);
~gültig adj. valide; (Schriftstück)
authentique; 2gültigkeit f validité f;
(e-s Schriftstücks) authenticité f; 2-
handel m procès m; 2händer ['~
hɛndər] m (7), ~händig adj. droitier
(m); 2hilfe f assistance f juridique;

2'-**innen** Sp. m inter m droit;
2**kraft** f force f de loi; 2**kräftig** adj. valide;~
machen valider; ~ werden prendre
force de loi; 2**kunde** f jurisprudence
f; 2**kundig** adj. versé dans la jurisprudence; qui connaît le droit; 2-
kurve f virage m à droite; 2**lage** f
situation f juridique; 2**mittel** n
moyen m légal; recours m en justice;
ein ~ einlegen interjeter appel; 2-
nachfolger m ayant cause m; 2-
pflege f justice f.

Rechtsprechung f juridiction f; jurisprudence f.

Rechts|**schutz** m protection f des
lois; ~**sprache** f langage m du palais;
~**spruch** m sentence f; arrêt m de
justice; ~**staat** m État m constitutionnel; ~**stellung** f statut m légal;
situation f juridique; ~**streit** m controverse f juridique; 2'-**um**! adv. à
droite!; ~ kehrt! demi-tour à droite!;
2-**ungültig** adj. invalide; (Schriftstück) inauthentique; 2**verbindlich** adj. valide; juridiquement
obligatoire; ~**verdreher** m (7) chi-
caneur m; ~**verdrehung** f chicane f;
~**verfahren** n procédure f; ~**verkehr** m circulation f à droite; ~**verletzung** f violation f du droit; ~**vertreter** m mandataire m; ~**weg** m: den
~ beschreiten prendre la voie judiciaire; 2**widrig** ['~vi:driç] adj. illégal;
~**widrigkeit** f illégalité f; ~**wissenschaft** f jurisprudence f.

recht|**wink(e)lig** adj. rectangulaire;
~**zeitig** ['~tsaitiç] 1. adj. opportun; 2.
adv. à temps.

Reck [rɛk] n (3) barre f fixe.

Recke (13) 'héros m.

recken (25) 1. v/t. étendre; étirer;
Hals: allonger; 2. v/rfl.: sich ~ s'étirer.

Redakt|**eur** [redak'tø:r] m (3¹) rédac-
teur m; ~**ion** [~'tsjo:n] f rédaction f;
2**io'nell** adj. rédactionnel; ~**or** [re-
'daktor] m (8¹) schweiz. = Redakteur.

Rede ['re:də] f (15) (~fähigkeit) parole
f; (~weise) langage m; (Vortrag) discours m; (Unterhaltung) conversation f; (Gerücht) bruit m; (Ansprache) allocution f; 'harangue f; e-e ~
halten prononcer (od. faire) un discours; 'haranguer (an j-n q.); in ~
stehend en question; wovon ist die ~?
de quoi parle-t-on?; de quoi est-il
question?; davon kann keine ~ sein il
ne peut en être question; das ist nicht

der ~ wert cela ne vaut pas la peine
d'en parler; Ihren ~n nach à vous
entendre; j-m ~ (und Antwort) stehen
rendre raison à q.; j-n über etw. (acc.)
zur ~ stellen demander raison à q. de
qch.; seltsame ~n führen tenir des
propos étranges; ~**fluß** m flux m
verbal (od. de paroles); ~**freiheit** f
liberté f de parole; ~**gabe** f don m de
la parole; 2**gewandt** ['~gəvant] adj.
disert; éloquent; ~**gewandtheit** f
élocution f aisée; parole f facile;
~**kunst** f rhétorique f; 2**n** v/i. (26)
parler (über acc.; von de; mit à, avec);
(sagen) dire; über Politik (Kunst usw.)
~ parler politique (art, etc.); ausführlich ~ discourir (über acc. sur); mit
sich ~ lassen entendre raison.

Redens-**art** f façon (od. manière) f de
parler; locution f; tournure f.

Rede|**rei** ['~rai] f bavardage m; (Ge-
rücht) bruit m; ~**schwall** m flot m de
paroles; ~**verbot** n défense f de parler; ~**weise** f manière f de parler;
diction f; élocution f; gr. mode m;
~**wendung** f tournure f.

redigieren [redi'gi:rən] v/t. rédiger.

redlich ['re:tliç] 1. adj. honnête; probe; 2. adv.: sich ~ bemühen faire des
efforts sincères; 2**keit** f honnêteté f;
probité f.

Redner ['re:dnər] m (7) orateur m;
(Vortragender) conférencier m; ~**bühne** f tribune f; ~**pult** n pupitre m.

redselig ['re:tze:liç] adj. loquace;
pfort bavard; 2**keit** f loquacité f.

reduzieren [redu'tsi:rən] v/t. (v/rfl.
sich ~ se) réduire (auf acc. à).

Reede ⚓ ['re:də] f (15) rade f; ~**r** m (7)
armateur m; ~**rei** [~'rai] f société f
d'armateurs.

reell [re'ɛl] adj. réel; ✝ honnête.

Reep ⚓ [re:p] n (3) cordage m.

Refer|**at** [refe'ra:t] n (3) rapport m;
compte rendu m; exposé m; ~**en-
dar(in** f) [~rɛn'da:r] m (3¹) licencié(e
f) m; (Studien2) stagiaire m; ~**ent**
[~'rɛnt] m (12) rapporteur m; ~**enz**
[~'rɛnts] f (16) référence f, recommandation f; 2**ieren** [~'ri:rən] v/i.
faire un rapport (resp. un exposé)
(über acc. de).

reflekt|**ieren** [reflɛk'ti:rən] 1. v/t.
phys. réfléchir; refléter; 2. v/i. auf
etw. (acc.) ~ avoir qch. en vue; 2**or**
phys. [~'flɛktor] m (8¹) réflecteur m.

Reflex [re'flɛks] m (3²) reflet m; physiol. = ~**bewegung** f réflexe m; ~**ion**

[~'ksjo:n] *f* réflexion *f* (*a. fig.*); **~iv** *gr.* [~'ksi:f] *adj.* réfléchi, pronominal.

Reform [re'fɔrm] *f* (16) réforme *f*; **~ation** [~ma'tsjo:n] *f* Réforme *f*; Réformation *f*; **~ator** [~'na:tɔr] *m* (8¹) réformateur *m*; **2bedürftig** *adj.* qui exige des réformes; **~bestrebung** *f* tendance *f* réformatrice; **~haus** *n* magasin *m* d'alimentation de régime (*od. de* produits diététiques).

reformier|en [~'mi:rən] *v/t.* réformer; **~t** *adj.*, **2te(r)** *m* réformé (*m*).

Refrain [rə'frɛ̃] *m* (11) refrain *m*.

Regal [re'ga:l] *n* (3¹) rayon *m*; étagère *f*.

Regatta [re'gata] *f* (16²) régates *f/pl.*

rege ['re:gə] *adj.* actif; (*lebhaft*) vif; animé; (*wach*) éveillé; (*Verkehr*) intense.

Regel ['re:gəl] *f* (15) règle *f*; norme *f*; *in der ~* normalement; *nach den ~n* dans les règles; *es ist die ~, daß ... il est de règle que ...* (*subj.*); ♀ règles *f/pl.*; **~los** *adj.* irrégulier; (*unordentlich*) déréglé; **~losigkeit** *f* irrégularité *f*; déréglement *m*; **2mäßig** *adj.* régulier; (*geregelt*) réglé; **~mäßigkeit** *f* régularité *f*; ⚛ symétrie *f*; **2n** *v/t.* (29) régler; (*durch Verordnungen*) réglementer; (*regulieren*) régulariser; **2recht** *adj.* conforme aux règles; *fig.* vrai, véritable; **~ung** *f* règlement *m*; (*gesetzliche ~* réglementation *f*; **2widrig** *adj.* contraire à la règle; **~widrigkeit** *f* irrégularité *f*.

regen ['re:gən] (25) **1.** *v/t.* remuer; **2.** *v/rfl.*: *sich ~* (*se*) remuer, bouger, (*Gefühle*) s'éveiller, (*tätig sein*) être actif, *fig.* se faire sentir.

Regen *m* (6) pluie *f*; *starker ~* forte pluie *f*; *feiner ~* pluie *f* fine; *im ~* dans la pluie; *bei ~* par temps de pluie; *es sieht nach ~ aus* le temps est à la pluie; **2arm** *adj.* pauvre en pluie.

Regenbogen *m* arc-en-ciel *m*; **~farben** *f/pl.* couleurs *f/pl.* de l'arc-en-ciel; **2farben** *adj.* irisé; **~haut** *f* iris *m*.

Regen|dach *n* auvent *m*; **2dicht** *adj.* imperméable.

regenerier|en [regene'ri:rən] *v/t.* régénérer; **2ung** *f* régénération *f*.

Regen|fälle *m/pl.* chutes *f/pl.* de pluie; **~guß** *m* ondée *f*, averse *f*; **~haut** *f* imperméable *m* en feuille plastique; ciré *m*; **~mantel** *m* imperméable *m*; **~menge** *f* (quantité *f*

de) pluie *f* tombée; **~messer** *m* pluviomètre *m*; **2reich** *adj.* pluvieux; **~rinne** *f* gouttière *f*; **~schauer** *m* averse *f*, ondée *f*; **~schirm** *m* parapluie *m*.

Regent(in *f*) [re'gɛnt] *m* (12) souverain(e *f*) *m*; (*Stellvertreter*) régent(e *f*) *m*.

Regen|tag *m* jour *m* de pluie; **~tropfen** *m* goutte *f* de pluie.

Re'gentschaft *f* régence *f*.

Regen|wasser *n* eau *f* de pluie; **~wetter** *n* temps *m* pluvieux; **~wolke** *f* nuage *m* (chargé) de pluie; **~wurm** *m* ver *m* de terre; **~zeit** *f* saison *f* des pluies.

Regie [re'ʒi:] *f* (15) régie *f*; (*Inszenierung*) mise *f* en scène.

regier|en [re'gi:rən] **1.** *v/t.* gouverner; (*lenken*) diriger; *gr.* régir; **2.** *v/i.* (*herrschen*) régner (*über acc. sur*); **2ung** *f* gouvernement *m*; (*e-s Herrschers*) regne *m*; *zur ~ gelangen* parvenir au pouvoir (*Herrscher:* au trône).

Re'gierungs|-antritt *m* avènement *m* au pouvoir (*Herrscher:* au trône); **~beamte(r)** *m* fonctionnaire *m* (de l'État); **2feindlich** *adj.* antigouvernemental; **~form** *f* régime *m*; **2freundlich** *adj.* gouvernemental; **~geschäfte** *n/pl.* affaires *f/pl.* gouvernementales; **~gewalt** *f* pouvoir *m* gouvernemental; **~krise** *f* crise *f* ministérielle (*od.* gouvernementale); **~mehrheit** *f* majorité *f* gouvernementale; **~partei** *f* parti *m* gouvernemental; **~sitz** *m* siège *m* du gouvernement; **~wechsel** *m* changement *m* de gouvernement.

Regime [re'ʒi:m] *n* (11, *pl. a. inv.* [~i:ma]) régime *m*, système *m* politique.

Regiment [regi'mɛnt] *n* (3) gouvernement *m*; *das ~ haben* (*führen*) être le maître; ✗ (1) régiment *m*; **~skommandant** *m schweiz.*, **~skommandeur** *m* chef *m* de régiment.

Region [re'gjo:n] *f* région *f*; **2al** [~gio-'na:l] *adj.* régional.

Regisseur *thé.* [reʒi'søːr] *m* (3¹) régisseur *m*; metteur *m* en scène.

Register [~'gistər] *n* (7) registre *m* (*a.* ♪); *ins ~ eintragen* enregistrer; (*Buch-*2) index *m*; (*Liste*) liste *f*; (*Steuer*2) rôle *m*; **~tonne** ⚓ *f* tonneau *m* (de jauge).

Registr|atur [~tra'tu:r] *f* (16) greffe *m*; archives *f/pl.*; **2ieren** [~'tri:rən] *v/t.* enregistrer; **~ierkasse** [~'tri:r-] *f* caisse *f* enregistreuse.

Reglement [reglə'mã] *n* (11) règlement *m*.

Regler ['re:glər] *m* (7) régulateur *m*.

reglos ['re:glo:s] *adj.* immobile, inerte.

regne|n ['re:gnən] *v/imp.* (26) pleuvoir; **es regnet** il pleut *(in Strömen* à verse); **~risch** *adj.* pluvieux.

Regreß [re'grɛs] *m* (4) recours *m*; **~anspruch** *m* droit *m* de recours; **♀pflichtig** *adj.* civilement responsable.

regsam ['re:gza:m] *adj.* mobile, actif; vif; **♀keit** *f* activité *f*; vivacité *f*.

regulär [regu'lɛːr] *adj.* régulier.

regulier|bar [regu'liːrbaːr] *adj.* réglable; **~en** *v/t.* régulariser; *(regeln)* régler; **♀ung** *f* réglage *m*, régulation *f*, ajustage *m*.

Regung ['re:guŋ] *f* mouvement *m*; *(Anwandlung)* élan *m*; *(Gemüts♀)* émotion *f*; **♀slos** *adj.* immobile, inerte.

Reh [re:] *n* (3) chevreuil *m*.

rehabilitier|en [rehabili'tiːrən] *v/t.* réhabiliter; **♀ung** *f* réhabilitation *f*.

Reh|bock *m* chevreuil *m*; **~braten** *m* rôti *m* de chevreuil; **~geiß** *f* chevrette *f*; **~kalb** *n*, **~kitz** *n* chevrillard *m*, faon *m*; **~rücken** *cuis.* *m* selle *f* de chevreuil.

Reib|e ['raɪbə] *f* (15), **~eisen** *n* râpe *f*; **~elaut** *gr. m* spirante *f*; fricative *f*; **♀en** *v/t.* (30) frotter; *bsd.* 🜨 frictionner; *Kartoffeln:* râper; **~erei** *fig.* [~'raɪ] *f* froissement *m*; friction *f*; **~fläche** *f* frottoir *m*; **~ung** *f* frottement *m*; *bsd.* 🜨 friction *f* *(a. fig.)*; **~ungsfläche** *f* surface *f* *(fig. cause f)* de friction; **♀ungslos** *adj.* sans difficultés.

reich [raɪç] *adj.* riche *(an dat.* en); *(reichlich)* abondant; **~ und arm** riches et pauvres *m/pl.*; **~ machen** enrichir; **~ werden** s'enrichir.

Reich *n* (3) empire *m*; règne *m* *(a. fig.)*; **das Deutsche ~** le Reich.

reich|en (25) **1.** *v/t.* tendre; passer; **2.** *v/i.:* **~ bis** aller *(od.* s'étendre) jusqu'à, *(Stimme, Blick, Geschoß)* porter jusqu'à, *(Höhe)* monter jusqu'a, *(Tiefe)* descendre jusqu'à; **an etw.** *(acc.)* **~** atteindre qch.; *(genügen)* suffire; **mit etw. ~** avoir assez de qch.; **~haltig** *adj.* abondant; riche *(an dat.* en); **♀haltigkeit** *f* abondance *f*; ri-

chesse *f*; **~lich 1.** *adj.* copieux; abondant; *(stattlich)* ample; **2.** *adv.:* **~** vorhanden sein abonder.

Reichs|-adler ['raɪçs-] *m* aigle *f* impériale; **~apfel** *m* globe *m* (impérial); **~kanzler** *m* chancelier *m* de l'Empire *(od.* du Reich); **~tag** *m* Reichstag *m*.

Reichtum *m* (1²) richesse *f*.

Reichweite *f* portée *f*.

reif [raɪf] *adj.* mûr *(für, zu* pour); **~ werden** mûrir.

Reif *m* (3) *(Ring)* anneau *m*; *(gefrorener Tau)* frimas *m*; gelée *f* blanche; *(Rauh♀)* givre *m*.

Reife *f* (15) maturité *f*; **zur ~ bringen** amener à maturité; faire mûrir.

reifen *v/i.* mûrir; **zum Manne ~** atteindre l'âge mûr.

Reifen *m* (6) *(Faß♀)* cercle *m*; *(Spielzeug)* cerceau *m*; *(Auto♀ usw.)* pneu (-matique) *m*; **~druck** *m* pression *f* du pneu; **~panne** *f* crevaison *f*; **~schaden** *m* pneu *m* crevé; crevaison *f*; **~wechsel** *m* changement *m* de pneu.

Reife|prüfung *f* examen *m* de fin d'études; *(in Frankreich)* baccalauréat *m*, *écol.* bachot *m*; **~zeugnis** *n* diplôme *m* de fin d'études *(in Frankreich:* de baccalauréat).

reiflich *adj.* mûr; **nach ~er Überlegung** après mûre réflexion.

Reifrock *m* crinoline *f*.

Reigen ['raɪgən] *m* (6) ronde *f*; **den ~ eröffnen** mener la danse *(a. fig.)*.

Reihe ['raɪə] *f* (15) rang *m*; *(Häuser♀, Baum♀ usw.)* rangée *f*; *(Zimmer)* enfilade *f*; *(Aufeinanderfolge)* suite *f*; série *f* *(a. ♀)*; *(hinter-ea. hergehend)* file *f*; *(Zeile)* ligne *f*; **der ~ nach** l'un après l'autre, à tour de rôle; *(beim Erzählen)* point par point; **jeder nach der ~** chacun (à) son tour; **ich bin an der ~** c'est mon tour; **wer ist an der ~?** à qui le tour?; **Sie werden auch an die ~ kommen** votre tour viendra aussi; **in Reih und Glied** en rangs; **in e-r ~ marschieren** marcher à la file indienne; **in e-e ~ stellen** mettre sur un rang; **♀n** *v/t.* (25) *Perlen:* enfiler; *cout.* faufiler.

Reihen|fertigung *f* fabrication *f* en série; **~folge** *f* suite *f*; ordre *m*; **in alphabetischer ~** par ordre alphabétique; **~haus** *n* maison *f* individuelle en bande continue; **~schaltung** ⚡ *f* couplage *m* en série; **♀weise** *adv.* par séries.

Reiher zo. ['raɪər] m (7) 'héron m.

Reim [raɪm] m (3) rime f; 2en (25) **1.** v/t. mettre en vers, rimer; **2.** v/rfl.: sich ~ rimer; (übereinstimmen) s'accorder; 2los adj. non rimé; ~schmied m rimailleur m.

rein [raɪn] **1.** adj. pur; (sauber) propre; (keusch) chaste; (jungfräulich) vierge; (klar) clair; net; (Papier) blanc; (Wein) naturel; den Tisch machen faire table rase; j-m ~en Wein einschenken dire à q. la vérité toute nue; etw. ins ~e schreiben mettre qch. au net; etw. ins ~e bringen mettre qch. en ordre; damit will ich ins ~e kommen je veux en avoir le cœur net; mit j-m ins ~e kommen s'arranger avec q.; mit j-m im ~en sein être d'accord avec q.; **2.** adv.: ~ halten tenir propre; fig. sich ~ waschen se disculper; (ganz und gar) absolument; tout à fait; ~ gar nichts absolument rien; F = hinein, herein.

Rein|ertrag m produit m net; **~fall** F m échec m; fiasco m; thé. four m; 2**fallen** F v/i. (sn) donner dedans; ~**gewinn** m bénéfice m net; ~**heit** f pureté f; (Sauberkeit) propreté f; (Klarheit) clarté f; netteté f; (Keuschheit) chasteté f.

reinig|en v/t. (25) nettoyer (a. fig.); purger (a. fig.); purifier (a. fig.); ♪ purger; déterger; ♫ rectifier; épurer (a. fig.); affiner (a. Gold); Brunnen, Kanal: curer; vider; Schuhe: décrotter; von Flecken ~ détacher; von Schmutz ~ décrasser; ~**end** ♪ p.pr. adjt. purgatif; détergent; 2**ung** f nettoyage m; purification f (a. fig.); purgation f (a. fig.); ♫ rectification f; affinage m; (Brunnen♀, Kanal♀) vidange f; chemische ~ nettoyage m à sec; (Geschäft) teinturerie f.

reinlegen F v/t. mettre dedans (a. fig.).

reinlich adj. propre; 2**keit** f propreté f.

Rein|machefrau ['~maxe-] f femme f de ménage; 2**rassig** adj. de pure race, (Pferd a.) de pur sang; ~**schrift** f copie f au net; 2**seiden** adj. de pure soie; ~**vermögen** n fortune f nette.

Reis [raɪs] **1.** ♀ m (4, o. pl.) riz m; **2.** n (2) rameau m; (Schößling) rejet m; rejeton m.

Reise ['raɪzə] f (15) voyage m; (Rund♀) tournée f; kleine ~ (petit) tour m; auf ~n sein être en voyage; e-e ~ antreten partir en voyage; sich auf die ~ machen se mettre en route; glückliche ~! bon voyage!; ~**apotheke** f nécessaire m de pharmacie; ~**begleiter(in** f) m compagnon m (compagne f) de voyage; ~**bekanntschaft** f connaissance f de voyage; ~**beschreibung** f récit m de voyage; ~**büro** n agence f de voyages (od. de tourisme); ~**bus** m autocar m; ~**eindrücke** m/pl. impressions f/pl. de voyage; ~**erinnerung** f souvenir m de voyage; 2**fertig** adj. prêt à partir; ~**fieber** n fièvre f du départ; ~**führer** m guide m; ~**gefährte** m = Reisebegleiter; ~**geld** n argent m (pour un voyage); ~**geschwindigkeit** f vitesse f de croisière; ~**gepäck** n bagages m/pl.; ~**gesellschaft** f société f touristique; m-e ~ mes compagnons m/pl. de voyage; ~**koffer** m malle f; ~**kosten** pl. frais m/pl. de voyage; ~**krankheit** f mal m de voyage; ~**leiter** m (agent m) accompagnateur m; ~**lust** f envie f de voyager, passion f des voyages; 2**lustig** adj.: ~ sein avoir le goût des voyages.

reisen v/i. (27, sn) voyager; nach Paris ~ partir pour (od. se rendre à od. aller à) Paris; über Paris ~ passer par Paris; ~ durch traverser (acc.); 2**de(r)** m voyageur m; (Geschäfts♀) voyageur m de commerce.

Reise|necessaire ['~nesesɛːr] n trousse f de voyage; ~**paß** m passeport m; ~**plan** m projet m de voyage; ~**proviant** m provisions f/pl. de route; ~**route** f itinéraire m; ~**scheck** m chèque m de voyage; ~**schreibmaschine** f machine f à écrire portable; ~**spesen** pl. frais m/pl. de voyage; ~**tasche** f sac m de voyage; ~**verkehr** m trafic m des voyageurs; ~**weg** m itinéraire m; ~**zeit** f saison f du tourisme; ~**ziel** n destination f; but m du voyage.

Reisfeld n rizière f.

Reisig ['raɪzɪç] n (3) menu bois m, brindilles f/pl.; ~**besen** m balai m de bouleau; ~**bündel** n fagot m, cotret m.

Reiskorn n grain m de riz.

Reißaus F [raɪs'⁹aʊs] m: ~ nehmen prendre la fuite; ~**brett** n planche f à dessin.

reißen ['raɪsən] **1.** v/t. (30) tirer; (ab~, weg~) arracher; (fort~) entraîner; (zer~) déchirer; Witze ~ se livrer à des plaisanteries; *an sich* (*acc.*) ~ tirer à soi, *fig.* usurper; **2.** *v/rfl.*: *sich um etw.* (*j-n*) ~ s'arracher qch. (q.); *sich an etw.* (*dat.*) ~ se blesser à qch.; **3.** *v/i.* (sn) (*Kleider usw.*) ~ se déchirer; (*sich spalten*) se fendre; (*Fäden*) (se) casser; *an etw.* (*dat.*) ~ tirer (violemment) sur qch.; **4.** ⚔ *n* élancements *m/pl.*; tiraillements *m/pl.*; **~d** *p.pr. adjt.* (*Strom*) impétueux; (*Tier*) féroce; (*Schmerz*) lancinant; † *das geht* ~ *weg* on se l'arrache.

Reißer *m* (7) *thé.* pièce *f* à grand succès; † marchandise *f* qu'on s'arrache; **2isch** *adj.* à grand succès; (*Werbung*) tapageur.

Reiß|feder *f* tire-ligne *m*; **~nagel** *m* punaise *f*; **~schiene** *f* té *m*; **~verschluß** *m* fermeture *f* éclair; **~zeug** *n* boîte *f* de compas; **~zwecke** *f* punaise *f*.

Reit|-anzug *m* costume *m* de cheval; (*für Damen*) habit *m* d'amazone; **~bahn** *f* manège *m*; **2en** ['raɪtən] (30) **1.** *v/i.* (sn) monter à cheval; (*als Sport*) faire du cheval; (*irgendwohin*) aller à cheval; *gut* (*schlecht*) ~ *können* être bon (mauvais) cavalier; *auf e-m Pferd* ~ être monté sur un cheval; *auf dem Rücken* ~ être à califourchon sur le dos de q.; **2.** *v/t. Pferd:* monter; **~en** *n* équitation *f*; **2end** *p.pr. adjt.* monté; à cheval.

Reiter *m* (7) cavalier *m* (*a.* ✕); (*Kunst2*) écuyer *m*; *spanischer* ~ cheval *m* de frise; **~ei** [~'raɪ] *f* cavalerie *f*; **~in** *f* amazone *f*; (*Kunst2*) écuyère *f*; **~standbild** *n* statue *f* équestre.

Reit|gerte *f* badine *f*; **~hose** *f* culotte *f* de cheval; **~kunst** *f* équitation *f*; **~lehrer** *m* maître *m* d'équitation; **~peitsche** *f* cravache *f*; **~pferd** *n* cheval *m* de selle; monture *f*; **~schule** *f* école *f* d'équitation; manège *m*; **~sport** *m* sport *m* équestre; **~stiefel** *m* botte *f* d'équitation; **~tier** *n* animal *m* de selle; **~turnier** *n* concours *m* hippique; **~unterricht** *m* leçons *f*/*pl.* d'équitation; **~weg** *m* piste *f* cavalière.

Reiz [raɪts] *m* (3²) excitation *f*; *pfort* irritation *f*; (*Anregung*) stimulation *f*; (*Kitzel*) chatouillement *m*; (*Lockung*) appât *m*; (*Lieb2*) attrait *m*, charme(s) *pl.*; *verführerischer* ~ appas *m/pl.*; **2bar** *adj.* excitable; irritable; **~barkeit** *f* excitabilité *f*; irri-

tabilité *f*; **2en** *v/t.* exciter (*zu* à); *pfort* irriter; (*ärgern*) agacer; (*anregen*) stimuler; (*anstiften*) provoquer; (*kitzeln*) chatouiller; (*bezaubern*) charmer; enchanter; ravir; (*locken*) attirer; *Neugierde:* piquer; **2end** *p.pr. adjt.* excitant; irritant; (*anregend*) stimulant; (*bezaubernd*) charmant; ravissant; **2los** *adj.* fade; sans attrait; sans charme; **~mittel** *n* excitant *m*; stimulant *m*; **~ung** *f* excitation *f*; irritation *f*; (*Anregung*) stimulation *f*; (*Anstiftung*) provocation *f*; **2voll** *adj.* plein d'attrait (*od.* de charme).

rekeln ['re:kəln] *v/rfl.*: *sich* ~ s'étirer.

Reklamation [reklama'tsjo:n] *f* réclamation *f*.

Reklame [re'kla:mə] *f* (15) reclame *f*; publicité *f*; **~...** *in Zssgn* = *Werbe...*

reklamieren [~kla'mi:rən] *v/t.* réclamer.

rekognoszieren [rekɔgnɔs'tsi:rən] *v/t.* reconnaître.

rekonstru|ieren [rekɔnstru'i:rən] *v/t.* reconstituer; **2ktion** [~k'tsjo:n] *f* reconstitution *f*.

Rekonvaleszen|t [rekɔnvalɛs'tsɛnt] *m* (12) convalescent *m*; **~z** *f* (16) convalescence *f*.

Rekord [~'kɔrt] *m* (3) record *m* (*aufstellen* établir; *halten* détenir; *schlagen* battre); **~ernte** *f* récolte *f* record; **~zeit** *f* temps *m* record.

Rekrut [~'kru:t] *m* (12) conscrit *m*; recrue *f*; **2ieren** [~u'ti:-] *v/t.* recruter; faire des recrues; **~ierung** *f* recrutement *m*.

Rektor ['rɛktɔr] *m* (8¹) recteur *m*; **~at** [~o'ra:t] *n* (3) rectorat *m*.

relativ [rela'ti:f] *adj.* relatif; **2pronomen** *n* pronom *m* relatif; **2satz** *m* (proposition *f*) relative *f*.

relegieren [rele'gi:rən] *v/t.* renvoyer, chasser (un élève du collège).

relevant [~'vant] *adj.* important.

Relief [rel'jɛf] *n* (11) relief *m*.

Religion [reli'gjo:n] *f* (16) religion *f*.

Religi|ons|bekenntnis *n* confession *f* (de foi); **~freiheit** *f* liberté *f* de religion; **~gemeinschaft** *f* communauté *f* religieuse; **~geschichte** *f* histoire *f* des religions; **~krieg** *m* guerre *f* de religion; **~unterricht** *m* instruction *f* religieuse; catéchisme *m*.

relig|iös [~'gjø:s] *adj.* religieux; (*fromm*) pieux; **~iosität** [~gjozi'tɛːt] *f* religiosité *f*; piété *f*.

Reling ⚓ ['re:liŋ] *f* (14) bastingage *m*.

Reliquie [re'li:kviə] f (15) relique f; **~nschrein** m reliquaire m; châsse f.

Remis [rə'mi:] **1.** n (inv. od. 16) partie f nulle; **2.** ♀ adj. remis.

Remise [re'mi:zə] f (15) remise f.

Remittenden [remi'tɛndən] f/pl. (Buchhandel) invendus m/pl., retours m/pl.

rempeln ['rɛmpəln] v/t. bousculer.

Ren zo. [rɛn] n (11) renne m.

renitent [reni'tɛnt] adj. récalcitrant.

Renn|bahn ['rɛnbaːn] f (Pferde♀) champ m de courses; turf m; hippodrome m; (Auto♀) autodrome m; (Rad♀) vélodrome m, piste f; **~boot** n bateau m de course; **♀en** v/i. (30, sn) courir; **~en** n (6) course f; **~fahrer** m coureur m; **~pferd** n cheval m de course; coureur m; **~platz** m champ m de courses; turf m; hippodrome m; **~sport** m course f; (Pferde♀) turf m; **~stall** m écurie f; **~strecke** f parcours m; **~wagen** m (Auto) voiture f de course.

renommieren [~nɔ'mi:-] v/i. faire l'important; ~ mit se vanter de.

renovier|en [reno'vi:rən] v/t. remettre à neuf; **♀ung** f remise f à neuf.

rentab|el [rɛn'taːbəl] adj. rentable; **♀ilität** [~tabili'tɛːt] f (16) rentabilité f.

Rent|e ['rɛntə] f (15) rente f; **~en-empfänger(in** f) m titulaire m, f d'une rente; rentier m, -ière f; **♀ieren** [~'ti:rən] v/rfl.: sich ~ valoir la peine; ✝ rapporter, être rentable; **~ner(in** f) m rentier m, -ière f; (Alters♀) retraité(e f) m.

Reorganisation [reɔrganiza'tsjoːn] f réorganisation f.

Reparationszahlung [repara-'tsjoːns-] f paiement m de(s) réparation(s).

Reparatur [repara'tuːr] f (16) réparation f; **♀bedürftig** adj. qui a besoin d'être réparé; **~werkstatt** f atelier m de réparation; (für Autos a.) service m de dépannage.

repa'rieren v/t. réparer.

repatriieren [repatri'oy:rən] v/t. rapatrier.

Report|age [~'taːʒə] f (15) reportage m; **~er** [~'pɔrtər] m (7) reporter m.

Repräsen|tant [~prɛzɛn'tant] m (12) représentant m; **♀tieren** v/t. u. v/i. représenter.

Repressalien [~prɛ'saːljən] f/pl. représailles f/pl.

Reprodu|ktion [reprodukˈtsjoːn] f reproduction f; **♀zieren** v/t. reproduire.

Reptil [rɛp'tiːl] n (3¹ u. 8²) reptile m.

Republik [repu'bliːk] f (16) république f; **~aner** [~bli'kaːnər] m (7) républicain m; **♀anisch** [~'kaːniʃ] adj. républicain.

Requiem ['reːkviɛm] n (11) requiem m.

requi|rieren [~kvi'riːrən] v/t. réquisitionner; **♀siten** thé. [~kvi'ziːtən] n/pl. accessoires m/pl.; **♀sition** ✗ [~zi'tsjoːn] f réquisition f.

Reseda ♀ [~'zeːda] f (11¹) réséda m.

Reserve [re'zɛrvə] f (15) réserve f; **~rad** n roue f de rechange; **~tank** m bidon m de réserve.

reser|vieren [~'viːrən] v/t. réserver; (Platz a.) retenir; **~viert** p.p. adjt. réservé (a. fig.); retenu; **♀vist** m (12) réserviste m; **♀voir** [~vo'aːr] n (3¹) réservoir m.

Resid|enz [~zi'dɛnts] f (16) résidence f; **♀ieren** [~'diːrən] v/i. résider.

resignieren [~zig'niːrən] v/i. résigner.

resolut [~zo'luːt] adj. résolu.

Resonanz [~zo'nants] f (16) résonance f; **~boden** m résonance f.

Respekt [~s'pɛkt] m (3) respect m (vor dat. pour); sich ~ verschaffen se faire respecter; ~ zollen témoigner du respect; **♀abel** [~'taːbəl] adj. respectable; **♀ieren** [~'tiːrən] v/t. respecter; **~los** adj. irrespectueux; **~losigkeit** f manque m de respect; **~s-person** f personnage m respectable; **♀voll** adj. respectueux.

Ressort [rɛ'soːr] n (11) ressort m.

Rest [rɛst] m (3¹ u. 1²) reste m; restant m; **♀ résidu m; ✝ (Zahlungs♀) reliquat m; solde m; (Stoff♀) coupon m; fig. j-m den ~ geben donner le coup de grâce à q.; **~auflage** f reste m d'un tirage.

Restaur|ant [rɛsto'ran] n (11) restaurant m; **~ateur** [~ra'tœːr] m (3¹) restaurateur m; **~ation** [~tauːra-'tsjoːn] f restauration f; (~to-) (Speisehaus) restaurant m; **♀ieren** [~'i:-rən] v/t. restaurer.

Rest|bestand ♦ m solde m; **♀lich** adj. restant; **~los 1.** adj. total, complet; **2.** adv. complètement, sans reste; **~zahlung** f paiement m d'un solde.

Resultat [rezul'taːt] n (3) résultat m.

Retorte [reˈtɔrtə] f (15) cornue f; alambic m.

rett|en [ˈrɛtən] (26) v/t. (v/rfl. sich ~ se) sauver (aus, vor de); (befreien) délivrer; **2er** m (7) sauveteur m; (Befreier) libérateur m; rl. sauveur m.

Rettich [ˈrɛtiç] m (3¹) radis m.

Rettung [ˈrɛtuŋ] f sauvetage m; (Heil) salut m; (Befreiung) délivrance f.

Rettungs|aktion f opération f de sauvetage; **~boot** n canot m de sauvetage; **~dienst** m service m de sauvetage; **2los** adv. sans remède; ~ verloren perdu sans retour; **~mannschaft** f équipe f de sauvetage; **~ring** m bouée f de sauvetage; **~versuch** m tentative f de sauvetage; **~wesen** n (service m de) sauvetage m.

retuschieren [retuˈʃiːrən] v/t. retoucher.

Reu|e [ˈrɔʏə] f (15) repentir m; repentance f; (Buße) pénitence f; (Zerknirschung) contrition f; (Bedauern) regret(s pl.) m; **2en** v/imp.: es reut mich je m'en repens, je le regrette; **2evoll**, **2ig**, **2mütig** [ˈ~myːtiç] adj. repentant.

Reuse [ˈrɔʏzə] f (15) nasse f.

Revanche [reˈvãʃə] f (15) revanche f; **~epartie** f match m de revanche; **2ieren** [~ˈʃiːrən] v/rfl.: sich ~ prendre sa revanche f.

Reverenz [reveˈrɛnts] f (16) révérence f.

Revers 1. [reˈvɛrs] m (4) revers m; † contre-lettre f; 2. cout. [rəˈvɛːr] n od. m (inv.) revers m; **~ieren** [revɛrˈsiːrən] v/i. östr. Auto = wenden.

revidieren [~viˈdiːrən] v/t. reviser.

Revier [~ˈviːr] n (3¹) district m; quartier m; (Polizei2) commissariat m; (Jagd2) terrain m de chasse.

Revis|ion [~viˈzjoːn] f révision f; ✠ a. pourvoi m; ~ einlegen se pourvoir; **~ionsverfahren** ✠ n procédure f de révision; **~or** [~ˈviːzɔr] m (8¹) reviseur m; vérificateur m; (Bücher2) expert m comptable.

Revolt|e [~ˈvɔltə] f (15) révolte f; **2ieren** [~ˈtiːrən] v/i. se révolter.

Revolution [~voluˈtsjoːn] f révolution f; **~är** [~joˈnɛːr] m (3¹), **2är** adj. révolutionnaire (m).

Revolver [~ˈvɔlvər] m (7) revolver m.

Revue [reˈvyː] f (15) revue f; ~ passieren lassen passer en revue.

Rezen|sent [~tsɛnˈzɛnt] m (12) critique m; **2'sieren** v/t.: etw. ~ faire le compte rendu de qch.; **~sion** [~ˈzjoːn] f compte rendu m; critique f; **~si'ons-exemplar** n exemplaire m (du service) de presse.

Rezept [~ˈtsɛpt] n (3) cuis. recette f; ✚, phm. ordonnance f; **2pflichtig** adj. soumis à ordonnance.

reziprok [~tsiˈproːk] adj. réciproque.

Rezit|ativ ♪ [retsitaˈtiːf] n (3¹) récitatif m; **2ieren** [~ˈtiːrən] v/t. dire, réciter.

Rhabarber [raˈbarbər] m (7) rhubarbe f.

Rhapsodie [rapzoˈdiː] f (15) r(h)apsodie f.

rhein|isch [ˈraɪniʃ] adj. rhénan; du Rhin; **2länder** [ˈ~lɛndər] m (7) m Rhénan(e f); **2wein** m vin m du Rhin.

Rhesusfaktor [ˈrezus-] m facteur m rhésus.

Rhetor|ik [~ˈtoːrik] f (inv.) rhétorique f; **2isch** adj. de rhétorique.

Rheuma [ˈrɔʏma] n (11) rhumatisme m; **2tisch** [~ˈmaːtiʃ] adj. rhumatismal; **~tismus** m (16²) rhumatisme m; **~wäsche** f linge m rhumatismale.

Rhinozeros [riˈnoːtseros] n (4¹) rhinocéros m.

Rhododendron [rodoˈdɛndrɔn] m, a. n (9) rhododendron m.

Rhombus [ˈrɔmbus] m (16²) losange m.

rhythm|isch [ˈrytmiʃ] adj. rythmique; **2us** [ˈ~mus] m (16²) rythme m.

Ribisel [ˈriːbizəl] f (15) östr. = Johannisbeere.

Richt|antenne [ˈriçtʔantɛnə] f antenne f directive (od. orientée); **~beil** n 'hache f du bourreau; **~blei** n fil m à plomb; **~block** m billot m.

richten [ˈriçtən] (26) 1. v/t. (zurechtsetzen) disposer; (ar)ranger; (anpassen) ajuster; (gerade~) (re)dresser; (aus~) aligner (a. ✕); (lenken) diriger (gegen, auf acc. vers, sur); ✠ j-n ~ juger q.; condamner q.; (hin~) exécuter; Brief, Bitte, Frage: adresser (an acc. à); Geschütz: pointer; Blick: porter (od. tourner od. braquer) (auf acc. sur); Aufmerksamkeit: porter (auf acc. sur); fixer (sur); Wut: tourner (gegen, auf acc. contre); 2. v/rfl. ✕ richt' euch! alignement!; alignez-vous!; sich nach etw. ~ se régler sur qch., gr. s'accorder avec qch.; ich werde mich danach ~ j'agirai en conséquence; *sich nach j-m ~* prendre exemple sur q.

Richter m (7) juge m; (*Schieds2*) arbitre m; ⊕ dresseur m; *j-n zum ~ in e-r Angelegenheit machen* prendre qc. pour juge (*resp.* pour arbitre) dans une affaire; *sich zum ~ aufwerfen* s'ériger en juge!; **~amt** n fonctions f/pl. de juge; **2lich** adj. de juge; (*gerichtlich*) judiciaire; **~spruch** m jugement m; arrêt m; **~stand** m (*corps* m de la) magistrature; **~stuhl** m tribunal m.

Richtfunk rad. m radio f relais.

richtig 1. adj. juste; correct; (*genau*) exact; (*wirklich*) vrai; véritable; (*geregelt*) réglé; arrangé; (*Wort*) propre; (*Übersetzung*) fidèle; *das ~e treffen* (od. *erraten*) deviner juste; **2.** adv.: *~ gehen* (*Uhr*) aller bien; *~ rechnen* (*singen*) calculer (chanter) juste; **3.** int. *~!* c'est cela (F *ça*)!; *ganz ~!* c'est même!; *na!* c'est même!; **~gehend 1.** p.pr. adjt. (*Uhr*) marchant juste; **2.** p.pr. advt. (*wirklich*) vraiment; **2keit** f justesse f; (*Genauigkeit*) exactitude f; (*e-s Wortes*) propriété f; (*e-r Übersetzung*) fidélité f; *es hat s-e ~ damit ce* n'est pas sans fondement; il y a du vrai là-dedans; *für die ~ der Abschrift* (*der Übersetzung*) pour copie (traduction) conforme; *für die ~ der Unterschrift* pour la certification matérielle de la signature; **~stellen** v/t. rectifier; mettre au point; **2stellung** f rectification f; mise f au point.

Richt|linien f/pl. directives f/pl.; **~maß** n étalon m; **~platz** m lieu m du supplice; **~preis** m prix m pilote (od. indicatif); **~scheit** n équerre f; **~schnur** f cordeau m; *fig.* règle f de conduite; norme f; *das diene Ihnen zur ~!* pour votre gouverne!; **~schwert** n glaive m de la justice; **~strahl** rad. m faisceau m directif (od. dirigé); **~strahl-antenne** rad. f antenne f (d'émission) directive (od. dirigée); **~strahler** m poste m à ondes dirigées.

Richtung f direction f; sens m; *fig.* tendance f; courant m; *in der ~ nach* dans la direction de; *Esb.*, ♣ *in ~ nach* à destination de; *nach allen ~en* en tous sens; **~s-anzeiger** *Auto* m indicateur m de direction; flèche f; **2weisend** p.pr. adjt. indicatif.

Richt|wert m valeur f indicative (od. de base); **~zahl** f indice m, coeffi-

cient m.

rieb [ri:p] s. *reiben*.

Ricke [ˈrikə] f (15) chevrette f.

riech|en [ˈriːçən] (30) **1.** v/i. sentir (*gut* bon; *schlecht* mauvais); *nach etw. ~* sentir qc.; *hier riecht es* cela sent ici; *der Ofen riecht* le poêle dégage de l'odeur; **2.** v/t. sentir; (*wittern*) flairer; (*an e-r Blume*) respirer le parfum de; F *fig. j-n nicht ~ können* ne pouvoir sentir q., avoir q. dans le nez; **2er** F m: *e-n guten ~ haben* avoir du nez; **2nerv** m nerf m olfactif; **2salz** n sels m/pl.

Ried [ri:t] n (3) roseau m; jonc m; (*sumpfige Gegend*) marécage m (couvert de roseaux); **~gras** n laîche f.

rief [ri:f] s. *rufen*.

Riege [ˈriːɡə] f (15) section f.

Riegel [ˈriːɡəl] m (7) verrou m; (*Fenster2*) targette f; (*Seifen2*) pain m; barre f; (*Schokoladen2*) tablette f, bâton m; *den ~ vorschieben* pousser le verrou; *fig. e-r Sache e-n ~ vorschieben* mettre obstacle à qch.

Riemen [ˈriːmən] m (6) courroie f; (*langer, schmaler*) lanière f; (*Schnür-2*) cordon m; lacet m; ♣ rame f; *sich den ~ enger schnallen* se serrer (od. se mettre) la ceinture; **~antrieb** m commande f par courroie; **~scheibe** f poulie f.

Ries [ri:s] n (4, *als Maß nach Zahlen* inv.) rame f.

Riese [ˈriːzə] m (13) géant m.

Riesel|feld [ˈriːzəl-] n champ m d'épandage; **2n** v/i. (*Gewässer*) ruisseler; (*Sand, Körner*) couler; (*Steine*) rouler.

Riesen|-erfolg m succès m énorme; **2groß, 2haft** adj. gigantesque; colossal; **~kraft** f force f herculéenne; **~rad** n grande roue f; **~schildkröte** f tortue f géante; **~schlange** f boa m; **~schritt** m: *mit ~en* à pas de géant; **~slalom** *Sp.* m slalom m géant; **~welle** *Sp.* f grand soleil m.

ries|ig [ˈriːziç] **1.** adj. gigantesque; énorme; colossal; **2.** adv.: *es hat mich ~ gefreut* cela m'a fait énormément plaisir; **2in** f géante f.

riet [ri:t] s. *raten*.

Riff [rif] n (3) récif m.

riffeln [ˈrifəln] v/t. *Flachs*: égruger.

rigoros [rigoˈroːs] adj. rigoureux; sévère; *e Maßnahmen* des mesures draconiennes.

Rille [ˈrilə] f (15) rainure f; can-

nelure f; (*Schallplatten*Ⓩ) sillon m.
Rind [rint] n (1) bœuf m; *junges* ~
bouvillon m, génisse f.
Rinde ['rɪndə] f (15) (*Baum*Ⓩ) écorce
f; (*Brot*Ⓩ, *Käse*Ⓩ) croûte f.
Rinder|braten m rôti m de bœuf;
~**pest** f peste f bovine; ~**zucht** f
élevage m bovin; ~**zunge** f langue f
de bœuf.
Rind|fleisch n bœuf m; ~**s-leder** n
cuir m de bœuf; ~**suppe** f östr. =
Fleischbrühe; ~**vieh** n espèce f bovine;
fig. F pécore f.
Ring [rɪŋ] m (3) (*Finger*Ⓩ) anneau m
(a. SaturnⓈ); bague f; (*Ehe*Ⓩ) alliance
f; (*Kreis*) cercle m; (*Servietten*Ⓩ)
rond m; (*Augen*Ⓩ) cerne m; ~*e um die
Augen haben* avoir les yeux cernés;
astr. 'halo m; (*Box*Ⓩ) ring m; (*Metall-
öse*) boucle f; (*Kettenglied*) chaînon
m; ~*e blasen* (*beim Rauchen*) faire des
ronds de fumée; ~**bahn** Esb. f ligne f
de ceinture; ~**buch** n classeur m (*od.*
livre) m à feuilles mobiles.
ringel|n ['rɪŋəln] v/rfl. (29): *sich* ~
boucler; (*sich schlingen*) s'enrouler;
(*Schlange usw.*) se tortiller; Ⓩ**natter** f
couleuvre f à collier; Ⓩ**reigen** m,
Ⓩ**reihen** m ronde f; Ⓩ**spiel** n östr. =
Karussell; Ⓩ**taube** f pigeon m à collier.
ring|en ['rɪŋən] (30) **1.** v/t. (*winden*)
tordre; *die Hände* ~ se tortiller les
mains; **2.** v/i. (*kämpfen*) lutter (*mit*
contre); *mit dem Tode* ~ lutter contre
la mort, agoniser; *nach Atem* ~ respirer avec peine; *nach etw.* ~ (*streben*)
aspirer à qch.; Ⓩ**er** m (7) lutteur m.
Ring|finger m annulaire m; Ⓩ**förmig**
adj. annulaire; en forme de cercle;
~**kampf** m lutte f; ~**kämpfer** m
lutteur m; ~**mauer** f enceinte f;
~**richter** Sp. m arbitre m.
rings|(her)um [rɪŋs-], ~**um'her**
adv. tout autour (de); à la ronde; de
tous côtés; alentour.
Rinn|e ['rɪnə] f (15) rigole f; caniveau
m; (*Leitungs*Ⓩ) conduit m; (*Dach*Ⓩ)
gouttière f; Ⓩ**en** v/i. (30, sn) couler;
(*rieseln*) ruisseler; (*Zeit, Geld*) filer;
~**sal** ['~za:l] n (3) rigole f; petit ruisseau m; ~**stein** m rigole f d'écoulement; caniveau m.
Ripp|chen cuis. ['rɪpçən] n (6) côte-
lette f; ~**e** ['rɪpə] f (15) côte f; Arch. u.
♀ nervure f.
Rippen|bruch ⚕ m fracture f des
côtes; ~**fell** n plèvre f; ~**fell-ent-**

zündung f pleurésie f; ~**stoß** m
bourrade f; ~**stück** n entrecôte f.
Risiko ['ri:ziko] n (11) risque m; *auf*
mein ~ à mes risques et périls.
risk|ant [rɪs'kant] adj. risqué; ~**ieren**
[~'ki:rən] v/t. risquer.
Rispe ♀ ['rɪspə] f (15) panicule f.
Riß [rɪs] 1. m (4) déchirure f; (*durch*
Hängenbleiben) accroc m; (*in der*
Haut) gerçure f; (*Sprung*) crevasse f
(a. Haut), fêlure f; (*Mauer*Ⓩ) lézarde
f; (*im Holz*) fente f; fig. (*Spaltung*)
scission f; **2.** Ⓩ s. reißen.
rissig ['~ɪç] adj. crevassé (a. Haut);
fêlé; (*Mauer*) lézardé; (*Haut*) gercé.
Rist [rɪst] m (3²) (*Fuß*Ⓩ) cou-de-pied
m; (*Hand*Ⓩ) poignet m.
Ritt [rɪt] 1. m chevauchée f; caval-
cade f; promenade f à cheval; **2.** Ⓩ s.
reiten.
Ritter ['rɪtər] m (7) chevalier m; *zum* ~
schlagen armer chevalier; *cuis.* *arme* ~
pl. pain m perdu; ~**burg** f château m;
~**gut** n terre f seigneuriale; ~**kreuz** n
croix f de chevalier; Ⓩ**lich** adj. chevaleresque; *lichkeit* f caractère m
chevaleresque; ~**orden** m ordre m
de chevalerie; ~**schaft** f chevalerie f;
~**schlag** m accolade f; *den* ~ *erteilen*
(*erhalten*) armer (être armé) chevalier; ~**sporn** ♀ m pied-d'alouette m;
~**tum** n (1²) chevalerie f.
ritt|lings ['~lɪŋs] adv. à califourchon;
à cheval; Ⓩ**meister** m capitaine m de
cavalerie.
Ritu|al [ritu'a:l] n (3¹), Ⓩ**ell** [~'ɛl] adj.
rituel (m).
Ritus ['ri:tus] m (16² u. inv.) rite m.
Ritz [rɪts] m (3²), ~**e** f (15) fente f;
fissure f; (*Schramme*) égratignure f;
Ⓩ**en** v/t. fendiller; Haut: égratigner.
Rival|e [ri'va:lə] m (13), ~**in** f rival(e)
m; Ⓩ**isieren** [~vali'zi:rən] v/i. rivaliser; ~**ität** [~'tɛ:t] f rivalité f.
Rizinusöl ['ri:tsinus'ø:l] n huile f de
ricin.
Robbe ['rɔbə] f (15) phoque m; Ⓩ**n** v/i.
(sn) ramper; ~**nfang** m chasse f aux
phoques.
Robe ['ro:bə] f (15) robe f.
Roboter ['ro:bɔtər] m (7) robot m.
robust [ro'bust] adj. robuste; Ⓩ**heit** f
robustesse f.
roch [rɔx] s. *riechen*.
röcheln ['rœçəln] 1. v/i. (29) râler;
2. Ⓩ n râle m.
Rochen zo. ['rɔxən] m (6) raie f.
rochieren [rɔ'xi:rən, ~'ʃi:-] v/i.

roquer.

Rock [rɔk] m (6) jupe f; (für Männer) habit m; (Jacke) veston m; (Über2) redingote f; **~en** m (6) quenouille f; **~zipfel** m: an Mutters ~ hängen être pendu aux basques de sa mère.

Rodel|bahn ['ro:dəl-] f piste f de luge; **2n** v/i. (29) luger, faire de la luge; **~schlitten** m luge f.

rod|en ['ro:dən] v/t. (26) essarter; défricher; **2land** n essarts m/pl.

Rodler(in f) m (7) lugeur m, -euse f.

Rodung f essartement m; défrichement m.

Rogen ['ro:gən] m (6) œufs m/pl. de poisson.

Roggen ['rɔgən] m (6) seigle m; **~brot** n pain m de seigle.

roh [ro:] adj. cru; (ungekocht) non cuit; (noch nicht verarbeitet) brut; fig. (ungesittet) inculte; (ungeschliffen) grossier, pfort brutal; **2bau** m gros œuvre m; **2baumwolle** f coton m brut; **2-einnahme** f recette f brute; **2-eisen** n fer m brut.

Roheit ['ro:hatt] f (16) crudité f; état m brut; fig. grossièreté f; brutalité f.

Roh|kost f régime m végétarien; crudités f/pl.; **~leder** n cuir m brut; **~ling** m brute f; **~material** n matières f/pl. premières; **~metall** n métal m brut (od. cru); **~öl** n huile f lourde; **~produkte** n/pl. produits m/pl. non manufacturés.

Rohr [ro:r] n (3) ♀ roseau m; canne f; jonc m (spanisches des Indes); ⊕ tuyau m; tube m; (Leitungs2) conduit m; ⚔ canon m; **~bruch** m rupture f de tuyau; **~dommel** zo. f butor m.

Röhre ['rø:rə] f (15) tuyau m; tube m; (Leitungs2) conduit m; (Brat2, Back2) four m; rad. lampe f.

röhren v/i. (25) (Hirsch) bramer.

röhren|förmig adj. tubulaire, tubulé; **2knochen** m os m long.

Rohrflöte f chalumeau m.

Röhricht ['rø:rɪçt] n (3¹) roseaux m/pl.

Rohr|leger m plombier m; **~leitung** f conduite f; **~möbel** n/pl. meubles m/pl. en rotin; **~post** f poste f pneumatique; **~postbrief** m pneu(matique) m; **~schelle** f collier m (de fixation); **~spatz** m: schimpfen wie ein ~ pester comme un charretier; **~stock** m canne f de jonc; **~zange** f pince f à tuyaux; **~zucker** m sucre m de canne.

Roh|seide f soie f grège; **~stahl** m acier m brut; **~stoffe** m/pl. matières f/pl. premières; **~wolle** f laine f crue; **~zucker** m sucre m brut (od. roux).

Rokoko ['rɔkoko] n (11, o. pl.) rococo m.

Rolladen ['rɔla:dən] m volet m roulant, store m.

Roll|bahn Flgw. f piste f (de roulement); **~brett** n planche f à roulettes.

Rolle ['rɔlə] f (15) rouleau m; (Röllchen) roulette f; (Wäsche2) calandre f; (Flaschenzug) poulie f; (Garn2, Spule) bobine f; thé. rôle m; fig. aus der ~ fallen sortir de son rôle; **2n 1.** v/i. rouler; (Donner) gronder; **2.** v/t. Augen: rouler; Wäsche: calandrer; (wickeln) enrouler.

Rollen|besetzung f, **~verteilung** f thé. distribution f des rôles.

Roller m (7) (Kinder2) patinette f, trottinette f; (Motor2) scooter m.

Roll|feld n terrain m d'atterrissage; **~film** m pellicule f en bobine; **~geld** ✝ n (frais m/pl. de) camionnage m; **~kragen** m col m roulé; **~mops** m 'hareng m roulé; **~schinken** m jambon m roulé; **~schrank** m armoire f à glissières; **~schuh** m patin m à roulettes; ~ laufen faire du patin à roulettes (od. du skating); **~schuhlaufen** n patinage m à roulettes, skating m; **~schuhläufer** m patineur m à roulettes; **~splitt** m gravier m, gravillons m/pl.; **~stuhl** m fauteuil m roulant, chaise f roulante; **~treppe** f escalier m roulant (od. mécanique).

Roman [ro'ma:n] m (3¹) roman m; **2haft** adj. romanesque.

Roman|ik [~'ma:nik] f style m roman; **2isch** adj. roman; **~ist** m (12) romaniste m; **~istik** [~'nistik] f étude f des langues romanes.

Roman|literatur f littérature f romanesque; **~schriftsteller(in** f) m romancier m, -ière f.

Romant|ik [ro'mantik] f (16, o. pl.) romantisme m; **~iker** m (7) romantique m; **2isch** adj. romantique; (Stimmung) romanesque; (Landschaft) pittoresque.

Romanze [~'mantsə] f (15) romance f.

Röm|er ['rø:mər] m (7) **1.** (Glas) verre m à vin; **2.** **~er(in** f) m Romain(e f) m; **2isch** adj. romain.

Rondell [rɔn'dɛl] n (3¹) rond-point m.

röntgen ['rœntgən] v/t. radiographier; 2-**apparat** m appareil m radiographique; 2-**aufnahme** f radiographie f; 2**behandlung** f radiothérapie f; 2**bild** n radiographie f; 2o-'**loge** m (13) radiologiste m, radiologue m; 2**strahlen** m/pl. rayons m/pl. X; 2-**untersuchung** f/radioscopie f.

rosa ['ro:za] (inv.), ~**farben** adj. rose.

Rose ['ro:zə] f (15) rose f; wilde ~ églantine f; Arch. rosace f; 🕱 érésipèle m, érysipèle m.

Rosen|busch m buisson m de rosiers; ~**garten** m roseraie f; ~**hecke** f 'haie f de rosiers; ~**kohl** m chou m de Bruxelles; ~**kranz** rl. m chapelet m; (großer) rosaire m; den ~ beten dire son chapelet; ~**montag** m lundi m gras; ~**öl** n huile f de rose; 2**rot** adj. rose; (hochrot) vermeil; ~**stock**, ~**strauch** m rosier m; wilder ~ églantier m; ~**zucht** f culture f des roses; ~**züchter** m rosiériste m.

Rosette [ro'zɛtə] f (15) rosette f; Arch. rosace f.

rosig ['ro:ziç] adj. rose; rosé; alles ~ sehen voir tout en rose.

Rosine [ro'zi:nə] f (15) raisin m sec; fig. große ~n im Kopf haben vouloir se moucher plus 'haut que son nez.

Rosmarin [rosma'ri:n] m romarin m.

Roß [rɔs] n (4) cheval m; poét. coursier m; ~**haar** n crin m (de cheval); ~**haarmatratze** f matelas m de crin; ~**kastanie** 🕱 f marron m d'Inde; (Baum) marronnier m d'Inde; ~**kur** F fig. f remède m de cheval; ~**schlächterei** f boucherie f chevaline.

Rost [rɔst] m 1. (3) rouille f (a. fig.); 2. (Brat2) gril m; (Feuer2) grille f; 2**beständig** adj. inoxydable; ~**braten** m grillade f; ~**bratwurst** f saucisse f grillée.

rosten v/i. (26) se rouiller; s'oxyder.

rösten ['rø:stən] v/t. (26) Brot: griller; rôtir; Kaffee: torréfier; Mehl: roussir; Kartoffeln: rissoler, faire sauter; Flachs: rouir; geröstete Brotschnitte rôtie f; toast m.

rost|farbig adj. rouilleux; 2**fleck** m tache f de rouille; 2**frei** adj. sans rouille; (nicht rostend) inoxydable; ~**ig** adj. rouillé.

Röstkartoffeln f/pl. pommes f/pl. de terre rissolées (od. sautées).

Rostschutz|-anstrich m peinture f antirouille; ~**mittel** n (enduit m) antirouille m.

rot [ro:t] 1. adj. rouge; (Haar) roux; (hoch~) vermeil; (kupfer~) rubicond; das 2e Kreuz la Croix-Rouge; ~ werden a. rougir; 2. ~ n rouge m; ~ auflegen mettre du rouge.

Rotation [rota'tsjo:n] f (16) rotation f; ~**sdruck** typ. m impression f sur (machine) rotative (od. sur roto); ~**smaschine** f rotative f.

rot|bäckig ['~bɛkiç] adj. aux joues rouges; 2**barsch** zo. m sébaste m; ~**blond** adj. (blond) roux; ~**braun** adj. rouge brun; 2**buche** 🕱 f 'hêtre m rouge; 2**dorn** 🕱 m épine f rouge.

Röte ['rø:tə] f (15, o. pl.) rougeur f; rouge m; (leuchtende) vermillon m; ~**el** m (7) sanguine f; ~**eln** 🕱 pl. rougeole f; ~**elzeichnung** f sanguine f; 2**en** v/t. (u. v/rfl. sich ~) rougir.

rotieren [ro'ti:rən] v/i. tourner sur son axe; ~**d** p.pr. adjt. rotatif, tournant.

Rot|käppchen ['~kɛpçən] n Petit Chaperon m rouge; ~**kehlchen** orn. ['~ke:lçən] n (6) rouge-gorge m; ~**kohl** m, ~**kraut** n chou m rouge; ~**kreuzschwester** f infirmière f de la Croix-Rouge.

rötlich ['rø:tliç] adj. rougeâtre; roussâtre.

Rotlicht n 🕱 lumière f rouge; 🕱 (Verkehr) feu m rouge.

Rotor ['ro:tɔr] m (8¹) rotor m, induit m.

Rot|schwänzchen n rouge-queue m; ~**stift** m crayon m rouge; peint. sanguine f; ~**tanne** f épicéa m.

Rotte ['rɔtə] f (15) troupe f; équipe f; mv. p. bande f; 🗴 file f (Häuflein) peloton m.

rot|wangig adj. = rotbäckig; 2**wein** m vin m rouge; 2**welsch** ['~vɛlʃ] n (5 u. inv.) argot m; 2**wild** n bêtes f/pl. fauves.

Rotz vét. [rɔts] m (3²) morve f (a. P Nasenschleim); ~**nase** P f nez m morveux; fig. morveux m, -euse f.

Roul|ade [ru'la:də] f (15) roulade f; ~**eau** ['~lo:] n (11) store m; ~**ett** [~'lɛt] n (3¹ u. 11) roulette f.

Routi|ne [~'ti:nə] f (15) routine f; 2**nemäßig** adj. routinier; 2**niert** adj. qui a de la routine.

Rowdy ['raudi] m (11) rôdeur m de barrière, apache m.

Royalist [roaja'list] *m* (12) royaliste *m*.

Rübe ⚘ ['ry:bə] *f* (15) betterave *f*, rave *f*; *weiße* ~ navet *m*; *gelbe* ~ carotte *f*; *rote* ~ betterave *f* rouge.

Rubel ['ru:bəl] *m* (7) rouble *m*.

Rüben|feld *n* betterave *f*; **~zucker** *m* sucre *m* de betteraves.

Rubin [ru'bi:n] *m* (3) rubis *m*.

Rubrik [ru'bri:k] *f* (16) rubrique *f*.

Rübsamen ['ry:psamən] *m* (6) navette *f*.

ruch|bar ['ru:xba:r] *adj.*: ~ *werden* s'ébruiter, devenir public; **~los** *adj.* scélérat; **2losigkeit** *f* scélératesse *f*.

Ruck [ruk] *m* (3) saccade *f*; (*Stoß*) secousse *f*; *mit e-m* ~ d'un seul coup.

Rück|-ansicht ['ryk-] *f* vue *f* arrière; **~antwort** *f* réponse *f*; ~ *bezahlt* réponse payée.

ruck-artig 1. *adj.* saccadé; **2.** *adv.* par saccades.

rück|bezüglich *gr.* ['rykbətsy:gliç] *adj.* réfléchi; **2blende** *f* (*Film*) rétrospective *f*; récit *m* inversé; **~blenden** *v/i.* faire une rétrospective; **2-blick** *m* regard *m* en arrière; *fig.* coup *m* d'œil rétrospectif.

rücken ['rykən] (25) **1.** *v/t.* déplacer, remuer; **2.** *v/i.* (*sn*) se pousser, se déplacer.

Rücken *m* dos *m* (*a. Hand*2, *Buch*2); (*Berg*2) crête *f*; *typ.* verso *m*; (*für Ordner*) fiche-dos *f* (pour classeur); *fig.* derrières *m/pl.*; ~ *an* ~ dos à dos; *den Wind im* ~ *haben* avoir le vent arrière; *die Hände auf dem* ~ *les mains derrière le dos*; *hinter j-s* ~ *derrière le dos de q.*; *auf den* ~ *fallen* tomber à la renverse, *fig.* être épaté; *j-m den* ~ *zukehren* tourner le dos à q.; *j-m in den* ~ *fallen* attaquer qu. par derrière; *j-m den* ~ *stärken* épauler q.; *j-m den* ~ *decken* protéger les derrières de q.; *sich den* ~ *decken* assurer ses derrières; *sich den* ~ *frei halten* se ménager une retraite; **~deckung** *f* ⚔ couverture *f* de l'arrière; *fig.* appui *m*, soutien *m*; **~lage** *f* (*beim Schwimmen*) planche *f*; **~lehne** *f* dos *m*; dossier *m*; **~mark** *m* moelle *f* épinière; **~markpunktion** ⚕ *f* ponction *f* lombaire; **~nummer** *Sp.* *f* dossard *m*; **~schmerz** *m* douleur *f* dorsale; **~schwimmen** *n* nage *f* sur le dos; **~wind** *m* vent *m* arrière; **~wirbel** *m* vertèbre *f* dorsale.

Rück|-erstattung *f* restitution *f*, remboursement *m*; **~fahrkarte** *f* billet *m* de retour (*resp. d'aller et retour*); **~fahrt** *f* retour *m*; **~fall** *m* ⚕ rechute *f*; ⚖ récidive *f*; **2fällig** *adj.* récidiviste; ~ *werden* récidiver; **~flug** *m* vol *m* (de) retour; **~fluß** *m* reflux *m*; **~forderung** *f* demande *f* en restitution; **~fracht** ⚓ *f* fret *m* de retour; **~frage** *f* demande *f* de précisions; **~führung** *f* (*von Flüchtlingen*) rapatriement *m*; (*von Truppen*) évacuation *f* sur l'arrière; **~gabe** *f* restitution *f*; *mit der Bitte um* ~ avec prière de retour; **~gang** ⚙ *m* récession *f*, recul *m*; baisse *f*; **2gängig** ['~gɛŋiç] *adj.* rétrograde; ~ *machen* rompre; annuler; **~gewinnung** ⚙ *f* récupération *f*; **~grat** *n* épine *f* dorsale; *fig.* ~ *haben* ne pas plier l'échine; **~griff** *m* recours *m* (*auf acc.* à); **~halt** *m* *fig.* appui *m*; soutien *m*; **2haltlos** *adj.* sans réserve; **~hand** (*schlag*) *m* *f* (*Tennis*) back-hand *m*, revers *m*; **~kauf** *m* rachat *m*; **~kehr** ['~ke:r] *f* retour *m*; **~kopp(e)lung** *f* réaction *f*; retour *m*; **~lage** *f* réserve *f*; **~lauf** *m* retour *m*; reflux *m*; (*e-s Geschützes*) recul *m*; **2läufig** ['~lɔyfiç] *adj.* rétrograde; **~licht** *n* feu *m* arrière; **~lings** ['~liŋs] *adv.* par derrière; en arrière; ~ *fallen* tomber à la renverse; ~ *liegen* être couché sur le dos; **~marsch** *m* retour *m*; ⚔ *a.* retraite *f*; **~porto** *n* port *m* pour le retour; **~prall** *m* rebondissement *m*; **~reise** *f* (*voyage m de*) retour *m*; **~ruf** *téléph.* *m* rappel *m*.

Rucksack ['rukzak] *m* sac *m* de touriste, sac *m* à dos.

Rück|schau *f* = **Rückblick**; **~schlag** *m* (*Rückwirkung*) contrecoup *m*; répercussion *f*; ⚡ choc *m* en retour; *fig.* revers *m*; **~schluß** *m* conclusion *f*; **~schritt** *m* pas *m* en arrière; marche *f* rétrograde; *pol.* réaction *f*; **2schrittlich** *adj. pol.* réactionnaire; **~seite** *f* revers *m* (*a. num. u. fig.*); (*das Hintenliegende*) derrière *m*; (*des Wechsels*) dos *m*; (*e-s Blattes*) verso *m*; **~sendung** *f* renvoi *m*; retour *m*; **~sicht** *f* égard *m*; considération *f*; *mit* ~ *auf* (*acc.*) par égard pour, (*in Anbetracht*) en considération de, (*wegen*) en raison de; *mit* ~ *darauf, daß ...* vu que ... (*ind.*); *ohne* ~ *auf* (*acc.*) sans égard pour; ~ *nehmen auf* (*acc.*) avoir égard à; **~sichtnahme** *f* égards *m/pl.*, considération *f* (*auf acc.*

pour); **⌀sichtslos** adj. sans égards; qui ne tient compte de rien; ~ sein manquer d'égards; **⌷sichtslosigkeit** f manque m d'égards; **⌀sichtsvoll** adj. plein d'égards; **⌷sitz** m siège m arrière; **⌷spiegel** Auto m rétroviseur m; **⌷spiel** Sp. m match m (od. revanche (od. retour); **⌷sprache** f pourparlers m/pl.; conférence f; ~ nehmen mit j-m conférer avec q.; **⌷stand** m arrière m; reste m; reliquat m; **⌷** résidu m; im ~ sein être en arrière (mit pour); **⌷ständig** adj. arriéré (a. fig.); restant; (säumig) retardataire; **⌷stau** m hydr. retenue f; (auf Autobahnen, vom Wasser) refoulement m; **⌷stoß** m coup m en arrière; (v. Gewehr) recul m; **⌷strahler** m (7) cataphote m; **⌷taste** f (Schreibmaschine) touche f de rappel; **⌷tritt** m démission f (a. pol.); retraite f; (am Fahrrad) = **⌷trittbremse** f (frein m à) rétropédalage m; **⌷vergüten** v/t. rembourser; **⌷vergütung** f remboursement m; **⌷versicherung** f réassurance f; **⌷wand** f paroi f arrière; **⌷wanderer** m rapatrié m; **⌷wärtig** adj. de l'arrière; **⌷wärts** adv. en arrière; ~ gehen (rücken) reculer; ~ fahren faire marche arrière; **⌷wärtsgang** Auto m marche f arrière; **⌷weg** m (chemin m du) retour m; auf dem ~ en retournant.

ruckweise adv. par saccades; par secousses.

rück|wirkend p.pr. adjt. rétroactif; mit ~er Kraft avec effet rétroactif; **⌷wirkung** f réaction f; rétroaction f; effet m rétroactif; **⌷zahlbar** adj. remboursable; **⌷zahlung** f remboursement m; **⌷zieher** m F fig.: e-n ~ machen revenir sur sa décision; F faire marche arrière; **⌷zug** m retraite f; den ~ antreten battre en retraite; **⌷zugsgefecht** ✕ n combat m de (od. en) retraite.

Rüde ['ry:də] **1.** m (13) (chien m, loup m, renard m) mâle m; **2.** ⌷ adj. rude, brutal.

Rudel ['ru:dəl] n (7) troupe f; (v. Hirschen) 'harde f; (v. Sauen) compagnie f; (v. Wölfen) bande f.

Ruder ['ru:dɐ] n (7) rame f; aviron m; (Steuer⌷) gouvernail m (a. fig.); fig. ans ~ kommen prendre le gouvernail; am ~ sein tenir le gouvernail; **⌷boot** n bateau m à rames; **⌷er** m, **⌷in** f rameur m, -euse f; **⌷klub** m club m

nautique; **⌷n** v/t. u. v/i. (29) ramer; aller à la rame; **⌷regatta** f course f à l'aviron, régates f/pl.; **⌷sport** m canotage m; aviron m.

Ruf [ru:f] m (3) cri m; (An⌷) appel m; (Berufung) vocation f; (Nachrede) réputation f; renom m; renommée f; ein Gelehrter von ~ un savant en renom; ein Mensch von schlechtem ~ une personne de mauvaise réputation; in gutem (üblem) ~ stehen être bien (mal) famé; in ~ üblen ~ bringen décrier q.; e-n ~ (als Professor) erhalten nach ... être appelé à; **⌷en** v/t. u. v/i. crier (nach j-m pour q.); appeler (j-n, nach j-m q.); j-n ~ lassen faire venir q.; wie gerufen kommen tomber bien; arriver à point.

Rüffel F ['ryfəl] m: e-n ~ bekommen (erteilen) recevoir (passer) un savon (od. une douche).

Ruf|mord m assassinat m moral; **⌷name** m prénom m; **⌷nummer** téléph. f numéro m d'appel (od. de téléphone); **⌷weite** f portée f de la voix; **⌷zeichen** téléph. n indicatif (od. signal) m d'appel.

Rugby ['ragbi] n (inv.) rugby m.

Rüge ['ry:gə] f (15) réprimande f; blâme m; e-e ~ bekommen être réprimandé; j-m e-e ~ erteilen = j-n **⌷n** v/t. (25) réprimander q.; an j-m etw. ~ blâmer qch. en q.

Ruhe ['ru:ə] f (15) (Ausruhen) repos m; délassement m; (innere) tranquillité f; calme m; (Kaltblütigkeit) sang-froid m; (Stille) silence m; calme m; paix f; ~! silence!; du calme!; zur ~ bringen calmer; ~ gebieten ordonner le silence; ~ halten se tenir tranquille; lassen Sie mich in ~! laissez-moi tranquille!; sein Leiden läßt ihm keinen Augenblick ~ son mal ne lui laisse pas un moment de répit; j-n aus s-r ~ bringen faire perdre son sang-froid à q.; j-m ~ gönnen accorder un délassement à q.; j-m keine ~ gönnen ne pas laisser de repos à q.; sich zur ~ setzen se retirer des affaires, (Beamter) prendre sa retraite; sich zur ~ begeben aller se coucher; angenehme ~! bonne nuit!; reposez-vous bien!; **⌷bedürftig** ['-bədyrftiç] adj. qui a besoin de repos; **⌷bett** n lit m de repos; **⌷gehalt** n (pension f de) retraite f; pension f; **⌷kissen** n oreiller m; **⌷lage** f position f d'équilibre; **⌷los** adj. sans repos; agité; **⌷losigkeit** f agitation f continuelle; 2n v/i. (25) (aus~) se reposer, prendre du repos; (stillstehen) être au repos; (Arbeit) être arrêté; hier ruht ici repose; ci-gît; ~ auf (dat.) (Blick) être fixé sur, (Verdacht) peser sur; ~ lassen laisser en paix, (Blick) arrêter (auf dat. sur), (Arbeit) suspendre; er wird nicht eher ~, als bis ... il n'aura pas de repos (od. de trêve) que ~ ne... (subj.); ~pause f pause f; ~platz m, ~plätzchen n lieu m de repos, retraite f tranquille; ~punkt m (point m de) repos, (point m d')arrêt; ~stand m retraite f; in den ~ versetzen mettre à la retraite; in den ~ treten prendre sa retraite; im ~ en retraite; ~stätte f asile m; letzte ~ dernière demeure f; ~stellung f repos m; ⚔ cantonnement m de repos; ~störer m ['~ʃtø:rər] (7) perturbateur m; tapageur m; ~störung f perturbation f; nächtliche ~ tapage m nocturne; ~tag m jour m de repos; ~zeit f temps m d'arrêt (od. de repos); ~zustand m: im ~ au repos.

ruhig ['ru:iç] 1. adj. tranquille; calme (a. Geschäft); (still) silencieux; (friedlich) paisible; ~! silence!; bei ~er Überlegung à tête reposée; 2. adv. sich ~ verhalten se tenir tranquille; F das kann man ~ sagen on peut bien le dire; du könntest ~ (mal) ... tu ferais bien de ...

Ruhm [ru:m] m (3) gloire f; j-m zum ~ gereichen contribuer à la gloire de q.

rühmen ['ry:mən] (25) 1. v/t. vanter; (loben) louer (wegen de); ~d erwähnen mentionner avec éloge; 2. v/rfl.: sich e-r Sache ~ se vanter de qch.; ~swert adj. digne d'éloges.

Ruhmesblatt fig. n page f de gloire.

rühmlich ['ry:mliç] adj. glorieux; honorable.

ruhm|los adj. sans gloire; (unbekannt) obscur; ~reich adj. glorieux; ~süchtig adj. avide de gloire; ~voll adj. glorieux.

Ruhr 🎗 [ru:r] f (16) dysenterie f.

Rührei ['ry:r⁹aɪ] n (1) œufs m/pl. brouillés.

rühren ['ry:rən] (25) 1. v/i. toucher (an dat. à); (her~) provenir (von de); 2. v/t. (bewegen) mouvoir, remuer; Eier: brouiller; vom Schlag gerührt werden être frappé d'apoplexie; fig. toucher; attendrir; émouvoir; 3. v/rfl.: sich ~ (se) remuer; bouger; ⚔

rührt euch! repos!; ~d p.pr. adjt. touchant; émouvant.

rühr|ig adj. actif; 2igkeit f activité f; 2löffel m cuiller f à pot; ~selig adj. sentimental; larmoyant; 2seligkeit f sentimentalité f; 2ung f émotion f; attendrissement m; 2werk ⊕ n mélangeur m, malaxeur m.

Ruin [ru'i:n] m (3¹ u. 11) ruine f; perte f; ~e f (15) ruine f; 2ieren [~i'ni:-rən] v/t. (u. v/rfl. sich ~) se ruiner.

Rülps P ['rylps] m (4) rot m; 2en P v/i. (27) roter; ~er P m (7) = Rülps.

Rum [rum] m (3¹ u. 11) rhum m.

rum F adv. = herum.

Rumän|e [ru'mɛ:nə] m (13), ~in f Roumain(e f) m; 2isch adj. roumain.

Rummel F ['rumǝl] m (7) (Jahrmarkt) foire f; (Betrieb) animation f; (Lärm) vacarme m; tapage m; den ~ kennen connaître le coup (od. le truc); ~platz m champ m de foire.

rumoren [ru'mo:rən] v/i. (25) faire du tapage.

Rumpel|kammer f débarras m; 2n F v/i. faire du tapage; (Wagen) cahoter.

Rumpf [rumpf] m (3³) tronc m; zo. carcasse f; (Schiff⚓) coque f; carcasse f; Flgw. fuselage m; (e-r Statue) torse m; ~beuge Sp. f flexion f du tronc.

rümpfen ['rympfən] v/t. (25): die Nase ~ rechigner; faire la moue.

Rumpsteak cuis. ['rumpste:k] n (11) romsteck m.

rund [runt] adj. rond (a. Summe); arrondi; (kreisförmig) circulaire; (Gesicht) plein; ~er Platz rond-point m; ~ machen arrondir; ~ werden s'arrondir; 2bau m rotonde f; 2blick m panorama m; 2bogen m plein cintre m; 2brief m circulaire f.

Rund|e ['~də] f (15) ronde f; (Bier) tournée f; Sp. tour m; (Boxen) round m; reprise f; in der ~ sitzen être assis en rond; 2en v/t. (u. v/rfl. sich ~) s')arrondir; ~enrekord Sp. m record m de tour.

Rund|erlaß m circulaire f; 2-erneu-ern v/t. Reifen: rechaper; ~fahrt f circuit m; ~flug m circuit m aérien; ~frage f enquête f.

Rundfunk m radio f; T.S.F. (= télégraphie sans fil) f; durch ~ verbreiten radiodiffuser; ~ansager(in f) m speaker(ine f) m; annonceur m, -euse f; ~empfänger m = Rund-

funkgerät; **~gebühr** f taxe f de
T.S.F.; **~gerät** n poste (od. appareil)
m de radio (od. de T.S.F.);
~hörer(in f) m auditeur m, -trice f de
la T.S.F.; **~programm** n programme m des émissions radio(phoniques); radio-programme m; **~sender** m (poste m) émetteur m; **~sendung** f radio-émission f; **~sprecher(in** f) m speaker(ine f) m; **~station** f station f de T.S.F.; (poste m)
émetteur m; **~übertragung** f radiodiffusion f; **~werbung** f radio-publicité f.

Rund|gang m tour m; ✗ ronde f;
~gesang m ronde f; **♀he'raus** adv.
franchement; tout net; **♀he'rum**
adv. à la ronde; um etw. ~ tout autour
de qch.; **~holz** n bois m neuf; coll.
rondins m/pl.; **~lauf** Sp. m pas m de
géant; **♀lich** adj. arrondi; (Person)
rondelet; potelé; **~reise** f voyage m
circulaire; circuit m; (Gastspiel♀)
tournée f; **~reisefahrkarte** f billet m
circulaire; **~schau** f panorama m;
(Zeitschrift) revue f; **~schreiben** n
circulaire f; **~strecke** f circuit m;
♀'-um adv. tout autour de; **♀-um'her** adv. à la ronde; **~ung** f rond m;
(Rundheit) rondeur f; Arch. voussure
f; **♀'weg** adv. rondement; tout net.
Rune ['ru:nə] f (15) rune f; **~nschrift**
f caractères m/pl. runiques.
Runkelrübe ['ruŋkəl-] f betterave f
fourragère.
runter F ['runtər] adv. = herunter,
hinunter.
Runzel ['runtsəl] f (15) ride f; **~n**
bekommen se rider; **♀ig** adj. ridé; ~
werden se rider; **♀n** v/t.: die Stirn ~
froncer le sourcil.
Rüpel ['ry:pəl] m (7) mufle m; **~ei**
[~'laı] f muflerie f; **~haft** adj. mufle.
rupfen ['rupfən] v/t. (25) tirer;

(ausreißen) arracher; Geflügel: plumer (a. fig.).
ruppig ['rupiç] adj. de voyou.
Ruprecht ['ru:prəçt] m: Knecht ~ Père
m Fouettard.
Rüsche ['ry:[ə] f (15) ruche f, ruché m.
Ruß [ru:s] m (15) suie f.
Russ|e ['rusə] m (13), **~in** f Russe m, f.
Rüssel ['rysəl] m (7) trompe f; (vom
Schwein) groin m; (vom Wildschwein)
boutoir m; **~käfer** m charançon m.
ruß|en ['ru:sən] v/i. (27) faire beaucoup de suie; fumer; **~ig** adj. couvert
de suie.
russisch ['rusi[] adj. russe.
rüsten ['rystən] (26) **1.** v/t. (u. v/rfl.
sich ~ se) parer (auf acc., zu à); **2.** v/t.
✗ armer; mobiliser.
Rüster ♀ ['ry:stər] f (15) orme m.
rüstig ['rystiç] adj. vigoureux; robuste; noch ~ für sein Alter encore vert
pour son âge; **♀keit** f vigueur f;
verdeur f.
rustikal [rusti'ka:l] adj. rustique.
Rüstung f armement m; (Harnisch)
armure f.
Rüstungs|-industrie f industrie f
d'armement; **~bahn** f glissoire f;
~kontrolle f contrôle m des armements; **~wettlauf** m
course f aux armements.
Rüstzeug ⊕ n outillage m; matériel
m.
Rute ['ru:tə] f (15) verge f (a. zo.);
(Schwanz) queue f; **~ngänger** m
sourcier m, radiesthésiste m.
Rutsch [rut[] m (3²) glissement m,
éboulement m; **~bahn** f glissoire f;
♀en v/i. (27, sn) glisser; (Erdreich)
s'ébouler; (Auto) déraper; **♀ig** adj.
glissant; **~partie** F f glissade f.
rütteln ['rytəln] (29) **1.** v/i. secouer
(an der Tür la porte); **2.** v/t.: j-n aus
dem Schlaf ~ secouer q. pour le réveiller.

Saft

S

S, s [ɛs] *n* S, s *m od. f.*
Saal [zɑːl] *m* (3³) salle *f.*
Saarländ|er(in *f*) ['zaːrlɛndər] *m* (7) Sarrois(e *f*) *m*; **ᵢsch** *adj.* sarrois.
Saat [zaːt] *f* (16) (*das Ausgesäte*) semence(s *pl.*) *f*; (*das Säen*) semailles *f/pl.* (bestellen faire); *die ~ steht gut* les blés *m/pl.* sont beaux; **feld** *n* champ *m* ensemencé; **gut** *n* semences *f/pl.*; **kartoffel** *f* pomme *f* de terre de semence; **korn** *n* graine *f*; **krähe** *f* freux *m*; **zeit** *f* saison *f* des semailles.
Sabbat ['zabat] *m* (3) sabbat *m.*
sabbern F ['zabərn] *v/i.* baver.
Säbel ['zɛːbəl] *m* (7) sabre *m*; *mit dem ~ rasseln* traîner le sabre; **beine** F *n/pl.* jambes *f/pl.* tortues; **hieb** *m* coup *m* de sabre; **n** F *v/i.* (29) mal couper.
Sabot|age [zabo'taːʒə] *f* (15) sabotage *m*; **eur** (r) ['tøːr] *m* (3¹) saboteur *m*; **ieren** ['tiːrən] *v/t.* saboter.
Sa(c)charin [zaxa'riːn] *n* (3¹, *o.pl.*) saccharine *f.*
Sach|bearbeiter(in *f*) ['zax-] *m* personne *f* compétente (*od.* spécialisée); **beschädigung** *f* dégâts *m/pl.* matériels; **ᵢdienlich** *adj.* pertinent; utile.
Sache ['zaxə] *f* (15) chose *f*; (*Gegenstand*) objet *m*; (*geistiger Stoff*) matière *f*; (*Tatᵢ*) fait *m*; (*Angelegenheit*) affaire *f*; (*Fall*) cas *m*; *pol.*, *tⁱₜ* cause *f*; **n** *pl.* (*Habe*) effets *m/pl.*; *e-e ~ für sich* une chose à part; *das ist e-e andere ~* c'est autre chose; *das ist nicht deine ~* ce n'est pas ton affaire; *cela ne te regarde pas; das tut nichts zur ~* cela ne fait rien à l'affaire; *zur ~ kommen* (en) venir au fait; *zur ~!* au fait!, à la question!; *das sind mir schöne ~n!* en voilà de belles!; *das gehört nicht zur ~* c'est 'hors du sujet; *bei der ~ bleiben* s'en tenir au fait; *ganz bei der ~ sein* être tout à son affaire; *nicht bei der ~ sein* être distrait; *j-n für s-e ~ gewinnen* gagner q. pour sa cause; *in ~ ... gegen ...* affaire ... contre ...
Sach|gebiet *n* domaine *m*, matière *f*; **gemäß** *adj.* conforme aux faits;

objectif; **kenner** *m* connaisseur *m*; expert *m*; **kenntnis** *f* connaissance *f* des faits; *mit ~ en* connaissance de cause; **kundig** *adj.* expert; compétent; **lage** *f* faits *m/pl.*; état de l'affaire; circonstances *f/pl.*; situation *f*; *bei dieser ~* dans cet état de choses; en cette occurrence; **leistung** *f* prestation *f* en nature; **ᵢlich** *adj.* objectif.
Sach|lichkeit *f* objectivité *f*; **register** *n* index *m*, répertoire *m*; **schaden** *m* dégât *m* matériel.
Sachse ['zaksə] *m* (13) Saxon *m.*
Sächs|in ['zɛksin] *f* Saxonne *f*; **ᵢsch** *adj.* saxon.
sachte ['zaxtə] *adv.* doucement; *~!* tout doux!
Sach|verhalt ['~vɛrhalt] *m* (3) = *Sachlage*; **ᵢverständig** *adj.*, **verständige(r)** *m* expert (*m*); **verzeichnis** *n* = *Sachregister*; **walter** ['~valtər] *m* avocat *m*; avoué *m*; **wert** *m* valeur *f* réelle; **wörterbuch** *n* dictionnaire *m* encyclopédique, encyclopédie *f.*
Sack [zak] *m* (3³) sac *m*; *mit ~ und Pack* avec armes et bagages; **bahnhof** *m* gare *f* en cul-de-sac.
sacken ['zakən] *v/i.* (sn) (*Gebäude*) s'affaisser; (*frisch geschüttete Erde*) se tasser.
Sack|gasse *f* impasse *f* (*a. fig.*); cul-de-sac *m*; voie *f* sans issue; **hüpfen** *n*, **laufen** *n* course *f* en sac; **leinwand** *f* grosse toile *f*; **pfeife** *f* cornemuse *f*; **voll** *m*: *ein ~* une sachée.
Sadist [za'dist] *m* (12) sadiste *m*; **ᵢsch** *adj.* sadique.
säen ['zɛːən] **1.** *v/t.* (25) semer (*a. fig.*); ensemencer; **2.** ᵢ *n* semailles *f/pl.*; ensemencement *m.*
Safari [za'faːri] *f* (11¹) safari *m.*
Safe [seːf] *m u. n* (11) coffre-fort *m.*
Saffian ['zafjaːn] *m* (3¹) maroquin *m.*
Safran ['zafraːn] *m* (3¹) safran *m*; **ᵢgelb** *adj.* safrané.
Saft [zaft] *m* (3) suc *m*; ♀ sève *f*; (*Fruchtᵢ*) jus *m*, (*eingedickter*) sirop

m; physiol. Säfte *pl.* humeurs *f/pl.; fig.* saveur *f; cuis. im eigenen ~* au jus, dans son jus; **2ig** *adj.* succulent; juteux; *fig.* vert; salé; **2los** *adj.* sans suc (*od.* sève *od.* jus); *fig.* fade.

Sage ['zɑːgə] *f* (15) légende *f*; fable *f*; mythe *m.*

Säge ['zɛːgə] *f* (15) scie *f*; **~blatt** *n* lame *f* de scie; **~bock** *m* chevalet *m* (de scieur); **~fisch** *m* scie *f*; **~maschine** *f* scie *f* mécanique; **~mehl** *n* sciure *f* de bois.

sagen *v/t.* (25) dire (*über acc., von de; zu* à); (*bedeuten*) signifier; *sich nichts ~ lassen* ne vouloir écouter personne; *das hat nichts zu ~* ce n'est rien, (*Höflichkeit*) il n'y a pas de mal; *unter uns gesagt* soit dit entre nous; *lassen Sie sich das gesagt sein* tenez-vous cela pour dit; *damit ist nicht gesagt, daß ... ce* n'est pas à dire que ... (*subj.*).

sägen *v/t.* (25) scier.

sagen|haft *adj.* légendaire; fabuleux; mythique; **2kreis** *m* cycle *m* de légendes; **~umwoben** *adj.* entouré de légendes.

Säge|späne *m/pl.* sciure *f* de bois; **~werk** ⊕ *n* scierie *f.*

Sago ['zɑːgo] *m, östr. n* (11) sagou *m.*

sah [zɑː] *s.* sehen.

Sahne ['zɑːnə] *f* (15) crème *f*; **~ebonbon** *m od. n* caramel *m*; **~etorte** *f* gâteau *m* à la crème; **2ig** *adj.* crémeux.

Saison [zɛ'zɔŋ] *f* (11¹) saison *f*; **~arbeit** *f* main-d'œuvre *f* saisonnière; **~arbeiter** *m* travailleur *m* saisonnier; **~ausverkauf** *m* soldes *m/pl.* de fin de saison; **2bedingt** *adj.* saisonnier.

Sait|e ♩ ['zaItə] *f* (15) corde *f*; *fig. andere ~n aufziehen* changer de ton; **~en-instrument** *n* instrument *m* à cordes.

Sakko ['zako] *m, östr. n* (11) veston *m*; **~anzug** *m* complet *m* veston.

sakral [za'krɑːl] *adj.* sacré.

Sakrament [zakra'mɛnt] *n* (3) sacrement *m.*

Sakrist|an [zakris'tɑːn] *m* (3¹) sacristain *m*; **~ei** [~'taI] *f* (16) sacristie *f.*

Salamander [zala'mandər] *m* (7) salamandre *f.*

Salami [za'lɑːmi] *f* (11¹), *schweiz. a. m* (7) salami *m.*

Salat [za'lɑːt] *m* (3) salade *f*; (*Kopf2*) laitue *f; fig.* F *da haben wir den ~!* nous

voilà dans de beaux draps!; **~schüssel** *f* saladier *m.*

salbadern [sal'bɑːdərn] *péj. v/i.* rabâcher.

Salbe ['zalbə] *f* (15) onguent *m.*

Salbei ♀ ['~'baI] *m* (3¹) *u. f* (16) sauge *f.*

salb|en *v/t.* (25) oindre; (*weihen*) sacrer; **2ung** *f* onction *f* (*a. fig.*); (*Weihe*) sacre *m*; **~ungsvoll** *adj.* onctueux.

sald|ieren ✝ [sal'diːrən] *v/t.* solder; **2o** ['zaldo] *m* (11 *pl. a. Saldi*) solde *m*; **2ovortrag** *m* solde *m* à nouveau.

Saline [za'liːnə] *f* (15) saline *f.*

Salm *zo.* [zalm] *m* (3) saumon *m; fig.* F (*Gerede*) racontars *m/pl.*

Salmiak ['zalmjak] *m u. n* (11) sel *m* ammoniac; **~geist** *m* ammoniaque *f.*

Salmonellose ♣ [zalmone'loːzə] *f* (*inv.*) salmonellose *f.*

salomonisch [zalo'moːniʃ] *adj.: ~es Urteil* jugement *m* de Salomon.

Salon [za'lɔŋ] *m* (11) salon *m*; **2fähig** *adj.* présentable; F sortable; **~wagen** *Esb. m* wagon-salon *m.*

salopp [za'lɔp] *adj.* négligé.

Salpeter [zal'peːtər] *m* (7) salpêtre *m*; nitre *m*; **~erde** *f* terre *f* nitreuse; **2haltig** [~haltiç], **2ig** *adj.* nitreux; **~säure** *f* acide *m* nitrique (*od.* azotique).

Salto ['zalto] *m* (11) saut *m* périlleux; **~ mortale** saut *m* de la mort.

Salut [za'luːt] *m* (3) salut *m*; *~ schießen* tirer une salve; **2ieren** [lu'tiːrən] *v/i.* saluer.

Salve ['zalvə] *f* (15) salve *f*; décharge *f.*

Salz [zalts] *n* (3²) sel *m*; **2-arm** *adj.* peu salé; **~bergwerk** *n* mine *f* de sel; saline *f*; **~brezel** *f* craquelin *m* salé; **2en** *v/t.* (27) saler; *2faß* la saloir *m*; **~gehalt** *m* teneur *f* en sel; **~gewinnung** *f* saliculture *f*; **~gurke** *f* cornichon *m* au sel; **2haltig** ['~haltiç] *adj.* salin; *2hering* la hareng *m* salé; **2ig** *adj.* salé; (*salzhaltig*) salin; **~kartoffeln** *f/pl.* pommes *f/pl.* de terre à l'anglaise; **~napf** *m* salière *f*; **~säure** *f* acide *m* chlorhydrique; **~see** *m* lac *m* salé; **~stange** *f* bâtonnet *m* salé; **~streuer** *m* salière *f*; **~wasser** *n* eau *f* salée.

Samariter [sama'riːtər] *m* (7) (*barmherziger bon*) Samaritain *m.*

Same ['zɑːmə] *m* (13¹), **~n** *m* (6) ♀ semence *f*; graine *f*; *männlicher*

~ sperme m; *fig.* (*Keim*) germe m.
Samen|erguß m éjaculation f; **~faden** m spermatozoïde m; **~fluß** m spermatorrhée f; **~gehäuse** ⚥ n péricarpe m; **~handel** m, **~handlung** f graineterie f; **~händler** m grainetier m; **~kapsel** ⚥ f capsule f séminale; **~korn** ⚥ n grain m; graine f; **~staub** ⚥ m pollen m.
Sämereien [zɛmə'raɪən] f/pl. semences f/pl.; graines f/pl.
sämig ['zɛːmiç] *adj.* épais; lié.
Sämischleder ['zɛːmiʃ-] n peau f de chamois.
Sammel|band ['zaməl-] m recueil m en un volume; **~becken** n réservoir m; **~begriff** m notion f collective; **~büchse** f boîte f à collectes; **~linse** f lentille f convergente; **~mappe** f carton-emboîtage m.
sammeln ['zaməln] (29) 1. *v/t.* (r)assembler; (*vereinigen*) réunir; (*anhäufen*) accumuler; amasser; (*einernten*) recueillir; (*aus Werken*) compiler; *Spenden*: collecter; *Briefmarken usw.*: collectionner; ✗ rallier; *Pflanzen* ~ herboriser; 2. *v/rfl.*: *sich* ~ se rassembler, *fig.* se recueillir, se concentrer.
Sammel|name m nom m collectif; **~platz** m, **~punkt** m lieu m de rassemblement; ✗ point m de ralliement; **~stelle** f dépôt m central; **~surium** F [~'zuːrjum] n(9) ramassis m; bric-à-brac m; **~transport** m transport m commun; **~visum** n visa m collectif.
Samml|er(in f) m (7) (*v. Briefmarken usw.*) collectionneur m, -euse f; (*v. Almosen*) quêteur m, -euse f; **~ung** f collection f; (*Kollekte*) collecte f; (*Auswahl*) recueil m; *fig.* recueillement m.
Samstag ['zams-] m (3) samedi m; **2s** *adv.* le samedi.
samt [zamt] 1. *adv.*: ~ und sonders tous sans exception; 2. *prp.* (*dat.*) avec; accompagné de; y compris.
Samt m (3) velours m; **2-artig** *adj.* velouté; **2en** *adj.* de velours.
sämtlich ['zɛmtliç] *adj.* tout; tout entier; (*vollständig*) tous; tous ensemble; au complet.
samtweich = samtartig.
Sanatorium [zana'toːrjum] n (9) sanatorium m.
Sand [zant] m (3) sable m; mit ~ bestreuen sabler; *fig.* j-m ~ in die

Augen streuen jeter de la poudre aux yeux de q.; *sich im* ~e *verlaufen* se perdre dans le sable, *fig.* finir en queue de poisson; *wie* ~ *am Meer* comme grains de sable à la mer.
Sandale [zan'daːlə] f (15) sandale f.
Sand|bank ⚓ f banc m de sable; (*in e-m Fluß*) ensablement m; **~boden** m terrain m sablonneux; **2farben**, **2farbig** *adj.* couleur de sable; **~floh** m chique f; **~grube** f sablière f; **~haufen** m tas m de sable; **2ig** *adj.* (*sandreich*) sablonneux; (*sandhaltig*) sableux; **~kasten** m sablière f; ✗ bac m (*od.* caisse f) à sable; **~korn** n grain m de sable; **~mann** m, **~männchen** n F: *der* (*das*) ~ *kommt* le marchand de sable passe; **~papier** n papier m de verre; **~stein** m grès m; **~strahlgebläse** ⊕ n sableuse f (*pour décapage*); **~strand** m plage f de sable; **~sturm** m tempête f de sable.
sandte ['zantə] *s.* senden.
Sand|torte f biscuit m de Savoie; **~uhr** f sablier m; **~wüste** f désert m de sable.
sanft [zanft] *adj.* doux; ~ *ruhen* reposer en paix.
Sänfte ['zɛnftə] f (15) chaise f à porteurs, litière f.
Sanft|heit f, **~mut** f douceur f; **2mütig** ['~myːtiç] *adj.* doux.
Sang [zaŋ] 1. m: *mit* ~ *und Klang* tambour battant; **2-** *und klanglos* déconfit; la tête basse; 2. **2** *s.* singen.
Sänger|(in f) ['zɛŋər] m (7) chanteur m (*a. thé.*), -euse f; (*Opern2in*) cantatrice f; (*Kirchen2*) chantre m, chanteuse f; **~fest** n fête f chorale.
Sanguiniker [zaŋgu'iːnikər] m (7) tempérament m sanguin.
sanier|en [za'niːrən] *v/t.* assainir; *Geschäft*: redresser; remettre sur pied; **2ung** f assainissement m; ✝ redressement m.
sanitär [sani'tɛːr] *adj.*: ~e *Anlagen* installations f/pl. sanitaires.
Sanitäter [zani'tɛːtər] m (7) infirmier m.
Sani'täts|-auto n (voiture f d')ambulance f; **~dienst** m service m de santé; **~kasten** m boîte f à pansement; **~kolonne** f colonne f sanitaire; **~wagen** m voiture f d'ambulance; **~wesen** n service m de santé.
sank [zaŋk] *s.* sinken.
Sankt [zaŋkt] *adj.* (*abr.* St.) (*vor Eigennamen*) Saint, Sainte (*abr.* St, Ste).

Sanktion [zaŋk'tsjoːn] f sanction f;
2ieren [~tsio'niːrən] v/t. sanctionner.

sann [san] s. sinnen.

Saphir ['zaːfir] m (3¹) saphir m.

sapper|lot! [zapər'loːt], **~ment!** [~'mɛnt] int. sapristi!; sacrebleu!

Sar|delle [zar'dɛlə] f (15) anchois m;
~'dine f (15) sardine f (in Öl à l'huile).

Sar'dinier(in f) m/f) Sarde m, f.

Sarg [zark] m (3³) cercueil m; bière f.

Sarkas|mus [~'kasmus] m (16²) sarcasme m; **2tisch** adj. sarcastique.

Sarkophag [~ko'faːk] m (3¹) sarcophage m.

saß [zaːs] s. sitzen.

Satan ['zaːtan] m (3¹) Satan m; **2isch** [za'taːnif] adj. satanique.

Satellit [zatɛ'liːt] m (12) satellite m (künstlicher artificiel); **~enstaat** m État m satellite; **~enstadt** f ville f satellite.

Satin [za'tɛŋ] m (11) satin m.

Satir|e [za'tiːrə] f (15) satire f; **~iker** [~'tiːrikər] m (7) satirique m; **2isch** adj. satirique.

satt [zat] adj. rassasié; (völlig ~) repu;
(überdrüssig) las; dégoûté, ~ sein avoir assez mangé; ~ machen rassasier; sich ~ essen manger à sa faim; se rassasier; etw. ~ bekommen se lasser de qch.; etw. ~ haben avoir assez de qch.

Sattel ['zatəl] m (7¹) selle f; (Berg2) croupe f; crête f; in den ~ setzen (sich in den ~ schwingen) mettre (sauter) en selle; fest im ~ sitzen être ferme sur ses étriers (a. fig.); ohne ~ reiten monter à cru; j-n aus dem ~ heben désarçonner q., fig. a. supplanter q.; in allen Sätteln gerecht débrouillard;
~dach n toit m à deux pentes; **~decke** f 'housse f; **2fest** adj. ferme sur les étriers (a. fig.); fig. in etw. (dat.) ~ sein être ferré sur qch.; **~gurt** m sangle f; **2n** v/t. (29) seller; Packtier: bâter; **~pferd** n cheval m de selle;
~platz m pesage m; **~schlepp-anhänger** m semi-remorque f; **~schlepper** m tracteur-remorque m;
~tasche f sacoche f; **~zeug** n sellerie f; ✕ harnais m.

sättig|en ['zɛtigən] (25) v/t. (v/rfl. sich ~ se) rassasier (mit de); fig. assouvir;
🜍 saturer; **2ung** f assouvissement m;
(Sattheit) satiété f; 🜍 saturation f.

Sattler m (7) sellier m; **~ei** [~'raı] f sellerie f.

sattsam ['zatzɑːm] adv. suffisamment; assez.

Satz [zats] m (3² u. ³) gr. proposition f (a. Logik u. 🜍), (als Sinnganzes) phrase f; 🜍 théorème m; (Sprung) saut m; bond m; (Anlauf) élan m;
(Tennis) set m; (Boden2) dépôt m;
(Kaffee2) marc m; (Reihe) série f;
(Werkzeuge) jeu m; (Knöpfe) garniture f; (Töpfe) batterie f; (Ein2) enjeu m; mise f; typ., ♪ composition f;
(Fracht2, Zins2) tarif m, taux m;
~aussage gr. f verbe m; **~bau** gr. m construction f (de la phrase); **~gefüge** gr. n phrase f complexe; **~gegenstand** gr. m sujet m; **~lehre** gr. f syntaxe f; **~spiegel** typ. m surface f d'impression; **~teil** gr. m partie f du discours.

Satzung f statut m; règlement m;
(Glaubens2) dogme m; **2sgemäß** adj. statuaire.

Satzzeichen n (signe m de) ponctuation f; mit ~ versehen ponctuer.

Sau [zau] f (14¹) (bsd. Zucht2) truie f; cochon m (a. fig. P); (Wild2) laie f.

sauber ['zaubər] adj. propre; net;
(Wäsche) blanc; ~ abschreiben mettre au net; **2keit** f propreté f; netteté f.

säuber|lich ['zɔybərliç] adv.: (gar) ~ soigneusement, avec soin; **~n** v/t. nettoyer; fig. épurer; Gang m nettoyage m; fig. épuration f; **2ungsaktion** pol. f (opération [od. action] f d')épuration f.

Saubohne ♀ f fève f de marais.

sau'dumm P adj. bête à manger du foin, bête comme ses pieds.

sauer ['zauər] adj. (18) aigre; (bsd. Früchte) sur; 🜍 acide; (Milch) caillé;
saure Gurken cornichons m/pl. au vinaigre; fig. pénible; dur; ~ machen aigrir; ~ werden s'aigrir, (Milch) cailler; fig. es sich ~ werden lassen se donner bien du mal; j-m das Leben ~ machen rendre la vie dure à q.; ein saures Gesicht machen être renfrogné; rechigner (zu à); **2ampfer** m oseille f; **2braten** m viande f marinée; **2brunnen** m eaux f/pl. acidulées; **2P** [~'raı] f cochonnerie f; **2kirsche** f griotte f; **2klee** m oxalide f; **2kohl** m, **2kraut** n choucroute f.

säuerlich ['zɔyərliç] adj. aigrelet; 🜍 acidule; (Wein) vert.

Sauermilch f lait m caillé.

säuern v/t. (29) aigrir; Teig: mettre du levain dans; 🜍 acidifier.

Sauerstoff m oxygène m; **~flasche** f bouteille f d' (resp. à) oxygène; **~haltig** adj. oxygéné; **~maske** f masque f à oxygène; **~zelt** ✞ n tente f à oxygène.

sauer|süß adj. aigre-doux; **2teig** m levain m.

saufen [ˈzaʊfən] v/t. u. v/i. (30) boire; P (*Mensch*) pomper; ~ *wie ein Loch* boire comme un trou.

Säufer(in f) [ˈzɔYfər] m (7) ivrogne(-sse f) m; buveur m, -euse f; P pochard(e f) m.

Sauf|erei [~ˈraɪ] f, **~gelage** n beuverie f.

saugen [ˈzaʊgən] v/t. u. v/i. (30) sucer; (*Kind, Säugetier*) téter; (*an~*) aspirer; *Staub* ~ aspirer les poussières.

säugen [ˈzɔYgən] v/t. (25) allaiter; *Kind a.*: donner le sein à.

Sauger m (7) (*e-r Flasche*) tétine f; ⊕ aspirateur m.

Säugetier n mammifère m.

Saug|flasche [ˈzaʊk-] f biberon m; **~heber** m siphon m.

Säugling m (3¹) nourrisson m.

Säuglings|heim n crèche f; pouponnière f; **~pflege** f puériculture f; **~pflegerin** f puéricultrice f; **~sterblichkeit** f mortalité f infantile; **~waage** f pèse-bébé m.

Saug|pumpe f pompe f aspirante; **~rohr** n tuyau m d'aspiration.

Saukerl P m salaud m, salopard m.

Säul|e [ˈzɔYlə] f (15) colonne f; (*Pfeiler*) pilier m; **~engang** m colonnade f; **~enhalle** f portique m.

Saum [zaʊm] m (3³) (*Naht*) ourlet m; (*Rand*) bord m; (*Wald~*) lisière f.

säum|en [ˈzɔYmən] (25) **1.** v/t. (*einfassen*) border; ourler; **2.** v/i. tarder (*etw. zu tun* à faire qch.); **2ig** adj.: *ein ~er Zahler* un mauvais payeur.

Saum|pfad m sentier m muletier; **~pferd** n cheval m de somme; **~sattel** m bât m.

saumselig adj. lent; (*nachlässig*) négligent.

Sauna [ˈzaʊna] f (11¹) sauna m.

Säure [ˈzɔYrə] f (15) aigreur f; acidité f; 🜄 acide m; **2beständig**, **2fest** adj. résistant aux acides, inattaquable par l'acide; **~gehalt** m teneur m en acide.

Saure'gurkenzeit F f morte-saison f.

säurehaltig adj. acidifère.

Saurier zo. [ˈzaʊrjər] m saurien m.

Saus [zaʊs] m: *in ~ und Braus leben* mener la vie à grandes guides.

säuseln [ˈzɔYzəln] v/i. (29) murmurer; chuchoter.

sausen [ˈzaʊzən] v/i. (27, sn) (*Geschoß*) siffler; (*Wind*) mugir; F (*Person*) se précipiter (vers); courir à toute vitesse; (*Auto, Zug*) passer en trombe, filer comme une flèche.

Sau|stall m porcherie f (a. F fig.); **~wetter** P n temps m de chien.

Saxophon [zaksoˈfoːn] n (3¹) saxophone m.

Schabe zo. [ˈʃaːbə] f blatte f; cafard m.

Schabe|fleisch n viande f 'hachée; **~messer** n (couteau m) racloir m; **2n** v/t. racler; gratter; (*kleinreiben*) râper.

Schabernack [ˈʃaːbərnak] m (3) niche f; *j-m e-n ~ spielen* faire une niche à q.

schäbig [ˈʃɛːbiç] adj. râpé; élimé; (*schmutzig*) sordide; (*geizig*) ladre; **2keit** f fig. mesquinerie f; ladrerie f.

Schablone [ʃaˈbloːnə] f (15) patron m; *peint.* pochoir m; fig. routine f; **2nhaft** adj. fig. routinier.

Schach [ʃax] n (3) échecs m/pl.; ~ *dem König!* échec au roi!; ~ *spielen* jouer aux échecs; *im* ~ *halten* tenir en échec (a. fig.); **~brett** n échiquier m; **2brettförmig** [ˈ~fœrmiç] adj. en échiquier.

Schacher [ˈʃaçər] m (7) trafic m sordide; marchandage m; **~er** m (7) trafiquant m, trafiqueur m; **2n** v/i. trafiquer; marchander.

Schach|feld n case f d'échiquier; **~figur** f pièce f (d'échecs); **2matt** adj. échec et mat; fig. rompu; **~partie** f partie f d'échecs; **~spiel** n (jeu m d'échecs) m/pl.; **~spieler** m joueur m d'échecs.

Schacht [ʃaxt] m (3[³]) fosse f; ✕ puits m.

Schachtel [ˈʃaxtəl] f (15) boîte f; (*Papp2*) carton m; F fig. *alte* ~ vieille carcasse f; **~halm** ♀ m prèle f; **~satz** gr. m phrase f compliquée (*od.* entortillée).

Schach|turnier n tournoi m d'échecs; **~zug** m coup m; fig. *ein guter* ~ une bonne tactique.

schade [ˈʃaːdə] adj.: *es ist* ~ c'est dommage (*um* pour; *daß ... que ...* [*subj.*]); *wie ~!* quel dommage!;

zu ~ für ... trop bon pour ...
Schädel [ˈʃɛːdəl] m (7) crâne m; **~bruch** m fracture f du crâne; **~decke** anat. f boîte f crânienne.

Schaden [ˈʃɑːdən] **1.** m (6¹) dommage m; (Verwüstung) dégât m; (Nachteil) détriment m; préjudice m; (Verlust) perte f; (Gesundheits⁀) mal m; (Gebrechen) infirmité f; zu ~ kommen être endommagé; ~ leiden s'endommager; durch ~ klug werden apprendre à ses dépens. **2.** ⁂ v/i. (26) nuire (à); porter préjudice (à); das schadet nichts il n'y a pas de mal; cela (F ça) ne fait rien; was schadet es? qu'est-ce que cela fait?; was schadet es, wenn ...? qu'importe que ... (subj.)?; **~ersatz** m dédommagement m (für de); ⁂ indemnité f; dommages-intérêts m/pl.; ~ leisten dédommager (für de); **~freude** f joie f maligne; ⁂**froh** adj. malicieux; **~s-anzeige** f déclaration f du sinistre; **~versicherung** f: allgemeine ~ assurance f (contre) tous risques.

schadhaft adj. endommagé; abîmé; (mangelhaft) défectueux; (Zahn) carié; ~ werden se détériorer; s'abîmer; (Zahn) se carier.

schädig|en [ˈʃɛːdiɡən] v/t. (25) nuire (à); j-n ~ faire tort à q.; ⁂ung f tort m; préjudice m; dommage m.

schädlich adj. nuisible; nocif; bsd. ⁂ préjudiciable; (gesundheits~) malsain; das Bier ist ihm ~ la bière lui est contraire; ⁂keit f nocivité f.

Schädling m (3¹) plante f (resp. insecte m) nuisible; parasite m; **~sbekämpfung** f lutte f contre la vermine; ✓ a. lutte f contre les parasites.

schadlos adj.: j-n ~ halten dédommager (od. indemniser) q. (für de); sich ~ halten veiller à n'y rien perdre; sich ~ halten an (dat.) se dédommager sur.

Schaf [ʃɑːf] n (3) mouton m; (Mutter⁀) brebis f; fig. bourrique f; **~bock** m bélier m.

Schäfchen [ˈʃɛːfçən] n (6) agneau m; sein(e) ~ ins trockne bringen faire son beurre; **~wolken** f/pl.; Himmel mit ~ ciel m moutonné.

Schäfer|(in f) m (7) berger m, -ère f; **~gedicht** n pastorale f; bergerie f; **~hund** m chien m de berger; **~roman** m roman m pastoral; **~spiel** n pastorale f; **~stündchen** n heure f

du berger.

schaffen [ˈʃafən] **1.** v/t. (30) (er~) créer; faire; (hervorbringen) produire; **2.** v/t. u. v/i. (25) (arbeiten) travailler; es ~ parvenir à; mit Ihnen habe ich nichts zu ~ je n'ai rien à faire avec vous; ich will damit nichts zu ~ haben je ne veux pas m'en mêler; damit habe ich nichts zu ~ cela ne me regarde pas; j-m viel zu ~ machen donner beaucoup de mal à q.; **3.** v/rfl.: sich zu ~ machen s'affairer.

Schaffens|drang m élan m créateur; **~freude** f joie f créatrice; **~kraft** f force f créatrice.

Schaffner(in f) m (7) Esb. contrôleur m, -euse f; (Omnibus, Straßenbahn) receveur m, -euse f.

Schaffung f création f, réalisation f; (Errichtung) établissement m.

Schaf|garbe ⚕ f achillée f; **~herde** f troupeau m de moutons; **~hürde** f parc m à moutons; **~käse** m fromage m de brebis; **~leder** n basane f.

Schafott [ʃaˈfɔt] n (3) échafaud m.

Schaf|pelz m peau f de mouton; **~schur** f tonte f (des moutons); **~skopf** fig. m imbécile m; **~stall** m bergerie f.

Schaft [ʃaft] m (3³) (e-r Lanze, Fahne) bois m; 'hampe f; (Stiefel⁀) tige f; (Gewehr⁀) fût m; **~stiefel** m botte f à tige 'haute.

Schaf|wolle f laine f de brebis; **~zucht** f (~züchter m) élevage m (éleveur m) de moutons.

Schah [ʃɑː] m (11) schah m.

Schakal [ˈʃakaːl] m (3¹) chacal m.

Schäker [ˈʃɛːkər] m (7) badin m; flirteur m; ⁂n v/i. (29) badiner; flirter.

schal [ʃɑːl] adj. fade (a. fig.); (abgestanden) éventé; fig. insipide; (würzlos) sans sel; ~ werden s'éventer.

Schal m (3¹ u. 11) (Damen⁀) fichu m; (Herren⁀) cache-nez m; (großer) châle m; (Seiden⁀) foulard m.

Schale [ˈʃɑːlə] f (15) (Hülle) enveloppe f; (Frucht⁀) peau f; pelure f; (v. Hülsenfrüchten) écale f (a. grüne Nuß⁀); (Rinde) écorce f; (Schote) gousse f; (harte Nuß⁀) coquille f; (Ei⁀) coque f; (Austern⁀) écaille f; (v. Schildkröten, Krebsen) carapace f; (Muschel⁀) valve f; (Gefäß) coupe f; bol m; (Napf) écuelle f; (Waag⁀) plateau m; (das Äußere) dehors m/pl.

schälen [ˈʃɛːlən] v/t. (u. v/rfl.) (25) Obst, Kartoffeln: peler; Eier, Nüsse:

écaler; *Bäume:* (sich s')écorcer; (se) décortiquer; *Gerste:* monder; *die Haut schält sich* la peau tombe.

Schalk [ʃalk] *m* (3[³]) espiègle *m*, *f*; **2haft** *adj.* espiègle; **~haftigkeit** *f* espièglerie *f*.

Schall [ʃal] *m* (3[³]) son *m*; *(Widerhall)* retentissement *m*; **~brechung** *f* réfraction *f* du son; **2dämpfend** *p.pr. adjt.* amortissant le son; **~dämpfer** *m* ♪ sourdine *f*; *Auto* silencieux *m*; (pot d'échappement; *(Klavier)* étouffoir *m*; **2dicht** *adj.* insonore; **~dose** *f* pick-up *m*. **Schallehre** *f* (15, *bei Trennung Schall-lehre)* acoustique *f*.

schallen [ˈʃalən] *v/i.* (25) sonner, résonner, retentir; **~d** *p.pr. adjt.* sonore; retentissant; **~es Gelächter** éclat *m* de rire.

Schall|geschwindigkeit *f* vitesse *f* du son; **~-isolierung** *f* isolation *f* phonique, insonorisation *f*; **~mauer** *f* mur *m* du son; *die ~ durchbrechen* franchir (*od.* F crever) le mur du son; **~messer** *m* phonomètre *m*; **~messung** *f* phonométrie *f*; **~platte** *f* disque *m*; *auf ~n aufnehmen* enregistrer sur disques; **~platten-aufnahme** *f* enregistrement *m* sur disques; **~plattenmusik** *f* musique *f* enregistrée; **~plattensammlung** *f* discothèque *f*; **2schluckend** *p.pr. adjt.* insonore; **~trichter** ♪ *m* pavillon *m*; **~welle** *f* onde *f* sonore.

Schalmei [ʃalˈmaɪ] *f* (16) chalumeau *m*.

schalt [ʃalt] *s.* schelten.

Schalt|-anlage ⚡ *f* installation *f* de distribution; **~bild** *n* schéma *m* de montage; **~brett** ⚡ *n* tableau *m* de distribution (*od.* de commande).

schalten (26) **1.** *v/t.* ⚡ mettre en circuit; coupler; *Auto* changer de vitesse; *(ein~)* embrayer; *in den dritten Gang ~* passer à la troisième vitesse; F passer en troisième; **2.** *v/i.:* *(beliebig) ~ und walten* disposer librement; *j-n ~ und walten lassen* laisser faire q. à sa guise; F *fig.* comprendre, saisir.

Schalter *m* (7) guichet *m*; ⚡ commutateur *m*; bouton *m*; *(Aus⚡)* interrupteur *m*; **~beamte(r)** *m* employé *m* du guichet; **~dienst** *m* service *m* du guichet.

Schalt|getriebe *Auto n* engrenage *m* à changement de vitesse; boîte *f* de

vitesse; **~hebel** *Auto m* levier *m* de changement de vitesse.

Schalter [ˈʃaː-l-] *n* crustacé *m*.

Schalt|jahr [ˈʃalt-] *n* année *f* bissextile; **~plan** *m* = Schaltbild; **~pult** *n* pupitre *m* de commande; **~tafel** *f* = Schaltbrett; **~tag** *m* jour *m* intercalaire; **~ung** *f* ⚡ mise *f* en circuit, couplage *m*; *Auto (Gang~)* changement *m* de vitesse, embrayage *m*.

Schalung [ˈʃaːluŋ] *Arch. f* coffrage *m*.

Schaluppe [ʃaˈlupə] *f* (15) chaloupe *f*.

Scham [ʃaːm] *f* (15) 'honte *f*; *(~haftigkeit)* pudeur *f*; *anat.* organes *m/pl.* génitaux; **~bein** *n* pubis *m*.

schämen [ˈʃɛːmən] *v/rfl.* (25): *sich ~* avoir 'honte (*gén.*, *über acc.*, *vor dat.* de); être 'honteux (de); *schäme dich!* fi! tu n'as pas 'honte?; *sich zu Tode ~* mourir de honte.

Scham|gefühl *n* 'honte *f*; pudeur *f* *(verletzen* offenser); **~gegend** *f* région *f* pubienne; **2haft** *adj.* pudique; *(keusch)* chaste; *péj.* pudibond; **~haftigkeit** *f* pudeur *f*; pudicité *f*; *(Keuschheit)* chasteté *f*; **2los** *adj.* sans pudeur; éhonté; impudique; **~losigkeit** *f* impudeur *f*; impudicité *f*.

Schamotte [ʃaˈmɔtə] *f* (15) argile *f* réfractaire; **~stein** *m* brique *f* d'argile réfractaire.

scham|rot [ˈʃaː-m-] *adj.* rouge de honte; *~ werden* rougir de honte; *~ machen* faire rougir (de honte); **2röte** [ˈ~røːtə] *f* rougeur *f*; **2teile** *m/pl.* organes *m/pl.* génitaux.

schand|bar [ˈʃantbaːr] *adj.* 'honteux; **2e** [ˈʃandə] *f* (15) 'honte *f*; *(Schimpf)* opprobre *m*; ignominie *f*; *j-m ~ machen* faire 'honte à q.; *j-n in ~ bringen* couvrir q. de honte; *j-m zur ~ gereichen* faire la honte de q.

schänden *v/t.* (26) déshonorer; *Heiliges:* profaner; *(verunstalten)* défigurer; *Frau:* violer; *(besudeln)* souiller.

Schandfleck *m* tare *f*; souillure *f*; flétrissure *f*.

schändlich [ˈʃɛntlɪç] *adj.* 'honteux; *(Schande bringend)* ignominieux; *(verachtenswert)* infâme; **2keit** *f* ignominie *f*; infamie *f*.

Schand|mal *n* flétrissure *f*; **~maul** F *n* mauvaise (*od.* méchante) langue *f*; **~pfahl** *m* pilori *m*; **~tat** *f* forfait *m*; infamie *f*.

Schändung *f* profanation *f*; *(e-r Frau)* viol *m*.

Schank|bier [ˈʃankbiːr] n bière f à la pression; **~erlaubnis** f licence f de débitant; **~tisch** m comptoir m; buffet m; P zinc m; **~wirt** m débitant m (de boissons); cabaretier m; P bistrot m; **~wirtschaft** f débit m de boissons; cabaret m; P bistrot m.

Schanze [ˈʃantsə] f (15) ⚔ retranchement m; (Sprung2) tremplin m; **~ntisch** m plate-forme f (du tremplin).

Schar [ʃaːr] f (16) troupe f; bande f; (Pflug2) soc m (de charrue); in ~en par bandes.

scharen (25) v/t. (u. v/rfl. sich ~ s')assembler en troupe; (se) grouper (um autour de); **~weise** adv. en (od. par) bandes (od. troupes).

scharf [ʃarf] **1.** adj. tranchant; affilé; (spitz) aigu; (ätzend) caustique; mordant; (genau) précis; net; (streng) sévère; rigoureux; (Spitze, Gehör) fin; (Geschmack) âcre; (Blick, Verstand) pénétrant; perçant; fig. (Zunge) bien affilé; (Gedächtnis) très bon; fidèle; (Speise) très assaisonné (od. épicé); (Bemerkung) salé; épicé; (Laut) strident; tranchant; (Wind) cinglant; fort; (Hund) méchant; (Kurve) brusque; (Aufsicht) étroit; (Unterschied) bien tranché; (Verhör) serré; (Zug) marqué; accusé; (Umriß) arrêté; net; (Brille, Essig) fort; (Licht, Luft, Kälte, Kante, Schuß) vif; (Feder) acéré (a. fig.); (Bleistift) taillé très fin; **2.** adv. ~ machen affiler, ⚔ Geschoß: amorcer; ~ laden (schießen) charger (tirer) à balle; j-n ~ ansehen regarder q. fixement; phot. ~ einstellen mettre au point; j-m ~ zusetzen serrer q. de près; ~ bewachen surveiller de près; ~ denken penser avec rigueur; ~ gehen aller un bon pas; ~ fahren aller à vive allure; **2blick** m perspicacité f; **~blickend** p.pr. adj. perspicace.

Schärf|e [ˈʃɛrfə] f (15) acuité f; finesse f; (Schneide) tranchant m; (Deutlichkeit) précision f; netteté f; (Strenge) sévérité f; rigueur f; (ätzende) causticité f; mordant m; **♫** acidité f; (Bitterkeit) acrimonie f; (Scharfsinn) perspicacité f; **2en** v/t. aiguiser; affiler; rendre tranchant (resp. plus fin resp. plus fort).

scharf|kantig [ˈʃarfkantiç] adj. à arête vive; **~machen** F v/t. exciter; **2macher** m excitateur m; **2richter** m bourreau m; **⚖** exécuteur m (des 'hautes œuvres); **2schießen** n tir m à balles; **2schütze** m tireur m d'élite; **~sichtig** adj. qui a la vue perçante; fig. perspicace; pénétrant; **2sichtigkeit** f vue f perçante; fig. perspicacité f; pénétration f; **2sinn** m finesse f; sagacité f; **~sinnig** adj. fin; sagace.

Scharlach [ˈʃarlax] m (3¹) (Farbe) écarlate f; **♫** scarlatine f; **2farben**, **2rot** adj. écarlate.

Scharlatan [ˈʃarlataːn] m (3¹) charlatan m.

Scharmützel [~ˈmytsəl] n (7) escarmouche f; échauffourée f; **2n** v/i. se livrer à des escarmouches.

Scharnier [ʃarˈniːr] n (3¹) charnière f.

Schärpe [ˈʃɛrpə] f (15) écharpe f.

scharren [ˈʃarən] v/i. (25) gratter; (in etw. dat.) qch.).

Scharte [ˈʃartə] f (15) brèche f, dent f; ~n bekommen s'ébrécher; fig. e-e ~ auswetzen réparer un échec.

scharwenzeln [ʃarˈvɛntsəln] v/i. faire le complaisant; um j-n ~ faire des courbettes à q.

Schatten [ˈʃatən] m (6) ombre f; (schattige Stelle) ombrage m; im ~ à l'ombre; ~ werfen donner de l'ombre; fig. j-n in den ~ stellen éclipser q.; **~bild** n silhouette f; **2dasein** n: ein ~ führen vivre dans l'ombre; **~haft** adj. vague; **~kabinett** n cabinet m fantôme; **~morelle ♀** f (15) griotte f; **~riß** m silhouette f; **~seite** f côté m de l'ombre; fig. revers m de la médaille; **~spiel** n ombres f/pl. chinoises.

schatt|ieren [~ˈtiːrən] v/t. ombrer; nuancer; **2ierung** f nuance f; **~ig** adj. ombragé.

Schatulle [ʃaˈtulə] f (15) cassette f.

Schatz [ʃats] m (3² u. ³) trésor m; fig. (als Kosewort) chéri(e f) m; **~amt** n trésorerie f; Trésor m; **~anweisung** f bon m du Trésor.

Schätz|chen [ˈʃɛtsçən] n petit trésor; mein ~! ma chérie!, ma biche!; **2en** v/t. (27) estimer; apprécier; Preis: évaluer; taxer; **2enswert** adj. estimable.

Schatz|gräber m chercheur m de trésors; **~insel** f île f au trésor; **~kammer** f trésor m (public); **~meister** m trésorier m; (Kassenwart) caissier m.

Schätzung f estimation f; évaluation f; taxation f; (Hoch2) estime f; **2sweise** adv. approximativement.

Schätzwert *m* prix *m* d'estimation, valeur *f* estimative.

Schau [ʃaʊ] *f* (16) vue *f*; (*Ausstellung*) exposition *f*; montre *f*; étalage *m*; (*Revue*) revue *f*; (*prunkende*) parade *f*; zur ~ stellen étaler; zur ~ tragen faire étalage (*od.* parade) de, (*heucheln*) affecter; **~bild** *n* diagramme *m*; esquisse *f*; **~bude** *f* baraque *f* (de foire); **~budenbesitzer** *m* forain *m*; **~bühne** *f* théâtre *m*; scène *f*.

Schauder [ˈʃaʊdər] *m* (7) frisson *m*; (*Zittern*) frémissement *m*; (*Entsetzen*) horreur *f*; ~ einflößen donner un frisson; faire frémir; faire horreur; **2haft** *adj.* horrible; affreux; **2n** *v/i.* (29) frissonner (*vor dat.* de); (*beben*) frémir (de); tressaillir (de); avoir horreur (de); *vor Kälte* ~ grelotter de froid; *mich schaudert* je frémis.

schauen [ˈʃaʊən] *v/i.* (25) voir, regarder; (*aufmerksam betrachten*) considérer; contempler; *auf j-n* ~ (*nachahmend*) imiter q.; prendre q. pour modèle.

Schauer [ˈʃaʊər] *m* (7) frisson *m*; (*Regen2*) ondée *f*, averse *f*; (*Hagel2*) giboulée *f*; **~geschichte** *f* histoire *f* horrible; **2lich** *adj.* horrible, affreux; **~märchen** *n* = Schauergeschichte; **2n** *v/i.* = schaudern.

Schaufel [ˈʃaʊfəl] *f* (15) pelle *f*; (*Rad2*) palette *f*; aube *f*; **~bagger** *m* drague *f* à godets; **2n** (29) **1.** *v/i.* travailler à la pelle; **2.** *v/t.* pelleter; *Grab:* creuser; **~rad** *n* roue *f* à aubes; **~voll** *f* pelletée *f*.

Schaufenster *n* devanture *f*; (*Kasten*) vitrine *f*; (*Auslage*) étalage *m*; **~auslage** *f* étalage *m*; **~dekorateur** *m* étalagiste *m*; **~wettbewerb** *m* concours *m* d'étalages.

Schau|fliegen *n*, **~flug** *m* vol *m* de démonstration; **~kampf** *m* match *m* d'exhibition; **~kasten** *m* vitrine *f*.

Schaukel [ˈʃaʊkəl] *f* (15) balançoire *f*; escarpolette *f*; (*Wippe*) bascule *f*; **2n** (29) **1.** *v/t.* balancer; (*wiegen*) bercer; **2.** *v/i.* se balancer; (*wippen*) basculer; (*wanken*) vaciller; **♣** rouler; **~pferd** *n* cheval *m* à bascule; **~politik** *f* politique *f* de bascule; **~stuhl** *m* chaise *f* à bascule; berceuse *f*.

Schaulust *f* curiosité *f*; **2ig** *adj.* curieux.

Schaum [ʃaʊm] *m* (3³) écume *f*; (*Bier2, Seifen2*) mousse *f*; *fig. zu* ~ *werden* s'évanouir; *zu* ~ *schlagen Ei-*

weiß: battre en neige; **2bedeckt** *p.p. adjt.* écumeux.

schäumen [ˈʃɔʏmən] *v/i.* (25) écumer; (*Getränke, Seife*) mousser; **~d** *p.pr. adjt.* écumant; (*Getränke, Seife*) mousseux.

Schaum|gebäck *n* meringue *f*; **~gummi** *m* caoutchouc *m* mousse; **2ig** *adj.* écumeux; (*Getränke, Seife*) mousseux; **~kelle** *f*, **~löffel** *m* écumoire *f*; **~löscher** *m* extincteur *m* à mousse; **~schläger** *m* moussoir *m*; *fig.* charlatan *m*; **~wein** *m* (vin *m*) mousseux *m*.

Schau|packung *f* article *m* factice d'étalage; **~platz** *m* scène *f*; théâtre *m*; **~prozeß** *m* procès-démonstration *m*, procès-simulacre *m*.

schaurig *adj.* horrible, affreux.

Schauspiel *n* spectacle *m*; *thé.* pièce *f* de théâtre; drame *m*; **~er** *m* acteur *m*, comédien *m*; *péj.* cabotin *m*; **~erei** *f* cabotinage *m*; **~erin** *f* actrice *f*, comédienne *f*; *péj.* cabotine *f*; **2ern** *v/i.* jouer la comédie (*a. fig.*); cabotiner; **~haus** *n* salle *f* de spectacle; théâtre *m*; comédie *f*; **~kunst** *f* art *m* dramatique.

Schau|steller [ˈ~ʃtɛlər] *m* (7) exposant *m*; (*auf Jahrmärkten*) forain *m*; **~stellung** *f* exposition *f*; exhibition *f*; **~turnen** *n* fête *f* de gymnastique.

Scheck [ʃɛk] *m* (3¹ u. 11) chèque *m*; *e-n* ~ *ausstellen* (*einlösen*) émettre (encaisser) un chèque; **~buch** *n* carnet *m* de chèques.

Scheck|e [ˈʃɛkə] *m* (13) cheval *m* pie; **2ig** *adj.* tacheté; (*Pferd*) pie.

Scheck|-inhaber *m* porteur *m* d'un chèque; **~karte** *f* carte-chèques *f*; **~verkehr** *m* transactions *f/pl.* par chèques.

scheel [ʃeːl] *adj.* louche; *fig.* envieux, jaloux; *j-n* ~ *ansehen* regarder q. de travers (*od.* d'un œil jaloux).

Scheffel [ˈʃɛfəl] *m* (7) boisseau *m*; **2n** *v/t.* (29): *Geld* ~ gagner (*od.* F râfler) beaucoup d'argent; **2weise** *adv.* par boisseaux.

Scheibe [ˈʃaɪbə] *f* (15) disque *m*; (*Brot2, Fleisch2*) tranche *f*; (*Wurst2, Apfel2, Zitronen2*) rondelle *f*; (*Fenster2*) carreau *m*; vitre *f*; (*Auto2*) glace *f*; (*Schieß2*) cible *f*; (*Dreh2*) tour *m*.

Scheiben|bremse *f* frein *m* à disque(s); **~gardine** *f* brise-bise *m*; **~honig** *m* miel *m* en rayons; **~kupp-**

lung f embrayage m à disque (od. à plateau); **~schießen** n tir m à la cible; **~wasch-anlage** Auto f lave-glace m; **~wischer** m essuie-glace m.

Scheich [ʃaɪç] m (3¹ od. 11) cheik m.

Scheide [ˈʃaɪdə] f (15) (Grenze) ligne f de séparation; frontière f; limite f; (Futteral) étui m; gaine f; (Degen2) fourreau m; anat. vagin m; aus der ~ ziehen dégainer; wieder in die ~ stecken rengainer; **~linie** f ligne f de démarcation; **~münze** f billon m.

scheiden (30) 1. v/t. séparer; 🜛 décomposer; 🜛 die Ehe ~ prononcer le divorce; sich ~ lassen divorcer (von d'avec); 2. v/i. (sn) s'en aller; partir; voneinander ~ se quitter; **~d** p.pr. adjt.: das ~e Jahr l'année f qui finit.

Scheide|wand f cloison f; 🜃, zo., 🜛 diaphragme m; **~wasser** 🜛 n eau-forte f; **~weg** m bifurcation f; (Kreuzweg) carrefour m; fig. am ~ stehen être forcé de choisir.

Scheidung f séparation f; (Ehe2) divorce m; 🜛 décomposition f; **~s-grund** m cause f de divorce; **~sklage** f action f en divorce; die ~ einreichen demander le divorce; **~s-urteil** n jugement m de divorce.

Schein [ʃaɪn] m (3) (Bescheinigung) attestation f; certificat m; (Quittung) reçu m; acquit m; récépissé m; (Fahr2) billet m; (Geld2) billet m (de banque); (Gepäck2) bulletin m de bagages; (Gut2) bon m; (Licht) clarté f; lumière f; (Schimmer) lueur f; (Glanz) éclat m; fig. (An2) apparence f; semblant m; trompe-l'œil m; illusion f; (Aussehen) air m; (Außenseite) dehors m/pl.; dem ~ nach en apparence; zum ~ pour la forme; für X pour la mine; das ist nur ~ ce n'est qu'un trompe-l'œil; e-n ~ erwecken donner une illusion; sich den ~ geben, zu ... (inf.) faire semblant (od. se donner l'air) de ... (inf.); den ~ wahren sauver les apparences; der ~ trügt les apparences sont trompeuses; **~-angriff** m attaque f simulée; **2bar** † 1. adj. apparent; 2. adv. a. en apparence; **~blüte** † f prospérité f illusoire; **~-ehe** f mariage m fictif.

scheinen v/i. (30) luire; (glänzen) briller; die Sonne (der Mond) scheint il fait du soleil (clair de lune); ins Zimmer ~ donner dans la chambre; fig. paraître; (den Anschein haben) sembler; avoir l'air de; j-m gut ~

sembler bon à q.; wie es scheint à ce qu'il paraît; es scheint nur so ce n'est qu'un trompe-l'œil.

Schein|firma f maison f fictive; **~friede** m paix f fourrée; **~gefecht** n combat m simulé; **~geschäft** † n transaction f fictive; **~grund** m raison f spécieuse.

scheinheilig adj. hypocrite; 2e(r m) m, f hypocrite m; f; faux dévot m, fausse dévote f; 2keit f hypocrisie f; fausse dévotion f.

Schein|tod m mort f apparente; léthargie f; 2tot adj. mort en apparence; en léthargie; **~vertrag** m contrat m fictif; **~werfer** m (7) projecteur m; Auto phare m; **~werferlicht** n: im ~ sous les feux des projecteurs.

Scheiß|dreck V [ˈʃaɪsdrɛk] m, **~e** V f merde f; 2en V v/i. chier; **~kerl** V m salaud m.

Scheit [ʃaɪt] n (1 u. 3) bûche f.

Scheitel [ˈʃaɪtəl] m (7) sommet m; (Haar2) raie f; vom ~ bis zur Sohle de la tête aux pieds; 2n v/t. (29): die Haare ~ faire la raie; **~punkt** m point m culminant; 🜛 sommet m; astr. zénith m; **~winkel** m/pl. angles m/pl. opposés par le sommet.

Scheiterhaufen [ˈʃaɪtərhaʊfən] m (6) bûcher m.

scheitern 1. v/i. (29) échouer; faire naufrage; 2. 2 n naufrage m; fig. a. échec m.

Schellack [ˈʃɛlak] m (3) gomme-laque f.

Schelle [ˈʃɛlə] f (15) grelot m; (Glöckchen) clochette f; (Klingel) sonnette f; F (Maul2) taloche f; 2n v/i. (25) sonner.

Schellen|baum ♪ m chapeau m chinois; **~kappe** f bonnet m de bouffon.

Schellfisch [ˈʃɛl-] m aiglefin m.

Schelm [ʃɛlm] m (3) coquin m; drôle m; fripon m; espiègle m; **~enroman** m roman m picaresque; **~enstreich** m, **~erei** [~mə'raɪ] f (16) friponnerie f, espièglerie f; 2isch adj. coquin, fripon, espiègle.

Schelt|e [ˈʃɛltə] f (15) réprimande f; ~ bekommen être réprimandé; 2en v/i. (30) gronder (od. réprimander) (wegen de); auf j-n ~ pester contre q.; j-n e-n Esel ~ (nennen) qualifier q. d'âne; **~wort** n (3) invective f; insulte f.

Schema [ˈʃeːma] n (11[²]) schéma m; (Muster) modèle m; 2tisch [ʃeˈmaː-]

tisʃ] adj. schématique; **2tisieren** [~mati'ziːrən] v/t. schématiser.

Schemel [ˈʃeːməl] m (7) tabouret m; escabeau m.

Schemen [ˈʃeːmən] m u. n. (6) ombre f; fantôme m; **2haft** adj. fantomatique.

Schenke [ˈʃɛŋkə] f (15) cabaret m; taverne f; P bistrot m.

Schenkel [ˈʃɛŋkəl] m (7) (Ober2) cuisse f; (Unter2) jambe f; Å côté m; **~bruch** m fracture f du fémur.

schenk|en [ˈʃɛŋkən] v/t. (25): j-m etw. ~ offrir qch. à q.; donner qch. (od. faire cadeau [od. présent] de qch.) à q.; ✝ das ist (wie) geschenkt c'est donné; j-m etw. ~ (erlassen) tenir q. pour quitte de qch. à q.; (aus~) débiter; (ein~) verser (à boire); **2ung** f donation f; (gemeinnützige) dotation f; **2ungssteuer** f impôt m sur les donations (entre vifs); **2ungs-urkunde** f acte m de donation.

Scherbe [ˈʃɛrbə] f (15) tesson m; in ~n gehen se casser.

Schere [ˈʃeːrə] f (15) ciseaux m/pl.; e-e ~ une paire de ciseaux; (Geflügel2) cisailles f/pl. à volaille; ⊕ cisailles f/pl. à métaux; zo. pince f; **2n** v/t. (30, a. 25) tondre; Haare, Bart: couper; fig. (angehen) regarder; sich ~ um se mêler de; was schert das dich? de quoi te mêles-tu?; F scher dich zum Teufel! va-t-en à tous les diables; **~n** n (d. Schafe) tonte f; (d. Haare) coupe f.

Scheren|fernrohr ⚔ n périscope m binoculaire; **~schleifer** m rémouleur m; **~schnitt** m silhouette f.

Schererei [~rəˈraɪ] f (16) ennuis m/pl., tracasseries f/pl.

Scherflein [ˈʃɛrflaɪn] n (6) obole f.

Scherge [ˈʃɛrɡə] m (13) sbire m.

Scher|kopf [ˈʃeːr-] m tête f rasante; **~maschine** f tondeuse f.

Scherz [ʃɛrts] m (3²) plaisanterie f; (spöttischer) raillerie f; (Schäkerei) badinage m; aus ~, im ~, zum ~ pour rire, par plaisanterie; ~ beiseite! plaisanterie à part!; ~ verstehen entendre raillerie (resp. la plaisanterie); mit j-m ~ treiben se jouer de q.; der ~ geht zu weit cela passe la plaisanterie; **~artikel** m attrape f; **2en** [ˈ~ən] v/i. (27) plaisanter (über j-n q.); über etw. (acc.) ~ tourner qch. en plaisanterie; (schäkern) badiner; (spotten) railler; se moquer; nicht mit sich ~ lassen ne

pas entendre raillerie (resp. la plaisanterie); **~frage** f devinette f; **2haft** adj. plaisant; badin; **~haftigkeit** f humeur f badine; **~name** m sobriquet m; **2weise** adv. pour rire; par plaisanterie; **~wort** n (3) mot m pour rire.

scheu [ʃɔʏ] 1. adj. timide; (menschen~) farouche; (Pferd) ombrageux; ~ machen effaroucher; ~ werden s'effaroucher, (Pferd) s'emballer; 2. **2** f (inv.) crainte f; timidité f; ohne ~ sans crainte, (schonungslos) sans ménagement.

Scheuche [ˈʃɔʏçə] f (15) épouvantail m; **2n** v/t. (25) effaroucher; (ver~) chasser.

scheuen [ˈʃɔʏən] (25) 1. v/i. (Pferd) s'emballer; 2. v/rfl.: sich vor qch. (dat.) ~ avoir peur de qch.; 3. v/t. keine Mühe ~ ne pas plaindre sa peine.

Scheuer [ˈʃɔʏər] f (15) grange f.

Scheuer|bürste f brosse f à frotter (od. à écurer); **~lappen** m torchon m; serpillière f; **~leiste** f antébois m; **2n** v/t. u. v/i. (29) frotter (a. Boden); Töpfe usw.: (r)écurer; Haut: gratter; (sich) wund ~ (s')écorcher.

Scheu|klappe f œillère f; **~leder** n œillère f.

Scheune [ˈʃɔʏnə] f (15) grange f.

Scheusal [ˈʃɔʏzaːl] n (3) monstre m.

scheußlich [ˈʃɔʏslɪç] adj. 'hideux; horrible; **2keit** f 'hideur f; (Tat) atrocité f.

Schi [ʃiː] m (11, pl. ~er) ski m; auf ~ern à (od. en) skis; ~ laufen, ~ fahren faire du ski; **~anzug** m costume m de skieur; **~ausrüstung** f équipement m de ski.

Schicht [ʃɪçt] f (16) couche f (a. fig.); géol. strate f; ⚔ lit m; (Luft2) région f; (Arbeits2) journée f; (Belegschaft) équipe f; ~ machen od. aus sein équipe f; **~arbeit** f travail m en (od. par) équipes (od. par roulement); **2en** [ˈ~ən] v/t. (26) disposer par couches; Holz: empiler; géol. stratifier; **~wechsel** m relève f (des équipes); **2weise** adv. par couches; (bei der Arbeit) par équipes, par roulement; **~wolke** f stratus m.

Schick [ʃɪk] 1. m (3, o.pl.) chic m; ~ haben avoir du chic; 2. **2** adj. chic.

schicken [ˈ~ən] (25) 1. v/t. envoyer; (versenden) expédier; nach j-m ~ envoyer chercher q.; 2. v/rfl.: sich in etw. (acc.) ~ se résigner à qch.; sich in die Umstände ~ s'accommoder aux circonstances; *sich* ~ *für* convenir à; *être convenable à;* **~lich** *adj.* convenable; décent; (bien)séant; **2lichkeit** *f* convenance *f*; décence *f*; bienséance *f*.

Schicksal ['ʃikzaːl] *n* (3) (*Los*) sort *m*; (*waltendes*) destin *m*; (*Fatum*) fatalité *f*; (*das vom* ~ *Bestimmte*) destinée *f*; (*launenhaftes*) fortune *f*; **2haft** *adj.* fatal; **~haftigkeit** *f* fatalité *f*; **~sfrage** *f* question *f* fatale; **~sfügung** *f* fatalité *f*; *litt.* arrêts *m/pl.* du destin; **~sgemeinschaft** *f* communauté *f* de sort (*od.* de destin); **~sschlag** *m* coup *m* du sort; revers *m* de fortune.

Schiebe|dach ['ʃiːbədax] *n* toit *m* coulissant (*od.* ouvrant); **~fenster** *n* fenêtre *f* à coulisse; *Auto* glace *f* coulissante.

schieben ['ʃiːbən] (30) **1.** *v/t.* pousser; (*gleiten lassen*) faire glisser; **2.** *v/rfl.*: *sich* (*vorwärts*) ~ (*Wagen, Fußgänger*) avancer; **3.** *v/i. fig.* (*mit Waren*) trafiquer.

Schieber *m* (7) ⊕ coulant *m*, coulisseau *m*, curseur *m*, tiroir *m*; (*an der Tür*) targette *f*; (*am Reißverschluß*) tirette *f*; (*am Schornstein*) registre *m*; (*Person*) mercanti *m*; trafiquant *m*; profiteur *m*; **~geschäft** *n* affaire *f* de mercanti.

Schiebetür *f* porte *f* à coulisse.

Schiebung *f* commerce *m* illicite; manœuvre *f* frauduleuse.

schied [ʃiːt] *s. scheiden.*

Schieds|gericht ['ʃiːts-] *n* tribunal *m* arbitral (*od.* d'arbitrage); (*gewerbliches*) conseil *m* de prud'hommes; **~mann** *m*, **~richter** *m* arbitre *m*; **2richterlich 1.** *adj.* arbitral; **2.** *adv.* par arbitrage; **~spruch** *m* sentence *f* arbitrale; arbitrage *m*; **~verfahren** *n* procédure *f* arbitrale (*od.* d'arbitrage).

schief [ʃiːf] **1.** *adj.* oblique (*a.* Ⅎ); (*geneigt*) incliné; penché; ~ *und krumm* tortu, contourné; *fig.* faux; erroné; (*zweideutig*) louche; *ein* ~*es Gesicht machen* faire la grimace; **2.** *adv.* obliquement, de travers, de (*od.* en) biais; ~ *hängen* pencher d'un côté; ~ *gewachsen* mal venu, difforme; *j-n* ~ *ansehen* regarder q. de travers.

Schiefer ['ʃiːfər] *m* (7) ardoise *f*; *min.* schiste *m*; **~dach** *n* toit *m* d'ardoise; **~gebirge** *n* montagnes *f/pl.* schisteuses; **~tafel** *f* ardoise *f* (à écrire).

schief|gehen F *fig.* v/i. (sn) tourner mal; **~gewickelt** F *fig. p.p. adjt.* mal embarqué; **~treten** *v/t. Schuhe:* éculer; **~wink(e)lig** ['ʃ-viŋkliç] *adj.* à angle(s) oblique(s).

schielen ['ʃiːlən] **1.** *v/i.* (25) loucher; *nach etw.* ~ lorgner (F guigner) qch.; **2.** **2** ~ *n* strabisme *m*; **~d** *p.pr. adjt.* louche.

schien [ʃiːn] *s. scheinen.*

Schien|bein ['ʃiːn-] *n* tibia *m*; **~e** [~ə] *f* bande *f*; **#** éclisse *f*; *Esb.* rail *m*; **2en** **#** *v/t.* (25) éclisser.

Schienen|bus *m* autorail *m*; **~fahrzeug** *n* véhicule *m* sur rails; **~räumer** ['~rɔymər] *m* chasse-pierres *m*; chasse-corps *m*; **~strang** *m* voie *f* ferrée; **~weg** *m* rails *m/pl.*; *auf dem* ~ par voie ferrée.

schier [ʃiːr] **1.** *adj.* pur; ~*es Fleisch* viande *f* sans os; **2.** *adv.*: ~ *unmöglich* absolument impossible; (*beinahe*) presque.

Schierling ♀ ['ʃiːrliŋ] *m* (3¹) ciguë *f*.

Schieß|baumwolle ['ʃiːs-] *f* coton-poudre *m*; **~bedarf** *m* munitions *f/pl.*; **~befehl** *m* ordre *m* de tirer; **~bude** *f* baraque *f* de tir;

schießen ['ʃiːsən] **1.** *v/t. u. v/i.* (30) tirer (*nach j-m* sur q.; *nach der Scheibe* à la cible); faire feu; *Sp.* tirer; shooter; *sich mit j-m* ~ se battre (au pistolet, *etc.*) avec q.; *fig.* (sn) (*stürzen*) se précipiter; *in die Höhe* ~ (*Pflanzen*) pousser rapidement; (*Preise*) s'envoler; ~ *lassen* lâcher q.; **2.** **2** ~ *n* tir *m*.

Schieß|erei [~'raɪ] *f* (16) (*échange m de*) coups *m/pl.* de feu; fusillade *f*; **~hund** *fig. m*: *aufpassen wie ein* ~ être très attentif; **~platz** *m* (champ *m* de) tir *m*; *artill.* polygone *m*; **~pulver** *n* poudre *f* (à canon); **~scharte** *f* créneau *m*; *artill.* embrasure *f*; **~scheibe** *f* cible *f*; **~sport** *m* tir *m* sportif; **~stand** *m* stand *m* de tir; **~übung** *f* exercice *m* de tir; 𝕏 école *f* à feu; **~vorschrift** *f* instruction *f* sur le tir.

Schiff [ʃif] *n* (3) bateau *m*; (*bsd. Handels2*) navire *m*; (*Kriegs2*) vaisseau *m* (*a. fig.*); (*sehr großes*) bâtiment *m*; (*kleines*) embarcation *f*; (*Kirchen2*) nef *f*; (*Weber2*) navette *f*; *typ.* galée *f*; *auf dem* ~ à bord; **~fahrt** *f* navigation *f*; **~fahrtsgesellschaft** *f* compagnie *f* maritime (*od.* de navigation); **2bar** *adj.* navigable; **~barmachung** *f* (*durch Baggern*) régularisation *f*; **~bau** *m* construction *f* navale; **~bruch** *m* naufrage *m*; **~ erleiden** faire naufrage; **2brüchig** *adj.* naufragé; **~brüchige(r** *m*) [`~bryçigər] *m*, *f* naufragé(e *f*) *m*; **~brücke** *f* pont *m* de bateaux; **~chen** *n* (6) (*Nähmaschine u. Weberei*) navette *f*; **~er** *m* (7) navigateur *m*; (*Schiffsführer*) batelier *m*; (*Binnen*2) marinier *m*; (*See- mann*) marin *m*; matelot *m*; **~erkla- vier** *n* accordéon *m*.

Schiffs|-agentur *f* agence *f* mari- time; **~arzt** *m* médecin *m* de bord; **~bauch** *m* cale *f*; **~besatzung** *f* équi- page *m*; **~eigner** [`~aiknər] *m* arma- teur *m*; **~flagge** *f* pavillon *m*; **~fracht** *f* fret *m*; **~hebewerk** *n* élévateur *m* de bateaux; **~junge** *m* mousse *m*; **~ka- pitän** *m* capitaine *m*; **~katastrophe** *f* catastrophe *f* navale; **~koch** *m* cui- sinier *m* du bord; coq *m*; **~körper** *m* coque *f*; **~kran** *m* crâne *m*; **~küche** *f* cuisine *f* de bord; **~ladung** *f* cargai- son *f*; **~mannschaft** *f* équipage *m*; **~papiere** *m/pl.* papiers *m/pl.* de bord; **~raum** *m* cale *f*; (*Tonnen- gehalt*) tonnage *m*; **~rumpf** *m* coque *f*; **~schraube** *f* hélice *f*; **~tagebuch** *n* journal *m* de bord; **~verkehr** *m* trafic *m* maritime; **~wache** *f* vigie *f*; quart *m*; **~werft** *m* chantier *m* de construc- tion navale; **~zwieback** *m* biscuit *m* de mer.

Schi|gelände *n* terrain *m* de ski; **~ho- se** *f* pantalon *m* de ski; **~hütte** *f* refuge *m*

Schikane [ʃi`kɑːnə] *f* (15) chicane *f*; **2ieren** [~kaˈniːrən] *v/t.* chicaner; **2ös** [~ˈnøːs] *adj.* chicanier.

Schi|langlauf *m* ski *m* de fond; **~lau- fen** *n* ski *m*; **~läufer(in** *f*) *m* skieur *m*, -euse *f*

Schild [ʃilt] 1. *m* (3) bouclier *m*; (*Turnier*2, *Wappen*2) écu *m*; *fig. etw. im ~e führen* avoir un dessein caché; 2. *n* (1) (*Geschäfts*2) enseigne *f*; (*Tür- 2*) plaque *f*; (*für Bekanntmachungen*) écriteau *m*; panneau *m*; **~bür- ger** *m* bourgeois *m* de Schilda; *fig.* nigaud *m*; **~bürgerstreich** *m* nigau- derie *f*; **~drüse** *anat. f* (glande *f*) thyroïde *f*; **~drüsenhormon** *n* thy- roxine *f*.

Schilderhaus ✕ [`ʃildər-] *n* guérite *f*. **schildern** *v/t.* (29) (dé)peindre; (*be- schreiben*) décrire; (*darstellen*) repré- senter; retracer; **2ung** *f* peinture *f*; (*Beschreibung*) description *f*.

Schild|knappe *m* écuyer *m*; **~kröte** *f* tortue *f*; **~krötensuppe** *f* potage *m* à la tortue; **~laus** *f* cochenille *f*; **~patt** [`~pat] *n* (3) écaille *f*; **~wache** *f* sentinelle *f*; factionnaire *m*; **~ stehen** être en faction.

Schilehrer *m* professeur *m* de ski. **Schilf** [ʃilf] *n* (3), **~rohr** *n* roseau *m*; (*Binse*) jonc *m*; **~matte** *f* natte *f* de jonc.

Schilift *m* téléski *m*; monte-pente *m*. **schillern** [`ʃilərn] *v/i.* (29) chatoyer; **~d** *p.pr. adj.* chatoyant; (*Stoffe*) de couleurs changeantes.

schilt(st) [ʃilt(st)] *s. schelten.* **Schimäre** [ʃiˈmɛːrə] *f* (15) chimère *f*. **Schimmel** [`ʃiməl] *m* (7) cheval *m* blanc; ♀ moisi *m*; moisissure *f*; **2ig** *adj.* moisi; *~ werden =* **2n** *v/i.* (29) (se) moisir; **~pilz** *m* pénicillium *m*.

Schimmer [`ʃimər] *m* (7) lueur *f*; (*Licht*) lumière *f*; (*heller*) éclat *m*; *fig. keinen ~ von etw. haben* n'avoir pas la moindre idée de qch.; **2n** *v/i.* (29) (re)luire; (*glänzen*) briller; scintiller.

Schimpanse [ʃimˈpanzə] *m* (13) chimpanzé *m*.

Schimpf [ʃimpf] *m* (3) injure *f*; (*Be- schimpfung*) insulte *f*; outrage *m*; af- front *m*; (*Schmach*) honte *f*; oppro- bre *m*; *mit ~ und Schande* 'honteuse- ment; **2en** [`~ən] (25) 1. *v/i.: ~ auf* (*acc.*) invectiver contre; se répandre en injures (*od.* pester) contre; 2. *v/t.: j-n e-n Dummkopf ~* qualifier q. d'im- bécile; **~erei** [~ˈrai] *f* invectives *f/pl.*, injures *f/pl.*, insultes *f/pl.*; **2lich** *adj.* 'honteux; injurieux; **~name** *m* nom *m* injurieux; **~wort** *n* mot *m* inju- rieux; injure *f*.

Schindel [`ʃindəl] *f* (15) bardeau *m*; **~dach** *n* toit *m* de bardeaux. **schind|en** [`ʃindən] (30) 1. *v/t.* écor- cher, équarrir; *fig.* vexer, tracasser, exploiter; 2. *v/rfl.: sich ~* s'éreinter; **2er** *m* (7) équarrisseur *m*; *fig.* exploi- teur *m*; **2erei** [~ˈrai] *f* équarrissage *m*; *fig.* vexations *f/pl.*, tracasseries *f/pl.*, exploitation *f/pl.*; **2luder** F *n: mit j-m ~ treiben* bafouer q.; **2mähre** *f* rosse *f*, 'haridelle *f*.

Schinken [`ʃiŋkən] *m* (6) jambon *m*; F (*schlechtes Bild*) croûte *f*; **~brötchen** *n* sandwich *m*; **~wurst** *f* saucisson- -jambon *m*.

Schippe [`ʃipə] *f* (15) pelle *f*; **2n** (25) *v/t.* ramasser (*v/i.* travailler) à la pelle.

Schirm [ʃirm] m (3) (Lampen⸦) abat-jour m; (Regen⸦) parapluie m; (Sonnen⸦) ombrelle f, (großer) parasol m; (Wand⸦) paravent m; (Schutz-⸦, Bild⸦) écran m; (Mützen⸦) visière f de casquette; fig. protection f; abri m; **⸦bild-aufnahme** f radiophotographie f; **⸦herr** m protecteur m; **⸦herrschaft** f protection f; **⸦-mütze** f casquette f à visière; **⸦ständer** m porte-parapluies m.

Schi|schuhe m/pl. chaussures f/pl. de ski; **⸦schule** f école f de ski.

Schisma [ˈʃisma] n (9¹ od. 11²) schisme m; **⸦tisch** [ˈʃmaːtiʃ] adj. schismatique.

Schi|sport m (sport m du) ski m; **⸦springen** n saut m à skis (od. au tremplin).

Schiß [ʃis] m (4) ∨ merde f; P ⸦ haben avoir le trac.

Schi|stock m bâton m de ski; **⸦wachs** n fart m; **⸦wanderung** f excursion f à skis.

schizophren [ʃitsoˈfreːn] adj. schizophrène; **⸦ie** [⸦ˈniː] f (15) schizophrénie f.

schlabbern F [ʃlabərn] v/t. u. v/i. laper.

Schlacht [ʃlaxt] f (16) bataille f (bei de); e-e ⸦ liefern livrer bataille (bei près de); **⸦bank** f étal m (de boucher); fig. boucherie f; **⸦beil** n 'hache f de boucher; **⸦en** v/t. tuer; abattre; Huhn, Schwein: saigner; (opfern) immoler; (hinmorden) égorger; **⸦en** n abattage m; (Opfern) immolation f; **⸦enbummler** Sp. m supporter m.

Schlächter [ˈʃlɛçtər] m (7) boucher m; fig. bourreau m; **⸦ei** [⸦ˈraɪ] f boucherie f (a. fig.).

Schlacht|feld n champ m de bataille; **⸦getümmel** n mêlée f; **⸦gewicht** n poids m abattu; **⸦haus** n abattoir m; **⸦opfer** n victime f; **⸦ordnung** f ordre m de bataille; in ⸦ aufstellen ranger en bataille; **⸦plan** m plan m de bataille; **⸦ruf** m cri m de guerre; **⸦schiff** n bâtiment m de ligne; cuirassé m d'escadre; **⸦ung** f = Schlachten; **⸦vieh** n bétail m de boucherie.

Schlack|e [ˈʃlakə] f (15) scorie f; crasse f; fig. impureté f; **⸦enhalde** f crassier m, 'halde f (aux scories); **⸦wurst** f cervelas m.

Schlaf [ʃlaːf] m (1³) sommeil m; (Schlummer) somme m; im ⸦ en dormant; fig. les yeux fermés; e-n gesunden ⸦ haben dormir d'un bon sommeil; in tiefem ⸦ liegen être plongé dans un profond sommeil; aus dem ⸦ befällt mich le sommeil me prend; sich des ⸦s nicht erwehren können tomber de sommeil; **⸦anzug** m pyjama m; **⸦couch** f divan-lit m.

Schläfchen [ˈʃlɛːfçən] n (6) (petit) somme m; (Mittags⸦) sieste f.

Schläfe [ˈʃlɛːfə] f (15) tempe f.

schlafen v/i. (30) dormir; (schlummern) sommeiller (a. fig., nicht aufpassen); sich ⸦ legen (aller) se coucher; mit (od. bei) j-m ⸦ coucher avec q.; auswärts ⸦ découcher; in s-n Kleidern ⸦ coucher tout habillé; **⸦szeit** f heure f de se coucher.

Schläfer(in f) m (7) dormeur m, -euse f.

schlaff [ʃlaf] adj. lâche; (weich) mou; (welk) flasque; (matt) veule; ⸦ machen relâcher; ⸦ werden se relâcher; **⸦heit** f relâchement m; mollesse f; veulerie f.

Schlafgemach n chambre f à coucher.

Schlaffittchen F [ʃlaˈfitçən] n: j-n beim ⸦ nehmen prendre q. au collet.

Schlaf|krankheit f maladie f du sommeil; **⸦lied** n berceuse f; **⸦los** adj.: ⸦e Nacht nuit f blanche; **⸦losigkeit** f insomnie f; **⸦mittel** n soporifique m, somnifère m, dormitif m; **⸦mütze** f bonnet m de nuit; F fig. endormi m; **⸦raum** m = Schlafsaal, Schlafzimmer.

schlafrig [ˈʃlɛːfriç] adj. somnolent; ⸦ sein avoir sommeil; ⸦ machen donner envie de dormir; endormir; **⸦keit** f somnolence f; envie f de dormir.

Schlaf|rock m robe f de chambre; **⸦saal** m dortoir m; **⸦sack** m sac m de couchage; **⸦sofa** n divan-lit m; **⸦stadt** f cité-dortoir f; **⸦stelle** f couche f; (Quartier) gîte m; **⸦sucht** f somnolence f; **⸦tablette** f comprimé m soporifique; **⸦trunk** m potion f soporative; **⸦trunken** adj. accablé de sommeil; somnolent; **⸦wagen** Esb. m wagon-lit m; **⸦wandeln** v/i. être somnambule; **⸦wandler(in** f) m somnambule m, f; **⸦wandlerisch** adj.: mit ⸦er Sicherheit d'une sûreté de somnambule; **⸦zimmer** n chambre f à coucher.

Schlag [ʃlaːk] m (3) coup m; mit e-m ~ d'un seul coup; ~ auf ~ coup sur coup; ~ 4 Uhr à quatre heures sonnantes; ein ~ ins Wasser un coup d'épée dans l'eau; ♣ coup m de sang; (attaque f d')apoplexie f; vom ~ gerührt frappé d'apoplexie; (Herz♀) battement m; (Puls♀) pulsation f; (Art) espèce f; sorte f; race f; sie sind beide e-s ~es ils sont de même trempe (od. mv. p. du même acabit); (Wagen♀) portière f; (Wegschranke) barrière f; ⚡ commotion f électrique; (Hitz♀) insolation f; (Klaps) tape f; (Tauben♀) volière f; for. coupe f; ♪ sole f; ~ader f artère f; ~anfall [l~ʾanfal] m (attaque f d')apoplexie f; ♀-artig adj. subit; ~baum m barrière f; ~bohrer ⊕ m fleuret m; ~bohrmaschine f perforatrice f par percussion; ~bolzen ⚡ m percuteur m.

schlagen [ˈʃlaːgən] **1.** v/t. (30) battre (mit der Faust du poing); frapper; (klapsen) taper; (besiegen) vaincre; défaire; Brücke: jeter; Eier, Sahne: fouetter; Holz: couper; abattre; Takt: battre; Kreis: décrire; Falten: faire; Stunden: sonner; die Zinsen zum Kapital ~ joindre les intérêts au capital; **2.** v/i. (Herz) battre; palpiter; (Pferd) ruer; (Glocke, Uhr) sonner; es schlägt 4 Uhr quatre heures sonnent; e-e geschlagene Stunde une heure d'horloge; (Motor) cogner; (Rad) flotter; nach j-m ~ porter un coup à q., (arten) tenir de q., ressembler à q.; gegen (an acc.) etw. ~ donner contre qch., (Regen) fouetter qch.; **3.** v/rfl.: sich mit j-m ~ se battre contre (od. avec) q.; **4.** ♀ n = Schlag; ~d p-pr. adj.: frappant; (überzeugend) convaincant; 🌂 ~e Wetter n/pl. grisou m.

Schlager [ˈʃlaːgər] m (7) dernier succès m; ♣ clou m; ♪ air m à la mode, péj. scie f.

Schläger [ˈʃlɛːgər] m (7) (Degen) rapière f; (Tennis♀) raquette f; (Hockey♀) crosse f; (Raufbold) bretteur m; ~ei [~ˈraı] f bagarre f; rixe f.

Schlagersänger(in f) m chanteur m, -euse f d'airs à la mode.

schlag|fertig adj. prêt à se battre; fig. ~ sein être prompt à la riposte; ~ antworten répondre du tac au tac; ♀fertigkeit f fig. promptitude f de riposte; ♀holz Sp. n batte f; ♀-in-

strument n instrument m de percussion; ♀kraft f force f; ~kräftig adj. fort; (Grund) concluant; ♀licht n échappée f (fig. trait m) de lumière; ~loch n nid-de-poule m; ♀-obers n östr. ♀rahm m schweiz. = Schlagsahne; ♀ring m coup-de-poing m; ♀sahne f crème f fouettée; ♀schatten m ombre f portée; ♀seite ♣ f bande f; ♀wechsel m (beim Boxen) échange m de coups; ♀werk n (e-r Uhr) sonnerie f; 🌂 ♀wetter 🌂 n grisou m; ♀wort n (3) slogan m; ♀zeile f manchette f; ♀zeug ♪ n batterie f de jazz-band.

schlaksig [ˈʃlaːksiç] adj. dégingandé, gauche.

Schlamassel F [ʃlaˈmasəl] m u. n (7) embarras m, déveine f; (Durcheinander) gâchis m.

Schlamm [ʃlam] m (3) limon m; (Schlick) vase f; (Morast) bourbe f; (Schmutz) fange f (a. fig.); boue f; ~bad n bain m de boue.

schlämmen [ˈʃlɛmən] v/t. Kreide usw.: laver.

schlammig adj. limoneux; (morastig) bourbeux.

Schlämmkreide f blanc m de Meudon.

Schlampe V [ˈʃlampə] f (15) salope f; souillon f; ~erei [~ˈraı] f laisser-aller m; désordre m; négligence f; ♀ig adj. malpropre; négligé; (Arbeit) salopé; bâclé.

schlang [ʃlaŋ] s. schlingen.

Schlange [ˈʃlaŋə] f (15) serpent m; ⊕ serpentin m; fig. F vipère f; ~ stehen faire la queue.

schlängeln [ˈʃlɛŋəln] v/rfl. (29): sich ~ serpenter; (Weg) faire des lacets; sich ~ um s'entortiller autour de.

Schlangen|beschwörer m charmeur m de serpents; ~biß m morsure (od. piqûre) f de serpent; ~gift n venin m de serpent; ~haut f peau f de serpent; ~kraut ♀ n serpentaire f; ~linie f ligne f serpentine; ~mensch m contorsionniste m; ~rohr 🔫 n serpentin m.

schlank [ʃlaŋk] adj. svelte; élancé; (fein, zart) délié; grêle; gracile; ♀heit f sveltesse f; (Zartheit) gracilité f; ♀heitskur f cure f d'amaigrissement; ~weg adv. sans façons; F tout de go.

schlapp [ʃlap] adj. aveuli; F avachi; ♀e [ˈ~ə] f (15) échec m (erleiden essuyer); **2hut** m chapeau m mou; **~machen** F v/i. lâcher pied, défaillir; **2schwanz** fig. F m chiffe f (molle).

Schlaraffen|land [ʃlaˈrafən-] n (**~leben** 2) pays m (vie f) de cocagne.

schlau [ʃlaʊ] adj. fin; finaud; rusé; malin; adroit; **2berger** F [ˈ~bɛrgər] m (7) malin m; finaud m.

Schlauch [ʃlaʊx] m (3³) tuyau m; (Wein2, Öl2) outre f; (Luft2) chambre f à air; **~boot** n canot m pneumatique; **2los** adj. (Reifen) sans chambre à air; tubeless m; **~er** Reifen a. tubeless m; **~wagen** m (für e-n Gartenschlauch) dévidoir-chariot m, chariot m à tuyau.

schlauer'weise adv. adroitement.

Schlaufe [ˈʃlaʊfə] f (15) (Gürtel2) passant m; (Stiefel2) tirant m; (an der Kleidung) porte f; (Knoten2) nœud m coulant.

Schlau|heit f ruse f; finesse f; **~kopf** m, **~meier** m = Schlauberger.

schlecht [ʃlɛçt] **1.** adj. mauvais; (erbärmlich) méchant; (Trost) triste; piètre; (Zeit) dur; difficile; ~ werden se gâter; mir ist ~ je me sens mal; j'ai mal au cœur; das ist ~ von Ihnen c'est mal de votre part; **2.** adv. mal; ~ und recht tant bien que mal; an j-m ~ handeln se conduire mal avec q.; auf j-n ~ zu sprechen sein ne pas porter q. dans son cœur; **~er** (comp. v. schlecht) **1.** adj. plus mauvais; (schlimmer) pire; **2.** adv. plus mal; pis; ~ werden empirer; immer ~ de mal en pis; **~erdings** [ˈ~ʔɛrdɪŋs] adv. tout simplement; absolument; **2er-stellung** f classification f inférieure; discrimination f; **~gelaunt** [ˈ~gə-laʊnt] adj. de mauvaise humeur; **~hin** adv. tout simplement; tout bonnement; **2igkeit** f mauvais état m; (sittliche) perversité f; (Bosheit) méchanceté f; **~machen** v/t.: j-n ~ dire du mal de q.; médire de q.; **2wetterfront** f front m de mauvais temps.

schlecken [ˈʃlɛkən] v/t. lécher; (naschen) manger des friandises.

Schlecker|ei [~ˈraɪ] f (16) friandise f; **~maul** F n friand(e f) m.

Schlegel [ˈʃleːgəl] m (7) battoir m; (Trommel2) baguette f; cuis. cuisse f; gigot m; ⊕ maillet m.

Schleh|dorn [ˈʃleː-] m prunellier m; **~e** [ˈ~ə] f (15) prunelle f.

schleich|en [ˈʃlaɪçən] v/i. (30, sn) se glisser; sich heimlich in etw. (acc.) ~ s'introduire furtivement dans qch.; sich heimlich aus etw. ~ sortir furtivement de qch.; **~end** p.pr. adjt. rampant; (heimlich) furtif; (Übel) lent; **2er** m fig. sournois m; **2handel** m trafic m clandestin; marché m noir; **2händler** m trafiquant m; **2weg** m chemin m détourné.

Schleier [ˈʃlaɪər] m (7) voile m; (Gesichts2) voilette f; (Nebel2) rideau m; **~eule** f orfraie f (effraie f); **2haft** adj. fig. mystérieux.

Schleife [ˈʃlaɪfə] f (15) nœud m; (Laufschlinge) nœud m coulant; (runde) rosette f; cocarde f; ch. lacs m; Flgw. boucle f; volte f; (Weg2) lacet m.

schleif|en v/t. (30) (schleppen) traîner; (schärfen) aiguiser; affiler; (abziehen) repasser; Stein: tailler; Glas: biseauter; Mauer: démolir; Festung: raser; démanteler; ♪ tu. gr. lier; fig. j-n ~ dresser q.; **2en** n aiguisage m; (v. Stein) taille f; (v. Glas) biseautage m; (e-r Mauer) démolition f; (e-r Festung) démantèlement m; **2erei** [~ˈraɪ] f aiguiserie f; **2maschine** f machine f à aiguiser; **2papier** n papier m d'émeri, papier-émeri m; **2stein** m pierre f à aiguiser; (drehbarer) meule f.

Schleim [ʃlaɪm] m (3) viscosité f; physiol. mucosité f; (zäher, dicker) glaire f; (e-r Schnecke) bave f; cuis. crème f; **~absonderung** f sécrétion f muqueuse; **~auswurf** m expectoration f; **~drüse** f (glande f) muqueuse f; **2en** phm. [ˈ~ən] v/i. former un mucilage; **~haut** f muqueuse f; (Nasen2) membrane f pituitaire; **2ig** adj. muqueux; glaireux; visqueux; fig. doucereux.

schlemm|en [ˈʃlɛmən] v/i. (25) faire bombance (P ripaille); **2er** m (7) viveur m; P ripailleur m; **2erei** [~ˈraɪ] f bombance f; P ripaille f.

schlen|dern [ˈʃlɛndərn] v/i. (29) aller son petit train; (umher~) flâner; **2drian** m (3) routine f; F train-train m.

schlenkern [ˈʃlɛŋkərn] v/i. (29): mit den Beinen ~ brandiller les jambes; mit den Armen ~ aller les bras ballants.

Schlepp|-antenne [ˈʃlɛp-] f antenne f pendante (od. traînante); **~dampfer** m remorqueur m; **~e** f (15) traîne f;

queue f; 2en ['ʃlepən] v/t. (25) traîner; ♣ remorquer; 'haler; 2end p.pr. adj. traînant; (Börse) languissant; ~er m (7) ♣ = Schleppdampfer; (Auto) tracteur m; ~kahn m péniche f; ~lift m (re)monte-pente m; téléski m; ~netz n seine f; chalut m; ~seil n, ~tau n remorque f (a. fig.); Flgw. guiderope m; ins ~ nehmen prendre à la remorque; sich von j-m ins ~ nehmen lassen se mettre à la remorque de q.; ~zug m ♣ un convoi m remorqué, train m de péniches remorquées.

Schles|ier(in f) ['ʃle:zjər(in)] m (7) Silésien(ne f) m; ~isch adj. silésien.

Schleuder ['ʃlɔydər] f (15) fronde f; Flgw. catapulte f; durch ~ starten être catapulté; ~ball m ballon m à lanière; ~honig m miel m d'extracteur; ~maschine f machine f centrifuge; Flgw. catapulte f; 2n (29) 1. v/t. lancer; ✝ vendre à vil prix; 2. v/i. (Auto) déraper; ~n lancement m; (e-s Autos) dérapage m; ~preis m vil prix m; ~sitz m siège m éjectable; ~ware ✝ f camelote f.

schleunig ['ʃlɔyniç] adj. prompt; rapide; ~st ['~çst] adv. au plus vite.

Schleus|e ['ʃlɔyzə] f écluse f; 2en v/t. écluser; fig. manœuvrer; ~enkammer f chambre f (od. sas m) d'écluse; ~entor n porte f d'écluse; ~enwärter m éclusier m.

schlich [ʃliç] s. schleichen.

Schliche ['ʃliçə] m/pl. intrigues f/pl.; ruses f/pl.; hinter j-s ~ kommen découvrir les intrigues de q.

schlicht adj. simple; (glatt) plat; ~en ['ʃliçtən] v/t. (26) Streit: vider; (ebnen) aplanir; 2er m (7) médiateur m; arbitre m; 2heit f simplicité f; 2ung f arrangement m; accommodement m; conciliation f; 2ungs-ausschuß m commission f de conciliation (od. d'arbitrage); 2ungsverfahren n procédure f de conciliation (od. d'arbitrage).

Schlick [ʃlik] m (3) vase f; limon m.

schlief [ʃli:f] s. schlafen.

schließ|en ['ʃli:sən] v/t. (30) fermer; (ein~) enfermer; in sich ~ renfermer; impliquer; comprendre; (beenden) terminer; finir; Versammlung: clore; Sitzung: lever; Bündnis: contracter; Freundschaft: nouer; Vertrag, Geschäft, Ehe: conclure; Kreis: former; Reihen: serrer; (folgern) conclure (aus de); von sich auf andere ~

juger d'autrui par soi-même; 2er m (7) concierge m; (Gefängnis2) geôlier m; 2fach n (Bank2) compartiment m de coffre-fort; (Post2) boîte f postale; ~lich adv. finalement, en fin de compte; ~ etw. tun finir par faire qch.; 2muskel m sphincter m; 2ung f fermeture f; (Ehe2, Vertrags2) conclusion f (a. Schlußfolgerung); (e-r Versammlung) clôture f.

schliff [ʃlif] s. schleifen.

Schliff m (3) poli m; (Schleifen2) polissage m; (v. Steinen) taille f; fig. politesse f; savoir-vivre m; ✕ dressage m.

schlimm [ʃlim] 1. adj. mauvais; (ernst) grave; (ärgerlich) fâcheux; (böswillig) méchant; (boshaft) malicieux; (krank) malade; (Zeit) difficile; e-n ~en Fuß haben avoir mal au pied; 2. adv. mal; ~ stehen aller mal; ~er ['~ər] (comp. v. schlimm) 1. adj. pire; 2. adv. pis; ~ werden empirer; ~st (sup. v. schlimm) 1. adj. le pire; 2. adv. le pis; auf das 2e gefaßt sein s'attendre à tout; ~stenfalls ['~stən-'fals] adv. au pis aller; en mettant les choses au pis.

Schling|e ['ʃliŋə] f (15) lacet m (a. ch.); (Lauf2) nœud m coulant; (Masche) maille f; (Binde) écharpe f; ch. collet m; e-e ~ legen tendre un collet; in der ~ fangen prendre au collet; fig. piège m; fig. in die ~ geraten donner dans le panneau; sich aus der ~ ziehen se tirer d'affaire; ~el ['~əl] m (7) polisson m; garnement m; 2en v/t. (30) (schlucken) avaler; engloutir; (ineinander~) entrelacer; sich ~ um s'entortiller autour de; (Pflanze) grimper à; 2ern ♣ v/i. (29) rouler; ~ern ['~ərn] n(6) roulis m; ~gewächse n/pl., ~pflanzen f/pl. plantes f/pl. grimpantes.

Schlips [ʃlips] m (4) cravate f.

Schlitten ['ʃlitən] m (6) traîneau m; (Rodel2) luge f; ~ fahren aller en traîneau, (rodeln) luger; ~bahn f piste f de traîneau; ~fahrt f promenade f (od. course f) en traîneau; ~lift m télétraîneau m.

Schlitter|bahn f glissoire f; 2n ['~ərn] v/i. (29) glisser.

Schlittschuh m patin m; ~ laufen patiner; ~laufen n patinage m; ~läufer(in f) m patineur m, -euse f.

Schlitz [ʃlits] m fissure f; (Spalte) fente f; (am Kleid) taillade f; (am

Ärmel) crevé *m*; (*Hosen⁀*) braguette *f*; **~-augen** *n/pl.* yeux *m/pl.* (fendus) en amande; **⁀-äugig** [ˈ⁀ɔʏɡɪç] *adj.* qui a les yeux (fendus) en amande; **⁀en** *v/t.* (27) fendre; taillader; (*auf⁀*) éventrer; **~verschluß** *phot. m* obturateur *m* à rideau.

schlohweiß [ˈʃloː-] *adj.* blanc comme neige.

schloß [ʃlɔs] *s.* schließen.

Schloß *n* (2¹) (*Bau*) château *m*; (*Tür⁀*) serrure *f*; (*Vorhänge⁀*) cadenas *m*; (*Gewehr⁀*) platine *f*; **hinter ~ und Riegel** sous les verrous.

Schlosser [ˈʃlɔsər] *m* (7) serrurier *m*; **~arbeit** *f* serrurerie *f*; **~ei** [~ˈraɪ] *f* serrurerie *f*; **~werkstatt** *f* atelier *m* de serrurier.

Schloßherr(in *f*) *m* châtelain(e *f*) *m*.

Schlot [ʃloːt] *m* (3[³]) cheminée *f*; F **rauchen wie ein ~** fumer comme une locomotive.

schlott(e)rig [ˈʃlɔt(ə)rɪç] *adj.* vacillant; flageolant; (*Gang*) mal assuré; **~ern** *v/i.* (vor *Kälte*) trembler (de froid); (*Beine*) flageoler; **die Kleider ~ ihm um die Glieder** il flotte dans ses vêtements.

Schlucht [ʃluxt] *f* (16) gorge *f*; (*Hohlweg*) ravin *m*.

schluchzen [ˈʃluxtsən] **1.** *v/i.* (27) sangloter; **2.** ⁀ *n* (6) sanglots *m/pl.*

Schluck [ʃluk] *m* (3[³]) gorgée *f*; *in e-m ~* d'un trait, d'un coup; **~auf** *m* 'hoquet *m*; **⁀en** *v/t.* (25) avaler; *physiol.* déglutir; **~er** *m* (7): *armer ~* pauvre diable *m*; **~impfung** *f* vaccination *f* par ingestion (*od.* par voie buccale).

schludern [ˈʃluːdərn] *v/i.* bâcler; F bousiller.

schlug [ʃluːk] *s.* schlagen.

Schlummer [ˈʃlumər] *m* (7) sommeil *m* (léger); (*petit*) somme *m*; **~lied** *n* berceuse *f*; **⁀n** *v/i.* (29) sommeiller; **⁀nd** *fig. p.pr. adj.* caché, potentiel.

Schlund [ʃlunt] *m* (3³) gosier *m*; gorge *f*; (*Abgrund*) gouffre *m*.

schlüpf|en [ˈʃlʏpfən] *v/i.* (25, sn) (se) glisser; se couler; *in das Kleid ~* passer sa robe; *in die Hosen ~* enfiler ses pantalons; *aus dem Ei ~* sortir de l'œuf; éclore; **⁀er** *m* (7) slip *m*.

Schlupfloch *n* refuge *m*; *fig.* échappatoire *f*.

schlüpfrig *adj.* glissant; *fig.* délicat; scabreux; (*zweideutig*) équivoque; (*unzüchtig*) lascif; obscène; **⁀keit** *f*

fig. lasciveté *f*; obscénité *f*.

Schlupfwinkel *m* cachette *f*; (*wilder Tiere*) repaire *m*.

schlurfen [ˈʃlurfən] *v/i.* (sn) traîner les pieds.

schlürfen [ˈʃlʏrfən] (25) **1.** *v/t.* 'humer; F siroter; **2.** *v/i.* boire (*resp.* manger) bruyamment.

Schluß [ʃlus] *m* (4²) fin *f*, terminaison *f*; (*e-r Debatte, Versammlung*) clôture *f*; *zum ~* à la fin, pour finir; *rhét.* conclusion *f*; péroraison *f*; ♪ finale *m*; (*Folgerung*) conséquence *f*; *logischer ~* syllogisme *m*; **~bemerkung** *f* remarque *f* finale; **~bericht** *m* rapport *m* final.

Schlüssel [ˈʃlʏsəl] *m* (7) clé (*od.* clef) *f* (a. *fig. u.* ♪); **~bart** *m* panneton *m* (de clé); **~bein** *⚓ n* clavicule *f*; **~blume** *f* primevère *f*; **~bund** *m od.* n trousseau *m* de clés; **~fertig** *adj.* (*Haus*) clés en main; **~figur** *f* personnage-clé *m*; **~industrie** *f* industrie-clé *f*; **~loch** *n* trou *m* de serrure; **~ring** *m* porte-clés *m*; **~roman** *m* roman *m* à clé; **~stellung** *f* position-clé *f*; **~wort** *n* mot-clé *m*.

Schluß|feier *f* cérémonie *f* de clôture; **~folge(rung)** *f* conclusion *f*.

schlüssig [ˈʃlʏsɪç] *adj.* concluant; *~ sein* être résolu; *(sich) ~ werden* se résoudre (*etw. zu tun* à faire qch.).

Schluß|licht *n* feu *m* arrière; **~notierung** *†* *f* cote *f* de clôture; **~pfiff** *m* coup *m* de sifflet final; **~runde** *Sp. f* tour *m* final; **~satz** *m* (*e-r Rede*) conclusion *f*; ♪ finale *m*; **~sitzung** *f* séance *f* de clôture; **~stein** *m* clef *f* de voûte; **~strich** *m*: *e-n ~ ziehen* tirer un trait; **~verkauf** *m* vente *f* de fin de saison; **~wort** *n* (3) dernière parole *f*; (*Nachwort*) épilogue *m*.

Schmach [ʃmaːx] *f* (16, *o.pl.*) ignominie *f*; 'honte *f*; (*Schimpf*) affront *m*.

schmachten [ˈʃmaxtən] *v/i.* (26) languir (*nach* après); soupirer (après); **~d** *p.pr. adj.* languissant; soupirant; **~e Blicke** regards *m/pl.* langoureux.

schmächtig [ˈʃmɛçtɪç] *adj.* maigre; grêle; chétif.

schmachvoll [ˈʃmaːx-] *adj.* ignominieux; honteux.

schmackhaft [ˈʃmakhaft] *adj.* savoureux; **⁀igkeit** *f* bon goût *m*; saveur *f*.

schmäh|en [ˈʃmɛːən] *v/t.* (25) outrager; injurier; (*herabsetzen*) diffamer; **~lich** *adj.* 'honteux; ignominieux;

2rede f invectives f/pl.; **2schrift** f libelle m; pamphlet m; **2sucht** f médisance f; **2ung** f injure f; diffamation f.

schmal [ʃmɑːl] adj. (18[²]) étroit; (lang u. dünn) effilé; (schmächtig) grêle; (mager) maigre; (Gesicht) fin; (Taille) mince (a. fig.); fig. chiche; ~er machen rétrécir; ~er werden se rétrécir; ~e Kost maigre pitance f.

schmäl|ern [ˈ~ɐn] v/t. rétrécir; (verringern) amoindrir; diminuer; Ruf: rabaisser; dénigrer; t⁄₄ déroger à; **2erung** f rétrécissement m; (Verringerung) amoindrissement m; diminution f; t⁄₄ dérogation f.

Schmal|film|kamera [ʃmɑːl] m (caméra f à) film m de format réduit; **~hans** m: bei ihm ist ~ Küchenmeister il sert maigre pitance; **~spurbahn** f chemin m de fer m à voie étroite; **~spurig** adj. à voie étroite.

Schmalz [ʃmalts] n (3²) graisse f (fondue); (Schweine2) saindoux m; **2ig** adj. graisseux; fig. sentimental.

schmarotzen [ʃmaˈrɔtsən] v/i. (27) écornifler; faire le parasite; **2er** m (7) écornifleur m; parasite m; **2erleben** n vie f de parasite; **2erpflanze** f plante f parasite; **2ertum** n parasitisme m.

Schmarr|e [ˈʃmarə] f (15) balafre f; (Narbe) cicatrice f; ~n m (6) cuis. galette f; fig. F navet m.

Schmatz F [ʃmats] m (3²) bécot m; gros baiser m; **2en** [ˈ~ən] v/i. (27) bécoter; (laut essen) manger bruyamment.

schmauchen F [ˈʃmauxən] v/t. u. v/i. fumer avec jouissance.

Schmaus [ʃmaus] m (4²) festin m; régal m; **2en** [ˈ~zən] v/i. (27) faire bonne chère; se régaler.

schmecken [ˈʃmɛkən] (25) **1.** v/t. (kosten) goûter, Getränke: déguster; **2.** v/i.: nach etw. ~ sentir qch.; avoir un goût de qch.; nach nichts ~ n'avoir aucun goût; sich etw. ~ lassen se régaler de qch.; manger qch. de bon appétit; fein (od. gut) ~ être bon; j-m ~ plaire à q.; être au goût de q.; wie schmeckt's? est-ce bon?; das schmeckt mir gut je trouve cela bon; das schmeckt nach mehr cela a un goût de revenez-y.

Schmeichel|ei [ʃmaiçəˈlai] f (16) flatterie f; (Liebkosung) cajolerie f; câlinerie f; (niedrige) adulation f; **2haft**

adj. flatteur; **~katze** F f caresseur m, -euse f, cajoleur m, -euse f; **2n** [ˈʃmaiçəln] v/i. (29): j-m ~ flatter q. (mit de), (liebkosend) caresser q., cajoler q., câliner q.; (niedrig) aduler q.

Schmeichler|(in f) m (7) flatteur m, -euse f; (liebkosender) cajoleur m, -euse f; (niedriger) adulateur m, -trice f; **2isch** adj. flatteur; câlin.

schmeiß|en F [ˈʃmaisən] v/t. (30) flanquer, lancer; e-e Runde ~ payer une tournée; **2fliege** f mouche f bleue (od. à viande).

Schmelz [ʃmɛlts] m (3³) émail m; (der Stimme) charme m mélodieux; **2bar** adj. fusible; **~barkeit** f fusibilité f; **2en** [ˈʃmɛltsən] (30, sn) fondre; (Metall a.) entrer en fusion; (Herz) se fondre; (flüssig werden) se liquéfier; **2.** v/t. (27) fondre; **~en** n fonte f; fusion f; (Verflüssigung) liquéfaction f; **2end** p.pr. adjt. fondant; fig. languissant; ♪ mélodieux; **~hütte** f fonderie f; **~ofen** m four m de fusion; **~punkt** m point m de fusion; **~tiegel** m creuset m.

Schmerbauch F [ˈʃmeːr~] m gros ventre m, panse f.

Schmerz [ʃmɛrts] m (5¹) douleur f; (Leiden) souffrance f; (Weh) mal m; (Kummer) peine f; chagrin m; **2-empfindlich** adj. sensible à la douleur; **2en** [ˈ~ən] v/i. (27) causer de la douleur (à); (weh tun) faire mal à.)

Schmerzens|geld n dédommagement m; **~schrei** m cri m de douleur.

schmerz|-erfüllt p.p. adjt. plein de douleur; **~haft** adj. douloureux; (Glied) endolori; **~lich** adj. douloureux; fig. pénible; affligeant; **~lindernd** p.pr. adjt. calmant; **2⁄₄** sédatif; **~los** adj. sans douleur; **2⁄₄** indolore; **~stillend** p.pr. adjt. calmant; **2⁄₄** sédatif.

Schmetter|ball [ˈʃmɛtərbal] m (Tennis) smash m; **~ling** [ˈ~lɪŋ] m (3¹) papillon m; **~lings-stil** m (Schwimmen) brasse f papillon.

schmettern [ˈʃmɛtərn] (29) **1.** v/t. lancer avec violence; Lied: lancer; **2.** v/i. éclater; (Trompete) retentir; (Nachtigall) faire des roulades; **~d** p.pr. adjt. retentissant; éclatant.

Schmied [ʃmiːt] m (3) forgeron m; (Huf2) maréchal m ferrant; fig. forgeur m; artisan m; **2bar** adj. malléable.

Schmiede ['ʃmiːdə] f (15) forge f; **~eisen** n fer m forgé; **2-eisern** adj. de (od. en) fer forgé; **~hammer** m marteau m de forge; **2n** v/t. (26) forger (a. fig.); sich ~ lassen être malléable; *Ränke:* ourdir; tramer; *Verse* ~ rimailler.

schmieg|en ['ʃmiːgən] v/rfl. (25): sich ~ se plier; sich ~ an (acc.) se serrer (od. se blottir) contre; **~sam** adj. flexible; fig. souple; **2samkeit** f flexibilité f; fig. souplesse f.

Schmier|büchse f boite f à graisse; **~e** f (15) ⊕ graisse f; lubrifiant m; (*Wagen2*) cambouis m; (*Schmutz*) crasse f; thé. théâtre m forain; P ~ stehen faire le guet; **2en** ['ʃmiːrən] v/t. (25) (*aufstreichen*) étendre (auf acc. sur); (*bestreichen*) enduire (mit de); ⊕ lubrifier; mit Fett ~ graisser; mit Öl ~ huiler; mit Butter ~ beurrer; (*sudeln*) barbouiller; fig. j-n ~ (*bestechen*) F graisser la patte à q.; wie geschmiert gehen aller comme sur des roulettes; **~en** n ⊕ lubrification f; ~ mit Fett graissage m; ~ mit Öl huilage m; (*Sudeln*) barbouillage m; **~enschauspieler** F m cabotin m; **~erei** [~'raɪ] f (16) (*Sudelei*) barbouillage m; **~fink** F m souillon m, f; **~geld** n pot-de-vin m; **2ig** adj. graisseux; (*schmutzig*) crasseux; sale; sich ~ machen s'embarbouiller; **~mittel** n lubrifiant m; **~öl** n huile f de graissage; **~seife** f savon m mou; **~ung** f = Schmieren; **~vorrichtung** f graisseur m.

schmilzt [ʃmɪltst] s. schmelzen.

Schminke ['ʃmɪŋkə] f (15) fard m; rote ~ rouge m; weiße ~ blanc m; ~ auflegen = **2en 1.** v/t. farder; maquiller; **2.** v/rfl.: sich ~ a. mettre du rouge (resp. du blanc); **~en** n maquillage m; **~stift** m fard m en bâton (od. en crayon).

Schmirgel ['ʃmɪrgəl] m (7) émeri m; **2n** v/t. (29) polir à l'émeri; **~papier** n papier m d'émeri.

schmiß [ʃmɪs] s. schmeißen.

Schmiß m (4) (*Narbe*) balafre f; (*Schneid*) cran m.

schmissig F ['ʃmɪsɪç] adj. plein d'entrain, entraînant.

Schmöker F ['ʃmøːkər] m (7) bouquin m; **2n** F v/i. (29) bouquiner.

schmoll|en ['ʃmɔlən] v/i. (25) bouder (mit j-m q.); **2en** n bouderie f; **2winkel** m: im ~ sitzen bouder.

schmolz [ʃmɔlts] s. schmelzen.

Schmor|braten ['ʃmoːr-] m bœuf m en daube, bœuf m mode; **2en** (25) **1.** v/t. dauber; étuver; braiser; **2.** v/i. rôtir à petit feu; in der Sonne ~ cuire au soleil; **~fleisch** n = Schmorbraten; **~pfanne** f, **~topf** m casserole f; braisière f; daubière f.

Schmu F [ʃmuː] m (11, o. pl.) petits profits m/pl. illégitimes; ~ machen faire de la gratte.

schmuck [ʃmʊk] **1.** adj. élégant; **2.** 2 m (3) ornement m; (*Putz*) parure f; (*Juwelen*) bijoux m/pl.; joyaux m/pl.; **2blattelegramm** n télégramme m de luxe.

schmücken ['ʃmʏkən] v/t. (25) orner (mit de); (*putzen*) parer (de); (*verzieren*) décorer (de).

Schmuck|kästchen ['~kɛstçən] n (6) écrin m; **2los** adj. sans ornements; (*einfach*) simple; (*nüchtern*) sobre; **~sachen** f/pl. bijoux m/pl.; joyaux m/pl.; **~stück** n parure f, joyau m; **~waren** f/pl. bijouterie f, joaillerie f.

schmudd(e)lig ['ʃmʊd(ə)lɪç] adj. sale.

Schmuggel ['ʃmʊgəl] m (7) contrebande f; **2n** (29) **1.** v/i. faire la contrebande; **2.** v/t. introduire en contrebande; **~ware** f contrebande f.

Schmuggler(in f) m (7) contrebandier m, -ière f; **~schiff** n navire m (de) contrebandier.

schmunzeln ['ʃmʊntsəln] **1.** v/i. (29) sourire d'un air entendu; **2.** 2 n sourire m entendu (od. complaisant).

Schmus F [ʃmuːs] m (4, o.pl.) câlinerie f; (*Geschwätz*) papotage m; **2en** ['~zən] v/i. F câliner (mit j-m q.).

Schmutz [ʃmʊts] m (32) saleté f; (*Kot, Kehricht*) ordure(s pl.) f (a. fig.); (*2fleck*) souillure f; (*Haut2, Wäsche2*) crasse f; (*Dreck*) crotte f; (*Straßen2*) boue f; vom ~ reinigen décrotter, *Haut, Wäsche:* décrasser; etw. durch (in) den ~ ziehen traîner qch. dans la boue; **~bürste** f brosse f à décrotter; **2en** ['~ən] v/i. (27) se salir; être salissant; **~fink** m souillon m, f; P saligaud(e f) m; **~fleck** m tache f de boue, salissure f; **2ig** adj. sale; sordide (a. fig.); (*unreinlich*) malpropre; (*schmierig*) crasseux; ~ machen salir; ~ werden se salir; **~igkeit** f saleté f; fig. sordidité f; **~lappen** m torchon m; **~literatur** f pornographie f; **~schicht** f couche f de boue; **~titel** *typ. m* faux titre *m*; **~wasser** *n* eaux *f/pl.* sales; **~zulage** *f* indemnité *f* pour travaux malpropres.

Schnabel [ˈʃnɑːbəl] *m* (7¹) bec *m* (*halten fig.* F fermer); **2förmig** *adj.* en forme de bec.

schnäbeln [ˈʃnɛːbəln] (29) *v/i.* (*u. v/rfl. sich* ~ se) becqueter; F (se) bécoter.

Schnabel|tasse *f* tasse *f* à bec; **~tier** *n* ornithorynque *m*.

Schnack F [ʃnak] *m* babillage *m*; **2en** [ˈ~ən] *v/i.* babiller.

Schnake [ˈʃnɑːkə] *f* (15) cousin *m*; moustique *m*.

Schnalle [ˈʃnalə] *f* (15) boucle *f*; **2n** *v/t.* (25) boucler; **~nschuh** *m* soulier *m* à boucles.

schnalzen [ˈʃnaltsən] *v/i.* (27) claquer (*mit der Zunge de la langue; mit dem Finger du doigt*).

schnappen [ˈʃnapən] (25) **1.** *v/t.* (*erwischen*) attraper; **2.** *v/i.* (*Feder*) se détendre; (*federn*) faire ressort; *nach etw.* ~ (chercher à) 'happer qch., *fig.* courir après qch.

Schnäpper [ˈʃnɛpər] *m* (*an der Tür*) loqueteau *m*; *chir.* flamme *f*.

Schnapp|feder *f* ressort *m* (d'arrêt); **~schloß** *n* serrure *f* à ressort; **~schuß** *phot. m* instantané *m*.

Schnaps [ʃnaps] *m* (4²) eau-de-vie *f*; **~brennerei** *f* distillerie *f*; **~flasche** *f* bouteille *f* d' (*resp.* à) eau-de-vie; **~glas** *n* petit verre *m*; **~idee** *f* idée *f* saugrenue; **~nase** *f* nez *m* rouge (*od.* de buveur).

schnarchen [ˈʃnarçən] **1.** *v/i.* (25) ronfler; **2.** **2** *n* (6) ronflement *m*; **2er(in** *f) m* ronfleur *m*, -euse *f*.

Schnarre [ˈʃnarə] *f* (*Spielzeug*) crécelle *f*; **2n** *v/i.* ronfler; bourdonner; gronder; (*Instrument*) grincer.

schnattern [ˈʃnatərn] **1.** *v/i.* (29) (*Ente*) caqueter; (*Gans*) criailler; *fig.* F bavarder; **2.** **2** *n* (6) (*der Ente*) caquetage *m*; (*der Gans*) criaillerie *f*; *fig.* F bavardage *m*.

schnauben [ˈʃnaʊbən] *v/i.* (30) respirer bruyamment; souffler; (*keuchen*) 'haleter; (*Pferd*) s'ébrouer; *(die Nase)* ~ se moucher.

schnaufen [ˈʃnaʊfən] *v/i.* (25) 'haleter; panteler.

Schnauz|bart [ˈʃnaʊts-] *m* moustache(s *pl.*) *f*; **2bärtig** [ˈ~bɛrtiç] *adj.* moustachu; **~e** *f* (15) museau *m*; (*Schweine2*) groin *m*; (*Rindvieh2*)

mufle *m*; P gueule *f*; **2en** P *v/i.* gueuler; **~er** *m* (7) (*Hunderasse*) griffon *m*, schnauzer *m*.

Schnecke [ˈʃnɛkə] *f* (15) (co)limaçon *m*; (*eßbare*) escargot *m*; (*ohne Haus*) limace *f*; *Arch.* volute *f*; ⊕ *f* vis sans fin; *anat.* limaçon *m*.

schnecken|förmig [ˈ~ɔnfœrmiç] *adj.* en spirale; **2gang** *fig. m* pas *m* de tortue; **2getriebe** *n* engrenage *m* à vis sans fin; **2haus** *n* coquille *f* de limaçon (*resp.* d'escargot); **2linie** *f* spirale *f*; hélice *f*.

Schnee [ʃneː] *m* (3¹) neige *f*; (*Eier2*) œufs *m/pl.* à la neige; *zu* ~ *schlagen* battre en neige; **~ball** *m* boule *f* de neige; **2 boule-de-neige** *f*; **~besen** *cuis. m* fouet *m* (à œufs); **2blind** *adj.* aveuglé par la neige; **~brett** *n* neige *f* surplombante; **~brille** *f* lunettes *f/pl.* d'alpiniste; **~fall** *m* chute *f* de neige; **~flocke** *f* flocon *m* de neige; **~fräse** *f* chasse-neige *m* à fraise; **2frei** *adj.* sans neige; ~ *machen* déneiger; **~gestöber** *n* tourbillon *m* de neige; **~glöckchen** *n* perce-neige *f*; **~grenze** *f* limite *f* des neiges éternelles; **~huhn** *n* perdrix *f* blanche; **~kette** *Auto f* chaîne *f* antidérapante; **~könig** *m zo.* roitelet *m*; F *sich freuen wie ein* ~ être heureux comme un roi; **~mann** *m* bonhomme *m* de neige; **~pflug** *m* chasse-neige *m*; **~schläger** *m* = Schneebesen; **~schmelze** *f* fonte *f* des neiges; **~sturm** *m* tourmente *f* de neige; **~treiben** *n* tempête *f* de neige; **~verhältnisse** *n/pl.* (conditions *f/pl.* d')enneigement *m*; **~verwehung** *f* congère *f*; **2weiß** *adj.* blanc comme neige; **~wittchen** *n* (6, *o.pl.*) Blanche-Neige *f*.

Schneid F [ʃnaɪt] *m* (3) énergie *f*; entrain *m*; cran *m*; **~brenner** *m* chalumeau *m* à découper.

Schneide [ˈʃnaɪdə] *f* (15) tranchant *m*; taillant *m*; **2n** (39) **1.** *v/t.* couper; (*ab~*) trancher; (*zurecht~*) tailler; *in Holz* ~ graver sur bois; *fig. j-n* ~ ignorer q.; *das schneidet mir ins Herz* cela me fend le cœur; **2.** *v/rfl.: sich* ~ *in* (acc.) se couper (*od.* se faire une coupure) à; *fig. sich gewaltig* ~ se mettre le doigt dans l'œil; **2nd** *p.pr. adjt.* tranchant; (*Kälte*) pénétrant; (*Wind*) cinglant.

Schneider [ˈʃnaɪdər] *m* (7) tailleur *m*; **~ei** [~ˈraɪ] *f* (16) métier (*resp.* atelier) *m* de tailleur (*resp.* de couturière);

~in f couturière f; ~kostüm n (costume m) tailleur m; ~kreide f craie f de tailleur; ~meister m maître m tailleur; 2n v/i. (29) faire de la couture; ~puppe f mannequin m; ~werkstatt f atelier m de tailleur.

Schneid|ezahn m (dent f) incisive f; 2ig adj. crâne, plein d'énergie, qui a du cran; ~kluppe ⊕ f filière f.

schneien ['∫naɪən] v/imp. (25) neiger; es schneit il neige.

Schneise ['∫naɪzə] f (15) laie f.

schnell [∫nɛl] 1. adj. rapide; prompt; 2. adv. a. vite; so ~ wie möglich le plus vite possible; au plus vite; ~er gehen allonger le pas.

Schnell|boot n vedette f rapide; ~e ['∫~ə] f = Schnelligkeit.

schnellebig ['∫~le:biç] adj. (bei Trennung schnell-lebig) (Zeit) fugitif.

schnellen v/i. (25, sn) bondir; (Feder) se débander; ~ lassen lâcher.

Schnell|feuer ⚔ n tir m accéléré (od. rapide); 2füßig ['∫~fy:siç] adj. au pied léger; léger à la course; agile; ~gaststätte f snack-bar m; ~hefter m classeur m (rapide).

Schnelligkeit f vitesse f; rapidité f; fig. promptitude f.

Schnell|imbiß m snack-bar m; ~kochtopf m cocotte f à pression, cocotte-minute f; ~kraft f élasticité f; ressort m; ~reinigung f nettoyage m express; ~schrift f sténographie f; ~straße f route f à trafic accéléré; voie f de dégagement; ~verfahren n ⊕ méthode f rapide; ⚖ procédure f accélérée; ~waage f balance f (od. bascule) f romaine (od. automatique); ~zug m (train m) rapide m.

Schnepfe ['∫nɛpfə] f (15) bécasse f.

schneuzen ['∫nɔʏtsən] v/rfl. (27): sich ~ se moucher.

schniegeln F ['∫ni:gəln] (29) v/t. (u. v/rfl. sich ~ s')attifer; geschniegelt und gebügelt tiré à quatre épingles.

Schnipp|chen ['∫nɪpçən] n (6): j-m ein ~ schlagen faire la nique à q.; 2eln F ['∫~əln] v/t. déchiqueter; 2isch adj. fripon; (höhnisch, stolz) dédaigneux.

Schnipsel m (a. n) petit morceau m.

schnitt [∫nɪt] s. schneiden.

Schnitt m (3) coupe f; (Aus-, Be-, Zuschneiden) taille f; (Wunde) coupure f, (tiefer) entaille f; ⚕ incision f; ⚕ intersection f; (Kleider2) façon f, coupe f; (~muster) patron m; (Kunst) gravure f; (Buch2) tranche

f; ~blumen f/pl. fleurs f/pl. (coupées); ~bohnen f/pl. 'haricots m/pl. verts; ~e ['∫~ə] f (15) tranche f; (bestrichene Brot2) tartine f; ~en pl. östr. = Waffeln; ~er(in f) m (7) faucheur m, -euse f; moissonneur m, -euse f; ~fläche f coupe f; 2ig adj. à lignes élégantes; (Auto) racé; ~lauch m civette f; ~muster n patron m; modèle m; ~punkt m point m d'intersection; ~wunde f coupure f, (tiefe) entaille f.

Schnitz-arbeit ['∫nɪts-] f sculpture f sur bois.

Schnitzel ['∫nɪtsəl] n (7) cuis. escalope f (Wiener à la viennoise); pl. (Abfälle) rognures f/pl.; ~jagd Sp. f rallye-paper m.

schnitz|en v/t. (27) sculpter; tailler; in Holz ~ sculpter sur bois; 2er m (7) sculpteur m (sur bois); (Fehler) faute f; bévue f; F gaffe f; 2erei f (~e[~ə'raɪ]) f sculpture f sur bois; 2messer n couteau m à sculpter; 2werk n ouvrage m sculpté; sculpture f sur bois.

schnob [∫no:p] s. schnauben.

schnoddrig P ['∫nɔdrɪç] adj. impertinent, fort en gueule.

schnöde ['∫nø:də] 1. adj. vil; bas; indigne; 2. adv.: ~ behandeln traiter de façon indigne.

Schnorchel ['∫nɔrçəl] m (7) (U-Boot) schnorkel od. schnorchel m; (Sporttauchen) tuba m.

Schnörkel ['∫nœrkəl] m (7) fioriture f, ornement m baroque; (beim Schreiben) crochet m; (beim Namenszug) parafe m; Arch. volute f; 2haft adj. plein de fioritures, baroque; 2n v/i. (beim Schreiben) faire des crochets.

schnorr|en F ['∫nɔrən] v/t. resquiller; 2er F m (7) resquilleur m.

schnüffel|n ['∫nʏfəln] v/i. (29) renifler; (Hund) flairer (a. fig.); fig. espionner; 2ler m (7) renifleur m; fig. espion m.

Schnuller ['∫nulər] m (7) sucette f.

Schnulze F ['∫nultsə] f (15) film m très sentimental; chanson f de charme; ~nsänger m chanteur m de charme.

Schnupfen ['∫nupfən] m (6) rhume m (de cerveau); ~ bekommen, sich e-n ~ holen attraper un rhume; s'enrhumer; den ~ haben être enrhumé.

schnupf|en v/t. (25) prendre une prise (de tabac), priser; 2tabak m tabac *m* à priser; **2tuch** *n* mouchoir *m* (de poche).

schnuppe F [ˈʃnupə] *adj.: das ist mir ~* je m'en moque; P je m'en fiche; **~rn** *v/i.* (29) = *schnüffeln.*

Schnur [ʃnuːr] *f* (14¹) cordon *m*; corde *f*; (*Litze*) liséré *m*; (*Bindfaden*) ficelle *f*; *fig.* über die ~ hauen (dé)passer la mesure.

Schnür|band [ˈʃnyːr-] *n* lacet *m*; **~boden** *thé.* *m* cintre(s *pl.*) *m*; **~chen** *n*: *wie am ~ gehen* aller comme sur des roulettes; **2en** *v/t.* (25) serrer; lacer (*a. Schuh*); ficeler.

schnurge'rade *adj. u. adv.* tout droit.

Schnurr|bart [ˈʃnur-] *m* moustache(*s pl.*) *f*; **2bärtig** [ˈ~bɛːrtiç] *adj.* moustachu; **~e** *f* facétie *f*, drôlerie *f*; **2en** *v/i.* bourdonner; (*Katze*) ronronner.

Schnürriemen *m* lacet *m*.

schnurrig *adj.* drôle; burlesque.

Schnür|schuh *m* soulier *m* à lacets; **~senkel** *m* lacet *m*; **~stiefel** *m* brodequin *m*.

schnurstracks [ˈʃnuːrʃtraks] *adv.* tout droit.

schob [ʃoːp] *s.* schieben.

Schober [ˈʃoːbər] *m* (7) tas *m*; (*Heu2*) meule *f*.

Schock [ʃɔk] **1.** *n* (3, *nach Zahlen inv.*) soixantaine *f*; **2.** *m* (3 *od.* 11) **$** *u. fig.* choc *m*; **~behandlung** *f* thérapeutique *f* de choc; **2ieren** [ʃɔˈkiːrən] *v/t.* choquer, scandaliser; blesser.

schofel F [ˈʃoːfəl] *adj.* (*unfein*) pas poli; (*geizig*) ladre; chiche.

Schöffe [ˈʃœfə] *m* (13) échevin *m*; juré *m*; **~engericht** *n* tribunal *m* d'échevins.

Schokolade [ʃokoˈlaːdə] *f* (15) chocolat *m*; **~entafel** *f* tablette *f* de chocolat.

Scholastik [ʃoˈlastik] *f* (16) scolastique *f*; **~iker** *m* (7), **2isch** *adj.* scolastique (*m*).

scholl [ʃɔl] *s.* schallen.

Scholle [ˈʃɔlə] *f* (*Erd2*) glèbe *f*, motte *f*; (*Eis2*) glaçon *m*; *zo.* plie *f*.

schon [ʃoːn] *adv.* déjà; ~ *jetzt* dès maintenant; (*ohnehin*) sans cela; ~ *der Gedanke* la seule pensée; ~ *dadurch allein* par cela seul; *was gibt's ~ wieder?* qu'y a-t-il encore?; *er wird ~ kommen* il viendra bien; ~ *gut!* c'est bon!; *mir ~ recht* d'accord.

schön [ʃøːn] **1.** *adj.* beau (*vor vo. od. stummem h:* bel; *f:* belle); (*hübsch*)

joli; (*angenehm*) agréable; ~e *Literatur* belles-lettres *f/pl.*; *es ist ~es Wetter* il fait beau temps; *wieder ~ werden* (*Wetter*) se remettre au beau; ~ *machen* (*Hund*) faire le beau; *das ist ~ von dir* c'est bien à toi (*od.* de ta part); *alles ~ und gut, aber …* tout cela est bel et bon, mais …; *iron.* das wäre noch ~er! ah, par exemple!; *da sind wir ~ dran!* nous voilà dans de beaux draps!; **2.** *adv.* bien; ~! bien!; *parfait!*; **2e** *f* belle *f*; beauté *f*; **2e(s)** *n* beau *m*; *das ~ an etw.* (*dat.*) ce qu'il y a de beau dans qch.; *was ~s von j-m denken* avoir une belle opinion de q.; *da hast du was ~s angerichtet* voilà du propre.

schon|en [ˈʃoːnən] *v/t.* (25) ménager; (*ver~*) épargner; (*pflegen*) soigner; **~end** **1.** *p.pr. adjt.* plein d'égards; **2.** *p.pr. advt.* avec ménagement; **2er** *m* (7) (*für Möbel*) *housse f*; **$** schooner *m*; goélette *f*.

Schön|färberei [~fɛrbəˈraɪ] *f* (fausse) idéalisation *f*; **~geist** *m* bel esprit *m*; **2geistig** *adj.* de bel esprit; ~e *Literatur* belles-lettres *f/pl.*; **~heit** *f* beauté *f*.

Schönheits|fehler *m* défaut *m*; *fig.* inélégance *f*; **~mittel** *n* cosmétique *m*; **~operation** *f* opération *f* esthétique; **~pflaster** *n* mouche *f*; **~pflege** *f* cosmétique *f*; **~salon** *m* salon (*od.* institut) *m* de beauté; **~wettbewerb** *m* concours *m* de beauté.

Schonkost *f* régime *m*.

Schön|redner *m* beau parleur *m*; rhéteur *m*; **~schreiben** *n*, **~schrift** *f* calligraphie *f*; *in ~ schreiben* calligraphier; **2tun** *v/i.* faire le précieux; minauder; *mit j-m ~* faire l'empressé auprès de q.

Schonung [ˈʃoːnuŋ] *f* ménagement(s *pl.*) *m*; (*Nachsicht*) indulgence *f*; (*Forst*) réserve *f*; bois *m* en défens; pépinière *f*; **2slos** *adj.* (*u. adv.*) sans ménagements; impitoyable(ment).

Schonzeit *ch. f* temps *m* prohibé; *es ist ~* la chasse est fermée.

Schopf [ʃɔpf] *m* (3³) toupet *m*; touffe *f* de cheveux; (*der Vögel*) 'h(o)uppe *f*; *die Gelegenheit beim ~ ergreifen* saisir la balle au bond.

Schöpf|brunnen [ˈʃœpf-] *m* puits *m* (à seau); **~eimer** *m* seau *m* à puiser; (*am Schöpfrad*) godet *m*; **2en** [ˈʃœpfən] *v/t.* (25) puiser (*aus* dans *od.* à).

Schöpfer|(in f) m créateur m, -trice f; auteur m; ˜isch adj. créateur; ˜kraft f force f créatrice.

Schöpf|kelle f, ˜löffel m cuiller f à pot; louche f; ˜rad ⊕ n roue f à godets; noria f.

Schöpfung f création f; ˜sgeschichte f Genèse f.

Schoppen [ˈʃɔpən] m (6) chope f; (Wein) chopine f.

schor [ʃoːr] s. scheren.

Schorf [ʃɔrf] m (3) escarre f; croûte f; ˜ig adj. couvert de croûtes; croûteux.

Schornstein [ˈʃɔrn-] m cheminée f; ˜aufsatz m mitre f (od. capot m) de cheminée; ˜feger m ramoneur m.

schoß [ʃɔs] s. schießen.

Schoß [ʃoːs] m (3² u. ³) giron m; (Mutter˜) giron m maternel, sein m (a. fig.); (Rock˜) pan m; basque f; auf den ˜ nehmen prendre sur ses genoux; die Hände in den ˜ legen se tenir les bras croisés; fig. in den ˜ fallen tomber du ciel; ˜hund m, ˜hündchen n bichon (ne f) m; ˜kind n enfant m (f) gâté(e).

Schößling [ˈʃœslɪŋ] m (3¹) jet m; rejet m; rejeton m; pousse f.

Schote [ˈʃoːtə] f (15) ⧸ cosse f; cuis. ˜n pl. petits pois m|pl.

Schott ⚓ [ʃɔt] n (5) cloison f étanche.

Schotte [ˈʃɔtə] m (13), ˜in f Ecossais(e f) m.

Schotter [ˈʃɔtər] m (7) cailloutis m, pierraille f; Esb. ballast m; ˜n v/t. empierrer; ˜straße f route f empierrée.

schottisch adj. écossais.

schraffier|en [ʃraˈfiːrən] v/t. 'hachurer; ˜ung f 'hachure f.

schräg [ʃrɛːk] **1.** adj. oblique; (schief) biais; (geneigt) incliné; (querlaufend) diagonal; ˜e Linie biais m; **2.** adv. de (od. en) biais; ˜ abschneiden tailler en biseau; ˜ gegenüber en diagonale; ˜e [ˈ˜gə] f (15) biais m; (Abdachung) talus m; ⚓ obliquité f; ˜lage ⊕ f obliquité f; position f inclinée; ˜schrift f écriture f penchée.

Schramme [ˈʃramə] f (15) éraflure f; (durch Kratzen) égratignure f; (auf Möbeln, Glas) raie f; ˜n v/t. érafler; (kratzen) égratigner; Möbel, Glas: rayer.

Schrank [ʃraŋk] m (3³) armoire f; (Geschirr˜) buffet m; ˜bett n lit m escamotable.

Schranke f (15) barrière f; (Einfrie-

dung) clôture f; (Gerichts˜) barre f; vor die ˜n fordern mander à la barre; (Kampfplatz) champ m clos; lice f; in die ˜n fordern provoquer en champ clos; in die ˜n treten entrer en lice; fig. limite f; borne f; (Zügel) frein m; ˜n setzen mettre des bornes à; in ˜n halten tenir dans les bornes; contenir; ˜nlos adj. sans bornes; effréné; déréglé; ˜nwärter m garde-barrière m.

Schrankkoffer m malle-armoire f.

Schrapnell ⚔ [ˈʃrapnɛl] n (3¹ od. 11) shrapnel m.

Schraub|deckel [ˈʃraʊp-] m couvercle m vissé; ˜e [ˈʃraʊbə] f (15) vis f; ⚓ u. Flgw. hélice f; fig. F bei ihm ist e-e ˜ locker il est toqué (od. cinglé); ˜en v/t. (30) visser (fest à fond).

Schrauben|dampfer m vapeur m à hélice; ˜förmig adj. hélicoïde; ˜gewinde f filet m de vis; ˜linie f hélice f; ˜mutter f écrou m; ˜schlüssel m clef f à écrous; ˜zieher m tournevis m.

Schraub|stock [ˈʃraʊp-] m étau m; in den ˜ spannen serrer dans l'étau; ˜verschluß m fermeture f à vis; ˜zwinge f serre-joint(s) m (à vis); F sergent m.

Schrebergarten [ˈʃreːbər-] m jardin m ouvrier.

Schreck [ʃrɛk] m (3) = Schrecken; ˜bild n épouvantail m; ˜en m (6) effroi m; (Angst) peur f; (plötzlicher) frayeur f; pfort terreur f; (Entsetzen) épouvante f; j-m e-n ˜ einjagen causer de l'effroi à q.; in ˜ versetzen effrayer, pfort épouvanter; e-n ˜ bekommen s'effrayer; mit dem ˜ davonkommen en être quitte pour la peur; ein Ende mit ˜ une fin épouvantable; die ˜ pl. des Todes les affres f/pl. de la mort; ˜en v/t. effrayer, pfort épouvanter, terrifier.

Schreckens|botschaft f nouvelle f terrible; ˜herrschaft f régime m de terreur; hist. die ˜ La Terreur; ˜nachricht f = Schreckensbotschaft; ˜tat f acte m épouvantable.

Schreck|gespenst n spectre m; ˜haft adj. peureux; timide; pfort poltron; ˜haftigkeit f timidité f; pfort poltronnerie f; ˜lich adj. effrayant; terrible; épouvantable; horrible; ˜schuß m coup m tiré (fig. menace f) en l'air; ˜sekunde f seconde f de réaction.

Schrei [ʃraɪ] m (3) cri m (ausstoßen pousser; jeter).

Schreib|bedarf [ˈʃraɪp-] m fournitures f/pl. de bureau; **~block** m bloc-notes m.

schreiben [ˈʃraɪbən] 1. v/t. u. v/i. (30) écrire (an acc. à); gut ~ écrire bien, (Handschrift a.) avoir une belle écriture (od. main); Rechnung: dresser; 2. 2 n (6) (Brief) lettre f; écrit m.

Schreiber m (7) celui qui écrit; auteur m; † secrétaire m; greffier m; (Notar2) clerc m; mv. g. scribe m; (Ab2) copiste m; (Graphologie) scripteur m.

schreib|faul [ˈʃraɪp-] adj. (trop) paresseux pour écrire; **~feder** f plume f; **2fehler** m faute f d'orthographe; **2gebühr** f frais m/pl. de copie; frais m/pl. d'enregistrement; **2heft** n cahier m; **2kraft** f dactylo(graphe) f; **2krampf** m crampe f des écrivains; **2kunst** f calligraphie f; **2mappe** f sous-main m; **2maschine** f machine f à écrire; (mit der) ~ schreiben écrire à la machine, dactylographier, F taper; **2maschinenpapier** n papier m à machine; **2maschinentisch** m table f pour machine à écrire; **2material** n = Schreibbedarf; **2papier** n papier m à écrire; **2pult** n bureau m; (in der Schule) pupitre m; **2stube** f bureau m; (Notar2) étude f; **2tisch** m bureau m; secrétaire m; **2ung** f manière f d'écrire; orthographe f; **~unkundig** adj. qui ne sait pas écrire; **2-unterlage** f sous-main m, (zur Vorsicht) garde-main m; **2waren** f/pl. articles m/pl. de papeterie; **2warenhändler(in** f) m papetier m, -ière f; **2warenhandlung** f papeterie f; **2weise** f = Schreibung; **2zeug** n écritoire f; **2zimmer** n = Schreibstube.

schrei|en [ˈʃraɪən] v/t. u. v/i. (30) crier; (ausrufen) s'écrier; heftig ~ vociférer; (Eule) (h)ululer; (Esel) braire; (Hirsch) bramer; nach etw. ~ réclamer qch. à grands cris; **2en** n criailleries f/pl.; **~end** p.pr.adj. criant; criard (a. Farbe); **2er** m (7), **2hals** m criard(e f) m; braillard(e f) m.

Schrein [ʃraɪn] m (3) armoire f; (Kasten) coffre m, (kleiner) coffret m; (Reliquien2) châsse f; **~er** m (7) menuisier m; (Kunst2) ébéniste m; **~erei** [~ˈraɪ] f menuiserie f; (Kunst2) ébénisterie f.

schreiten [ˈʃraɪtən] v/i. (30, sn) marcher; (gemessenen Schrittes à pas comptés); zu etw. ~ passer à qch.

schrie [ʃriː] s. schreien.

schrieb [ʃriːp] s. schreiben.

Schrift [ʃrɪft] f (16) écriture f; (Hand2 a.) main f; typ. caractères m/pl.; (~stück) écrit m; document m; (Werk) œuvre f, ouvrage m, (kleine) opuscule m, brochure f; (Abhandlung) traité m; die Heilige ~ l'Ecriture f sainte; **~art** typ. f caractère m; **~auslegung** rl. f exégèse f; **~bild** typ. n œil m; **~deutsch** n allemand m littéraire; **~führer** m secrétaire m; **~gelehrte(r)** m scribe m; **~leiter** m rédacteur m; **~leitung** f rédaction f; **~lich** 1. adj. écrit; ~e Prüfung épreuves f/pl. écrites; 2. adv. par écrit; ~ abfassen mettre par écrit; **~probe** f spécimen m d'écriture; **~sachverständige(r)** m graphologue m; **~satz** m s‡ pièce f; typ. composition f; **~setzer** typ. m [ˈ~zɛtsər] m (7) compositeur m; **~sprache** f langue f littéraire (od. écrite); **~steller(in** f) m [ˈ~ʃtɛlər] m (7) auteur m, femme f auteur; homme m, femme f de lettres; écrivain m; **~stellerei** [~ˈraɪ] f profession f d'écrivain; littérature f; **~stellerisch** adj. littéraire; **~stück** n écrit m; (Urkunde) pièce f; document m; **~tum** n lettres f/pl.; littérature f; **~verkehr** m, **~wechsel** m correspondance f; **~zeichen** n caractère m; **~zug** m trait m (de plume); (Schnörkel) parafe m, paraphe m.

schrill [ʃrɪl] adj. aigu; strident; **~en** v/i. rendre un son aigu.

Schritt [ʃrɪt] m (3) pas m (lenken auf acc. diriger vers); (weiter) enjambée f; (Gangart u. fig.) démarche f; ~ für ~ pas à pas; mit schnellen ~en à pas rapides; große ~e machen faire de grandes enjambées; im ~ gehen aller au pas; mit j-m ~ halten aller au pas avec (od. du même pas que) q.; aus dem ~ kommen perdre le pas; im gleichem ~ und Tritt au pas; du même pas; j-m auf ~ und Tritt folgen suivre q. pas à pas; ~e unternehmen faire (od. entreprendre) des démarches; (im) ~! au pas!; 2. 2 s. **Schritt; ~macher** [ˈ~maxər] m Sp. entraîneur m; (Wegbereiter) pionnier m; **2wechsel** m changement m de pas; **2weise** 1. adj. progressif; 2. adv. pas à pas; **~weite** f longueur f du pas; (e-r Hose) longueur f d'entre-jambes; ~**zähler** m podomètre m.

schroff [ʃrɔf] **1.** adj. (jäh) escarpé; raide (a. fig.); fig. (barsch) brusque; rude; **2.** adv.: ~ behandeln rudoyer; **2heit** f escarpement m; fig. rudesse f; brusquerie f.

schröpf|en [ˈʃrœpfən] v/t. (25) 🜊 scarifier; poser des ventouses (à); fig. ⏚ saigner (j-n q.); **2kopf** m ventouse f.

Schrot [ʃroːt] m u. n (3) ch. plombs m/pl.; dragée f; mit ~ schießen tirer à dragée; (grobgemahlenes Getreide) blé m égrugé; fig. von altem ~ und Korn de bon aloi; ~**brot** n pain m complet; **2en** [ˈ~ən] v/t. (26) (zermalmen) broyer; Korn: égruger; Malz: moudre; ~**flinte** f fusil m de chasse; ~**säge** f scie f passe-partout.

Schrott [ʃrɔt] m (3) ferraille f; ~**händler** m ferrailleur m; ~**platz** m parc m à ferraille; ~**wert** m valeur f (de) ferraille (od. à la casse).

schrubb|en [ˈʃrubən] v/t. (26) frotter; ⚓ fauberter; **2er** m (7) balai-brosse m; ⚓ faubert m.

Schrull|e [ˈʃrulə] f (15) lubie f; **2en-haft**, **2ig** adj. bizarre, lunatique.

schrumpel|ig f [ˈʃrumpəliç] adj. ratatiné; **~n** f v/i. = schrumpfen.

schrumpf|en [ˈʃrumpfən] v/i. (25, sn) se rétrécir, se ratatiner; **2ung** f contraction f, rétrécissement m; ⊕a. retrait m; (Leber2) cirrhose f; (des Kapitals usw.) diminution f.

Schub [ʃuːp] m (3) poussée f; (Brote) fournée f; (Sendung) transport m; ~**fach** n tiroir m; ~**karre(n** m) f brouette f; ~**kraft** f Flgw. force f de poussée; ⊕ effort m de cisaillement; force f tranchante; ~**lade** f tiroir m; ~**lehre** ⊕ f pied m à coulisse.

Schubs f [ʃups] m (3²) bousculade f; **2en** f v/t. bousculer.

schüchtern [ˈʃʏçtərn] adj. timide; **2heit** f timidité f.

schuf [ʃuːf] s. schaffen.

Schuft [ʃuft] m (3) coquin m; gredin m; **2en** f v/i. turbiner; **~e'rei** f f turbin m; **2ig** adj. de coquin.

Schuh [ʃuː] m (3) soulier m, chaussure f; (hoher) bottine f; (Holz2) sabot m; j-m die ~e (ausziehen) anziehen (dé)chausser q.; fig. ⏚ er weiß, wo ihn der ~ drückt il sait où le bât le blesse; j-m etw. in die ~e schieben mettre qch. sur le dos de q.; ~**anzie-**

her m (7) chausse-pied m; ~**bürste** f brosse f à chaussures; ~**geschäft** n magasin m de chaussures; ~**größe** f pointure f; ~ 40 haben chausser du 40; ~**krem** f cirage m; pâte f à chaussures; ~**leisten** m embauchoir m; ~**löffel** m chausse-pied m; ~**macher** m ⏚ cordonnier m; (Stiefelmacher) bottier m; ~**macherei** [~ˈraɪ] f cordonnerie f; ~**nummer** f = Schuhgröße; ~**putzer** m cireur m; ~**riemen** m lacet m (de soulier); ~**sohle** f semelle f; ~**spanner** m embauchoir m; ~**werk** n, ~**zeug** n chaussures f/pl.

Schukostecker [ˈʃuːkoʃtɛkər] m fiche f de prise de courant tripolaire.

Schul|amt [ˈʃuːlʔ-] n = Schulbehörde; ~**anfang** m rentrée f des classes; ~**arbeit** f devoir m; ~**arzt** m médecin m scolaire; ~**ausflug** m excursion f scolaire; ~**ausgabe** f édition f scolaire; ~**bank** f banc m d'école; die ~ drücken aller à l'école; ~**behörde** f administration f scolaire; ~**beispiel** n exemple m classique (od. typique) (für de); ~**besuch** m fréquentation f scolaire; ~**bildung** f éducation f scolaire; ~**buch** n livre m de classe; ~**bücherei** f bibliothèque f scolaire.

Schuld [ʃult] f (16) faute f; (Unrecht) tort m; (Sünde) péché m; (Vergehen) délit m; crime m; ✝ dette f; durch m-e ~ par ma faute; ohne m-e ~ sans qu'il y ait de ma faute; wer hat ⏚ à qui la faute?; j-m ⏚ geben donner tort à q.; j-m die ~ geben attribuer la faute à q.; die ~ auf j-n schieben rejeter la faute sur q.; an etw. (dat.) ⏚ haben être cause de qch.; e-e ~ auf sich (acc.) laden se rendre coupable; in ~en stecken être endetté; in j-s ~ stehen avoir une dette envers q.; in ~en geraten s'endetter; ~en machen faire des dettes; sich in ~en stürzen se mettre dans des dettes; ~**bekenntnis** n aveu m, reconnaissance f de culpabilité; **2beladen** p.p. adjt. chargé de crimes (resp. de fautes resp. de péchés); ~**beweis** m corps m du délit; **2bewußt** adj. qui se sent coupable; **2bewußtsein** n conscience f de sa culpabilité.

schulden [ˈʃuldən] v/t. (26) devoir; ~**frei** adj. exempt de dettes; **2last** f poids m des dettes; **2masse** ✝ f passif m; **2tilgung** f amortissement m de la dette.

Schuld|-erlaß m remise f de la dette; **～forderung** f créance f; **～frage** f question f de responsabilités; **2haft** adj. coupable.

Schul|diener m concierge m; **～dienst** m fonction f enseignante; im ～ stehen être dans l'enseignement.

schuldig adj. coupable; (gebührend) dû; † qui doit; e-s Verbrechens ～ werden se rendre coupable d'un crime; ～ sprechen déclarer coupable; sich ～ bekennen s'avouer (od. se reconnaître) coupable; j-m etw. ～ sein devoir qch. à q.; was bin ich Ihnen ～? combien vous dois-je?; j-m etw. ～ bleiben être (od. demeurer) en reste avec q.; j-m nichts mehr ～ sein être quitte envers q.; **2e(r** m) m, f coupable m, f; **2keit** f devoir m; (Verpflichtung) obligation f.

Schuldirektor m directeur m d'école.

Schuld|komplex m complexe m de culpabilité; **2los** adj. innocent; **～losigkeit** f innocence f; **～ner(in** f) m (7) débiteur m, -trice f; **～recht** n droit m des obligations; **～schein** m, **～verschreibung** f reconnaissance f de dette; obligation f.

Schule f (15) école f; (Unterricht) classe f; (Lehrgang) méthode f; in die ～ gehen (anfangs) aller à l'école, (später) aller en classe; die ～ besuchen fréquenter l'école; die ～ versäumen manquer la classe; die ～ schwänzen faire l'école buissonnière; (keine) ～ haben (ne pas) avoir classe; fig. ～ machen faire école; fig. aus der ～ plaudern commettre une indiscrétion; **2n** v/t. (25) former; dresser.

Schüler ['ʃyːlər] m (7) élève m; (Grund2) écolier m; (e-s Gymnasiums) lycéen m; (städtisch) écolier m; (Jünger) disciple m; **～austausch** m échange m scolaire (od. d'élèves); **2haft** adj. d' (adv. en) écolier; **～heim** n internat m; **～in** f élève f; (Grund2) écolière f; (e-s Gymnasiums) lycéenne f; (städtisch) collégienne f; **2schaft** f élèves m/pl.

Schul|feier f fête f scolaire; **～ferien** pl. vacances f/pl. scolaires; **～fernsehen** n télévision f éducative (od. scolaire); **～flugzeug** n avion-école m; **2frei** adj.: heute ist ～ il n'y a pas classe aujourd'hui; **～er** Tag jour m de congé; **～freund(in** f) m camarade m, f d'école; **～funk** m radio f scolaire;

～garten m jardin m scolaire; **～gebäude** n bâtiment m scolaire; école f; **～geld** n frais m/pl. de scolarité; **～gemeinde** f communauté f scolaire; **～gesetz** n loi f scolaire; **～haus** n (maison f d')école f; **～hof** m cour f de l'école; préau m; **2isch** adj. scolaire; **～jahr** n année f scolaire; **～jugend** f jeunesse f des écoles; **～kamerad** m condisciple m; **～kenntnisse** f/pl. connaissances f/pl. scolaires; **～kind** n écolier m, -ière f; **～klasse** f classe f; salle f de classe; **～lehrer(in** f) m instituteur m, -trice f; maître(sse) f d'école; **～leiter** m = Schuldirektor; **～mappe** f serviette f; cartable m; **～medizin** f médecine f officielle; **～meister** mv.p. m pédant m; **2meistern** péj. 1. v/i. faire le pédant; 2. v/t. régenter; **～ordnung** f règlement m scolaire; **～pferd** n cheval m de manège; **～pflicht** f obligation f scolaire; enseignement m obligatoire; **2pflichtig** adj. soumis à l'enseignement obligatoire; **～psychologe** m psychologue m scolaire; **～rat** m, **～rätin** f [～rɛ:tin] f inspecteur m, -trice f (in Frankreich: d'académie); **～reform** f réforme f scolaire; **～reiten** n manège m; **～schiff** n bateau-école m; **～schluß** m sortie f des classes; **～speisung** f cuisines f/pl. scolaires; **～stunde** f leçon f; heure f de classe; **～system** n système m scolaire; **～tafel** f tableau m noir; **～tasche** f cartable m, serviette f d'écolier.

Schulter ['ʃultər] f (15) épaule f; ～ an ～ côte à côte; die ～n zucken 'hausser les épaules; etw. auf die leichte ～ nehmen prendre qch. à la légère; j-m die kalte ～ zeigen battre froid à q.; **～blatt** n omoplate f; **～breite** f carrure f; **～klappe** × f patte f d'épaule, épaulette f; **2n** v/t. (29) mettre sur l'épaule; **～riemen** m bandoulière f; **～sieg** Sp. m victoire f par tomber; **～stück** n = Schulterklappe.

Schulung f formation f; entraînement m.

Schul|-unterricht m enseignement m scolaire; **～verwaltung** f administration f scolaire; **～weg** m trajet m scolaire; **～weisheit** f sagesse f scolaire; **～wesen** n instruction f publique; **～zeit** f temps m des classes; weit S. années f/pl. scolaires; **～zeitung** f journal m scolaire; **～zeugnis** n certificat m d'études; **~zimmer** n salle f de classe; **~zwang** m enseignement m obligatoire.

schummeln F ['ʃʊməln] v/i. (29) trichern.

schumm(e)rig ['~(ə)rɪç] adj. crépusculaire.

schund [ʃʊnt] s. schinden.

Schund [ʃʊnt] m (3) pacotille f; camelote f; **~literatur** f littérature f de bas étage; **~roman** m roman m à quatre sous; **~ware** f = Schund.

Schupo F ['ʃupo] m (11) flic m.

Schuppe ['ʃupə] f (15) écaille f; (Kopf~) pellicule f; **~n** (25) 1. v/t. Fisch: écailler; 2. v/rfl.: sich ~ se desquamer.

Schuppen m (6) 'hangar m, remise f, entrepôt m; in den ~ stellen remiser; **Schupp|enflechte** ⚕ f psoriasis m; **~ig** adj. écailleux, couvert d'écailles; **Schups** F m = Schubs.

Schur [ʃuːr] f (16) tonte f.

Schür|eisen ['ʃyːr²-] n tisonnier m; **~en** v/t. (25) attiser (a. fig.).

schürf|en ['ʃʏrfən] 1. v/t. Haut: érafler, écorcher; 2. v/i. ⚒ fouiller; **~loch** n fosse f (od. trou m) de recherches; **~recht** n droit m de fouilles; **~ung** f (Haut~) éraflure f, écorchure f; ⚒ prospection f.

schurigeln F ['ʃuːrigəln] v/t. (29) chicaner.

Schurk|e ['ʃʊrkə] m (3) coquin m; fourbe m; **~enstreich** m tour m de coquin; **~erei** [~'raɪ] f coquinerie f; fourberie f; **2isch** adj. de (adv. en) coquin.

Schurwolle f laine f vierge.

Schurz [ʃʊrts] m (3²) tablier m; (Lenden2) pagne m, paréo m.

Schürze ['ʃʏrtsə] f (15) tablier m (vorbinden mettre); **2n** v/t. (27) (re)trousser; (schlingen) nouer; Knoten: faire; **~njäger** m coureur m de cotillons (od. de jupons); homme m à femmes.

Schuß [ʃʊs] m (4²) coup m (de feu) (abgeben tirer); (Gewehr2) coup m de fusil; ⚕ croissance f rapide; (Weberei) trame f; (Fußball) tir m; shot m; fig. weit vom ~ loin du but; ein ~ Essig un coup de vinaigre; F fig. gut in ~ en bon état; in ~ bringen mettre en ordre; er ist keinen ~ Pulver wert il ne vaut pas la corde pour le pendre; **~bereich** m portée f du tir; **2bereit** adj. prêt à tirer.

Schüssel ['ʃysəl] f (15) plat m; tiefe ~ terrine f.

Schuß|fahrt f (Schisport) schuss m; **2fertig** = schußbereit; **~linie** f ligne f de tir; **~waffe** f arme f à feu; **~weite** f = Schußbereich; **~wunde** f blessure f (d'arme à feu).

Schuster ['ʃuːstər] m (7) cordonnier m; **~messer** n tranchet m; **~pech** n poix f noire; **~werkstatt** f cordonnerie f.

Schutt [ʃut] m (3) décombres m/pl.; (Geröll) éboulis m; (Abraum) déblai m; in ~ und Asche legen réduire en cendres; **~abladeplatz** m décharge f publique; voirie f.

Schüttel|frost ['ʃʏtəl-] m frissons m/pl.; **2n** 1. v/t. secouer; Hand: serrer; Kopf: 'hocher; Gefäß: agiter; vor Gebrauch ~ agiter avant de s'en servir; 2. v/rfl.: sich ~ se secouer; sich vor Lachen ~ se tordre de rire; **~reim** m contrepèterie od. contrepetterie f.

schütt|en ['ʃʏtən] 1. v/t. (26) verser; (hinwerfen) jeter (in Haufen en tas); 2. v/imp.: es schüttet il pleut à verse; **~er** adj. clairsemé.

Schutt|halde f crassier m; ⚒ terril m; **~haufen** m monceau m de décombres.

Schutz [ʃuts] m (3²) protection f; (Verteidigung) défense f; (Obhut) garde f; (Zuflucht) refuge m; abri m; sich in j-s ~ begeben se placer sous la protection de q.; in s-n ~ nehmen prendre sous sa protection; protéger; in ~ nehmen défendre; ~ suchen chercher abri; sich réfugier; im ~e der Nacht à la faveur de la nuit.

Schütz [ʃyts] n (3²) ⚡ relais m, contacteur m; (Schleusen2) vanne f, pale f (d'écluse).

Schutz|-anstrich m couche f de camouflage; **~anzug** m vêtement m de protection; **~befohlene(r** m) m, f protégé(e f) m; pupille m, f; **~blech** n garde-boue m; **~brief** m sauf-conduit m; **~brille** f lunettes f/pl. protectrices; (mit farbigen Gläsern) conserves f/pl.; **~dach** n auvent m, abri m; **~damm** m digue f.

Schütze ['ʃytsə] m (13) tireur m; ✕ tirailleur m, fusilier m; astr. Sagittaire m.

schützen (27) v/t. (u. v/rfl. sich ~ se) protéger (vor [dat.], gegen de od. contre); (se) défendre (de od. contre); (se) garantir (de); (abschirmen) (s')abriter de; **2fest** n fête f de tir.

Schutz·engel m ange m gardien.

Schützen|gilde f corps m de tireurs; **~graben** m tranchée f; **~hilfe** fig. f: j-m ~ geben épauler q.; **~kette** ✕ f ligne f de tirailleurs; **~könig** m roi m des tireurs; **~linie** f = Schützenkette; **~ver·ein** m société f de tir.

Schutz|farbe f, **~färbung** f couleur f protectrice; zo. mimétisme m; **~frist** f délai m de protection; **~gebiet** n pays m de protectorat; **~haft** f détention f préventive; **~heilige(r** m) m, f patron(ne f) m; **~herr** m protecteur m; fig. patron m; **~herrschaft** f protectorat m; **~hülle** f enveloppe (od. 'housse) f protectrice; **~hütte** f refuge m; **~impfung** f vaccination f préventive; **~insel** f (Verkehrs2) refuge m.

Schützling m (3¹) protégé m.

schutz|los adj. sans appui; **2macht** f puissance f protectrice; **2mann** m agent m de police; sergent m de ville; **2marke** f marque f de fabrique; eingetragene ~ marque f déposée; **2maske** f masque m protecteur; **2maßnahme** f mesure f de protection; **2patron(in** f) m patron(ne f) m; **2polizei** f police f d'Etat; **2polizist** m agent m de police; **2raum** m abri m; **2-umschlag** m (e-s Buches) jaquette f, protège-livre m; **2verband** m association f protectrice; **2vorrichtung** f dispositif m de protection; **2waffe** f arme f défensive; fig. moyen m de défense; **2wall** m rempart m (a. fig.); **2zoll** m droit m protecteur.

schwabb(e)lig F [ˈʃvab(ə)liç] adj. mollasse, gélatineux, flasque.

Schwabe [ˈʃvaːbə] m (13) Souabe m; **~nstreich** m bourderie f.

Schwäb|in [ˈʃvɛːbin] f Souabe f; **2isch** adj. souabe.

schwach [ʃvax] adj. (18²) faible; (kraftlos) débile; (machtlos) impuissant; (Gedächtnis) infidèle; **~e** Stunde moment m de faiblesse; **~e** Seite (côté m) faible m; **~** werden s'affaiblir; défaillir; **~** machen affaiblir; **~bevölkert** adj. peu peuplé.

Schwäche [ˈʃvɛçə] f (15) faiblesse f, (Kraftlosigkeit) débilité f; fig. (côté m) faible m (für pour); **~anfall** m défaillance f; e-n ~ erleiden tomber en défaillance; **~gefühl** n sensation f de faiblesse; **2n** v/t. (25) affaiblir;

(entkräften) débiliter.

Schwach|heit f = Schwäche; **~kopf** m esprit m faible; imbécile m; **2köpfig** [ˈ~kœpfiç] adj. faible d'esprit; imbécile.

schwäch|lich adj. faible; (Gesundheit a.) délicat; fragile; (kränklich) souffreteux; **2ling** m (3¹) homme m débile (od. sans énergie); F nouille f.

schwach|sichtig [ˈ~ziçtiç] adj. qui a la vue faible; **2sinn** m débilité f (mentale), imbécillité f; **~sinnig** adj. faible d'esprit, imbécile; **2strom** m courant m faible (od. à basse tension).

Schwächung f affaiblissement m.

Schwaden [ˈʃvaːdən] m (6) 🗡 javelle f; (Rauch2) vapeur f épaisse; buée f; 🌱 mofette f.

Schwadron [ʃvaˈdroːn] f (16) escadron m.

Schwafel|ei F [ʃvafəˈlaɪ] f radotage m; **2n** F [ˈʃvaːfəln] v/i. u. v/t. radoter.

Schwager [ˈʃvaːgər] m (7) beau-frère m.

Schwägerin [ˈʃvɛːgərin] f belle-sœur f.

Schwalbe [ˈʃvalbə] f (15) hirondelle f; **~nschwanz** m zo. porte-queue m; charp. queue f d'aronde.

Schwall [ʃval] m (3³) flots m/pl.; (Masse) masse f; fig. flux m.

schwamm [ʃvam] s. schwimmen.

Schwamm [ʃvam] m (3³) éponge f; (Pilz) champignon m; (Feuer2) amadou m; ☢ aphtes m/pl.; mit dem ~ abwischen éponger; ~ d(a)rüber! passons l'éponge!; **2ig** adj. spongieux.

Schwan [ʃvaːn] m (3³) cygne m.

schwand [ʃvant] s. schwinden.

schwanen [ˈ~ən] v/imp.: mir schwant etw. j'ai un vague pressentiment de qch.; mir schwant nichts Gutes je n'augure rien de bon; **2gesang** m chant m du cygne.

schwanger [ˈʃvaŋər] adj. enceinte, grosse.

schwängern [ˈʃvɛŋərn] v/t. (29) rendre enceinte; fig. féconder.

Schwangerschaft f (16) grossesse f; **~s-abbruch** m interruption f de la grossesse; **~sverhütung** f contraception f.

Schwank [ʃvaŋk] m (3³) farce f.

schwanken [ˈ~kən] v/i. (25) chanceler; vaciller; (hin- und her~) balancer; (zögern) hésiter; (Preise) fluctuer; phys. osciller; ⚓ rouler; tanguer; 2en n chancellement m; (Zögern) hésitation(s pl.) f; ⚓ fluctuation(s pl.) f; phys. oscillation(s pl.) f; ⚓ roulis m; tangage m; ~end p.pr. adjt. chancelant; fig. a. indécis; 2ung f = Schwanken.

Schwanz [ʃvants] m (3² u. ³) queue f.

schwänzen ['ʃvɛntsən] v/t. (27): die Schule ~ manquer la classe; faire l'école buissonnière; e-e Stunde ~ brûler une leçon.

Schwanz|feder f penne f; **~flosse** f nageoire f caudale; Flgw. dérive f.

Schwarm [ʃvarm] m (3³) (Bienen2) essaim m; (Vogel2) volée f; (Insekten2) nuée f; (Schar) troupe f; (v. Personen) foule f; ~ Kinder marmaille f; fig. passion f, F (a. Person) béguin m.

schwärm|en ['ʃvɛrmən] v/i. (25, sn) (Bienen) essaimer; (Vögel) voltiger; ✗ se déployer en tirailleurs; fig. (h.) ~ für s'enthousiasmer (od. se passionner) pour, raffoler de, F avoir le béguin pour; 2er m (7) enthousiaste m; exalté m; rl. fanatique m; zo. sphinx m; (Feuerwerk) serpenteau m; 2erei [~'raɪ] f enthousiasme m; exaltation f; rl. fanatisme m; **~erisch** adj. enthousiaste; exalté; romanesque; rl. fanatique.

Schwarte ['ʃvaːrtə] f (15) couenne f; (altes Buch) vieux bouquin m.

schwarz [ʃvarts] adj. (18²) noir; fig. a. clandestin; (Brot) bis; noir; 2es Brett tableau m noir (od. d'annonces); ~e Kunst magie f noire; der ~e Mann le croque-mitaine; ~ auf weiß noir sur blanc; ~ machen noircir; ~ werden se noircir; ins 2e treffen faire mouche; sich ~ ärgern crever de dépit; es wurde mir ~ vor den Augen tout s'est brouillé devant mes yeux; 2-arbeit f travail m noir; 2-arbeiter m fraudeur m du chômage; 2beere f östr. = Heidelbeere; **~braun** adj. brun foncé, noirâtre; (Pferd) bai foncé; 2brot n pain m bis (od. noir); 2drossel f merle m commun.

Schwärze ['ʃvɛrtsə] f (15) noirceur f; noir m; typ. encre f; 2n v/t. (27) noircir; typ. encrer.

Schwarze(r m) m, f noir(e f) m.

schwarz|fahren F v/i. (sn) voyager sans billet; 2fahrer m voyageur m sans billet; Auto celui qui conduit sans permis; 2handel m commerce m illicite; marché m noir; 2hörer m

auditeur m clandestin.

schwärzlich adj. noirâtre.

Schwarz|markt m marché m noir; 2schlachten v/t. abattre clandestinement; 2sehen v/t. voir en noir; F TV resquiller; ~seher m pessimiste m; F TV resquilleur m; ~sender rad. m émetteur m clandestin; 2weiß adj. blanc et noir; ~weißfilm m film m (phot. pellicule f) noir et blanc; ~wild n sangliers m/pl.; ~wurzel ⚘ f salsifis m noir.

Schwatz [ʃvats] m (3²) causette f; bavette f; 2en v/t. u. v/i. bavarder; jaser; tailler une bavette; (indiskret sein) être indiscret; ne pas tenir sa langue.

schwätz|en ['ʃvɛtsən] v/t. u. v/i. = schwatzen; 2er m (7) bavard m.

schwatzhaft adj. bavard; loquace; (indiskret) indiscret.

Schwebe ['ʃveːbə] f (15): in der ~ suspendu; fig. en suspens; **~bahn** f téléférique m; **~balken** Sp. m poutre f horizontale; 2n v/i. (25) planer; flotter (en l'air); frei ~ être suspendu; vor Augen ~ avoir devant les yeux; 2nd p.pr. adjt. flottant; (Brücke) suspendu; (⚖ Frage) pendant.

Schwed|e ['ʃveːdə] m (13), **~in** f Suédois(e f) m; 2isch adj. suédois.

Schwefel ['ʃveːfəl] m (7) soufre m; **~bad** n bain m sulfureux; (Ort) eaux f/pl. sulfureuses; 2haltig [~'haltɪç], 2ig adj. sulfureux; **~kies** m pyrite f; **~kohlenstoff** m sulfure m de carbone; 2n v/t. (29) soufrer; Weinfässer: mécher; **~quelle** f source f sulfureuse; 2sauer adj. sulfaté; **~säure** f acide m sulfurique; **~wasserstoff** m hydrogène m sulfuré.

Schweif [ʃvaɪf] m (3) queue f; (Kometen2 a.) chevelure f; 2en [~ən] (25) 1. v/i. (sn) errer; (umher~) vaguer; vagabonder; divaguer; in die Ferne ~ courir le monde, fig. divaguer; **~de** Phantasie imagination f vagabonde. 2. v/t. chantourner; (wölben) bomber.

Schweige|geld ['ʃvaɪgəgɛlt] n prix m du silence; **~marsch** m marche f silencieuse; 2n v/i. (30) se taire (von, über acc. de od. sur); weitS. garder le silence; ~ zu etw. laisser dire (resp. faire) qch.; j-n ~ heißen faire taire q.; imposer silence à q.; ~ wir darüber! n'en parlons pas!; **~n** n (6) silence m (brechen rompre); zum ~ bringen faire taire; ~ *gebieten* imposer silence; ~ *bewahren* (*beobachten*) garder (observer) le silence; *sich in* ~ *hüllen* se renfermer dans le silence; **2nd 1.** *p.pr. adjt.* silencieux; **2.** *p.pr. advt.* en silence; **~pflicht** f secret m professionnel.

schweigsam ['ʃvaɪkzɑːm] *adj.* taciturne; (*wortkarg*) silencieux; **2keit** f taciturnité f; mutisme m.

Schwein [ʃvaɪn] n (3) cochon m, porc m (a. Fleisch); F (Glück) veine f; ~ *haben* F avoir de la veine.

Schweine|braten m rôti m de porc; **~fett** n graisse f de porc; (*ausgelassenes*) saindoux m; **~fleisch** n (viande f de) porc m; **~hirt** m porcher m; **~hund** P m cochon m; salaud m; **~rei** [~'raɪ] f (16) cochonnerie f; **~rippchen** ['~rɪpçən] *cuis.* n/pl. côtes f/pl. de porc; **~schmalz** n saindoux m; **~stall** m porcherie f; **~zucht** f élevage m de porcs.

Schweinigel F ['ʃvaɪnʔiːgəl] m cochon m; P salaud m; **2n** F v/i. faire (od. dire) des cochonneries.

schweinisch 1. *adj.* de cochon, obscène; **2.** *adv.* comme un cochon.

Schweins|blase f vessie f de porc; **~borste** f soie f de porc; **~hachse** *cuis.* f jambonneau m; **~kopf** m tête f de porc; **~kotelett** n côtelette f de porc; **~leder** n peau f de porc.

Schweiß [ʃvaɪs] m (3²) sueur f (a. fig.); transpiration f; *ch.* sang m; *in* ~ *geraten* avoir des transpirations; *in* ~ *gebadet* trempé de sueur; en nage; *von* ~ *triefen* ruisseler de sueur; **~absonderung** f transpiration f; **~apparat** ⊕ m appareil m à souder; **~blatt** n dessous m de bras; **~brenner** ⊕ m chalumeau m à souder; **~drüse** *anat.* f glande f sudoripare; **2en** ['~ən] **1.** v/t. ⊕ souder; **2.** v/i. *ch.* saigner; **~er** ⊕ m (7) soudeur m; **~fuß** m pied m qui sue; *Schweißfüße haben* suer (od. transpirer) des pieds; **2ig** *adj.* suant; *ch.* saignant; **~naht** f, **~stelle** f ⊕ soudure f; **2treibend** *p.pr. adjt.* sudorifique; **2triefend** *p.pr. adjt.* ruisselant de sueur; **~tropfen** m goutte f de sueur; **~tuch** rl. n suaire m.

Schweizer ['ʃvaɪtsər] m **1.** m (7) Suisse m; (*Türhüter*) suisse m; (*Stall2*) vacher m; **2.** *adj.* suisse, de (la) Suisse, helvétique; ~ *Käse* m gruyère m; **~haus** n chalet m suisse; **~in** f Suissesse f; **2isch** *adj.* = Schweizer 2.

schwelen ['ʃveːlən] (25) **1.** v/i. brûler sans flamme; couver; **2.** v/t. (faire) brûler lentement.

schwelg|en ['ʃvɛlgən] v/i. (25) mener joyeuse vie; faire bombance; ~ *in* (*dat.*) s'enivrer de; **2erei** [~'raɪ] f (16) bombance f.

Schwelle ['ʃvɛlə] f (15) seuil m; *Esb.* traverse f; **2en** v/i. (30) (s')enfler; (se) gonfler; **~ung** f enflure f; gonflement m.

Schwemm|e ['ʃvɛmə] f (15) gué m; abreuvoir m; (*Bierkneipe*) buvette f; **2en** v/t. (25) charrier; entraîner; (*fort~*) emporter; *Holz:* flotter; *Pferd:* conduire à l'abreuvoir; **~land** n alluvions f/pl.

Schwengel ['ʃvɛŋəl] m (7) (*Pumpen2*) bras m; (*Glocken2*) battant m; (*Handkurbel*) manivelle f.

Schwenk|arm ['ʃvɛŋkʔɑːrm] m bras m articulé (od. basculant od. pivotant); **2bar** *adj.* pivotant; **2en** (25) **1.** v/t. *Hut, Fahne usw.:* agiter; *Kamera:* tourner; (*ausspülen*) *Glas:* rincer; **2.** v/i. × converser; faire un changement de direction; *links schwenkt, marsch!* changement de direction à gauche, marche!; **~kran** m grue f pivotante; **~ung** × f conversion f; changement m de direction.

schwer [ʃveːr] **1.** *adj.* lourd; pesant; (*schwierig*) difficile; (*~wiegend*) grave; (*mühevoll*) pénible; dur; (*ernst*) sérieux; (*Zigarre*) fort; (*Wein*) fort; capiteux; (*Stoff*) solide; (*Essen*) lourd; (*Strafe*) sévère; (*Sünde*) gros; (*capital*; (*Verbrechen*) grand; (*Pflicht*) onéreux; (*Gepäck*) gros; ~e *Geburt* accouchement m laborieux; ~es *Geld kosten* coûter beaucoup d'argent (od. un argent fou); ~e *See* grosse mer f; ~es *Geschütz* grosse artillerie f; ~er *Junge* criminel m; F ~ *von Begriff sein* avoir l'esprit lent; e-n ~en *Stand haben* être dans une situation difficile; avoir bien du mal (*mit* avec); *ein Pfund* ~ *sein* peser une livre; ~ *werden* s'alourdir; **2.** *adv.* lourdement; difficilement; gravement; ~ *hören* avoir l'oreille dure; ~ *arbeiten* travailler dur; ~ *im Magen liegen* peser sur l'estomac (*fig.* sur qn.); ~ *haben* avoir bien du mal; **2-arbeiter** m travailleur m de force; **2-athletik** f athlétisme m lourd; **~be'laden** *p.p.*

adj. pesamment chargé; *fig.* accablé; 2**beschädigte(r)** *m* grand mutilé *m.*

Schwere *f* (15) pesanteur *f*; *(Gewicht)* poids *m*; *phys.* gravité *f* (a. *fig.*); *(der Strafe)* rigueur *f*; *(Schwierigkeit)* difficulté *f*; **~losigkeit** *f* (état *m* d')apesanteur *f*; **~nöter** ['~ənøːtər] *m* (7) galant *m.*

schwer|-erziehbar *adj.* difficile à élever *(od.* à éduquer); **~fallen** *v/i.*: *das fällt ihm schwer* cela lui donne beaucoup de peine; **~fällig** ['~fɛliç] *adj.* lourd; 2**fälligkeit** *f* lourdeur *f*; 2**gewicht** *Sp. m* poids *m* lourd; **~hörig** ['~høːriç] *adj.* dur d'oreille; **~hörigkeit** *f* dureté *f* d'oreille; 2**-industrie** *f* industrie *f* lourde; grande industrie *f*; 2**kraft** *f* gravitation *f*; **~krank** *adj.* gravement malade; 2**kranke(r)** *m* grand malade *m*; 2**kriegsbeschädigte(r)** *m* (18) grand mutilé *m* de guerre; **~lich** *adv.* ne ... guère; difficilement; 2**mut** *f* mélancolie *f*; **~** hypocondrie *f*; **~mütig** ['~myːtiç] *adj.* mélancolique; **~** hypocondriaque; 2**-öl** *n* huile *f* lourde; 2**punkt** *m* centre *m* de gravité; *fig.* point *m* capital.

Schwert [ʃveːrt] *n* (1) épée *f*; glaive *m* (a. *fig.*); **~fisch** *m* espadon *m*; **~lilie** *f* iris *m*; **~streich** *m* coup *m* d'épée; *ohne* **~** sans coup férir.

Schwer|verbrecher *m* grand criminel *m*; 2**ver'daulich** *adj.* difficile à digérer; indigeste; 2**ver'letzt**, 2**ver'wundet** *p.p. adjt.* grièvement blessé; **~verwundete(r)** *m* grand blessé *m*; 2**wiegend** *p.pr. adjt. fig.* fort grave.

Schwester ['ʃvɛstər] *f* (15) sœur *f*; *rl. a.* religieuse *f*; *(Kranken2)* infirmière *f*; **~firma** *f* maison *f* affiliée; 2**lich** *adj.* de *(adv.* en) sœur; **~nschule** *f* école *f* d'infirmières; **~ntracht** *f* tenue *f* *(od.* uniforme *m)* d'infirmière; **~schiff** *n* navire-jumeau *m.*

Schwibbogen ['ʃvipboːgən] *m* arc-boutant *m.*

schwieg [ʃviːk] *s.* schweigen.

Schwieger|eltern ['ʃviːgərʔ-] *pl.* beaux-parents *m/pl.*; **~mutter** *f* belle-mère *f*; **~sohn** *m* gendre *m*; beau-fils *m*; **~tochter** *f* belle-fille *f*; bru *f*; **~vater** *m* beau-père *m.*

Schwiele ['ʃviːlə] *f* (15) durillon *m*, callosité *f*, cal *m*; 2**ig** *adj.* calleux.

schwierig ['ʃviːriç] *adj.* difficile; *(hei-*

kel) délicat; *(mißlich)* scabreux; 2**keit** *f* difficulté *f*; 2**keitsgrad** *m* degré *m* de difficulté.

schwill(s)t [ʃvil(s)t] *s.* schwellen.

Schwimm|bad ['ʃvimbaːt] *n* piscine *f*; **~bassin** *n*, **~becken** *n* bassin *m* de natation, piscine *f*; **~dock** *n* dock *m* flottant; 2**en** *v/i.* (30) nager (a. *fig.*); *(Dinge)* flotter; ⚓ voguer; *ans Land* **~** gagner la rive à la nage; *über e-n Fluß* **~** traverser une rivière à la nage; *mit dem Strom* **~** se laisser porter par le courant; *gegen den Strom* **~** remonter le courant; *obenauf* **~** surnager; *unter Wasser* **~** nager entre deux eaux; *auf dem Rücken* **~** nager sur le dos; faire la planche; *mir schwimmt es vor den Augen* tout se brouille devant mes yeux; **~en** *n* natation *f*; **~er** *m* (7) nageur *m*; ⊕ flotteur *m*; **~flosse** *f* palme *f*; **~flügel** *m* (für Kinder) brassard *m* de natation; **~fuß** *zo. m* pied *m* palmé; **~gürtel** *m* ceinture *f* de natation; **~halle** *f* piscine *f* couverte; **~haut** *f* palmure *f*; 2**lehrer(in** *f*) *m* professeur *m* de natation; **~(m)eisterschaft** *f* championnat *m* de natation; **~sport** *m* natation *f*; nage *f*; **~vogel** *m* palmipède *m*; **~weste** *f* gilet *m* de sauvetage.

Schwindel ['ʃvindəl] *m* (7) 💊 vertige *m*, étourdissement *m*; *(Lüge)* mensonge *m*; *(Betrügerei)* tromperie *f*, duperie *f*, supercherie *f*; **~anfall** *m* étourdissement *m*; **~ei** [~'lai] *f* (16) mensonges *m/pl.*; 2**-erregend** *p.pr. adjt.* vertigineux; **~firma** *f* maison *f* véreuse; 2**frei** *adj.* qui n'est pas sujet au vertige; **~gefühl** *n* vertige *m*; étourdissement *m*; 2**ig** *adj.* (schwindelerregend) vertigineux; *(vom Schwindel befallen)* pris de vertige; *mir ist* **~** j'ai le vertige; il me prend un vertige; *leicht* **~** werden être sujet au vertige; **~** *machen* donner le vertige (à); 2**n** *v/i.* (lügen) mentir; *mir schwindelt* j'ai le vertige; **~de Höhe** 'hauteur *f* vertigineuse.

schwinden ['ʃvindən] *v/i.* (30, sn) diminuer; décroître; *(ver~)* disparaître; *(hin~)* s'en aller; s'évanouir; *s-e Kräfte* **~** ses forces l'abandonnent; *ihm* **~** *die Sinne* il perd connaissance; **~** *lassen* abandonner.

Schwindler(in *f*) ['ʃvintlər] *m* (7) *(Lügner)* menteur *m*, -euse *f*; *(Betrüger)* trompeur *m*, -euse *f*; *(Gauner)* escroc *m.*

schwindlig adj. = schwindelig.

Schwind|sucht ['ʃvintzuxt] f phtisie f; ≈**süchtig** adj. phtisique.

Schwing|achse ['ʃviŋ-] f essieu m oscillant; ~e ['ʃviŋə] f (15) aile f; (Getreide≈) van m; ≈**en** (30) **1.** v/t. agiter; (schaukeln) balancer; Schwert: brandir; Getreide: vanner; Flachs: échauver; **2.** v/rfl.: sich ~ s'élancer; s'élever (a. fig.); **3.** v/i. (Saite) vibrer; (Pendel) osciller; ~**er** Sp. m swing m; ≈**ung** f vibration f; (Pendel≈) oscillation f; in ~ setzen ébranler; ~**ungsdämpfer** m amortisseur m d'oscillation (od. de vibration); ~**ungszahl** f fréquence f.

Schwips F [ʃvips] m (4) pointe f de vin; e-n ~ haben être éméché.

schwirren ['ʃvirən] v/i. (25, sn) (Pfeil) siffler; (Insekt) bourdonner; fig. (Gerüchte) circuler; courir.

Schwitz|bad ['ʃvits-] n bain m de vapeur; ≈**en** ['ʃvitsən] (27) **1.** v/i. suer, transpirer; **2.** v/t.: Blut und Wasser ~ suer sang et eau; ~**kasten** m étuve f (a. fig.); ~**kur** f traitement m sudorifique.

schwoll [ʃvɔl] s. schwellen.

schwören ['ʃvøːrən] v/t. u. v/i. (30) jurer (auf acc. sur; bei par); abs. prêter serment.

schwul F [ʃvuːl] adj. homosexuel, pédérastique.

schwül [ʃvyːl] adj. lourd; (Hitze) accablant; (erstickend) étouffant; ≈**e** ['~ə] f (15) chaleur f accablante (od. étouffante); temps m lourd.

Schwuli|tät F f: in ~en sein être dans l'embarras.

Schwulst [ʃvulst] m (3² u. ³) enflure f.

schwülstig ['ʃvylstiç] adj. enflé; ampoulé.

Schwund [ʃvunt] m (3) dépérissement m; (Verminderung) diminution f; ≈ atrophie f; rad. fading m; ✝ déchets m/pl.

Schwung [ʃvuŋ] m (3³) branle m; (Aufflug) essor m; fig. élan m; verve f; entrain m; (Anstoß) impulsion f; (des Geistes) élévation f (des Stils) mouvement m; in ~ setzen mettre en branle, fig. donner l'impulsion à; in ~ kommen prendre un essor; ~**feder** f penne f; ≈**haft** adj. plein de verve; (blühend) florissant; ≈**kraft** f phys. force f centrifuge; fig. ressort m; ≈**los** adj. sans verve; ~**rad** n volant m; ≈**voll** adj. = schwunghaft.

Schwur [ʃvuːr] m (3³) serment m; ~**gericht** n cour f d'assises.

sechs [zɛks] **1.** a/n. c. six; **2.** ≈ f (chiffre m) six m; ≈**eck** ['~ʔɛk] n hexagone m; ~**eckig** adj. hexagonal; ~**erlei** [~ər-'laɪ] adj. de six espèces; ~**fach** ['~fax] adj. sextuple; ~**hundert** a/n. c. six cent(s); ~**jährig** ['~jɛːrıç] adj. de six ans; ~**mal** adv. six fois; ~**malig** adj. répété six fois; ~**monatlich** adj. semestriel; ~**seitig** adj. (Figur) hexagonal; (Körper) hexaédrique; ≈**tagerennen** n course f (cycliste) de six jours; les six jours m/pl.; ~**tägig** adj. de six jours; ~**te** a/n. o. sixième; ≈**tel** ['zɛkstəl] n (7) sixième m; ~**tens** ['zɛkstəns] adv. sixièmement.

sechzehn ['zɛçtseːn] a/n. c. seize; ~**te** a/n. o. seizième; Ludwig der ≈ (XVI.) Louis seize (XVI); ≈**tel** n seizième m; ≈**telnote** f double croche f; ≈**telpause** f ≈ f quart m de soupir; ~**tens** adv. seizièmement.

sechzig ['zɛçtsıç] a/n. c. soixante; etwa ~ une soixantaine; die ~er Jahre les années f/pl. soixante à soixante-dix; ≈**er(in** f) ['~ıgər] m (7) sexagénaire m, f; ~**jährig** adj. sexagénaire; ~**ste** a/n. o. soixantième; ≈**stel** n soixantième m.

Sediment [zedi'mɛnt] n (3¹) sédiment m; ≈**är** [~'tɛːr] adj. sédimentaire.

See [zeː] **1.** m (10) lac m; **2.** f (15) mer f; in ~ stechen appareiller; prendre la mer; zur ~ gehen se faire marin; zur ~ fahren être marin; ~**aal** m anguille f de mer; ~**adler** orn. m grand aigle m de mer; pygargue m; ~**bad** n bain m de mer; (Ort) station f balnéaire; ~**bär** fig. m loup m de mer; ~**beben** ['~beːbən] n séisme m océanique; ~**elefant** m éléphant m de mer; ≈**fahrend** p.pr. adj. navigateur, maritime; ≈**fahrer** m marin m; (Entdeckungsreisender) navigateur m; ~**fahrt** f voyage m par mer; (das Fahren zur See) navigation f maritime; ≈**fest** adj. (Schiff) qui tient bien la mer; (Person) qui n'est pas sujet au mal de mer; ~**fisch** m poisson m de mer; frische ~e pl. marée f; ~**frachtbrief** m connaissement m; ~**gang** m 'houle f; hoher ~ grosse (od. forte) mer; ~**gefecht** n combat m naval; ~**gras** n zostère f; ✝ crin m végétal; ~**hafen** m port m de mer; ~**handel** m commerce m maritime; ~**herrschaft** f maîtrise f de la (resp. des) mer(s); ~**hund** m phoque m; ~**hund(s)fell** n peau f de phoque; ~**igel** m 'hérisson m de mer; oursin m; ~**jungfer** f néréide f; zo. libellule f; ~**kabel** n câble m sous-marin; ~**kadett** m élève m de l'Ecole navale; ~**karte** f carte f nautique; ~**klima** n climat m maritime; ℒ**krank** adj. qui a le mal de mer; ~**krankheit** f mal m de mer; ~**krieg** m guerre f navale; ~**kuh** zo. f vache f marine; lamantin m; ~**lachs** zo. m saumon m de mer.

Seele ['ze:lə] f (15) âme f (a. e-r Schußwaffe); fig. cœur m; bei m-r ~ sur mon âme; e-e ~ von Mensch une bonne pâte (d'homme); das liegt ihm schwer auf der ~ cela lui pèse sur le cœur; das tut mir in der ~ weh j'en ai le cœur navré; das ist ihm in der ~ zuwider cela lui répugne profondément; er spricht mir aus der ~ il pense tout comme moi.

Seelen|-amt n office m des morts; ~**angst** f angoisse f; ℒ**friede(n)** m paix f de l'âme; ~**größe** f grandeur f d'âme; magnanimité f; ℒ**gut** adj. foncièrement bon; ~**heil** n salut m (de l'âme); ~**heilkunde** f psychiatrie f; ~**hirt** m pasteur m des âmes; ~**kunde** f psychologie f; ~**messe** f messe f des morts (od. mortuaire), requiem m; ~**qual** f angoisse f; ~**ruhe** f tranquillité f d'âme; ℒ**ruhig** adv. imperturbablement; intrépidement; ~**verwandtschaft** f affinités f/pl. spirituelles; ~**wanderung** f métempsycose f.

Seeleute pl. marins m/pl., gens m/pl. de mer.

seelisch adj. psychique.

Seelöwe m lion m marin; otarie f.

Seel|sorge f charge f d'âmes; pastorat m; ~**sorger** m (7) pasteur m; père m spirituel; directeur m de conscience.

See|luft f air m marin (od. de la mer); ~**macht** f puissance f maritime; (Flotte) flotte f; forces f/pl. navales; ~**mann** m marin m; ℒ**männisch** adj. (de) marin; nautique; ~**meile** f mille m marin; ~**möwe** f mouette f de mer; (größere) goéland m; ~**not** f: in ~ en détresse; ~**offizier** m officier m de marine; ~**pferdchen** n hippocampe m; ~**räuber** m pirate m; corsaire m; ~**räuberei** f piraterie f; ~**räuberschiff** n corsaire m; ~**recht** n droit m maritime; ~**reise** f voyage m par mer;

~**rose** ♀ f nénuphar m; zo. actinie f; ~**schaden** m avarie f en mer; ~**schiff** n navire m, bâtiment m de mer; ~**schlacht** f bataille f navale; ~**schlange** f serpent m de mer; ~**schwalbe** f hirondelle f de mer; ~**stadt** f ville f maritime; ~**stern** zo. m étoile f de mer; astérie f; ~**streitkräfte** f/pl. forces f/pl. navales; ~**sturm** m tempête f sur mer; ~**tang** ♀ m varech m; ℒ**tüchtig** adj. (Schiff) en état de tenir la mer; ♣ au large; ~**ufer** n bord m du lac; ℒ**wärts** ['-vɛrts] adv. du côté de la mer; bsd. ♣ au large; ~**wasser** n eau f de mer; ~**weg** n route f maritime; ~ nach Ostindien route f des Indes; auf dem ~e par voie maritime; ~**wesen** n marine f; ~**wind** m vent m de mer; ~**zeichen** n signal m maritime; ~**zunge** zo. f sole f.

Segel ['ze:gəl] n (7) voile f; unter ~ gehen mettre à la voile (nach pour); die ~ streichen amener les voiles, fig. baisser pavillon; die ~ umlegen changer les voiles; alle ~ aufspannen mettre toutes voiles dehors; mit vollen ~n à pleines voiles; ~**boot** n barque f à voiles; ℒ**fertig** adj. prêt à faire voile; sich ~ machen appareiller; ~**fliegen** v/i. (nur inf.) faire du vol à voile; ~**fliegen** n, ~**flug** m vol m à voile; ~**flugzeug** n planeur m; ~**jacht** f yacht m à voile; ~**klub** m association f nautique; yacht-club m; ~**macher** m voilier m; ℒ**n** v/i. (29, h. u. sn) naviguer; faire voile (nach pour); Sp. faire du yachting; ~**n** f navigation f à voile; Sp. yachting m; ~**regatta** f régates f/pl. de voiliers (od. à la voile); ~**schiff** n bateau m à voiles; voilier m; ~**schlitten** m traîneau m à voiles; ~**sport** m yachting m; ~**tuch** n toile f à voiles; canevas m; ~**werk** n voiles f/pl., voilure f.

Segen ['ze:gən] m (7) bénédiction f; (Gedeihen) prospérité f; ~ bringen porter bonheur; er ist ein ~ für s-e Familie il est la providence des siens; ℒ**sreich** adj. béni; prospère; ~s**wunsch** m bénédiction f.

Segler ['ze:glər] m (7) celui qui fait voile; Sp. yachtman m; (Schiff) voilier m; orn. martinet m; ~**in** f celle qui fait voile; Sp. yachtwoman f.

Segment [zeg'mɛnt] n (3) segment m.

segn|en ['ze:gnən] v/t. (26) bénir; donner la bénédiction à; ♀**ung** f bénédiction f.

sehen ['ze:ən] 1. v/t. u. v/i. (30) voir; ([an]blicken) regarder; ~ auf (acc.), ~ nach regarder (acc., fig. à), (sorgend) veiller à (od. sur); avoir soin de; gut ~ avoir de bons yeux; gern (ungern) ~ voir d'un bon (d'un mauvais) œil; sich ~ lassen können pouvoir se montrer; Sie haben sich lange nicht ~ lassen on ne vous a pas vu depuis longtemps; sieh da! tiens!; 2. ♀ n vue f; vision f; vom ~ kennen connaître de vue; ~swert, ~swürdig adj. qui vaut la peine d'être vu; ♀**swürdigkeit** f ce qui vaut la peine d'être vu; ~en pl. curiosités f/pl.

Seher|(in f m (7) prophète m, prophétesse f; visionnaire m, f; (Hell♀) voyant(e f) m; ~**blick** m regard m prophétique; ♀**gabe** f seconde vue f.

Seh|fehler m défaut m de la vue, trouble m visuel; ~**feld** n champ m visuel; ~**kraft** f faculté f visuelle; (Sinn) vue f.

Sehne ['ze:nə] f (15) anat. tendon m; ♪ u. (Bogen♀) corde f.

sehnen 1. v/rfl. (25): sich nach etw. ~ aspirer à qch.; désirer ardemment qch.; soupirer après qch.; 2. ♀ n désirs m/pl. ardents.

Sehnen|scheiden-entzündung 𝔰 f inflammation f des gaines tendineuses; ténosynovite f; ~**zerrung** 𝔰 f entorse f.

Sehnerv m nerf m optique (od. visuel).

sehnig adj. tendineux; (Glied) nerveux.

sehn|lich adj. ardent, impatient; ♀**sucht** f désir m ardent (nach de); ~ nach der Heimat nostalgie f du pays; mit ~ erwarten attendre avec impatience; ~**süchtig**, ~**suchtsvoll** adj. plein de désir; impatient.

Seh|probe f, ~**prüfung** 𝔰 f examen m de la vue.

sehr [ze:r] adv. très; bien; fort; (vor vb.) beaucoup; bien; ~ viel bien; ~ viel Geld bien de l'argent; ~ viele Leute bien des gens; ~ viele andere bien d'autres.

Sehrohr n périscope m; ~**schärfe** f acuité f visuelle; ~**schlitz** m fente f de visée; ~**störung** f trouble m oculaire; ~**test** m = Sehprobe; ~**vermögen** n = Sehkraft; ~**weite** f portée f de la

vue; ~**winkel** m angle m visuel; ~**zentrum** n centre m visuel.

seicht [zaiçt] adj. (Wasser) peu profond; bas; fig. plat; ♀**heit** f peu m de profondeur; fig. platitude f.

Seide ['zaidə] f (15) soie f.

Seidel ['zaidəl] n (7) chope f.

seiden adj. de soie; ~**artig** adj. soyeux; ♀**garn** n soie f filée; ♀**glanz** m éclat m soyeux; ♀**industrie** f industrie f de la soie (od. séricicole); ♀**papier** n papier m de soie; ♀**raupe** f ver m à soie; ♀**raupenzucht** f sériciculture f, culture f séricicole; ♀**spinnerei** f filature f de soie; ♀**stoff** m étoffe f de soie; ♀**strumpf** m bas m de soie; ♀**ware** f soierie f; ~**weich** adj. soyeux.

seidig adj. soyeux.

Seife ['zaifə] f (15) savon m; ♀**n** v/t. (25) savonner.

Seifen|blase f bulle f de savon (a. fig.); ~**dose** f porte-savon m; ~**fabrik** f savonnerie f; ♀**papier** n. savon m en paillettes; ~**kistenrennen** n course f de caisses à savon; ~**lappen** m gant m de toilette; ~**lauge** f lessive f caustique; ~**napf** m écuelle f à savon; ~**pulver** n poudre f de savon; ~**schaum** m mousse f de savon; ~**wasser** n eau f de savon.

seifig adj. savonneux.

seihen ['zaiən] v/t. passer; filtrer.

Seil [zail] n (3) corde f; starkes ~ câble m; ~ springen sauter à la corde; ~**bahn** f funiculaire m; téléférique m; ~**er** ['~ər] m (7) cordier m; ~**erwaren** f/pl. cordages m/pl.; ~**schaft** f cordée f; ~**springen** n saut m à la corde; ~**tänzer(in** f) m danseur m, -euse f de corde, funambule m, f; ~**winde** f treuil m à câble.

sein¹ [zain] 1. v/aux. être; 2. v/i. (sn) être; (vorhanden ~) exister; (sich befinden) se trouver; (stattfinden) avoir lieu; es ist kalt il fait froid; mir ist kalt j'ai froid; er ist neun Jahre alt il a neuf ans; was ist das? qu'est-ce que c'est?; wie wäre es, wenn ...? que diriez-vous si ...?; es sei denn, daß ... à moins que ... (ne) (+ subj.); 3. ♀ n (6) être m, (Dasein) existence f; (Wesenheit) essence f.

sein², **~e** pr/poss. (20) m u. n son m (vor vo. od. stummem h a. f), sa f (vor cons.), pl. ses; ~**er**, ~**e**, ~**es**: der (die, das) ~**e** od. ~**ige** le sien, la sienne.

seiner ['~ər] pr/p. (gén.v. er) de lui; de

soi; *ich gedenke ~* je me souviens de lui; *je pense à lui*; **~seits** [¹⸰zaɪts] *adv.* de son côté, de sa part; **~zeit** *adv.* jadis, en son temps.

seinesgleichen [¹⸰əsglaɪçən] *pr.* son égal, ses égaux; son (ses) pareil(s); *wie ~ behandeln* traiter d'égal à égal (*od.* sur le pied d'égalité).

seinet|**halben** [¹⸰ethalbən], **~wegen** [¹⸰veːgən], (*um*) **~willen** [¹⸰vilən] *adv.* pour lui; à cause de lui.

seinige *pr/poss. s. sein²*.

Seismograph [zaɪsmo¹graːf] *m* (12) s(é)ismographe *m*.

seit [zaɪt] **1.** *prp.* (*dat.*) depuis; (*von ~ an*) à partir de; *~ langem* (*kurzem*) depuis longtemps (peu); *schon ~ des*; **2.** *cj.* depuis que; **~¹dem 1.** *adv.* depuis; (*schon damals*) dès lors; **2.** *cj.* depuis que.

Seite [¹⸰ə] *f* (15) côté *m*; (*Richtung a.*) sens *m*; (*Partei*) parti *m*; (*Flanke*) flanc *m*; (*Schrift²*) page *f*; (*e-r Gleichung*) membre *m*; (*Gesichtspunkt*) aspect *m*; *auf diese(r) ~, nach dieser ~* de ce côté; *auf (von) beiden ~n* des deux côtés; de part et d'autre; *nach allen ~n* en tous sens; *von allen ~n* de tous côtes; *s-e guten ~n haben* avoir son bon côté (*od.* du bon); *auf die (zur) ~ gehen* s'écarter; laisser passer; **⚓** *auf der ~ liegen* être à la côté; *auf j-s ~ stehen (treten)* être (se ranger) du côté de q.; *j-n auf die ~ nehmen* prendre q. à part; *auf die ~ schaffen (beiseite legen)* mettre de côté, (*wegschaffen*) se débarrasser de, faire disparaître; *j-n auf s-e ~ bringen* mettre q. de son côté; gagner q.; *von der ~ ansehen* regarder de travers (*fig.* de travers); *etw. von der guten ~ nehmen* prendre q. du bon côté; *j-m nicht von der ~ gehen* ne pas quitter q. d'un pas; *j-m zur ~ stehen* seconder (*od.* assister) q.

Seiten|**altar** *m* autel *m* latéral; **~angriff** *m* attaque *f* de flanc; **~ansicht** *f* vue *f* de côté; **~blick** *m* regard *m* de côté (*od.* oblique); **~eingang** *m* entrée *f* latérale (*od.* sur le côté); **~fläche** *f* face *f* latérale; **~flügel** *m* (*e-s Gebäudes*) aile *f*; **~gang** *Esb. m* couloir *m* latéral; **~gasse** *f* ruelle *f* latérale; **~gewehr** *n* baïonnette *f*; *mit aufgepflanztem ~* baïonnette au canon; **~hieb** *fig. m* coup *m* de bec; boutade *f*; **²lang** *adj.* (*long*) de plusieurs pages; **~lehne** *f* bras *m*; accou-

doir *m*; **~leitwerk** *Flgw. n* empennage *m* vertical; **~linie** *f* ligne *f* latérale; *Esb.* voie *f* secondaire; (*e-s Stammbaums*) ligne *f* collatérale; *Sp.* ligne *f* de touche; **~loge** *f* loge *f* de côté; **~portal** *n* portail *m* latéral; **~ruder** *Flgw. n* gouvernail *m* de direction; **²s** *prp.* (*gén.*) de la part de, du côté de; **~schiff** *Arch. n* bas côté *m*; nef *f* latérale; **~sprung** *m* écart *m* de conduite, escapade *f*; **~stechen** *n*, **~stiche** *m/pl.* 🍴 points *m/pl.* de côté; **~straße** *f* rue *f* latérale; **~tasche** *f* poche *f* latérale; **~tür** *f* porte *f* latérale; **²verkehrt** *adj.* inversé latéralement; **~wagen** *m* (*e-s Motorrades*) side-car *m*; **~weg** *m* chemin *m* latéral; **~wind** *m* vent *m* de côté; **~zahl** *f* nombre *m* de(s) pages; (*einzelne*) numéro *m* de (la) page; *mit ~en versehen* paginer.

seit|**her** *adv.* depuis (ce temps-là); **~lich** *adj. u. adv.* latéral; sur le côté; *~ von etw. gelegen* situé à côté de qch.; **~wärts** [¹⸰vɛrts] *adv.* de côté; à côté; vers le côté; sur le côté.

Sekante [ze¹kantə] *f* (15) sécante *f*.

Sekret [ze¹kreːt] *n* (3) substance *f* sécrétée.

Sekret|**är** [zekre¹tɛːr] *m* (3¹) secrétaire *m*; **~ariat** [~ta¹rjaːt] *n* (3) secrétariat *m*; **~ärin** *f* secrétaire *f*.

Sekt [zɛkt] *m* (3) (vin *m*) mousseux *m*, champagne *m*.

Sekte [¹zɛktə] *f* (15) secte *f*.

Sektion [~¹tsjoːn] *f* section *f*; 🍴 dissection *f*; autopsie *f*.

Sektor [¹zɛktɔr] *m* (8¹) secteur *m*; **~engrenze** [~¹toːrən-] *f* limite *f* de secteur.

Sekun|**da** [ze¹kunda] *f* (16²) (classe *f* de) seconde *f*; **~dant** [~¹dant] *m* (12) second *m*; **²där** [~¹dɛːr] *adj.* secondaire.

Sekunde [ze¹kundə] *f* (15) seconde *f*; **²nlang** *adj. u. adv.* pendant des secondes; **~nzeiger** *m* aiguille *f* des secondes; trotteuse *f*.

sekundieren [~¹diːrən] *v/i.*: *j-m ~* servir de second à q., ♪ accompagner q.

selb [zɛlp] *adj.* même; *zur ~en Stunde* à la même heure; *zur ~en Zeit* en même temps; *am ~en Ort* au même endroit.

selbst [zɛlpst] **1.** *pr.* même; (*persönlich*) en personne; *die Ruhe ~* le calme en personne; *von ~* tout seul; *etw. von ~ tun* faire qch. tout seul (*od.* de son chef); *das versteht sich von* ~ cela va de soi (*od.* sans dire); **2.** *adv.*: ~ *seine Freunde* même ses amis; ~ *wenn* quand même, même si; 2**-achtung** *f* estime *f* de soi-même.

selbständig ['zɛlpʃtɛndiç] *adj.* indépendant; 2**keit** *f* indépendance *f*.

Selbst|**-auf-opferung** *f* sacrifice *m* de soi-même; ~**auslöser** *phot. m* déclencheur *m* automatique; ~**bedienung** *f* libre-service *m*, self-service *m*; ~**bedienungsladen** *m* magasin *m* à libre-service (*od.* à self-service); ~**befriedigung** *f* onanisme *m*, masturbation *f*; ~**beherrschung** *f* maîtrise *f* de soi; ~**beköstigung** *f* alimentation *f* à ses propres frais; ~**besinnung** *f* retour *m* sur soi-même; ~**bestimmung** *f* libre disposition *f* de soi-même; ~**bestimmungsrecht** *n* droit *m* de disposer librement de soi-même; *das ist* ~ **betrug** *m* illusion *f* que l'on se fait à soi-même; 2**bewußt** *adj.* qui a conscience de soi (*od.* le sentiment de sa propre valeur); *mv. p.* prétentieux; suffisant; ~**bewußtsein** *n* conscience *f* de soi; sentiment *m* de sa propre valeur; *mv.p.* prétention *f*; suffisance *f*; ~**bildnis** *n* portrait *m* de soi-même; ~**biographie** *f* autobiographie *f*; ~**entzündung** *f* inflammation *f* spontanée; auto-inflammation *f*; ~**erhaltungstrieb** *m* instinct *m* de conservation; ~**erkenntnis** *f* connaissance *f* de soi-même; ~**fahrer** *Auto m* conducteur-propriétaire *m*; 2**gebacken** *p.p. adjt.* fait à la maison; de ménage.

selbstgefällig ['-gəfɛliç] *adj.* satisfait de soi-même; *pfort* suffisant; 2**keit** *f* contentement *m* de soi-même; *pfort* suffisance *f*.

Selbst|**gefühl** *n* sentiment *m* de sa valeur; amour-propre *m*; 2**gemacht** *p.p. adjt.* fait à la maison; de ménage; 2**gerecht** *adj.* pharisien; ~**gespräch** *n* monologue *m*; 2**herrlich** *adj.* souverain; (*willkürlich*) arbitraire; ~**herrscher** *m* autocrate *m*; ~**hilfe** *f* effort *m* personnel; 2**klebend** *p.pr. adjt.* auto-collant; ~**kostenpreis** *m* prix *m* coûtant (*od.* de revient); ~**kritik** *f* autocritique *f*; ~**laut** *m* voyelle *f*; 2**los** *adj.* désintéressé; ~**mord** *m* suicide *m*; ~**mörder(in** *f*) *m* suicidé(e *f*) *m*; 2**mörderisch** *adj.* de suicide; ~**mordversuch** *m* tentative *f* de suicide; 2**redend** *p.pr. advt.*

naturellement; bien entendu; ~**reinigung** *f* (*Gewässer* 2) auto-épuration *f*; ~**schutz** *m* autoprotection *f*; 2**sicher** *adj.* sûr de soi; assuré; ~**studium** *n* études *f/pl.* sans professeur; ~**sucht** *f* égoïsme *m*; 2**süchtig** *adj.* égoïste; 2**tätig** *adj.* auto-actif; spontané; (*automatisch*) automatique; ~**täuschung** *f* = *Selbstbetrug*; ~**überwindung** *f* abnégation *f* de soi-même; ~**unterricht** *m* études *f/pl.* sans professeur; 2**vergessen** *p.p. adjt.* qui s'oublie soi-même; ~**vergessenheit** *f* oubli *m* de soi; ~**verlag** *m*: *im* ~ chez l'auteur; ~**verleugnung** *f* abnégation *f* de soi-même; ~**vernichtung** *f* autodestruction *f*; 2**verschuldet** *p.p. adjt.* par sa faute; ~**versorgung** *f* autoravitaillement *m*, autoapprovisionnement *m*; 2**verständlich** **1.** *adj.* naturel; évident; *das ist* ~ cela va de soi (*od.* sans dire); **2.** *adv. a.* bien entendu; ~**verständlichkeit** *f* évidence *f*; *das ist e-e* ~ cela va de soi; ~**verteidigung** *f* autodéfense *f*; ~**vertrauen** *n* confiance *f* en soi-même; *mv.p.* aplomb *m*; ~**verwaltung** *f* autonomie *f* administrative; ~**wähldienst** *téléph. m* service *m* téléphonique automatique; ~**wählnetz** *téléph. n* réseau *m* automatique; ~**zucht** *f* discipline *f* de soi-même; 2**zufrieden** *adj.* content de soi-même; *mv. p.* suffisant; ~**zweck** *m* but *m* absolu; fin *f* en soi.

Selen ⚗ [ze'le:n] *n* sélénium *m*.

selig ['ze:liç] *adj.* (*bien*) heureux; (*verstorben*) feu; défunt; (*entzückt*) ravi; ~*en Andenken* de bienheureuse mémoire; ~ *entschlafen* s'endormir dans la paix du Seigneur; *Gott habe ihn* ~! Dieu ait son âme; 2**keit** *f* félicité *f*; béatitude *f*; *die ewige* ~ *erlangen* faire son salut; ~**preisen** *v/t.* proclamer heureux; ~**sprechen** *v/t.* béatifier.

Sellerie 🌿 ['zɛləri] *m* (11) *od. f* (15) céleri *m*.

selten ['zɛltən] *adj.* rare; (*außerordentlich*) extraordinaire; *nicht* ~ assez souvent; 2**heit** *f* rareté *f*.

Selterswasser ['zɛltərs-] *n* (7¹) eau *f* gazeuse (*od.* de Seltz).

seltsam *adj.* étrange; (*wunderlich*) bizarre; (*sonderbar*) étrange; 2**keit** *f* étrangeté *f*; (*Wunderlichkeit*) bizarrerie *f*; (*Sonderbarkeit*) singularité *f*.

Semester [ze'mɛstər] n (7) semestre m; **~ferien** pl. vacances f/pl. universitaires (od. semestrielles).

Semi|kolon [zemi'ko:lən] n (11) point-virgule m; **~nar** [zemi'nɑ:r] n (3¹ u. 8²) (bsd. Priester⁀) séminaire m; (Lehrer⁀) école f normale; (wissenschaftliches) institut m.

Semit|(in f) [ze'mi:t] m (12) Sémite m, f; **2isch** adj. sémite; sémitique.

Semmel ['zɛməl] f (15) petit pain m.

Senat [ze'nɑ:t] m (3) sénat m; **~or** [~tɔr] m (8¹) sénateur m.

Sendbote ['zɛnt-] m envoyé m; émissaire m.

Sende|-anlage [~də-] f poste m d'émission; **~bereich** m zone f d'émission; **~folge** rad., TV f programme m (sonore); suite f d'émissions; **~leiter** m directeur m des émissions.

senden ['zɛndən] v/t. (30) envoyer; expédier; rad., TV émettre.

Sender m (7) expéditeur m; rad., TV émetteur m, poste m d'émission.

Sende|raum m studio m; **~saal** m salle f d'émission; **~schluß** m fin f des émissions; **~station** f station f d'émission.

Sendung f envoi m; (Auftrag) mission f; rad., TV émission f.

Senf [zɛnf] m (3) moutarde f; **~gurke** f cornichon m à la moutarde; **~korn** n grain m de moutarde (od. de sénevé); **~pflaster** n sinapisme m; **~topf** m moutardier m.

sengen ['zɛŋən] v/t. u. v/i. (25) roussir, brûler; **~ und brennen** mettre tout à feu et à sang; **~d** p.pr. adj. brûlant; **~e Hitze** chaleur f torride.

senil [ze'ni:l] adj. sénile.

senior ['ze:njɔr] 1. adj. aîné; Herr ... ~ M. ... père; 2. **2** m Sp. senior m.

Senkblei ['zɛnk-] n **⚓** sonde f; **⊕** fil m à plomb.

Senke f (15) dépression f de terrain.

Senkel ['zɛŋkəl] m (7) lacet m.

senken ['zɛŋkən] (25) 1. v/t. abaisser; Augen, Stimme, Preis: baisser; (neigen) incliner; 2. v/rfl.: sich ~ s'abaisser; (Gebäude) s'affaisser, (abfallen) descendre.

Senk|fuß m pied m plat; **~grube** f fosse f d'aisances; **2recht** adj. vertical; bsd. **⚓** perpendiculaire; **~rechte** **⚓** f perpendiculaire f (errichten élever; fällen abaisser); **~rechtstarter** Flgw. m avion m à décollage vertical; **~ung** f descente f; (Gelände⁀) dé-

pression f; (Gebäude⁀) affaissement m; (Preis) baisse f; mét. thésis f.

Senn [zɛn] m (3), **~er(in** f) m vacher m, -ère f; **~hütte** f chalet m.

Sensation [zɛnza'tsjo:n] f sensation f; ~ **machen** faire sensation; **2ell** [~o'nɛl] adj. sensationnel; à sensation; **~slust** f plaisir (od. goût) m de(s) sensations; **~spresse** f presse f à sensation.

Sense ['zɛnzə] f (15) faux f; **~nmann** fig. m Mort f.

sensi|bel [zɛn'zi:bəl] adj. sensible; **2bilität** [~zibili'tɛ:t] f sensibilité f.

Sentenz [~'tɛnts] f (16) sentence f.

sentimental [~timen'tɑ:l] adj. sentimental; **2ität** [~tali'tɛ:t] f sentimentalité f.

separat [zepa'rɑ:t] adj. séparé; à part; particulier; **2friede** m paix f séparée; **2ismus** [~ra'tismus] m séparatisme m; **2ist** [~'tist] m (12), **~istisch** adj. séparatiste (m).

September [zɛp'tɛmbər] m (7) septembre m.

septisch 𝒮 ['zɛptiʃ] adj. septique.

Serail [ze'rail] n (11) sérail m.

Serb|e ['zɛrbə] m (13), **~in** f Serbe m, f; **2isch** adj. serbe.

Serenade [zere'nɑ:də] f (15) sérénade f.

Serie ['ze:rjə] f (15) série f.

Serien|herstellung f fabrication f en série; **2mäßig** adj. u. adv. en série; **~schalter** **⚡** m commutateur m multiple; **~schaltung** **⚡** f couplage m en série; **2weise** adv. en série.

seriös [ze'rjø:s] adj. sérieux (a. **✝**).

Serpentine [zɛrpɛn'ti:nə] f (15) lacet m; **~nstraße** f route f en lacet(s); **~nweg** m chemin m en lacet(s).

Serum ['ze:rum] n (9²) sérum m.

Service 1. [zɛr'vi:s] n (7) (Tafelgerät) vaisselle f de table; service m; **2.** ['sø:rvis] m od. n (11¹) service m (a. Sp.).

servier|en [zɛr'vi:rən] **1.** v/t. servir; **2.** v/i. faire le service; **2erin** f serveuse f; **2tisch** m desserte f.

Serviette [~'vjɛtə] f (15) serviette f; **~nring** m rond m de serviette; **~ntasche** f pochette f de serviette.

Servolenkung ['zɛrvo-] f servocommande f.

Sessel ['zɛsəl] m (7) fauteuil m; **~bahn** f, **~lift** m télésiège m.

seßhaft ['zɛshaft] adj. sédentaire; (wohnhaft) domicilié.

Setzei ['zɛtsʔaɪ] *n* œuf *m* sur le plat.

setzen ['zɛtsən] (27) **1.** *v/t.* mettre; *(stellen)* poser; placer; *(hinsetzen)* asseoir; ♪ *u. typ.* composer; *(pflanzen)* planter; *(wetten)* miser *(auf acc. sur)*; parier *(pour)*; *Punkt:* mettre; *Frist:* fixer; *Denkmal:* ériger; *Ofen:* poser; installer; *Fall:* poser; *j-n über e-n Fluß* ~ faire passer une rivière à q.; **2.** *v/i.:* über e-n Fluß ~ passer une rivière; *über e-n Graben* ~ sauter un fossé; **3.** *v/rfl.:* sich ~ s'asseoir; *(sich niederlassen)* se fixer; s'établir; *(Flüssigkeiten)* reposer; *sich auf e-e Stange* ~ se percher; se jucher.

Setzi|er *m* (7) compositeur *m*; **~e'rei** (16) atelier *m* de compositeur; **~kasten** *m* casse *f*; **~ling** *m* (3¹) ✿ plant *m*; *(Fischerei)* alevin *m*; **~maschine** *typ. f* machine *f* à composer.

Seuche ['zɔʏçə] *f* (15) épidémie *f*, **~nherd** *m* foyer *m* de la contagion.

seufz|en ['zɔʏftsən] *v/i.* (27) soupirer *(nach après)*; **2er** *m* (7) soupir *m*.

Sex F [sɛks] *m* (3², *o.pl.*) sexe *m*; **~ Appeal** ['~əˈpiːl] *m* (3¹, *o.pl.*) sex-appeal *m*.

Sexi|ta ['zɛksta] *f* (16²) *(classe f de)* sixième *f*; **~tett** [~'tɛt] *n* (3) sextuor *m*.

Sexu|al-erziehung [zɛksuˈaːl-] *f* éducation *(od. initiation) f* sexuelle; **~ali'tät** *f* sexualité *f*; **~'alverbrechen** *n* crime *m* (de) sadique; **2'ell** *adj.* sexuel.

sezier|en [zeˈtsiːrən] *v/t.* disséquer; **2messer** *n* scalpel *m*.

Sia'me|se [zia-] *m*, **~sin** *f* Siamois(e *f*) *m*; **2sisch** *adj.* siamois.

sibirisch [ziˈbiːrɪʃ] *adj.* sibérien.

sich [zɪç] *pr/p.* se *(vor vo. od. stummem h: s')*; *als pr. abs.* soi, lui, elle, *pl.* eux, elles; *die Sache an* ~ la chose en elle-même; *etw. bei* ~ *haben (tragen)* avoir qch. sur soi.

Sichel ['~əl] *f* (15) faucille *f*; *(Mond2)* croissant *m*.

sicher ['~ər] **1.** *adj.* sûr; *(gewiß)* certain; *(fest)* assuré *(a. Hand)*; ferme; *(Wertpapiere)* de tout repos; *(Gedächtnis)* fidèle; ~ *vor (dat.)* à l'abri de; *e-r Sache (gen.)* ~ *sein* être sûr de qch.; **2.** *adv.* sûrement; certainement; assurément; ~! bien sûr!; ~ *leben* vivre en sécurité; **~gehen** *v/i.* s'assurer; *um (ganz) sicherzugehen pour être certain*; **2heit** *f* sûreté *f*; *(Gewißheit)* certitude *f*; *(Unbesorgt-*

heit) sécurité *f*; ✝ garantie *f*; *(Bürgschaft)* caution *f*; *(im Auftreten)* assurance *f*; aplomb *m*; *in* ~ *bringen* mettre à l'abri *(od. en sûreté)*.

Sicherheits|-abstand *m* distance *f* de sécurité, **~bindung** *f* *(Schi)* fixation *f* de sécurité; **~glas** *n* verre *m* de sécurité; **~gurt** *m* ceinture *f* de sécurité; **2halber** ['~halbər] *adv.* pour plus de sûreté; **~maßnahme** *f* mesure *f* de sécurité; **~nadel** *f* épingle *f* de sûreté; **~polizei** *f* (police *f* de) sûreté *f*; **~rat** *pol. m* conseil *m* de sécurité; **~schloß** *n* serrure *f* de sûreté; **~ventil** *n* soupape *f* de sûreté; **~vorrichtung** *f* dispositif *m* de sécurité.

sicher|lich *adv.* assurément; sûrement; certainement; à coup sûr; **~n 1.** *v/t.* assurer *(gegen contre)*; *(in Sicherheit bringen)* mettre en sûreté; *(befestigen)* consolider; *Schußwaffe:* mettre au cran de sûreté; **2.** *v/rfl.:* sich ~ *a.* prendre des garanties; *sich gegen etw.* ~ se garantir de qch.; **~stellen** *v/t.* mettre en sûreté; ✝ garantir; **2ung** *f* garantie *f*; *(Befestigung)* consolidation *f*; ⚡ coupe-circuit *m*; fusible *m*; *(e-r Schußwaffe)* cran *m* d'arrêt.

Sicht [zɪçt] *f* (15) vue *f*; *(~barkeit)* visibilité *f* *(a. Flgw.)*; *in* ~ *en vue*; ✝ *zehn Tage nach* ~ à dix jours de vue; *auf kurze (lange)* ~ à court (long) terme; **2bar** *adj.* visible; *(in die Augen fallend)* évident; **~barkeit** *f* visibilité *f*; **2en** ['~ən] *v/t.* (26) *fig.* examiner; trier; ⚓ découvrir; apercevoir; **~kartei** *f* fichier *m* synoptique; **2lich** *adj.* visible; manifeste; **~ung** *f* examen *m*; tri(age) *m*; **~verhältnisse** *n/pl.* *(conditions f/pl. de)* visibilité *f*; **~vermerk** *m* visa *m*; **~weite** *f* champ *m* visuel.

Sicker|grube ['zɪkər-] *f* fosse *f* d'infiltration; puisard *m*; **2n** *v/i.* (29, sn) suinter, s'écouler goutte à goutte; **~wasser** *n* (7¹) eau *f* d'infiltration.

sie [ziː] **1.** *pr/p. f/sg.* elle, *acc.* la *(vor vo. od. stummem h:* l'*)*, *als pr. abs.* elle; *pl. m:* ils, *f:* elles, *acc.* les, *als pr. abs. m:* eux, *f:* elles; *(Anrede)* 2 vous; *j-n mit* 2 *anreden* dire vous à q.; vous(s)oyer q.; vouvoyer q.; **2.** 2 F *f:* *e-e* ~ une femme; *(ein Weibchen)* une femelle.

Sieb [ziːp] *n* (3) crible *m*; *(feines)* sas *m*, tamis *m*; *(Küchen2)* passoire *f*;

~druck m sérigraphie f; **2en** ['~bən] v/t. (25) cribler; sasser, tamiser.

sieben² ['zi:bən] **1.** a/n. c. sept; **2.** 2 f (chiffre m) sept m.

sieben|eckig ['~ɛkiç] adj. heptagonal; **~fach** adj. septuple; **2gestirn** ast. ~ Pléiade f; **~hundert** a/n. c. sept cent(s); **~jährig** adj. de sept ans; **~mal** ['~ma:l] adv. sept fois; **~malig** adj. répété sept fois; **2meilenstiefel** m/pl. bottes f/pl. de sept lieues; **2-sachen** F f/pl. nippes f/pl. (packen faire); frusques f/pl.; **2schläfer** m zo. loir m; fig. grand dormeur m; **~tägig** adj. de sept (de 'huit) jours; **~tausend** a/n. c. sept mille; **~te** a/n. o. septième; **2tel** n (7) septième m; **~tens** adv. septièmement.

sieb|zehn ['zi:p-] a/n. c. dix-sept; **~zehnte** a/n. o. dix-septième; **2-zehntel** n dix-septième m; **~zig** a/n. c. soixante-dix; **2ziger(in** f) m (7) septuagénaire m, f; **~zigjährig** adj. septuagénaire; **~zigste** a/n. o. soixante-dixième; **2zigstel** n soixante-dixième m.

siech [zi:ç] adj. maladif; (entkräftet) infirme; **~en** ['~ən] v/i. (25) languir; (verkümmern, a. ♥) s'étioler; **2en-haus** n hospice m d'incurables; **2-tum** n (1²) état m maladif; infirmité f.

Siede|hitze ['zi:də-] f température f d'ébullition; **2n** (30) **1.** v/i. bouillir; **2.** v/t. faire bouillir; Zucker: raffiner; Seife: fabriquer; Salz ~ sauner; **~n** n bouillonnement m; ébullition f; **~punkt** m point m d'ébullition.

Siedl|er ['zi:dlər] m (7) colon m; **~ung** f colonie f; (Bau) cité f ouvrière; **~ungsgebiet** n zone f de colonisation.

Sieg [zi:k] m (3) victoire f (davontragen über j-n remporter sur q.).

Siegel ['~gəl] n (7) cachet m; (amtliches) sceau m; (gerichtliches) scellés m/pl.; unter dem ~ der Verschwiegenheit sous le sceau du secret; das ist für mich ein Buch mit sieben ~n cela est lettre close pour moi; **~lack** m cire f à cacheter; **2n** v/t. (29) cacheter; (amtlich) sceller; **~ring** m chevalière f.

siegen ['zi:gən] v/i. (25) vaincre (über j-n q.), triompher (über acc. de).

Sieger|(in f) m (7) vainqueur m; Sp. gagnant(e f) m; **~ehrung** Sp. f remise f des prix; **~macht** f puissance f victorieuse.

Sieges|feier f célébration f d'une victoire; **2gewiß** adj. sûr de vaincre; **~göttin** f Victoire f; **2trunken** ['~truŋkən] adj. enivré de sa victoire; ivre du succès; **~zeichen** n trophée m; **~zug** m triomphe m; marche f triomphale.

sieg|gewohnt ['zi:kgəvo:nt] p.p. adjt. accoutumé à vaincre; **~reich** adj. victorieux.

sieh, **~(s)t** [zi:, zi:(s)t] s. sehen.

Siele ['zi:lə] f fig.: in den ~n sterben mourir à la tâche.

siezen F ['zi:tsən] v/t. dire vous à; vous(s)oyer; vouvoyer.

Sigel ['zi:gəl] n sigle m.

Signal [zig'na:l] n (3¹) signal m; **~an-lage** f avertisseur m; (des Zuges) corne f d'appel, cornet m; **2isieren** [~nali-'zi:rən] v/t. signaler; **~lampe** f lampe f témoin; **~mast** ♣, Esb. m sémaphore m.

Sign|atarmacht pol. [zigna'ta:r-] f puissance f signataire; **~atur** f (16) signe m; ♥ marque f; ♥ étiquette f; phm. écriteau m; typ. signature f; **~et** typ. [sin'je:, zi'gnɛt] n (11) marque f de l'imprimeur; (des Verlegers) marque f de l'éditeur; **2ieren** [~'ni:rən] v/t. signer.

Silbe ['zilbə] f (15) syllabe f; **~nrätsel** n charade f; **~ntrennung** f division f en syllabes.

Silber ['zilbər] n (7, o.pl.) argent m; **~arbeit** f ouvrage m en argent; argenterie f; **~barren** m lingot m d'argent; **~bergwerk** n mine f d'argent; **~distel** ♥ f chardon m argenté; **2far-ben** ['~farbən], **2farbig** adj. argenté; couleur d'argent; **~fisch** m poisson m argenté; **~fuchs** m renard m argenté; **~gehalt** m titre m d'argent; **~geld** n monnaie f d'argent; **~geschirr** n argenterie f; **~glanz** m éclat m de l'argent; **2grau** adj. gris argenté; **2haltig** ['~haltiç] adj. argentifère; **2hell** adj. (Ton) argentin; **~hochzeit** f noces f/pl. d'argent; **~medaille** f médaille f d'argent; **2n** adj. d'argent; **~papier** n papier m d'argent; **~pappel** f peuplier m blanc; **~schmied** m orfèvre m; **~tanne** f sapin m argenté; **~währung** f étalon-argent m; **~wa-ren** f/pl. argenterie f; **~zeug** n argenterie f.

Silhouette [zilu'ɛtə] f (15) silhouette f.

Silikat ♠ [zili'ka:t] n (3) silicate m.

Silo ['zi:lo] *m u. n* (11) silo *m*.

Silvester [zil'vɛstər] *m* (7), **~-abend** *m* la Saint-Sylvestre.

Sims [zims] *m* (4) corniche *f*; rebord *m*.

Simul|ant(in *f*) [zimu'lant] *m* (12) simulateur *m*, -trice *f*; **~ator** [~'la:-tər] *m* (8¹) simulateur *m*; **Qieren** [~'li:rən] *v/t.* simuler; feindre.

simultan [zimul'ta:n] *adj.* simultané; **Qdolmetschen** *n* traduction *f* simultanée.

Sinfonie [zinfo'ni:] *f* (15) symphonie *f*; **~orchester** *n* orchestre *m* symphonique.

sin'fonisch *adj.* symphonique.

sing|en ['ziŋən] *v/t. u. v/i.* chanter; **Qsang** [~'zaŋ] *m* chant *m* monotone; **Qspiel** *n* opérette *f*; vaudeville *m*; **Qstimme** *f* voix *f*; (*Gesangspartie*) partie *f* de chant.

Singular *gr.* ['ziŋgula:r] *m* (3¹) singulier *m*.

Singvogel *m* oiseau *m* chanteur.

sinken ['ziŋkən] 1. *v/i.* (30, sn) s'abaisser; descendre; (*zu Boden ~, sich senken*) s'affaisser; (*abnehmen*) diminuer; (*fallen*) tomber; (*ein~*) s'enfoncer; (*Nebel*) tomber; (*Sonne, Schiff*) sombrer; couler (bas); (*Hoffnung*) s'évanouir; 2. Q *n* descente *f*; (*Ein~*) affaissement *m*; (*Abnahme*) diminution *f*; (*der Preise*) baisse *f*.

Sinn [zin] *m* (3) sens *m*; (*Bedeutung a.*) signification *f*; (*Gedanke*) pensée *f*; (*Geist*) esprit *m*; (*Neigung*) goût *m*; penchant *m*; *ohne ~ und Verstand* sans rime ni raison; *s-r ~e mächtig sein* avoir tout son bon sens; *der ~e beraubt sein* ne plus se connaître; *s-es mit j-m sein* penser comme q.; *andern ~es werden* changer d'avis; *nicht aus dem ~ gehen* ne pas sortir de l'esprit (*od.* de la tête); *sich etw. aus dem ~ schlagen* s'ôter qch. de l'esprit; *für etw. ~ haben* avoir le sens (*od.* le goût) de qch.; *im ~ haben* avoir en tête; projeter; *in den ~ kommen* venir à l'idée (*od.* à l'esprit); *in j-s ~e handeln* agir dans l'esprit de q.; *das geht mir nicht aus dem ~* je ne cesse d'y penser; *das will mir nicht in den ~* cela ne veut pas m'entrer dans la tête; *was kommt dir denn in den ~?* quelle idée te prend?; quelle mouche te pique?; *nach s-m ~ sein* à son gré; à sa guise; *von ~en (nicht recht bei ~en) sein* n'être pas dans son bon sens; avoir perdu la

tête; **~bild** *n* emblème *m*; symbole *m*; **Qbildlich** *adj.* symbolique.

sinnen ['zinən] 1. *v/i.* (30) méditer (*auf etw. acc. qch.*); songer (à); 2. Q *n* méditations *f/pl.*; *all sein ~ und Trachten* tout ce qui occupe son esprit; **~d** *p.pr. adj.* méditatif; rêveur.

sinnen|freudig *adj.* voluptueux; **Qlust** *f* volupté *f*; plaisirs *m/pl.* des sens; **Qrausch** *m* ivresse *f* des sens.

sinn-entstellend *p.pr. adj.* défigurant le sens.

Sinnes-|änderung *f* changement *m* d'avis; **~art** *f* mentalité *f*; **~organ** *n* organe *m* des sens; **~täuschung** *f* hallucination *f*.

sinn|fällig *adj.* évident; **Qgedicht** *n* épigramme *f*; **~gemäß, ~getreu** *adj.* conforme au sens; **~ieren** [~'ni:rən] *v/i.* méditer, réfléchir, songer; **~ig** *adj.* pensif; (*gescheit*) judicieux; **~lich** *adj.* (~ *wahrnehmbar*) sensible; (*körperlich*) matériel; physique; (*Sinnengenuß betreffend*) sensuel; voluptueux; **Qlichkeit** *f* nature *f* physique; matérialité *f*; (*sinnliche Begierde*) sensualité *f*; volupté *f*; **~los** *adj.* insensé; (*bedeutungslos*) absurde; sans signification; **Qlosigkeit** *f* absurdité *f*; **~reich** *adj.* ingénieux; **Qspruch** *m* sentence *f*; **~verwandt** *adj.* (~*es Wort*) synonyme (*m*); **~voll** *adj.* (*gut durchdacht*) ingénieux; (*zweckmäßig*) approprié, adéquat, utile; **~widrig** *adj.* absurde.

Sinologie [zinolo'gi:] *f* sinologie *f*.

Sinter ['zintər] *m* (7) *géol.* concrétion *f*; *métall.* crasses *f/pl.*

Sintflut ['zintflu:t] *f* déluge *m*.

Sinus ᴀ ['zi:nus] *m* (*inv. u.* 14²) sinus *m*.

Sipp|e ['zipə] *f* (15), **~schaft** *f* (16) famille *f*; parenté *f*; *mv.p.* clique *f*.

Sirene [zi're:nə] *f* (15) sirène *f*.

Sirup ['zi:rup] *m* (3¹) sirop *m*; mélasse *f*.

Sitte ['zitə] *f* (15) coutume *f*; (*Brauch*) usage *m*; **~n** *pl.* mœurs *f/pl.*; **~n** *und Gebräuche* les us et coutumes *m/pl.*

Sitten|bild *n*, **~gemälde** *n* tableau *m* de mœurs; **~gesetz** *n* loi *f* morale; **~lehre** *f* morale *f*; éthique *f*; (*Abhandlung*) traité *m* de morale; **Qlos** *adj.* immoral; **Qlosigkeit** *f* immoralité *f*; **~polizei** *f* police *f* des mœurs; **~richter** *m* censeur *m*; **Qstreng** *adj.* de mœurs austères; **~strenge** *f* austérité *f* de(s) mœurs; **~verderbnis** *f* corruption f; ~verfall m décadence f des mœurs; ~zeugnis n certificat m de bonne vie et mœurs.

Sittich ['zitiç] m (3) perroquet m, perruche f.

sittlich ['zitliç] adj. moral; 2keit f moralité f; 2keitsgefühl n sens m moral; 2keitsverbrechen n attentat m aux mœurs (od. à la pudeur), outrage m aux bonnes mœurs.

sittsam ['zitza:m] adj. honnête; décent; 2keit f honnêteté f; décence f.

Situat|ion [zitua'tsjo:n] f situation f; ~ati'onskomik f comique m de la situation; 2iert [~'i:rt] p.p. adjt. situé; gut ~ dans une bonne situation; dans l'aisance.

Sitz [zits] m (3²) siège m; (Platz) place f; (Klapp2) strapontin m; (Regierungs2) siège m; (Wohnort) domicile m; résidence f; s-n ~ aufschlagen s'établir; ~ und Stimme im Rat haben avoir voix au chapitre; ~bad n bain m de siège.

sitzen ['zitsən] v/i. (30) être assis; être placé; (Vogel) être perché; (e-m Maler) poser; F (gefangen) ~ être en prison; (Kleidung) aller bien; seoir; (Hieb) porter juste; ~ bleiben rester assis; e-e Beleidigung auf sich ~ lassen avaler un affront; ~bleiben F v/i. (sn) (Mädchen) rester vieille fille; (beim Tanz) faire tapisserie; (in der Schule) redoubler une classe; auf s-r Ware ~ ne pas trouver preneur à sa marchandise; ~d p.pr. adjt. assis; (gut ~) seyant; ~e Lebensweise vie f sédentaire; ~lassen F v/t. abandonner.

Sitz|fleisch n: ~ haben être sédentaire; kein ~ haben ne pas tenir en place; ~gelegenheit f siège m; ~platz m place f assise; ~reihe thé. f rang m; ~stange f (für Vögel) perchoir m; ~streik m grève f sur le tas.

Sitzung f séance f; (Tagung) session f; (e-s Gerichtshofs) audience f.

Sitzungs|bericht m procès-verbal m de séance (abfassen rédiger); ~geld n jeton m de présence; ~periode f session f; ~protokoll n = Sitzungsbericht; ~saal m salle f des séances.

Sizilian|er(in f) [zitsil'ja:nər(in)] m (7) Sicilien(ne f) m; 2isch adj. sicilien.

Skala ['ska:la] f (16² u. 11¹) échelle f; ♩ gamme f.

Skalp [skalp] m (3¹) scalp m.

Skalpell ♫ [skal'pɛl] n (3¹) scalpel m.

skal'pieren v/t. scalper.

Skandal [skan'da:l] m (3¹) scandale m; (Lärm) tapage m; ~blatt n feuille f à scandales; 2ös [~'lø:s] adj. scandaleux.

skandieren [~'di:rən] v/t. scander.

Skandinav|ier(in f) [skandi'na:-vjər(in)] m (7) Scandinave m, f; 2isch adj. scandinave.

Skat [ska:t] m (3) skat m.

Skelett [ske'lɛt] n (3) squelette m.

Skep|sis ['skɛpsis] f (inv.) scepticisme m; ~tiker [~'tikər] m (7) sceptique m; 2tisch adj. sceptique.

Sketch [skɛtʃ] m (3, pl. a. 11) sketch m.

Ski [ʃi:] m = Schi.

Skizz|e ['skitsə] f (15) esquisse f; ébauche f; croquis m; ~enbuch n album m de (resp. à) croquis; 2enhaft adj. (seulement) esquissé (od. ébauché); 2ieren [~'tsi:rən] v/t. esquisser; ébaucher.

Sklav|e ['skla:və] m (13) esclave m; ~enhandel m trafic m d'esclaves, traite f des nègres; ~enhändler m marchand m d'esclaves; négrier m; ~erei [~'raɪ] f (16) esclavage m; servitude f; ~in f esclave f; 2isch adj. servile.

Sklerose ♫ [skle'ro:zə] f (15) sclérose f; multiple ~ sclérose f en plaques.

Skonto ♱ ['skɔnto] m u. n (11) escompte m.

Skorbut ♫ [skɔr'bu:t] m (3) scorbut m.

Skorpion [skɔrp'jo:n] m (3¹) scorpion m; astr. Scorpion m.

skrofulös [skrofu'lø:s] adj. scrofuleux.

Skrupel ['skru:pəl] m (7) scrupule m; 2los adj. sans scrupules.

Skulptur [skulp'tu:r] f (16) sculpture f.

Skunk zo. [skunk] m (11) sconse m.

S-Kurve ['ɛskurvə] f virage m en S.

Slalom ['sla:lɔm] m (11), ~lauf m slalom m.

Slaw|e ['sla:və] m (13), ~in f Slave m, f; 2isch adj. slave; ~ist [sla'vist] m (12) slavisant m, slaviste m.

Slip [slip] m (11) slip m.

Slowak|e [slo'va:kə] m (12), ~in f Slovaque m, f; 2isch adj. slovaque.

Slowen|e [slo've:nə] m (12), ~in f Slovène m, f; 2isch adj. slovène.

Smaragd [sma'rakt] *m* (13) émeraude *f*.

Smoking ['smo:kiŋ] *m* (11) smoking *m*.

Snob [snɔp] *m* (11) snob *m*; **~ismus** [sno'bismus] *m* snobisme *m*.

so [zo:] *adv.* ainsi; comme cela (F ça); de cette manière; ~ *ist es* il en est ainsi; *und* ~ *weiter* et ainsi de suite; ~ *la la* comme ci, comme ça; couci-couça; ~ *oder* ~ de manière ou d'autre; *(derartig)* tel; pareil; ~ *ein Mann* un tel homme; un homme pareil; ~ *wie er ist* tel qu'il est; ~ *ist die Angelegenheit* tel est l'affaire; *hat man je* ~ *etwas gesehen?* a-t-on jamais vu pareille chose?; *(nachdrücklich)* si; tellement; tant; *es ist* ~ *schön!* c'est si *(od.* tellement*)* beau; *er hat sie* ~ *lieb* il l'aime tant; ~ *schwer ist es* tant il est difficile; *(im Vergleich)* aussi; si; *er ist (nicht)* ~ *reich wie du* il est aussi *(n'est pas si od.* aussi*)* riche que toi; *(folgernd)* ainsi *(donc)*; alors *(donc)*; ~ *ist alles vergebens* ainsi *(donc)*, tout est inutile; — ~? vraiment?; vous croyez?; ~ *seid ihr!* voilà comme vous êtes!; *seien Sie* ~ *gut* ayez la bonté *(de)*; *ich bin nicht* ~ *dumm, es zu glauben* je ne suis pas assez sot pour le croire; *die Sache ist* ~ *gut wie abgemacht* la chose est autant dire *(od.* pour ainsi dire*)* faite; ~ *gut er kann* de son mieux; ~ *gut wie nichts* si peu que rien; *ich habe* ~ *e-e Ahnung* j'ai comme un pressentiment; ~ *höre doch!* mais écoute donc!; ~ *reich er auch sei* si *(od.* quelque*)* riche qu'il soit; *tout riche qu'il est (od.* soit*)*; ~ *daß ...* de sorte que ...; *(final: subj.)*; *das Geld reicht gerade* ~ l'argent suffit tout juste; ~ *sehr ..., ~ sehr ...* autant ..., autant ...; ~ *viel ist gewiß, daß ...* ce qu'il y a de certain, c'est ...; ~ *viel Freunde tant d'amis;* ~ *wahr ich lebe* aussi vrai que me voilà; ~ *weit sind wir noch nicht* nous n'en sommes pas encore là; *es nicht* ~ *weit kommen lassen* ne pas laisser les choses en venir là; *bist du* ~ *weit?* y es-tu?; *tu y es?; man ging* ~ *weit, zu ... (inf.)* on alla jusqu'à ... *(inf.)*; *wie ..., ~ ...* ainsi que ... de même...; ~ *ziemlich* à peu près.

so'bald *cj.*: ~ *(als)* dès que; aussitôt que.

Söckchen ['zœkçən] *n* (6) socquette *f*.

Socke ['zɔkə] *f* (15) chaussette *f*; F *fig.*

sich auf die ~*n machen* s'en aller; F filer, décamper.

Sockel ['zɔl] *m* (7) socle *m*; piédestal *m*.

Sockenhalter *m* fixe-chaussettes *m*.

Soda ['zo:da] *f (inv.) od. n* (11) soude *f*.

so'dann *adv.* ensuite; puis.

Sodawasser *n* (7[1]) eau *f* de Seltz; eau *f* gazeuse.

Sodbrennen ['zo:t-] *n* (6) aigreurs *f/pl.* d'estomac.

soeben [zo'e:bən] *adv.* tout à l'heure; ~ *etw. getan haben* venir de faire qch.

Sofa ['zo:fa] *n* (11) sofa *m*; divan *m*.

so'fern *cj.* pourvu que *(subj.)*.

soff [sɔf] *s. saufen.*

so'fort *adv.* aussitôt; sur-le-champ; tout de suite; **2hilfe** *f* secours *m (od.* aide *f)* immédiat(e); **~ig** *adj.* prompt, immédiat; **2maßnahme** *f* mesure *f* d'urgence *(ergreifen adopter).*

sog [zo:k] *s. saugen.*

Sog [zo:k] *m* (3) remous *m*.

so'gar [~'ga:r] *adv.* même; **~genannt** *adj.* dit; *(angeblich)* soi-disant; prétendu; ~'gleich *adv.* = sofort.

Sohle ['zo:lə] *f* (15) *(Fuß2)* plante *f* (du pied); *(Schuh2)* semelle *f*; *(Boden)* plancher *m*; ⚒ sole *f*.

Sohn [zo:n] *m* (3) fils *m*.

Söhnchen ['zø:nçən] *n* (6) jeune fils *m*; F fiston *m*.

Sohnesliebe *f* amour *m* filial.

Soja ♀ ['zo:ja] *f*(16[2]) soja *(od.* soya*) m*.

so'lange *cj.* tant que.

Solbad ['zo:l-] *n* bain *m* d'eau saline; *(Ort)* eaux *f/pl.* salines.

solch [zɔlç] *pr/d. u. adj.* (21) tel, pareil; **~er'art** *adj.* de ce genre, de cette sorte; **~er'lei** *adj.* de tels; de pareils.

Sold [zɔlt] *m* (3) solde *f*; paie *f*.

Soldat [zɔl'da:t] *m* (12) soldat *m*; ~ *werden* entrer au service, *(aus eigenem Antrieb)* se faire soldat; **~enfriedhof** *m* cimetière *m* militaire; **2isch** *adj.* de *(adv.* en*)* soldat.

Soldbuch *n* livret *m* individuel.

Söldner ['zœldnər] *m* (7) mercenaire *m*.

Sole ['zo:lə] *f* (15) eau *f* saline *(od.* salée); *(Salzlake)* saumure *f*.

solidarisch [zoli'da:riʃ] *adj.* solidaire; **2ität** [~ari'tɛ:t] *f* solidarité *f*; **2itätsstreik** *m* grève *f* de solidarité.

solid(e) [zo'li:t, ~də] *adj.* solide; *(Person)* rangé, sérieux; ♣ sûr, solvable;

&i'tät f solidité f; (e-r Person) caractère m rangé, sérieux m; **✝** solvabilité f.

Solist(in f) [zo'list] m (12) soliste m, f.

Soll ✝ [zɔl] n (11 u. inv.) doit m; das ~ und Haben le doit et avoir; **~Bestand** m effectif m; **~Einnahme** f recette f prévue (od. théorique).

sollen ['zɔn] v/aux. (30) (Pflicht) devoir; (Notwendigkeit) falloir; (Befehl: durch subj.) er soll kommen qu'il vienne; (Gebot: durch fut.) du sollst nicht töten tu ne tueras point; wenn es sein soll s'il le faut; was soll ich tun? que faire?; que veux-tu (resp. voulez-vous) que je fasse?; was soll ich sagen? que dirai-je?; was soll das? que signifie cela?; à quoi bon?; das sollst du haben ce sera pour toi; wie soll man da nicht lachen? comment ne pas rire?; nun soll mir einer sagen, daß ... maintenant qu'on vienne me dire que ... (ind.); sollte er krank sein? serait-il malade?; er soll krank sein on dit qu'il est malade; sollte er das getan haben? est-ce possible qu'il ait fait cela?; wenn es (zufällig) regnen sollte s'il venait à pleuvoir; sollte er kommen s'il venait; man sollte meinen, daß ... on dirait que ... (ind.).

Soll|-Posten m poste m débiteur; **~Stärke** f effectif m prévu.

Solo ['zoːlo] n (11) solo m; **~stimme** f voix f seule; **~tanz** m récital m de danse.

Solquelle ['zoːl-] f source f saline.

solven|t ✝ [zɔl'vɛnt] adj. solvable; **&z** f (16) solvabilité f.

so'mit adv. donc; par conséquent; ainsi.

Sommer ['zɔmər] m (7) été m; im ~ en été; **~frische** f villégiature f; in die ~ gehen aller à la campagne (od. en villégiature); **~frischler(in** f) m (7), **~gast** m estivant(e f); **~kleid** n robe f d'été; **&lich** adj. d'été, comme en été; bsd. **♃** u. zo. estival; **~sachen** f/pl. habits m/pl. d'été; **~schlußverkauf** m soldes f/pl. d'été; **~sonnenwende** f solstice m d'été; **~sprossen** f/pl. taches f/pl. de rousseur; **~zeit** f été m; (Uhrzeit) heure f d'été.

Sonate [zo'naːta] f (15) sonate f.

Sonde ['zɔndə] f (15) sonde f.

Sonder|abdruck ['zɔndər²-] m tirage m à part; **~anfertigung** f fabrication f 'hors série(od. spéciale); **~angebot** n offre f spéciale; **~auftrag** m mis-

sion f spéciale; **~ausgabe** f typ. édition f spéciale; (Geldausgabe) dépense f extraordinaire.

sonderbar adj. singulier; (befremdend) étrange; (seltsam) bizarre; **~er'weise** adv. chose étrange.

Sonder|be-auftragte(r) m chargé m d'affaires spécial; **~beilage** f supplément m spécial; **~bericht-erstatter** m envoyé m spécial; **~ermäßigung** f réduction f de faveur; **~gericht** n tribunal m spécial; **&gleichen** [~'glaiçən] adv. sans pareil; **~interesse** n intérêt m particulier; **~klasse** f classe f spéciale; (als Wertung) classe f extra(ordinaire); **&lich** adj. particulier; extraordinaire; nicht ~ (bei vb. ne ...) pas trop; ich habe keine ~e Lust dazu je n'en ai pas grande envie; **~ling** m (3¹) original m; homme m bizarre; **~marke** f timbre m spécial; **~meldung** f communiqué m spécial.

sondern 1. cj. mais; **2.** v/t. (29) séparer (von de).

Sonder|nummer f numéro m spécial; **~recht** n privilège m; **~regelung** f réglementation f spéciale; **~schule** f école f spéciale; **~sitzung** f séance f extraordinaire; **~stellung** f position f à part (od. privilégiée); **~vollmachten** f/pl. pouvoirs m/pl. spéciaux; **~zug** Esb. m train m spécial; **~zuteilung** f répartition f spéciale.

sondieren [~'diːrən] v/t. sonder.

Sonett [zo'nɛt] n (3) sonnet m.

Sonnabend ['zɔn²aːbant] m (3¹) samedi m; **&s** adv. le samedi.

Sonne ['zɔnə] f (15) soleil m; die ~ scheint il fait (od. il y a) du soleil; in der ~ au soleil; **&n** v/rfl. (25): sich ~ se chauffer au soleil, prendre un bain de soleil; fig. sich in j-s Gunst ~ s'épanouir sous les faveurs de q.

Sonnen|-aufgang m lever m du soleil; **~bad** n bain m de soleil; **~bahn** f écliptique m; **~blende** phot., Auto f pare-soleil m, parasoleil m; **~blume** f tournesol m, F soleil m; **~brand** m coup m de soleil; **~brille** f lunettes f/pl. de soleil; **~dach** n marquise f; **~energie** f énergie f solaire; **~finsternis** f éclipse f de soleil; **~fleck** m tache f solaire; **~gott** m dieu m du soleil; **&klar** adj.: das ist ~ c'est clair comme le jour, c'est évident; **~krem** f crème f solaire; **~licht** n lumière f solaire (*od.* du soleil); **~öl** *n* huile *f* solaire; **~schein** *m* (es ist ~ il fait du) soleil *m*; **~schirm** *m* ombrelle *f*; (*großer*) parasol *m*; **~seite** *f* côté *m* exposé au soleil; **~stich** *m* insolation *f*; **~strahl** *m* rayon *m* du (*od.* de) soleil; **~system** *astr.* *n* système *m* solaire (*od.* planétaire); **~uhr** *f* cadran *m* solaire; **~untergang** *m* coucher *m* du soleil; **2verbrannt** *p.p.* *adj.* 'hâlé, basané, bronzé, bruni par le soleil; **~wende** *f* solstice *m*; **~zeit** *f* heure *f* solaire.

sonnig ['zɔniç] *adj.* ensoleillé; *fig.* radieux.

Sonn|tag *m* dimanche *m*; an Sonn- und Feiertagen les dimanches et jours de fête; **2täglich 1.** *adj.* tous les dimanches; **2.** *adv.*: sich ~ anziehen s'endimancher; **2tags** *adv.* le dimanche.

Sonntags|anzug *m* habit *m* du dimanche; **~beilage** *f* (e-r Zeitung) supplément *m* dominical; **~fahrer** *f* *m* conducteur *m* du dimanche; **~jäger** *m* chasseur *m* du dimanche; **~kind** *n* enfant *m* né le dimanche; *fig.* er ist ein ~ il est né coiffé; **~ruhe** *f* repos *m* dominical; **~schule** *rl.* *f* école *f* du dimanche.

sonst [zɔnst] *adv.* (*gewöhnlich*) d'ordinaire; à l'ordinaire; d'habitude; (*andernfalls*) autrement; sinon; sans quoi; (*übrigens*) d'ailleurs; du reste; ~ überall partout ailleurs; ~ nirgends (*bei vb.* ne ...) nulle part ailleurs; ~ etwas quelque autre chose; quelque chose d'autre; ✝ ~ noch etwas? et avec cela?; ~ nichts? (*bei vb.* ne ...) rien d'autre?; (*bei vb.* ne ...) rien de plus?; wenn es ~ nichts ist si ce n'est que cela?; ~ jemand quelqu'un d'autre; ~ niemand (*bei vb.* ne ...) personne (d')autre; **~ig** *adj.* autre; (*gewöhnlich*) habituel; **~wie** *adv.* d'une autre manière; n'importe comment; **~wo** *adv.* (*quelque part*) ailleurs.

sooft [zo'ɔft] *cj.* toutes les fois que; tant que.

Sophist [zo'fist] *m* (12) sophiste *m*; **2isch** *adj.* sophistique.

Sopran [zo'praːn] *m* (3¹), **~istin** [~a-'nistin] *f* soprano *m*.

Sorge ['zɔrgə] *f* (15) souci *m*; (*Unruhe*) inquiétude *f*; (*Sorgfalt*) soin *m*; (*Für2*) sollicitude *f*; j-m ~n machen causer des soucis à q.; mettre q. en souci; in ~ sein, sich ~n machen se faire des soucis (um, wegen au sujet de);

s'inquiéter (au sujet de); j-m e-e ~ abnehmen délivrer q. d'un souci; ~ tragen für veiller à; prendre soin de; lassen Sie das m-e ~ sein! laissez-moi faire!; remettez-vous-en à moi!

sorgen (25) **1.** *v/i.*: ~ für prendre soin de, veiller à; **2.** *v/rfl.*: sich ~ être inquiet; sich ~ um être en peine de; **~frei** *adj.* sans souci; **2kind** *n* enfant *m* qui cause beaucoup de soucis; **2last** *f* poids *m* des soucis; **~voll** *adj.* soucieux.

Sorg|falt ['zɔrkfalt] *f* (16) soin *m* (verwenden auf acc. apporter à); (*liebevolle*) sollicitude *f*; (*Sauberkeit*) propreté *f*; (*Aufmerksamkeit*) attention *f*; **2fältig** ['~fɛltiç] *adj.* soigneux; (*sauber*) propre; (*aufmerksam*) attentif; (*Arbeit*) soigné; **2lich** *adj.* soigneux; **~los** *adj.* sans souci; insouciant; (*nachlässig*) négligent; **~losigkeit** *f* insouciance *f*; (*Nachlässigkeit*) négligence *f*; **2sam** *adj.* soigneux; **~samkeit** *f* soins *m/pl.*

Sort|e ['zɔrtə] *f* (15) sorte *f*; espèce *f*; **2ieren** [~'tiːrən] *v/t.* assortir; (*auslesen*) trier; (*ordnen*) ranger; **~iermaschine** [~'tiːr-] *f* trieur *m*, trieuse *f*; (*für Lochkarten*) trieuse-classeuse *f*.

Sortiment [zɔrti'mɛnt] *n* (3) assortiment *m*; **~buchhändler** *m* commissionnaire *m* en librairie; **~buchhandlung** *f* librairie *f* en commission.

sosehr [zo'zeːr] *cj.* tant; tellement; ~ ich das auch billige quelle que soit mon approbation.

so|so 1. *adv.* tant bien que mal; **2.** *int.*: ~! tiens, tiens!

Soße ['zoːsə] *f* (15) sauce *f*; **~nschüssel** *f* saucière *f*.

SOS-Signal [ɛsʔoː'ɛs-] *n* signal *m* de détresse, S.O.S.

sott [zɔt] *s.* sieden.

Souffl|eur [zu'fløːr] *m* (3¹) souffleur *m*; **~eurkasten** *m* trou *m* du souffleur; **~euse** [~'fløːzə] *f* souffleuse *f*; **2ieren** [~'fliːrən] *v/t. u. v/i.* souffler.

so und so [ˈzoʔʊntˈzoː] **1.** *adv.*: ~ oft tant de fois; ~ viel Mark tant de marks; **2.** *adj.*: Herr (Frau) ~ Monsieur Un Tel (Madame Une Telle); **~vielte** [~'fiːltə] *adj.*: der ~ Teil la tantième partie.

Souterrain [sutɛ'rɛ̃] *m* (11) sous-sol *m*.

souverän [zuvə'rɛːn] *adj.*, **2** *m* (3¹)

souverain (m); Qität [ʌɛniˈtɛːt] f souveraineté f.

soʲviel [zoˈfiːl] **1.** *adj.* autant; ~ *wie* autant que; ~ *wie möglich* autant que possible; *er mag sich noch* ~ *Mühe geben* quelque peine qu'il prenne; **2.** *cj.*: ~ *ich weiß* autant que je sache, à ce que je sais; ~ʲweit **1.** *cj.* en tant que; autant que; ~ *ich es beurteilen kann* autant que j'en puisse juger; **2.** *adv.* du hast ~ recht jusqu'à un certain point, tu as raison; ~ʲwenig *adv.* tout aussi peu; *ich kann es* ~ *wie du* je n'en suis pas plus capable que toi; ~ʲwie *cj.* aussi bien que; ainsi que; (*sobald*) dès que; ~ʲwieˈso *adv.* en tout cas; de toute façon.

Sowjet [zɔvˈjɛt] *m:* Oberster ~ Soviet *m* suprême; Qisch *adj.* soviétique; ~regierung *f* gouvernement *m* des Soviets.

soʲwohl *cj.*: ~ ... *als auch* ... non seulement ... mais encore (*od.* mais aussi) ...; (*eben*) ~ *wie* aussi bien que.

sozial [zoˈtsjaːl] *adj.* social; Q-abgaben *f/pl.* charges *f/pl.* sociales; Q-amt *n* bureau *m* de l'assistance sociale; Qdemokrat *m* social-démocrate *m;* Qdemokratie *f* social-démocratie *f;* ~demokratisch *adj.* social-démocrate; Qfürsorge *f* prévoyance *f* sociale; ~isieren [~liˈziːrən] *v/t.* socialiser; Qisierung *f* socialisation *f;* Qismus [~ˈlismus] *m* socialisme *m;* Qist(in *f) [~ˈlist] m* (12) socialiste *m, f;* ~istisch [~ˈlistiʃ] *adj.* socialiste; Qlasten *f/pl.* charges *f/pl.* sociales; Qleistungen *f/pl.* prestations *f/pl.* sociales; Qpolitik *f* politique *f* sociale; Qprodukt *n* produit *m* national; Qrente *f* rente *f* sociale; Qversicherung *f* sécurité *f* sociale; Qwissenschaft *f* sociologie *f.*

Soziologe [zotsjoˈloːgə] *m* (13) sociologue *m;* ~loʲgie *f* sociologie *f;* Qʲlogisch *adj.* sociologique.

Sozius [ˈzoːtsjus] *m* (14²) associé *m;* ~sitz *m* (Motorrad) tan-sad *m.*

sozusagen [zotsuˈzaːgən] *adv.* pour ainsi dire.

Spachtel [ˈʃpaxtəl] *m* (7) spatule *f;* Qn *v/i.* manuer la spatule; *fig.* F avoir un bon coup de fourchette.

Spagat [ʃpaˈgaːt] *m od. n* (3) grand écart *m;* ~ *machen* faire le grand écart.

Spaghetti [ʃpaˈgɛti] *pl.* spaghetti *m/pl.*

spähʲen [ˈʃpɛːən] *v/i.* (25): *nach j-m* ~

guetter q.; *nach etw.* ~ chercher à découvrir qch.; Qtrupp *m* patrouille *f.*

Spalier [ʃpaˈliːr] *n* (3¹) 'haie *f;* ~ *bilden faire la haie;* ʲ espalier *m;* (*WeinQ*) treille *f;* ~e *f* (15) = Spalt; Qbar *adj.:* ~es Material matériaux *m/pl.* fissiles; ~e *f* (15) = Spalt; *typ.* colonne *f;* Qen **1.** *v/t.* (26) fendre; *phys.* décomposer; séparer; ꜛ dédoubler; *fig.* diviser; **2.** *v/rfl.: die Partei hat sich gespalten* il s'est opéré une scission dans le parti; ~pilz *m* schizomycète *m,* bactérie *f;* ~produkt *n* produit *m* de fission; ~ung *f* fissure *f; phys.* décomposition *f;* (*AtomQ*) fission *f* atomique; ꜛ dédoublement *m; fig.* division *f;* scission *f;* (*KirchenQ*) schisme *m.*

Span [ʃpaːn] *m* (3³) copeau *m;* (Metallspäne) limaille *f;* ~ferkel *n* cochon *m* de lait.

Spange [ˈʃpaŋə] *f* (15) agrafe *f;* (*HaarQ*) barrette *f;* ~nschuh *m* soulier *m* à bride; *hist.* soulier *m* à boucle.

Spanʲier(in *f) [ˈʃpaːnjər(in)] m* (7) Espagnol(e *f) m; ~isch adj.* espagnol; *das kommt mir* ~ *vor* c'est de l'hébreu pour moi; *s. Reiter; Rohr; Wand.*

spann [ʃpan] *s.* spinnen.

Spann *m* (3) coup-de-pied *m;* ~beton *m* béton *m* précontraint; ~e *f* (15) (*HandQ*) empan *m;* ꜛ marge *f; e-e kurze* ~ *Zeit* un court espace de temps; Qen (25) **1.** *v/t.* tendre; (*steif machen*) bander; Muskeln: contracter; **2.** *v/i.* (Kleidung) gêner; être trop juste; Qend *p.pr. adj. fig.* captivant; intéressant; ~er *m* (7) tendeur *m* (a. Hosen*Q*); (Zeitung) porte-journaux *m;* (SchuhQ) embauchoir *m;* F (Späher) guetteur *m;* ~feder *f* ressort *m;* ~kraft *f* élasticité *f;* (Federkraft) ressort *m;* ~rahmen *m* rame *f;* ~schraube *f* écrou *m* tendeur; ~seil *n* câble *m* tendeur; ~ung *f* tension *f* (a. *fig.*); ʲ a. potentiel *m;* voltage *m; fig.* vif intérêt *m;* attente *f* impatiente; (*gespanntes Verhältnis*) rapports *m/pl.* tendus; ~ungsmesser *m* voltmètre *m;* ~weite *f* ouverture *f* d'un arc; (*e-s Vogels, Flgw.*) envergure *f.*

Spanplatte *f* plaque *f* d'aggloméré.

Spar|buch [ˈʃpɑːrbuːx] n livret m de caisse d'épargne; **~büchse** f tirelire f; **~einlage** f dépôt m à la caisse d'épargne; **2en** (25) 1. v/t. épargner; économiser; (schonen) ménager; 2. v/i. a. faire des économies; **~er** m (7) épargnant m.

Spargel [ˈʃpargəl] m (7) asperge f.

Spargelder [ˈʃpaːr-] n/pl. épargnes f/pl.; économies f/pl.

Spargelspitzen cuis. f/pl. pointes f/pl. d'asperges.

Spar|groschen m/pl. petites économies f/pl., pécule m; **~guthaben** n avoir m de compte d'épargne; **~kasse** f caisse d'épargne; **~kassenbuch** n = Sparbuch; **~konto** n compte (od. dépôt) m d'épargne.

spärlich [ˈʃpɛːrlɪç] adj. peu abondant; (gering) mesquin; pauvre; (selten) rare; (Mahl) frugal; maigre; (dünn gesät) clairsemé.

Spar|maßnahme f mesure f d'économie; **~prämie** f prime f d'épargne.

Sparren [ˈʃparən] m (6) chevron m; fig. e-n ~ (zuviel) haben avoir le timbre fêlé.

sparsam 1. (Person) économe; ménager; (der Sparsamkeit gemäß) économique; ~en Gebrauch von etw. machen user de qch. avec modération; 2. adv.: mit etw. ~ umgehen être économe de qch.; ~ leben restreindre ses besoins; **2keit** f économie f; (kleinliche) parcimonie f.

spartanisch [ʃparˈtaːnɪʃ] adj. spartiate.

Sparte [ˈʃpartə] f (15) section f, domaine m.

Spaß [ʃpaːs] m (3² u. ³) badinage m; (Vergnügen) plaisir m; (Scherz) plaisanterie f; ~ machen plaisanter; aus ~ zum ~ par plaisanterie; pour plaisanter; ~ beiseite! plaisanterie à part!; s-n ~ mit j-m treiben se moquer de q.; s-n ~ an etw. (dat.) haben s'amuser de qch.; ~ verstehen entendre raillerie; **2en** [ˈʃpɑːsən] v/i. (27) plaisanter; badiner; **2haft**, **2ig** adj. plaisant; drôle; **~macher** m farceur m, bouffon m; **~verderber** m gâcheur m, trouble-fête m; **~vogel** m = Spaßmacher.

Spat [ʃpaːt] m (3) spath m; vét. éparvin m.

spät [ʃpɛːt] 1. adv. tard; wie ~ ist es? quelle heure est-il?; es wird ~ il se fait

tard; erst ~ sur le tard; bis ~ in die Nacht tard (od. avant) dans la nuit; 2. adj. tardif; (Stunde) avancé; am ~en Abend tard le soir.

Spaten [ˈʃpaːtən] m (6) bêche f; mit dem ~ umgraben bêcher; **~stich** m coup m de bêche.

spät|er [ˈʃpɛːtər] 1. adj. postérieur; (weiter) ultérieur; 2. adv. plus tard; **~erhin** adv. plus tard; **~estens** adv. au plus tard; **2gotik** f gothique m tardif (od. flamboyant); **2herbst** m fin f de l'automne; arrière-saison f; **2-obst** n fruits m/pl. tardifs; **2sommer** m fin f de l'été.

Spatz [ʃpats] m (12) moineau m; passereau m; F pierrot m (a. fig.).

Spätzündung f retard m à l'allumage; allumage m retardé.

spazieren [ʃpaˈtsiːrən] v/i. (sn) se promener; **~fahren** v/i. (sn) se promener en voiture (resp. en bateau resp. à bicyclette); **~führen** v/t.: j-n ~ promener q.; **~gehen** v/i. (sn) (aller) se promener.

Spa'zier|fahrt f promenade f en voiture (resp. en bateau resp. à bicyclette); **~gang** m promenade f; **~gänger(in** f) m (7) promeneur m, -euse f; **~stock** m canne f.

Specht [ʃpɛçt] m (3) pic m; pivert m.

Speck [ʃpɛk] m (3) lard m; Stückchen ~ (zum Spicken) lardon m; ~ ansetzen faire du lard; **2ig** adj. lardeux; (fett) gras; **~schwarte** f couenne f de lard; **~seite** f lard f de lard; fig. mit der ~ Wurst nach der ~ werfen donner un œuf pour avoir un bœuf.

Spedi|teur [ʃpediˈtøːr] m (3¹) expéditeur m; **~tion** [ʃpediˈtsjoːn] f expédition f; **~ti'onsgeschäft** n maison f de commission et d'expédition.

Speer m (3) lance f; (Jagd2) épieu m; (Wurf2) javelot m; **~werfen** Sp. n lancement m du javelot.

Speiche [ˈʃpaɪçə] f (15) anat. radius m; (Rad2) rayon m; rai m.

Speichel [ˈʃpaɪçəl] m (7) salive f; (Auswurf) crachat m; **~drüse** f glande f salivaire; **~fluß** m salivation f; flux m de salive; **~lecker** F péj. [ˈʃpaɪçəlˈlɛkər] m lèche-bottes m; flagorneur m.

Speicher [ˈʃpaɪçər] m (7) magasin m; entrepôt m; (Korn2) grenier m; **2n** v/t. emmagasiner; mettre au grenier; Daten: enregistrer; Strom: accumuler; **~ung** f emmagasinage m, stockage m; (von Getreide) ensilage m, silo-

tage m; (von Daten) enregistrement
m; (von Strom) accumulation f.
speien [ˈʃpaɪən] v/t. (30) cracher;
Feuer ~ vomir le feu.
Speise [ˈʃpaɪzə] f (15) aliments m/pl.;
nourriture f; (Gericht) mets m, plat
m; ~ und Trank le boire et le manger;
~eis n glace f; **~fett** n graisse f
alimentaire (od. comestible); **~kam-
mer** f garde-manger m; **~karte** f
carte f; menu m.
speisen (27) 1. v/i. manger; prendre
son repas; 2. v/t. manger; j-n: donner à manger à; alimenter (a. ⊕);
2-aufzug m monte-plats m; **2-
folge** f menu m.
Speise-öl n huile f de table; **~restau-
rant** n restaurant m; **~reste** n/pl.
restes m/pl. (du repas); rogatons
m/pl.; **~röhre** f œsophage m; **~saal**
m salle f à manger; **~schrank** m
garde-manger m; **~wagen** Esb. m
wagon-restaurant m; **~zimmer** n =
Speisesaal.
Speisung f alimentation f.
Spektakel [ʃpɛkˈtaːkəl] m (7) tapage
m.
Spektralanalyse [ʃpɛkˈtraːlʔ-] f (15)
analyse f spectrale.
Spektrum [ˈʃpɛktrʊm] n (19²) spectre m.
Speku|lant [ʃpekuˈlant] m (12) spé-
culateur m; **~lation** [~ˈtsjoːn] f spéculation f; **~lationsgeschäfte** n/pl.
opérations f/pl. spéculaires; **2la'tiv**
adj. spéculatif; **2'lieren** v/i. spéculer
(auf acc. sur).
Spelunke [ʃpeˈlʊŋkə] f (15) tripot m.
Spelz ♀ [ʃpɛlts] m (3²) épeautre m; **~e**
♀ [ˈ~ə] f (15) barbe f; (der Gräser)
glume f.
spend|abel F [ʃpɛnˈdaːbəl] adj. large;
2e [ˈʃpɛndə] f (15) don m; (Almosen)
charité f; **~en** v/t. (26) donner; faire
don de; Sakrament: administrer;
2er(in f) m (7) donateur m, -trice f;
bienfaiteur m, -trice f; **~ieren** F
[~ˈdiːrən] v/t.: j-m etw. ~ régaler q. de
qch.; sich etw. ~ se payer qch.
Sperber [ˈʃpɛrbar] m (7) épervier m.
Sperling [ˈʃpɛrlɪŋ] m (3¹) moineau m;
passereau m; F pierrot m.
Sperma [ˈʃpɛrma] n (9¹, pl. a. -ta)
sperme m.
sperrangelweit [ˈʃpɛrʔaŋəlˈvaɪt]
adv.: ~ offen grand ouvert.
Sperr|ballon [ˈʃpɛr-] m ballon m de
barrage; **~druck** typ. m caractères

m/pl. espacés; **~e** f (15) (das Sperren)
fermeture f; (Gatter) barrière f;
(Tal- u. Straßen2) barrage m; (Ver-
sperrung auf den Straßen) encombrement m; Esb. contrôle m; (Verbot)
interdiction f; (Blockade) blocus m;
2en [ˈʃpɛrən] (25) 1. v/t. Straße,
Zugang: barrer; (aus-ea.-tun) écarter; typ. espacer; (verschließen) fermer l'entrée de; (untersagen) interdire; (ver~) obstruer; Hafen, Konto,
Scheck: bloquer; Rad: enrayer; Urlaub: supprimer; Gehalt: suspendre;
2. v/rfl.: sich ~ se redresser (gegen
contre); sich gegen j-n ~ résister à q.;
~feuer ⚔ n tir m de barrage; **~frist** ⚔
f période f de suspension; **~gebiet** n
zone f interdite; **~gut** n marchandise
f encombrante; **~haken** m menton-
net m; **~holz** n contre-plaqué m; **~ig**
adj. (Güter) encombrant; **~kette** f
chaîne f de barrage; **~konto** n compte m bloqué; **~kreis** ⚡ m circuit-
bouchon m; **~müll** m ordures f/pl.
encombrantes; **~sitz** m thé. fauteuil
m d'orchestre; (im Kino) loge f;
~stunde f couvre-feu m; **~ung** f
barrage m; fermeture f; (e-s Schecks,
Kontos) blocage m; (e-s Hafens)
blocus m; typ. espacement m; (Verbot) interdiction f; **~vorrichtung** f
(dispositif m d')arrêt m; **~zone** f zone
f interdite.
Spesen [ˈʃpeːzən] pl. frais m/pl.; **2frei**
adj. u. adv. sans frais; tous frais
payés; **~konto** n, **~rechnung** f
compte m des frais.
spezial [ʃpeˈtsjaːl] adj., **2... in** Zssgn
spécial, particulier; **2-ausbildung** f
instruction f spéciale; **2gebiet** n spécialité f, domaine m spécial; **~isieren**
[~tsjaliˈziːrən] v/t. spécialiser; **2'ist** m
(12) spécialiste m; **2i'tät** f spécialité f;
2i'tätenrestaurant n restaurant m
de spécialités; **2sprunglauf** m
(Schisport) épreuve f spéciale de
saut.
speziell [~ˈtsjɛl] adj. spécial; particulier.
spezifisch [~ˈtsiːfɪʃ] adj. spécifique.
Sphär|e [ˈsfɛːrə] f (15) sphère f; **2isch**
adj. sphérique.
Sphinx [sfɪŋks] f (14) sphinx m.
spick|en [ˈʃpɪkən] v/t. (25) cuis. lar-
der; Rede a.: truffer (mit de); F j-n ~
graisser la patte à q.; **2gans** f oie f
fumée; **2nadel** f lardoire f.
spie [ʃpiː] s. speien.

Spiegel [ˈʃpiːgəl] *m* (7) glace *f*, miroir *m*; *(am Uniformkragen)* écusson *m*; **~bild** *n* image *f* reflétée par une glace; reflet *m*; *(Täuschung)* mirage *m*; 2**blank** *adj.* brillant comme une glace, d'un poli spéculaire; **~ei** *f* œuf *m* sur le plat; **fechte'rei** *f* (16) feinte *f*; **~galerie** *f* galerie *f* (des glaces); **~glas** *n* verre *m* à glaces; 2**glatt** *adj.* uni *(od.* lisse*)* comme une glace; 2**gleich** *adj.* symétrique; 2n (29) 1. *v/i.* briller; *(schillern)* miroiter; 2. *v/t.* refléter; 3. *v/rfl.*: sich ~ *(betrachtend)* se regarder dans une glace, se mirer; *sich im Wasser* ~ se refléter dans l'eau; **~reflexkamera** *f* appareil *m* photographique à miroir réflecteur; **~schrank** *m* armoire *f* à glace; **~schrift** *f* écriture *f* en miroir *(od.* spéculaire*)*; **~ung** *f* réflexion *f*; *(Licht2)* réfléchissement *m*; *(im Wasser usw.)* miroitement *m*.

Spiel [ʃpiːl] *n* (3) jeu *m* (*a.* ⊕, ♪); *thé.* exécution *f*; *Sp.* match *m*; *(Partie)* partie *f*; *aufs* ~ *setzen* mettre en jeu; risquer; *auf dem* ~ *stehen* être en jeu; *sein* ~ *treiben* se jouer *(mit de)*; *das* ~ *verloren geben* regarder la partie comme perdue; **~alter** *n* âge *m* du jeu; **~art** *f* manière *f* de jouer; jeu *m*; *zo. u.* ♀ variété *f*; *fig.* nuance *f*; **~automat** *m* machine *f* à sous; **~ball** *m* balle *f*; *fig.* jouet *m*; **~bank** *f* banque *f*; **~dose** *f* boîte *f* à musique; 2**en** [ˈ~ən] *v/t. u. v/i.* (25) jouer *(ein Spiel* un jeu; *ein Instrument* d'un instrument; *eine Rolle* un rôle*)*; *(Handlung)* se passer; se dérouler; *um etw.* ~ jouer qch.; *den großen Herrn* ~ jouer au *(od.* faire le*)* grand seigneur; *mit j-m* ~ jouer avec q., *fig.* se jouer de q.; *nicht mit sich* ~ *lassen* ne pas se laisser jouer; *mit den Worten* ~ jouer sur les mots; 2**end** *p.pr. advt.*: *etw.* ~ *bewältigen* faire qch. sans peine; *alles* ~ *erledigen* faire un jeu de tout.

Spieler *m* (7) joueur *m*; **~ei** [~ˈraɪ] *f* jeu *m*; *(Scherzen)* badinage *m*; *(Kinderei)* enfantillage *m*; **~in** *f* joueuse *f*; 2**isch** *adj.* qui aime jouer; *(leicht)* léger.

Spiel|**feld** *Sp. n* terrain *m*; *(Tennis)* court *m*; **~film** *m* long métrage *m*, grand film *m*; **~folge** *f* programme *m*; **~führer** *Sp. m* capitaine *m*; **~gefährte** *m*, **~gefährtin** *f* camarade *m*, *f* de jeu; **~hölle** *f* tripot *m*; **~karte** *f*

carte *f* à jouer; **~kasino** *n* casino *m*; **~leiter** *thé. m* régisseur *m*; metteur *m* en scène; **~leitung** *thé. f* régie *f*; mise *f* en scène; **~mann** *m* (1²) musicien *m*; ✗ tambour *m*; clairon *m*; **~marke** *f* jeton *m*; **~plan** *thé. m* répertoire *m*; *(programme m des)* spectacles *m/pl.*; **~platz** *m* terrain *m* de jeux; **~raum** ⊕ *m* jeu *m*; *fig. freien* ~ *haben* avoir le champ libre; **~regel** *f* règle *f* du jeu; **~sachen** *f/pl.* jouets *m/pl.*; joujoux *m/pl.*; **~salon** *m* salon *m* de jeux; **~schuld** *f* dette *f* de jeu; **~schule** *f* classe *f* enfantine; **~sucht** *f* passion *f* du jeu; **~tisch** *m* table *f* de jeu; tapis *m* vert; **~uhr** *f* pendule *f* à carillon; **~verderber(in** *f) m* trouble-fête *m*, *f*; **~waren** *f/pl.* jouets *m/pl.*; bimbeloterie *f*; **~wiese** *f* pelouse *f* (*od.* terrain *m*) de jeu; **~wut** *f* passion *f* du jeu; **~zeit** *f Sp.* durée *f* du jeu; *thé.* saison *f*; **~zeug** [ˈ~tsɔʏk] *n* jouet *m*; joujou *m*; bimbelot *m*.

Spieß [ʃpiːs] *m* (3²) pique *f*; *(Wurf2)* javelot *m*; *(Jagd2)* épieu *m*; *(Brat2)* broche *f*; *am* ~ à la broche; *fig. den* ~ *umdrehen* rétorquer un raisonnement contre q.

Spießbürger *péj. m* petit bourgeois *m*; 2**lich** *péj. adj.* de petit bourgeois; **~tum** *péj. n* esprit *m* de petit bourgeois; **spieß**|**en** [ˈʃpiːsən] *v/t.* (27) *(trans)*percer; embrocher; 2**er** *m* (7) *ch.* daguet *m*; *f* = Spießbürger; **~geselle** *m* complice *m*; **~ig** *adj.* bourgeois; borné; 2**ruten** *f/pl.*: ~ *laufen* *(lassen faire)* passer par les verges *(fig.* entre deux 'haies de curieux*)*.

Spikes [spaiks] *m/pl. Sp.* chaussures *f/pl.* à pointes; *Auto* pneus *m/pl.* à clous.

spinal 𝕤 [ʃpiˈnaːl] *adj.*: ~*e Kinderlähmung* poliomyélite *f*, paralysie *f* infantile.

Spinat [ʃpiˈnaːt] *m* (3) ♀ épinard *m*; *cuis.* épinards *m/pl.*

Spind [ʃpint] *n u. m* (3) armoire *f*.

Spindel [ˈʃpindəl] *f* (15) fuseau *m*; *(Wellbaum)* arbre *m*; *(Achse)* axe *m*; *(Zapfen)* pivot *m*; 2**dürr** *adj.* mince comme un échalas.

Spinett ♪ [ʃpiˈnɛt] *n* (3) épinette *f*.

Spinn|**e** [ˈʃpinə] *f* (15) araignée *f*; 2**e'feind** *adj.*: *j-m* ~ *sein* avoir q. en horreur; 2**en** *v/t. u. v/i.* (30) filer; *(Katze)* ronronner; *fig. Intrigen:* ourdir; tramer; *du spinnst wohl?* P tu as une araignée dans le plafond?; **~engewebe** n, **~ennetz** n toile f d'araignée; **~er** m (7) fileur m; F *fig.* toqué m; **~erei** [~'raɪ] f (16) filature f; **~erin** f fileuse f; **~gewebe** n toile f d'araignée; **~maschine** f machine f à filer; jenny f; **~rad** n rouet m; **~rocken** m quenouille f; **~stube** f chambre f des fileuses.

spintisieren F [ʃpinti'ziːrən] v/i. se livrer à des subtilités; ratiociner.

Spion [ʃpi'oːn] m (3¹) espion m.

Spionage [~o'naːʒə] f (15) espionnage m; **~abwehr** f contre-espionnage m; **~ring** m organisation f d'espionnage.

spion|ieren [ʃpio'niːrən] v/i. espionner; 2**in** [~'oːnin] f espionne f.

Spiral|bohrer [ʃpi'raːl-] m foret m hélicoidal; **~e** f spirale f; **~feder** f ressort m en spirale; (e-r Uhr) spiral m; 2**förmig** adj. en spirale.

Spirit|ismus [ʃpiri'tismus] m spiritisme m; **~ist** m (12) spirite m; 2**istisch** adj. spirite.

Spirituosen [~tu'oːzən] pl. spiritueux m/pl.

Spiritus ['ʃpiːritus] m (14²) esprit-de-vin m; alcool m; **~kocher** m réchaud m à alcool; **~lampe** f lampe m à alcool.

Spital östr. [ʃpi'taːl] m (1²) hôpital m.

spitz [ʃpits] **1.** adj. pointu; aigu (a. *Winkel*); piquant (a. *fig.*); 💀, zo. acéré; *fig.* **~e** Zunge langue f bien affilée; **~e** Worte propos m/pl. aigres; **2.** adv.: ~ *auslaufen* se terminer en pointe.

Spitz zo. m (3²) loulou m.

Spitz|bart m barbe f en pointe; **~bogen** m (arc m en) ogive f; 2**bogig** adj. ogival; **~bube** m [~'byːbin] f voleur m, -euse f; (*Betrüger*) coquin(e f) m; 2**bübisch** adj. de (adv. en) coquin.

Spitze ['ʃpitsə] f (15) pointe f; *fig. a.* trait m; (*spitzes Ende*) bout m pointu; (*Turm2*) flèche f; (*Feder2*) bec m; (*Berg2*) cime f (a. *Baum2*); pic m; (a. *Lungen2*, *Lanzen2*) fer m; (*Nadel2*) bout m; (*Zigarren2*) porte-cigare m; (*Gewebe*) dentelle f; point m; (*Unternehmens2*) tête f (a. Sp.); die **~n** (*hervorragende Persönlichkeiten*) les sommités f/pl.; an der ~ *stehen* (*an die ~ treten*) (se mettre) à la tête; *die Dinge auf die ~ treiben* pousser les choses à l'extrê-

me; *das ist e-e ~ gegen Sie* c'est une pierre dans votre jardin.

Spitzel ['ʃpitsəl] m (7) mouchard m; (*Lock2*) agent m provocateur.

spitzen ['ʃpitsən] (27) **1.** v/t. rendre pointu; (*schleifend*): aiguiser la pointe de; *Bleistift*: tailler; **2.** v/rfl.: *sich auf etw.* (acc.) ~ compter bien sur qch.

Spitzen|... in Zssgn s.a. Höchst...; **~gruppe** Sp. f peloton m de tête; **~kleid** n robe f (garnie) de dentelle; **~klöpplerin** f dentellière f; **~leistung** f puissance f maximum; Sp. record m; **~reiter** Sp. m coureur m (bzw. équipe f) de tête; **~stickerei** f broderie f de dentelles; **~tanz** m pointes f/pl.; **~tänzerin** f danseuse f classique.

spitz|findig ['~findiç] adj. subtil; sophistique, 2**findigkeit** f subtilité f; sophisme m; **~hacke** f pic m; pioche f; 2**maus** f musaraigne f; 2**name** m sobriquet m; **~wink(e)lig** adj. à angle aigu.

Spleen [ʃpliːn] m (3¹ od. 11) caprice m; F marotte f.

Splint ⊕ [ʃplint] m (3) goupille f.

Splitt [ʃplit] m (3) gravillon m.

Splitter [ʃplitər] m (7) éclat m; (in der Haut) écharde f; (*Knochen2*) esquille f; (*Stein2*) écaille f; 2**frei** adj.: **~es** Glas verre m de sécurité; **~gruppe** f sous-groupe m; 2**n** v/i. (29) voler en éclats; (*sich spalten*) se fendre; 2**nackt** F adj. nu comme un ver; **~partei** f sous-groupe m.

spontan [ʃpon'taːn] adj. spontané.

sporadisch [ʃpo'raːdiʃ] adj. sporadique.

Spore 🌿 ['ʃpoːrə] f (15) spore f.

Sporn [ʃporn] m (5³) éperon m (a. *fig.*); (*des Hahns*) ergot m; *fig.* aiguillon m; *sich die Sporen verdienen* gagner ses éperons; *die Sporen geben* donner de l'éperon m; éperonner; 2**streichs** ['~ʃtraɪçs] adv. à toute bride; en toute 'hâte.

Sport m (3) sport m; ~ *treiben* faire du sport; **~abzeichen** n insigne m sportif; **~arten** f/pl. sports m/pl.; **~artikel** m article m de sport; **~bekleidung** f vêtement m de sport; **~bericht** m reportage m sportif; **~flugzeug** n avion m de sport; **~geschäft** n magasin m de sport; **~hose** f culotte f de sport; **~journalist** m journaliste m sportif; **~lehrer(in** f) m professeur *m* d'éducation physique; **~ler(in** *f*) *m* sportif *m*, -ive *f*; **2lich** *adj.* sportif; **~lichkeit** *f* sportivité *f*; **~nachrichten** *f/pl.* nouvelles *f/pl.* sportives; **~platz** *m* terrain *m* de sport; (*Stadion*) stade *m*; **~schuh** *m* chaussure *f* de sport; **~smann** *m* sportsman *m*; sportif *m*; **2treibend** *p.pr. adjt.* sportif; **~ver-anstaltung** *f* réunion (*od.* manifestation) *f* sportive; **~ver-ein** *m* société *f* sportive, club *m* sportif; **~wagen** *m* voiture *f* de sport; (*Kinderwagen*) poussette *f*; **~zeitung** *f* journal *m* de sport.

Spott [ʃpɔt] *m* (3) raillerie *f*; (*Hohn*) moquerie *f*; dérision *f*; (*beißender*) sarcasme *m*; s-n ~ mit etw. treiben tourner qch. en ridicule; *der* ~ *der Leute sein* être la risée de tout le monde; **~bild** *n* caricature *f*; **2billig 1.** *adj.* très bon marché; **2.** *adv.* à un prix dérisoire.

Spöttel|ei [ʃpœtə'laɪ] *f* (16) persiflage *m*; **2n** ['ʃpœtəln] *v/i.* (29) persifler (*über etw. acc.* qch.).

spotten ['ʃpɔtən] *v/i.* (26): über etw. *acc.* (*j-n*) ~ se moquer de qch. (de q.); railler qch. (q.); jeder Beschreibung ~ défier toute description.

Spötter(in *f*) ['ʃpœtər] *m* (7) moqueur *m*, -euse *f*; railleur *m*, -euse *f*.

Spott|gedicht *n* poème *m* satirique; satire *f*; **~geld** *n:* für ein ~ à un prix dérisoire.

spöttisch *adj.* railleur; moqueur.

Spott|lied *n* chanson *f* satirique; **~lust** *f* humeur *f* moqueuse (*od.* railleuse); **~name** *m* sobriquet *m*; **~preis** *m* = Spottgeld.

sprach [ʃpraːx] *s.* sprechen.

Sprach|atlas *m* atlas *m* linguistique; **~begabung** *f* don *m* des langues; **~e** *f* (15) langue *f*; (*Sprechvermögen*) parole *f*; (*Ausdrucksweise*) langage *m*; (*Sprechweise*) parler *m*; (*Idiom*) idiome *m*; *zur* ~ *bringen (kommen)* mettre (être mis) en ~ en discussion; **~eigentümlichkeit** *f* idiotisme *m*; **~fehler** *m* (*den man hat*) défaut *m* de prononciation; (*den man macht*) faute *f* de langage; **~forscher** *m* linguiste *m*; philologue *m*; **~forschung** *f* linguistique *f*; philologie *f*; **~führer** *m* manuel *m* de conversation; **~gebiet** *n:* französisches ~ territoire *m* de langue française; **~gebrauch** *m* usage *m*; **~gefühl** *n* sentiment (*od.* sens) *m* d'une langue; **~gelehrte(r)** *m* =

Sprachforscher; **2gewandt** *adj.* qui a la parole facile; éloquent; **~grenze** *f* frontière *f* linguistique; **2kundig** *adj.* qui connaît une (*od.* plusieurs) langue(s); (*vielsprachig*) polyglotte; **~labor** *n* laboratoire *m* de langues; **~lehre** *f* grammaire *f*; **~lehrer(in** *f*) *m* professeur *m* de langue(s); (*Grammatiker*) grammairien(ne *f*) *m*; **2lich** *adj.* qui concerne la langue; **2los** *adj.* muet; *fig.* ~ *sein,* ~ *dastehen* rester (*od.* demeurer) interdit; **~regel** *f* règle *f* de grammaire; **~reiniger** *m* puriste *m*; **~rohr** *n* porte-voix *m*; (*Sprecher*) porte-parole *m*; **~schatz** *m* vocabulaire *m*; **~schule** *f* école *f* de langues; **~störung** 𝄪 *f* trouble *m* de la parole; **~studium** *n* étude *f* des langues; **~unterricht** *m* enseignement *m* d'une (*resp.* des) langue(s); **2widrig** *adj.* incorrect; **~widrigkeit** *f* incorrection *f*; barbarisme *m*; **~wissenschaft** *f* = Sprachforschung; **~wissenschaftler** *m* = Sprachforscher.

sprang [ʃpraŋ] *s.* springen.

Spray [ʃpreː, spreɪ] *m od. n* (11) vaporisateur *m*, spray *m*.

Sprech|anlage ['ʃprɛç-] *f* interphone *m*; **~chor** *m* chœur *m* parlé; **2en** ['ʃprɛçən] *v/t. u. v/i.* (30) parler (*j-n, mit j-m* à [*sich unterhalten:* avec] q.; *über acc.,* von de; *über Sprache, Kunst, Politik usw.* affaires, art, politique, etc.; *laut* 'haut; *leise* bas); *Gebet, Gedicht, Wahrheit:* dire; *Urteil:* rendre; prononcer; *zu* ~ *sein* recevoir; être visible; *für niemand zu* ~ *sein* ne recevoir personne; *nicht gut zu* ~ *sein* être de mauvaise humeur; *nicht gut auf j-n zu* ~ *sein* être mal disposé pour q.; *für j-n* ~ (*zu dessen Gunsten*) parler en faveur de q.; **2end** *p.pr. adjt.* parlant; ~ *ähnlich* une ressemblance frappante; **~er(in** *f*) *m* (7) sujet *m* parlant; (*Wortführer*) porte-parole *m*; *rad.* speaker(in *f*) *m*; **~funk** *m* radiophonie *f*; **~platte** *f* disque *m* parlé; **~stelle** *f* téléph. *f* poste *m* téléphonique; **~stunde** *f* (*e-s Arztes, Anwalts*) heure *f* de consultation; **~stundenhilfe** *f* assistante *f* (*du médecin, du dentiste etc.*); **~übungen** *f/pl.* exercices *m/pl.* de conversation; **~weise** *f* (manière *f* de) parler *m*; **~zelle** *f* téléph. *f* cabine *f* téléphonique; **~zimmer** *n* parloir *m*; (*beim Arzt, Anwalt*) cabinet *m*.

spreiz|en ['ʃpraɪtsən] (27) **1.** *v/t.* écarter; **2.** v/rfl. fig. sich ~ se rengorger; **²fuß** m pied m plat.

Sprengbombe ['ʃprɛŋ-] f bombe f explosive.

Sprengel rl. ['ʃprɛŋəl] m (7) diocèse m; (Kirchspiel) paroisse f.

sprengen ['ʃprɛŋən] v/t. (25) faire sauter; Tür: enfoncer; Schloß: forcer; Widerstand: rompre; briser; Versammlung: dissoudre; mit Wasser ~ arroser d'eau; mit Weihwasser ~ asperger d'eau bénite.

Spreng|geschoß n projectile m explosif; **~kapsel** f détonateur m; **~kopf** m ogive f explosive; atomarer ~ ogive f nucléaire; **~körper** m explosif m; **~ladung** f charge f explosive; **~loch** ⚒ n trou m de mine; **~stoff** m matière f explosive; explosif m; **~ung** f destruction f; (mit Wasser) arrosage m; **~wirkung** f effet m de l'explosion; **~zünder** m détonateur m.

sprenkeln ['ʃprɛŋkəln] v/t. moucheter.

Spreu [ʃprɔy] f (16) balle f.

sprich(s)t ['ʃprɪç(st)] s. sprechen.

Sprich|wort ['ʃprɪç-] n (1²) proverbe m; zum ~ werden passer en proverbe; **²wörtlich** adj. proverbial.

sprießen ['ʃpriːsən] v/i. (30, sn) germer; pousser; (hervor~) sortir de terre; (aufblühen) éclore; (ausschlagen) bourgeonner.

Spring|brunnen m jet m d'eau; fontaine f jaillissante; **²en** ['ʃprɪŋən] v/i. (30, sn) sauter (über etw. acc. qch.); (bersten) éclater; (Glas) se fêler; (Haut) se gercer; (Hengst, Stier) saillir; **²end** p.pr. adj.: der ~de Punkt le point capital (od. essentiel); **~er(in** f) m (7) sauteur m, -euse f; (Kunst²) voltigeur m, -euse f; (Schach) cavalier m; **~flut** f raz m de marée; **~form** cuis. f moule m (à gâteau) démontable; **~insfeld** fig. m étourneau m; **~maus** f gerboise f; **~pferd** Sp. n (cheval m) sauteur m; **~seil** n corde f à sauter.

Sprinkler ['ʃprɪŋklər] m (7) arroseur m (rotatif); **~anlage** f installation f d'arrosage.

Sprint Sp. [ʃprint] m (3) sprint m; **²en** v/i. sprinter; **~er** m (7) sprinter m.

Sprit [ʃprit] m (3) alcool m; F (Benzin) essence f.

Spritze ['ʃpritsə] f (15) (Hand², Kli-

stier²) seringue f; (Feuer²) pompe f à incendie; (Einspritzung) piqûre f (geben faire); injection f (geben donner); **²en** (3) v/t. (besprengen) arroser; asperger; (ein~) injecter; **2.** v/i. (sn) jaillir; **~enhaus** n dépôt m des pompes à incendie; **~er** m (Schmutz²) éclaboussure f; **~fahrt** f petit tour m; **~fleck** m éclaboussure f; **~gerät** n pulvérisateur m; **~guß** m moulage m par injection; **²ig** adj. (Wein) pétillant; (Musik) entraînant; (geistreich) spirituel; **~kuchen** m échaudé m; **~lackieren** n peinture f (od. laquage m) au pistolet; **~pistole** ⊕ f pistolet m à peinture (od. pulvérisateur); **~tour** f = Spritzfahrt.

spröd|e ['ʃprøːdə] adj. cassant (a. fig.); (Metalle a.) sec; (brüchig) pailleux; (Haut) sec et dur, (aufgesprungen) gercé; fig. peu avenant; (Frauen) prude, pfort bégueule; **²igkeit** f cassant m; (v. Frauen) pruderie f.

sproß [ʃprɔs] s. sprießen.

Sproß m (4) jet m, pousse f; rejeton m (a. Person).

Sprosse ['ʃprɔsə] f (15) (Leiter²) échelon m; **~nwand** Sp. f échelle f suédoise.

Sprößling ['ʃprøːslɪŋ] m (3¹) rejeton m.

Sprotte ['ʃprɔtə] f (15) esprot f; Kieler ~n sprats m/pl. fumés.

Spruch [ʃprux] m (3³) sentence f (a. z/t); **~band** n banderole f; **²reif** z/t adj. être (od. prêt d'être jugé.

Sprudel ['ʃpruːdəl] m (7) eau f gazeuse; (Quelle) source f jaillissante; **²n** v/i. (29) bouillonner; (Wasser) jaillir; (perlen) pétiller (a. fig.).

sprüh|en ['ʃpryːən] (25) **1.** v/i. jaillir; **2.** v/t. Funken: lancer; **²regen** m bruine f.

Sprung [ʃpruŋ] m (3³) saut m; (Satz) bond m; (Spalt) fente f; (im Glas) fêlure f; (in der Haut) gerçure f; crevasse f; Sprünge machen faire des bonds; bondir; mit e-m ~ d'un bond; auf dem ~ sein, zu ... (inf.) être sur le point de ... (inf.); auf e-n ~ zu j-m kommen faire un saut chez q.; j-m auf die Sprünge helfen mettre q. sur la voie; er wird damit keine großen Sprünge machen il n'ira pas loin avec cela; Sprünge bekommen se fendre, (Glas) se fêler; (Haut) se gercer; **~bein** anat. c astragale m; **~brett** n tremplin m (a. fig.); **~feder** f ressort m; **~federmatratze** f sommier m élastique; **~haft** adj. inconstant; versatile; **~lauf** m saut m à skis; **~schanze** f tremplin m de saut (od. de ski); **~stab** m perche f à sauter; **~tuch** n toile f de sauvetage; **~turm** m (Schwimmsport) tour f de saut; **~weise** adv. par bonds.

Spuck|e ['ʃpukə] f (15) salive f; crachat m; P da bleibt mir die ~ weg j-m reste baba; **2en** v/t. u. v/i. (25) cracher; **~napf** m crachoir m.

Spuk [ʃpuːk] m (3) apparition f de fantômes; (Gespenst) fantôme m; revenant m; **2en** v/imp. (25): es spukt il y a des revenants; fig. F es spukt in s-m Kopf il a le cerveau fêlé; **~geschichte** f conte m de revenants; **2haft** adj. fantomatique; **~haus** n maison f hantée.

Spülbecken ['ʃpyːl-] n cuvette f.

Spule ['ʃpuːlə] f (15) bobine f (a. Radio); (Feder²) tuyau m de plume; **2n** v/t. (25) bobiner; (ab~) dévider.

spül|en ['ʃpyːlən] (25) 1. v/i. (Wellen) arroser (an etw. acc. qch.); 2. v/t. Geschirr: laver; Gläser, Mund, Wäsche: rincer; **2klosett** n W.-C. m à chasse d'eau; **2maschine** f rinceuse f; **2mittel** n produit m pour laver la vaisselle (resp. rincer le linge); **2ung** f lavage m; rinçage m; **2wasser** n eau f de vaisselle; rinçure f.

Spulwurm ['ʃpuːl-] m ascaride m.

Spund [ʃpunt] m (3³) (~zapfen) bondon m; **2en** ['dən] v/t. (26) bondonner; **~loch** n bonde f.

Spur [ʃpuːr] f (16) trace f (a. fig.); st. s. vestige m; ch. piste f; voie f (a. Esb.); j-m auf die ~ kommen être sur la piste de q.; von der ~ abbringen dépister; j-n auf e-e falsche ~ leiten donner le change à q.; j-s ~ nachgehen suivre q. à la trace; keine ~ von etw. (bei vb. ne ...) pas l'ombre de qch.

spürbar ['ʃpyːr-] adj. sensible.

spuren ['ʃpuːrən] v/i. (Schisport) tracer la piste; F s'adapter, marcher au pas.

spüren ['ʃpyːrən] 1. v/i. ch. chercher la trace de, flairer; (Hund a.) quêter; fig. ~ nach se mettre à la recherche de; 2. v/t. sentir, éprouver; (wahrnehmen) s'apercevoir m.

Spuren-element ⚛ n oligo-élément m.

Spürhund m limier m.

spurlos adj. u. adv. sans trace.

Spür|nase f bon nez m; **~sinn** m flair m.

Spurt Sp. [ʃpurt] m (3) sprint m; **2en** v/i. sprinter.

Spurweite Esb. f écartement m des rails; Auto voie f.

sputen ['ʃpuːtən] v/rfl. (26): sich ~ se dépêcher.

st! int. chut!

Staat [ʃtaːt] m (5) État m; (Aufwand) luxe m; in vollem ~ en grande toilette (od. tenue); großen ~ machen mener grand train; mit etw. ~ machen faire parade de qch.

Staaten|bund ['-ən-] m confédération f d'Etats; **2los** adj. apatride.

staatlich 1. adj. public; 2. adv.: ~ geprüft diplômé.

Staats|-angehörige(r m) m, f citoyen(ne f) m; ressortissant(e f) m d'un Etat; pl. a. nationaux m/pl.; **~angehörigkeit** f nationalité f; citoyenneté f; **~angelegenheit** f affaire f d'Etat; **~anleihe** f emprunt m d'Etat; **~anwalt** m procureur m de la République; **~anzeiger** m journal m officiel; **~archiv** n archives f/pl. de l'Etat; **~bank** f banque f d'Etat; **~beamte(r)** m fonctionnaire m public; **~begräbnis** n obsèques f/pl. nationales; **~besuch** m visite f officielle; **~bürger** m citoyen(ne f) m; **~bürgerkunde** f instruction f civique; **2bürgerlich** adj. de citoyen civique; **~chef** m chef m de l'Etat; **~dienst** m service m public; **2-eigen** adj. appartenant à l'Etat; nationalisé; **~eigentum** n propriété f nationale; **~einkünfte** pl. revenus m/pl. de l'Etat; **~examen** n examen m d'Etat; **~feind** m ennemi m de l'Etat; **2feindlich** adj. hostile à l'Etat; **~form** f forme f de gouvernement; **2gefährlich** adj. dangereux pour l'Etat; **~geheimnis** n secret m d'Etat; **~gelder** n/pl. fonds m/pl. publics; **~gewalt** f autorité f publique; **~grundgesetz** n constitution f; **~haushalt** m budget m public; **~hoheit** f souveraineté f; **~kanzlei** f chancellerie f (d'Etat); **~kasse** f trésor m (public); **~kirche** f Eglise f nationale; **~kosten** pl.: auf ~ aux frais de l'Etat; **~kunst** f politique f; **~lehre** f (science f) politique f; **~mann** m (1²) homme m d'Etat; **2männisch** adj. d'homme d'Etat; politique; **~minister** m ministre m d'Etat; **~**

oberhaupt n chef m de l'État; **~papiere** † n/pl. effets (od. fonds) m/pl. publics; **~präsident** m président m de la République; **~rat** m (Behörde) conseil m d'État; (Person) conseiller m d'État; **~recht** n droit m public; **~rechtler** m professeur m de droit public; ℒ**rechtlich** adj. fondé sur le droit public; **~religion** f religion f d'État; **~schatz** m Trésor m; fisc m; **~schuld** f dette f publique; **~sekretär** m secrétaire m d'État; **~sicherheitsdienst** m service m de sécurité d'État; **~straße** f (route f) nationale f; **~streich** m coup m d'État; **~verbrechen** n crime m politique; **~verfassung** f constitution f; **~vermögen** n biens m/pl. nationaux; **~vertrag** m traité m politique; **~wissenschaften** f/pl. sciences f/pl. politiques; **~wohl** n bien m public; **~zuschuß** m subvention f gouvernementale (od. de l'État).

Stab [ʃtaːp] m (3³) bâton m; (dünner) baguette f; Sp. perche f; (Eisen ℒ) barre f; (Gitter ℒ) barreau m; ✕ état-major m; fig. den ~ über j-n brechen condamner q. sans recours; **~antenne** rad. f antenne-mât f; **~batterie** f pile f ronde; **~hochsprung** m saut m à la perche.

stabil [ʃtaˈbiːl] adj. stable; **~isieren** [~biliˈziːrən] v/t. stabiliser; ℒ**i'sierung** f stabilisation f; ℒ**ität** [~ˈtɛːt] f stabilité f.

Stabreim m allitération f.

Stabs|-arzt ✕ m médecin m capitaine; **~chef** m chef m d'état-major; **~offizier** m officier m d'état-major; **~quartier** n quartier m général.

stach [ʃtax] s. stechen.

Stachel [ˈʃtaxəl] m (10) pointe f; piquant m (a. v. Stachelschwein); zo. aiguillon m (a. fig. u. zum Treiben der Ochsen); dard m; ♀ épine f; **~beere** f groseille f à maquereau; **~beerstrauch** m groseillier m à maquereau; **~draht** m fil m de fer barbelé; **~drahtverhau** m barbelés m/pl.; ℒ**ig** adj. 'hérissé de piquants; ♣ u. zo. aiguillonné; fig. piquant; **~schwein** n porc-épic m.

Stadi|on [ˈʃtaːdjɔn] n (9¹) stade m; **~um** [~ˈjum] n phase f; ♣ degré m.

Stadt [ʃtat] f (14¹) ville f; **~autobahn** f autoroute f urbaine; **~bahn** f métro(politain) m; ℒ**bekannt** adj. connu de toute la ville; **~bevölkerung** f

population f urbaine; **~bezirk** m arrondissement m (municipal); **~bibliothek** f bibliothèque f municipale.

Städtchen [ˈʃtɛːtçən] n (6) petite ville f.

Städte|bau [ˈʃtɛːtə-] m urbanisme m; **~bauer** m urbaniste m; **~partnerschaft** f jumelage m de villes; **~r(in f)** m (7) habitant(e f) m d'une ville, citadin(e f) m.

Stadt|garten m jardin m municipal; **~gebiet** n territoire m de la ville; **~gemeinde** f municipalité f; **~gespräch** n téléph. communication f téléphonique urbaine; fig. ~ sein être l'objet de toutes les conversations; **~graben** m fossé m de la ville; **~haus** n hôtel m de ville.

städtisch adj. de (la) ville; des villes; (adv. en) citadin; (Rechts- u. Polizeiverhältnisse betreffend) urbain; municipal; (Stadtgemeinde betreffend) communal.

Stadt|kasse f recette f municipale; **~kern** m noyau m urbain (od. de la cité); **~kommandant** m commandant m de place; **~mauer** f murs m/pl. de la ville; **~park** m parc m municipal; **~plan** m plan m d'une ville; **~planung** f aménagement m urbain, urbanisme m; **~rand** m périphérie f de la ville, banlieue f; **~randsiedlung** f cité f suburbaine (od. de banlieue); **~rat** m (Behörde) conseil m municipal; (Person) conseiller m municipal; **~recht** n droit m municipal; **~rundfahrt** f tour m de ville; **~staat** m ville-état f; **~teil** m quartier m; **~theater** n théâtre m municipal; **~tor** n porte f de la ville; **~väter** m/pl. édiles m/pl.; **~ver-ordnete(r)** m conseiller m municipal; **~verwaltung** f administration f municipale; **~viertel** n quartier m; **~zentrum** n centre m de la ville.

Stafette [ʃtaˈfɛtə] f (15) estafette f; **~nlauf** m course f de relais.

Staffage [ʃtaˈfaːʒə] f (15) accessoires m/pl.; décor m.

Staffel [ˈʃtafəl] f (15) (Stufe) marche f; degré m; échelon m (a. ✕); Sp. relais m; Flgw. escadrille f; **~ei** [~ˈlaɪ] f chevalet m; ℒ**förmig** ✕ adj. u. adv. par échelons, en échelon; **~lauf** m course f de relais; ℒ**n** (29) v/t. (v/rfl. sich ~ s')échelonner; **~tarif** m tarif m mobile; **~ung** f échelonnement m.

Standesunterschiede

Stag|nation [stagna'tsjo:n] *f* stagnation *f*; **2nieren** *v/i.* être stagnant.

stahl [ʃtɑ:l] *s.* **stehlen.**

Stahl *m* (3³) acier *m*; *fig.* fer *m*; (*Wetz2*) fusil *m*; **~bau** *m* ouvrage *m* métallique; **2bauweise** *f* construction *f* métallique (*od.* en acier); **~beton** *m* béton *m* armé; **2blau** *adj.* bleu d'acier; **2blech** *n* tôle *f* d'acier;

stähl|en ['ʃtɛ:lən] *v/t.* (25) aciérer; (*härten*) tremper; *fig.* endurcir; fortifier; **~ern** ['ʃɔrn] *adj.* d'acier; *fig.* de fer.

Stahl|feder *f* ressort *m* d'acier; (*Schreibfeder*) plume *f* métallique; **2hart** *adj.* dur comme l'acier; **~helm** *m* (7) casque *m* d'acier; **~industrie** *f* industrie *f* de l'acier; **~kammer** *f* coffre-fort *m*; **~rohr** *n* tube *m* d'acier; **~rohrmöbel** *n/pl.* meubles *m/pl.* en tubes d'acier; **~schrank** *m* armoire *f* métallique, coffre-fort *m*; **~späne** *m/pl.* paille *f* de fer; **~stich** *m* gravure *f* sur acier; **~werk** *n* aciérie *f.*

stak [ʃtɑ:k] *s.* **stecken.**

staken ⚓ ['ʃtɑ:kən] *v/i.* gaffer.

Stall [ʃtal] *m* (3³) étable *f*; (*bsd. Pferde2*) écurie *f*; (*Schuppen*) remise *f*; (*Holz2*) bûcher *m*; (*Kaninchen2*) clapier *m*; *in den ~ sperren* enfermer à l'étable (*resp.* à l'écurie, *etc.*); **~bursche** *m* garçon (*od.* valet) d'écurie; **~dienst** *m* service *m* des écuries; **~knecht** *m* palefrenier *m*; **~meister** *m* écuyer *m*; **~ung** *f* étables *f/pl.*; écuries *f/pl.*

Stamm [ʃtam] *m* (3³) tronc *m*; tige *f*; (*Geschlecht*) souche *f*; ligne *f*; race *f*; famille *f*; (*Volks2*) tribu *f*; *gr.* radical *m*; racine *f*; ✕ cadre *m*; dépôt *m*; **~aktie** ✝ ['~'aktsjə] *f* action *f* ordinaire; **~baum** *m* arbre *m* généalogique; **~buch** *n* livret *m* de famille; album *m.*

stammeln ['ʃtaməln] *v/i.* (29) balbutier; (*stottern*) bégayer.

stammen *v/i.* descendre (*von* de); être originaire (*aus* de); (*Sachen*) provenir (*von, aus* de); (*zeitlich*) dater (*aus* de).

Stamm|esgeschichte *biol. f* phylogenèse *f*, phylogénie *f*; **~form** *f* forme *f* primitive; *gr.* radical *m*; **~gast** *m* habitué *m*; **2halter** ['~haltər] *m* héritier *m* mâle; **~haus** *n* ligne *f* principale; ✝ maison *f* mère.

stämmig ['ʃtɛmiç] *adj.* trapu, robuste;

Stamm|kapital *n* fonds *m* social; **~kneipe** F *f* bistrot *m* habituel; **~kunde** *m* client *m* régulier; **~kundschaft** *f* clientèle *f* attirée; **~lokal** *n* restaurant *m* habituel; **~personal** *n* cadres *m/pl.*; **~rolle** ✕ *f* matricule *f*; **~sitz** *m* résidence *f* de famille; **~tafel** *f* tableau *m* généalogique; **~tisch** *m* table *f* des habitués; **~vater** *m* ancêtre *m*; aïeul *m*; **2verwandt** *adj.* de la même race; *gr.* du même radical; **~wort** *gr. n* (1²) radical *m.*

Stampfe ['ʃtampfə] *f* (15) (*Schlegel*) batte *f*; (*Stößel*) pilon *m*; (*Ramme*) 'hie *f*; **2en** (25) **1.** *v/i.* (*mit den Füßen ~*) piétiner; trépigner; (*Pferd*) piaffer; ⚓ tanguer; **2.** *v/t.* (*klein~*) broyer; concasser; piler; (*fest~*) fouler; **~en** *n* trépignement *m*; (*des Pferdes*) piaffement *m*; ⊕ pilonnage *m*; ⚓ tangage *m.*

stand [ʃtant] *s.* **stehen.**

Stand *m* (3³) (*Zu2*) état *m*; situation *f*; (*Lage*) position *f*; (*Beruf*) profession *f*; (*Rang*) rang *m*; (*Klasse*) classe *f*; *pol.* état *m*; (*gesellschaftlicher*) condition *f*; (*Barometer2*) 'hauteur *f*; (*Wasser2*) niveau *m*; *~ der Preise* (*Börse*) cote *f*; cours *m/pl.*; *astr.* configuration *f*; (*~ort*) station *f*; ✝ échoppe *f*; (*auf e-r Ausstellung*) stand *m* (*a. Schieß2*); *gut im ~ sein* être en bon état (*gesundheitlich*: en bonne santé); *j-n in den ~ setzen, zu ...* (*inf.*) mettre q. en état de ... (*inf.*).

Standard ['ʃtandart] *m* (11) standard *m*; **2isieren** [~di'zi:rən] *v/t.* standardiser; **~i'sierung** *f* standardisation *f.*

Standarte [ʃtan'dartə] *f* (15) étendard *m.*

Stand|bein *sculp. n* jambe *f* de soutien; **~bild** *n* statue *f*; (*kleines*) statuette *f.*

Ständchen ['ʃtɛntçən] *n* (6) (*Abend2*) sérénade *f* (*bringen* donner); (*Morgen2*) aubade *f.*

Ständer *m* (7) poteau *m*; support *m.*

Standes|amt ['ʃtandəs-'~] *n* bureau *m* de l'état civil; **2amtlich 1.** *adj.* par (l'officier de) l'état civil; **2.** *adv. a.* civilement; **~beamte(r)** *m* officier *m* de l'état civil; **~dünkel** *m* orgueil *m* de la caste; **2gemäß** *adj. u. adv.* selon son rang; *~ leben* tenir son rang; **~person** *f* personne *f* de qualité; notable *m*; **~register** *n* registre *m* de l'état civil; **~unterschiede** *m/pl.* différences *f/pl.* de classe (sociale);

~vor·urteil n préjugé m de caste.
standfest adj. stable, fixe; **2igkeit** f stabilité f.
Stand|geld n droits m/pl. d'étalage; Auto taxe f de stationnement; **~ge-richt** n cour f martiale; **~ge-haft** adj. constant; ferme; (beharrlich) persévérant; **~haftigkeit** f constance f; fermeté f; (Beharrlichkeit) persévérance f; **2halten** v/i. tenir bon (od. ferme); résister (e-r Sache dat. à qch.).
ständig ['ʃtɛndiç] adj. permanent.
Stand|licht Auto n feu m de position; **~·ort** m (3) station f; ✕ garnison f; **~pauke** f sermon m; semonce f; j-m e-e ~ halten sermonner q.; **~platz** m = Standort; **~punkt** m point m de vue; opinion f; **~quartier** ✕ n garnison f; **~recht** n loi f martiale; **2recht-lich** 1. adj. d'après la loi martiale; 2. adv.: ~ erschossen werden être passé par les armes; **~uhr** f pendule f.
Stange ['ʃtaŋə] f (15) (Holz2) perche f (a. Gerüst2); (kleine) bâton m; (Metall2) barre f; (Fahnen2) 'hampe f; (Hühner2) perchoir m; juchoir m; (Gardinen2) tringle f; (Weinreben2) échalas m; (Bohnen2 usw.) rame f; (Korsett2) busc m; fig. bei der ~ bleiben ne pas s'écarter de son sujet, (standhalten) tenir bon; fig. j-m die ~ halten prendre le parti de q.; **~n-bohne** f 'haricot m grimpant; **~n-spargel** m/pl. asperges f/pl. entières.
stank [ʃtaŋk] s. stinken.
Stänker|(er) F ['ʃtɛŋkər(ər)] m (7) querelleur m; **2n** F v/i. (Käse) puer; fig. chercher querelle.
Stanniol [ʃtan'jo:l] n (3¹) feuille f d'étain.
Stanz|e ['ʃtantsə] f (15) mét. stance f; (Prägestempel) estampe f; **2en** v/t. (27) estamper; poinçonner.
Stapel ['ʃtaːpəl] m (7) ✝ entrepôt m; (Haufen) pile f; tas m; ✣ auf ~ legen mettre en chantier; vom ~ (laufen) lassen lancer; **~lauf** m mise f à l'eau; lancement m; **2n** v/t. (29) empiler; **~platz** m entrepôt m.
stapfen ['ʃtapfən] v/i. (sn) marcher lourdement.
Star [ʃtaːr] m orn. étourneau m, sansonnet m; **✗** grauer ~ cataracte f; grüner ~ glaucome m; schwarzer ~ amaurose f; j-m den ~ stechen opérer q. de la cataracte; thé. étoile f, star f, vedette f; **~allüren** f/pl. airs m/pl. de

star; ~ haben prendre de grands airs.
starb [ʃtarp] s. sterben.
stark [ʃtark] (18¹) 1. adj. fort; (kräftig) robuste; vigoureux; énergique; (fest) solide; (groß) grand; (dick) épais; (beleibt) gros; corpulent; (mächtig) puissant; (heftig) violent; (zahlreich) nombreux; ~e Seite fort m; das ist ein ~es Stück c'est trop fort; in etw. (dat.) ~ sein être fort en (od. ferré sur od. calé en) qch.; 100 Mann ~ (sein) au nombre de (centuple) cent hommes; 2. adv. a. beaucoup, bei adj. très.
Starkasten ['ʃtaːrkastən] m nichoir m d'étourneau.
Stärke ['ʃtɛrkə] f (15) force f; (Kraft) vigueur f; robustesse f; (Festigkeit) solidité f; (Dicke) épaisseur f; (Beleibtheit) corpulence f; embonpoint m; (Macht) puissance f; (Anzahl) nombre m (a. ✕); ✕ force f; effectif m; **⚡** (Licht2) intensité f; (starke Seite) fort m; (Kraftmehl) amidon m; fécule f; (Wäsche2) empois m; **2hal-tig** adj. féculent; **~mehl** n amidon m; fécule f; **2n** (25) 1. v/t. fortifier; raffermir; **⚕** a. tonifier; (be~) corroborer; (ver~) renforcer; (trösten) réconforter; Wäsche: empeser; 2. v/rfl.: sich ~ (durch Essen) se restaurer; **2nd** p.pr. fortifiant, réconfortant; **⚕** a. tonique; **~zucker** m glucose m, a. f.
Starkstrom **⚡** m courant m fort (od. à 'haute tension); **~leitung** f ligne f à courant fort; **~technik** f technique f des courants forts.
Stärkung f affermissement m; (Trost) réconfort m; (Imbiß) collation f; **~smittel** n fortifiant m; tonique m; cordial m.
starr [ʃtar] adj. raide; rigide; (erstarrt) engourdi; (unbeweglich) immobile; (unbeugsam) inflexible; (~sinnig) obstiné; opiniâtre; (Blick) fixe; ~ vor Kälte transi de froid; ~ vor Erstaunen stupéfait; ~ vor Entsetzen pétrifié d'effroi; ~ ansehen regarder fixement; ~ werden s'engourdir; **~en** ['~ən] v/i. (25): auf j-n (etw. acc.) ~ regarder q. (qch.) fixement; von etw. ~ être 'hérissé de qch.; von Schmutz ~ être couvert de boue; **2heit** f raideur f; rigidité f; (e-s Gliedes) engourdissement m; (des Blicks) fixité f; (Starrsinnigkeit) obstination f; opiniâtreté f; **2kopf** m entêté m; têtu m; **~köpfig**

adj. entêté; têtu; 2**köpfigkeit** *f* entêtement *m*; obstination *f*; opiniâtreté *f*; 2**krampf** *m* tétanos *m*; 2**sinn** *m*, **sinnig** *adj.* = *Starrköpfigkeit, starrköpfig.*

Start [ʃtart] *m* (3) départ *m*; *Flgw.* envol *m*; décollage *m*; (*e-s Fahrzeugs*) démarrage *m*; **bahn** *Flgw. f* piste *f* d'envol; 2**bereit** *adj.* prêt à partir; *Flgw.* prêt à décoller; 2**en** ['ən] (26) **1.** *v/i.* (sn) partir; *Sp.* prendre le départ; *Flgw.* décoller; s'envoler; (*Fahrzeuge*) démarrer; **2.** *v/t.* donner le départ à; *Flgw.* catapulter; **er** *m* (7) starter *m* (*a. Person*); *Auto a.* démarreur *m*; **erlaubnis** *f Flgw.* autorisation *f* de décoller; *Sp.* autorisation *f* de (prendre le) départ; **platz** *m* terrain *m* de départ; **schuß** *m Sp.* signal *m* de départ; **verbot** *n Flgw.* interdiction *f* de décoller; *Sp.* suspension *f*.

Statik ['ʃtaːtik] *f* (16) statique *f*.

Station [ʃtaˈtsjoːn] *f* station *f*; *Esb. a.* gare *f*; (*Halt*) 'halte *f*; *freie ~ haben* avoir le vivre et le couvert; 2**är** [ˌʃtsjoˈnɛːr] *adj.* stationnaire; **~e** *Behandlung* traitement *m* avec hospitalisation; 2**ieren** [ˌ~ˈniːrən] *v/t.* stationner; **schwester** *f* infirmière *f* en chef (d'une division d'hôpital); **svorsteher** *Esb. m* chef *m* de gare.

statisch ['ʃtaːtiʃ] *adj.* statique.

Statist [ʃtaˈtist] *m* (12) figurant *m*; comparse *m*; **ik** *f* (16) statistique *f*; 2**isch** *adj.* statistique.

Stativ [ʃtaˈtiːf] *n* (3¹) support *m*; *phot.* pied *m*.

Statt [ʃtat] **1.** *f*: *an Kindes ~ annehmen* adopter; *an Zahlungs ~* en paiement; *Erklärung an Eides ~* déclaration *f* formelle sans prestation de serment; **2.** *prp.* (*gen.*; *zu inf.*) à la place de; au lieu de; *~ meiner* à ma place.

Stätte ['ʃtɛtə] *f* (15) lieu *m*; endroit *m*.

statt|**finden** *v/i.* avoir lieu; se passer; **geben** *v/i.* donner suite à; (*e-m Antrag a.*) adopter; **haft** *adj.* admissible; (*erlaubt*) permis; 2**halter** *m* (7) (*e-r Provinz*) gouverneur *m*; **lich** *adj.* élégant; magnifique; (*imponierend*) imposant; **es** *Aussehen* prestance *f*.

Statue ['ʃtaːtuə] *f* (15) statue *f*.

statuieren [ʃtatuˈiːrən] *v/t. s. Exempel.*

Statur [ʃtaˈtuːr] *f* (16) stature *f*; taille *f*.

Status ['ʃtaːtus] *m* (*inv.*) état *m*; situation *f* (juridique); **~ quo** *m* statu quo *m*; **symbol** *n* symbole *m* d'état.

Statut [ʃtaˈtuːt] *n* (5) statut *m*; 2**enmäßig** *adj.* statuaire, conforme aux statuts; 2**enwidrig** *adj.* antistatutaire, contraire aux statuts.

Stau [ʃtaʊ] *m* (3) engorgement *m*.

Staub [ʃtaʊp] *m* (3) poussière *f*; *in ~ verwandeln* pulvériser; *fig. viel ~ aufwirbeln* faire beaucoup de bruit; *in den ~ zerren* traîner dans la boue; *F sich aus dem ~e machen* décamper; s'éclipser; **beutel** *m* anthère *f*.

Staubecken ['ʃtaʊ-] *n* réservoir *m* de barrage.

stauben ['~bən] *v/imp.*: *es staubt* il fait de la poussière.

Staub|**faden** ♀ *m* filet *m*; **fänger** *m* nid *m* à poussière; **gefäß** ♀ *n* étamine *f*; 2**ig** *adj.* couvert de poussière; poussiéreux; **korn** *n* grain *m* de poussière; **mantel** *m* cache-poussière *m*; **regen** *m* bruine *f*; 2**saugen** *v/i.* passer l'aspirateur; **sauger** *m* aspirateur *m* (de poussière); **tuch** *n* chiffon *m* à épousseter; **wedel** *m* plumeau *m*; **wolke** *f* nuage *m* de poussière.

stauchen ['~xən] *v/t.* cogner; ⊕ refouler; *Niete:* aplatir.

Staudamm *m* barrage *m*.

Staude ♀ ['ʃtaʊdə] *f* (15) arbuste *m*; arbrisseau *m*.

stauen ['ʃtaʊən] *v/t.* (25) amasser (*a. Wasser*); entasser; ♴ arrimer.

Staumauer *f* (mur *m* de) barrage *m*.

staunen ['~nən] **1.** *v/i.* (25) s'étonner (*über acc. de*); être étonné (de); **2.** 2 *n* (6) étonnement *m*.

Staupe *vét.* ['~pə] *f* (15) morve *f*.

Stausee *m* lac *m* artificiel, réservoir *m*.

Stau|**ung** *f* amas *m* (*a. Wasser*); entassement *m*; (*Verkehrs*2) encombrement *m*; embouteillage *m*; (*Blut*2) congestion *f*; ♴ arrimage *m*; **wasser** *n* eaux *f/pl.* dormantes; **werk** *n* barrage *m*.

Steak *cuis.* ['ʃteːk, steːk] *n* (11) bifteck *m*.

Stearin [ʃteaˈriːn] *n* (3¹) stéarine *f*.

stech|**en** ['ʃtɛçən] (30) **1.** *v/t.* piquer; *Schwein:* saigner; *Spargel:* couper; *Wein:* tirer; *Rasen:* lever; *Torf:* extraire; *fig. ihn sticht der Hafer* le succès lui monte à la tête; **2.** *v/i.* piquer; picoter; (*Sonne*) être brûlant, F taper; *ins Grün* ~ tirer sur le vert; *fig. j-m (od. j-n) ins Auge* ~ donner dans la vue à q.; *nach j-m* ~ porter un coup de couteau (*etc.*) à q.; **~end** *Δ.pr. adjt.* (*Blick*) perçant; (*Schmerz*) poignant; **2fliege** *f* mouche *f* piqueuse; **2ginster** *m* ajonc *m*; **2mücke** *f* moustique *m*; cousin *m*; **2palme** *f* 'houx *m*; **2-uhr** *f* mouchard *m*; horloge *f* de pointage; **2zirkel** *m* compas *m* à pointes sèches.

Steck|brief ['ʃtɛk-] *m* mandat *m* d'arrêt (*erlassen* décerner); **2brieflich** *adv.*: ~ *gesucht* recherché par mandat d'arrêt; **~dose** *≰f* prise *f* de courant.

stecken ['ʃtɛkən] **1.** *v/t.* (30) mettre (*in acc.* dans); *Schlüssel:* introduire (dans); *Pflanzen:* planter; *Pfähle:* enfoncer; *Ziel:* fixer; **2.** *v/i.* être; se trouver; (*befestigt sein*) être fixé (*an dat.* à); (*eingerammt sein*) être enfoncé (*in dat.* dans); (*verborgen sein*) être fourré; *sich hinter j-n* ~ se retrancher derrière q.; *es steckt etw. dahinter* il y a anguille sous roche; **3.** *⚓ m* (6) bâton *m*; **~bleiben** *v/i.* (sn) rester enfoncé (*a. fig.*); s'arrêter dans; (*Redner*) rester court; **~lassen** *v/t.* laisser; **2pferd** *n* dada *m* (*a. fig.*); *fig.* marotte *f*; violon *m* d'Ingres.

Steck|er *≰ m* (7) fiche *f*; **~kontakt** *≰ m* prise *f* de courant; **~ling** *≰* ['ʃlɪŋ] *m* (3¹) bouture *f*; **~nadel** *f* épingle *f*; **~rübe** *f* navet *m*; **~schlüssel** *m* clef *f* à tube; **~zwiebel** *f* oignon *m* de semence.

Steg [ʃteːk] *m* (3) sentier *m*; (*Brücke*) passerelle *f*; (*Hosen2*) sous-pied *m*; *♪* chevalet *m*; *typ.* réglette *f*; **~reif** *m*: *aus dem* ~ impromptu; *aus dem* ~ *sprechen* improviser; **~reifdichter(in** *f*) *m* improvisateur *m*, -trice *f*.

Steh|aufmännchen [ʃteːˀaufmɛnçən] *n* poussah *m*; **~bierhalle** *f* débit *m* de bière; bar *m*.

stehen ['ʃteːən] **1.** *v/i.* (30) être (*od.* se tenir) debout; *gr.* se placer; (*sich befinden*) être; se trouver; (*bestehen*) exister; (*Uhr*) être arrêté; (*Kleidung*) *j-m gut* ~ aller (*od.* seoir) bien à q.; *es steht zu befürchten* il est à craindre; *es steht zu hoffen* il faut espérer; ~ *bleiben* rester debout; *auf der Liste* ~ être (*od.* figurer) sur la liste; *das Barometer steht auf Regen* le baromètre est à la pluie; *der Zeiger steht auf 2 Uhr* l'aiguille marque deux heures; *darauf steht der Tod* c'est défendu sous

peine de mort; *Geld bei j-m* ~ *haben* avoir de l'argent placé chez q.; *für etw. (j-n)* ~ répondre de qch. (de q.); *wie steht's mit ihm?* comment va-t-il?; *wie steht's mit Ihrer Angelegenheit?* où en est votre affaire?; *du stehst allein mit d-r Meinung* tu es seul de ton avis; *der Konjunktiv steht nach folgenden Verben* les verbes suivants régissent le subjonctif; *über (unter) j-m* ~ être supérieur (inférieur) à q.; ~ être le supérieur (l'inférieur) de q.; **2** *n* station *f* debout; (*Halten*) stationnement *m*; *zum* ~ *bringen* arrêter; **~bleiben** *v/i.* (sn) (*anhalten*) s'arrêter; *auf welcher Seite sind wir stehengeblieben?* à quelle page en sommes-nous restés?; **~d 1.** *p.pr. advt.* debout; **2.** *p.pr. adjt.* (*Wasser*) stagnant; (*unbeweglich*) fixe; (*Heer*) permanent; (*Ausdruck*) tout fait; **~en** *Fußes* de ce pas; **~lassen** *v/t.* laisser; (*vergessen*) oublier; (*nicht anrühren*) ne pas toucher à; *sich den Bart* ~ laisser pousser sa barbe; *alles stehen- und liegenlassen* quitter tout.

Steher *Sp.* ['ʃteːər] *m* (7) stayer *m*.

Steh|kragen *m* col *m* droit; (*amKleid*) collet *m* monté; **~lampe** *f* lampe *f* à pied; (*große*) lampadaire *m*; **~leiter** *f* échelle *f* double.

stehlen ['ʃteːlən] **1.** *v/t. u. v/i.* (30) voler; (*entwenden*) dérober; *j-m die Zeit* ~ faire perdre son temps à q.; **2.** *v/rfl.: sich* ~ *aus* sortir furtivement de; *sich* ~ *in* (*acc.*) se glisser furtivement; **3.** *♀ n* (6) vol *m*.

Steh|platz *m* place *f* debout; **~pult** *n* pupitre *m* à écrire debout.

steif [ʃtaif] *adj.* raide; rigide; inflexible; (*erstarrt*) engourdi; (*Blick*) fixe; (*Wäsche*) empesé; (*Hut*) dur; melon; (*Grog*) fort; (*Brei*) épais; *fig.* (*linkisch*) gauche; (*geziert*) cérémonieux; (*gezwungen*) contraint; (*Benehmen*) compassé; (*Stil*) guindé; lourd; (*hartnäckig*) opiniâtre; inflexible; ~ *machen* raidir; ~ *werden* se raidir, (*erstarren*) s'engourdir; ~ *vor Kälte* engourdi par le froid; **~e** *Finger haben* avoir les doigts gourds (*dauernd:* raides); ~ *und fest behaupten* déclarer catégoriquement; **⚓** ~ *er Wind* grand frais *m*; **~en** ['ʃɔn] *v/t.* (25) (*Wäsche*) empeser; **2heit** *f* raideur *f*; *fig.* gaucherie *f*; contrainte *f*; **2leinen** *n* bougran *m*, toile *f* gommée (*od.* raide).

Steig [ʃtaɪk] m (3) chemin m étroit; sentier m; ~**bügel** m étrier m; ~**bügelriemen** m étrivière f; ~**eisen** n crampon m.

steig|en [ˈʃtaɪgən] v/i. (30, sn) monter; (*Wasser a.*) être en crue; (*Preise*) être en 'hausse; über etw. (acc.) ~ franchir qch.; ~ lassen Drachen usw.: lancer; ₂en n (6) montée f; (*des Wassers*) crue f; (*der Preise*) 'hausse f; ~end p.pr. adjt. montant; ⚓ en 'hausse; ~ern [ˈ~ərn] (29) 1. v/t. élever (a. Ansprüche); augmenter (a. Miete); Preis: faire monter; (*intensivieren*) intensifier; (*verstärken*) renforcer; Kraft usw.: accroître; (*allmählich* ~) graduer; gr. mettre aux différents degrés d'intensité; 2. v/rfl.: sich ~ monter, augmenter; (*sich intensivieren*) s'intensifier; ₂e**rung** f augmentation f; ⚓ 'hausse f; (*der Kraft usw.*) accroissement m; allmähliche ~ gradation f; gr. mise f aux degrés d'intensité; (*Intensivierung*) intensification f; ~ des Lebensniveaus relèvement m du niveau de vie.

Steigerungs|rate f taux m d'accroissement; ~**stufe** gr. f degré m d'intensité.

Steig|fähigkeit Flgw. f capacité f de montée; ~**leitung** ⚡ f colonne f montante; ~**ung** f montée f; côte f.

steil [ʃtaɪl] adj. escarpé; raide; ₂**hang** m escarpement m; ₂**heit** f raideur f; ₂**küste** f falaise f.

Stein [ʃtaɪn] m (3) pierre f; (*Kiesel*₂) caillou m; (*Fels*) roc m; rocher m; (*Gedenk*₂) monument m; (*Obst*₂) noyau m; (*Spiel*₂) pion m; 🝔 calcul m; ~ des Anstoßes pierre f d'achoppement; ~ der Weisen pierre f philosophale; Uhr, die auf 15 ~en geht montre f à quinze rubis; fig. bei j-m e-n ~ im Brett haben être dans les bonnes grâces de q.; mir fällt ein ~ vom Herzen cela m'ôte un poids; ~**adler** m grand aigle m; ₂-'**alt** f.: extrêmement vieux; ~**bock** m bouquetin m; astr. Capricorne m; ~**bruch** m carrière f; ~**butt** zo. m (*[ˈ~but]*) m turbot m; ~**druck** m lithographie f; ~**drucker** m lithographe m; ~**eiche** f (chêne m) rouvre m; ₂**ern** adj. de pierre; ~**erweichen** fig. n: das ist zum ~ c'est à faire pleurer les pierres; ~**fliese** f dalle f; ~**frucht** f fruit m à noyau; ~**fußboden** m dallage m; ~**garten** m jardin m alpin; ~**gut** n

faïence f; grès m; ₂'**hart** adj. dur comme la pierre; ₂**ig** adj. pierreux; (*felsig*) rocheux.

steinig|en v/t. (25) lapider; ₂**ung** f lapidation f.

Stein|kohle f 'houille f; ~**kohlenbergwerk** n 'houillère f; ~**kohlenrevier** n bassin m 'houiller; ~**krug** m cruche f de grès; ~**marder** m fouine f; ~**meißel** m ciseau m (à pierre); sculp. repoussoir m; ~**metz** m tailleur m de pierres; ~**obst** n fruits m/pl. à noyau; ~**pilz** m cèpe m; ~**platte** f dalle f; ₂**reich** F fig. adj. richissime; ~**salz** n sel m gemme; ~**schlag** m (im Gebirge) chute f de pierres; ~**schleuder** f fronde f; (*Spielzeug*) lance-pierres m; ~**setzer** m paveur m; ~**topf** m pot m de grès; ~**wurf** m (als Maß) jet m de pierre; ~**zeichnung** f lithographie f; ~**zeit** f âge m de pierre; ~**zeug** n grès m.

Steiß [ʃtaɪs] m (3²) derrière m; F croupion m; ~**bein** n coccyx m; ~**lage** ⚕ f présentation f par le siège.

Stellage [ʃtɛˈlaːʒə] f (15) chevalet m, tréteau m.

stell|bar adj. réglable; ₂**dich-ein** n (inv. gén. a. ~s) rendez-vous m.

Stelle [ˈʃtɛlə] f (15) place f; (*Ort*) lieu m; (*bestimmte*) endroit m; (*Arbeits*₂, Amt) place f; poste m; emploi m; charge f; (*im Buch*) passage m; die Zahl hat 4 ~n c'est un nombre de quatre chiffres; an ~ von à la place (od. au lieu) de; an die ~ von j-m (etw.) setzen substituer à (à qch.); an j-s ~ treten remplacer q.; wenn ich an Ihrer ~ wäre si j'étais à votre place; si j'étais de vous; fig. auf der ~ sur-le-champ; auf der ~ treten marquer le pas; nicht von der ~ kommen ne pas avancer; sich nicht von der ~ rühren ne pas bouger; zur ~! présent!

stellen [ˈʃtɛlən] (25) 1. v/t. mettre; placer; Frage, Problem, Bedingung: poser; Aufgabe: donner; Antrag: faire; Frist: fixer; Falle: tendre; Uhr usw.: régler; Bürgen, Zeugen, Ersatz, Bürgschaft: fournir; 2. v/rfl.: sich ~ se présenter (dem Gericht en justice); sich krank ~ faire semblant d'être malade; sich mit j-m gut ~ se mettre bien avec q.

Stellen|angebot n offre f d'emploi; ~**gesuch** n demande f d'emploi; ~**nachweis** m bureau m de placement; ₂**weise** adv. par endroits; par-

-ci, par-là; **\wert** m importance f.
Stell|macher m charron m; **\schraube** f vis f de réglage.
Stellung f position f; (*Haltung*) attitude f; (*Anordnung*) arrangement m; (*Stand*) état m; (*Amt*) place f; charge f; (*Lage*) situation f; **\nehmen** prendre position; *zu etw.* \ *nehmen* se prononcer sur qch.; **\nahme** f prise f de position; *mit der Bitte um* \ *pour avis*.
Stellungs|befehl ⚔ m ordre m de se présenter; **2los** adj. sans travail, en (*od.* au) chômage; **\suchende(r** m) m, f solliciteur m, -euse f d'emploi; **\wechsel** m changement m de place (*od.* d'emploi).
stellvertret|end p.pr. adjt. remplaçant; suppléant; **2er** m remplaçant m; suppléant m; (*Amts*2) substitut m; **2ung** f remplacement m; suppléance f; **✝** *in* \ par procuration.
Stell|vorrichtung f dispositif (*od.* appareil *od.* mécanisme) m de réglage; **\werk** Esb. n poste m d'aiguillage.
Stelze [ˈʃtɛltsə] f (15) échasse f; *auf* \n *gehen* aller sur (*od.* marcher avec) des échasses; **2n** fig. (27, sn) marcher comme sur des échasses.
Stemm|bogen Sp. [ˈʃtɛmboːɡən] m stemm m, virage m stemmé (*od.* lent); **\eisen** m fermoir m; **2en** (25) **1.** v/t. (*heben*) lever; **2.** v/rfl.: *sich* \ *s'appuyer* (*auf acc.* sur; *gegen* contre), fig. s'opposer (*gegen* à).
Stempel [ˈʃtɛmpəl] m (7) timbre m; marque f; estampille f; (*Preß*2) piston m; (*Münz*2) poinçon m; coin m; ⚒ étançon m; ♀ pistil m; (*auf Juwelierwaren*) contrôle m; fig. empreinte f; coin m; *den* \ *der Wahrheit tragen* être marqué au coin de la vérité; **\bogen** m feuille f de papier timbré; **\farbe** f encre f à tampon; **\gebühr** f droit m de timbre; **\kissen** n tampon m encreur; **\marke** f marque f; timbre m; **\maschine** f machine f à timbrer; **2n** v/t. u. v/i. (29) *Urkunden*: timbrer; (*mit e-m Zeichen versehen*) marquer (*a. fig.*); (*statt der Namensunterschrift*) estampiller; (*ab*\) oblitérer; \ *gehen* (*arbeitslos sein*) chômer; *j-n* \ *zu qualifier q. de*; **\n** n timbrage m; ♀ (*Ab*2) oblitération f; **\papier** n papier m timbré; **\steuer** f droit m de timbre; **\uhr** f horloge f de pointage.

Stengel ♀ [ˈʃtɛŋəl] m (7) tige f; (*Blüten*2) pédoncule m.
Steno|gramm [ʃtenoˈɡram] n (3) sténogramme m; **\grammblock** m bloc m sténo; **\graph(in** f) [\ˈɡraːf] m (12) sténographe m, f; **\graphie** [\ɡraˈfiː] f sténographie f; **2graphieren** v/t. sténographier; **2graphisch** adj. sténographique; **\typist(in** f) [\tyˈpist(in)] m (12) dactylo(graphe) m, f; sténodactylo (-graphe) m, f.
Steppdecke [ˈʃtɛp-] f (15) courtepointe f; couvre-pied(s) m.
Steppe [ˈʃtɛpə] f (15) steppe f.
steppen v/t. (25) piquer.
Sterbe|bett n lit m de mort; **\fall** m cas m de décès (*od.* de mort); **\geld** n indemnité f en cas de décès; **\hilfe** f euthanasie f.
sterben [ˈʃtɛrbən] **1.** v/i. (30, sn) mourir (*an*, *vor dat.*; *aus* de); **2.** 2 n (6) mort f; *im* \ *liegen* être à l'agonie; se mourir; **2de(r** m) m, f mourant(e f) m; **2s'angst** f angoisse f mortelle; \ peur f bleue; **s'krank** adj. malade à mourir; moribond; **2s'wörtchen** n: *kein* \ *sagen* ne pas dire un traître mot.
Sterbe|sakramente n/pl. derniers sacrements m/pl.; **\stunde** f heure f de la mort; dernière heure f; **\urkunde** f acte m de décès; **\ziffer** f (taux m de) mortalité f.
sterblich [ˈʃtɛrplɪç] adj. mortel; **2keit** f mortalité f.
Stereo|anlage rad. [ˈstɛːreo-, ˈʃtɛ:-] f installation f pour stéréophonie; **\aufnahme** f enregistrement m stéréophonique; **\metrie** [meˈtriː] f stéréométrie f; **\phonie** [\foˈniː] f stéréophonie f; **\skop** [\ˈskoːp] n (3¹) stéréoscope m; **2typ** [\ˈtyːp] adj. stéréotype; **\typie** [\tyˈpiː] f stéréotypie f.
steril [ʃteˈriːl] adj. stérile; **2isation** [\rilisaˈtsjoːn] f stérilisation f; **\i'sieren** v/t. stériliser; **2ität** [\ˈtɛːt] f stérilité f.
Stern [ʃtɛrn] m (3) étoile f; astr. a. astre m; **\bild** n constellation f; **\chen** typ. n astérisque m; **\deuter** m (7) astrologue m; **\deutung** f astrologie f; **\enbanner** n bannière f étoilée; **\enhimmel** m voûte f étoilée; **\enzelt** n voûte f étoilée; **\fahrt** f rallye m; **2förmig** adj. étoilé; en étoile; **\karte** f carte f du ciel;

⟋**klar** adj. étoilé; es ist ∼ on voit briller les étoiles; ⟋**kunde** f astronomie f; ⟋**schnuppe** f (15) étoile f filante; ⟋**stunde** fig. f heure f étoilée (od. décisive); ⟋**warte** f observatoire m; ⟋**zeit** f temps m sidéral.

Sterz [ʃtɛrts] m (3²) (Pflug⟋) mancheron m; (der Vögel) croupion m.

stet|ig [ˈʃteːtɪç] adj. continu (a. ℞); (fest) fixe; (dauernd) continuel; (beharrlich) constant; **2igkeit** f continuité f; (Beharrlichkeit) constance f; ⟋**s** adv. toujours; sans cesse.

Steuer [ˈʃtɔʏər] 1. n (7) gouvernail m (a. fig.); (Ruderpinne) timon m; Flgw., Auto volant m; 2. f (15) impôt m; (Abgabe) droit m; taxe f; (staatlich od. sonst auferlegte) contribution f; (in)direkte ∼n contributions f/pl. (in)directes; ⟋**abzug** m déduction f d'impôt, retenue f fiscale; ⟋**amt** n bureau m des contributions; ⟋**aufkommen** n produit m total des impôts; **2bar** adj. ⚓ gouvernable; Flgw. dirigeable; ⟋**beamte(r)** m préposé m aux impôts; ⟋**befreiung** f exonération f d'impôts; ⟋**behörde** f fisc m; ⟋**berater** m conseiller m fiscal; ⟋**bord** ⚓ n tribord m; ⟋**einnahmen** f/pl. recettes f/pl. fiscales; ⟋**erhebung** f perception f (des impôts); ⟋**erhöhung** f augmentation f des impôts; ⟋**erklärung** f déclaration f fiscale; ⟋**erlaß** f détaxe f; ⟋**erleichterung** f allègement m fiscal; ⟋**ermäßigung** f dégrèvement m; ⟋**flucht** f évasion f fiscale; ⟋**formular** n bulletin (od. mandat) m d'impôt; **2frei** adj. exempt d'impôts; ⟋**freiheit** f exemption f d'impôts; ⟋**gesetz** n loi f fiscale; ⟋**gesetzgebung** f législation f fiscale; ⟋**hinterziehung** f fraude f fiscale; ⟋**klasse** f catégorie f (od. classe) f d'impôt (od. d'imposition); ⟋**knüppel** Flgw. m manche m à balai; **2last** f charges f/pl. fiscales; **2lich** adj. fiscal; in ⟋er Hinsicht en matière fiscale; ⟋**mann** m pilote m; ⚓ a. timonier m; ⟋**marke** f timbre m fiscal; **2n** (29) 1. v/t. Schiff: gouverner; Auto: conduire; Flgw. piloter; 2. v/i. (fahren) faire route (nach vers); ⟋**nachlaß** m dégrèvement m; **2pflichtig** adj. imposable; ⟋**pflichtige(r)** m contribuable m; ⟋**progression** f progressivité f de l'impôt; ⟋**rad** n Auto volant m; ⚓ roue f de gouvernail m; ⟋**recht** n

droit m fiscal; ⟋**reform** f réforme f fiscale; ⟋**register** m registre m des contributions; ⟋**ruder** n gouvernail m; ⟋**sache** f: in ∼n en matière de l'impôt; ⟋**satz** m taux m de l'impôt; ⟋**senkung** f diminution f des impôts; ⟋**tabelle** f barème m de l'impôt; ⟋**ung** f ⚓, Flgw. pilotage m; Auto direction f (a. fig.); (am Fahrrad) guidon m; (an Maschinen) commande f; = Steuer 1.; ⟋**ver-anlagung** f assiette f de l'impôt; ⟋**vergehen** n contravention f en matière d'impôt; ⟋**vergünstigung** f = Steuererleichterung; ⟋**wesen** n impôts m/pl.; ⟋**zahler** m contribuable m; ⟋**zettel** m feuille f de contributions (od. d'impôts).

Steward [ˈstjuːərt] m (11) steward m; ⟋**eß** [⟋ˈdəs] f (16³) hôtesse f de l'air.

stibitzen F [ʃtiˈbɪtsən] v/t. chiper.

Stich [ʃtɪç] m (3) piqûre f; (Insekten a.) morsure f; (Näh⟋) point m, weite (enge)⟋e grands (petits) points m/pl.; (beim Kartenspiel) levée f; (Kunstwerk) gravure f (au burin); 𝄞 acescence f; (Schmerz) élancement m, point m, ⟋e in der Seite points m/pl. de côté; (mit e-r Waffe) coup m; im ∼ lassen abandonner, planter là, P plaquer; e-n ∼ ins Grüne haben tirer sur le vert; e-n ∼ haben (Fleisch) avoir un goût, (Wein, Milch) tourner à l'aigre, (Person) avoir un grain.

Stichel [ˈʃtɪçəl] m (7) burin m; ⟋**ei** fig. [⟋ˈlaɪ] f (16) raillerie f; **2n** v/i. (29) piquer; coudre; fig. donner des coups d'épingle à.

stich|fest fig. adj. irréfutable, inattaquable; **2flamme** f jet m de flamme; (ganz kleine Flamme) veilleuse f; ⟋**haltig** adj. plausible; valable; solide; **2ling** zo. m épinoche f; **2probe** f contrôle m (fait) au hasard (od. par sondage); **2säge** f scie f à guichet; **2tag** m jour m fixe; jour m d'échéance; (äußerster Termin) date f limite; **2waffe** f arme f à pointe; **2wahl** f (scrutin m de) ballottage m; **2wort** n mot m vedette; thé. réplique f; (vereinbartes) signal m conventionnel; **2wortverzeichnis** n index m; **2wunde** f blessure f faite avec une arme pointue.

stick|en [ˈʃtɪkən] v/t. (25) broder; **2er(in)** f m brodeur m, -euse f; **2erei** [⟋ˈraɪ] f broderie f; **2e¹reimaschine** f machine f à broder; **2garn** n coton *m* à broder; **~ig** *adj.* étouffant; suffocant; **2luft** *f* air *m* étouffant (*od.* suffocant); **2muster** *n* patron *m* de broderie; **2rahmen** *m* tambour *m*; **2stoff** *m* azote *m*; **2stoffdünger** *m* engrais *m* azoté; **~stoffhaltig** *adj.* azoté.

stieben ['ʃtiːbən] *v/i.* (*Funken*) jaillir.

Stiefbruder [~ʃtiːf-] *m* demi-frère *m*; *Stiefbrüder pl.* (*Söhne e-s Vaters*) frères *m/pl.* consanguins, (*Söhne e-r Mutter*) frères *m/pl.* utérins.

Stiefel ['ʃtiːfəl] *m* (7) (*Schaft2*) botte *f*; (*Halb2, Schnür2, Knopf2*) bottine *f*; brodequin *m*; **~haken** *m* crochet *m* à bottines; **~knecht** *m* tire-botte *m*; **2n 1.** *v/t.*: *gestiefelt* botté; **2.** F *v/i.* (sn) marcher à grandes enjambées; **~putzer** *m* cireur *m*; décrotteur *m*; **~schaft** *m* tige *f* de botte.

Stief|**-eltern** *pl.* beaux-parents *m/pl.*; **~geschwister** *pl.* frères *m/pl.* et sœurs *f/pl.* de deux lits; **~kind** *n* = *Stiefsohn, Stieftochter*; **~mutter** *f* belle-mère *f*; böse ~ marâtre *f*; (*Blüten2*) pédoncule *m*; **~müt-terchen** ♣ ['~mytərçən] *n* pensée *f*; **2mütterlich** *adv.*: ~ *behandeln* traiter en marâtre; *von der Natur* ~ *behandelt* mal partagé par (*od.* disgracié de) la nature; **~schwester** *f* demi-sœur *f*; **~sohn** *m* beau-fils *m*; **2tochter** *f* belle-fille *f*; **~vater** *m* beau-père *m*.

stieg [ʃtiːk] *s.* steigen.

Stiege ['ʃtiːgə] *f* (15) escalier *m* (étroit); (*für Obst*) cageot *m*.

Stieglitz ['ʃtiːglits] *m* (3²) chardonneret *m*.

stiehl(st) [ʃtiːl(st)] *s.* stehlen.

Stiel [ʃtiːl] *m* (3) manche *m*; (*Pfannen2, Frucht2, Blatt2, Blumen2*) queue *f*; (*Stengel*) tige *f*; (*Blüten2*) pédoncule *m*; **~augen** F *n/pl.*: ~ *machen* lorgner.

Stier [ʃtiːr] *m* (3) taureau *m*; *astr.* Taureau *m*.

stier *adj.* (*Blick*) fixe; **~en** *v/i.* (25) regarder fixement (*od.* d'un œil 'hagard).

Stier|**kampf** *m* course *f* de taureaux; **~kämpfer** *m* toréador *m*.

stieß [ʃtiːs] *s.* stoßen.

Stift [ʃtift] **1.** *m* (3) pointe *f*; (*kleiner*) cheville *f*; (*Beschlag2*) ferret *m*; (*Bolzen*) goupille *f*; (*Blei2*) crayon *m*; F (*Lehrling*) apprenti *m*; **2.** *n* (1 u. 3) fondation *f*; (*Kloster*) couvent *m*; (*Bistum*) évêché *m*; **2en** ['~ən] *v/t.* (26) (*gründen*) fonder; (*schaffen*)

créer; (*hervorbringen*) produire; (*einsetzen*) instituer; (*er-, einrichten*) établir; *Ehe, Frieden, Gutes:* faire; *Streit:* susciter; *Zwietracht:* semer; *Unruhe:* provoquer; *Unglück:* être cause de; *j-m etw.* ~ faire don de qch. à q.; **~er(in** *f*) *m* fondateur *m*, -trice *f*; (*Spender*) donateur *m*, -trice *f*.

Stifts|**dame** *f*, **~fräulein** *n* chanoinesse *f*; **~herr** *m* chanoine *m*; **~kirche** *f* église *f* collégiale.

Stiftung *f* fondation *f*; (*Anstalt*) établissement *m* de charité; *milde* ~ œuvre *f* pie; **~sfest** *n* anniversaire *m* d'une fondation; **~s-urkunde** *f* acte *m* de fondation.

Stiftzahn *m* dent *f* à pivot.

Stigma ['ʃtigma] *n* (11²) stigmate *m*.

Stil [ʃtiːl] *m* (3¹), **~art** *f* style *m*; **~blüte** *f* faute *f* drôle (*od.* amusante) de langage; **~ett** [ʃtiˈlet] *n* (3) stylet *m*; **2gerecht** *adj.* qui a du style; **2isieren** [ʃtiliˈziːrən] *v/t.* (*abfassen*) rédiger; (*Kunst*) styliser; **~ist** [~ˈlist] *m* (12) styliste *m*; **~istik** [~ˈlistik] *f* (16) stylistique *f*; **2istisch** *adj.* stylistique; qui concerne le style; ~e *Feinheiten* finesses *f/pl.* de style; **~kunde** *f* = *Stilistik*.

still [ʃtil] *adj.* tranquille; calme; (*unbeweglich*) immobile; (*friedlich*) paisible; (*schweigsam*) silencieux; ~!, *seid* ~! silence!; ~ *davon!* silence là-dessus!, F *motus!*; *im* ~*en* secrètement; *rl.* 2*er Freitag* Vendredi *m* saint; 2*e Woche* semaine *f* sainte; ~*es Gebet* oraison *f* mentale; ~*e Jahreszeit* morte-saison *f*; ~*es Wasser* eau *f* stagnante (*od.* dormante); ~*e Wut* colère *f* rentrée; ~*er Teilhaber* commanditaire *m*; **~bleiben** *v/i.* (sn) rester tranquille; se tenir coi; 2*e f* (15, *o. pl.*) tranquillité *f*; calme *m*; (*Ruhe*) repos *m*; (*Friede*) paix *f*; (*Schweigen*) silence *m*; *in der* ~ en silence; *in aller* ~ dans le plus grand silence; ~*e* F *adj.* = *still*; 2(**l)eben** *peint. n* (6) nature *f* morte; 2(**l)egen** *v/t.* arrêter; fermer; ✝ paralyser; *Betrieb:* faire chômer; *Hochofen:* éteindre; 2(**l)egung** *f* arrêt *m*; (*e-r Fabrik*) chômage *m*.

Stillehre ['ʃtiːlleːrə] *f* stylistique *f*.

still|**en** ['ʃtilən] *v/t.* (25) (*anhalten*) arrêter; (*beruhigen*) apaiser; calmer; *Durst:* étancher; *Hunger:* assouvir; *Kind:* allaiter; 2*en n* (*e-s Säuglings*) allaitement *m*; **~end** ✿ *p.pr. adj.*

calmant; sédatif; **~gestanden!**✕*int.* garde à vous!; **halte-abkommen** *n* moratoire *m*; **halten 1.** *v/t.* tenir tranquille; **2.** *v/i.* s'arrêter; **l)iegen** *v/i.* se tenir tranquille; (*Betrieb*) chômer; † être paralysé.

stillos [ˈʃtilɔs] *adj.* sans style.

still|schweigen [ˈʃtil-] *v/i.* se taire; **schweigen** *n* silence *m*; **~ bewahren** garder (*od.* observer) le silence; *mit ~ übergehen* passer sous silence; **~schweigend 1.** *p.pr. adjt.* tacite; **2.** *p.pr. advt.* en silence; **~sitzen** *v/i.* rester tranquille; **stand** *m* arrêt *m*; (*Untätigkeit*) inaction *f*; (*e-r Fabrik*) chômage *m*; † stagnation *f*; **~stehen** *v/i.* s'arrêter; ne pas bouger; (*Betrieb*) chômer; † être paralysé; *Betrieb steht mir der Verstand still* les bras m'en tombent; **~stehend** *p.pr. adjt.* stationnaire; stagnant (*a. Wasser*); **~ver'gnügt** *p.p. adjt.* qui s'amuse en silence.

Stil|möbel [ˈʃtiːl-] *n/pl.* meubles *m/pl.* de style; **~übung** *f* exercice *m* de style; **voll** *adj.* qui a du style; **~wörterbuch** *n* dictionnaire *m* de style.

Stimm|-abgabe *f* vote *m*, scrutin *m*; **~band** *n* corde *f* vocale; **berechtigt** *p.p. adjt.* qui a (le) droit de vote (*od.* de voter); **~bruch** *m* mue *f* (de la voix).

Stimme [ˈʃtimə] *f* (15) voix *f*; (*Wahl a.*) suffrage *m*; vote *m*; ♪ voix *f*, (*Part*) partie *f*; *♪ bei ~ sein* être en voix; *s-e ~ abgeben* voter (*für* pour); *die ~n zählen* dépouiller le scrutin.

stimmen (25) **1.** *v/t.* ♪ accorder; *höher* (*tiefer*) *~* 'hausser (baisser) le ton; *j-n wohl* (*übel*) *~* mettre q. de bonne (mauvaise) humeur; *j-n ernst ~* rendre q. grave; *j-n traurig ~* attrister q.; *j-n zu etw. ~* disposer q. à qch.; **2.** *v/i.* être exact (*od.* juste); *♪* s'accorder; être d'accord; *pol.* voter (*für* pour).

Stimmen|fang *péj. m* chasse *f* aux voix; **~gewirr** *n* brouhaha *m*; **~gleichheit** *f* partage *m*; *es ist ~* il y a partage; **~mehrheit** *f* majorité *f* (des voix); **~minderheit** *f* minorité *f* (des voix); **~prüfung** *pol. f* vérification *f* du scrutin.

Stimm-enthaltung *f* abstention *f*.

Stimmen|verhältnis *n* rapport *m* des voix; **~zählung** *f* dépouillement *m* du scrutin.

Stimmer *♪ m* (*Person*) accordeur *m*;

(*Werkzeug*) accordoir *m*.

Stimm|gabel *f* diapason *m*; **gewaltig** *adj.* qui a une voix forte; **haft** *adj.* sonore; **~lage** *♪ f* registre *m*; **los** *adj.* aphone; *phon.* sourd; **~losigkeit** *f* aphonie *f*; *phon.* sourdité *f*; **~recht** *n* droit *m* de vote (*od.* de suffrage); *allgemeines ~* suffrage *m* universel; **~ritze** *f* glotte *f*; **~ung** *f* ♪ accordage *m*; *fig.* état *m* d'âme (*od.* d'esprit); disposition *f*; humeur *f*; ✕ moral *m*; (*Bevölkerung*) tendance *f*; *allgemeine ~* opinion *f* publique; *poét.* impression *f*; *peint.* effet *m*; *e-e hohen poét.* avoir de la poésie; *peint.* avoir de l'atmosphère; *in* (*gehobener*) *~ en train*; *in ~ kommen* s'animer; *nicht in ~ sein* n'être pas disposé.

Stimmungs|bild *n* impression *f*; **~macher** *m* boute-en-train *m*; **~umschwung** *m* saute *f* d'humeur; (*in der Bevölkerung*) changement *m* d'opinion (publique); **voll** *adj.* qui porte de recueillement; *poét.* qui a de la poésie; *peint.* qui a de l'atmosphère; (*ausdrucksvoll*) expressif.

Stimm|wechsel *m* mue *f* (de la voix); **~zettel** *m* bulletin *m* de vote.

Stimu|lans [ˈʃtiːmulans, ˈʃtiː-] *n* (11¹, *pl.* -'lantia *od.* -'lanzien) stimulant *m*; **lieren** *v/t.* stimuler.

Stink|bombe [ˈʃtiŋk-] *f* boule *f* puante; **en** [ˈ~ɔn] *v/i.* puer; sentir mauvais; *~ nach ...* sentir le ...; **end** *p.pr. adjt.* puant; infect; fétide; *~ faul* F *adj.: ~ sein* être un(e) flemmard(e); **ig** *adj.* = *stinkend*; **~tier** *n* mouffette *f* (*a.* ♪); **~wut** F *f* rogne *f*; humeur *f* de chien; *e-e ~ haben* être en rogne.

Stipendi|at(in *f*) [ʃtipenˈdjaːt] *m* (12) boursier *m*, -ière *f*; **~um** [~ˈpendjum] *n* (9) bourse *f*.

stirb(st) [ʃtirp(st)] *s. sterben.*

Stirn [ʃtirn] *f* (16) front *m* (*a. fig.*); *j-m die ~ bieten* faire front (*od.* tenir tête) à q.; **~band** *n* bandeau *m*; *chir.* frontal *m*; **~höhle** *f* sinus *m* frontal; **~höhlenver-eiterung** *f* sinusite *f* frontale; **~locke** *f* toupet *m*; **~runzeln** *n* froncement *m* de sourcils; **~seite** *Arch. f* façade *f*; front *m*; **~wand** *f* mur *m* frontal.

stob [ʃtoːp] *s. stieben.*

stöbern [ˈʃtøːbərn] *v/i.* (29) fouiller (*in dat.* dans).

stochern [ˈʃtɔxərn] *v/i.* (29) piquer (*in dat.* dans); *im Feuer ~* attiser le feu;

tisonner; *in den Zähnen* ~ se curer les dents.

Stock [ʃtɔk] *m* (3³) bâton *m*; (*dünner*) baguette *f*; gaule *f*; (*Berg*⁐) alpenstock *m*; (*Spazier*⁐) canne *f*; (*Hockey*⁐) crosse *f*; (*Gebirgs*⁐) massif *m*; (*Bienen*⁐) ruche *f*; (*Almosen*⁐) tronc *m*; (*Reb*⁐) cep *m*; *über* ~ *und Stein* à travers champs; (*Kapital*) capital *m*; (⁐*werk*) étage *m*; *im ersten* ~ au premier (étage); ⁐**dumm** F *adj.* archibête, bête comme une oie; ⁐¹**dunkel** *adj.*: *es ist* ~ on n'y voit goutte.

Stöckelschuhe [ˈʃtœkəl-] *m/pl.* chaussures *f/pl.* à talons 'hauts.

stocken [ˈʃtɔkən] *v/i.* (25) s'arrêter; s'interrompre (*beim Sprechen a.*) hésiter; (*Flüssigkeiten*) cesser de couler; (*Blut*) ne plus circuler; se coaguler; (*Verkehr*) être interrompu; (*Gespräch*) tarir; languir (*a.* †); (*Zahn*) se carier; (*schimmeln*) (se) moisir; (*Bücher*) se piquer.

Stock-|engländer *m* Anglais *m* pur sang; ⁐**finster** *adj.* extrêmement obscur; ⁐*e Nacht* nuit *f* noire; *es ist* ~ on n'y voit goutte; ⁐**fisch** *m* morue *f* séchée; stockfisch *m*; ⁐**fleck** *m* tache *f* de moisissure; ⁐**hieb** *m* coup *m* de bâton; ⁐**rose** ♀ *f* rose *f* trémière; ⁐**schnupfen** *m* enchifrènement *m*; ⁐¹**steif** F *adj.* raide comme un piquet; ⁐¹**taub** *adj.* sourd comme un pot; ⁐**ung** *f* arrêt *m*; interruption *f*; (*beim Sprechen a.*) hésitation *f*; (*Verkehrs*⁐) encombrement *m*; embouteillage *m*; † stagnation *f*; (*Blut*⁐) congestion *f*; ⁐**werk** *n* étage *m*.

Stoff [ʃtɔf] *m* (3) matière *f*; (*Zeug*) étoffe *f*; (*Gewebe*) tissu *m*; 🜊 substance *f*; (*Grund*⁐) élément *m*; (*Thema*) sujet *m*; ⁐ *zu* ... matière à; ⁐ *zum Lachen* (*Weinen*) de quoi rire (pleurer); ⁐ *zum Lachen geben* prêter à rire; ⁐**el** [ˈʃɔl] *m* (7) lourdaud *m*; ⁐**lich** *adj.* matériel *m*; ⁐**wechsel** *m* métabolisme *m*.

stöhnen [ˈʃtøːnən] **1.** *v/i.* (25) gémir (*über acc. de*); geindre; **2.** ⁐ *n* gémissement *m*.

Stoiker [ˈʃtoikər] *m* (7) stoïque *m*; ⁐**isch** *adj. phil.* stoïcien.

Stola [ˈʃtoːla] *f* (16²) étole *f*.

Stollen [ˈʃtɔlən] *m* (6) 🜂 galerie *f*; (*Hufeisen*⁐) crampon *m*; (*Kuchen*) brioche *f*; 🜂 abri *m* profond.

stolpern [ˈʃtɔlpərn] *v/i.* (29, sn) broncher (*gegen contre*; *über acc.* sur); trébucher; faire un faux pas.

stolz [ʃtɔlts] **1.** *adj.* fier (*auf acc.* de); (*hochmütig*) orgueilleux; 'hautain; altier; (*stattlich*) majestueux; *auf etw.* (*acc.*) ~ *sein* (*werden*) s'enorgueillir de qch.; **2.** ⁐ *m* (3², *o. pl.*) fierté *f*; (*Hochmut*) orgueil *m*; *s-n* ~ *in etw.* (*acc.*) *setzen* mettre sa fierté à qch.; ⁐**ieren** [⁐ˈtsiːrən] *v/i.* (sn) se pavaner.

stopf|en [ˈʃtɔpfən] (25) **1.** *v/t.* (*hinein*⁐) fourrer dans; (*füllen*) remplir; *Pfeife*: bourrer; *Loch*: boucher; *Gans*: farcir; (*mästen*) *Geflügel*: empâter; *Strümpfe, Wäsche*: raccommoder; ravauder; repriser; *Stoff*: stopper; **2.** *v/i.* (*Speise*) constiper; ⁐**garn** *n* fil *m* à repriser; ⁐**nadel** *f* aiguille *f* à repriser.

stopp! [ʃtɔp] **1.** *int.* stop!; **2.** ⁐ *m* (11) blocage *m*, stop *m*.

Stoppel [ˈʃtɔpəl] *f* (15) chaume *m*; éteule *f*; ⁐**bart** *m* barbe *f* de plusieurs jours; ⁐**feld** *n* chaume *m*; ⁐**ig** *adj.* ✍ couvert de chaumes; (*Kinn*) mal rasé.

stopp|en [ˈʃtɔpən] (25) **1.** *v/t.* stopper; *Uhrzeit*: chronométrer; **2.** *v/i.* s'arrêter; ⁐**licht** *Auto n* feu *m* de stop; ⁐**straße** *f* rue (*od. route*) *f* à arrêt obligatoire; ⁐**uhr** *f* chronomètre *m*; ⁐**zeichen** *n* signal *m* d'arrêt; stop *m*.

Stöpsel [ˈʃtœpsəl] *m* (7) bouchon *m*; ⚡ fiche *f*; ⁐**n** *v/t.* (29) boucher; *téléph.* enficher.

Stör *zo.* [ʃtøːr] *m* (3) esturgeon *m*.

Storch [ʃtɔrç] *m* (3³) cigogne *f*; ⁐**schnabel** *m* bec *m* de cigogne; ⊕ pantographe *m*; ♀ géranium *m*.

stören [ˈʃtøːrən] *v/t.* (25): *j-n* ⁐ déranger q.; *Frieden usw.*: troubler; (*unterbrechen*) interrompre; (*hindern*) gêner; *Radio*: brouiller; 🗲 causer une perturbation; ⁐**fried** *m* (3) trouble-fête *m*; *perturbateur m* de la paix.

stornieren † [ʃtɔrˈniːrən] *v/t. Buchung*: contre-passer; *Auftrag*: annuler.

störrisch [ˈʃtœriʃ] *adj.* entêté; rétif; opiniâtre; intraitable.

Störsender *m* poste *m* de brouillage.

Störung *f* dérangement *m* (*a. e-r Maschine*); trouble *m*; (*Unterbrechung*) interruption *f*; *rad.* parasite *m*; *téléph.* friture *f*; ⚡ perturbation *f*.

Störungs|dienst *m rad.* service *m* de détection des sources de perturbation; *téléph.* service *m* de dépannage;

ℒfrei adj. sans trouble; rad. sans brouillage, exempt de parasites; **∼stelle** f = Störungsdienst.

Stoß [ʃtoːs] m (3² u. ³) coup m; (Puff) poussée f, esc. botte f; (Schock) choc m; (Erschütterung) secousse f; (e-s Wagens) cahot m; (beim Abfeuern) recul m; (Schwimm∼) brasse f; (Haufen) pile f; tas m; (Papiere, Briefe) liasse f; (Schneiderei) bord m; **∼dämpfer** m amortisseur m (de chocs).

Stößel ['ʃtøːsəl] m (7) pilon m.

stoßen ['∼ən] (30) **1.** v/t. pousser; (heftig) 'heurter (a. fig.); fig. choquer; (klein∼) piler; broyer; concasser; j-n mit den Hörnern ∼ donner des coups de cornes à q.; j-n von sich ∼ repousser q.; **2.** v/i.: an etw. (acc.) ∼ se heurter contre qch., (grenzen) confiner (od. être attenant) à qch.; ∼ auf (acc.) rencontrer (acc.), (Raubvögel) fondre sur; nach j-m ∼ donner (od. porter) un coup à q.; zu j-m ∼ joindre q.; **3.** v/rfl.: sich an etw. (dat. u. acc.) ∼ se heurter (od. se cogner) contre qch., fig. être choqué (od. se formaliser) de qch.

stoßfest adj. résistant au chocs; **ℒkraft** f puissance f de choc; **ℒseufzer** m profond soupir m; **ℒstange** Auto f pare-chocs m; **ℒtrupp** m groupe m de choc; **ℒwaffe** f arme f à pointe; **∼weise** adv. (in Stößen) par piles; (ruckweise) par chocs; ✕ (Feuer) intermittent; **ℒzahn** m défense f; pl/pl. de pointe.

Stotter|er ['ʃtɔtərər] m (7) bègue m; (Stammler) balbutieur m; **ℒn** v/t. u. v/i. (29) bégayer; (stammeln) balbutier.

stracks [ʃraks] adv. directement; (zeitlich) sur-le-champ.

Straf|-anstalt ['ʃtraːf-] f maison f de correction; **∼antrag** m réquisitoire m; **∼anzeige** f plainte f; e-e ∼ erstatten porter plainte; **∼arbeit** f (für Schüler) pensum m; **∼aufschub** m sursis m de peine; **ℒbar** adj. punissable; coupable; ∼fort criminel; **∼befehl** m ordre m de payer une amende; **∼bestimmung** f pénalité f; prescription f pénale.

Strafe ['ʃtraːfə] f (15) punition f; bsd. ᵗₜ peine f; (Züchtigung) châtiment m; (Geld∼) amende f; zur ∼ en (od. comme) punition; pour pénitence; ∼ bekommen être puni; j-m die ∼ erlas-

sen lever la punition (Geld∼: l'amende) de q., (bei Verbrechen) grâcier q.; bei ∼ verboten défendu sous peine d'amende; **ℒn** ['∼ən] v/t. (25) punir; (züchtigen) châtier.

Straf|-entlassene(r m) m, f libéré(e f) m; **∼erlaß** m rémission f d'une peine; (allgemeiner) amnistie f.

straff [ʃtraf] adj. (fortement) tendu; raide; fig. rigide; rigoureux.

straffällig ['ʃtraːfɛlɪç] adj.: ∼ werden encourir une peine.

straffen ['ʃtrafən] v/t. tendre; raidir; **ℒheit** f raideur f; fig. rigidité f; rigorisme m.

Straf|freiheit f impunité f; **∼gefangene(r** m) m, f détenu(e f) m; **∼gericht** n jugement m; ein ∼ ergehen lassen faire justice (über acc. de); **∼gerichtsbarkeit** f juridiction f pénale; **∼gesetz** n loi f pénale; **∼gesetzbuch** n code m pénal; **∼kammer** f correctionnelle f; **∼kolonie** f colonie f pénitentiaire; **∼kompanie** f compagnie f de discipline; **∼lager** n camp m pénitentiaire.

sträf|lich ['ʃtrɛːflɪç] adj. punissable; coupable; (tadelnswert) blâmable; **ℒling** m (3¹) détenu m; (Zuchthäusler) forçat m.

straf|los **1.** adj. impuni; **2.** adv. impunément; **ℒlosigkeit** f impunité f; **∼mandat** n procès-verbal m (de contravention); **ℒmaß** n peine f; das niedrigste (höchste) ∼ le minimum (le maximum) de la peine; **ℒmaßnahme** f mesure (od. sanction) f disciplinaire; **∼mildernd** p.pr. adjt. atténuant; **∼mündig** adj. qui a (l'âge de) la responsabilité pénale; **ℒporto** n surtaxe f; **ℒpredigt** f réprimande f; semonce f; sermon m; j-m e-e ∼ halten sermonner q.; **ℒprozeß** m procès m pénal; **ℒprozeß-ordnung** f code m d'instruction pénale; **ℒpunkt** Sp. m pénalisation f; **ℒraum** Sp. m surface f de réparation; zone f de penalty; **ℒrecht** n droit m pénal; **∼rechtlich** adj. pénal; **ℒregister** n: Auszug aus dem ∼ extrait m du casier judiciaire; **ℒsache** f affaire f pénale; **ℒstoß** m Sp. penalty m; **ℒtat** f délit m; **∼verfahren** n procédure f pénale; **∼verschärfend** adj. aggravant; **ℒversetzung** f mutation f par sanction disciplinaire; **ℒvollstreckung** f exécution f d'une peine.

Strahl [ʃtraːl] m (5) rayon m; (plötz-

licher) éclair *m*; (*Wasser⳽*) jet *m* d'eau; Å droite *f*; ⳽**en** *v/i.* (25) rayonner (*a. fig.*; *vor dat.* de); (*glänzen*) resplendir.

Strahlen|behandlung *f* radiothérapie *f*; ⳽**brechung** *f* réfraction *f*; ⳽**d** *p.pr. adj.* rayonnant; radieux; ⳽**schädigung** *f* lésions *f/pl.* dues à des radiations; ⳽**schutz** *m* protection *f* contre les radiations; (*Vorrichtung*) écran *m* protecteur contre les radiations.

Strahl|er *m* (7) *phys.* émetteur *m*; (*Wärme⳽*) radiateur *m*; ⳽**rohr** *n* lance *f* (à incendie); ⳽**triebwerk** *n* réacteur *m*.

Strahlung *f* rayonnement *m*; radiation *f*.

Strähne ['ʃtrɛːnə] *f* (15) (*Haar⳽*) mèche *f*; (*Garn⳽*) écheveau *m*.

stramm *adj.* tendu; raide; *fig.* robuste; énergique; ⳽**stehen** ✕ *v/i.* être au garde-à-vous.

Strampel|höschen ['ʃtrampəlhøːsçən] *n* (6) barboteuse *f*; ⳽**n** *v/i.* (29) gigoter; F (*beim Radfahren*) pédaler.

Strand [ʃtrant] *m* (3) plage *f*; rivage *m* (de la mer); (*sandiges Ufer*) grève *f*; (*Küste*) côte *f*; *auf ⳽ laufen* échouer; ⳽**anzug** *m* costume *m* de plage; ⳽**bad** *n* plage *f*; ⳽**en** ['⳽dən] *v/i.* (26, sn) échouer; ⳽**gut** *n* épaves *f/pl.*; ⳽**korb** *m* fauteuil-cabine *m* (en osier); ⳽**promenade** *f* promenade *f*; ⳽**schuh** *m* chaussure *f* de plage; ⳽**ung** ⚓ *f* échouement *m*; ⳽**wächter** *m* garde-côte *m*; ⳽**weg** ['⳽veːk] *m* chemin *m* côtier.

Strang [ʃtraŋ] *m* (3³) corde *f*; Esb. voie *f*; *zum ⳽ verurteilen* condamner à la potence; *fig. mit j-m am gleichen ⳽ ziehen* être attelé à la même carriole que q.; *wenn die Stränge reißen aus pis-aller*; *über die Stränge schlagen* s'emballer, exagérer; ⳽**ulieren** [⳽gu-'liː-] *v/t.* étrangler.

Strapa|ze [ʃtraˈpaːtsə] *f* (15) fatigue *f*; ⳽**zieren** [⳽paˈtsiːrən] *v/t.* fatiguer; éreinter; *Kleidung*: abîmer; ⳽**zierfähig** *adj.* (*Stoff*) résistant, solide; ⳽**ziös** [⳽ˈtsjøːs] *adj.* fatigant, pénible, harassant.

Straße ['ʃtraːsə] *f* (15) rue *f*; (*Weg*) chemin *m*; voie *f* publique; (*Fahr⳽*, *Land⳽*) route *f*; (⳽*ndamm*) chaussée *f*; (*Meerenge*) détroit *m*; ⳽ *von Calais* Pas *m* de Calais; *auf der* (*auf offener*) ⳽ dans la (en pleine) rue; *j-n auf die ⳽*

setzen mettre q. sur le pavé.

Straßen|-anzug *m* costume *m* de ville; ⳽**arbeiter** *m* cantonnier *m*; ⳽**bahn** *f* tram(way) *m*; ⳽**bahnfahrer** *m* conducteur *m* (de tramway); ⳽**bahnwagen** *m* (voiture *f* de) tram(-way) *m*; ⳽**bau** *m* construction *f* de routes; ⳽**beleuchtung** *f* éclairage *m* des rues; ⳽**biegung** *f* tournant *m*; coude *m*; ⳽**damm** *m* chaussée *f*; pavé *m*; ⳽**ecke** *f* coin *m* de rue; ⳽**feger** *m* balayeur *m*; (é)boueur *m*; ⳽**gabel** *f* bifurcation *f*; ⳽**graben** *m* fossé *m*; (*Rinnstein*) caniveau *m*; ⳽**händler(in** *f*) *m* marchand(e *f*) *m* ambulant(e); ⳽**junge** *m* gamin *m*; voyou *m*; ⳽**kampf** *m* combat *m* de rues; ⳽**karte** *f* carte routière; ⳽**kehrer** *m* = *Straßenfeger*; ⳽**kehrmaschine** *f* balayeuse *f*; ⳽**kreuzung** *f* carrefour *m*; croisée *f* de rues, *etc.*; ⳽**lage** *Auto* *f* tenue *f* de route; *e-e gute ⳽ haben* tenir bien la route; ⳽**laterne** *f* réverbère *m*; ⳽**mädchen** *n* fille *f* publique; F grue *f*; ⳽**musikant** *m* musicien *m* ambulant; ⳽**netz** *n* réseau *m* routier; ⳽**pflaster** *n* pavé *m*; ⳽**rand** *m* accotement *m*; ⳽**räuber** *m* brigand *m*; ⳽**reinigung** *f* nettoyage *m* des rues; (*Amt*) service *m* de la voirie; ⳽**rennen** *Sp. n* course *f* sur routes; ⳽**sänger** *m* chanteur *m* ambulant; ⳽**schild** *n* plaque *f* de rue; ⳽**sperre** *f* barrage *m* de route (*od.* de rue); ⳽**tunnel** *m* tunnel *m* routier; ⳽**überführung** *f*, ⳽**übergang** *m* passage *m* supérieur; ⳽**unterführung** *f* passage *m* inférieur; ⳽**verkehr** *m* circulation *f* routière; trafic *m* routier; ⳽**verkehrs-ordnung** *f* code *m* de la route; ⳽**zoll** *m* péage *m*.

Strateg|e [ʃtraˈteːgə] *m* (13) stratège *m*; ⳽**ie** [⳽teˈgiː] *f* (15) stratégie *f*; ⳽**isch** [⳽ˈteːgiʃ] *adj.* stratégique.

Stratosphäre [ʃtratoˈsfɛːrə] *f* (15) stratosphère *f*.

sträuben ['ʃtrɔybən] *v/rfl.* (25): *sich ⳽* se 'hérisser; (*Haar*) se dresser; *sich gegen etw. ⳽* répugner (*od.* résister) à qch.

Strauch [ʃtraʊx] *m* (1², *a.* 3³) arbrisseau *m*; (*kleiner*) arbuste *m*; (*Busch*) buisson *m*; ⳽**broussaille** *f* (*Streit*) querelle *f*; lutte broussaille *f*; ⳽**eln** ['⳽əln] *v/i.* (29, sn) broncher; trébucher; ⳽**werk** *n* broussailles *f/pl.*

Strauß [ʃtraʊs] *m* **1.** *orn.* (3²) autruche *f*; **2.** (3² *u.* ³) (*Blumen⳽*) bouquet *m*; gerbe *f*; **3.** (*Streit*) querelle *f*; lutte *f*; combat *m*; **~enfeder** *f* plume *f* d'autruche.

Strebe [ˈʃtreːbə] *f* (15) *Arch.* étrésillon *m*; *Flgw.* tirant *m*; **~balken** *m* chevalet *m*; **~bogen** *m* arc-boutant *m*; **~mauer** *f* contrefort *m*; **2n** *v/i.* (25): ~ nach tendre (*od.* aspirer) à; ~n (6) tendance *f* (*nach* à); aspiration *f* (*vers*); **~pfeiler** *m* contrefort *m*.

Streber [ˈʃtreːbər] *péj. m* (7) ambitieux *m*; arriviste *m*; **2haft** *péj. adj.* ambitieux; **~tum** *péj. n* arrivisme *m*.

strebsam [ˈʃtreːpsaːm] *adj.* zélé; (*fleißig*) assidu; (*ehrgeizig*) ambitieux; **2keit** *f* zèle *m*; (*Fleiß*) assiduité *f*; (*Ehrgeiz*) ambition *f*.

streck|bar [ˈʃtrɛkbaːr] *adj.* extensible; *métall.* ductile; **2bett** *n* lit *m* orthopédique.

Strecke *f* (15) étendue *f*; (*zurückzulegende*) trajet *m*; parcours *m* (*a. Sp.*, *zurücklegen* faire); (*Entfernung*) distance *f* (*zurücklegen* parcourir); *Esb.* voie *f*; *⚒* galerie *f*; *📐* (ligne *f*) droite *f*; *e-e gute* ~ *Wegs* un bon bout de chemin; *ch. zur* ~ *bringen* abattre.

strecken [ˈʃtrɛkən] *v/t.* (25) étendre; étirer (*a. métall.*); allonger (*a. Vorräte, Sauce*); *Arme, Beine:* tendre; *Waffen:* mettre bas.

Strecken|-abschnitt *Esb. m* section *f* (*od.* tronçon *m*) de la voie; **~arbeiter** *m* ouvrier *m* de la voie; **~wärter** *m* garde-voie *m*; **2weise** *adv.* par places.

Streckmuskel *m* (muscle *m*) extenseur *m*.

Streich [ʃtraɪç] *m* (3) coup *m*; (*mit der Hand a.*) F tape *f*; *schlechter* ~ vilain tour *m*; *dummer* ~ sottise *f*; bêtise *f*; *j-m e-n* ~ *spielen* jouer un tour à q.

streich|eln [ˈʃtraɪçəln] *v/t.* caresser; **~en 1.** *v/t.* passer (*über acc.* sur); (*an~*) peindre; (*aus~*) rayer (*aus, von* de); biffer; barrer; *Butter:* étendre; *Zündholz:* frotter; *Bart:* caresser; *Wolle:* carder; **2.** *v/i.:* *über etw.* (*acc.*) ~ effleurer (*od.* frôler *od.* raser) qch.; (*herum~*) rôder; vagabonder; *j-m über die Wange* ~ caresser la joue à q.; **2er** *♩* *m* (7) joueur *m* d'un instrument à cordes.

Streich|holz *n* allumette *f*; **~instrument** *n* instrument *m* à cordes; **~käse** *m* fromage *m* à tartiner; **~konzert** *n* concert *m* d'instruments à cordes; **~orchester** *n* orchestre *m* d'instruments à cordes; **~quartett** *n* quatuor

m à cordes; **~ung** *f* (*in e-m Text*) rature *f*.

Streif [ʃtraɪf] *m* = Streifen; **~band** *n* bande *f*; *unter* ~ sous bande; **~e** *⚔ f* patrouille *f*; **~en** *m* bande *f*; (*im Stoff*) raie *f*; F (*Film~*) pellicule *f*; film *m*; **2en** *v/t. u. v/i.* (*mit Streifen versehen*) rayer; *Ring:* vom Finger ~ ôter; *Ärmel: in die Höhe* ~ retrousser; *etw.* ~ effleurer qch. (*a. Frage*); frôler qch.; *den Boden* ~ raser le sol; (*umher~*) vagabonder; rôder; *sich die Haut* ~ s'érafler la peau; **~enwagen** *m* voiture *f* de la patrouille (*od.* de ronde de la police); **2ig** *adj.* rayé; **~licht** *n* lumière *f* frisante; *ein* ~ *auf etw.* (*acc.*) *werfen* jeter un jour sur qch.; **~schuß** *m* éraflure *f* par une balle; **~zug** *m* incursion *f*; *⚔* raid *m*.

Streik [ʃtraɪk] *m* (3 u. 11) grève *f*; **~bewegung** *f* mouvement *m* de grève; **~brecher(in** *f*) *m* briseur *m*, -euse *f* de grève; **2en** *v/i.* (25) se mettre en grève; faire grève; **~ende(r** *m*) *m*, *f* gréviste *m*, *f*; **~parole** *f* mot *m* d'ordre de grève; **~posten** *m* piquet *m* de grève; **~recht** *n* droit *m* de grève.

Streit [ʃtraɪt] *m* (3) querelle *f*; (*Kampf*) lutte *f*; combat *m*; (*Konflikt*) conflit *m*; (*Meinungs2*) différend *m*; débat *m*; (*Wort2*) dispute *f*; *t̤t̤* litige *m*; procès *m*; (*mit Tätlichkeiten*) rixe *f*; (*Zank*) démêlé *m*; altercation *f*; (*gelehrter*) controverse *f*; *mit j-m anfangen* chercher querelle à q.; *in* ~ *geraten* se prendre de querelle; **~axt** *f* hache *f* de guerre; **2bar** *adj.* querelleur; (*kriegerisch*) belliqueux; (*tapfer*) vaillant; **2en** [ˈʃtraɪtən] (30) **1.** *v/i.* se quereller (*mit j-m* avec q.); se disputer (*mit j-m* avec q.); *über etw.* (*acc.*) ~ débattre qch.; **2.** *v/rfl.:* *sich um etw.* ~ se disputer qch.; *t̤t̤* plaider (*kämpfen*) lutter; combattre; *darüber läßt sich* ~ c'est discutable; **2end** *p. adj.* combattant; militant; *die* ~*en Parteien* les parties *f/pl.* adverses; **~er** *m* querelleur *m*; disputeur *m*; (*Kämpfer*) combattant *m*; **~fall** *m* litige *m*; **~frage** *f* différend *m*; point *m* litigieux; **~handel** *m* querelle *f*; procès *m*; **~gegenstand** *m* objet *m* du litige; **2ig** *adj.:* *j-m etw.* ~ *machen* disputer (*od.* contester) qch. à q.; **~kräfte** *f/pl.* forces *f/pl.* (armées); **~lust** *f* esprit *m* querelleur; **2lustig** *adj.*

querelleur; **~macht** f = Streitkräfte; **~objekt** n objet m du litige; **~punkt** m point m litigieux; **~sache** f objet m d'un différend; **~schrift** f écrit m polémique; **~sucht** f humeur f querelleuse; **≈süchtig** adj. querelleur.

streng [ʃtrɛŋ] **1.** adj. sévère; rigoureux (a. Frost, Winter); (unbeugsam) rigide; (bestimmt, genau) strict; exact; (Sitte) austère; (Geschmack) âpre; im ~sten Sinne des Wortes à la (od. au pied de la) lettre; dans toute la force du terme; **2.** adv.: j-n ~ halten mener q. sévèrement; gegen j-n ~ verfahren user de rigueur envers q.; **≈e** f (15) sévérité f; rigueur f; (Genauigkeit) exactitude f; (Sitten≈) austérité f; **~genommen** p.p. advt. à proprement parler; **~gläubig** adj. orthodoxe.

Streß ⚡ [ʃtrɛs] m (4) stress m.

Streu [ʃtrɔy] f (15) litière f.

Streu|büchse f, **~dose** f saupoudroir m, saupoudreuse f; **≈en** v/t. (25) répandre; (ausbreiten) éparpiller; disséminer; ~ auf (acc.) (Zucker usw.) saupoudrer de; Blumen auf den Weg ~ joncher le chemin de fleurs; **≈en** F v/i. (sn) vagabonder, rôder; **~sand** m sable m (à étaler); **~siedlung** f habitat m dispersé; **~zucker** m sucre m en poudre.

strich [ʃtrɪç] s. streichen.

Strich m (3) trait m (mit der Feder od. plume; (Linie) ligne f; (Quer≈) barre f; (Streifen) raie f; (Land≈) étendue f de terre; région f; (der Vögel) passage m; volée f; ~ mit der Bürste (♩ mit dem Bogen) coup m de brosse (d'archet); mit dem ~ dans le sens du poil; gegen den ~ à rebrousse-poil; à rebours; unter den ~ (Zeitung) en feuilleton; fig. j-m e-n ~ durch die Rechnung machen contrarier les projets de q.; fig. e-n ~ unter etw. (acc.) machen en finir avec qch.; fig. P auf den ~ gehen faire le trottoir; **≈eln** v/t. (29) 'hachurer; **~junge** m prostitué m; **~mädchen** F n prostituée f; respectueuse f; **~punkt** gr. m point-virgule m; **~regen** m pluies f/pl. locales; **≈weise** adv. par endroits; **~zeichnung** f dessin m au trait.

Strick [ʃtrɪk] m (3) corde f; fig. garnement m; wenn alle ~e reißen au pis-aller.

Strick|-arbeit f tricot m; **≈en** v/t. tricoter; **~er(in** f) m (7) tricoteur m,

-euse f; **~garn** n fil m à tricoter; **~jacke** f gilet m tricoté; **~leiter** f échelle f de corde; **~maschine** f tricoteuse f; **~nadel** f aiguille f à tricoter; **~waren** f/pl. tricotages m/pl.; **~wolle** f laine f à tricoter.

Striegel [ˈʃtriːɡəl] m (7) étrille f; **≈n** v/t. (29) étriller.

Strieme [ˈʃtriːmə] f (15), **~n** m (6) raie f; blutiger ~ strie f sanglante; meurtrissure f.

strikt [ʃtrɪkt] adj. strict.

Strippe F [ʃtrɪpə] f (15) ficelle f; téléph. F an der ~ hängen être pendu au téléphone.

stritt [ʃtrɪt] s. streiten.

strittig [ˈʃtrɪtɪç] adj. contesté; contestable; discutable; controversé.

Stroh [ʃtroː] n (3) paille f; (Dach≈) chaume m; mit ~ ausstopfen empailler; **≈blond** adj. blond (de couleur paille); **~blume** ⚘ f immortelle f; **~dach** n toit m de chaume; **≈farben** adj. (couleur) paille; **~feuer** n feu m de paille (a. fig.); **~geflecht** n entrelacs m de paille; **≈gelb** adj. jaune paille; **~halm** m brin m de paille; fétu m; **~hut** m chapeau m de paille; **~hütte** f chaumière f; **~kopf** fig. m tête f vide; **~lager** n couche f de paille; **~mann** fig. m homme m de paille; prête-nom m; **~matte** f paillasson m; **~sack** m paillasse f; **~schober** m pailler m; **~witwe(r** m f) m mari m dont la femme (femme f dont le mari) est en voyage.

Strolch [ʃtrɔlç] m (3) mauvais sujet m; voyou m; (Landstreicher) vagabond m; **≈en** [ˈ~ən] v/i. (25, sn) vagabonder.

Strom [ʃtroːm] m (3³) fleuve m; (Berg≈ u. fig.) torrent m; (Strömung) courant m (a. ⚡); (Menschen≈) foule f; mit dem ~ fahren (schwimmen) suivre le courant; gegen den ~ contre le courant; es regnet in Strömen il pleut à verse (à torrents); **~abnehmer** ⚡ m trolley m, pantographe m; **≈ab(wärts)** adv. en aval; **≈auf(wärts)** adv. en amont; **~bett** n lit m d'un fleuve.

strömen [ˈʃtrøːmən] v/i. (sn) couler; (Licht) se répandre; (Blut) se porter (nach à); (Menschen) se porter en foule (nach vers); affluer (à); ~der Regen pluie f torrentielle.

Strom-enge f passage m étroit d'un

fleuve.

Stromer F ['ʃtroːmər] *m* (7) vagabond *m*; **2n** F *v/i.* (29, sn) vagabonder.

Strom|-erzeuger *m* générateur *m*; **-erzeugung** *f* production *f* d'énergie électrique; **-gebiet** *n* bassin *m* d'un fleuve; **-kreis** ⚡ *m* circuit *m*; **-linie** *Auto f* forme *f* aérodynamique; **-messer** ⚡ *m* ampèremètre *m*; **-netz** ⚡ *n* réseau *m*, secteur *m*; **-schnelle** *f* rapide *m*; **-stange** *f* (*der Straßenbahn*) perche *f*; **-stärke** ⚡ *f* intensité *f*; ampérage *m*; **-stoß** ⚡ *m* impulsion *f*, coup *m* de courant.

Strömung *f* courant *m* (*a. fig.*).

Strom|-unterbrecher *m* interrupteur *m*; coupe-circuit *m*; **-verbrauch** *m* consommation *f* de courant; **-versorgung** ⚡ *f* alimentation *f* en courant; **-zähler** *m* compteur *m* de courant.

Strophe ['ʃtroːfə] *f* (15) strophe *f*; (*e-s Liedes*) couplet *m*.

strotzen ['ʃtrɔtsən] *v/i.* (27) regorger (*von* de); **-d** *p.pr. adjt.* débordant (*von* de).

Strudel ['ʃtruːdəl] *m* (7) tourbillon *m* (*a. fig.*); remous *m*; (*Gebäck*) chausson *m*; **2n** *v/i.* (29) tourbillonner; bouillonner.

Struktur [ʃtruk'tuːr] *f* (16) structure *f*.

Strumpf [ʃtrumpf] *m* (3³) bas *m*; kurzer ~ chaussette *f*; (*Glüh2*) manchon *m*; **-band** *n* (1²) jarretière *f*; **-halter** ['-haltər] *m* jarretelle *f*; **-hose** *f* collant(s) *m*(*pl.*).

Strunk [ʃtruŋk] *m* (3³) trognon *m*.

struppig ['ʃtrupiç] *adj.* (*Haar*) 'hérissé; (*Bart*) hirsute; (*zerzaust*) ébouriffé.

Struwwelpeter ['ʃtruvəlpeːtər] *m* (7) Pierre l'Ébouriffé *m*.

Strychnin [ʃtryç'niːn] *n* (3¹, *o. pl.*) strychnine *f*.

Stübchen ['ʃtyːpçən] *n* (6) chambrette *f*.

Stube ['ʃtuːbə] *f* (15) pièce *f*; (*bsd. Schlaf2*) chambre *f*; gute ~ salon *m*.

Stuben|-arrest *m* consigne *f* à la chambre; arrêts *m*/*pl.*; j-m ~ geben consigner q.; mettre q. aux arrêts; ~ haben être aux arrêts; **-hocker** *m* casanier *m*; **-luft** *f* air *m* confiné; **2rein** *adj.* propre.

Stuck [ʃtuk] *m* (3, *o. pl.*) stuc *m*.

Stück [ʃtyk] *n* (3) (*ganzes*) pièce *f* (*a.*

thé.); (*abgetrenntes*) morceau *m* (*a. Lese2, Musik2*); (*Teil2*) partie *f*; (*aus e-m Buch*) passage *m*; (*Bruch2*) fragment *m*; (*Exemplar*) exemplaire *m*; (*Vieh*) tête *f*; (*Land, Weg*) bout *m*; (*Mauer*) pan *m*; (*Seife*) morceau *m*; pain *m*; ~ für ~ pièce à (*od. par*) pièce; de point en point; in allen ~en en tout point; in vielen ~ à beaucoup d'égards; aus e-m ~ d'une seule (*od. tout d'une*) pièce; in ~e schlagen casser; mettre en morceaux (*a. in ~e zerreißen*); in ~e gehen se casser; tomber en morceaux; sich große ~ einbilden s'en faire accroire (beaucoup); große ~e halten auf (*acc.*) faire grand cas de.

Stuck-arbeit *f* ouvrage *m* en stuc.

Stück|-arbeit *f* travail *m* à la pièce (*od. aux pièces*); **-arbeiter** *m* ouvrier *m* à la pièce (*od. aux pièces*); **-chen** *n* (6) petit morceau *m*; petit bout *m*; brin *m*; **2eln** *v/t.* (29) morceler; (*flicken*) rapiécer; **-gut** *n* colis *m*/*pl.* détachés; **-lohn** *m* salaire *m* à la pièce (*od. aux pièces*); **2weise** *adv.* pièce par (*od. à*) pièce; ✝ au détail; **-werk** *n* ouvrage *m* décousu; ~ sein être incomplet.

Student [ʃtu'dɛnt] *m* (12) étudiant *m*; **-en-ausweis** *m* carte *f* d'étudiant; **-enfutter** *n* mendiant(s) *m*(*pl.*); **-enheim** *n* foyer *m* des étudiants; **-enschaft** *f* étudiants *m*/*pl.*; (*Körperschaft*) confédération *f* des étudiants; **-enverbindung** *f* association *f* d'étudiants; **-in** *f* étudiante *f*; **2isch** *adj.* d'étudiant(s).

Studie ['ʃtuːdjə] *f* (15) étude *f*.

Studien|-assessor(in *f*) *m* professeur *m* adjoint; **-aufenthalt** *m* séjour *m* d'études; **-direktor(in** *f*) *m* directeur *m*, -trice *f*; (*in Frankreich: am staatlichen Gymnasium*) proviseur *m*, (*am städtischen*) principal *m*; **-freund** *m* camarade *m* d'études; **-gang** *m* cours *m* des études; **-rat** *m*, **-rätin** ['-rɛːtin] *f* professeur *m*; **-referendar(in** *f*) *m* professeur *m* assistant; **-reise** *f* voyage *m* d'études; **-zeit** *f* temps *m* des études.

studier|en ['-diːrən] *v/t. u. v/i.* étudier; *abs.* faire ses études; **2zimmer** *n* cabinet *m* d'étude.

Stud|io ['ʃtuːdjo] *n* (11) studio *m*; **-ium** *n* (9) études (*pl.*) *f. pl.*

Stufe ['ʃtuːfə] *f* (15) marche *f*; degré *m* (*a. fig.*); (*Aufsatz*) gradin *m*; *fig.* échelon *m*; (*Rang2*) rang *m*; die höch-

Stufenfolge

ste ~ le faîte; le comble; von ~ zu ~ de degré en degré.

Stufen|folge fig. f gradation f; **2för-mig** [~fœrmiç] adj. en escalier; par gradins; **~leiter** fig. f échelle f graduée; **2los** ⊕ adj. u. adv. (à réglage) continu; **2weise** adv. graduellement.

Stuhl [ʃtuːl] m (15) chaise f; (Sitz) siège m; **~bein** n pied m de chaise; **~gang** ♀ m selle f; ~ haben avoir des selles; keinen ~ haben être constipé; **~lehne** f dossier m de chaise; **~zwang** ♀ m épreintes f/pl.

Stukkatur [ʃtukaˈtuːr] f (16) stuc m.

Stulle F [ˈʃtulə] f (15) tartine f.

Stulpe [ˈʃtulpə] f(15) (Stiefel2) revers m; (Manschette) manchette f.

stülpen [ˈʃtylpən] v/t. (25) mettre (auf sur).

stumm [ʃtum] adj. muet.

Stummel [~əl] m (7) tronçon m; (Kerzen2) bout m; (Zigarren2, Zigaretten2) bout m, P mégot m; (Zahn2) chicot m; (Gliedmaßen2) moignon m.

Stummfilm m film m muet.

Stümper [ˈʃtympər] m(7) gâcheur m; bousilleur m; **~ei** [~ˈraɪ] f(16) bousillage m; **2haft** F adj. gâché; bousillé; **2n** F v/i. (29) gâcher; bousiller.

stumpf [ʃtumpf] 1. adj. émoussé (a. fig.); sans pointe; (Kegel) tronqué; (Winkel) obtus (a. fig.); (Nase) camus; épaté; fig. abruti; stupide; apathique; ~ machen émousser; ~ werden s'émousser; 2. 2 m (3) tronçon m; (Baum2) souche f; (Kerzen2) bout m; (Zahn2) chicot m; (Gliedmaßen2) moignon m; mit ~ und Stiel ausrotten extirper radicalement; **2heit** f (geistige) abrutissement m; apathie f; **2sinn** m stupidité f; abrutissement m; **~sinnig** [ˈ~ziniç] adj. stupide; abruti; ~ werden s'abrutir; **~wink(e)lig** [ˈ~viŋk(ə)liç] adj. obtusangle.

Stunde [ˈʃtundə] f (15) heure f; (Weg2) lieue f; (Unterrichts2) leçon f; classe f; ~ halten faire classe; **2n** v/t. (26): j-m e-e Zahlung ~ accorder un délai de paiement à q.

Stunden|kilometer m (a. m) kilomètre m par (od. à l')heure; **~lang** 1. adj. qui dure des heures; 2. adv. pendant des heures entières; **~lohn** m salaire m horaire; **~plan** m emploi m du temps; horaire m; **2weise** adv. par heure; **~zeiger** m aiguille f des heures.

Stünd|lein [ˈʃtyntlaɪn] n (6): letztes ~

dernière heure f; **2lich** adv. d'heure en heure; par heure.

Stundung f délai m de paiement.

Stupsnase [ˈʃtupsnɑːzə] f nez m retroussé.

stur [ʃtuːr] adj. entêté, têtu.

Sturm [ʃturm] m (3³) tempête f; (Wirbel2) ouragan m; (heftiger u. kurzer) tourmente f; (Gewitter2) orage m (a. fig.); ✕ assaut m; Sp. avants m/pl.; fig. tumulte m; fougue f; ~ der Entrüstung explosion f d'indignation; ~ läuten sonner le tocsin; ~ laufen donner l'assaut; im ~ nehmen prendre d'assaut; **~angriff** m assaut m.

Sturm|flut f raz m de marée; **2frei** adj.: ~e Bude f chambre f indépendante; **~glocke** f tocsin m.

stürmisch adj. orageux (a. fig.); (Meer) démonté; fig. impétueux; tumultueux; ~er Beifall applaudissements m/pl. frénétiques.

Sturm|laterne f lampe-tempête f, lanterne-tempête f; **~leiter** f échelle f d'assaut; **~riemen** m jugulaire f; **~schäden** m/pl. dégâts m/pl. causés par la tempête; **~schritt** ✕ m pas m de charge; **~trupp** ✕ m groupe m d'assaut; **~vogel** m pétrel m; **~warnung** ♻ f avertissement m de tempête; **~wind** m vent m violent; bourrasque f.

Sturz [ʃturts] m (3² u. ³) chute f (a. Flgw.); (Zusammen2) écroulement m; fig. disgrâce f; (Untergang) ruine f; **~acker** m champ m labouré; **~bach** m torrent m; ravine f.

stürzen [ˈʃtyrtsən] 1. v/i. (sn) tomber; faire une chute; (zs.- od. ein~) s'écrouler; (Pferd) s'abattre; (v/rfl. sich ~) se précipiter (auf acc. sur; in acc. dans; von, aus de); fondre (auf acc. sur); 2. v/t. renverser; (hinab~) précipiter.

Sturz|flug m vol m en piqué; **~helm** m casque m protecteur; **~welle** f paquet m de mer.

Stuß F [ʃtus] m (3², o. pl.) bêtises f/pl.

Stute [ˈʃtuːtə] f (15) jument f; **~nfohlen** n, **~nfüllen** n pouliche f.

Stütz|balken [ˈʃtyts~] m lambourde f; **~e** f (15) appui m; support m; soutien m (alle a. fig.); Arch. étai m; étançon m; (Baum⸨) tuteur m; fig. aide f; die ⁓n der Gesellschaft les soutiens de la société.

stutzen [ˈʃtutsən] (27) **1.** v/t. raccourcir; écourter; Schwanz, Ohren, Flügel: rogner; Schnurrbart: retrousser; Haare, Bart: rafraîchir; Hecke: tondre; Baum: étêter; **2.** v/i. rester interdit; hésiter; **3.** ⸨ m ⤬ carabine f; (Muffe) manchon m.

stützen (27) **1.** v/t. appuyer; soutenir; Arch. étayer; étançonner; arc-bouter; Baum: tuteurer; **2.** v/rfl.: sich ⁓ auf (acc.) s'appuyer sur (a. fig.).

Stutz|er m (7) gandin m; dandy m; snob m; ⸨ig adj. surpris; interdit; ⁓ werden rester interdit; ⁓ machen surprendre.

Stütz|mauer f mur m de soutènement; ⁓pfeiler m soutien m (a. fig.); pilier m; ⁓punkt m point d'appui; ⤬ base f.

subaltern [zupˈʔalˈtɛrn] adj. subalterne.

Subjekt [zupˈjɛkt] n (3) sujet m; ⸨iv [⁓ˈtiːf] adj. subjectif; ⁓ivität [⁓tiviˈtɛːt] f (16) subjectivité f.

Subli|mat [zubliˈmaːt] n (3) sublimé m; ⸨mieren v/t. sublimer.

subskri|bieren [zupskriˈbiːrən] v/i. souscrire (auf acc. à); ⸨ption [⁓pˈtsjoːn] f souscription f.

substantiell [zupstanˈtsjɛl] adj. substantiel.

Substantiv gr. [ˈ⁓stantiːf] n (3[1]) substantif m; nom m; ⸨isch [⁓stanˈtiːviʃ] adj. substantif.

Substanz [⁓ˈstants] f (16) substance f.

subtil [zupˈtiːl] adj. subtil.

subtra|hieren [⁓traˈhiːrən] v/t. soustraire; ⸨ktion [⁓kˈtsjoːn] f soustraction f.

subtropisch [ˈzuptroːpiʃ] adj. subtropical.

Subvention [⁓venˈtsjoːn] f subvention f; ⸨ieren [⁓ˈniːrən] v/t. subventionner.

Such|aktion [ˈzuːxʔaktsjoːn] f recherches f/pl.; die ⁓ e einleiten entreprendre des recherches; ⁓dienst m service m des recherches; ⁓e f (15) recherche f; quête f; auf die ⁓ nach à la recherche (od. en quête) de; ⸨en v/t. u. v/i. (25) chercher (zu ... inf. à ... inf.); (eifrig ⁓, nachforschen) rechercher; ⁓er phot. m (7) viseur m.

Sucht [zuxt] f (16) manie f, passion f; ⚕ toxicomanie f.

süchtig [ˈzʏçtiç] adj. toxicomane.

Sud [zuːt] m (3) décoction f.

Sudanes|e [zudaˈneːzə] m (13), ⁓in f Soudanais(e) f m; ⸨isch adj. soudanais.

süddeutsch [ˈzʏːdɔytʃ] adj. de l'Allemagne du Sud.

Sudel|ei [zudəˈlaɪ] f (16) barbouillage m; (Pfuscherei) bousillage m; (Kritzelei) griffonnage m; ⸨n [ˈzuːdəln] v/t. u. v/i. (29) barbouiller; (pfuschen) bousiller; (kritzeln) griffonner.

Süden [ˈzyːdən] m (6) sud m, midi m.

Süd|früchte f/pl. fruits m/pl. du Midi; ⁓länder(in) f m méridional(e f) m; ⸨ländisch adj. méridional; ⸨lich adj. méridional; du sud; ⁓'ost(en) m sud-est m; ⸨'östlich adj. (au) sud-est; du sud-est; ⁓pol m pôle m sud (od. antarctique); ⁓seite f (côté m du) midi m, côté m sud (od. méridional); (e-s Gebirges) versant m sud; ⁓'west (-en) m sud-ouest m; ⸨westlich adj. (au) sud-ouest; du sud-ouest; ⁓wind m vent m du sud (od. du midi).

Suff P [zuf] m (3, o. pl.) ivrognerie f, boisson f.

süffig [ˈzʏfiç] adj. qui se laisse boire.

Suffix gr. [zuˈfiks] n (3[2]) suffixe m.

suggerieren [zugeˈriːrən] v/t. suggérer.

Suggest|ion [⁓sˈtjoːn] f suggestion f; ⸨iv [⁓ˈtiːf] adj. suggestif.

Sühn|e [ˈzyːnə] f (15) (Buße) expiation f; ⁓⚖ conciliation f; ⸨en v/t. (25) expier; ⁓everfahren n procédure f de conciliation; ⁓opfer n holocauste m; sacrifice m expiatoire.

Sulfat [zulˈfaːt] n (3) sulfate m.

Sultan [ˈzultaːn] m (3[1]) sultan m; ⁓at [⁓taˈnaːt] n (3) sultanat m; ⁓ine [⁓ˈniːnə] f (15) raisin m sec sans pépins.

Sülz|e [ˈzʏltsə] f (15) gelée f de viande, viande f en gelée; ⁓kotelett n côtelette f en gelée.

summarisch [zuˈmaːriʃ] adj. sommaire.

Summ|e [ˈzumə] f (15) somme f; (Gesamt⸨) total m; ⸨en (25) **1.** v/i. (Insekten) bourdonner; **2.** v/t. Lied: fredonner; ⁓en [⁓ən] n (der Insekten) bourdonnement m; (e-s Liedes) fredonnement m; ⸨ieren [⁓ˈmiːrən] **1.** v/t. faire la somme; faire l'addition;

additionner; **2.** v/rfl.: sich ~ s'accumuler; **~ton** téléph. m son m continu.

Sumpf [zumpf] m (3³) marais m; (großer) marécage m; fig. fange f; **~boden** m sol m marécageux; **~fieber** n fièvre f paludéenne; paludisme m; **~huhn** n poule f d'eau; fig. F noceur m; **~ig** adj. marécageux; **~pflanze** f plante f des marais.

Sünde ['zyndə] f (15) péché m (begehen commettre); (kleine) peccadille f; es ist e-e ~ c'est une 'honte.

Sünden|bock m bouc m émissaire; **~erlaß** m rémission f des péchés; absolution f; **~fall** m péché m; chute f; **~register** F n: j-m sein ~ vorhalten reprocher à q. les fautes qu'il a commises.

Sünd|er(in f) m (7) pécheur m, pécheresse f; **~haft 1.** adj. pécheur; (zur Sünde fähig) enclin au péché; **2.** adv. F: ~ teuer diablement cher; **~igen** v/i. (25) pécher; an j-m ~ manquer à q.

Super|(benzin n) ['zu:pər-] n (7, o. pl.) super(carburant) m; **~intendent** m (12) surintendant m; **~klug** adj. trop malin; **~lativ** m (3¹) superlatif m; **~markt** m supermarché m.

Suppe ['zupə] f (15) potage m; soupe f.

Suppen|fleisch n (bœuf m pour le) pot-au-feu m; (gekocht) bouilli m; **~grün** n herbes f/pl. potagères; **~kelle** f louche f; **~löffel** m cuiller f à soupe; **~schüssel** f soupière f; **~teller** m assiette f creuse; **~würfel** m cube m à potage.

surren ['zurən] **1.** v/t. (25) bourdonner; (Motor) vrombir; ronfler; **2.** **2** n bourdonnement m; (des Motors) vrombissement m.

suspendier|en [zuspɛn'di:rən] v/t. suspendre (vom Amt de ses fonctions); **2ung** f suspension f.

süß [zy:s] adj. doux (a. fig.); (zucker~) sucré; fig. suave; (reizend) charmant; **~e** Worte paroles f/pl. doucereuses; ~ schmecken avoir un goût sucré; ~ klingen flatter l'oreille; ~ träumen faire de beaux rêves; ~ machen sucrer; fig. das ist ~! c'est du nanan!; **2e** f (15, o. pl.) douceur f; **~en** v/t. (25) sucrer; **2holz** n réglisse f; fig. F ~ raspeln conter fleurette;

2igkeit f sucrerie f; friandise f; fig. douceur f; **~lich** adj. douceâtre; fig. doucereux; **2most** m cidre m doux; **~sauer** adj. aigre-doux; **2speise** f entremets m sucré; (Nachtisch) dessert m; **2stoff** m saccharine f; **2wasser** n eau f douce.

Sweater ['svɛtər] m (11) chandail m.

Sylvester [zil'vɛstər] = **Silvester.**

Symbol [zym'bo:l] n (3) symbole m; **2isch** adj. symbolique.

Symmetr|ie [zyme'tri:] f (15) symétrie f; **2isch** [~'me:triʃ] adj. symétrique.

Sympath|ie [zympa'ti:] f (15) sympathie f; **~iestreik** m grève f de solidarité; **2isch** [~'pa:tiʃ] adj. sympathique; **~isieren** [~ati'zi:rən] v/i. sympathiser (mit avec).

Symphon|ie [zymfo'ni:] f (15) symphonie f; **2isch** [~'fo:niʃ] adj. symphonique.

Symposion [sym'po:sjɔn] n (8²), **~ium** n (8²) réunion f, colloque m, congrès m (scientifique).

Symptom [zymp'to:m] n (3¹) symptôme m; **2atisch** adj. symptomatique.

Synagoge [zyna'go:gə] f (15) synagogue f.

synchron [zyn'kro:n] adj. synchrone; **2getriebe** n boîte f de vitesses synchronisée; **~i'sieren** v/t. synchroniser.

Syndikat [zyndi'ka:t] n (3) syndicat m.

Synode [zy'no:də] f (15) synode m.

synonym [zyno'ny:m] adj., **2** n (3¹) synonyme (m).

Syntax ['~taks] f (16) syntaxe f.

Synthe|se [~'te:zə] f (15) synthèse f; **2tisch** adj. synthétique.

Syphilis ['zy:filis] f (inv.) syphilis f.

Syr|(i)er(in f) ['sy:r(j)ər(in)] m (7) Syrien(ne f) m; **2isch** adj. syrien.

System [zys'te:m] n (3¹) sytème m; **2atisch** [~'ma:tiʃ] adj. systématique; **2los** adj. sans système.

Szen|e ['stse:nə] f (15) scène f; hinter der ~ à la cantonade; in ~ setzen mettre en scène; j-m e-e ~ machen faire une scène à q.; **~enwechsel** m changement m de scène; ~ auf offener Bühne changement m (de scène) à vue; **~erie** [~ə'ri:] f (15) décors m/pl.; **2isch** adj. scénique.

T

T, t [te:] *n* T, t *m*.

Tabak ['taːbak] *m* (3) tabac *m*; ~ **kauen** chiquer; ~ **schnupfen** priser; **~bau** *m* culture *f* du tabac; **~laden** *m* bureau (*od.* débit) *m* de tabac; **~(s)dose** *f* tabatière *f*; **~(s)pfeife** *f* pipe *f*; **~steuer** *f* droit *m* sur les tabacs.

tabell|arisch [tabɛ'laːriʃ] *adj. u. adv.* sous forme de tableau (synoptique); **2e** [~'bɛlə] *f* (15) table *f*; tableau *m*.

Tablett [ta'blɛt] *n* (3) plateau *m*; **~e** [~ə] *f* (15) comprimé *m*.

tabu [ta'buː] *adj.*, **2** *n* (11) tabou (*m*).

Tabulator [tabu'laːtɔr] *m* (8¹) tabulateur *m*.

Tachometer [taxo'meːtər] *m* (7) tachymètre *m*.

Tadel ['taːdəl] *m* (7) blâme *m*; (*Rüge*) censure *f*; (*Mißbilligung*) réprobation *f*; (*Vorwurf*) reproche *m*; (*Verweis*) réprimande *f*; (*in der Schule*) mauvais point *m*; **2los** *adj.* sans défaut(s); irréprochable; **2n** *v/t.* (29) blâmer; (*rügen*) censurer; **j-n wegen etw. ~** reprocher qch. à q.; **an allem etw. zu ~ finden** trouver à redire à tout; **2nswert** *adj.* blâmable.

Tadler ['taːdlər] *m* (7) censeur *m*; critique *m*.

Tafel ['taːfəl] *f* (15) table *f*; (*Wand2*) tableau *m* (noir); (*Anzeige2*) écriteau *m*; (*Metall2*) plaque *f*; (*Schokoladen2*) tablette *f*; (*Schiefer2*) ardoise *f*; (*zur Illustration in Büchern*) planche *f*; **die ~ decken** mettre le couvert; **die ~ abdecken** desservir; **von der ~ aufstehen** se lever de table; **~apfel** *m* pomme *f* de dessert; **~aufsatz** *m* surtout *m* (de table); **~butter** *f* beurre *m* de table; **~geschirr** *n* service *m* de table; vaisselle *f*; **~land** *n* plateau *m*; **2n** *v/i.* (29) banqueter; être à table.

täfeln ['tɛːfəln] *v/t.* (29) *Boden:* parqueter; *Wand:* lambrisser; boiser.

Tafel|obst *n* fruits *m/pl.* de dessert; **~runde** *f* tablée *f*; *litt.* Table *f* ronde; **~silber** *n* argenterie *f*; **~tuch** *n* nappe *f*.

Täfelung *f* (*Boden*) parquetage *m*; (*Wand*) lambris *m*; boiserie *f*.

Tafelwein *m* vin *m* de table.

Taft [taft] *m* (3) taffetas *m*.

Tag [taːk] *m* (3) jour *m*; (*als Dauer*) journée *f*; **~ für ~** jour par jour; **den ~ über** pendant la journée; **e-n ~ um den andern** tous les deux jours; un jour sur deux; **zwei ~e lang** deux jours (durant); **dieser ~e** ces jours-ci; **e-s (schönen) ~es** un beau jour; **an e-m schönen ~e** par une belle journée; **am ~e, bei ~** au jour; de jour; **am ~ danach** le lendemain; **am ~ nach ...** le lendemain de ...; **am ~ davor** la veille; **am ~ vor ...** la veille de ...; **auf den ~ (mieten)** (louer) à la journée; **auf m-e alten ~e** sur mes vieux jours; **in unseren ~en** de nos jours; **über ~e** à ciel ouvert (*a. adv.*); **⚒ unter ~e** souterrain, *adv.* souterrainement; **von ~ zu ~** de jour en jour; **von e-m ~ zum andern** d'un jour à l'autre; **es wird ~** le jour point (*od.* se lève); **es ist ~** il fait jour; **was ist heute für ein ~?** quel jour sommes-nous aujourd'hui?; **guten ~ sagen** dire bonjour; **s-n guten ~ haben** être dans ses bons jours; **sich e-n vergnügten ~ machen** se donner du bon temps; **an den ~ bringen** mettre au grand jour; révéler; **an den ~ kommen** paraître au grand jour, se faire jour, se révéler, *Geheimnis:* éclater; **an den ~ legen** manifester; **in den ~ hinein schlafen** faire la grasse matinée; **in den ~ hinein (von e-m ~ zum andern) leben** vivre au jour le jour; **2-'aus** *adv.*: **~, tagein** jour par jour.

Tage|bau ⚒ ['taːgə-] *m* exploitation *f* à ciel ouvert; **~blatt** *n* (journal *m*) quotidien *m*; **~buch** *n* journal *m* (intime); **~dieb(in** *f*) *m* fainéant(e *f*) *m*; **~geld** *n* indemnité *f* journalière; **2lang** *adv.* des journées entières; **~lohn** *m* salaire *m* journalier; journée *f*; **~löhner(in** *f*) ['~lø:nər] *m* (7) journalier *m*, -ière *f*.

tagen (25) 1. *v/imp.*: **es tagt** le jour point (*od.* se lève); 2. *v/i.* (*Versammlung*) siéger; (*beraten*) délibérer.

Tagereise *f* journée *f* de voyage; voyage *m* d'une journée.

Tages|anbruch *m* pointe *f* du jour;

aube *f*; bei ~ à la pointe du jour; à
l'aube; **~befehl** *m* ordre *m* du jour;
~ereignis *n* événement *m* du jour;
~fragen *f/pl*. questions *f/pl*. (à l'ordre) du jour; **~gespräch** *n* nouvelle *f*
du jour; *es ist das* ~ tout le monde en
parle; **~karte** *f* carte *f* permanente
pour la journée; (*im Restaurant*) car-
te*f* du jour; **~kasse** *f* caisse *f*; **~kasse**
m de location; **~kurs** *m* cours *m* du
jour; **~leistung** *f* (e-r Maschine) rendement *m* journalier; (e-s Unternehmens) production *f* journalière; **~
licht** *n* (lumière *f* du) jour *m*; *ans* ~
bringen mettre au grand jour; révéler; *ans* ~ kommen paraître au grand
jour; se révéler; **~marsch** *m* marche
f d'une journée; **~ordnung** *f* ordre
m du jour (*a. fig.*); **~presse** *f* presse *f*
quotidienne; **~schau** *TV f* journal *m*
télévisé, téléjournal *m*; **~zeit** *f* heure *f*
du jour; *zu jeder* ~ à toute heure;
~zeitung *f* feuille *f* quotidienne;
quotidien *m*.

Tagewerk *n* tâche *f* journalière; journée *f*.

Tag|falter *m* papillon *m* diurne; **2-
'hell** *adj*. clair comme le jour; *es ist* ~
il fait jour.

täglich ['tɛːkliç] **1.** *adj*. journalier;
quotidien; de tous les jours; *astr.*,
zo., **♀** diurne; **2.** *adv*. tous les jours;
chaque jour; par jour.

tags [taːks] *adv.*: ~ *darauf* le lendemain; ~ *zuvor* la veille; **~über** *adv*.
pendant la journée.

tag|täglich 1. *adj*. journalier; quoti-
dien; **2.** *adv*. tous les jours; chaque
jour; **2-und'nachtgleiche** *f* (15)
équinoxe *m*; **2ung** *f* réunion *f*, session *f*, congrès *m*; (*Sitzung*) séance *f*;
2ungsteilnehmer *m* participant *m* à
une réunion.

Taifun [taiˈfuːn] *m* (3¹) typhon *m*.

Taill|e ['taljə] *f* (15) taille *f*; **~en-um-
fang** *m*, **~enweite** *f* tour *m* de taille;
2iert [~ˈjiːrt] *p.p. adjt.* cintré; *nicht* ~
décintré.

takel|n ['taːkəln] *v/t*. (29) gréer; gar-
nir; **2werk** *n* gréement *m*; agrès *m/pl*.

Takt [takt] *m* (3) **♪** mesure *f* (*schlagen*
battre; *halten* observer); (*Rhythmus*)
cadence *f*; *im* ~ en mesure; en cadence; *fig. aus dem* ~ *bringen* déconcerter; *aus dem* ~ *kommen* perdre la
mesure, *fig.* se déconcerter, s'embrouiller; *fig.* = **~gefühl** *n fig.* tact
m; savoir-vivre *m*; **~ik** *f* (16) tactique

f; **~iker** [~ˈikər] *m* (7) tacticien *m*;
2isch *adj*. tactique; **2los** *adj*. qui
manque de tact; indiscret; **~losig-
keit** *f* manque *m* de tact; indiscrétion
f; **~stock** *m* bâton *m* (de chef d'orchestre); baguette *f* (de chef de musique); **2voll** *adj*. plein de tact.

Tal [taːl] *n* (1²) vallée *f*; (*in Namen u.
poét.*) val *m*; *kleines* ~ vallon *m*;
2ab(wärts) [~ˈʔap(vɛrts)] *adv*. en
aval.

Talar [taˈlaːr] *m* (3¹) robe *f*.

talauf(wärts) [~ˈʔauf(vɛrts)] *adv*. en
amont.

Talent [taˈlɛnt] *n* (3) talent *m*; **2iert**
[~ˈtiːrt] *adj*. qui a du talent; (plein) de
talent; **2los** *adj*. sans talent; **2voll**
adj. = talentiert.

Taler ['taːlər] *m* (7) thaler *m*.

Talfahrt ['taːl-] *f* descente *f*.

Talg [talk] *m* (3) suif *m*; **~drüse** *f*
glande *f* sébacée; **~licht** *n* chandelle
f.

Talisman ['taːlisman] *m* (3¹) talisman *m*.

Talk *min.* [talk] *m* (3) talc *m*.

Talkessel ['taːl-] *m* cirque *m*; cuvette
f.

Talkum ['talkum] *n* (poudre *f* de) talc
m.

Talmi(gold) ['talmi(-)] *n* (11) similor
m; *fig.* simili *m*.

Tal|mulde ['taːl-] *f*, **~sohle** *f* fond *m*
de vallée; **~sperre** *f* barrage *m* (d'une
vallée); **2wärts** ['~vɛrts] *adv*. en aval.

Tamburin ['tamburiːn] *m* (3¹) tam-
bourin *m*; (*Schellentrommel*) tambour *m* de basque; (*Stickrahmen*)
tambour *m*.

Tampon **⚕** [tãˈpõ, tamˈpɔn] *m* (11)
tampon *m*.

Tand [tant] *m* (3) colifichets *m/pl.*,
futilités *f/pl.*

Tänd|elei [tɛndəˈlai] *f* (16) badinage
m; flirt *m*; **2eln** *v/i*. badiner; flirter.

Tandem ['tandɛm] *n* (11) tandem *m*.

Tang **♀** [taŋ] *m* (3) varech *m*.

Tangente [taŋˈgɛntə] *f* (15) tangente
f.

Tango ['taŋgo] *m* (11) tango *m*.

Tank [taŋk] *m* (3) (*Behälter*) bidon *m*;
réservoir *m*; **✕** tank *m*; char *m* d'assaut; **2en** ['~ən] *v/t*. (25) prendre de
l'essence; faire le plein; **~er** ['~ər] *m*
(7), **~schiff** *n* pétrolier *m*; bateau-
citerne *m*; **~stelle** *f* station-service *f*,
poste *m* (*od*. station *f*) d'essence;
~wagen *Esb. m* wagon-citerne *m*;

Tätigkeitsbereich

~wart *m* pompiste *m*.

Tanne ['tanə] *f* (15) sapin *m*.

Tannen|baum *m* sapin *m*; **~nadel** *f* aiguille *f* de pin; **~wald** *m* sapinière *f*; **~zapfen** *m* pomme *f* de pin.

Tante ['tantə] *f* (15) tante *f*.

Tanz [tants] *m* (3² u. ³) danse *f*; (**~vergnügen**) bal *m* (im Freien champêtre); **~abend** *m* soirée *f* dansante; **~bär** *m* ours *m* dressé; **~bein** F *n*: *das* **~** *schwingen* danser; **~boden** *m* salle *f* de danse; **~diele** *f* dancing *m*.

tänzeln ['tɛntsəln] *v/i.* (29) sautiller; (*Pferd*) caracoler.

tanzen ['tantsən] *v/t. u. v/i.* (27) danser.

Tänzer(in) *f) m* (7) danseur *m*, -euse *f*.

Tanz|fläche *f* piste *f* de danse; **~kunst** *f* art *m* de la danse; **~lehrer(in** *f) m* professeur *m* de danse; **~lied** *n* air *m* de danse; **~lokal** *n* dancing *m*; **~musik** *f* musique *f* de danse; **~orchester** *n* orchestre *m* de danse; **~saal** *m* salle *f* de bal; **~schritt** *m* pas *m* de danse; **~schule** *f* école *f* de danse; **~stunde** *f* leçon *f* de danse; **~tee** *m* thé *m* dansant; **~turnier** *n* concours *m* de danse.

Tapet [ta'pe:t] *n*: *etw. aufs* **~** *bringen* mettre qch. sur le tapis; **~e** *f* (15) papier *m* peint; (*Stoff~*) tapisserie *f*; **~entür** *f* porte *f* dérobée; **~enwechsel** *fig.* F *m* changement *m* de milieu.

tapezier|en [tape'tsi:rən] *v/t.* tapisser; **2er** *m* (7) tapissier *m* (décorateur).

tapfer ['tapfər] **1.** *adj.* brave; (*mannhaft*) vaillant; (*mutig*) courageux; **2.** *adv.*: *sich* **~** *halten* tenir bon; **2keit** *f* bravoure *f*; (*Mannhaftigkeit*) vaillance *f*; (*Mut*) courage *m*.

tappen ['tapən] *v/i.* (25, sn) marcher d'un pas lourd; (h.) (*tasten*) tâtonner; *im Dunkeln* **~** marcher à tâtons.

Tara † ['ta:ra] *f* (16²) tare *f*.

Tarantel [ta'rantəl] *f* (15) tarentule *f*; *fig. wie von der* **~** *gestochen* comme piqué de la tarentule.

Tarif [ta'ri:f] *m* (3¹) tarif *m*; **~lohn** *m* salaire *m* tarifaire; **2mäßig** *adj.* au tarif (ordinaire); **~verhandlung** *f* négociation *f* tarifaire; **~vertrag** *m* accord *m* collectif.

Tarn|anzug ['tarn-] *m* vêtement *m* de camouflage; **2en** *v/t.* (25) camoufler; **~kappe** *f* manteau *m* (*od.* cape *f*) rendant invisible; **~ung** *f* camouflage *m*.

Tasche ['taʃə] *f* (15) poche *f*; (*We-*

sten~) gousset *m*; (*Akten~*) serviette *f*; (*Umhänge~, Sattel~*) sacoche *f*; (*Jagd~*) gibecière *f*; (*Schul~*) cartable *m*; (*Hand~*) sac *m* à main; *in die* **~** *stecken* mettre dans sa poche (*od.* en poche *a. fig.*); empocher; *aus der* **~** *holen* tirer de sa poche; *etw. aus s-r* **~** *bezahlen* payer qch. de sa poche; *fig. j-m auf der* **~** *liegen* vivre aux crochets de q.

Taschen|-ausgabe *f* édition *f* de poche; **~buch** *n* livre *m* de poche; **~dieb(in** *f) m* voleur *m*, -euse *f* à la tire; *pickpocket m*; **~diebstahl** *m* vol *m* à la tire; **~format** *n* format *m* de poche; **~geld** *n* argent *m* de poche; **~kalender** *m* agenda *m* de poche; **~lampe** *f* lampe *f* de poche; **~messer** *n* couteau *m* de poche; **~spieler** *m* prestidigitateur *m*; **~spielerei** [~'rai] *f* prestidigitation *f*; **~tuch** *n* mouchoir *m*; **~uhr** *f* montre *f*; **~wörterbuch** *n* dictionnaire *m* de poche.

Tasse ['tasə] *f* (16) tasse *f*; (*ohne Henkel*) bol *m*.

Tastatur [tasta'tu:r] *f* (15) clavier *m*.

Tast|e ['tastə] *f* (15) touche *f*; **2en** *v/i.* (26) tâter; (*unsicher*) tâtonner; (*berühren*) toucher; *nach etw.* **~** *chercher* qch. à tâtons; **2end** *p.pr. advt.* à tâtons; **~en(wahl)fernsprecher** *m* poste *m* à clavier de sélection; **~er** *m* (7) ⚡ manipulateur *m*; (*~zirkel*) compas *m* d'épaisseur; *zo.* palpe *m*; **~sinn** *m* (sens *m* du) toucher *m*.

tat [ta:t] *v.* tun.

Tat *f* (16) action *f*; acte *m*; (*Helden~*) exploit *m*; 'haut fait *m*; *zur* **~** *schreiten* passer aux actes; passer (*od.* en venir) à l'exécution; *in die* **~** *umsetzen* réaliser; *in der* **~** en effet; de fait; **~bestand** *m* faits *m/pl.*; état *m* de choses; *den* **~** *aufnehmen* dresser le procès-verbal.

Taten|drang ['~ən-], **~durst** *m* soif *f* d'activité; **2los** *adj.* inactif.

Täter(in *f) m* ['tɛ:tər] *m* (7) auteur *m*; (*Schuldiger*) coupable *m, f*; **~schaft** *f* (*Schuld*) culpabilité *f*.

tätig ['~iç] *adj.* actif; (*wirksam*) efficace; (*in aktivem Dienst*) en activité (*a. Vulkan*); **~** sein travailler comme; **~en** ['~gən] *v/t.* réaliser; effectuer; **2keit** *f* activité *f*; (*Beschäftigung*) occupation *f*; (*Beruf*) profession *f*; (*e-r Maschine*) fonctionnement *m*.

Tätigkeits|bereich *m* sphère *f* d'activité; **~form** *gr. f* actif *m*; voix *f* active; **~wort** *n* verbe *m*.

Tat|kraft *f* énergie *f*; **2kräftig** *adj.* énergique.

tätlich ['tɛːtliç] *adj.*: **~** werden se livrer à des voies de fait (*gegen* j-n sur q.); **2keit** *f* voie *f* de fait.

Tat-ort *m* lieu *m*; (*e-s Verbrechens*) théâtre *m*; lieu *m* du crime.

tätowier|en [tɛto'viːrən] *v/t.* tatouer; **2ung** *f* tatouage *m*.

Tat|sache ['taːt-] *f* (15) fait *m*; (*es ist e-e*) **~!** c'est un fait!; **~** ist, daß ... il est de fait que ... (*ind.*); **~sachenbericht** *m* récit *m* véridique; (*in Zeitungen*) article *m* documentaire; **2sächlich 1.** *adj.* effectif; réel; **2.** *adv.* en effet; de fait.

tätscheln ['tɛtʃəln] *v/t.* caresser, tapoter.

Tatterich F ['tatəriç] *m*: e-n **~** haben avoir la tremblote.

Tatze ['tatsə] *f* (15) patte *f*.

Tau [tau] **1.** *n* (3) cordage *m*; câble *m*; **2.** *m* (3, *o. pl.*) rosée *f*.

taub [taup] *adj.* sourd (*auf dat.* de; *gegen* à); (*Gliedmaßen*) engourdi; gourd; (*Nuß*) creux; vide; (*Blüte, Gestein*) stérile; *sich* **~** stellen faire le sourd.

Taube [taubə] *f* (15) pigeon *m*; *poét.* colombe *f*; *junge* **~** pigeonneau *m*; *wilde* **~** ramier *m*.

Tauben|haus *n*, **~schlag** *m* pigeonnier *m*; colombier *m*.

Taub|heit *f* surdité *f*; **~nessel** ♀ *f* lamier *m*; **2stumm** *adj.* sourdmuet; **~stummen-anstalt** *f* institution *f* des sourds-muets; **~stummheit** *f* surdi-mutité *f*.

Tauch|boot ['tauxboːt] *n* submersible *m*; (*zur Erforschung der Meerestiefen*) bathyscaphe *m*; **2en** ['~ən] *v/t.* plonger (*a. v/i.*); (*ein~*) tremper (*in acc.* dans); immerger (*dans*); **~er(in)** *m* plongeur *m*, -euse *f*; (*mit Ausrüstung*) scaphandrier *m*; *orn.* plongeon *m*; **~er-anzug** *m* scaphandre *m*; **~erglocke** *f* cloche *f* à plongeur; **~fähigkeit** *f* submersibilité *f*; **~sieder** ['~ziːdər] *m* thermo-plongeur *m*.

tauen ['tauən] (25) **1.** *v/imp.*: es taut il dégèle, (*fällt Tau*) la rosée tombe; il tombe de la rosée; **2.** *v/i.* (sn) *der Schnee* ist getaut la neige a fondu.

Tauf|becken ['taufbɛkən] *n* fonts *m/pl.* baptismaux; **~e** *f* (15) baptême *m*; j-n *aus der* **~** heben (*od. über die*

~ halten) tenir q. sur les fonts baptismaux; **2en** ['taufən] *v/t.* (25) baptiser; er ist auf den Namen ... getauft on l'a baptisé du nom de ...

Täufer ['tɔyfər] *m* (7): Johannes der **~** Saint Jean-Baptiste.

Tauf|kapelle *f* baptistère *m*; **~kissen** *n* coussin *m* baptismal.

Täufling ['tɔyfliŋ] *m* (3¹) enfant (*resp.* prosélyte) *m* qui reçoit le baptême; (*der Paten*) filleul(e *f*) *m*.

Tauf|name *m* nom *m* de baptême; prénom *m*; **~pate** *m* parrain *m*; **~patin** *f* marraine *f*; **~register** *n* registre *m* des baptêmes.

taufrisch *adj.* humide (*od.* frais) de rosée; *fig.* frais comme une rose.

Tauf|schein *m* extrait *m* de baptême; **~stein** *m* = Taufbecken.

taugen ['taugən] *v/i.* (25) valoir; être bon (*od.* propre *od.* apte) (*zu* à); **2enichts** *m* (4; *sg. a. inv.*) vaurien *m*; propre *m* à rien; **~lich** *adj.* bon (*od.* propre *od.* apte) (*zu* à); ✗ bon pour le service; **2lichkeit** *f* aptitude *f*.

Taumel ['tauməl] *m* (7) (*Schwindel*) vertige *m*; *fig.* ivresse *f*, enivrement *m*; **2ig** *adj.* chancelant; (*schwindelig*) pris de vertige; **2n** *v/i.* (29, h. *u.* sn) chanceler; tituber.

Tausch [tauʃ] *m* (3²) échange *m*; ✝ *a.* troc *m*; (*Stellen*2) permutation *f*; *in* **~** *gegen* en échange de; **2en** *v/t.* (27) échanger; ✝ *a.* troquer; *Amt*: permuter (*mit* j-m avec q.); *ich möchte nicht mit ihm* **~** je ne voudrais pas être à sa place.

täusch|en ['tɔyʃən] (27) **1.** *v/t.* tromper; (*prellen*) duper; (*hintergehen*) abuser; (*foppen*) mystifier; **2.** *v/rfl.*: *sich* **~** se tromper (*über acc.* sur); (*sich Illusionen machen*) s'illusionner; *sich durch etw.* **~** *lassen* se laisser prendre à qch.; **~end 1.** *p.pr. adjt.* trompeur; **2.** *p.pr. advt.* **~** *ähnlich* à s'y méprendre.

Tausch|geschäft *n*, **~handel** *m* échange *m*; troc *m*; **~** *treiben* échanger, troquer.

Täuschung *f* tromperie *f*; (*Prellerei*) duperie *f*; (*Einbildung*) illusion *f*; *optische* **~** illusion *f* d'optique; **~sversuch** *m* tentative *f* de fraude.

tausend ['tauzənd] **1.** *a/n. c.* mille; (*in Jahreszahlen*) mil; **2.** **2** *n* (3¹) mille *m*; millier *m*; **~e** *von Menschen* des milliers d'hommes; *zu* **~en** par milliers; **~e** *und aber* **~e** mille et mille; des milliers de; 2er m (7) Ⓐ mille m; F billet m de mille; ~erlei [~dər'laɪ] adj. de mille espèces; ~ Dinge mille et mille choses f/pl.; ~fach, ~fältig 1. adj. de mille fois; 2. adv. mille fois autant; 2füß(l)er m (7) mille-pattes m; ~jährig adj. millénaire; ~mal adv. mille fois; ~malig adj. répété mille fois; 2sassa ['zasa] m (11) diable m d'homme; 2schön(chen) Ⓨ n (3¹, [6]) pâquerette f; ~ste a/n. o. millième m; ~und'eins a/n. c. mille un; die Märchen aus Tausendundeiner Nacht (les contes des) Mille et une Nuits.

Tau|tropfen m goutte f de rosée; ~werk n cordages m/pl.; ~wetter n dégel m; wir haben ~ le temps est au dégel; ~ziehen Sp. n lutte f à la corde.

Taxameter [taxa'-] m (7) taximètre m.

Tax|e ['taksə] f (15) (Schätzung bei e-r Versteigerung) prisée f; (zu zahlender Betrag) taxe f; (Auto) = ~i n (11) taxi m; 2ieren [~'ksi:~] v/t. taxer; évaluer; Möbel: priser; ~ierung f taxation f; évaluation f; ⓣ prisée f.

Teakholz ['ti:kholts] n bois m de teck.

Team [ti:m] n (11) équipe f; ~arbeit f, ~work ['~vœ:k] n travail m en (od. par) équipe.

Technik ['tɛçnik] f (16) technique f; ~er m (7) technicien m; (technischer Leiter) ingénieur m; ~um n (9) école f technique.

technisch adj. technique; 2e Universität université f technique.

Technologie [tɛçnolo'gi:] f (15, o. pl.) technologie f.

Techtelmechtel F ['tɛçtəlmɛçtəl] n (7) amourette f.

Teddybär ['tɛdibɛ:r] m ours m en peluche.

Tee [te:] m (11) thé m; ⚕ tisane f; infusion f; ~ trinken prendre du (od. le) thé; ~gebäck n gâteaux m/pl. secs; petits fours m/pl.; ~kanne f théière f; ~kessel m bouilloire f; ~löffel m petite cuiller f.

Teer [te:r] m (3) goudron m; 2en v/t. (25) goudronner; ~farbe f couleur f d'aniline.

Teerose f rose f thé.

Teerpappe f papier m goudronné; carton m bitumé.

Tee|service n service m à thé; ~sieb n passe-thé m; ~tasse f tasse f à thé;

~wagen m table f à thé roulante; ~wärmer m (7) couvre-théière m.

Teich [taɪç] m (3) étang m.

Teig [taɪk] m u. n (3) pâte f (a. ⓣ); pâteux; ~waren f/pl. pâtes f/pl. alimentaires.

Teil [taɪl] m u. n (3) partie f (a. ⓣ); (An2) part f; portion f; ein gut ~ von une bonne partie de, F pas mal de; ein gut ~ größer beaucoup plus grand; zum ~ en partie; zum größten ~ pour la plupart; der größte ~ der Menschen la plupart des hommes; ich für mein ~ pour ma part; quant à moi; fig. er wird schon sein ~ bekommen il aura son paquet; (nichts sagen, aber) sein ~ denken (ne rien dire, mais) n'en penser pas moins; 2bar adj. divisible; ~barkeit f divisibilité f; ~betrag m montant m partiel; ~chen n (6) parcelle f; particule f; ~en (25) 1. v/t. diviser (in acc. en); (ver~) partager (a. Ansicht, Los; unter acc. entre); 2. v/refl.: sich ~ (Weg) bifurquer; sich in etw. (acc.) ~ se partager qch.; ~er Ⓐ m (7) diviseur m; ~erfolg m succès m partiel.

teil|haben v/i. avoir part (an dat. à); 2haber ['~ha:bər] m (7) associé m; stiller ~ commanditaire m; ~kasko-versicherung f assurance f avec franchise, assurance f casco partielle; 2nahme f (15) participation f (an dat. à); (Mitgefühl) sympathie f; (Interesse) intérêt m; ~nahmslos adj. indifférent; froid; ~nahmsvoll 1. adj. sympathique, compatissant; 2. adv. avec sympathie; ~nehmen v/i. prendre part (an dat. à); participer (à); (an e-r Arbeit) coopérer (à); collaborer (à); fig. montrer de la sympathie (pour); (sich interessieren) s'intéresser (à); ~nehmend p.pr. adjt. participant à; fig. = teilnahmsvoll; 2nehmer(in f) m participant(e f) m; (Anwesender) assistant(e f) m; ✝ associé(e f) m; 2nehmerstaat m État m participant; 2nehmerverzeichnis téléph. n annuaire m téléphonique (od. des téléphones); 2pension f demi-pension f.

teils [taɪls] adv. en partie.

Teil|strecke f, ~stück n section f; ~ung f division f; (Auf2) partage m; (e-s Gebiets) démembrement m; ~ungs-artikel gr. m article m partitif; 2weise 1. adj. partiel; 2. adv. en partie; ~zahlung f paiement m par acomptes; **~zeit-arbeit** f (zeitweise) travail m temporaire; (Kurzarbeit) travail m à temps réduit.

T-Eisen ['tɛːlʔaɪzən] n fer m en té.

Telefon [tele'foːn] n (3¹) téléphone m; **~anruf** m appel m (téléphonique); **~anschluß** m communication f téléphonique; **~apparat** m appareil m téléphonique; **~buch** n annuaire m téléphonique (od. des téléphones); bottin m; **~gespräch** n conversation f téléphonique; **2ieren** [~fo'niːrən] v/i. téléphoner, donner un coup de téléphone (mit j-m à q.); **2isch** [~'foː-] **1.** adj. téléphonique; **2.** adv. a. par téléphone; **~ist(in** f) [~'nɪst] m (12) téléphoniste m/f; **~leitung** f ligne f téléphonique; **~netz** n réseau m téléphonique; **~nummer** f numéro m de téléphone; **~rundspruch** m télédiffusion f; **~verbindung** f communication f téléphonique; **~zelle** f cabine f téléphonique; **~zentrale** f central m téléphonique.

Telegraf [~'graːf] m (12) télégraphe m.

Telegrafen|-amt n bureau m du télégraphe; **~draht** m fil m télégraphique.

Telegrafie [~graˈfiː] f télégraphie f; **2ren** [~'fiːrən] v/t. télégraphier.

telegrafisch [~'graːfɪʃ] **1.** adj. télégraphique; **2.** adv. a. par télégramme.

Telegramm [~'gram] n (12) télégramme m.

Tele'graph m = Telegraf.

Tele|-objektiv phot. ['teːle-] n téléobjectif m; **~pa'thie** f télépathie f.

Tele'phon n = Telefon.

Teleskop [teles'koːp] n (3¹) télescope m.

Telex(dienst m) ['teːlɛks(diːnst)] n (inv.) (service m) télex m.

Teller ['tɛlər] m (7) assiette f (flacher plate; tiefer creuse); (Hand2) paume f; **~wärmer** m (7) chauffe-assiette m.

Tempel ['tɛmpəl] m (7) temple m; **~herr** hist. m Templier m; **~orden** hist. m ordre m des Templiers.

Tempera|farbe ['tɛmpəra-] f couleur f à détrempe; **~malerei** f peinture f en (od. à la) détrempe.

Temperament [tɛmpəraˈmɛnt] n (3) tempérament m; **2los** (2voll) adj. sans (plein de) tempérament.

Tempe|ratur [~raˈtuːr] f (16) tempé-

rature f; **2¹rieren** v/t. tempérer (a. ♪).

Tempo ['~po] n (11) rythme m; (Gangart) allure f; (Geschwindigkeit) vitesse f; ♪ temps m; Sp. train m; **2ral** [~'raːl] adj. de temps; anat. temporal; **2rär** [~'rɛːr] adj. temporaire.

Tendenz [tɛnˈdɛnts] f (16) tendance f; **2iös** [~'tsjøːs] adj. tendancieux; **~stück** n pièce f à thèse.

Tenne ['tɛnə] f (15) aire f.

Tennis ['tɛnɪs] n (inv.) tennis m; **~platz** m court m; **~schläger** m raquette f; **~turnier** n tournoi m de tennis.

Tenor¹ ['tɛːnɔr] m (3¹, o. pl.) teneur f.

Tenor² [te'noːr] m (3¹ [u. ³]) ténor m.

Teppich ['tɛpɪç] m (3¹) tapis m; schmaler **~** carpette f; **~boden** m tapis m moquette; **~kehrmaschine** f brosseuse f à tapis; **~klopfer** m tapette f; **~stange** f barre f à tapis.

Termin [tɛrˈmiːn] m (3¹) terme m; ✝ échéance f; (Frist) délai m; ⚖ audience f; (Vorladung) assignation f; **~ haben** être assigné; **2gemäß**, **2gerecht** adv. dans le délai fixé; **2geschäft** n affaire f à terme; **~kalender** m agenda m; ✝ échéancier m.

Terminologie [tɛrminoloˈgiː] f (15) terminologie f.

Termite [tɛrˈmiːtə] f (15) termite m; **~nhügel** m termitière f.

Terpentin [~pɛn'tiːn] n (3¹) térébenthine f; **~öl** n essence f de térébenthine.

Terrakotta [tɛraˈkɔta] f (16²) terre f cuite.

Terrasse [tɛˈrasə] f (15) terrasse f; **2förmig** adj. u. adv. en terrasse(s).

Terrine [~'riːnə] f (15) soupière f.

territori|al [tɛritorˈjaːl] adj. territorial; **2um** [~'toːrjum] n territoire m.

Terror ['tɛrɔr] m (11) terreur f; **~akt** m acte m de terreur; **2i'sieren** v/t. terroriser; **~ist** [~'rɪst] m (12) terroriste m; **2istisch** adj. terroriste.

tertiär [tɛr'tsjɛːr] adj. tertiaire.

Terz [tɛrts] f (16) tierce f; ♪ große (kleine) **~** tierce f majeure (mineure); **~ett** [~'tsɛt] n (3) trio m.

Test [tɛst] m (3 od. 11) test m.

Testament [tɛstaˈmɛnt] n (3) testament m; **2arisch** [~'taːrɪʃ] **1.** adj. testamentaire; **2.** adv. par testament; **~s-er-öffnung** f ouverture f de testament; **~svollstrecker** m exécuteur *m* testamentaire.

Testat [~'ta:t] *n* (3) attestation *f*.

Test|bild *TV* ['tɛst-] *n* mire *f* (de réglage); **Len** *v/t.* tester; **Lieren** [~'ti:rən] *v/t. u. v/i.* attester, (*letztwillig verfügen*) faire un testament; tester (*über acc.* de); **Lpilot** *m* pilote *m* d'essai.

Tetanus ⚕ ['te:tanus] *m* (*inv.*) tétanos *m*.

teuer ['tɔyər] *adj. u. adv.* cher; (*herzlich geliebt*) chéri; *es ist ~* c'est cher; *cela coûte cher; ~ werden* renchérir; *~ kaufen* (*bezahlen*) payer cher; *sein Leben ~ verkaufen* vendre chèrement sa vie; *das wird ihn ~ zu stehen kommen* cela lui coûtera cher.

Teuerung *f* chèrté *f*; 'hausse *f* des prix; (*Not*) disette *f*; **Lszulage** *f* allocation (*od.* indemnité) *f* de vie chère.

Teufel ['tɔyfəl] *m* (7) diable *m*; (*Dämon*) démon *m*; *zum ~!* (au) diable!; *pfui ~!* fi donc!; *hol' dich der ~!* que le diable t'emporte!; *des ~s sein* avoir le diable au corps; **Lei** [~'lat] *f* (16) diablerie *f*; **Lskerl** F *m* diable *m* d'homme; **Lskreis** *m* cercle *m* vicieux.

teuflisch *adj.* diabolique; infernal.

Text [tɛkst] *m* (3²) texte *m*; (*Lied&*) paroles *f/pl.*; **Lbuch** *n* livret *m*; (*Libretto*) *m*; **Ldichter** *m* librettiste *m*; **Ler** *m* (7) parolier *m*.

Textil|ien [tɛks'ti:ljən] *pl.* textiles *m/pl.*; **Lindustrie** *f* industrie *f* textile; **Lmaschine** *f* machine *f* textile.

Theater [te'a:tər] *n* (7) théâtre *m*; (*Vorstellung*) spectacle *m*; **Labonnement** *n* abonnement *m* au théâtre; **Lbericht** *m* chronique *f* théâtrale; **Lbesucher(in** *f*) *m* spectateur *m*, -trice *f*; **Lkarte** *f* billet *m* de théâtre; **Lkasse** *f* bureau *m* de location; **Lkritiker** *m* critique *m* théâtral; **Lprobe** *f* répétition *f*; **Lsaal** *m* salle *f* de spectacle; **Lstück** *n* pièce *f* de théâtre; **Lvorstellung** *f* représentation *f* théâtrale; **Lzettel** *m* affiche *f* de théâtre; programme *m*.

theatralisch [~a'tra:liʃ] *adj.* théâtral; scénique.

Theke [te:kə] *f* (15) comptoir *m*; F zinc *m*.

Thema ['te:ma] *n* (9²) thème *m*; ♪ *a.* motif *m*; (*Gesprächs&, Aufsatz&*) sujet *m*; **Ltisch** [te'ma:tiʃ] *adj.* thématique.

Theolog|e [teo'lo:gə] *m* (13) théologien *m*; **Lie** [~lo'gi:] *f* théologie *f*; **Lisch** *adj.* théologique.

Theoret|iker [teo're:tikər] *m* (7) théoricien *m*; **Lisch** *adj.* théorique.

Theorie [teo'ri:] *f* (15) théorie *f*.

Therap|eut [tera'pɔyt] *m* (12) thérapeute *m*; **Leutisch** *adj.* thérapeutique; **Lie** [~'pi:] *f* (15) thérapeutique *f*.

Thermal|bad [tɛr'ma:l-] *n* station *f* thermale; **Lquelle** *f* source *f* thermale.

Therm|en *f/pl.* thermes *m/pl.*; **Lisch** *adj.* thermique.

Thermo|dynamik [tɛrmody'na:mik] *f* thermodynamique *f*; **Lmeter** *n*, *schweiz. m* thermomètre *m* (*steht auf est à*); **Lnukle'ar** *adj.* thermonucléaire.

Thermosflasche ['tɛrmɔs-] *f* thermos *m od. f*.

Thermostat [tɛrmo'sta:t] *n* (3) thermostat *m*.

These ['te:zə] *f* (15) thèse *f*.

Thrombose ⚕ [trɔm'bo:zə] *f* (15) thrombose *f*.

Thron [tro:n] *m* (3) trône *m*; *den ~ besteigen* monter sur le trône; *j-n vom ~ stoßen* détrôner q.; **Lbesteigung** *f* avènement *m* au trône; **Len** ['~ən] *v/i.* (25) *fig.* trôner; **Lentsagung** *f* abdication *f*; **Lfolge** *f* succession *f* au trône; **Lfolger(in** *f*) *m* héritier *m*, -ière *f* du trône; **Lhimmel** *m* dais *m*; baldaquin *m*; **Lrede** *f* discours *m* du trône; **Lwechsel** *m* changement *m* de règne.

Thunfisch ['tu:n-] *m* thon *m*.

Thüring|er(in *f*) ['ty:riŋər(in)] *m* (7) Thuringien(ne *f*) *m*; **Lisch** *adj.* thuringien.

Thymian ♀ ['ty:mja:n] *m* (3¹) thym *m*.

Tiara [ti'a:ra] *f* (16²) tiare *f*.

Tick [tik] *m* (11) ⚕ tic *m*; *e-n ~ haben* avoir un tic, *fig.* avoir un grain; **Len** ['~ən] *v/i.* faire tic tac; **Ltack** ['~tak] *n* tic-tac *m*.

tief [ti:f] 1. *adj.* profond; (*niedrig*) bas; ♪ bas; grave (*a. gr.*); (*Farbe*) foncé; (*Teller*) creux; (*Geheimnis, Trauer*) grand; (*Schnee*) 'haut; épais; *~ im Lande* avant dans le pays; *~ in die Nacht* avant dans (*od.* tard) dans la nuit; *~ im Schlamm* enfoncé dans la vase; *~ im Wald* (*Wasser*) au fond du bois (de l'eau); *aus ~stem Herzen* du plus profond du cœur; *im ~sten Norden* à l'extrême Nord; im ~sten Winter au cœur de l'hiver; wie ~ ist das? quelle profondeur cela a-t-il?; es ist 2 Meter ~ cela a deux mètres de profondeur; c'est profond de deux mètres; **2.** adv. ~ eindringen pénétrer très avant, fig. pénétrer, approfondir; ~ seufzen pousser de profonds soupirs; s-n Hut ~ ins Gesicht drücken enfoncer son chapeau; ~ in Schulden stecken être dans les dettes jusqu'au cou; ~er legen mettre plus bas; baisser; e-n Ton ~er singen descendre d'un ton; ♪ ~er stimmen baisser; fig. das läßt ~ blicken cela donne à penser; **3.** ♀ n (11) cyclone f, zone f de basse pression; 2**bau** m construction(s pl.) f souterraine(s); ~**be'wegt** p.p. adjt. profondément ému; ~**blau** adj. bleu foncé; 2**druck** typ. m impression f en creux; 2**druckgebiet** n zone f de basse pression; 2**e** f profondeur f; 2**gravité** f; (Abgrund) abîme m; (Hintergrund) fond m; 2-**ebene** f plaine f basse.

Tiefen|schärfe phot. f profondeur f de champ; ~**wirkung** f opt. effet m de relief; ⚕ (v. Strahlen) action f en profondeur.

Tief|flug m rase-mottes m; im ~ fliegen faire du rase-mottes; ~**garage** f garage m souterrain; 2**gehend** p.p.r. adjt. fig. profond; qui va loin; 2**gekühlt** p.p. adjt. surgelé, congelé; ~**kühlfach** n casier m à surgélation; ~**kühltruhe** f (meuble m) congélateur m; ~**schlag** m (Boxsport) coup m bas; ~**see** f grands fonds m/pl.; ~**seeforschung** f recherches f/pl. océanographiques; ~**sinn** m profondeur f d'esprit; 2**sinnig** adj. (d'esprit) profond; 2**stand** m bas niveau m; étiage m; (Barometer, ⚓) baisse f.

Tiegel ['ti:gəl] m (7) cuis. casserole f; ⊕, 🜊 creuset m.

Tier [ti:r] n (3) animal m; (im Gegensatz zum Menschen) bête f; (mit Hervorhebung des Viehischen) brute f (alle a. fig.); fig. F ein hohes ~ un gros bonnet; ~**arzt** m vétérinaire m; 2-**ärztlich** adj. vétérinaire; 2**e** Hochschule f école f vétérinaire; ~**bändiger** [~bɛndigər] m (7) dompteur m; ~**garten** m jardin m zoologique (od. d'acclimatation); ~**heilkunde** f médecine f vétérinaire; 2**isch** [~riʃ] adj. animal; fig. bestial; brutal; ~**e** Natur animalité f; ~**es Wesen** bestiali-

té f; ~**kreis** m zodiaque m; ~**kunde** f zoologie f; ~**leben** n vie f animale; ~**maler** m animalier m; ~**park** m jardin m zoologique; ~**quälerei** [~kvɛ:lə'raɪ] f (16) cruauté f envers les animaux; ~**reich** n règne m animal; ~**schau** f ménagerie f; ~**schutzver-ein** m société f protectrice des animaux; ~**wärter** m gardien m de ménagerie; ~**welt** f = Tierreich; ~**zucht** f élevage m d'animaux.

Tiger ['ti:gər] m (7) tigre m; ~**in** f, ~**weibchen** n tigresse f.

Tilde ['tildə] f (15) tilde m.

tilg|bar ['tilk-] adj. effaçable; † amortissable; ~**en** ['~gən] v/t. (25) effacer; (ausrotten) exterminer; Schuld: amortir; annuler; 2**ung** f (e-r Schuld) amortissement m; 2**ungsfonds** m fonds m d'armotissement.

Tingeltangel F ['tiŋəltaŋəl] m u. n (7) café-concert m; P beuglant m.

Tinktur [tiŋk'tu:r] f (16) teinture f.

Tinte ['tintə] f (15) encre f; fig. F in der ~ sitzen être dans le pétrin.

Tinten|faß n encrier m; ~**fisch** m seiche f; ~**fleck** m, ~**klecks** m tache d'encre; pâté m; ~**gummi** m gomme f à encre; ~**stift** m crayon m à encre.

Tip [tip] m (11) Sp. usw. tuyau m.

Tippel|bruder F ['tipəl-] m chemineau m; 2**n** F v/i. (sn) marcher à pied; marcher à petits pas.

tipp|en ['tipən] **1.** v/i. toucher du bout du doigt; (bei Rennen) miser (auf sur); parier (auf pour); **2.** v/t. (auf der Schreibmaschine) taper à la machine; 2**fehler** m faute f de frappe; 2**fräulein** F n, 2**se** péj. F f (15) dactylo f.

tipptopp F ['tip'tɔp] adj. u. adv. irréprochable(ment), impeccable (-ment).

Tiroler(in f) [ti'ro:lər(in)] m (7) Tyrolien(ne f) m.

Tisch [tiʃ] m (3²) table f; bei ~ à table; vor (nach) ~ avant (après) le repas; den ~ decken mettre le couvert; den ~ abdecken desservir; zu ~ laden (bleiben) inviter (rester) à déjeuner (resp. à dîner); zu ~ gehen aller déjeuner (resp. dîner); sich zu ~ setzen se mettre à table; vom ~ aufstehen se lever de table; etw. vom ~ nehmen prendre qch. sur la table; getrennt von ~ und Bett séparés de corps et de biens; ~**bein** n pied m de table; ~**besen** m ramasse--miettes m; ~**dame** f voisine f de table; **~decke** f tapis m de table; **~gast** m convive m; **~gebet** n bénédicité m; (nach der Mahlzeit) grâces f/pl.; **~genosse** m commensal m; **~gespräch** n propos m/pl. de table; **~herr** m voisin m de table; **~karte** f carte f de table; **~lampe** f lampe f de table.

Tischler ['tɪʃlər] m (7) menuisier m; (Kunst≳) ébéniste m; **~ei** [~'raɪ] f (16) menuiserie f; (Kunst≳) ébénisterie f; **~leim** m colle f forte; ≳**n** v/i. (29) menuiser; travailler en ébénisterie.

Tisch|nachbar(in f) m voisin(e) m f de table; **~ordnung** f plan m de table; **~platte** f plateau m de la table; (zum Verlängern) rallonge f; **~rede** f discours m de table; engS. toast m; **~telefon** n téléphone m de table; **~tennis** n tennis m de table; ping-pong m; **~tuch** n nappe f; **~wein** m vin m de table; **~zeit** f heure f du repas.

Titan|(e) [ti'tɑːn] m (12 [13]) titan m.

Titel ['tiːtəl] m (7) titre m; **~bild** n frontispice m; **~blatt** n frontispice m; page f de titre; **~halter** Sp. m tenant (od. détenteur) m du titre; **~rolle** thé. f rôle m du personnage principal; **~seite** f page f de titre; **~verteidiger** Sp. m défenseur m du titre.

titulieren [titu'liːrən] v/t. qualifier (als de); (betiteln) intituler.

Toast [toːst] m (3²) toast m (a. fig.); e-n ~ auf j-n ausbringen porter un toast à q.; **~er** m (7), **~röster** m grille-pain m.

toben ['toːbən] v/i. (25) être en rage; tempêter; (Sturm usw.) faire rage; **~d** p.pr. adj. enragé; (Meer) irrité.

Tob|sucht ['toːp-] f frénésie f; ≳**süchtig** adj. frénétique.

Tochter ['tɔxtər] f (14) fille f; **~gesellschaft †** f société f affiliée.

Tod [toːt] m (3) mort f (plötzlicher subite; früher prématurée); 𝔱𝔱 décès m; poét. trépas m; bis in den ~ jusqu'à la mort; e-s natürlichen (gewaltsamen) ~es sterben mourir de mort naturelle (violente); e-s schönen ~es sterben mourir d'une belle mort; mit dem ~e ringen être à l'agonie; zu ~e quälen tourmenter à mort; sich zu ~e arbeiten se tuer à la besogne; sich zu ~e ärgern (langweilen) mourir de rage (d'ennui); zu ~e betrübt mortellement triste; ≳**bringend** p.pr. adj. mortel; délétère.

Todes|-ahnung f pressentiment m d'une mort prochaine; **~angst** f affres f/pl. de la mort; fig. ~ ausstehen être dans les transes mortelles; **~anzeige** f avis m mortuaire; faire-part m de décès; (bei der Behörde) déclaration f de décès; **~art** f (genre m de) mort f; **~fall** m mort f; 𝔱𝔱 décès m; im ~e en cas de mort (resp. de décès); **~gefahr** f danger m de mort; j-n aus ~ retten sauver la vie à q.; **~jahr** n année f de la mort; **~kampf** m agonie f; ≳**mutig** adj. méprisant la mort; **~nachricht** f nouvelle f de la mort; **~opfer** n mort m, victime f; **~qual** f souffrances f/pl. de l'agonie; ~en ausstehen souffrir mille morts; **~stoß** m coup m mortel; (Gnadenstoß) coup m de grâce; **~strafe** f peine f capitale (od. de mort); bei ~ sous peine de mort; **~stunde** f heure f de la mort; dernière heure f; **~tag** m jour m de la mort; anniversaire m de la mort; **~ursache** f cause f de (la) mort; **~urteil** n arrêt m de mort; sentence f capitale; **~ver-achtung** f mépris m de la mort; mit ~ à corps perdu.

Tod|feind m ennemi m mortel; ≳**'krank** adj. malade à la mort.

tödlich ['tøːtlɪç] 1. adj. mortel; 2. adv. mortellement; ~ verunglücken se tuer (dans un accident).

tod|'müde F adj. fatigué à mort; **~'sicher** adj. absolument sûr; ≳**'sünde** f péché m mortel; **~'-unglücklich** F adj. malheureux comme les pierres.

Tohuwabohu ['toːhuva'boːhu] n (11[¹]) chaos m; F tohu-bohu m.

Toilette [toa'lɛtə] f (15) toilette f; (Abort) cabinets m/pl. (d'aisances); W.-C. m; **~n-artikel** m/pl. affaires f/pl. de toilette; **~npapier** n papier m hygiénique; **~ntisch** m (table f de) toilette f.

tole|rant [tole'rant] adj. tolérant; (extrem) permissif; ≳**ranz** f (16) tolérance f; **~'rieren** v/t. tolérer.

toll [tɔl] adj. fou; (rasend) furieux; (Hund) enragé; fig. extravagant; (ungereimt) absurde; (Lärm) infernal; ~ werden enrager (über acc. de); das ist zu ~ c'est trop fort.

Tolle ['tɔlə] F f (15) toupet m.

toll|en v/i. (25) se démener comme un (resp. des) fou(s); s'amuser follement; ≳**heit** f folie f; démence f;

rage *f*; (*toller Streich*) extravagance *f*; ♀**kirsche** ♀*f* belladone *f*; **~kühn** *adj.* téméraire; ♀**kühnheit** *f* témérité *f*; ♀**wut** ♂ *vét.* f rage *f*; **~wütig** ♂ *vét.* *adj.* enragé; qui a la rage.

Tolpatsch [`~patʃ] *m* (3), **Tölpel** [ˈtœlpəl] *m* (7) lourdaud *m*; butor *m*.

tölpelhaft *adj.* lourdaud; maladroit.

Tomate [toˈmaːtə] *f* (15) tomate *f*; **~nsaft** *m* jus *m* de tomate.

Tombola [ˈtɔmbola] *f* (16¹) tombola *f*.

Ton [toːn] *m* (3) (*Erdart*) argile *f*; (*Töpferei*) (terre *f*) glaise *f*, *géol.*, *sculp.* terre *f*; (3³) ♪ *m* (*a. fig.*); (*e-s Instruments*) son *m*; (*Klangfarbe*) timbre *m*; (*Betonung*) accent *m*; den ~ angeben donner le ton (*a. fig.*); **~abnehmer** *m* pick-up *m*; ♀**angebend** *p.pr. adjt.* qui donne le ton (*a. fig.*); **~arm** *m* bras *m* de pick-up; **~art** ♪ *f* mode *m*; tonalité *f*; *fig.* in allen ~en sur tous les tons; **~aufnahme** *f* prise *f* de son; **~band** *n* bande *f* magnétique; **~band-aufnahme** *f* enregistrement *m* sur bande magnétique (*od.* sur ruban); **~bandgerät** *n* magnétophone *m*; **~dichtung** *f* composition *f* musicale.

tönen [ˈtøːnən] (25) 1. *v/i.* sonner; 2. *v/t.* (*farblich*) colorer; *phot.* virer.

Ton-erde *f* argile *f*; (terre *f*) glaise *f*; 🜂 alumine *f*.

tönern [ˈtøːnərn] *adj.* d'argile; de terre.

Ton|fall *m* accent *m*; **~film** *m* film *m* sonore; **~frequenz** *f* fréquence *f* vocale (*od.* musicale); ♀**haltig** *adj.* argileux; **~ingenieur** *m* ingénieur *m* du son; **~kunst** *f* (art *m* de la) musique *f*; **~lage** *f* (*hauteur f du*) ton *m*; **~leiter** *f* gamme *f*; échelle *f*; ♀**los** *adj.* atone.

Tonnage [tɔˈnaːʒə] *f* (15) tonnage *m*.

Tonne [ˈtɔnə] *f* (15) tonneau *m*; (*große*) tonne *f*; (*Maß*) tonneau *m* métrique; (*Faß*) baril *m*; **~engehalt** *m* tonnage *m*; **~engewölbe** *n* voûte *f* en berceau; **~enweise** *adv.* par tonneaux.

Ton|pfeife *f* pipe *f* en terre; **~röhre** *f* tuyau *m* de grès; **~schiefer** *m* schiste *m* argileux; **~silbe** *f* syllabe *f* accentuée; **~stärke** *f* puissance *f* du son; **~streifen** *m* bande *f* sonore.

Tonsur [tɔnˈzuːr] *f* (16) tonsure *f*.

Tontaube [ˈtoːn~] *f* pigeon *m* artificiel; **~nschießen** *n* tir *m* aux pigeons artificiels.

Tönung [ˈtøːnuŋ] *f* coloration *f*; *phot.* virage *m*.

Ton|waren *f/pl.* poterie *f*; **~wiedergabe** *f* reproduction *f* du son; **~zeichen** *n* ♪ note *f*; *gr.* accent *m*.

Topas [toˈpaːs] *m* (4) topaze *f*.

Topf [tɔpf] *m* (3³) pot *m*; (*Koch*♀ *a.*) casserole *f*; marmite *f*; **~en** *m* (6) *östr.* = *Quark.*

Töpfer [tœpfər] *m* (7) potier *m*; **~arbeit** *f*, **~ei** [~ˈrai] *f*, **~handwerk** *n* poterie *f*; **~scheibe** *f* tour *m* de potier; **~ware** *f*, **~werkstatt** *f* poterie *f*.

Topf|manschette *f* cache-pot *m*; **~pflanze** *f* plante *f* en pot.

Topo|graphie [topograˈfiː] *f* topographie *f*; ♀**graphisch** *adj.* topographique.

topp [tɔp] 1. *int.* ~! tope!; 2. ⚓ ♀ *m* (3¹ *od.* 11) tête *f*; ♀**segel** *n* 'hunier *m*.

Tor [toːr] 1. *m* (12) insensé *m*; fou *m*; 2. *n* (3) porte *f*; *Sp.* but *m*; ein ~ schießen marquer un but; **~einfahrt** *f* porte *f* cochère; **~(es)schluß** *fig. m*: kurz vor ~ au dernier moment.

Torf [tɔrf] *m* (3[³]) tourbe *f*; ~ stechen extraire la tourbe; **~boden** *m* terrain *m* tourbeux; **~moor** *n* tourbière *f*; **~mull** *m* fibre *f* de tourbe.

Torheit [toːr~] *f* folie *f*; (*Dummheit*) sottise *f*, bêtise *f*.

Torhüter *m* portier *m*; *Sp.* = *Torwart.*

töricht [ˈtøːrɪçt] *adj.* insensé; sot; fou.

torkeln [ˈtɔrkəln] *v/i.* (29, h. u. sn) tituber, chanceler.

Tor|latte *Sp. f* barre *f* transversale; **~lauf** *m* (*Schisport*) slalom *m*; **~linie** *Sp. f* ligne *f* de but.

Tornado [tɔrˈnaːdo] *m* (11) tornade *f*.

Tornister [tɔrˈnɪstər] *m* (7) sac *m*.

torpedieren [~peˈdiːrən] *v/t.* torpiller.

Torpedo [~ˈpeːdo] *m* (11) torpille *f*; **~boot** *n* torpilleur *m*; **~bootzerstörer** *m* contre-torpilleur *m*; **~flugzeug** *n* avion *m* torpilleur.

Tor|pfosten *Sp. m* poteau *m*; **~raum** *m* zone *f* de but; **~schuß** *m* tir *m* au but; **~schütze** *m* marqueur *m* (de but).

Torso [ˈtɔrzo] *m* (11) torse *m*.

Torte [ˈtɔrtə] *f* (15) tarte *f*; **~nheber** *m* pelle *f* à tarte.

Tortur [tɔrˈtuːr] *f* (16) torture *f*.

Tor|wart *Sp. m* (3) gardien *m* de but; garde-but *m*; **~weg** *m* porte *f* cochère.

tosen ['to:zən] *v/i.* (27) être déchaîné; (*Wogen*) déferler; (*Meer*) mugir; **~d** *p.pr. adjt.* (*Beifall*) délirant.

tot [to:t] *adj.* mort; (*verstorben a.*) décédé; défunt; (*leblos*) inanimé; (*öde*) désert; **~es** *Kapital* capital *m* improductif; **~es** *Rennen* course *f* nulle; *am* **~en** *Punkt* au point mort.

total [to'ta:l] *adj.* total; *der* **~e** *Staat* l'État *m* totalitaire; **2isator** [~tali-'za:tɔr] *m* (8¹) totalisateur *m*; **~itär** [~'tɛ:r] *adj.* totalitaire; **2schaden** *m* perte *f* totale.

tot|arbeiten *v/rfl.*: *sich* **~** se tuer à la besogne; **~ärgern** *v/rfl.*: *sich* **~** se fâcher (tout) rouge; **2e(r** *m*) *m*, *f* mort(e *f*) *m*; défunt(e *f*) *m*.

töten ['tø:tən] *v/t.* (26) tuer; mettre à mort; *Nerv:* cautériser.

Toten|amt *n* office *m* (*od.* messe *f*) des morts; **~bahre** *f* bière *f*; **~bett** *n* lit *m* de mort; **2blaß** *adj.* pâle comme un mort; **~blässe** *f* pâleur *f* mortelle; **2bleich** *adj.* = totenblaß; **~feier** *f* funérailles *f/pl.*, service *m* funèbre; **~geläut** *n* glas *m* (funèbre *m*); **~geleit** *n* cortège *m* funèbre; *j-m das* **~** *geben* assister aux obsèques de q.; **~gesang** *m* chant *m* funèbre; **~glocke** *f* glas *m*; **~gräber** *m* fossoyeur *m*;‧ *zo.* nécrophore *m*; **~hemd** *n* linceul *m*, suaire *m*; **~kopf** *m* tête *f* de mort (*a. zo.*); **~maske** *f* masque *m* mortuaire; **~messe** *f* = Totenamt; **~reich** *n* empire *m* des morts; **~schein** *m* acte (*od.* certificat) *m* de décès; **~starre** *f* rigidité *f* cadavérique; **2still** *adj.* d'un silence absolu (*od.* de mort); **~stille** *f* silence *m* de mort; **~tanz** *m* danse *f* macabre; **~wache** *f* veillée *f* funèbre; *die* **~** *bei j-m halten* veiller q.

tot|fahren *v/t.* écraser; **~geboren** *p.p. adjt.* mort-né; **2geburt** *f* (enfant *m*) mort-né *m*; **~lachen** *v/rfl.*: *sich* **~** mourir de rire.

Toto ['to:to] *m*, *f* n (11) (*Totalisator* *m*; (*Fußball2*) paris *m/pl.* de football.

tot|schießen *v/t.* abattre (*od.* tuer) d'un coup de feu; **2schlag** *m* homicide *m*; meurtre *m*; **~schlagen** *v/t.* assommer; *Zeit:* tuer; **2schläger** *m* meurtrier *m*; (*Stock*) casse-tête *m*; **~schweigen** *v/t.* faire le silence sur; *Angelegenheit:* étouffer; **~stellen** *v/rfl.*: *sich* **~** faire le mort.

Tötung ['tø:tuŋ] *f* homicide *m*; *fahr-*

lässige **~** *homicide m par imprudence; vorsätzliche* **~** *homicide m* prémédité.

Tou|pet [tu'pe:] *n* (11) postiche *m*; **2pieren** *v/t.* *Haar:* crêper.

Tour [tu:r] *f* (16) tour *m* (*a. Motor*); excursion *f*; **~enzahl** *f* nombre *m* de tours; **~enzähler** *m* compte-tours *m*.

Touris|mus [tu'rismus] *m* (16, *o. pl.*) tourisme *m*; **~t** *m* (12) touriste *m*; **~tenklasse** *f* classe *f* touriste; **~tin** *f* touriste *f*.

Trab [tra:p] *m* (3) trot *m*; **~** *reiten* aller au trot; *fig. j-n auf* **~** *bringen* secouer q., entraîner q., pousser q.

Trabant [tra'bant] *m* (12) satellite *m* (*a. fig.*); **~enstadt** *f* ville *f* satellite.

trab|en ['tra:bən] *v/i.* (sn) trotter, aller au trot; **2er** *m* (7) trotteur *m*; **2rennbahn** *f* piste *f* de trot; **2rennen** *n* course *f* au trot.

Tracht [traxt] *f* (16) costume *m*; **~** *Prügel* volée *f* de coups de bâton; **2en** [~ən] *v/i.* (26): *nach etw.* **~** *tendre (od. aspirer od. viser) à qch.; j-m nach dem Leben* **~** *attenter aux jours de q.;* **~en** *n* visées *f/pl.*; aspirations *f/pl.*; **~enfest** *n* fête *f* en costumes régionaux.

trächtig ['trɛçtiç] *adj.* pleine; **2keit** *f* gestation *f*.

Tradition [tradi'tsjo:n] *f* tradition *f*; **2ell** [~tsio'nɛl] *adj.* traditionnel.

traf [tra:f] *s. treffen.*

Trag|bahre ['tra:k-] *f* brancard *m*; civière *f*; **~balken** *m* sommier *m*; **2bar** *adj.* portatif; (*Kleidung*) mettable; portable; (*erträglich*) supportable; (*zulässig*) admissible.

träge ['trɛ:gə] *adj.* (*faul*) paresseux; (*langsam*) lent; (*lässig*) indolent; **♥**, *phys.* inerte.

tragen ['tra:gən] (30) 1. *v/t.* porter; *Früchte, Zinsen a.:* rapporter; *Kosten:* payer; (*er~, stützen*) supporter; 2. *v/i.* (*trächtig sein*) être pleine; (*Eis*) porter; *er hat schwer daran zu* **~** c'est une lourde croix pour lui; 3. *v/rfl.*: (*Stoff*) sich gut **~** être d'un bon usage; 4. **2** *n* (*von Waffen*) port *m*.

Träger *m* (7) porteur *m* (*a. e-s Titels, Namens*); † représentant; *charp.* support *m*; (*an Kleidungsstücken*) bretelle *f*; **2los** *adj.* sans bretelles; **~rakete** *f* fusée *f* porteuse.

trag|fähig *adj.* qui peut porter (*resp.* produire); **2fähigkeit** *f* limite *f* de charge; **♦** fertilité *f*; productivité *f*;

(*Nutzlast*) charge *f* utile; *Arch.* solidité *f*; résistance *f*; ⚓ tonnage *m*; &fläche *f* surface *f* sustentatrice; *Flgw.* aile *f*.

Trägheit *f* (*Faulheit*) paresse *f*; (*Langsamkeit*) lenteur *f*; (*Lässigkeit*) indolence *f*; ♨, *phys.* inertie *f*.

Tragik ['tra:gik] *f* (16, *o. pl.*) tragique *m*; **.er** *m* (7) tragique *m*.

tragi|komisch *adj.* tragi-comique; **&komödie** *f* tragi-comédie *f*.

tragisch 1. *adj.* tragique; **2.** *adv.*: etw. ~ nehmen prendre qch. au tragique.

Trag|korb *m* 'hotte *f*; **.kraft** *f* = Tragfähigkeit.

Tragöd|e [tra'gø:də] *m* (13) tragédien *m*, **.ie** [‿'gø:djə] *f* tragédie *f*.

Trag|riemen *m* sangle *f*; courroie *f*; **.sattel** *m* bât *m*; **.schrauber** *Flgw.* *m* autogire *m*; **.sessel** *m* chaise *f* à porteurs; **.tier** *n* bête *f* de somme, animal *m* de bât; **.weite** *f* portée *f*.

Train|er ['trɛ:nər] *m* (7) entraîneur *m*; **&ieren** [trɛ'ni:-] *v/t. u. v/i.* entraîner; **.ing** *n* (3¹) entraînement *m*; **.ingsanzug** ['‿niŋs?-] *m* tenue *f* d'entraînement; **.ingsspiel** *n* match *m* d'entraînement.

Trakt [trakt] *m* (3) (*Seiten&*) aile *f*; (*Haupt&*) corps *m* de logis.

Trakt|at [trak'ta:t] *m od. n* (3) traité *m*; tract *m*; **&ieren** [‿'ti:rən] F *v/t.* traiter.

Traktor ['traktor] *m* (8¹) tracteur *m*.

trällern ['trɛlərn] *v/t.* (29) fredonner.

trampel|n ['trampəln] F *v/i.* (29) trépigner; *auf etw.* (*acc.*) ~ piétiner (sur) qch.; **&tier** *zo. n* chameau *m* (à deux bosses); *fig.* pataud *m*.

trampen ['trɛmpən] *v/i.* (sn) faire de l'auto-stop.

Trampolin [trampo'li:n] *n* (3¹) tremplin *m*.

Tran [tra:n] *m* (3) huile *f* de baleine (*od.* de poisson); F *im* ~ *sein* être mal éveillé ([*betrunken*] soûl).

Tranchier|besteck [tran'ʃi:r-] *n* service *m* à découper; **&en** [‿ən] *v/t.* découper; **.messer** *n* couteau *m* à découper.

Trän|e ['trɛ:nə] *f* (15) larme *f*; *in* ~*n ausbrechen* (*zerfließen*) fondre en larmes; *zu* ~*n gerührt* touché jusqu'aux larmes; **&en** *v/i.* pleurer; larmoyer.

Tränen|drüse ['trɛ:nən-] *f* glande *f* lacrymale; **.gas** *n* gaz *m* lacrymogène; **.sack** *m* sac *m* lacrymal.

tranig ['tra:niç] *adj.* (*Geschmack*) qui

a un goût d'huile de poisson; F *fig.* (*träge*) lourd, lourdaud.

trank [traŋk] *s. trinken.*

Trank *m* (3³) boisson *f*; ♨ potion *f*; *bsd. vét.* breuvage *m*.

Tränke ['trɛŋkə] *f* (15) abreuvoir *m*; **&n** *v/t.* (25) donner à boire à; *Vieh:* abreuver; *Schwamm:* imbiber (*mit de*); *Stoffe:* imprégner (*mit de*).

Trans|aktion [trans?ak'tsjo:n] *f* transaction *f*; **&at'lantisch** *adj.* transatlantique; **.fer** [‿'fɛr] *m* (11) transfert *m*; **.formator** [‿for'ma:tor] *m* (8¹) transformateur *m*.

Transistor ♨ [tran'zistor] *m* (8¹) transistor *m*; **.gerät** *n*, **.radio** *n* (poste *m* à) transistor(s) *m*.

Transit [tran'zi:t] *m* (3¹) transit *m*.

transitiv *gr.* ['tranziti:f] *adj.* transitif.

transparent [transpa'rɛnt] **1.** *adj.* transparent; **2.** ♨ *n* (3) transparent *m*; (*Spruchband*) pancarte *f*.

transpi'rieren *v/i.* transpirer.

Transplan|tation [‿planta'tsjo:n] *f* transplantation *f*, greffe *f*; **&tieren** *v/t.* transplanter.

Transport [‿'port] *m* (3) transport *m*; ✕ convoi *m*; ♰ (*Übertrag*) report *m*; **.abel** [‿'ta:bəl] *adj.* transportable; portatif; **.arbeiter** *m* ouvrier *m* de transport; **.eur** ♠ [‿'tø:r] *m* rapporteur *m*; **&fähig** *adj.* transportable; **.flugzeug** *n* avion *m* de transport; **.gesellschaft** *f* société *f* de transports; **&ieren** [‿'ti:-] *v/t.* transporter; ♰ (*übertragen*) reporter; **.kosten** *pl.* frais *m/pl.* de transport; **.mittel** *n* moyen *m* de transport; **.schiff** *n* cargo *m*; (*flaches*) chaland *m*; **.unternehmen** *n* entreprise *f* de transport (*od.* de messageries); **.versicherung** *f* assurance-transports *f*; **.wesen** *n* service *m* des transports.

Trapez [tra'pe:ts] *n* (3²) trapèze *m*; **.künstler**(**in** *f*) *m* trapéziste *m, f.*

trappeln ['trapəln] *v/i.* (29, sn) trottiner.

trat [tra:t] *s. treten.*

Tratsch F [tra:tʃ] *m* (3², *o. pl.*) commérages *m/pl.*; **&en** F *v/i.* caqueter, potiner.

Tratte ♰ ['tratə] *f* (15) traite *f*.

Trau-altar *m*: *zum* ~ *führen* mener à l'autel.

Traube ['traubə] *f* (15) raisin *m*; grappe *f* (de raisin); **.enkur** *f* cure *f* de raisins; **.enlese** *f* vendange *f*; **.enmost** *m* moût *m* (de raisin); **.en-**

saft m jus m de raisin; **~enzucker** m glucose m.

trauen ['traʊən] (25) 1. v/i.: j-m (e-r Sache dat.) ~ avoir confiance en q. (en qch.); s-n Ohren nicht ~ n'en pas croire ses oreilles; 2. v/t. Brautpaar: marier, unir; (kirchlich) bénir; sich ~ lassen se marier; 3. v/rfl.: sich ~ zu ... (inf.) oser ... (inf.).

Trauer ['~ər] f (15) tristesse f; affliction f; (um Tote) deuil m; in ~ sein, ~ tragen être en (od. porter le) deuil (um de); ~ anlegen (ablegen) prendre (quitter) le deuil; **~band** n, **~binde** f (brassard m) crêpe m; (am Hut) ruban m de deuil; **~fall** m deuil m; décès m; **~flor** m crêpe m (de deuil); **~geleit** n convoi (od. cortège) m funèbre; **~gesang** m chant m funèbre; **~gottesdienst** m service m funèbre; **~haus** n maison f mortuaire; **~jahr** n année f de deuil; **~kleidung** f deuil m; **~marsch** m marche f funèbre; **~musik** f musique f funèbre; **2n** v/i. (29) être affligé (um de); um j-n ~ pleurer (la mort de) q., (äußerlich) être en (od. porter le) deuil de q.; **~nachricht** f nouvelle f du décès de q.; fig. funeste nouvelle f; **~rand** m bordure f de deuil; mit ~ bordé de noir; **~schleier** m voile m de deuil; **~spiel** n tragédie f; **~weide** f saule m pleureur; **~zug** m convoi m funèbre.

Traufe ['traʊfə] f (15) égout m; (Rinne) gouttière f; vom Regen in die ~ kommen échanger son cheval borgne contre un aveugle.

träufeln ['trɔyfəln] v/t. (29) verser goutte à goutte.

traulich ['traʊlɪç] 1. adj. intime; familier; (herzlich) cordial; 2. adv.: ~ beisammen sein être en tête à tête; **2keit** f intimité f; (Herzlichkeit) cordialité f.

Traum [traʊm] m (3³) rêve m (a. fig.; haben faire); (nur im Schlaf) songe m; **~a** n (9¹, pl. a. -ta) traumatisme m; **~bild** n vision f; songe m; **~buch** n clef f des songes; **~deuter(in** f) m (7) interprète m f des songes.

träum|en ['trɔymən] v/i. (25) rêver (von de); songer; (e-n Traum haben) faire un rêve; es träumte mir j'ai rêvé; das hätte ich mir nie ~ lassen j'étais loin de m'y attendre; **2er(in** f) m rêveur m, -euse f; songeur m, -euse f; **2erei** [~'raɪ] f rêverie f; (Hirngespinst) chimère f; **~erisch** adj.

rêveur.

Traum|gesicht n (3) vision f; songe m; **2haft** adj. comme un (od. en) rêve; **~land** n pays m imaginaire; **~welt** f monde m imaginaire.

traurig ['traʊrɪç] adj. triste; (betrübt) affligé; (unheilvoll) funeste; ~ machen attrister; ~ werden s'attrister; **2keit** f tristesse f; affliction f.

Trau|ring m anneau m nuptial; alliance f; **~schein** m acte m de mariage.

traut poét. [traʊt] adj. cher; intime.

Trau|ung f épousailles f/pl.; (célébration f du) mariage m; (kirchliche) bénédiction f nuptiale; **~zeuge** m témoin m du (resp. de la) marié(e).

Trecker ['trɛkər] m (7) tracteur m.

Treff [trɛf] n (11) (Karte) trèfle m.

treffen ['~ən] 1. v/t. u. v/i. atteindre; (an~, begegnen) rencontrer; (be~) concerner; s'adresser à; (erraten) deviner; toucher juste; Ziel: toucher, nicht ~ manquer; Worte, Feuerwaffen: porter juste; Maßnahmen: prendre; Wahl, Vorbereitung: faire; Vereinbarung: conclure; peint. attraper la ressemblance; auf etw. (acc.) ~ tomber sur qch.; 2. v/rfl.: sich ~ se rencontrer, se réunir, (geschehen) arriver; es (a. sich) gut (schlecht) ~ tomber bien (mal); 3. **2** n (Begegnung) rencontre f; ⚔ a. combat m; (Zusammenkunft) réunion f; congrès m; (verabredetes) entrevue f; **~d** p.pr. adjt. (genau) exact; (richtig) juste; (schlagend) frappant.

Treffer m (7) coup m portant; (in der Lotterie) billet m gagnant; fig. coup m heureux; **2lich** adj. excellent; parfait; **~punkt** m rendez-vous m (verabreden fixer); ⚔ point m de ralliement; **2sicher** adj. (im Schießen) qui a la main sûre (od. l'œil juste); **~sicherheit** f justesse (od. précision) f du tir.

Treibeis ['traɪp?-] n glaces f/pl. flottantes.

treiben ['traɪbən] 1. v/t. (30) pousser; (an~ a.) presser; (ver~) chasser (aus de); (be~) faire; exercer; pratiquer; se livrer à; s'occuper de; ch. traquer; rabattre; Maschinen: faire marcher; actionner; Knospen, Blüten: pousser; Metall: bosseler; emboutir; Herde: mener; conduire; es zu weit ~ aller trop loin; 2. v/i. ⚓ aller à la dérive; die ~de Kraft la force motrice;

Treiben

3. 2 n (*Bewegung*) mouvement m; (*Beschäftigung*) occupation f; (*Tun*) activité f; ch. battue f; ✓ bourgonnement m.

Treiber m (7) (*Vieh*2) conducteur m; ch. rabatteur m; traqueur m.

Treib|gas n carburant m gazeux; ~**haus** n serre f (chaude); ~**hauspflanze** f plante f de serre (chaude); ~**holz** n bois m flottant; ~**jagd** f battue f; ~**ladung** f (e-r *Rakete*) charge f propulsive; ~**mine** f mine f dérivante; ~**rad** n roue f motrice; ~**riemen** m courroie f de transmission; ~**sand** m sable m mouvant; ~**stoff** m carburant m; ~**stofflager** n entrepôt m de carburant.

treideln ⚓ ['traɪdəln] v/t. (29) 'haler; 2**pfad** m, 2**weg** m chemin m de halage.

Trema ['tre:ma] n (11²) tréma m.

Trend [trɛnd] m (11) tendance f (*zu* à).

trenn|bar ['trɛn-] adj. séparable; ~**en** ['~ən] (25) 1. v/t. séparer; disjoindre; désunir; (*loslösen*) détacher; *Ehe*: rompre; *Naht*: défaire; *téléph.*: couper; ⚡ déconnecter; 2. v/rfl.: sich ~ se séparer; (*mit Scheidung*) divorcer; (*Wege*) bifurquer; ~**scharf** rad. adj. sélectif; 2**schärfe** rad. f sélectivité f; 2**ung** f séparation f; désunion f; (*Scheidung*) divorce m; 2**ungsstrich** m tiret m; (*zwischen Wortsilben*) division f.

Trense ['trɛnsə] f (15) bridon m.

trepp|ab [trɛp'ªap] adv. en descendant l'escalier; ~**auf** [~'aʊf] adv. en montant l'escalier; ~, treppab gehen monter et descendre les escaliers.

Treppe ['trɛpə] f (15) escalier m; (*Frei*2) perron m; e-e ~ hoch au premier (étage); ~**en-absatz** m palier m; ~**enbeleuchtung** f éclairage m des escaliers; (*Automat*) minuterie f; ~**engeländer** n rampe f (d'escalier); balustrade f; ~**enhaus** n cage f d'escalier; ~**enläufer** m tapis m d'escalier; ~**enstufe** f marche f; ~**enwitz** m esprit m de l'escalier.

Tresor [tre'zo:r] m (3¹) trésor m; (*Stahlkammer*) coffre-fort m.

Tresse ['trɛsə] f (15) galon m; passement m; mit ~n besetzen galonner.

Trester ['trɛstər] pl. (7) marc m (de raisin); ~**wein** m piquette f.

Tret|-auto ['tre:t-] n auto f à pédales; ~**boot** n pédalo m.

treten ['tre:tən] 1. v/t. (*Hahn*) cocher; côcher; j-n ~ donner un coup de pied à q.; (*versehentlich*) marcher sur le pied de q.; 2. v/i. (sn): an etw. (acc.) ~ s'avancer vers (od. s'approcher de) qch.; auf etw. (acc.) ~ marcher sur qch.; aus etw. ~ (*Raum*) sortir de qch., (*Partei, Amt*) se retirer de qch., quitter qch.; ~ in etw. (acc.) entrer dans qch.; vor j-n ~ paraître (od. se présenter) devant q.; vor etw. (acc.) ~ passer devant qch.; zu j-m ~ avancer vers q.

Tret|mühle f treuil m à tambour; fig. galère f; travail m abrutissant; ~**rad** n roue f à treuil; ~**roller** m trottinette f.

treu [trɔy] adj. fidèle; (*ergeben*) loyal; dévoué; zu ~en Händen übergeben remettre en mains sûres; 2**bruch** m violation f de la foi jurée; ~**brüchig** adj. parjure; traître; 2**e** ['~ə] f (15) fidélité f; (*Ergebenheit*) loyauté f; dévouement m; (*bsd. im Halten e-r Zusage*) foi f; die ~ brechen manquer à sa foi; m-r Treu! (par od. sur) ma foi!; auf Treu und Glauben en confiance; 2**-eid** m serment m de fidélité; 2**e-prämie** f prime f de fidélité; ~**er-geben** adj. pp. adit. sincèrement dévoué; 2**händer** m (7) agent m fiduciaire; curateur m; 2**handgesellschaft** f société f fiduciaire; ~**herzig** ['~hɛrtsɪç] adj. sincère; de bonne foi; ingénu; candide; 2**herzigkeit** f bonne foi f; ingénuité f; candeur f; ~**los** adj. infidèle; déloyal; perfide; 2**lo-sigkeit** f infidélité f; déloyauté f; perfidie f.

Triangel 🜨 u. ♪ ['tri:aŋəl] m (7) triangle m.

Tribun [tri'bu:n] m (3¹ od. 12) tribun m; ~**al** [~bu'na:l] n (3¹) tribunal m.

Tribüne [tri'by:nə] f (15) tribune f; estrade f.

Tribut [tri'bu:t] m (3) tribut m; fig. e-r *Sache* ~ zollen payer tribut à qch.; 2**pflichtig** adj. tributaire (j-m de q.).

Trichine [tri'çi:nə] f (15) trichine f.

Trichter ['trɪçtər] m (7) entonnoir m; (*Schall*2) pavillon m; 2**förmig** adj. en (forme d')entonnoir.

Trick [trɪk] m (3² u. 11) truc m; ~**film** m dessin m animé.

trieb [tri:p] s. treiben.

Trieb m (3) (*Schößling*) pousse f; jet m; (*Antrieb*) impulsion f; (*Neigung*) penchant m; inclination f; tendance *f*; (*Regung*) mouvement *m*; natürlicher ~ instinct *m*; **~feder** *f* ressort *m*; *fig.* mobile *m*; **2haft** *adj.* instinctif; **~kraft** *f* force *f* motrice; **~rad** *n* roue *f* motrice; **~wagen** *m* automotrice *f*; **~werk** *n* mécanisme *m* moteur; (*Getriebe*) engrenage *m*.

Trief|auge ['tri:f-] *n* œil *m* chassieux; **2äugig** ['~ɔygiç] *adj.* dont l'œil est chassieux; **2en** ['~ən] *v/i.* ruisseler; *ihm ~ die Augen* les yeux lui pleurent; *il a de la chassie aux yeux*; von *Weisheit ~* être débordant de sagesse; **2end 1.** *p.pr. adjt.* ruisselant; **2.** *p.pr. advt.*: ~ *naß* trempé (d'eau, de pluie).

triff(s)t [trif(s)t] *s.* treffen.

Trift [trift] *f* (15) pâturage *m*; pacage *m*; ⚓ courant *m*; (*Flößerei*) flottage *m*; **2ig** *adj.* (*Grund*) valable; solide, fondé, plausible.

Trigonometr|ie [trigonome'tri:] *f* (15) trigonométrie *f*; **2isch** [~'me:triʃ] *adj.* trigonométrique.

Trikolore [triko'lo:rə] *f* (15) drapeau *m* tricolore.

Trikot [tri'ko:] *m u. n* (11) tricot *m*; maillot *m*.

Triller ♪ ['trilər] *m* (7) trille *m*; **2n** *v/i.* (29) triller; faire des trilles; (*Lerche*) grisoller; **~pfeife** *f* sifflet *m* à roulette.

Trillion [tri'ljo:n] *f* (16) trillion *m*.

Trilogie [trilo'gi:] *f* (15) trilogie *f*.

Trimester [tri'mɛstər] *n* (7) trimestre *m*.

Trimm|-dich-Pfad ['trimdiçpfɑ:d] *m* parcours (*od.* sentier) *m* sportif; **2en** (25) **1.** *v/t.* ⚓ arrimer; *Hund:* tondre; **2.** *v/rfl.*: *sich ~* faire du sport (de compensation).

trink|bar ['triŋk-] *adj.* buvable; (*Wasser*) potable; **2becher** *m* gobelet *m*; **~en** ['~ən] *v/t. u. v/i.* (30) boire (*aus e-m Glas* dans un verre; *aus der Flasche* à la bouteille); *Kaffee, Tee usw. a.*: prendre; **2en** *n* boire *m*; (*Trunksucht*) ivrognerie *f*; **2er(in** *f*) *m* buveur *m*, -euse *f*; *fort* ivrogne(sse *f*) *m*; **2erheil-anstalt** *f* maison *f* de désintoxication pour alcooliques; **2gelage** *n* beuverie *f*; **2geld** *n* pourboire *m*; service *m*; ~ *einbegriffen* service compris; **2glas** *n* verre *m* (à boire); **2halle** *f* buvette *f*; **2kur** *f* cure *f* d'eau (minérale); *e-e ~ machen* faire une saison aux eaux; **2lied** *n* chanson *f* à boire; **2spruch** *m* toast *m*; *auf j-n e-n ~ ausbringen* porter un

toast à q.; **2wasser** *n* eau *f* potable; **2wasserversorgung** *f* approvisionnement *m* en eau potable.

Trio ['tri:o] *n* (11) trio *m*.

trippeln ['tripəln] *v/i.* (29, h. *u.* sn) aller à petits pas; trottiner.

Tripper 🜨 ['tripər] *m* (7) gonorrhée *f*, blennorragie *f*.

tritt [trit] *s.* treten.

Tritt *m* (3) pas *m*; (*~art*) démarche *f*; (*Spur*) trace *f* de pas; (*Fuß2*) coup *m* de pied; ⊕ pédale *f*; ~ *fassen* se mettre au pas; *halten* garder le pas; *den ~ wechseln* changer le pas; *im ~!* au pas!; *ohne ~!* pas de route!; *ohne ~ marschieren* rompre les pas; **~brett** *n* marchepied *m*; **~leiter** *f* marchepied *m*, escabeau *m*.

Triumph [tri'umf] *m* (3) triomphe *m*; **~bogen** *m* arc *m* de triomphe; **2ieren** [~'ti:rən] *v/i.* triompher (*über acc.* de); **~zug** *m* marche *f* triomphale.

trocken ['trɔkən] *adj.* sec; (*dürr*) aride; ~ *werden* sécher; *fig. auf dem ~en sitzen* être à sec; *im ~en sitzen* être à l'abri; *noch nicht ~ hinter den Ohren* pas encore sec derrière les oreilles; **Trocken|batterie** 🜨 *f* pile *f* sèche; **~boden** *m* séchoir *m*; **~dock** ⚓ *n* bassin *m* de radoub; cale *f* sèche; **~eis** *n* neige *f* carbonique; **~futter** *n* fourrage *m* sec; **~gemüse** *n* légumes *m/pl.* secs; **~heit** *f* sécheresse *f*; (*Dürre*) aridité *f* (*beide a. fig.*); **~kammer** *f* séchoir *m*; **2legen** *v/t.* assécher; *Kind:* changer; **~legung** *f* assèchement *m*; **~milch** *f* lait *m* en poudre; **~rasierer** *m* rasoir *m* électrique; **~reinigung** *f* nettoyage *m* à sec; **2zeit** *f* saison *f* sèche.

trocknen ['trɔknən] *v/t. u. v/i.* (26) sécher; (*ab~*) essuyer.

Troddel ['trɔdəl] *f* (15) 'houppe *f*.

Trödel ['trø:dəl] *m* (7) friperie *f*; bric-à-brac *m*; **~ei** *fig.* F [~'laɪ] *f* (16) lanternerie *f*; **~kram** *m* bric-à-brac *m*; **~laden** *m* boutique *f* de fripier (*od.* de brocanteur); **~markt** *m* marché *m* aux puces; **2n** F *v/i.* (29) traîner; F lanterner; lambiner.

Trödler(in *f*) *m* (7) fripier *m* -ière *f*; brocanteur *m*, -euse *f*; (*langsamer Arbeiter*) F lambin(e *f*) *m*.

troff [trɔf] *s.* triefen.

trog [tro:k] *s.* trügen.

Trog [tro:k] *m* (3³) auge *f*; (*Tränke*) abreuvoir *m*; (*Krippe*) mangeoire *f*.

trojanisch [tro'ja:nɪʃ] *adj.* troyen; *der* ~e Krieg la guerre de Troie.

trollen ['trɔlən] *v/rfl.: sich* ~ s'en aller; F filer; décamper; P se trotter.

Trommel ['trɔməl] *f* (15) tambour *m* (*a.* ⊕); caisse *f; die* ~ *schlagen* (*rühren*) battre du tambour; **~bremse** *f* frein *m* (à) tambour; **~fell** *n* peau *f* de tambour; *anat.* tympan *m;* **~feuer** *n* pilonnage *m;* **2n** *v/t. u. v/i.* (29) battre du tambour; *mit den Fingern* ~ tambouriner avec les doigts; **~schlag** *m* roulement *m* de tambour; **~stock** *m* baguette *f* de tambour; **~wirbel** *m* roulement *m* de tambour; *unter* ~ tambour battant.

Trommler *m* (7) tambour *m.*

Trompete [trɔm'pe:tə] *f* (15) trompette *f;* (*helle*) clairon *m;* **2n** *v/i.* (26) sonner de la trompette; (*Elefant*) barrir; **~nsignal** *n* sonnerie *f;* **~r** *m* (7) trompette *m;* clairon *m.*

Tropen ['tro:pən] *pl.* tropiques *m/pl.; in den* ~ sous les tropiques; **~helm** *m* casque *m* colonial; **~institut** *n* institut *m* de médecine tropical; **~klima** *n* climat *m* tropical; **~koller** *m* coup *m* de bambou.

Tropf [trɔpf] *m* (3³) sot *m*, benêt *m*, nigaud *m; armer* ~ pauvre diable *m*, pauvret *m;* F ~ goutte-à-goutte *m; er hängt am* ~ il est au goutte-à-goutte.

tröpfeln ['trœpfəln] *v/imp.* (29): *es tröpfelt* il tombe des gouttes (de pluie).

tropfen ['~ən] **1.** *v/i. u. v/imp.* (25) goutter; tomber goutte à goutte; (*herab*~) dégoutter; *der Wasserhahn tropft* le robinet goutte; *es tropft vom Dach* le toit dégoutte; *der Schweiß tropft ihm von der Stirn* son front est ruisselant de sueur; **2.** **2** *m* (6) goutte *f;* **~fänger** *m* attrape-gouttes *m;* **~weise** *adv.* goutte à goutte (*od.* par gouttes); **2zähler** *phm.* *m* compte-gouttes *m.*

tropfnaß *adj.* trempé, dégoulinant.

Tropfstein *m* stalactite *f;* (*vom Boden aufsteigend*) stalagmite *f;* **~höhle** *f* grotte *f* de stalactites (*resp.* de stalagmites).

Trophäe [tro'fɛ:ə] *f* (15) trophée *m.*

tropisch ['tro:pɪʃ] *adj.* tropical.

Troß [trɔs] *m* (4) train *m;* gros bagages *m/pl.;* (*Gefolge*) suite *f.*

Trosse ⚓ ['trɔsə] *f* (15) ('h)aussière *f.*

Trost [tro:st] *m* (3²) consolation *f;* réconfort *m; j-m* ~ *spenden* consoler q.; *F nicht recht bei* ~ *sein* avoir un

coup de marteau.

tröst|en ['trø:stən] (26) **1.** *v/t.* consoler (*über acc.* de); réconforter; **2.** *v/rfl.: sich* ~ se consoler; *sich* ~ *mit dem Gedanken* ~, *daß* ... se consoler à la pensée que ...; **~lich** *adj.* consolant.

trost|los *adj.* désolé; (*betrübend*) désolant; **2losigkeit** *f* désolation *f;* **2preis** *m* prix *m* de consolation.

Trott [trɔt] *m* trot *m; s-n alten* ~ *gehen* aller son petit train; **~el** F *m* ganache *f;* gaga *m;* **2en** F *v/i.* (sn) trotter; aller son petit train; **~oir** [~to'a:r] *n* (3¹) trottoir *m.*

trotz [trɔts] **1.** *prp.* (*gén. u. dat.*) malgré; en dépit de; **2.** **2** *m* (3²) défi *m;* (*Halsstarrigkeit*) opiniâtreté *f;* (*Eigensinn*) obstination *f;* entêtement *m;* (*Widerspenstigkeit*) mutinerie *f; zum* ~ en dépit de; **~dem 1.** *adv.* quand même; tout de même; *2. cj.* bien que (*subj.*); quoique (*subj.*); **~en** *v/i.* (27): *j-m* (*e-r Sache dat.*) ~ braver (*od.* affronter) q. (qch.); *abs.* faire la mauvaise tête; **~ig** *adj.* qui fait la mauvaise tête; (*eigensinnig*) entêté, obstiné; (*widerspenstig*) mutin; **2kopf** *m* esprit *m* obstiné; mauvaise tête *f.*

trüb(e) [try:p, 'try:bə] *adj.* (*Flüssigkeit*) trouble; (*glanzlos*) terne; (*Wetter*) sombre; (*Stimmung*) morne; *es ist* ~ il fait sombre; *fig.* *es sieht* ~ *aus* les perspectives ne sont pas brillantes; *fig.* *im* ~*en fischen* pêcher en eau trouble.

Trubel ['tru:bəl] *m* (7) (*Aufregung, Unruhe*) agitation *f;* (*lebhaftes Treiben*) animation *f;* (*Stimmengewirr*) brouhaha *m;* *fig.* tourbillon *m.*

trüb|en (25) *v/t.* (*v/rfl. sich* ~ se) troubler; (*glanzlos machen bzw. werden*) (se) ternir; *der Himmel trübt sich* le ciel s'assombrit; **2sal** ['try:p-] *f* (14) affliction *f;* ~ *blasen* faire triste mine; broyer du noir; **~selig** *adj.* morose; triste; (*jämmerlich*) pitoyable; **2sinn** *m* humeur *f* sombre; mélancolie *f;* **~sinnig** *adj.* sombre; mélancolique; **2ung** *f* (aspect *m*) trouble *m;* (*Glanzlosigkeit*) ternissure *f.*

trudeln *Flgw.* ['tru:dəln] *v/i.* (sn) faire la vrille.

Trüffel ⚘ ['tryfəl] *f* (15) truffe *f.*

trug ['tru:k] *s. tragen.*

Trug [tru:k] *m: Lug und* ~ mensonge *et* imposture *f;* **~bild** *n* image *f* trompeuse; illusion *f;* fantôme *m.*

trügen ['try:gən] *v/t.* (30) tromper; *der Schein trügt* les apparences sont trompeuses; **~erisch** *adj.* trompeur; (*Hoffnung*) illusoire; (*Schluß*) sophistique.

Trugschluß *m* fausse conclusion *f*; (*spitzfindiger*) sophisme *m*.

Truhe ['tru:ə] *f* (15) coffre *m*; bahut *m*.

Trümmer ['trymər] *pl.* (7) débris *m/pl.*; ruines *f/pl.*; (*Schutt*) décombres *m/pl.*; (*gravats*) *m/pl.*; *in ~ gehen* tomber en ruines; s'effondrer; *in ~ schlagen* mettre en morceaux; **~beseitigung** *f* déblaiement *m*; **~haufen** *m* monceau *m* de ruines.

Trumpf [trumpf] *m* (3³) atout *m*; *~ spielen* jouer atout; *s-n letzten ~ ausspielen* jouer son dernier atout (*a. fig.*).

Trunk [truŋk] *m* (3³) (*Schluck*) gorgée *f*; coup *m* (à boire); (*Getränk*) boisson *f*; *dem ~ ergeben* adonné à la boisson; **2en** *adj.*: *~ vor Freude* ivre de joie; **2enbold** ['~bɔlt] *m* (3) ivrogne *m*; P pochard *m*; **~enheit** *f* ivresse *f* (*a. fig.*; *am Steuer au volant*); **~süchtig** *adj.* ivrogne.

Trupp [trup] *m* (11) troupe *f*; bande *f*; ✗ peloton *m*; **~e** *f* (15) troupe *f*.

Truppen|bewegungen *f/pl.* mouvements *m/pl.* de troupes; **~gattung** *f* arme *f*; **~schau** *f* revue *f* (militaire); **~teil** *m* corps *m* de troupes; **~übung** *f* manœuvre *f*, exercice *m*; **~übungsplatz** *m* terrain *m* de manœuvres; camp *m* d'instruction.

truppweise *adv.* en troupe; par troupes.

Trust [trust] *m* (3) trust *m*.

Trut|hahn ['tru:t-] *m* dindon *m*; **~henne** *f* dinde *f*.

Tschako ['tʃako] *m* (11) s(c)hako *m*.

Tschech|e ['tʃɛçə] *m* (13), **~in** *f* Tchèque *m*, *f*; **2isch** *adj.* tchèque; **2oslowakisch** *adj.* tchécoslovaque.

T-Träger ['te:trɛgər] *m* fer *m* en T.

Tube ['tu:bə] *f* (15) tube *m*.

Tuberk|el ✗ [tu'bɛrkəl] *m* (7), östr., schweiz. *a. f* (15) tubercule *m*; **~elbazillus** *m* bacille *m* de la tuberculose; **2ulös** [~ku'lø:s] *adj.* tuberculeux; **~u'lose** *f* (15) tuberculose *f*.

Tuch [tu:x] *n* 1. (3) drap *m*; (*Stoff*) étoffe *f*; 2. (1²) (*Stück ~*) pièce *f* de toile; (*Kopf2*) mouchoir *m* de tête; (*Hals2*) cache-nez *m*, fichu *m*; (*großes Umschlage2*) châle *m*; **~fabrik** *f*

draperie *f*; **~fühlung** *f* ✗ accoudement *m*; *fig.* contact *m* étroit. **tüchtig** ['tyçtiç] *adj.* qui a toutes les qualités requises; de valeur; (*gut*) bon; (*fähig*) capable; (*geschickt*) habile; (*kräftig*) solide; *in etw.* (*dat.*) *~ sein* être versé dans *f* calé en) qch.; **2keit** *f* valeur *f*; (*Fähigkeit*) capacité *f*; (*Kräftigkeit*) solidité *f*.

Tück|e ['tykə] *f* (15) malice *f*; malignité *f* (*des Schicksals du sort*); perfidie *f*; **2isch** *adj.* malicieux; perfide.

Tuff [tuf] *m* (3¹), **~stein** *m* tuf *m*.

Tüft|elei [tyftə'laɪ] *f* (16) subtilités *f/pl.*; **2eln** F *v/i.* (29) ['~əln] subtiliser.

Tugend ['tu:gənt] *f* (16) vertu *f*; **~bold** F *iron. m* parangon *m* de vertu; **2haft** *adj.* vertueux; **~haftigkeit** *f* façons *f/pl.* vertueuses.

Tüll [tyl] *m* (3¹) tulle *m*.

Tülle ['tylə] *f* (15) bec *m*.

Tüllgardine *f* rideau *m* de tulle.

Tulpe ['tulpə] *f* (15) tulipe *f*; **~nzwiebel** *f* oignon *m* de tulipe.

tummel|n ['tuməln] *v/rfl.* (29): *sich ~* prendre ses ébats; s'ébattre; (*sich beeilen*) se dépêcher; **2platz** *m* terrain *m* de jeu.

Tümmler *zo.* ['tymlər] *m* (7) dauphin *m*.

Tumor ✗ ['tu:mɔr] *m* (8¹) tumeur *f*.

Tümpel ['tympəl] *m* (7) mare *f*.

Tumult [tu'mult] *m* (3) tumulte *m*; (*Aufruhr*) émeute *f*.

tun [tu:n] 1. *v/t. u. v/i.* (30) faire; (*handeln*) agir; *mit j-m zu ~ haben* avoir affaire à q.; *mit Ihnen habe ich nichts zu ~* je n'ai rien à faire avec vous; *damit habe ich nichts zu ~* cela ne me regarde pas; *ich will nichts damit zu ~ haben* je ne veux pas m'en mêler; *es ist ihm nur um das Geld zu ~* il n'a en vue que l'argent; *es ist mir nur darum zu ~, zu ...* (*inf.*) il s'agit seulement pour moi de ... (*inf.*); 2. **2** *n*: *sein ~ und Treiben* ses faits et gestes *m/pl.*; *sein ~ und Lassen* toute sa conduite.

Tünche ['tynçə] *f* (15) badigeon *m*; lait *m* de chaux; *fig.* vernis *m*; **2n** *v/t.* (25) blanchir à la chaux; badigeonner.

Tunes|ier(in *f)* [tu'ne:zjər(in)] *m* Tunisien(ne *f*) *m*; **2isch** *adj.* tunisien.

Tunichtgut ['tu:niçtgu:t] *m* (3 *u. inv.*) vaurien *m*.

Tunika [ˈtuːnika] f (16²) tunique f.

Tunke [ˈtuŋkə] f (15) sauce f; **2n** v/t. (25) tremper.

tunlich [ˈtuːnliç] adj. opportun; **~st** adv. si les circonstances le permettent; ~ bald le plus tôt possible.

Tunnel [ˈtunəl] m (11) tunnel m.

Tüpfel [ˈtypfəl] m (a. n.) (7) point m; petite tache f; moucheture f; **~chen** n (6): das ~ auf dem i le point sur l'i; **2n** v/t. (29) pointiller; (sprenkeln) moucheter.

tupfen [ˈtupfən] **1.** v/t. u. v/i. (25) toucher légèrement; (sprenkeln) moucheter; **2.** 2 m tache f; point m.

Tür [tyːr] f (16) porte f; (Wagen2) portière f; hinter verschlossenen ~ à huis clos; ~ und Tor öffnen donner libre accès; j-m die ~ weisen, j-n vor die ~ setzen mettre q. à la porte; j-m die ~ vor der Nase zuschlagen fermer à q. la porte au nez; offene ~en einrennen enfoncer des portes ouvertes; fig. mit der ~ ins Haus fallen mettre les pieds dans le plat; vor der ~ stehen être à la porte, fig. être proche; zwischen ~ und Angel en sortant; au dernier moment; **~angel** f gond m.

Turban [ˈturban] m (3¹) turban m.

Turbine [turˈbiːnə] f (15) turbine f; **~en-antrieb** m propulsion f à turbine; **~enstrahltriebwerk** n turbopropulseur m, turboréacteur m.

Tür|flügel m battant m (de porte); vantail m; **~füllung** f panneau m de porte; **~griff** m poignée f.

Türk|e [ˈtyrkə] m (13), **~in** f Turc m, Turque f.

Türkis [~ˈkiːs] m (4) turquoise f.

türkisch adj. turc (f: turque).

Tür|klinke f loquet m; **~klopfer** m 'heurtoir m.

Turm [turm] m (3³) tour f (a. fig. u. Schach); (Kirch2) clocher m; ♣, ✕ tourelle f; (Festungs2) donjon m; (Sprung2) plongeoir m.

Türm|chen [ˈtyrmçən] n (6) tourelle f; **2en 1.** v/t. (v/rfl. sich ~ s')amonceler (a. Wolken); (s')entasser; **2.** F v/i. (sn) (weglaufen) F filer; décamper.

Turm|falke m crécerelle f; **2hoch** fig. adj. très 'haut; **~spitze** f pointe f de tour; (Kirch2) flèche f de clocher; **~springen** Sp. n plongeons m/pl. de haut vol; **~uhr** f horloge f.

turn|en [ˈturnən] v/i. faire des exercices physiques (od. de la gymnastique); **2en** n gymnastique f; **2er(in** f) m (7) gymnaste m, f; **~erisch** adj. gymnastique; **2fest** n fête f de gymnastique; **2gerät** n appareils m/pl. de gymnastique; agrès m/pl.; **2halle** f salle f de gymnastique; **2hose(n** pl.) f culotte f de gymnastique.

Turnier [turˈniːr] n (3¹) Sp. championnat m, compétition f, concours m; hist. tournoi m.

Turn|lehrer m maître m (resp. professeur m) de gymnastique; **~platz** m gymnase m; **~schuh** m soulier m de gymnastique; **~stunde** f leçon f de gymnastique; **~übung** f exercice m gymnastique.

turnusmäßig [ˈturnus-] adj. u. adv. par roulement, à tour de rôle.

Turnver-ein m société f de gymnastique.

Tür-öffnung f baie f; **~pfosten** m montant m (d'une porte); **~rahmen** m encadrement m de porte; **~schild** n plaque f; **~schließer** m portier m; (Apparat) ferme-porte m automatique.

Turteltaube [ˈturtəl-] f tourterelle f.

Türverkleidung f chambranle m.

Tusch [tuʃ] m (3³) fanfare f (blasen sonner); **~e** [ˈ~ə] f (15) encre f de Chine; **2eln** [ˈ~əln] v/i. (29) chuchoter; **2en** (27) **1.** v/t. dessiner à l'encre de Chine; **2.** v/i. faire un lavis; **~kasten** m boîte f de couleurs; **~zeichnung** f lavis m.

Tute F [ˈtuːtə] f (15) corne f.

Tüte [ˈtyːtə] f (15) cornet m; sac m (de papier).

tuten [ˈtuːtən] v/i. sonner de la corne.

Twist [tvist] m (3) fil m de coton.

Typ [tyːp] m (12) type m; **~e** [ˈ~ə] f (15) caractère m; type m; fig. e-e komische ~ un drôle de type.

Typhus [ˈtyːfus] m (inv.) typhus m; fièvre f typhoïde; **~kranke(r** m) m, f typhique m, f.

typisch adj. typique.

Typographie [typograˈfiː] f (15) typographie f; **2isch** [~ˈgraːfiʃ] adj. typographique.

Typus [ˈtyːpus] m (16²) type m.

Tyrann [tyˈran] m (12) tyran m; **~ei** [~ˈnai] f (16) tyrannie f; **2isieren** [~iˈziːrən] v/t. tyranniser.

U

U, u [u:] *n* U, u [y] *m*.

U-Bahn ['u:baːn] *f* métro *m*.

übel ['y:bəl] **1.** *adj.* mauvais; *mir ist (wird)* ~ j'ai mal au cœur; je me sens (*od.* me trouve) mal; *dabei kann e-m* ~ *werden* cela donne la nausée; cela fait lever le cœur; *in üblem Sinne* en mauvaise part; **2.** *adv.* mal; ~ *riechen* sentir mauvais; *wohl oder* ~ bon gré, mal gré; **3.** ⩔ *n* (6) mal *m*; *vom* ~ *sein* être désavantageux (*od.* préjudiciable *od.* nuisible; ~**gelaunt** ['~gəlaʊnt] *p.p. adjt.* de mauvaise humeur; ~**gesinnt** ['~gəzɪnt] *adj.* mal intentionné; ⩔**keit** *f* envie *f* de vomir; mal *m* au (*od.* de) cœur; nausée(s *pl.*) *f*; ~**nehmen** *v/t.* prendre en mauvaise part; ~**nehmerisch** *adj.* susceptible; ~**riechend** *p.pr. adjt.* fétide; ⩔**stand** *m* inconvénient *m*; ⩔**tat** *f* méfait *m*; *⚕* délit *m*; ⩔**täter(in** *f)* *m* malfaiteur *m*, -trice *f*; ~**wollen** *v/i.*: *j-m* ~ vouloir du mal à q.

üben ['y:bən] *v/t.* (25) exercer; (*aus*~) pratiquer; *♪* étudier; *thé.* répéter (*a. Lied*).

über ['y:bər] **1.** *prp.* (*dat. resp. acc.*) **a)** *örtlich:* sur; au-dessus de; (*jenseits*) au delà de; de l'autre côté de; par delà; (*durch*) par; ~ *den Büchern sitzen* être sur ses livres; ~ *die Straße gehen* aller de l'autre côté de (*od.* traverser) la rue; ~ *den Bergen* par delà les montagnes; ~ *Paris reisen* passer par (*od.* via) Paris; **b)** *zeitlich:* pendant; dans; *den Tag* ~ pendant la journée; ~*s Jahr* dans un an; **c)** *Maß u. Zahl:* au-dessus de; au delà de; plus de; plus que; *es geht* ~ *m-e Kräfte* c'est au-dessus de mes forces; ~ *alles Erwarten* au delà de toute espérance; ~ *100 Mark* plus de cent marks; ~ *Gebühr* plus que raison; ~ *40 (Jahre alt) sein* avoir passé la quarantaine; *es geht mir nichts* ~ ... rien n'égale à mes yeux ...; **d)** *Anhäufung:* sur; *einmal* ~ *das andere* coup sur coup; *Fehler* ~ *Fehler* faute sur faute; **e)** *fig.* de; sur; au sujet de; *e-e Rechnung* ~ un compte de; *schreiben, sprechen, streiten, klagen, sich freuen usw.* ~ *s. die betr.*

vb.; **f)** *bei Verwünschungen:* à; *Fluch* ~ *dich!* malheur à toi!; sois maudit!; **2.** *adv.* ~ *und* ~ entièrement; tout (à fait); ~ *kurz oder lang* tôt ou tard; *j-m* ~ (*legen*) être supérieur à q.; *es ist mir* ~ (*zuviel*) j'en ai assez (*od.* par-dessus la tête).

überall ['y:bər'?al] *adv.* partout; ~**'her** *adv.* de partout; ~**'hin** *adv.* en tous sens, dans toutes les directions.

Über|-**'alterung** *f* vieillissement *m*; ~**angebot** *n* (*an Arbeitskräften*) surplus *m*; (*an Waren*) surabondance *f*; ⩔**'anstrengen** *v/t.* (*v/rfl. sich* ~ se) surmener; ~**'anstrengung** *f* surmenage *m*; ⩔**'antworten** *v/t.* remettre; (*ausliefern*) livrer; ⩔**'arbeiten 1.** *v/t.* remanier; retoucher; **2.** *v/rfl.: sich* ~ (*überanstrengen*) se surmener; ~**'arbeitung** *f* remaniement *m*; retouche *f*; (*Überarbeitung*) excès *m* de travail; surmenage *m*; ⩔**'aus** *adv.* extrêmement; (*übermäßig*) excessivement; ~**be-anspruchung** *f* sur-utilisation *f*; (*e-s Menschen*) surmenage *m*; ~**bein** *n* ⚕ exostose *f*; *vét.* suros *m*; ~**belastung** *f* surcharge *f*; ⩔**belichten** *phot. v/t.* surexposer; ⩔**betonen** *v/t.: etw.* ~ mettre exagérément l'accent sur qch.; insister sur qch.; ⩔**bewerten** *v/t.* surestimer.

über|**'bieten** *v/t.* (*Auktion*) (r)enchérir sur; (*Spiel*) renvier; *fig.* surpasser; ⩔**bleibsel** ['~blaɪpsəl] *n* (7) reste *m*; (*e-r Mahlzeit*) reliefs *m/pl.*; (*Rückstand*) résidu *m*; ⩔**blick** *m* vue *f* d'ensemble; (*Abriß*) aperçu *m*; (*Zusammenfassung*) résumé *m*; ~**'blicken** *v/t.* parcourir des yeux; embrasser d'un coup d'œil; ~**'bringen** *v/t.* (ap)porter; (*zustellen*) remettre; ⩔**'bringer(in** *f)* *m* porteur *m*, porteuse *f*.

über|**'brück**|**en** *v/t.* *Fluß:* jeter un pont sur; *fig.* surmonter; ⩔**ung** *fig. f* conciliation *f*; (*e-s Zeitraums*) soudure *f*; ⩔**ungshilfe** *f* aide *f* temporaire (*od.* transitoire); secours *m* d'attente. **über**|**'dachen** *v/t.* (25) couvrir d'un toit; ~**'dauern** *v/t.: etw.* ~ survivre à qch.; ~**'denken** *v/t.* réfléchir à (*od.* sur); ~**'dies** *adv.* en outre; de plus;

2**dosis** f dose f excessive; ~'**drehen** v/t. Gewinde: déformer.

Überdruck m surpression f; ~**kabine** Flgw. f cabine f pressurisée; ~**ventil** ⊕ n soupape f de sûreté, détendeur m.

Über|druß ['~drus] m (4) dégoût m; (Übersättigung) satiété f; bis zum ~ à satiété; 2**drüssig** ['~drysiç] adj. dégoûté; e-r Sache (gén.) ~ werden se dégoûter de qch.; 2**durchschnitt-lich** adj. dépassant la moyenne; (außergewöhnlich) extraordinaire; ~**eifer** m excès m de zèle; 2**eifrig** adj. trop zélé; 2**eignen** v/t. transmettre; 2'~**eilen 1.** v/t.: etw. ~ précipiter qch.; 2 v/rfl.: sich ~ se presser trop; 2'~**eilt** p.p. adjt. précipité; (unbedacht) inconsidéré; ~'**eilung** f précipitation f.

übereinander ['~ʔaɪ'nandər] adv. l'un sur l'autre; ~**legen** v/t. superposer; Beine: croiser; ~**schlagen** v/t. Beine, Arme: croiser.

über|ein|kommen v/i. (sn) se mettre d'accord; ~ über (acc.) convenir de; 2**kommen** n (6), 2**kunft** f (14¹) convention f; accord m; arrangement m; ~**stimmen** v/i.: mit j-m ~ être d'accord avec q.; mit etw. ~ correspondre à qch., cadrer avec qch., gr. s'accorder avec qch.; ~**stimmend** p.pr. adjt. concordant; conforme; 2**stimmung** f accord m (a. gr.); concordance f; in ~ bringen mit faire concorder (od. accorder [a. gr.]) avec.

über-empfindlich adj. hypersensible; (allergisch) allergique; 2**keit** f hypersensibilité f; (Allergie) allergie f.

über|-essen v/rfl.: sich e-e Speise ~ se dégoûter d'un mets; ~'**essen** v/rfl.: sich ~ manger trop; ~**fahren** v/t.: j-n ~ écraser q.; Fluß: traverser; Signal: brûler; (zu Lande) trajet m; 2**fall** m attaque f imprévue; (Handstreich) coup m de main; (auf ein Land) incursion f; invasion f; ~'**fallen** v/t. assaillir; Land: envahir; (überraschen) surprendre; ~**fällig** ⏁ u. Flgw. adj. en retard; en souffrance; 2**fallkom-mando** n police-secours f; ~'**fliegen** v/t. franchir en volant; Flgw. survoler; fig. parcourir; 2'~**fliegen** Flgw. n survol m; ~'**fließen** v/i. (sn) déborder; fig. von etw. ~ regorger de qch.; ~'**flügeln** v/t. (29) fig. surpasser; ✕ déborder; 2**fluß** m abondance

f; pfort surabondance f; (Fülle) profusion f; (über den Bedarf) superflu m; im ~ en abondance; à profusion; im ~ dasein (sur)abonder; im ~ schwelgen (schwimmen) nager dans l'abondance; ~ haben an etw. (dat.) abonder en qch.; ~'**flüssig** adj. superflu; qui est de trop; (überreichlich) surabondant; ~'**fluten** v/t. inonder; 2'**flutung** f inondation f; ~'**fordern** v/t.: j-n ~ (überteuern) demander trop cher à q., F écorcher q., (überanstrengen) surmener q.; 2**forderung** f surmenage m; 2'**fremdung** f envahissement m par les étrangers; ~'**führen** v/t. Leiche: transporter, transférer; ✝ᵇ convaincre (e-r Sache gén. de qch.); 2'**führung** f transport m; transfert m; ✝ᵇ conviction f; (für Fußgänger) passage m supérieur; Esb. viaduc m; ~'**füllt** p.p. adjt. (Saal) comble; (Schule, Universität) encombré; 2'**füllung** f surcharge f; encombrement m; ~'**füttern** v/t. gorger (mit de); 2**gabe** f remise f; délivrance f; ✕ reddition f; zur ~ auffordern sommer de se rendre; 2**gang** m passage m; fig. transition f.

Übergangs|bestimmung f disposition f transitoire; ~**erscheinung** f phénomène m transitoire; ~**sta-dium** n stade (od. état) m transitoire; ~**stelle** f passage m; ~**zeit** f période f de transition.

über|'geben 1. v/t. remettre; (aushändigen) délivrer; (in die Gewalt e-s andern) livrer; ✕ rendre; **2.** v/rfl.: sich ~ vomir; ~**gehen** v/i. (sn) passer (zu à); (sich verwandeln) se changer (in acc. en); ~'**gehen** v/t. (auslassen) omettre; laisser de côté; j-n ~ (nicht befördern) faire un passe-droit à q.; 2'**gehung** f omission f; (bei Beförderungen) passe-droit m; ~**genug** adv. à l'excès; plus que suffisant; 2**gewicht** n surpoids m; excédent m de poids; fig. prépondérance f; das ~ bekommen perdre l'équilibre, fig. l'emporter; fig. das ~ haben avoir le dessus; ~'**gießen** v/t. répandre; verser; ~'**gießen** v/t. arroser (mit de); ~'**glücklich** adj. extrêmement heureux; ~**greifen** v/i. empiéter (in acc. sur); ~ auf (acc.) (sich ausdehnen) se communiquer à; 2**griff** m empiétement m; ~'**groß** adj. trop grand; énorme; ~'**handnehmen** v/i. s'accroître outre mesure; 2**hang** m (*von Felsen usw.*) surplomb m; *Arch.* avance f; *fig.* excédent m; ~**hängen 1.** v/i. surplomber; **2.** v/t. suspendre par-dessus; *Mantel usw.*: jeter sur l'épaule; ~**hasten** v/t. précipiter; ~**häufen** v/t. combler (mit de); (*gleichsam erdrücken*) accabler (de).

überhaupt [y:bər'haupt] adv. généralement, en général; (*im ganzen*) somme toute; (*schließlich*) après tout; ~ nicht (*bei vb.* ne ...) pas du tout (*bei vb.* ne ...) nullement.

überheblich [~'he:plɪç] adj. présomptueux, arrogant; 2**keit** f présomption f, arrogance f.

über|'heizen, ~**'hitzen** v/t. surchauffer; ~**'höht** p.p. adjt. (*Preis*) surélevé; *Verkauf zu ~en Preisen* survente f.

über|'holen v/t. dépasser; (*vorbeifahren*) doubler; ⊕ réviser; 2**en** n ⊕ révision f; (*im Straßenverkehr*) doublage m; 2**spur** f piste f de dépassement; ~**t** p.p. adjt. périmé, dépassé; 2**verbot** n défense f de doubler.

über|'hören v/t. ne pas entendre; (*absichtlich*) faire semblant de ne pas entendre; (*abhören*) j-n ~ faire réciter sa leçon à q.

über-'irdisch adj. (*himmlisch*) céleste; (*übernatürlich*) surnaturel.

über|'kleben v/t. coller dessus; ~'**kleben** v/t. couvrir d'une feuille collée; ~'**klettern** v/t. escalader.

über|'klug adj. trop avisé; (*dünkelhaft*) suffisant; ~**kochen** v/i. (sn) déborder; (*Milch a.*) se sauver; *fig.* sortir de ses gonds.

über|'kommen v/t. *Ekel, Angst*: j-n ~ prendre q., s'emparer de q.; ~**laden** v/t. surcharger; ~**lagern** rad. v/t. superposer.

Über|'land|leitung f téléph. ligne f de transmission à longue distance; ≠ ligne f de transport de courant à longue distance; ~**verkehr** m trafic m interurbain.

über|'lassen v/t. laisser; (*abtreten*) céder; (*preisgeben*) abandonner; es j-m ~, zu ... (*inf.*) s'en remettre à q. pour ... (*inf.*); 2**lassung** f cession f; abandon m; ~**lasten** v/t. surcharger; 2**lastung** f surcharge f.

Über|lauf m trop-plein m, déversoir m; 2**laufen** v/i. (sn) (*Flüssigkeit*) déborder; (*kochend a.*) se sauver; *zum Feinde* ~ passer à l'ennemi; déserter;

~**'laufen 1.** v/imp.: *es überläuft mich kalt* cela me donne un frisson; **2.** p.p. adjt. (*Ort*) envahi; (*Laufbahn*) encombré; 2**läufer** m transfuge m; déserteur m.

über|'leben v/t.: *j-n (etw.)* ~ survivre à q. (à qch.); 2**lebende(r** m) m, f survivant(e f) m; ~**legen** v/t. mettre dessus; appliquer sur; *Kind*: châtier; ~**legen 1.** v/t. réfléchir à (*od.* sur); considérer; *mit j-m etw.* ~ délibérer qch. avec q.; **2.** adj. supérieur (*j-m à* q.); *mit ~er Ruhe* avec un calme souverain; 2**legenheit** f supériorité f; ~**legt 1.** p.p. adjt. bien réfléchi, pesé; **2.** p.p. advt. avec réflexion; 2**legung** f réflexion f; *mit* ~ *handeln* agir de propos délibéré; *ohne* ~ à l'étourdie; ~**leiten** v/i. former la transition (*zu avec*); 2**leitung** f passage m; *fig.* transition f; ~**lesen** v/t. parcourir; (*übersehen*) passer; passer; ~**liefern** v/t. transmettre; (*ausliefern*) livrer; 2**lieferung** f tradition f; ~**listen** v/t. duper; 2**listung** f duperie f; 2**macht** f supériorité f numérique; *der* ~ *weichen* céder au nombre; ~**mächtig** adj. qui dispose de forces supérieures; trop puissant; ~**malen** v/t. recouvrir d'une autre peinture; (*nachbessern*) retoucher; ~**mannen** v/t. vaincre; accabler par le nombre; *der Schlaf übermannt mich* le sommeil me prend.

Über|maß n trop-plein m; *fig.* excès m (*an dat.* de); démesure f; 2**mäßig** adj. excessif; démesuré; immodéré; ~**mensch** m surhomme m; 2**menschlich** adj. surhumain; 2**'mitteln** v/t. transmettre; ~**mitt(e)lung** f transmission f.

übermorgen adv. après-demain.

über|'müdet adj. accablé de fatigue; 2**müdung** f excès m de fatigue; 2**mut** m (*Mutwille*) pétulance f; joie f folle; (*Anmaßung*) arrogance f; ~**mütig** adj. pétulant; (*anmaßend*) arrogant; ~**nachten** v/i. passer la nuit, coucher; ~**nächtig(t)** ['~nɛçtiç(t)] adj.: ~ *aussehen* avoir la mine défaite; 2**nahme** f: ~ *e-s Amtes* entrée f, en charge; (*e-r Arbeit*) entreprise f; (*e-s Besitzes*) prise f; (*e-r Erbschaft*) acceptation f; ~**natürlich** adj. surnaturel; ~**nehmen** v/t. *Mantel usw.*: jeter sur les épaules; ~**'nehmen 1.** v/t. prendre (possession de); (*in Empfang nehmen*) recevoir; *Erb-*

schaft: accepter; (*auf sich nehmen*) se charger de; prendre sur soi; *Arbeit usw.*: entreprendre; *Verantwortung*: assumer; **2.** v/rfl.: sich ~ in etw. (dat.) ~ trop présumer de ses forces; **~ordnen** v/t. mettre au-dessus (de ...); **~parteilich** adj. au-dessus des partis; **2produktion** f surproduction f; **~prüfen** v/t. contrôler; reviser; **'prüfung** f contrôle m; re(*od.* ré)vision f; **~quellen** v/i. (sn) regorger (von de); **~queren** v/t. traverser; **2querung** f traversée f; **~ragen** v/t. dépasser; (*beherrschen*) dominer; *fig.* surpasser; **~ragend** p.pr. adjt. (*Persönlichkeit*) éminent; (*Bedeutung*) d'une importance primordiale.

über|rasch|en v/t. surprendre; **~end 1.** p.pr. adjt. surprenant; **2.** p.pr. advt. par surprise, à l'improviste; **2ung** f surprise f.

über|rechnen v/t. supputer; calculer; **~reden** v/t.: j-n zu etw. ~, j-n ~, zu ... (*inf.*) persuader q. de ... (*inf.*); **2redung** f persuasion f; **2redungskunst** f art m de persuader; **~reich** adj. excessivement riche; **~reichen** v/t. présenter; remettre; **~reichlich 1.** adj. surabondant; **2.** adv. a. à profusion; **2reichung** f présentation f; remise f; **~reif** adj. trop mûr; **~reizen** v/t. surexciter; **2reizung** f surexcitation f; **~rennen** v/t. renverser; *Feind*: bousculer.

Überrest m reste(s pl.) m; **~e** pl. (*Trümmer*) débris m/pl.; sterbliche ~e dépouille f mortelle.

über|rollen v/t. (*Panzer*) dépasser; **~rumpeln** v/t. surprendre, prendre à l'improviste; **2rumpelung** f surprise f; (*Handstreich*) coup m de main; **~runden** Sp. v/t. dédoubler; **~sät** [~ˈzɛːt] p.p. adjt. parsemé (mit de); **2sättigung** f satiété f (excessive); **⚡** sursaturation f.

Überschall|flugzeug n avion m supersonique; **~geschwindigkeit** f vitesse f supersonique.

über|'schatten v/t. ombrager; **~'schätzen** v/t. surestimer; j-n ~ avoir trop bonne opinion de q.; s-e *Kräfte* ~ trop présumer de ses forces; **2schätzung** f surestimation f; **~** s-r selbst présomption f; **~'schauen** v/t. jeter un coup d'œil d'ensemble sur; (*beherrschen*) dominer; **~schäumen** v/i. (sn) déborder; **~'schlafen** v/t.: etw. ~ laisser passer la nuit sur qch.;

2schlag m estimation f approximative; supputation f; *bsd.* (*Bau⚡*) devis m; *Sp.* culbute f; **~'schlagen 1.** v/i. (sn) (*überkippen*) tomber à la renverse; (*Wellen*) passer par-dessus; (*Funken*) jaillir; **2.** v/t. *Mantel usw.*: jeter sur ses épaules; *Ärmel*: retrousser; *Beine*: croiser; **~'schlagen 1.** v/t. (*auslassen*) sauter; passer; (*Überschlag machen*) estimer approximativement; supputer; **2.** v/rfl.: sich ~ *Flgw. u. Auto*: capoter, culbuter; (*stimmlich*) forcer sa voix; **~schnappen** v/i. (sn): übergeschnappt sein F être toqué; **~'schneiden** v/rfl.: sich ~ se croiser, (*zeitlich*) coïncider; **2schneidung** f (v. Linien) intersection f; (v. Phasen) chevauchement m; (*zeitliche*) coïncidence f (mit avec); **~'schreiben** v/t. écrire au-dessus; **✝** reporter; (*betiteln*) intituler; **✝** (*bezeichnen*) étiqueter; coter; **2schreibung ✝** f report m; **~'schreiten** v/t. franchir; *Rechte, Anzahl*: excéder; *Gesetz, Regel*: enfreindre; transgresser; violer; *Machtbefugnisse*: outrepasser; *Maß*: passer; *zulässige Geschwindigkeit*: dépasser; **2schreitung** f (von Gesetzen) transgression f; violation f; (*der Geschwindigkeit*) dépassement m; ~ der Amtsgewalt abus m de pouvoir.

Über|schrift f titre m; **~schuh** m galoche f.

über|schuldet adj. criblé de dettes.

Über|schuß m excédent m; surplus m; **✝** bénéfice m; **~schüssig** adj. qui est en excédent.

über|'schütten v/t. couvrir (mit de); *fig.* combler (mit de), (*bei üblen Dingen*) accabler (de); **~'schwemmen** v/t. inonder; **2schwemmung** f inondation f; **~schwenglich** [ˈ~ʃvɛnlɪç] adj. exagéré; débordant; (*Gefühl*) excessif; (*überspannt*) exalté.

Übersee f: in ~, nach ~ outre-mer; von ~ d'outre-mer; **~dampfer** m transatlantique m; **~handel** m commerce m d'outre-mer; **2-isch** adj. d'outre-mer.

über|'sehbar adj. qu'on peut embrasser d'un coup d'œil; *fig.* calculable; **~'sehen** v/t. embrasser du regard; (*nicht sehen*) ne pas voir; omettre; er hat es ~ cela lui a échappé; j-s *Fehler* (*absichtlich*) ~ fermer l'œil sur les fautes de q.; **~'senden** v/t. en voyer; expédier; 2'**sendung** f envoi m; expédition f; ~'**setzbar** adj. traduisible; ~**setzen 1.** v/i. (sn) passer (en bateau); **2.** v/t.: j-n auf das andere Ufer ~ conduire q. sur l'autre rive; ~'**setzen** v/t. traduire (ins en); 2'**setzer(in** f) m traducteur m, -trice f; 2'**setzung** f traduction f; (aus der Muttersprache) thème m; (in die Muttersprache) version f; ⊕ multiplication f; F développement m; 2~'**setzungsrecht** n droit m de traduction.

Übersicht f vue f d'ensemble; (Abriß) aperçu m; précis m; (Auszug) abrégé m; (Schluß2) résumé m; (Inhalts2) sommaire m; 2**lich** adj. clair; bien disposé; ~**lichkeit** f clarté f; bonne disposition f (d'ensemble).

Übersichts|karte f carte f à grande échelle; ~**plan** m plan m d'ensemble; ~**tabelle** f tableau m synoptique.

über|'siedeln v/i. (29, sn) aller s'établir (nach en resp. à); (umziehen) déménager; (auswandern) émigrer; 2'**sied(e)lung** f (Umzug) déménagement m; (Auswanderung) émigration f; ~**sinnlich** adj. transcendent; (übernatürlich) surnaturel; ~'**spannen** v/t. recouvrir (mit de); (zu stark spannen) tendre trop; (übertreiben) exagérer; Nerven: surexciter; ~'**spannt** p.p. adj. fig. exalté; extravagant; 2'**spanntheit** f exaltation f; extravagance f; ~'**spielen** v/t. Sp.: die Abwehr ~ passer la défense; Schallplatte usw.: enregistrer; ~'**spitzen** v/t. exagérer; ~'**springen** v/i. (sn) sauter; ⚡ ~ auf (acc.) se communiquer à; (Funke) jaillir; ~'**sprudeln** v/i. déborder; von Witz ~d pétillant d'esprit; ~'**staatlich** adj. supranational; ~'**stehen** v/i. faire saillie; saillir; ~'**stehen** v/t. (ertragen) supporter; Schwierigkeit: surmonter; Gefahr: échapper à; Krankheit: réchapper de; ~'**steigen** v/t. franchir; passer; Mauer: escalader; fig. dépasser; surmonter; excéder; ~'**stimmen** v/t. mettre en minorité; ~'**strahlen** v/t. répandre ses rayons sur; fig. éclipser; ~'**streichen** v/t. enduire (mit de); ~'**streifen** v/t. passer sur; ~**strömen** v/i. (sn) déborder; ~**strömend** p.p. adj. (Freude) exubérant; ~'**stülpen** v/t. mettre dessus; 2**stunde** f heure f supplémentaire.

über|'**stürz|en** v/t. précipiter; ~**t** p.p. adj. précipité; (Flucht) éperdu; 2**ung** f précipitation f.

über|'tölpeln v/t. (29) duper; F rouler; ~'**tönen** v/t. Geräusch: couvrir.

Übertrag † [' l:bərtra:k] m (3³) report m.

über|'trag|bar adj. transmissible; ~**en 1.** v/t. transmettre (auf acc. à); †, ⚖ transférer; Summe: reporter; Scheck: endosser; (in ein anderes Buch schreiben) transcrire; (abtreten) céder; (übersetzen) traduire (ins en); Würde: conférer; etw. auf j-s Namen ~ passer qch. au nom de q.; j-m die Besorgung von etw. ~ charger q. de qch.; in ~er Bedeutung au (sens) figuré; **2.** v/rfl.: ⚕ sich ~ se transmettre (auf acc. à); 2**ung** f ⊕, ⚕ transmission f; †, ⚖ transfert m; (Umschrift) transcription f; (Übersetzung) traduction f.

über|'treffen v/t. surpasser (in dat. en); être supérieur à; l'emporter sur; primer; ~'**treiben** v/t. exagérer; (zu weit treiben) outrer; Bericht: grossir; 2'**treibung** f exagération f; outrance f; ~'**treten** v/i. (sn) passer de l'autre côté; (Wasser) déborder; zu j-m ~ se ranger du côté de q.; zu e-r andern Religion ~ embrasser une autre religion; se convertir à ...; ~'**treten** v/t. Gesetz, Regel: enfreindre; transgresser; violer; 2'**tretung** f transgression f; violation f; infraction f; sich e-r ~ schuldig machen être en contravention; ~**trieben** [~'tri:bən] p.p. adj. exagéré; (Preis) exorbitant; 2~'**tritt** [' l:trit] m passage m (zu à); rl. conversion f; ~'**trumpfen** v/t. surcouper; fig. surpasser; ~'**tünchen** v/t. badigeonner; fig. farder; ~'**völkert** p.p. adj. surpeuplé; 2'**völkerung** f surpeuplement m; ~'**vorteilen** [~'fortailən] v/t. (25) exploiter; bsd. ⚖ u. † léser.

über|'wach|en v/t. surveiller; 2**ung** f surveillance f; contrôle m; 2**ungsausschuß** m commission f de contrôle.

überwältigen [~'vɛltigən] v/t. vaincre; (bezwingen) dompter; ~**d** p.pr. adj. grandiose; écrasant.

über|'weisen v/t. renvoyer; † virer; 2'**weisung** f renvoi m; † virement m; (vornehmen faire); ~'**werfen** v/t. Mantel usw.: jeter sur ses épaules; ~'**werfen** v/rfl.: sich mit j-m ~ se brouiller avec q.; ~'**wiegen** v/i. être prépondérant; (*Vorrang haben*) prévaloir; (*vorherrschen*) prédominer; ~'**wiegend** p.pr. adjt. prépondérant; ~'**winden** 1. v/t. vaincre; *Schwierigkeit*: surmonter; 2. v/rfl.: sich ~ faire un effort sur soi; 2'**windung** f triomphe m (remporté sur); es kostet mich ~ cela me coûte; ~'**wintern** v/i. passer l'hiver; hiverner; 2'**winterung** f hivernage m; ~'**wölben** [~'vœlbən] v/t. voûter; ~'**wuchern** v/t. envahir (a. fig.).

Über|**wurf** m (*Kleidungsstück*) surtout m; *Sp.* chute f; ~**zahl** f surnombre m; excédent m; supériorité f numérique; der ~ weichen céder au nombre; 2**zählig** adj. en excédent; en surnombre; (*Personal*) surnuméraire.

überzeichn|**en** v/t. *Summe*: dépasser; 2**ung** f souscription f surpassée.

überzeug|**en** [~'tsɔygən] v/t. convaincre (von de); (*überreden*) persuader (von de); ~**end** p.pr. adjt. convaincant, persuasif; 2**ung** f conviction f; 2**ungskraft** f force f convaincante.

über|**ziehen** v/t. *Mantel usw.*: mettre par-dessus; *Hiebe*: administrer; ~'**ziehen** v/t.: ~ mit couvrir de; garnir de; enduire de; *Konto*: laisser à découvert; ein Bett (mit Wäsche) ~ mettre des draps à un lit; ein Land mit Krieg ~ envahir (od. porter la guerre dans) un pays.

Über|**zieher** m pardessus m; paletot m; ~**zug** m couverture f; (*Kopfkissen*2) taie f; (*Möbel*2) 'housse' f; (*Schicht*) couche f.

üb|**ler** (*comp. v. übel*) 1. adj. pire; 2. adv. pis; ~**lich** adj. usuel; d'usage; usité; das ist so ~ c'est l'usage; es ist ~, daß ... il est de règle que ... (subj.); nicht mehr ~ désuet; tombé en désuétude.

U-Boot ['u:bo:t] n sous-marin m.

übrig ['y:briç] adj. de reste; restant; das ~e le reste; die ~en les autres; im ~en = übrigens; ein ~es tun faire plus qu'il ne faut; ~ sein = übrigbleiben; ~ haben = übrigbehalten; für j-n etw. ~ haben avoir de l'inclination pour q.; ~**behalten** v/t. avoir de reste, garder; ~**bleiben** v/i. (sn) être de reste; rester; ~**ens** ['~gəns] adv. au reste; du reste; d'ailleurs; ~**lassen** v/t. laisser (de reste); zu wün-

schen ~ laisser à désirer.

Übung ['y:buŋ] f exercice m; ♪ étude f; (*Aus*2) pratique f; aus der ~ kommen perdre l'habitude.

Übungs|**buch** n livre m d'exercices; ~**flug** m vol m d'entraînement; ~**hang** m pente f d'entraînement; ~**heft** n cahier m d'exercices; ~**platz** ⚔ m terrain m de manœuvres; camp m d'instruction.

Ufer ['u:fər] n (7) bord m; rivage m; (*Fluß*2, *See*2 a.) rive f; (*Meeresküste*) côte f; (*Steil*2) berge f; ans ~ spülen jeter sur le rivage; vom ~ abstoßen quitter le rivage; über die ~ treten sortir de son lit; déborder; ~**damm** m quai m, barrage m du fleuve; 2**los** adj. fig. illimité; sans limites; ~e Pläne projets m/pl. à perte de vue; ~**straße** f route f riveraine.

Uhr [u:r] f (16) (*Taschen*2) montre f (goldene en or); (*Wand*2) pendule f; (*Turm*2) horloge f; j-n nach der ~ fragen demander l'heure à q.; um wieviel ~? à quelle heure?; was ist die ~? quelle heure est-il?; es ist ein ~ il est une heure; es ist halb zwei ~ il est une heure et demie; es ist Punkt zwei ~ il est deux heures précises; es ist 12 ~ (mittags) il est midi, (nachts) il est minuit; ~**armband** n bracelet m d'une montre; ~**enfabrik** f horlogerie f; ~**en-industrie** f industrie f horlogère; ~**feder** f ressort m de montre (etc.); ~**gehäuse** n boîte f d'horloge; boîtier m (de montre); ~**gewicht** n (contre)poids m d'horloge; ~**glas** n verre m de montre; ~**kette** f chaîne f de montre; ~**macher** m horloger m; ~**werk** n mouvement m; rouages m/pl. d'une montre; ~**zeiger** m aiguille f de montre (etc.); ~**zeit** f heure f.

Uhu ['u:hu] m (11) grand duc m.

Ulan [u'lɑ:n] m (12) uhlan m; lancier m.

Ulk [ulk] m (3) plaisanterie f, F rigolade f; ~ treiben = 2**en** F v/i. plaisanter; F rigoler; 2**ig** F adj. drôle; F rigolo.

Ulme ['ulmə] f (15) orme m.

ultimat|**iv** [ultima'ti:f] adj. ultimatif; 2**um** [~'mɑ:tum] n (9 od. 11) ultimatum m.

Ultimo ['ultimo] m (11) fin f du mois; (*des laufenden Monats*) fin f courant; ~**abrechnung** f liquidation f de fin de mois.

Ultra|kurzwelle ['ultrakurtsvɛlə] f onde f ultra-courte; **~kurzwellen-sender** m émetteur m à modulation de fréquence; **~marin** [~ma'ri:n] n bleu m d'outremer; **~schall** m ultra-(-)son m; **~schallwelle** f onde f ultrasonore; 2**vio'lett** adj. ultraviolet.

um [um] 1. prp. (acc.) **a)** örtlich: ~ (... herum) autour de; **b)** zeitlich: à; (gegen) vers; sur; (Aufeinanderfolge) après; sur; ~ ein Uhr à une heure; ~ die 6. Stunde vers (od. sur) les six heures; e-r ~ den andern l'un après l'autre; Tag ~ Tag jour après jour; e-n Tag ~ den andern un jour sur deux; **c)** Maß: de; pour; ~ ein Jahr älter d'un an plus âgé; ~ die Hälfte größer plus grand de moitié; ~ Geld spielen jouer de l'argent; Auge ~ Auge œil pour œil; ~ alles in der Welt nicht pour rien au monde (bei vb. mit ne); ~ so ärmer d'autant plus pauvre; ~ so besser (schlimmer) tant mieux (pis); ~ so mehr als d'autant plus que; **d)** Grund: pour; à cause de; (in betreff) concernant; au sujet de; ~ Gottes willen pour l'amour de Dieu; ~ des Himmels willen au nom du ciel; ~ etw. wissen avoir connaissance de qch.; wie steht's ~ ihn? où en est-il?; ~ ihn geschehen c'en est fait de lui; 2. cj. ~ zu ... (inf.) pour (od. afin de) ... (inf.); 3. adv. ~ und ~ tout autour de tous côtés; (ganz und gar) absolument; die Zeit ist ~ le temps est révolu.

umadressieren [um'?adrɛsi:rən] v/t. changer l'adresse (etw. de qch.).

um-änder|n v/t. changer, modifier; 2**ung** f changement m, modification f.

um-arbeiten v/t. remanier; (gänzlich) refondre.

um-'arm|en v/t. (25) embrasser; étreindre; 2**ung** f embrassement m; accolade f; étreinte f.

Umbau ['~bau] m (3, pl. a. -ten) transformation f (d'un bâtiment); reconstruction f; 2**en** v/t. transformer la construction (de ...); 2**en** [~'bauən] v/t. entourer de bâtiments.

um|besetzen thé. v/t. changer la distribution des rôles; **~betten** v/t. changer de lit; **~biegen** v/t. replier; (krümmen) recourber; **~bilden** v/t. transformer; fig. a. réorganiser; 2**bildung** f transformation f; fig. a. réorganisation f; **~binden** v/t. lier

(od. nouer) autour; Schürze: mettre; **~blättern** v/t. u. v/i. tourner une (resp. les) page(s); **~blicken** v/rfl.: sich ~ regarder autour de soi, (zurückblicken) tourner la tête; sich nach etw. ~ chercher qch. des yeux; **~bre-chen** 1. v/t. casser; ~ défoncer; défricher; 2. v/i. (sn) se rompre sous le poids; **~brechen** typ. v/t. mettre en pages; Zeilen: remanier; **~brin-gen** v/t. faire mourir; tuer; 2**bruch** m ✓ terre f défrichée; typ. mise f en pages; **~buchen** v/t. ✝ passer, transférer (d'un compte à un autre); Reise, Flug: changer la réservation (de); **~denken** v/i. orienter autrement sa pensée.

umdrehen ['~dre:ən] 1. v/t. tourner (um die Angel) faire pivoter; 2. v/rfl.: sich ~ se retourner (nach vers od. du côté de).

Um|'drehung f (Motor2) tour m; (um e-e Achse) rotation f; (um e-n Mittel-punkt) révolution f; **~szahl** f nombre m de tours.

um-ei'nander adv. l'un autour de l'autre.

um|fahren ['~fa:rən] v/t. renverser; **~'fahren** v/t. faire le tour de; Hindernis: contourner; Kap: doubler; **~fallen** v/i. (sn) tomber à la renverse; (Wagen) verser; pol. lâcher son parti.

Umfang ['umfaŋ] m (3, o.pl.) circonférence f; ✍ périmètre m; (e-r Stadt) (pour)tour m; (Ausdehnung) étendue f (a. ♪); (Volumen) volume m; (Dicke) grosseur f; 2**reich** adj. volumineux.

umfass|en [~'fasən] v/t. embrasser; (enthalten) contenir; comprendre; ✕ encercler; **~end** p.pr. adjt. étendu; vaste; 2**ung** f clôture f, enceinte f; ✕ encerclement m; 2**ungsmauer** f mur m d'enceinte.

um|flattern v/t. voltiger autour de; **~'fliegen** v/t. voler autour de; **~'flie-ßen** v/t. couler autour de; **~'fluten** v/t. baigner de ses flots.

umform|en v/t. transformer; ✍ convertir; 2**er** ⚡ m (7) convertisseur m; 2**ung** f transformation f.

Umfrage f enquête f; e-e ~ halten faire une enquête.

umfried(ig)|en [~'fri:d(ig)ən] v/t. entourer d'une clôture; 2**ung** f clôture f.

um|füllen v/t. transvaser; 2**füllung** f

transvasement *m*; ²**gang** *m* (*Verkehr*) commerce *m* (*mit Gebildeten* d'esprits cultivés); (*Verhältnis*) relation *f*/*pl*.; rapports *m*/*pl*.; *Arch.* galerie *f*; *mit j-m* ~ **pflegen** (*haben*) entretenir (avoir) des relations avec q.; ²**gänglich** *adj.* sociable; ²**gänglichkeit** *f* sociabilité *f*.

Umgangs|formen *f*/*pl.*: ~ **haben** avoir du savoir-vivre; ~**sprache** *f* langage *m* courant (*od.* familier).

um|'garnen *v*/*t*. (25) tendre des filets autour de; *fig.* enjôler; ~'**geben** *v*/*t*. entourer (*mit* de); environner (*de*); ²'**gebung** *f* entourage *m*.

Um|gegend *f* environs *m*/*pl.*; alentours *m*/*pl.*; ²**gehen** *v*/*i.* (sn) circuler; (*Geister*) revenir; *mit etw.* ~ (*gebrauchen*) user de qch.; *mit j-m* ~ fréquenter q.; *mit Kindern umzugehen wissen* savoir s'y prendre avec les enfants; ²'**gehen** *v*/*t*. faire le tour de; *Hindernis, Feind*: contourner; *Frage, Gesetz*: éluder; ²**gehend** *adv.* immédiatement; par retour du courrier; ~'**gehungsstraße** *f* rue (*resp.* route) *f* de contournement; ²**gekehrt 1.** *adj.* renversé; *in* ~*em Verhältnis* en raison inverse; **2.** *adv.* inversement; à l'inverse; ~! au contraire!; *und* ~ et vice versa.

umgestalt|en *v*/*t*. transformer; *fig. a.* réorganiser; ²**ung** *f* transformation *f*; *fig. a.* réorganisation *f*.

um|gießen *v*/*t*. transvaser; ⊕ refondre; ~**graben** *v*/*t*. retourner (à la bêche); bêcher; ~'**grenzen** *v*/*t*. (dé-)limiter; circonscrire; ~**gruppieren** *v*/*t*. réorganiser; *Kader*: refondre; ~**gürten** [~'gyrtən] *v*/*t*. ceindre; ~**haben** *v*/*t*. porter; ~**hacken** *v*/*t. Boden*: retourner à la pioche; piocher; *Baum*: abattre à la hache; ²~**hang** ['~haŋ] *m* cape *f*; pèlerine *f*; ~**hängen** *v*/*t. Mantel usw.*: jeter sur ses épaules; *quer über die Schulter* ~ mettre en bandoulière; (*anders hängen*) suspendre autrement; ²**hängetasche** *f* sacoche *f*; gibecière *f*; ~**hauen** *v*/*t*. abattre à coups de hache.

umher [~'he:r] *adv.* (tout) autour; (*in e-m Kreise*) à la ronde; (*hier u. da*) çà et là; ~**blicken** *v*/*i.* regarder tout autour (de soi); ~**fahren** *v*/*i.* (sn) se promener (en voiture, *etc.*); ~**flattern** *v*/*i.* voltiger çà et là; ~**fliegen** *v*/*i.* (sn) voler çà et là; ~**gehen**

v/*i.* (sn) aller çà et là; déambuler; ~**irren** *v*/*i.* (sn) errer; vagabonder; ~**laufen** *v*/*i.* (sn) courir çà et là; ~**reisen** *v*/*i.* (sn) voyager; *in e-m Land* ~ voyager dans un pays; ~**schleichen** *v*/*i.* (sn) rôder; ~**schlendern** *v*/*i.* (sn) flâner; ~**schweifen** *v*/*i.* (sn) rôder; *s-e Blicke* ~ *lassen* laisser errer ses regards; ~**springen** *v*/*i.* (sn) gambader; ~**streifen** *v*/*i.* (sn) rôder; ~**ziehen** *v*/*i.* (sn) errer; ~**ziehend** *p.pr. adj.* ambulant; nomade.

um|'hinkönnen *v*/*i.*: *nicht* ~ *zu …* (*inf.*) ne pouvoir s'empêcher de … (*inf.*).

um|'hüll|en *v*/*t*. envelopper; recouvrir; (*verbergend*) voiler; ²**ung** *f* enveloppement *m*; (*Hülle*) enveloppe *f*; (*Kabel*²) gaine *f*.

Umkehr ['~ke:r] *f* (16) retour *m* (*a. fig.*); (*Bekehrung*) conversion *f*; ²**bar** *adj. phys.*, *opt.* réversible; *phot.* inversible; ²**en 1.** *v*/*i.* (sn) (s'en) retourner; (*denselben Weg zurückgehen*) revenir (sur ses pas); rebrousser chemin; **2.** *v*/*t*. retourner; ♣ *Bruch*: renverser; ⚡ invirtir; *gr. Wortfolge*: intervertir; ²**sich** ~ se (re)tourner; ²**ung** *f* inversion *f* (*a. gr.*); ♣, ♪ renversement *m*.

um|kippen 1. *v*/*i.* (sn) perdre l'équilibre; ♣ chavirer; (*Wagen*) verser; (*Auto*) capoter; **2.** *v*/*t*. renverser.

um|'klamm|ern 1. *v*/*t*. tenir embrassé; ✕ encercler; **2.** *v*/*rfl.*: *sich* ~ s'enlacer; ²**erung** ✕ *f* encerclement *m*.

um|klappen *v*/*t*. rabattre; ~**kleiden 1.** *v*/*t*. changer (les vêtements de); **2.** *v*/*rfl.*: *sich* ~ changer; ²**kleideraum** *m* vestiaire *m*; (*kleiner*) cabine *f*; ~**knicken 1.** *v*/*t*. casser; *Papier*: plier; **2.** *v*/*i.* (sn) se casser; *unter der Last* ~ ployer sous le faix; *mit dem Fuß* ~ se fouler le pied; ~**kommen** *v*/*i.* (sn) périr; succomber; *vor Hitze* ~ mourir de chaleur.

Umkreis *m* cercle *m*; périphérie *f*; ♣ circonférence *f*; *in e-m* ~ *von* dans un rayon de.

um|'kreisen *v*/*t*. tourner autour de.

um|krempeln *v*/*t*. retrousser; *alles* ~ mettre tout sens dessus dessous; ~**laden** *v*/*t*. charger sur une autre voiture; ♣ transborder; ²**ladung** ♣ *f* transbordement *m*; ²**lage** *f* (*Sonderbeitrag*) cotisation *f* (*Steuer*²) répartition *f* des impôts;

²'**lagern** v/t. assiéger.

Umlauf [ˈ‿laof] m circulation f (a. Geld²); astr. révolution f; tour m (a. d. Motors); (‿schreiben) circulaire m; in ‿ sein circuler; in ‿ bringen mettre en circulation, Geld a.: émettre, Gerücht: répandre; ‿**bahn** f orbite f; e-n Satelliten auf e-e ‿ bringen placer un satellite sur une orbite déterminée; ²en 1. v/i. (sn) circuler; 2. v/t. j-n (etw.) ‿ renverser q. (qch.); ‿**zeit** astr. f révolution f.

Umlaut gr. m métaphonie f; (Laut) voyelle f infléchie.

Umlege|kalender m calendrier m mémorandum; ²n v/t. mettre autour; (falten) replier; rabattre; (hinlegen) coucher; (umwerfen) renverser; (Fußball) faucher; (töten) F descendre; (verteilen) répartir (auf acc. entre); (anders legen) poser autrement; Mantel: mettre; Verband: appliquer.

um|leiten v/t. détourner; Verkehr: dévier; ²**leitung** f détournement m; (Verkehrs²) déviation f; ‿**lernen** v/i. (Beruf) changer de métier; (Kenntnisse) re(od. ré)viser ses connaissances; (umdenken) orienter autrement sa pensée; ‿**liegend** adj. environnant; die ‿e Gegend les environs m/pl.; les alentours m/pl.; ‿**mauern** v/t. entourer de murs; ‿**modeln** v/t. modifier, transformer; réorganiser; ‿**nachtet** [‿ˈnaxtət] adj. (Geist) troublé; ²**nachtung** f: geistige ‿ aliénation f mentale; ‿**nebeln** v/t. envelopper d'un brouillard; Geist: troubler; ‿**packen** v/t. Koffer: refaire; ✝ changer l'emballage de; ‿**pflanzen** v/t. transplanter, replanter; ‿**pflanzen** v/t. entourer (mit de); ‿**pflügen** v/t. labourer; ‿**polen** ⚡ v/t. inverser les pôles; ‿**prägen** v/t. Geld: refondre; ‿**quartieren** v/t. (25) loger ailleurs; ‿**rahmen** v/t. encadrer; ‿**ranken** v/t. couvrir de son feuillage; ‿**räumen** v/t. disposer autrement.

umrechnen v/t. changer; convertir; ²**ung** f change m; conversion f; ²**ungskurs** m cours m du change; ²**ungstabelle** f barème m de conversion.

um|reißen v/t. renverser; ‿'**reißen** v/t. ébaucher; esquisser; ‿'**reiten** v/t. faire (à cheval) le tour de; ‿**rennen** v/t. renverser (en courant); ‿

'**ringen** v/t. entourer; (umzingeln) cerner.

Umriß m contour m, silhouette f; in großen Umrissen à grands traits; ‿**zeichnung** f croquis m; ébauche f.

um|rühren v/t. remuer; ‿**satteln 1.** v/t. mettre une autre selle à; 2. v/i. changer de cheval; fig. changer de profession.

Umsatz m (3² u. ³) chiffre m d'affaires; transaction(s pl.) f; (Verkauf) débit m; ‿**rückgang** m baisse f du chiffre d'affaires; ‿**steigerung** f accroissement m du chiffre d'affaires; ‿**steuer** f impôt m sur le chiffre d'affaires.

um'säumen v/t. border.

umschalt|en v/t. ⚡ remuer; Auto changer de vitesse; ²**er** ⚡ m commutateur m; ²**taste** f (an der Schreibmaschine) touche f des majuscules; ²**ung** f ⚡ commutation f.

Umschau f tour m d'horizon; revue f; ‿ halten passer en revue; ²**en** v/rfl.: sich ‿ regarder autour de soi; (zurückschauen) tourner la tête; sich in der Welt ‿ voir le monde.

um'schiffen v/t. naviguer autour de; Kap: doubler.

Umschlag m (3³) (Wetter²) changement m brusque; (umgeklappter Rand) rebord m; (Brief²) enveloppe f, pli m; (Akten²) chemise f; (Buch²) couverture f; (Güter²) transbordement m; ✚ compresse f, ‿ von Brei usw. cataplasme m; ‿**bahnhof** m gare f de transbordement; ²**en 1.** v/i. tomber à la renverse; (Wagen) verser; (Flgw., Auto) capoter; (Schiff) chavirer; (Wetter, Krankheit) changer subitement; (Wind, Glück) tourner; ins Gegenteil ‿ passer à l'opposé; 2. v/t. Ärmel: retrousser; Seite: tourner; Kragen: rabattre; ⚓ (umladen) transborder; ‿(e)**tuch** n châle m; ‿**hafen** m port m de transbordement; ‿**stelle** f centre m de transbordement.

um|'schleichen v/t. rôder autour de; ‿'**schließen** v/t. entourer; (einschließen) enfermer; ✕ cerner; ‿'**schlingen** v/t. enlacer; étreindre; ‿**schmeißen** F v/t. renverser; ‿**schmelzen** v/t. refondre; ‿**schnallen** v/t. ceindre; ‿'**schreiben** v/t. user de circonlocutions; exprimer par une périphrase; ✚ circonscrire; ‿**schreiben** v/t. récrire; Schuld:

transférer; ²'**schreibung** f périphrase f; circonlocution f; ²**schreibung** f rédaction f modifiée; (e-r Schuld) transférement m; (e-r Münze) légende f.

um|schulen v/t. Kind: envoyer à une autre école; pol. rééduquer; (beruflich) réadapter; ²**ung** f changement m d'école; pol. rééducation f; berufliche~ rééducation f professionnelle; ²**ungskurs** m cours m de réadaptation (od. de rééducation) professionnelle.

um|schütten v/t. renverser; (in ein anderes Gefäß) transvaser; ~'**schwärmen** v/t. voltiger autour de; entourer; ²**schweif** m (Ausrede) détour m; (Abschweifung) digression f; ~e machen prendre des détours; ohne ~e sans détours; ~**schwenken** fig. v/i. (sn) changer d'opinion; ²**schwung** m péripétie f; changement m brusque; coup m de théâtre; (Umwälzung) révolution f; (der Meinungen) revirement m.

um|'segeln v/t. faire le tour de; Kap: doubler; ~**sehen** v/rfl.: sich ~ regarder autour de soi, (zurücksehen) tourner la tête; sich nach j-m ~ chercher q. (des yeux); sich nach etw. ~ chercher qch.; sich in e-r Stadt ~ visiter (od. faire un tour dans) une ville; sich in der Welt ~ voir le monde.

umseitig adj. u. adv. au verso.

um|setzen v/t. (anders setzen) changer de place; (anders stellen) disposer autrement; ✚ transplanter; ♪ transposer; typ. recomposer; ♠ placer; vendre; ~ in (acc.) convertir en; ²**sichgreifen** n extension f; propagation f.

Umsicht f vue f panoramique; fig. circonspection f; (Vorsicht) prudence f; ²**ig** adj. circonspect; prudent.

um|siedeln v/t. Bevölkerungsgruppen: transférer, réinstaller; ²**siedlung** f transfert m de population, réinstallation f; ²**sinken** v/i. (sn) (se laisser) tomber; s'affaisser.

umsonst [um'zɔnst] adv. pour rien; gratuitement; gratis; (vergeblich) en vain; inutilement; sich ~ bemühen se donner de la peine inutilement.

um|'sorgen v/t.: j-n ~ entourer q. de ses soins; ~'**spannen** v/t.: mit den Armen ~ entourer des bras; fig. embrasser; (geistig) dominer; ~**sprin-**

gen v/i. (sn) (Wind) sauter; mit j-m (etw.) ~ traiter q. (qch.) cavalièrement.

Umstand ['umʃtant] m circonstance f; (Lage) situation f; position f; Umstände pl. (Förmlichkeiten) façons f/pl.; cérémonies f/pl.; unter Umständen le cas échéant; unter allen Umständen en tout cas; unter keinen Umständen sous aucun prétexte (bei vb. mit ne); en aucun cas (bei vb. mit ne); unter solchen Umständen dans ces conditions; machen Sie keine Umstände ne faites pas de façons; j-m Umstände machen incommoder q.; in anderen Umständen (schwanger) enceinte.

umstand|ehalber adv. en raison de, par suite de circonstances; ~**lich** adj. circonstancié, détaillé (adv. en détail, tout au long); (verwickelt) compliqué; (Personen) cérémonieux.

Umstands|kleidung f vêtement m de grossesse; ~**krämer** m formaliste m; pédant m; ~**wort** gr. n adverbe m.

umstehend 1. p.pr. advt. au verso; 2. p.pr. adjt.: die ²en les personnes f/pl. présentes.

Umsteige|fahrschein m, ~**karte** f (billet m od. ticket m de) correspondance f; ²**n** v/i. (sn) changer de voiture (resp. de train od. de ligne).

um|stellen 1. v/t. disposer autrement; ✚ renverser; gr. inverser; typ. transposer; (umbilden) réorganiser; 2. v/rfl.: sich ~ changer d'opinion; ~'**stellen** v/t. entourer; cerner; ch. traquer; ²**stellung** f changement m de place; ✚ renversement m; gr. inversion f; typ. transposition f; (geistige) changement m d'opinion; (Umbildung) réorganisation f; ~**stimmen** v/t. faire changer d'avis; ♪ accorder autrement; ~**stoßen** v/t. renverser; fig. a. annuler; Testament: invalider; tt casser; ~'**strahlen** v/t. entourer de rayons; ~**stritten** [~'ʃtrɪtən] p.p. adjt. discuté; contesté; controversé; ~**stülpen** v/t. (25) retourner; Hut, Ärmel: retrousser.

Umsturz m renversement m; bouleversement m; subversion f; (Umwälzung) révolution f.

umstürz|en 1. v/t. renverser; pfort bouleverser; 2. v/i. (sn) tomber à la renverse; (Wagen) verser; (Auto) capoter; (zusammenstürzen) s'écrouler; ²**er** m (7) révolutionnaire m;

~lerisch *adj.* révolutionnaire; subversif.

Umtausch *m* échange *m*; 2en *v/t.* échanger (*für* pour; *gegen* contre).

um|topfen *v/t.* rempoter; 2**triebe** *m/pl.* menées *f/pl.*; machinations *f/pl.*; ~**tun** 1. *v/t.* mettre; (*gürten*) ceindre; 2. *v/rfl.*: *sich nach etw.* ~ chercher qch.

umwälz|en *v/t.* rouler; (*umstürzen*) renverser, *pfort* bouleverser; ~**end** *p.pr. adjt.* révolutionnaire; 2**ung** *f* révolution *f*; *pfort* bouleversement *m*.

umwandel|n *v/t.* transformer (*a. 𝄐*); changer (*in acc.* en); 🕇 convertir (*in acc.* en); 🏛 commuer (*in acc.* en); *rl.* transsubstantier; 2**lung** *f* transformation *f*; changement *m*; 🕇 conversion *f*; 🏛 commutation *f*; *rl.* transsubstantiation *f*.

umwechseln *v/t.* changer.

Umweg *m* détour *m* (*a. fig.*); *auf* ~en indirectement.

Umwelt *f* milieu *m*, ambiance *f*; 2**bedingt** *p.p. adjt.* conditionné par le milieu; 2**schädlich** *adj.* nocif à l'environnement; ~**schutz** *m* protection *f* du milieu environnant; ~**verschmutzung** *f* pollution *f* (de l'environnement).

um|wenden *v/t.* retourner; *Hand, Seite, Wagen:* tourner; ~'**werben** *v/t.* courtiser; ~**werfen** *v/t.* renverser; *Mantel usw.:* jeter sur ses épaules; 2**wertung** *f* transmutation *f* des valeurs; ~'**wickeln** *v/t.* envelopper (*mit* de); ~'**wogen** *poét. v/t.* battre de ses flots; ~**wölken** [~'vœlkən] (25) *v/t.* (*v/rfl. sich* ~ se) couvrir de nuages; (s')assombrir (*a. fig.*); ~'**zäunen** *v/t.* entourer d'une clôture; 2'**zäunung** *f* clôture *f*; ~**ziehen** 1. *v/i.* (sn) déménager; changer de logement; 2. *v/t.*: *j-n* ~ changer les vêtements de q.; 3. *v/rfl.*: *sich* ~ se changer; ~**zingeln** [~'tsiŋəln] *v/t.* cerner; encercler; 2**zingelung** *f* encerclement *m*; 2**zug** *m* déménagement *m*; (*Festzug*) cortège *m*; *rl.* procession *f*.

unab|änderlich [~'ɔ'ap'ɛndərliç] *adj.* invariable; (*unwiderruflich*) irrévocable; ~**dingbar** *adj.* (*Recht*) inaliénable; (*notwendig*) indispensable.

un-abhängig *adj.* indépendant; 2**keit** *f* indépendance *f*.

un-ab|kömmlich [~'un'apkœmliç] *adj.* indispensable; ✗ en sursis

d'appel; ~**lässig** ['~lɛsiç] 1. *adj.* continuel; incessant; 2. *adv. a.* sans cesse; ~**sehbar** *adj.* à perte de vue; *fig.* incalculable; imprévisible; ~'**setzbar** *adj.* inamovible; ~**sichtlich** 1. *adj.* non prémédité; 2. *adv.* sans intention; ~**weisbar**, ~**weislich** *adj.* qu'on ne saurait refuser; (*gebieterisch*) impérieux; ~'**wendbar** *adj.* inévitable.

un-achtsam *adj.* inattentif; 2**keit** *f* inattention *f*; inadvertance *f*; *aus* ~ par inadvertance.

un-ähnlich *adj.* dissemblable.

un-an|fechtbar *adj.* incontestable; ~**gebracht** *adj.* déplacé; ~**gefochten** ['~gəfɔxtən] *adj.* incontesté; *~ lassen* laisser tranquille; ~**gemeldet** 1. *adj.* non annoncé; 2. *adv.* sans se faire annoncer; sans s'annoncer; ~**gemessen** *adj.* impropre; (*unschicklich*) peu convenable; ~**genehm** ['~gəne:m] *adj.* désagréable; ~**getastet** *adj.* intact; ~'**greifbar** *adj.* inattaquable; ~**nehmbar** *adj.* inacceptable; 2**nehmlichkeit** *f* désagrément *m*; inconvénient *m*; ennui *m*; (*Ärger*) contrariété *f*; ~**sehnlich** *adj.* de peu d'apparence; 2**sehnlichkeit** *f* peu *m* d'apparence; ~**ständig** *adj.* inconvenant; indécent; (*ungezogen*) polisson; 2**ständigkeit** *f* inconvenance *f*; indécence *f*; (*Ungezogenheit*) polissonnerie *f*; ~**tastbar** *adj.* inviolable; 🏛 insaisissable; 2**tastbarkeit** *f* inviolabilité *f*; 🏛 insaisissabilité *f*.

un-appetitlich *adj.* peu appétissant; *pfort* dégoûtant.

Un-art *f* mauvaises manières *f/pl.*; vilaine habitude *f*; (*bsd. e-s Kindes*) méchanceté *f*; (*Unhöflichkeit*) impolitesse *f*; 2**ig** *adj.* (*Kind*) méchant; mal élevé; (*unhöflich*) impoli.

un-artikuliert *adj.* inarticulé.

un-ästhetisch *adj.* peu esthétique.

un-auf|dringlich *adj.* discret; ~**fällig** 1. *adj.* peu frappant; 2. *adv.* sans se faire remarquer; ~**findbar** *adj.* introuvable; ~**gefordert** *adv.* sans y avoir été invité; spontanément; ~**geklärt** *adj.* non éclairci, inexpliqué; ~**haltbar**, ~**haltsam** *adj.* irrésistible; ~**hörlich** 1. *adj.* incessant; perpétuel; 2. *adv. a.* sans cesse; ~**löslich**, ~**löslich** *adj.* indissoluble (*a. 🜍, 🜎*); ✗ insoluble; ~**merksam** *adj.* inattentif; 2**merksamkeit** *f* inattention *f*; ~**richtig** *adj.* insincère;

~richtigkeit f insincérité f; **~schieb-bar** adj. qu'on ne peut remettre.

un-aus|'bleiblich adj. infaillible; (*unvermeidlich*) inévitable; **~führ-bar** adj. inexécutable; irréalisable; **~gefüllt** adj. qui n'a pas été rempli; (*Quittung*) en blanc; **~geglichen** adj. déséquilibré; (*Charakter*) inconstant, instable; **~gesetzt 1.** adj. ininterrompu; continu; **2.** adv. sans relâche; **~'rottbar** adj. inextirpable; **~'sprechbar**, **~'sprechlich** adj. inexprimable; indicible; ineffable; **~'stehlich** adj. insupportable; F assommant; **~'weichlich** adj. inévitable; inéluctable.

unbändig ['~bɛndiç] adj. indomptable; (*zügellos*) effréné; (*Lachen, Zorn*) fou.

unbarmherzig adj. impitoyable; (*hart*) dur; **2keit** f dureté f.

unbe|absichtigt ['~bə'apziçtiçt] **1.** adj. non voulu; **2.** adv. sans intention; **~achtet** adj. inaperçu; ~ lassen ne pas faire attention à; **~anstandet 1.** adj. incontesté; **2.** adv. sans opposition; **~antwortet** adj.: ~ bleiben rester sans réponse; **~arbeitet** ⊕ adj. brut; cru; non usiné; **~baut** adj. ✓ inculte; (*Gelände*) vague; (*Straßen*) sans bâtiments; **~dacht(sam)** adj. irréfléchi; inconsidéré; (*leichtsinnig*) étourdi; **2dachtsamkeit** f irréflexion f; (*Leichtsinn*) étourderie f; **~deckt** adj. découvert; **~denklich 1.** adj. qui n'offre aucune difficulté (*od.* aucun inconvénient); **2.** adv. sans hésiter; **~deutend** adj. insignifiant; futile; **~dingt** ['~dɪŋt] adj. absolu; sans réserve; **~einflußt** adj. non influencé; **~fahrbar** adj. impraticable; ⚓ innavigable.

unbefangen adj. non prévenu; (*unparteiisch*) impartial; (*harmlos*) ingénu; naïf; **2heit** f esprit m non prévenu; (*Unparteilichkeit*) impartialité f; (*Harmlosigkeit*) ingénuité f; naïveté f.

unbe|fleckt adj. sans tache; fig. pur; rl. immaculé; **~friedigend** adj. peu satisfaisant; insuffisant; **~friedigt** adj. insatisfait; mécontent; (*ungesättigt*) inassouvi; **~fristet** adj. à durée non limitée; **~fugt** ['~fu:kt] adj. non autorisé; ⚖ incompétent; **2en ist der Eintritt verboten** entrée interdite aux personnes étrangères (*od.* non autorisées); **~gabt** ['~gɑːpt] adj. peu

doué; **~greiflich** adj. inconcevable; incompréhensible; **~grenzt** adj. illimité; **~gründet** adj. non (*od.* mal) fondé; injustifié; **~gütert** adj. sans fortune (*od.* biens); **~haart** adj. glabre; (*Kopf*) chauve.

Unbehag|en ['unbəhaːgən] n malaise m; **2lich** adj. incommode; ein ~es Gefühl un sentiment de malaise; sich ~ fühlen se sentir mal à l'aise.

unbe|helligt adj. sans être molesté; **~herrscht** adj. qui ne sait pas se maîtriser (*od.* se dominer); **~hindert** adj. sans être empêché; **~holfen** ['~hɔlfən] adj. maladroit; gauche; (*plump*) lourd; **2holfenheit** f maladresse f; gaucherie f; **~irrbar** adj. inébranlable; imperturbable; ferme; sûr; **~irrt** adv. sans se laisser déconcerter.

unbekannt adj. inconnu; (*fremd*) étranger; er ist mir ~ je ne le connais pas; das ist mir ~ je n'en sais rien; **2e(r** m) m, f inconnu(e f) m (a. **A**); **~erweise** adv. sans être connu.

unbe|kleidet adj. nu; **~kümmert** adj. insouciant; sans souci; seien Sie deswegen ~ ne vous en mettez pas en peine; **2kümmertheit** f insouciance f; **~lastet** adj. non chargé; (*Grundstück*) non grevé d'hypothèques; **~lästigt** adv. sans être molesté; **~lebt** adj. inanimé; sans vie; (*Straße*) peu fréquenté; **~lehrbar** adj. incorrigible; **~lichtet** phot. adj. non exposé, vierge.

unbeliebt adj. peu aimé; beim Volke ~ impopulaire; **2heit** f impopularité f.

unbe|mannt ⚓ adj. non équipé; **~merkbar** adj. imperceptible; **~merkt** adj. inaperçu; **~mittelt** adj. sans fortune (*od.* biens); **~nannt** ['~nant] adj. sans nom; anonyme; **~e Zahl** nombre m abstrait; **~nommen** adj.: es bleibt Ihnen ~, zu ... (*inf.*) vous êtes libre de ... (*inf.*); **~nutzbar** adj. inutilisable; **~nutzt** adj. inutilisé; (*neu*) neuf; **~obachtet** adj. inobservé.

unbequem adj. incommode; (*lästig*) gênant; Sie sitzen ~ vous êtes mal assis; **2lichkeit** f incommodité f.

unbe|rechenbar adj. incalculable; (*Person*) déconcertant; **~rechtigt** adj. non autorisé; (*Forderung*) injustifié; **~rücksichtigt** adj.: etw. ~ lassen ne pas tenir compte de qch.; **~rufen** adj. non autorisé; non qualifié; ~**rufen!** *int.* touchons du bois; ~**ruhrt** *adj.* intact; *et*; *etw.* ~ *lassen* ne pas toucher à qch., *fig.* passer qch. sous silence; ~**schadet** *prp.* (*gén.*) sans préjudice de; ~**schädigt** *adj.* intact; ✝ sain et sauf; ~**schäftigt** *adj.* inoccupé; désœuvré; ~**scheiden** *adj.* immodeste.

unbescholten [´~ʃɔltən] *adj.* intègre; ⚖ sans antécédents judiciaires; ⚖**heit** f réputation f intacte; intégrité f.

unbe|schränkt *adj.* illimité; ~**schreiblich** *adj.* indescriptible; ~**schrieben** *adj.* (en) blanc; ~**schwert** *adj.* non chargé; (*Gewissen*) net; (*unbesorgt*) sans souci; ~**sehen** *adv.* sans l'avoir vu; sans examen; ~**setzt** *adj.* inoccupé; (*Stelle*) vacant; ~**siegbar** *adj.* invincible; ~**siegt** *adj.* invaincu; ~**sonnen** *adj.* irréfléchi; (*leichtsinnig*) étourdi; ⚖**sonnenheit** f irréflexion f; (*Leichtsinn*) étourderie f; ~**sorgt** *adj.* sans souci; *seien Sie* ~ ne vous mettez pas en souci (*od.* en peine).

unbeständig *adj.* instable; inconstant; (*veränderlich*) changeant; variable; ⚖**keit** f instabilité f; inconstance f; (*Veränderlichkeit*) variabilité f.

unbestätigt *adj.* non confirmé.

unbestechlich *adj.* incorruptible; ⚖**keit** f incorruptibilité f; intégrité f.

unbe|stellbar *adj.* 🖂 au rebut; en souffrance; 🖋 qui ne peut être labouré; ~**stimmbar** *adj.* indéterminable; indéfinissable; ~**stimmt** *adj.* indéterminé (*a.* Ⱥ); indéfini (*a. gr.*); (*unklar*) vague; (*unsicher*) incertain; (*unentschieden*) indécis; ⚖**stimmtheit** f indétermination f; ~**straft** *adj.* impuni; ⚖ sans antécédents judiciaires; ~**streitbar** *adj.* incontestable; ~**stritten** *adj.* incontesté; ~**teiligt** *adj.* qui n'y est pour rien; ~**tont** *adj.* non accentué; atone; ~**trächtlich** *adj.* peu considérable.

unbeugsam *adj.* inflexible; ⚖**keit** f inflexibilité f.

unbe|wacht *adj.* non surveillé; ~**waffnet** *adj.* sans armes; ~**wältigt** *adj.* non surmonté; ~**wandert** *adj.* peu versé (*in dat.* dans).

unbeweg|lich *adj.* immobile; ~**es Gut** immeuble m; *fig.* impassible; ⚖**lichkeit** f immobilité f; *fig.* impassibilité f; ~**t** *adj.* immobile; *fig.* impassible.

unbe|weibt F *adj.* non marié, célibataire; ~**weisbar** *adj.* indémontrable; improuvable; ~**wiesen** *adj.* non démontré; non prouvé; ~**wohnbar** *adj.* inhabitable; ~**wohnt** *adj.* inhabité; ~**wußt** *adj.* inconscient; (*unwillkürlich*) involontaire; *mir* ~ à mon insu; ~**zahlbar** *adj.* impayable; ~**zahlt** *adj.* impayé; ~**zähmbar** *adj.* indomptable; ~**zwingbar** *adj.* invincible; (*Festung*) imprenable.

Unbilden [´unbildən] *pl.*: *die* ~ *der Witterung* les intempéries f/pl.; l'inclémence f du temps.

unblutig *adj.* sans répandre de sang.

unbotmäßig [´~boːtmɛːsiç] *adj.* insubordonné; ⚖**keit** f insubordination f.

unbrauchbar *adj.* inutilisable; (*unnütz*) inutile; (*untauglich*) inapte; ⚖**keit** f inutilité f; (*Untauglichkeit*) inaptitude f.

unchristlich *adj.* peu chrétien.

und [unt] *cj.* et; (*bei negativer Verbindung*) ne ... ni ...; ~ *kein Brot* ~ *kein Geld haben* n'avoir ni pain ni argent.

Undank m ingratitude f; ⚖**bar** *adj.* ingrat (*gegen* envers).

un|datiert [´~datiːrt] *adj.* non daté; ~**definierbar** *adj.* indéfinissable; ~**denkbar** *adj.* impensable; (*unbegreiflich*) inconcevable; ~**denklich** *adj.*: *seit* ~*en Zeiten* de temps immémorial; ~**deutlich** **1.** *adj.* indistinct; (*unklar*) vague; (*verworren*) confus; (*dunkel*) obscur; (*Schrift*) illisible; **2.** *adv.*: ~ *und schnell sprechen* bredouiller; ~**dicht** *adj.* qui n'est pas étanche; (*durchlässig*) perméable; ~ *sein* (*Gefäß*) fuir; ⚖**ding** n absurdité f; ~**diszipliniert** *adj.* indiscipliné; ~**duldsam** *adj.* intolérant; ⚖**duldsamkeit** f intolérance f.

undurch|dringlich *adj.* impénétrable; (*unklar*) inextricable; ~**führbar** *adj.* inexécutable; ~**lässig** *adj.* imperméable; ⚖**lässigkeit** f imperméabilité f; ~**schaubar** *fig. adj.* impénétrable; (*Charakter*) fermé; ~**sichtig** *adj.* opaque; ⚖**sichtigkeit** f opacité f.

un-eben *adj.* inégal; (*Gelände*) accidenté; (*Weg*) raboteux; ⚖**heit** f inégalité f; ~ *des Geländes* accident m de terrain.

un|-echt *adj.* faux; (*nachgemacht*) contrefait; imité; (*Schmuck*) en similis; (*Urkunde*) non authentique; (*Haar*) postiche; Ⱥ ~*er Bruch* nombre *m* fractionnaire; **~edel** *adj.* ignoble; (*gemein*) vulgaire; (*Metall*) commun; **~ehelich** *adj.* (*Kind*) illégitime; naturel.

Un-ehr|e *f* déshonneur *m*; **2enhaft** *adj.* déshonorant, malhonnête; **2erbietig** [`·°εrbi:tiç] *adj.* irrespectueux; irrévérencieux; **2lich** *adj.* malhonnête; de mauvaise foi; **~lichkeit** *f* malhonnêteté *f*; mauvaise foi *f*.

un-eigennützig *adj.* désintéressé; **2keit** *f* désintéressement *m*.

un-einge|schränkt *adj.* illimité; **~standen** *adj.* inavoué; **~weiht** *adj.* non initié; profane.

un-einig *adj.* désuni, en désaccord; *mit sich* ~ irrésolu; **2keit** *f* désunion *f*; désaccord *m*.

un-einnehmbar *adj.* imprenable.

un-eins *adj.* = uneinig.

un-emp|fänglich *adj.*: ~ *für* insensible à; inaccessible à; ✠ non prédisposé à; **~findlich** *adj.* insensible (gegen à); (*gefühllos*) impassible; (*gleichgültig*) indifférent (gegen à); (*Glied*) engourdi; ✠ ~ *machen* anesthésier; **2findlichkeit** *f* insensibilité *f*; (*Gefühllosigkeit*) impassibilité *f*; ✠ anesthésie *f*.

un-endlich 1. *adj.* infini; (*unermeßlich*) immense; 2. *adv.*: ~ *klein* infinitésimal; **2keit** *f* infinité *f*.

un-ent|behrlich *adj.* indispensable; **~geltlich** [`·εntgεltliç] 1. *adj.* gratuit; 2. *adv. a.* gratis; **~rinnbar** *adj.* inévitable; **~schieden** 1. *adj.* indécis; (*noch schwebend*) en suspens; pendant; 2. *adv. Sp.* ~ *spielen* faire match nul; **~schlossen** *adj.* irrésolu; **2schlossenheit** *f* irrésolution *f*; **~schuldbar** *adj.* inexcusable; **~wegt** [`·ve:kt] *adj.* inébranlable; (*unaufhörlich*) sans cesse; **~wickelt** *adj.* qui n'est pas encore (suffisamment) développé; **~wirrbar** *adj.* inextricable; **~zifferbar** *adj.* indéchiffrable.

un-er|bittlich *adj.* inexorable; **2bittlichkeit** *f* inexorabilité *f*; **~fahren** *adj.* inexpérimenté; **2fahrenheit** *f* inexpérience *f*; **~findlich** *adj.* inexplicable, inconcevable; (*rätselhaft*) énigmatique; **~forschlich** *adj.* impénétrable; **~forscht** *adj.* inexploré; **~freulich** *adj.* peu réjouissant; désagréable; (*verdrießlich*) fâcheux; (*Szene*) pénible; **~füllbar** *adj.* irréalisable; **~füllt** *adj.* (*Leben*) non rempli; (*Pflicht*) non accompli;

(*Wunsch*) irréalisé; **~giebig** [`·gi:biç] *adj.* improductif; (*Boden*) stérile; maigre; **~gründlich** *adj.* insondable; impénétrable; **2gründlichkeit** *f* insondabilité *f*; **~heblich** *adj.* insignifiant; **~hört** *adj.* inouï; (*fabelhaft*) fabuleux; (*Preis*) exorbitant; ~ *bleiben* n'être pas écouté; *nicht* ~ *lassen* exaucer; **~kannt** *adj.* sans être reconnu; incognito; **~klärbar**, **~klärlich** *adj.* inexplicable; **~läßlich** [`·lεsliç] *adj.* indispensable; **~laubt** [`·laopt] *adj.* illicite; défendu; **~ledigt** *adj.* non réglé; (*Frage*) en suspens; **~meßlich** *adj.* immense; **2meßlichkeit** *f* immensité *f*.

un-ermüdlich [`·my:tliç] *adj.* infatigable; **2keit** *f* zèle *m* infatigable.

un-er|örtert [`·°œrtərt] *adj.* qui n'a pas été discuté; **~quicklich** *adj.* pénible; fâcheux; **~reichbar** *adj.* inaccessible; **~reicht** *adj.* sans égal; **~sättlich** *adj.* insatiable (*a. fig.*); **2sättlichkeit** *f* insatiabilité *f*; **~schlossen** *adj.* inexploré, inexploité; **~schöpflich** *adj.* inépuisable; **~schrocken** *adj.* intrépide; **2schrockenheit** *f* intrépidité *f*; **~schütterlich** *adj.* inébranlable; imperturbable; **~schüttert** *adj.* sans être ébranlé; **~schwinglich** *adj.* 'hors de prix'; (*Preis*) énorme; exorbitant; **~setzbar**, **~setzlich** *adj.* irremplaçable; (*Verlust*) irréparable; **~sprießlich** *adj.* infructueux; (*unangenehm*) désagréable; (*träglich* *adj.* insupportable; **~wähnt** *adj.* omis; *etw.* ~ *lassen* passer qch. sous silence; **~wartet** 1. *adj.* inattendu; (*unverhofft*) inespéré; 2. *adv.* à l'improviste; *das kommt mir* ~ je ne m'y attendais pas; **~widert** [`·vi:dərt] *adj.* à qui (*resp.* à quoi) on n'a pas répondu; **~er** *Besuch* visite qu'on n'a pas rendue; **~wünscht** *adj.* indésirable; 2. *adv.* mal à propos.

unfähig *adj.*: ~ *zu* incapable de; inhabile à (*a.* ✠); **2keit** *f* incapacité *f*; ✠ inhabilité *f*.

unfair [`unfε:r] *adj.* déloyal, irrégulier.

Unfall *m* accident *m*; (*Unglücksfall*) malheur *m*; **~-entschädigung** *f* indemnisation *f* des accidents du travail; **~kommando** *n* police *f* secours; **~rente** *f* pension *f* d'accident de travail; **~station** *f* poste *m* de secours; **~verhütung** *f* prévention *f* des accidents; **~versicherung**(**sge-sellschaft**) *f* (compagnie *f* d')assurance-accident *f*.

unfaßbar *adj.* incompréhensible.

unfehlbar *adj.* infaillible; **2keit** *f* infaillibilité *f*.

un|fein *adj.* peu délicat; sans tact; **~fertig** *adj.* inachevé; **~flätig** ['~flɛːtiç] *adj.* sale; ordurier; obscène; **2flätigkeit** *f* saleté *f*, obscénité *f*; **~folgsam** *adj.* indocile; désobéissant; **~förmig** *adj.* difforme; **2förmigkeit** *f* difformité *f*; **~förmlich** *adj.* informe; (*ohne Förmlichkeit*) sans façons; **~frankiert 1.** *adj.* non affranchi; **2.** *adv.* sans affranchir; **~frei** *adj.* qui n'est pas libre; (*bibleigen*) serf; **~freiwillig 1.** *adj.* involontaire; **2.** *adv. a.* malgré soi.

unfreundlich *adj.* peu bienveillant; peu aimable; (*Wetter*) inclément; **2keit** *f* caractère *m* peu bienveillant; manières *f/pl.* peu aimables.

Unfriede(n) *m* discorde *f*.

unfrisiert *adj.* sans être coiffé; *fig.* (*Bilanz*) qui n'est pas camouflé.

unfruchtbar *adj.* stérile; infertile; infécond; *~ machen* stériliser; **2keit** *f* stérilité *f*; infertilité *f*; infécondité *f*; **2machung** *f* stérilisation *f*.

Unfug ['~fuːk] *m* (3) (*Streich*) frasque *f*; (*Mutwille*) excès *m*; ᵗᵗᵗ délit *m*; *grober ~* délit *m* grave.

un|galant *adj.* peu galant; **~gangbar** *adj.* impraticable.

Ungar(**in** *f*) ['~ungar(in)] *m* (13) 'Hongrois(e *f*) *m*; **2isch** *adj.* 'hongrois.

ungastlich *adj.* inhospitalier.

unge|achtet ['~gə²axtət] **1.** *adj.* peu estimé; **2.** *prp.* (*gén.*) malgré; en dépit de; **~ahndet** ['~gə²aːndət] **1.** *adj.* impuni; **2.** *adv.* impunément; **~ahnt** ['~gə²aːnt] *adj.* inespéré; **~bärdig** ['~bɛːrdiç] *adj.* récalcitrant; **~beten** *adj.* non invité; *~er Gast* intrus *m*; **~beugt** *adj.* qui ne s'est pas laissé abattre; **~bildet** *adj.* inculte; illettré; **~brannt** *adj.* (*Backsteine*) cru; (*Kaffee*) vert; **~bräuchlich** *adj.* inusité; **~braucht** *adj.* tout neuf; **~brochen** *adj. fig.* qui n'est pas abattu.

Ungebühr *f* inconvenance *f*; (*Ungerechtigkeit*) injustice *f*; **2lich** *adj.* inconvenant; (*ungerecht*) injuste; **~lichkeit** *f* = Ungebühr.

ungebunden *adj.* (*Buch*) non relié; *fig.* libre; (*züngellos*) licencieux; **~e**

Rede prose *f*; **2heit** *f* liberté *f*; (*Zwanglosigkeit*) laisser-aller *m*; (*Zügellosigkeit*) licence *f*.

unge|deckt *adj.* sans abri; ✝ à découvert; **~druckt** *adj. litt.* inédit; **2duld** *f* impatience *f*; **~duldig** *adj.* impatient; *~ machen* impatienter; *~ werden* s'impatienter; **~eignet** *adj.* impropre (*zu* à); **~fähr** ['~fɛːr] **1.** *adj.* approximatif; **2.** *adv. a.* à peu près; environ; *von ~* par hasard; **~fährdet** *adv.* sans danger; **~fährlich** *adj.* sans danger; (*Wesen*) inoffensif; **~fällig** *adj.* peu complaisant; **2fälligkeit** *f* manque *m* de complaisance; **~färbt** *adj.* non teint; naturel; **~fügig** *adj.* peu souple; (*Personen*) peu accommodant; **~halten** *adj.* fâché (*über acc.* de); *~ werden* se fâcher; **~heißen** *adj.* de son propre chef; **~heizt** *adj.* non chauffé; **~hemmt 1.** *adj.* libre; **2.** *adv. a.* sans entraves; **~heuchelt** *adj.* sans feinte.

ungeheuer ['~ungəhɔyər] **1.** *adj.* monstrueux; prodigieux; (*riesig, groß*) colossal; énorme; **2.** **2** *n* (7) monstre *m*; **~lich** *adj.* monstrueux; révoltant; **2lichkeit** *f* monstruosité *f*.

unge|hindert *adj.* sans être empêché; **~hobelt** *adj.* non raboté; brut; *fig.* grossier; impoli; *~er Mensch* rustre *m*; **~hörig 1.** *adj.* inconvenant; (*Zeit*) indu; **2.** *adv.* mal à propos; indûment; **2hörigkeit** *f* inconvenance *f*; **~horsam** *adj.* désobéissant; **2horsam** *m* (3) désobéissance *f*; **~klärt** *adj.* = *unaufgeklärt*; **~kocht** *adj.* non cuit; cru; **~künstelt** *adj.* naturel; sans affectation; **~kürzt 1.** *adj.* (*Text*) non abrégé; intégral; **2.** *adv.* complètement; intégralement; **~laden** *adj.* sans être invité; (*Waffe*) non chargé; **~legen 1.** *adj.* inopportun; *zu ~er Stunde* à une heure indue; **2.** *adv.* mal à propos; *j-m ~ kommen* déranger q.; **2legenheit** *f* inopportunité *f*; *j-m ~ machen* causer de l'embarras à q.; déranger q.; **~lehrig** *adj.* peu intelligent; (*schwer zu unterrichten*) indocile; **~lenk**(**ig**) *adj.* maladroit; gauche; **~lernt** *adj.* (*Arbeiter*) non qualifié; **~löscht** *adj.* non éteint; *~er Kalk* chaux *f* vive; **~löst** *adj.* (*Problem*) irrésolu.

Ungemach ['~ungəmaːx] *n* (3) ennuis *m/pl.*; inconvénients *m/pl.*; (*Übel*) maux *m/pl.*; (*Mühseligkeiten*) fatigues f|pl.; (*Unglücksfälle*) revers m|pl.

ungemein 1. adj. extraordinaire; **2.** adv. a. extrêmement.

unge|mischt adj. pur; **~münzt** adj. non monnayé; en barres; **~mütlich** adj. peu confortable; (*Person*) peu sympathique; (*Wetter*) vilain; **~nannt** adj. anonyme; **~nau** adj. inexact; **2nauigkeit** f inexactitude f; **~niert** ['~ʒeni:rt] adj. u. adv. sans gêne; sans façon; **2niertheit** f sans-gêne m; **~nießbar** adj. immangeable; imbuvable; fig. insipide; fastidieux; **~nügend** adj. insuffisant; **~nügsam** adj. difficile à contenter; **2nützt 1.** adj. inutilisé; **2.** adv. sans en profiter; **~ordnet** adj. sans ordre; en désordre; **~pflegt** adj. négligé; **~rächt 1.** adj. impuni; **2.** adv. impunément; **~rade** adj. (*Zahl*) impair; **~raten** adj. manqué; (*Person*) qui a mal tourné; **~rechnet** prp. non compté; (*nicht einbegriffen*) non compris.

ungerecht adj. injuste; pfort inique; **~fertigt** adj. non justifié; injustifié; **2igkeit** f injustice f; pfort iniquité f.

ungeregelt adj. non réglé.

ungereimt adj. non rimé; (*Verse*) blanc; fig. absurde; **2heit** f absurdité f.

ungern adv. à regret; à contre-cœur.

unge|rügt p.p. adjt.: *das kann man nicht ~ lassen* on ne peut laisser passer cela; **~rührt** adj. impassible; **~sagt** adj.: *etw. ~ lassen* s'abstenir de dire qch.; **~salzen** adj. non salé; **~sattelt** adj. sans selle; *auf ~em Pferd reiten* monter à poil; **~säuert** adj. sans levain; azyme; **~säumt 1.** adj. sans ourlet; **2.** adv. (*sofort*) sans délai; **~schehen** adj. non avenu; *das läßt sich nicht ~ machen* ce qui est fait est fait.

Ungeschick n, **~lichkeit** f maladresse f, inhabileté f; gaucherie f; **2t** adj. maladroit; inhabile; gauche.

unge|schlacht ['~ʃlaxt] adj. lourdaud; grossier; **~schlechtlich** biol. adj. asexué; **~e Fortpflanzung** reproduction f asexuée; **~schliffen** adj. (*Messer*) non affilé; (*Stein*) non taillé; brut; fig. impoli; grossier; **~schmälert** adj. intégral; entier; **~schminkt** adj. sans fard (a. fig.); **~schoren** adj. fig.: *~ lassen* laisser tranquille; **~schrieben** adj. (*Gesetz*)

non écrit; **~schützt** adj. ✗ sans défense, non protégé; (*gegen Wind u. Wetter*) sans abri; **~sehen** adj. inaperçu; sans avoir (*resp. être*) vu; **~sellig** adj. insociable; **2selligkeit** f insociabilité f.

ungesetzlich adj. illégal; (*unrechtmäßig*) illégitime; **2keit** f illégalité f; (*Unrechtmäßigkeit*) illégitimité f.

unge|sittet adj. incivil; grossier; **~stalt(et)** adj. informe; difforme; **~stört 1.** adj. paisible, tranquille; **2.** adv. sans être dérangé; en paix; **~straft 1.** adj. impuni; **2.** adv. impunément; **~stüm 1.** ['~ʃty:m] adj. impétueux; fougueux; (*heftig*) violent; **2~stüm** n (3) impétuosité f; fougue f; (*Heftigkeit*) violence f; **~sund** adj. malsain; (*Luft, Ort, Wohnung*) insalubre; (*kränklich*) maladif; **~tan** adj.: *etw. ~ lassen* s'abstenir de faire qch.; **~teilt** adj. non divisé; (*ganz*) tout entier; (*einstimmig*) unanime; **~trübt** adj. serein; (*Glück*) sans nuage; **2~tüm** ['~ty:m] n (3) monstre m; **~übt** adj. inexercé; inexpérimenté; sans expérience; **~wiß** adj. incertain; *im ~en lassen* laisser dans l'incertitude; **2wißheit** f incertitude f; **2witter** n tempête f; violent orage m; **~wöhnlich** adj. extraordinaire; insolite; (*seltsam*) étrange; **~wohnt** adj. inaccoutumé; **~wollt 1.** adj. non voulu, involontaire; **2.** adv. involontairement, sans intention; **~zählt 1.** adj. non compté; **2.** adv. sans nombre.

Ungeziefer ['~tsi:fər] n (7) vermine f; **~bekämpfung** f lutte f contre la vermine.

unge|zogen adj. mal élevé; (*unartig*) méchant; (*gassenjungenhaft*) polisson; (*frech*) impertinent; **2zogenheit** f (*Unartigkeit*) méchanceté f; (*Frechheit*) impertinence f; **~zügelt** adj. sans frein; fig. effréné; **~zwungen** adj. sans contrainte; libre; (*Lachen usw.*) franc; fig. naturel; dégagé; aisé; **2zwungenheit** f aisance f (des manières).

Unglaube rl. m incrédulité f; manque m de foi.

ungläubig adj. (*mit Zweifeln*) incrédule; (*ohne jeden Glauben*) incroyant; (*nichtchristlich*) mécréant; (*heidnisch*) infidèle; **2e(r** m) m f, incrédule m, f; rl. incroyant(e f) m.

unglaub|lich adj. incroyable; **~wür-**

dig adj. qui n'est pas digne de foi.
ungleich 1. adj. inégal; (unvereinbar) disparate; (verschieden) différent; (unähnlich) dissemblable;
(nicht zusammenpassend) dépareillé;
(Handschuh) déparié; **2.** adv.: ~ schö-
ner infiniment plus beau; ~**artig** adj.
hétérogène; ~**förmig** adj. dissemblable; (ohne Symmetrie) asymétrique; 2**heit** f inégalité f; (Mißverhältnis) disparité f; (Verschiedenheit)
différence f; (Unähnlichkeit) dissem-
blance f; ~**mäßig** adj. inégal; ~**namig** adj. de noms contraires.
Unglück n (3) malheur m; (zufälliges)
accident m; (dauerndes) infortune f;
(widriges Geschick) adversité f;
(Pech) malchance f, F déveine f;
(Schicksalsschlag) revers m; (schweres
Mißgeschick) désastre m; calamité f;
viel ~ erfahren essuyer bien des revers; ~ bringen porter malheur; j-n
ins ~ bringen faire le malheur de q.;
j-n ins ~ stürzen causer la ruine de q.;
zum ~ par malheur; 2**lich 1.** adj.
(Stimmung) malheureux; (Personen)
infortuné; malchanceux; (Dinge)
malencontreux; funeste; **2.** adv.: ~
enden finir mal; 2**licherweise** adv.
malheureuse-
ment; ~**sbote** m messager m de malheur; 2**selig** adj. malheureux; (Dinge) funeste; désastreux; ~**sfall** m
malheur m; accident m (fâcheux);
~**srabe** m (Pechvogel) malchanceux
m, F déveinard m; ~**stag** m jour m
funeste.
Un|gnade f disgrâce f; (Ungunst) dé-
faveur f; in ~ fallen tomber en disgrâce; sich j-s ~ zuziehen encourir la
disgrâce de q.; 2**gnädig 1.** adj. peu
gracieux; peu bienveillant; **2.** adv. de
(od. avec) mauvaise grâce.
ungültig adj. non valable; (Geld) qui
n'a pas cours; ⚖ invalide; für ~
erklären, ~ machen annuler; invalider; 2**keit** f invalidité f; nullité f;
2**keits-erklärung** f déclaration f
d'invalidité; ⚖ invalidation f.
Un|gunst f défaveur f; (des Schick-
sals) malignité f; (der Witterung) in-
tempérie f; zu m-n ~en à mon désavantage; 2**günstig** adj. défavorable;
2**gut** adj.: nichts für ~! (soit dit) sans
vous offenser; 2**haltbar** adj. ⚔ inte-
nable; (Behauptung) insoutenable;
(Ball) imparable; 2**handlich** adj.
peu maniable; 2**harmonisch** adj.

discordant.
Unheil n mal m; malheur m; pfort
désastre m; ~ anrichten causer des
malheurs; 2**bar** adj. incurable; fig.
irrémédiable; irréparable; ~**barkeit**
f incurabilité f; 2**bringend** p.pr.
adjt. funeste (für à); fatal (à); ~**stifter**
m artisan m de malheur; 2**verkündend** p.pr. adjt. de mauvais augure; 2**voll** p.pr. adjt. funeste, fatal.
unheimlich 1. adj. inquiétant; pfort
sinistre; lugubre; **2.** F adv. énorme-
ment.
unhöflich adj. impoli; 2**keit** f impolitesse f.
Unhold ['unhɔlt] m (3) esprit m malin; fig. (Mensch) monstre m.
un|hörbar adj. inaudible, impercep-
tible (à l'oreille); ~**hygienisch** adj.
peu hygiénique, insalubre.
Uni F ['uni] f (11¹) Kurzwort für
Universität.
Uniform [uni'fɔrm] f (16) uniforme
m; 2**ieren** [~'miːrən] v/t. faire revêtir l'uniforme; fig. uniformiser; ~**ierung** fig. f uniformisation f.
Unikum ['uːnikum] n (11 od. 9²) chose f unique; (Person) drôle m d'homme.
un-interess|ant adj. qui n'intéresse
pas; sans intérêt; ~**iert** adj.: ich bin
daran ~ cela ne m'intéresse pas.
Union [un'joːn] f (16) union f.
universal [univer'zaːl] adj. universel; 2**-erbe** m héritier (od. légataire)
m universel; 2**mittel** n panacée f.
Universität [~zi'tɛːt] f (16) université
f; (nach Fakultäten getrennt) faculté
f; auf der ~ à l'université; auf der ~
sein suivre les cours d'une faculté;
~**bibliothek** f bibliothèque f universitaire; ~**sprofessor** m professeur
m à l'Université; professeur m de
faculté.
Universum [~'vɛrzum] n (9) univers
m.
Unk|e ['uŋkə] f (15) crapaud m (son-
nant); 2**en** F v/i. prédire des malheurs.
unkennt|lich adj. méconnaissable;
2**lichkeit** f: bis zur ~ (entstellt) au
point de le (resp. la od. les) rendre
méconnaissable(s); 2**nis** f ignorance
f.
un|keusch adj. impudique; 2-
keuschheit f impudicité f; ~**kindlich** adj. qui n'est pas d'un enfant;
~**klar** adj. peu clair; (dunkel) obscur;

(*undeutlich*) indistinct; (*Wasser usw.*) trouble; (*Kopf*) confus; **Sklarheit** f manque m de clarté; obscurité f; **~klug** adj. inintelligent; (*unvorsichtig*) imprudent; **~kollegial** adj. peu confraternel; inimical; **~kompliziert** adj. peu compliqué; (*einfach*) simple; **~kontrollierbar** adj. incontrôlable; **~körperlich** adj. incorporel; immatériel.

Unkosten pl. frais m|pl.; dépenses f|pl.; ⚖ dépens m|pl.; sich in ~ stürzen se mettre en frais; ✝ nach Abzug aller ~ tous frais déduits; **~beitrag** m contribution (*od.* participation) f aux frais.

Unkraut n mauvaise herbe f; fig. ivraie f.

un|kultiviert adj. inculte; **~kündbar** adj. ✝ consolidé; (*Rente*) perpétuel; (*Vertrag*) non résiliable; (*Stellung*) permanent; inamovible; **~kundig** adj. ignorant; **~längst** [ˈ~lɛŋst] adv. naguère; récemment; **~lauter** adj. impur; (*Angelegenheit*) véreux; illicite; (*Wettbewerb*) déloyal; **~leidlich** adv. insupportable; **~leserlich** adj. illisible; **~leugbar** adj. indéniable; (*unbestreitbar*) incontestable; **~lieb** adj.: es ist mir nicht ~, zu ... je suis content de ...; **~liebsam** adj. désagréable; **~logisch** adj. illogique.

unlös|bar, ~lich adj. insoluble; (*Ehe*) indissoluble.

Unlust f déplaisir m; (*Abneigung*) répugnance f; mit ~ à contrecœur; **Sig 1.** adj. maussade; (*grämlich*) morose; **2.** adv. a. à contrecœur.

un|manieriert adj. qui n'a pas de bonnes manières; **~männlich** adj. peu viril; efféminé; **Smasse** f quantité f énorme (*von de*); **~maßgeblich** adj. incompétent; nach m-r ~en Meinung à mon humble avis.

unmäßig adj. immodéré; (*im Genuß*) intempérant; (*übermäßig*) démesuré; excessif; **Skeit** f intempérance f; démesure f; excès m.

Unmenge f nombre m énorme.

Unmensch m monstre m; barbare m; **Slich** adj. inhumain; barbare; **~lichkeit** f inhumanité f; barbarie f.

un|merklich adj. imperceptible; **~methodisch** adj. u. adv. sans méthode; **~mißverständlich** adj. catégorique; **~mittelbar 1.** adj. immédiat; **2.** adv.: ~ bevorstehend imminent; **~möbliert** adj. non meublé;

~modern adj. passé de mode; démodé.

unmöglich adj. impossible; **Skeit** f impossibilité f.

un|moralisch adj. immoral; **~motiviert** adj. sans motif; gratuit.

unmündig adj. mineur; **Skeit** f minorité f.

unmusikalisch adj. qui n'est pas musicien; qui n'entend rien à la musique.

Unmut m mauvaise humeur f; **Sig** adj. maussade; mal disposé.

un|nachahmlich [ˈunnaːxˈʔaːmliç] adj. inimitable; **~nachgiebig** adj. inflexible; **~nachsichtig** adj. sans indulgence; **~nahbar** adj. inaccessible; inabordable.

unnatürlich adj. non naturel; (*entartet*) dénaturé; (*gekünstelt*) affecté; **Skeit** f manque m de naturel; affectation f.

unnotiert ✝ adj. incoté, non coté.

unnötig adj. inutile; (*überflüssig*) superflu; **~erweise** adv. inutilement.

unnütz adj. inutile; (*unartig*) méchant; **~es Zeug** fatras m.

un-ord|entlich adj. (*Person*) désordonné; (*Dinge*) en désordre; (*Leben*) déréglé; **Snung** f désordre m; (*Verwirrung*) confusion f; in ~ (*geraten*) bringen (se) déranger; (se) désorganiser.

un|-organisch adj. inorganique; **~parlamentarisch** adj. contraire aux usages parlementaires.

unpartei|isch 1. adj. impartial; **2.** adv. a. sans parti pris; **Sische(r)** m arbitre m désintéressé; **Slichkeit** f impartialité f.

unpassend adj. mal choisi; (*falsch angewandt*) impropre; (*ungelegen*) inopportun; (*unschicklich*) inconvenant; (*unangebracht*) déplacé.

unpassierbar adj. impraticable.

unpäßlich adj. indisposé; **Skeit** f indisposition f.

un|persönlich adj. impersonnel; **~pfändbar** adj. insaisissable; **~politisch** adj. non politique; (*unklug*) impolitique; **~populär** adj. impopulaire; **~praktisch** adj. qui n'est pas pratique; (*Person*) maladroit; **~präzis(e)** adj. imprécis; **~produktiv** adj. improductif; **~pünktlich** adj. inexact; **Spünktlichkeit** f inexactitude f; **~qualifizierbar** adj. inqualifiable; **~rasiert** adj. non rasé; **Srast** f agitation *f*; (*innere*) inquiétude *f*; *fig.* fièvre *f*; **≈rat** *m* ordures *f/pl.*; immondices *f/pl.*; (*Menschenkot*) excréments *m/pl.*; **~ratsam** *adj.* inopportun.

unrecht 1. *adj.* (*unrichtig*) faux; (*ungeeignet*) impropre; (*übel*) mauvais (*adv.* mal); (*ungelegen*) inopportun (*adv.* mal à propos); (*ungerecht*) injuste (*adv.* à tort); **zur ~en Zeit** à un mauvais moment; **an den ≈en kommen** s'adresser mal; **~ haben** avoir tort; **j-m ~ geben** (*tun*) donner (faire) tort à q.; **2. ≈** *n* (3, *o. pl.*) tort *m*; injustice *f*; **mit ~, zu ~** à tort; **nicht mit ~** non sans raison; **im ~ sein** avoir tort; **~ leiden** être victime d'une injustice; **es geschieht ihm ~** on lui fait tort; **es ~mäßig 1.** *adj.* illégitime; illégal; **2.** *adv.*: **sich etw. ~ aneignen** usurper qch.; **≈mäßigkeit** *f* illégitimité *f*.

unredlich *adj.* malhonnête; **≈keit** *f* malhonnêteté *f*; improbité *f*.

unre·ell [*~reɛl*] *adj.* faux; trompeur.

unregelmäßig *adj.* irrégulier; **≈keit** *f* irrégularité *f*.

unreif *adj.* non mûr; (*Obst*) vert; *fig.* trop jeune; **≈e** *f* absence *f* de maturité (*a. fig.*).

unrein *adj.* impur; (*schmutzig*) sale; malpropre; **das ≈e** le brouillon; **≈heit** *f* impureté *f*; malpropreté *f*; **~lich** *adj.* malpropre; **≈lichkeit** *f* malpropreté *f*.

un|rentabel *adj.* non rentable; **~rettbar** *adv.*: **~ verloren** perdu sans remède; **~richtig** *adj.* inexact; (*fehlerhaft*) incorrect.

Unruh [*'unru:*] *f* (16) (*e-r Uhr*) balancier *m*.

Unruh|e *f* (15) inquiétude *f*; (*Aufregung*) agitation *f*; (*Aufruhr*) trouble *m*; émeute *f*; (*Lärm*) bruit *m*; **j-n in ~ versetzen** inquiéter q.; **~eherd** *m* foyer *m* de troubles; **~estifter** *m* facteur *m* de désordre (*od.* de troubles); perturbateur *m*; *pol.* agitateur *m*; **≈ig** *adj.* inquiet; (*aufgeregt*) agité (*a. See*); (*geräuschvoll*) bruyant; (*Kind*) remuant.

unrühmlich 1. *adj.* peu glorieux; **2.** *adv.* sans gloire.

uns *pr/p.* nous; *als dat. des pr. abs.*: à nous; **ein Freund von ~** un ami à nous; **un de nos amis.**

un|sachlich *adj.* peu conforme aux faits; subjectif; **~sagbar, ~säglich**

[*'~zɛ:klɪç*] *adj.* indicible; **~sanft 1.** *adj.* peu doux; *pfort* rude; **2.** *adv.* sans douceur; **~sauber** *adj.* malpropre.

unschädlich *adj.* innocent; (*harmlos*) inoffensif; **~ machen** mettre 'hors d'état de nuire; (*Gift*) neutraliser; **≈keit** *f* innocuité *f*.

un|scharf *phot.* *adj.* flou; **~schätzbar** *adj.* inestimable; **~scheinbar** *adj.* peu apparent; sans éclat; (*unbedeutend*) insignifiant; (*zurückhaltend*) discret; **~schicklich** *adj.* inconvenant.

unschlüssig *adj.* irrésolu; indécis; **≈keit** *f* irrésolution *f*.

unschön *adj.* laid; déplaisant.

Unschuld *f* innocence *f*; (*Arglosigkeit*) candeur *f*; **s-e Hände in ~ waschen** s'en laver les mains; **≈ig** *adj.* innocent; (*arglos*) candide.

unschwer *adj.* sans difficulté, facilement; **das ist ~ zu erraten** c'est facile à deviner.

unselbständig *adj.* dépendant; **~e Arbeit** travail *m* pour lequel on a dû se faire aider; **≈keit** *f* manque *m* d'indépendance.

unselig *adj.* funeste.

unser [*'unzər*] **1.** *pr/p.* (*gén.*) de nous; **wir waren ~ drei** nous étions (au nombre de) trois; **er gedenkt ~** il se souvient de nous; **il pense à nous. 2.** *adj. u. pr/poss.* (*~e*) *f* (*n*) notre, *pl.* nos; **dies ist ~** cela est à nous. **3.** *pr/poss.* **~er, ~e, ~es:** der (die, das) **~e** *od.* **~ige** le (la) nôtre; **~er, ~eins** *pr.* nous autres; (*~er*)**seits** *adv.* de notre part (*od.* côté); **~(e)sgleichen** *pr.* des gens comme nous; **~t-halben, ~twegen, (um) ~twillen** *adv.* pour nous, à cause de nous.

unsicher *adj.* peu sûr; incertain; (*Hand*) mal assuré; (*Existenz*) précaire; (*Gedächtnis*) infidèle; (*gefahrvoll*) peu rassurant; **≈heit** *f* incertitude *f*; (*gefahrvolle*) insécurité *f*.

unsichtbar *adj.* invisible; **≈keit** *f* invisibilité *f*.

Unsinn *m* (3, *o. pl.*) non-sens *m*; absurdité *f*; (*Geschwätz*) radotage *m*; **~ reden** radoter; **≈ig** *adj.* insensé; absurde; **≈igkeit** *f* absurdité *f*.

Unsitt|e *f* mauvaise habitude *f*; **≈lich** *adj.* immoral; **~lichkeit** *f* immoralité *f*.

un|solid(e) *adj.* qui manque de solidité; peu sûr; léger; **~sozial** *adj.* peu

social; **~sportlich** adj. peu sportif.
unsrige s. unser.
unstarr Flgw. adj. non rigide, souple.
unstatthaft [`~∫tathaft] adj. inadmissible; (unerlaubt) illicite; défendu.
unsterblich adj. immortel; **2keit** f immortalité f.
Un|stern m mauvaise étoile f; (Unglück) malheur m; (Mißgeschick) fatalité f; **2stet(ig)** adj. inconstant; (wandelbar) changeant; (umherziehend) errant; vagabond; (Blick) fuyant; **~stetigkeit** f inconstance f; humeur f vagabonde; **2stillbar** adj. qui ne peut être apaisé; (unersättlich) insatiable.
unstimmig adj. en désaccord; **2keit** f désaccord m.
unstreitig 1. adj. incontestable; 2. adv. a. sans contredit.
Unsumme f somme f énorme.
un|symmetrisch adj. asymétrique; **~sympathisch** adj. antipathique; **~systematisch** adj. non systématique; **~tadelhaft**, **~tadelig** adj. impeccable; irréprochable; **2tat** f méfait m; pfort forfait m; **~tätig** adj. inactif; (müßig) oisif; (arbeitslos) désœuvré; ⚙ inerte; **2tätigkeit** f (augenblickliche) inaction f; (dauernde) inactivité f; (Müßiggang) oisiveté f; ⚙ inertie f; **~tauglich** adj. inapte (zu à); incapable (de); ⚔ zum Dienst ~ impropre au service; zeitlich ~ ajourné; dauernd ~ réformé définitivement; **2tauglichkeit** f inaptitude f (zu à); ⚔ zum Dienst invalidité f; **~teilbar** adj. indivisible; **2teilbarkeit** f indivisibilité f.
unten [`untən] adv. en bas; au-dessous; dort ~ là-bas; hier ~ ici en bas; (untenstehend) ci-dessous; weiter ~ plus bas; nach ~ vers le bas; von ~ d'en bas; von ~ nach oben de bas en 'haut; von oben bis ~ du haut en bas; in (dat.) au fond de qch.; ~ an etw. (dat.) au bas (od. au pied) de qch.; ~'-an adv. au bas bout; ~ sitzen avoir la dernière place; **~erwähnt**, **~genannt** p.p. adjt., **~stehend** p.pr. adjt. mentionné (od. nommé) ci-dessous.
unter [`untər] 1. prp. (dat., resp. acc.) a) örtlich: sous; (unterhalb) au--dessous de; (zwischen, inmitten) entre; parmi; au nombre de; au milieu de; ~ Wasser sous l'eau; entre deux eaux; ~ Freunden entre amis; ~ der Menge parmi la foule; mitten ~ uns

au milieu de nous; ~ die Feinde geraten tomber entre les (od. aux) mains de l'ennemi; ~ uns gesagt entre nous soit dit; ~ 4 Augen seul à seul; entre quatre yeux; ~ anderm entre autres (choses); **b)** zeitlich: à; sous; pendant; ~ dem heutigen Datum à la date d'aujourd'hui; ~ der Regierung Ludwigs XIV. sous le règne de Louis XIV; **c)** ein geringeres Maß an Wert od. Zeit: au-dessous de; à moins de; ~ dem Preis au-dessous du prix; nicht ~ 100 Mark (bei vb. ne …) pas (à) moins de cent marks; ~ aller Kritik au-dessous de tout; **d)** Abhängigkeit: sous; ~ s-r Leitung sous sa direction; **e)** Art u. Weise: à; sous; dans; ~ dieser Bedingung à cette condition; ~ Glockengeläut au son des cloches; ~ e-m Vorwand sous un prétexte; ~ diesen Umständen dans ces circonstances; 2. adj. inférieur; (nieder) bas; (unter etw. anderem gelegen) d'en bas; de dessous; der ~e Teil la partie inférieure; le bas; die ~e Stadt la ville basse; die ~en Klassen les basses (Schule: les petites) classes f/pl.; die ~en Zimmer les chambres f/pl. d'en bas; 3. **2** m (Kartenspiel) valet m.
Unter-|abteilung f subdivision f; **~arm** m avant-bras m; **~arzt** médecin m adjoint; ⚔ aide-major m; **~ausschuß** m sous-commission f; **~bau** m (3) Arch. substruction f; soubassement m; (Esb., Straßen2) infrastructure f.
unterbelicht|en phot. v/t. sous-exposer; **2ung** f phot. f sous-exposition f.
Unter|beschäftigung f sous-emploi m; **2bewerten** v/t. sous-estimer; déprécier; **2bewußt** adj. subconscient; **~bewußtsein** n subconscient m; inconscient m.
unter'|bieten v/t. vendre au-dessous des prix; Sp. battre un record (de temps); **~'binden** v/t. lier; chir. ligaturer; fig. arrêter; empêcher; **~'bleiben** v/i. (sn) ne pas avoir lieu; (aufhören) cesser; das hätte ~ können on aurait pu s'en dispenser; **~'brechen** v/t. interrompre; (aussetzen) suspendre; ⚡ couper; **2brechung** f interruption f; (zeitweilige) suspension f; **~'breiten** v/t. soumettre; Gesuch: présenter; **~bringen** v/t. mettre à l'abri; Gast: loger; s-e Kinder: établir; (Stelle verschaffen) placer (a. Geld, Waren); caser; Wagen: remi-

ser; ⚔ cantonner; 2**bringung** f (v. *Personen, Geld*) placement m; (*in e-r Wohnung*) logement m; ⚔ cantonnement m; 2**deck** ⚓ n premier pont m.

unterderhand [‿dɛr'hant] adv. en sous-main.

unter'des(sen) adv. sur ces entrefaites; en attendant; entre-temps.

Unter|druck m dépression f; ~ des *Blutes* hypotension f; 2**drücken** v/t. réprimer; supprimer; (*ersticken*) étouffer; *Tränen*: contenir; *Volk*: opprimer; ~'**drücker** m oppresseur m; ~**druckkammer** ⊕ f caisson m (od. chambre f) à dépression; ~'**drückung** f répression f; suppression f; (*e-s Volkes*) oppression f.

untereinander [‿ar'nandər] adv. entre eux (mous, *etc.*); mutuellement; (*gegenseitig*) réciproquement.

unter-entwick|elt adj. sous-développé; 2**lung** f sous-développement m.

unter-ernähr|t p.p. adjt. sous-alimenté; 2**ung** f alimentation f insuffisante; sous-alimentation f.

unter|'fangen v/rfl.: sich ~, etw. zu tun oser faire qch.; avoir l'audace de faire qch.; 2**fangen** n (6) entreprise f 'hardie; ~**fassen 1.** v/t.: j-n ~ prendre le bras de q.; **2.** v/rfl.: sich ~ se donner le bras.

Unterführung f passage m inférieur (od. en dessous); tunnel m.

Unter|gang m astr. coucher m; (*Zugrundegehen*) ruine f; perte f (a. ⚓); (*Verfall*) chute f; décadence f; ~**gattung** f sous-genre m.

unter'geben adj. inférieur; j-m ~ subordonné à q.; sous les ordres de q.; 2**e(r, m** m) f subordonné(e f) m; subalterne m, f.

unter|gehen v/i. (sn) astr. se coucher; (*im Wasser*) être submergé; ⚓ couler bas; sombrer; (*zugrunde gehen*) périr; être détruit; ~**ge-ordnet** p.p. adjt. subordonné; subalterne; (*an Bedeutung*) secondaire; inférieur; in ~er Stellung en sous-ordre; 2**geschoß** n rez-de-chaussée m; 2**gewicht** n manque m de poids; ~'**graben** v/t. miner; saper; ~**graben** v/t. enfouir.

Untergrund m sous-sol m; métro m; ~**bewegung** pol. f mouvement m clandestin.

unter|haken = *unterfassen*; ~**halb** prp. (*gén.*) au dessous de; (*bei Flüssen*) en aval de.

Unterhalt m (3, o. pl.) entretien m;

subsistance f; s-n ~ haben avoir de quoi vivre; s-n ~ bestreiten subvenir à ses besoins.

unter'halt|en v/t. entretenir; (*ernähren a.*) subvenir aux besoins de; ⚖ alimenter; (*instand halten*) entretenir; tenir en bon état; (*im Gespräch*) (v/rfl. sich ~ s')entretenir (*mit j-m über etw.* [acc.] de qch. avec q.); (*vergnügen*) (se) divertir; (s')amuser; (se) distraire; ~**end** p.pr. adjt., ~**sam** adj. amusant, divertissant.

Unterhalts|kosten pl. frais m/pl. d'entretien; 2**pflicht** f obligation f (légale) d'entretien.

Unterhaltung f [‿'haltuŋ] f conversation f; (*Unterredung; Instandhaltung*) entretien m; (*Vergnügung*) amusement m; distraction f.

Unterhaltungs|beilage f feuilleton m; supplément m littéraire; ~**musik** f musique f légère; ~**roman** m roman m divertissant; ~**teil** m (*e-s Abends*) partie f divertissante; s. a. *Unterhaltungsbeilage*.

unter|'handeln v/i. négocier (*über etw. acc. qch.*); ⚔ parlementer; 2**händler** m négociateur m; ⚔ parlementaire m; 2**handlung** f négociation f; pourparlers m/pl.

Unterhaus n (*in England*) Chambre f des Communes.

Unterhemd n gilet m (de corps).

unter'höhlen v/t. miner, saper.

Unter|holz n taillis m; ~**hose** f caleçon m; (*kurze*) slip m; 2**irdisch** adj. souterrain.

unter'|jochen v/t. (25) subjuguer; asservir; ~'**kellern** v/t. munir d'une cave.

Unter|kiefer m mâchoire f inférieure; ~**kleid** n fond m de robe; ~**kleidung** f sous-vêtements m/pl.; 2**kommen** v/i. (sn) trouver un abri; (*Aufnahme finden*) trouver un logis; (*e-e Stelle finden*) trouver une place; ~**kommen** n (6), 2**kunft** [‿kunft] f (15) abri m; (*im Gebirge*) refuge m; (*Logis*) logis m; (*Anstellung*) place f; 2**kühlen** v/t. refroidir à l'excès; ~**lage** f base f; fondement m (*beide a. fig.*); (*im Kinderbett*) alèse f; (*unterste Schicht*) couche f inférieure; (*Schreib2*) sous-main m, (*zur Vorsicht*) garde-main m; (*Beleg*) document m à l'appui; Arch. fondation f; ⊕ support m; ~**land** n pays m bas; ~**laß** ['‿las] m: ohne ~ sans relâche.

unter|lass|en v/t. omettre; négliger; s'abstenir de; **~ung** f omission f; abstention f; **~ungssünde** f péché m d'omission.

Unterlauf m cours m inférieur.

unter|laufen 1. p.p. adj.: mit Blut ~ (Augen) injecté de sang, (Haut) ecchymosé; **2.** v/i. (sn): es ist ein Fehler ~ il s'est glissé une faute; mir ist ein Fehler ~ une faute m'est échappée; **~legen** v/t. mettre dessous; fig. (Sinn) attribuer; prêter; e-r Melodie e-n Text ~ mettre des paroles sur un air; **~'legen 1.** v/t.: ~ mit garnir de; **2.** p.p. adj. inférieur (j-m à q.); **2legenheit** f infériorité f.

Unterleib m bas-ventre m, abdomen m.

unter|liegen v/i. (sn) succomber; avoir le dessous; es unterliegt keinem Zweifel cela ne souffre aucun doute.

Unterlippe f lèvre f inférieure.

unter|malen v/t. donner la couche de fond (à); mit Musik ~ donner un fond musical (à); **~'mauern** v/t. Arch. reprendre en sous-œuvre; fig. Behauptung: étayer.

Untermieter(in f) m sous-locataire m, f.

untermi'nieren v/t. miner, saper.

unter|nehmen v/t. entreprendre; **2en** n (6) entreprise f; opération f; **2er(in** f) m entrepreneur m, -euse f; **2ung** f entreprise f; **2ungsgeist** m, **2ungslust** f esprit m d'entreprise; **~ungslustig** adj. entreprenant.

Unter|-offizier m sous-officier m; (der Infanterie) sergent m; **2-ordnen** v/t. v/rfl. sich ~ se) subordonner; **~ordnung** f soumission f; gr. subordination f; **~pfand** n gage m.

Unterredung f entretien m; (Besprechung) pourparlers m/pl.

Unterricht ['~riçt] m (3) (Lehrtätigkeit, Einrichtung) enseignement m; (Belehrung) instruction f; leçons f/pl.; (Schul2) classe f; morgen ist kein ~ il n'y a pas classe demain; bei j-m ~ nehmen prendre des leçons auprès de q.; **2en** [~'riçtən] v/t.: j-n in etw. (dat.) ~ enseigner (od. apprendre) qch. à q.; j-n über etw. (acc.) ~, j-n von etw. ~ instruire (od. informer) q. de qch.; renseigner q. sur qch.

Unterrichts|fach n discipline f; **~minister(ium** n) m ministre (ministère) m de l'éducation nationale;

~stoff m matière f d'enseignement; **~stunde** f leçon f; **~wesen** n instruction f publique.

Unterrichtung [~'riçtuŋ] f information f; (Belehrung) instruction f.

Unterrock m jupon m.

unter|sagen v/t. interdire.

Untersatz m (Stütze) appui m; (für Geschirr) dessous m de plat; (für Gläser, Blumentöpfe) soucoupe f; Arch. socle m; (Logik) mineure f.

unter|schätz|en v/t. sous-estimer; **2ung** f appréciation f insuffisante.

unter|scheid|en v/t. distinguer (von de); (auseinanderhalten) discerner (von de); (den Unterschied hervorheben) différencier; **2ung** f distinction f; **2ungsmerkmal** n caractéristique f; marque f distinctive; **2ungsvermögen** n discernement m.

Unterschenkel m jambe f.

unter|schieb|en v/t. glisser dessous; fig. substituer; j-m etw. ~ attribuer faussement qch. à q.; den Worten e-n falschen Sinn ~ prêter un faux sens aux paroles; **2ung** f substitution f; ⚖ supposition f.

Unterschied ['~ʃiːt] m (3) différence f; (Unterscheidung) distinction f; feiner ~ nuance f; zum ~ à la différence de; **2lich** ['~tliç] adj. différent; distinct; **2slos** adv. indistinctement; sans exception.

unter|schlag|en v/t. Geld: soustraire; détourner; Akten: faire disparaître; Brief: intercepter; ⚖ receler; Testament: capter; **2ung** f soustraction f; détournement m; (e-s Testaments) captation f.

Unterschlupf ['~ʃlupf] m (3³) refuge m, abri m.

unter|schreiben v/t. signer; Vertrag usw.: souscrire; fig. (billigen) souscrire à; **~schreiten** v/t. Voranschlag: rester inférieur à; Betrag: ne pas atteindre; ⊕, Druck: descendre audessous de.

Unterschrift f signature f; (Bild2) légende f.

Untersee|boot n sous-marin m; submersible m; **~kabel** n câble m sous-marin.

Unterseite f dessous m.

unter|setzt adj. trapu; **~'spülen** v/t. miner; ronger.

unterst ['untərst] adj. le plus bas; der 2e le dernier; das 2e zuoberst kehren mettre tout sens dessus dessous.

Unter|'staatssekretär m sous-secrétaire m d'État; **~stand** m abri m (betonierter bétonné; bombensicherer blindé).

unter|'stehen 1. v/i.: j-m ~ être subordonné à q.; der örtlichen Gerichtsbarkeit ~ relever de la juridiction locale; **2.** v/rfl.: sich ~, etw. zu tun oser faire qch.; avoir l'audace de faire qch.; **~stehen** v/i. (sn) (geschützt) être à l'abri; **~'stellen** v/t. (unterordnen) subordonner (j-m à q.); imputer (j-m etw. qch. à q.); j-m etw. fälschlich ~ attribuer faussement qch. à q.; unterstellt sein être subordonné (à); relever (de) (a. ⚖️); **~stellen** v/t. mettre dessous; (zum Schutz) mettre à l'abri; Wagen: remiser; garer; **2'stellung** f fig. imputation f; **~'streichen** v/t. souligner; fig. a. mettre en relief; faire ressortir; **2stufe** f degré m inférieur.

unter|'stütz|en v/t. appuyer (a. Meinungen); soutenir; (Hilfe leisten) secourir; aider; assister; mit e-r Geldhilfe ~ subventionner; **2ung** f soutien m; appui m; (Hilfe) secours m; aide f; assistance f; (geldliche) subvention f; (soziale) allocation f (beziehen touchen); **~ungsbedürftig** adj. qui a besoin de secours; **2ungs-empfänger(in** f) m allocataire m, f; **2ungskasse** f caisse f de secours.

unter|'such|en v/t. examiner (a. 🏥); faire des recherches; 🔬 sonder; 🔬 analyser; (am Zoll) visiter; ⚖️ rechercher; ⚖️ etw. ~ instruire qch.; **2ung** f examen m (a. 🏥); (gelehrte) recherche (a. ⚖️); ⚖️ enquête f; instruction f; (fachkundige) expertise f; 🔬 analyse f; (am Zoll) visite f.

Unter'suchungs|-ausschuß m commission f d'enquête; **~gefangene(r** m) m, f prévenu(e f) m; **~haft** f prévention f; in ~ en prévention; **~richter** m juge m d'instruction.

Untertagebau ⛏ [untar'ta:gəbau] m exploitation f au fond.

Untertan ['—.ta:n] **1.** m (8 u. 12) sujet m; **2.** 2 adj. soumis (j-m à q.); sujet (j-m de q.); sich ein Volk ~ machen assujettir un peuple.

unter'tänig ['—tɛ:niç] adj. soumis; (demütig) humble.

Unter|tasse f soucoupe f; **2tauchen 1.** v/i. plonger; **2.** v/t. a. immerger; **~tauchen** n plongée f; immersion f; **~teil** m od. n par-

tie f inférieure; bas m.

unter'teil|en v/t. subdiviser; **2ung** f subdivision f.

Unter|'titel m sous-titre m; **~ton** m ♪ harmonique m inférieur; fig. ein ~ von Spott une pointe d'ironie.

unter'tunneln v/t. percer un tunnel sous.

untervermiet|en v/t. sous-loger; **2er (-in** f) m sous-loueur m, -euse f; **2ung** f sous-location f.

unter'wander|n v/t. s'infiltrer dans; pol. noyauter; **2ung** f infiltrage m; pol. noyautage m.

Unter|wäsche f linge m de corps; (Damen2) dessous m/pl.; **~'wassermassage** f massage m sous l'eau.

unterwegs [~'ve:ks] adv. en chemin, chemin faisant.

unterweis|en v/t. instruire; enseigner; **2ung** f instruction f; enseignement m.

Unterwelt f enfers m/pl.; (soziale Schicht) bas-fonds m/pl. (de la société).

unter|'werfen v/t. soumettre; (untertan machen) assujettir; (unterjochen) subjuguer; asservir; **2'werfung** f soumission f; assujettissement m; sujétion f; (Unterjochung) subjugation f; asservissement m; **~'worfen** p.p. adj. soumis (à); Krankheiten ~ sujet à des maladies; **~'wühlen** v/t. miner.

unter'würfig [~'wyrfiç] adj. soumis; (knechtisch) servile; (kriecherisch) obséquieux; **2keit** f soumission f; (knechtische) servilité f; (Kriecherei) obséquiosité f.

unter'zeich|nen v/t. signer; **2ner** m signataire m; **2nete(r** m) m, f: ich ~ je soussigné(e f) m; **2nung** f signature f.

Unter|zeug n sous-vêtements m/pl.; **2ziehen** v/t. mettre dessous.

unter'ziehen v/rfl.: sich e-r Sache (dat.) ~ se soumettre à, (auf sich nehmen) prendre qch. sur soi; sich e-r Operation ~ subir une opération.

Untiefe f ♣ bas-fond m; (Abgrund) abîme m; (Sandbank) banc m de sable, (im Fluß) ensablement m.

Untier n monstre m (a. fig.).

un|tilgbar adj. (Schuld) non amortissable; **~tragbar** adj. fig. insupportable; **~trennbar** adj. inséparable; (Band) indissoluble.

untreu adj. infidèle; s-m Versprechen

~ werden manquer à sa promesse; **s-n Gewohnheiten ~ werden** déroger à ses habitudes; **sich selbst ~ werden** se renier; **2e** f infidélité f.

un|tröstlich adj. inconsolable; désolé; **~trüglich** ['~try:kliç] adj. qui ne trompe pas; (unfehlbar) infaillible; (sicher) sûr; **~tüchtig** adj. incapable (zu de); **2tugend** f défaut m; vice m; mauvaise habitude f.

un-über|brückbar fig. adj. insurmontable; inconciliable; **~legt** adj. irréfléchi; inconsidéré; (leichtsinnig) étourdi; **2legtheit** f irréflexion f; (Leichtsinn) étourderie f; **~sehbar** adj. immense; à perte de vue; (noch nicht übersehbar) incalculable; **~setzbar** adj. intraduisible; **~sichtlich** adj. peu clair; ✕ **~es Gelände** terrain m sans vues; **~steigbar** adj. insurmontable; **~tragbar** adj. incessible; **~trefflich** adj. insurpassable; incomparable; **~troffen** adj. qui n'a pas été surpassé; **~windlich** adj. insurmontable; (Festung) imprenable.

un-um|gänglich adj. inévitable; indispensable; **~schränkt** ['~um-ʃrɛŋkt] adj. absolu; **~stößlich** adj. incontestable; irréfutable; (Argument) péremptoire; (Beschluß) irrévocable; **~stritten** adj. incontesté; **~wunden** 1. adj. franc; 2. adv. sans détour.

un-unterbrochen 1. adj. ininterrompu; 2. adv. sans interruption.

unver|-änderlich adj. invariable (a. gr.); (unwandelbar) immuable; (Wetter) fixe; **~ändert** adj. inchangé.

unver-antwortlich adj. irresponsable; (unverzeihlich) impardonnable; inexcusable; **2keit** f irresponsabilité f.

unver|-arbeitet adj. non ouvré; brut; fig. mal digéré; **~äußerlich** adj. inaliénable; **~baubar** adj.: **~e Sicht** vue f imprenable; **~besserlich** adj. incorrigible; **~bindlich** adj. qui n'engage à rien; sans engagement; (wahlfrei) facultatif; (ungefällig) désobligeant; **~blümt** 1. adj. sec; 2. adv. crûment; sans fard; **~brüchlich** adj. inviolable; (heilig) sacré; **~bürgt** adj. qui n'est pas garanti; (Nachricht) non confirmé; **~dächtig** adj. non suspect; **~daulich** adj. indigeste; **~daut** adj. non digéré (a. fig.); **~derblich** adj. inaltérable; incor-

ruptible; **~dient** 1. adj. immérité; (ungerecht) injuste; 2. adv. a. à tort; **~dorben** adj. qui n'est pas corrompu (od. gâté); (gesund) sain; (geistig) qui n'est pas dépravé; (rein) pur; innocent; **~drossen** 1. adj. infatigable; 2. adv. sans se lasser; **~ehelich** adj. non marié, célibataire; **~eidigt** adj. inassermenté; **~einbar** adj. incompatible; **~fälscht** adj. non falsifié; authentique; (Wein) non frelaté; (lauter) pur; naturel.

unverfroren adj. effronté; **2heit** f effronterie f.

unver|gänglich adj. impérissable; immortel; **~gessen** adj. inoublié; **~geßlich** adj. inoubliable; **~gleichlich** adj. incomparable; sans pareil; **~hältnismäßig** adv. démesurément; 'hors de proportion'; **~ hohe Preise** prix m/pl. disproportionnés; **~heiratet** adj. non marié, célibataire; **~hofft** 1. adj. inespéré; (unvorhergesehen) imprévu; 2. adv. a. à l'improviste; **~hohlen** 1. adj. non déguisé; franc; ouvert; 2. adv. a. crûment; **~hüllt** adj. u. adv. à visage découvert; **~jährbar** adj. 🏛 imprescriptible; **~käuflich** adj. invendable; **~kennbar** adj. évident; 2. adv. a. à ne pas s'y tromper.

unverletz|bar adj. invulnérable; (unantastbar) inviolable; **2barkeit** f invulnérabilité f; (Unantastbarkeit) inviolabilité f; (parlamentarische) immunité f; **~t** adj. sans blessure; intact; indemne; (wohlbehalten) sain et sauf.

unver|lierbar adj. qui ne peut se perdre, imperdable; **~mählt** adj. = unverheiratet; **~meidlich** adj. inévitable; **~mindert** adj. non diminué; **~mischt** adj. pur; **~mittelt** adj. direct; immédiat; brusque; **2mögen** n incapacité f; impuissance f; **~mögend** adj. incapable (zu de); impuissant (zu à); (mittellos) sans fortune; **~mutet** 1. adj. inopiné; inattendu; 2. adv. a. à l'improviste; **2nunft** f déraison f; **~nünftig** 1. adj. déraisonnable; 2. adv.: **~ reden** déraisonner; **~öffentlicht** adj. inédit; **~packt** adj. non emballé; en vrac; **~richterdinge** adv.: **~ zurückkommen** revenir bredouille.

unverschämt adj. impudent, effronté, insolent; (Preis) exorbitant; **2heit** f impudence f; effronterie f; insolence f.

unver|schleiert adj. u. adv. = unverhüllt; **~schuldet** adj. immérité; (ohne Schulden) qui n'a pas de dettes; **~sehens** adv. à l'improviste; (unvorbereitet) au dépourvu; (aus Versehen) par mégarde; **~sehrt** adj. intact; (Person) indemne; (wohlbehalten) sain et sauf; **~sichert** adj. non assuré; **~siegbar** adj. intarissable; **~siegelt** adj. non cacheté; **~söhnlich** adj. irréconciliable; pfort implacable; **~sorgt** adj. sans moyens d'existence; (Kind) non établi; ♀**stand m** déraison f; **~standen** adj. incompris; méconnu; **~ständig** adj. peu raisonnable; **~ständlich** adj. incompréhensible; inintelligible; ♀**ständnis** n inintelligence f; manque m de compréhension; **~sucht** [¹~zuːxt] adj.: nichts ~ lassen, um zu ... (inf.) ne rien négliger pour ... (inf.).

unverträglich adj. insociable, intraitable, querelleur; (unvereinbar) incompatible; ♀**keit** f insociabilité f; esprit m querelleur; (Unvereinbarkeit) incompatibilité f.

unver|wandt adj. fixe; **~wechselbar** adj. sur quoi on ne peut se tromper; qu'on ne peut confondre; **~wehrt** adj.: es ist Ihnen ~, zu ... (inf.) vous êtes libre (od. libre à vous) de ... (inf.); **~wischbar** adj. ineffaçable; **~wundbar** adj. invulnérable; **~wüstlich** adj. indestructible; (Stoff) inusable; **~e** Gesundheit santé f de fer; **~zagt** 1. adj. intrépide; 2. adv. sans crainte; ♀**zagtheit** f intrépidité f; **~zeihlich** adj. impardonnable; **~zinslich** adj. qui ne rapporte pas d'intérêt; **~es** Darlehen prêt m sans intérêts; **~zollt** adj. en franchise; (noch im Zollverschluß) en entrepôt; non dédouané; **~züglich** 1. adj. immédiat; 2. adv. sans délai; immédiatement.

unvoll|-endet adj. inachevé; **~kommen** adj. imparfait; ♀**kommenheit** f imperfection f; **~ständig** adj. incomplet; (mangelhaft) défectueux; gr. (Verb) défectif; ♀**ständigkeit** f état m incomplet; (Mangelhaftigkeit) défectuosité f.

unvor|bereitet 1. adj. non préparé; improvisé; 2. adv. au dépourvu; **~hergesehen** 1. adj. imprévu; 2. adv. à l'improviste; **~schriftsmäßig** adj. (adv.) contraire(ment) au

règlement; **~sichtig** adj. imprévoyant; (unklug) imprudent; ♀**sichtigkeit** f imprévoyance f; (Unklugheit) imprudence f; aus ~ par mégarde; **~stellbar** adj. inimaginable; **~teilhaft** adj. non loin (von od. gen. de).

unwägbar adj. impondérable.

unwahr adj. faux; (lügenhaft) mensonger; **~haftig** adj. insincère; faux, menteur; ♀**haftigkeit** f fausseté f; ♀**heit** f fausseté f; (Lüge) mensonge m; **~scheinlich** adj. invraisemblable; ♀**scheinlichkeit** f invraisemblance f.

unwandelbar adj. immuable; constant.

unwegsam adj. impraticable.

unweiblich adj. peu féminin; péj. hommasse.

un|weigerlich adj. nécessaire; (unbedingt) absolu; (zwangsläufig) fatal; **~weit** adv. non loin (von od. gen. de).

Unwesen n désordre m; an e-m Ort sein ~ treiben (Räuber, Ratten) infester (Geister: 'hanter) un lieu; ♀**tlich** adj. accessoire; secondaire; peu important.

Unwetter n orage m; tempête f; gros temps m.

unwichtig adj. peu important, insignifiant.

unwider|legbar, ~leglich adj. irréfutable; **~ruflich** adj. irrévocable; **~stehlich** adj. irrésistible.

unwiederbringlich 1. adj. irréparable; 2. adv.: ~ verloren perdu sans retour.

Unwille m indignation f; (Ärger) dépit m; ♀**ig** 1. adj. indigné (über acc. de); peu disposé (zu à); 2. adv. (widerstrebend) à contrecœur; ~ werden s'indigner (über acc. de); ♀**kommen** adj. qui tombe mal, importun; indésirable; ♀**kürlich** adj. involontaire.

unwirk|lich adj. irréel; **~sam** adj. inefficace; ♀**samkeit** f inefficacité f.

unwirsch ['~virʃ] adj. de mauvaise humeur; (barsch) brusque.

unwirt|lich adj. inhospitalier; **~schaftlich** adj. (Dinge) peu économique.

unwissen|d adj. ignorant; ♀**heit** f ignorance f; **~schaftlich** adj. peu scientifique; **~tlich** adj. sans le savoir; à mon (ton etc.) insu.

unwohl adj.: mir ist ~ je suis indisposé; je ne me sens pas bien; ♀**sein** n (6, o. pl.) indisposition f.

unwohnlich adj. inhabitable; peu confortable.

unwürdig adj. indigne (gén. de); 2-**keit** f indignité f.

Unzahl f nombre m énorme; infinité f.

unzähl|bar, **~ig** adj. innombrable.

unzähmbar adj. indomptable.

Unze ['untsə] f (15) once f.

Unzeit f: zur ~ à contretemps; mal à propos; 2**gemäß** 1. adj. inactuel; 2. adv. à contretemps; mal à propos.

unzer|brechlich adj. incassable; **~reißbar** adj. indéchirable; **~störbar** adj. indestructible; **~trennlich** adj. inséparable.

un|ziemlich adj. peu convenable; **~pfort** inconvenant; **~zivilisiert** adj. non civilisé; barbare; 2**zucht** f impudicité f; lasciveté f; luxure f; (*Hurerei*) prostitution f; **~züchtig** adj. impudique; lascif; obscène.

unzu|frieden adj. mécontent; 2**friedenheit** f mécontentement m; (*Mißvergnügen*) déplaisir m; **~gänglich** adj. inaccessible; inabordable; **~länglich** adj. insuffisant; 2**länglichkeit** f insuffisance f; **~lässig** adj. inadmissible; **~mutbar** adj. qui ne peut être exigé; impudent; **~rechnungsfähig** adj. irresponsable; 2-**rechnungsfähigkeit** f irresponsabilité f; **~reichend** adj. insuffisant; **~sammenhängend** adj. incohérent; sans suite (dans les idées); (*Rede, Stil*) décousu; **~stellbar** adj. resté en souffrance; (*Postvermerk*) destinataire introuvable; **~träglich** adj. peu avantageux; (*ungesund*) malsain; **~treffend** adj. inexact; **~verlässig** adj. sur qui (*resp.* sur quoi) on ne peut compter; peu exact; peu sûr.

un|zweckmäßig adj. impropre; (*Mittel*) mal approprié; (*ungelegen*) inopportun; **~zweideutig** adj. sans équivoque; **~zweifelhaft** adj. indubitable.

üppig ['ypiç] adj. (*Pflanzen*) luxuriant; (*in Fülle gedeihend*) exubérant; (*luxuriös*) luxueux; (*wollüstig*) voluptueux; (*übermütig*) pétulant; (*Mahlzeit*) plantureux; 2**keit** f luxuriance f; (*Luxus*) luxe m; exubérance f; (*Wollust*) volupté f.

Ur zo. *m* (3) aurochs *m*, urus *m*.

Ur|-abstimmung f référendum *m*; **~ahn(e)** f *m* bisaïeul(e f) *m*; die ~en les ancêtres *m/pl.*; les aïeux *m/pl.*;

2-**alt** adj. extrêmement vieux; F vieux comme le monde; (*Zeit*) immémorial.

Uran [u'ra:n] *n* (3¹) uranium *m*; **~brenner** *m* pile f atomique; 2**haltig** adj. uranifère.

ur-aufführ|en *v/t.* jouer (*thé. a.* représenter) pour la première fois; créer; 2**ung** f première f; création f.

urbar ['u:rba:r] adj.: ~ machen défricher; 2**machung** f défrichement *m*.

Ur|bevölkerung f, **~bewohner** *m/pl.* aborigènes *m/pl.*; autochtones *m/pl.*; **~bild** *n* original *m*; (proto)type *m*; idéal *m*; **~eigen** adj. absolument original, bien personnel; **~einwohner** *m/pl.* = Urbevölkerung; **~enkel(in** f) *m* arrière-petit-fils *m*, arrière-petite-fille f; **~fassung** f version f originale; texte *m* primitif; 2**gemütlich** adj. (*Ort*) très confortable; (*Person*) très agréable; **~geschichte** f histoire f primitive; 2**geschichtlich** adj. préhistorique; **~gestein** *n* roche f primitive; **~groß-eltern** pl. arrière-grands-parents *m/pl.*; **~großmutter** f arrière-grand-mère f; bisaïeule f; **~großvater** *m* arrière-grand-père *m*; bisaïeul *m*.

Urheber|(in f) ['u:rhe:bər(in)] *m* (7) auteur *m*; **~recht** *n* droit *m* d'auteur; **~schaft** f qualité f d'auteur; 2**schutz** *m* protection f de la propriété intellectuelle (*od.* artistique et littéraire).

Urin [u'ri:n] *m* (3¹) urine f; 2**ieren** [~ri'ni:-] *v/i.* uriner; **~untersuchung** f uroscopie f.

urkomisch adj. extrêmement comique.

Urkund|e ['u:rkundə] f (15) document *m*; (*als Beleg*) pièce f (justificative); (*Akte*) acte *m*; (*Diplom*) diplôme *m*; **~enfälschung** f faux *m* en écriture; 2**lich** adj. qui sert de document; (*auf Urkunden beruhend*) authentique.

Urlaub ['u:rlaup] *m* (3) congé *m*, vacances f/pl.; ✕ permission f (F perme) f; ~ beantragen (geben; nehmen) demander (donner; prendre) un congé (✕ une permission); auf ~ sein, ~ haben être en congé (✕ en permission); in ~ fahren partir en congé (*od.* en vacances; ✕ en permission); **~er** *m* (7) vacancier *m*; ✕ permissionnaire *m*.

Urlaubs|geld *n* prime f de vacances; **~gesuch** *n* demande f de congé (✕

uzen

de permission); **~liste** f liste f des congés; **~zeit** f temps m des vacances.

Urmensch m premier homme m; (homme m) primitif m.

Urne ['urnə] f (15) urne f; **~ngrab** n tombe f à urne(s).

Urologe ♂ [uro'lo:gə] m (13) urologue m.

ur|plötzlich adj. soudain (a. adv.); **2quell** fig. m source f; **2sache** f cause f; (Grund) raison f; (Beweggrund) motif m; keine ~! (zum Danken) (il n'y a) pas de quoi; de rien; ~ haben zu ... avoir (tout) lieu de; **~sächlich** adj. causal; gr. a. causatif; **~er** Zusammenhang = **2sächlichkeit** f causalité f; **2schrift** f autographe m; ⚖ original m; **2sprache** f langue f primitive; **2sprung** m origine f (haben, nehmen von tirer de); (Quelle) source f; (Entstehung) naissance f; (Herkunft) provenance f; **~sprünglich 1.** adj. original; (uranfänglich) originel; primitif; **2.** adv. (anfangs) d'abord; à l'origine; **2sprünglichkeit** f originalité f; **2sprungsland** n pays m d'origine; **2sprungszeugnis** n certificat m d'origine.

Urstoff m matière f première; ⚛ élément m.

Urteil ['urtaɪl] n (3) jugement m; (Meinung) opinion f; avis m; (e-s höheren Gerichtshofes) arrêt m; sentence f; ein ~ fällen rendre un jugement; ein ~ fällen über (acc.) porter un jugement sur; kein ~ haben manquer de jugement; **2en** v/i. (25) juger

(über acc. de); nach s-n Worten zu ~ à l'en croire; à en juger par ses paroles; ~ Sie selbst à vous de juger.

Urteils|begründung f attendus (od. considérants) m/pl. du jugement; **~er-öffnung** f publication f de l'arrêt; **2fähig** adj. capable de juger; **~kraft** f jugement m; (Unterscheidungsgabe) discernement m; **~spruch** m jugement m; arrêt m; sentence f; **~vollstreckung** f exécution f du jugement.

Ur|text m (texte m) original m; **~tierchen** n/pl. protozoaires m/pl.; **~trieb** m instinct m primitif; **2tümlich** ['~ty:mliç] adj. primitif; **~urgroßvater** m trisaïeul m; **~väterzeit** f temps m/pl. primitifs, époques f/pl. primitives; **2verwandt** adj. (Sprachen) d'origine commune; **~volk** n peuple m primitif; **~wald** m forêt f vierge; **~welt** f monde m primitif; **2wüchsig** ['~vy:ksiç] adj. primitif; (kräftig) robuste; fig. naturel; **~zeit** f temps m/pl. primitifs; **~zeugung** f génération f spontanée; **~zustand** m état m primitif.

Usur|pator [u:zur'pɑ:tɔr] m (8¹) usurpateur m; **2pieren** v/t. usurper.

Usus ['u:zus] m: das ist hier so ~ c'est l'usage (od. l'habitude) ici.

Utensilien [uten'zi:ljən] pl. ustensiles m/pl.

Utop|ie [uto'pi:] f (15) utopie f; **2isch** [~'to:piʃ] adj. utopique; **~ist** [~'pist] m (12) utopiste m.

uzen F ['u:tsən] v/t. taquiner, mettre en boîte.

V

V, v [faʊ] *n* V, v [ve] *m*.
Vagabund [vagaˈbʊnt] *m* (12) vagabond *m*; **Qieren** [ˌ∼diːrən] *v/i.* (sn) vagabonder.
vakan|t [vaˈkant] *adj.* vacant; **Qz** [∼ts] *f* (16) vacance *f*.
Vakuum [ˈvaːkuum] *n* (9) vide *m*; **∼pumpe** *f* pompe *f* à vide.
Valuta [vaˈluːta] *f* (16²) valeur *f*; (cours *m* du) change *m*.
Vamp [vɛmp] *m* (11) vamp *f*.
Vampir [vamˈpiːr] *m* (3¹) vampire *m*.
Van|dale *s. Wandale.*
Vanille [vaˈnil(j)ə] *f* (15) vanille *f*.
variabel [varˈjaːbəl] *adj.* variable.
Variante [varˈjantə] *f* (15) variante *f*.
Variation [varjaˈtsjoːn] *f* (16) variation *f*.
Varieté [varieˈteː] *n* (11) music-hall *m*; théâtre *m* de variétés.
variieren [variˈʔiːrən] *v/t. u. v/i.* varier.
Vasall [vaˈzal] *m* (12) vassal *m*.
Vase [ˈvaːzə] *f* (15) vase *m*.
Vaseline [vazəˈliːnə] *f* (inv.) vaseline *f*.
Vater [ˈfaːtər] *m* (7¹) père *m*; **∼haus** *n* maison *f* paternelle; **∼land** *n* patrie *f*; pays *m* (natal); **Qländisch** *adj.* de la patrie; patriotique; national; **∼landsliebe** *f* amour *m* de la patrie; patriotisme *m*; **Qlandsliebend** *p.pr. adjt.* patriote.
väterlich [ˈfɛːtərliç] *adj.* paternel; **∼erseits** *adv.* du côté paternel; paternel.
Vater|liebe *f* amour *m* paternel; **Qlos** *adj.* sans père; orphelin de père; **∼mord** *m* parricide *m*; **∼mörder(in** *f)* *m* parricide *m, f*; **∼schaft** *f* paternité *f*; **∼schaftsklage** *f* action *f* en recherche de paternité; **∼stadt** *f* ville *f* natale; **∼stelle** *f*: *bei j-m ∼ vertreten* tenir lieu de père à q.; **∼unser** *n* (7) oraison *f* dominicale; *ein ∼ beten* dire un Pater.
Vati F [ˈfaːti] *m* (11) papa *m*.
Vege|tarier(in *f)* [vegeˈtaːrjər] *m* (7) végétarien(ne *f*) *m*; **Qtarisch** *adj.* végétarien; **∼es Restaurant** restaurant *m* végétarien; **∼tation** [∼aˈtsjoːn] *f* végétation *f*; **Qtativ** *adj.* végétatif;

∼es Nervensystem système *m* neuro-végétatif; **Qtieren** *fig. v/i.* végéter; vivoter.
Vehikel [veˈhiːkəl] *n* (7) véhicule *m*.
Veilchen [ˈfaɪlçən] *n* (6) violette *f*; **Qblau** *adj.* violet.
Veitstanz [ˈfaɪts-] *m* (3² u. ³) danse *f* de Saint-Guy; chorée *f*.
Vene [ˈveːnə] *f* (15) veine *f*; **∼n-entzündung** *f* phlébite *f*.
venerisch [veˈneːriʃ] *adj.* vénérien.
Vene|zolaner(in *f)* [venetsoˈlaːnər (-in)] *m*, **∼zueler(in** *f)* [∼tsuˈeːlər (-in)] *m* (7) Vénézuélien(ne *f*) *m*.
venös [veˈnøːs] *adj.* veineux.
Ventil [vɛnˈtiːl] *n* (3¹) soupape *f*; *(Fahrrad☉)* valve *f*; **∼ation** [∼tilaˈtsjoːn] *f* ventilation *f*; aérage *m*; **∼ator** [ˌ∼ˈlaːtɔr] *m* (8¹) ventilateur *m*; **Qieren** [ˌ∼ˈliːrən] *v/t.* ventiler; aérer *fig.* examiner avec soin.
verabfolgen [fɛrˈʔapfɔlgən] *v/t.* donner; remettre; *Medizin, Prügel:* administrer.
ver'-abred|en 1. *v/t.:* *etw. ∼* convenir de qch.; **2.** *v/rfl.: sich ∼* se concerter, *(zum Treffen)* prendre rendez-vous; **Qung** *f* convention *f*; *(zum Treffen)* rendez-vous *m*.
ver'-ab|reichen *v/t.* = *verabfolgen;* **∼säumen** *v/t.* négliger; *(vergessen)* oublier; **∼scheuen** *v/t.* détester; abhorrer; exécrer; **∼scheuenswert** *adj.* détestable; exécrable; **∼schieden 1.** *v/t.* mettre à la retraite; congédier; *mv.p.* renvoyer; ⚔ mettre à la réforme; réformer; *Truppen:* licencier; *Budget:* expédier; *ein Gesetz ∼* prendre un décret; **2.** *v/rfl.: sich ∼* prendre congé *(von; bei* de); **Qschiedung** *f* mise *f* à la retraite; *mv.p.* renvoi *m*; ⚔ réforme *f*; *(v. Truppen)* licenciement *m*.
ver'-achten *v/t.* mépriser; *(geringschätzen)* dédaigner; *Tod:* braver.
Veräcter [ˌ∼ˈʔɛçtər] *m* (7) contempteur *m*; **Qlich 1.** *adj.* méprisable; *(verachtend)* méprisant; dédaigneux; *∼ machen* avilir; **2.** *adv.:* *∼ behandeln* traiter avec dédain.
Ver'-achtung *f* mépris *m*; dédain *m*.

ver-allge'meiner|n v/t. (29) généraliser; **2ung** f généralisation f.

ver'-alte|n v/i. (26, sn) vieillir (*Mode*) passer; ∼t p.p. adjt. vieilli; suranné; démodé; désuet; ∼er Ausdruck archaïsme m.

Veranda [∼ve'randa] f (11¹ u. 16²) véranda f.

ver-änder|lich adj. variable; changeant; (*unbeständig*) inconstant; **2-lichkeit** f variabilité f; (*Unbeständigkeit*) inconstance f; (*des Charakters*) inégalité f; **∼n 1.** v/t. changer; (*verwandeln*) transformer; modifier; (*abwechseln*) varier; (*nachteilig*) altérer; **2.** v/rfl.: sich ∼ changer, (*die Arbeitsstelle wechseln*) changer de patron; **2ung** f changement m; (*Verwandlung*) transformation f; modification f; (*Abwechslung*) variation f; (*nachteilige*) altération f.

verängstigt [fɛr'ʔɛŋstɪçt] p.p. adjt. apeuré, effrayé; (*eingeschüchtert*) intimidé.

ver'-anker|n v/t. ancrer (a. fig.).

ver'-anlag|en v/t. (25) Steuern: répartir; gut veranlagt bien doué; **2ung** f (v. Steuern) répartition f; assiette f; (*geistige*) don m (naturel); prédisposition f (a. ⁊⁊).

ver'-anlass|en v/t. (28) causer; provoquer; donner lieu à; j-n ∼ zu engager (od. amener) q. à; **2ung** f cause f; (*Stoff zu etw.*) sujet m; (*Beweggrund*) motif m; ohne ∼ sans raison; auf s-e ∼ à son instigation; ∼ haben zu avoir (tout) lieu de; ∼ geben zu donner lieu à; ∼ nehmen zu prendre prétexte de.

ver'-anschaulich|en v/t. (25) illustrer; **2ung** f illustration f.

ver'-anschlagen v/t. (25) évaluer; taxer; Arch. faire le devis de.

ver'-anstalt|en v/t. (26) organiser; (*anordnen*) ordonner; **2er** m (7) organisateur m; **2ung** f organisation f; (*Versammlung*) réunion f; (*Feier*) fête f; cérémonie f.

ver'-antwort|en 1. v/t. etw. ∼ répondre de qch.; **2.** v/rfl.: sich bei j-m wegen etw. ∼ se justifier à q. de qch.; **∼lich** adj. responsable (für de); j-m für etw. ∼ sein (devoir) répondre à q. de qch.; **2lichkeit** f responsabilité f; **2ung** f responsabilité f (für de); (*Rechtfertigung*) justification f; auf m-e ∼ sous ma responsabilité; j-n für etw. zur ∼ ziehen demander compte à q. de qch.; **∼ungsbewußt** adj.

(**2ungsbewußtsein** n) conscient (conscience f) de sa responsabilité; **∼ungslos** adj. sans responsabilité; **∼ungsvoll** adj. plein de responsabilités.

ver'-arbeit|en v/t. employer; (*bearbeiten*) travailler; fabriquer; façonner; (*verbrauchen*) consommer; Speisen: élaborer; fig. digérer; assimiler; **∼end** p.p. adjt.: ∼e Industrie industrie f de transformation; **2ung** f emploi m; (*Bearbeitung*) fabrication f; façonnement m; (v. Speisen) élaboration f; fig. assimilation f.

ver'-argen v/t. (25): prendre en mauvaise part; j-m etw. ∼ en vouloir à q. de qch.

ver'-ärgern v/t. fâcher, irriter.

ver'-arm|en v/i. (25, sn) s'appauvrir; **2ung** f appauvrissement m.

ver'-arzten F v/t. soigner.

ver'-ästel|n v/rfl. (29): sich ∼ se ramifier; **2ung** f ramification f.

ver'-aus|gaben v/t. (25): sich ∼ dépenser trop; F se mettre à sec; (*kräftemäßig*) s'épuiser; **∼lagen** v/t. débourser.

ver'-äußer|lich adj. aliénable; **∼n** v/t. (29) aliéner; vendre; **2ung** f aliénation f; vente f.

Verb [vɛrp] n (5²) verbe m; **2al** [∼'ba:l] adj. verbal.

verballhornen [∼'balhɔrnən] v/t. défigurer, estropier.

Verband [∼'bant] m (3³) association f; société f, union f; ⁊ cartel m; syndicat m; (*Wund2*) pansement m; (*Binde*) bandage m; ✕ unité f; formation f; **∼kasten** m boîtier m; **∼päckchen** n paquet m de pansement; **∼platz** ✕ m poste m de secours; **∼stoff** m pansement m; **∼zeug** n trousse f de pansement.

ver'bann|en v/t. bannir; exiler; proscrire; **2te(r)** m banni m; exilé m; proscrit m; **2ung** f bannissement m; exil m; proscription f; in der ∼ sein (in die ∼ schicken) être (envoyer) en exil.

ver'barrika'dieren [∼barika'di:rən] v/t. (v/rfl. sich ∼ se) barricader; **∼'bauen** v/t. (bauend versperren) obstruer le passage par des constructions; Geld: dépenser à bâtir; (*falsch bauen*) mal bâtir; **∼'beißen** v/t. cacher; réprimer; Kummer: dévorer; Zorn: contenir; dissimuler; s-n Schmerz ∼ serrer les dents pour cacher sa souffrance; 2. *v/rfl.*: *sich das Lachen*~ se mordre les lèvres pour s'empêcher de rire; *sich in etw. (acc.)* ~ s'acharner à qch.; ~'**bergen 1.** *v/t.* cacher (*vor dat.* à); (*verheimlichen*) celer, dissimuler, taire; 2. *v/rfl.*: *sich* ~ se cacher (*hinter acc.* derrière; *vor j-m* de q.).

Ver'besser|er *m* correcteur *m*; (*Umgestalter*) réformateur *m*; **2n** *v/t.* améliorer; amender; *Fehler:* corriger; *Boden:* bonifier; (*bessernd umgestalten*) réformer; (*vervollkommnen*) perfectionner; ~'**ung** *f* amélioration *f*; amendement *m*; (*v. Fehlern*) correction *f*, (*in der Schule*) corrigé *m*; (*des Bodens*) bonification *f*; (*verbessernde Umgestaltung*) réforme *f*; (*Vervollkommnung*) perfectionnement *m*; ~**ungs-antrag** *pol. m* amendement *m*; **2ungsfähig** *adj.* susceptible d'amélioration; corrigible.

ver'beug|en *v/rfl.*: *sich* ~ s'incliner (*vor j-m* devant q.); faire la révérence; **2ung** *f* révérence *f*.

ver'beulen *v/t.* (25) bosseler; ~'**biegen** *v/t.* fausser; (*aus der Form bringen*) déformer; ~'**bieten** *v/t.* défendre; (*untersagen*) interdire; ~'**bilden** *v/t.* mal former; (*entstellen*) déformer; *fig.* fausser l'esprit.

ver'billig|en *v/t.* (25) réduire le prix (de); **2ung** *f* réduction *f* du prix.

ver'bind|en 1. *v/t.* (25) lier, associer; joindre, unir; ⚘ combiner; ⊕ assembler; raccorder; *Wunde:* panser; *Augen:* bander; *téléph.* mettre en communication (*mit avec*); *ehelich* ~ marier; 2. *v/rfl.*: *sich geschäftlich mit j-m* ~ s'associer avec q.; *damit verbindet sich die Vorstellung ...* à cela s'attache l'idée ...; ~'**lich** *adj.* (*verpflichtend*) obligatoire; (*verpflichtet*) obligé; (*gefällig*) obligeant; *~sten Dank!* je vous suis très obligé; **2lichkeit** *f* caractère *m* obligatoire; (*Verpflichtung*) obligation *f*; engagement *m*; (*Gefälligkeit*) obligeance *f*; **2ung** *f* liaison *f* (*a.* ⚘), union *f*, jonction *f*; (*Beziehung*) rapport *m*, relation *f*, contact *m*; *mit j-m in* ~ *stehen* être en relations avec q.; ~ *aufnehmen mit j-m* entrer en (*od.* prendre) contact avec q.; contacter q.; (*Gesellschaft*) association *f*; société *f*; (*studentische*) corporation *f*; *eheliche* ~ mariage *m*; (*téléph., Verkehrs-*2) communication *f*; ⚘ composé *m*;

combinaison *f* (*a.* ⚘); ⊕ assemblage *m*; raccord *m*.

Ver'bindungs|bahn *f* ligne *f* de jonction (*od.* de raccordement); ~**linie** *f* ligne *f* de communication; ~**mann** *m* homme (*od.* agent) *m* de liaison; ~**offizier** *m* officier *m* de liaison; ~**rohr** *n* tuyau *m* de jointure; ~**stekker** ⚡ *m* fiche *f* de raccordement; ~**stelle** *f* point *m* de jonction; ~**straße** *f* route *f* de communication; ~**stück** *n* lien *m*, raccord *m*.

verbissen [~'bisən] *adj.* (*sourdement*) irrité; (*erbittert*) acharné; *auf etw. (acc.)* ~ *sein* être acharné à qch.; **2heit** *f* sourde irritation *f*; (*Erbitterung*) acharnement *m*.

ver'bitten *v/rfl.*: *sich etw.* ~ défendre à q. de faire qch.; *das verbitte ich mir (für die Zukunft)!* que cela ne vous arrive plus!

ver'bitter|n *v/t.* (29) rendre amer; aigrir; *~t* *p.p. adjt.* aigri; **2ung** *f* amertume *f*; aigreur *f*.

ver'blassen *v/i.* (28, *sn*) pâlir; (*Farbe*) passer; (*Stoffe*) se faner; **2bleib** [~'blaip] *m* (3, *o.pl.*) séjour *m*; ~'**bleiben** *v/i.* (*sn*) rester; demeurer; (*verharren*) persévérer (*bei* dans); (*Briefschluß*) *... verbleibe ich Ihr ...*; j'ai l'honneur d'être votre ...; ~'**bleichen** *v/i.* (30, *sn*) = *verblassen*.

ver'blen|den *v/t.* aveugler; (*durch Glanz*) éblouir; *Arch.* revêtir; **2dung** *f* aveuglement *m*; *Arch.* revêtement *m*.

Ver'blichene(r *m*) *m*, *f* défunt(e*f*) *m*; **2blöden** *v/i.* (26, *sn*) s'abêtir, s'abrutir.

verblüff|en [~'blyfən] *v/t.* (25) déconcerter; ébahir; épater; ~**end** *p.pr. adjt.* déconcertant, épatant; *~t* *p.p. adjt.* ébahi, épaté; **2ung** *f* ébahissement *m*; épatement *m*.

ver'blühen *v/i.* (25, *sn*) défleurir; (*welken*) se faner (*a. fig.*); ~**blümt** [~'bly:mt] **1.** *p.p. adjt.* figuré; **2.** *p.p. advt.* à mots couverts; ~**bluten** *v/i.* (*sn*) perdre tout son sang; 🏥 mourir d'une hémorragie; **2blutung** *f* hémorragie *f*.

ver'bohr|en F *v/rfl.*: *sich in etw. (acc.)* ~ s'obstiner dans (*od.* à faire) qch.; *~t* F *p.p. adjt.* obstiné; **2theit** *f* F obstination *f*.

ver'borgen 1. *v/t.* prêter; 2. *adj.* caché; dérobé; (*geheim*) secret; (*zurückgezogen*) retiré; (*Krankheit*) latent; *im* 2*en* en cachette; 2**heit** *f* obscurité *f*; cachette *f*.

Verbot [~'bo:t] *n* (3) défense *f*; interdiction *f*; 2*en p.p. adjt.* défendu, interdit; ~**sschild** *n*, ~**s-tafel** *f* panneau *m* d'interdiction, tableau *m* de défense; ~**szeichen** *n* signal *m* d'interdiction (*od.* de défense).

Ver'brauch *m* (3, *o. pl.*) consommation *f*; 2*en v/t.* consommer, employer; (*ganz* ~) épuiser; (*abnutzen*) user; ~**er(in** *f*) *m* consommateur *m*, -trice *f*; ~**sgüter** *n/pl.* biens *m/pl.* de consommation; ~**ssteuer** *f* impôt *m* sur la consommation.

ver'brechen 1. *v/t.*: etw. ~ commettre un crime; faire un mal; 2. 2 *n* (6) crime *m*.

Ver'brecher|(in *f*) *m* (7) criminel(le *f*) *m*; ~**album** *n* fichier *m* criminel (*od.* de l'identité judiciaire); 2**isch** *adj.* criminel; ~**tum** *n* criminels *m/pl.*

ver'breit|en 1. *v/t.* répandre; *Lehre*: propager; *Gerücht*: faire courir; *Nachricht*: colporter; *rad.* diffuser; *Geheimnis*: divulguer; 2. *v/rfl.*: sich ~ *über* (*acc.*) s'étendre sur; ~**ern** *v/t.* (29) élargir; 2**erung** *f* élargissement *m*; ~**et** *p.p. adjt.* répandu, général; 2**ung** *f* propagation *f*; diffusion *f*; (*v. Geheimnissen*) divulgation *f*.

ver'brenn|bar *adj.* combustible; ~**en** *v/t.* brûler; *Tote*: incinérer; 2**ung** *f* combustion *f*; (*v. Toten*) crémation *f*; incinération *f*; 2**ungs-anlage** *f* usine *f* d'incinération (des ordures); 2**ungsmotor** *m* moteur *m* à explosion; 2**ungs-ofen** *m* four *m* crématoire.

ver'brief|en *v/t.* garantir par écrit; *verbrieftes Recht* droit *m* reconnu par écrit; ~**bringen** *v/t. Zeit*: passer.

ver'brüder|n *v/rfl.* (29): sich mit j-m ~ fraterniser avec q.; 2**ung** *f* fraternisation *f*.

ver|'brühen *v/rfl.*: sich ~ se brûler, s'échauder; ~**'buchen** *v/t.* enregistrer; ~**'bummeln** 1. *v/t.* gaspiller; (*vergessen*) oublier; 2. *v/i.* (sn) gâcher sa vie; ~**'bunden** *p.p. adjt.*: *j-m sehr* ~ *sein* être très obligé à q.; ~**'bünden** [~'byndən] *v/rfl.* (26): sich ~ s'allier (*mit* à); (*bundesstaatlich*) se confédérer; 2**'bundenheit** *f* solidarité *f*; 2**'bündete(r)** *m* allié *m*; coalisé *m*; confédéré *m*; 2**'bundglas** *n* verre *m* à vitre collé; ~**'bürgen** *v/rfl.*: sich für etw. ~ garantir qch.; répondre de

qch.; se porter garant de qch.; sich für j-n ~ cautionner q.; ~**'bürgt** *p.p. adjt.* authentique; de source sûre; ~**'büßen** *v/t.* expier; *Strafe*: subir; ~**chromen** [~'kro:mən] *v/t.* (25) chromer.

Ver'dacht [fer'daxt] *m* (3) soupçon *m*; *in* ~ (*kommen*) *bringen* (se) rendre suspect; *j-n wegen e-r Sache in* ~ *haben* soupçonner q. de qch.; *wegen e-r Sache in* ~ *stehen* être soupçonné de qch.; ~ *schöpfen* prendre ombrage.

verdächtig [~'dɛçtiç] *adj.* suspect; douteux; louche; 2**en** [~gən] *v/t.* (25) soupçonner; suspecter; 2**ung** *f* mise *f* en suspicion.

Ver'dachtsmoment *n* point *m* suspect.

verdamm|en [~'damən] *v/t.* (25) réprouver; damner; (*verurteilen*) condamner; 2**nis** *f*, 2**ung** *f* réprobation *f*; *ewige* ~ damnation *f* éternelle; (*Verurteilung*) condamnation *f*; ~**t** *p.p. adjt.* damné, réprouvé, maudit; ~*! peste!*; *au diable!*

ver'dampf|en 1. *v/i.* (sn) s'évaporer; se vaporiser; 2. *v/t.* faire évaporer; 2**er** ⊕ *m* (7) évaporateur *m*; 2**ung** *f* évaporation *f*; vaporisation *f*.

ver'danken *v/t.*: j-m etw. ~ devoir qch. à q.

verdarb [fer'darp] *s.* verderben.

verdattert F [~'datərt] *adj.* effrayé, confus.

verdau|en [~'dauən] *v/t.* (25) digérer (*a. fig.*); ~**lich** *adj.* digestible; *schwer* ~ indigeste; 2**ung** *f* digestion *f*; 2**ungsbeschwerden** *f/pl.* troubles *m/pl.* de digestion; indigestion *f*; 2**ungs-organe** *n/pl.* organes *m/pl.* digestifs; 2**ungsstörung** *f* indigestion *f*.

Ver'deck *n* (3) ⊕ pont *m*; (*Auto*2) capote *f*; 2**en** *v/t.* couvrir; (*verbergen*) cacher.

ver'denken *v/t.*: j-m etw. nicht ~ können ne pas pouvoir en vouloir à q. de qch.

Verderb [~'dɛrp] *m* (3) perte *f*; ruine *f*; 2**en** 1. *v/t.* gâter; abimer; détériorer; *Luft*: vicier; (*sittlich*) corrompre; pervertir; j-m die Freude ~ gâter la joie de q.; es mit j-m ~ perdre les bonnes grâces de q.; *es mit niemand* ~ *wollen* vouloir rester bien avec tout le monde; sich die Augen ~ s'abimer la vue; 2. *v/i.* (sn) se gâter; s'abimer; (*sittlich*) se corrompre (*a. faulen*); ~**en** *n* corruption *f*; (*Untergang*) perte f, ruine f; rl. perdition f; j-n ins ~ stürzen perdre q.; **2en-bringend** adj. fatal; funeste; **2lich** adj. (leicht verderblich) périssable, corruptible; (schädlich) pernicieux, nuisible; (unheilvoll) funeste, fatal; **~nis** f (14²) corruption f, perversion f; **2t** adj. corrompu, pervers, dépravé; **~theit** f corruption f, perversité f, dépravation f.

ver'deutlichen v/t. (25) rendre clair; élucider.

ver'deutschen v/t. (25) traduire en allemand.

ver'dicht|en v/t. condenser; comprimer; ⌐ concentrer; **2ung** f condensation f; compression f; ⌐ concentration f.

ver'dicken v/t. (25) épaissir; conglutiner.

ver'dienen v/t. gagner; (würdig sein) mériter.

Ver'dienst (3²) **1.** m gain m; profit m; bénéfice m; **2.** n mérite m; ~e um den Staat services m/pl. rendus à l'État; **~ausfall** m perte f de gain (od. de salaire); **~kreuz** n: großes ~ grand-croix f du mérite; **~möglichkeit** f possibilité f de gain; **~spanne** f marge f bénéficiaire; **2voll** adj. méritoire.

ver'dient p.p. adj. (plein) de mérite, méritant, méritoire; sich ~ machen um bien mériter de; **~er'maßen** adv. selon mes (tes, etc.) mérites.

ver'dingen v/rfl. (25, 30): sich bei j-m ~ s'engager au service de q.; entrer en condition chez q.

ver'dolmetschen v/t. (27) traduire.

ver'donnern F v/t. condamner (zu à).

ver'doppel|n v/t. (27) (re)doubler; fig. redoubler de; **2ung** f redoublement m; gr. a. réduplication f; ꝓ duplication f.

verdorben [~'dɔrbən] p.p. adj. (Luft) vicié; (Lebensmittel) pourri; = verderbt; e-n ~en Magen haben avoir une indigestion; du hast es mit ihm ~ tu n'es plus dans ses bonnes grâces; **2heit** f corruption f; perversion f; dépravation f.

ver'dorren [~'dɔrən] v/i. (25) se dessécher.

ver'dräng|en v/t. Gas, Wasser: déplacer; (aus e-r Stellung, e-r Wohnung) chasser, déloger; (unterdrükken) supprimer; psych. refouler; (ausstechen) supplanter; aus e-m Be-

sitz ~ déposséder; **2ung** f déplacement m; délogement m; (Unterdrükkung) suppression f; psych. refoulement m; (Ausstechen) supplantation f; (aus e-m Besitz) dépossession f.

ver'dreh|en 1. v/t. tordre, tourner de travers, contourner; (verstellen) dérégler; Augen: rouler; Sinn, Wahrheit: altérer, dénaturer, défigurer; Recht: donner une entorse à; **2.** v/rfl.: sich den Arm ~ se fouler le bras; **~t** F p.p. adj. (Ansicht) absurde; biscornu; (Person) toqué; **2ung** f contorsion f; fig. fausse interprétation f; altération f; entorse f.

ver'dreifachen v/t. (25) tripler.

ver'dreschen F v/t. rouer de coups, rosser.

verdrieß|en [~'driːsən] v/t. (30) contrarier; ennuyer; chagriner; fâcher; sich etw. nicht ~ lassen ne pas se rebuter de qch.; **~lich** adj. chagrin, (schlecht gelaunt) de mauvaise humeur; renfrogné; (Verdruß erregend) contrariant, ennuyeux, fâcheux; ~ aussehen faire grise mine; **2lichkeit** f (mauvaise) humeur f; (Widerwärtigkeit) contrariété f, ennui m.

ver'droß = verdrießen.

verdrossen [~'drɔsən] **1.** p.p. adj. chagrin; (unlustig) indolent; **2.** p.p. advt. à contrecœur; **2heit** f (mauvaise) humeur f; (Unlust) indolence f.

verdrücken F v/rfl.: sich ~ s'éclipser.

Verdruß [~'drus] m (4) dépit m; (Kummer) chagrin m, ennui(s pl.) m; j-m ~ bereiten chagriner q.

ver'duften F v/i. (sn) s'éclipser.

ver'dumm|en (25) **1.** v/i. (sn) s'abêtir, s'abrutir; **2.** v/t. abêtir; abrutir; **2ung** f abêtissement m, abrutissement m.

ver'dunkel|n v/t. obscurcir, assombrir; ⚔ éteindre les lumières; astr. u. fig. éclipser; **2ung** f obscurcissement m; astr. u. fig. éclipse f; ⚔ black-out m.

ver'dünn|en v/t. (25) amincir; Flüssigkeit: délayer, allonger; Wein: baptiser; couper; Luft: raréfier; ⌐ atténuer; **2ung** f amincissement m; (v. Flüssigkeiten) délayage m, allongement m; (v. Wein) coupage m; (v. Luft) raréfaction f; ⌐ atténuation f.

ver'dunst|en v/i. (26, sn) s'évaporer, se vaporiser, se volatiliser; ~ lassen évaporer, vaporiser, volatiliser; 2ung f évaporation f, vaporisation f, volatilisation f.

ver¹·dursten v/i. (26, sn) mourir de soif.

ver¹·düstern (29) v/t. (v/rfl. sich ~ s')assombrir (a. fig.).

verdutzt [~¹dutst] adj. stupéfait; interdit; ~ machen déconcerter.

verebben [fɛr¹ʔɛban] v/i. (sn) diminuer, décroître; (Flut) descendre.

ver-edel|n v/t. (29) ennoblir; (heben) relever; (verbessern) améliorer; ✓ greffer; ⊕ affiner; 2ung f ennoblissement m; (Verbesserung) amélioration f; ✓ greffage m; ⊕ affinage m.

ver¹·ehelichen (25) v/t. (v/rfl. sich ~ se) marier.

ver¹·ehr|en v/t. révérer, vénérer; (anbeten) adorer; j-m etw. ~ faire hommage (od. présent) de qch. à q.; 2er(in) m adorateur m, -trice f, admirateur m, -trice f; 2ung f vénération f; (Anbetung) adoration f; ~ungswürdig adj. vénérable.

ver¹·eidig|en v/t. (25) assermenter; faire prêter serment à; ✓t p.p. adjt. assermenté, juré; 2ung f prestation f de serment.

Verein [~¹ʔaın] m (3) association f, société f; cercle m, club m, union f; im ~ mit avec le concours de; en collaboration avec.

ver¹·einbar adj. compatible (mit avec); ~en v/t. (25): etw. ~ tomber (od. se mettre) d'accord sur qch.; convenir de qch.; sich nicht ~ lassen ne pas être compatible (mit avec); 2keit f compatibilité f; 2ung f accord m; convention f.

ver¹·einen v/t. (25) = vereinigen.

ver¹·einfach|en v/t. (25) simplifier; 2ung f simplification f.

ver¹·einheitlich|en v/t. (25) uniformiser; standardiser; 2ung f uniformisation f; standardisation f.

ver¹·einig|en (25) 1. v/t. (ré)unir; joindre; associer; (verbünden) allier; (zusammenbringen) (r)assembler; rapprocher; 2. v/rfl.: sich ~ s'unir, s'associer; s'allier; (Flüsse) confluer; 2ung f (ré)union f; jonction f; association f; (Bündnis) alliance f; (v. Flüssen) confluence f.

ver¹·einnahmen v/t. (25) encaisser.

ver¹·einsam|en v/i. (25, sn) s'isoler; ✓t p.p. adjt. esseulé, isolé; 2ung f isolement m.

Ver¹·eins|mitglied n membre m d'une association; ~wesen n associations f/pl.

ver¹·einzelt p.p. adjt. isolé; ~ auftretend sporadique.

ver¹·eis|en v/i. (29, sn) (se) geler; (Straße) se couvrir de verglas; Flgw. givrer; ✓t p.p. adjt. (Straße) verglacé; (Gewässer) pris par les glaces; Flgw. givré (a. Fenster); 2ung Flgw. f givrage m.

ver¹·eiteln v/t. (25) déjouer, faire échouer; Hoffnung: frustrer; trahir; anéantir; ~¹·eitern v/i. (sn) suppurer; 2¹·eiterung f suppuration f; ~¹·ekeln v/t. (29): j-m etw. ~ dégoûter q. de qch.; ~¹·enden v/i. (sn) mourir (misérablement); (Tiere) crever.

ver¹·eng|e(r)n v/t. (25 [29]) rétrécir, resserrer; 2(er)ung f rétrécissement m, resserrement m.

ver¹·erb|en 1. v/t.: j-m (od. auf j-n) etw. ~ laisser (od. léguer) qch.; Krankheit: transmettre) qch. à q.; 2. v/rfl.: sich auf j-n ~ passer à q. par voie de succession, (Krankheit) se transmettre héréditairement à q.; 2ung f hérédité f; 2ungsgesetz n loi f de l'hérédité; 2ungslehre f génétique f.

ver¹·ewigen (25) v/t. (v/rfl. sich ~ s')éterniser, (se) perpétuer; sich (seinen Namen, sein Andenken) ~ s'immortaliser.

ver¹·fahren 1. v/i. (sn) procéder; agir (mit j-m schlecht mal envers q.); mit etw. schlecht ~ user mal de qch.; 2. v/t. Geld: dépenser en trajets; 3. v/rfl.: sich ~ se tromper de chemin; 4. p.p. adjt. V: die Sache ist ~ l'affaire est mal engagée; 5. 2 n (6) (Vorgehen) manière f d'agir; procédé m; (Arbeitsweise) méthode f; ⊕, ⚙ procédé m; ⚖ procédure f; 2weise f = Verfahren.

Ver¹·fall m (3, o. pl.) décadence f; (bsd. v. Gebäuden) ruine f; (Abnahme) déclin m; (Dahinsiechen) dépérissement m; (Ausartung) dégénération f; (Verderbnis) corruption f; ✝, (fällig werden) échéance f; (e-s Rechts, Pfandes) déchéance f; in ~ geraten = 2en 1. v/i. (sn) tomber en décadence; tomber en ruines; se délabrer; (Kräfte) dépérir; ✝, (fällig werden) échoir, (ablaufen) déchoir; j-m ~ (anheimfallen) échoir à q.; ~ auf (acc.) avoir l'idée (od. s'aviser) de; ~ in (acc.)

tomber dans; 2. *p.p. adjt.* en ruines; caduc (*a.* ⚖); ~ sein (*-m Laster*) être en proie à; *j-m gänzlich* ~ sein avoir q. dans la peau; **~termin** *m* échéance *f*; terme *m*.

ver'**fälsch|en** *v/t.* falsifier; fausser; altérer; *Wein*: frelater; 2**ung** *f* falsification *f*; altération *f*; (*v. Wein*) frelatage *m*.

ver|'**fangen 1.** *v/i.* faire effet; **2.** *v/rfl.:* sich ~ s'embrouiller, (*Wind*) s'engouffrer; ~'**fänglich** *adj.* captieux; (*arglistig*) insidieux; ~'**färben** *v/rfl.:* sich ~ changer de couleur; ~'**fassen** *v/t.* composer; *Buch*: écrire; *Aufsatz*: rédiger.

Ver'**fasser(in** *f*) *m* (7) auteur *m*.

Ver'**fassung** *f* (*Zustand*) état *m*; disposition *f*; (*moralische*) moral *m*; (*Staats*2) constitution *f*.

Ver'**fassungs|bruch** *m* violation *f* de la constitution; 2**gebend** *p.pr. adjt.* constituant; ~e *Versammlung* assemblée *f* constituante; **~gericht** *n* tribunal *m* constitutionnel; 2**mäßig** *adj.* constitutionnel; **~recht** *n* droit *m* constitutionnel; **~reform** *f* réforme *f* constitutionnelle; **~schutz** *m*: *Amt für* ~ office *m* de protection de la constitution; 2**widrig** [~vi:driç] *adj.* inconstitutionnel.

ver'**faulen** *v/i.* (sn) pourrir; se putréfier.

ver'**fecht|en** *v/t.* combattre pour; *Recht*: défendre; *Meinung*: soutenir; *j-s Sache* ~ plaider la cause de q.; 2**er** *m* défenseur *m*.

ver'**fehl|en** *v/t.* manquer; rater (*s-e Wirkung* son effet); *nicht* ~, *zu* ... (*inf.*) ne pas laisser de ... (*inf.*); ~**t** *p.p. adjt.* (*falsch*) faux; (*unangebracht*) non indiqué; 2**ung** *f* faute *f* (*morale*); ⚖ délit *m*.

ver'**feinden** (26) *v/t.* (*v/rfl.* sich ~ se) brouiller.

ver'**feiner|n** *v/t.* (29) (r)affiner, épurer; 2**ung** *f* raffinement *m*, épurement *m*.

ver'**femen** *v/t.* (25) mettre au ban (*od.* 'hors la loi).

ver'**fertigen** *v/t.* faire; fabriquer; manufacturer; *Kleider*: confectionner.

ver**fett|et** [fɛr'fɛtət] *p.p. adjt.* dégénéré en graisse; 2**ung** *f* dégénération *f* graisseuse.

ver'**feuern** *v/t. Holz usw.*: consommer.

ver'**film|en** *v/t.* filmer; *Buch*: tirer un film de; 2**ung** *f* adaptation *f* cinématographique.

ver'**filz|en** *v/t.* (*v/i.* [sn] se) feutrer; 2**ung** *f* feutrage *m*.

ver'**finster|n** (29) *v/t.* (*v/rfl.* sich ~ s')obscurcir, (s')assombrir (*a. fig.*); *astr.* s'éclipser; 2**ung** *f* obscurcissement *m*; *astr.* éclipse *f*.

ver'**flachen** *v/i.* (25, sn) aplatir; *fig.* perdre tout caractère; ~'**flechten** *v/t.* entrelacer; *fig.* impliquer (*in acc.* dans); 2**flechtung** *f* entrelacement *m*; *fig.* interdépendance *f*; ~'**fliegen 1.** *v/rfl.:* sich ~ *Flgw.* s'égarer; **2.** *v/i.* (sn) 🜂 se volatiliser; (*Zeit*) fuir; passer vite; *fig.* se dissiper; ~'**fließen** *v/i.* (sn) s'écouler; (*Leben*) s'enfuir; (*Farben*) se fondre; ~'**flixt** *adj. u. int.:* ~! sapristi!; ~er *Kerl* sacré coquin!; ~**flossen** [~'flɔsən] *p.p. adjt.* passé; ~'**fluchen** *v/t.* maudire; *rl.* anathématiser; ~'**flucht 1.** *p.p. adjt. u. int.* maudit; ~! peste!, au diable!; *s. a.* verflixt; **2.** *p.p. advt.* F diablement; ~'**flüchtigen** 🜂 *v/rfl.* (25): sich ~ se volatiliser; s'évaporer.

ver'**flüssig|en** (25) *v/t.* (*v/rfl.* sich ~ se) liquéfier; 2**ung** *f* liquéfaction *f*.

Ver'**folg** [~'fɔlk] *m* (3, *o. pl.*) cours *m*; (*weiterer*) suite *f*; 2**en** [~gən] *v/t.* poursuivre (*a.* ⚖); (*ungerecht, grausam*) persécuter; (*hartnäckig*) pourchasser; *Laufbahn, Spur usw.*: suivre; *ch.* forcer; (*weiter*~) continuer; ~**er** *m* (7) persécuteur *m*; ~**ung** *f* poursuite *f*; (*ungerechte, grausame*) persécution *f*; (*Fortsetzung*) continuation *f*; ~**ungswahn** *m* manie *f* de la persécution.

ver'**formen** *v/t.* (*v/rfl.* sich ~ se) déformer.

ver'**frachten** ⚓ *v/t.* fréter; 2**ung** *f* frètement *m*.

ver'**froren** *adj.* frileux.

ver'**früht** *adj.* prématuré.

ver'**füg|bar** *adj.* disponible; 2**barkeit** *f* disponibilité *f*; ~**en 1.** *v/i.* disposer (*über acc.* de); **2.** *v/t.* (*bestimmen*) ordonner; (*anordnen*) décréter; ⚖ décerner; 2**ung** *f* disposition *f* (*treffen* prendre); (*Anordnung*) ordonnance *f*; ordre *m*; décret *m*; *j-m zur* ~ **stehen** (*stellen*) être (mettre) à la disposition de q.

ver'**führ|en** *v/t.* séduire; ~ *zu* entraîner (*od.* induire) à; 2**er(in** *f*) *m* (7) corrupteur *m*, -trice *f*; séducteur *m*,

-trice f; **~erisch** adj. séducteur; (*verlockend*) séduisant; 2ung f séduction f.

ver'fünffachen v/t. quintupler.

Ver'gabe f (*e-r Stelle*) attribution f; ~ *öffentlicher Arbeiten* adjudication f de travaux publics.

ver|gällen [~'gɛlən] v/t. (25) fig. gâter; *Alkohol:* dénaturer; *j-m das Leben* ~ rendre la vie amère à q.; **~galoppieren** F [~'lɔpiːrən] v/rfl.: *sich ~* se fourvoyer (a. fig.).

vergangen [~'gaŋən] p.p. adj. passé; écoulé; *~es Jahr* l'année passée (*od.* dernière); 2**heit** f passé m; temps m passé.

vergänglich [~'gɛnliç] adj. passager; éphémère; (*schnell zugrunde gehend*) périssable; 2**keit** f caractère m éphémère; caractère m périssable.

ver'gären v/t. fermenter.

ver'gas|en v/t. (25) gazéifier; ⊕ carburer; (*Gelände, Menschen:* gazer; 2**er** *Auto* m (7) carburateur m; 2**ung** f gazéification f; (*Vergiftung*) asphyxie f par les gaz.

ver'geb|en 1. v/t. donner; *Recht:* céder; *Güter:* dispenser; *Amt:* conférer; (*verteilen*) répartir; *zu* ~ *haben* disposer de; *zu* ~ *sein* être libre (*od.* vacant); (*verzeihen*) pardonner; *Sünde:* remettre; **2.** v/rfl.: *sich* ~ (*beim Kartenspiel*) se tromper en donnant; *sich etw.* ~ compromettre son honneur; *sich nichts* ~ être jaloux de son honneur; **~ens** adv. en vain; vainement; ~ *etw. tun* avoir beau faire qch.; **~lich 1.** adj. vain; inutile; (*erfolglos*) infructueux; **~e** *Mühe* peine f perdue; **2.** adv. a. en vain; 2**lichkeit** f inutilité f; 2**ung** f (*Verteilung*) répartition f; (*e-s Rechts*) cession f; (*e-s Amts*) nomination f (à); (*Verzeihung*) pardon m; (*v. Sünden*) rémission f.

vergegenwärtigen [~'vɛrtiɡən] v/rfl. (25): *sich etw.* ~ se représenter qch.

ver'gehen 1. v/i. (sn) passer; (*nachlassen*) diminuer; (*verschwinden*) disparaître; (*hinschmelzen*) fondre; (*sich verwischen*) s'effacer; (*sich verlieren*) se perdre; (*Nebel*) se dissiper; (*umkommen*) périr; (*Frist*) passer; ~ *vor* mourir de; **2.** v/rfl.: *sich* ~ commettre une faute; pécher (*gegen* contre); *sich gegen j-n* ~ manquer à q.; *sich an j-m* ~ violer q.; *sich tätlich an j-m* ~ porter la main sur q.; *sich gegen das*

Gesetz ~ transgresser (*od.* violer) la loi; **3.** 2 n (6) faute f; *leichtes* ~ peccadille f; ⚄ délit m; (*Übertretung*) contravention f.

ver'geistig|en v/t. (25) spiritualiser; sublimer; 2**ung** f spiritualisation f; sublimation f.

ver'gelt|en v/t. *Dienst:* reconnaître; *Untat:* se revancher de; *j-m etw.* ~ rendre qch. à q.; récompenser q. de qch.; 2**ung** f revanche f; *zur* ~ *en revanche;* ~ *üben* user de représailles; 2**ungsmaßnahme** f, 2**ungsschlag** m représailles f/pl.

verge'sellschaften v/t. (26) socialiser.

vergessen [~'gɛsən] **1.** v/t. (30) oublier; **2.** 2 n oubli m; 2**heit** f oubli m; *in* ~ *geraten* tomber dans l'oubli.

ver'geßlich adj. oublieux; distrait; 2**keit** f manque m de mémoire; oubli m; distraction f; *aus* ~ par oubli (*od.* distraction).

vergeud|en [~'ɡɔydən] v/t. (26) dissiper; gaspiller; 2**ung** f dissipation f; gaspillage m.

ver'gewaltig|en v/t. (25) violer; fig. faire violence à, violenter; 2**ung** f viol m; fig. violence f (faite à).

verge'wissern v/rfl. (29): *sich* ~ s'assurer (*e-r Sache* [gén.] de qch.).

ver'gießen v/t. verser; répandre.

ver'gift|en v/t. (25) empoisonner; (*giftig machen*) envenimer; 🕭 intoxiquer; 2**ung** f empoisonnement m; 🕭 infection f; intoxication f; 2**ungserscheinung** f symptôme m d'intoxication.

ver'gilben v/i. (sn) jaunir.

ver'gipsen v/t. sceller au plâtre.

vergiß [fɛr'ɡis] s. vergessen.

Ver'gißmeinnicht ♦ n (3) myosotis m; *ne-m'oubliez-pas* m; 2**gittern** v/t. (27) grillager; (*mit Drahtgitter*) treillisser; 2**glasen** (27) **1.** v/t. vitrer; **2.** v/i. se vitrifier; **~'glasung** f vitrification f.

Ver'gleich m (3) comparaison f (*anstellen* établir); (*Parallele*) parallèle m; (*Einigung*) arrangement m (*schließen* conclure); accommodement m, accord m, compromis m; *im* ~ *mit* (*zu*) en comparaison de; *zum* ~ *kommen* s'arranger; 2**bar** adj. comparable; 2**en 1.** v/t. comparer (*mit* à, *bei genauem Vergleich:* avec); *Streit:* aplanir; (*als Verweis*) *vergleiche Seite* ... voir (aussi) page ...; **2.** v/rfl.:

sich ~ s'arranger; 2**end** *p.pr. adjt.* comparé; comparatif; ~*e Literatur* littérature *f* comparée; ~**sverfahren †** *n* concordat *m*; 2**sweise** *adv.* par comparaison; comparativement.

ver|'glimmen, ~'glühen *v/i.* (sn) s'éteindre peu à peu.

vergnüg|en [~'gny:gǝn] *v/rfl.* (25): *sich mit* (*an*) *etw.* (*dat.*) ~ s'amuser (*od.* se divertir) à qch.; 2**en** *n* (6) plaisir *m*, amusement *m*, divertissement *m*; (*Annehmlichkeit*) agrément *m*; (*Zerstreuung*) distraction *f*; *mit* ~ avec plaisir; *an etw.* (*dat.*) ~ *finden* prendre plaisir à qch.; ~**lich** *adj.* amusant, plaisant; ~**t** [~kt] *p.p. adjt.* joyeux; satisfait; 2**ung** *f* amusement *m*; divertissement *m*.

Ver'gnügungs|lokal *n* cabaret *m*; lieu *m* de plaisir; ~**park** *m* parc *m* d'attraction; ~**reise** *f* voyage *m* d'agrément; ~**steuer** *f* taxe *f* sur les spectacles et divertissements; 2**süchtig** *adj.* adonné aux plaisirs; ~*er Mensch* viveur *m*; ~**viertel** *n* quartier *m* des attractions.

ver'gold|en *v/t.* (26) dorer (*a. fig.*); 2**ung** *f* dorure *f*.

ver'gönnen *v/t.*: *es war ihm nicht vergönnt* il n'a pas eu la chance.

ver'götter|n *v/t.* (29) déifier; (*abgöttisch verehren*) idolâtrer; 2**ung** *f* déification *f*; (*Abgötterei*) idolâtrie *f*.

ver|'graben 1. *v/t.* enterrer, enfouir; 2. *v/rfl.*: *sich* ~ (*Tiere*) se terrer; ~**grämt** *adj.* rongé par le chagrin; ~**greifen** *v/rfl.*: *sich* ~ se méprendre; *sich an j-m* ~ porter la main sur q.; *sich an etw.* (*dat.*) ~ porter atteinte à qch.; *sich an der Kasse* ~ toucher à la caisse; ~**griffen** [~'grifǝn] *p.p. adjt.* (*Ware, Buch*) épuisé; ~**größern** [~'grø:sǝrn] *v/t.* (29) agrandir (*a. phot.*); *opt. a.* grossir; (*vermehren*) augmenter; accroître; 2**1größerung** *f* agrandissement *m* (*a. phot.*); *opt. a.* grossissement *m*; (*Vermehrung*) augmentation *f*.

Ver'größerungs-apparat *phot. m* agrandisseur *m*; ~**glas** *n* verre *m* grossissant; loupe *f*.

Ver'günstigung *f* faveur *f*; (*Vorteil*) avantage *m*.

vergüt|en [~'gy:tǝn] *v/t.* (26) rémunérer; *j-m etw.* ~ indemniser (*od.* dédommager) q. de qch.; 2**ung** *f* rémunération *f*; indemnité *f*; dédommagement *m*; remboursement *m*.

ver'haft|en *v/t.* arrêter; *rt* appréhender; 2**ung** *f* arrestation *f*; arrêt *m*; 2**ungswelle** *f* vague *f* d'arrestations.

ver'hageln *v/i.* (sn) être dévasté par la grêle.

ver'hallen *v/i.* (sn) expirer; se perdre.

ver'halten 1. *v/t. Atem, Urin*: retenir; (*unterdrücken*) réprimer; 2. *v/rfl.*: *sich* ~ (*sich benehmen*) se comporter (*gegen j-n* envers *od.* à l'égard de q.); se conduire; *sich ruhig* ~ se tenir tranquille; *sich zu etw.* ~ être dans tel rapport avec qch.; *A sich zu etw.* ~ *wie* ... être à ... comme ...; *wie verhält sich die Sache?* qu'en est-il de (*od.* où en est) l'affaire?; *es verhält sich so il en est ainsi*; *es verhält sich mit ... ebenso wie mit ...* il en est de ... comme de ...; 3. 2 *n* *rt* rétention *f*; (*Benehmen*) comportement *m*; conduite *f*; attitude *f*; 2**sweise** *f* pratique *f*, comportement *m* (*a. v. Tieren*).

Verhältnis [~'heltnis] *n* (4¹) proportion *f*; (*Beziehung*) rapport *m*, relation *f*; (*Liebes* 2) liaison *f*; *im* ~ *zu* en raison de; en proportion de; *in richtigem* ~ *zu* en (juste) proportion avec; *in* ~ *setzen zu* proportionner à; ~**se** *n/pl.* situation *f*; conditions *f/pl.*; (*Umstände*) circonstances *f/pl.*; *unter solchen* ~*sen* dans ces conditions; *über s-e* ~*se leben* vivre au-dessus de ses moyens; 2**mäßig** *adj.* relatif; (*proportional*) proportionnel; ~**wahl** *f* vote (*od.* scrutin) *m* proportionnel; ~**wort** *gr.* *n* préposition *f*; ~**zahl** *f* nombre *m* proportionnel.

Ver'haltungsmaßregel *f* instruction *f*; directive *f*.

ver'hand|eln *v/i.* négocier (*über etw.* [*acc.*]) qch.; traiter (de), discuter (*acc.*); (*lebhaft erörtern*) débattre (*acc.*); *gerichtlich* ~ procéder par-devant un tribunal; 2**lung** *f* négociation *f*; discussion *f*, débats *m/pl.* (*a. rt*); pourparlers *m/pl.*; 2**lungsbericht** *m* compte *m* rendu (des débats); 2**lungsweg** *m*: *auf dem* ~ par voie de négociations.

ver'hangen *adj.* (*Himmel*) nuageux; sombre, gris.

ver'hängen *v/t.* (25) couvrir (*mit* de); *über j-n etw.* ~ ordonner (*od.* décréter) qch. contre q.; *e-e Strafe über j-n* ~ infliger une peine à q.; *mit verhängtem Zügel* à bride abattue.

Ver'hängnis *n* (4¹) sort *m* fatal, desti-

Verkaufszahlen

née *f* fatale; fatalité *f*; **2voll** *adj.* fatal.

Verhängung [fɛr'hɛŋʊŋ] *f*: ~ e-r *Geldstrafe* imposition *f* d'une amande; ~ der Todesstrafe condamnation *f* à mort; ~ des Belagerungszustandes proclamation *f* de l'état de siège.

ver|**harmlosen** *v/t.* minimiser; ~**härmt** [~'hɛrmt] *adj.* ravagé par le chagrin; ~**harren** *v/i.* (sn) demeurer; rester; *bei, auf, in etw.* (*dat.*) ~ persister dans qch.; ~**harschen** *v/i.* (sn) se cicatriser; (*Schnee*) (se) durcir.

ver|**härt**|**en 1.** *v/i.* (sn) se durcir; **2.** *v/t.* durcir; *fig.* endurcir; **2ung** *f* durcissement *m*; *fig.* endurcissement *m*; ♣ induration *f*.

ver|**haspeln** [~'haspəln] *v/rfl.* (29): *sich* ~ s'embrouiller; ~**haßt** *adj.* odieux; détesté; *sich bei j-m* ~ *machen* se rendre odieux à q.; *er ist mir* ~ je le déteste; *das ist mir* ~ j'ai cela en horreur; ~**hätscheln** *v/t.* gâter; dorloter.

Verhau [~'hao] *m* (3) ✕ abattis *m* d'arbres; (*Draht2*) réseau *m* de barbelés; **2en F 1.** *v/t.*: *j-n* ~ rosser q.; *Klassenarbeit*: rater; **2.** *v/rfl.*: *sich* ~ manquer son coup.

ver|**heben** *v/rfl.*: *sich* ~ se donner un tour de reins.

verheer|**end** [~'he:rənt] *adj.* dévastateur; (*schreckliche*) affreux; **2ung** *f* ravage *m*; dévastation *f*.

ver|**hehlen** *v/t.* (25) dissimuler; cacher; celer; ~**heilen** *v/i.* (sn) se cicatriser; se fermer; ~**heimlichen** *v/t.* (25) tenir secret; cacher ([vor] *j-m etw. qch. à q.*); (*nicht merken lassen*) dissimuler; ♣ recéler.

ver|**heirat**|**en** *v/t.* (*v/rfl. sich* ~ se) marier (*mit à od. avec*); **2ung** *f* mariage *m*.

ver|**heiß**|**en** *v/t.* promettre; **2ung** *f* promesse *f*; ~**ungsvoll** *adj.* prometteur.

ver|**helfen** *v/i.*: *j-m zu etw.* ~ aider q. à obtenir qch.

ver|**herrlich**|**en** *v/t.* (25) glorifier; **2ung** *f* glorification *f*.

ver|**heult** F [~'hɔʏlt] *adj.*: ~*e Augen haben*, ~ *aussehen* avoir les yeux gonflés de larmes; ~**hexen** *v/t.* ensorceler; jeter un sort sur; *wie verhext* comme si le diable s'en était mêlé.

ver|**hinder**|**n** *v/t.* empêcher; *Unglück*: prévenir; **2ung** *f* empêchement *m*.

---

ver|**höhn**|**en** *v/t.* railler, persifler; **2ung** *f* raillerie *f*, persiflage *m*.

Ver|**hör** *n* (3) interrogatoire *m*; (*v. Zeugen*) audition *f*; *ins* ~ *nehmen* = **2en 1.** *v/t.* interroger; *Zeugen*: procéder à l'audition de; **2.** *v/rfl.*: *sich* ~ mal entendre, (*mißverstehen*) ne pas saisir.

ver|**hüllen** *v/t.* envelopper; (*verdecken*) couvrir; *Anstößiges*: voiler; ~**hundertfachen** *v/t.* centupler; ~**hungern** *v/i.* (sn) mourir de faim; *verhungert aussehen* avoir l'air affamé; *j-n* ~ *lassen* affamer q.; ~**hunzen** F *v/t.* massacrer; défigurer; ~**hüten** *v/t.* empêcher; *Unglück*: prévenir; (*bewahren vor*) préserver de; *das verhüte Gott!* à Dieu ne plaise!; ~**hütten** *v/t.* fondre.

Ver|**hütung** *f* empêchement *m*; (*vorbeugend*) prévention *f*; ♣ prophylaxie *f*.

Ver|**hütungs**|**maßnahme** *f* mesure *f* préventive; ~**mittel** *n* préservatif *m*.

verhutzelt [~'hʊtsəlt] *adj.* ratatiné.

verinnerlich|**en** [far'?inərliçən] *v/t.* intérioriser; **2ung** *f* intériorisation *f*.

ver|**irr**|**en** *v/rfl.*: *sich* ~ s'égarer; se fourvoyer; **2ung** *f* égarement *m*.

ver|**jagen** *v/t.* chasser, expulser.

ver|**jähr**|**en** [~'jɛ:rən] *v/i.* (25, sn) se prescrire; ~**t** *p.p. adj.* suranné; ♣ prescrit; **2ung** *f* prescription *f*; **2ungsfrist** ♣ délai *m* de prescription; *Ablauf der* ~ expiration *f* de la prescription.

ver|**jubeln** F *v/t.* dissiper; gaspiller.

ver|**jüng**|**en** [~'jʏŋən] (25) **1.** *v/t.* rajeunir; **2.** *v/rfl.*: *sich* ~ se rétrécir; **2ung** *f* rajeunissement *m*; rétrécissement *m*; **2ungskur** *f* cure *f* de rajeunissement.

ver|**kalk**|**en** *v/i.* (26, sn) se calciner; ♣ se scléroser; ~**t** ♣ *p.p. adj.* sclérosé; **2ung** *f* calcination *f*; ♣ sclérose *f*.

ver|**kannt** [~'kant] *p.p. adj.* méconnu; ~**kappt** *adj.* déguisé; masqué; ~**kapseln** *v/rfl.* ♣: *sich* ~ s'enkyster.

Ver|**kauf** *m* (3³) vente *f*; (*Absatz*) débit *m*; **2en** *v/t.* vendre.

Ver|**käuf**|**er(in** *f*) *m* vendeur *m*, -euse *f*; **2lich** *adj.* à vendre; (*verkaufbar*) vendable; *fig.* vénal; *leicht* ~ de bonne vente; d'un débit facile.

Ver|**kaufs**|**preis** *m* prix *m* de vente; ~**schlager** *m* succès *m* de vente; article *m* à grand succès; ~**zahlen**

f/pl. chiffre m de ventes.

Verkehr [~'keːr] m (3, o. pl.) circulation f; trafic m (a. Handels2); Esb. u. ⊕ service m; (Umgang) commerce m; (Beziehung) relation f; mit j-m in ~ stehen être en (od. avoir des) relations avec q.; dem ~ übergeben ouvrir à la circulation; **2en 1.** v/i. Esb. u. ⊕ circuler; (regelmäßig) faire le service; in e-m Hause ~ fréquenter une maison; mit j-m ~ fréquenter (häufig: chez) q.; **2.** v/t. (v/rfl. sich) ~ in (acc.) (se) changer en.

Verkehrs|-**ader** f artère f; ~**ampel** f feux m/pl. (de signalisation); ~**amt** n syndicat m d'initiative; ~**betrieb** m entreprise f de transport; die öffentlichen ~e les transports m/pl. publics; ~**büro** n office m de tourisme; ~**flugzeug** n avion m de transport; ~**hindernis** n obstacle m à la circulation; ~**insel** f refuge m; ~**knotenpunkt** m nœud m de communications; ~**minister(ium** n) m ministre (ministère) m des transports; ~**mittel** n moyen m de communication (od. de transport); ~**netz** n réseau m de communications; ~**ordnung** f code m de la route; ~**politik** f politique f des transports; ~**polizei** f police f routière; ~**polizist** m agent m (préposé à la circulation); ~**regelung** f réglementation f de la circulation; 2**reich** adj. (Straße) fréquenté; animé; ~**schild** n panneau m de (signalisation routière; ~**stockung** f encombrement m; embouteillage m; ~**störung** f arrêt m (accidentel) de la circulation; ~**sünder** m contrevenant m à la circulation; ~**teilnehmer** m usager m de la route; ~**unfall** m accident m de (la) circulation; ~**unternehmen** n entreprise f de transport; ~**ver-ein** m syndicat m d'initiative; ~**wesen** n service m des communications; 2**widrig** adj. contraire au code de la route; ~**zählung** f recensement m de la circulation; ~**zeichen** n signal m; = Verkehrsschild.

verkehrt [~'keːrt] adj. u. adv. à l'envers; retourné; (Welt) renversé; die ~e Seite l'envers m; (falsch) faux; (ungereimt) absurde; etw. ~ machen faire qch. de travers; ~ anziehen mettre à l'envers; etw. ~ anfangen s'y prendre de travers; 2**heit** f travers m (d'esprit); absurdité f.

ver'keilen v/t. ⊕ caler; F (verprü-

geln) rosser.

ver'kennen v/t. méconnaître.

ver'kett|en v/t. (26) enchaîner; 2**ung** f enchaînement m.

ver'ketzer|n v/t. fig. diffamer; 2**ung** f fig. diffamation f.

ver'kitten v/t. mastiquer; ~**klagen** v/t. accuser; j-n ~ intenter une action contre q.; j-n wegen e-r Schuld ~ poursuivre q. pour dettes; ~**klammern** v/t. cramponner.

ver'klär|en v/t. transfigurer; 2**ung** f transfiguration f.

ver'kleben v/t. coller; chir. agglutiner.

ver'kleid|en v/t. (a. v/rfl. sich ~ se) déguiser (als en); (kostümieren) travestir (als Frau en femme); costumer; ⊕ (verdecken) revêtir (mit de); (täfeln) lambrisser; 2**ung** f déguisement m; (Kostümierung) travestissement m; (Kostüm) travesti m; costume m; ⊕ revêtement m; (Täfelung) lambrissage m; (Tür2, Fenster-2) chambranle m.

ver'kleiner|n v/t. (29) rapetisser; (verringern) diminuer; A réduire; Ruf: dénigrer; Wert: déprécier; 2**ung** f rapetissement m; (Verringerung) diminution f; A réduction f; fig. dénigrement m; dépréciation f; 2**ungswort** gr. n (1²) diminutif m.

ver'kling|en v/i. (sn) se perdre, expirer; ~**knallen 1.** v/t. Munition: épuiser; **2.** v/rfl. F: sich in j-n ~ s'éprendre (od. s'amouracher) de q.; ~**knappung** f pénurie f (an de); ~**kneifen 1.** v/t. réprimer, retenir; **2.** v/rfl. F: sich etw. ~ müssen devoir se mettre à la ceinture; ~**knöchert** [~'knœçərt] adj. (Mensch) encroûté; ~**knoten** v/t. nouer; ~**knüpfen** v/t. rattacher, nouer, lier, joindre; 2**'knüpfung** f liaison f; jonction f; ~**kohlen** v/t. (v/i. [sn] se) carboniser; fig. F se payer la tête de.

Ver'kokung [~'koːkuŋ] f cokéfaction f.

ver'kommen 1. v/i. (sn) tomber en décadence; (Person) déchoir; pfort se démoraliser; **2.** p.p. adjt. déchu; dépravé; 2**heit** f dépravation f.

ver'koppeln v/t. (verbinden) accoupler; ~**korken** v/t. boucher.

ver'körper|n v/t. (29) personnifier; incarner; 2**ung** f personnification f; incarnation f.

ver'krachen F v/rfl.: sich mit j-m ~

se brouiller avec q.; *verkrachte Existenz* raté m; **~'kraften** v/t.: etw. nicht ~ können ne pouvoir supporter (od. digérer) qch.; **~'krampft** p.p. adj. crispé; fig. peu naturel; **~'kriechen** v/rfl.: sich ~ se cacher (vor j-m de q.); se fourrer (in [acc.] dans; unter [acc.] sous); **~'krümeln** F v/rfl.: sich ~ filer en douce.

ver'**krümm|en** v/rfl.: sich ~ se déformer; (Wirbelsäule) dévier; **2ung** f déformation f; (der Wirbelsäule) déviation f.

ver'**krüppelt** adj. estropié.

ver'**krusten** v/i. (sn) incruster; **~'kühlen** F v/rfl.: sich ~ prendre froid; **~'kümmern** v/i. (sn) se rabougrir; s'étioler; (siechen) languir; dépérir; **2'kümmerung** f rabougrissement m; étiolement m; (Dahinsiechen) dépérissement m.

ver'**künd|en** v/t. (26) Urteil: prononcer; **~igen** v/t. (25) annoncer, publier; (ausrufen) proclamer; Gesetze: promulguer; **2igung** f annonce f; publication f; (Ausrufung) proclamation f; (e-s Gesetzes) promulgation f; Mariä ~ Annonciation f; **2ung** f (e-s Urteils) prononciation f.

ver'**kupfern** v/t. cuivrer; **~'kuppeln** F v/t.: j-n ~ s'entremettre pour marier q.

ver'**kürz|en** v/t. raccourcir; (abkürzen) abréger; (vermindern) diminuer; j-m die Zeit ~ faire passer le temps à q.; **2ung** f raccourcissement m; (Abkürzung) abréviation f.

ver'**lad|en** v/t. charger; ⚓ embarquer; Esb. expédier; **2eplatz** m quai (od. chantier) m d'embarquement; **2ung** f chargement m; ⚓ embarquement m; Esb. expédition f.

Verlag [~'la:k] m (3) maison f d'édition; im ~ ... erscheinen paraître chez ...

ver'**lager|n** v/t. transporter, transférer; **2ung** f (des Schwergewichts) déplacement m; (e-s Unternehmens a.) transfert m.

Verlags|-anstalt f maison f d'édition; **~buchhändler** m libraire-éditeur m; **~buchhandlung** f librairie f d'édition; **~haus** n = Verlagsanstalt; **~katalog** m catalogue m de livres de fonds; **~kosten** pl. frais m/pl. de publication; **~recht** n droit m de publication; **~vertrag** m contrat m d'édition.

ver'**langen** (25) 1. v/t. demander; (fordern) exiger; Recht: réclamer; revendiquer; was ~ Sie für das Buch? combien voulez-vous pour ce livre?; 2. v/i.: nach etw. ~ désirer vivement qch.; avoir grande envie de qch.; 3. 2 n (6) désir m, demande f; (Forderung) exigence f; (e-s Rechts) réclamation f; auf allgemeines ~ à la demande générale.

verlänger|n [~'lɛŋərn] v/t. (29) (r)allonger, prolonger (a. zeitlich); (nur zeitlich) proroger; **2ung** f (r)allongement m, prolongement m; (zeitliche) prolongation f, prorogation f; **2ungsstück** n rallonge f.

ver'**langsam|en** v/t. (25) ralentir; **2ung** f ralentissement m.

Verlaß [~'las] m (4): es ist kein ~ auf ihn on ne peut compter sur lui.

ver'**lassen** 1. v/t. quitter; (im Stich lassen) abandonner; (in Not lassen) délaisser; 2. v/rfl.: sich auf j-n ~ compter sur q.; s'en rapporter à q.; ~ Sie sich darauf! comptez-y!; 3. p.p. adj. abandonné; délaissé; (nicht mehr bewohnt) inhabité; (verödet) désert; **2heit** f abandon m; délaissement m.

ver'**läßlich** [~'lɛsliç] adj. sûr.

Verlaub [~'laop] m (3): mit ~ avec votre permission; sauf votre respect.

Ver'lauf m (3, o. pl.) (zeitlicher) écoulement m; cours m (a. e-r Angelegenheit, Krankheit; nehmen suivre); weiterer ~ suite f; nach ~ von au bout de; (e-r Straße, Grenze) tracé m; **2en** v/i. (sn) (Wasser) s'écouler; (Zeit a.) passer (a. Angelegenheit); (Farben) se fondre; 2. v/rfl.: sich ~ (Menge) se disperser, (sich verirren) s'égarer, se perdre.

ver'**laust** [~'laost] adj. pouilleux; F habité.

ver'**lautbar|en** v/t.: ~ lassen faire communiquer (od. connaître); **2ung** f communication f.

ver'**lauten** v/i. (26, sn) (bekannt werden) s'ébruiter; es verlautet, daß ... le bruit court que ...; wie ~ verlautet à ce qu'on dit; es verlautet aus sicherer Quelle, daß ... on apprend de source sûre que ...; nichts davon ~ lassen n'en souffler mot.

ver'**leb|en** v/t. Ferien: passer; **~t** [~pt] adj. (abgelebt) usé; décrépit.

ver'**leg|en** 1. v/t. transporter (a. Wohnsitz); Geschäft: transférer;

(*an e-e falsche Stelle legen*) égarer; (*verschieben*) remettre (*auf acc.* à); ajourner (à); *Weg:* barrer; *Bücher:* publier; éditer; *Handlung:* situer (*in acc., nach* à *resp.* en); *Truppen:* faire changer de garnison; 2. *v/rfl.: sich ~ auf* (*acc.*) s'adonner à; 3. *adj.* (*befangen*) embarrassé; gêné; (*gezwungen*) contraint; *~ machen* embarrasser; *um etw. ~ sein* être en peine de qch.; *um Geld* (*Antwort*) *~* à court d'argent (de riposte); **~enheit** *f* embarras *m*, gêne *f*; (*Geld~*) embarras *m/pl.* d'argent; *in ~ bringen* mettre dans l'embarras; *in ~ geraten* se trouver embarrassé; **~er** *m* éditeur *m*; **~ung** *f* transport *m*; transfert *m* (*a. v. Truppen*); (*zeitliche*) remise *f*; ajournement *m*.

ver'leiden *v/t.* (26): *j-m etw. ~* dégoûter q. de qch.

Ver'leih *m* (3) location *f*; **~en** *v/t.* prêter; (*vermieten*) louer; (*freiwillig geben*) accorder; *Titel, Amt:* conférer; *Rechte:* concéder; *Preis, Orden:* décerner; **~er** *m* prêteur *m*; (*Vermieter*) loueur *m*; **~ung** *f* prêt *m*; (*Vermietung*) location *f*; louage *m*; (*e-r Würde*) investiture *f*; (*e-s Rechts*) concession *f*; (*Ordens2*) (remise *f* de) décoration *f*.

ver'leiten *v/t.: ~ zu* entraîner à, induire à, provoquer à.

ver'lernen *v/t.* désapprendre; oublier.

ver'lesen 1. *v/t.: etw. ~* faire la lecture de (*od.* lire) qch.; *Gemüse:* éplucher; *Erbsen:* trier; *die Namen ~* faire l'appel nominal; 2. *v/rfl.: sich ~* se tromper en lisant.

ver'letz|bar *adj.* vulnérable, (*empfindlich*) susceptible; **~en** *v/t.* (27) blesser; (*beschädigen*) endommager, léser; (*kränken*) froisser, offenser; *Vertrag, Gesetz:* violer; **~end** *p.pr. adj.* blessant; **2te(r** *m*) *m, f* blessé(e *f*) *m*; **2ung** *f* ✄ blessure *f*; lésion *f* (*a.* ✄); (*Kränkung*) froissement *m*, offense *f*; (*Gesetzes2*) violation *f*.

ver'leugn|en *v/t.* renier; *Glauben a.:* abjurer; (*nicht anerkennen*) désavouer; 2. *v/rfl.: sich ~ lassen* faire dire qu'on est absent; **2ung** *f* reniement *m*; (*Nichtanerkennung*) désaveu *m*.

verleumd|en [~'lɔʏmdən] *v/t.* (26) calomnier; diffamer; **2er(in** *f*) *m* (7) calomniateur *m*, -trice *f*, diffamateur *m*, -trice *f*; **~erisch** *adj.* calomnia-

teur, diffamatoire; **2ung** *f* calomnie *f*, diffamation *f*.

ver'lieb|en *v/rfl.: sich ~ in* (*acc.*) s'éprendre (*od.* tomber amoureux) de; **~t** *p.p. adj.* amoureux (*in acc.* de); épris (de); **2te(r** *m*) *m, f* amoureux *m*, -euse *f*; **2theit** *f* amour *m*; passion *f*.

ver'lier|en *v/t.* (30) perdre; **2er** *m* (7) perdant *m*.

Verlies [~'li:s] *n* (4) oubliettes *f/pl.*

ver'lob|en *v/rfl.: sich ~* se fiancer (*mit* à *od.* avec); **2nis** [~'lo:pnis] *n* = Verlobung; **~t** *p.p. adj.* fiancé; **2te(r** *m*) *m, f* fiancé(e *f*) *m*.

Ver'lobung *f* fiançailles *f/pl.*; (*Aufheben*) rompre; **~s-anzeige** *f* faire-part *m* de fiançailles; **~sring** *m* bague *f* de fiançailles.

ver'lock|en *v/t.* séduire, tenter; **~end** *p.pr. adj.* séduisant, tentant; **2ung** *f* séduction *f*, tentation *f*.

verlogen [~'lo:gən] *adj.* menteur; **2heit** *f* caractère *m* mensonger.

verlor [fɛr'lo:r] *s.* verlieren.

ver'loren *p.p. adj.* perdu; **~es Ei** œuf *m* poché; *bibl. der ~e Sohn* l'enfant *m* prodigue; *~ geben* regarder comme perdu; *~gehen* *v/i.* (sn) se perdre; s'égarer.

ver'löschen *v/t.* (*v/i.* [sn]) s'éteindre (*a. fig.*).

ver'los|en *v/t.* tirer au sort; mettre en loterie; **2ung** *f* tombola *f*; loterie *f*; tirage *m* au sort.

ver'löten *v/t.* souder.

verlottern F [~'lɔtərn] *v/i.* (sn) tourner mal; se laisser glisser.

Ver'lust [~'lʊst] *m* (3²) perte *f* (*zufügen* infliger; *erleiden* subir); (*Schaden*) dommage *m*; (*Abgang*) déchet *m* (*an dat.* sur); *mit ~* à perte; *der bürgerlichen Ehrenrechte* dégradation *f* civique; **~anzeige** *f* avis *m* de perte; **2bringend** *p.pr. adj.* entraînant une perte; **~geschäft** *n* opération (*od.* affaire) *f* à (pure) perte; **2ig** *adj.: ~ der Sache* (*gén.*) *~ gehen* perdre qch.; être privé de qch.; *~s-t Rechte ~* déchu de ses droits; **~liste** ✄ *f* état *m* des pertes; **2reich** *adj.* (*Kampf*) sanglant; coûteux.

ver'|machen *v/t.* léguer; laisser par testament; **2mächtnis** *n* (4¹) testament *m*; (*das Vermachte*) legs *m*.

vermähl|en [~'mɛ:lən] (25) *v/t.* (*v/rfl. sich ~* se) marier (*mit* à *od.* avec); **2ung** *f* mariage *m*.

ver'|markten *v/t.* commercialiser;

~'**mauern** v/t. murer.

vermehr|en [~'meːrən] **1.** v/t. augmenter; accroître; (an Zahl) multiplier; (fortpflanzen) propager; **2.** v/rfl.: sich rasch ~ pulluler; **2ung** f augmentation; accroissement m; (an Zahl) multiplication f; (Fortpflanzung) propagation f; rasche ~ pullulement m.

ver'meid|bar adj. évitable; ~**en** v/t. éviter; fuir; **2ung** f fuite f.

ver'mein|en v/t. présumer; croire; ~**tlich** adj. présumé; prétendu.

ver'mengen v/t. mêler, mélanger.

ver'menschlich|en v/t. représenter sous une forme humaine; (moralisch) humaniser; **2ung** f anthropomorphisme m; (moralische) humanisation f.

Ver'merk m (3) remarque f; note f; **2en** v/t. remarquer; übel ~ prendre en mauvaise part.

ver'mess|en 1. v/t. mesurer; Land: arpenter; **2.** v/rfl.: sich ~ se tromper en mesurant; sich ~, etw. zu tun se faire fort de faire qch.; **3.** adj. téméraire; (anmaßend) présomptueux; **2enheit** f témérité f; (Anmaßung) présomption f; **2ung** f mesurage m; (Land2) arpentage m.

Ver'messungs|-**amt** n service m topographique; ~**ingenieur** m arpenteur-géomètre m; ingénieur m du service topographique; ~**schiff** n bâtiment m hydrographique.

ver'miet|en v/t. louer; (Zimmer, Auto) zu ~ à louer; **2er(in** f) m loueur m, -euse f; **2ung** f louage m; location f.

ver'minder|n v/t. diminuer, amoindrir, réduire; **2ung** f diminution f, amoindrissement m, réduction f.

ver'minen v/t. miner.

ver'misch|en v/t. (v/rfl. sich ~ se) mélanger; Rassen: (se) croiser; Wein mit Wasser ~ couper le vin; ~**t** p.p. adjt.: ~e Nachrichten faits m/pl. divers; ~e Schriften mélanges m/pl. littéraires; **2ung** f mélange m; (v. Rassen) croisement m.

ver'|missen v/t. ne pas retrouver; ich vermisse ihn il me manque; ~'**mißt** p.p. adjt. disparu; ~ werden avoir disparu; **2'mißte(r)** m disparu m.

ver'mitt|eln (29) **1.** v/t. (verschaffen) procurer; Anleihe: négocier; Zusammenkunft: ménager; **2.** v/i. (zwischen Meinungen usw.) concilier; in e-r Sache ~ s'entremettre (od. servir de

médiateur) dans une affaire; ~**els** prp. (gen.) au moyen de; moyennant; **2ler(in** f) m (7) médiateur m, -trice f; intermédiaire m, f.

Ver'mittlung f médiation f; (e-r Anleihe) négociation f; (zwischen Meinungen usw.) conciliation f; téléph. central m (téléphonique); durch j-s ~ par l'entremise de q.; ~**sgebühr** f commission f.

ver'möbeln F v/t. rosser; ~'**modern** v/i. (sn) pourrir; tomber en putréfaction.

ver'möge prp. (gen.) en vertu de.

ver'mögen 1. v/t. pouvoir; être capable de; alles über j-n ~ pouvoir tout auprès de q.; **2.** **2** n (6) pouvoir m; (geistiges) faculté f; (Besitz) fortune f, bien m; ~**d** adj. fortuné, riche, aisé.

Ver'mögens|steuer f impôt m sur la fortune; ~**verhältnisse** n/pl. situation f (de fortune); ~**verwaltung** f administration f des biens.

vermumm|en [~'mumən] (25) v/t. (v/rfl. sich ~ se) déguiser, (se) masquer; **2ung** f mascarade f; déguisement m.

vermut|en [~'muːtən] v/t. (26) supposer, présumer; (ahnen) se douter de; (erwarten) s'attendre à; ~**lich 1.** adj. présumable; (wahrscheinlich) vraisemblable, probable; ~er Erbe héritier m présomptif; **2.** adv. a. sans doute; **2ung** f supposition f; présomption f; attente f.

ver'nachlässig|en v/t. (25) négliger; **2ung** f négligence f.

ver'|nageln v/t. clouer; ~'**narben** v/i. (25, sn) se cicatriser; ~'**narren** F v/rfl.: sich in j-n ~ s'enticher de q.; ~'**narrt** p.p. adjt.: ~ sein in (acc.) raffoler de; **2'naschen** v/t. Geld: dépenser en friandises.

ver'nebel|n v/t. (29) ⚔ camoufler par du brouillard artificiel; fig. obscurcir, embrouiller; **2ung** f ⚔ établissement m d'un rideau de fumée; fig. obscurcissement m.

ver'nehm|bar adj. perceptible (à l'oreille); ~**en** v/t. entendre; (erfahren) apprendre; ⚖ interroger; dem **2** nach à ce qu'on dit; ~**lich** adj. distinct; clair; (verständlich) intelligible; **2ung** ⚖ f interrogatoire m; (v. Zeugen) audition f; ~**ungsfähig** adj. en état de déposer.

ver'neigen v/rfl.: sich ~ s'incliner (vor dat. devant).

ver'nein|en v/t. (25) dire que non; répondre négativement; (*leugnen*) nier; (*nicht anerkennen*) désavouer; gr. mettre à la forme négative; **~end** p.pr. adjt. négatif; **2ung** f négation f; **2ungsfall** m: im ~ en cas de réponse négative.

vernicht|en [~'niçtən] v/t. (26) anéantir; (*zerstören*) détruire; démolir; (*ausrotten*) exterminer; **~end** p.pr. adjt. destructeur; (*Urteil*) impitoyable; (*Schlag*) décisif; **2ung** f anéantissement m; (*Zerstörung*) destruction f; (*Ausrottung*) extermination f; **2ungskrieg** m guerre f d'extermination; **2ungslager** n camp m d'extermination.

ver'nickel|n v/t. (29) nickeler; **2ung** f nickelage m.

ver'nieten v/t. river.

Vernunft [~'nunft] f (16) raison f; (*gesunder Menschenverstand*) bon sens m; zur ~ bringen mettre à la raison; ~ annehmen entendre raison; **2begabt** adj. raisonnable; **~ehe** f mariage m de raison; **2gemäß** adj. conforme à la raison; raisonnable; rationnel; **~gründe** m/pl.: aus ~n pour des motifs raisonnables.

vernünftig [~'nynftiç] adj. raisonnable; (*gescheit*) judicieux; (*auf Vernunft gegründet*) rationnel; (*folgerichtig*) logique; (*artig*) sage.

ver'nunft|mäßig adj. rationnel; **~widrig** adj. contraire à la raison; déraisonnable; absurde.

ver-öd|en (26) 1. v/t. rendre désert; (*verheeren*) désoler; (*entvölkern*) dépeupler; 2. v/i. (sn) devenir désert; (*sich entvölkern*) se dépeupler; **2ung** f désolation f; (*Entvölkerung*) dépeuplement m.

ver-'öffentlich|en v/t. (25) publier; **2ung** f publication f.

ver'-ordn|en v/t. ordonner (a. 🐾); décréter; 🐾 prescrire; **2ung** f ordonnance f (a. 🐾); décret m.

ver'pachten v/t. affermer, donner à bail.

Ver'pächter(in f) m (7) bailleur m, -eresse f.

Ver'pachtung f affermage m, location f à bail.

ver'pack|en v/t. emballer, empaqueter; **2ung** f emballage m.

ver'passen v/t. Gelegenheit, Zug: manquer; F fig. Uniform: attribuer; j-m eins ~ administrer un coup à q.;

~'patzen F v/t. bousiller.

ver'pest|en v/t. (26) empester, infecter (a. fig.); **2ung** f infection f.

ver'petzen F v/t. dénoncer.

ver'pfänd|en v/t. mettre en gage; engager (a. Wort); 🐾 hypothéquer; **2ung** f engagement m; 🐾 hypothèque f.

ver'pfeifen F v/t. trahir, dénoncer.

ver'pflanz|en v/t. transplanter; **2ung** f transplantation f.

ver'pfleg|en v/t. (25) nourrir; (*unterhalten*) entretenir; (*hüten*) soigner; Heer: ravitailler; **2ung** f nourriture f; (*Unterhalt*) entretien m; ⚔ ravitaillement m.

ver'pflicht|en (26) 1. v/t.: j-n zu obliger (*od. engager*) q. à; j-n (zu Dank) ~ obliger q.; eidlich ~ assermenter; 2. v/rfl.: sich ~ zu s'engager à; **~et** p.p. adjt.: zu etw. ~ sein être tenu de faire qch.; **2ung** f obligation f, engagement m (*eingehen prendre; nachkommen [dat.] s'acquitter de*); (*Obliegenheit*) charge f; (*Pflicht*) devoir m.

ver'|pfuschen F v/t. bousiller, gâcher; **~pimpeln** F [~'pimpəln] v/t. dorloter; **~'plappern** v/rfl.: sich ~ trahir en bavardant; **~'plaudern** v/t.: die Zeit ~ passer son temps à bavarder; **~plempern** F [~'plempərn] v/t. Geld: (*eingehen gaspiller*) gaspiller; **~pönt** [~'pø:nt] adj.: das ist ~ c'est mal vu, c'est réprouvé; **~'prassen** v/t. dissiper en débauches; gaspiller; **~provian'tieren** v/t. approvisionner, ravitailler; **~'prügeln** v/t. rouer de coups; rosser; **~'puffen** fig. v/i. (sn) se perdre (en fumée); **~'pulvern** F v/t. Geld: gaspiller; **~'pumpen** F v/t. prêter; **~'puppen** v/rfl.: sich ~ se changer en chrysalide; **~'pusten** F v/rfl.: sich ~ reprendre haleine; **~'putzen** v/t. Haus: crépir; **~'qualmen** F v/t. Tabak: fumer; **~'quollen** adj. (*Holz, Augen*) gonflé; **~'rammeln** v/t. barricader; **~'ramschen** F v/t. bazarder; **~'rannt** adj.: ~ in (*acc.*) fou de.

Verrat [vɛr'raːt] m (3) trahison f; **2en** v/t. trahir; (*offenbaren*) révéler.

Ver'räter(in f) m (7) traître m; **2isch** 1. adj. traître; 2. adv. traîtreusement.

ver'rauchen 1. v/i. (sn) s'en aller en fumée; (*verdampfen*) s'évaporer; fig. ۰: dissiper; 2. v/t. dépenser en tabac.

ver'rechn|en 1. v/t. mettre en ligne de compte; porter au compte; **2.** v/rfl.: sich ~ se tromper dans son calcul (a. fig.); sich ~ um se tromper de; **2ung** f mise f en ligne de compte; (Bank2) compensation f.

Ver'rechnungs|**-abkommen** n accord m de compensation; **.scheck** m chèque m barré; **.stelle** f chambre f de compensation.

ver'|recken P v/i. (sn) crever; **~'reg-nen** v/i. (sn) gâter (Fest: troubler) par la pluie; **~'reiben** v/t. (bien) frotter; **~'reisen** v/i. (sn) partir (en voyage) (nach pour); **~'reißen** F v/t. Theaterstück: critiquer impitoyablement, démolir.

ver'renk|en v/t. (25) disloquer, déboîter, luxer; **2ung** f dislocation f, déboîtement m, luxation f.

ver'richt|en v/t. faire; (ausführen) exécuter, accomplir; **2ung** f exécution f, accomplissement m.

ver'|riegeln v/t. (29) verrouiller; **~ringern** [~'riŋərn] v/t. diminuer; amoindrir; réduire; **2ringerung** f diminution f, réduction f; **~'rinnen** v/i. (sn) s'écouler.

ver'roh|en v/i. (sn) (25) s'abrutir; **2ung** f abrutissement m.

ver'rosten v/i. (sn) se rouiller.

ver'rotten v/i. (sn) (se) pourrir.

ver'rucht [~'ru:xt] adj. infâme; (gottlos) impie; **2heit** f infamie f; (Gottlosigkeit) impiété f.

ver'rück|en v/t. déplacer; **~t** adj. fig. fou (nach de); es ist zum 2werden c'est à devenir fou; **2theit** f folie f; (Wahnsinn) démence f.

Ver'ruf m (3) discrédit m, mauvaise réputation f; in ~ kommen tomber en discrédit; in ~ stehen être mal famé; in ~ bringen décrier, décrier; **2en** adj. décrié; mal famé.

ver'rußen v/t. (v/i. [sn] s')encrasser de suie.

Vers [fɛrs] m (4) vers m; (Strophe) couplet m; strophe f; (Bibel2) verset m; in ~e bringen mettre en vers; versifier.

ver'sag|en 1. v/t. refuser; sich nichts ~ ne rien se refuser; ich kann es mir nicht ~, zu ... (inf.) je ne puis :ne défendre de ... (inf.); **2.** v/i. (Stimme, Kräfte) manquer; (Schußwaffe, Motor) rater; méc. ne pas fonctionner; die Knie versagten mir mes genoux se dérobaient sous

moi; **2er** m (7) raté m.

ver'salzen v/t. saler trop; fig. gâter.

ver'sammeln v/t. (v/rfl. sich ~ s')assembler; (se) rassembler, (se) réunir; **2lung** f assemblée f; (Veranstaltung) réunion f; meeting m.

Versand [fɛr'zant] m (3) envoi m; expédition f; **~abteilung** f service m d'expédition; **~anzeige** f avis m d'expédition; **2bereit** adj. prêt à être expédié.

ver'sanden v/i. (26, sn) s'ensabler.

Ver'sand|**geschäft** n, **~haus** n maison f de vente par catalogue (od. par correspondance).

versauen P [fɛr'zaʊən] v/t. bâcler, bousiller; P louper.

ver'|sauern v/i. (29, sn) s'aigrir, s'encroûter; **~'saufen** P v/t. Geld: dépenser à boire.

ver'säum|en v/t. Gelegenheit, Zug, Schule: manquer; Pflicht, Appell: manquer à; Zeit: perdre; (verabsäumen) négliger; omettre; oublier; ich habe nichts zu ~ je n'ai rien de pressant à faire; **2nis** n (4[1]) négligence f, omission f, oubli m; (Schule) absence f; **2nisurteil** n jugement m par contumace.

Versbau ['fɛrsbaʊ] m (3) versification f; métrique f.

ver'|schachern F v/t. bazarder; **~'schachtelt** p.p. adjt. (Satz) à tiroirs; compliqué; **~'schaffen** v/t. procurer; (liefern) fournir; Unterredung: ménager.

ver'schal|en v/t. (25) revêtir de planches; Decke: plafonner; ⚒ coffrer; **2ung** f revêtement m; (e-r Decke) plafonnage m; ⚒ coffrage m.

ver'schämt adj. honteux; (verlegen) confus; **2heit** f honte f; (Verlegenheit) confusion f.

ver'schandeln F v/t. gâcher.

ver'schanz|en v/t. retrancher; **2ung** f retranchement m.

ver'schärf|en v/t. aggraver; Tempo: accélérer; **2ung** f aggravation f; (des Tempos) accélération f.

ver'|scharren v/t. enfouir; enterrer; **~'scheiden** v/i. (sn) décéder; **~'schenken** v/t. donner; faire présent (od. cadeau) de; offrir; **~'scherzen** v/t. perdre par sa faute; Glück, Jugend: gaspiller; gâcher; **~'scheuchen** v/t. effaroucher; Sorgen: chasser; écarter; Kummer: dissiper; **~'schicken** v/t. envoyer; expédier;

ᵈ̇ᵗ̇ deporter; ²'**schickung** f envoi m; expédition f; ᵈ̇ᵗ̇ déportation f.

Ver'schiebebahnhof m gare f de manœuvre (od. de triage).

ver'schieb|en v/t. déplacer; (*zeitlich*) ajourner; remettre; *Frist:* reculer; *Waren:* trafiquer; ²**ung** f déplacement m; (*zeitliche*) ajournement m; remise f; (*Aufschub*) délai m; (*v. Waren*) trafic m.

verschieden [~'ʃiːdən] 1. *p.p. v. verscheiden;* 2. *adj.* différent; divers; (*abweichend*) divergent; (*sich deutlich unterscheidend*) distinct; (*unähnlich*) dissemblable; ~ *sein* différer; ²**artig** *adj.* divers; hétérogène; ~**erlei** *adj.* de différentes espèces; *auf* ~ *Art* de différentes manières; ²**e(s)** n différentes choses f/pl.; (*in Zeitungen*) faits m/pl. divers; (*als Tagesordnungspunkt*) questions f/pl. diverses; ~**farbig** *adj.* de différentes couleurs; multicolore; ²**heit** f différence f; (*Verschiedenartigkeit*) diversité f; divergence f; ~**tlich** *adv.* à plusieurs reprises.

ver'schieß|en 1. v/t. *Pulver:* tirer; *Pfeile:* décocher; *typ.* transposer; 2. v/i. (sn) (*Farben*) passer; se faner; (*Stoffe*) se décolorer.

ver'schiff|en v/t. transporter (*außer Landes:* exporter) par eau; ²**ung** f transport m par eau.

ver'schimmeln v/i. (sn) (se) moisir.

ver'schlacken v/i. (sn) (25) scorifier.

ver'schlafen 1. v/t. u. v/i. (*schlafend verbringen*) passer à dormir; (*zu lange schlafen*) se lever trop tard; *etw.* ~ manquer qch. en dormant; 2. *p.p. adj.* mal éveillé; (*encore tout*) endormi.

Ver'schlag m cloison f; (*Kiste*) caisse f à claire-voie; (*Raum*) débarras m; (*für Pferde*) stalle f; box m; ²**en** [~gən] 1. v/t. (*abtrennen*) cloisonner; *mit Brettern* ~ revêtir de planches; *Buchseite, Ball:* perdre; ♣ ~ *werden* dériver; *an die Küste* ~ *werden* être jeté à la côte; *j-m die Sprache* ~ interloquer q.; 2. *adj.* astucieux; sournois; malin; ~**enheit** f astuce f, sournoiserie f, malice f.

ver'schlammen v/i. (25, sn) s'envaser.

ver'schlechter|n (29) v/t. (v/rfl. *sich* ~ se) détériorer; (s')altérer; (*sich verschlimmern*) empirer; ²**ung** f détérioration f, altération f.

ver'schleier|n v/t. (29) voiler; *Wahrheit:* cacher; ✕ camoufler; ²**ung** ✕ f camouflage m.

ver'schleimen v/t. (v/i. [sn]) se remplir de mucosités, (s')engorger.

Verschleiß [~'ʃlaɪs] m (3²) usure f; ²**en** v/t. (v/i. [sn]) user, (s')abîmer; ²**fest** *adj.* résistant à l'usure.

ver'schlepp|en v/t. *j-n:* ~ emmener de force; déporter; (*beiseite schaffen*) détourner; *Krankheit:* traîner; (*zeitlich*) retarder, F lanterner; ²**ung** f déportation f; (*zeitliche*) retardement m; *pol.* obstruction f; ²**ungspolitik** f, ²**ungstaktik** f obstructionnisme m.

ver'schleuder|n v/t. dissiper; gaspiller; ✝ vendre à vil prix.

ver'schließ|bar *adj.* qui ferme à clef; ~**en** 1. v/t. fermer à clef; (*verkorken*) boucher; 2. v/rfl.: *sich e-r Feststellung* ~ se fermer à une constatation.

ver'schlimmer|n v/t. (v/rfl. *sich* ~) empirer; (s')aggraver; ²**ung** f aggravation f.

ver'schling|en v/t. avaler; engloutir; *a. fig. Buch:* dévorer; (*in-ea.-schlingen*) (*a. v/rfl. sich* ~ s')entrelacer.

verschlossen [~'ʃlɔsən] *p.p. adj.:* *bei* ~**en** *Türen* à huis clos (*a.* ᵈ̇ᵗ̇); (*Person*) renfermé; peu communicatif; (*schweigsam*) taciturne; ²**heit** f caractère m renfermé; (*extrême*) réserve f.

ver'schluck|en 1. v/t. avaler; *Wörter:* manger; 2. v/rfl.: *sich* ~ avaler de travers.

Ver'schluß m fermeture f; (*Schloß*) serrure f; *phot.* obturateur m; (*am Schmuck*) fermoir m; *unter* ~ sous clef.

ver'schlüssel|n v/t. chiffrer; ²**ung** f chiffrement m.

Ver'schluß|kappe f (*des Füllfederhalters*) capuchon m; ~**laut** m occlusive f; ²**sache** f document m secret.

ver'schmachten v/i. (sn) languir; ~ *vor* (*dat.*) mourir de.

ver'schmäh|en v/t. dédaigner; ²**ung** f dédain m.

ver'schmelz|en 1. v/t. fondre (*mit dans*); unir (à); ✝ fusionner (avec); 2. v/i. (sn) se fondre (*mit dans*); s'unir (à); ✝ fusionner (avec); ²**ung** f fonte f; union f; ✝ fusion f.

ver'schmerzen v/t.: *etw.* ~ se consoler de qch.; ~**schmieren** v/t. *Fett:* employer; *Loch:* boucher (*mit Lehm*

versenken

avec de la glaise); *Papier*: barbouiller; **~schmitzt** [~'ʃmitst] *adj.* futé, madré.

ver|'schmutz|en *v/t.* salir, encrasser; **♀ung** *f* salissement *m*, encrassement *m*; *(der Umwelt)* pollution *f*.

ver|'schnauf|en *v/i.* (*v/rfl.* sich ~) reprendre haleine; **~** *lassen* laisser souffler; **♀pause** F *f* 'halte *f* pour souffler.

ver|'schneiden *v/t.* découper; *(verderben)* mal couper; *(kastrieren)* châtrer; *Wein*: couper (mit de); **~'schneit** *p.p. adjt.* enneigé; *(durch Schnee versperrt)* obstrué par la neige.

Ver|'schnitt *m* coupage *m*; **~ene(r)** [~'ʃniːtənə(r)] *m* (18) castrat *m*; eunuque *m*.

ver|'schnörkeln *v/t.* orner (*od.* charger) de fioritures.

verschnupft [fɛr'ʃnupft] *adj.* enrhumé; F *fig.* vexé, contrarié.

ver|'schnüren *v/t.* ficeler; **~schollen** [~'ʃɔlən] *adj.* disparu; **~'schonen** *v/t.* épargner; ménager; *j-n mit etw.* **~** épargner qch. à q.; faire grâce de qch. à q.

ver|'schöner|n (29) *v/t.* (*v/rfl.* sich ~ s')embellir; **♀ung** *f* embellissement *m*.

ver|'schossen [~'ʃɔsən] *p.p. adjt.* (*Farbe*) passé, fané; *(Stoff)* décoloré; **~'schränken** *v/t.* *Arme*: croiser; **~'schrauben** *v/t.* visser; **♀'schraubung** *f* bouchon *m* (*resp.* fermeture *f*) à vis.

ver|'schreib|en **1.** *v/t.* 𝒮 ordonner; prescrire; *Papier*: employer; *viel Tinte* **~** user beaucoup d'encre; **2.** *v/rfl.*: *sich* **~** se tromper en écrivant; *sich dem Teufel* **~** vendre son âme au diable; **♀ung** 𝒮 *f* ordonnance *f*, prescription *f*.

ver|'schrie(e)n [~'ʃriː(ə)n] *adj.* décrié; mal famé; **~schroben** [~'ʃroːbən] *adj.* (*Mensch*) bizarre; (*Idee a.*) biscornu; (*Stil*) ampoulé; contourné; obscur; **♀'schrobenheit** *f* bizarrerie *f*; obscurité *f*; **~'schrotten** *v/t.* démolir pour la ferraille, mettre à la ferraille; **~schrumpeln** [~'ʃrumpəln] F *v/i.* (sn) se ratatiner; **~'schüchtern** *v/t.* intimider.

ver|'schuld|en *v/t.*: *etw.* **~** être cause de qch.; **♀en** *n* faute *f*; *ohne mein* **~** sans qu'il y ait de ma faute; **~et** *p.p. adjt.* endetté; **♀ung** *f* endettement *m*.

ver|'schütten *v/t. Flüssigkeit*: répandre, verser; *(zuschütten)* combler; **~'schüttet** *p.p. adjt.* (*Menschen*) enseveli; **~'schwägert** *adj.* parents par alliance; **~'schweigen** *v/t.* taire; se taire sur (*od.* de); *j-m etw.* **~** cacher qch. à q.

verschwend|en [~'ʃvɛndən] *v/t.* (26) dissiper, gaspiller, prodiguer; **♀er** *m* (7) dissipateur *m*, gaspilleur *m*, prodigue *m*; **~erisch** **1.** *adj.* prodigue (mit de); dissipateur, gaspilleur; **2.** *adv.* à profusion; **♀ung** *f* dissipation *f*, gaspillage *m*, prodigalité *f*; **♀ungssucht** *f* prodigalité *f*.

verschwiegen [~'ʃviːgən] *p.p. adjt.* discret, réservé; *(schweigsam)* taciturne; **♀heit** *f* discrétion *f*; taciturnité *f*.

ver|'schwimmen *v/i.* (sn) (*Umrisse*) se perdre, se noyer; *(undeutlich werden)* s'estomper.

ver|'schwinden **1.** *v/i.* (sn) disparaître; s'évanouir, s'éclipser; **~** *lassen* escamoter; **2.** 𝒮 *n* (6) disparition *f*; **~d** *p.pr. advt.*: **~** *klein* infiniment petit.

ver|'schwitzen *v/t.* tremper de sueur; F *fig.* oublier (complètement).

verschwommen [~'ʃvɔmən] *p.p. adjt.* vague, diffus; **♀heit** *f* vague *m*.

ver|'schwör|en *v/rfl.*: *sich* **~** se conjurer (*mit j-m gegen j-n* avec q. contre q.); conspirer; comploter; **♀er** *m* (7) conjuré *m*; conspirateur *m*; **♀ung** *f* conjuration *f*; conspiration *f*; complot *m* *(anzetteln* tramer).

ver|'schwunden *s.* verschwinden.

ver|'sehen **1.** *v/t. Amt*: remplir; *Dienst a.*: faire, accomplir; **~** *mit* pourvoir de, munir de; **2.** *v/rfl.*: *sich mit etw.* **~** se pourvoir de qch., se munir de qch.; *(mit Vorräten)* s'approvisionner; *(sich irren)* se tromper, se méprendre; *ehe man sich's versieht* avant de s'en apercevoir; **3.** 𝒮 *n* (6) méprise *f*; erreur *f*; *(Schnitzer)* bévue *f*, F gaffe *f*; *aus* **~** = **~tlich** *adv.* par mégarde; par inadvertance.

ver|'send|en *v/t.* envoyer, expédier; **♀ung** *f* envoi *m*, expédition *f*.

ver|'sengen *v/t.* brûler; *(durch Bügeln)* roussir.

ver|'senk|bar *adj.* (*Möbel-, Maschinenteil*) escamotable; **~en** **1.** *v/t.* enfoncer; *(ins Wasser)* plonger; *(untertauchen)* immerger; *Schiff*: couler (bas); *Sarg*: descendre; **2.** *v/rfl.*: *sich in etw.* (*acc.*) **~** *fig.* se plonger dans

Versenkung 1126

qch.; **2ung** *f* enfoncement *m*; *thé.* trappe *f*, dessous *m*.

versessen [~'zɛsən] *adj.*: ~ auf (*acc.*) acharné à; engoué de.

ver'setzen 1. *v/t.* déplacer (*a. Beamte*); (*auf e-n anderen Posten*) nommer à un autre poste, (⚓, *Verwaltung*) muter; 🌿 transplanter; ♪, *typ.* transposer; ♟ permuter; (*antworten*) répliquer; repartir; (*verpfänden*) engager; mettre au mont-de-piété; *Schüler:* faire répéter (à la classe supérieure), *nicht versetzt werden* redoubler une classe; *Schlag:* porter; assener; *in den Ruhestand* ~ mettre à la retraite; *Ohrfeige:* administrer; *j-n* ~ (*nicht kommen*) planter q. là, [*fig.* plaquer q.]; *j-m eins* ~ donner (*od.* porter) un coup à q.; **2.** *v/rfl.: sich in j-s Lage* ~ se mettre à la place de q.; **2ung** *f* déplacement *m* (*a. v. Beamten*); changement *m* de place (*resp.* de poste); (⚓, *Verwaltung*) mutation *f*; 🌿 transplantation *f*; ♪, *typ.* transposition *f*; ♟ permutation *f*; (*Verpfändung*) mise *f* en gage (*od.* au mont-de-piété); (*in der Schule*) passage *m* (dans une autre classe); ~ *in den Ruhestand* mise *f* à la retraite.

ver'seuch|en *v/t.* (25) infecter; **2ung** *f* infection *f*; *radioaktive* ~ pollution *f* radioactive (*od.* atmosphérique).

Versfuß *m* pied *m*.

Versicher|er [fɛr'siçərər] *m* (7) assureur *m*; **2n 1.** *v/t.* assurer (*a. Haus usw.*); *gegen* contre; (*beteuern*) protester de; (*behaupten*) affirmer (*eidlich* sous la foi du serment); *sein Leben* ~ s'assurer sur la vie (*mit pour*); **2.** *v/rfl.: sich* ~ s'assurer (*gegen* contre); *sich e-r Sache* (*Person*) ~ s'assurer d'une chose (d'une personne); ~**te(r)** *m*: *freiwillige(r)* ~ assuré *m* facultatif; ~**ung** *f* assurance *f*; (*Behauptung*) affirmation *f*.

Ver'sicherungs|-anspruch *m* droit *m* à l'assurance; ~**betrug** *m* escroquerie *f* à l'assurance; ~**gesellschaft** *f* compagnie *f* d'assurances; ~**neh-mer** *m* assuré *m*; ~**police** *f* police *f* d'assurance; ~**prämie** *f* prime *f* d'assurance; ~**schutz** *m* garantie (*od.* couverture) *f* de l'assurance; ~**summe** *f* somme *f* assurée; ~**vertrag** *m* contrat *m* d'assurance.

ver'sickern *v/i.* (sn) s'écouler goutte à goutte.

ver'siegeln *v/t.* cacheter; (*gerichtlich*) sceller.

ver'siegen *v/i.* (sn) (se) tarir.

versiert [vɛr'ziːrt] *adj.* versé (*in* [*dat.*] dans).

ver'silbern [fɛr'zilbərn] *v/t.* (29) argenter; (*veräußern*) faire argent de; réaliser; ~**sinken** *v/i.* (sn) s'enfoncer; (*auf Grund sinken*) couler bas; *fig.* ~ *in* (*acc.*) se plonger (*od.* se perdre) dans; *fig. in den Boden* ~ rentrer sous terre; ~**sinnbildlichen** *v/t.* (25) symboliser; ~**sklaven** *v/t.* rendre esclave; asservir.

Vers|kunst ['fɛrs-] *f* versification *f*; ~**lehre** *f* métrique *f*; ~**maß** *n* mesure *f*; mètre *m* (du vers).

ver'soffen P [fɛr'zɔfən] *p.p. adjt.* soûlard; ~**sohlen** *fig.* F *v/t.* rosser.

versöhn|en [~'zø:nən] (25) *v/t.* (*v/rfl. sich* ~ se) réconcilier (*mit avec*); ~**lich** *adj.* conciliant; **2ung** *f* réconciliation *f*; **2ungsfest** *n* fête *f* de la réconciliation.

ver'sonnen *adj.* rêveur; perdu dans son rêve.

ver'sorg|en *v/t.* (*unterhalten*) veiller à l'entretien de; s'occuper de, prendre soin de; ~ *mit* pourvoir de, munir de; *mit Vorräten* ~ approvisionner; ravitailler; **2ung** *f* (*Unterhalt*) entretien *m*; (*Belieferung*) fourniture *f*; ~ *mit Vorräten* approvisionnement *m*; ravitaillement *m*; ~**ungsberechtigt** *adj.* ayant droit à une pension; **2ungsbetriebe** *m/pl.* services *m/pl.* publics; **2ungslage** *f* situation *f* d'approvisionnement.

ver'spät|en *v/rfl.* (26): *sich* ~ s'attarder (*um* de); *sich verspätet haben* être en retard (*um* de); **2spätung** *f* retard *m*; ~**speisen** *v/t.* manger; consommer; ~**speku'lieren 1.** *v/t.* perdre en spéculation; **2.** *v/rfl.: sich* ~ manquer sa spéculation; ~**sperren** *v/t.* barrer (*j-m den Weg* le chemin à q.); obstruer; *Aussicht:* masquer; ~**spielen** *v/t.* perdre au jeu; perdre la partie; (*spielend verbringen*) passer à jouer; ~**spotten** *v/t.* railler; se moquer de; (*verhöhnen*) persifler; **2spottung** *f* raillerie *f*; moquerie *f*; (*Verhöhnung*) persiflage *m*.

ver'sprech|en 1. *v/t.* promettre; **2.** *v/rfl.: sich* ~ se tromper en parlant; *er hat sich versprochen a.* la langue lui a fourché; *sich viel von etw.* ~ attendre (*od.* se promettre) beaucoup de qch.; **2en** *n* promesse *f* (*einlösen*; *halten* tenir); j-m ein ~ abnehmen faire promettre qch. à q.; **2ung** f promesse f; leere ~en promesses f/pl. en l'air.

ver'sprengen v/t. disperser; **2-'sprengte(r)** m isolé m; **~'spritzen** v/t. faire jaillir; **~'spüren** v/t. sentir; ressentir; Hunger ~ avoir faim.

ver'staatlich|en v/t. (25) socialiser; nationaliser; étatiser; kirchliche Güter: séculariser; Schulen: laïciser; **2ung** f socialisation f; nationalisation f; étatisation f; (kirchlicher Güter) sécularisation f; (v. Schulen) laïcisation f.

Ver'städterung f urbanisation f.

Verstand [~'ʃtant] m (3) intelligence f, intellect m; (Geist) esprit m; (Vernunft) raison f; (Begriffsvermögen) entendement m; (Urteilsfähigkeit) jugement m; (Sinn) sens m; bei ~ sein avoir toute sa raison; zu ~ kommen atteindre l'âge de raison, (vernünftig werden) devenir raisonnable; wieder zu ~ kommen revenir à la raison; e-n klaren ~ haben avoir l'esprit clair; ohne ~ reden déraisonner; über j-s ~ gehen dépasser q.

Verstandes|kraft f faculté f intellectuelle; **2mäßig** adj. intellectuel; **~mensch** m intellectuel m; **~schärfe** f perspicacité f; pénétration f; lucidité f; sagacité f.

verständ|ig [~'ʃtɛndiç] adj. intelligent; compréhensif; (urteilsfähig) judicieux; (gescheit) raisonnable; sensé; **~igen** (25) **1.** v/t.: j-n von etw. ~ faire savoir qch. à q.; **2.** v/rfl.: sich mit j-m ~ s'entendre avec q. (über sur); sich ~ (sich verabreden) se concerter; **2igung** f entente f; accord m; téléph. audition f; **~lich** adj. intelligible; (begreiflich) compréhensible; (deutlich) distinct; clair; net; allgemein ~ à la portée de tout le monde; j-m etw. ~ machen faire comprendre qch. à q.; **2lichkeit** f intelligibilité f.

Verständnis [~'ʃtɛntnis] n (4¹) intelligence f; compréhension f; entente f; für j-n (etw.) ~ haben comprendre q. (qch.); er hat kein ~ dafür il ne comprend pas (od. il n'a pas le sens de) ces choses-là; il n'y entend rien; **2los** adj. qui n'a pas le sens de; **~losigkeit** f manque m d'intelligence (od. de compréhension); **2voll** adj. plein de compréhension.

verstärk|en [~'ʃtɛrkən] **1.** v/t. forti-

fier; (an Zahl) renforcer (a. phot.); (vermehren) augmenter; rad. amplifier; **2.** v/rfl.: sich ~ augmenter, s'accroître; **2er** m (7) phot. renforçateur m; rad. amplificateur m; **2ung** f renforcement m (a. phot.); (Vermehrung) augmentation f; rad. amplification f; ✕ renfort m.

ver'stauben v/i. (sn) se couvrir de poussière.

ver'stauch|en v/t. (25): sich den Fuß ~ se fouler le pied; **2ung** f foulure f; entorse f; luxation f.

ver'stauen v/t. caser; ♟ arrimer.

Versteck [~'ʃtɛk] n (3) cachette f; (Hinterhalt) embuscade f; ~ spielen jouer à cache-cache; **2en** **1.** v/t. cacher (vor dat. à); **2.** v/rfl.: sich ~ se cacher (hinter acc. derrière; vor j-m de q.); **~spiel** n jeu m de cache-cache; **2t** p.p. adj.: ~e Anspielungen mots m/pl. couverts; ~er Vorwurf reproche m indirect.

ver'stehen **1.** v/t. entendre (unter par; darunter par là); (begreifen) comprendre (Französisch le français); nichts ~ zu ~ geben donner à entendre; nichts ~ von ne rien entendre à; **2.** v/rfl.: sich auf (acc.) se connaître à; s'entendre à; sich ~ zu consentir à; se prêter à; sich mit j-m ~ s'entendre avec q.; wir uns recht! entendons-nous!; das versteht sich von selbst cela va de soi (od. sans dire).

ver'steif|en **1.** v/t. raidir; (verstärken) renforcer; **2.** v/rfl.: fig. sich auf etw. (acc.) ~ s'obstiner à qch.; **2ung** f raidissement m; (Verstärkung) renforcement m; fig. obstination f.

ver'steigen v/rfl.: sich ~ s'égarer en montant; fig. er verstieg sich zu der Behauptung ... il alla jusqu'à prétendre que ...

ver'steiger|n v/t. vendre aux enchères; ♃ liciter; **2ung** f vente f aux enchères; ♃ licitation f.

ver'steiner|n (29) v/t. (v/i. [sn] se) pétrifier; **2ung** f pétrification f; (das zu Stein Gewordene) fossile m.

ver'stell|bar adj. réglable; (Sitz) à crémaillère; (Lampe) orientable; **~en** **1.** v/t. déplacer; (falsch einstellen) dérégler; (versperren) barrer; (unordentlich) mettre en désordre; Schrift, Stimme usw.: contrefaire; **2.** v/rfl.: sich ~ fig. user de dissimulation; sich zu ~ wissen savoir feindre; **2ung** f déplacement m; fig. dissimulation f;

feinte f; **≈ungskunst** f art m de feindre.

ver'steuern v/t. payer les droits sur.

verstiegen [~'ʃtiːgən] adj. prétentieux; **≈heit** f prétention f.

ver'stimm|en v/t. contrarier, fâcher; ♪ désaccorder; **~t** p.p. adj. de mauvaise humeur, fâché; ♪ désaccordé; **≈ung** f mauvaise humeur f; ♪ désaccord m.

ver'stockt adj. endurci; **≈heit** f endurcissement m.

verstohlen [~'ʃtoːlən] **1.** adj. furtif; **2.** adv. a. à la dérobée; F **~** nach etw. hinsehen guigner qch.

ver'stopf|en v/t. boucher; Ritzen: calfeutrer; Röhre: engorger, obstruer; (mit e-m Stöpsel) tamponner; 💊 constiper; Straßen: emboutiller; **≈ung** f bouchage m; (v. Ritzen) calfeutrage m; (v. Röhren) engorgement m; obstruction f; 💊 constipation f; **an~** leiden être constipé; (v. Straßen) emboutiellage m.

verstorben [~'ʃtɔrbən] p.p. adj. mort; trépassé; bsd. 🕇 décédé; défunt; meine **~e** Mutter feu ma mère; ma feue mère; **≈e(r** m) m, f défunt(e f) m.

verstört [~'ʃtøːrt] adj. effaré; troublé; **~** aussehen avoir l'air 'hagard; **≈heit** f trouble m.

Ver'stoß m (3² u. ³) faute f; 🕇 infraction f (gegen à); **≈en 1.** v/t. repousser; Frau: répudier; Kind: déshériter; **~** aus chasser de; **2.** v/i.: gegen etw. **~** pécher contre qch.; gegen das Gesetz **~** enfreindre (od. violer) la loi; **≈ung** f expulsion f; répudiation f; déshéritement m.

ver'streb|en v/t. étrésillonner; **≈ung** f étrésillon m.

ver'streichen 1. v/i. (sn) (Zeit) passer; s'écouler; (Termin) expirer; **2.** v/t. Butter usw.: étendre; die Fugen **~** boucher les joints; jointoyer; **~'streuen** v/t. éparpiller; disperser; (zur Spreu verbrauchen) employer en litières; **~'stricken** v/t. Wolle: employer; fig. empêtrer (in acc. dans).

verstümmel|n [~'ʃtyməln] v/t. (29) mutiler, estropier; **≈ung** f mutilation f.

ver'stumm|en v/i. (25, sn) devenir muet; (Lärm) cesser; s'arrêter; gr. amuïr; **≈ung** f amuïssement m.

Versuch [~'zuːx] m (3) essai m; (Unternehmen) tentative f; (Probe)

épreuve f; (Experiment) expérience f; erster **~** coup m d'essai; mit j-m à l'essai; **≈en 1.** v/t. essayer; (sich bemühen) tâcher; Schwieriges: tenter (sein Glück sa chance); (kosten) goûter; déguster; (auf die Probe stellen) mettre à l'épreuve; (in Versuchung führen) tenter; **2.** v/rfl.: sich an etw. (dat.) **~** s'essayer à qch.; sich in etw. (dat.) **~** essayer de qch.; sich auf allen Gebieten **~** essayer de tout; es mit j-m (etw.) **~** essayer de q. (de qch.).

Ver'suchs|-anstalt f station f d'essai; **~ballon** m ballon-sonde m, ballon m d'essai; **~kaninchen** fig. n cobaye m; **~reaktor** m réacteur m d'essai; **~reihe** f série f d'expériences; **~tier** n animal m de laboratoire (od. d'expériences); F cobaye m; **≈weise** adv. à titre d'essai.

Ver'suchung f tentation f; in **~** führen tenter, induire en tentation; in **~** geraten être tenté.

ver'sumpfen v/i. (25, sn) se changer en marais; fig. se corrompre; tomber bien bas.

ver'sündig|en v/rfl.: sich **~** an (dat.) pécher contre; sich an Gott **~** offenser Dieu; **≈ung** f péché m (an dat. contre); **~** an Gott offense f à Dieu.

ver'sunken [~'zʊŋkən] p.p. adj.: in etw. (acc.) **~** sein être absorbé par qch.; **≈heit** f absorbement m.

ver'süßen v/t. adoucir; (zu süß machen) sucrer trop; phm. dulcifier; édulcorer; fig. die Pille **~** dorer la pilule; F sich das Leben **~** se la couler douce.

ver'tag|en v/t. ajourner (auf à); remettre; pol. proroger; **≈ung** f ajournement m; pol. prorogation f.

ver'tändeln v/t. galvauder; die Zeit **~** baguenauder; **~täuen** [~'tɔyən] v/t. amarrer.

ver'tauschen v/t. échanger (gegen, für, um contre, pour); troquer; (verwechseln) prendre l'un pour l'autre; confondre (mit avec.).

verteidig|en [~'taidigən] (25) v/t. (v/rfl. sich **~** se) défendre; These: soutenir; 🕇 e-e Sache **~** plaider une cause; **≈er** m (7) défenseur m; 🕇 avocat m; Sp. arrière m; These: défense f; (e-r These) soutenance f; 🕇 plaidoirie f.

Ver'teidigungs|-ausgaben f/pl. dépenses f/pl. militaires; **~bündnis** n alliance f défensive; **~gemeinschaft** f: *Europäische ~ (abr.* EVG) communauté f européenne de défense *(abr.* C. E. D. f);* **~krieg** m guerre f défensive; **~minister(ium** n) m ministre (ministère) m de la défense nationale; **~rede** f$^3_1$ plaidoyer m.

ver'teil|en v/t. distribuer; *(aufteilen)* partager *(unter acc.* entre); répartir; **2er** m distributeur m; *(Autobahn2)* échangeur m; **2erkasten** ⚡ m boîte f de distribution; **2ung** f distribution f; *(Aufteilung)* partage m, répartition f; **2ungsmodus** m mode m de répartition; **2ungsschlüssel** m indice (od. barème) m de répartition.

ver'teuer|n v/t. (29) renchérir; **2ung** f renchérissement m.

ver'teufelt adj. satané; diabolique.

ver'tief|en (25) 1. v/t. approfondir; *(austiefen)* creuser; 2. v/rfl. fig. sich ~ in *(acc.)* se plonger dans; **2ung** f approfondissement m; *(Höhlung)* cavité f; *(Vertieftes)* creux m; *(im Gelände)* dépression f.

vertikal [vɛrti'ka:l] adj. vertical.

ver'tilg|en v/t. exterminer; *(ausrotten)* extirper; *(verspeisen)* consommer; **2ung** f extermination f; *(Ausrottung)* extirpation f; *(Verspeisung)* consommation f.

ver'tipp|en F 1. v/t. taper de travers; 2. v/rfl.: sich ~ faire une faute de frappe.

ver'ton|en v/t. mettre en musique; **2ung** f mise f en musique.

vertrackt F [~'trakt] adj. embrouillé, compliqué.

Vertrag [~'tra:k] m (3³) contrat m (a. *Urkunde)* (schließen passer; kündigen dénoncer, résilier; einhalten observer; brechen violer); *(Abkommen)* accord m; *(Übereinkunft)* convention f; pol. traité m (schließen conclure); *(Bündnis)* pacte m.

ver'trag|en 1. v/t. *(aushalten)* supporter; *Schmerzliches:* souffrir; viel ~ können Wein usw.: porter bien; 2. v/rfl.: sich ~ s'accorder *(mit* avec); sich mit etw. ~ être compatible avec q.; sich mit j-m wieder ~ se réconcilier avec q.; sich gut ~ s'entendre bien; sich nicht ~ *(Personen)* ne pouvoir se supporter *(od.* se souffrir), *(Sachen)* jurer ensemble; **~lich** [~'tra:kliç] **1.** adj. contractuel; **2.** adv. a. par contrat.

verträglich [~'trɛ:kliç] adj. conci-

liant; *(umgänglich)* traitable; *(friedfertig)* pacifique; **2keit** f esprit m conciliant.

Ver'trags|-abschluß m passation f d'un contrat; conclusion f d'un traité; **~bestimmung** f clause f; **~bruch** m violation f de contrat *(resp.* de traité. *etc.);* **2gemäß** adj. conforme *(adv.* conformément) au contrat *(resp.* au traité, *etc.);* **~partner** m contractant m; **2mäßig** adj. = tragsgemäß; **~strafe** f peine f contractuelle *(od.* conventionnelle).

ver'trauen 1. v/t.: j-m ~ avoir confiance en q.; auf j-n *(etw. acc.)* ~ mettre sa confiance en q. (en qch.). **2. 2** n confiance f (j-m schenken accorder à q.); *(bei Mitteilungen)* confidence f; zu j-m ~ haben = j-m 2; im ~ auf sein Recht confiant dans son (bon) droit; im ~ en confidence; im ~ gesagt soit dit entre nous; j-n ins ~ ziehen mettre q. dans la confidence; **~erweckend** p.pr. adjt. qui inspire (la) confiance.

Ver'trauens|-arzt m médecin-conseil m; **~bruch** m abus m de confiance; **~frage** f question *(od.* motion) f de confiance (stellen poser); **~sache** f affaire f de confiance; **2selig** adj. trop confiant; d'une confiance aveugle; **~seligkeit** f confiance f aveugle; **~stellung** f poste m de confiance; **2voll** adj. confiant; plein de confiance; **~votum** n vote m de confiance; **2würdig** adj. digne de confiance.

ver'traulich adj. familier; intime; *(Mitteilung)* confidentiel; *(Mitteilung)* confidence f; **2keit** f familiarité f, intimité f; *(e-r Mitteilung)* caractère m confidentiel; sich ~en herausnehmen se permettre des familiarités *(od.* des privautés).

ver'träum|en v/t.: die Zeit ~ passer le temps à rêver; **~t** p.p. adjt. perdu dans son rêve; **~er Ort** endroit m idyllique.

vertraut [~'traut] adj. intime, familier; mit j-m ~ sein être intime avec q.; mit j-m auf ~em Fuße stehen vivre sur le pied d'intimité avec q.; mit etw. ~ sein connaître qch. à fond; être au fait de qch.; sich mit etw. ~ machen se familiariser avec qch.; **2e(r** m) m, f confident(e f) m; **2heit** f intimité f; familiarité f; bonne connaissance f *(mit* de).

ver'treib|en v/t. chasser, expulser; *(aus s-m Besitz)* déposséder; ✗ déloger; ✝ débiter; *(vergehen machen)* faire passer; *sich die Zeit mit etw.* ~ s'amuser à faire qch.; ⚘ung f expulsion f; *(aus e-m Besitz)* dépossession f; ✗ délogement m; ✝ débit m.

ver'tret|bar adj. *(Standpunkt)* défendable; justifiable; ~en v/t. représenter; *(ersetzen)* remplacer; suppléer; *Meinung:* défendre; soutenir; *j-s Sache* ~ plaider la cause de q.; *j-m den Weg* ~ barrer le chemin à q.; *sich den Fuß* ~ se fouler le pied; *sich die Beine* ~ se dégourdir les jambes; ⚘er m (7) pol. représentant m; ✝ a. agent m; *(StellⓋ)* remplaçant m; suppléant m; *(Verteidiger)* défenseur m; ⚘ung f représentation f; *(StellⓋ)* remplacement m; suppléance f; ✝ agence f; *in* ~ par intérim; par délégation *(von de)*.

Vertrieb [~'tri:p] m (3) débit m; placement m; vente f; ~ene(r) [~'tri:bə-] m réfugié m.

ver'trinken v/t. Geld: dépenser à boire; ~'trocknen v/i. (sn) (se dessécher); ~'trödeln F v/t. bazarder; Zeit: gâcher; ~'trösten v/t.: j-n ~ faire prendre patience à q.; j-n ~ auf etw. (acc.) faire espérer qch. à q.; ~'tun v/t. gaspiller; ~'tuschen v/t. Fehler: cacher; Angelegenheit: étouffer; ~'übeln v/t.: j-m etw. ~ en vouloir à q. de qch.; ~'üben v/t. commettre; Grausamkeiten: exercer; ✝✝ perpétrer; ~'ulken v/t.: j-n ~ blaguer q. *(wegen sur)*.

verun|glimpfen [fɛr'ʔʊnglɪmpfən] v/t. (25) diffamer; ⚘glimpfung f diffamation f; ~'glücken v/i. (sn) avoir un accident, être victime d'un accident; ⚘ faire naufrage; *(mißglücken)* échouer; ⚘glückte(r) m victime f (d'un accident); ~reinigen v/t. souiller, salir; Wasser: corrompre; Luft: infecter; geweihte Stätte: profaner; ⚘reinigung f souillure f; *(v. Wasser)* corruption f; *(v. Luft)* infection f; *(e-r geweihten Stätte)* profanation f; ~'sichern v/t. insécuriser; désorienter, déconcerter; ~stalten v/t. (26) défigurer; déformer; ⚘staltung f déformation f; ~treuen v/t. (25) détourner; ⚘treuung f détournement m; déprédation f; malversation f; ~zieren v/t. déparer.

verur|sachen [~'ʔu:rzaxən] v/t. (25)

causer, occasionner; *(hervorbringen)* produire; *(hervorrufen)* provoquer; ~teilen [~'ʔʊrtaɪ-] v/t. condamner (zu à); ⚘teilte(r m) m, f condamné(e f) m; ⚘teilung f condamnation f.

vervielfachen [fɛr'fi:lfaxən] v/t. multiplier.

vervielfältig|en [~'fi:lfɛltɪgən] v/t. (25) multiplier; phot. reproduire; Text: polycopier; ronéotyper; *(abziehen)* tirer; ⚘ung f multiplication f; phot. reproduction f; *(v. Texten)* polycopie f; *(Abziehen)* tirage m; ⚘ungs-apparat m duplicateur m; hectographe m.

ver'vierfachen v/t. quadrupler.

ver'vollkommn|en v/t. (26) perfectionner; ⚘ung f perfectionnement m; ~ungsfähig adj. perfectible.

ver'vollständigen v/t. (25) compléter.

ver'wachsen 1. v/i. (sn) *(sich verschlingen)* s'entrelacer; *(Wunde)* se fermer; se cicatriser; **2.** p.p. adj. difforme; contrefait; *(bucklig)* bossu; *(Baum, Nase)* tortu; ✗ ~ mit adhérent à; mit j-m ~ sein être intimement lié avec q.

ver'wahren 1. v/t. garder; *(wegschließen)* serrer; **2.** v/rfl.: sich gegen etw. ~ protester contre qch.

ver'wahrlos|en v/i. (sn) être négligé *(od. à l'abandon)*; *(Mensch)* tourner mal, se démoraliser; ~t p.p. adj. négligé; laissé à l'abandon; *(Mensch)* mal tourné, démoralisé; ⚘ung f négligence f; *(e-s Menschen)* démoralisation f.

Ver'wahrung f garde f, dépôt m; in ~ geben *(nehmen)* donner *(prendre)* en garde *(od. en dépôt)*; ~ einlegen protester *(gegen contre)*.

verwaist [fɛr'vaɪst] p.p. adj. orphelin; fig. délaissé.

ver'walt|en v/t. administrer; Geschäft: gérer, régir; Amt: exercer; ⚘er m administrateur m; *(GeschäftsⓋ)* gérant m; *(bsd. GutsⓋ)* régisseur m; intendant m; ⚘ung f administration f; gestion f, régie f; *(e-s Amtes)* exercice m.

Ver'waltungs|-apparat m appareil m administratif; ~behörde f autorité f administrative; ~bezirk m district m; ~gebäude n bâtiment m administratif; ~gericht n tribunal m administratif; ~kosten pl. frais m/pl. d'administration; ~rat m conseil m

verwildern

d'administration; **~recht** n droit m administratif; **~sprache** f langage m administratif; **~weg** m: auf dem ~ par (la) voie administrative.

ver'wand|eln v/t. changer (in acc. en); (umgestalten) transformer; Element: transmuer; Strafe: commuer; myth. métamorphoser; **2lung** f changement m; (Umgestaltung) transformation f; (e-s Elements) transmutation f; (e-r Strafe) commutation f; myth. métamorphose f.

verwandt [~'vant] adj. parent (mit de); (an~) apparenté; er ist mir ~ il est mon parent; nous sommes parents; wir sind nahe (weitläufig) ~ nous sommes proches parents (parents éloignés), fig. (ähnlich) semblable; (entsprechend) analogue; **2e(r** m) m, f parent(e f) m; **2schaft** parenté f; fig. analogie f; affinité f (a. **⚛.**); **~schaftlich** adj. de (adv. en) parent; **2schaftsgrad** m degré m de parenté.

ver'warn|en v/t. avertir; **2ung** f avertissement m.

ver'waschen adj. (Farben) délavé; décoloré; fig. indécis; vague; **~'wässern** v/t. mettre trop d'eau dans; délayer (a. fig.); noyer (a. fig.); fig. rendre fade.

ver'wechs|eln v/t. confondre (mit avec); prendre l'un pour l'autre; sie sehen sich zum 2 ähnlich ils se ressemblent à s'y méprendre; **2lung** f confusion f; (Irrtum) erreur f; (Fehlgriff) méprise f.

verwegen [~'ve:gən] adj. téméraire; (kühn) audacieux; **2heit** f témérité f; (Kühnheit) audace f.

ver'wehen 1. v/t. emporter (d'un souffle); dissiper; Spuren: effacer; **2.** v/i. (sn) se dissiper; être dispersé.

ver'wehren v/t.: j-m etw. ~ empêcher q. de faire qch.; défendre qch. à q. **Ver'wehung** f (Schnee2) congère f. **ver'weichlich|en** (25) v/t. (v/i. [sn] s')amollir, (s')effeminer; **2ung** f amollissement m; effémination f.

ver'weiger|n v/t. refuser; **2ung** f refus m.

ver'weilen v/i. demeurer; (längere Zeit) séjourner; bei etw. ~ s'arrêter sur qch.

ver'weint adj.: ~ aussehen avoir les yeux gonflés de larmes.

Verweis [~'vais] m (4) réprimande f; rappel m à l'ordre; (Hinweis) renvoi

m; j-m wegen etw. e-n ~ erteilen réprimander q. à cause de qch.; **2en** [~zən] v/t. renvoyer (an acc., auf acc. à; von der Schule de l'école); des Landes ~ expulser (du pays); **~ung** f renvoi m (an acc., auf acc. à); (Ausweisung) expulsion f.

ver'welken v/i. (sn) se faner, se flétrir.

ver'wendbar adj. utilisable; applicable (zu à); **2keit** f utilité f pratique; applicabilité f.

ver'wend|en 1. v/t. employer (auf acc.; zu à); utiliser; (anwenden) appliquer; Zeit, Mühe: consacrer (auf acc. à); **2.** v/rfl.: sich für j-n ~ s'employer (od. s'entremettre) pour q. (bei j-m auprès de q.); **2ung** f emploi m; application f; (e-r Summe) affectation f; fig. entremise f (zugunsten j-s en faveur de q.); **2ungszweck** m emploi m prévu; für alle ~e à tous usages.

ver'werf|en 1. v/t. rejeter; repousser; (mißbilligen) désavouer; rl., Lehre: réprouver; ⚖ récuser; **2.** v/rfl.: sich ~ (Holz) se gauchir, se déjeter; **~lich** adj. (schlecht) mauvais; (tadelnswert) répréhensible, condamnable; (abscheulich) abominable; (ruchlos) scélérat; ⚖ récusable; **2ung** f rejet m; rl. réprobation f; ⚖ récusation f.

ver'wert|bar adj. utilisable; **~en** v/t. utiliser; mettre à profit; **2ung** f utilisation f.

verwes|en [~'ve:zən] **1.** v/i. (sn) se décomposer, se putréfier; **2.** v/t. (verwalten) administrer; **2er** m (7) administrateur m; (stellvertretend) vicaire m; **2ung** f putréfaction f; in ~ übergehen entrer en putréfaction.

ver'wetten v/t. perdre en paris.

ver'wick|eln 1. v/t. enchevêtrer; entortiller; (verwirren) embrouiller (a. fig.); fig. compliquer; in e-e Angelegenheit ~ engager dans une affaire; j-n in e-e Anklage ~ impliquer q. dans une accusation; **2.** v/rfl.: sich in Widersprüche ~ tomber dans des contradictions; **~elt** p.p. adjt. compliqué; complexe; Fall, Handel: embrouillé; **2lung** f enchevêtrement m; (Verwirrung) embrouillement m; (Verwickeltsein) complication f; ⚖ implication f; thé. intrigue f; nœud m.

ver'wilder|n v/i. (29, sn) devenir sauvage; (Felder, Gärten) dépérir faute de culture; ~t p.p. adjt. sauvage; inculte; abandonné; 2ung f retour m à l'état sauvage; abandon m.

ver'|winden v/t.: etw. ~ surmonter qch., se consoler de qch.; ~'wirken v/t. Recht, Anspruch: perdre; sein Leben ~ encourir la peine de mort.

ver'wirklich|en v/t. (25) réaliser; 2ung f réalisation f.

Ver'wirkung f perte f, déchéance f.

ver'wirr|en v/t. (25) embrouiller; j-n ~ a. dérouter q.; dérouter q.; embarrasser q.; (in Unordnung bringen) déranger; mettre le désordre dans; ~end p.pr. adjt. troublant; ~t p.p. adjt. confus, déconcerté; 2ung f embrouillement m, confusion f; (Verlegenheit) embarras m, trouble m; (Unordnung) désordre m; in ~ bringen déconcerter; in ~ geraten se déconcerter.

ver'wirtschaften v/t. dissiper; ~'wischen v/t. effacer; oblitérer; Pastellfarben: estomper; (verschmieren) brouiller; ~'wittern v/i (sn) se décomposer; s'effriter; ~'wittert p.p. adjt. rongé par le temps; ravagé par les intempéries; 2'witterung f décomposition f; effritement m; ~'witwet adj. veuf (veuve); ~wöhnen [~'vø:nən] v/t. (25) gâter; choyer; dorloter; ~'worfen [~'vɔrfən] p.p. adjt. vil, abject, infâme; dépravé; 2'worfenheit f infamie f; (Verderbtheit) dépravation f; ~worren [~'vɔrən] p.p. adjt. confus; 2'worrenheit f confusion f.

ver'wund|bar adj. vulnérable; ~en v/t. (26) blesser.

ver'wunder|lich adj. étonnant, surprenant; étrange; ~n v/t. (v/rfl. sich ~) s'étonner (über acc. de); (s')émerveiller; 2ung f étonnement m; in ~ setzen émerveiller; in ~ geraten s'étonner (über acc. de); s'émerveiller.

Ver'wund|ete(r) m blessé m; ~ung f blessure f.

ver'wünsch|en v/t. maudire; exécrer; (verzaubern) enchanter; ~t int.: ~! au diable; 2ung f malédiction f; exécration f; (Verzauberung) enchantement m.

ver'wurzel|n v/i. (sn) prendre racine; s'enraciner (a. fig.); ~t p.p. adjt. enraciné.

ver'wüst|en v/t. (26) ravager; dévaster; 2ung f ravage m; dévastation f.

ver'zag|en v/i. perdre courage; se

décourager; ~t p.p. adjt. découragé; 2theit f découragement m.

ver'zählen v/rfl.: sich ~ se tromper en comptant.

ver'zahn|en 1. v/t. Rad: denter; Balken: adenter; 2. v/rfl.: sich (ineinander) ~ s'engrener; 2ung f engrenage m; denture f; Arch. adent m.

verzapfen [~'tsapfən] v/t. Getränke: débiter; F fig. Unsinn ~ débiter des bêtises.

verzärteln [~'tsɛ:rtəln] v/t. (29) amollir; Kind: gâter; dorloter.

ver'zauber|n v/t. ensorceler; enchanter; ~ in (acc.) changer en; 2ung f ensorcellement m; enchantement m.

verzäunen [~'tsɔynən] v/t. entourer d'une clôture.

ver'zehnfachen v/t. décupler.

Verzehr [~'tse:r] m consommation f; 2en 1. v/t. consommer; Vermögen: manger; dépenser; 2. v/rfl.: sich vor Gram ~ se consumer de chagrin.

ver'zeich|nen v/t. noter; (registrieren) enregistrer; Nachlaß: inventorier; (auf e-r Liste) inscrire sur; Kurse: coter; Bild: dessiner mal; ~nis n (4¹) relevé m; état m; (genaueres) spécification f; (Liste) liste f; (Register) registre m; (Bücher2) catalogue m.

verzeih|en [~'tsaiən] v/t. pardonner; ~ Sie! pardon!; pardonnez!; 2lich adj. pardonnable; 2ung f pardon m; j-n um ~ bitten demander pardon à q.; ~! pardon!

ver'zerr|en 1. v/t. défigurer; Ton, Bild: déformer; das Gesicht ~ grimacer; 2. v/rfl.: sich krampfhaft ~ se convulser; 2ung f contorsion f; (Ton2, Bild2) déformation f; (Gesichts2) grimace f; ♫ distorsion f (a. Ton2, Bild2).

ver'zettel|n (29) 1. v/t. (auf Zettel schreiben) mettre sur fiches; 2. v/rfl.: sich ~ se disperser, éparpiller ses forces; 2ung f mise f sur fiches; éparpillement m.

Verzicht [~'tsiçt] m (3) renonciation f (auf acc. à); (Abtretung) résignation f; ✝ désistement m (auf acc. de); ~ leisten = 2en v/i. (26) renoncer (auf acc. à); bsd. ✝ se désister (de); (abtreten) se dessaisir (de); ~leistung f = Verzicht.

ver'zieh s. verzeihen.

ver'ziehen 1. v/t. (entstellen) tirer de

travers; *das Gesicht* ~ faire la grimace; *den Mund* ~ pincer les lèvres; *keine Miene* ~ ne pas sourciller; *Kind:* gâter; **2.** *v/i.* (*umziehen*) déménager; **3.** *v/rfl.*: sich ~ aller de travers, (*Holz*) se déjeter, (*Gesicht*) se crisper, (*Kleidung*) faire de faux plis, (*Wolken, Gewitter*) se dissiper, (*Geschwulst*) tomber, (*Geschwür*) se résoudre, (*verschwinden*) disparaître.

ver'zier|en *v/t.* orner, parer; *Größeres:* décorer; (*mit Zieraten versehen*) enjoliver, ornementer; 2**ung** *f* décoration *f*; (*mit Zieraten*) ornementation *f*, enjolivement *m*; (*das Verzierende*) ornement *m*.

verzinken [~'tsiŋk-] *v/t.* (25) zinguer.

ver'zinnen *v/t.* (25) étamer.

ver'zins|bar *adj.* qui (rap)porte des intérêts; ~**en 1.** *v/t.* payer les intérêts (de); **2.** *v/rfl.*: sich ~ (rap)porter des intérêts; *sich mit 3*% ~ rapporter trois pour cent; ~**lich** *adj.* = verzinsbar; 2**ung** *f* paiement *m* des intérêts; (*Ertrag*) rapport *m*.

ver'zöger|n 1. *v/t.* retarder; (*aufschieben*) différer; **2.** *v/rfl.*: sich ~ traîner en longueur, (*auf sich warten lassen*) se faire attendre; 2**ung** *f* retard(ement) *m*.

ver'zoll|en *v/t.* payer la douane (*od.* les droits de douane) (de); *haben Sie etw. zu* ~? avez-vous qch. à déclarer?; 2**ung** *f* paiement *m* des droits de douane.

verzückt [fɛr'tsykt] *p.p. adjt.* extasié, ravi; 2**ung** *f* ravissement *m*; extase *f*; *über etw.* (*acc.*) *in* ~ *geraten* s'extasier sur qch.

Ver'zug *m* (3) retard *m*; (*Aufschub*) délai *m*; *es ist Gefahr im* ~ il y a péril en la demeure; ~**szinsen** *pl.* intérêts *m/pl.* moratoires.

ver'zweif|eln *v/i.* (sn) désespérer (*an dat. de*); *abs.* se désespérer; ~**elt** *p.p. adjt.* désespéré; 2**ung** *f* désespoir *m*; *in* ~*geraten* se désespérer; *zur* ~ *bringen* désespérer.

ver'zweig|en *v/rfl.* (25): sich ~ se ramifier; bifurquer; 2**ung** *f* ramification *f*; bifurcation *f*.

ver'zwickt F *adj.* embrouillé; compliqué.

Vesper ['fɛspər] *f* (15), ~**brot** *n* vêpres *f/pl.*; goûter *m*; 2**n** *v/i.* (29) goûter.

Vestibül [vɛsti'by:l] *n* (3) vestibule *m*.

Veter|an [vete'ra:n] *m* (12) vétéran *m*; ~**i'när** *m* (3¹) vétérinaire *m*.

Veto ['ve:to] *n* (11) veto *m*; ~**recht** *n* droit *m* de veto.

Vetter ['fɛtər] *m* (7) cousin *m*; ~**nwirtschaft** *f* népotisme *m*.

Vexier|bild [vɛ'ksi:r-] *n* dessin-devinette *m*; ~**spiegel** *m* miroir *m* déformant (*od.* à surprises).

via ['vi:a] *prp.*: ~ *Paris* par (*od.* via) Paris.

Viadukt [via'dukt] *m* (3) viaduc *m*.

vibrieren [vi'bri:rən] *v/i.* vibrer.

Videorecorder ['vi:deorekordər] *m* (7) magnétoscope *m* à vidéo-cassette.

Vieh [fi:] *n* (3, *o. pl.*) *coll.* bétail *m*, bestiaux *m/pl.*; (*Tier*, *a. fig.*) brute *f*, bête *f*; *das große (kleine)* ~ le gros (petit) bétail; ~ *halten* élever du bétail; ~**bestand** *m* cheptel *m*; ~**futter** *n* fourrage *m*; ~**handel** *m* commerce *m* de bestiaux; ~**händler** *m* marchand *m* de bestiaux; 2**isch** *adj.* brutal; bestial; ~**markt** *m* marché *m* aux bestiaux; ~**schwemme** *f* abreuvoir *m*; ~**seuche** *f* épizootie *f*; ~**stall** *m* étable *f*; ~**tränke** *f* abreuvoir *m*; ~**wagen** *m* wagon *m* à bestiaux; ~**zählung** *f* recensement *m* du bétail; ~**zucht** *f* élevage *m* (des bestiaux); ~ *treiben* faire de l'élevage; ~**züchter** *m* éleveur *m* (de bestiaux).

viel [fi:l] **1.** *pr/ind. u. adv.* beaucoup; ~ *Geld* beaucoup d'argent; *die* ~*e Arbeit* tout ce travail; *die* ~*en Menschen*, *die* ... le grand nombre de personnes qui ...; ~ *Wesens von etw. machen* faire grand bruit de qch.; ~*en Dank!* grand merci!; merci beaucoup!; ~ *Glück!* bonne chance!; *durch* ~ *Arbeit* à force de travail; ~*e Hundert* des centaines (de); ~*es* bien des choses; *nicht* ~ (*bei vb. ne* ...) pas beaucoup; (*bei vb. ne* ...) pas grand-chose; **2.** *adv.*: *er ist* ~ *bei uns* il est souvent chez nous; ~**beschäftigt** *p.p. adjt.* très affairé, fort occupé; ~**deutig** *adj.* ambigu; 2**deutigkeit** *f* ambiguïté *f*; 2**-eck** *n* polygone *m*; ~**eckig** *adj.* polygonal; 2**-ehe** *f* polygamie *f*.

vieler|lei [fi:lər'lai] *adj.* toutes sortes de; ~'**orts** *adv.* à beaucoup d'endroits.

viel|fach 1. *adj.* multiple; (*wiederholt*) réitéré; **2.** *adv.* souvent; 2**fachschalter** *m* commutateur *m* multiple; ~**falt** *f* diversité *f*; multiplicité *f*; ~**fältig** *adj.* = vielfach; 2**fältigkeit** *f* = Vielfalt; ~**farbig** *adj.* multicolore;

&fraß *m* glouton *m*, goinfre *m*; ~ge
liebt *p.p. adjt.* bien-aimé; ~ge**prüft**
p.p. adjt. fort éprouvé; ~ge**reist** *p.p.*
adjt. qui a beaucoup voyagé; ~ge
staltig *adj.* multiforme; varié; &göt
terei *f* polythéisme *m*; &heit *f* pluralité *f*; ~**köpfig** *adj.* à plusieurs têtes;
fig. nombreux.

vielleicht [fi'laiçt] *adv.* peut-être.

viel|**malig** *adj.* répété; (*häufig*) fréquent; ~**mals** *adv.* bien des fois;
danke ~! merci beaucoup!; ~**mehr**
adv. plutôt; ~**sagend** *p.pr. adjt.* expressif; (*bedeutungsvoll*) significatif;
~**schichtig** *adj.* multiple; ~**seitig** *adj.*
multilatéral; polygonal; *fig.* varié;
(*Geist*) universel; (*ausgedehnt*) vaste;
étendu; &**seitigkeit** *fig. f* variété *f*;
~**silbig** *adj.* polysyllabe, polysyllabique; ~**sprachig** *adj.* polyglotte; ~
stimmig *adj.* à plusieurs voix; ~
verheißend, ~**versprechend** *p.pr.*
adjt. qui promet (beaucoup); &**weiberei** *f* polygamie *f*; &**zahl** *f* multiplicité *f*, pluralité *f*.

vier [fi:r] **1.** *a/n. c.* quatre; *zu* ~*en* à
quatre; *unter* ~ *Augen* entre quatre
yeux; en tête à tête; *auf allen* ~*en*
kriechen marcher à quatre pattes; 2. &
f (chiffre *m*) quatre *m*; ~**beinig** *adj.* à
quatre pieds; *zo.* quadrupède; ~
blätt(e)rig *adj.* à quatre feuilles;
quadrifolié; ~**dimensional** *adj.* à
quatre dimensions; &**eck** *n* carré *m*;
quadrilatère *m*; ~**eckig** *adj.* (*adv.*
en) carré; quadrangulaire.

Vierer *m* (7) (*Rudersport*) yole *f* (*od.*
canot *m*) à quatre rameurs; F quatre
m; ~**bob** *m* bobsleigh *m* à quatre;
&**lei** *adj.* de quatre espèces.

vier|**fach** *adj.* quadruple; &**füß(l)er** *m*
(7) quadrupède *m*; &**gespann** *n* équipage *m* de quatre chevaux; (*Quadriga*) quadrige *m*; ~**händig** *adj.* ♪ à
quatre mains; *zo.* quadrumane; ~
hundert *a/n. c.* quatre cent(s); &
jahresplan *m* plan *m* quadriennal;
~**jährig** *adj.* de quatre ans; ~**kantig**
adj. quadrangulaire; &**linge** *pl.* quadruplé(e)s *m(f)/pl.*; &**mächtekonferenz** *f* conférence *f* quadripartite;
~**mal** *adv.* quatre fois; ~**malig** *adj.*
quatre fois répété; ~**motorig** *adj.*
quadrimoteur; &**radbremse** *Auto f*
frein *m* sur les quatre roues; ~**räd(e)
rig** *adj.* à quatre roues; ~**schrötig**
['~ʃrø:tiç] *adj.* carré, trapu; F taillé à
coups de hache; ~**seitig** *adj.* à quatre

côtés; quadrilatère; ~**sitzig** *adj.* à
quatre places; ~**spännig** [~'ʃpɛniç]
adj. attelé de quatre chevaux; ~
stimmig *adj.* à quatre voix; ~**stökkig** *adj.* de (*od.* à) quatre étages;
&**taktmotor** *m* moteur *m* à quatre
temps; ~**tausend** *a/n. c.* quatre mille; ~**te** *a/n. o.* quatrième; *der* (*den,*
am) ~(*n*) (4.) *Juli* le quatre (4) juillet;
Heinrich IV. (der Vierte) Henri IV
(quatre); ~**teilen** *v/t.* écarteler.

Viertel ['firtəl] *n* (7) quart *m*; *ein* 2
Meter un quart de mètre; (*ein*) ~ *nach*
eins une heure et quart; *drei* ~ *vier*
quatre heures moins un quart; (*e-s*
Apfels, e-r Stadt, des Mondes) quartier *m*; &**finale** *Sp. n* quart *m* de
finale; ~**jahr** *n* trois mois *m/pl.*, trimestre *m*; &**jährig** *adj.* de trois mois;
&**jährlich 1.** *adj.* qui se fait tous les
trois mois; trimestriel; **2.** *adv.* par
trimestre; ~**note** *f* ♪ noire *f*; ~**pause**
f ♪ soupir *m*; ~**stunde** *f* quart *m*
d'heure; &**stündig** *adj.* d'un quart
d'heure; &**stündlich** *adj.* tous les
quarts d'heure.

viertens ['fi:rtəns] *adv.* quatrièmement; en quatrième lieu.

Vier'vierteltakt ♪ *m* (mesure *f* à)
quatre-quatre *m*.

vierzehn ['firtse:n] *a/n. c.* quatorze; ~
Tage quinze jours *m/pl.*; *etwa* ~ *Tage*
une quinzaine; ~**tägig** *adj.* de quinze
jours; ~**te** *a/n. o.* quatorzième; *der*
(*den, am*) ~(*n*) (14.) *Juli* le quatorze
(14) juillet; *Ludwig XIV. (der Vierzehnte)* Louis XIV (quatorze); &**tel** *n*
(7) quatorzième *m*.

Vierzeiler *m* quatrain *m*.

vierzig ['firtsiç] *a/n. c.* quarante; *etwa*
~ une quarantaine; &**er(in** *f*) *m* (7)
quadragénaire *m, f*; ~**ste** *a/n. o.* quarantième; &**stel** *n* (7) quarantième *m*.

Vikar [vi'ka:r] *m* (3[1]) vicaire *m*.

Villa ['vila] *f* (9[1]) villa *f*.

Villenkolonie *f* quartier *m* de villas.

Viola [vi'o:la] *f* ♪ (9[1]) viole *f*.

violett [vio'lɛt] *adj.* violet; violacé.

Violin|e [vio'li:nə] *f* (15) violon *m*;
~**ist(in** *f*) [~i'nist] *m* violoniste *m, f*;
~**konzert** *n* concerto *m* pour violon;
(*e-s Solisten*) récital *m* de violon;
~**schlüssel** *m* clef *f* de sol.

Violoncello [violɔn'tʃɛlo] *n* (11) violoncelle *m*.

Viper ['vi:pər] *f* (15) vipère *f*.

virtuos [virtu'o:s] **1.** *adj.* qui fait
preuve de virtuosité (*od.* de maître);

2. *adv.* avec virtuosité; **2e** [~'lo:zə] *m* (13) virtuose *m*; **2i'tät** *f* virtuosité *f*.

Virus ['vi:rus] *n*, F *m* (16²) virus *m*; **~krankheit** *f* virose *f*.

Visage P *péj.* [vi'za:ʒə] *f* (15) bouille *f*; e-e dreckige ~ haben avoir une sale gueule.

Visier [vi'zi:r] *n* (3¹) (*am Helm*) visière *f*; (*am Gewehr*) 'hausse *f*; **2en 1.** *v/t.* Paß: viser; (*messend*) ajuster; *Hohlmaße*: jauger; **2.** *v/i.* (*zielen*) viser (*nach* à).

Vision [vi'zjo:n] *f* vision *f*; **2är** [~o-'nɛ:r] *adj.* visionnaire.

Visite [vi'zi:tə] *f* (15) visite *f*; **~nkarte** *f* carte *f* (de visite).

Visum ['vi:zum] *n* (9² *u.* 11) visa *m*.

Vitamin [vita'mi:n] *n* (3¹) vitamine *f*; **2-arm** *adj.* pauvre en vitamines; **~mangel** *m* carence *f* de vitamines; **2reich** *adj.* riche en vitamines.

Vitaparcours *m schweiz.* = Trimm-dich-Pfad.

Vitriol [vitri'o:l] *n* (3¹) vitriol *m*.

vivat ['vi:vat] *int.* ~ ...! vive ...!; **2.** *2 n* vivat *m*.

Vize|kanzler ['fi:tsə-] *m* vice-chancelier *m*; **~präsident** *m* vice-président *m*.

Vlies [fli:s] *n* (4) toison *f*; *das Goldene* ~ la Toison d'or.

Vogel ['fo:gəl] *m* (7¹) oiseau *m*; *fig.* den ~ abschießen décrocher la timbale; *fig.* F e-n ~ haben être piqué, avoir le cerveau fêlé; **2en 1.** *v/t.* (*d'oiseau*); **~beerbaum** *m* sorbier *m*; **~beere** *f* sorbe *f*; **~fang** *m* oisellerie *f*; **~fänger** *m* oiseleur *m*; **2frei** *adj.* 'hors la loi (*erklären für* mettre); **~futter** *n* mangeaille *f* pour les oiseaux; **~händler** *m* oiselier *m*; **~haus** *n* volière *f*; **~kirsche** ♀ *f* merise *f*; (*Baum*) merisier *m*; **~kunde** *f* ornithologie *f*; **~leim** *m* glu *f*.

vögeln V ['fø:gəln] *v/i.* faire l'amour; V baiser.

Vogel|nest *n* nid *m* d'oiseau; **~perspektive** *f*, **~schau** *f*: aus der ~ à vol d'oiseau; **~scheuche** *f* épouvantail *m*; **~schmutz** *m* fiente *f*; **~steller** *m* (7) oiseleur *m*; **~-Strauß-Politik** *f* politique *f* d'autruche; **~warte** *f* station *f* ornithologique; **~zucht** *f* oisellerie *f*; aviculture *f*; **~zug** *m* migration *f* d'oiseaux.

Vöglein ['fø:glaın] *n* (7) petit oiseau *m*.

Vogt [fo:kt] *m* (3³) bailli *m*, prévôt *m*.

Vokab|el [vo'ka:bəl] *f* (15) mot *m*; vocable *m*; **~elschatz** *m*, **~ular** *n* (3¹) *n* vocabulaire *m*.

Vokal [vo'ka:l] *m* (3¹) voyelle *f*; **2isch** *adj.* vocal; **~musik** *f* musique *f* vocale.

Volk [fɔlk] *n* (1²) peuple *m*; (*die Bewohner e-s Landes*) nation *f*; *das gemeine* ~ la populace; la plèbe; (*Leute*) gens *m/pl.*; bande *f*; (*Rebhühner2*) compagnie *f*; (*Bienen2*) colonie *f*.

Völker|bund ['fœlkər-] *m* Société *f* des Nations; **~friede** *m* paix *f* internationale (*od.* entre les peuples); **~kunde** *f* ethnologie *f*; **~kundler** *m* ethnologue *m*; **2kundlich** *adj.* ethnologique; **~recht** *n* droit *m* international (*od.* des gens); **2rechtlich** *adj.* de droit international; **~schaft** *f* peuplade *f*; **~verständigung** *f* entente *f* (*od.* rapprochement *m*) des peuples; **~wanderung** *f* migration *f* des peuples.

völkisch *adj.* national, racial.

volkreich *adj.* populeux.

Volks|-abstimmung *f* référendum *m*, plébiscite *m*; **~aufstand** *m* soulèvement *m* populaire; insurrection *f*; **~ausgabe** *f* édition *f* populaire; **~befragung** *f*, **~begehren** *n* plébiscite *m*; **~bildung** *f* éducation *f* populaire; **~buch** *n* livre *m* populaire; (*Sagenbuch*) recueil *m* de légendes populaires; **~bücherei** *f* bibliothèque *f* populaire; **~charakter** *m* caractère *n* national; **~demokratie** *f* démocratie *f* populaire; **~dichtung** *f* poésie *f* populaire; **2-eigen** *adj.* nationalisé; **~einkommen** *n* revenu *m* national; **~entscheid** *m* = Volksabstimmung; **~erhebung** *f* = Volksaufstand; **~feind** *m* ennemi *m* du peuple; **~fest** *n* fête *f* populaire (*od.* nationale); **~freund** *m* ami *m* du peuple; **~front** *f* front *m* populaire; **~gemeinschaft** *f* nation *f*; **~genosse** *m*, **~genossin** *f* concitoyen(ne *f*) *m*, compatriote *m* *f*; **~gunst** *f* popularité *f*; **~herrschaft** *f* démocratie *f*; **~hochschule** *f* université *f* populaire; **~küche** *f* soupes *f/pl.* populaires; **~kunde** *f* folklore *m*; **2kundlich** *adj.* folklorique; **~lied** *n* chanson *f* populaire; **~märchen** *n* conte *m* populaire; **~meinung** *f* opinion *f* publique; **~menge** *f* foule *f*, multitude *f*; **~mund** *m*: im ~ dans le langage populaire; **~partei** *f* parti *m* populaire; **~polizei** f police f populaire; **~redner** m orateur m populaire; **~republik** f république f populaire; **~sage** f légende f populaire; **~schicht** f couche f sociale; classe f; **~schule** f école f primaire; **~schullehrer(in** f) m instituteur m, -trice f; **~schul-unterrricht** m, **~schulwesen** n enseignement m primaire; **~sprache** f langue f vulgaire; langage m populaire; **~stamm** m tribu f; race f; **~stimme** f voix f publique (od. du peuple); **~tanz** m danse f folklorique; **~tracht** f costume m national; **~tum** n nationalité f; **2~tümlich** ['~ty:mliç] adj. populaire; (dem Volkstum gemäß) national; **~tümlichkeit** f popularité f; (Volkseigenart) caractère m national; **~versammlung** f réunion f populaire; assemblée f nationale; **~vertreter** m représentant m du peuple; député m; **~vertretung** f représentation f nationale; les députés m/pl.; **~wirt** m économiste m; **~wirtschaft** f économie f politique; **2~wirtschaftlich** adj. politicoéconomique; **~wohl** n bien m public; **~zählung** f recensement m de la population.

voll [fɔl] 1. adj. plein; (gefüllt) rempli; (ganz ~) comble; (~ständig) entier; complet; (Körperformen) arrondi; potelé; (satt) P gorgé; (betrunken) P soûl; ~ Wasser plein d'eau; ~e 8 Tage 'huit jours bien comptés; ein ~es Jahr lang toute une année; die ~e Summe la somme entière; die ~e Wahrheit toute la vérité; aus ~em Herzen du fond du cœur; aus ~er Brust à gorge déployée; in ~en Zügen à longs traits; im ~en Sinne des Wortes dans toute la force du terme; mit ~n Händen à pleines mains; mit ~em Recht à juste titre; mit ~er Stimme à pleine voix; aus dem ~en wirtschaften (schöpfen) dépenser (puiser) largement; ins ~e greifen ne pas ménager; 2. adv.: ~ und ganz entièrement; pleinement; ~ schlagen (Uhr) sonner l'heure; j-m den Buckel ~ hauen rouer q. de coups; nicht für ~ nehmen ne pas prendre au sérieux.

voll['~auf adv. largement; en abondance; **~automatisch** adj. entièrement automatique; **2bad** n grand bain m; **2bart** m grande barbe f; e-n ~ tragen porter toute sa barbe; **~berechtigt** adj. qui a pleinement droit

(à); **2beschäftigung** f plein emploi m; **2besitz** m: im ~ en pleine possession; **2blut** n (Pferd) pur sang m; **~blütig** adj. ♂ pléthorique; fig. plein de vitalité.

voll|**bringen** v/t. accomplir; achever; es ist vollbracht! tout est accompli!

voll|**busig** ['fɔlbu:ziç] adj. à forte poitrine, à sein rebondi; **2dampf** m: mit ~ à toute vapeur.

vollend|**en** [fɔl'ʔɛndən] v/t. achever, accomplir, terminer; **~et** p.p. adj.: achevé, accompli; (vollkommen) parfait; (zeitlich) révolu; ~e Tatsache fait m accompli; **~s** ['fɔlɛnts] adv. tout à fait; entièrement; das hat ihn ~ zugrunde gerichtet cela a achevé de le ruiner; **2ung** f achèvement m, accomplissement m; (Vollkommenheit) perfection f.

Völlerei [fœlə'raɪ] f (16) intempérance f, bombance f.

Volleyball ['vɔli-] m volley-ball m.

voll|**führen** v/t. exécuter.

Voll|**gas** n: ~ geben rouler à pleins gaz; **~genuß** m pleine jouissance f; **2gepfropft** p.p. adj. bondé; comble; bourré; **2gießen** v/t. remplir (mit de); **2gültig** adj. qui a la valeur requise; (Beweis) irrécusable; **~gummireifen** m bandage m plein.

völlig ['fœliç] 1. adj. plein; (vollständig) complet; 2. adv. (ganz und gar) tout à fait.

volljährig adj. majeur; **2keit** f majorité f.

Vollkaskoversicherung ['fɔlkasko-] f assurance f tous risques.

voll|**kommen** 1. adj. parfait; 2. adv. = völlig 2; **2heit** f perfection f.

Voll|**kornbrot** n pain m complet; **2machen** v/t. remplir (mit de); Maß: combler; Summe: compléter; um das Unglück vollzumachen pour comble de malheur; **~macht** f plein pouvoir m; (gerichtliche) procuration f; fig. unbeschränkte ~ carte f blanche; **~machtgeber** m mandant m; **~milch** f lait m non écrémé; **~mitglied** n membre m de plein droit (od. à part entière); **~mond** m pleine lune f; wir haben ~, es ist ~ la lune est dans son plein, nous sommes à la pleine lune; **~pension** f pension f complète; **2pfropfen** v/t. bourrer (mit de); **2schenken** v/t. remplir (jusqu'au bord) (mit de); **2schlank** adj. ronde-

let, potelé; **~sitzung** f séance f plénière; **2ständig 1.** adj. complet; entier; (*unversehrt*) intégral; **2.** adv.: ~
machen compléter; **2ständigkeit** f
complet m; (*Unversehrtheit*) intégrité f; **2stopfen** v/t. bourrer (*mit* de).

voll'streck|bar adj. exécutoire; **~en**
v/t. exécuter; **2er** m exécuteur m;
2ung f exécution f; **2ungsbeam-
te(r)** m huissier m; **2ungsbefehl** m
exécutoire m.

voll|tönend p.pr. adjt. sonore; **2tref-
fer** m coup m au but; **~trinken** v/rfl.:
sich ~ se soûler; **2versammlung** f
assemblée f plénière; **2waise** f or-
phelin(e f) m de père et de mère;
~wertig adj. qui a toute sa valeur;
~zählig adj. complet; ~ sein être au
complet; **2ziehen** v/t. exécuter; effectuer; *Vertrag*: ratifier; **~de Gewalt**
pouvoir m exécutif; **2ziehung** f,
2'zug m exécution f; (*Vertrags2*) ra-
tification f; **2zugsmeldung** f
compte m rendu d'exécution.

Volontär [volɔn'tɛːr] m (3¹) stagiaire
m.

Volt [vɔlt] n (3 u. inv.) volt m; **~meter**
n voltmètre m.

Volum|en [vo'luːmən] n (6) volume
m; **2i'nös** adj. volumineux; (*sperrig*)
encombrant.

von [fɔn] prp. (dat.) **a)** örtlich: de; ~
Paris kommen venir de Paris; *ich
komme ~ m-m Vater* je viens de chez
mon père; ~ *Berlin bis Paris* de Berlin
à Paris; ~ *oben* (*unten*) d'en 'haut
(bas); ~ *unten nach oben* de bas en
'haut; ~ *Stadt zu Stadt* de ville en
ville; ~ *der Seite* de côté; ~ *hinten*
(*vorne*) par derrière (devant); **b)** *zeitlich*: de; à partir de; depuis; dès; ~
Montag bis Freitag de lundi à vendredi; ~ *früh bis spät* du matin au soir;
depuis le matin jusqu'au soir; ~ *Zeit
zu Zeit* de temps en temps, de temps
à autre; ~ *neuem* (od. à) nouveau; ~
heute an à partir d'aujourd'hui; ~ *nun
an* désormais, dorénavant; ~ *da an*
depuis (od. dès) lors; ~ *Jugend auf* dès
l'enfance; **c)** *Ursprung*: de; par; *ein
Gedicht ~ ...* un poème de (od. par) ...;
d) *Ursache*: par, de; ~ *Gottes Gnaden*
par la grâce de Dieu, (*Königtum*) de
droit divin; **e)** *Stoff*, aus dem etw.
gemacht ist: de, en; e-e Uhr ~ *Gold* une
montre d'(od. en) or; **f)** *Eigenschaft*,
Maß: de; klein ~ *Gestalt* de petite
taille; ein Kind ~ 5 Jahren un enfant de

cinq ans; **g)** *Teil*: de; ein Stück ~
diesem Brot un morceau de ce pain;
e-r ~ uns l'un de (od. d'entre) nous;
h) *statt* gén.: de; König ~ *Schweden* roi
m de Suède; ein Freund ~ mir un de
mes amis; un ami à moi; **i)** (*von
seiten*) de la part de; das ist schön ~ dir
c'est bien de ta part; **j)** *Adelsbezeich-
nung*: de; Frau ~ *Staël* Madame de
Staël; **~ei'nander** adv. l'un de l'autre; **~'nöten** adv.: ~ sein être nécessaire; **~statten** [fɔn'ʃtatən] adv.: ~
gehen avancer; marcher.

vor [foːr] **1.** prp. (dat. resp. acc.) **a)**
örtlich: devant; ~ *der Tür* devant la
porte; **b)** zeitlich: avant; ~ *der Abreise*
avant le départ; ~ 8 (schon vergange-
nen) *Tagen* il y a 'huit jours, ~ (*Ablauf
von*) 8 *Tagen* avant 'huit jours; ~
Zeiten au temps jadis; **c)** *Rang*:
avant; ~ *allem* avant tout (od. toute
chose); **d)** *Ursache*: de; ~ *Freude* de
joie; **e)** (*für*) pour; aus Achtung ~ par
respect pour; **2.** adv.: ~! avancez!;
nach wie ~ après comme avant; **~ab**
[~'²ap] adv. avant tout; **2-abend** m
veille f; **2-ahnung** f pressentiment
m.

voran [fo'ran] adv. à la tête, en tête,
en avant; **~gehen** v/i. (sn) passer
devant, marcher à la tête (de), prendre les devants; j-m ~ précéder q.;
devancer q.; gehen Sie voran! passez
(devant); après vous; (*übertreffen*)
primer; **~kommen** v/i. (sn) avancer; **~laufen** v/i. (sn) courir en tête,
prendre les devants; j-m ~ courir
devant q.; précéder q.

Vor-|anmeldung f préavis m; **~an-
schlag** m évaluation f; bsd. Arch.
devis m.

vo'ran|schreiten v/i. (sn) marcher à
la tête (de); (*Arbeit*) avancer; **~stel-
len** v/t. mettre devant (od. en tête);
~treiben v/t. (faire) avancer, accélé-
rer, pousser.

Vor-anzeige f avis m préalable.

Vor-arbeit f travail m préparatoire;
(*Entwurf*) ébauche f; **2en 1.** v/t.: e-n
(freien) *Tag* ~ remplacer d'avance un
jour de congé; **2.** v/i. faire les travaux
préparatoires; **~er** m contremaître m.

vorauf [fo'rauf] adv. = voran, voraus.

voraus [fo'raus] adv. en avant; im ~
d'avance; par avance; à l'avance; ~
sein être en avance (sur); devancer;
2-abteilung f détachement m avancé; **~ahnen** v/t. pressentir; **~be-**

stimmen v/t. destiner à l'avance; ~**bezahlen** v/t. payer d'avance; ℒ**bezahlung** f paiement m d'avance; ~**eilen**, ~**fahren**, ~**gehen** v/i. (sn) passer devant; prendre les devants; j-m ~ précéder q.; ~**haben** v/t.: vor j-m etw. ~ avoir un avantage sur q.; l'emporter sur q. par qch.; ~**planen** v/i. faire des projets d'avance; ℒ**sage** f prédiction f; pronostic m; ~**sagen** v/t. prédire; ~**schauen** v/t. u. v/i. prévoir; ~**schauend** p.pr. adjt. prévoyant; ~**schicken** v/t. envoyer d'avance; j-n ~ faire prendre les devants à q.; e-e Bemerkung ~ faire une remarque préalable; ~**sehen** v/t. prévoir; ~**setzen** v/t. supposer; (vermuten) présumer; ℒ**setzung** f supposition f; ℒ**sicht** f prévision f; prévoyance f; ~**sichtlich** adj. probable; ℒ**zahlung** f paiement m d'avance.

Vorbau m partie f saillante; avant-corps m; ℒ**en** v/t. bâtir en saillie; fig. e-r Sache (dat.) ~ obvier à qch.; prévenir qch.

Vorbe|dacht m (3) préméditation f; mit ~ à propos délibéré; ~**deutung** f présage m; gute ~ bon augure m; ℒ**dingung** f condition f préalable. **Vorbehalt** m (3) réserve f; restriction f; mit ~ sous réserve; ohne ~ sans réserve; purement et simplement; ℒ**en** v/rfl.: sich ~ zu ... (inf.) se réserver de ... (inf.); ℒ**lich** prp. (gén.) sauf; à la réserve de; ℒ**los** adj. sans réserve.

vorbei [~'baɪ] adv. (örtlich) devant; (zeitlich) passé; fini; (gefehlt) manqué; (daneben) à côté; ~**fahren**, ~**gehen** v/i. (sn) passer (an dat. devant); im ℒ en passant; ~**kommen** v/i. (sn) passer (an dat. devant; bei j-m chez q.); ~**lassen** v/t. laisser passer; ℒ**marsch** ✕ m défilé m; ~**marschieren** ✕ v/i. (sn) défiler (an dat. devant); ~**reden** v/i.: an-ea. ~ parler sans s'entendre; ~**schießen** v/i. manquer le but; (eilen) passer comme un trait (an dat. devant); ~**ziehen** v/i. (sn) passer (an dat. devant).

Vorbemerkung f remarque f préalable; observation f préliminaire; (in e-m Buch) avertissement m; avant-propos m.

vorbereit|en v/t. (v/rfl. sich ~ se) préparer (auf acc. à); Überraschung: ménager; auf alles vorbereitet sein être prêt à tout; ~**end** p.pr. adjt.

prépatatoire; ℒ**ung** f préparation f (auf acc. à); ~**en treffen** faire des préparatifs (zu de).

Vorbesprechung f conférence f préparatoire.

vorbestell|en v/t. commander d'avance, retenir; ℒ**ung** f commande f préalable; (v. Kinoplätzen usw.) location f, réservation f (a. v. Zimmern).

vorbestraft adj.: ~ sein avoir un casier judiciaire; ℒ**e(r)** m f, m récidiviste m, f; repris m de justice.

vorbeug|en 1. v/rfl.: sich ~ se pencher en avant; **2.** v/i.: e-r Sache (dat.) ~ obvier à qch.; prévenir qch.; ~**end** p.pr. adjt. préventif; ℒ**prophylactique**; ℒ**ung** f (Verhinderung) empêchement m; précautions f/pl.; ✗ prophylaxie f; ℒ**ungsmaßnahme** f mesure f préventive (✗ prophylactique); ℒ**ungsmittel** n préservatif m; ✗ remède m prophylactique.

Vorbild n modèle m; (Urbild) (proto-)type m; idéal m; zum ~ nehmen prendre pour modèle; nach dem ~ von à l'exemple de; ℒ**lich** adj. modèle; exemplaire; ℒ**ung** f éducation f préparatoire; (Vorbereitung) préparation f.

vor|binden v/t. Schürze usw.: mettre; ~**bohren** v/t. amorcer; ℒ**bote** m avant-coureur m; (Vorzeichen) présage m; signe m précurseur; ✗ prodrome m; ~**bringen** v/t. mettre en avant; (aussprechen) dire; (behaupten) avancer; (anführen) alléguer; (zur Sprache bringen) mettre sur le tapis; Beweise: produire; ℒ**bühne** thé. f avant-scène f; ~**christlich** adj. avant Jésus-Christ; ℒ**dach** n avant-toit m; ~**datieren** v/t. antidater; ~**dem** adv. autrefois.

Vorder|achse f essieu m avant; ~**ansicht** f vue f de face; ~**bein** n jambe f (resp. patte f) de devant.

vorder|e ['fordər(ə)] adj. de devant; (vorherig) antérieur; die ~**en Reihen** les premiers rangs m/pl.; der ℒ**e Orient** le proche Orient.

Vorder|fuß m pied m (resp. patte f) de devant; ~**grund** m devant m; thé. premier plan m; im ~ au premier plan. **vorder|hand** adv. pour le moment.

Vorder|haus n devant m (d'une maison); ~**lader** m arme f se chargeant par la bouche; ~**lastig** adj. lourd de l'avant; ~**mann** m homme m qui précède; ✕ chef m de file; fig. F j-n auf ~ bringen mettre q. au pas; ~**pfote** f patte f de devant; **~rad** n roue f avant; **~rad-antrieb** m traction f avant; **~radbremse** f frein m avant; **~seite** f Arch. façade f; front m; devant m; typ. recto m, auf der ~ au recto; **~sitz** m siège m avant; **2st** adj.: der ~e le premier; celui qui est en tête; **~teil** m u. n devant m; ♣ avant m; proue f; **~tür** f porte f de devant.

vordräng|en v/rfl.: sich ~ se pousser en avant, jouer des coudes; fig. se mettre en avant.

vordring|en v/i. (sn) (s')avancer; ⚔ gagner du terrain; en attendant; **~lich** adj. qui a la priorité.

Vor|druck m formulaire m; typ. impression f avant la lettre; **2-ehelich** adj. prénuptial.

vor-eilig adj. trop prompt, précipité; (unbedacht) inconsidéré, étourdi.

vor-eingenommen adj. prévenu (für pour; gegen contre); **2heit** f prévention f; parti m pris.

vor-enthalt|en v/t.: j-m etw. ~ retenir (injustement) qch. à q.; priver q. de qch.; j-m die Wahrheit ~ cacher la vérité à q.; **2ung** f retenue f; ⚖ détention f.

Vor|-entscheidung f décision f préalable; Sp. demi-finale f; **2-erst** adv. (zunächst) d'abord; (vor allem) avant tout; (einstweilen) en attendant; jusqu'à nouvel ordre; **2-erwähnt** p.p. adjt. susdit; précité; mentionné ci-dessus; **~fahr** m (12) prédécesseur m; **~en** pl. ancêtres m/pl.

vorfahr|en v/i. (sn) avancer; bei j-m ~ faire arrêter sa voiture à la porte de q.; **2t** f, **2tsrecht** n priorité f; **2tsstraße** f route f à priorité.

Vorfall m occurrence f; (Begebenheit) événement m; (Fall) cas m; (Zwischenfall) incident m; (Unfall) accident m; ⚕ prolapsus m; **2en** v/i. (sn) arriver; se passer; (plötzlich) survenir; ⚕ se déplacer.

Vor|feier f veille f d'une fête; prélude m d'une fête; **~feld** ⚔ n glacis m; avancées f/pl. (d'une position) **2finden** v/t. trouver (à l'arrivée); **2flunkern** v/t. F: j-m etw. ~ en conter à q.; **~frage** f question f préalable; **~freude** f joie f anticipée.

Vorführ|dame f mannequin m; **2en** v/t. mener en avant; faire avancer; (zeigen) présenter; thé. représenter; Film: projeter; Platten: faire entendre; Zeugen: produire; j-n dem Rich-

ter ~ amener q. devant le juge; **~er** m (7) (Film2) opérateur m; **~raum** m salle f de démonstration; (Film2) salle (od. cabine) f de projection; **~ung** f présentation f; thé. représentation f; (Film2) projection f; (Platten2) audition f; (Zeugen2) production f.

Vor|gabe f (Behauptung) assertion f; Sp. 'handicap m; **~gang** m (cours m d'un) événement m; ⊕, ↗, ⚙ processus m; (Natur2) phénomène m; **~gänger** m devancier m; (im Amt usw.) prédécesseur m; **~garten** m jardin m devant la maison; **2geben** v/t. (behaupten) prétendre; (erheucheln) feindre; Sp. 'handicaper; Punkte im Spiel: rendre des points; **~gebirge** n cap m; promontoire m; **2gefaßt** p.p. adjt. préconçu; ~e Meinung a. préjugé m; **2gefühl** n pressentiment m; **2gehen** v/i. (sn) (vorausgehen) prendre les devants; (den Vorrang haben) passer le premier; avoir le pas (sur); (vorwärts gehen) avancer (a. Uhr); (auf ein Ziel) marcher (sur); (geschehen) se passer; gegen j-n ~ intenter une action contre q.; die Arbeit geht vor! le travail d'abord!; **~gehen** n (Handlungsweise) procédé m; **2genannt** p.p. adjt. = vorerwähnt; **~gericht** n entrée f, 'hors-d'œuvre m; **2gerückt** p.p. adjt. avancé; **~geschichte** f préhistoire f; (e-r Angelegenheit) antécédents m/pl.; **2geschichtlich** adj. préhistorique; **~geschmack** m avant-goût m; **2geschritten** p.p. adjt. avancé; **2gesehen** p.p. adjt. prévu; ~! attention!; **2gesetzte(r)** m supérieur m; chef m.

vorgestern adv. avant-hier; **~rig** adj. d'avant-hier.

vor|greifen v/i.: auf etw. ~ anticiper sur qch.; j-m ~ (zuvorkommen) prévenir les intentions de q.; **2griff** m anticipation f; **2haben** v/t. Schürze usw.: porter; fig. avoir en vue; projeter; etw. ~ (für den Abend usw.) être pris (od. retenu); **2haben** n projet m; dessein m; **2halle** f thé. foyer m, vestibule m; (e-r Kirche) porche m.

vorhalt|en 1. v/t. (vor etw. halten) tenir devant; j-m etw. ~ remontrer (od. reprocher) qch. à q.; 2. v/i. (ausreichen) suffire; **2ung** f remontrance f, reproche m.

Vorhand f (des Pferdes) avant-main

m; *Sp.* coup *m* droit; (*beim Karten-spiel*) die ~ haben avoir la main.
vor'handen *adj.* existant; (*gegenwär-tig*) présent; (*verfügbar*) disponible; ~ sein *a.* exister; **2sein** *n* existence *f*; présence *f*.
Vorhang *m* rideau *m* (*a. thé.*); store *m*; (*Tür2*) portière *f*.
Vorhängeschloß *n* cadenas *m*.
Vorhangschiene *f* glissière *f*.
Vorhaut *anat. f* prépuce *m*.
vor'her *adv.* auparavant; (*im voraus*) d'avance; (*vorgängig*) au préalable; préalablement; *Tag* ~ veille *f*; *am Abend* ~ la veille au soir; **~bestim-men** *v/t.* déterminer d'avance; *rl.* prédestiner; **2bestimmung** *rl. f* prédestination *f*; **~gehen** *v/i.* (sn): *e-r Sache* (*dat.*) ~ précéder qch.; **~gehend** *p.pr. adjt.* précédent; anté-cédent; antérieur.
vor'herig *adj.* précédent; (*ehemalig*) ancien.
Vorherr|schaft *f* prédominance *f*; *pol.* hégémonie *f*; **2schen** *v/i.* prédo-miner.
Vor'her|sage *f* prédiction *f*; (*Wet-ter2*) prévision *f*, pronostics *m/pl.*; **2sagen** *v/t.* prédire; **2sehen** *v/t.* pré-voir.
vor'hin *adv.* tantôt; (*eben erst*) tout à l'heure; **2hof** *m* cour *f* d'entrée; avant-cour *f*; (*e-r Kirche*) parvis *m*; **2hut** *f* avant-garde *f*.
vorig *adj.* antérieur, précédent; (*ver-gangen*) passé, dernier.
Vor|jahr *n* année *f* précédente; **2jäh-rig** *adj.* de l'année passée (*od.* précé-dente); **~kammer** *f* (*des Herzens*) oreillette *f*; **~kämpfer** *fig. m* cham-pion *m*; pionnier *m*; **2kauen** *v/t.*: *j-m etw.* ~ mâcher qch. à q. (*a. fig.* F); **~kauf** *t2 m* préemption *f*; **~kaufs-recht** *n* droit *m* de préemption; **~kehrung** *f* mesure *f* (*treffen* pren-dre); disposition *f*; préparatifs *m/pl.* (*treffen* faire); **~kenntnisse** *f/pl.* connaissances *f/pl.* préliminaires, notions *f/pl.* (*préalables*); **2knöpfen** F *v/t.*: *sich j-n* ~ passer un savon à q.
vorkommen 1. *v/i.* (sn) (*sich ereig-nen*) arriver, se passer; (*erscheinen*) sembler, paraître; (*sich finden*) se trouver, (*Pflanzen a.*) habiter; (*her-austreten*) sortir (*de*); *v/rfl.*: *sich* ~ *wie* se croire (*acc.*); 3. **2** *n* min. pré-sence *f*; ⚕ habitat *m*; ⚒ gisement *m*.
Vor|kommnis ['l-kɔmnis] *n* (4[1]) évé-

nement *m*; (*Fall*) cas *m*; **~kriegszeit** *f* (époque *f* d')avant-guerre *m* (*od. f*); **2laden** *t2 v/t.* citer; assigner; **~la-dung** *t2 f* citation *f*; assignation *f*; **~lage** *f* (*Muster*) modèle *m*; (*Geset-zes2*) projet *m* de loi; (*e-r Urkunde*) présentation *f*; *Sp.* service *m*; *bei* (*gegen*) ~ sur (contre) présentation; **2lassen** *v/t.* laisser avancer; *j-n* ~ (*empfangen*) laisser entrer q.; rece-voir q.; **~läufer** *m* précurseur *m*; **2läufig** 1. *adj.* provisoire; 2. *adv.* (*fürs erste*) pour le moment; en atten-dant; **2laut** *adj.* qui parle avant son tour; peu discret; **~leben** *n* vie *f* antérieure; *t2* antécédents *m/pl.*
Vorlege|messer *n* couteau *m* à dé-couper; **2n** *v/t.* mettre (*od.* placer) devant; (*darreichen*) présenter; (*zei-gen*) montrer; (*unterbreiten*) soumet-tre; *Urkunde usw.*: produire, exhi-ber; *Schloß*: mettre; *Speisen*: servir; *ein tolles Tempo* ~ mener un train d'enfer; **~r** *m* (7) (*Bett2*) descente *f* de lit; **~schloß** *n* cadenas *m*.
vorlesen *v/t.*: *j-m etw.* ~ lire qch. à q.; **2ung** *f* cours *m* (*halten* faire; *hören* suivre); **2ungsverzeichnis** *n* pro-gramme *m* des cours.
vor'letzt *adj.* avant-dernier; **2liebe** *f* préférence *f* (*für* pour); prédilection *f*; *mit* ~ de préférence; **~liebneh-men** *v/i.* se contenter (*mit* de).
vorliegen *v/i.* être sous les yeux (de); être à l'examen (de); *es liegt nichts vor* il n'y a rien; *es liegt nichts gegen ihn vor* on n'a rien à lui reprocher; **~d** *p.pr. adjt.* présent; *im ~en Fall* en l'occurence, en l'espèce.
vor'lügen *v/t.*: *j-m etw.* ~ dire des mensonges à q.; **~machen** *v/t.*: *j-m etw.* ~ montrer à q. comment on s'y prend, (*um ihn zu täuschen*) en conter à q.; **2machtstellung** *f* hégémonie *f*; **~malig** *adj.* ancien; d'autrefois; **~mals** *adv.* autrefois; jadis; **2-marsch** *m* marche *f* en avant; **~merken** *v/t.* prendre note (*de*); *Da-tum, Platz*: retenir; **2mittag** *m* ma-tin *m*; (*~zeit*) matinée *f*; *am* ~ = **~mittags** *adv.* dans la matinée.
Vormund *m* tuteur *m*; (*v. Erwachse-nen*) curateur *m*; **~schaft** *f* tutelle *f*; (*v. Erwachsenen*) curatelle *f*; *unter ~ stehen* (*stellen*) être (mettre) en tu-telle (*Erwachsene*: en curatelle); **~schaftsgericht** *n* chambre *f* des tutelles.

vorn(e) ['fɔrn(ə)] *adv.* devant; von ~ par devant; de front; de (*od.* en) face; von ~ bis hinten d'un bout à l'autre; ~ sitzen être au premier rang; ~ *im Buch* en tête du livre; *nach* ~ *wohnen* loger sur le devant; *nach* ~ *liegen* (*Räume*) donner sur la rue; von ~ (*von neuem*) *anfangen* commencer de nouveau, recommencer dès le début.

Vorname ['fo:r-] *m* prénom *m.*

vornan ['fɔrn'¹ɑn] *adv.* en tête.

vornehm ['fo:rne:m] *adj.* distingué; de qualité; (*elegant*) élégant; (*edel*) noble; ~ *tun* jouer au grand seigneur (à la grande dame); ~**en** *v/t.* Bücher *usw.*: sortir; etw. ~ entreprendre qch.; *Veränderung*: faire; *Nachprüfung*: procéder à; *sich etw.* ~ se proposer de faire qch.; *projeter* q.; *sich j-n* ~ (*tadeln*) reprendre q., (*prüfen*) examiner q.; ~**heit** *f* distinction *f*; élégance *f*; (*der Gesinnung*) noblesse *f*; ~**lich** ['~ne:m-] *adv.* surtout; particulièrement.

vorn|he|rein *adv.*: von ~ de prime abord; tout d'abord; ~'-**über** *adv.* la tête en avant.

Vor-ort *m* banlieue *f*; ~**zug** *m* train *m* de banlieue.

Vor|platz *m* esplanade *f*; ~**posten** *m* avant-poste *m*; ~**prüfung** *f* examen *m* préalable; ~**rang** *m* prééminence *f*; préséance *f*; (*bsd. zeitlich*) priorité *f*; j-m den ~ *lassen* céder le pas à q.; j-n mit ~ *abfertigen* accorder à q. le tour de faveur; *östr.* = *Vorfahrt*; 2**rangig** *I. adj.* prioritaire; *2. adv.* en premier lieu, en priorité; ~**rat** *m* (3³) provision *f*; 🕆 stock *m*; sich e-n ~ von etw. anlegen faire provision de qch., 🕆 stocker qch.

vorrätig ['~rɛːtiç] *adj.* disponible; 🕆 en magasin; en stock; (*Buch*) en vente (*bei chez*).

Vorrats|kammer *f*, ~**raum** *m* chambre *f* à provisions.

Vor|raum *m* antichambre *f*; 2**rechnen** *v/t.*: j-m etw. ~ faire le compte de qch. à q.; ~**recht** *n* privilège *m*; (*ausschließliches*) prérogative *f*.

Vorred|e *f* préface *f*; (*kürzere*) avant-propos *m*; e-e ~ *zu e-m Buch schreiben* préfacer un livre; ~**ner** *m* orateur *m* précédent; *parl.* mein ~ l'orateur *m* qui m'a précédé.

vorricht|en *v/t.* apprêter, préparer; 2**ung** *f* dispositif *m*; appareil *m*; mécanisme *m*; ~**en** *pl.* préparatifs

m/pl. (*treffen* faire, *zu* de).

vor|rücken *1. v/t.* Stuhl, Uhr: avancer; *2. v/i.* (sn) (s')avancer; 2**rücken** *n* (6) avance *f*; avancement *m*; 2**runde** *Sp. f* (épreuve *f*) éliminatoire *f*; 2**sagen** *v/t.* dire pour faire répéter; (*in der Schule*) souffler (j-m à q.); 2**saison** *f* avant-saison *f*; 2**sänger** *m* premier chantre *m.*

Vor|satz *m* projet *m*, dessein *m*; (*Absicht*) intention *f*; (*Entschluß*) résolution *f*; mit ~ = 2**sätzlich** ['~zɛtsliç] *1. adj.* prémédité; *2. adv.* à dessein, de propos délibéré, exprès.

Vorsatzlinse *phot. f* bonnette *f.*

Vor|schau *f* prévision *f*; = Programmvorschau; ~**schein** *m*: zum ~ kommen paraître; se montrer; zum ~ bringen mettre au jour; 2**schieben** *v/t.* pousser en avant; *Riegel*: pousser; (*weiter* ~) avancer; *fig.* se retrancher derrière; (*als Vorwand*) prétexter; *Gründe*: invoquer; 2**schießen** *v/t.* Geld: avancer; ~**schiff** *n* proue *f.*

Vorschlag *m* proposition *f*; (*für ein Amt*) présentation *f* (*für* à); 𝅘𝅥 note *f* d'agrément; *ein* ~ *zur Güte* une tentative de conciliation; 2**en** *v/t.* proposer (*für* pour); (*für ein Amt*) présenter (*für* à); ~**hammer** *m* marteau *m* à devant; ~**sliste** *f* (*für Beförderungen*) tableau *m* d'avancement; (*für Wahlen*) liste *f* des candidats; ~**srecht** *n* droit *m* de présentation.

Vorschlußrunde *Sp. f* demi-finale *f.*

vorschnell *1. adj.* trop prompt; précipité; (*unüberlegt*) inconsidéré; *2. adv. a.* à la légère; à l'étourdie.

vorschreiben *v/t.* tracer un modèle (d'écriture); *fig.* prescrire; *ich lasse mir nichts* ~ je n'ai d'ordres à recevoir de personne.

Vorschrift *f* prescription *f*; (*Verhaltungsbefehle*) instructions *f/pl.*; règlement *m*; ärztliche ~ ordonnance *f*; ~ sein être de rigueur; 2**smäßig** *adj.* conforme aux instructions; 2**swidrig** *adj.* contraire aux instructions (*od.* au règlement).

Vor|schub *m* aide *f*; j-m ~ leisten aider q.; e-r Sache (*dat.*) ~ leisten favoriser qch.; ~**schule** *f* école *f* préparatoire.

Vorschuß *m* avance *f*; ~**lorbeeren** *F pl.*: ~ vergeben louer q. d'avance; 2**weise** *adv.* à titre d'avance; ~**zahlung** *f* paiement *m* anticipé.

vor|schützen *v/t.* prétexter; sein Alter ~ s'excuser sur son âge; ~**schweben**

v/i.: mir schwebt etw. vor j'ai une vague idée de qch.; es schwebt mir vor, zu … (*inf.*) j'ai vaguement l'intention de … (*inf.*); **~schwindeln** *v/t.*: j-m etw. ~ en faire accroire à q.; **~sehen** 1. *v/t.* prévoir; 2. *v/rfl.*: sich ~ prendre garde (vor *dat.* à); **2sehung** *f* providence *f*; (*göttliche*) Providence *f*; **~setzen** *v/t.* (*vor etw. setzen*) placer devant; (*weiter ~*) avancer; (*anbieten*) offrir; *Speisen*: servir.

Vorsicht *f* prévoyance *f*; (*Bedacht-samkeit*) précaution *f*; (*Umsicht*) prudence *f*; circonspection *f*; ~! attention! prenez garde!; **2ig 1.** *adj.* prudent; circonspect; **2.** *adv. a.* avec précaution; **2shalber** *adv.* par mesure de précaution; **~smaßnahme** *f* (mesure *f* de) précaution *f*.

Vor|silbe *gr.* préfixe *m*; **2singen** *v/t.*: j-m etw. ~ chanter qch. à q.; **2intflutlich** F *fig. adj.* antédiluvien.

Vorsitz *m*: unter dem ~ von … sous la présidence de …; bei e-r Versammlung den ~ haben avoir la présidence d'une (*od.* présider une) assemblée; **~ende(r)** *m* président *m*.

Vorsorge *f* prévoyance *f*; soin *m*; ~ treffen, daß … prendre les précautions nécessaires pour que … (*subj.*); **2en** *v/i.* prendre les précautions nécessaires; für etw. ~ pourvoir à qch.; **2lich 1.** *adj.* prévoyant; **2.** *adv.* par précaution.

Vorspann [´~ʃpan] *m* (*-e-s Films*) générique *m*; **2en** *v/t.* (*vor etw. spannen*) tendre devant; *Pferde*: atteler.

Vor|speise *f* entrée *f*, 'hors-d'œuvre *m*; **~spiegelung** *f*: ~ falscher Tatsachen propos (*od.* récit) *m* mensonger; **~spiel** *n* prélude *m*; ouverture *f*; *thé.* prologue *m*; lever *m* de rideau; **2spielen** *v/t.*: j-m etw. ~ jouer qch. à q.; **2sprechen 1.** *v/t.* dire (*resp.* prononcer) pour faire répéter; **2.** *v/i.*: bei j-m ~ se présenter chez q.; **2springen** *v/i.* (sn) sauter en avant; *Arch.* avancer, saillir; **2springend** *p.pr. adjt.* saillant; **~sprung** *m Arch.* saillie *f*, avance *f* (*a. fig. u. Sp.*; vor dat. sur); **~stadt** *f* faubourg *m*.

Vorstand *m* comité *m* de direction; (*e-s Unternehmens*) direction *f*; (*Vorsteher*) directeur *m*; président *m*; **~smitglied** *n* membre *m* d'un comité directeur (*od.* membre de direction).

Vorstecknadel *f* épingle *f*, broche *f*.

vorstehen *v/i. Arch.* avancer, saillir;

e-r Sache (*dat.*) ~ (*leiten*) diriger qch.; être à la tête de qch.; e-m Hause ~ conduire une maison; **~end** *p.pr. adjt.* Arch. saillant; (*vorig*) précédent; das **2e** ce qui précède; im ~en dans ce qui précède; (*weiter oben*) ci-devant; **2er(in** *f*) *m* (7) directeur *m*, -trice *f*; chef *m*; (*Gemeinde2*) maire *m*; **2erdrüse** *f* prostate *f*; **2hund** *m* chien *m* d'arrêt.

vorstellen 1. *v/t.* (*vor etw. stellen*) placer devant; (*weiter ~*) avancer (*a. Uhr*); (*bedeuten*) signifier; etw. ~ représenter (qch. (*a. thé.*); **2.** *v/rfl.*: sich ~ j-m ~ se présenter à q.; sich etw. ~ se représenter qch.; se figurer qch.; s'imaginer qch.; **~ig**: ~ werden adresser une requête (*od.* une réclamation) à q.; **2ung** *f* (*Begriff*) idée *f*; notion *f*; conception *f*; (*e-r Person*) présentation *f*; *thé.* représentation *f*, spectacle *m*; (*Kino2*) séance *f* cinématographique; keine ~! relâche!; **2ungskraft** *f* imagination *f*.

Vorstoß *m* ✕ attaque *f* brusquée; *fig.* essai *m*, tentative *f*; **2en** ✕ *v/i.* (sn) lancer une attaque.

Vor|strafe *f* condamnation *f* antérieure; j-s ~n les antécédents *m/pl.* judiciaires (*m/pl.*); **~strafenregister** *n* (*extrait m de*) casier *m* judiciaire; **2strecken** *v/t.* étendre; avancer (*a. Geld*); **~stufe** *f* premier degré *m*; **~tag** *m* veille *f*; am ~ la veille; **2täuschen** *v/t.* feindre; simuler; j-m etw. ~ donner des illusions à q.

Vorteil *m* (3) avantage *m* (über j-n gewinnen remporter sur q.); (*Gewinn*) profit *m*, bénéfice *m*; im ~ sein avoir l'avantage; j-m zum ~ gereichen être avantageux pour q.; aus etw. ~ ziehen tirer (bon) parti de qch.; auf s-n ~ bedacht sein entendre bien ses intérêts; **2haft 1.** *adj.* avantageux; (*nutzbringend*) profitable; **2.** *adv.* avec profit.

Vortrag [´~traːk] *m* (3³) conférence *f* (halten faire); (*Bericht*) rapport *m*; récit *m*; exposé *m*; (*Abhandlung*) discours *m*; (*e-r Dichtung*) récitation *f*, déclamation *f*; ♪ exécution *f*; (*~sweise*) élocution *f*, diction *f* (*a.* ♪); ✝ ~ auf neue Rechnung solde *m* à reporter; **2en** [´~gən] *v/t.* (*darlegen*) exposer; (*berichten*) rapporter; *Dichtung*: réciter; déclamer; ♪ exécuter; *Lied*: chanter; **~ende(r)** *m* conférencier *m*; (*Darlegender*) rapporteur *m*.

Vortrags|·art f diction f (a. ♪); **~künstler(in** f) m déclamateur m, -trice f; diseur m, -euse f; **~reihe** f cycle m de conférences;

vor'trefflich adj. excellent; (vollkommen) parfait; (auserlesen) exquis.

vor'treiben ⚒ v/t. Stollen: creuser, mener; **~treten** v/i. (sn) (s')avancer; ⚔ sortir des rangs; e-n Schritt ~ faire un pas en avant; **♀tritt** fig. m pas m; préséance f; den ~ vor j-m haben avoir le pas (od. la préséance) sur q.; j-m den ~ lassen céder le pas à q.; **♀trupp** m tête f d'avant-garde.

vo'rüber adv. passé; der Regen ist ~ la pluie a cessé; **~gehen** v/i. (sn) passer (an dat. devant); **~gehend** p.pr. adjt. passager, transitoire; (zeitweilig) temporaire; die ♀en les passants m/pl.; **♀gehende(r)** m passant m; **~ziehen** v/i. (sn) passer (an dat. devant).

Vor·untersuchung ⚖ f instruction f préalable.

Vor·urteil n préjugé m; **♀sfrei**, **♀slos** adj. sans (od. exempt de) préjugés.

Vor'väter m/pl. ancêtres m/pl.; **~verfahren** n procédure f préliminaire; **~vergangenheit** gr. f plus-que-parfait m; passé m antérieur; **~verhandlung** f = Vorverfahren.

Vorverkauf m location f; **~skasse** f bureau m de location.

vor|verlegen v/t. avancer; ⚔ das Feuer ~ allonger le tir; **~vorgestern** adv. il y a trois jours; **~wagen** v/rfl.: sich ~ oser avancer; **♀wahl** f scrutin m éliminatoire; **♀wählnummer** téléph. f numéro m de (pré)sélection; schweiz. indicatif m (interurbain); **♀wand** m prétexte m; (Ausflucht) subterfuge m; **~wärmen** v/t. Teller usw.: réchauffer (préalablement).

vorwärts ['-vɛrts] adv. en avant; ~! a. allons!; ~ gehen marcher (od. aller) en avant; sich ~ bewegen, ~ rücken avancer; **~bringen** v/t. faire avancer; **♀gang** Auto m marche f avant; **~gehen** v/i. (sn) avancer; **~kommen** v/i. (sn) avancer; faire des progrès; (im Leben) faire son chemin.

vorweg [·'vɛk] adv. d'avance; à l'avance; **♀nahme** f anticipation f; prélèvement m; **~nehmen** v/t. anticiper; prélever.

Vorweihnachtszeit f temps m de l'Avent.

vorweisen v/t. montrer; Urkunde usw.: exhiber, produire.

vorweltlich adj. du monde primitif.

vorwerfen v/t. jeter devant; j-m etw. ~ jeter qch. à q., fig. reprocher qch. à q.

vorwiegen v/i. prédominer; **~d 1.** p.pr. adjt. prédominant; prédominant; **2.** p.pr. advt. surtout.

vorwitzig adj. curieux; indiscret.

Vorwort n (3) avant-propos m; préface f; ein ~ zu e-m Buch schreiben préfacer un livre.

Vorwurf m reproche m; j-m etw. zum ~ machen reprocher qch. à q.; **♀svoll** adj. plein de reproches.

Vorzeich|en n présage m; (Anzeichen) indice m; signe m précurseur; ⚕ prodrome m; ♪ u. ♀ signe m; **~nen** v/t.: j-m etw. (Nachzuzeichnendes) ~ dessiner (od. tracer) un modèle à q.; (angeben) indiquer; marquer; j-m den Weg ~ tracer la voie à q.

vorzeigen v/t. = vorweisen.

Vorzeit f temps m/pl. les plus reculés; in grauer ~ dans la nuit des temps; **♀ig** adj. prématuré, anticipé.

Vor|zensur f censure f préventive; **♀ziehen** v/t. tirer devant; fig. préférer; **~zimmer** n antichambre f; **~zug** m préférence f; (Vorteil) avantage m; (gute Eigenschaft) qualité f éminente; den ~ vor j-m haben l'emporter sur q.

vorzüglich [·'tsy:klɪç] adj. excellent, supérieur; ganz ~ exquis; **♀keit** f excellence f, qualité f supérieure.

Vorzugs|·aktie f action f privilégiée; **~milch** f lait m amélioré; **~preis** m prix m de faveur; **~recht** n privilège m; **♀weise** adv. de préférence.

Votivbild [vo'ti:f-] n tableau m votif, ex-voto m.

Votum ['vo:tum] n (9[1] u. [2]) vote m.

vulgär [vul'gɛ:r] adj. vulgaire.

Vulkan [vul'ka:n] m (3[1]) volcan m; **~fiber** f fibre f vulcanisée; **♀isch** adj. volcanique; **♀i'sieren** [~kani-] ⊕ v/t. vulcaniser.

W

W, w [ve:], *n* W, w [dublə've] *m*.

Waage ['va:gə] *f* (15) balance *f*; (*Dezimal*) bascule *f*; *astr*. Balance *f*; *fig*. die ~ halten faire contrepoids à; sich die ~ halten se contrebalancer; ~**balken** *m* fléau *m* de la balance; 2**recht** *adj*. horizontal; de niveau.

Waagschale ['va:k-] *f* plateau *m* de balance; *fig*. s-e Worte auf die ~ legen peser ses mots.

wabbelig F ['vabəliç] *adj*. mou, flasque.

Wabe ['va:bə] *f* (15) rayon *m* de miel.

wach [vax] *adj*. éveillé; ~ sein veiller; ~ werden s'éveiller, se réveiller; ~ machen (r)éveiller; 2**-ablösung** *f* relève *f* de garde; 2**dienst** *m* service *m* de garde; ~ haben être de garde.

Wache ['vaxə] *f* (15) garde *f*; (*Schild-2*) sentinelle *f*; ♣ quart *m*, vigie *f*; (*bei Kranken usw.*) veille *f*, veillée *f*; (*Wachlokal*) corps *m* de garde; poste *m* (*a. Polizei*); ~ haben être de garde, ♣ être de quart (*od.* en vigie); auf ~ ziehen (stehen) prendre (monter) la garde; j-n auf die ~ bringen conduire q. au poste; ~ halten = 2**en** *v/i*. veiller (*über acc.* sur; *bei e-m Kranken* [auprès d']un malade); ~**feuer** *n* feu *m* de bivouac; 2**habend** *adj*. de garde; ♣ de quart; 2**halten** *v/t*. (*v/rfl. sich* ~ se) tenir éveillé; ~**hund** *m* chien *m* de garde; ~**lokal** *n* corps *m* de garde; poste *m* (*a. Polizei*); ~**mannschaft** *f* (hommes *m/pl*. de) garde *f*; poste *m*; ♣ quart *m*.

Wacholder [va'xɔldər] *m* (7) genièvre *m*; ~**beere** *f* baie *f* de genièvre; ~**branntwein** *m* (eau-de-vie *f* de) genièvre *m*.

wach|rufen *v/t*. réveiller; *fig*. évoquer; ~**rütteln** *v/t*. (secouer pour) réveiller.

Wachs [vaks] *n* (4) cire *f*; (*Schi-2*) fart *m*; mit ~ einreiben cirer, Schi: farter; ~**abdruck** *m* empreinte *f* sur cire.

wachsam *adj*. vigilant; attentif; ✕ u. *fig*. sur le qui-vive; ~ sein auf (*acc.*) veiller à; 2**keit** *f* vigilance *f*.

Wachsbild *n* figur(in)e *f* de cire.

wachsen ['vaksən] **1. a)** *v/i*. (30, sn) croître; (*Personen*) grandir; (*Pflanzen, Bart usw.*) pousser; (*zunehmen*) s'accroître, augmenter; (*steigen*) monter; (*Werk*) avancer; se développer; **b**) 2 *n* croissance *f*; (*Zunehmen*) augmentation *f*; **2. a)** *v/t*. (27) (*mit Wachs einreiben*) cirer; Schi: farter; **b**) 2 *n* cirage *m*.

wächsern ['vɛksərn] *adj*. de (*od.* en) cire.

Wachs|figur *f* figur(in)e *f* de cire; ~**figurenkabinett** *n* cabinet *m* de (figures de) cire; ~**kerze** *f* bougie *f*; (*in Kirchen*) cierge *m*; ~**leinwand** *f* toile *f* cirée; ~**matrize** *f* stencil *m*; ~**perle** *f* perle *f* fausse; ~**stock** *m* rat *m* de cave; ~**streichholz** *n* allumette--bougie *f*; ~**tuch** *n* toile *f* cirée.

Wachstum *n* (1, *o. pl.*) croissance *f*; ♀ végétation *f*; *fig*. accroissement *m*.

Wachstums|-industrie *f* industrie *f* d'expansion; ~**rate** *f* taux *m* d'accroissement; ~**störung** *f* trouble *m* de croissance.

Wacht [vaxt] *f* (16) garde *f*.

Wächte ['vɛçtə] *f* (15) corniche *f* de neige.

Wachtel *orn*. ['vaxtəl] *f* (15) caille *f*; ~**hund** *m* épagneul *m*; ~**könig** *orn. m* râle *m* des genêts.

Wächter *m* (7) garde *m*; (*Hüter*) gardien *m*.

Wacht|meister *m* (*Polizei*) brigadier *m*; ~**parade** *f* parade *f* de la garde montante; ~**posten** *m* poste *m*; ~**schiff** *n* garde-côte *m*; ~**turm** *m* beffroi *m*; donjon *m*; (*zur Ausschau*) échauguette *f*.

wack(e)lig ['vak(ə)liç] *adj*. branlant, vacillant; (*Tisch usw.*) boiteux; (*Gang*) incertain; 2**elkontakt** ⚡ *m* contact *m* intermittent; ~**eln** *v/i*. branler (mit dem Kopf la tête); vaciller; (*Tisch usw.*) être boiteux; mit dem Stuhl ~ se balancer sur sa chaise.

wacker ['vakər] **1.** *adj*. brave, honnête; (*mutig*) courageux; **2.** *adv*. bravement; sich ~ halten se conduire en brave.

Wade ['va:də] *f* (15) mollet *m*;

~nbein *n* péroné *m*; **~nkrampf** *m* crampe *f* (de la jambe).

Waffe ['vafə] *f* (15) arme *f*; *in* ~*n*, *unter* ~*n* sous les armes; *mit der* ~ *in der Hand* l'arme à la main; *zu den* ~*n greifen* prendre les armes; *die* ~*n strecken* rendre les armes; capituler.

Waffel ['vafəl] *f* (15) gaufre *f*; **~eisen** *n* gaufrier *m*.

Waffen|besitz *m*: (*unerlaubter*) ~ détention *f* (illégale) d'armes; **~bruder** *m* compagnon *m* d'armes; **~gang** *m* passe *f* d'armes; **~gattung** *f* arme *f*; **~gewalt** *f* force *f* des armes; **~händler** *m* armurier *m*; (*illegaler*) trafiquant *m* d'armes; **~lager** *n* dépôt *m* d'armes; **~lieferung** *f* fourniture *f* d'armes; **~meister** *m* chef-armurier *m*; **~rock** *m* tunique *f*; **~ruhe** *f* suspension *f* des hostilités; **~schein** *m* (permis *m* de) port *m* d'armes; **~schmied** *m* armurier *m*; **~schmuggel** *m* contrebande *f* d'armes; **~stillstand** *m* armistice *m*; (*längerer*) trêve *f*; **~tragen** *n* port *m* d'armes; **~übung** *f* exercice *m* militaire.

wägbar ['vɛːkbaːr] *adj.* pondérable.

Wage|hals ['vaːgəhals] *m* (4²) risque-tout *m*, casse-cou *m*, téméraire *m*; **~mut** *m* audace *f*, témérité *f*; **~mutig** *adj.* audacieux, téméraire.

wagen ['vaːgən] (25) **1.** *v/t.* oser (*etw. zu tun* faire qch.); (*aufs Spiel setzen*) risquer (*sein Leben* sa vie); 'hasarder; **2.** *v/rfl.*: *sich an ein Geschäft* ~ se risquer dans une affaire; *sich an j-n* ~ oser se mesurer avec q.

Wagen ['vaːgən] *m* (6) voiture *f*; (*Karren*) chariot *m* (*a. der Schreibmaschine*); (*mit zwei Rädern*) charrette *f*; *Esb.* wagon *m*; *astr. der Große* (*Kleine*) ~ la grande (petite) Ourse.

wägen ['vɛːgən] *v/t.* (30) peser.

Wagen|-abteil *n* compartiment *m*; **~achse** *f* essieu *m*; **~aufbau** *m* carrosserie *f*; **~fenster** *n* glace *f*; **~führer** *m* conducteur *m*; chauffeur *m*; (*der Straßenbahn*) wattman *m*; **~heber** *m* cric *m*; **~ladung** *f* voiture *f*; voiturée *f*; **~park** *m* parc *m* automobile (*od.* roulant); *Esb.* matériel *m* roulant; **~pflege** *f* entretien *m* de la voiture; **~schmiere** *f* cambouis *m*; **~schuppen** *m* remise *f*, garage *m*; **~spur** *f* ornière *f*; **~tür** *f* portière *f*; **~wäsche** *f* lavage *m* de la voiture.

Waggon [va'gɔŋ] *m* (11) wagon *m*.

waghalsig ['vaːk-] *adj.* téméraire; 'hasardeux (*a. Unternehmen*); **2keit** *f* témérité *f*.

Wagnis ['vaːk-] *n* (4¹) risque *m*; (*Gewagtes*) entreprise *f* 'hasardeuse.

Wahl [vaːl] *f* (16) (*Auswahl*) choix *m* (*treffen* faire); (*zwischen zweien*) alternative *f*; (*notgedrungene*) option *f*; (*Abstimmung*) élection *f*; vote *m*; (*Zettel2*) scrutin *m* (*geheime* secret); *engere* ~ (scrutin *m* de) ballotage *m*; *in die engere* ~ *kommen* être en ballotage; **~akt** *m* élection *f*; **~aufruf** *m* manifeste *m* électoral.

wählbar *adj.* éligible; *nicht* ~ inéligible; **2keit** *f* éligibilité *f*.

Wahl|be-einflussung *f* pression *f* électorale; **2berechtigt** *adj.*: ~ *sein* avoir le droit de vote; **~beteiligung** *f* participation *f* au scrutin; **~bezirk** *m* circonscription *f* électorale; **~büro** *n* bureau *m* de vote.

wählen ['vɛːlən] *v/t.* (25) (*aus* ~) choisir; ~ *Sie!* à votre choix!; (*notgedrungen*) opter (*für* pour); (*durch Abstimmung*) élire; *j-n zum König* ~ élire q. roi; *Telefonnummer*: composer.

Wähler(*in f*) *m* (7) électeur *m* -trice *f*.

Wahl-ergebnis *n* résultat *m* du scrutin.

wähler|isch *adj.* difficile (*in dat.* sur); **2liste** *f* liste *f* électorale; **2schaft** *f* électeurs *m/pl.*; **2scheibe** *f* téléph. *f* disque *m* d'appel; **2versammlung** *f* réunion *f* électorale.

Wahl|fach *n* matière *f* facultative; (*Spezialfach*) spécialité *f*; **2fähig** *adj.* qui a le droit de vote; (*wählbar*) éligible; **~fähigkeit** *f* droit *m* de vote; (*Wählbarkeit*) éligibilité *f*; **~feldzug** *m* campagne *f* électorale; **2frei** *adj.* facultatif; **~gang** *m* tour *m* de scrutin; **~gesetz** *n* loi *f* électorale; **~heimat** *f* patrie *f* élective; **~kampf** *m* lutte *f* électorale; **~kreis** *m* circonscription *f* électorale; **~leiter** *m* celui qui préside à une élection; **~lokal** *n* = *Wahlbüro*; 2 *adv.* sans choisir; au hasard; **~mann** *m* (1²) délégué *m*; **~ordnung** *f* modalités *f/pl.* d'élection; **~parole** *f* slogan *m* électoral; **~periode** *f* législature *f*; **~pflicht** *f* devoir *m* électoral; **~plakat** *n* affiche *f* électorale; **~prüfung** *f* vérification *f* du scrutin; **~recht** *n* droit *m* de vote (*od.* de suffrage); *allgemeines* ~ suffrage *m* universel; *passives* ~ éligibilité *f*; **~spruch** *m* devise *f*; ~**urne** *f* urne *f* (du scrutin); ~**versammlung** *f* réunion *f* électorale; ~**verwandtschaft** *f* affinités *f*/*pl.* électives; ~**vorschlag** *m* liste *f* de candidats; e-n ~ einreichen présenter une liste; ~**vorstand** *m* comité *m* électoral; ~**zelle** *f* isoloir *m*; ~**zettel** *m* bulletin *m* de vote.

Wahn [vaːn] *m* (3) folie *f*; opinion *f* fausse; (*Irrtum*) illusion *f*; ~**bild** *n* chimère *f*.

wähnen ['vɛːnən] *v/t.* (25) croire (fälschlich *od.* à tort); (*sich einbilden*) s'imaginer.

Wahnsinn *m* (3, *o. pl.*) folie *f*, démence *f*; ☞ aliénation *f* mentale; in ~ verfallen être pris (*od.* frappé) de démence; ☞ig *adj.* fou; aliéné; ☞ige(**r** *m*, *f* fou *m*, folle *f*); aliéné(e *f*) *m*.

Wahn|**vorstellung** *f* hallucination *f*; ~**witz** *m* folie *f*, déraison *f*, absurdité *f*; ☞**witzig** *adj.* fou; absurde.

wahr [vaːr] *adj.* vrai; (*wirklich*) véritable; (*echt*) authentique; (*aufrichtig*) vrai; im ~sten Sinne des Wortes dans toute l'acceptation du terme; kein ~es Wort (*bei vb.* ne ...) pas un mot de vrai; nicht ~? n'est-ce pas? F pas vrai?; ~ machen réaliser; ~ werden se réaliser; etw. für ~ halten tenir qch. pour vrai; croire qch.; so ~ ich lebe! aussi vrai que j'existe!; so ~ mir Gott helfe! ainsi Dieu me soit en aide!

wahren ['vaːrən] *v/t.* garder; maintenir; *Rechte*: défendre; den Schein ~ sauver les apparences.

währen ['vɛːrən] *v/i.* (25) durer; (*fortfahren zu sein*) continuer.

während 1. *prp.* (*gén., selten dat.*) pendant; durant; 2. *cj.* pendant que (*ind.*); (*wohingegen*) tandis que (*ind.*); ~**dem**, ~**dessen** *adv.* pendant (*od.* durant) ce temps.

wahrhaben *v/t.*: etw. nicht ~ wollen ne pas vouloir convenir de qch.

wahrhaft, ~**ig** ['vaːrhaft, ~'haftiç] 1. *adj.* vrai; véritable; sincère; 2. *adv.*: wahrhaftig! vraiment!

Wahrheit *f* vérité *f*; (um) die ~ zu sagen à dire vrai; à vrai dire; j-m (gehörig) die ~ sagen dire son fait à q.

Wahrheits|**beweis** *m* preuve *f* (de la vérité); den ~ antreten prouver la vérité (*od.* la véracité) (de dires); ☞**gemäß** *adj.* conforme à la vérité; ~**liebe** *f* véracité *f*; ☞**liebend** *p.pr. adj.* véridique.

wahrlich! ['vaːrliç] *int.* vraiment!;

ma foi!

wahrnehm|**bar** *adj.* perceptible, apercevable; (*sichtbar*) visible; ☞**barkeit** *f* perceptibilité *f*; (*Sichtbarkeit*) visibilité *f*; ~**en** *v/t.* percevoir; (*bemerken*) s'apercevoir de, apercevoir; (*sehen*) voir; (*betrachten*) observer; *Gelegenheit*: saisir; *Interessen*: prendre en mains, défendre; *Geschäfte*: prendre la direction de; ☞**ung** *f* perception *f*; (*Betrachtung*) observation *f*; mit der ~ m-r Interessen betraut chargé de mes intérêts; mit der ~ der Geschäfte beauftragt chargé de l'expédition des affaires courantes.

wahrsag|**en** *v/i.* prédire l'avenir, dire la bonne aventure; aus den Karten ~ tirer les cartes; aus der Hand ~ lire dans la main; ☞**er** (**in** *f*) *m* devin(eresse *f*) *m*; diseur *m*, -euse *f* de bonne aventure; (*aus den Karten*) tireur *m*, -euse *f* de cartes; (*aus der Hand*) chiromancien(ne *f*) *m*; ☞**rei** *f* divination *f*; (*aus der Hand*) chiromancie *f*.

wahr'scheinlich 1. *adj.* vraisemblable; probable; 2. *adv. a.* sans doute; ☞**keit** *f* vraisemblance *f*; probabilité *f*; ☞**keitsrechnung** *f* calcul *m* des probabilités.

Wahr|**spruch** ⚖ *m* verdict *m*; ~**ung** *f* maintien *m*; (*v. Rechten*) défense *f*.

Währung ['vɛːrun] *f* monnaie *f*.

Währungs|**krise** *f* crise *f* monétaire; ~**reform** *f* réforme *f* monétaire; ~**verfall** *m* dépréciation *f* monétaire.

Wahrzeichen *n* marque *f* distinctive; (*aufgestelltes Zeichen*) signal *m*; *fig.* symbole *m*, emblème *m*.

Waise ['vaizə] *f* (15) orphelin(e *f*) *m*.

Waisen|**haus** *n* orphelinat *m*; ~**kind** *n* = Waise; ~**knabe** *m* orphelin *m*; F *fig.* gegen ihn ist er ein ~ il ne lui arrive pas à la cheville; ~**rente** *f* pension *f* d'orphelin.

Wal [vaːl] *m* (3) baleine *f*.

Wald [valt] *m* (1²) forêt *f*; (*kleiner*) bois *m*; ~**ameise** *f* fourmi *f* rouge; ~**bestand** *m* fonds *m* boisé; ~**brand** *m* incendie *m* de forêt.

Wäldchen ['vɛltçən] *n* bocage *m*; bosquet *m*.

Wald|**erdbeere** *f* fraise *f* (*Pflanze*: fraisier *m*) des bois; ~**frevel** *m* délit *m* forestier; ~**horn** *n* cor *m* (de chasse); ~**hüter** *m* garde *m* forestier; ☞**ig** *adj.* boisé; ~**kauz** *zo. m* chat-'huant *m*, 'hulotte *f*; **~land** *n* terrain *m* boisé; **~lauf** *Sp. m* course *f* en forêt; **~meister** ♀ *m* aspérule *f* (odorante); **~rand** *m* lisière (*od.* orée) *f* du bois; **♀reich** *adj.* très boisé; **~ung** *f* forêt *f*; (*kleine*) bois *m*; **~weg** *m* chemin *m* forestier; **~wirtschaft** *f* exploitation *f* forestière.

Walfisch ['vɑːl-] *m* baleine *f*; **~fang** *m* pêche *f* à la baleine; **~fänger** *m* baleinier *m*.

walk|en ['valkən] *v/t.* fouler; **♀mühle** *f* moulin *m* à foulon.

Walküre ['valkyːrə] *f* (15) Valkyrie *f*.

Wall [val] *m* (3³) rempart *m*; (*Aufschüttung*) remblai *m*.

Wallach ['valax] *m* (3 *u.* 12) (cheval *m*) 'hongre *m*.

wallen ['valən] *v/i.* (*sich wellenförmig bewegen*) onduler, ondoyer; (*flattern*) flotter; (*sieden*) bouillonner; (*Blut*) bouillir.

wall|fahren *v/i.* (25, sn) aller en pèlerinage; **♀fahrer(in)** *f m* pèlerin(e *f*) *m*; **♀fahrt** *f* pèlerinage *m*; **♀fahrtsort** *m* (lieu *m* de) pèlerinage.

Wallung *f* (*Sieden*) bouillonnement *m*; ébullition *f*; (*Aufregung*) agitation *f*; in ~ bringen émouvoir, *Blut*: faire bouillir; in ~ geraten s'émouvoir.

Walnuß ['valnus] *f* noix *f*; **~baum** *m* noyer *m*.

Walroß ['valrɔs] *n* morse *m*.

walten ['valtən] *v/i.* (26) régner (*über acc.* sur); gouverner; (*wirken*) agir; *im Hause* ~ avoir le gouvernement de la maison; *das walte Gott!* ainsi soit-il!; *unter den* ~*den Umständen* dans les circonstances présentes.

Walz|blech ['valtsblɛç] *n* tôle *f* laminée; **~e** *f* (15) cylindre *m*; rouleau *m*; *fig.* P *auf der* ~ sur le trimard; **~eisen** *n* fer *m* laminé; **♀en** ['valtsən] (27) 1. *v/t. Straße*: cylindrer; *Metall*: laminer; *Teig*: étendre au rouleau; 2. *v/i.* (*tanzen*) valser; danser une valse.

wälzen ['vɛltsən] (27) 1. *v/t.* rouler; *etw. von sich* ~ se décharger de qch.; 2. *v/rfl.*: *sich im Schmutz* ~ se vautrer dans la boue; *sich* ~ *vor Lachen* se tordre de rire.

walzenförmig *adj.* cylindrique.

Walzer ['valtsər] *m* (7) valse *f*.

Wälzer F ['vɛltsər] *m* (7) gros bouquin *m*.

Walzwerk ⊕ *n* laminoir *m*.

Wams [vams] *n* (2) pourpoint *m*.

wand [vant] *s.* winden.

Wand *f* (14¹) mur *m*; (*Mauerwerk*) muraille *f*; (*Verschlag*, *Scheide*♀) cloison *f*; (*Gefäß*♀, *Zelt*♀ *usw.*) paroi *f*; spanische ~ paravent *m*; (*Fels*♀) paroi *f* de montagne; *j-n an die* ~ stoßen pousser q. contre le mur; *j-n an die* ~ drücken mettre q. au pied du mur, (*ausschalten*) éliminer q.; *j-n an die* ~ stellen coller q. au mur.

Wandal|e [van'dɑːlə] *m* (13) Vandale *m*; *fig.* vandale *m*; **~ismus** *m* vandalisme *m*.

Wand|behang *m* tapisserie *f*; **~bekleidung** *f* (*hölzerne*) boiserie *f*; *allg.* revêtement *m* (mural); **~brett** *n* console *f*; **~bild** *n* tableau *m* mural.

Wandel ['~dəl] *m* (7) (*Änderung*) changement *m*; (*Lebens*♀) conduite *f*; vie *f*; ~ schaffen apporter des modifications (*in etw. dat.* à qch.); **♀bar** *adj.* instable, inconstant, changeant, variable; **~barkeit** *f* instabilité *f*, inconstance *f*; humeur *f* changeante; (*des Geschicks*) vicissitude *f*; **~gang** *m*, **~halle** *f* salle *f* des pas perdus; *thé.* (*im Saalinnern*) promenoir *m*, (*außerhalb*) foyer *m*; **♀n** 1. *v/i.* (29, sn) marcher; cheminer; (*spazieren*) se promener; 2. *v/t.* (*ver~*) changer (*in acc.* en); transformer; 3. *v/rfl.*: *sich* ~ (se) changer (*in acc.* en).

Wander|-ausstellung ['vandər-] *f* exposition *f* ambulante; **~bibliothek** *f* bibliothèque *f* circulante; **~bühne** *f* théâtre *m* ambulant; (*Schauspielertruppe*) troupe *f* en tournée; **~düne** *f* dune *f* mouvante; **~er** *m* (7) voyageur *m* (à pied), touriste *m/f*; **~jahre** *n/pl.* années *f/pl.* de voyage; **~karte** *f* carte *f* routière (*od.* excursionniste); **~leben** *n* vie *f* nomade (*od.* vagabonde); **~lied** *n* chanson *f* de route; **~lust** *f* humeur *f* voyageuse (*od.* vagabonde).

wandern ['vandərn] 1. *v/i.* (29, sn) voyager (à pied); marcher; cheminer; (*Blicke*) errer; *in die Ferne* ~ émigrer (*a. Vögel*); 2. ♀ *n* = Wanderung.

Wander|prediger *m* prédicateur *m* itinérant; **~preis** *Sp. m* challenge *m*; **~ratte** *zo.* *f* surmulot *m*; **~schaft** ['~ʃaft] *f* voyage *m* (à pied); *auf* ~ *sein* (*Handwerker*) faire son tour (de France, etc.); **~smann** *m* voyageur *m* (à pied); **~stab** *m* bâton *m* du voyageur (à pied); **~trieb** *m* instinct *m* de migration; **~truppe** *f* = Wanderbühne; **~ung** f voyage m (à pied); marche f; grande promenade f (à pied); (*Ausflug*) excursion f; (*v. Völkern, Tieren*) migration f; **~vogel** m (*Pfadfinder*) éclaireur m; (boy-)scout m.

Wand|gemälde n peinture f murale; fresque f; **~kalender** m calendrier m mural; **~karte** f carte f murale; **~leuchter** m applique f.

Wandlung ['vandluŋ] f changement m, transformation f; **2fähig** adj. transformable; (*v. e-m Schauspieler*) à métamorphoses.

Wand|malerei f = Wandgemälde; **~schirm** m paravent m; **~schrank** m placard m; **~spiegel** m trumeau m; **~tafel** f tableau m noir.

wandte ['vantə] s. wenden.

Wand|teller m assiette f murale; **~teppich** m tapisserie f; **~uhr** f pendule f; cartel m.

Wange ['vaŋə] f (15) joue f.

Wankelmotor ['vankəl-] m moteur m Wankel (*od.* à piston rotatif).

Wankel|mut m irrésolution f, versatilité f; **2mütig** adj. irrésolu; versatile.

wanken ['vaŋkən] v/i. (25) chanceler; vaciller; (*Knie, Boden*) se dérober; ~ machen, ins 2 bringen ébranler; ins 2 geraten être ébranlé.

wann [van] adv. quand; es sei, ~ es wolle en quelque temps que ce soit, n'importe quand.

Wanne ['vanə] f (15) baquet m; cuve f; (*Bade2*) baignoire f; (*Getreideschwinge*) van m; **~nbad** n bain m (dans une baignoire).

Wanst [vanst] m (3² u. 3³) panse f.

Wanze ['↓tsə] f (15) punaise f.

Wappen ['vapən] n (6) armoiries f/pl.; armes f/pl.; **~buch** n armorial m; **~kunde** f blason m; **~schild** m; blason m; **~spruch** m devise f; **~tier** n animal m héraldique.

wappnen v/rfl. (26): sich ~ s'armer (*mit de*).

war [vɑːr] s. sein.

warb [varp] s. werben.

Ware ['vɑːrə] f (15) marchandise f; leicht verderbliche ~ denrée f périssable; schlechte ~ camelote f; pacotille f.

Waren|absatz m débit m; **~angebot** n offre f de marchandises; **~aufzug** m monte-charge m; **~ausfuhr** f exportation f; **~automat** m distributeur m automatique de marchandi-

ses; **~bestand** m fonds m, stock m; **~börse** f bourse f des marchandises; **~einfuhr** f importation f; **~haus** n (grand) magasin m; bazar m; **~kunde** f étude f (*od.* connaissance) f des marchandises; **~lager** n dépôt m de marchandises, entrepôt m; (*~bestand*) fonds m, stock m; **~muster** n; **~probe** f échantillon m; **~umsatz** m chiffre m de ventes; **~verkehr** m trafic m de marchandises; **~vorrat** m stock m; fonds m; **~zeichen** n marque f de fabrique.

warf [varf] s. werfen.

warm [varm] adj. chaud; fig. chaleureux; es ist ~ il fait chaud; mir ist ~ j'ai chaud; ~ machen chauffer; échauffer (*a. fig.*); ~ werden s'échauffer (*a. fig.*); fig. ~ werden für (commencer à) s'intéresser à; ~ servieren (essen) servir (manger) chaud; ~ sitzen être bien au chaud; ~ stellen (halten) tenir chaud; **2blütig** adj. à sang chaud.

Wärme ['vɛrmə] f (15, *o. pl.*) chaleur f; (*Zustand*) chaud m; phys. calorique m; zwei Grad ~ deux degrés au-dessus de zéro; **~einheit** f calorie f; **~erzeugung** f dégagement m de chaleur; **~grad** m degré m de chaleur; **~kraftwerk** n centrale f thermique; **~lehre** f thermologie f; **~leiter** phys. m conducteur m de la chaleur; **~messer** m calorimètre m.

wärm|en (25) v/t. (v/rfl. sich ~ se) (ré)chauffer; **2flasche** f bouillotte f.

warm|herzig adj. chaleureux; **~laufen** v/i. (sn) ⊕ s'échauffer; den Motor ~ lassen laisser chauffer le moteur; **2luft** f air m chaud; **2luftheizung** f chauffage m à air chaud.

Warm|wasser|bereiter m chauffe-eau m; **~heizung** f chauffage m à eau chaude; **~versorgung** f ravitaillement m en eau chaude.

Warn|-anlage ['varn-] f dispositif m avertisseur; **~dienst** m service m d'alerte; **2en** v/t. (25) avertir (*vor e-r Gefahr* d'un danger); prévenir; *vor j-m* ~ mettre en garde contre q.; **~lampe** f, **~licht** n signal m lumineux (*od.* avertisseur); (*Blinklicht*) feu m clignotant; **~schuß** m coup m tiré en l'air; **~streik** m grève f d'avertissement; **~tafel** f panneau m d'avertissement (*od.* de danger); **~ung** f avertissement m; (*Wink*) avis m; zur ~ dienen servir de leçon.

Warte ['vartə] f: von s-r ~ de son point

de vue; *von hoher* ~ d'un point de vue élevé; **~geld** *n* traitement *m* de disponibilité; (*od.* d'attente); **~halle** *f* salle *f* d'attente; (*an Haltestellen*) abri-refuge *m*; **~liste** *f* liste *f* d'attente.

warten (26) **1.** *v/i.* attendre (*bis ... que subj.*); *auf j-n* ~ attendre q.; **2.** *v/t.* soigner, garder; ⊕ entretenir.

Wärter|(in *f*) ['vɛrtər] *m* (7) gardien (-ne *f*) *m*; (*bei Kranken*) garde--malade *m*, *f*.

Warte|raum *m*, **~saal** *m* salle *f* d'attente; **~zimmer** *n* salon *m* d'attente.

Wartung *f* soins *m/pl.*; ⊕ entretien *m*.

Wartungs|dienst *m* service *m* d'entretien; **~kosten** *pl.* frais *m/pl.* d'entretien.

warum [va'rʊm] *adv.* pourquoi; pour quelle raison; ~ *nicht?* pourquoi pas?

Warze ['vartsə] *f* (15) verrue *f*; (*Brust⚥*) mamelon *m*; bout *m* du sein.

was [vas] **1.** *pr/i.* (*allein u. betont*) quoi; (*unbetont*) que, qu'est-ce qui, *acc.:* que, qu'est-ce que; ~? quoi?, (*höflich*) plaît-il? (*od.* vous disiez?); ~ *gibt es Schöneres als ...?* quoi de plus beau que (*mit folgendem inf.:* que de); ~ *kostet das?* combien (cela coûte-t-il)?; ~ *lachst du?* pourquoi ris-tu?; qu'as-tu à rire?; ~ *für ein(e)* quel(le); ~ *für ein Mann ist es?* quel homme (*od.* quelle espèce d'homme) est-ce?; ~ *auch immer* quoi que (*subj.*); ~ *für Mittel er auch haben mag* quelles que soient ses ressources; **2.** *pr/r.* ce qui, *acc.:* ce que; *ich weiß,* ~ *dich betrübt* (~ *du willst*) je sais ce qui t'afflige (ce que tu veux); ~ *mich betrifft* quant à moi; ~ *noch schlimmer ist* qui pis est; *er läuft,* ~ *er kann* il court tant qu'il peut; **3.** *pr./ind. das ist* ~ (*etwas*) *anderes* c'est autre chose.

Wasch-|anstalt ['vaʃʔanʃtalt] *f* blanchisserie *f*; lavoir *m*; **~automat** *m* machine *f* à laver automatique; **⚓bar** *adj.* lavable; **~bär** *zo.* *m* raton *m* laveur; **~becken** *n* cuvette *f*; lavabo *m*; **~benzin** *n* benzine *f*; **~brett** *n* planche *f* à laver.

Wäsche ['vɛʃə] *f* (15) linge *m* (*reine* propre, blanc; *schmutzige* sale); (*Waschen*) blanchissage *m*; *große* ~ lessive *f*; (*große*) ~ *haben* faire la lessive; *in die* ~ *geben* (*in der* ~ *sein*)

donner (être) au blanchissage; *freie* ~ *haben* être blanchi; *reine* ~ *anziehen* mettre du linge propre; **~beutel** *m* sac à linge (sale).

wasch-echt *adj.* résistant au lavage; *fig.* pur sang, cent pour cent.

Wäsche|geschäft *n* magasin *m* de blanc; **~kammer** *f* lingerie *f*; **~klammer** *f* pince *f* à linge; fichoir *m*; **~korb** *m* panier *m* à linge; **~leine** *f* corde *f* à linge.

waschen ['vaʃən] **1.** *v/t.* (30) laver; *Wäsche:* blanchir; (*in der Lauge*) lessiver; *abs.* faire la lessive; **2.** ⚥ *n* lavage *m* (*a. v. Autos*); (*v. Wäsche*) blanchissage *m*; (*beim Friseur*) ~ *und Legen* un shampooing et une mise en plis.

Wäscher|(in *f*) *m* (7) laveur *m*, -euse *f*; blanchisseur *m*, -euse *f*; **~ei** [~'raɪ] (16) blanchisserie *f*; lavoir *m*.

Wäsche|rolle *f* calandre *f*; **~schleuder** *f* essoreuse *f* (centrifuge); **~schrank** *m* armoire *f* à linge.

Wasch|frau *f* laveuse *f*; **~haus** *n* lavoir *m*; buanderie *f*; **~kessel** *m* lessiveuse *f*; **~korb** *m* corbeille *f* à linge; **~küche** *f* buanderie *f*; **~lappen** *m* lavette *f*; (*für Körperwäsche*) gant *m* de toilette; *fig.* chiffe *f*; **~lauge** *f* lessive *f*; **~leder** *n* peau *f* de chamois; **~maschine** *f* machine *f* à laver; **~mittel** *n* lessive *f*; **~pulver** *n* lessive *f* en poudre; **~raum** *m* lavabo *m*; **~salon** *m* blanchisserie *f*; *néol.* laverie *f* automatique, salon-lavoir *m*; **~schüssel** *f* cuvette *f*; **~seide** *f* soie *f* lavable; **~seife** *f* savon *m* à lessive; **~tag** *m* jour *m* de lessive; **~tisch** *m* table *f* de toilette; **~ung** *f* blanchissage *m*; lessive *f*; ⊕ lavage *m* (*a. ⚥*); lotion *f*; *rl.* ablutions *f/pl.*; **~wanne** *f* cuve à lessive; **~wasser** *n* eau *f* pour laver; **~weib** F *péj. n* commère *f*; **~zettel** *m* (*Buchhandel*) prière *f* d'insérer; **~zuber** *m* cuvier *m*, cuveau *m* (à lessive), baquet *m*.

Wasser ['vasər] *n* (7) eau *f*; *zu* ~ *und zu Lande* par terre et par mer, sur terre et sur mer; *auf dem* ~ sur l'eau; *über* ~ à la (*od.* en) surface; *fig. sich über* ~ *halten* se tenir à flot; *unter* ~ sous l'eau, entre deux eaux; *unter* ~ *setzen* inonder, submerger; *unter* ~ *stehen* être inondé (*od.* submergé); *fig. ins* ~ *fallen* tomber dans (*od.* à) l'eau; *ins* ~ *gehen* (*springen*) se jeter à (*od.* dans) l'eau; ~ *ziehen* (*leck sein*) prendre l'eau; *fig.* j-m nicht das ~ reichen *können* ne pas arriver à la cheville de q.; *das* ~ läuft ihm im Munde zusammen l'eau lui vient à la bouche; *bei* ~ *und Brot sitzen* être au pain et à l'eau; *mit allen* ~*n gewaschen sein* la connaître; ~**abfluß** m écoulement m des eaux; ⚓-**abstoßend**, ⚓-**abweisend** *p.pr. adjt.* hydrofuge; ⚓-**arm** *adj.* pauvre en eau; aride; ~**aufbereitung** f traitement m des eaux potables; ~**bad** n bain-marie m; ~**ball** m ballon m pour jouer dans l'eau; *Sp.* water-polo m; ~**bau** m construction f hydraulique; ~**becken** n bassin m; ~**behälter** m réservoir d'eau; ~**blase** f bulle f d'eau; ⚓ ampoule f; ~**bombe** f grenade f sous-marine.

Wässerchen ['vɛsərçən] n: er sieht aus, als könne er kein ~ trüben un lui donnerait le bon Dieu sans confession.

Wasser|dampf m vapeur f d'eau; ⚓**dicht** *adj.* imperméable; ⚓ étanche; ~ *machen* imperméabiliser, ⚓ rendre étanche; ~**druck** m pression f hydraulique; ~**eimer** m seau m; ~**fall** m chute f d'eau; cascade f; (*großer*) cataracte f; ~**farbe** f couleur à l'eau; *peint.* gouache f; détrempe f; ~**fläche** f (*breite, ruhige*) nappe f d'eau; ~**flasche** f carafe f (à eau); ~**floh** m puce f d'eau; daphnie f; ~**flugzeug** n hydravion m; ~**gehalt** m teneur f en eau; ~**glas** n verre m à eau; 🜔 silicate m de potasse; ~**graben** m fossé m (rempli d'eau); ⚷ rigole f; ~**hahn** m robinet m d'eau; ⚓**haltig** *adj.* aqueux; aquifère; ~**heilkunde** f hydrothérapie f; ~**hose** f trombe f; ~**huhn** n poule f d'eau.

wässerig ['vɛsəriç] *adj.* plein d'eau, aqueux; ⚓ séreux; *fig.* fade, insipide; *den Mund* ~ *machen* faire venir l'eau à la bouche (j-m à q.).

Wasser|jungfer *zo.* f libellule f; demoiselle f; ~**kanne** f broc m; ~**kasten** m réservoir m d'eau; ~**kessel** m chaudière f; (*in der Küche*) bouilloire f; ~**klär-anlage** f station f d'épuration des eaux; ~**klosett** n cabinets m/pl. avec chasse d'eau; water-closet m; W.C. m; ~**kopf** ♂ m hydrocéphalie f; (*Person*) hydrocéphale m, f; ~**kraft** f force f hydraulique; ~**kraftwerk** n usine f hydraulique; ~**krug** m cruche f; (*großer*) jarre f; ~**kühlung** f refroidissement m par eau;

~**kur** f traitement m hydrothérapique; ~**lache** f flaque f d'eau; ~**landung** f amerrissage m; ~**lauf** m cours m d'eau; ~**leitung** f (*im Haus*) conduite f d'eau; (*in der Küche*) robinet m (d'eau); (*Aquädukt*) aqueduc m; ~**lilie** f nénuphar m; ~**linie** f ligne f de flottaison f; ⚓**löslich** *adj.* soluble dans l'eau; ~**mangel** m manque m d'eau; ~**mann** *astr.* m Verseau m; ~**melone** f melon m d'eau; pastèque f; ~**mühle** f moulin m à eau; 🜔n *Flgw.* v/i. amerrir; ~**n** n amerrissage m.

wässern ['vɛsərn] v/t. (29) (*be*~) arroser; (*verdünnen*) tremper; *Heringe*: dessaler; *phot.* laver; *Stoffe*: moirer.

Wasser|nixe f ondine f; naïade f; ~**not** f disette f d'eau; ~**pfeife** f narguilé m, narghilé m; ~**pflanze** f plante f aquatique; ~**pocken** f/pl. varicelle f; ~**polizei** f police f des voies fluviales; ~**rad** n roue f hydraulique; *Sp.* pédalo m; ~**ratte** f rat m d'eau; ⚓ *fig.*: *alte* ~ vieux loup m de mer; ~**recht** n code m des eaux; ⚓**reich** *adj.* abondant en eau; ~**rohr** n tuyau m (*od.* conduite f) d'eau; ~**schaden** m dégât(s pl.) m causé(s) par l'eau; ~**scheide** f ligne f de partage des eaux; ~**scheu** f horreur f de l'eau; ⚓**scheu** *adj.*: ~ *sein* craindre l'eau, avoir horreur de l'eau; ~**schi** m ski m nautique; ~**schlauch** m outre f à eau; (*zum Sprengen*) tuyau m d'arrosage; ~**speicher** m réservoir m d'eau; ~**speier** *Arch.* ['~ʃpaɪər] m gargouille f; ~**spiegel** m niveau m de l'eau; surface f de l'eau; ~**sport** m sport m nautique; canotage m; ~**spülung** f chasse f d'eau; ~**stand** m niveau m (*od.* 'hauteur f) de l'eau; ~**standmesser** m indicateur m de niveau d'eau; fluviomètre m; ~**stelle** f point m d'eau.

Wasserstoff 🜍 m hydrogène m; ~**bombe** f bombe f H (*od.* à hydrogène); ⚓**haltig** 🜍 *adj.* hydrogéné; ~**super-oxyd** n eau f oxygénée.

Wasser|strahl m jet m d'eau; *fig. kalter* ~ douche f; ~**straße** f voie f navigable; route f fluviale; ~**sucht** f hydropisie f; ⚓**süchtig** *adj.* hydropique; ~**temperatur** f température f de l'eau; ~**tiere** n/pl. animaux m/pl. aquatiques; ~**trog** m auge f; abreuvoir m; ~**tropfen** m goutte f d'eau; ~**turbine** f turbine f hydraulique; ~**turm** m château m d'eau; réservoir

m d'eau; **~uhr** *f* compteur *m* d'eau; **~verdrängung** ⚓ *f* déplacement *m* d'eau; **~versorgung** *f* ravitaillement *m* en eau; **~vögel** ['ˌføːgəl] *m/pl.* oiseaux *m/pl.* aquatiques; **~vorrat** *m* provision *f* d'eau; **~waage** *f* niveau *m* à bulle d'air; **~weg** *m* route *f* fluviale; *auf dem ~* par eau; **~welle** *f* (*Frisur*) mise *f* en plis; **~werfer** *m* (*der Polizei*) lance-eau *m*; **~werk** *n* (*Versorgungsanlage*) usine *f* de distribution d'eau; *städtische ~e* service *m* des eaux; **~zeichen** *n* filigrane *m*.
wäßrig *adj.* = *wässerig*.
waten ['vaːtən] *v/i.* (26, sn) patauger; *durch e-n Bach ~* passer un ruisseau à gué.
watschel|ig F ['vaːtʃəliç] *adj.* dégingandé; **~n** F *v/i.* (sn) se dandiner (en marchant).
Watt [vat] *n* **1.** *géogr.* (3) 'haut-fond *m*; estuaire *m*; **2.** ⚡ (11, *pl. inv.*) watt *m*.
Watt|e ['vatə] *f* (15) ouate *f*; coton *m* hydrophile; *mit ~ füttern* = *wattieren*; **~e-bausch** *m* tampon *m* de (od. d')ouate; **⚡ieren** [ˌ~'tiːrən] *v/t.* ouater; ouatiner.
Wauwau F ['vauvau] *m* (11) toutou *m*.
Web|art ['veːpˀart] *f* tissage *m*; **⚡en** ['veːbən] *v/t.* (30) tisser; (*Spinne*) filer la toile; **~en** *n* tissage *m*.
Weber|(in *f*) *m* (7) tisserand(e *f*) *m*; tisseur *m*, -euse *f*; **~ei** [ˌ~'rai] *f* (16) tisseranderie *f*; (*das Weben*) tissage *m*; (*Gewebe*) tissu *m*; **~schiffchen** *n* navette *f* (de tisserand).
Web|fehler ['veːp-] *m* défaut *m* de tissage; **~stuhl** *m* métier *m* (à tisser); **~waren** *f/pl.* tissus *m/pl.*; textiles *m/pl.*
Wechsel ['vɛksəl] *m* (7) changement *m*; (*Veränderung*) variation *f*; (*Umschwung*) revirement *m*; vicissitude *f*; (*der Jahreszeiten*) retour *m*; *astr.* révolution *f*; *Sp.* relais *m*; *ch.* passée *f*; (*Austausch*) échange *m*; (*Umsatz v. Geldsorten*) change *m*; (*Geldanweisung*) lettre *f* de change; effet *m*; *gezogener ~* traite *f*; *eigener ~* billet *m* à ordre; (*Besitz⚡*) ✝ effet *m* à recevoir; (*Schuld⚡*) effet *m* à payer; *e-n auf j-n ziehen* (*ausstellen*) tirer une traite sur q.; **~akzept** *n* acceptation *f* d'une lettre de change; **~aussteller** *m* émetteur (*od.* tireur) *m* d'un effet (*od.* d'une lettre de change); **~bad** ⚕ *n* bain *m* alterné; douche *f* écossaise;

~bank *f* banque *f* de change; **~beziehung** *f* rapport *m* réciproque; corrélation *f*; **~brief** *m* lettre *f* de change; **~bürge** *m* avaliste *m*, donneur *m* d'aval; **~bürgschaft** *f* aval *m*; **~fälle** ['ˌfɛlə] *m/pl.*: *~ des Lebens* vicissitudes *f/pl.*; **~fieber** *n* fièvre *f* intermittente; **~frist** *f* usance *f*; **~geld** *n* (petite) monnaie *f*; **~gesang** *m* chant *m* alterné; **~geschäft** *n* affaire *f* de change; (*Bank*) bureau *m* de change; **~gespräch** *n* dialogue *m*; **~getriebe** *Auto n* boîte *f* de vitesses; **~inhaber(in** *f*) *m* porteur *m*, -euse *f* d'une lettre de change; **~jahre** *n/pl.* (*der Frau*) retour *m* d'âge, âge *m* critique; ⚕ ménopause *f*; **~kurs** *m* (cours *m* du) change *m*; **~makler** *m* agent (*od.* courtier) *m* de change.
wechseln *v/t. u. v/i.* (29) changer; *etw. ~ ausländisches Geld, Tritt:* changer qch., *Wohnung, Kleider, Wäsche, Besitzer, Gang beim Auto:* changer de qch.; *ein Geldstück ~* changer une pièce; *Geld ~* (*gehen*) faire de la monnaie; (*austauschen*) échanger; (*ab~*) alterner; *ch.* passer dans d'autres lieux; **~d** *p.pr. adjt.* changeant; alternatif; *mit ~em Glück* avec des fortunes diverses.
Wechsel|nehmer *m* (7) porteur *m*; **~protest** *m* protêt *m*; **~recht** *n* droit *m* cambial; **~rede** *f* dialogue *m*; **~reime** *m/pl.* rimes *f/pl.* croisées; **~schalter** *m* commutateur *m* à plusieurs directions; **~schuld** *f* dette *f* par acceptation; **⚡seitig** *adj.* réciproque; mutuel; **~seitigkeit** *f* réciprocité *f*; mutualité *f*; **~strom** ⚡ *m* courant *m* alternatif; **~stube** *f* bureau *m* de change; **~verkehr** *m* transactions *f/pl.* par traites; **⚡voll** *adj.* sujet à des vicissitudes; (*Leben*) mouvementé; **⚡weise** *adv.* réciproquement; (*abwechselnd*) tour à tour; **~winkel** *m* angle *m* alterne; **~wirkung** *f* action *f* réciproque; **~wirtschaft** ✔ *f* assolement *m*, rotation *f* des cultures.
Wechsler *m* (7) changeur *m*; cambiste *m*.
Weck|dienst *téléph. m:* (*automatischer*) *~* service *m* (automatique) de réveil; **⚡en** ['vɛkən] *v/t.* (r)éveiller; **~en** *n* (6) réveil *m*; **~er** *m* (7) réveil *m*, réveille-matin *m*; F *fig. j-m auf den ~ fallen* taper sur les nerfs à q.; **~ruf** ✗ *m* réveil *m*.

Wedel ['veːdəl] *m* (7) (*Fliegen*2) chasse-mouches *m*; émouchoir *m*; (*Staub*2) époussetoir *m*; plumeau *m*; (*Weih*2) goupillon *m*; (*Schwanz*) queue *f*; 2n *v/i.* éventer; mit dem Fächer ~ s'éventer; mit dem Schwanz ~ remuer la queue.

weder ['veːdər] *cj.*: ~ ... ~ ... noch ... (*bei vb.* ne ...) ni ... ni ...

Weg [veːk] *m* (3) chemin *m* (*einschlagen* prendre), (*Landstraße*) route *f*; (*zu Lande usw.*) voie *f* (*a. fig.*); (*zurücklegende Strecke*) parcours *m*; trajet *m*; (*Besorgung*) course *f*; der ~ nach ... le chemin de ...; *fig.* alle ~e und Stege kennen connaître les tenants et aboutissants; am ~e sur le (*od.* au bord du) chemin; auf dem ~ en route, en chemin; chemin faisant; auf dem ~ nach (von) sur le parcours de (de); auf halbem ~(e) à mi-chemin; auf dem ~e der Besserung en voie de guérison; auf den falschen ~ geraten, vom ~ abkommen faire fausse route, s'égarer; auf dem ~e (*dabei*) sein, zu ... (*inf.*) être en train de ... (*inf.*); sich auf den ~ machen se mettre en route; aus dem ~! au large!; j-m aus dem ~ gehen faire place à q., laisser passer q., *fig.* éviter q.; e-r Frage aus dem ~ gehen éluder (*od.* esquiver) une question; aus dem ~(e) schaffen écarter; j-m im ~e stehen, j-m Hindernisse in den ~ legen faire obstacle à q., contrarier q.; etw. in die ~e leiten préparer qch.; j-m nicht über den ~ trauen n'avoir aucune confiance en q.

weg [vɛk] 1. *adv.* (*fort*) parti; (*verloren*) perdu; égaré; *fig.* ganz ~ sein ne plus se posséder, être 'hors de soi'; 2. *int.*: ~ da! ôtez-vous de là!; arrière!; au large!; (*seht euch vor*) gare!; Kopf ~! gare la tête!; Hände ~! gare les mains!, (*nicht berühren*) bas les mains!, marche!; ~ damit! enlevez-moi ça!

weg|begeben *v/rfl.*: sich ~ s'en aller, partir; **~bekommen** *v/t.*: etw. ~ parvenir à enlever qch.

Wegbereiter ['veːk-] *m* pionnier *m*.

weg|blasen ['veːk-] *v/t.* souffler; **~bleiben** *v/i.* (sn) ne pas venir; lange ~ tarder à revenir; **~blicken** *v/i.* détourner les yeux; **~bringen** *v/t.* emporter; *Personen*: emmener; (*befördern*) transporter; *Flecken*: enlever; ôter; **~denken** *v/t.*: etw. ~ faire abstraction de qch.; **~drängen** *v/t.*

repousser, écarter.

Wege|bau ['veːgə-] *m* construction *f* des routes; **~geld** *n* péage *m*; **~lagerer** *m* (7) voleur *m* de grands chemins; brigand *m*.

wegen ['veːgən] *prp.* (*gén.*) à (*od.* pour) cause de; pour; (*infolge*) par suite de; (*in Anbetracht*) en considération de, en raison de; ~ Todesfalls geschlossen fermé pour cause de décès; von Rechts ~ de par la loi, *fig.* de plein droit; von Amts ~ d'office; F von ~! penses-tu!

Wege|recht ['veːgə-] *n* droit *m* de passage; **~rich** ♀ ['~gəriç] *m* (3¹) plantain *m*.

weg|essen ['vɛk°ɛsən] *v/t.*: j-m etw. ~ manger qch. de q.; alles ~ manger le tout; **~fahren 1.** *v/i.* (sn) partir (en voiture, *etc.*); 2. *v/t.* emporter (*Personen*: emmener) (en voiture, *etc.*); 2**fall** *m* suppression *f*; **~fallen** *v/i.* (sn) tomber; être supprimé; **~fangen** *v/t.* attraper; j-m etw. ~ souffler qch. à q.; **~fegen** *v/t.* balayer; **~fliegen** *v/i.* (sn) s'envoler; **~führen** *v/t.* emmener; 2**gang** *m* départ *m*; **~geben** *v/t.* donner; se défaire de; **~gehen** *v/i.* (sn) s'en aller; partir; beim 2 au départ; en partant.

Weggenosse ['vɛk-] *m* compagnon *m* de route.

weg|gießen *v/t.* jeter; **~haben** F *v/t.*: etw. ~ être intelligent; es ~ avoir compris; e-n ~ avoir bu un coup de trop; **~helfen** *v/t.*: j-m ~ aider q. à partir; **~holen** *v/t.* aller chercher; **~jagen** *v/t.* chasser; **~kommen** *v/i.* (sn) partir; (*abhanden kommen*) s'égarer; bei etw. gut ~ s'en tirer bien; schlecht ~ être mal partagé; **~lassen** *v/t.* laisser partir; (*auslassen*) omettre; (*streichen*) supprimer; ♧ négliger; 2**lassung** *f* omission *f*; suppression *f*; **~laufen** *v/i.* (sn) s'éloigner en courant; (*davonlaufen*) se sauver; **~legen** *v/t.* mettre de côté; (*verwahren*) serrer; *Akten*: classer; **~machen** *v/t.* ôter, enlever; faire partir; **~müssen** *v/i.* devoir partir; 2**nahme** *f* (15) enlèvement *m*; (*Beschlag*) saisie *f*; confiscation *f*; **~nehmen** *v/t.* ôter; enlever; prendre; (*mit Beschlag belegen*) saisir; confisquer; **~packen** *v/t.* ranger; **~raffen** *v/t.* rafler; enlever; (*durch Krankheit*) emporter.

Wegrand ['veːk-] *m*: am ~ sur le bord du chemin.

weg|räumen [ˈvɛk-] v/t. ranger; (*verwahren*) serrer; *Hindernis*: écarter; **~reisen** v/i. (sn) partir en voyage; **~reißen** v/t. arracher; *Häuser usw.*: démolir; **~rennen** v/i. (sn) s'éloigner en courant; (*davonlaufen*) s'enfuir; **~rücken** v/t. écarter, éloigner; **~rufen** v/t. rappeler; **~schaffen** v/t. enlever; & éliminer; **~scheren** F v/rfl.: sich ~ décamper, filer; **~schicken** v/t. faire partir; envoyer, expédier; (*entlassen*) renvoyer; **~schieben** v/t. écarter (en poussant); repousser; **~schleichen** v/i. (sn) (u. v/rfl. sich ~) se dérober; F filer à l'anglaise; s'esquiver; **~schleppen** v/t. emporter; traîner après soi; **~schließen** v/t. mettre sous clef; **~schmeißen** v/t. jeter; **~schnappen** F v/t. 'happer'; *fig.* attraper.

Wegschnecke zo. [ˈvɛk-] f limace f.

weg|schneiden v/t. couper; **~schütten** v/t. jeter; **~schwemmen** v/t. emporter; **~schwimmen** v/i. (sn) être emporté par le courant; (*sich schwimmend entfernen*) s'éloigner à la nage; **~sehen** v/i. détourner les yeux; ~ über (*acc.*) fermer les yeux sur; **~sehnen** v/rfl.: sich ~ désirer ardemment de partir; **~setzen** 1. v/t. mettre de côté; 2. v/i.: über etw. (*acc.*) ~ sauter par-dessus qch.; 3. v/rfl.: sich über etw. (*acc.*) ~ se mettre au-dessus de qch.; se moquer de qch.; **~spülen** v/t. laver; (*Fluten*) emporter; **~stecken** v/t. (*verbergen*) cacher; **~stehlen** v/rfl.: sich ~ s'éclipser; **~stellen** v/t. mettre ailleurs, éloigner; **~sterben** v/i. (sn) être emporté (par la mort); **~stoßen** v/t. repousser.

Wegstrecke [ˈveˑk-] f parcours m, trajet m.

wegstreichen [ˈvɛk-] v/t. biffer, raturer, effacer.

Wegstunde [ˈveˑk-] f lieue f.

weg|tragen [ˈvɛk-] v/t. emporter; **~treten** v/i. (sn) se retirer; ⚔ rompre les rangs; ~! rompez!; **~tun** v/t. ôter; mettre de côté; (*zurückschieben*) écarter; (*verwahren*) serrer.

wegweis|end *fig.* [ˈveˑkvaɪzənt] adj. qui ouvre des perspectives; **2er** m (7) poteau (*od.* panneau) m indicateur.

weg|wenden [ˈvɛk-] v/t. (v/rfl. sich ~) se détourner; **~werfen** 1. v/t. jeter; (*als unbrauchbar*) rejeter; (*verschwenden*) prodiguer; 2. v/rfl.: sich ~ s'abaisser, s'avilir; **~werfend** p.pr. adj. dédaigneux; méprisant; **~wischen** v/t. effacer en essuyant; essuyer; **~zaubern** v/t. escamoter.

Wegzehrung [ˈveˑk-] f provisions f/pl. de voyage; *rl.* viatique m.

weg|zerren [ˈvɛk-] v/t. enlever en tiraillant; **~ziehen** 1. v/t. enlever; 2. v/i. (sn) déménager; (*aus dem Lande*) émigrer.

weh [veˑ] 1. int.: ~(e) dir! malheur à toi!; 2. adj. u. adv.: j-m ~ tun faire mal à q.; *wo tut es dir ~?* où as-tu mal?; *der Kopf tut mir ~* j'ai mal à la tête; e-n ~en Finger haben avoir mal au doigt; 3. 2 n (3, *o. pl.*) mal m; (*Schmerz*) douleur f; (*Unglück*) malheur m.

wehen [ˈveˑən] 1. v/i. (*Wind*) souffler; (*Fahne*) flotter; 2. 2 n souffle m.

Weh|geschrei n lamentations f/pl.; **~klage** f lamentation f; **2klagen** v/i. se lamenter, gémir; **2leidig** adj. douillet; piteux; **~mut** f mélancolie f; **2mütig** adj. mélancolique.

Wehr [veˑr] 1. f: sich zur ~ setzen se défendre; 2. n (3) digue f; (*in Flüssen*) barrage m; **~beitrag** m contribution f à la défense commune; **~bereich** m région f militaire; **~dienst** m service m militaire; **~dienstverweigerer** m objecteur m de conscience; **2en** [ˈ~ən] (25) v/t.: j-m etw. ~ se défendre (*mit aller Macht* de toutes ses forces); résister; *sich s-r Haut* (~ *s-s Lebens*) défendre sa peau (sa vie); 2. v/i.: j-m etw. ~ empêcher q. de faire qch., (*es ihm verbieten*) défendre qch. à q.; e-r *Sache* (*dat.*) ~ s'opposer à qch., (*Leidenschaft*) réprimer qch.; **2fähig** adj. en âge de porter les armes; apte au service militaire; **2haft** adj. valide; (*mannhaft*) vaillant; ~ machen armer; **~kraft** f force f militaire; **2los** adj. sans armes; sans défense (*a. Tiere*); ~ machen désarmer; **~losigkeit** f manque m d'armes (*od.* de moyens de défense); **~macht** f force f armée; armée f; **~pflicht** f service m militaire obligatoire; **2pflichtig** adj. astreint au service militaire; **~wesen** n affaires f/pl. militaires.

Weib [vaɪp] n (1) femme f; *péj.* = Weibsbild; **~chen** zo. n (6) femelle f.

Weiber|feind [ˈvaɪbər-] m misogyne m; **~held** m homme m à femmes, coureur m de femmes; **~regiment** n

domination f des femmes; **~volk** péj.
n femmes f/pl.

weib|isch péj. adj. efféminé; **~lich**
adj. féminin; ♀ u. zo. femelle; **~lich-
keit** f féminité f; nature f féminine.

Weibs|bild P n, **~person** P f créature
f; garce f.

weich [vaiç] adj. mou; (zart) tendre,
délicat; (geschmeidig) souple (a. Kragen); (~herzig) sensible; peint. flou;
(Haar) soyeux; (Frucht) fondant;
(Hand, Bett) douillet; (Brot, Stoff
mollet (a. Bett); (Sitz) moelleux (a.
Bett); (Töne, Eisen, Wasser) doux;
~es Ei œuf m à la coque; **~ machen**
amollir, (rühren) attendrir; **~ werden**
s'amollir, (sich rühren lassen) s'attendrir; **~ kneten** malaxer; **2bild** n banlieue f, enceinte f (de la ville); 2e f
(15) anat. aine f; flanc m; Esb. aiguille f, aiguillage m; **~en** v/i. (sn)
céder (vor dat. devant); reculer; fléchir; nicht von der Stelle ~ ne pas
bouger; (ein~) tremper.

Weichen|steller m aiguilleur m; **~
stellung** f aiguillage m; **~stellwerk** n
poste m d'aiguillage.

weich|gekocht p.p. adjt. (Ei) à la
coque; 2**heit** f mollesse f; ~ des
Gemütes douceur f.

weichherzig adj. (au cœur) tendre;
sensible; mou; 2**keit** f tendresse f de
cœur; sensibilité f; mollesse f.

Weich|käse m fromage m mou; 2**lich**
adj. mou; efféminé; douillet; **~lich-
keit** f mollesse f; **~ling** péj. m efféminé m; F femmelette f.

Weichselkirsche ['vaiksəl-] f griotte
f.

Weich|teile m/pl. parties f/pl. molles;
~tiere n/pl. mollusques m/pl.

Weide ['vaidə] f ♀ saule m; (Korb2)
osier m; (Vieh2) pâturage m; pacage
m; auf die ~ treiben mener paître,
mettre au pâturage; 2**land** n pâturage m; 2**n** (26) **1.** v/i. paître; brouter
(l'herbe); **2.** v/t. mener (od. faire)
paître; **3.** v/rfl.: sich an etw. (dat.) ~ se
repaître (od. se délecter) de qch.

Weiden|baum m saule m; **~gebüsch**
n saulaie f; (Korb2) oseraie f; **~kätz-
chen** n chaton m de saule; **~korb** m
panier m d'osier; **~rute** f verge f de
saule.

Weide|platz m pacage m; pâturage
m; **~recht** n droit m de pacage (od. de
pâturage).

weidgerecht ['vait-] adj. u. adv. en

vrai chasseur, selon les règles de la
chasse.

weidlich adv. (tüchtig) bravement;
(reichlich) copieusement; (gehörig)
comme il faut; (nach Herzenslust) à
cœur joie.

Weid|mann ['vaitman] m (1) chas-
seur m; 2**männisch** adj. de (adv. en)
chasseur; **~manns|heil** n: ~! bonne
chasse!; **~werk** n vénerie f; chasse f.

weiger|n ['vaigərn] v/rfl. (29): sich ~,
etw. zu tun refuser de faire qch., pfort
se refuser à faire qch.; 2**ung** f refus
m; 2**ungsfall** m: im ~ en cas de refus.

Weih|becken ['vai-] n bénitier m;
~bischof m coadjuteur m; **~e** ['~ə] f
(15) consécration f; (e-r Kirche a.)
dédicace f; (Segnung) bénédiction f;
(e-s Priesters) ordination f; (e-s Bi-
schofs, Königs) sacre m; fig. solennité
f; 2**en** v/t. (25) consacrer (a. Hostie);
vouer; (heiligen) sanctifier; Kirche:
dédier; (segnen) bénir; j-n zum Priester ~ ordonner q. prêtre; j-n zum
Bischof ~ sacrer q. évêque.

Weiher ['vaiər] m (7) vivier m, étang
m.

Weih|estunde f heure f de recueille-
ment (od. d'édification); 2**evoll** adj.
solennel; **~geschenk** n offrande f.

Weihnacht ['vainaxt] f (inv.), **~en**
n (inv.) od. pl. Noël m; 2**lich** adj. de
Noël.

Weihnachts|abend ['vainaxts²-] m
veille f de Noël; **~baum** m arbre m
de Noël; **~bescherung** f distribution
f des cadeaux de Noël; **~feier** f
célébration f de la fête de Noël; **~fest**
n fête f de Noël; **~geschenk** n cadeau
m de Noël; (zu Neujahr) étrenne f;
~lied n (cantique m de) Noël m;
~mann m père m Noël; **~markt** m
foire f de Noël; **~zeit** f temps m de
Noël.

Weih|rauch ['vairaʊx] m encens m;
~rauchfaß n encensoir m; **~wasser**
n eau f bénite; **~wasserbecken** n
bénitier m; **~wedel** m goupillon m;
aspersoir m.

weil [vail] cj. parce que (ind.); (da ja)
puisque (ind.); (bei gleichem Subjekt)
pour (inf. passé.); (in Anbetracht,
daß) vu que (ind.).

Weil|chen n: ein ~ un petit moment
m; **~e** f temps m; moment m; (Muße) loisir m; ~ ganze ~ un assez long
temps; un bon ~ od. grand) moment;
dan,it hat es gute ~ rien ne

presse; 2en v/i. demeurer, séjourner.

Weiler ['vaɪlər] m (7) 'hameau m.

Wein [vaɪn] m (3) vin m; ⚥ (~rebe) vigne f (wilder vierge); fig. j-m reinen ~ einschenken parler sans fard à q., parler clair à q.; ~bau m culture f de la vigne; viticulture f; ~bauer m vigneron m; (im großen) viticulteur m; ~beere f grain m de raisin; ~bereitung f vinification f; ~berg m vigne f; (ausgedehnter) vignoble m; ~bergschnecke f escargot m; ~blatt n feuille f de vigne; ~brand m eau-de-vie f de vin.

wein|en ['~ən] v/i. (25) pleurer (um j-n q.); heftig à chaudes larmes; vor Freude de joie); 2en n pleurs m/pl.; j-n zum ~ bringen faire pleurer q.; ~erlich adj. pleureur, pleurnicheur; (Stimme a.) larmoyant.

Wein|-ernte f vendange f; ~essig m vinaigre m (de vin); 2faß n tonneau m à vin; ~flasche f bouteille f à vin; ~garten m vigne f; ~gärtner m vigneron m; ~gegend f pays m vignoble; ~geist m esprit-de-vin m; ~glas n verre m à vin; ~gut n domaine m viticole, clos m; ~handel m commerce m de vins; ~händler m marchand m de vin(s); ~handlung f débit m de vins; ~heber m tâte-vin m; ~hefe f lie f de vin; ~jahr n: gutes ~ année f de bon vin; ~karte f carte f des vins; ~keller m cellier m; cave f (à vin); ~kellner m sommelier m; ~kelter f pressoir m; ~kenner m connaisseur m de vins.

Weinkrampf m crise f de larmes.

Wein|krug m cruche f à vin; ~lager n entrepôt m de vins; ~land n pays m vignoble; ~laub n feuillage m de la vigne; pampres m/pl.; ~laube f treille f; ~laune f F: in ~ éméché; ~lese f vendange f; ~leser(in f) m vendangeur m, -euse f; ~lokal n taverne f; ~most m moût m; ~presse f pressoir m; ~probe f échantillon m de vin; (das Probieren) dégustation f (du vin); ~ranke f sarment m; pampre m; ~rebe f vigne f; (Rebstock) cep m de vigne; poét. pampre m; 2rot adj. rouge vineux; ~säure ⚗ f acide m tartrique; ~schenke f = Weinlokal; ~schlauch m outre f à vin; 2selig adj.: in ~er Stimmung sein être dans les vignes du Seigneur; ~stein m tartre m; ~steinsäure f = Wein-

säure; ~stock m (cep m de) vigne f; ~stube f = Weinlokal; ~traube f (grappe f de) raisin m; ~trinker m buveur m de vin.

weise ['vaɪzə] adj. sage; (vorsichtig) prudent.

Weise ['vaɪzə] f (15) manière f, façon f; guise f; méthode f; ♪ air m; mélodie f; auf diese ~ de cette manière (od. façon); auf die e-e oder andere ~ de façon ou d'autre; jeder nach s-r ~ chacun à sa façon (od. guise).

weis|en ['~ən] v/t. (30) Weg: montrer, indiquer; faire voir; j-m die Tür ~ montrer la porte à q.; j-n aus e-m Ort ~ expulser q. d'un endroit; Sp. vom Feld ~ expulser du terrain; von sich ~ repousser, (ablehnen) décliner; 2e(r) m (18) sage m; bibl. die ~en aus dem Morgenlande les Rois mages m/pl.

Weis|heit ['vaɪshaɪt] f sagesse f (Wissen) savoir m; science f; mit s-r ~ zu Ende sein être au bout de son latin; ~heitszahn m dent f de sagesse; 2lich adv. sagement; prudemment; 2machen v/t.: j-m etw. ~ en faire accroire à q.; F das machen Sie andern weis! à d'autres!

weiß [vaɪs] 1. adj. blanc; ~ machen (werden) blanchir; ~ anstreichen blanchir, Arch. a. badigeonner; ~ gerben mégisser; ~ kleiden habiller de blanc; fig. e-e ~e Weste haben avoir une réputation blanche; 2. 2 n (3² od. inv.) blanc m; 3. s. wissen.

weissag|en ['vaɪsa:gən] v/t. prédire; présager, prophétiser; 2ung f prédiction f, prophétie f.

Weiß|bier n bière f blanche; ~blech n fer-blanc m; ~brot n pain m blanc; ~buch pol. n Livre m blanc; ~buche f charme m; ~dorn m aubépine f; ~e f blancheur f; 2e(r m) m, f blanc m, blanche f; 2en ['~sən] v/t. (27) blanchir; Arch. a. badigeonner; ~fisch m ablette f; 2gekleidet ['~gəklaɪdət] p.p. adj. vêtu de blanc; ~gerber m mégissier m; ~gerberei f mégisserie f; 2glühend p.pr. adj. chauffé à blanc; incandescent; ~glut f incandescence f; F fig.: j-n bis zur ~ reizen chauffer q. à blanc; 2grau adj. gris pâle; 2haarig adj. aux cheveux blancs; ~kohl m chou m blanc; 2lich adj. blanchâtre; ~metall n métal m blanc; ~näherin f lingère f; ~ware f lingerie f; blanc m; 2waschen fig. v/t.: j-n ~ disculper q.; F blanchir q.; **~wein** m vin m blanc; **~zeug** n linge m; blanc m.

Weisung [ˈvaɪzʊŋ] f instruction f; directive f; (*Befehl*) ordre m; ✗ consigne f; **2gemäß** adv. selon les instructions.

weit [vaɪt] **1.** adj. (*ausgedehnt*) large, étendu, grand; (*geräumig*) spacieux; ample; (*unermeßlich*) vaste; (*entfernt*) éloigné, lointain; (*Kleid*) large, ample; (*Weg*) grand; long; im **~**esten Sinne des Wortes dans toute l'acception du mot; **2.** adv. loin; **~** entfernt bien loin; **~** offen grand ouvert; **~** gefehlt bien loin de là; **~** und breit à la ronde; partout; die Augen **~** aufmachen ouvrir les yeux tout grands; 6 km **~** von hier à six kilomètres d'ici; haben wir es noch **~**? y a-t-il encore loin?; **~** kommen aller loin; es ist **~** mit ihm gekommen il est tombé bien bas; es **~** bringen aller loin; réussir bien; **~** (*vorgerückt*) sein être avancé; es zu **~** treiben passer les bornes; das geht zu **~** c'est trop; c'est trop fort; es ist **~** her mit ihm il ne vaut pas grand-chose; **~** mehr beaucoup plus; bei **~**em de beaucoup; bei **~**em nicht tant s'en faut; bei **~**em nicht vollständig sein être loin d'être complet; von **~**em de loin, à distance; **~**'**-ab** adv. loin (d'ici); **~**'**-aus** adv.: **~** der größte de loin (od. de beaucoup) le plus grand; **2blick** m prévoyance f; **~blickend** p.pr. adjt. qui voit loin; prévoyant.

Weite [ˈ-tə] **1.** f (15) largeur f, ampleur f; (*e-s Weges*) longueur f; (*e-s Begriffs*) étendue f, portée f; (*weiter Raum*) vaste espace m; (*Ferne*) lointain m; in die **~** ziehen partir au loin; **2.** n: das **~** suchen gagner le large; prendre la clef des champs; **2n** v/t. (26) élargir.

weiter adj. (comp. v. weit) (*sonstig*) autre, ultérieur; **~**e Fragen d'autres questions; die **~**en Ansprüche les prétentions f/pl. ultérieures; im **~**en Sinne au sens large; ohne **~**en Aufschub sans plus de délai; wegen **~**er Auskunft pour plus de renseignements; zur **~**en Veranlassung pour suite à donner; **~** oben ci-dessus, ci-devant; **~** unten ci-dessous, ci-après; wer **~**? et qui encore?; **~** niemand personne d'autre (bei vb. mit ne); **~** nichts? c'est tout?; nichts **~**! voilà tout!; was **~**, und **~**? et puis?, et après?; wenn's **~**

nichts ist? si ce n'est que cela?; **~** machen élargir; **~** etw. tun continuer à (od. de) faire qch.; nur **~**! continuez!; nicht **~**! arrêtez!; hören Sie **~**! écoutez la suite!; **~** nichts zu sagen haben n'avoir rien à ajouter; er hat **~** nichts zu tun als ... (*inf.*) il ne lui reste plus qu'à ... (*inf.*); was willst du noch **~**? que veux-tu encore?; ich kann nicht **~** je n'en peux plus; **~befördern** v/t. réexpédier; **~bestehen** v/i. persister, subsister; **~bilden** v/t. perfectionner; **~bringen** v/t. (faire) avancer; das bringt mich nicht weiter cela ne m'avance guère; **~denken** v/i. réfléchir aux suites.

Weitere(s) [ˈvaɪtərə(s)] n: das **~** ce qui suit; la suite; le reste; bis auf **2**s jusqu'à nouvel ordre; ohne **2**s sans façon; das **~** übernehmen se charger du reste; das **~** siehe ... pour plus de détails, voir ...

weiter|fahren v/i. (sn) continuer son chemin; **~führen** v/t. continuer; **2-gabe** f transmission f; **~geben** v/t. transmettre; faire passer; **~gehen** v/i. (sn) continuer; passer outre; **~**! circulez!; so kann es nicht **~** ça ne peut pas durer comme ça; **~helfen** v/t.: j-m **~** aider q. à faire qch.; **~hin** adv. en outre; encore; **~kommen** v/i. (sn) avancer; **~leiten** v/t. transmettre; **~lesen** v/t. continuer à lire; **2reise** f continuation f du voyage; **~reisen** v/i. (sn) continuer (od. poursuivre) son voyage; **~s** adv. östr. = weiterhin; **~sagen** v/t. redire; **~verbreiten** v/t. redire; répandre; **2verkauf** m revente f; **~verkaufen** v/t. revendre; **~vermieten** v/t. souslouer; **~ziehen** v/i. (sn) continuer son chemin; passer outre.

weit|gehend p.pr. adjt. qui va loin; ample; large; considérable; **~gereist** p.p. adjt. qui a beaucoup voyagé; **~her** adv. de loin; **~herzig** adj. large, généreux; **~hin** adv. au loin; **~läufig** [ˈ-lɔʏfiç] **1.** adj. espacé; (*von großem Umfang*) étendu, vaste; (*ausführlich*) détaillé; (*zu ausgedehnt*) diffus; (*weitschweifig*) prolixe; (*schwierig*) qui entraîne beaucoup de formalités; plein de difficultés; **2.** adv.: **~** verwandt parent éloigné; **~maschig** adj. à mailles larges; lâche; **~reichend** p.pr. adjt. étendu, vaste; ✗ à longue portée; **2schuß** m (Fußball) tir m lointain; **~schweifig** adj. prolixe, verbeux; ⁂**schweifigkeit** f prolixité f, verbosité f; ⁂**sichtig** adj. presbyte; fig. prévoyant; ⁂**sichtigkeit** f presbytie f; fig. prévoyance f; ⁂**sprung** m saut m en longueur; **~tragend** p.pr. adjt. d'une grande portée; ⚒ à longue portée; **~verbreitet** p.p. adjt. très répandu; **~verzweigt** p.p. adjt. qui a beaucoup de ramifications; ⁂**winkel-objektiv** phot. n objectif m à grand angle (od. grand-angulaire).

Weizen [ˈvaɪtsən] m (6) froment m, blé m; **~feld** n champ m de blé; **~mehl** n farine f de froment; feinstes ~ fleur f de farine.

welch [vɛlç], **~e**, **~er**, **~es** (21¹) **1.** pr/i. verbunden: quel (quelle); ~ ein(e) ...! quel(le) ...!; unverbunden: lequel (laquelle); **2.** pr/r. qui; lequel (laquelle); ~ auch immer quel (quelle) que ... (subj.), mit su.: quelque que ... (subj.); welches auch immer s-e Gründe sein mögen quelles que soient ses raisons; welche Fehler du auch haben magst quelques fautes que tu aies.

welcherlei [ˈ~ər-] adv. de quelle manière (od. espèce); ~ sie auch seien quels qu'ils soient; ~ auch s-e Gründe sein mögen quelles que soient ses raisons.

welk [vɛlk] adj. fané; (ganz verblüht) flétri; ~ werden = **~en** [ˈ~ən] v/i. (sn) se faner; se flétrir.

Wellblech [ˈvɛlblɛç] n tôle f ondulée; **~dach** n toit m en tôle ondulée.

Welle [ˈvɛlə] f (15) vague f (sanfte) onde f (a. phys.); (wild bewegte) flot m; (alles mit sich fortreißende) ⚓ lame f; (Haar⁂) ondulation f; ⊕ arbre m; cylindre m; Sp. moulinet m; e-e ~ der Begeisterung une vague d'enthousiasme; grüne ~ feux m/pl. coordonnés; ⁂**n** v/t. (u. v/rfl. sich ~) onduler.

Wellen|bad n bain m de lame; **~bereich** m gamme f d'ondes; **~bewegung** f mouvement m ondulatoire; ondulation f; **~brecher** m (7) brise-lames m; **~förmig** [ˈ~fœrmiç] adj. onduleux; ondulatoire; **~gang** m ondulation f; **~länge** f rad. f longueur f d'onde; **~linie** f ligne f ondulée (od. ondoyante); typ. filet m tremblé; **~reiten** n surf m; **~schlag** m choc m des vagues; ⚓ ressac m; **~sittich** m perruche f; **~theorie** f théo-

rie f ondulatoire.

Well|fleisch n porc m bouilli; ⁂**ig** adj. onduleux, ondulé; (Gelände) accidenté, mamelonné; **~pappe** f carton m ondulé.

Welpe [ˈvɛlpə] m (13) (Hund) chiot m; (Wolf) louveteau m; (Fuchs) renardeau m.

Wels zo. [vɛls] m (4) silure m.

welsch [vɛlʃ] adj. étranger; die ⁂en les peuples m/pl. romans; **~e** Schweiz Suisse f romande.

Welt [vɛlt] f (16) monde m (a. fig.); (Weltall) univers m; (Erde) terre f; (~kugel) globe m (terrestre); die Alte (Neue) ~ l'ancien (le nouveau) monde; die ganze ~ le monde entier; alle ~ tout le monde; was in aller ~ que diable; um alles in der ~ nicht (bei vb. ne ...) pour rien au monde; zur ~ bringen mettre au monde; auf die ~ kommen venir au monde, voir le jour; aus der ~ schaffen se défaire de; die vornehme ~ le grand monde; Mann von ~ homme m du monde; e-e Reise um die ~ machen faire le tour du monde; das ist der Lauf der ~ ainsi va le monde; **~all** n univers m; ⁂**-anschaulich** adj. idéologique; **~-anschauung** f conception f du monde; idéologie f; philosophie f; **~-ausstellung** f exposition f universelle; **~bank** f die ~ la Banque mondiale; ⁂**bekannt** adj. connu dans le monde entier; ⁂**berühmt** adj. célèbre dans le monde entier; **~bestleistung** Sp. f record m mondial; ⁂**bewegend** p.pr. adjt. révolutionnaire; **~bild** n image f du monde; **~brand** m conflagration f universelle; **~bürger** m cosmopolite m; **~bürgertum** n (1²) cosmopolitisme m; **~enbummler** m globe-trotter m; ⁂**-erfahren** adj. qui connaît le monde; qui a une large expérience (du monde).

Weltergewicht Sp. [ˈvɛltər-] n poids m mi-moyen.

welt|-erschütternd p.pr. adjt. qui ébranle le monde entier; ⁂**firma** f maison f de réputation mondiale; **~fremd** adj. étranger au monde; ⁂**friede(n)** m paix f mondiale (od. universelle); ⁂**gebäude** n, **~gefüge** n univers m; ⁂**geistliche(r)** m prêtre m séculier; ⁂**geltung** f réputation (od. renommée) f mondiale; ⁂**gericht** n jugement m dernier; ⁂**geschichte** f histoire f universelle;

2**gesundheits-organisation** f Organisation f Mondiale de la Santé; ~**gewandt** adj. qui a l'habitude du monde, mondain; 2**handel** m commerce m mondial; 2**herrschaft** f hégémonie f mondiale; domination f du monde; 2**karte** f mappemonde f; 2**kenntnis** f connaissance (od. expérience) f du monde; (Lebensart) savoir-vivre m; (Lebensart) savoir-vivre m; (Lebensart) 2**kind** n enfant m du siècle; 2**kirchenrat** m conseil m œcuménique des Églises; 2**körper** m corps m céleste; 2**krieg** m guerre f mondiale; 2**kugel** f globe m (terrestre); 2**lage** f situation f mondiale; 2**lauf** m train m (od. vie f) du monde; ~**lich** adj. du (od. de ce) monde, mondain; (irdisch) terrestre; temporel; (nicht kirchlich) profane; (nicht priesterlich) laïque; (nicht klösterlich) séculier; 2**literatur** f littérature f universelle; 2**macht** f puissance f mondiale; 2**machtpolitik** f impérialisme m; 2**mann** m homme m du monde; ~**männisch** adj. d'homme du monde; 2**markt** m marché m mondial; 2**meer** n océan m; 2**meister(in** f) m champion(ne f) m du monde; 2**meisterschaft** f championnat m du monde; 2**ordnung** f ordre m universel; 2**politik** f politique f mondiale; 2**postver-ein** m union f postale universelle.

Weltraum m univers m; espaces m/pl. interstellaires; ~... in Zssgn s. Raum...; ~**forschung** f recherches f/pl. spatiales.

Welt|reich n empire m; ~**reise** f tour m du monde; ~**reisende(r)** m globe-trotter m; 2**rekord** m record m mondial; ~**ruf** m réputation (od. renommée) f mondiale; ~**schmerz** m mal m du siècle; ~**sprache** f langue f universelle; ~**stadt** f métropole f; ~**umsegler** m circumnavigateur m; 2**-umspannend** p.pr. adjt. universel; ~**untergang** m fin f du monde; ~**verbesserer** m réformateur m du monde; 2**weit** adj. mondial, universel; ~**wirtschaft** f économie f mondiale; ~**wunder** n merveille f du monde.

wem [ve:m] pr/i. (dat. v. wer) à qui?; mit ~? avec qui?

wen [ve:n] pr/i. (acc. v. wer) qui (est-ce que)?; für ~? pour qui?

Wende ['vɛndə] f (15) tour m; (Biegung) tournant m (a. zeitlich); (Ände-

rung) changement m; ~**kreis** m tropique m.

Wendeltreppe ['~əl-] f escalier m tournant (od. en colimaçon).

wenden (30) **1.** v/t. u. v/i. tourner; retourner; (richten) diriger; (Schiff) virer de bord; bitte ~! tournez, s'il vous plaît!; **2.** v/rfl.: sich ~ an (acc.) s'adresser à; sich ~ gegen diriger ses attaques contre; sich ~ (ab)~ von se détourner de; sich ~ zu se tourner vers.

Wend|epunkt m fig. moment m critique; tournant m; astr. point m solsticial; 2**ig** adj. maniable; (gewandt) souple; ~**igkeit** f maniabilité f; (Gewandtheit) souplesse f; ~**ung** f tour m; esc. volte f; ✗ conversion f; Auto usw.: virage m; ⚓ virement m de bord; (Windung) détour m; (Biegung) tournant m; ~ f crise f (Rede2) tournure f (a. fig.); fig. changement m; revirement m.

wenig ['ve:niç] pr/ind. u. adv. peu (Geld d'argent); ne ... guère; ein ~ un peu (Geld d'argent); quelque (peu); ein klein ~ un tout petit peu; sei es auch noch so ~ si peu que ce soit; tant soit peu; das ~e le peu (Geld d'argent); einige ~e un petit nombre de; die ~en Augenblicke les rares (od. les quelques od. le peu de) moments; es fehlt ~ daran, daß ... peu s'en faut (od. il s'en faut [de] peu) que ... (subj.); ~**er** ['~ɡər] (comp. v. wenig) moins; viel ~ bien moins; nicht ~ als (bei vb. ne ...) pas moins que (vor Zahlen: de); eins ~ un de moins; ~ werden diminuer; 2**keit** f: m-e ~ ma modeste personne; ~**st** (sup. v. wenig): das ~e, am ~en le moins; die ~en un très petit nombre (de); zum ~en = ~**stens** ['~stəns] adv. au moins; pour le moins; du moins.

wenn [vɛn] cj. zeitlich: quand; (dann wenn) lorsque; ~ man ihn hört à l'entendre; (falls) si; ~ nicht, denn nicht si cela ne doit pas être, tant pis; ~ nur si seulement; pourvu que (subj.); als (wie) ~ comme si; ~ er auch noch so reich ist si riche qu'il soit, tout riche qu'il est (od. soit); ~**'gleich**, ~**'schon** cj. bien que (subj.) quoique (subj.).

wer [ve:r] (24) **1.** pr/i. qui (est-ce qui)?; ~ von beiden? lequel des deux?; ~ anders als er? qui d'autre, sinon lui?; ~ da? qui vive?, qui va là?; **2.** pr/r. celui (celle) qui; qui;

3. *pr/ind.* ~ *auch immer* quiconque; ~ *er auch sei* qui que ce soit, quel qu'il soit.

Werbe|-abteilung ['vɛrbə-] *f* section *f* de publicité; **~agentur** *f* agence *f* de publicité; **~fachmann** *m* agent *m* de publicité; publiciste *m*; **~feldzug** *m* campagne *f* de publicité; **~fernsehen** *n* publicité *f* télévisée; **~film** *m* film *m* de publicité; **~funk** *m* publicité *f* radio-diffusée; émissions *f/pl.* publicitaires; **~geschenk** *n* cadeau-réclame *m*; **~leiter** *m* chef *m* de publicité.

werben ['~ən] (30) 1. *v/t.* ✕ enrôler, recruter; (*mit List*) racoler; *Arbeiter:* embaucher; engager; *Mitglieder, Kunden:* chercher; 2. *v/i.:* ~ *um* rechercher, (*j-s Gunst*) briguer; (*ein Mädchen*) demander en mariage, prétendre à la main de; ✝ faire de la publicité (*od.* de la réclame); **2er** *m* (7) ✕ enrôleur *m*, recruteur *m*; *mv.p.* racoleur *m*; ✝ agent *m* de publicité; propagandiste *m* (*a. pol.*).

Werbe|slogan *m*, **~spruch** *m* slogan *m* (publicitaire *od.* de publicité); **~text** *m* texte *m* publicitaire; **~texter** *m* rédacteur *m* publicitaire; **~trommel** *f:* die ~ *rühren* battre la grosse caisse, faire de la réclame tapageuse.

Werbung *f* ✕ enrôlement *m*, recrutement *m*; *mv.p.* racolage *m*; (*von Arbeitskräften*) embauchage *m*; (*um ein Mädchen*) demande *f* en mariage; ✝ publicité *f*, réclame *f*, propagande *f* (*a. pol.*).

Werdegang ['ve:rdəgaŋ] *m* (3) développement *m*; évolution *f*; (*beruflicher*) carrière *f*.

werden ['ve:rdən] (30) 1. *v/aux.* **a)** *fut.:* wir ~ *ausgehen* nous sortirons; *nous allons sortir;* **b)** *pass.:* être; *geschlagen* ~ être battu; *er ist geschlagen worden* il a été battu; on l'a battu; *das wird kalt getrunken* cela se boit froid; 2. *v/i.* (sn): *Arzt* ~ devenir médecin; *Kaufmann* ~ entrer dans le commerce; *Leutnant* ~ (*befördert* ~) passer lieutenant; *was wird aus ihm?* que deviendra-t-il?; *aus ihm wird etw.* il arrivera à qch., il fera son chemin; *was soll daraus* ~? qu'en adviendra-t-il?; *daraus wird nichts* il n'en sera rien; *zu etw.* ~ se changer en qch.; *wird's?* ça y est?; *nun, wird's bald?* en aurez-vous bientôt fait?; *est-ce pour bientôt?; es wird schon* ~

patience, cela arrivera (*od.* viendra); 3. **2** *n* devenir *m*; croissance *f*, développement *m*, évolution *f*; **~d** *p.pr. adjt.* naissant; *e-e* ~*e Mutter* une future maman.

werfen ['vɛrfən] (30) 1. *v/t. u. v/i.* jeter (*etw. nach j-m* qch. à *q.*: *über die Schulter* sur les épaules); (*schleudern*) lancer; *Falten:* faire; *Licht, Schatten:* donner; projeter; *Junge* ~ mettre bas; *mit Geld um sich* ~ répandre l'argent à pleines mains; 2. *v/rfl.:* sich ~ (*Holz*) se déjeter; (se) gauchir.

Werft [vɛrft] *f* (16) chantier *m* naval (*od.* maritime); **~arbeiter** *m* ouvrier *m* de chantier naval.

Werg [vɛrk] *n* (3) étoupe *f*.

Werk [vɛrk] *n* (3) (*hinsichtlich des Hervorgebrachten*) ouvrage *m* (*a.* ✕); (*hinsichtlich des Hervorbringers*) œuvre *f*; (*Arbeit*) travail *m*; (*etw. kunstvoll Zs.-gesetztes*) mécanisme *m*; (*Unternehmung*) entreprise *f*; (*Uhr2*) mouvement *m*; (*Fabrik*) usine *f*; *ins* ~ *setzen* mettre en œuvre; *zu* ~ *e gehen* procéder; *sich ans* ~ *machen* se mettre à l'ouvrage (*od.* à l'œuvre); **~bank** *f* établi *m*; **2eln** *v/i.* (29) s'affairer; **2en** *v/i.* travailler; **~meister** *m* contremaître *m*; **~spionage** *f* espionnage *m* industriel; **~statt** *f*, **~stätte** *f* atelier *m*; ~ *für Behinderte* atelier *m* pour 'handicapés'; **~stoff** *m* matériau *m*, matériel *m*; **~student** *m* étudiant *m* qui gagne sa vie en travaillant; **~tag** *m* jour *m* ouvrable (*od.* de semaine); *an* ~ *en* = **2tags** *adv.* en semaine; (*Fahrplan*) les jours ouvrables; **2tätig** *adj.* ouvrier; **~unterricht** *m* travail *m* manuel.

Werkzeug ['vɛrktsɔyk] *n* (3) outil *m*, instrument *m* (*a. fig.*); *physiol.* organe *m*; **~ausrüstung** *f* outillage *m*; **~kasten** *m* coffre *n* d'outils; **~maschine** *f* machine-outil *f*; **~tasche** *f* (*am Fahrrad*) sacoche *f*.

Wermut ♀ ['vɛrmut] *m* (3) absinthe *f*; (*Wein*) vermouth *m*; **~s-tropfen** *fig. m* goutte *f* d'amertume.

wert [ve:rt] 1. *adj.* (*teuer, lieb*) cher; (*würdig*) digne; (*achtbar*) respectable; (*geehrt*) honoré; ~*er Herr* cher monsieur; *wie ist Ihr* ~*er Name?* à qui ai-je l'honneur de parler?; *Ihr* ~*es Schreiben* votre lettre *f*; ~ *sein* valoir; *das ist mir viel* ~ j'y attache du prix; *das ist schon viel.* ~ c'est déjà un (grand) point (d')acquis; 2. **2** *m* (3²) valeur *f*; (*Verdienst*) mérite *m*; (*Preis*) prix *m*; *großen* ~ *legen auf* (*acc.*) tenir beaucoup à qch.; **2-anga-be** *f* déclaration *f* de valeur; **~be-ständig** *adj.* (*Währung*) stabilisé; (*Ware*) à valeur fixe; (*Börse*) consolidé; **2brief** *m* lettre *f* chargée; **~en** [´~ən] *v/t.* estimer, évaluer; *Sp.* pointer; **2gegenstand** *m* objet *m* de valeur; **2igkeit** ⌐, *f* valence *f*; **~los** *adj.* sans valeur; *fig. a.* futile; **2losigkeit** *f* non-valeur *f*; *fig. a.* futilité *f*; **2maß-stab** *m*, **2messer** *m* critère *m* (*od.* mesure *f*) (de la valeur); *das ist der* ~ *für ...* cela donne la mesure de ...; **2minderung** *f* dépréciation *f*; **2pa-ket** *n* colis *m* avec valeur déclarée; **2papier** *n* valeur *f*; effet *m*; titre *m*; **2sachen** *f/pl.* objets *m/pl.* de valeur; **~schätzen** *v/t.* faire grand cas de; estimer; **2sendung** *f* envoi *m* avec valeur déclarée; **2steigerung** *f* augmentation *f* de la valeur, plus-value *f*; **2ung** *f* estimation *f*, évaluation *f*; *Sp.* pointage *m*; **2-urteil** *n* jugement *m* de valeur; **~voll** *adj.* précieux; **2zuwachs** *m* plus-value *f*.

wes [vɛs] = *wessen*.

Wesen [´veːzən] *n* (6) (*Sein*) être *m*; (*Dasein*) existence *f*; (*Bestand*) être *m*; (*Geschöpf*) créature *f*; (*inneres*) essence *f*; (*Art u. Weise*) manière *f* d'être; (*Eigentümlichkeit*) caractère *m*; nature *f*; (*Benehmen*) façons *f/pl.*; manières *f/pl.*; *sein* ~ *treiben* faire des siennes, (*Geister*) 'hanter (un endroit); *viel* ~(*s*) *von etw. machen* faire grand bruit de qch.; *ohne viel* ~(*s*) *zu machen* sans y aller par quatre chemins; *nicht viel* ~(*s*) *mit j-m machen* traiter q. sans façons; **~heit** *f* essence *f*; **2los** *adj.* sans réalité, irréel.

Wesens-art *f* manière *f* d'être; **2-fremd** *adj.* étranger à la nature (de); **2gleich** *adj.* identique; **~zug** *m* trait *m* caractéristique.

wesentlich [´veːzəntlɪç] *adj.* essentiel, substantiel, constitutif, fondamental; *das* 2e l'essentiel *m*; le principal; *im* ~en en substance.

weshalb [~´halp] *adv.* pourquoi?; (*und deshalb*) c'est (*od.* voilà) pourquoi.

Wespe [´vɛspə] *f* (15) guêpe *f*; **~nnest** *n* guêpier *m*; *in ein* ~ *stechen* donner dans un guêpier; **~nstich** *m* piqûre *f* de guêpe.

wessen [´vɛsən] **1.** *pr/i.*: ~ *Sohn ist er?*

de qui est-il le fils?; ~ *Mantel ist das?* à qui est ce manteau?; ~ *Schuld ist es:* à qui la faute?; ~ *klagt man dich an?* de quoi t'accuse-t-on?; **2.** *pr/r.*: ~ *er mich anklagt* ce dont il m'accuse.

Weste [´vɛstə] *f* (15) gilet *m*.

West|en [´~ən] *m* (6) ouest *m*; occident *m*; *im* ~ *von* à l'ouest de; **~gote** *m* Wisigoth *m*; **2küste** *f* côte *f* occidentale; **2lich** *adj.* occidental; ~ *von* à l'ouest de; **~mächte** *f/pl.* puissances *f/pl.* occidentales; **~seite** *f* côté *m* ouest; **2wärts** [´~vɛrts] *adv.* vers l'occident; **~wind** *m* vent *m* d'ouest.

weswegen [vɛsve´geːn] = *weshalb*.

Wett|bewerb [´vɛtbəvɛrp] *m* concours *m*; † concurrence *f* (*unlauterer* déloyale); *Sp.* compétition *f*; **~bewerber** *m* concurrent *m*; **~be-werbsbedingungen** *f/pl.* conditions *f/pl.* concurrentielles; **~büro** *n* bureau *m* du pari mutuel.

Wette [´vɛtə] *f* (15) pari *m* (*eingehen* accepter); gageure *f*; *was gilt die* ~? que pariez-vous?; *um die* ~ à l'envi, à qui mieux mieux; *die* ~ *soll gelten je* tiens le pari.

Wett-eifer *m* émulation *f*, rivalité *f*; **2n** *v/i.*: *mit j-m um etw.* ~ rivaliser de qch. avec q.

wetten *v/t. u. v/i.* (26) parier ([um] e-e Mark un mark); *ich wette darauf* j'en fais le pari; ~? parions? *ich wette meinen Kopf, daß ...* je donnerais ma tête à couper que ...

Wetter [´~ər] **1.** *n* (7) temps *m*; *wie ist das* ~? quel temps fait-il?, comment est le temps?; *es ist schönes* ~ il fait beau (temps), le temps est beau; *das* ~ *wird wieder schön* le temps se remet au beau; *wir bekommen anderes* ~ le temps va changer; (*Un2*) orage *m*; *alle* ~! sacrebleu!; **2.** *m* parieur *m*; **~amt** *n* office *m* météorologique; **~aussichten** *f/pl.* temps *m* probable; prévisions *f/pl.* météorologiques; **~bericht** *m* bulletin *m* météorologique; **~dach** *n* abri *m*; (*am Haus*) auvent *m*; appentis *m*; **~dienst** *m* = *Wetteramt*; **~fahne** *f* girouette *f* (*a. fig.*); **2fest** *adj.* stable, imperméable; qui résiste aux intempéries; **~frosch** F *m* = *Laubfrosch*; *fig.* F météorologue *m*; **~hahn** *m* coq *m* (de clocher); **~karte** *f* carte *f* météorologique; **~kunde** *f* météorologie *f*; **~lage** *f* situation *f* météorolo-

Widerspruch

gique; **2leuchten** v/imp.: es wetter-
leuchtet il fait des éclairs de chaleur;
~leuchten n (6) éclairs m/pl. de chaleur; **~2n** (29) **1.** v/imp.: es wettert il
fait de l'orage; **2.** v/i. pester, tempêter (gegen contre); **~satellit** m satellite m météorologique; **~schaden** m
dégât m causé par l'orage; **~seite** f
côté m exposé aux intempéries; **~station** f station f météorologique; **~sturz** m chute f du baromètre; dépression f barométrique; **~umschlag** m (brusque) changement de
temps; **~verhältnisse** n/pl. conditions f/pl. météorologiques; **~vorhersage** f prévisions f/pl. du temps;
~warte f observatoire m (od. station
f) météorologique; **2wendisch** ['~-
vendiʃ] adj. inconstant; versatile; **~wolke** f nuée f d'orage.

Wett|fahrt f course f; ♣ régates f/pl.;
~kampf m concours m; combat m;
lutte f; match m; championnat m;
~kämpfer m concurrent m; rival m;
lutteur m; **~lauf** m course f; **2läufer**
m coureur m; **2machen** v/t. (wieder
gutmachen) réparer; (ausgleichen)
compenser; (vergelten) rendre la
pareille; **~rennen** n course f; **~rudern** n régates f/pl.; **~rüsten** n course f aux armements; **~schwimmen**
n épreuve f de natation; **~spiel** n
match m (austragen disputer); **~streit** m concours m; lutte f; fig.
rivalité f; émulation f.

wetz|en ['vɛtsən] v/t. (27) aiguiser;
2stahl m fusil m (à aiguiser); **2stein**
m pierre f à aiguiser.

Weymouthskiefer ♀ ['vaimutski:-
fər] f pin m Weymouth.

Whisky ['viski] m (11) whisky m.

wich [viç] s. weichen.

Wichse ['viksə] f (15) cirage m; F
(Prügel) rossée f, volée f; **2n** v/t. (27)
cirer; F rosser.

Wicht [viçt] m (3) créature f; armer ~
pauvre diable m; kleiner ~ bout m
d'homme, (Kind) mioche m; erbärmlicher ~ misérable m; **~elmännchen**
['~əl-] n (6) lutin m; gnome m.

wichtig ['~iç] adj. important, considérable; ~ sein a. importer; ~ nehmen
prendre au sérieux; ~ tun faire l'important; **2keit** f importance f; **2tuer**
['~tu:ər] m (7) poseur m, suffisant m;
2tuerei [~rai] f grands airs m/pl.
qu'on se donne; suffisance f.

Wicke ♀ ['vikə] f (15) vesce f; wohl-

riechende ~ pois m de senteur.

Wickel ['~l] m (7) (Knäuel) peloton m;
(Haar~) papillote f; (Windel) lange
m, maillot m; ❀ enveloppement m; F
j-n beim ~ nehmen saisir q. au collet;
~gamasche f bande f molletière;
~kind n enfant m au maillot; poupon
m; **~kommode** f table f à langer; **2n**
v/t. (29) rouler; Garn: pelotonner;
Locken: papilloter; Kind: emmailloter; ❦ bobiner; (ein~) envelopper (in
acc. dans); um etw. ~ enrouler autour
de qch.; **~ung** ❦ f bobinage m;
enroulement m.

Widder ['vidər] m (7) bélier m; astr.
Bélier m.

wider ['vi:dər] prp. (acc.) contre; **~-
'fahren** v/i. (sn) arriver; **2haken** m
crochet m; **2hall** ['~hal] m écho m;
retentissement m; résonance f; **~hallen** v/i. résonner; retentir (a. fig.);
2lager n contrefort m; ⊕ butée f.

wider'leg|bar adj. réfutable; **~en** v/t.
réfuter; Gesagtes: démentir; **2ung** f
réfutation f; (v. Gesagtem) démenti
m.

wider|lich adj. rebutant, dégoûtant;
~natürlich adj. contre nature; **~'raten** v/t.: j-m etw. ~ dissuader q. de
qch.; déconseiller qch. à q.; **~'rechtlich** adj. contraire au droit; (ungerecht) injuste; (ungesetzlich) illégal;
2rede f contradiction f; ohne ~ sans
discussion; **2ruf** m révocation f; désaveu m; (e-s Versprechens) dédit m;
(e-r Nachricht) démenti m; bis auf ~
jusqu'à nouvel ordre; **~'rufen** v/t.
révoquer; désavouer; Versprechen:
se dédire (de); Nachricht: démentir;
~'ruflich adj. révocable; **2sacher** m
(7) adversaire m; ennemi m; **2schein**
m reflet m; réflexion f.

wider'setz|en v/rfl.: sich ~ s'opposer
(à); résister (à); **~lich** adj. insubordonnée; rebelle; récalcitrant; **2lichkeit** f insubordination f; rébellion f.

Widersinn m contresens m, absurdité f; **2ig** adj. absurde.

wider|spenstig adj. récalcitrant, rebelle (a. Haar); ❀ réfractaire (gegen à);
mutin; **2spenstigkeit** f humeur f
récalcitrante; mutinerie f; **~spiegeln**
v/t. refléter; réfléchir; **~'sprechen**
v/i. contredire (acc.); protester contre; **~'sprechend** p.pr. adj. contradictoire; **2spruch** m contradiction f;
protestation f; ~ erheben protester;
im ~ stehen mit être en contradiction

avec; *ohne* ~ sans discussion; **~sprüchlich** *adj.* contradictoire; **2-spruchsgeist** *m* esprit *m* de contradiction; **~spruchsvoll** *adj.* plein de contradictions; **2stand** *m* résistance *f* (*a. phys., méc., ⚡ u. ⚔. ✕*; *gegen* à); opposition *f* (à); (*Regulier2*) ⚡ rhéostat *m*; ~ *leisten* résister (à).

Widerstands|bewegung *f* (*in Frankreich*) résistance *f*; **2fähig** *adj.* résistant; robuste; **~fähigkeit** *f* résistance *f*; robustesse *f*; **~kämpfer** *m* résistant *m*; **~kraft** *f* (force *f* de) résistance *f*; **2los 1.** *adj.* passif; **2.** *adv.* sans résistance.

wider|stehen *v/i.* résister (à), s'opposer (à); *der Versuchung nicht ~ können* succomber à la tentation; **~streben** *v/i.*: *es widerstrebt mir, zu ... cela me répugne de ...*; **~'strebend** *p.pr. adjt.* à contrecœur, de mauvaise grâce; **2streit** *m* conflit *m*; antagonisme *m*; contradiction *f*; *im ~ stehen mit* être contraire (à) (être en conflit (à) en contradiction) (avec); **~'streitend** *p.pr. adjt.* opposé, contradictoire, divergent; **~wärtig** ['~vɛrtiç] *adj.* désagréable; (*ärgerlich*) fâcheux, contrariant; (*abstoßend*) rebutant; **2-wärtigkeit** *f* caractère *m* désagréable; (*Unannehmlichkeit*) contrariété *f*, désagrément *m*; **2wille** *m* répugnance *f* (*gegen* pour); aversion *f* (pour); *mit ~ =* **~willig** *adv.* à contrecœur, de mauvaise grâce.

widm|en ['vitmən] *v/t.* (26) consacrer; vouer; *Buch usw.*: dédier; **2ung** *f* dédicace *f*; *mit e-r ~ versehen* dédicacer.

widrig ['vi:driç] *adj.* contraire; (*entgegenstehend*) adverse; (*abstoßend*) rebutant; **~enfalls** ['~driɡən'fals] *adv.* dans le cas contraire; sinon; faute de quoi.

wie [vi:] **1.** *adv.* **a)** *fragend*: ~ *geht es Ihnen?* comment allez-vous?; ~ *oft?* combien de fois?; ~ *lange?* combien de temps?; ~ *alt sind Sie?* quel âge avez-vous?; ~ *spät ist es?* quelle heure est-il?; ~ *weit ist es nach ...?* quelle distance (y a-t-il) d'ici à ...?; ~ *weit gehen wir?* jusqu'où allons-nous?; ~ *weit bist du?* où en est-tu?; ~ *weit bist du mit d-r Arbeit?* où en es-tu de ton travail?; ~ *bitte?* comment?; plaît-il?; vous disiez?; **b)** *im Ausruf:* ~ *glücklich ich bin!* que (*od.* comme *od.* combien) je suis heureux!; ~ *erstaun*

te ich! quelle fut ma surprise!; ~ *mancher ...!* que de gens ...!; *combien* (de gens) ...!; ~ *oft!* que de fois!; **2.** *cj.* **a)** *im Vergleich:* *er denkt ~ du* il pense comme toi; *ein Mann ~ er* un homme comme (*od.* tel que) lui; ~ *wenn* (*als ob*) comme si; *schlau ~ er ist* rusé qu'il est; *ich weiß, ~ das ist* je sais ce qu'il en est; ~ *ich glaube* à ce que je crois; ~ *man mir gesagt hat* à ce qu'on m'a dit; **b)** *erklärend:* *wenn er zurückkommt,* ~ *ich glaube* s'il revient, comme je crois; ~ *gesagt* comme je viens de le dire; **c)** *zeitlich:* ~ *ich hinausging* comme je sortais; *ich sah,* ~ *er aufstand* je le vis se lever; **d)** *einräumend:* ~ *dem auch sei* quoi qu'il en soit; ~ *reich er auch sein mag* tout riche qu'il est (*od.* soit); *si* (*od.* quelque) riche qu'il soit.

Wiedehopf ['vi:dəhɔpf] *m* (3) 'huppe *f.*

wieder ['vi:dər] *adv.* de (*od.* à) nouveau; **2-abdruck** *m* réimpression *f*; **2-anfang** *m* recommencement *m*; ~ *der Schule* rentrée *f* des classes; **~'-anfangen** *v/t.* recommencer; **~'-anknüpfen** *v/t. Beziehungen:* renouer; **2'-annäherung** *f* rapprochement *m*; **2-aufbau** *m* reconstruction *f*; **~'-aufbauen** *v/t.* reconstruire; **~'-aufblühen** *v/i.* (*sn*) refleurir; renaître; **~'aufführen** *v/t.* reprendre; **2-aufführung** *f* reprise *f*; **2'-aufkommen** *n* (*e-s Brauches, e-r Mode*) retour *m*, renaissance *f*, réapparition *f*; **~'-aufleben** *v/i.* (*sn*) se rétablir; revivre; renaître; **2'aufleben** *n* reprise *f*, rétablissement *m*; **2-aufnahme** *f* reprise *f*; (*Prozeß2*) revision *f*; (*in ein Amt*) réintégration *f*; **2-aufnahmeverfahren** ⚖ *n* (procédure *f* de) revision *f*; **~'-aufnehmen** *v/t.* reprendre; (*in ein Amt*) réintégrer; **~'aufrichten** *v/t. Menschen:* réconforter; **~'-aufrüsten** *v/t.* réarmer; **2-'aufrüstung** *f* réarmement *m*; **2-aufstieg** *m* relèvement *m*; **~'auftreten** *thé. v/i.* (*sn*) rentrer en scène; **2-aufwertung** *f* revalorisation *f*; **2-ausfuhr** *f* réexportation *f*; **~'-ausführen** *v/t.* réexporter; **~'-ausgraben** *v/t.* exhumer; **2-aussöhnung** *f* réconciliation *f*; **2beginn** *m* = *Wiederanfang*; **~bekommen** *v/t.* recouvrer.

wiederbeleb|en *v/t.* rappeler à la vie; ranimer, revivifier (*a. fig.*); **2ung** *f*

rappel *m* à la vie; ranimation *f*, revivication *f* (*a. fig.*); 2**ungsversuch** *m* tentative *f* pour rappeler à la vie (*od.* de ranimation).
Wieder|beschäftigung *f* réemploi *m*; ~**bewaffnung** *f* réarmement *m*; 2**bringen** *v/t.* rapporter, rendre.
wieder¹-ein|bringen *v/t.* récupérer; *Verlust:* réparer; ~**führen** *v/t.* rétablir, réintroduire; ✝ réimporter; ~**führung** *f* rétablissement *m*, réintroduction *f*; ✝ réimportation *f*; ~**gliederung** *f* réintégration *f* (*in dans*); ~**lösen** *v/t. Pfand:* dégager; ~**nehmen** *v/t.* reprendre; ~**renken** *v/t.* remboîter; 2**schiffung** *f* rembarquement *m*; ~**schlafen** *v/i.* (sn) se rendormir; ~**setzen** *v/t.* (*in ein Amt*) réintégrer; *in den Besitz* ~ remettre en possession; 2**setzung** *f:* ~ *in den Besitz* remise *f* en possession; ~ *in ein Amt* réintégration *f;* (*König usw.*) restauration *f;* 2**stellung** *f* réembauchage *m*.
Wieder-er|greifung *f* (*e-s Flüchtlings*) reprise *f;* 2**halten** *v/t.* recouvrer; 2-**innern** *v/rfl.: sich* ~ se resouvenir (*an acc.* de); 2**kennen** *v/t.* reconnaître; ~**kennung** *f* reconnaissance *f;* 2**langen** *v/t.* recouvrer *m;* récupération *f;* 2-**obern** *v/t.* reconquérir; reprendre; ~**oberung** *f* reprise *f;* ~**öffnung** *f* réouverture *f;* 2**scheinen** *v/i.* (sn) reparaître; (*Gespenster usw.*) réapparaître; 2**statten** *v/t.* restituer; *Geld:* rembourser; ~**stattung** *f* restitution *f;* (*v. Geld*) remboursement *m;* 2**stehen** *v/i.* (sn) se relever, renaître, ressusciter; 2**zählen** *v/t.* redire, répéter.
wieder|finden *v/t.* retrouver; ~¹**flottmachen** *fig. v/t.* renflouer, remettre à flot; 2**gabe** *f* reddition *f;* restitution *f;* (*Nachbildung*) reproduction *f;* (*Übersetzung*) traduction *f;* ~**geben** *v/t.* rendre; restituer; (*in zweites Mal geben*) redonner; (*nachbilden*) reproduire; (*übersetzen*) traduire; 2**geburt** *f* renaissance *f; rl.* régénération *f;* ~**gewinnen** *v/t.* regagner; rattraper; ~**gutmachen** *v/t.* réparer; *nicht wiedergutzumachen* irréparable, irrémédiable; 2¹**gutmachung** *f* réparation *f;* ~**haben** F *v/t.* recouvrer; ~¹**herstellen** *v/t.* restaurer, réparer, rétablir (*a. ✿*), reconstituer; 2¹**herstellung** *f* restauration *f,*

réparation *f*, rétablissement *m* (*a. ✿*); reconstitution *f;* ~**holen** *v/t.* (*zurückholen*) aller reprendre; ~¹**holen** *v/t.* répéter; (*noch einmal tun*) réitérer; *Gelerntes:* reviser; *kurz* ~ résumer, récapituler; *bis zum Verdruß* ~ ressasser, rabâcher; 2¹**holt** [~'ho:lt] 1. *p.p. adjt.* répété, réitéré; 2. *p.p. advt.* à plusieurs reprises; maintes fois; 2¹**holung** *f* répétition *f;* (*in der Schule a.*) revision *f; thé.,* ♪ reprise *f; kurze* ~ résumé *m,* récapitulation *f;* 2¹**holungsfall** *m: im* ~ en cas de récidive; 2¹**holungszeichen** *n* signe *m* de reprise; 2-**in'standsetzung** *f* réfection *f;* remise *f* en état; ~**käuen** *v/t.* (25) ruminer; *fig.* remâcher; 2**käuer** *m* (7) ruminant *m;* 2**kauf** *m* rachat *m;* ~**kaufen** *v/t.* racheter; 2**kehr** *f* retour *m;* 2**kehren** *v/i.* (sn) revenir; (*sich wiederholen*) se répéter; ~**kehrend** *p.pr. adjt.: regelmäßig* ~ périodique; ~**kommen** *v/i.* (sn) revenir; 2**kunft** *f* (14¹) retour *m;* ~**sagen** *v/t.* répéter; redire; ~**sehen** *v/t.* revoir; *auf* 2! au revoir!; *auf baldiges* 2! à bientôt!; 2**täufer** *m* anabaptiste *m;* ~**tun** *v/t.* refaire; répéter.
wiederum ['vi:dərʊm] *adv.* de (*od.* à) nouveau; (*anderseits*) d'autre part; (*dagegen*) par contre, en retour.
wieder|ver-einigen *v/t.* réunir; *pol.* réunifier; 2**ver-einigung** *f* réunion *f; pol.* réunification *f;* ~**vergelten** *v/t.* rendre la pareille; 2**vergeltung** *f* revanche *f;* (*Vergeltungsmaßnahme*) représailles *f/pl.;* ~**verheiraten** *v/rfl.: sich* ~ se remarier; 2**verheiratung** *f* second mariage *m;* 2**verkauf** *m* revente *f;* ~**verkaufen** *v/t.* revendre; vendre au détail; 2**verkaufspreis** *m* prix *m* de revente; 2**verwendung** *f* réemploi *m,* réutilisation *f;* 2**wahl** *f* réélection *f;* ~**wählbar** *adj.* rééligible; ~**wählen** *v/t.* réélire; ~**zulassen** *v/t.* réadmettre; 2¹**zulassung** *f* réadmission *f.*
Wieg|e ['vi:gə] *f* (15) berceau *m;* ~**e-messer** *n* 'hachoir *m;* 2**en** 1. (30) *v/t. u. v/i.* peser; 2. *v/t.* (25) *Kind:* bercer; (*schaukeln*) balancer; *in den Schlaf* ~ bercer; endormir en berçant; *sich in Hoffnungen* ~ se bercer d'espérances; *Fleisch:* 'hacher; ~**enfest** *n* anniversaire *m;* ~**enlied** *n* berceuse *f.*
wiehern ['vi:ərn] 1. *v/i.* (29) 'hennir; 2. 2 *n* (6) 'hennissement *m.*
Wiener(in *f*) ['vi:nər(ɪn)] *m* (7) Vien-

nois(e f) m; ²isch adj. viennois; de Vienne.

wies [viːs] s. weisen.

Wiese ['viːzə] f (15) pré m; (∼nland) prairie f.

Wiesel zo. ['viːzəl] n (7) belette f.

Wiesen|blume f fleur f des prés; **∼grund** m vallon m herbeux; **∼land** n prairie f; **∼schaumkraut** n cardamine f.

wie|so? [viˈzoː] adv. comment cela?; ∼ **denn?** comment donc?; **∼'viel** adv. combien (Geld d'argent); ∼ **unnütze** Mühe! que de peine perdue!; ∼ Uhr ist es? quelle heure est-il?; **∼vielmal** adv. combien de fois; **∼'vielte** adj.: der ∼ ist er? quelle place a-t-il?; den ∼n haben wir? quel jour sommes-nous?; **∼'wohl** cj. bien que (subj.); quoique (subj.).

wild [vilt] **1.** adj. sauvage (a. ♀ u. zo.); (barbarisch) barbare; (unbändig) farouche; (blutgierig) féroce; (ungestüm) fougueux; (auffahrend) emporté; (wütend) irrité, furieux; ⚹ inculte; (Pferd) emballé; emporté; (Flucht) précipité; ∼e Ehe union f libre; ∼er Wein vigne f vierge; ∼es Fleisch chair f morte; ∼ wachsen croître sans soins; ∼ machen effaroucher, (wütend machen) mettre en colère; ∼ werden s'emporter; s'emballer; **2.** ² n (1, o. pl.) ch. gibier m, (ein Tier) bête f; cuis. gibier m; venaison f; ²bach m torrent m; ²bret cuis. [ˈ∼brɛt] n (11) gibier m; venaison f; ²dieb m braconnier m; ²dieberei f braconnage m; ²-ente f canard m sauvage; ²e(r m) m, f sauvage m, f.

Wilder|er m (7) braconnier m; ²n v/i. (29) braconner.

Wild|fang fig. m petit diable m; petit turbulent m; ²fremd adj. entièrement étranger; **∼gans** f oie f sauvage; **∼gehege** n parc m à gibier; **∼heit** f sauvagerie f; barbarie f; férocité f; (Ungestüm) turbulence f; **∼katze** f chat m sauvage; **∼leder** n peau f de daim; **∼ling** ⚹ [ˈ∼liŋ] m (3¹) sauvageon m; **∼nis** f (14²) désert m; fig. chaos m; **∼park** m = Wildgehege; ²reich adj. giboyeux; **∼sau** f laie f; **∼schaden** m dégât(s pl.) m commis par le gibier; **∼schwein** n sanglier m; ²wachsend ♀ p.pr. adjt. sauvage, agreste; **∼wechsel** m passée f (de gibier); **∼westfilm** m western m.

will [vil] s. wollen.

Wille [ˈvilə] m (13¹) volonté f (durchsetzen faire); (Wollen) vouloir m; (Absicht) intention f; (Zustimmung) consentement m; freier ∼ libre arbitre m; Letzter ∼ dernières volontés f/pl.; der ∼ zur Macht la volonté de puissance; gegen (wider) m-n ∼ malgré moi; mit m-m (ohne m-n) ∼ de (sans) mon consentement; j-m s-n ∼n tun, j-m zu ∼n sein faire les volontés de q.; j-m s-n ∼n lassen laisser faire q. à sa guise.

willen|los adj. sans volonté; (unentschlossen) indécis; ∼es Werkzeug instrument m docile; ²losigkeit f manque m de volonté; **∼s** [ˈ∼s] adv.: ∼ sein, zu ... (inf.) avoir l'intention de ... (inf.), (wollen) vouloir ... (inf.).

Willens-|akt m acte m de volonté; **∼äußerung** f manifestation f de volonté; **∼erklärung** f déclaration f de volonté; **∼freiheit** f libre arbitre m; **∼kraft** f (force f de) volonté f; énergie f; ²schwach adj. faible (de volonté); **∼schwäche** f faiblesse f (de volonté); ²stark adj. énergique; **∼stärke** f = Willenskraft.

willentlich [ˈviləntliç] adv. à dessein, exprès.

will|fahren [∼ˈfaːrən] v/i. (25): j-m in etw. (dat.) ∼ concéder qch. à q.; der Bitte (dat.) j-s ∼ acquiescer à la demande de q.; **∼fährig** [ˈ∼fɛːriç] adj. déférant; complaisant; **∼ig 1.** adj. de bonne volonté; docile; obéissant; **2.** adv. volontiers, de bonne volonté; ²kommen n bienvenue f; ∼ˈkommen adj. bienvenu; j-n ∼ heißen souhaiter la bienvenue à q.; seien Sie ∼! soyez le (la) bienvenu(e)!; (gern gesehen) bien vu; (gelegen) qui vient à propos.

Willkür [ˈ∼kyːr] f (16, o. pl.) arbitraire m; nach ∼ handeln agir à sa fantaisie; **∼herrschaft** f despotisme m; tyrannie f; ²lich adj. arbitraire; (despotisch) despotique.

wimmeln [ˈviməln] v/i. (u. v/imp.) (29) fourmiller (von de); grouiller (de).

wimmern v/i. (29) gémir; se lamenter.

Wimpel [ˈvimpəl] m (7) banderole f; ⚓ pavillon m.

Wimper [ˈvimpər] f (15) cil m; ohne mit der∼ zu zucken sans sourciller.

Wind [vint] m (3) vent m; sanfter ∼

brise f; zéphyr m; schneidender ~ bise f; ⚓ mit dem (gegen den) ~ segeln aller selon (contre) le vent; am ~ vent de travers; unter dem ~ au vent; vor dem ~ vent arrière; den ~ gegen sich haben avoir vent debout; bei ~ und Wetter par tous les temps; ⚓ dem ~ preisgeben sein flotter au gré du vent; ~ machen (aufschneiden) 'hâbler; fig. in den ~ reden parler en l'air; fig. etw. in den ~ schlagen se moquer de qch.; von etw. ~ bekommen avoir vent de qch.; **~beutel** m (Gebäck) échaudé m; chou m; F (Person) évaporé m; fanfaron m. **Winde** ['vɪndə] f (15) (Garn꒻) dévidoir m; (zum Heben v. Lasten) cric m; (Seil꒻) treuil m; ⚓ cabestan m; ♀ liseron m; schweiz. = Speicher.

Wind-ei n œuf m 'hardé.

Windel ['vɪndəl] f (15) lange m, maillot m; 2**weich** F adj.: j-n ~ schlagen battre q. comme plâtre.

winden ['~dən] (30) **1.** v/t. tordre; (mehrmals herumdrehen) tortiller; Kränze: tresser; in die Höhe ~ guinder; 'hisser; j-m etw. aus der Hand ~ arracher qch. des mains à q.; etw. um die Stirn ~ ceindre le front de qch.; **2.** v/rfl.: sich ~ (Bach, Weg) serpenter; sich ~ durch se faufiler par; sich ~ um s'enrouler (od. s'enlacer) autour de, fig. éluder; sich vor Schmerz ~ se tordre de douleur.

Wind|es-eile f: in (od. mit) ~ comme le vent; **~fahne** f girouette f; **~fang** m (bei Türen) tambour m (de porte); 2**geschützt** p.p. adj. à l'abri du vent; **~harfe** f 'harpe f éolienne; **~hauch** m souffle m d'air; **~hose** f trombe f; **~hund** m lévrier m; F fig. écervelé m; **~hündin** f levrette f; 2**ig** adj. venteux; (Ort) éventé; es ist ~ il fait du vent; fig. évaporé, fanfaron; **~jacke** f veste f imperméable, anorak m; **~kanal** m tunnel m aérodynamique; **~licht** n lampe f tempête; lanterne f de jardin; **~messer** m anémomètre m; **~mühle** f moulin m à vent; **~pocken** f/pl. varicelle f; **~rad** n éolienne f; **~richtung** f direction f du vent; **~rose** f rose f des vents; **~schatten** m côté m abrité du vent; 2**schief** F adj. déjeté; (völlig schief) tout de travers; ~ werden se déjeter; **~schirm** m paravent m; 2**schlüpfig**, 2**schnittig** adj. aérodynamique; **~schutzscheibe** f pare-brise m; **~seite** f côté m du vent; ⚓ lof m;

~spiel n lévrier m; levrette f; **~stärke** f force f du vent; 2**still** adj. calme; **~stille** f calme m (plat); accalmie f; **~stoß** m coup m de vent; rafale f; bourrasque f; **~strömung** f courant m aérien.

Windung ['vɪndʊŋ] f tour m, détour m; (das Winden) entortillement m; (Krümmung) sinuosité f; (e-r Schlange) repli m; anat. circonvolution f; ⊕ spire f.

Wink [vɪŋk] m (3) signe m; fig. a. avis m, avertissement m, F tuyau m; auf e-n ~ à un signe; e-n ~ geben faire signe (mit de), fig. aviser, avertir.

Winkel ['~əl] m (7) angle m; (Ecke) coin m; (verborgener) recoin m; (des Herzens) repli m; **~advokat** m avocaillon m; **~eisen** n cornière f; équerre f en fer; 2**förmig** adj. en (forme d')angle; **~haken** m typ. m composteur m; **~halbierende** f bissectrice f; 2**ig** adj. à angles; (e-n Winkel bildend) angulaire; (mit vielen Winkeln) anguleux; (gewunden) tortueux; **~maß** n équerre f; triangle m; **~messer** m ⚔ rapporteur m; arp. graphomètre m, goniomètre m; **~messung** f goniométrie f; **~züge** m/pl. détours m/pl.; biais m; tergiversations f/pl.; ~ machen biaiser; tergiverser.

wink|en ['~ən] v/i. (25) faire signe (mit de); mit dem Taschentuch ~ agiter son mouchoir; (sich bieten) s'offrir; j-n zu sich ~ faire signe à q. d'approcher; 2**er** ['~ɔr] m (7) ✗ signaleur m; Auto indicateur m de direction; flèche f.

winseln ['vɪnzəln] v/i. (29) gémir; geindre.

Winter ['vɪntər] m (7) hiver m; **~fahrplan** m horaire m d'hiver; **~garten** m jardin m d'hiver; **~getreide** n semis m d'automne; semences f/pl. d'hiver; **~halbjahr** n semestre m d'hiver; **~kleid** n robe f d'hiver; **~kur-ort** m station f d'hiver; **~landschaft** f paysage m d'hiver; 2**lich** adj. d'hiver, hivernal, hibernal; **~mantel** m manteau m d'hiver; **~monat** m mois m d'hiver; **~olympiade** f olympiade f d'hiver; **~quartier** n quartier m d'hiver; **~saat** f semailles f/pl. d'automne; **~sachen** f/pl. vêtements m/pl. d'hiver; **~schlaf** m repos m hivernal (od. hibernal); hibernation f; den ~ halten hiberner; **~schlußver-**

kauf † *m* soldes *m/pl.* (de fin) d'hiver; **~semester** *n* semestre *m* d'hiver; **~sonn(en)wende** *f* solstice *m* d'hiver; **~spiele** *n/pl.*: olympische ~ jeux *m/pl.* olympiques d'hiver; **~sport** *m* sports *m/pl.* d'hiver; **~(s)zeit** *f* hiver *m*; zur ~ en hiver; **~vorrat** *m* provision(s) *f(pl.)* pour l'hiver; **~zeit** (*Uhrzeit*) heure *f* d'hiver.

Winzer |(**in** *f*) ['vintsər] *m* (7) vigneron(ne *f*) *m*; **~fest** *n* fête *f* des vendanges; **~messer** *n* serpette *f*.

winzig ['vintsiç] **1.** *adj.* minuscule, minime; (*sehr dürftig*) chétif; **2.** *adv.* fort peu; **2keit** *f* extrême petitesse *f*, exiguïté *f*.

Wipfel ['vipfəl] *m* (7) cime *f*; sommet *m*.

Wippe ['vipə] *f* (15) bascule *f*; balançoire *f*; **2n** *v/i.* (25) se balancer.

wir [vi:r] *pr/p.* nous; ~ sind es c'est nous; ~ Deutsche(n) nous autres Allemands.

Wirbel ['virbəl] *m* (7) tourbillon *m*; (*kreisende Drehung*) tourbillonnement *m*; *anat.* vertèbre *f*; (*Schwindel*) vertige *m*; (*Haar2*) épi *m*; (*Strudel*) tournant *m*; remous *m*; (*Trommel2*) roulement *m*; (*zum Spannen von Saiten*) cheville *f*; **2ig** *adj.* tournoyant; **~knochen** *m* vertèbre *f*; **2los** *adj.* invertébré; **2n** (29) *v/i.* (*v/t.* faire) tournoyer; tourbillonner; (*auf der Trommel*) exécuter un roulement; **~säule** *f* colonne *f* vertébrale; **~sturm** *m* tourbillon *m*; cyclone *m*; **~tier** *n* vertébré *m*; **~wind** *m* tourbillon *m*.

wirb(s)t [virp(s)t] *s.* werben.

wird [virt] *s.* werden.

wirken ['virkən] (25) **1.** *v/i.* agir (*auf acc.* sur); opérer; (*wirksam sein*) être efficace; avoir de l'effet; (*Eindruck machen*) faire impression (*auf j-n* sur q.); prendre (sur); (*den Zweck erreichen*) porter; (*arbeiten*) exercer (*als Arzt* la médecine); **2.** *v/t.* (*weben*) tisser; Gutes ~ faire du bien; **3.** *2 n* action *f*; opération *f*; (*Weben*) tissage *m*.

wirklich ['~liç] **1.** *adj.* réel; véritable; positif; effectif; **2.** *adv. a.* vraiment; en effet; **2keit** *f* réalité *f*; *in ~* en réalité, en effet, de fait; **~keitsfremd** *adj.* peu réaliste; **~keitsnah** *adj.* réaliste; **2keitssinn** *m* sens *m* des réalités, réalisme *m*.

wirksam *adj.* efficace *f*; (*kräftig*) énergique, puissant; ~ gegen bon pour; **2keit** *f* efficacité *f*; activité *f*.

Wirk|stoff *m* agent *m*; **~ung** *f* effet *m*; (*Tätigkeit*) action *f*; (*Eindruck*) impression *f*; *mit ~ vom 15. Januar* avec effet du 15 janvier; *mit sofortiger ~* avec effet immédiat.

Wirkungs|bereich *m* sphère *f* d'action; **~grad** *m* rendement *f*; **~kraft** *f* efficacité *f*; **~kreis** *m =* Wirkungsbereich; **2los** *adj.* sans effet; inefficace; **2voll** *adj.* efficace; (*eindrucksvoll*) impressionnant; **~weise** *f* manière *f* d'opérer, mode *m* d'action, fonctionnement *m*.

Wirkwaren *f/pl.* tricotages *m/pl.*

wirr [vir] *adj.* confus; (*unklar*) embrouillé; (*Haare*) en désordre; **~es** Durcheinander pêle-mêle *m*; **2en** ['~ən] *f/pl.* troubles *m/pl.*; (*Verwicklungen*) complications *f/pl.*; **2kopf** *m* brouillon *m*; **2warr** ['~var] *m* (3¹, *o. pl.*) confusion *f*; tohu-bohu *m*; pêle-mêle *m*; chaos *m*.

Wirsing ['virziŋ] *m* (3¹, *o. pl.*), **~kohl** *m* chou *m* frisé (*od.* de Milan).

wirst [virst] *s.* werden.

Wirt |(**in** *f*) [virt] *m* (3) (*Gastgeber*) hôte(sse *f*) *m*; (*Gast2 a.*) patron(ne *f*) *m*; aubergiste *m*, *f*; (*Hotel2*) hôtelier *m*, -ière *f*; (*Schank2*) cabaretier *m*, -ière *f*; (*Speisehaus2*) restaurateur *m*, -trice *f*; (*Café2*) cafetier *m*; (*Haus2*) propriétaire *m*, *f*; (*Hausherr*) maître(sse *f*) *m* de maison; (*Zimmervermieter*) logeur *m*, -euse *f*; **2lich** *adj.* hospitalier.

Wirtschaft ['~ʃaft] *f* économie *f* (*freie ~* libérale; *gelenkte* dirigée); (*Bauern2*) ferme *f*; (*Gast2*) auberge *f*; cabaret *m*; (*Bahnhofs2*) buffet *m*, buvette *f*; (*Haus2*) ménage *m* (*besorgen faire*); *die ~* (*Haus2*) führen gouverner la maison; (*Lärm*) remue-ménage *m*; (*Unordnung*) désordre *m*; **2en** *v/i.* (*verwalten*) administrer; gérer; (*Haushalt führen*) gouverner la maison; (*Haushalt besorgen*) faire le ménage; **~erin** *f* ménagère *f*; **~ler** *m* (7) économiste *m*; **2lich** *adj.* économique; (*haushälterisch*) économe; ménager; **~lichkeit** *f* (*Einträglichkeit*) rentabilité *f*.

Wirtschafts|-abkommen *n* accord *m* économique; **~aufschwung** *m* essor (*od.* redressement) *m* économique; **~berater** *m* conseiller *m* économique; **~bereich** m secteur m économique; **~beziehungen** f/pl. relations f/pl. économiques; **~gebäude** n bâtiment m d'exploitation; communs m/pl.; **~geld** n argent m de ménage; **~geographie** f géographie f économique; **~hilfe** f assistance f économique; **~jahr** n exercice m; **~krieg** m guerre f économique; **~krise** f crise f économique; **~lage** f situation f économique; **~leben** n vie f économique; **~minister(ium** n) m ministre (ministère) m de l'économie; **~politik** f politique f économique; **2politisch** adj. politicoéconomique; **~prüfer** m vérificateur m économique; **~system** n système m économique; économie f; **~ und Sozialrat** m conseil m économique et social; **~union** f, **~verband** m union f économique; **~wissenschaft** f science f de l'économie; **~wissenschaftler** m économiste m; **~wunder** n miracle m économique; **~zweig** m branche f économique.

Wirts|haus ['virts-] n auberge f; (Schenke) cabaret m; **~leute** pl. logeur m et logeuse f; aubergistes m/pl.

Wisch [viʃ] m (3²) torchon m; chiffon m (Papier de papier); **~en** ['ˌ~ən] v/t. (27) essuyer; peint. estomper; Staub~ épousseter; **~er** m (7) peint. estompe f; Auto essuie-glace m; **~tuch** n torchon m.

Wisent ['viːzənt] m (3) bison m.

Wismut ['vismuːt] n (3) bismuth m.

wispern ['vispərn] v/t. u. v/i. (29) chuchoter, murmurer.

Wiß|begier(de ['vis-] f désir m de s'instruire; curiosité f; **2begierig** adj. avide de s'instruire; curieux.

wissen ['ˌ~ən] **1.** v/t. (30) savoir (über acc., von de; etw. von j-m [durch j-n] qch. par q.); (kennen) connaître; nicht ~ ignorer; sehr wohl ~ ne pas ignorer; j-n etw. ~ lassen faire savoir qch. à q.; weißt du noch, als ... n rappelles-tu le temps où ...; **2.** **2** n savoir m; (Kenntnis) connaissance f; m-s ~s que je sache; à ma connaissance; ohne mein ~ à mon insu; wider besseres ~ tout en sachant le contraire; nach bestem ~ und Gewissen en toute conscience.

Wissenschaft f science f; **~ler** m (7) savant m; **2lich** adj. scientifique.

Wissens|drang m, **~durst** m désir m (od. soif f) de savoir; **~gebiet** n (bran-

che f de la) science f; **2wert** adj. qui vaut la peine d'être connu; (merkwürdig) intéressant.

wissentlich **1.** adj. intentionnel; **2.** adv. en connaissance de cause; sciemment.

witter|n ['vitern] v/t. (29) ch. u. fig. flairer, éventer; **2ung** f (Wetter) temps m; température f; ch. (Geruchssinn) flair m; (Geruch des Wildes) vent m.

Witterungs|-einflüsse m/pl. influences f/pl. atmosphériques; **~-umschwung** m changement m de temps; **~verhältnisse** n/pl. conditions f/pl. atmosphériques.

Witwe ['vitvə] f (15) veuve f; **~enrente** f rente f de veuve; **~enstand** m veuvage m; **~er** m (7) veuf f.

Witz [vits] m (3²) (witziger Geist) esprit m; (witziger Einfall) saillie f; pointe f; (~wort) bon mot m (reißen faire); blague f; mot m d'esprit; (Wortspiel) jeu m de mots; calembour m; **~blatt** n journal m amusant (od. humoristique); **~bold** F ['ˌbɔlt] m (3) farceur m, blagueur m; **~e'lei** f manie f de faire de l'esprit; raillerie f; **2eln** v/i. faire de l'esprit; ~ über (acc.) se railler de; **2ig** adj. spirituel; (Dinge a.) piquant.

wo [voː] **1.** adv. où; zu e-r Zeit, ~ ... en un temps où ...; zur Zeit, ~ ... du temps que ... (ind.); ~ auch immer où que (subj.); **2.** cj.: ~ nicht sinon; ~ möglich si possible; **~'anders** adv. ailleurs.

wob [voːp] s. weben.

wo'bei adv. oft durch gér. übers.; à l'occasion de quoi; à (resp. en resp. par resp. près de) quoi; où.

Woche ['vɔxə] f (15) semaine f; diese ~ cette semaine; nächste ~ la semaine prochaine; vor zwei ~n il y a deux semaines; in drei ~n dans trois semaines; in die ~n kommen accoucher (mit de); in den ~n sein être en (od. faire ses) couches.

Wochen|bericht m bulletin m hebdomadaire; **~bett** n couches f/pl.; **~blatt** n feuille f hebdomadaire; **~ende** n fin f de semaine; week-end m; ~ machen faire la semaine anglaise; **~endhaus** n maison f de week-end; **~karte** f carte f d'(abonnement) hebdomadaire; **2lang** adv. (adj.) qui dure des semaines entières; **~lohn** m salaire m hebdomadaire; semaine f; **~markt** m marché m hebdomadaire; **~schau** f (Film) actualités f/pl.; **~schrift** f revue (od. publication) f hebdomadaire; **~tag** m jour m de (la) semaine; jour m ouvrable; **2tags** adv. en semaine.

wöchentlich ['vœçəntliç] **1.** adj. hebdomadaire; **2.** adv. chaque semaine; dreimal ~ trois fois par semaine.

Wöchnerin ['vœçnərin] f accouchée f; **~nenheim** n maternité f.

wo|'durch adv. par quoi; par où; par lequel; **~'fern** cj. si toutefois; pourvu que (subj.); ~ nicht à moins que ... ne (subj.); **~'für** adv. pour quoi; pour lequel; ~ halten Sie mich? pour qui me prenez-vous?

wog [vo:k] s. wägen u. wiegen.

Woge ['vo:gə] f (15) vague f; (sanfte) onde f; **⚓** lame f.

wo|'gegen adv.: ~? contre quoi?; contre lequel; (tauschend) en échange (od. en retour) de quoi.

wogen ['vo:gən] v/i. (25) (Ähren) ondoyer; onduler; (Busen) palpiter; das Meer wogt la mer est agitée (od. houleuse).

wo|'her adv. d'où?; ~ kommt es, daß ... d'où vient que ... (ind.)? **~'hin?** adv. où?; **~hin'gegen** cj. tandis que (ind.).

wohl [vo:l] adj. u. adv. bien (comp. ~er mieux; sup. am ~sten le mieux); (bei guter Gesundheit a.) bien portant; ~ aussehen avoir bonne mine; sich ~ befinden aller bien, se porter bien; mir ist nicht ~ je me sens mal à l'aise; das tut ~ cela fait du bien; es sich ~ sein lassen se donner du bon temps; nun ~! eh bien!; das ist ~ nicht möglich cela n'est guère possible; ~ dem, der ... heureux celui qui ...; leben Sie ~! adieu!; ~ bekomm's! grand bien vous fasse!; ~ oder übel bon gré, mal gré; es ist ~ so il faut croire qu'il en est ainsi; es sind ~ 3 Tage her, daß ... il y a trois jours que ... (ind.); ob er ~ kommen wird? je me demande s'il va venir; er kommt ~ morgen il viendra probablement demain.

Wohl n (3, o. pl.) bien m; (Wohlergehen) bien-être m; (Glück) bonheur m; (Heil) salut m; auf Ihr ~! à votre santé!

wohl|'-an! int. eh bien!; allons!; **~'auf 1.** adj. bien portant; **2.** int. ~! = 'wohlan!; **~bedacht** p.p. adjt. réfléchi; **2befinden** n, **2behagen** n bien-

-être m; aise f; **~behalten** adj. sain et sauf; (Sachen) bien conservé; en bon état; **~bekannt** adj. bien connu; **~beleibt** adj. corpulent; replet; **2-ergehen** n (6) prospérité f; **~erwogen** p.p. adjt. bien considéré; **~erworben** p.p. adjt. bien acquis; légitime; **~erzogen** p.p. adjt. bien élevé, de bonne éducation; **2fahrt** f (16, o. pl.) prospérité f; salut m; die öffentliche ~ le bien public.

Wohlfahrts|-amt n assistance f publique; **~einrichtung** f institution f de bienfaisance; **~staat** m État m social.

wohl|'feil ['vo:lfail] adj. (adv. à) bon marché; **~gebaut** p.p. adjt. bien fait; **2gefallen** n plaisir m; satisfaction f; sein ~ an etw. (dat.) haben trouver du plaisir à qch.; sich in ~ auflösen bien à la satisfaction générale, (verschwinden) finir par disparaître; **~gefällig** adj. agréable; **2gefühl** n sentiment m de bien-être; **~gemeint** p.p. adjt. bien intentionné; **~gemerkt!** int. bien entendu!; **~gemut** adj. gai; de bonne humeur; **~genährt** p.p. adjt. bien nourri; **~geraten** p.p. adjt. bien fait; (Person) bien élevé; **2geruch** m parfum m; arôme m; **2geschmack** m bon goût m, goût m agréable; **~gesinnt** adj. bien intentionné; bien pensant; **~gestalt** adj. bien fait; **~habend** adj. aisé, à l'aise, fortuné; **2habenheit** f aisance f; **~ig** adj. à son aise, agréable; **~klang** m harmonie f; gr. euphonie f; **~klingend** p.p. adjt. harmonieux; mélodieux; gr. euphonique; **~meinend** p.pr. adjt. bien intentionné; **~riechend** p.pr. adjt. qui sent bon; parfumé, odorant; **~schmeckend** p.pr. adjt. savoureux; **2sein** n bien-être m; **2stand** m aisance f; prospérité f; **2standsgesellschaft** f société f de bien-être; **2tat** f bienfait m; (Annehmlichkeit) agrément m.

Wohltät|er(in f) m bienfaiteur m, -trice f; **2ig** adj. bienfaisant; (mildtätig) charitable; **~igkeit** f bienfaisance f; (Mildtätigkeit) charité f; **~igkeitsbasar** m vente f de charité.

wohl|tuend ['~tuənt] p.pr. adjt. qui fait du bien; bienfaisant; (angenehm) agréable; **~tun** v/i. faire du bien; (gut handeln) bien faire; **~über'legt** p.p. adjt. bien réfléchi; **~verdient** p.p. adjt. bien mérité; **2verhalten** n bonne conduite f; **~verstanden** p.p. adjt. bien entendu; **~'weislich** adv. très sagement; er hat es ~ nicht getan il s'est bien gardé de le faire; **~wollen** v/i.: j-m ~ vouloir du bien à q.; 2**wollen** n (6) bienveillance f; **~wollend** p.pr. adjt. bienveillant.

Wohn|-anhänger m roulotte f; caravane f; **~bezirk** m quartier m à immeubles d'habitation; quartier m résidentiel; **~block** m grand immeuble m d'habitation.

wohnen ['vo:nən] v/i. (25) habiter (in der Stadt la ville; auf dem Lande la campagne); demeurer; (Unterkunft haben) loger; être logé; (ständig) être domicilié; (offiziell) résider (a. fig.).

Wohn|gebiet n zone f résidentielle; 2**haft** adj. demeurant; (ständig) domicilié; **~haus** n maison f d'habitation; **~küche** f chambre-cuisine f; 2**lich** adj. commode; confortable; **~ort** m lieu m de séjour; domicile m; résidence f; **~raum** m pièce f; weitS. logement m; **~sitz** m domicile m fixe; résidence f; **~stube** f living-room m; salon m; **~ung** f logement m, habitation f; (größere) appartement m.

Wohnungs|-amt n office m du logement; 2**bau** m: (sozialer) ~ construction f de logements (sociaux); Wohnung im sozialen ~ habitation f à loyer modéré; **~einrichtung** f ameublement m; 2**los** adj. sans domicile; **~mangel** m manque m (od. pénurie f) de logements; **~not** f crise f du logement; **~wechsel** m changement m de domicile.

Wohn|verhältnisse n/pl. conditions f/pl. de logement (od. d'habitat); **~viertel** n quartier m d'habitation; **~wagen** m roulotte f; (Camping2) caravane f, remorque-camping f; **~zimmer** n living-room m, salon m.

wölb|en ['vœlbən] (25) v/t. (v/rfl. sich ~ se) voûter, cintrer; (rund hervortreten lassen) (se) bomber; 2**ung** f voussure f, bombement m; convexité f; (Gewölbe) voûte f, cintre m.

Wolf [vɔlf] m (3³) loup m; junger ~ louveteau m; ⚕ écorchure f; (Fleischhackmaschine) 'hache-viande f.

Wölfin ['vœlfin] f (16¹) louve f.

Wolfram ⚗ ['vɔlfram] n (6, o. pl.) tungstène m; wolfram m.

Wolfs|hund m chien-loup m; **~hunger** m faim f de loup; **~milch** ⚘ f euphorbe f; **~rachen** ⚕ m gueule-

-de-loup m.

Wolke ['vɔlkə] f (15) nuage m; (Gewölk) nue f; (Regen2) nuée f; fig. aus allen ~n fallen tomber de son 'haut, tomber des nues.

Wolken|bruch m pluie f torrentielle; **~decke** f couche f de nuages; **~kratzer** m gratte-ciel m; 2**los** adj. sans nuage; serein.

wolkig ['vɔlkiç] adj. nuageux.

Woll|decke f couverture f de laine; **~e** f (15) laine f; (Schaf2) toison f; (Baum2) coton m; reine ~ pure laine f; F fig. sich in die ~ kriegen se prendre de querelle; 2**en** adj. de (od. en) laine.

wollen ['vɔlən] 1. v/aux., v/t., v/i. (30) vouloir; (beabsichtigen) avoir l'intention (de); se proposer (de); (verlangen) demander; exiger; (behaupten) prétendre; was ~ Sie von mir? que me voulez-vous?; ich will nichts gesagt haben mettons que je n'aie rien dit; ich will es nicht gehört haben faites comme si je n'avais rien entendu; das will vorsichtig gemacht werden cela demande à être fait avec prudence; 2. 2 n vouloir m; volonté f; (Willensäußerung) volition f.

Woll|fett n suint m; **~garn** n fil (od. filé) m de laine; **~haar** n brin m de laine; (e-s Menschen) cheveux m/pl. crépus; **~handel** m commerce m des laines; 2**ig** adj. laineux; (Haar) crépu; **~industrie** f industrie f lainière; **~kamm** m carde f; **~schur** f tonte f; **~spinnerei** f filature f de laine; **~stoff** m lainage m; grober ~ bure f.

Woll|ust ['vɔlust] f (14¹) volupté f; mv.p. luxure f; 2**üstig** adj. voluptueux; mv.p. luxurieux.

Woll|waren f/pl. articles m/pl. en laine; lainages m/pl.; **~weste** f gilet m de laine.

wo|'mit adv. avec quoi (resp. à resp. de quoi; avec lequel; auquel; ~ kann ich dienen? qu'y a-t-il pour votre service?; en quoi puis-je vous servir?; **~'möglich** adv. peut-être; **~'nach** adv. après quoi; après lequel; (gemäß) d'après quoi; d'après lequel; ~ fragt er? qu'est-ce qu'il demande?; ~ schmeckt das? quel goût cela a-t-il?

Wonne ['vɔnə] f (15) délice m; (Entzücken) ravissement m; **~gefühl** n sentiment m de délices; **~monat** m, **~mond** m mois m de mai; 2**trunken** adj. ivre de joie; pfort en extase;

²**voll** adj. = wonnig.

wonnig [ˈvɔnɪç] adj. délicieux; ravissant.

wor|an [voˈran] adv. à quoi; auquel; ~ denkst du? à quoi penses-tu? ~ bin ich? où en suis-je?; ich weiß nicht, ~ ich mit ihm bin je ne sais à quoi m'en tenir avec lui; **~auf** adv. sur (resp. à) quoi, sur lequel; (zeitlich) après quoi; **~aus** adv. de quoi, d'où; (ce) dont; duquel; **~ein** adv. dans quoi; dans lequel; où; **~in** adv. en (resp. dans) quoi; dans lequel; où.

Wort [vɔrt] n (3, einzeln 1²) (ohne Bezug auf die Zs.-hang) mot m; (Ausdruck) terme m, expression f; (Ausspruch) mot m, parole f; (Sprichwort) proverbe m, dicton m; rl. Verbe m; ~ Gottes parole f de Dieu; je e-s Liedes paroles f/pl. d'une chanson; das ~ führen porter la parole; das große ~ führen avoir le verbe 'haut; ~ halten (brechen) tenir (manquer) à sa parole; j-m (e-r Sache dat.) das ~ reden parler en faveur de q. (de qch.); ~e machen faire des phrases; j-m das ~ entziehen retirer la parole à q.; kein ~ mehr davon! n'en parlons plus!; ein ~ gibt das andere un mot amène l'autre; aufs ~ gehorchen obéir au premier mot; auf ein ~! un mot, s'il vous plaît!; j-m aufs ~ glauben croire q. sur parole; auf mein ~! parole d'honneur!; bei diesen ~en à ces mots; j-n beim ~ nehmen prendre q. au mot; ~ für ~ mot à (od. pour) mot; in ~en (ganz ausgeschrieben) en toutes lettres; j-m ins ~ fallen couper la parole à q.; mit e-m ~ en un mot; bref; j-m mit s-n eigenen ~en schlagen retourner contre q. ses propres arguments; ohne ein ~ zu sagen sans mot dire; kein ~ sagen (sprechen) ne dire mot; ums ~ bitten demander la parole; nicht zu ~ kommen ne pas parvenir à placer un mot; **~akzent** m accent m tonique; ²**-arm** adj. (Sprache) pauvre; **~art** gr. f espèce f de mots, partie f du discours; **~bedeutungslehre** f sémantique f; **~bildung** f formation f des mots; **~bruch** m manque m de parole; ²**brüchig** adj. qui manque à sa parole; ~ werden manquer à sa parole.

Wört|chen n petit mot m; gr. particule f; ein ~ mitzureden haben avoir voix au chapitre; **~erbuch** n dictionnaire m; **~erverzeichnis** n vocabu-

laire m; (für bestimmte Autoren) lexique m; (mit Erklärungen) glossaire m.

Wort|folge f ordre m des mots; **~führer** m porte-parole m; (e-r Partei) organe m; **~gefecht** n dispute f, débat m; ²**getreu** adj. u. adv. = wörtlich; ²**karg** adj. avare de mots; taciturne; **~klauber** [ˈ~klaubər] péj. m (7) éplucheur m de mots; **~klauberei** péj. [~ˈraɪ] f (16) chicane f sur les mots; **~laut** m teneur f; texte m même; nach dem ~ des Vertrages aux termes du contrat.

wörtlich [ˈvœrtlɪç] **1.** adj. littéral; textuel; **2.** adv. à la lettre; au pied de la lettre; mot à mot.

wort|los adj. u. adv. muet; sans mot dire; **~reich** adj. riche en mots; (Stil) abondant; (phrasenhaft) verbeux; redondant; ²**reichtum** m abondance f de mots; ²**schatz** m vocabulaire m; ²**schwall** m flot m de paroles; verbiage m; ²**sinn** m sens m littéral; ²**spiel** n jeu m de mots, calembour m; ²**stellung** f ordre m des mots; ²**streit** m querelle f de mots, dispute f; ²**wechsel** m vive discussion f; dispute f; altercation f; **~wörtlich** adv. mot à (od. pour) mot.

wo|rüber [voˈryːbər] adv. sur (resp. de) quoi; sur lequel; duquel; (ce) dont; **~'rum** adv. de quoi; **~'runter** adv. sous quoi; sous lequel; parmi (resp. entre) lesquels.

wo|'selbst adv. où; **~'von** adv. de quoi; duquel; dont; d'où; **~'vor** adv. devant (resp. de) quoi; devant lequel; duquel; (ce) dont; **~'zu** adv. à quoi; auquel; **~?** pourquoi?; à quoi bon?; dans quel but?

Wrack [vrak] n (3) épave f (a. Flugzeug² a. fig.); (Schiff) bateau m naufragé; **~gut** n épaves f/pl.

wringen [ˈvrɪŋən] v/t. (30) tordre.

Wucher [ˈvuːxər] m (7) usure f; ~ treiben faire l'usure; **~er** m (7) usurier m; ²**isch** adj. usuraire; ~ aufkaufen accaparer; ²**n** v/i. (29) ⚘ pulluler; foisonner; ⚘ proliférer; ♣ faire l'usure; **~preis** m prix m usuraire; **~ung** ⚘ f prolifération f, végétations f/pl.; **~zins** m intérêt m usuraire.

wuchs [vuːks] s. wachsen.

Wuchs m (4²) croissance f; crue f; (Gestalt) taille f, stature f.

Wucht [vuxt] f (16) pesanteur f; poids m; mit voller ~ de tout son poids; F *das ist 'ne* ~! c'est épatant!; **2en** ['ˌɔn] *v/t.* soulever péniblement; **2ig** *adj.* pesant, lourd; (*Schlag*) violent.

Wühl|arbeit *fig.* ['vy:lˀ-] *f* menées *f/pl.* souterraines; **2en** *v/i.* fouiller; (*Maulwurf usw.*) fouir; (*Wildschwein*) fouger; *pol.* agiter les esprits; **~er** *m* (7) fouilleur *m*; *zo.* fouisseur *m*; *pol.* agitateur *m*; meneur *m*; **2erisch** *pol. adj.* subversif; **~maus** *f* campagnol *m*.

Wulst [vulst] *m* (3² *u.* ³) renflement *m*; (*Bausch*) bourrelet *m*; *Arch.* boudin *m*, tore *m*; **2** protubérance *f*; **2ig** *adj.* renflé; (*Lippe*) retroussé.

wund *adj.* écorché, excorié; ~ *schlagen* meurtrir; ~ *reiben* écorcher; *sich die Füße* ~ *laufen* s'écorcher les pieds par la marche; *sich* ~ *liegen* s'excorier; **~e** *Stelle* plaie *f*, blessure *f*, meurtrissure *f*, écorchure *f*, *fig.* côté *m* faible; *fig.* ~*er Punkt* point *m* faible; **2-arzt** *m* chirurgien *m*; **2e** *f* (15) blessure *f*; (*Wundfläche*) plaie *f* (*beide a. fig.*).

Wunder ['vʊndər] *n* (7) miracle *m* (*bsd. rl.*); (~*ding*) prodige *m*; (~*werk*) merveille *f*; (*seltsame Naturerscheinung*) phénomène *m*; *es nimmt mich* **2**, *daß* ... je suis étonné que ... (*subj.*) (*od. de ce que ... *[*ind.*]); *es ist* **2** ~ c'est merveille (*daß* ... *que* ... [*subj.*]); *wenn* ... *si*; *zu* ... [*inf.*]); *das ist kein* ~ quoi d'étonnant (*à cela*)?; *was* ~, *daß* ...? faut-il s'étonner que ... (*subj.*) (*od. de ce que ...* [*ind.*])?; *quoi d'étonnant que ... * (*subj.*).)?; *ich dachte* **2** *was* je m'attendais à qch. de merveilleux; *sich* **2** *was* einbilden s'imaginer Dieu sait quoi; *er bildet sich* **2** *was darauf ein* il en est tout fier; **2bar** *adj.* merveilleux, prodigieux, miraculeux; F épatant; (*übernatürlich*) surnaturel; (*eigentümlich*) singulier; ~*ding* *n* prodige *m*; ~**doktor** *m* guérisseur *m*, charlatan *m*; ~**glaube** *m* croyance *f* aux miracles; **2hübsch** *adj.* ravissant; charmant; ~**kerze** *f* cierge *m* merveilleux; ~**kind** *n* enfant *m* prodige; ~**land** *n* pays *m* des merveilles; **2lich** *adj.* bizarre; (*seltsam*) étrange; (*sonderbar*) original; ~*er Kauz* drôle *m* d'homme; ~**mittel** *n* panacée *f*; **2n** *v/t. u. v/rfl.*: *sich* ~ *über* (*acc.*) s'étonner de; *das wundert mich* cela m'étonne; **2sam** *adj.* merveilleux; (*seltsam*) étrange, singulier;

2schön *adj.* merveilleux; ravissant; (*herrlich*) magnifique; ~**täter** *m* thaumaturge *m*; **2tätig** *adj.* miraculeux; ~**tier** F *fig.* *n* phénomène *m*; **2voll** *adj.* merveilleux; ~**werk** *n* merveille *f*.

Wund|fieber *n* fièvre *f* traumatique; **2liegen** *v/rfl.*: *sich* ~ s'écorcher à force d'être couché; ~**mal** *n* cicatrice *f*; *rl.* stigmate *f*; ~**salbe** *f* onguent *m* vulnéraire; ~**starrkrampf** **2** *m* tétanos *m* (traumatique).

Wunsch [vʊnʃ] *m* (3² *u.* ³) souhait *m*; (*Verlangen, Begehren*) désir *m* (*nach de*); (*heißes Verlangen*) vœu *m*; *nach* ~ à souhait; *auf* ~ sur demande; *auf j-s* ~ à la demande de q.; ~**bild** *n* idéal *m*.

Wünschelrut|e ['vynʃəl-] *f* baguette *f* magique (*od. divinatoire*); ~**engänger** *m* sourcier *m*.

wünschen ['ˌɔn] *v/t.* (27) souhaiter; (*sehnlich verlangen, begehren*) désirer; *sich etw.* ~ désirer avoir qch.; ~**swert** *adj.* souhaitable, désirable.

wunsch|gemäß *adv.* selon le désir (de); **2konzert** *rad. n* concert *m* des auditeurs; **2traum** *n* beau rêve *m*, chimère *f*; **2zettel** *m* liste *f* des desiderata, liste *f* de ce qu'on désirerait avoir (comme cadeau).

wupp! [vup] *int.* vlan!

Würde ['vyrdə] *f* (15) dignité *f*; (*Hoheit*) noblesse *f*; (*Ernst*) gravité *f*; ~ *bewahren* garder sa dignité; *akademische* ~ *grade m* universitaire; *ich halte es* (*für*) *unter m-r* ~, *zu* ... (*inf.*) je trouve au-dessous de moi de ... (*inf.*); *unter aller* ~ au-dessous de tout; **2los** *adj.* indigne; ~**nträger** *m* dignitaire *m*; **2voll** *adj.* digne; noble; grave.

würdig *adj.* digne (*e-r Sache gén.* de qch.); (*ehrwürdig*) respectable; vénérable; ~**en** ['ˌɡən] *v/t.* (25) estimer (*od. juger*) digne (*e-r Sache gén.* de qch.); (*schätzen*) apprécier; *j-n keiner Antwort* ~ ne pas daigner répondre à q.; **2ung** *f* appréciation *f*.

Wurf [vurf] *m* (3³) jet *m*; projection *f*; (*v. Spiel*) coup *m*; (*v. Tieren*) mise *f* bas; (*die Jungen*) portée *f*; ~**bahn** *f* trajectoire *f*.

Würfel ['vyrfəl] *m* (7) dé *m*; ⚁ cube *m*; *der* ~ *ist gefallen* le sort en est jeté; *cuis. in* ~ *schneiden* couper en petits carrés; ~**becher** *m* cornet *m*; ~**form** *f* forme *f* cubique; **2förmig** *adj.* cubique; 2n (29) 1. v/i. jouer aux dés; 2. v/t. couper en petits carrés; ~spiel n jeu m de dés; ~zucker m sucre m en morceaux.

Wurf|geschoß n projectile m; ~scheibe f disque m; ~speer m, ~spieß m javelot m.

würg|en ['vyrgən] (25) 1. v/t. étrangler; égorger; 2. v/i.: an etw. (dat.) ~ ne pouvoir avaler qch.; 2-engel m ange m exterminateur; 2er orn. m (7) pie-grièche f.

Wurm [vurm] (1²) 1. m ver m; F fig. da ist der ~ drin il y a qch. de boiteux là-dedans; F fig. j-m die Würmer aus der Nase ziehen tirer à q. les vers du nez; 2. F n pauvret m.

wurm|en F [~ən] v/t.: das wurmt mich cela me tracasse, cela me ronge le cœur.

wurm|förmig adj. vermiforme; 2-fortsatz m appendice m; 2fraß m vermoulure f; 2mittel n vermifuge m; ~stichig adj. vermoulu; (Früchte) véreux (a. fig.).

Wurst [vurst] f (14¹) saucisse f; (dikkere) saucisson m; fig. F das ist mir ~ je m'en fiche; fig. F jetzt geht es um die ~ c'est maintenant que ça se décide; F ~wider ~ donnant donnant.

Würstchen ['vyrstçən] n (6) saucisse f (Frankfurter de Francfort).

Wurst|ei F [~ə'laɪ] f bouillage m; 2n F v/i. (29) bousiller.

Wurst|waren f/pl. charcuterie f; ~zipfel m bout m de saucisse (resp. de saucisson).

Württemberg|er(in f) ['vyrtəmbɛrgər(in)] m (7) Wurtembergeois(e f) m; 2isch adj. wurtembergeois.

Würze ['vyrtsə] f (15) assaisonnement m (a. fig.); condiment m; aromate m; (in der Brauerei) moût m (Gewürz) épice f; fig. pointe f.

Wurzel ['vurtsəl] f (16) racine f (a. &: ziehen extraire; zweite carrée; dritte cubique); gr. a. radical m; gelbe ~ carotte f; schwarze ~ scorsonère f; (Fuß2) tarse m; (Hand2) poignet m; ~n schlagen prendre racine (a. fig.), faire des racines, fig. s'enraciner;

~behandlung ⚕ f traitement m de la racine; ~bildung ⚕ f radication f; ~faser f radicule f; ~knollen m (der Kartoffel) tubercule m; (der Zwiebel) bulbe m; 2los adj. sans racines; fig. déraciné; (der Kartoffel) des racines; fig. in etw. (dat.) ~ avoir sa racine dans qch.; ~schößling m drageon m; surgeon m; ~stock m rhizome m; ~werk n racines f/pl.; ~zeichen n radical m; ~ziehen & n extraction f d'une racine.

würz|en v/t. (27) assaisonner (a. fig.); (dem Geruch nach) aromatiser; ~ig adj. savoureux; (dem Geruch nach) aromatique.

wusch [vuːʃ] s. waschen.

wußte ['vustə] s. wissen.

Wust [vuːst] m (3) amas m confus; chaos m, fatras m.

wüst [vyːst] adj. désert; (unbebaut) inculte; (unordentlich) en désordre; (Ton, Benehmen) sauvage; (sittenlos) dissolu; débauché; ein ~es Leben führen vivre dans la débauche; 2e [~ə] f (15) désert m; zur ~ machen dévaster; 2enfuchs m renard m des sables; 2ensand m sable m du désert; 2ling m débauché m, libertin m.

Wut [vuːt] f (16, o. pl.) rage f; fureur f (an j-m auslassen passer sur q.); in ~ geraten entrer (od. se mettre) en fureur, enrager; j-n in ~ bringen mettre q. en fureur, faire enrager q.; vor ~ schäumen écumer de rage; ~anfall m accès m de rage (od. de fureur).

wüten ['vyːtən] v/i (26) être en fureur (od. en rage); (toben) faire rage; (Krankheit) sévir; ~d adj. furieux (auf j-n contre q.), enragé, furibond; ~ werden entrer en fureur, enrager; ~ machen mettre en fureur, faire enrager.

wutentbrannt ['~ʔɛnt'brant] p.p. adjt. enflammé de rage.

Wüterich ['vyːtərɪç] m (3) homme m furieux; forcené m; (blutdürstiger Tyrann) tyran m sanguinaire.

wut|'schäumend, ~'schnaubend p.pr. adjt. écumant de rage.

X

X, x [iks] *n* X, x *m*; *j-m ein X für ein U vormachen* faire prendre des vessies pour des lanternes à q.
x-Achse ['iks^əaksə] *f* axe *m* des x (*od.* des abscisses).
Xanthippe [ksan'tipə] *f fig.* mégère *f.*
X|-Beine *n/pl.* jambes *f/pl.* cagneuses (*od.* en X); ~ **haben** être cagneux; **♀-beliebig** *adj.*: *ein ~es Buch* n'importe quel livre, un livre quelconque; ~**-beliebige(s)** *n* n'importe quoi; **♀-mal** *adv.* je ne sais combien de fois; ~**-Strahlen** *m/pl.* rayons *m/pl.* X; **♀-te** ['~tə] *adj.*: *zum ~n Mal, zum ~nmal* pour la nième fois.
Xylograph [ksylo'grɑ:f] *m* (12) xylographe *m.*
Xylophon ♪ [ksylo'fo:n] *n* (3¹) xylophone *m.*

Y

Y, y ['ypzilɔn] *n* Y, y [i'grɛk] *m.*
y-Achse ['ypzilɔn^əaksə] *f* axe *m* des y (*od.* des ordonnées).
Yak *zo.* [jak] *m* (11) ya(c)k *m.*
Yacht [jaxt] *f* (16) yacht *m.*
Yankee ['jɛnki] *m* (11) yankee *m.*
Yoghurt ['jo:gurt] *m od. n* (11) yaourt *m*, yogourt *m.*

Z

(Vgl. a. C)

Z, z [tsɛt] *n* Z, z [zɛd] *m*.

Zack|e ['tsakə] *f* (15), **~en** *m* (6) (*e-s Sterns*) pointe *f*; (*e-r Krone, e-s Bergs*, ⊕) *cout.* dent(elure) *f*, languette *f*; **2en** *v/t.* denteler, déchiqueter; **2ig** *adj.* garni de pointes; (*gezahnt*) denté; 🏴, *zo.* dentelé; *fig.* (*schneidig*) d'allure militaire, F péte-sec.

zag|en ['tsaːgən] *v/i.* manquer de cœur; (*zaudern*) hésiter; **2en** *n* manque *m* de cœur; hésitation *f*; **~haft** *adj.* hésitant, timide, irrésolu; **2haftigkeit** *f* timidité *f*, irrésolution *f*.

zäh·['tsɛː] *adj.* tenace; (*Fleisch usw.*) coriace; (*klebrig*) visqueux; (*hartnäckig*) opiniâtre; *ein ~es Leben haben* avoir la vie dure; **~flüssig** *adj.* visqueux; **2igkeit** *f* ténacité *f*; (*v. Fleisch usw.*) caractère *m* coriace; (*Klebrigkeit*) viscosité *f*; (*Hartnäkkigkeit*) opiniâtreté *f*.

Zahl [tsaːl] *f* (16) nombre *m*; (*Ziffer*) chiffre *m*; *10 an der ~* au nombre de dix; *die ~ vollmachen* faire nombre.

zahlbar *adj.* payable (*in 3 Monaten* à trois mois).

zählbar ['tsɛːlbaːr] *adj.* qu'on peut compter; dénombrable.

zahlen ['tsaːlən] *v/t. u. v/i.* (25) payer; *Kellner, ~!* garçon, l'addition (s'il vous plaît)!

zählen ['tsɛːlən] *v/t. u. v/i.* (25) compter (*auf acc.* sur); *Bevölkerung:* recenser; *Stimmzettel:* dépouiller; *ich zähle mich zu s-n Freunden* je me mets au nombre de ses amis.

Zahlen|·angabe *f* indication *f* numérique; **~gedächtnis** *n* mémoire *f* des chiffres (*od.* des nombres); **~lotto** *n* loterie *f* à numéros; **2mäßig** *adj.* numérique; **~material** *n* indications *f/pl.* numériques; **~reihe** *f* série *f* de nombres; **~verhältnis** *n* proportion *f* numérique.

Zähler(in *f*) *m* (7) payeur *m*, -euse *f*.

Zähler *m* (7) compteur *m*; 🅰 numérateur *m*.

Zahl|karte 🕮 *f* mandat-carte *m*; **2los** *adj.* innombrable; **~meister** *m*

payeur *m* (🅇 *a.* officier *m* payeur); trésorier *m*; ⚓ commissaire *m*; **2reich** *adj.* nombreux; **~stelle** *f* caisse *f*; guichet *m*; **~tag** *m* jour *m* de paie(ment); **~ung** *f* paiement *m*; versement *m*.

Zählung *f* dénombrement *m*; (*Bevölkerungs2*) recensement *m*; (*Stimmzettel2*) dépouillement *m*.

Zahlungs|·abkommen *n* accord *m* de paiement; **~anweisung** *f* mandat *m* de paiement; chèque *m*; **~aufforderung** *f* sommation *f* de payer; **~aufschub** *m* moratoire *m*; **~auftrag** *m* ordre *m* de paiement; **~ausgleich** *m* compensation *f* des paiements; **~befehl** *m* mise *f* en demeure (de payer); **~einstellung** *f* suspension *f* de paiements; **~empfänger** *m* bénéficiaire *m* (d'un paiement); **~erleichterung** *f* facilité *f* de paiement; **2fähig** *adj.* solvable; **~fähigkeit** *f* solvabilité *f*; **~frist** *f* délai *m* de paiement; **~mittel** *n* moyen *m* de paiement; *gesetzliches ~* monnaie *f* légale; **~modus** *m* = *Zahlungsweise*; **~termin** *m* terme *m*; échéance *f*; **2unfähig** *adj.* insolvable; **~unfähigkeit** *f* insolvabilité *f*; **~verkehr** *m* (service *m* des) paiements *m/pl.*; **~weise** *f* mode *m* de paiement.

Zählwerk *n* (mécanisme *m*) compteur *m*.

Zahlwort *gr. n* nom *m* de nombre; adjectif *m* numéral.

zahm [tsaːm] *adj.* (*gezähmt*) apprivoisé; (*Haustier*) domestique; *fig.* (*Personen*) traitable, docile; (*friedlich*) paisible; *~ machen* apprivoiser; *~ werden* s'apprivoiser.

zähm|bar *adj.* domptable; **~en** ['tsɛːmən] *v/t.* (25) apprivoiser; (*bändigen*) dompter (*a. fig.*); (*zu e-m Haustier*) domestiquer; *Leidenschaft:* refréner.

Zahmheit *f* docilité *f*, douceur *f*.

Zähmung *f* apprivoisement *m*; (*Bändigung*) domptage *m*; (*zu e-m Haustier*) domestication *f*.

Zahn [tsaːn] *m* (3³) dent *f* (ziehen

arracher; extraire); der ~ der Zeit les ravages *m/pl.* du temps; Zähne bekommen faire ses dents; *fig.* sich die Zähne an etw. (*dat.*) ausbeißen se casser les dents à qch.; *fig.* j-m auf den ~ fühlen sonder q.; tâter (le pouls à) q.; **~arzt** *m* (médecin *m*) dentiste *m*; **2-ärztlich** *adj.* de (*od.* du) dentiste, dentaire; **~bürste** *f* brosse *f* à dents.

Zähne|klappern ['tsɛːnə-] *n* (6) claquement *m* de dents; **~knirschen** *n* (6) grincement *m* de dents; **2knirschend** *p.pr. adjt.* en grinçant les dents.

zahnen ['tsaːnən] *v/i.* (25) (*Kinder*) faire ses dents.

Zahn-|ersatz *m* fausses dents *f/pl.*; **~fäule** *f* carie *f* des dents; **~fleisch** *n* gencive(s *pl.*) *f*; **~füllung** *f* plombage *m*; obturation *f*; **~geschwür** *n* abscès *m* dentaire; **~heilkunde** *f* chirurgie *f* dentaire; **~höhle** *f* alvéole *m* dentaire; **~klinik** *f* clinique *f* (*od.* institut *m*) dentaire; **~kranz** *m* ⊕ couronne *f* dentée; **2los** *adj.* sans dents; édenté; **~lücke** *f* brèche *f*; **~nerv** *m* nerf *m* dentaire; **~paste** *f* pâte *f* dentifrice; **~pflege** *f* soins *m/pl.* dentaires, hygiène *f* dentaire; **~prothese** *f* prothèse *f* dentaire, dentier *m*.

Zahnrad *n* roue *f* dentée; (*kleines*) pignon *m*; **~antrieb** *m* entraînement *m* par engrenages; **~bahn** *f* chemin *m* de fer à crémaillère; **~getriebe** *n* engrenage *m*.

Zahn|schmelz *m* émail *m* des dents; **~schmerz** *m* mal *m* de dents; ~en *m* haben avoir mal aux dents; **~stange** ⊕ *f* crémaillère *f*; **~stein** *m* tartre *m*; **~stocher** *m* (7) cure-dent *m*; **~stumpf** *m* chicot *m*; **~techniker** *m* mécanicien-dentiste *m*; **~wechsel** *m* seconde dentition *f*; **~weh** *n* = Zahnschmerz; **~wurzel** *f* racine *f* de dent; **~zange** *f* pince *f* de dentiste; pélican *m*; davier *m*; **~ziehen** *n* extraction *f* d'une (resp. des) dent(s).

Zander zo. ['tsandər] *m* (7) sandre *f*.

Zang|e ['tsaŋə] *f* (15) pince(s *pl.*) *f*; große ~ tenailles *f/pl.*; kleine ~ pincette *f*; ☞ forceps *m*; (*der Insekten*) mâchoire *f*; **~engeburt** *f* accouchement *m* aux fers.

Zank [tsaŋk] *m* (3) querelle *f*; (*Wortwechsel*) dispute *f*; (*Auseinandersetzung*) altercation *f*; **~apfel** *m* pomme *f* de discorde; **2en** ['-ən] *v/rfl.* (25):

sich ~ se quereller (*mit avec*), se disputer (*avec*); sich ~ um, sich ~ über (*acc.*) se disputer au sujet de qch.

Zänk|er ['tsɛŋkər] *m* (7) querelleur *m*, disputeur *m*; **2isch** *adj.* querelleur; chicanier; acariâtre.

Zank|sucht *f* esprit *m* querelleur; **2süchtig** *adj.* querelleur.

Zäpfchen ['tsɛpfçən] *n* (6) anat. luette *f* (du palais); ☞ suppositoire *m*.

zapfen ['tsapfən] *v/t.* (25) Wein, Bier: tirer (au tonneau).

Zapfen *m* (6) (*Faß2*) bonde *f*, bondon *m*; tampon *m*; ♀ cône *m*; strobile *m*; (*der Kiefer a.*) pomme *f*; (*Stift*) tenon *m*; cheville *f*; (*Dreh2*) tourillon *m*; (*Türangel2*) pivot *m*; **~bohrer** *m* mèche *f* à tenon, vrille *f*; **~lager** *n* palier *m*; **~loch** *n* (*Tischlerei*) mortaise *f*; **~streich** ⚔ *m* couvre-feu *m*; den ~ blasen sonner la retraite; **~zieher** *m* schweiz. = Korkenzieher.

Zapf|säule *f* distributeur *m* d'essence; **~stelle** *f* prise *f* d'eau.

zapp(e)lig ['tsap(ə)liç] *adj.* frétillant; **~eln** *v/i.* (29) frétiller; F j-n ~ lassen tenir la dragée haute à q.

Zar(in *f*) [tsaːr] *m* (12) tsar(ine *f*) *m*.

zart [tsaːrt] *adj.* tendre (*a. Fleisch*); (*Haut, Geschmack, Gefühl*) délicat, fin; (*dünn*) délié, ténu; (*zerbrechlich*) fragile; **~besaitet** *adj.* susceptible; **~fühlend** *p.pr. adjt.* délicat; (*taktvoll*) qui a du tact; **2gefühl** *n* délicatesse *f* (de sentiment); (*Takt*) tact *m*; **2heit** *f* délicatesse *f*; finesse *f*; (*Zerbrechlichkeit*) fragilité *f*.

zärtlich ['tsɛːrtliç] *adj.* tendre; (*liebevoll*) affectueux; **2keit** *f* tendresse *f*.

Zaster ['tsastər] *m* (7, *o. pl.*) fric *m*.

Zäsur [tsɛ'zuːr] *f* (16) césure *f*.

Zauber ['tsaʊbər] *m* (7) charme *m*, enchantement *m* (*a. fig.*); (*~kunst*) magie *f*; **~ei** [~'raɪ] *f* enchantement *m*, ensorcellement *m*; (*Kunst*) magie *f*, sorcellerie *f*; **~er** *m* (7) magicien *m*, enchanteur *m*; (*Hexenmeister*) sorcier *m*; **~flöte** *f*: die ~ la Flûte enchantée; **~formel** *f* formule *f* magique; **2haft** *adj.* enchanteur; (*wunderbar*) merveilleux; **2isch** *adj.* magique, enchanté, féerique; **~kraft** *f* pouvoir *m* (*od.* vertu *f*) magique; **~kunst** *f* magie *f*; (*Taschenspielerkunst*) prestidigitation *f*; **~künstler** *m* magicien *m*; (*Taschenspieler*) prestidigitateur *m*; **~kunststück** *n* tour *m* de prestidigitation; **~land** *n* pays *m* enchanté; **~laterne** f lanterne f magique; **~lehrling** m apprenti m sorcier; **2n** (29) **1.** v/i. user de charmes; pratiquer la magie; **~ können** être sorcier (als Kunst: magicien); **2.** v/t. transporter (od. faire passer) par enchantement; **~posse** thé. f féerie f; **~schloß** n château m enchanté; **~spiegel** m miroir m magique; **~spruch** m formule f magique; **~stab** m baguette f magique; **~trank** m philtre m; **~wort** n mot m magique.

Zauder|er ['tsaʊdərər] m (7) esprit m irrésolu; (bessere Zeiten abwartend) temporisateur m; **2n** v/i. (29) hésiter (etw. zu tun à faire qch.); tarder (à); (abwarten) temporiser; **~n** n hésitation f; temporisation f.

Zaum [tsaʊm] m (3³) bride f; fig. a. frein m; im ~ halten tenir en bride.

zäumen ['tsɔʏmən] v/t. (25) brider.

Zaumzeug n bride f.

Zaun [tsaʊn] m (3³) clôture f (Holz2 de bois); (Pfahl2) palissade f; (Hekke) 'haie f; fig. e-n Streit vom ~ brechen chercher une querelle d'Allemand; **~gast** F m resquilleur m; **~könig** zo. m roitelet m; **~pfahl** m palis m; e-n Wink mit dem ~ geben faire une invite (F un appel du pied).

zausen ['tsaʊzən] v/t. (27) tirailler; 'houspiller; Haare: ébouriffer.

Zebra ['tse:bra] n (11) zèbre m; **~streifen** m/pl. passage m clouté.

Zech|bruder m buveur m; P pochard m; riboteur m; **e** ['tseçə] f (15) (Rechnung) addition f; (zu zahlender Anteil) écot m; (Verzehr) consommation f; mine f; (Steinkohlen2) 'houillère f; die ~ bezahlen payer l'écot, fig. payer les pots cassés; **2en** v/i. (25) boire (copieusement); F chopiner; P faire ribote; **~er** m (7) buveur m; **~gelage** n beuverie f; **~kumpan** m compagnon m de beuverie; **~preller** m griveleur m; **~prellerei** f grivèlerie f; **~schuld** f dette f de cabaret.

Zecke zo. ['tsɛkə] f (15) tique f.

Zeder ♀ ['tse:dər] f (15) cèdre m.

zedieren ⚖ [tse'di:rən] v/t. céder, faire cession (de).

Zeh [tse:] m (5), **e** ['~ə] f (15) doigt m de pied; orteil m; große ~ (gros) orteil m; (Knoblauch2 usw.) gousse f; **en (-spitzen)** f/pl.: auf (den) ~ gehen marcher sur la pointe des pieds.

zehn [tse:n] **1.** a/n. c. dix; etwa ~ une

dizaine; Zeitraum m von ~ Tagen décade f; **2. 2** f (chiffre m) dix m; **2-eck** n décagone m; **~eckig** adj. décagonal; **2-ender** m (7) cerf m dix cors; **2er** m (7) dizaine f; **~erlei** ['~ərˡlaɪ] adj. de dix espèces; **~fach**, **~fältig** adj. décuple; **2fingersystem** n système m à dix doigts; **~jährig** adj. de dix ans; décennal; **2kampf** Sp. m décathlon m; **~mal** adv. répété dix fois; **2pfennigstück** n pièce f de dix pfennigs; **~silbig** adj. (2silber m) décasyllabe (m); **~tausend** a/n. c. dix mille; **~te** a/n. o. (18) dixième; der (den, am) **~(n)** (10.) Oktober le dix (10) octobre; **2te** m dîme f; **2tel** ['~tɔl] n (7) dixième m; **~tens** ['~tɛns] adv. dixièmement; en dixième lieu.

zehr|en ['tse:rən] v/i. (7) se nourrir (von, an dat. de); von s–m Ruhm ~ se reposer sur ses lauriers; (mager machen, vermindern) faire maigrir, consumer, ronger, miner; (Seeluft, Sport) creuser l'estomac; **2geld** n, **2pfennig** m viatique m.

Zeichen ['tsaɪçən] n (6) signe m; ein ~ geben faire signe (mit dem Kopf de la tête); als ~, zum ~ (gén.) en signe de, en marque de, en témoignage de; (verabredetes) signal m; (Kenn2, Waren2 usw.) marque f; (An2) indice m; symptôme m; (Vor2) présage m; augure f; das ist ein böses ~ c'est mauvais signe; (Merkmal) caractère m (distinctif); (Ab2) insigne m; (Mal) stigmate m; (Buch2) signet m; (Satz2) signe m de ponctuation; die ~ pl. setzen mettre la ponctuation; (Bezeugung) témoignage m; (Beweis) preuve f; zum ~, daß ... pour preuve que ...; er ist s-s ~ Schmied il est forgeron de son métier; **~block** m bloc m de papier à dessin(er); **~brett** n planche f à dessin(er); **~erklärung** f légende f; **~feder** f plume f à dessin; **~film** m (film m de) dessins m/pl. animés; **~gebung** f signalisation f; **~heft** n cahier m à dessin; **~kohle** f fusain m; **~kunst** f (art m du) dessin m; **~lehrer (in** f) m professeur m de dessin; **~mappe** f carton m à dessin; **~material** n ustensiles m/pl. à dessiner; **~papier** n papier m à dessin(er); **~saal** m salle f de dessin; **~setzung** gr. f ponctuation f; **~sprache** f langage m par signes; **~stift** m crayon m à dessin.

zeichn|en ['tsaɪçnən] v/t. u. v/i. (26)

dessiner (*mit Kreide* à la craie); (*kenn-*
~) marquer; (*unter*~) signer; *Linie*:
tracer; ✝ souscrire (*e-e Anleihe* à un
emprunt); 2**en** n dessin m; ✝ souscription f; 2**er** m (7) dessinateur m;
✝ souscripteur m; 2**ung** f dessin m;
✝ souscription f; ~**ungsberechtigt**
adj. autorisé à signer; ~ *sein* a. avoir
la signature.

Zeig|efinger ['tsaigefiŋər] m index m;
2**en** (25) **1.** v/t. u. v/i. montrer (*nach
Norden* le nord; *auf j-n* q.; *mit* de);
faire voir; (*zur Schau stellen*) étaler;
(*beweisen*) démontrer; (*angeben*) indiquer; (*bezeugen*) témoigner;
(*Thermometer, Uhr*) marquer (10
Grad dix degrés; *auf* 10 *Uhr* dix
heures); ~, *was man kann* donner sa
mesure; **2.** v/rfl.: *sich* ~ se montrer,
(*erscheinen*) paraître, (*zum Vorschein
kommen*) apparaître, (*sich offenbaren*)
se manifester; *das wird sich bald* ~
cela se verra sous peu; ~**er** m (7)
indicateur m; (*Uhr*2) aiguille f; ~**e-
stock** m baguette f.

Zeil|e ['tsailə] f (15) ligne f; (*Reihe*)
rangée f; *neue* ~ alinéa m, (*als Hinweis*) à la ligne; ~**en-abstand** m in-
terligne m; ~**enhonorar** n rémunération f à la ligne; ~**enschalter** m (*an
der Schreibmaschine*) levier m d'in-
terligne; 2**enweise** adv. par ligne(s).

Zeisig ['tsaiziç] m (3) tarin m.

Zeit [tsait] f (16) temps m (*a. gr.; Sp.*);
(~*abschnitt*) époque f, période f; (~*alter*) âge m, siècle m; (~*punkt*) date f,
terme m, moment m; (*Uhr*2) heure f;
♩ mesure f; *die* ~ *nehmen* chronométrer; *sich* ~ *nehmen* prendre son
temps; ~ *gewinnen* gagner du
temps; *es ist* ~, *daß...* [*inf.*]) il
est temps que... (*subj.*) (de... [*inf.*]);
ich habe ~ j'ai le temps; *das hat* ~ cela
ne presse pas; *es ist an der* ~, *zu ...*
(*inf.*) le moment est venu (*od.* il est
temps) de ... (*inf.*); *auf einige* ~ pour
quelque temps; ✝ *auf* ~ à crédit; à
terme; *außer der* ~ mal à propos; *für
alle* ~*en* pour toujours; *mit der* ~ avec
le temps; à la longue; *mit der* ~ *gehen*
être de son temps; *nach einiger* ~
quelque temps après; *es sind schon* 2
Tage über die ~ le terme est déjà
dépassé de deux jours; *um welche* ~? à
quelle heure?; à quel moment?; à
quelle époque?; *um die* ~ *der Ernte*
vers le (*od.* au) temps de la moisson;
von dieser ~ *an* dès lors; à partir de ce

moment; *von* ~ *zu* ~ de temps en
temps, de temps à autre; *vor der*
(*gehörigen*) ~ avant terme; prématu-
rément; *zur* ~ (*rechtzeitig*) à temps,
(*gegenwärtig*) actuellement; *zur* ~, *wo
... au temps où ...; *zur* ~ *Napoleons* au
(*od.* du) temps (*od.* à l'époque) de
Napoléon; *zu jeder* (*allen*) *Zeit*(*en*) en
tout (*tous*) temps; *alles zu s-r* ~
chaque chose en son temps.

zeit prp.: ~ *seines Lebens* sa vie durant,
(*pendant*) toute sa vie.

Zeit|-abschnitt m période f; époque
f; ~**-alter** n âge m, siècle m; ~**-angabe**
f date f; ~**ansage** f rad. heure f
exacte; *téléph.* service m de l'heure;
~**-aufnahme** *phot.* f pose f; ~**-auf-
wand** m dépense f de temps; 2**bedingt** p.p. adj. conditionné par le
temps; dû aux circonstances du moment; ~**bombe** f bombe f à retarde-
ment; ~**enfolge** gr. f concordance f
des temps; 2**folge** f chronologie f;
ordre m chronologique; ~**form** gr. f
temps m; ~**funk** rad. m actualités
f/pl., chronique f du jour (*resp.* de la
semaine, etc.); ~**geist** m esprit m du
temps (*od.* du siècle); 2**gemäß** adj.
qui est du temps, moderne; (*angebracht*) opportun; *nicht mehr* ~ 'hors
de saison; inopportun; ~**genosse** m
contemporain m; 2**genössisch** ['ga-
nœsiʃ] adj. contemporain; ~**geschäft**
✝ n opération f à terme; ~**geschehen**
n actualités f/pl.; ~**geschichte** f histoire f contemporaine.

zeitig adj. u. adv. de bonne heure, tôt;
(*rechtzeitig*) à temps; (*frühreif*) précoce; ~**en** v/t. (25) (*hervorbringen*)
produire.

Zeit|karte f carte f d'abonnement;
~**lang** f: *eine* ~ pendant quelque
temps; 2**lebens** adv. durant ma (sa,
etc.) vie; durant toute la vie; 2**lich**
adj. temporel; *das* 2*e segnen* rendre
son âme à Dieu; 2**los** adj. intempo-
rel; ~**lupe** f: *mit der* ~ au ralenti;
~**lupen-aufnahme** f prise f de
vue(s) au ralenti; F ralenti m; ~**lu-
pentempo** n: *im* ~ au ralenti; ~**-
mangel** m: *aus* ~ faute de temps;
~**maß** ♩ n mesure f; ~**messer** m
chronomètre m; 2**nah** adj. actuel;
~**nehmer** m (7) chronométreur m;
~**punkt** m moment m; ~**raffer** m (7)
accéléré m; 2**raubend** p.p.r. adj. qui
exige beaucoup de temps; ~**-
raum** m période f; laps (*od.* espace)

m de temps; **~rechnung** *f* chronologie *f*; *christliche* ~ ère *f* chrétienne; **~schrift** *f* revue *f*; périodique *m*; **~spanne** *f* = Zeitraum; **~spiegel** *m* miroir *m* du temps; **~tafel** *f* table *f* chronologique.

Zeitung ['tsaituŋ] *f* journal *m*.

Zeitungs-anzeige *f* annonce *f*; **~artikel** *m* article *m* de journal; **~ausschnitt** *m* coupure *f* de journal, extrait *m* de presse; **~austräger(in** *f*) *m* porteur, -euse *f* de journaux; **~ente** *f* canard *m*; **~händler** *m* marchand *m* de journaux; **~notiz** *f* entrefilet *m*; **~papier** *n* papier *m* à journaux; **~roman** *m* roman-feuilleton *m*; **~stand** *m* kiosque *m* à journaux; **~verkäufer** *m* vendeur *m* de journaux; **~verleger** *m* éditeur *m* de journal; **~wesen** *n* journalisme *m*, presse *f*.

Zeit|verlust *m* perte *f* de temps; **~verschwendung** *f* gaspillage *m* de temps; **~vertreib** ['~vɛrtraip] *m* (3) passe-temps *m*; *zum* ~ pour passer le temps; pour se distraire; &²weilig *adj.* temporaire; *(einstweilig)* provisoire; &²weise *adv.* par moments; temporairement; **~wort** *n* verbe *m*; **~zeichen** *rad.* n signal *m* horaire; **~zünder** *m* fusée *f* à retardement; *Bombe mit* ~ bombe *f* à retardement.

Zell|e ['tsɛlə] *f* (15) cellule *f*; *(Honig&)* alvéole *f*; *(Bade&)* cabine *f* (*a.* téléph.); &²enförmig *adj.* celluliforme.

Zell|gewebe *n* tissu *m* cellulaire; **~kern** *m* noyau *m* de la cellule.

Zellophan [tsɛlo'faːn] *n* (3¹, *o. pl.*) cellophane *f*; **~beutel** *m* sac (*od.* sachet) *m* de cellophane.

Zellstoff *m* cellulose *f*.

Zellu|loid [tsɛ'lɔyt] *n* (3, *o. pl.*) celluloïd *m*; **~lose** ['~loːzə] *f* cellulose *f*.

Zellwolle *f* fibranne *f*.

Zelt [tsɛlt] *n* (3) tente *f* (*aufschlagen* dresser; *abbrechen* plier); **~bahn** *f* toile *f* de tente; **~dach** *Arch. n* toit *m* en pavillon; &²en *v/i.* faire du camping; **~en** *n* camping *m*; **~lager** *n* camp *m* de tentes; **~pfahl** *m*, **~pflock** *m* piquet *m* de tente; **~platz** *m* terrain *m* de camping; **~stadt** *f* camp *m* de toile (*od.* de tentes); **~stange** *f*, **~stock** *m* mât *m* de tente.

Zement [tse'mɛnt] *m* (3) ciment *m*; &²ieren [~'tiːrən] *v/t.* cimenter.

Zenit [tse'niːt] *m* (3) zénith *m*.

zens|ieren [tsɛn'ziːrən] *v/t.* censurer; soumettre à la censure; *(in der Schule)* donner une note (à); &²or ['~zɔr] *m* (8¹) censeur *m*; &²ur [~'zuːr] *f* (16) censure *f*; *(Schul&)* note *f*.

Zentaur [~'taʊr] *m* (12) centaure *m*.

Zentimeter [tsɛnti'-] *n* u. *m* centimètre *m*.

Zentner ['tsɛntnər] *m* (7) demi-quintal *m*; **~last** *fig. f* fardeau *m* accablant; &²schwer *fig. adj.* accablant.

zentral [~'traːl] *adj.* central; &²e *f* (15) ⚡ centrale *f*; *téléph.* central *m*; &²heizung *f* chauffage *m* central; **~isieren** [~trali'ziːrən] *v/t.* centraliser; &²i'sierung *f* centralisation *f*.

Zentri|fugalkraft [~trifu'gaːl-] *f* force *f* centrifuge; **~fuge** [~'fuːgə] *f* (15) machine *f* centrifuge; **~petalkraft** [~pe'taːl-] *f* force *f* centripète.

zentr|isch ['tsɛntriʃ] *adj.* central; &²um *n* (9) centre *m*.

Zephir ['tse:fir] *m* (3¹) zéphyr *m*.

Zeppelin [tsɛpə'liːn] *m* (3¹) zeppelin *m*; dirigeable *m*.

Zepter ['tsɛptər] *n* (7) sceptre *m*.

zer'beißen [tsɛr'-] *v/t.* casser avec les dents.

Zerberus ['tsɛrbərus] *m* (14²) cerbère *m*.

zer'brech|en 1. *v/t.* briser, casser, rompre; **2.** *v/i.* (sn) se briser, se casser; **~lich** *adj.* fragile, cassant; &²lichkeit *f* fragilité *f*.

zer'bröckeln *v/t.* (*v/i.* [sn] s')émietter; **~'drücken** *v/t.* écraser; *(zerknittern)* chiffonner; froisser.

Zeremon|ie [tseremo'niː] *f* (15) cérémonie *f*; **~iell** [~i'ɛl] *n* (3¹) cérémonial *m*; &²iell, &²iös [~i'øːs] *adj.* cérémonieux.

zerfahren *p.p. adjt.* (*Weg*) défoncé; *(Person)* distrait, étourdi; &²heit *f* distraction *f*, étourderie *f*.

Zer'fall *m* (3, *o. pl.*) décadence *f*, ruine *f*; &᷅ décomposition *f*; **~en** *v/i.* (sn) tomber en ruine; se délabrer; *(Stoffe)* se décomposer; se désagréger; *(geteilt werden)* se diviser (*in acc.* en); *fig.* être en (pleine) décadence; **~sprodukt** *n* produit *m* de désintégration.

zer'fetzen [tsɛr'fɛtsən] *v/t.* mettre en lambeaux, déchiqueter, déchirer; **~'fleischen** *v/t.* (27) déchirer; lacérer; **~'fließen** *v/i.* (sn) (se) fondre; **~'fressen** *v/t.* ronger; manger; *(ätzend)* corroder; **~'furcht** *adj.* (*Stirn*) ridé; ~'**gehen** v/i. (sn) (se) fondre; se liquéfier; ~'**gliedern** v/t. décomposer; analyser; anat. faire l'anatomie (de); disséquer; ℒ'**gliederung** f décomposition f; analyse f; anat. dissection f; anatomie f; ~'**hacken** v/t. 'hacher; ~'**hauen** v/t. (sn) couper en morceaux; ~'**kauen** v/t. mâcher; ~'**kleinern** v/t. (29) mettre en menus morceaux; Pfeffer, Erze usw.: concasser; ℒ'**kleinerung** f concassage m; ~'**klopfen** v/t. casser (en frappant); ~'**klüftet** [~'klʏftət] adj. crevassé; (Küste) déchiqueté; ~'**knirscht** adj. contrit; ~'**knirschung** f contrition f; ~'**knittern**, ~'**knüllen** v/t. froisser; chiffonner; ~'**kochen 1.** v/t. réduire en bouillie; **2.** v/i. (sn) se réduire en bouillie; ~'**kratzen** v/t. égratigner; ~'**krümeln** v/t. émietter; ~'**lassen** v/t. (faire) fondre; ~'**legbar** adj. démontable; ℔ décomposable; ~'**legen** v/t. décomposer; analyser; anat. disséquer; cuis. découper; dépecer; ⊕ démonter; ℒ'**legung** f décomposition f; analyse f; anat. dissection f; cuis. découpage m; ⊕ démontage m; ~'**lesen** adj. (Buch) usé; ~'**lumpt** [~'lumpt] adj. (réduit) en lambeaux; déguenillé; ~'**mahlen** v/t. moudre; ~'**malmen** [~'malmən] v/t. broyer; écraser (a. fig.); ~'**martern** v/rfl.: sich das Gehirn ~ se creuser la tête; ~'**mürben** [~'mʏrbən] v/t. user; démoraliser; ℒ'**mürbungskrieg** m guerre f d'usure; ~'**nagen** v/t. ronger; (beizend) corroder; ~'**pflücken** v/t. effeuiller; fig. éplucher; ~'**platzen** v/i. (sn) crever; éclater; ~'**quetschen** v/t. écraser; broyer.

Zerrbild ['tsɛr-] n caricature f.

zer'**reiben** v/t. (zu Pulver) pulvériser; broyer; ~'**reißen** v/t. (v/i. [sn] se) déchirer; (Faden usw.) casser, (se) rompre; ℒ'**reißprobe** f épreuve f de rupture par traction; fig. épreuve f poussée à outrance.

zerren ['tsɛrən] v/t. u. v/i. (25) tirer (an dat. par, v/i. sur); tirailler; fig. etw. in den Schmutz ~ traîner qch. dans la boue.

zer'**rinnen** v/i. (sn) s'écouler; (se) fondre; fig. s'enfuir; s'évanouir; ℒ-'**rissenheit** fig. f division f; discorde f.

Zerr|**spiegel** ['tsɛr-] m miroir m déformant; ~**ung** ⚙ f claquage m.

zer'**rütt**|**en** v/t. (26) désorganiser; fig. déranger; Gesundheit: ruiner; Ehe: désunir; ℒ**ung** f désordre m; désorganisation f; fig. dérangement m; ruine f; (der Ehe) désunion f.

zer|'**sägen** v/t. scier; ~'**schellen** [~- 'ʃɛlən] (25) v/i. (sn) se briser; (an dat. contre); ~'**schießen** v/t. trouer (od. cribler) de balles; ~'**schlagen 1.** v/t. casser, briser, mettre en morceaux; fig. wie ~ sein être (tout) brisé (od. rompu); **2.** v/rfl.: sich ~ (Geschäft) manquer; rater; (Hoffnung) être déçu; ~'**schmettern** v/t. fracasser; anéantir; ~'**schneiden** v/t. couper en morceaux; (durchschneiden) trancher; (zerlegen) découper; dépecer.

zer'**setzen** v/t. décomposer, désagréger; ~**end** fig. p.pr. adjt. démoralisant; ℒ**ung** f décomposition f, désagrégation f.

zer'**spalten** v/t. fendre.

zer'**splitter**|**n 1.** v/t. faire voler en éclats; fig. éparpiller; (vergeuden) gaspiller; Kräfte: disperser; **2.** v/i. (u. v/rfl. sich ~) voler en éclats; fig. s'éparpiller; se disperser; ℒ**ung** fig. f éparpillement m; gaspillage m.

zer'**sprengen** v/t. faire éclater (od. sauter); Menge: disperser; ✗ mettre en déroute; ~'**springen** v/i. (sn) (se) fendre; se briser; (Glas) se fêler; (zerplatzen) éclater; ~'**stampfen** v/t. concasser; (in Mörsern) piler; zu Pulver ~ broyer; pulvériser; Feld: fouler; ~'**stäuben** v/t. pulvériser, vaporiser; fig. disperser; ℒ'**stäuber** m (7) pulvérisateur m, vaporisateur m; ⊕ diffuseur m; ~'**stieben** v/i. (sn) se pulvériser; (Menge) se disperser.

zer'**stör**|**bar** adj. destructible; ~**en** v/t. détruire; Gebautes: démolir; Hoffnung: ruiner; (verwüsten) ravager; ~**end** p.pr. adjt. destructif, destructeur; ℒ**er** m (7) destroyer m; ♣ destroyer m; contre-torpilleur m; ℒ**ung** f destruction f; (Abbruch) démolition f; (e-r Hoffnung) ruine f; (Verwüstung) ravages m/pl.; ℒ**ungswut** f rage f de destruction; vandalisme m.

zer'**stoßen** v/t. piler; concasser.

zer'**streu**|**en** v/t. disperser, disséminer, éparpiller; Licht: diffuser; (vertreiben) disperser; fig. j-n ~ distraire q.; divertir q.; ~**t** p.p. adjt. dispersé, disséminé; (vereinzelt) épars; fig.

distrait, préoccupé; 2**theit** f distraction f, inattention f, inadvertance f; 2**ung** f dispersion f; (v. Licht) diffusion f; (Vertreibung) dissipation f; fig. distraction f, divertissement m; 2**ungslinse** opt. f lentille f divergente.

zer'**stückeln** v/t. (29) morceler; dépecer; (zerfetzen) déchiqueter; Land: démembrer; 2**ung** f morcellement m; dépècement m; (e-s Landes) démembrement m.

zer'**teilen** v/t. diviser; (trennen) séparer, disjoindre; (teilend zerlegen) décomposer; (zergehen machen) fondre; résoudre; Land: démembrer; Fluten: fendre; Nebel: dissiper.

zer'**trampeln** v/t. piétiner, fouler aux pieds (a. fig.); ~'**trennen** v/t. séparer; disjoindre; ~'**treten** v/t. piétiner, écraser du pied, fouler aux pieds (a. fig.); ~'**trümmern** [~'trymərn] v/t. démolir, détruire, briser, fracasser; Atom: désintégrer; 2~'**trümmerung** f démolition f, destruction f; (Atom2) désintégration f.

Zervelatwurst [tsɛrvə'la:t-] f cervelas m.

zer'**wühlen** v/t. fouiller (a. fig.); 2~**würfnis** [~'vyrfnis] n (4¹) différend m, désaccord m; F brouille f; ~'**zausen** v/t. 'houspiller; Haare: ébouriffer, défriser, écheveler.

Zeter ['tse:tər] n: ~ und Mordio schreien jeter les 'hauts cris; ~**geschrei** n 'hauts cris m/pl.; 2**n** F v/i. jeter les 'hauts cris, criailler.

Zettel ['tsɛtəl] m (7) (morceau [od. bout] m de) papier m; (beschriebener) billet m; (Notiz2) fiche f; (Wahl2) bulletin m; (Anschlag) affiche f (ankleben coller; anschlagen poser); placard m; ✝ étiquette f; ~**ankleben** n affichage m; ~**kartei** f, ~**kasten** m fichier m; ~**katalog** m catalogue m sur fiches.

Zeug [tsɔyk] n (3) (Gerät) ustensiles m/pl.; (Handwerks2) outils m/pl.; (gewebtes) étoffe f; tissu m; (Kleidung) vêtement m/pl.; er hat das ~ zu ... il y a en lui l'étoffe de ...; was das ~ hält tant qu'on peut; fig. j-m etw. am ~ flicken critiquer q.; blâmer q.; dummes ~ bêtises f/pl.; sich ins ~ legen s'y mettre énergiquement.

Zeuge ['~gə] m (13) témoin m; zum ~n nehmen prendre à témoin (od. pour témoin); 2**en 1.** v/t. biol. procréer;

engendrer; 2. v/i. 🌐 servir de témoin, porter témoignage; fig. témoigner (von de).

Zeugen|-**aussage** f déposition f du (resp. des) témoin(s); ~**beweis** f preuve f testimoniale; ~**stand** m barre f des témoins; ~**verhör** n, ~**vernehmung** f audition f des témoins.

Zeughaus ⚔ n arsenal m.

Zeugin ['~gin] f (16¹) témoin m.

Zeugnis ['tsɔyknis] n (4¹) (Bezeugung) témoignage m; ~ ablegen rendre témoignage (von de), témoigner (de); 🌐 déposition f; sein ~ ablegen faire sa déposition; déposer; (Bescheinigung) attestation f; certificat m; (Schul2) bulletin m (scolaire), notes f/pl.; (e-r Prüfung) diplôme m; ~**heft** n livret m scolaire, carnet m de notes.

Zeugung f engendrement m, génération f, procréation f.

Zeugungs|**akt** ['~guŋs-] m acte m sexuel, coït m; 2**fähig** adj. apte à procréer; prolifique; ~**kurs** m aptitude f à procréer; ~**kraft** f puissance f génératrice; ~**organe** n/pl. organes m/pl. générateurs; 2~**un-fähig** adj. incapable de procréer.

Zichorie [tsi'ço:riə] f (15) chicorée f.

Zicke F ['tsikə] f chèvre f; bique f; fig. F machen Sie keine ~n! pas d'histoires!; ~**lein** n (7) chevreau m.

Zickzack ['tsiktsak] m (3) zigzag m; im ~ gehen aller en zigzag; ~**kurs** m pol. politique f en zigzag; ♟ im ~ fahren zigzaguer; ~**linie** f (ligne f en) zigzag m.

Ziege ['tsi:gə] f (15) chèvre f; F bique f; P péj. alte ~ vieille bique f; F péj. dumme ~ cruche f, godiche f.

Ziegel ['~l] m (7) brique f (brennen cuire); (Dach2) tuile f; ~**bau** m construction f en briques; ~**dach** n toit m en tuiles; ~**ei** [~'lai] f (16) briqueterie f; (für Dachziegel) tuilerie f; ~**ofen** m four m à briques (resp. à tuiles); 2**rot** adj. rouge brique; ~**stein** m = Ziegel.

Ziegen|**bart** m barbe f de bouc; ~**bock** m bouc m; ~**fell** n peau f de chèvre; gegerbtes ~ chevrotin m; ~**käse** m fromage m de chèvre; ~**leder** n chevreau m; ~**milch** f lait m de chèvre; ~**peter** 🏥 m oreillons m/pl.; parotidite f.

Ziehbrunnen ['tsi:-] m puits m à chaîne (od. à poulie).

ziehen ['tsi:ən] (30) **1.** v/t. tirer; *Wagen a.*: traîner; (*schleppen*) remorquer; *Linie, Furche*: tracer; *Kreis*: décrire; *Graben*: creuser; *Zahn*: arracher; extraire (*a. Wurzel* Å); *Pflanzen*: cultiver; *Vieh, Mauer*: élever; *Spielfigur*: jouer; *Bilanz, Vergleich*: faire; dresser; *Wechsel*: tirer (*auf j-n* sur q.); *an sich* (*acc.*) ~ tirer à soi; attirer; *etw. durch ...* ~ faire passer qch. par ...; *etw. nach sich* ~ entraîner qch.; *ein Kleid über das andere* ~ mettre un vêtement par-dessus l'autre; **2.** v/rfl.: *sich* ~ (*Holz*) se déjeter, (se) gauchir, (*Stoff*) s'étirer, (*sich erstrecken*) s'étendre; *fig. sich in die Länge* ~ traîner en longueur; **3.** v/i. **a)** (h.) (*Ofen, Zigarre*) tirer; *das zieht bei mir nicht* cela ne prend pas avec moi; *an etw.* (*dat.*) ~ tirer sur qch.; **b)** (sn) ~ marcher; (*Volksstämme, Zugvögel*) émigrer, passer dans d'autres pays; *in ein anderes Zimmer* ~ changer de chambre; *aufs Land* (*in die Stadt*) ~ aller s'installer à la campagne (en ville); *aus e-r Wohnung* ~ déménager; *in e-e Wohnung* ~ emménager; *durchs Land* ~ passer par (*od.* traverser) le pays; *übers Meer* ~ traverser la mer; *zu j-m* ~ aller demeurer chez q.; *den Tee* ~ *lassen* faire infuser le thé; **4.** v/imp.: *es zieht* il y a un courant d'air; **5.** ⛋ n tirage m, traction f.

Ziehharmonika f accordéon m.

Ziehung ['tsi:uŋ] f (*Lotterie*⛋) tirage m; **~sliste** f liste f des (numéros) gagnants.

Ziel [tsi:l] n (3) but m (*sich stecken se* proposer, se fixer; *treffen* toucher; *verfehlen* manquer); objectif m; (*Zweck*) fin(s pl.) f, visées f/pl.; (*Endpunkt*) terme m; *fig. zu s-m* ~ *gelangen* parvenir à ses fins; *fig. übers* ~ *hinausschießen* passer les bornes; *Sp. durchs* ~ *gehen* franchir la ligne d'arrivée; *Sp. als dritter durchs* ~ *gehen* être placé troisième; ✝ *auf drei Monate* ~ à trois mois; **~band** *Sp.* n ligne f d'arrivée; ⛋**bewußt** adj. qui sait ce qu'il veut; qui va droit au but qu'il s'est fixé; ⛋**en** ['~ən] v/i. (25): *auf etw.* (*acc.*) ~ viser (*streben nach*: à) qch.; *auf j-n* ~ viser q.; coucher (*od.* mettre) q. en joue; **~en** n visée f; **~fernrohr** n lunette f de visée; *Linie f* ligne f de mire; **~los** adj. u. adv. sans but, au hasard; **~punkt** m point

m de mire; **~richter** *Sp.* m juge m à l'arrivée; **~scheibe** f cible f; *fig.* point m de mire; **~setzung** f but m miré; ⛋**strebig** adj. = zielbewußt.

ziemen ['tsi:mən] v/r/fl. u. v/imp.: *sich* ~ convenir; être convenable; *es ziemt sich nicht für j-n, zu ...* (*inf.*) il ne convient pas à q. de ... (*inf.*).

ziemlich ['tsi:mlıç] **1.** adj. considérable; passable; **2.** adv. a. assez; ~ *viel* pas mal de.

Zier [tsi:r] f (16) = Zierde; **~at** ['tsi:ra:t] m (3) ornement m; enjolivure f; **~de** ['~də] f (15) ornement m; (*Putz*) parure f; (*Verzierung*) décoration f; ⛋**en** ['~ən] (25) **1.** v/t. orner (*mit de*); décorer (de); **2.** v/rfl.: *sich* ~ minauder; être affecté; faire des façons; faire des simagrées; **~erei** ['~raɪ] f affectation f; minauderie(s pl.) f; simagrées f/pl.; préciosité f; mignardises f/pl.; **~garten** m jardin m d'agrément; **~leiste** f tringle f; *typ.* fleuron m; ⛋**lich** adj. gracieux; (*schlank*) gracile; **~lichkeit** f grâce f; (*Schlankheit*) gracilité f; **~pflanze** f plante f d'ornement; **~puppe** f mijaurée f; **~strauch** m arbuste m d'ornement.

Ziffer ['tsifər] f (15) chiffre m; *arabische* (*römische*) ~n chiffres arabes (romains); *in* ~n en chiffres; **~blatt** n cadran m.

Zigarette [tsiga'rɛtə] f (15) cigarette f.

Ziga'retten|-automat m distributeur m de cigarettes; **~etui** n étui m à cigarettes; porte-cigarettes m; **~papier** n papier m à cigarettes; **~schachtel** f boîte f de (*resp.* à) cigarettes; **~spitze** f fume-(*od.* porte-)cigarette m; **~stummel** m bout m de cigarette; F mégot m.

Zigarillo [~'rilo] m u. n (11) petit cigare m mince.

Zigarre [tsi'garə] f (15) cigare m; **~en-abschneider** m coupe-cigares m; **~enkiste** f boîte f de (*resp.* à) cigares; **~enspitze** f fume-(*od.* porte-)cigare m; **~enstummel** m bout m de cigare; F mégot m.

Zigeuner|(in f) ['~gɔɪnər] m (7) bohémien(ne f) m; tzigane m, f; **~kapelle** f orchestre m tzigane; **~leben** n vie f des bohémiens; *fig.* vie f vagabonde; **~wagen** m roulotte f de bohémiens.

Zikade [~'ka:də] f (15) cigale f.

Zille ⚓ ['tsilə] f (15) chaland m; péniche f.

Zimbel ♪ ['tsimbəl] f (15) cymbale f.

Zimmer ['tsimər] n (7) pièce f; (bsd. SchlafZ) chambre f; (größeres) salle f; **~antenne** f antenne f intérieure; **~decke** f plafond m; **~einrichtung** f ameublement m; **~flucht** f enfilade f de pièces; **~handwerk** n métier m de charpentier; **~kellner** m garçon m d'étage; **~lautstärke** f: auf ~ stellen mettre en sourdine; **~mädchen** n femme f de chambre; **~mann** m (pl. -leute) charpentier m; **2n** v/t. u. v/i. charpenter; **~pflanze** f plante f d'appartement; **~temperatur** f température f ambiante (od. d'appartement); **~pflanze** f théâtre m de poche; **~vermieter(in** f) m logeur m, -euse f.

zimperlich ['tsimpərliç] adj. (weichlich) douillet; (geziert) précieux; mignard; (prüde) prude; **2keit** f (Geziertheit) préciosité f; mignardise f; (Prüderie) pruderie f.

Zimt [tsimt] m (3) cannelle f; **~baum** m cannelier m; **~stange** f bâton m de cannelle.

Zink [tsiŋk] n (3, o. pl.) zinc m; **~blech** n tôle f de zinc; **~blende** min. f blende f, zinc m sulfuré.

Zinke ['tsiŋkə] f (15) dent f; (GabelZ) fourchon m; ♪ cornet m à bouquin; **~n** m = Zinke; P (Nase) pif m; **2n** v/t. Spielkarten: biseauter.

Zinksalbe f pommade f à l'oxyde de zinc.

Zinn [tsin] n (3, o. pl.) étain m.

Zinne ['tsinə] f (15) créneau m.

zinn|ern adj. en (od. d')étain; **2geschirr** n vaisselle f d'étain; **~haltig** adj. stannifère.

Zinnober [tsi'no:bər] m (7) cinabre m; peint. vermillon m; **2rot** adj. rouge de cinabre.

Zinnsoldat m soldat m de plomb.

Zins [tsins] m (5¹) (GrundZ) redevance f; féod. cens m; (MietZ) loyer m; (GeldZ) ~en m/pl. intérêts m/pl.; auf ~en à intérêt; zu hohen ~en à gros intérêts; von s-n ~en leben vivre de ses rentes; fig. mit ~en heimzahlen rendre avec usure; **2bringend** p.pr. adjt.: ~ anlegen placer à intérêts; **~erhöhung** f relèvement m du taux d'intérêt.

Zinseszins ['tsinzəs-] m intérêts m/pl. composés.

zins|frei adj. sans intérêts; **2fuß** m taux m (d'intérêts); **~pflichtig** adj. tributaire; **2rechnung** f calcul m des intérêts; **2satz** m taux m d'intérêt; **2schein** m coupon m (d'intérêts).

Zionis|mus [tsio'nismus] m (16, o. pl.) sionisme m; **~t(in** f) m (12) sioniste m, f; **2tisch** adj. sioniste.

Zipfel ['tsipfəl] m (7) bout m; (TaschentuchZ) coin m; (RockZ) pan m; (SackZ) oreille f; **~mütze** f bonnet m à pointe.

Zipperlein F ['tsipərlain] n (6) goutte f.

Zirbeldrüse ['tsirbəl-] f glande f pinéale.

zirka ['tsirka] adv. environ.

Zirkel ['tsirkəl] m (7) compas m; (Kreis, bsd. v. Personen) cercle m.

zirkul|är [ˌtsirku'lɛːr] adj. circulaire; **2ation** [ˌlaˈtsjoːn] f circulation f; **~ieren** [ˌˈliːrən] v/i. circuler.

Zirkumflex gr. [tsirkumˈflɛks] m (3¹) (accent m) circonflexe m.

Zirkus [ˈˌkus] m (inv., pl. a. 4¹) cirque m; **~reiter(in** f) m écuyer m, -ère f de cirque.

zirpen [ˈˌpən] v/i. (Zikade) chanter; (Grille) grésiller; (Vogel) pépier.

zisch|eln ['tsiʃəln] v/t. u. v/i. (29) chuchoter; **~en** v/i. (27) siffler; (Wasser) chanter; (Braten) grésiller; **2en** n sifflement m; (v. Wasser) chantonnement m; (v. Braten) grésillement m; **2laut** gr. m sifflante f.

Ziselier|arbeit [tsizəˈliːr-] f ciselure f; **2en** v/t. ciseler.

Zisterne [tsisˈtɛrnə] f (15) citerne f.

Zitadelle [tsitaˈdɛlə] f (15) citadelle f.

Zitat [ˌˈtaːt] n (3) citation f.

Zither ['tsitər] f (15) cithare f; **~spieler(in** f) m cithariste m, f.

zitieren [tsiˈtiːrən] v/t. citer; ⚖ a. assigner; mander.

Zitron|at [ˌtroˈnaːt] n (3) citronnat m; **~e** [ˌˈtroːna] f (15) citron m.

Zi'tronen|baum m citronnier m; **2-gelb** adj. jaune citron; **~limonade** f citronnade f; **~presse** f presse-(od. vide-)citron m; **~saft** m jus m de citron; **~säure** f acide m citrique; **~schale** f écorce f de citron.

Zitrusfrüchte ['tsitrus-] f/pl. agrumes m/pl.

Zitter|gras ['tsitər-] n brize f; amourette f; **2ig** adj. tremblotant; **2n** ['tsitərn] v/i. (29) trembler; (etwas ~) trembloter; (schaudern) frémir, tressaillir; *(frösteln)* frissonner; *vor Kälte* ~ trembler de froid; grelotter; **~n** *n* tremblement *m*; *(Schaudern)* tressaillement *m*; *(Frösteln)* frissonnement *m*; **~pappel** *f* tremble *m*.

Zitze ['tsitsə] *f* (15) *(der Kuh, Ziege)* trayon *m* y tette *f*; *(anderer Säugetiere)* tétine *f*.

zivil [tsi'vi:l] **1.** *adj.* *(Preis)* modéré; **2.** 2 *n* (3¹, *o. pl.*) civil *m*; *in* ~ *en* civil; ~ *anziehen* se mettre en civil; **2bevölkerung** *f* population *f* civile; **2courage** *f* courage *m* civique; **2-ehe** *f* mariage *m* civil; **2gericht** *n* tribunal *m* civil; **2gesetzbuch** *n* code *m* civil.

Zivilis|ation [~viliza'tsjo:n] *f* civilisation *f*; **~ati'onskrankheiten** *f/pl.* maladies *f/pl.* de la *(od.* engendrées par la) civilisation; **2ieren** [~'zi:rən] *v/t.* civiliser.

Zivi'list *m* (12) civil *m*; F pékin *m*.

Zivil|kammer [tsi'vi:l-] *f* chambre *f* civile; **~kleidung** *f*: *in* ~ *en* civil; **~luftfahrt** *f* aviation *f* civile *(od.* commerciale); **2prozeß** *m* procédure *f* civile; **~prozeß-ordnung** *f* code *m* de procédure civile; **~recht** *n* droit *m* civil; **2rechtlich** *adj.* de droit civil; **~schutz** *m* protection *f* civile.

Zobel *zo.* [tso:bəl] *m* (7) zibeline *f*; **~pelz** *m* (fourrure *f* de) zibeline *f*.

Zofe [tso:fə] *f* (15) femme *f* de chambre; *thé.* soubrette *f*.

zog [tso:k] *s.* ziehen.

zögern ['tsø:gərn] **1.** *v/i.* (29) hésiter *(zu* à); **2.** 2 *n* hésitation *f*.

Zögling ['tsø:kliŋ] *m* (3¹) élève *m, f*; *(e-s Internats)* interne *m, f*.

Zölibat [tsøli'ba:t] *n u. m* (3) célibat *m*.

Zoll [tsɔl] *m* ⟨3³⟩ *(Abgabe)* droit *m*; douane *f*; *(Brücken2 usw.)* péage *m*; *fig.* tribut *m*; *(Maß)* *(im pl. inv.)* pouce *m*; **~abbau** *m* désarmement *m* douanier; **~abfertigung** *f* formalités *f/pl.* en douane; dédouanement *m*; **~amt** *n* (bureau *m* de) douane *f*; **2-amtlich** *adj.*: ~*e Abfertigung* dédouanement *m*; **~beamte(r)** *m* douanier *m*.

zollen [ˈ~ən] *v/t.*: *j-m Achtung (Bewunderung)* ~ avoir de l'admiration (du respect) pour q.; *j-m Beifall* ~ applaudir q.

Zoll|-erklärung *f* déclaration *f* en douane; **~formalitäten** *f/pl.* formalités *f/pl.* douanières; **2frei** *adj.* exempt de douane; **~freiheit** *f* fran-

chise *f* douanière; **~gebiet** *n* territoire *m* douanier; **~gebühren** *f/pl.* droits *m/pl.* de douane; **~grenzbezirk** *m* rayon *m* des douanes; **~kontrolle** *f* contrôle *m* douanier.

Zöllner ['tsœlnər] *m* (7) douanier *m*; *bibl.* publicain *m*.

zoll|pflichtig *adj.* soumis à la douane; **2plombe** *f* plomb *m* de la douane; **2schranke** *f* barrière *f* douanière; **2stempel** *m* timbre *m* du bureau de douane.

Zollstock *m* mètre *m* pliant.

Zoll|tarif *m* tarif *m* douanier; **~union** *f* union *f* douanière; **~verschluß** *m*: *unter* ~ en entrepôt; **~vorschriften** *f/pl.* prescriptions *f/pl.* *(od.* règlement *m)* de douane.

Zone ['tso:nə] *f* (15) zone *f*; **~ngrenze** *f* limite *f* de zone.

Zoo F [tso:] *m* zoo *m*; **~direktor** *m* directeur *m* du *(resp.* d'un) jardin zoologique.

Zoolog|e [tsoo'lo:gə] *m* (13) zoologue *m*; **~ie** [~o'gi:] *f* zoologie *f*; **2isch** *adj.* zoologique; *2er Garten* jardin *m* zoologique.

Zopf [tsɔpf] *m* (3³) tresse *f*; natte *f*; **~muster** *n* torsade *f*; **~zeit** *fig. f*: *aus der* ~ suranné.

Zorn ['tsɔrn] *m* (3) colère *f*; *poét.* courroux *m*; *in* ~ *bringen* mettre en colère; *in* ~ *geraten* se mettre en colère; **~ausbruch** *m* accès *m* de colère; **2ig** *adj.* en colère; courroucé; ~ *werden* se mettre en colère.

Zot|e ['tso:tə] *f* (15) obscénité *f (reißen* dire); polissonnerie *f*, grivoiserie *f*, ordure *f*; **2enhaft, 2ig** *adj.* obscène; polisson, grivois, ordurier.

Zott|el ['tsɔtəl] *f* (15) touffe *f* de cheveux; **2(el)ig** *adj.* en touffes; *(rauh behaart)* velu.

zu [tsu] **1.** *prp. (dat.)* **a)** *örtlich*: à; *(in j-s Wohnung)* chez; *(in j-s Nähe)* (au)près de; *(in der Richtung nach j-m od. nach etw. hin)* vers; *der Weg* ~*m Bahnhof* le chemin de la gare; **b)** *zeitlich*: à; en; de; ~ *Ostern* à Pâques; ~ *gleicher Zeit* en même temps; ~ *m-r Zeit* de mon temps; *von Tag* ~ *Tag* de jour en jour; **c)** *Art u. Weise*: à; en; par; pour; ~*r Hälfte* à moitié; ~*m Teil* en partie; ~ *Hunderten* par centaines; ~ *zweien* à deux; ~ *je zweien* deux par deux; ~ *m erstenmal* pour la première fois; **d)** *Mittel*: à; en; par; ~ *Fuß* à pied; ~ *Schiff* par eau; **e)** *Ziel, Zweck*:

à; pour; ~ Hilfe! au secours!; ~ d-m Besten pour ton bien; **f)** Verbindung: avec; Brot ~m Fleisch essen manger du pain avec la viande; **g)** mit inf.: à; de; ohne prp.; **2.** adv. nach Süden ~ vers le sud; nur ~! allez-y!; ~ groß trop grand; (geschlossen) fermé; Tür ~! fermez la porte!

zu-aller|erst [~¹⁹ɛːrst] adv. avant tout; en tout premier lieu; **~letzt** adv. en tout dernier lieu.

zubauen v/t. fermer par une (od. des) construction(s); boucher (la vue).

Zubehör ['ᴗbəhøːr] n (3) accessoires m/pl.; ⊕, cout. fournitures f/pl.; mit allem ~ avec tous les accessoires; **~teil** n accessoire m.

zubeißen v/i. 'happer.

zubekommen v/t. parvenir à fermer; ♀ recevoir en plus (od. en sus).

Zuber ['tsuːbər] m (7) baquet m; cuve f; (kleiner) cuveau m.

zubereit|en v/t. préparer; apprêter; **2ung** f préparation f; apprêts m/pl.

Zubettgehen [tsu'bɛtɡeːən] n coucher m; beim ~ en se couchant.

zu|billigen v/t. accorder; **~binden** v/t. fermer, lier; Augen: bander; **~blinzeln** v/i. faire signe du coin de l'œil.

zubring|en v/t. apporter; die Zeit mit etw. ~ passer le temps à qch.; **2erbus** m autobus m aeroport-ville; **2erdienst** m service m de liaison; **2erstraße** f route f d'accès; (zur Autobahn) bretelle f de raccordement.

Zucht [tsuxt] f (16) (Tier2) élevage m; ♀ culture f; (Rasse) race f; (Schul2, Mannes2) discipline f; **~bulle** m taureau m reproducteur.

zücht|en ['tsʏçtən] v/t. (26) Tiere: élever; ♀ cultiver; **2er** m (7) éleveur m; ♀ cultivateur m.

Zucht|haus n maison f de réclusion; zehn Jahre ~ dix ans de réclusion; **~häusler(in** f) m (7) réclusionnaire m, f; forçat m; **~hausstrafe** f travaux m/pl. forcés; réclusion f; **~hengst** m étalon m.

züchtig ['tsʏçtiç] adj. honnête, m (keusch) chaste; (sittsam) sage; **~en** v/t. châtier; corriger; **2ung** f châtiment m (körperliche corporel); correction f.

zucht|los adj. indiscipliné; **2losigkeit** f indiscipline f; **2perle** f perle f de culture; **2rute** f verge f; férule f; fig. fléau m; **2sau** f truie f; **2stier** m

= Zuchtbulle; **2stute** f poulinière f; **2tier** n animal m reproducteur.

Züchtung f élevage m; ♀ culture f.

Zuchtwahl f: natürliche ~ sélection f naturelle.

zucken ['tsukən] v/t. u. v/i. (25) faire un mouvement brusque; tressaillir; (krampfhaft) avoir des mouvements convulsifs; palpiter; (Blitz) jaillir; mit den Augenlidern ~ clignoter des yeux; die Achseln ~ 'hausser les épaules.

zücken ['tsʏkən] v/t. (25) Waffe: tirer; Bleistift, Brieftasche: sortir.

zuckend p.pr. adjt. palpitant; nerveux; convulsif.

Zucker ['tsukər] m (7) sucre m; **~bäcker** m confiseur m; **~dose** f sucrier m; **~fabrik** f raffinerie f de sucre; sucrerie f; **~guß** m glaçage m; **2haltig** adj. saccharifère; **~hut** m pain m de sucre; **2ig** adj. sucré; **~industrie** f industrie f sucrière; **2krank** adj. (**~kranke[r** m] m, f) diabétique (m, f); **~krankheit** f diabète m; **~löffel** m cuiller f à sucre; **~melone** f melon m sucré; **2n** v/t. (29) sucrer; **~rohr** n canne f à sucre; **~rübe** f betterave f à sucre; **~schale** f sucrier m; **2süß** adj. fig. sucré; mielleux; **~wasser** n eau f sucrée; **~werk** n sucreries f/pl.; **~zange** f pince f à sucre.

Zuckung f convulsion f, palpitation f.

zudecken v/t. couvrir (mit de).

zu'dem adv. en outre; de plus; (übrigens) d'ailleurs.

zu|denken v/t.: j-m etw. ~ destiner qch. à q.; **2drang** m affluence f; presse f; **~drehen** v/t. Hahn: fermer; Schraube: serrer; Rücken: tourner (j-m à q.).

zudringlich adj. importun; indiscret; **2keit** f importunité f; indiscrétion f.

zudrücken v/t. fermer (en serrant).

zu-eign|en 1. v/t. adjuger; (zuschreiben) attribuer; (widmen) dédier; **2.** v/rfl.: sich etw. ~ s'approprier qch.; **2ung** f adjudication f; appropriation f; (Widmung) dédicace f.

zu-eilen v/i. (sn): auf j-n ~ courir vers q.

zu-ei'nander adv.: ~ kommen (aller) se voir; ~ passen aller bien ensemble; (zwei Dinge, die ein Paar bilden) faire la paire.

zu-erkenn|en v/t. adjuger; Preis-

décerner; *Ehre, Würde:* conférer; *Strafe:* infliger; **⁀ung** *f* adjudication *f;* (*e-s Preises*) décernement *m;* (*e-r Strafe*) infliction *f.*

zu·erst *adv.* (*als erster*) le premier, la première; (*an erster Stelle*) premièrement; d'abord; en premier lieu; ⁀ lesen, dann ... commencer par lire, ensuite ...

zu·fächeln *v/t.:* j-m *Kühlung* (*od. Luft*) ⁀ éventer q.; **⁀fahren** *v/i.* (sn) aller vers; *auf j-n* ⁀ (*losspringen*) se précipiter sur q.; *gut* ⁀ aller bon train; **⁀fahrt** *f* accès *m;* (*zu e-m Gebäude*) avenue *f;* **⁀fahrtsstraße** *f* voie *f* d'accès.

Zufall *m* 'hasard *m;* (*etw., was j-m zustößt*) cas *m* imprévu; *glücklicher* ⁀ *chance f; widriger* ⁀ contretemps *m;* **⁀en** *v/i.* (sn) se fermer (en tombant); (*obliegen*) incomber; *j-m* ⁀ (*als Anteil*) échoir à q.

zufällig 1. *adj.* fortuit; accidentel; **2.** *adv.* par 'hasard; ⁀ *etw. tun* venir à faire qch.; **⁀keit** *f* 'hasard *m;* contingence *f.*

Zufallstreffer ['tsufalstrɛfər] *m* coup *m* au but dû au hasard; *Sp.* but *m* chanceux.

zu·fliegen *v/i.* (sn) (*Tür*) se fermer brusquement; (*e-m Ort*) voler vers; **⁀fließen** *v/i.* (sn) couler vers; *fig.* affluer; *j-m etw.* ⁀ *lassen* accorder qch. à q.; **⁀flucht** *f* refuge *m;* (*Mittel*) recours *m; s-e* ⁀ *zu j-m nehmen* se réfugier auprès de q.; *s-e* ⁀ *zu etw. nehmen* recourir (*od.* avoir recours) à qch.; **⁀fluchts·ort** *m* refuge *m;* asile *m;* **⁀fluß** *m* affluence *f;* ⁀ afflux *m;* (*Nebenfluß*) affluent *m;* **⁀flüstern** *v/t.* souffler; **⁀folge** *prp.* (*vorangehend mit gen.; nachstehend mit dat.*) par suite de; suivant; d'après; *e-m Befehl* ⁀ conformément à un ordre.

zu·frieden *adj.* content; (*zufriedengestellt*) satisfait; (*ruhig*) tranquille; (*ungestört*) en paix; ⁀ *lassen* laisser tranquille (*od.* en paix); **⁀geben** *v/rfl.: sich mit etw.* ⁀ se contenter de qch.; **⁀heit** *f* contentement *m;* satisfaction *f;* tranquillité *f;* **⁀stellen** *v/t.* satisfaire; contenter; **⁀stellend** *p.pr. adj.* satisfaisant.

zu·frieren *v/i.* (sn) (se) geler complètement; (*Teich usw.*) prendre; **⁀fügen** *v/t.* ajouter; (*verursachen*) causer; *Leid:* faire; *Niederlage:* infliger; **⁀fuhr** ['⁀fuːr] *f* (16) (*v. Waren*) arri-

vage *m;* (*Versorgung*) ravitaillement *m;* **⁀führen** *v/t.* conduire (*od.* amener) à (*resp.* chez *resp.* vers).

Zug [tsuːk] *m* (3³) *Esb.* train *m;* (*Marsch*) marche *f;* (*Ziehen*) traction *f;* (*Durch⁀*) passage *m;* (*⁀luft*) courant *m* d'air; vent *m* coulis; (*v. Personen*) file *f;* colonne *f;* ⚔ section *f;* (*feierlicher*) cortège *m; rl.* procession *f;* (*v. Tieren*) troupe *f;* bande *f;* (*Gespann*) attelage *m;* (*v. Vögeln*) volée *f;* (*v. Schiffen*) convoi *m;* (*Reihe*) suite *f;* (*Gesichts⁀, Charakter⁀*) trait *m* (*a. der Feder*); (*des Ofens*) tirage *m;* (*⁀schnur*) cordon *m;* (*Neigung*) penchant *m;* (*beim Rauchen*) bouffée *f;* (*aus dem Glas*) coup *m* (*a. beim Spiel*), trait *m,* gorgée *f;* (*Schublade*) tiroir *m; in e-m* ⁀ (*tout*) d'un trait, d'un seul trait; ⁀ *um* ⁀ du tac au tac.

Zu·gabe *f* supplément *m;* F extra *m; thé.,* ♪ morceau *m* 'hors programme; ♱ prime *f;* **⁀gang** *m* (*Zutritt*) accès *m;* (*Eintritt*) entrée *f;* (*örtlich*) abord *m;* (*Weg zu e-m Gebäude*) avenue *f;* **⁀gänglich** *adj.* accessible (*für j-n à q.*); abordable; *schwer* ⁀ *sein* être d'un abord difficile.

Zugbrücke *f* pont-levis *m.*

zugeben *v/t.* ajouter; (*bei e-m Handel*) donner en plus; donner par-dessus le marché; *fig.* admettre.

zu·gegen *adv.:* ⁀ *sein* être présent; assister (*bei* à).

zugehen *v/i.* (sn) (*Tür usw.*) (se) fermer; (*geschehen*) se passer; (*Sendung*) *j-m* ⁀ parvenir à q.; ⁀ *auf* (*acc.*) aller (*od.* s'avancer) vers; *gut* ⁀ aller bon train (*od.* bon pas).

zugehör·en *v/i.* appartenir à; (*als Teil*) faire partie de; **⁀ig** *adj.* qui appartient à; **⁀igkeit** *f* dépendance *f;* (*Mitgliedschaft*) qualité *f* de membre; (*Beziehung*) relation *f* (avec).

zugeknöpft ['tsuːgəknœpft] *p.p. adj.* boutonné; *fig.* F réservé, renfermé.

Zügel ['tsyːgəl] *m* (7) rêne *f* (*a. fig.*); (*Zaum*) bride *f* (*a. fig.*); *die* ⁀ *anziehen* serrer la bride; *j-m die* ⁀ *schießen lassen* lâcher la bride à q.; **⁀los** *fig. adj.* effréné; **⁀losigkeit** *f* licence *f;* **⁀n** (29) **1.** *v/t.* brider; *fig. a.* mettre un frein à; refréner; **2.** *v/rfl.: sich* ⁀ se contenir, se maîtriser.

zugesellen ['⁀gəzɛlən] **1.** *v/t.* associer (à); **2.** *v/rfl.: sich j-m* ⁀ se joindre à q.

Zuge|ständnis n concession f; **2stehen** v/t. avouer; (einräumen) concéder; (bewilligen) accorder.

zugetan adj. attaché (j-m à q.); (ergeben) dévoué.

Zugführer m chef m de train; ✕ chef m de section.

zugießen v/t. ajouter (en versant).

zügig [tsy:giç] **1.** adj. rapide; (Verkehr) fluide; **2.** adv. vite, rapidement.

Zug|kraft f force f de traction; fig. force f d'attraction; **2kräftig** fig. adj.: ~ sein attirer le public; prendre sur la foule; ~es Stück pièce f à succès.

zu|gleich adv. en même temps (mit mir que moi); alle ~ tous à la fois.

Zug|leine ⚓ f câble m, remorque f; **~loch** n (e-s Ofens) évent m, ventouse f; **~luft** f courant m d'air, vent m coulis; **~maschine** f tracteur m; **~mittel** n attraction f; F clou m; **~nummer** f **1.** Esb. numéro m du train; **2.** fig. attraction f, clou m; **~personal** Esb. n personnel m du train; **~pferd** n cheval m de trait; **~pflaster** phm. n vésicatoire m.

zugreifen v/i. mettre la main dessus; (bei Tisch) se servir; fig. saisir l'occasion.

Zugriff m accès m; (Eingreifen) prise f; ~ der Polizei arrestation f.

zu|grunde adv.: ~ gehen périr; se ruiner; ⚓ couler bas; ~ legen prendre pour base; ~ liegen être le fondement (od. à la base) de; ~ richten ruiner.

Zug|seil n câble m de remorque; (e-r Schwebebahn) câble m tracteur; **~stück** thé. n pièce f à succès; F clou m; **~tier** n bête f de trait (od. de labour).

zugucken F v/i. = zusehen.

zu|gunsten prp. en faveur de; **~'gute** adv.: j-m etw. ~ halten tenir compte de qch. à q.; j-m ~ kommen profiter à q.; sich etw. ~ tun s'offrir une douceur (od. un extra); sich etw. ~ tun auf (acc.) tirer vanité de.

Zug|verbindung f communication f de trains; **~verkehr** m service m (resp. circulation f) des trains; **~vogel** m oiseau m migrateur (od. de passage).

zu|haben F v/i. (Geschäft) être fermé; **~halten 1.** v/t. tenir fermé; Ohren: boucher; **2.** v/i. ⚓, Flgw. ~ auf (acc.) mettre le cap sur.

Zuhälter ['~hɛltər] m (7) souteneur

m; P maquereau m; **~ei** [~'raɪ] f (16, o. pl.) maquerelage m.

zu|hängen v/t. couvrir d'un rideau; **~hauen 1.** v/t. tailler (à coups de hache); Fleisch: dépecer; **2.** v/i. F frapper, taper; **~hauf** adv. en tas; en foule.

Zuhause [~'haʊzə] n (inv.) chez-soi m.

zu|heilen v/i. (sn) se fermer; (vernarben) se cicatriser; **2'hilfenahme** f: unter ~ von avec le secours de; **~hinterst** adv. tout au bout.

zuhör|en v/i. écouter (j-m q.); **2er(in** f) m auditeur m, -trice f; **2erraum** m salle f (de conférence); **2erschaft** f auditoire m.

zu'innerst adv. tout au fond.

zu|jubeln v/i.: j-m~ acclamer q., faire une ovation à q.; **~kehren** v/t. tourner (j-m den Rücken le dos à q.); j-m das Gesicht son visage vers q.); **~klappen** v/t. (v/i. se) fermer; **~kleben** v/t. coller; Umschlag: cacheter; **~klinken** v/t. fermer au loquet; **~knallen** v/t. faire claquer; **~knöpfen** v/t. boutonner; **~kommen** v/i. (sn): ~ auf (acc.) s'avancer vers; j-m~ revenir (de droit) à q.; être dû à q.; es kommt mir nicht zu, zu ... (inf.) ce n'est pas à moi (od. il ne m'appartient pas) de ... (inf.); j-m etw. ~ lassen faire parvenir qch. à q., (überlassen) donner (od. céder) qch. à q.; **~korken** v/t. (25) boucher.

Zu|kunft ['~kʊnft] f (16, o. pl.) avenir m; gr. futur m; in ~ à l'avenir, (v. jetzt an) désormais; **2künftig 1.** adj. futur; à venir; **2.** adv. à l'avenir; **~künftige(r** m) m, f futur(e f) m; **~kunftspläne** m/pl. projets m/pl. d'avenir; **~kunftsroman** m roman m d'anticipation.

zu|lächeln v/i.: j-m ~ sourire à q.; **2lage** f supplément m; (Gehalts2) augmentation f de traitement; **~langen** v/i. prendre; (bei Tisch) se servir; (genügen) suffire; **~länglich** adj. suffisant; **~lassen** v/t. admettre; (erlauben) permettre; (dulden) tolérer; die Tür ~ laisser la porte fermée.

zulässig adj. admissible, permis; ⚖ recevable; **2keit** f admissibilité f; ⚖ recevabilité f.

Zulassung f admission f; **~s-antrag** m demande f d'admission; **~s-prüfung** f examen m d'admission.

Zulauf m affluence f; (Zs.-laufen)

concours m; **großen** ~ **haben** avoir beaucoup de clientèle, (*Veranstaltung*) être très fréquentée (*od.* couru), (*Geschäft*) être bien achalandé; **≈en** v/i. (sn) (*enden*) se terminer (spitz en pointe); ~ **auf** (*acc.*) courir à (*od.* vers).

zulegen 1. v/t. (*bedecken*) couvrir (mit de); (*hinzufügen*) ajouter; (*draufgeben*) donner en plus; **j-m etw.** ~ augmenter le salaire de q.; **sich etw.** ~ acheter qch.; se procurer qch.; **2.** v/i. se dépêcher.

zuleide [ˈlaidə] adv.: **j-m etw.** ~ **tun** faire du mal à q.

zuleit|en v/t. diriger vers; amener; **≈ung** f amenée f; adduction f; **≈ungsdraht** ⚡ m fil m d'amenée; **≈ungsrohr** n conduite f d'amenée.

zu|letzt adv. à la fin, en dernier lieu; ~ **kommen** arriver le dernier; **≈liebe** adv.: **j-m** ~ pour l'amour de q.; **≈löten** v/t. souder, fermer par une soudure.

zum [tsum] = zu dem.

zu|machen 1. v/t. fermer; *Flaschen*: boucher; *Jacke*: boutonner; *Brief*: cacheter; **2.** F v/i. se dépêcher; **≈mal** cj.: ~ (*da*) d'autant plus que; **≈mauern** v/t. murer; *Tür usw.*: condamner; **≈meist** adv. pour la plupart, le plus souvent; **≈messen** v/t.: **j-m etw.** ~ mesurer qch. à q.; *Verdienst*: attribuer; **≈mindest** adv. au moins, pour le moins; **≈mutbar** adj. raisonnable; **≈mute** [ˈmuːtə] adv.: **mir ist wohl** (*übel*) ~ je me sens bien (mal) à l'aise; **≈muten** v/t.: **j-m etw.** ~ exiger qch. de q.; **sich zuviel** ~ présumer trop de ses forces; **≈mutung** f exigence f (*impudente*); **≈nächst** adv. (*örtlich*) tout près de; (*zeitlich*) en premier lieu; tout d'abord; **≈nageln** v/t. clouer; **≈nahme** f (15) agrandissement m; accroissement m; (*Vermehrung*) augmentation f; (*e-s Übels*) aggravation f; (*Fettwerden*) engraissement m; **≈name** m nom m de famille; (*Beiname*) surnom m.

zünden [ˈtsyndən] **1.** v/t. allumer, mettre le feu à; **2.** v/i. prendre feu; s'allumer; s'enflammer; *fig.* prendre sur le public; **≈d** p.pr. adjt.: **≈e Rede** discours m enflammé.

Zunder [ˈtsundər] m (7) amadou m; **wie** ~ **brennen** brûler comme de l'amadou; *fig.* F: **j-m** ~ **geben** donner une bonne raclée (*od.* fessée) à q.

Zünd|er [ˈtsyndər] m (7) allumeur m; ⚔, ✕ fusée f; **≈holz** [ˈ-t-] n, **≈hölzchen** n (6) allumette f; **≈hütchen** n capsule f; amorce f; **≈kapsel** f détonateur m; **≈kerze** *Auto* f bougie f (d'allumage); **≈schlüssel** *Auto* m clef f de contact; **≈schnur** f mèche f; **≈stoff** m matière f inflammable; **≈ung** *Auto* f allumage m.

zunehmen v/i. augmenter (**an** dat. de) (*a. Tage*); (*anwachsen*) s'accroître; (*Übel*) s'aggraver; (*Mond*) croître; être à son croissant; **≈der Mond** croissant m (de la lune); (*fett werden*) engraisser; (*dicker werden*) grossir; **an Gewicht** ~ augmenter de (*od.* prendre du) poids.

zuneig|en 1. v/i. (*e-r Ansicht*) incliner vers (*a. fig.*); **2.** v/rfl.: **sich dem Ende** ~ toucher à sa fin; **≈ung** f inclination f, affection f, sympathie f.

Zunft [tsunft] f (14¹) corps m de métier, corporation f.

zünftig [ˈtsynftiç] adj. conforme aux statuts d'une corporation; *fig.* bon, comme il faut; (*Kleidung*) approprié.

Zunge [ˈtsuŋə] f (15) langue f; (*Sprache a.*) parole f; ⊕ languette f; ♪ anche f; (*an e-r Schnalle*) ardillon m; (*an e-r Waage*) aiguille f; **das Wort liegt mir auf der** ~ j'ai le mot sur le bout de la langue; **j-m die** ~ **lösen** délier la langue à q.

züngeln [ˈtsyŋəln] v/i. (29) (*Schlange*) darder la langue; (*Flammen*) s'élever en languettes.

zungen|fertig adj. qui parle avec volubilité, qui a la parole facile; **≈fertigkeit** f volubilité f; **≈laut** *phon.* m linguale f; **≈schlag** m coup m de langue; **≈spitze** f bout m de la langue.

Zünglein [ˈtsyŋlain] n fig.: **das** ~ **an der Waage sein** faire pencher la balance.

zu|nichte [tsuˈniçtə] adv.: ~ **machen** anéantir, *Pläne*: déjouer; réduire à néant; **≈nicken** v/i.: **j-m** ~ faire un signe de tête à q.; **≈nutze** adv.: **sich etw.** ~ **machen** tirer profit de qch.; **≈'-oberst** adv. tout en 'haut; **≈ordnen** v/t. adjoindre; coordonner; **≈packen** v/i. mettre la main dessus; **≈paß** [ˈ-pas] adv.: ~ **kommen** venir à propos.

zupf|en [ˈtsupfən] v/t. (25) tirer (**j-n am Ärmel** q. par la manche; **j-n an den Ohren** les oreilles à q.); tirailler; *Lei-*

nen: effiler; mettre en charpie; *Gitarre:* pincer; *Unkraut:* sarcler; **2-geige** f guitare f.

zupfropfen v/t. (25) boucher.

zur [tsu:r] = zu der.

zuraten 1. v/i.: *j-m* ～ conseiller qch. à q.; 2. ♀ n: *auf mein* ～ sur mon conseil.

Zu'rateziehung f consultation f.

zuraunen v/t.: *j-m etw.* ～ chuchoter qch. à l'oreille de q.

zurechn|en v/t. ajouter; (*zuschreiben*) attribuer, ♀**ung** f: *unter* ～ *aller Kosten* en y ajoutant tous les frais; ～**ungsfähig** adj. responsable de ses actes; ♀**ungsfähigkeit** f responsabilité f de ses actes.

zu'recht adv. en ordre; en règle; ～**biegen** F v/t. *e-e Angelegenheit:* arranger; ～**finden** v/rfl.: *sich* ～ se reconnaître; s'orienter; trouver son chemin; ～**kommen** v/i. (sn): *mit etw.* ～ venir à bout de qch.; *mit j-m* ～ s'arranger avec q.; ～**legen** v/t. mettre en ordre; (*vorbereiten*) préparer; ～**machen** v/t. préparer; apprêter; arranger; 2. v/rfl.: *sich* ～ (*Damen*) faire un brin de toilette; ～**rücken**, ～**setzen** v/t. fig.: *j-m den Kopf* ～ mettre q. à la raison; = ～**stellen** v/t. (arranger; mettre en ordre; ～**weisen** v/t.: *j-n* ～ indiquer son chemin à q.; fig. remettre q. à sa place, faire une remontrance à q.; ♀**weisung** f remontrance f.

zu'reden v/i.: *j-m* ～ exhorter q. (*etw. zu tun* à faire qch.); chercher à persuader q. (*de faire qch.*); ♀**reden** n exhortations f/pl., instances f/pl.; *auf vieles* ～ sur les instances; ～**reichen** v/t.: *j-m etw.* ～ tendre qch. à q.

zureit|en 1. v/t. *Pferd:* dresser; 2. v/i.: ～ *auf* (acc.) s'avancer (à cheval) vers; *tüchtig* ～ mener son cheval bon train; ♀**er** m dresseur de chevaux; écuyer m.

zuricht|en v/t. apprêter, préparer; *übel* ～ arranger de belle manière; ♀**ung** f apprêt m; préparation f.

zuriegeln v/t. (29) verrouiller.

zürnen ['tsyrnən] v/i. (25) être fâché (*wegen etw. de qch.*; *j-m contre q.*); *j-m wegen etw.* ～ en vouloir à q. de qch.

Zur'schaustellung f exhibition f, étalage m.

zurück [tsu'ryk] adv. en arrière (a. ～!); (～*geblieben*) arriéré; (～*gekehrt*) de retour; ～**begeben** v/rfl.: *sich* ～ re-

tourner; ～**begleiten** v/t. reconduire; ～**behalten** v/t. retenir; (*reservieren*) réserver; (*unrechtmäßig*) détenir; ～**bekommen** v/t. recouvrer; rentrer en possession de; *ich habe das Buch* ～ on m'a rendu le livre; ～**beugen** v/rfl.: *sich* ～ se pencher en arrière; ～**bezahlen** v/t. rembourser; ～**bilden** v/rfl.: *sich* ～ se résorber; (*Organ*) s'atrophier; ～**bleiben** v/i. (sn) rester en arrière; (*Schüler*) être en retard; (*Uhr*) retarder; *hinter den Erwartungen* ～ ne pas répondre aux espérances; ～**blicken** v/i. regarder derrière soi; fig. faire un examen rétrospectif; ～**bringen** v/t. rapporter; *j-n* ～ ramener q.; fig. faire reculer; ～**datieren** v/t. antidater; ～**denken** v/i.: *an etw.* (acc.) ～ se rappeler qch.; ～**drängen** v/t. repousser; refouler (a. fig.); fig. réprimer; ～**drehen** v/t. retourner; ～**dürfen** v/i. avoir la permission de retourner (*od.* de revenir); ～**eilen** v/i. (sn) revenir en 'hâte; se hâter de revenir; ～**erbitten** v/t. = zurückbekommen; ～**erhalten** v/t. = zurückbekommen; ～**erinnern** v/rfl.: *sich* ～ = zurückdenken; ～**erobern** v/t. reconquérir; ～**erstatten** v/t. rendre; restituer; ～**fahren** 1. v/i. (sn) retourner (en voiture, *etc.*); fig. reculer brusquement; 2. v/t. ramener (en voiture, *etc.*); ～**fallen** v/i. (sn) retomber (a. fig.); (*rückwärts fallen*) tomber à la renverse; (*Licht*) être réfléchi (*od.* reflété); *an j-n* ～ revenir à q.; fig. *auf j-n* ～ rejaillir sur q.; *in denselben Fehler* ～ retomber dans la même faute, avoir une rechute; ～**finden** v/i. retrouver son chemin; ～**fliegen** v/i. (sn) retourner en volant (*im Flugzeug:* en avion); ～**fließen**, ～**fluten** v/i. (sn) refluer; ～**fordern** v/t. redemander; réclamer; *Recht:* revendiquer; ～**führen** v/t. ramener; reconduire; fig. ～ *auf* (acc.) ramener à, *Grund:* attribuer à; ～**geben** v/t. rendre; redonner; (*wieder herausgeben*) restituer; ～**geblieben** fig. p.p. adj. arriéré, déficient; ～**gehen** v/i. (sn) retourner, rebrousser chemin; (*rückwärtsgehen*) aller en arrière, reculer; (*Geschäfte, Preise*) baisser; (*Fieber*) décliner; tomber; ～ *auf* (acc.) fig. remonter à; ～ *lassen Waren:* renvoyer, retourner; ～**geleiten** v/t. reconduire; ～**gewinnen** v/t. regagner; ⊕ récupérer; ～**gezo-**

gen *p.p. adj.* retiré; **Ꝯgezogenheit** *f* retraite *f*; solitude *f*; **Ꝯgreifen** *v/i.*: ~ *auf (acc.)* remonter à; ~ *weiter* ~ reprendre de plus 'haut *(od.* de plus loin).

zu'rückhalt|en 1. *v/t.* retenir; *Gefühle:* réprimer; cacher; *Gefangene:* détenir; **2.** *v/rfl.: sich* ~ se retenir; montrer de la réserve; **3.** *v/i.: mit etw.* ~ cacher qch.; *mit seinem Urteil* ~ suspendre son jugement; **~end** *p.p.r. adj.* réservé; *(zugeknöpft)* boutonné; **Ꝯung** *f* réserve *f*; *(Mäßigung)* retenue *f*.

zu'rück|holen *v/t.* aller reprendre *(od.* rechercher); **~kaufen** *v/t.* racheter; **~kehren** *v/i.* (sn) retourner, revenir; *nach Hause* ~ rentrer chez soi; revenir à la maison; **~kommen** *v/i.* (sn) revenir, être de retour; *fig. auf etw. (acc.)* ~ (en) revenir à qch.; **~lassen** *v/t.* laisser (derrière soi); **~laufen** *v/i.* (sn) retourner (en courant); *(zurückfließen)* refluer; **~legen** *v/t.* mettre de côté; *Weg:* faire, parcourir; *auf s-n Platz* ~ remettre à sa place; **~lehnen** *v/rfl.: sich* ~ se pencher en arrière; **~liegen** *v/i.:* zehn *Jahre* ~ s'être passé il y a dix ans; *weit* ~ dater de loin; **~melden** *v/rfl.: sich* ~ annoncer son retour; *× se* faire porter rentrant; **~müssen** *v/i.* être obligé de retourner; **Ꝯnahme** *f* (15) reprise *f*; *fig.* révocation *f*; **~nehmen** *v/t.* reprendre; *Versprechen, Befehl:* revenir sur; *sein Wort* ~ retirer sa parole; se rétracter; **~prallen** *v/i.* (sn) rebondir; *vor Schreck* ~ reculer d'effroi; **~reisen** *v/i.* (sn) retourner; **~rufen** *v/t.* rappeler *(ins Leben à la* vie); faire revenir; *sich etw. ins Gedächtnis* ~ se rappeler qch.; **~schalten** *Auto v/i.* rétrograder; *in den 2. Gang* ~ descendre *(od.* revenir) en seconde; **~schauen** *v/i.* regarder derrière soi, jeter un regard en arrière; **~scheuchen** *v/t.* faire fuir, chasser en effarouchant; **~schicken** *v/t.* renvoyer; *etw.* ~ *a.* retourner qch.; **~schieben** *v/t.* repousser; reculer; **~schlagen** *v/t.* repousser; *Decke:* rejeter; *Kapuze, Verdeck:* rabattre; *Ball:* renvoyer; **~schnellen** *v/i.* (sn) rebondir; **~schrauben** *fig. v/t. Ansprüche:* réduire; **~schrecken 1.** *v/t.* (25) effrayer; *(abschrecken)* rebuter; **2.** *v/i.* (30, sn) reculer *(vor dat.* devant);

~schreiben *v/t. u. v/i.* répondre (par écrit); *(zurückdrängen)* réduire; **~sehnen** *v/rfl.: sich nach* etw. ~ *regretter* qch.; **~senden** *v/t.* = zurückschicken.

zu'rücksetz|en *v/t.* mettre en arrière, reculer; *Waren:* mettre au rebut; *j-n* ~ traiter q. avec moins d'égards que d'autres, *(durch Bevorzugung e-s Minderberechtigten)* faire un passe-droit à q.; **Ꝯung** *f (Demütigung)* humiliation *f; (Ungerechtigkeit)* injustice *f; (durch Bevorzugung e-s Minderberechtigten)* passe-droit *m.*

zu'rück|sinken *v/i.* (sn) (se laisser) tomber en arrière; ~ *in (acc.)* retomber dans; **~spielen** *v/i. Ball:* renvoyer; **~springen** *v/i.* (sn) faire un bond en arrière; *(zurückprallen)* rebondir; *(Feder)* se débander; *Arch.* rentrer; **~stehen** *v/i.* (sn) se tenir en arrière; *fig.* ~ *hinter (dat.)* le céder à; **~stellen** *v/t.* mettre en arrière; reculer; *(zeitlich)* remettre *(auf acc.* à); *Uhr:* retarder; *(um de); × ajourner; mettre en sursis; *Soldat:* sursoir à; ~ *pousser (a. fig.);* **~strahlen** *v/t. (v/i.* se) réfléchir; *fig.* rejaillir; **~streifen** *v/t. Ärmel:* retrousser; **~strömen** *v/i.* (sn) refluer; **~stürzen** *v/i.* (sn) retourner précipitamment; **~taumeln** *v/i.* (sn) reculer en chancelant; **~telegrafieren** *v/t. u. v/i.* répondre par télégramme; **~tragen** *v/t.* reporter; *(wieder hintragen)* rapporter; *(wieder mit fortnehmen)* remporter; **~treiben** *v/t.* repousser; *Vieh:* ramener; *⚓ faire rentrer; **~treten** *v/i.* (sn) reculer; *Arch.* rentrer; ~ *von* se retirer de; *vor j-m* ~ se retirer *(od.* s'effacer) devant q.; céder le pas à q.; *von s-m Amt* ~ se démettre de sa charge; démissionner; *von s-r Bewerbung* ~ retirer sa candidature; ~! en arrière!; **~übersetzen** *v/t.* retraduire; **~verfolgen** *v/t.* remonter jusqu'à l'origine de; **~verlangen** *v/t.* redemander; réclamer; **~versetzen 1.** *v/t.* faire descendre; **2.** *v/rfl.: sich* ~ *in (acc.) fig.* se reporter à; **~verweisen** *v/t.* renvoyer *(auf acc.* à); **~wandern** *v/i.* (sn) retourner à pied; **~weichen** *v/i.* (sn) reculer; se retirer; *fig.* céder; **~weisen** *v/t.* renvoyer *(auf acc.* à); *Vorschlag, Bitte:* repousser; rejeter; *Geschenk:* ~! refuser; rejeter; **Ꝯweisung** *f* renvoi *m; (e-s Vorschlags, e-r Bitte)* rejet *m; (e-s Geschenks)* refus *m*; ⚖ récusation *f*; **~werfen** *v/t.* rejeter; ⚔ *a.* repousser; *phys.* réfléchir; refléter; *Schall:* répercuter; *Ball:* renvoyer; **~wirken** *v/i.* (ré-)agir (*auf acc.* sur); **~wünschen** *v/t.* souhaiter le retour de; **~zahlen** *v/t.* rembourser; *fig.* payer de retour; **~ziehen** *v/t.* retirer.

Zuruf *m* appel *m*; *durch ~* par acclamation; ⚖n *v/t.*: *j-m etw. ~* crier qch. à q.

Zusage *f* (15) adhésion *f*; assentiment *m*; (*auf e-e Einladung*) acceptation *f*; (*Versprechen*) promesse *f*; (*Verpflichtung*) engagement *m*; ⚖n **1.** *v/t.* donner son adhésion (*od.* son assentiment); (*die Einladung annehmen*) accepter l'invitation; (*sich verpflichten*) s'engager; *j-m etw. ~* promettre qch. à q.; **2.** *v/i.*: *j-m ~* (*gefallen*) plaire à q., être au goût de q.

zusammen [~'zamən] *adv.* ensemble; (*gemeinsam*) de compagnie, de concert; (*im ganzen*) en tout; ⚖**-arbeit** *f* collaboration *f*, coopération *f*; **~arbeiten** *v/i.* collaborer; coopérer; **~ballen 1.** *v/t.* pelotonner; *Faust:* serrer; **2.** *v/rfl.: sich ~* (*Wolken*) s'amonceler, s'accumuler (*a. fig.*); (*Menschen*) s'entasser; *phys.* s'agglomérer; ⚖**ballung** *f* (*v. Wolken*) amoncellement *m*, accumulation *f*; (*v. Menschen*) entassement *m*; ⚖**bau** ⊕ *m* assemblage *m*, montage *m*; **~beißen** *v/t. Zähne:* serrer; **~bekommen** *v/t.* parvenir à réunir; *Geld: genug ~* trouver assez (de); **~berufen** *v/t.* convoquer; **~binden** *v/t.* lier (ensemble); faire un paquet (de); **~brauen** *v/rfl.: sich ~* (*Gewitter*) se préparer; *F da braut sich etw. zusammen* il se trame qch.; **~brechen** *v/i.* (*sn*) s'effondrer; s'écrouler; (*hinsinken*) s'affaisser; ✝ faire faillite *m*; **~bringen** *v/t.* (r)amasser; réunir; *Personen:* rapprocher; ⚖**bruch** *m* effondrement *m*; ✝ faillite *f*; banqueroute *f*; ⚔ *u. fig.* débâcle *f*; **~drängen** *v/t.* (*v/rfl. sich ~*) serrer, (se) presser; *Personen:* (s')entasser; **~drücken** *v/t.* serrer, comprimer; **~fahren** *v/i.* (*sn*) voyager (*od.* faire route) ensemble; (*zusammenstoßen*) entrer en collision, se tamponner; (*körperlich*) tressaillir; **~fallen** *v/i.* (*sn*) tomber en ruine, s'écrouler; (*Personen*) dépérir; (*die Aufblähung verlieren*) se dégonfler, retomber;

(*zeitlich*) coïncider; **~falten** *v/t.* plier.

zu'sammenfass|en *v/t.* (*vereinigen*) réunir; concentrer; *Gedanken:* rassembler; *kurz ~* résumer; récapituler; **~end** *p.pr. adj.* sommaire; **~e** *Darstellung* résumé *m*; ⚖**ung** *f* réunion *f*; concentration *f*; *kurze ~* résumé *m*.

zu'sammen|fegen *v/t.* balayer (pour ramasser); **~finden** *v/rfl.: sich ~* se rencontrer, se réunir; **~fließen** *v/i.* (*sn*) se réunir, confluer; ⚖**fluß** *m* confluent *m*, jonction *f*; **~fügen** *v/t.* joindre, réunir; *Bretter:* assembler; ⚖**fügung** *f* jonction *f*, réunion *f*; (*v. Brettern*) assemblage *m*; **~führen** *v/t.* réunir; **~gehen** *v/i.* (*sn*) aller ensemble; (*gemeinsame Sache machen*) faire cause commune.

zu'sammengehör|en *v/i.* aller bien ensemble; (*für ea. geschaffen sein*) être faits l'un pour l'autre; (*Sachen*) être de la même espèce; (*zwei Dinge, die ein Paar bilden*) faire la paire; (*Gemälde usw.*) faire pendant; **~ig** *adj.* allant ensemble; de la même espèce; (*gleichartig*) homogène; ⚖**igkeit** *f* affinité *f* de nature; (*Gleichartigkeit*) homogénéité *f*; ⚖**igkeitsgefühl** *n* solidarité *f*.

zu'sammen|geraten *v/i.* (*sn*) en venir aux mains; **~gesetzt** *p.p. adj.* composé; **~gewürfelt** F *adj.: e-e ~e Gesellschaft* une société (très) bigarrée; **~gießen** *v/t.* mêler.

Zu'sammenhalt *m* consistance *f*, cohésion *f*, cohérence *f*; *fig.* accord *m*, solidarité *f*; ⚖n **1.** *v/t.* tenir ensemble; *Geld:* ménager; (*vergleichend*) comparer; **2.** *v/i.* tenir ensemble, être cohérent; (*Personen*) être solidaires, s'entraider.

Zu'sammen|hang *m* liaison *f* (*mit* avec); connexion *f*, lien *m*; (*Beziehung*) rapport *m*, relation *f*; (*Text* ⚖) contexte *m*; (*Verkettung*) suite *f*; (*fortlaufender Faden*) continuité *f*; *phys.* cohésion *f*; *ohne ~* décousu, incohérent, sans suite; *in welchem ~?* à quel propos?; *in diesem ~* dans cet ordre d'idées; *in ~ bringen* établir un (*od.* des) rapport(s) (entre), lier; *im ~ stehen* = ⚖**hängen 1.** *v/i.: ~ mit* avoir des rapports (*od.* être en rapport) avec; (*Räume*) communiquer; **2.** *v/t.* suspendre l'un (au)près de l'autre; ⚖**hängend** *p.pr. adj.* cohérent; suivi; *(Räume)* qui communiquent; 2~ **hanglos** *adj.* sans suite; incohérent.

zu'sammen|hauen F *v/t.:* j-n ~ rosser q.; *Arbeit:* bâcler; ~**heften** *v/t.* coudre (ensemble); *(verbinden)* réunir; *Buch:* brocher; ~**holen** *v/t.* aller rassembler; ~**kauern** *v/rfl.:* sich ~ se blottir; s'accroupir; ~**kaufen** *v/t.* acheter en bloc; *(wucherisch)* accaparer; ~**ketten** *v/t.* enchaîner ensemble; ~**kitten** *v/t.* cimenter; 2~ **klang** *m* accord *m*; *(Gleichklang)* consonance *f*; *(Einklang)* harmonie *f*; ~**klappbar** *adj.* pliant; ~**klappen** 1. *v/t.* replier; *Buch, Messer:* refermer; 2. *v/i.* (sn) s'affaisser, tomber de fatigue; ~**kleben** 1. *v/t.* coller (ensemble); agglutiner *(a.* ✿*)*; 2. *v/i.* (sn) être collé *(od.* aggluting); ~**kneifen** *v/t.* serrer; ~**knüllen** *v/t.* *Papier:* froisser, friper, chiffonner; ~**knüpfen** *v/t.* lier ensemble; nouer; ~**kommen** *v/i.* (sn) venir ensemble; *(sich versammeln)* s'assembler, se réunir, se rencontrer; mit j-m ~ rencontrer q.; ~**koppeln** *v/t.* coupler; ⚡ accoupler; ~**kratzen** F *v/t.:* sein letztes Geld ~ gratter les fonds de tiroir; 2**kunft** [~kunft] *f* (14¹) réunion *f*; *(bsd. v. zwei Personen)* entrevue *f*; *(verabredete)* rendez-vous *m*; ~**laufen** *v/i.* (sn) courir ensemble; *(Personen)* accourir en foule; *(~e-n Auflauf bilden)* s'attrouper; *(Farben)* se fondre; *(Linien)* concourir; converger; *(Stoff)* se rétrécir; *physiol.* se coaguler; ~**leben** *v/i.* vivre ensemble; vivre *(mit* avec*)*; cohabiter; 2**leben** *n* (6) vie *f* commune; cohabitation *f*; ~**legbar** *adj.* pliant; ~**legen** *v/t.* mettre ensemble; *(falten)* plier; Geld ~ faire bourse commune; ~**leimen** *v/t.* coller (ensemble); ~**nageln** *v/t.* clouer; ~**nähen** *v/t.* coudre (ensemble); ~**nehmen** 1. *v/t.* Kräfte, Gedanken: rassembler; 2. *v/rfl.:* sich ~ rassembler ses forces; *(sich fassen)* se ressaisir, *(sich mäßigen)* se contenir; alles zusammengenommen à tout prendre; ~**packen** *v/t.* mettre en un paquet; empaqueter; ~**passen** *v/i.* s'adapter l'un à l'autre; *(gut übereinstimmen)* s'accorder; *(Personen)* se convenir; *(Farben usw.)* aller bien ensemble; ~**pferchen** *v/t.* entasser.

Zu'sammenprall *m* choc *m*, 'heurt *m* *(a. fig.)*; 2**en** *v/i.* (sn) se heurter,

s'entrechoquer; *(Autos, Züge usw.)* entrer en collision.

zu'sammen|pressen *v/t.* presser (l'un contre l'autre); ~**raffen** *v/t.* rafler, ramasser à la hâte; ~**rechnen** *v/t.* additionner; faire le total; alles zusammengerechnet au bout du compte; ~**reimen** *v/rfl.:* sich ~ rimer ensemble; s'accorder; wie reimt sich das zusammen? à quoi cela rime-t-il?; ~**reißen** *v/rfl.:* sich ~ = sich zusammennehmen; ~**rollen** *v/t.* enrouler; ~**rotten** *v/rfl.:* sich ~ s'attrouper; s'ameuter; 2**rottung** *f* attroupement *m*; ~**rücken** 1. *v/t.* rapprocher; 2. *v/i.* (sn) se serrer; ~**rufen** *v/t.* convoquer; ~**scharen** *v/rfl.:* sich ~ se rassembler; ~**scharren** *v/t.* amasser; ~**schichten** *v/t.* empiler; ~**schieben** *v/t.* rapprocher; ~**schießen** *v/t.* abattre à coups de fusil; ~**schlagen** 1. *v/t.* *(falten)* plier; *charp.* assembler; *(zerschlagen)* briser, démolir; F j-n ~ accabler q. de coups; die Hände ~ battre des mains; *fig.* die Hände über dem Kopf ~ lever les bras au ciel; 2. *v/i.* (sn): über j-m ~ *(Wellen)* se refermer sur q.; ~**schließen** 1. *v/t.* enchaîner ensemble; 2. *v/rfl.:* sich ~ se réunir, ✝ fusionner; 2**schluß** *m* réunion *f*; ✝ fusion *f*; ~**schmelzen** 1. *v/t.* fondre ensemble; 2. *v/i.* (se) fondre; ~**schmieden** *v/t.* forger ensemble; ~**schnüren** *v/t.* ficeler; das schnürt mir das Herz ~ cela me serre le cœur; ~**schrauben** *v/t.* visser; *(mit Bolzen)* boulonner; ~**schreiben** *v/t.* compiler; *(in e-m Wort schreiben)* écrire en un mot; ~**schrumpfen** *v/i.* (sn) se ratatiner; se rétrécir; *fig.* diminuer; ~**schütten** *v/t.* mêler; ~**schweißen** *v/t.* souder; corroyer; 2**sein** *n* rencontre *f*, réunion *f*, entrevue *f*; ~**setzen** 1. *v/t.* composer; *(anea.-fügen)* assembler; ⊕ monter; 2. *v/rfl.:* sich ~ s'asseoir l'un auprès de l'autre *(od.* côte à côte*)*, *(zusammenkommen)* se réunir, se rencontrer; sich ~ aus se composer de; 2**setzung** *f* composition *f*; ⊕ montage *m*; ~**sinken** *v/i.* (sn) s'affaisser; ~**sitzen** *v/i.* (sn) être (assis) ensemble; ~**sparen** *v/t.* amasser en économisant; 2**spiel** *n* thé. ensemble *m*; *Sp.* combinaison *f*; ~**stecken** 1. *v/t.* fourrer ensemble; die Köpfe ~ se chuchoter; se parler à l'oreille; 2. *v/i.:* sie stecken immer zusammen ils sont toujours fourrés ensemble; **~stehen** v/i. être ensemble; fig. être du même parti, faire cause commune; **~stellen** v/t. mettre ensemble, réunir, assembler; ⊕ monter; (zusammenfassend vereinigen) combiner; Farben usw.: assortir; (nach Klassen) classer; grouper; Liste: faire; **2stellung** f réunion f; assemblage m; ⊕ montage m; (Vereinigung) combinaison f (v. Farben usw.) assortiment m; (nach Klassen) classification f; (Liste) liste f; **~stimmen** v/i. s'accorder; **~stoppeln** v/t. glaner; compiler.

Zu¹sammenstoß m collision f (a. fig.); ♣ a. abordage m; fig. conflit m; rencontre f; **2en 1.** (bei) Gläser: choquer; **2.** v/i. (sn) se heurter, s'entrechoquer; Esb., Auto entrer en collision, se tamponner; (zusammenrenzen) être contigus, confiner; (sich berühren) se toucher.

zu¹sammen|streichen v/t. faire des coupures; **~strömen** v/i. (sn) affluer; **2sturz** m écroulement m; ruine f; **~stürzen** v/i. (sn) s'écrouler; s'effondrer; **~suchen** v/t. ramasser; recueillir; **~tragen** v/t. amasser en un lieu; ramasser; (aus Büchern) compiler; **~treffen** v/i. se rencontrer; mit j-m rencontrer q.; (zeitlich) coïncider; **2treffen** n (6) rencontre f; (zeitliches) coïncidence f; **~** von Umständen concours m de circonstances; **~treiben** v/t. rassembler; ch. rabattre; **~treten** v/i. (sn) se réunir, s'assembler; **2tritt** m réunion f; **~trommeln** v/t. rassembler; alles **~** battre le rappel; **~tun** v/t. (v/rfl. sich **~** se) mettre ensemble, (se) réunir, (s')associer; **~wachsen** ♣, ♣ v/i. (sn) se souder; **~werfen** v/t. jeter pêle-mêle; (vermengen; verwechseln) confondre; (stürzen machen) abattre; **~wickeln** v/t. enrouler; **~wirken** v/i. agir ensemble, coopérer; zu e-m Ergebnis **~** concourir à un effet; **2wirken** n coopération f; concours m; **~würfeln** v/t. réunir au hasard; bunt zusammengewürfelte Gesellschaft société f fort mêlée; **~zählen** v/t. faire le total, additionner; **~ziehen 1.** v/t. contracter (a. gr.); (sammeln) rassembler; réunir; ✕ concentrer; (verengen) resserrer; ⸱rétrécir; (kürzen) abréger; raccourcir; ♣ additionner; Augenbrauen: froncer; Segel: ferler; **2.** v/rfl.: sich **~** se contracter, (Wol-

ken) s'assembler; (Gewitter) se former; (Stoff) (se) rétrécir; gr. zusammengezogen werden se contracter; **3.** v/i. aller demeurer ensemble; **~ziehend** ♣ p.pr. adjt. astringent; **2ziehung** f contraction f (a. gr.); (Sammlung) concentration f.

Zusatz ['tsuːzats] m (3² u. ³) addition f; (Erweiterung) amplification f; (Nachtrag) supplément m; annexe f; (zu e-m Schreiben) post-scriptum m; 🏛 codicille m; (hinzugefügte Anmerkung) note f (additionnelle); observation f; **~antrag** m proposition f additionnelle; **~frage** f question f subsidiaire; **~gerät** n appareil m complémentaire; **~hörer** téléph. m écouteur m supplémentaire.

zusätzlich ['tsɛtslɪç] adj. additionnel, supplémentaire.

Zusatzversicherung f assurance f complémentaire.

zu¹schanden adv.: **~** gehen, **~** werden s'abîmer; **~** machen ruiner; **~** schlagen estropier.

zuschau|en v/i. regarder; e-r Sache (dat.) **~** être spectateur de qch.; j-m **~** regarder faire q.; **2er(in** f) m spectateur m, -trice f; **2erraum** thé. m salle f.

zu¹schicken v/t. envoyer; **~schieben** v/t. fermer; Riegel: pousser; Schuld: rejeter sur; j-m etw. **~** faire passer qch. à q.; **~schießen** v/t.: Geld **~** parfaire une somme.

Zuschlag ['tsuːʃlaːk] m supplément m; surtaxe f; (bei e-r Versteigerung) adjudication f; den **~** erteilen adjuger; **2en 1.** v/t. fermer violemment; faire claquer; Ball: lancer; (bei e-r Versteigerung) adjuger; ♣ augmenter; majorer; **2.** v/i. porter des coups (auf acc. à); frapper; gleich **~** avoir la main leste; (Tür usw.) se fermer violemment.

zuschlag(s)frei Esb. adj. sans supplément; **2karte** f supplément m; **~pflichtig** adj. soumis à une surtaxe (Esb. à un supplément); **2porto** n surtaxe f; **2prämie** f surprime f.

zu¹schließen v/t. fermer à clef; **~schmeißen** v/t. Tür: fermer violemment, faire claquer; **~schnallen** v/t. boucler; **~schnappen** v/i. (sn) (Tür) s'enclencher; nach etw. **~** chercher à 'happer qch.

zu¹schneiden v/t. tailler; Fleisch: découper; Kleider: couper; Holz:

débiter; **~schneien** v/i. (sn) couvrir de neige; **2schnitt** m coupe f; façon f (a. fig.); **~schnüren** v/t. serrer avec un cordon; ficeler; *Schuhe*: lacer; *j-m die Kehle* ~ étrangler q.; **~schrauben** v/t. visser; **~schreiben** v/t.: *j-m etw.* ~ attribuer (*Tadelnswertes*: imputer) qch. à q.; *er hat es sich selbst zuzuschreiben* il ne peut s'en prendre qu'à lui-même; *j-m e-e Summe* ~ porter une somme au compte de q.; **2schrift** f lettre f; missive f.

zu'schulden adv.: *sich etw.* ~ *kommen lassen* se rendre coupable de qch.

Zuschuß m (4²) supplément m (d'argent); ✝ versement m supplémentaire; *staatlicher* ~ subvention f; **~betrieb** m entreprise f subventionnée.

zu|schütten v/t. ajouter (en versant; *Loch*: combler; **~sehen** v/i. regarder; être spectateur; (*dulden*) tolérer; (*sorgen*) avoir soin; (*sich in acht nehmen*) prendre garde; *j-m* ~ regarder faire q.; *da mag er* ~ c'est son affaire; **~sehends** adv. à vue d'œil; **~senden** v/t. envoyer; **~setzen** 1. v/t. ajouter; *Geld*: sacrifier; *dabei* ~ y perdre; *Metall*: allier (zu à); 2. v/i.: *j-m hart* ~ serrer q. de près; obséder q. (*mit de*); **~sichern** v/t.: *j-m etw.* ~ assurer qch. à q.; **2sicherung** f assurance f.

Zuspätkommende(r m) [tsu·ʃpɛːt-] m, f retardataire m, f.

zu|sperren v/t. fermer; **~spielen** v/t. *Ball*: passer, servir; **~spitzen** 1. v/t. tailler en pointe; 2. v/rfl.: *sich* ~ se terminer en pointe, fig. arriver à son point (*od.* devenir) critique; **~sprechen** 1. v/t.: *j-m etw.* ~ adjuger (*Preis*: décerner) qch. à q.; *j-m Mut* ~ encourager q.; *j-m Trost* ~ consoler q.; 2. v/i.: *e-m Gericht fleißig* ~ faire honneur à un plat; *der Flasche* ~ caresser la bouteille; **~springen** v/i. (sn) (*Tür*) se fermer à ressort; *auf j-n* ~ s'élancer (*od.* der *od.* vers) q.

Zuspruch m (*Ermunterung*) exhortation(s pl.) f; (*Trost*) consolation(s pl.) f; rl. assistance f; (*Zulauf*) affluence f; *guten* ~ *haben* avoir beaucoup de clientèle, (*Veranstaltung*) être très fréquenté (*od.* couru), (*Geschäft*) être bien achalandé.

Zustand m état m; (*Beschaffenheit*) condition f; (*Lage*) situation f; position f; *in gutem* ~ en bon état; ✝ s-e

Zustände haben avoir ses attaques.

zustande [~'ʃtandə] adv.: *etw.* ~ *bringen* venir à bout de qch., réussir à qch., réaliser qch.; ~ *kommen* se faire, avoir lieu, se réaliser; **2kommen** n réalisation f.

zuständig adj. (*Richter*) compétent; *sich an die* ~*e Stelle wenden* s'adresser à l'autorité compétente (*od.* à qui de droit); **2keit** f compétence f; **2keitsbereich** m ressort m.

zustatten [~'ʃtatən] adv.: *j-m etw.* ~ *kommen* profiter à q.

zu|stecken v/t. fermer avec une (*resp.* des) épingle(s); *j-m etw.* ~ passer qch. à q.; **~stehen** v/i.: *j-m* ~ appartenir à q.

Zustell|bezirk ['tsuʃtɛl-] m rayon m de distribution; **2en** v/t. *Tür usw.*: barricader; obstruer; *j-m etw.* ~ délivrer (*od.* remettre) qch. à q.; ♀ distribuer; ♫ notifier; **~post-amt** n bureau m (de poste) distributeur (*od.* de distribution); **~ung** f remise f; ♀ distribution f; ♫ notification f; **~ungsgebühr** f taxe f de livraison.

zustimm|en v/i. consentir; être (*od.* se déclarer) d'accord; **~end** 1. p.pr. adj. approbateur, affirmatif; 2. p.pr. adv. avec approbation, affirmativement; **2ung** f consentement m; assentiment m.

zu|stopfen v/t. boucher; (*Loch in der Kleidung*) raccommoder, repriser, ravauder; **~stöpseln** v/t. boucher; **~stoßen** 1. v/t. *Tür*: pousser pour fermer; (*beim Fechten*) pousser une botte; 2. v/i. (*widerfahren*) arriver; **~strom** m (*strom*) affluence f; affluence f; **~strömen** v/i. (sn) affluer; **~stürzen** v/i. (sn): *auf j-n* ~ se précipiter sur (*od.* vers) q.; **~stutzen** v/t. façonner; *Baum*: tailler.

zu'tage adv.: ~ *fördern* ✗ extraire; fig. mettre au jour, révéler, rendre évident (*od.* manifeste); fig. ~ *kommen*, ~ *treten* paraître au grand jour; se révéler; se manifester.

Zutaten ['tsu:tatən] f/pl. cuis. ingrédients m/pl.; cout. fournitures f/pl.

zuteil [tsu'tail] adv.: *j-m* ~ *werden* tomber en partage à q.; ~ *werden lassen* (faire) donner.

zuteil|en v/t. attribuer; (*austeilen*) distribuer, répartir; (*anweisen*) assigner; (*gewähren*) accorder; (*rationieren*) rationner; (*e-m Posten*) affecter à, détacher à; **2ung** f attribution f; (Austeilung) distribution f; (Anweisung) assignation f; (Bewirtschaftung) rationnement m; (Ration) ration f.

zu'tiefst adv. très profondément.

zutragen 1. v/t. apporter; (berichten) rapporter; **2.** v/rfl.: sich ~ arriver, se passer.

Zuträg|er(in f) m rapporteur m, -euse f; **2lich** adj. (vorteilhaft) avantageux; (nützlich) profitable, utile; (passend) convenable; (heilsam) salutaire; (Luft) salubre; ~**lichkeit** f utilité f; (Angemessenheit) convenance f; (der Luft) salubrité f.

zutrau|en v/t.: j-m etw. ~ croire q. capable de qch.; j-m viel ~ avoir bonne opinion de q.; sich zuviel ~ présumer trop de ses forces; sich nicht viel ~ se défier de ses forces; **2en** n (6) confiance f (zu en); ~**lich** adj. plein de confiance, confiant, familier; **2lichkeit** f confiance f, familiarité f.

zutreffen v/i. se trouver juste; être exact; F tomber pile; ~ auf (acc.) valoir pour; ~**d** p.pr. adjt. juste, exact.

zu|treiben 1. v/t. Herde: conduire; Pferd: pousser; **2.** v/i. (sn) être poussé vers; ~**trinken** v/t.: j-m ~ boire à (la santé de) q.; **2tritt** m entrée f; accès m; freien ~ haben avoir ses entrées; ~**tun** v/t. ajouter; kein Auge ~ ne pas fermer l'œil; **2tun** n entremise f, intervention f; ohne mein ~ sans que j'y sois pour rien.

zu|'-ungunsten prp. au préjudice de; ~'**-unterst** adv. tout en bas.

zuverlässig ['~ verlɛsiç] adj. sûr; sur qui (resp. quoi) on peut compter; (Sachen) solide; (Nachricht) sûr; certain; (verbürgt) authentique; (wahrheitsgetreu) véridique; (erprobt) éprouvé; (Arbeit) consciencieux; **2keit** f sûreté f; (e-r Nachricht) certitude f, authenticité f; ~**keitsprüfung** f, **2keitstest** m ⊕ épreuve f de bon fonctionnement.

Zuversicht ['tsufɛrziçt] f (16) confiance f; assurance f; **2lich** adj. plein d'assurance; ~**lichkeit** f assurance f.

zu|'viel adv. trop; ~ Arbeit trop de travail; e-r ~ un de trop; das ist ~ c'en est trop; mehr als ~ tant et plus; ~'**vor** adv. auparavant; préalablement; ~**vorderst** [~'fɔrdərst]

adv. tout à l'avant, en tête.

zu'vor|kommen v/i. (sn): j-m ~ prévenir q.; ~**kommend** p.pr. adjt. prévenant; **2kommenheit** f prévenance f.

Zuwachs ['tsu:vaks] m (4, o. pl.) accroissement m; (Vermehrung) surcroît m (an de); auf ~ en prévision de croissance; **2en** v/i. (sn) (Wunde) se fermer; ~**rate** f taux m de croissance.

Zuwander|er m (7) immigrant m; **2n** v/i. (sn) immigrer; ~**ung** f afflux m de population; (Einwanderung) immigration f.

zu|'wege adv.: etw. ~ bringen venir à bout de qch.; ~'**weilen** adv. parfois; quelquefois.

zuweis|en v/t.: j-m etw. ~ assigner qch. à q.; j-m Kunden ~ adresser des clients à q.; **2ung** f attribution f, dotation f, assignation f.

zuwend|en 1. v/t. tourner (j-m den Rücken le dos à q.; j-m s-e Liebe son amour vers q.); j-m etw. ~ procurer qch. à q.; **2.** v/rfl.: sich j-m ~ se tourner vers q.; **2ung** f don m, présent m; **r⁎** donation f.

zuwenig adv. trop peu.

zuwerfen v/t.: j-m etw. ~ jeter qch. à q.; Blicke: lancer; Tür: faire claquer; Graben: combler.

zu'wider adj. contraire(ment) (dat.); das ist ihm ~ cela lui répugne; ~**handeln** v/i. contrevenir à; **2handelnde(r)** m contrevenant m; **2handlung** f contravention f; ~**laufen** v/i. (sn) être contraire à.

zu|winken v/i.: j-m ~ faire signe à q.; ~**zahlen** v/t. payer en sus (od. un supplément); ~**zählen** v/t. ajouter (au compte).

zu'zeiten adv. parfois.

zuzieh|en 1. v/t. Knoten: serrer; Vorhang: tirer, fermer; Arzt: consulter; j-n zu etw. ~ inviter q. à prendre part à qch.; sich etw. ~ s'attirer qch., Tadel a.: encourir, Krankheit: contracter, attraper; dadurch zog er sich den Tod zu ce fut la cause de sa mort; **2.** v/i. venir s'établir; **2ung** f: unter ~ (gén.) compte tenu de; (e-r Person) assisté de.

Zu|zug m arrivée f; (Einwanderung) immigration f; (Zustrom) afflux m; affluence f; **2züglich** prp. (gén.) plus (acc.); ~**zugsgenehmigung** f autorisation f de résidence; **2zwinkern** v/i.: j-m ~ lancer un clin d'œil à q.

zwacken F ['tsvakən] v/t. pincer (*ins Bein* à la jambe); *j-n* ~ tourmenter q.

zwang [tsvaŋ] s. zwingen.

Zwang [tsvaŋ] m (3, o. pl.) contrainte f; (*bewußte Zurückhaltung*) gêne f; (*Gewalt*) violence f, force f; (*Druck*) pression f (*ausüben auf acc.* exercer sur); *j-m* ~ *antun* contraindre q., faire violence à q.; *sich* ~ *antun* se contraindre, se faire violence; *sich keinen* ~ *antun* ne pas se gêner.

zwängen ['tsvɛŋən] (25) **1.** v/t.: *in etw.* ~ presser (*od.* serrer) dans qch.; **2.** v/rfl.: *sich in etw.* ~ entrer de force dans qch.

zwanglos adj. sans contrainte; sans façons; naturel; (*Sichgehenlassen*) de contrainte; (*Sichgehenlassen*) laisser-aller m.

Zwangs|-anleihe f emprunt m forcé; **~-arbeit** f travaux m/pl. forcés; **~-aufenthalt** m résidence f forcée; **2bewirtschaftet** p.p. adjt. soumis au rationnement; **~bewirtschaftung** f contingentement m, rationnement m; **~-ent-eignung** f expropriation f forcée; **~herrschaft** f tyrannie f; despotisme m; **~jacke** f camisole f de force; **~lage** f (état m de) contrainte f; **2läufig** adj. (adv.) forcé(ment), inévitable(ment); **~maßnahme** f mesure f coercitive; **~mittel** n moyen m coercitif; contrainte f; **~räumung** f évacuation f forcée; **~verfahren** n procédure f coercitive; **~verkauf** m vente f forcée; **~versicherte(r** m) m, f assuré(e f) m obligatoire; **~versteigerung** f vente f par licitation; **~verwalter** m séquestre m; **~verwaltung** f (mise f sous) séquestre m; *etw. unter* ~ *stellen* mettre qch. en (*od.* sous) séquestre; **~vollstreckung** f exécution f forcée; **~vorstellung** f idée f fixe; obsession f; **2weise** adv. par contrainte; de force; **~wirtschaft** f économie f contrôlée (*od.* dirigée) par l'État.

zwanzig ['tsvantsiç] **1.** a/n. c. vingt; *etwa* ~ une vingtaine; **2.** 2 f (chiffre m) vingt m; **~erlei** ['-igər'lai] adj. de vingt espèces; **~fach** adj. vingt fois autant; **~jährig** adj. de vingt ans; **~ste** a/n. o. (18) vingtième; *der* (*den*, *am*) ~(*n*). (20.) *März* le vingt (20) mars; **2stel** n (7) vingtième m; **~stens** adv. vingtièmement.

zwar [tsva:r] cj. il est vrai; à vrai dire; à la vérité; en effet; *und* ~ et cela, (*in*

Aufzählungen) (à) savoir; *und* ~ *so* et voici comment.

Zweck [tsvɛk] m (3) but m (*erreichen* atteindre; *verfehlen* manquer); (*Absicht*) fin f, dessein m, intention f, objet m; *zu welchem* ~? à quelle fin?; *dans quel but?*; *zu diesem* ~ à cet effet; à cette fin, dans ce but; *zum* ~ (*gén.*) en vue de; *es hat keinen* ~ cela ne mène à rien; à quoi bon?; **~bestimmung** f affectation f, destination f; **2dienlich** adj. convenable, utile; (*wirksam*) efficace.

Zwecke ['tsvɛkə] f (15) punaise f; (*Schuh*2) pointe f.

zweck|-entsprechend p.pr. adjt. convenable, utile; conforme au but; **~gebunden** p.p. adjt. affecté, destiné à des fins déterminées; **~los** adj. inutile; **2losigkeit** f inutilité f; **~mäßig** adj. convenable, opportun, utile; **2mäßigkeit** f convenance f, opportunité f, utilité f; **~s** prp. (*gén.*) en vue de; **~widrig** adj. impropre, inopportun, mal à propos.

zwei [tsvai] **1.** a/n. c. deux; **2.** 2 f (16) (chiffre m) deux m.

zwei|beinig adj. à deux jambes (*resp.* pattes), bipède; **2bettzimmer** n chambre f à deux lits; **2deutig** adj. ambigu; *mst mv. p.* équivoque; (*verdächtig*) louche; **2deutigkeit** f ambiguïté f; *mst mv. p.* équivoque f; **2'drittelmehrheit** f majorité f des deux tiers; **2er** Sp. m canot m à deux rameurs; **2erbob** Sp. m bobsleigh m à deux; **~erlei** ['-ər'lai] adj. de deux espèces; *das ist* ~ ce sont deux choses différentes, F ça fait deux; **~fach** adj. deux fois autant; double; **~farbig** adj. en deux couleurs; bicolore.

Zweifel [tsvaifal] m (7) doute m; (*Bedenken*) scrupule m; (*Ungewißheit*) incertitude f; ~ *haben* avoir des doutes; *in* ~ *ziehen* mettre en doute; *im* ~ *sein über* (*acc.*) douter de; *es unterliegt keinem* ~, *daß* ... il est incontestable que ... (*ind.*); *außer allem* ~ 'hors de doute; *ohne* ~ (*sicherlich*) sans aucun doute; **2haft** adj. (*ungewiß*) douteux; incertain; (*fraglich*) problématique; (*unentschlossen*) indécis; irrésolu; (*verdächtig*) suspect; ~ *lassen* laisser en doute; **2los 1.** adj. indubitable; **2.** adv. a. sans aucun doute; **~n** v/i. (29) douter (*an dat.* de); **2nd** p.pr. adjt. sceptique; **~sfall** m: *im* ~ en cas de doute; **2s'-ohne**

adv. sans aucun doute, indubitablement.
Zweifler‖(in *f*) *m* (7) sceptique *m, f*; ⁂**isch** *adj.* sceptique.
Zwei‖flügler *zo.* [¹⌢fly:glər] *m* diptère *m*; ⁓**frontenkrieg** *m* guerre *f* sur deux fronts.
Zweig [tsvaɪk] *m* (3) branche *f* (*a. fig.*); (*kleiner*) rameau *m*; F *fig.* auf keinen grünen ⁓ kommen ne pas faire fortune; ⁓**bahn** *f* embranchement *m*; ligne *f* secondaire.
Zwei‖gespann *n* attelage *m* à deux chevaux; ⁑**geteilt** *adj.*: ⁓e Stadt ville *f* coupée en deux.
Zweiggeschäft *n* succursale *f*; filiale *f*.
zweigleisig *adj.* à deux voies.
Zweig‖leitung ⅙ *f* dérivation *f*; ⁓**niederlassung** *f* = Zweiggeschäft; ⁓**stelle** *f* succursale *f*.
zwei‖händig *adj.* à deux mains (*a. ♩*); bimane; ⁑**hufer** [¹⌢hu:fər] *m* (7) bisulce *m*; ⁓**hundert** *a/n. c.* deux cent(s); ⁓**jährig** *adj.* de deux ans; (*Ämter usw.*) biennal; ⁓**jährlich** *adj.* bisannuel; ⁓**kampf** *m* duel *m*; ⁓**köpfig** *adj.* bicéphale; ⁓**mal** *adv.* deux fois; ⁓ im Jahr (im Monat, am Tage) erscheinende semestriel (bimensuel, biquotidien); ⁓**malig** *adj.* qui se fait deux fois; ⁑**markstück** *n* pièce *f* de deux marks; ⁑**master ⚓** *m* deux-mâts *m*; ⁓**monatlich** *adj.* bimestriel; ⁓**motorig** *adj.* bimoteur; ⁑⁓**parteiensystem** *n* bipartisme *m*, système *m* bipartite; ⁓**polig** *adj.* bipolaire; ⁑**rad** *n* deux-roues *m*; ⁓**räd(e)rig** *adj.* à deux roues; ⁓**reihig** *adj.* à deux rangs; (*Anzug*) croisé; ⁓**schneidig** *adj.* à deux tranchants (*a. fig.*); ⁓**seitig** *adj.* bilatéral; ⁑**sitzer** *m* (7) voiture *f* à deux places; *Flgw.* biplace *m*; ⁑**spänner** [¹⌢ʃpɛnər] *m* (7) voiture *f* à deux chevaux; ⁓**sprachig** *adj.* bilingue; ⁓**spurig** *adj.* à deux voies; ⁓**stellig** *adj.* (*Zahl*) de deux chiffres; ⁓**stimmig** *adj.* à deux voix; ⁓**stöckig** *adj.* à deux étages; ⁓**stündlich** *adj.* toutes les deux heures.
zweit [tsvaɪt] *adj.*: zu ⁓ à deux.
Zweitaktmotor *m* moteur *m* à deux temps.
zweitältest [¹⌢⌢ɛltəst] *adj.* second en âge.
zweitausend *a/n. c.* deux mille.
zweitbest *adj.* second.

zwei‖te [¹⌢ə] *a/n. o.* (18) deuxième; second; ein ⁓r Racine un autre (*od.* second) Racine; der (den, am) ⁓(n) (2.) September le deux (2) septembre; ⁓**teilig** *adj.* en deux parties, partagé en deux; ⁓**tens** *adv.* deuxièmement, secondement.
zweit‖jüngst *adj.* avant-dernier; ⁓**klassig** *adj.* de peu de valeur; inférieur; ⁓**letzt** *adj.* avant-dernier; ⁓**rangig** *adj.* secondaire, de second ordre; ⁑**wagen** *m* voiture *f* secondaire; ⁑**wohnung** *f* résidence *f* secondaire.
Zwei‖¹vierteltakt *m* mesure *f* à deux temps, deux-quatre *m*; ⁓**zeiler** *m* distique *m*; ⁑¹**zimmerwohnung** *f* appartement *m* de deux pièces; ⁓**zy-¹lindermotor** *m* moteur *m* à deux cylindres, bicylindre *m*.
Zwerchfell [¹tsvɛrç-] *n* diaphragme *m*; *fig.* das ⁓ erschüttern désopiler.
Zwerg‖(in *f*) [tsvɛrk (-gin)] *m* (3) nain(e *f*) *m*; ⁑**enhaft** *adj.* nain; ⁓**kiefer** *f* pin *m* alpestre.
Zwetsch(g)e [¹tsvɛt(g)ə] *f* (15) quetsche *f*; prune *f*; ⁓**nbaum** *m* prunier *m*; ⁓**nwasser** *n* (eau-de-vie *f* de) quetsche *f*.
Zwick‖el [¹tsvikəl] *m* (7) (*Keil*) coin *m*; *cout.* chanteau *m*; *Arch.* pendentif *m*; ⁑**en** *v/t.* (25) pincer; ⁓**er** *m* (7) pince-nez *m*; lorgnon *m*; ⁓**mühle** *fig.* ⁓ *f* grand embarras *m*.
Zwieback [¹tsvi:bak] *m* (3³) biscotte *f*; (*kleiner*) biscotin *m*; (*Schiffs⁑*) biscuit *m*.
Zwiebel [¹tsvi:bəl] *f* (15) oignon *m*; (*Knolle*) bulbe *m*; ⁑-**artig** *adj.* bulbeux; ⁓**beet** *n* oignonière *f*; ⁓**gewächs** *n* plante *f* bulbeuse; ⁑**n** *v/t.* (29) embêter; asticoter; ⁓**schale** *f* pelure *f* d'oignon; ⁓**suppe** *f* soupe *f* à l'oignon; ⁓**turm** *Arch.* *m* clocher *m* bulbeux.
zwie‖fach [¹tsvi:-], ⁓**fältig** *adj.* double; ⁑**gespräch** *n* dialogue *m*; (*vertrauliches*) tête-à-tête *m*; ⁓**licht** *n* demi-jour *m*; im ⁓ entre chien et loup; ⁓**lichtig** *fig. adj.* douteux, peu sûr; ⁑**spalt** *m* désunion *f*; désaccord *m*; ⁓**spältig** *adj.* divisé, en désaccord; ⁑**sprache** *f* = Zwiegespräch; ⁑**tracht** *f* (16, *o. pl.*) discorde *f*; ⁓**trächtig** *adj.* désuni, divisé, en désaccord.
Zwil(li)ch [¹tsvil(i)ç] *m* (3) coutil *m*.
Zwilling [¹tsvilin] *m* (3¹) jumeau *m*,

jumelle *f*; *astr. die* ~e *les* Gémeaux *m/pl.*

Zwillings|bruder *m* frère *m* jumeau; **~geschwister** *pl.*, **~paar** *n* jumeaux *m/pl.*, jumelles *f/pl.*; **~reifen** *Auto m/pl.* pneus *m/pl.* jumelés; **~schwester** *f* sœur *f* jumelle.

Zwing|burg ['tsviŋ-] *f* château *m* fort; bastille *f*; **~e** *f* (15) frette *f*; (*Messer♀, Stock♀*) virole *f*; (*Tischlerei♀*) serre-joint *m*; **♀en** (30) **1.** *v/t.* forcer (à); contraindre (à); (*nötigen*) obliger (à); **2.** *v/rfl.: sich* ~ *a.* faire un effort (*zu ... inf.* pour ... *inf.*); **♀end** *p.pr. adj.* (*Beweis*) concluant; ~e *Umstände* force *f* majeure; **~er** ['♀ər] *m* (7) (*Hunde♀*) chenil *m*; (*Kampfplatz für wilde Tiere*) arène *f*; (*fester Turm*) donjon *m*; (*Schloßburg*) bastille *f*; (*Gefängnis*) geôle *f*; **~herr** *m* despote *m*; tyran *m*; **~herrschaft** *f* despotisme *m*; tyrannie *f*.

zwinkern ['tsviŋkərn] *v/i.* (29): *mit den Augen* ~ cligner des yeux.

Zwirn [tsvirn] *m* (3) fil *m* (retors); **♀en** ['♀ən] (25) **1.** *v/t.* retordre; *Seide:* mouliner; **2.** *adj.* de fil; **~sfaden** *m* aiguillée *f* de fil.

zwischen ['tsviʃən] *prp.* (*wo?* *dat.*; *wohin?* *acc.*) entre; ~ *heute und morgen* d'ici à demain.

Zwischen|-akt *m* entracte *m*; **~bemerkung** *f* remarque *f* intercalée; **~bericht** *m* rapport provisoire (*od.* intérimaire); **~bilanz** *f* bilan *m* intérimaire; **~deck** *m* entrepont *m*; **~ding** *n* (objet *m*) intermédiaire (*zwischen ... und ...* entre ... et ...).

zwischen|durch *adv.* au travers; (*zeitlich*) par-ci par-là; (*gleichzeitig*) en même temps.

Zwischen|-ergebnis *n* résultat *m* provisoire; **~erzeugnis** *n* produit *m* intermédiaire; **~fall** *m* incident *m*; **~gericht** *n* entremets *m*; **~geschoß** *n* entresol *m*; **~handel** *m* demi-gros *m*; **~händler** *f* intermédiaire *m*; **~handlung** *f* épisode *m*; **~kredit** *m* crédit *m* transitoire; **~landung** *Flgw.* *f* escale *f*; **~mauer** *f* mur *m* mitoyen; **♀menschlich** *adj.* entre les humains; ~e *Beziehungen* rapports *m/pl.* d'homme à homme; **~produkt** *n* = *Zwischenerzeugnis*; **~raum** *m* espace *m* intermédiaire; intervalle *m*; (*Entfernung*) distance *f*; *zwischen etw.* ~ *lassen* espacer qch.; **~raumtaste** *f* (*an d. Schreibmaschi-*

ne) barre *f* d'espacement; **~ruf** *m* interruption *f*, exclamation *f*; **~rufer** *m* interrupteur *m*, interpellateur *m*; **~runde** *Sp. f* tour *m* de repêchage; demi-finale *f*; **~spiel** *n* intermède *m*; **♀staatlich** *adj.* international; **~station** *f* station *f* intermédiaire; **~stecker** **♀** *m* fiche *f* intermédiaire; **~stock** *m* entresol *m*; **~stück** *n* pièce *f* intermédiaire; **~stufe** *f* degré *m* intermédiaire; **~verkauf** *m* vente *f* par intermédiaire; **~wand** *f* cloison *f*; **~zeit** *f* intervalle *m*; *in der* ~ sur ces entrefaites, entre temps, en attendant.

Zwist [tsvist] *m* (3²), **~igkeit** *f* dissension *f*; discorde *f*; brouille *f*; querelle *f*.

zwitschern ['tsvitʃərn] **1.** *v/i.* (29) gazouiller; **2.** ♀ *n* gazouillement *m*.

Zwitter ['tsvitər] *m* (7) hybride *m*; hermaphrodite *m*; **♀haft** *adj.* hybride.

zwölf [tsvœlf] **1.** *a/n. c.* douze; *etwa* ~ *une douzaine; um* ~ *Uhr à midi, (nachts)* à minuit; **2.** ♀ *f* (16) (chiffre *m*) douze *m*; **♀-eck** *n* dodécagone *m*; **~-eckig** *adj.* dodécagonal; **♀-ender** *m* cerf *m* douze cors; **~erlei** ['~ər'lai] *adj.* de douze espèces; **♀fach** *adj.* douze fois autant; **♀fingerdarm** *m* duodénum *m*; **♀flächner** *m* dodécaèdre *m*; **~mal** *adv.* douze fois; **~malig** *adj.* répété douze fois; **~te** *a/n. o.* douzième; *der (den, am)* ♀(*n*) (12.) *Februar* le douze (12) février; *am* ~ (7) douzième *m*; **~tens** *adv.* douzièmement; **♀tonmusik** *f* musique *f* sérielle (*od.* dodécaphonique); **♀tonsystem** ♩ *n* dodécaphonisme *m*.

Zyan **♩** [tsy'a:n] *n* (3) cyanogène *m*; **~'kali** *n* cyanure *m* de potassium.

zyklisch ['tsyklif] *adj.* cyclique.

Zyklon [tsy'klo:n] *m* (3¹) cyclone *m*.

zy'klopisch *adj.* cyclopéen.

Zyklotron [tsyklo'tro:n] *n* (3) (*Atomphysik*) cyclotron *m*.

Zyklus ['tsy:klus] *m* (16²) cycle *m*; (*v. Vorträgen usw.*) série *f*.

Zylinder [tsy'lindər] *m* (7) cylindre *m*; (*Lampen♀*) verre *m* de lampe; (*Hut*) 'haut-de-forme *m*; **~bohrung** ⊕ *f* alésage *m* du cylindre; **~kopf** ⊕ *m* culasse *f*.

Zyn|iker ['tsy:ni-] *m* (7) cynique *m*; **♀isch** *adj.* cynique; **~ismus** [tsy'nismus] *m* cynisme *m*.

Zypresse [tsy'prɛsə] *f* (15) cyprès *m*; **~nhain** *m*, **~nwald** *m* cyprière *f*, forêt *f* de cyprès.

Zyste **♣** ['tsystə] *f* (15) kyste *m*.

Deutsche Eigennamen

Noms propres allemands

A

Aachen ['aːxən] n Aix-la-Chapelle m

Aargau (der) ['aːrgaʊ] Argovie (l') f

Abendland (das) ['aːbəntlant] n Occident (l') m

Abessinien [abɛ'siːniən] n Abyssinie (l') f, s. a. Äthiopien

Adelheid ['aːdəlhaɪt] f Adélaïde (l') f

Adriatische Meer (das) [adri'aːtiʃə meːr] mer Adriatique (la)

Afrika ['aːfrika, 'af-] n Afrique (l') f

Agäis [ɛ'gɛːis] f, **Agäische Meer** (das) [ɛ'gɛːiʃə meːr] mer Égée (la)

Ägypten [ɛ'gʏptən] n Égypte (l') f

Albanien [al'baːniən] n Albanie (l') f

Alexander [alɛ'ksandər] m Alexandre m

Alfons ['alfɔns] m Alphonse m

Algerien [al'geːriən] n Algérie (l') f

Algier ['alʒiːr] n Alger m

Alpen (die) ['alpən] pl. Alpes (les) f/pl.

Amazonas (der) [ama'tsoːnas] Amazone (l') m

Amerika [a'meːrika] n Amérique (l') f

Anden (die) ['andən] pl. Andes (les) f/pl.

Andorra [an'dɔra] n Andorre (l') f

Andreas [an'dreːas] m André m

Angela [a'ʊgela] f Angèle f

Angelika [a'ʊgeːlika] f Angélique f

Antarktis (die) [ant'ʔarktis] Antarctique (l') m

Antillen (die) [an'tilən] pl. Antilles (les) f/pl.

Anton ['antoːn] m Antoine m

Antwerpen [ant'vɛrpən] n Anvers f u. m

Apenninenhalbinsel (die) [apɛ'niːnənhalpʔinzəl] péninsule des Apennins (la)

Arabien [a'raːbiən] n Arabie (l') f

Aragonien [ara'goːniən] n Aragon (l') m

Argentinien [argɛn'tiːniən] n Argentine (l') f

Arktis (die) ['arktis] Arctique (l') m

Armelkanal (der) ['ɛrməlkanaːl] Manche (la)

Armenien [ar'meːniən] n Arménie (l') f

Asien ['aːziən] n Asie (l') f

Athen [a'teːn] n Athènes f

Äthiopien [ɛ'tjoːpiən] n Éthiopie (l') f

Atlantik (der) [at'lantik] Atlantique (l') m

Australien [aʊs'traːliən] n Australie (l') f

Azoren (die) [a'tsoːrən] pl. Açores (les) f/pl.

B

Baden ['baːdən] n (pays de) Bade (le)

Baden-Württemberg ['baːdən 'vʏrtəmbɛrk] n Bade-Wurtemberg (le)

Balearen (die) [bale'aːrən] pl. Baléares (les) f/pl.

Balkan (der) ['balkaːn, bal'kaːn] Balkans (les) m/pl.

Baltikum (das) ['baltikum] pays Baltes (les) m/pl.

Banglades(c)h [baʊgla'dɛʃ] n Bangla Desh od. Bangladesh (le)

Barbados [bar'baːdɔs] n Barbade (la)

Basel ['baːzəl] n Bâle f

Baskenland (das) ['baskənlant] Pays basque (le)

Bayern ['baɪərn] n Bavière (la)

Beirut [baɪ'ruːt, 'baɪ-] n Beyrouth f u. m

Belgien ['bɛlgiən] n Belgique (la)

Benedikt ['beːnedikt] m Benoît m

Berlin [bɛr'liːn] n Berlin m

Bern [bɛrn] n Berne f

Bethlehem ['beːtleːɛm] n Bethléem f u. m

Birma ['birma] n Birmanie (la)

Biskaya (die) [bis'kaːja] Biscaye (la); **Golf von Biskaya** (der) [gɔlf fɔn bis'kaːja] golfe de Gascogne (le)

Bodensee (der) ['bo:dənze:] lac de Constance (le)

Böhmen ['bø:mən] n Bohême (la)

Bolivien [bo'li:viən] n Bolivie (la)

Bosporus (der) ['bɔsporus] Bosphore (le)

Bottnische Meerbusen (der) ['bɔtniʃə 'me:rbu:zən] golfe de Botnie (le)

Brasilien [bra'zi:liən] n Brésil (le)

Braunschweig ['braunʃvaik] n Brunswick m

Breisgau (der) ['braisgau] Brisgau (le)

Brügge ['brygə] n Bruges f

Brüssel ['brysəl] n Bruxelles (la)

Bulgarien [bul'ga:riən] n Bulgarie (la)

Bundesrepublik Deutschland (die) ['bundəsrepublik 'dɔytʃlant] f République fédérale d'Allemagne (la)

Burgdorf ['burkdɔrf] n Berthoud m

Burgund [bur'gunt] n Bourgogne (la)

C

Cäsar ['tsɛ:zar] m César m

Ceylon ['tsailɔn] n Ceylan f u. m

Chile ['tʃi:le, 'çi:-] n Chili (le)

China ['çi:na, östr. u. schweiz. 'ki:na] n Chine (la)

Christus ['kristus] m rl. le Christ

Chur [ku:r] n Coire f

Córdoba ['kɔrdoba] n Cordoue (la)

Cornwall ['kɔrnval] n Cornouailles (la)

D

Damaskus [da'maskus] n Damas f u. m

Dänemark ['dɛ:nəmark] n Danemark (le)

Den Haag [den 'ha:k] m La Haye f

Deutsche Demokratische Republik (die) ['dɔytʃə demo'kra:tiʃə repu'bli:k] République démocratique allemande (la)

Deutschland ['dɔytʃlant] n Allemagne (l') f

Dietrich ['di:triç] m Thierry m

Dominikanische Republik (die) [domini'ka:niʃə repu'bli:k] république Dominicaine (la)

Donau (die) ['do:nau] Danube (le)

Dover ['do:vər] n Douvres f; die Straße von ~ le pas de Calais

Dresden ['dre:sdən] n Dresde f

Dünkirchen ['dy:nkirçən] n Dunkerque f

E

Ebro (der) ['e:bro] Èbre (l') m

Ecuador [ekua'do:r] n Équateur (l') m

Eismeer ['aisme:r]: das Nördliche ~ l'océan glacial Arctique m; das Südliche ~ l'océan glacial Antarctique m

Elba ['ɛlba] n île d'Elbe (l') f

Elfenbeinküste (die) ['ɛlfənbainkystə] Côte-d'Ivoire (la)

El Salvador [ɛl zalva'do:r] n Salvador (le)

Elsaß (das) ['ɛlzas] Alsace (l') f

England ['ɛŋlant] n Angleterre (l') f

Eritrea [eri'tre:a] n Érythrée (l') f

Ernst [ɛrnst] m Ernest m

Estland ['ɛstlant] n Estonie (l') f

Etsch (die) [ɛtʃ] Adige (l') f

Europa [ɔy'ro:pa] n Europe (l') f

Eva ['e:fa] f Ève f

F

Ferdinand ['fɛrdinant] m Fernand m

Ferne Osten (der) ['fɛrnə 'ɔstən] Extrême-Orient (l') m

Feuerland ['fɔyərlant] n Terre de Feu (la)

Finnland ['finlant] n Finlande (la)

Flandern ['flandərn] n Flandre (la); Flandres (les) f/pl.

Frankfurt ['frankfurt] n Francfort f u. m

Frankreich ['frankraiç] n France (la)

Franz [frants] m François m

Franziska [fran'tsiska] f Françoise f

Freiburg ['fraiburk] n Fribourg f u. m

Friedrich ['fri:driç] m Frédéric m

Friesland ['fri:slant] n Frise (la)

G

Gabun [ga'bu:n] n Gabon (le)

Gallien ['galiən] n hist. Gaule (la)

Gambia ['gambia] n Gambie (la)

Genf [gɛnf] n Genève f; der ~er See le Lac Léman

Gent [gɛnt] n Gand f u. m

Genua ['ge:nua] n Gênes f

Georg ['ge:ɔrk, ge'ɔrk] m Georges m

Gerhard ['ge:rhart] m Gérard m

Gisela ['gi:zəla] f Gisèle f

Gotthard (der) ['gɔthart] col du Saint-Gothard m

Graubünden [grau'byndən] n Grisons (les) m/pl.

Gregor ['gre:gɔr] m Grégoire m

Grete ['gre:tə] f s. Margarete

Griechenland [ˈgriːçənlant] *n* Grèce (la)

Großbritannien [groˈsbriˈtaniən] *n* Grande-Bretagne (la)

Guido [ˈgiːdo, guˈiːdo] *m* Gui *od.* Guy *m*

Guinea [giˈneːa] *n* Guinée (la)

Guyana [guˈjaːna] *n* Guyane (la)

H

Hamburg [ˈhamburk] *n* Hambourg *f u. m*

Hannover [haˈnoːfər] *n* Hanovre *f*

Hans [hans] *m* Jean *m*

Havanna [haˈvana] *n* Havane (la)

Hedwig [ˈheːtviç] *f* Edwige *f*

Heinrich [ˈhainriç] *m* Henri *m*

Herkules [ˈherkuləs] *m* Hercule *m*

Hermann [ˈhɛrman] *m* Armand *m*

Hessen [ˈhɛsən] *n* Hesse (la)

Hieronymus [hieˈroːnymus] *m* Jérôme *m*

Himalaja (der) [hiˈmaːlaja] Himalaya (l') *m*

Holland [ˈhɔlant] *n* Hollande (la)

Hugo [ˈhuːgo] *m* Hugues *m*

I

Iberische Halbinsel (die) [iˈbeːriʃə ˈhalpʔinzəl] péninsule Ibérique (la)

Indien [ˈindiən] *n* Inde (l') *f*; *hist.* Indes (les) *f/pl.*

Indische Ozean (der) [ˈindiʃə ˈoːtseaːn] océan Indien (l') *m*

Indochina [indoˈçiːna] *n* Indochine (l') *f*

Indonesien [indoˈneːziən] *n* Indonésie (l') *f*

Irische See (die) [ˈiːriʃə zeː] mer d'Irlande (la)

Irland [ˈirlant] *n* Irlande (l') *f*

Island [ˈiːslant] *n* Islande (l') *f*

Isolde [iˈzɔldə] *f myth.* Iseu(l)t *f*

Israel [ˈisraɛl] *n* Israël *m*

Italien [iˈtaːliən] *n* Italie (l') *f*

J

Jakob [ˈjaːkɔp] *m* Jacques *m*; *bibl.* Jacob *m*

Jamaika [jaˈmaika] *n* Jamaïque (la)

Japan [ˈjaːpan] *n* Japon (le)

Jemen [ˈjeːmən] *n* Yémen (le)

Jesus [ˈjeːzus] *m rl.* Jésus *m*; ~ Christus Jésus-Christ *m*

Johann(es) [joˈhan(əs)] *m* Jean *m*; *bibl.* ~ der Täufer saint Jean-Baptiste

Johanna [joˈhana] *f* Jeanne *f*; *hist.* die heilige ~ Jeanne d'Arc

Jordanien [jɔrˈdaːniən] *n* Jordanie (la)

Jugoslawien [jugoˈslaːviən] *n* Yougoslavie (la)

Julia [ˈjuːlia] *f* Julie *f*; *Romeo und* ~ Roméo et Juliette

K

Kairo [ˈkairo] *n* Le Caire

Kalifornien [kaliˈfɔrniən] *n* Californie (la)

Kambodscha [kamˈbɔdʒa] *n* Cambodge (le)

Kamerun [kaməˈruːn] *n* Cameroun (le)

Kanada [ˈkanada] *n* Canada (le)

Kanalinseln (die) [kaˈnaːlʔinzəln] *f/pl.* îles Anglo-Normandes (les) *f/pl.*

Kanarischen Inseln (die) [kaˈnaːriʃən ˈinzəln] *f/pl.* îles Canaries (les) *f/pl.*

Kapstadt [ˈkapʃtat] *n* Le Cap

Karibik (die) [kaˈriːbik] Caraïbe (la)

Karl [karl] *m* Charles *m*; *hist.* ~ der Große Charlemagne *m*

Kärnten [ˈkɛrntən] *n* Carinthie (la)

Kaspische Meer (das) [ˈkaspiʃə meːr] mer Caspienne (la)

Katharina [kataˈriːna] *f* Catherine *f*

Kaukasus (der) [ˈkaukazus] Caucase (le)

Kenia [ˈkeːnia] *n* Kenya (le)

Kleinasien [klainʔˈaːziən] *n* Asie Mineure (l') *f*

Koblenz [ˈkoːblɛnts] *n* Coblence *f*

Köln [kœln] *n* Cologne *f*

Kolumbien [koˈlumbiən] *n* Colombie (la)

Kongo (der) [ˈkɔŋgo] Congo (le)

Konstanz [ˈkɔnstants] *n* Constance *f*

Kopenhagen [kopənˈhaːgən] *n* Copenhague *f*

Kordilleren (die) [kɔrdilˈjeːren] *pl.* Cordillère des Andes (la)

Korea [koˈreːa] *n* Corée (la)

Korfu [ˈkɔrfu] *n* Corfou *f u. m*

Korinth [koˈrint] *n* Corinthe *f*

Korsika [ˈkɔrzika] *n* Corse (la)

Krakau [ˈkraːkau] *n* Cracovie *m u. f*

Kreta [ˈkreːta] *n* Crète (la)

Krim (die) [krim] Crimée (la)

Kuba [ˈkuːba] *n* Cuba *f u. m*

Kuwait [kuˈvait, ˈkuːvait] *n* Koweït *od.* Kuwait (*m od.* le)

L

Lago Maggiore (der) [ˈlaːgo maˈ

'd͡ʒoːrə] lac Majeur (le)
Lappland ['laplant] n Laponie (la)
Lateinamerika [la'taɪnʔameˑrika] n Amérique latine *od.* du Sud (l') f
Leiden ['laɪdən] n Leyde f
Leo ['leːo] m Léon m
Lettland ['lɛtlant] n Lettonie (la)
Libanon (der) ['liːbanɔn] Liban (le)
Libyen ['liːbyən] n Libye (la)
Lissabon ['lisabɔn] n Lisbonne f
Litauen ['liːtaʊən] n Lituanie (la)
Lombardei (die) [lɔmbar'daɪ] Lombardie (la)
London ['lɔndɔn] n Londres m a. f
Lothringen ['loːtriŋən] n Lorraine (la)
Löwen ['løːvən] n Louvain m
Ludwig ['luːtvɪç] m Louis m
Luise [lu'iːzə] f Louise f
Lüttich ['lytɪç] n Liège f
Luxemburg ['luksəmburk] n Luxembourg (als Land le) m
Luzern [lu'tsɛrn] n Lucerne f

M

Maas (die) [maːs] Meuse (la)
Madeira [ma'deːra] n Madère f
Magdalena [makda'leːna] f Madeleine f
Mailand ['maɪlant] n Milan f a. m
Mainz [maɪnts] n Mayence f
Malediven (die) [male'diːvən] pl. îles Maldives (les) f/pl.
Mallorca [ma'lɔrka, ma'ʎɔrka] n Majorque f
Malta ['malta] n Malte f
Margarete [marga'reːtə] f Marguerite f
Markus ['markus] m Marc m
Marokko [ma'rɔko] n Maroc (le)
Matterhorn (das) ['matərhɔrn] (mont) Cervin (le)
Matthäus [ma'tɛːus] m bibl. Matthieu m
Mauritius [maʊ'riːtsius] île Maurice (l') f
Mazedonien [matse'doːniən] n Macédoine (la)
Mekka ['mɛka] n La Mecque od. Mekke
Memel (die) ['meːməl] Niémen (le)
Menorca [me'nɔrka] n Minorque f
Mexiko ['mɛksiko] n Land Mexique (le); Stadt Mexico m
Mittelamerika ['mɪtəlʔameˑrika] n Amérique centrale (l') f
Mittelmeer (das) ['mɪtəlmeːr] Méditerranée (la)

Mittlere Osten (der) ['mɪtlərə 'ɔstən] Moyen-Orient (le)
Monika ['moːnika] f Monique f
Morgenland (das) ['mɔrgənlant] Levant (le); Orient (l') m
Moritz ['moːrits] m Maurice m
Mosel (die) ['moːzəl] Moselle (la)
Moses ['moːzes] m bibl. Moïse m
Moskau ['mɔskaʊ] n Moscou m
Mülhausen [myl'haʊzən] n Mulhouse f
München ['mynçən] n Munich f u. m

N

Nahe Osten (der) ['naːə 'ɔstən] Proche-Orient (le)
Namibia [na'miːbia] n Namibie (la)
Neapel [ne'aːpəl] n Naples m a. f
Nepal [ne'paːl] n Népal (le)
Neuenburg ['nɔyənburk] n Neuchâtel m
Neufundland [nɔy'funtlant] n Terre-Neuve f
Neuguinea [nɔygi'neːa] n Nouvelle-Guinée (la)
Neuseeland [nɔy'zeːlant] n Nouvelle-Zélande (la)
New Orleans [nju: ɔːˈliːnz] n Nouvelle-Orléans (la)
Niederlande (die) ['niːdərlandə] n/pl. Pays-Bas (les) m/pl.
Niedersachsen ['niːdərzaksən] n Basse-Saxe (la)
Nikolaus ['niːkolaʊs] m Nicolas m
Nizza ['nitsa] n Nice f
Nofretete [nofre'teːtə] f Néfertiti f
Nordafrika ['nɔrtʔaːfrika] n Afrique du Nord (l') f
Nordamerika ['nɔrtʔameˑrika] n Amérique du Nord (l') f
Norddeutschland ['nɔrtdɔytʃlant] n Allemagne du Nord (l') f
Nordeuropa ['nɔrtʔɔyroːpa] n Europe du Nord od. Septentrionale (l') f
Nordirland ['nɔrtʔirlant] n Irlande du Nord (l') f
Nordrhein-Westfalen ['nɔrtraɪnvɛst'faːlən] n Rhénanie-du-Nord-Westphalie (la)
Nordsee (die) ['nɔrtzeː] mer du Nord (la)
Norwegen ['nɔrveːgən] n Norvège (la)
Nürnberg ['nyrnbɛrk] n Nuremberg f u. m

O

Obervolta [oːbər'vɔlta] n Haute-

Volta (la)
Odysseus [o'dysɔys] *m* Ulysse *m*
Orkney-Inseln (die) ['ɔːkniˀinzəln] *f/pl.* Orcades (les) *f/pl.*
Orpheus ['ɔrfɔys] *m myth.* Orphée *m*
Ostafrika ['ɔstˀaːfrika] *n* Afrique orientale (l') *f*
Ostasien ['ɔstˀaːziən] *n* Asie orientale (l') *f*
Ost-Berlin ['ɔstbɛrliːn] *n* Berlin-Est *m*
Ostdeutschland ['ɔstdɔytʃlant] *n* Allemagne de l'Est (l') *f*
Österreich ['ø:stəraiç] *n* Autriche (l') *f*
Osteuropa ['ɔstˀɔyroːpa] *n* Europe orientale (l') *f*
Ostsee (die) ['ɔstzeː] (mer) Baltique (la)
Otto ['ɔto] *m hist.* Otton *m*
Ozeanien [otseˈaːniən] *n* Océanie (l') *f*

P

Palästina [palɛˈstiːna] *n* Palestine (la)
Papua-Neuguinea ['paːpua nɔygiˈneːa] *n* Papouasie-Nouvelle-Guinée (la)
Pazifik (der) [paˈtsiːfik] Pacifique (le)
Peking ['peːkiŋ] *n* Pékin *m*
Persien ['pɛrziən] *n* Perse (la)
Peru [peˈruː] *n* Pérou (le)
Perugia [peˈruːdʒa] *n* Pérouse *f*
Peter ['peːtər] *m* Pierre *m*
Petrus ['peːtrus] *m* saint Pierre *m*
Pfalz (die) [pfalts] *n* Palatinat (le)
Pilatus[1] (der) [piˈlaːtus] mont Pilate (le)
Pilatus[2] [piˈlaːtus] *m hist. Pontius ~* Ponce Pilate *m*
Pius ['piːus] *m* Pie *m*
Polen ['poːlən] *n* Pologne (la)
Polynesien [polyˈneːziən] *n* Polynésie (la)
Pommern ['pɔmərn] *n* Poméranie (la)
Prag [praːk] *n* Prague *f*
Preußen ['prɔysən] *n* Prusse (la)
Prometheus [proˈmeːtɔys] *m myth.* Prométhée *m*
Pyrenäen (die) [pyreˈnɛːən] *pl.* Pyrénées (les) *f/pl.*
Pyrenäenhalbinsel (die) [pyreˈnɛːənhalpˀinzəl] Péninsule Ibérique (la)

R

Regensburg ['reːgənsburk] *n* Ratis-

bonne *f*
Renate [reˈnaːtə] *f* Renée *f*
Rhein (der) [rain] Rhin (le)
Rheinland (das) ['rainlant] Rhénanie (la)
Rhodesien [roˈdeːziən] *n* Rhodésie (la)
Rhodos ['roːdɔs] *n* Rhodes *f*
Riviera (die) [riviˈeːra] *französische* Côte d'Azur (la); *italienische* Riviera (la)
Rocky Mountains (die) ['rɔki ˈmauntənz] *pl.* Montagnes Rocheuses (les) *f/pl.*
Rom [roːm] *n* Rome *f*
Rote Meer (das) ['roːtə meːr] mer Rouge (la)
Rudolf ['ruːdɔlf] *m* Rodolphe *m*
Rumänien [ruˈmɛːniən] *n* Roumanie (la)
Rußland ['ruslant] *n* Russie (la)

S

Saar (die) [zaːr] Sarre (la)
Saarbrücken [zaːrˈbrykən] *n* Sarrebruck *m*
Saarland (das) ['zaːrlant] Sarre (la)
Sachsen ['zaksən] *n* Saxe (la)
Sambesi (der) [zamˈbeːzi] Zambèze (le)
Sambia ['zambia] *n* Zambie (la)
Sankt Gallen [zaŋkt ˈgalən] *n* Saint-Gall *m*
Sankt Helena [zaŋkt ˈheːlena] Sainte-Hélène *f*
Sankt-Lorenz-Strom (der) [zaŋktˈloːrɛntsʃtroːm] Saint-Laurent (le)
Sardinien [zarˈdiːniən] *n* Sardaigne (la)
Saudi-Arabien [zaudiˀaˈraːbiən] *n* Arabie Saoudite *od.* Séoudite (l') *f*
Schaffhausen [ʃafˈhauzən] *n* Schaffhouse *f*
Schlesien ['ʃleːziən] *n* Silésie (la)
Schottland ['ʃɔtlant] *n* Écosse (l') *f*
Schwaben ['ʃvaːbən] *n* Souabe (la)
Schwarze Meer (das) ['ʃvartsə meːr] mer Noire (la)
Schwarzwald (der) ['ʃvartsvalt] Forêt-Noire (la)
Schweden ['ʃveːdən] *n* Suède (la)
Schweiz (die) [ʃvaits] Suisse (la)
Sibirien [ziˈbiːriən] *n* Sibérie (la)
Siebenbürgen [ziːbənˈbyrgən] *n* Transylvanie (la)
Silvia ['zilvia] *f* Sylvie *f*
Simbabwe [zimˈbabve] *n* Zimbabwe (le)

Singapur [ˈziŋgapuːr] *n* Singapour *m*
Sizilien [ziˈtsiːliən] *n* Sicile (la)
Skandinavien [skandiˈnɑːviən] *n* Scandinavie (la)
Slowenien [sloˈveːniən] *n* Slovénie (la)
Somalia [zoˈmɑːlia] *n* Somalie (la)
Sowjetunion (die) [zɔˈvjɛtˀunioːn] Union soviétique (l') *f*
Spanien [ˈʃpaːniən] *n* Espagne (l') *f*
Speyer [ˈʃpaɪər] *n* Spire *f*
Stefan, Stephan [ˈʃtɛfan] *m* Étienne *m*, Stéphane *m*
Steiermark (die) [ˈʃtaɪərmark] Styrie (la)
Stille Ozean (der) [ˈʃtilə ˀoːtseaːn] océan Pacifique (l') *m*
Straßburg [ˈʃtraːsburk] *n* Strasbourg *m u. f*
Südafrika [ˈzyːtˀɑːfrika] *n* Afrique du Sud (l') *f*; *die Republik* ~ la République sud-africaine
Südamerika [ˈzyːtˀameːrika] *n* Amérique du Sud *od.* latine (l') *f*
Sudan (der) [zuˈdaːn] Soudan (le)
Süddeutschland [ˈzyːtdɔʏtʃlant] *n* Allemagne du Sud (l') *f*
Sudeten (die) [zuˈdeːtən] *pl.* monts des Sudètes (les) *m/pl.*
Südeuropa [ˈzyːtˀɔʏroːpa] *n* Europe méridionale (l') *f*
Südfrankreich [ˈzyːtfraŋkraɪç] *n* Midi de la France (le)
Südsee (die) [ˈzyːtzeː] mer du Sud (la)
Südtirol [ˈzyːttiroːl] *n* Tyrol méridional (le), Sud-Tyrol (le), Trentin-Haut-Adige (le)
Susanne [zuˈzanə] *f* Suzanne *f*
Syrien [ˈzyːriən] *n* Syrie (la)

T

Tansania [tanˈzaːnia, tanzaˈniːa] *n* Tanzanie (la)
Tasmanien [tasˈmaːniən] *n* Tasmanie (la)
Teneriffa [teneˈrifa] *n* Ténériffe *f*
Thailand [ˈtaɪlant] *n* Thaïlande (la)
Themse (die) [ˈtɛmzə] Tamise (la)
Thüringen [ˈtyːriŋən] *n* Thuringe (la)
Tiber (der) [ˈtiːbər] Tibre (le)
Tirol [tiˈroːl] *n* Tyrol *od.* Tirol (le)
Tote Meer (das) [ˈtoːtə meːr] mer Morte (la)
Trient [triˈɛnt] *n* Trente *f*

Trier [triːr] *n* Trèves *f*
Trinidad [ˈtrinidat] *n* Trinité (la)
Tschechoslowakei (die) [tʃɛçoslovaˈkaɪ] Tchécoslovaquie (la)
Tunesien [tuˈneːziən] *n* Tunisie (la)
Türkei (die) [tyrˈkaɪ] Turquie (la)

U

Uganda [uˈganda] *n* Ouganda (l') *m*
Ungarn [ˈuŋgarn] *n* Hongrie (la)

V

Vatikanstadt [vatiˈkaːnʃtat] (die) État de la Cité du Vatican (l') *m*
Venedig [veˈneːdiç] *n* Venise *f*
Vereinigte Staaten (von Amerika) (die) [fɛrˀaɪnɪçtən ˈʃtaːtən (fɔn aˈmeːrika)] *m/pl.* États-Unis (d'Amérique) (les) *m/pl.*
Veronika [veˈroːnika] *f* Véronique *f*
Vesuv (der) [veˈzuːf] Vésuve (le)
Vierwaldstätter See (der) [fiːrˈvaltʃtɛtər zeː] lac des Quatre-Cantons (le)
Vietnam [viˈɛtnam] *n* Viêt-nam (le)
Vogesen (die) [voˈgeːzən] *pl.* Vosges (les) *f/pl.*
Vorderasien [ˈfɔrdərˀaːziən] *n* Asie antérieure *od.* occidentale (l') *f*

W

Wales [veːls] *n* pays de Galles (le)
Walt(h)er [ˈvaltər] *n* Gaut(h)ier *m*
Warschau [ˈvarʃaʊ] *n* Varsovie (la)
Weichsel (die) [ˈvaɪksəl] Vistule (la)
Westafrika [ˈvɛstˀaːfrika] *n* Afrique occidentale (l') *f*
West-Berlin [ˈvɛstbɛrliːn] *n* Berlin-Ouest *m*
Westdeutschland [ˈvɛstdɔʏtʃlant] *n* Allemagne occidentale *od.* de l'Ouest (l') *f*
Westeuropa [ˈvɛstˀɔʏroːpa] *n* Europe occidentale (l') *f*
Westindien [vɛstˀindiən] *n* Indes occidentales (les) *f/pl.*
Wien [viːn] *n* Vienne *f*
Wilhelm [ˈvilhɛlm] *m* Guillaume *m*
Wolga (die) [ˈvɔlga] Volga (la)

Z

Zürich [ˈtsyːriç] *n* Zurich *m*
Zweibrücken [ˈtsvaɪbrykən] *n* Deux-Ponts *m*
Zypern [ˈtsyːpərn] *n* Chypre *f*

Gebräuchliche deutsche Abkürzungen

Abréviations allemandes usuelles

A

Abb. *Abbildung* image
Abf. *Abfahrt* départ
Abk. *Abkürzung* abréviation
Abs. *Absender* expéditeur; *Absatz* alinéa
Abt. *Abteilung* département; subdivision
a.D. *außer Dienst* en retraite
ADAC *Allgemeiner Deutscher Automobil-Club* Automobile-Club général d'Allemagne
ADN *Allgemeiner Deutscher Nachrichtendienst (DDR)* Agence générale allemande d'information *(R.D.A.)*
Adr. *Adresse* adresse
AG *Aktiengesellschaft* Société anonyme (par actions)
allg. *allgemein* général(ement)
Ank. *Ankunft* arrivée
AOK *Allgemeine Ortskrankenkasse* caisse générale locale de maladie
ARD *Arbeitsgemeinschaft der Rundfunkanstalten Deutschlands* Association des radios de la République fédérale d'Allemagne; Première chaîne de télévision allemande
AStA ['asta] *Allgemeiner Studentenausschuß* Comité général des étudiants

B

Bd. *Band* volume
bes. *besonders* particulièrement
Betr. *Betreff* objet
bez. *bezahlt* payé
BGB *Bürgerliches Gesetzbuch* Code civil allemand
BH *Büstenhalter* soutien-gorge
Bhf. *Bahnhof* gare
BRD *Bundesrepublik Deutschland* République fédérale d'Allemagne
b.w. *bitte wenden* tournez, s'il vous plaît!
bzw. *beziehungsweise* ou bien; respectivement

C

ca. *circa, ungefähr* environ
cbm *Kubikmeter* mètre cube
ccm *Kubikzentimeter* centimètre cube
CDU *Christlich-Demokratische Union (BRD)* Union chrétienne-démocrate *(R.F.A.)*
Co. [ko:] *Kompanie* compagnie
CSU *Christlich-Soziale Union (BRD)* Union chrétienne-sociale *(R.F.A.)*

D

DB *Deutsche Bundesbahn* Chemins de fer de la République fédérale d'Allemagne
DDR *Deutsche Demokratische Republik* République démocratique allemande *(R.D.A.)*
DFB *Deutscher Fußballbund* Fédération allemande de football
d.h. *das heißt* c'est-à-dire
DIN [di:n] *Deutsche Industrie-Norm(en)* norme(s) technique(s) de l'industrie allemande
Dipl.-Ing. *Dimplomingenieur* ingénieur diplômé
d.J. *dieses Jahres* de cette année
DKP *Deutsche Kommunistische Partei* parti communiste allemand
DLRG *Deutsche Lebensrettungsgesellschaft* Société allemande de sauvetage
DM *Deutsche Mark* mark allemand
d.M. *dieses Monats* de ce mois
dpa *Deutsche Presse-Agentur* Agence allemande de presse
Dr. *Doktor* docteur
DRK *Deutsches Rotes Kreuz* Croix-Rouge allemande
Dr.med. *Doktor der Medizin* docteur en médecine
Dr.phil. *Doktor der Philosophie* docteur ès lettres
dt. *deutsch* allemand
D-Zug *Durchgangszug; Schnellzug* rapide

E

EDV *Elektronische Datenverarbeitung* traitement électronique de l'information

EG *Europäische Gemeinschaft* Communauté européenne (C.E.)

EKG *Elektrokardiogramm* électrocardiogramme

entspr. *entsprechend* correspondant

erl. *erledigt* réglé; classé

ev. *evangelisch* protestant

e.V. *eingetragener Verein* association enregistrée

evtl. *eventuell* éventuel(lement)

F

Fa. *Firma* maison; firme

FDJ *Freie Deutsche Jugend (DDR)* Jeunesse allemande libre *(R.D.A.)*

FDP *Freie Demokratische Partei (BRD)* Parti démocrate libre *(R.F.A.)*

f.d.R. *für die Richtigkeit* certifié conforme

ff. *folgende Seiten* pages suivantes

FKK *Freikörperkultur* nudisme

Fr. *Frau* Madame; *Franken* franc (F)

frdl. *freundlich* aimable

Frl. *Fräulein* Mademoiselle

frz. *französisch* français

G

geb. *geboren(e)* né(e)

Gebr. *Gebrüder* frères

gegr. *gegründet* fondé

Ges. *Gesellschaft* société

gesch. *geschieden* divorcé(e)

gest. *gestorben* mort(e); décédé(e)

gez. *gezeichnet* signé

ggf. *gegebenenfalls* le cas échéant

GmbH *Gesellschaft mit beschränkter Haftung* société à responsabilité limitée (S.A.R.L.)

H

Hbf. *Hauptbahnhof* gare centrale *od.* principale

hl. *heilige(r)* saint(e)

I

i.A. *im Auftrag* par ordre; par autorisation

IG *Industriegewerkschaft* syndicat ouvrier

i.J. *im Jahre* en l'an

Ing. *Ingenieur* ingénieur

Inh. *Inhaber* propriétaire

inkl. *inklusive, einschließlich* inclus; inclusivement

IOK *Internationales Olympisches Komitee* Comité international olympique

i.R. *im Ruhestand* en retraite

i.V. *in Vertretung* par intérim; par délégation

J

Jg. *Jahrgang* année

Jh. *Jahrhundert* siècle

jr.,jun. *junior* junior; fils *(commerce)*

Juso *Jungsozialist* jeune socialiste

K

Kap. *Kapitel* chapitre

kath. *katholisch* catholique

kfm. *kaufmännisch* commercial

Kfz. *Kraftfahrzeug* automobile; véhicule à moteur

KG *Kommanditgesellschaft* société en commandite

KP(D) *Kommunistische Partei (Deutschlands)* Parti communiste (allemand)

KZ *Konzentrationslager* camp de concentration

L

led. *ledig* célibataire

lfd. *laufend* courant

Lkw *Lastkraftwagen* camion; poids lourd

LP *Langspielplatte* disque à microsillon

lt. *laut* conformément à

M

M.d.B. *Mitglied des Bundestages* membre du Bundestag

m.E. *meines Erachtens* à mon avis

MEZ *Mitteleuropäische Zeit* heure de l'Europe centrale (H.E.C.)

MG *Maschinengewehr* mitrailleuse

Mio *Millionen* millions

möbl. *möbliert* meublé

mtl. *monatlich* mensuel(lement)

N

N *Norden* nord (N)

Nachf. *Nachfolger* successeur

nachm. *nachmittags* (de) l'après-midi

NATO [ˈnaːto] *Nordatlantikpakt-Organisation* Organisation du traité de l'Antlantique Nord (O.T.A.N.)

NB *nota bene* nota bene

n.Chr. *nach Christus* après Jésus-Christ

1206

NOK *Nationales Olympisches Komitee* Comité olympique national
NPD *Nationaldemokratische Partei Deutschlands* Parti national-démocrate d'Allemagne
Nr. *Nummer* numéro
NS *nationalsozialistisch* nazi; *Nachschrift* post-scriptum

O

O *Osten* est (E)
o. *ohne* sans; *oben* en haut
o.B. *ohne Befund* symptômes néant
OHG *Offene Handelsgesellschaft* société en nom collectif
OP *Operationssaal* salle d'opération

P

Pf *Pfennig* pfennig
Pfd. *Pfund* livre
Pkt. *Punkt* point
Pkw *Personenkraftwagen* voiture particulière
pp., ppa. *per procura* par procuration
Prof. *Professor* professeur
PS *Pferdestärke* cheval-vapeur (ch); *Postskriptum* post-scriptum

Q

qkm *Quadratkilometer* kilomètre carré
qm *Quadratmeter* mètre carré

R

rd. *rund* environ; en chiffres ronds

S

S *Süden* sud (S); *Schilling* schilling
S. *Seite* page
s. *siehe* voir
S-Bahn *Schnellbahn* Réseau express régional (R.E.R.)
SED *Sozialistische Einheitspartei Deutschlands* (*DDR*) Parti socialiste unifié d'Allemagne (*R.D.A.*)
sen. *senior* senior; *père* (*commerce*)
s.o. *siehe oben* voir ci-dessus *od.* plus haut
sog. *sogenannt* dit; prétendu; soi-disant
SPD *Sozialdemokratische Partei Deutschlands* (*BRD*) Parti social-démocrate d'Allemagne (*R.F.A.*)
Std. *Stunde* heure
StGB *Strafgesetzbuch* code pénal
Str. *Straße* rue; avenue; route
s.u. *siehe unten* voir ci-dessous *od.* plus bas

T

tägl. *täglich* quotidien(nement)
Tel. *Telefon* téléphone
TÜV [tyf] *Technischer Überwachungs-Verein* Association pour la surveillance technique

U

u. *und* et
u.a. *unter anderem* entre autres
u.ä. *und ähnliches* et (d')autres (choses) semblables
u.A.w.g. *um Antwort wird gebeten* prière de répondre
U-Bahn *Untergrundbahn* (chemin de fer) métropolitain, métro
ü.d.M. *über dem Meeresspiegel* au-dessus du niveau de la mer
UdSSR *Union der Sozialistischen Sowjetrepubliken* Union des républiques socialistes soviétiques (U.R.S.S.)
UNO ['u:no] *Organisation der Vereinten Nationen* Organisation des Nations Unies (O.N.U.)
USA *Vereinigte Staaten von Amerika* Etats-Unis d'Amérique
usw. *und so weiter* etc.
u.U. *unter Umständen* éventuellement; selon les circonstances

V

v.Chr. *vor Christus* avant Jésus-Christ
VEB *Volkseigener Betrieb* (*DDR*) entreprise collectivisée (*R.D.A.*)
Verf. *Verfasser* auteur
verh. *verheiratet* marié(e)
verw. *verwitwet* veuf, veuve
vgl. *vergleiche* voir
vorm. *vormals* autrefois; *vormittags* le (du) matin
Vors. *Vorsitzender* président

W

W *Westen* ouest (O)
Wwe. *Witwe* veuve

Z

z.B. *zum Beispiel* par exemple
ZDF *Zweites Deutsches Fernsehen* Deuxième chaîne de télévision allemande
z.H. *zu Händen* à l'attention de
z.T. *zum Teil* en partie
Ztr. *Zentner* 50 kilos
zw. *zwischen* entre
z.Z(t). *zur Zeit* en ce moment; actuellement

Modèles de la déclinaison et de la conjugaison de la langue allemande

A. Déclinaison

Ordre des cas: *nom.*, *gén.*, *dat.* et *acc.*, *sg.* et *pl.* — Substantifs et adjectifs composés (p. ex. *Eisbär, Ausgang, abfällig* etc.) se déclinent d'après le dernier mot (*Bär, Gang, fällig*). Les lettres entre parenthèses peuvent être omises.

I. Les substantifs (Noms communs et noms propres)

1

Bild	~(e)s[1]	~(e)	~
Bilder[2]	~	~n	~

[1] seul **es**: Geist, Geistes.
[2] **a, o, u > ä, ö, ü**: Rand, Ränder.

2

Reis*	~es	~(e)	~
Reiser[1]	~	~n	~

[1] **a, o > ä, ö**: Glas, Gläser.
* **ß > ss**: Faß, Fasse(s).

3

Arm	~(e)s[1,2]	~(e)[1]	~
Arme[3]	~	~n	~

[1] sans **e**: Billard, Billard(s).
[2] seul **es**: Maß, Maßes.
[3] **a, o, u > ä, ö, ü**: Gang, Gänge.

4

Greis[1]*	~es	~(e)	~
Greise[2]	~	~n	~

[1] **s > ß**: Kürbis, Kürbisse(s).
[2] **a, o, u > ä, ö, ü**: Hals, Hälse.
* **ß > ss**: Roß, Rosse(s).

5

Strahl	~(e)s[1,2]	~(e)[2]	~
Strahlen[3]	~	~	~

[1] seul **es**: Schmerz, Schmerzes.
[2] sans **e**: Juwel, Juwel(s).
[3] Sporn, Sporen.

6

Lappen	~s	~	~*
Lappen[1]	~	~n	~

[1] **a, o > ä, ö**: Graben, Gräben; Boden, Böden.
* *Les verbes employés comme substantifs n'ont pas de pluriel:* Atmen, Befinden, *etc.*

7

Maler	~s	~	~
Maler[1]	~	~n	~

[1] **a, o, u > ä, ö, ü**: Vater, Väter.

8

Untertan	~s	~	~

Untertanen[1,2]	~	~	~

[1] *Accentuation différente:* Pro'fessor, Profes'soren.
[2] *pl.* **ien**: Kolleg, Kollegien.

9

Studium	~s	~	~
Studien[1,2]	~	~	~

[1] **a** et **o(n) > en**: Drama, Dramen; Folio, Folien; Stadion, Stadien.
[2] **on** et **um > a**: Lexikon, Lexika.

10

Auge	~s	~	~
Augen	~	~	~

11

Genie	~s[1]*	~	~
Genies[2]*	~	~	~

[1] *Sans désinence:* Bouillon, Diva.
[2] *pl.* **s** ou **ta**: Komma, Kommas ou Kommata; *mais:* Klima, Klimate (3).
* *La lettre* **s** *se prononce:* [ʒeˈniːs].

12

Bär[1]	~en	~en	~en[2]
Bären	~	~	~

[1] **s > s**: Fels, Felsen.
[2] Herr, *sg.* Herrn; Herz, *gén.* Herzens, *acc.* Herz.

13

Knabe	~n[1]	~n	~n
Knaben	~	~	~

[1] **ns**: Name, Namens.

14

Trübsal	~	~	~
Trübsale[1,2]	~	~n	~

[1] **a, o, u > ä, ö, ü**: Hand, Hände; *sans e:* Tochter, Töchter; **s > s**: Gans, Gänse; **ß > ss**: Nuß, Nüsse.
[2] **s > s**: Kenntnis, Kenntnisse.

15

Blume	~	~	~
Blumen	~	~	~

...**'ee**: [-'eː, *pl.* -'eːən], *p. ex.* I'dee, I'deen

	dans la syllabe tonique: [-ˈiː, pl. -ˈiːən], p. ex. Batteˈrie(n).	² **a, is, os** et **us** > **en:** Firma,
...ie	dans la syllabe atone: [-jə, pl. -jən], p. ex. Arˈterie(n).	Firmen; Krisis, Krisen; Epos, Epen.

16 Frau   ~ ~ ~
Frauen¹,²   ~ ~ ~
¹ **in** > **innen:** Freundin, Freun-
dinnen.

17 *Les noms propres avec l'article*
défini (22):
Friedrich   ~ ~ ~
Elisabeth   ~ ~ ~
Marie (15)   ~ ~ ~

II. **Les adjectifs** et **les participes** (aussi employés comme substantifs*), **les pronoms** etc.

18

	m	f	n	pl.	
a) gut	er** ~e ~es ~e				sans article après les prépo-
	en** ~er ~en** ~en				sitions ou pronoms personnels
	em ~er ~em ~en				
	en ~e ~es ~e				
b) gut	e ~e ~e ~en				avec l'article défini (22) ou
	en ~en ~en ~en				avec pronom (21)
	en ~en ~en ~en				
	en ~e ~e ~en				
c) gut	er ~e ~es ~en				avec l'article indéfini ou avec
	en ~en ~en ~en				pronom possessif (20)
	en ~en ~en ~en				
	en ~e ~es ~en				

Les degrés de comparaison

Les désinences des degrés du comparatif et du superlatif sont:

comp. **er:** reich, reich**er**
sup. **st:** schön, schön**st**

Remarque. – Les adjectifs se terminant par **el, en** *(excepté* **nen**) *et* **er** *(p. ex.*
dunkel, bescheiden, heiter) *suppriment* e.

19

		1ᵉ pers.	2ᵉ pers.	3ᵉ pers.		
		m,f,n	m,f,n	m	f	n
sg.		ich	du	er	sie	es
		meiner	deiner	seiner	ihrer	seiner
		mir	dir	ihm†	ihr†	ihm†
		mich	dich	ihn†	sie†	es†
pl.		wir	ihr	sie	(Sie)	
		unser	euer	ihrer	(Ihrer)	
		uns	euch	ihnen†	(Ihnen)†	
		uns	euch	sie†	(Sie)†	

† *Forme réfléchie:* sich.

20

	m	f	n	pl.
mein		~e	~	~e*
dein	es ~er		~es ~er	
sein	em ~er		~em ~en	
(k)ein	en ~e		~ ~e	

* *L'article indéfini* «ein» *n'a pas de*
pluriel. – En poésie mein, dein *et* sein
peuvent être mis après le substantif sans
désinence: die Mutter (Kinder) mein,
et comme attribut: der Hut (die Tasche,

das Buch) ist mein; *sans substantif:* (m)einer *m,* (m)eine *f,* (m)ein(e)s *n,* meine *pl.* (21), *wem gehört der Hut (die Tasche, das Buch)? es ist* meiner (meine, mein[e]s); *avec l'article défini:* der (die, das) meine, *pl.* die meinen (18b). *En ce qui concerne* unser *et* euer *voir la remarque* (18)

21

	m	f	n	pl.
dies	er	~e	~es	~e*
jen	es	~er	~es	~er¹
manch	em	~er	~em	~en¹
welch	en	~e	~es	~e

¹ welche(r, s) *comme pronom relatif: gén. sg. et pl.* dessen, deren, *dat. pl.* denen (23).

* manch, solch, welch *souvent sans terminaison:*

manch guter (ein guter) Mann
solch ~en (~es ~en) ~es

welch ~em (~em ~en) ~e

Aussi all:
all der (dieser, mein) Schmerz

22

	m	f	n	pl.	
	der	die	das	die	*l'article défini*
	des	der	des	der	
	dem	der	dem	der	
	den	die	das	die	

23 *Pronoms relatifs*

	m	f	n	pl.
	der	die	das	die
	dessen	deren	dessen	deren
	dem	der	dem	denen
	den	die	das	die

24

wer	was	jemand, niemand	
wessen	wessen	~(e)s	
wem	~	~	
wen	was	~	

B. La Conjugaison

Observations générales. – Dans le tableau des conjugaisons (25–30) ne figurent que les verbes simples. Pour connaître la conjugaison des verbes composés (avec préfixe séparable ou inséparable, régulier ou irrégulier) il faut chercher le verbe simple.

Pour les verbes avec préfixe séparable et accentué comme 'ab-, 'an-, 'auf-, 'aus-, 'bei-, be'vor-, 'dar-, 'ein-, em'por-, ent'gegen-, 'fort-, 'her-, her'ab- etc. de même que 'klar[legen], 'los[schießen], 'sitzen[bleiben], über-'hand-[nehmen], 'rad-[fahren], 'wunder-[nehmen] etc. (mais non les verbes dérivés de substantifs composés comme be'antragen de 'Antrag ou be'ratschlagen de 'Ratschlag etc.), la préposition **zu** doit être intercalée entre le préfixe tonique et le radical (à l'infinitif et au *p.pr.*) ainsi que la syllabe **ge** au *p.p.*

Les verbes avec préfixe inséparable et atone comme **be-, emp-, ent-, er-, ge-, ver-, zer-** et en général **miß-** (bien que accentué) ou la préposition **zu** avant le préfixe perdent la syllabe **ge** au *p.p.* Les préfixes **durch-, hinter-, über-, um-, unter-, voll-, wi(e)der-** sont séparables, s'ils sont accentués et inséparables, s'ils sont atones, p. ex.

geben: *zu geben, zu gebend; gegeben; ich gebe, du gibst etc.;*
'abgeben: '*abzugeben,* '*abzugebend;* '*abgegeben; ich gebe (du gibst etc.)* ab;
ver'geben: *zu ver'geben, zu ver'gebend; ver'geben; ich ver'gebe, du ver'gibst etc.;*
'übersetzen: '*übersetzen,* '*überzusetzend;* '*übergesetzt; ich setze (du setzt etc.)* über;
über'setzen *zu über'setzen, zu über'setzend; über'setzen; ich über'setze, du über'setzt etc.* über.
La même règle est en vigueur si le verbe peut avoir deux préfixes, p. ex.
zu'rückbehalten [voir halten]: *zu'rückzubehalten, zu'rückzubehaltend; ich behalte (du behältst etc.)* zurück.
wieder'aufheben [voir heben]: *wieder'aufzuheben, wieder'aufzuhebend; wieder'aufgehoben; ich hebe (du hebst etc.) wieder auf.*

Les formes entre parenthèses ( ) sont employées de la même façon.

a) Conjugaison faible

25 **loben**

| prés. ind. | { lobe | lobst | lobt |
| | loben | lobt | loben |

| prés. subj. | { lobe | lobest | lobe |
| | loben | lobet | loben |

| impf. ind. | { lobte | lobtest | lobte |
| et subj. | lobten | lobtet | lobten |

impér. sg. lob(e), pl. lob(e)t, loben Sie; inf. prés. loben; inf. passé gelobt haben; part.prés. lobend; p.p. gelobt (18; 29**).

26 **reden**

| prés. ind. | { rede | redest | redet |
| | reden | redet | reden |

| prés. subj. | { rede | redest | rede |
| | reden | redet | reden |

| impf. ind. | { redete | redetest | redete |
| et subj. | redeten | redetet | redeten |

impér. sg. rede, pl. redet, reden Sie; inf. prés. reden; inf. passé geredet haben; part. prés. redend; p.p. geredet (18; 29**).

27 **reisen**

| prés. ind. | { reise | rei(se)st | reist |
| | reisen | reist | reisen |

| prés. subj. | { reise | reisest | reise |
| | reisen | reiset | reisen |

| impf. ind. | { reiste | reistest | reiste |
| et subj. | reisten | reistet | reisten |

impér. sg. reise, pl. reist, reisen Sie; inf. prés. reisen; inf. passé gereist sein od. haben; part. prés. reisend; p.p. gereist (18; 29**).

28 **fassen**

| prés. ind. | { fasse | fassest (faßt) | faßt |
| | fassen | faßt | fassen |

| prés. subj. | { fasse | fassest | fasse |
| | fassen | fasset | fassen |

| impf. ind. | { faßte | faßtest | faßte |
| et subj. | faßten | faßtet | faßten |

impér. sg. fasse (faß), pl. faßt, fassen Sie; inf. prés. fassen; inf. passé gefaßt haben; part. prés. fassend; p.p. gefaßt (18; 29**).

29 **handeln**

prés. ind.

| handle* | handelst | handelt |
| handeln | handelt | handeln |

prés. subj.

| handle* | handelst | handle* |
| handeln | handelt | handeln |

impf. ind. et subj.

| handelte | handeltest | handelte |
| handelten | handeltet | handelten |

imp. sg. handle*, pl. handelt, handeln Sie; inf. prés. handeln; inf. passé gehandelt haben; part. prés. handelnd; p.p. gehandelt (18**).

* Avec ou sans «e» intercalé: wandern, wand(e)re; mais bessern, bessere.

** Sans ge, si la première syllabe est atone p. ex. be'grüßen, be'grüßt; ent-'stehen, ent'standen; stu'dieren, stu'diert (pas gestudiert); trom'peten, trom'petet; également si un préfixe accentué se trouve au commencement, par ex. 'austrompeten, 'austrompetet, pas 'ausgetrompetet. Quelques verbes «faibles» ont leur p.p. en **en** au lieu de **t**, p. ex. mahlen – gemahlen. Dans les verbes brauchen, dürfen, heißen, hören, können, lassen, mögen, müssen, sehen, sollen, wollen le p.p. prend la forme de l'inf. (sans ge), si un autre infinitif le suit, p. ex. ich habe ihn singen hören, du hättest es tun können, er hat gehen müssen, ich hätte ihn laufen lassen sollen.

30 **b) Conjugaison forte**

fahren

| prés. ind. | { fahre | fährst | fährt |
| | fahren | fahrt | fahren |

| prés. subj. | { fahre | fahrest | fahre |
| | fahren | fahret | fahren |

| impf. ind. | { fuhr | fuhr(e)st | fuhr |
| | fuhren | fuhrt | fuhren |

| impf. subj. | { führe | führest | führe |
| | führen | führet | führen |

impér. sg. fahr(e), pl. fahr(e)t, fahren Sie; inf. prés. fahren; inf. passé gefahren haben ou sein; part. prés. fahrend, p.p. gefahren (18; 29**)

Liste alphabétique des verbes allemands irréguliers

Infinitif — Prétérit — Participe passé

backen - backte (buk) - gebacken
bedingen - bedang (bedingte) - bedungen (*conditionnel*: bedingt)
befehlen - befahl - befohlen
beginnen - begann - begonnen
beißen - biß - gebissen
bergen - barg - geborgen
bersten - barst - geborsten
bewegen - bewog - bewogen
biegen - bog - gebogen
bieten - bot - geboten
binden - band - gebunden
bitten - bat - gebeten
blasen - blies - geblasen
bleiben - blieb - geblieben
bleichen - blich - geblichen
braten - briet - gebraten
brauchen - brauchte - gebraucht (*v/aux.* brauchen)
brechen - brach - gebrochen
brennen - brannte - gebrannt
bringen - brachte - gebracht
denken - dachte - gedacht
dreschen - drosch - gedroschen
dringen - drang - gedrungen
dürfen - durfte - gedurft (*v/aux.* dürfen)
empfehlen - empfahl - empfohlen
erlöschen - erlosch - erloschen
erschrecken - erschrak - erschrocken
essen - aß - gegessen
fahren - fuhr - gefahren
fallen - fiel - gefallen
fangen - fing - gefangen
fechten - focht - gefochten
finden - fand - gefunden
flechten - flocht - geflochten
fliegen - flog - geflogen
fliehen - floh - geflohen
fließen - floß - geflossen
fressen - fraß - gefressen
frieren - fror - gefroren
gären - gor (*fig.* gärte) - gegoren (*fig.* gegärt)
gebären - gebar - geboren

geben - gab - gegeben
gedeihen - gedieh - gediehen
gehen - ging - gegangen
gelingen - gelang - gelungen
gelten - galt - gegolten
genesen - genas - genesen
genießen - genoß - genossen
geschehen - geschah - geschehen
gewinnen - gewann - gewonnen
gießen - goß - gegossen
gleichen - glich - geglichen
gleiten - glitt - geglitten
glimmen - glomm - geglommen
graben - grub - gegraben
greifen - griff - gegriffen
haben - hatte - gehabt
halten - hielt - gehalten
hängen - hing - gehangen
hauen - haute (hieb) - gehauen
heben - hob - gehoben
heißen - hieß - geheißen
helfen - half - geholfen
kennen - kannte - gekannt
klingen - klang - geklungen
kneifen - kniff - gekniffen
kommen - kam - gekommen
können - konnte - gekonnt (*v/aux.* können)
kriechen - kroch - gekrochen
laden - lud - geladen
lassen - ließ - gelassen (*v/aux.* lassen)
laufen - lief - gelaufen
leiden - litt - gelitten
leihen - lieh - geliehen
lesen - las - gelesen
liegen - lag - gelegen
lügen - log - gelogen
mahlen - mahlte - gemahlen
meiden - mied - gemieden
melken - melkte (molk) - gemolken (gemelkt)
messen - maß - gemessen
mißlingen - mißlang - mißlungen
mögen - mochte - gemocht (*v/aux.* mögen)

müssen - mußte - gemußt (v/aux. müssen)
nehmen - nahm - genommen
nennen - nannte - genannt
pfeifen - pfiff - gepfiffen
preisen - pries - gepriesen
quellen - quoll - gequollen
raten - riet - geraten
reiben - rieb - gerieben
reißen - riß - gerissen
reiten - ritt - geritten
rennen - rannte - gerannt
riechen - roch - gerochen
ringen - rang - gerungen
rinnen - rann - geronnen
rufen - rief - gerufen
salzen - salzte - gesalzen (gesalzt)
saufen - soff - gesoffen
saugen - sog - gesogen
schaffen - schuf - geschaffen
schallen - schallte (scholl) - geschallt
scheiden - schied - geschieden
scheinen - schien - geschienen
schelten - schalt - gescholten
scheren - schor - geschoren
schieben - schob - geschoben
schießen - schoß - geschossen
schinden - schund - geschunden
schlafen - schlief - geschlafen
schlagen - schlug - geschlagen
schleichen - schlich - geschlichen
schleifen - schliff - geschliffen
schließen - schloß - geschlossen
schlingen - schlang - geschlungen
schmeißen - schmiß - geschmissen
schmelzen - schmolz - geschmolzen
schneiden - schnitt - geschnitten
schreiben - schrieb - geschrieben
schreien - schrie - geschrie(e)n
schreiten - schritt - geschritten
schweigen - schwieg - geschwiegen
schwellen - schwoll - geschwollen
schwimmen - schwamm - geschwommen
schwinden - schwand - geschwunden
schwingen - schwang - geschwungen
schwören - schwor - geschworen
sehen - sah - gesehen
sein - war - gewesen
senden - sandte - gesandt
sieden - sott - gesotten
singen - sang - gesungen

sinken - sank - gesunken
sinnen - sann - gesonnen
sitzen - saß - gesessen
sollen - sollte - gesollt (v/aux. sollen)
spalten - spaltete - gespalten (gespaltet)
speien - spie - gespie(e)n
spinnen - spann - gesponnen
sprechen - sprach - gesprochen
sprießen - sproß - gesprossen
springen - sprang - gesprungen
stechen - stach - gestochen
stecken - steckte (stak) - gesteckt
stehen - stand - gestanden
stehlen - stahl - gestohlen
steigen - stieg - gestiegen
sterben - starb - gestorben
stieben - stob - gestoben
stinken - stank - gestunken
stoßen - stieß - gestoßen
streichen - strich - gestrichen
streiten - stritt - gestritten
tragen - trug - getragen
treffen - traf - getroffen
treiben - trieb - getrieben
treten - trat - getreten
triefen - triefte (troff) - getrieft
trinken - trank - getrunken
trügen - trog - getrogen
tun - tat - getan
verderben - verdarb - verdorben
verdrießen - verdroß - verdrossen
vergessen - vergaß - vergessen
verlieren - verlor - verloren
verschleißen - verschliß - verschlissen
verzeihen - verzieh - verziehen
wachsen - wuchs - gewachsen
wägen - wog - gewogen
waschen - wusch - gewaschen
weben - wob - gewoben
weichen - wich - gewichen
weisen - wies - gewiesen
wenden - wandte - gewandt
werben - warb - geworben
werden - wurde - geworden
werfen - warf - geworfen
wiegen - wog - gewogen
winden - wand - gewunden
wissen - wußte - gewußt
wollen - wollte - gewollt (v/aux. wollen)
wringen - wrang -gewrungen
ziehen - zog - gezogen
zwingen - zwang - gezwungen

Zahlwörter — Adjectifs numéraux

Grundzahlen — Nombres cardinaux

0 *null* zéro	80 *achtzig* quatre-vingts (*bei nachfolgender Zahl*: quatre--vingt)
1 *eins* un, une	
2 *zwei* deux	81 *einundachtzig* quatre-vingt-un
3 *drei* trois	82 *zweiundachtzig* quatre-vingt--deux
4 *vier* quatre	
5 *fünf* cinq	90 *neunzig* quatre-vingt-dix
6 *sechs* six	91 *einundneunzig* quatre-vingt--onze
7 *sieben* sept	
8 *acht* huit	92 *zweiundneunzig* quatre-vingt--douze
9 *neun* neuf	
10 *zehn* dix	93 *dreiundneunzig* quatre-vingt--treize
11 *elf* onze	
12 *zwölf* douze	99 *neunundneunzig* quatre-vingt--dix-neuf
13 *dreizehn* treize	
14 *vierzehn* quatorze	100 *(ein)hundert* cent
15 *fünfzehn* quinze	101 *(ein)hunderteins* cent un
16 *sechzehn* seize	102 *(ein)hundertzwei* cent deux
17 *siebzehn* dix-sept	200 *zweihundert* deux cents (*bei nachfolgender Zahl*: deux cent)
18 *achtzehn* dix-huit	
19 *neunzehn* dix-neuf	211 *zweihundertelf* deux cent onze
20 *zwanzig* vingt	300 *dreihundert* trois cents
21 *einundzwanzig* vingt et un	350 *dreihundertfünfzig* trois cent cinquante
22 *zweiundzwanzig* vingt-deux	
23 *dreiundzwanzig* vingt-trois	400 *vierhundert* quatre cents
24 *vierundzwanzig* vingt-quatre	500 *fünfhundert* cinq cents
25 *fünfundzwanzig* vingt-cinq	600 *sechshundert* six cents
26 *sechsundzwanzig* vingt-six	700 *siebenhundert* sept cents
27 *siebenundzwanzig* vingt-sept	800 *achthundert* huit cents
28 *achtundzwanzig* vingt-huit	900 *neunhundert* neuf cents
29 *neunundzwanzig* vingt-neuf	1000 *(ein)tausend* mille
30 *dreißig* trente	1001 *(ein)tausendeins* mille un
31 *einunddreißig* trente et un	1002 *(ein)tausendzwei* mille deux
32 *zweiunddreißig* trente-deux	1100 *(ein)tausendeinhundert* onze cents
33 *dreiunddreißig* trente-trois	
40 *vierzig* quarante	1200 *(ein)tausendzweihundert* douze cents
50 *fünfzig* cinquante	
60 *sechzig* soixante	1308 *(ein)tausenddreihundertacht* treize cent huit
65 *fünfundsechzig* soixante-cinq	
70 *siebzig* soixante-dix	2000 *zweitausend* deux mille
71 *einundsiebzig* soixante et onze	10000 *zehntausend* dix mille
72 *zweiundsiebzig* soixante-douze	100000 *hunderttausend* cent mille
73 *dreiundsiebzig* soixante-treize	*eine Million* un million (de)
79 *neunundsiebzig* soixante-dix--neuf	*zwei Millionen* deux millions (de)

Ordnungszahlen — Nombres ordinaux

1. *der erste* le premier
die erste la première
2. *der zweite* le deuxième; le second
die zweite la deuxième; la seconde
3. *dritte* troisième
4. *vierte* quatrième
5. *fünfte* cinquième
6. *sechste* sixième
7. *siebente* septième
8. *achte* huitième
9. *neunte* neuvième
10. *zehnte* dixième
11. *elfte* onzième
12. *zwölfte* douzième
13. *dreizehnte* treizième
14. *vierzehnte* quatorzième
15. *fünfzehnte* quinzième
16. *sechzehnte* seizième
17. *siebzehnte* dix-septième
18. *achtzehnte* dix-huitième
19. *neunzehnte* dix-neuvième
20. *zwanzigste* vingtième
21. *einundzwanzigste* vingt et unième
22. *zweiundzwanzigste* vingt-deuxième
23. *dreiundzwanzigste* vingt-troisième
30. *dreißigste* trentième
31. *einunddreißigste* trente et unième
32. *zweiunddreißigste* trente-deuxième
40. *vierzigste* quarantième
50. *fünfzigste* cinquantième
60. *sechzigste* soixantième
70. *siebzigste* soixante-dixième
71. *einundsiebzigste* soixante et onzième
72. *zweiundsiebzigste* soixante-douzième
79. *neunundsiebzigste* soixante-dix-neuvième
80. *achtzigste* quatre-vingtième
81. *einundachtzigste* quatre-vingt-unième
82. *zweiundachtzigste* quatre-vingt-deuxième
90. *neunzigste* quatre-vingt-dixième
91. *einundneunzigste* quatre-vingt-onzième
92. *zweiundneunzigste* quatre-vingt-douzième
99. *neunundneunzigste* quatre-vingt-dix-neuvième
100. *hundertste* centième
101. *hunderterste* cent unième
102. *hundertzweite* cent deuxième
200. *zweihundertste* deux centième
300. *dreihundertste* trois centième
400. *vierhundertste* quatre centième
500. *fünfhundertste* cinq centième
600. *sechshundertste* six centième
700. *siebenhundertste* sept centième
800. *achthundertste* huit centième
900. *neunhundertste* neuf centième
1000. *tausendste* millième
2000. *zweitausendste* deux millième
1000000. *millionste* millionième

Bruchzahlen — Nombres fractionnaires

$1/2$ *ein halb* (un) demi
$1/3$ *ein Drittel* un tiers
$2/3$ *zwei Drittel* deux tiers
$1/4$ *ein Viertel* un quart
$3/4$ *drei Viertel* trois quarts

$1/5$ *ein Fünftel* un cinquième
$4/5$ *vier Fünftel* quatre cinquièmes
$7/8$ *sieben Achtel* sept huitièmes
$1^1/2$ *eineinhalb od. anderthalb* un et demi
$2^1/4$ *zweieinviertel* deux un quart

Vervielfältigungszahlen — Multiplicateurs

einfach simple
zweifach double; deux fois autant
doppelt double
dreifach triple
vierfach quadruple

fünffach quintuple
sechsfach sextuple
siebenfach septuple; sept fois autant
achtfach huit fois autant; octuple
hundertfach centuple

Deutsche Maße und Gewichte

Poids et Mesures usuels en Allemagne

Längenmaße	*Zeichen –* *Symboles*	**Mesures** **de longueur**
Millimeter	**mm**	millimètre
Zentimeter	**cm**	centimètre
Dezimeter	**dm**	décimètre
Meter	**m**	mètre
Kilometer	**km**	kilomètre
Seemeile (= 1852 m)	**sm**	mille *m* marin

Flächenmaße		**Mesures de surface**
Quadratmillimeter	**mm²** *od.* **qmm**	millimètre carré
Quadratzentimeter	**cm²** *od.* **qcm**	centimètre carré
Quadratdezimeter	**dm²** *od.* **qdm**	décimètre carré
Quadratmeter	**m²** *od.* **qm**	mètre carré
Quadratkilometer	**km²** *od.* **qkm**	kilomètre carré
Ar (schweiz.	**a**	are *m*
Are f) n u. m		
(= 100 m²)		
Hektar (schweiz.	**ha**	hectare
Hektare f) n u. m		
(= 100 a)		
Morgen m		arpent *m*
(altes Feldmaß)		

Raummaße		**Mesures de volume**
Kubikmillimeter	**mm³** *od.* **cmm**	millimètre cube
Kubikzentimeter	**cm³** *od.* **ccm**	centimètre cube
Kubikdezimeter	**dm³** *od.* **cdm**	décimètre cube
Kubikmeter	**m³** *od.* **cbm**	mètre cube
Festmeter	**fm** *od.* **m³**	mètre cube
		(volume plein *du bois)*
Raummeter	**rm / st**	stère *m*
(Ster m)		*(volume apparent* *du bois)*
Registertonne	**RT / tx**	tonneau de jauge
(= 2,832 m³)		

Hohlmaße		**Mesures de capacité**
Milliliter	**ml**	millilitre
Deziliter	**dl**	décilitre
Liter	**l**	litre
Hektoliter	**hl**	hectolitre

Gewichte	Zeichen - Symboles	Poids
Milligramm	**mg**	milligramme
Gramm	**g**	gramme
Dekagramm	**Dg**, *östr.* **dag**	décagramme
Pfund	**Pfd.**/–	livre *f*
Kilogramm	**kg**	kilogramme
Zentner	**Ztr.**/–	50 kg
Doppelzentner	**dz/q**	quintal
Tonne	**t**	tonne

Juwelengewicht		Poids pour pierres précieuses
Karat n (= 0,205 g)		carat

Zeitmaße		Mesures de temps
Sekunde	**Sek.** *od.* **s**	seconde
Minute	**Min** *od.* **m/mn**	minute
Stunde	**Std.** *od.* **st** *od.* **h**	heure

Geschwindig-keitsmaße		Mesures de vitesse
Stundenkilometer (Kilometer je Stunde)	**km/h**	kilomètre-heure
Knoten (= 1,852 km/h)	**kn**	nœud
Mach(zahl) (Mach 1 = Schall-geschwindigkeit)	**Mach**	(nombre de) Mach *od.* mach (*mach 1 = vitesse du son*)

Stückmaße		Mesures par pièces
Stück	**St.**	pièce
Dutzend	**Dtzd.**	douzaine

Das deutsche Alphabet

L'alphabet allemand

A	a	[ɑ:]	N	n	[ɛn]
B	b	[be:]	O	o	[o:]
C	c	[tse:]	P	p	[pe:]
D	d	[de:]	Q	q	[ku:]
E	e	[e:]	R	r	[ɛr]
F	f	[ɛf]	S	s	[ɛs]
G	g	[ge:]	T	t	[te:]
H	h	[hɑ:]	U	u	[u:]
I	i	[i:]	V	v	[faʊ]
J	j	[jɔt]	W	w	[ve:]
K	k	[kɑ:]	X	x	[iks]
L	l	[ɛl]	Y	y	['ypsilɔn]
M	m	[ɛm]	Z	z	[tsɛt]

	speien
Deutsches Stichwort in halbfetter Schrift	tage m; (von Daten) enregistrement m; (von Strom) accumulation f.
	speien ['ʃpaɪən] v/t. (30) cracher; Feuer ~ vomir le feu.
Französische Übersetzung in Grundschrift	**Speise** ['ʃpaɪzə] f (15) aliments m/pl.; nourriture f; (Gericht) mets m; plat m; ~ und Trank le boire et le manger;
Übersetzungsvariante	**~eis** n glace f; **~fett** n graisse f alimentaire (od. comestible); **~kammer** f garde-manger m; **~karte** f carte f; menu m.
Genusangabe beim deutschen Substantiv und bei der französischen Übersetzung	**speisen** (27) 1. v/i. manger; prendre son repas; 2. v/t. manger; j-n: donner à manger à; alimenter (a. ⊕); 2-**aufzug** m monte-plats m; 2-**folge** f menu m.
Fachgebietsangabe durch Abkürzungen	**Speise**|**öl** n huile f de table; **~restaurant** n restaurant m; **~reste** m/pl. restes m/pl. (du repas); rogatons m/pl.; **~röhre** f œsophage m; **~saal** m salle f à manger; **~schrank** m garde-manger m; **~wagen** Esb. m wagon-restaurant m; **~zimmer** n = Speisesaal.
Verweis auf ein anderes Stichwort	**Speisung** f alimentation f.
	Spektakel [ʃpɛk'taːkəl] m (7) tapage m.
Angabe der Aussprache in internationaler Lautschrift	**Spektralanalyse** [ʃpɛk'traːlˀ-] f (15) analyse f spectrale.
	Spektrum ['ʃpɛktrum] n (19²) spectre m.
Betonungsakzent im halbfetten deutschen Stichwort	**Speku**|**lant** [ʃpeku'lant] m (12) spéculateur m; **~lation** [~'tsjoːn] f spéculation f; **~lati'onsgeschäfte** n/pl. opérations f/pl. spéculaires; **2la'tiv** adj. spéculatif; 2**lieren** v/i. spéculer (auf acc. sur).
Präposition zum deutschen Verb mit Rektionsangabe und französische Entsprechung	**Spelunke** [ʃpe'luŋkə] f (15) tripot m.
	Spelz ♀ [ʃpɛlts] m (3²) épeautre m; **~e** ♀ ['~ə] f (15) barbe f; (der Gräser) glume f.
	spend|**abel** F [ʃpɛn'daːbəl] adj. large;
Hinweis auf Sprachgebrauchsebene	2**e** ['ʃpɛndə] f (15) don m; (Almosen) charité f; **~en** v/t. (26) donner; faire don de; Sakrament: administrer;
Angabe der verschiedenen Formen für Maskulina und Feminina im Deutschen und Französischen	2**er**(**in** f) m (7) donateur m, -trice f; bienfaiteur m, -trice f; **~ieren** F [~'diːrən] v/t.: j-m etw. ~ régaler q. de qch.; sich etw. ~ se payer qch.
	Sperber ['ʃpɛrbər] m (7) épervier m.
	Sperling ['ʃpɛrliŋ] m (3¹) moineau m, passereau m; F pierrot m.
Anwendungsbeispiele und stehende Redewendungen in Auszeichnungsschrift	**Sperma** ['ʃpɛrma] n (9¹, pl. a. -ta) sperme m.
	sperrangelweit ['ʃpɛrˀaŋəlˈvaɪt] adv.: ~ offen grand ouvert.
Angabe der Wortart	**Sperr**|**ballon** ['ʃpɛr-] m ballon m de barrage; **~druck** typ. m caractères